中华人民共和国审计署主办
《中国审计年鉴》编委会编辑

中国审计年鉴

2000

中国时代经济出版社

图书在版编目(CIP)数据

中国审计年鉴.2000/中华人民共和国审计署编.北京:中国时代经济出版社,2001.12
ISBN 7-80169-024-9

Ⅰ.中… Ⅱ.中… Ⅲ.审计-中国-2000-年鉴
Ⅳ.F239.22-54

中国版本图书馆 CIP 数据核字(2001)第 082987 号

刊　　名	《中国审计年鉴》(2000)
编　　者	《中国审计年鉴》编辑委员会
出版发行	中国时代经济出版社
地　　址	北京市东城区东四十条 24 号青蓝大夏 11 层
邮　　编	100007
电　　话	(010)88361317(发行处)　64057247(编辑部)
经　　销	全国各地新华书店
印　　刷	北京市白帆印刷厂
开　　本	787×1092　1/16
印　　张	51　彩插 104 面
字　　数	1600 千字
版　　次	2001 年 12 月北京第 1 版
印　　次	2001 年 12 月北京第 1 次印刷
书　　号	ISBN 7-80169-024-9/Z·005
广告许可证号	京工商广临字 20010029 号
广告代理	北京世纪风云广告有限公司
电　　话	(010)64011886
定　　价	150.00 元

ISBN 7-80169-024-9
9 787801 690241 >

李鹏委员长在第九届全国人大常委会第十六次会议上听取李金华审计长作《关于中央预算执行和其它财务收支情况的审计工作报告》

李金华审计长在第九届全国人大常委会第十六次会议上作审计工作报告

第九届全国人大常委会第十六次会议会场

人大委员认真听取李金华审计长的报告

王忠禹国务委员在全国审计工作会议上作重要讲话

李金华审计长作〝突出重点、加大力度、依法有效履行审计监督职责〞的讲话

翟熙贵副审计长在全国审计工作会议结束时讲话

全国审计工作会议会场

王忠禹国务委员与李金华审计长亲切交谈

左起：王道成、刘鹤章、刘家义、董大胜等署领导在全国审计工作会议上

与会代表认真听取全国审计工作会议报告

李金华审计长在全国审计工作座谈会上发表重要讲话

李金华审计长、青海省赵乐际省长、徐良副省长在全国审计工作座谈会上

翟熙贵副审计长在全国审计工作座谈会上讲话

青海省徐良副省长在全国审计工作座谈会上讲话

全国审计工作座谈会主席台（左起董大胜、刘鹤章、徐良、李金华、赵乐际、翟熙贵、王道成）

董大胜副审计长、王道成纪检组长和与会代表步入会场

全国审计工作座谈会在青海省西宁市召开

李金华审计长一行在甘肃省定西县农村视察

翟熙贵副审计长（左三）视察西安特派办职工活动中心

刘鹤章副审计长（中）到吉林省考察审计工作期间与洪虎省长（左一）愉快交谈

刘家义副审计长（右）在河南省审计厅培训中心电教室考察工作

董大胜副审计长（左二）在哈尔滨特派办视察工作时在全办职工大会上讲话

王道成纪检组长（右一）到山西省沁水县调研

全国审计系统计算机开发应用成果展示会会场

郑州特派办代表在计算机成果展示会上发言

李金华审计长、翟熙贵副审计长认真观看展示会

云南省审计厅的计算机成果展示

昆明特派办展示自行组织开发的审计软件

审计署召开“审计信息化系统项目建议书”专家评审会

广西壮族自治区柳州市审计人员利用计算机辅助企业审计

湖南省怀化市审计机关全部实现计算机审计

京津冀特派办积极开展计算机审计

山西省审计厅审计人员运用计算机进行现场审计

北京市审计局组织演示外资运用审计信息管理系统和外资审计网页

吉林省审计厅为每个审计组配备了笔记本电脑，大大提高了工作效率和工作质量

内蒙古自治区审计厅吴金亮厅长在特约审计员座谈会上讲话

哈尔滨特派办的审计人员在上党课

浙江省审计厅认真开展思想教育活动

京津冀特派办邀请天津市委党校教授作报告

吉林省审计厅第四次党代会投票选举现场

海南省审计系统个人二等功获得者合影

甘肃省审计厅优秀审计人员在党旗下宣誓

审计署、山东省政府联合召开为"菏泽地区审计局记功表彰大会"

湖北省审计厅厅长高林代表省审计系统领取"省级文明系统称号"奖状

吉林省审计厅崔杰厅长为受表彰的审计人员颁奖

湖南省湘潭市审计局领导班子成为2000年湘潭市市委、市政府表彰的"优秀班子"

昆明特派办 2000 年度表彰大会

黑龙江省审计厅陈兴厅长向"争先创优"工作先进单位颁发奖状

云南省审计厅举行竞争上岗演讲会

浙江省审计厅陈正兴厅长在机构改革动员会上作动员报告

深圳特派办处级干部述职报告会

安徽省审计机关积极实行竞争上岗

内蒙古自治区审计厅选拔任用干部考试现场

北京市石景山区审计局竞职演讲会

南京特派办处级干部竞争上岗笔试现场

海南省审计厅公开选拔副处级干部面试现场

湖北省审计厅聘请第三批特约审计员

黑龙江省审计厅陈兴厅长在年终整训大会上讲话

云南省审计机关廉政工作座谈会

上海特派办领导与博士生座谈

郑州特派办领导与处室负责人签订年度目标管理责任书

新疆维吾尔自治区审计厅领导与机关各单位负责人签订党风廉政建设责任书

辽宁省抚顺市审计局召开民主生活会

李金华审计长与伊朗最高审计法院院长莫瓦拉德交换礼物

李金华审计长在亚审会议上发言

亚审组织社会保障审计研讨会代表参观天津 SOS 儿童村

参加亚审组织社会保障审计研讨会的代表们认真听取报告

翟熙贵、刘家义副审计长在钓鱼台国宾馆会见南非审计长法肯先生

刘鹤章副审计长与冰岛审计长西古尔德·索尔达尔松先生在一起

刘家义副审计长代表审计署与哥伦比亚审计署签订两国合作协议

董大胜副审计长一行参观日本会计检查院安中研修所

王道成纪检组长会见波兰监察院院长沃伊切霍夫斯基（右一）

云南省程映萱副省长（前排左四）亲切会见伊朗最高审计法院院长莫瓦拉德先生（前排左三）

江苏省人民政府、审计署共建南京审计学院签字仪式

审计署定期举办厅（局）长培训班

甘肃省审计厅在冬春期间对审计人员进行政治和业务培训

昆明特派办选拔计算机骨干进行封闭式强化训练

上海特派办举办财政知识讲座

董大胜副审计长在审计署司处长外语培训班上讲话

宁夏回族自治区审计厅进行全员岗位资格考试培训

西安特派办进行计算机知识全员培训

经济执法审计局全体人员在学习《国家审计准则》

李金华审计长和刘家义、董大胜、王道成等署领导出席《当代审计书库》编审委员会第二次全体会议

李金华审计长在审计系统全员岗位资格考试北京现场接受中央电视台记者采访

董大胜副审计长视察考试现场

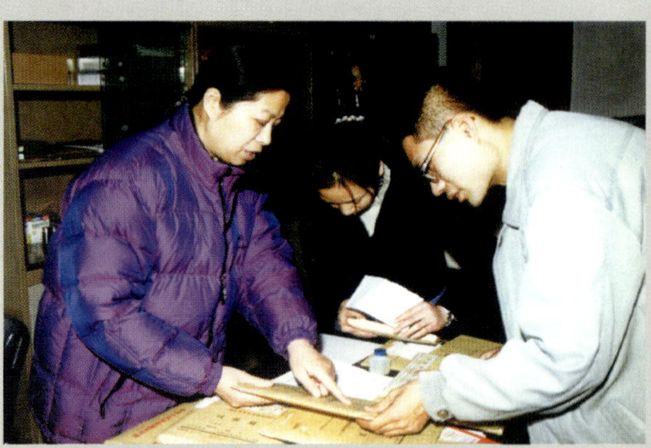
审计系统全员岗位资格考试工作人员在整理考卷

天津市审计局干部认真学习计算机应用技术

审计署机关政治理论考试现场

宁夏回族自治区审计机关在银川召开为西部大开发服务研讨会

审计署农业与资源环保审计司在广西壮族自治区北海市举办全国农业与资源环保审计研讨班

李金华审计长、王道成纪检组长、罗进新同志与《中国审计史》编辑工作座谈会代表合影

广西壮族自治区南宁市审计人员深入施工现场审计

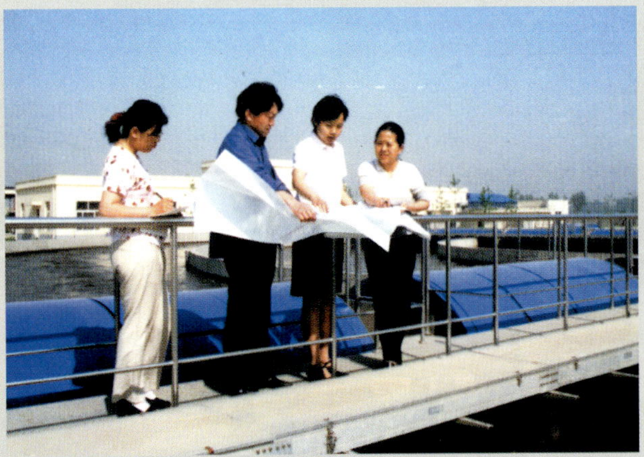

北京市大兴县审计人员在施工现场实地勘察

内蒙古自治区审计厅赵慧容副厅长在乌盟卓资县福生庄牛心沟村实地调查退耕还林还草、粮食及现金补助发放情况

西安特派办金融审计现场

山西省阳泉市审计人员在公路施工现场摄取审计证据

宁夏回族自治区青铜峡市审计人员在竣工决算审计现场

武汉特派办三峡移民资金审计工作现场

农业与资源环保审计司司长刘达朱在义马煤气化工程（洛阳段）审计现场

上海特派办审计人员审计福建国债

黑龙江省审计厅审计人员在企业审计现场

深圳特派办金融审计处在人民银行深圳市中心支行审计现场

辽宁省朝阳市审计局对市中心医院进行审计

陕西省审计厅财政审计处审计省级财政预算执行情况

济南特派办审计干部正在研究工作

"浙江省供销总社原主任朱承岭经济责任审计组"的成员在分析案情

哈尔滨特派办在吉林省吉化集团公司进行固定资产投资审计

黑龙江省审计机关开展职工文艺活动

审计署合唱团参加中直机关文艺汇演高唱《审计工作者之歌》

郑州特派办综艺联欢会

吉林省审计机关活跃职工文化生活

甘肃省审计系统文艺汇演

陕西省审计厅参加省直机关健美操大赛

新疆维吾尔自治区审计厅领导春节前到定点帮困企业送温暖

黑龙江省审计厅帮扶慰问团

安徽省审计厅干部职工向灾区捐款

陕西省审计厅李淑琴厅长视察扶贫点

辽宁省抚顺市审计局领导亲自下乡指导帮扶工作

京津冀特派办团员参观革命圣地西柏坡

武汉特派办离退休老干部参观三峡工程展览馆

农业与资源环保审计司全体人员参观平津战役纪念馆

山西省晋城市审计机关注重树立审计新形象

湖南省湘潭市审计机关党员干部瞻仰革命圣地韶山

山东省审计厅举办“迎新春老年书画展”

宁夏回族自治区审计系统举办排球比赛

广西壮族自治区南宁市审计局开展群众性体育活动

海南省审计厅翟培基厅长带领审计人员参加植树活动

天津市审计局干部参加义务劳动

中国时代经济出版社

China Modern Economic Publishing House

中国时代经济出版社前身是中国审计出版社，成立于1988年，是中华人民共和国审计署直属的出版社。中国时代经济出版社本着为社会主义现代化建设服务、为经济改革服务、为审计事业服务的宗旨，倡导心系读者、尊重作者、不断创新与求索的工作作风。经过十几年的努力，已建立了精良的作者队伍，形成了完整的编印发网络，并培育了广泛的读者群。

在追求图书高品位、追求图书实用性的原则指导下，中国时代经济出版社主要编辑出版审计教材和专著、审计业务技术操作、审计文献资料、国外审计译著、财务会计教材、财务会计技术操作、税收理论与实务、金融证券、资本市场理论与方法、翻译作品及经济学、法学理论与实务、经济法规、企业管理等方面的图书。年平均出版图书200余种，每年均有多种图书获国家级、部委级、省市级优秀图书奖。

中国时代经济出版社还编辑出版发行量分别为十余万册的月刊《中国审计》、《中国财经审计法规公报》，并根据读者需求编辑出版《中国审计》增刊之《商务博览》，及时为读者提供新知识、新政策、新思路及新动态。

中国时代经济出版社目前设有编辑一室、编辑二室、编辑三室、编辑四室、总编室、发行处、财务处、办公室及世纪风云广告公司等机构，社长宋灵恩，副总编杨岗。中国时代经济出版社是新闻出版总署评定的良好出版社。中国时代经济出版社愿与各界朋友携手，共创中国出版业的新辉煌。

办公室电话：(010)64065998
总编室电话：(010)64086012
发行处电话：(010)88361317
广告公司电话：(010)64011886
地址：东城区东四十条24号青蓝大厦11层
邮编：100007

傳时代之声
創独家风范

中国审计年鉴

2000

《中国审计年鉴》编辑委员会　编

中国时代经济出版社

编辑说明

一、《中国审计年鉴》（2000卷）是中华人民共和国审计署主办并组织编纂的第五部年鉴。本年鉴全面、系统、集中地反映了我国2000年审计工作的总体情况，具有较强的资料性、指导性、权威性和保存价值，起讫时间为2000年1月1日至2000年12月31日。

二、本年鉴以邓小平理论、江泽民总书记“三个代表”的重要思想为指导，以记录审计工作历程，服务经济建设，加强理论引导，推动审计事业发展为宗旨，富有与时俱进的特色，对审计工作具有指导意义。

三、本年鉴在“1999卷”的基础上进行了较大的调整，虽仍然采用文章式与条目式相结合的编写体例，但特别注重了体例的统一性及严谨性。

四、本年鉴由“特载”、“省部长谈审计”、“审计署工作概况”、“地方审计机关”、“解放军审计署工作概况”、“内部审计”、“科研、培训、出版、学术团体”、“审计论文选编”、“经济大要案”、“审计工作大事记”、“审计工作统计”和“重要财经审计法规索引”等12个部分组成。

五、本年鉴采用文章、条目、统计表格等体裁分类排列，每部分下设分目和条目。每部分的分目和条目在字号、字体及编排上都有所区别，以便读者检索。

六、本年鉴采用的稿件均由各级审计机关提供，香港特别行政区、澳门特别行政区和台湾省的资料暂略。

七、本年鉴在编辑过程中得到了各级审计机关的大力支持和协助，在此谨致谢意。由于年鉴涉及的资料浩繁，以及编辑人员水平所限，缺点和错误在所难免，谨此一并向广大读者致歉并请批评指正。

《中国审计年鉴》编辑部

2001年10月

《中国审计年鉴》编辑委员会

目　录

特　载

省部长谈审计

审计署工作概况

审计工作大事记

审计工作统计

重要财经审计法规索引

Contents

Specially Selected Articles

Ministers and Provincial Governors Speeches about Auditing

Brief Introduction of the Work of CNAO

Audit Offices Dispatched by the CNAO

Provincial Audit Offices

Brief Introduction of the Work of the Chinese People's Liberation Army Audit Office

Internal Auditing Organizations

Researching, Training, Publishing and Academic Organizations

Selections of Auditing Study Papers

Major Economic Fraud Cases Discovered through Auditing

Chronicle of Auditing Events

Audit Working Statistics

Index of important Financial, Economic and Auditing Laws and Regulations

特　　载

在全国审计工作会议上的讲话

王忠禹

（2000年1月19日）

这次全国审计工作会议很重要。金华同志还要作工作报告，全面总结去年的审计工作，部署今年的主要任务。开好这次会议，对于贯彻落实党的十五届四中全会和中央经济工作会议精神有着重要意义。1999年，全国审计机关和广大审计人员在党中央、国务院和地方各级党委、政府的领导下，紧紧围绕政府工作中心，突出重点，严格审计执法，加大审计力度，揭露和查处了一些重大违法违纪问题，发现了一批违法犯罪案件线索，为国家增收节支298亿元，在维护经济秩序，加强廉政建设，促进依法行政，保障国民经济健康发展，保持社会稳定等方面发挥了重要作用，得到了国务院领导的充分肯定。我受总理的委托，代表国务院向全国广大审计人员表示亲切的慰问。

（一）

国务院领导非常重视审计工作。1月5日，朱镕基总理听取了审计署的工作汇报，对去年的审计工作给予了充分肯定，并作了重要指示，对今年及今后一个时期审计工作提出了更加明确的要求。下面，我向大家传达总理的指示。

总理首先充分肯定了审计署在去年工作中取得的成绩。总理说，这个成绩是有目共睹的，也是来之不易的。现在我们党内还是有不愿意得罪人的问题。像毛主席批评的那样，“事不关己，高高挂起”，查出的问题也是大事化小，小事化了。所以审计署在这种情况下能坚持原则，严肃认真地查处问题，并且提出了自己的意见，是非常难能可贵的。特别是去年查出了一些部门的问题，有的单位过去是没人敢碰的，但审计署还是认真地进行了审计，是很不容易的。当然，这是在党中央、国务院的支持下进行的。问题如实地揭露出来后，在人大和政协得到了好评。总之，去年工作的成绩很大，要认真总结经验，进一步提高审计工作的质量，更好地发挥审计监督的作用。

关于如何做好今后的审计工作，总理作了如下指示：

一、要进一步加深理解“全面审计，突出重点”的方针。要在总结去年工作经验的基础上，加深对这个方针的准确理解。所谓全面，是指在国务院的各个领域，审计工作都必须依照法律规定全面覆盖，使国务院各个领域各个部门都在审计工作的视野之内，不能有盲区。但这决不意味着到处都搞审计，因为没有这么大的力量。审计搞得不深不透，就起不了作用，所以要突出重点。在一个领域，要覆盖它，但不等于全部查，也许就查一个案子，这就叫重点突出。一个案子查清了，就可以起到警示作用。比较重要的领域，查几件案子，对非常重要的才进行比较广泛全面的审计。一定要量力而行。要抓住一件事一直追到底，查出来就举一反三，就是突出重点。一定要讲究工作方法，要查得人家心服口服。现在问题那么多，审计署就2000人，怎么能做得了那么多事情？所以，要集中兵力，重点查处重大违法违纪问题和经济案件。十个指头抓跳蚤，一个跳蚤你都抓不住，你握紧拳头，一拳头打进去就是一个洞。所以，一定要收缩你们的战线，不能铺那么广。审计工作一定要讲究实效，争取检查一个，突破一个。

二、从严治理审计队伍，严格审计纪律。总理说，希望审计署在新的一年里，继续保持这种坚持原则的精神，依法审计，严肃查处违法违纪问题。同时，也应该从严治理审计队伍，严格自己的审计纪律，把这个工作做好。从国务院整个要求来讲，今年要严肃认真地贯彻落实中央已定的方针政策。现在各项改革方案已经出台，各条战线各个领域的方针政策和一些必要的法规都已顺利出台，现在就是如何贯彻落实的问题。为了更好地贯彻落实中央这些方针政策，国务院要加强管理，在管理上下功夫，或者说今年就是个管理年，要来真的，搞实的，见效果。要治乱，要整顿，对领导班子要严格监督，加强管理。审计工作在这种情况下，也要进一步地加强自己的队伍建设，治理好队伍，严肃审计纪律，进一步提高审计工作的质量，要出实效。在这方面，你们一定要制定一系列规章制度。现在可以非常地明确，国家审计工作人员一定要吃皇粮，一切审计经费一定要由国家财政出，绝对不能接受被审计单位的接待、吃请，这种事绝不能搞。如果有违纪的，就要离开审计队伍。对稽察特派员就是这么规定的。这一条纪律你们要严格地执行。总理说，中央审计经费我们要保证，同意在去年9000万元的基础上再增加8000万元。地方审计经费要由地方政府保证。同时，要注意节约经费。到地方上去审计，要住内部招待所，不许住宾馆，更不允许住被审计单位的宾馆。这有助于审计工作质量的提高。要制订纪律。严格执行纪律，把这个队伍搞好，建立一支廉洁公正、大公无私、铁面无私的审计队伍。

三、加强审计队伍的培训。总理说，要加强培训工作，采取一些特别的措施，花点钱。审计队伍通过培训，达到国际水平，要请各方面的专家，培训审计专门人才。必须订个计划，几年轮训一遍。对领导干部更要抓紧培训。培训一年两年，或是学习几个月，从基本知识学起，进行政策教育，基本知识教育，审计纪律教育。同时，要搞资格认证，在加强培训工作中要增加这个内容。培训以后，要达到这个条件。没有这个条件，就没有资格进入审计机关。总理还说，在地方政府机构改革时，审计机关的人员编制，由地方政府决定，我们不干预，但审计署要讲两句话：一是审计工作很重要，希望地方各级党委、政府进一步支持审计工作；二是审计机关人员要精简。

四、搞好经济责任审计。总理指出，经济责任审计，中办、国办发了文件。执行的时候还是要掌握少而精这个精神，量力而行，突出重点。经济责任审计，当前主要是抓好离任审计，特别是对“一把手”的审计。至于在职的领导干部，对那些反映很严重的问题抓住了以后，就务求突破。

五、关于发挥社会审计的作用。总理指出，在国外，审计要靠专门的会计公司、审计公司，要依靠社会的力量。我们目前还缺乏这种有资格的会计公司、审计公司，国外这种会计公司都是无限责任制。要是造假的话，合伙人是要倾家荡产的。我们现在对这种中介组织的建设还注意得不够，还是计划经济的老一套办法，光靠政府机关怎么有这个力量呢？你们可以培养一些这种有信誉的公司，扶持他们，依靠他们来加强审计工作。社会审计的成本低，有专门的人，只要付很少的钱就可以利用他的成果。如果造假账就马上抄他的家。没这一套办法，我们的审计工作就不能够全面地展开。

六、注意依靠各方面的力量搞好审计。总理说，在审计工作中，你们既可以依靠社会中介机构的力量，也可以组织其他有关机关来参与。比如你发现一些重大问题需要其他部门配合，可以报告国务院，成立一个由审计署牵头，好几个部门参加的办案组一起去查。有些问题查到一定的程度，纪检、司法机关就应该介入。总之，要利用各方面的力量来做好审计工作。

总理最后还说，去年审计工作的方向是正确的，成绩是显著的，中央是充分肯定的，也得到了社会各方面的赞扬。今年要总结经验，改进工作方法，集中力量，突出重点，抓住重大违法违纪问题和经济案件，一查到底，以维护国家利益和法律尊严。

（二）

总理的上述指示非常重要。这里我就如何贯彻落实总理指示精神讲几点意见。

第一，准确理解，全面落实。1998年底，总理在听取审计署汇报时，作出了审计机关要全面审计，突出重点，注意发现大案要案线索和执法必严、违法必究的重要指示。一年来，各级审计机关认真贯彻落实这一指示精神，严格审计执法，取得了显著成效，产生了广泛的影响，受到了中央领导的表扬，审计工作方向是完全正确的。前不久，镕基同志充分肯定了审计署去年工作中取得的成绩，要求审计机关今后要进一步突出重点，改进工作方法，集中力量揭露和查处重大违法违纪问题和经济案件。这是根据近一年来工作实践提出的，也是提高审计工作、改进审计工作的需要，对于搞好今年及今后一个时期的审计工作具有重要的指导意义。各级审计机关和广大审计人员要认真学习和全面、准确地领会镕基同志讲话精神，并坚决加以落实。当前特别是要很好地研究一下怎样抓重点，如何科学地安排利用审计资源，把有限的力量用在刀刃上，更加有效地发挥审计监督的作用。

第二，集中力量，重点突破。审计工作要按审计法的规定覆盖全部审计对象，即依法审计，不留盲区，凡是涉及国家财政资金和国有资产的，都应纳入审计的视野之内。但是面对众多的审计对象，以有限的审计力量全面铺开是审不过来的，审计质量也难以保证，必须改进工作方法，收缩战线，进一步突出重点，集中力量，重点查处重大违法违纪问题和经济案件。各项审计工作都要本着有所为有所不为的原则，在量力而行的前提下，集中力量，抓住重点，查深查透，务求突破，切实提高审计质量。当前要加强对重点领域、重点部门、重点资金的审计监督，发挥好审计部门代表国家进行高层次专门监督的优势，抓住其他部门难以查透的重大问题，严肃处理，杀一儆百，公开曝光，影响全国。

第三，加强领导，搞好协调。各级党委和政府要高度重视审计工作，充分认识审计工作的重要作用，切实加强对审计工作的领导，给予有力的支持。当前，经济生活中违反财经法规的问题相当普遍，造假账，会计资料失真的问题比较突出，腐败和经济犯罪仍很严重。因此，通过加强和改进审计工作，能够在解决这些问题方面发挥防范、促进、遏制和参谋的作用。即通过加强审计，摸清家底，提供真实的财务会计信息，防止领导决策失误；通过查处违法违纪行为，严肃财经法纪，促进各部门、各单位加强内部管理，提高资金的使用效益；通过揭露大案要案，查处腐败案件，促进加强廉政建设；通过落实交办事项，提出加强和改进工作的意见和建议，为领导当好参谋和助手。根级领导干部要从依法治国的高度认识审计工作，政府主要领导同志要亲自过问审计工作，既要发挥审计部门的作用，又要统筹协调各项交办任务，以保证突出审计工作重点。要切实加强审计队伍建设，配备强有力的领导班子，帮助解决审计工作中遇到的实际困难和问题。审计机关要注意搞好与有关政府部门的配合，主动进行协调，建立与完善相应的制度，注重利用多方面的力量，不断提高审计工作效率，扩大审计成果。

第四，严格管理，提高素质。加强管理是搞好各项工作的前提和基础。今年国务院强调政府各部门都要加强管理。审计机关要加强对审计队伍的管理，搞好队伍建设，真抓实干，抓出成效。去年以来，通过深入开展“三讲”教育，各级审计机关增强了在审计工作中讲政治的自觉性，提高了审计队伍的政治素质，促进了严格审计执法，有力地推动了审计工作的发展。今年要继续巩固和发展“三讲”教育的成果，进一步加强各级领导班子建设。根据总理指示，从今年起，审计署实行审计经费全部由中央财政负担的办法。实行这一办法后，审计机关要严格管理，审计组和审计人员要严守廉政纪律，不得与被审计单位发生任何经济福利关系。地方政府要全力支持地方审计机关的工作，切实保证审计经费。审计机关要从严治理队伍，制定一系列规章制度，采取切实措施，严格审计纪律，真正做到廉洁公正、铁面无私。在目前这种不愿意得罪人的社会风气和经济秩序严重混乱的情况下，强调从严治理审计队伍尤为重要。一旦发现有违反廉政纪律的行为，要坚决处理，绝不姑息。同时，各级审计机关还应在收缩战线，合理利用审计资源的基础上，加强培训工作，努力提高审计人员的业务素质。要通过建立审计人员必要的资格认证制度，严格把住进入审计机关这一关。。

同志们，2000年是世纪之交的一年，也是九五计划最后一年，改革和发展的任务十分艰巨。各级审计机关要认真贯彻落实中央既定的各项方针政策，进一步突出重点，加大审计力度，着力查处重大违法违纪问题和经济案件，努力把今年的各项审计工作做得更好。

新春佳节即将来临，提前给大家拜年。

王忠禹同志在全国经济责任审计工作会议上的讲话

（2000年10月26日）

同志们：

这次全国经济责任审计工作会议是专题研究和部署进一步贯彻落实中办、国办两个暂行规定，推动经济责任审计工作深入开展的一次重要会议。党中央、国务院领导对经济责任审计工作十分重视。镕基、锦涛、健行同志多次就做好这项工作作出重要指示，中办、国办先后下发了两个关于加强经济责任审计工作的文件，我们要认真学习，深刻领会，切实加以贯彻落实。金华同志会在讲话中提出进一步做好这项工作的意见和措施。八个地方的党委和政府还将分别在大会上介绍经验，大家要很好地学习和借鉴。何勇同志还要作会议总结。总之，这次会议内容丰富，开得及时。下面，我讲几点意见。

一、充分认识开展经济责任审计工作的重要意义

经济责任审计工作是伴随着我国经济体制和政治体制改革的进程提出并逐步发展起来的。1999年5月，中共中央办公厅、国务院办公厅颁发了《县级以下党政领导干部任期经济责任审计暂行规定》和《国有企业及国有控股企业领导人员任期经济责任审计暂行规定》。这是在我国改革处于攻坚阶段，发展处于关键时期，党风廉政建设和反腐败斗争面临新的形势和任务的重要时刻，党中央、国务院为加强对领导干部的管理和监督、促进领导干部廉洁自律、正确履行工作职责而采取的一项重要措施。两办暂行规定下发后，各级党委、政府高度重视，认真组织学习，深入贯彻执行，做了大量工作。纪检、组织、监察、人事和审计部门密切配合，积极探索，大胆实践，狠抓落实，取得了明显成效，积累了许多有益的经验。从全国各地区这项工作的总体情况看，经济责任审计在严肃财经法纪，维护经济秩序，促进党风廉政建设等方面发挥了重要的作用，深得广大干部群众的支持和拥护，这充分证明党中央、国务院关于开展领导干部经济责任审计的决定是完全正确的。

世纪之交，我国社会主义现代化建设处于承前启后、继往开来的关键时期。从新世纪开始，我国将进一步加快全面推进现代化的新的发展阶段，新的形势和任务对我们提出了更高的要求。能否在新的世纪迎接和战胜各种困难和风险，领导全国人民把建设有中国特色的社会主义事业进一步推向前进，实现中华民族的伟大复兴，关键在于从严治党，在于全面提高干部队伍的整体素质。为此，必须大力加强干部队伍建设，特别是要加强对领导干部的监督和管理。十三届四中全会以来，我们在加强干部监督方面采取了一系列措施，取得了明显进展。但对干部的监督特别是对领导干部的监督，还亟需加强。近些年来，干部队伍中一些消极腐败现象之所以禁而不止，查而不绝，有的还相当严重，其中一个很重要的原因，就是对市场经济条件下干部监督工作在机制上缺乏有效的治本措施和监督手段。江泽民总书记反复强调，从严治党，首先要治理好领导班子和领导干部，对领导干部一定要严格要求、严格教育、严格管理、严格监督。这为我们加强干部监督工作，建设高素质干部队伍指明了方向。最近，江总书记批示要求，要深入研究腐败现象屡禁不止的原因，提出切实可行的有效措施。他特别强调，对领导干部“要加强主动监督，把监督关口往前移，加强事前防范”。实践证明，开展对领导干部的经济责任审计，是从机制和源头上预防和治理腐败，加强主动监督，促进依法行政，进而推进依法治国的一项有效措施，是贯彻江总书记关于“三个代表”的重要思想，提高领导干部的领导水平和执政水平，增强拒腐防变和抵御风险能力的重要手段。因此，党的十五届四中全会和中央纪委第二、三、四次全会明确提出，要对企业领导人员和党政领导干部进行任期经济责任审计。各级领导

要从全局和战略的高度，统一思想，提高认识，把开展经济责任审计工作置于从严治党，推进依法治国，确保党的十五大提出的跨世纪宏伟目标顺利实现这个大局之中，增强责任感和紧迫感，进一步加大工作力度，切实把经济责任审计推向深入。

二、认真贯彻落实两办规定，全面推进经济责任审计工作

总的来看，各地贯彻落实两办暂行规定的情况是好的，经济责任审计工作的开局和发展势头不错。但是，从全国看这项工作的发展还不够平衡，还存在一些亟待解决的问题。为了进一步推动经济责任审计工作的开展，当前和今后一个时期的经济责任审计，要重点抓好以下几个方面的工作：第一，采取切实有力措施，突出工作重点，全面推行党政领导干部经济责任审计制度。各地要按照两办规定要求，全面开展县以下党政领导干部经济责任审计工作。目前尚未开展的地方，近期内要立即着手安排这项工作。已经开展的地方，要进一步巩固、完善、深化、提高。与此同时，各地要结合实际，逐步开展县以上党政领导干部经济责任审计的试点工作，不断总结经验，使经济责任审计在加强干部监督管理，促进廉政建设中发挥更大的作用。第二，深入开展国有及国有控股企业领导人员的经济责任审计工作。各地要在党委和政府的领导下，本着突出重点、统筹安排的原则，有计划、有重点地逐步扩大对国有及国有控股企业领导人员经济责任审计的覆盖面，不断深化审计内容，改进审计方法。通过审计，促进国有企业领导人员严格执行财经纪律，加强企业内部管理，提高企业经济效益，促进国有企业的改革和发展。第三，积极探索部门管理的行政、企事业单位领导人员的经济责任审计工作。各主管部门要按照两办规定和审计规范，认真研究和积极探索本行业内行政、企事业单位领导人员的经济责任审计，逐步扩大审计范围，不断总结经验，努力提高审计质量。通过审计，加强对部门管理干部的监督，促进经济和事业的发展。第四，建立和完善经济责任审计法规制度。各地区、各部门要结合工作实际，在总结经验的基础上，抓紧研究制定关于经济责任审计工作的法律法规及配套措施。经济责任审计是一项新的工作，审计的对象是“人”，是一定层次上的“领导人员”；审计的内容是领导干部任期内的“经济责任”；审计的结果是对领导干部是否具有从事经济工作所必须的政治素质和决策水平，是否正确履行其经济职责，是否严格执行国家财经法纪的重要反映。为此，一方面，必须坚持依法审计的原则，严格执行两办规定和已有的法律法规，切实依照法定职责和法定程序开展工作；另一方面，要坚持解放思想，实事求是，勇于实践，狠抓规章制度建设，使这项工作尽快步入法制化、制度化和规范化的轨道。

三、进一步加强对经济责任审计工作的领导

积极推行经济责任审计制度，加大从源头上预防和治理腐败的力度，是关系党风廉政建设和国家政权建设的全局性大事，是我们必须长期坚持的一项十分重要的制度和治本措施。经济责任审计工作近年来所取得的成绩表明，各级党委、政府的重视和支持，是经济责任审计深入开展的重要保证。因此，各级党委和政府要站在推进依法治国、发展社会主义民主政治的高度，认真贯彻中央领导的指示精神，坚持党管干部的原则，建设高素质的干部队伍，坚持依法行政，建立高效廉洁政府，切实加强对经济责任审计工作的组织领导。

各级党委、政府要按照中办发［2000］16号文件的要求，把这项工作列入党委、政府重要议事日程，常抓不懈。在人、财、物等方面积极支持有关部门开展经济责任审计工作，帮助他们解决在工作中遇到的困难和问题。要建立专门的经济责任审计机构，配备与工作任务相适应的具有较高素质的审计人员，保证审计经费。要加强经济责任审计工作的督促检查，严格责任追究制度，发现问题，及时纠正。对开展经济责任审计工作不力的部门和单位要进行批评，追究有关领导责任。

各地区要按照两办文件要求，进一步建立健全经济责任审计工作联席会议制度。纪检、组织、监察、人事和审计部门要加强协作，密切配合，各司其职，各负其责，定期交流和通报情况，充分重视和运用审计成果，及时总结经验，研究解决工作中遇到的重大问题，力求经过两、三年的实践，使经济责任审计成为干部管理工作中一项必须实行和坚持的制度。

同志们，最近召开的中国共产党第十五届五中全会审议通过了《中共中央关于制定国民经济和社会发展第十个五年计划的建议》。《建议》站在历史高度，放眼世界，规划中国的未来，描绘了我国进入新世纪后第一个五年经济和社会发展的蓝图，是指导我们在新世纪向现代化目标进军的行动纲领。

让我们在以江泽民同志为核心的党中央领导下，认真贯彻落实十五届四中、五中全会精神，承继“九五”辉煌，开创“十五”伟业，为搞好经济责任审计工作，加强干部监督管理，促进依法行政，推进依法治国，做出新的更大的贡献。

突出重点　加大力度
依法有效履行审计监督职责

——在全国审计工作会议上的讲话

李金华

（2000年1月19日）

这次全国审计工作会议的主要任务是：认真贯彻党的十五大、十五届四中全会和中央经济工作会议精神，总结1999年的工作，部署2000年审计工作任务。会议召开前，朱镕基总理听取了审计署的工作汇报，对去年的审计工作给予了充分的肯定，并作了重要指示，对我们今年和今后一个时期的审计工作提出了更加明确的要求。刚才，王忠禹国务委员传达了总理的指示，并作了重要讲话。现在，我就去年的工作和今年的任务讲几点意见。

一、1999年审计工作取得显著成效

1999年，是我国继续面对各种挑战，经受严峻考验并取得重大胜利的一年。在纷纭复杂的局势面前，以江泽民同志为核心的党中央坚定不移地贯彻邓小平理论和党的基本路线、基本方针、基本纲领，坚持以经济建设为中心，采取了一系列正确的方针政策和措施，国民经济继续保持了良好的发展势头。党中央审时度势，果断决策，开展了对以美国为首的北约轰炸我驻南联盟使馆、法轮功邪教组织和以李登辉为首的台独分子的三场政治斗争，取得了重大胜利。前不久，澳门又顺利地回归祖国。在这样的大好形势下，审计工作也取得了可喜的成绩。回顾1999年的审计工作，有两个显著特点：一是力度大，二是影响大。一年来，全国审计机关和广大审计人员在党中央、国务院和地方各级党委、政府的领导下，紧紧围绕政府工作中心和各项改革措施，从讲政治的高度全面贯彻落实审计法和朱总理的指示，坚持以真实性为基础，以打假治乱为重点，严格审计执法，加大监督力度，揭露和查处了一批性质严重的重大违法违纪问题和大案要案的线索，扩大了审计的影响，有效地发挥了审计监督在维护财经秩序，加强廉政建设，促进依法行政，保障国民经济健康发展方面的作用。1至11月，全国审计机关共审计11.2万个单位，为国家增收节支298亿元，其中，已上缴财政125亿元，减少财政拨款和补贴18亿元，追还被侵占挪用资金155亿元。同时，审计发现各种违法犯罪案件线索1458件。

（一）从严格预算约束和促进依法行政的高度，加强了预算执行审计

1999年，各级审计机关从依法规范预算分配秩序和促进政府部门依法行政的高度，进一步强化了预算执行审计，审计的广度和深度明显增强，审计重点更加突出，发现了一批大案要案线索，两个报告的质量比往年有了新的提高。审计署提交1998年中央预算执行审计结果报告后，国务院领导非常重视。朱总理主持召开了总理办公会议，听取了审计署的汇报，要求如实向全国人大常委会报告审计工作情况，并在审计结果报告上作了重要批示。6月26日，我受国务院委托，向九届全国人大常委会第十次会议作了审计工作报告，受到了委员们的

一致肯定和好评，在社会上引起了较大的反响。全国人大常委会要求国务院在6个月内报告审计处理结果和改进工作的情况。国务院及有关部门对审计查出的问题非常重视，采取有效措施，进行了认真纠正和整改。有关单位应征未征税款和应交未交的财政收入，已补征入库18亿元；挪用的专项资金，大部分已被追回，挪用资金购置的不动产，有的已被没收，有的正在拍卖；有关案件已经或正在查处，各部门对有关责任人员分别给予了通报批评和党纪政纪处分。审计署提出的进一步细化预算，增加预算透明度以及严格预算执行，建立部门违法违规责任追究制度的两点意见，引起国务院和全国人大的高度重视，财政部等部门认真研究提出了具体的办法。

中央预算执行审计取得新进展的同时，也有力地推动了地方各级预算执行审计工作的深化。地方各级审计机关向本级政府和人大常委会提交的两个报告质量比往年有所提高，不少地方的审计工作报告被人大常委会誉为近年来最好的报告。据统计，全国31个省区市1998年度本级预算执行审计，共查出违反财经法规金额385亿元。

（二）从维护社会稳定和实施积极财政政策的需要出发，认真开展了专项资金审计

为贯彻落实全国扶贫开发工作会议精神，确保扶贫资金的合理有效使用，审计署组织对全国592个国定贫困县1997至1999年上半年扶贫资金的分配、管理和使用情况进行了审计。总的看，当前扶贫资金的管理使用情况是好的，为国家顺利实施八七扶贫攻坚计划发挥了重要的保证和促进作用，但也存在一些严重违法违纪问题。这次审计查出挤占挪用财政扶贫资金用于弥补行政经费、建房和买车等43亿元，用于非国定贫困县24亿元，发现违法犯罪案件线索44起，涉案人员71人；同时，一些地方配套资金不足、资金拨付不及时，以及扶贫贷款不到位、擅自改变贷款投向等问题也比较严重。国务院领导批示有关部门要认真研究审计发现的问题和意见，抓紧制定整改措施。

根据国家实施积极财政政策，加大基础设施建设投资力度的需要，审计署组织对水利部七大流域和30个省区市1998至1999年一季度中央水利建设资金管理和使用情况进行了审计，查出转移挪用水利建设资金和乱集资等违法违纪金额30亿元，占审计资金总额的10%，发现违法犯罪案件线索14起。同时，对58个国家重点水利建设项目进行了审计，查出水利资金不到位37亿元，多列概算和虚报投资完成额、挤占建设成本、转移挪用建设资金以及损失浪费等问题51亿元。

为进一步推进执法单位贯彻落实“收支两条线”的规定，促进加强廉政建设和公正执法，审计署组织对全国2400多个县级以上法院和2100多个县级以上检察院1997至1998年度财务收支进行了审计。审计结果表明，各级法院和检察院注重加强财务管理，合理使用业务经费，保证了各项工作的顺利开展，但在执行“收支两条线”规定和执收执罚方面还存在一些带普遍性的问题。这次审计查出乱收费、乱罚款，隐瞒转移收入，私设“小金库”，拖欠截留应缴预算收入和财政专户收入，以及挤占挪用等违法违纪金额57亿元，发现涉嫌贪污和私分挪用公款案件81起，涉案人员103人。审计结果向国务院作了报告，并提出了全面执行“收支两条线”规定和完善案款管理制度的建议。

审计署还组织对三峡移民资金和移民建镇资金进行了审计，查出挤占挪用移民资金5亿元，发现贪污私分三峡移民资金案件10起，涉案人员14人。对中央所属62所高校1998年度财务收支进行了审计，查出收入反映不实、乱收费、违规从事金融业务和挤占挪用专项资金等问题金额49亿元，发现涉嫌经济犯罪案件8起。对中央直属储备粮库建设项目进行了审计，查出项目前期工作滞后，建设资金到位不及时，招投标工作不规范以及损失浪费等问题。对国有企业下岗职工基本生活保障和再就业补助资金、企业职工基本养老保险基金以及中央11个行业基本养老保险统筹移交情况进行了审计，查出社会筹集资金不到位、侵占挪用和欠缴养老保险基金等问题比较严重。

地方各级审计机关除了参加审计署统一组织的专项资金审计外，还根据本地实际情况，积极开展其他专项资金审计。如山东、安徽和黑龙江等省组织全省审计机关对林业专项资金的投入和管理使用情况进行专项审计，北京、上海、内蒙古和甘肃等审计机关对本地区环境治理专项资金进行审计，审计查出的有关问题分别依法进行了处理，为促进专项资金的合理有效使用，保障各项事业健康发展发挥了重要作用。

（三）从防范金融风险出发，强化了商业银行审计

为了促进商业银行依法经营，改善资产质量，防范金融风险，审计署组织对工商银行总行及全系统4600多个分支机构、建设银行总行及19个省市的1700多个分支机构1998年度资产负债损益情况进行了审计，并对12万多个单位的贷款使用情况进行了审计调查。审计结果表明，工、建两行在深化金融改革，强化内部管理，努力改善资产质量，防范和化解金融风险方面做了大量工作，取得较好成绩，但前几年某些遗留的问题和隐患还在逐步暴露，新的违规经营和账外资产问题仍然存在，会计核算不实和私设"小金库"现象还比较严重。一是会计核算不实，虚增或虚减资产、负债、权益和利润的现象比较普遍；二是少计收入和多计支出86亿元，漏缴税金9亿元，私设"小金库"747个，金额7.9亿元；三是截留收入或违规购建固定资产等形成账外资产101亿元，违规经营造成损失109亿元；四是发现各种违法和犯罪案件线索170起，涉案金额146亿元，涉案人员221人，其中已移交有关部门立案查处案件120起，171人。对上述问题，审计署报经国务院批准后，下发了审计处理原则和具体意见，目前正在抓紧进行处理。

对228个国际金融组织贷款和国外援助项目进行了审计，查出虚列项目工程支出、违规变卖货款物资、挪用项目资金等问题金额96亿元。同时，加大了审计处理和披露的力度，提高了我国审计机关的信誉和权威。

（四）以促进企业改革和发展为目标，继续搞好国有企业财务收支审计

1999年，国有企业财务收支审计在1998年审计试点的基础上继续得到加强。审计署组织对部分国有大中型企业1998年度资产负债损益情况进行了审计，同时，配合稽察特派员总署对部分企业进行了专案审计。审计表明，当前企业会计信息失真，国有资产流失和侵吞国家资财等问题仍很严重。审计查出73户企业资产不实72亿元，占6.9%；负债不实21亿元，占5.6%，利润不实46亿元，占45.3%；有些企业通过收入不入账、将国有资产转为集体或个人所有等方式造成国有资产流失70亿元，其中18户企业钻国家政策空子，通过假破产、兼并和改组等方式逃废银行债务19亿元；发现违法犯罪案件线索25起，涉案金额50多亿元。

地方各级审计机关围绕党政领导关心的问题，结合本地实际情况，积极开展企业审计。河北、江苏、安徽、湖北等审计厅分别组织了百户企业审计，四川、浙江、云南、天津等审计厅（局）分别组织了20至30户重点亏损企业、财政补贴大户和优势企业审计。通过审计，初步摸清了企业家底，揭露了企业资产负债损益不实，国有资产流失和管理混乱等问题，为促进国有企业深化改革和摆脱困境发挥了积极作用，受到了当地政府的肯定。

（五）认真贯彻两个暂行规定，积极开展了经济责任审计

去年五月份，中办、国办关于经济责任审计的两个暂行规定下发后，审计署党组高度重视，及时向审计系统发出了关于贯彻实施两个暂行规定的通知，建立了专门的职能机构进行协调指导，分片召开座谈会，总结交流了贯彻两个暂行规定的情况。为了加强组织领导和协调配合，去年10月底，中纪委、中组部、监察部、人事部和审计署召开了第一次联席会议，建立了中央五部委经济责任审计工作联席会议制度，并在审计署设立办公室，负责联席会议的日常工作。前不久，联席会议办公室在武汉召开了座谈会，交流了情况，研究部署了进一步贯彻两个暂行规定的具体意见。

两个暂行规定下发后，地方各级审计机关统一认识，大胆实践，积极探索，初步打开了工作局面。一是根据本地的实际情况，抓紧制定或修订了地方性法规或行政规章。二是建立经济责任审计专门机构。截止去年11月，全国省、地（市）和县级审计机关已建立专门机构142个，还有626个审计机关拟成立专职机构。三是重视加强领导和协调工作，不少地方成立了由审计机关及其他有关部门组成的协调领导小组或联席会议。四是积极稳妥地开展经济责任审计工作。据统计，全国3102个县以上审计机关中，目前开展党政领导干部经济责任审计的有2500多个，占83%，开展企业领导人员经济责任审计的有2100多个，占70%，去年1至11月累计完成了17000多名领导人员的任期经济责任审计，为加强干部管理和监督发挥了重要作用。

为促进境外机构和企业的健康发展，保障境外国有资产安全、完整和有效，经国务院批准，审计署首次对我国部分驻外使领馆、境外国有企业和金融机构财务收支进行了审计试点，查出截留收入设立"小金库"、大量资金滞留境外、汇兑损失严重、资产质量差等问题，向国务院作了专题报告。审计署还组织对45家具有证券相关业务许可证的社会

审计组织执业质量进行了检查，发现了部分会计（审计）事务所不能公正执业、出具虚假报告等严重违法违纪问题，有的向社会公布后，取得了良好的效果。

此外，各级审计机关高度重视党委、政府及有关部门领导交办的审计查证事项，积极认真办理，及时报告办理结果，得到了各级党政领导的好评。1999年，党中央、国务院领导批示审计署办理的重大经济案件审计查证事项共28件，目前已办结24件；同时，还配合有关部门完成了其他经济案件的审计查证工作，为有关部门认定违法犯罪事实起到了重要作用。

1999年，各项审计工作之所以能够取得显著成效，主要有以下几个方面的原因：

一是认真贯彻总理指示精神，严格审计执法。各级审计机关在正确认识和领会总理指示精神的基础上，把突出重点，注重发现大案要案线索和执法必严，违法必究作为一项政治任务，采取切实有效措施，认真加以贯彻落实。在各项审计中，除审计财政财务收支外，还延伸审计被审计单位的有关经营业务活动；除对单位进行经济处理处罚外，还注意追究有关责任人的责任，一查到底，公开曝光。由于全国审计机关认识统一，工作到位，审计执法力度明显加大，审计发现的违法犯罪案件线索数量之多. 涉案金额之大，情节之严重是前些年不曾有的。据不完全统计，去年1至10月，全国审计机关共发现各类违法犯罪案件线索1458件，大部分已移送纪检、监察和司法机关查处，已有313人受到党纪政纪处分，350人被追究刑事责任。实践证明，在当前财经秩序混乱，经济犯罪和腐败现象比较严重的情况下，审计机关只有认真贯彻总理指示，严格审计执法，才能更好地履行职责，发挥审计监督的作用，

二是紧紧依靠各级党委、政府的领导和支持。在1998年预算执行审计中，国务院和地方各级政府领导非常重视，坚决支持审计机关依法审计和处理问题，如实向人大报告审计工作情况，审计效果明显好于往年。在贯彻总理指示深入查处大案要案过程中，各级党委、政府及时听取审计机关的汇报，帮助排忧解难，重大案件直接批示要求有关单位及早介入，有力地保证了案件查处工作的顺利进行。同时，各级审计机关在工作中也增强了主动性，及时向党委、政府汇报审计工作情况，引起他们的高度重视，积极争取他们对审计工作的支持。1999年，审计署向国务院上报专题审计报告和审计要情90份，其他审计信息230份，及时如实地反映了审计中发现的重大问题和重要案件线索，得到了朱总理和国务院其他领导的重视，其中国务院领导对专题报告和审计要情等作出批示的达91件，使许多重大经济犯罪案件得到了及时有效地查处。

三是通过“三讲”教育，增强了讲政治的自觉性，促进了严格审计执法。根据中央统一部署和地方党委的要求，去年审计署和省级审计机关认真开展了“三讲”教育，统一了思想，提高了认识，普遍增强了在审计工作中讲政治的自觉性，注意从政治和全局的高度认识和把握审计工作，有力地促进了审计工作的发展。第一，由过去单纯注重对违法违规问题的处理处罚逐步转变到从维护法律尊严的高度加强审计监督，促进被审计单位依法行政，加强管理，完善法制，从而实现依法治国的目标。在1998年中央预算执行审计中，审计署在对审计查出问题进行依法处理的同时，有针对性地提出加强预算管理的两点意见，得到了全国人大的肯定和国务院的重视，已责成有关部门认真研究提出了具体办法。第二，增强了大局意识和围绕党委、政府中心工作开展审计的自觉性与主动性。各级审计机关对党政领导交办事项和上级统一部署的审计项目，都能克服困难，认真按照要求完成。对纪检监察和司法机关要求查证的经济案件，能够全力以赴，积极予以配合。第三，广大审计人员工作作风和精神状态明显改进，更加坚定了依法审计的信心，增强了责任感，在工作中坚持原则，敢于碰硬，不怕得罪人。

四是坚持以真实性为基础，改进审计方法，审计工作质量不断提高。1999年，各级审计机关坚持以审计财政财务收支的真实性为基础，以打假治乱为重点，通过审计，全面摸清家底，了解被审计单位的财政财务收支状况，揭露出了一些深层次的问题，发现了一批违法犯罪案件的线索，审计质量有了明显提高，审计风险也相应得到了较好的控制。在预算执行审计中，从审计预算单位银行账户入手，顺藤摸瓜，上下结合，揭露了一些部门以权谋私，隐瞒收入，私设“小金库”，挪用预算资金建楼堂馆所和办公司等问题；在专项资金审计中，坚持以资金为主线，跟踪审计专项资金的拨付和使用情况，重点揭露了一些部门和单位弄虚作假，截

留、挤占挪用专项资金和损失浪费等问题；在国有企业审计中，以审计资产、负债、损益真实性为基础，全面摸清企业家底，重点揭露了企业资产、负债和损益不实，搞账外账或“小金库”和挥霍浪费造成国有资产流失等问题；在商业银行审计中，坚持以检查信贷资产质量为重点，从审计财务收支真实性入手，延伸部分相关贷款单位，揭露了一些商业银行会计报表不真实、违规经营造成损失、私设“小金库”以及资产质量低等问题。从审计揭露、处理的问题看，还没有发现与事实有大的出入或定性有明显差错的问题。

五是广大审计人员忠于职守，敬业奉献，努力工作。近年来，随着改革开放的深入和社会主义市场经济体制的逐步建立，审计监督的地位和作用逐步显现，审计领域不断拓宽，各级党委和政府交办事项日益增多，社会各界对审计工作的期望值也越来越高。因此，现有审计力量不足的矛盾将更加突出，特别是开展经济责任审计后，县级审计机关任务赵来越重，工作量大大增加，审计人员经常加班加点，严重超负荷运行。同时，当前审计工作难度也越来越大，特别是在查处大案要案过程中，需要克服各种困难和阻力，审计人员没有无私无畏的精神和强烈的责任感，是很难取得成效的。尽管目前我们的困难很大，但我们有一支高素质的、可以信赖的审计队伍。一年来，广大审计人员发扬不怕苦、不怕累、不怕难的精神，以饱满的工作热情和高度的责任心，顾全大局，无私奉献，顶住各种压力，克服重重困难，圆满地完成了各项审计任务，涌现了一批象肖伦菊那样具有鲜明时代特征的先进人物。

审计工作在取得成绩的同时，也存在一些问题和不足，一是从全国来看，审计工作发展不平衡，有些审计机关全面履行审计职责还不到位，严格审计执法不够有力；二是审计法规建设还要加强，有些法规还没有得到认真贯彻落实，因而有些审计行为不规范，存在一定的随意性；三是安排项目太多，任务太重，有些审计项目重点不突出，效果不明显；四是审计技术和手段落后，审计人员业务素质亟需提高。此外，一些地方、部门和单位的保护主义，也给审计工作带来较大的困难。对此，我们在今后的工作中要认真加以研究和改进。

二、2000 年审计工作的指导思想和主要任务

党的十五届四中全会对国有企业改革和发展的若干重大问题做出了重要决定，明确了今后国有企业改革和发展的主要目标与指导方针，并对审计工作提出了具体要求。中央经济工作会议对今年的经济工作进行了全面部署，提出了扩大内需，实施积极财政政策，实现国有企业改革与脱困目标等工作重点。1月 5 日，朱总理专门听取了审计署的工作汇报，对搞好今年的工作作出了重要指示。所有这些都为我们确定今年审计工作重点指明了方向。全国审计机关和广大审计人员，一定要认真学习贯彻十五届四中全会、中央经济工作会议精神和总理的重要指示，紧紧围绕经济工作中心，突出重点，切实安排好今年的各项审计工作。

2000 年审计工作的指导思想是，认真贯彻党的十五大、十五届四中全会和中央经济工作会议精神，全面深入落实审计法以及审计工作二十字方针，坚持以真实性为基础，以打假治乱为重点，进一步集中力量，突出对重点领域、重点部门和重点资金的审计监督，加大对重大违法违纪问题和经济案件的查处力度，讲究实效，扩大影响，进一步提高审计工作质量，在维护财经秩序，加强和改进管理，提高资金使用效益，促进廉政建设，推进依法治国，保障国民经济持续快速健康发展等方面发挥更大的作用。

根根上述指导思想，2000 年度审计工作的主要任务是：

（一）改进审计方法，深化预算执行审计

预算执行审计要认真贯彻国家实施积极财政政策和扩大内需的总体要求，以规范预算管理和财政分配秩序为目标，进一步突出重点，加大审计监督力度，严肃查处当前财政预算管理中的违法违纪问题，促进各部门加强管理，依法行政，不断提高财政资金使用效果。对财政部门主要审计预算收支情况，重点揭露和纠正预算执行中存在的不真实、不合法、不规范等问题，保障财政收支真实、可靠，促进规范预算管理。对税务、海关和国库等部门的审计，要以保障财政资金安全和维护国家政令统一为目标，重点揭露和纠正有税不征、违规减免和退库、混淆入库级次，以及以权谋私、执法犯法等问题，促进加强管理，依法治税，有效履行职责。对政府各部门预算执行审计，重点揭露和纠正隐瞒坐支收入、挤占挪用专项资金、严重损失浪费，以及舞弊腐败等问题，促进各部门依法行政，合理有效使用财政资金，更好地发挥职能作用。

今年中央预算执行审计在方式、方法上要进行一些改进。国税审计要针对当前国税部门问题向基层转移的现象，减少对省级国税审计的数量，扩大对县级国税审计的覆盖面，同时，将国税审计与国库审计相结合，以真实性为基础，从税收会计入手，摸清税源和税收征管的底数，重点揭露国税部门税收征管环节中的严重违法违纪问题。关税审计要普遍开展计算机辅助审计的试点，扩大审计抽查面，提高审计的效率和质量。国务院各部门预算执行审计要强调把部门审计与财政部审计相结合，部门本级审计与所属二、三级单位延伸审计相结合，注重发现大案要案线索与规范财政财务管理相结合，进一步摸清家底，全面掌握各项资金来源、规模和管理使用情况，以及与财政财务收支相关的业务活动情况，促进各部门依法行政，模范遵守国家的财经法规，提高财政资金使用效益。从今年开始，要研究发挥派出审计局驻在部门的特点和优势，逐步对国务院各部门实行年度内经常性的审计，切实做到“守土有责”。

地方各级审计机关也要加强领导，突出重点，加大力度，进一步加强和改进本级预算执行审计，不断扩大审计工作的影响。

（二）抓住重点资金，搞好专项审计

专项资金审计要围绕国家实施积极财政政策和维护社会稳定的目标，集中力量，重点加强对财政投入较大、关系国计民生的项目进行审计监督，严肃查处重大违法违纪问题，确保专项资金专款专用，促进各项事业的顺利发展。

为了进一步扩大内需，调整经济结构，促进国民经济的健康发展，从1998年开始，国家实行积极财政政策，连续两年发行国债，用于基础设施建设。从国债资金的项目安排情况看，目前用于公路建设项目方面的资金量比较大。因此，今年要集中力量对公路建设资金和使用国债专项资金较多的重大公路建设项目进行审计，促进有效利用资金，提高投资效果。

为了促使科教兴国战略目标的顺利实施，今年要组织对中央有关主管部门科技经费的分配管理情况，以及所属部分重点科研院所科技经费的使用情况进行审计，促进加强管理，使有限的科技经费发挥应有作用。

今年，审计署还要对18个省区市工商行政管理部门的财务收支情况，三峡移民资金、天然林保护工程资金、46个重点城市排污费和7个省市职工养老保险基金的管理使用情况，部分企业养老保险欠费及扩面征缴情况进行审计或审计调查，确保专项资金及时足额拨付到位，提高资金使用效果。

地方审计机关除完成审计署统一组织的专项资金审计外，还应根据地方政府的要求和各地实际情况，认真安排好普教经费、农业综合开发资金、环保资金以及其他专项资金的审计。

（三）防范金融风险，加强金融审计

金融审计要贯彻中央经济工作会议确定的关于进一步发挥货币政策作用，加大金融对经济增长支持力度的方针，以规范金融秩序，防范和化解金融风险为目标，组织对农业银行总行和8个省市分行以及中国人寿保险公司上海分公司、中国财产保险公司江苏分公司1999年度资产负债损益情况进行审计，重点检查资产质量状况，揭露违规经营和资产、盈亏不实，设立账外账或“小金库”等弄虚作假行为，促进规范管理，依法经营，改善金融资产质量。地方审计机关要针对目前一些地方金融机构监管薄弱，金融秩序混乱，违规经营严重，风险隐患较大等问题，有重点地安排对地方金融机构财务收支的审计。

为了促进有效地利用外资，防范和化解利用外资风险，要继续组织好对国际金融机构贷款和国外援助项目的审计，进一步加大监督力度，查处严重违法行为，揭露截留和挤占挪用贷援款资金等违反财经法规问题，如实对外披露，督促项目单位严格遵守项目协议，规范财务管理和会计核算。同时，组织对部分企业利用外国政府贷款情况进行审计调查，了解和反映利用外国政府贷款中存在的普遍性问题，从宏观上提出加强管理、提高资金使用效益的意见。

（四）围绕三年脱困目标，继续搞好企业审计

各级审计机关要认真贯彻十五届四中全会精神，按照深化企业审计试点要求，进一步突出重点，切实加强和改进企业审计。今年，全国将安排对1500户改制企业、重点亏损企业、上市公司和关系国计民生的垄断性企业进行审计，其中审计署直接审计70户。通过审计企业财务收支的真实性，摸清企业家底，检查企业资产质量，确保企业会计信息真实、可靠，防止企业改制过程中出现新的国有资产流失或逃废银行债务问题，以及私设“小金库”、营私舞弊等行为，为深化国有企业改革，促

进加强内部管理，提高经济效益，实现三年脱困目标服务。在加大对国有企业直接审计力度的同时，财政、金融等其他专业审计也要围绕国家支持国有企业改革和发展的一系列宏观调控措施的贯彻落实，积极开展审计监督，为切实减轻企业负担，改善企业外部环境服务。

（五）从讲政治的高度认真搞好经济责任审计

各级审计机关必须认真学习和深刻领会十五届四中全会精神，从讲政治的高度增强贯彻执行中办、国办两个暂行规定的自觉性，扎扎实实地搞好经济责任审计工作。要按照两个暂行规定的要求，结合当地实际情况，抓紧研究制定相应的地方性法规、规章或具体办法，逐步建立起领导干部任期经济责任的评价体系和审计标准。要在各级党委和政府的领导和支持下，正确处理好与纪检、组织、人事和监察等部门的工作关系，严格把握好政策界限，既要依法履行审计职责，又要做到不越权，不越位。要按照有关规定和中央五部委联席会议的组织办法，尽快建立相应的经济责任审计联席会议制度，定期交流和通报工作情况，认真总结经验，研究解决工作中遇到的问题。要正确处理好审计任务重和力量不足的矛盾，做到量力而行，突出重点，讲究实效，主要抓好对“一把手”的离任审计。要根据承担经济责任审计任务的情况，积极主动地向当地党委和政府请示汇报，妥善解决好经济责任审计中遇到的困难和问题。要根据国务院领导同志关于经济责任审计工作“人力固然要适度充实，但素质提高更为重要”的指示精神，选调和配备一批政治过硬、业务熟练的骨干充实经济责任审计第一线。要制定切实可行的业务培训计划，不断加大现有审计人员的培训力度，逐步提高审计人员的政治素质和业务能力，尽快适应经济责任审计工作发展的需要。

此外，今年还要继续开展社会审计组织执业质量的检查，进一步搞好境外机构、企业和金融单位的审计试点，认真完成党政领导交办的审计事项、积极配合纪检、监察和司法等部门开展审计查证工作

三、完成今年审计工作需要强调和注意的几个问题

今年是实施《1999至2003年审计工作发展纲要》的第二年，同时，也是把我国审计工作推向新的发展阶段，实现跨世纪发展目标的关键一年。为了更好地完成好今年的审计工作任务，我再强调以下几个问题。

（一）全面领会和贯彻总理指示，突出重点，掌握政策，讲究实效

1998年底，朱总理作出了审计机关要全面审计，突出重点，注重发现大案要案线索和执法必严，违法必究的重要指示。今年，朱总理在听取审计署的工作汇报时，再次重申要继续坚持全面审计，突出重点，依法严肃查处重大违法违纪问题和经济案件，特别强调一定要集中力量，重点突破，一查到底，严肃处理，才能引起震动，取得比较好的效果。总理的上述指示具有重要的现实意义和极强的针对性。当前财经领域中造假和违法违纪现象相当严重，一些部门和单位会计核算不真实、弄虚作假和腐败现象比较普遍，贪污、挪用公款、走私、骗汇、金融诈骗、偷税抗税等经济犯罪仍然突出，大案要案频繁发生，经济损失十分惊人。在这特殊的历史时期，审计机关作为独立的经济监督部门，必须在坚持全面审计的基础上，注重发现和严肃查处重大违法违纪问题和经济案件，引起震动，才能有效地发挥审计监督的作用。去年，由于各级审计机关思想认识统一，工作措施得力，审计人员坚持原则，敢于碰硬，在严格审计执法，发现重大违法违纪问题和经济案件线索方面取得明显成绩，提高了审计地位，扩大了审计影响。但也应当看到，由于审计项目安排太多，审计人员负担过重，加之审计手段的局限性，虽然发现了许多案件线索，有些问题查得也比较深，处理得比较彻底，但有些问题移交之后，没有一查到底，有的甚至不了了之。今年，各级审计机关要统一思想，全面领会和贯彻总理的指示精神，进一步集中力量，加强对重点领域、重点部门和重点资金的审计监督，加大对重大违法违纪问题和经济案件的查处力度。对审计发现的重大违法违纪问题，一定要克服困难，一查到底，并严肃处理。对一些证据较为确凿的经济案件线索，可以通过政府同意组织联合查处，或按程序移送纪检、监察、司法机关和有关部门立案查处，审计机关要对查处情况进行跟踪。此外，还要逐步建立健全审计举报。审计揭露查处重大违法违纪问题和经济案件的奖励制度，引导、鼓励和保护广大审计人员的积极性。近期，审计署将对去年在查处大案要案中作出贡献的审计机关和审计人员予以表彰。要规范案件移交程序，目前审计署正会同

有关部门研究制定有关经济案件的移送办法，各地也要结合自己的经验，注意研究这方面的问题，逐步形成一套切实可行的工作机制。

在审计工作中还要本着“三个有利于”的原则，正确理解和掌握政策，对审计中暴露出的违法违纪问题，要在弄清事实的基础上，分析问题产生的主客观原因以及带来的实际后果和影响，充分听取被审计单位的意见，实事求是地加以定性和处理。在审计揭露各种违法违纪问题的过程中，一定要严格按照审计程序和职权办事，做到事实清楚，定性准确，处理适当，评价适度。只有这样，我们才能掌握主动，防范审计风险，更好地发挥审计监督的作用。

（二）切实做好执行1999年审计决定的检查工作

当前，执行审计决定的情况总体上是好的。但也存在一些问题，主要是有些被审单位重视不够，审计机关对落实审计决定缺乏具体的制度和措施，督促检查不力，存在着随意性，致使有些问题屡查屡犯，屡禁不止，并在一定程度上失去了审计监督的严肃性，影响了审计机关的威信。对此，必须引起高度重视，严肃认真对待。这不仅是贯彻落实审计法，坚持依法审计，提高审计工作权威性的需要，更是严肃财经法纪，加强廉政建设，促进依法行政的需要。今年，各级审计机关要把执行1999年审计决定的检查工作当作一件大事来抓，切实抓出成效。要统一思想，提高认识，突出重点，加大检查工作的力度。审计署确定将1999年中央预算执行审计的处理结果和改进工作情况，以及去年审计商业银行查出问题的纠正情况，列为今年检查工作的重点。特别是对移交有关部门查处的重大案件，一定要加强联系，跟踪落实，追查到底。对那些屡查屡犯或拒不执行审计决定的典型单位和责任人员，要坚决严肃处理，公开曝光，充分发挥审计监督的威慑和警示作用。今后，要通过建立有效的方法和程序，把审计决定的执行情况作为各级审计机关工作质量考核与评判的重要依据和标准，并逐步做到制度化、规范化。

（三）合理安排人力资源，逐步实现审计计划的科学化

近年来，各级审计机关所面临的审计力量不足与审计任务繁重的矛盾、审计职责与审计风险的矛盾、审计人员工作与培训、休息的矛盾越来越突出。为了妥善解决这些矛盾，除下大力气提高审计人员素质和改进审计手段外，必须十分重视合理安排和利用现有人力资源，逐步做到年度审计项目计划制定和管理上的科学化。要树立全局观念和宏观意识，紧紧围绕党和政府的中心工作，根据现有的人力资源状况，科学安排，突出重点，量力而行，留有余地，以保证有一定的力量完成党委、政府领导临时交办的各项任务，还要留出一定的时间，让审计人员休养生息，加强业务培训，提高自身素质。今年，审计署开始试行按照人力资源来确定年度审计项目计划的方法，即根据各业务司、派出局和特派办现有审计人员、年平均审计工作日测算可用人力总资源，扣除审计人员参加培训等因素后，确定年度的审计项目计划和年度的总工作量，并合理确定审计进度，找出其中的规律性。今后，还要逐步以此作为考核审计工作和核算审计成本的依据。各地审计机关也要注意总结这方面的经验，摸索出科学合理的审计计划制定方法，充分有效地利用好现有人力资源，更好地发挥审计监督的作用。

（四）坚持不懈地推进“人、法、技”建设

审计队伍建设、法制建设和审计技术基础建设，是审计事业不断发展的基础和保证。各级审计机关要按照审计工作发展纲要的要求，进一步统一思想，明确目标，立足长远，统筹规划，坚持不懈地推进“人、法、技”建设。

要把培养高素质的审计干部队伍放在突出位置。各级审计机关要认真贯彻第三次全国“三讲”教育工作会议精神，继续巩固和发展“三讲”教育成果，进一步加强党员干部队伍建设和领导班子建设。要认真按照中央关于加强和改进思想政治工作若干意见的要求，切实加强审计队伍的思想政治建设，教育广大干部树立坚定正确的理想信念，坚持不懈地学习马列主义、毛泽东思想和邓小平理论，提高贯彻执行党的路线、方针、政策的自觉性。要加大干部培训力度，全面落实《2000至2002年审计干部培训考试工作要点》，有重点地开展各种培训，积极鼓励和引导审计人员学习经济、法律、科技、外语和计算机等方面的知识，学习和借鉴国外审计的成功经验和有益做法，切实解决目前审计干部队伍专业结构不合理和审计人员知识面窄等问题。实行考试与考评相结合的办法，下大力气，尽快在审计系统建立和培养一支高素质的审计专家队伍。审计干部特别是各级领导干部要实行岗位定期

轮训制度，并制定相应的岗位任职资格条件，逐步做到不符合资格条件的不能进入审计机关，更不能担任领导职务。积极稳妥地推进干部人事制度改革，加大改革力度，今年审计署要改进领导干部选拔任用机制，实行干部考核与公开选拔相结合的办法。进一步完善干部考核办法，加大干部交流力度，今年审计署从特派办选调60人左右在署机关或派出局挂职锻炼。要坚决贯彻朱总理关于从严治理审计队伍，严格审计纪律的指示精神，以审计组廉政建设为重点，认真落实党风廉政建设责任制。根据总理指示，今年审计署及其派出机构首先实行审计经费全部由国家财政负担的办法。各地要向党委、政府汇报总理的指示精神，争取财政部门的支持，积极创造条件，切实解决好审计经费全部自理的问题。实行这一办法以后，各级审计机关要严格管理，不得再接受被审计单位的审计费用补助，审计组和审计人员不得与被审计单位发生任何经济福利关系。这要作为一项严格的纪律，认真贯彻执行。同时，要关心广大审计干部的生活，关心他们的健康，努力做好后勤服务工作，为审计干部创造一个良好的学习、工作和生活环境。明年适当的时候，将召开全国审计系统第五次表彰大会，总结表彰一批近年来涌现的先进集体和先进个人。地方各级审计机关也要根据实际情况，采取有力措施，切实加强审计队伍建设，花大力气，常抓不懈，抓出成效。

要继续加强审计法制建设，促进审计工作规范化。去年，各级审计机关在建立和完善审计法律规范体系，加强审计执法检查、审计行政复议和诉讼、审计法制宣传教育等方面做了大量工作，成效明显。今年，审计署将继续组织力量，进一步加快审计规范化建设步伐。今年将出台国家审计基本准则和审计听证、审计处理、审计复议、审计方案等若干通用审计准则，逐步出台部分专业审计准则。同时，要抓紧制订《内部审计条例》和《关于加强对内部审计工作指导和监督的暂行规定》，力争尽快出台。继续做好审计立法协调工作，加强审计复核和行政复议、诉讼，加大审计项目质量监督检查力度，充分发挥审计质量内部控制机制的作用。各级审计机关要统一思想，进一步重视审计法制建设，切实加强领导，组织相应力量，广泛开展调查研究，认真总结经验，上下共同努力，尽快建立和健全既符合中国国情，操作性较强，又能体现国际公认审计原则的国家审计准则体系。

要从技术创新、实现审计工作现代化的高度认识和加强审计技术基础建设。去年，审计署制定了审计技术基础建设五年规划，提出力争五年内研制开发一批审计基本技术与方法和审计专业操作指南，培养一批掌握审计技术方法和计算机技能的业务骨干，逐步建成以覆盖全国审计机关的计算机网络为依托、以各种数据库群和应用软件为支撑、能为审计现场作业和审计管理提供高效支持的审计信息系统。加快审计技术与方法和审计信息化系统建设，大力开发和运用计算机，是审计机关贯彻落实科教兴国方略的一项重要工作，我们一定要持之以恒地抓下去。去年我们在这方面已经取得一些成效，但仅仅是初步的。今年，审计署要继续组织人力，开发研制审计一线亟需的审计技术方法和计算机辅助审计软件。各级审计机关要根据自己所在区域特点和经济发展条件，把审计信息化系统建设特别是计算机辅助审计的开发运用提到重要的议事日程上来，紧跟形势，制定目标，加大投入，狠抓落实，努力实现审计工作现代化，不断提高审计工作效率和质量。

要重视和加强审计理论研究。当前审计理论研究要紧紧围绕审计工作中心，解放思想，实事求是，认真总结我国审计工作经验，大胆吸收和借鉴国外审计的有益做法，并注意运用系统论、信息论的观点来研究解决审计工作中遇到的问题。今年，审计署还将组织力量重点研究编写《中国审计史》和《中国审计行政管理》等书籍，为促进审计事业的发展提供理论支持。要继续加大审计宣传力度，扩大审计结果公布范围，努力办好《中国审计报》和《中国审计》，注重发挥新闻媒体的舆论监督作用，不断扩大审计工作的影响。

同志们，当前我国审计工作的发展形势很好，但面临的任务也十分繁重。在新的一年里，让我们继续高举邓小平理论的伟大旗帜，紧密团结在以江泽民同志为核心的党中央周围，抓住机遇，迎接挑战，同心协力，努力工作，以优异的成绩和崭新的姿态迈向二十一世纪！

李金华审计长在全国审计法制工作会议上的讲话

（2000年3月18日）

刚才景宇同志给我们做了一个很好的报告，对我们是一次很好的法制教育，而且这些内容跟我们审计工作都有着密切的联系。所以我觉得，这个报告对于把我们这个会议开好是很重要的。希望同志们能够结合景宇同志的报告，认真地消化和理解，结合这个报告把我们的审计法制工作搞好。

关于审计法制建设问题，大胜副审计长还要全面讲，我这里就强调几点。

一、审计机关是政府的组成部门，必须依法行政。审计机关依法行政是毫无疑问的，我看都能够理解。那么审计机关依法行政的核心是什么？就是依法审计。当然审计机关在其他方面的一些管理工作也要依法，但核心是依法审计。自审计机关成立以来，依法审计就是我们审计工作的基本方针和根本原则。过去我讲过，不论从客体，还是从主体，都要依法审计。从我们自身看，审计机关履行职责、行使权限和工作程序等，都要依照审计法的要求。那么对客体，衡量它的是非标准，也要依照法律。为什么要依法审计？因为只有依法审计才能客观公正。客观公正是我们的目的，审计监督就要做出客观公正的结论。怎么保证客观公正，依法审计是一个根本的保证。我们在制定《1999至2003年审计工作发展纲要》时就提出加强“法”的建设。实际上，目前我们的主要任务就是“一个中心、三个基础”。所谓“一个中心”，就是坚持以审计工作为中心，这是审计机关责无旁贷的职责。“三个基础”就是加强“人、法、技”建设。在“人、法、技”三个基础中，“法”是三分天下有其位，这就说明审计机关加强法制建设的重要性。这里的“法”，我理解，一是依法审计，二是完善法规，逐步规范。依法审计，完善法规，逐步规范，根本的目的就是确保质量。确保质量的标准就是依法。所以近年来，我们党组一直十分重视法的问题。如果审计机关不加强法制建设，不把法提到很高的位置上，就很难保证质量，很难按照审计法的要求履行我们的职责。这是个核心问题，所以我觉得我们要抓好审计法制建设。当前，抓审计法制建设，必须要抓好法的学习和宣传，特别是宪法、审计法和其他相关法规。最近我们正在编写一本审计人员法律知识必读。通过审计法规的宣传学习，提高我们的执法水平。审计水平的核心是执法水平。可以这样说，审计水平和执法水平是同等的。执法水平有多高，审计水平就有多高。因此审计的一切行为，都必须依法，哪一方面离开法都不行，自送达审计通知书，审计取证，到作出审计结论，都不能离开法规。所以我觉得审计水平和执法水平是同等的。我们要提高执法水平，必须加强法的学习。我们一些审计人员还没有认识到这个问题。近年来，一些审计机关有很多审计质量问题暴露出来，反映了我们审计人员的法律意识比较差，执法水平不高等问题。

二、要不断完善审计法规。现在审计法有了，审计法实施条例也有了，我们还要制定有关的审计规章和审计准则，逐步建立健全既符合中国国情、操作性强，又体现国际公认审计原则的国家审计准则体系。为什么我们要制定制约我们自身的法规，目的就是要把内部的制约机制和监督机制建立起来，比如我们的复核制度。一些审计准则就是要求你必须这么办。你违反这些准则的要求，就不行。这是一种内部制约机制，审计行为要靠法规来制约，靠人拍脑袋制约是不行的。

三、依法审计，重在落实。我觉得当前的重中之重，就是要在落实上下功夫。现在我们制定的法律、法规、规章、准则已经不少了，但是核心问题是没有落到实处。这里可能有两个方面的原因，一方面的原因是思想认识问题。我们在过去不规范的情况下养成的一些工作习惯现在很难改。有些同志觉得过去审计很方便，现在这些法规、准则很麻烦。这种旧的惯性使我们有的法规很难实行，这是一个方面的原因。另一方面的原因是这些审计法规自身还不完善。不完善要逐步完善，首先要实践。实践、认识、再实践、再认识，循环往复才能上升到更高的理性认识。所以法制司以及我们的地方各级审计法制部门，今后几年工作的重中之重，就是解决我们现有的一些审计法规，包括审计准则的贯彻落实问题。这个问题应当作为这次会议的一个重要内容。现在中央的一些方针政策，人大的法律，国务院的行政法规，已经不少了，核心问题是没有完全落实。要落实中央的方针政策、人大的法律、国务院的行政法规，首先要解决思想认识问题，提高审计执法队伍的法律意识。这个问题不解决，执法水平就是一纸空文，审计质量就难以保证，审计风险就难以减少，审计人员的素质也难以提高。现在讲提高审计人员素质，一个是在知识面上要进行培训，更新知识，提高专业知识水平。还有一个重要方面，是要学法用法。本事再大，不依法审计也不行。不守规矩不行，提高审计执法水平，法规制约是非常必要的。只有在法规的制约下，审计执法水平才能提高，审计人员的素质才能提高。总而言之，审计法制建设还有很多工作要做，当前的重中之重，是抓落实。这个问题如果不解决，成本花得很多，劳民伤财，没有效益。所以我们制定审计准则要稳步进行，关键是要制定一个落实一个，总结完善一个。

最后，我强调各个单位的同志回去后，要向领导汇报，要把审计法制建设搞好，必须有一支好的审计法制队伍。这个队伍不在大，不在多，而在精。审计法制队伍要建设好，首先我们领导要重视这个问题。现在我们很多工作推行不下去，不是我们审计法制干部不积极，而是我们的一些领导重视不够。领导不重视这个问题，靠我们审计法制干部是无法解决问题的。将来我们准备对一些领导同志，包括审计厅局长、特派员，举办一些审计法制培训班，首先解决他们的问题。但是你们也很重要，你们回去要做工作，讲道理，积极据理力争，要把我们自己的审计法制工作做好。我希望各部门、各单位要重视我们的审计法制队伍建设。只要有了一支好的审计法制队伍，我们的审计法制工作才能落到实处。

李金华审计长在山东省审计局长会议上的讲话（摘要）

（2000年6月16日）

一、当前审计工作的形势

这几年来，我们的审计工作在各级党委、政府强有力的领导下，取得了可喜的成绩。署党组在讨论去年审计工作的时候，用了六个字来概括，就是“力度大、影响大”。所谓“力度大”，是指审计的力度、检查的力度、执法的力度有所增强，使审计的社会影响不断扩大。力度增强了，并不是说我们的人员增加了，或者说我们的审计项目增加了，而是按照朱镕基总理强调的“全面审计、突出重点”，把审计工作的重点更加突出了。去年总理要求我们在维护正常的经济秩序，注意发现经济领域中的违法犯罪案件线索方面下功夫。我们落实总理的指示精神，应该说成效是很显著的。山东审计系统，各市（地）、县审计机关同样如此。我们在审计的领域方面，在审计对象的数量上，可能有所减少，但是审计的深度有所增加，审计的力度有所增强，因此它带来的影响和效果应该说更大一些。去年我们在发现一些重大的违法违规问题、重大的经济案件方面，数字比往年大幅度上升。在围绕党委、政府工作的中心，完成党委、政府交办的任务方面，成绩应该说是比较突出的，效果是很好的，也取得了较大的社会影响。总之，这个力度大，首先体现在审计重点更突出了。

力度大，我想还有一个重要的标志，就是我们把审计的重点放在被审计单位财政财务收支的真实性上，改变了传统的那种财政检查的办法。过去我们的审计，基本上是财政检查的一种延续，大家总觉得我们审计与财务大检查差不多。到了一个单位，尤其是到了一个企业，首先检查你“两金”交了没有，有没有漏税的问题，有没有挤占成本的问题，审计目的成了单纯的保证财政收入。至于企业和其他被审计单位的财政财务收支的真实状况、全面情况，我们是缺乏深入了解的。所以我们有一些审计机关对一些企业连续审计很长时间，但是往往对企业的全面情况并不了解，企业的资产负债是不是真实，是不是准确，损益是不是真实，过去我们不太注重这个问题。

这几年，我们把审计的重点放在被审计单位财政财务收支的真实性上，首先要回答它的财政财务收支是不是真实。按照审计法的规定，审计机关的基本职能就是检查被审计单位财政财务收支的真实、合法、效益。如果说真实性的问题不能解决，那合法、效益是没有基础的。应该说这方面工作量大，难度大，责任大，却是非常重要的。从审计结果看，这项工作是得到各级政府，特别是各级政府领导同志充分肯定的。我们都知道，在前几年的经济生活中，我们遇到了许多问题，有些企业长期是报盈利的，突然出现了很大的亏损，有些金融机构突然出现了支付危机，有的地方还因此导致了一些突发事件。这都与这些单位的财政财务收支不真实密切相关。很多问题、很多情况是由于我们的“家底”不清，包括一些行政事业单位的财政财务收支，管理上不规范，做假账、设账外账，有些问题相当严重。所以当时审计署党组就提出来，我们工作的重点应该放在打假治乱，放在解决或者逐步解决，或者揭露当前财政财务收支的一些虚假情况上。这项工作抓得是及时的。从这些年的情况来看，凡是重大的违法违纪问题都与做假账有直接的关系。可以这样说，没有一件重大的违法违纪问题不采取做假账的手段。另一方面，现在很多企业家底不清、资产不实也是很典型的。我们审一个单位，把一个单位审清楚，把它的财政财务收支情况搞清楚，给领导交一本明白账，这就不仅仅是对这个单位的违纪违法问题给予处罚的问题，而是给领导进一步决策提供一个准确的信息，提供一个比较准确的依据。据我了解，现在各级领导基本上是这样要求审机机关的。比方说，听说哪个企业出现问题了，或者说资不抵债了，或者企业的职工有些不稳定的因素了，或者是听说哪个企业要倒闭了，领导首先考虑的是让审计机关把这个事情搞清楚。包括境外的企业也是这样，有的向国外的银行借了一些钱，一旦出现偿还危机了就要求国内给予支持。总理遇到这种问题时往往首先提出来要进行审计，把家底搞清楚。要救这个企业，首先要研究它值不值得救，到底资产负债怎么样，有些企业讲得很好，资产有多少，结果一审不是那么回事，甚至有些全国很有名的企业也是这样。如有一个集团，老总是全国的十大杰出青年之一，也是很有影响的。审计结果怎么样呢？骗取银行贷款11个亿，他个人用于不明白或者说不清楚的开支3个多亿。最后当我们进行审计时，他们和有关部门勾结在一起把账给销毁了，制造了很多假象。从我们这几年的审计情况看，可以这样说，凡是有重大的违法违规问题的，都与做假账密不可分；凡是做假账的，都隐藏着一些重大的经济问题。这是一条规律。我们讲这些年审计的力度大，就是说审计的重点更突出，审计的深度更进一步，在财政财务收支真实性上下了功夫，以此作为我们工作的切入点，因此，这些年审计揭露出的一些问题是前些年所没有的。同志们可以把最近五年和五年前的审计结论、审计结果、审计报告拿出来比较一下，我相信你会看到绝不会是一样的。

为什么各级党委、政府这些年对审计工作这么重视？今天，李春亭省长跟我讲，审计实际上是我们的眼睛，是我们的耳朵。省长这么讲，当然我是非常高兴的。说明各级领导把我们审计的地位看得很重要。这些年，通过我们的工作，向领导提供了大量的、真实的、准确的、重要的情况和信息，使领导心中有数，真正地为领导决策当好了参谋，我觉得“力度大”主要是大在这里。力度大并不仅仅是处罚的力度大了，或者是我们发现的案件多了，这只是一个方面。更重要的是我们抓住了当前经济生活中的突出问题、重要问题，为领导宏观决策，为领导处理一些棘手问题提供了重要的信息和依据。为领导决策服务的功能加强了，审计决定和建议更多地被执行和采纳了，审计的力度才是真正地加强了。国务院领导同志这两年很重视信息工作。我们有一个专报总理和副总理的《审计要情》，去年大概报了70多份，每一份国务院领导都有批示。去年中纪委、监察部甚至司法机关最后查处的一些重要案件，开始都是审计部门提供的信息，象东方锅炉集团、大庆联谊、豪门集团、蓟县国税等案件。我们通过对粮食审计、金融审计、水利资金审计、移民资金审计，给国务院提供了一些重要的建议，得到国务院的采纳。这也是审计力度大的重要标志。

今年我们对审计工作提出了三个要求：第一个叫“大”。就是抓一些重大的问题，抓一些重要资金、重要行业和部门。第二个叫“深”，就是查深查透，审一个部门、审一个单位就要查深查透，不能蜻蜓点水。我到审计署工作已经15年多了，历史状况我还是了解的。过去审计人员到一个单位去审计，开始两天，摸不着头绪，抓不出问题，是吃不好、睡不好的，而一旦逮住两、三个问题就满足了，然后回来就写报告。查出的几个问题一般是：第一，哪一年到哪一年的“两金”欠交；第二，挤占成本；第三，“小金库”。至于你审的企业的账是真的假的，过去我们是关心不多的。当然，提出这个审计真实性问题以后，给我们审计增加了难度。有些企业资产负债几十个亿，你怎么能够去判断它的真实性呢？现在大家可能有个感觉，有的审计花的功夫很大，但是效益不像以前那么大。过去花个三天、五天、十天半个月，可能就查出不少数量的违纪资金，也可能很快就收到钱。现在要把真实性搞清楚，要花很大的力量，确实是这样。但是我在想一个问题，如果我们审计机关对一个单位进行了审计，最后连它的账是真的假的都搞不清楚，怎么能说你履行了审计职能呢？第三个叫“高”。我们的审计不能仅仅就问题讲问题，要从更高的层次，从大量现象中总结出一些共性的、规律性的东西，向领导提出一些层次比较高的建议，供领导决策时参考。这样才能体现我们审计工作真正地为宏观决策服务，为落实宏观调控措施服务。审计署去年受国务院委托，向人大作中央预算执行情况审计工作报告，我觉得成绩最大、最重要的是两条建议被人大和国务院采纳。一条是细化财政预算。从1995年开始对中央预算执行情况进行审计起，每年都提这个问题，终于在去年得到国务院和人大常委会的肯定，并且作出了决定，今年中央财政的预算情况比去年就有了很大的改进。同志们，我想这才是我们审计的最终目的，要促进制度的完善，促进管理的加强。再一条就是建议建立追究领导干部责任的制度。现在个人贪污，私分公款，有个三、五万就得坐牢。但是不负责任、随意决策、疏于管理，给国家造成重大的经济损失，却无人负责。我们审计的一些重大的案件，有些是很惊人的。例如有些银行一次被骗取的贷款就有几个亿、十几个亿，谁负责？领导应不应该负一定的责任？某省一个中等城市的一个区的预算科长，4年左右的时间贪污达1.5亿元。当然，个人贪污他本人要负责任，但这个问题有关领导有没有责任？那么与这个问题相关的，审计机关有没有责任？你年年审计，年年都给人大做报告，为什么就没有发现这个问题？我们提了两条建议，两条建议都被国务院和人大采纳了。所以我们在工作中不能仅仅着眼于审一个单位、审一个项目，最后出个结论，下个审计决定，收几个钱就算完了。这几年我们审计的力度大，突出了重点，突出了财政财务收支的真实性，突出了从更高的层次上去分析利用审计成果，为领导决策提供一些重要的信息和建议，从而扩大了审计的社会影响，提高了审计的权威。据我了解，这两年，各级审计机关对人大的预算执行情况审计工作报告的质量都在不断地提高，山东省也是这样，得到人大和政府的充分肯定，得到社会舆论的充分肯定。我们过去讲“有为”才能“有位”，工作做好了，工作力度大了，影响大了，审计地位就高了。这是我们近年来，特别是在贯彻中央依法治国的方略以后，审计工作出现的一个新局面。当然，这个局面的形成与党和政府的支持、纪检监察部门的配合、广大审计干部努力工作是分不开的。

二、审计机关面临的主要任务

当前，我们审计机关面临的任务是十分艰巨的。随着改革的深化，随着社会主义市场经济体制的建立和逐步完善，我们面临着很多新的情况、新的课题、新的困难、新的任务。概括起来说有四项大的任务：

一是怎么保证国家财政资金的有效使用，防止国家财政资金损失浪费。除了通过对国税、海关的审计，防止财政资金从收入环节中流失外，还要监督财政资金支出。这个任务很重，尤其是各项专项资金的监督，数额大、比较分散，涉及到方方面面。比如说我们对国债资金的审计，对科教、农业、水利、扶贫资金的审计。这几年我们在资金的分配、拨付环节上审得较多，而在资金的具体使用环节上，虽然审了一些，但是要把使用情况真正搞清楚，任务是非常繁重的。二是通过审计，防止国有资产流失，促进国有资产的保值增值。这就是面向国有企业和国有控股企业。这个任务也很重。三是保证社会公益性的资金，特别是社会保障资金的有效使用，这些资金可能不全是财政资金，但是它对社会的稳定有直接的关系，这也是审计机关审计的重点之一，国际上也是这样的。目前，国务院制定了三条保障线，这个问题就越来越突出了。四是通过审计促进拒腐防变。我们审计工作要注意发现经济生活中的一些案件，要协助纪检监察部门、司法部门查处一些大案要案，还要搞好党政机关和国有企业领导干部的经济责任审计。这也是很重要的一项任务。今天上午召开了表彰大会，表彰菏泽地区审计局在建立领导干部任期经济责任审计制度，完善干部监督管理机制，推动审计工作发展方面作出的积极贡献。关于如何能够更好地完成经济责任审计，我一直感到压力很大。去年中办、国办发了两个“暂行规定”，提出对县以下党政领导干部进行经济责任审计。国务院领导同志不止一次提出来，审计县以下领导干部是必要的，但也是不够的。他说，官越大越要审，你们以后要审省长、部长。这样，任务就很艰巨了。据我了解，现在浙江以及其他几个省，已经由省政府、省人大作出决定，审到了省厅这一级。前不久，中央的四大商业银行和一家政策银行，还有一家证监会主要领导人进行岗位交流，总理就提出来要对他们进行离任审计。当时我觉得压力很大。一个银行系统资产都是几万个亿，有的行长当了好多年，怎么审查，怎么评价？但是国务院很重视，我们拿了一个方案向国务院汇报，国务院还召开总理办公会听取汇报，提出了更明确的要求。现在这项审计工作还正在进行中。经济责任审计对我们既是一个挑战，也是一个机遇。而且我们现在面临的是，随着机构的改革，从人员的数量来看，也许还会有所减少。任务重，人员少，矛盾是很突出的。所以我感到我们面临的任务越来越多，要求越来越高、越来越严。

今年年初总理听取我们汇报的时候，又明确提出审计工作必须抓重点，因此全国审计工作会议提出要突出重点领域、重点部门、重点资金的审计，要抓重点问题。什么是重点问题？就是那些严重的违法违纪问题和经济案件。当然这个严重的违法违纪案件在各级体现也是不一样的。但总的一条，各级审计机关必须突出重点。过去毛主席讲过，没有重点就没有政策。这一点我们必须明确，不能平均使用力量。各个地区、各个部门有各自的重点，不同的时期有不同的重点。这个重点怎么确定，我觉得就一条：围绕地方党政领导关心的经济工作中的重点、热点问题。这一条无论如何不能动摇。所以署党组提出来“二十字”方针，依法审计是我们总的指导原则，求真务实既体现了我们党的思想路线，体现了我们实事求是的基本原则，实际上也提出了我们审计的重点应该放在真实性上。这是第一句话和最后一句话。中间提到围绕中心、突出重点、服务大局。我们的重点必须是服务大局的，围绕中心的。也就是说，领导、政府最需要你干的就是重点。对整个改革开放，对经济的发展，对社会的稳定，最起关键作用的就是重点。这个认识，我觉得各级审计机关一定要坚定不移。人员少、任务重，不抓重点就达不到我们应该达到的目标。我们的指导思想一定要贯彻“二十字”方针，一定要立足全局，围绕地方党委、政府的经济工作中心去抓住我们审计的重点。

三、以“三个代表”重要论述为指南，加强“人、法、技”基础建设

各级审计机关要以江泽民总书记提出的“三个代表”重要论述为指南，围绕着“一个中心，三个基础”，做好我们的各项工作。一个中心就是以审计工作为中心，三个基础就是人、法、技建设。为什么要提“人、法、技”？这是针对我们审计机关的现状提出来的。现在我们审计机关不仅有一个人员数量不足的问题，更重要的是现有人员素质有待于提高。我们的审计队伍总体来说是很好的，思想水平、精神状态，还有廉洁自律，我不是说没有这样那样的问题，但总体来说是比较好的。但是和我们的任务相比，和总书记提出的“三个代表”相比，我们还有很大的差距。这个差距在哪里呢？主要体现在我们审计队伍的专业结构、审计人员的知识面不能适应审计工作的需要。从目前我们审计队伍来看，原来多数是从事会计工作的，或者是会计专业毕业的，这样的人比较多。应该说我们这些同志对财政财务，对会计知识还是比较熟悉的。但是对宏观理论、综合知识，特别是现代财政知识、金融知识、企业管理知识了解不够，熟悉计算机的人也不算多。这样就限制了我们审计人员的工作思路，相对来说宏观的意识就比较弱一些。因为审计工作不仅是涉及财务会计知识，你要真正使审计发挥作用，提高工作水平，审计人员的综合知识是非常重要的。

另外，据了解有些基层审计机关，非审计人员和审计人员的比例不够合理。有些地方，特别是有些县级审计机关十几个人，但真正搞审计的也就是三、五个人。我曾到过一个县审计局，十三、四个人，局长就八个，两、三个局长管一个科，这怎么行啊。可能山东没有这种情况。我是赞成搞机构改革的，不要看人多，要看真正搞审计的、真正有水平的有多少。我希望通过机构改革，明确审计机关中审计专业人员和非专业人员之间的比例，对进入市、地、县审计机关的人员进行考核、考试。总之，当前审计机关加强队伍建设是一个很重要的任务，就是要按照江总书记提出的“三个代表”的要求，以人为本，加强培训，提高我们各级领导班子、审计队伍的素质。同时通过改革，通过人员的不断更新，改变结构，增强审计队伍的战斗力。

现在应该说我们已初步建立了以《宪法》为根本、以《审计法》和《审计法实施条例》为核心的审计法律体系。但是我们也面临一个问题，就是审计的规范问题。要防范风险，像我前面讲的真实性问题，如果你审计了半天，对被审计单位的重大问题没有发现，审计是应该负一定责任的。但是应该负什么责任，审计到什么程度算你尽到责任，这里就有一个审计标准问题，一个质量标准问题。因此，我感到当前审计机关逐步形成一套和国际基本接轨的审计准则体系非常重要。最近署里已开始陆续颁发一些审计基本准则和其他一些专业准则。干什么工作都得有标准，搞机械制造的、搞工程的都知道，国标、部标，都得有个标准，没有标准怎么行，怎么说你合格？审计也要有个标准。现在我们没这个标准，就带有一定的随意性，这是我们最大的风险。所以我们要逐步地使审计工作规范化。当然制定规范是一个方面，当前最大的难题是执行规范。因为我们有很多做法已形成一种惯性，人的这种惯性，包括生活惯性和工作惯性，要想改变是不容易的。因此我希望各级审计机关，包括审计署，不仅仅要着眼于制定规范，更重要的要着眼于落实规范，制定了就要执行，这个任务很重。但是没有规范就没有质量。“人”，说到底是人的素质问题，“法”，说到底是一个审计质量问题。靠什么去保证我们的审计质量？靠人的素质去保证，同时还要靠我们的规范去保证。人的水平再高，如果没有规范，质量也很难保证。我们搞工艺的同志知道，你要生产一个产品，首先要设计，然后要编制工艺规程，按工艺规程进行生产，还要进行质量控制，进行检验。没有这样的程序怎么保证质量。你水平再高，工人技术再好，没有标准也生产不出好的东西。所以我们讲的“法”，关键是要进一步规范，要有准则，要有标准。在这方面我们面临着繁重的任务，还要逐步研究探讨。

比如，经济责任审计最大的难度在于怎么去对一个人进行评价，也就是首先要解决怎么去审，审什么，审计的标准是什么。没这个，弄不好就会出问题。明明有问题，你没有审出来，将来要负责任；或者人家明明没什么问题，你小题大做，评价不当，影响干部的使用，人家也会有意见。怎么准确地把握这个问题，这就涉及到经济责任审计的评价体系问题，评价标准问题。审计准则、审计规范是我们一项很重要的基础建设，我希望各级审计机关予以高度重视。大家可以共同探讨，积极探索。总之，我们的工作要有规矩，要依法审计，审计的主体要依照一定的法规来规范自己的工作。这是讲的“法”。

第三个“基础”是指审计技术基础建设，即“技”。去年我给总理汇报的时候是说的“器”，我当时想的就是要改善我们的工作条件和审计手段。总理讲，“器”不如“技”，“器”讲的是硬件，是物质的东西，“技”不仅有硬件，还有人的因素，要提高技术水平。因此，我们把“器”改成“技”，这个“技”包括两个方面，第一是采用现代的审计手段，第二是掌握现代的审计技术，集中反映在利用计算机作为审计的辅助手段。这个问题非常重要，因为随着现代科技的发展，计算机的推广应用已经摆在我们面前了，已经迫在眉睫了。我们的被审计单位，我们的审计对象，计算机的推广应用已经远远走在我们前头了，如果审计机关去审计人家，在这个问题上处于落后的状况，就会失去审计的资格。进不了门，打不开账。据我了解，我们遇到过这种情况。我们的人到被审计单位去，被审计单位把软件拿出来，说我的账都在这里头，你审吧。我们的审计人员束手无策，人家很瞧不起。坦率地讲，审计机关在这方面差距是很大的，不光是地方审计机关，包括审计署。从去年开始我们就反复讲这个问题，一个就是要有必要的装备，更重要的是提高我们审计人员使用计算机的水平。这两年我们搞了培训，搞了考试，说实在的，这种培训考试只是一个启蒙教育，真正要想用计算机开展审计，我们的距离还很大，路程还很远。我们现在虽然也推广一些软件，包括最近开发的海关、金融、企业审计系统，但软件的开发仍是一个薄弱环节。还有一个薄弱环节就是软件开发出来后的应用。我们有很多审计干部习惯于传统做法，认为使用新的软件可能比他们现在的做法更麻烦，钻不进去。我希望同志们一定要记住一条：不赶快在计算机审计软件开发运用这个问题上赶上时代的要求，我们将失去审计资格。所以我呼吁我们审计人员要抓紧学习，各级审计机关要搞好培训，赶快培养、起用一批年轻人，充分发挥他们的作用。各级审计机关的领导同志，在这个问题上一定要重视，思想要解放，要以很大的力量去推动这项工作。如果大家都重视起来，都去不停地抓这件事情，我想它一定会有发展。

最近署里作了个决定，今后凡是提拔处以上干部，计算机考试不过关的一律不提，其他方面再好也不行。江总书记在论述“三个代表”思想时，讲到当前国际形势的几个特点，其中就讲了一条，国际现代科技的发展将对各方面产生深刻的影响。现代科技发展日新月异，如果我们现在还死守着算盘，死守着翻账本（当然账本还要翻，你就是用计算机，原始凭证也还要翻）是不行的。我们不仅要学会使用计算机，对现代的科技也应该有所了解。你将来要审计各种经费、各种财政支出，你对一些基本的现代科技的东西一点都不了解，怎么能搞好审计？署里准备在下半年召开一次计算机审计工作的经验交流会，我希望山东省在这个会议上能够介绍你们的经验。计算机的推广应用，关系到我们怎么提高工作效率，怎么保证审计质量的问题。希望每一个审计局起码有三、五个骨干，不行就送出去培训，或者请外边人来讲课，也可以跟有关的科研机构、学校合作研究开发。我相信只要大家思想上高度重视，这项工作一定会有很快的发展。

当前审计工作最重要的，就是各级审计机关怎样紧紧围绕地方党委政府的经济工作中心，抓住重点，更好地为改革开放，为经济发展，为社会稳定大局服务，这是我们指导思想的核心。同时，各级审计机关要提高审计队伍素质，提高审计工作效率和质量，要抓好队伍建设，抓好法规建设，抓好技术基础建设。这几条是我们今后若干年要坚定不移地坚持下去的。如果我们始终按照这个思路、这个指导思想坚持下去，也许经过机构改革以后，我们的人员会相对减少一点，但素质比现在将会有大大的提高，我们的工作效率、工作影响将会比现在有更大的提高。我衷心地希望山东省各级审计机关在各级党委、政府的正确领导下，百尺竿头，更进一步，作出更大的贡献。

统一思想　扎实工作
把经济责任审计工作不断推向深入

——在全国经济责任审计工作会议上的讲话

李金华

（2000年10月26日）

同志们：

经党中央、国务院批准，中纪委、中组部、人事部、监察部和审计署联合在这里召开全国经济责任审计工作会议。这是一次贯彻落实党中央、国务院领导同志关于经济责任审计工作的重要指示和中办、国办文件精神的重要会议，也是第一次专题研究和部署经济责任审计工作的全国性会议。会议的主要任务是，以邓小平理论和江泽民同志关于“三个代表”的重要思想为指导，深入学习和贯彻党的十五大、十五届四中、五中全会精神，总结交流经济责任审计工作的基本经验，统一思想，提高认识，研究贯彻落实中办、国办两个暂行规定，进一步做好经济责任审计工作的意见，安排部署当前和今后一个时期的经济责任审计工作。现在，我受中央五部委的委托，讲几点意见。

一、从全局和战略的高度，充分认识开展经济责任审计工作的重要意义

在世纪之交的重要时刻，国际国内形势都在发生前所未有的变化。我们党在领导建设有中国特色的社会主义进程中，面临着许多难得的历史机遇，同时也面临着严峻的挑战。我们党要在跨世纪的征途上，顺利地推进社会主义现代化事业，经受住各种困难和风险的考验，关键取决于干部队伍素质。加强干部队伍建设，不断提高干部队伍素质，不仅要注重加强对干部的培养教育，而且要注重加强对干部的监督管理。我们党的三代领导人都非常重视党内监督，特别是干部监督工作。毛泽东同志早在全国胜利的前夕，就告诫全党：“中国革命是伟大的，但革命以后的路程更长，工作更伟大，更艰苦。这一点现在就必须向党内讲明白，务必使同志们继续保持谦虚、谨慎、不骄、不躁的作风；务必使同志们继续保持艰苦奋斗的作风。”六十年代，邓小平同志指出：“要把管理和监督干部的经常工作好好地建立起来，把监察工作好好地加强起来，把干部的鉴定制度恢复起来，这样做极有好处。对干部中存在的问题，经常抓就容易解决。”江泽民同志一贯主张要从严治党，对领导干部一定要严格教育、严格管理、严格监督，他在论述“三个代表”的重要思想时强调：“必须进一步增强党的凝聚力和战斗力，必须抓紧解决党内存在的突出问题，必须适应新的情况，不断提高党的领导水平和执政能力。”三代领导人的重要论述，把干部监督的指导思想、基本方针、工作方法、制度建设，讲得十分明确透彻，是我们党在革命和建设，特别是改革开放条件下，加强干部队伍建设实践经验的科学总结，是我们做好干部监督工作的行动指南。十一届三中全会以来，特别是近几年，为认真贯彻落实从严治党的方针，我们党采取了一系列重大措施。实践证明，从严治党，必须加强干部监督。把组织监督与审计监督有机结合，实行领导干部任期经济责任审计制度，是新形势下加强干部监督的有力措施。只有深刻认识和牢牢把握关于从严治党、加强干部监督和“三个代表”的重要思想，才能把开展经济责任审计工作的自觉性和主动性建立在更加坚实可靠的理性基础上。当前，我们必须进一步统一思想，从全局和战略的高度充分认识开展经济责任审计工作的重要意义。

第一，开展经济责任审计，是加强干部监督工作的一个重要环节。在领导干部的选拔任用中严格把关，对确保党的路线的贯彻执行具有关键意义，对干部队伍建设具有重要的导向作用。选拔任用干部要严格把关，必须有科学的考核方法和完善的监督机制，多方面、全方位地了解干部的德能勤绩，运用切实有效的法规制度，约束和规范领导干部的行为。经济责任审计是以领导干部所在单位的财政财务收支为基础，通过对领导干部任期内的经济指标完成情况、作出的重大经营决策情况、执行国家财经法规情况以及个人遵守廉政纪律情况等方面的审查考核，可以在一定程度上判断领导干部是否具有从事经济工作所必需的政治素质和决策水平，也能正确评价领导干部是否正确履行其经济职责，是否严格执行国家的有关财经法纪。这就为干部管理部门正确选拔任用干部提供了重要的参考依据，准确的考察领导干部的经济责任也因此成为干部监督的一个重要环节。同时，通过对领导干部的经济责任审计，对广大干部也有所教育、有所警诫、有所镜鉴，从而达到在选拔任用领导干部过程中不仅设“关”，也要设“防”的目的，切实把党的选拔任用干部的方针和政策贯彻落实好。

第二，开展经济责任审计，是从源头上预防和治理腐败，促进领导干部廉洁勤政的一项重要措施。随着我国改革开放的深入和社会主义市场经济的不断发展，领导干部肩负的发展经济的任务越来越重，责任越来越大。领导干部是否坚持围绕经济建设这个中心，正确运用手中权力，依法、合理、有效地分配和管理使用国家资金，不断促进经济和各项事业的发展，是关系到我国改革开放和社会主义现代化建设能否顺利进行的重要问题。当前，财经秩序方面存在着不少问题，综合分析这些问题产生的原因，都与一些部门、企业的少数领导没有正确行使权力和认真履行职责有关。主要表现在：一是违反民主、科学的决策程序，个人或少数人说了算，造成决策的重大失误，导致国家财产的损失浪费；二是工作失职，疏于管理，给违法犯罪分子造成可乘之机，造成公有资产和国家资金的流失；三是在经济工作中急功近利，不按客观经济规律办事，甚至弄虚作假，利用不正当手段骗取政绩；四是不顾国家和人民群众的利益，为了本单位的利益，挪用专项资金，私设“小金库”，少数人甚至贪污受贿，堕入犯罪的深渊。从这几年揭露出的大案要案看，领导干部个人经济犯罪问题比较突出，不仅涉及的领域很广，有的涉及多个部门和多个环节，有的相互勾结、共同作案，而且犯罪的手段越来越隐蔽。一些领导干部以权谋私、权钱交易等屡屡得逞并且无所顾忌，在很大程度上又反映出对领导干部管理偏松，监督不力，缺乏行之有效的监督机制。通过全面推行领导干部经济责任审计制度，可以进一步加强对领导干部的监督，严肃查处那些无视财经法纪、违法犯罪的干部，促使领导干部不断提高管理水平，增强遵纪守法意识和自我约束能力，从政治上关心和爱护干部，推动党风廉政建设和反腐败斗争的深入发展。

第三，开展经济责任审计，是推进依法行政、依法治国的有效手段。领导干部是否严格遵守国家的法律法规，是否严格执行党和国家的政策，是否依法办事、依法决策、依法处理问题，直接反映出领导干部依法行政的能力和水平，关系到依法治国方略能否实现的问题。依法治国的关键是严格执法，依法行政是严格执法、依法办事的具体表现，是社会主义法制的中心环节。实行领导干部经济责任审计制度有助于将领导干部权力的行使置于有效的监督之下，防止领导干部失职、越权以及滥用权力，促使领导干部自觉增强法制观念和法律意识，学会并善于运用法律手段领导经济工作、管理社会事务，规范自己的行政行为，引导领导干部依法用权、依法行政。

第四，开展经济责任审计，是促进领导干部自觉实践“三个代表”重要思想的一项有效保证。江泽民同志关于“三个代表”的重要思想，是在新的历史条件下推进党的建设的伟大工程，是加强党的思想、组织、作风建设的行动纲领，也为做好新时期的干部监督工作指明了方向，是从全局高度对新形势下全面加强党的建设作出的战略性思考。“三个代表”重要思想的提出，为从严治党和干部监督管理提出了新的更高的要求和标准。领导干部一般都掌握着一定的权力，接触面广，影响大，特别是县级以上领导干部是我们党的事业的骨干和中坚力量，其行为的好坏对整个干部队伍有着重要的导向作用。如果他们不带头遵守财经法纪，不自觉维护国家和人民的利益，甚至贪赃枉法堕落腐败等，我们的党就不会有凝聚力和战斗力，就不能适应改革开放和社会主义现代化建设事业的需要。推行经济责任审计制度，就是紧紧抓住领导干部这个重点，加强监督，防止领导干部把党和人民赋予的权力变成谋取私利的工具，促使领导干部自觉维护党和人民的利益，以更高的标准严格要求自己，自觉实践“三个代表”的重要思想，带领人民群众实现跨世纪的宏伟目标。

二、经济责任审计工作取得明显成效，在干部管理监督中发挥了积极作用

经济责任审计是随着我国改革的深入和社会主义市场经济的发展，为适应干部监督工作的需要而产生的。从八十年代开始，审计机关按照党中央、国务院的要求，开展了全民所有制企业厂长（经理）离任审计。十几年来，各地积极探索，大胆实践，由对企业厂长（经理）离任审计逐步发展到对机关、事业单位领导干部进行任期经济责任审计。近几年，特别是去年中办、国办下发经济责任审计两个暂行规定以来，各地区、各部门在党委、政府的领导和支持下，统一认识，大胆实践，不断探索和改进审计方法，经济责任审计工作已在全国范围初步推开。据统计，1998年至今年6月，全国共有2630个地方先后开展了党政领导干部经济责任审计，占应开展的84.6%，其中有445个地方开展了县级以上党政领导干部经济责任审计工作，有2591个地方开展了国有企业领导人员经济责任审计工作，占应开展的83.7%，累计完成经济责任审计项目5.7万个，审计党政领导干部4.2万人，审计企业领导人员1.5万人。同时，各部门、单位的内部审计机构也按照有关规定积极开展了经济责任审计。从各地、各部门情况看，经济责任审计工作已全面展开，并已取得了明显成效，为加强干部管理和监督发挥了重要作用。

第一，完善了干部的管理监督制度，为干部管理部门考核、使用干部提供了参考依据。经济责任审计是运用审计手段，以有关的数据和经济指标评价领导干部任期经济责任，用客观事实评价领导干部的经济业绩，组织、人事部门将审计结果作为考核、使用干部的重要参考依据，有利于树立正确的用人导向。据统计，1998年以来，各级干部管理部门参照审计结果对领导干部平调25500多人，提拔3300多人，免职、降职3800多人。

第二，强化了对领导干部执行财经纪律的监督，促进了党风廉政建设。经济责任审计主要是审计领导干部任职期间所在部门、单位的财政财务收支情况，时间跨度大，审计内容比较全面，工作中能够得到大部分群众的支持、配合，不仅可以查出一些隐匿较深的问题，还可以发现一些大要案线索，及时揭露和查处经济犯罪问题，清除干部队伍中的腐败分子。1998年以来，通过开展经济责任审计，各地共查出贪污、受贿、挪用等个人经济犯罪问题金额5.9亿元。审计后被撤职200人，受党纪政纪处分470人，移送纪检监察和司法机关查处1010人。1999年，南京市在对城建开发总公司原总经理进行离任审计中，查出19人有涉嫌经济犯罪问题，移交司法机关后，有13人受到处理，其中厅级干部1人，处级干部6人。

第三，增强了领导干部的责任感和自我约束意识，提高了严格履行职责的自觉性。经济责任审计是一面知人用人的明镜。通过经济责任审计，对干部任期内履行经济责任的情况有一个比较全面客观的评价，使政绩突出的干部得到充分肯定，违反财经法纪的干部受到查处，从而促进了领导干部认真履行职责，带头依法办事，自觉遵守财经法纪。江苏省海门市将经济责任审计发现和查处的大案、要案，在全市范围内公开通报，用身边活生生的案例教育警示干部，促进了领导干部廉洁奉公，依法办事。同时，经济责任审计还是一面警诫后人的明镜。通过审计，能使接任者吸取经验教训，引以为戒。湖北谷城银纺集团公司原经理任职期间因经营管理不善，造成企业连年亏损，审计后被就地免职。接任者吸取前任教训，积极采纳审计建议，调整生产经营方式，强化企业内部管理，在纺织行业普遍不景气的情况下，使企业走出困境，年创利税上千万元，成为地方重点骨干企业。

第四，严肃了财经法纪，维护了正常的经济秩序。开展经济责任审计不仅评价领导干部任期经济责任情况，同时还揭露、查处被审计单位违反财经法纪的问题，维护正常的经济秩序。据统计，1998年以来，各地通过开展经济责任审计，共查出各种违反财经法规金额961.7亿元，损失浪费金额61.8亿元。吉林省审计1023名领导干部，共查出资产负债损益不实金额14.69亿元，损失浪费金额1.35亿元，违反财经法规金额11.52亿元，国有资产流失金额1251万元。对查出的这些问题，审计部门依法进行处理，严肃了财经法纪。

实践证明，党中央、国务院关于开展领导干部经济责任审计的决策是非常正确的，对于加强新时期干部管理和监督、促进党风廉政建设具有十分重要的意义。各地区、各部门在开展经济责任审计中不仅取得了明显的成效，同时也探索和积累了一些比较成熟的经验和做法。主要是：

（一）坚持依靠党委和政府的领导。经济责任审计的对象特殊，工作难度大，离开各级党委和政府的重视与支持，是很难开展的。党中央、国务院高度重视经济责任审计工作，朱镕基、胡锦涛、尉健行等中央领导同志都曾作过重要批示。朱镕基同志多次指出，要抓好经济责任审计，特别是“一把手”的审计，同时要积极开展县级以上领导干部经济责任审计。今年初，朱镕基同志还亲自主持召开总理办公会议，研究讨论中央金融机构领导人员的经济责任审计方案。审计署根据总理办公会议的决定，从4月份开始，组织力量对中国银行等六大金融机构领导人员进行了经济责任审计，并向国务院提交了审计结果报告。地方各级党委、政府十分重视经济责任审计工作，许多地方已形成了党委统一领导，政府直接抓，纪检、组织、监察、人事和审计等有关职能部门分工协作、各司其职、具体实施的经济责任审计工作格局。有的地方成立了有党政主要领导参加的经济责任审计工作领导小组，负责领导协调本地区的经济责任审计工作；有的地方党政主要领导亲自抓经济责任审计工作，经常听取审计情况汇报，阅批审计结果报告。据统计，截止今年6月，各地已成立由党政主要领导为组长的经济责任审计领导小组622个，其中省级13个，地市级115个，县级494个。今天将在会上交流发言的8个地方，经济责任审计工作都搞得很有特色，他们一条基本的经验就是当地党委、政府高度重视，切实加强了对经济责任审计工作的领导。

（二）加强部门之间的协调配合。经济责任审计的内容复杂，涉及面广，必须依靠纪检、组织、监察、人事和审计等部门加强经常性的协调与配合，齐抓共管，共同组织实施，才能取得成效。去年10月份，中央五部委建立了经济责任审计工作联席会议制度，先后召开两次联席会议，加强相互沟通和协调，有力地促进和指导了全国经济责任审计工作的开展。地方各级纪检、组织和审计等部门根据实际工作需要，普遍加强了相互协调。一是建立经济责任审计联席会议制度，设立经济责任审计办公室。据不完全统计，截止今年6月底，全国已有16个省、153个地市、749个县建立了经济责任审计联席会议制度，定期召开会议，研究制定审计计划，通报审计结果的运用情况。二是明确划分职责任务，把经济责任审计工作纳入部门年度工作目标责任制，融入纪检、组织、监察、人事、审计等部门的日常工作中，形成了齐抓共管的良好局面。有的地方基本做到了在审计前，纪检、组织、审计部门相互通报被审计领导干部的有关情况；审计中，纪检、组织部门对领导干部及所在单位配合审计情况进行督促、检查，及时排除阻力，对审计发现的大要案线索及时查处。实践证明，凡是纪检、组织、监察、人事和审计部门之间相互配合好的地方，经济责任审计工作成效就比较显著。

（三）建立和完善规章制度。经济责任审计工作政策性强，要求高，风险大，必须通过建立健全法规、制度，规范运行，才能保证审计质量。近年来，中央和地方在开展经济责任审计过程中，十分重视建章立制工作。一是制定指导性的法规文件。去年，中办、国办下发了经济责任审计的两个暂行规定，今年，中办、国办转发了中央六部委《关于认真贯彻落实中办［1999］20号文件，切实做好经济责任审计工作的意见》，为深入开展经济责任审计工作提供了法规依据。最近，审计署又主持制定了两个暂行规定实施细则，准备提交这次会议讨论后下发。据统计，全国有20多个省及大部分市、县根据两个暂行规定，建立或进一步完善了地方经济责任审计的制度和办法。辽宁、山东、江苏等省还以人大立法的形式，出台了有关经济责任审计的地方性法规。山西省、内蒙古自治区部分市、县（旗）人大作出决定，凡提交人大常委会任免的干部，没有审计结果报告不予讨论。二是制定了经济责任审计工作规范。山东省菏泽地区建立了审计结果运用制度，明确规定将经济责任审计结果，分别记入干部实绩档案和廉政档案，作为干部选拔任用和监督管理的重要依据。湖北省部分市、县建立了审计结果通报制度、审计决定及建议督促落实制度。有的地方还建立了经济责任审计责任追究制、双向承诺制、廉政回访制等制度，强化审计及组织人事、纪检监察等部门的责任，严格审计质量管理，规避审计风险。由于这些制度、规定的建立与完善，有效地保证了经济责任审计工作的健康有序进行。

（四）改进审计方法、提高工作效率。针对经济责任审计任务集中与审计力量不足的矛盾，同时为了避免重复审计，提高工作效率，各地在工作中注意不断改进审计方法，探索和总结了一些好的经验。一是经济责任审计与财政财务收支审计相结合。天津、甘肃等省市把经济责任审计与预算执行审计、专项资金审计、企业资产负债损益审计相结合，在财政财务收支审计中，将涉及领导干部经济责任及其个人廉洁自律的资料，存入“领导干部经济责任审计档案”，以备离任审计时利用，逐步把经济责任审计由离任时一次性审计变为经常性监督。今年初，天津市塘沽区选择了5个单位，采取经济责任审计与预算执行审计一次进点，同时进行，审计结束后分别写出两个审计报告，收到了较好的效果。二是离任审计与任中审计相结合。黑龙江、湖北、内蒙古等地为了解决经济责任审计任务集中、时间要求紧的矛盾，每年初由组织部门与审计部门协商，有计划地安排一定数量的单位进行任中审计，既减轻了集中离任审计时的工作压力，又可以及时发现问题，有效地防止领导干部因决策失误或管理不善造成损失，到离任审计时已无法挽回的情况的发生。三是国家审计与内部审计、社会审计相结合。上海市针对现有的市管、区（县）管企业多为规模大、经营多元化并实行国有资产授权经营的实际，采取统一领导、统一组织，国家审计机关、内部审计机构和社会审计组织分工协作、分级分层审计的方式，1997年至1999年，市和区（县）审计局累计完成253家市、区（县）管企业领导人员的经济责任审计，抽审子公司659个，内部审计机构共完成企业经济责任审计6768项，社会审计组织接受委托完成了市管企业所属的308家子公司的经济责任审计，有效地扩大了审计覆盖面，推动了经济责任审计工作的全面开展。

（五）健全机构，充实力量，保障经费。经济责任审计是党中央、国务院赋予审计机关的一项新的任务，要求高，难度大，组织协调的任务很重，客观上要求必须配备相应的机构，充实一定的力量，提供必要的经费。最近，一些地方党委、政府根据经济责任审计工作的需要，在机构、人员和财力上采取相应的措施，为开展经济责任审计工作创造了良好的条件。有的专门增设了经济责任审计机构，增加了人员编制；有的单独成立了事业性质的专职审计机构，选调了一批政治业务素质高的人员从事经济责任审计工作。据统计，截止今年6月，全国已成立专职审计机构467个，配备专职人员1402人，其中省级已有22个设立或拟设立经济责任审计机构。在经费上，有的实行经济责任审计项目计划与经费计划同时下达，有的实行经济责任审计经费专项拨付制度。由于这些地方的机构、人员和经费有了保障，从而有效地保证了经济责任审计工作的顺利开展。

三、认真落实两办规定，进一步推动经济责任审计工作的深入开展

中办、国办关于经济责任审计的两个暂行规定下发后，有力地推动了全国经济责任审计工作的全面开展，促进了经济责任审计工作的规范运行。但从全国范围来看，贯彻落实两个暂行规定的任务还很重，实际工作中还存在不少困难和问题。主要是：一些地方对经济责任审计认识不高、重视不够，工作发展不平衡，有的地方至今没有真正开展起来；经济责任审计有关法规不够健全，缺乏必要的配套措施，工作不够规范；经济责任审计工作量大、任务重与审计力量不足的矛盾比较突出，有些地方经费十分困难，难以开展这项工作等。这些问题需要我们在今后的工作中认真研究解决。

为了进一步贯彻落实两办规定，切实推动经济责任审计工作的深入开展，当前及今后一段时期内，经济责任审计工作的重点要放在推动、发展、规范和提高上。推动即认真落实两办规定，积极推进经济责任审计工作在各地区、各部门全面开展，迅速普及，不留空白；发展即在坚持搞好县级以下党政领导干部经济责任审计的基础上，认真总结经验，积极开展县级以上党政领导干部经济责任审计试点，不断扩大审计范围；规范即进一步健全和完善规章制度，理顺工作关系，逐步建立起规范化的经济责任审计工作体系；提高即深化审计内容，改进审计方法，不断提高经济责任审计工作质量。同时，要充分利用审计成果，提高干部的管理和监督水平，进一步加强党风廉政建设。因此，各地区、各有关部门要认真贯彻落实中央领导同志对经济责任审计工作的重要指示精神和中办、国办关于经济责任审计的有关规定，进一步统一思想，提高认识，健全和完善规章制度，全面深化经济责任审计工作，积极开展县级以上党政领导干部经济责任审计试点，有计划、有重点、有步骤地把经济责任审计工作引向深入，逐步实现经济责任审计工作的制度化、规范化。当前，应抓好以下几项工作：

（一）切实加强领导，积极为经济责任审计工作创造条件

开展经济责任审计，是新时期加强对领导干部管理监督、促进党风廉政建设的一项重要举措。各级党委、政府及有关部门要进一步统一思想，从讲政治的高度充分认识开展经济责任审计工作的重要性，把经济责任审计作为党委和政府工作的一项重要内容，列入议事日程，并采取切实有效的措施，确保经济责任审计各项工作落到实处。要切实加强对经济责任审计工作的领导，有条件的地区应成立由党委、政府主要领导参加的经济责任审计工作领导小组，领导和规划本地区的经济责任审计工作。地方主要领导要加强调查研究，主动了解和掌握经济责任审计工作的新情况、新问题，经常听取经济责任审计情况汇报，帮助解决审计工作中的问题和困难，为经济责任审计工作的发展创造良好的内外部环境。

（二）逐步健全经济责任审计工作机构，充实审计力量

中办、国办两个暂行规定要求各省、市、县都应建立联席会议制度。1999年10月，中纪委、中组部、监察部、人事部和审计署建立了中央五部委经济责任审计工作联席会议，在指导、规划和协调全国经济责任审计工作方面发挥了积极的作用。各地要按照中办、国办两个暂行规定的要求，尽快建立健全相应的联席会议制度，负责协调、指导本级和本地区的经济责任审计工作。各有关职能部门要在各级联席会议办公室的指导下，加强联系，相互配合，各司其职，各负其责。政府各主管部门也要负责领导和协调好本部门、本系统的经济责任审计工作。

地方各级党委、政府在机构改革中要按照中办、国办［2000］16号文件的要求，建立健全各级经济责任审计机构，充实和加强经济责任审计工作的力量，切实保证审计机关开展经济责任审计工作必需的经费，将经济责任审计所需的经费列入本级

财政预算，实行专款专用。各级行政机关、企事业单位要根据经济责任审计工作的要求，完善内部审计机构，充实内部审计的力量，切实搞好本部门、本单位的经济责任审计。

（三）加强法规制度建设，逐步规范经济责任审计工作

经济责任审计工作是在各地试点的基础上逐步开展起来的，虽然工作开展较早，但各地做法不一，亟需规范。当前，重点要加强以下几方面的法规制度建设。一是制定指导性的法规文件。审计署根据两办规定起草的两个实施细则，经本次会议讨论后，将尽快下发。今后还要根据经济责任审计工作发展的需要，特别是县级以上领导干部经济责任审计工作的试点情况，对两办规定及时予以补充和完善。二是制定协调性的工作制度。主要制定联席会议的有关工作制度和规章，规范和约束各有关职能部门在经济责任审计工作中的行为，明确各自的工作职责。三是制定审计工作具体操作规范。要通过总结和分析经济责任审计工作的经验和做法，制定经济责任审计操作指南。同时，对各地实践中一些比较好的、成功的做法，如审计回避制度、责任追究制度等，也要适时加以规范。此外，由于经济责任审计工作涉及面广，各地工作开展的程度不一，全国情况不尽相同，各地还要根据本地情况和实际需要制定适合本地区的制度办法。在这方面，有些地区做得比较好，已经积累了一定的经验，制定了一些行之有效的规定和办法，值得学习推广。

（四）积极开展试点，努力探索县级以上党政领导干部经济责任审计的路子

为切实贯彻落实两办规定，当前，各地区、各部门要采取有力措施，全面推进县级以下党政领导干部和国企以及国有控股企业领导人的经济责任审计工作的开展。目前还没有开展的地区要由主要领导直接负责，加强督促检查，尽快落实到位，确保明年年底前，在全国范围内普遍推开。同时．根据中央领导同志的指示精神和中办［2000］16号文件的要求，从明年起，各地要积极开展县级以上党政领导干部经济责任审计的试点，逐步扩大审计范围。目前，已经开展了县级以上党政领导干部经济责任审计工作的，要认真总结经验，努力提高审计质量，逐步予以推广。没有开展的地区，要积极试点。明年，审计署要组织力量，选择一、两个省或副省级城市以及国务院部门的领导干部开展试点。省级和地（市）级审计机关，也应选择一定数量的下级政府和本级政府部门的领导干部进行试点，取得经验后，再逐步推广。各部门特别是实行垂直管理的部门也要在取得一定经验的基础上，积极开展县级以上领导干部经济责任审计工作试点。

（五）加强监督检查和业务培训，不断提高工作质量

为了确保经济责任审计工作质量，要加大监督检查力度。明年适当的时候，中央五部委将统一组织力量，对各地、各部门贯彻落实两办规定、开展经济责任审计工作的情况进行一次检查。地方各级党委、政府和有关部门要对本地区、本部门开展经济责任审计工作情况进行自查，发现问题及时纠正。同时，国家审计机关对内部审计机构和社会审计组织开展经济责任审计的情况，也要加强监督检查，确保审计工作质量。

各级审计部门要加强业务培训，采取分级分层次培训的方式，对经济责任审计人员进行全面培训，不断提高业务水平。审计署和省级审计机关在搞好自身干部培训的同时，要负责对下一级审计机关业务骨干的培训。要加强经济责任审计基本理论和技术方法的研究，为经济责任审计工作提供理论支持。要充分利用新闻媒体，加大宣传力度，不断扩大经济责任审计工作的影响。

同志们，刚刚结束的党的十五届五中全会审议通过的《中共中央关于制定国民经济和社会发展第十个五年计划的建议》，明确提出了未来五年我国国民经济和社会发展的重要指导思想、目标和战略任务，描绘了我国在新世纪第一个五年经济和社会发展的宏伟蓝图，是指导我们在新世纪伟大进军的行动纲领，同时也为我们今后更好地开展经济责任审计工作指明了方向。让我们高举邓小平理论伟大旗帜，认真贯彻落实江泽民“三个代表”的重要思想，开拓进取，扎实工作，把经济责任审计工作不断推向新的发展阶段。

李金华审计长在全国经济责任审计工作会议结束时的讲话

（2000年10月28日）

同志们：

刚才何勇部长对这次会议的收效和成果作了全面、深刻的总结，对如何贯彻落实这次会议精神提出了具体要求。特别是提出的纪检监察部门要支持经济责任审计工作的几点要求，对我们审计部门是个很大的教育和鼓舞。希望参加这次会议的同志回去后，把会议的精神及时向各级党政领导汇报，把这次会议精神认真贯彻落实好。由于党中央、国务院领导的高度重视，我们五部委认真准备以及全体代表的共同努力，这次会议虽然时间短，但取得的成效很大，达到了预期目的，取得了圆满成功。借此机会，我再补充几点意见：

一、要开展好经济责任审计工作必须取得地方党委和政府的高度重视，这是一条基本经验，但五部门密切合作、相互配合是前提条件。这些年来，审计工作之所以取得明显成效，与纪检监察、组织人事等部门的支持是分不开的。这次会议结束后，五部门要共同研究如何把这项工作做好。审计机关要真正履行好审计职责，主要有三个靠山。一是靠纪检监察部门。没有纪检监察部门的支持，没有纪检监察部门对审计线索的立案、审查、处理，审计不可能发挥这么大的作用。二是靠组织部门。特别是经济责任审计，如果没有组织部门的支持，这项工作是无法进行的。三是靠司法机关。目前审计过程中遇到的许多问题需要移交司法机关，这些年司法机关对我们的工作也给予了很大的支持。对纪检监察、组织和司法部门这些年来对我们审计工作的支持非常感谢，并希望我们这些部门今后要继续密切配合好。首先，组织部门是经济责任审计的需求部门，审计机关从对干部的经济责任的审查、鉴定的角度，为组织部门监督、管理和考察干部提供一定的依据。我希望各级组织部门根据实际需要提出需求，审计机关要按照组织部门的需求，切实履行好自身的职责。审计人员一定要牢牢地树立质量意识，确保审计质量，这一条很重要。有些同志提出了如何利用好审计成果的问题，我看有两方面，一方面是组织部门怎么运用，另一方面是我们审计成果的质量怎么样，就是说，这个审计成果组织部门能不能用，值不值得用，我看这是关键。所以，我们审计机关如何按照中办、国办两个暂行规定的要求，根据组织部门的需要，认真开展好经济责任审计工作，提高审计质量，这是问题的关键所在。其次，纪检监察部门的监督、检查、支持以及对一些问题的揭露和查处，对审计机关开展好经济责任审计工作也非常重要。我想，如果我们这三家能继续密切配合好，经济责任审计工作一定会取得更大的成效。许多代表在这次会议上提出，地方各级党委和政府应该进一步提高对经济责任审计工作的认识，我看这也有个前提条件，就是我们应该把这项工作做好。如果我们把这项工作做好了，各级党委和政府肯定会重视，这对加强干部监督管理，从源头上遏制腐败都是有利的。

二、要加强对经济责任审计工作的宣传。从全局角度，从加强干部监督管理和反腐倡廉角度，对经济责任审计工作进行充分宣传非常重要，但在宣传过程中不要把经济责任审计的作用无限夸大。应该看到，经济责任审计仅仅是科学地考核干部，加强干部监督管理，从源头上惩治腐败的一个举措、一个环节、一个方面。宣传工作一定要牢牢把握这一点，不能言过其实，说过头话。

三、要根据各地实际，逐步建立经济责任审计工作规范。同志们对提交这次会议讨论的两个“实施细则”和“意见”提出了很好的意见，会议结束后，我们将认真修改，尽快下发。经济责任审计特别是对党政领导干部的离任审计开展的时间不长，各地情况不一，进展也不平衡，我们马上出台一些统一的、具体的规定和办法，我看时机还不成熟，但是目前制定一些基本的规范还是必要的，不能开始就对很多问题规定的很死。各地要在党委和政府的领导下，按照中办、国办两个暂行规定和有关法规的要求，怎么做有效，怎么做党委和政府满意，就怎么做。经过一段时间总结，逐步规范，不能搞一刀切。对于建立联席会议由谁牵头的问题，要根据各地实际情况来决定。对先离任后审计、还是先审计后离任的问题，现在也不适宜作统一规定。经济责任审计要与公务员考核任用等法规制度一致起来，要统筹考虑这些问题，要逐步规范，不要急于统一。

四、审计机关要把好质量关，审一个就要审好一个。现阶段，我们审计机关力量不足，审计人员的素质也不一定能够满足这项工作的需要，所以需要一个不断实践、总结和提高的过程。我们的态度要积极，工作要扎实，要保证审计质量，不能单纯地追求数量，审得再多，如果质量不行，还不如不审。我们要本着对干部本人负责，对组织部门负责，对党的事业负责的态度扎扎实实地把当前的工作做好。

五、审计机关要坚持“几个结合”。要把经济责任审计与经常性的审计相结合，在日常的审计中就要为经济责任审计做准备，积累资料，不能搞成“两张皮”；要把任期审计与任中审计相结合；把国家审计与内部审计和社会审计相结合。各级审计机关要积极主动地与各部门联系，主动协调，主动争取支持。五部门要多商量，密切配合好，齐心协力，共同把这项工作做好。我相信，经过一段时间的努力，经济责任审计工作一定会取得明显成效。

认清形势　提高认识
进一步加强审计机关信息化建设

——李金华审计长在全国审计系统计算机开发应用成果展示会上的讲话

（2000年11月16日）

同志们：

党的十五届五中全会通过了《中共中央关于制定国民经济和社会发展第十个五年计划的建议》，《建议》以邓小平理论和党的十五大精神为指导，总结了改革开放20多年来的实践，从历史的高度和世界范围的广度，深刻地分析了处于世纪之交的中国面临的机遇和挑战，提出了迈向新世纪国民经济和社会发展的战略任务和指导方针。这是指导我们推进社会主义现代化建设的一个纲领性文件。《建议》明确指出，制定“十五”计划，要把发展作为主题，把结构调整作为主线，把改革开放和科技进步作为动力，把提高人民生活水平作为根本的出发点。这充分体现了江总书记“三个代表”的重要思想。审计工作必须认真贯彻党的十五届五中全会精神，紧紧围绕五中全会提出的总体任务和工作大局，为实现《建议》提出的各项任务服务。要想提高审计工作的总体水平，更好地发挥审计监督作用，我们必须坚持不懈地抓好“人、法、技”建设，其中，提高审计人员的技术水平和审计工作的科技含量，对于提高审计工作效率和提高审计人员的素质，对于审计队伍的建设、队伍结构的更新，对于提高审计工作质量，加强廉政建设是非常重要的。加强信息化建设，提高审计工作的科技水平，不仅仅是一个方法手段问题，对于审计工作来讲也是一场革命。

为了推动这项工作，我们这次进行了计算机开发应用展示活动，这也是尝试。这次展示对我个人来说，是一次教育，是一次鼓舞，是一次鞭策。展示活动搞得比较成功，从展示的结果来看，虽然我们的水平不是太高，但对审计系统来说，这是一次检阅，一次竞赛，一次学习，一次促进。广大审计干部在自己的工作实践中，按照党中央和国务院的要求，努力推进我们的信息化建设，取得了一定的成效。所以这次展示不仅是审计信息化成果的展示，更主要的是对我们整个审计系统广大干部精神风貌的一次展示。在这么短的时间，就审计系统来说，搞出这样水平的展示，我觉得非常不容易。这是我们很多单位对这次展示高度重视的结果，反映了我们审计队伍良好的精神状态，良好的精神风貌。这次展示是一次现场学习，有一些审计机关来了不少同志，而且谈得很细，会下进行了广泛的交流、学习，同时也是一个推动，经过这次展示，再过一两年，我们审计机关的信息化建设将会有一个新的面貌。

借此机会我对今后信息化建设讲几点意见，概括起来就是三句话：认清形势，提高认识，切实加强。

一、认清形势

我们广大审计干部，特别是各级领导，在加强信息化建设的问题上，必须从整个世界、整个中国这个大环境中去认识。如果认不清这个形势，就没有一个很强的紧迫感。当前国际形势的特点主要是科技革命迅猛发展，给世界经济发展带来了新的动力，信息化已经成为当今世界经济发展的一个主流。在以信息技术为先导的新的技术革命的推动之下，世界经济特别是发达国家的经济出现了一些新的特点和变化，产业结构和经济结构进一步向技术知识密集型转变。我们知道美国经济已经长达近十年持续的发展，主要得益于新的技术的运用和产业技术的调整。随着现代技术革命和经济全球化的加快发展，近两年来，以信息产业为标志的新经济结构越来越凸现出来。全球的信息化迅猛发展，对经济、社会、文化各个领域将产生极为深刻的影响。因此我们要了解全球信息化的发展趋势，认清我们所面临的机遇和挑战，认清我们的形势、面临的任务和压力。

第一，信息技术发展非常快。1965年半导体物理学家摩尔提出了一个半导体的芯片集成，当初提出芯片集成度每18个月要翻一番，30年来芯片集成度增长了6000倍。过去一块芯片可以装3000个晶体管，现在可以装10的7次方的晶体管。计算机的功能几十年来提高了3亿倍，到2005年，计算机的计算能力每秒钟将达到千万亿次。过去十年间，光纤的传输速率几乎每年翻一番，近年来不到半年就翻一番。1985年我在中央党校学习的时候，光纤的传输是一个非常新的技术，当时感觉整个电信的传输系统，整个信息传输系统将发生一次很大的革命，在这么短的时间内，已经成为现实，这真是一个奇迹。人工智能将得到广泛的运用，计算机可以识别各种声音和图象，具有学习和推理的功能，而且具有一定的语音能力，现在计算机人机语言的对话基本实现了。当然有些还是带有设想性，但是我觉得时间不长，将会很快成为现实。

第二，信息产业化已经成为经济增长的主要推动力。在西方一些国家，特别是一些发达国家，信息化成为经济增长的一个重要推动力。有资料表明，1995年到1998年美国的信息技术及相关产业对国内生产总值增长的贡献率在三分之一以上，就是说，它的国内生产总值贡献率30%以上是信息技术产业所提供的。1998年全球的电子产品市场规模为11300亿美元，相当于我们国家的国内生产总值，相当于美国的国内生产总值的十分之一，今年预计达到13000亿美元。全球的电子产业市场对整个世界经济增长的贡献率达到百分之十四点几。美国的经济持续增长，去年四季度有一个月经济增长率达到7%，如果它的国内生产总值增长10%，相当于我们国内的生产总值。

第三，互联网和电子商务高速增长。全球互联网用户1996年不足4000万户，目前达到2．6亿户，预计到2005年全世界将达到10亿户，互联网的信息呈爆炸性增长。目前全球在电子商务的市场贸易总额已经达到了1500亿美元，预计到2003年可以达到13000亿美元，将增长近10倍。未来十年，国际贸易将会有三分之一通过电子商务来实现。

对发达国家来说，完成了工业化进程以后，进入了全球信息化阶段。但是我们国家现在的工业化还远远没有完成，所以对我们来说重要的是要走具有中国特色的信息化建设道路，把信息化与工业化密切结合起来，以信息化带动工业化，以工业化推动信息化。就是说我们想把工业化完成了，再走信息化的路子是行不通的，应该说我们受到双重的压力。我们中国的审计工作也一样，走完西方的审计路子，再走审计信息化的路子也是不行的。所以这个问题对我们是一个很大的压力，但也是一个动力和机遇。

第四，中国信息化建设表现了强劲的发展趋势。我国电子信息产业的产值，1995年是2400亿元，到1999年四年时间增长了4800亿元。通讯业务收入1995年是986亿元，到1999年达到了2803亿元，四年时间就增长了两倍。这些年我们的信息建设设施也有相当规模的增长，到1999年已经建成的光缆的总长是100多万公里。程控电话交换机的总容量达到了1．6亿门，全国的电话用户达到1．5亿，当然城市的普及率高一些。其中固定电话网络规模居世界第二位，移动电话网络规模居世界第三位，而广播电视网居世界第一位。应该说我们国家这方面的发展速度还是比较快的。我们的互联网也在迅速发展。目前国内网站的中文站点有17000多个，大的网络9个，现在更引起我们重视的是，一些大的信息工程，如国务院的“金桥”，海关的“金关”，税总的“金税”，金融的“金卡”等，也在进一步完善之中。

虽然信息化建设在迅速发展，但是我们与发达国家比还是有很大差距的。所以党中央国务院对这项工作非常重视，江总书记几乎逢会必讲，讲世界形势，讲世界科技发展的趋势，讲中国面临的挑战和机遇。江总书记有一句很有名的话，实现四个现代化哪一化都离不开信息化。我看这句话是讲到家了。从尖端技术、国防到日常生活，哪一个地方都离不开信息化。

朱总理最近也提出，要积极地运用现代科技手段，特别是先进的信息技术，加快政府管理信息化建设，这是适应国民经济和社会信息化发展的迫切要求，各级政府、各部门都要把推进行政管理信息化作为一件大事。党的十五届五中全会提出三个方面的任务，第一是要在全社会广泛地应用信息技术，提高计算机和网络的普及应用程度。第二是加强现代信息技术的基础建设，第三是要加速发展信息产业。

最近中央的一些方针、政策、规划，领导的一些讲话，都把信息化建设作为一个重要的内容。应该说，有一些审计干部是重视这个问题的，但是有一些同志在这方面知之不多，所以最近我们编了四本书，要大家学习，其中有一本就是现代科技。我希望大家要加强学习，我们审计队伍不要落后于整个时代的要求。

审计系统信息化建设，虽然取得了良好的开端，取得了初步的进展，但是也面临着繁重的任务。这些年来大家认识有所提高，特别是提出了加强“人、法、技”建设，按照总理的指示，这两年做了一些工作，取得了一些成效。在人员培训上，在审计软件开发上，在计算机的推广应用上都做了一些工作。现在全国大概有近两万审计人员具备计算机初级水平，软件开发40多个，整个计算机的推广应用，条件比原来也有所好转。但是应该看到我们现在的发展很不平衡，差距很大。各个地区，各个审计机关之间有一定差距，我们和其他一些部门，科技含量比较高的部门差距就更大了。我们有好多单位，计算机配得不少，但是发挥的作用很小，好多单位计算机就是打字。近两年来在署党组的直接领导下，家义副审计长组织了有关专家进行了反复的讨论研究，初步制定了审计信息化建设的规划。朱总理、忠禹国务委员也非常关心和重视，做了重要的批示，中央各部门也给了很大的支持。今后，我们的目标主要是按照标准化、规范化、科学化的要求，逐步实现审计全过程的电子化和自动化，以提高审计效率，提高审计质量。

二、提高认识

首先是领导的认识要提高，特别是一把手要提高认识。任何一个单位，工作搞得怎么样，水平如何，关键在这个班子，在一把手。所以这次演示许多单位一把手来了，有些单位没有来，我希望你们回去把我这个话原原本本地给你们一把手传达。你一把手不重视，别人没有办法，这一点我体会太深了。当然我不是说什么都是一把手说了算，但是你一把手毕竟是把握全局的。对于信息化建设问题，应该把它提高到贯彻我们党的基本路线，贯彻十五大精神上来认识，因为它体现了发展是硬道理的思想，要发展，不加强信息化建设是发展不了的。要把信息化建设看成是我们审计系统审计工作的一场革命，是对我们传统的审计思想、审计方法的一次挑战，在一定时期内使我们审计队伍的人员结构、知识结构更加合理。将有一批年轻的、学历比较高的、知识面比较广的审计人员，走上审计的骨干岗位。不要求我们的一把手都成为这方面的专家，关键看你抓不抓这项工作。所以我觉得提高认识首先要把它提高到贯彻党的基本路线，贯彻十五大精神，推动审计的革命这个高度来认识，如果我们审计人员不掌握计算机技术，不加强信息化建设，我们是要失去审计资格的。

其次要把信息化建设，把计算机的推广应用，看成是我们提高审计效率，改善审计手段，提高审计质量，降低审计成本，加强廉政建设的一个重要的途径。现在我们不可能要求政府再给我们增加编制，我们就这么多人，面临那么多审计对象，实践已经证明，好多单位利用计算机，效率提高几倍，几十倍，我们必须靠计算机审计。如果说我们计算机用好了，将来我们坐在家里，通过网络进行审计不是不可能的。审计人员出去以后，带着手提电脑，可以把信息传输回来，然后在家里进行审计。1986年我到悉尼访问，那里的审计人员是不到现场审计的，他们有一个计算中心，一个信息中心，被审计单位所有的财务资料都输到这个信息中心，在家里你需要那个单位的资料就可以进行审计。要不了多长时间我们是可以实现的，如果将来财政支付中心建立起来，那我们这个目标实现得就更快。所以我们必须看到整个形势的发展变化。

当前要破除四种思想障碍，提倡四种精神。一是畏难情绪，我自己不懂不了解，就把它看成很难，一再强调忙，我遇到这样的人太多了，包括署机关的司（局）长，总是强调工作忙，审计任务重，没有时间，但是不解决信息化的问题，你永远是忙，你忙可能忙不到点子上。所以要从根本上解决问题，要解决审计手段问题，要提高我们审计技术含量。明年审计工作总的想法是压数量，上质量，审计项目要压缩，不要安排这么满。我们要从长远发展的角度看这个问题，要拿出一些精力加强审计信息化建设。

二是强调没有资金，没有人才，没有技术。这是一个思想问题，思想解放了，我看什么都有。为什么有一些单位能做到，另外一些单位做不到呢？关键在于思想是否解放，领导是否重视，等是等不来的。南京审计学院这些年在计算机的开发运用，计算机教学上有一个很大的飞跃，但是我们审计署没有专门给它经费。关键看钱是怎么用的，你说没有人才，难道江苏省的人才特别多？南京办的人才特别多？我看不是。人才就在你眼皮底下，看你会不会用他，看你能不能把他的积极性调动起来，挖掘出来。就是一个好的成功的软件，成熟的软件，也要根据你的实际进行研究才能用。我觉得等待思想在我们相当一部分人中还是存在的，等国家给你大量投入是不可能的。而且有一些工作是不需要大量投入的，你有计算机，怎么使计算机充分发挥作用，我看就不需要大量投入。

三是满足现状。觉得我的日子过得还可以，审计项目每年都完成不少，每年还能查出不少违纪问题，上交财政也不少，还发了简报，得到领导表扬，国务院领导还有批示，觉得还不错。现在还不错，但是能把这个现状维持多久呀？满足于自己的经验，对新的技术，新的方法不屑一顾，这是推动我们整个“人、法、技”建设，特别是信息化建设的一个很大的障碍。在这个问题上，审计署机关、派出局、特派办特别严重。署机关，派出局，还有特派办不是走在前头的，而总是强调忙，满足现状，没有一种紧迫感。很多工作都有这个问题，计算机的推广应用，审计准则的贯彻落实。据我了解计算机人员培训，署机关、派出局是最差的，我也承认你们忙，是不是真的忙到这个程度？所以我想，在这个问题上，我希望署机关、派出局、特派办的同志，在这儿好好地看一看，好好地想一想，我们在这个问题上，应该采取什么态度。

四是求全责备，总想找一个万能的办法。任何计算机、任何软件都不是万能的。所以往往有一个好的软件在用的过程中遇到困难了，就不用了，嫌麻烦。这个思想障碍很大，这也是一种资源的浪费。任何一个新的东西你要用它，就要学习它，研究它，我们好多人自身的水平达不到，好多先进的功能用不起来。所以一个好的软件，你要真正推广使用，还有一个过程。

总之，现在我们有很多的思想障碍，我觉得最大的思想障碍就是懒惰情绪，畏难情绪，这种懒惰不是说大家不想干活，实际上都很累，都在加班加点地干，但是这种懒惰是智商的懒惰，智力的懒惰。不愿意动脑筋，满足现状，迟早会维持不下去的。

要提倡四种精神。第一要有进取精神，就是在新技术的推广应用上，我们要敢于下功夫，舍得下功夫。只要你下了功夫，结果就会不一样。今年我到一个特派办，对他们的信息化建设很不满意，我跟特派员讲，半年之内没有变化，你就下台。我走后，特派员亲自带队，组织一些人到一些单位学习，回去组织专人抓，最近听说工作还是有变化的。所以我觉得我们不能等！就是要有一种进取精神，我们能办的事情，就一定要办好。而且我感到只要我们领导、一把手提高认识，措施是切合实际的，就没有办不到的事。就看你敢不敢抓，是不是狠抓，是不是抓住不放。

第二要有实践精神，不要等什么条件都具备了，才行动起来。现在起码都有计算机，下点功夫还是能搞出点东西的。据江苏省厅的领导讲，原来老在计算机上玩游戏的人，现在都成了开发应用的骨干了。我总想，一个大学毕业生，你给他一定条件，鼓励他，给他出题目，给他一定任务，要不了多长时间，肯定能搞出东西来的，我完全相信这一点。这次有的省提出拿来主义，我赞成。把人家开发的东西，把计算机本身可用的一些功能用起来，从最基础的、最简单的开始，这样用了以后，大家感到兴趣了，慢慢就钻进去了。事物都是从低向高发展的，你要求大家一下子都成为计算机专家是不可能呀！只要勇于实践，就一定能走进这个大厦，进去就能提高，慢慢就会成为专家。所以要提倡一种实践精神，鼓励年轻人大胆地实践，大胆地去闯去干。

第三要提倡协作精神。不要搞封闭，应该是开放式的，不要自成体系，你也研究一套，我也研究一套，这是不行的，一是搞不出来，二是资源浪费。我们要提倡"借台唱戏"，人家有的东西，我把它借过来，根据我的实践再改造它。云南审计厅根据云南烟厂比较多的特点，搞了一套适合云南烟厂的审计软件，就是在烟厂的会计软件基础上，再改善提高，它应用的范围越来越大。又如海南搞了一个神机妙算，我觉得都有自己的一些特色。所以只要下功夫，就能搞出东西，人家的东西都可以拿过来。拿来主义，但不是说拿来就能用，你要经过自己的转化，经过自己的研究，适合自己的特点。

第四要提倡求实精神，就是从自己的实际出发，从点滴做起。现在做得好的单位，要看到自己的不足，不断地提高水平，没有搞起来的单位，你从最简单的搞起，不要搞一鸣惊人，这里面有一个循序渐进、培养兴趣的过程。开始他不懂，慢慢的他搞成功一项，他可能就要不断地去开发它，提高它，完善它。要提倡新疆的工作精神，如果要讲困难，新疆的困难不少，地处西北，又是一个少数民族地区，语言各方面都有很多困难，但他们从自己的实际出发，尽力而为，先学习别人的，再提高自己的。所以不要搞一刀切，全国都要搞成一个水平是不可能的。审计署对西部地区也会给一些支持，主要是两个方面，一是人才培养，二是提供审计软件。

三、切实加强

希望大家回去实实在在地做点工作。首先一条就是领导班子、一把手要切实重视。一把手要亲自过问，亲自督办，要给这方面工作提供一定的条件，一把手尽到主要责任。各单位应该有一个专人去抓这件事，要培养一批骨于，要有过硬的措施。将来要把信息化建设工作作为对一个单位考核的重要的内容。在一些县，真正推广计算机使用，有一定难度。它在经济条件、人力资源、信息量等方面都有一定难度。但审计署机关是有条件的，所以希望我们机关要起带头作用，各司局都来人了，你们认真地思考一下这个问题，作为一项重点工作认真去抓。要有一个规划，而且要有切实可行的措施，计划订好了以后，要有人去盯，要落实到人。从实际出发，先动起来，再逐步发展。

其次我们要培养一支骨干力量，光靠一般性的培训是不行的，南京办的经验很值得推广。它分三个层次，有5、6个人属于专家型的，水平比较高，可以搞软件开发；还有20个人属于骨干，在计算机软件推广应用上，这些人可以帮助解决一些问题，主要靠这些人；第三层次是一般的审计人员，软件来了以后，经过培训，他们都可以用。这是一个很重要的经验，如果没有这些人，工作达不到这个程度。我希望各单位要培养一批这样的骨干，你一个处出这么一个人，不算大专家也算一个小专家，出了一般的问题，他可以去给你解决，有的自己还能搞小模块，用起来很方便，所以要培养这样的人。我提议，经过一二年审计署能不能培养200人？从各单位抽人出来，让他们集中学习，封闭培训。这是我们推行信息化建设的一支骨干力量，它是一批我们培养的小老师。司局搞这么一二个，特派办搞这么三五个，派出局有一个也行。明年我们抽调一批人，关起门来进行培训，这个问题一定要下功夫，没有这批人，你很难把工作推开。在这个基础上，我们再培养一些比较高层次的计算机人才。计算机的培训还可以推动其他方面的培训，业务培训，外语培训等，所以一般的培训还要搞，但是重点培养骨干。

第三要加强思想政治工作。这项工作阻力还是不小的，为什么说这是一场革命，说到底就是人的问题，就是说有一些原来的审计骨干，如果不学习，不适应新的历史条件，可能这些人就要逐步地被淘汰。一项新的技术推广，阻力是很大的，来自哪儿？来自我们一部分人的思想保守，来自一部分人自己水平不高，还不让比他高的人走到他前头去。这是一个很大的障碍，是一个不小的阻力，所以希望变阻力为动力，做好工作，希望这些同志适应形势去学习，如果你觉得确实学不了，那你让比你强的同志来干。随着形势的发展，总有一些相形见绌的人员退出历史舞台，这是很正常的，但是我们自己要尽量去学习，赶上这个形势，不要被历史所淘汰。为什么讲是一场革命，是一场人员结构的调整，就是这个道理。希望通过信息化建设，通过计算机的推广应用，使我们一大批有才华的年轻人尽快地成长起来。提倡实用主义，怎么用好，怎么能解决问题，怎么能提高效率，怎么能培养人才，怎么能提高审计人员的素质就怎么搞，走弯路也不要紧，没有笔直的路可走。但是不管怎么样，首先你要动起来，要做促进派，要满腔热情地去做，我的任务就是摇旗呐喊，逢会必讲，这一两年我走到哪儿讲到哪儿，我希望这次比过去讲的更管用。

下一步工作重点抓好以下几方面：

（一）逐步开发完善一批适合审计工作的审计软件。审计署下一步可以组织一些科研人员、审计人员对现有的正在使用的软件进行评估，比较好的进行推广，同时要搞好用户服务。要改变这种千军万马开发软件的状况，不要都去开发，现在想开发一个很成熟的、层次比较高的软件是不容易的，有一些软件已经搞出来了，现在是怎么推广应用的问题，防止资源的浪费，重复开发，否则结果都不完善，都是半拉子工程。在这方面审计署要加强指导。计算机本身的很多功能我们还没有把它充分地用起来，现在已经开发的一些软件，尽管还不完善，但是基本可用的就应该把它充分用好，所以没有必要家家户户都去搞软件开发，我们也没有这么大的力量，也没有这样的水平。所以要集中力量搞出比较好的、实用的若干个软件，然后进行推广，搞好服务，搞好指导。

（二）建立一个信息丰富的数据库群。建立数据库很需要。现在我们已经有一些了，如法规库，办公自动化的一些管理数据库，但是还是要把被审单位的数据库建立起来。这个事我已经讲了好几年了，现在真正做到的不多。为什么我老强调这个问题呢？过去我们审计，我总感到是一种不完整的审计，我把它叫做瞎子摸象的审计。偶然性很大，到一个单位去，根据我的经验，查到什么就是什么，查完了以后回来写一个报告。这个单位总体状况如何，你并没有掌握，等到下次再去审计，以前的状况就已经丢到一边了，重新开始。所以被审计单位数据库要建立起来，把它的资料逐步掌握住，每年不断往里加以补充。

例如经济责任审计，一个企业的厂长、经理，或者一个单位的领导，一个行长，他在这儿干了五年、十年，没有大量资料积累你怎么去审计，无从下手。所以要把日常的审计，经常性的审计和经济责任审计结合起来，经济责任审计必须建立在经常性的审计基础之上。最近我们给国务院起草一个报告，强调国有企业的审计以经济责任审计为中心，日常审计要为经济责任审计积累资料。所以被审计对象的资料库，审计署要组织力量赶快把它建起来。现在审计署审计中央各部委，你们各省都审计各个厅局，对中央各部委，省各个厅局的整个财务状况，资金状况要了如指掌，全面掌握它，很多事情是要进行比较的，要了解它的过程，只有了解它的过程进行比较，你才能发现它的问题。如果说我们每年审计，每年资料都掌握得很全，把资料一对比，就能很快地发现异常现象，很快地发现问题，任何事物的发展都是有规律的。我老讲一个道理，一个人最近十几年血压都是低压90，高压120，今天突然低压变成了110，高压变成160了，突然变化肯定有问题。我们审计查出的很多问题都是这样的。南京办给我介绍他们审计一个烟厂，发现它12月份销售额大幅度地上升，就觉得不正常，后来一查果然是假账，假销售。

现在资料最全的是统计局，统计中心。我们审计机关应该成为审计对象资料最全的单位，起码财务资料应该是最全的，当然这里面有一个保密问题，要把保密工作做好。

（三）要联通高效实用的广域网络。现在咱们局域网络都搞了，那么怎么样使这个局域的网络更好地发挥作用，怎样形成一些共享的平台，江苏做得比较好。江苏省、市、县都有网络，当然这里面需要一些投入。所以成果共享，资料共享，资源共享这一条很重要。

总之，重点还是领导要重视，一要培养骨干，二要全面推开，再一个就是加强指导，抓好这几个环节，信息化工作一定能在现有的基础上，取得更大的成就。所以这次展示对我们来说是一次尝试，是一次检阅，是一次学习，是一次竞赛，是一次促进，对我们党组来说也是一次很大的促进。党组有决心，坚决按照党中央国务院的要求，切切实实地把信息化建设工作抓好。我也希望各级领导，广大审计干部，一定要看到这个问题的紧迫性、现实性，我们已经迈出了步子，收获的季节离我们不远了。我希望广大审计干部，不光在我们审计系统内部，还要和其他部门，高等院校，科研部门密切地结合起来，借用他们的力量，借用他们的人才，学习他们的经验，把我们审计系统的信息化建设在现有的基础上推向一个新的阶段。这样我们就可以说我们无愧于新的世纪，无愧于审计工作所走的近20年的路程，无愧于全国人民对我们审计干部的期望。

刚才我虽然讲了我们存在的一些不足，但我还是要非常感谢我们广大的审计干部，我们一些领导，特别是从事信息化建设工作的广大骨干，他们为此做出了成绩，我代表党组向大家表示衷心的感谢。我希望大家继续努力，在现有的基础上，取得更大的成绩。

在全国审计工作会议结束时的讲话（摘要）

翟熙贵

（2000年1月22日）

根据会议讨论情况，就如何贯彻好国务院领导同志的重要指示，抓住重点，做好今年的各项工作，讲几点意见。

一、全面贯彻总理指示精神，切实抓好今年的三项重点工作

这次会议的中心任务是，根据总理的指示全面落实好今年的工作任务。总理指示的核心包括三项内容：一是准确理解和贯彻“全面审计，突出重点”的方针，抓好审计业务工作；二是抓好廉政建设，从严治理审计队伍；三是抓好干部培训，提高审计人员素质。各级审计机关和广大审计人员要全面理解和认真贯彻国务院领导的指示精神，努力做好今年的各项审计工作。

（一）全面理解和贯彻总理指示精神，进一步突出审计工作重点

总理在指示中再次重申审计机关要坚持全面审计，突出重点，依法严肃查处重大违法违纪问题和经济案件。总理的指示既是对去年审计工作成绩和审计方向的肯定，同时，也是对我们的工作提出了更高的希望和要求，要求我们进一步改进工作方法，提高审计工作质量，更好地发挥审计监督的作用。因此，各级审计机关必须全面准确地理解和贯彻总理的指示精神。在全面理解总理指示过程中，要注意把握和处理好三个方面的关系。一是处理好一般与重点的关系。按照总理的指示，突出重点的思想不能动摇，在各项审计工作中都要强调抓住重点，但是也要看到，没有一般，没有一定的审计监督面，就很难抓住重点。如果对被审单位的基本情况和家底都不清楚，重点问题就难以抓出来。因此，当前要注意防止两种倾向：一种是只注重审计面上的扩张，不分主次和轻重缓急，抓不住重点，这是当前要防止的主要倾向；但也要防止另一种倾向，即单纯为了抓案子，找几个重点问题，忽视审计的基础工作和审计的法定职责。二是处理好现阶段任务与长远目标的关系。总理的指示是针对现阶段的情况来讲的，在当前经济秩序混乱，违法违纪问题和经济犯罪比较突出的情况下，只有通过对重点领域、重点部门和重点资金的审计，发现严重违法违纪问题和经济案件，一查到底，严肃处理，才能引起震动，发挥审计监督的威慑作用。但我们也不要忘记审计工作的长远目标，审计工作还必须依照审计法的要求，对财政财务收支的真实、合法和效益进行全面审计，在抓紧完成当前主要任务的同时，不要放松对审计长远发展目标的研究和探索，包括审计理论研究和效益审计等。三是在抓重点中要处理好数量与质量的关系。单纯追求发现案件线索的多少，但一个都没有查深查透，质量不高，就难以发挥作用。我们必须按照总理的指示，集中力

量，抓住重点案件线索，彻底查深查透，审计工作才能见效，才能发挥作用。

为了更好地贯彻“全面审计，突出重点”的方针，在审计计划安排上，今年审计署主要突出了对重点领域、重点部门和重点资金的审计监督，这是署党组根据总理指示精神和现有人力资源状况反复研究确定的，署机关各单位、各派出机构和地方审计机关，一定要服从大局，集中力量，确保完成。除遇特殊情况并报经署领导批准外，不得随意追加其他的审计项目。地方各级审计机关也要本着有所为有所不为的原则，制定科学可行的审计计划，合理安排和使用现有人力资源，认真安排好今年的工作。同时，各级审计机关还要牢固树立质量意识，切实改进审计工作方法，抓紧建立被审单位数据库，加强审前调查和审计调查，认真研究制定审计实施方案，尽量压缩现场审计时间，逐步实现对被审计单位的经常性监督。要坚持执法必严、违法必究的原则，继续加大对重大违法违纪问题和经济案件的查处力度。在审计中发现的大案要案线索，一定要抓住不放，一查到底，严肃处理。对那些屡查屡犯、屡禁不止的严重违法违纪问题和重大经济犯罪行为，一经查实，要予以公开曝光，充分发挥审计监督的威慑作用。在审计工作中要紧紧依靠地方党委、政府和上级审计机关的支持，加强与有关职能部门的协调配合，对一些证据确凿的经济案件，可以在政府的协调下组织联合查处，或按程序移送有关部门，审计机关要对查处情况进行跟踪督办，一查到底。

（二）严格审计纪律，加强廉政建设

审计质量和廉政建设是审计工作的生命线。只有加强廉政建设，才能保证审计工作质量，才能得到党和政府的支持，人民群众的拥护，才能更有效地履行法律赋予我们的神圣职责，在推进依法治国，促进国民经济健康发展中发挥更大的作用。总理在指示中要求审计机关要严格审计纪律，从严治理审计队伍，建立一支清正廉洁、铁面无私的审计队伍。各级审计机关必须坚决贯彻执行朱总理的指示精神，从讲政治的高度来认识这个问题的重要性，进一步加强廉政建设，严格审计纪律，树立审计人员清正廉洁、公正执法的良好形象。当前审计机关廉政建设的总体情况是好的，但也存在着一些违反廉政纪律的现象，虽然这些问题是少数的，甚至是个别的，但必须引起我们的高度重视，绝不能认为问题不大或只是极个别的现象而放松要求。各级审计机关要认真学习江泽民同志在中纪委第四次全体会议上的讲话精神，加强对审计人员尤其是领导干部的廉政教育和监督，建立健全各项规章制度和内部制约机制，严格实行审计纪律领导干部责任追究制，强化审计机关的内部管理和财务管理。审计机关实行审计经费自理后，更应加强管理，严格监督，并接受其他部门的监督。这次会议讨论的《审计署关于加强审计纪律的规定》，提出审计人员外出审计时的“八不准”纪律，大家都表示赞成，并且已经国务院领导同志批准。审计署及其派出机构首先要不折不扣地贯彻执行。对违反廉政纪律的行为，要发现一个查处一个，绝不姑息迁就。对地方审计机关如何执行，会后审计署要发一个通知，提出贯彻落实的意见和要求。各省、区、市审计厅（局）要向政府汇报国务院领导同志的要求，争取尽快落实审计法关于保证审计经费的规定。地方审计机关经费有了切实保证之后，也要根据审计署的规定，结合实际情况，制定相应的实施意见，认真加以贯彻执行。

（三）下大力气，搞好干部培训工作

审计队伍素质的好坏，是一项直接关系到审计工作质量和审计事业发展的大事。总理在指示中对加强干部培训，建设高素质的审计队伍提出了殷切的希望，要求我们要采取一些特别的措施，认真制定规划，拨出专门的经费，加大培训力度，努力培养具有国际水平的审计专门人才。各级审计机关要认真贯彻总理的指示精神，把审计干部培训放到重要的位置，引起高度重视。要按照审计署《2000至2003年审计干部培训考试要点》的要求，坚持“以骨干带全员，以重点带一般，以考试促培训”的方针，切实加大培训力度，提高干部素质。要确定培训目标，保证培训时间，加大经费投入，编好培训教材，改进培训方法，分层次对各级领导干部和审计人员进行培训。今年，审计署将对审计系统厅局级领导干部以及署机关和派出机构的正处级干部，实行定期轮训，轮训内容初步确定为财税知识和WTO知识。署机关及各派出机构副处级以下的所有审计业务干部，每两年要参加一次岗位资格考试。地方各级审计机关要结合工作需要，制定切实可行的干部培训计划，按照下管一级，分层培训的原则进行培训。争取经过三年的努力，在全国审计系统形成层次分明，重点突出，成效显著的干部培训新局面，逐步建立一支政治素质好，业务能力强，具有科技创新意识，清正廉洁，客观公正的审计干部队伍，以适应快速发展的审计事业的需要。

二、需要明确的几个问题

这次会议讨论中，大家提出了一些需要研究解决的问题，同时，还向审计署提出了一些很好的建议。有些问题和建议在具体讨论过程中已经形成了共识，有了比较明确的说法。在这里，我再讲三个方面的问题。

（一）关于减少审计项目后如何保证审计质量问题

今年署里压缩了统一组织的审计项目，任务虽相应地有所减少，但对工作的要求更高了。这样做的目的是为了更好地集中力量，讲究实效，查深查透，保证质量。必须十分明确，适当压缩审计项目，不仅是一个简单地收缩战线的问题，这是根据总理的指示，改进工作方法，提高审计工作质量的需要。因此，压缩审计项目后，要务必增加深度，提高质量，讲求实效，做到不查则已，要查就查深查透，查得被审单位心服口服。要掌握少而精的原则，抓住重点，集中力量，务求突破。要合理使用现有的审计力量，确保统一组织的审计项目计划的完成。同时还要留有余地，完成党政领导交办事项，认真搞好干部培训，切实加强审计技术基础建设。

（二）关于金融审计项目的安排问题

为了更好的贯彻总理指示，突出重点，保证质量，今年审计署的金融审计只安排了特派办对部分省市的农业银行进行审计，地方审计机关不参加。在讨论中，有的地方同志对这样的安排提出了意见，要求参加对中央国有商业银行的审计。对这个问题，署党组经过认真研究，今年的审计项目计划安排维持原定计划不变。之所以这样安排，就是为了减少统一组织的审计项目，便于地方审计机关能围绕当地党委政府的中心工作，安排好自己的工作重点。就金融审计来讲，地方审计机关应当进一步重视和加强对地方金融机构的审计监督问题。从我们了解的情况看，近年来，地方特别是沿海发达地区的商业银行和非银行金融机构发展很快，数量也越来越多，但由于种种原因，监管比较薄弱，管理比较混乱，违规经营严重，不良资产比重较大，有的甚至发生支付危机，风险隐患较大。这些问题如果不及时地加以解决，任其发展，将危及社会稳定的大局。因此，地方审计机关要根据中央经济工作会议的有关要求和地方政府的统一安排，有重点地开展地方金融机构审计。通过审计，揭露和查处存在的突出问题，保进加强管理，依法经营，防范和化解金融风险。

（三〕关于地方审计机关机构改革的问题

党政机关进行机构改革是党中央、国务院做出的重大决策，改革不是简单地精简人员，关键是要优化结构，提高素质。因此，从全局来看，进行机构改革非常必要，势在必行，审计机关也不能例外。在讨论中，大家提出要求审计署出面找地方政府做些工作，希望不减或少减人。对这个问题，朱总理在指示中已经说明白了，要求我们讲两句话。这充分说明了总理对审计工作非常了解、关心和体贴，希望大家回去以后如实向党委和政府汇报，具体怎么改，由地方政府根据实际情况确定。我们也应该看到，不少地方审计机关确实存在人员结构不合理的问题，为了优化结构，提高素质，保证审计工作质量，审计机关内部也有改革的必要。尽管目前地方审计机关的任务很重，尤其在开展经济责任审计后任务更重，但还是要按照总理提出的少而精的原则，利用机构改革的机会，优化人员结构，提高审计队伍整体素质。

翟熙贵副审计长在2000年全国行政事业审计工作会议上的讲话（摘要）

（2000年3月9日）

一、1999年行政事业审计工作取得了显著成绩

1999年，对审计机关来说是不平凡的一年。在党中央、国务院和地方各级党委、政府的领导下，各级审计机关加大审计监督力度，严格审计执法，揭露和查处了一批性质严重的重大违法违纪问题和大案要案，有效地发挥了审计监督的作用，扩大了审计的影响。审计工作得到了国务院的充分肯定，受到了人大和社会各界的好评。这些成绩，是各级审计机关共同努力取得的结果，也是包括行政事业审计在内的各项专业审计成果的综合体现。

1999年，我们行政事业审计工作取得了很大的成绩。行政事业审计工作认真贯彻朱总理的指示和全国审计工作会议精神，坚持“依法审计，服务大局，围绕中心，突出重点，求真务实”的审计工作方针，紧密围绕党和政府的工作中心，有效地开展了各项审计。不仅积极参与了对政府部门的预算执行审计、党政领导干部任期经济责任审计，协助有关部门查处了大量经济案件，而且集中力量，很好地完成了对法院、检察院系统的审计和部分高校的审计任务，为推进依法治国方略和科教兴国战略方针的落实，促进廉政建设，发挥了积极作用。在审计监督的力度、影响和效果等方面，都取得了新的突破，主要表现在以下几个方面：

第一，突出审计工作重点，抓大案、要案的意识明显增强。1998年底，朱总理作出了审计机关要全面审计，突出重点，注意发现大案要案线索和执法必严、违法必究的重要指示。这是根据我国当前财经秩序混乱，违法违纪问题突出的现状提出来的，是当前政治经济形势对审计工作的客观要求，也是当前和今后一个时期审计工作的指导思想。去年的全国审计工作会议和全国行政事业审计研讨班，就如何贯彻落实总理指示精神提出了明确要求。一年来，各级审计机关广大行政事业审计工作人员，不断深入领会总理的指示精神，改进审计方法，加大审计力度，严格审计执法，揭露和查处了一批性质严重的重大违法违纪问题和大案要案线索，取得了较大成果。据统计，1998年全国行政事业审计工作中共向司法机关移送案件214件，建议给予行政处分246人。而1999年共向司法机关移送案件484件，比上年增加了126%；建议给予行政处分419人，比上年增加了70%。值得指出的是，我们查出的这些经济案件，相当一部分是发生在司法机关的执法犯法案件，问题的性质就更加严重。去年在法院、检察院审计中就发现重大涉嫌经济案件81件，涉案人员达103人，涉案金额达2807万元。比如重庆市审计局行政事业审计处在审计重庆市第二中级人民法院时，发现该院执行庭1999年3月前开设有过渡账户，该账户的收支和管理十分混乱，不排除有人利用工作之便将巨额资金搞体外循环谋取私利的可能，审计组抓住这一线索，加大力度，向前后延伸，一查到底，在当事人极不配合的情况下，积极争取院领导的支持，终于查出该院执行庭庭长王万云挪用公款120万元给私人公司用作注册资本金的重大违法犯罪问题。重庆市审计局及时将这一重大案件移送市检察院立案查处。现已审结，王万云被判处5年有期徒刑。此案被列为重庆市党员干部违纪违法九大案件之一。又如广州市东山区审计局在审计该区法院时，发现该院以前年度用诉讼费收入高息放款，收回的利息没有入账。审计人员通过检查会计张某存放在一个墙角地柜里的“小金库”，发现地柜下面还有几个账本。原来法院送给审计人员审查的账是假的，这几本账才是真的。审计人员通过深入追查，并在区检察院的配合下，很快查明了会计张某从“小金库”中贪污116万元的重大问题。此案已移送检察院立案查处。

第二，坚持依法审计原则，敢于碰硬的精神得到发扬。记得去年4月我在全国行政事业审计培训班上，针对一些同志对开展法院、检察院这“两

院”审计有些思想顾虑的实际情况，曾给大家提出了几点要求，一方面要求大家坚持依法审计、如实向党委、政府汇报，取得党政领导支持和“两院”的配合；另一方面鼓励大家要有“硬骨头”精神，勇于排除干扰，如实揭露和查处问题。实践证明，各级审计机关广大审计人员是忠于职守、敢于碰硬、坚持原则的，审计结果是令人满意的。不仅揭露出了“两院”系统在执收执罚、执行“收支两条线”规定和财务管理中存在的严重违纪违规问题达57.43亿元，而且还发现了重大涉嫌经济案件80多件，涉案人员100多人。审计结果向“两院”通报之后，引起了最高人民法院、最高人民检察院的震动，促进了法院、检察院系统加强管理。各地审计结果向党委、政府报告以后，也引起了党政领导机关的高度重视，很多地方党委、政府领导作出了重要批示，要求“两院”认真搞好整改。山西省对“两院”审计力度大、效果好，不仅省委、省政府、省人大很重视，而且引起中央、国务院领导的重视，朱总理作了重要批示，最高人民检察院和最高人民法院专门派人到山西督查，促进“两院”深入整改。

第三，审计质量进一步提高。署党组根据审计工作实际，1998年就提出要强化质量意识、防范审计风险。近两年来，广大审计人员的思想认识有了很大提高，确保审计质量的意识大为增强，实际效果也比较明显。去年行政事业审计工作的质量总体来说是好的。从各地审计机关和署派出机构上报的“两院”审计、高校审计的报告和审计信息来看，反映问题的事实清楚、定性准确，分析、建议等方面的质量是比较高的。我们向国务院提交的“两院”审计报告、高校审计报告的质量就是建立在这些报告的基础上的。最近，李审计长在审计署1999年工作总结大会上，专门表扬了高校审计中对“筒子楼”改造资金的审计问题。反映这个问题的审计信息引起了李岚清副总理的高度重视，批示审计署和教育部要一个问题一个问题地查证落实，使我们的工作经受了“三上三下”的反复检验。从某种意义上说，它不单单是对这份审计信息的检验，也是对审计署工作质量的检验。结果是我们经受住了检验，以质量赢得了信任和领导的重视。这说明要提高审计质量，不仅要有风险意识，更重要的是要有认真负责的工作态度，有扎扎实实、深入细致、精益求精的工作作风。我们应该继续发扬这种精神和作风，更加扎实地搞好行政事业审计工作。

第四，审计建议的针对性强，推动整改的效果明显。去年行政事业两项审计工作结束后，针对审计发现的问题，大家认真从管理上找漏洞，从制度上找原因，分别提出了一些有价值、有针对性的建议，收到了标本兼治的效果。比如审计中发现在法院诉讼费的管理制度上存在漏洞，多年来成为法院系统财务管理混乱、弄虚作假、私设“小金库”的重要因素，为此我们提出了完善诉讼费管理制度的建议。最近，最高人民法院与财政部就诉讼费彻底实行“收支两条线”问题联合发文，促使这一久拖未决的问题得到解决。再如，在向国务院反映高校审计的报告中，我们也有针对性地提出了四条建议，李岚清副总理批示：同意所提建议，请教育部为主商财政部予以落实。这些问题不尽快解决，将会出大问题。中科院党组和院领导对审计中科大的审计报告十分重视，就审计发现的问题专门在系统内发出通报，要求各单位引以为戒，举一反三，严格财经纪律，切实加强财务管理。

总之，去年行政事业审计工作取得了很大进展，成效比较显著，成绩的取得来之不易。承担行政事业审计工作的同志，在去年任务繁重、工作要求高、人员紧张的情况下，发扬了勤奋工作、无私奉献的敬业精神，克服了各种压力和困难，很好地完成了各项工作任务。我们应该充分肯定成绩，认真总结经验，再接再厉，把今年的工作搞得更好。

二、进一步突出重点，提高质量，切实搞好今年的行政事业审计工作

根据全国审计工作会议的要求，审计署对今年行政事业审计任务已作出安排。主要任务是对工商行政管理系统财务收支和中央科技经费进行审计。这两项任务是审计署统一组织的审计项目，也是今年审计工作的重点。除了这两项审计任务外，最近国务院要求，对今年调整管理体制的国务院部门所属院校要普遍进行一次审计。这项任务准备由审计署会同教育部等部门近期作出具体安排。希望各级审计机关一定要按照这次会议的部署，集中力量，精心组织，抓住重点，确保完成好今年行政事业审计的各项任务。如何具体抓好今年的工作，张秋霞同志已经讲了很好的意见，我完全同意。下面我结合行政事业审计工作实际，就如何正确理解和全面贯彻总理指示，提高审计工作质量问题，再补充讲点意见，供大家参考：

（一）增强“精品”意识，进一步提高行政事业审计工作水平。今年年初，朱镕基总理对审计工作作了重要指示，要求我们全面、正确地理解“全面审计、突出重点”的工作方针，要进一步加大审计监督力度，进一步突出对重点领域、重点部门和重点资金的审计，狠抓重大违法违纪问题和经济案件的查处。同时，要求我们适当缩短战线，少审些项目，提高审计质量，扩大审计影响，李金华审计长最近在几次会议上都提出审计工作和其他各项工作都要树立“精品”意识，要精益求精。朱总理的重要指示和署党组负责同志的要求是今年审计工作的重要指导思想，对搞好行政事业审计工作有着很现实的指导意义。我们行政事业审计涉及的领域很宽，覆盖面也很大，既包括党政司法机关、社会团体，又包括众多的科教文卫等事业单位。突出重点，对行政事业审计工作来说尤为重要，只有突出重点，才能集中力量形成合力，才能有条件出“精品”。过去我们也经常强调突出重点，但往往是任务安排过满，甚至超负荷安排审计项目，造成一些审计项目审得不深不透，“精品”少些，实际上是一种“广种薄收”的做法。现在要求我们审计项目“少而精”，也就是数量要减少一些，但质量要高，而且要多出“精品”。这是审计工作指导思想上的一个大的变化，可不可以说是在审计方式上由粗放型向集约型的一个转变？我认为这是对审计工作的要求更高了，标准更高了。对此，各级审计机关的领导同志和广大审计人员要在思想上有明确的认识，自觉地树立起“精品”意识。究竟怎么样才能达到出“精品”的要求呢？就行政事业审计工作来说，我认为首先应该达到以下基本要求：一是审计工作的起点要高，要紧紧围绕推进依法治国、依法行政和科教兴国战略方针的落实，促进各方面加强管理，提高行政效能和资金使用效益等方面去开展工作；二是项目审计要搞深、搞透，真正摸清财务收支的真实情况，搞清了家底；三是揭露了存在的重大违法违纪问题和经济案件，并依法作出审计处理或移交司法等部门查处；四是实事求是地分析了产生问题的原因，并提出了标本兼治的可行建议；五是审计在促进管理和依法行政等方面效果明显，在该系统内或社会上引起较大反响，扩大了审计影响，发挥了审计威慑作用。以上几条仅仅是基本的要求。当然，我不是要求每个项目都要查出重大违法违纪问题和经济案件，但我们都应本着精益求精的要求去开展审计工作，把行政事业审计工作提高到一个新的水平。

（二）发扬求真务实的作风，确保审计质量。审计质量是审计工作的生命线。多年来，审计署党组一直都把审计质量问题提到审计工作生命线的高度来认识，来对待。各级审计机关也十分重视审计质量问题。总的看，我们的工作质量是不断提高的，这方面已经赢得了各级党政领导和社会各界的信任，维护了国家审计的权威。但在新的形势下，对审计质量提出了更高的要求，我们必须采取切实有效的措施，从每一项审计工作抓起，从一个一个审计项目抓起，把提高审计质量的要求落到实处。这里很重要的一点就是如何落实好署党组提出的“二十字”方针中的“求真务实”的作风问题。保持和发扬“求真务实”的作风，是每个审计工作者应该必备的基本品格，对保证审计工作质量有着特别重要的意义，应该具体体现在我们所从事的各项工作上。就具体审计业务工作来说，应该做到以下几点：一是要以高度负责的精神，对待和完成每个审计项目。确定审计项目要慎重对待，一定要选准。一旦确定了审计任务，就务必要以对党、对人民的事业高度负责的态度去对待，要坚持依法审计的原则，公正无私地履行法定职责，勇于克服困难，坚决排除各种干扰和阻力，维护国家利益和法律尊严。二是在实施审计过程中，要保持严肃认真的作风。审计工作要按法定的审计程序和审计准则办事；审前准备工作要充分一些，特别是要搞好审前调查和内控测试，提高审计方案的可操作性和针对性，明确工作目标和主攻方向；实施审计中要坚持以真实性为基础，以打假治乱为重点，一定要揭穿各种虚假行为，做到去伪存真，搞清财务收支的真实面貌；对审计风险要有高度的警惕，对发现的疑点线索不能轻易放过，特别是重大疑点一定要抓住不放，要以锲而不舍的精神，追查到底，不能马虎了事，半途而废；要高度重视群众举报，特别是就地审计中的现场举报，这类举报多数是查有实据的，审计组一定要认真对待，把举报反映的与审计事项有直接关系的问题查清楚，其他问题也要本着负责的精神转有关部门查处；对重大违法和经济案件的移交查处工作，也要本着高度负责的态度去对待，移交的案件一般应是已拿到确凿的违法证据，并基本上已查明了责任，而且应把握该移交给哪个部门，不应把还没有拿到确实证据的一般线索和问题，或是我们应进一步追查和处理的问题简单地移交给某政府或某部门去处理，一推了之。三是在问题认定和定性上，一定要坚持实事求是的原则，做到事实清楚，定性准确。要根据查明的事实和证据认定问题，依照适用法规定性和处理，防止出现定性不准、处理不当，既要维护国家利益又要维护被审计单位的合法权益。四是如实上报审计结果，对外披露审计信息要真实、可靠，注重宣传效果。审计署统一组织的审计项目，一定要按规定的时间要求向署作出报告，报告要把主要情况和问题讲清楚，反映问题不能搞“上下有别”；对外审计宣传要注意把握大局和宣传口径，审计部门提供的审计信息一定要准确无误、真实可靠，不容有半点不实之辞和偏颇，同时，对外披露重大问题要经过一定的批准程序，做到既要积极又要慎重。总之，我们要把“求真务实”这四个字，体现在我们审计人员的思想作风和工作作风上，落实到我们每个审计项目和具体实践当中去，才能确保提高审计工作质量。

（三）行政事业审计工作要为从严治政、全面加强管理服务。前不久，朱镕基总理在国务院第五次全体会议上的讲话中明确要求，今年政府各部门、各单位都要把工作重点放到加强管理上来，要求各方面必须在加强科学管理上下大功夫、真功夫、硬功夫，向管理要效率、要质量、要效益，通过加强管理，切实贯彻落实中央的方针政策和各项改革措施，促进经济和社会事业健康发展。在这方面，他明确要求要更好地发挥行政监察和审计部门的监督作用。在正在召开的人代会上总理所作的《政府工作报告》中，进一步提出了这方面的要求。各级审计机关要认真学习贯彻好总理的指示。行政事业审计工作直接与政府各部门、各单位打交道，在审计工作中落实好总理的指示是今年的一项重要任务。我们要在今年集中开展的工商行政管理部门和科技经费的审计以及其他各项审计工作中，认真贯彻落实总理的指示精神。工商行政管理部门在维护社会主义市场经济秩序，保障国民经济健康发展等方面起着十分重要的作用，它的工作涉及到社会经济生活的各个环节，掌握着企业注册登记、商标注册、广告管理、维护消费者权益等项工作的管理大权，同时它也是各级政府中行政性收费和罚没收入最多的部门之一，一年全国有几十个亿。这几年各级工商行政管理部门在加强内部管理、依法行政和廉政建设方面做了大量工作，取得一定成效。但在管理上仍存在一些问题和漏洞。要通过这次对部分省、区、市工商管理部门的审计，摸清管理方面的情况和问题，重点要把执行“收支两条线”规定、执收执罚和财务管理等方面的情况和问题搞清楚，特别是要把应该上交中央而没有上交的收入底数搞清楚，这些应交未交资金用到哪里去了，要如实上报，然后有针对性地提出整改措施，促进完善政策法规，改善管理。中央科技经费的投入和使用情况，是党中央、国务院和全国人大十分关注的重要问题。中央财政现在对科技的投入包括科学事业费及其他专项拨款，每年有上百亿元，并且每年递增10%以上。此外，还有各种基金会提供的资金、金融部门提供的优惠性和扶持性贷款。海内外各界捐助的资金、科技成果转让取得的收入等。从近几年审计情况看，目前科技经费在分配、管理、使用方面，都还存在着一些漏洞和问题。有的被主管部门层层滞留、截留，有些被挤占挪用，有的还被不法分子转移、侵吞。因此，必须加强对科技经费的审计监督，促进科教兴国战略的落实。通过审计，要把科技经费分配、管理、使用三个环节存在的问题搞清楚，并在审计真实性、合法性的基础上，评价使用效益情况，促进科技主管部门和科研单位管好用好有限的资金，完善和健全规章制度，改进管理，提高资金管理水平和使用效益。其他方面的审计，也都要围绕促进加强财经管理，严格法纪上多下功夫。

（四）大力提高队伍素质，适应形势、任务发展需要。干好审计工作、提高审计工作质量、多出“精品”，都离不开一支过硬的高素质的审计队伍。抓队伍建设，加强审计人员培训，全面提高干部的政治、业务素质是一项十分紧迫的重要任务。随着社会经济的不断发展，对外开放的不断扩大，科技创新所带来的日新月异的新变化，党和政府及全社会对审计工作提出了更高的要求，审计工作面临着严峻的挑战。为此，审计署决定今年要大力开展干部培训工作，主要集中培训一部分厅局长和审计署及派出机构的处级干部。其他干部的培训学习主要采取分层次脱产培训和在岗短期轮训的方法进行，由各级审计机关作出适当安排。培训工作要处理好专业培训与综合培训的关系，学历教育与素质教育的关系，以及工作与学习的关系，应以提高干部的综合素质为重点。希望从事行政事业审计工作的同志们，对提高自身素质问题要有紧迫感，增强学习的自觉性，要自我加压，要本着缺什么、补什么的原则，加快提高自己的综合素质和适应能力。同时，要养成在工作中不断总结经验的良好习惯，要善于总结实践经验，善于学习他人之长，弥补自己的不足，要勤于思考，刻苦钻研，努力提高自己的工作水平，适应工作发展的需要。

要切实加强审计机关的廉政建设，严格遵守廉政纪律。这是审计公正执法和审计质量的根本保证。审计署已在年初制定了“八不准”纪律并向全社会公布，从三月一日开始在署机关和各派出机构正式执行。希望各级审计机关和广大审计干部，要全面贯彻中纪委四次全会和江泽民总书记的重要讲话精神，坚决落实朱总理关于从严治理审计队伍，严格审计纪律的指示，切实抓好审计组廉政纪律的落实，全面推进审计机关的党风廉政建设。去年行政事业司在这方面做得不错，带了个好头；下面各级行政事业审计部门的同志在严以律己、遵守廉政纪律等方面做得也很好，希望大家在今年的审计工作中，进一步增强廉洁自律意识，把廉政建设搞得更好，促进行政事业审计工作再上新台阶。

翟熙贵副审计长在全国固定资产投资审计培训研讨班上的讲话（摘要）

（2000年3月13日）

一、1999年固定资产投资审计工作取得了明显成效

1999年我国审计工作取得了显著成绩，固定资产投资审计工作也取得了很好的成果。各级审计机关和投资审计人员，紧紧围绕国家实施的积极财政政策，根据国家加大对基础设施投入的情况，积极采取措施，强化固定资产投资审计，较好地完成了1999年的投资审计工作任务，有效地促进了国家宏观经济政策的落实。去年我们主要完成了对全国水利建设资金和重点水利建设项目的审计、中央直属储备粮库建设项目的审计，以及其他一些国家重点建设项目的审计。其中，对1998年国家下达的322.54亿元中央水利建设资金的审计，查出违法违纪金额30亿元，约占审计资金总额的10%，发现违法犯罪案件线索14起；对58个重点水利建设项目的审计，查出资金不到位37亿元，违纪金额51亿元，发现违法违纪案件线索16起；对337个中央直属储备粮库建设项目的审计，主要发现了由于前期准备工作滞后，造成工期普遍拖延以及管理不善、招投标制和监理制不落实等突出问题。审计署向国务院上报了水利建设资金审计情况和中央直属储备粮库建设项目审计情况的报告，同时以《审计要情》和《重要信息要目》等形式，向党中央、国务院反映了一批重要的审计信息，得到中央和国务院领导的高度重视，对两个报告和一些重要信息都作出了重要批示。投资审计工作也得到了署党组的充分肯定。1999年的投资审计工作具有如下特点：

（一）审计力度大，效果比较好

去年署党组把投资审计特别是水利资金审计，列为全署工作的重点之一，李金华审计长年初对这项工作提出了明确的要求。各级审计机关认真贯彻朱总理关于“全面审计，突出重点，注意发现大案要案线索”的指示精神，加大审计执法力度，深入审计，取得了良好的效果。具体来说，有以下几点：一是发现了一批违法违纪案件线索。例如，广州办查出，广东某县水利局将两个水利建设项目承包给个体包工头，并与财政局和包工头串通，联手套取932万元国债资金，用于县财政发工资；武汉办在审计长委过程中，发现某局一原副局长等人转移、隐匿和挪用公款1300多万元，移交司法机关后，犯罪嫌疑人已被逮捕；京津冀办查出，河北某市移民办原主任等人挪用移民资金891万元。二是初步揭露了项目建设管理过程中存在的突出问题。去年投资审计工作不仅检查建设资金的使用情况，而且也注意检查招投标和工程质量管理等方面的问题。大家在这方面进行了积极的探索，揭露了不少

水利项目和粮库建设中因前期准备工作不充分、没有实行招标制和监理制，项目被违法分包、层层转包，造成工程质量隐患和损失浪费的问题。如太原办查处了九江大堤溃口复堤工程建设中的层层转包问题，上海办查处了长江大堤除险加固工程建设项目管理不善，严重影响项目建设的问题。三是审计建议针对性有很大提高。去年各单位不仅披露了项目资金和工程管理的微观问题，而且还反映了项目计划管理和建设资金预算管理，特别是国债专项资金管理方面存在的一些值得重视的重大问题，引起各级政府和有关部门的关注，对促进加强投资管理和积极财政政策的落实起到了重要作用。去年在向国务院提交的两个报告中，有针对性地提出了审计建议，国务院领导作了重要批示，要求有关部门采取措施，认真落实审计建议。四是抓住苗头，及时反映信息。根据昆明办披露的云南某市政府成立贷款担保公司，大量向商业银行举债用于基础设施建设的问题，投资司及时编写审计信息向国务院作了反映。对此，朱总理批示“如果可以这样大量使用银行贷款搞基础设施建设，那么，中央何必发财政债券。象这样违法的事，有关部门毫无反映，真是奇怪。审计署还是明白人”。五是促进整改的效果比较明显。各级政府和各主管部门都很重视审计反映的问题，并及时采取措施，切实落实审计决定和意见。如河北省政府针对太原办和京津冀办反映的水利资金和水利项目建设中的问题，多次开会研究整改措施，派出由有关部门组成的联合工作组，具体督办，落实审计决定和意见。吉林省政府对沈阳办反映的省水利厅挪用水利建设资金问题作了严肃处理，对水利厅领导班子进行了通报批评。

（二）改进审计组织方式，提高审计效果

近几年来，投资审计一直在尝试将建设项目审计与预算执行审计相结合的路子，并取得了一定经验。1998年，李审计长又提出将审计业务工作划分为财政审计、企业审计和金融审计三个大的方面，固定资产投资审计是财政审计的有机组成部分。为此，1999年投资审计工作进一步调整了审计思路，紧紧围绕财政审计的目标，上下联动，探索了以财政性建设资金为主线，以国家重点建设项目为基础，资金审计与项目审计相结合的审计组织方式。对水利建设资金的审计是从对国家计委、财政部、水利部的审计和审计调查开始的，然后逐级对各流域机构、各省及部分地、县三级水利、财政部门实施审计，并适当延伸审计部分重点建设项目。对中央直属粮库的审计也是从对中央建库办和国家粮食储备局的审计调查开始，然后逐级对各地建库办实施审计，尔后审计建设项目。各单位在实际工作中，根据署定的统一方案，因地制宜，结合水利建设资金管理使用部门交错、内容繁杂，点多、面广、线长的特点，一方面抓住项目投资计划和资金预算安排的龙头，自上而下检查资金分配拨付到位情况；另一方面，突出重点建设项目检查项目资金和建设管理，发现问题，上下追根求源，落实责任。

一年来的探索和实践表明，采取资金审计与项目审计相结合的方式，有利于统一配置审计资源，有利于集中力量，突出重点，深入揭示重点行业在建设资金管理和使用中存在的突出问题，分析深层次的原因，有针对性地提出审计建议，实现从微观入手，服务于宏观的目的。

（三）各单位的领导高度重视，精心组织

针对1998年特大洪水灾害，国家在1999年加大了对大江大河的治理，增加了对水利建设的投入，朱总理指示我们要加大对水利建设资金和重点水利建设项目的审计力度。中央直属储备粮库项目建设，直接关系到粮食流通体制改革的顺利实施，根据国务院的要求，我们也把粮库项目审计列为一项重要的审计任务。这两项审计任务，战线比较长，点多、面广，时间紧、任务重。承担任务的各单位领导非常重视，从讲政治的高度把握大局，认真贯彻署的工作部署，精心组织，集中力量，按照统一方案实施审计。不少特派办和省审计厅领导，亲自带队，深入审计一线指导工作。在去年的投资审计工作中，许多同志坚持原则，敢于碰硬，以高度的责任感，圆满完成了任务。

回顾一年来的工作，投资审计之所以取得较好成效，主要是各级审计机关和广大审计人员，认真贯彻落实总理指示精神和署党组提出的“二十字”方针，坚持在审计工作中讲政治，服务大局、积极开拓、无私奉献的结果。但我们也应当清醒地认识到，去年的投资审计工作也存在一些不足，主要是在审计任务安排上有些偏重；一些项目审计深度不够、效果不明显；审计人员素质还需进一步提高，培训工作有待加强等。这些问题和不足，需要我们在今后的工作中加以改进。

二、发扬求真务实的作风，进一步提高投资审

计工作质量

根据全国审计工作会议精神，今年的投资审计工作要紧紧围绕国家继续实行积极的财政政策，加强基础设施建设的重大举措，集中力量，重点对公路建设资金和重点公路建设项目进行审计，揭露存在的突出问题，促进资金管理和工程项目管理，提高投资效益。总的要求是贯彻“少而精”的原则，适当减少审计项目的数量，确保审计深度和审计质量。为了达到这一要求，我讲以下几点意见，供大家研究讨论。

（一）在工作中要正确地把握和贯彻朱总理对审计工作的指示精神

朱总理在今年年初听取审计署工作汇报时，对审计工作做了重要指示，这对于指导我们进一步搞好审计工作有着极为重要的意义。全国审计工作会议就如何贯彻落实总理指示，做好今年审计工作已作出了具体部署。李金华审计长就如何全面理解总理指示先后有几次重要讲话，进一步明确了今年审计工作的指导思想，我们要很好地学习和贯彻。我再强调以下两个方面，提请同志们在思想上引起重视。第一，对去年我们工作中的成功经验和好的做法一定要坚持和发扬。总理在指示中对我们去年审计工作的成绩给予了充分肯定和高度评价，称之为“有目共睹、来之不易”，“中央是充分肯定的”。去年审计工作之所以得到国务院领导的肯定，我认为有两个最为突出的方面：一是坚持原则，敢于碰硬的精神；二是严格执法，查处了一批重大案件和严重违法违纪问题。这两个方面的成绩，体现了去年我们“三讲”教育的成果，体现了广大审计干部依法履行审计监督职责的坚定信念，体现了党中央、国务院的要求和广大人民群众的意愿。所以我们在审计工作中，要教育广大审计人员始终不渝地坚持依法审计、坚持原则、敢于碰硬的精神，进一步深入地查处重大违法违纪问题和经济案件，发挥审计监督的威慑作用。对此，不能有任何动摇，在今年的审计工作中一定要继续发扬和坚持，力求取得更大的成效。第二，强调要进一步突出重点，适当缩短战线、减少数量，其目的在于提高质量。总理对审计工作的指示，通篇都贯穿了这一指导思想。应当明确，这一指导思想是积极的，而不能消极地理解为单纯的缩短战线、减少项目，放松对审计工作的要求。适当缩短战线，是为了让我们更好地选准项目，集中兵力，重点查处重大违法违纪问题和经济案件，进一步保证质量，注重实效。实际上，这对今年审计工作的标准和要求是更高了。李金华审计长最近多次提出各项审计工作都要多出“精品”，要精益求精。并指出，审计工作要强调三个字，那就是“大”、“深”、“高”。所谓大，就是要关注大问题、大项目；所谓深，就是要查深、查透，遇到问题，要深究，落实责任；所谓高，就是要高起点、高质量、高层次。李审计长的要求和朱总理的指示精神是完全一致的，我们在审计工作中要认真贯彻落实，务必强化质量意识和多出“精品”意识。对于基本建设项目审计，怎么样才算“精品”？怎么样才能达到出“精品”的要求？我希望这次研讨班上大家要深入研究，能搞出几条基本要求来。这算是我给大家出的一个题目。我想今年的审计工作应立足于以质量取胜，“少而精”，这是我们审计工作指导思想上的一个大的转变，希望同志们自觉地适应这个转变。

（二）要充分认识公路建设资金和重点公路建设项目审计的重要意义

今年统一组织对公路建设资金和使用国债专项资金较多的重大公路建设项目进行审计，是审计署经过充分调查论证后做出的决定。搞好公路建设资金和重点建设项目审计，是围绕中心、服务大局开展投资审计工作的需要。大家知道，有效需求不足是近年来经济运行中的主要矛盾。能否解决好这个矛盾，关系到经济发展的全局。党中央、国务院在认真分析经济形势的基础上提出，扩大内需是当前宏观调控的首要任务，今年扩大需求的主要途径仍然是增加固定资产投资规模与调整组织结构相结合，进一步加强基础设施建设。公路建设一直是基础建设中的重点，近几年用于公路建设项目方面的资金量比较大。截止1999年底，全国公路项目投资总规模是8 354亿元；而且近3年投资数量每年都有很大增长，1998年完成投资2 168亿元，2000年计划投资1800亿元，实际完成可能仍在2000亿元以上。在公路建设投资中，国债专项资金的数额也比较大，近两年每年投入的数额占整个国债专项资金的比例达15%以上。另外，从贯彻落实中央提出的“西部大开发”的战略来看，加强公路建设资金的审计监督也具有重要意义。当前西部开发的重点之一是交通建设，西部大开发首先是打通西部与中部和东部地区的大通道，投入西部地区的公路、铁路建设资金将有很大增加。因此，加强对公路建设资金和重点项目的审计，对于促进有关部门和单位管好用好国家重点建设资金，促进宏观调控措施的落实，有着重要的现实意义。希望大家提高认识，高度重视，认真抓好审计工作的组织落实。

（三）要下大功夫进一步深化建设项目审计

1999年建设项目审计的突出问题就是深度不够。具体表现在两方面，一方面，对建设项目在管理方面存在的问题，依法审计还没有完全到位，揭露由于管理方面的原因导致的偷工减料、损失浪费、影响工程质量乃至贪污腐败等重大违法违纪问题不多，即使发现一些问题，深度也不够；另一方面，有些项目没有把我们的“看家本领”充分发挥出来，如在审计项目预算执行的真实性，揭示建设项目成本不实等问题上，过去是强项，但从去年情况看，这方面的效果也不甚明显。这种情况，亟须我们认真研究，积极采取措施，下功夫进一步深化建设项目审计，力争在今年有较大的突破。

最近，朱总理在《从严治政、全面加强管理》的重要讲话中指出，当前建筑领域的问题相当严重，非大力整顿不可。要求要健全和规范有形建筑市场，严肃查处建设单位规避招标或假招标的行为，坚决制止勘察、设计、施工、监理等单位转包工程和违法分包的做法。要加强对建设工程全方位、全过程的监督管理，确保建设工程质量。今年我们在公路建设项目审计过程中，要认真贯彻朱总理的指示精神，加大执法力度，依照《建筑法》、《招投标法》和《建设工程质量管理条例》等有关规定，重点揭露违反基建程序、规避招标、假招标、非法转包以及行政机关和领导干部干预工程招标等突出问题。对这方面的问题，一旦发现，要抓住不放，深入调查，弄清事实，查明危害，会同有关部门严肃处理，在促进项目管理方面发挥审计监督作用。同时，要切实加强对建设项目的财务审计，促进加强财务管理和成本管理，确保投资的合理有效使用。在投资审计中，怎样通过审计工程项目管理，发现和揭露财务成本方面的问题，从而达到深化建设项目审计的目标，也需要大家很好地研究，并在今年的审计实践中认真探索。这是我给大家出的第二个题目。对建设资金不落实，建设成本不实，截留、挤占、挪用建设资金，损失浪费等问题要充分揭露，并依法严肃处理。审计公路建设项目，要认真研究公路建设的特点，注意查处施工单位偷工减料、高估冒算等方面的严重违法违纪问题。总之，希望大家对如何深化投资项目审计这个课题，要在这次培训研讨班上和今后的实践中，认真加以研究，争取在今年有较大的突破。

（四）加强组织领导，严格审计纪律

署党组多次强调，审计质量和廉政建设是审计工作的生命线。各级审计机关和投资审计部门，今年一定要加强审计质量管理，加强领导，落实责任制，确保审计工作质量。投资审计与外资等专业审计在审计时间和内容上存在一些交叉问题，审计机关的领导一定要加强统筹协调，注意不要在短期内重复进点，并严格按署定方案，统一组织实施，确保按时上报审计结果。根据国务院领导同志的指示，审计署在审计经费上实行自理，由国家财政予以保障，割断与被审计单位的经济福利关系，年初审计署制定的关于加强审计纪律的“八不准”规定，要求审计署机关及派出机构从3月1日起严格执行。这是加强审计机关廉政建设、从严治理审计队伍，落实公正执法，确保审计质量的重大举措。审计机关的领导和广大审计人员，一定要高度重视，深刻认识执行这项措施的重要意义，克服各种畏难情绪和攀比心理，从讲政治和从严治政的高度，进一步提高认识，增强贯彻落实的自觉性。要切实做到令行禁止，不得有任何懈怠和“变通”，顶风违纪者要严肃处理。希望所有投资审计工作人员要做遵守纪律的模范、廉洁勤政的模范，争创一流工作业绩、多出“精品”的模范，为审计工作做出更大贡献！

翟熙贵副审计长在中央国家机关政府采购工作会议上的讲话

（2000年6月9日）

国务院机关事务管理局组织召开的这次中央国家机关政府采购工作会议，是贯彻中央纪委第四次全会和国务院第二次廉政工作会议精神，落实监察部、财政部、审计署《关于2000年推行政府采购制度工作的意见》，在中央国家机关推行好政府采购制度工作的重要措施。会议召开得非常及时。刚才，王忠禹国务委员作了重要指示，国管局、财政部的领导同志也分别作了重要讲话。我们要认真贯彻落实国务院领导同志的指示和这次会议的要求，把中央国家机关政府采购工作搞好。下面我就如何加强审计监督，促进政府采购制度有效推行谈一些意见。

一、充分认识政府采购工作的重要意义，提高加强审计监督的自觉性

推行政府采购制度，是适应建立社会主义市场经济体制要求，加强财政支出管理，提高资金使用效益，促进政府机关廉政建设，整顿财经秩序的一项重要举措，具有重大的经济和政治意义。中央纪委第四次全会和九届人大三次会议的《政府工作报告》以及国务院第二次廉政工作会议，都把推行政府采购制度，作为从源头上治理腐败的重要措施。近几年来许多地方的试点实践证明，推行这项制度，有利于推进财政公共支出改革，加强资金管理，提高财政资金的使用效益；有利于推动和实现政府消费行为市场化、公开化，从源头上抑制采购工作中的各种腐败现象，促进国家机关的廉政建设；同时，也有利于创造一个公平、公正的市场机制，促进企业之间的良性竞争和健康发展，为我国建立一个与国际市场接轨的经济秩序创造条件。

中央国家机关作为国家的首脑机关，其公共支出活动涉及金额大、范围广。带头全面推行政府采购制度，不仅对推进中央国家机关的依法行政和廉政建设有重要意义，而且对带动全国各地有重大影响。因此，我们要采取积极措施，认真搞好政府采购工作。审计署作为财政经济的综合监督部门，不仅自身要带头执行政府采购制度，而且要认真贯彻落实国务院的要求，加强审计监督工作，在保证政府采购工作有效推行方面发挥积极作用。各级审计机关和派出机构，必须统一思想，提高认识，从推进依法治国、促进党风廉政建设、保障财政资金安全有效等方面，全面认识开展政府采购审计工作的重要性和必要性。

首先，对政府采购工作进行审计监督，是审计机关的法定职责。根据我国宪法和审计法的规定，审计机关最主要的职责，就是对国家财政资金收支的真实、合法、效益进行审计监督。预算法也规定“各级政府审计部门对本级各部门、各单位和下级政府的预算执行、决算实行审计监督。”政府采购既是国家机关、事业单位的一项财政财务收支活动，又是实现国家预算支出的一项重要内容。因此，对政府采购工作进行有效的审计监督，是法律赋予各级审计机关义不容辞的重要职责。

其次，依法对政府采购实施审计监督，是落实国务院领导指示，在促进廉政建设方面积极发挥作用的重要举措。朱总理在国务院第二次廉政工作会议上明确指出，“监察、审计等部门对加强廉政建设和反腐败斗争负有重大责任”，要求“监察、审计等部门要坚持原则，敢于碰硬，不怕得罪人，并不断提高自己的工作水平”。王忠禹国务委员也指示我们，要加强对重点领域、重点部门、重点资金的审计监督，发挥好审计部门的优势，促进加强廉政建设。而推行政府采购制度，是从源头上预防和治理腐败的重要措施，审计部门加强对这方面的审计监督，促进其不断规范、取得实效，是贯彻落实国务院领导对审计工作重要指示的实际行动。

第三，对政府采购加强审计监督，是推行政府采购制度的内在需要。任何经济制度的推行，都必须有强有力的监督措施作保证。政府采购涉及的金额大、范围广、环节多，涉及所有的党政部门和行政事业单位。在当前法规尚不够健全，市场发育不完善，单位财政财务收支活动仍不规范的情况下，加强对政府采购活动的管理和审计监督，及时纠正违规行为，查处违法乱纪、徇私舞弊，对保证政府采购工作的健康有序进行有着重要作用。同时，对政府采购活动实行审计监督，也是当今世界许多国家审计机关的一项经常性任务，符合国际惯例。

希望各级审计机关和派出机构的广大审计人员，认真贯彻落实党中央和国务院的决策，提高对实行政府采购制度重大意义以及加强审计监督重要性、必要性的认识，增强自觉性，切实搞好这项审计工作。

二、认真履行审计监督，积极探索我国政府采购审计工作的新路子

推行政府采购制度作为我国财政公共支出改革的重要举措，是一项新的工作。如何开展政府采购审计工作，我们还缺乏经验。各级审计机关要积极探索，认真实践，不断积累经验，逐步建立和完善政府采购审计制度。

第一，要加强学习，积极实践。各级审计机关的领导和审计人员都要认真学习党中央、国务院的有关政策、文件和实行政府采购工作的各项规章制度，学习和借鉴国外政府采购审计的经验，统一思想，提高认识，增强紧迫感，提高搞好政府采购审计监督的自觉性，把这项工作列入审计工作的重要内容。要尽快掌握财政支出管理改革和推行政府采购工作的进程以及财政财务收支审计工作面临的新形势、新特点，弄清政府采购工作的政策原则、基本要求、工作程序、资金流转环节、制度规定等，明确审计监督的重点，不断改进审计方法、提高审计技术，积极探索我国政府采购审计工作的路子，尽快适应政府采购工作对审计工作的新要求。

第二，要以审计政府采购资金活动为中心，结合各项专业审计，积极有效地开展审计监督。政府采购审计的出发点是保证政府采购资金的安全、有效，因此，要从审查政府采购预算、采购项目、资金管理和拨付入手，对采购主体机关和供应商、代理采购业务的中介机构以及政府采购的主管部门等加强审计监督。当前要重点加强对政府采购数量大的部门和单位的审计监督，主要是对应实行公开招标采购的政府采购项目而没有实行，或在采购过程中违反政府采购政策法规，违背公开、公平、公正原则，采购价格明显高于同类商品和劳务的市场平均价格，采购成本过高的项目。对这类项目要深入解剖，搞清原因。如发现采购主体与供应商幕后操作、私下交易、损公肥私、行贿受贿等违法行为，要抓住不放，一查到底，严肃处理。审计署各派出审计局，要把政府采购审计与部门、单位的预算执行审计紧密结合起来，作为预算执行审计的一项重要内容来抓。同时要纳入行政事业单位财务收支审计、固定资产投资审计等项审计工作中去，必要时可组织专项审计。还要充分发挥内部审计、社会审计的作用，形成国家审计、内部审计和社会审计多层次、全方位的审计监督机制。

第三，在政府采购审计工作中，要贯彻依法审计、实事求是的原则。一方面要严肃查处严重违纪违规问题，依法处理徇私舞弊、行贿受贿、贪污挪用、失职渎职造成严重损失浪费的问题；另一方面要认真研究推行政府采购工作中遇到的新问题，积极提出解决问题的意见和建议，督促和帮助各部门落实政府采购措施，促进健全法规制度，保证政府采购工作的顺利开展。

三、加强与有关部门的协调配合，保证政府采购工作的有效推行

政府采购工作是一项新的工作，涉及面广、政策性强，当前正处于起步和推进阶段，一些配套改革措施还不太完善，有关规章制度还不太健全，这对实行审计监督带来了一定困难。各级审计机关要切实加强对这项工作的领导，要大胆实践，积极搞好与有关部门，特别是与财政、监察和主管部门的协调配合。对审计发现的政府采购中的违法违纪问题，凡是政策法规明确的，要依法进行处理或移送纪检监察部门查处；触犯刑律的，要及时移送司法机关查处；同时，还要注意发现和分析政府采购工作中存在的倾向性、普遍性问题，及时与财政、监察及主管部门沟通情况，加强协调，不断改进和完善政府采购制度，使之健康、有序地推行。

同志们，推行政府采购制度是一项势在必行的重大改革措施。我们要在国务院的正确领导下，各部门、各单位加强协调配合，共同努力，坚定不移地把这项工作搞好。我们审计署一定要认真学习贯彻忠禹同志的重要讲话和这次会议的部署，积极探索，努力做好审计工作，为推进政府采购工作的科学、有效进行发挥应有的作用。

翟熙贵副审计长在2000年财政审计研讨会上的讲话（摘要）

（2000年8月25日）

一、1999年中央预算执行审计工作取得了明显进步

去年中央预算执行审计任务是十分繁重的，可以说是近几年来任务最重的一年。去年我们审计了12个省的国税部门和国库部门，审计了11个直属海关，根据全国人大常委会的要求，还对32个省、自治区、直辖市和计划单列市的1161个国债项目进行了审计。整个审计工作从去年9月份开始，一直到今年2月结束，连续作战时间长达半年。其中，国债审计历时50多天，国税和国库审计持续2个多月，关税审计1个多月。这么多的项目，这么广的范围，这么长的时间，是历年来财政审计所没有的。同志们付出了辛勤的劳动，取得的成绩是很突出的。据统计，在1999年下半年至今年上半年的1999年中央预算执行审计年度，共上报国务院7份审计要情，17条重要信息要目，1份审计简报增刊，3份审计简报，向有关部委转送信息33条，其中被中办和国办采用11条信息（不包括派出局的信息简报），无论是数量还是质量，都比上一年度有较大提高。审计结果除了向国务院和人大报告外，我们还分别向国务院有关主管部门发了审计情况通报，针对存在的问题，提出了我们的意见和建议。九届全国人大常委会第十六次会议审议审计工作报告时，许多常委指出，今年的审计工作报告虽然没有类似去年水利部那样反映中央部门的典型问题，但涉及的范围比去年要广，每一方面揭露的问题都非常深刻，反映的案件也比去年大大增加，审计力度比去年明显增强。这些成绩的取得与同志们的辛勤努力是分不开的，在此，我代表审计署向同志们表示感谢！

总结去年的工作，我感觉有以下几个特点：

（一）突出重点，注意抓大案要案方面取得了比较明显成效。去年，各特派办认真贯彻朱总理重要指示精神，在国税、关税和国债审计中，将查处执法部门违纪违法、渎职腐败作为审计重点，抓住了一批大案要案线索，揭露了一批重大违法违纪问题，审计质量比往年有显著提高。这方面的案例大致可以分为两种类型：一是由于执法腐败，导致触犯刑律的问题。如，去年关税审计揭露的深圳布吉海关有关人员与保税仓库共同勾结作案，多次利用假企业、假单证等，非法走私保税货物，偷逃国家税款3269万元的问题；苏州太仓海关徇私舞弊，收受贿赂，放纵企业走私，偷逃国家税款2329万元的问题；江苏省仪征国税局一名干部与企业联手虚开增值税发票，骗取国家税款3835万元的问题等。这些涉嫌犯罪案件的有关责任人员，已由司法部门立案查处。二是由于违法渎职，严重违反财经纪律，需要追究有关领导和责任人员责任的问题。如，山东省烟台市芝罘区国税局以非法手段截留国家税款，私设“小金库”5800多万元胡支乱花的问题；广州海关违规减免企业税收4137万元，并提供企业虚假的证明材料蒙骗审计机关的问题；福建省平潭县东澳渔港防波堤国债项目指挥部财务管理混乱，现金开支占工程款的86%，大量白条入账，一年招待费支出就达109万元的问题。这些问题，有的已经移交纪检部门查处，有的责任人已受到党纪、政纪处分。以上这些案件与往年相比，层次显得更高一些，都是主管部门及其有关人员负有直接责任的问题。突出的表现是，去年审计揭露的这些重大违规违纪问题，有一个共同的特点，都是被审计单位及其有关人员的直接责任造成的。以关税审计为例，以往我们反映涉嫌走私的案件，大都是企业行为，但今年不同，它们反映的是海关自身与不法分子内外勾结，走私护私，收受贿赂问题。应该说，今年揭露的这几个案件抓得准，抓住了要害，抓住了海关及其有关人员的直接责任。我们搞审计就是要重点抓住这样的问题，这样才有说服力。我们以前也发现了一些问题，但许多是企业的问题，没有抓住被审计单位的直接责任，不易引起被审计单位的重视，他们不以为然，今年这几个问题对被审计单位震动很大。今年揭露了这些问题，说明我们的审计人员，在贯彻朱总理重要指示精神上态度是坚决的，积极的，措施是有力的，是花了一番功夫的。

（二）国税审计正在探索出一条新的路子。这几年，署党组在研究财政审计工作时，始终强调要把税收审计作为重中之重来抓，切实抓出成效。针对国税审计覆盖面比较小，国税部门问题较多的实际情况，一直强调要改进审计方法，探索新的审计路子。这是一项十分艰巨的任务。几年来，财政司和特派办一直在孜孜以求地不断探索，不断改进工作方法，研究新的路子。去年，我与财政司的同志搞了一些调查研究，走访了国家税务总局，到一些地方进行了实地调查，并听取了特派办的一些意见，向署党组提交了调查报告。在调查研究的基础上，针对近几年各类违纪违规问题逐渐“下沉”的趋势，我们提出了三项改进和深化国税审计的措施。一是减少审计省级国税部门的数量，扩大基层国税审计面。去年，我们集中了6个特派办的力量，对江苏、广东两个税收大省基层税务部门的税收征管情况进行了重点审计，并组织其他10个特派办对10个省的国税部门进行审计。据统计，共延伸审计了14个地市级和81个县级国税部门，应该说查得还是比较深入的，揭露的问题有一定的代表性，对基层国税部门的底数比原来更清楚了。二是从审查分析税收会计资料、税收征管档案、稽查档案反映信息的真实性入手，摸清基层税务部门执法情况的底子，摸清税源真实情况的底子，重点揭露基层税务部门执法违法、渎职腐败、造成税收流失的问题。三是将国税和国库审计结合进行，深入揭露混淆入库级次，挤挤中央收入的问题。这些措施和方法，为深化国税审计探索了路子，取得了不少好的经验，而且获得了实效。去年国税审计共查出各种违法违规问题的金额93.7亿元，其中影响中央收入27.9亿元，分别比上年增长96.27%和55.43%。查出的问题也比往年有代表性。如济南特派办利用以前年度审计海关总署掌握的一些部门长期欠缴关税的信息，在国税审计中通过内查外调，终于揭露了江苏省仪征市国税局一干部与企业联手虚开增值税专用发票，骗取国家税款的重大违法违规问题。

（三）大力开发计算机辅助审计软件，有效推动了关税审计逐步深化。去年的关税审计，我们下力气抓了两项工作，一是计算机辅助审计软件的开发应用，二是把审计的着力点放在揭露和反映海关部门自身执法违法、渎职腐败、受贿放私以及非法谋取小团体利益，造成国家税收严重流失等问题上。南京特派办在其他特派办的协助下，在很短的时间里，开发研制了关税计算机辅助审计软件，我们在上海、深圳、天津、大连等7个海关进行了计算机辅助审计的试点。从试点情况看，海关审计软件的开发运用，初步发挥了两方面的作用，一个是标志财政审计手段向现代化发展的工作已经起步，已引起大家的普遍重视，这是一个很大的突破；第二个是扩展了审计领域，原来的一些审计空白点和盲区在逐步消除，对于提高工作效率，集中力量突破重点问题，起到了很好的促进作用。另外，为了揭露较深层次的问题，去年，我们还首次实行了在审计现场建立群众举报制度的办法，也收到了较好效果，抓大案要案的审计力度明显增强。除深圳特派办、南京特派办查出两起涉嫌走私案件外，济南特派办还查出青岛海关违反国家规定，擅自将走私船仅以90万元的价格卖给走私当事人的问题，经核实，此后走私当事人在与某公司联营时，将此船作价2380万元。总之，去年海关审计查出的一些案件具有一定的典型性，这说明我们的工作在不断深化。

（四）领导重视，力量集中，圆满完成了全国人大和国务院交办的国债审计任务。国债资金审计是年度中间增加的一项任务，时间紧、任务重，又是个新项目，遇到的困难和问题很多。为了搞好这项工作，在2个月的时间里，每个特派办组织40余人，有的人数更多，完成了对分配和转拨环节100%资金面的审计，完成了对具体项目大约50%资金面的审计，并且深入解剖了1100多个工程项目的资金使用情况，揭露了国债资金管理中存在的突出问题和一些普遍性、倾向性问题，有针对性地提出了加强国债资金管理的建议。这次审计共查出违纪金额34.09亿元，截止去年10月底统计，已经归还被挤占挪用的资金13.9亿元，有9人被移交司法机关查处，有46人受到党纪政纪处分。国债专项资金审计报告受到了国务院和全国人大常委会的好评。为什么这项工作能够在时间紧，任务重，又没有任何经验的情况下，完成得这样好？我看主要有四条。一是从上到下认识上高度一致，思想上高度重视。大家都认识到，党中央、国务院决定实施积极财政政策，增发国债搞基础设施建设，对拉动经济增长，促进国民经济持续健康发展，保持社会稳定具有十分重要的意义。这项工作意义重大，责任重大，必须本着对党中央、国务院，对全国人民高度负责的态度，尽最大努力把这项工作做好。署党组对这项工作十分重视，专门开会研究审计工作方案，要求集中力量确保完成好任务；特派员也非常重视，亲自动员部署，亲自带队参加审计。如果没有高度的政治责任感，是难以克服这么多的困难和问题的。二是措施上保障有力。去年搞国债审计之前，特派办都在搞金融审计，有的特派办金融审计还没有结束，人员非常紧张。在这种情况下，各特派员坚决贯彻署里统一部署，服从大局，及时调整工作部署，组织精兵强将，对这项工作在审计力量上给予了充分的保证。三是广大审计干部发挥了吃苦耐劳的精神和连续作战的作风。去年特派办参加国债资金审计的许多同志，在此之前都参加了金融审计，已经连续工作了几个月，非常辛苦，同志们毫无怨言，没来得及休整，又投入到艰苦的国债审计工作中去了。为了及时完成任务，许多同志甚至国庆节都在加班加点，不计得失。这是继粮食审计之后的又一次重大考验。实践证明，我们的审计队伍是经得起考验的。四是领导带头实干，工作深入细致。在去年国债审计中，许多特派员都是亲自带队审计，既挂帅又出征，加强了现场指导，及时解决遇到的各种问题和困难，保证了任务的顺利实施。如西安特派办，在检查、揭露湖北省一些地方将以前年度已搬走的居民、空挂户、暂住人口等列入申报对象，冒领国债资金的问题时，遇到来自各方面的巨大阻力，韩文波同志亲自找湖北省有关主管部门的负责同志谈，找分管副省长谈，直至找省长谈，讲清道理，申明利害，最后终于取得了圆满结果，在社会上引起了强烈反响。审计结束后，我们以审计要情向国务院反映了这个问题，国家计委为贯彻落实国务院领导指示，又对这个问题进行了复核，事实证明，审计结果是站得住脚的，是经得起推敲和检验的。深圳特派办在检查福建省国债资金管理、使用情况的过程中，他们也是经过艰苦努力，扎扎实实的工作，最终查实了福建省平潭县东澳渔港等几个项目的重大违纪违规问题。前几天中央电视台《焦点访谈》栏目披露了平潭县东澳渔港项目管理混乱，造成大量资金损失浪费等问题。这次质量评比，西安和深圳两个特派办并列国债审计第一，是当之无愧的，其中，特派员求真、务实的作风特别值得发扬。

总的来说，去年的工作是很有成效的。但在总结经验的同时，也要看到我们工作中依然存在一些不容忽视的问题。主要是有的审计项目质量不高，没有抓住重点问题；有的审计报告对问题的表述不清楚，搞不清问题的来龙去脉；有的问题查得不深不透，在定性方面不够严谨；有的对被审计单位提出的意见没有认真对待，工作不够扎实、到位。比如去年国债审计，专题报告都报给国务院了，有的单位查的一些问题还出现了反复，我们非常被动。出现这种问题，应该引起我们的高度警惕，切不可掉以轻心，一定要下决心进一步提高工作质量，增加工作深度，切实防范审计风险。

二、开拓进取，突出重点，进一步深化预算执行各项审计工作

在刚刚结束的部门预算执行审计工作会议上，李审计长指出：财政审计是国家审计机关一个永恒的主题，也是一项最重要的职责。国家审计的首要任务就是对财政收支进行审计监督。他的讲话再次强调了财政审计在整个国家审计工作中的重要地位和作用，要求我们在财政审计工作中瞄准既定目标，咬住不放，不断深化各项审计工作。我理解审计长前几天的讲话精神，一是要求我们各个单位的领导同志要进一步重视财政审计工作，要始终作为第一位的任务来对待；二是财政审计工作必须要确定一个明确的目标；三是要围绕确定的工作目标，不断采取措施，逐步深化。这应该作为我们今后工作的一个重要指导思想来加以贯彻。

关于财政审计的近期目标，审计署在1998年根据十五大精神和新一届政府的要求，制定了5年审计工作发展纲要，曾经明确提出过财政审计方面的一些主要目标。这些主要目标是：对财政部门的审计，以依法规范预算分配秩序和财政管理行为为目标；对部门预算执行审计，以依法规范财政分配秩序，促进提高资金使用效益为目标；对税务、海关审计，以促进依法治税和保证财政收入为目标；对国库审计，以促进国库有效履行职责，保障国库资金安全为目标。随着经济体制改革的不断深入，我国财政体制也在不断地改革和完善，其中一项重要目标就是要建立公共财政。与之相适应，我们财政审计的目标也要增加新的内容，要在坚持上述基本目标的基础上，将促进财政体制改革作为我们的一项重要目标。这几年，我们财政审计围绕着这些工作目标做了很多工作，付出了很大努力，也取得了很大成绩，但还很不够，需要根据新的形势发展要求，不断深化。怎样深化，我认为，最主要的是继续深入贯彻“全面审计，突出重点”的方针，在工作中紧紧抓住财政审计总体目标，各项审计工作每年突出几个方面的重点，抓住不放，深入审计，务必抓出成果。按照这个思路来开展工作，可能会取得更明显的效果。下面我就如何深化今年的财政审计工作讲点意见：

（一）突出重点，继续深化国税审计。国税审计的中心目标，就是促进税务部门依法治税，加强征管，做到应收尽收，杜绝税收征管中的随意性，促进税制改革。这个目标我们一定要坚持不懈。根据这个目标，今年国税审计确定了三个方面的重点任务：

第一，从审计税收会计和统计资料入手，集中力量揭露税收会计信息失真的问题。这实质上是一个“摸清家底”的问题，是财政收支审计的一项基本任务。税收审计摸家底有两个方面，一是税源情况的家底，即税务部门应该征收多少税；二是税收征管情况的家底，即税务部门实际征收了多少税。去年审计和今年上半年的调查情况表明，现在税务部门隐瞒不报、少报欠税，人为调整应征及待征税款，以及征收过头税等人为调节年度税收收入进度的问题十分普遍。这一方面不能反映税收征管质量的真实状况，同时造成信息严重失真，对国家宏观决策带来极为不利的影响。这是税收征管中的一个大问题，必须引起我们的高度重视。这两年，我们在这方面做了一些工作，但深度还不够，还得不出个总体概念，即我国税收的征收率到底是多少？还有多大潜力可挖？当然要做好这项工作难度比较大，不是很容易就能解决的问题，但这是我们的一项目标，一定要坚持不懈地努力去实现这个目标。今年，大家一定要提高思想认识，认真把这项工作做得更好。我希望在我们重点审计的部分地、市、县，基本上要能够说清这个问题。

第二，认真查处一些税务部门违规提退手续费的问题。税务部门通过退税提取代征代扣手续费的做法，由来已久。由于办法仍然沿用过去的政策，明显脱离实际，再加上缺乏有效的制约机制，受自身利益的驱动，导致一些国税部门在代征代扣手续费的提取、使用和管理方面相当混乱，直接影响国库资金安全。现在，许多行政执法部门都实行了收支两条线的管理办法，税务部门这种自身“吃税”的做法，不仅侵蚀了国家财政收入，而且容易滋长腐败，社会上反映强烈。这次专题审计，一定要查深查透，充分揭露税务部门乱提、乱退、乱花行为，并分析问题产生的原因，从政策制度上提出解决问题的建议，今年力争在促进这项改革方面有重大突破。

第三，要重点查处当前税收管理中存在的普遍性、倾向性问题。重点是混淆入库级次，挖挤中央收入，随意改变税收政策，降低税率，越权违规减、免、缓税，截留或挪用税款设立“小金库”，虚开增值税专用发票等。

今年国税审计在方法上，一是要突出专题，以专题审计带动一般性常规审计；二是针对当前税务部门问题“下沉”和基层税务部门长期缺乏监督的实际情况，今年审计的重点仍然要放在地、市、县级税务征收机关。每个审计组要重点延伸审计5个以上地市级税务局，20个以上基层税务征收机构，并要重点解剖200户以上重点税源企业。为了扩大审计覆盖面，今年拟组织部分地方审计机关参加国税审计，初步设想：一部分地方审计机关与特派办组成一个审计大组，审计的地方划开，按照统一部署分别完成任务，处理决定由审计署统一下发。另一部分地方审计机关在“三统一”的原则下，由特派员或署财政司的同志担任组长，并带几名同志负责协调，具体工作由地方审计机关去做，就地对国税部门进行审计。在这方面特派办要有明确的认识，积极主动地与地方审计机关搞好协调配合工作。

（二）进一步开拓和强化关税审计。关税审计的目标，就是要促进海关部门依法行政，严把国门，打假打私。今年的指导思想是，继续揭露海关部门执法犯法、渎职腐败、搞权钱交易、受贿放私、甚至直接参与走私等重大违法违纪问题，以打假打私为重点。从有关方面反映的情况看，当前加工贸易领域走私趋势明显。利用加工贸易渠道走私隐蔽性高，风险小，省时省力，一般进口的都是国内外差价大、海关限制进口的商品或高税率商品。最近海关审计局整理了一份材料，反映当前走私的商品主要还是化工原料、石油，以及重要的水利施工机械如挖掘机等。针对这一情况，今年关税审计重点要在三个方面下功夫：一是结合当前走私犯罪的特点，继续把加工贸易保税货物监管、转关运输货物监管以及征收环节有无未税放行问题，作为切入点和突破口，进行重点审计。二是加大上伸下延的工作力度，加强对舱单和报关单的审查核对，揭露利用假舱单走私的问题；加强对已核销或未核销加工贸易手册的检查，加强对重点敏感商品的检查，重点揭露海关参与企业弄虚作假、偷逃税款的问题。三是强化审计手段。今年海关审计要普遍运用南京特派办开发的海关业务计算机审计软件，力求在提高审计效率和效果上闯出条路子来。四是要继续抓大案要案，尤其是海关部门有直接责任的问题。去年我们在这方面取得了很好的成效，这次研讨会还安排了一些特派办介绍经验，大家一定要认真总结交流这方面的经验，深入研讨，今年争取有更大的进展。

（三）以高度负责的精神，搞好国债审计。增发国债是积极财政政策的重要内容，管好用好这些资金，是我国政治经济生活中的一件大事情。大家一定要从讲政治的高度，充分认识这项审计的重要意义。去年的国债资金审计，我们审计了1100多个建设项目，取得了较好的成绩，有了一些经验。根据去年审计的情况和人大常委会的要求，今年我们压缩了审计任务，选择了16个重点地区，比去年减少了一半。要求重点解剖80个左右的建设项目，每个省5个项目，不到去年的十分之一。从去年情况看，这些地方问题比较多，管理比较差，今年要加大审计力度，去年没有搞清楚的问题要很好地衔接一下。今年国债资金审计的重点要抓两个环节，一是检查各地在资金安排分配过程中，财政、计划和有关主管部门有无滞留、挤占和挪用的问题，对面上的情况要掌握；二是在资金的使用上是否有效。今年在审计项目的选择上，署里给各个特派办一定的自主性，各特派办在调查研究的基础上，一定要认真选择有代表性的重点项目，进行深入细致的解剖。数量减少了，但审计质量务必要比去年有大的提高。对发现的问题一定要查深查透。国债专项资金管理使用是一项政策性很强的工作，各地政府、各部门对此非常重视，也特别敏感。审计中，我们一定要认真研究政策，切实保证审计质量，对查出的问题要多问几个“是什么，为什么，怎么样，怎么办”，要学会做过细的工作，要经得起推敲。遇到一时难以定性的问题，要及时向署请示报告，要注意多听取不同意见。同时审计事项全过程的取证资料务求翔实、完整、准确，经得起检验。总之，我们一定要以高度负责的态度，确保圆满完成人大交给我们的这项任务。

（四）要认真开展国库审计。今年国库审计继续与国税审计结合进行。将国库审计与国税审计结合进行，是为了更好地发挥两者的优势。国库审计是预算执行审计的重要组成部分，我们一定不能因与国税审计结合而替代了国库审计，不能因此而忽视了国库审计。人大财经委对此也十分关注。国库审计，始终要把资金安全放在第一位。要围绕国库的监管职责，搞好内部控制测评，对有重大疏漏的环节，一定要深查到底，查深查透。这次我们还安排了预算收入过渡户的专题审计调查，这也是针对国库监管中存在的突出问题而提出来的。大家一定要根据审计方案的要求，与国税审计紧密结合起来，把这项工作做好。

（五）大力运用先进的科学技术，改进审计手段，提高工作效率。去年我们开发了海关审计软件，并进行了试点，取得了比较好的效果，各方面的反映也比较好，南京特派办听取各方面的意见，进行了认真总结，完成了软件的升级任务。在这个基础上，今年我们和海关总署正在联系，准备再打开舱单和税单两个数据库，进一步拓宽审计的范围。最近，南京特派办和财政司又开发了国库审计软件，并且准备在年底前实现与国库的对接联网。国税审计软件也正在抓紧研制，准备今年先试点，然后逐步推广。总之，计算机软件的开发应用是实现审计手段现代化的一件大事，必须予以高度重视，切实提高思想认识。其中关键有两条，一是要积极推广应用，二是要在应用中继续完善开发。只有使用才能知不足。通过不断地应用，不断地改进、完善，可以使我们的需求更趋科学，技术不断提高。如果裹足不前，不去应用，就根本谈不上进步。大家一定要认识到，这是对传统审计技术方法的一次革命，具有划时代的意义。各位特派员对此要予以高度重视，不能怕麻烦，要解放思想，下决心把这项工作做好。现在财政、税务、海关、国库等部门都广泛运用计算机技术进行业务管理，发展很快，朱总理对此亲自过问，十分关心。我们审计技术的现代化进程刚刚开始，如果不加快进度，将会大大地落后于形势的发展，以后可能就没有立足之地。每一个审计干部，如果不掌握计算机审计技术，将会失去审计资格。因此，我们上上下下都要把它作为一件大事来抓，并且要抓紧抓好，抓出成效。

三、切实加强财政审计队伍建设

《审计法》实施以来，财政审计愈来愈受到政府、人大以及社会各界的关注。财政审计的发展既面临机遇也面临挑战。在这种情况下，一个重要的任务就是要建设一支过得硬的财政审计队伍。这几年，财政审计打了不少硬仗，积累了许多好的经验，培养锻炼了一批干部，打下了比较好的基础。但无论从人员的数量还是人员的素质看，与当前工作的要求相比，还存在不小的差距。因此，建设好一支能适应新形势发展要求的财政审计队伍，是摆在我们面前的一项迫切任务。下面我讲几点意见：

（一）切实抓好财政审计处的人员配置和职责分工。考虑到财政审计的任务一年比一年重，署党组经过反复研究决定，除深圳特派办外，其他特派办都增设一个财政审计处。署领导对目前财政审计队伍的现状是非常了解的。前几年，财政审计任务紧张的时候，特派办通常从其他业务处抽调人员参加财政审计，有的还单独承担审计项目。但从实践情况看，由于专业的差异，进入角色的过程往往比较长，等到基本情况熟悉了，审计也该结束了，同时，也容易造成审计质量不高的问题。所以，这次署党组下定决心在机构设置上加强财政审计的力量，绝大多数特派办设立两个财政审计处。目前有的特派办已经到位，有的特派办还没有定下来，希望各特派办要尽快把这件事落实下来。要抓住这个契机，把政治素质好，责任心强，专业对口，有一定工作经验和宏观分析能力强的同志充实到财政审计队伍中来，同时要注意培养有发展潜力的青年干部。现在是任务压头，希望各特派办加快组建、分设两个处的步伐。关于分工的问题，现在看，有两种方法，一种办法是两个业务处分别负责不同的项目，即将国税、关税、国库等分别管理，这样做的好处是，职责分工比较明确，缺点是同志们对不分管的项目，可能情况不熟悉；另一种办法是两个处管理的项目相同，不做明确分工，这样有利于干部的全面发展，但收集基础资料重复较多，谁都管，就可能谁都不管。究竟怎么办，这次会上大家酝酿一下，各特派办根据自己的实际情况也可以先试一下，过两年再逐步规范。

（二）改进工作作风，狠抓工作质量。审计工作是一项扎扎实实的工作，来不得半点马虎。我们的工作只要有一点不扎实，就有可能造成严重后果。随着被审计单位法制观念的增强和我们审计力度的不断增强，被审计单位因审计质量问题而提出复议的可能性越来越大，对此我们要有清醒的认识。近两年，我们审计工作取得了很大的进步，但也出现过一些问题，主要是有些审计事项在事实和定性方面经不起推敲。出现这种问题，对审计的形象和权威产生的负面影响是巨大的。99%的成绩都顶不了1%的失误，这是我们审计工作的一大特点。因此，无论什么时候，审计质量是我们的命根子。审计质量从哪里来，其中很重要的一条就是要有扎扎实实的工作作风，特别是领导干部的工作作风要求真务实。在这方面过去我们有良好的传统和作风，应该继续发扬。主管财政审计的特派员要深入审计第一线亲自指导，亲自修改审计报告，亲自定性把关。最近颁布的《审计机关审计报告编审准则》明确规定：审计报告应当经审计组集体讨论并由审计组长定稿，审计组长应当对提出的审计报告的真实性负责。财政审计项目的审计组长，一般都由特派员或副特派员担任，因此特派员对审计质量就更应负起全面责任。从去年的审计情况看，有些同志缺乏审计的敏感性，问题摆在眼前却没有看出来，没有深入下去。如，有一个省的税收收入一年只有100多亿元，但税务部门提取的代征代扣手续费高达2.8亿多元，计提手续费的税基占全部税收的一半以上，这本身就是问题，但却没有深入查找原因，没有作为问题提出来。这说明我们的审计水平还有很大差距。希望各位特派员要认真地研究一下，在财政审计方面到底还有哪些差距，只有正视差距，采取切实措施，才能使工作有较大的改进和提高。

（三）加强基础工作，认真执行审计规范。这些年署里一直强调要抓好基础工作。但做得怎么样，大家可以自我评价一下。现在有的简单地把基础工作仅仅理解为收集、整理和保管审计的档案资料。当然这是基础工作的重要内容，但不仅仅是这些。审计的基础工作更重要的是建立并严格执行审计的基本规章制度。今年，李审计长先后签署了第1、2号审计署令，发布了我国审计基本准则和9项专项审计准则。这是贯彻署党组“全面贯彻审计法，推进依法治国”、加强“人法技”建设和提高审计质量的重要举措。但仅有制度是不够的，关键是我们还要严格地去执行。我们一定要组织干部认真学习，统一思想，在今年的财政审计中，采取有力措施，狠抓落实。署机关、派出审计局、特派办尤其要率先垂范，要带头贯彻执行，为全国审计机关树立表率。

（四）狠抓廉政建设。中央对惩治腐败的决心很大，非常重视。前一阶段，成克杰、胡长清被依法判处了死刑，中央要求各级领导干部要以此为戒，开展警示教育。最近，又组织干部观看了影片《生死抉择》，受教育很大。我们作为执法监督部门，处在反腐败斗争的第一线，更应以身作则，认真学习，不断提高政治思想觉悟。在这个问题上，任何时候都不可麻痹大意，掉以轻心。李审计长经常讲，审计质量和廉政建设是审计工作的两条生命线，少了哪一条都不行。审计部门必须做到清正廉洁，应该从我做起。今年我们实行了审计“八不准”，这是我们落实中央廉政要求的具体措施。过去，我们常说独立性是审计的基本特征。但在经费上一直独立不了，与严格审计执法发生了矛盾，影响了审计的质量和审计的形象。在这方面我们是有过不少教训的。希望各特派员一定要以高度的党性觉悟，把廉政建设作为队伍建设的重要内容，切实抓好落实工作。“八不准”这条高压线，谁都不能碰。在财政审计工作中，各特派办一定要严格要求，严格管理，严肃纪律，要教育大家自觉地遵守，确保不要出现违纪行为。在这方面，不论谁出现问题，都要坚决予以查究。

同志们，今年的财政审计任务依然很重，而且审计质量的要求更高，深化审计的难度更大，许多新情况、新问题要我们去研究、去解决。因此，各特派办对今年的财政审计要予以高度重视，精心组织、精心安排。希望大家认真学习新知识，努力增强宏观意识和创新意识，领导要深入审计第一线，保持和发扬严谨细致的工作作风，开拓进取，扎实工作，争取今年财政审计取得更大的成绩。

抓住机遇　努力工作
加快发展内部审计的步伐（摘要）

刘鹤章

2000年1月26日

我想就内部审计工作再讲几点意见。

一、认真学习李审计长的讲话，推动新时期内部审计工作上一个新的台阶

会议开始时，李审计长结合贯彻落实十五届四中全会精神就我国内部审计管理的思路，内部审计的法制建设，结合国内外内部审计发展趋势，分析了内部审计目前所处的环境，对如何切实做好内部审计工作和经济责任审计提出了要求，阐述了国家审计机关和内部审计组织的关系，提出了内部审计的目标在于促进加强内部管理和提高经济效益，就内部审计协会如何切实履行行业管理和服务的职能为内部审计工作指明了方向。我们从事内部审计的同志们要进一步统一认识，努力把内部审计工作推向一个新的台阶，为内部审计迅速发展作出贡献。

我国的内部审计是在审计机关的宣传指导和推动下迅速发展壮大起来的，近年来，全国内部审计人员根据《审计法》和审计署关于内部审计工作的规定，努力适应新形势的要求，转变观念，突出重点，改进方法，提高水平，取得了很大成绩。政府宏观部门、执法监管部门、专业经济部门和社会服务部门已逐步感觉到内审工作的重要，自觉地建立了审计机构，公安、税务、司法、证券等行业的单位也适应新形势的要求，建立了内审机构；国有大中型企业的内部审计制度更加趋于完善，内部审计工作进一步加强；乡镇企业和各类非公有经济组织为建立现代企业制度，适应改革和内部管理的需要，也建立了内部审计机构。内部审计的工作重点更加突出，作用日益明显，除进行财务收支审计，监督内部遵守财经纪律外，经济效益审计、合同审计、基本建设审计、经济责任审计等逐步成为内部审计的主要工作，为单位领导摸清家底，促进增收节支起到了积极的作用，成为部门、单位内部严肃财经纪律、规范会计核算、加强管理、促进提高效益的一支重要力量。在实践中，广大内审人员积极探索制度化、规范化的路子，总结出不少好的经验。据统计，全国内审机构近几年来每年审计四十多万个项目，纠正违纪违规金额二三百亿元，促进提高经济效益一百多亿元，减少损失浪费一百多亿元，在维护国家财经法纪和企业合法权益，加强内部控制，促进增收节支，提高经营管理水平等方面发挥着重要作用。这些成绩的取得，是与审计机关的领导和支持，特别是管理指导处的同志的辛勤工作，与各单位领导的重视，与内部审计学会的推动，与内部审计人员自身素质的不断提高分不开的。由于大家的共同努力，也为学会转入协会和今后协会进一步开展工作奠定了坚实基础，在这里，我代表审计署向各级审计机关、向各单位领导、向各级内部审计学会的同志、向广大内部审计人员表示感谢。

二、新形势下内部审计工作的地位和重要性

当前，内部审计工作面临新的形势，为其进一步发展提供了一个好的机遇。

首先，十五届四中全会就国有企业改革提出了三个层次的指导性意见。

一方面，要对国有经济布局进行战略性调整。公有制经济和非公有制经济共同发展，相辅相成。不仅国有企业需要内部审计，其他非国有经济单位同样需要内部审计来进行监督，促进加强内部管理。另一方面，通过对国有企业的改革、改组、改造和加强管理来搞活整体国有经济，而改革、改组和改造中，核心问题是产权结构的调整，企业兼并、破产，也都需要内部审计的参与。第三，现代企业制度的建设中，要做到产权清晰、权责分明、政企分开、管理科学，就需要建立健全内部管理制度，而内部审计机构的建立和有效地开展工作，是其重要的环节。

第二，新的《会计法》要求“单位要对会计资料定期进行内部审计的办法和程序应当明确”，“单位负责人对企业会计资料的真实性、合法性负责”，这就明确了单位负责人的职责。单位负责人为了加强内部管理，其中心问题就是要求企业内部建立健全内部控制制度，来保证会计资料的真实性和合法性，内部控制制度的建立健全，必然需要内部审计工作。

第三，随着我国加入世界贸易组织步伐的加快，我国的企业在加强内部管理的同时，越来越需要了解和适应国际规则，按照国际惯例来处理各项经济事务，这就要求我们加快学习国际规则，学习先进国家的管理经验，研究发达国家内部审计准则的制定和执行情况，只有学习掌握了国际规则，我们才能在“入世”后顺利应对国际挑战，并在国际竞争中抓住机遇。

最近，我看到一份材料，介绍我国工业500强与世界500强的差距，主要表现在规模小，创新能力弱，国际竞争力普遍低下。这说明我们和国际水平还存在很大差距，改革改进的余地还很大，内部审计还应针对面临的差距，根据企业存在的缺陷，提出建议。

三、几点希望

（一）内部审计师协会要加强对内部审计工作的服务和管理

审计署党组确定中国内部审计协会的主要职能是“管理，服务，宣传，交流”，协会通过总结经验，发现典型，加以推广，大力宣传，使内审的先进典型先进人物和工作经验及时推广，促进内部审计工作迅速发展；协会要改变依靠行政手段管理内部审计的做法，树立服务意识，在调研、培训、考试等方面多为广大内部审计人员服务。

（二）内部审计师协会要加强规范化建设

内部审计师协会在今后的工作中，要加紧内部审计规范化建设，尽快制定内部审计准则、职业道德标准等规章制度。要为推动内部审计职业人员持证上岗制度的建立多做工作。协会要加强自身建设，严格按照国家关于社团活动的有关规定和协会章程加强管理开展工作和接受监督，依法正确履行自己的职责。

（三）要加强对内审人员的职业培训

要通过培训，推动大家认识新形势，学习新知识，研究新问题，探索新思路，可以通过继续组织国际注册内部审计师的考试和组织国际交流和合作，进行国际培训等方式，为企事业单位培养一批国际水平的内部审计人才。

（四）内审工作要突出重点

内部审计工作也要坚持抓重点的方针，围绕国家和单位工作中的重点，特别是要围绕单位领导关注、群众关心的重点问题开展工作。要立足于促进加强内部管理，通过财务收支审计，摸清家底，分析资产质量和会计信息质量，通过对监督财务管理为核心，抓住成本管理和资金运用，针对企业管理中存在的问题提出建议，为领导决策服务，推动内部其他部门加强和改进工作。

（五）各级审计机关要大力支持内部审计事业发展，支持内部审计师协会的工作

各级审计机关在内部审计事业的发展历程中，发挥了积极的作用，今后仍然要大力支持内部审计的工作，在对外协调、经费补助、人员配置上尽可能地给予支持，同时借鉴国内外国家审计支持内部审计的好的经验。

目前，地方审计机关面临着机关改革的问题，对内审的指导、监督职能放在哪个处室，如何配备人员，各地可根据自己的情况探索适合自己的最佳模式，也可参照署的模式。

各位理事、各位代表，这次会议，是我国审计事业发展历史和内部审计发展历史上一次重要的会议，对今后内部审计事业的发展，非常重要，希望大家在今后的工作中勇于开拓，为内部审计事业的发展，发挥大家的聪明才智，作出自己最大的贡献。

刘家义副审计长在2000年全国外资审计培训班上的讲话（摘要）

（2000年1月12日）

一、1999年外资审计工作有了新的发展

去年一年来，全国各级审计机关认真贯彻总理关于全面审计，突出重点，注意发现大案要案线索的指示精神，以署党组提出的“二十字”方针为指导，按照去年初全国外资审计工作会议上确定的“强化监督、严格执法、提高质量、内外合一、如实披露”的原则，在审计署的统一组织下，完成了对228个世亚行贷款项目、6000多个项目执行单位的审计工作，出具了270多份供世界银行等国际金融组织使用的审计报告，取得了比较好的成效。

（一）初步揭示了外资利用中存在的一些问题，为积极、合理、有效地利用外资发挥了一定的积极促进作用。审计结果表明，有关部门和项目单位在管好、用好外资方面采取了很多措施，取得了很好的效果。但是也发现，一些地方和项目单位在利用外资过程中还存在一些不容忽视的问题。这些问题有管理方面的，有执行国家财经法纪方面的，也有因为市场变化而出现的，还有与我国国情不相适应的。概括起来，主要有二个方面：

第一，有的贷款协定的某些条款不恰当。例如一些经营性项目，使用的贷款数额并不大，占整个项目资金总额的比例很小，但贷款协定规定，项目单位要向世亚行提交整个项目单位乃至整个系统或整个行业的财务报表，审计机关要对整个项目单位或整个行业的财务报表出具审计报告，发表审计意见。例如，中国工商银行使用世行贷款1亿多美元，折合约8亿多元人民币，比起中国工商银行的×万多亿元人民币的资产，是很小的一部分，但按照贷款协定规定，中国工商银行要向世界银行提供有关×万多亿元资产的财务报表，审计署要向世界银行提交有关×万多亿元资产的财务报表的审计报告。这种状况在我国其它金融机构或其它行业也存在，例如邮电、铁路、电力和石油行业等。由于这个问题涉及到商业秘密和国家利益，必须引起我们的重视。再比如，世行规定的农业项目费用开支标准大大高于我国的实际情况，某些项目按协定进行的采购严重脱离我国的实际情况，如物资与设备采购周期很长，不适时、不适用，造成积压或违规变卖、损失浪费。

第二，一些地方和项目单位在项目执行过程中有违反国家财经法纪和违反贷款协议的问题，有的问题还比较严重。例如挤占、截留、挪用、出借项

目资金，虚报冒领，多列少列费用支出，盈亏不实，投资失控，超概算严重，转贷过程中层层加码，配套资金不到位，未按规定建立还贷准备金和管理不当等等。

这些问题被揭露后，引起了世亚行、各级政府和有关方面的高度重视，有的问题已经得到了解决和纠正。如一些问题上报国务院以后，国务院领导作了批示；有些省的主要负责同志就审计发现的问题也亲自做出批示并进行督办，使发现的问题很快得到了纠正。去年，财政部、国家环保总局和国家粮食储备局还针对审计披露的问题专门下发了纠正解决此类问题的通知。世界银行对审计揭示出的问题也非常重视，专门致函财政部和相关部门，敦促这些部门尽快采取措施加以解决，在各方面引起了较大的反响。事实上，这不仅仅是扩大了审计影响，更重要的是通过审计，促使这些问题得到解决，特别是对于今后防止此类问题的发生起到了积极作用。

（二）健全制度，完善标准，狠抓落实，审计质量和审计效率有了较大的提高。外资审计工作开展十几年来，创造和积累了很多宝贵经验。去年的外资工作会议上，同志们在认真总结经验的基础上，分析在新的形势下如何深化外资审计工作，并对外资审计工作提出了新的要求。与此同时，审计署就如何加强外资审计工作向国务院作了专题报告。经国务院领导同志批准以后，审计署和财政部联合下发了《审计署、财政部关于加强国际金融组织贷款项目审计监督的通知》。各级政府极为重视，有的省政府专门转发了通知，并对审计署与财政部联合下发的文件结合本地的实际情况进行了认真研究，提出了具体的贯彻意见和措施。而后，审计署又相继制定了关于规范世界银行贷款项目审计报告的通知等若干文件。根据这些文件精神，审计署和各地审计机关精心组织，狠抓落实，并且对审计工作质量和世亚行贷款农业项目进行了检查和评比。所有这些，对提高审计质量和审计效率，进一步深化世亚行贷款项目的审计起到了很好的作用，这也对加大监督力度、严格审计执法提供了保障。

（三）加强技术基础建设，使外资审计工作向规范化方向发展迈进了一步。去年外资审计技术基础建设取得了较大成效，一是在总结十几年外资审计工作经验的基础上，组织编写了世行贷款项目审计操作指南；二是组织编写了世行贷款项目绩效审计手册；三是与计算机中心联合研制开发了外资审计管理信息系统。同时，还加大了外资审计培训的力度，举办了英语培训班和几期外资审计管理信息系统培训班。

二、再接再厉，努力完成2000年外资审计工作任务

2000年是世纪交替的重要一年，围绕中央关于充分利用国内国外两个市场、两种资源的决策，我们必须再接再厉，为更好地促进积极、合理、有效地利用外资服务。2000年外资审计工作总的原则是：“强化监督职能，严格审计执法，坚持内外合一，如实披露情况，不断提高审计质量”。2000年的外资审计工作要切实抓好以下三个方面的工作：

（一）突出重点，继续组织好国际金融组织贷款和国外援助项目审计，开展对外国贷款部分项目的政府外债审计调查。

2000年，审计署统一安排的外资审计任务有两项：一是继续组织好国际金融组织贷款和国外援助项目审计；二是组织特派办和有关派出局对利用外国政府贷款的32个项目进行审计调查。为完成这两项任务，要坚持原则，改进方法，规范操作。

1.坚持去年提出的“强化监督、严格执法、提高质量、内外合一、如实披露”原则。从去年的执行情况看，一些地方曾经一度存在的“内外有别、上下有别”的情况已有很大的好转，但各地不平衡。外资审计不强化监督职能，就失去了存在的意义。如实披露情况，不仅要披露有问题的一面，也要反映成绩的一面。另外，项目管理中存在的问题可以如实披露，为什么贷款协定条款存在的问题就不能如实披露呢？如实披露，包括如实披露贷款协定本身存在的问题。不管阻力有多大，难度有多大，外资审计必须坚持原则。外资司要加大监督检查的力度，对违反上述原则的审计机关，不仅要给予通报批评，还要取消审计授权和审计资格。

2.全面实施世行贷款项目审计操作指南和应用外资审计管理信息系统。各级审计机关要认真学习世行贷款项目审计操作指南，努力规范外资审计行为；外资审计管理信息系统可在省级审计厅（局）、特派办及有条件的地市审计机关尽快用起来。

3.积极探索以贷款项目办为主线的审计方式。在世亚行贷款项目中要选择几个项目办，如农业项目，以中央项目办为龙头沿着资金走向逐级进行审计。

4. 进一步总结完善有关规定，规范审计行为。国际金融组织贷款项目审计和利用外国政府贷款项目审计调查必须按照下述要求进行：一要严格执行审计署统一制定的方案；二要突出重点、加大审计力度，不求全、求多，但要求精、求深。在审计和审计调查中一定要抓住重要环节，注意揭露和查处重大违法违纪问题和经济案件；三要严格控制审计质量，基础工作要扎实，数据资料要准确；四要加强综合分析，不能每年只向政府和上级审计机关报数字，要深入分析这些数字背后的原因和根源，要充分利用审计资源，从机制上、根源上分析问题，提高审计的层次。

（二）进一步加强审计准则的制定和审计技术基础建设。这是提高审计工作质量和效率、明确审计责任和防范审计风险的重要保证。署机关、特派办和地方审计机关都要重视这项工作，把这项工作当作重要的任务来抓。目前，审计质量还存在一些问题，其重要原因之一是审计准则不明确，技术手段和方法落后，导致审计效率不高、审计质量没有保证。另外，责任也不明确，责任不明确包括审计责任和会计责任不明确、审计机关内部责任不明确。审计署今年要认真修改完善外资审计的有关规定，制定一些办法，还要认真总结十几年来外资审计工作的经验，分析当前外资审计面临的形势，按照当前外资审计的要求制定新的审计准则和研究出台一些新的办法，推动外资审计工作向规范化迈进。

（三）强化培训，提高外资审计人员的素质。没有高素质的人才，再好的制度、再完善的办法都是一纸空文，什么事都办不了，抓不好。李审计长对于培训，对于提高干部队伍素质极为重视，亲自抓。这也是形势所需。因此，各级审计机关要按署党组和审计长的要求，一是在思想上高度重视，要有紧迫感。把这个问题摆在重要位置，认真抓落实。我们一定要克服这种思想：现在工作很忙，没有时间参加培训；业务骨干抽不出来；现在即使没有培训，工作也可以应付。一些业务骨干长期得不到培训，这是吃老本，老本吃不了几年。一定要有长远观点，从大局出发，从审计事业的发展需要出发来看待这个问题。作为一名审计人员，也要克服一种思想，就是现在还过得去，不参加培训也比别人强，或者觉得参加培训是为单位学习。这种观念是完全错误的。对待培训问题要有一个正确的认识。无论是审计机关的领导还是一般的审计人员，都要感觉到有压力，要看到差距，要有紧迫感。二是在资金上要加大投入。审计机关无论资金怎么紧张，都要挤出钱来搞培训，审计人员为了自己的发展也要舍得投入。当然，还要处理好学习和工作的关系，学习的目的是为了更好地工作，通过工作发现我们知识的不足，促使我们更好地学习。要特别注意的是，我们不能将学习与工作两者对立起来。外资司今年要考虑把加大培训资金投入放到重要位置上，要把钱用在外资审计人员培训上。三是在培训方式上要灵活多样，要统筹规划、长短结合、分层次轮流培训，把集中培训和分散培训结合起来。外资司要根据工作需要和外资审计队伍状况，对外资审计系统的培训工作做出统筹规划。四是在培训手段上要有一定的激励机制，可以考虑将培训、考试和岗位资格紧密结合起来。五是在培训内容上要根据工作需要和客观环境的变化进行培训。大家知道，经济的全球化必然会带来审计的国际化，审计的方式、准则、手段和方法也必然要国际化。这种发展趋势对我们提出了更高的要求，这就需要我们的培训工作适应变化了的环境。因此，要将专业培训与综合培训结合起来，例如计算机培训、外语培训、经济理论培训、审计业务培训、法律法规培训等，要形成一个整体。目前，特别要注意对计算机应用的培训和经济理论的培训。只有通过培训，不断地加强学习，使我们的素质不断提高，才能推动外资审计工作的发展。

各个省级厅（局）、特派办要根据自己的实际情况做出相应安排。省级厅（局）在完成好国际金融组织贷款和国外援助项目审计，审计力量许可的情况下，可安排对本级政府借用外债情况及借用外国政府贷款项目的审计调查；根据当地政府的要求安排中外合资合作企业审计和境外审计。

三、认真探索深化外资审计的路子，为促进积极、合理、有效地利用外资做出新的贡献

十多年来，外资审计工作确实取得了很大的成绩，也积累了比较丰富的经验，特别是去年，外资审计工作又有了新的发展，这一点是有目共睹的。但我们也要清醒地认识到，外资审计工作与国家法律的规定、总理的指示、人民的期望和现在形势的要求还有差距，与署党组和李审计长的要求还有一定的差距。其主要表现：一是在审计的广度上，我们还有空白，许多领域我们尚未涉及。就国家外债而言，世亚行贷款仅占我国政府全部外债的21%。二是在审计的深度上，很长一段时间我们仅满足于向世亚行提供审计报告，对深层次的问题揭示得不够。去年以来，根据审计法和署党组的要求，按照朱总理的指示精神，外资审计在监督力度上加大了，查出了不少的问题，发挥了比较好的作用，但是也有少数贷款项目审计的深度不够。例如，在世亚行贷款项目审计中，部分审计人员对查处和揭露重大违法违纪问题和经济案件的意识不强。对世亚行贷款项目审计，我们比较习惯于就事论事，出具审计报告，而从国家全局的高度来分析和反映问题还不够。还有部分同志对“内外合一、如实披露”很担心。事实上，这种担心不仅是认识不高的问题，而且还是没有处理好全局和局部、长远和当前的关系问题。三是在审计力度上，个别地方在审计中还存在一定的随意性，对存在问题的揭露和处理不到位。这些问题的存在，对我们在工作中坚持强化审计监督、严格审计执法的原则是非常不利的。因此，我们必须按照审计法的规定和总理的指示精神，按照署党组和李审计长的要求，认真总结探索，坚持“强化监督、严格执法、突出重点、提高质量、内外合一、如实披露”的原则，将外资审计推向一个新的阶段，为促进积极合理有效利用外资做出新的贡献。

一是要强化监督职能，严格审计执法。这既是法律赋予我们的神圣职责，也是审计人员首先必须履行的职责。二是要拓展审计领域，突出审计重点。这就要求我们认真学习、深入贯彻总理关于全面审计，突出重点，依法严肃查处重大违法违纪问题和经济案件的指示精神，不仅要严肃认真地做好世亚行贷款和国外援助项目的审计，而且要认真搞好借用外国政府贷款项目的审计调查，以及其它外资运用的审计。在外资审计过程中，要在全面审计和搞好一定量审计调查的基础上，抓住重点，抓住重点项目、重点单位、重点环节和重点问题，抓住资金使用的重点单位。这就要求我们根据实际情况去探索、研究和总结。只有这样，才能有针对性地查出问题，促进管理，引起震动，达到防范的目的。三是要改进审计方法，提高审计质量。从当前情况看，要改进审计手段，提高审计效率，最直接、最快捷的方法是要利用计算机。另外还要将常规审计和专项审计调查、对贷款项目办审计和对项目单位的审计、外资运用审计和其它专业审计紧密结合，形成有机整体，这样才能发挥作用。在这方面，要加强培训和质量检查的力度。四是要坚持内外合一，如实披露。对于项目审计报告，不能搞内外有别、上下有别，要如实披露；对于发现的重大违法违纪问题和经济案件要专门报告；对于好的经验和好的典型事例，也要上报，全面反映。

要做到上述四点，作为外资审计人员就要增强以下六个意识：一是全局意识、大局意识。这就是说要讲政治，要讲全局、讲大局。二是责任意识。外资审计要本着对人民负责、对国家负责、对历史负责的精神去工作。三是法律意识。要坚持依法审计，严格执法，特别要遵守廉政规定。有些不廉政的问题影响很坏，我们一定要警惕再警惕。四是要有风险意识。审计是存在风险的，外资审计风险更大。审计机关代表政府履行审计监督职责，出具审计报告，审计报告一旦出现纰漏，就会被认为是政府的原因。因此，外资审计风险实际上也是一种政府风险。五是要有案件意识。要树立发现、查处和揭露重大违法违纪问题和经济案件的意识。六是要有危机意识。审计人员要有压力感、紧迫感、危机感，要千方百计地加强培训，提高素质。

刘家义副审计长在金融审计培训班上的讲话（摘要）

（2000年2月16日）

我讲三个方面的意见：

一、1999年金融审计取得了比较好的成绩

去年金融审计工作，按照年初全国审计工作会议的部署和要求，各级地方审计机关、各特派办的领导和全体审计人员，高度重视、精心组织、全力投入，因此，去年两行的审计和其他方面的金融审计工作，都取得了比较好的成效，比较圆满地完成了任务，达到了预期目的。去年整个金融审计，大体归纳起来，完成了三个方面的工作：一是对人民银行预算执行的审计，二是对工、建两行的审计，三是对一些国务院领导同志和署交办重大专案的查处。去年的金融审计工作，特点非常突出：就是重点突出，成效比较显著，震动比较大。重点突出，就是我们紧紧抓住了银行资产质量这个主线，尤其是突出了揭露和查处重大的违法违纪案件线索；成效比较显著，可以从审计的最终结果表现出来；震动比较大，是指无论在金融系统，还是社会各界，影响、反响都比较大。效果比较好、震动比较大，主要体现在三个方面：

一是揭露和查处了金融系统存在的问题，基本上达到了摸清家底、揭露问题的目的。比如通过审计，发现金融机构资产、负债、损益不实，“小金库”问题还比较严重，违规经营、账外经营所造成的损失、浪费等还比较突出。

二是为国务院和有关部门决策以及加强金融监管提供了依据。去年审计中，查出信贷资产质量不高，潜在的财务风险很大；揭露出金融系统内部管理松弛，很多制度不健全、不完善，有些也没有得到贯彻落实；违法违规经营问题依然存在，需要进一步加强金融监管，进行彻底根治。审计过程中，就重大问题向国务院及时作了报告，去年上报的各种信息和报告中，国务院领导对35份做了重要批示。审计结束后，审计署向国务院报送了《关于进一步对国有商业银行加强监管建议的报告》，提出了五点建议，得到了国务院领导的充分肯定。朱总理在全国金融工作会议上多处引用审计情况和建议，温家宝副总理将这个报告批转几大银行领导研究。金融系统和有关部门对我们去年的审计也给予了高度重视。

三是锻炼了队伍，探索了路子，积累了经验。去年的两行审计，点多面广规模大，面临的业务比较新，对于信贷资产质量怎么审，对于其背后掩盖的违法违纪的重大线索怎么查，还没有经验。金融机构是一级法人、四级管理，怎么样组织、实施、查证、总结、提炼、统一标准，都是摆在我们面前的问题。通过去年审计，使我们整个队伍得到了锻炼。同时，也探索了对于一级法人四级管理的单位，对于信贷资产质量和一些重大的案件，怎样进行审计监督的路子，也积累了很多经验。比如去年工作中采取的“五统一”方式，以及许多特派办在实际工作中摸索和总结出的许多好的经验。

二、再接再厉，努力做好2000年的金融审计工作

朱总理对审计工作提出了比较高的要求，给予了很高的期望，这也是全国人民的希望。因此，在2000年，各级审计机关要全力以赴，在总结去年工作经验的基础上，精心组织，加强领导，保证今年金融审计工作全面、顺利、高质量地完成。

（一）集中精力，圆满完成各项审计和审计调查任务。今年一是对农业银行的审计，由16个特派办和金融司完成。根据去年的经验，为加强审计深度、力度，我们采取了新的方式，收缩战线，今年组织安排审计农业银行总行、8个分行及其部分市县支行。基本方式是两个特派办负责审计1个省。二是对两个保险公司进行审计试点，为明年和下一步开展保险审计提供经验和方法。每年开展一个大的行业审计之前，先搞试点，探索经验，非常重要。三是对工行系统债转股情况进行审计调查，重点调查债转股政策实施得怎么样，存在什么问题，需要怎样进一步完善，这是落实国务院四中全会提出的加快国有企业改革的重要步骤。四是对1999年我们审计的工、建两行审计决定落实情况进行跟踪。

（二）进一步探索路子，积累经验。今年要重点探索的主要有两个方面：一是两个特派办协同作战，对一个分行进行审计。二是计算机审计的路子，要下功夫、下力气，要在计算机审计上杀开一条血路。希望特派办和全体审计人员要有所作为。

（三）搞好金融审计培训。一是在实践中以审代训、以训促审，两个方面结合起来；二是金融司今年要组织一些专业培训；三是建议各个特派办开展金融审计培训。

（四）加强基础建设。基础建设不搞好，将制约审计质量的提高。基础建设包括的方面很多，今年应重点抓以下几点：第一是建立被审计单位档案，金融司和计算机中心要联手研究，需要什么样的资料、指标，需相应开发什么样的软件。第二是审计档案要规范，要及时建档。目前，有些工作底稿还很不完善、不规范，基本要素不全。第三是要建立审计标准，一是金融审计准则，二是金融审计操作指南。可以先搞准则和商业银行操作指南。

要完成以上四个方面的工作是不容易的，单靠金融司、计算机中心是完不成的，金融司应做好组织工作，与16个特派办携手完成。这四项工作任务很重，各单位主要领导和主管领导要下大力气才能抓出成效。金融处的同志，要与其他处室的同志一起，密切配合，积极努力完成这四项任务。

三、积极探索，不断深化金融审计

十几年来，金融审计取得了比较显著的成绩，积累了宝贵经验，但是整个金融审计工作与朱总理的要求、与当前新的形势的要求、与署党组和金华审计长的要求还有很大的差距。其主要表现，一是深度不够。许多问题只是点到为止，比如对于一些重大案件，只是找出了线索，未继续深入下去。二是高度不够。我们还是比较适应于财务收支审计，对于信贷资产质量揭示得还是不够。比如审计机关经过去年审计，对于所在省市分行存在的问题，哪些是规律性的问题？形成共性问题的原因在于哪些方面？从宏观上综合分析还很不够，提出的建议也不够，一定程度上还局限在就事论事、就财务讲财务、就某一个具体问题讲具体问题上。再比如，对于银行的不良资产，应作进一步的分析，由于历史包袱形成的占多大比例，由于银行自身违规形成的占多大比例，属于政策制度本身不完善形成的问题占多大比例等。三是力度不够。金融审计与其他审计还没有形成一个整体，在更广的方面、更高的层次上，发挥审计的作用不够。四是技术手段、技术方法还比较落后，效率不高。基本上还是手工操作，制约了我们的工作效率，也制约了我们审计范围的扩大。五是审计质量还有待提高。总体讲，质量还不错，但确实也有些项目的审计质量需要提高。

以上五个方面，大家需要进一步共同努力，积极探索，进一步深化。如何深化？提出六点意见，供大家参考：

（一）进一步明确金融审计总体目标。当前尽管金融领域的情况有了很大的好转，金融秩序有了很大的改变，金融在国民经济发展中发挥了很大的作用，但是也要看到金融领域存在的问题也是相当多的。这就要求我们审计机关通过审计监督，在规范金融秩序、揭露金融领域存在的问题、摸清金融企业的家底、促进加强管理等方面，发挥作用，最终达到防范和化解金融风险的目的。当前金融领域假和乱的问题非常严重，所以金融审计近期内的总体目标，就是“摸家底，抓案子，促管理，防风险”。摸家底就是要把家底摸清楚，资产负债究竟是什么状况，损益是否真实；抓案子就是要揭露和查处重大的违法违纪问题和经济案件；促管理就是要促进其规范经营、加强管理、完善制度；防风险就是要防范和化解金融风险。我们要争取用去年、今年和明年三年时间，通过审计监督，基本上摸清商业银行和一些重要金融机构的家底，使其经营管理和经营秩序有所改进，重大违法违纪案件有所减少。

（二）集中力量，抓住重点。金华审计长在工作报告中强调要突出重点，加大力度。加大力度，首先就要集中力量。所以今年农业银行的审计，我们集中力量，收缩战线，确定审计总行和8个省市，以组织有效兵力，把深度加大。抓住重点，有三个方面内容：一是损益的真实性，二是资产质量，三是揭露和查处重大违法违纪问题和经济案件。这三个方面都要围绕资产质量这条主线来开展。

（三）改进方式，提高质量。我们重点应在其深度、高度和力度上下功夫。

第一，上下联动、上下互动，坚持“五个统一”。上下联动、互动，就是审总行、审分支行要相互配合。坚持“五个统一”，第一就是统一组织项目，审哪一类的行或其他金融机构，要由署里根据各方面的情况统一组织，统一制定计划；第二是统一实施，审计通知书、审计的整体动作，要统一进行；第三是统一方案，审计方案一定要统一，当然各个地方也可以制定比较具体的实施细则；第四是统一处理，一是定性和处理要统一标准，二是要由审计署统一对总行下达审计决定和审计意见书，各个地方下达执行决定和执行意见书；第五是统一考核，就是审计质量的标准、审计质量的考核，由审计署统一制定和实施。

第二，搞好“五个结合”。一是将经常性审计和行业性轮审相结合。经常性审计的重点有三个方面：对审计决定执行情况，一些重大案件查处情况以及提出审计意见整改情况进行跟踪，当年确定的需要重点专项查处的问题。二是全面审计与专项审计、审计调查相结合。三是金融审计与财政审计以及其他专业审计要紧密结合。因为任何资金的运动都要通过银行等金融机构，通过银行可以看出财政资金的运行情况、财政预算的执行情况，也可以发现企业在财务收支方面存在的问题。因此金融审计发现的问题，要向财政和企业延伸扩展，同时，要把在财政、企业审计中发现的问题带到金融审计上来，这是互相促进、互相提供线索、互相揭示问题的途径。四是大型金融机构审计与小型金融机构审计有机结合。从长远来看，几个大的商业银行、保险公司和一些小的商业银行，都不能疏漏，尤其是一些地方金融机构存在的问题可能更多。在统一组织对某一个大的金融机构审计的同时，可能涉及一些小的金融机构，所以要结合起来。另外，在工作力量、工作任务的安排上，也要实行结合。五是境内和境外审计要有机结合。回为银行自身在境外办了不少机构，另外，银行资金汇往境外的也不少。要及时揭露有疑点的问题，向审计署报告，由署里统筹考虑安排。

第三，改进手段，提高效率。要广泛地在金融审计中应用计算机。今年开发的金融审计软件，一些同志已经看了。原先在手工审计条件下，一个审计人员需用很长时间才能看完的账十几分钟就可以看完，而且看得很全面，然后可以根据审计人员的经验，用软件对数据进行排列组合和分类。这样最起码可以凭借审计人员的经验迅速找出重点、疑点，否则用手工方法去翻，要花多长时间去分析呀？去年的审计投入了多大的力量啊！我坦率地说，对一个县支行或一个市分行，你是不是对它一年或两年的材料都看完了？对利息的计算，你是否全部进行复核？对账外账，你能把它全部都查出来吗？我看不可能。所以，靠手工审计的办法是不适应的，必须要把计算机应用起来。

第四，要加强综合分析。加强综合分析，提高审计质量，我们的审计工作才能上档次。就是刚才讲的，我们不能仅仅就事论事，就审计谈审计。正如有位同志写文章所讲的，“审计信息在我们审计系统内部循环”，讲得非常深刻，非常到位。如果我们不站在比较高的层次。从较高的角度来进行综合分析，给党委政府和有关部门的决策、对制度的完善健全提出有价值的意见和建议，我们的审计报告有什么用呢？这不就是一种“内部循环”吗？这种“内部循环”就发挥不了审计的作用。所以我们一定要“立足经济搞审计，跳出审计谈经济”。“立足经济搞审计”，就是要围绕当前国家的经济工作中心，针对国家要解决的防范和化解金融风险的问题，进行审计工作；“跳出审计谈经济”，就是要运用审计资料，跳出审计的圈子，谈金融工作怎么做。要从这样的高度来考虑问题。今年由两个特派办审计农行的一个省分行及相关机构，对每个省分行审计以后，这两个特派办除了要拿出审计报告外，还要写出高质量的综合分析报告。这个分析报告最起码要讲清楚几个问题，比如审计对象的现状如何，存在哪些共性问题；这些问题的产生的客观原因是什么，主观原因是什么，有哪些属于历史性原因，哪些是政策性原因，哪些是现实原因；然后要从几个方面提出建议，法律法规该怎样完善，制度该怎样修改。

（四）要加强学习、提高水平。要深化金融审计，首要的还是要学习。我们的审计人员不适应工作的需要，有很多问题不清楚或者不完全清楚，这就成问题了。第一，有问题你没办法查出来；第二，查出问题不知道怎样去判断和定性；第三，不能从更高的层次去分析查出的问题。我们搞金融审计，对法律法规、对金融业务本身、对财政税务和企业的会计核算管理，要比较熟悉或者说比较精通；我们金融审计才能有更多的发言权。比方说这项制度为什么要这么规定，或者为什么不能这么规定？都要有所了解。去年的金融审计有一点做得比较好，就是没有提那种“放之四海而皆准”的审计建议，所提建议针对性都比较强。这说明金融司和各特派办都下了功夫。要提出高层次的建议，我们首先要钻进去，然后才能跳得出来，这就要求我们要加强学习。要通过学习和培训，使每个从事金融审计工作的同志加强三个意识：一是宏观意识，不能单纯地就账查账。因为金融对宏观经济，对整个国民经济和市场经济运行具有十分重要的作用。小平同志讲“金融是现代经济的核心”。既然金融对整个经济运行的影响很大，有很重要的作用，那么我们金融审计就不能陷入只简单地查那几笔账当中去。简单地查那几笔账能说明什么问题呀？当然，违法的问题，该怎么处理就怎么处理。第二是法律意识。现在办金融都要依法，我们金融审计更要依法。我们要依法审计，同时要依法规范自己的行为。第三是责任意识。金融审计人员面临的风险很大。如果我们对一个支行审计后，没有将一些重大的金融风险、违法违纪问题揭露出来，过两天就很有可能爆发支付危机。人家说你审计是干嘛的，刚审计没几天就出问题。如果说问题是审计后才发生的，你没有责任。但你审计之前问题就已经存在了呀！这个风险是很大的，随时都可能发生的，而且马上就能反映到社会的方方面面！所以我们既要树立风险意识，更要树立责任意识。责任和风险是一致的。我们要对老百姓负责，要对人民负责。要提高我们的水平，责任意识一定要加强。

（五）加强审计技术基础建设，不断规范我们的审计行为。金华审计长提出要加强“人、法、技”建设，“技”是什么？我理解，就是在审计工作中运用的现代技术方法、手段的总称。手段包括硬件和软件。署里现正加大技术基础建设的力度。现在主要抓三个方面：一是审计的基本技术和方法，比如审计抽样、内控测评等；二是审计业务操作指南，具体如商业银行审计操作指南等；三是信息化系统建设，包括网络的建设、数据库群的建设、审计软件的开发等等。金融审计领域一定要加强技术基础建设，包括基本技术与方法，这方面要总结，要研究。要加快研究与制定金融审计操作指南和金融审计准则，同时要加快建立金融审计数据库和研究开发金融审计辅助软件。只有这样才能提高效率、明确责任，才能规范我们审计人员的行为。

（六）加强廉政建设，严格执行审计纪律规定的“八不准”。金华审计长讲“审计质量和廉政建设是审计工作的生命线”，非常深刻，非常精辟。没有这两条，审计工作就没有深度，就很难把我们的审计工作向前推进。廉政建设对于金融审计尤为重要。不管是现在也好，将来也好，发现任何审计人员在金融审计中违反纪律都要严惩！我们要外抓“八不准”、内抓严管理。对自己的审计人员，该关心的要关心，该爱护的要爱护，但纪律该严的也一定要严，决不能有半点含糊。总的来讲，去年的金融审计廉政纪律执行情况是好的，但有没有个别同志在被审计单位吃喝玩乐，要一点、拿一点的现象？没有更好。如果有，这不仅从法律上、纪律上是不允许的，即使从最起码的人格上讲，也是说不过去的嘛！所以深化审计，廉政建设至关重要。最近署里发布了“八不准”，又搞了审计外勤经费管理办法和“八不准”的实施细则。各特派办也要根据实际情况进行细化。总的要求是；“八不准”的规定要严格执行，该花的钱要花，该办的事要办，对职工要关心，但要取之有道，用之有据，决不能做违法乱纪的事。

去年的金融审计工作取得了较好的成效，非常感谢大家。希望经过大家的共同努力，今年能够取得更大的成效！

刘家义副审计长在审计署审计软件开发应用演示汇报会上的讲话（摘要）

（2000 年 6 月 13 日）

一、充分认识加快审计信息化建设的重大意义

二十世纪八十年代以来，全球信息的网络化、数字化的迅速发展，特别是因特网的出现和迅速普及，信息技术向社会生活的各个领域、各个环节、甚至各个细胞中迅速扩展和渗透，在当今时代，信息化的发展不以人的意志为转移。你愿意适应它或不愿意适应它，它都已经到来，而且还将成为当今世界的潮流。1992 年美国提出建设信息高速公路（国家信息基础建设），其发展速度十分惊人。正是由于美国实施了信息高速公路工程，美国经济九十年代以来保持了 100 多个月的持续快速增长。信息高速公路建设计划的实施，促进了信息产业的发展；信息产业的发展又带动了夕阳工业比如钢铁工业、冶金工业的发展。从一定意义上来讲，1992 年的信息高速公路建设计划，对美国的信息产业乃至整个经济的发展起到了根本性的促进作用。

我国政府也一直非常重视信息化建设。80 年代初期小平同志就讲："开发信息资源，服务经济建设"。到九十年代，江总书记提出："实现四个现代化，哪一化都离不开信息化"，说明信息化极其重要。正是在党中央、国务院的关心支持下，我们国家从 1993 年以来，先后启动了若干项"金"字工程，如：金关、金税、金卡等信息化工程建设，现在已经在财政、金融、税务、教育、科技、文化、卫生等各个领域发挥着十分重要的作用。信息化建设的飞速发展，给这些行业的管理带来了巨大变化。比如金融系统，尤其是中国银行、建设银行、工商银行等国有独资银行，基本上实行了金融业务的网络化管理。再比如海关，已在全国范围内建成了现代海关业务信息化管理系统，尤其是口岸执法监查系统，在打击走私、守卫国门、确保关税征收入库等方面，起到了很大作用。从我们审计了解的情况看，许多大中型企业、事业单位的会计信息都已经或正在电子化。

讲这些情况的中心意思是要说明，社会信息化、经济信息化必然要求政府的工作和管理方式信息化。作为政府工作重要组成部分的审计监督也必须信息化。我们也只能在信息化、全球化这个大背景、大趋势下，去认识加快审计信息化建设的重要性和必要性，增强加快审计信息化建设的紧迫感和责任感：

（一）加快审计信息化建设，是全面贯彻《审计法》的必然要求。按照《审计法》的规定，我们要对全国 80 多万个单位的财政、财务收支的真实、合法、效益进行审计。而目前全国的审计人员大约 8 万人，每年审计的单位大约 15 万个左右，也就是说我们要把全部被审计单位审计一遍起码要用 5 年时间。与此同时，从审计的情况来看，许多单位会计信息失真，违纪违规、损失浪费的现象相当普遍，那么我们要对这一个个单位的会计信息真实合法效益情况进行全面审计，单靠现在手工审计方式，事实上是难以办到的。1998 年审计署组织搞 23 个企业深化审计试点，要摸清家底。在座有的同志可能参加了这项工作，我们派二、三十个人，用三个月时间，才能把一个企业的家底大致摸清楚。都这么摸做得到吗？可是如果家底摸不清，我们怎么谈得上全面贯彻了《审计法》？何况还要进行机构改革，增加很多审计人员是不可能的，工作量增加，又要全面贯彻《审计法》，靠我们传统的手工审计行吗？显然不行，不行怎么办？只有改进我们的手段，提高我们的效率。而改进手段、提高效率最有效的方式是实行信息化，加快审计信息化建设步伐。

（二）加快审计信息化建设，是建设一支廉洁、高效、富有战斗力的新型审计队伍的客观要求。信息化水平是衡量一个国家现代化水平和综合国力的主要标志之一。掌握现代信息技术与手段的人，则是信息化水平高低的核心。建设一支什么样的审计

队伍，是未来审计工作的关键。这是署党组也是金华审计长经常思考、密切关注的一个重大问题。要建设一支廉洁、高效、富有战斗力的新型审计队伍，首先是我们自身要廉洁，要廉洁就要形成一种保障机制。而要形成这种保障机制，实现信息化是最有力的。信息化必然带来审计工作规范、透明，使审计工作全过程的每一个步骤、环节都有规范，透明度提高，便于监督。以最大限度减少各种人为因素对审计执法的干扰和影响，提高对审计全过程的监督能力，强化审计全过程各业务环节的相互制约，从技术上、机制上保障审计监督的公正性和审计人员的廉洁自律。

同时，随着信息化特别是信息网络化、数字化的发展，电子商务、网上结算、会计信息电子化已日趋普遍，财务管理和会计核算已突破现实意义上的时空界限。这种突破，对我们传统的手工审计方式提出了严竣的挑战。如果我们不掌握先进的技术和手段，面对严峻挑战，我们的审计就犹如木箭加火枪去对抗光电和飞船，审计工作将无从下手，审计人员将失去审计资格。所以，要建设高效、富有战斗力的审计队伍，必须使每个审计人员掌握信息化技术和手段，必须加快审计信息化建设。

（三）加快审计信息化建设，是推进审计技术基础建设的重要保证。所谓审计技术基础，也就是现代信息技术与手段、科学审计技能与方法的总称。其基本框架和总体构想是：

审计信息化系统建设的根本目的就是要适应国民经济飞速发展的要求和管理信息化、会计信息电子化的趋势，对传统的审计方式和手段进行深刻的变革，实现审计工作信息化，大幅度提高审计效率和质量，降低审计风险，实现三个“转变”（从单一的事后审计转变为事后审计与事中审计相结合，从单一的静态审计转变为静态审计与动态审计相结合，从单一的现场审计转变为现场审计与远程审计相结合），扩大审计覆盖面，全面贯彻落实审计法，更好地履行审计机关的职责，为国民经济健康发展做出应有的贡献。所以，审计信息化是审计技术基础建设的基础，没有审计信息化，将来审计工作将寸步难行。

（四）加快审计信息化建设，是惩治腐败、打击犯罪，促进廉政建设的重要措施。当前管理松弛，违法犯罪的现象比较严重，而且技术越来越先进，手段越来越隐蔽，数额越来越大。但是在实际工作当中，由于审计的技术和手段落后，查处难度很大。尤其是当前利用计算机犯罪的事件屡屡发生，传统的手工审计已是力不从心。广州特派办的演示说明，如果没有计算机的运用，要查出14户关联企业的骗贷问题是很难想象的事情。当然运用计算机审计的同时，还要与审计人员的经验判断结合起来，这样才更有利于查证落实。只有加快审计信息化建设，才能更好地发挥审计监督在惩治腐败、打击犯罪、促进廉政建设、推进依法治国方面的作用。

二、坚定不移地将审计信息化建设推向深入

十多年，尤其是最近几年来，各级审计机关在审计信息化建设方面做了大量工作，在资金投入、人员配置、软件开发等方面，下了很大功夫，而且取得了比较好的效果，为我们全面开展审计信息化建设打下了良好的基础。一是大家初步认识到信息化建设的重要性，许多同志讲：审计信息化建设是审计系统的一场革命，我非常赞成这个观点。审计人员也开始意识到，不掌握计算机技术，不将计算机技术应用于审计工作，将会失去审计资格的严峻性。二是基础设施的投入有所加大，现在全国审计系统配备了近万台微机，已建成了第二代远程通讯站，有三十多个省级审计机关和特派办建成了局域网。三是到今年5月底，全国有12000名审计人员通过了计算机初级培训的考试，其中特派办通过1200人，署机关120人。同时还培训了一批中级人员。四是软件开发、应用和数据库的建设迈出了重要步伐，据统计，省级以上审计机关已经开发的软件有36项，正在研制开发的有26项。今年准备组织开发的有8项。这次演示也是一个很好的检阅。所开发的这些软件，有的取得了比较好的效果，例如：海关审计软件、通用审计软件农行版、法规检索、辅助办公系统等等。五是研究提出了信息化建设的规划，并于去年12月25日上报国务院。国务院有关领导同志于今年4月作了批示，目前正在国家计委论证，署里面正在按照基本建设程序配合计委做大量的工作，如技术设计、可行性论证等等。这些都说明我们各级审计机关的领导同志和我们的全体审计人员，特别是我们从事计算机软件开发的同志做了大量的工作，在此我代表署党组，向为计算机审计事业默默奉献，做出了艰苦努力的同志们表示衷心的感谢。

但是我们也要看到，从总体上来讲我国审计信息化建设还处于起步阶段，基础差，困难多，水平参差不齐。审计信息化建设的长远目标是要按照标准化、规范化、科学化的要求，逐步实现审计监督全过程的电子化、自动化和三个“转变”，以降低审计成本，增强审计能力，提高审计效率，扩大审计覆盖面，保证审计质量，规范审计行为。要实现这一目标，任务十分艰巨，我们要加大力度，将审计信息化建设推向一个新阶段。就当前而言，要重点抓好下述六点工作。

（一）把软件的应用做为审计信息化建设的突破口。参加演示汇报的21个软件，经过演示和评议，大家一致认为这21个软件各有特点、各有不足，技术上的成熟度不一，解决审计工作中遇到的问题的程度不一，但是都有它们的可取之处。因此经过评议，大家认为大致有这么三类的情况：第一类是应当马上推广，已经推广的要加大力度，如南京办开发的数据采集分析软件、海关审计软件和署开发的辅助办公系统、财经法规检索系统、通审软件农业银行版、外资审计项目管理软件。第二类还需要在推广使用的同时进一步完善，如沈阳办开发的通用审计软件、长沙办开发的审计统计抽样软件、署开发的地税审计软件、中央预算执行审计软件。第三类还需要通过进一步完善后才得以推广，如南京办开发的企业审计软件和国库审计软件、郑州办开发的办公信息系统中的人事管理、档案两个部分。另外兰州办开发的基本建设审计软件、太原办开发的审计报告自动生成、京津冀办开发的循环担保审查和证券资金流水分析等，可以在本单位继续使用，并加以完善。南京办研制开发过程中所采用的数据仓库等先进技术，要进一步探索。

（二）把办公自动化作为审计信息化建设的推动力。为什么把办公自动化作为审计信息化建设的推动力？因为办公是每个人每天都做的事情，看得见，摸得着，大家用起来体会很深。通过办公自动化，使每个人去接触、学习应用计算机，逐步实现无纸化办公。业绩写实、文书生成、批阅修改文件、查阅资料等这些国家机关公务员都少不了的事，都要通过计算机来办，这就会给大家一种压力，以增强学习计算机应用的自觉性、紧迫感。请办公厅商有关部门在今年10月底以前拿出实施无纸化办公的具体措施，技术上请计算机中心商有关部门一起来解决。不这么办不行。有的同志想，反正纸质文件要送给他看，这样他就没有学习使用计算机的积极性。

（三）把人员培训作为审计信息化建设的基本保证。万事以人为本，没有人，所有的事都是一句空话。金华审计长提出的“人、法、技”三者是一个有机的整体，但人是核心。没有一支新型的队伍，信息化是搞不成的。有的同志一讲信息化建设就要求配机子，有的还要求配最高级的机子。配备高级的机器，功能很多，但不使用，实际上是一种炫耀性支出，炫耀性消费。当前我们信息化建设最难的难题就是人。一是开发能力比较弱，二是软件应用能力比较差。所以我们要以对历史负责、对事业负责的精神坚持不懈地抓好人员的培训、培养。我想，对人员的培养主要分成三个层次。第一个层次是普及性的培训，就是正在搞的初级培训，要按署里制定的规划，坚持不懈地抓下去。第二个层次是专业应用培训，把开发出来的软件教给审计人员用。第三个层次是专家培训，包括中级人员和高级专家两个方面。中级人员的培训目标，是要使审计人员掌握编程知识和数据库知识，能够在审计现场开发辅助审计的小软件、小模块。现在署里已规定计算机达不到中级水平不能考评高级审计师。高级专家培训，我的理解是培养IT审计师，争取用三年的时间，署机关、特派办、派出局要培养出100名左右IT审计师。IT审计师既要精通审计业务，又要精通计算机。要选审计业务精通、外语水平比较好的年轻同志带课题进行计算机专业培训，或者选计算机技术精通、外语能力比较强的年轻同志带课题进行审计业务培训。还可以引进人才。如何搞好这三个层次的培训，各单位要针对自己的具体情况，做出规划报署。综合汇总工作，请办公厅负责。

（四）把网络建设做为信息化规划建设的基础。我们国家的网络建设是很快的，我们不加快网络建设，就缺少审计的基本条件。首先要加快局域网的建设，为我们广域网的建设打下基础，现在各特派办的局域网是不是都建起来了？有条件的，要尽快地建立起来，没有条件的，我提议少买一部汽车，也要建起来。省审计厅的局域网建设也要抓紧，署有关部门要积极推动这项事情。局域网建不起来，有许多信息在我们单位内部就不能传输。第二要充分利用已经建好的局域网和远程站，现在我们的远程站利用得很不充分，个别特派办就几乎没有利用远程站向署里发送信息，要查一查，是什么问题？

第三要积极创造条件，开展与被审计单位联网试点，这是个好事情，是一种方向，不要求每个特派办现在都办，有条件的联一个单位也行，两个单位也行，对此请我们各业务司要大力支持，有什么困难，要互相沟通。第四加快审计署国际互联网主页的建设，在网上建成各司局的网页，争取在今年内完成这项工作。办公厅要对这个网页加载的内容、范围、办法作出规定。第五各单位要根据情况购置必要的设备。

（五）把软件开发做为审计信息化建设的关键环节来抓。没有可用、实用的软件，信息化建设是一句空话。所以就当前而言，第一就是要按刚才讲的，落实这次演示的21个软件的推广、修改、完善、维护、升级。第二要集中精力统筹安排署里已经确定的8个项目的开发。其他项目，经过严格审核认定，在人力物力许可的情况下，可以向署里申报立项。第三要不断总结，积极探索，大胆创新，软件的开发要本着实用性，但是也不排除超前性，实用性、应用性、超前性三性要相结合。第四各单位现在就要思考明年的开发立项。第五要实行项目开发的奖励制度，署里制定了奖励办法，今年就要落实，要评奖。对项目开发有功的人员要给予奖励，对开发难度很大、解决问题很多的这类软件的开发人员要给予重奖。对这些同志在其它一些方面也要给予相应的关心、支持、爱护。南京办建了一点房子，办领导提出来给刚来的计算机软件开发人员优先分配房子，有些同志还有意见，说要论资排辈，大家打分。打什么分？排什么队？就把这些房子分给这些同志。你说你不服，你能开发这些软件，我一样的也给你。署里有个杨蕴毅，就是这次演示的企业数据库软件的开发者，当时这个同志住在署旁边的中财办招待所，条件很差，晚上通宵地干活，熬得两眼红红的。这些同志在社会上都是高价聘请的，人家来奉献，给他一些奖励有什么不值得的？把这个道理讲清楚，我们的审计人员是通情达理的。

（六）把法规建立和标准规范作为审计信息化建设的基本保证。这次讨论中，大家提出了法规准入的问题。没有法律上的支持，不扫清法规上的障碍，顺利地进行计算机审计是办不到的。要抓紧立法工作。请法制司与办公厅、计算机中心协调配合，抓紧调研，拟定有关法规报国务院。有了法律法规上的支持和保证，还要解决我们内部的一些规范的问题。比如说审计业务档案，目前的归集方式行不行？现在的做法是四个一致：审计决定要和审计报告一致，审计报告要和审计工作底稿一致，审计工作底稿要和审计取证一致，我们归档就是按这个模式走下来的。四个一致对审计过程能不能真实、完整、全面地反映？大量资料和有用的信息，按四个一致归集不进去。所以我向郑州办的同志提出来，你们建立一个辅助案卷，靠这个办法行不行？我们的审计工作底稿五花八门，地方审计机关和署里的审计工作底稿和取证方式不一致，署里面司局之间甚至一个司的各处之间，用的工作底稿都不一样。没有一个规范，软件怎么开发？

三、审计信息化建设必须注意和明确的几个问题

根据信息技术的发展趋势，借鉴其他行业信息化建设的做法，总结审计系统多年来特别是近几年来的经验，我们在审计信息化建设当中要特别注意和明确以下几个问题。

（一）以江总书记“三个代表”的论述认识、领导和实施审计信息化建设。我理解，江总书记提出的“三个代表”的论述，是马克思主义建党学说和国家学说的一个重大发展。我们党应当而且必须是“三个代表”，也能够当好“三个代表”，但关键是在新的历史时期怎样当“三个代表”。信息化建设是当代先进生产力的一个集中体现，也是先进文化的一个具体表现，所以说在审计系统，不能熟练掌握和应用信息技术与方法，不能实现审计信息化，怎么样体现先进生产力和先进文化发展的方向呢？如果广大审计人员长年累月仍然在十分繁重的手工审计当中疲于奔命，不能将他们从繁重的劳动中解脱出来，怎么能说是代表了广大审计人员的根本利益？从这个角度来讲，体现“三个代表”就必须加强审计信息化建设。同时我们也要看到审计信息化建设，是一场深刻的革命，对我们每一个审计人员都是一个巨大的冲击，具体体现在，一是思想观念的革命，二是干部人事的革命，三是审计方式的革命。

我们各级审计机关、各特派办、各司局的领导同志要提高认识，加强领导，要站在前列，冲锋陷阵，一要高度重视，思想上重视而不是口头上重视，行动上重视而不是文件上重视。我们领导同志要经常去思考，组织研究，督促实施，创造条件。这项工作搞得比较好的单位，哪个不是领导同志很重视啊！二要给予组织上的保证，署里面成立了审计信息化建设领导小组，金华审计长亲自担任组长，下设审计信息化建设办公室。也请各个特派办、各个派出局、各司局的领导同志亲自抓。三要领导同志带头学、带头用，争取在这个方面的领导主动权。四要采取具体措施，所谓具体就是人员怎么落实，资金怎么落实、开发人员的时间怎么保证，审计人员学习的时间怎么保证，不能一说送出来培训就喊很忙，走不开。

（二）要立足现实，坚持高起点。无论是软件开发还是网络建设。都要坚持现实性、应用性和超前性相结合。我们讲现实性和应用性也就具体体现为实用性，也就是说它能解决什么问题，能够把问题解决到什么程度，是不是易学易用，能将审计人员多大程度地从繁杂的劳动中解放出来。我们讲的超前是适度超前，不是要追求理想化、完美化。

（三）集中力量攻关，防止重复建设，降低成本费用。当前一方面是软件开发力量不足，一方面是存在重复开发。例如辅助办公系统软件已经开发了11项，法规检索系统开发了5项，辅助审计软件也有重复开发的现象，这就必然造成起点低、成本高、实用性不强。为此，提出这么几点意见：一是在软件开发力量上，特派办、派出局和署机关要形成合力，这些人员可以统一组织、统筹考虑，有什么软件开发项目，统一组成开发小组，发挥整体效应。二是软件开发要“统一攻关、协作开发、联合开发、独立开发、委托开发”多种方式结合。重大项目、重大的技术难点，关键性的项目要统一组织攻关；某些实用性的小模块，各个特派办乃至于各个司局都可以独立开发；其它辅助审计、辅助管理软件，要走联合开发和协作开发的道路；委托开发不是完全不采取，但尽可能要少。三是抓深度开发，抓应用维护，不能贪多，不能象熊瞎子掰棒子，掰一个丢一个，没有深度开发，没有用后服务，没有维护升级，绝对不能走这条路。

（四）加强统筹规划，密切协作配合，确保资源共享。这一点是至关重要的，费很大精力搞开发、联网，重要的目的就是要实现审计信息资源共享。各单位自成开发体系，客观上必然造成信息交换的屏障，也要造成人力物力的浪费。因此，第一，各特派办、各司局每年第四季度应当把需要开发的项目报署办公厅，经署办公厅和计算机中心广泛征求意见，提出次年开发的项目，报署立项。第二，办公厅和计算机中心要在调查研究的基础上，向全国提出每一年项目开发的指导性意见，使大家明白正在开发什么，还需要开发什么。第三，要建立项目开发情况的通报制度，项目立项的时候，要明确你在开发过程中需要向我报告几次，办公厅、计算机中心要及时将情况通报给各个单位。第四，各个特派办、各个司局要密切沟通，加强协作，否则难以达到预期的开发目的。

（五）将审计人员的实践经验与辅助审计密切结合起来。计算机应用绝对不能取代审计人员的职业判断，不能说有了软件就能解决真实合法效益的问题，即使是高度人工智能化，没有审计人员经验判断也不行。这一点也要给我们的审计人员讲清楚，也要给我们的开发人员松个绑，不能有这个压力，好象开发一个软件就要解决所有问题，这是办不到的。要处理好这种关系。审计软件为什么难开发，因为审计很大程度上取决于我们审计人员的经验判断，而许多经验判断只能意会，不能言传，或者是不能完全言传，要把经验形成规范性语言写在纸上就很难，从纸上改成电子语言就更难。所以，审计人员与计算机工作人员要密切协调配合，融为一体，认真总结，把经验从一个个审计人员的脑子中“挖”出来，供大家用，并不断地丰富这个审计经验库。

（六）严格保守秘密。严格保守秘密不是说软件开发小组对审计署保密，这是绝对不允许的。凡是审计署立项的项目，你的源代码要毫无条件地向署里报告，这涉及到产权问题和以后升级维护的问题。我这里讲的保密是对取得的被审计单位数据，必须严格保密，谁泄密，追究谁的法律责任。这一点法制司在制定有关规定时要注意明确。各级审计机关也要加强对审计人员的教育，严格制度。举个简单例子，审计证券时审计人员接触到客户的资料，借机掌握庄家动向，谋取不正当利益或任意扩散，后果是非常严重的。金融审计也是这样，比如今年金融审计时，如果某个审计人员把银行的数据放在笔记本计算机上提来提去，行啊？要把你的计算机偷了怎么办呢？所以一定要采取严密的措施，要有保密制度。

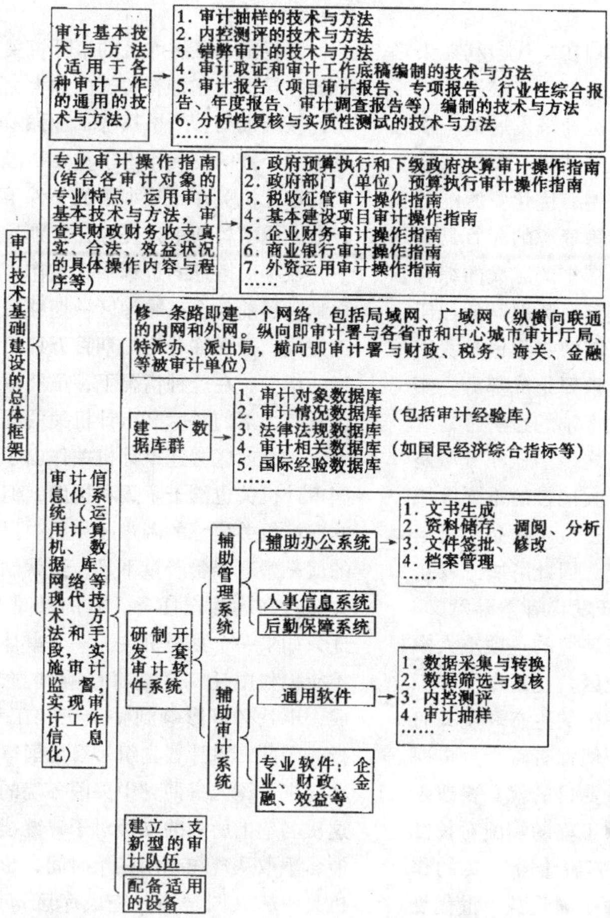

刘家义副审计长在对口支援三峡库区迁建审计局工作会议上的讲话

（2000年8月29日）

三峡工程是举世瞩目的跨世纪工程，加快三峡工程建设和支援三峡库区的搬迁，是党中央国务院作出的一项重大决策。为了贯彻执行这一重大决策，审计署党组决定召开这次对口支援三峡库区审计机关迁建工作的协调会议。这次会议的任务和目的，就是深入学习、领会、贯彻党中央国务院的重大决定，按照署党组的要求，研究审计系统对口支援三峡库区审计机关的迁建工作。

金华审计长对这次会议非常重视，对库区审计机关的迁建非常关心。受金华审计长的委托，我代表审计署党组向为三峡工程作出重要贡献的库区审计机关和全体审计人员表示亲切的慰问和衷心的感谢，向库区各级党委、政府以及有关部门和全国对口支援的审计机关，向亲临今天会议的重庆市委王书记和国务院三峡移民局的负责同志，以及组织这次会议的重庆市审计局和湖北省审计厅一并表示衷心的感谢。

三峡工程是一个造福全国，功在当代，利在千秋的重大工程。为什么这么讲？第一，三峡工程是实施国民经济战略布局，促进库区经济发展的一项特大重点工程。这项工程不仅具有防洪、发电、航运的功能，而且对于改善经济结构，优化资源配置尤其是水利资源、电力资源、运输资源的配置具有重要的作用。因此，这项工程所带来的巨大的综合经济效益和社会效益是目前为止长江流域其他任何一项工程都不可比拟的。第二，三峡工程也是我们国家实施西部大开发战略的一个重要组成部分。实施西部大开发要建立以长江为发展轴的经济带，这是西部大开发要建立的两大通道之一。长江流域是我国唯一的一条连通东中西这三大地带的重要区域经济带和主要的发展轴。三峡又正位于这条经济走廊和西部开发大通道的枢纽位置，因此解决三峡这个瓶颈问题，对于实施西部大开发具有重要意义。第三，三峡工程是改善全国生态环境的一项重大举措。长江流域是横贯东中西部地区，连通东中西三大经济带的一个大区域，三峡库区的生态环境又对整个长江流域乃至全国的生态环境都有着十分重要的影响。三峡工程建设，一个重要目的就是要改善三峡库区的生态环境，所以这项工程的实施对长江流域乃至全国生态环境的改善有着十分重要的作用。因此，三峡工程建设是一项全国受益、世代受益的重大工程。

但是我们也要看到，三峡工程在取得巨大的综合经济效益和社会效益的同时，特别是在整个工程建设过程中，相应地也会带来巨大的淹没损失和非常艰巨的移民搬迁任务，库区人民为了三峡工程的顺利建设，作出了积极的努力和巨大的贡献。由于川江两岸人口稠密、城镇集中，而且三峡库区本身又是全国最贫困或者比较贫困的地区之一，因此要在短短十几年时间里，实现百万移民的顺利搬迁安置决非易事。能不能顺利实现百万移民的搬迁安置直接关系到三峡工程能否顺利进行，也关系到库区经济的发展和人民群众的切身利益。可以这样说，整个三峡工程建设过程中最困难、最艰巨、最关键的问题就是百万移民的顺利搬迁安置，这项任务是十分光荣而又异常艰巨的。为此，党中央、国务院决定实施开发性移民，实行全国各省、市、自治区对三峡库区搬迁的各县对口支援。从最近几年情况来看，由于各方面的共同努力，对口支援已经取得了初步成效。

多年来，三峡库区的审计机关在各级党委、政府的领导下，在各有关部门的大力支持下，克服困难，服从大局，严格执法，加强审计，为稳定和促进地方经济的发展作出了重要贡献。这些年来，库区的审计机关在比较艰苦的条件下工作、生活，较好地完成了各项审计任务，特别是在三峡工程建设中，在移民搬迁的过程中，又作出了更大的牺牲和贡献。目前整个三峡库区一期移民搬迁安置任务已经完成，又面临着第二期百万移民搬迁安置这项艰巨的任务。在这种情况下，虽然库区各级党委政府以及有关部门对库区审计机关的顺利搬迁给予了大力支持，库区搬迁审计机关作出了积极的努力，全国审计机关也给予了无私援助，但是库区需要搬迁的审计机关面临的困难还相当艰巨，其中最为突出的就是搬迁经费严重不足，这就制约了库区审计机关按时完成搬迁任务。有的县是整个县城整体搬迁，如果一个县级机关、一个审计局由于经费不足不能顺利搬迁．这必将影响到整个搬迁任务的完成，也就必将影响到整个三峡工程建设的顺利进行。因此，审计署党组号召全国审计机关要积极行动起来，深入贯彻党中央国务院的重大决定，按照这次名单上所列的支援对子，继续尽力搞好对口支援，争取从现在起用三年时间，帮助并与库区审计机关一起共同努力，完成库区审计机关的迁建任务，为整个三峡工程建设作出新的贡献。为此，我代表署党组提出如下几点要求：

一、统一思想，提高认识。实行对口支援是党中央国务院的一项重大决策。前不久，审计署在西宁召开的审计工作座谈会，专门研究了审计机关为西部大开发服务的意见。实行对口支援是为西部大开发服务的一项实实在在的具体行动。各地审计机关要牢记小平同志关于内地支援沿海地区改革开放是个大局，沿海地区支持内地经济发展也是个大局的教导，充分认识对库区审计机关迁建实行对口支援，既是贯彻党中央重大决策，也是响应审计署党组的号召，是我们应尽的责任和义务，同时这也是发扬我们中华民族“一方有困难，八方来支援”的传统美德。所以各地审计机关、各个支援单位一定要把这次会议的精神带回去，向党组汇报，认真研究，一定要把对口支援工作摆上整个单位工作的重要议事日程，采取积极有效的措施，心里装着库区审计机关的搬迁，时时想着对口支援。要顾大局，要从“库区人民作贡献，我为库区解忧难”的思想出发，采取有效措施，切实为库区搬迁的审计机关做一些实事。

二、广泛动员，各方支援。我们的审计机关都有许许多多的困难，经费都比较紧张，所以要靠任何一个单位来支援这些单位的迁建，事实上是不可能的。那么怎么办？我想除了我们自身要想尽办法搞好支援外，也要积极争取当地财政等有关部门的支持，要向政府汇报。同时，要广泛发动所辖的市、县审计机关，大家都伸出友谊之手、援助之手，点滴之水可以汇成大江大河。中国有句古话：“千里送鸿毛，礼轻情意重”，只要我们各省、市和所辖的各个市、县审计机关争取有关部门的支持，大家都伸出援助之手作一点支持，我想这个成效应当说是非常显著的。所以除了支援单位自身要尽力而为，同时要动员所辖的各个市、县审计机关，给予无私的援助。

三、讲求实效，尽力而为。库区迁建审计机关要与对口支援的省、市审计机关加强沟通。这次会议安排了各支援单位到迁建审计机关进行实地考察，大家都一定要去。同时，在整个迁建过程中，迁建的审计机关要及时地将迁建中遇到的困难、迁建过程中准备采取的各项措施，向支援单位通报，以便和他们一起商量解决的办法。各个支援单位也要根据自身能力尽力而为，量力而行，不拘形式，既给予资金上支援，也给予设备上和其他物资上的支援，同时也给予智力上如干部培训、干部交流等各方面的援助。对口支援的形式可以灵活多样，根据支援单位和受援单位的具体情况，大家下去具体商量，支援也好，受援也好，一定要本着尽力而为，量力而行的原则，没有硬性指标。

四、自力更生，勤俭节约。库区迁建的审计机关一定要充分认识到这一点，每个审计机关的经费都是相当紧张的，尤其是一些经济不够发达地区的审计机关，要在经费已经很紧张的情况下，挤出一部分资金来进行对口支援，确实是一件很不容易的事情。迁建的审计机关应立足于自身，主要依靠当地党委、政府和财政等部门的大力支持，包括三峡移民部门的大力支持，来完成迁建任务。同时，对每一笔得来的无论是财政拨款还是其他方面的援助资金，都要节约使用，要把它用在刀刃上。既不能铺张浪费，更不能贪大求洋，盲目攀比。要从实际出发，一定要有艰苦奋斗的精神，尤其是在建设过程中要考虑未来的发展，宁可把地基打牢一点，以后有条件了再增加楼层，不要现在一下把规模搞得过大，没有足够的资金收不了口。所以，库区迁建的审计机关一定要艰苦奋斗，勤俭节约，用好每一笔资金，用我们的实际行动来感谢各级党委、政府和有关部门以及支援单位对我们的关心和爱护。同时，也希望库区各个审计机关，尤其是迁建的审计机关，在搞好迁建工作的同时，要尽力抓好各项审计工作，切实做到迁建、审计两不误。

同志们，三峡工程建设是一项全国关心、举世关注的伟大工程，库区审计机关的顺利迁建，是确保三峡工程建设的一件大事。全国各地的审计机关已经和正在对库区审计机关的顺利迁建给予大力支持，这次会议将是对我们对口支援工作的有力推动。我相信库区审计机关在库区各级党委、政府的切实关怀和有关部门的大力支持下，通过库区各审计机关的积极努力和各支援单位的有力援助，库区审计机关的迁建工作一定能够如期顺利完成，以确保三峡工程的顺利进行。

董大胜副审计长在全国社会保障审计工作会议上的讲话（摘要）

（2000年3月3日）

二、1999年社会保障审计工作取得明显成效

1999年是不平凡的一年，在党中央、国务院的领导下，取得了对法轮功邪教组织的斗争，对李登辉叫嚣台独的斗争，对以美国为首的北约轰炸我国驻南斯拉夫联盟大使馆的斗争的胜利，还成功地庆祝了建国五十周年，实现了澳门顺利回归，从政治上极大地鼓舞了全国人民。从经济上看，也取得了令人瞩目的成绩。根据国家统计局发布的统计公报，1999年，我国国内生产总值达到了82000多亿元，比上年增长了7.1%，完成了年初预定的目标；税收收入突破了1万亿，也是财政税收方面取得的重大突破。另据统计公报，到1999年末，已经有93%的国有企业下岗职工进入了再就业服务中心，其中90%领到了基本生活费；全国有9433万在职职工和2900多万离退休人员参加了企业职工基本养老保险；有9912万人参加了失业保险；有2100多万职工和离退休人员参加了大病统筹和离退休人员医疗费用统筹。

前不久刚刚召开的全国审计工作会议，充分肯定了1999年审计工作取得的很大成绩。一年来，全国各级审计机关认真贯彻落实朱镕基总理关于"全面审计，突出重点，注意发现大案要案线索"的重要指示精神，在审计深度、审计力度上都明显有所加大，在社会上产生了很大影响，党中央、国务院、全国人大对审计工作也都非常重视。社会各方面对审计工作越来越重视，新闻媒体报道审计方面的消息也越来越多。

1999年社会保障审计工作也取得了很大成绩。1999年是社会保障审计司成立后正式投入工作的第一年，各级社会保障审计部门认真贯彻落实朱镕基总理的重要指示精神，以署党组提出的"依法审计，服务大局，围绕中心，突出重点，求真务实"的二十字方针为指导，按照去年年初全国社会保障审计工作会议的部署，在署社保司的统一组织下，顺利完成了各项审计工作任务，在各个审计项目上都取得了优异的成绩，上报的审计要情、重要信息要目多次被国务院领导同志批示，对促进健全我国社会保障体系，进一步规范社会保障资金的管理起到了一定的作用。总结一年来的工作，社会保障审计工作有以下几个特点：

（一）摸清了社会保险基金管理使用等基本情况。1999年，社保司组织对1998年度国有企业下岗职工基本生活保障和再就业资金进行了审计，对1998年度企业职工基本养老保险基金进行了审计，对1998年度中国福利彩票赈灾募集的资金进行了专项审计，并完成了国务院交办的对铁道、交通等11个行业统筹企业职工基本养老保险基金移交情况的审计工作。此外，我们还对医疗保险的改革进展情况及优抚安置和社会福利资金的管理情况进行了调查了解。各级审计机关对从事社会保障审计工作的人员进行了多种多样的培训，使审计人员了解和掌握了更多的社会保障审计政策和知识，增长了做好社会保障审计工作的才干。这些成绩的取得，是与一年来审计署机关、各特派办和地方审计机关上下一致、相互配合分不开的，是与广大审计人员的辛勤工作和顽强拼搏分不开的。

（二）对社会保险基金管理使用中存在的主要问题做到了心中有数。1992年以来，由我署组织或与其他部委联合，对养老保险基金先后进行过3次大规模的审计和清理，对制止产生新的挤占挪用问题起到了一定震慑作用。去年的审计发现，至1998年底，历次审计清理查出但未得到纠正的挤占挪用等违纪金额仍高达40.7亿元，新发现的挤占挪用等违纪金额高达44.7亿元。这一情况向国务院反映后，得到国务院领导同志的高度重视，吴邦国副总理对劳动保障部门作出批示："严禁挤占挪用职工基本养老保险基金是国务院一再明确的原则，为什么在全国社保系统得不到贯彻？不但前年挤占挪用的40.7亿元没有及时追回，又发现44.7亿元的新问题。请予彻查，严肃追究有关人的责任，并限期追回被挤占挪用的养老金。"对1998年度中国福利彩票赈灾募集资金进行的专项审计表明，奖品质次价高，销售单位获取巨大差价方面的违纪问题性质比较严重。审计发现，湖南省某市从国营长沙动力机械厂所属两轮摩托车厂以9600元的单价，采购凌鹰牌摩托车93台作为奖品，价款共计89.28万元。经审计核查，此种摩托车每台出厂价4450元，零售价5400元，即使按零售价计算，总价差也达39万元。现此案已移送纪检监察及司法机关查处，初步认定有6人涉嫌贪污受贿。浙江省台州三门县将原价18元的皮带作价100元作为奖品返还中奖者，严重侵害中奖者利益，三门县民政局有关负责人因涉嫌受贿被立案调查，中央电视台焦点访谈节目也予以曝光。

（三）注重发现大案要案线索。去年，各级审计机关在审计中注意认真贯彻落实朱镕基总理的指示精神，把注意发现大案要案线索作为工作重点予以关注，收效明显。在国有企业下岗职工基本生活保障和再就业资金审计工作中，太原特派员办事处审计组发现内蒙古某市存在挤占挪用再就业资金的重大问题；在11个行业统筹企业职工基本养老保险基金审计中，他们又发现国家某工业局社保局存在挪用养老保险基金、私分公款、养老保险基金利息收入下落不明等严重问题。这两个大案要案线索向国务院汇报后，朱镕基总理等国务院领导同志作了批示，都已经移交监察、纪检等部门进行查处，司法机关根据审计查出的线索立案侦查，有关人员已被逮捕，问题还在查处之中。

去年，通过各级社会保障审计工作人员的艰苦努力，做了大量工作。社保司集中汇总了各地的审计情况，上报国务院2份综合报告，2期审计要情，5期重要信息要目；发出审计决定19份，发出审计意见书39份，给劳动保障部和财政部写出3份审计建议书，给民政部发出彩票赈灾专项募集审计情况的通报1份；写出4期审计简报，在重要报刊刊登宣传稿件4份。社保司党支部还以其优异的工作成绩和良好的作风，获得署里的好评，被署直属机关党委评为1998~1999年度先进党支部。经过对去年署统一组织的社会保障审计项目的评比，有9个特派办和21个地方审计机关被评为各审计项目的优秀单位。总结一年来的工作，我们深深地感到，社会保障审计工作是一项比较新的工作，存在着这样那样的困难，特别是在确保国有企业下岗职工基本生活、确保企业离退休人员基本养老金按时足额发放（简称“两个确保”）工作难度不断增大的情况下，社会保障审计工作的成绩实在是来之不易。实践证明，社会保障审计队伍是一支任劳任怨、不畏艰难、敢打硬仗的队伍，经受住了考验。

在看到工作成绩的同时，也要实事求是地分析社保审计中存在的问题。财政审计、行政事业审计等行业审计已经搞了很多年，有了比较成型的做法，金融审计、外资审计在探索中进步很快，也积累了不少经验，但社会保障审计起步最晚，在如何确定社会保障审计工作的重点，如何加大社会保障审计监督力度等方面，还需要进一步探索。此外，在地方机构改革过程中如何稳定社会保障审计队伍，如何进一步提高全体社会保障审计人员的业务素质等方面还有待于进一步做好工作。

三、今年社会保障审计工作面临的新形势和新任务

2000年是世纪之交的一年，是实现国有企业改革和脱困三年目标的决战之年，也是完成“九五”计划和社会主义现代化建设第二步战略目标的最后一年。做好今年的社会保障审计工作，对于保持改革发展稳定的大局，具有十分重要的意义。

最近，江泽民总书记在讲到社会保障体系建设的问题时指出，切实搞好社会保障体系建设，这既是加快结构调整，深化经济改革的迫切要求，也是维护社会稳定，实现国家长治久安的客观需要。关键是要下决心通过调整财政支出结构等办法，多渠道地筹集社会保障资金。同时，要健全社会保障体系和改革社会保障基金管理体制，建立有中国特色的社会保障制度。朱镕基总理也指出，社会保障制度的完善是个很大的问题，这个问题不解决，国有企业改革是无法深入进行的，社会也无法稳定。今年，要继续做好国有企业下岗职工基本生活保障和再就业工作，要按照企业、社会、财政各负担三分之一的原则落实好这方面所需要的资金。关键是要提高社会保障的覆盖面，提高收缴率，开辟资金来源。不管是合资企业、私营企业还是其他所有制企业，都应缴纳社会保险费。要确保离退休人员养老金按时足额发放，不得再有新的拖欠。为此，需要有稳定的社会保障资金来源。一是预算要拿钱，财政部和各级地方财政预算要适当调整支出结构，在预算中增加社会保障支出比例，使其成为社会保障资金的稳定来源。二是收税，开征利息所得税、遗产税，用于社会保障资金。三是通过股市，变现部分国有资产，用于补充社会保障资金。总之，要采取多种措施，开辟新的筹资渠道，才能建立起覆盖全社会的社会保障体系。在新体制建立之前，要坚持和完善现行的社会保障基金财政专户和“收支两条线”管理办法，并实行严格监督。

今年，社会保障工作面临的形势依然十分严峻。一是国有经济布局和结构还要继续进行重大调整，下岗职工、失业人员将持续增加，下岗职工基本生活保障任务仍然十分繁重。二是离退休人员数量增加较快，养老保险负担系数已超过30%，而养老保险基金当期收不抵支，总量严重不足，确保养老金按时足额发放难度不断增加。中央决定补发历史拖欠的养老金政策出台后，地方又增报了160亿元的历史拖欠。一些地区拖欠养老金问题引发的突发事件增多，处理难度增大。三是有的地方仍然存在挤占挪用、冒领基本生活保障资金和养老金等问题，社会保障资金的管理和使用存在的问题不容忽视。四是社会保障工作面临的多是几年来未解决的问题，如养老保险扩大覆盖面工作面对的经营困难企业多，众多非国有经济用人单位参保情况底数不明；欠缴养老保险费是多年来存在的普遍性问题；多方筹集社会保险资金的政策如何落实；养老金社会化发放是多年来想做而没有做成的事情，等等。

对此，刚刚下发的《国务院办公厅关于继续做好确保国有企业下岗职工基本生活和企业离退休人员养老金发放工作的通知》（国办发［2000］9号）对“两个确保”工作提出了明确要求：切实加强对“两个确保”工作的领导，各地要加大对以前挤占挪用社会保险基金的收回力度，新发生的挤占挪用案件要从严处理。各地不得再实行基本养老保险费差额缴拨的结算方式，一律按企业工资总额的一定比例全额征缴。2000年底，80%左右的企业离退休人员要实行基本养老金由社会服务机构发放。努力做好社会保险扩面征缴工作，重点做好外商投资企业、港澳台投资企业、集体企业、城镇私营企业及事业单位参加社会保险的工作。

劳动保障部提出了在2000年要通过努力，达到基本养老保险新增参保人员1200万人，基本实现全覆盖，基金收缴率达到90%以上的目标。财政部要求在编制2000年预算时，要足额安排财政必须负担的社会保障资金，如国有企业下岗职工基本生活保障补助及其兜底资金，基本养老基金缺口补助，救灾支出，社会保险经办机构经费等。近两年来，为了落实党中央领导同志关于“两个确保”的指示精神，各级财政对社会保障的资金支持力度逐步加大。今年，各级政府将进一步调整财政支出结构，加大对社会保障的投入，新的筹资渠道将逐步落实，这将为劳动保障工作提供有力的资金支持。

党中央、国务院对做好社会保障工作提出了具体要求，劳动保障和财政部门也提出了许多积极措施，做了大量工作。对审计机关来说，如何在社会保障审计监督方面做好工作，是需要认真研究的课题。今年社会保障审计工作的指导思想和总体要求是：以邓小平理论为指导，认真贯彻落实党的十五大、十五届四中全会和中央经济工作会议精神，坚持为推进国有企业改革、建立社会主义市场经济体制、调整经济结构、促进经济发展、保持社会稳定服务的方针，加大对社会保障资金的审计监督力度，为促进健全我国社会保障体系，进一步规范社会保障资金管理做出应有的贡献。

四、认真探索社会保障审计工作路子，努力完成2000年社会保障审计工作任务

（一）认真探索社会保障审计路子，加强对社会保障工作的研究。社会保障审计工作起步晚，审计机关，特别是从事社会保障审计工作的同志应认真研究社会保障工作，积极进取，努力开拓，大胆实践，探索出一条适合我国特点的社会保障审计工作路子。要运用系统论的方法，对社会保障资金的全过程、全系统进行审计监督。要关注财政部门制定社会保障预算的情况，做好对社会保障预算执行情况的审计监督工作。加强对社会保障支出情况的审计监督，重点是挤占挪用问题。适时组织对重点欠费企业的专项审计或审计调查。审计机关要加强对中央财政补助资金的监督，对各地把社会保障基金纳入社会保险财政专户，实行“收支两条线”管理情况开展经常性审计监督，要把这个问题经常纳入审计机关的视野予以关注。

（二）全面完成各项社会保障审计工作。今年，审计署统一组织的社会保障审计项目有三项：一是组织署驻地方特派员办事处对71个企业职工基本养老保险费欠费大户的欠费情况进行审计调查。二是对辽宁、江苏、山东、湖北、湖南、广东、海南等7省挤占挪用养老保险基金典型问题进行专项审计调查。三是组织30个省、自治区、直辖市审计厅（局）对企业职工基本养老保险扩面征缴情况进行审计调查，并对2000年企业职工基本养老保险基金收支进行预测。这些项目是经署党组研究决定下来的，体现了朱镕基总理“全面审计，突出重点”的指示精神，也体现了署党组集中力量，突出对重点领域、重点部门和重点资金的审计监督，加大对重大违法违纪问题和经济案件的查处力度的年度审计工作指导思想。各级审计机关要做好这些审计调查工作，及时反映和汇报审计中发现的普遍性、倾向性的重大问题。地方审计机关还应根据地方政府的要求和各地实际情况，认真安排政府关心、群众关注、影响面大的社会保障审计项目。

（三）切实制定好社会保障资金审计准则。署党组早几年就提出加强“人、法、技”建设，法制建设在目前很重要的一个方面就是制定好审计准则。审计准则是提高审计工作质量和效率，防范审计风险，规范审计工作的重要保证。审计署已经有了制定审计准则的规划。今年，审计署已经出台和将要出台国家审计基本准则、审计听证、审计处理、审计复议、审计方案等若干通用审计准则，还在逐步出台部分专业审计准则，其中包括社会保障资金审计准则。社保司按照署里统一部署，草拟了《社会保障资金审计准则》（初稿），请同志们认真讨论，根据大家的经验，把这个准则修改好，以推动社会保障审计工作的规范化。

（四）加强培训，提高社会保障审计人员的素质。今年，朱镕基总理在听取审计署的汇报时，提出要加强培训，建立一支具有国际水平的审计专门人才队伍。李金华审计长非常重视培训工作，非常重视提高审计干部队伍的素质，在各种场合多次讲到培训工作。从社会保障审计工作目前面临的形势看，培训工作极为重要。我国的社会保障体制正在建立健全过程中，不断有新的政策措施出台。社会保障审计队伍从上到下正在组建之中，很多同志将要加入到社会保障审计队伍中来，学习和培训的任务是很重的。各级审计机关要从思想上高度重视培训工作，加大资金投入，有针对性地开展与社会保障审计有关的各种培训。要让同志们熟悉掌握国家有关方针政策和有关法律、法规，掌握社会保障审计的程序。方法和计算机审计的技能，学习和借鉴国外审计的成功经验和有益做法。通过培训，提高社会保障审计人员的素质，进一步提高社会保障审计工作质量。

（五）落实好社会保障审计机构和人员，保证社会保障审计工作顺利进行。1998年机构改革过程中，审计署在内设机构减少和人员编制非常紧的情况下，专门设置了社会保障审计司，配备了人员。目前，有的省还没有专门的社会保障审计机构，而是由行政事业审计处在承担行政事业审计、农林审计任务的同时承担这一任务。现在，地方审计机关正在进行机构改革，每个审计机关的领导也都要认真考虑如何落实好社会保障审计工作的机构和人员的问题。社会保障审计工作做得如何，关系到千家万户，关系到亿万群众的切身利益，关系到改革大业和社会稳定。我想，适应这一形势的需要，请地方审计机关在机构改革过程中，在机构设置和配备人员等方面，应充分考虑社会保障审计的重要性及发展趋势，做到把社会保障审计任务落实到具体部门和人员。

同志们，在这世纪之交的一年里，让我们共同努力，在探索社会保障审计路子方面迈出坚实的一步，通过做好社会保障审计工作，为促进健全社会保障体系，为推进经济体制改革特别是国有企业改革和发展，为经济建设和社会稳定做出新的贡献。

董大胜副审计长在全国农业与资源环保审计工作会议上的讲话（摘要）

（2000年3月4日）

一、1999年农业与资源环保审计工作回顾

在1月份召开的全国审计工作会议上，李金华审计长对1999年的审计工作进行了全面总结，认为去年的审计工作取得了较大的进展。按照李审计长在全国审计工作会议上的讲话和2月18日在审计署机关全体职工大会上的总结，概括去年的审计工作，有两个特点：

一是审计工作力度大。通过“三讲”教育，各级审计机关提高了对严格审计执法的认识，从讲政治的高度，从依法治国的高度，全面贯彻落实《审计法》和朱总理关于“全面审计，突出重点，注意抓大案要案线索”的指示，坚持以真实性为基础，以打假治乱为重点，加大审计力度，在各个行业审计中取得了新进展。揭露和查处了一大批性质严重的重大违法违纪问题和案件。这里，我把其他几个行业去年审计工作的主要成绩讲一讲。大家从事农业与资源环保审计工作，对其他行业审计的情况，也应该了解，以便相互促进，相互配合。

自1995年《审计法》实施后，各级审计机关开始对同级财政预算执行情况进行审计。1999年，预算执行审计工作在过去的基础上，又有所深化和发展。刚才农业司领导讲到水利部审计的案例。对水利部的审计查得很深、很透，揭露了一些深层次的违反财经法规的问题，如弄虚作假，伪造文件，集资水利资金兴建楼堂馆所；还将“南水北调”资金设置“小金库”，性质非常严重。对财政部的审计也有所深化，除了指出财政部预算批复不及时，预算编制不细之外，还查出其他方面的问题。这些问题在李审计长向全国人大常委会报告后，引起了常委们的极大关注。

去年审计署组织各级审计机关对全国工商银行、19个省建设银行共6000多个分支机构进行了审计。审计结果引起的震动和影响很大。揭露出金融行业存在的主要问题引起了国务院领导的高度重视。这次审计，不仅核实了金融机构损益的真实性，而且对信贷质量进行了检查，重点检查了“损失类”的贷款。延伸审计了12万个贷款单位，为国务院领导提供了真实反映金融状况的数据。通过审计还发现了270多起经济案件，涉案人员220多名，涉案金额170多亿元。

另外，在行政事业审计方面，组织了对检察院、法院的财务收支审计，发现87起案件，涉案100多人。审计查出的主要问题是截留诉讼费，形成“小金库”，乱支乱用。对高校系统的审计，查出了49亿元的违纪资金。在企业审计方面，组织了对70户重点企业资产负债真实性的审计，查出大量资产负债不实等问题。外资审计着重抓了“内外一致，如实披露”的工作，共审计了200多个项目，查出违纪资金90亿元。审计结果如实披露后，得到了世界银行、亚洲开发银行的高度评价。

二是审计成果影响大。主要表现在三个方面：

第一、审计工作越来越得到党中央、国务院和地方各级党委、政府的高度重视。朱总理听取了审计署去年工作的汇报，并作了重要指示。1999年审计署上报的90多份专题报告、审计要情、重要信息要目得到了国务院领导同志的批示，是历年最多的。

第二、审计工作得到了全国人大常委会的充分肯定。去年6月26日，李审计长向全国人大常委会作中央预算执行情况的审计报告时，会场上多次响起掌声，这在全国人大常委会议上是不多见的。很多常委高度评价了审计工作，认为在当前的情况下，审计署将工作做得如此深透，难能可贵。

第三、审计中揭露出的重要问题和大案要案，通过新闻媒体向社会公布后，产生了极大社会影响。大家都感受到，新闻媒体有关审计工作的报道多了起来。

去年的农业与资源环保审计工作取得的成绩也是比较突出的。

（一）扶贫资金审计成果显著。为贯彻落实全国扶贫开发工作会议精神，确保扶贫资金的合理有效使用，促进八七扶贫攻坚计划的圆满完成，去年，审计署组织对592个国定贫困县1997至1999年上半年扶贫资金的分配、管理和使用情况进行了审计。共审计13426个单位，审计资金总额468亿元。审计期间促进扶贫资金到位19亿元，归还原资金渠道17亿元。查出挤占挪用财政扶贫资金弥补行政经费、建房和买车等43亿元，用于非国定贫困县24亿元。发现违法犯罪案件线索44起，涉案人员71人。审计还查出，一些地方配套资金不足、资金拨付不及时，以及扶贫贷款不到位、擅自改变贷款投向等问题比较严重。山西省审计厅严格按照审计方案的要求，采取“上审下”和“交叉审”的方式，从审查扶贫项目工程价款和结算手续的真实性、完整性入手，查出以个人名义存储扶贫专款703万元，白条结算工程款2214万元等问题。内蒙古自治区审计厅注重对扶贫贷款程序的合法性和贷款资金的投向进行审计，查出某旗农发行1997、1998两年投放的扶贫贷款1798万元中，用假名、假地址贷款，以及农发行虚立贷款合同、虚占贷款指标的贷款共312笔，金额558万元。宁夏自治区审计厅在实施审计过程中，深入贫困地区的乡镇、农村，不怕苦、不怕累，查出县、乡两级36名公职人员涉嫌贪污、挪用、私分公款97万元。贵州省审计厅及时总结经验，注意深挖审计过程中的共性问题，发现80个项目单位和部门挪用扶贫资金879万元，购车74辆。成都特派办以资金审计为主线，注意审查扶贫政策落实的情况，查出四川省违规将扶贫资金6498万元，作为小额信贷有偿使用。长沙特派办集中力量，突出重点，深挖细究，查出湖南省一个部门将500万元扶贫资金借给某公司用于支付开办费、投资企业和发放贷款等问题。审计期间，署农业司根据各地、各单位报署的信息材料，以署的名义共编发审计要情、要目、简报16篇，反映了扶贫资金管理使用中的突出问题。温家宝等国务院领导分别作了批示。《审计署关于扶贫资金审计情况的报告》上报国务院后，温家宝副总理作了重要批示。刚刚结束的国务院扶贫开发领导小组第四次会议，对去年的扶贫资金审计给予了充分肯定，并要求“继续加强对扶贫资金经常性的审计监督”。

（二）移民资金审计取得新进展。去年移民资金审计包括两方面的内容。一是三峡移民资金审计，二是移民建镇资金审计。三峡移民资金审计在总结以往工作经验的基础上，突出了对土地出让金和乡镇移民资金的审计。共查出挤占挪用移民资金4.73亿元，占审计资金总额的8.8%。移交贪污侵吞移民资金案件10起，涉案人员14人。重庆市审计局克服重重困难和阻力，查出丰都县国土局原局长黄发祥，采取将出让新县城移民用地收取的出让金、保险公司付给移民的养老保险金不入账和虚列安置移民养老保险支出等手法，转移资金2620万元，从中贪污1556万元，从而揭露出重庆市最大的一起贪污案。2月15日，中央电视台《焦点访谈》节目做了专门报道。2月28日，《新闻联播》节目也对三峡移民资金审计情况进行了报道。《审计署关于1998年度三峡工程库区移民资金审计情况的报告》上报国务院后，吴邦国副总理作了重要批示。移民建镇资金审计查出了大多数地方未按每户15000元拨补资金到移民户；一些地方统建房造价高、入住率低；地方各级部门滞留占压、挤占挪用资金比较普遍等问题。我署《关于中央移民建镇资金审计情况的报告》上报国务院后，国务院办公厅全文予以转发，要求“有关地区和部门按审计报告的要求，对移民建镇工作中存在的问题认真进行整改”。

（三）对水利部预算执行审计进一步深化。去年，在署统一安排和正确领导下，在地方审计机关的大力配合下，农业司在水利部预算执行审计中，发扬认真细致和锲而不舍的精神，查出了该部弄虚作假，伪造立项文件，乱集资修建水利调度综合楼；自行调回南水北调资金，私设“小金库”；水利投资公司挪用水利建设资金用于炒股票、经商办企业等严重违反财经纪律的问题。这是去年李审计长向全国人大常委会报告1998年预算执行审计工作，引起常委们关注和重视的一项重要事件。也是审计人员全面审计、突出重点，不放过重要疑点，不怕艰难，一查到底，查深查透这种良好工作作风的突出反映。对水利部的审计，地方审计机关也是做出了贡献的。有的提供了重要的问题线索；有11省配合协查了水利综合调度楼集资款的情况。这充分说明，用系统论的观点指导和开展审计工作是十分必要的。

（四）环保资金审计初步取得成果。按照署领导关于环保资金审计的要求，农业司在沈阳特派员办事处和河南、四川两省审计厅的大力支持下，开展了对河南、江苏两省的环境污染治理资金和对四川省天保工程资金的审计。这三项审计具有探索性和试验性。审计成果上报后，尉健行书记、李岚清副总理、温家宝副总理分别作了批示。河南省监察机关根据审计结果对责任人进行查处，他们成立了专门小组，查处了5起案件，10名责任人受到行政处分。此外，山东、安徽、黑龙江、内蒙古等省区审计厅组织本省区审计机关对林业专项资金、重点生态建设示范县建设资金的投入和管理使用情况进行了审计；北京、上海、广东、内蒙古、甘肃等省区市审计机关对本地区环境治理专项资金进行了审计。审计查出的问题分别依法进行了处理。审计结果引起了各方面的高度重视。

去年农业与资源环保专项资金审计取得的成绩，是各级审计机关和广大审计人员共同努力的结果。审计署对去年农业与资源环保专项资金审计工作，进行了质量考评，评出了37个优秀审计项目，并进行了通报表彰。在这次会议上，向承担这些审计项目的单位颁发了奖状、证书。希望大家进一步总结工作中的经验，互相取长补短，比学赶超，再接再厉，推动农业与资源环保审计工作深入开展。

二、认清形势，明确任务，做好2000年农业与资源环保审计工作

今年农业与资源环保审计工作的指导思想是，**集中力量，统一思想，认真贯彻全国审计工作会议精神，全面执行《审计法》和审计工作二十字方针，坚持以真实性为基础，以打假治乱为重点，突出对环境保护领域内的重点资金、重点部门的审计监督，加大对重大违法违纪问题和经济案件的揭露、查处力度，全面提高农业与资源环保审计工作质量，加强宣传工作，充分利用审计成果，努力开创农业与资源环保审计工作新局面。**

今年，由审计署统一组织的农业与资源环保审计项目，主要是1998～1999年度天然林资源保护工程专项资金审计，46个国家直接考核的重点城市排污费审计，天保工程资金审计和排污费审计都属于环保资金审计。天保工程资金审计是为了促进生态环境保护，排污费审计是为了促进环境污染治理。这与我们国家环境保护工作总体包括生态、生活环境保护和环境污染治理这两个方面是相适应的。按照全国审计工作会议的要求，今年环境保护资金审计涉及到全国范围内除西藏之外的所有省、自治区、直辖市。承担任务的主要是省级审计机关和审计署部分驻地方派出机构。除此之外，署农业司还要继续组织好三峡移民资金审计。一些地方根据当地实际情况安排了扶贫资金、农业综合开发资金和国土资源等项审计。这里特别强调一下，尽管审计署没有统一安排扶贫资金审计，但是扶贫任务较重的省区，如西北、西南诸省区，建议还应安排扶贫资金审计，以便保持审计的连续性。安排了审计就要审好，还要将审计结果向审计署报告，署农业司要尽可能将各地审计情况汇总起来，充分利用，多出成果。

下面我着重讲一讲今年的环保资金审计。署领导高度重视环保资金审计工作，机构改革中，将资源、环保审计职能与农业审计职能合并，建立了农业与资源环保审计司。去年年初又对环境保护审计工作做出"摸清家底、探索路子"的专门指示。在以前开展的审计工作中，也涉及到一些环境保护审计的内容，例如，1993年，审计署曾组织对13个城市排污费进行了审计。但在农业与资源环保审计合并职能后，全面部署开展较大规模的环境保护资金审计，无论对审计署，还是对地方审计机关，都是一项崭新的工作。这既是一种挑战，更是一种机遇。这标志着我国的环境保护资金审计工作翻开了新的一页。因此，今年环保资金审计务必要做好，开个好头。

（一）全面掌握天保工程资金和排污费两项环境保护资金的家底。这是一项长期性、基础性的工作，也是今年环保资金审计要取得的一项重要成果。按照初步规划，天保工程要实施13年，资金投入量大，仅中央财政就达701亿元，涉及到森工转产人员达120多万人，相当于三峡工程的移民规模。通过审计，我们要从计划下达、资金使用、工程管理、人员分流、社会保障、政策制度和环保效益等多方面，掌握数据、情况。我国实行排污收费制度将近20年，国家有统一的排污费收取和使用办法，包括会计核算制度，另外还有很多具体、详细的规定。按照授权，地方各级人大、政府也分别制定了具体的实施办法或规定。通过审计，要从收费和使用两个方面入手，在收费范围、标准、计量基础、票据管理、上缴财政，财政部门的预算批复、资金拨付，环保部门对环保补助金和污染源治理专项基金的管理使用、回收、再使用，以及使用效益等方面，掌握相关的政策、制度和会计核算资料。以上这些，是做好环境保护审计基础性工作的要求，是今年环保资金审计工作的需要，也是为今后深化审计做准备。

（二）突出重点，注意发现重大违法违纪问题和经济案件，查透查实，全面提高审计工作质量。从去年农业司对四川省天保工程资金审计和对河南、江苏两省排污费审计的结果看，环保资金管理中存在不少问题。天保工程是1998年开始实施的生态环境保护工程。由于工程刚刚开始，管理制度尚不健全。问题往往出现在规章制度有"盲区"和不够完善方面，审计主要关注的问题和情况有：财政、林业主管部门和项目建设单位的资金是否封闭运行，森工企业承担的工程建设与管理、人员分流和社会保障工作是否落实。排污收费尽管规定很多，但往往存在部门规定同国务院规定、地方规定同中央规定不一致，也就是"依法打架"的问题。正是在这些规定涉及的领域，往往存在很多严重的问题，如收费环节设置"小金库"、或将环保补助资金挪用于经商办企业、兴建楼堂馆所，甚至容易发生贪污问题。对这些问题，一要重点关注；二要查透查实，保证审计质量，规避审计风险，审计人员要有高度的责任心和扎实、细致的工作作风；三要深入分析问题产生的主客观原因，以及带来的后果和影响。

（三）以环保资金审计为主线，检查环保政策的落实情况。环保资金审计要做到高标准、高起点，除了要认真检查资金的征收、管理和使用情况外，还要以资金为主线，检查环保政策的落实情况。专项资金审计仅仅审计资金是不够的。从国际上看，审计分为财务审计和效益审计两类。国外审计机关基本以效益审计为主，去年10月，我到美国审计总署访问时，了解到他们85%的审计项目是效益审计，有的州审计机关全部是进行效益审计。目前，我国经济正处于转轨时期，财务领域内还存在许多问题。因此，在一段时间内，揭露违法问题，维护正常的财经秩序还应是审计工作的重点，这符合当前的实际。但从审计发展前景看，效益审计还是要逐步发展起来。我想，是否可以在环境资金审计上带个头，不仅审计资金，还要检查政策落实情况和环保效益，做个试点。天保工程资金审计中要注意检查离退休人员的社会保障和富余人员分流政策是否落到实处，有无规定的标准，是否达到标准，不落实和未达标的原因是什么？木材采伐量计划是否落实，有无超计划或无证采伐的问题。排污费审计中，要注意检查46个重点城市是否达到了国务院规定的“双控一达标”，未达标的原因是什么？是否和环境保护资金的总体投入不足，尤其是未按规定使用排污费有关？部门政策和国务院政策、地方政策和中央政策“依法打架”，“打”在何处？原因何在？这些工作可以从一个或几个森工企业入手，也可以从一个城市的排污收费情况去分析。问题的关键，一是要树立以资金为主线，检查政策落实的意识；二是要把问题查深查透；三是要全面理解和掌握环境保护政策，充分听取被审计单位的意见，以便实事求是地加以定性和处理；四是要从宏观角度，提出有针对性、层次较高的建设性意见，促进切实解决问题。

（四）精心组织，协调配合。为开展今年的环保资金审计，农业司的同志做了很多准备工作，去年对四川、河南、江苏等省的环境保护资金进行了试审；今年走访国家环保总局、国家林业局对有关情况进行了调查，这次会议上还请两个部门的专家作了专题讲座；制定了供讨论的审计方案。部分地方审计机关去年也进行了环保资金的试审。现在看，组织和准备工作做得比较充分。但也要看到，进行这项新工作还缺乏经验。再有，今年省级审计机关正在或将要进行机构改革，有些省环保资金审计任务由谁承担还未确定。因此，今年的环境保护资金审计，可能出现上下级审计机构不能对口的情况。为此，第一，要做好协调配合工作。农业司的同志要深入下去，调查了解，及时掌握情况，发现、解决存在的问题，做好协调工作。第二，按照审计方案的要求，天保工程资金要求延伸审计到部分地市、森工企业，排污费审计基本是“上审下”，由省级审计机关实施。因此，省级审计机关和特派办，要根据审计署的要求，高度重视，精心组织，合理安排好人力资源，保质保量的完成任务。第三，对审计查出的问题要及时上报，如实反映。对查实的重大问题，要专题“一事一报”，及时反映，不必等有了综合情况再报告。这里，再强调一下，审计机关承担审计署统一组织的审计项目，必须对审计署负责，查出的问题要如实反映，决不允许层层截留。必要时，对有些问题，审计署可进行专门的检查。

（五）注意廉政纪律。1月28日，审计署发布了《审计署关于加强审计纪律的规定》，就是“八不准”，明确规定署机关和派出机构审计外勤经费自理，同时对地方审计机关也相应提出了原则要求。对于廉政问题，这里我强调几点：一是要在思想上高度重视执行“八不准”，在这个问题上，不能有半点犹豫，不能有任何动摇。审计署党组态度非常明确，必须坚决执行。二是要自觉地执行廉政纪律，将思想认识统一到“八不准”上来。审计工作的最显著特点是“独立性”。不严格执行廉政纪律，“独立性”就无从谈起，审计质量也不能保证。三是要提倡艰苦奋斗的工作作风，将过去过高的接待标准降下来。四是各级审计机关要切实关心审计人员的工作和生活，在政策允许的范围内，解决大家的实际困难。

三、抓好学习和培训，加强队伍建设，不断提高农业与资源环保审计工作水平

审计队伍建设和技术创新是审计事业不断发展的基础和保证。朱总理今年在听取审计署的工作汇报时，特别对审计队伍的建设和技术创新提出了要求。署领导也十分重视审计机关的“人、法、技”建设。李审计长在全国审计工作会议上着重强调了这一问题。人的素质的提高主要应通过不断学习来达到。从总体上讲，农业与资源环保审计队伍是有战斗力的，几年来的工作取得了很大成绩。但我们不能因此而满足，还要抓住培训的机遇，提高自己，将农业与资源环保审计工作提高到新的水平。那么如何培训学习，加强队伍建设？我提三个方面的建议：

（一）抓好学习和培训，全面提高审计人员素质。客观地说，农业与资源环保审计队伍的综合素质同审计工作的要求还有一定的差距。今年审计署司局长、处长培训班，培训的重点内容是：财政知识、金融知识、现代科技基础知识、国际贸易知识特别是WTO知识。这两年中央连续举办了金融知识和财税知识培训研讨班，说明财税、金融知识在市场经济中很重要。从事农业与资源环保审计工作的同志要不断地学习、充实这些知识。此外，对生物工程、航天技术、信息技术等现代科学技术基础知识也要多了解。对中国加人WTO后，审计工作应采取什么对策等问题都要认真研究、探讨。今年的审计任务安排的不是很满，大家更应抽出时间学习、提高。我希望大家不仅要习惯于每天忙忙碌碌的工作，也要习惯于不断地学习和“充电”。

（二）了解农业和农村经济发展新阶段的实际情况，研究如何进一步深化农业专项资金审计的问题。《中共中央、国务院关于2000年农业和农村工作的几点意见》指出：“实践证明，中央关于我国农业和农村经济发展进入新阶段的判断和采取的措施是正确的，对当前和今后一个时期的农业和农村工作具有重大的指导意义。我国农业和农村经济发展的新阶段，实际上就是对农业和农村经济结构进行战略性调整的阶段。粮食和其他主要农产品由长期供不应求转变为阶段性供大于求，人民生活总体上开始进入小康，我国经济社会发展进程中的这一历史性跨越，为农业和农村经济的发展创造了新的条件和机遇，也提出了新的要求。过去为解决温饱问题而主要追求产量增长的农业生产，就可以在保持总量平衡的基础上突出质量和效益；过去由于短缺而以提供初级产品为主的农业，就可以将更多的农产品用于发展畜牧业和各类加工业，更大规模地实现转化增值，使农业成为有活力的现代产业；过去迫于生存压力而过度开垦的土地，就可以有计划、分步骤地退耕还林、还草、还湖，逐步恢复生态的良性循环，创造更加适合于人民生活与发展的自然环境，实现可持续发展；过去相对滞后的城镇化进程，就可以加快步伐，通过发展乡镇企业和小城镇，更快地降低农业人口的比重，提高城镇化水平，为农业和国民经济的持续发展提供更广阔的市场空间和新的增长动力……积极推进农业和农村经济结构的战略性调整，是新阶段农业和农村工作的中心任务”。文件还同时提出今年农业和农村工作的“八项任务”，即：“大力调整产业结构；促进农产品加工转化增值；积极发展小城镇和乡镇企业；加快农业科技进步；加强农产品市场建设；加快农村基础设施和生态环境建设；强化农村土地承包、集体财务和农民负担管理；加强农村基层组织、民主法制和精神文明建设”。从事农业专项资金审计，在面临的实际状况发生变化的新形势下，必须努力适应客观要求，认真学习，很好掌握党和国家的有关方针政策，在审计重点、审计方式等方面做出适应性调整，提出对策。以扶贫资金为例，今年一月结束的国务院扶贫开发领导小组会议提出：完成《国家八七扶贫攻坚计划》，只是扶贫开发、实现共同富裕的一个阶段性胜利。扶贫开发，缩小地区差距，将贯穿于社会主义初级阶段的整个历史过程。2000年后，要把扶贫开发同实施西部大开发战略结合起来，抓住机遇，大力加强贫困地区的基础设施建设和生态环境建设；要把扶贫开发同农业结构的战略性调整、增加农民收入结合起来。这些要求体现了扶贫工作的指导思想，也是我们研究、开展农业与资源环保审计的出发点。希望大家把这些事关农业专项资金审计方向的重大问题研究好，为今后工作打好基础。

（三）研究如何高起点、高标准的开展环境保护审计。党和政府十分重视环境保护工作，把它确定为我国的一项基本国策。目前，我国政府与国外缔结最多的国际条约就是在环境保护方面，已达35项。随着我国加入WTO日益临近和加入以后，环境保护工作将更加受到重视。这对我们开展环境保护审计提出了更高的要求。因此，必须尽快研究和明确环境保护审计的一些基本问题，以指导审计实践，并在实践的基础上，及时总结经验，系统研究、探索、深化环境保护审计。下面，就这些基本问题，提一些意见，供大家参考：

1. 关于环境保护审计的内容。《宪法》第二十六条规定“国家保护和改善生活环境和生态环境，防止污染和其他公害”。可见，环境保护包括生态（活）环境建设和环境污染治理两方面的内容。因此，环境保护审计的开展也应从这两个方面着手考虑，即生态环境建设审计和环境污染治理审计。

2. 关于环境保护工作的重点。环境污染治理方面，按照《国家环境保护“九五”计划和2010年远景目标》的要求，国务院确定的当前环境污染治理主要有四项任务：一是各省、自治区、直辖市要使本地区污染物排放总量控制在规定的指标内。二是全国工业污染源排放污染物达到国家规定的标准。三是直辖市、省会城市等46个环保重点城市的空气、地面水环境质量达到国家规定的标准。四是实施“三河”（淮河、海河、辽河）、“三湖”（太湖、滇池、巢湖）、“两区”（酸雨控制区和二氧化硫控制区）、“一市”（北京市）、“一海”（渤海）污染防治工程。生态环境建设方面，按照《全国生态环境规划》（国发［1998］36号）规定，我国生态环境建设的近期目标是：从现在起到2010年，用大约12年的时间，坚决控制人为因素产生的新的水土流失，努力遏制荒漠化的发展。生态环境特别恶劣的黄河、长江上中游水土流失以及荒漠化地区的治理要初见成效。资金投入，特别是中央财政投入也正是围绕上述任务进行安排的。

3. 关于环境保护审计当前的工作重点和今后的发展方向。鉴于环境保护审计工作刚刚起步，环境保护领域内的许多资金尚未得到有效监督管理，以及部分地方审计机关环境审计职责尚未确定和到位等情况，目前，环境保护审计工作仍应以对主管部门和重点资金使用单位的财务收支审计为主，审计过程中要注意发现重大违法违纪问题和经济案件，运用审计的手段，促进环境保护专项资金的安全、完整，兼顾环境保护资金使用的效益。从长远看，环境保护审计工作要逐步做到围绕国家环境保护的工作重点进行，以对主管部门和资金使用单位财务收支审计为基础，审计范围要逐步向对环境保护建设项目的审计和对环境保护政策制度执行情况的审计方面发展。审计内容，要逐步向对环境保护资金使用效益、可持续发展、资源永续利用的审计方面发展。

董大胜副审计长在全国审计法制工作会议上的讲话（摘要）

（2000年3月20日）

一、审计法制工作面临的形势

审计法制工作是审计工作的一个组成部分，它是为审计工作的总体目标服务的，同时它又随着审计工作的发展而发展。我们大家可以直接看到，也可以直接感受到最近两年我们审计工作有了很大的发展，审计工作面临着新的形势。我们审计工作面临的形势是什么呢？近两年审计机关加大了审计力度，严格审计执法，敢于碰硬，揭露和查处了一大批重大违法违纪问题和大案要案。审计工作受到了党中央、全国人大、国务院以及各个方面的高度重视，在社会上也产生了很大的影响。在预算执行审计中，我们敢于碰硬，揭露了一些重要部门存在的违法违纪问题。1999年6月李审计长在全国人大常委会上报告中央预算执行和其他财政收支审计的情况，得到人大常委会的好评，赢得多次鼓掌。委员们在座谈发言中，对我们审计工作给予了高度评价。我们揭露出水利部挪用水利资金建造楼堂馆所，并且在这个过程中还存在弄虚作假、伪造公文的问题。对此，人大常委会作出了很强的反映，要求国务院给予严肃处理。现在水利部建的这个楼已被没收，正在拍卖，其他问题也正在得到纠正。又如，我们查出财政部一些职能机构借机构改革之机，利用工作上的影响，从一些单位和部门筹集大量资金办公司，这也是一个很严重的事情。这个事情揭露出来以后，也在社会上引起了很大的反响。

这两年，我们在金融审计方面也迈出了很大的步伐。1998年我们组织驻地方特派员办事处和地方审计机关审计了全国88个证券公司以及1000多个分支机构，查出了很多违规经营、账外经营、挪用客户保证金等问题，查处了一些大要案。审计监督在促进证券市场健康发展方面作出了很大的贡献。1999年我们重点审计了工商银行及其分支机构和19个省的建设银行及其分支机构，共6000多个。除了对其资产、负债、损益的真实性进行审计外，还重点审计了信贷资产的质量，延伸调查了12万多个与损失类贷款有关的贷款单位，共揭露了170多起经济违法案件，涉案220多人。

在行政事业审计方面，去年我们审计了4500多个县级以上的检察院和法院。审计人员克服困难，查出挤占、挪用、“小金库”等方面的违纪资金57亿元，主要是法院的诉讼费没有实行“收支两条线”，发现案件81起，涉案100多人。我们还审计了高等学校，查出各种违纪资金近50亿元。专项资金审计去年也取得进展，比如审计了扶贫资金，仅仅是财政部门拨出的扶贫资金就被挤占挪用43亿元，发现案件40多起，涉案71人。

在企业审计、外资审计、经济责任审计、境外审计等方面，我们都取得了很大的进展。由于审计力度不断加大，揭露了一批重大违法违纪问题，引起了各个方面对审计工作的关注。党中央、国务院对审计工作越来越重视，国务院领导同志在审计署上报的各种信息上作的指示达到90多次。新闻界对我们审计的报道越来越多，审计的社会影响越来越大。

今年1月5日审计署党组向朱镕基总理汇报了审计工作，总理指示审计机关要“全面审计，突出重点，查处重大违法违纪问题和经济案件”。1998年年底总理也是说要“全面审计，突出重点，注意发现大案要案线索”。这两年总理在听取审计工作汇报时作的指示基本上是一样的。对总理的指示，署党组在学习当中，特别是在“三讲”教育“回头看”过程中反复学习、讨论。我们认识到，1999年这一年，审计机关严格依法审计，突出重点，抓大案要案取得了明显的成效。这个方向、这个成绩是必须肯定的。用总理的指示精神来对照，我们审计工作存在的差距主要是，去年审计项目安排得多了一些，审计的面铺得宽了一些。由于审计项目一多，面搞得又宽，有些审计项目的质量就不是很高，就不可能查得很深很透，发现了一些重大的案件线索也来不及进行深入的追查。所以，署党组对今年审计工作的总体要求是，进一步集中力量，突出重点，提高审计工作质量。在这样一个指导思想下，今年的审计项目安排得少一些，但是审计质量要求要高、要精。以上是简要给大家介绍一下当前审计工作的情况和形势。

随着审计工作的发展，审计法制建设也同样取得了很大的成绩。主要表现在以下四个方面：

第一，审计立法工作取得了显著成绩。自从审计法颁布实施以来，各级审计机关认真履行法定职责，分别向本级人大常委会和人民政府提出了行政法规和地方性法规、规章草案。国务院颁布了《中华人民共和国审计法实施条例》、《中央预算执行情况审计监督暂行办法》，去年中办、国办还发布了《县级以下党政领导干部任期经济责任审计暂行规定》和《国有企业及国有控股企业领导人员任期经济责任审计暂行规定》。一些地方人大、政府颁布了大量地方性审计法规和规章。据初步统计，除了现行宪法以外，全国人大常委会和国务院制定的有关审计的法律和行政法规有5个，地方人大常委会制定的地方性审计法规有30多个，审计署和地方人民政府制定的审计规章有200多个。可以说，我国已经初步建立起了以宪法为根本依据，以审计法为核心内容，以审计法实施条例等审计法规、规章为基础的审计法律规范体系。这些法律法规对于保障我国审计事业的健康发展起到了很好的作用。

第二，审计执法力度明显加大。如上面介绍的那样，近年来，审计机关在预算执行审计、金融审计、企业审计等方面都加大了执法力度。通过加大审计力度，审计工作对于维护社会主义市场经济秩序，反对腐败，促进加强宏观调控，发挥了很好的作用。

第三，审计法制宣传教育得到了深入开展。自从1986年开展普法以来，我们的普法工作已经进行了三个五年周期。各级审计机关的领导干部和广大审计人员坚持学法用法，并充分利用广播、电视、报纸等传播媒介加大宣传力度，进一步增强了全体审计人员的法制观念，强化了依法审计的意识。审计机关发布重要文件，作出审计决定以前，都要让审计法制机构先依照法律法规去审查把关。在审计过程中遇到的一些矛盾和问题，我们也越来越重视用法律的手段来加以解决。

第四，审计执法监督制度逐步建立。审计机关在接受同级人大常委会监督、人民法院的司法监督、群众和社会舆论监督的同时，主要通过审计复议、审计复核和审计项目质量检查等方式，强化审计机关内部的控制机制。比如，去年审计署对署机关有关业务司、派出局和特派办完成的1998年中央预算执行情况审计事项进行了复核。我们还对一些申请复议的事项依法进行了复议，并对一部分省一级审计机关审计项目质量进行了检查。通过检查和复议，有些维持了原来的决定，有些纠正了审计执法当中违规和错误的问题，保证了审计工作的质量。

在看到审计法制工作取得显著成绩的同时，还要清醒地看到我们工作中还存在不少问题。这些问题主要是：审计法规、规章还不够完善，有些审计活动还没有完全用法规规章的形式确定下来；还没有建立起既适合我国国情又符合国际公认审计原则的国家审计准则体系；审计准则的执行还有相当大的差距，已经发布的一些准则、规章在执行方面还存在着很大的差距；严格审计执法还不到位，审计质量还有待于提高；审计法制机构还不健全，人员的素质有待于提高。面对上述形势和差距，审计法制工作要做到“四个服务”。第一，要为协调审计机关与外部相关部门、单位的关系服务，把权责通过法律、法规的形式理清楚，减少扯皮，有法律依据，使我们能依法审计。第二，要为规范审计活动服务。第三，要为严格审计执法、提高审计质量服务。第四，要为防范审计风险服务。这“四个服务”是新形势下对审计法制工作提出的主要要求。各级审计法制机构及其工作人员要通过“四个服务”，来体现审计法制工作在审计工作当中的重要性。

二、充分认识审计法制工作的重要性

审计法制工作很重要，这一点是不是为我们绝大多数领导干部和审计人员所充分认识呢？我想恐怕还不能这样说。还有一部分同志特别是一些领导同志对审计法制工作的重视程度还不够，所以我要特别强调审计法制工作的重要性。我认为，审计法制工作的重要性主要体现在以下三个方面：

第一，加强审计法制工作是依法治国、依法行政的需要。依法治国是党的十五大提出的治国方略，是小平同志理论的具体体现，九届全国人大二次会议又把依法治国写入宪法。依法治国基本方略是我国在中国共产党的领导下进行政治体制改革，管理好国家，带领全国人民建立一个富强文明民主的社会主义现代化国家所必须采取的一项非常重要的战略措施。依法行政又是依法治国的一个重要组成部分。在刚刚结束的全国九届人大三次会议上，朱总理在作政府报告时，也提到要依法行政，从严治政，建立一个廉洁、勤政、务实、高效的政府。所以依法治国、依法行政是党中央、国务院对各级行政机关提出的一个根本的要求。那么审计机关作为国家行政机关之一，怎么样做到依法行政呢？我想就是要全面落实审计法，严格审计执法，依法有效履行好法定的职责。审计法制工作同全面落实审计法、严格审计执法的各个环节都有着密切的联系。比如审计立法，现在虽然有了审计法、审计法实施条例以及其他一些规章，但是还不够，还需要出台一些适应审计工作发展的新的审计法规、规章，这样才能使审计工作充分做到有法可依。现在，有些审计工作还缺乏一些法律规范。比如，开展境外审计就缺少直接的法律法规依据；开展对社会审计组织审计业务质量的检查，审计署制定了一个行政规章，但是还缺少更强有力的法律依据。在现实经济生活当中，新出现一些错综复杂的情况，审计工作怎样适应这个情况开展审计？我们审计立法要为这个服务。否则，我们审计工作无法可依，依法审计就做不到。又比如审计法制宣传，要全面推进依法治国，依法行政，就必须提高广大审计人员的法律意识，使他们知法懂法，能够自觉依法行政，依法审计，这也是审计法制工作的一个重要任务。再比如，审计法制工作要为审计业务工作提供一些法律法规知识和服务。审计的基本依据是各项法律法规，但由于审计工作涉及的领域很多很广，审计业务干部不一定找得到适合的法律法规，这就需要有一个专职的法制部门为审计业务干部提供法律法规的支持和服务。这也是我们的一项重要任务。汇编财经审计法规，搞审计法规软件库等等，都是为审计提供法律法规支持。还有，审计法制机构通过开展审计复核，能够确保审计报告、审计意见书、审计决定书以事实为基础，以法律作为定性的依据。另外还可以通过审计项目质量检查，来促进审计机关依法行政。所以，从很多方面来讲，审计法制工作都同全面落实审计法、严格审计执法、依法行政有着很密切的关系，可以发挥很重要的作用。

第二，加强审计法制工作是保证和提高审计质量的需要。李审计长最近多次强调，审计质量和廉政是审计的生命线。我觉得李审计长讲得非常深刻。审计质量保证不了，审计就站不住。廉政搞不好，审计也就没法深入下去，审计质量也保证不了。因此，审计质量和廉政是我们审计机关必须时时注意的两大问题。对于廉政，今天我就不多说了，这里主要讲审计质量。今年我们要求突出重点，减少了一些项目，但是审计任务并没有减轻，相反，审计任务更重了，因为要求更高了。这突出表现在要提高审计工作质量，要查深查透。查出的问题，朱总理讲，要让人家心服口服，无话可说。那么怎么保证审计质量呢？我想审计法制机构可以做很多工作，比如通过制定审计准则，来规范审计的各个环节，防止审计的随意性，防止审计人员经验不足、水平不高、责任心不强所产生的失误。再比如，审计法制工作能够提供法律知识服务，能够运用合适有效的法律来依法定性，来保证我们审计结论是正确的。此外，还可以通过审计复核、审计复议、审计质量检查等等。在保证和提高审计质量方面发挥重要的作用。

第三，加强审计法制工作是防范审计风险的需要。这几年，审计风险问题引起越来越多的重视。所谓审计风险，就是审计没有准确、充分地反映和揭露被审计单位财政财务收支的真实状况，没有能够揭露出客观存在的违法违纪行为。当真实状况和违法行为还没有暴露的时候，是潜在的审计风险；问题一旦暴露了，就变为现实的审计风险。现在审计风险的问题越来越突出地摆在我们面前。你查不出来，这些事情也可能通过群众举报或通过其他途径被揭露出来。审计质量不高，就存在审计风险，一旦暴露出来，潜在风险就变为现实的风险。在防范审计风险方面，审计法制机构有很多工作可做。比如说规范审计行为，明确审计人员责任，实行责任追究制度，监督检查审计质量，通过促进提高审计质量，达到防范审计风险。因此，审计法制工作也可以为防范审计风险作出贡献。

上面我从三个方面讲了审计法制工作的重要性。这三个方面实际上是互相联系的，是从不同角度来讲这个问题的。审计法制工作的重要性，我想还可以通过其他方面体现出来。既然审计法制工作这样重要，我们审计机关的领导同志和广大审计人员就必须引起足够重视，自觉地做好和支持审计法制工作。从领导来讲，要支持和重视审计法制工作。从审计法制工作人员来讲，我们自己要自觉地做好审计法制工作。其他的审计干部也要支持做好审计法制工作。大家回去以后，要进行深入的宣传。在当前形势下，审计法制工作一定要加强。

三、求真务实，精益求精，完成好今年的审计法制工作任务

李审计长最近多次强调审计署机关要转变作风，要求真务实，审计工作要出精品。求真务实，出精品，是李审计长对我们审计机关工作作风、工作态度、工作质量的要求。审计法制工作同样要求真务实、精益求精，要以这样一个工作态度和工作作风来完成好今年审计法制工作的各项任务。我认为，今年我们审计法制工作主要有以下六个方面的任务。

（一）做好审计立法工作。随着审计工作的发展，审计立法工作也要及时反映审计工作实践，并为审计工作实践提供法律保障。今年审计立法任务主要有以下四项：

1．起草《内部审计条例》。内部审计，是审计工作的一个重要方面。在国外，国家审计机关都很重视单位、部门的内部审计，重视对内部审计成果的利用。国务院提出，今年是管理年，要求各单位、各部门都要加强管理。内部审计也是内部管理的一个重要方面。因此，我们要根据形势发展的需要，抓紧内部审计立法工作。今年国务院立法计划中已经把《内部审计条例》作为一个内容予以考虑，法制司也提供了一个草稿，请大家回去后认真讨论，并提出修改意见。

2．起草境外审计的有关法规。我们去年对一部分境外企业、驻外的使领馆进行了审计试点，也发现了不少问题。但是现在看来，还缺少明确的法规依据。现在国家计委等有关部门正在组织起草一部分境外投资管理系列办法，也要求审计署起草一个境外国有企业审计暂行办法。我们正在搞，这项工作也要作为今年立法的一个任务。

3．社会审计组织审计业务质量的检查也应当争取以法规的形式确定下来。

4．地方也可以结合本地方的情况制定地方性的审计法规。

（二）抓紧审计准则的制定。最近两年审计法制工作很重要的一个方面，就是制定国家审计准则。这是落实审计署加强“人、法、技”建设的一个很重要的内容。审计署对起草准则工作很重视，李审计长亲自抓。各个司都有一些任务，还成立了内部专家组、外部专家组。经过一年多的努力，国家审计基本准则和审计听证、审计复议、审计处理处罚、审计质量检查规定都发布了。其他一些通用审计准则，如审计方案准则、审计工作底稿准则、审计证据准则、审计报告准则，都是当前审计工作所急需的。因此，今年要把这些通用审计准则搞出来。主要的专业审计准则也要搞出来。一些不是很成熟的审计准则可以适当推迟一点。准则制定工作是一项难度很大的工作，既要适合我国国情，又要符合国际公认的审计原则。仅仅靠审计署法制司完成不了这个任务，各级审计机关都要重视这项工作。承担准则起草任务的单位一定要认真负责，抽出精干的人员，要有专人负责。法制司要做好督促检查工作。没有承担准则起草任务的特派办和地方审计机关也要积极参与这项工作，认真提出修改意见和建议。在这里我也希望我们的审计法制工作人员，特别是年轻的同志，你们的知识水平、知识结构比较新，要关心、支持审计准则的制定工作，来研究一些问题，能够把我们这个准则的制定工作搞好。我想，在我们这些人手上诞生的审计准则一定要是高水平的，过了若干年以后，我们应该带着一种欣赏的眼光去看这些准则。相反，如果带着遗憾的心情去读这些准则，我们就失职了。希望全国各级审计机关的审计干部，特别是我们审计法制干部，要高度地重视审计准则的拟定工作，积极地学习研究一些问题，把我们国家的审计准则制定好。

（三）大力推动审计准则的执行。准则的执行问题，李审计长前天在这个会上已经讲过了，我们不仅要拟定出好的准则，而且要推动准则在实际工作中的落实。在抓紧拟定准则的同时，把它们执行好。我们费很大的力气搞审计准则，没有得到执行，那就是无效劳动。所以，李审计长提出要抓好准则的执行工作，我觉得这是非常重要的一个思想。那么怎样抓好准则的执行呢？我想主要有三个环节。第一要抓好学习和宣传。要清楚准则的内容到底是什么，与过去那些准则有什么区别，同规范有什么区别，有哪些新的发展，怎样去执行。审计法制机构要搞好学习和宣传工作，使审计人员能够真正地领会、掌握准则的含义。第二是各个审计业务部门要在工作当中认真地执行准则，按照准则的要求去办。署机关各业务司和派出局、各特派办，也包括省一级审计机关要带头执行这些准则。现在往往存在着机关层次越高，执行准则越不得力的情况。第三就是审计法制机构要做好审计准则执行情况的检查。审计法制机构要结合审计业务质量检查把这项工作做起来。不仅要检查特派办和省一级审计机关，对署机关业务司、派出局也要检查。我们有些习惯做法，十几年不改变，出了准则也不看，这样不行。要通过检查来推动准则的执行。在执行过程当中，也会发现准则还存在一些不完善的地方，适当的时候要把它集中起来，作必要的修改。所以在抓准则的执行方面，我们要抓好学习，抓好贯彻执行，抓好执行情况检查这三个环节。

（四）认真搞好审计复核。审计准则专门要求对审计报告、审计意见书、审计决定书、审计建议书和审计移送处理书等都要复核。复核是审计法制机构很重要的一个任务，是替领导把关的一个很重要的环节，一定要重视复核工作，把复核工作做好。在复核工作中，要注意这么几个环节：第一，要弄清事实，独立地把事实搞清楚，掌握违法违纪的关键环节，不要被审计报告的思路牵着走。因为在有些情况下，或是由于审计人员业务水平不高，或是由于缺少责任心，或是由于不遵守审计职业道德，有的审计报告写得不明白、不清楚。所以必须在复核中独立地弄清事实。第二，要依法定性。事实搞准了，关键点抓住了，下一步就是依法定性。所以首先得注意法律的运用，看其是不是适用，是不是有效，是不是过时了。另外，还要分析定性是不是正确，因为审计查出的情况是错综复杂的，不能简单地用法律去套，还要进行分析。第三，要依法处理，实事求是。依法处理说起来容易，有时候也很难。因为在有些情况下依法处理还很不明确，主要是规定不明确。到底怎么定性，依什么法去处理，有时很难。所以，我们在审计复核中应当注意这个问题，依法处理，还要实事求是。

（五）要做好审计复议、审计质量检查和审计决定落实情况的检查。审计复议，全国人大已颁布了行政复议法，这是保护公民、法人和其他组织合法权益的一项重要法律制度。因此，审计机关要做好审计复议工作。当前复议案件增多，这既表明被审计单位法律意识不断增强，也反映出审计业务水平有待进一步提高。从复议的情况看，责任心不强的情况有；工作粗枝大叶，数字搞错的情况也有；运用法律法规不当，定性搞错的也有，人家肯定要提出复议。这也是我们国家民主政治建设的一个具体表现。审计机关一定要本着实事求是，有错必纠的原则做好审计复议工作，不要觉得被申请复议了就丢面子。犯错误总是难免的，关键要做到有错必纠。在审计复议工作中，复议机构、法制机构和人员要从维护法律尊严的高度，站在一个客观公正的立场上，以事实为依据，以法律为准绳，深入细致地做好复议工作。我们既要维护审计机关依法行政，也要维护被审计单位的合法权益。不能护短，也不能怕得罪人。是就是是，非就是非。在复议工作中，申请人和被申请人双方都有可能产生一些情绪，所以审计法制机构在办理复议过程中要妥善处理好各方面的关系，既要做好申请人的工作，也要做好审计机关内部的工作，公平对待，有理有节。

审计质量监督包括两个方面的内容。一是对审计机关内部的审计质量进行检查，主要检查书面资料，检查审计档案，也不排除延伸到被审计单位进行若干审计项目的抽查。二是对社会审计组织审计业务质量进行监督。随着社会主义市场经济的发展，会计师事务所的作用会越来越突出，特别是加入世贸组织以后，中介组织的作用会更加明显。如果中介组织的业务质量不能保证，尽是出具虚假的审计报告、虚假的验资证明，真实的财务报告得不到披露，现代企业制度就会受到影响。所以一定要从促进社会主义市场经济体制的建立，促进深化改革和扩大对外开放这样一个高度来认识对社会审计组织业务质量的检查工作。对社会审计组织的检查工作要纳入计划，安排好人员，还要克服阻力，明确工作目标，有计划，有人员。领导要帮助克服阻力，明确工作目标。今年我们已经提出了一个检查方案，一定要按照方案的要求完成好各项任务。

另外，要加强对审计决定执行情况的检查。审计决定书是审计机关下达的具有法律效力的文书，是对纠正违法违纪行为所采取的一个措施，下达以后必须坚决执行，这也是依法审计的一个具体体现。要做好审计决定执行情况的检查。一方面审计法制机构可以组织检查；另一方面，也可以推动各个业务部门自己去督促检查。

（六）要进一步加强审计法制宣传教育工作。审计法制宣传教育是一项长期的工作，关系到审计人员掌握了解法律知识，做到依法审计、依法行政。前几年审计法制宣传教育搞得很好，采取了丰富多彩的形式。今后还要继续抓好审计法制宣传教育，要采取多种形式开展这方面的工作。一要把普法教育同政治学习结合起来。中央领导同志每年要安排几次法律讲座，我们进行政治学习也要学法，要把法律知识的学习同政治学习结合起来。二要同业务培训结合起来，在业务培训中增加法律知识的内容。三要同审计实践结合起来。带着审计实践中碰到的具体问题去学法，印象会更深刻。今年在做好普法验收工作的同时，要继续加强审计法制宣传教育。

四、要加强审计法制机构和队伍的建设

在当前审计工作迅速健康发展的形势下，我们面临繁重的审计法制工作任务。必须加强审计法制机构和队伍建设，这是做好审计法制工作的基础和组织保障。没有机构，没有人，这项工作再重要，任务再多，也做不好，所以要特别强调审计法制机构和队伍的建设。各级审计机关的领导同志首先必须提高认识，重视审计法制工作，重视审计法制机构和队伍的建设。我们领导同志一定要认识到法制工作是为领导服务的，是保证依法行政、保证依法审计的，是必不可少的，是必须加强的。在中央政府的机构改革中，国务院法制办增加了编制，审计署法制司也增加了人员。现在审计署对各个特派办处室机构的“三定”工作已经完成了，有几个特派办建立了单独的法制处，还有大部分特派办没有单独建立法制处。对此，我们没有做统一的规定。但是有一条，就是特派办一定要有几个人专职从事法制工作，至少要有两到三个人。现在特派办已经发生了几起审计复议案件，有的我们已经复议撤消或变更了审计决定，说明特派办有的审计质量不是很高，今后要尽量避免这个问题。

目前，绝大部分省、自治区、直辖市都有了单独的法制处，但是现在地方审计机关面临机构改革问题，地方审计法制机构也面临着向何处去的问题。审计署对地方机构改革要尊重，不能干预。因此对其他机构的设置，我都没讲过什么很明确的意见。但是在这里我要建议省一级审计机关尽可能地单独设置法制处。这是我个人的一个建议，经过很认真的考虑，在这里提出来。为什么要提这个建议呢？因为省一级的法制机构很重要，除了要担负省一级的审计立法工作，起草一些审计法规、规章，还要承担一些本级的审计复核任务，承担市、县一级的复议工作，以及进行普法宣传教育等等。恐怕没有专门机构是不行的。所以从省一级审计法制机构承担的任务来看，我建议在省一级机构改革当中，审计机关保留这些法制处。

关于法制队伍建设问题。通过参加这个会，我认识了很多从事审计法制工作的同志，我觉得大家的精神面貌很好，素质也很高，说明我们审计法制队伍的建设有了很大的发展，但不能满足现状。同当前审计法制工作任务的要求相比，我觉得这个队伍的数量还不足，素质还有待于进一步提高。怎么办呢？要从选调充实和提高现有人员素质这样两个途径来解决。对特派办来讲，我们在批准设置处室的同时，也给特派办增加了一些编制。在增加的编制当中，可以选调一些学历比较高的同志从事审计法制工作，也不一定全部是学法律的。相关专业的也可以，但是学历要高一点。地方审计机关在机构改革中编制可能要削减一部分。各地审计机关要把机构改革作为调整审计干部队伍的一个机遇，选出一批适合的同志充实到审计法制工作队伍中来。第二个途径就是培训。朱总理今年对审计署提出三个要求，一个是全面审计，突出重点，第二个是廉政，第三个就是培训，要求我们培养出同国际接轨的国际性人才。署党组对培训工作很重视，今年重点安排抓两个方面的培训。一个是司局级、正处级干部的培训，第二个途径就是搞副处级以下岗位资格知识的培训。培训的内容包括经济知识，比如说财税知识、金融知识、宏观经济知识、WTO 知识。

此外，还要学现代科学技术，作为审计干部，至少得知道现在科学技术发展到了什么程度，在农业、能源、新兴材料、生物医药、航天技术、激光技术等方面到底发展到了什么程度，将来的趋势是什么。审计法制干部除了学这些之外，要求还要高一点，政治素质还要高，业务素质也要高。要全面发展，成为多面手，熟悉各行业的审计业务。审计法制干部还要有比较好的文字功底。另外，还要学习计算机知识、外语知识。今后，我们要结合干部人事制度改革，推行处级干部竞争上岗，选拔审计专家等等，实行这样一些制度，就能够把一些优秀的审计法制干部选拔出来。

董大胜副审计长在审计科研协作会议上的讲话（摘要）

（2000年3月24日）

二、审计科研工作的指导方针

审计科研应当坚持两个原则，一是为现实审计工作服务，二是为审计长期发展战略服务。这是因为，审计署和各省区市审计厅（局）的审计科研所是政府审计部门所属的研究机构，这就决定了审计科研机构必须紧密地围绕所在部门的工作开展研究，为所在部门的工作服务。审计科研工作在为现实服务方面，过去我们做了很多工作，如，1995年组织的对审计定义的探讨；《预算法》出台后，对预算执行情况审计以及如何撰写两个报告进行了研究；参加了审计规范的制定；企业审计方面也搞了一些课题。这些研究对推动审计工作都起到了很好的作用。科研工作为现实审计工作服务，目前仍有许多工作要做。比如，审计准则制定过程中就遇到一些基本概念问题还没弄清楚。如什么是审计方案？方案的内容应包括些什么？方案的制定应具体到什么程度？又如什么叫审计工作底稿？国外的一些审计教科书把审计计划、报告都叫底稿，我们怎么看？再如，内部控制的内容是什么？实质性测试在审计程序中的地位是什么？现在国外的内部控制理论强调风险评估等，我们如何引进和使用这些概念，等等。如果审计科研能将这些基本的理论、概念弄清楚，制定审计准则就方便多了。还有一些当前面临的问题，如企业审计、经济责任审计等，科研要尽可能围绕审计实践的需要来立项，真正能为领导决策服务。在这方面审计科研是大有可为的。另外，对新的审计技术方法也应进行研究，这些也是目前审计工作需要的。

审计科研不仅要为现实工作服务，还要为审计的长远发展构划蓝图，进行适当的超前性研究，提出建设性意见。在这方面要有人能够坐冷板凳。如：中国加入WTO以后对审计工作有什么影响？知识经济已经初见端倪，对审计有哪些影响？现代科技进步超乎人们的想象。90年代以来通讯技术、计算机技术、网络技术的普及发展相当快。电子商务、网络经济我们还不入门，它对社会经济会产生什么影响，对审计会带来什么影响？也应当研究。再如效益审计问题，目前我国主要搞合法性审计，这是符合目前我国国情的，但这不能说明我们不应搞效益审计。西方发达国家主要在搞效益审计，我们也应研究，也要有人甘于坐冷板凳。国外审计研究也要搞，了解国外最新的发展，哪些我们能用，哪些不能用，要搞清楚。具体选什么题，应根据审计长远发展需要和科研人员的专长、能力、爱好和兴趣来确定。

三、对搞好今年科研工作的几点建议

（一）要选好选准课题。科研出成果选题是关键。要么选择同现实审计工作紧密结合的课题，要么选择对审计工作长远发展有指导作用的题目，目的要明确，重点要突出，要量力而行。

（二）要形成合力搞研究。单靠审计科研部门单枪匹马搞研究难以取得理想的效果。审计科研所要同审计业务部门、大专院校等密切结合，把各方面的研究力量动员起来，形成合力，才能多出成果、出高质量的成果。

（三）加强审计科研机构、队伍建设。审计署科研所在1998年机构改革中保留下来了。地方机构改革正在进行之中，地方审计科研机构改革要服从地方机构改革的大局。在此前提下，审计科研人员要努力提高自身素质。要通过自身的努力，用高质量的研究成果，证明自身存在的价值。对审计科研部门不要与行政部门等同看待，可以考虑有一些区别于行政部门的特殊政策，如课题招标、科研成果奖励、科研人员兼职等。审计科研人员要加强学习，积极参加审计实践，不断提高自身素质，多出成果，为审计事业作出更大的贡献。

王道成同志在《中国审计史》编辑工作座谈会上的讲话（摘要）

（2000年3月16日）

一、编辑《中国审计史》的意义

首先，编辑《中国审计史》是我国审计事业发展的需要。

“以史为鉴，可以知兴替”。我们党在领导革命、建设和改革的过程中，一贯重视历史经验的借鉴和运用。毛泽东同志曾经指出：“我们这个民族有数千年的历史，有它的特点，有它的许多珍贵品。对于这些，我们还是小学生。今天的中国是历史的中国的一个发展；我们是马克思主义的历史主义者，我们不应当割断历史。从孔夫子到孙中山，我们应当给予总结，承继这一份珍贵的遗产。”

中国审计源远流长。几千年来，我们的前人积累了丰富的历史经验和审计思想理论，这是一笔宝贵的财富。我国社会主义审计走过了16年的历程，在新的世纪中国审计将进入一个新的发展时期。正确把握审计工作的发展方向，建立具有中国特色、与社会主义市场经济体制相适应的审计监督制度，是我们面临的重大课题。研究中国审计史，认真总结、认识历史上审计兴与衰的原因，从审计体制、审计职能、审计规章、审计技术方法、审计思想等多方面吸取经验教训，对于我们当前乃至今后，明确审计工作的战略方向，科学地进行审计战略定位，研究、解决审计工作中出现的新情况、新问题，迎接新时代的挑战，具有重要意义。

其次，编辑《中国审计史》是推动审计理论研究的需要。

审计理论研究是对审计产生、发展及其工作规律的研究，是审计工作的重要基础和组成部分。搞好审计理论研究，既是审计理论自身发展的需要，也是为审计事业提供理论支持、运用理论指导实践的客观要求。十几年来，我国的审计理论研究紧紧围绕审计工作实践，不断对实践进行总结提高，取得了很大成绩，发挥了积极作用。我们要与丰富多彩、不断发展变化的审计实践活动相适应，必须深化理论研究，逐步形成反映我国审计监督实践及其规律的审计理论体系，推动审计理论向前发展。

任何理论研究都离不开历史研究。离开前人的实践和思想成就，理论研究就谈不上继承、发展和创造。现实与历史的这种批判继承关系，不仅是人类社会思想文化发展的规律，也是审计发展的规律。审计史的研究是审计理论研究的基础，在一定意义上也是审计理论研究的起点。只有对每一个理论问题首先从历史渊源上加以追索，方可揭示理论内涵中的本质问题。只有把研究现实与研究历史、研究理论结合起来，才能站在历史和理论的高度，从历史中汲取营养，继承和发展前人的智慧，研究和解决现实问题。从历史的渊源把握审计，研究各个历史时期审计工作的兴衰更替、发展变化，探求审计的一般规律，有益于进一步认识审计的产生基础、职能、作用，深化关于审计本质的理论研究。我们对中国审计史的研究已经有了较好的基础，国内出版过一些专著，也拥有一批研究人才。这些是我们编辑《中国审计史》的一个重要的有利条件。近两年内，要把对中国审计史的研究作为审计理论研究的重点之一，力求使《中国审计史》成为审计理论研究成果的“精品”。

第三，编辑《中国审计史》也是大兴学习之风的需要。

近年来，中央反复要求“学习学习再学习”，提倡大兴学习之风。在审计干部中倡导认真学习的风气，是由审计工作面临的形势、承担的重要职责和审计干部队伍的状况决定的。处在经济和社会发展越来越依赖于知识创新和应用的时代，我们的审计干部都面临着知识充实和更新的问题，都有面对新领域、新事物、新情况不断加强学习的任务。

读史使人明智。我们的老一辈革命家，不但具有很高的马克思主义理论修养、丰富的实践经验，而且具有渊博的历史知识。毛泽东同志早在1938年就指出：“学习我们的历史遗产，用马克思主义的方法给以批判的总结，是我们学习的另一任务。”江泽民同志在许多场合都强调学习历史的重要性。当代中国的审计干部特别是领导干部，如果不了解中国审计史，就不能很好地把握中国审计发展的客观规律，继承和发扬审计在长期发展过程中形成的优秀成果，就难以主动、自觉地适应时代需要，担负起把我国的审计事业推向新的发展阶段的重任。《中国审计史》的编辑出版，将为广大审计干部提供一部高质量的中国审计史教材，对于在审计干部中兴起学习热潮，推动学习的深入发展，一定会发挥积极的促进作用。

二、编辑《中国审计史》的指导思想

（一）坚持以历史唯物主义、辩证唯物主义为指导。历史唯物主义和辩证唯物主义是科学的思想体系，其科学性、合理性、客观性以及它对人类社会历史规律探索的实用性不容置疑，应当成为历史研究的指针。只有以历史唯物主义、辩证唯物主义为指导，才能正确认识中国审计史上各种审计制度的本质特征和发展规律。在研究和编写工作中，要牢固树立唯物史观，坚持唯物辩证法，自觉从立场、观点、方法等方面，把历史唯物论、辩证唯物论的基本原理，运用到研究的每一个具体环节中。要本着实事求是的精神、严谨的治学态度，充分尊重历史，不粉饰，不歪曲。

（二）以总结历史经验，探索基本规律为目标，为现实服务。我们研究历史，不是为研究而研究，不能仅仅满足于简单地“再现”历史，而是要反思历史，揭示历史的发展规律、特点、趋势和对后人的启示。历史研究的全部意义和价值就在于注重历史事物的内在联系，即探求规律性。所以，研究中国审计史，要研究中国审计发展的具体过程及其规律性。既要按照时代顺序，运用具体的历史事实叙述和阐明中国审计的发展历程，又要总结历史经验，探求审计发展的规律。要把审计置于社会总体之中考察，联系不同历史时期的社会经济结构、阶级关系和政治体系等历史背景来研究，不能孤立地就审计谈审计。要从动态的角度、用发展的观点观察和审视中国审计的历史演变，认真探索其发展变化的过程、内容、根源、社会影响和作用，把握历史的发展线索和内在联系，为现实的审计工作提供借鉴。只有这样，我们的研究才能既有历史感，又有时代感。

（三）正确处理“史”和“论”的关系。“史”和“论”是史学研究相辅相成的两个方面。“史”和“论”要紧密结合，不能“以史代论”，也不能“以论代史”。史料是历史的客观存在，掌握史料是历史研究的前提和基础，是立论的根本。必须在史料上狠下功夫，使我们的研究深深植根于历史的土壤中。要通过史实生动、全面地展示中国审计的历史面貌，勾画出中国审计发展演变的轨迹。同时，还要善于对史料进行辩证、系统的分析、综合、比较、概括，正确评价史实的理论价值和实践意义，从中抽象出科学的规律，为现实提供参照。也就是说，我们不仅要回答过去“是什么”的问题，还要回答“为什么”、“怎么样”的问题。因此，对史实的分析、评价一定要从历史事实出发，恰如其分，言之成理，不能脱离史料，空发议论。

（四）要开门修史。不能组织少数人闭门研究，要以开放的态度，组织社会力量参与。中国审计史的时间跨度达几千年，可供研究的古籍更是浩如烟海，从中挖掘、整理审计史料的工作，仅靠审计机关有限的研究力量，在有限的时间内，是难以完成的。必须把社会上，特别是高校和科研院所的研究力量组织起来，并充分利用已有的史料和史学研究成果，如通史、断代史以及监察史、财政史、经济史、会计史等。审计史的研究与史学其他部门的研究是相辅相成、互相促进的关系，历史学的一些辅助学科，如考古学、史料学、档案学、古文书学、印章学等，都是审计史研究中可以利用的工具。运用这些学科知识，研究审计史料的源流、价值和利用方法，对史料进行搜集、校勘、考订、编纂，考察历史事件和历史文献的时序和年代，都十分必要。我们缺少这方面的专门人才，不可能从头学起，必须借助社会力量。

三、工作要求

编辑《中国审计史》是审计系统的一件大事，署党组对这项工作寄予很大希望。承担编辑工作任务的各省、区、市审计机关一定要高度重视起来，精心组织，周密安排，稳步推进，在确保编辑质量的前提下，按期完成编辑工作。

一要加强领导。编辑工作采取统一组织、分工负责的方式。编辑办公室负责编辑工作的总体规划、组织协调。具体的编写工作实行分卷分段负责制，由承担各卷（段）编写工作任务的省、区、市审计厅（局）负总责。各卷牵头人组织审计机关、审计科研所、审计学会及高校、研究单位的人员成立编写组。采取这种组织方式，更需要审计机关领导的重视和支持。各省、区、市审计机关要有厅（局）领导同志分工负责，厅（局）领导班子要经常研究这项工作，及时掌握进展情况，给予检查、督促和指导，研究解决编写工作中遇到的困难和问题。承担编写任务的各省、区、市审计机关，要统筹规划，密切协作，在研究、编写过程中加强联系，及时沟通，相互支持，发挥群体优势，避免各自为战。

二要保证人力。要保证参与这项工作人员的数量和素质。要选择思想素质好、理论功底扎实、研究能力强或对审计史有一定研究基础的同志参加研究、编写工作。除了一些经验丰富、已离退休的老同志外，还要配备一些年富力强的在职的同志。在研究、编写期间，尽量不要给他们安排其他任务，保证他们有充足的时间和足够的精力，专心致志地开展工作。

三要保障物质条件。要在经费、办公场所、办公设备等方面给予积极支持。特别是审计史料的挖掘工作，仅靠审计机关的同志是难以完成的。这就需要借助社会力量，聘请有关方面的专家学者，利用他们的研究成果，召开各种形式的研讨会。这些方面必要的经费开支应予以保证。我们编辑办公室要申请一定的专项经费，对地方审计机关的研究给予必要的支持。

总之，编辑《中国审计史》是一项系统工程，也是一项功在当代、利在后世的事业。我相信，只要我们齐心协力，以对历史负责、对审计事业负责的精神，扎扎实实工作，就一定能够取得中国审计史研究的丰硕成果，为社会主义审计事业在新世纪的发展做出积极贡献。

总结经验　再接再厉
把中国审计报办得更好（摘要）

——王道成同志在中国审计报社2000年通联发行工作会议上的讲话

（2000年6月23日）

现在，我受李金华审计长的委托，先讲几点意见。

一、充分发挥报纸的宣传优势，指导和推动审计工作的发展。

《中国审计报》自1999年元月份创刊至今，已经走过了一年半的历程。一年半以来，在署党组的正确领导和各省区市审计厅（局）、各特派员办事处的大力支持下，《中国审计报》从无到有，由小到大，从去年的每周一期，到今年的每周三期，一年一个新台阶，年年都有新变化。特别是去年昆明会议以后，无论是在宣传力度方面，还是报社经营方面，都取得了很大成绩。

第一，及时报道了党中央、国务院关于审计工作的一系列重要指示。党中央、国务院对审计工作非常重视，近年来，随着我国改革开放和社会主义市场经济的深入发展，对审计工作作出了许多新的指示，提出了更高的要求。为了把这些重要指示和要求迅速传达贯彻下去，我们充分发挥了审计报宣传更直接、更快捷、更广泛的优势。今年全国审计工作会议开幕的第二天，报社出了八个版，有会议消息、有李金华审计长的工作报告、有根据朱镕基总理和王忠禹国务委员指示精神撰写的社论，图文并茂地对会议进行全面的报道。此后，报纸又陆续编发了各省市审计厅（局）和特派办负责同志的专访、部分地市党政领导关于贯彻总理指示精神的讲话。整个报道搞得有声有色，反响很好，震动很大。

第二，突出报道了署党组重大工作部署。去年以来，审计报根据署党组要求，重点报道了署机关“三讲”教育活动，廉政纪律“八不准”的规定，开展经济责任审计工作，机关人事制度改革，“人法技”建设，加强思想政治工作等重大部署；近期又突出报道了审计工作支持西部大开发的举措和各级审计机关学习江泽民总书记“三个代表”的重要论述的情况。报社在开展这些方面的宣传工作时，采取了逐步深入、层层递进的方式，加大了审计宣传力度，收到了很好的效果。例如，在今年全国审计工作会议上，署党组制定了以“八不准”为主要内容的廉政纪律，审计报及时进行了报道，并全文刊登了党组的决定。随后，对各特派办学习“八不准”、提高思想认识的情况进行了连续报道；接着，又刊发了京津冀特派办率先实行“八不准”的新闻，哈尔滨、太原等特派办审计组进点后实行“八不准”的纪实通讯。前不久，又报道了经济发达地区的江苏、浙江省在政府财政的支持下，地方各级审计机关实行“八不准”的决定。在经济责任审计工作的报道上，不仅全文刊登了中办、国办的两个暂行规定，还连续四期介绍了菏泽地区的先进经验。与此同时，利用理论专刊，发表了不少有关深化经济责任审计工作的理论文章。所有这些报道，充分发挥了《中国审计报》的喉舌作用，有力地推动了署党组部署的中心工作的开展。

第三，加大了典型案例的宣传力度。为了进一步深入贯彻朱镕基总理关于全面审计、突出重点、注意抓大案要案的指示精神，今年以来，报社根据署党组指示，在认真总结去年披露典型案件方面的经验后，大胆调整版面，在一版重要位置开辟了“’99审计要案警示录”专栏，公布了近20个在全国有影响的审计案例。其中，有大庆联谊股票案、胡长清受贿索贿案、江苏仪征税企联手虚开增值税票案等。在这批案例里，有的是根据署领导批示予以披露的，还有近半数是各地报送的，充分表达了各级审计机关反腐倡廉的大无畏精神和同腐败分子坚决斗争的决心。

第四，大力进行法律法规的宣传和普及。从去年创办之初，审计报就十分重视审计法规的宣传和普及，开展了纪念审计法颁布五周年的知识竞赛、开辟了纪念专栏、发表了纪念文章、组织了专家笔谈。中央两办《暂行规定》，国家审计准则，审计署和最高人民检察院、公安部协作办案的决定等法律、法规一出台，报纸立即全文发表，把新法规直接地、原原本本地送到了广大基层审计人员手里。最近，报社又收到一些读者来信，要求报社将署里过去制定的几个主要规范包括内审工作条例也能以周年纪念的形式重新发表，以方便他们的学习。由此可见，《中国审计报》在宣传法律法规方面有着得天独厚的条件，受到了广大读者的欢迎。

第五，推动了审计工作经验交流。过去，审计系统在没有报纸的情况下相互交流得少，因此，在许多同志脑子里，无论是在工作上还是在机关业余生活中，形成了一种定势，年复一年地循环往复，缺乏创新意识和创新目标。审计报的创办，开阔了同志们的视野，扩大了同志们交流的范围。今年以来，审计报组织了好几个系列报道，除“’99审计要案警示录”外，还有湖北省审计厅、山东省淄博市审计局创建精神文明先进单位的系列报道，肖伦菊、张广增、李本维等三位全国先进工作者事迹的系列报道。在业务工作方面，推出了山东菏泽开展经济责任审计、京津冀开展社会审计执业质量检查、西部开发大家谈等几个大系列。除此之外，报纸还宣传了财政、金融、水利、商贸、企业等各行业审计中的具有普遍指导意义的实务性的先进经验。

第六，专栏、专版增加，报道面不断扩大。去年昆明会议之后，《中国审计报》一个显著变化就是专栏、专版增加了，报道面扩大了。在常规版面之外，审计报增开了《法苑》、《教育》、《内审天地》、《政要纵横》、《大千世界》等五个专版，加上原来的《求真》、《社会之窗》、《文化生活》，目前已有八个专版，形成了立足审计、面向社会、指导工作、活跃生活的宣传版块。此外，每个版块里都有各具特色的小栏目。一版有“天南海北”、“有话直说”；二版有“信息高速”、“呼声与建议”、“实务一得”；三版有“队伍建设”、“曝光台”、“星光灿烂”、“以案说法”、“警世谭”；四版有“沃野”、“影视圈”、“书画苑”等等。打开审计报，各种栏目琳琅满目，越来越受到广大读者的喜爱。

二、报纸发行实现稳中有升，覆盖面逐年增大。

《中国审计报》发行工作，在地方各级审计机关和各特派员办事处的积极支持和努力下，发行数量是逐年上升的，去年底全国发行总数为4.3万份，今年增刊以后，发行数量仍达到4.8万份，平均增长率为10.6%，这是一个很不错的成绩。在发行工作中有以下几种情况：

第一，有的省市审计厅（局）领导重视，工作扎实细致，发行数量一直名列前茅。如山东发行4461份，比去年增加1097份，增长率为32.6%；江苏发行4305份，比去年增加1058份，增长率为32.6%；还有湖北、上海、黑龙江等省市，发行数量均在2000份以上，保持了较高的增长率。

第二，有的省市的发行工作同去年相比增长率均在50%以上。如河北省发行1585份，比去年增加620份，增长率为74.6%；福建发行1531份，比去年增加596份，增长率为63.7%；深圳发行767份，比去年增加355份，增长率为86.2%；海南、陕西的增长率也都在50%以上。

第三，有些贫困地区发行工作也不甘落后。全国列入国家“八七”扶贫计划的贫困县共有593个，征订报纸总数为3406份，每个县平均为5.7份。其中订15份以上的县有68个，订30份以上的县有28个，订40份以上的县有12个，订50份以上的县有7个，最多的有2个县各订88份（重庆的秀山、湖北的恩施）。

《中国审计报》的发行工作，虽然取得了比较好的成绩，但也还存在一些不容忽视的问题。主要表现在：

一是认识不到位。有相当一部分审计机关对办好《中国审计报》的重要意义认识不到位。没有从加大审计宣传力度，创造良好执法环境，将审计与舆论监督相结合，增强审计威慑力，促进审计工作交流，提高人员素质、推动审计事业发展的高度来重视这项工作。而单纯看作是上级布置下达的任务，有的甚至从商业经营角度来对待，不仅在系统内没有认真组织订阅，更没有从办好《中国审计报》全局出发在地区范围内组织订阅工作。由于认识不到位，宣传不到位，工作不到位，发行数量一直上不去。全国2126个县（市）中，尚有空白县306个，占全国总县数的14.4%，订1—4份的县712个，占全国总县数的33.4%。

二是发展不平衡。各省市之间相差悬殊很大，这里有经济发展程度不同的因素，但根本的原因还是工作力度有差距。全国的贫困县还平均征订5.7份，最多的一个县征订88份，而不是贫困县的有的一份也不订或只订一两份，深圳一个计划单列市的发行数量相当于一个大省或超过一个省的发行数量。

三是缺乏稳固的发行网络。《中国审计报》创刊时，每期发出赠报10万多份，而到正式征订时还不足3万份。经过各级审计机关的积极努力，现在才达到近5万份。作为一个全国性的行业报来说，这个数量太少了，不能发挥它应有的作用。究其原因，很重要的一条就是缺乏稳固的发行网络，从上到下没有形成一个完整的发行体系。

三、提高认识，扩大发行，把《中国审计报》办得更好。

第一，要提高对办好《中国审计报》的认识。《中国审计报》是审计署的机关报。它是中央党报的补充和延伸，及时传递党中央、国务院领导同志对审计工作的指示精神，宣传党的路线、方针、政策，报道署领导对各项工作的指示、要求和部署，介绍先进经验，宣传模范事迹，披露重大案例的重要宣传阵地；是争取各级党政领导和社会各界理解和支持审计工作，为审计工作创造良好执法环境的重要手段；是将审计监督与舆论监督相结合，增强审计监督威慑力的有效措施，是署党组的喉舌，指导全国审计工作的重要手段。要提到这样一个高度来认识中国审计报，看待中国审计报，不是可订可不订、可看可不看的一般小报，也不能把此报看作为纯经营性的商品。因此，全国各级审计机关必须订阅《中国审计报》。这是一份必读报纸，不仅各级领导同志要看，全体审计人员都要看，这是审计工作发展的需要，提高审计人员业务素质的需要，加强精神文明建设的需要，也是提高工作能力、改进工作方法、把握工作方向、跟上形势发展的需要。各省区市审计厅（局）必须把《中国审计报》的发行工作作为一项重要事情来抓，不应存在空白县，同时，应该尽最大努力满足全体审计人员渴望看到《中国审计报》的合理要求和愿望。同时，要在搞好审计机关自身订阅的基础上，大力加强宣传工作，积极动员、组织内审机构、社会审计组织和各级党政领导机关、各级审计系统以及其他部门、单位，订阅《中国审计报》。各级审计机关都要为当地党委、政府、人大、政协的领导同志赠阅《中国审计报》，促使他们了解审计、重视审计、支持审计，从而推动审计事业的发展。

第二，要逐步把《中国审计报》办成财经审计类的大报。为了实现这一目标，审计报必须不断提高办报质量。要立足审计，面向社会，扩大宣传阵地。这个阵地非常广阔，以审计系统广大读者作依托，又有内审、社审以及各企事业单位、经济管理部门作依靠，审计报要在巩固已有的阵地的基础上，逐步向外扩展，在社会上形成稳固、广泛的读者群。

一是继续坚持党组确定的办报宗旨，牢牢把握正确的舆论导向。坚持政治家办报，以政治家的眼光和视角，从讲政治的高度，全面、准确、及时地大力宣传党对审计工作的领导，大力宣传审计战线取得的各项成就，大力宣传广大审计干部和职工崭新的时代风貌，使审计报对审计工作和审计队伍进一步起到鼓舞、组织、激励、推动的政治作用。

二是继续加强通讯员队伍的思想建设、组织建设，努力提高通讯员的业务素质。当前，各级地方审计机关正在进行机构改革，应注意保持通讯员队伍的相对稳定，在保持通讯员队伍稳定的基础上，还要积极为他们的采访、写作创造一个较好的环境和条件。在一般情况下，不要随意抽调通讯员做其他工作。同时，各级领导还要经常给通讯员出题目、订指标、提要求，让他们多写稿、写好稿。

三是报社的同志要进一步研究读者需求，使报纸在内容上和形式上每年都有新提高。同时，注意加强报纸的言论工作，用有份量的评论引导审计人员的思想，指导当前工作。

第三，建立稳固的发行网点。发行工作在某种程度上来说是报纸的生命线，报纸作为一种特殊商品，只有发行出去才能产生良好的社会效应，实现它本身的价值。为了进一步做好发行工作，要求各省、自治区、直辖市审计厅（局）及计划单列市审计局要确定一个职能部门主管这项工作，以这个部门为核心在所辖区内各级审计机关普遍建立发行网点，一直延伸到县，形成一个完整的发行体系，分级负责，明确任务，层层分解，提出要求，狠抓落实，使报纸的发行工作建立在稳固的基础之上。

第四，积极做好广告征集工作。根据中办、国办 30 号文件《关于调整报刊结构的通知》精神，报业改革的核心是“适应建立社会主义市场经济体制和政府职能转变的要求”，解决长期以来国家出钱办报纸的问题。

从办报来看，仅以出版报纸发行的收入解决办报费用开支，任何一个报社都是办不到的，我们的报社也不例外。唯一办法就是开展征集广告业务，靠广告收入来弥补报纸的亏损和经费之不足，这是国内外报业经营的通行做法。据国家统计局的统计，1999 年新闻媒体的广告收入总额为 289.85 亿元。全国有 34 家报社的广告经营额超过亿元，其中属于行业报的就有 3 家（计算机世界报、中国计算机报和中国经济报）。中国财经报、中国电子报等报社的广告收入每年均在千万元以上。中国审计报社是以宣传为目的的行业性专业报，靠扩大发行量解决经营亏损是不可能的。为此，必须下力气，花功夫，在征集广告业务上做文章。

要正确理解审计机关执行“八不准”与征集广告的关系。为了贯彻落实朱镕基总理从严治理审计队伍的指示，审计署颁发了《关于加强审计纪律的规定》，提出了“八不准”，这是加强审计机关廉政建设的重大举措。我们必须严格遵守，认真执行。但这与报社征集广告并不矛盾，丝毫不影响征集广告业务的正常开展。从报社方面讲，经营广告是以业养业，不是以盈利为目的，是合规合法的行为。从各企业、事业等单位讲，为了宣传产品、树立形象、公平竞争、扩大影响，对报社提供的广告服务而支付宣传广告费用，是国家财经制度所允许的。报社在国家法律法规范围内利用新闻媒体为其提供有偿服务，属于正常经营，对双方都有利，并没有给企业造成负担和损失，相反会带来更好的经济效益。各级审计机关通过与各有关单位的工作联系征集广告，而不是以审计监督权强行征集广告的，是属于正常经营，与“八不准”规定不矛盾的。

各特派办记者站都要把征集广告作为一项重要任务来抓，努力完成并争取超额完成报社分配的指标。各省区市审计厅（局）乃至各级审计机关也要为报社推荐广告。只要是遵守《广告法》的有关规定，任何个人都可以推荐，搞得灵活一点。刊登广告的种类很多，形式也是多种多样，如产品广告、企业形象广告、社会公益广告、公告、启事等。总之，要在依法经营的范围内广泛开展征集广告业务，争取更好的经营效益。

为了更好地做好明年的发行工作和征集广告业务，报社拟定了各省市报纸发行任务和征集广告指标。我认为报社提出这样一个指标，是经过调查研究，认真测算的，经过努力是可以完成的。我希望大家同心协力，千方百计地完成任务，潜力较大的省市要争取超额完成任务。

最后，我引用李金华审计长去年7月23日致昆明通联发行会的信中一句话作为结束语："各级审计机关要充分认识办好《中国审计报》的重要性，切实加强领导，抓好记者和通讯员队伍的建设，做好通联、发行工作，不断扩大报纸的覆盖面和发行量，增加审计宣传的效果，以推动审计事业的发展"。

省部长谈审计

对全面推进依法行政的几点思考

国务院法制办公室主任　杨景宇

（2000 年 3 月 18 日）

党的十五大继承并在新的形势下发展邓小平民主法制思想，把依法治国提到了党领导人民治理国家的基本方略的高度。九届全国人大二次会议把依法治国基本方略载人了宪法，规定："中华人民共和国实行依法治国，建设社会主义法治国家。"

依法治国反映了党的执政方式、领导方式的基本特征，属于战略范畴，是从全局上、长远上统管一切的，正如宪法规定的，"一切国家机关和武装力量、各政党和各社会团体、各企业事业组织都必须遵守宪法和法律。"依法行政作为依法治国基本方略的重要组成部分，反映了政府机关运作方式的基本特征，同样属于战略范畴，是从全局上、长远上统管各级政府和政府各部门的各项工作的，正如江泽民总书记要求的，"一切政府机关都必须依法行政"。实行依法治国、依法行政，本身就体现了党和国家领导制度的重要改革，具有重大的、深远的意义。

现在，我们处在新旧世纪之交，改革进入攻坚阶段，发展到了关键时期，经济基础、上层建筑诸多领域中的深层次矛盾比较集中地暴露出来，许多问题和矛盾迫切需要用法律手段来解决。随着依法治国基本方略的实行，人民群众的法律意识和法制观念不断增强，全社会对依法行政的要求越来越高。新的形势对各级政府和政府各部门依法行政提出了新的更高要求。

国务院对贯彻依法治国基本方略、推进依法行政是高度重视的，去年 7 月召开了全国依法行政工作会议，11 月又作出了《关于全面推进依法行政的决定》；朱镕基总理一再强调，要全面推进依法行政，从严治政，建设廉洁、勤政、务实、高效政府。

如何理解、实行、全面推进依法行政？我想结合自己在从事政府法制工作中的体会，讲几点粗浅的认识，跟同志们共同探讨。

一、依法行政，必须坚持中国共产党的领导

要把中国的事情办好，关键取决于我们党，取决于党的先进性和战斗力，取决于党的执政水平、领导水平。江泽民总书记指出：我们党是执政党，全党同志都要增强执政意识，提高执政本领。据我理解，增强执政意识，提高执政水平，从根本上来说，就是要从思想上明确并在实践中善于发挥国家政权的职能和运用法律武器的力量，以此胜利推进建设有中国特色社会主义事业。

共产党领导人民推翻旧政权、建立新政权，进入建设社会主义时期之后，如何执政，如何在新的形势下发挥党的领导作用，如何正确处理坚持党的领导、发扬人民民主和严格依法办事的关系，这是国际共产主义运动过去长期没有解决或者没有很好解决的一个重大的理论问题和实践问题。以江泽民同志为核心的党中央以邓小平理论为指导，总结中国的和国际的经验，得出"依法治国，建设社会主义法治国家"的郑重结论，明确指出：依法治国，

就是广大人民群众在党的领导下，依照宪法和法律规定，通过各种途径和形式管理国家事务，管理经济文化事业，管理社会事务，保证国家各项事业都依法进行，逐步实现社会主义民主的制度化、法律化，使这种制度和法律不因领导人的改变而改变，不因领导人看法和注意力的改变而改变。这就把坚持党的领导、发扬人民民主和严格依法办事统一了起来，从制度上和法律上保证党的基本路线和基本方针的贯彻实施，保证党始终发挥总揽全局、协调各方的领导核心作用，从而也就准确地确定了党、人民与法的关系，就是：党领导人民制定宪法和法律，党又领导人民遵守、执行宪法和法律，党自己也必须在宪法和法律的范围内活动。只有这样认识问题，我们才能在立法活动和执法活动中自觉地、切实地坚持党的领导。

列宁说过："无产阶级专政就是无产阶级对政治的领导。"这句话是对无产阶级专政实质的精辟表述。无产阶级的领导是通过它的政党实现的，这种领导实质上又是政治领导、方针政策领导。我国的宪法第一条就开宗明义地明确规定："中华人民共和国是工人阶级领导的、以工农联盟为基础的人民民主专政的社会主义国家。"这就是我们的国体，它确定了我们国家的性质和各阶级在国家中的地位。作为执政党的中国共产党是工人阶级的先锋队，正如江泽民总书记指出的，我们党在革命、建设、改革的各个历史时期，总是代表着中国先进生产力的发展要求，代表着中国先进文化的前进方向，代表着中国最广大人民的根本利益，并通过制定正确的路线、方针、政策，为实现国家和人民的根本利益而不懈奋斗，从而赢得了人民的拥护。因此，讲到社会主义法制，党的主张就是法的实质内容。在立法活动中坚持党的领导，最根本的、最重要的就是以马克思列宁主义、毛泽东思想、邓小平理论为指导，通过立法程序把集中体现人民共同意志和根本利益的党的路线、方针、政策变成宪法和法律法规，成为国家意志，作为全社会都必须普遍遵循的活动规范、行为准则，并且最终依靠国家的强制力保证它的实施。也就是说，只有法的全部内容特别是有关制度和方针、政策的规定全面、准确地体现了党的路线、方针、政策，才能保证依法治国、依法行政就是坚持党的领导。

既然我们的宪法和法律法规体现了党的主张，那么，各级政府机关在党的领导下依法行政，严格按照法定的权限和程序履行职责，本身就是体现党的执政地位和执政作用的重要方面。国家行政机关作为国家权力机关的执行机关，担负着依法管理国家事务、经济文化事业、社会事务的繁重任务。行政权的运用，最经常、最广泛、最密切地关系社会公共利益和公民个人利益，体现国家政权的性质，影响国家政权与广大人民群众的关系，事关建设有中国特色社会主义事业的兴衰成败。因此，依法行政在很大程度上对依法治国基本方略的实行，是具有决定性意义的。

总之，实行依法治国、依法行政，不论立法工作，还是执法活动，都必须坚持党的领导。这是一个重大的原则问题。在这个问题上，混淆党的组织和国家政权机关的不同性质和不同职能，党政不分、以党代政，是不对的，必须切实改正；把依法治国、依法行政同党的领导割裂开来甚至对立起来，自觉或者不自觉地企图削弱甚至取消党的领导，更是完全错误的，必须坚决反对。

二、依法行政，必须坚持为人民服务的宗旨

坚持党的领导、发扬人民民主和严格依法办事是统一的，统一到哪里？我认为，应该也必须统一到人民民主即人民当家作主。这是因为，我们党除了工人阶级和最广大人民群众的利益，没有自己特殊的利益。正如江泽民总书记指出的，"共产党执政就是领导和支持人民掌握管理国家的权力，实行民主选举、民主决策、民主管理和民主监督，保证人民依法享有广泛的权利和自由，尊重和保障人权。"社会主义法制就是人民民主的制度化、法律化。我们的宪法和法律法规以最大多数人民的最大利益为根本原则，这是社会主义法制同资本主义法制的本质区别。

坚持全心全意为人民服务的根本宗旨，是我们的立党之本、执政之本，也是依法治国、依法行政之本。我们时刻不可忘记，在我国，一切权力属于人民，人民是国家和社会的主人，政府是人民的政府，政府工作人员是人民的公仆。这是我们党和国家的性质决定的，反映了事物的本质。同时，又要看到，党的执政地位又使我们遇到了新情况、新问题、新考验。执政了，人民委托我们这些政府工作人员管理国家事务、经济文化事业、社会事务，当了"官"，由此也就产生了政府工作人员身份的二重性及其手中权力的二重性：我们本质上是人民的公仆，同时又是人民建设新社会的领导者；我们手中的权力本质上是属于人民的，同时这种权力又主要是通过我们来行使的。这种身份和权力的二重性是客观存在，如果我们不能始终保持清醒头脑，摆正自己与人民的关系，正确地看待和运用手中的权力，再加上封建残余思想的影响，人民的公仆就有可能变为人民的主人，人民的权力就有可能转化为个人的权力，由此就会产生官僚主义、命令主义甚至站在群众头上作威作福，就会产生消极腐败现象。解决这个问题，很重要的要靠制度，而且比执政前更加迫切地需要把公仆对主人负责、受主人监督纳入制度化、法律化的轨道，依法管理、监督公职人员。

各级政府机关工作人员特别是领导干部都应该明确，依法治国本身就包含了行使国家权力、行政权力、司法权力的法制化。也可以说，依法治国，先要依法治“官”，依法治权，以此保证各级国家机关及其工作人员严格按照法定的权限和程序办事，正确行使权力，防止滥用权力，才能把各自职责范围内的事情办好。因此，依法行政，首先要按照法律化的制度正确处理政府与人民的关系，核心是要始终牢记我们手中的权力是属于人民的，人民把权力交给我们行使，是要我们用它来保护人民、为人民谋利益的。依法行政，既要有利于维护政府机关的权威，又要有利于维护人民的合法权益，只讲一面不行。两个方面，归结起来，都是为了最大多数人民的最大利益。这反映了社会主义法制的本质，也是宪法的根本原则。有人一讲法治，以为就是依法“治”人，谁犯了法，怎么治他。这种认识至少不够全面。当然，对少数违法犯罪的人，应该也必须依法追究他们的法律责任。这样做，也正是为了维护人民的合法权益不受侵犯。

总之，各级政府机关工作人员特别是领导干部，都要从巩固我们党的执政地位、巩固国家政权的高度，根据我们党和国家的性质，始终坚持全心全意为人民服务的根本宗旨，切实做到依法行政。

三、依法行政，必须深化行政管理制度改革

江泽民总书记在党的十五大报告中指出：“机构庞大，人员臃肿，政企不分，官僚主义严重，直接阻碍改革的深入和经济的发展，影响党和群众的关系。这个问题亟待解决”。总书记这段话切中时弊，抓住了原有行政管理制度存在的突出问题，指出了政府机构改革的必要性、紧迫性。

值得我们严肃对待的是，在以往政府立法工作中，主要是有关经济管理、社会管理的一些立法项目，难免不同程度地受到当时的体制与认识的局限，或多或少存在不适应社会主义市场经济要求的这样那样的问题，主要是：体现转变政府职能、实行政企分开的原则不够，政府机关管事过多，办事手续失之繁琐；行政管理“缺位”与“越位”并存，该管的，管不住，不该管的，又要去管；政府部门之间职权交叉、重复，造成或推诿或扯皮，甚至“依法打架”；对有关政府部门规定的权力比较具体、责任比较抽象，权力与责任不够统一；对老百姓（公民、法人和其他组织）规定的义务比较具体、权利比较原则，权利和义务不够统一；比较重视对违法行为的制裁，而对法律规范的引导作用则重视不够；等等。解决这些问题，首先对今后的政府立法工作提出了两方面的任务：一个方面，按照政府机构改革的精神和原则，适时地修改现行的有关法律法规。决不能倒过来，以现行的有关法律法规为“依据”（实为借口），抵制政府机构改革。另一方面，今后的政府立法工作，必须体现政府机构改革的精神和原则，防止把那些已经不能适应社会主义市场经济要求的传统行政管理办法法制化，不能“新瓶子装旧酒”。

无论在政府立法工作中，还是在行政执法活动中，都要体现政府机构改革精神，最重要的是三条原则：

（一）转变政府职能，实现政企分开。为此，先要明确，在社会主义市场经济体制下，市场机制、中介组织、政府机关各有什么功能，各管什么事情。政府职能要切实转变到经济调节、社会管理、公共服务上来，把企业的生产经营权和投资决策权真正交给企业，把社会可以自我调节和管理的职能交给社会中介组织，把群众自治范围内的事情交给群众自己依法办理。政府机关不宜也不可能管得太多，不能用计划经济体制下那种“当阿姨”的办法，把不该管、管不了、实际上也管不好的事情统统包揽下来。

（二）精简、效能、统一。首先是精简。要把机构、人员精简下来，先要按照社会主义市场经济规律，转变政府职能，转变工作方式，转变工作作风，把不该由政府机关办的事情坚决减下来，不能“越位”；该由政府机关管的事情，当然要管，而且要管住、管好，不能“缺位”；只要能把该管的事情管住、管好，办事手续应该越简单越好，以方便基层，方便老百姓，不能扰民。在社会主义市场经济条件下，作为政府立法工作和行政执法活动的一个取向，我看法律法规确定的行政管理制度及其动作应该达到这样的效果：奉公守法的人办事，处处方便，感觉不到谁在管他；违法乱纪的人办事，处处受阻，好多环节都在管他。总不能反过来，好人办好事，很为难；坏人办坏事，管不住。

（三）权力和利益彻底脱钩。按理说，每个政府机关执行公务，都应该是吃“皇粮”办“公差”，依法收取的税款和费用应该全部纳入财政管理。由于种种原因，现实生活中存在着所谓“自费行政”，靠权力吃“杂粮”，权钱挂钩。这个问题如果不能从根本上加以解决，一些政府部门就会“屁股指挥脑袋”，自觉或者不自觉地找事、争权，主要是在政府立法工作和行政执法活动中争那些能给本部门、本系统带来“实惠”的审批权、发证权、收费权、罚款权，转变政府职能、实现政企分开就谈不上了，精简、效能、统一也就谈不上了。

邓小平同志说过，改革也是革命。政府机构改革实际上是以转变政府职能为核心内容的行政管理制度改革，是上层建筑领域的一场革命。朱镕基总理强调，要进一步深化行政管理制度改革，通过改革，建立办事高效、运转协调、行为规范的行政管理体系和工作机制。既然是革命，就会有阻力。我看，为了排除阻力，在政府立法工作和行政执法活动中必须坚定不移地贯彻两条原则：一是权力与责任紧密挂钩。在这次政府机构改革中，按照权责一致的原则，调整政府部门的职责权限，明确划分部门之间的职能分工，相同或者相近的职能交由一个部门行使，并在此基础上推行行政执法责任制、考核评议制，就是为了克服政出多门、多头管理的弊端，防止那种有利的事多家争着去管。真出了事谁都不负责任的现象。二是权力与利益彻底脱钩。中央决定军队、武警部队、司法机关、党政机关与所办经济实体脱钩，实行费改税、预算外收入纳入财政管理、罚缴分离、收支两条线，这些措施都体现了权力与利益脱钩的原则。实行这样的原则，才有可能真正作到公正执法，并从源头上消除腐败。

四、依法行政，必须强化权力制约监督机制

依法行政，从严治政，重要目的之一是要防止滥用行政权而导致腐败。

江泽民总书记在党的十五大报告中指出，反对腐败是关系党和国家生死存亡的严重政治斗争。反对腐败，要坚持标本兼治，教育是基础，法制是保证，监督是关键。西方一位哲学家也有一句震聋发馈的名言，他说：不受制约的权力使人腐败，绝对不受制约的权力使人绝对腐败。

实践经验证明：解决滋生腐败现象的深层次问题，根本的出路在于改革，在坚持四项基本原则的前提下，与经济体制改革相适应，继续推进政治体制改革，继续深化行政管理制度改革。为了从源头上、制度上防止、消除腐败现象，从权力结构的设置与运作看，通过改革，应该进一步完善两种机制：

一是制约，也可以称之为制衡。在社会主义制度下，当家作主的是人民，全体人民的根本利益是一致的。因此，按照宪法规定，人民代表大会制度是我国的根本政治制度，国家可以并且必须由人民通过民主选举所产生的代表组成的人民代表大会统一行使国家权力；同时，在这个前提下，对国家的行政权、审判权、检察权和武装力量的领导权，也都有明确的划分，使国家权力机关和行政、审判、检察等其他国家机关都能在各自的职权范围内进行工作。国家机构的这种合理分工，既体现了人民的权力不可分割的原则，又避免了权力过分集中；既体现了各个国家机关之间权力制衡的原则，又可以使国家的各项工作有效地进行。由此可以看出，按照制约机制的要求，逻辑上应该是用整体权力结构的设置与运作，制约特定权力的行使；用整体利益结构的设置与运作，制约特定利益的获取。“一条龙”（自己立规矩、自己执行、自己监督）不行，“一支笔”不行，“一言堂”不行。

二是监督。任何一项权力的行使，都必须受到其他权力的监督。也就是说，不应该有不受监督的权力。就行政系统讲，既有外部的监督，又有内部的监督。从外部看，有人大及其常委会的监督，有法院依据行政诉讼法实施的司法监督，有政协的民主监督，有群众监督，有舆论监督，等等。从内部看，有上级政府对下级政府、政府对其所属部门的层级监督和政纪、审计、财政等专项监督。

值得我们重视的问题是，宪法和法律法规体现的制约监督机制在现实生活中还没有全面、有效地启动起来。解决这个问题，除通过立法进一步完善制度外，很重要的是要把制约监督机制的启动权交给群众。当年，毛泽东同志与黄炎培先生谈话时就说过，共产党人找到了克服历朝历代兴亡更替怪圈的办法，这就是接受人民群众的监督。我们宪法和法律法规是体现人民共同利益、维护人民根本利益、保障人民当家作主的，应该也一定能够成为人民的护身法宝。当前，不少地方和部门按照党的十五大提出的要求，正在推行政务公开制、行政执法责任制和评议考核制，并取得了明显成效。在这样做的基础上，我们的各级政府机关及其工作人员通过法制宣传教育和公正执法活动，把宪法和法律法规交给群众，让群众掌握法律武器，学会运用法律手段维护自己的合法权益，并且同违反宪法和法律法规、破坏社会主义法制的行为进行斗争，包括同我们自己的违法行为进行斗争，就会成为推进依法治国、依法行政的伟大力量，这也是我们的优势所在。

五、依法行政，必须有坚强有力的组织保证

在我国，宪法和法律法规的许多规定主要是靠行政机关来贯彻执行的。根据宪法和法律法规的规定，各级政府是行使行政权的主体，各级行政机关实行首长负责制。因此，实行依法行政，责任在政府，关键在领导。这些年来，总的来看，政府工作人员特别是领导干部依法行政的观念和水平不断有所提高，依法行政的状况不断有所改善。但是，问题也还不少，主要是：有的不重视，总认为办事情还是靠发指令、批条子来得方便；有的嫌麻烦，总觉得依法办事束手束脚；有的不熟悉，想依法办事，却又不大会依法办事。实践证明：一个地方依法行政的状况如何，关键在于政府和政府领导对依法行政的重视程度。哪个地方的政府和政府领导重视法制建设，自觉地在宪法和法律法规的范围内活动，善于运用法律手段解决问题和矛盾，那个地方依法行政的进程就明显加快，经济、社会各项事业就发展得比较顺利；哪个地方的政府和政府领导不重视法制建设，不重视运用法律手段解决问题和矛盾，那个地方依法行政的状况就不尽如人意，经济、社会各项事业的发展势必受到影响，许多问题久拖不决，而且政府领导一旦变动，各项工作就会发生比较大的起伏。一个地方如此，一个部门也是如此。

依法行政，基础是高素质的行政执法队伍。行政执法队伍站在行政管理的第一线。行政执法人员的素质高低直接影响行政执法的效果，关系政府的形象。总的来看，行政执法队伍的整体素质是好的，行政执法水平也不断有所提高。但是，还不适应客观形势的要求，素质还不够高，有法不依、执法不严、违法不究甚至滥用职权、执法犯法、徇私枉法的现象时有发生，有的甚至相当严重，人民群众对此反映强烈。因此，各级政府和政府各部门都要充分认识建立廉洁、勤政、务实、高效的行政执法队伍的重要性和迫切性，切实加强行政执法队伍特别是市、县两级行政执法队伍建设。要加强对行政执法人员的思想政治工作和法律法规知识教育、培训工作。要进一步整顿行政执法队伍。对聘用从事行政执法的合同工、临时工，要坚决调离行政改革岗位或者予以辞退。录用行政执法人员要严格标准，公平竞争，择优录用，切实把好用人关。要严肃纪律、严格管理、强化监督、从严治政，对那些滥用职权、执法犯法、徇私枉法、欺压百姓的人员，必须坚决依法严肃处理并清理出行政执法队伍，决不能让少数“害群之马”败坏整个行政执法队伍的形象。

加强政府法制建设，推进依法行政，涉及面广，难度也大，政府领导的工作又千头万绪，任务相当繁重，如果没有一支政治强、业务精、作风正的高素质的政府法制工作队伍，作为各级政府和政府各部门的领导在政府法制方面的得力参谋、助手，就难以把依法行政落到实处。因此，国务院《关于全面推进依法行政的决定》要求，各级政府和政府各部门都要按照国务院这次机构改革中加强政府法制工作的精神，进一步加强政府法制机构建设，选拔、关心、培养并严格要求政府法制工作人员，使政府法制机构的设置和人员配备同本地方、本部门的政府法制工作任务相适应，并为政府法制工作队伍开展工作创造必要的条件，充分发挥他们在政府法制建设中的参谋、助手作用。同时，政府法制工作人员要努力提高自己的政治素质和业务素质，适应全面推进依法行政的需要，为领导当好参谋、助手。

以上讲的意见，仅供同志们参考。不妥之处，错误之处，欢迎同志们批评指正。

何勇同志在全国经济责任审计工作会议结束时的讲话

监察部部长　何勇

（2000年10月28日）

同志们：

全国经济责任审计工作会议今天就要结束了。这次会议是中央纪委、中央组织部、监察部、人事部和审计署联合召开的一次全国性会议。中央领导同志对这次会议非常重视。忠禹同志代表国务院在会议的第一天作了重要讲话，充分肯定了经济责任审计工作取得的成绩，对今后进一步加强这项工作提出了要求。会议开始时，李金华审计长代表五部委作了工作报告，就领导干部经济责任审计工作的重要意义，近年来开展这项工作的情况，以及今后的任务讲了很好的意见。会上，浙江、湖南等8个省、地、县的党委和政府交流了经济责任审计工作的经验，还印发了书面交流材料。会议期间，全体与会同志讨论修改了《县级以下党政领导干部任期经济责任审计暂行规定实施细则》、《国有企业及国有控股企业领导人员任期经济责任审计暂行规定实施细则》和《五部委关于进一步做好经济责任审计工作的意见》。会议在各级领导的重视、有关部门认真准备和与会人员的共同努力下，圆满地完成了各项任务，开得很成功，达到了预期目的。下面，我就会议情况和如何贯彻会议精神讲点意见。

一、关于这次会议的主要成果

我们这次会议时间不长，但内容丰富，成果比较大。

第一，统一了思想，提高了认识。通过学习和讨论，大家充分认识到开展经济责任审计工作是贯彻江泽民同志“三个代表”重要思想的具体措施和有效保证，是从严治党、依法行政，推进党风廉政建设和反腐败斗争，加强对领导干部的管理和监督的一项重要举措。大家都表示，一定要认真学习和深刻领会党中央、国务院领导同志的指示，坚决贯彻落实中办、国办文件精神，从更好地为改革、发展、稳定的大局服务的高度，提高对经济责任审计工作重要意义的认识，把经济责任审计工作作为一项重要任务切实抓出成效。要通过开展经济责任审计，进一步加强对领导干部的监督和管理，促进领导干部廉洁勤政，加大从源头上预防和治理腐败的力度，推进依法行政和依法治国。

第二，总结了近几年来的工作，交流了经验和做法。会上，与会同志交流了开展经济责任审计工作的经验和做法，都感到很有启发和收获。金华同志在讲话中，结合开展经济责任审计工作的实际，把各地探索的经验和做法概括成五条，很实在，也很具体。比如，领导重视是做好工作的基本保证这一条，就很说明问题。经济责任审计工作政策性强，涉及面广，情况复杂，要全面推行这项制度，离不开党政领导的重视与支持。这项工作之所以有现在这样一个比较好的开局和基础，是与各级党委、政府的重视和支持分不开的。党中央、国务院领导一直很重视、关心经济责任审计工作。今年初，朱镕基总理亲自主持会议审定了审计署提交的《关于对金融机构领导人员经济责任审计方案》。这次会上，忠禹同志又对经济责任审计工作作了重要指示。各地党委和政府很重视这项工作，有的成立了党委或政府领导任组长的经济责任审计工作领导小组，有的对机构设置、人员配备、经费保障等给予大力支持，为开展工作创造了比较好的条件。实践证明，党委、政府领导对这项工作的重视与支持，是搞好经济责任审计工作的前提和关键。做好这项工作，加强部门之间的协调与配合非常重要。经济责任审计把审计监督手段运用到干部监督领域，形成了纪检监察监督、组织人事监督和审计监督有机结合的干部监督管理机制。纪检监察、组织人事和审计部门只有各司其职，各尽其责，密切配合，相互协作，才能形成监督的整体合力。总之，会议交流和总结的经验对今后进一步做好经济责任审计工作很有益处，值得推广和借鉴。

第三，讨论修改了两个暂行规定实施细则和《五部委关于进一步做好经济责任审计工作的意见》，促进了规章制度建设。《县级以下党政领导干部任期经济责任审计暂行规定实施细则》、《国有企业及国有控股企业领导人员任期经济责任审计暂行规定实施细则》和《五部委关于进一步做好经济责任审计工作的意见》，是指导今后经济责任审计工作的重要文件，也是规范经济责任审计工作的具体制度和办法。会上，大家结合经济责任审计工作的实际，提出了许多好的意见和建议，这对加强经济责任审计制度建设，促进经济责任审计工作深入开展会起到积极作用。会后，我们将根据与会代表的意见，对两个暂行规定实施细则和《五部委关于进一步做好经济责任审计工作的意见》进行认真修改，尽快下发，以进一步规范和指导全国经济责任审计工作的开展。

第四，明确了今后的任务，提出了做好经济责任审计工作的基本思路和措施。会议提出了当前和今后一个时期经济责任审计工作的基本思路、主要任务和措施。尤其是针对当前工作发展不平衡、审计监督覆盖面小、审计对象职级低的现状，提出了今后经济责任审计工作的重点要放在推动、发展、规范和提高上的指导思想。在坚持搞好县级以下党政领导干部经济责任审计的基础上，积极推行县级以上党政领导干部经济责任审计试点，不断扩大审计范围，逐步建立起规范化的经济责任审计工作体系，不断提高经济责任审计工作质量。这对于贯彻落实党中央、国务院领导的指示精神和中办、国办关于经济责任审计工作的有关规定，全面推行经济责任审计制度将起到重要的推动作用。

二、关于贯彻落实会议精神的几点要求

通过这次会议，大家对领导干部经济责任审计工作的意义，下一步工作安排和重点都已经明确，现在的关键是抓好落实。党的十四大以来，以江泽民同志为核心的党中央，坚持以邓小平理论为指导，坚持"两手抓，两手都要硬"的方针，在全面推进改革开放和经济建设的同时，从战略和全局的高度推动反腐败斗争向深入发展，取得了阶段性成果。党的十五大后，党中央进一步确立了反腐败斗争标本兼治、综合治理的重要指导方针，采取了一系列从源头上预防和治理腐败的重大措施，解决了多年来群众反映强烈的一些消极腐败问题，反腐败斗争正在走上从侧重遏制转到标本兼治、逐步加大治本力度的轨道上来。开展领导干部经济责任审计，是反腐败抓源头的一项重要工作。各地区、各部门要按照今年初召开的中央纪委第四次全会和国务院第二次廉政工作会议的部署，特别是认真贯彻刚刚召开的党的十五届五中全会关于"深入开展反腐败斗争，积极探索社会主义市场经济条件下反腐败斗争的特点和规律，建立健全监督和管理制度，努力从源头上遏制腐败现象的滋生蔓延"的重要精神，适应反腐败斗争形势发展的需要，把领导干部任期经济责任审计摆到应有的位置，切实抓紧抓好。

第一，要及时传达学习好这次会议精神。大家回去后，要及时向党委、政府汇报这次会议的主要精神，进一步争取党政领导对经济责任审计工作的重视和支持。同时，各个部门要分头传达贯彻会议精神，组织广大干部特别是各级领导干部认真学习忠禹同志的重要讲话和会议文件。要通过会议精神的传达学习，把大家的思想统一到中央精神上来，加深对经济责任审计工作重要意义的认识，增强工作的紧迫感和自觉性。

第二，要研究制定贯彻落实会议精神的具体措施。为了把这次会议精神落到实处，各地要在认真领会会议精神的基础上，研究制定贯彻落实的具体措施。各有关部门要认真履行职责，就建立健全经济责任审计工作机制、加强法规制度建设、开展县级以上党政领导干部经济责任审计试点工作等问题，拿出具体的办法，有的还需要几个部门共同研究制定。各地的贯彻落实情况，请于年底前汇总上报中央五部委经济责任审计工作联席会议办公室。我们将对有关情况进行通报。

第三，要认真抓好当前几项工作。一是要抓住现在地市、县市政府机构改革的有利时机，尽快按照中办、国办文件要求，设立经济责任审计机构，充实审计力量，为开展经济责任审计打下良好基础。二是抓紧制定开展县级以上党政领导干部经济责任审计试点工作的方案。从明年起，中央五部委将组织力量，选择几个省或副省级城市以及国务院的若干部门，进行县级以上党政领导干部经济责任审计试点。各地也都要选择一些地区和部门按照统一要求开展试点工作。总的想法是，已经开展的地方要在总结经验的基础上，逐步扩大范围；没有开展的地方，要立即行动起来，积极探索，大胆实践。为了进一步做好经济责任审计工作，各地都要本着积极、稳妥的精神，研究制定科学合理、切实可行的方案，并将工作方案或意见向党委、政府汇报，以求得党委、政府的支持和帮助。三是要做好2000年经济责任审计工作的总结。要对本地区经济责任审计工作进行一次专项检查。要通过检查，总结工作经验，重点是找出差距，研究提出改进的措施，制定好明年的工作计划，努力将经济责任审计工作向前推进一步。

第四，各级纪检监察机关要在经济责任审计工作中充分发挥职能作用。强化权力制约，加强资金监管，对公务员规范从政行为和实施严格管理是反腐败抓源头工作的关键环节。做好领导干部经济责任审计工作对抓住这些关键环节具有积极的作用。各级纪检监察机关要把领导干部经济责任审计工作纳入源头上预防和治理腐败的总体安排，采取得力措施，不断取得进展。要支持审计部门的工作，搞好组织协调，防止推诿扯皮；要及时向审计部门提供有关的工作信息，以便于审计部门安排工作；要正确地使用审计成果，对审计部门在审计中发现的问题，要及时进行调查处理；要保护审计机关依法行使权力，严肃查处因为审计人员坚持原则、公正执法而进行打击报复的案件；要会同组织、人事和审计部门加强监督检查，保证领导干部经济责任审计工作顺利开展。纪检监察干部要虚心向审计部门的同志学习，熟悉和掌握有关的业务知识，深入到经济工作中，以更好地完成对领导干部进行经济责任审计等抓源头工作。

同志们，做好领导干部经济责任审计工作，对于从严治党，从严治政，促进经济发展具有十分重要的意义。我们一定要紧密团结在以江泽民同志为核心的党中央周围，高举邓小平理论伟大旗帜，认真贯彻党的十五大和十五届五中全会精神，奋发进取，再接再厉，把领导干部经济责任审计工作不断推向深入，为国民经济和社会发展第十个五年计划的顺利实现作出应有的贡献。

充分发挥审计职能
为经济建设做出新贡献

山西省省长　刘振华

从山西省去年的情况看，各级审计机关依法行使职权，充分发挥职能作用，做出了重要贡献。

一是通过审计，严肃财经纪律，维护了经济秩序。全省各级审计机关共查出各类违规金额101.9亿元。其中，决定处理处罚的27亿元，要求纠正的74.9亿元，有效地遏制了经济领域的弄虚作假行为。

二是通过审计，打击经济犯罪，强化了廉政建设。各级审计机关追还被侵占挪用资金7.75亿元，发现、揭露并向纪检司法机关移送案件296件，予以行政处分和绳之以法的107人，有效地震慑了经济犯罪，保护了国家资金和资产的安全。

三是通过审计，规范投资行为，促进了宏观管理。各级审计机关通过审计监督，纠正违规违纪行为，促使归还原渠道资金7.65亿元，落实各项资金到位8.9亿元，并督促各部门、各单位加强整改，规范运作，提高资金使用效益，促进了各项宏观经济决策的正确、顺利实施。

关于如何做好今年的审计工作，我强调几点：

一是要深入研究全省经济和财经运行的特点，选准抓好审计工作的重点。山西省经济结构性矛盾突出，增长速度不快，运行质量不高，导致了经济和社会生活中的许多困难和问题，特别是财政增收、收支平衡的困难相当突出。今年省人代会通过的财政总收入增长幅度为5.4%，预期新增财力与刚性增支相比存在较大缺口这是我们很重要的一个省情，要在全面审计的大原则下，集中力量加强对重点领域、重点部门和重点资金的审计监督，为国家实施积极的财政政策和维护社会稳定服好务，特别是要通过充分发挥审计的职能作用强化预算约束，促进各级财政改善支出结构、增收节支、实现收支平衡，促进各部门依法行政，进一步维护好财经秩序。

二是要吃透全国审计工作会议精神，全面抓好贯彻落实。李金华同志在全国审计工作会议上关于对税务、海关和国库等部门审计的要求，讲得很好，我比较赞同他的这个观点，因为这个观点不仅符合国情，也符合我们的省情。所以，要进一步促进财税部门更好地依法治税，努力做到应收尽收。

三是要围绕全省各地、各部门、各企业的工作重心，开展多层次、多形式的服务，充分发挥审计部门的助手、参谋、顾问作用。要在完成日常审计业务的同时，紧紧围绕省委七届九次全会和省九届人大三次会议提出的工作重点，特别是要围绕调整经济结构的战略部署，跟踪调查、审计各地开展工作的基本、真实情况，发现问题及时反馈；跟踪审计用于调整结构的专项投资的使用、管理、效益情况，查处各种违规违纪行为，保证各项政策措施落实到位。要加强对全省经济运行中深层次问题的分析和研究，多为各级政府领导提供及时、可靠的信息材料。

四是要紧紧抓住大案要案，严查严办，充分发挥审计对经济犯罪的震慑作用。各级审计机关要象总理强调的那样，选准突破口，收缩战线，集中兵力，重点查处重大违法违纪问题和经济案件。看准了，就要查个水落石出，要让被查办者口服心服，起到以儆效尤、严明法纪的效果。

五是要坚持从严治审，造就一支高素质的审计队伍，树立良好的审计队伍形象。要把加强职业道德建设作为一项重要的政治工作来抓，使广大审计干部养成勤奋工作、乐于奉献、秉公办事、廉政勤政的作风。要加强制度建设，靠制度约束行为。要进一步加强业务学习和培训，使审计人员不仅熟悉财务知识，还要熟悉经济、法律和有关专业技术知识，这样才能善于透过复杂的经济现象，发现内在问题，提出解决问题的办法。

把握经济全局　突出审计重点

吉林省省长　洪　虎

审计监督是我国一项重要的法律制度。审计部门成立以来，为维护财经秩序、加强廉政建设、确保社会经济健康发展做出了重要贡献。在建设有中国特色的社会主义进程中，审计监督不仅是市场经济体制的重要环节和内容，同时也是建立市场经济体制的保障。无论是推进改革开放，还是发展经济，都离不开审计。尤其是在体制转轨、经济转型和政府职能转变中更需要发挥审计监督的作用。可以说，审计是经济的检察官，国有财产的卫道士，任务和担子很重，也很光荣。一方面，社会主义市场经济是法制经济，贯彻审计监督这样的法律制度，是建立社会主义市场经济本身所需要的。另一方面，在建立社会主义市场经济体制中，涉及到权力和利益的调整。在这个过程中，加大审计监督，有利于保持社会经济的正常秩序。在省政府领导分工中，由省长直接分管省审计厅的工作，这说明审计工作在政府工作中的重要地位。审计部门和从事审计工作的同志，一定要充分认识审计工作的重大意义，牢记职责，认认真真、兢兢业业、勤勤恳恳地做好审计工作，决不辜负党和人民的期望。

在新世纪的发展中，我们面对的是新的发展环境和任务。各项工作都要以创新精神，迎接新挑战，开创新局面。随着我国社会主义市场经济体制的逐步确立，以及改革开放力度的加大和经济结构调整步伐的加快，审计工作也面临着新的形势和任务，不仅要维护经济秩序，而且要直接为国企改革和发展服务，促进政府职能转变。比如，在建立现代企业制度，推进公司制度改造中政府要切实加强和改进对国有大中型企业的稽察和监管，其中很重要的一项内容就是审计。随着国有资本出资人制度的建立和实施，审计监督将作为完善企业法人治理结构的重要内容进一步强化。国企改革是经济工作的重中之重，审计部门应当积极参与，多做贡献。再比如，审计监督往往是一种事后监督，但在审计监督过程中却可以发现一些规律性、趋势性和苗头性的东西。注意在审计过程中研究、发现问题，并提出意见和建议，为省政府当好参谋，应当是新形势下审计部门的重要任务。再比如，广大人民群众对腐败深恶痛绝。产生腐败的原因很多，监督不严是其中原因之一。审计虽是经济活动，但它具有法律强制性，通过审计过程，不仅可以发现腐败，遏制腐败，还可以防止、制止腐败，起到防止腐败蔓延作用。因此，要围绕党风廉政建设，增强审计的主动性。这些都是改革和发展对审计工作提出的新要求。对改革开放和经济建设，审计工作负有保驾护航的重要作用。总之，在新的形势下，审计工作要认真贯彻省委、省政府工作部署，紧紧围绕经济建设这个中心，突出对重点领域、重点部门和重点资金的审计监督，加大对重大违法违纪问题的审计力度，加强审计监督、管理和服务，提高审计质量，维护经济秩序，促进政府廉政建设，保障国民经济持续快速健康发展。审计部门的地位不是一般法律确定的，是《宪法》确定的，不用担心机构不存在或合并，从这里就体现了审计的重要性。

首先，要突出重点，加大审计监督的力度。朱总理就审计工作作出的指示中已经讲得很明确，审计机关要坚持全面审计，突出重点。凡是法律授予审计机关审计的对象，审计机关都要作为自己的工作范围，纳入到自己的视野里来。但是，从实际工作来讲，不能年年都审计一下，而要抓住重点。对此，我们要深刻领会，正确把握，认真贯彻。要根据国家部署，在抓好全面审计的同时，结合我省实际，突出以下重点：一是搞好本级预算执行、地税部门税务征管以及公路国债建设项目、全省养老保险扩面征缴、重点城市环境保护资金和水利建设基金、住房基金、科技资金等情况的审计，保证资金使用方向，防止税收流失，提高投资效果。二是加强重点国有企业财务收支审计。国企改革是今年经济工作的重中之重，省里已经出台一些配套措施，在落实中审计部门要充分发挥监督保证作用，特别是要对那些亏损企业进行重点审计，揭露那些资产和盈亏虚假不实，以及营私舞弊、肆意挥霍、“富了方丈，穷了和尚，毁了庙”等腐败行为。三是继续抓好省直大公司的审计工作。审计部门对大公司审计做了不少工作，目前取得了一些进展，但还要继续努力，抓紧工作，摸清情况，为整顿和改革省直大公司做好基础性工作。四是坚持开展经济责任审计。这项工作，国家发了文件，作了部署，要注重实效，主要抓好离任审计，特别是“一把手”的离任审计。审计工作要结合实际，积极探索，建立完善领导干部任期经济责任的评价体系和审计标准。五是配合人事、监察等部门，搞好机构改革中的审计。今年上半年，省级政府机构要进行改革，改革中必然涉及部门和单位的财务、资产的转移、划拨和重新分配等。特别是对一些省直厅局所属的公司和企业，要研究配套办法和措施，维护正常工作和财经秩序，确保国有资产不流失。对重点单位，要进行重点监督。有些撤销的，合并的，这时候不审计就没机会了，保留的机构今年不审，明年还可以再安排。

其次，要发挥优势，集中力量揭露和查处重大违法违纪问题和经济案件。当前，随着改革开放不断深入和新旧体制的转轨，出现许多新情况、新问题，加之一些法律、法规的不完善和执法不严格，经济领域中财务方面的违法违纪行为比较严重。审计机关作为独立的经济监督部门，具有自身独特的职能和专业优势。要加强对重点领域、重点部门、重点资金的审计监督，并不断根据形势的发展和变化，改进工作方法，注意发现案件线索，抓住重点，克服困难，查深查透。特别是对那些大案要案，要务求突破，公开曝光，以扩大审计的影响。

第三，进一步改进和加强审计监督工作。随着社会主义市场经济体制的建立、法制建设的完善和人们法制观念的增强，对审计工作质量要求越来越高。提高审计工作质量，必须进一步改进审计工作方式。审计部门要增强全局意识和服务意识，由过去单纯的以查账为主向为宏观决策服务转变，由传统的侧重事后审计向事前、事中、事后的全过程审计拓展，加强对审计情况和统计数据的分析，及时发现和反馈经济运行中存在的带有普遍性、倾向性、苗头性问题，形成高质量的审计报告和信息，为领导决策提供依据。同时，在审计工作中，要坚持以审计的真实性为根本，对查出的情况和问题，做到事实清楚，证据确凿，定性准确，处理合法，以审计工作的高质量，树立审计的权威性。结合机构改革，可以考虑在省直重点部门设立审计派出机构，充实必要的力量，扩大审计的覆盖面，加强经常性的审计监督，提高审计工作的整体水平。另外，要在继续开展社会审计组织执业质量检查的基础上，注意发挥社会审计组织的作用。

加强领导　提高审计执法水平

江苏省省长　季允石

新的形势给审计工作提出了新的更高的要求。要认清形势，坚持高标准、严要求，扎扎实实地搞好各项审计，把整个审计工作推向新的发展阶段。

各级党委、政府要从依法行政的高度，充分认识审计工作的重要作用，切实加强对审计工作的领导，进一步重视、关心和支持审计事业的发展。政府“一把手”要亲自过问审计工作，既要发挥审计部门的作用，又要统筹协调各项交办任务，以保证突出审计重点。各级政府要大力支持审计部门依法审计，严格执法，为审计人员撑腰壮胆，帮助排除阻力。还要注重了解和解决审计部门存在的实际困难和问题，为审计部门依法审计创造必要的工作条件。

审计机关要严格执行审计纪律。国家审计人员一定要吃“皇粮”，地方审计机关的经费要由地方政府予以保证。根据这一要求，我在这里表示，尽管省财政很紧张，但省级审计经费应由省财政予以保证，请省财政厅与省审计厅具体测算，报请省政府批准实施。各地也要为审计部门提供必要的经费，保证正常工作的需要。各有关部门和单位要从大局出发，积极支持和配合审计部门开展工作，为审计部门营造良好的执法环境。

要突出重点，掌握政策，讲究实效。审计工作要按《审计法》的规定覆盖全部审计对象，即依法审计，不留盲区，凡是涉及财政资金和国有资产的，都要纳入审计的视野之内。但面对众多的审计对象，以有限的审计力量全面铺开是审不过来的，审计质量也难以保证。一方面要加强对内审系统的指导，加强对社会审计质量的检查，伸长手臂，发挥审计的整体功能；另一方面，发挥好审计部门代表国家进行高层次专门监督的优势，本着有所为有所不为的原则，在量力而行的前提下，集中力量，抓住重点，加强对重点领域、重点部门、重点资金的审计监督，加大对重大违法违纪问题和经济案件的查处力度，力争查深查透，务求取得实效。在审计工作中，要本着“三个有利于”的原则，正确理解和掌握政策，对审计中暴露出的违法违纪问题要在弄清事实的基础上，分析问题产生的主客观原因以及带来的实际后果和影响，充分听取被审计单位的意见，实事求是地加以定性和处理。在审计揭露各种违法违纪问题的过程中，一定要严格按照审计程序和职权办事，做到事实清楚，定性准确，处理适当，评价适度。

要加强管理，全面提高审计队伍的素质。为了把中央确定的各项方针政策和任务真正落到实处，国务院要求今年各行各业和各个方面都要在加强管理上下功夫。审计部门要继续巩固和发展“三讲”教育成果，制定一系列规章制度，采取切实措施，严格审计纪律，真正做到廉洁公正、铁面无私。要切实加强审计队伍的思想政治建设，教育广大干部树立坚定正确的理想信念，提高贯彻执行党的路线、方针、政策的自觉性。加大干部培训力度，有重点地开展各种培训，积极鼓励和引导审计人员学习经济、法律、科技、外语和计算机等方面的知识，学习和借鉴国外审计的成功经验和有益做法，切实解决目前审计干部队伍专业结构不合理和审计人员知识面窄等问题。实行考试与考评相结合的办法，下大力气尽快在审计系统建立和培养一支高素质的审计专家队伍。

切实担当起新形势下审计工作的重任

湖南省省长　储　波

社会主义市场经济需要法律法规来规范，社会主义的经济秩序要靠全社会来维护。党的十五大提出依法治国的基本方略，依法审计是依法治国的重要组成部分。随着改革开放的深入和社会主义市场经济体制的逐步建立，审计领域不断拓宽，各级党委、政府交办的审计任务日益增多，社会各界对审计工作的期望值也越来越高，各级审计部门的责任更加重大，审计工作的地位和作用更加重要。当前，我省在治理经济环境、维护财政经济秩序、保障固定资产投资的合理、合法、有效和国有资产的安全完整、考核评价领导干部的经济责任、反腐倡廉等方面，都给审计工作提供了广阔的舞台。现在，我国的根本大法和审计法也已经确立了审计工作在经济生活中的地位，各级政府领导都十分重视和支持审计工作。今年1月5日朱镕基总理对审计工作又提出了加深理解“全面审计，突出重点”的方针等四点指示，为今年和今后一个时期的审计工作指明了方向。目前，社会各界都逐渐认识到审计工作的重要性，审计工作的环境正在逐步改善。我们要全面领会和贯彻朱镕基总理对审计工作的指示，适应新形势，抓住新机遇，进一步改进审计方法，集中力量，突出对重点领域、重点部门和重点资金的审计监督，不断提高审计工作的质量，更加有效地发挥审计监督作用，以不辱使命，再立新功。

各级政府要一如既往地支持审计工作

政府的工作重点是抓经济建设，审计工作是服务和服从于经济建设的。因此，各级政府要高度重视审计工作，紧紧依靠审计部门、充分发挥审计部门的审计监督作用，更好地为我省经济建设服务。首先，要带头学好审计法，提高对审计工作的认识。其次，要抑制不利于经济发展弊端的滋生和蔓延。各级各部门要充分重视和发挥审计工作的作用，多听取审计部门的汇报和建议，多研究重大的审计问题，为审计部门排忧解难。第三，要支持审计机关依法审计，为审计机关撑腰壮胆，督促有关部门和单位落实审计决定，采纳审计建议，认真进行整改，树立审计机关的权威。第四，要为审计机关解决一些实际问题。在机构改革中，各级政府要认真贯彻审计法，按照国家赋予审计机关的职责和任务，保持审计队伍的相对稳定。审计部门专业性强，政治、业务素质要求高，不得随意安排不胜任审计工作的人员进入审计机关。审计机关履行职责所必须的正常经费，各级政府要按照审计法的规定予以保证，落实。在财政困难的条件下，省政府要确保省级审计机关“吃皇粮”；市州县政府要保证本级审计机关费用。同时，要逐步解决审计机关办公条件等问题，特别是重点解决少数民族地区和财政困难地区审计部门的基本工作条件。

要加强审计队伍自身建设

审计机关要带头反腐倡廉，从严治理审计队伍，教育广大审计干部职工甘于清贫、乐于奉献，树立正确的世界观、人生观和价值观。审计机关必须贯彻《审计署关于加强审计纪律的规定》，坚决做到廉洁从审，严格遵守审计纪律，不得接受被审计单位的费用补助，审计组和审计人员不得与被审计单位发生任何经济福利关系。随着审计对象信息化程度和劳动手段日益现代化，特别是加入WTO后，对审计人员提出的要求更高，需要掌握更多更丰富的知识。这就要求我们高标准、高起点、高要求培养审计人员，有重点地开展各种形式的培训活动，学习和借鉴国外先进审计成果，经过几年努力，培养出一批适应现代审计并能与国际接轨的审计专家，实现育一流人才，出审计精品，创一流业绩。

履行审计职责　为西部大开发做出新贡献

陕西省省长　程安东

2000年是世纪之交的一年。在世纪交替的历史时刻，我们既面临着严峻的挑战，更面临着空前的机遇。中央作出实施西部大开发的战略决策，继续实施促进经济发展的一系列政策措施，扩大内需，为我们提供了千载难逢的历史机遇和双重动力，必将成为我省全面振兴的历史转折点。审计机关要进一步认清形势，明确任务，顽强拼搏，奋发进取，以崭新的姿态发挥审计监督的重要作用，为我省全面实施西部大开发战略作出新贡献。

按照《审计法》的规定，审计监督的范围广泛，凡是有国有资产的各个部门和单位都要接受审计，但这决不意味着审计工作要全面铺开，面面俱到。审计机关在工作安排中，一定要量力而行，突出重点。要抓住对全省及各地经济发展和改革开放影响较大的重点部门、重点单位、重点资金进行审计监督，抓住领导重视、群众反响强烈的重点行业、重点建设项目、重点国有大中型企业进行审计。在对具体项目进行审计中，也存在着全面审计与突出重点的关系，也要有所侧重。本着有所为有所不为的原则，立足在全面审计的基础上突出重点，抓主要矛盾，抓实质、抓重点问题，抓大案要案线索，重点查处重大违法违纪问题和经济案件。

一是改进方法，提高效率，切实抓好预算执行情况审计和对下级政府财政决算的审计。要改进预算执行情况审计的方式、方法。把对财政部门审计与其他政府部门审计相结合，把本级预算执行审计与延伸审计二、三级单位相结合，把同级审与上审下相结合。强化对财政部门预算收支情况、政府各部门预算执行情况、税务部门依法治税情况的审计，要发现和揭示深层次问题，查处大案要案线索，分别向政府和人大常委会提交有深度、有新意、高质量的审计结果报告和审计工作报告。

二是要切实抓好对工商行政管理系统、技术监督系统、土地管理系统和水资源费、环保部门排污费的审计。要严肃查处重大违法违纪问题，确保专项资金专款专用，促进各项事业顺利发展。

三是按照我省实现国有企业改革三年脱困目标的要求，切实搞好对国有大中型企业的审计。今年是国有企业实现三年脱困目标的决胜之年，省委、省政府要求把国有企业改革和发展放在重中之重的位置，确保如期实现全省127户国有大中型亏损企业基本摆脱困境、200户国有大中型骨干企业初步建立现代企业制度的既定目标。各级审计机关要认真贯彻党的十五届四中全会《决定》精神和省委的《实施意见》，加强对国有企业审计，进一步摸清企业家底，检查资产质量，查处违法违纪问题，揭示企业经营管理中存在的深层次问题，防止出现国有资产流失或逃废银行债务问题。为切实减轻企业负担，改善企业外部环境服务，促进加强内部管理，实现国有企业改革三年脱困目标。

四是按照我省加快基础设施重点项目建设的要求，切实抓好对重点建设项目投入资金的审计。审计机关要切实抓好对重点项目建设全过程的审计，项目建设中的问题比较多，有些很隐蔽，这也就为审计部门提出了更高要求。要通过审计，严肃查处挤占挪用项目建设资金和损失浪费问题，查处不按建设工程法定程序办事和其中隐藏的更深层次问题，尤其是“豆腐渣”工程。这类问题一旦发现，就要把它查个水落石出，及时向各级政府反映。要促进加强资金管理，提高资金的使用效率。

五是要搞好经济责任审计，继续认真完成各级党政领导交办的任务。审计机关作为独立的经济监督部门，要理直气壮地依法履行职责。经济责任审计是一项新的工作，量大，难度也大。尤其是县级审计机关，一定要认真研究，不断探索，随时向党委和政府汇报审计情况，保证此项工作顺利进行。

围绕中心工作　加大执法力度

北京市副市长　翟鸿祥

随着经济体制改革的不断深入，审计作为独立进行经济监督的工作，日益引起了各级政府的重视和社会各界的关注，审计工作遇到了前所未有的发展机会，在这种形势下审计机关要有一种不断进取、不断创新的精神，要冷静地分析、准确地定位，抓住机遇，围绕中心，乘胜而上，不断开创审计工作的新局面。

近年来审计事业发展是比较快的，在执法力度、监督力度上应该说是成果比较好。各级政府对审计工作给予肯定。不管是从庆林书记那儿，还是刘淇市长那儿来讲，都认为审计工作十分重要，遇到难题先让审计机关审计。为什么交办事情多呀？这是一种信任。我一直讲，审计机关一手遮不过天来。是赋予你这些职责了，但是你是起到一个组织重大的、深层次的震慑作用。你想全覆盖，力量不允许，精力不允许，整个来讲也是不允许的。所以，在加强执法力度上，我要强调几个问题：

1、**企业审计的问题**。今年是国有企业改革脱困的三年目标最后一年。党的十五届四中全会对国有企业改革解困目标提出了具体要求。市政府也确定了目标，就是今年有75%的国有大中型企业，必须建立现代企业制度，要把亏损面降低到20%以下。在这个过程中，我们要对企业进行资产负债损益审计，要很好的和企业一起，和其他的有关管理部门一起来规范企业。现在会计失真问题是比较严重的，要把账目核实清楚。

2、**加强对财政资金使用效益的审计**。我现在还兼财政局局长，听取财政审计汇报时，跟审计局讲，要加强审计监督，财政应该越来越透明，应该越来越规范。

随着市场经济的建立，我们公共财政预算怎样能够编制的更好，执行的更好？我们有的资金下去以后，效益情况不一定好。所以，财政审计的延伸性还是重头的，要把它审计好。审计机关也应该学习外国审计的先进做法，对政府资金的使用情况开展绩效审计，以促进预算单位不断改进工作，提高资金使用效益，促进各项事业的发展。

我认为合规审计还比较容易一些，但效益审计是分析问题。审计分析很重要，这个层次，是更深化一层的审计，我们要作出评价。这个评价要求我们对整个经济状况要有了解，而且要掌握现代化的分析手段。我们审计不是审到头了，还有很多需要研究的问题。

3、**金融审计**。党中央、国务院对金融经济秩序进行整顿，防范金融风险的问题，特别是亚洲金融危机之前已经动作了，已经开始整顿。亚洲金融危机以后我们国家应该说更加重视这个问题，金融问题实际上就是社会问题，金融问题最后导致财政问题。所以要加强金融审计。

4、**做好领导干部的经济责任审计**。经济责任审计牵扯到人，因而审计的难度是比较大的。审计实施怎么安排？审计质量高不高？对查出的问题怎么定性？你们都要下力气、认真的加以研究。在工作中要加强同纪检监察部门、组织人事部门的协调、配合，注意总结经验，一定要很好地完成这项新的任务。

5、**注重抓好审计的后期工作**。一个项目审计完了以后，审计决定执行了没有，审计建议落实了没有，审计机关要检查一下这些方面的情况。我建议要把跟踪审计逐步纳入审计程序，制定具体的规范，对没有认真执行审计决定、没有认真落实审计建议的单位要进一步采取措施，监督审计决定和建议的落实情况，因为这牵涉到整个的监督力度问题。

6、**加强对内部审计的指导**。在建立现代企业制度的工作中要推进法人治理结构的建立和完善。促进国有企业形成自我约束的机制。还要加强对社会审计事务所和会计师事务所的质量监督，加大工作力度，严肃查处舞弊行为，规范其职业行为，促进社会中介组织的健康发展。

树立大局观　探索新路子

内蒙古自治区政府常务副主席　周德海

随着形势的发展变化，审计工作的对象、领域和业务量都将不断扩大，并且与其他全局性工作联系得越来越紧密。我们必须树立大局意识，积极探索市场经济条件下审计工作的新方法、新路子。

首先，围绕中心，服务全局，为领导正确决策提供可靠依据。为改革开放和经济建设保驾护航，是审计工作的一项基本任务，也是审计工作要认真坚持的指导思想和根本前提。审计部门必须自觉地服从服务于各级党委、政府的中心工作，紧紧抓住影响改革、发展、稳定的一些重点、难点和热点问题，进行审计、分析，认真履行审计工作职能。一方面，发挥纠错防弊、规范行为、警示震慑、促进管理、维护正常经济秩序的作用；另一方面，向各级党委、政府报送大量有价值的重要情况，为各级党政领导及时掌握经济运行情况，研究问题，指导工作，加强宏观调控管理提供真实依据，发挥参谋助手作用。如近两年来，全区审计部门紧紧围绕自治区的中心工作，重点围绕实现“两个提高”，加大财政审计力度；围绕企业“三改一加强”，强化和改进企业审计；围绕粮食体制改革，加强粮食企业财务审计，加强救灾款物和“三条社会保障线”的资金使用情况审计等，都收到了显著成效，为维护全区改革、发展和稳定的大局做出积极贡献。

其次，转变观念，拓宽思路，树立新的思想意识。过去审计工作主要是事后审计，侧重审计财政财务收支的真实性和合法性，审计工作的思路和领域较窄。要做好新形势下的审计工作，必须以“三个有利于”为标准，进一步解放思想，转变过去一些不合时宜的审计执法观念和思维定势，拓宽工作思路，增强超前意识、时效意识和效益意识。所谓增强超前意识，就是要把审计工作做在各级党委、政府的决策之前，为各级领导指导工作、宏观决策提供真实可靠依据，还要开展事前审计监督，必要时进行跟踪审计。如近年来我们对全区救灾款物发放和重点项目等实行跟踪审计，没有出现什么问题，中央和自治区领导以及广大群众都比较满意。所谓增强时效意识，就是要及时进行审计，努力提高审计工作效率，注重审计的时效性。审计要增强效益意识，就是要通过审计工作产生经济效益。我区是个财政困难的地区，老百姓也不富裕，必须把财政资金用好，用在“刀刃”上，产生投资效益。现在有很多财政资金投入产出效益不好，主要原因是投向不科学、不准确，没有实现滚动发展，有的被挤占挪用。这方面我通过调查，感触很深。比如，1994－1998年，自治区调整了农牧业税收政策，规定新增财政收入的70%要重新投入到农牧业发展中去。这一决定一些盟市没有照办，给吃掉了。而乌盟虽然比其他盟市财政更困难，但却把新增财政收入的大部分投入到农牧业上，实现滚动发展，从而使财政收入从8000万元增加到1.5亿元。1998年生猪价格下降，乌盟拿出200万元作为价格调节基金，实际只用了90多万元，保住了生猪生产。到去年底猪价回升后，生猪存栏率增长了18%，其税收至少增长了200万元以上。这一事实说明，合理使用资金是非常关键的。如果审计部门通过对其他盟市进行调查监督，都可能取得与乌盟一样的效益。再如，抓好对亏损企业的剖亏审计，也同样取得了显著的经济效益。

第三，要积极探索审计监督的新方法、新路子。这就要求审计部门必须认真学习和领会党和国家的一些现行政策和一系列重要部署，紧跟改革开放和经济发展的时代步伐，使审计工作做到原则性与灵活性有机结合。既要坚持严格依法审计的原则，又要区别不同情况，实事求是地处理审计中查出的问题。认真总结工作中的经验教训，改进和完善现行的制度、方法、措施和手段，不断适应新的形势，努力提高审计工作的层次和水平。

审计署工作概况

署领导、党组成员名单

审　计　长：李金华
副 审 计 长：翟熙贵　刘鹤章
　　　　　　刘家义　董大胜
驻署纪检组组长：王道成
党 组 书 记：李金华
党组副书记：翟熙贵
党 组 成 员：刘家义　董大胜
　　　　　　王道成

审计署机关

【审计署工作简述】2000年，全国审计机关和广大审计人员在党中央、国务院和地方各级党委、政府的领导下，紧紧围绕经济建设和政府工作中心，进一步集中力量，突出了对重点领域、重点部门、重点资金的审计监督，加大了对重大违法违纪问题和经济案件的查处力度，在维护财经秩序，加强廉政建设，推进依法治国，促进国民经济发展等方面发挥了重要作用。全国审计机关全年共审计14万多个单位，上缴财政202亿元，促进增收节支66亿元，减少财政拨款和补贴22亿元，发现和移送各类违法犯罪案件线索1400多件。

一、以规范预算管理和财政分配秩序为目标，深入开展了预算执行审计

2000年，全国各级审计机关继续贯彻“全面审计、突出重点”的总体要求，紧紧围绕预算资金的收缴、分配、拨付及使用环节，增强审计的深度和力度，预算执行审计工作的规范化程度和审计质量有了较大的提高，审计提出的加强预算管理的意见和建议更具有针对性，为各级政府和人大加强管理和监督发挥了积极作用。7月6日，李金华审计长受国务院委托，向九届全国人大常委会第16次会议作了《关于1999年中央预算执行和其他财政收支的审计工作报告》，委员们一致认为报告内容充实，揭露问题涉及面广，提出建议针对性强。全国人大常委会要求国务院有关部门和地方政府对审计查出的问题，采取有效措施，认真加以整改。国务院各部门领导高度重视，态度积极，措施得力，审计决定的落实情况总体上好于往年。财政部对审计查出的问题逐条加以研究，切实整改，有些问题在审计过程中就得到了纠正；外交部、国家计委、外经贸部、国防科工委等国务院55个部门和直属单位针对审计查出的问题，积极落实整改意见，完善有关财政财务管理制度；在国债资金、水利建设资金、扶贫资金、三峡移民资金和移民建镇资金审计中查出的被挤占挪用资金绝大部分已归还原渠道；审计法院、检察院系统和中央高校财务收支所查出的问题也已基本得到纠正。2000年中央预算执行情况审计的结果表明，经过审计署近几年的不懈努力，国务院各部门内部控制制度进一步完善，预算资金管理水平不断提高，违法违纪问题呈现出逐步减少的趋势。

地方各级审计机关围绕经济建设中心，不断深化预算执行审计工作，进一步提高审计质量，取得了较好的成绩。据对35个省（区、市）和计划单列市1999年度本级预算执行审计结果统计，共查出各类违法违纪问题金额233亿元，及时进行了处理和纠正。

二、为促进国家实施积极财政政策和维护社会稳定，强化了专项资金审计

围绕国家实行积极财政政策和促进社会稳定，审计署认真开展了对国债资金及国债建设项目的审计工作。组织了对四川、黑龙江等12个省（区、市）的重点林区天然林资源保护工程专项资金的审计，查出挤占挪用、截留串用资金等违法违纪问题金额11亿元；组织了对江苏、山东、浙江等16个省（区、市）1999年公路建设资金的审计，查出越权设立基金、乱集资、挪用资金等违法违纪问题金额102亿元；完成了对33个重点公路建设项目的审计，查出各类问题金额85亿元；组织对国家直接进行环境质量考核的46个重点城市1998、1999年度排污费的征收、管理和使用情况的审计，查出弄虚作假、挤占挪用、截留坐支等违法违纪问题金额9亿元；组织对71户养老保险欠费大户欠费情况、30个省（区、市）1999年度养老保险扩面征缴情况以及7个省养老保险基金管理情况的审计调查，发现69个欠费大户共欠缴养老保险费24亿元，欠失业保险费2亿元。

为提高科技经费使用效益，审计署对中国科学院、国务院部门所属63个重点科研院所科技经费管理使用情况和1999年度财政、财务收支情况进行了审计，查出收支反映不实、挤占挪用以及资产管理混乱等违法违纪金额54亿元，已移送有关部门的经济犯罪案件线索24件。为进一步推进执法单位贯彻落实“收支两条线”的规定，加强廉政建设和公正执法，审计署还组织了对19个省（区、市）1772个县级以上工商行政管理部门1998年、1999年度行政性收费、罚没收缴管理情况以及1999年度财务收支情况的审计，同时延伸审计了8759个基层工商行政管理所，共查出隐瞒截留收入、乱收费集资、挤占挪用以及漏缴欠缴收入等违规违纪金额44亿元，移送有关部门经济案件线索29件。

地方各级审计机关除了参加审计署统一组织的项目外，还根据各地实际情况，围绕政府中心工作积极开展了其他专项资金审计。如贵州、云南、陕西等8省（区）开展了对扶贫资金的专项审计；河北、浙江、江西等8个省（区）开展了养老保险基金征缴、支付和管理情况的专项审计；青海、新疆、内蒙古、陕西等西部省区开展了对退耕还林（草）、治沙以及农网改造等基础设施建设项目资金的审计；浙江、安徽、贵州等省开展了对教育经费的审计。

三、着眼于规范金融秩序，防范和化解金融风险，积极开展了金融审计

为积极推进金融体制改革，防范和化解金融风险，审计署组织了对中国人民银行总行及其9家分行、7家城市中心支行1999年度财务收支情况的审计，揭露了少计收入、虚列支出、账外资产等问题，审计共调增利润1.31亿元。组织了对中国农业银行总行及其9个省级分行、97个地市级分行、526个县级支行1999年度资产负债损益的真实、合法和效益情况的审计，并延伸审计了815个贷款单位，查出资产负债损益不实、违规经营以及信贷资产质量不高、违规剥离不良资产等问题；发现各类涉嫌犯罪线索33起，涉案金额143.83亿元，已移送司法机关113人。

山东、内蒙古、西藏、山西、安徽、四川、海南、宁波等省（区、市）对本地区城市商业银行、城市信用社、农村信用社、信托投资公司以及证券公司进行了审计。

四、围绕深化国有企业改革，实现脱困目标，继续加强了企业审计

全年审计署统一组织了对1290户国有及国有控股企业1999年度资产、负债和损益情况的审计和审计调查，查出不良资产743亿元、国有资产流失228亿元、68%的企业会计信息不真实，发现大案要案线索78件，提出促进企业改革和经营管理的审计建议2900多条。地方各级审计机关针对企业改革和脱困目标的需要，按照党委政府的要求，在本地区国有企业和国有控股企业中选择改制、亏损、上市公司、重点骨干等类型的企业进行了审计和审计调查，为政府宏观决策，维护社会稳定，促进地方经济发展，发挥了很好的作用。

五、认真落实两办规定，进一步推动了经济责任审计工作的开展

审计署深入贯彻中办、国办两个暂行规定，会同中纪委等五部委建立完善了经济责任审计联席会议制度，拟定并由中办、国办转发了《关于认真贯彻落实两个暂行规定，切实做好经济责任审计工作的意见》。10月召开的全国经济责任审计工作会议，总结交流了工作经验，研究和部署了进一步推动经济责任审计工作深入开展的具体步骤。审计署还组织力量对中国工商银行等5家银行原行长及中国证监会原主席进行了离任经济责任审计。各地审计机关在党委和政府的领导下，按照两个暂行规定的要求，初步建立了经济责任审计机构，充实配备了人员，进一步完善了法规制度，全国80%以上的地方开展了党政领导和企业领导人经济责任审计工作。2000年全国共对2万多名领导干部进行了任期经济责任审计，查出各种违反财经法规金额406亿元，其中涉及个人经济问题金额3.5亿元，各地参照审计结果和其他方面的考核情况，对293人给予降职撤职处分，对143人给予党纪政纪处分，590人被移送纪检监察和司法机关查处。

此外，境外使领馆财务收支审计和驻港企业审计的试点初见成效。审计署对我国驻日本、新西兰、英国等8个使领馆所属45个独立核算单位，香港华润（集团）有限公司所属华润机械五矿、石化公司，中国银行香港分行进行了审计，有力地促进了境外国有单位加强管理，扩大了审计影响，积累了境外审计的经验。

六、加强思想政治工作，审计机关的“人、法、技”建设协调发展，审计队伍的战斗力进一步增强

在2000年工作中，全国各级审计机关认真贯彻落实中央思想政治工作会议精神，坚持以“三个代表”重要思想为指导，加强和改进新形势下审计机关的思想政治工作和党建工作，把深入细致的思想政治工作与严明审计纪律，强化内部管理，推动审计机关廉政建设结合起来，“人、法、技”建设取得很大成效，促进了审计工作水平的提高。一是积极稳妥地推进了干部人事制度改革。审计署试行公开推荐选拔副司

(局)级领导干部的办法，继续完善和改进干部任前公示制度，在中央国家机关产生了积极的影响，受到广大群众的好评。地方省级审计机关以机构改革为契机，进一步优化结构，精干人员，提高素质。二是强化审计干部培训。编写制作了有关培训教材和审计案例电教片，加强了对地方审计机关特别是西部地区审计干部的培训指导。审计署和部分省级审计机关进行了有6400余人参加的审计系统全员岗位资格考试。三是进一步加强了审计法制建设。审计署颁布了《国家审计基本准则》等10个审计准则，通过复核复议和审计质量检查，进一步严格和规范了审计执法。四是审计信息化建设有了新进展。11月审计署在南京举办的审计系统计算机开发应用展示，集中检阅了近年来全国审计信息化建设成果，推动计算机审计软件在部门预算执行、金融、海关审计中发挥了积极的作用。

审计署根据国务院领导的指示精神，在署机关和派出机构实行外出审计“八不准”规定，坚决割断与被审计单位的经济福利关系，得到被审计单位和社会各界的好评。天津、上海、浙江、江苏等地审计厅(局)也先后实行了审计“八不准”纪律，有力地促进了审计机关精神文明建设。据不完全统计，在全国“三优一满意”活动和本地区开展的评比活动中，全国县以上审计机关及其党组织有117个被评为省部级先进单位，1005个被评为地市级先进单位；有209人被评为省部级先进个人，1580人被评为地市级先进个人。

【办公厅】2000年，办公厅人员编制58名(含事业编制10名)，在编人员56人，领导职数4名；设有11个职能处室：调研处、信息处、计划统计处、财务处、经济责任审计与审计技术管理处、秘书处、档案处、审计长办公室、署举报中心办公室、文印室、办公室(含署保密办、署密码办)。

领导成员

主　任：魏礼江(－8月)

副主任：黄道国(8月－)

吴泽民

副主任兼署信息化建设办公室主任：周德铭(7月－)

工作成果　2000年，办公厅紧密围绕审计工作中心，认真履行职责，圆满完成了各项工作任务。围绕“三讲”、服务西部大开发、中央预算执行审计、全国性会议等中心工作，积极开展调研，起草重要文稿30多万字；加强信息工作管理、加大宣传力度，上报、下发信息150多期，中央新闻媒体刊播审计报道180多篇，开通了署互联网网站；规范审计项目计划管理、改进授权审计工作、完善审计统计指标体系，完成了年度项目计划下达和统计报表编制以及揭露重大违法犯罪线索审计项目的评选工作；推进署机关财务管理体制改革，协商解决审计外勤经费自理，组织财务检查，完成了预决算编制和财会人员培训；组织召开了全国经济责任审计工作会议、协助组织了全国审计系统计算机开发应用成果展示，完成了经济责任审计的规章起草、业务指导和审计基本技术与方法的研讨、试点工作。此外，较好地完成了公文审核、印制、收发、传递、管理，署领导秘书、值班、署内刊物编发，档案案卷接收、管理、利用，信访举报事项处理，人大建议和政协提案处理，组织保密教育和检查，会议管理和重大会议会务等工作。

一、围绕审计工作中心，深入扎实地开展了调研和重要文件的起草工作

调研和重要文稿的起草工作是办公厅的重要职责。为了服务审计工作中心和署领导宏观决策，办公厅按照署领导的要求，积极开展了一系列调研活动，深入实际了解情况，研究问题，提出预案，为领导决策服务。全年共起草署的重要文稿28份，30余万字，圆满地完成了领导交办的各项任务。一是在“三讲”教育“回头看”活动中，按照署党组的指示，在机关党委的配合下，完成了审计署党组向中央巡视组的汇报材料、在中央国家机关“三讲”经验交流会上的经验介绍材料、审计署党组“三讲”教育“回头看”整改方案等材料的起草工作；二是围绕着审计机关如何为西部大开发服务，跟随署领导先后两次深入西部6省区调研，召开部分西部省区审计厅(局)长座谈会，研究起草了《审计署关于进一步加强审计工作，为实施西部大开发战略服务的意见》、国务院办公厅转发的《审计署关于在机构改革中加强市、县级人民政府审计机关建设的几点意见》等重要文件，在推动审计工作的开展，为党和国家中心工作服务方面，发挥了积极作用；三是进一步加强宏观意识和大局意识，努力提高调研水平和文稿质量，较好地完成了1999年中央预算执行情况审计的“两个报告”和全国审计工作会议、全国审计工作座谈会、全国经济责任审计工作会议等重要会议文件的起草、修改任务，受到署领导和有关方面的好评。

二、切实加强信息宣传工作，进一步扩大了审计的影响

审计信息是审计事业发展与进步的重要资源和条件，也是领导决策的重要依据。围绕反映审计成果和服务领导科学决策，全年共编发《审计要情》、《重要信息要目》113期，被中办、国办采用和领导批示64期(次)，占56%；编发《审计工作通讯》20期，提供《中国审计》杂志“信息窗”稿件240条，转送信息230件。所编发的信息及时反映了审计工作的成果，为领导掌握情况、宏观决策提供了依据，并在及时传达领导指示、交流经验、沟通情况等方面发挥了作用。2000年，信息处继续被国办评为信息工作先进单位。为了加强对信息工作的管理和指导，办公厅针对信息工作中存在的问题，制订下发了《审计信息工作考核评比办法》、《关于进一步提高审计信息质量的意见》等规章和文件，对进一步提高信息宣传工作质量起到了促进作用。同时，为了进一步扩大审计的影响，提高审计的地位，树立审计的权威，办公厅加大了审计宣传的力度，先后对全国审计工作会议、亚审组织理事会、全国审计工作座谈会、全国经济责任审计工作会议及其先进典型、全国审计系统计算机开发应用成果展示以及中央预算执行审计报告等进行了重点宣传报道，中央各大媒体共刊播审计工作报道180篇。其中刊播专访节目和文章达30多次，尤其《经济半小时》专访3位部长谈经济责任审计的节目播出后，在社会各界产生了较大反响。此外，办公厅按署领导的指示，克服困难，积极工作，使审计署新版互联网站于9月15日正式开通，开辟了审计宣传的新途径。至年底，已组稿编辑中英文上网信息750条，在较短时间内访问量达25000多人次，社会反映良好。

三、不断改进计划统计工作，服务于审计工作的开展

2000年的计划统计工作，加强了业务调研，狠抓了制度建设，开展了一些统计分析，为审计业务工作的顺利进行、加强对中央在基层单位的审计监督等发挥了重要作用。一是认真完成了全年项目计划和授权事项的审批下达，提出了2001年署统一组织审计项目的计划草案。同时，研究制定了《关于加强审计项目计划管理的几点意见》，改进了台账式管理办法，完善了项目执行进度反馈制度，并对215个审计项目及时进行了调整。还首次编写了“地方审计项目安排综述”，对地方审计机关的项目计划安排情况进行了汇总分析，有针对性地加强了工作指导。二是增设了“两表两卡”，完善了审计统计指标体系；分期举办了统计人员软件使用、报表填报培训班。同时，汇总编制了1999年年报和2000年季报，编辑了10年审计工作成果。三是根据全国审计工作座谈会精神和署领导的指示，制定下发了《关于加强和改进授权审计工作的意见》，提出了进一步加强中央单位、尤其是西部地区中央单位审计监督的具体措施。四是完成了评选1999年度揭露重大违法犯罪线索审计项目的汇总、审核等工作，署对18个审计项目给予了通报表彰和奖励。

四、切实加强财务工作，促进了审计机关的内部管理

认真贯彻署领导关于“外抓八条、内抓管理”的指示，2000年财务管理工作又上了一个新台阶。一是加强制度建设，积极推进了署机关财务管理体制改革。根据国家财政管理体制改革的要求，调整了财务机构设置，重新明确了各财务机构的职责划分，收集整理了1983年以来适用审计署的财经法规及财务管理文件，研究起草了6个财务管理制度，进一步规范了署内的财务管理。二是组织、协调了财务自查、检查等工作。组织对16个特派办建办以来的财务收支情况进行了自查，妥善协调处理了太原特派办借款购建办公楼和宿舍问题，并参与了对西安特派办1名工作人员涉嫌贪污挪用公款问题的调查。跟踪、协调财政部对审计署7个特派办的财政检查，及时了解检查进展情况，研究制定了整改措施。组织实施了对中国审计学会两个年度的财务收支审计。三是同财政部协商解决了署机关及派出局审计外勤经费的自理问题，研究制定了外勤经费管理试行办法，并配合署监察局对审计纪律“八不准”执行情况进行调研，提出了进一步加强外勤经费管理的建议。四是及时完成了署1999年度财务决算和向二级预算单位批复2000年经费预算，组织编制了署2001年行政管理费项目支出预算。同时，还成功地举办了署财会业务培训班和财务工作会议，完成了2000年度会计人员继续教育等工作。

五、全面加强经济责任审计和审计技术管理工作，促进了审计工作的创新

经济责任审计是随着我国改革的深入和社会主义市场经济的发展，为适应干部管理监督工作的需要而产生的。为了完成好这项党中央、国务院赋予审计机关的重要任务，办公厅认真按照中央和署的要求，克服人员新、工作新、基础差等困难，积极探索，努力实践，开创了经济责任审计工作的新局面。一是制定和完善了经济责任审计的制度办法，起草了中办国办两个暂行规定实施细则和中办国办《关于认真贯彻落实中办发［1999］20号文件，切实做好经济责任审计工作的意见》（中办发［2000］16号）等有关经济责任审计的文件。二是成功地组织召开了全国经济责任审计工作会议，达到了总结经验，研究问题，规范程序，明确任务的预期目的，有力地推动了全国经济责任审计工作的开展。三是加强了对经济责任审计工作的宣传和指导。多次组织了新闻媒体对审计长的专访，中央各大报刊刊登有关稿件20多篇，在有关部门的多次会议上作了宣传介绍，多次组织和参加了授课、培训等工作，积极宣传和推动了经济责任审计工作。在审计技术管理工作方面，办公厅按照署领导提出的"人、法、技"建设的要求，积极配合有关部门，狠抓技术基础管理工作，较好地完成了以下任务：协助组织召开了两次计算机软件开发应用成果演示会，尤其是在南京举办的全国审计系统计算机开发应用成果展示，有力地推动了审计系统的信息化建设；组织了对5个审计基本技术与方法和2个专业审计操作指南的研讨和试点工作；主持起草了《被审计单位数据库需求报告》，参与制定了3个管理办法；办理了审计档案管理软件、科技审计软件等的立项，并进行了审计软件预算审核和经费下拨工作。

六、认真做好文秘档案工作，进一步提高了服务质量和水平

秘书处坚持"服务至上，质量第一"的原则，认真履行职责，进一步提高工作效率和服务质量，较好地完成了各项工作任务。全年共核稿2200余件，向系统内外发出文函85000余件，收取和处理外部文函65000余件，加载电子信息29000余件，机要交通交换信函102000余件，基本杜绝了工作差错。在完成大量日常工作的同时，秘书处还修订和制订了一系列公文管理规章制度，推动了审计机关公文管理的规范化和办公自动化建设。2000年，秘书处的机要交换工作继续被评为先进单位，机要交通员也再次被评为先进个人。文印室注重改进工作方法，不断增强服务意识，全年共录入1380万字，胶印和复印250万张，工作质量和效率进一步提高。为了确保署的重大会议和机关各类文件的印制质量，按时完成任务，全室人员经常加班加点，毫无怨言。

审计长办公室围绕署领导工作中心，突出工作重点，加强内部管理，不断改进工作方法，2000年的工作又有了新的进步，得到了署领导的充分肯定。一是起草署党组或署领导名义的报告、签报、讲稿等200余篇，协助领导处理审核文稿4000余件，编写了1999年、2000年《审计署大事记》、《国务院领导对审计工作重要指示批示》，向审计系统内外的新闻单位投稿40余篇；接收、传送文件资料24700余件，收发电报、传真700余份。二是办理了150多次署内会议的记录和会务工作，编写《会议纪要》、《值班简报》及其增刊等130余期。三是完成领导交办、催办事项700余件，协助署领导处理群众来信500多封、接待来访400多人次。

档案处在人员少、工作量大的情况下，转变作风，严格要求，圆满地完成了各项工作任务。一是按国家档案局的部署，完成了有关工作报告，选派骨干考试和推选档案信息专家人选，组织参加档案法规与现代化管理知识大赛等工作，其中为新千年档案学理论研讨会选送的2篇论文分获3等奖和优秀论文奖；二是起草了《审计机关审计档案准则（初稿）》、《派出审计局档案工作管理暂行规定（修改稿）》等规章，进行了档案自动化管理系统的调研和案卷目录库的数据录入工作；三是组织了派出局兼职档案人员的培训，清查催交1998年漏归文件267份、审计项目6个，接收1999年案卷855个、历年案卷178个，接收案卷数是上年的3.17倍；四是完成了《1999年审计工作文件选编》的编纂、发行工作，并为署内提供借阅档案331人次、658卷次。

七、努力做好保密、举报和办公室等工作，加强了内部规范运作和协调管理

保密工作在加强教育和检查，研究和解决新情况、新问题等方面继续得到加强。一是贯彻全国保密局长保密办主任会议精神，研究印发了《审计机关2000年保密工作要点》，调整了署保密、密码组织的成员。二是转发了《计算机信息系统国际联网保密管理规定》等7个文件，组织参观了《警钟常鸣——窃密泄密案例展》，对审计系统远程站工作人员进行了2次保密教育。三是按照中办机要局和国家保密局的部署，组织了审计系统密码工作制度执行情况检查和署机关保密工作自查；对署机关搬迁和分散办公期间的保密工作提出要求并组织了检查。四是参与或组织研究了审计信息化建设的保密问题、办公楼保密柜配备问题、移动密码设备的研制问题等。

信访举报工作克服工作量增加、处理难度增大等困难，加强了工作的规范化管理，较好地发挥了信访举报工作为改革、发展、稳定服务，为审计工作服务的作用。全年共接收处理信访举报信件1930件，接听整理电话录音举报1050次，接待上访人员128人次，9月15日署互联网站开通以来接收网上举报申诉建议电子邮件160件，均按有关规定进行了及时处理。起草国务院领导、信访局、署领导批示查处事项的有关信函20件，其中查出大案要案1件，移送司法机关2人，受党纪政纪处分1人。从9月份开始建立计算机电子资料库，已录入举报信730件。

办公室坚持为厅领导服务、为各处室服务、为有关单位服务的指导思想，工作质量和服务态度有了进一步的提高和改善。一是完成了署机关各单位1999年召开会议情况和2000年召开会议计划的汇总工作，认真组织了全国审计工作会议等5个重要会议的会务工作，起草了署关于进一步精简会议和文件的有关规定。二是起草了办公厅1999年工作总结和2000年工作计划等文件、规章38份，组织完成了厅内处室职责制定、文件运转、行政管理、后勤服务等工作，协助厅领导加强了全厅工作的管理和协调，全年共收发、处理纸质文函5000多件，基本消灭了工作差错。三是按时完成了对人大代表建议和政协委员提案的答复函14件，进一步提高了办理质量。四是承办了厅党支部的日常工作，组织开展了政治教育、党的组织生活、党员发展、经常性的思想政治工作、文体活动等。五是办理了有关的对口支援三峡库区迁建审计局、安全、扶贫、调研等事项，均较好地完成了任务。

【法制司】2000年，法制司人员编制18名，在编人员16人，领导职数3名；设有4个职能处室：法规处、复核处、质量检查处、法律事务处。

领导成员

司　　长：孙宝厚（9月－）

副 司 长：王常松

　　　　　李淑敏（7月－）

审计立法工作　法制司以构建审计准则体系为重点，全面推进审计立法工作，共草拟审计准则和审计法规14件，为进一步规范审计行为，提高审计工作质量起到了积极的推动作用。按照审计署《加快构建审计准则体系工作实施方案》的要求，完成了《中华人民共和国国家审计基本准则》、《审计机关审计处理处罚的规定》、《审计机关审计听证的规定》、《审计机关审计复议的规定》、《审计机关审计项目质量检查暂行规定》、《审计机关审计方案准则》、《审计机关审计证据准则》、《审计机关审计工作底稿准则（试行）》、《审计机关审计报告编审准则》和《审计机关审计复核准则》共10个审计准则的起草工作，并提请审计长办公会议审定后以审计署令2000年第1号、第2号分别发布施行。这10个审计准则的发布，进一步规范了审计机关的审计行为，为构建中国审计准则体系创造了一个良好的开端。

为规范审计机关向司法机关移送案件，法制司按照署领导的指示，在深入一线调查研究的基础上，积极与最高人民检察院、公安部沟通协调，拟定有关案件移送制度，完成了《最高人民检察院、审计署关于建立案件移送和加强工作协作配合制度的通知》和《审计署、公安部关于建立案件移送制度和加强工作协作配合的通知》两个通知的草拟工作，后经署领导审定并与最高人民检察院、公安部联合下发。通知规范了审计机关向公安机关、检察机关移送案件的程序、范围和内容，使案件移送工作有章可循，为各级审计机关开展查处大案要案工作提供了有力的制度保障。

为进一步推动内部审计工作，按照国务院立法计划的安排，法制司草拟了《中华人民共和国内部审计条例（征求意见稿）》，向国务院有关部门和各省、自治区、直辖市审计机关、各特派员办事处以及有关企事业单位广泛征求意见。此后，又参考有关单位的反馈意见对征求意见稿作了进一步修改，形成了《中华人民共和国内部审计条例（送审稿）》。经审计长办公会议审定，送审稿已于2000年11月报送国务院法制办，如期完成了内部审计条例的起草和报送工作。

为推进计算机审计工作的顺利开展，为计算机审计工作提供有力的法规保障，法制司根据署领导的指示，到南京特派办等开展计算机审计工作较好的单位进行调研论证，与署计算机中心和南京特派办联合起草了《国务院办公厅关于开展计算机审计工作若干问题的暂行规定》代拟稿，准备在进一步论证修改的基础上，报请国务院办公厅审定下发。

立法协调工作　全年法制司共对全国人大法工委、国务院法制办等单位送来征求意见的海关法修正案、刑法修正案、税收征管法修正案、商标法修正案、证券公司管理条例、三峡移民工程管理条例、专利法修正案、企业财务会计报告管理条例等33部法律、法规草案提出了修改意见。通过立法协调工作，既为国家立法工作提供了有益的意见和建议，也为审计工作的顺利开展，审计执法环境的进一步完善起到了积极作用。

审计复核复议工作　2000年，法制司以检查各单位对审计署发布的10个审计准则的贯彻落实情况为重点，认真开展审计复核和审计复议工作，收到了较好的效果。法制司共复核审计署对外出具的审计结论性文书288份，其中审计意见书94份，审计决定书170份，审计建议书14份，移送处理书6份，审计结果报告4份。上述审计文书共涉及各类审计项目186个。通过复核，法制司共提出复核意见496条，其中约有85%的意见被有关业务司和派出局接受。通过审计复核工作，强化了内部审计质量控制机制，提高了审计工作质量，推动了审计准则的贯彻落实。

全年法制司共办理申请复议案11件。其中维持审计决定2件，撤销或者变更审计决定2件，经审查不符合复议条件、裁定不予受理的4件，申请人撤回复议申请的3件。经复议的案件，没有发生行政诉讼。

审计项目质量检查工作　按照全年审计工作计划安排，法制司先后对审计署驻广州、郑州、太原特派办和江西、山东省审计厅1999年完成的审计项目以及山西省左云县审计局有关审计业务质量进行了检查，重点检查了审计准则的贯彻执行情况，发现审计执法力度不够、执行审计准则不到位等问题，并及时予以指出，并有针对性地提出了改进建议。通过审计项目质量检查工作，推动了审计机关内部业务监督机制的完善，增强了被检查单位依法行政、依法审计的意识，为切实提高审计执法水平和审计工作质量作出了积极的贡献。

另外，法制司在复核复议和质量检查工作的基础上，先后起草了《审计署办公厅关于1998年中央预算执行和其他财政财务收支审计复核复议情况的通报》和《审计署关于审计准则贯彻执行情况的通报》，通报了审计质量和审计准则执行的情况，肯定了各级审计机关在贯彻执行审计法律法规和审计准则中取得的成绩，指出了在贯彻执行审计法律法规和审计准则中存在的问题。通报的下发，引起了各级审计机关主要领导同志和审计人员对贯彻执行审计法律法规和审计准则的高度重视，一些审计机关转发了通报并组织审计人员学习，有力地推进了审计法律法规和审计准则在全国的贯彻执行。

社会审计组织审计业务质量监督检查工作　3月，审计署印发了《2000年监督检查社会审计组织审计业务质量工作方案》，安排27个省级审计机关和16个特派员办事处对44家会计师事务所的审计业务质量进行检查。法制司积极组织各级审计机关按照工作方案的要求，努力工作，较为顺利地完成了各自的任务。在组织各地审计机关按计划检查社会审计组织审计业务的同时，法制司还于11月15日至12月5日对天健会计师事务所2000年完成的审计报告进行了检查。检查发现，会计师事务所在执业中存在着没有查出企业财务会计信息中的弄虚作假情况或者虽然查出但隐瞒不报等问题。通过对天健等41家会计师事务所业务质量的检查，初步了解了社会审计职业界的基本状况，积累了一些经验，逐渐摸索出监督检查社会审计组织审计业务质量的新路子。

法制宣传教育工作　3月份，法制司召开了全国审计法制工作会议，全面回顾、总结和交流近年来各地审计法制工作的经验。会议请李金华审计长、董大胜副审计长和国务院法制办杨景宇主任作了重要讲话，与会同志还讨论了2000年和今后一段时期内的审计法制工作任务，为跨世纪的审计法制工作奠定了基础，指明了方向。

2000年是“三五”普法工作的最后一年，为了真实地反映和总结各级审计机关的普法成果，法制司草拟了审计机关“三五”普法检查验收工作方案等文件，对全国审计机关普法检查验收工作的分工、步骤和标准等作了统一规定，并采取全面检查和重点抽查相结合的方式，对各级审计机关的“三五”普法情况进行全面的检查验收。同时，还组织各省级审计机关对其所属地、市审计机关的普法情况进行检查验收。在此基础上，确定了14个省级审计机关和8个特派员办事处作为抽查重点单位，派出6个检查组对其进行检查验收。“三五”普法检查验收工作结束后，及时向全国普法办提交了《审计署关于全国审计机关“三五”普法情况的汇报》，并评选出了全国审计机关“三五”普法先进集体和个人，审计署的“三五”普法检查验收工作得到了全国普法办、司法部的肯定和表扬。

在开展“三五”普法检查验收工作的同时，法制司按照署领导的指示，积极协助署培训中心举办了4期审计准则培训班，培训审计人员近千人，帮助广大审计人员提高认识，加深对审计准则的学习和理解。随着社会主义市场经济法律体系的不断建立与完善，新出台、修订的法律、法规越来越多，在坚持依法行政、依法审计的大背景下，如何在审计执法过程中具体运用这些法律、法规的问题也越来越突出。法制司积极做好对审计系统法律、法规运用问题的指导，全年共办理各种批复、答复17件。这些批复、答复的办理，及时解决了各级审计机关在执法过程中遇到的疑难问题，防止了一些不当审计行为的发生，也促进了审计执法力度的加强和审计执法水平的提高。

【财政审计司】2000年，财政审计司人员编制22名，在编人员18人，领导职数3名。设有5个职能处室：一处负责起草中央预算执行和其他财政收支审计工作实施方案，汇总中央预算执行审计情况，起草审计结果报告，承担对财政部组织执行中央预算情况的审计工作，组织各有关派出机构对中央国库办理中央预算收入缴纳拨付情况的审计；二处负责组织对国家税务局系统税收征管情况的审计，对国家税务总局及其在京下属单位财务收支的审计；三处负责组织海关关税和进口环节税收征管情况的审计；四处负责组织对省级人民政府预算执行和决算的审计，并负责对中国经济开发信托投资公司资产负债损益情况进行审计；五处负责中央部门预算执行审计，从6月起，职能、人员和编制全部划归行政事业审计司。

领导成员

司　　长：刘宝衡

副 司 长：侯　凯　陈尘肇

中央预算执行审计　4月，根据审计署工作计划安排，财政审计司对财政部具体组织执行1999年中央预算情况进行了审计。从审计情况看，1999年中央预算执行情况是比较好的，完成了全国人大批准的中央预算任务，中央财政总收入完成预算的109．5%，中央财政总支出完成预算的107．2%，财政赤字比调整后的预算减少11．43亿元。这次审计也查出财政部多列预算支出、未将股票售表收入及当年安排的支出在预算中列收列支、未将中央基本建设贷款收入和国有资产经营收益纳入当年预算等问题。这些问题，主要是由于未按国家有关规定及时处理造成的，财政部已经采取措施予以纠正。

此外，审计还查出下列问题需要限期纠正，主要是：1、未及时清理收回以前年度多拨的亏损补贴2.31亿元；2、违反规定拨付旅游发展基金100万元；3、财政周转金的清理回收进展缓慢；4、动用专项资金搞定期存款。针对上述问题，提出了加强中央预算管理的建议，要求进一步规范中央补助地方支出。7月，审计署下达了对财政部具体组织执行1999年中央预算情况的审计意见以及对财政部1999年部门预算执行情况的审计意见和审计决定。

1月至4月，根据审计署部署，财政审计司组织25个派出审计局，对国务院55个部门和直属单位1999年预算执行情况进行了审计，并对审计结果进行了汇总。查出的问题主要是：18个部门应缴未缴预算收入17.28亿元；36个部门挪用财政资金21.09亿元；20个部门滞留财政资金56.55亿元；还有5个部门在机构改革以后仍向原下属单位进行摊派，收取资金4564万元。

对上述问题，审计署在审计决定中，要求将未缴的预算收入和预算外资金于9月底前上缴中央财政和预算外资金账户；挪用的财政资金要求归还原资金渠道；滞留的预算外资金限期拨付用款单位。对涉嫌违法犯罪的人员，移交司法机关立案查处。

中央税收征管情况审计　9月，根据署领导批示，财政审计司组成审计调查组，在长沙、南京特派办的积极配合下，对广西百色地区平果县国家税务局截留增值税的问题进行了专项审计调查。12月组织6个特派员办事处和6个省级审计机关，对辽宁、湖南、江西、海南、湖北、四川、浙江、广西、天津、河南、安徽、云南等12个省、区、市国税系统的税收征管情况进行了审计，查出违反税收法规金额84亿元，其中影响中央收入9.03亿元。主要问题有：一些基层税务部门会计核算不实，隐瞒税源，少反映企业欠税30.6亿元；违规批准缓征税款34.2亿元；少征、漏征税款9.9亿元；为完成税收任务预征或虚征税款3.6亿元；混淆预算收入级次等5.7亿元。

这次审计还发现，个别地方政府和基层国税部门为了局部利益，弄虚作假，执法犯法，造成巨额税款流失。如某市政府及其经济技术开发区为套取中央财政返还，钻开发区优惠政策的空子，违规自定政策，对开发区内企业缴纳的税款，以“财政补助”名义按不同比例予以返还。这不仅人为增加开发区的财政收入，套取中央财政资金，还导致一些外地企业为获取“财政补助”，在开发区设立“开票公司”，甚至虚开增值税发票，造成财政收入的大量流失。

广西某地区及其下属某县国税局与企业相互勾结，利用江苏张家港保税区自定的税收返还政策，将广西某铝业公司应在当地缴纳的增值税3938万元，转移到张家港保税区，由区内银利金属贸易有限公司缴纳，获取“财政补贴”1181万元，其中地区国税局分得500万元，县国税局分得100万元，全部用于兴建办公楼；某铝业公司分得496万元，形成“小金库”和账外资产；银利公司分得84万元，法定代表人涉嫌犯罪，已被逮捕。

沈阳市国税局于洪分局所属的两个税务所，1998至2000年2月采取“高开低征”手法，为辖区内钢材市场小规模纳税人违规开具增值税发票16万多份，票面税率为17%，应缴税款1.98亿元，实际征收率为0.3%至1.2%不等，仅征收税款876万元，造成税款流失达1.89亿元。

审计署对上述问题已作出处理。越权违规减免、缓征和少征税款，以及混淆入库级次影响中央收入的，限期补征入库；截留的国家税款，限期缴入金库；欠税反映不实的，要求进行账务调整，并采取有效措施，积极催缴税款；重大违法违纪问题，移交有关部门立案查处。

海关税收征管审计　全年审计了宁波、黄埔、海口、南宁、福州、沈阳、兰州、乌鲁木齐、昆明、杭州等10个直属海关，查出违法违纪金额9.11亿元，其中影响国家税收收入4.54亿元，主要是应征未征、违规减免以及疏于监管造成税款流失等问题。如海口海关在处理9家保税仓擅自提走保税货物的案件时，未严格按税法办案，造成税款流失。该案实际案值4.9亿元，涉及税款1.5亿元，海口海关以政策遗留问题多、保税货物进口时间长、案件查处难度大为借口，只对当事人罚款8857万元，由于执法不严，这一罚款实际仅收缴4458万元。沈阳海关批准5户外商投资企业免税进口施工机械，价值1.14亿元，由于疏于监管，进口设备下落不明，涉嫌走私，偷逃税款4091万元。

对上述问题，审计署已依法进行了处理。应征未征、违规减免以及疏于监管造成税收流失的，要求限期补征入库；进口货物下落不明、涉嫌走私的问题，已要求海关立案查处。

中央国库系统办理中央预算资金收纳拨付情况审计　审计中央国库湖北、安徽、天津、云南、浙江、辽宁、江西、四川等8个省级分库及部分中心支库办理预算资金收纳拨付情况，查出违反国库管理制度金额12.79亿元，主要问题是收入级次审核不严，将中央收入缴入地方金库，违规办理财税部门退库，延压预算收入，以及对征收机关收入过渡账户清理、监督不力等。

审计署对上述问题，已依法进行了处理。混淆入库级次、违规办理退库影响中央收入的问题，责成有关国库督促财税部门调整缴入中央国库。同时，要求有关国库严格按照国家规定加强国库监管，清理撤消税款过渡户，保证税款及时、足额缴入国库。

国债专项资金审计　根据九届全国人大常委会第十六次会议的决议，财政审计司组织16个特派员办事处，对天津、河北、吉林、湖北、湖南、浙江、安徽、宁夏、广西、重庆、四川、江西、福建、山东、陕西、贵州等16个省、区、市1999年国债专项资金管理使用情况进行了审计，重点检查了102个使用国债专项资金的建设项目，发现了一些问题：一是少数地方和单位挪用国债资金4.77亿元。如武汉长江娱乐发展有限公司在承建喻（家山）磨（山）道路国债项目过程中，挪用国债资金4211万元，占该项目国债资金总额的46%，其中用于炒股1000万元，关联企业征地等支出2216万元，其余995万元被该公司总经理个人汇出境外。二是一些国债项目工程管理问题比较突出。16个省、区、市普遍存在不严格执行招投标制、工程监理制和项目法人制的问题，有的违反基建投资审批程序，搞“三边”工程，有的施工单位资质不合格，还有的中标单位违法分包、转包。三是一些地方仍然存在滞留国债资金的问题。据统计，由于前期准备工作不充分，工程建设进度迟缓等原因，滞留在各级财政和项目主管部门的国债资金达22.71亿元。

审计署对上述问题已作出处理。挤占挪用国债专项资金的，要求限期归还；违规招投标、分包、转包的，要求予以整改。武汉长江娱乐公司挪用国债资金问题已移交中纪委、监察部立案查处。

中国经济开发信托投资公司资产负债损益审计　3月至10月，财政审计司组织12个特派员办事处，对中国经济开发信托投资公司1999年资产负债损益情况进行了审计，并对以前年度进行了延伸。审计查出的问题，大部分与1997年清理整顿前分权管理、盲目投资有关。主要问题是资产质量不高，违规经营，违规向境外投资等。审计还发现了5起违法违纪案件线索。对上述问题，审计署已作出处理。

落实中央预算执行和其他财政收支审计查出问题的纠正情况　根据全国人大常委会的要求，审计署对1999年中央预算执行审计查出问题的纠正和整改情况进行了检查。11月，财政审计司根据各业务司提供的情况，起草了《关于1999年中央预算执行和其他财政收支审计查出问题纠正情况的报告（代拟稿）》，报国务院办公厅。经国务院领导批示后，以国务院办公厅名义报全国人大常委会办公厅。总的看，国务院各部门和有关地方人民政府落实审计处理决定的态度是积极的，审计查出的问题基本得到了纠正。财政部针对审计查出的问题逐条加以研究，切实进行整改。对多拨外经贸部的亏损补贴2.31亿元、违规拨付的旅游发展基金100万元、被挪用的专项资金9500万元等已全部收回。对审计署提出的加强中央部门财务管理等意见，正通过推进财政制度改革等措施，认真加以落实。

国家税务总局专门下发通知，要求有关省（区、市）国税局严格执行审计决定，坚决纠正存在的问题。据统计，截止2000年底，已补征税款25.54亿元，占应补征的83%，调整缴入中央金库3.21亿元，占应调整的97%，税款补征入库率逐年提高。同时，还研究制定了《配合审计署做好中央税收收入征管情况审计的若干规定》。海关总署成立整改小组，研究制定措施，认真落实审计决定，现已补征税款2.89亿元，占应补征的84%。对审计查出的走私护私案件正积极进行查处。

地方政府及有关部门认真纠正国债专项资金管理中存在的问题，挤占挪用的国债专项资金28.59亿元已经全部收回。国家计委和财政部积极采纳审计署提出的加强国债资金管理的意见，分别下发了关于加强国债项目管理、开展国债资金检查的通知，对进一步规范国债项目和资金的管理发挥了较好作用。

【金融审计司】2000年，金融审计司人员编制22名，在编人员17人。设有4个职能处室：一处（中央银行审计）、二处（商业银行审计）、三处（信托证券审计）、四处（保险审计）。

领导成员

司　长：范　鹏

副司长：任有泉　张　力

一、审计工作完成情况

（一）中国人民银行1999年度财务收支情况审计。根据审计署的统一安排，1月至3月，金融司参加并组织各特派办对中国人民银行总行（含国家外汇管理局）及其9家分行、7家城市中心支行、深圳分行和北京营业管理部，以及所属部分事业单位1999年度财务收支情况进行了审计。审计查出了人民银行及其系统分支行存在的少计收入、虚列支出、账外资产等问题，审计共调增利润1.31亿元，并就严肃国家财政预算，加强人民银行财务管理提出了建议。

（二）中国农业银行1999年度资产负债损益情况审计。4月至9月，根据审计署审计计划安排，金融司参加并组织14个特派办对中国农业银行总行和湖北、四川、深圳、辽宁、广东、山东、北京、河北、河南等9个省级分行以及97个地市分行、526个县级支行1999年度资产负债损益的真实、合法和效益情况进行了审计，并延伸审计了815个单位。经审计，揭露出农业银行部分分支机构存在违规经营、资产负债损益不实、违规剥离不良资产等违纪违规问题，基本达到了“摸清家底，核实盈亏，揭露问题，分析原因，规范秩序，促进管理”的目的。审计中共发现农行系统各类重大违法违规案件线索41起，涉案总金额122亿元，涉案责任人153人（其中县处级以上干部16人），移送司法机关和有关部门查处149人。审计报告上报国务院后，国务院领导同志作了重要批示。

（三）金融机构领导人员任期经济责任审计。根据中办、国办印发的《国有企业及国有控股企业领导人员任期经济责任审计暂行规定》和国务院领导指示精神，按照审计署的统一部署，金融司参加并组织京津冀办、上海办、南京办分别对中国工商银行原行长刘廷焕同志、中国农业银行原行长何林祥同志、中国银行原行长王雪冰同志、中国建设银行原行长周小川同志、中国证券监督管理委员会原主席周正庆同志、中国农业发展银行原行长谢旭人同志进行了离任经济责任审计。重点审计上述金融机构领导人员任职期内所在单位执行国家宏观经济政策情况、内部控制制度健全有效情况、资产负债损益的真实合法效益情况、重要经营决策情况等，并分别向国务院和审计署提交了审计结果报告和工作总结报告。

（四）境外金融机构审计。根据《审计法》的规定和国务院关于加强境外中资企业管理的指示精神，按照《2000年度审计署统一组织的审计项目计划》安排，本着摸清家底，揭露问题，提出建议，促进管理的目的，金融司组织对中国银行香港分行1999年度资产、负债、损益的真实性、合规性和资产质量进行了就地审计，并对有关投资单位和投资项目进行了审核和查证。对审计中发现的一些问题，提出了整改建议，促进了被审计单位进一步规范经营和管理。

（五）进一步加强审计基础工作建设。为提高金融审计质量，规范审计行为，根据审计署统一安排，金融司组织编写了《商业银行审计指南》和《审计署对中国人民银行财务审计准则》、《审计署对政策性银行财务审计准则》、《审计署对国有商业银行财务审计准则》、《审计署对国有商业保险公司财务审计准则》、《审计署对国有证券机构财务审计准则》、《审计署对国有信托投资机构财务审计准则》等6个专业准则（草稿）；在总结以往审计工作经验的基础上，组织编写了《商业银行审计案例汇编》。

（六）完成领导交办任务。根据领导交办，金融司完成了对国家外汇管理局的专项审计，派人配合中纪委、中央金融纪工委等部门办理了专案审计；另外，还派人到湖北、上海、安徽、山东等地，就中国人寿保险公司上海分公司的试审情况、地方中小金融机构接受审计的情况进行调查，为今后进行相关审计做好充分准备。

二、金融审计工作的主要特点

2000年的金融审计工作是在任务重、时间紧、人员变化较大的情况下开展的，全体同志在工作中紧密团结、积极协作、相互配合，较圆满地完成了审计任务。全年金融审计工作，主要有以下特点：

（一）认真落实朱总理指示精神，进一步明确了金融审计的指导思想。在全年的金融审计中，金融司认真落实朱镕基总理关于“全面审计，突出重点”的指示精神，集中力量，重点开展了对农业银行、人民银行资产负债损益和领导干部任期经济责任的审计工作。在认真核实信贷资产质量的基础上，通过对重点地区、重点单位、重点资金的审计，揭露了一批重大违法违纪案件，对促进金融企业规范经营发挥了积极作用。

（二）树立全局意识，围绕党和政府关注的重点开展工作。为评价金融机构领导人员任期内经济责任，促进国有金融机构领导干部勤政廉政，全面履行职责，加强和改善经营管理，提高经济效益，防范和化解金融风险，党中央、国务院根据当前党风廉政建设的新情况，要求对部分国有金融机构领导人员进行离任经济责任审计。金融司根据国务院领导指示和署领导要求，提出了《部分金融机构领导人员离任经济责任审计的安排意见》，经国务院讨论通过后实施。通过对中国证监会和5家国有金融机构原领导人的经济责任审计，进一步探索了经济责任审计的路子。在对国家外汇管理局的审计中，首次对国家外汇储备经营管理情况进行审计，审计结果报告如实客观地反映了情况，发挥了审计监督为宏观管理服务的作用。

（三）积极改进审计方法，提高工作效率，审计质量有了进一步提高。金融司在审计工作中，注意探索研究新情况、新问题，不断改进审计工作，提高了审计工作质量和效率。1. 在组织对农行系统审计中，按照“五统一”原则，制定下发统一的审计方案，明确审计内容，确定审计重点，提出工作要求，对审计发现的违规问题，依法统一作出处理，以确保农行审计的质量。实践证明，实行“五统一”的原则，有利于突出审计重点，准确把握对问题的定性和处理，为进一步提高审计质量发挥了积极作用。2. 积极探索计算机辅助审计软件的运用。在计算机中心的支持配合下，金融司在农行审计中全面推行运用计算机进行辅助审计。计算机审计软件的运用，在一定程度上摆脱了繁杂的手工作业，不仅提高了工作效率和审计质量，更重要的是为今后运用计算机审计探索出了路子，为圆满完成审计任务发挥了独特的作用，初步展现了先进的审计工具和手段的优势。3. 在审计中坚持以信贷资产质量为主线。从审计方案的制定、审计实施到审计结果汇总，都把摸清和反映信贷资产质量问题作为有效发挥金融审计警示和监督作用的重要途径，为促进金融机构加强管理、防范风险发挥了作用。4. 探索开展境外审计的方法。在对中国银行香港分行 1999 年度资产、负债、损益的真实性、合规性和资产质量进行的审计中，注意总结境外金融审计经验，收集和掌握境外金融机构所在地区的相关法律法规和业务信息资料，积极探索境外审计的方法，为今后金融审计在更广范围内开展积累了经验。

（四）树立服务意识，注意反映审计中发现的带有苗头性、倾向性和普遍性的问题，为领导宏观决策服务。全年金融审计上报国务院的审计要情、重要信息要目、审计简报以及转送其他部门单位研究处理事项等共 55 件，其中国务院领导同志批示 9 件，所反映的一些重大违法违纪问题，都受到国务院领导同志的重视，有效地发挥了审计监督的作用。

【行政事业审计司】2000 年，行政事业审计司人员编制 21 名，在编人员 18 人，领导职数 3 名。设有 4 个职能处室：一处（行政经费审计）、二处（事业经费审计）、三处（事业单位和预算外资金审计）和四处（中央部门预算执行审计）。

领导成员

司　　长：张秋霞

副 司 长：鲍朔望

副司级审计员：褚志德

探索审计路子　为了适应财政支出改革的要求，不断深化行政事业审计工作，根据署领导的指示，行政事业司积极开展调查研究，探索新形势下行政事业审计工作路子。一是为了加强对中央部门预算执行情况的审计监督，促进实现署党组确定的审计目标，努力改进中央部门预算执行审计的方式方法，使审计监督贯穿于预算执行的全过程，实现中央部门预算执行审计的经常化；二是结合我国财政决算制度和国外对国家决算审计的方法，开展了深入细致的调查研究，提出了 2000 年部门决算（草案）审签试点工作方案，明确了决算审签的原则、范围、重点、审签的具体内容和要求，初步形成了部门决算（草案）审签意见书的格式；三是积极收集资料，开展调查研究，探索政府采购审计的路子，起草了《审计署关于对中央国家机关政府采购进行跟踪审计的通知》，要求在中央国家机关预算执行审计和其他财政财务收支审计中，跟踪审计政府采购的实施情况。同时，还对中央和有关地方建立政府采购制度、实施政府采购情况，以及署有关派出机构、地方审计机关开展政府采购审计的情况进行了深入调查研究，并借鉴国外审计机关开展政府采购审计的经验，提出政府采购审计调研报告，形成了建立我国政府采购审计制度的初步设想；四是针对目前正在推行的会计委派制，会同审计科研所进行调研，了解有关政策规定和有关地方实施会计委派制的具体做法和体会，分析实施会计委派制对审计工作的影响，提出了改进和加强行政事业审计工作的意见和措施。

中央部门预算执行审计　组织派出审计局对 55 个国务院部门和直属单位 1999 年预算执行情况进行了审计。在审计工作中，根据署党组"摸清家底，促进规范，守土有责"的要求，以财政预算为"龙头"，紧紧围绕预算执行这条主线，重点对一级预算单位，尤其是对有预算分配权、资金量较大的部门和财务管理比较薄弱的单位加强审计监督。同时，将预算执行审计作为一个系统工程来安排，促进各派出审计局、有关业务司和驻地方特派办加强协调配合，及时沟通信息，形成整体合力，把部门审计与财政部审计、各部门之间的审计、预算执行审计与科技等专项资金审计、一级预算单位审计和二、三级单位审计有机结合起来，深入查处预算资金收缴、分配、拨付和使用环节的重大违法违纪问题，促进中央部门规范预算分配和依法履行职责。审计结果表明，1999 年中央各部门预算管理情况有所好转，依法理财的水平有了新的提高，中央部门预算执行情况总的来说是比较好的。但是，审计也发现一些问题，主要是：应缴未缴中央预算收入，挤占、挪用财政资金用于修建楼堂馆所、行政经费开支等，滞留财政资金，违规融资或拆借资金，存在游离于财政管理之外的"自留资金"以及财务管理不规范、会计核算不真实等问题。截止年底，审计查出应缴未缴预算收入的 89.1% 已上缴国库，被挤占挪用资金的 73.6% 已归还原资金渠道，应拨未拨资金的 94% 已下拨，并建立健全了有关财务管理规章制度。此次审计的结果向国务院和全国人大常委会报告后，得到了充分肯定。

中央科技经费审计　行政事业司组织派出审计局、特派员办事处对中国科学院、中国社会科学院、中国科学技术协会、国家自然科学基金委员会以及中科院、国务院部门所属的63个科研院所1999年财政、财务收支情况进行了审计。审计结果表明，中科院等部门和科研单位围绕实现“科教兴国”战略目标，积极筹措资金，为促进科学事业的发展，做了大量的工作。但审计中也发现一些违纪违规问题，有的还比较严重。这次审计共查出违纪违规问题金额54.14亿元，主要是：1. 科技主管部门滞留科技经费；2. 采取坐收坐支、私设“小金库”等手法，隐瞒收入；3. 挤占、挪用科研资金；4. 违规从事金融业务；5. 资产管理混乱等。此外，审计还查出涉嫌经济犯罪案件8件，涉案14人，已移送司法机关进一步查处；移交纪检监察部门或主管部门处理案件16件。此次审计的报告报送国务院有关领导同志后，引起了高度重视，李岚清副总理批示要求所有的科研部门必须认真加强科研经费的严格管理，用好每一分钱，为发展我国的科研事业服务。中科院和所属院所对审计查出的问题也十分重视，积极采取措施落实审计决定和意见，进行了认真的整改。

工商行政管理部门财务收支审计　为进一步推进执法单位贯彻落实“收支两条线”规定，促进加强廉政建设和公正执法，行政事业司组织地方审计机关对19个省、自治区、直辖市1772个县级以上工商行政管理部门1998、1999年度行政性收费、罚没收入收缴情况，以及1999年度财务收支情况进行了审计，同时延伸审计了8759个基层工商行政管理所。审计结果表明，各级工商部门为理顺工商行政管理体制，在强化市场监管和行政执法，积极实施罚缴分离制度等方面做了大量工作，保证了工商行政管理工作的顺利开展。但是在执行“收支两条线”规定、执收执罚和财务管理方面还存在一些问题。这次审计共查出违纪违规问题金额44.45亿元，主要有：1. 隐瞒、截留、漏缴、欠缴收入；2. 违反规定乱收费、乱集资；3. 挤占、挪用资金；4. 财务管理混乱等。另外，还查出涉嫌贪污案件29件，涉案人数34人，其中移送司法机关14件17人，移送纪检监察部门15件17人。

领导交办的审计项目　根据中央领导同志的批示和署领导的指示，行政事业司对中华全国总工会（以下简称总工会）及其所属企事业单位1998和1999年度的财务收支进行了审计。这次审计是审计署成立以来第一次对总工会进行的审计监督，遇到的困难很大，行政事业司按照署领导的指示，依据《审计法》规定，坚持依法实施审计监督。查出的主要问题有：1. 挪用事业费和工会经费；2. 以自行开立银行账户、公款私存等方式私设“小金库”；3. 未经批准从事融资拆借业务；4. 以高息向职工集资；5. 未取得收费许可证乱收费等。审计的情况和结果向尉健行同志报告后，他作了重要批示：要求将此报告提交总工会书记处讨论，对揭露的问题要一一分清责任，作出相应处理，提出有针对性的整顿措施，并将善后处置工作情况向审计署作一报告。这次审计在全国总工会引起了强烈反响和很大震动，得到了全国总工会主要领导和有关部门的高度重视，专门召开书记处会议研究处理审计查出的问题，认真落实审计决定。同时，进一步健全和完善了工会财务管理制度，规范财务基础工作，严格财经纪律。

对派出审计局业务指导和日常联系　根据署确定的职责，行政事业司紧紧抓住审前准备、审中指导、统一审计处理、督促落实审计决定这四个环节，采取切实可行的措施，加强对派出审计局开展中央部门预算执行审计和其他业务工作的指导协调。在审前准备环节，根据署领导部署，配合办公厅加强计划协调，拟定切实可行的审计工作方案，确定工作重点。如在中央部门预算执行审计中，将有预算分配权的部门和拟撤销的国家局作为重点部门，将科技经费和有偿使用的财政资金作为重点资金，加强审计监督，注意揭露机构改革中国有资产流失等问题。在审中指导环节，就审计中发现的普遍性、倾向性问题及时与有关派出审计局沟通、协调，到部分派出审计局重点了解对拟撤销国家局的审计情况，及时向署领导报告。对地方反映中央有关部门的问题，派专人协同派出审计局进行调查。在审计处理环节，加强对中央部门预算执行审计意见书和审计决定的审核，从事实、定性、适用法规、处理处罚等方面严格把关。共审核各派出审计局和有关业务司对1999年度中央部门预算执行审计意见书和审计决定94份，提出178条审核意见。督促落实审计决定环节，把各部门落实1999年度审计决定的情况作为2000年年中审计的一项重要内容，加强督促力度，促进各部门认真整改，完善有关的财务管理制度，强化内部控制。为充分发挥派出审计局的作用做了大量工作，取得了明显效果。

“人、法、技”建设　行政事业司认真巩固”三讲”教育成果，结合制定的“三讲”教育整改措施，定期认真自查和对照检查，加强对干部的理想信念和全心全意为人民服务的宗旨教育，干部的政治思想素质和政治敏锐性有了很大提高，认清“法轮功”邪教组织的反科学本质，坚决抵制各种不良风气。从讲政治的高度来认识加强审计纪律的重要性，树立审计机关清正廉洁、公正执法的良好形象。积极创造机会，鼓励并要求大家踊跃参加政治理论学习和署组织的各项培训，全司同志都参加了政治理论考试（或撰写论文），取得了较好成绩。

为了推动审计工作规范化建设，行政事业司根据署里安排，起草了《行政事业单位审计准则》和《事业经费审计准则》，并征求部分地方审计机关和派出机构的意见。积极组织审计人员认真学习已颁布的各项审计准则，并在审计工作中严格遵照执行。

根据科技创新的发展趋势和署领导的要求，积极参与署计算机中心对行政事业审计软件的研究开发，广泛了解派出审计局的需求，配合计算机中心实现中央部门预算执行审计软件的升级。大力加强计算机培训和软件的推广应用，在中央部门的审计中，全面试用中央部门预算执行审计软件。同时，努力探索运用计算机开展网络审计的途径，积极鼓励和支持有条件的派出审计局与被审计单位财务部门实现计算机联网，协调、支持有关特派办开展网络审计试点。

【经贸审计司】 2000年，经贸审计司人员编制24人，在编人员18人，领导职数4名。设有5个职能处室：一处、二处、三处、四处、五处。

领导成员

司　　长：刘国权

副 司 长：喻政祥

　　　　　庄恩岳（-6月）

审计成果　2000年开展了预算执行情况审计，统一组织16个特派员办事处和29个省、市、自治区审计厅（局）对1290户国有及国有控股的大中型企业1999年度的资产负债损益进行了审计或审计调查，进行了境外企业审计试点、企业财务收支审计操作指南审计试点、国有大中型企业领导人员任期经济责任审计试点工作，完成了国务院交办的有关事项等。全年向署上报各类审计信息近90篇，被采用近70篇，部分被中办、国办采用。

预算执行情况审计　根据署统一安排，对国家煤炭工业局、国家有色工业局1999年度预算执行情况进行了审计，并配合财政司参与了对财政部的审计。结果发现国家煤炭工业局存在11.5亿元资金未按规定纳入预算外资金管理，5000万元专项资金长期挂账等问题；发现国家有色工业局及其所属单位截留挪用地质勘探费和矿产资源补偿费9000多万元、预算外资金11亿多元未纳入财政专户管理、少报资产164亿元、隐瞒财产、转让收入和投资收益9亿多元、少缴企业所得税3.6亿多元、少交境外投资收益2亿多元，以及逃汇近4亿港元和近1000万美元等违反财经法规问题，其中所属地质总局截留挪用预算资金的问题作为典型事例写进了李审计长向全国人大常委会的报告中；发现财政部未将国有资产经营收入列预算，将专项拨款用于办公司等问题。

参加和统一组织企业审计

（一）完成了全国统一组织的1290户企业的审计，达到了预期的目标，审计综合报告上报国务院，吴邦国副总理作了重要批示，经贸委根据批示，将审计综合报告收入了《企业管理基本规范读本》。3月开始至8月底止，经贸审计司统一组织署驻地方16个特派员办事处和29个省、自治区、直辖市审计厅（局）对1290户国有及国有控股的大中型企业1999年度的资产、负债和损益进行了审计和审计调查。共查出违纪违规金额100.49亿元，其中应上缴财政75.43亿元，已收缴19.86亿元；发现大案要案线索78件，已移送司法机关74件，案件涉及金额6.13亿元，为国家挽回损失2.72亿元；针对企业改革和经营管理中存在的问题，提出审计建议2946条；向审计署报送简报、要情243份，向地方政府报送240份。同时审计还发现以下主要问题：

1. 企业资产质量不高，不良资产数额大、比例高，企业的资产结构不合理、资产营运效率低下。这次审计共查出各种财产损失和潜在亏损以及未弥补亏损等不良资产合计743.28亿元，占总资产的11.01%、占净资产的27.68%。审计核实，1290户企业非经营性资产占总资产的7.48%，比例偏高；净资产占总资产的35.58%，其中643户亏损企业净资产为407亿元，占总资产的比例仅为22.25%，比重明显偏低；流动资产占总资产的38%；固定资产约占总资产的53%，其中工交企业固定资产占总资产的比例为62%，流动资产比重过低，固定资产比重过高。总资产、流动资产和固定资产年周转次数分别为0.52次、1.37次和0.98次，均低于历史正常年份，资产营运效率低下；国有资产增值保值率为104.83%，扣除“贷改投”、“债转股”62亿元不可比因素，实际上国有资产增值保值率为99.63%，没有实现国有资产保值增值，低于全国国有企业102.8的平均值标准，与良好值标准相差近9个百分点，属于较差值。亏损企业这几项经济技术指标差得更多。

2. 会计信息失真现象仍很普遍。据统计，1290户企业中会计报表能真实反映企业财务状况和经营成果的企业112户，占8.6%；基本真实的296户，占22.83%；不真实的832户，占68.37%。经审计核实，1290户企业总资产6858亿元，比报表数调增968.27亿元，差错率6.89%；负债4008.89亿元，比报表数调增313.51亿元，差错率3.03%；所有者权益2684.78亿元，较报表数调减133.02亿元，差错率8.45%；1999年实现利润58.27亿元，较报表调减36.63亿元，差错率99.98%。其中盈利企业实现利润157.92亿元，较报表调增4.74亿元，差错率24.68%；亏损企业实现利润-99.65亿元，较报表调增亏损46.47亿元，差错率146.63%，亏损企业经营成果不真实较盈利企业更加突出。

另外，还查出国有资产流失金额228亿多元，主要是逃废银行债务，改制运作不规范，资金体外循环，私设“小金库”等。企业经营的外部环境没有得到应有的改善，企业办社会的问题没有根本解决，行政干预依然存在，三乱行为时有发生，优惠政策落实情况不理想和社会保障制度不完善。

（二）对中国华润总公司1999年度的资产负债损益进行了审计，发现其资产质量差、巨额应收账款无法收回、长期投资损失严重、财产损失金额巨大、私设账外账、会计信息严重失真等问题，并分析了原因，提出了有针对性的建议；同时对公司近年来的改革成果、做法及影响其经营效益的外部环境和职工养老保险的解缴情况进行了审计调查。

（三）对中国物资储运总公司1999年度财务收支情况进行了审计，查出其资产质量不佳、损益不实，所属全资子公司私设“小金库”、用公款以私人名义买卖股票等违纪违规问题。

（四）对中国煤炭进出口公司进行了专项审计调查，查明该公司少数人操纵账外资金3亿多元，损失本金利息3000多万元，涉嫌个人问题尚在进一步查处。

经济责任审计　1、从7月初开始，着手考虑对中央企业开展经济责任审计的意见。经反复修改，在征求中共中央组织部等4部委意见的基础上，向国务院提交了有关加强中央企业审计的意见，为2001年企业审计的深化做了较好的准备。

2、根据中共中央组织部的委托，组织实施对中国第二重型集团、中国铝业集团领导人员任期经济责任审计，为组织部门奖惩、任免干部提供了重要参考。

境外企业审计试点　根据署统一安排，经贸审计司组成审计组对香港华润（集团）有限公司所属华润石化（集团）有限公司和华润机械五矿（集团）有限公司1999年度的财务收支情况进行了就地审计，并就境外企业审计提出了“提高认识，尽快规范；加强培训，提高业务素质，有关部门应尽快制定国有资产界定的法规，防止国有资产流失”等建议，得到署领导的赞同，达到了“总结经验，找出差距；摸清家底，揭露问题；提出搞好境外审计的意见和建议”的预期目的。

开展中澳项目试点工作　经署领导决定，经贸审计司负责中澳项目试点的全面工作。一是在山东、湖北省及其地方审计机关的配合下，选择两家企业进行了财务收支审计规范化试点。二是组织有关专家对《企业财务收支审计操作指南》进行论证，为其进一步修改完善作了大量工作。

完成领导交办事项　1、完成国务院交办的举报“科瑞集团诈骗银行贷款”案件的查证工作。审计后提出的建议既澄清了事实，又大大减小了银行贷款损失，受到了罗干同志的较高评价。

2、根据国务院的统一部署，组织部分特派办参加全国粮食的清仓查库工作。

3、受国家经贸委的委托，组织10个特派办对中国重型汽车集团1998和1999年1-9月的资产负债损益情况进行了审计。此次审计是为了配合其重组而进行的。通过审计，摸清了企业的家底，为其重组打下了基础。在审计中，还发现该集团有关人员涉嫌贪污诈骗的行为，以审计要情上报后，中央领导作了批示，公安部已责成山东省公安厅立案侦察。

4、根据国务院要求，作为国务院供销社财务挂账清查领导小组成员之一，参加对全国供销社系统截止1998年底（棉花企业截止到1998年8月底）的亏损挂账的清理核查工作。

5、参加中纪委牵头的“9976”专案组，对中国光大集团原法定代表人的经济问题进行查证。

6、根据署领导批示，组织并参加了对西安飞机研究所所属41室及电子设备厂出资情况调查，真实反映了41室及电子设备厂的出资情况，并为法院提供了证据。

7、根据署领导批示，配合最高人民检察院对武汉富华房地产开发公司涉嫌贪污案件进行查证和会计司法鉴定工作，查出账外资金1400多万元、国有资产流失1000多万元和虚假注册等问题，受到高检院领导的好评。

8、作为国务院治乱减负办公室成员之一，赴福建等地进行检查。

9、根据署领导指示，代署起草了《审计署贯彻落实党的十五届四中全会的情况报告》。

【农业与资源环保审计司】 2000年，农业与资源环保审计司（简称农业司）人员编制16名，在编人员11人。设有3个职能处室：一处、二处和三处。

领导成员

司　　长：刘达朱

副 司 长：李建新

　　　　　翟挨才（6月-）

审计成果　2000年，农业司克服工作任务重、人员缺编多的困难，团结战斗，注意总结，努力创新，在审计业务工作和精神文明建设方面都取得了新成绩。

深化对中央部门的审计　农业司认真总结上年查处水利部严重违

纪问题的工作经验，注意在弄清中央部门本级即一级预算单位基本情况的基础上，有计划、有重点地向其二级预算单位延伸审计，进一步查处了水利部、国务院三峡建设委员会移民开发局（以下简称三峡移民局）的一些司局或下属单位设置“小金库”等违纪问题，对促进规范这两个部门的预算管理、财务管理，起到了很大的推动作用。其中对水利部的审计，查出一些司局在下级单位设置“小金库”问题，以及个别司局和有关人员侵占水利专项资金等问题后，水利部副部长翟浩辉专程到审计署通报了水利部党组重视审计结果和部署整改的情况。在对三峡移民局及其下属三峡宾馆、培训中心的审计中，查出该局多年来在账外发放职工补贴，以及该局一些司局、下属单位设置“小金库”、两套账等问题。三峡移民局党组从管理好整个三峡移民资金的目的出发，将审计报告列作该局全体干部集中学习的一项内容。

积极探索环境审计 农业司根据审计署领导的指示，为拓展审计领域和积极探索、积累环境审计工作经验，在全国范围内组织开展了对13个重点林区天然林保护工程专项资金的审计和对46个重点城市排污费的审计。其中由12个特派办实施的天然林保护工程专项资金审计，以查处挤占挪用资金为重点，促进规范项目资金管理为目标，共查出违规违纪资金10.01亿元，占审计资金总额的12.46%，深入揭示了一些地方采取弄虚作假手法挤占挪用专项资金，超计划采伐林木，层层转包工程项目，以及造林工程管理流程不规范、造林质量差等问题。这次审计共编发审计署的《重要信息要目》11篇、《审计简报》3篇，其中有5篇被中共中央办公厅、国务院办公厅采用。国家林业局和重庆市、内蒙古自治区政府根据审计发现的线索，严肃查处了重庆市大足县林业局挪用资金建宾馆、内蒙古森工集团及所属企业超计划采伐等典型问题，追究了有关责任人员的责任。中纪委根据《审计简报》反映的情况编发了《反腐败工作信息》，朱镕基总理作了批示。由地方审计机关对全国46个重点城市1998、1999年排污费的征收、管理和使用情况的审计，以审查评价国家征收排污费政策是否有效执行为目标，共查出违纪违规金额9.86亿元，占审计总金额的26.41%。主要是一些城市从眼前利益出发没有按规定足额征收排污费，有的甚至弄虚作假，一些地方环保、财政部门挪用排污费补助行政经费、购房买车、平衡财政预算等问题，另外还查出涉嫌贪污、挪用公款案件7件，涉案人员16人。对于这次审计情况，审计署向国务院作了专题报告即《审计署关于46个重点城市排污费审计情况的报告》，李岚清、温家宝副总理分别在该报告上作了重要批示。据此，审计署会同国家环保总局、财政部联合发出通知，就这次审计查出的问题提出了整改要求。

深入开展三峡移民资金审计 2000年的三峡移民资金审计是审计署组织的第6次三峡移民资金审计。在由武汉、成都特派办和湖北省、重庆市审计机关参加的这次审计中，农业司从既要查处挤占挪用等严重违纪问题，也要查处国家有关移民政策在执行中存在的问题出发，把审计重点确定为：在查处侵占、挪用移民资金等严重违纪问题的同时，继续清查城集镇迁建征用土地和出让、划拨土地存在的问题；通过对移民工程项目的抽审查处和纠正工程项目管理中的违规问题。审计结果表明，2000年由国务院三峡工程建设委员会根据上年审计情况组织库区各级政府进行的审计整改，追回了以前被挤占挪用的移民资金，促进库区各级移民资金管理部门和使用单位增强了财经法纪观念。但是，也确有一些单位在2000年审计整改中还缺乏主动性，少数单位顶风违纪，少数不法分子贪污侵吞移民资金，审计共查出挤占挪用移民资金8805万元，占审计资金额的2.1%；向司法机关移交贪污挪用移民资金案件6件，涉案人员9人。另外，审计还揭示了部分民营企业在对搬迁企业兼并中侵占移民资金和搬迁企业资产；一些地方对城集镇迁建征用土地及出让、划拨土地中存在的问题不够重视，少数单位利用职权通过迁建土地谋取利益；相当比例的移民工程项目由不符合规定资质的单位承建，不按规定实行招投标，违反规定分包和违法转包等问题，并由此造成了移民资金流失和损失浪费。对这些问题，审计署向三峡移民局作了通报。三峡移民局和国务院三峡建设委员会监察局对各地整改情况进行了督促检查。此外，这次审计还查实反映了湖北省一些地方大量自行接收重庆库区移民且安置不落实问题，吴邦国副总理作了重要批示，要求有关部门认真进行清理。

认真组织开展南水北调前期工作经费和农业综合开发资金审计 根据署领导的指示，组织京津冀、武汉、沈阳特派办对1994年以来中央投入的南水北调中线工程前期工作经费及地方配套资金的管理、使用情况进行了审计，揭示了因中央有关部门预算把关不严，大量资金用于与南水北调中线工程前期工作无关的项目，因管理不严，大量资金被挤占挪用，以及有的地方以上级要求安排配套资金为由乱收费等问题。审计署将审计情况通报水利部，促其整改。根据国家农业综合开发办公室每年都要对部分省区市国家农业综合开发项目组织验收并要求出具审计报告的情况，农业司还组织河北等10个省区审计机关和新疆生产建设兵团审计局，对1999年农业综合开发资金的投入、管理、使用情况进行了审计，查出违纪违规资金5.2亿元，占审计资金总额的5.8%，主要是一些部门和单位挪用农业综合开发资金平衡财政预算、弥补行政经费、购车，将无偿资金变有偿使用，虚列支出转移资金，搞虚假配套，改变资金投向、挪用资金，以及资金使用效益不好等问题。这次审计共促进资金投入到位2.2亿元，审计决定归还原渠道资金6255万元，纠正违纪违规贷款1875万元，上交财政735万元。审计署将审计情况向国家农业综合开发办公室作了通报。国家农业综合开发办公室很重视，决定结合全国农业综合开发项目验收工作，对审计查出的问题进行认真整改。

注意总结，加强研究　1999年度农业司查处水利部严重违纪问题，在组织三峡移民资金审计中由重庆市审计局查处黄某涉嫌贪污移民资金1500多万元一案，得到了审计署领导的高度评价，被誉为审计精品。对此，农业司进行了全面认真总结，并在此基础上撰写了《水利部审计案例》，被摄制成审计教学片。还积极参与了对黄某审计案例的总结和该审计教学片的制作。此外，为贯彻落实朱镕基总理关于全面审计，突出重点，注意发现大案要案线索的指示精神，针对新世纪国家大力推进农业产业结构调整，实施西部大开发战略，加强农业基础设施和生态环境建设对农业审计工作提出了新要求的情况，为了认真总结近几年农业专项资金审计工作经验，探索进一步拓展和深化农业与资源环保审计工作，农业司举办了农业与资源环保资金审计研讨班，全国各省区市审计机关和各特派办的代表参加了研讨，为今后的工作提出了很多很好的意见和建议。农业司还积极组织对农业与资源环保审计系统信息化建设的情况进行了调查，就推广应用计算机辅助审计软件做了许多工作。

【社会保障审计司】 2000年，社会保障审计司人员编制14名，在编人员14人，领导职数3名；设有3个职能处：养老保险处、医疗保险处、福利救济处。

领导成员

司　长：赵连栋

副司长：刘海宇　秦　萌

审计成果　全年组织完成了3项审计调查，并承担完成了5项直接审计项目，积极完成领导交办的事项。

企业欠缴养老保险费、失业保险费情况审计调查　根据劳动和社会保障部的通报，截止1999年底，全国企业欠缴基本养老保险费累计375.7亿元，其中欠缴1000万元以上的大户有245户，合计欠费56.8亿元。社会保障审计司组织14个驻地方特派员办事处对其中以冶金行业为主的欠费总额近半数的71户企业的欠缴基本养老保险费和失业保险费情况进行了审计调查，并对其中69户企业的调查统计数字作了综合汇总。调查结果显示，至1999年底，69户企业共欠缴养老保险费和失业保险费27.4亿元，其中养老保险24.6亿元，失业保险2.8亿元。调查表明，69户企业欠费情况比较严重，但总的经营情况在好转，缴费能力在增强，补缴欠费积极性提高。审计调查也发现了五个方面的主要问题，一是69户企业中只有不到半数的企业实现了全额缴拨，不规范的缴拨方式带来企业之间负担不均及欠发养老金等问题。二是一些地方政府和社保部门违规调整缴费基数，导致企业多缴或少缴养老保险费和失业保险费。三是欠费应加收的滞纳金数额巨大，初步测算仅养老保险欠费1998、1999两年应加收的滞纳金就超过本金6.8亿元。四是由于政府部门不协调，致使不得给欠费企业评先选优、出国考察和购买小汽车等规定难以落实。五是一些政府部门乱收费、乱摊派降低了企业的缴费能力。报告针对上述查出的问题提出了意见和建议。此项审计调查的综合报告上报了国务院。此外，社会保障审计司还会同经贸司在组织对经贸企业的审计时结合企业欠缴养老保险费和失业保险费的情况进行了审计调查。根据对842户企业汇总的情况，存在欠缴养老保险费和失业保险费的有441户企业，累计欠费16.5亿元，其中养老保险欠费13.9亿元，失业保险欠费2.6亿元。审计调查结果合并到审计署上报国务院关于审计经贸企业情况的报告中。

企业职工基本养老保险扩大覆盖面和养老保险基金收支预测情况审计调查　组织各省（区、市）审计机关对1999年企业职工基本养老保险扩大覆盖面的情况进行了审计调查，并延伸调查了各类未参保企业2501户。调查表明，1999年养老保险扩大覆盖面工作暴露出的诸多问题不容忽视，扩面征缴工作亟需加强，有些政策应尽快予以明确。存在的主要问题：一是各级社保部门对应参保企业和职工底数不清，按照统计口径下达的扩面指标与实际数据差距太大。1999年劳动和社会保障部下达给30个省、自治区、直辖市扩面计划为新增参保人员2609.5万人，各地实际扩面人数707万，仅占计划的27%。各省级社保部门计划因扩面而增加基本养老保险基金收入186.8亿元，而实际只完成78.6亿元，占计划的42%。二是在参保问题上，政府有关部门相互脱节，没有形成合力，对扩面工作产生负面影响。调查发现，由于部门之间配合不力，各管其事，有关主管部门在企业登记、年检时联手合作的规定并没有发挥应有的作用。三是社保部门对养老保险制度和有关政策宣传不够，使社会上相当多的人对此不甚了解，也影响扩面工作的顺利开展。四是目前的养老保险制度对特殊形式用工（农民合同工、临时工、已退休又办企业者）参保没有明确规定，亟待加以规范。审计调查结果以审计简报形式进行了反映。

挤占挪用企业职工基本养老保险基金典型问题专项审计调查　组织辽宁、江苏、山东、湖北、湖南、广东和海南7省审计机关对1999年及以前年度挤占挪用基本养老保险基金典型问题进行专项审计调查。审计调查是对购建固定资产金额100万元以上、对外投资和放贷金额在80万元以上的典型问题进行。调查显示，被挤占挪用的基金回收难度大，进展缓慢，新的挤占挪用问题仍有发生，追回基金工作还需各级政府和主管部门予以高度重视。1.追回被挤占挪用的基本养老保险基金比例低，进展不平衡。7省审计机关对历年审计发现的挤占挪用典型问题已作出审计决定的应收回金额为32.6亿元，截至审计调查时只收回4.7亿元，占14.4%。2.收回被挤占挪用的基本养老保险基金难度较大。7省用于购建固定资产的金额为14.3亿元，至审计调查时只收回2.1亿元，占14.7%。3.个别地区违规核销被挤占挪用的基本养老保险基金。广东、湖北、湖南省的个别地区对有能力收回或可以用财政资金归还的基金也采取了核销的方式，共违规核销基金3059万元。4.新的挤占挪用问题仍有发生。辽宁、湖南、广东、海南等省的个别地区、个别单位仍有违纪违规问题发生，金额达6552.8万元。审计调查的结果以审计简报的形式进行了反映。

预算执行审计　根据署统一部署，社会保障审计司对民政部1999年度预算执行情况进行了审计。审计发现民政部社会福利中心工程改造项目未按规定履行报批手续及违反规定将社会福利基金用于改建工程、出借只能用于救灾装备的外汇额度收入、不按预算规定用途使用预算资金等违纪违规金额6923万元。

根据署统一部署，社会保障审计司承担了对国土资源部1月至8月预算执行情况的审计任务，并在当年三季度实施完成。通过审计，基本摸清了该部的资金规模和基本账户，并就审计发现的财务管理方面存在的问题与该部财务司进行了沟通，以促进该部主动纠正不符合财务制度的问题并进一步加强财务管理。

民政部机关服务局及其下属企管处的专项审计　社会保障审计司对民政部机关服务局及其企管处等单位的财务收支进行了审计，延伸审计了该局在山西办的2个公司。审计查明，上述单位1994年以来开设了8个账外账，初步查明有关责任人涉嫌贪污、走私等犯罪线索4个，以及因收支不记账导致巨额资金去向不明、虚假注册公司、损失浪费、固定资产不入账等违纪违规问题。审计结束后，将涉及原民政部机关服务局局长（后为厦门远华案主犯的厦门市原副市长）兰某的经济犯罪线索移送中央厦门远华走私专案组并案查处。还就延伸审计发现的山西某公司巨额资金去向不明问题向民政部发出审计建议书，建议对其进一步调查处理。

中国红十字会总会1999年度接收香港红十字会水灾捐助项目执行情况审计　社会保障审计司在审计时，除对中国红十字总会进行审计外，还延伸审计了使用捐助资金的四川省、湖北省和重庆市红十字会。审计结果表明，该会认真执行与香港红十字会商定的捐助计划方案，及时组织赈济大米的采购，按有关规定、标准及时发放到灾民手中，对资金的管理使用等符合有关规定，资金使用效益较好。但也发现有的省红十字会大米采购价格明显过高及超范围发放赈灾大米等问题。

中华慈善总会1999年财务收支审计　社会保障审计司对中华慈善总会（全国性社团法人）1999年财务收支情况进行了审计。审计查出的问题主要有违反规定将资金投入违规吸纳社会存款的有关财务有限责任公司、资金管理不规范、固定资产管理制度不完善等。

亚审组织"社会保障审计"研讨培训班　在社会保障审计司、外事司、机关服务局的共同努力下，6月6日至14日，由最高国家审计机关亚洲组织和中国审计署共同资助的"亚审组织社会保障审计研讨培训班"在署北京怀柔培训基地成功举办。社会保障审计司承担了业务组的工作。在不影响正常审计业务工作的情况下，组织专门班子，投入了大量人力，提出并确定了此次研讨培训班的主题论文提纲，提交各参与国审计机关，作为撰写本次研讨班的论文框架。起草完成了代表我署提交的本次研讨班的3篇国家论文，起草了研讨培训成果综述，为研讨培训班的成功举办发挥了重要作用。

【固定资产投资审计司】2000年，固定资产投资审计司人员编制18人，在编人员17人，领导职数3名；设有4个职能处室：一处、二处、三处、四处。

领导成员

司　长：席　晟

副司长：潘晓军（-7月）

李　捷（7月-）

副局级审计员：程午生（9月-）

（一）较好地完成了全年审计工

作任务　1. 组织各特派办对广东、江苏、山东、浙江等16个省区市1999年度公路建设资金的筹集、管理和使用情况进行了审计，查出越权审批、征收公路建设基金、违规集资和收取各类行政性收费，以及挪用公路建设资金修建楼堂馆所和用于投资证券市场、开发房地产、弥补行政事业经费等违纪金额102.9亿元。审计中还发现一些地方公路建设资金未纳入预算管理，交通部门滞留中央公路建设资金，建设项目概算审批不严，以及公路服务区建设标准过高等问题。通过审计，还发现了15件违法犯罪案件线索。审计结束后，对审计查出的共性问题作进一步研究并提出了处理意见，各特派办依法对挤占、挪用和滞留公路建设资金问题进行了处理。审计结果向国务院作了专题报告，朱镕基总理在报告上作了重要批示："请审计署进一步核实审计报告内容后，由国办批转通报全国各部门、各地区，主要内容可以见报。"遵照总理指示，固定资产投资审计司对报告中所反映的问题又作了认真核实，并代拟了通报稿。

2. 组织16个特派办和30个省、自治区、直辖市、计划单列市审计机关对全国40个重点公路建设项目进行了审计，审计查出相当一部分公路项目存在概算编制审批不细、挪用公路建设资金搞楼堂馆所、未按国家有关规定进行招投标以及越权审批土地等一些不容忽视的问题，违纪违规金额达138.88亿元。审计中还发现8起违法违纪案件线索，已依法移送纪检、监察部门和司法机关查处。审计结果向交通部等有关部门作了通报。

3. 根据署统一安排，对交通部1999年度预算执行情况进行了审计，并延伸审计了交通部所属有关单位，审计共查出挤占、挪用下属企业上交的港务费、利润和以前年度留取企业的部分外汇额度出售收入，用于楼堂馆所建设、补助机关经费以及搞借贷等违法违纪金额16.95亿元。审计中还发现交通部所属有关单位内部控制制度不健全、财务管理不严、乱集资、未履行境外投资管理职责等问题。

此外，根据署工作计划安排，还完成了京沪公路江阴大桥南至无锡段（锡澄）建设项目、文化部办公楼竣工决算审计和天桥剧场翻扩建工程概算执行情况和财务收支审计，查出多报多批、多征地、漏交税金、挪用建设资金、多计工程款等问题。

（二）改进审计组织方式，提高审计效果　1. 将预算执行审计与专项资金审计、资金审计与项目审计有机结合起来，提高了审计效果。在总结1999年全国水利建设资金和重点水利建设项目审计经验基础上，2000年公路建设资金审计围绕财政预算执行审计的目标，进一步探索了预算执行审计与专项资金审计相结合、建设项目审计与建设资金审计相结合的组织方式。实践证明，这种方法有利于增强审计深度，深入揭露公路建设资金管理和使用中存在的突出问题，也有利于分析深层次的原因，有针对性地提出审计建议。通过对交通部预算执行情况的审计，不仅基本摸清了中央财政性资金用于安排各类公路建设的总量、构成及分布情况，而且理顺了关系。交通部专门发文，要求各级交通部门支持和配合公路建设资金和重点公路建设项目审计工作，从而为公路建设资金和重点公路建设项目审计的顺利实施打下了坚实的基础。

2. 统一方案，统一组织，统一处理。在对公路建设资金和重点公路建设项目审计中，在坚持统一组织、统一方案做法的基础上，对审计发现的一些带有共性的问题，在与国家计委、财政部和交通部等有关部门充分交换意见的基础上，由审计署统一研究提出处理意见。这种做法，既符合《审计法》关于审计管辖权的规定，维护了审计署的权威，有利于加强审计执法力度，避免审计处理的随意性，同时也有利于审计决定的执行和落实。

3. 加强对现场审计工作的指导，及时研究解决工作中存在的问题。审计工作开始后，固定资产投资审计司派部分同志分别到湖南、云南、安徽、浙江等省参加审计，进行项目跟踪，了解审计经验和做法，分析审计项目计划和审计方案执行中存在的问题，并安排专职人员汇总审计信息。针对审计过程中反映出来的一些问题，及时召开了公路建设资金计算机审计培训班暨公路建设资金审计汇报会，协调审计进度，研究提出了关于调整和改进审计方案、进一步突出审计重点、注意调查了解一些带有普遍性、倾向性问题等意见，保证了公路建设资金和重点公路建设项目审计的顺利进行。

4. 总结推广计算机辅助审计，提高了审计工作效率。在公路建设资金审计中，南京特派办利用审计数据采集软件，对车购费进行审计，取得了较好的效果。为此，司里及时举办了公路建设资金计算机审计培训班，在各特派办推广了南京特派办的做法。不少特派办在公路建设资金审计后期采用了这一方法，普遍反映较好。司里还针对审计中发现的交通部车购费计算机征稽系统存在的安全隐患问题，与南京特派办组成联合审计组，对交通部车购费计算机征稽系统进行了审计，并提出了专题报告。

（三）加强"人、法、技"建设　按照"审计署2000年人、法、技建设工作要点"，结合固定资产投资审计司实际，全年着重在加强队伍建设、规范投资审计工作和加快投资审计信息化建设等方面下功夫，取得了一定成效。

1. 采取切实有效措施，加强队伍建设，增强了队伍的凝聚力和战斗力。一是结合“三讲”教育回头看活动，抓好全司干部的政治理论学习。通过有的放矢地开展政治理论学习，提高了全司干部的理论素养，增强了干部的宏观意识。二是强化对干部的培训，提高队伍的整体素质。针对司内人员少、年轻同志较多，而投资审计任务重、要求高这一实际情况，司里从长远出发，积极创造条件，着力提高干部的综合素质，努力建立一支精干的队伍。三是着力抓好对青年干部的锻炼和培养工作，提高队伍打硬仗的本领。在公路建设资金审计中，一方面要求年轻同志深入到审计现场，与审计组一同工作；另一方面鼓励年轻同志积极参与组织协调工作，树立全局观点和宏观意识，从而使年轻同志得到了锻炼。四是严格执行“八不准”规定，切实抓好廉政建设。要求审计组在进点会上，向被审计单位宣传审计组廉政纪律，取得被审计单位的理解和支持。现场审计结束后，审计组须将被审计单位填写的《廉政纪律执行情况反馈表》带回存档。

2. 研究制定《审计机关对国家建设项目审计准则》。为了进一步规范投资审计工作，根据署审计准则构建工作的统一安排，在总结近年来国家建设项目审计工作经验的基础上，起草了《审计机关对国家建设项目审计准则》（征求意见稿）。新起草的准则将国家建设项目预算执行情况审计和决算审计合二为一，增强了项目审计的系统性和完整性，同时，对审计质量、审计内容与目标等作出了更为明确和具体的规定。

3. 加快投资审计信息化建设。为了进一步提高投资审计工作质量和效率，根据《审计署关于报请审批信息化系统规划的请示》（审发［1999］76号）的精神和署领导的指示，组织人力、物力，加快了投资审计信息化建设步伐。首先，明确了作为业务司在审计系统信息化建设方面的主要任务是：组织协调、规范管理、推广运用和人员培训等；二是结合投资审计工作的特点，在总结过去经验教训和广泛调研的基础上，制定了《固定资产投资审计信息化建设规划方案》（征求意见稿），进一步明确投资审计信息化建设的主要内容。

4. 组织开展对投资审计工作如何更好地为实施西部大开发战略服务的调研。为认真贯彻落实党中央关于实施西部大开发，加快中西部地区经济和社会发展的战略部署及署党组提出的“依法履行审计职责，为保障实施西部大开发战略，促进西部经济发展服务”的指导方针，固定资产投资审计司组织力量，对投资审计工作如何更好地为实施西部大开发战略服务开展专题调研，并形成了“关于加强投资审计工作为西部大开发战略服务的调研报告”，提出了将投资审计工作的工作重点逐步向西部转移、探索和完善投资审计的组织形式、加强西部地区审计机关的业务交流和投资审计人员培训等意见。署领导在调研报告上作了重要批示。

【外资运用审计司】2000年，外资运用审计司人员编制16名，在编人员15名，领导职数3名；设有3个职能处室：一处主要负责国际组织援助和农发基金贷款项目的直接审计及全国归口管理，外国政府贷款项目的直接审计和全国的归口管理，全司及全国外资审计的计划统计信息工作及司内文秘后勤工作；二处主要负责非营利性世界银行贷款、赠款项目直接审计及全国的世界银行贷款、赠款项目审计归口管理；三处主要负责营利性世界银行贷款、赠款项目直接审计，亚洲开发银行贷款、赠款项目的直接审计和归口管理，中外合资合作企业审计归口管理。

领导成员

司　长：孙宝厚（-9月）
　　　　石爱中（10月-）

副司长：徐吉明

认真履行外资运用审计监督职能，做好国外贷款和援助项目审计工作　2000年，全国各级审计机关外资运用审计部门对世界银行、亚洲开发银行、农发基金（以下简称国际金融组织）166个贷款项目和28个联合国计划开发署、蒙特利尔基金组织、世界粮食计划署等（以下简称国际组织）援助项目进行了审计，共出具审计报告302份，其中世行项目审计报告204份，亚行项目审计报告52份，其他贷款和援助项目审计报告46份。

全年外资运用审计部门共查处违规金额129亿元。在对国际金融组织贷援款项目审计中，依法查处了项目完成投资不实、虚报项目支出、挤占挪用项目资金、变卖串换项目物资等违反财经法规和项目贷款协议问题，重点加强了对利用国外贷款较多的对外窗口单位、政府主管部门和项目办公室的审计，严肃查处了滞留、挪用、挤占项目资金和在项目财务收支和财务报表方面弄虚作假问题。针对审计发现的配套资金不足、注册资本不到位、设备采购质量不高、财务管理薄弱、项目效益不佳及外债偿还能力差等问题，认真分析原因，提出审计意见和建议，有的问题正在逐步得到解决，为项目单位今后继续使用国外贷援款提供了基础条件。

在审计中，为全面反映世界银行贷款项目的审计成果，充分发挥审计的监督、公证职能，外资运用审计司对世界银行贷款项目贷款协定存在的问题进行了披露。贷款协定存在的不合理问题表现在营利性项目要向世界银行提供经审计的执行单位和转贷金融机构的财务报表，而世行贷款资金量仅占极小比例，以及物资采购要尽量集中打捆并实行国际招标的规定，这些规定造成审计成本过高，审计风险大，不符合中国国情，还在一定程度上损害了国家利益。外资运用审计司就上述问题与世界银行贷款局局长进行了初步协商，外资运用审计司在摸清总体情况的基础上，与世行代表处官员进行了会谈，对贷款协议中不合理条款问题进行了专题研究，提出了专题报告，并将通过财政部向世界银行提出解决不合理条款的建议。

突出重点，狠抓落实，全面提高和改进外资运用审计工作 为全面提高和改进外资运用审计工作，根据工作实际和有关领导的指示，在认真履行外资运用审计监督职能，全面完成预定审计任务的基础上，重点开展了以下几项工作。

1. 开展深化外资运用审计专项调研，提出合理建议和具体措施。为全面总结外资运用审计工作的经验，客观评价外资运用审计的现状，深入了解外资运用审计存在的问题，并对外资运用审计业务做出重大调整，把外资运用审计工作推向深入，外资运用审计司于9月组成两个调研组，分片区召开外资运用审计人员座谈会，就如何深化外资运用审计的问题进行了专项调研。调研内容主要有：（1）如何全面履行外资运用审计监督职能，明确外资运用审计对政府负责还是对世亚行负责，以公证职能为主还是以监督职能为主。（2）是否需要拓展外资运用审计领域。（3）如何解决审计需求与人力资源的矛盾。（4）如何减少审计体制对外资运用审计产生的负面影响。（5）如何规避外资运用审计风险。调研工作取得了初步成果，外资运用审计司人员初步统一了思想认识，进一步明确：外资运用审计应向政府负责；突出国家审计的监督职能；外资运用审计应向外国政府贷款审计拓展；改变审计组织方式和审计方法，克服人力资源不足的矛盾；贯彻执行审计准则，规范审计业务，防范审计风险。根据署领导的指示，2001年将继续进行调研工作，努力取得最终成果。

2. 拓展外资运用审计领域，开展外国政府贷款项目审计调查试点。外国政府贷款作为我国利用外资的一个重要资金来源，在我国政府主权债务中占有较大比重。按新形势的要求，做好外国政府贷款项目的审计工作，对于促进积极、合理、有效地利用外资具有重要意义。8月，外资运用审计司组织辽宁、河南、湖北、贵州省审计机关对337个外国政府贷款项目进行了审计调查试点，并对其中43个项目进行了重点调查。审计调查试点工作取得了重要成果。（1）基本摸清了四个省利用外国政府贷款的规模与资金投向，以及利用外国政府贷款项目实施过程中存在的主要问题。审计调查查出挤占、挪用、截留项目建设资金等违规资金71762万元，设备采购招投标不合规、不适用16215万元，项目物资被挪用、变卖、积压造成巨大损失浪费24191万元。（2）通过调查，取得了有关外国政府贷款的第一手资料，积累了外国政府贷款项目审计调查工作经验。外资运用审计司在此基础上起草了《外国政府贷款项目审计调查方案》和《外国政府贷款项目审计工作方案》，为2001年在全国范围内开展外国政府贷款审计调查奠定了坚实的基础。

3. 探索“上下结合”审计方式，提高世行贷款项目的审计质量。3月，外资运用审计司抽调了地方和特派办的8名业务骨干，与外资运用审计司审计人员共同组成审计组，分别对国务院扶贫开发领导小组办公室外资项目管理中心和农业部对外经济合作中心进行了审计。在此基础上，抽查了秦巴扶贫、西南扶贫和红壤二期开发项目，涉及10省24个项目县。“上下结合”审计方式的探索取得了成功，表现在：（1）共查出违纪违规金额10亿多元，引起有关部门高度重视。国务院扶贫开发领导小组办公室外资项目中心专门下发文件对这次审计结果进行了通报。（2）证明了这种审计方式是加大审计监督力度的有效途径，为2001年扩大试点提供了成功经验。（3）撰写了总结性文章，并在《中国审计报》上发表。

4. 外资管理信息系统的开发和利用工作取得了突破性进展。2000年，外资运用审计司正式启动运用了与计算机中心联合开发的管理信息系统的管理平台，作业平台的开发工作也取得了阶段性成果。这项工作的成功有力地推动了外资运用审计管理信息系统的环境建设。为了推广和有效利用管理信息系统，外资运用审计司派出检查组，对18个省级审计机关和11个特派办的使用情况进行了检查，促进了系统的完善。该项工作的具体成果是：（1）初步建立了完整的世亚行项目资料库。（2）为全国外资运用审计管理工作的计算机化奠定了坚实基础，2001年将实现计划、统计、授权的系统管理。（3）初步形成了一支能够利用计算机进行审计和审计管理的外资运用审计队伍。

5. 开展外资运用审计人力调查，掌握外资运用审计资源状况。近年来，外资运用审计项目大幅度增加，同时，随着政府机构改革的推进和深化，各级审计机关外资运用审计人员的数量不断减少，繁重的工作量和人力资源短缺的矛盾日益突出，外资运用审计领域的风险也不断加大。为了解和掌握各级审计机关外资运用审计人力资源现状，合理调配和使用现有人力资源，解决人力资源严重不足的矛盾，为确定深化外资运用审计工作的指导方针提供基础数据，审计署下发了《审计署关于开展外资运用审计人力资源调查的通知》(审外资发［2000］94号)，对全国审计机关的外资机构设置情况、人员数量、素质和结构、工作量统计、人员变动等情况进行了调查。通过调查，(1) 初步掌握了外资审计资源的基本情况。(2) 发现存在的一些问题，如外资运用审计机构撤销、合并现象严重，外资审计人员裁减幅度大，高素质人员流失严重，外资审计人员整体素质不高、结构不合理，能够独立出具对外审计报告和熟练操作以及管理外资运用审计管理信息系统的人才严重匮乏等。(3) 初步建立了外资审计人力资源库。

加强队伍建设和人员培训工作，提高外资审计人员素质 全年外资运用审计司采取多种形式，对外资运用审计人员进行业务技能、计算机操作培训，并在日常工作中坚持定期学习政治理论和业务的制度，努力提高外资审计人员业务水平。年初，举办了全国外资运用审计业务培训班，由审计署、财政部、世界银行的领导和专家授课，着重解决转变观念、加大审计监督力度、如实披露、规范审计报告及相关的技术操作问题。针对部分派出局、会计师事务所首次承担外资运用审计任务，组织了专门的业务技术培训。此外，还对全司人员和部分省厅、特派办审计人员进行了多次外资运用审计管理信息系统的使用操作和管理维护培训，并根据工作需要举行了外资环保项目审计培训，全国世界银行贷款卫生项目审计培训，外国政府贷款项目审计调查培训。

【外事司】 2000年，外事司人员编制15名，在编人员14名，领导职数1名；设有3个职能处室：双边关系处、国际组织处、境外审计处。

领导成员

副司长：罗美富

重要出访 国务委员兼国务院秘书长王忠禹同志5月率领中国政府审计代表团访问埃及、肯尼亚两国。埃、肯两国国家领导人热情会见了代表团成员，代表团与两国审计机关高级官员进行了会谈，达成了进一步友好交往的意向，访问取得了圆满成功，加深了中国与非洲国家的友谊，扩大了中国审计的国际影响。王忠禹秘书长对审计署外事组织工作给予了高度评价。

李金华审计长10月率团赴泰国参加亚审组织第八届大会，并在会前访问挪威、瑞典两国最高审计机关，也取得了圆满成功。审计署以最高票当选为亚审组织新一届理事，这是审计署第四次连续当选为亚审组织理事，同时李金华审计长被选为亚审组织环境委员会主席。审计署还与挪威审计署建立了新的合作意向，开辟了新的审计业务合作领域。

翟熙贵、刘鹤章、刘家义、董大胜副审计长和王道成纪检组长等署领导的出访也圆满成功，达到了预期的目的，促进了中外最高审计机关的交流。

主办国际会议 2000年，审计署成功举办了亚洲审计组织社会保障审计研讨会，得到与会代表、亚审组织官员、署领导和其他各方面的一致好评。来自35个国家和地区的42位代表，包括基里巴斯等3个国家的副审计长参加了研讨会。这次研讨会促进了亚洲各国最高审计机关的业务交流和友谊，推进了亚洲地区社会保障审计乃至整个审计工作的发展，树立了中国审计良好的国际形象，展示了审计署在国际交往中的大国风范。通过组织本次研讨会，也锻炼了审计外事队伍，提高了审计人员的外语水平和综合素质，显示了中国审计署的组织和接待能力，为今后主办大型国际会议积累了经验。

审计署承办的2000年中日韩三国反腐败研讨会，对促进多边业务研讨和睦邻友好关系也产生了积极的影响。

出访、来访 全年外事司负责组织、办理的出访团组86个，共603人次，其中高级代表团8个，访问、考察团27个，会议、研讨团组19个，学习、培训团组33个，共385人次，境外审计团组7个；接待来访团组19个，共105人次，其中副审计长以上的高级访问团13个；接待来署拜会团组9个，共42人次，主题涉及与审计相关的多个领域。

全年出访、来访团组覆盖了6大洲63个国家和地区，与南非、肯尼亚、冰岛、不丹、澳门等5个国家和地区第一次建立了联系，拓宽了对外交往领域。对外交流与合作涵盖了财政财务收支审计、绩效审计、舞弊审计、计算机审计等领域，沟通了信息渠道，获取了丰富的资料，加强了国际交流与合作，审计署与世界各国审计同行的交流和合作在广度和深度上都有了新的发展。

资料编译 外事司充分发挥对外宣传、对内引进的窗口作用，投入了大量精力进行翻译、编辑等工作，翻译总量达150多万字。

2000年，写作、编辑《主要国家（地区）审计体系介绍》之一，得到署领导和其他部委领导的肯定和赞扬；编译出版两期《国际审计纵横》，每期容量30多万字；编译12期《国外审计资料》，每期容量1－2万字；向《最高审计机关国际组织杂志》和《最高审计机关亚洲组织杂志》投稿5篇；翻译最高审计机关第17届大会国家论文、亚审组织《绩效审计指南》、《行业经济规范审计指南》征询意见稿、最高审计机关国际组织《环境审计指南》、《公共私人融资项目、特许经营行业的审计指南》征询意见稿；翻译《国家审计规范》之一、社保审计论文集、《中国审计体系研究》、整理出版《欧盟各国审计》等。

境外审计　在1999年境外审计试点的基础上，外事司2000年继续组织开展了境外审计工作，加强对境外国有资产的审计监督。审计署派出5个审计组，对日本、新西兰、英国、德国、坦桑尼亚、津巴布韦、加拿大、墨西哥等8个使领馆（含甲类处）共45个独立核算单位、华润（集团）有限公司所属华润机械五矿、石化公司、中国银行香港分行进行了审计，取得了较好的成效，基本达到了“摸清家底、揭露问题、提出建议、促进管理”的目的。境外审计工作得到署领导的充分肯定。同时，为了加强境外审计工作的管理，外事司起草了《审计署境外审计管理暂行办法》（征求意见稿），目前已广泛征求意见、上报待批。

项目执行和人员培训　2000年，外事司管理的中外合作项目取得长足进展，促进了审计署的“人、法、技”建设。

中澳项目专家组在赴澳大利亚进行为期半年的工作培训、研究后，业务能力和研究水平进一步提高，其阶段性成果——《企业财务审计指南》已基本定稿，目前进入试点和培训阶段。

亚洲开发银行援助审计署建立审计准则体系项目也步入稳定运行阶段，中外专家在准则的制定、完善等方面进行了密切的合作。中德合作项目历经10年，成果丰硕，并正在探索编写中国《财政审计指南》的新合作。

在人员培训方面，全年共组织或协助办理各类培训团组33个（385人），主要包括UNDP（联合国开发计划署）项目下的审计培训团、参加各类国际培训班及其他学习、培训团组等。同时，外事司在协助组织审计人员赴国外中长期培训、推广国际内部审计师考试项目等方面都发挥了积极的作用。

制度建设和基础建设　外事司狠抓管理和外事工作质量，逐步建立健全各项外事制度，强化护照、签证管理，推动办公自动化，提高了外事工作的质量和效率，取得明显的成效。

9月，在广泛讨论和几经修订之后，《审计署外事工作规则》正式出台，共14章78条。这套规则对外事司的职责和工作范围、外事工作规则、制度和程序以及外事管理的要求都作了明确的规定，并成为审计署工作规章制度体系的一部分，为外事司严谨、高质、高效的工作提供了制度保障。

在护照、签证管理中，注意日常积累，建立了外事证件数据库，做到护照、签证随时登记，提高了外事证件的管理水平，为掌握第一手的出国人员资料创造了便利的条件。

外事管理信息系统数据库完成了初步开发，已进入数据模拟试用阶段。

外事司进一步加强了日常工作的各项管理，明确职责分工，落实岗位责任制，加强全司干部“细致、条理、准确、高效”的作风建设，保证了各项工作的顺利进行。

【人事教育司】2000年，人事教育司人员编制23名，在编人员19人，领导职数3名，实有2人；设有5个职能处室：办公室、机关干部处、地方干部处、工资调配处、教育职称处。

领导成员

司　长：项俊波

副司长：苏乃民

工作成果

一、顺利完成了公开推荐选拔副司（局）级领导干部工作，进一步完善了干部任前公示制度　署党组于年初开始在署机关、特派办和派出局进行公开推荐选拔副司（局）级领导干部工作，决定不拘一格选人才。为此，制定下发了《审计署关于公开推荐选拔副司（局）级领导干部工作的实施办法》，以及《拟任副司（局）级领导干部推荐办法》和《拟任副司（局）级领导干部考察办法》两个配套办法。推荐选拔工作分为宣传动员、民主推荐、资格审查、笔试、面试答辩、组织考察、署党组决定拟任用人选、公示、试用期等9个阶段。

由于署党组重视、“一把手”亲自抓，使公开选拔工作取得了明显的成效。从最后的选拔结果看，选拔工作力度较大。最初经各单位民主推荐和个人自荐上报的人数共71名，经人事部门资格审查后，有30名同志因不符合条件被淘汰，其余41名同志进入了下一轮的笔试和面试阶段。经过笔试、面试答辩和组织考察，署党组择优选拔了15人作为副司（局）级试用期干部，试用期一年；13人作为厅（局）长或特派员助理，到各基层单位挂职锻炼。其中在已公示的担任副司级领导干部人员中，年龄最小的34岁，最大的52岁，其中45岁以下的有6人，占40%；50岁以上的2人，占13%。从学历层次看，学历最高的有博士研究生1人，硕士研究生1人；大学本科学历的9人，占60%。

1999年，署党组制定了《审计署选拔任用领导干部公示制试行办法》，在中央国家机关率先推行了干部任前公示制度。此次公开推荐选拔工作，进一步完善了干部任前公示制度，从而在中央组织部和其它部委产生了积极的影响。在7月召开的全国干部人事制度改革经验交流会上，审计署实行干部任前公示的经验和做法，作为大会交流材料被加以推广。

二、不断加大干部交流力度　年初，署党组为了进一步拓宽年轻干部的视野，增强其宏观意识，提高组织领导能力和业务水平，重点加强了对特派办的干部交流，责成人事教育司先后从特派办选调了56名干部交流进京工作两年。这56名同志平均年龄在30岁左右，基本上是各特派办的业务骨干，很多同志是各特派办的培养对象。交流以来，这些同志努力适应新环境，工作积极努力，谦虚好学，在中央国家机关较高层次的岗位上得到了锻炼，开阔了视野，进一步增强了适应能力，激活了创新思维。

三、完成了高级审计师资格考评（考试与评审相结合）工作　在成功进行了1998年高级审计师资格考评试点的基础上，1999年，试点扩大到山西、山东、河南、辽宁、江西、福建、云南、陕西、安徽、重庆等10个省（市）和审计署驻京津冀等13个特派办。试点工作得到广大审计专业人员的热烈响应，受到社会广泛关注。各试点单位共有6992名审计人员报名参加考试，最后实际参考人员4987人，参考率达71.32%；其中考试合格人数1326人，合格率为26.59%；最终通过考评试点合格后申报人数1046人，评审通过人数650人，通过率为62.14%。

四、完成了在特派办设立党组的工作　为进一步加强地方特派员办事处的党组织建设，署党组决定在特派办建立党组。经请示中央组织部同意，人事教育司草拟了《审计署党组关于在审计署驻地方特派员办事处设立党组征求意见的函》和《审计署驻地方特派员办事处党组工作规则》（征求意见稿），并已于4月份结合干部考核工作，派专人去所在省委组织部就设立党组事宜征求意见。各特派办所在地的省委对审计署党组的这项工作非常支持。各办的党组已相继建立，开始正常运转并发挥了积极的作用。

五、完成了署级后备干部的推荐工作　根据中央组织部的要求，审计署进行了署级后备干部的推荐工作。对此，署党组专门召开会议进行了认真研究，确定了推荐办法和范围，召开了署机关、派出局处级以上干部会议，李金华审计长亲自作动员，对《党政领导班子后备干部工作暂行规定》进行了宣讲，并进行了民主推荐。根据民主推荐情况，署党组初步确定了后备干部人选名单，在署机关、派出局及北京市审计局和天津市审计局范围内进行了公示。最后，在民主推荐和公示的基础上，配合中央组织部进行了有重点的考察并经中央组织部同意，最终确定了5名年轻的司（局）级干部作为署级后备干部人选。

六、协助署党组完成了对特派办领导班子和队伍建设方面的调研工作　7至9月，署党组成员按分工分别率调研小组对署驻地方各特派员办事处进行了以领导班子和干部队伍建设为重点的思想政治工作调研。调研中，各调研小组共发放《特派办思想政治工作调查问卷》1341份（收回1312份，收回率为99%），与特派办干部职工进行个别谈话685人（次），召开座谈会31个（421人参加），查阅各特派办特派员会议记录、民主生活会记录、审计业务档案、干部人事档案等文件材料557份（卷），收集特派办干部职工提交的“情况说明和建议”378份。此外，调研小组还抽查了特派办部分干部职工的读书笔记及计算机使用情况。

七、完成了对派出审计局干部队伍建设情况的调研工作　为落实“三讲”教育整改措施，深入了解派出局干部队伍情况，根据署领导的指示，人事教育司分三个小组，于2月中旬至4月初，分别走访了25个派出局，采取召开座谈会和个别谈话等方式，征求对人事工作的意见和建议，听取局领导关于干部培养、使用的情况介绍和建议。期间，还与培训中心一起，召开了由56名特派办交流到派出局干部参加的座谈会，听取了他们对工作、学习和生活等方面的意见，对派出局的干部队伍状况有了一个基本的了解，为今后采取切实有效的措施调整和加强审计干部队伍建设、为保证署党组关于深化干部人事制度改革目标的贯彻落实，提供了第一手资料。

八、协助、指导地方审计机关完成了机构改革工作　在2000年地方审计机关机构改革工作中，人事教育司积极协助、配合地方省委、省政府，对审计厅（局）的领导班子建设提出了一些建设性的意见，对厅（局）级领导干部人选的年龄结构、知识结构等提出了要求。从已完成机构改革的20个省（市、区）审计厅（局）的情况看，厅（局）和处级领导干部的综合素质都比以前有了不同程度的改善和提高：厅（局）级干部的平均年龄为51岁，大学本科及以上学历的占58%，财经类专业的占61%；处级干部的平均年龄为43岁，大学本科及以上学历的占51%，财经类专业的占72%。

九、制订《审计署干部队伍建设五年规划》　为进一步加强审计署及派出机构干部队伍的长远发展规划，逐步实现制度化、规范化的要求，积极稳妥实施署党组“人、法、技”建设战略思想，人事教育司草拟了《审计署干部队伍建设五年规划》，包括领导班子建设、后备干部队伍建设、审计专家队伍建设等三个方面的内容。

十、协助培训中心完成全员岗位资格培训与考试工作　为全面贯彻落实“人、法、技”建设总体规划，建立和健全审计机关培训考试机制、激励机制与竞争机制，署党组下发了《审计机关全员岗位资格培训与考试工作方案》，决定从2000年起，在审计机关实行全员岗位资格培训与考试制度。人事教育司已协助审计干部培训中心在系统内连续举办了两期共85人参加的厅（局）长轮训班和三期共131人参加的正处级干部培训班及组织完成了共有6400余人参加的副处级及以下干部的第一次岗位资格考试。

十一、结合年度考核完成处级干部竞争上岗工作　遵照署领导的指示，为做好署机关和派出局处级干部竞争上岗工作，人事教育司结合年度考核工作草拟了《审计署机关、派出审计局2000年处级干部竞争上岗实施方案（试行）》，并在署机关和派出局部分司（局）中进行了调研，各单位共上报117名同志进行资格审查，人事教育司按照《党政领导干部选拔任用工作暂行条例》和有关文件的具体规定进行了资格审查，同意102名同志参加述职答辩，经过述职答辩，征求分管署领导意见后，上报党组讨论，并对90名干部进行了公示。

十二、关于署直属事业单位改革工作　根据国家对事业单位改革与发展的总体设想，在反复征求单位和领导意见的基础上，人事教育司草拟了《审计署关于进一步深化事业单位改革的意见》，在管理方式、分配办法等方面提出了积极的建议。

十三、完成了特派办人员编制、内设机构的重新核定工作　经请示署领导同意，人事教育司于上半年对16个特派办的人员编制、内设机构和处级领导职数进行了核定，从而进一步加强了特派办的审计力量，调整了各办的内部机构职能，理顺了上下关系，更加方便了工作的开展。

十四、完成了长春、重庆两个特派办的筹建准备工作　为进一步加强审计力量，加大审计监督力度，经中编办批准，审计署拟在长春、重庆两个城市增设特派员办事处。经多方协调和努力，前期准备工作已基本就绪。

十五、完成了分流培训结业人员的安置工作　在1998年国务院机构改革中，审计署有57名分流人员参加了培训学习。2000年7月，他们中有42名同志结业回署工作。对此，根据署领导的指示，人事教育司已对其进行了合理安置。目前，这部分同志大都精神饱满地走上了新的工作岗位。对于他们的妥善安置，既体现了党中央、国务院和署领导的关怀，又进一步壮大和稳定了审计队伍，从而在一定程度上促进了审计工作的开展。

十六、完成了对山东省菏泽地区审计局的表彰工作　因菏泽地区审计局开展经济责任审计工作成绩比较突出，署党组决定对其进行表彰、授予集体一等功一次。人事教育司承担了表彰的各项准备工作。表彰工作最终圆满完成，从而极大地鼓舞了全国审计工作者的工作热情，有力推动了审计工作的深入开展。

十七、完成了南京审计学院管理体制的改革工作　根据教育体制改革的要求，部属院校要逐步划归国家教委或地方政府管理。按此精神，南京审计学院应划归地方。为认真搞好这项工作，人事教育司积极与有关部门进行联系和协调，经过近一个月的努力，顺利将南京审计学院的人事管理权由审计署人事教育司转给地方政府，没有产生任何不良影响。

【直属机关党委】2000年，署直属机关党委在职人员9人，设办公室、组织部、宣传部3个处（室），还包括署直属机关工会、团委、妇工委和图书馆。

领导成员

党委书记：翟熙贵（兼）

常务副书记：石宗仁

副书记兼机关纪委书记：刘天贵

直属机关工会主席：李捍东

工作成果　（一）加强党的思想建设。一是巩固“三讲”教育成果，认真开展“三讲”教育“回头看”活动。按照党中央关于“三讲”集中教育结束后开展“回头看”活动的意见，于2－3月间，按照先党组、后司局级单位，一级抓一级的原则，认真开展了“回头看”活动。机关党委和各党支部组织党员和干部职工认真学习有关文件，提高思想认识，进行自看自查，听取群众意见，完善整改措施，进一步扩大了“三讲”教育成果，提高了党员干部讲政治的自觉性，增强了党性观念，对推动整改工作的落实和其他各项工作任务的完成起到了“催化剂”的作用。二是深入学习“三个代表”重要思想，结合实际探索加强党建工作的新途径。在署党组的统一安排下，机关党委把深刻领会和认真贯彻江泽民同志“三个代表”的重要思想作为审计机关党建工作的首要任务，在搞好自身学习的同时，通过多种渠道，利用多种形式，动员和组织广大党员和干部职工学习，印发了《关于认真学习深刻领会江泽民同志“三个代表”重要论述的通知》，召开了“审计署机关深入学习江泽民总书记‘三个代表’重要思想座谈会”，交流学习体会。通过学习，使大家普遍认识到，江泽民总书记“三个代表”的重要论述，是新时期全面加强党的建设的指导方针和行动纲领，并表示要以“三个代表”的重要思想为指导，用改革创新的精神，积极探索加强新时期党建工作的有效途径，把“三个代表”的要求真正落实到机关党建和队伍建设各项工作中去，努力搞好审计工作，为我国改革开放和社会主义现代化建设作出贡献。三是采取多种形式，抓好党员和干部职工的理论学习。为抓好机关党员干部的理论学习，年初机关党委制定了各级干部职工的学习计划，明确了学习时间、内容和方法，提出了学习要求，确定了检查考核办法，并严格督促和检查。各单位在“三讲”教育的基础上，进一步建立和健全个人自学和集中学习、研讨及交流制度，检查总结和通报制度，考试考核制度，促进了政治理论学习的不断深入。11月中旬，机关党委组织了全署党员干部的政治理论考试，署机关和派出局205名处以上干部和233名处以下干部参加了闭卷考试，另有58名50岁以上干部参加了开卷考试，并把政治理论学习情况和考试考核成绩与干部提拔使用、评先争优等项工作紧密结合，增强了党员和干部职工对政治理论学习的重视程度，达到了以考促学的目的。

（二）抓好党组织和作风建设。按照江泽民同志“党要管党，从严治党”的重要指示精神和《中国共产党党和国家机关基层组织工作条例》，认真抓了机关党的组织和作风建设。一是加强制度建设，积极开展活动，增强基层党组织的活力。为了抓好基层党的组织建设，机关党委既注重健全制度，严格管理，又注意了积极开展党的活动，增强基层党组织的活力。根据几年来的工作实践，经广泛征求各单位的意见和党建座谈会的讨论，机关党委重新修订了《审计署直属机关党委关于加强党员管理的意见》，使党员管理工作有章可循，更加规范；针对署机关人员的工作特点，机关党委注意加强对交流干部的管理，积极创造条件，尽快让他们参加所在单位的党组织；对出国时间较长的团组，要求他们成立临时党支部，及时组织开展各种活动，使这些党员虽身在他乡，却始终心系祖国，关注国内党和国家大事，并经常向党组织汇报思想；在建党79周年之际，机关党委还组织机关党员干部职工观看了《长征》、《红岩魂》等讴歌共产党人的电影和话剧，使大家真切感受到新中国的来之不易，进一步激发了爱国热情；各支部也以“重温入党誓词”为主题举行了丰富多彩的党日活动，使广大党员增强了党性观念，提高了党员的光荣感和历史责任感；全年共发展了11名党员，为机关党组织增添了新鲜血液。二是深入开展警示教育，提高党员干部遵纪守法的自觉性。党中央严厉惩治了胡长清、成克杰等党内一批高级领导干部，在社会上引起巨大反响。机关党委利用这些腐败分子的典型案例，及时组织党员干部收看了警示教育片，使大家从中受到教育和启示，为引导广大党员干部树立正确的世界观、人生观、价值观，保持和发扬党的优良传统作风起到了积极作用。在组织全署干部职工观看影片《生死抉择》后，机关党委通过各支部组织大家进行了热烈讨论，结合实际进行引导，进一步坚定了党员干部的理想信念和惩治腐败的决心。三是关口前移，加强机关党风廉政建设。为保证审计工作客观、公正，署党组在年初制定了《关于加强审计纪律的规定》（简称“八不准”），为进一步加大对党员干部执行审计纪律的督促检查力度，9、10月间，在各党支部自查的基础上，按照署党组的部署，由机关党委牵头，组成了三个检查组，对署机关、派出局执行“八不准”规定情况进行了检查，促进了“八不准”规定的进一步贯彻落实。

（三）加强和改进思想政治工作。各级党组织认真贯彻落实中央《关于加强和改进思想政治工作的若干意见》和中央思想政治工作会议精神，以“三个代表”思想为指导，紧密联系审计工作和本单位党员和干部职工的思想实际，认真坚持“两手抓，两手都要硬”的方针，进一步加强和改进思想政治工作。一是深入实际，加强调查研究，增强思想政治工作的针对性。在署党组带领下，机关党委先后深入到特派办、署机关和派出审计局，通过听取汇报、个别谈话、召开座谈会、问卷调查等多种方式，对党建工作和干部职工思想状况进行调查，摸清了情况，找出了存在的主要问题，在此基础上，召开了审计署思想政治工作暨党建工作座谈会，交流经验，深入研讨，针对存在的问题研究制定了加强和改进思想政治工作及党建工作的措施，推动了机关党的建设和思想政治工作的不断深入。二是紧密联系实际，做好经常性的思想政治工作。署机关各级党组织始终注意把思想政治工作渗透到审计和其他各项任务中，认真做好外出审计人员的思想政治工作。并通过举办形势报告会、外出参观学习等多种形式，开展爱国主义、集体主义和社会主义等内容的教育。通过经常性思想政治工作的开展，进一步激发了广大党员和干部职工的工作积极性，为审计工作的开展和各项任务的完成提供了有力的政治保证、思想支持和精神动力。三是开展创建文明司局活动，进一步加强机关精神文明建设。在创建文明司局和开展立足本职建功立业活动中，署机关各级党组织与行政领导密切配合，广大党员和干部职工积极参与，将其作为加强机关党的建设与做好审计业务工作的结合点。

广大党员和干部职工爱岗敬业，无私奉献，在各自的岗位上，为各项工作任务的完成和审计事业的发展作了积极的贡献。机关党委相继开展了向审计系统优秀公务员肖伦菊和署机关优秀党员许新琦同志学习的活动；机关党委和各党支部认真抓了创建文明司局和开展立足本职建功立业活动。在中央国家机关开展的“两优一先”评比中，署老干部局现职干部党支部被评为先进基层党组织，两名同志被评为优秀党员；在年终总结评比中，经各单位推荐，党委会研究决定，评出1999－2000年度创建文明司局先进单位11个，立足本职建功立业先进个人35名。

【驻审计署监察局】监察局是监察部在审计署的派驻机构。2000年，定编10人，现有7人；内设两个室：综合室、纪检监察室。

领导成员

局长：胡玉华

狠抓领导干部廉洁自律　领导干部廉洁自律是中央确定的反腐败三项工作格局之一。监察局把继续执行《廉政准则》和制止奢侈浪费行为的有关规定作为重点，突出抓了三项工作。一是根据中央纪委、监察部的统一部署，结合审计机关实际，制定了领导干部配偶、子女经商办企业活动的“五不准”规定，即不准司（局）级以上领导干部的配偶、子女个人在该领导干部主管审计业务范围内的被审计单位进行经商办企业活动；不准在该领导干部直接进行审计的项目检查中，与被审计单位进行经商办企业活动；署领导及主管社会审计的司（局）级领导干部的配偶、子女，不准在会计（审计）师事务所任职；非主管社会审计的司（局）级以上领导干部，不准向会计（审计）师事务所任职的配偶、子女介绍社会审计业务，其配偶、子女不准在审计署及直属单位承接社会审计业务；不准在所管辖的审计范围内的中外合资企业担任由外方委派、聘任的高级职务。按照上述规定，对155名司（局）级以上领导干部配偶、子女经商办企业情况进行了逐个清理，未发现违反“五不准”规定的问题。二是对用公款为领导干部住宅配备电脑和支付上网费用的情况进行了认真清理、登记和纠正。经清理统计，全署47个单位，共有电脑686台，除4个派出审计局向被审计单位借用4台电脑外，未发现违反规定为领导干部住宅配备电脑和支付住宅电脑上网费用，以及接受外单位赠送电脑和给个人固定配发便携式电脑等问题。以单位名义借用的4台电脑已限期归还原单位。三是对个人借用、占用下属机关、企业事业和被审计单位小汽车情况进行了清理。经清理，署机关各单位及派出审计局的工作人员共有自用小汽车18辆，其中违规借用的1辆，现已退还并对当事人进行了批评教育处理。

严肃查处违纪违法问题　监察局全年共收到群众信访举报233件，比上年同期增加了13.1%。其中涉及司局级单位或个人的119件，占51%，涉及县处级单位或个人的95件，占41%。为了及时处理信访举报，监察局指定专人负责，认真排查案件线索，组织力量查办。全年共初查核实37件，立案查处1件，其中已审理办结32件。对已经查实的问题都及时认真地作了处理，其中给予党纪和政纪处分的1人，经济退赔2人，其他处理2人，挽回经济损失270余万元。如组织调查某副局长涉嫌经济问题，根据署领导意见，与有关方面多次协商，改由监察局进行调查。经过甄别，否定了不实的举报，澄清问题，保护了审计干部。还先后2次对具有典型教育作用的违纪违规单位和个人，在全国审计系统进行通报，收到了较好的效果。

检查纠正不正之风　为了做好纠风工作，监察局针对审计工作特点，从三项重点工作入手，预先防范，防止了违纪违规问题的发生。一是以撤销审计收缴违纪资金专户为重点，进一步落实“收支两条线”规定。年初对1999年全国审计系统清理撤销审计专户工作进行了专项总结和情况通报，此后又专门下发通知，要求各单位抓紧与当地财政部门协调，在国库设立收缴专户，切实做到罚款统一使用中央或省级财政部门印制的票据，亮证罚款，罚缴分离，确保各项罚没收入及时足额上缴国库。审计署派驻各地的16个办事处，已有12个完成了专户撤销工作。各地审计机关设立的3048个审计收缴违纪资金专户，已撤销2036个，撤销率为66.8%。对于暂时保留的专户，各单位都加强了管理，没有发现突出的违纪问题。二是严格执行审计纪律“八不准”规定，树立廉洁从审的良好形象。审计署决定从2000年开始，在全国审计机关推行经费自理办法。监察局及时代署起草了《关于加强审计纪律的规定》和与此相配套的《实施细则》，明确规定了审计组和审计人员必须遵守的“八不准”纪律及责任追究办法。此规定自3月1日起，在审计署机关和派出机构率先实行，天津、上海、浙江、江苏、云南、青海、河南、深圳、新疆生产建设兵团审计厅（局）也先后实行。为推动此项工作的落实，监察局先后3次组织专题汇报会和自查、抽查活动，并对各个阶段的贯彻落实情况进行及时总结和通报，使“八不准”规定在各级审计机关已经深入人心并取得明显成效，广大审计人员廉洁从审，严格履行审计监督职责，在审计机关内部形成了良好风气，在社会上树立了良好形象。三是积极推行民主评议政风制度。各级审计机关主动公开审计工作的有关规定和审计纪律，参加当地政府组织的民主评议政风活动，自觉接受人民群众监督，促进了自身廉政建设，有效地防止了行业不正之风的产生。

探索源头防腐对策 为了探索审计机关从源头上防治腐败的对策，在广泛开展调查研究的基础上，8月下旬，监察局组织召开了由部分审计机关纪检监察工作负责人参加的专题研讨会，对近几年来审计机关发生的一些腐败现象及其原因，进行了认真的分析和探讨，并在此基础上研究制定了《审计机关反腐败抓源头工作实施办法》，提出了审计系统反腐败抓源头的六条治本措施：一是完善审计复核和审计业务会议制度，限制审计机关领导干部个人的审计处理权限；二是构建审计准则体系，逐步实现审计工作的规范化，减少随意性；三是推行审计外勤经费自理办法，切断审计机关与被审计单位的一切经济福利联系；四是健全社会监督机制，增加审计工作透明度，主动接受外部监督；五是撤销审计收缴违纪资金专户，防止产生违反财经纪律行为；六是加强审计机关的财务管理和监督，定期进行内部审计，推行领导干部任期经济责任审计制度。这些新的工作思路，对于确定明年的工作任务，从源头上预防和治理审计机关的腐败现象，将起到重要的作用。3月份，监察局撰写的两篇调研报告在全国纪检监察系统优秀调研报告评选中，分别荣获三等奖和优秀奖。

落实党风廉政建设责任制 党风廉政建设责任制是一项具有全局性、基础性的制度。2000年，审计机关的各级领导班子和领导干部，从讲政治的高度充分认识这项制度的重要性和必要性，进一步加强了组织领导。一是加强宣传教育。运用电视、报刊、墙报等宣传工具，通过印发学习材料、组织测试等形式，使责任制的有关规定进一步深入人心，使各级领导干部明确责任并自觉地履行廉政职责。二是按照《审计署落实党风廉政建设责任制实施办法》，对署机关各部门2000年反腐倡廉任务作了明确分工，做到各司其职，各负其责，齐抓共管。三是严格考核测评，加强监督检查。审计署机关和各派出机构，坚持把廉政责任纳入目标管理的考核指标体系中，除结合其它工作进行不定期的检查测评外，10月下旬，按照署党风廉政建设领导小组制定下发的《审计署党风廉政建设责任制考核办法》，分别对一年来贯彻落实《规定》的情况进行了综合考评，并向署提交了专题报告。

【离退休干部局】2000年，离退休干部局编制13名，在编8名，领导职数1名；设有服务一处、服务二处、办公室。

领导成员

局　长：王治忠

工作成果 2000年6月，中央国家机关党工委为纪念建党79周年，在中央国家机关中组织开展了“两优一先”评比活动。经审计署直属机关党委推荐，党工委调查考核，离退休干部局党支部被评为“先进基层党组织”。6月26日，中央国家机关党工委在国务院小礼堂召开表彰大会，离退休干部局局长王治忠同志参加会议，并介绍了“全心全意做好离退休干部工作”的事迹，受到与会同志的好评。国务委员王忠禹同志主持会议，中共中央政治局常委、国家副主席、中央军委副主席胡锦涛同志到会作了重要讲话，并与参加会议的同志合影留念。1999—2000年度，离退休干部局积极响应审计署开展创建“文明司局”活动的号召，认真落实创建“文明司局”的措施，把开展创建“文明司局”活动与全心全意为老干部服务、加强党风廉政建设、开展思想政治工作、严格内部管理结合起来，取得了明显的成效。机关思想建设抓得经常，工作人员文明素质较高；落实“两个待遇”到位，服务保障工作及时；党风廉政建设落实严格，内外形象良好。经署研究批准：离退休干部局为1999—2000年度文明司局，并受到奖励表彰。

为贯彻落实全国思想政治工作会议精神，进一步推动离退休干部思想政治工作，促进离退休干部的思想稳定，中共中央组织部于9月26日至27日，在北京万寿宾馆，组织召开全国离退休干部思想政治工作经验交流会，总结交流加强离退休干部思想政治工作的经验。局长王治忠同志参加会议，并以《结合离退休干部思想实际，有针对性地做好思想政治工作》为题，从四个方面介绍了近几年来做好离退休干部思想政治工作的经验体会，得到中组部有关部门的充分肯定和与会同志的好评。为了总结交流近年来署机关开展思想政治工作的经验，机关党委于2000年12月30日在北京怀柔审计干部培训基地，组织召开署机关思想政治工作座谈会。局长王治忠同志参加会议，并重点介绍了《针对离退休干部特点认真做好思想政治工作》的经验，受到大家的一致好评。

【机关服务局】2000年，机关服务局在职人员44名，设有办公室、财务一处、财务二处、医疗保健处、服务一部、服务二部、华审宾馆、怀柔培训基地、烟台培训基地，代管机关事务管理处（含基建办公室）、机关保卫处。

领导成员

局　长：张德山

副局长：邢　建

副局级审计员：陈玉华

深化后勤体制改革　在署党组、署领导和署后勤体制改革领导小组的正确领导下，机关服务局于上半年进行了深化机关后勤体制改革。改革工作平稳、顺利，做到了思想不散，秩序不乱，工作不断，国有资产不流失，改革和后勤服务工作两不误。主要进行了四个方面的改革：

1、理顺关系，调整机构职能。机关事务管理处、保卫处继续由服务局代管，行政编制数不变，行政人员按统一政策参加改革后，纳入事业单位管理；原机关财务处更名为服务局财务一处，负责署本级预算执行、会计核算、财务管理职能；原服务局财务处更名为财务二处，原职能不变；对服务一部、二部相互交叉的职能进行了调整；精简了汽车队和汽修部两个机构，专车和公务车分别由机关事务处和华审宾馆管理。

2、改革用人用工制度。人员原职务身份进入档案，通过实行竞争上岗，双向选择，择优录用，产生15名部门负责人，27名职工被聘到专业技术岗位和工勤岗位，并签订了《聘任聘用合同》，聘期2年。

3、试行新的工资分配办法。人员工资进入档案，个人收入与工作责任、效率和贡献大小挂钩，实行“基本工资＋岗位津贴＋效益工资”的分配形式，降低工资收入中的固定部分，增大岗位津贴与效益工资比重，初步建立了具有激励和约束机制的工资分配制度。

4、精简分流，办理交接手续。机关服务局共83人参加改革，精简分流39人，精简比例为47%。精简分流后，对财产、账目和在办事项，由移交人向接管人进行交接，顺利完成人、财、物、事管理的平稳过渡。

这次改革力度大，涉及到每位职工的切身利益，能实现改革工作平稳、顺利，主要体会是署党组和署领导的关心、重视和正确领导是改革取得成功的关键；精心组织、周密计划是搞好改革的必要条件；加强思想政治工作是搞好改革的有力保障。

加强后勤队伍建设　1、抓学习。重点是抓好处以上干部政治素质的提高。根据署党组和机关党委的安排，结合服务局实际制定了处以上干部政治理论学习计划，认真组织学习江泽民同志“三个代表”的论述和“十五”规划建议，注重实效、不尚空谈，努力提高解决实际问题的能力。全局职工在处以上干部的带动下，形成良好的学习空气。在业务学习上，本着“干什么，学什么”的原则，强化培训，全年共有8人获得高级职业资格证书，4人获得了中级证书，5人参加离岗学习，服务一、二部、华审宾馆、怀柔基地均组织了全员岗位技能培训和规章制度知识竞赛。2、抓规范。这是搞好后勤队伍建设的制度保证。在总结实践经验的基础上，围绕强化管理，制定、修改、完善了399项规章制度，凡涉及机关后勤的人和事，都用相应的制度进行规范，使后勤队伍建设开始走上制度化、科学化、规范化管理轨道。3、抓作风。把培养勤政廉政、雷厉风行、求真务实、苦干实干的作风，作为加强后勤队伍建设的一项经常性任务来抓，对处以上干部重点是抓好廉政作风，一切工作从讲政治的高度着眼，在基建工程、办公用品采购、调房等工作中，都严格按照集体操作、公开、透明的办事原则和规定程序进行，自觉接受党组织和群众的监督。4、抓质量。遵照署领导关于“各项工作都要树立精品意识”的指示精神，坚持进行全心全意为人民服务的宗旨教育，并在实际工作中加强组织、协调和检查督促，在完成署机关搬迁、亚审会及全国审计工作会议等接待服务工作和机关分散办公期间的后勤保障等工作中，都以高质量的服务，赢得署领导和机关广大职工的好评。

优质高效完成各项任务　1、财务管理方面：针对全年机关各项经费预算较紧的状况，努力开源节流，多方筹集资金，取得了有关部门的大力支持，较好地解决了机关行政经费、基建经费缺口，保证了机关工作的正常运转。严格经费管理，压缩控制支出，严格把关，全年做到收支平衡。按时完成参加财政统发工资、清产核资等工作。开展后勤服务费结算制度试点工作成绩突出，受到国管局和其他部委的好评。

2、机关事务管理方面：通过法律手段，解决多起长期非法占据机关住房案件，全年共清退住房11套，维护了机关的合法权益，挽回了经济损失。按署领导的指示，较好地组织实施了上下班班车货币化改革和公务用车货币化改革。积极稳妥地推进房改工作，出售公有住房690套，占机关可售住房的90%；为112名职工办理了购房贷款手续；完成524名无房和住房未达标职工住房补贴统计、上报工作；完成提高职工住房公积金交存比例、增发住房提租补贴工作；完成44套交流干部住房购置及委托物业管理工作；对62名职工住房进行调整，解决了29名无房职工的困难；安全顺利地组织了机关搬迁分散办公；完成了办公楼电话总机中继传输方式的改造；为全署职工办了更换热水器、安装防盗门、封闭阳台等8件实事；完成6处宿舍的危电改造和1处宿舍供暖锅炉煤改气工程，以及人防、爱国卫生、计划生育、公民献血、绿化等机关事务工作；组织开展了扶贫济困送温暖活动，被北京市民政部门评为拥军扶贫先进单位。

3、基建管理工作：按照“公开、透明、集体操作”的原则，通过招投标，先后完成了怀柔基地游泳馆等综合改造修缮工程、沿湖护坡工程、舞厅通风系统的设备改造以及四季厅、高级套房的装修改造工程；知春里宿舍楼外墙粉饰、北京站宿舍楼屋面防水工程、职工宿舍封闭阳台工程；署老干部活动室、古城交流干部用房的装修及华审宾馆煤气锅炉改造工程。署机关办公楼修缮改造工程，在署领导的关心、指导和各司局的支持下，顺利竣工，工程质量被北京市质检部门评定为优，并节约了基建经费560多万元。

4、机关安全保卫工作：认真贯彻中央国家机关和公安部门的指示，较好地完成社会治安综合治理、消防安全、交通安全、法轮功人员转化以及重大会议安全保卫等专项任务，获得北京市有关部门颁发多项奖励。

5、医疗保健工作：坚持“预防为主，防治结合”的方针，为700多名职工进行了健康检查，接种“防感灵”“乙肝疫苗”近1千人次，门诊7410人次，严格医疗管理，杜绝不合理开支，圆满完成了署重要会议、老干部外出考察活动的医疗保健和对全体老干部的保健培训等任务。

6、后勤服务工作：努力为职工多办实事。春节前，食堂在正常供餐的情况下，连续加班加点5天，为职工加工副食品3千多斤。在机关搬迁工作中，对受托保管的3449件物品，做到标识清楚，码放整齐，保存完好，手续齐全，受到署领导的表扬。机关分散办公期间，每天准时向各办公点递送报刊文件资料，保证了机关工作的正常运转。

7、物业管理服务工作：在服务质量上狠下工夫。高温季节之前，利用公休日，为职工义务维修保养空调机130台，深入住户解决宿舍楼暖气沟汛期进水、落水管损坏漏水以及暖气不热等问题；为交流干部和单身宿舍安装空调机、购置生活物品，为职工安装防盗门113个，受到职工好评。

搞好经营服务工作　华审宾馆为署机关进驻办公，完成照明、通讯、供餐方式改造等大量工作，保障了机关正常办公。同时，开办了华审宾馆东四分部，双秀招待所、北京站招待所经营状况较好。怀柔基地加大管理力度。圆满完成亚审会和20多个国家审计代表团的外事接待任务，以及全国审计工作会、内审会等20多个重要会议会务保障工作。客房平均入住率达到60%以上，销售收入1072万元，新增固定资产480万元。

审计署派出审计局

【外交外事审计局】2000年，外交外事审计局编制10人，实有9人，其中交流干部1人，内设一处、二处。主要负责对外交部（含驻外使领馆）及所属单位的审计监督。

领导成员

局　长：朱立豪（－11月）

副局长：潘晓军

审计成果　完成了对外交部和国家轻工业局1999年预算执行情况的审计以及两部门上半年预算执行情况的审计；完成了对北京有色金属研究总院1999年财务收支的审计；同时完成了以该局为主组成的审计组对我国驻新西兰、日本使领馆1999年财务收支审计，完成了对钓鱼台宾馆管理局1999年财务收支的审计。共查出各类违规行为金额19459万元，其中决定处理处罚16143万元，指明要求纠正3316万元；应上交财政6170万元，应归还原渠道资金33万元；已上交财政5285万元，归还原渠道资金33万元；提交审计工作报告、信息9篇，其中被国务院各部门采用4篇。

预算执行审计　1－3月以及8－10月，分别对外交部和国家轻工业局进行了1999年预算执行情况的审计以及两部门上半年预算执行情况的审计，查处被审计单位存在的部分规费收入和预算外资金不按时上缴、往来账清理不及时、私设“小金库”账外账等问题，违纪金额7622万元，其中决定处理处罚7351万元。审计中紧紧围绕预算资金的拨付、规费收入的汇总上缴和决算报表的真实准确性等3个方面开展工作，在重点资金和重点部位投入主要精力，从严控制预算资金收付的各个环节，确保预算资金准确及时到位，较大限度地降低了审计风险。

在抓住重点的同时，对其他问题也深挖细找。通过前两年的预算执行情况审计，驻在部门账面上明摆着或是显而易见的问题，都已经得到了较好的整改。从账上可以说已经很难看到明显的问题，如何开动脑筋，寻找驻在部门存在而尚未得到纠正的问题，成为后期摆在审计人员面前的一大课题。经过反复研究，决定把往来账作为重点，从分析每笔账务反映的经济业务的来龙去脉入手，清理往来账户，取得了较好的效果。如在往来账户的清理中，审计人员发现暂存款中“清理在英资产”账户存在可疑之处。就沿着账户线索，一直追查到八十年代的业务档案，查明这是一笔按规定应上交国库的资金，最后在审计报告中依法提出处理意见，使这一问题得到了纠正。同时加大了向二级单位延伸的力度，先后对外交部所属外交学会、红十字总会、外交人员服务局、部服务中心华凤宾馆等4个二级单位进行了延伸。通过延伸，不但落实了外交部在预算执行中存在的部分问题，也指出了二级单位本身存在的一些问题，对外交部在京直属单位触动较大。审计中，注意多种审计手段的灵活运用，取得了较好的效果。如在审计时对被审单位的收款收据从购买、领用和保管使用情况进行了仔细检查，并对照收据存根联检查入账情况，发现了轻工局向所属单位收款不按规定入账的违纪问题的重要线索，并根据这一线索追查出了某国家局多年的“轻工小贷”账外账，该账户历年来共收到各种资金达1899.1万元。

驻外使领馆审计 根据审计署的统一安排，由外交外事审计局局长朱立豪任组长，并以该局为主的审计组于8月16日至9月18日对我国驻新西兰、日本的2个使馆、5个总领事馆以及6个甲类处1999年的财政财务收支进行了就地审计。在总结上年境外审计经验的基础上，审计组结合实际，努力探索驻外使领馆审计的新路子，使驻外使领馆审计取得了新的进展。工作中一是初步摸索出了一套符合实际的审计程序和方法，为制定境外审计规范积累了经验。在境外审计开始之初，该局就在总结往年境外使领馆审计经验的基础上，结合我国驻外使领馆管理体制的实际，就驻外使领馆审计的内容、方法和程序等问题写成专题报告，在与外交部有关部门协商一致后上报分管署领导，经批准后在审计中实施，效果良好。境外审计结束后，又对审计情况进行了多层次的总结，对署外事司起草的《审计署关于境外审计管理的暂行办法》提出了很多有益的修改意见。二是查出了驻外使领馆在财政财务收支方面存在的主要问题，通过审计促进了被审单位规范自身行为，加强内部管理。初步摸清了使领馆的家底，查出了驻日、新两国使领馆签证费等预算收入未按规定上缴、以前年度客房收入和馆舍变卖收入等其他应交未交滞留资金，房屋、汽车未入固定资产账等问题和会计核算不规范、会计期间划分不严格、基建资金的核算管理有待规范完善、收据管理存在漏洞等管理方面存在的问题。这些问题在与被审单位交换意见后，引起了使领馆领导和外交部的高度重视，已经和正在采取得力措施，推动全面整改。三是在总结境外审计经验的基础上，撰写《使领馆审计案例》，为今后开展境外审计工作提供参考。

行政事业审计 按署统一部署，认真开展科研单位行业审计，对北京有色金属研究总院的审计取得重要成果。首先是以科研经费的使用管理为中心，投入重要力量把审查科研经费收支的真实合法放在首位，做到重点突出。按研究室、课题组和经费的拨付纵横两个线索，对每个在研课题或项目的每份合同认真进行审查，做到精力集中、时间集中。通过审计，揭露和纠正了该院1999年自筹基建和其他支出1023.84万元挤列科研成本的问题，有效地促进了该院科研经费的使用管理。其次是牢固树立精品意识，采取得力措施严把审计质量关。审计进点前进行了认真的审前调查，根据被审单位的实际情况制定具体的《审计实施方案》，使得审计组内环环相联，做到责任到人、互相监督。由于认识到位，组织得力，审计质量有了明显提高。审计中查出该院违规从事金融业务和违规编报会计报表，少报企业资产2.8亿元两个问题被行政事业审计司在行业审计汇总时采用上报。最后是树立大案要案意识，以查处“小金库”为重点，发现问题一查到底。此次审计以盘点现金库和抽查涉及大额现金收付的会计凭证为突破口，查出被审单位的“小金库”多个，并且对“小金库”的支出逐笔进行审查落实，做到不放过每一个疑点，不放弃每一个线索。如从一张记账凭证的附件不全入手，最终查出了该院研究发展办公室从1994年11月到1999年6月以各种名义将科研经费126万元转至账外“小金库”，用于购买办公用品、礼品、餐费及劳务费等支出的问题。又如从复核内部结算中心的开户情况入手，查清了自1994年以来，院资金管理中心利息收支一直未纳入院财务处账内统一核算管理，长期滞留在财务账外的问题，并以此为线索查出了自1996年以来，院财务处将其在金融机构的高息存款利息收入和固定资产转让差价收入等687.46万元转移至账外，用于支付院咨询费、招待费和其他支出的问题。同时该局还完成了对外交部钓鱼台宾馆管理局1999年财务收支的审计，审计中结合钓鱼台的实际，分析国家给予钓鱼台的各种优惠政策，揭露其在财政财务收支的真实、合法和效益上存在的主要问题的同时，提出了加强财经法纪观念，规范内部管理的建议意见。

队伍建设 按照署党组和机关党委的统一部署，围绕“人、法、技”加强队伍建设和基础工作，主要做了以下几项工作：一是结合“三讲”回头看活动，认真学习“三个代表”的重要精神，提高全局同志政策理论水平。局党支部按照审计署要求落实整改措施的同时，多次组织全局人员集中学习和座谈讨论江总书记关于“三个代表”的重要论述和《人民日报》有关社论。通过学习和讨论，全局同志的政治思想素质有了新的提高。二是全面加强业务学习，多方面提高审计人员的业务技能。全局人员有选择地学习了《审计干部法律必读》书上的有关法规，指定专人讲解有关金融证券法规和科研单位财务制度等内容，要求审计人员学以致用，在审计过程中熟练运用法规，提高发现问题的能力。还以审计署岗位资格考试为契机，以考促学，在全局掀起学习业务的高潮，今年应该参加考试的7位同志全部参加并且通过了考试。

【发展计划审计局】 2000年，发展计划审计局定编8人，实有7人，交流干部2人，设有一处、二处两个职能处室。负责对国家发展计划委员会、国家统计局和国家粮食局及其所属在京单位（含代表单位）的审计监督。

领导成员

局　长：虞伟萍

审计成果　全年完成审计项目7个，审计独立核算单位50家，在核实被审单位会计报表和会计记录的基础上，共查处违法违规金额443173.97万元，其中决定处理处罚178895.70万元，指明要求纠正264278.27万元，提出改进财务管理建议31条，建议对3个违法违规事项责任人给予行政处分。对审计查处的违法违规事项，发展计划审计局实行主审负责落实制，由主审人员跟踪督促被审单位落实审计决定。各被审单位领导班子和主管领导十分重视，积极采取措施纠正违法违规事项。截至2000年底，各被审单位落实审计决定，共上缴中央财政资金300103.65万元，下拨中央补助地方部门、企业资金24140万元，对2名违法违规事项直接责任人给予了行政处分，纠正了大部分不合规会计事项，进一步规范了财务管理和会计核算，节约了开支，提高了资金使用效益，促进了依法行政和廉政建设。

预算执行审计　2000年上半年发展计划审计局组织实施了对国家粮食储备局和国家计委1999年度预算执行情况审计。对国家粮食储备局1999年度预算执行情况审计查处的违法违规事项主要是：欠缴中央财政收入，欠拨下级单位财政拨款，往来款长期挂账，收支不纳入法定财务账等。对国家计委1999年度预算执行情况审计查处的违法违规事项主要是：将专项经费结余款委托外单位代管，下属单位用中央预算内基建拨款购置自用桑塔纳车，以及机关后勤对投入创收活动的国有资产监管不到位等。此外，发展计划审计局还按照署统一部署，派出2人配合署财政审计司，组织实施了对财政部国际司1999年预算执行情况审计。

财务收支审计　2000年发展计划审计局先后组织实施了对国家计委宏观经济研究院、中国宏观经济学会及中宏公司、世界银行贷款科技发展项目、国家计委机关服务中心投资的北京斯可赛司有限责任公司以及国家信息中心1999年度财务收支审计。对宏观经济研究院、中国宏观经济学会及中宏公司1999年度财务收支审计查处的违法违规事项主要是：用借款登记注册资本，虚增资产，收入转移“小金库”，以个人名义开设股票账户炒股，用捐赠资金为其他单位提供贷款质押担保，擅自冲销资产，原始单据失缺等。对世行贷款科技发展项目1999年度财务收支审计查处的事项主要是：有的子项目单位自行更改原项目建设单位或超概算投资；部分子项目单位没有对世行项目进行独立的财务管理和会计核算；项目执行进度缓慢；个别单位对项目银行账户的内部控制有缺陷。对北京斯可赛司有限责任公司1999年度财务收支审计查处的违法违规事项主要是：会计报表不实，有“小金库”资金。对国家信息中心1999年度财务收支审计查处的违法违规事项主要是：部分以前年度基建拨款余额、项目采购材料不合格退货款、其他收入及对外投资未纳入法定财务账，将计划外项目支出、费用性支出等作为待核销基建支出列入基建财务决算报表，科研费结余长期挂应付账或往来账，部分投资控股企业的收入不入账或列往来账，漏缴流转税和所得税，个别单位会计账、证不符，凭白条报销支出等。此外，发展计划审计局还按照署统一部署，派出2人配合外事司组织实施了对我国驻加拿大和墨西哥使领馆及甲类处等共13个独立核算单位1999年度财务收支审计。

“人、法、技”建设　2000年发展计划审计局在署党组正确领导下，紧紧围绕审计工作中心，主要做了以下五项工作：一是健全党支部工作责任制；二是坚持政治理论学习和审计总结制度；三是修订和完善《发展计划审计局职责、机构及局处两级分工》、《会议规则和重要事项决策程序暂行规定》、《审计档案归档操作试行规范》、《廉政建设局、处、组三级负责制》及建立《廉政纪律文件簿》等内部管理规范；四是实行半年一次与群众组织的联席会议制度；五是积极创造条件派出5位骨干参加审计署组织的党校学习、英语和计算机培训班及出国考察。这些工作，有效发挥了党支部战斗堡垒作用和共产党员的先锋模范作用，增强了职工的主人翁意识和责任感，规范了工作秩序，保证了审计执法的严肃性，提高了审计人员的政治业务素质。2000年发展计划审计局职工共撰写读书笔记35篇，其中有6篇探索审计工作的论文被国家级刊物采用。

【经济审计一局】 2000年，实有人员8人（其中昆明办、成都办、上海办交流干部各1人）。内设审计一处、审计二处。一处主要负责对国家经济贸易委员会及其在京下属单位的审计监督。二处主要负责对国家烟草专卖局及其在京下属单位的审计监督。

领导成员

副局长：张彦珍

局长助理：张力（-8月）

审计成果　2000年完成预算执行、财务收支5个项目的审计，还派人参加了全国总工会的财务收支审计、香港华润（集团）所属华润石油化工公司的财务收支审计。共查处违纪违规金额8.1亿元，其中：决定处理金额3亿元——应上缴中央财政191万元，应上缴中央财政预算外专户1871万元，应返还原资金渠道408万元，责令下拨预算资金1.836亿元，责令收入立即入账4586万元等；通过审计促进被审计单位加强预算管理、财务管理和内控制度的完善，提高了资金的使用效益，维护了财经秩序，推进了依法行政，促进了廉政建设。

预算执行审计　1—3月按照审计署统一部署，对国家经济贸易委员会1999年度预算执行情况进行审计，并延伸审计其所属的基建修缮中心、中国机电设备招标中心、经济干部培训中心、经济研究咨询中心、中国企业联合会、安全科学技术研究中心、服务中心房地产管理处。查出的问题主要有：截留挪用科技三项费用、专项经费、专项基金335万元；预算外资金收入1519万元未上缴财政专户；违规向企业收取赞助、补助款1690万元；干部培训中心少计事业收入607万元，漏缴税金；售房收入及住房公积金2312万元未入账，住房基金未归入财务部门管理和核算；未完全执行1998年度预算执行情况的审计决定等10个问题。

2—3月按照审计署统一部署，对国家烟草专卖局1999年度预算执行情况进行审计，并延伸审计其所属的中国烟叶生产销售公司、中国烟草进出口总公司和中国烟草机械集团有限责任公司。查出的问题主要有：未及时下拨1999年度烟草专营利润1.836亿元；未收回已预拨但不符合中央补助资金条件的下岗职工基本生活费补助资金177.1万元；未完全执行1998年度预算执行情况的审计决定等。

财务收支审计　4—6月对中国黄金总公司1993-1999年6月财务收支情况进行审计，并延伸审计中国黄金物资公司、金翔黄金实业发展公司。查出虚列基建拨款2300万元；基建投资1940万元未纳入项目总投资；少计收入和结转收入不及时1200万元；成本结转和支出不实670万元；汇兑损益84万元未按规定结转；固定资产705万元未及时入账；挪用开发基金13万元；将福利费300万元转移到工会账中并发放给职工个人；出借账号等9个问题。

6—7月对中国科学院计算技术研究所1999年度财务收支情况进行审计，查处该所下属的非法人单位未经报批将资产299万元直接转入另一家企业；未按规定办理《收费许可证》，并且未将收取的培养费352万元上缴中央财政预算外资金专户；在往来科目列收列支，少计收入324万元，少计支出258万元；少计科研收入123万元，少计科研成本116万元等。

8—9月对中国烟草物资公司1999年度财务收支情况进行审计。审计查处违规向其他企业拆借资金2000万元；收入不及时入账，多结转销售成本246万元，减少当年损益；会计核算不规范等9个问题。

"人、法、技"建设　1、一方面充分利用工作间隙采取自学、集体学习等多种形式组织全局同志学习各方面理论知识。另一方面积极参加署里组织的各种培训学习，不断提高干部队伍的综合素质。2、在做好繁重业务工作的同时，紧密围绕中心任务，加强思想政治工作。一是根据署机关党委的部署，进行了理想信念和形势政策的学习教育。通过学习，使大家进一步树立正确的世界观、人生观、价值观。二是注意掌握分析局里同志的思想动态和实际问题，特别是年轻同志工作生活的特点，科学地、合理地做好思想政治工作，在尽可能的情况下帮助解决困难和问题。3、严格执行审计纪律，狠抓廉政建设。首先，开展经常性的廉政学习教育。对党中央、国务院下发的有关廉政建设的制度规定，对署制定的各项廉政纪律，尤其是对《审计纪律（八不准）》，及时组织学习讨论并严格贯彻执行。还通过看电影、看展览、看"警示录"等多种形式对大家进行教育。其二，根据本局具体情况，制定了行之有效的廉政建设责任制和执行审计纪律具体实施办法，使局里的廉政建设工作层层有人负责，处处有章可循。其三，将审计组的廉政建设作为重中之重的工作来抓。一是认真执行廉政责任制，将廉政责任制落实到人。二是将廉政建设贯穿于审计全过程：审计进点前，学习审计纪律；审计中，严格执行各项规章制度；审计结束时，就廉政情况专门征求被审计单位的意见；审计后，对审计组执行审计纪律的情况进行检查和小结。其四，重视日常的检查和考核。每半年一次的处以上党员干部民主生活会，党支部定期召开的党员民主生活会，对遵守廉政制度和审计纪律情况进行自我检查和民主评议。2000年领导干部以身作则，全体同志自觉遵守审计纪律，未发生过违反廉政规定的事情，较好地树立了审计机关和审计工作者的形象。

【经济审计二局】2000年，审计署经济审计二局编制8人，在编8人，交流干部3人，内设处室两个。主要负责对原国家冶金工业局等7个国家工业局及其在京直属单位的审计监督。

领导成员

副局长：陈居华

副局级审计员：廖金梅

审计成果　全年共完成7个审计项目，并派人参加审计署统一组织的对财政部、全国总工会和香港华润（集团）有限公司的审计。通过审计，共查出财政预算资金下拨不到位、挤占挪用财政专项资金、无预算拨款、向企业违规摊派资金、漏列收入、虚列支出、决算编制不完整、使用虚假增值税专用发票偷漏税款和财务管理薄弱等大量问题，查出违纪违规金额61441万元，分别对查出的违纪违规问题进行了处理。其中已上交财政81.2万元，发现和移交违法犯罪案件线索2件。通过审计，这些部门和单位加强和改进了内部管理，规范会计核算，提高经济效益，加强了廉政建设。

预算执行审计　经济审计二局按照审计署领导关于“各派出局要守土有责，力争三年内使中央各部门不再出现重大的违法违纪问题”的要求，把部门一级预算单位作为审计重点，集中力量，认真抓紧抓好。在对国家冶金工业局和国家纺织工业局1999年预算执行情况的审计中，查出滞拨财政预算资金17823万元、无预算拨款3797万元、随意调剂预算资金3178万元、挪用财政专项资金2000万元和将财政预算资金1800万元借给某房地产公司逾期不能收回等问题。同时，还结合这些部门预算审计的情况，延伸审计了一些部门所属的二三级单位。国家冶金局所属的地质总局每年预算资金有4亿多元，下属单位也很多，在延伸审计时查出该单位滞拨矿产资源补偿费704万元，挪用地质勘探费220万元购置办公楼等问题。通过对二三级单位的延伸审计，不但审核和监督了各主管部门对预算执行的具体落实情况，而且也督促他们加强对所属单位的管理，保证预算计划的真正落实。

按照审计署党组关于“摸清家底，做到心中有数”的要求，通过对各部门的财经管理情况、业务活动情况、财政财务收支情况深挖细究，发现了一些以前遗留的、深层次的问题。国家纺织局将违规向企业摊派的资金1419.5万元用于补贴机关行政经费支出；将违规收取的进口产品抵押金4409万元在账外核算；将预算资金和以前年度企业上交款1000万元拆借给某公司，收取固定回报，该公司因经营不善现已停业，资金不能收回。国家冶金局有历年各种应收款1.3亿元，情况比较复杂，有的借款挂账达十几年之久；通过信托投资公司办理的委托存款和委托贷款总计4689万元逾期不能收回。经济审计二局在2000年预算执行审计中，对即将撤消的国家工业局，不断加大审计的深度和力度，认真检查各项收支的合法性和国有资产管理情况，查处有无利用机构改革之机转移、隐瞒和侵吞国有资产的问题。通过全面审计，摸清家底，掌握了部门预算内、外资金来源、规模和管理情况，查处和纠正了预算执行中的违纪违规问题。

财务收支审计　按照审计署的统一安排，经济审计二局对钢铁研究总院1999年财务收支情况进行了审计。该院是全国最大的科研院所之一，所属机构多，科研人员多，科研项目多，资金流量大，财务部门和人员也都很多。为了搞好这项审计，经济审计二局的同志按照署行政事业司的要求，做了充分的审前准备工作。审计开始前，首先到被审计单位进行了详细调查，了解被审计单位的机构设置、财务管理、财务收支和资产、负债、损益等情况。在此基础上制定详细的审计方案，对审计的内容、重点、方法和分工等都提出了具体的要求，使每个审计人员都做到任务明确、分工明确、责任明确。在审计过程中大家树立高度的工作责任感和审计风险意识，不放过任何一个疑点，注意从蛛丝马迹中发现问题。通过追踪资金的运行轨迹和细心分析，发现两笔业务有虚假成份，经天津市国税局、北京市延庆国税局对发票进行鉴别，证实是为不合法单位虚开增值税发票和使用假增值税发票，共查出虚开、使用假增值税发票18份，金额203万元，偷漏税款21.57万元；在审计该单位器材部时，发现该部利润上缴定额与其年终实现利润正好吻合，估计有人为因素，经核实，发现有瞒报利润问题。在翻阅凭单时，发现支付临时工工资名单上多次出现同名不同身份证号的情况，为摸清事实，审计组同志采用分两个组同时与被审计单位领导和经办人员突击谈话的方法，查出其编造假临时工劳务费名单，虚报冒领现金20万元，形成“小金库”等问题。通过审计，不但查清了该单位1999年度的财务收支情况，也初步查清了该院资产、负债和所有者权益情况，还查出了该院挪用、挤占科技三项费3394万元，少记收入科技三项费等资金219.78万元；虚列支出38.13万元，决算漏列利息收入600万元，擅自核销资产1383万元，以及会计核算不规范、资金管理松散、总院与所办经济实体职责不清、产权不明、课题经费挂账6年未开展研究工作，拨款资金无项目合同等大量违纪违规问题，在该院引起了震动。在审计中，为了查清某个问题，还派人去外地调查取证，并在审计结束后，向天津经济技术开发区公安局和北京延庆县公安局作了案件移送处理。

队伍建设　一是认真开展“三讲教育回头看”活动，继续巩固和发展“三讲”教育成果。二是坚持做深入细致的思想政治工作，充分调动审计人员搞好审计监督工作的积极性和主动性。三是加强学习培训，努力提高审计队伍的整体素质。四是落实党风廉政建设责任制，切实搞好廉政建议。在这方面，局领导以身作则，坚持坐公共汽车上下班，被审计单位提出用车送他，都被他婉言谢绝。被审计单位给交流干部电话卡和价值上百元的喝水杯，被他们及时退回。被审计单位给审计人员送的成箱饮料和水果，也被大家谢绝。经济审计二局的领导和干部用严以律己的实际行动树立和维护了审计的良好形象。

【贸易审计局】2000年，贸易审计局编制8人，在编8人，交流干部2人，内设审计一处，审计二处。主要负责对国家对外贸易经济合作部、国家国内贸易局和中国对外贸易促进委员会及其下属在京单位的审计监督。

领导成员

局　　长：张大维

副局级审计员：徐永顺

审计成果　2000年，贸易审计局全年完成审计项目6个，其中预算执行审计项目3个，财务收支审计项目1个，外资运用审计项目1个，专项审计调查项目1个，派员参加了审计署统一组织的驻外机构审计。通过审计，查出各种违规金额23.90亿元，决定处理处罚23.26亿元，其中应上缴财政1.58亿元，应归还原渠道资金7.23亿元。上报审计报告和信息15篇，被审计署采用1篇。

预算执行审计　先后对国家国内贸易局1999年度、外经贸部1999年度、国家国内贸易局2000年1－8月预算执行情况进行了审计。在全面审计的基础上，针对被审计单位资金量大、作为行业管理部门与原所属企业资金往来较多的特点，不断加大审计的深度和广度，将重点资金、重点单位确定为审计重点，进行延伸审计，使“守土有责”落到实处。通过审计，查出了被审计单位挪用盈亏缴拨资金6.7亿元、设立“小金库”270万元、大量资产未纳入财务核算体系、预算外资金未纳入财政专户管理等问题。在审计中，牢固树立大局意识和全局观念，主动向审计署提供了财政部批复决算与实际拨入外经贸部盈亏缴拨差异4.8亿元问题的线索，积极配合财政审计，通过赴财政部审计组的调查、核实，使问题得到了纠正。外经贸部挪用盈亏缴拨资金6.7亿元和财政部盈亏缴拨差异4.8亿元问题，审计署在向人大的报告中作了披露。同时，该局紧紧围绕国家宏观调控政策，密切关注所属企业与部门脱钩问题，针对外经贸部持有国贸中心股权，管理机制上存在的问题，提出了解决股权归属、收益分配、监管等问题的审计意见。国务委员王忠禹同志对审计意见书提出国贸中心股权归属、管理问题非常重视，作了重要批示。贸易审计局还通过信息、简报，及时向审计署反馈审计中发现的宏观管理方面存在的问题，为宏观调控服务。

财务收支审计　对中科院植物研究所1999年度财务收支进行了审计。针对该单位从未经过国家审计机关全面审计的情况，对该单位进行了全面审计，查出了未经国家有关部门批准擅自转让办公用地、转移科研经费、工作人员私自截留现金收入、乱拉资金搞计划外基建项目等问题。对存在的资产管理混乱、财务管理分散等问题，提出了切实可行的整改意见。

外资运用审计　对中国盐业总公司世界银行贷款项目进行了审计。在审计总公司财务报表的基础上，延伸审计了8个省市20多个子项目，揭示了会计报表不规范、部分单位未建立世界银行贷款账、个别项目支出无充分依据等问题。出具的审计意见得到了中国盐业总公司的认可，并根据审计提出的意见认真地进行了整改。

专项审计调查　根据审计署领导在群众举报材料上作出的批示，对国家国内贸易局原情报研究所进行了专项审计调查，并及时将调查结果报送审计署。

队伍建设　2000年，贸易审计局进一步加大队伍建设的力度，努力推动“人、法、技”建设协调发展。首先，加强政治理论学习，深入开展思想政治工作；加强党支部建设，发挥党员先锋模范作用。组织全局同志认真学习邓小平理论和江泽民同志关于“三个代表”的重要思想，积极参加“三讲”教育回头看活动，认真落实“三讲”整改措施，开展对法轮功的揭批斗争，严格遵守以“八不准”为主要内容的审计纪律，为完成各项工作任务打下了坚实的思想基础。其次，完善各项制度。根据实际情况的变化，对部分内部工作制度及时予以调整、充实和完善。进一步明确管理层次，在充分尊重和调动全体同志工作积极性、主动性的同时，有效地发挥处级干部在日常管理和审计工作中的组织协调作用，使管理工作更加科学有效，为完成各项工作任务提供了制度保障。第三，坚持以人为本，围绕审计工作中心，把提高个人素质贯穿于全年工作中。一方面，在保证完成审计工作的同时，积极派员参加审计署组织的各项培训，鼓励大家利用业余时间参加各种提高学历和专业技能的学习和考试；另一方面，在审计工作中让年轻同志轮流担任主审，给每位同志提供锻炼和提高的机会。通过这样的学习、培训和实践锻炼，全局干部的综合素质有了明显提高。

【国防工业审计局】全局编制8人，现有7人，其中研究生学历4人，设两个处。主要负责对国防科学技术工业委员会（以下简称国防科工委）及其在京直属单位、北京航空航天大学和北京理工大学的审计监督。

领导成员

副局长：王亲民

审计成果　全年共完成审计项目7个。其中1999年度预算执行审计项目2个：国防科工委、国家石油和化学工业局预算执行审计；2000年度预算执行年中审计项目2个：国防科工委、国家石油和化学工业局2000年1－8月预算执行审计；财务收支审计项目2个：中国航空精密机械研究所、北京理工大学1999年度财务收支审计；专项审计项目1个：对国家石油和化学工业局1993—1999年住房基金的审计。据统计，全年共查出违纪违规总金额231632万元。其中上交财政460万元；退还企业10000万元；归还原渠道资金4397万元；调增收入1188万元；其他215657万元。

预算执行审计　全年先后对国防科工委、原国家石油和化学工业局1999年度的预算执行情况及2000年1至8月份的预算执行情况进行了审计。发现乱摊派、乱收费、无偿调度企业资金、预算资金搞定期存款等问题，查出违纪违规金额166079万元，其中决定处理处罚164537万元，指明要求纠正1542万元。通过审计，促进了国防科工委预算管理和财务管理的规范化。

财务收支审计　先后审计了中国航空精密机械研究所和北京理工大学1999年度的财务收支。通过审计，发现挪用基建资金、虚列投资完成隐匿基建拨款、少计收入、漏缴税款、挤占科研成本、固定资产不入账等问题，共查出违纪违规金额59589万元，其中决定处理处罚1840万元，指明要求纠正57749万元。

专项审计　在对国家石油和化学工业局1999年度预算执行审计中，发现石化局在落实1998年预算执行审计决定时，清理账外资金，对1993年以来的职工售房款补记建立了一套账，这套账是根据银行对账单复印件建立的，没有原始凭证，难以确认收入的真实性、完整性和支出的真实性和合法性。于是便将问题向署领导作了汇报，署领导非常重视，指示要“从开支入手、要抓住重大疑点、线索，深入核查、重点突破，查清资金的去向”。从2月21日至5月14日，对国家石油和化学工业局出售公有住房的财务收支情况进行了全面详查，经过大量的内查外调和对石化局、银行和住房管理中心等有关的账、单、证进行逐一核查，查出该单位挪用420万元售房资金投资办公司，还发现302万元账外资金，除用于清退职工购房款291.9万元外，结余现金10.27万元仍存放于账外等问题。

队伍建设　（一）健全内设机构、狠抓基础管理。2000年国防工业审计局按照审计署关于派出局内设机构的规定，设立了一处、二处，并进行了内部分工，明确了岗位职责，同时调配、充实了处级干部；根据署机关党委要求，改选了党支部，制订了全年的党支部工作计划，加强党支部的建设；加强内部管理和基础建设，补充、修改了局工作规则及其他管理制度。

（二）重视提高人员素质，加强干部队伍建设。1. 重视政治理论学习，提高政治素养。上半年，根据署党组《关于“三讲”教育结束后开展“回头看”活动的意见》，处以上党员领导干部自看自查，认真检查“三讲”教育整改措施的落实情况，广泛听取群众意见，针对存在的问题，重新修订整改措施，进一步巩固了“三讲”教育成果。2. 重视提高审计人员的业务素质，积极参加署里组织的各种业务培训班和社会上举办的学历、学位考试。3. 结合审计实际，开展理论研讨，努力在理论与实践结合的提高方面取得新的突破。

（三）严格执行审计纪律，加强廉政建设。2000年，国防工业审计局在贯彻落实和严格执行中纪委关于党政机关处以上领导干部廉洁自律有关规定的基础上，重点抓了《审计署关于加强审计纪律的规定》即“八不准”的贯彻落实。主要的做法是：一是加强廉政教育、认真学习“八不准”，提高认识，提高遵守审计纪律的自觉性；二是领导重视、明确责任。每个审计项目审计纪律执行情况由审计组长负责，局领导督促检查。三是审计纪律的执行严谨规范、一丝不苟，贯穿于审计项目的全过程。进点前，认真学习廉政的有关规定，进行“八不准”教育；进驻后，向被审计单位宣传并公示审计“八不准”的具体内容，公布举报电话；出点前，检查执行廉政纪律的情况，向被审计单位公示住宿、餐饮等各项费用的交费情况；回机关后，总结廉政工作，填报有关台账、表报。较好地树立了审计机关和审计人员的良好形象。

【教育审计局】2000年，教育审计局编制7人，实有9人（含交流干部2人），内设一处、二处。负责对教育部、国家行政学院和教育部在京直属高校及直属事业单位的审计监督。

领导成员

局　长：赵　耿

副局级审计员：焦克勤

审计成果　2000年，先后对教育部1999年度预算执行情况、中央教育科学研究所、中国教育科技信托投资公司、教育部世界银行贷款办公室、中小学幼儿教师奖励基金会财务收支情况，2000年教育部、国家行政学院年中预算执行情况等6

中集集团

为现代化交通运输提供装备和服务

董事长 李建红

总裁 麦伯良

中国国际海运集装箱（集团）股份有限公司是以集装箱制造为主导产业的企业集团。集团员工超过10000人，总部设在深圳市蛇口工业区，在香港、上海、深圳、南京、南通、大连、新会、天津、青岛、柬埔寨、苏里南等地拥有二十余家全资及控股子公司。公司注册资本3.4亿元，总资产66.40亿元，净资产20.90亿元。2000年，集团实现主营业务收入89.54亿元，净利润4.62亿元；销售集装箱71.52万标准箱，国际市场占有率达35%，出口创汇10亿美元。

中集集团的前身是中国国际海运集装箱股份有限公司，成立于1980年1月，为深圳经济特区最早的中外合资企业之一，同时也是中国最早的四家国际标准集装箱专业生产厂家之一。公司由香港招商局和丹麦宝隆洋行合资兴建，总投资300万美元。1987年，公司实行股权结构重组，中国远洋运输（集团）总公司加盟，成为三方合资企业。1992年公司实行公众股份制企业改组。1994年3月、4月，公司B股、A股先后在深圳证券交易所上市。1995年8月，公司更名为"中国国际海运集装箱（集团）股份有限公司"，正式以集团架构开始运作。中集集团是国家520户重点企业之一，获得中国十大高出口创汇企业、中国上市公司50强、深交所十佳上市公司等荣誉。

集装箱制造是中集集团的主导产业，集团自1996年至今是全球最大的集装箱生产商，拥有7家干货箱生产厂、2家冷藏箱生产厂及2家特种箱生产厂。生产基地分布在中国沿海港口地区，形成中国大陆全方位的生产服务格局。产品包括干货集装箱、冷藏集装箱、特种集装箱三大系列的100余个品种。近年来，中集又开发生产了高效的内陆运输工具厢式半挂车系列产品。此外，还经营机电设备、基建房地产和木业业务。中集集团在全球建立了广泛的客户服务网络，客户包括全球最大的船公司和租箱公司。

中集集团的发展战略是为现代化交通运输提供装备和服务。集团致力以不懈努力和开拓创新推动国际交通运输业的发展，并在中国交通运输现代化的过程中扮演积极角色。

中集集团的集装箱堆场

中集集团产品冷藏集装箱

广州市长途运输公司客运分公司

省汽车站是广州地区从事长途旅客运输中规模最大、班车最多、线路最长和服务最完善的汽车站，是经交通部审批核准的一级客运站。地处广州市繁华地段的交汇处——环市西路，毗邻广州火车站、民航售票处、流花宾馆和广深高速公路及107国道入口处。每天从本站发出的班车多达1000多班，遍布省内各地。车站二楼为直达快车服务中心，经营以省内高速公路为主的直达快车专线业务，使用进口豪华大、中型空调客车。具有行驶时间短、舒适、快捷、安全的特点，乘坐直达快车是一种美的享受。

本站经营范围包括：个人团体旅游、来函来款订票、包车送票上门、预售五天车票等。

秉承“从旅客满意的地方做起，从旅客不满意的地方改起”的服务宗旨，省汽车站力求做到“礼貌待客、热情服务、为你分忧、让你满意”，热诚欢迎社会各界人士莅临指导并提出宝贵意见！

广东省台山市水利局

台山市位于珠三角西南部，毗邻港澳，总面积3286平方公里，人口101.17万，旅居海外及港澳台等91个国家和地区的台山籍乡亲130万，素有“全国第一侨乡”、“内外两个台山”之美誉。

市境南临南海，海岸线长587公里，有大小岛屿95个，以上、下川岛最大，是广东面积较大的岛屿。境内土地肥沃，物产丰饶，耕地面积80.9万亩，其中水田66.93万亩。

全市现有江海堤围112条，总长414.7公里，捍卫耕地72.04万亩，人口75.96万人。其中以烽火角海堤为最重要。全市蓄、引、提水工程的保证灌溉面积66.99万亩，1997年实灌71.10万亩。蓄水工程210宗(不含塘坝工程，大二型1座、中型30座、小一型59座、小二型140座)，总库容84776万立方米。

全市电排装机17695千瓦，治涝面积19.49万亩。小水电站64座，装机3.27万千瓦，年发电量约9250万千瓦／时。已治理水土流失面积83平方公里。自来水厂215间，总规模23.6万吨／日，现年供水量4359万吨。

这些水利工程设施的运行使用，为该市工农业生产发展和人民群众生命财产安全提供了保障。

揭阳市劳动和社会保障局

局长　唐文涛

揭阳市劳动和社会保障局是主管劳动和社会保障行政事务的政府组成部门。揭阳建市以来，劳动和社会保障工作在市委、市政府的正确领导下，经过各级劳动保障部门的艰苦努力，取得了显著的成绩。全市建立了统一的劳动和社会保障管理体制，形成了以市场为导向的就业机制和服务体系，理顺了国有企业下岗职工劳动关系，建立和完善了以养老保险为核心包括工伤、失业、医疗保险在内的社会保险制度，扩大了社会保险覆盖面，提高了基金征缴率，巩固了“两个确保”，维护广大劳动者的合法权益，促进了改革、发展、稳定。

跨进新世纪，揭阳市劳动和社会保障局将认真贯彻落实江泽民总书记的“七一”重要讲话精神，团结务实，开拓创新，奋力拼搏，努力实践“三个代表”，不断开拓劳动保障工作新局面。

河南高速公路发

河南地处中原，是我国最重要的陆路交通枢纽之一。承东启西、连南贯北的区位优势，使河南交通在全国交通发展格局中占据着重要的战略地位。国家规划并正在实施的"五纵七横"中的北京至珠海、连云港至霍尔果斯两条高速公路在河南郑州交汇；国家最新规划的三十条国家干线中的东营至深圳、内蒙古阿荣旗至深圳、太原至珠海、临汾至三亚、日照至南阳、上海至洛阳、上海至武威等七条高速公路也从河南经过，从而构成了纵贯南北、横连东西的河南省高速公路网络。

河南的高速公路建设者们抓机遇，抢时间，大干快上，要建成以省会郑州为中心、连接十八个省辖市和周边十四个中心城市的"三横、五纵、四贯通"的高速公路大通道，2001 年高速公路建设突破 1000 公里，到 2005 年突破 2000 公里，计划到 2010 年通车里程达到 3000 公里，到 2020 年实现全省境内国道主干线和国家重点干线公路全部贯通，高速公路通车里程达到 4000 公里左右，使高速公路不仅能适应全省经济大发展的需要，而且可以充分发挥中原运输黄金通道的作用，服务于党中央西部大开发战略的实施，服务于全国建设的腾飞。

董事长童言白在高速公路建设工地

河南高速公路发展有限责任公司董事会会议

新世纪

有限责任公司
河南人民欢迎您
新河南 新高速

金融+高科技

——发展中的鲁银投资集团股份有限公司

总　裁　刘岐鸣

鲁银投资集团股份有限公司（鲁银集团）创建于1993年，是山东省人民政府直接管理的大型一类企业。鲁银集团股票于1996年底在上海证券交易所挂牌上市，目前总资产12.5亿元，净资产5.3亿元，是一家实力雄厚、信誉卓著的综合性投资集团。

鲁银集团的经营范围包括：股权投资、经营与管理；生物医药研究、开发与生产、销售；新型材料的研发生产与销售；进出口贸易；房地产开发等。

鲁银集团的宗旨是“立足山东、面向全国，走向世界”，按照“金融+高科技”的发展战略，采取资本运作与实业经营相结合的方式，稳健经营，开拓进取，为广大投资者创造丰厚的回报。

金融领域：鲁银集团旗下的山东齐鲁信托投资公司与德州信托投资公司有从事非银行金融业务的丰富经验，目前正在筹划组建“山东齐鲁证券经纪有限公司”。该公司注册资本为5.42亿元，正式开业后拥有23家证券营业部，将成为山东省内规模最大的经纪类专业性证券公司，并将进一步向综合类证券公司迈进。

高科技领域：高科技是二十一世纪世界经济发展的重要推动力。鲁银集团经过几年的产业结构调整，将产业发展的重点成功地转向了高科技领域，形成了以生物医药、新材料、网络科技等为支柱的高科技产业。

生物医药：集团拥有与国家军事医学科学院、北京三〇二医院合作建立的国内一流水平的生物医药研发基地，主要从事基因药物、糖尿病治疗等新药的科学研究，其先进的技术设备和一流的专业人才为集团医药科技奠定雄厚的发展基础；集团拥有以烟台鲁银药业、爱威制药、沂水颐河制药为核心的生产基地。其中威海爱威制药为一次性整体达到国家GMP标准的企业，烟台鲁银药业、沂水颐河制药的主要生产车间均已按GMP标准进行了改造。

新材料：集团拥有生产液晶显示材料的高科技企业——烟台万润精细化工有限公司，其生产产品主要出口德国、日本等国家，技术水平及生产能力在国内同类产品中处于领先水平；集团正在筹划参与莱芜粉末冶金有限公司的国家“863计划”高科技项目——水雾化钢铁粉末与高性能还原铁粉项目的规模化生产。

清华鲁银高新技术研究开发中心：集团与清华大学组建成立了“清华鲁银高新技术研究开发中心”，独立承担俄罗斯高科技项目对华转让的重要使命，有大量的高新技术成果储备。

网络科技：集团投资与山东有线电视台合资组建了“山东视网联媒介发展有限公司”，其网络与电视有机结合的特点必将为以后带来广阔的发展空间。

集团还拥有山东禹城毛绒制品有限公司的全部股权，主要产品为鲁王牌羊绒衫及其他制品，其精纺羊绒制品技术已达到国内一流水平。

鲁银集团作为一家上市公司，建立了一套完备的法人治理结构，运转规范、管理科学，在董事长兼总裁刘岐鸣先生的领导下短短几年获得了快速发展。

刘岐鸣先生60年代毕业于山东经济学院财政金融系，从事金融投资管理工作30余年，原任山东省农业银行副行长。1993年创办鲁银集团以来，致力于探索金融资本与产业资本有机结合的新思路，并在鲁银集团的发展中付诸实践和加以完善发展，从而为鲁银集团发展战略的建立确定了指导思想。刘先生在金融管理、信贷投资、股份制改造与证券业务等领域有较深的学术造诣和操作经验，主要代表作有《银行新业务指南》、《银行信贷案例研究》并主审了《股份与证券大辞典》、《当代中国企业大辞典》、《今日世界名人》等大型系列丛书。

鲁银集团现有员工200多人，80%以上大学毕业，有中、高级职称的占70%，平均年龄36岁。集团领导层团结、向上，年富力强，具有较高的专业知识和丰富的经营管理经验，集团员工精干、高效，具有较强的开拓进取精神。

鲁银集团将继续坚持“金融+高科技”的发展战略，努力把集团发展成为一家金融资本与产业资本相结合、综合性、多元化、国际化的大型企业集团。

同修仁德 济世養生

北京同仁堂

经 理 李广辉

创建于清·康熙八年（公元1669年）的北京同仁堂药店，距今已有330余年历史，久负盛名。所经营的药品素以“配方独特、选料上乘、工艺精湛、疗效显著” 享誉海内外，是国家旅游局首批认定的涉外旅游定点商店，也是全国最大的药店之一。经营方式包括零售和批发，经营品种近万种，主营中成药、西药、中药饮片和独具本店特色的参茸制品，同时兼营医疗器械、医疗保健用品及中西药广告设计等。1996年创办了同仁堂医馆，聘请全国名老中医坐堂应诊，1998年2月全国首批通过国家中医药管理局中药经营企业质量规范优秀企业“GSP”标准认证。

北京同仁堂药店本着“同修仁德、济世养生”的经营宗旨，以市场为导向，以顾客需求为经营指南，用优质的品种、完善的服务、合理的价格占领市场，走出一条名店、名药、名医相结合的发展之路，赢得信誉。新的世纪，百年老店将以全新的风貌，诚挚欢迎海内外宾客光顾。

中成药部

调剂部

保健部

参茸部

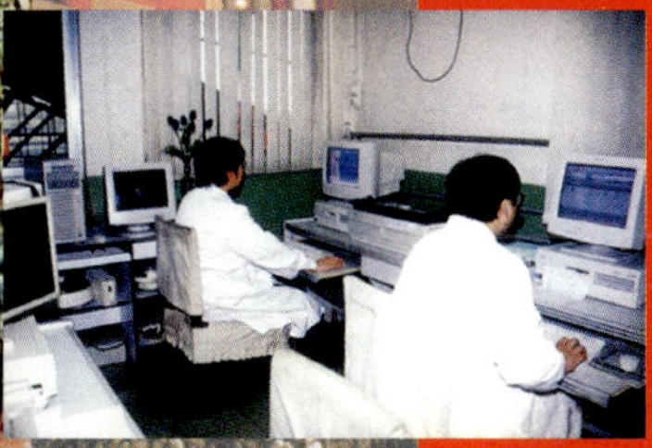
实现计算机管理

花园式、全厂 GMP 认证的现代化大型医药企业

江苏扬子江药业集团

江苏扬子江药业集团地处风景秀丽、人杰地灵的历史名城——江苏省泰州市，濒临国家一类开放港口高港港。集团始创于1971年，是一家以高新技术为支撑的国有大型医药企业集团，也是江苏省重点骨干工业企业集团之一。集团占地面积1000余亩，现有员工3000名，其中专业技术人才1000余名，拥有总资产14亿元。

2000年，集团实现产值30亿元，销售收入24亿元，利税4.8亿元。自1996年起，集团综合经济效益排名江苏医药行业首位。从1997年起，连续四年雄居全国制药企业前五强，2000年综合经济指标全国排名第四(前三名为独资企业和合资企业)，国有制药企业排名第一。先后获得“全国医药系统先进集体”、“全国两个文明建设先进单位”、“全国医药行业优秀企业”、“江苏省优秀企业”等多项殊荣。全厂100多个产品规格的剂型全部通过GMP认证，这也是国内唯一一家全面通过国家GMP认证的医药集团。

以市场为导向 以效益为中心 以创新为动力 夺取武钢改革和发展的新胜利

总经理 刘本仁

武钢是新中国成立后国家兴建的第一个特大型钢铁联合企业，目前除9个钢铁主体生产单位外，拥有25个全资子公司、1个上市公司、3个控股子公司、18个辅助单位、8个事业单位和3个分公司，已形成年产钢、铁各700万吨的综合生产能力，一批主体生产设备已达到国际一流水平，是我国重要的板材生产基地。主要产品有热轧卷板、冷轧卷板、镀锌板、镀锡板、冷轧硅钢片、彩色涂层板以及型材、线材、中厚板等。1993年至2000年累计上缴利税158.29亿元，占武钢投产42年来上缴利税总额319.19亿元的49.59%。至2000年末，拥有资产总额442.31亿元，资产负债率为51.1%。武钢先后获得国家技术创新奖、全国质量效益型先进企业、全国企业管理杰出贡献奖和全国精神文明建设先进单位等荣誉称号。武钢领导十分重视内部审计工作，这基于他们对企业“改制”、“转机”步入市场后，加强内部控制重要性的深刻认识。其重视一方面体现在对内审工作的关注、督促和严格要求上；另一方面体现在对内部审计机构、人员和经费的保障上。1997年至2000年，武钢内审部门共完成审计项目568项，实现增收节支14932.47万元，分别被国家审计署、湖北省审计厅、武汉市政府授予全国、省、市“内部审计先进单位”荣誉称号。

武钢热轧生产

侨乡天使　乡情纽带

——惠州电信

广东惠州是著名侨乡。全市260余万人口，有祖籍惠州（原叫惠阳）的海外华人、华侨和港、澳、台同胞近百万人。惠州电信肩负着发展经济、服务大众的光荣使命。

为当好"先行尖兵"，改革开放后，惠州电信敢立潮头，大胆改革，大力引进先进技术设备，大力发展各项新业务，并把惠州电信枢纽中心建成为广东省6个汇接中心之一。至2000年12月底止，惠州电信已拥有交换机总容量68．39万门，实占容量56．99万门；电话普及率为21．16部／百人（惠城区为52．19部／百人，共有上网用户10696户。如今，惠州电信已开办了种类齐全的各项业务，"百步一亭"的公用电话，使用方便的"流动市话"为公众提供了十分便利的通信设施和手段。

"为人民群众服务，是电信工作的出发点和落脚点。"这是该公司党组书记、总经理刘俊珍同志常说的一句话。为提供普遍服务，近年来，该公司共投资几亿元，大力发展农村电话，如今，惠州市辖区的四县两区所有城镇和村民委员会，都已全部通上了电话。

惠州电信在抓发展、建设的同时，还十分重视抓好精神文明建设，他们先后开展了"邮电服务年"、"树邮电新风、创优质服务"和"营业窗口达标建设"的活动，积极主动地为用户排忧，使惠州电信的服务质量大大提高。1996年至2000年，惠州电信服务质量用户满意率达99．18%以上；连续五年荣获广东省质量效益型先进企业称号，1999年还被广东省委、省政府授予文明单位光荣称号。

①粤东电信枢纽中心——惠州电信大楼。
②宽敞、明亮的电信营业厅。
③造型美观的卡式公话，本身就是我鹅城街头的一道风景线。
④"流动市话"赢得了各阶层人士的衷心喜爱。

椰树椰汁
阳光沙滩
椰树
天然椰子汁
植物蛋白饮料
中国国宴饮料
不含胆固醇
不加色素
椰树
COCONUT PAL
椰树集团有限公司
电话:(0898)66780371
网址:http://www.yeshu.co

个单位7个项目实施了审计，共查出各种违纪违规金额129584万元，其中应上缴财政3230万元，移送案件3起。在审计教育部1999年度预算执行情况时，查出千万元以上违纪问题5件，其中通过向部内职能司局下达行动计划预算的方法滞留资金4.6亿元，经审计归还原渠道。在审计教育部世界银行贷款办公室时，查处该办将贷款项目余额574万美元、世行贷款专户利息615万美元和亚行赠款83万美元存入擅自设立的外汇账户，截止审计时尚有余额846万美元，形成账外资金。在审计中央教育科学研究所出版社时查出该社多转成本、虚减利润少缴企业所得税273万元。在审计国家行政学院延伸欣正实业发展总公司时，查出该公司通过少记收入、虚列成本等方式隐瞒利润1165万元。审计中，向教科所纪检部门移送了该所汽车出租公司经营管理人员私分贪污公款案，向西城检察院移送了教育部中小学幼儿教师奖励基金会副秘书长挪用救灾资金炒股涉嫌经济犯罪案，向公安部移送了中教信原董事长涉嫌金融犯罪案。

计算机审计　为适应审计工作的需要，全局加强了以计算机应用为主要内容的技术建设。在硬件方面，为业务骨干配置了大容量便携式电脑，为开展计算机辅助审计创造了较好的条件；在软件方面，主动与计算机中心加强联系，把计算机中心同志请到审计现场具体指导审计软件的应用；对署计算机中心和南京办的审计软件兼收并蓄，灵活应用，取得了良好成效。在对教育部、中教信和中央教科所审计时，首先对相关财务及相关业务数据进行转换，通过分析、检索、分类、汇总，查找疑点，大大提高了工作效率。在对教科所出版社审计时，将其发行部业务数据、总编室计算稿酬数据进行转换，通过核对发现业务部门库存数据与财务成本数据严重不符，从而查出高转销售成本虚减利润1352万元的问题；通过对稿酬数据的检索分析，查出以支付稿酬名义向社内人员发放奖金320余万元并逃避纳税问题；通过对出租公司乱账进行重新排序分析，发现了以退保证金形式，将40余万元资金套出转存形成“小金库”的线索，并进而查出了两名经理私分公款的违法犯罪事实。同时还通过计算机检索与严格审查合同协议相结合，发现了教科出版社将出版《裴氏文集》的赞助款1.15万美元私存账外等问题。为提高计算机使用能力，建立审计资料数据库，鼓励同志们钻研计算机辅助审计的积极性，该局为大家购置了数据库知识等多种计算机用书，为深化计算机审计创造了条件。

队伍建设　在2000年工作中，始终坚持以人为本，致力于干部职工综合素质的提高。一是加强政治理论学习，提高理论修养和政治思想水平。在上半年的“三讲”教育回头看活动中，认真抓了“三讲”教育整改措施落实工作，加强思想作风建设。6月份以后，组织全体干部职工认真学习和讨论江总书记关于“三个代表”的重要论述，探讨如何在审计工作中体现“三个代表”思想。二是加强廉政建设，增强拒腐防变意识。该局一直要求干部要清政廉洁并做到警钟长鸣。1月初，接到审计署关于“八不准”审计纪律征求意见稿后立即组织学习讨论，并明确先当作正式文件开始执行，从严要求自己。春节前，有的单位以支援该局办公费名义送来购物卡，该局当即予以退回；在教育部预算执行审计中，部财务司给审计人员安排晚上和假日就餐，被婉言谢绝了盛情；在对教科所审计中，该单位送来饮料，也被原物退回。全局干部严格执行“八不准”的审计纪律，增强了廉洁自律意识，树立了良好的形象。三是加强干部培训，提高业务素质。加大干部业务培训和计算机技能应用培训，先后派人参加了审计署组织的处长培训班、计算机培训班、审计干部英语培训班，并根据工作需要在局内及时组织专题学习。通过培训，使审计人员的业务技能和计算机使用技能进一步提高。四是群策群力，团结协作。署里安排1名干部来局锻炼，2名干部来局交流，到岗后，该局全体同志继续发扬了团结互助精神，在工作上和生活上主动关心他们，帮助他们迅速熟悉业务和适应新的工作环境。

【科学技术审计局】2000年，科学技术审计局人员编制7人，实有人数8人（含交流干部2人），内设审计一处、审计二处。负责对科学技术部、国家知识产权局及其直属事业单位的审计监督。

领导成员

局　长：孔繁涛

副局级审计员：刘京城

审计成果　全年完成审计项目7个，其中预算执行审计项目4个，决算审计项目1个，财务收支审计项目2个。查处违规行为金额17.81亿元，其中决算结余资金不实8.2亿元，挪用预算资金2.15亿元，违规调整预算1.4亿元，滞留预算资金0.24亿元，隐瞒转移预算收入0.17亿元，违规办理财政决算0.17亿元，保留账外固定资产0.1亿元，应归还原渠道资金3.37亿元，应增加财政节余0.1亿元。提供审计工作报告信息8篇。对审计查出的问题，被审计单位非常重视，科学技术部部长和分管财务的副部长亲自听取了审计工作情况，并召开了科技部及直属单位财务工作会议，通报审计查处的问题，明确要求各单位要进一步加强财务管理，要将审计结果作为考核各单位工作完成情况的一项重要指标，有力地扩大了审计影响。

预算执行审计 1、在全面审计的基础上，确定检查重点，注重查处重大违纪违规问题。一是抓住对重点部门的审计。如在对科技部的审计中，集中力量对条件财务司经费处、财务处这些有资金分配权的部门的审计，查出将科技周转金1.1亿元违规拆借给信托投资公司等金融机构，动用上年结存7500多万元未列入当年预算，自行调整预算项目1400多万元，应拨未拨预算资金2400多万元以及账外资产990多万元等问题。二是抓住对重点资金的审计。查出科技部所属的创新基金管理中心挤占、挪用该项资金750多万元，用于弥补计划管理费支出以及7亿多元的资金结余未纳入预决算管理的问题。三是抓住对重点领域的审计。经对国家用于高科技领域的“863”经费的审计，查出科技部挪用该经费3210万元，违规拆借给经济实体和地方科委，其中拆借给经济实体科招公司2000万元的严重问题。

2、加强了对科技部和国家知识产权局的经常性审计工作。根据审计署的布置，将中央部门预算执行审计由年终审计一次改为年终和年度中期结合进行，这样就有利于及时发现、纠正被审计单位预算执行过程中出现的问题。例如年中对国家知识产权局的审计中，发现该局违反政府采购及招投标的有关规定，正在将预算为1350万元的全国专利信息网点建设工作交由该单位一名处级干部兴办的私人性质的企业承担，审计组立即展开审计和调查，并同该单位纪检、监察等部门交换意见，及时作出审计决定，制止了这一违纪违规行为。

3、搞好延伸审计工作。根据预算执行审计掌握的情况，分析存在的主要问题，然后有重点、有目的地进行延伸审计。共对其所属的十余家单位进行了延伸审计或调查，取得较好效果。如根据发现的线索，对中国技术市场管理中心进行了延伸审计，查出该单位挪用科技回收经费216万元，用于购买职工保险和将交易费分成款、服务费收入等转移到账外，私设“小金库”以及利用工会账户设账外账，用于发放福利性津贴等问题。在对高技术中心进行延伸审计的过程中，发现其账面反映的“水稻基因图谱”项目款年末结余为664万元，而有关人员提供的决算报表中该项经费年末无结余，造成账表严重不符。

4、实行审计项目回访制度，确保审计决定的依法执行。针对审计决定落实难的情况，该局实行了审计项目回访制度。除对审计实施过程中审计人员执行审计纪律的情况进行调查了解外，又对被审计单位执行审计决定的情况进行检查和监督，促使审计决定真正落实。1998年，被审计单位未落实审计决定金额为6400万元，1999年为2510万元，2000年年中预算执行审计报告中提出的问题已全部落实。审计决定的落实情况逐年好转。

财务收支审计 根据署行政事业司关于科研院所审计的统一布置，对中国科学技术信息研究所进行了审计。在审前调查的基础上，重点对长期投资、工资性支出以及税金交纳情况进行了审计。审计成果得到审计署的肯定。1、以预算管理为审计重点，促进被审计单位建立健全内部控制制度。审计查出科技信息研究所1999年度取得财政补助收入9184万元，但却未按规定编报单位预算的问题。2、对兴办的经济实体进行延伸审计，理顺产权及各种利益关系。一是查出该研究所兴办经济实体15家，投入资金及资产1378万元，而在研究所财务长期投资账户未作反映，造成国家权益的潜在流失；二是大量向自办经济实体转移利润。该研究所1999年办公用房对外出租收入共计2225万元，其中有1480万元留在自办经济实体；三是利用自办经济实体向该研究所人员发放各种形式的劳务费，其中处级干部的劳务费为26万多元。3、严肃查处偷税漏税行为，维护国家税法的严肃性。一是查出该研究所超过规定的工资标准发放各种形式的奖金、补贴，超标准发放的部分未作纳税调整，漏交所得税136万元；二是该研究所违反职工福利基金的管理规定，参照企业的做法按工资总额14%的标准提取职工福利基金，挤列事业支出127万元，漏交了事业单位所得税；三是该研究所所属北京信盟信息技术有限责任公司，以核销递延资产的形式，在管理费用中摊销办公楼工程改造等资本性支出1774万元，大量漏交国家税金。

决算审计 1、认真学习审计署有关文件精神，做好审前准备工作。审计进点前，组织全体审计人员认真学习审计署制订的《中央部门2000年度预算执行审计和决算审签工作方案》和行政事业司印发的《关于决算（草案）审签工作有关事项的函》，结合科技部的实际情况，制定了《关于科学技术部2000年决算审签工作实施方案》，并按照方案要求进行了具体的工作安排和人员分工。2、加大预算执行审计力度，保证决算审计工作质量。按照审计署的安排，从9月份开始对科技部的各项科技经费1－8月份的预算执行情况进行了年中审计，审计中对各项科技经费的预算批复情况和实际拨款情况进行了对比分析，针对发现的情况和问题延伸审计了有关二级核算单位，摸清了科技部各项科技经费的规模、拨款程序及财务管理状况，并对审计查出的问题提出了限期纠正的审计意见。年底审计时重点以财政部批复的部门细化预算为“龙头”，从银行账户入手，跟踪资金运动轨迹，检查资金拨付和使用情况，采用账表、账账、账实核对的方法，全面核实科技部的各项财务收支，基本查清了科技部未纳入2000年度预算管理的上年结存资金的性质、规模，为决算审计试点工作打下了良好的基础。3、重视决算报表数字核查，降低审计风险。在决算审计试点工作中，侧重对部门年终清理结算情况、部门汇总所属单位决算（草案）情况、部门决算与预算差异、部门决算（草案）反映预算执行审计结果等情况进行审计，并对科技部2000年度决算报表中的科技部部门集中数和所属20个二级核算单位的决算报表的汇总情况进行了核对。具体工作分三个步骤进行，第一个步骤是坚持从账户入手的审计方法，实行承诺制。要求科技部如实提供银行开户情况和财政、财务收支的全部资料。第二个步骤是将2000年度决算报表与科技部财务司的财务数据库及总账进行核对，重点核查财务账面反映的所有数字是否全部纳入决算报表。第三个步骤是对20个二级核算单位的决算报表的汇总情况进行核对，重点核查科技部是否按规定汇总所属单位的决算，是否将所属单位的全部收支统一纳入汇总的决算报表；汇总的决算报表是否以所属单位上报的会计数字为准。通过审计，基本作到摸清家底，心中有数，降低了在科技部2000年预算单位决算报表签注审计意见时的风险。通过审计，查出科技部《2000年预算单位决算报表》（草案）中未填列中小企业技术创新基金年末余额74874万元；未将其委托中国科技信息研究所代管的科学技术学术著作出版基金年末余额7169.83万元纳入编报范围；“对外援助支出”项目中未将各部委“对外援助支出年初余额”559万元纳入编报范围；2000年预算单位收支决算总表（按单位）与中国生物工程开发中心收支决算表、国家科技奖励工作办公室收支决算表之间存在汇总决算报表与基层决算报表不符的问题。

队伍建设　1、加强政治理论学习，提高干部职工的思想政治素质。全体同志在党支部的统一领导和组织下，认真学习江泽民的“三个代表”重要思想和业务知识。2、加强对全体同志辩证唯物主义和历史唯物主义、爱国主义教育，正确处理好国家、集体、个人利益的关系。3、廉洁自律，勤奋工作。全局同志自觉遵守执行以“八不准”为重点内容的各项廉政制度，不请客送礼和接受礼品、礼金，坚持民主生活会和收入申报制度。4、根据署党组关于加紧培养干部，选好接班人的指示，采取各种措施，加快培养审计干部的步伐。全局呈现出人心思进、比学习、比进步、比贡献的良好氛围，大家团结一致，凝聚力进一步增强，有力地促进了预算执行审计及各项工作的全面开展。

【政法审计局】2000年，政法审计局编制7名，在编人员6人；设有一处、二处。负责对司法部、公安部、安全部及其直属在京单位的审计监督。

领导成员

局　长：程天樑

副局级审计员：王冰

预算执行审计　1、完成1999年度中央部门预算执行审计项目2个。其中对司法部共审计6个单位，一级预算单位3个，二级预算单位3个。审查了该部1999年度司法支出、监狱支出、劳教支出、公检法司机关离退休经费、教育事业费、科学事业费、科技三项费用、外交外事支出和基本建设经费等各项经费的预算执行情况以及预算外资金、国债专项资金、财政贴息贷款、房改基金的管理使用情况，审计总金额8亿多元。经审计，查出违纪违规金额523万元，其中决定处理处罚215万元，指明要求纠正308万元；应减少财政拨款或补贴210万元。对公安部共审计9个单位，一级预算单位4个，二级预算单位5个。审查了该部1999年度公安业务费、边防部队经费、消防部队经费、警卫部队经费、教育事业费、科学事业费、科技三项费、基本建设经费等管理使用情况，审计总金额89亿多元。经审计，查出该部隐瞒收入设立“账外账”、挤占挪用专项资金、虚列支出、无预算拨款、坐支应上缴财政专户资金等违纪违规金额48180万元，其中决定处理处罚6482万元，指明要求纠正41698万元；应交财政1521万元；应减少财政拨款或补贴1969万元；应归还原渠道资金1300万元。2、完成2000年中央部门预算执行年中审计项目2个。按照审计署关于加强部门预算执行经常性审计的要求，于8月至10月上旬，对司法部、公安部上半年预算执行情况进行了年中审计。对司法部除本级年中预算执行审计外，还审计了该部离退休干部局、机关服务局等二级预算单位2个，审计总金额1.46亿元；对公安部除本级年中预算执行审计外，还审计了该部科技局、出入境管理局、离退休管理局、机关服务局等下属预算单位4个，审计总金额20余亿元。通过年中审计，重点揭露了两部门行政经费挤占业务经费、应缴财政收入未及时上缴、固定资产未进行核算、往来款清理及收入结转不及时等违纪违规问题，并提出财务部门应根据中央预算管理改革的要求，合理划分局内各职能处室的经费管理职能和范围，理清与机关后勤服务机构的服务结算关系等多项可行性建议。

财务收支审计　1、完成科研单

位财务收支审计项目1个。根据审计署统一组织安排，从4月下旬至10月下旬，历时半年，对公安部第一研究所开展财务收支审计，审计总金额逾10亿元。审计查出该所漏交国家税金、非法转借发票、擅自设立职工住房福利基金和补充养老保险基金、违规支付“中介费”、拆借大量资金、虚列基建支出、少计当期收入等多项问题，违纪违规金额3亿多元，并依法作出严肃处理。同时，还就该所近3年来科研课题项目的效益情况进行了审计评价，实事求是地肯定了该所努力研制开发公安警用设备，为“科技强警”作出的贡献。该项目被审计署评为优秀审计项目。2、完成高校财务收支审计项目1个。于11月上旬开始，历时一个月，对国际关系学院1999年度财务收支进行审计，审计总金额9000多万元。通过审计，除查出了该院欠缴中央财政资金、多项收入未纳入统一管理、基建投资超计划等问题外，还立足于规范学院财务管理的高度，着重分析学院财务管理体制不畅、管理权限分散、对基层监管不力的原因，提出多项可行性建议，受到学院领导和财会人员的欢迎。

专项审计调查　对武警边防、消防、警卫部队预算管理情况的审计调查项目1个。为适应对公安部属武警部队财务进行经常性审计的需要，在年初预算执行审计的基础上，从8月下旬至10月下旬，对中国人民武装警察边防、消防、警卫部队上半年预算执行和财务管理情况进行了专项审计调查。主要内容是部队概况、预算管理、上年度审计决定落实情况以及上半年预算执行情况，审计调查总金额29.5亿元。通过调查，向各部队通报了情况，受到了部队首长及财务部门的重视和欢迎。同时还就部队目前存在的预算管理不严、内部监督不力、资产管理不善等问题提出改进意见和建议，较好地发挥了“审、帮、促”作用。审计调查报告受到审计署领导的充分肯定。

检查落实情况　根据全国审计工作会议精神，政法审计局积极促进审计决定的执行落实，实行全过程审计监督，维护审计决定的严肃性。在对公安部、司法部1999年度预算执行审计的同时，对1998年度审计决定进行逐项检查和督促落实，并在审计报告中作了专项反映；派专人对中国政法大学等单位检查1998年审计决定的落实情况，并向署写出专题报告；在对公安部、司法部开展2000年年中审计时，认真检查并督促两部门积极落实1999年度预算执行审计决定。经过努力，被审计单位均强化了落实审计决定的意识，大部分违纪违规问题得以纠正。如对司法部审计决定中提出应加强国债专项资金管理的建议，引起该部党组高度重视，调整了直属监狱筹建领导小组，由副部长范方平亲任组长，充实筹建办公室力量，建立健全工程管理制度，抓紧开展征地、设计等前期筹建工作，并按审计意见收回违规预付的500万元征地补偿费，目前该工程已严格履行基建程序正式开工；公安部及武警边防、消防、警卫部队领导十分重视落实年度预算执行审计决定，部党委和部队党委专门开会研究，采取有力措施，规范内部管理，纠正违纪违规问题，取得明显成效，各单位已基本落实了审计决定。

队伍建设　1、坚持以人为本，深入开展思想政治教育。局党支部组织审计人员在审计一线认真开展“三讲”、“三个代表”和“两思”教育活动，致力于提高理论修养和政治素质；并因势利导组织对思想、信念、廉政等问题的大讨论，不断增强大家的政治意识和全局意识。2、自觉执行党的民主集中制和群众路线。局内实行重大事项必须经局长办公会或局务会议集体研究决定；坚持党内外的民主生活会制度，积极开展批评与自我批评。3、认真贯彻《审计法》和《国家审计准则》。针对政法系统经济活动的规律和特点，提出切实可行的实施措施和意见，全面实施审计准则，保证审计质量不断提高。4、从严治理审计队伍。全体审计人员坚决执行审计工作“八不准”规定，并落实到行动上，贯彻到工作中。5、有针对性地组织业务培训学习。并通过在工作实践中以老带新、独立锻炼、大胆使用等方式，培养实际操作和解决问题的能力。6、努力开拓审计工作新领域，初步实现审计工作系统化、信息化。

【民族宗教审计局】2000年，民族宗教审计局编制6人，现有人员8人，其中交流干部2人。主要负责对国家民族事务委员会（以下简称国家民委）和国家宗教事务局（以下简称国家宗教局）及其在京下属单位的审计监督。

领导成员

副局长：冯丽茹

审计成果　全年完成审计项目计划9个，共查出违纪违规金额9934.34万元，收缴财政42.56万元，查处“小金库”4个，提出审计建议25条，建议收缴会计证书并移交有关部门处理1人，大多数审计建议已经被有关部门采纳，并据此进行了整改。

预算执行审计　开展了对国家民委和国家宗教局1999年预算执行审计，并延伸审计了部分二级单位。审计中不论资金量大小，逐项检查，在全面审计的基础上，确定重点资金、重点项目审计。审计中突出抓了两个重点：一是集中力量对国家民委预算内基本建设资金进行了重点审计，查出该委违反《预算法》

的规定，改变资金使用方向，不报经批准，滞留建设项目资金4465万元，随意调减建设项目资金2130万元，自行增加项目、调增建设项目资金2065万元，以及以前年度该委基建办挪用预算内基本建设资金500万元账外存储和遗留的账外账、“小金库”等问题。二是对国家宗教局行政事业费和基建资金进行了重点审计，发现挤占挪用问题、“小金库”问题、以及在1995年购建交道口北三条办公楼中存在的交易行为不合法、漏交土地出让金等问题。本着“自查从宽，被查从严”的原则，实事求是地进行了处理，并就加强预算管理、建立健全内部控制制度等方面提出了意见和建议。国家宗教局领导十分重视审计结果，专门召开会议研究整改，并将会议情况以纪要形式发给局机关有关部门和直属单位。预算执行审计中，根据审计署统一部署，将年底集中对部门预算执行的一次性审计改为年中审计和年度审计相结合，加强经常性审计监督。开展部门预算执行年中审计，组织审计了国家民委和国家宗教局2000年1月至8月预算执行情况，采取下审一级、上下结合的有效方法，使审计的深度和广度不断拓展。实行审计承诺制，建立部门和单位责任追究制度，不断提高审计质量。向二级单位延伸审计，掌握了部门和单位的财政财务资金来源渠道、资金流向、管理方式、内部资金分配情况和管理状况，为顺利开展审计工作打下了基础；发现了二、三级单位存在的违纪违规问题，督促各部门加强对所属单位预算、财会工作的指导、监督和管理，规范运作。

财务收支审计　完成了审计署统一组织的对科研单位的审计。在对中国科学院工程热物理所1999年财务收支审计中，发现该所课题结转不及时、对所办经济实体管理不规范，以及漏缴税金等问题，并就科研单位普遍存在的管理等方面的问题提出了综合报告。在对国家宗教局宗教研究中心的财务收支审计中，发现部分收入未纳入单位财务核算和管理，私设“小金库”，以及漏缴税金等问题，违纪资金已经收缴财政。完成审计署交办的对国家宗教局宗教文化出版社和中国宗教杂志社的审计，对群众举报的问题进行了重点检查核实。审计发现存在收入挂账、少计增值税销项税额、现金管理不规范等问题，提出了相应的审计意见和建议，并作出审计决定。11月，对国家民委民族博物馆1999年度和2000年1至9月的财务收支进行了就地审计，并提交了审计报告。

专项审计　继续完成中华寺工程建设项目审计，核减工程造价241.5万元，提出了要求被审计单位严格执行国家关于基本建设和对外援助项目建设的有关规定，切实按照基建程序办事，正确编制工程概（预）算，合理有效使用资金，做好资产的交接与管理工作等审计建议。并且总结了境外审计工作的一些经验和做法。

大案要案　在国家民委预算执行审计中，发现该委基建办挪用500万元建设资金、私设两个“小金库”的线索。由于挪用行为主要发生在1994年，涉及多家金融机构和个人，其中一家信托投资公司已于1996年清算并转让，给调查取证工作带来了困难。对此立即制定细致的工作计划，调整工作部署，抽调人力进行重点审计。先后9次到有关金融机构取证，查清了资金流向和运行过程，查明该委工作人员罗某私自从账外存储资金产生的利息中提取现金3万多元的严重违纪事实，在国家民委引起了强烈反响。罗某在被查期间，主动缴交资金，并作出深刻检讨。根据国家有关法律法规，审计署建议国家民委给予罗某行政处分，调离财务部门，同时建议国务院机关事务管理局吊销其会计证书。引起了国务院机关事务管理局和国家民委的高度重视，罗某的会计证书已被吊销，财务主管部门取消了其会计从业人员资格，国家民委对罗某的经济问题尚在进一步查实中。

队伍建设　（一）加强对江泽民同志“三个代表”重要论述的学习，加强思想政治建设，坚定大家的理想信念，贯彻落实审计署党组“三讲”教育“回头看”整改方案实施意见，进一步提高讲政治的自觉性。通过学习政治理论、谈心交心，努力营造团结、协作、拼搏、和谐的工作氛围，有的放矢地解决实际问题，引导大家热爱审计事业，热爱民族宗教审计局，全局凝聚力和战斗力不断增强，政通人和。（二）注重人员审计业务综合素质的培养、提高。民族宗教审计局的工作涉及民族、宗教问题，政策性很强，容不得半点差错，全局把大局意识、精品意识、团队意识贯穿于审计工作的始终，注意处理好审计工作的各种关系。在日常工作中，强调审前培训、实战练兵，要求审计人员不仅具备比较系统的财经、审计和计算机知识，能够熟练运用财经审计法规和相关法律，而且要求审计人员具有提出问题、发现问题，从宏观着眼综合分析问题、解决问题的能力，以及一定的政策水平和组织、协调能力。（三）内抓管理，外树形象。一是划分了业务处，明确人员职责分工，制定、修订了包括岗位责任制在内的15项内部管理制度、办法，制度面前人人平等，用制度规范行为。二是认真贯彻审计署反腐倡廉的有关规定。三是加强廉政建设，严格工作纪律。审计组进点前组织学习《审计署关于加强审计纪律的规定》和《审计组廉政责任工作规定》，指定廉政监察员，制定《外出审计考勤表》，作为审计期间财务报销的依据。进点后张榜公布“八不准”和举报电话，自觉接受被审计单位监督，把“八不准”的规定落实到实处，树立了审计机关的良好形象。

【监察人事审计局】2000年，监察人事审计局编制6人，实有6人，交流干部1人，内设一处，二处。主要负责对监察部、人事部和国家外国专家局（以下简称外专局）及其在京下属单位的审计监督。

领导成员

局　长：胡文博

审计成果　全年共完成了人事部、外专局预算执行年中、年度审计，监察部年中审计，开展了对外专局引智经费的审计调查，中国博士后科学基金会的财务收支审计等7个项目，共延伸审计10个单位，审计总金额15亿元，查出违纪违规金额2198.3万元，其中应归还原渠道资金145万元，收入未纳入预算管理500余万元，还有专项经费未作专项管理、虚列支出、注册资金不实等问题。对1999年审计意见书和审计决定的执行情况进行了监督检查，各被审计单位执行率达到了100%，如人事部领导为落实审计决定，召开专门会议，制定整改措施，其中为加强固定资产的管理，组织了专门人员进行清理、建卡、健全账目的工作，历时几个月，实现了电脑管理。

预算执行审计　全局认真贯彻署领导的要求，以预算执行审计为龙头，以真实性审计为基础，以打假治乱为重点，充分发挥派出局的特点和优势，紧密结合实际，开展了部门的经常性审计，注重从检查单位内部管理工作入手，从宏观的角度分析存在的问题，加强了审计建议的针对性和可操作性，加大了审计监督力度，严格了审计执法。通过审计，发现了人事部科技三项费拨款没有纳入预算管理，所属单位虚列支出、应列未列收入等问题，根据国家有关规定对上述问题已作了审计处理。审计中发现外专局预算资金沉淀过大，资金使用效益不高，固定资产管理薄弱，所属某单位注册资金不实等问题，该局领导对审计指出的问题非常重视，批示要认真研究改进。

财务收支审计　对中国博士后科学基金会审计中发现，该单位用部分基金本金投资股票；证券投资收益未入账；捐赠收入未纳入基金本金核算；固定资产反映不实；内控制度不够严格等问题。提出了有针对性的意见，促进了该基金会加强对基金的管理工作。

专项审计调查　通过审计，发现3个部（局）在预算资金使用上有其不同的特点。监察部的预算资金大部分在本级使用，大案的专项经费结案后仍到监察部报账，部本级对预算资金控制能力较强。人事部和外专局预算资金除在本级使用外，向其二级单位及各省（市）、各部委特别是外专局还向国外拨出预算资金，对拨出资金的使用情况，只能在决算报表上看到。针对上述情况，为了贯彻李审计长关于不仅要对预算资金的拨付情况，而且要对支出使用情况加强审计的指示精神，对外专局拨出的引智经费抽取了4个省、2个计划单列市开展了专项审计调查，发现了经费管理及使用中存在的一些问题，同时还提出针对性较强的意见和建议，受到外专局领导的重视。通过这次审计调查，一方面进一步摸清了家底，对引智专项经费从预算编制到具体使用的全过程有了一个直接的认识，拓展了审计视野；另一方面也探索了一种加强对大量的拨出经费进行监督的有效方式。

审计中，注意探索深入有效的方法，在提高审计质量方面下功夫。首先是把握一个重点。该局从指导思想到具体的操作，都注意把握重点抓关键。在做具体审计项目时，主要从以下几个方面来判断审计项目中的重点，即从资金性质上看，是属于各单位共有的一般性资金项目还是属于该单位特有的专项资金；从资金金额上看，是金额比较小还是比较大；从内控管理上看，是管理严格、控制有效还是缺少监督、管理松懈；从资金变化上看，是相对稳定还是变化比较大。一般将特有的专项资金、金额较大、变化较大的资金项目、管理松懈的项目，作为具体项目的审计重点。其次是推进两个深入。一个深入是向重点的二级单位延伸，注意审查单位之间特别是上下级之间的大额资金的往来，防止上级单位利用职权，将资金存放在下级单位违规运作，或违规集中下级单位资金。实践证明，按照预算资金流向深入进行跟踪审计，是一种行之有效的方法。另一个是审计层次要深入，针对该局审计的3个部门预算资金规模比较小，出大要案的可能性比较小的特点，在审查财务账目的同时，加大了对内控制度的审查，有意识地向管理层延伸，到相关业务司（局）进行调查，了解他们的工作过程、决策方法和内容等，以及对预算资金运作的影响，注意上升到宏观的角度发现管理中存在的问题，提出切实可行的有份量的审计建议。最后是抓好三个环节：第一，在项目审计时，首先抓内控制度的审查和研究部门经济政策的工作。专门对各单位的内控制度的建立健全和执行情况进行审查，以便及时发现薄弱环节和审计风险最大之处，同时研究各单位制定的有关内部规章制度，审查其是否符合现行的国家法规政策，努力从管理中发现问题，并提出针对性较强的审计意见，达到追根求源的目的。第二，在具体审计时，实行两个交流。一是人员交流，每人分工审计的内容两年之内不变，第三年交叉轮换。同时还实行了主审轮换制，符合条件的人，都要轮流做主审，这样既可以保持对审计内容的敏感性，也便于从不同角度发现问题，锻炼干部。二是情况交流，在审计中经常召开现场碰头会，沟通情况，讨论查出的问题，大家各抒己见，从不同方面分析论证，达到“会审”的目的。第三，抓好审计程序、文书的规范化。按照署制发的《中华人民共和国国家审计基本准则》和《审计机关审计处理处罚的规定》的要求，规范业务文书格式，重视现场取证工作的严密性和审计底稿的复核及规范工作，努力提高审计文书质量。

队伍建设 按照署机关的统一部署，认真学习江泽民总书记“三个代表”的重要思想，明确队伍建设目标是：团结奋斗、开拓进取，全面建局，努力将该局建成一支政治坚定、纪律严明、业务熟练、作风扎实的审计队伍。为此，(1)坚持以人为本，全面加强思想政治工作。同时强调党员的表率作用，在政治思想、工作、作风等方面要求群众做到的，党员首先要带头做到。(2)以提高综合素质为目标，从提高业务能力入手，强化培训和业务学习。一方面在局内采取集中与分散相结合、专人讲解与集中讨论相结合的学习方法，另一方面积极派员参加署统一组织的厅局长、处长培训班及各种培训强化班。(3)根据实际需要，加强普法学习和守法教育。全面提高法律意识，努力提高审计执法水平。(4)坚决落实“八不准”规定，加强廉政建设。认真遵照朱总理“从严治理审计队伍”的要求，严格执行《审计署关于加强审计纪律的规定》及其实施细则的规定，在外出审计调查和进行同城异地审计时，做到了全部审计经费自理，没有与被审计单位发生任何经济联系及可能影响审计形象、审计公正的事项。

【资源环保审计局】2000年，资源环保审计局定编12人，实有9人，设有两个职能处室：一处、二处。

领导成员

局　长：东堆朗杰

审计成果 2000年资源环保审计局完成了预算执行、财务收支、专项审计共9项审计任务以及1项审计调查工作。

通过对资金量大或从未接受过审计的直属单位进行审计监督，发现了无预算拨款，未按规定的预算级次拨款，擅自调整预算，挤占挪用事业费，专项经费用于购房、投资、炒股、购保险、存款，漏缴税款，截留分配捐赠所得，出借银行账户，固定资产管理不当，私设小金库，财务管理不规范、会计核算不实，个别单位甚至财务基础相当薄弱、管理混乱等大量违反预算法和国家其他财经法规的问题，共查出违规行为金额25630.23万元，应缴财政3802.36万元，应归还原渠道资金10864.51万元，对违规单位和责任人处以罚款12万元，建议对两个单位分别予以警告、通报批评的行政处分并追究负责人的责任。向审计署提交审计工作报告信息19篇，其中工作报告7篇。

结合被审计单位预算和财务管理现状，资源环保审计局提出了大量有针对性的审计建议，得到了被审计单位的肯定和采纳，并积极制定措施予以纠正和改进，促进了预算管理和财务管理，在维护财经纪律、促进廉政建设中发挥了积极作用。

预算执行审计 对国土资源部、国家海洋局1999年度预算执行情况的审计，对国家环保总局、国家测绘局、国家海洋局2000年度年中预算执行情况的审计，共查出违规行为金额14110.20万元，应缴财政2604.52万元，应归还原渠道资金5796.62万元。

财务收支审计 对中国大洋矿产资源研究开发协会办公室、中国地质科学院、国家基础地理信息中心的财务收支审计，共查出违规行为金额11119.03万元，应缴财政1197.84万元，应归还原渠道资金5067.89万元，对违规单位和责任人处以罚款12万元，建议对两个单位分别予以警告、通报批评的行政处分并追究负责人的责任。向审计署提交了包括《关于中国大洋矿产资源研究开发协会办公室私设“小金库”情况的报告》、《关于国土资源部、国家海洋局用事业费发放奖金问题的报告》和《关于中国地质科学院科研经费管理中存在问题的报告》等专题报告，向科技部移交了原国家科委成果推广司副司长涉嫌以权谋私的审计取证材料，向国土资源部移交了《关于移送需进一步查处中国地质科学院两个问题的审计取证材料的函》，向国家海洋局纪检部门移交了大洋协会的审计取证材料。

专项审计 对国家环保总局世界银行贷款项目进行了专项审计，共查出违规行为金额401万元。另外，还对北京市高碑店污水处理厂和燕山石化总公司污水处理装置、固体废弃物填埋场等环保设施进行了审计调查。

队伍建设 一、注重政治理论和时事政策学习，采用自学和集体讨论相结合的方式，不断加强对邓小平理论和党的路线、方针、政策的理解和掌握，从而进一步坚定走建设有中国特色社会主义道路的信念。学习了党中央、国务院和审计署关于实施西部大开发的有关文件。

在此基础上，在局内牢固树立起审计工作为西部大开发战略服务的思想观念和大局意识，积极研究如何加强审计工作以促进西部地区经济发展的问题，并制定了《关于进一步加强审计工作为实施西部大开发战略服务的意见》。

二、加强培训，力求全面提高审计人员的综合素质。该局积极贯彻署“人、法、技”建设的要求，认真组织完成了审计署布置的各项学习任务，集体学习讨论了审计准则、工作方案、全国审计工作会议精神等，派员参加了不同级别的培训和考试。

三、计算机审计的应用和审计信息系统的建设。该局在总结、借鉴和完善前两年审计经验和方法的基础上，不断探索、实践新的审计技术方法，试用了《中央部门预算执行审计软件》，利用《审计法规软件》查找相关法规，将被审单位的相关资料收集在软盘中，形成资料库。计算机审计工作逐步规范，多数同志能够用计算机生成审计文稿，格式规范、文字清晰，既提高了审计效率，又便于日后归档管理。

【社会保障审计局】 2000年，社会保障审计局实有人员9人（含3名特派办交流干部），均为大学本科以上学历。

领导成员

副局长：丁国喜

审计成果 2000年完成了对劳动和社会保障部1999年度预算执行情况的审计、对劳动和社会保障部世界银行贷款劳动力市场发展项目1999年度财务收支的审计、对中国SOS儿童村北京办事处1999年度财务收支的审计、对中国石油化工总公司石油化工科学研究院1999年度财务收支的审计和对劳动和社会保障部、民政部2000年1-8月预算执行情况的审计。审计发现了未严格按预算及时足额拨付经费、资金应缴未缴财政、各项收入未及时结转、挤占挪用事业费、乱收费、固定资产管理薄弱等问题，提出了符合国家政策、财经纪律的审计决定、意见及各种改善管理的建议等，为严肃财经法纪、改善被审计单位资金管理发挥了积极的作用。审计查出并要求纠正的17807.72万元，应缴财政214.22万元。

预算执行审计 社会保障审计局在对劳动和社会保障部的审计中注重和强调从宏观方面发现、反映问题，为国家在社会保障事业方面的决策提供可靠依据。通过审计，进一步摸清了家底。针对审计查出的问题，从完善政策制度和健全预算管理机制的角度提出了切实可行的建议，促进了预算的加强和财务的管理。针对该部自1984年由财政部历年累计拨入的中央级扶持生产周转金本金28100万元，用于扶持全国各地和有关部门的知青返城就业安置，依据财政部财社字［1999］120号文件关于“对以前年度实行有偿周转使用的扶持生产资金，要抓紧清理回收后转作劳动力市场建设资金”的规定，对该部借出的周转金余额23251.98万元截至1999年末尚未收回的问题，做出让其加紧清理回收并转作劳动力市场建设资金的处理意见。同时该部中央级劳动力市场建设资金使用缓慢、没有拨付，截至1999年末累计结余2114.92万元，违反《中华人民共和国预算法》第四十七条中“各级政府、各部门、各单位的支出必须按照预算执行”的有关规定，对此问题已责成劳动保障部限期改正，努力将资金及时、足额投入到位，加快劳动力市场建设，尽早发挥专项资金的经济效益和社会效益，推动劳动力市场科学化、规范化和现代化建设，促进下岗职工的再就业。对劳动和社会保障部及民政部2000年1至8月预算执行审计中，社会保障审计局在认真学习领会署领导指示精神的基础上，结合两部的实际情况，注意探索预算细化和政府采购的特点，加强领导，周密计划，及时通报有关情况，向上述两个部门提出需要纠正和改进预算细化和政府采购方面的问题。

外资项目审计 先后完成了对劳动和社会保障部世界银行贷款劳动力市场发展项目1999年财务收支和项目执行情况的审计，对国际援助项目中国SOS儿童村北京办事处1999年财务收支的审计。向世行组织和国际援助单位出具了无保留意见的审计报告。

财务收支审计 承担了署统一组织的审计项目：对中国石油化工总公司石油化工科学研究院1999年度财务收支的审计。针对科研院所的特点，审计前先调查摸底、收集法规，审计中认真分析、研究，共同探讨、互相学习。为了规范科研经费的使用，使其发挥最大效益，审计时着重从财务管理和核算体系入手，检查内控制度的合理性和有效性，摸清了该院的各项资金来源、使用情况和财务管理现状，指出并纠正了其收入确认、费用支出、结余核算等方面的问题。该院反映审计对其帮助和促进很大，院领导多次开会并亲自督促落实审计提出的意见、建议和审计决定的落实。

审计方法探索 社会保障审计局按“全面审计、突出重点”的方针和“摸清家底、促进规范”的总体要求，深刻认识和理解派出局工作的重要性、特殊性，不断在审计观念、方法、手段等方面进行新的探索。从周密计划和管理的角度入手注意提高审计效率和质量，化解和防范审计风险。

（一）提高审计工作质量，严把审计工作记录关。审计工作记录是编制审计工作底稿和审计报告、决定、意见书的基础，为了确保审计质量，社会保障审计局十分注重审计工作记录的审核，通常采用个别审核与集体讨论、领导把关相结合的方法，鼓励同志们大胆争论，由各级领导从反报告人的角度提出许多与原审计工作记录不同的意见和观点，再听审计工作记录编制者能否给予合法、合理的解释，其目的就是要使我们的审计结论经得起推敲，象铁案一样经得起时间的检验。如此下去同志们也都渐渐熟悉了这种方式，在审计记录的编制中注意以事实清楚、证据齐全、法规依据准确为标准，同时也促进了对有关财务法规制度的学习，对审计中发现的问题进行反复推敲，相对有把握的可编制审计工作记录，有看法但个人难以确定的，注意集思广益，多听取其他同志及领导的意见，以至得到审计署业务司局或其他有关部门的指导和帮助，直到把问题搞清，这样才能真正客观公正地反映审计中的问题，不断提高审计质量。

（二）加强领导，注重管理，突出重点，提高审计效率。在审计工作安排上注重管理，做到周密计划，定人、定任务、定要求，强调审计人员要有宏观意识、全局观念，鼓励审计人员放开眼界，从问题的深度、广度、相互联系中去发现具有普遍性、倾向性的问题。例如对民政部2000年1－8月预算执行的审计中发现固定资产多年未建账，固定资产核算管理问题突出，具有普遍性。为了找出问题的根源，统一组织了固定资产的专项审计，并抽查核对了有关司局，发现该部除房产外其他类固定资产账实不符达858.6万元，对固定资产实物没有建立固定资产卡片，部、局、处之间缺乏统一协调，报废的固定资产未进行财务处理等问题，有了一个较清楚的认识。经审计，民政部的同志也充分认识到固定资产管理核算上的问题，已着力解决纠正，被抽查的有关局还及时召开了局办公会研究，并提出了4条固定资产管理的整改措施，解决了个别部门资产管理权限不清的问题。在审计中还需注意的是要突出重点，一个部门成立多年，处在社会主义市场经济条件下，由于各种原因难免有许多情况和问题，为此局领导也多次强调审计要注意突出重点，有步骤、有层次，重点放在部门的核算体制、内控制度及国家和审计署中心任务上，不能眉毛胡子一把抓，一定要志在长远，结合实际围绕“热点”，还要注意审计方法的相互结合，这样才能事半功倍，切实提高审计效率。

（三）贯彻“守上有责”，多从财务核算体制、基础制度规范入手。财务核算体制、基础制度规范如果不理顺，往往是产生问题的重要原因，换言之对问题就事论事，不去相应解决财务核算体制、基础制度规范上的问题，其结果可能会屡查屡犯，而且小的问题也会发展成大的问题。

【建设建材审计局】 2000年建设建材审计局编制8人，实有9人，其中交流干部2人，内设审计一处与审计二处。主要负责对建设部、国家建材工业局及其在京直属单位的审计监督。

领导成员

局　长：刘新兰

审计成果　全年共完成审计项目7个，延伸审计单位36个，揭露违法、违纪及违规问题40余个，提出改进和规范管理的审计建议14条，查出违纪资金47658万元，其中处罚1872万元，上交中央财政618万元。移交给主管部门经济案件1个。

预算执行审计　根据审计署下达的审计计划，对建设部和国家建材局1999年度的预算执行情况和2000年的年中预算执行情况进行了审计。具体做法是：1、延伸检查二级预算单位，注意揭露深层次问题。针对违纪资金下沉的新特点，注意从被审计单位的实际出发，加大了对二、三级预算单位的审计力度。通过对建设部有关司局的审计，揭露了机关服务中心挪用抗震加固资金1040万元、标准定额所将已核销的预算内资金转作账外350余万元、住宅管理办公室违规收费900余万元等问题。问题查出后，震惊了部领导，表示一定从中吸取教训，从严控制支出，加强资金管理，杜绝此类现象的再次发生。2、专项资金查深查透，促进国家有关政策的落实到位。在预算执行审计中发现有的部门，一方面预算资金相对比较紧张，另一方面又存在着预算资金的滞留问题。如在国家建材局审计中发现，1999年初，科技三项费用结余6200余万元，当年财政拨入科技三费4500余万元，年末滞留资金5000余万元，滞留资金中，作为部门科技周转金有偿使用3000余万元，货币资金1700余万元。问题揭露后，引起了国家建材局领导对科技三项费的重视，并采取了有效措施进行清理整顿，促进了一些政策的落实到位。3、从内部控制制度审计入手，促进资金使用效率的提高。针对建设部资金管理分散，核算不统一，造成资金拨付不及时及化预算内为预算外等违纪问题，坚持“抓重点，求实效”的原则，认真检查管理中存在的薄弱环节，有针对性的提出理顺财务关系，实行资金统一管理，健全并逐步完善内部约束机制，及时拨付各种财政资金，加强对资金使用方面的监督，切实提高资金的使用效率等建议，收到了良好的效果，截止9月末，建设部撤销了各司局以各种名义开立的银行账号。4、注意宏观着眼与微观入手的审计方法，发挥审计监督的综合性作用。在审计实践中，注意从宏观着眼与微观审计入手方法的运用，突出对被审计单位的重点项目、重点工程、重点资金及重点环节的审计监督，针对审计中发现的带普遍性和倾向性问题进行综合性分析，从宏观与微观两个方面提出审计建议，发挥审计监督综合性的作用。如根据审计结果，撰写的《加大审计监督力度，深化预算执行审计》的审计简报，提出了深化预算审计的重点与途径，推动了审计工作的不断深化。

财务收支审计 先后完成了对中国建筑科学研究院和中国建筑材料科学研究院两个单位的财务收支审计，并延伸审计、调查了15个二级单位和投资单位。在具体审计过程中，针对科研单位在转轨建制过程中出现的投资主体多元化及经营业务多样化的特点，及时调整审计策略，确定以核实资产、负债、损益的真实性为重点，分析解剖会计制度转轨时所做账务处理，综合分析财务会计报表，通过内查外调，查出各种违纪违规资金15580万元，其中应交财政572万元，“小金库”金额388万元，账外外币资金折合人民币101万元。鉴于“小金库”金额较大，性质较为严重的实际情况，已将此经济案件移交建设部，并建议建设部追究单位领导及有关部门的责任。

专项审计 完成了第二十届世界建筑师大会的财务专项审计。由建设部主办的第二十届世界建筑师大会，是一次国际性的大型会议，这次大会具有参加人员多（6102位代表）、筹备时间长（1993年6月申办成功，1999年6月召开）、资金来源多渠道及集资金额大、涉及单位多等特点，为搞好这次审计，进行了精心的组织与实施：一是在熟悉相关政策和审计前调查的基础上，制定科学的审计方案，确立审计重点；二是在检查资金来源与流向的前提下，重点查清资金来源的合法性与使用的效益性；三是揭露挪用大会经费及结余资金不实等违纪问题；四是从完善政策、制度的角度提出管理方面的审计建议。

队伍建设 （1）加强以“三个代表”为主要内容的政治理论学习。全局干部联系实际，把学习江泽民同志关于“三个代表”的重要思想同学习马列主义、毛泽东思想和邓小平理论结合起来，进一步坚定为审计事业奋斗的信念。（2）严肃认真地开展“三讲”教育“回头看”活动。及时找出了业务工作及政治思想工作方面存在的问题，一是审计决定跟踪不够，个别审计结论未得到及时落实；审计数据库资料不完善，资料不全，缺乏系统性与完整性；二是思想政治工作尚不完全适应审计工作的要求，需要不断探索与完善。（3）坚定不移地推进廉政建设，严格执行审计署关于“八不准”的规定。（4）加强“人、法、技”建设，加大人才培养力度，努力造就一支高素质的审计干部队伍。

【交通运输审计局】 2000年，交通运输审计局实有人员17人（含4名交流干部），共设四个处：一处、二处、三处、四处。

领导成员

局　长：翁亦然

副局长：肖长年

审计成果 共审计7个单位，查处各种违规违纪金额96.33亿元。此外，还派人参加了对财政部的预算执行审计和对全国总工会的财务收支审计工作。

预算执行审计 1月至3月，交通运输审计局分别对铁道部和民航总局1999年度预算执行情况进行了审计，并延伸审计了所属部分二三级预算单位。这次审计，共查处铁道部各种违反财政法规金额53.24亿元，查处民航总局各种违反财政法规金额10.56亿元。主要问题有：挤占挪用铁路建设基金和民航建设基金搞投资、资金清算和兴建楼堂馆所；违规从事金融投资、信贷业务；不经报批，擅自调整国家预算；财务基础工作较弱，财务收支反映不全面不真实等。如铁道部将1994年财政部返回的铁路建设基金营业税10亿元，一直不按规定用于铁路建设，而是长期挪用于资金清算业务。尤为严重的是，该部将所属结算中心储存的，仅限于在所在地系统内统筹调剂资金余缺的资金，大量用于对外投资和贷款，累计达24亿多元。又如，民航总局将民航建设基金2.95亿元借给计算中心用于建设民航计算机业务楼；该局还扣压应付下属民航建设基金的方式，冲抵所属欠缴的预算外调节费2.32亿元，由于所属单位未完全将欠缴的调节费归还被抵扣的建设基金，造成部分民航建设基金被占用。审计发现，两部门在执行国家预算中，未经报批，擅自调整国家预算的现象比较普遍。如铁道部在执行财政部批准的1999年度大中型铁路项目预算中，擅自调整预算项目40个，占项目总数的87%；资金142.1亿元，占项目预算资金的91.2%。民航总局1999年经财政部批准用于民航基础设施建设的非生产性其他支出预算为5000万元，实际预算支出为12645万元，超支7645万元。

世界银行项目审计 对铁道部1999年度汇总财务报表和世界银行贷款第六、七批铁路项目进行了审计。审计结果表明，铁道部在执行世行贷款项目时，能够按照贷款合同的要求，将项目资金和采购物资拨付到位，并按规定用途使用。但在项目资金的核算和汇总报表的反映上还存在一些问题，主要是：铁道部上海路局账面少反映世行贷款物资1081.99万美元；部外资办应缴未缴世行贷款利息收入1001.23万美元；汇总报表各表之间，勾稽关系不清。

财务收支审计 对铁道部科学研究院及其所属铁路建筑研究所、机车车辆研究所、通信信号研究所1999年度财务收支情况进行了审计，查出主要问题有：铁建所原财务负责人以替职工办人身保险为由，挪用公款800万元，贪污50万元及通号所无线室原负责人采用开虚假发票，套取现金转移到个人和私有企业账户24.5万元，涉嫌贪污等问题。

对中国民用航空总局空中交通管理局、中国船级社1999年度财务收支情况进行了审计。查出主要问题有：空管局未及时结转航路费和对外投资收益等收入1632万元，船级社17个驻外机构的收入结余1670万美元（折合人民币13000余万元）未调入境内。

队伍建设 一是抓思想建设：首先是落实“三讲教育”的整改措施，对群众提出四个方面的问题，拟定了21条整改措施，2000年逐项进行了对照落实。其次是进行党课教育，结合学习江泽民总书记关于“三个代表”的思想和中央关于西部大开发的战略决策，联系审计工作实际，在全局开展党课教育，由局领导带头讲课。第三是开展革命历史传统教育，结合中国共产党成立79周年即将到来之际，组织全局再一次学习《中国共产党章程》，参观卢沟桥纪念馆，重温中国革命的艰难历程，坚定理想信念。第四是开展创建精神文明司（局）活动，制订了创建活动规划，确定了每项活动措施的实施步骤和负责人。

二是抓作风建设：先从整顿工作纪律入手，严格考勤制度。其次抓工作态度，落实岗位责任制，并定期进行总结检查。第三，抓民主集中制，做到上情及时传达，下情及时沟通，事关全局的重大事项，通过会议充分听取群众意见后，再作决定。

三是抓廉政建设：始终把廉政建设贯穿在审前、审中、审后全过程。坚决贯彻落实“八不准”，注重平时教育与日常审计相结合，事前控制与事后监督相结合。

四是抓制度建设：重点做了四项工作：1、制定了交通运输审计局工作规则，共十七章四十六条，确定了交通运输审计局工作职责、各级干部的工作职责、会议制度、工作报告制度、公务员考核制度、公文处理制度、保密工作制度、公文档案管理制度、考勤管理制度等。2、制定了交通运输审计局党支部工作规则。3、建立日常工作岗位责任制和审计项目目标责任制。4、建立审计资料库。

五是抓技能建设：1、积极创造机会让有条件的同志参加学习和进修。2、积极组织大家参加署统一组织的政治理论和全员岗位资格考试。3、注意从工作实践中培养和锻炼干部，建立了审计组长领导下的主审负责制。由审计组长掌握全局，但具体事项，从审计方案的起草，审计通知书的下达，审计实施阶段与被审计单位的工作联系，审计报告、审计决定和审计意见书的草拟，以及审计归档等都由主审负责运作。主审实行轮换制，每个审计人员都要承担主审任务，这是提高审计人员工作能力和业务水平行之有效的好办法。

【信息邮政审计局】2000年，信息邮政审计局暂定编制12人，实有8人，设有审计一处、二处两个处级机构。

领导成员

局　长：王申庆

副局级审计员：丁家亨

审计成果 2000年信息邮政审计局全年完成审计项目5个，其中年度预算执行审计项目2个（不含年中预算执行审计），外资审计项目2个，科研院所财务收支审计项目1个。全年共查处违规行为金额18867.76万元，提交审计工作报告7份。另外，通过年中对信息产业部和国家邮政局的预算执行审计，查出并纠正违规金额359.34万元。

预算执行审计 对信息产业部、国家邮政局两个部门进行了年度和年中预算执行审计，共查出违规金额17538.09万元，其中年度预算执行审计查出违规金额17178.75万元，年中预算执行审计查出违规金额359.34万元，提交审计工作报告4份。查处的主要问题有：不符合国家预算法规的规定，预算拨款不及时；违反《会计法》的规定，用单位自有资金以购买商业保险的形式对外投资；违反会计制度规定，挤占挪用开支，在往来会计科目中直接列收列支；会计基础工作不规范等。

通过审计进一步摸清了被审计部门的家底，明确了审计的重点。在审计中，除坚持承诺制、账户入手、审计组责任制等行之有效的制度办法外，还加强了对资金的跟踪和延伸检查。在对信息产业部的预算执行审计中，延伸审计了十多家二、三级单位。对于疑点问题，一查到底。如该部对机构改革前结余的滚存资金交代不清，一直是审计中存疑的问题。在年中审计中，用了较大的精力，终于从该部的资金结算中心往来账中发现了此类资金，并查清了其来源，了解了部门的意图，提出了规范管理的建议，并拟在今后审计中加强对该资金去向的监督。从而进一步摸清了该部的家底。在审计中，还认真检查核实了上年审计决定的落实情况。信息产业部、国家邮政局的领导高度重视审计工作，都亲自主持召开办公会议，研究审计决定和意见的整改落实工作。所以，上年审计决定均已基本得到落实，审计意见基本得到采纳。国家邮政局马副局长还亲自部署该局对外投资的清理工作，加大其内部审计工作力度，加强了内部管理。

财务收支审计 按照审计署下达的年度项目审计计划，信息邮政审计局于6月至7月初对信息产业部电信科学技术研究院的财务收支进行了审计。通过审计，重点揭露了该院资产不真实，对外投资挂列在会计往来科目中核算，房屋租金收入、代培研究生收入未纳入收入账，虚列职工住房维修基金支出，转移单位利息收入等问题，共查出并纠正违规金额1689.01万元。针对该院存在的问题，提出了规范对外投资管理，加强预算编制工作，严格会计核算制度等3条审计建议。

外资审计 按照审计署外资审计司的要求，信息邮政审计局于5月份对中国电信集团公司1999年会计年度世行贷款电信发展项目（项目编号：3687—CHA）和亚行贷款电信发展项目（项目编号：1382—PRC）进行了审计，出具无保留审计报告2份，较好地完成了审计任务，受到了署外资司的好评。为了保证审计项目质量，减少审计风险，在审计中间，经署领导同意，对京外环光缆通信工程的石家庄、保定、秦皇岛等分项目执行单位和工点进行了资金的跟踪审计和现场查勘。

计算机辅助审计 年初，信息邮政审计局针对自身计算机配备不足的问题，积极开展工作，并得到信息产业部的支持，基本配齐了台式计算机，适当配备了笔记本电脑，为计算机应用的开发打下了坚实的基础。并积极在审计工作中试用署推广的审计软件。署召开南京现场会后，信息邮政审计局认真贯彻审计署信息化建设部署，研究制定了信息邮政审计局信息化建设的规划，决定从办公自动化、试用署推广的审计软件，建立局域网和数据库，争取与信息产业部财务连网等方面入手，加强计算机应用，提高了工作效率和质量。

“人法技”建设 1、以“三讲”回头看、江总书记“三个代表”思想和“两思”重要论述的学习和教育活动以及日常的学习制度为载体，积极开展思想教育，进一步加强思想政治工作，不断提高审计人员的思想政治素质。2、加强廉政建设。审计署颁发《加强审计纪律的规定》和《审计廉政责任规定》后，全局都及时组织学习，认真加以贯彻。在“八不准”的审计纪律实施后，在执行审计任务时都向被审计单位公示、宣传、解释，全面依照执行。并根据“八不准”的精神，采取了交还给局长配备的手机，停止驻在部门发放的伙食补贴和不要驻在部门派车等三项具体措施。9月份，审计署监察局派出检查组进行检查，对信息邮政审计局执行审计“八不准”规定情况给予了好评，并提出长期坚持，持之以恒的要求。3、安排好干部培训和学历教育。上半年，按照署干部培训的安排，先后派出两名处长分别参加南京审计学院为期一个月和中央党校分校为期三个半月的党训班进修学习；下半年局长参加了审计署举办的第二期厅局长培训班，派出1名业务骨干参加署计算中心举办的骨干培训班。对于局内的同志参加学历教育也尽可能给予安排和支持。积极组织全局人员学习政治理论和审计人员四个读本，参加了审计署统一组织的政治理论考试和审计岗位资格考试，参加考试的同志都已全部通过。

【农林水审计局】 2000年，农林水审计局人员编制8名，在编人员7名，交流干部3名；设有两个职能处室。

领导成员

副局长：王炽曦　刘　实

审计成果 全年共完成审计项目8个，查出各类违规违纪金额436021.68万元，其中上缴财政1600多万元；督促有关部门、单位纠正了一系列违法违规问题；提出加强预算管理和财务管理等方面的建议62条；促进有关部门、单位建立和完善了制度，强化了管理。

预算执行审计 （一）对农业部和国家林业局1999年度中央预算执行情况进行审计。1至3月，农林水审计局对农业部和国家林业局1999年预算执行情况进行了审计。在审计某部门的过程中，着重抓住三个主要环节，并根据每个环节的特点，确定审计的内容、重点和方法。该局着重开展了四个核对。一是将财政部、国管局批复该部门的预算与该部门上报这两个部门的预算草案核对，将国家计委下达给该部门的基建计划与该部门上报国家计委的基建计划草案核对；二是将该部门批转的预算与财政部、国管局批复该部门的预算核对，将该部门批转的基建计划与国家计委下达的基建计划核对；三是将该部门实际拨付有关预算资金的情况与该部门的预算安排核对，将该部门实际拨付的基建项目资金情况与该部门下达的基建计划核对；四是将该部门批转预算的有关部分与相关的预算资金使用单位决算报表反映的内容核对，将该部门下达的部分基建项目计划与相应的基建项目计划执行单位决算报表反映的内容核对。通过核对，发现了该部门批复的预算、下达的计划与财政部批复的预算、国家计委下达的计划不一致，部分预算资金未及时下拨，预算资金转作有偿使用，用住房建设资金购买小汽车等问题。在此基础上又查清了该部门财务司“自有资金”、“基建周转金”和某局“扭亏措施费”这三项存量资金的数量、来源。

（二）对农业部、水利部2000年预算执行情况进行期中审计。从9月开始，农林水审计局分别对农业部、水利部2000年预算执行情况进行期中审计。在挖掘、提炼某部门1999年度预算执行审计做法的基础上，大胆探索，不断创新，不但拓宽了审计的领域，而且使预算执行审计工作向纵深发展。具体做法可以概括为六个环节、两个测试、六个核对、一个深查、一个对照、一个摸清、五个结合、一个促进。

首先，全面把握预算管理和计划管理的六个环节。其次，认真开展符合性和实质性测试。第三，全面拓宽核对的领域。不仅采用了上述的四个核对，而且又增加了两个；不仅对一部分重点预算和计划项目进行核对，而且对大部分甚至某些领域的全部项目逐一进行核对；不仅将部门的预算、基建计划与财政部、国管局、国家计委的相应内容核对，而且还与科技部等部门的相应内容核对。第四，深入查证和研究“核对”发现的问题。第五，对照《预算法》和部门预算的具体要求，找出影响部门预算科学化的深层次问题并提出解决问题特别是从源头上解决问题的意见和建议。

经过以上五个方面的努力，找出两部门在预算和计划的编制、管理、执行中存在的项目储备不足，编制上报的预算和基建项目计划有较大比重没有细化；有的部门对所属单位预算批复不完整，未纳入部门预算资金量较大，转批的预算和下达的计划未完全按财政部、国家计委等部门批复的预算与下达的计划执行；有的部门未按照项目和单位批复部门预算，批复的部门预算不完整，在一年之内对同一单位批复两个不同的预算；有些部门在批复部门预算之外又安排财政拨款；有的部门下达两部门的部分基建投资计划未能纳入财政部批复两部门的部门预算等问题。农林水审计局深入分析了产生上述问题的深层次原因，相应提出了两部门应尽快创造条件加快前期准备工作，建立足够的项目储备，实现部门预算在科学基础上的细化；有的部门应严格执行财政部批复的预算、国家计委下达的计划；有的部门应尽快创造条件按项目、按单位批复预算，应将各部委编制预算草案的时间前移、使其有足够的时间实现部门预算草案的细化，应规范预算批复的管理，应完整和准确地批复部门预算，应改变在批复部门预算之外又给部门单独安排财政拨款的做法；在批复部门预算前有些部门之间应相互协调等建议。

此外，努力摸清农业部机关设财务的各司局、水利部机关各司局的家底。不仅基本摸清了农业部国际合作司等5个部门掌握的资金、水利部机关各司局自主支配资金的数量、来源、存放单位方面的家底，还基本摸清了两部门机关的总体和各司局财务管理方面的家底。在此基础上，又向部分二级预算单位延伸，从财务管理状况和各项资金的数量、来源、用途等方面摸清家底。查出××部××中心及其所属单位财务管理混乱、私设“小金库”等问题；××部机关服务局所属××公司注册资本不实、账外资产较大等问题，并依法提出了处理意见。

经过上述努力，基本实现了“五个结合”。即把预算执行审计与财务收支审计结合起来；把审计农业部、水利部的预算、计划的编制情况，与审计其预算、计划的执行情况结合起来；把审计农业部、水利部的预算、计划编制执行情况，与审查财政部、科技部、国管局、国家计委等部门在预算管理和计划管理等方面的情况结合起来；把审计农业部、水利部本级预算、计划的编制及其执行情况，与审计两部门在京所属单位的相关情况结合起来；把治标和治本结合起来，也就是把对照法规纠正偏差与从源头上查找原因、提出对策结合起来。因此，在1999年某部门预算执行审计过程中初步探索路子的基础上，农林水审计局以促进宏观管理和微观管理的加强为主要目标，向管理审计延伸，使得审计查出问题的广度和深度、提出建议的品位与层次都得到了提升，在促进部门预算、计划管理和财务管理的科学化、法制化，探索中央部门预算执行审计的路子方面，又向前迈出了一大步。

财务收支审计　5月至7月，农林水审计局对中国水利水电科学研究院1999年的财务收支进行了审计，促进该院纠正了有关违纪违规问题，加强了财务管理。

外资项目审计　5月至7月，对国家林业局管理的世界银行贷款森林资源发展与保护项目等三个外资项目进行了审计，审计报告得到了署外资运用审计司的好评。

决算审签的审前工作　下半年，农林水审计局积极参与部门决算审签的审前研究工作，向署有关部门提供与决算审签有关的情况，对审签范围、内容、重点、形式和方法等问题提出了建议，并且这些建议被纳入署定的决算审签工作方案。

审计基础工作　（一）初步搭起制度框架。8、9月份，利用预算执行审计前的空隙，集中力量，制定了《农林水审计局工作规则》、《农林水审计局工作人员守则》、《农林水审计局审计项目管理办法》，初步搭起了农林水审计局的制度框架。

（二）努力夯实审计业务基础。严格按照本局制定的《审计项目管理办法》，加强了对审计过程各个环节、各个要素的控制；依照本局的《工作规则》，规范了各项业务工作。

此外，农林水审计局还制定了

建立被审计单位基本情况数据库、审计业务情况数据库和本局基本情况数据库的计划并已着手执行；增配了台式电脑和笔记本电脑等办公设备，改善了工作条件。

队伍建设　第一，抓好政治理论学习，努力提高干部的政治素质。要求全局同志结合日常工作、学习和生活的实际学好原著，不断加深对原著所述立场、观点、方法的理解并创造性地予以运用。第二，树正气，努力营造健康向上的小环境。首先，讲正气，努力培育是非分明、赏罚公平的局风。其次是多沟通、多关心，努力增强团结和凝聚力。其三是定目标，努力创造奋发向上的氛围。第三，抓好业务学习，努力提高干部队伍的业务素质。一是结合具体工作任务学，二是不断总结工作和学习的经验教训，三是鼓励大家平时抓紧时间自学，四是派人参加署组织的培训。第四，抓纪律，维护审计机关的良好形象，切实保障依法审计。全局同志严格遵守国家的法律法规和署定的各项纪律，促进党员干部严格遵守党的纪律，受到了农业部、水利部、国家林业局领导和有关司局、下属单位干部职工的好评。

【文化体育审计局】　2000年，文化体育审计局人员编制7人，现有8人，交流干部2人，设有审计一处、审计二处，负责对文化部、国家体育总局、国家文物局及其在京下属单位的审计监督。

领导成员

局　长：薛启宜

审计成果　2000年，共完成审计项目8个，查出违纪违规金额26007万元，上缴财政128.8万元；提出审计建议5条，均被被审计单位采纳。提交审计报告及专题材料9份，其中《关于国家文物局1999年度预算执行情况的审计报告》的部分资料被署财政司采纳写入审计工作报告，并由李审计长受国务院委托向全国人大常委会作了汇报。另外，对国家文物局的审计专题材料翟副审计长也作了重要批示。

预算执行审计　1. 对文化部1999年度预算执行及机关财务收支情况进行了审计，并适当延伸了有关单位。审计过程中对文化部1999年度各项预算资金管理、使用情况重点进行了检查。从审计的情况看，文化部基本能够作到按《预算法》办事，按预算执行，对审计署在1999年预算执行情况审计中提出的问题比较重视，并对审计决定认真进行落实。审计中发现文化部未按预算拨付资金、超范围开支文化事业费、报销手续审批不全、虚列专款支出、经费节余及赞助收入挂账等问题，对如何加强预算管理，建立健全内控制度，完善国有资产管理办法等方面提出了意见和建议。文化部领导对审计局提出的问题予以高度重视，责成有关部门研究审计提出的问题，并落实整改。

2. 在对国家文物局预算执行进行审计前，审计局对该单位做了初步的审前调查。了解到该局自1994年以后从未接受过审计部门的监督检查，近年来财会人员频繁调动，群众举报信接二连三，财务管理混乱，年终决算连续几年不能按规定时间上报等情况。审计中坚持从银行账户入手，跟踪资金流向，延伸审计相关账户，及时发现大案要案线索，查深、查透、查实，取得了较好的效果。在审计过程中，发现国家文物局在1997年至1998年间通过收入不入账、虚列支出的办法转移资金到账外形成账外资金、违规经营投资、转移存款利息、私设“小金库”、大额存款单长期由个人保管及财务管理混乱、会计基础工作不规范、内控制度松弛等大量违纪违规问题。

审计局对产生上述问题的原因进行了深入的分析，并向该局提出了审计建议。国家文物局党组多次召开会议，研究落实意见，党组书记带头查找原因，部门依据审计结论拟订整改措施，局办公会议研究通过专门班子狠抓落实，并召开部门及在京直属单位司处级干部大会通报审计结论，宣传学习《审计法》，进行法制教育和警示教育。

财务收支审计　1. 对中国科学院生态环境研究中心1999年财务收支情况进行了审计，查出该单位超标准计提并发放劳务酬金、少计收入、挤占科研成本、资产不实、少缴企业所得税等问题。针对上述问题，审计局为促进被审计单位加强管理、提高经济效益，提出了审计建议，为被审计单位所采纳。

2. 完成了对国家体育总局体育彩票管理中心1999年度体育彩票发行、销售、公益金收入管理及财务收支的审计任务，查出该中心在对外投资的管理及固定资产的核算上存在一些问题，下达了审计处理意见，并已落实。

专项审计　文化体育审计局在2000年预算审计中发现，国家文物局基建账户收入大额资金来源不明，查阅其提供的相关资料，说明不充分，询问当事人，含糊其词。审计组敏锐地意识到其中潜在的审计风险，决定在高标准、高质量、高效率地完成好国家文物局1999年度预算执行审计工作基础上，作为重点问题进行专项审计。

经审计，发现该局于1997年5月至1998年12月期间，采取收入不入账和虚列支出等办法，将故宫博物院上缴的门票收入6362.9万元、文物协调中心上缴的文物销售收入205.7万元、1997年科委拨付的文物研究所房改经费4万元、中旅信托投资公司支付的存款利息12万元、虚列事业费支出3000万元、共计

9584.6万元资金转移到账外，在上海浦东发展银行北京分行单立账户存放，逃避预算管理与监督。该局先后在分行本级和所属支行设立4个账户，其中一个账户在审计期间被迫提供，其余3个皆属审计人员在调查取证中发现的。上述4个账户中除一个账户有经办人记录并由个人在家中存放的流水账页外，其余皆无资料可供审计。截止1999年1月26日，上述账户利息收入累计275.5万元，文物局账外资金高达9860.1万元，严重违反了《中央国家机关（行政单位财务规则）实施细则》第十一条“各部门的各项收入和支出应当全部纳入部门预算统一管理，并由行政财务管理机构统筹安排使用”的规定，干扰了国家预算管理制度的落实。该局于1998年12月24日以自筹基建资金名义，将上述款项转本局基建账户用于基建投资3000万元，其中直接用于文博大厦工程投资1600万元，用于故宫护城河治理1000万元；于1999年1月26日将该账户余额6826.5万元转入本局基建账户，尚有7.6万元去向不明。

1997年3月13日至1997年12月30日，张某利用其担任资产财务管理处副处长之便，私自将文物局事业费挪到账外9584.6万元，存入其爱人工作单位上海浦东发展银行北京分行，并在所属金融街支行和中关村支行，先后开设4个账户串存此款，账户存续时间达3年之久，形成账外资金9860.1万元（含存款利息）。张某具有为其家属所在银行拉存款、以权谋私嫌疑。张某还利用经管该局在上海浦东发展银行北京分行开立账户的暗箱操作权，1997年5月21日至1998年10月12日期间，从在分行开设账户中提取现金共计26万元，支付“劳务费、公务杂费”等共12笔，金额合计2.6万元，结余现金23.4万元，一直自己保管，直至审计期间催其提供所经管的银行账号及会计资料时，才交出部分账户资料，并于2000年3月10日擅自将23.4万元现金以“大额储蓄利息”名义交至文物局机关服务中心，私自隐匿现金达36个月之久，涉嫌经济犯罪，已移交司法机关判处有期徒刑12年。

【卫生药品审计局】2000年，卫生药品审计局编制8人，现有8人（含交流干部2人），设有一处、二处，负责对卫生部、计划生育委员会、药品监督管理局和中医药管理局及其在京下属单位的审计监督。

领导成员

副局长：刘福祥

审计成果　全年共完成9个审计项目。预算执行审计5项：卫生部、国家药品监督管理局1999年度及2000年年中预算执行情况的审计；国家计划生育委员会2000年年中预算执行情况审计。财务收支审计2项：中国医学科学院1999年科研经费财务收支审计，卫生部国外贷款办公室财务收支审计。外资审计2项：世界银行贷款传染病与地方病控制项目和疾病预防项目审计。审计共查出并指出要求纠正的违规行为金额77219万元，其中预算执行情况审计查出67044万元，财务收支审计查出10175万元，应交财政5801万元，应归还原渠道资金3835万元。

审计发现的主要问题　一是在预算执行情况审计中，发现预算经费以拨代支；未及时拨出事业费、专项经费；应拨下属二级单位预算外财政返还款在往来款挂账；事业费列支转至预算外“暂存款”科目；挤占事业费用于购置职工住宅和搞基建项目；专项资金长期出借等问题。二是在科研经费财务收支审计中，发现截留科学事业费；科研经费以拨代支；借出科研经费用于企业经营；教育经费户从银行取得的贷款未在财务账上反映等问题。三是在世行贷款管理项目审计中，发现未按规定报批收取贷款项目管理费；收取返还的采购手续费；贷款项目结余款挂在往来科目；世行项目利息收入未纳入预算外资金进行管理等问题。四是在外资项目审计中，发现挤占挪用项目资金；违规收取费用虚报项目工程支出和配套资金；滞留世行贷款等问题。

在预算执行情况审计过程中，提请被审计单位提供所有涉及预算资金的账簿，每一项预算收支业务都与批准的预算予以核对，确定其真实性与合法性。对于二级单位较多的部门，核对每张拨款单的收款单位名称和开户行，确保预算资金及时足额到位。在科研经费财务收支情况的审计中，针对被审计单位在管理上存在的问题，依照法规提出审计意见和处理决定，各被审单位均给予高度重视，并按要求采取措施，加强和完善单位内部财务管理和相关制度建设。

“人、法、技”建设　积极开展了“三讲”教育“回头看”，增强了处以上党员干部搞好整改工作的责任感、紧迫感。贯彻落实党风廉政建设规定和审计署颁布的“八不准”规定。发函向被审计单位征求意见，自觉接受监督。针对局内人员变化情况，进一步明确岗位职责，建立完善内部管理制度。加强培训学习，按要求参加政治理论、计算机、外语等考试和培训并取得好成绩，使审计人员的素质和技能得到了全面提高。

【海关审计局】2000年，海关审计局编制7人，实有人员9人，包括特派办交流干部3人。局内设两个处，一处负责对海关总署的审计，二处负责对国家出入境检验检疫局的审计。

领导成员

副局长：黄正华　郑仲文

审计成果　全年完成了对海关总署和国家出入境检验检疫局1999年度及2000年1－8月中央部门预算执行情况审计；对中国进出口商品检验技术研究所1999年度科技经费收支情况审计等5项署定审计项目，其中对中国进出口商品检验技术研究所科技经费专项审计项目被署评为“优秀”。完成了中国海关出版社、国家出入境检验检疫局进出口质量认证中心和北京出入境检验检疫局1999年度及2000年1－10月财务收支情况审计。审计共查出违反财政、财务制度金额123555万元，分别对查出的各项违反财务制度问题进行了处理，已上缴中央预算资金16000万元，上缴中央财政专户预算外资金6338万元。

预算执行审计　从部门财政、财务管理体制入手，坚持全面审计，加强对重点环节和重点资金的审计监督，在摸清家底的基础上，重点检查和揭露部门预算执行中存在的不真实、不合法和不规范的问题。对海关总署1999年度预算执行情况的审计，主要对其履行进出口货物监管情况，关税、进口环节税、缉私罚没收入和行政性收费征管情况，税费财务管理情况、系统经费收支情况和总署机关经费收支情况进行了重点审计。审计查出了违反国家规定扩大减免税范围、越权减免税收和财务收支管理不合法、不规范等问题。对国家出入境检验检疫局1999年度预算执行情况的审计，以“三检合一”后财务并账是否真实、合法、合规为重点，对其预算外资金实行“收支两条线”管理和财务收支情况进行了全面审计，并对往来款、流动资产和固定资产逐项清理审查，其中，对数额大、挂账时间长的资金进行了追溯和延伸。审计发现了账外银行账户、资产不实、未及时上缴中央预算资金以及财务收支不合法、不规范等问题。

对海关总署和国家出入境检验检疫局2000年1至8月预算执行情况审计，审计重点一是检查上年度审计决定、审计意见落实情况和建议采纳情况；二是针对海关系统和国家出入境检验检疫系统垂直管理的体制，重点审计了向二级单位批复预算是否合规及时、预算资金拨付是否及时到位；三是预算执行中是否出台违反现行政策的口子。通过审计，指出了被审计单位预算管理中存在的预算编制不科学、批复预算不及时、预算调整随意性、预算资金到位率低等问题。

积极探索深化预算执行审计路子。针对预算审计结束时，部门财政财务收支决算报表正在编制，审计报告中反映的财务收支数字还不是最终结果的情况，5月份，借鉴国际通行做法，按照公认的会计原则，即：会计核算是否以实际发生的经济业务为依据，以收付实现制为基础，如实反映财政、财务收支执行情况和结果；会计信息是否真实、正确、完整，对国家出入境检验检疫局财务收支决算账目进行了审计，并编制了《会计账目审计结果》报告。该报告反映了各项资金1999年12月31日资产负债状况、全年财务收支情况，并针对编报决算中的问题提出了处理意见，进一步加强了审计监督力度，弱化了审计风险。另外，还对海关总署进口货物税则归类的政策制订及执行情况进行了专项审计调查，对海关总署在执行国家税法方面不符合国家政策规定等问题，有针对性的提出了审计意见和建议，促使海关关税征管部门加强监督制约机制。

专项审计　按照审计署的统一部署，参加了科技经费的专项审计工作，对中国进出口商品检验技术研究所科技经费收支进行了全面审计，并有重点地延伸审计了该所下属经济实体陆桥新技术公司、陆桥技术有限责任公司、陆桥科技发展公司、陆桥综合服务公司、陆桥印刷包装有限公司和陆桥医学生物技术中心的财务收支情况，查出固定资产不入账、技术服务收入未记入当期事业收入、经费账务处理不规范和在研课题收支核算不及时等问题。

队伍建设　一是认真学习“三个代表”重要思想，搞好思想政治工作，进一步端正审计干部的审计指导思想、目标和方向，树立审计干部“爱岗敬业、依法审计、廉洁高效”的思想意识，坚定审计干部的全心全意为人民服务的宗旨和信念；二是以“三个代表”重要思想为指导，搞好干部队伍建设。注重提高干部综合素质和责任感，引导鼓励干部自觉刻苦钻研业务，并通过开展经常性谈心活动，发扬民主，开展批评与自我批评，克服队伍中存在的骄傲自满情绪和自由主义倾向。突出对青年干部的培养，在生活上关心他们，在政治上增强他们的使命感、责任感，在工作上给他们压担子，使他们在审计工作中发挥骨干作用。三是加强内部建设，完善各项管理制度。组织干部认真学习讨论审计署制定的审计廉政纪律“八不准”规定和审计廉政责任制的有关规定，制定了海关审计局具体执行办法；组织干部参加海关总署召开的以厦门海关走私案为反面教材的警示教育大会，从胡长清、成克杰等腐败分子的反面教材中吸取教训，深刻认识加强党风廉政建设、开展反腐败斗争的重要意义；制定了全年审计工作规划、全年政治学习计划、修改完善了会议记录制度、工作事项交办制度、公文传阅等制度，保证了审计工作任务的完成。

【经济执法审计局】2000年，经济执法审计局人员编制7名，在编人员6名，交流人员2名，内设两个处。主要负责对国家工商行政管理局、国家质量监督局及直属在京事业单位的审计监督。

领导成员

副局长：李　钦

审计成果　2000年全局完成的工作任务有：对国家工商行政管理局（以下简称“国家工商局”）、国家质量技术监督局（以下简称“国家质技监局”）1999年度预算执行审计和2000年度预算执行期中审计；对中国科学院北京天文台和中国消费者报社、国家质技监局锅炉压力容器检测研究中心1999年度财务收支审计。共查出违纪违规金额36874.51万元，其中预算执行审计查出欠缴应缴中央财政收入22548.24万元，虚列支出168.23万元，无预算拨款80万元，少计预算收入239.97万元，少计预算结余172.74万元；财务收支审计查出设立账外账157.1万元，公款私存44.3万元，资产、负债、所有者权益不实3429万元，成本不实1519.79万元，收入不实1242.03万元，违规集资1860万元，虚报投资完成额4199.53万元，其他1213.58万元。通过审计追缴财政收入206.14万元，追缴国家税款39.32万元，追回长期被个人占用的公款18万元。

预算执行审计　经济执法审计局以规范被审计单位的财政财务收支为目标，把工作重点放在对中央部门一级预算的编制、批复、执行上。过去国家工商局二、三级单位的预算都是由一级预算代编代报的，财政部批复后，局本级再根据二、三级预算单位的实际需要编制预算安排方案，经局办公室分管主任、主任办公会议、国家局分管局长、局长办公会议逐级审核批准才能得以执行。这样做的结果一是时间太长，对二、三级单位预算作出批复时往往已临近年底，二是使财政预算失去严肃性，出现超预算、无预算拨款。在对其1999年预算执行情况审计中，经济执法审计局针对这一情况提出了“建立清晰的预算管理级次，完善本级财务管理职能，明确局本级财务部门作为一级预算管理机构职责，依照经费领拨关系，理顺本级预算与机关、直属事业单位及其它各级预算单位之间的财务管理、核算、监督、指导关系，建立健全各项财务工作制度，规范预算管理，建立自下而上的预算编制、经费领拨审批制度，杜绝无预算、超预算拨款的现象”的审计意见。9月份在对其2000年度预算执行进行期中审计时，又检查了国家工商局对审计意见书的落实情况，对其仍不够完善的地方加以纠正。国家工商局的财政财务收支行为日渐规范。

经济执法审计局根据李金华审计长的要求，将“系统论、信息论”引入审计管理工作。在收集审计信息方面，该局一是在对国家工商局、国家质技监局上一年度预算执行审计结束后，专门安排两位同志分别负责收集两个国家局2000年预算编制、批复情况，对二、三级单位上年决算批复情况、重要经济活动文件、季度财务报表等会计信息，对收集到的资料进行非现场的案头审计，发现疑点及时向被审计单位核实。这些工作为后来进行的对两个国家局本年度预算执行期中审计创造了条件。二是加大了审前调查工作的力度，不论是对情况比较熟悉的审计对象，还是对情况不甚了解的审计对象，该局都在审前就与被审计单位进行联系，深入到被审计单位，请单位负责人介绍情况，收集其财务管理制度、财务报表、注册会计师审计报告等会计信息，向有关人员进行询问调查。在充分掌握被审计单位基本情况的前提下，经过分析，确定审计重点和方向，认真编制审计方案，妥善安排审计资源，提高了工作效率。

在运用系统工程理论方面，经济执法审计局一是根据“系统是各个要素之间、要素与整体之间相互联系、相互作用的有机体”的观点，把每个审计项目看成是一个系统工程，注意分析不同预算级次之间的资金拨领、往来关系，加强上下之间、不同信息之间的核对工作。该局在对国家质技监局审计过程中，发现其从一级预算中列支专项经费153万元给属于二级预算的机关财务；而通过与机关财务核对，证实将此款全部以“暂存款”方式挂账，造成虚列预算支出。在对国家工商局商标局的审计中，发现其有一张机关财务开具的15万元房租收据，但在机关财务的任何账上都找不到这笔收入，经过了解发现了机关财务部门的一本账外账。二是在做好外部审计监督工作的同时，致力于推动被审计单位的内部控制制度、内部审计制度建设。该局结合新《会计法》的实施，利用国家工商局举办财会人员培训班和参加国家质技监局2000年财务工作会议的机会，先后派出3人次到培训班和会议上宣传《审计法》、《会计法》，重点介绍了从“依法治国”的高度认识内部审计工作的重要性，就如何完善内部控制制度和做好内部审计工作提出建议，受到被审计单位广大财务工作人员的热烈欢迎。

财务收支审计　经济执法审计局承担了对中国科学院北京天文台的审计任务。开始该单位领导由于对审计工作不太了解，态度不太“友好”。在这种情况下，同志们不急不躁，向被审计单位宣传《审计法》，坚持依法审计。揭露了由该单位管理的一国家重大科学工程项目指挥部虚报投资完成额4000多万元，提取管理费31.9万元用于发放奖金，扩大支出范围列支劳务酬金36.9万元、绩效津贴4.35万元；还揭露了该单位下属经济实体偷漏国家税款、经营亏损、管理混乱这些该单位领导原来并不了解的问题。根据该单位存在的问题，经济执法审计局不但对其违规违纪问题进行了纠正，还有针对性地提出了改进财务管理工作的意见和建议，帮助追回被个人长期占用的公款18万元。使该单位领导深受感动，再三表示“审计工作太重要了”，事后还专程登门致谢。经济执法审计局在对国家质量技术监督局锅炉压力容器检测研究中心审计时，根据该单位收入渠道多、下属经济实体多的特点，一方面将审计重点放在中心本级财务收支上，另一方面对正常经营的经济实体实施审计，对陷入停滞的经济实体则进行审计调查。通过采取统一行动、分别盘点的方式，对库存现金进行突击盘查，查出设立账外账、公款私存、现金库账实不符等问题。

队伍建设 （一）做好“人”的工作，创造良好的工作环境。该局按照署党组和机关党委的要求，认真开展了“三讲”教育回头看和江泽民同志“三个代表”重要思想的学习。局党支部还以“做一名无愧于光荣称号的共产党员”为题，给全体同志讲了一次党课，帮助大家提高思想境界。（二）做好业务培训工作，提高审计工作能力。该局一方面采取“寓训于审”的方法，在每一个审计项目的实施过程中，采取集中集体智慧、共同提高的方式，每周交流一次工作情况，边协调进度边对审计线索、审计疑点、审计方法进行交流相互切磋。在审计报告、审计决定、审计意见书的撰写过程中，坚持集体讨论，各抒己见，深化了对审计事项的分析判断，既提高了审计质量，也提高了同志们的“谋事”能力。另一方面，经济执法审计局也舍得花时间安排专门的培训使干部的业务水平在培训中不断提高。（三）加强审计纪律，搞好廉政建设。在审计署《关于加强审计纪律的决定》颁布后，经济执法审计局立即组织学习并认真贯彻落实。到驻在部门以外去审计，为了不折不扣地执行“八不准”，该局还自备了一个能提能推的大工具箱，大到打印机、小到曲别针统统自带，不给被审计单位增加负担。经济执法审计局还指定一名同志担任兼职廉政纪律检查员，每项审计结束后，都检查“八不准”的落实情况，征求被审计单位的意见，发现问题，及时纠正。经济执法审计局的干部以严格遵守审计纪律的实际行动树立了审计良好的社会形象。

【新闻通讯审计局】 2000年，新闻通讯审计局在编7人，交流干部2人，设有一处、二处，主要负责对广播电影电视总局、新闻出版署、新华通讯社及其在京下属共98个单位的审计监督。

领导成员

局　长：贾文英

副局级审计员：刘素英

预算执行审计 （一）完成了对国家广播电影电视总局（以下简称广电总局）1999年度预算执行情况的审计。通过审计，查出广电总局虚列支出，违反规定乱摊派，改变资金用途，未按规定纳入专户管理以及行政经费挤占事业费等问题。（二）完成了对新闻出版署1999年度预算执行情况的审计。通过审计，查出新闻出版署将资金存放在账外、财政资金未按规定纳入专户管理、未按规定清理财政周转金等问题，并结合群众举报重点查处了条码中心擅自成立经济实体、截留转移财政资金、做假账、集体私分公款以及条码中心领导及有关责任人员涉嫌挪用贪污公款等问题。（三）完成了对新华社2000年度预算执行情况的审计。新华社是国家级通讯社，财务收支规模大，下属单位多，为了摸清家底，查清问题，审计组采用经常性审计的方法，从6月份开始，先后延伸审计了国内部、国际部、体育部、经理部、公关部、机要发行处、人才流动服务中心、环球杂志社等单位，查出新华社未按规定清理整顿部门有偿使用资金、未按规定用途使用外汇贷款、未按规定上交财政周转金、应作未作收入、违规借款、私存私分公款、境外公司管理不规范以及收入未在总社会计报表中反映，形成账外资金等问题。

在2000年预算执行审计过程中，新闻通讯审计局在全面审计基础上，十分注意抓重点资金、重点项目的审计，如根据国务院关于清理财政周转金的指示精神，重点抓了清理财政和部门有偿使用资金的工作，查出广电总局有偿使用资金4835万元，新华社有偿使用资金4567万元，未按规定进行清理；根据“国务院关于支持文化事业发展若干经济政策的通知”精神，重点审计了“影视互济资金”的收入、分配和使用情况，查出广电总局挤占挪用“影视互济资金”、应提未提“影视互济资金”等问题；根据群众举报，重点查处了新闻出版署条码中心有关人员挪用、私分公款等严重经济问题。通过审计，部门在预算资金管理中存在的一些共性问题基本得到了控制，在财务管理、内部控制方面有了根本的好转。

专项审计 完成了对广播科学研究院1999年度财务收支情况的审计。通过审计，查出广播科学研究院挤占挪用资金，违规提取管理费，应作未作收入以及国有资产流失等问题。

财务收支审计 完成了对中央电视台财务收支审计的处理工作。

新闻通讯审计局在广泛、认真地听取中央电视台对审计报告所列问题的意见的基础上，正式下达了审计决定、审计意见和审计建议书。此后，还专门到中央电视台检查审计结论落实情况，针对执行中存在的问题，提出意见和建议，使审计结论真正得到落实。到年底止，中央电视台已收回资金、挽回经济损失1.25亿元。

此外，新闻通讯审计局还派人参加了由中纪委驻广电总局纪检组组织的联合调查组，对中央电视台有关问题作深入调查。

计算机审计　根据署领导在全国审计系统计算机应用成果展示会上的讲话精神，新闻通讯审计局制定了加强审计信息化建设的计划和措施，要求每个审计人员都充分认识加强信息化建设的重要性和紧迫性，加强学习、勇于实践，以适应信息化建设的需要。在对广电总局、新华通讯社2000年预算执行审计中，审计人员已开始试用计算机辅助审计。此外，新闻通讯审计局还建立了被审单位基本情况数据库，在今后的工作中还将进一步充实、完善。

促进部门整改　新闻通讯审计局十分注意与被审计单位的党组、行政领导和纪检部门配合，充分发挥职能部门的作用，促进部门认真落实审计决定，加强内部管理，提高资金使用效益，使审计工作真正落到实处。新华社副社长蔡名照在听取了审计情况的介绍后表示：审计组查出的问题是实事求是的，工作是认真负责的，审计反映出的问题有的是社党组一直想解决的问题，我们不要等审计决定和意见下来再落实，现在就应该抓紧整改。新闻出版署领导对新闻通讯审计局2000年预算执行审计给予高度重视，署长、副署长、纪检组长及其他党组成员均听取了审计组对审计情况的介绍，石宗源署长对审计组给予高度评价，并表示要通过这次审计，在署机关进行一次普法教育；对审计查出的问题，石署长指示余永湛、杨牧之副署长和刘有志纪检组长研究，成立一个专门小组，着手处理审计查出的有关问题。中央电视台分党组对审计查出的问题也非常重视，多次进行认真讨论，并成立了专门小组落实审计决定，赵化勇台长明确表示：要"有错必纠、知错即改"，在今后的工作中要"强化管理，建章立制、依法理财"。

在审计过程中，新闻通讯审计局还特别强调严格执法，维护国家法律的尊严。通过审计，不仅严肃了财经纪律，也提高了审计部门的威信。9月，广电总局为了贯彻江总书记关于广播电视宣传教育工作的指示，多次召开党组会研究落实措施，每次都邀请新闻通讯审计局领导列席，并希望在即将开展的"西新工程"中加强审计监督。广电总局赵实副局长在研究中央卫星电视传播中心与电影局的财务管理问题时也专门找到新闻通讯审计局领导，希望听取意见。

廉政建设　2000年，新闻通讯审计局在加强干部培训、强化思想政治工作、抓好队伍建设的同时，还采取以下措施搞好廉政建设：1、组织干部认真学习、深刻领会审计署关于加强审计纪律的规定；2、建立廉政档案，加强对干部日常工作中执行廉政纪律情况的检查；3、要求审计组进驻被审单位后，首先向被审计单位公示"八不准"；4、在与被审计单位交往中，注意遵守审计人员"八不准"。通过以上措施，不仅维护了审计人员清正廉洁、公正执法的良好形象，也促进了审计执法水平的提高。如在新华社审计期间，正遇上北京历史上少有的高温天气，加上新华社办公条件比较差，食堂就餐人员多达数千人，比较拥挤，新华社计财局的同志多次提出在内部招待所安排两个房间，可以解决办公和吃饭问题，但审计组的同志们婉言谢绝了，大家与新华社的普通员工一样上班、一样排队买饭。新华社副社长蔡名照同志得知审计组严格执行"八不准"，非常感动，他认为这是审计人员能够公正执法、树立威信的重要前提，他当即指示办公厅发文，通知各单位积极支持和配合审计组的工作，并要求新华社的内审人员在审计中也要参照执行"八不准"。

【旅游侨务审计局】 2000年，旅游侨务审计局编制7人，实际在编6人，交流干部2人，内设一处、二处。负责对国家旅游局、国务院侨务办公室与国务院港澳事务办公室及其在京直属单位的审计监督。

领导成员

局　长：厉培明

审计成果　全年共完成了对国家旅游局与国务院港澳事务办公室1999年预算执行情况审计，及国家旅游局、国务院侨务办公室与国务院港澳事务办公室2000年1—8月预算执行情况审计；完成了对中国科学院微电子中心的财务收支审计。共查出违规行为金额23935.3万元，其中决定处理处罚的438.4万元，指明要求纠正的23496.6万元。涉及经济案件1宗，已按有关规定移交检察机关。

预算执行审计　1—4月，对国家旅游局与国务院港澳事务办公室1999年度的预算执行情况进行了审计。审前组织全体人员认真学习全国审计工作会议精神，明确任务、统一思想；审计过程中，坚持以真实性审计为重点，认真处理全面审计与突出重点、抓大案要案与摸清家底的关系，重点审计了两个部门预算外资金的管理情况、对历史遗留问题的清理情况，同时，也了解了其境外所属单位的财务管理状况，并对两个部门在资金管理方面存在的问题，提出了整改意见和建议。7—12月，对国家旅游局、国务院侨务办公室与国务院港澳事务办公室1—8月份的预算执行情况进行了审计。检查了1999年度审计决定的执行情况及审计意见的落实情况，审计发现了3个部门预算执行过程中存在的主要问题，及时提出审计意见，将问题纠正于萌芽状态。进行经常性审计，既可以发现和掌握产生问题的规律和全部过程，又能有效地缓解以往年终审计中出现的被审计单位财务部门由于事务集中而疲于应付的局面，得到了被审计单位的充分理解和积极支持，取得了积极的成果。

财务收支审计 4月—7月，根据审计署的统一安排，对中国科学院微电子中心1999年度的财务收支情况进行了审计。审计查出该单位违反规定提取专用基金、科研经费管理混乱、使用效益差等问题。在对其所属几家经济实体的延伸审计中，查出了一起用假发票套取现金、私分公款30余万元的经济案件线索，涉及海军装备部、原机械工业部和微电子中心所属科微公司等单位有关人员数名，已根据有关法规移交海军及地方检察机关。此事在中国科学院微电子中心及相关部门引起了震动。审计还发现该中心存在的带有普遍性的4个问题：一是生产费用挤占科研费用，二是小项目经费吃大项目经费，三是违规提取“修购基金”，四是下属企业管理混乱。针对存在的问题提出了有建设性的意见和建议，得到了被审计单位领导的高度重视。

队伍建设 根据审计长关于加强“人、法、技”建设的要求，该局始终把提高人员素质摆在重要的位置，着力从队伍建设上夯实基础，主要抓了以下几项工作，一是以“三讲”教育“回头看”为中心加强队伍的思想建设。针对“三讲”教育中反映出来的问题，检查整改措施的落实情况，认真学习江总书记“三个代表”等一系列重要讲话精神，引导大家联系派出局工作的实际，重点解决落实“八不准”规定中存在的思想问题，树立良好的审计形象。二是狠抓人员培训。在审计任务繁忙的情况下，先后选派两名同志参加了署机关组织的局、处级干部培训班学习；有6名同志通过了审计署计算机应用知识考试；有2名同志通过了国家外专局组织的BFT考试，分别取得了特级与高级资格。这些培训学习对于提高审计干部的综合素质起到了积极的作用。三是狠抓了审计准则的落实。针对派出局工作实际，提出具体的落实办法，制定了审计项目责任制，把责任落实到人，同时加强检查，规范审计行为，严格依法审计，有效地促进了各项工作的制度化与规范化。四是进一步完善了各项制度。草拟了预算执行定期审计的实施办法，完善了读书日志制度与业绩写实讲评制度。五是适应形势发展的要求，通过使用审计署计算机中心开发的审计软件，调动大家学习计算机技术的积极性，使每一个审计人员都能熟练操作使用计算机。

【科学工程审计局】 2000年，科学工程审计局编制7人，实有8人(含特派办交流干部2人)，局内设两个处，一处负责对中国科学院和中国工程院的审计及综合工作，二处负责对中国社会科学院进行审计。

领导成员

副局长：李季泽

审计成果 2000年，共完成7个审计项目，审出31个问题，违纪违法资金31.7亿元，移交百万元以上案件5个。通过审计，树立了审计权威，维护了审计机关的形象，《审计决定》得到了全面落实，同时也推动了被审计单位的财务制度建设。

预算执行审计 对中国科学院和中国工程院1999年度预算执行情况及对中国科学院和中国社会科学院2000年年中预算执行情况进行了审计，共查出各类违纪违法金额397734万元，其中应上缴财政19万元，已上缴财政19万元。审计中发现的主要问题是资金滞留、转移隐匿、挪用预算资金、将财政拨款用于搞定期存款、未如实申报建设项目、自行改变投资计划、少计收入、违规发放周转金等。

在预算执行审计中，把摸清一级预算单位“家底”作为重点，把突破口放在审清滞留财政资金的问题上。中科院截止1999年底共滞留财政资金26.32亿元（占1999年中央部门预算执行情况审计此问题金额的47%），李金华审计长在向第九届全国人大常委会第十六次会议作的《关于1999年中央预算执行情况和其他财政收支的审计工作报告》以及上报国务院关于科研经费审计《签报》件，都反映了中科院大量滞留财政资金的问题，这引起了中央、国务院领导和有关部门的高度重视。

此外，在做好预算执行审计、摸清被审计单位家底的同时，调配力量，按照朱总理对审计机关要突出大案要案、要“一拳打个洞”的指示精神和李审计长在审计工作中要抓“大、深、高”的要求，注意发现线索、揭露并查处重大违纪违法问题和经济案件。全年共发现、揭露出重大违纪违法问题和经济案件4个，引起了被审计单位领导的高度重视，树立了政府审计的权威。特别是马某某案，李审计长向全国人大常委会的《报告》中披露后，在科技界引起了强烈反响，增强了科技领导干部加强财务管理的意识，有利于科技经费的管理和使用。

财务收支审计 对中国社会科

学院1999年度的财务收支情况进行了审计，并延伸审计了经济研究所。审计查出中国社会科学院及经济研究所未按预算拨付资金4353万元，少缴税款232万元，挤占专项经费477万元，虚列支出3089万元，少计收入120万元等问题；同时，发现了经济研究所将收到的办班收入、课题费等收入515万元不入账，私设“小金库”，小范围私分40万元，公款私存263万元和近百万元资金去向不明的问题，已将涉嫌违纪违法的人员移送院纪检机关。

外资审计　对中国科学院院本级的世行贷款中国环境技术援助项目（A部分）1999年度执行情况进行了审计，并完成了署外资司委托的关于部分省审计厅和特派办对中科院下属单位世行贷款子项目审计意见的汇总。查出的主要问题是会计核算不准确，会计处理不及时，少计利息收入，未按有关规定格式编制会计报表等。

计算机审计　2000年科学工程审计局采取一系列措施加强全局的计算机辅助审计工作：一是成立了计算机审计领导小组，由局领导亲自挂帅，局里两名计算机运用较好的同志具体负责；二是加强硬件设备的配备，做到人手一台计算机；三是将计算机的使用水平作为个人能力年度考核的一项指标；四是加强对计算机知识的学习和互相帮助；五是在预算执行审计中，将中科院本级财务拨款系统与该局的计算机联网。为今后进一步开展计算机审计和开展经常性审计打下了良好的基础。

队伍建设　科学工程审计局十分重视审计人员的在职学习培训，年内先后派出7人次参加署举办的外语、计算机等培训，并取得了较好成绩，其中1人在BFT外语考试中取得了“特级”；5人参加署全员岗位资格考试，及格率为100%，并有3人通过A级考试。局里还积极创造条件，鼓励审计人员参加各类形式的学习，现有3人参加研究生以上的学历教育；注重在审计实践中边工作边学习，如在对重大违纪违法和经济案件的审计过程中，多次组织审计人员学习《刑法》等相关法律，做到在对重大违纪违法和经济案件的审计过程中，能严格依法办案，抓住重点，不走弯路。

【地震气象审计局】2000年，地震气象审计局编制7人，实有8人，内设审计一处和二处。负责对中国地震局、中国气象局及直属京区单位的审计监督。

领导成员

副局长：刘英来

调研员：杨文忠（正局级）

审计成果　2000年，全局共完成审计项目5项，专项审计调查2项，查出各类违纪违规金额36695万元，建议主管部门处理违纪案件一件，向司法机关移交违法违纪案件一件。

预算执行审计　根据审计署的统一安排和部署，先后对中国地震局、中国气象局1999年度预算执行情况和2000年度1至9月份预算执行情况进行了审计。在对1999年度预算执行情况审计中，查出不按时结转收入，违反规定出借财政资金，越权审批基本建设项目，违反规定使用自筹基本建设资金，擅自设立基金项目，科研课题管理混乱以及固定资产、往来账款、所属单位缴款、会议费管理不规范等7个方面的问题，违纪违规金额7478万元。在对2000年度预算执行情况审计中，采取了全过程跟踪审计的办法，至2000年底，已对1至9月份的预算执行情况进行了审计，查出预算编制不全面、未按规定期限向下级单位批复年度预算等预算管理方面的问题。

财务收支审计　根据审计署的统一部署，5至6月份，集中全局力量，开展了对中国石油天然气股份有限公司所属石油勘探开发科学研究院1999年度财务收支的审计工作。查出该单位用石油勘探开发基金建设和购买职工住宅，违反规定进行资金存储，对外投资管理不严、造成国有资产损失，挪用基本建设资金和科研资金购买可上市交易的国债和进行国债回购交易，科研项目和经费管理失控，下属公司参与高息揽存非法活动，造成国家资金严重损失等违反财经法规的问题，违纪违规金额24491万元。其中查出该院所属北京市中石石油技术公司财务负责人，涉嫌挪用公款63万元18个月和订立非法经济合同，套取科研资金50万元的重大违反财经法纪问题，已建议其主管部门进一步审查处理。

8至9月份，又先后对中国地震局综合观测中心和中国气象科学研究院两个科研单位1999年度和2000年1至6月份财务收支情况进行了审计。查出中国地震局综合观测中心少计收入、部分收支未纳入统一核算、固定资产账实不符等问题，违纪违规金额254万元；查出中国气象科学研究院挪用科学事业费给所属公司用于生产经营、给职工发放实物不入账管理、对外投资管理不规范以及所属单位报销不符合规定发票等问题，违纪违规金额4472万元。还查出一起弄虚作假注册中外合资企业、骗取银行贷款的案件，已移送司法机关处理。

工作特点和体会　1、积极探索了预算执行经常性审计的途径和方法。2000年，在对中央部门预算执行实行经常性审计中进行了积极探索。制定了《中国地震局、中国气象局2000年度预算执行实行经常性审计监督方案》，将原来每年一次的审计改为分三次进行。第一次是当年6月份，主要了解预算编制、上报及向下级单位批复预算的情况，重点检查预算批复的及时性、全面性和完整性。第二次是当年10月份，对1至9月份的预算执行情况进行审计，并延伸审计部分二、三级直属单位，重点检查预算拨款、追加预算以及财政资金的拨付与使用情况。第三次是次年的1、2月份，对10至12月份的预算执行情况进行审计，并全面检查全年预算执行的结果。从而实现了对部门预算执行的全过程跟踪审计监督。预算执行情况经常性审计，查出预算批复不及时，不一致，不完整，预算执行中随意性大，部分资金未纳入预算管理等问题，对促进两局规范预算管理，起到了积极有效的作用。这样做使预算执行审计的重点更加突出，力度加大，落实审计决定更加及时，增强审计的及时性、有效性，是落实"守土有责"的一个好方法。

2、加大了查处重大违法违纪问题的工作力度。全年加大了对重大违法违纪问题的发现和查处力度。无论预算执行审计还是财务收支审计，无论对本级审计还是对二、三级单位延伸审计，都要求审计人员要增强大案要案意识，发现线索要认真查处。在对中国地震局和中国气象局1999年度预算执行情况审计中，发现并查处了两局越权审批5000万元以上基本建设项目的问题；在对石油勘探开发科学研究院财务收支审计中，发现并查处了该院所属公司参与高息揽存非法活动，给国家造成1100万元损失的问题；在对中国气象科学研究院财务收支审计中，根据该院出借1000多万元资金给其所属北京步步高饮料有限公司，用于生产经营，到期未还的线索。延伸审计该公司，进而发现了该公司占有大量国家银行贷款的线索。同时克服了被审计单位会计资料不完整、有关金融部门刁难、涉案证人不配合等困难，终于查证核实了该公司徐某某等人通过编造虚假董事会决议、虚假营业执照、虚假财务报表，进行虚假资产评估等手段，设立虚假中外合资企业，骗取银行借款2400万元、报销不符合规定发票100万元等重大违法违纪问题。向署领导作了专题汇报后，已经移交有关司法机关处理。并编发了审计简报，以引起有关部门对企业骗贷问题的重视。

3、把廉政建设作为一项战略性工作来抓。2000年，全局把廉政教育当作队伍建设的一件战略性工作来抓。年初，组织全局同志对审计署关于审计工作的"八不准"规定及其有关规章制度进行了认真的学习和讨论，并针对"八不准"的要求，对本局的廉政建设进行了检查总结。坚持实行审计组廉政责任制，审计组长对审计组的廉政问题负全责，每个审计组都确定一名廉政监督员，负责对日常工作中与廉政有关问题的协调处理并进行监督。每次审计结束后，审计小组要在汇报工作的同时，汇报廉政纪律的执行情况，并填报署里规定的报表。局领导要亲自到被审计单位对廉政情况进行回访。由于警钟长鸣，一年来全局同志严格要求自己，坚决落实"八不准"的要求，没有出现违反审计工作纪律的问题，在被审计单位树立了好的形象。

4、坚持不懈地抓队伍建设。2000年，地震气象审计局采取有效措施，坚持队伍建设工作常抓不懈。一方面，结合"三讲"教育和"三个代表"、"两思"论述的学习，组织全局同志开展了坚持党性原则、树立革命正气、全心全意为人民服务思想意识的政治教育活动，提高了大家讲学习、讲政治、讲正气的自觉性，从理论与实践的结合上，加深了对"三个代表"深远意义的理解。年终整训时，组织全局同志观看了审计署思想政治工作会议上李金华审计长的讲话，对思想政治工作与发展经济的关系、审计监督中如何开展思想政治工作等问题进行了讨论。提高了大家对开展思想政治工作重要意义的认识，为加强思想建设奠定了基础。另一方面坚持把提高干部业务素质作为一项经常性工作来抓。每开展一个重要审计项目前，都组织进行有关政策法规和财务会计知识的学习和讨论，坚持先练兵后上岗。为了增强发现和查处大案要案的意识和能力，年终整训期间，组织全局同志认真观看了水利部重大违纪违规案的审计电教片，以及中纪委关于查处胡长清受贿案和湛江特大走私案的电教片，不仅使大家实实在在地受到一次深刻反腐倡廉教育，而且从中学到查处大案要案的思路、方法和技巧。还组织全局人员认真学习了新颁发的审计准则。为落实"规范、高效、严谨"的目标，制定了包括7个方面内容共50条具体规定的工作规则，使全局各个方面的工作都作到有章可循，为实现审计工作的制度化、规范化创造了条件。

审计署驻地方特派员办事处

【京津冀特派员办事处】 2000年底，审计署京津冀特派办在职人员168人，共设办公室、法制处、计算机审计处、财政审计一处、财政审计二处、财政审计三处、金融审计一处、金融审计二处、行政事业审计处、经贸审计一处、经贸审计二处、农业和社会保障审计处、固定资产投资审计处、外资运用审计处、人事教育处、机关服务中心16个处室和机关党委。

领导成员

副特派员：钱啸森

陈殿杰　李占维.
副局级审计员：朱振恒
李士东
特派员助理：朱喜贵

审计成果　2000年全面完成审计署下达的47个审计（调查）项目，审计查出违规行为金额105.3亿元，审计处理应上缴财政3.8亿元，应归还原渠道资金1.7亿元，已上交财政3.4亿元。全年编发审计简报166期，被中办、国办、审计署以及国务院各部委采用76篇，发挥了审计工作为社会主义市场经济和政府宏观决策服务的应有作用。

财政审计　对财政部所属的中国经济信托开发投资公司总部及其北京、天津三家证券营业部进行审计，查出挤占财政性资金、账外经营、违规融资、超范围吸收存款以及违规发放财政周转金等问题，违规行为金额达50多亿元。其中关于财政部人教司动用教育专项资金存入中经信公司的问题，在李金华审计长向九届全国人大常委会第十六次会议所作的《关于1999年中央预算执行和其他财政收支的审计工作报告》中被采用；审计查出中经信公司所属香港华财公司管理混乱、国有资产损失严重、两名工作人员涉嫌骗取2．8亿港元、原财政部机关干部金强涉嫌诈骗1000万美金以及公司证券部有关人员涉嫌私分公款等重大经济案件线索，关于香港华财公司和金强涉嫌巨额诈骗的案件以《审计要情》报送国务院后，朱镕基总理和李岚清副总理等国家领导人作了重要批示，现已移交中纪委、公安部，由中纪委牵头组成联合检查组进行查办。北京国税和国库审计在全国财政审计评比中均荣获二等奖。

金融审计　对中国人民银行天津分行、中国农业银行北京分行和河北省分行三家银行的审计，查出账外经营、违规经营、固定资产及基本建设不合规、财务收支不实等违纪违规问题，涉及金额33.64亿元。经延伸审计，查清邢台、内蒙10余家企业相互勾结，涉嫌诈骗银行资金1.56亿元等重大违法违纪问题。

行政事业审计　对国家自然科学基金委员会和中科院高能物理研究所两个项目审计中，查出少计收入、滞留资金等违反财经法规问题，涉及金额20多亿元，被审计署汇总后上报国务院，得到李岚清副总理、王忠禹国务委员的签批。以上2个审计项目被评为审计署优秀审计项目。

企业审计　在联想集团公司审计中，根据董大胜副审计长指示精神，积极探索高新技术企业审计方法，取得较为明显的成效；在对中国联合通信有限公司审计中，以真实性为基础，抓住企业在资产重组、改制上市过程中存在的重点问题查深查透，加强对筹集资金的合法性和效益性的审计监督；对中国医药集团总公司和中国医药（集团）天津公司审计中，针对国药集团由行政管理体制转变为企业管理体制、财务管理力量薄弱的特点，重点审查了公司资产负债损益的真实性和账外收支情况，查出的问题，向被审计单位提出审计建议后，有关责任人受到党纪、政纪处分。

农业与资源环保审计　完成了四川省天然林保护工程专项资金审计，审计组行车6千余公里，审计资金占整个天保资金总额75%。查出专项资金未专户存储、封闭运行、单独核算，基建决算报表虚报基建拨款，挪用、串用专项资金等违纪违规问题，金额达2.8亿元，占审计金额的17%。此项目被评为审计署优秀审计项目。

社会保障审计　对天津铁厂、天津钢管公司等六家企业养老和失业保险欠费情况进行了审计调查，查出欠缴两费17973万元，撰写审计简报12篇，分别被署《审计要目》、转有关部委采用8篇，引起劳动与社会保障部的重视；综合调查报告报署后，受到刘家义副审计长的高度评价，批示“该报告值得一读”，并被署评为优秀审计项目。

固定资产投资审计　完成了河北省公路建设资金、天津市公路建设发展公司京沪北高速公路和河北省国际金融贷款项目办公室京沈高速宝山段建设项目审计，查出违纪金额共5.3亿元。其中河北省公路建设资金审计中有关违规设站收取通行费、挪用公路建设资金建设楼堂馆所和乱集资的问题，纳入了《审计署关于公路建设资金审计情况的报告》，得到朱镕基总理的批示。

外资运用审计　对华北电力集团公司、中国科学院遗传研究所、电子部十八所等单位的世（亚）行贷款项目进行了审计。查出违规行为金额60351万元，补交税金2180万元，其中在华北电力集团公司所属基层单位查出的涉嫌经济犯罪问题移交集团公司纪检部门查处。

计算机审计　组织专家咨询论证，研究制定了《审计信息化建设五年发展规划》，成立了以钱啸森副特派员为组长的审计信息化建设领导小组；采用千兆以太网技术的内联网基本建成，并在网络上开通了HTTP、Email、FTP等多种服务；实现了“审计业务人员人手一台笔记本电脑、综合部门人员人手一台台式电脑”的目标；开发了《审计通用模板》、《证券资金流水分析》、《循环担保审查》等软件，并积极应用和探索，使之更完善、更实用；在建行北京分行的延伸审计中，利用自行开发的审计软件对该行的贷款担保情况进行了查询，查出企业循环担保贷款和银行交叉放款企业多头贷款数十亿元，提高了审计效率。外资运用审计完成了外资审计管理信息系统办、处两级网络化建设工作，实现了审计信息网络化管理，并通过了署外资司的专项检查验收，署外资司专门致函予以表彰，外资审计信息管理系统在全国各特派办和省、市厅局中总成绩名列第一。

专项审计　根据群众举报，组织力量对北京海关"账外账"、"小金库"等问题进行了审计核查。共查出北京海关1997年至1999年设立账外账户60多个，"小金库"6个，累计发生额5677.2万元，并对核查结果进行了严肃处理。

另外，还承担了中国建设银行原行长周小川同志离任经济责任审计、京都会计师事务所审计质量的监督检查和华北矿业专科学校财务收支等审计项目，也取得了较好效果。

廉政建设　京津冀特派办认真抓好廉政工作，采取加强教育、大力宣传、落实责任、监督检查和建立约束激励机制五条措施严格执行"八不准"，并积极开展以"四靠"（一靠严谨的工作作风、二靠严格的廉政纪律、三靠过硬的审计质量、四靠审计执法客观公正）为主要内容的文明审计活动，取得了明显成效，受到普遍赞赏。2月28日《中国审计报》以"京津冀特派办严格执行'八不准'，率先实行审计外勤费用自理"为题专门予以报道；7月5日，《中国审计报》头版头条全文刊登中国华北电力集团公司致审计署的信，高度评价京津冀特派办执行"八不准"的工作作风："这次审计，不但促进了集团公司的工作，更重要的是我们从特派办审计组的精神面貌和工作作风中，看到了审计署廉政工作的决心和审计组同志遵守廉政纪律的高度自觉性以及他们对国家、对企业高度负责的敬业精神，看到了党风廉政工作的好转"；10月13日，四川省人民政府致信京津冀特派办机关纪委，高度评价该办赴四川省天然林资源保护工程资金审计工作组。信中说："审计署的领导和同志们严格遵守审计署下发的'八不准'规定。审计期间，他们自行或请当地审计机关协助安排食宿。……未接受被审单位的宴请和任何礼品、礼金、纪念品等财物。他们这种艰苦朴素、勤俭廉洁的优良作风，深深地教育了我省广大的干部群众。"12月18日，《中国审计报》头版头条以《踏遍万水千山赢得廉洁美名——京津冀特派办受到四川省政府表扬》为题进行了报道。全年该办共收到有关单位表扬信51封，锦旗3面，被誉为"工作上的榜样，廉政上的楷模"、"廉洁从政作风硬，服务企业公仆情"、"业务精湛，严格把住审计关；清正廉洁，严于律已作风正"等。

【太原特派员办事处】2000年底，太原特派办在职人员101人，共设办公室、机关党委、法制处、财政审计一处、财政审计二处、金融审计处、经贸审计处、行政事业审计处、农业与社会保障审计处、固定资产投资审计处、人事教育处和机关服务中心12个处（室）。

领导成员

特　派　员：王晓勇

副特派员：王铁英

特派员助理：周德铭　杨明　刘文杰

审计成果　完成署定审计项目31项，据已下达审计处理决定项目统计，共查出违纪违规金额892628万元，其中决定处理处罚32444万元、指明要求纠正860184万元；应上缴财政16866万元，已上缴财政16632万元，决定归还原渠道资金279102万元，向司法机关移送案件2起，已被主管部门处理责任人员21名。编发审计信息109篇，已被国办、审计署及有关媒体采用48篇。

财政审计　完成了中国经济开发信托投资公司经贸公司、内蒙古证券营业部、中润经济发展公司3个单位1999年度资产负债损益的审计。采用"实行会计资料承诺制，分清责任，规避审计风险；以测评内部控制制度为突破口，寻找薄弱环节，确定审计重点；以资金为主线，采取'三对账、一延伸'的方法核实资产负债的真实性；以会计报表为基础，调整测算各项指标，评价资产质量"的方法，查出企业短期投资未收回3430万元，往来账长期挂账2071万元，以短期投资方式向企业拆借资金收取利息3233万元、应补缴所得税442万元，违规开设营业场所、为客户垫支资金980万元、违规减免佣金等问题。所采用的方法受到审计署的肯定。四川省国债专项资金审计，采取"点面结合，反向延伸"的方法，抽查了6个重点项目，审计及延伸了33个部门和单位，审计资金量14.75亿元，国债资金4.63亿元，占该省国债专项资金的19.82%，查出违纪金额3771万元。并从国债专项资金对该省经济拉动及产生的社会效益、项目管理和资金使用存在的问题、审计建议几个方面对四川省国债专项资金进行了全面、客观的审计和评价。

金融审计　和济南特派办共同实施了农行山东省分行审计，具体审计了潍坊、威海、泰安3个分行。根据审计署农行审计"全面审计，核实盈亏，突出重点，揭露问题"的总体要求，强化了突出重点意识，突出重点内容、重点区域，确定了"拓宽一步，重点审查新拓展业务；下延一级，重点审查基层单位"的具体工作思路，查出违纪违规资金5.5亿元，查出2个单位违规账外经营，所上报专题报告审计署批转农总行后，追究处理21名责任人员。

行政事业审计 完成中国科技信托投资公司和中科院山西煤化所2个项目的审计。对中国科技信托投资公司审计，“以科研资金为主线，立足本部，立足北京地区”，发现该公司以代理国债的手段高息揽存12730万元、变相集资8100万元、资本金不实16000万元等严重违纪问题，对上述行为分别向中国人民银行和中科院提交了审计建议书。对山西煤化所审计，以科研资金资产的真实性、合规性和效益性审计为重点，查处违纪违规金额13405万元，揭示了该所资金未纳入统一核算8156万元，账外资产2362万元等问题。所提建议引起该所高度重视，所新老班子集体到太原办听取意见，共同研究审计发现问题的整改措施，收到了“审一处，帮一家”的效果。

企业审计 完成了电力、石油、铁路3个国有大型企业审计。审计与调查相结合，通过对企业资产真实性审计，延伸调查影响企业内外部环境两个因素，从微观、宏观两个层面为政府和企业决策提供依据。3个项目延伸审计和调查地方政府及其组成部门、金融机构、企业106户，共查出违规违纪金额337151万元，查出主要问题是企业资产质量较差，不良资产金额大，达366133.79万元，比重高；会计资料失真严重，有的多报收入占到实际收入31.92%，都存在账外资产或“小金库”，金额达6181.75万元；所属一些企业注册、经营不够规范，个别单位涉嫌贪污、挪用公款等经济违法问题，有一加油站站长在任期间涉嫌贪污、挪用油款22.6万元；企业兴办的多经企业、实体数量多、侵蚀主业利益严重、管理差、效益不高，问题较多；执行国家价格政策、税收政策不规范，一垄断企业所属多经企业超标准收费1633.52万元。提交审计结果报告3篇，审计调查报告5篇，审计简报3篇，提出审计建议21条，被审计单位采纳16条。

农业与资源环保审计 完成新疆天保工程资金审计项目，审计及延伸调查项目实施单位23个，占该区项目实施单位的80%，审计专项资金12923万元，占该区总资金的88%。发现该区天保工程专项资金存在计划下达不协调、执行不够严格，拨付不及时、地方配套不到位，管理使用及核算不够合规等问题，向自治区有关部门提出了审计建议。

社会保障审计 完成了山西、内蒙古2省区7户养老保险费和失业保险费“两费”欠费情况审计调查。农社处组织审计及延伸了7户企业和所属450个二级单位及其所在2省区5地市社会保险经办机构，审计资金总量57亿元，占所调查单位该项资金总量的88%，发现参保单位缴费基数不真实、保险费核算不规范、缴费比例不合规定、不按时申报缴费、自行扩大养老费支出范围，社保经办机构征管不力等9个方面的问题，全面深入剖析并揭示了部分欠费单位工资、奖金核算不规范，使部分工资奖金费用化，损害职工利益；部分缴费单位对已发放工资奖金未全面造册登记，人为扣减缴费基数，影响职工退休待遇，对挤占社会保险费等问题的深层次的原因，提出了审计建议，撰写了5篇审计信息。

固定资产投资审计 完成山东省公路建设资金及项目审计，采用宏观着眼，微观入手，资金审计和项目审计相结合的方法，既注意从总体上把握资金使用情况，又具体结合项目深入解剖资金实际使用效果。查出山东省公路建设资金超越审批权限、挤占挪用公路建设资金等328912万元，向审计署报送审计简报和专题审计报告8篇，其中挪用路港建设费6亿元合资建设汽车项目，挪用公路建设资金11.2亿元违规扶持商业银行，公路路权管理亟待规范等问题，向山东省人民政府出具了审计建议书，引起了高度重视，被署投资司的综合报告采用后，国务院办公厅转发。

外资运用审计 完成了中国日用化学研究所“表面活性剂国家工程研究中心”世行贷款项目及署交办举报事项，提交了有关报告。审计时，针对以前年度审计情况，注重审计调研，把内控测评、设备采购、承诺费计收作为审计重点，查出超范围列支技术转让费98万元，应计未计承诺费34万元，拟写的《现行世行承诺费计收办法引发诸多问题》审计信息，国务院办公厅采用，刘家义副审计长作了批示，署外资司已将所反映问题列为全国利用世行贷款不合理条款调查内容。

计算机审计 高度重视计算机辅助审计工作，立足本办实际，自主开发计算机辅助审计软件，开发出“审计业务文书生成软件”。该软件完全由审计业务骨干面向一线，从解决实际问题入手自行开发，注重了先进性和实用性的有机结合，经过两次升级，按照审计长1、2号令的规范要求，现已能够提供从编制审计工作底稿到自动生成审计报告和形成审计结论性文书全程文件编制、分类汇总、检索排序、法规引用、问题意见的合并、选择性打印等多功能服务。具有“实用、易用、管用、够用”，使审计工作质量控制点前移，保障了审计工作的规范化、程序化，大大提高了审计工作质量和效率的特点。在署计算机开发应用成果展示会上，受到署领导和与会人员的一致好评。在对山东省农行审计中，运用《通用审计软件系统》进行数据转换、目标查询、数据统计排序，计算机辅助审计和手工审计相结合，在审查“小金库”和信用卡违规透支方面取得较好的成果。查出“小金库”139万元，违规透支50万元。在公路建设资金审计中巧用EXCEL编制了39种表格，运用“车购费审计软件”对山东省济南市、烟台市车购费情况进行了审计，大大提高了审计工作效率。

队伍建设 (1)认真贯彻审计署的统一部署，规范内设机构。共新建处室4个，5个处室的人员局部进行双向选择、合理流动。增设了财政审计二处，进一步突出审计工作重点；成立计算机审计组，加大了计算机审计开发应用的力度；根据落实“八不准”的需要，在各处室有重点地配备了兼职廉政监察员。(2)加大干部培训力度。选拔1名干部，参加署首批赴加拿大长期出国培训。全年组织干部参加各类培训110人次，是历年培训参加人数最多、力度最大的一年。参加审计署副处级以下干部岗位资格考试的44名同志全部合格，A级通过率为91%。有4名同志通过高级审计师评审。(3)制定2000年至2003年的法制工作发展规划，确定了年度工作计划和重点。即：以提高和保障全办审计工作质量为主线，以执行和落实审计长令，加强审计复核为重点，以审计现场复核为关键环节。组织了“三五”普法考试，与山西省检察院建立了案件移送和工作配合联系会议制度。(4)严格执行“八不准”纪律，自下而上逐级实行了廉政承诺，加强了外勤经费管理，开展了执行“八不准”调查研究，组织业务处室开展执行“八不准”经验交流，在实践中摸索出审计组执行“八不准”规定的12种办法。李金华审计长对太原办“八不准”调研报告作了批示。同时也陆续收到四川省人民政府、农行山东省分行、太原、包头钢铁公司、中科院山西煤化所等多家被审单位的来函称赞，赢得了社会各界一致好评。(5)坚持把思想政治工作做到第一线，在连续4年被评为省直“文明单位”的基础上，被评为省直“文明单位标兵”。翟熙贵副审计长批示，要认真总结经验，以文明创建为载体，做好思想政治工作。(6)完成局域网建设，机关档案管理工作晋升“省一级”，在中央驻晋单位中率先跨入山西省档案管理先进单位行列。

【沈阳特派员办事处】 2000年底，审计署驻沈阳特派员办事处(以下简称为沈阳办)在职人员118人，设办公室、机关党委、人教处、财政审计一处、财政审计二处、金融审计一处、金融审计二处、经贸审计处、行政事业审计处、农林环保审计处、固定资产投资审计处和机关服务中心十二个处(室)。

领导成员

特　派　员：张为永

副特派员：李冬莲

特派员助理：冷奎英

局级审计员：刘深泉　胡胜元

审计成果 2000年度沈阳办共完成审计项目35个，查出违纪违规资金83.7亿元，应上缴财政资金2.1亿元，已上缴1.7亿元，应归还原渠道资金1.7亿元，促进增收节支8339万元，提交专项或综合审计报告51篇，发现和揭示重大违法违纪问题和经济案件10件，已移送司法等机关处理8件，给予行政处分6人；共编发上报审计信息材料338篇，被审计署、辽宁省政府及有关报刊采用238篇(次)，被中办、国办采用14篇，被省部级以上领导批示25篇。

财政审计 以规范财税管理和提高财政资金使用效益为目标，完成国税、国库、海关等预算执行审计和地方财政及城市财力调查工作。在财政收支审计中，查出中经信房地产开发公司和大连实业开发公司两公司违纪资金1.6亿元，以低于成本的价格销售商品住宅86套，人为造成1 677万元亏损问题。在海关审计中，采取了设置举报箱、公告举报电话等措施，查出福耀玻璃工业集团内销含保税料件的成品玻璃，应补税4624万元和其他一些涉嫌走私、放私等问题。在沈阳、吉林两市政府本级财力情况调查中，发现有未纳入预算管理的体外循环财力25.1亿元，高额负债97.9亿元的问题。

金融审计 以规范金融秩序、防范和化解金融风险为目标，完成了人民银行和农业银行审计。在人行沈阳分行系统1999年度财务收支情况和农行辽宁省分行系统1999年度资产负债损益情况审计中，查出各类违纪违规金额21.4亿元，收缴财政资金876万元。在沈阳市农行审计中，即查出违纪违规金额近4亿元、自办实体新增贷款1.12亿元、违规开具承兑汇票0.26亿元和违规发放贷款1.28亿元，发现了沈阳分行营业中心与借款企业及担保单位联手骗取银行贷款880万元、沈阳绿环超健康保健品公司涉嫌骗汇8 056万美元等7件重大违法犯罪线索，并作了移交。检察、公安等机关已拘捕犯罪嫌疑人3人。

行政事业审计 从账户入手，完成了中央科技经费审计和企业养老保险基金欠费情况调查。在中央科技经费的审计中，按照署审计方案要求，制定了具体实施方案，并确定了“三个结合”的审计思路，在审计中发现大化所等科研单位存在挤占科研经费、乱集资、“小金库”等7个方面的问题，违纪违规金额2.1亿元，3名处级干部受到所在单位的党纪、政纪处分，1名科级干部受到通报批评。在3户企业养老保险基金欠费情况调查中，发现3户企业欠缴养老保险基金本金及滞纳金近1.5亿元和社保公司随意减免养老金等问题。

经贸审计 围绕国企三年脱困，

扎实有效地开展了国有企业财务收支审计。先后完成了大连机车车辆厂、大连盛道集团、中国华录电子公司和锦州石化股份公司等企业项目的审计，同时还完成了企业债转股项目的审计调查。查出大连机车车辆厂和大连铁道公司资产负债损益不实近亿元，调整利润163万元；查出大连盛道集团公司违纪违规金额1 536万元，经济案件1件。在与有关特派办联合对中国重汽集团租赁商社审计中，查出了167辆融资租赁汽车被铁法市金属材料公司诈骗，损失5 717万元的问题。此问题经国务院领导批示后，已由公安部立案调查。

国债专项资金审计 以维护国家积极财政政策为目标，认真完成国债及专项资金审计。一是完成了对贵州省和大兴安岭地区天然林保护资金的审计，查出违纪违规资金2.7亿元，揭示出印江县滥砍滥伐林木120亩，烧炭5万多斤等重大违法违纪问题，已移交国家林业局和贵州省纪委处理。二是在河北省国债专项资金审计中，查出河北省在管理、使用国债资金中存在的挤占、挪用工程支出，虚报完成额，配套资金不足，未专户存储等问题，违纪违规金额4.4亿元。三是完成了李金华审计长批示交办的“瓦房店市交流岛乡挪用国债资金”举报事项，查实交流岛乡在乡党委书记王××的操纵下，挪用国债专项资金1 105万元和擅自动用33.5万元购买私人轿车等问题。此事已经国家计委等部门专门调查认定，地方政府严肃处理了责任者。

固定资产投资审计 以工程质量为根本，资金支出真实、合法和效率为目标，完成黑龙江省公路建设资金和公路工程审计。在公路建设资金审计中，重点揭露了资金管理和项目建设中存在的截留、挪用和损失浪费等问题，查出违纪违规问题29项，金额11.4亿元。发现黑龙江省交通部门挪用公路建设资金4940万元建设亚布力山庄等问题。另外，还完成了中国医大一院病房楼、二院门诊楼等项目的竣工决算审计。

外资审计 以查处项目单位截留、挪用贷款资金为重点，以促进项目单位严格遵守协议、规范财务管理、如实对外披露外资运用情况为目标，完成外资运用项目审计。查出了大连北良公司虚开发票3058万元，挤占挪用项目资金3323万元，隐瞒转移收入4299万元等问题；挖出了隐藏多年已废业的辽宁人才科技开发公司大连分公司黑账户一个，违纪资金达2333万元，仅请客送礼、概算外购轿车支出即达583万元。对北良公司的审计，受到了国家计委的高度重视，郝建秀副主任专程到北良公司，督促处理审计揭示的问题。

审计信息宣传 按照李金华审计长“大、深、高”的指示精神，加大了信息调研工作力度，增创了审计监督的新优势。在农业银行、国有企业、外资运用和专项资金审计中，重点挖掘、揭示和反映了典型性、倾向性、深层次及带有一定普遍性的信息，为国家各级领导宏观决策提供了重要参考。《沈阳绿环健康保健品公司涉嫌骗汇8056万美元》一文得到了温家宝副总理的批示；《企业借改组、改制和破产之机逃避国家税收》一文引起了国家税务局的高度重视，并在此基础上制发了《关于企业改革中税收管理的通知》，印发全国执行；《目前企业失业保险金筹集、使用和管理中存在的问题与审计建议》一文引起了劳动与社会保障部的关注。同时还大力加强审计宣传工作，仅在中国审计报上刊发的稿件就达47篇，其中，有21篇是在头版刊用。对沈阳办的工作情况、队伍建设情况及精神风貌进行了较为系统、全面地介绍和宣传。

队伍建设 一是认真开展“三讲”教育“回头看”活动，针对班子和队伍建设中存在的突出问题，进行了认真分析、整改，把全办的思想和行动统一到中央的方针、政策和署党组的各项决策和要求上来，确保政令畅通。二是认真学习“三个代表”的思想，用“三个代表”的思想指导审计工作。通过学习充分认识到：代表先进社会生产力的发展要求，就是要依法履行审计监督职能，提高审计质量，发现和揭示重大违法违纪问题和经济案件线索；代表先进文化的前进方向，就是教育广大审计干部坚持正确的理想信念，保证审计工作不断向前发展；代表最广大人民的根本利益，就是始终站在对党和人民负责的高度，以具体行动和优异的工作成果来体现全心全意为人民服务的宗旨。三是大力开展干部教育培训，坚持“以骨干带全员，以重点带一般，以考试促培训”的工作原则，努力提高全员整体素质。四是加强干部思想政治教育，举办了学习十五届四中全会专题报告会，建立了思想政治工作网络，提高干部的思想政治素质和理论素养。五是认真贯彻落实审计“八不准”，实行了廉政责任状制度，加强机关党风廉政建设，印发了“关于加强审计纪律规定的宣传提纲”，在审计现场醒目位置张贴“八不准”规定，自觉接受被审单位的监督，以达到从严治理审计队伍的目的。

【哈尔滨特派员办事处】2000年底，哈尔滨特派办在职人员100人，共设办公室、机关党委办公室、人事教育处、财政审计一处、财政审计二处、金融审计处、行政事业审计处、经贸审计一处、农业与社会保险审计处、固定资产投资审计处、机关服务中心11个处（室）。

领导成员

特 派 员：冯　光

副特派员：杜今元

副特派员：袁定聪

审计成果　全年共完成审计项目计划42项，其中署定项目33项。查出违规行为金额73.6亿元，决定处理处罚1.17亿元，已收缴5206万元，要求纠正问题金额72.38亿元；报送各类审计信息80份，被采用76份次。其中国务院领导批示1份次，部委领导批示1份次，国务院办公厅采用3份次，审计署采用32份次，《中国审计报》刊发30份次，《中国审计》刊发9份次，审计署金融司采用8个案例；3名涉嫌经济犯罪人员移送检察机关、2名违纪人员移送主管部门查处；财政审计的2项工作得到审计署通报表彰。

财政审计　在对哈尔滨市和长春市财力情况的审计调查中，加大了对基层被调查单位的工作力度，初步查清了哈尔滨市和长春市近三年财力基本情况。在辽宁省抚顺、阜新、本溪和盘锦市国税局所属12个分局的审计调查中，以税收征管情况以及税收会计核算、统计资料的真实性为重点，延伸和剖析了210户重点税源企业的纳税情况，查出征收过头税、多征共享税、少征中央税等9类28项问题，涉及金额5.52亿元，报送各类审计信息4份，《中国审计报》刊发2份，《中国审计》刊发2份，不仅揭露了问题，还为年末深入开展国税系统审计奠定了基础。在中国人民银行哈尔滨中心支行预算执行审计中，查出应列未列收入126万元、错列科目1175万元等问题，对该行自查清理账外资产6856万元问题进行了核实。在吉林省国债专项资金管理、使用情况审计中，审计国债专项资金14.58亿元，延伸了8个重点建设项目，查出多报投资额5.55亿元、配套资金少到位10.75亿元、挪用国债专项资金5113万元、转借其他项目无关单位资金1.5亿元、非法集资4124万元等5类36项问题。

金融审计　2000年，在金融审计中，主要完成了6项工作：一是完成了对农业银行抚顺、丹东、盘锦、营口、辽阳、铁岭等6个市分行的审计任务，共查出违规开具银行承兑汇票1.9亿元、违规拆借资金8870万元、违规放贷10826万元、违规滚动发行债券2.7亿元、高息揽存5143万元、少计、多计各项收入和支出2034万元、账外资产8221万元以及设置账外账和“小金库”、违规为银行职工信用卡透支等28类违纪违规问题，违规行为金额12亿元。二是完成了对人民银行哈尔滨市中心支行财务收支审计，共查出应列未列收入126万元、应在业务费和专项支出中支出的在管理费等其他支出项目列支等问题1175万元，并核实账外固定资产6855.6万元，收缴违纪资金126万元。三是完成了国家金库黑龙江省分库1999年的收纳、退付等情况的审计，延伸审计了哈尔滨、牡丹江两个中心支库及18个县级支库。查出了国库监督不力、违规办理税务部门提手续费退税677万元，影响中央收入525万元；对部分县支库、乡级库严重延压税款等国库管理不到位、城区代理支库代而不管和乡级国库经收处严重延压税款等问题及时向审计署反映了情况。四是受审计署金融司委托起草了《审计机关政策性银行审计准则》。五是完成了对工行系统的后续审计。哈尔滨特派办选择了黑龙江工行本级及所属齐齐哈尔、大庆、佳木斯3个二级分行和省分行营业部及哈尔滨市的田地、森融等6个支行，就其对执行哈尔滨特派办下达审计决定和审计意见书情况进行了后续审计。六是完成了对长城、华融资产管理公司“债转股”情况的审计调查，揭示出政府干预过多、中央实施债转股的政策精神不能充分体现；不符合债转股范围与条件的企业被列入债转股范围；剥离企业办社会问题普遍得不到彻底的落实；对债转股企业国家出台有关配套政策法规尚不到位；地方政府对债转股企业出台的某些相关政策落实不到位；金融资产管理公司所持股权退出渠道没有得到具体落实；中介机构对转股企业实施的财务审计和资产评估不够规范；政企不分、产权虚置的问题依然存在等八个方面的问题。全年报送各类审计信息21份，《审计工作通讯》采用5份次，《中国审计报》刊发2份次，《中国审计》刊发3份次；审计署采用了8个案例，对促进商业银行加强管理起到了积极作用。

外资运用审计　全年完成8项国际金融组织贷款项目审计，其中6个世界银行贷款项目：黑龙江省邮电管理局电信发展项目、黑龙江农业现代化研究所环境技援项目、哈尔滨工业大学、吉林大学、吉林工业大学高等教育发展项目和哈尔滨焊接研究所科技发展项目；2个亚洲开发银行贷款项目：黑龙江七台河热能与环境改善工程项目、七台河热能与环境改善工程联合融资项目。审计资金总额460505万元，其中外资204726万元。出具审计报告8份，其中对外报告2份，对审计署子项目报告5份，世界银行贷款项目综合审计报告1份。查出违规问题金额651万元。

固定资产投资审计　完成了吉化集团公司30万吨乙烯及配套工程竣工决算审计、辽宁省公路建设资金审计、辽宁省丹本高速公路建设项目审计、大庆油田公司180万吨/年常减压渣油催化裂解工程竣工决算审计、一汽大禹发动机有限公司竣工决算审计、哈尔滨第三发电厂二期扩建工程竣工决算审计、哈尔滨邮电大厦决算审计等7个项目，审计总金额398.56亿元，查出违规违纪金额56.43亿元，应归还原资金渠道和调账56.06亿元；应收缴3728万元，已收缴600万元。报送审计信息9份，国务院办公厅采用1份次，国务院领导批示1份次，部委领导批示1份次，《重要信息要目》采用2份次，《中国审计报》刊发2份次，转送部委1份次。

经贸企业审计　对大庆石油化工总厂、中铁长春客车厂、大庆石油管理局、黑龙江国信寻呼有限责任公司等4户重点国有企业1999年度的资产、负债、损益情况进行了审计。审计中，以真实性为基础，查出违规行为金额1175万元，应收缴3525万元已如数收缴。报送审计信息15份，《审计工作通讯》采用5份次，转送部委4份次，《中国审计报》刊发2份次，《中国审计》刊发1份次。

行政事业审计　对长春市煤气公司、长春市工交总公司、黑龙江省西林钢铁公司、齐齐哈尔第一机床厂、第二机床厂等5个单位的职工养老保险和事业保险使用情况开展了审计调查；对中国科学院所属长春应用化学研究所和长春光学精密机械研究所、哈尔滨工业大学八达集团公司和哈尔滨工业大学工大集团的财务收支情况进行了审计；对原哈尔滨建筑大学和哈尔滨工业大学合并审计，对东北林业大学上划教育部审计。共查出违纪金额46387.44万元，应上缴金额193.23万元已全部上缴入库，追回被个人侵占资金35.86万元，审计中移交检察院经济犯罪案5起。向审计署报送审计信息14份次，被署采用2份次，转送部委1份次。

农业与社会保障审计　全年共安排5个审计项目。在吉林省天保工程专项审计中，哈尔滨特派办先行试点，摸索出选择抽样目标、审查作业设计、深入实地检查的工作思路，运用罗盘仪选地样、打标准地、检查样地等方法，查出了吉林省松江河林业局公款私存13384万元，吉林省林业厅擅自调整国家计划634万元、省级配套资金不到位27078万元，辉南县财政局虚假配套天然林保护经费522万元，松江河林业有限公司直播造林损失349万元等5类22项问题，违规行为金额3.5亿元。报送审计信息6份，国务院办公厅采用2份次，审计署《重要信息要目》采用1份次，《审计工作通讯》采用2份次，转送部委1份次，审计署农业司推广了哈尔滨特派办的审计方法。

计算机审计　哈尔滨特派办在计算机辅助审计方面，作了积极的尝试和探索。应用《数据采集与分析软件》、《通用审计系统》对中国工商银行黑龙江省分行、中国农业银行辽宁省分行系统实施审计，应用《海关审计软件》对天津海关实施审计，一是利用电子数据查违规放贷，二是利用电子数据查小金库和账外资金，三是利用电子数据查信用卡协议透支，四是利用电子数据查关联人贷款，取得了较好的效果。

队伍建设　2000年努力抓了干部的选调、任用、机构调整工作；加强了对全办人员的思想政治工作，认真学习了江泽民同志“三个代表”重要思想，开展了审计纪律、职业道德和廉政教育；努力加强“人、法、技”建设，通过不同方式加强了对职工干部的业务培训和专项培训，鼓励和支持在职干部深造学习，取得了较好成效。

【上海特派员办事处】2000年底，上海特派办在职人员107人，共设办公室、财政处、金融处、行政事业处、经贸一处、经贸二处、固定资产投资处、人教处、机关服务中心9个处（室）。

领导成员

特 派 员：崔雷平（ –8月）

　　　　　刘海彬（8月– ）

副特派员：朱世荣　周一芬

正局级审计员：陶意纯

特派员助理：于青（ –9月）

审计成果　2000年，上海特派办共完成审计项目36个（含上年遗留项目8个、审计调查项目1个），审计查出违纪违规应缴财政18296万元，现已缴财政15828万元，发现和移送各类违法犯罪案件线索8件。在上报的审计信息中，被上级机关和报刊采用59篇次，其中国务院领导批示《审计要情》1篇、国务院办公厅采用1篇、署《审计要情》2篇、署《重要审计信息要目》3篇、转部委17篇、署《审计工作通讯》6篇、《中国审计》杂志3篇、《中国审计报》26篇。此外，被《浙江日报》、《审计信息与方法》等报刊采用6篇。2000年，国库审计、国税审计分别被审计署评为二、三等奖，金融审计被审计署评为先进，科技经费及科研单位财务收支审计、公路建设资金审计被评为优秀项目，经贸审计被评为成绩突出奖。

财政审计　完成了对中国经济开发信托投资公司上海、宁波两家证券营业部1999年资产负债损益情况的审计；根据审计署统一部署，对上海市人民政府近三年本级财力情况进行了专项调查；组织和实施对福建省国债专项资金审计。在对福建省国债专项资金审计中，发现福建省一些单位在申报国债项目时，多报投资计划和投资完成额以提前获取国债资金，造成国债资金闲置；一些项目资金到位率低；个别项目单位存在挪用国债资金、用国债转贷资金归还项目前期费用，并在申报国债项目时，以旧顶新、多报概算投资，多得国债资金。此外，组织和实施了对宁波海关2000年关税及进口环节税征管情况的审计。

2000年还完成了上年度遗留的中国人民银行上海分行1999年度财务收支、上海市国家税务局1999年度中央税收征管情况等6个项目的审计，审计查出应缴财政9336万元，已缴财政6443万元。在对上海市国税审计中，发现少征增值税555万元，混淆税收入库级次5228万元，违规截留民福企业退税额3256万元。

金融审计 重点对中国人寿保险公司上海市分公司1999年财务收支进行了审计。在该项审计中，发现各类私设小金库22个，金额1880万元（其中市中支公司小金库涉嫌私分国有资产1500万元）；因少计收入多计成本而少计利润19032万元；佣金等成本开支不符合规定1450万元；账外固定资产1770万元；违反现金管理规定9350万元；变相投资和放贷10860万元；违规经营3780万元。审计决定补交所得税及没收上缴财政590万元，罚款2170万元。《中国人寿保险公司上海市市中支公司47人两年半私分国有资产1000余万元》审计要情上报后，朱总理、温家宝副总理分别作了重要批示。

此外，金融审计还完成了对中国证监会原主席周正庆同志和中国农业发展银行原行长谢旭人同志的任期经济责任审计，对两个单位领导人的工作业绩和经济责任作了实事求是的评价，提出了相应的管理建议。

中央科技经费审计 完成了对中国科学院（以下简称中科院）上海冶金研究所等4家科研所的科技经费审计，同时对上述四家科研单位经费支出、资金结存以及中科院上海分院和其所属科研单位转制、改组等情况进行了审计调查。审计发现，中科院在沪四家科研单位存在多列科研成本、少计固定资产、少计投资、挤占科研专项经费等问题，审计查出应上缴财政金额41.95万元，另罚款6.35万元。审计调查发现，中科院在沪部分院所存在知识创新试点专项经费下拨不合规、经费与项目不匹配、滞留资金移作他用等问题。提交简报《两家科研单位少计资产上亿元》被审计署采用并转送部委，调查报告中反映的“知识创新工程资金结余过多，应确保专款专用、专户存储”的建议，引起审计署领导的重视并作专门批示。

企业审计 完成了上海铁路通信工厂等6个项目的审计。审计发现，6户企业经核实的资产总额为2052703万元，潜在损失合计达96584万元，占总资产的4.71%；企业改制过程中拖欠银行贷款、逃废银行债务现象严重，仅浙江省石油总公司下属石油公司拖欠、逃废银行贷款和银行债务就达9668万元；会计信息失真，6家企业资产少报13540万元，多报9582万元；负债少报5532万元，多报5912万元；损益少报9323万元，多报2950万元。上海石油（集团）公司等三家单位因收入不实、成本不实、少计长期投资等而虚减利润9109万元。审计还发现一些单位存在国有资产流失和侵吞国有资产等问题。审计发现私设小金库、虚开增值税发票等违法犯罪案线索4件，已移送司法机关处理。

固定资产投资审计 根据审计署统一部署，2000年对福建省公路建设资金、同三公路厦门至漳州段建设项目预算执行情况进行了审计。审计发现，福建省财政厅违反国家有关规定自1997至1999年先后挪用公路建设等专项资金2.16亿元成立福建省投资担保公司；1998年福建省宁德地区行署将104国道宁德地区三个收费站按20年的收费权以3.6亿元承包给闽东三和实业有限公司经营，该公司实际仅缴付0.7亿元；拟上市的福建发展高速公路股份有限公司被人为过度“包装”，虚增利润7824万元；厦漳高速公路项目违反中外企业合作经营过程中平等互利的基本原则，在外方不承担任何经营风险的情况下，允诺外方投资报酬率高达18.46%（据测算），合作期限长达25年。

外资运用审计 完成了对世界银行贷款上海外高桥火电项目、江苏500千伏输变电项目等12个项目的审计。审计发现，江苏500千伏输变电项目世界银行贷款多余1亿美元，进口设备存在严重质量问题，其它一些项目存在固定资产管理内控制度不完善等问题。在对外高桥火电项目审计时上报的《外高桥火电项目以委贷资金抵补项目资本金增加了项目利息支出766万元》和《外高桥火电项目脱硫工程悬而未决4500万美元外贷、33亩土地闲置》2份简报被署重要信息要目采用。

社会审计业务质量检查 经对原立信会计师事务所有限公司1999年出具的5份上市公司的审计报告质量进行抽查，发现该公司在会计核算处理中存在着重大错弊，涉及利润不实、错列投资等违规行为金额32206万元。查出财务信息披露中存在重大错弊99941万元，其中应披露金额94517万元、披露不充分金额4553万元、披露不正确金额871万元。

大案要案 2000年，在对中国人寿保险公司上海市分公司财务收支的审计中，审计人员排除阻挠，敢于碰硬，抓住疑点，一查到底。除审计发现多计成本少计利润、成本开支不符合规定等外，还发现该分公司各类私设小金库22个、金额达1880万元等重大违法违纪案件，其中仅市中支公司47人利用小金库涉嫌私分国有资产1500万元。目前，4名涉嫌私分国有资产的主要责任人员已被移送司法机关处理。

“人、法、技”建设 1. 加强审计队伍建设。全办同志认真学习江总书记“三个代表”的重要论述，积极开展“三讲”教育“回头看”活动，针对存在的不足，进行整改。进一步加强思想政治工作，不断提高审计干部的政治素质，推动各项工作不断取得进步；着力推进干部人事制度改革，加强对干部的录用、选拔、考核和管理监督，着手酝酿处级领导干部竞争上岗办法；将2000年作为提高干部素质的培训年，明确培训指导思想，建立行之有效的培训机制，加大了干部培训力度，成立了培训领导小组，制定了培训计划，举办多种形式的干部培训达700人次；根据《审计署关于加强审计纪律的规定》，认真执行“八不准”和实行审计外勤经费自理规定，广泛开展廉政教育，强化廉政监督，加强廉政纪律。2.加强审计法制建设。进行了“三五”普法自查验收工作，对1996年以来开展的普法工作情况进行了回顾总结。新的《中华人民共和国国家审计基本准则》颁布后，认真组织学习和讨论，2000年底组织修订与草拟了《审计项目管理暂行办法》、《审计实施承诺制度暂行办法》等16个审计规范，并征求意见，2001年将付诸实施。根据审计项目质量检查要求，结合“四五”普法教育活动，组织对审计决定执行情况、审计建议采纳情况的跟踪检查，建立健全审计项目工作质量检查、评比和考核制度。3.加强审计技术基础建设。下半年加快步伐，做到“三个到位”，即思想到位、组织到位、工作到位。为此，成立了专门的信息化建设培训领导小组；加大了基础设施改造和投入的力度；积极引进计算机专门人才，充实计算机研究开发能力；组织人员参加计算机上岗培训和考试。

【南京特派员办事处】2000年，南京特派办在职人员111人，共设办公室、机关党委、人事教育处、机关服务中心、财政审计处、金融审计处、固定资产投资审计处、经贸审计处、外资审计处、行政事业审计处、计算机审计处11个处（室）。

领导成员

特　派　员：董化礼

副 特 派 员：杨新民　刘汝焯

局级审计员：刘秀芬

特派员助理：李凤雏

审计成果　全年共完成审计项目51个，查出各类违纪金额40.95亿元；向司法机关移送案件7起，建议给予行政处分11人；编发各类信息121篇，被采用49篇次，其中审计要情1篇，国内动态清样1篇，被国务院领导批示2篇，被署领导批示3篇，较好地发挥了审计监督作用。

财政审计　开展了关税、国税、国库、国债资金审计和中国经济开发信托投资公司资产负债损益审计。其中关税审计、国债资金审计和国库审计分获审计署财政审计质量考评一、二、三等奖。《苏州太仓海关涉嫌徇私舞弊、放纵走私8850万元，偷逃税款3400万元》被吴仪和王忠禹两位国务委员批示，并在《中国新闻周刊》上披露；《湖南省政府高度重视国债审计、整改迅速力度大》被《审计工作通讯》采用，《审计显威力，局长落法网》被《中国审计报》采用；移交司法机关立案查处1人，行政处分8人。海关审计查出了海关所监管的两个免税商店大量走私倒卖免税品，偷逃国家税收2200万元的重大违纪问题。安徽省国债资金审计重点审计了合肥市南淝河综合治理工程等10余个重点项目，发现了有些环节拨付不及时，有些地方财务、项目管理混乱，甚至存在弄虚作假套取、挪用国债项目资金的情况。中国经济开发信托投资公司资产负债损益审计查出了该公司账外融资、境外运作、相关人员涉嫌骗取1.6亿港元及违规融通资金2.6亿元的严重问题。

金融审计　开展了1999年度中国人民银行南京分行财务收支审计、中国银行总行原行长离任审计和中国人民保险公司江苏省分公司资产负债损益审计。其中中国银行总行原行长离任审计层次高，内容新，时间跨度长，审计风险大，加之中国银行境外资产占资产总额的35%，且其会计电算化程度较高，又给审计项目的实施增加了难度。为此，南京办严格按照《关于部分金融机构领导人离任经济责任审计的安排意见》的要求，认真学习相关政策，调查研究细化方案，采取总行本级重点审查与系统相关行延伸审查相结合，境内审计与境外审计相结合，财务审查与内部控制制度测试相结合，手工操作与运用计算机辅助审计等现代审计技术相结合，从内部控制制度的健全有效、执行国家宏观经济政策、资产负债损益的真实合法效益以及原行长任期内重大经营决策等方面客观反映的情况，进行了综合评价，提出了审计建议，比较圆满地完成了审计任务，为开展高层次领导人员的经济责任审计探索了路子，提供了经验。人保江苏省分公司审计除了完成常规的审计内容和重点任务外，还在全面审计的基础上，摸索方法、总结经验，完成了一份有份量的审计报告，编写出了一套财产保险审计指南，审计人员与计算机专业人员合作开发出了一个保险审计软件。

行政事业审计　从基础资料、账户和会计报表、账簿的准确性入手，开展了中科院南京古生物研究所、紫金山天文台、南京玻璃纤维研究院等3家科研单位及河海大学等3所高校的财务收支审计，进行了高校、科研等行政事业单位真实性审计的探索，形成了较为规范的审计方法体系，进一步防范了审计风险，并且对推动上述单位加强内部管理起到了积极作用。

社会保障审计 开展了对南京钢铁集团有限公司、马钢（集团）股份有限公司等7家单位的养老保险费和失业保险费欠费情况以及相关的劳动、社会保障部门对上述单位两费征缴情况的审计调查。“养老保险费欠费调查”项目被审计署评为优秀项目。围绕“两费”做文章，针对调查中发现的协议缴费、按比例返还失业保险费等违纪违规问题，一方面充分发挥审计信息宣传的优势，如实反映养老保险费和失业保险费管理中存在的普遍性、倾向性、重点性问题，撰写了《缴费工资基数不实，三年少征养老保险费一亿六》、《政府违规开口子、马钢三年少缴三亿元》等5份简报，受到审计署社保司好评；另一方面积极做工作，督促企业缴纳欠缴的社保资金，以保证社会保障制度落在实处。

企业审计 2000年是国有企业改革和脱困的关键一年。南京办围绕这一目标，深入开展企业财务收支审计，揭露管理问题，查处违纪案件，企业审计成果突出。《审计署办公厅关于2000年度全国企业审计工作情况的通报》中认为，“南京特派办领导重视，组织得力，目标明确，工作积极主动、认真细致，任务完成及时；审计报告针对性强，内容充实、数据充分，事例典型，分析原因较为准确，审计建议切实可行，综合审计报告质量较高。”查出违规金额76661万元，发现移交案件线索6个。特别是揭露了中设南通机械设备进出口公司300多万元小金库、国有资产损失9000多万元、虚假核销外汇骗取出口退税300万元等严重问题，其原总经理涉嫌贪污受贿骗取出口退税已移送公安部门立案侦查。揭示企业经营管理中存在的深层次问题20项，提出审计建议20余条，取得了明显的经济效益，仅安徽省电力公司采纳审计建议就界定并收回国有资产4.9亿元。反映当前外贸系统普遍存在的借权挂靠经营及骗取出口退税问题，引起了外经贸部的高度重视，已专门发文要求全国外贸系统加以规范。在对江苏、安徽两省15家烟草企业改制情况专题调查中，采取定性与定量分析、全面了解与重点调查、座谈询问与书面说明相结合的方法，反映了烟草行业机构改革后各项工作取得的初步成效，揭示了一些非常突出的问题，并从宏观层面提出了审计建议。

固定资产投资审计 结合固定资产投资领域专业特点，开拓审计思路，引进工程概预算软件进行工程造价审核，完成了仪征化纤股份有限公司9万吨长丝项目、聚脂薄膜项目、徐州铁路枢纽竣工决算审计等7个审计项目，取得了时间短、人员少、审减金额准确的效果。湖南公路建设资金项目审计，既审出了项目资金使用管理中的问题，又审查揭露了公路经营权转让和公路经营公司上市中存在的主要问题，为全国公路建设资金审计提供了借鉴，也为国家制订交通行业宏观管理政策提供了决策参考，得到了署领导和湖南省政府的高度重视，该项目被评为2000年度投资审计优秀项目。

外资运用审计 以世界银行贷款项目审计操作指南为主线，规范审计操作，加大审计力度，提高审计质量，强化监督职能，完成了13个世界银行贷款项目的审计任务，并针对项目执行中存在的问题，提出审计建议，促进项目单位规范执行贷款协议，管好用好世界银行贷款资金。

计算机审计 2000年，南京办之所以能全面完成各项审计任务，积极有效地开展计算机审计工作是一个重要因素。先后开发、提升了《数据采集与分析软件》、《海关业务审计软件》等6个审计软件，提升后的审计软件技术含量明显提高，功能显著增强；建成了集软件开发、课题研究、应用展示、推广培训为一体的计算机开发、培训场所，改善了计算机研究开发环境。

在对中国银行行长离任审计中，采用数据库连接件与被审计单位会计数据库直接相连的方法，从上万条数据中查出了隐瞒收入数十亿元、会计报表不实等问题；在湖南省公路建设资金审计中，利用计算机进行车购费审计，仅一天时间就完成了对岳阳市3万余辆汽车车购费违规减征情况的全面审计，署投资司专门在南京召开了交流会进行推广。

专项审计 开展了黑龙江天然林保护工程专项资金审计，审计范围横跨整个黑龙江省7个市、21个县（区），以公益林资金审计为重点，查出配套资金不到位、挤占串用、公款私存以及转产项目管理混乱等9大类、24个方面的问题。

队伍建设 南京办充分认识到，一流的审计机关需要一流的审计人才，干部培训是提高审计人员素质的基本措施。2000年，南京办把加强干部培训放在关系审计事业长远发展的战略位置，予以高度重视，开展了形式多样的职工培训。既利用年中、年末整训时间进行集中培训，又积极鼓励职工参加各种形式的在职教育，还选送了15名干部到国外进行培训考察，其中有4名青年业务骨干到加拿大、东南亚等国家和地区参加了专业知识培训。突出重点，加强计算机审计应用培训，先后举办了ACCESS数据库培训班、计算机审计基础知识培训班、计算机网络知识培训等10余次。在审计署全员岗位资格考试中，南京办73名参考人员全部通过B级，其中54人通过A级，A级通过率为73.9%。

南京办将思想政治工作和党建

工作做为加强队伍建设、推动审计业务和各项工作顺利开展的重要保证。建立健全了思想政治工作的“四个责任体系”，即党组、支部和行政管理部门、部门负责人以及审计组各负其责；明确了加强和改进思想政治工作的六项具体措施，即密切联系群众，加强干部队伍建设，做好审计现场的思想政治工作，围绕群众关心的热点、难点问题做好思想政治工作，结合解决职工的实际困难开展思想政治工作，加强思想政治工作的领导。认真贯彻执行“八不准”规定，审计署检查组在对南京办执行“八不准”规定情况进行检查后认为，“贯彻执行‘八不准’规定认识到位，效果明显”。

【武汉特派员办事处】 2000年底，武汉特派办在职人员136人，共设办公室、机关党办、人事教育处、财政审计一处、财政审计二处、金融审计一处、金融审计二处、行政事业审计处、经贸审计处、固定资产投资审计处、三峡工程审计处、外资运用审计处和机关服务中心等13个处（室）。

领导成员

特 派 员：余秉立

副特派员：吴焕亮　张军科

局级审计员：刘顺章　李勇华

审计成果　全年完成69个项目单位的审计，共查出违规问题金额68.84亿元，其中指明要求纠正59.14亿元，决定处理处罚9.7亿元；已收缴财政0.81亿元，归还原渠道资金4.55亿元。提交审计工作报告、审计简报165篇，被署采用41篇，经署上报后被中办、国办采用5篇。向《中国审计报》、《湖北日报》投稿被采用72篇。在固定资产投资、农业银行、国有企业、科研单位和移民资金的审计中向司法机关和纪检监察部门移送违法违纪案件线索12件，涉案责任人23人，涉案金额1.59亿元。

财政审计　完成了上年结转的广东省韶关、惠州、潮州3个地市级国税局及国库系统的试点审计；先后完成了对湖北省10个县（市）国税征管情况的审计调查，对中国经济开发信托投资公司湖北证券部、武汉证券部的审计，对山东省1999年国债专项资金重点项目的审计；开展了对湖北省2000年国税系统和国家金库湖北省分库等项目的审计。查出的违纪违规问题中影响中央收入2677万元。其中，证券审计发现，中国经济开发信托投资公司湖北证券部违规高息揽存并转借他人后资金不能收回、利用账外资金违规账外自营股票、违规拆借、投资房地产等问题。国税审计调查发现，湖北省10个县（市）国税局1999年对207户重点税源企业的应征税金核算不实89户，金额11788万元；入库税金核算不实10户，金额502万元；欠缴税金核算不实87户，金额12056万元。

金融审计　完成了对人民银行武汉分行的审计和对大信会计师事务所执业质量的检查，与西安办共同承担了对农行湖北省分行系统的审计任务。通过审计农行湖北省分行，一是摸清了资产存量状况，发现该行以前年度违规经营的遗留问题突出，截至1999年底累计亏损72.22亿元，占各项存款余额的13.4%，而且资金被占用的包袱沉重，贷款质量差；二是查出收入支出不实、漏缴税金、违规经营等金额14562万元，其中查出省分行及所属机构共设有30个“小金库”，账外资金5119万元。对于私设账外资金的50多名责任人，建议省农行进行了严肃处理；三是向司法机关移送了5起违法犯罪案线索；四是上报的审计简报《不法台商胡福男诈骗银行贷款4460多万元后潜逃》，经署《审计要情》采用后，朱镕基总理、李岚清副总理、罗干国务委员分别作了重要批示；《三家社会中介组织弄虚作假致使农行湖北省分行营业部资金被骗6720万元》一文上报后，公安机关迅速立案，逮捕了有关责任人。

行政事业审计　在审计中科院武汉分院等3户科研单位科技经费使用情况时，查出3家科研单位“小金库”8个，发生额达2854万元，先后向被审单位提出了10多条健全内控制度和财务管理的建议。根据审计建议，中科院武汉分院对乱设“小金库”负有领导责任、且本人违反财经法规、有私分公共财产行为的两任分管财务工作的副院长进行了处理。审计工作在中科院系统引起了极大震动，该院专门派出2名司级干部就审计情况来武汉办交换意见，并就武汉分院的违纪情况发出了通报。

在审计重庆市三峡库区移民资金时，将力量重点放在那些管理薄弱、资金数额大、群众反映问题多的资金使用单位，查出挤占挪用移民资金高达3819.89万元。

企业审计　开展了对南昌卷烟厂、襄樊卷烟厂、南昌铁路局、九江石化总厂等5户重点企业财务收支真实性的审计。发现的主要问题，一是企业资产质量普遍不高，5户企业长期投资中已形成投资损失和3年以上无收益的金额，占长期投资总额的41%。二是会计信息失真比较严重，通过审计，1999年度5户企业资产调整合计41402万元，差错率为2.03%；负债调整合计25253万元，差错率为3.13%；利润总额调整合计6938万元，差错率为8.46%。三是影响企业经济效益的外部环境仍有待改善，5户企业办社会的负担依然过重，南昌铁路局相关从业人员达6700多人，超出职工总人数的9%；政府部门乱摊派和行政干预的现象仍较突出，如襄樊卷烟厂由于生产规模和经济效益在当地举足轻重，地方政府和有关部门便以各种名义向该厂摊派和借款达385万元。

社会保障审计　完成了养老保险费、失业保险费（简称“两费”）欠费情况的调查。工作中采取了“六个结合”的方法：试点与整体推进相结合，评价企业社保内控制度和审计查证相结合，审计检查与召开座谈会相结合，企业审计与社保机构、银行调查相结合，审计查证与审计分析相结合，抽样审计与详细审计相结合，发现鄂、赣两省的5户国有企业欠缴“两费”高达57559万元。武汉办的做法得到审计署社保司的充分肯定。

固定资产投资审计　完成了对安徽省公路建设资金审计和对江苏锡澄高速公路、神龙汽车公司一期工程以及汉川电厂二期工程竣工决算审计，查出违纪违规问题50多项，金额7.2亿元。安徽省公路建设资金的审计报告被审计署综合报告多次采用，上报国务院后总理、3位副总理及国务院秘书长都作了圈阅，朱镕基总理和温家宝副总理还作了重要批示，要求通报全国，主要内容可以见报。反映违规转让公路经营权的专题报告被审计署采用并上报国务院后，吴邦国副总理作了重要批示。安徽省公路建设资金审计项目因此受到审计署表彰。

完成了对葛洲坝水力发电厂1999年度财务收支审计，完成了对三峡工程开发总公司1984年以来的房屋建筑和房建工程情况的审计调查以及计算机系统建设项目的审计。对葛洲坝水力发电厂的审计中查出违纪问题金额2447万元，其中私设小金库53万元，账外资产307万元，并督促其补交了应缴税款及三峡基金；通过对房建情况的审计调查，摸清了企业家底，查出违纪问题金额97669.94万元，提出了针对性建议，为控制工程建设投资规模提供了可靠依据；对计算机系统建设项目审计中，查出违纪问题金额7337万元。

外资运用审计　一是完成了世行贷款环境技援、科技发展等项目的审计。在对世行贷款武广电气化铁路改造项目审计时，发现项目单位资金管理混乱，隐瞒收入1035万元，虚列工程投资10.53亿元，少提折旧虚增利润13亿元。二是连续第三年审计了中法合资神龙汽车有限公司，通过连续审计建立起了这一大型合资企业的审计信息资料库，并帮助企业规范了有关内控制度。

计算机审计　一是大力开发并推广应用各类审计软件。使用《审计数据采集分析软件》和《通用审计软件农行版》共成功地转换各类数据库8个（包括农行对公系统、储蓄系统、报表系统、信用卡系统、国际业务及信贷综合管理系统等6个数据库），辅助审计事项17项，发现的各类违纪问题8000多万元。二是加快审计信息化建设的步伐，对自行开发的审计信息管理系统进行改版和升级，建立基于WEB的网络应用平台，开发完成了《特派办信息网站》、《收发文远程管理系统》、《审计项目计划管理系统》，并已投入运行，在南京审计系统计算机开发应用成果展示会上的演示得到了署领导和参观人士的一致好评。

大案要案　全年共向司法机关和纪检监察部门移送违法违纪案件线索12条，涉案者23人，涉案金额1.59亿元。涉案金额较大的线索，一是审计神龙汽车有限公司一期工程竣工决算时，发现甲方负责人和乙方包工头内外勾结、肆无忌惮地虚报工程量、骗取工程款达275万元的犯罪线索。二是审计农行十堰市分行时，发现台商胡福男以多种手段骗取十堰市金融机构贷款4465万元后潜逃，移送处理建议书发出后，湖北省政府领导高度重视，湖北省公安厅迅速立案侦察，并将案情上报到国家安全部。三是在核实中国炉料物资公司中南公司群众来信时，发现该公司涉嫌金融诈骗犯罪，金额高达1亿多元。四是三峡移民资金审计中发现巫山县巫峡镇国土所负责人贪污移民资金近7万元等4条犯罪线索。五是审计中科院武汉分院等3户科研单位科技经费使用情况时，发现该分院财务处副处长涉嫌贪污“小金库”资金和某下属公司出纳挪用公款的问题。上述各案均已移交有关司法及监察机关。

“人、法、技”建设　一是采取多种形式开展有效的思想政治工作，先后组织参观了红安革命烈士陵园、二七烈士纪念馆、武昌农讲所、革命圣地井冈山和革命红都瑞金，进行革命传统和共产主义信念教育。二是提倡“个人讲奉献、组织讲关怀”，在政策允许、条件所及的前提下，为审计人员解除后顾之忧，努力改善工作生活环境，使办事处形成一种干部职工心情舒畅，心往一处想，劲往一处使的良好氛围。三是落实审计署《2000年至2002年审计干部培训考试工作要点》，制订得力措施，加大经费投入，保证培训时间，提高队伍整体素质。四是严格执行“八不准”，广泛开展警示教育，狠抓廉政建设，制订《审计外勤经费管理操作细则》及《补充规定》，树立了审计机关的良好形象。五是以审计质量为主线，认真学习贯彻审计准则，充实了复核人员，落实三级复核制，将复核关口前移，健全《审计业务考核制度》、《审计小组工作规则》等，不断规范审计行为，促进了审计法制化建设。六是加强计算机审计基础建设，提高审计工作的科技含量。通过压缩其他开支，全年投入资金近130万元，增购便携式电脑37台、台式电脑15台，做到审计人员人手一台；逐步实现了审计资源的数字化、信息传递的网络化和办公处理的无纸化。

【广州特派员办事处】2000年底，广州特派办在职人员95人，共设办公室、财政审计一处、财政审计二处、金融审计一处、金融审计二处、行政事业审计处、经贸审计处、农业社保审计处、投资审计处、人教处、机关党委、机关服务中心12个处（室）。

领导成员

特　派　员：唐自清

副 特 派 员：王善用

卢家辉（7月－）

特派员助理：向　颖（－6月）

王炽昌（7月－）

正局级审计员：帅林淇（－6月）

副局级审计员：杨佐有（－9月）

审计成果　全年共完成32个审计项目和审计调查项目，查出违纪违规金额122亿元。上缴财政2.8亿元。向司法机关移送案件线索2件。上报信息简报101篇，审计署采用50篇，中办、国办采用5篇。国务院领导对其中5篇作了重要批示。全办有11项工作和审计项目受到上级机关表彰，2项工作受到地方政府部门的表彰。

财政审计　全年共完成5个财政审计项目。包括1999年度国税、国库审计的汇总工作，广东省1999年度财政决算和广州市政府财力调查，中经开四家子公司财务收支审计，江西省1999年度国债资金使用情况调查以及海口海关关税征管情况审计等。

在国税审计中，查出广州市国税局1999度少反映欠税4.3亿元，漏征企业所得税、影响中央收入4.3亿元，以及违规办理企业超税负返还1.6亿元等问题。在国税审计过程中，注意检查税务部门自身违纪问题，审计发现广东省罗定市国税局原局长重大违纪违规问题，以《情况反映》形式上报审计署后，经翟副审计长批示，移交有关部门查处，主要责任人受到撤职处分。

国库审计发现税务部门混淆入库级次，国库监管不力，影响中央收入4.4亿元，以及汕头商业银行国库经收处长期延压增值税款7000多万元等问题。

下半年，根据审计署统一部署，广州办集中力量对江西省1999年国债专项资金及部分重点国债项目进行了审计。审计发现江西省有关单位挤占挪用项目建设资金1810.85万元，财政部门滞留国债专项资金4542万元、虚报工程完成量、扩大工程规模搞概外工程等违规问题。

对广东省1999年度财政决算和广州市政府财力情况的专项调查也查出一些违纪违规问题，引起广东省和广州市政府的高度重视。

在审计署财政司2000年组织的财政审计项目质量考评中，广州办1999年国库审计项目和浙江省国债审计项目分别被评为二等奖和三等奖。

金融审计　2000年，广州办完成对农业银行广东省分行、人民银行广州分行两个项目的审计。在农业银行的审计中，查出违规经营总额116亿元。其中违规放贷7亿多元，违规开立信用证52亿元，公款私存19亿元，境外投资44亿元。审计中发现了一系列违规违法典型案例，有的在社会上引起较大反响。其中，十四家关联企业骗贷3亿元；汕头百家工商企业涉嫌骗汇7亿美元；农行广东省分行投资5亿港元，购入香港新界不能开发利用的农用土地25万平方米，造成巨大损失；农行番禺支行投资380万美元、5000万港元在澳门开发房地产，由于人事变动，造成投资悬空等问题引起国务院领导的高度重视。

在人民银行审计中，发现广州分行少计收入3062万元、少计支出742万元以及少报违规经营挂账4258万元等问题。

由于工作成绩突出，在审计署金融司组织的2000年商业银行审计工作综合考评中，广州办金融审计被评为16个特派办第一名。

行政事业审计　2000年，完成对中科院广州分院及其下属广州能源研究所、广州电子研究所科研经费适用情况和暨南大学的财务收支审计。对中科院广州分院及其下属广州能源研究所、广州电子研究所科研经费运用情况进行审计时，发现账外资产783.66万元、私设“小金库”和收支反映不实691.62万元、科研单位投资反映不实及所办企业产权不明、财务管理混乱等问题，并就科研单位内部管理中存在的问题，提出了切实可行的管理建议。

对暨南大学财务收支审计发现该校部分收入未纳入校财务统一核算、固定资产、无形资产未入账反映等问题，引起了学校的高度重视。

企业审计　广州办积极探索企业审计新方法，完成对广东省石油企业集团公司、广东省邮政局、珠海鑫光集团股份公司、福建烟草公司共四个单位的财务收支审计。按照《企业财务审计操作指南》要求，以企业内控制度测评为起点，综合运用统计抽样与经验判断相结合、账证核对与突击盘点相结合、账表分析与函证询问相结合等多种审计方法，对广东省石油企业集团公司进行了审计试点，摸索总结企业审计新路子。在对广东省邮政局、珠海鑫光集团股份公司和福建烟草公司等企业审计中，试行“审计公示”，扩大审计影响，取得较好效果。工交企业审计共查出违纪违规金额20.6亿元，应上交财政金额7922万元。其中比较严重的违规问题有：广东省石油企业集团公司采取挤列成本、转移利润、做假报表等手法，私设“小金库”4800万元，私分国家利益2196万元；广东省邮政局虚列费用挤占成本6894万元，截留收入3174万元，账外经营2840万元，私设“小金库”1362万元；广州市邮局非法拆借邮政储蓄资金1.11亿元损失数千万等等。广州特派办经贸审计在2000年署经贸司组织的综合评比中，被评为16个特派办第二名。

社会保障审计　广州特派办完成对广东省养老保险和失业保险欠费大户的专项调查，发现广东省农垦企业保险费欠费严重，部分社保机构存在挪用社保资金等违规问题。如茂名农垦局社保处挪用社保费458万元投资兴建酒店、湛江社保局将用社保费购买的988万元特种债券借给企业向银行抵押贷款等。社保“欠费”专项调查项目被审计署社保司评为本年度优秀项目。

固定资产投资审计　对浙江省公路建设资金的审计共查出有关单位挪用公路建设资金3.79亿元、违规留用4.56亿元、将公路建设资金转为定期存款和委托贷款8.9亿元等问题。其中根据审计情况撰写的信息《270万元设计费被集体私分》被翟熙贵副审计长批示。在署投资司组织的评比中，浙江省公路建设资金审计项目被评为优秀项目，同三高速公路——湖雾街段建设项目审计被评为表扬项目。

外资运用审计　广州特派办完成7个世行贷款和1个亚行贷款项目的审计工作。外资审计方法有所改进，取得了较好的效果。在世行贷款第七铁路项目审计中查出该项目投资完成额反映不实4980万元，以及项目执行单位管理的7.83亿元应招标的工程未按规定进行招标、项目概算设计滞后于建设单位工期要求等问题。出具了有保留意见的中英文审计报告，引起了广铁集团和铁道部外资办的重视。

计算机审计　全年共投资约120万元购买了40部笔记本电脑，充实到审计一线。制订了《审计署广州特派办2000－2003年审计信息化系统建设规划意见》，确立了广州办审计信息化系统建设的总体思路，为审计信息化工作的进一步发展奠定了基础。

结合审计业务实际，在商业银行审计、工交企业财务收支审计、海关审计、外资运用项目审计等领域，大力推广应用计算机辅助审计，取得显著成效。在2000年农业银行审计中，审计人员将计算机辅助审计与手工审计结合起来，进行互动审计，发现了四个重要案件线索。在农行审计中，运用计算机辅助审计查出违纪金额64.5亿元，占审计发现问题总额的47.65%。在南京全国审计系统计算机应用成果展示会上得到署计算机中心领导的高度评价。

大案要案　2000年，广州特派办在农行审计中发现两个重大案件线索，引起较大反响。一是在审计广东省农行营业部时发现，一名从肇庆移居香港的商人自1994年起，有组织、有预谋地利用自己投资的14家关联企业，互相提供担保，从省农行营业部下属的9家支行及其它金融机构骗取贷款2.3亿元人民币和296万美元。一个是在对银行信用证垫款情况进行延伸审计时发现，汕头市百家工商企业，采用无实质贸易合同等多种手法，在汕头市11家金融机构套取外汇，涉嫌骗汇7亿美元。

这两个案件上报国务院后，朱总理都作了重要批示，批转公安部等有关部门严肃查处。目前两个案件已有35名犯罪嫌疑人陆续归案。特别是“十四家关联企业骗贷3亿元”一案，在广州办的全力协助下，公安机关顺利侦破此案，10名涉嫌案犯全部被缉拿归案。

队伍建设　2000年，广州办坚持以提高处级干部领导水平为重点的干部综合素质教育，利用集中整训、以会代训等多种形式加强干部培训。8月，针对工作实际，开展了以学习“三个代表”，坚持“四好”目标为主题，以讲政治、讲正气为重点，以提高认识、统一思想、消除顾虑、坚定信心、强化措施、继续前进为目标的年中整训工作，整训采取了专家授课、集中讨论、主题发言等多种形式。整训期间，董大胜副审计长亲临作了重要讲话。为期一周的整训活动，对大家触动很大，收到较好效果。

11月下旬，广州办举办了第二期处级干部培训班。通过自我总结、自我教育、互相学习、共同提高的方式，总结了思想政治工作和干部队伍建设的经验，启发了大家的思路，丰富了大家的思想，提高了大家的认识。唐自清特派员代表领导班子在肇庆处级干部培训班上的总结讲话，李审计长给予了充分肯定，并作了重要批示。

【郑州特派员办事处】2000年底，郑州特派办在职人员108人，共设办公室、财政审计一处、金融审计处、行政事业审计处、经贸审计处、固定资产投资审计处、外资运用审计处、计算机审计室、人事教育处9个处（室）和机关党委以及机关服务中心。

领导成员

特　派　员：乔百芳

副 特 派 员：宋彦升　胡梦月

特派员助理：赵继旺

副局级审计员：张全兆

审计成果　2000年完成审计项目30个，查出违规行为金额154亿元，决定处理处罚金额7.6亿元，指明要求纠正金额146.7亿元，应交财政金额4.8亿元，应归还原渠道资金18.9亿元。审计中，除依法查处一批重大违法违纪问题外，还查出苏州市吴县珍珠公司虚开增值税发票4000余万元、涉税604万元等九起经济案件线索，并分别向司法机关及有关主管部门移交，其中有六人已被公安、检察机关逮捕或起诉。工作中，还注重结合审计发现的问题从宏观角度加以分析，提出加强和改进工作的意见或建议，撰写了审计信息100余篇，其中：被中办采用1篇，国办采用1篇，审计署采用36篇，《中国审计报》采用27篇。

财政审计　完成了江苏苏州、常州、盐城三市1999年度税收征管情况审计和中央金库中心支库1999年度中央预算资金收纳、划解和退付情况审计；完成了安徽省1999年度及2000年1季度中央税收收入征管情况的审计调查；完成了西宁市人民政府1997－1999年本级财力的审计调查；完成了陕西省1999年国债专项资金管理使用情况审计。审计中，注重在广度和深度上下功夫，做到全面审计与突出重点相结合，查处违纪违规问题与查处大案要案相结合，国税审计与国库审计相结合，传统审计方法与计算机辅助审计相结合，找准切入点，横向扩大覆盖面，抓住重点环节、重点部位、重点问题查深查透，查出违纪违规问题金额17.6亿元，应上交入库金额4.6亿元。在审计署组织的考评中，国债、国税审计项目被评为二等奖，国库审计项目被评为三等奖。

金融审计　完成了中国人民银行郑州中心支行1999年度财务收支审计和中国农业银行河南省分行系统52个单位的资产负债损益审计。审计中，注重紧贴方案，突出审计重点，充分利用"通用审计软件"，通过延伸审计所属经济实体和基建项目，结合查证群众来信，发现银行存在的深层次问题，取得了一定的成效。共查出违纪违规资金31亿元。另外，审计中发现和查处的几个较典型的重大违法违纪问题，引起了署领导的高度重视。一是农行河南省分行某些支行违规剥离不良资产1.7亿元；二是农行信阳分行东风路支行违规经营信用卡业务问题；三是农行信阳分行部分支行收回抵贷资产不入账，形成账外资产6665万元。农行审计项目被审计署评为优秀审计项目。

行政事业审计　一是完成了中科院等离子体物理研究所、中科院智能机械研究所1999年度财务收支审计以及中科院合肥分院1999年度财务收支情况的审计调查。该审计项目被审计署评为优秀审计项目；二是对河南、青海两省四个地市社保部门基本养老保险费、失业保险费征管情况、社会化发放情况进行了全面调查。调查核实了平原制药厂、西宁特殊钢集团公司等五家企业及其职工欠缴基本养老保险费、失业保险费的具体情况，实事求是地分析了3.41亿元欠费形成的原因并提出了审计建议。对调查中发现的青海省有关部门擅自减免西宁特钢基本养老保险费1233万元，安阳市政府违规动用失业保险费440.7万元，西宁、洛阳、安阳等市社保部门违规征缴"两费"等问题，均及时向署作了报告。该项审计受到了审计署社会保障审计司的通报表扬；三是完成了青海省天然林资源保护工程资金的审计。查出青海省财政厅、农林厅、林业局以及玛可河林业局等单位滞留公益林建设资金2000万元，挤占挪用天保资金2088万元，虚报投资完成额243万元，账外资产1054万元等违纪违规问题。该审计项目被审计署评为优秀审计项目；四是完成了亚太集团会计师事务所审计业务质量的检查。重点检查了亚太会计师事务所2000年完成的"安彩高科"股份有限公司1999年度会计报表的审计工作质量。对亚太的审计报告中未披露及存在错弊的问题，区分了注册会计师的责任，同时对亚太会计师事务所存在的一些程序性问题提出了改进建议；五是完成了郑州公安管理干部学院1999年度财务收支审计。

企业审计　完成了许昌卷烟厂、郑州铁路分局、河南石油勘探局1999年度财务收支审计以及中国电信集团河南省电信公司及所属部分市公司电话附加费、初装费的收取和使用情况，用户欠费情况，基建和自办经济实体情况的专项审计调查。查出河南石油勘探局违规扩建四期炼油工程造成损失5.1亿元；郑州铁路分局少提固定资产折旧3.4亿元；许昌卷烟厂投资发生损失513万元，应转未转固定资产4166万元等问题。在审计署组织的考评中，企业审计名列特派办第四名。

固定资产投资审计　一是完成了广东省公路建设资金的审计。查出挪用、出借公路建设资金27亿元、滞留公路建设资金5.5亿元、违规征收各种资金6.76亿元等重大问题。该项目被审计署评为优秀审计项目；二是配合署完成了郑州铁路局1999年度铁路建设专项基金收拨、支付和管理情况的延伸审计和河南省邮电局印刷厂利用专项资金情况的核实任务，及时提交了审计报告；三是完成了三门峡火电一期工程项目、永城煤电（集团）有限责任公司车集矿项目竣工决算审计，交通银行郑州分行营业培训楼项目、洛阳石化总厂化学纤维工程项目等在建工程审计，以及中国水利水电第四工程局、铁道部隧道工程局等施工企业1999年度和2000年1至6月的资产负债损益审计。

外资运用审计　完成了郑州铁路局世行贷款第六批铁路（京郑电气化）项目（中英文审计报告）、郑州工业大学科技发展项目、郑州粮食学院粮食流通和市场项目、小浪底水利枢纽项目、小浪底移民项目以及河南省电力公司亚行贷款禹州电厂项目等六个外资运用项目的审计。共查出有问题金额8.2亿元。在世行贷款小浪底水利枢纽项目审计中，发现项目单位大型专用设备闲置的问题，及时向上级机关作了反映，引起水利部和小浪底水利枢纽建设管理局的高度重视，积极采取措施加以解决，较好发挥了审计监督为宏观调控服务的作用。在审计署组织的外资审计项目计算机管理平台工作考评中，名列特派办第二名。

计算机辅助审计　一是紧贴审计工作需求，立足客观现实条件，积极研制、开发了《审计信息管理系统》。其中《审计对象计算机管理系统》、《审计机关档案计算机管理系统》软件，解决了审计资料数据库建立难题；二是积极筹措资金，先后为审计一线人员配备计算机近40台，基本实现了审计人员人均一台计算机的目标；三是走“自行开发与引进较为成熟的审计软件相结合”的道路，先后引进了《审计数据采集分析系统》以及财政、金融、企业、外资、高校等专业审计软件。在对国有商业银行、外资、科研等单位审计中，计算机骨干利用掌握的数据库知识、计算机语言编制了针对性较强的工具软件，解决了审计数据分类、合并、核对等问题。如在农行审计中，利用引进的《金融审计工具包》，查出账外账户14个，违纪违规资金达3361万元；查出某市分行弄虚作假、私刻单位预留虚假财务印鉴开立账户等16个重大问题。

大案要案　全年共发现经济案件线索九起。一是在国税国库审计中查出江苏苏州市吴县珍珠公司虚开增值税发票4000余万元、涉税604万元的经济案件线索，及时向苏州市人民政府和公安局移交。目前，此案已审结，犯罪嫌疑人吴××、穆××分别被判处三年有期徒刑；二是在农行审计中，发现信阳市分行某支行副行长涉嫌贪污公款130万元、南阳市分行镇平县支行城郊营业所原主任张××违规发放贷款40万元涉嫌挪用公款的经济案件线索，依法向河南省人民检察院移交。检察机关已对这两起案件立案侦察，涉案人员已被依法逮捕；三是在中央科研经费审计中，发现中科院等离子体物理研究所及智能机械研究所1212万元收入和1213万元支出均未在财务反映，账外经营取得销售、技术服务收入231万元涉嫌偷逃国家税收等违法违纪问题，及时向中科院及安徽合肥市国家税务局移交；四是在对郑州铁路分局审计时，发现其下属某二级单位两位负责人侵占公款、涉嫌贪污的经济案件线索，已移交有关检察机关进行处理。检察机关已立案侦察，有关涉案人员已被依法逮捕；五是在对广东省公路建设资金审计时，发现该省湛江市交通开发有限公司会计郭××、前后两任出纳张××、黄××等人嫌疑贪污和挪用公款，佛山市人民政府接待处涉嫌走私10辆轿车两起经济案件线索，及时向广东省人民检察院和公安厅移交。

队伍建设　一是制定了目标责任管理实施办法，将全办工作纳入目标管理。此举在干部职工中引起强烈反响，使大家对自己所分担工作以及所要达到的目标都清清楚楚，一目了然，增强了责任感和压力感；二是加强了干部培训。分别邀请审计署、中国人民大学、南京审计学院、郑州大学、河南省委党校、省委讲师团的专家、教授来办，举办了“计算机应用技术知识、‘三个代表’重要思想、国际国内形势、新经济的产生及影响、经济全球化问题、WTO知识、西部大开发与国企改革”等专题辅导讲座，开拓了大家的视野，丰富了与审计工作相关的计算机、财税、经济知识，增强了宏观意识；三是进一步加大力度，推行人事制度改革。结合年度考核，在处级干部中实行了民主测评、末位警示制度；对14名拟晋升一般行政职务的干部进行了群众、组织推荐及公示，加大了干部任用工作的透明度和群众监督的力度。为改善队伍结构，根据“公开、公平、公正”的原则，还考核录用了9名大学本科以上学历应届毕业生，充实到了审计一线。12名同志还通过高级审计师的考评，取得了高级职称。

【济南特派员办事处】2000年底，审计署济南特派办在职人员94人，共设办公室、人教处、机关党委、财政审计处、金融审计处、固定资产投资审计处、经贸审计处、行政事业审计处、农业与社会保险审计处、机关服务中心十个处（室）。

领导成员

特　派　员：孟令成

副特派员：陈成富　王中信　邢　建

特派员助理：鲍朔望（－8月）　陈音（9月－）

审计成果　济南特派办全年共完成审计项目25个，查出违规行为金额85.2亿元，其中应上缴财政5.3亿元，已上财政4.5亿元；提交审计工作报告、审计信息251篇，被上级机关采用166篇，其中被党中央和国务院办公厅采用15篇，有13篇被党和国家领导同志批示。在审计署组织的项目评比中，山东省国税审计获得一等奖，青岛海关审计获得二等奖，上海、江苏国债审计获得三等奖；金融审计被评为2000年度先进单位，人民银行审计获得第一名；江苏省公路建设资金项目获得优秀项目，京沪公路淮阴至江都段获得表扬项目；经贸审计获第三名；天然林资源保护工程专项资金审计获审计优秀项目单位，基本养老保险金、失业保险金欠费企业审计调查获第一名；科技经费及科研单位财务收支审计获优秀审计项目单位。简报信息工作在审计署组织的质量评比中列各特派办第一名，统计工作被评为较好单位。

财政审计　先后完成了山东省国税、福建省国税、湖南省国债、浙江省国税等审计和调查项目。在国税审计中，查出某基层国税局截留税款私设“小金库”5897万元并滥支乱用放贷生息的严重违纪问题，引起国家税务总局的高度重视，对该国税局局长、财务负责人、会计出纳人员分别给予撤销职务、调离岗位等处理。在对某省国税审计调查中，查出该省国税部门违规征收基础设施附加费近6亿元，此问题被审计署以审计要情上报国务院后，朱镕基总理和李岚清副总理先后作出重要批示，责成国家计委、财政部、税务总局和审计署四部门组成联合检查组赴该省进行调查处理，国务院办公厅根据总理指示，以正式文件向各部委和地方政府下发了《国务院办公厅关于××省人民政府违反规定征收基础设施附加费的通报》，要求该省政府立即停止征收，没收已征收的款项，并要求各部门、各级地方政府做到令行禁止，自觉与党中央保持一致。

金融审计　全年完成了对人民银行济南分行、农业银行山东省分行的审计。在人民银行审计中，采取以检查预算执行、预算外资金收支、落实国家金融管理政策情况为三条主线的方法，积极探索了人民银行审计的的新路子，查出某中心支行顶风违纪账外经营等大量违规问题。在农业银行审计中，通过精心组织，周密安排，查出某省分行采取拼凑计划、化整为零方式，乱拉资金，新建超规模8.5万平方米的办公大楼，以及损益核算不实、人为调节盈亏近5亿元等严重问题，在查处违法经营、促进金融机构加强内部管理、降低金融风险方面发挥了积极作用。

行政事业与外资审计　先后完成了中科院生物物理研究所等3个科研高校单位、邹县火电厂等3个外资项目审计及1家社会中介机构执业质量查证任务，查处了挪用科研经费等问题，并进行了严肃处理。在某省出入境检验检疫局审计中，对原“三检”机构兴办实体进行延伸审计，发现原某市卫生检疫局等单位利用假发票套取现金，私分国有资产达6000多万元，问题上报后，引起国务院和署领导的高度重视，王忠禹和吴仪两位国务委员先后作了批示，国家进出口检疫局监察局对有关责任人员进行了严肃处理。

企业审计　2000年该办以审计企业财务收支真实性和服务打假治乱为目标，先后完成了中国重汽集团、山东民航局、颐中烟草公司、山东铝业公司、胜利石油管理局等6户企业资产负债损益审计。查出偷漏税金、私设“小金库”1.1亿元及企业股份制改造中国有资产流失等严重问题，在服务和促进企业深化改革方面发挥了积极作用。如该办在对某公司审计中，将企业改制中的资产划分作为重点环节，查出股份制企业借改制之机向母体国有公司甩“包袱”，造成国有资产大量流失问题，引起国家有关主管部门高度重视。在对某集团公司资产负债损益审计中，审计组历时2个多月，延伸审计60多个二级单位，对企业存货、长期投资、应收账款等各项资产及负债认真进行清查，查实该集团公司累计亏损近60亿元，资产负债率高达114%。该企业的问题上报后，引起朱总理的高度重视，批示中央企业工委等部门组成联合检查组，进一步查清问题，落实责任。该企业主要负责人和财务负责人均已被免职，对因进行资产租赁业务造成严重损失的有关人员也已被公安机关立案处理。

农业与社会保障审计　完成了5户企业基本养老保险费、失业保险费的审计调查和重庆市天然林保护资金管理使用情况的审计，查处和反映了企业大量欠缴基本养老费、地方政府和部门滞留挪用天保工程资金等严重违法违纪问题，并向司法机关移交了1起违法犯罪案件。在审计过程中，审计人员牢固树立质量意识，对审计发现的重要问题和重要线索，抓住不放，一查到底，查深查透。如在某市天保工程资金审计中，审计人员通过深入基层，延伸多个部门和单位，查明某县林业局编造假支票存根、假发票、假造林人工费付款单，并由24个乡镇提供1310人的假领款人名单等原始凭证、会计账表，掩盖挪用天保资金建设宾馆饭店真相、应付检查的严重违法问题。

固定资产投资审计　全年完成了对江苏省公路建设资金筹集使用管理情况及淮江高速公路建设情况的审计。在对某省公路建设资金及淮江高速公路建设项目审计中，查处了交通部门挪用车辆通行费38亿元造成应撤消的收费站没有撤消，挪用公路建设资金4.5亿元兴建楼堂馆所和证券投资，以及违规集资、地方政府越权审批转让公路经营权并截留挪用转让金2.6亿元等问题，违规行为总额达60多亿元。

队伍建设　——巩固“三讲”成果，大力加强思想政治工作。一是以传达灌输上级文件精神为主渠道，抓好政治理论学习与形势任务教育。二是实行思想政治工作责任制，努力使全办形成一种团结向上、勤奋工作、开拓进取、无私奉献的良好局面。三是积极开展“两创一树”活动，开展以“内抓规范化管理强素质，外抓‘八不准’纪律树形象”为主题的形象工程建设。

——加大干部培训力度，提高干部队伍整体素质。一是加强组织领导，制定培训计划。二是加大投入，为培训工作提供经费保证。三是加强对处级干部的培训。四是有针对性地安排培训内容。本着干什么学什么，缺什么补什么的原则，先后组织集中收看了国企改革、党的十五届五中全会辅导等录像，邀请有关部门讲授了WTO、会计法及查处大要案等方面的知识，举办了计算机考前培训班及初级英语培训班，各处室还自行安排了适合自身工作特点的培训。初步形成了以个人学习为基础，处室培训为主导，全办集中培训为辅助，学历、职称、岗位资格考试为检验标准的培训教育格局。

——切实抓好以落实“八不准”为核心的廉政建设。一是抓思想认识到位，在全办两次开展严格审计纪律、执行“八不准”的大讨论，使大家从思想上适应转变，提高认识。二是充分利用公开监督方式，及时向被审计单位公告“八不准”规定及举报电话，并通过报纸、电台向社会宣传，自觉接受各方面的监督。三是制定严格的配套措施，实行审计纪律承诺、审计经费使用登记与报销审核、分级负责、责任追究、干部廉政档案等制度，做到防患于未然。四是严格进行检查监督，确保“八不准”的严格执行。

【西安特派员办事处】 2000年底，西安特派办在职人员104人，共设办公室、机关党委、法制处、人事教育处、财政审计一处、财政审计二处、金融审计一处、金融审计二处、事业审计处、经贸审计处、固定资产投资审计处、机关服务中心12个处（室）。

领导成员

特　派　员：韩文波

副 特 派 员：杨维耀　姜民权

特派员助理：崔光庆

局级审计员：王炳国

审计成果　2000年，全办共完成审计项目38项，处理违纪资金370371万元，其中应收缴财政69064万元，已收缴财政78483万元（含以前年度违纪资金9419万元）。同时，移送处理了一批较有影响的案件线索，进一步扩大了审计的威慑力和影响力，较好履行了审计监督职责。

财政审计　完成了对宁夏回族自治区国税征管情况审计调查和中国人民银行西安分行、湖北省国债专项资金、江西省国税、江西省国库的审计，共查出违纪资金193863万元，向有关部门移送案件线索1起。特别是对湖北国债专项资金的审计力度大，威慑力强，已引起国务院领导及湖北省政府重视。

金融审计　完成了对中国农业银行湖北省分行6个二级分行的审计。查出违纪资金109672万元，移送经济案件线索5起。在湖北省农行系统引起较强烈反响，为维护正常的金融秩序做出了贡献。

固定资产投资审计　完成对湖北省公路建设资金、公路建设项目的审计，查出并处理违纪资金44173万元，向湖北省检察院移送案件线索4起。为保证国家专项资金合理使用和重点建设项目顺利进行做出了贡献。

企业审计　完成对汉中卷烟一厂、宁夏化工厂、青铜峡铝厂、宝鸡工程机械厂共4户企业的审计，查出并处理违纪违规资金81778万元。特别是在宝鸡工程机械厂审计中，查出私设“小金库”5个，在该厂引起强烈震动，引起其主管上级高度重视，并已对有关责任人进行了处理。

外资及行政事业审计　完成了对9个世行贷款子项目、4个科研院（所）、6所大专院校及陕西省天然林保护工程专项资金的审计，并对4户大型企业社保资金欠费情况进行了审计调查。审计中共查出违纪违规资金26141万元，其中陕西省天保资金审计引起审计署及陕西省政府的重视，并被署评为审计工作先进单位。

审计业务质量检查　完成了对陕西岳华会计师事务所的审计业务质量检查，为该办今后开展社会审计质量监督积累了经验。

大案要案　2000年，西安特派办共揭露并移送重大违纪和经济案件线索13起。其中移送司法部门11起，专题报告审计署2起，涉及违法违纪资金共计45455万元。湖北国债资金审计中，发现武汉长江娱乐发展有限公司提供虚假会计资料，隐瞒单位和个人挪用国债专项资金4211万元的问题。对此，审计署以《审计要情》上报后，朱总理等国务院几位领导都作了批示，并由监察部立案作了调查处理。湖北农行审计中，发现宜昌黄牛建设有限公司非法“引资”违法开发土地、个人牟取非法利差收入1200万元及造成损失浪费3亿多元的问题，审计署已上报国务院。还查出其它贪污、挪用等经济犯罪案件4起，涉及金额10707万元，涉案7人，均已移送湖北省司法机关立案查处。固定资产投资审计中发现湖北省交通厅下属物资公司有人涉嫌贪污、挪用公款及造成640万元国有资产损失问题。对此，已移送湖北省人民检察院立案查处。企业审计中发现铁道部宝鸡工程机械厂以“信息费”、“咨询费”、“回扣”等名义，暗中将168万元现金送给有关人员，涉及上百人。对此，该办已移送铁道部铁路建设工程总公司纪检部门进一步查处。

信息宣传　2000年，西安特派办共编发《简报》100期，署采用23条，其中《审计要情》2条，《审计简报》和《重要信息要目》3条，转送有关部委3条，《审计工作通讯》14条。在《中国审计报》、《中国审计》杂志及其他报刊媒体上发表各类宣传稿件共54篇。

计算机信息化建设　2000年4月，李审计长在西安特派办视察工作时对审计信息化建设作出了重要指示，在该办引起强烈震动。他们充分认识到审计信息化建设是一场深刻的革命，更进一步认识到计算机作为审计手段的极端重要性。为此，全办上下齐心协力，利用8个月时间，下大功夫、花大投资抓了审计信息化建设工作，取得了一定成果。

一是考察学习，解放思想，制订措施，加强培训。5月份组织了6人计算机工作考察学习小组，分赴郑州、沈阳、京津冀、南京4个特派办进行考察取经，在此基础上制定了《2000－2002年计算机技术应用三年发展规划》、《2000年计算机知识培训计划》以及《2000－2002年计算机培训和应用奖惩办法》。为全办更高层次开展计算机审计的推广应用奠定了基础。二是加大投人，强化硬件建设。办里成立专门工作机构，落实责任，公开招标，于8月底优质、高效地完成了计算机局域网建设。添置更新了66台较高性能的计算机，审计业务人员人均配置了一台笔记本计算机，每间办公室也配备了计算机，全办现有计算机101台，保证了正常工作的需要。三是狠抓已有审计软件的推广应用，在审计工作中认真学习并积极应用审计署要求推广使用的审计软件，取得初步成果。在财政、金融、投资、企业和外资审计中，积极运用《通用审计系统》、《农行审计系统软件》、《审计数据采集分析系统》、《外资审计管理信息系统软件》等审计软件，同时结合工作实际，自发运用《通用表格软件》进行辅助审计，通过计算机辅助审计共查出违纪资金12705万元。四是以参加审计署计算机应用成果展示会为契机，认真总结、积极开发具有该办特色的《审计成果资料系统》、《远程数据采集系统》、《西特办网页》、《计算机成果演示系统》等计算机软件，已初步取得可喜成果。

队伍建设　按照以考促培，以用促学，全面提高全办人员素质的指导思想，及时制订出台了该办干部培训3年规划和2000年度具体计划，将培训、考试及实践锻炼与择优选拔有机结合起来，并取得明显成效。一是外出学习培训。年内选派1名局级干部和4名处级干部参加署统一组织的司、处级培训班学习，组织5名同志出国学习考察；选派2人参加审计署组织的外语人才培训，并通过相关资格考试，其中1人通过BFT考试；派出4名同志到南京审计学院进行脱产2个多月的计算机中级水平强化培训；还选派27名同志参加了署及地方组织的各种业务培训。二是对新到办人员进行上岗前培训，利用3天时间学习了审计署及本办的有关规章制度和规定，为刚到办的同志尽快适应环境、投人工作奠定了基础。三是重点抓了计算机初级水平培训。对50岁以上的同志进行了10多天的计算机入门培训，为全办推行办公自动化奠定了初步基础。对50岁以下的同志集中进行了计算机初级水平普及培训，全办73名50岁以下的干部在9月底100%取得合格证书。四是突出抓了全员岗位资格培训，全部应考人员100%通过了审计署组织的B级考试，其中64%的同志通过A级考试。五是进一步加大年轻干部培养力度，继续实行处长（主任）助理制，在工作中考察锻炼干部。将1999年任命助理中的8名同志及时提拔到处级岗位，改善了该办处级干部的年龄和知识结构，同时继续任命9名年轻干部担任处长（主任）助理，在工作中压担子锻炼提高。

【兰州特派员办事处】2000年底，兰州特派办在职人员95人，共设办公室、法制处、财政审计一处、财政审计二处、金融审计处、行政事业审计处、经贸审计一处、经贸审计二处、固定资产投资审计处、人事教育处、机关党委、机关服务中心等12个处（室）。

领导成员

副特派员：李业林　刘瑶　崔之仪

特派员助理：王志伟（7月－）

副司级审计员：于青（9月－）

审计成果　全年完成审计项目27项，提交审计工作报告66篇，查处违纪资金83.7亿元，其中应上缴财政5019万元，已上缴4448万元，发现了一批重大违法违纪问题。编发审计信息136期，审计宣传文章21篇，被审计署和新闻等单位采用77篇次，其中被国办采用1篇，《重要信息要目》采用2篇，批转部委8篇，《审计工作通讯》刊登9篇。

财政审计　国税审计中，查出甘肃省国税局期初存货已征税款未按规定抵扣44917万元，预征“过头税”42600万元，少征、漏征税款5457万元；国债审计中，查出宁夏自治区重复申报国债项目多得国债专项资金6000万元，虚报国债项目投资计划6823.57万元，地方配套资金不到位5029.33万元等问题；天然林工程保护项目审计中，对工程实施过程中存在问题进行了调查反映，被国务院领导批示。

金融审计　河南农业银行审计中，重点查出周口地区农行违规滚动签发承兑汇票，垫付资金17.7亿元，并大多投资于房地产经营，造成很大的金融风险问题；开封市分行下属3个支行1998年共高息揽存一年期定期储蓄存款18277.9万元的问题；开封市郊区支行向开封福申经贸公司违规签发承兑汇票，垫付资金3016万元，以贷收息702万元，违规放贷3245.4万元，现已无法收回、造成损失的问题。

行政事业审计　在对中科院寒区旱区环境与工程研究所、中科院兰州化学物理研究所、中科院兰州近代物理研究所、中科院兰州分院1999年财务收支审计中，主要查出四单位少计收入1023.23万元，虚列、挤列支出964.87万元，虚列基建投资8278.92万元，挪用科研经费486.85万元等问题。

经贸审计　在对企业资产、负债、损益的真实性进行审计的基础上，对资产质量进行了抽查。重点查出新疆航空公司超提超发工资5039万元；中油集团甘肃、新疆销售分公司少计销售收入2000万元，多转成本1000万元，少缴各项税金1000万元；青海铝业有限责任公司存在潜亏6.6亿元，多计成本3054万元，对原青海铝厂驻外公司、期货部经营损失5.2亿元的问题重点进行了调查，发现了有关人员涉嫌犯罪的线索。

固定资产投资审计　完成了对河南省公路建设资金筹集、使用、管理情况的审计、河南省漯驻高速公路在建项目的审计、民航乌鲁木齐机场改扩建第一期工程竣工决算审计。重点查出滞留公路建设资金24亿元，挤占8.7亿元，挪用2.6亿元，截留2467万元等共计42.8亿元的问题。

社会审计质量检查　主要查出甘肃五联会计师事务所在1999年出具的审计报告中未予披露西北永新化工股份有限公司违规买卖股票2000万元，其中购买本企业股票1155.70万元，兰州长城电工股份有限公司少转成本7395万元、少计销售收入4690万等问题。

大案要案　兰州特派办在审计中查出了一批严重违纪违规问题，发现了一些大案要案线索。在对青海铝业公司审计中，对潜亏数额大的原因，专门组织力量深挖细究，重点突破，发现有关人员涉嫌经济犯罪问题，经请示审计署同意后现已移送青海省司法部门依法查处。在对农行开封市郊区支行审计中，对该行违规为开封福申经贸公司签发承兑汇票等造成巨额金融资产流失问题，进行了揭露和反映。在中油集团甘肃分公司审计中，对该公司违反中油集团的"四统一"规定，擅自搞跨区销售、低价销售、掺配销售，造成成品油市场混乱的问题进行了揭露和反映，专题调查报告经国家经贸委批转中油集团后，中油集团高度重视，派出十人调查组来甘肃调查处理，对审计查出问题进行认真整改，五位部门领导和责任人受到免职和记过等处分。对甘肃五联会计师事务所审计中，查出该所在出具的审计报告中未予披露西北永新化工股份有限公司违规买卖股票、兰州长城电工股份有限公司少结转成本和少计销售收入等违纪问题，引起了甘肃省省长的重视。

内部管理　一是完善各项管理制度。全年共修订和建立19项管理制度，涉及审计业务、廉政、考核、财务、后勤等方面，进一步规范了行为标准，促进了机关管理工作的科学化。二是加强了督办工作，实行督办工作责任制。办公室对全办督办工作负总责，各处负责人对本处承办事项具体负责落实，并实行责任追究制度。通过强化督办工作，堵塞了工作中的漏洞，促进了各项工作的落实。三是调整了处室管理职能。将原综合处职能分别划分到法制处和办公室，对办公室原有的后勤服务职能划归到服务中心；加强财政审计的力量，成立了财政二处。通过调整处室职能，充实了审计队伍，理顺了工作关系。四是规范了财务管理。根据署里的统一安排，兰州特派办对建办以来的财务账目进行了自查，对审计专户进行了清理。抽调专人，对现有资产进行了清查和盘实。通过清产核资，摸清了家底。对财务管理制度进行了研究修订，完善了内控机制，规范了财务工作。通过强化内部管理机制，基本改变了"无章可循，有章不循"的现象，改进了机关工作作风，提高了工作效率。

"人、法、技"建设　一是狠抓队伍建设，搞好人才培养和培训。为适应当前审计工作及西部大开发的需要，研究制定了以"211"工程为重点的人才培养三年发展纲要，即经过三年的努力，培养20名硕士研究生，10名高级审计师和10名计算机复合型高级审计人才。已批准16名同志攻读研究生。干部培训工作根据年初培训计划，分层次抓落实，采取处室自学与全办集中培训学习两种方式，全办重点抓计算机技能培训和宏观知识培训，各业务处室抓审计业务培训，在整训中，专门安排时间进行了计算机应用培训。二是加强法制建设。成立了法制处，制定了法制工作三年规划，建立健全各项管理制度。为了进一步规范内部管理和约束审计人员行为，保证审计质量，建立激励机制，兰州办修改和制定了《兰州特派办审计复核办法》、《优秀审计项目评选办法》等14个制度。三是加快计算机运用步伐。制定了计算机发展三年规划，筹集资金，加大计算机硬件投入，给每个业务人员配备便携式电脑，筹建了计算机培训教室。本年度重点进行了计算机知识及各项辅助审计软件的学习和培训。

【昆明特派员办事处】2000年底，昆明特派办在职人员91人，共设办公室、机关党委、财政审计一处、财政审计二处、金融审计处、行政事业审计处、固定资产投资审计处、经贸审计处、法制处、人事教育处、机关服务中心 11 个处(室)。

领导成员

特　派　员：文盛贵

副 特 派 员：王道平　李伏廷

特派员助理：徐吉明（－7月）

　　　　　　周敦祥（8月－）

审计成果　2000 年，昆明办完成和实施中的审计（调查）项目 24 个，审计查出违纪金额 121.48 亿元，其中应上缴财政金额 5.52 亿元；移送司法机关案件线索 7 起，涉案人员 16 人；向审计署报送审计报告、审计信息 129 份，被署领导批示及审计署采用 34 份。截止 2000 年底，审计署发文表彰了昆明办上年度实施的 4 个审计项目，分别是：江苏国税审计获 1999 年度国税审计质量考评一等奖；江苏国库审计获 1999 年度国库审计质量考评三等奖；1999 年度云南、贵州扶贫资金审计被评为优秀审计项目；粮库建设审计被评为投资审计项目审计质量表彰项目。

财政审计　2000 年，共完成审计项目 4 个，审计协查 3 件次，审计署举报中心转来的举报材料核查任务 5 项，查出违规违纪金额 493132.3 万元。在财政审计中查出的主要问题有：对江苏省无锡、扬州、徐州三市的国税审计，查出国税部门增值税“开大征小”价税合计 8.55 亿元，以及截留国家税款 1155.88 万元等严重违法违纪问题，该项目被评为国税审计一等奖。在云南省国税审计调查中，揭示了国税部门私设“小金库”、截留增值税款 460 万元等问题。

金融审计　完成两个审计项目，跨年度实施一个项目。2000 年度金融审计查出的主要问题有：查处中国人民银行昆明中心支行会计核算和预算执行不真实、不合规 224.83 万元，私设“小金库”25.02 万元以及该行各处室擅自开设账外户头等违规违纪问题；查实中国农业银行四川省四个地（州、市）分行违规经营、违规购建账外固定资产和私设“小金库”等十几个方面的违规和违法问题，违纪金额 44244.55 万元，移送涉嫌金融犯罪案件线索 5 起，涉案 12 人。

行政事业、农业与资源环保审计　完成中央科技经费项目审计，查出违规违纪金额 3460 万元。在天然林保护资金审计中，审计云南省天保资金总额 80461.5 万元，查出违规金额 11373 万元，发现丽江林业局出售劣质种子致使大面积造林失败的问题，被编入署“重要信息要目”。

企业审计　完成对楚雄卷烟厂、云南航空公司 1999 年度企业财务收支的审计。审计资产总额 1075339 万元，查出违规违纪金额 153783 万元，审计处理处罚金额 38670 万元；揭示了云南航空公司私设小金库、账外资产数额巨大、基建投资失控、国有资产流失等严重问题，其所属“三产”存在的漏税问题转交税务机关查处。

社会保障审计　2000 年完成贵州三户企业基本养老保险费、失业保险费欠费大户审计调查，查实“两费”欠费 7574.9 万元并分析了欠费原因。完成楚雄卷烟厂、云南航空公司职工基本养老保险、失业保险缴费情况审计调查，查实 1999 年度楚雄卷烟厂和云南航空公司少申报缴纳养老保险费和失业保险费 882 万元。

经济责任审计　和成都办共同完成了对中国第二重型机械集团公司总经理姚正耀任期内经济责任审计。按照审计分工，查出损益不实 4602 万元，错列财政补贴收入 1400 万元，少缴企业所得税 462 万元，账外资金 970 多万元；查出在对外投资中企业领导人员决策失误，造成二重集团投资损失 3617 万元等问题。

固定资产投资、外资审计　完成重庆渝长高速公路在建项目审计和重庆市公路建设资金项目审计。通过审计，揭示了公路建设资金被挪用、挤占、滞留共计 13.63 亿元，以及自立标准乱发奖金、违规征用土地等问题，受到审计署等有关部门关注。在延伸审计调查中，揭示了重庆市中国农业银行五桥区支行“收取筹资奖励补贴”等问题。以上两个项目分别被投资司评为优秀项目和表彰项目。外资审计完成两个项目：亚行贷款云南大朝山电力送出项目，按照新的审计操作指南进行审计并对外出具中英文审计报告；昆明动物研究所动物多样性世界银行贷款项目揭示了世行贷款项目管理欠规范等问题。

计算机审计　在对重庆市公路建设资金和公路建设项目审计中，为核实重庆市车购办车购费征收的真实性，运用数据采集软件，建立车购办计算机征费系统数据库之间的关联，并从中按审计目的建立新的数据库，通过计算机数据处理，成功地查出重庆市车购办利用计算机特种模块输入征费数据，避开计算机征费系统少征车购费 270 万余元的违纪事项。此外，昆明办结合实际情况，自行组织开发了“智能办公软件”、“卷烟销售辅助审计软件”、“建筑工程辅助审计软件”，参加审计署在南京举行的交流展示会，受到审计署的好评和各观摩单位的关注。

专项审计　在广西国债资金审计中，发现有 17 个国债建设项目滞、沉国债资金 3.39 亿元的问题，被署编入“审计简报”；发现一国债建设项目中存在挪用公款和非法倒卖土地 2 起涉嫌犯罪线索，移送当地检察机关处理。对群众举报中国烟草云南进出口公司有关问题、群众举报云南省地震局案件进行了专项审计。对中国烟草云南进出口公司的专项审计中，在核实群众举报内容的基础上，查实账外收入2316万元，应补交所得税764万元，提出审计建议4条。

审计业务质量检查 2000年，昆明特派办对社会审计组织云南亚太会计师事务所审计业务质量进行检查。抽查了云南亚太会计师事务所出具1999年度审计报告的两家上市公司，查出云南亚太会计师事务所4个方面存在的12个问题，即未按注册会计师法及独立审计准则对企业总金额达12667万元的经营业务如实披露，并出具无保留意见审计报告等问题。

队伍建设 昆明办把“以人为本，强化人的素质”作为加强干部队伍建设的根本指导思想，建立、完善“公正、公平、竞争、择优”的用人机制，努力加强中青年干部培养工作。一方面严格公务员录用制度，2000年昆明办择优录用了8名硕士研究生和3名本科生；另一方面，积极做好在职人员的岗位培训工作，与云南大学合办了39人参加的“财税与金融”研究生进修班，注意从多方面采取措施，提高审计队伍的整体素质。同时把加强和改进思想政治工作作为队伍建设的经常性任务，采取积极措施认真抓好。一是建立制度保障，把抓职工的思想教育纳入本办《审计队伍建设五年规划》和《审计业务发展五年规划》。二是提供组织保障，明确了特派员、副特派员、处长（主任）、副处长（副主任）、机关党委及各党支部的责任，确保思想政治工作落到实处，把思想政治工作做到审计一线和广大职工的心中。三是狠抓落实，帮助职工解决思想工作乃至生活上的有关问题。既对干部职工严格要求，又关心干部职工疾苦，解除其后顾之忧，使其能全身心投入工作。

昆明办在加强队伍建设过程中强调自律、认真贯彻执行审计署《关于加强审计纪律的规定》，及时制定了《落实审计署关于加强审计纪律规定的实施办法》、《审计外勤经费管理实施细则》等规定，健全、完善廉政责任制度。从特派员到处（室）负责人，再到审计组长、审计人员，层层分解落实廉政责任，确保廉洁从审。对执行“八不准”中出现的问题苗头，领导班子立足教育，敢抓敢管，收到了成效。各审计组普遍能够严格执行“八不准”，坚决与被审计单位割断一切经济福利关系，树立了审计机关的良好形象。

【成都特派员办事处】 2000年，审计署驻成都特派员办事处在职人员114人，共设财政审计一处、财政审计二处、金融审计一处、金融审计二处、行政事业审计处、固定资产投资审计处、经贸审计处、农业审计处、综合处、办公室、机关党委、人事教育处、机关服务中心等。

领导成员

特 派 员：白益兰

副特派员：袁孝康 向 颖

副司级调研员：刘照应 粟多闻

审计成果 全年完成审计项目42个，共查出违纪违规金额119.79亿元，决定处理处罚44.25亿元，收缴财政2.35亿元，归还原渠道资金10.93亿元，发现和移送经济案件线索33件，建议给予行政处分22人。同时，向署报送审计综合报告、专题报告、审计信息简报等共174篇，其中审计信息简报88篇，被中办、国办、审计署采用19篇次。

财政审计 一是完成了对广东省茂名、中山、肇庆3市1999年度国税、中央金库审计，共查出违纪违规金额80961.8万元；二是对中国经济信托投资公司成都证券营业部和重庆证券营业部实施审计，共查出违纪违规金额341万元；三是对重庆市国债项目实施了审计，查出挪用项目建设资金、挤占工程成本及工程成本不实、更改设计增大投资、概算外购置固定资产、设置账外账等有问题金额15.8亿元；四是实施了跨年度的四川省及成都、绵阳、德阳、乐山、泸州5市20多个县2000年度国税和中央金库的审计；五是完成了署举报中心转来的3件举报案的核查工作，向署报送了专题报告。其中上年接转的国税项目和2000年度国债项目，获审计署质量考评三等奖。

金融审计 完成了对人民银行成都分行和四川省农行系统共2个项目、40多个单位的审计，共查出违纪违规金额72.45亿元。其中查出“小金库”2424.2万元，违规签发银行承兑汇票和贷款36.6亿元、损失3083万元，账外经营涉及5.21亿元，信用卡违规透支1.4亿元，违规开立信用证25.39亿元，违规购建和保留账外资金13.13亿元。发现涉嫌犯罪案件线索并向司法机关移送6件，涉及金额8.4亿元，涉嫌人员14人。

固定资产投资审计 对四川省公路建设资金、国道108成都－雅安段、东方电气集团“八五”项目竣工决算等项目实施了审计。其中在四川省公路建设资金审计中，查出违规收费和设立基金100727万元；将计划内拨款55952万元转为有偿使用，收取利息9390万元；挤占挪用建设资金124634万元用于购建楼堂馆所、炒房地产、收购上市公司法人股等造成重大损失；设置“小金库”和账外资金10149.3万元；虚报拨款收入和虚报支出128945万元；偷逃税金虚增债权债务、抽逃注册资本等46450万元；违法转让公路经营权，造成国有资产流失等问题。已向检察机关和纪检部门移送涉嫌个人违法犯罪案件线索6件，其中涉及厅处级干部20多名。四川省公路建设资金审计被署评为“优秀审计项目”，国道108成都—雅安段项目获署通报表扬。

企业审计　对电信、烟草、铁路、重汽等6个行业的22个单位实施了审计，共查出设置“小金库”、违规购建固定资产、转移主营利润、挪用铁建资金等违法违规金额20多亿元，发现并向检察机关移送涉嫌违法案件线索12件，向行政移送违纪案件9件。其中在成都铁路局建设资金审计中，共查出违法违规金额12亿元；在5户烟草企业审计中，查出违法违规金额2566万元，占其总资产的21%；在绵阳市电信局审计中，查出违法违规金额1.58亿元。同时，对中国第二重型机械集团公司进行了经济责任审计试点，为审计署指导全国开展经济责任审计探索了路子。

外资项目审计　共完成9个世（亚）行贷款项目审计，发现违纪违规问题金额达37.37亿元。其突出问题有：都江堰和郫县两市（县）电信局私设小金库1.5亿元；四川省电力公司资金结算中心对外投资未调整相关账目，导致多计货币资金、少计对外投资23亿元；四川省电力公司少计代购代销业务损失1.1亿元，未按规定缴纳增值税4亿元，投资列报不实1.28亿元；四川省电力公司部分多经企业违规收费8334万元；四川省石油管理局少计收入4000万元，报表部分科目数字失真3.4亿元；成昆铁路电气化北段投资列报不实6.5亿元。向检察机关移送经济案件2件，建议给予行政处分3人。

行政事业审计　对中国测试技术研究院、中科院光电技术研究所、四川华信（集团）会计师事务所和电子科技大学、西南财经大学、西南交通大学等5所高校实施了审计。在两个科研事业单位审计中，查出违纪违规金额3417万元，并发现两起个人涉嫌贪污线索，涉及9人，移送检察机关后已立案侦察。在华信会计师事务所审计中，延伸调查了3户上市公司，保证了检查的深度和力度，探索了对会计师事务所审计业务质量监督检查的路子。

三峡移民资金审计　完成了对湖北省移民局、恩施州和重庆市忠县、开县的三峡移民资金审计，发现有弄虚作假虚列移民工程报销费用、套取移民资金修建政府办公楼、擅自占用移民迁建用地、假借“改制”私分、转移、挪用移民资金和国有资产等问题，向审计署报送了综合报告。

专项资金审计调查　一是对攀钢集团、成都飞机发动机公司、十九冶、十八冶、川投长钢公司等8户企业基本养老费、失业保险费欠费情况进行了审计调查，并就有关问题延伸调查了欠费企业所在地的社会保险经办机构，摸清了8户企业欠费情况及原因，发现和揭露了目前我国社保工作中存在的一些政策性、倾向性、苗头性问题，并通过对企业社保欠费的原因进行深入分析，对国家有关政策进行研究，相应提出了审计建议，向署报送了专题调查报告和11篇信息简报；二是对成都市本级财力情况进行审计调查，有关情况和意见受到成都市政府的高度重视；三是对四川省眉山、雅安、凉山3个地区10多个征收单位、200多户重点税源户进行了国税审计调查，向署报送了国税审计调查报告和税收会计真实性报告。四是开展了二滩水电站缘何巨额亏损的专题审计调查。其中养老保险基金审计调查项目被署评为“优秀审计项目”。

计算机审计　2000年，成都办一次性投入200多万元，新购电脑91台，其中笔记本电脑71台，为每个审计人员配备了一台笔记本电脑，为每个审计组配备了便携式打印机，为每个处室配备了一台扫描仪，并进一步完善办内局域网建设，开通全部接点，为计算机软件的开发应用，尤其是计算机辅助审计奠定了物质基础。在计算机软件开发应用上，成都办制定了《信息化建设五年实施规划》，分别确定了5年总体目标和年度具体实施步骤。在审计项目实施中，积极应用署统一推广的软件，取得了良好成效。如使用《通用审计系统》软件在四川农行系统的审计中，查出“小金库”近2000万元，账外资金、资产4000多万元，发现个人涉嫌信用卡诈骗，累计透支金额达13000多万元，并非法贷款1400万元等重大经济案件线索。在工交商贸企业审计中，利用Excel软件的查询、汇总等功能，查出了某公司拆借募股资金累计6亿多元、2亿多元募股资金长期滞留境外、固定资产核算不合规5000多万元等问题。同时还积极探索远程实时审计的新路子，初步实现了审计人员足不出户，就能够远程查阅、下载被审计单位财务资料。该项成果在南京计算机审计开发应用成果展示会上得到了署领导的好评。

队伍建设　始终抓住“人、法、技”建设这个重点，采取各种措施，推进三项建设的进程。特别是李金华审计长到该办调研指示后，全办讨论制定了《加强和改进思想政治工作的意见》，确立了“政治思想强，奉献精神足，业务水平高，廉洁守纪好”的思想政治工作总体要求，在全面提高干部综合素质、充分发挥职工的整体优势方面狠下了功夫。一是强化干部培训，尤其是对青年干部的培养教育。全办87名副处级以下审计干部均参加了署统一组织的全系统岗位资格考试，占应参加人员的98%，其中86名B级考试合格，A级加试合格率达到

58%。二是把贯彻落实审计“八不准”规定作为加强队伍建设、确保审计质量的重要内容来抓。制定了《审计外勤经费管理试行办法实施细则》，规范了审计人员在审计期间的住宿、用餐、用车、通讯等行为，使“八不准”规定具有可操作性。三是坚持在布置、检查、总结工作的同时布置、检查、总结思想政治工作，使思想政治工作贯穿于各项工作的始终。坚持把关心职工生活作为思想政治工作的重要内容，提倡“组织讲关怀、职工讲奉献”。四是领导班子坚持以身作则带队伍。

【长沙特派员办事处】2000 年底，长沙特派办在职人员 89 人，共设办公室、机关党委、人教处、法制处、财政审计处、金融审计处、固定资产投资审计处、经贸审计处、行政事业审计处、外资审计处、机关服务处 11 个处（室）。

领导成员

特　派　员：傅德虎

副特派员：罗　凌　任承彝

特派员助理：车列武

审计成果　2000 年长沙特派办完成审计项目 28 个，审计查出各类违纪违规金额 52.7 亿元，应交财政 3.1 亿元。发现并移送有关部门经济案件线索 2 起。参与了审计署“公路建设项目经营权转让问题调研”和“信息化建设方案”的制定，参加了国务院组织的粮食清仓查库试点，调查落实了审计署举报中心转来的有关金融、投资领域的六个举报项目。撰写编发各类信息简报和专题报告 120 篇，其中 1 篇被国家领导人批示，11 篇被审计署采用或转送国务院有关部门，7 篇被审计署审计简讯等采用。中国审计报报道长沙办稿件 32 篇。

财政审计　2000 年完成了对浙江省国税局 1999 年度中央税收收入征管情况的审计，查出违规金额 6.8 亿元，应交中央预算收入 2.3 亿元，揭露和纠正了税收会计核算资料不真实，违规减、缓、免税，随意退库、改变纳税环节，人为调节税收收入，增值税一般纳税人资格审查不严等问题。在中央国库浙江省分库办理 1999 年度中央预算收纳、划解和退付情况的审计中，发现国库部门存在混淆入库级次、违规办理预算收入退库、延解积压预算收入等问题。完成了黄埔海关和南宁海关关税及进口环节税征管情况的审计，揭露和纠正了海关存在关税配额税率、税则归类不当、保税货物监管不力、对走私案件处理不及时和涉嫌走私放私的问题。在审计署财政审计工作质量考评中，中央国库浙江省分库审计荣获一等奖，浙江省国税审计荣获二等奖，黄埔海关审计荣获三等奖。

金融审计　2000 年长沙办围绕“摸家底、抓案子、促管理、防风险”的审计目标，完成了对中国人民银行长沙市中心支行财务收支的审计。与广州办联合对中国农业银行广东省分行系统 1999 年度资产、负债和损益情况进行审计，长沙办承担了佛山、中山、珠海、湛江四个地（市）分行的审计，查出违纪违规金额 7.1 亿元。对中国经济开发信托投资公司所属的中经信投资有限公司及北京领创科技开发有限责任公司进行了审计，对其投资的北海市华海经济开发有限公司进行了审计和调查。审计结果表明，金融机构在深化金融改革，强化内部管理，努力改善资产质量，防范和化解金融风险方面作了大量的工作，取得了较好的成绩。但前几年某些遗留问题和隐患仍在逐步暴露，新的违规经营和账外资产问题不断出现，会计核算不实，虚增虚减资产、负债、权益和利润的现象比较普遍，私设“小金库”，截留收入或违规购建固定资产等形成账外资产，违规经营造成巨额损失等问题还比较严重，发现大案要案线索 1 起。

行政事业审计　2000 年完成了对长沙有色勘察设计院、株洲电力机车研究所中央科技经费使用情况的审计和原湖南财经学院、湖南医科大学两所合并高校的审计，审计查出的报表失真、资产管理存在严重漏洞、账外账现象比较严重、校办产业管理不规范等问题基本得到整改。

企业审计　2000 年完成了对株洲硬质合金厂、柳州铁路局 1999 年度资产、负债和损益的审计。审计中积极有效地采用审计统计抽样技术，查出资产质量不高，不良资产数额较大；资产、负债和损益不实，会计信息不能真实反映财务状况和经营成果；有的企业改制不规范，利用重组、资产置换、包装上市，将国有资产转为集体或个人所有等方式造成国有资产流失等问题，发现大案要案线索 1 起。

专项审计　2000 年在对贵州省国债资金及国债建设项目审计中查出贵州省国债资金在使用和管理上存在虚报项目，套取国债资金；挪用、拆借、挤占国债资金；项目管理不规范，没有严格实行项目法人责任制、招投标制、工程监理制和合同管理制；配套资金不落实，资金不能及时到位等问题，有关人员涉嫌违法犯罪的问题正在进一步深查之中。内蒙古自治区天然林资源保护工程资金的审计，查出超计划采伐木材，工程外包、层层转包牟取私利，擅自改变资金和项目计划等问题，引起了区政府的高度重视，有关部门对责任人已作出了撤职处分。天然林资源保护工程资金审计被署农业司评为优秀审计项目。在广西壮族自治区公路建设资金审计中发现，区计委虚报建设项目，套取国债资金，区交通厅违规转让公路经营权，并将收入中的 1.179 亿股股票长期存放香港，形成账外资产和挤占公路建设资金用于建职工宿舍等问题，引起了主管部门的高度重视。完成了对湘潭钢铁公司、涟源钢铁公司、株洲光明玻璃公司、株洲硬质合金厂、广西钢铁集团公司、柳州铁路局基本养老保险和失业保险欠费情况的调查，对各单位存在的问题提出了建议。在基本养老保险和失业保险审计调查项目评比中，长沙办被评为署优秀单位。

外资运用审计 2000年6月底前完成了对世界银行贷款株洲电力机车研究所科研项目、中南工业大学粉末冶金国家研究中心项目、湖南电力发展项目、广西电信发展项目、亚洲开发银行贷款凌津滩水电站项目的审计，发现外资项目主要存在国内配套资金不到位，财务管理松懈，成本管理不规范，挤占、挪用、截留项目建设资金等带普遍性的问题。

计算机审计 2000年长沙办积极开展计算机辅助审计，取得了较好的效果。在中国农业银行广东省分行系统审计中，运用《通用审计系统》和长沙办开发的《审计统计抽样软件》，使用货币单位抽样法，进行计算机辅助审计，在查处“公款转储蓄存款”、“少计收入”、“私设小金库”等方面发挥了重要作用。在株洲硬质合金厂审计中，采用审计统计抽样技术，建立虚拟数据库，对企业银行收付业务的内部控制，使用固定样本量抽样法进行符合性测试，使审计统计抽样技术与实践结合取得新的突破。在南宁海关审计中，除按照法定的审计程序及采用一般公认的审计方法外，审计中运用了《海关业务审计软件》和《审计统计抽样软件》。首先运用《海关业务审计软件》对进出口报关单、减免税、加工贸易手册等按关区分类、汇总，生成不同的数据库，然后对减免税、进口报关单、已核销的加工贸易手册选用货币单位抽样法进行统计抽样，以较小的工作量审核了大部分业务，提高了审计效率，降低了审计风险，取得事半功倍的成效。

审计质量检查 2000年对湖南开元会计师事务所审计质量进行了检查，发现该所对部分上市公司的年报审计未实施内部控制制度测试和评价程序，致使某些企业内部控制存在严重缺陷未被发现和纠正的问题。

大案要案 在对北海市华海经济开发有限公司的审计调查中发现该公司总经理涉嫌重大经济问题，撰写的《审计要情》得到了朱镕基、李岚清、尉健行等中央领导的批示，该案已移送最高人民检察院。在柳州铁路局审计中发现南宁火车站副站长徐×等5人涉嫌经济犯罪，长沙办与广西区人民检察院柳州铁路运输分院，按照《最高人民检查院、审计署关于建立案件移送和加强工作协作配合制度的通知》，移交了案件线索，目前该案一审结束，徐×等一审判处5年有期徒刑。

队伍建设 2000年长沙办“人、法、技”建设再上水平和台阶。班子建设中，吸收了新鲜力量，调整了班子结构，形成了勤政廉洁、求真务实的班子作风。合理调整了机构设置、职能及人员，增设了法制处、中国审计报记者站。对24位同志的岗位进行了调整和轮换，5名年轻的业务骨干走上了副处长的工作岗位，公开招录了5名优秀人才。加强了基层党组织建设，把党支部建在处、室。结合实际工作需要，采取各种形式，提高干部职工业务技能和综合素质：聘请专家教授来办专题讲座、组织办内业务骨干授课，2000年共举办各类专题讲座和短期培训10多期；先后选送10多人参加审计署组织的培训班、干部交流和出国考察学习；坚持以考促学，组织干部参加全国审计系统全员岗位资格考试，全办58人参加考试，55人通过B级考试，34人通过A级考试；1人获得高级审计师资格；1人参加署厅局长培训班学习，4人参加署处长培训班学习，1人参加湖南省委党校学习，3人参加省直工委党校学习。这些措施的实施，有效地提高了队伍的整体素质。

【深圳特派员办事处】 2000年底，深圳特派办在职人员69人，共设办公室、机关党委、人事教育处、财政审计处、金融审计处、外资运用审计处、经贸审计处、境外中资机构审计处、机关服务中心9个处(室)。

领导成员

特　派　员：庄晓玖

副特派员：王淡浓　武　钧

特派员助理：段大波

审计成果 全年共完成署定计划项目14个，发现违法案件线索4件，涉案金额107111万元，其中2件已移交公安部门立案查处，2件移交深圳市检察机关查处；查出重大违规违纪问题22起，涉及问题金额468075万元；提供审计报告、专题报告和审计简报共57篇，其中审计署以《审计要情》向国务院反映3件、以《签报》向国务院反映1件、以《审计简报》反映2件、以其他形式反映5件。

财政审计 2000年度共完成了对中国人民银行深圳市中心支行、中国经济开发信托投资公司深圳华江实业总公司和深圳经安投资公司、黄埔海关等单位预算执行情况的审计。在对深圳经安投资公司、深圳华江实业总公司的审计中，发现深圳经安投资公司出纳×××采取收入不入账、少记账等手段涉嫌贪污、挪用公款22万多元的违法犯罪案件线索，并移交深圳市检察机关立案查处。此外，还发现两公司因机制松散、管理失控、盲目投资和违规对外贷款等，至1999年底，已造成国有资产损失和潜在损失高达6576万元的重大违规违纪问题。

金融审计 在对中国农业银行深圳市分行（下称深圳农行）1999年度资产、负债、损益的审计中，由于准备充分、部署周密、重点突出，审计工作成效显著。审计中发现重大违法案件线索2件，其中移交公安部立案查处1件、移交深圳市检察机关查处1件；查出重大违规违纪问题10起，涉及金额357946万元。1998年10月，深圳海怀房地产公司利用建造"泰明广场"项目，采取虚假手段骗取信贷资金9000多万元。目前，该公司已人去楼空，"泰明广场"也已成为"烂尾楼"，国家信贷资金潜在损失巨大。该案件已由国务院领导批转公安部立案进一步查处。针对1992—1996年深圳农行对所属南头支行账外经营有关责任人处理不到位的问题，经过深入调查发现，深圳农行南头支行原负责人罗均宏在从事账外经营活动中涉嫌渎职和重大个人经济问题。1992—1996年，深圳农行南头支行账外经营贷款达16亿多元，至1999年底，难以追回的贷款高达5.75亿元，可能造成国家信贷资金重大损失。罗均宏在此期间任深圳农行南头支行主要负责人，负有不可推卸的责任。此外，罗均宏还涉嫌利用账外经营贷款收受企业利差56.16万元，利用职权向关系人发放贷款人民币1600万元及港币600万元，与他人挪用公款200万元用于炒股票并造成亏损57.58万元等重大经济问题的案件线索。该案件已移交深圳市检察机关立案查处，罗均宏已被深圳市检察院抓捕。上述问题揭露后，审计署均以《审计要情》上报国务院。此外，审计中还发现深圳农行设立"小金库"、账外资产达49491万元，正常贷款作为不良资产剥离73700万元，违规贷款95500万元，离岸业务不良贷款100355万元，通过工会企业投资和发放贷款28910万元以及违规支出、少计收入共计9990万元等重大违规违纪问题。深圳农行的审计突破了深圳农行多年未能解决的问题，在深圳农行引起了强烈反响。

股份制企业审计 在对中国科健股份有限公司（下称中科健）1999年度资产、负债、损益的审计中，以财务收支真实性审计为基础，重点突出材料采购和商品销售的审计，审计发现中科健涉嫌购买走私料件及一伙不法分子骗购、虚开增值税专用发票的重大案件线索。1999年度，中科健通过非正常渠道向不法分子购买走私三星移动电话散件，价值高达3.8亿元；该公司涉嫌购买走私料件，涉及偷逃（漏缴）关税3915多万元。同时，通过这一线索还发现，"深圳三草实业有限公司"、"深圳健安公司"、"深圳富崎达公司"等十家企业利用国家税务机关监管不严的漏洞，大量骗购、虚开增值税专用发票，大肆侵吞国家税款，形成了以虚开增值税发票牟取暴利的专业"开票公司"的又一重大违法案件线索。仅1999年9月至12月底，上述10家公司为中科健虚开的增值税专用发票已抵扣增值税进项税额5547万多元。上述问题揭露后，审计署以《审计要情》上报了国务院，国务院有关领导和地方有关领导都作了重要批示，公安部门已组织专案组查处这一案件，目前主要案犯已经抓获。此外，审计中还发现该公司虚列利润1260万元，漏交关税46万元等重大问题。在对深圳三九医药股份有限公司的审计中发现，该公司以市场推广费等名义给药品销售单位、医院、医生回扣达12638万元。审计署就此问题以《签报》形式向国务院做了汇报，国务院有关领导作出了处理批示。另外，还发现该公司违规结算销售费用12346万元、现金发放奖金、补贴1394万元，以及少交企业所得税和个人所得税共计2145万元等重大问题。

固定资产投资审计 在对云南省公路建设资金和楚雄至大理高速公路建设项目审计中，审计组克服各种困难，历时四个多月，行程万里，做了大量的工作，较好地完成上述项目的审计。审计发现云南省有关部门在1996年11月至2000年3月期间未经国务院批准，自行设立并收取地方车辆购置附加费共计7.9亿元，1999年云南省几个地州预收营业税9400多万元、挤占公路建设资金搞楼堂馆所和弥补机关经费共计1.57亿元，以及公路建设招投标和管理比较混乱等重大问题。

专项资金审计 2000年，深圳特派办承担了浙江省国债专项资金、海南省天然林保护专项资金、中国科学院广州地球化学研究所、中国科学院广州化学研究所财务收支的审计，以及深圳中天会计师事务所业务质量检查，上述各项审计工作均已顺利完成。

审计宣传 2000年8月份，中央电视台《焦点访谈》以"千万国债白条入账"为题，报道了深圳特派办发现的福建省平潭东澳渔港项目建设中存在的管理混乱、会计核算混乱、国家资金损失严重等问题，在社会上引起了强烈反响。《南方都市报》也以近整个版面的文字、图片对《焦点访谈》的报道进行了新闻联动报道，扩大了审计影响。

思想政治工作 2000年度深圳特派办围绕"创建一流审计机关"这一目标，采取积极引导、加强管理、增进服务"三位一体"的工作方式，不断加强和改进思想政治工作，取得了比较显著的成效。首先，以"创建一流"作为跨世纪发展目标，以共同的事业成就感凝聚人心，也为思想政治工作的开展和审计工作的发展奠定了较坚实的基础。其次，主动把握新形势下干部思想动态，对审计人员进行积极有效引导，培养干部职工正确的人生观、价值观、事业心；同时以审计事业的成就感来引导大家热爱审计事业，培养大家的工作责任心和责任感。第三，加强制度化管理，提高思想政治工作水平。深圳特派办规范了中心组学习制度、民主生活会制度、理论学习考核制度和审计回访廉政报告制度等。第四，增强服务意识，注意解决群众的实际问题。

地方审计机关

北京市

【北京市审计局】2000年，北京市审计局共有人员494人，其中26人具有高级职称，188人具有中级职称，190人具有初级职称。设有办公室、人教处、法制处、党委办公室、老干部处、监察处、财政审计处、金融审计处、经贸审计处、行政事业审计处、固定资产投资审计处、外资运用审计处、社会保障审计处、农业与资源环保审计处等14个处、室和机关服务中心、计算机中心、科培中心等3个事业单位。

领导人员

局　　长：齐国生

副 局 长：沈志德　程显华

　　　　　赵济堃　张海坤

纪检组长：张均满　郝树森

北京市审计成果　全年共审计850个单位，查出违规行为金额100.66亿元，其中决定处理处罚33.44亿元，指明要求纠正67.22亿元；已上缴财政7.23亿元，减少财政拨款或补贴0.16亿元，归还原渠道资金3.87亿元，为国家增收节支11亿元。向市委、市政府提交审计报告、调查报告20篇，其中18篇被市领导批示；上报审计信息198期，被审计署、市委、市政府采用83期，被市领导批示20期。

财政审计　以预算管理和资金使用效益为重点，开展了对北京市财政局具体组织本级预算执行和其他财政收支情况、地税局税收征管情况、国库北京市分库办理预算资金收纳划拨情况的审计，延伸审计单位86个，查出违规行为金额11亿元，其中处理处罚0.8亿元、指明要求纠正10.2亿元。提出了加强部门预算编制工作，加强税收征管，堵塞漏洞，清缴欠税的审计建议。草拟了《北京市市级预算执行审计工作程序实施细则》，建立了市财政局追加预算指标单数据库，为开展预算执行审计积累了数据资料。

金融审计　主要完成了对北京国际信托投资有限公司（以下简称北国投公司）以及北京市中小企业担保资金和高新技术产业发展融资担保资金（以下简称政策性担保金）的审计。通过对北国投公司财务收支真实性的审计，发现“北国投公司”存在着管理薄弱、虚记、少记收入及支出17446.43万元，漏缴税金474.08万元，高息吸存，以个人名义从事股票买卖等严重违规违纪问题，分析了产生问题的原因并提出改进建议。通过对两项政策性担保金的审计和延伸调查，客观地较全面地反映了两项担保资金的管理运行情况，对两项担保资金运行一年来取得的效果给予了肯定，同时揭露了两项担保资金在管理和运行中存在的主要问题并提出建议。

行政事业审计　查处违规行为金额16594万元，其中应上缴财政1488万元，已上缴财政1385万元；归还原渠道资金3724万元。完成审计和审计调查项目7项，审计29户，延伸审计56户、审计调查8户。在对市民政局等9个单位预算执行和其它财务收支的审计中发现：一些单位在财政拨款预算执行中存在未执行财政批复预算及自行调整预算，更改财政拨款预算使用项目；未按收支统管的原则编制综合资金预算；在行政事业性收费和罚没收入管理中存在未按规定标准和项目收费，未严格执行“收支两条线”管理等问题。在对全市环保排污费的审计中发现：一些区县所属企业欠缴排污费；市及部分区县排污费未能充分利用；排污费在使用上不够合理；超标排污费征收标准低于治理成本，不利于企业主动治理污染源等问题。针对上述问题而提交的审计报告得到了市长刘淇、副市长翟鸿祥和汪光焘的批示。

企业审计　完成了财政补贴资金管理使用情况审计、企业财务收支真实性审计、国有企业及国有控股企业领导人员任期经济责任审计等审计任务，以及对北京市国有企业下岗职工基本生活保障金管理使用情况调查和北京市工业结构调整资金使用情况调查等审计调查任务。全年共审计或调查243户企业、单位，查出违纪违规问题金额40.6亿元，其中应上缴财政6400万元。有5篇审计报告、审计调查报告得到市领导的批示。

农业与资源环保审计　共完成审计（调查）项目2项，并延伸审计104户，完成上级领导临时交办的任务2项，查出违规行为金额120831万元，其中处理处罚44万元、指明要求纠正120787万元，应上交财政77万元，归还原渠道资金390万元，较好地发挥了审计监督服务的职能。

在对北京市水利部门建设基金的审计中发现：部分建设单位将水利设施维护费用于基建项目，资金界限不清，应归还原渠道资金390万元；3个区县财政部门对7个工程项目未提供配套资金4512万元；部分水利工程管理单位挪用水利建设基金6万元、虚列工程成本35万元；未经有关部门批准擅自变更水利建设项目内容等问题。通过对市农工商联合总公司本部的审计，发现该公司本部违规设立多个会计主体，会计信息失真，部分会计信息未编制财务报表，而在体外循环，形成账外资产9.49亿元；该公司截留国家和企业收入私设小金库38.29万元等问题。针对上述问题，按有关政策法规进行了处罚，并提出了改进意见。

社会保障审计 一是开展了对市劳动和社会保障部门及其经办机构1999年企业职工基本养老保险扩大覆盖面工作的完成情况及2000年基本养老保险收支预测的审计调查。在对78户企业摸底调查的基础上，对37个企业和机关部门开展了实地调查。通过调查既发现了1999年本市未完成劳动和社会保障部下达的扩大养老保险覆盖面指标的问题，也预测了2000年本市养老保险基金赤字将达到43800万元，2000年底养老保险基金历年滚存结余将减少至170967万元，到2003年基金滚存结余将不足弥补赤字，养老保险基金将出现整体赤字运行的情况。并据此写出了审计调查报告，有针对性地提出了完善社会统筹保险制度的管理建议。为此审计署把该项目评为优秀审计项目。二是在市卫生局系统自查基础上，对有行政事业性收费的8个执法单位进行了重点检查。检查收费资金591万元，收费项目63项，查出该局及其下属单位未及时上缴预算收支资金85万元，擅自设立收费项目收费1.5万元，及票据混用问题；抽派3人参加了对国有企业下岗职工基本生活保障资金、失业保险基金、基本养老保险基金的专项检查工作；抽派3人参加了对确立的被检查单位的药品经营和销售行为进行重点检查的工作。

固定资产投资审计 共完成审计项目30个，查出违纪行为金额217414万元，其中决定处理处罚104822万元；指明要求纠正112592万元；应上缴财政46002万元；已上缴财政23610万元；归还原渠道资金25564万元；查出百万元以上违纪违规单位12个，违纪违规金额140423万元。接受领导交办及有关部门委托办理事项12项。具体审计：一是京沈高速公路北京段、八达岭高速公路二期工程及公路二环（通马段）等公路建设项目。查出了京沈高速公路北京段工程多列概算1.24亿元、侵占建设资金挤占建设成本2.57亿元、挪用建设资金0.25亿元及朝阳区违反拆迁法和土地法套取拆迁资金2.44亿元的重大违纪问题，在固定资产投资审计上取得了重大突破。二是对北京建工集团有限责任公司1999年资产负债损益情况的审计，同时抽查了六建公司的2个项目部和设备安装公司的2个分公司。经审计，建工集团1999年度实现利润与前五年基本持平，资产总额较上年增加了80655万元，资产保值增值率101.75%，实现了国有资产保值增值。集团的财务核算、报表管理比较规范，财务收支真实合法。但对所辖单位的监督管理缺乏力度，以致下属六建公司支付大额“中介费”；长城公司盲目投资造成大量国有资产变为不良资产，资不抵债，经营难以维持。三是对5个重点建设项目基建支出情况进行了审计，审计发现国土资源和房屋管理局由于自身原因，没有完成“地籍调查和开复垦”工作计划，造成2438万元财政资金闲置；重点基础设施建设项目仍存在挪用、侵占建设资金的问题；投资主体与投资审批权分离，造成投资额审批控制不严，地方财政投资受到损失；建设项目管理体制改革滞后，部分项目政企不分，偷漏税。四是对市建工集团垫资垫税情况和天鸿房管公司等4个物业公司的审计调查及市住房资金管理中心132亿元住房资金的审计。

外资运用审计 共完成审计署授权的国际金融组织贷援款项目14个，其中世界银行贷援款项目12个，执行单位33个；亚洲开发银行贷援款项目2个，执行单位5个。贷援款总金额63.2亿美元，国内配套165.25亿元。同时审计了政府外债项目4户，合资企业5户。共查处违规行为金额17709万元。审计中发现有些项目在执行过程中存在一些问题。如：世行贷款某项目违反国家专项资金专款专用的原则，将北京市经委、计委下拨的专项资金投入房地产开发。从欧盟赠款、全球环境资金赠款中提取资金作为项目管理费。违反了世行的赠款协议的规定，并责成有关部门就审计提出的问题认真研究解决。

【北京市东城区审计局】 2000年，共有干部职工57人，其中研究生学历1人，大学本科学历19人，大专学历29人，局长陈红，副局长郑万洪、王淑云，纪检组长郭淑桂。设有办公室、综合法制科、内审指导科、人事监察科、基建审计科、企业审计科、行政事业审计科、财政金融审计科、经济责任审计科。

审计成果 共完成审计项目82个，审计总金额52亿元，查出应缴财政325万元，减少财政部门和企业单位自筹基本建设资金支出9632万元，减少财政性资金支出5823万元。

完成内部审计项目292个，查出损失浪费2万多元，促进单位增收节支30万元；审计22个基建项目，核减资金20万元。

完成上级交办任务 完成了对区财政局、教育局等23个一级预算单位17亿元资金财政收支和管理使用效益情况的审计，以及对区教育局所属16所学校管理使用7795万元专项资金情况的审计调查。审计了11项重点工程建设项目，审计建设资金18亿元。如，对区社保大楼拆迁工程进行了全过程审计、对王府井市政工程建设资金进行了定期审计，在审计中发现工程预决算不实和工程费用列支超范围等问题。重点检查了区社保中心15.5亿元保险基金的收支情况。同时，对区民政局募集4000万福利彩票资金管理使用情况进行了审计。

【北京市西城区审计局】 2000年，共有干部职工64人，局长周慧来，副局长乐亦华、汤作人、王晓东。设有综合办公室、人事科、行政科、工交审计科、商粮贸审计科、行政事业审计科、基建审计科、财金审计科和内审指导科。

审计成果 共完成对67个单位的审计，开展10项审计调查。查处违规行为金额14064万元，应上缴财政626万元，已上缴财政3718万元(含以前年度3116万元)，核减工程造价1089万元。

完成上级交办任务 对1999年度区级预算执行和其他财政收支进行了审计；对31个单位的税收解缴情况及37个国库经收处进行了延伸审计，对教育等专项资金的管理使用情况进行了审计；对16个行政事业单位、4个街道办事处、10所中小学校的财务收支情况进行了审计；对16个商贸企业、4个工业企业开展了资产、负债、损益审计；对4个基本建设项目开展了竣工决算审计及“黄土不露天”工程专项审计，查出施工单位高估冒算、多计取工程量等问题，核减工程造价款1089万元；对2个企业，3个行政事业单位的领导进行了任期经济责任审计。

【北京市崇文区审计局】 2000年，共有在职干部职工52人，其中大专以上学历38人，局长周有成，副局长刘丽娟、李连喜。设有工交审计科、商贸审计科、财金审计科、行政事业审计科、指导科、人事科、综合科、办公室。

审计成果 共完成审计项目47项。查出违规行为金额8348万元；应上缴财政257万元，已上缴财政844万元（含去年上缴622万元）。其中财政审计3个，查出违规行为为金额1280万元；固定资产审计3个，查出违规行为金额84万元；企业审计17个，查出违规行为金额1801万元，应上缴财政97万元，已上缴财政69万元；行政事业审计24个，查出违规行为金额5183万元，应上缴财政160万元，已上缴财政153万元。向上级机关、地方政府报送审计信息、简报等125篇，有95篇次被采用，7篇次被领导批示。

内部审计 设有内审机构31个，内审人员303个。审计305项，纠正违规行为金额213万元，提出建议被采纳的有102条，减少损失浪费161万元，促进增收节支207万元。

【北京市宣武区审计局】 2000年，共有在职干部职工55人，其中大学本科学历15人，大专学历25人，局长梁诒，副局长张沪生、王兰生。设有综合办公室、人事监察科、行政管理科、内审指导科、企业审计科、行政事业审计科、财政金融审计科、基建审计科、合资企业审计科等部门。

审计成果 共完成审计项目70户、调查项目4项，调查涉及单位27个。审计中共查处违规行为金额42179万元，应交财政2358万元，应归还原渠道资金859万元，已上缴财政2991万元（含以前年度上缴850万元、罚款2万元）。同时开展处级领导干部经济责任审计9项。

内部审计 共有内部审计机构34个，其中专职机构10个；内审人员288人，其中专职人员26人。共完成审计项目286个，其中经济责任审计81个。

【北京市朝阳区审计局】 2000年，共有在职干部职工64人，其中本科学历13人，大专学历25人。局长兼党组书记郭建民，副局长唐乃仪、李庆元、董儒慈。设有财政金融审计科、行政事业审计科、离任经济责任审计科、基本建设审计科、企业审计科、综合办公室、人事科、总务科、内部审计指导科等部门。

审计成果 共审计（调查）单位222个，其中百万元以上违纪违规单位11个，纠正各类违纪违规金额60701万元，应上缴财政5934万元，已上缴财政5433万元（含以前年度欠缴），追还原渠道资金1161万元。

完成上级交办任务 依法实施了本级预算执行情况审计，基本建设资金、郡王府体育中心工程、来广营乡垃圾焚烧项目等专项审计，对区属麒麟大厦、万惠商场等国有商业企业资产、负债、损益审计和负债结构调查，以及对11个街道办事处的财务收支审计等，并完成了对朝阳公园建国50周年重点工程15个建设项目的追踪审计，8户技改企业新增效益审计调查等。并组建了由组织部、纪检监察、财政、审计等部门参加的经济责任审计联席会议制度，共对21名领导干部实施了经济责任审计。

内部审计 共完成审计项目1256项，纠正违纪违规522万元，促进增收节支169万元，审计建议被采纳135条。

【北京市海淀区审计局】2000年，现有干部职工52人，局长朱民尧，副局长常印怀。设有办公室、综合科、财政金融审计科、行政事业审计科、基建审计科、企业审计科、内部审计指导科。

审计成果　共完成各项审计和审计调查任务95户，查出违规违纪金额7.5亿元，组织上缴入库712万元，核减基建工程支出854万元，提交的审计报告、信息被市、区及新闻媒体采用54篇次，5篇得到区领导批示。完成了对海淀区四大商业集团改制前的资产负债损益；对基建资金管理使用情况的审计，查出多记工程量、高套定额、重复收费等问题，审减工程支出854万元，节约了财政资金；对22名党政领导干部进行了任期经济责任审计。

【北京市丰台区审计局】2000年，共有干部职工60人，局长李拥军，副局长张全福、张世伟、赵胜利。设有办公室、人事科、综合科、行政事业审计科、工商企业审计科、基建审计科、财政金融审计科、内部审计指导科、经济责任审计科、科技园区审计办事处。

审计成果　全年审计计划项目32项，实际完成57项，完成区委、区政府临时交办任务25项。共查出违规行为金额4000万元，已上缴财政1758万元。基建竣工决算审计核减工程造价185万元，查出百万元以上违纪单位4个。接受区委组织部交办的经济责任审计14项。

内部审计　各内审单位共开展各项审计工作231项，纠正违纪金额32.5万元，促进增收节支15万元。

【北京市石景山区审计局】2000年，共有干部职工40人，其中本科学历16人，大专学历20人，局长于书芳，副局长陈玉、仲长军、袁淑琴。设有财政金融审计科、农林行政事业审计科、领导干部任期经济责任审计科、商粮贸审计科、工交基建审计科、行政科、人教科、综合办公室等部门。

审计成果　共完成审计项目39项，查出违规行为金额8728万元，其中应上缴财政259万元，已上缴财政354万元（含以前年度239万元）；净核减工程造价304万元。被市、区有关部门采用审计信息87篇次，完成审计调研报告17篇。在对区某医院门诊楼基建项目竣工决算审计中，根据有关规定，核减工程造价131.9万元，核增工程造价10.9万元，净核减工程造价121万元；对某银行北京石景山支行资产负债和损益审计中，查出违纪违规行为金额1477.3万元，上缴金额397.8万元。全年进行了4项任期经济责任审计；任期内审计13项，并建立了任期审计联席会议制度。

内部审计　设有内审机构34个，内审人员137人。共完成审计项目107项，纠正违规行为金额968.2万元，查出损失浪费82.8万元，促进增收节支161万元。

【北京市门头沟区审计局】2000年，共有干部职工40人，其中大学本科学历3人，大专学历28人，局长郭砚生，副局长安兴臣、郝国瑞、李秋立。设有办公室、行政科、人事教育监察科、财政金融审计科、行政事业审计科、经贸审计科、任期经济责任审计科。

审计成果　共完成审计项目28项，完成审计调查6项，调查单位18户。共查出违纪违规金额4538万元，应上缴财政263万元，已上缴52万元。同时还完成自定和区政府交办的任务19项；对10名处级领导干部进行了任期经济责任审计；对旅游、建材等行业以及市政工程资金的投入、管理、使用效果6个项目开展了审计调查，对2个商办企业进行了破产审计。完成署、市机关下达的审计任务8项，延伸审计了78个单位，审计结果报告得到区政府的肯定。

内部审计　共有内部审计机构47个，内审人员127人，完成审计项目45项，建议被采纳11条。

【北京市房山区审计局】2000年，共有干部职工58人，其中研究生学历2人，大学本科学历8人，大专学历22人，局长李云飞，副局长李庆海、郑启营、李亮、崔中山。设有办公室、综合科、人事教育科、审计体系指导科、工商企业审计科、农业资金审计科、行政事业审计科、财政金融审计科、干部经济责任审计科等部门。

审计成果　共完成审计项目64项，查处违纪金额4937万元，其中上交财政322万元。被上级有关部门采用和领导批示的审计报告、信息57篇。共投入280余人，组成28个审计组，对85个单位进行了审计及延伸审计，共查出预算收入未及时入库，个别单位未全额上缴收费收入，欠税、偷逃税款，滞留挪用专项资金等4个方面的问题。查出违纪金额772万元，并按照财政法规分别进行了处理，提出了改进建议。

内部审计　共完成审计项目140项，查出违规资金220万元，促进增收节支30万元，维护了经济秩序，促进了增收节支。

经济责任审计　共组成21个审计组、计80人次，对21名乡（处）级领导干部进行了审计，共查出违纪金额1717万元（已作出处理处罚的239万元、纠正违纪1478万元），上缴财政99万元。对存在的问题，提出了处理意见和建议，对领导干部的经济责任给予了客观公正的评价。

【北京市房山区燕山审计分局】共有干部职工20人，其中大学本科学历5人，大专学历12人，设办公室、综合法制指导科、财金基建审计科、行政事业审计科、企业审计科、经济责任审计科、审计一所、审计二所。局长张泽生，副局长张志平、金洪生。

审计成果　共开展审计项目25个，审计调查2个，涉及单位51个。查出违规行为金额1688万元，其中决定处理处罚102万元。完成市局审计项目6个、调查项目1个；完成地方政府交办任务2项。

【北京市通州区审计局】2000年，现有干部职工46人，局长孙文宽，副局长刘永录、李德全、孟繁虎。设有综合指导科、离任审计科、财政金融审计科、行政事业审计科、基建审计科、企业审计科、政工科和办公室。

审计成果　共完成审计项目32个，审计单位235个，查处违规违纪金额7873.2万元，确认应缴入库91万元。对全区财政预算执行情况和财政收支情况进行了审计。查出的主要问题是：挪用310万元科技兴农资金用于弥补经费不足；315个财政周转金借款单位，应收回1.3亿元，仅收回246万元；“三资企业”土地使用费应缴454.2万元，实缴109.3万元；地税部门内控制度不健全。在对北京燕京牧机公司总经理的经济责任审计中，查出该公司虚增利润4854万元的问题，引起了区领导和企业界的重视。与区公安分局相配合，查清了某外商涉嫌1800万元人民币诈骗案的犯罪事实。完成审计调查7个课题，包括小区物业管理、农村教育附加费管理、社会保障基金现状、国有商业负债结构、内审工作现状、乡镇“一把手”经济责任审计研究等。

【北京市昌平区审计局】2000年，共有干部职工40人，其中本科学历6人，大专学历17人，局长田文峯，副局长刘会春、孟晓霞。设有办公室、综合科、财政金融审计科、行政文教审计科、企业审计科、基建审计科。

审计成果　共完成审计及审计调查项目8项，审计单位70个，查出各类违规行为金额1877.31万元，其中上缴财政285.31万元，核减基建项目投资218.2万元，罚款22.24万元；审计报告、信息被有关部门采用48篇，区领导批示10篇；并对9个任职较长的领导干部进行了任期经济责任审计。

内部审计　完成审计项目400个，查出损失浪费2610万元，纠正违规行为金额95万元，促进增收节支179.9万元，提出建议并被采纳57条。

【北京市大兴区审计局】2000年，共有干部职工44人，其中大专以上学历24人，局长陈尚志，副局长贾玉珍、李强、戴天太。设财政金融审计科、行政事业审计科、企业审计科、经济责任审计科、综合科、人教科、办公室，以及内部审计指导所等机构。

审计成果　共完成各类审计及调查项目18个，查出违规行为金额6118万元，其中决定处理处罚2304万元、指明要求纠正3814万元，应上缴财政1978万元，已入库1488万元，核减国家基建项目投资210万元。上报的调研报告、审计报告、审计信息等被市、县有关部门采用35篇，被上级领导批示2篇，为宏观决策提供了依据。

内部审计　共设内审机构26个，其中专职机构14个，内审人员155人，其中专职人员26人。全年共完成内部审计项目577个，纠正违规行为金额295万元，促进增收节支37万元，提出审计建议被采纳229条。

【平谷县审计局】共有干部职工53人，设办公室、综合科、财政金融审计科、行政事业审计科、商粮贸审计科、工交基建审计科、农村审计指导科、经济责任审计科和事业审计所等机构，负责对全县17个乡镇和134个县直部门的审计监督。局长陈江，副局长张春平、王炬、秦东英。

审计成果　共完成审计项目39户、审计调查5户，共查出违规行为金额10233万元，增加国家财政收入106.3万元。上报审计信息被采用33篇，调研报告5篇；对外发送审计宣传作品10篇，被署、市、县有关媒体采用7篇。其中，预算执行审计，延伸审计112户，纠正违规行为金额1059万元。对北京市工商行政管理局平谷分局、北京市利祥化工制品有限公司和平谷县环境保护局分别进行了财务收支审计和环境保护资金审计，查出违规行为金额596万元。结合县经济工作热点问题，为企业改革服务，开展负债结构情况审计调查5户，并提出了相应的审计建议及报告。共完成县委、县政府交办的任务32户，其中经济责任审计27户，通过审计界定了有关经济责任，为组织部门任用选拔考核干部提供了依据。

【怀柔县审计局】现有干部职工51人，设有办公室、政工科、财务科、财政金融审计科、行政事业审计科、经济责任审计科、商业粮食审计科、工业交通审计科和综合科，负责对全县15个乡镇和61个县直部门的审计监督。局长高志刚，副局长李仲祥、刘其田、孔祥会。

审计成果　共完成指令性审计计划9项，审计调查1项；完成县政府临时交办的审计及审计调查7项；

配合政府有关单位完成审计和审计调查10项。查处违规违纪金额4903万元，应上缴财政666万元，已全额上缴入库，指明要求纠正4237万元。圆满地完成了市、县上级机关布置的审计工作任务。

【密云县审计局】共有在职干部职工42人，设有办公室、人事教育科、经济责任审计科、行政事业审计科、财政金融审计科、农业资金审计科、商粮贸审计科、工交基建审计科、内审指导科，负责对全县19个乡镇和219个县直及企事业单位的审计监督。局长李洪友，副局长雷文华、从希民、于淮泉。

审计成果 共完成审计项目40项，审计单位207个，完成审计调查1项，调查单位5个，共查出违规行为金额1408万元，上缴财政152万元，归还原渠道资金462万元。完成县委、县政府临时交办任务17项，审计单位26个；完成领导干部经济责任审计项目2项。对严重失职，给企业造成直接经济损失的原双龙水泥集团总经理等7人给予了严肃查处。设有内部审计机构39个，其中专职内审机构13个，专职内审人员48人。

【延庆县审计局】现有干部职工63人，设有办公室、综合科、财政金融审计科、行政事业审计科、企业审计科、干部政绩审计科和审计干部培训中心，负责对全县13个乡镇和140个县直部门的审计监督。局长张长海，副局长张广相、王如山、宗建华、张景军。

审计成果 共完成35项153户审计和调查任务，查出违纪违规行为金额1828万元，上缴县财政1797万元，核减工程造价31万元，向市审计局、县委、县政府提交报告31篇。自行安排18项24户审计任务，核减工程造价31万元。并对13名领导干部进行了经济责任审计。完成市审计局下达的任务9项101户，查出违纪违规行为金额1797万元；完成县委、县政府交办的审计任务8项28户。同时28个内审机构、79名内审专兼职人员共完成288项（次）内审项目，审计金额2.1亿元，纠正违纪金额3607万元，促进增收节支54万元，提出意见、建议，有55条被采纳。

天津市

【天津市审计局】2000年，天津市审计局定编462人，在编386人。局机关设有办公室、综合处、政研室、法规处、人事教育处、工交审计处、商贸审计处、行政事业审计处、财政金融审计处、投资审计处、外资审计处、机关党委办公室、纪检监察室、老干部处等部门；另设有直属分局、审计科研培训中心等直属事业单位。

领导成员

局　　长：王志铭

副 局 长：杜西平　李延敬

　　　　　王秀明

纪检组长：王兴虎

总审计师：张　维

天津市审计成果 2000年，天津市各级审计机关坚持“全面审计、突出重点”的指导方针，牢牢把握审计工作全面上水平的工作目标，适时调整审计工作思路，合理安排和使用审计资源，加强了对重点领域、重点部门和重点资金的审计监督，加大了对重大违法违纪和重大经济案件的查处力度，审计业务工作在力度和深度上取得新的突破。全年共审计了1400多个单位，查出各类违反财经法规问题资金93亿元。其中已上缴财政1.3亿元，应归还原渠道资金4900多万元，发现和移送各类违法犯罪案件线索11件；向上级审计机关和各级政府报送审计报告、审计信息1365篇，被批示、采用609篇。

预算执行审计 预算执行审计注重提高审计覆盖面、完善内容体系，突出了审计重点。对市级1999年预算执行和其他财政收支的审计工作主要包括7个方面的内容，共涉及500多个部门、单位，审计预算资金及财政补贴47亿元，审计各类预算外资金、国债资金66亿元。通过审计，发现和披露了一些较深层次的问题。在对财税部门审计中，主要查出了预算批复不及时、收支不真实、违规提取契税征收经费等问题。对主管预算单位重点审计了23个部门的246项收费和罚款收支两条线情况，发现有8个部门的106项收费共计5.89亿元未纳入收支两条线管理，有9个部门单位挤占挪用事业费和专项资金3100多万元，基本摸清了全市行政、事业性收费和罚没收入的底数，为促使部门预算支出与收费脱钩奠定了基础。对科技、教育和国债等专项资金的审计，主要查出违规使用和财务管理不规范等问题。对国有企业下岗职工基本生活保障资金、失业保险基金和城镇居民最低生活保障资金进行了审计，发现部分企业自筹资金不到位、欠缴失业保险基金等问题。预算执行审计结束后，向市政府提交了审计结果报告和收支两条线、三条保障线等6个专题审计报告，提出了改进预算管理方式、推行综合预算、建立部门预算等意见和建议。审计结果报告和工作报告得到市政府和市人大常委会的充分肯定。各区县审计机关在本级人民政府和上级审计机关的领导下，也积极开展了本级预算执行和其他财政收支审计工作。

根据审计署的统一要求，对市工商行政管理系统的217个单位进行了审计，覆盖面达到100%，基本摸清了家底，查出了隐瞒拖欠收入、违规出借和挪用资金等违规问题金额9000多万元，向审计署和市政府报告了审计结果，提出了全面落实“收支两条线”等建议。

根据审计署的授权，对世行、亚行等国际金融组织的14个项目执行单位财务收支和项目执行情况进行了审计，直接对外出具了12份审计报告，有效地发挥了审计监督和公证作用。

企业审计 全市各级审计机关坚持以真实性审计为基础，以打假治乱为重点，突出对国有大型企业和企业集团资产、负债、损益的审计，进一步深化了企业审计。市审计局重点审计了41户企业，查出虚增利润、潜亏挂账和收入不入账等6.1亿元。区县审计机关对326个重点企业进行了审计，查出收入、成本和利润不实，账外资产等1.1亿元。同时，各级审计机关继续加强为企业服务工作，针对企业内部管理中存在的薄弱环节和问题，提出审计意见和建议，帮助解决实际困难，促进了企业经济效益的提高。

为了加强和改进企业审计，探索企业财务收支真实性审计的路子，审计机关根据审计署提出的国有企业审计要“抓大、打假、扭亏、提高”的基本思路，确定了对国有大中型企业实行定期审计的办法。即选择部分对全市经济发展和财政收入构成直接影响或制约因素的大型企业和企业集团，包括盈利大户和亏损大户及处在改革过程中的大型企业，逐步实行有计划的定期审计。通过连续几年的审计监督，摸清企业家底，促进企业加强管理，提高经济效益，推进深化企业改革和新机制的建立与完善。

固定资产投资审计 审计机关加强了对国家重点建设项目和国债建设项目的审计，市审计局主要完成了京沈高速公路天津段、医大总医院门诊楼和12个国债建设项目、6个排污治理项目的审计，区县审计机关对43个重点建设项目进行了概预算或决算审计。审计核减工程造价1500多万元，查出挤占挪用建设资金、项目超概算、非法出借建设资金等问题。针对资金和项目管理中存在的薄弱环节，提出了审计建议，对加强建设项目管理、提高资金使用效益发挥了积极作用。

经济责任审计 全市审计机关深入学习、积极领会中共中央办公厅、国务院办公厅《县级以下党政领导干部任期经济责任审计暂行规定》和《国有企业及国有控股企业领导人员任期经济责任审计暂行规定》，进一步统一思想认识，结合实际情况，研究制定了天津市经济责任审计的暂行办法，以市委、市政府办公厅名义正式发布实施；按照全国经济责任审计工作会议的要求，建立了天津市纪检、监察、组织、人事和审计部门联席会议的制度，并经市政府批准设立了专门机构，为开展经济责任审计奠定了基础。

区县审计机关在总结经验的基础上，继续将经济责任审计作为一项重点工作来抓。各区县均以政府名义转发了两办暂行规定和中央六部委意见，并修改、完善了具体实施办法。在审计立项上，注意加强与组织、人事、纪检、监察部门的沟通、协调，定期交流，通报情况。在审计实施中，严格执行必要的审计程序和审计规范，注意防范审计风险，积极探索经济责任审计的方式方法。有些区县审计机关还将经济责任审计与预算执行等项审计结合起来，实现了审计资料共享，提高了工作效率，取得了很好的效果。据统计，18个区县全年共对164个企事业单位的领导干部进行了经济责任审计，为加强领导干部管理和监督，促进党风廉政建设发挥了重要作用。

队伍建设 全市审计机关坚持以人为本，继续把培养高素质的审计干部队伍放在重要位置，进一步加强了领导班子建设、干部队伍建设和廉政建设。一是以学习“三个代表”重要思想为中心，突出抓好领导班子建设。各级审计机关以提高“一把手”素质为重点，以完善领导班子制度建设为前提，注重培养领导干部的开拓创新能力、综合分析能力、组织协调能力、科学决策能力、综合管理能力和独立作战能力，做到在政治上要有宏观意识，在业务上要精益求精，在工作上要严格管理，在作风上要严谨扎实。加强干部理论学习和党性修养，改进思想政治工作。审计机关领导班子和领导干部在思想、政治、作风和纪律上有了明显的进步，有力地促进了审计工作水平的提高。二是继续加大对干部的培训力度，不断增强审计干部学习、钻研业务知识的紧迫感和自觉性。各级审计机关坚持从审计事业的长远发展出发，发挥各种优势，采取多种方法和措施，多层次、多渠道地开展全员培训，全年共举办各类培训班37个，参训人员1100多人次。有122人通过了全国审计专业计算机基础知识统一考试。在全国率先举办了审计专业岗位资格考试，参考人员达到313人。全市有170多人参加各级各类院校的继续教育学习。通过培训，更新了知识，提高了审计人员的综合素质。三是以贯彻落实审计署“八不准”审计纪律为契机，切实加强审计机关廉政建设。全市各级审计机关认真贯彻朱镕基总理“建立一支廉洁、公正、铁面无私的审计队伍”的指示和审计署加强审计纪律规定的要求，在市政府领导同志的重视和各有关部门的支持下，制定并实施了《天津市审计局关于加强审计纪律的规定》（简称“八不准”规定），并在《天津日报》公布了具体内容和举报电话，接受社会和被审计单位的监督。各区县审计机关也采取措施，加大廉政建设力度，有条件的也实行了“八不准”审计纪律。通过实施“八不准”，审计人员依法审计、廉洁从审的自觉性进一步增强，促进了审计工作质量和廉政建设水平的提高，得到了市领导的肯定，并在社会上得到了广泛的赞誉。

【天津市和平区审计局】2000年，现有在职干部职工48人，其中研究生学历1人，大学本科学历7人，大专学历23人，局长姚宝元，副局长张静、刘浩洋。设有办公室、人事教育科、固定资产投资审计科、工业审计科、商贸审计科、行政事业审计科、经济责任审计科、综合法制科、内部审计指导科等科室。

审计成果 共完成审计项目72项，审计单位72户。经审计，发现和纠正违规行为金额12620万元。其中应上缴财政174.81万元，已上缴财政163.27万元，实现入库率93.40%。共报送审计结果报告23篇，被区委、区政府领导批示4篇（5篇次）；共编报审计工作简报80期，其中被市审计局采用21篇（24篇次），区长批示3篇，区委、区政府采用21篇（54篇次）。

内部审计 全区内部审计机构共审计36个单位，查出损失浪费434.17万元，实现促进增收节支108.2万元，纠正违纪金额442.1万元，已上缴财政5.3万元。

经济责任审计 根据《天津市和平区党政领导干部任期经济责任审计暂行办法》及区纪检委、区委组织部的委托建议，全年共对区属4个委、局的5名领导干部1999年度履行经济责任情况实施审计。经审计发现，上述4个委、局1999年度的财政、财务收支活动中，存在违规行为金额435.95万元，其中未入账管理的商业银行股票256万元，账有实无或实有账无的各项资产49.57万元，少缴税费14.93万元。对于以上需要处理、处罚的问题，相应下达了审计决定书。经审计的5名领导干部中，1人晋升了职务，1人调动了工作，1人被降职使用。

【天津市河东区审计局】2000年，共有在职干部56人，其中大学本科学历14人，大专学历36人，局长袁维卿，副局长许建荣、张庆岩。设有办公室、人事科、综合科、法制科、内部审计科、工业审计科、商业审计科、行政事业审计科、固定资产投资审计科。

审计成果 共完成审计项目11项75户，查出违规行为金额4683万元。应上缴财政404万元，其中罚没355万元，补税49万元；已上缴财政352万元，其中查出“小金库”10个，涉及金额632万元，单位9个，占全年审计总户数的12%。移交或与检察机关联合办案3件。上报审计信息29篇，宣传稿件15篇，被市局及区委、区政府采用6篇。制定了《为区经济服务七项措施》，正确处理执法与服务的关系，促进区各类企业健康发展。全年共完成政府交办的任务7项，30户。

内部审计 共审计369个单位，查出违规行为金额2179万元，提出审计建议被采纳32条，上报信息24篇。下发津东审（2000）10号文件《河东区内部审计工作考核评价标准》，将内审工作规范化、制度化，推动了区内审工作的发展。

【天津市河西区审计局】2000年，共有在职干部职工47人，其中大学本科学历11人，大专学历25人，局长李云洪，副局长张鹤轩、王景义。设有办公室、人事监察科、综合科（内审指导科）、财政金融审计科、工业审计科、商贸审计科、固定资产投资审计科、行政事业审计科。

审计成果 全年完成审计项目14项，审计单位94个。查出违规金额2998万元，上交财政收入103万元。向上级机关报送审计报告、信息88篇，被批示采用65篇。同时全年各内审机构共纠正违规金额122万元，提出的合理化建议被采纳196条。

经济责任审计 全年共对20个处级领导干部进行任期经济责任审计，查出违规金额994.12万元。会同区组织部起草《河西区处级领导干部任期经济责任审计暂行规定实施细则》和《河西区区属企业领导人员任期经济责任审计暂行规定实施细则》，区委、区政府予以批转。

大案要案 与区反贪局联合协作，对群众举报的区属某单位存在的经济问题进行核查，审查的账目长达8年之久，为区反贪局查处案件提供了翔实依据，对发现的漏缴税金45万元问题，提出了收缴处理意见，使45万元税款收缴入库，开拓了审计领域。

【天津市南开区审计局】2000年，共有在职干部职工58人，其中大学本科学历11人，大专学历46人，局长王化顺，副局长吴敏谦、赵家祺、郭福斌。设有办公室（人事教育科、综合计划科）、法规内审指导科、行政事业审计科、商业企业审计科、基建审计科、财政金融经济责任审计科等部门。

审计成果 共审计单位90户，查出违规行为金额28364万元（其中决定处理处罚2010万元，指明纠正26354万元），应交财政43万元，已全额上缴。提交审计信息85篇，被上级机关采用30篇，地方党政领导采用21篇，新闻单位采用8篇。完成上级交办任务3项70户，查处违规行为金额25171万元，应上缴财政

14万元，已全额上缴。

内部审计 区政府《关于区属单位实施“两年审一次，一次审两年”审计工作办法的意见》，要求发挥内审机构的职能作用，加强对内审的指导和管理。区审计局制定了《内审工作指导意见》，强化了对全区内审工作的分类指导和培训。全区已建立内审制度的单位39个，占应建单位的90%以上。

【天津市河北区审计局】 2000年，共有在职干部职工52人，其中研究生学历1人，大学本科学历7人，大专学历30人，局长杨法清，副局长张麟、刘瑞丁。设有办公室、人教科、综合科、内审科、工业审计科、商业审计科、行政事业审计科、基建审计科等部门。

审计成果 全年共完成审计项目13项69户，完成审计调查项目9项126户。查出违规金额40183万元，上缴入库153万元。上报各类信息、宣传稿件、报告119篇，被采用及批示51篇次。其中主要的审计任务有：完成了对区财政、17个重点主管预算单位1999年度预算执行情况的审计；对科技经费、教育经费、财政专项拨款的使用情况及部分行政事业单位综合预算编制情况的审计调查等。审核预算资金、各类预算外资金及其他专项资金35188万元，查出违规金额2166万元。全年共对24户工、商企业及房地产开发企业进行了审计，查处各类违规问题金额14667万元。

完成上级交办任务 对昆仑公司及其所属企业开展了审计调查；对区属34个企业资产结构进行了调查；会同财政局对区原17个街道办事处及其下属保洁队资产情况进行了清查核实；承办信访案件5件，查出私设小金库、偷漏税金等问题670万元。

内部审计 全区各内审机构共完成审计项目414个，通过审计查出损失浪费63万元，促进增收节支14万元，纠正违规行为金额7万元。向被审计单位及有关领导部门提出审计建议并被采纳78条，向有关部门报送内审信息6篇。

经济责任审计 全年共对街道系统、城建系统、商业系统等12位党政领导干部、企业领导人员进行了经济责任审计，查处各类违纪违规问题金额达19414万元，有4名领导干部受到处理，在审计后被免职。

【天津市红桥区审计局】 2000年，共有在职干部53人，其中大学本科学历12人，大专学历27人，局长马泽众，副局长蒋炳友、张树起、王蕊。设有办公室、人事教育科、综合法制科、内审指导科、工业审计科、商业审计科、行政事业审计科等部门。

审计成果 共对125个企事业单位实施了审计，查出各类违纪违规金额2482万元，直接增加区财政收入57.2万元，向上级机关及新闻机构提交各类综合性报告、信息、简报69篇，其中46篇被批示采纳。

完成上级交办任务 全年按时保质地完成了各项署、市重点审计项目和区政府临时交办的各项审计任务。其中财政预算执行情况审计进一步加大了审计的力度和深度，查出违纪违规金额达628万元，较1999年增加了45%。财政审计的报告得到了区人大、区政府的高度重视和充分肯定。

内部审计 指导全区各内部审计机构以财务收支审计为基础，开展了内控制度评审、经济责任审计、经济效益审计、管理审计等各类专项审计和调查。全年各内审机构共开展审计项目236项，查出损失浪费118万元，促进增收节支50万元，纠正违规行为金额37万元，提出合理化建议并被采纳156条。

【天津市塘沽区审计局】 2000年，共有在职干部职工38人，其中大学本科学历11人，大专学历13人，局长沈大方，副局长叶文智、孙德红、王桂元。设有办公室、综合科、法规科、工业审计科、商业审计科、行政事业审计科、固定资产投资审计科、财政金融审计科等部门。

审计成果 共完成13个审计项目，涉及65户，审计共查出违规行为金额10887万元，其中决定处理处罚5851万元，指明要求纠正5036万元，应上缴财政1348万元，已上缴财政1161万元。

完成上级交办任务 完成署定、市定本级预算执行情况、科技经费、教育经费、固定资产投资项目、国有企业资产负债损益审计等项目7个，涉及22户。查出违纪违规行为金额3153万元，其中决定处理处罚1459万元，指明要求纠正1694万元，应上缴财政172万元。完成区委、区政府交办的审计任务5项，涉及22户，审计查出违纪违规金额4921万元，其中决定处理处罚2911万元，指明要求纠正2010万元，应上缴财政67万元，核减工程结算7.13万元。

内部审计 全区各内部审计部门共审计了503个部门（单位），审计内容包括财务收支、经济效益、经济责任、固定资产投资审计等。审计查出损失浪费67万元，促进增收节支143万元，纠正违规行为金额62万元，提出审计意见、建议并被采纳542条。

经济责任审计 受区委组织部委托，共完成处级领导干部任期经济责任审计18户，审计查出违规行为金额4921万元，其中决定处理处罚2911万元，指明要求纠正2010万元，应上缴财政67万元。

【天津市汉沽区审计局】 2000

年，共有在职干部职工42人，其中大学本科学历17人，大专学历7人，局长曹俊杰，副局长杨宗弟、张建东。设有办公室、综合科、法规科、内审指导科、财政金融审计科、行政事业审计科、企业审计科、基本建设审计科等部门。

审计成果　共完成审计项目14项56户。其中完成署定、市定项目6项32户，完成自定项目8项24户；共查处违规金额1032万元；已缴上年度应交未缴款13万元；提交审计报告32篇、审计意见及建议共109条和审计信息59篇，其中市局采用11篇；本区有关部门采用16篇。

内部审计　共完成审计项目781项，审计总金额178844万元。其中完成工程审计项目548项；完成财务收支审计20项；完成领导干部经济责任审计412项；完成经济效益审计46项；完成预算外资金行政事业性收费、罚没收入审计17项；完成教育经费审计35项；完成乡镇企业审计62项；完成专项审计11项；完成内控制度评审12项。此外，完成各类审计调查72项；发出限期整改通知书13份，提出各类审计建议225条；其中多数被采纳，查出各类违纪违规调整账面金额2363.3万元，促进增收节支258.97万元，取得直接经济效益284.6万元，收缴入财务账资金95.43万元，查出损失浪费372.69万元。

【天津市大港区审计局】2000年，共有在职干部职工48人，其中大学本科学历15人，大专学历20人，局长刘华建，副局长李钟兰、丁连军。设有办公室、综合法规科、内审指导科、行政事业审计科、财金审计科、经济责任审计科、基建审计科、工业企业审计科、商业企业审计科、乡镇企业审计科等部门。

审计成果　全年完成审计项目11项59户，查出违规行为金额10662万元，上缴财政103万元，被上级采用信息、论文及调研材料26篇。

完成上级交办任务　完成署、市定7项25户审计，区委、区政府交办3项21户。包括预算执行审计，国有企业资产、负债、损益审计，行政事业单位审计，固定资产投资审计等。根据"两办"的通知精神，制定了《大港区关于实行领导干部任期经济责任审计的意见》、《大港区领导干部任期经济责任审计的实施办法》。全年完成5个单位的经济责任审计。

【天津市东丽区审计局】2000年，共有在职干部职工34人，其中大学本科学历6人，大专学历25人，局长郑福发，副局长杨全利、林跃中。设有办公室、综合科、工业审计科、商业审计科、行政事业审计科、金融基建审计科、乡镇审计指导科等部门。

审计成果　共完成13项审计项目，审计106个单位，其中署、市定项目6项34户，自定项目7项72户，查出各类违规行为金额19557万元，应上缴4万元。向区委、区政府和上级审计机关提交审计调查报告27篇，上报各类信息55篇。

完成上级交办任务　完成区委、区政府交办审计任务3项14户；受区委组织部委托，对14位处级干部实施了任期经济责任审计，对离任者在职期间，所负经济责任、单位的财务收支情况、财务管理状况，给予客观公正的评价。

内部审计　全区内审部门共完成审计项目118个，查出损失浪费132万元，促进增收节支157万元，提出合理化建议21条。成立了区内部审计协会，加强了内部审计指导监督工作。

【天津市西青区审计局】2000年，共有在职干部职工24人，其中大学本科学历6人，大专学历13人，局长房学明，副局长董怀智。设有办公室、综合科、财政金融审计科、行政事业审计科、企业审计科、乡镇企业指导科等部门。

审计成果　共完成审计项目9项40户，查出违规金额762万元。提交审计信息31篇，被区委、区政府、市审计局采用28篇次。其中完成了区领导交办的4项审计任务，被审计单位22户；受区委组织部委托，对区建委、劳动局、卫生局等8个单位的处级领导干部进行经济责任审计。

【天津市北辰区审计局】2000年，共有在职干部职工33人，其中大学本科学历10人，大专学历14人，局长刘志光，副局长赵世环、刘承芳。设有办公室、综合科、基建财务审计科、乡镇审计管理科、工商企业审计科、财政审计科、行政事业审计科等部门。

审计成果　完成审计项目12项139户，共查出各类违规行为金额9221万元，追还被侵占挪用的资金186万元，处理处罚、上缴入库177万元；向上级审计机关及区政府提交审计工作报告和审计信息70篇，被批示采用28篇，批示采用率为40%。

完成上级交办任务　完成了对教育系统、科技系统、计划生育系统、政法系统、运管系统的审计；查出违规行为金额1784万元，向司法机关移交贪污案件1件；完成了6个项目的基本建设投资审计，审计工程总造价达5167万元，通过审计，核减工程造价258万元，并在全市各区县中率先开展了计算机辅助审计；完成了区政府交办的对52个亿元村、亿元企业经济指标及12个镇追逐赛经济指标的核实审计；承办了西堤头镇集资情况审计；配合公安分局对利昂公司等8个企业的财务情况进行了清查；组织镇审计站开展了村级财务收支审计、减轻农民负担审计和农村收益分配审计。

内部审计 全区内审部门共完成审计项目59项，审计户数617户，查出违纪违规金额9569.59万元、损失浪费336.45万元，促进增收节支545.61万元，提出的250条审计意见、建议被采纳。

【天津市津南区审计局】 2000年，共有在职干部职工27人，其中大学本科学历5人，大专学历16人，局长刘子明，副局长陆遂、魏瑞荣。设有办公室、财政金融审计科、行政事业审计科、工业基建审计科、商业审计科、综合科、内审指导科等部门。

审计成果 全年完成审计项目9项23户。查出违规行为金额3910万元，较上年增长了85%；应上缴财政57万元，已上缴入库57万元；提交审计报告21篇，上报市、区各种信息60篇，被采用21篇。

内部审计 全区内审机构主要开展了财务收支审计、经济效益审计、经济责任审计等项目，共审计单位319户（次），查出损失浪费83万元，促进增收节支103万元，内审部门提出建议被采纳57条，已纠正违纪行为金额64万元。

经济责任审计 对两个单位进行了经济责任审计，责令所欠财政专户的银行利息3921元上缴财政专户，补缴税费8911.90元。

【天津市武清区审计局】 2000年，现有干部职工36人，局长丁玉山，副局长周春旺、朱广臣、王全跃。设有办公室、综合科、财政金融审计科、企业审计科、行政事业审计科，负责对全区34个乡镇和近60个区直属部门的审计监督。

审计成果 全年共对53个单位进行了审计，查出违规行为金额6769万元，应上缴财政493万元，已上缴财政141万元。其中本级财政预算执行审计共审计预算资金21086.8万元，占财政预算总支出的68.5%，通过审计，查出违规行为金额2107万元，比去年增长118%。加大了延伸审计的力度，共对12个一级预算单位进行了延伸审计，比去年增长50%，对一些重点单位、重点资金还延伸到二、三级预算单位，延伸审计共查出违规行为金额1685万元，占预算执行审计违规金额的84%。发现了一些坐支应纳入收支两条线管理的预算外资金、挤占挪用专项资金、固定资产管理混乱等较为突出的问题。在对同级财政预算执行审计的同时，还加强了国有企业和行政事业单位的监督，共查出违规金额4047万元，对发现的一些违反财经法纪问题分别提出了意见和建议。

【天津市经济技术开发区审计局】 2000年，共有在职干部职工22人，其中大学本科学历15人，大专学历5人，局长邢宝钧。设有办公室、审计一科、审计二科、审计三科等部门。

审计成果 共完成对19个单位的审计工作，其中本级财政部门预算执行情况审计1户，主管预算单位审计4户，科技经费审计1户，教育经费审计3户，开发区区属国有企业审计4户，中外合资企业审计2户，基建项目审计4户。审计查出违规行为金额11392.82万元，其中决定处理处罚247.57万元，指明要求纠正11145.25万元，应上交财政194.56万元，已上交财政198.59万元。上报综合信息12篇，被采用2篇。完成政府交办的审计调查任务2项，并向有关部门和领导提供了审计报告。制定了《天津经济技术开发区国有企业及国有控股企业领导人员任期经济责任审计暂行办法》，并经批准施行。

【静海县审计局】 现有干部职工35人，设有办公室、财金基建审计科、行政事业审计科、工交企业审计科、商贸企业审计科、法规科及综合科，负责对全县28个乡镇和56个县直部门的审计监督。局长门惠亭，副局长古福森、杜恩升、刘庆鸿。

审计成果 全年共审计64个单位，查出违反财经法规金额10372万元，应上缴财政86万元，已上缴财政86万元，追回被侵占挪用资金175万元，为国家增收节支261万元，提交审计报告和信息67篇，被批示采用45篇。

【宁河县审计局】 现有干部职工40人，设有办公室、综合科、财政审计科、行政事业审计科、金融基建审计科、企业审计科等部门，负责对全县22个乡镇和45个县直部门的审计监督。局长王永顺，党组书记兰铁春，副局长孙瑞云、高宝玺。

审计成果 共完成审计项目9项，审计单位67户，其中完成署、市定项目6项27户，完成政府交办项目1项19户，查出违规行为金额1911万元，应上缴财政577万元，向司法机关移送案件1件，移送人员1名，通过审计向被审单位提出审计意见和建议被采纳101条，向上级审计机关和县委、县政府报送审计报告、审计信息及宣传稿件60篇，被批示采用25篇次，为领导宏观决策提供了依据。

【宝坻县审计局】 现有干部职工35人，设有办公室、综合计划科、财金审计科、行政事业审计科、商贸审计科、工交审计科、基建审计科，负责对全县35个乡镇和51个县直部门的审计监督。局长高宗祥，副局长吴春华、王玉兰、陈德民。

审计成果 共完成审计项目5项55个单位，其中完成上级审计机关确定的审计项目4项38个单位，自定审计项目17个单位。审计查处违规行为金额4973万元。其中应上缴财政287万元，已上缴财政140万元，追还被侵占挪用资金191万元。

【蓟县审计局】现有干部职工37人，设有办公室、财政金融基建审计科、行政事业审计科、工交企业审计科、商贸企业审计科、内审协会等部门，负责对全县41个乡镇和51个县直部门审计监督。局长司永安，副局长黄长山、张士海。

审计成果 共审计14项103个单位，查处损益不实、资产不实、挤占挪用专项资金、列支不合规票据等违反财经法规金额8143万元。向市局和县委、县政府报送审计信息、简讯70篇，被采用19篇；向《中国审计报》报送宣传稿件8篇，被采用5篇。

河北省

【河北省审计厅】2000年共有干部职工96人，其中研究生学历7人，大学本科学历51人，大专学历33人。设有办公室、监察室、机关党委、人事处、法规处、经贸处、固定资产投资审计处、行政事业审计处、财政审计处、金融审计处、外资审计处、农业审计处、社会保障审计处、计算机中心等18个机构。

领导成员

厅　　长：张成起

副 厅 长：陈金如　赵文雪

　　　　　吴兵冲　李树森

纪检组长：肖孟君

河北省审计成果 2000年，全省共审计单位9307个，是年初计划数的135.06%，查处各种违规行为金额128.02亿元。其中应上缴财政7.23亿元，已上缴财政6.67亿元；减少财政拨款或补贴金额8605万元；归还原渠道资金6.35亿元；促进增收节支1.34亿元。审计机关通过审计，向司法机关移送案件30起，建议给予行政处分22人。此外还协助有关部门查处各类经济案件54起；建议纠正地方不当规定560条；提交审计工作报告、信息8639篇，被各级党委政府、上级审计机关批示及新闻单位报道4786篇。

财政审计 全省各级审计机关共审计2312个单位，查出各种违规行为金额388146万元。2000年财政预算执行审计工作具有四个特点：一是重点突出。各级审计机关准确地把握中央关于经济工作的大政方针并结合当地的实际，加大了对财政收支真实性的审计力度。二是延伸审计力度加大，扩大了审计监督面。三是加大了执法力度，树立了审计权威。四是预算执行审计结果受到各级人大的肯定和好评。省九届人大常委会在听取省本级预算执行审计工作报告后指出，审计厅的报告指导思想明确，重点突出，查出的一些违法违纪问题，有的性质比较严重，应在新闻媒体上曝光。8月，《河北日报》、《河北经济日报》全文刊登了省本级预算执行审计工作报告。

金融审计 根据审计署安排，全省审计机关统一组织了对工商银行河北省分行系统1999年审计查出违规违纪问题的依法处理工作，补缴税金和各种对违规行为罚款6602.2万元。还完成了对河北省金融租赁有限公司1999年度资产、负债和损益情况的审计，并延伸审计了该公司所属的4个全资子公司，查出该公司存在的产权不明晰、损益不实等八个方面的问题，违规行为金额高达4.35亿元。完成了对河北证券有限责任公司及所属6个营业部1999年度资产、负债和损益情况的审计，查出挪用客户保证金、违规透支、违规融资等七个方面的问题，违规行为金额达4.74亿元。

行政事业审计 2000年，全省的行政事业审计工作，一是抓住审计线索不放，特别是对举报线索和账外资金线索，一查到底。在对省无线电管理局的审计过程中，审计人员通过内查外调，查出该单位通过采取假造临时工工资单、隐瞒收入、公款私存等手段，私设“小金库”740万元的违纪事实。二是在探索审计方法上下功夫。对工商管理系统的审计中，廊坊市审计局通过采取上下对账的审计方法，查出市县两级工商管理部门联手截留行政性收费372.9万元的严重违纪问题。三是积极探索计算机辅助审计的新路子。省厅在对新闻出版局的审计中通过实际应用，探索和积累了计算机辅助审计的工作经验，有效地促进了审计工作效率和审计质量的提高。

2000年，全省工商行政管理机关的财务收支审计，发现工商部门隐瞒截留收入、挤占挪用专项资金、漏缴税金、私设“小金库”等六个方面的主要问题，违纪金额达1.79亿元。全省新华书店系统财务收支审计，共审计单位160个，查处违纪资金8475万元。完成了对49个县“普九”教育经费的审计任务，查处违规行为金额4030.01万元。

企业审计 一是全省组织各级审计机关对44户重点国有企业的资产、负债和损益情况进行了真实性审计。审计的44户企业中，赢利企业和亏损企业分别占审计企业总数的48%和52%；23户亏损企业账面反映的不良资产和潜在损失就达33779万元，占总资产的18%；平均每户潜亏达1469万元；44户企业1999年度决算报表反映利润总计23901.21万元，审计核实利润

10179.07万元，会计信息失真。一些企业尚存在经营和财务管理水平不高，违规违纪现象突出等问题。二是为配合消费拉动战略的实施，积极开展了对全省旅游行业1997年至1999年度的资产负债损益情况的审计和审计调查。全省共审计（调查）旅游单位213户，查处违规违纪资金6301.21万元，揭示了财务管理不规范、违规违纪现象普遍等八个方面的问题，并对问题产生的原因进行了分析，提出了可行性建议。三是认真开展企业审计。承德市审计局在对9户国有工业企业的审计中，查出违规行为金额6458万元，其中的6070万元为企业虚增利润。沧州市审计机关组织对全市56家国有大中型企业进行了审计，查出违规行为金额2786万元，市委、市政府领导专门听取了工作汇报，并责成有关单位按照审计意见清理整顿。滦南县审计局对某粮站审计中，查出私设“小金库”134万元、私分贪污20万元的违纪问题，涉案人员已移交司法部门处理。

专项资金审计　一是根据省政府批示意见，组织全省审计机关完成对第四期海河平原农业综合开发专项资金和专项贷款的拨付、配套、使用及管理情况的审计。全省共审计单位422个，抽审子项目498个，查出各类违规行为金额4304万元，促进资金到位3863.4万元，归还原渠道资金132万元，处理违规贷款金额1268.5万元。二是根据省政府指示意见，组织张家口和承德两市对本省第三期坝上生态农业专项资金的拨付、配套、使用和管理情况进行了审计。三是根据审计署工作安排和省政协的提案，组织全省审计机关对本省1998至1999年度排污费征缴、管理及使用情况进行了审计，查处违规行为金额1994.4万元，同时，对资金投入的效益性进行了分析。四是组织全省审计机关对社会保障资金（包括企业职工基本养老保险基金、失业保险基金、下岗再就业资金和城镇居民最低生活保障资金）使用和管理情况进行了审计，审计查出挤占挪用社保资金34962万元，养老保险基金贷款利息长期滞留账外212万元，未纳入财政专户管理25227万元，虚列支出、转移资金412.4万元。

固定资产投资审计　一是重点加大了对电力、水利和交通等建设项目的审计监督力度。省厅在对京沪高速公路河北段、石黄高速公路、宣大高速公路、三河电厂、邯郸热电厂等项目的审计中，除依法严格对审计发现问题进行处理外，同时还专题向省政府提出建议，追究有关责任人的个人责任，促进了审计执法和工作质量的进一步提高。二是结合国债资金使用情况的监督检查，组织全省审计机关对24个中央直属储备粮库竣工决算进行了审计，通过审计核减工程造价2261.16万元。三是服务于结构调整和企业改造，开展了对技术改造项目的审计监督。全省共完成对525个基建项目和技改项目的审计，查处违规行为金额15.9亿元。

外资运用审计　全省共完成外资项目审计20个，共查出违规行为金额243240万元。出具对内、对外审计报告24份。为了维护河北良好的对外信誉，全省外资审计工作中严格规范审计程序，在全省范围内统一执行新的《世界银行贷款项目审计操作指南》，规范了审计行为，降低了审计风险。同时按照《审计署世界银行审计方案》要求，明确了审计工作重点，加强了审计质量考评，并不断探索建立计算机作业平台审计的新方法，提高了审计工作的质量和效率。

经济责任审计　全年共完成对963名党政领导干部、国有及国有控股企业领导人的经济责任审计，查处违规行为金额53924万元，审计后有70人被免职，11人被降职使用，4人受到党政纪处分，11人被移送司法机关和纪检监察机关处理。

召开审计新闻发布会　年初，河北省召开了首次审计新闻发布会，向社会广泛宣传了审计法律法规知识，公布了一年来审计工作在维护正常经济秩序，保障国有资产安全、完整、有效，以及打击经济领域中的各种腐败行为，服务全省宏观经济调控等方面所取得的重大成就，引起了社会各界的广泛关注。新闻发布会上还就记者们提出的各种问题，特别是领导重视、群众关心的一些热点问题一一作了答复。这项工作对于促进审计机关依法审计，提高质量，宣传审计成果和审计法律知识，扩大审计的社会影响，以及自觉接受社会各界和群众的监督，起到了巨大的作用。

【石家庄市审计局】2000年，共有在职干部、职工99人，其中研究生学历2人，大学本科学历45人，大专学历34人，局长郜志，副局长曹书辰、杨英波、胡荡舟、张家亮、许建军、刘雪萍、李士宗，纪检组长李国辉。设有办公室、人事处、综合处、财政审计处、金融审计处、商贸审计处、工交审计处、行政事业审计处、固定资产投资审计处、农业审计处、外资审计处、审计管理处、机关党委、审计干部培训中心、高新技术开发区审计分局、经委特派办、商贸委特派办、建委特派办、河北温泉审计培训基地等部门。

审计成果　全市共完成审计单位1298个，查出各类违规行为金额298823万元，应上缴财政资金9712万元，已缴财政9136万元，查出百万元违规单位10个，提交审计工作报告、信息1113篇，被各级党政机关、上级审计机关及新闻单位批示、

采用553篇，

完成上级交办任务　完成政府交办审计事项109项，主要是信用社和经济责任审计、配合有关部门查办案件等工作。

内部审计　有内审机构703个，其中专职机构206个；内审人员1691名，其中专职653名；审计单位244个，其中财务收支审计141个，经济效益审计99个，提出建议意见被采纳41条，已纠正违规行为金额45万元。

经济责任审计　全市共对95个单位涉及97人的县级以下党政领导干部和厂长（经理）任期经济责任进行了审计，呈报的审计报告为领导决策发挥了参谋作用。其中发现因个人经济问题违纪金额420万元，审计后晋升8人，平调57人，免职10人，受党政纪律处分3人，移送纪检监察查处4人。

【石家庄市长安区审计局】　现有干部职工14人，设有办公室、行政事业审计科、经济责任审计科和基建审计科，负责对全区3个乡镇和52个区直部门的审计监督。局长王振清，副局长李明、屈和。

审计成果　全年共完成各类审计项目42个，审计资金12.6亿元，查出违规违纪资金2029.36万元，增加财政收入1435.6万元，移交违纪案件或案件线索5起。

【石家庄市桥西区审计局】现有干部职工10人，设有办公室、行政事业审计科、企业审计科、经济责任审计科，负责对1个乡、11个街道办事处和41个区直部门的审计监督。局长董保贤，副局长张淑芬、孙文华。

审计成果　全年完成审计项目（单位）36个，审计查出各类违规行为金额2082万元，追还被侵占挪用资金68万元，增加财政收入98万元。基建决算项目审减工程资金170万元。完成审计调查项目1个，协同财政、纪检监察部门完成了机关行政事业单位财务收支两条线执行情况检查。提交审计工作报告、信息35篇，被上级审计机关、区委区政府及新闻单位采用27篇。

【石家庄市桥东区审计局】现有干部职工12人，设有办公室、行政事业审计科、企业审计科和基建审计科，负责对全区1个乡镇和71个区直部门的审计监督。局长齐小花，副局长刘建忠、赵利军。

审计成果　全年共审计19个单位，查处违规资金1019万元，应上缴财政资金99万元，已上交财政资金44万元。被上级机关和部门采用信息14篇。

【石家庄市新华区审计局】现有干部职工11人，设有企业审计科、行政事业审计科、经济责任审计科、审计管理科和办公室，负责对全区9个街道办事处和33个区直部门的审计监督。局长宿向阳、韩雨平（8月3日任职），副局长岳喜起、白淑芳。

审计成果　全年共对44个单位进行了审计，对28名党政领导干部任职期间的经济责任进行审计。共查出违规行为资金1620万元，上交财政149万元，向被审单位提出整改意见和建议120多条，提交审计工作报告、信息56篇，被批示采用56篇。

【石家庄市郊区审计局】现有干部职工12人，设有办公室、行政事业审计科、工商企业审计科和审计管理科，负责对全区11个乡镇和55个区直部门的审计监督。局长李兰萍，副局长王志学、李翠玲。

审计成果　2000年共完成对25个单位的审计，查出违规行为金额16117万元，上缴区财政罚没收入147.3万元，完成区领导临时交办审计单位11个，先后抽调5人次协助纪检等部门办案，同时还抽调6人参加了区组织的下乡工作队。

【石家庄市井陉矿区审计局】现有干部职工8人，设有办公室、工交企业审计科、商粮贸审计科、财政金融审计科、行政事业审计科，负责对全区4个乡镇和38个区直部门的审计监督。局长李长森，副局长贾庆云、王淑珍。

审计成果　2000年度共完成审计项目或单位14个，其中：金融系统1个，即信用联社；行政事业单位9个；工交企业4个；查出各类违纪资金3798万元，指明要求纠正317万元；增加财政收入、促进增收节支128万元。

【辛集市审计局】现有干部职工30名，设有工交审计科、商贸审计科、行政事业审计科、财金审计科、基建审计科和办公室，负责对全市15个乡镇和65个市直部门的审计监督。局长杨辰卯，党组书记马秀英，副局长周建领、李铁山、冯育民，纪检组长苏乃乐。

审计成果　全年共完成审计项目111个，审计资金总额27.2亿元，查出违规行为资金1.05亿元，增加财政收入818万元，是近年来最多的一年，为被审单位提出合理化建议420余条，促进提高经济效益600万元以上。提交专题审计工作报告6篇，被各级采用信息稿件38篇，为领导进行宏观决策提供了依据。

【藁城市审计局】现有干部职工35人，设有办公室、工交审计科、商贸审计科、行政事业审计科、基建审计科、财税审计科，负责对全市15个乡镇和80个市直部门的审计监督。局长甘文生，副局长李俊芬、楮双群、曾文彩。

审计成果　全年完成审计项目59个，查出违规行为金额4073万元，其中决定处理处罚54万元，指明要求纠正4019万元。

【晋州市审计局】现有干部职工20人，设有行政事业审计科、财金审计科、企业审计科、基建审计科和办公室，负责对全市20个乡镇和67个市直部门的审计监督，局长魏造拴，副局长杨怀拴、王敬仁、李素霞。

审计成果　全年共完成审计项目44个，查处违规行为金额632万元，收缴财政36万元。

【新乐市审计局】共有干部职工13人，下设办公室、行政事业审计科、工商企业审计科，负责对全市11个乡镇和72个市直部门的审计监督。局长张保立，副局长田香辰，张春生。

审计成果　共完成审计单位54个，查出违纪违规资金10486万元。其中决定处理处罚金额5366万元，指明要求纠正资金5120万元，应上交财政4430万元，应归还原渠道资金813万元。

【鹿泉市审计局】现有干部职工19人，设有办公室、行政事业审计科、农财金融审计科、市直企业审计科、基建审计科，负责对全市13个乡镇和270个市直部门的审计监督。局长李景琦，副局长杜英才、谷全红、韩丽芬。

审计成果　2000年共完成审计项目52个，占年计划的124%，查出各类违纪资金3981万元，其中应归还原渠道资金1277万元，应上缴财政资金61万元已全部上缴，同时按照有关财经法纪对严重违纪单位处以罚款48万元，为被审单位核减建设资金350万元，为被审单位提出合理化建议236条，完成了上级领导交办的临时性工作25项。

【平山县审计局】现有干部职工22名，设有办公室、工交审计科、行政事业审计科、商贸审计科、财金审计科、基建审计科，负责对全县23个乡镇和73个县直部门的审计监督。局长齐生锁，副局长燕二栓、封吉增、苏元海。

审计成果　全年共完成审计项目61个，查处各类违纪违规资金6127万元，其中决定处理处罚资金1927万元，指明要求纠正资金4200万元，增加财政收入55万元，提交审计工作报告、信息84篇，其中被市以上党政机关、上级审计部门、新闻单位采用23篇。

【井陉县审计局】现有干部职工21人，设有行政事业审计股、财政金融审计股、基本建设审计股、工业交通审计股和商粮贸审计股，负责全县17个乡镇和63个县直部门的审计监督。局长岳文田，副局长高德栋、梁永庭、王国兵。

审计成果　全年共审计78个单位（或项目），查出各种违纪违规资金2703.79万元，其中：挤占挪用855.48万元，截留应上交财政收入573.32万元，挤占成本费用330万元，查出小金库243.72万元，偷税漏税98.87万元，隐瞒截留转移收入46万元，虚列转移40万元，三乱11万元，其他505.39万元。上缴财政495万元，追还被侵占挪用资金315万元，归还原渠道资金8.48万元，罚款41万元，核减基建投资110万元，促进增收节支165万元。

【栾城县审计局】现有干部职工12人，设有行政事业审计股、工交商贸审计股、基建审计股、财政金融审计股和办公室，负责对全县8个乡镇和县直部门的审计监督。局长赵群成，党组书记张中和，副局长刘淑英。

审计成果　全年计划安排审计项目39个，全部完成，查出违纪违规行为金额3175万元，处理处罚1505万元，追回应归还原渠道资金1670万元，完成县委县政府交办任务3项，完成干部离任审计4项，协查审计2项。

【正定县审计局】现有干部职工22人，设有行政事业审计科、企业审计科、固定资产投资审计科和办公室，负责对全县13个乡镇和52个县直部门的审计监督。局长葛桂生，副局长杨文芝、王玉珠、杨淑华。

审计成果　全年完成审计事项54项，审计了70个单位，查出违纪违规金额2438万元，决定处理处罚1132万元，指明要求纠正1306万元，应归还原渠道180万元，增加财政收入174.2万元，减少财政支出84万元。

【行唐县审计局】现有干部职工17人，设有办公室、工交审计股、商贸审计股、行政事业审计股和乡镇审计股，负责对全县15个乡镇和85个县直部门的审计监督。局长刘文旗，副局长赵建平、卢文良、赵上海、王建奇。

审计成果　全年完成审计项目47个，查处违规行为金额1092万元，收缴罚没款8.7万元。提出审计报告47篇，向被审计单位提出建议54条。

【灵寿县审计局】现有干部职工18人，设有行政事业审计科、工交审计科、商粮贸审计科和办公室，负责对全县15个乡镇和55个县直部门的审计监督。局长胡拴祥，副局长杜文义、田振书、张建国、宋国灵，纪检组长张勇。

审计成果　2000年完成了49个项目单位的审计，共查出违纪资金

950万元，增加财政收入25万元，提出审计报告信息55篇。

【高邑县审计局】现有干部职工19人，设有工交审计科、商贸审计科、行政事业审计科和审理科，负责对全县五个乡镇和60个县直部门的审计监督。局长张信民，副局长苏庆瑞、李国星。

审计成果　2000年共审计单位34个，查出违纪违规行为金额2391元。其中，决定处理处罚1545万元，指明要求纠正846万元；应交财政114万元，已交财政114万元，其中税金99万元，罚款15万元。上交审计信息14篇，建议纠正不当规定76条。

【赵县审计局】现有干部职工16人，设有综合科、行政事业商贸基建审计科和工交财金审计科，负责对全县11个乡镇和75个县直部门的审计监督。局长焦素芳，副局长康瑞生、石焕珍、张献敏、李博。

审计成果　全年完成审计项目62个，其中上级审计机关安排审计项目23个，当地县委县政府交办项目39个，查出违纪违规资金3911万元，其中决定处理处罚1016万元，指明要求纠正2895万元。全年对违纪违规问题处罚追缴32万元已全部上缴财政，提出审计报告62篇，为被审计单位提出建设性意见108条。

【赞皇县审计局】现有干部职工18人，设有工交商贸审计科、财金基建审计科、行政事业审计科和办公室，负责对全县11个乡镇和78个县直部门的审计监督。局长陈志军，副局长郭凤群、陈赶年、刘彦玲。

审计成果　2000年完成审计项目和单位42个，审计资金总额2.83亿元，查出各类违纪违规行为资金956万元。归还原渠道资金531.6万元，上交财政17.3万元，完成审计调查项目4个，审计调查单位6个，举办培训班3期，提交审计报告、简报、信息61篇，被县委、县政府和上级审计机关采用、批示17篇。

【深泽县审计局】现有干部职工16人，设有行政事业审计科、商贸审计科、工交审计科、基建审计所和办公室，负责全县6个乡镇和67个县直部门的审计监督。局长刘会凯，副局长李彦国、陈福申、高玉玺。

审计成果　全年共完成审计项目70个，审计资金总额2.4亿元，审计中查出违纪资金1860万元，实现上缴财政52万元。

【无极县审计局】现有干部职工31人，设有办公室、工交审计科、商贸审计科、行政事业审计科、经济责任审计科和基建财务审计中心，负责对全县11个乡镇以及县直各部门的审计监督。局长侯贵军，副局长周伟、崔顺平、戈斗生。

审计成果　全年共完成审计项目70个，查出违规违纪资金7558万元，收缴罚没收入50万元，建议纠正地方不当规定21条。编写审计信息21篇，审计署《审计工作通讯》采用2篇，省审计厅采用12篇。

【元氏县审计局】现有干部职工19人，设有办公室、行政事业审计科、财金审计科、经贸审计科、基建审计科和基建审计中心，负责对全县15个乡镇和44个县直部门的审计监督。局长谷月考，党组书记、副局长时献军，副局长曹春楼、张素月，纪检组长张秀彦。

审计成果　全年共完成审计项目或单位39个。查出违规行为金额18800万元。其中：应归还原渠道资金83万元，应交财政59万元，已交财政35万元。

【唐山市审计局】2000年共有干部职工88人，其中大学本科学历13人，大专学历48人，中专学历17人。局长张恩厚，副局长张福常、孟庆然、郑秀敏、崔明山，纪检组长陈向阳。设有办公室、监察室、审计管理处、审理法规处、工业交通审计处、商贸审计处、固定资产投资审计处、行政事业审计处、财政审计处、金融审计处、外资审计处、农业审计处等机构。

审计成果　全年共完成审计项目21个，审计单位76个，完成审计调查5项15个单位。查出违规行为金额63208万元，其中处理处罚18381万元，指明要求纠正44827万元。上缴财政9901万元。应归还原资金渠道234万元，促进增收节支313万元。提交审计报告、信息被上级批示采用103篇。协助有关部门查处案件18件，查出百万元违规单位10个，建议纠正地方部门不当规定22条。

完成上级交办任务　2000年共完成上级交办审计项目5个，审计单位5个。根据梁朝群副市长的指示，对唐山医药采购供应站群众举报的该站资金使用存在严重问题进行了专题审计。查出该单位2000年2月虚拟刘广福等120名职工购房，以此名义套取建行住房贷款480万元，并转借给某房产开发公司280万元的问题，及时向分管市长写出情况汇报，并向市医药集团公司出具了对该领导人进行责任追究的《审计建议书》。

内部审计　2000年共设内部审计机构283个，内审人员718人。审计单位1463个，查出损失浪费755万元，促进增收节支2209万元，纠正违纪行为金额28315万元，提出建议意见被采纳630条。

【唐山市路北区审计局】现有干部职工17人，设有行政事业审计科、工商业审计科、基建审计科和办公室，负责对全区2个乡、9个街道办事处和65个区直部门的审计监督。局长魏天利，副局长石荣霞。

审计成果 2000年计划项目33个，实际完成68个，其中应完成区委、区政府交办的临时性任务2项，实际完成35项，完成审计调查项目2个。审计资金总额3.45亿元，共查出违纪违规资金4074.1万元，应上缴财政24.1万元已全部上缴，为国家增收节支145.7万元，查处大案要案3起，其中移交司法部门2起。

【唐山市路南区审计局】现有在职干部职工14人，设有企业审计科、财政审计科、行政事业审计科、办公室，局长王彩霞，副局长刘国同、夏秀娟。

审计成果 共完成审计项目18项，涉及被审单位82个，完成审计调查项目1项，调查单位2个，查出违纪违规资金1212万元，上缴财政4万元，完成工程决算审计8项，审减工程款795万元，上报审计报告、调查报告、信息等90篇，其中被批示采用20篇。在实施的8个基建审计项目中，审计工程总造价4804.1万元，审减工程款795万元。还完成区委组织部委托对19个党政领导干部离任经济责任的审计任务，查出违纪违规资金702万元。

【唐山市古冶区审计局】共有干部、职工16人，设有企业审计科、行政事业审计科、基建审计科、办公室。局长梁福才，副局长李凤兰、卢利新、郑永春。

审计成果 2000年共完成审计项目14项，审计单位56户，查处违规行为金额688万元，上缴区财政275万元，归还原渠道资金15万元，提交审计工作报告信息100篇，被批示采用20篇，抽调5人配合区纪检等部门工作。完成区领导交办任务7项，审计单位37户，其中经济责任审计12户，涉及13人。年底有内审机构24个，内审人员50人。

【唐山市新区审计局】共有干部、职工15人，设有办公室、企业审计科、财政金融审计科、行政事业审计科、基建审计科等机构，负责对全区3个乡、2个办事处、58个区直部门和下属138个企事业单位的审计监督。局长张子明，副局长马庭洲、王国权、王海平。

审计成果 全年共审计了42个单位，超额完成了年度工作计划。通过审计查出违规违纪资金1429万元，损失浪费金额50万元，罚款2.8万元，移交纪检监察部门立案查处1人。对29个基本建设项目进行了开工前审计，审计建设资金总额9529.6万元。配合财政、信访等有关部门进行了“收支两条线”检查及信访案件的审查工作，充分发挥了审计职能作用，树立了良好的审计形象。

【唐山市开平区审计局】现有干部职工28人，设有办公室、财政金融审计科、工商企业审计科、行政事业审计科和经济责任审计科，负责对全区9个乡镇（街道）和74个区直部门的审计监督。局长宋义忠，副局长李毅。

审计成果 全年共审计48个单位，完成年计划的177%，共查处各类违规行为金额6682.90万元，处理处罚604.77万元，为国家增收节支634.67万元。

【遵化市审计局】现有干部职工21人，设有办公室、企业审计科、财金审计科、行政事业审计科、基建审计科，负责对25个乡镇和122个市直部门的审计监督。局长张英，副局长赵悦义。

审计成果 共审计68个单位，审计总金额88792.59万元，查出违规资金3960万元，上缴财政350万元，罚款11万元，审减工程款197万元。重点完成了财政预算执行、乡财政决算、世行贷款结核病防治、世行贷款农业二期项目、农业综合开发资金、城镇居民最低生活保障资金、下岗职工基本生活保障资金、企业职工基本养老保险基金、失业保险基金、环保排污费、旅游行业审计，对18名乡局级领导干部进行了任期经济责任审计，较好的发挥了审计的作用。

【丰南市审计局】共有干部、职工23人，设有办公室、基建审计科、内审科、财金审计科、企业审计科、行政事业审计科、经济责任审计科。局长郑志航，副局长张继山、马俊全、马振兴。

审计成果 共完成审计项目61个，审计资金总额21亿元，查处违纪违规金额3495万元，核减工程款535万元，上缴财政罚没收入5.6万元，为国家增收节支750万元，提交审计报告、信息80份，信息被市以上各级部门采用15篇。完成市政府交办任务17项。按照市政府要求，对60个有行政事业性收费职能部门进行预算外资金管理的审计调查，并针对群众关心的教育经费的收缴、管理、使用情况等，对部分中、小学校进行了重点审计。

【迁安市审计局】现有干部职工15人，设有办公室、行政事业审计科、企业审计科和基本建设审计科。负责对全市19个乡镇和124个市直部门的审计监督。局长韩进昌，副局长孟令彪、杨亮。

审计成果 全年共完成11个审计项目、64个单位的审计任务。审计总金额4.26亿元，查出各种违纪违规金额2136万元，其中指明纠正的金额1945万元，减少财政拨款144

万元，全年共罚款47万元。审计的内容，一是完成财政审计2项、12个单位；二是完成金融审计1项，即建设银行迁安支行1999年度资产、负债、损益情况审计；三是完成外资审计3项、6个单位，即：世行贷款的农行灌溉二期工程项目资金审计，世行贷款的疾病预防项目资金审计，世行贷款的结核病控制项目资金审计；四是工商局1998、1999年度财务收支审计；五是旅游行业审计2项，即灵山旅游审计和白洋峪——长城旅游区审计；六是永固油井水泥厂财务收支真实性审计；七是对6家企业1999年度利税进行了审计核实；八是配合有关部门完成了24家市属企业的资产、负债、损益审计及资产评估工作；九是完成34项任期和离任经济责任审计；十是完成了14项基建工程决算审计；十一是完成了新华书店审计。

【迁西县审计局】 现有干部职工19人，设有办公室、企业审计科、财政金融审计科、行政事业审计科、基本建设审计科、领导干部审计科等机构，负责对全县17个乡镇和72个县直部门的审计监督。局长王雅静，副局长张新忠、李满、傅金星。

审计成果　共完成审计项目43项，审计单位87个，查出违规行为资金2934万元，应上缴财政或减少财政补贴资金138万元，提交审计信息、报告104篇，被批示采用71篇。配合县级领导干部“三讲”教育，对全县29个重点单位1999年预算外资金收支及管理情况进行全面审计检查，查出违纪资金307.1万元，并对19个违纪单位进行处罚，收缴罚款及各类违纪资金50多万元；深化领导干部任期经济责任审计，对18名领导干部进行经济责任审计，其中离任审计13人，任中审计5人，依据审计结果，5名领导干部被提职，3名被平职调动，5名被降免职，其中1人受党内严重警告处分；加强信访专案审计，完成专案审计项目3个，审计资金总额1630余万元。

【滦南县审计局】 现有干部职工24人，设有人秘监察科、财政金融审计科、企业审计科、行政事业审计科、基建审计科、经济责任审计科和体系指导中心。局长洪广文，副局长李子恒、燕果、汪学国。

审计成果　共完成国家审计项目81个，为年计划的159%，查处违纪违规资金2275万元，其中百万元以上单位1个，下达审计决定36份，收缴违纪资金及罚款137万元，其中罚款67万元，追还被侵占挪用资金261.7万元，审减基建工程款560余万元。共提交审计工作报告和信息79篇，被有关部门采用和领导批示38篇，为被审计单位和有关部门提出审计建议79条，被采纳73条。审计局与县反贪局密切配合，充分发挥审计业务优势，从追查收取粮食差价款入手，通过内查外调，一举查出县粮食局某粮站采用收取粮食差价款不入账、虚开收购票据套取粮食收购资金的手法，私设“小金库”达134万元，粮站主任伙同另外三人将其中近20万元私分贪污的重大违法乱纪问题。

【丰润县审计局】　现有干部职工33人，设有办公室、企业科、行政事业科和基建科，负责对全县25个镇（乡）、86个县直部门的审计监督。局长任崇顺，副局长薛宗宜、张合云、李希贵、冯国志、朱鸿升。

审计成果　共完成审计和调查项目41个，涉及单位61个，其中省、市定项目21个，县委、县政府交办项目16个。共查出违纪违规金额1960.14万元，收缴罚没款和税金27.60万元，已上缴27.60万元，下发审计决定28份，审计决定落实率100%。基本建设审计核减工程款396.76万元。全年提出合理化建议68条，被各单位采纳44条，促进增收节支570万元。查处大案一起，挽回经济损失17万元。完成领导干部经济责任审计9项，针对不同的审计对象就审计内容和审计评价指标体系进行了有益的探索。内部审计共完成审计项目422个，查出损失浪费185万元，促进增收节支274万元。全局提交审计报告和各种信息135篇，被各级领导批示批转和报刊杂志采用75篇，其中有8篇被国家级报刊登载。

【玉田县审计局】 现有干部职工24人，设有办公室、行政事业审计科、财政审计科、商贸金融审计科、工交企业审计科、基建审计科和经济责任审计科。负责对全县20个乡镇和89个县直部门的审计监督。局长尹庆利，副局长王天武、王连贺、杨玉顺。

审计成果　全年共完成审计项目51个。其中：完成省市计划审计项目36个，完成县政府交办的审计项目15个。审计总金额89996万元，查出各类违纪违规资金5024万元，罚款7.4万元，应上交财政7.4万元已全部上交。共提交审计报告、信息77篇，其中被批示采用43篇。提出审计建议72条，均为被审计单位采纳。发出审计决定19份，落实率为100%。无一审计项目复议或复审。在完成好省市计划项目和县领导交办事项的同时，还按县政府的工作安排，抽调专门人员开展了以下几项工作：一是配合有关部门参与了6个基金会的二次清理工作；二是配合财政部门对县26个单位的财务收支两条线情况进行检查；三是配合纪检信访部门完成了12个村的信访案件查证工作。

【唐海县审计局】 现有干部职工

20人，设有办公室、企业审计科、行政事业审计科、基本建设审计科和经济责任审计科，负责对全县13个乡镇和40个县直部门的审计监督。局长孙明香，书记王忠怀，副局长苏晓光、张淑敏。

审计成果　全年共完成审计项目25个，审计总金额17.6亿元，查出违纪违规资金1233万元，写出审计或调查报告23篇，罚没款19.6万元，已全部上缴县财政。为国家增加财政收入137.6万元，全年无复审项目，审结率为100%。基本建设审计核减工程造价18万元。

【乐亭县审计局】现有干部职工21人，设有工交审计科、财经审计科、行政事业审计科和基建审计科，负责对全县14个乡镇和90个县直部门的审计监督。局长张乐群，副局长白英杰、许江松。

审计成果　全年完成审计项目38个、调查项目1个，共查出违规金额8594万元，决定处理处罚4055万元，指明要求纠正4536万元，上缴财政32万元。

【滦县审计局】现有干部职工24人，设有综合科、行政事业审计科、财政金融审计科和企业审计科，负责对全县20个乡镇和95个县直部门的审计监督。局长陈广生，副局长薛成来、李国安、李玉川、王祯昌。

审计成果　2000年，该局抓住一个根本（以人为本），突出一条主线（审计质量），探讨一个规律（上级下达任务与当地中心工作相统一的规律），为了一个目的（为领导宏观决策服务、促进经济发展），审计工作取得了突破性进展。全年共完成审计项目67个（其中当地政府交办项目29个），占市局下达计划的176%，审计单位110个。审计资金总额15.9亿元，查出违规行为资金19188.56万元，指明要求纠正金额1748.7万元，增加财政收入133.55万元，为国家挽回经济损失696.6万元，归还原渠道资金135.75万元。提交审计报告24篇，领导批示批转22篇，发出审计决定7份，提出合理化建议65条，被审单位采纳60条；上报各类信息170篇，被县以上各级部门采用160篇（次）。

【秦皇岛市审计局】2000年，共有在职干部、职工52人，其中大学本科学历12人，大专学历28人，局长王世祥，副局长孙卫国、曹玉宝。设有办公室、综合科、党总支、监察室、经贸审计科、财政审计科、金融审计科、行政事业审计科、固定资产投资审计科、外资运用审计科、经济责任审计科等部门。

审计成果　全年共审计364个单位，查出违纪违规资金94497万元，应上缴财政6804万元，已上缴财政6268万元，罚没上缴违纪资金670万元，查出百万元违纪案30个，向纪检监察部门、司法机关移交案件7件，提供违纪线索42条，提交审计工作报告、信息385篇，被市委办、市政府办、省审计厅批示采用178篇（次）。

完成上级交办任务　对市轻工业局及下属单位财务收支进行了审计，查出收支不实、漏交税费等违纪违规资金120万元，并向纪检监察部门提出了追究责任的建议，审计报告上报后得到多位市长的批示。同时还对市财政局1995－1999年市本级财政周转金管理情况进行了审计，对市信托投资公司1995－1999年的资产、负债、损益及财务管理情况进行了审计，查纠了该公司将资金投入股市开展股票自营业务、转移收入、欠缴税金等违纪违规资金3706万元，促使其规范经营等，成效比较显著。

内部审计　全市各单位内审机构共完成财务收支、经济效益、经济责任、基建等532个审计项目，纠正违规行为金额2162万元，促进增收节支2718万元，查出损失浪费金额900余万元，提出合理化建议1022条，充分发挥了内部审计的职能作用。

经济责任审计　市审计机关共受托开展领导干部任中审计、离任审计等63项，为组织部门考察任用干部提供了依据。根据市委组织部的委托，市局对县级领导干部离任经济责任审计进行了初步探索，对原市供销社主任任期内的经济责任进行了全面审计，实事求是地作出了客观评价，并揭示出下属单位潜亏9083万元，发现违纪案件线索12件，并建议监察机关追究纪律责任。市经济责任审计的经验材料被选为典型发言材料在全省经济责任审计工作会议上进行了交流。

【秦皇岛市海港区审计局】现有干部职工13人，设有行财审计股、企业审计股、投资审计股、办公室，负责对全区7个办事处、5个镇、54个区直部门的审计监督。局长白义，副局长肖兆俭。

审计成果　财政预算执行审计，一是审得广，审计金额达4.4亿元；二是审得多，延伸审计近60个单位；三是审得严，尝试运用计算机手段进行辅助审计，仅地税局就收缴罚款6.2万元。对区属药用包装厂、牛奶公司进行资产、负债、损益审计。审计结果表明，审前企业报表反映资产总额2454万元，负债总额1647.8万元，所有者权益806.2万元；审后分别为资产总额2237.5万元，负债1617.8万元，所有者权益619.7万元，调减率分别为8.8%、1.8%、13.2%。尚有应计负债1100万元，涉诉财产、担保贷款产生的财务风险未在报表附注中说明，针对会计信息失真的情况，编发了报告与信息，得到了区委书记王树柏、副书记李家齐的批示。

【秦皇岛市山海关区审计局】现有干部职工9人，设有办公室、行政事业审计科、经济责任审计科，负责对全区3个镇和40多个区直部门的审计监督。局长冯秀兰，副局长赵玉凤。

审计成果　全年共完成审计事项39项，其中：完成年初计划32项，完成区委区政府和纪检会交办的审计事项4项，配合市审计局完成世行贷款及邮政局的审计项目3项，查处违纪违规资金333.5万元，应缴财政11万元。

【秦皇岛市开发区审计局】现有干部职工10人，设有经济责任审计科、财务收支审计科，负责全开发区的审计监督。局长乔凤霞。

审计成果　完成财务收支类审计项目19项，涉及20余个审计单位，并纠正违规资金3244万元；完成基建类审计项目22项，审减资金372万元。在已完成的审计项目中，包括上级审计机关下达的指令性计划8项，地方领导交办的审计任务11项，参加三家基建联审项目21项。具体的审计工作为：对开发区财政局、地税局1999年度财政预算执行情况进行审计，并延伸审计了开发区社会发展局、防疫站、幼儿园；对防疫站世界银行贷款项目进行了审计，审计的计划与实施严格按照国际审计准则和中国国家审计准则的要求进行，并出具审计报告上报市审计局；对社会保障资金管理使用情况进行审计，先后完成了开发区企业职工基本养老保险基金、失业保险基金、国有企业下岗职工基本生活保障资金的审计；对开发区国际招商旅行社1999年度财务收支情况的审计；对直属公司目标责任完成情况的审计；对管委大楼的竣工决算审计；对开发区物业公司、房地产公司经理任期的经济责任审计等。

【昌黎县审计局】现有干部职工30人，设有办公室、基建投资审计办公室、企业审计股、行政事业审计股、财金外资审计股，负责对全县16个乡镇和59个县直部门的审计监督。局长张守文，副局长杨沛田、张怀信、李忠斌。

审计成果　全年完成了8个指定审计项目，先后对26个单位实施了审计，计划完成率100%，查处违纪违规资金2800万元，应上缴财政178万元，已上缴财政4万元。

【卢龙县审计局】共有干部、职工15人，设有办公室、行政事业审计股、企业审计股、综合审计股，负责对全县12个乡镇和87个县直部门的审计监督。局长解兆祥，副局长赵洪占、赵民。

审计成果　全年共完成审计项目43项（其中县委、县政府交办的审计项目24项，上级审计机关下达的计划审计项目19项），审计单位97个，完成审计调查2项，调查单位12个，查出违纪违规金额4690万元，上缴财政12.47万元。提交审计报告43份。主要完成24个乡局级领导干部任期经济责任审计。开展了县本级财政预算执行情况及其他财政收支情况审计，并对县地税局等10个预算单位和5个国有及股份制企业进行了延伸审计。完成了社会保障部门管理的失业保险基金、最低生活费、职工养老保险基金和县工商行政管理局等单位1998年至1999年度财务收支审计。代市局完成对县邮政局1999年度至2000年末的财务收支审计。同纪检、监察、信访、检察院等部门配合完成了农村财务清理，涉及12个乡镇，165个村。

【抚宁县审计局】现有干部职工24人，设有办公室、行政事业审计股、审计管理所、财金审计股、工交审计股和商贸审计股，负责对全县11个乡镇、3个管区和63个县直部门的审计监督。局长刘景海，副局长沈占平、刘文杰。

审计成果　全年共完成各类审计项目46项。其中上级指令性审计项目完成21项，是年初计划的100%，配合市局完成审计项目3项，党委政府临时交办审计项目22项。查出各类违规违纪资金1800多万元，收缴入库资金44万元。

【青龙满族自治县审计局】现有干部职工15人，设有办公室、财金审计股、工交审计股、商贸审计股和经济责任审计股，负责对全县25个乡镇和45个县直部门的审计监督。局长董维华，副局长张科学、胡凤池、丁卫民。

审计成果　全年共完成审计项目37个，审计单位48个，查出违规违纪行为金额2715万元，其中应上缴财政金额130万元，归还原渠道资金72万元。全年提交审计工作报告、信息18篇，被上级审计机关和县委县政府采用13篇。具体情况如下：（1）财政预算执行审计单位8个，查出违规行为金额1480万元；财政决算审计5个单位，查出违规行为金额118万元；（2）固定资产投资审计2个单位，查出违规行为金额320万元；（3）企业审计3个单位，查出违规行为金额294万元；（4）行政事业审计6个单位，查出违规行为金额250万元；（5）领导干部经济责任审计21人，查出违规行为金额308万元；（6）国外贷款项目审计3个单位，查出违规行为金额49万元。

【邯郸市审计局】2000年，共有干部职工88人，其中大学本科学历

18人，大专学历54人。局长张书海，副局长冯伟力、杨忠、马明考、周平、张同义。设有办公室、人事教育处、综合处、法规处、行政事业审计处、财政金融审计处、农业审计处、商粮贸企业审计处、工交企业审计处、外资审计处、固定资产投资审计处、机关党委等部门。

审计成果　共完成审计项目21项，审计120个单位；完成审计调查项目2项，调查60个单位；查处违规行为金额38016万元，收缴财政金额5250万元；减少财政拨款或补贴110万元；归还原资金渠道金额616万元；促进增收节支718万元；共提交审计报告、信息、简报161篇，其中被各级党政部门、上级机关和新闻单位批转采用106篇。被省政府命名为2000年度行政执法文明单位。完成了20个本级政府预算执行和6个县级政府财政决算审计后，向市人大提交的市本级预算执行情况的审计工作报告，引起主任、委员们的强烈反响，他们对审计工作给予了高度评价。市政府专门召开常务会研究落实审计提出的意见和建议，市人大常委会以公告形式向社会予以摘要公布，《河北审计》刊登了该市的做法和经验。对农业综合开发资金、社会保障资金、环境保护资金、城市建设资金、专项教育经费等的审计取得了很好成效。如对市建委、市城建局等五单位的1999年度城市维护费预算执行情况的审计，揭示了资金拨付不及时、工程决算批复滞后、财政投入潜力弱化、挤占挪用四个方面的问题，提出了四条建议，引起市领导的重视，市长宋恩华、副市长段耀先分别作了重要批示，对存在的问题要求有关部门尽快提出改进建议，抓好落实，限期整改。对市教委系统专项教育经费的审计，揭示了教育经费拨付迟、投入少、不能足额征收等管理问题，查出了四所中学违规收费1687万元的问题，邯郸日报、燕赵都市报、中原商报、河北电视台等新闻媒体予以了披露。

内部审计　全市内审机构共有74个，内审人员164人。共审计411个单位，查处损失浪费311万元，提出建议并被采纳122条，促进增收节支600多万元。有5个内审机构被评为省级先进单位。

【邯郸市丛台区审计局】现有干部职工13人，设有办公室、行政事业审计科和财政企业审计科，负责对全区1个乡和21个区直部门的审计监督工作。局长耿玉芳，副局长程德军、赵喜民。

审计成果　全年共完成审计项目48个，查出违规违纪资金4098万元，向被审计单位提出审计意见和建议138条，提交审计综合报告及信息简报27篇，被区委、区政府和上级审计机关批转11篇。

【邯郸市复兴区审计局】现有干部职工10人，设有行政事业审计科、工建交审计科、商粮贸审计科和办公室，负责对全区1个乡和30个区直部门的审计监督。局长霍际华，副局长王万国、高铁成。

审计成果　全年共完成审计项目或单位24个，促进增收节支300余万元，查出违纪违规资金680万元，收缴违纪资金及罚款4.9万元，向被审计单位提出建议和意见60余条。

【邯郸市邯山区审计局】现有干部职工12人，设有综合科、行政事业审计科、企业审计科、经济责任审计科，依法对十二个乡镇、街道办事处和24个区直部门、6个对口公司履行审计监督。局长刘海波，业务副局长李海军和行政事务副局长侯长江。

审计成果　2000年共审计35个单位，查处违规行为金额517万元，其中：决定处理处罚290万元，指明要求纠正227万元，罚没入库8万元，归还原资金渠道29万元；提交审计工作报告、信息51篇，被区委、区政府和上级审计机关或新闻单位批转采用42篇。

【邯郸市峰峰矿区审计局】现有干部职工17人，设有办公室、法规科、财金贸审计科、工建交审计科、行政事业审计科、基建投资审计科、经济责任审计科，负责对全区9个镇和60个区直部门的审计监督。局长张文玲，副局长陈喜明、杨增书。

审计成果　全年完成审计项目20个，审计42个单位，并对31名科局级领导干部实施了经济责任审计，共查出各类违规违纪资金5969万元，纠正违规资金5924万元，上缴区财政资金45万元。审查工程决算1.2亿元，审减工程造价1352万元。提交审计工作报告、信息22篇（条），其中：区委、区政府采用9篇（条），邯郸市审计局采用1篇，《邯郸日报》采用1篇，河北省审计厅采用1篇，《河北经济日报》采用1篇。

【武安市审计局】现有干部职工35人，设有行政事业审计科、商贸审计科、工交审计科、财金审计科、基建审计科、办公室和经济责任审计办公室，负责对全市22个乡镇和55个市直部门的审计监督。局长连世荣，副局长朱德生、徐金柱，纪检组长马满平。

审计成果　共审计73个单位，查出各类违纪资金7000余万元，追回被侵占挪用资金300多万元，上缴财政65万元；向市政府及企事业单位提出合理化建议180多条，促进增收节支、提高效益750余万元，审计报告被市领导批示采用6篇，审计信息及经验性材料被上级部门及刊物采用35篇。

【邯郸县审计局】现有干部职工18人，设有办公室、工交审计科、行政事业审计科和财贸审计科，负责对全县11个乡镇和64个县直部门的审计监督。局长张建荣，副局长张荫平、卢慧珍。

审计成果 2000年完成审计项目65个，查出各种违规行为金额850万元，增加财政收入124万元；审计基建工程19项，审减工程决算645万元；查出违法经济案件3起，移交纪检监察、司法机关后，有1人被开除党籍、行政撤销职务，2人受到党纪处分，3人被依法追究刑事责任。

【永年县审计局】现有干部职工19人，设有综合科、工交审计科、财金贸审计科和基建审计科，负责对全县20个乡镇和168个县直部门和单位的审计监督。局长（兼书记）贾兆江，副局长武庆修、陈志平，副书记薛素芹。

审计成果 全年审计114个单位，查出违纪金额8870万元，处理处罚增加财政收入120万元；追还被侵占挪用资金3.1万元，查出1起经济案件，涉案金额7.4万元，移交检察机关立案查处；完成1500万元建设项目竣工决算审计，审减节约建设资金180余万元；向县领导及企事业单位提出合理化建议100多条，促进增收节支、提高经济效益600余万元。上报审计信息、工作报告60余篇，被县领导批示4篇，被县市以上刊物和上级审计机关采用40篇。

【曲周县审计局】现有干部职工13人，设有办公室、工建交审计股、财金贸审计股、行政事业审计股，负责对全县10个乡镇和60个县直部门的审计监督。局长张继堂，副局长赵付安、徐敬河。

审计成果 全年共完成审计项目25个，查出违纪违规资金2013万元。上缴财政41万元。追还被挪用资金514万元，促进增收节支250万元，基建投资审减74万元，查出经济案件线索7起，涉案资金87万元，移交后有1人被追究刑事责任，13人受到党政纪处分。

【馆陶县审计局】现有干部职工10人，设有办公室、经贸审计股、财金审计股、行政事业审计股，负责对全县8个乡镇和50个县直部门的审计监督。局长张志栋，副局长穆宪河、陈伟，专职副书记郭庆山。

审计成果 2000年共完成审计项目70个，其中经济责任审计6项，共查出各类违纪违规金额1865万元，收缴财政93万元，指明要求纠正563万元，配合纪检、监察机关查处案件3起5人，共上报信息简报72篇，被批转采用率达71%。

【魏县审计局】现有干部职工17人，设有财金贸审计股、工交审计股和办公室，负责对全县21个乡和108个县直部门的审计监督。局长牛明秀，副局长赵文海、赵书林、贾玉振。

审计成果 2000年共审计了178个单位，查出各类违纪违规资金5800万元，收缴财政84万元。完成经济责任审计90项，移交经济案件2起，被领导和上级审计机关批示采用的审计报告、信息15篇。

【成安县审计局】现有干部职工15人，设有办公室、综合科、工交审计科、商粮贸审计科、基建审计中心5个科室，负责对全县9个乡镇和79个县直部门的审计监督。局长、党支部书记李志强，支部副书记王振领，副局长董振山、窦秀琴。

审计成果 2000年共对89个单位进行了审计，查处各种违规违纪资金3520万元，收缴财政68万元。查处各类经济案件9起，有8人受到党政纪和刑事处理。

【大名县审计局】现有干部职工13人，设有办公室、财金贸审计股、行政事业审计股、工建交审计股，负责对全县20个乡镇和40个县直部门的审计监督。局长叶振岭，副局长吕国峰、张建勇。

审计成果 2000年共审计80个单位，占市审计局下达任务的125%，查出各类违纪违规资金1200万元，上交财政罚款176万元，查出小金库3个，金额总计190万元，收缴70万元，向被审计单位提出合理化建议103条，提交审计调查报告、信息20余篇，其中被县委、政府和市审计局采用15篇。

【涉县审计局】现有干部职工14人，设有办公室、行政事业审计科、财政金融审计科、商粮贸审计科、工交企业审计科和基本建设审计科，负责对全县17个乡镇和73个县直单位的审计监督。局长秦茂生，书记张六生，副局长王和平。

审计成果 2000年完成审计项目10个，审计69个单位，查出各类违规违纪资金4681万元，增加财政收入53万元；向县政府及被审计单位提出整改建议200多条，促进增收节支、提高经济效益479万元；提交审计工作报告、信息被批示采用32篇，其中国家级4篇、省级8篇、市级9篇、县领导批示6篇。

【鸡泽县审计局】现有干部职工13人，设有办公室、财政金融商贸审计科、行政事业审计科、工业建筑交通审计科，负责对全县7个乡镇78个县直部门的审计监督。局长高中年，副局长程希方、贾敬山、张庆寿。

审计成果 2000年共完成审计

项目40个，审计45个单位；完成审计调查4项，调查6个单位，审计金额13081万元，共查出违纪违规金额1850万元，收缴财政17万元，为被审计单位挽回经济损失92万元，共提交审计报告40余篇。

【邱县审计局】现有干部职工12人，设有工交财贸审计股和行政事业审计股，负责对全县7个乡镇和98个县直部门的审计监督。局长邢俊杰，副局长唐天立、郭风江，党组书记邢英魁，党组副书记周兰坤，纪检组长王振升。

审计成果　2000年共完成审计项目26个，完成县委、县政府领导交办任务80项。共查处各类违纪违规资金600多万元，上缴财政88万元，提交专题审计报告6篇，其中5篇被领导批示。

【广平县审计局】现有干部职工20人，设有办公室、综合审计股、行政事业审计股、咨询股，负责对全县7个乡镇和57个县直部门的审计监督。局长李治斌，副局长谢士建、周庆彬。

审计成果　2000年共完成65个审计项目，查出各类违纪违规资金3306万元，收缴财政98万元，同时也完成了县委、县政府安排的25个部门和乡镇主要领导干部的经济责任审计，向纪检监察机关移送案件3起。全年共提出审计建议105条，提交67篇审计报告，被县领导采用批示6篇，上级审计机关采用3篇。

【肥乡县审计局】现有干部职工14人，设有财金贸审计股、行政事业审计股、工建交审计股和办公室，负责对全县9个乡镇和70多个县直部门的审计监督。局长逯尚林，副局长刘志安、王国社、孙月明，纪检组长孔祥华。

审计成果　共审计59个单位，占全年任务的119%，查出各类违纪资金1150余万元，收缴财政125万元，为财政增收节支90万元，为企业提出合理化意见、建议50余条，促进增收节支120余万元，为企业追回经济损失70万元。提交审计报告22篇，有7篇被上级机关采用。

【临漳县审计局】　现有干部职工14人，设有办公室、行政事业审计股、工建交审计股和财金贸审计股，负责对全县14个乡镇和70个县直部门的审计监督。局长胡忠文，副局长冯学有、袁凌海。

审计成果　2000年共审计119个单位，占年计划34个的350%，其中县领导临时交办31个，共查出各种违规行为金额9739万元。收缴财政30万元，追还被侵占挪用资金107万元，审减工程价款130万元，为企业挽回损失106万元。促进增收节支261万元，减轻农民负担116万元。

【磁县审计局】现有干部职工42人，设有工交审计股、财政金融审计股、行政事业审计股、经济责任审计股、基建审计股，负责对全县19个乡镇和86个县直部门的审计监督。局长郭好良，副局长杨晓春、王志平、李海明。

审计成果　全年共审计60个单位，查出违纪违规资金1427万元，收缴财政83万元，追回被侵占挪用资金54万元，提交审计工作报告信息33篇，为被审计单位提合理化建议70多条。

【邢台市审计局】2000年，共有干部职工88人，其中大学本科学历9人，大专学历39人，局长齐宝申，副局长孙洪钊、刘登海、刘清山、王德才、杨正学、周金全，设有办公室、综合科、工业企业审计一科、工业企业审计二科、行政事业审计科、外资审计科、财政金融审计科、商粮贸审计科、农业审计科和固定资产投资审计科等部门。

审计成果　全市审计机关共审计1219个单位，超额完成计划63%，查出各种违规行为金额62125万元，其中决定处理处罚12154万元，要求纠正49971万元。应上缴财政1156万元，已上缴1099万元，减少财政拨款和补贴金额54万元，追还被侵占挪用资金1413万元，核减工程价款1018万元，促进增收节支1375万元，建议纠正地方部门不当规定49条。提交审计工作报告、信息640篇，被地方党政领导和上级审计机关批示采用358篇。

经济责任审计　按照中央两办颁发的两个《暂行规定》，全年完成科级领导干部任期经济责任审计79项。其中查处负主管责任的违规金额712万元，负有直接责任的违规金额313万元。审计后，有71人平调，2人晋升，6人被免职。市审计局对3名处级领导干部实施经济责任审计，主管局长亲自带队，担任审计组长，科长任主审，共查出违规行为金额12000多万元，较好地完成了任务。

【邢台市桥东区审计局】现有干部职工9人，设有办公室、企业审计股、行政事业审计股，负责对全区区属34个企业和区直41个部门的审计监督。局长郭智，副局长王和平、刘金红。

审计成果　2000年共完成审计项目40个，其中市审计局下达的指令性审计项目18个，区委、区政府交办的审计项目22个。查处违纪金额1216万元，其中决定处理处罚金额65万元，指明要求纠正1151万元，上缴区财政罚没款24.6万元。财政预算执行审计8个单位，查处违规行为金额40万元，指明要求纠正；金融审计1个单位，查处违规行为金额254万元，其中决定处理处罚4万元，指明要求纠正250万元；固定资产投资审计1个单位，查处违规行为金额15万元，指明要求纠正；企业审计10个单位，查处违规行为金额452万元，指明要求纠正；行政事业审计19个单位，查处违规行为金额455万元，其中决定处理处罚金额61万元，指明要求纠正394万元；国外援贷款审计1个单位。全年共提交审计工作报告信息67篇，被批示采用32篇。

【邢台市桥西区审计局】现有干部职工11人，设有办公室、行政事业审计股和企业审计股，负责全区2个乡、5个办事处、33个区直部门及二级单位和区直企业的审计监督。局长、支部书记刘清智，党组书记、副局长冯立云，副局长郭建奎、陈庆河。

审计成果　全年完成审计项目11个，审计单位40个，查出各类违纪资金712万元，促进增收节支456万元，提交各类信息报告9篇，连续5年提前高质量完成了各项审计任务。主要经验是：实行严格的目标责任制，实行审计任务量化管理，将责任与奖惩挂钩，并成立以局长为组长的督察小组；切实加强管理，建立健全各项制度：一是建立健全廉洁自律制度，修订了“机关工作人员清正廉洁的十项规定”、“审计人员的职业道德”、“审计人员执行职务时应遵守的纪律”，保证了审计质量的客观、公正和合法性；二是建立健全开展审计工作“5步28曲”的程序制度，保证审计工作依法开展，依法审计；三是建立健全审计工作“错案纠正办法”，维护财经法规的严肃性。

【南宫市审计局】现有干部职工18人，设有办公室、行政事业基建外资审计股、企业审计股、财金审计股，负责对全市16个乡镇和40个市直部门的审计监督。局长班寿永，副局长薛金锐、赵川民、高素敏。

审计成果　2000年共完成审计项目33项，包括：财政审计6项，行政事业审计2项，金融机构审计11项，企业审计1项，固定资产审计1项，基建竣工决算审计2项，以及土地管理局、文化体育局、乡镇企业局、医药公司、农业局、贸易局、物资总公司、粮食局等的财务收支审计8项。另外还完成当地政府交办的领导干部经济责任审计11项，共查出违纪资金3836万元，应上交财政56万元，指明要求纠正3507万元。全年共提交审计报告、信息86份，其中被《河北审计》采用1份，市局采用8份，当地市委信息采用19份，政府快报采用18份。

【沙河市审计局】现有干部职工27人，设有办公室、财金审计科、商贸审计科、行政事业审计科、工交审计科、基建审计科和经济责任审计科，负责对全市17个乡镇办和90个市直部门的审计监督。局长张长宏，副局长石三景、王克朝、王占杰。原党组书记、局长胡俭进于4月18日始担任专职党组书记，纪检组长彭玉民。

审计成果　全年共审计82个单位，查出违规违纪金额1016万元，审计决定处理罚款25万元。审计积极配合中心工作，及时完成了市委、市政府交办的各项任务。一是对18名乡局级一把手离任进行了任期经济责任审计，二是对医药行业整顿、典当行清理整顿、进出口公司资产清理、粮改等进行了清产核资审计，三是对社会养老、失业保险、最低生活保障基金进行了检查，四是同财政一起对全市90个部门收支两条线预算外资金进行了审计清理。在审计过程中融监督与服务为一体，在开展审计业务的同时，帮助23个企业、部门建账建制，理顺财务管理，受到基层单位的普遍欢迎和各级领导的好评。

【邢台县审计局】现有干部职工25人，设有办公室、工业审计科、财贸审计科、行政事业审计科、农业审计科、经济责任审计科、固定资产投资审计科、负责对全县19个乡镇和60个县直部门的审计监督。局长路广德，副局长景喜廷、胡全勇、郑振智。

审计成果　2000年共审计97个单位，审计调查项目1个，调查6个单位，查出违纪违规资金4891万元，提出改进建议100余条。认真搞好县财政本级预算执行情况审计，并对部份执行单位进行了延伸审计，审计查出违纪违规行为金额1000余万元。对中国工商银行邢台县支行进行了跟踪审计，重点检查了1999年审计中发现问题的纠正及审计意见的执行情况，对检查出的违纪问题进行了处理处罚。对县属4个重点企业进行审计，查出少提少摊费用、少计收入、违控购置等违纪违规金额460万元，对偷漏税金、违控购置等问题依法予以处理、处罚。对全县预算外资金多、行政事业费多、罚没收入多的单位进行了审计，查出违纪违规资金435万元。对县交警队、化建物资公司等单位的工程竣工结算进行了审计，查出违规行为金额158万元，审减资金30万元。共完成经济责任审计项目15个，查出违规行为金额1400万元。

【任县审计局】现有干部职工26人，设有人秘股、行政事业审计股、工交企业审计股、财金商贸审计股和固定资产投资审计股，负责对全县14个乡镇和21县直部门的审计监督。局长鲁成果，副局长姜朝辰、孙建国、黄进程、邓建敏。

审计成果　共完成审计项目23

项，审计70个单位，共查出各类违规违纪资金1039万元，其中处理处罚277万元，指明纠正732万元，提出建议149条，被审计单位采纳128条。

【清河县审计局】 现有干部职工20人，设有办公室、行政事业审计股、财政金融审计股和工商企业审计股，负责对全县20个乡镇和76个县直部门的审计监督。局长任方科，副局长谢寅冬、王玉瑞。

审计成果 2000年完成审计项目78个，审计85个单位，查出违纪违规金额4678万元，促进增收节支433万元。在工作中，出色地完成了对县本级1999年度财政预算执行和其他财政收支情况的审计，查出违规减免预算收入、违规退库、应缴未缴预算收入、虚列支出等问题；在对8个乡级财政决算审计中查出了挪用财政专项资金、虚列支出、应交未交财政收入等不真实、不合法、不规范的问题；通过对陵城信用社、康德信用社等7个地方金融机构1999年度资产、负债、损益情况的审计，在核实资产和盈亏的基础上，摸清了信贷资产的现实质量状况，揭露了存在的问题；通过对河北八方集团、金龙有限公司等9家工商企业的审计，查出成本不实、随意虚增虚减利润等问题；通过对10个行政事业单位的财务收支和19个单位的专项资金的审计，查出违规行为金额1603万元；通过对20个固定资产投资项目的审计，核减工程造价额433万元。

【宁晋县审计局】 现有干部职工36人，设有秘书股、行政事业审计股、经贸审计股、财金审计股、固定资产投资审计股，负责对全县16个乡镇、220个县直部门及下属单位的审计监督。局长路仁庄，副局长赵黑彦、赵计印、耿童华、张志国、王清芳。

审计成果 2000年共审计192个单位，占年计划项目单位数的400%，其中：市审计项目19个，审计48个单位；县临时交办项目6个，审计138个单位。共查出违规行为金额4152万元，其中决定处理处罚700万元，指明要求纠正3452万元，通过处理处罚收缴入库387万元。

【威县审计局】 现有干部职工24人，设有办公室、工建交审计股、行政事业审计股和财金审计股，负责对全县16个乡镇和63个县直部门的审计监督。局长郭中立，副局长陈跃华、于星熬，庞德奎、李炳兴、曲贵田、张文勇，局长助理董海英，监察室主任郑兆平。

审计成果 全年共完成审计项目73个，查出各类违纪资金1703万元，收缴财政47万元。审计工作的简要情况为：对财政局和6个乡镇1999年财政预算执行情况和其他财政收支进行了全面审计，如实向人大常委会及政府提交预算执行情况审计报告。同时对民政局、科技局、环保局、林业局、水务局和橡胶有限公司进行了延伸审计，查实了存在不合理占用资金1060万元；完成了工商银行和32个地方金融机构的审计，查出各种违纪资金129万元；完成了工商局1998、1999年财务收支审计，对“收支两条线”执行情况进行了规范；对县农业开发、林业、卫生等4个单位1999年利用世行贷款项目执行及资金的分配、投入、管理和使用情况进行了审计；针对建筑市场管理不规范问题进一步强化基建审计力度，对4个重点施工企业进行了审计，审减工程造价242万元；同时圆满地完成了县政府交办的各项审计任务。

【隆尧县审计局】 共有干部职工20人，设有办公室、行政事业审计股、工建交审计股、商粮贸审计股，负责对全县12个乡（镇）和56个县直有关部门的审计监督。局长李海军，书记张喜军，副局长李景平、巩少华、张晓章。

审计成果 全年共完成审计项目52个，其中上级审计机关下达的指令性审计项目34个，县委、县政府交办的审计事项13个，其他单位委托的审计项目5个，均已完成，占年计划的153%。共审计70多个单位，查出违规金额1028万元，指明纠正131万元，应交财政19万元已入库。提交审计工作报告、信息51篇，被地方党政和上级审计机关采用16篇，省级新闻单位采用1篇，载入政协风采录1篇。提出加强财务管理、防弊堵漏、增收节支、建章立制等合理化建议70多条，增加经济效益200万元，为国家挽回经济损失600万元。

【临城县审计局】 现有干部职工15人，设有办公室、商贸审计股、行政事业审计股、工交审计股，负责对全县8个乡镇和76个县直部门的审计监督。局长赵保印，副局长檀广彬、张占群、岳群山、申增奇，纪检组长郝根造。

审计成果 全年共完成审计项目49个，查处违规行为金额2566万元。其中：决定处理处罚金额667万元，指明要求纠正1899万元，上交财政36万元。提交审计工作报告信息50篇，被各级采用48篇。财政预算执行审计8个单位，查处违规行为金额1131万元；财政决算审计2个单位，查处违规行为金额294万元；金融审计3个单位，查处违规行为金额119万元；固定资产投资审计3个单位，查处违规行为金额114万元；企业审计5个单位，查处违规行为金额159万元；行政事业审计25个单位，查处违规行为金额645万元；农业专项资金审计2个单位，查处违规行为金额102万元。完成经济责任审计17项，查出违规行为金额396万元，决定处理处罚88万元，指明要求纠正38万元。

【广宗县审计局】现有干部职工20人，设有办公室、工交审计股、财贸审计股和行政事业审计股，负责对全县8个乡镇和40多个县直部门的审计监督。局长肖书春，副局长陈培印、李泽坦。

审计成果　2000年共完成审计项目58个，审计金额5.2亿元，查处违纪资金1640万元，上缴财政15万元，促进增收节支136万元。提交审计报告和审计信息75篇，被上级采用6篇。

【临西县审计局】现有干部职工18人，设有人秘股、企业审计股、行政事业审计股和财政金融审计股，负责对全县9个乡镇、6个办事处和75个县直部门的审计监督。局长汪立柱，支部书记陈词昌，副局长巩立江、刘兴亚、时庆田、王书平。

审计成果　2000年共完成审计项目83个，查出违纪金额3785万元，决定处理处罚382万元，指明要求纠正3403万元，上交财政12万元；完成审计调查4项，调查单位6个。除了保证完成省市审计机关下达的审计计划任务以外，还积极完成了县委、县政府交办的工作任务8项，主要是对供电局、浸出油厂、制药厂、医药公司四户申报受奖企业的利税情况进行审计核实，结果审减利润357万元，县委、政府根据审核结果兑现了奖励；配合有关部门完成县氮肥厂等7户企业的破产清算工作，对浸出油厂等16户企业改制前进行清产核资，促进企业改制工作的顺利进行；配合县纪委对部分案件中的财务进行清理；对四个乡镇分开前的债权债务进行清理，为县领导宏观决策提供了依据。

【内邱县审计局】现有干部职工13人，设有行政事业审计股、企业审计股和综合股，负责对全县9个乡镇和86个县直部门的审计监督。局长刘琨，副局长胡金岐、郭进忠。

审计成果　2000年共完成审计项目41项，涉及87个单位，完成审计调查项目1个。查出违纪行为金额109万元，其中纠正和处理1080万元，决定处罚10万元，罚款已如数上缴县财政。

【平乡县审计局】现有干部职工15人，设有办公室、工交审计股、财政金融审计股、固定资产投资审计股，负责对辖区内14个乡镇、办事处和120个县直部门的审计监督。局长朱西群，副局长巩仁增、朱占所、池跃亮，纪检室主任王秀君。

审计成果　2000年共完成审计项目67个，其中省、市指令性项目36个，县政府交办项目31个，共查出违纪资金405万元，其中有296万元账外资金被立案审查，决定处罚13万元，上缴财政13万元。3月9日至4月5日对1999年度的县财政预算执行情况进行审计。审计财政预算收入5109万元，支出4259万元，查出违规退库、改变税种、截留预算收入、预算支出不能及时拨付、财政周转金沉淀等问题。5月8日起分别对县农村信用联社、人民街城市信用社、府前街信用社的资产、效益及财务收支情况进行审计，查出预收贷款利息、擅自提高存贷款利率、超标发放代办手续费等问题。还完成行政事业57个单位的审计，查出违纪资金405万元，决定处罚资金13万元，上缴财政13万元，有效地遏制了弄虚作假、会计资料失真、白条下账等经济违规违纪问题。

【巨鹿县审计局】现有干部职工17人，设有工交审计科、财贸审计科、行政事业审计科、内审指导科和秘书科，负责对全县10个乡镇和56个县直部门的审计监督。局长马恒瑞，副局长任福昌、薄义普、贾雪英、董志更。

审计成果　2000年共完成审计项目53项，查出违纪违规资金441万元，决定处理处罚133万元，指明要求纠正308万元。财税方面，审计12个单位，查出违规行为金额174万元。主要开展了同级预算执行情况审计，真正摸清了财政家底和各项资金拨付使用情况，特别是专款使用情况。经审计，揭示了2000年度财政预算收入含有部分虚收和专款拨付不及时及兑付农村合作基金会资金财政包袱增大等问题，提出了解决问题的建议和措施。同时开展了4个乡镇的财政决算审计，查出违规金额39万元，对查出的问题进行了纠正和处理。行政事业方面，审计18个单位，具体开展了对社会保险基金和土地局、工商局、交通局、妇幼站、教委等的财务收支审计，查出违规行为金额139万元。对工商局存在的自立名目乱收费问题，进行了处罚。金融方面，审计了6个单位，开展了信用联社营业部及下属五个信用社审计，查出违规金额40万元。农业专项资金方面，审计2个单位，查出违规资金13万元，其中应归还原渠道资金11万元，决定处理处罚2万元。

【新河县审计局】现有干部职工13人，设有办公室、行政事业审计股和企业审计股，负责对全县6个乡镇和71个县直部门的审计监督。局长史廷占，副局长徐春生、刘宁安、付建勇。

审计成果　全年共完成省市指令性计划和当地县委政府交办的审计项目30个。查出违规违纪资金363万元，处理处罚资金10.06万元，上交财政10.06万元，帮助被审单位进行账面调整纠正350余万元。当地县委政府交办事项4项，先后对城关镇党委书记、白神乡党委书记、经济局局长、粮食局局长进行了任期经济责任审计，对以上四名同志进行了任期内的经济指标完成情况，遵守财经纪律情况及廉政情况作了实事求是、客观公正的评价。同时还按县委县政府的安排，到西流乡南马村开展帮建农业示范区的工作，局长亲自带队，工作很有成效。

【南和县审计局】现有干部职工16人，设有财金审计股、行政事业审计股、基建审计股、工交审计股、商贸审计股和办公室，负责对全县14个乡镇（办事处）和64个县直部门的审计监督。局长冯金镯，副局长张秀林、程书进、孙立新。

审计成果 共完成审计项目45个，其中省市指令性审计项目32个，县委、政府临时交办项目13个，查出各类违规违纪资金1387万元，促进增收节支105万元，上缴财政18.82万元。提出改进财务管理工作建议56条，提交审计信息73篇。财政方面完成了同级财政预算执行及6个单位延伸审计和3个乡镇财政决算审计；金融方面完成了县信用联社等6家非银行金融机构的财务收支审计；行政事业方面完成了工商局等12个行政事业单位的财务收支审计；外资方面完成了卫生局人力开发项目等2个外资项目审计；固定资产投资方面完成了县土地管理局办公楼基建项目审计。此外，还完成了政府临时交办的几项任务，一是对郝桥镇镇长等10名乡局级领导的离任审计；二是对县粮食局及下属2个企业1999年度的财务收支进行审计，提高了购销资金的使用效益；三是配合县政府完成了对典当行停业整顿及清产核资工作。

【保定市审计局】2000年，共有在职干部、职工80人，其中研究生学历2人，大学本科学历18人，大专学历46人，局长孙义杰，副局长罗凯、靳露倩、李保旗、李素敏，纪检组长佟建国，总审计师温丽娜。设有办公室、综合处、人教处、管理处、财政审计处、行政事业审计处、固定资产投资审计处、商贸审计处、工业交通审计处、外资审计处、农业审计处、金融审计处、经济责任审计办公室、机关党总支和监察室。下设一个事业单位：保定市基建审计中心。

审计成果 全年共审计1217个单位，查出违规行为资金150739万元，增加财政收入12553万元，促进增收节支644万元，追还被侵占挪用资金6750万元，减少财政拨款1928万元，提交审计信息和审计综合报告816篇，其中直接被市领导批示18篇。

根据保定市领导指示，对全市重点工程项目进行全过程审计监督，其中市图书馆及附属、章村国家粮食储备库、外环路改造、西大洋引水等工程项目的审计，平均核减率达到了19.8%，节约建设资金1.25亿元。在全省审计系统，第一次开展了工程招投标的标底审计，在对保定市重点项目省第二外国语高中工程的招投标审计中，四个标段节约建设资金434万元。

根据中央关于开展领导干部经济责任审计的文件要求，大力推进全市的经济责任审计工作，全省第一家成立了经济责任审计专职机构——保定市经济责任审计办公室。2000年，对保定市文化局原局长等10个市直部门的主要领导同志以及河北五洲集团、田野集团领导人员任职期间的经济责任情况进行了审计。首次尝试开展了对保定市政府驻天津办事处主任的任中审计。

【保定市新市区审计局】现有干部职工23人，设有办公室、企业审计组、行政事业审计组、财政金融审计组、审计事务管理中心。局长张艳，党组书记陈璞，副局长戴蕾、袁雪青。

财政审计情况 抽调全局业务骨干，在审计中突出全面性和真实性，同时把摸清全区总体财政状况，以为领导宏观决策服务作为工作重点，审计力度及审计质量大大提高。

农村审计工作 围绕区委、区政府工作中心，充分发挥审计机关优势，完成农村财务审计3项，通过审计，澄清了问题，有效的解决了村民上访问题，维护了社会稳定。

【保定市南市区审计局】现有干部职工11人，设有办公室。局长王长利（11月退二线）、张连刚（11月任），副局长张军、吴宪志。

审计成果 2000年共完成审计项目7项，审计18个单位，查出违规违纪资金245万元，上报审计信息、工作报告15篇，被采用10篇。

【保定市北市区审计局】现有干部职工12人，设有办公室、审计一科、审计二科、经济责任审计科，负责对全区3个乡、5个办事处和33个区直部门的审计监督。局长李志才，副局长王磊。

审计成果 2000年共审计21个单位，涉及同级财政预算执行情况、财政决算、经济责任、行政事业单位财务收支和政府交办事项等审计项目。查处违规行为资金347万元，增加财政收入25万元。

【涿州市审计局】现有干部职工15人，设有办公室、基建审计科、行政事业审计科、工交审计科、商贸审计科、稽查科，负责对全市15个乡镇和40个市直部门的审计监督。局长谷书玉，副局长姜文池，总审计师翟淑芬。

审计成果　2000年共完成审计项目57个，审计98个单位，查出各种违纪金额8345万元，上缴财政63万元，为国家节约建设资金817万元。

【定州市审计局】现有干部职工30人，设有办公室、财政金融审计科、企业审计科、行政事业审计科、固定资产投资审计科、社会审计服务部，负责对全市25个乡镇、办事处和81个市直部门的审计监督。局长段庆尚，副局长李翠峰、陈进楼、丁五民，总审计师刘彦杰。

审计成果　全年完成93个单位的审计及调查任务，查处违规违纪资金2228万元。

【安国市审计局】现有干部职工16人，设有办公室、财政金融审计科、行政事业审计科、企业审计科、固定资产投资审计科，负责对全市14个乡镇和62个市直部门的审计监督。局长王志杰，副局长郭爱萍、胡金楼、何志刚，纪检组长王秀卿。

审计成果　全年共审计38个单位，查处违规行为资金2193万元，增加财政收入18万元，归还原渠道资金178万元。

【高碑店市审计局】现有干部职工25人，设有办公室、企业审计科、财政金融审计科、行政事业审计科、基建审计中心。局长李玉田，党组书记刘德录，副局长蔺福旺、彭建章，党组副书记兼纪检组长李宪录。

审计成果　2000年共完成审计项目19个，审计62个单位，查出违规行为资金3048万元，上缴财政99万元，提交审计信息和审计综合报告45篇，被上级有关部门采用20篇。

【满城县审计局】现有干部职工19人，设有办公室、工交商贸审计科、行政事业审计科、财政金融审计科、基建审计科、农业审计科，负责对全县13个乡镇和40个县直部门的审计监督。局长赵书义，副局长马志新，纪检组长吉连生。

审计成果　2000年共审计54个单位，查处各种违纪行为金额7317万元，核减财政拨款、补贴900万元，归还原渠道资金1000万元，上缴财政729万元。

【清苑县审计局】现有干部职工16人，设有办公室、财金贸审计股、工建交审计股、行政事业审计股。局长史久长，党组书记、副局长崔振业，副局长王喜旺、王冀英，纪检组长王增祥。

审计成果　2000年共审计29个单位，查出违规行为资金3752万元，增加财政收入30万元。

【涞水县审计局】现有干部职工19人，设有办公室、企业审计股、行政事业审计股、财政金融审计股、基建审计股。局长李增山，党组书记李清怀，副局长杨宝旗、张江、许家增、李占先。

审计成果　2000年共审计48个单位，完成工程建设审计项目8项，查出并纠正违纪行为资金3000万元。围绕当地党委、政府工作中心，完成了对扶贫专项资金、预算外资金使用情况、领导干部任期经济责任情况的审计。

【阜平县审计局】现有干部职工19人，设有办公室、财金事业审计股、商粮贸审计股、工交基建审计股，负责对全县13个乡镇和49个县直部门的审计监督。局长刘光福，副局长杨存金、李慧，纪检组长孟志军。

审计成果　2000年共审计68个单位，查出各种违纪资金2392万元，增加财政收入48万元，促进增收节支145万元，提交审计信息36篇。围绕县委、县政府的工作中心，积极参与企业改制工作，确保全县53家企业的改制顺利完成，配合财政、纪检等部门对全县60多个单位“收支两条线”执行情况进行了审计。

【徐水县审计局】现有干部职工17人，设有办公室、财政金融审计股、行政事业审计股、工交审计股、农业审计股、商贸审计股、固定资产投资审计股，负责对全县14个乡镇和70个县直部门的审计监督。局长姜文合，副局长任锁贵、李月楼。

审计成果　2000年共审计44个单位，查出违规违纪资金1494万元，完成领导干部任期经济责任审计项目16项，其中1人移交纪检监察部门处理。

【定兴县审计局】现有干部职工19人，设有办公室、财政金融审计股、企业审计股、基建审计股。局长田金山，副局长刘建增。

审计成果　2000年共完成审计项目18个，审计47个单位，审计资金45322万元，查出违纪资金1983万元，上缴财政29万元。根据定兴县政府安排，对23个单位的预算外资金进行了清理，查出违纪资金30万元。

【唐县审计局】现有干部职工12人，设有办公室、财金事业审计股、商贸审计股、工交审计股，负责对全县20个乡镇和38个县直部门的审计监督。局长赵民星，党组书记刘树民。

审计成果　全年共审计79个单位，查处违纪违规行为金额2910万元，追还被侵占挪用资金429万元，促进增收节支33万元，上缴财政23万元。撰写调研材料21篇，配合纪检部门查处信访案件2起，完成县委、县政府交办任务3项。完成3个乡镇党委书记任期经济责任审计项目，依据审计结果，2人受重用，1人被免职。

【高阳县审计局】 现有干部职工15人，设有办公室、行政事业审计股、财政金融审计股、基建审计股、企业审计股、经济责任审计办公室。局长董白，副局长郭晓仁、王彦卿、王吉宗。

审计成果　2000年共审计41个单位，查出违纪违规资金2722万元，处理处罚949万元，要求纠正1773万元，上缴财政资金155万元，提交审计信息、要情45条，配合纪检监察部门查处大案要案2起。

【容城县审计局】 现有干部职工30人，设有办公室、财政金融审计股、行政事业审计股、工交商贸审计股、投资审计股、基建审计中心。局长杨福泉，副局长刘志勇、李凤英，副局长兼纪检组长张彦忠。

审计成果　2000年共完成审计项目23个，审计65个单位，查出违规违纪资金1925万元，追缴财政收入30万元，促进财政增收节支30万元，提交审计信息38篇。

【涞源县审计局】 现有干部职工14人，设有办公室、财政行政事业审计组，工交商贸审计组、农经外资审计组、经济责任审计组。局长徐水曜，副局长袁立业、张月英、葛建义。

审计成果　2000年共完成审计项目62项，审计84个单位，审计资金333646万元，查处违纪资金4449.6万元，上缴财政8.16万元，为县委和被审单位提交审计建议51条，完成县委交办任务1项，查出违纪资金49万元。

【望都县审计局】 现有干部职工17人，设有办公室、行政事业审计股、企业审计股，负责对全县8个乡镇和60个县直部门的审计监督。局长李彦平，党组副书记韩平芬，副局长吴永乐、肖盼庄，纪检组长王万川，总审计师刘全水。

审计成果　全年共审计57个单位，完成审计调查项目2项，查出违规违纪金额3826万元，增加财政收入100多万元，追回原渠道资金262万元，上缴罚没收入32万元，提交审计工作报告信息31篇，被上级审计机关采用22篇。

【安新县审计局】 现有干部职工24人，设有办公室、财政金融审计股、行政事业审计股、基建审计股、企业审计股。局长刘锁申，副局长白敬社、王新国、刘彦苓，纪检组长韩金生。

审计成果　2000年共审计42个单位，完成审计项目19项，查出各种违规行为金额2700万元，提出合理化建议216条，提交审计报告和信息被当地党委政府和上级审计机关采用55篇。

【易县审计局】 现有干部职工22人，设有综合股、财政金融审计股、经贸审计股、行政事业审计股、经济责任审计办公室。局长刘玉宝，副局长范文增、郭林、刘月洋，纪检组长胡庆芬。

审计成果　2000年共完成审计项目11个，审计62个单位，查出违纪违规资金4687万元，提出合理化建议86条，提交有价值信息10篇；成立经济责任审计办公室，对22个县直部门和乡镇领导的经济责任进行了审计；加大对内审机构的管理，全年完成内审项目103个，促进增收节支10万元。

【曲阳县审计局】 现有干部职工15人，设有办公室、财政金融审计股、行政事业审计股、工交商贸审计股。局长卢景信，副局长王增儒、刘增科、曹永信、杨见鲜，纪检组长牛丛林。

审计成果　2000年共完成审计项目42项，查处违纪资金2786万元，上缴财政37万元，追还被侵占挪用资金69万元，提交审计信息和工作报告14篇，完成县委、县政府交办任务7项，依据审计结果，3个单位的负责人移交纪检监察部门处理，6人受到党纪政纪处分。

【蠡县审计局】 现有干部职工28人，设有办公室、经济责任审计办公室、财政金融审计科、行政事业审计科、工交、商贸、固定资产投资审计科，负责对全县13个乡镇和23个县直部门的审计监督。局长李树杰，副局长王友来、苏树峰，纪检组长高学军。

审计成果　2000年共完成审计项目26项，审计73个单位，完成审计调查项目3项，查出各种违规行为资金1028万元，增加财政收入44万元。

【顺平县审计局】 现有干部职工16人，设有办公室、行政事业审计股、企业审计股。局长刘凤全，副局长刘造详，纪检组长张振慧。

审计成果　2000年共完成审计项目22个，查出违纪金额2158万元，上缴财政735万元。围绕县委、县政府工作中心，对改制和破产企业进行了审计，调整账面金额243万元。帮助全县246个单位开展内审工作，纠正违纪金额168万元，促进增收节支9万元。

【博野县审计局】 现有干部职工14人，设有办公室、工交商贸审计股、行政事业审计股、基建审计股，负责对全县7个乡镇和32个县直部门的审计监督。局长李贞军，副局长杨占寇、张素琴。

审计成果 2000年共审计37个单位，查处违规行为资金460万元，收缴违纪资金入库5.7万元，向司法机关移送案件1起，提交审计信息和综合报告14篇，被采用8篇。完成县委、县政府交办任务11项，受到县领导的好评。在对电力局审计中，查出个人涉嫌贪污、占用公款71万元的案件，依法向检察院作了移交。

【雄县审计局】现有干部职工18人，设有办公室、工交审计股、商贸审计股、基建审计股、财政金融审计股，负责对全县9个乡镇和89个县直部门的审计监督。局长韩俊杰，副局长郭忠敏、黄可峰，纪检组长唐贺军。

审计成果 2000年共审计70个单位，查处违规金额1229万元，应归还被侵占挪用资金224万元，促进增收节支9万元，提交审计工作报告、审计信息21篇，被批示采用14篇。根据县委、县政府指示，完成了对河北省飞龙集团雄州有限公司、金三角工贸开发区、杨西楼开发区财政状况的审计，对34名乡镇和县直部门领导干部任期经济责任情况进行了审计。

【张家口市审计局】2000年共有在职干部职工79人，其中大学本科学历12人，大专学历41人，局长郝炳华，副局长白云亭、曹东光、李树田、王萍、于九玫、孙占山，纪检组长陈永才。设有办公室、工业审计科、商贸审计科、行政事业审计科、农资审计科、财税审计科、金融审计科、投资审计科、人教科、综合科、老干部科。

审计成果 全年共审计97个单位，是年计划的143%，查出违规行为金额2.1亿元，应交财政1747万元，已交财政1708万元，入库率为98%，归还原渠道被侵占挪用资金6944万元，移送案件一起，提交审计工作报告信息162篇，被批示采用93篇，完成审计调查5项。

完成上级交办任务 市审计局认真完成了上级交办的工作事项，主要是老虎头煤矿矿长离任经济责任审计、合成洗涤厂长离任经济责任审计、物质集团公司经理离任审计、宣化采掘机械厂长离任审计、三电资金审计；配合市纪委查处了一些重要案件，开展了收支两条线专项检查、国债及社会保障资金审计。此外还配合省纪委、监察局对某案进行了审查，完成省厅交办的对无线电管理处预算执行情况的延伸审计，完成了省厅交办对国债服务部的审计，完成了省重点建设项目办公室交办的对沙蔚铁路有关事宜的调查。

内部审计 一是在年初工作会上，请内审先进单位介绍经验，并向全市内审机构发出做好内部审计工作的倡议书；二是分三片分别召开内审经验交流会，为内审机构相互学习、交流创造条件，使全市内审机构有序地对552个企事业组织进行了审计；三是召开了全市内部审计工作会议，表彰了内审工作先进单位和先进工作者，进一步推动全市内部审计工作的开展。

经济责任审计 中办国办颁布了20号文件后，市审计局进一步贯彻“两办”文件精神，积极开展了对老虎头煤矿原矿长、宣化采掘机械厂原厂长的任期经济责任审计。通过审计，查出违规行为金额1618万元，其中应负领导责任的1618万元。在2000年底，由省委组织部、纪委、监察厅、人事厅、审计厅召开的全省经济责任审计工作会议上，市审计局总结了开展此项工作的经验。

大案要案 在世行贷款农村给水项目审计中，发现了此项目负责人贪污案一起，及时将案件移交纪检部门。

【张家口市桥西区审计局】现有干部职工10人，设有综合科、行政事业审计科和企业审计科，负责对全区2个乡镇、7个街道办事处和32个区直部门的审计监督。局长薛志平，副局长张淑萍、齐宏明。

审计成果 2000年共审计28个单位，查出违规行为金额1041.5万元，依法作了处理、处罚和纠正；提交审计工作报告、信息42篇。

【张家口市桥东区审计局】现有干部职工12人，设有办公室和综合审计科，负责对全区直属各部门和两个镇的审计监督。局长胡俊连，副局长王春霞。

审计成果 2000年共完成8项23个单位的审计任务，其中省市统一组织的任务为7项15个单位，当地政府交办的任务为1项8个单位。另外还对两镇18个村的财务收支情况进行了审计。审计总金额2.7亿元，查出违纪违规资金419万元，罚款1万元，提出合理化审计意见和建议60余条。

除完成上述国家审计任务外，桥东区审计局还完成区委、区政府交办的对区直属企业改制及对街办企业的破产清算工作，配合区财政局、劳动局搞了工资内外收入审计调查，还完成了区委、区政府下达的招商引资50万元的任务。

【张家口市宣化区审计局】现有干部职工16人，设有办公室、工建交审计科、财税商贸审计科和行政事业审计科，负责对全区四个乡镇和60个区直部门的审计监督。局长马志忠，副局长李国海、于涛。

审计成果 2000年共审计21个单位，交叉审计项目1个，查出违纪违规金额45万元，应上交财政7万元，已交财政5万元，应归还被侵占挪用资金19万元。

【张家口市下花园区审计局】现有干部职工14人，设有办公室、领导任期经济责任审计办公室、行政事业审计科、财政金融审计科、企业基建审计科，负责对全区4个乡镇和145个区直部门的审计监督。局长郭强，副局长张丽青、刘志义。

审计成果　2000年度共完成审计项目27个，审计资金总额10850万元，查出违纪违规行为金额992万元，应收缴财政入库8万元，归还原资金渠道13万元，提交审计工作报告10篇。2000年的审计工作所以取得成效，一是区委、区政府和市审计局的正确领导和大力支持，鼓舞了全体审计人员的士气；二是局领导班子认真做好思想政治工作，帮助审计人员解决后顾之忧，调动了大家做好工作的积极性；三是审计人员发扬忠于职守、爱岗敬业的精神，能自觉地完成各项工作任务。

【宣化县审计局】现有干部职工22人，设有办公室、工业交通审计股、商贸金融审计股、行政事业审计股、综合基建审计股和社会保险基金监督办公室，负责对全县14个乡镇和41个县直部门的审计监督。局长夏友瑜，副局长于全升、胡秀华、任治斌、闫枝。

审计成果　全年完成省、市、县三级人民政府安排的审计项目36项。基中：财税7项，金融3项，行政事业6项，企业4项，固定资产2项，外资1项，农业3项，经济责任10项。全年审计单位102个，审计金额10200万元，查出违规违纪行为金额2717万元，处理处罚22万元，归还原渠道资金120.5万元。同时，还完成了县委、县政府交办的26个企业改制任务。

【康保县审计局】现有干部职工18人，设有办公室、行政事业审计股、财金贸审计股、工建交审计股和乡镇审计股，负责对全县15个乡镇和60个县直部门的审计监督。局长刘斌，副局长袁飞、周进满。

审计成果　全年共审计44个单位，查出违纪金额336万元，上交财政3.8万元，提交审计工作报告和信息15篇。完成的审计任务主要是：1、实施了县本级预算执行情况审计，并对县级财政收支比重较大的县卫生局、民政局、教育局等9个单位进行了延伸审计，针对存在的收支矛盾突出的问题提出了广辟财源，力寻新的财政收入增长点等建设性意见，同时组织开展了对满德堂、屯垦、闫油坊、丹清河四个乡镇1999年度的财政决算审计，查出违纪金额12万元，并进行了处理处罚，规范了乡级财政管理体制。2、积极开展了社会保障资金、生态资金及世行贷款项目的审计，促进了专项资金及专项贷款的有效合理的利用。3、对重点企业煤矿1999年度的资产、负债、损益真实性进行了审计，对该企业取得的经济效益和社会效益作了正确、客观的评价。4、积极开展了对县一中、处长地中学、东关小学、新华书店以及赤城县工商管理局的财务收支审计，对存在的问题，按有关规定分别进行了处理处罚，规范了财务管理。5、对地税局培训中心办公楼工程和农业银行康保县支行住宅楼工程进行了竣工决算审计，审计资金811万元，核减资金27万元。

【张北县审计局】现有干部职工21人，设有办公室、工建交审计股、财金贸审计股、行政事业审计股，负责对全县18个乡镇和87个县直部门的审计监督。局长张凤鸣，副局长张万虎、黄万富。

审计成果　全年共完成9个项目、50个单位的审计任务，查出违纪违规金额523万元，应上缴财政18万元，已上缴财政12.9万元；完成基建竣工结算审计23项，审减高估冒算资金611.4万元；发出审计信息16篇，其中被《河北审计》采用2篇、市局采用5篇、县委、县政府采用3篇。

【阳原县审计局】现有干部职工17人，设有办公室、财金贸审计股、行政事业基建审计股，工交审计股、经济责任审计中心等机构，负责对全县14个乡镇和65个县直部门的审计监督。局长田政枢，副局长龙田民、祁东风。

审计成果　全年完成审计项目39项（其中属省、市审计机关下达的审计任务21项），占年计划29项的135%，完成审计调查1项，共查出违纪违规资金628万元，应上缴财政8万元已全部上缴，审计决定落实率100%，6项基建工程决算审计审减工程造价85.6万元。共提交审计报告39篇。全年共完成县委、县政府交办的工作任务10项，审计清理单位53个。当年该县对部分单位主要领导进行调整，在调整前，审计局接受县委组织部委托，对5个单位的领导进行了经济责任审计，客观公正地对离任干部做出了评价，审计结束后，县委、县政府根据审计结果报告对个别领导进行了合理调整。

【赤城县审计局】现有干部职工18人，设有办公室、行政事业审计股、企业审计股、经济责任审计股和基建审计服务中心，负责对全县18个乡镇和60县直部门的审计监督。局长宋雪峰，副局长康文明。

审计成果　2000年完成市审计机关下达审计项目34项，完成县级下达审计任务15项，开展审计调查5项，涉及被审计单位82个；出具审计意见书39份，审计决定26份，综合调查报告17份；查处违纪违规资金2741万元，归还被侵占挪用资金268万元，应上缴财政罚没款15.1万元，已收缴财政15.1万元。

【沽源县审计局】现有干部职工14人，设有办公室、行政事业审计股、工建交审计股、财金贸审计股，负责对全县14个乡镇和56个县直部门的审计监督。局长唐智贤，副局长赵振海、张成。

审计成果 2000年共完成审计项目26个，审计单位30个，查出各类违纪违规行为金额1360万元，其中决定处理处罚345万元，指明要求纠正1015万元；应归还原渠道资金4万元；应减少财政拨款或补贴1万元。共为各级提供信息22篇，被采用6篇。

【怀安县审计局】现有干部职工17人，设有工建交审计股、财金商贸审计股、行政事业审计股、社会保险金监督股、经济责任审计股（与社会保险金监督股合署）、综合股和办公室，负责11个乡镇和49个县直部门的审计监督。局长景均，副局长宋进富、翁德胜、马成先、张世梅。

审计成果 完成审计项目46个，查出违规行为资金611万元，其中处理处罚420万元，指明纠正191万元，应缴财政7万元，应归还原资金渠道427万元。

此外还受县委的委托，完成了18个党政机关领导干部的经济责任审计。

【怀来县审计局】现有干部职工17人，设有办公室、行政事业财经审计股、工建交商贸审计股，负责对全县17个乡镇和49个县直部门的审计监督。局长王建军，副局长步丰田，韩永清。

审计成果 全年完成审计和审计调查项目49个，占年计划的132%，查出违规行为金额2062万元，决定处理处罚984万元，纠正和改进1078万元；追还被侵占挪用专项资金22万元；提出可操作性审计建议被采纳96条；提交审计工作报告、动态、内参28篇，被上级批示、采用26篇；全年工作一是抓重点项目审计，二是抓重大项目审计，三是抓重要项目审计，同时深入开展“审计质量年”活动，推进审计工作制度化、规范化、法制化建设，取得了可喜的成绩。

【崇礼县审计局】现有干部职工13人，设有办公室、社会保障资金监督办公室、审计股、负责对全县10个乡镇和38个县直部门的审计监督。局长常万贵，副局长王佩祯、梁海江。

审计成果 全年共审计37个单位，占全年计划22个的168%，全年共查处违纪行为资金7137万元，决定处理处罚51万元，指明要求纠正7086万元，应交财政74万元已入库，应归还原渠道资金281万元，提交审计结果报告38篇，被上级采用2篇。

【尚义县审计局】现有干部职工20人，设有行政事业审计科、工建交审计科和财金贸审计科，负责对全县14个乡镇和85个县直部门的审计监督。局长庞炳，书记兼副局长付振林，副局长赵斌、李志军。

审计成果 2000年共完成审计单位（项目）45个，人均审计单位2.4个，完成上级下达审计计划任务的141%，审计总金额2.79亿元，查出违纪违规资金1761万元，其中指明要求纠正1186万元，决定处理处罚574万元。全年实施经济罚款14166元，提出合理化建议65条，被有关部门和被审计单位采纳38条。公、检、法审计鉴定案件3起，会同财政、物价、纪检、监察部门搞了收支两条线检查，查出违纪违规资金205万元。

【蔚县审计局】现有干部职工26人，设有办公室、行政事业审计股、企业审计股、财经审计股、基建审计股，负责对全县22个乡镇和165个县直部门的审计监督，局长黄大智，副局长李建国、赵国玺、马忠清、马清，副书记孙占林。

审计成果 2000年共审计52个单位，查处违规行为金额2100万元，应交财政24万元已入库。应归还原渠道资金122万元，提出审计建议176条，为建设单位节约建设资金780万元，提交审计信息35篇，被上级采用27篇，其中省部级采用8篇。

【涿鹿县审计局】现有干部职工18人，设有办公室、行政事业审计股、工交审计股、商贸审计股、财金审计股、基建审计股，负责对全县17个乡镇、90个县直部门和20个县属企业的审计监督。局长李荣，副局长袁明湘、王蕴光、孙殿富，副书记李文彦。

审计成果 2000年共审计75个单位，占年计划的183%。其中：财政16户、金融3户、企业10户、行政事业8户、固定资产投资1户、国外援款贷款3户，同时还完成了34户经济责任审计。共查出违纪违规金额893万元，上交财政24万元，追回被挤占挪用资金58万元，移送案件1起，提交审计工作报告11篇。内审机构共审计单位91个，纠正违规金额50万元，提出意见建议被采纳110条。

【万全县审计局】现有干部职工30人，设有3股1室，负责对全县11个乡镇、75个县直部门的审计监督。局长石普选，书记李海军，副局长裴树军、李廷智，李桂兰，纪检组长郭振英。

审计成果　全年共完成审计项目45项，其中：财政审计11项，行政事业审计22项，企业审计3项，金融审计2项，利用外资审计5项，固定资产投资审计1项，农业专项资金审计1项。出具审计意见书45份，审计决定9份。审计总金额36752万元，查出各类违规金额801万元（其中决定处理处罚229万元，指明要求纠正572万元），应上缴财政44万元，其中税金11万元，应归还原渠道资金146万元，提交审计工作报告及信息7篇，提出审计建议25条。

【承德市审计局】2000年，共有在职干部、职工68人，其中大学本科学历6人，大专学历23人，局长王锡国，副局长韩东光、石泊湖、张殿廷、王艳云、王允昌，纪检组长陈清瑞。设有办公室、综合法规科、人教科、财政金融审计科、行政事业审计科、农业资金审计科、商贸审计科、工交审计科、外资审计科、固定资产投资审计科等部门。

审计成果　2000年，全市列入年度计划的审计单位508个，共完成审计单位553个，占全年计划的108%，共查出违规行为金额65114万元，其中决定处理处罚12465万元。应交财政资金1279万元，已交财政1269万元。应减少财政拨款或补贴2177万元，应归还原资金渠道资金3344万元。向司法机关移交案件7件。共提交审计工作报告和审计信息919篇，被各级党委政府和新闻单位采用519篇。

内部审计　市直部门有内部审计机构400个，其中专职机构158个。内部审计人员1025人，其中专职人员452人。全年审计单位1873个，纠正违规行为金额1920万元，查出损失浪费834万元，促进增收节支1713万元。

经济责任审计　中办、国办两个《任期经济责任审计暂行规定》下发后，市局会同市纪委、市委组织部、市监察局、市人事局制定了《关于落实领导干部任期经济责任审计暂行规定的意见》，经市委办、市政府办转发执行，市县两级都建立了由有关部门领导参加的领导干部任期经济责任审计联席会议制度。全市共完成经济责任审计单位47个，查出违规行为金额6754万元、损失浪费70万元。组织部门根据审计结果，免职1人，降职使用3人。

【承德市双桥区审计局】现有审计干部9人，局长毕海鹰，副局长宫桂华、尚玉荣、戚建文。

审计成果　全年共完成审计项目6项，审计单位18个，为年计划的179%，共查出违纪违规资金1946.7万元，建议“整改”返还原渠道资金1609.3万元，促进增收节支80.1万元，决定处理处罚16万元，上缴财政16万元，提出审计建议36条。

【承德市双滦区审计局】现有干部职工9人，设有企业审计股、行政事业财政金融审计股和综合股，负责对全区4个镇和32个区直部门的审计监督。局长徐利，副局长雒明春、韩立新。

审计成果　2000年计划审计22个单位，实际审计28个单位，完成年计划的127%，查出违规行为金额439万元，应交财政38万元，提交审计报告6篇，被地方政府领导批示3篇，提供审计信息30篇，被批示采用11篇。

【承德县审计局】现有干部职工19人，设有人秘股、行政事业审计股、企业审计股和财金审计股，负责对全县25个乡镇和100多个县直部门的审计监督。局长赵金瑞，副局长焉友奇、翟淑萍、李廷彬。

审计成果　共完成审计项目21项，审计单位105个，其中：计划内项目10个，审计单位44个；县委、政府交办任务11项，审计单位61个。主要完成了对压敏胶厂、瓦厂、热力公司及全县14个粮食储备库资产、负债、损益情况的审计，对民政专项资金及民政事业费收支以及教育局教育经费和11所国办中小学财务收支进行了审计；对5个商业企业和4个工业企业的经济指标完成情况进行了审计核实；协助纪检、信访等部门完成7起上访案件的有关工作；对5个乡镇的乡镇长和7个县直行政局局长进行了经济责任审计，并向纪检部门移交一起侵占挪用公款10多万元的违法违纪案件，其中涉案人员5人，由纪检部门进行了严肃处理。

完成调查项目7个，调查单位45个。共查出违规行为金额4737万元，上缴财政90万元，归还原资金渠道459万元，促进增收节支373万元。全年共提交审计工作报告及信息、简报120篇，被批示、采用65篇。向检察院和纪检部门移交案件2起。

【兴隆县审计局】现有干部职工21人，设有办公室、行政事业审计股、企业审计股、财金基建审计股、法制股，负责对全县20个乡镇和130多个县直部门的审计监督。局长姜云明，副局长李辉、马治国。

审计成果　2000年完成审计计划项目12个，审计单位38个，完成县委、县政府临时交办审计事项19个。撰写上报综合性审计报告8份，出具审计意见书38份，出具审计决定7份，查出违规违纪资金1485万元，收缴入库220多万元。全年共发出审计信息17期，被省厅采用1篇，市局和县政府采用5篇。该局在审计工作实践中积极研究探索，开展领导人员任期经济责任审计取得了一定成效。在对县医药公司总经理任期经济责任审计中，审查了该公司15年的账目，帮助公司理清了乱账，查出了私分销货款、贪污公款、提取药品回扣等严重违法违纪问题。按规定移送检察机关处理后，有2人被逮捕，3人被拘留，2人被立案审查。为国家挽回直接经济损失20多万元。

【隆化县审计局】现有干部职工23人，设有办公室、企业审计股、财金交建审计股、行政事业审计股、固定资产投资审计股、乡镇审计股和法规审理股，负责对全县25个乡镇和74个县直部门的审计监督。局长马文昕，副局长李建军、刘淑英。

审计成果　全年共完成指令性审计15项，42个单位；完成县委、县政府交办任期经济责任审计7人次，经济案件排查10项，审计185个单位。查出违纪资金4047万元，归还被侵占挪用资金79万元，核减工程款53万元。应缴财政资金60.3万元已全部上缴。共发出审计决定19份，已全部落实，没有出现审计行政复议案件。提交审计工作报告、信息69篇，被省审计厅采用14篇、市政府采用1篇、市审计局采用16篇，《河北经济日报》采用1篇。内审机构全年审计488个单位，提出意见建议被采纳45条，已纠正违规行为金额115万元。

【平泉县审计局】现有干部职工22人，设有办公室、财金审计股、行政事业审计股、企业审计股、任期经济责任审计股，负责对全县20个乡镇和县直各部门的审计监督。局长邢海峰，副局长周文岐、姚洪文。

审计成果　全年共完成审计和审计调查项目68项（其中指令性任务51项），审计单位194个，审计资金总额13亿元，查出违纪违规资金6750万元，收缴入库51万元，责令归还被挤占挪用专用资金195万元，调账处理6628万元，促进增收节支87万元，提交各类综合报告12篇，被批示12篇，共撰写上报审计信息、专题材料121篇，被各级批示采用116篇。内审机构全年共完成审计项目182项，纠正违纪资金918万元，向司法机关移交案件11件，提出审计建议195条，促进增收节支1215万元，挽回损失360万元。

【滦平县审计局】现有干部职工14人，设有财政审计股、金融审计股、基建企业审计股、行政事业审计股和办公室，负责对全县22个乡镇和72个县直部门的审计监督。局长任占林，副局长蔡翠清、王永发。

审计成果　2000年共完成审计项目14个，审计单位36个。查出各类违规行为金额2517万元，上缴财政16万元。财政预算执行情况审计中，发现批复不及时、隐瞒转移预算收入、违规退库、应缴未缴预算收入、转移预算资金及专项资金拨付不到位等问题，查出违规行为金额1867万元，其中决定处理处罚102万元。在固定资产投资审计中，审计项目投资总额2322万元，查出多结工程款53万元，超规模、超标准526万元，应核减工程结算219万元。对国外援款、贷款审计完成了6个单位，项目计划投资总额5922万元，累计完成投资总额1821万元，针对项目执行过程中存在的配套资金不到位、财政部门滞留项目资金、财务人员更换频繁等问题提出了建议。

【丰宁满族自治县审计局】现有干部职工20人，设有人秘股、财政金融审计股、行政事业审计股、工交商贸审计股和基建审计股，负责对全县26个乡镇和79个县直部门的审计监督。局长程建瑞，副局长敖亚义、徐仕鹏。

审计成果　全年共完成审计项目18项，审计单位205个，其中属县委、县政府交办的工作任务7项，审计单位101个，先后完成了9项乡镇、县直部门正职领导干部的任期经济责任审计以及6项基建审计，还完成了部分重点企业年度目标责任制稽查工作，清理核查县供销合作社财务挂账工作等，完成审计调查1项，调查单位1个；审计金额87867.4万元，共查出和纠正违纪资金1284万元，归还原渠道资金及调账处理656万元，上交财政42万元，处罚收缴13.1万元。

【围场满族蒙古族自治县审计局】现有干部职工26人，设有综合股、行政事业审计股、财政金融审计股、工交基建审计股、商贸企业审计股和法规指导股，负责对全县37个乡镇和56个县直部门的审计监督。局长王友，副局长宋海龙、兰文清、罗桂树。

审计成果　全年共完成审计项目27个，审计单位39个，完成审计调查1项，查处各类违纪违规资金900多万元，应上缴财政17万元已上缴入库。向上级审计机关和县委、人大、政府提交审计报告39篇，出具审计意见书39份，下达审计决定24份，提出审计意见和建议106条，被采纳75条，促进被审计单位增收节支、提高经济效益700多万元，为国家和集体挽回经济损失200多万元。

【宽城满族自治县审计局】现有干部职工16人，设有办公室、行政事业审计股、财金基建审计股、企业审计股，负责对全县18个乡镇92个县直部门的审计监督。局长张志敏，副局长金守奎、刘坤峰、杨福循。

审计成果　共完成审计项目19项，审计单位78个，完成计划的144%，完成审计调查项目2个，完成计划的100%；审计决定落实率为100%，行政执法、处罚“两错”率为“零”；审计资金总额6.3亿元，查出各种违规行为金额2938万元，其中，决定处理处罚1693万元，指明要求纠正1245万元，应减少财政支出金额5万元，收缴违纪资金13万元，入库率100%；核减工程价款284万元；提交审计工作报告、信息、专题材料114篇，被各级批示、采用45篇；档案管理已晋升为省一级标准。

【沧州市审计局】2000年，共有在职干部、职工79人，其中大学本科学历10人，大专学历27人，局长赵振荣，副局长王金华、贾启云、李政、朱玉山、李学杰、李春雷，纪检组长王兴瑞。设有办公室、综合科、人教科、行政事业审计科、财金审计科、固定资产投资审计科、外资审计科、商贸审计科、工交审计科、农业资源环保审计科、社会体系指导科，局下属设有基建审计中心、教育培训中心。

审计成果　全年共完成审计项目762个，占全年计划的144%，查出违规行为金额146470万元，应上交财政1649万元已入库，应归还被侵占挪用资金2455万元，审计决定落后率100%，促进增收节支1206万元，提交审计工作报告、信息371篇，被批示采用254篇。

完成上级交办任务　全年共完成上级交办的审计项目18个，其中：市委、市政府交办13个，即港口建设资金审计、扶贫资金审计、民政局财务收支审计、残联财务收支审计、朔黄铁路拆迁补偿资金调查审计、沧州机床厂财务收支审计、市团委财务收支审计、市计委财务收支审计、市招待处财务收支审计、救灾款审计、市二医院财务收支审计、市中心医院财务收支审计、预算外资金审计；省人大、省审计厅交办项目5个，7个县市“普九”教育经费审计、无线电管理处财务收支审计、新华书店财务收支审计、104高速沧州段建设资金审计、307高速公路建设资金审计。

内部审计　2000年全市共有内审机构179个，其中专职机构142个，专职内审人员348名，全年共完成审计项目2305个，其中：财务收支审计587个，经济效益审计454个，经济责任审计156个，基本建设审计653个，查出损失浪费金额154万元，促进增收节支886万元，提出建议被采纳2698条，纠正违纪资金1673万元，内部审计机构在经济建设中发挥了重要作用。

【沧州市运河区审计局】现有干部职工16人，设有行政事业审计股、商贸企业审计股、工交基建审计股和办公室，负责对全区2个乡镇和45个区直部门的审计监督。局长林虎，副局长秦丽素、付仲宇。

审计成果　2000年共审计单位（项目）33个，审计总金额6259万元，查出违纪违规资金314万元，收缴违纪资金13万元，增加财政收入34万元，提出审计建议68条，维护了财经纪律，促进了被审计单位财务收支的合规性和经济效益的提高，出现了审计数量多于往年、审计质量高于往年、审计执法严于往年的好局面。

【沧州市新华区审计局】现有干部职工8人，设有办公室、综合业务股，负责对全区1个乡镇5个街道办事处和44个区直部门的审计监督。局长黄永善，副局长张俊英、李秀英、王志峰。

审计成果　2000年共完成审计项目18项，涉及被审单位20家，审计总金额12138万元；开展资金清理三项，清理资产总值6400万元。共查出违纪违规资金408万元，上交区财政1万元。全年共完成区委、区政府交办任务10项，其中离任审计3项，重点企业审计6项，群众举报审计调查1项。通过审计揭露被审单位偷漏税金17万元，隐瞒收入34万元。

【泊头市审计局】现有干部职工29人，设有办公室、财金审计科、企业审计科、行政事业审计科、基建外资审计科，负责对全市12个乡镇和54个市直部门的审计监督。局长周明，副局长张树志、史文成，支部书记房如灿，纪检组长张福臣。

审计成果　2000年共完成审计项目92个（其中市政府交办事项54个），查出各种违规违纪资金8797万元，上交财政89万元，为被审计单位提合理化建议29条，促进增收节支386万元，向各级领导提供审计报告、审计信息58篇（件），被上级审计机关、地方党委政府内部刊物、新闻机构采用46篇（件）。

【任丘市审计局】现有干部职工43人，设有财金审计科、行政事业审计科、企业审计科、基建审计科和工程预决算审计中心，负责对全市22个乡镇、办事处、开发区和81个市直部门的审计监督。局长姚卫，副局长贝宝林、王常庄、杜连经、王栓祥，纪检组长孙启元。

审计成果　2000年完成审计项目118个。审计金额10.6亿元，查出违纪违规金额1.4亿元。同市纪检、信访等部门配合，查处各类经济案件12起，为维护社会稳定发挥了作用。增加财政收入1200万元，追还被截留、挪用专项资金2800万元，促进增收节支561万元，审计决定落实率达到100%。

【黄骅市审计局】现有干部职工21人，设有办公室、行政事业审计科、商贸审计科、工交审计科、基建外资审计科，负责对全市9个乡镇和85个市直部门的审计监督。局长郭福兴，副局长张长合、何家宏、刘学文。

审计成果 共完成审计项目82个，占全年审计计划的200%，审计单位245个，审计资金总额2.56亿元，查处违纪资金3806万元，上交财政132万元，为被审单位提出合理化建议48条，为企业挽回经济损失近150万元，审计基建总投资3640万元，为国家节省建设资金560万元，撰写审计工作报告、审计简报93篇，被省、地、市新闻机构采用32篇，被市委、市政府领导批示6篇。

【河间市审计局】共有职工22人，设有行政事业审计科、企业审计科、固定资产投资审计科和办公室。局长张连练，党支部书记姜庆华，副局长郭书楷、王炳飞、韩江海。

审计成果 全年共完成审计项目60个，其中上级下达的审计项目20个，本市党委、政府交办的审计项目40个。查出违规资金1150万元，上缴财政资金40万元，为被审计单位提出合理化建议35条，被有关部门和被审计单位采纳21条，挽回经济损失25万元，促进增收节支31万元。通过审计，向市委、市政府、上级审计机关和有关主管部门提供了一些部门、企业的真实情况，为领导了解基层情况、作出科学决策、解决实际问题提供了依据。

【沧县审计局】现有干部职工19人，设有办公室、财政金融审计股、工交企审计股、行政事业审计股和商贸审计股，负责对全县19个乡镇和43个县直部门的审计监督。局长吴吉明，副局长罗长梅、刘怀清。

审计成果 全年共完成审计项目40个，共查出违纪资金1691万元，已上交财政81万元。3月份，对沧县财政局、沧县地税局及延伸的县文教局等3个单位及望海实业公司等4户纳税企业进行了延伸审计，查出在预算执行中存在预算财政收支部分资金不实、部分收入未作收入、多收企业税费以及漏收税款等问题。6月份对沧县工商局1998、1999年度财政、财务收支情况进行了就地审计。审计资金1000多万元，查出擅自收取培训费、漏交营业税、固定资产投资方向调节税以及乱发奖金等问题。7月份，对沧县农村信用合作社1999年度资产、负债及损益情况进行审计，经过三进三出，共查出四项重大违规违纪问题，按照国家有关法规作了严肃处理，把“小金库”余额61.2万元全部没收上交财政。

【青县审计局】现有干部职工20人，设有综合股、财政金融审计股、行政事业审计股、企业审计股、基建外资审计股和基建审计中心，负责对全县11个乡镇（场）和85个县直部门、单位的审计监督。局长邢汝峰，副局长王守富、高增秋，党组副书记陈家奎，纪检组长魏贺新。

审计成果 2000年共完成审计项目70个，查处违规行为金额2986万元，其中指明要求纠正1678万元，决定处理处罚1308万元，审计基建工程造价总额1730万元，查处基建工程高估冒算额136万元，全年共为国家增收节支328万元。

【献县审计局】现有干部职工21人，设有办公室、财政金融审计股、基建外资审计股、行政事业审计股和企业审计股，负责对全县18个乡镇和45个县直部门的审计监督。局长宋雪冬，副局长王保利、苏汉深。

审计成果 全年完成审计项目39个，占年度计划的112%，查出违规行为金额3050万元，为财政增加收入41万元，提出审计建议83条，促进增收节支23.5万元，归还被侵占挪用专项基金121万元，帮助9个单位理顺账目，健全财务制度。同时积极配合全县中心工作，先后派出15人次参加纪委、经保委、信访等有关经济案件的调查审计，平息了3个村的上访事件，为稳定全县经济秩序发挥了职能作用。

【东光县审计局】现有干部职工26人，设有办公室、审计一组、审计二组、审计三组和基建审计中心，负责对全县9个乡镇和74个县直部门的审计监督。局长沈桂枝，副局长王树云、祁庆和。

审计成果 2000年共完成审计项目119个，完成年计划的330.5%。其中审计计划项目36个，县委、县政府交办临时项目83个。所有审计项目都做到程序合法，事实清楚，适用法律法规得当，审计建议切实可行，审计处理宽严适度。共查出违纪违规金额8783万元，增加财政收入178万元，提出合理化建议93条，为加强宏观调控，维护财经纪律，促进经济发展发挥了重要作用。

【海兴县审计局】现有干部职工17人，设有行政事业审计股、工建交企业审计股、商粮贸审计股、财金审计股、外资审计股和办公室，负责对全县7个乡镇和60个县直部门的审计监督。局长呼广峰，副局长贾玉民、陈志琢、韩玉栋、杨伟东。

审计成果 完成列入审计计划的审计项目29个、海兴县委、政府交办审计事项15项，审计涉及单位120个（其中延伸50个单位），共查出各种违纪行为金额1017万元，其中决定处罚733万元，要求纠正284万元，为国家增收节支149万元。共发出审计报告和审计信息17篇。在同级财政审计中发现，财政部门存在虚列支出，收费局截留增容费、利息收入，地税局扩大征收范围多提营业税待征手续费，部分一级预算单位截留罚没收入、挤占挪用专项资金问题，于是提出三条建议：一是成立结算中心，统一管理，统一调度，弥补财政资金缺口，集中力量解决重点问题；二是建议建立政府采购制度，控制大项支出；三是建议对财政投放的专项资金进行定期追踪审计，杜绝被挤占、挪用，以确保专项资金的专款专用，发挥其效益。审计结果上报政府后，主管县长给予高度评价，三条建议均被采纳，并责成有关部门立即研究执行。

【盐山县审计局】现有干部职工45人，设有办公室、企业审计科、行政审计科、财金审计科、基建审计科和农村财务审计中心，负责对全县12个乡镇和50个县直部门的审计监督，局长王荣华，副局长赵杰、刘新才、史之刚，党支部副书记王树行。

审计成果　2000年共完成审计项目98个，审计116个单位，审计总金额1.3亿元，查出违规行为金额1780万元，上交财政40万元，提交审计报告及信息等调研材料210篇。其中，完成县委、县政府交办任务18项、审计单位65个，完成省市审计机关下达审计任务38项、审计单位45个。

【肃宁县审计局】现有干部职工13人，设有办公室、行政事业审计科、工交审计科、商贸审计科、基建审计中心，负责对全县9个乡镇和86个县直部门的审计监督。局长李农民，副局长尹金桓、张运祥。

审计成果　共完成上级下达的审计项目41个，查出违规行为金额2109万元，决定处理处罚339万元，指明要求纠正1770万元，应交财政9万元已入库。提交审计工作报告、信息8篇，被采纳2篇。移交纪检会、检察院案件3起。

【南皮县审计局】现有干部职工11人，设有办公室、行政事业审计股、企业审计股、基建预决算审计中心，局长钱淑华，副局长李双印、丛希清。

审计成果　全年共完成审计项目54项，其中属县领导经济责任审计7项、对寨子镇43个自然村进行了农村财务状况调查、基建项目审计5项，占年初计划任务的120%，查出违纪资金1298万元，收缴入库55万元；共提交审计工作报告54篇、信息反馈22篇，为被审单位提合理化建议122条，被采纳70余条。

【吴桥县审计局】现有干部职工28人，设有办公室、行政事业审计股、财政金融审计股、企业审计股、基建审计股和基建审计中心，负责对全县10个乡镇和79个县直部门的审计监督。局长李强，支部书记陈胜森，副局长张庆东、靳国起。

审计成果　共完成审计项目46个，其中：完成省市机关下达的审计任务13项，审计单位15个；完成县委、县政府交办任务14项。查出违纪违规金额7929万元，上缴县财政41万元，提交审计报告39篇。审计工作报告、信息被采用或批示34篇。

【孟村县审计局】现有干部职工24人，设有办公室、行政事业审计股、工交商贸审计股、固定资产投资外资审计股、基建审计中心，负责对全县6个乡镇和54个县直部门的审计监督。局长丁明龙，副局长王国庆、丁明强、邓国兴。

审计成果　2000年，孟村县审计局弘扬“团结拼搏、负重奋进、文明争先”的孟村精神，创造性地开展工作，在全局实行“一岗双责”，做到审计任务同政治思想工作同布置、同检查、同总结、同表彰、同奖惩，在全局形成了工作同步、目标同向、决策共商、责任自负、考核一体的工作机制，营造了“各项工作创一流”的工作氛围，使审计工作取得了较好成绩。全年共完成审计项目65个，占年计划的191%（其中完成审计厅、市审计局下达的任务36个，县委、县政府交办的审计事项29个），查处违纪行为金额941万元，上交财政24万元，并向县委、县政府、市审计局反馈审计信息、综合报告28篇，被各级刊载20篇。

【廊坊市审计局】2000年，共有干部职工55人，其中研究生学历1人，大学本科学历28人，大专学历15人，局长韩少奇，副局长黄志旺、李培宁、张士彦。设有办公室、人事科、工交审计科、商贸审计科、财金审计科、行政事业审计科、基建审计科等部门。

审计成果　全市共审计604个单位，查出各种违规行为资金47479万元，应上缴财政2452万元，应减少财政拨款或补贴1036万元，促进增收节支7767万元。

完成上级交办任务　2000年全市共完成领导交办任务70项，其中霸州市审计局完成省长交办审计任务1项，受到了省、市领导的表扬。为规范建筑市场，节约财政资金，市县两级审计机关完成基建审计项目50个，审计预算资金71496万元，审减2803万元。

内部审计　全年共完成审计单位595个，其中财务收支审计307

个，经济效益审计67个，经济责任审计113个，提出意见、建议被采纳131条，纠正违规行为金额近200万元。

经济责任审计 全市共对43个单位、43名领导干部进行了任期经济责任审计。其中市直共对7个县处级党政领导干部进行了任期经济责任审计，为领导任用干部提供了真实依据。经审计机关的努力争取，全市县级审计机关先后成立了经济责任审计机构，部分已列编。

【廊坊市安次区审计局】 现有干部职工12人，设有财政金融审计科、行政事业商贸审计科、工建交审计科、办公室，负责对全区2个街道办事处、8个乡镇和93个区直部门的审计监督。局长葛永海，副局长王永春、李凤华。9月30日按照省、市委的安排部署，原安次区审计局作了区划调整，新成立了广阳区审计局。安次区审计局人员编制是区划后确定的。

审计成果 区划后共完成审计和审计调查项目23个，领导交办项目20个，查处违纪、违规资金885万元。按照市审计工作部署，于1月25日对本地区年度财政预算执行进行了审计。同时开展了3项审计专项调查：一是对农业综合开发资金进行了审计调查，并对逾期不能收回的资金提出了解决问题的建议；二是对环保排污费的使用情况进行了审计调查，有效的保证了专款专用；三是对该区水利局基础设施专项资金使用情况进行了审计调查，为上级领导对该区水利资金使用情况的可信度提供了依据。

【霸州市审计局】 现有干部职工20人，设有办公室、财金审计科、企业审计科、基建审计科，负责对全市15个乡镇区办和61个市直部门的审计监督。局长李帮英，副局长尚冠雄、刘伟峰、李志刚，纪检组长夏春文。

审计成果 完成审计项目53项，审计总金额111177.41万元，查出违规违纪金额854.14万元，纠正违规违纪金额729.44万元，促进增收节支609.08万元，向被审计单位提合理化建议65条，被采纳信息23篇。同时完成市委、市政府交办的工作任务11项，其中用三个月时间对公安、交警、检察院、法院、土地局、计生局、市政管理局、防疫站、各乡镇、区、办土地所、计生站共52个单位的“收支两条线”进行了审计，并写出了报告，工作报告得到了市领导的重视和好评；利用三个月时间完成了思兰蒂冲压制造有限公司中外方投资、分立的资产、负债、损益的审计，树立了良好的对外形象，维护了企业的合法权益。

【三河市审计局】 现有干部职工29人，设有办公室、行政事业审计股、财金审计股、基建外资审计股、企业审计股、经济责任审计股和基建预决算审计中心，负责对全市11个镇（区）和90个市直部门的审计监督。局长潘福成，副局长高秀志、王增利。

审计成果 全年共完成审计项目82项，涉及被审计单位89个，共查出各类违纪违规金额7649万元，其中：决定处罚1383万元，指明要求纠正6266万元；查补税款及上缴财政360万元；全年开展固定资产投资审计18项，审计金额12443万元，审减基建工程投资1748万元，综合审减率近15%。共为国家增收节支2108万元。提交审计工作报告、信息99篇，被党政领导和上级审计机关批示采用47篇。

【固安县审计局】 现有干部职工30人，设有财政金融审计股、基本建设审计股、行政事业审计股、工交商贸审计股、经济责任审计股、办公室及基建预决算审计中心，还与法院合办了审计合议庭。负责对全县9个乡镇和85个县直部门的审计监督。局长李德华，副局长冯亚云、赵运桥、王忠林。

审计成果 （一）全年共完成计划审计项目62个、政府临时交办项目16个，查出各类违纪违规资金1848万元。上交财政142万元，促进增收节支128万元，有192万元不合理使用资金归还原渠道。（二）成立了全市第一家审计合议庭。该局与县法院议定组建了“固安县人民法院审计合议庭”，扩大了审计影响。（三）信息调研工作创历史最好水平。全年共发出稿件60余篇，被各级采用58篇，其中包括有10篇业务性较强的专业论文和调研报告。（四）采取竞争上岗选人才，积极调整用人机制。该局对部分股长空缺职位采用择优选拔的方式，竞争上岗，优中选优。此举得到了县委、县政府、县人大、县政协领导的充分肯定，并在全县各机关中予以推广。相关报道《竞争，从这里开始》被《中国审计》全文刊载。

【永清县审计局】 现有干部职工32人，设有办公室、行政事业审计股、基本建设审计股、工业交通审计股、财政金融审计股、经济责任审计股和法制复核股，负责对全县16个乡镇（办事处）和48个县直部门的审计监督。局长韩贺声，副局长张中波、谷凤来，纪检组长杨淑敏。

审计成果 全年共完成财政预算执行情况审计、行政事业单位财务收支审计、工商企业资产负债损益审计、社会保障资金审计、世界银行贷款项目审计等审计项目79项，占计划数的123%，涉及到被审计单位88个，共查出各类违纪违规资金5322万元，查出各类应缴欠缴税金24万元。年内在圆满完成省市下达审计项目计划的同时，还完成县委、县政府交办的村级财务审计、乡镇企业清产核资审计、领导干部任期经济责任审计等审计项目15项；开展了专项资金管理使用情况、“收支两条线”制度执行情况、村级财务管理现状等专项调查5项，其中提交的《我县村级财务管理现状及对策》的调查报告，引起了县里有关领导的重视，县长、主管县委副书记、副县长均在报告上做了批示，并以县委、政府两办名义联合下发了文件，促进了村级财务管理的规范化。

【香河县审计局】现有干部职工22人，设有办公室、行政事业审计科、财政金融审计科、商贸审计科、工交审计科、基建审计科，负责对全县9个乡镇和93个县直部门的审计监督。局长李印，副局长关玉波、武宝旺。

审计成果　全年共完成上级下达计划审计项目38项，审计61个单位，查出各种违纪违规行为金额2223万元，上交财政180万元，促进增收节支70万元；完成专项审计调查2个，调查7个单位；完成县委、县政府临时交办审计项目18项，审计51个单位。其中包括领导干部经济责任离任审计7项，利用审计成果提职1人，重用2人。

【大城县审计局】现有干部职工25人，设有办公室、行政事业审计股、财政金融审计股、工交商贸审计股和基建审计股，负责对全县10个乡镇和86个县直部门的审计监督。局长常留海，副局长阎清池、邓平舒、周俊明、李文政，纪检组长刘增才。

审计成果　完成省、市审计机关下达审计项目45个，涉及被审计单位52个，查出各种违纪资金1624万元，指明要求纠正976万元，决定处理处罚648万元，上交财政457.6万元，应归还原渠道资金59万元，促进增收节支15万元，建议纠正地方部门不当规定21条，促进地方部门完善制度规章25条，被审计单位采纳合理化建议28条。同时还完成县政府交办的收支两条线和税收执法问题审计检查66个单位。审计收支两条线单位24个，查出违纪违规资金863.44万元，上交财政420.72万元，纳入财政专户资金50.5万元；检查税收执法问题单位42个，查出欠交税款148.27万元，已由税务部门追缴入库。会同纪检、监察、财政、物价等部门完成对31个单位预算外资金的清理检查。围绕县领导关心的、群众关注的社会难点、焦点审计了6个项目。

【文安县审计局】现有干部职工20人，设有行政事业审计股、工建交审计股、商贸审计股和基建预决算审计中心，负责对全县24个乡镇农场和90个县直部门、企事业单位的审计监督。局长李明信，副局长许德环、胡东庆、曹永庆。

审计成果　全年共完成审计项目22项，审计单位78个；其中属县政府交办任务13项，对全县计生部门的6个单位、卫生系统的7个单位、教育系统的4个单位、城建系统的7个单位等进行了审计，还对4个行政事业单位的办公楼竣工决算进行了审计，完成调查项目3项，调查单位8个。审计总金额3.6亿元，共查出违纪违规资金5958万元，上交财政31.7万元，协助纪检、监察部门查处案件3起，共提交审计报告93篇。

【大厂回族自治县审计局】现有干部职工23人，设有商贸审计科、工交审计科、农业审计科、行政事业审计科、财税金融审计科和经济责任审计科，负责对全县5个乡镇和72个县直部门的审计监督。局长张嘉佑，副局长陈胜利、左金如。

审计成果　全年共审计86个单位，查出各类违规金额103万元。通过对全县经企部门、行政事业单位和各执法执纪部门经营活动及财务收支等情况的审计监督，促进了企业不断增收节支，增强了党政机关的廉政勤政意识，提高了执法执纪部门依法开展工作的自觉性，同时也为各级领导的宏观决策提供了可靠依据。

【衡水市审计局】2000年，共有干部职工37人，其中研究生学历3人，大学本科学历8人，大专学历14人，局长张彦和，副局长杜振迎、王立勋、徐寿昌、张兰顺、王金生，纪检组长葛培新。设有办公室、综合科、财金审计科、工交审计科、商贸审计科、行政事业审计科、农业审计科、固定资产投资审计科、外资审计科和基建审计中心。

审计成果　全市共审计616个单位，查出违规金额71907万元，应交已交财政5214万元，应归还原渠道资金5359万元，促进增收节支1592万元，提交审计报告和信息863篇，被各级批示和采用440篇，建议纠正部门和单位不当规定94条。

完成上级交办任务　全年完成党委政府交办的企业升级、奖惩兑现、纳税审核等事项584项，平息上访5起，建议给予行政处分4人，审计资金总额232579万元，查出违规金额44517万元，其中偷漏税款1431万元。在损益不实的56个单位中，共虚增利税1898万元，虚减利税620万元。经审计核实，先后有37个单位被取消升级奖励资格，审计结果在企业升级、奖惩兑现中发挥了把关作用，为党委政府摸清企业家底提供了真实情况，审计的作用越来越被党委、政府所重视。

内部审计　全市240个内审机构、580名内审人员共审计单位846个，其中财务收支审计355项，经济效益审计281项，经济责任审计99项，基本建设项目审计15项，财务决算审签24项，其他72项，查出损失浪费2742万元，促进增收节支967万元，提出建议意见被采纳761条，纠正违规行为金额15019万元，建议给予行政处分2人。

经济责任审计　2000年市委、市政府以衡发（2000）8号文件要求在全市推行任期经济责任审计，并将范围扩大到县处级。明确规定，全市审计部门每年完成应审对象的1/3，3年普审一遍，一次审3年。

【衡水市桃城区审计局】现有干部职工37人，设有办公室、财金审计科、农业审计科、工交审计科、商贸审计科、基建外资审计科和审计服务中心，负责对全区9个乡镇、办事处和38个区直部门的审计监督。局长王保房，书记张存志，副局长周黎明、陈一萍，纪检书记姚建新。

审计成果　全年共完成审计项目30个，审计148个单位，审计资金总额15.24亿元，查出各类违纪资金6189万元，增加财政收入674万元，追还被侵占挪用资金467万元；竣工决算审计859万元，查出超计划投资218万元，审减工程造价91万元。同时，完成了区政府临时交办的项目4个：一是对大城等3个村和区水务局工程站等3个单位的财务收支进行了专项审计，查出了违纪事实，平息了群众上访；二是对9个乡镇办财务实行“零户管理”进行了清查，对壮大乡、镇、办财政实力，从源头上防止和治理腐败起到了促进作用。三是审查了区房改办1996－1999年的财务收支情况，发现出借住房公积金492万元，并做出了处罚决定；四是完成了对麻森等5个乡镇中心医院的行业不正之风审计，查出了违规加价、超标收费和药品回扣等问题。

【冀州市审计局】现有干部职工25人，设有工交审计科、农业审计科、基建外资审计科、行政事业审计科、财金审计科、商贸审计科、综合科和办公室，负责对全市11个乡镇和50多个市直部门的审计监督，局长雷洪春，副局长韩来合、周庆煜、田玉虎。

审计成果　2000年共完成审计项目47个，审计单位127个，分别占全年计划的134%和136%，查出违规行为金额13163万元，其中决定处理处罚3675万元，指明要求纠正9488万元。基建预决算审计工程项目12个，审计资金1654万元，审定为1468万元，为国家节约、审减资金186万元。提交审计工作信息报告84篇，被地方党政领导、上级审计机关和新闻单位批示采用64篇。在完成上级下达的审计计划的同时，完成冀州市委、市人大、市政府交办的审计工作9项，审计单位65个。注意加强内审管理工作，指导20个内审机构共审计105个单位，查出损失浪费资金104万元，提建议被采纳58条，促进增收节支72万元。

【深州市审计局】共有干部职工32人，设有金融审计科、财政审计科、行政事业审计科、农业外资审计科、企业审计科、基建审计科、办公室，负责对全市17个乡镇和38个市直部门的审计监督。局长杨世强，副局长杨爱萍、张占广、张存良、王敬华、齐书壮、田小军。

审计成果　完成上级审计机关下达审计任务21项，审计单位67个，完成调查项目6项，调查单位18个，共查出违纪资金7370万元，上交财政83万元，促进增收节支45万元，提交审计工作报告信息21篇，被批示采用13篇。同时还完成市委、政府交办的工作任务5项，审计单位40个，如完成中心广场和蛋禽市场配套工程竣工决算审计，为市财政节约资金16万元。另外，会同财政、纪检部门对4个乡镇进行财政审计调查和全市夏粮征购三提五统财务摸底，对木村乡西位村进行了村财务审计鉴定，做到了领导交办一项，完成好一项，受到领导的好评。

【饶阳县审计局】共有在职干部、职工19人，设有办公室、财政金融审计股、工交审计股、商贸审计股，负责对全县7个乡镇和59个县直部门的审计监督。局长李如辉，副局长宋拴榜、刘春壮、王金茂。

审计成果　2000年共完成省、市审计机关下达的审计项目25个，审计单位35户；完成审计调查6项，调查单位6个；共查处违规行为金额3686万元，其中应上交财政217万元已入库；促进增收节支99万元；共提交审计报告及信息44篇。在完成上级下达审计计划任务的同时，还积极完成了县委、县政府交办的审计任务。在乡镇企业升级奖惩兑现审计中，核减奖励资金3.75万元，在市政工程审计中，审减建设资金10.1万元，在对两个企业进行纳税检查时，查出两个企业少交地方税17.04万元的问题。

【枣强县审计局】现有干部职工24人，设有财金审计股、商贸审计股、工交审计股、行政事业审计股、农业审计股、基建审计股、外资审计股和办公室，负责对全县11个乡镇和70个县直部门的审计监督。局长赵金文，副局长孔繁霞、王新水、王英法。

审计成果　共完成审计项目（含县委、县政府交办事项）325个，其中审计调查项目36个，审计（调查）单位1367个，共查出各类违纪违规资金26956万元，收缴县财政735.42万元；基建项目决算审计总额7920万元，审减资金630.50万元，总审减率为8%；协同有关部门查处各种经济案件和清理农村财务22起，妥善解决农村及单位上访案件10余起，共提交审计报告310篇，上报各类信息640篇，被各级新闻单位、各级党委政府内部信息刊物采用462篇。

【故城县审计局】现有干部职工35人，设有人秘股、财金农业审计股、商贸审计股、工交审计股、基建外资审计股和行政事业审计股，负责对全县13个乡镇和34个县直部门的审计监督，局长李宝收，副局长刘庆田、刘观林、闫丙校、李强。

审计成果　全年共审计51个单位，查出违规资金9266.8万元，应归还原渠道资金11万元，应交已交财政37万元，促进增收节支34万元，向各级提交审计报告、信息32篇，被采用18篇。认真完成当地党委、政府交办的任务，1—4季度共审计17个单位，其中财务收支审计16项，审计金额9656万元，查出违规资金2755.8万元，发现损益不实单位2个，虚减利润71万元，促进增收节支5万元。并对某企业进行了一次资产、负债真实性审计，审计金额35228万元，审定27143万元，审减8085万元，促进增收节支25万元，县委、政府对审计结果给予了表彰。全年14个内审机构共审计89个单位，查出损失浪费66万元，促进增收节支295万元，提出建议意见被采纳102条。

【阜城县审计局】现有干部职工28人，设有财金审计股、农业审计股、行政事业审计股、工交商贸审计股、基建外资审计股和办公室，负责对全县10个乡镇和51个县直部门的审计监督。局长李玉珂，副局长田会勤、赵金华、梁金洪。

审计成果　全年共完成审计项目27个，审计单位65个，查出违纪资金1878万元，应上交财政271万元已入库，应归还原渠道412万元，促进增收节支213万元，提交审计报告、信息118篇，被各级批示采用65篇。内审机构全年审计115个项目，共审计资金3437万元，查出违纪资金754万元，督促帮助企业收回外欠资金318万元，促进增收节支42万元。

【安平县审计局】现有干部职工21人，负责对全县8个乡镇和71个县直部门的审计监督。设有办公室、财政金融审计股、工交审计股、商贸审计股、基建审计股、农业外资审计股、行政事业审计股。局长边金栋，书记张树尧，副局长张占学、马保东、刘荣敏、马建伟。

审计成果　全年共审计37个单位，共查处违规行为金额2003万元，其中应上交财政53万元已入库，促进增收节支395万元，共提交审计报告及信息60篇。还完成县委、县政府交办的审计任务8项。对3000万元城建资金的管理、拨付及使用进行了跟踪审计，对148个重点单位纳税情况进行普查，追缴各种税款863万元；对全县8个乡镇的零户管理执行情况进行了专项审计检查；对36家外资企业进行了审计调查；对注册资金在45万元以上的集体和个体、私营共89家企业进行了财务审计；对三个乡6个村的财务进行了审查，平定了上访；积极配合县委、县政府较好地完成了平坟扩耕、夏粮征购、扶农致富、三下乡等项中心工作。

【武邑县审计局】现有干部职工24人，设有办公室、财政金融审计科、行政事业审计科、工交外资审计科、商贸基建审计科和审计复核科，负责对全县9个乡镇和78个县直部门的审计监督。局长鲍宝昌，副局长闫印行、赵顺兴、翟国章。

审计成果　全年完成上级交办审计项目19个、审计单位40个，审计调查项目6个、审计调查单位43个，查出各类违规行为金额2821万元，决定处理处罚343万元，指明要求纠正2478万元，应交财政138万元已入库，提交审计工作报告信息45篇，被地方党政领导、上级审计机关、新闻单位批示采用34篇，建议纠正地方部门不当规定22条，促进增收节支36万元。

【景县审计局】现有干部职工13人，设有财金审计股、工交审计股、商贸审计股，负责对全县16个乡镇和49个县直部门的审计监督。局长刘振生，副局长马承英、李振瀛、李金重。

审计成果　全年完成衡水市审计局下达年度审计计划34户，查出违纪违规金额2163万元，为财政增收节支426万元。完成审计调查专项7项，审计调查单位17户。完成县委、县政府交办审计单位75户。通过审计监督，一是纠正了违纪违规问题，促进了财经法规在部门单位的贯彻落实；二是堵塞了漏洞，促进了增收节支工作，增加了收入；三是通过建章立制，强化了财政、财务管理工作，从源头节制了违纪违规行为，促进了廉政建设；四是利用微观审计成果，为领导宏观管理提供了决策依据，为宏观决策提供服务。

【武强县审计局】现有干部职工13人，设有工交审计股、商贸审计股、财金审计股、基外审计股，负责对全县6个乡镇和65个县直部门的审计监督。局长刘文保，副局长张世德、郝日才、高建辉。

审计成果　2000年共审计51个单位，审计调查20个单位，查出各种违纪资金4223万元，其中应交财政52万元已入库，促进增收节支350万元。在保证计划内项目完成的同时，还积极完成县委政府交办的行政事业单位财务检查、重点企业奖惩兑现、固定资产投资等几个审计项目，共审计单位41户，查出违纪资金662.4万元，减少财政损失87万元，促进增收节支110万元，为县领导决策提出审计意见和建议135条。在财政预算执行审计中共延伸审计19个单位，查出各种违纪资金7800万元，促进增收节支230万元，此项工作得到了县人大、县政府等主要领导同志的充分肯定，县政府还转发了两个关于加强预算内、外资金管理的文件。在振兴路中段便道工程竣工决算的审计中，原上报工程结算款为207.6万元，经过审核，审定工程结算款应为185.2万元，核减工程造价22.39万元。

【承德市营子区审计局】现有干部职工9人，设有秘书股、行政事业审计股、财政金融审计股、企业审计股、任期经济责任审计股，负责对全区4个镇和39个区直部门的审计监督。局长李明，副局长李晓春。

审计成果　2000年，该局认真开展"审计质量年"活动，圆满、保质、保量完成了市审计局和区政府下达的各项审计任务。共完成审计项目8项，审计单位26个，下达审计决定3项，审计决定落实率100%，错审复审率为零。在审计过程中，该局认真执行审计工作廉政纪律，坚持廉政工作"八不准"，落实廉政责任，从而保证了审计结果的客观公正，维护了审计的严肃性和权威性，树立了良好的审计形象，工作受到了市、区领导和被审单位的好评。

山西省

【山西省审计厅】2000年，全厅定编人员138人，在编137人。厅机关设有办公室、法制处、财政审计处、金融审计处、行政事业审计处、工商企业审计处、农业环保审计处、社会保障审计处、经济责任审计处、投资审计处、外资运用审计处、人事教育处、离退休人员管理处、机关党委、纪检监察室15个处室，另设有发展计划审计处、经济贸易审计处、政法审计处、经济执法审计处、农林水审计处、科教文卫审计处、建设交通审计处、人事劳动民政审计处、旅游外事审计处、党群审计处10个派出审计机构，同时设立了审计科学研究所、审计干部培训中心2个直属事业单位。

领导成员

厅　　长：魏德卿

副 厅 长：郝志远　石维景

　　　　　潘学林

纪检组长：涂国强

总审计师：杨光照

山西省审计成果　2000年全省各级审计机关共完成9大类25个项目的审计，审计单位6760个，查出各类违规金额94.86亿元，其中决定处理处罚31.66亿元，指明要求纠正63.2亿元，应交财政资金9.45亿元，已交财政7.18亿元，归还原渠道资金6.23亿元，核减财政拨款和补贴5544万元，发现并向纪检监察、司法机关移送案件314件。全年共向各级党委、政府提交审计工作报告、信息5604篇，被批示采用2491篇，采用率达到44%，为近年来最高水平。省厅先后向省委、省政府提交了加强财政资金管理、管好用好重点工程建设资金、规范地方金融机构经营行为等专题报告，在较深的层次上揭示和分析了山西省当前经济生活中存在的问题、原因和对策，得到了有关领导的肯定。

财政审计　预算执行审计在审计组织上更加精细、严密，制定了3个具体实施办法，进一步明确了总体思路，规范了审计行为。在审计内涵上更加深入、系统，有所侧重地下移了重点审计单位，加强了对二、三级预算执行单位的延伸审计，同时进一步扩大报告信息量，注重系统化地反映问题。省本级预算执行审计在反映22个单位存在问题的同时，将重点公路建设情况、扶贫资金使用情况、统配煤矿财务收支情况以及万家寨引黄资金使用情况，在"两个报告"中进行了全面反映，得到省政府和省人大的好评，认为审计部门依法履行职责，力度一年比一年大，成绩是突出的。省政府成立了由常务副省长薛军为组长的整改工作领导组，制定了"审计整改工作实施方案"，并抽调专人对整改任务大的省财政厅、煤炭局等单位进行督查，多数部门单位不仅纠正了查出的问题，而且完善了各项管理制度，特别是一些涉及财政收支全局的重大问题正在逐步得到解决。省本级预算执行审计涉及的44个问题，整改较好率达到90%以上。

对下级政府的财政决算审计，按照"突出重点、务求深化、缩短周期"的思路，在较短时间内顺利完成了长治、晋城、朔州、运城4个地市和35个县区1999年度财政决算审计工作，重点揭露了一些带有倾向性、普遍性的问题，涉及违反财政制度金额达8.12亿元。

工交、农业审计　工交审计重点组织了40户工交企业财务收支审计、46户国有工业企业水资源补偿费审计、全省医药行业财务收支审计。查出了会计信息严重失真、虚列资产和负债、虚报利润、无偿转让等问题，涉及金额21.27亿元，决定处理处罚 8.17 亿元。农业专项资金审计，重点对扶贫资金进行了跟踪调查，深入细致地分析了原因，提出了审计建议。

行事、金融审计 行政事业审计主要完成了工商系统财务收支审计、企业养老保险扩面征缴和基金收支预测审计调查等项目。共查出挤占挪用、虚列转移、"三乱"、偷税漏税等各种违规资金 6.31 亿元，向司法机关移送案件 23 件。对全省工商系统财务收支审计结果上报省政府后，刘振华省长和薛军副省长批示要求省工商局尽快整改，并将结果报省政府。金融审计完成了对城乡信用社、信托投资公司的年度审计，查出各类违规违纪金额 11.7 亿元，揭露了财政信用资金存在的不良贷款比例较高这一突出问题，向司法机关移送案件 50 件。

投资、外资审计 固定资产投资审计完成了 6 个在建工程审计项目和"八五"以来 36 个重点建设项目、投资效益情况审计调查等工作任务，基本查明了一些重点资金的使用情况。共审计投资总额 157.85 亿元，查出资金不落实、挪用侵占、超标冒算等各种违规资金 12.59 亿元。外资审计完成 12 个世、亚行贷援款项目，查出违规违纪金额 1.67 亿元，提出了规范利用外资行为、优化产业结构、促进经济社会、生态环境的协调和可持续发展等建议。

经济责任审计 全省年内共完成对 930 人的经济责任审计，其中党政领导干部 830 人，国有企业及国有控股企业领导人员 100 人。查出违规行为金额 10.81 亿元，决定处理处罚 2.36 亿元，并查出有个人经济问题 59 人，有 23 人被移送纪检监察、司法部门查处。各级审计机关努力争取当地党委、人大和政府的支持，大多数成立了由党政领导任组长的"经济责任审计领导组"，建立了 5 部委"经济责任审计联席会议"制度，加强与各部门的协调配合，设立了经济责任审计机构。省里还出台了《山西省党政机关领导干部任期经济责任审计实施办法》和《山西省国有企业及国有控股企业领导人员经济责任审计实施办法》，为开展这项工作提供了必要的法制保证。

审计质量 一是组织专人开展了对主要审计业务的检查。由厅领导带队，深入到忻州、吕梁和运城的十多个县区，对财政审计、工商行政管理系统财务审计等主要业务，进行了质量检查和抽样复审，当场纠正发现的问题；二是强化了对审计报告的复核工作。组织专人，重点对"万家寨引黄项目审计报告"进行了典型复核，并在此基础上制定了审计报告复核审定的有关制度；三是对 1999 年的部分审计项目进行了审计回访，促进了审计质量的提高。

大案要案 各级审计机关按照《最高人民检察院、审计署关于案件移送和加强工作协作配合制度的通知》要求，在移送程序上严格把关，剔除了一部分案情不详、定性不准或涉案金额不达标准的一般案件，提高了移送案件的质量。共查出百万元以上违规单位 138 个，向司法机关移送案件 131 件。同时，各级审计机关加强对审计决定落实情况的检查工作，使当年所作的处理处罚基本落实，落实情况好于往年。

【太原市审计局】 2000 年，共有在职干部 133 人，职工 7 人，其中大学本科以上学历 36 人，大专学历 70 人，局长兼党组书记梁新生，纪检组长马扎根（党组成员）、副局长朱先柱（党组成员）、刘蓉华、张亮元（党组成员）。设有办公室、人事教育处、综合处、法规审理处、审计管理处、财政审计处、工业交通审计处、商业贸易审计处、中央单位审计处等 18 个部门。

审计成果 共审计单位 418 个，查出违纪违规金额 4.6 亿元，其中应上缴财政 4846 万元，已上缴财政 4453 万元，归还原渠道资金 4746 万元，促进增收节支 707 万元。

完成上级交办任务 预算执行情况审计形成以财政部门组织为主、其它部门为补充的全方位、一体化的监督机制，在促进细化预算和规范管理等方面，较以往有了新突破；企业审计突出为国企脱贫解困思想，针对存在问题提出了解决措施和建议；金融审计对市城区联社部分农村信用社及太原商业银行资产负债情况的审计报告及信息分别被常务副省长薛军、李荣怀市长批示；行政事业审计、固定资产投资审计、农业审计、外资运用审计、离任审计等都取得了明显成绩。

内部审计 各审计派驻机构及内审机构共完成审计项目 690 个，已审计单位资金总额 77.2 亿元，查出损失浪费金额 83 万元，不合理占用 2.6 亿元，账目差错金额 1.3 亿元，提出合理化建议 337 条。

经济责任审计 全年共对 33 名党政领导干部、厂长（经理）进行了经济责任审计。

大案要案 太原市审计局中央处、万柏林区审计局等分别发现了 9 起涉嫌诈骗、贪污案件线索，已分别移送有关司法机关。

【太原市杏花岭区审计局】 现有干部职工 16 人，下设办公室、行政事业审计科、企业基建审计科，负责对全县 3 个乡和 41 个区直部门的审计监督。局长董建华，副局长白秀玲、孙贵平。

审计成果 全年共审计项目 7 个，涉及单位 39 个，查出违纪违规金额 28914 万元，向司法机关移送案件 2 起。其一是史太明贪污扶贫资金 7 万元的案件；其二是南洼村原村长非法占有拆迁补偿费 24.5 万元的案件。妥善解决群众集体上访案件3起。对太原矿山机器集团有限公司1999年度资产、负债、损益及劳动保险基金收缴民政部进行了审计，发现了账外设账等问题，提出了搞活大中型企业的建议，引起了有关部门的重视。向省、市有关部门报送有价值的信息12篇。2000年被山西省审计厅评为“行政事业审计先进集体”等光荣称号。

【太原市小店区审计局】共有在职干部职工19人，设有办公室、财政金融审计科、工商企业审计科、行政事业审计科、农业审计科等部门。局长郭建生，党组书记王志远，副局长常福珍、王景。

审计成果　共审计单位30个，查出各类违纪资金1040万元，其中应处罚违纪资金141.58万元，应收缴违纪资金15.29万元，另外收缴、促缴上年应缴违纪资金9万元。共完成对小店区4个单位离任领导的任期经济责任审计，查出违纪资金35.63万元，罚款3.56万元。

【太原市迎泽区审计局】现有干部17人，设有行政事业科、财政审计科、综合审计科、企业财务审计科和办公室，负责对全区2个乡镇、6个办事处和46个区直部门的审计监督。局长薛晓明，副局长梁晓娟、马笑宣。

审计成果　全年共完成审计任务6项，其中市局下达任务3项。全年审计单位24户，涉及单位75个。查出违纪违规金额1686万元，应上交财政88万元，已上交财政35万元，应归还原资金渠道57.5万元，已归还55万元。1999年下半年及2000年上半年预算执行审计对财政、地税部门及15个一级预算单位和6个二级预算单位及30所学校共53个单位分别进行了直接审计和延伸审计。审计中查出财税部门违规行为金额共计415万元，违纪问题金额共计519万元，并分别做出了没收、罚款、限期上缴等决定。对区郝庄乡和孟家井乡2个乡级财政1999年度财政决算审计，查出违纪违规金额224万元。对市工商行政管理局迎泽分局1999年度财政、财务收支情况进行审计，查出违纪违规金额515万元，审计做出罚款等决定并已全部落实。自行安排对公安分局1999年罚没收入情况进行审计，对其下属科室和桥东等10个派出所进行了延伸审计。自行安排对计生委1999年计生事业费和其它资金收支情况审计，对其下属计生指导站进行了延伸审计，查出违纪金额13万元并作出了罚款的决定。全年共编发审计信息11篇，报送稿件4篇。信息有1篇刊登在《中国审计》、5篇刊登在《太原审计简报》。

【太原市万柏林区审计局】共有人员14名，设有办公室、行政事业审计科、工商企业审计科、基建审计科。局长王跃礼，副局长苏颖、詹瑛。

审计成果　全年共审计单位25个，审计处理违纪金额930万元，其中应上缴财政224万元，已上缴财政224万元，并为建设单位核减资金94.77万元。

【太原市晋源区审计局】共有人员11名，设有办公室、审计一科、审计二科、会计科。局长贺玉花，副局长张转荣、刑德广。

审计成果　全年共完成审计项目8个，审计单位28个，依法查出违纪违规金额2233万元，上缴财政90.77万元。

【古交市审计局】共有在职干部职工19人，设有办公室、企业科、行政科、基建科、综合科。局长张安亮，副局长杨国平、裴国清。

审计成果　全年共完成审计和审计调查7项71户次，查处违规金额435万元，促进增收节支83万元，应收缴财政10万元，已全部上交。提交审计综合、专项报告和审计信息41篇。本级预算执行情况审计了全市40个单位，查处违规金额154万元；圆满完成了对医药药材公司、市中心医院药品专项审计调查和工商局1999年度财政收支的审计工作任务。按照市政府安排，分别对焦化厂、矾石沟煤焦有限公司、千峰精煤有限公司、水陆联运公司、百货公司等企业的资产、负债、损益的真实性、合法性、效益性进行了审计和审计调查；对养老保险基金、失业保险基金进行了专项审计；在重点建设项目竣工决算审计中，对市向阳幼儿园工程、古交市水泥厂川东小区住宅楼、古交市农机局住宅楼工程进行了决算审计，核减投资额56万元。对市委组织部安排的12名行政、企业领导干部开展了任期经济责任审计，并发现案情线索1件，涉案金额50万元，现已移送检察机关处理。

【阳曲县审计局】现有干部职工12人，设有办公室、财政金融审计科、企业事业审计科，负责对全县10个乡镇和60多个县直部门的审计监督。局长张贵文，副局长郑耀文、尹润卿。

审计成果　全年共审计单位55个，审计总金额13078万元，查出违纪金额99万元，应收缴29万元，实收缴23万元，全部上缴县财政。全年提交综合审计报告10篇，审计调查报告5篇，其中2篇信息被《山西审计简报》采用。

【清徐县审计局】共有人员12人，设有办公室、工商企业审计股、行政事业审计股、基建审计股。局长左小春，副局长刘建昌、丁志萍。

审计成果　全年共完成审计项目9大项，涉及部门和单位52个，审计资金总额2.3亿元，查出各类违纪违规问题金额95万元，通过审计促缴70万元，应上交财政63万元，入库率100%。

【娄烦县审计局】共有行政人员10人，设有办公室及3个审计组。局长强国庆，副局长周海富、李守让。

审计成果　本级预算执行情况审计单位数38个，查出违规金额697万元，应上缴财政394万元，已上缴394万元；对工商行政管理部门1998—1999年度财务收支审计查出违纪违规金额99万元，责令上交财政管理部门89万元；对4户非国有企业参加社会普及统筹保险情况进行了审计调查，提出完善社会统筹保障制度建议；完成了对2户国营煤炉和医药企业1999年度财务收支审计；完成了对电业局职工宿舍楼工程建设情况审计，核减投资86万元；完成了县委、县政府交办的6个单位经济责任审计。

【大同市审计局】2000年，共有在职干部、职工153人，其中大学本科学历23人，大专学历60人，党组成员10人，局长傅力，副局长郭生明、徐洪波、史祥瑞、靳杰、白德、李恒，纪检组长范培基。设有办公室、财政审计科、金融审计科、行政事业审计科、工交审计科、商业审计科、投资审计科、农业审计科、外资审计科、体系指导科、审计法规科、审计综合科、人事教育科、机关党委办公室、纪检监察室等15个部门。

审计成果　全年共审计了110个单位和项目，查出各类违规行为金额89558万元，应上缴财政869万元，已入库718万元，追还被侵占挪用资金192万元。

完成上级交办任务　预算执行情况审计审计了31个一级预算单位、55个二、三级预算单位。查出违纪违规金额5273万元，其中违纪金额469万元，可增加财政收入108万元。6月20日市审计局向大同市人大常委会作了报告，10月20日又向大同市人大常委会作了查处落实情况的报告，对大同市云岗啤酒集团有限责任公司、山西恒酒集团有限责任公司等6户企业的资产、负债、损益的审计发现不同程度地存在会计信息失真的问题。大同市审计局向大同市政府提交了审计综合报告，市政府专门召开会议听取了审计情况报告。

经济责任审计　共对10个单位的10名经济责任人进行了审计，查出各类违纪行为金额11181万元。通过审计有5人平调，5人降职。大同市审计局受市政府委托，修改了《大同市国有企业厂长（经理）经济责任审计条例》，10月27日大同市人大常委会第16次会议通过，12月2日山西省九届人大常委会第19次会议批准，12月23日公告施行。此外还与大同市纪检委联合制定了“大同市县级以下党政领导干部任期经济责任审计实施办法”。

内部审计　设有153个内部审计机构，内部审计人员348人，审计了56个单位和项目，查出违纪违规金额344万元。

【大同市城区审计局】共有干部职工16人，设有办公室、行政事业审计股、工商审计股、基建审计股、法制股，负责对全区56个一级预算单位、121个预算外单位、37个国有企业以及集体企业的审计监督。局长王希文，副局长陈秉、刘美兰。

审计成果　全年共对11个类型和项目、120个单位和部门进行了审计和审计调查。对全区86个单位的财务归结算中心统一核算进行了监交。配合纪检、监察、财政等有关执法部门进行审计和审计监督。全年共查出各类违规行为金额1259万元，实际上缴财政20万元。先后向区纪检、监察机关移交了2起构成违反财经纪律的经济案件，均按有关规定作了处理。完成了区财政1999年本级预算执行情况审计；工商分局财政收支和全区住房资金以及对5个工业企业的资产、负债、损益情况的审计；对全区养老保险扩征面进行了审计调查；完成了大同市审计局下达的工作目标责任书中规定的其它工作。全区各部门25个内部审计机构，97名专兼职内审人员，共完成了95个单位的审计任务。完成了对党政领导干部和厂长（经理）的经济责任审计26户。

【大同市矿区审计局】共有干部职工13名，设有工业企业审计股、行政事业单位审计股、商业企业审计股和办公室，负责对全区24个街道和80个区直部门的审计监督。局长胡富，副局长李济源、孙有、管海花。

审计成果　全年共对28个项目115个单位实施了审计，查出违纪违规金额1039.20万元。其中指明要求纠正金额261.30万元，应上缴财政金额15.80万元，核减基建高估冒算工程款734万元。移交案件线索2起，有3人分别受到党纪政纪处分。在金凤凰商城2期工程决算审计中，共核减基建高估冒算工程款669.20万元，审减率39%。在矿区工商管理分局财务收支审计中，处罚力度在全市名列前茅，这2个项目被大同市审计局评为优秀审计项目。向区委、区政府及有关部门提交审计报告、信息及文稿31篇，被各级批示采用的22篇。

【大同市南郊区审计局】现有干部职工17人，设有企业审计股、行政财政审计股和综合审计股，负责对全区15个乡镇和73个县直部门的审计监督。局长李存林，副局长潘振建、王亭。

审计成果 全年共审计了22个单位，对22个单位进行了审计调查。共查出各类违纪违规金额510万元，其中决定处理处罚金额45万元，应上缴财政33万元，上交入库22万元。完成了区委、区政府和上级审计机关交付的审计任务，共审计了13个单位，对2个单位进行了审计调查，查出违纪金额496万元，其中应上交财政9万元，上交入库22万元。对6个单位进行了离任审计和专项审计，对1个公司债权、债务和经营情况以及担保事项进行了审计调查，并参与了区领导安排的联合办案及调查工作。

【大同市新荣区审计局】 现有干部职工13人，设有工商企业审计股、行政事业审计股和办公室，负责对全区7个乡镇和180个区直部门的审计监督。局长马文斌，副局长杨文启、孟文元、刘文学。

审计成果 全年共完成审计项目8项，涉及审计单位8个。在对2个企业厂长离任经济责任审计中，查出虚盈实亏的问题。

【大同县审计局】 共有干部职工19人，设有办公室、工交企业审计股、商业企业审计股、行政事业审计股，负责对全县16个乡镇和46个县直部门的审计监督。局长庞有彪，副局长赵文成、徐广义、柴禄。

审计成果 全年共完成上级审计部门和县委、县政府交办的10个项目58个单位的审计任务，审计总金额26699万元，查出违纪违规金额849万元，上缴县财政2万元。对14名党政领导干部任期经济责任进行了审计，6名被提拔，8名平调。11月成立了以县委书记、县长为组长的“大同县党政领导干部任期经济责任审计工作领导组”。

【天镇县审计局】 共有干部职工15人，设有办公室、工交企业审计股、商业企业审计股、行政事业审计股、基建审计股、法制股，负责对全县11个乡镇和58个县直属部门的审计监督。书记赵密，局长宋德宝，副局长袁尚柱、李万胜、原润娥。

审计成果 全年共完成上级审计部门和县委、县政府交办的7个项目54个单位的审计任务，审计总金额21358万元，查出违纪违规金额965万元，上缴县财政13万元。其中，完成党政领导干部任期经济责任审计8项。成立了以县长为组长的天镇县党政领导干部任期经济责任审计工作领导组。

【灵丘县审计局】 现有干部职工17人，设有企业审计股、行政事业审计股、基建股和办公室，负责对全县12个乡镇和40个县直部门的审计监督。局长王瑛，副局长刘培福、刘占录、李文治。

审计成果 全年共完成审计项目13项，涉及审计单位44个，查出各类违纪违规金额145万元，其中应上缴县财政5.6万元，实收缴财政4万元；基建竣工决算项目审计完成8项，核减高估冒算资金80多万元。预算执行情况审计查出违纪违规金额60多万元，依据有关财经法规均给予了处理处罚。在对城乡信用社资产、负债、损益审计中发现普遍存在从费用中列支定期存款利息、虚增利润、漏提税金等问题。

【阳高县审计局】 现有干部职工11人，设有办公室，负责对全县20个乡镇和334个县直部门的审计监督。书记曹富裕，局长唐生明，副局长兰金、杨青原，纪检组长温秀萍。

审计成果 全年共完成了13个审计项目，涉及被审计单位83个，查出各类违纪违规金额1198万元，应上缴财政30.16万元。受县委组织部委托，对张官屯党委书记、县农业局局长、自来水公司经理等8名党政干部任期经济责任进行了审计，另据县城建局申请，对其所属设计室、质检站等2名股级干部进行了离任审计。全年完成预算执行情况、工商财务收支等大同市审计局下达的指令性任务9项。

【左云县审计局】 共有干部职工19人，设有工交企业审计股、行政事业审计股、投资审计股和办公室。书记郭建川，局长邢茂东，副局长苏培、乔文蓉、王兴国、郭兆林。

审计成果 积极完成上级审计部门和县委、县政府交付的各项审计任务，查出违纪违规金额141万元。

【广灵县审计局】 共有干部25名，设有秘书股、工业审计股、农财审计股、商贸审计股、行政事业审计股、中央企业审计股、基建审计股，负责对全县9个乡镇、85个县直行政事业单位、19个企业的审计监督。局长王佐银，副局长高尚智、王觐荣。

审计成果 全年共完成审计项目（单位）46个，查出违纪违规金额1202.6万元。其中决定处理处罚金额88.65万元，指明要求纠正金额1114万元，应收缴财政金额23.1万元全部收缴入库，追还被挤占挪用款4.51万元。为被审计单位核减基建高估冒算工程款90多万元；向司法机关移送经济案件2起，涉案3人，配合司法机关办案2件，向纪检监察部门建议给予行政处分1人。提交审计报告、意见书31份，出具审计决定书19份，上报审计信息18

篇，其中被批示3篇，采用5篇。

【浑源县审计局】现有干部职工23人，设有企业审计股、行政事业审计股、基建审计股、综合审计股和办公室，负责对全县18个乡镇和38个县直部门的审计监督。支部书记温铎，局长袁守文，副局长孙彪。

审计成果　全年共完成7个项目，涉及单位69个。查出各类违纪违规金额498万元，增加财政收入6.6万元，查出经济案件1起，并移交纪检监察部门进行处理。其中对2个农村信用社资产、负债、损益的审计，查出了虚增利润221万元，漏提各种税费3.2万元；对8个党政干部离任进行了经济责任审计，发现大部分乡镇普遍存在挤占挪用专项资金和白条列支的问题。

【阳泉市审计局】2000年，共有在职干部、职工65人，其中大学本科学历5人，大专学历29人，局长任美福，副局长吕素英、张建华、郝千文，纪检组长张冬梅，总审计师刘文军。设有办公室、综合科、人事科、监察室、法规科、管理科、财政审计科、行政事业审计科、工交审计科、金融审计科、投资审计科、商贸审计科共12个科室。

审计成果　全年共审计单位547个，查出违纪违规金额56394万元，其中应上交财政2742万元，已上交各级财政2213万元，核减财政拨款或补贴、归还原资金渠道1669万元，查出百万元以上违纪单位24个；审计成果被各种媒体采用334篇（次），其中省及省以上采用129篇（次）。

2月16日，阳泉市审计局党组下达《所有计划审计项目实行双向承诺制度的通知》，要求每个审计小组向被审计单位做出执行审计工作纪律和廉洁从审承诺，被审计单位要向审计组做出提供会计资料真实、准确、完整性承诺。9月8日，阳泉市审计局完成了对贵石沟煤矿、三矿改扩建、荫营煤矿改扩建和固庄煤矿改扩建的审计调查，撰写的“四个国家重点工程项目形势严峻”的审计信息先后被《山西内参》、《山西经济日报》、《山西工人报》、《山西信息》刊摘。10月23日阳泉市审计局报送的“财政性收入虚收现象不容忽视”的审计信息在《山西信息》刊登，中共山西省委书记田成平同志阅后，指示省委信息处和阳泉市委进行调查并调阅了审计报告。9月20日，阳泉市审计局对市桃北西路维修工程进行全过程跟踪审计，报审的原结算金额739.3万元被核减了64.68万元。其中审计小组以自拍的1段工地施工现场录像为证据核减工程造价10万元。

【阳泉市城区审计局】现有干部职工7人，设有财政审计股、行政事业审计股、工商企业审计股和办公室，负责对全区6个街道办事处、26个区直部门和12所中小学校的审计监督。局长王汝金，副局长史俊英、张好。

审计成果　全年共完成审计项目4个，审计单位19个，查出违纪违规金额72万元，上缴财政6万元。提交审计信息8篇、审计综合报告4篇。完成了区委、区政府、区人大交办的信访案件调查及中介机构脱钩改制的查证和资产负债审计。

【阳泉市矿区审计局】现有干部职工10人，设有财经基建审计股、行政事业审计股、企业审计股和办公室，负责对全区6个街道办事处和79个区直部门的审计监督。局长王玉林，副局长文武全、潘喜云。

审计成果　全年共完成审计项目8个，审计单位41个，审计资金总额1.6亿元，查出违纪违规金额1805万元，增加财政收入60万元，审计处罚决定落实率达到100%。开展专题性审计调查活动和召开第3届全区审计论文研讨会，将审计成果进行优化，有45篇审计信息和论文被县级以上党委、政府和审计机关及新闻机构所采用。

【阳泉市郊区审计局】现有在岗干部职工21人，设有办公室、综合审计股、法制股、行政事业审计股、财政金融审计股、企业审计股、基建审计股，负责对全区13个乡（镇）政府及648个乡（镇）办、村办企业和79个区直部门的审计监督。局长李富有，副局长贾波、张桃花、李慧生。

审计成果　全年通过对本级预算执行情况、乡（镇）级财政决算、世行Ⅶ贷款和国外援助项目、工商行政管理财务收支、工交企业财务收支、医药行业财务收支、基建技改项目、农村养老保险、全区预算外资金、撤乡并镇党政干部任期责任等10个项目249个单位的审计和审计调查，查处各种违规行为金额1158万元，其中应上缴财政210万元，已入库210万元，净核减基建投资460万元。

【平定县审计局】现有干部职工17人，设有企业审计股、固定资产投资审计股、经济责任审计股、财政审计股、行政事业审计股和办公室，负责对全县19个乡镇和39个县直部门的审计监督。局长郗受晋，副局长贾正理、李高华。

审计成果　全年共完成审计项目17个，审计单位128个，审计资金总额98172万元，查出违纪违规金额7626万元，增加财政收入442万元，其中罚款金额45万元，追还被侵占挪用资金113万元，应核减工程结算款34.1万元，提交情况反映、信息、综合报告共54篇，被有关部门批示采用38篇次。出具了2份通报批评：一是在地矿局局长的离任审计中，对该局屡查屡犯私设“小金库”的问题；二是对平定煤矿隐瞒亏损、虚报产量的问题，在全县范围内进行了通报批评。根据县委、县政府的安排，对全县19个乡镇的乡（镇）长任职期间的经济目标完成、财务收支以及执行国家财政法规等情况进行了审计。

【盂县审计局】现有干部职工59人，设有财政金融审计股、商业审计股、工交审计股、行政事业审计股、农业审计股、基建审计股、法制股、综合股、人事股、办公室。局长崔俊林，副局长路旭东、崔学跃。

审计成果　全年共审计单位140个，审计资金总额85155万元，查出违纪违规金额3092万元，应上交财政金额325万元，已上交财政248万元，查出应追还被侵占挪用资金101万元，核减基建投资113万元，核减政府拨款24万元。编报各种信息简报56篇，被国家级审计刊物采用6篇，省审计刊物采用9篇，其它刊物采用、领导批示36篇。撰写审计论文6篇，均被中国审计、山西审计采用。内审机构41个，共实施审计65个项目。

【长治市审计局】2000年，共有干部、职工71人，其中大学本科学历14人，大专学历43人，局长栗世英，副局长吴存起、张丽珠、侯贵宝、侯成，纪检组长马宏斌，总审计师赵治兴。内设办公室、综合科、法规科、人事教育科、党总支、纪检室、工会、财政审计科、经贸审计科、投资审计科、行政事业审计科、经济责任审计科、金融审计科、农业审计科、外资审计科等部门。

审计成果　全年共审计单位458个，圆满完成了9大类21个项目及地方政府交办的审计任务。其中查处违纪违规金额67943万元，上交财政资金3308万元；移送违法违纪案件129起，涉案人员167人，较去年增加了76起102人，共结案68起34人；优化审计成果636个，审计成果优化工作已成为该局的一项“特色工程”；查处“小金库”58个，金额920万元；挤“水份”1亿多元。在全省审计工作目标责任制考核中勇夺第1名，并连续7年摘取全省审计工作桂冠。信息工作被省委、市委表彰为“信息工作先进集体”。全市14个审计机关的审计档案全部升入省一级标准。

经济责任审计　全市审计系统建立了14个经济责任审计专职机构并积极展开工作。全年对37名党政领导干部和企业领导人员进行了审计。并制定了《经济责任审计工作考核办法》，在全省经济责任审计工作会议上交流了经验。

【长治市城区审计局】现有干部职工7人，设有财政工交审计科、投资、金融商贸农业审计科、行政事业经济责任审计科和办公室，负责对全区2个农工商公司、10个街道办事处和52个区直部门的审计监督。党支部书记兼局长王炜林，副局长张乃民。

审计成果　全年共完成12项审计任务，审计单位31家，查出违纪违规金额1467万元，其中应缴财政663万元，收缴入库651万元，对12个单位的违纪违规问题作了罚款处理，罚款金额41.7万元，收缴入库29.2万元。编发审计信息17篇，被上级采用2篇。向区纪检委移送了4起案件，涉案金额45.7万元，涉案6人，分别受到了党纪政纪处理。加大了对经济责任审计监督的力度，指派专人负责，并同区委组织部门联合下发文件，全年共完成6名科级干部经济责任审计。先后对5家建设项目进行了审计，为国家挽回经济损失93万元。

【长治市郊区审计局】现有干部职工18人，内设财政基建审计股、行政事业审计股、工商金融经济责任审计股、综合办公室，负责对全区6个乡镇、2个办事处、1个开发区和区直36个单位的审计监督。局长陶国兴，副局长王志英、张荣智。

审计成果　全年共完成审计项目9个，完成当地政府交办审计调查事项2项，审计单位36个，查出违规行为金额2021万元，较上年增长1.3倍；责令调整账务处理113万元；应上缴财政86万元，罚款24万元，入库率98%。全年共撰写审计报告、论文、信息38篇，产生成果30篇。全年共向纪监检察机关移送案件4起，结案2起。对区直各单位及各乡镇进行了“小金库”审查清理；对基层村党组织整改建设、村务公开进行了审查。

【潞城市审计局】现有干部职工11人，设有办公室、财政金融审计股、基建审计股、工交企业审计股、行政事业审计股，负责对全县9个乡镇和72个县直单位的审计监督。局长白银芝，副局长李济深、韩忠秀。

审计成果　全年共实现审计成果17个，完成上级交办任务12项，本级政府交办任务4项，审计单位71个，查处各类违规问题金额11890万元，应缴财政117万元，实际上缴财政115万元，追还原渠道资金27万元，核减财政拔款或补贴9万元，累计为国家增收节支126万元，同时核减工程决算100万元。经济责任审计完成了全县16个乡的撤乡并镇离任审计、对外贸易管理局领导和潞城市水泥厂厂长离任审计。全年共向纪检部门移送案件6起6人。

【长治县审计局】现有干部职工17人，设有办公室、财政金融审计股、行政事业审计股、企业审计股、固定资产投资审计股、经济责任审计股、商业审计股，负责对全县20个乡镇和80个县直部门的审计监督。局长靳保根，副局长王东风、田德胜。

审计成果　全年共提交审计报告、信息21篇，被地方党政领导采用2篇。全年共审计单位35个，完成指令性任务7项，其中包括1999年度预算执行审计，工商局财务收支审计，排污费征、用、分配情况审计，药材公司财务收支审计，民政局新建社会福利综合服务楼竣工决算审计，信用联社资产负债审计，1999年乡财政决算审计等。查出违规违纪金额1498万元，应交财政35万元，已交32万元。根据中办、国办关于经济责任审计暂行规定的要求，于4月份成立了经济责任审计股并进行了撤并乡镇党政领导干部经济责任审计工作。查处大案要案5起，其中移交司法部门4起，主管部门1起。

【长子县审计局】现有干部职工15人，设有行政事业审计股、工业交通审计股、财政金融商业审计股、固定资产投资审计股、领导干部经济责任审计股、财务股和办公室，负责对全县12个乡镇和8个县直部门的审计监督。局长郭书堂，支部书记王银柱，副局长韩生龙、罗永兴、吴伟杰。

审计成果　全年共完成审计项目33项，涉及单位45个，查出违纪违规金额3270万元，收缴财政资金59万元，入库率达100%，创历史最好水平。查处大案要案13起，涉及14人，已给予党纪政纪处分的6案7人。全年共向上级审计机关和县委、县政府报送审计信息23篇。

【平顺县审计局】现有干部、职工13人，设有财政行政事业审计股、商贸金融审计股、工交农业审计股、固定资产投资审计股和办公室，负责对全县12个乡镇和68个县直部门的审计监督。局长贾文革，副局长李明显、杨红梅。

审计成果　全年共完成审计项目11项，其中上级指令性项目7项，地方交办4项，审计单位42个。完成干部经济责任审计23个单位（包括撤乡并镇20个乡镇），共查出违纪违规金额1782万元，上交财政41万元。全年发现违法违纪案件线索8起，涉及人员11人，其中1人移交司法机关，10人被建议给予党纪政纪处分，共结案6起。编发审计信息27篇，共产生审计成果19个，其中国家级成果1个，省级成果2个。该局实行“流动举报箱”的经验被长治市审计局在全市进行推广。

【襄垣县审计局】现有干部职工24人，内设办公室、法制股、工业交通审计股、行政事业审计股、商基审计股，负责对全县20个乡镇和92个县直部门的审计监督。局长韩国章，书记武维斌，副局长赵贵先、李治军。

审计成果　全年共审计单位58个，完成了上级指令性任务8项，查出违纪违规资金268万元，上缴财政156万元，入库率达100%。全年共移送案件5起，其中移送纪检委1起，检察院2起，公安局2起。撰写了200余篇审计信息和审计报告及论文，被上级审计机关和党政领导部门采用82篇。

【沁源县审计局】现有干部职工18人，设有综合办公室、企业财政审计股、金融行事审计股和领导干部经济责任审计股，负责对全县14个乡镇和县直120个行政及企事业单位进行审计监督。局长牛晨耕，副局长李庆新、邢沁东。

审计成果　全年共审计单位64个，其中上级审计机关统一组织的38个，本级政府部门安排的26个，审计总金额34511万元，上缴财政资金80万元，专项资金被挤占挪用归还原资金渠道27万元，向纪检、监察部门移送案件4案4起，处理涉案人员4人，18个审计成果被上级有关部门采用。

【屯留县审计局】现有干部职工16人，设有行政事业审计股、商贸审计股、投资审计股、经济责任审计股、办公室，负责对全县20个乡镇和70个县直部门的审计监督。局长程贵斌，副局长张留保、杨殿有。

审计成果　全年共审计单位93个，查出违纪金额5200万元，追回被侵占资金178万元，应上缴财政24.7万元，已上缴财政24.7万元。向纪检、监察部门移送案件10案10人，已全部结案。全年共撰写审计信息46篇，被各级党政部门、新闻媒体、审计报刊采用42篇，其中国家级8篇，省级18篇。

【黎城县审计局】现有干部职工16人，设有办公室、商业财政金融审计股、工业交通投资审计股、经济责任审计股、行政事业审计股，负责对全县17个乡镇和108个县直部门的审计监督。局长张彩芹，支部书记郭联成，副局长薛宥辰、宋守斌、祝江龙。

审计成果　全年共开展12个项目的审计，审计单位22个，查处违纪金额1916万元，上交财政59万元。向纪检、检察及司法机关移交7案，涉及有关责任人11人，向有关主管部门建议给予责任人员纪律处分4人。在长治市郊区工商系统财务收支交叉审计中，共向当地反贪局移交3案3人，建议主管部门纪律处分1人。在壶关信用社审计中，向当地纪检、检察机关移送3案4人，建议主管单位给予3人纪律处分。共编报审计信息42篇，其中国家级采用1篇，省级采用13篇。

【武乡县审计局】现有干部职工17人，设有办公室、行政事业审计股、财政金融审计股、工交企业审计股、经济责任审计股，负责对全县14个乡镇、58个县直部门的审计监督。局长程怀旺，副局长刘明先、吕显珍。

审计成果　全年共完成审计项目10个，审计单位26个，查处违纪违规资金2228万元，上缴财政收入42万元，上缴入库率为98%，决定追还被侵占挪用资金33万元。向检察机关移送案件6起，向纪检部门移送案件5起，建议主管部门处理4起，涉案人员15人。完成了1人的领导干部经济责任审计。全年共向各级党政部门、业务机关和新闻媒体报送审计信息、审计报告、理论文章66篇，被上级采用17篇，其中国家级1篇，省级6篇。

【沁县审计局】现有干部职工12人，设有办公室、财政金融审计股、行政事业审计股、企业基建审计股、领导干部经济责任审计股，负责对全县21个乡镇和51个县直部门的审计监督。局长龙效中，副局长张文堂、李玉庆。

审计成果　全年共完成了上级交办的17项审计任务，其中市局安排11项，县委和县政府安排6项，领导干部经济责任审计完成了4项。全年共向纪检监察和检察机关移送案件8案8人，结案6案6人，结案率为75%。全年共编发审计信息30期，被上级机关采用审计成果33个，其中国家级3个，省级8个。

【壶关县审计局】现有干部职工9人，设有办公室、行政事业审计股、经贸审计股、财政金融审计股、经济责任审计股、法纪股，负责对全县20个乡镇和55个县直部门的审计监督。局长李书贤，党支部书记许荷香，副局长黑月水、贾天水。

审计成果　全年共完成8个项目25个单位的审计任务，查出违纪违规金额4831万元，对其中2208万元作了处理处罚决定，对2623万元要求被审单位调整账务自行纠正，收缴财政63万元。完成了对长治县工商局财务收支、沁源县环保局排污专项资金、潞城市信用联社资产负债损益情况的交叉审计。在审计中共移送各类案件8起，其中向司法机关移送1起，向纪检部门移送3起，向主管部门移送4起，年底已结案3起。全年向上级和新闻单位报送审计报告、信息55篇，被各级采用33篇，其中国家级采用11篇，省级采用12篇，市级采用10篇。

【晋城市审计局】2000年，共有在职干部、职工62人，其中大学本科学历10人，大专学历17人，局长杨林林，副局长张玉玺、赵子伟、邢志宏、王天林、刘化珠，总审计师张如意，纪检组长申秀英。设有办公室、人事科、法规科、财政审计科、行政事业审计科、金融审计科、投资审计科、工交审计科、商贸审计科、农业审计科、经济责任审计科等部门。

审计成果　全市共审计单位380个，查出违纪金额10.05亿元（其中市本级3.8亿元），应上交财政1.43亿元（其中市本级1.19亿元），已上交财政1.43亿元（其中市本级1.19亿元），应归还被侵占挪用资金4061万元，共提交审计工作报告、信息等260篇，被批示采用190篇。

经济责任审计　全市共对62名领导干部进行了任期经济责任审计，其中有3名受到了经济处罚，有1名被通报批评，有1名被移送纪检、检察机关处理，另外有11名其他人员受到了经济处罚等处理。在国家五部委召开的全国经济责任审计经验交流会上，晋城市作为典型代表发了言，得到中央领导的肯定。

大案要案　全年共发现大要案线索11起，向司法、纪检部门移送11案11人，建议给予党纪政纪处分18人。

【晋城市城区审计局】现有干部职工21人，设有办公室、财政金融审计科、行政事业审计科和工商企业审计科，负责晋城市城区1个镇、7个办事处和69个区直部门的审计监督。局长李有居，党支部书记兼副局长罗桂香，副局长卫成茂、李双平，纪检组长郝水平。

审计成果　全年共审计单位54个，审计金额61749.95万元，查出各种违规违纪资金1948.4万元，可增加财政收入397.52万元，入库率100%。全年共完成审计论文、信息33篇，其中被省级以上采用1篇，其中部门采用19篇。

【高平市审计局】共有干部职工11人，设有办公室、财政金融审计股、行政事业审计股、商贸外资审计股和工业交通审计股。局长宋瑞光，副局长田民富，纪检组长韩宝珍。

审计成果　全年共审计及调查单位50个，查出违纪违规金额22502万元，其中处理处罚金额119万元，指明要求纠正金额22383万元；上交财政金额93万元；归还原渠道资金3951万元；向检察机关移送案件1起；向纪检监察机关建议给予党纪政纪处分3人；提交审计工作报告7篇；编发审计信息25期，被上级审计机关采用5期，被晋城市委采用1期且被市委马巧珍书记批示；被新闻机构采用8期。完成省、市审计机关下达的审计任务11项，审计单位34个，查出违纪违规金额18307万元，上缴财政91万元，归还原渠道资金2995万元。完成市委、市政府交办任务3项，审计单位25个，查出违纪违规金额4195万元，上交财政金额2万元。共设立内部审计机构18个，内审计人员61人。

【泽州县审计局】 现有干部职工31人，设有办公室、法制科、财政金融审计科、行政事业审计科、工商基建审计科和经济责任审计科，负责对全县17个乡镇和84个县直单位的审计监督。局长郭二维，副局长姬晋海。

审计成果 全年共完成11项指令性审计任务，共审计单位46个，查出各类违规违纪金额1667万元，应收缴财政613万元，已收缴597万元，追还被侵占挪用资金213万元，查出百万元以上违纪单位4个，43个单位、8人次受到了审计处理和处罚。

【陵川县审计局】 现有干部职工13人，设有办公室、财金商贸审计股、工交企业审计股和行政事业审计股，负责对全县12个乡镇和65个县直部门的审计监督。局长王乐勤，副局长栗王保。

审计成果 完成指令性和地方交办的审计（调查）任务17项，审计总额41244万元，查出违纪违规金额3661万元，可增加财政收入122万元。移交检察院贪污案件1起，查处百万元以上违纪问题6起。全年编发审计信息报道（或论文）40篇，被有关部门和新闻单位采用47期（次）。

【阳城县审计局】 现有干部职工20人，设有办公室、财政金融审计股、行政事业审计股、工交企业审计股、投资审计股，负责对全县17个乡镇和48个县直部门的审计监督。局长王太顺，副局长郭铁柱、原体龙、郭世华、解家锋。

审计成果 全年共完成审计事项13项，审计单位78个，审计资金12.2亿元，查出违纪违规金额5420万元，审计决定应交各级财政630万元，其中罚没款435万元，税金195万元。督促有关单位上交财政违规资金870万元，归还原渠道资金365万元，查出百万元以上违规违纪单位11个，移送检察机关涉嫌经济案件2起2人，审计建议给予有关责任人党纪、政纪处分5人，审计处理处罚有关责任人11人。审计信息被省级以上采用11篇，市级采用25篇。完成市审计局委托审计事项3项，审计资金1028万元，查出违纪违规金额215万元，处以罚没款17.6万元，移送检察、纪检机关立案处理5人。

【沁水县审计局】 现有在职干部职工16名，设有办公室、法制科、财政金融审计科、行政事业审计科、工商企业审计科、固定资产投资审计科，下设全额事业单位审计稽查所1个，负责全县14个乡镇和70多个县直单位的审计监督。局长王家鸿，副局长郭建龙、李文彬、张建红。

审计成果 全年共完成审计项目12项，审计（调查）单位55个，查出违纪金额2968万元，决定处理处罚金额1616万元，上交财政261万元，促进增收节支987万元。同时查处经济违法案件6起，移交司法机关追究刑事责任7人，移交纪检监察机关给予党纪政纪处分5人，并对13名违纪责任人作出了经济处罚。全年共完成了对23名领导干部的经济责任审计，5月28日审计署纪检组长王道成在省、市有关领导的陪同下，专程到该县考察调研，对该县经济责任审计的做法和效果给予了充分肯定。

【朔州市审计局】 2000年，共有在职干部、职工29人，其中大学本科学历8人，大专学历11人，局长张苏，副局长田文明、李富才、李保斌，纪检组长王增祥，总审计师齐文宏。设有办公室、工商企业审计科、财政审计科、固定资产投资审计科、行政事业审计科、金融审计科、农业外资审计科、经济责任审计科。

审计成果 全年共审计单位268个，查出各类违纪违规资金25879万元，比上年增加了5222万元，应上缴财政1453万元，比上年增加了622万元；促进增收节支200多万元，比上年同期增长了100%，决定处理处罚500多万元。审计决定的落实率达到了99%。完成山西省审计厅下达朔州市的指令性审计任务共有7大类16项。完成了国家审计署授权，山西省审计厅交办的平朔煤炭工业集团总公司所属的动力公司、多种经营开发公司、煤运公司、生活服务公司和朔州市电信局、朔州市移动通信分公司1999年度的资产负债损益情况审计。

经济责任审计 经上级批准成立了经济责任审计科，共对7个单位的负责人进行了经济责任审计。

【朔州市朔城区审计局】 共有在职干部职工24人，设有工业审计股、煤炭审计股、商贸审计股、财金审计股、行政审计股、事业审计股、农基审计股、秘书股，负责对全区20个乡镇（办事处）和39个区直部门的审计监督。局长李广中，副局长王玉、杜生标、张鲜娥。

审计成果 全年共审计单位81个，查出违规违纪金额901万元，应交财政261万元，应归还被侵占挪用资金1万元，节减基建支出5万元。完成了20家乡镇、办事处主要领导任期经济责任审计，为撤乡并镇工作打下基础，区委副书记刘来宽同志还专门作了批示，给予肯定。

【朔州市平鲁区审计局】 现有干部职工15人，设有工商企业审计股、行政事业审计股和办公室，负责对全区13个乡镇和20个区直部门的审计监督。局长伊伶业，副局长郭旺，纪检组长刘秀芳。

审计成果 全年共对4个行业10个部门115个单位进行了审计，查出各类违规行为资金640万元，其中应缴财政9万元，已入库9万元。通过审计和审计调查，提出了20条建设性意见和建议。

【山阴县审计局】 现有干部职工25人，设有办公室、行政事业审计股、企业审计股、财政金融审计股、固定资产投资审计股、农业财务审计股，负责对全县21个乡镇和185个行政事业单位及126家厂矿（公司）的审计监督。局长赵守忠，副局长胡凤才、贺国元、刘美联，党支部书记冯俊田，纪检组长刘磊。

审计成果 全年共审计单位56个，审计总金额26625.61万元，查出各类违纪违规金额2456.37万元，决定处理处罚违规行为金额489.91万元，可增加财政收入77.94万元。完成省、市指令性项目8项，涉及单位45个。完成县委、县政府和自行安排的项目4项，涉及单位11个。对全县预算外资金管理、使用情况进行了审计，并受县政府委托向县人大常委会作了专题报告。配合县检察院对2个单位的财务收支情况进行了核实；配合纪检委对粮食系统收购情况和水利专项资金使用情况进行了检查。

【右玉县审计局】 现有干部职工18人，设有办公室、行政事业审计股、企业审计股、财经审计股和农业基建审计股，负责对全县10个乡镇和44个县直部门的审计监督。局长李日有，书记刘生华，副局长王其、宋来英，纪检组长王全生。

审计成果 全年共审计总金额9814万元，查出违规违纪金额750万元，上缴县财政6.5万元，指明要求纠正资金518万元，归还原资金渠道10万元，提出合理化建议120条，向上级提交审计报告7篇，撰写审计论文2篇。共完成指令性审计项目5大类14项，查出违规金额570万元。完成县委、政府交办对30个县直部门的审计，查出违纪金额280万元。共设立内审机构10个，内审人员40名。对全县14个党政领导任期经济责任进行了审计。

【应县审计局】 共有在职干部职工14人，设有办公室、工资审计股、行政事业审计股、农业事业审计股、财政金融基建审计股、经济责任审计股。局长赵亮，副局长丰佩有、张素忠。

审计成果 全年共计完成审计单位57个，审计资金总额32993万元，查出各种违纪违规金额2870.74万元，应上交增加财政收入115.18万元，已上交增加110.22万元，其中审计应直接收缴入库11.96万元，已收缴入库11万元。固定资产投资项目工程决算审计核减工程造价128.19万元。

【怀仁县审计局】 共有在职干部职工19人，设有办公室、工资审计股、行政事业审计股、农业事业审计股、财政金融基建审计股、经济责任审计股。局长尹殿明，书记张淑，副局长杨玉泉、郭善福、韩占权。

审计成果 全年共计完成上级审计机关安排的任务8项，审计单位51个，查出各种违纪违规金额900.34万元，决定处理处罚74.96万元，要求纠正金额825.38万元，应上交增加财政收入54.28万元，已上交增加财政54.28万元。

【晋中市审计局】 2000年，共有在职干部职工57人，其中大学本科学历12人，大专学历24人，局长刘高明，副局长药树林、贾兆铭、王双柱，纪检组长张金生。设有财政审计科、金融（外资）审计科、固定资产投资审计科、工交企业审计科、商贸企业审计科、行政事业审计科、农业审计科、办公室、综合（法制）科、人事教育科、监察室、后勤服务中心。

审计成果 全年共完成审计任务10大类、20项、576个单位，查出违纪违规行为金额3.3亿元，应上缴财政761万元，已上缴财政699万元，向纪检司法机关移送、移交案件21起，其中已结案9起。提交各类审计报告、审计信息722篇，其中被省部级以上批示采用16篇。完成经济责任审计52项。

大案要案 全年共发现并向司法、纪检部门移送移交案件21起，涉案30人，已逮捕2人。

【晋中市榆次区审计局】 现有干部职工26人，设有办公室、工交企业审计科、行政事业审计科、财政金融审计科、商贸企业审计科和基建投资审计科。局长王保和，副局长杨秋仙、魏金元。

审计成果 共完成审计项目17个，审计单位59个，其中必审项目11个，查出违规违纪金额7457万元，应上交财政33万元，已上交财政33万元，共提交审计综合报告13篇，审计信息、简报42篇，被上级党委政府和审计机关采用9篇。城乡信用社审计查出信贷员与贷款户内外勾结骗取贷款54.1万元，3名罪犯已由公安机关正式逮捕。

【介休市审计局】 现有干部职工22人，设有办公室、综合股、财政金融审计股、行政事业审计股、企业审计股，负责对全市乡镇和市直部门、单位的审计监督。局长宋清光，副局长董吉亮、李文泰。

审计成果 全年共审计单位49个，查出违规行为金额2313万元。其中决定处理处罚545万元，应上缴财政49万元，收缴47万元，并通过清理以前年度应缴款项，上缴财政数额全年达53万元。提交审计工作报告6篇，编报审计信息16篇，其中被地方各级党政和上级审计机关采用8篇。介休市作为全省试点市，率先进行了撤乡并镇工作，并对原18个乡镇的18名党委书记和13名乡镇长任期经济责任进行了审计，查出各类违规行为问题金额1069万元。审计结束后，市委、市人大、市政府专门听取了审计机关的工作报告，市委、市政府秘书处还联合转发了介休市审计局关于对撤乡并镇离任的党政领导干部任期经济责任审计的情况报告。

【昔阳县审计局】现有干部职工15人，设有财政金融审计股、行政事业审计股、工交企业审计股、固定资产投资审计股和办公室，负责对20个乡镇和50多个县直部门的审计监督。局长李贵明，副局长卜增盛、赵文兰、张庆成。

审计成果 突出了财政预算执行审计、工商财务收支审计、医药行业财务收支审计、城市信用社财务收支审计和任期经济责任审计5个重点。全年罚款20万元；上缴财政款项156万元；审计信息《医药行业违规让利问题不容忽视》被中纪委办公厅采用，省委书记田成平做了重要批示；经济责任审计查出农机中心部分人员涉嫌经济犯罪，被移送检察机关立案查处。

【灵石县审计局】现有干部职工12人，设有工交审计股、商贸审计股、行财审计股和办公室，负责全县18个乡镇和县直53个部门的审计监督。局长张津龙，副局长宋书元、景铁雄、王志民。

审计成果 全年共完成审计项目15项，审计涉及单位32户，查出违规行为金额540万元，其中决定处理处罚金额158万元，指明纠正金额328万元。下达处罚决定金额9.12万元，提交审计报告16篇，审计信息和调研分析14篇，被各级采用6篇（次）。提出审计建议96条均被采用。

【祁县审计局】现有干部职工18人，设有财金基建审计股、工商企业审计股、行政事业审计股和办公室，负责对全县8个乡镇和55个县直部门的审计监督。局长董传瑜，书记李长贵，副局长苗聚贵、李景保、许海琴。

审计成果 全年共完成12个项目的审计，涉及被审单位31个，查出违纪违规金额2326万元，决定处理处罚金额331万元，收缴罚没款17万元，查出并移送公安机关涉嫌偷税案件2件，核减工程造价31万余元。共报送审计综合报告（调查报告）13篇，审计信息和审计简报18篇，其中被上级审计机关县委政府主要领导采用批示7篇。

【左权县审计局】共有在职干部职工13人，设有办公室、财政企业审计股、农业行事审计股、基建金融审计股。局长周世华，副局长陈建国、窦俊秀。

审计成果 全年共编发审计信息、简报45篇，被各级采用40篇，其中《行政事业单位财务管理中滋生腐败根源》被省反腐信息采用；《规范世行贷款财务管理迫在眉睫》被省审计信息采用、地委李福林副专员批示。全年共完成8大类17个项目的审计。审计单位70个，查出各类违规违纪金额2661.5万元，其中决定处理处罚1398.20万元；指明纠正1263.3万元，应缴财政88.5万元，已上交财政58.5万元，归还原资金渠道31.50万元。内部审计共审计单位26个，查出各类违规违纪金额70余万元，并针对存在的问题提出整改意见40余条。对3个独立核算单位的原任领导离任进行任期经济责任审计，查出违纪金额总计125万元，依法给予2个单位“警告”的审计处罚，并依法追究2个单位、3个主要责任人的经济责任。全年共移交纪检部门案件4起，其中3起5人已做出处理，给予警告3人，严重警告2人，对15个责任人进行经济处罚。

【寿阳县审计局】共有在职干部职工16人，设有办公室、行政事业审计股、财政基建审计股、企业审计股。局长付悟东，副局长宋全贵、张增元。

审计成果 全年共完成11个项目、62个单位的审计，查出违规违纪金额1502万元，决定处理处罚155万元，指明要求纠正1347万元，上交财政38万元，为国家增收节支147万元，提交审计工作报告、调查、信息58篇，被各级领导批示和上级有关部门及新闻单位采用33篇。共完成4名行政单位领导和1名国有企业领导干部的离任审计。

【太谷县审计局】共有在职干部职工13人，设有办公室、综合指导股、财金审计股、基建投资审计股、行政事业审计股、工业交通审计股、商贸企业审计股，负责对全县乡镇和县直部门、单位的审计监督。局长张俊，副局长张建忠、张红燕。

审计成果 全年共审计单位45个，查出违规行为金额526万元，其中决定处理处罚108万元，应上缴财政7万元，已上缴7万元，提交审计工作报告10篇、审计信息13篇。

【和顺县审计局】共有在职干部职工17人，设有办公室、财政基建审计股、行事农业审计股、工交商贸审计股等部门。局长李培彬，副局长程应福、曹翠仙、郝海忠。

审计成果　全年共完成审计单位81个，7个项目，其中指令性审计单位55个，县委政府交办的单位26个，查出违规行为金额1146万元，上交财政16万元，发现并移交纪检部门案件3起，提交审计工作报告信息95篇，其中工作报告33篇，被各级批示采用49篇（次）。

【平遥县审计局】共有在职干部职工16人，设有办公室、综合管理股、财政金融审计股、行政事业审计股、固定资产投资审计股、企业审计股。局长刘岳常，副局长阴建明、雷春庆。

审计成果　全年完成上级审计机关下达的审计任务10项，共审计46个单位，查出各种违规行为资金1458万元，收缴财政各种款项69万元。向公安机关移送重大经济犯罪案件1件。提交审计报告、信息、简报75篇，被批示采用12篇，下达审计决定入库率为100%。

【榆社县审计局】现有干部职工13人，设有财金基建审计股、行政事业审计股、工商企业审计股和办公室，负责对全县14个乡镇和58个县直部门、企事业单位的审计监督。局长张根维，副局长胡振芳、马建斌、常慧峰。

审计成果　全年共完成审计项目12个，审计单位43个；完成审计调查1项，调查单位22个；查出各类违规行为金额911万元，其中处理处罚661万元，占违规总额的72.6%；应上交财政42万元，已上交财政42万元，提交审计工作报告、信息53篇，其中17篇被市、县党政领导及上级审计机关批示、采用。

【忻州市审计局】2000年，共有在职干部、职工53人，其中大学本科学历12人，大专学历27人，局长武恩良，副局长张佐林、李锁奎、张建平，纪检组长柳胜仁。设有党支部、办公室、综合科、财政审计科、行政事业单位审计科、金融审计科、商贸企业审计科、工交企业审计科、人事教育科、外资运用审计科、固定资产投资审计科、农业审计科、管理科、法规科、监察室。

审计成果　全市共审计901个单位，查出违规行为金额91211万元，决定处理处罚43971万元，指明要求纠正47240万元，应交财政838万元，应核减财政拨款或补贴金额10万元，应归还原渠道资金3098万元。

经济责任审计　建立了联席会议制度，并在此基础上积极开展了对9名县级以上党政领导干部的经济责任审计试点工作。

大案要案　全年共发现案件线索55个，其中向司法机关移送案件13件，已处理11件；向纪检部门移送案件42件，已处理33件。

【忻州市忻府区审计局】现有在职干部职工26人，设有财政金融审计科、行政事业审计科、工商企业审计科、农业审计科，基本建设审计科、综合审计科、财务科和办公室，负责对全区30个乡镇（办事处）和55个区直部门的审计监督。局长郭有万，支部书记宿富金，副局长焦心明、张建荣、李岚生、张学如。

审计成果　全年共完成上级下达指令性任务和政府交办事项6项，审计单位47个，查出各类违规违纪行为金额3297万元，应收缴财政24万元，已收缴入库17万元。提交报送审计信息、综合调研材料51篇，其中省部级采用5篇，其它部门批示采用44篇。

【原平市审计局】共有干部职工15人，设有办公室、综合审计股、行政事业审计股、工商企业审计股、财政金融审计股，负责对全市29个乡镇和87个市直部门的审计监督。局长高还补，副局长裴福田、张勇智。

审计成果　全年共审计单位60个，查出违规行为金额1090万元，应上缴财政53万元，实上缴财政53万元。全年发现较大的经济案件5起，涉案5人，已全部移交纪监委，分别给予政纪、党纪的处分。

【代县审计局】现有干部职工17人，设有办公室、行政事业审计股、工商企业审计股、农业财政审计股、金融基建审计股和干部任期经济责任审计股，负责对全县17个乡镇和127个县直部门的审计监督。局长孟喜文，书记吴华，副局长董智俊、薛长胜。

审计成果　全年共审计单位51个，查出违纪行为金额2554万元，应上缴财政41万元，已上缴41万元，上报审计调研报告、论文、信息52篇，被采用23篇。向司法机关移送案件3起，处理责任人4人。推行联席会议制度、独立审计制度、廉政督查制度、质量控制制度、过错追究制度，全面开展党政干部任期经济责任审计，对8名县级以下党政干部进行了审计。

【神池县审计局】现有干部职工15人，设有办公室、工商企业审计股、行政事业审计股，负责对全县15个乡镇和81个县直部门的审计监督。局长郭佐唐，书记曹成荣，副局长许焕晓、刘玉琳。

审计成果　全年共审计单位33个，审计总金额13224万元，查出违纪金额2495万元，应归还原渠道资金184万元，决定处理金额618万元，应交财政135万元，处以罚款25万元。预算执行审计共审计单位22个，查出被挤占挪用649万元，不合规票据下账16万元，招待费超支28万元，坐支截留134万元。固定资产投资审计共审计项目4个，投资总金额1262万元，审计核减12万元，发现挪用资金101万元，查出漏税102万元。县委、政府成立了经济责任审计领导组，建立了经济责任审计联席会议制度。共完成经济责任审计7项，根据审计结果提拔1人，平调1人，免职5人。

【五寨县审计局】现有干部职工12人，设有办公室、行政事业审计股、综合审计股、工商企业审计股，负责对全县18个乡镇和51个县直部门的审计监督。局长高书文，副局长姚云亮、郭凯明。

审计成果 全年完成上级和政府指令性审计共6项，审计单位31个，查出各类违纪违规行为金额814万元，应收缴财政10万元，已收缴财政6万元。提交审计调研报告、论文、信息、综合性材料31篇，被采用20篇。

【五台县审计局】共有在职干部职工18人，设有办公室、综合档案室、财政金融审计股、工商企业审计股、投资审计股、行政事业审计股，负责对全县30个乡镇和140个县直部门的审计监督。局长张秀清，书记费文明，副局长孙翠英、杨树生、孟建华。

审计成果 全年共安排了7大类21个审计和审计调查项目。审计单位158个，查处违规行为金额7871万元，其中决定处理处罚2095万元，指明要求纠正5776万元；应上缴财政46万元，入库率100%。应归还原渠道资金286万元，促进增收节支14万元。向司法机关移送案件4件，建议给予行政处分2人。提交审计工作报告、审计简报、信息69篇，被各级党政领导批示、上级审计机关、新闻单位采用35篇。向有关部门、单位提出改进或纠正管理工作的意见、建议20条。

【偏关县审计局】共有在职干部职工14人，设有工交企业审计股、商业企业审计股、行政事业审计股、办公室，负责对全县15个乡镇和76个县直部门的审计监督。局长郝虎，副局长张钧、胡裕胜。

审计成果 全年共完成审计项目22个，审计单位106个；完成审计调查4项，调查单位12个。审计金额23474万元，查出违纪违规金额1847万元，上缴县财政50万元。共提交审计报告113篇。配合县纪检、监察、信访等部门查处经济案件2起。

【宁武县审计局】共有在职干部职工18人，设有财政金融审计股、企业审计股、行政事业审计股、综合股等部门，负责对全县22个乡镇和110个县直部门的审计监督。局长张玉堂，副局长孙斌耀、吉油柱、路永宽。

审计成果 共审计单位51个，查出违纪金额2245万元，处以罚款45万元，核减工程支出102万元。提出整改建议98条，移送违规放贷案件3起，免职3人。通过新闻媒体向社会公布审计结果1次。编发审计信息44期，综合报告4篇，有11篇信息分别被市局以上采用。

【静乐县审计局】现有干部职工23人，设有工交企业审计科、行政事业审计科和办公室，负责对全县22个乡镇和65个县直部门的审计监督。局长李二虎，副局长张满瑜、段新华。

审计成果 全年共审计33个单位，查出违规行为金额783万元，决定处理处罚72万元，应上交财政24万元，已上交财政20万元，移送县纪检委案件1件。

【河曲县审计局】现有干部职工16人，设有工商企业审计科、行政事业审计科、经济责任审计科，负责对全县13个乡镇、67个县直部门的审计监督。局长苗厚晓，副局长王永斌、苗田晓、张应。

审计成果 全年共完成11项、57个单位的审计任务，查出各类违纪违规金额3480万元，其中决定处理处罚的568万元，指明纠正的2911万元，应交财政51万元，已收缴入库29万元。向纪检委移送案件5起，已作处理结论5起。

【保德县审计局】现有干部职工17人，设有综合科、行政事业审计科、工商企业审计科、财政审计科、经济责任审计科，负责对全县20个乡镇和180个县直部门的审计监督。局长刘凤鸣，支部书记李培义，副局长王培祥、路增贵、白巧林。

审计成果 全年查出违纪违规资金1901万元，应上交财政16万元，实际上交15万元；查出经济案件1起，并移送纪检部门对责任人进行了党纪处分。在岗审计干部14人，全部通过了审计署组织的人员培训和上岗考试。

【定襄县审计局】共有干部职工17人，设有办公室、行政事业审计股、工交企业审计股、基建金融审计股、农业审计股，负责对全县15个乡镇和383个县直部门的审计监督。局长王福怀，书记（副局长）于会元，副局长李子荣、吴文喜，纪检组长刘淑英，副局级督导员张吉绪。

审计成果 全年共审计95个单位，查处违纪违规金额4140万元，其中决定处理处罚743万元，指明要求纠正3397万元，应交财政36万元，已交财政34万元。向纪检监察部门移送3案3人，向检察机关移送2案3人，已有1人受党纪处分，1人被检察院立案处理。

【岢岚县审计局】现有干部职工19人，设有行政事业审计组、经贸金融审计组、固定资产投资审计组，负责对全县18个乡镇和98个县直部门的审计监督。局长王成才，副局长李有林、高国民、马玉凤。

审计成果 全年共审计单位76个，查出违规行为金额2508万元，其中决定处理处罚金额1968万元，指明要求纠正金额540万元；应上缴财政和主管部门36万元，已上缴34万元。其中省市指令项目审计单位49个，查出违规行为金额926万元，指明要求纠正金额211万元，决定处理处罚金额715万元，应上交财政和主管部门16万元，已上交15.2万元。全年提交审计信息35篇，其中有3篇被《山西经济日报》采用，1篇被《山西审计》采用，提供部门和企业合理化建议52条。

【吕梁地区行署审计局】2000年，共有在职干部职工47人，局长李润栓，副局长王建国、贾桥、张翠兰，纪检组长李效民。设有办公室、人事综合科、法制科、财政审计科、行政事业审计科、工商企业审计科、金融审计科、投资审计科、外资运用审计科等部门。

审计成果 全年共完成审计项目8个，审计单位470个；完成审计调查1项，调查单位6个；共查出各种违纪违规金额41113万元，上缴财政412万元，归还原资金渠道1162万元；提交审计工作报告17篇，编发审计信息210条，其中18条被上级党政机关及新闻媒体批示采用。向司法机关转送案件16起，涉案人员22人。共有内审机构22个，人员83人。结合撤乡并镇，全区各县（市）普遍对乡镇主要领导进行了经济责任审计，共审计82个单位。

【离石市审计局】共有干部职工22人，设有办公室、企业审计股、财金审计股、行政事业审计股，负责对全市13个乡镇和150余个行政事业单位及国有企业的审计监督。局长闫怀清，副局长杨照德、薛国富。

审计成果 全年共完成审计项目8个，审计单位32户，完成审计调查3项，调查单位3个。共查出各种违规行为金额2192.6万元，增加财政收入3万元。提交审计工作报告8篇，统计分析4篇。同时，配合市纪检委，对国债资金管理使用情况和国债项目工程质量进行执法监察；配合市计委进行了为期15天的以工代赈检查审计；配合统计局进行第5次人口普查。

【孝义市审计局】现有干部职工25人，设有办公室、行政事业审计科、财政金融审计科、基建审计科、企业审计科，负责对全县15个乡镇、街道和104个市直部门的审计监督。局长王玉玲，副局长张仁栓、刘贵权、赵晋春，纪检组长杜青海。

审计成果 全年共完成审计项目16项，其中省地必审项目10项，市委、市政府及职能部门委托交办审计项目6项，审计单位81个，查出违规违纪金额1436万元，上交财政罚款16万元，出具审计报告16份，审计意见书19份，审计决定书13份，报送审计信息35篇，被上级机关采用10篇，被省级刊物采用2篇，撰写审计论文5篇。

【汾阳市审计局】现有干部职工18人，设有工交商贸审计股、行政事业审计股、外资基建审计股、办公室，负责对全市18个乡镇和98个市直部门的审计监督。局长冯志远，副局长张述颜、杨毅、雷成才，纪检组长薛全文。

审计成果 全年共审计单位38个，查出违规行为金额3784万元，应归还原渠道资金金额82万元；查出偷漏税金118万元；给予行政处罚15万元；全年共下达审计意见书40份，出具审计决定31份，向上级审计机关及新闻单位提交审计工作报告、信息27篇，被上级审计机关采用5篇，刊登在《山西审计》2篇。全年向汾阳市纪检委移送案件2宗，一是畜牧局动检站违规使用普通收据收费，私设“小金库”，公款报销个人电话费、医药费的问题。上述违规事实，构成侵占国家资产行为，纪检委给予当事人党内严重警告处分。二是汾阳市招待所凭证、账薄丢失，记账凭证编号间断，以及部分购物凭证未经法人代表审批私自付款的问题。此案正在审查之中。

【文水县审计局】共有干部职工27人，设有办公室、企业审计股、财金基建审计股、行政事业审计股，负责对全县18个乡镇和200余个行政事业单位及国有企业的审计监督。局长郭贵，副局长成宝琴、马金保，纪检组长兼监察室主任杨学彪。

审计成果 全年共完成审计项目12个，审计单位177个；完成审计调查1项，调查单位4个；共查出各种违规行为金额5740万元，增加财政收入455万元。提交审计工作报告10篇，编发审计信息65条，其中24条被上级党政机关及新闻媒体批示采用。移送纪检部门给予党内严重警告处分1人，移送主管部门给予行政警告处分2人，行政记过处分2人。

2000年被中国审计出版社和山西省审计厅评为“先进发行单位”等光荣称号。

【中阳县审计局】共有干部职工15人，设有办公室、企业审计股、行政事业审计股、基本建设审计股，负责对全县7个乡镇和70余个行政事业单位的审计监督。局长周岗应，副局长马秀娥、张虹。

审计成果 全年共完成审计项目11项，审计单位33个；完成审计调查3项，调查单位6个；共查出各种违规行为金额941万元。

【临县审计局】共有干部职工24人，设有行政事业审计股、企业审计股、综合审计股、办公室，负责对全县23个乡镇和64个县直部门的审计监督。局长李爱平，支部书记郭建民，副局长刘文杰、张定安、薛连生、刘长春。

审计成果 全年共完成21个审计项目，审计单位115个，完成审计调查1项，调查单位2个，审计总金额12.21亿元，查出违纪、违规金额4792.74万元，上缴财政33.76万元，归还原资金渠道334万元。提交审计报告44篇，专题调查报告2篇，发行《临县审计简报》10期，提交审计意见51条，其中被地局采用22条，政府县长批示5条。

【方山县审计局】现有干部职工15人，设有办公室、行政事业审计股、企业审计股和综合审计股，负责对全县11个乡镇和70个县直部门的审计监督。局长赵俊连，副局长高志斌、韩建斌，纪检组长王继平。

审计成果 全年共完成审计项目11项，其中省、地下达的指令性任务9项，审计单位35个，查出各种违规行为金额617万元，决定处理处罚金额172万元；指明要求纠正金额445万元，上交财政罚款4万元。

【柳林县审计局】现有干部职工23人，设有行政事业审计股、基本建设审计股、企业金融审计股、经济责任审计股、农业外资审计股、办公室，负责对全县15个乡镇和60个行政事业单位及国有企业的审计监督。局长王守文，副局长刘斌启、王海虎、王生贵，纪检组长杜生彪，调研员任铸。

审计成果 全年完成审计项目10项，审计单位94个，查出各种违纪违规金额4631万元，审计处罚款额15万元，追还被侵占资金17万元，指明要求纠正金额2160万元。全年共移案处理14件，提交各种审计报告48篇，撰写审计信息37篇，其中4条被上级审计机关及新闻单位采用。

【交口县审计局】共有干部职工20人，设有办公室、经济责任审计股、行政事业审计股、企业基建审计股、农业审计股、法制股、审计培训中心。局长潘桐柱，副局长王廷俊、李贵生。

审计成果 全年共完成审计项目11项，审计单位62个；完成审计调查2项，调查单位8个；审计资金总额2.12亿元，共查出各类违纪金额2819万元，其中决定处理处罚390万元，指明要求纠正2423万元。为国家挽回经济损失635万元。全年提交审计报告、意见书、建议书30余篇，信息、论文28篇，被各级领导和上级有关部门批转采用率达70%以上。

【交城县审计局】现有干部职工17人，设有办公室、档案室、企业审计股、行政事业审计股、法制股，负责对全县15个乡镇和150余个行政事业单位及国有企业的审计监督。局长麻滋俭，副局长岳福根、张候平，纪检组长兼监察室主任张俊刚。

审计成果 全年共完成审计项目12个，审计单位61个；完成审计调查1项，调查单位4个；共查出各种违规行为金额5529万元，增加财政收入78万元。编发审计信息42条，其中8条被上级党政机关及新闻媒体批示采用。

【石楼县审计局】共有干部职工20人，设有办公室、企业审计股、财金基建审计股、行政事业审计股，负责对全县18个乡镇和200余个行政事业单位及国有企业的审计监督。副局长崔双光（主持工作）、张文元。

审计成果 全年共完成审计项目14个，审计单位95个；共查出各类违规违纪金额719万元，其中决定处理处罚金额102.6万元，指明纠正616.4万元，可为财政增收18.4万元，已入库15万元，入库率为81.5%；完成专项审计调查2项；向县纪检委提交审计建议书1份，并得到查处纠正。向上级审计部门提交审计信息28篇，其中被省、地审计机关采用5篇。

【临汾市审计局】2000年，共有干部、职工62人，其中大专以上学历48人，局长王千良，副局长李惠、张宏峰、郭书田、赵茂山，纪检组长祁全保，总审计师郭安平。设有办公室、法制科、人事教育科、综合科、财政科、金融审计科、工商企业审计科、行政事业审计科、农业审计科、投资审计科、外资审计科、经济责任审计科、监察室。下设2个事业单位：临汾市审计培训中心和审计信息中心。

审计成果 山西省审计厅共完成上级下达市局9大类23项475个单位的审计任务，实际完成项目计划的100%。审计查处违纪违规行为金额43869万元，应上交财政7192万元，已上交财政5802万元。先后对山西电控厂、市人事局等7个单位开展了任期经济责任审计，查处违纪金额723万元，拟提拔1人，其余到龄退休。市局全年共编报审计信息113期242条，被各类报刊杂志刊登77篇，其中上级审计机关11篇，地方党政领导机关48篇，新闻单位18篇。如中国审计《三年风雨路，执法铸辉煌》，中国审计报《实行表格审计方法好处多》，中纪委反腐败信息《部分事业单位固定资产流失严重》，山西省委山西信息《蒲县工商局借赞助之名搞摊派》等。

大案要案 全年共揭露查处大要案11起，其中移送司法机关5起5人，移送纪检机关6起6人。

2000年在山西省审计厅目标责任制综合考评中荣获第2名等荣誉。

【侯马市审计局】现有干部职工47人，下设办公室、档案室、财政金融审计股、行政事业审计股、农业资金审计股、工交企业审计股、商贸企业审计股、经济责任审计股、固定资产投资审计股和审计体系指导股。局长孙克绚，副局长郭天红、卫绍武、王永流。

审计成果 全年共完成临汾市审计局下达的13项指令性审计和审计调查任务，完成了7项侯马市委、市政府交办审计任务。先后对14个单位领导人员进行了经济责任审计，其中党政领导干部8人，国有及国有控股企业领导人员6人。通过审计，组织部门调整领导干部2人，有2人作为副县级后备干部。查出涉嫌违法案件3起，已移送司法部门进行了处理。对118个单位进行了审计和审计调查，查出各种违规行为金额2936万元，其中应上缴财政325万元，已上缴财政314万元。共查出涉嫌违法违纪案件10起，其中移送司法部门9起，纪检部门1起。

【汾西县审计局】共有在职干部职工16人，设有财政金融审计股、工商企业审计股、行政事业审计股、经济责任审计股、法制监察股、综合股、办公室。局长邢长生，副局长崔晋坤、申俊湘、王文宏。

审计成果 全年共审计单位60个，查出违纪违规资金1477万元，应缴财政35万元，上缴财政48万元（催缴上年13万元）。查处大案要案6起，移送纪检监察部门9人。

【吉县审计局】共有干部职工29人，设有工商企业审计股、财金审计股、行政事业审计股、法制股、办公室。局长刘王胜，支部书记张爱国，副局长贺跃进，纪检组长卫立泰。

审计成果 全年共完成13项82个单位的审计任务，查处违规违纪金额1020万元，增加财政收入22万元，向纪检等有关部门移送案件3起。全年共编发局办刊物“吉县审计”14期，“审计信息”18期，撰写调研材料82篇，被各级刊物采用56篇，其中被国家级刊物采用2篇，省级刊物采用4篇。建立了廉政建设连带责任制，实行廉政建设1票否决制，建立了向被审单位的“承诺制”。

【安泽县审计局】现有干部职工17人，设有办公室、财政金融审计股、行政事业审计股、工商企业审计股、综合股，负责对全县11个乡镇、60个行政事业单位、40个工商企业的审计监督。局长卫春生，副局长苏双明、李翠萍、武建和。

审计成果 全年共完成审计项目13项，审计单位61个，查出违规违纪金额976万元，其中对违纪问题处以罚款22万元。共向上级审计机关提交审计工作报告5篇、审计信息23篇，向省地有关报刊投稿10篇，被临汾日报采用4篇。

【大宁县审计局】现有干部职工26人，设有办公室、行政事业审计科、财政金融审计科、工商企业审计科和经济责任审计科，负责对全县10个乡镇和69个县直部门的审计监督。局长刘国栋，副局长宋书堂、冯德明。

审计成果 全年共完成了7个项目50个单位的审计任务，查出违纪违规资金176万元，应上缴财政24万元，已上缴财政24万元，追还被侵占挪用资金49万元，财政预算执行情况审计一次性追缴烟叶特产税19.99万元，提交审计信息和综合报告15篇，被县委、政府及上级审计机关采用批示9篇。

【浮山县审计局】现有干部职工21人，设有办公室、财政金融审计股、行政事业审计股、工商企业审计股、法规股，负责对全县15个乡镇、所有行政事业企业单位的审计监督。局长郭希有，副局长张贵福、郑云源、崔学通，纪检组长李源。

审计成果 全年共完成审计项目15项，审计单位70个，审计调查3项，调查单位21个，审计资金18693万元，共查出违纪违规行为资金665万元，上缴县级财政资金46万元，比上年同期提高102%，入库率达到100%，追还被侵占挪用资金393万元，共提交审计报告45篇。共完成省、地审计机关下达审计任务7大类、13个项目，审计单位41个，审计资金10346万元。完成经济责任审计单位35个，涉及责任人40名，审计资金8846万元，查出违规行为金额313万元。经审计，向组织人事部门提交经济责任审计报告36篇，对5个经济责任人违纪违规行为进行了处理处罚。

【古县审计局】共有在职干部职工27人，设有办公室、档案室、财政金融审计股、行政事业审计股、工业企业审计股、商业企业审计股等部门。局长孟宪文，副局长刘龙云、杜元贵。

审计成果 完成上级审计机关

审计任务8大类10项，审计单位49个；审计金额13117万元，查出违纪违规金额652万元，上缴财政13万元，给予党纪政纪处分2人，完成县委、县政府交办的领导干部任期经济责任审计30户，电影公司、团县委财务收支审计，以及石必乡计生服务所计生经费审计。经济责任审计查出违纪金额571.24万元。

【隰县审计局】现有干部职工26人，设有财政审计股、金融审计股、农业审计股、基建审计股、外资审计股、企业审计股、法规股、办公室及经济责任审计股，负责对全县8个乡镇和66个县直部门及驻隰金融机构、企事业单位的审计监督。局长孙良生，副局长郑发胜、史毓亮。

审计成果　全年共完成9大类14项审计任务，共审计单位110个，查出各种违纪违规金额796万元，收缴款40万元，追还原资金渠道177万元，决定落实率达90%以上。

【襄汾县审计局】现有干部职工40人，设有办公室、法规股、企业审计股、农业审计股、财政审计股、金融审计股、行政事业审计股，负责对全县21个乡镇和66个县直部门的审计监督。局长张有成，书记裴广仓，副局长史德兴、王根管、周水平、段铁环、毛庆来、李海成。

审计成果　全年共完成21个项目130个单位的审计任务，查出违纪金额1876万元，收缴款85万元，移送案件11起，处理处分人员14人，完成了30个单位的经济责任人审计。共向各种报刊、杂志投稿60余篇，被新闻单位、各种报刊采用56篇，其中国家级4篇、省级16篇。

【翼城县审计局】现有干部职工32人，设有财金审计股、行政审计股、工业审计股、商业审计股、法规股和办公室，负责对全县10个乡镇、103个县直单位和金融部门的审计监督。局长郭洪水，副局长李成英、马振海，总会计师卫学义。

审计成果　全年共完成省地下达的审计项目9大类11项，审计单位76个，审计总金额2.3亿元，查出违纪金额3749万元，上缴县财政罚没款和应收款173万元，提交合理化建议48条。完成县政府交办的7项审计任务，核减工程预算342万元，查出大要案4起5人，其中移送司法机关2起、纪监部门2起。

【乡宁县审计局】现有干部职工22人，设有财政金融审计股、行政事业审计股、企业基建审计股、办公室、法规室，负责对全县10个乡镇和60个县直部门的审计监督。局长卢安荣，副局长郭鸿海、闫子龙、武春俊、李登峰（助理）。

审计成果　全年共完成审计项目18项，审计总金额30181万元，查出违规违纪资金2218万元，决定收缴494.7万元，处以罚款8.7万元，通过各种渠道入库269.9万元。出具审计意见书13份、审计决定8份，审计建议书1份，上报审计信息45篇，撰写论文、调研报告8篇。自4月24日至11月15日，对经委、计委等30个单位领导干部1999年度的经济责任进行了审计，审计总金额1576万元，查出违纪违规资金223.1万元，提出审计意见和建议15条。

【曲沃县审计局】现有干部职工36人，设有办公室、法制股、财政金融审计股、行政事业审计股、工交基建审计股和农资商业审计股，负责对全县11个乡镇和136个县直部门的审计监督。局长吴临生，副局长董凤仁、荆红、聂清江、成守义。

审计成果　全年共完成审计项目20个，查出违纪违规金额2390万元，增加各级财政收入161万元，追还被侵占、挪用资金301万元，移交纪检部门案件3起，向被审单位提出审计建议200余条，提交审计报告70余篇。出台了《审计执法责任制》、《审计错案追究制》、《纪检组跟踪督查制》等相关制度，全面执行了送达审计，推行了阳光作业与审务公开，聘请了社会监督员并公布了监督电话，接受全社会的监督；总结出了“六步走复核制”、“四四复核制”、“现场复核制”等操作性很强的复核方法。共撰写有价值的审计信息80余篇，被各级新闻媒体采用65篇。

【洪洞县审计局】现有干部职工47人，设有办公室、行政事业审计股、基建审计股、工交企业审计股、商粮审计股、金融审计股和经济责任审计股，负责对全县16个乡镇和90个县直部门的审计监督。局长李钰，副局长李进才、范小保、贺三省、李志毅。

审计成果　全年共完成11大类、13个审计项目，审计单位88个，查处各类违规行为金额10761万元，上交财政87万元，收缴各类款项34万元，为国家挽回经济损失405万元，查处大案要案2起。

【蒲县审计局】现有干部职工30人，设有办公室、财政金融审计股、任期经济责任审计股、企业审计股、行政事业审计股和综合审计股，负责对全县9个乡镇和99个县直部门的审计监督。局长原海明，副局长许学仁、连龙顺、闫新荣、闫东香。

审计成果　全年共审计单位82个；查出违规行为金额3533万元；决定处理处罚3028万元；指明要求纠正505万元；归还原渠道资金金额47万元；上交财政148万元；向司法机关移送1人；向纪检监察部门移送1人；递交审计工作报告信息

45篇，被国家级报刊采用2篇，省级报刊采用3篇。

【运城市审计局】2000年，共有在职干部、职工84人，其中大学本科学历15人，大专学历46人，局长杨来管，副局长侯曙光、赵鹏、孙银虎、王乐乐、贾小兰。设有办公室、综合科、法管科、监察室、财政审计科、金融审计科、行政事业审计科、农业审计科、商贸审计科、工交审计科、投资审计科、外资审计科、经济责任审计科、审计信息中心、审计咨询所等部门。

审计成果　全市共完成4大类23个审计项目，审计单位728个，查出违规行为金额44686万元，上交财政2849万元，归还原资金渠道1155万元，提交审计报告、信息626篇，被批示采用307篇。在全省2000年度工作目标责任制考评中荣获二等奖，受到省厅表彰。

经济责任审计　局本级成立了经济责任审计科，垣曲、平陆等县市也成立了经济责任审计股（室）。市局安排的经济责任审计单位共9个，从审计的结果看，市直部分单位违反财经法规和专款专用的原则，擅自挤占、挪用专项资金，用于弥补经费不足等问题，不仅普遍，而且相当严重。

大案要案　全年共移送案件80起，其中向司法机关移送48起，向纪检监察部门移送20起，向主管部门移送12起，涉案人员82人。

【运城市盐湖区审计局】现有干部职工49人，设有办公室、财政金融审计室、行政事业审计室、企业审计室、农业资金审计室、投资审计室和法制室，负责对全区21个乡镇（办）和66个区直部门的审计监督。局长李富贵，副局长梁随保、巩建峰、严俊红、关信仰。

审计成果　全年共审计单位59个，查出违纪金额1555万元，应上缴财政230万元，已上缴222万元，责令限期上缴应上缴收入600万元；共提交审计报告及编发审计信息53篇，被有关部门采用10余篇（次），审计后共提出合理化建议5条，建议纠正不当规定1条，查出百万元以上违纪单位4个，向纪检部门移送案件1起3人。

【河津市审计局】现有干部职工49人，设有办公室、财政金融审计股、行政事业审计股、企业审计股、基建股，负责对全市9个乡镇（办）和136个市直部门的审计监督。局长张文民，副局长郝吉祥、曹玉贵，纪检组长柴建民。

审计成果　全年共审计项目17个，单位145个，查出违纪违规金额7063万元，决定上缴财政148万元，已上缴148万元；经审计，共提交审计报告及编发审计信息127篇，向纪检部门移送案件14起。

【永济市审计局】现有干部职工28人，设有办公室、财政税审计室、行政事业审计室、工商企业审计室、农业金融审计室，负责对全市19个乡镇（办）和150个市直部门的审计监督。局长候满昌，副局长崔荣波、颜文英、靳惠玲、姬养志，纪检书记张玉成。

审计成果　全年共审计单位56个，查出违纪金额2517万元，已上缴财政84万元；经审计，共提交审计报告及编发审计信息20篇，被有关部门采用9篇，其中上级审计机关采用5篇。共提出合理化建议、纠正不当规定31条。

【闻喜县审计局】现有干部职工36人，设有财金审计股、行政事业审计室、工业企业审计股、商业企业审计股、农科教审计股、投资审计室、法制室和办公室，负责对全县20个乡镇、95个县直部门及58个国有工商企业的审计监督。局长杨才元，书记杨温狮，副局长杨澍、李卫军，纪检书记刘安顺。

审计成果　全年共审计单位97个，查出违纪金额5557万元，应上缴财政103万元，已上缴95万元；共提交审计报告及编发审计信息54篇，其中工作报告11篇；被有关部门采用32篇，其中地方党政领导采用2篇，上级审计机关采用18篇，新闻媒体采用12篇。向纪检部门移送案件5起5人。

【新绛县审计局】现有干部职工29人，设有办公室、财政金融审计股、行政事业审计股、工商企业审计股，负责对全县8个乡镇和60个县直部门的审计监督。局长何天杰，支部书记刘保利，副局长郭德保、李怀庆、李凯、王世虎、阴保平。

审计成果　全年共完成10个审计项目，审计单位85个，查出违纪金额2028万元，处理处罚1452万元，指明要求纠正576万元，应上缴财政294万元，已上缴72万元；共提交审计报告及编发审计信息84篇，被有关部门采用74篇（次），其中党政领导采用6篇，上级审计机关采用43篇。向纪检部门移送案件8案13人。

【平陆县审计局】现有干部职工25人，设有办公室、工商企业审计股、行政事业审计股、经济责任审计股、法制管理股、财金基建审计股和外资审计股，负责对全县17个乡镇和41个县直部门的审计监督。局长李典庚，支部书记石根旺，副局长刘满祥、卫海喜，纪检组长张创业。

审计成果　全年共完成27个审计项目，审计单位42个，审计资金总额3.9亿元，查出违规行为金额4936万元，上交财政45.7万元，直接挽回经济损失180万元，促进增收节支80万元，提交审计工作报告、信息80篇，被上一级审计机关批示采用33篇，同时在审计中发现并向司法、纪检部门移交案件线索38起，已立案并查处11案11人。

【垣曲县审计局】现有干部职工58人，设有财金审计股、农水审计股、基建审计股、商业企业审计股、工业企业审计股、行政事业审计股、经济责任审计股和办公室，负责对全县17个乡镇和110个县直部门的审计监督。局长张俊，副局长张伟、高筱俊、吕政文、梁书敏、胡德奎、郑素春。

审计成果　全年审计单位115个，审计资金总额10亿元，其中移民资金7.3亿元。审计共查出违纪资金额1.12亿元，应上缴财政额121万元。共提交审计信息29篇、综合报告15篇，被各级各种报刊杂志登载21篇。共查出大案要案6起，全部移交有关部门处理。

【稷山县审计局】现有干部职工35人，设有办公室、工业企业审计股、商业企业审计股、行政事业审计股、经济责任审计股、财政金融审计股、基建审计股和外资审计股，负责对全县7个乡镇和135个县直部门的审计监督。局长彭东旭，支部书记焦卫民，副局长任延马，纪检组长张明俊。

审计成果　全年共审计单位98个，查出违规行为金额8172万元，应上缴财政63万元，查处损失浪费资金38万元，促进增收节支40万元，归还原渠道资金29万元；提交审计工作报告、信息89篇，被上一级审计机关批示采用8篇，新闻媒体采用11篇。发现并向司法、纪检部门移交案件线索6起3人。

【芮城县审计局】现有干部职工32人，设有办公室、法制股、财政金融审计股、行政事业审计股、工商企业审计股、投资商贸审计股，负责对全县16个乡镇和110个县直部门的审计监督。局长王学增，支部书记李凤亮，副局长王孝民、吉云龙、卫茜线，纪检书记任孟婵。

审计成果　全年共审计单位26个，查出违纪金额2447万元，应上缴财政202万元，已上缴财政68万元，归还原渠道资金327万元，指明要求纠正2098万元；经审计，共提交审计报告及编发审计信息18篇，被有关部门采用10篇。向纪检部门移送案件3起。

【夏县审计局】现有干部职工38人，设有办公室、财政金融审计股、行政事业审计股、工商企业审计股、投资外交审计股，负责对全县13个乡镇和80个县直部门的审计监督。副局长姜永云。

审计成果　全年共审计单位53个，查出违纪金额141万元，应上缴财政26万元，已上缴24万元，建议纠正地方部门不当规定28条，协助有关部门查处案件9起；共提交审计报告及编发审计信息26篇，被有关部门采用4篇。

【万荣县审计局】现有干部职工30人，设有财金基建审计股、行政事业审计股、企业外资审计股、农业资金审计股、经济责任审计股、投资审计室、体系指导股、法制股和办公室，负责对全县17个乡镇和85个县直部门的审计监督。局长任进恩，副局长柴保民、赵新民、谢竹桃。

审计成果　全年共审计单位78个，查出违纪金额6181万元，指明要求纠正70万元，应上缴财政35万元，已上缴35万元。共提交审计报告及编发审计信息17篇，被有关部门采用9篇。

【临猗县审计局】现有干部职工23人，设有行政事业审计股、财金基建审计股、企业审计股、法制股、办公室，负责对全县20个乡镇52个县直部门的审计监督。局长姚进喜，副局长邹子绵、王自强、赵淑琴。

审计成果　全年共审计140个单位。查出各种违纪违规金额993万元，决定处理处罚827万元，指明要求纠正166万元，应缴财政63万元，已缴财政63万元，其中税金3万元，罚没60万元。建议给以行政处分1人。提交审计工作报告信息22篇，被批示采用5篇，查处百万元以上的违规单位2个。

内蒙古自治区

【内蒙古自治区审计厅】2000年，全区审计机关定编2534人（其中事业编制223人），在编2449人（其中事业编制184人）。自治区审计厅定编193人（其中驻海拉尔、赤峰审计处行政编制40人，厅机关事业编制45人），在编人数180人（其中驻海拉尔、赤峰审计处行政编制39人，厅机关事业编制34人）。机构改革后的厅机关处室设置为：办公室、人事教育处、法制处、离退休人员工作处、财政审计处、金融审计处、外资审计处、经贸审计处、固定资产投资审计处、行政事业审计处、农业与资源环保审计处、社会保障审计处、纪检组、机关党委；另设有派驻赤峰、海拉尔两个审计处；下设审计科研培训中心、机关事务服务中心及审计信息与计算技术服务中心三个直属事业单位。

领导成员

厅　长：吴金亮

副厅长：赵慧容

　　　　云　尚（蒙古族）

　　　　王月胜

纪检组长：刘继龙

内蒙古自治区审计成果　全年共审计单位、项目7049个，查出违规金额43亿元，占年度考核目标的292%，促进增收节支10.7亿元，上缴财政资金3.3亿元，移送司法机关案件80起，向旗县以上政府和上级主管部门提交审计报告和信息6496篇，被批转采用3763篇。

财税审计　全区114个审计机关深入开展了本级预算执行审计，共查出违规行为资金9.5亿元，促进增收节支1.3亿元。区厅组织7个业务处室，抽调60多名业务骨干，除审计财政、地税、国库等部门外，对16个厅局及部分二三级单位进行了审计，揭示出预算批复不及时、出借财政性资金、有税不征、征收“过头税”等许多深层次问题，尤其对一些预算执行部门挤占、挪用专项资金，隐瞒、转移、截留预算外资金等问题进行了重点揭露。审计结果引起了自治区人大和政府的高度重视，自治区政府积极采纳审计建议，在实施财政预算管理改革中，进一步细化预算，把预算落实到具体项目，增加预算透明度，并责成有关部门抓紧制定违法违规责任追究制度。自治区人大常委会高度评价了审计工作报告。

2000年，全区审计机关还进一步加大了“上审下”的审计力度，在审计的内容、方法、质量等方面都有很大的改进和突破。通过对510项下级政府财政决算的审计，有效地规范了财政收支行为，促进了财政管理工作。

固定资产投资审计　全区审计机关对591个建设项目进行了审计，查出违规行为资金6.3亿元，促进归还原资金渠道1.3亿元。区厅在呼包高速公路建设项目竣工决算审计中，共查出虚列建设成本等违规金额9080万元，还揭示了在项目组织管理中存在的问题。审计在依法处理的同时，有针对性的提出了管理建议。区厅在伊敏煤电联营项目竣工决算审计中，查出该项目仅因决策失误就造成多投资1亿多元，并就此向中国华能集团公司发出了进行彻底清查、对有关责任人进行处理的审计建议书，后来该公司派出专门工作组进行了清查处理。

扶贫、农业综合开发资金审计　区厅组织对11个盟市、50个贫困旗县的扶贫资金进行的审计，查出有2.9亿元资金未能及时拨付到位，有1.1亿元资金被拨付到非贫困旗县，有4800多万元资金被挤占挪用，有3900多万元扶贫贷款使用不合规。自治区政府领导专门听取了汇报，称赞“审计机关对全区扶贫开发及经济建设起到了不可估量的作用”，责成有关部门以自治区扶贫领导小组名义全文转发审计报告，并对审计查出的问题分类提出纠正意见。区厅组织对12个盟市、70个旗县1999年至2000年6月末的第四期农业综合开发资金进行的审计，共查出违规资金7100多万元，促进资金到位3600多万元。自治区政府采纳了审计针对全区农业综合开发资金拨付过程中存在的层次多、环节多的问题提出的“专户直拨”的审计建议，并付诸于实施，使农业开发资金到位率明显提高，使用规范，效益良好。

环保资金审计　审计厅对纳入国家直接考核的呼和浩特市1998至1999年度排污费征收、管理、使用及效益情况进行了重点审计，查出滞留、挤占挪用排污费等违规金额1200多万元。自治区副主席周维德在审计报告上批示：“自治区环保局会同呼市政府共同重视和研究解决存在的问题，尽快整改。”

西部大开发资金审计　为服务西部大开发，确保各项开发资金的安全、合理、有效使用，全区三级审计机关对8个盟市、53个旗县京津周边地区内蒙古沙源治理工程和5个盟市、11个旗县的黄河中上游地区退耕还林还草示范工程项目实施了跟踪审计，在查处纠正违纪违规问题的同时，还帮助有关部门和地区协调解决了资金立项拨付过程中存在的问题，共促进资金到位4000多万元。全区审计机关继续对农村电网改造资金进行了全面跟踪审计。

重点行业审计　三级审计机关围绕企业改革和脱困，对740户企业进行了审计，查出违规行为资金13.7亿元。区厅统一组织，选择了改制、亏损、上市公司、重点骨干等4种类型60户企业进行了审计，发现企业存在4个方面的问题：一是企业资产质量低，投资损失严重；二是企业会计信息失真现象严重；三是企业包袱沉重，尤其是企业办社会问题对企业影响较大；四是法人治理结构不完善。审计中，还查出并移送司法机关案件10起，案值260多万元。

工商行政管理部门审计　为进一步促进执法单位贯彻落实“收支两条线”的规定，全区审计机关对工商行政管理部门进行了全面审计，共审计122个工商局和286个工商所，并且大部分实行的是上审下，审计成果显著。全区共查出截留隐瞒收入、乱收费、私设“小金库”等违法违纪金额1.2亿元。刘明祖、周德海等自治区领导先后在审计报告和信息上作了批示，自治区工商局组成5个工作组深入各盟市督促审计决定的落实，并进行整改，对20多名违纪责任人进行了处理。

社保资金审计　对全区企业职工养老保险扩面和养老基金收支预测情况进行了审计调查，特别是通过对174户较大型外资和私营企业参加职工养老保险情况的调查分析，发现由于部分地方政府及社保等部门养老保险扩面工作不到位、非国有企业职工底数不清、参保意识普遍较差甚至钻政策空子逃避参保等主客观原因，致使全区非国有企业参保率偏低，养老保险费扩面工作难以落实等问题突出。据此，审计有针对性提出了加强和改进的建议。审计结果上报后，引起了自治区政府领导的高度重视，并以政府名义将审计报告批转全区，要求有关部门认真研究解决存在的问题。

义务教育工程专项资金审计 区厅统一组织，对11个盟市、51个旗县1998至2000年9月末义务教育工程专项资金进行了审计，摸清了资金的管理使用情况，揭示了存在的问题，为政府和有关部门加强项目管理、提高资金使用效益提供了依据。

农村信用社审计 全区审计机关选择694家农村信用社进行了审计，覆盖面达55%。通过审计，发现5方面的问题：一是资本金不足，抗风险能力弱。二是信贷资产质量低。三是高风险信用社多。四是亏损严重。五是管理不善，违规问题突出。审计共查出违反利率政策等违规金额2.6亿元。

外资审计 为了保证外资合理、有效的利用，全区审计机关完成了对12个世（亚）行和国际组织援款项目144个执行单位的审计。共查出挤占挪用专项资金等违规金额1.3亿元，追回被侵占挪用资金4700多万元，审计结果得到有关国际组织和主管部门的肯定，为有效利用外资和自治区对外开放工作发挥了作用。

经济责任审计 一是认真贯彻中办发20号文件精神，抓紧落实经济责任审计机构设置、人员配备及经费保障等问题。二是各地审计机关按照两个暂行规定，结合当地具体实际，加紧制定了经济责任审计规范性文件，使全区经济责任审计工作进一步向制度化、规范化迈进。2000年，全区共审计经济责任人804人，查出违规行为资金2.6亿元，移送纪检监察、司法机关处理18人。各级党委、政府依据审计结果，晋升的有67人，免职的有42人，降职的有4人，为加强干部管理和监督发挥了重要作用。

基础工作 全区各级审计机关按照“四个狠抓”即狠抓学习和培训、狠抓廉政建设、狠抓审计质量、狠抓审计成果的思路，从“人、法、技”建设入手，全区培训干部3700多人次，有1000多名审计人员参加了计算机基础知识培训和考试，计算机应用无论是硬件的配备还是软件开发都取得了较大进展，在审计署组织的全国审计系统计算机应用展示会上，全区有4个软件参展，并受到署领导和兄弟省市的好评。

各级审计机关和广大审计人员的质量意识、创新意识进一步增强，审计质量控制制度和措施、审计复核制度、审计执法责任追究制度、审计项目质量检查制度以及审计承诺制度等进一步完善。“三五”普法工作顺利通过了自治区普法办和审计署的考核验收。廉政建设和思想政治工作进一步加强。各级审计机关的基础建设工作有效地促进了审计工作的开展。

机关各项管理工作逐步走向规范，全区审计机关档案管理全部晋升为特级，区厅和9个盟市审计局的档案管理工作受到自治区党委办公厅、政府办公厅等部门的表彰。

【呼和浩特市审计局】 2000年，呼和浩特市两级审计机关共有在职干部、职工216人，其中大学本科学历31人，大专学历109人，党组书记高凤瑞，局长吴贵武，副局长刘晓、杨国臣，总审计师王岩。设有人事教育科、办公室、综合科、法规科、固定资产投资审计科、商贸审计科、金融外资审计科、财税审计科、农牧林水审计科、行政事业审计科、工交审计科、机关党支部等部门。

审计成果 全年两级审计机关共审计单位（项目）533个，查出违规行为金额2.23亿元，其中应上缴财政资金2382万元、追还被侵占挪用资金2673万元、核减固定资产投资2065万元。重点开展了以下几方面工作：一是以规范预算管理和财政分配秩序为目标，进一步深化了财政预算执行审计和其他财政收支审计，先后完成了对第四期农业综合开发资金、扶贫资金、义务教育工程专项资金、农村电网改造等专项资金审计；二是以依法行政为目标，加强了对重点行政部门的审计；三是以改善资产质量、防范金融风险为目标，加强了对全市地方金融机构的审计；四是围绕政府加快实施以工业结构调整为重点的城市经济发展战略，加强了对重点企业审计，共审计72户国有企业，重点检查了企业资产质量和会计信息质量；五是对全市71个基本建设项目进行了审计，审计项目投资总额2.35亿元；六是围绕经济工作中心，积极完成地方党政交办审计项目，对43个单位进行了经济责任审计；七是加强对内部审计的工作指导，全市设置的75个内审机构，经审计纠正违规问题金额2384万元；八是全面抓好各项基础建设，审计信息、保密、统计、刊物发行、公务员考核、扶贫及综合治理均被评为全市或审计厅先进单位。

【呼和浩特市回民区审计局】 现有干部职工9人，负责对全区1个乡镇和48个区直部门的审计监督。局长刘万忠，副局长李聪明。

审计成果 2000年共完成审计项目17个，审计单位25个；审计查出违规金额657万元，应上缴财政42万元，直接收缴款21.3万元；挽回国有资产流失金额30万元；促进增收节支104万元；审计报告被区政府转发7篇。完成了对呼市第五中学财务收支的审计，对群众反映的问题进行了调查落实。同时还完成了4所中学校长的经济责任审计，发现个别中学的财务管理比较混乱，存在严重违反财经法规的问题，对今后加强财务管理，健全内控制度提出了合理化的意见和建议。

【呼和浩特市玉泉区审计局】现有干部职工8人，内部未设职能科室，只对工作人员进行了分工，并建立岗位责任制，全体干部按照岗位责任制的要求，依据《审计法》的规定对本级政府各部门的财政、财务收支开展审计工作。局长刘国防，副局长刘军。

审计成果 2000年全局按照"狠抓学习和培训，狠抓廉政建设，狠抓审计质量，狠抓审计成果"的总体思路和要求，制定年度工作计划，并认真组织落实。全年完成审计项目9项，查处违规金额209万元，促进增收节支24万元，挽回国有资产流失金额19万元，审计决定落实率100%。全面超额完成呼和浩特市审计局下达的各项任务。

【呼和浩特市新城区审计局】现有干部职工10人，内设办公室、企业审计股和行财审计股，负责对全区3个乡、7个办事处和74个区直部门的审计监督。局长党礼义，副局长刘晓楠、塔娜。

审计成果 完成审计项目（单位）26个，查出各类违规金额401万元，促进增收节支61万元，向司法机关移送贪污贿赂案件1件，涉案2人。在深入开展预算执行审计工作的同时，认真开展了乡级财政决算审计工作，两项审计共发现违规金额164.8万元，完成审计单位8个，促进增收节支43万元。中小学审计成效明显，对5所中学、5所小学进行了财务收支审计，发现违规金额95万元，促进增收节约22万元，规范了教育经费的使用。

上半年，根据城区麻花板村村民上访，深入进行审计调查，查出原村支书及原村长涉嫌贪污、受贿案件并移送司法机关查处。

【呼和浩特市赛罕区审计局】现有干部职工17人，设有行政事业审计股、金融企业审计股、经济责任审计股、法规审理股、固定资产投资审计股、办公室，负责对全区8个乡镇和区属各委、办、局的审计监督。局长郭喜梅，副局长李长栓、高俊旺。

审计成果 全年共完成审计项目32个，查出各类违规金额516万元，应上缴财政70万元，应归还被侵占挪用资金12万元，促进增收节支82万元。完成区政府交办任务8项，其中经济责任审计7项，清产核资审计1项。

【托克托县审计局】现有干部职工18人，设有综合股、行政事业审计股、农财审计股、企业审计股、财金审计股、固定资产投资审计股，负责对全县11个乡镇和70多个县直部门的审计监督。局长焦延青，副局长郭元乐、田晨俊。

审计成果 完成审计单位59个，查出违规行为金额872万元，其中决定处理处罚237万元，指明要求纠正635万元；应上交财政12万元，已上交财政11万元，其中税金5万元，罚款5万元；应归还原渠道资金63万元；促进增收节支208万元；提交审计工作报告、信息43篇，其中地方党政领导批示9篇，上级审计机关批示采用11篇，新闻单位采用4篇。

完成县党政领导交办任务11项，经济责任审计10项，村级财务收支审计1项。经济责任审计查出违规行为金额154万元，决定处理处罚143万元，指明要求纠正11万元。有关部门根据审计结果，平调5人，晋升3人，免职1人，降职1人。村级财务审计，查出违规金额7万多元，将村委会3名党员干部移送县纪检委处理。其中1名开除党籍、2名留党察看，平息了农民上访告状事件。

【清水河县审计局】现有干部职工18人，设有行政财税审计股、事业金融审计股、企业审计股、基建审计股和办公室，负责对全县14个乡镇和40多个县直部门的审计监督。局长张关于，副局长翟玉波，苏瑞萍。

审计成果 完成审计单位数49个，查出违规行为金额785万元，促进增收节支346万元，挽回经济损失149万元，上交财政金额11万元，审计报告信息被批转批示6篇。

全年重点加强了经济责任审计和专项资金的审计工作，共完成县委政府交办的经济责任审计事项26项，完成审计署、自治区审计厅和呼和浩特市审计局的审计任务23项。

【武川县审计局】现有干部职工21人，设有办公室、审理复核股、经济责任审计股、财税金融审计股、行政事业审计股、企业审计股。负责对全县20个乡镇和25个县直部门的审计监督。局长贾金龙，副局长张维贵、田雨发。

审计成果 完成审计项目30项，审计单位52个，其中完成县委、政府交办审计项目10个，经济责任审计4个，查出违规金额568万元，促进增收节支80万元，挽回国有资产流失12万元。审计报告被县政府批转2篇，批示1篇。

【和林县审计局】现有干部职工18人，设有审计一股、审计二股、复核股和办公室，负责对全县17个乡镇、88个县直部门的审计监督。局长冯计生，副局长贾国胜。

审计成果　全年共审计单位（项目）60个，查出违规行为金额508万元，促进增收节支225万元，挽回国有资产流失11万元，审计决定落实率99%，应缴财政入库率100%，审计报告信息被批转采纳26篇；完成县委、政府交办的审计任务12项，县政府全文批转了《关于对固定资产投资建设项目实行审计监督制度的报告》，共完成基建项目审计13项，核减工程结算120万元，核减率14%。

【土左旗审计局】现有在职人员19人，设有行政事业审计科、企业审计科、农林牧水审计科、基本建设审计科、办公室，负责对全旗19个乡镇及旗直各部门的审计监督。局长云广林，党支部书记张凤英，副局长王文义。

审计成果　全年完成旗委、旗政府交办的各类审计事项10项，涉及党政干部离任、专项资金管理专案调查、上访事件审计调查等内容。集中对3个单位3位领导进行了离任经济责任审计。完成审计署、自治区审计厅下达的审计任务8项16个单位，查出违规行为金额248万元，决定上缴财政2万元；完成自定项目审计53个单位，查出违规行为金额432万元，决定上缴财政28万元，挽回国有资产流失22万元。

【包头市审计局】2000年，共有在职干部、职工77人，其中大学本科学历15人，大专学历42人，局长薛长江，副局长包金林、张文光、王振岐、云岗，纪检组长孙郁。设有办公室、综合科、监察室、审理科、人事科、行政事业审计科、商业贸易审计科、财政金融审计科、基本建设审计科、工业交通审计科共10个科室。

审计成果　市局本级全年共审计191个单位（含审计调查单位31个），查出违规行为金额43331万元，应上缴财政5019万元，已上缴财政4640万元，减少财政拨款或补贴115万元，归还原渠道资金879万元，核减工程结算值2030万元，促进增收节支8043万元，挽回国有资产流失2215万元，审计报告被批转10篇，提交审计信息、工作报告143篇，被上级采用111篇，向司法机关移送案件11起14人。

财政审计　在财政预算执行审计中，通过对15个主要执行单位进行审计和延审，共发现应收未收、应缴未缴财政预算内外收入4112万元，其中包头市国资局过渡账户结存380万元，包头市供电局等8个单位应缴未缴财政预算内外收入2757万元，包头市地税一、二、三分局为调控收入，通过税收过渡账户和经费暂存账户滞留税款975万元。在财政决算审计中，对东河区1999年度财政决算进行审计时，共查出违规资金381.2万元。

经济责任审计　对列入包头市委管理范围的35个考核单位、153个独立核算单位1999年度决算利润和包头市冶金机械、轻工纺织、电子电器、化工、建材（集团）五大国有资产经营总公司自身财务收支情况及所属企业进行了审计。为包头市委评价考核经营者提供了依据。

大案要案　在对包头九九集团有限公司截至2000年2月末的资产、负债、损益情况的审计中，查出违规金额3100万元，资产不实金额24031.4万元，负债不实金额6256万元，损益不实金额27044.2万元，累计亏损37238万元，向检察和公安机关移送案件7起7人。在对包头市商业银行系统1999年度资产、负债、损益状况的审计中，共查出违规行为金额3815.6万元，向司法机关移送案件4起7人。

【包头市昆都仑区审计局】现有干部职工15人，设有综合科、行政事业审计科、审理科、经济责任审计科、基本建设审计科，负责对全区13个办事处、1个镇和47个区直部门的审计监督。局长赵俊康、副局长温秀兰。

审计成果　全年共审计61个单位（其中财税审计25个单位，固定资产投资审计20个单位，企业审计1个单位，行政事业审计15个单位），查出违规行为金额1922万元（其中决定处理处罚1649万元，指明要求纠正273万元），上缴财政105万元，入库率100%，促进增收节支462万元，挽回国有资产流失768万元，提交审计工作报告信息39篇，被上级审计机关及昆都仑区委、区政府采用32篇。

【包头市青山区审计局】现有干部、职工10名，设有办公室、行政财税审计股、企业审计股，负责对全区8个办事处和46个区直部门的审计监督。局长刘成兵，副局长狄彩花。

审计成果　全年共审计59个单位，查出违规行为金额1577万元，应上缴财政金额225万元，应追还被侵占挪用资金15万元，核减工程值132万元，共计促进增收节支372万元，挽回国有资产流失91万元，审计工作报告被批转4篇，报送审计信息37篇。

对青山区1999年度预算执行情况进行了审计，查出违规行为金额1134万元。对4个部门4位领导的任期经济责任审计，查出违规行为金额91万元。

【包头市东河区审计局】现有干部、职工13人。设有行政事业审计科、企业审计科、办公室，负责对全区1个乡和48个区直部门的审计监督。局长潘旭，副局长田浪。

审计成果　全年共审计55个单位，查出违纪行为金额5255万元，促进增收节支524万元，挽回国有资产流失2495万元，上缴财政入库率完成60%，审计决定落实率完成91%。政府批转审计报告3篇，报送信息25篇，采用5篇，市级以上报刊发表文章4篇。

【包头市九原区审计局】现有干部、职工10人，设有综合股、工交基建审计股、财金行政事业审计股。党支部书记赵亮文，局长王秀莲，副局长韩继光。

审计成果　全年共审计50个单位，查处违规行为金额4236万元，上交财政673万元，追回被侵占挪用资金44万元，促进增收节支758万元，挽回国有资产流失984万元，审计决定落实率完成100%，提交上报审计报告信息35篇，被上级机关及新闻单位采用35篇（次），审计报告区政府正式批转执行的有4篇。

【包头市石拐区审计局】现有干部、职工9人，设有审计股和综合办公室，负责对全区2个乡和35个区直部门的审计监督。局长王凤莉，副局长韩月祥。

审计成果　全年共审计单位（项目）40个，查出违规行为金额343万元，促进增收节支92万元，上交财政4.3万元，提交审计报告信息33篇，被批转采用8篇。

根据上级统一要求，对石拐区农业综合开发资金和沙源治理资金的使用管理情况进行了专项审计，审计金额141万元，审计单位8个；开展了法、检两院1998－1999年审计决定落实情况的审计调查。

受石拐区区委组织部委托，对石拐区民政局、司法局等6个单位的原任领导进行了任期经济责任审计。

【包头市白云鄂博矿区审计局】现有干部、职工6人，负责对全区2个办事处和33个区直部门的审计监督。局长陈有庆。

审计成果　共审计单位数25个，查出违规金额494万元，促进增收节支172万元。

【固阳县审计局】现有干部、职工17人，设有财政金融审计股、行政事业审计股、企业审计股、基本建设审计股、办公室等部门，负责对全县16个乡镇和35个县直部门的审计监督。局长王凤山，副局长孙安华、王克勤、赵振君，支部书记刘文清。

审计成果　共审计单位60个，查出违规行为金额1704万元，促进增收节支439万元，挽回国有资产流失46万元，应交财政资金18万元。全年提交审计工作报告28篇，被县人民政府批转执行3篇，全年提交审计信息30篇。对7名行政事业单位的主要领导干部进行了任期经济责任审计，查出违规行为金额48.12万元，收缴入库财政资金1.83万元。

【土右旗审计局】现有干部、职工14人，设有办公室、综合审理股、行政事业审计股、财政经济责任审计股和企业审计股，负责对全旗21个乡镇和29个旗直部门的审计监督。局长史耀，副局长崔虎虎。

审计成果　共审计70个单位，查出违规行为金额4539万元，促进增收节支金额913万元（其中上缴财政60万元，归还原渠道资金853万元），挽回国有资产流失1074万元，审计决定落实率100%。审计报告被旗政府批转6篇，编发审计信息56篇，综合采用率达98.2%，其中被中纪委和内蒙古自治区纪委各采用1篇，旗委和旗纪委监察局采用9篇。移送旗检察院查处案件1件，移送土右旗公安局查处案件2件2人，审计建议土右旗纪委监察局和主管部门处理的7件3人，已有1人受到党内警告处分。

【达茂联合旗审计局】现有在职干部14人，设有综合办公室、财政金融（基建）审计股、行政事业审计股、工交商贸审计股。局长武耀，副局长侯玉桃、段玉喜。

审计成果　审计58个单位，查出各类违规行为金额2485万元，促进增收节支618万元，挽回国有资产流失430万元，审计决定落实率为99.5%，应上缴财政入库率为98.84%，提交审计报告10篇，提交审计信息30篇。

【乌海市审计局】2000年，共有在职干部、职工35人，其中大学本科学历6人，大专学历18人，局长兰宇，副局长刘东镐。设有纪检组、商贸企业审计科、基建审计科、工交企业审计科、财金审计科、行政事业审计科、审理科、办公室等部门。

审计成果　2000年，市本级共审计单位（项目）47个，查出违纪违规金额7045万元，上交财政301万元，挽回国有资产流失746万元，促进增收节支1229万元，提交审计工作报告、信息295篇，被批示、采用241篇。

完成上级交办任务　全年完成乌海市委、市政府交办的审计任务15项。其中，对企业审计2项，查出违规金额160万元；对基本建设审计1项，查出违规金额408万元，核减工程结算401万元；对乌海市社保机构财务收支审计以及全市养老保险基金、医疗保险资金审计3项，查出违纪违规金额372万元；对乌海市驻京办和驻呼办财务收支审计2项，查出违规金额45万元；对乌海市城建系统7个单位进行了审计，查出违纪违规金额129万元。

内部审计　乌海市内部审计机构共完成各类审计项目104个，检查纠正违纪违规金额7529万元，促进增收节支53万元，提出审计建议150条，均被采纳。

经济责任审计　对2个行政事业单位及1户企业领导任期经济责任进行了审计，查出违规金额375万元，提交了有分析、有建议的综合报告。

大案要案　查出并移交纪检、司法机关案件7起。其中，乌海市公安系统违规使用票据1起；乌海市社保局用国有资产为个人担保贷款、长期挪用养老金、低价处理固定资产案件3起；乌海市煤管站、内蒙古乌达发电（集团）有限责任公司、乌海市城市建设监察大队涉嫌违纪违法案件各1起。

【乌海市海勃湾区审计局】现有干部职工18人，设有财金审计股、行政事业审计股、工交企业审计股、基建审计股和办公室，负责对全区65个直属部门和单位的审计监督。局长熊化伟，副局长钱旭、王宣林。

审计成果　全年共审计42个单位（项目），查出违规行为金额779万元，决定上缴财政10万元，审计建议被采纳129条。其中，本级预算执行审计共查出违规行为金额229万元，上缴财政5万元；经济责任审计共查出违规行为金额61万元，挽回国有资产流失61万元。

【乌海市乌达区审计局】现有干部职工10人，负责对全区9个乡镇、街道办事处和75个行政事业单位的审计监督。局长张立新，副局长于宝忠。

审计成果　完成审计单位数25个，审计总金额7562万元，查出违规行为金额194万元，已上交财政16万元，挽回国有资产流失金额16万元。

【乌海市海南区审计局】现有干部职工18人，设有财金审计股、企业审计股、基建审计股、行政事业审计股、审理股、综合股，负责对全区5个乡镇和70个区直部门的审计监督。局长周玉虎，副局长崔秀丽、郝晓会。

审计成果　全年共完成审计项目55项，查出违规金额311万元，促进增收节支123万元，挽回国有资产流失48万元，上交财政13万元，核减固定资产投资41万元，提交审计工作报告及信息79篇，被党政机关和上级审计机关采用89篇次。

重点工作　对全区9个企业的财务收支进行了审计，查出违规金额48万元。对11项基本建设项目、改扩建项目进行了竣工决算审计，核减投资金额41万元。对区政府交办区、乡两级预算执行单位和企业的财政专项资金以及巴音陶亥乡16个行政村财务状况进行了审计调查。

【赤峰市审计局】2000年，共有在职干部、职工52人，其中大学本科学历26人，大专学历20人，局长崔铎，副局长安志勤、高凤岭、赵中建、韩伯承，纪检组长包玉山。设有办公室、人事教育科、监察室、审计业务审理科、审计业务综合科、审计体系管理科、财政税收审计科、金融外资审计科、行政事业审计科、农牧业专项资金审计科、固定资产投资审计科、工业交通企业审计科、商贸企业审计科。

审计成果　全市共审计840个单位，查处违规金额29834万元，上缴财政3436万元。移送司法机关案件22起，审计报告及信息被批转采用589篇。市局本身财政审计完成24个单位，其中财政预算执行情况审计完成12个单位。赤峰市人大常委会通过了《关于加大审计执法力度维护财经秩序的决议》，要求赤峰市政府对审计查出的问题责成有关部门依法严肃处理。

专项审计　金融外资审计，对6个国际金融组织贷款项目资金到位及使用情况进行了审计；开展了四期农业综合开发资金、扶贫资金、京津周边沙源治理项目资金的审计，扶贫资金审计报告被赤峰市委批示，四期农业开发资金审计报告被赤峰市人民政府全文批转执行；固定资产投资审计，主要是对社会关注的基础设施项目的竣工决算审计；行政事业审计，重点对工商行政管理局行业及义教专项资金项目进行了审计，对法检两院审计决定落实情况及基本养老保险扩大覆盖面和养老保险基金收支预测情况进行了审计调查，查出挤占专项资金、“小金库”、乱收费、违规提成等问题；对2户重点工业企业、粮食外贸等企业开展了审计，查出了企业管理粗放、资产不实、费用开支随意性大等问题。

全年协助有关部门完成党政领导交办事项13项，查出“小金库”66.5万元，涉案2人受到处分。

【赤峰市红山区审计局】现有干部职工16人，设有行政事业审计股、财税金融审计股、企业审计股、基建审计股、综合审理股和办公室，负责对全区3个乡镇和50个区直部门的审计监督。局长徐林，副局长崔树林、杨书云。

审计成果　审计单位52个，完成赤峰市审计局（以下简称市局）下达目标任务44个的118%；查出违规行为金额2282万元，促进增收节支516万元，其中应上缴财政73万元、应追还被侵占挪用资金144万元、核减固定资产投资299万元，挽回国有资产流失265万元，提交审计工作报告16篇，被赤峰市红山区政府批示批转5篇，编发审计信息30篇，被上级采纳31篇（次）。

【赤峰市元宝山区审计局】现有在职职工27人，设有办公室、财政金融审计股、行政事业审计股、企业审计股、基本建设审计股和农村经济审计处6个股室，负责全区10个乡镇、3个街道办事处和73个区直部门的审计监督。局长岳兴江，副局长田忠、艾俊峰。1993年7月元宝山区审计局成立农村经济审计处，至2000年末，有干部职工10人，担负着全区10个乡镇的农村集体经济审计任务。

审计成果　共完成审计单位（项目）53个，查出违法违规资金3267万元，促进增收节支857万元，其中上缴财政资金333万元，追还被挤占挪用专项资金147万元，挽回国有资产流失527万元，核减工程结算造价377万元，移送司法机关案件2起。上报审计报告、审计信息64篇，被党委、政府和上级审计机关采用54篇次。

【赤峰市松山区审计局】现有干部职工32人，设有财税金融审计股、企业审计股、经济责任审计股、投资基建审计股、行政事业审计股和综合股，负责全区33个乡镇和51个区直部门的审计监督。局长孙立，副局长李彩英、于宝珠、吕长青。

审计成果　完成审计单位89个，查出违规金额4555万元，促进增收节支279万元，其中上缴财政103万元，追回被侵占挪用资金113万元，核减工程预决算金额63万元，挽回国有资产损失295万元。撰写审计信息25篇。

完成上级审计机关下达的审计任务11项，审计单位67个，审计调查3项，查出违规资金1974万元，审计决定上缴财政97万元。2000年2月成立了经济责任审计股，全年对21个单位、部门及乡镇主要负责人进行了任期经济责任审计，查出违规资金1106万元，上缴财政19万元。

【宁城县审计局】现有职工24人，设有综合股、企业审计股、经济责任审计股、财金审计股、农村经济审计局，负责对全县28个乡镇和95个县直部门的审计监督。局长江起，副局长高亚光、姚海民。

审计成果　完成审计单位项目66个，查出违规行为金额1528万元，促进增收节支603万元，其中上缴财政201万元，追回被侵占挪用资金109万元，挽回国有资产流失65万元，审计决定落实率和应上缴财政入库率均达到100%。向司法机关移送经济案件14起，提交审计工作报告及审计信息70篇，审计报告被政府批转10篇，审计信息被党政部门采用59篇。

工作经验　当年制定了“审计项目质量管理办法”，报经县人民政府批准实施。内容主要包括：一是为降低审计风险，提高审计质量，实行从局长、分管局长、业务股长、审计组长到审计组成员的五级负责制。二是实行审计人员优化组合、竞争选项制度，根据个人业务专长，通过陈述所竞选项目要达到的效果及具体实施措施，打破股室界限，经全体审计人员认可后，确定该项目审计组长，并由审计组长选聘审计组成员。三是建立了审计项目质量检查考评小组，制定了具体考评细则，实行百分制考核。四是实行集体定案制度。五是建立起激励防范风险机制。根据年终项目质量考评结果，分别计算奖惩。

【林西县审计局】现有干部职工23人，设有财税审计股、行政事业审计股、金融专项审计股、基建审计股、企业审计股、审理股和办公室，负责对全县20个乡镇和76个县直部门的审计监督。局长李凤清，副局长姚向军、律松坡。

审计成果　全年共审计54个单位（项目），查处违规行为资金1407万元，促进增收节支213万元，挽回国有资产流失43万元，审计决定落实率100%，应上缴财政40万元全部入库，审计报告、信息被县以上上级机关批示批转、采用21篇次。在金融审计中查处五十家子信用社职工李某兄弟二人利用职务之便，私填储蓄存单将他人钱财据为己有的案件已移交司法机关处理。

【喀喇沁旗审计局】现有干部职工18人，设有综合股、行政事业审计股、财政金融审计股、企业审计股和专项资金审计股，负责对全旗21个乡镇和69个旗直部门的审计监督。局长于天然，副局长黄凤鸣（兼书记）、伊长青。

审计成果　全年共审计项目单位56个，查出违纪金额1141万元，促进增收节支359万元，挽回国有资产流失283万元，上缴财政64万元，向司法机关移送案件4起，审计工作报告信息被批示采用34篇。

【巴林左旗审计局】现有干部职工16人，设有财政金融审计股、行政事业审计股、企业基建审计股和综合办公室，负责对全旗23个苏木乡镇和83个旗直部门的审计监督。局长邵立军，党支部书记程垓里，副局长刘鸿芳。

审计成果　全年共审计54个单位，完成5项审计调查和1项社会审计组织执业质量检查。共查出违规行为金额2528万元，收缴财政388万元，追还被侵占挪用资金1274万元，挽回国有资产流失91万元，促进增收节支1671万元。经审计移送司法机关案件1起，移交旗纪检监察机关建议给予行政处分4人。全年共提交审计报告和审计信息54篇。其中，审计报告被旗人大、旗政府领导批示执行4篇，有55条审计建议被有关部门、单位采纳；审计信息被上级审计机关和旗委、政府采用21篇。

【敖汉旗审计局】 现有干部职工26人，设有秘书股、审理股、工交审计股、商贸审计股、财政金融基建审计股和行政事业审计股，负责全旗30个乡镇苏木和40个旗直部门的审计监督。局长尹文清，支部书记曹国政，副局长皮振华、杨春波、陈向民。

审计成果 全年共审计107个单位，查出违规行为金额2438万元，对72个单位实施了审计处理处罚。应上缴财政61万元，实际入库59万元，入库率为97%。经审计，追回被挤占挪用的各类专项资金51万元，挽回国有资产流失57万元。向旗政府和赤峰市审计局提交审计工作报告20篇，其中的2篇被旗政府批转执行。编发审计信息24期，被旗委政府和上级审计机关采用25篇（次）。

【阿鲁科尔沁旗审计局】 现有干部职工17人，设有财政金融审计股、行政事业审计股、企业审计股、基本建设审计股和人秘股，负责对全旗27个苏木乡镇和72个旗直部门的审计监督。局长全波勒，副局长阿拉坦巴根、张继善、郝玉斌。

审计成果 完成58个审计单位和项目，同时完成3项审计调查项目。共查出违规资金973万元，促进增收节支888万元，其中上缴财政金额790万元，挽回国有资产流失31万元，审计报告被批转、批示4篇，提交审计信息35篇，被采用27篇（次）。

【翁牛特旗审计局】 现有干部职工17人，设有综合股、财金审计股、行政事业审计股、企业审计股和基本建设审计股，负责对全旗31个苏木乡镇和75个旗直部门的审计监督。局长郭云河，副局长朱江、桑跃武、李瑛，机关支部副书记高秀萍。

审计成果 共审计70个单位，查出违规行为金额1240万元，应上缴财政165万元，促进增收节支261万元，挽回国有资产流失168万元，审计决定落实率99%，上报审计报告38篇，被旗政府领导批示9篇，编发审计信息38篇，被上级审计机关、党政部门采用26篇，采用率68%。

【克什克腾旗审计局】 现有干部职工15人，设有综合股、审计业务股，负责对全旗28个苏木乡镇和81个旗直部门、机关、企事业单位的审计监督。局长李竹春，支部书记兼副局长朱凤兰，副局长范均。

审计成果 全年共审计项目单位52个，查出违纪金额1432万元，促进增收节支408万元，挽回国有资产流失275万元，上缴财政31万元，审计工作报告信息被批示采用12篇。

【巴林右旗审计局】 现有干部职工14人，设有综合股、人秘股、行政事业审计股、商贸企业审计股、工交企业审计股、财政金融审计股，负责对全旗8个乡镇和20个旗直部门的审计监督。局长张智，副局长王志忠、张起。

审计成果 共审计50个单位，审计查出违纪金额994万元，应缴国库金额27万元已全部收缴。促进增收节支227万元，挽回国有资产流失39万元。审计提交综合报告、信息66篇。其中被上级领导部门批示、采用12篇次。完成旗委、政府交办的18个单位的领导干部任期经济责任审计，并作为向旗政府承诺的重点推进项目。

【通辽市审计局】 2000年，共有在职干部、职工45人，其中大学本科学历12人，大专学历19人，局长杨凤春，副局长霍为民、万英余、张景云。设有办公室、财政税务审计科、金融外资审计科、行政事业审计科、农牧林水审计科、商贸企业审计科、工交企业审计科、固定资产投资审计科、综合科、审计管理科和机关事务服务中心等11个科室。

审计成果 市本级共完成审计单位（项目）198个，查出各类违规资金6846万元，促进增收节支2845万元，挽回国有资产流失624万元，审计工作报告、信息被采纳34篇，审计决定落实率、应缴财政入库率达到100%，均超额完成了上级审计机关下达的各项工作任务和考核指标。

完成上级交办任务 共完成市委、政府交办的各类审计事项12项，涉及重点部门、重点资金、重点项目审计等内容。审计成果引起了自治区和市委、市政府主要领导的重视，给予了充分肯定。

内部审计 建立内审机构264个，有内审人员639人，全年审计单位953个，查出损失浪费1280万元，促进增收节支1004万元，已纠正违规行为金额9364万元。

经济责任审计 全市共实施了16位县级、124位科级领导干部任期经济责任审计。市局在全区率先开展了县处级领导干部经济责任审计。市委组织部将经济责任审计列为考察任用干部的必经程序之一，审计、任用已成体系。

大案要案 全年共移送案件14件16人，其中移送司法机关9件10人，移送纪检监察部门5件6人。其中对通辽粮库资产、负债、损益审计中发现，该粮库主任、出纳2人涉嫌挪用粮油收购资金70万元，已建议检察院依法追究刑事责任。

【通辽市科尔沁区审计局】现有干部职工25人，设有工交企业审计科、商贸企业审计科、行政事业审计科、财政金融审计科、固定资产投资审计科、办公室。负责对全区19个乡镇（苏木）、10个街道办事处、22个直属部门的审计监督。局长于文涛，副局长陈东玉、高少臣、刘志娟。

审计成果　全年共完成各类审计项目（单位）110个，查出各类违纪行为金额1148万元，挽回国有资产流失96万元，促进增收节支368万元，上缴财政26万元，向上级审计机关和地方政府提交综合审计报告64份，为领导宏观决策提供了参考资料。

【霍林郭勒市审计局】现有干部职工14人，设有行政事业审计科、固定资产投资审计科、财税审计科、企业审计科、办公室、综合科和机关事务服务中心，负责对全市2个苏木（镇）和所有市直部门的审计监督。局长徐辉，副局长白宝成、闫国贺。

审计成果　2000年，霍林郭勒市审计局共完成审计项目37个，完成计划的148%；查出违规行为资金334万元，挽回国有资产流失52万元，促进增收节支161万元，提交审计工作报告、论文、信息78篇。审计论文、信息采纳率75%，审计报告被批转1篇。

【开鲁县审计局】现有干部职工16人，设有办公室、行政事业审计股、财政金融审计股、固定资产投资审计股和企业审计股五个股室。负责对全旗25个乡镇苏木和48个县直部门的审计监督。局长候瑞林，副局长李贵森、栾臣。

审计成果　全年审计单位38个，查出各类违规资金363万元，上缴财政82万元，促进增收节支118万元，挽回国有资产流失63万元，提交审计工作报告和信息被采用31篇。审计查出并移送纪检监察部门和司法机关立案处理的有，侵占集体资产案件2起，个人挪用公款案件1起，工作失职案件1起，重大违纪案件1起，涉嫌违法违纪金额97万元。同时还接受县委组织部委托，完成经济责任审计单位18个，审计经济责任人18人，查出违规资金327万元，处理处罚上缴县财政87万元，挽回国有集体资产流失32万元。较好地完成了“收支两条线”检查、核实粮食超储库存补贴、国储库工程管理、乡镇机构撤并审计、联合办案等各方面工作任务。

【科左中旗审计局】现有干部职工17人，设有办公室、行政事业审计股、企业审计股和财政金融审计股，负责对全旗26个乡镇和81个旗直部门的审计监督。局长付黑虎，副局长李春峰、敖铁龙。

审计成果　2000年，共审计单位项目56个，完成计划的156%；查出违规行为金额894万元，促进增收节支85万元，挽回国有资产流失36万元，上缴财政35万元，审计决定落实率和应缴财政入库率均为100%，提交审计报告、信息50篇，被采用12篇，同时，审计查出并向纪检监察机关和司法机关移送案件5起6人，其中移送检察院2起2人，在移送处理的人员中正副科级领导干部各1人。

【科左后旗审计局】现有干部职工20人，设有政秘股、财税金融审计股、农业资金审计股、行政事业审计股、企业审计股、基建审计股，负责对全旗23个乡镇苏木和44个旗直部门的审计监督。局长吴宝山，书记王玉宝，副局长谢殿军、包国勇、王喜英。

审计成果　2000年完成审计单位数60个，查出各类违规行为金额1059万元，审计决定上缴财政187万元，促进增收节支429万元，挽回国有资产流失619万元，提交的审计工作报告信息被批示采用13篇，审计决定落实率、应缴财政入库率达到100%。均超额完成了上级审计机关下达的各项工作任务和考核指标。

按照地方政府安排对20名乡级领导进行了经济责任审计，并配合有关部门对7个重点单位进行了财务剖析、检查。

【库伦旗审计局】现有干部职工10人，设有政秘股、财税审计股、企业审计股、金融外资审计股、行政事业基本建设审计股，负责对10个苏木乡镇和94个旗直部门的审计监督。局长董友，副局长曹凯、齐显智、王学坚。

审计成果　2000年，审计工作出现6个方面的新突破：一是财政“同级审”有了新突破，力度大、延伸单位多、效果好；二是乡级决算审计有了新突破，审计面达100%，同时总结了乡级财政实行“零户统管”后提高了财政资金使用效益的经验；三是审计质量有新突破，制定并实施《审计执法过错责任追究制度》，做到定性准确、处理恰当，严格按审计程序办事，收到了明显效果；四是上级审计机关、新闻单位采用的审计信息、新闻稿件有了新突破，创建局以来最好水平；五是抓党建促进精神文明建设方面有了新突破，开展了创优良作风，树良好形象的“五比、五看”活动，外树形象，内强素质，收到了很好效果，被旗委、政府评为“实绩突出领导班子”；六是各项考核目标完成有了新突破，提前100天完成考核目标，审计单位完成61个，查出违规资金654万元，促进增收节支454万元，挽回经济损失105万元，上缴财政176万元，审计报告信息被批示采用182篇。

【奈曼旗审计局】 现有干部职工17人，设有办公室、经济责任审计股、行政事业审计股、固定资产投资审计股、工商企业审计股5个股室，负责对全旗21个乡镇苏木和60个旗直部门的审计监督。局长张亚军，副局长高国焱。

审计成果　全年共完成审计项目（单位）73个，查出违规行为资金1278万元，促进增收节支340万元，挽回国有资产流失257万元，上缴财政资金71万元，应上缴财政资金入库率达100%，查出大要案1件并移送司法机关。全年共提交审计工作报告29篇，被地方党政部门批转4篇，撰写编发审计信息20篇，被上级审计机关、地方党政部门及新闻部门等采用38篇次。

【扎鲁特旗审计局】 现有干部职工22人，设有财政金融审计股、行政事业审计股、企业审计股、固定资产投资审计股、政秘股，负责对全旗19个苏木乡镇和34个旗直部门的审计监督。局长李国忠，副局长陈七十三、巴图、王振生、杨树清。

审计成果　2000年，审计单位66个，查出违规行为金额1056万元，其中决定处理处罚181万元，指明要求纠正875万元。促进增收节支574万元，挽回国有资产流失25万元，向司法机关移送案件2起。建议给予行政处分2人。审计工作报告、信息被批示、采用25篇，其中地方党政领导批示6篇，上级审计机关采用12篇，新闻单位采用7篇。

【乌兰察布盟审计局】 2000年，共有在职干部、职工51人，其中具有大学本科学历1人，大专学历30人。局长韩有义，副局长李建英、雷忠宝、张林。设有人秘科、综合科、审理科、财政金融审计科、行政文教审计科、固定资产投资审计科、企业审计科、农牧审计科及机关服务中心。

审计成果　盟本级全年共审计单位836个，查出违规行为金额9991万元，促进增收节支3710万元，挽回国有资产流失588万元，上缴财政898万元，移送经济违法案件3起，审计报告及信息被批转采用237篇。

完成上级交办任务　按上级审计机关的要求，先后对工商管理部门行政收费及财务收支、扶贫资金、养老保险基金、外资运用资金、扶持农村集体经济资金、畜牧专项经费进行了审计；对沙源治理工程、农业综合开发资金、农电网改造资金进行了跟踪审计；对列入全区的3户重点国有企业资产、负债、损益情况进行了全面审计。接受盟委、行署指派，对3个部门、企业开展了专项审计。通过审计，有效地规范了经济行为，维护了财经法纪的严肃性。

经济责任审计　按照“两个暂行规定”，全盟建立了经济责任审计联系会议制度，增强工作协调性，并不断加强对此项工作的研究与探索。全年共完成16项经济责任审计，并根据机构改革的需要，加大对撤并单位的审计监督力度，既为党委、政府决策和组织、人事部门考核、任用干部提供依据，同时也有效地保障了国有资产的安全、完整。

大案要案　在扶贫资金审计中，发现违规发放扶贫贴息贷款金额75万元，涉案人员3名，并移送检察机关立案侦查。

【集宁市审计局】 现有干部职工19人，设有财政金融行政事业审计股、企业审计股、固定资产投资审计股、审理股和综合办公室，负责对全市一个乡政府和42个市直属部门的审计监督。副局长魏瑞平、杨文斌。

审计成果　完成审计项目单位50个，查出违规金额580万元，促进增收节支653万元，挽回国有资产流失137万元，审计决定落实率90%以上，撰写审计信息被采用23篇（其中省级刊物5篇，地级刊物11篇，县级刊物7篇）。

【丰镇市审计局】 现有干部职工28人，设有人秘科、综合科、审理科、企业审计科、行政事业审计科、基建审计科、财金审计科、经济责任审计科、机关服务中心共9个科。负责对全市24个乡、镇、办事处和62个市直部门的审计监督。局长潘茂增，副局长张瑾、杨秀英。

审计成果　2000年全局共审计单位数62个，查出违规行为金额1775万元，促进增收节支182万元，挽回国有资产流失52万元，追还被侵占挪用资金53万元，核减工程决算金额6万元，撰写各类审计工作信息38篇，其中被审计署采用1篇，自治区政府采用1篇。

【兴和县审计局】 现有干部职工18人，设有办公室、财政金融审计股、行政事业审计股和企业审计股，负责全县21个乡、镇和52个县直部门的审计监督。局长常城，副局长董洪亮、聂卫东。

审计成果　2000年，共审计单位62个，查处违规金额841万元，促进增收节支203万元，挽回国有资产流失50万元，上缴财政62万元，向检察院移送案件一起。审计综合报告被政府批转1篇，撰写审计信息24篇，被批转采用21篇（其中国家级报刊1篇，自治区级报刊及有关信息3篇，地方新闻媒介等17

篇）。

【卓资县审计局】现有干部职工13人，设有人秘股、财政金融审计股、行政事业审计股和法制审理股，负责全县18个乡镇和45个县直部门的审计监督。局长王新民，书记李林叶，副局长杨明贵、庞学敏。

审计成果　审计单位44个，查出违规行为金额740万元，上缴财政14万元，归还原渠道资金116万元，促进增收节支132万元，挽回国有资产流失58万元，提交信息24篇，被采用8篇。

【商都县审计局】现有干部职工12人，设有办公室、行政事业审计股、财经审计股、企业基建审计股、审理股，负责对全县22个乡镇和58个县直部门的审计监督。局长渠进礼，副局长张兴明、王继永、李岚。

审计成果　2000年共审计单位45个，查出违规金额698万元，促进增收节支133万元，挽回国有资产流失88.8万元，审计决定落实率100%。全年撰写各类审计工作报告22篇，撰写各类信息、情况反映16篇，县有关部门、各级报刊、盟局采用8篇（次）。

【凉城县审计局】现有干部职工19人，设有办公室、财金审计股、企业审计股和基本建设审计股，负责对全县20个乡镇和33个县直部门的审计监督。局长赵书魁，副局长邓峰、杜丽芳。

审计成果　全年共审计单位（项目）88个，查出违规金额653.36万元，促进增收节支495万元，挽回国有资产流失38.08万元，上缴财政147.8万元，审计决定落实率为90.34%。审计工作报告被县政府批转1篇，审计信息被上级审计机关采用8篇。

重点审计　通过乡财政决算审计，对部分乡镇存在的垫税、未纳入预算的国有收益以及固定资产核算不合理的现象提出了整改建议，并被采纳；通过对专项资金的审计监督，保证了专项资金的合理有效使用。全年对已完工的16个固定资产投资项目进行了竣工决算审计，核减固定资产投资金额209.38万元，受到建设单位的好评。

【化德县审计局】现有干部职工20人，设有办公室、财金审计股、企业审计股、基建审计股、经济责任审计股5个股室。负责对全县13个乡镇和23个县直部门的审计监督。局长候耀新，副局长王瑞元、曹达希。

审计成果　审计单位49个，查出违规行为金额673元，促进增收节支101万元，挽回国有资产流失74万元，上交财政48万元，审计报告信息被采用21篇。

【察右前旗审计局】现有干部职工29人，设人秘科、综合监察科、行政事业审计科、企业审计科、基本建设投资审计科、财政金融审计科。负责对全旗23个乡镇和37个旗直部门的审计监督。局长张永亮，副局长刘向东、宋成、何文斌。

审计成果　审计单位58个，查出违规行为金额853万元，其中处理处罚593万元，核减工程决算支出85万元，指明要求纠正709万元。促进增收节支253万元，其中应交财政98万元，追还被侵占挪用专项资金70万元。挽回国有资产流失62.2万元。

【察右中旗审计局】现有干部职工13人，设有人秘股、财金审计股、企业审计股、农资基建审计股，负责对全旗26个乡镇和160多个旗直部门、企业单位的审计监督。局长胡和，副局长张孝、刘忠。

审计成果　2000年度审计单位88个，占年度计划183.3%；查出违规行为金额1185.6万元，促进增收节支882.6万元，挽回国有资产流失69.3万元，上交财政115.7万元，审计决定落实率100%，审计报告、信息被采用16篇。

【察右后旗审计局】现有干部25人，设有企业审计股、财金基建审计股、行政事业审计股、经济责任审计股、审理办和综合办公室，负责对全旗20个乡镇和34个旗直部门的审计监督。局长杨福军，副局长韩启文、刘功、刘焕成、李茹芳。

审计成果　全年共审计51个单位，查出违规行为金额847万元，挽回国有资产流失38万元，审计决定应上交财政金额89万元已上缴，促进增收节支241.83万元，提交审计工作报告11篇，编发信息27篇，被各级党政机关、新闻单位采用42篇次。

【四子王旗审计局】现有干部职工15人，设有办公室、财金基建审计股、行政事业审计股，负责对全旗26个苏木（乡镇）和28个旗直部门的审计监督。局长张仁旺，副局长苑金礼、赛吉日呼。

审计成果　完成审计单位49个，查出违规行为金额459万元，促进增收节支128万元，挽回经济损失36万元，上交财政73万元。其中完成上级下达任务5项，审计单位40个，查出违规行为金额392万元，上缴财政68万元，完成旗委、政府交办审计事项3项，涉及领导干部离任、专项资金管理审计调查等内容。

【锡林郭勒盟审计局】2000年，盟局共有在职干部、职工37人，其中大学本科学历9人，大专、中专学历17人，局长周凤臻，副局长李少锋、钱文会，纪检组长徐进昌。

设有办公室、综合科、企业审计科、农牧审计科、财税审计科、金融外资审计科、基建审计科、行政事业审计科。

审计成果　审计单位（项目）567个，完成计划的131%；查出违规金额9877万元，促进增收节支2932万元，挽回国有资产流失577万元，审计工作报告被批转28篇，审计决定落实率为94%，应上缴财政入库率为91%，向司法机关移送案件1起。

完成上级交办任务　先后完成了盟委、行署和区厅交办的各项审计事项。对正镶兰旗计划局1992－1997年管理的以工代赈资金进行了审计，审计资金总额757万元，查出违规资金659万元。对盟直公检法司1998年以来财务收支情况进行了全面审计，为盟委行署领导决策提供了依据。完成了对锡盟石油分公司1999至2000年9月末财务收支的审计，查出漏税、油库建设成本、购置固定资产挤列经营费用等违规资金16万元。此外，参与锡盟驻张家口畜产站、副食站等企业破产清算。与盟监察局、财政、工商等部门对全盟预算外资金“收支两条线”和全盟抗灾饲草料价格进行了检查。

经济责任审计　先后对锡林郭勒盟歌舞团、稠油化工厂、粮油总公司主要领导人进行了经济责任审计，查清了存在的问题，客观评价了任期经济责任，为党委、政府及组织、人事部门使用干部提供了可靠依据。

【锡林浩特市审计局】现有干部职工17人，设有行政事业审计股、农牧基建审计股、金融财税审计股，负责对全市197个乡镇苏木及市直部门的审计监督。党支部书记马清江，局长蔡和平，副局长康树彬。

审计成果　全年审计单位30个，完成年度工作计划的100%，查出违规行为金额300万元，促进增收节支85万元，审计报告被市人大和政府采用2篇，审计决定落实率为90%。

【二连浩特市审计局】有干部职工12名，其中大专以上学历8人，局内未分设股室，但有具体分工协作，负责对全市35个旗直部门的审计监督。局长王金星，副局长刘世生。

审计成果　完成审计单位22个，其中对市防疫站及三个区1999年度财务收支情况进行了审计，对市广播电视局、医院等5个单位主要领导进行了经济责任审计。共查出违规资金1017万元，促进增收节支68万元，挽回国有资产流失12万元，提交审计工作报告、信息30篇。

【阿巴嘎旗审计局】现有干部职工12人，设有5个股（室），即财经审计股、基建审计股、行政事业审计股、企业审计股和办公室。负责对全旗（县）13个苏木（乡）和23个旗直部门的审计监督。局长董树平，副局长斯日古楞、孙晓梦。

审计成果　完成审计项目（单位）31个，查出违规金额230万元，促进增收节支75万元，挽回国有资产流失66万元，审计报告被采纳篇数1篇，信息完成24篇，上缴财政2万元，审计决定落实率90%。全年主要开展12个方面的审计：预算执行审计、工商审计、养老保险扩面审计、企业财务收支审计、国际金融援贷款项目审计、经济责任审计、土地矿产审计、财政决算审计、农业综合开发审计、竣工决算审计、农村信用社审计、治沙资金审计。

【东乌旗审计局】现有干部职工7人，设有办公室、行政事业审计股、财政金融审计股、工商企业审计股、基本建设审计股，负责对全旗15个苏木乡镇和105个旗直部门的审计监督。局长乌恩格日勒，副局长牛卫东。

审计成果　共完成审计项目（单位）39个，完成年度目标任务的118%。审计查出违规行为金额640万元，促进增收节支116万元，挽回国有资产流失112万元，应上缴财政入库率88%，审计决定落实率100%，全年提交审计工作报告、信息39篇，其中被旗委、政府、上级审计机关批示采用6篇，完成审计调研报告一篇。

【苏尼特左旗审计局】现有在职职工10人，设有行政事业审计股、企业审计股、综合股、办公室，负责对全旗14个苏木乡镇和81个旗直部门的审计监督。局长王常春，副局长乌仁图雅。

审计成果　共完成审计单位项目32个（项），完成审计调查1项（3个单位），完成计划任务的107%。共查出违规金额259万元，促进增收节支35万元，挽回国有资产流失12万元，应上缴旗财政金额5万元，入库率100%。提交审计信息24篇，被旗党委、政府各采用一篇；提交审计综合报告19篇，被旗党委、政府各采用一篇。

【苏尼特右旗审计局】现有干部职工21人，设有审理股、财政金融审计股、基本建设审计股、企业审计股、行政事业审计股、综合办公室，负责对全旗17个苏木（乡镇）和47个旗直部门的审计监督。局长王新民，副局长张龙生、李生玉、韩特木勒。

审计成果　全年共审计单位40个，查出违规金额303万元，促进增收节支86万元，上缴财政44万元，挽回国有资产流失31万元。全年主要开展了本级财政预算执行审计，扶贫资金、义教资金、沙源治理等专项资金审计，对全旗9个农村信用社审计，行政事业方面对工商行政收费和土地矿产部门的财务收支进行了审计。

【太仆寺旗审计局】现有职工28人，设有办公室、财金审计股、企业审计股、行政事业审计股，负责对全旗18个乡（苏木）镇和旗直各部门的审计监督。党支部书记贺书田，局长杨德树，副局长苗淑春，纪检书记郭和。

审计成果　全年共审计单位59个，查出违规金额309万元，促进增收节支82万元，挽回国有资产流失26万元，审计工作报告被采用2篇，审计信息简报完成35篇，被采用8篇，应上交财政10万元已入库，审计决定落实率95%。

【正镶白旗审计局】现有干部职工9人，设有行政事业审计股、财税金融审计股、企业审计股和办公室，负责对全旗13个苏木乡镇和63个旗直部门的审计监督。局长方群志，副局长王元平、道尔吉。

审计成果　全年共审计42个单位，查出违规行为资金300万元，促进增收节支43万元，挽回国有资产流失17万元，应上缴财政2万元，审计决定落实率达90%。在对旗土地局审计中撰写的审计报告被旗委书记批示，针对旗建筑市场混乱、疏于管理的局面，制定了《关于加强正镶白旗基本建设项目审计的意见》经旗政府批转。

【正镶蓝旗审计局】现有干部职工10名，其中少数民族（蒙古族）干部8名。设有办公室、企业审计股、行政事业审计股、财金基建审计股，负责对全旗11个乡镇苏木和112个旗直部门的审计监督。局长白乙拉图，副局长巴图、郜治宏。

审计成果　全年共完成审计单位53个，其中主要包括财政审计、金融审计、行政事业审计、农业专项审计、社会保障审计、固定资产投资审计、外资运用审计、经济责任审计、沙源治理审计、义教工程审计、扶贫资金审计。查出违规金额282万元，促进增收节支42万元，审计工作报告被旗政府批转1篇，审计决定落实率100%，应上缴财政入库率100%，完成审计信息26篇。

【镶黄旗审计局】共有在职职工9人，设有行政事业审计股、企业基建审计股、财金审计股、综合股，负责全旗9个苏木、1个镇和旗直各部门的审计监督。

审计成果　财政预算执行审计，查出地税局占压、延解税款18.3万元；金融审计，对3个农村信用社进行了审计，摸清了信贷资产质量状况，向司法机关移送案件线索两起；对旗宾馆装饰工程决算进行了审计，核减工程造价9万元。

【乌拉盖开发区审计局】现有干部职工3人，未分设科室，各审计业务项目统一组织实施。负责对开发区3个国有农牧场、1个镇和66个开发区直属部门的审计监督。局长高天鹏。

审计成果　共审计了18个单位，查出违规行为金额76万元，促进增收节支20万元，挽回国有资产流失48万元，上缴财政0.9万元，审计决定落实率为99.5%，应缴财政入库率90%。

【呼伦贝尔盟审计局】2000年，盟局共有在职干部、职工50人，其中大学本科学历8人，大专学历35人，局长于桂芝，副局长胡长珍、曲东红。设有办公室、综合科、财政税务审计科、金融外资审计科、固定资产投资审计科、农业审计科、行政事业审计科、工交审计科、商贸审计科、机关后勤服务部等部门。

审计成果　盟本级全年审计单位53个，查出违规行为金额5707万元，促进增收节支1653万元（其中上缴财政906万元，归还原资金渠道1246万元，核减工程投资501万元），挽回国有资产流失147万元，提交审计工作报告及信息84篇，审计报告被盟行署批转7篇，审计信息被地方党委、政府、上级审计机关、新闻机构等采用101篇次，审计决定落实率99%，罚没款入库率100%。

经济责任审计　全年共开展经济责任审计项目7个，完成4个，查出违规金额650万元。对往来账清理不及时、拖欠职工工资等问题进行了全面反映，分清了离任领导的经济责任，为有关部门评价和考察干部提供了依据，同时平息了数起群众上访事件。为交流和完善经济责任审计工作，还与呼盟组织部联合召开了经济责任审计研讨会议，起草了经济责任审计实施办法。

内部审计　盟直内审机构68个，内审人员163人，全年审计单位571个，查出损失浪费金额108万元，促进增收节支72万元，提出意见、建议被采纳238条，纠正违纪违规金额2520万元。

【海拉尔市审计局】现有干部职工26人，设有行政综合办公室、财金审计办公室、工交企业审计办公室、商贸企业审计办公室、行政事业审计办公室和固定资产投资审计办公室，负责对全市4个乡镇苏木和31个市直部门的审计监督。局长李文祥，副局长刘凤先、崔景义。

审计成果　2000年共审计单位（项目）53个，完成年度计划的101.9%；查出违规行为金额2570万元，促进增收节支352万元，上缴财政资金215万元，审计工作报告被采用1篇。

【满洲里市审计局】现有干部职工20人，其中少数民族干部2人，负责对全市227个市直部门的审计监督。局长徐忆滨，副局长生玉威、孙菊秋。

审计成果　全年共完成审计单位58个，查出违规行为金额876万元，促进增收节支222万元，挽回国有资产流失118万元，上缴财政92万元，审计报告信息被批示采用14篇。其中，完成市委、市政府交办的审计任务17项，均为行政事业单位主要负责人的离任经济责任审计；完成上级审计机关下达的审计任务8项，审计单位29个，查处违规行为金额546万元，决定上缴财政81万元；本级对24个单位开展的审计及审计调查，查出违规行为金额330万元。

【牙克石市审计局】现有干部职工26人，设有行政办公室、综合审计办公室、财税行政事业审计办公室、工交审计办公室、金融审计办公室、固定资产投资审计办公室、商贸审计办公室。负责对全市62个行政部门、256个事业单位、21个国企的审计监督。局长刘百水，副局长李子生、刘春林、杨日红。

审计成果　审计单位70个，查出违规金额1073万元，促进增收节支323万元，挽回国有企业资产流失42万元，审计决定落实率92%，审计工作报告被采用2篇，全年编发审计工作信息34篇，被上级审计机关采用9篇，被新闻单位采用12篇。

【扎兰屯市审计局】现有干部职工21人，设有综合股、行政事业审计股、财税金融审计股、基建审计股、经济责任审计股、商贸审计股和工交审计股，负责对全市16个乡镇和24市直部门的审计监督。局长吕廷信，副局长丛长新、李淑艳。

审计成果　2000年共完成审计单位数75个，查出违规金额1493万元，上缴财政123万元，促进增收节支321万元，挽回国有资产流失183万元，提交审计工作报告、信息73篇，信息被上级审计机关及新闻单位采用30篇，审计工作报告被市政府批转1篇，移送司法机关案件2起。

【根河市审计局】现有职工干部17人，其中事业编制2人，少数民族2人（蒙族），设有办公室、综合股、审理股、财税审计股、金融审计股、工交基建审计股、行政事业审计股、商贸审计股和经济责任审计股，负责全市6镇1乡3个办事处、30个市直部门的审计监督。局长刘开梅，副局长王胜利、王春荣。

审计成果　共审计单位（项目）40个，审计调查项目2个，调查单位2个。查处违规行为金额1200万元，上缴财政资金109万元，减少财政拨款或补贴4万元，向上级审计机关和当地党委、政府提交审计工作报告信息51篇，被批转采用15篇（条）。

【额尔古纳市审计局】现有干部职工17人，设有财政金融审计股、固定资产投资审计股、行政事业审计股、企业审计股、经济责任审计办公室，负责对全市8个乡镇37个行政单位126个事业单位的审计监督。局长齐敬松，副局长闫淑霞、陈雪琴。

审计成果　全年完成审计单位40个，查出违规行为金额850万元，促进增收节支200万元，挽回国有资产流失80万元，上缴财政52万元，报告信息被采用8篇。撰写了《加强额尔古纳市三级机构财务收支监督工作势在必行》及《额尔古纳市经济责任审计的成效、现状及建议》的报告被市政府采用并批转下发各市直单位。

【陈巴尔虎旗审计局】现有干部职工14人，设有综合办公室、行政事业审计室、企业审计室、财税金融审计室和经济责任审计室，负责全旗10个苏木镇和24个旗直部门的审计监督。局长孟和，副局长朝克图。

审计成果　2000年共审计21个单位，查出各类违规行为金额289万元，促进增收节支56万元（其中上缴财政24万元，追还被侵占挪用资金32万元），挽回国有资产流失36万元，向上级审计机关和地方党委、政府提交审计工作报告及信息10篇，被旗人民政府批转1篇，被呼伦贝尔盟审计专刊采用2篇。

【阿荣旗审计局】现有干部职工14人，设有办公室、财税金融审计股、行政事业审计股、固定资产投资审计股、工交商贸审计股和审理股，负责对全旗19个乡镇和40个旗直部门的审计监督。局长傅喜武，副局长顾斌、梁述铭。

审计成果　2000年审计单位66个，查出违规行为金额1209万元，应交财政92万元，促进增收节支284万元，挽回国有资产流失43万元，审计决定落实率100%，应上缴财政入库率100%，被采用信息27篇，查出百万元以上违纪单位2个。

【新巴尔虎左旗审计局】现有职工13人，设有财政金融审计股、工交商贸审计股、行政事业审计股和综合股，负责对全旗13个苏木镇和163个旗直部门的审计监督。局长董铁桩，副局长玉柱。

审计成果　共审计30个单位，查出违规金额216万元，促进增收节支132万元，应交财政17万元，挽回国有资产流失20万元。审计报告及信息被批示采用2篇。

【新巴尔虎右旗审计局】现有干部职工12人，设有行政事业审计股、财税金融审计股、工交商贸审计股和综合办公室，负责对全县12个乡镇和29个旗直部门的审计监督。局长鄂英，副局长其其格。

审计成果 全年审计单位21个，查出违规金额180万元，促进增收节支56万元，挽回经济损失16万元，上交财政3万元，移送案件3起，信息被采用6篇。

【鄂伦春自治旗审计局】现有干部职工17人，设有财税金融审计股、行政事业审计股、离任经济责任审计股、固定资产投资审计股和行政办公室，负责对全旗10个乡镇和25个旗直部门的审计监督。局长孙景波，副局长郭少敏、张淑华。

审计成果 2000年共审计单位49个，查出违纪金额711万元，应缴财政19万元，已缴财政18万元。

【莫力达瓦达斡尔族自治旗审计局】现有干部职工16人，设有综合股、经济责任审计股、财税审计股、金融审计股、企业审计股、基建审计股和行政事业审计股，负责对全旗22个乡镇和29个旗直部门的审计监督。局长闫波，副局长高景波、孟芳。

审计成果 全年完成审计单位数36个，查出违规金额677万元，促进增收节支285万元，挽回国有资产流失24万元，审计报告被批转2篇，审计信息被莫旗人民政府和各级各类报刊采用28篇。

【鄂温克族自治旗审计局】现有职工13人，设有财政金融审计科、商贸审计科、工交基建审计科、行政事业审计科和法制综合科，负责对全旗10个乡镇和29个旗直部门的审计监督。局长车淑芳，副局长王德恩、智英。

审计成果 共审计33个单位，查出违规金额590万元，应交财政64万元，已交财政58万元，应归还原渠道资金161万元。向司法机关移送案件1起，建议给予行政处分1人，提交审计报告及信息49篇，被批示采用18篇。

加强基础建设和计算机应用开发工作，积极组织人员培训，单位90%以上的同志较熟练地操作运行，并不断尝试和研究利用计算机审计。

【伊克昭盟审计局】2000年，共有在职干部、职工46人，其中大学本科学历12人，大专学历18人，局长李四印，党组书记青才，副局长孟克、董政华、秦玉明、崔有良、田颖男。设有办公室、综合科、财政税务审计科、金融外资审计科、固定资产投资审计科、农牧审计科、工业交通审计科、商贸审计科、行政事业审计科等部门。

审计成果 共审计单位126个，查处违规行为金额21351万元，促进增收节支3236万元，挽回国有资产流失2172万元，上缴财政1135万元，审计工作报告、信息被盟委、行署及上级审计机关采用51篇。

重点审计项目 强化了财政审计，在规范和加强管理上做文章；突出对重点部门、重点项目和重点资金的审计，主要开展了第四期农业综合开发资金审计、扶贫资金审计、农网改造资金审计，工商、公安、交通、学校等部门行政事业性收费罚没收入及财务收支等审计；金融审计向纵深发展，选择81家农村信用社进行了审计，查出高风险信用社占到46%。

内部审计 至年底共有内审机构35个，配备内审人员58人，共审计单位158个，纠正各类违规行为金额1530万元，查出损失浪费金额1595万元，在促进部门企业遵守财经法规、改善经营管理、提高经济效益等方面发挥了重要作用。

经济责任审计 建立了由盟纪检委牵头的经济责任审计联席会议制度，制定了开展经济责任审计的实施意见，全年接受组织部门委托对15个部门、企业的领导进行了任期经济责任审计，查处违规行为金额3253万元，在接受审计的人员中，晋升职务1人，平调6人，免职2人，审计结果报告成为组织部门任用干部的重要参考依据。

【东胜市审计局】现有干部职工18人，设有财政金融外资审计股、行政事业审计股、企业基建审计股和办公室，负责对全市10个乡(镇)4个街道办事处和50个市直部门的审计监督。局长崔宽荣，党支部书记赵云树，副局长牛忠义、王晓梅。

审计成果 2000年完成审计单位59个，查出违规行为金额3182万元，促进增收节支249万元，挽回国有资产流失44万元，上缴财政41万元。

重点加强了本级预算执行情况审计、乡级财政决算审计和领导干部任期经济责任审计。完成市委、政府交办的各类审计事项25项，其中领导干部任期经济责任审计21项。

【准格尔旗审计局】现有干部职工22人，设有办公室、行政事业审计股、财政金融审计股、企业审计股和基本建设审计股，负责对全旗27个乡镇和55个旗直部门的审计监督。局长王勤，副局长赵峰、祁存海。

审计成果 完成审计单位数53个，查出违规行为金额1236万元，促进增收节支313万元，上缴财政139万元。审计工作报告被地方人民政府批转4篇。完成经济责任审计20项，查出违规行为金额39万元，审计结果利用情况为平调11人，晋升9人。

【乌审旗审计局】现有干部职工15人，设有办公室、企业审计股、行政事业审计股和固定资产投资审计股，负责对全旗13个苏木乡镇和114个旗直部门的审计监督。局长高玉祥，副局长王怀明、昌汉东、其其格。

审计成果　共完成审计项目46个，查出违规金额2700万元，促进增收节支144万元，挽回国有资产流失122万元，上缴财政67万元。共提交审计报告、信息50篇。其中审计报告被旗人民政府批转执行2篇，审计信息被《中国审计报》采用2篇。

【伊金霍洛旗审计局】现有干部职工18人，设有办公室、固定资产投资审计股、财政金融审计股、行政事业审计股、农牧审计股和领导任期经济责任审计办公室，负责对全旗16个苏木乡镇和52个旗直部门的审计监督。局长杨晓龙，副局长曹显良、杨茂荣。

审计成果　共审计69个单位（项目），查出违规金额994万元，上缴财政80万元，促进增收节支172万元。挽回国有资产流失54万元，共编发审计信息43篇，被各级采用14篇，审计报告被地方政府批转9篇。

【鄂托克旗审计局】现有干部职工25人，设有办公室、行政事业农牧审计股、财政金融审计股、基本建设审计股、工商企业审计股，负责对全旗12个乡镇和66个旗直部门的审计监督。局长张小平，支部书记兼副局长卢彬，副局长卢国锋、贺耿。

审计成果　完成审计单位（项目）70个，查出违规行为金额1089万元，促进增收节支328万元，挽回国有资产流失148万元，上缴财政金额78万元，提交审计工作报告信息55篇，其中工作报告被地方党政批转7篇，审计信息被政府和上级审计机关采用39篇。

【鄂托克前旗审计局】现有干部职工16人，设有综合股、行政事业审计股、企业审计股、基建审计股和财政金融审计股，负责对全旗3个苏木、1个乡和5个镇及旗直115个部门的审计监督。局长奇．森布尔，副局长李巨义、贺晓明，党支部书记那木吉拉。

审计成果　共审计单位45个，查出违规金额707万元，上缴财政21万元，挽回国有资产流失58万元，促进增收节支281万元。在对苏木乡领导干部经济责任审计中发现某苏木账面反映债务100万元，账外200万元，实际账内账外总债务1000万元，甚至向民间高利举债，这一问题引起了苏木和旗人民政府的高度重视，为今后加强财务管理提供了准确依据。

【杭锦旗审计局】现有干部职工30人，设有办公室、法规审理室、财政金融审计股、行政事业审计股和基本建设审计股，负责对全旗18个乡苏木镇和68个旗直部门的审计监督。局长李文斌，副局长乔香翠、王晓峰、刘文清。

审计成果　审计单位64个，查出违规金额7047万元，促进增收节支4509万元，挽回国有资产流失244万元，上缴财政资金52万元，编发信息、调研报告57篇，被有关部门采用48篇。2000年，成立了法规审理室，配备了专职复核审理人员，负责对审计方案的编制、证据的收集和使用、工作底稿的编制使用到审计事项的评价、审计报告编审行为、审计处理处罚行为进行复核审理，从而实现了审计工作的规范化、制度化，为进一步提高审计质量，降低审计风险起到了保障作用。

【达拉特旗审计局】现有干部职工18人，设有综合办公室、行政事业审计股、财政金融审计股、农牧审计股、固定资产投资审计股，负责对全旗23个乡镇和64个旗直部门的审计监督。局长武丕峰，副局长李振军、尚文杰。

审计成果　全年共审计69个单位，查出违规行为金额3530万元，挽回国有资产流失63万元，上缴财政68万元，审计决定落实率96%，提交审计工作报告39篇，被上级审计部门和各级报刊采用39篇（次）。

在预算执行审计中，查出违规金额1251万元，上缴财政22万元。在10个乡镇党政领导干部任期经济责任审计中，查出违规行为金额577万元，为组织部门考核领导干部提供了参考依据。在企业审计中，查出虚增利润131万元，农电部门乱收费2.25万元。在扶贫资金审计中，查出违规金额448万元，上缴财政5.6万元。通过竣工决算审计，对其中两项工程核减59.9万元。在农村信用合作联社审计中查出多收利息3.5万元，逾期贷款5088万元，所占比例高达43%，违规发放贷款58.3万元，并针对存在问题提出了整改建议，引起了信用联社的高度重视。

【巴彦淖尔盟审计局】2000年，共有在职干部、职工56人，其中大学本科学历17人，大专学历25人，有中级职称38人。局长王立英，副局长刘雄柏、祁素莲，纪检组长韩志勇。设有办公室、综合科、财政金融审计科、行政事业审计科、农牧业审计科、固定资产投资审计科、工交企业审计科、商粮贸企业审计科、审计指导管理科等部门。

审计成果　盟本级审计单位178个，不但进一步加强了财政预算执行审计，而且围绕西部大开发，对重点基础设施建设项目、退耕还林试点示范工程、沙源治理、电网改造资金实施了跟踪审计。共查出违规行为金额1.69亿元，促进增收节支1540万元。提交审计工作报告、信息172篇，被党委、政府、上级有关部门采用107篇，其中报告被批转批示16篇。

经济责任审计　会同盟纪委等部门起草了全盟贯彻实施两个暂行规定的实施办法，与盟纪检委、组织部等五个部门拟定了任期经济责任审计联席会议制度、经济责任审计委托办法、经济责任审计结果运用办法，盟委行署批转全盟。

【临河市审计局】现有在职干部、职工35人，设有财政金融审计股、固定资产投资审计股、行政事业审计股、企业审计股、办公室。局长燕巨云，副局长梁恩惠、孙树华、李有梅。

审计成果　审计单位114个，查出违规金额4168万元，上缴财政56万元，减少财政拨款或补贴25万元，归还原渠道资金159万元，促进增收节支593万元，提交审计报告、信息、简报被各级批示、采用16篇。对2个涉及企业转制和群众上访反映问题的企业进行了专案调查，为市委、人大、政府正确决策提供了依据。

【五原县审计局】现有干部职工27人，设有行政事业审计股、财政金融审计股、企业审计股、固定资产投资审计股、办公室。局长董建国，副局长贾有生、殷玉莲、刘成业。

审计成果　完成审计项目单位97个，查出违规行为金额3350万元，促进增收节支849万元，其中应上缴财政98万元，决定归还原资金渠道717万元，核减固定资产投资额34万元。挽回国有资产损失278万元，提交审计工作报告及信息63篇，其中信息、简报、审计内参36篇，被地方党政机关、上级审计机关及新闻部门采用33篇（次）。

【磴口县审计局】现有干部、职工20人，设有办公室、综合股、财金审计股、投资审计股、农牧审计股、行政事业审计股、企业审计股等部门。局长黄俊，副局长赵军伟、张桂英，纪检组长张润祥。

审计成果　全年共审计84个单位，查出违规行为金额1457万元，促进增收节支236万元，审计信息被当地党政部门和上级审计机关采用43篇。在县财政预算执行情况及2个乡级财政决算审计中，揭露了财政挪用专项资金以及乡财政为了完成任务虚增财政收入等弄虚作假行为，引起盟委、县委和政府主要领导的重视；在农村信用社1999年度资产负债损益审计中，发现农村信用社大部分已资不抵债，资产负债率为115%，不良资产占资产总额的44%；完成政府交办的审计事项13项，其中任期经济责任审计10项，转制企业审计3项。通过对群众关心的城镇基础设施和政府综合楼的预算进行审计，核减工程预算28万元。

【杭锦后旗审计局】共有干部、职工22人，设有财政金融审计股、行政事业审计股、企业审计股、固定资产投资审计股、综合办公室、内审工作指导站。局长贾喜亮，副局长李天常、石廷荣、冯志进。

审计成果　完成审计项目64个，查出违规行为金额2610万元，促进增收节支1167万元，挽回国有资产流失53万元，提交审计工作报告、审计信息58篇，被党政部门、上级审计机关和新闻单位采用41篇。在审计中，针对同级财政预算执行情况审计发现的违规调整预算、隐瞒预算收入和用专项资金平衡预算等问题，提出了8条审计建议，被旗政府采纳。通过对陕坝镇、查干乡等五个乡镇财政决算审计，查出不严格执行预算、挤占挪用专项资金、擅自设立收费项目增加农民负担等问题并进行了处理。通过对工商系统审计以及对农网改造、黄河控导、退耕还林等工程专项资金审计，查处了乱收费、挤占挪用专项资金、损失浪费等违规行为。在对内蒙古河套酒业（集团）股份有限公司审计中，为旗财政增加收入60多万元，提出并被采纳合理化建议5条。在固定资产投资审计中，查出违规行为金额1410万元，收缴财政98万元，核减工程结算额312万元。

【乌拉特中旗审计局】现有干部职工22人，设有财政金融审计股、行政事业审计股、企业审计股、农牧审计股和固定资产审计股，负责对全旗20个乡镇苏木和94个旗直部门的审计监督。局长张建国，副局长刘爱萍、巴国庆。

审计成果　完成审计单位66个，查出违规行为金额1290万元，促进增收节支45万元，挽回国有资产流失20万元，应归还被侵占挪用资金236万元，上缴财政30万元，向上级业务部门和地方党政机关提交审计综合报告、信息21篇，被采用13篇。

在积极开展财政审计的同时，围绕西部大开发，对扶贫资金、沙源治理资金、退耕还林试点示范工程、农业综合开发等专项资金进行了重点审计。受盟旗两级纪检、监察机关的委托，对原乌中旗温更煤矿1992年至1997年国家煤炭部、自治区煤炭厅累计拨入的国家专项技改资金的管理和使用情况进行了专项审计，查出该矿虚列支出698.5万元和挤占挪用专项资金312.5万元的违纪事实，引起了盟委、行署的重视。

【乌拉特前旗审计局】现有干部职工30人，设有投资审计股、企业审计股、财金审计股、办公室，负责对全旗23个乡镇（苏木）和41个旗直部门的审计监督。局长史仁华，支部书记丁美花，副局长许富海、李若群。

审计成果　全年共审计64个单位（项目），查出违规行为金额5112万元，促进增收节支465万元，挽回国有资产流失110.9万元，上缴财政135万元。受旗人大常委会委托开展了市政道路决算审计。完成了党政领导、企业经理任期经济责任审计12项，在对沙德盖苏木原任书记任期经济责任审计中发现一些个人经济问题，已移交纪检监察部门查处。

【乌拉特后旗审计局】现有干部职工20人，设有办公室、财金审计股、行政事业审计股、企业审计股、基建审计股、审理股，负责对全旗12个苏木镇和96个旗直部门的审计监督。局长张海锁，副局长王登礼、哈日妮敦、张凯。

审计成果　继续深入开展了同级财政预算执行情况审计。在全旗农村信用社审计中，揭露了各信用社普遍存在的信贷资产质量差、盈亏不实、贷款制度不健全以及以贷收息等贷款管理中存在的各种问题。行业审计中，组织精干人员重点对旗工商行政管理部门、扶贫资金、草原示范项目及沙源治理工程进行了审计，发现和纠正了有关单位存在的拖欠截留罚没收入、擅自扩大范围、提高标准收费、挤占挪用专项资金、地方部分配套资金不能按时到位等问题。

【阿拉善盟审计局】2000年，盟局共有在职干部21人，其中大学本科学历3人，大专学历14人，局长王质文，副局长姜和、李东亮。设有办公室、综合审理科、财政金融审计科、固定资产投资审计科、农牧审计科、企业审计科、行政文教审计科。

审计成果　盟本级完成审计单位77个，查出违规行为金额2733万元，应缴财政资金233万元，促进增收节支447万元，减少财政拨款180万元，向政府和有关部门提交审计工作报告和信息43篇，审计工作引起了地方党政的重视。

在本级预算执行审计中，变过去各业务科"单打一"的做法为全员"打整体战"，首先由主审科牵头，以预算"大盘子切块"为源头，摸清投向基础设施、科技教育、环保生态、企业技改等主要资金的流向、总量和调整情况，明确提出重点部门、重点资金和一次性拨付的专项资金的延伸审计意见，再由各科分头负责追踪审计，实现了财政审计与其他审计协作配合，达到了资源共享、综合利用审计成果的目的，收到了查清查透财政资金的预期效果，共查出违规行为金额1501万元。

【阿拉善左旗审计局】现有干部职工23人，设有办公室、综合基建审计股、企业审计股、行政事业审计股、财政金融审计股，负责对全旗28个苏木镇和39个旗直部门的审计监督。局长侯开光，副局长段巴根（党支部书记）、徐先宁、彭家雄。

审计成果　完成审计项目47个（其中离任经济责任审计19个），为下达计划的120%；查出违规金额971万元，促进增收节支216万元，挽回国有资产流失71万元，审计决定落实率达到100%，应缴财政入库率达到100%；审计报告、信息等被批示、采用28篇，移送司法机关处理案件11起，建议给予行政处分5人。

【阿拉善右旗审计局】现有干部、职工14人，设有行政事业财政审计股、企业金融经济责任审计股、审计管理股、办公室等部门。负责对全旗9个苏木（镇、管委会）和旗直行政事业单位的审计监督。局长汤希贵，副局长巴图、布音孟轲。

审计成果　完成审计项目35个（其中领导干部经济责任审计13个），审计调查项目2个，查出各类违纪违规资金360万元，审计决定落实率95%，上缴财政入库率100%，有效的发挥了审计监督的作用，对阿右旗宾馆装潢扩建工程的决算审计中核减工程决算资金4万元。

【额济纳旗审计局】现有干部职工16人，设有综合股、行政事业审计股、企业审计股、经济责任审计股、财政金融基建审计股，负责对全旗8个乡镇和68个旗直部门的审计监督。局长杨永跃，书记达布西拉图，副局长张瑞英、杨吉祥。

审计成果　完成审计项目27项，涉审单位51个，查出违规金额1037万元，促进增收节支38万元，应交财政24万元。完成的主要项目有：同级财政预算执行审计及乡级财政决算审计、7个行政事业单位的财务收支审计、2个企业的财务收支审计、10个单位的领导干部离任经济责任审计、世行贷款审计、3项专项资金审计和2项审计调查。

【兴安盟审计局】2000年末盟局在编35人，其中大专以上学历19人，有中级以上技术资格的23人，少数民族干部8人（其中蒙古族3人）。设有办公室、综合科、审计管理科、财税审计科、金融外资审计科、行政事业审计科、农牧审计科、工业企业审计科、商贸企业审计科、固定资产投资审计科、培训中心等11个部门。局长何济同，副局长张新民、张世焕、闫淑珍，总审计师梁喜发。

审计成果 共完成上级审计机关下达的审计任务18项，审计单位71个，查出违规行为金额10881万元，审计上缴财政91万元，挽回国有资产流失305万元，促进增收节支1885万元，审计报告及信息被采用63篇。

完成上级交办任务 完成盟行署交办的环保资金、中小学收费及财务收支、义务教育工程、拖欠教师工资等各类审计事项4项。对3个单位主要负责人进行了离任经济责任审计，审计成果进入领导决策层。被盟委、行署批转全盟执行的审计意见5项。

内部审计 2000年末全盟建立内审机构101个，配备内审人员204人。

【乌兰浩特市审计局】现有干部职工17人，设有企业审计股、行政事业审计股、财政金融审计股、固定资产投资审计股、综合股、秘书股，负责对全市4个乡镇和18个市直部门的审计监督。局长刘建华，副局长宋友民。

审计成果 完成上级审计机关下达审计任务14项，审计单位44个，查出违规行为金额3274万元，审计决定上缴财政19万元。完成交办任务5项，对4个单位、部门主要负责人进行了离任经济责任审计。

【阿尔山市审计局】现有干部职工9人，设有业务股、综合股、办公室，负责对全县6个乡镇和37个市直部门的审计监督。局长王春辉，副局长王炳福。

审计成果 完成上级下达指令性审计任务7项，审计单位25个，查出违规金额1089万元，决定上缴财政86万元。完成离任经济责任审计5项，政府交办疗养院地热开发、政府办公室财务收支审计2项。

【突泉县审计局】现有干部职工14人，设有企业审计股、行政事业审计股、财政金融审计股、综合股、人秘股，负责对全县12个乡镇和59个县直部门的审计监督。局长董威，副局长陈殿文、刘凤权、冷贵。

审计成果 完成上级审计机关下达的审计任务11项，审计单位55个，查出违规行为金额1270万元，审计决定上缴财政26万元。完成对市政建设资金、离任经济责任审计等2项，15个单位。

【扎赉特旗审计局】现有干部职工19人，设有企业审计股、行政事业审计股、财政金融审计股、固定资产投资审计股、综合股、秘书股，负责对全旗20个乡镇和76个旗直部门的审计监督。局长王子成，副局长张庆国、郭长山、吴桂兰、韩德明。

审计成果 完成了对20个单位、部门主要负责人的离任经济责任审计。指令性审计任务，完成上级审计机关下达的审计任务11项，审计单位75个，查出违规行为金额1756万元，审计决定上缴财政20万元。

【科尔沁右翼前旗审计局】现有干部职工18人，设有财政金融审计股、行政事业审计股、企业审计股、经济责任审计股、综合股、人秘股，负责对全旗16个乡镇和72个旗直部门的审计监督。局长张国清，副局长于铁良、陈健君。

审计成果 完成5项因职工上访而进行企业清查审计事项，对5个单位主要负责人进行了离任经济责任审计。完成上级审计机关下达的审计任务15项，审计单位69个，查出违规行为金额3262万元，审计决定上缴财政6万元。

【科尔沁右翼中旗审计局】现有干部职工14人，其中少数民族（蒙古族）干部8人，设有财政金融审计股、行政事业审计股、企业审计股、综合股，负责对全县16个乡镇和72个县直部门的审计监督。局长陶古斯，副局长斯钦满都拉、曹凤云。

审计成果 完成上级审计机关下达的审计任务8项，审计单位46个，查出违规金额2726万元，审计决定上缴财政16万元。完成政府交办的上访事件审计1项，对1个单位主要负责人进行离任审计1项。

辽宁省

【辽宁省审计厅】2000年，辽宁省审计厅行政编制为121名。设有办公室、法制处、经济责任审计处、财政审计处、经贸审计处、金融审计处、行政事业审计处、农业与资源环保审计处、社会保障审计处、固定资产投资审计处、外资运用审计处、人事教育处、老干部处；设置纪检组、监察处（合署办公）、机关党委；同时还设审计科学研究所和审计干部培训中心等直属事业单位。

领导成员

厅　　长：邸鸿亭
副 厅 长：关福军　王　悦
　　　　　孙大林
纪检组长：李凤岐
巡 视 员：孙成廉
助理巡视员：刘　才

辽宁省审计成果 2000年，全省共审计了7125个单位，查出违规行为金额119.8亿元，应上缴财政4.68亿元，已上缴3.43亿元，减少财政拨款补贴2.02亿元，归还原渠道资金金额6.41亿元；向司法机关移送案件38件，建议给予行政处分47人，协助有关部门查处案件63件；提交审计工作报告、信息3748篇，被批示、采用1670篇，其中被省领导批示46件次；建议纠正地方部门不当规定96条。

财政审计 2000年预算执行审计，紧紧围绕国家实施积极的财政政策和扩大内需的总体要求，充分发挥财政审计在整顿经济秩序、加强预算管理方面的监督作用，达到了扩大预算执行审计的涵盖面，增加预算执行审计深度的目的。辽宁省审计厅的预算执行审计报告既揭示了同级预算执行中存在的问题，又对住房资金、“四亿”贷款、社保基金、国际金融组织贷款等专项资金管理、使用中存在的问题作了报告，引起了省政府、省人大的高度重视。各地在预算执行审计中工作方法得当，措施可行，力度加大，揭示的问题较为深刻，宏观性较强，审计结果都得到了政府和人大的肯定。全省共完成财政决算审计392户(包括乡级)，查出开政策口子、混淆入库级次、隐瞒转移财政收入、挪用财政专项资金、虚列财政支出等违规问题，分别依法进行了处理，促进了各级政府加强和完善对财政资金的管理。

金融审计 全省各级审计机关围绕防范和化解金融风险，积极开展对地方金融机构、证券公司的审计。查出了金融机构少计利润、虚列利润、违规吸存、融资、违规贷款、投资拆出等问题。辽宁省审计厅在金融审计中，加强对地方金融机构的审计监督，抓住省里要组建综合类证券公司的契机，安排了对辽宁证券有限责任公司、辽宁证券登记有限公司和辽宁信托投资有限公司证券部1999年资产、负债、损益的审计，通过查处违纪，摸清家底，为政府组建综合类证券公司提供决策依据。

企业审计 全省各级审计机关围绕深化国企改革和3年脱困目标，改进企业审计方法，进一步加强了对国有企业的审计监督和服务。全省共审计国有企业1402个，查出违规行为金额31.88亿元，促进企业增收节支2302万元。组织全省审计机关对57户重点工业企业和27户商业企业1999年度资产负债损益情况的审计，揭示了会计信息失真、长期投资收益率低、拖欠银行债务和国家税金、企业资产质量不高及改制过程中存在的问题等，核实了资产和盈亏情况，摸清了企业家底，为深化国企改革、促进企业加强管理提供了可靠的依据。

专项资金和行业审计 根据审计署部署，对东北电业管理局和沈阳铁路局集体企业养老保险基金移交辽宁省管理前的基金收入、支付、管理情况及1999年末基金结存情况进行了审计，查出被挤占挪用2.2亿元，为顺利移交提供了依据。此外，还对全省企业职工基本养老保险扩大覆盖面、基金收支预测和挤占挪用养老保险基金典型问题纠正情况进行了审计调查，揭示的问题比较深刻、全面。这2项工作被审计署评为优秀审计项目。

辽宁省审计厅组织13个市37个县区审计机关对1997年至1999年农业综合开发资金进行了审计，审计总金额13.3亿元，查出违纪违规金额6529万元，促进资金到位3066万元，归还原资金渠道1331万元。辽宁省审计厅还组织9个市及所辖县区审计机关对1998年至1999年农业“3655”节水灌溉工程资金进行了审计，查出了县区财政配套资金、农民自筹资金不足，农行贷款不到位以及挤占挪用等问题。

对全省1998年度城建资金和1999年度养路费计划执行和财务收支情况的审计，揭露了存在的问题，引起了省领导的关注，省政府有关部门根据省领导的批示和审计建议积极进行整改，有效地促进了这2项资金的管理及合理有效使用。

全省还对14个市及所辖区和部分县1998年至1999年度排污费的征收、管理和使用情况进行了审计，揭示了重复征收排污费，隐瞒截留、拖缴排污费收入、挤占挪用污染源治理专项资金等问题。

按照审计署要求，全省各级审计机关对全省工商系统1999年度财政、财务收支和1998年度行政性收费、罚没收入收缴及管理情况进行了审计，揭示了存在的拖欠截留上级款项、挤占挪用、乱收费、漏缴税金等问题。

辽宁省审计厅组织全省审计机关对85所中学1999年至2000年4月财务收支情况进行了审计。存在的主要问题是无证收费、私设“小金库”、截留坐支预算外收入、挤占挪用教育事业费等。辽宁省审计厅呈报的审计报告、信息引起了省领导的高度重视。

固定资产投资审计 全省共审计基建项目416个，查出违纪违规金额11.99亿元。辽宁省审计厅重点开展了京沈公路山海关至沈阳段建设项目的审计，全省还对31个省本级国债建设项目（含技术改造项目）进行了审计，查出了自筹资金不到位、挤占挪用建设资金和工程结算把关不严等问题，按照有关规定分别进行了处理。

国际金融组织贷（援）款审计 全省对审计署授权的19个国际金融组织贷款项目257个项目执行单位进行了审计，并如实在对外公证报告中予以披露，较好地处理了公证与监督的关系。为了推动全省外向牵动战略的有效实施，辽宁省审计厅统一组织对省内58户中外合资企业1999年度资产、负债及损益情况进行了审计，揭示了部分外商投资企业违法违约经营、偷欠税费普遍、损害中方权益等问题，加强了对中外合资企业的监督管理。对全省利用外国政府贷款项目部分项目进行了审计调查，不仅摸清了对外国政府贷款的偿还情况，也发现了一些外国政府贷款管理使用中存在的问题，提出切实可行的审计建议，促进了全省国际金融组织贷款项目的资金管理。

经济责任审计　到2000年底，全省已有8个市23个县区（市）建立了五部门联席会议制度，并有3个市37个县区（市）成立了由党政主要领导为组长的经济责任审计领导小组。全省9个市开展了县级以上党政领导干部经济责任审计试点，94个县区开展了县级以下党政领导干部任期经济责任审计。据统计，去年全省共完成827项领导干部任期经济责任审计，其中党政领导干部任期经济责任审计678项，企业领导干部任期经济责任审计149项，共查处各类违规行为金额11.16亿元，移送纪检监察部门处理5人，移送司法机关查处3人，审计结果为组织人事部门考察任免干部提供了真实可靠的依据。据统计，通过任期经济责任审计，平调431人，晋升33人，免职35人，降职2人，撤职4人，给予党纪处分1人。

【沈阳市审计局】2000年，共有在职干部、职工138人，其中研究生学历18人，大学本科学历70人，大专学历36人。局长汪涛，副局长唐玉辉，审计专员（副局级）付立，局级巡视员刘雅琴。设有工商企业审计处、固定资产投资审计处、财政审计处、金融审计处、行政文教事业审计处、农林水利审计处、外资运用审计处、法规处、审计管理处、办公室、人事处、老干部处、机关党委等部门。

审计成果　全年共审计167个单位（项目），查出违规行为金额12.6亿元，其中应上缴财政8206万元，已上缴财政8206万元；减少财政补贴8919万元；归还原渠道资金4365万元。查出百万元以上违规单位27个；协助有关部门查处案件17件。

内部审计　全市国有企业内审机构共审计各类项目（单位）4300个，查出损失浪费金额4561万元，纠正违纪金额1777万元，提出审计意见和建议被采纳1600多条，促进企业减少损失浪费、提高经济效益1.1亿元。

经济责任审计　建立了经济责任审计工作联席会议制度，全年共对21名党政领导干部进行了经济责任审计。

大案要案　全年共抽调40多名审计干部，配合纪委、监察、公安等部门完成了“6·12专案”、“远东证券案”、“刘涌案件”等17个案件的审计查证工作。

【沈阳市沈河区审计局】现有干部职工19人，设有办公室、文行财金审计科、工业交通企业审计科、商业企业审计科、基本建设审计科，负责对全区16个街道办事处和69个区直部门的审计监督。局长王海山，副局长张旭、贝雅丽。

审计成果　全年共完成了对41个单位的审计，查出违纪违规问题金额280万元，对严重违法违纪的单位罚款12万元。向上级审计机关和区委、区政府提交综合报告、审计信息39篇，被采用25篇；完成了区委、区政府交办的对16个街道办事处预算内、外资金收支平衡审计和办事处领导任期经济责任审计，配合区纪委、监察部门对7个单位进行专项审计，查出某公司523万元债权转移失去管理的问题。查出五爱地区管理办某科长工作严重不负责任，造成部分业户未交纳占道费6万元，受到党内警告处分。

【沈阳市铁西区审计局】现有干部职工16人，设有文行审计科、商业粮食审计科、基建工业审计科和综合科，负责对全区20个区街道办事处和55个区直部门的审计监督。局长王树田，副局长陈政卫、李济增。

审计成果　完成审计项目37项，查出违纪金额2724万元，其中应上缴财政58.5万元，已全部上缴；清理出“小金库”2个，金额计1151万元。撰写了《关于区中小学1999年收费管理情况的调查报告》和《关于铁西区2000年度捐资助残等捐款收支管理情况的审计调查》，2个调查报告真实地揭示了该项资金收支管理中存在的问题，其中接受调查的57所中小学收费收入达5397.25万元，其中违规收费492万元、支出3547.25万元，大部分用于校舍修缮、教师奖励及招待费支出等。有些学校擅将收费收入列入账外账，并以个人名义私存私放。审计调查报告先后提交区政府常务会议后，均受到区领导的重视和肯定。

【沈阳市皇姑区审计局】现有干部职工21人，设有综合科、文教行政事业审计科、工商基建粮食审计科和经济责任审计科，负责对全区20个街道办事处和67个区直部门及所属事业单位的审计监督。局长李绍祥，副局长刘新军、于军。

审计成果　全年共审计52个单位（项目），查出违规金额3306万元，应上缴财政442万元，已上缴财政428万元。向上级机关提交审计工作报告、信息81篇，被有关部门采用33篇，其中省长批示信息1篇。

【沈阳市和平区审计局】现有干部职工13人，设有办公室、综合指导科、文行审计科、经济责任审计科和企业审计科，负责对全区16个国有企业、21个国有控股企业和217个行政事业单位的审计监督。局长苏广福，副局长佟树立、礼国光。

审计成果 全年共完成审计项目32项，共查出违纪违规金额2861万元，查出百万元以上违规单位8个，应缴已缴财政违纪、罚款金额117万元，较上年增长136%。完成区委、区政府领导临时交办的审计项目3项。完成审计调查项目2项，完成审计科研论文4篇，完成审计信息22篇，被国家审计署、辽宁省省委、省政府、辽宁省审计厅及新闻单位采用29篇次。

【沈阳市大东区审计局】现有干部职工16人，设有办公室、综合科、文行审计科、工业基建审计科、商贸审计科，负责对全区57个行政事业单位和10个区直公司及所属企业的审计监督。局长徐廷阁，副局长郭合英、辛守德（正处级）。

审计成果 共完成审计项目35项，查出违纪金额1529万元，补税、罚款、归还财政资金共111万元，提出合理化建议68条均被采纳。根据市审计局的统一部署，异地对沈河区11所重点中小学进行收费情况的专项审计共查出乱收费总金额300万元，上缴财政32万元。共撰写审计信息31条，编报2期审计简报。

【沈阳市苏家屯区审计局】现有干部14人，设有综合科、企业审计科、财金审计科、农林审计科和文行审计科，负责对全区14个乡镇和64个区直部门的审计监督。局长李德平，副局长乔士杰。

审计成果 全年共审计单位（项目）32户（项），查出违纪金额3215万元，上缴财政52万元。在股金会清产核资中，查出1名会计涉嫌挪用公款28万元的犯罪问题，依法移交检察机关。在乡镇政府审计中，查出1名干部重复报销费用问题，移交区纪检部门处理。对全区13户重点企业的纳税情况进行了审计调查。全年共对14名领导干部进行审计，查出7个单位违纪金额1023万元，对违纪单位罚款20万元。基建预决算审计在对区中心医院病房楼审计中，查出虚增工程造价29万元。

【沈阳市东陵区审计局】现有干部职工18人，设有办公室、综合指导科、文教行政审计科、商业粮食贸易审计科、工交农林基建审计科，负责对全区16个乡镇5个街道办事处及56个区直部门的审计监督。局长王文纯，副局长房玉堂。

审计成果 共完成47户审计任务，超出计划的42%，全年查处违纪违规金额4137万元，上缴财政50万元，有1个单位被通报，有9人受到党政纪处分。在领导干部经济责任审计中，完成了24户的审计任务，其中有21个单位存在违规问题，违规金额达617万元。跟踪审计了6个重点项目，审计资金总额790万元，在事中审计中参与了政府1899万元采购资金的审计，节约资金331万元。接待上访人员89人，上访案件27件，完成上访审计11户。创办了东陵审计信息期刊24期，发布信息43条。

【沈阳市新城子区审计局】现有职工12人，设有办公室、企业审计科、文行审计科、农林水审计科，负责对全区12个乡镇和65个区直部门的审计监督。局长杨国烈，副局长廖春满、李德怀。

审计成果 全年共完成审计16户，查出违纪金额786万元，上缴财政53万元，实际上缴16.4万元。超额完成区下达招商引资991万元等项工作，全年上交审计信息18篇，分别被省、市、区采用8篇。

【沈阳市于洪区审计局】现有干部职工15人，设有办公室、综合科、工交基建审计科、文行农林水审计科、商粮财金审计科，负责对全区20个乡镇街道和44个区直部门的审计监督。局长徐东良，副局长王继昌、刘桂君。

审计成果 共完成审计单位48户，其中财务收支审计22户；财政预算执行情况审计1户；乡级财政决算审计1户；经济责任审计15户；基本建设项目工程预决算审计2户；专项资金审计7户。查出违纪金额1247万元，上缴财政50万元。经济责任审计查出违纪金额99万元。

【新民市审计局】共有干部职工27人，设有秘书科、综合科、文行审计科、商粮审计科、工交审计科、农财审计科，负责对全市26个乡镇、4个街道办事处、66个市直行政事业单位的经济监督工作。局长栾广恒，副局长孙海燕、韩伟光，正局级调研员佟德俊、符朝华。

审计成果 完成上级审计机关和本级政府安排的128户审计项目，查出违纪金额932万元，其中应上缴财政71万元，已上缴财政71万元；上报审计信息42篇，其中辽宁省审计厅采用1篇；完成专项审计调查9项，其中新民市政府领导做出批示5篇。不断加大大案要案查处力度，全年查出2起严重违反财经法纪案件，为被审计单位挽回经济损失4.5万元，有关负责人被免职，有关责任人被开除公职。

【法库县审计局】现有干部职工22人，设有办公室、文行财金审计科、商业审计科、工文基建审计科、农林水审计科，负责全县20个乡镇

70多个县直部门的审计监督。局长孟庆彪，副局长刘宝德。

审计成果　计划审计37户，实际完成45户，查出违纪违规金额1243万元，决定上缴财政64万元，实际入库59万元，撰写审计论文3篇，完成审计调查3项，上报审计信息22份。查出县财政挤占应上缴市财政的交警队罚没款110万元，此款全部上缴市财政，并处以10%的罚款；查出各乡镇挤占县级收入12.3万元，全部上缴县财政，并对其违纪金额处以20%的罚款。受县委组织部委托，对8个乡镇1个局的正职领导干部离任进行了经济责任审计，查出违纪金额447万元。

【辽中县审计局】现有干部职工21人，设有办公室、综合股、财政审计股、文行审计股、农业审计股、工业审计股和商业审计股，负责全县21个乡镇和56个县直部门的审计监督。局长许奎武，副局长谢玉忱。

审计成果　全年共审计70个单位。查出违纪金额1243万元，上缴财政52万元，归还原资金渠道93万元。全年共完成9个审计项目。

【康平县审计局】现有干部职工18人，设有文行审计股、农业审计股、企业审计股、基建审计股、法规股和综合股，负责对全县16个乡镇和50个县直部门的审计监督。局长攸景峰，副局长于军。

审计成果　共完成审计任务69户，查出违规金额6978万元，应上缴财政金额70万元，已上缴财政金额70万元。完成7项审计调查。全年撰写提报审计信息104篇，被批示采用89篇，其中被国家级采用3篇，被省级采用15篇。

【大连市审计局】2000年，共有在职干部职工140人，其中大学本科学历68人，大专学历53人。局长于精珠，副局长白日玲、徐挺鹏、郝硕博，总会计师于保和。设有办公室、人事教育处、综合业务处、审计管理处、工业交通审计处、商粮外贸审计处、财政审计处、固定资产投资审计处、外资运用审计处、金融审计处、行政事业审计处、农林水利审计处等部门。

审计成果　大连市两级审计机关对864个单位实施了审计，完成年度计划的1.6倍。查处违规行为金额42.2亿元，应上缴财政1.34亿元，已上缴财政1.25亿元，归还原渠道资金1.4亿元；减少财政拨款996万元；向各级党政领导呈报各种综合性审计报告及信息684篇，其中被各级领导批示和有关部门、新闻单位采用370篇次。共完成领导交办事项270项，审计金额达120多亿元。

内部审计　全年共审计2725个单位，查出损失浪费金额2800万元，促进增收节支1419万元，纠正违规行为金额3176万元；提出建议意见被采纳734条；向司法机关移送案件线索4件，移送司法机关处理1人，建议给予行政处分8人。

经济责任审计　建立了经济责任审计联席会议制度；召开了首届全市任期经济责任审计工作会议。全年两级审计机关共对111名党政领导干部和国有企业领导人员进行了经济责任审计，其中提拔9人，平调63人，免降职18人，有14人被移交纪检监察司法机关立案查处。

大案要案　两级审计机关共查处各种经济案件线索39件，涉嫌犯罪金额2.6亿元、1733万美元，全部移交纪检部门和司法机关。

【大连市西岗区审计局】现有干部职工13人，设有综合计划科、企业审计科和行政事业审计科，负责对全区13个街道和所有区直部门及区属企业的审计监督。局长张奉阁，副局长孙承寿。

审计成果　共对35个单位或个人进行了审计，其中对全区13名处级以下领导干部进行了任期经济责任审计。根据审计结果有4人提升、4人免职、3人降职、3人移交纪检监察和司法部门。根据区领导的指示，对7个区属企业14个行政事业单位进行了财务收支审计。

【大连市中山区审计局】现有干部职工13人，设有综合科、行政文教审计科和企业审计科，负责对全区党政机关行政事业单位及企业财政、财务收支等经济活动进行审计监督。局长张继业，副局长赵荣香。

审计成果　全年共审计单位453户，审计资金总额93875万元；查出违规行为金额4602万元；提出审计建议90条；写出工作报告4篇、审计调查报告2篇、审计信息10篇；移送纪检监察部门经济案件线索1件。财政预算执行情况审计查出问题7项，违规行为金额3354万元，用预算内资金违纪给职工购房20万元，已收缴入库。提出7条审计建议。完成了区政府交办的对全区公有资产保值增值及实现利润情况审计。共审计375个单位，审定公有资产总额28088万元；审定利润总额10780万元。对中山区文化大厦装修工程部分经费预算进行了审计，核减额40.8万元。在全区范围内开展了党政领导干部和企业领导人员任期经济责任审计，审计6名处、科级领导干部，查出违规违纪问题12项，违规行为金额215万元，组织部门运用审计结果提拔使用1人，离岗休息5人。

【大连市沙河口区审计局】现有干部职工14人，设有行政事业审计科、企业审计科和综合科，负责对全区16个街道和33个区直部门及其下属177个法人单位的审计监督。局长孟霞，副局长田进春、徐健。

审计成果　全年共完成各类审计项目68项、审计调查3项；查出违规行为金额3309万元；应收缴入库金额142万元，已收缴入库金额152万元。提交各种审计工作报告、信息28篇，被采用6篇。预算延伸审计共查出违规行为金额363万元，收缴财政金额37万元；核减校建工程款212万元。全年共完成区交办的领导干部任期经济责任审计17项；专案审计2项；资产负债损益审计1项。对区教委所属的41户校办企业进行审计调查。

【大连市甘井子区审计局】现有干部职工19人，设有行政事业审计科、企业审计科、农业财政审计科、综合业务科和办公室，负责对全区7个乡镇和58个区直部门的审计监督。局长戚恩礼，副局长田晓青、梁作君。

审计成果　共开展项目审计和审计调查39户（项），查出违规行为金额2334万元，上缴财政金额44万元，核减工程决算并减少财政补贴126万元。通过审计查出并移交区纪检监察部门处理经济案件1件1人。

【大连市旅顺口区审计局】共有干部职工22人，设有办公室、财政农林审计科、金融行文审计科、工交基建审计科、商贸外资审计科。局长姜玉龙，副局长谭玉升、秦毅。

审计成果　全年共完成审计项目46个，查出违规行为金额17498万元，收缴120万元，核减基建资金74万元，追还被侵占挪用专项资金117万元。完成审计调查8项，调查单位30个，发出审计调查报告和综合、专题报告10篇，审计信息36篇。提供经济案件线索1件。共完成上级审计机关安排的任务4项，完成地方政府交办的审计事项26项（包括领导干部经济责任审计24项），对区旅游集团的审计查实违纪违规金额110多万元的问题。

全区内部审计机构11个，内审人员20名，完成审计事项28项。

【大连市金州区审计局】现有干部职工23人，设有财政农业审计科、工交外资审计科、商业基建审计科、金融行文审计科和综合指导审计科，负责对全区12个乡镇、7个街道和80个区直部门的审计监督。局长赵贵满，副局长周强、马宏敏。

审计成果　全年共完成审计项目34项120户；完成审计调查4项（户），共审查出违规行为金额1762万元，其中应上交财政金额256.2万元，已如数上交财政。全年提交综合工作报告和信息16篇，被各级党政机关采用9篇。共完成市、区政府临时交办的审计任务3项13户，查出并移交大要案线索1件。全区24个内审机构的27名内审人员全年共完成审计项目104项，审查出损失浪费金额427万元，提出审计建议13条均被采用。

【大连市经济技术开发区纪工委监察审计局】现有人员17人，设有纪检监察处和审计处，审计处负责对全区150多个行政事业单位、5个乡镇街道和4个直属公司及50多个分公司的审计任务。局长李英，副局长于兴治、张乃良。

审计成果　全年完成审计项目49个，查处各类违规行为资金1347万元，已全额收缴财政。完成审计调查项目11个，其中3篇审计调查报告被管委会领导批示。撰写审计信息27篇，分别被市委、市政府、市审计局、区管委会采用；撰写审计科研论文12篇，其中1篇被审计署《中国审计》采用。完成领导交办审计事项19项。向被审计单位提出审计意见200余条。共审计行政事业单位17户，查处违规行为金额520万元。审计国有企业28户，查处违规行为资金114万元。审计重点建设项目4个，审计金额近3亿元，审减金额713万元。

【瓦房店市审计局】现有干部职工29人，设有财政审计科、行文审计科、金融审计科、工业审计科、固定资产投资审计科、商业审计科、农林水审计科、综合科、办公室，负责对全市27个乡镇和59个市直部门的审计监督。局长曲廷全，副局长陈丕海、桑洪船、李英。

审计结果　全年共审计83户，是年初计划数的237%。查出违规行为金额3850万元，应上缴国库金额144万元，已上缴国库金额142万元；向纪检、监察、司法机关移交案件3件；提交审计报告、信息49篇，被各级领导部门批示采用38篇次。财政预算执行情况审计查出违规行为金额1056万元，上缴国库80万元。完成市委、市人大、市政府交办的审计任务40户，查出违规行为金额2100万元。

【普兰店市审计局】现有干部职工27人，设有财金审计科、工业审计科、农林水利外资审计科、行文基建审计科、商粮贸审计科及办公室，负责对全市21个乡镇和52个市直部门的审计监督。局长谭克全，副局长李国本、王玉娟。

审计成果　完成审计项目38项，查出违规行为金额4897万元，决定处理处罚65万元，指令要求纠正4247万元，核减工程造价7919万元，应上缴财政221万元，已上缴财政189万元，撰写综合报告28篇、审计信息宣传稿件29篇。

【庄河市审计局】共有干部职工27人，下设办公室、综合监察科、农财审计科、行政事业审计科、基建金融审计科、企业审计科，负责对全市25个乡镇、街道、保护区和65个市直部门的审计监督。局长于锦江，副局长刘圣东、吴义全。

审计成果　完成审计项目35个，审计单位117户，查出违规行为金额9716万元，其中决定处理处罚1055万元，指明要求纠正8661万元，应上缴财政821万元，已上缴财政821万元，促进增收节支175万元，追还被侵占挪用专项资金597万元。提交审计综合调查报告10篇，发出审计信息44篇，被有关部门采用22篇，被省政府采用1篇（全年信息采用评比总分居全市审计系统之首）。审计科研论文、调查报告和信息被《中国审计报》发表6篇，被《审计文汇》发表8篇，其它刊物发表19篇。对全市1999年度财政预算执行情况审计和延伸审计32户，审计资金总额7亿元，查出违规行为金额1611万元，应上缴财政663万元（已全部上缴财政）。对全市涉及合乡并镇的23个乡镇44名党政领导进行任期经济责任审计。全年共接受市委和政府领导交办任务10件，其中对延安路高低压电缆工程决算审计，核减工程造价78.7万元。

【长海县审计局】共有干部职工22人，设有综合科、财政金融审计科、投资企业审计科和农林行文审计科，负责对全县7个乡镇和48个县直部门的审计监督。局长谢田宝，副局长王淑芬、张道敏。

审计成果　全年共对63个单位和项目进行了审计，共查出违纪违规问题金额921万元，应上缴财政589万元，已上缴财政589万元；减少财政支出和拨款98万元，归还原渠道资金43万元，转交税务机关收缴25万元，移送司法及监察机关处理金额16.8万元，审计责令自行纠正金额161万元；向司法和监察机关移送案件线索5件，建议追究刑事或行政责任8人。完成审计调查8项。

【鞍山市审计局】2000年，鞍山市审计机关共有在职干部、职工121人，其中大学本科学历42人，大学专科学历64人，局长杜俊双，副局长李克明、廉景福、李洪第。设有工交审计一处、工交审计二处、农林水利审计处、领导干部经济责任审计处、商业供销审计处、财政金融审计处、基建城建审计处、行政事业审计处、综合外资审计处、办公室、机关党委等部门。

审计成果　共审计571个单位。先后完成8项重点工作和151户国有大中型企业、重点资金、重点行业、重点建设项目的审计以及同级财政预算执行情况审计，部分农业、社保、企业技改等专项资金的审计，125项领导干部任期经济责任审计和10项厂长（经理）任期经济责任审计，市委、市政府交办的57项专项审计和审计调查。全年审计共查出违纪违规行为金额3亿元，对违纪违规单位的8500万元资金依法作出了处理处罚决定。通过审计，增加财政预算内外收入4530万元，核减财政拨款和归还原资金渠道资金4924万元，促进财政增收节支9454万元。全年提交审计工作报告、信息253篇，被上级审计机关和地方党政部门采用79篇，协助有关部门查处案件13起，查出百万元以上违纪单位2个，移送司法机关立案查处2人，受到党纪政纪处分5人。市审计局荣获2000年“辽宁省国家公务员先进集体”荣誉称号。

经济责任审计　建立经济责任审计工作联席会议制度，举行了全市经济责任审计工作第一次联席会议。发出了《鞍山市经济责任审计工作第一次联席会议纪要》。实行了“一个承诺，两个负责制”。成立了以市委副书记王艳彬为组长的经济责任审计工作领导小组，负责全市的经济责任审计工作。

【鞍山市铁东区审计局】现有干部职工13人，设有综合科、企业审计科、行政事业审计科，负责全区企业和行政事业单位的财务审计监督。局长潘忠岳，副局长苗铁岭。

审计成果　全年共审计23户（项），超出计划25%。查出违纪违规金额1000万元，应缴处罚款额390.2万元，全部上缴财政入库。查出违纪单位9个，处罚责任人1人，追缴个人所得税欠款5人，全年提交审计报告、信息35篇。预算执行审计主要审计投资公司成立9年来管理、支配的5.7亿元资金的来龙去脉；同时对该公司存在的购入和收回的抵债资产未办理资产入账手续、购置土地闲置、预提应收利息转本金、利息收入虚增事业基金和债权本金等问题提出了整改意见。全年共对21户领导干部离任进行经济责任审计。

【鞍山市铁西区审计局】现有干部12人，设有综合科、事业科、企业审计科，负责对全区21个行政机关、101个事业单位、21个企业单位的审计监督。局长富奎荣，副局长高久富、孙杰。

审计成果　全年共审计31户（项），其中同级财政预算执行情况审计1户（项）、领导干部任期经济责任审计18户（项）、企事业单位、资产、负偿、损益及财务收支审计12户（项）。查出违规行为金额105万元，其中处理处罚8万元，纠正有问题金额94万元，审计后增加财政收入2万元。提交审计工作报告3篇、审计论文1篇、各种信息9篇，4篇信息被市审计局采用。

【鞍山市立山区审计局】现有在职干部9人，设有综合审计科、行政事业审计科和企业审计科，负责对全区的企事业单位进行审计监督。局长胡海军，副局长冯涛。

审计成果　全年共完成审计项目32户（项），完成年计划的123%；完成审计信息10篇，审计科研项目论文2篇。查出违纪违规金额2138万元，应缴财政58万元，已缴财政52万元，提出审计建议20条。在对区证券公司的审计中，查出该单位由于经营决策不当，造成1亿多元的资金不能及时收回，潜亏达2亿元，偷漏税金24万元等问题；在对区某街道办事处的审计中，查出该单位私设账外账，将房产出租收入50余万元隐匿于财物账外，滥支乱花，偷漏税金等严重违反财经纪律问题。均依法进行了处理处罚。

【鞍山市千山区审计局】现有干部职工17人，设有办公室、农业审计股、行企审计股、财金审计股，负责对全区10个镇、3个街道办事处和38个区直部门的审计监督。局长谢桂秋，副局长王精瑞、申革。

审计成果　全局共完成审计计划24户，同时完成区委、区政府交办的审计工作5项，处理信访案件1项。共查出违纪违规行为金额390万元，罚款3.6万元。下达审计意见书21份。加强了对世界银行结核病防治贷款项目的审计。配合纪检部门"一审双评"工作，查处"小金库"22万元。内部审计机构完成审计32户，查出违纪金额185万元。开展内审人员培训2次。

【海城市审计局】现有机关干部49人，设有财政金融审计科、干部经济责任审计科、固定资产投资审计科、企业审计科、行政事业审计科、法规审理科、办公室，负责对全市32个镇区和25个市直部门及企事业单位的审计监督。局长孔伟，副局长朱昌法、孟宪禹、周亚范。

审计成果　全年共完成审计110户（项），查出违纪资金2953万元，应上缴财政925万元，已缴款入库802万元，核减工程款1162万元，直接减少财政拨款743万元，罚款16.2万元，促进增收节支1557万元；查出违纪案件4起，移交纪检部门和司法机关处理7人；完成审计科研项目7项，编发审计信息45篇，被省市领导批示和有关部门采用32篇。

【台安县审计局】现有审计干部职工21人，内设办公室、农业审计科、企业审计科、行政事业审计科、财金审计科、干审科。局长孙国义，副局长杨绍满、张万继、夏国华、赵宝申。

审计成果　全局共审计91个单位，查出违纪违规行为金额1031万元；应上缴财政资金17万元，协助纪检、司法部门查处案件10件；提交审计工作报告、信息28篇，被上级审计机关和政府采用8篇；提出合理化建议106条。完成了县本级财政预算执行情况和其它财政收支的审计，查出虚增地方收入196万元，虚列财政支出490万元。组织开展了领导干部和企业厂长（经理）任期经济责任审计，其中科级以上领导干部任期经济责任审计14项，厂长（经理）任期经济责任审计4户。

【岫岩县审计局】现有干部职工23人，设有财金审计科、农业审计科、文行审计科、商业审计科、工业审计科、基建审计科、法规科和办公室，负责对全县24个乡镇和86个县直部门的审计监督。局长张岫南，副局长温宏良、陈恒贤。

审计成果　共完成审计单位64户（项），为计划的128%。查出违纪金额2685万元。其中要求纠正金额2347万元，决定处罚金额341万元。向上级审计机关递交审计工作报告、信息和科研论文38篇。

对被调动的8名科级领导干部进行了任期经济责任审计。根据审计署的部署，对县1999年同级财政预算执行情况进行了全面审计。对县财政在组织税收收入中存在的5个方面问题，有针对性地提出了审计意见和建议。按照省审计厅的安排，对县1999年公路养路费大中修等工程项目的财务收支及大盘线23.5公里黑色路面工程峻工决算进行了审计，对查出的不合规发票结算工程费用，工程超预算手续不完备的问题提出了整改意见，对于偷漏的税金依法进行了收缴。

【抚顺市审计局】2000年，共有在职干部职工100人，其中研究生学历7人，大学本科学历28人，大专学历61人，局长刘国强，副局长张建国、张树森、解军红，纪检组长乔相厚，总会计师刘晓滨，总经济师佟向阳。设有工交审计处、商业审计处、基建审计处、财政审计处、金融审计处、行政事业审计处、农林水审计处、外资运用审计处、法规指导处、人事处、综合处、机关党委、办公室。

审计成果　全年共完成审计157户（项），查出违规行为金额79771万元，应上缴财政866万元，应归还原渠道资金2210万元，已上缴财政648万元。对市本级1999年度财政预算执行情况和其它财政收支情况进行了审计。并延伸审计了财税部门所属单位和基层预算单位103个，审计资金总额45.6亿元。

行政事业审计全年共审计64户，查出违规行为金额6278万元，应缴财政538万元，已缴财政427万元。应归还原渠道资金1045万元。农业与资源环保审计共审计8户（项），查出违规行为金额1246万元，应缴财政金额191万元，应归还原渠道资金901万元。其中对水利资金组织全地区统审，共审计63个单位，审计总金额3176万元；对部分重点企业的排污费缴纳情况及污染源治理项目的资金使用、管理和效益情况进行了延伸审计，市、区共抽审30户（项），查出违规行为金额944万元，应缴财政166万元。固定资产投资审计全年共完成审计项目6个，通过审计查出违规行为金额1324万元，应缴财政金额38万元。完成世界银行贷款项目审计8户，中外合资（合作）企业审计4户，完成外国政府贷款调查项目1项。

内部审计　全地区共有内审机构164个，其中专职机构96个；内审人员达485人，其中专职人员242人。开展审计440户（项），查出损失浪费金额2116万元，促进增收节支214万元，提出审计建议被采纳293条，纠正违规金额102万元，建议给予行政处分3人，移交司法机关查处1人。

经济责任审计　全年共审计29户，查出违规行为金额29608万元，收入不实542万元，成本不实26580万元，虚增利润26833万元，虚减利润120万元，损失浪费128万元，应缴财政金额126万元。

【抚顺市新抚区审计局】现有干部职工9人，设有办公室、行政事业审计科、工业审计科、商业审计科，负责对全区22个单位和6个街道办事处的审计监督。局长彭玉祥，副局长杨庆芝。

审计成果　全年完成审计34户，完成计划的117%。审计查出违规行为金额1457万元，其中指明要求纠正1367万元，决定处理处罚90万元，全年应收缴财政金额47万元，现已上缴4万元。完成区领导交办的任务2项，主要有参加万新联社工作组的工作，参与区商贸公司转制工作。

【抚顺市东洲区审计局】现有干部职工7人，设有行政事业审计股、企业审计股、办公室，负责对全区9个乡镇街道办事处和110个区直部门的审计监督。局长马晓莉，副局长谢玉华。

审计成果　共审计22个单位，审计出违规行为金额1088万元；移送纪检机关1户（离任审计），已上缴财政6万元。财政同级审计查出挪用预算资金161万元，违规行为金额281万元，上缴财政罚没款3万元。财政决算审计查出违规行为金额583万元，上缴财政罚没款1万元。对9名党政领导干部经济责任进行了审计，查出违规行为金额88万元，上缴财政罚没款2万元。

【抚顺市望花区审计局】现有干部职工9人，设有行政事业审计办公室、工交基建审计办公室、商业审计办公室，负责对全区11个街镇和163个区直部门的审计监督。局长袁玉华，副局长姜寿春、李翠平。

审计成果　全年共开展审计38户，查出违纪金额870万元，应上缴财政18.4万元，已上缴财政18.4万元。对财政预算执行和其它财政资金收支情况进行了审计，并延伸审计了15个预算单位，查出违纪金额743万元，应缴财政6万元，已缴财政6万元。在经济责任审计中，对22名领导干部进行了经济责任审计。重点对“三乱”和预算外资金进行审计，查出违纪金额109万元。

【抚顺市顺城区审计局】现有干部职工14人，设有办公室及4个审计室，负责对全区10个乡镇、街道和39个区直机关、110个事业单位的审计监督。局长董永成，副局长佟德印。

审计成果　全年共审计68户（项），共查出违规行为金额533万元，没收及罚款22万元，已收缴入库19万元。预算执行审计1户，查出违规办理预算拨款64万元。行政事业审计共完成66户，查出违规行为金额321万元，其中处理处罚21万元。水利专项资金审计共完成2户，审计资金总额93万元，查出被挤占挪用资金13万元，处理处罚1万元。接受区委、区政府、区纪委领导交办的信访查处案件共6起，有关责任人员已分别受到了撤销职务、开除党籍及党内严重警告处分。

【抚顺县审计局】现有干部职工15人，设有办公室、一审室、二审室、三审室、四审室，负责对全县13个乡镇和67个县直部门的审计监督。局长郭文强，副局长果宏伟。

审计成果　全年共完成审计67户（项），查出违纪金额1710万元，为被审计单位挽回经济损失120万元，依法收缴41万元。对61名行政主要领导干部进行了任期经济责任审计，其中离任审计12名，组织部门依据审计结果，交流了8人，提拔聘用2人，免职2人。对67个单位实行了报送审计，为被审单位节约资金15万余元；“审计服务日”期间，先后对县多经局、房产局等10个单位进行了业务指导与服务。

【清原县审计局】现有干部职工20人，设有办公室、企业审计股、农林水审计股、财金审计股、基本建设审计股、行政事业审计股、税收审计股，负责对全县15个乡镇和360个县直部门的审计监督。局长李猛，副局长秦世一。

审计成果　全局共完成审计69户（项），查出违规违纪金额3465万元，应缴财政56万元，已缴财政37万元。积极开展对同级财政预算执行情况及乡镇财政决算、农村信用联社的审计，查出违纪金额110余万元。受清原县政府委托对热力网工程等7个工程项目进行了审计，查出高估冒算80余万元，落实审计建议15条；减少基建投资150余万元。水利专项资金审计延伸10个乡镇、24个村户和项目单位，查出违纪金额140余万元。对党政机关16家领导干部进行了任期经济责任审计，查出违纪金额931万元。

【新宾县审计局】现有干部职工28人，设有办公室、财金审计股、农林水审计股、基本建设审计股、行政事业审计股、经贸审计股，负责对全县15个乡镇和317个县直部门的审计监督。局长赵凤林，副局长张庆元、杜冰。

审计成果　全年共完成审计83户，查出违纪金额907万元，收缴190万元，向司法机关移送案件3件，提交审计信息20篇，其中上级审计机关采用2篇，完成审计论文5篇，其中获市级奖3篇，在审计刊物上发表1篇，提交审计报告12篇。获市局重大成果奖1项。获市局优秀审计项目奖3项。行业审计查出违纪金额528万元、收缴88万元。对工商局工商管理费的行业审计，已移交检察机关立案处理。共完成16户经济责任审计，查出违纪金额68万元。

【本溪市审计局】2000年，共有审计干部、职工99人，其中大学本科学历18人，大专学历74人。局长翁越，副局长李喜仁、张万本、马成贤、李宁波、李维娟。设有办公室、综合指导处、工业交通审计处、商粮外贸审计处、财政金融审计处、文教行政审计处、固定资产投资审计处、农林水利审计处、外资运用审计处、经济责任审计处、社会保障审计处、老干部管理处、机关党委。

审计成果　全局共完成审计项目27个，为年计划的123%；完成审计调查10项，为年计划的167%；完成审计户数131户；完成市委、市政府及有关部门交办的任务25项，其中经济责任审计13项；查出违纪资金总额58524万元；应收缴入库1660万元，实际收缴入库360万元，为年目标任务的180%；促进被审计单位增收节支，提高经济效益3452万元，为年目标任务的345%；发出审计要情和审计信息108期，被省厅和市委、市人大、市政府等有关部门采用30多篇次，批示30多篇次，全年没有发生审计行政诉讼案件，审计差错为零。

财政金融审计重点审计了财政税务部门，还延伸到邮电、电业、教育和政府机关等23个单位。通过延伸审计养老保险基金，发现截止1999年底，企业累计欠缴养老基金20704.4万元，被挤占挪用养老基金累计4905万元。通过延伸审计农业专项资金，发现并制止了有些单位擅自改变专项资金用途，补充人员经费开支等问题。

企业审计对本溪长丝织布厂等5户大中型国有工业企业资产、负债和损益情况进行审计。提出有针对性的改进意见和措施17条；对某服务企业资产、负债和损益进行审计过程中，查出并严肃处理了该企业隐瞒出售房屋收入431.6万元、隐瞒租金收入30.9万元的问题。全年共完成世行贷款项目审计6项，中外合资企业审计5户，外国政府贷款项目审计1户。共提出审计意见20条，均被采纳落实。

专项审计共审计了6个建设和工程项目，共削减工程成本939.4万元。

审计调查在对土地出让金征收使用情况的审计调查中发现：某县存在未按规定上交土地出让金810万元及以实物抵顶出让金不入账，形成账外资产等5个方面的问题。对此审计机关提出5条有实际操作性的改进建议。通过对全市林地转让收入和林地承包情况的审计调查发现：按政策规定林地转让收入的50%应作为林业发展基金用于林业发展，而实际都用于村民委的公益性支出和人员开支等。审计局和林业局共同向市政府提交了调查报告，提出了切实可行的建议。

公有房屋出租单位漏缴税金情况调查共抽查了180个企事业单位，实际有出租业务的95户，根据调查统计，应交各种税金307万元，实际交纳203万元，少交104万元。

【本溪市平山区审计局】现有干部职工11人，设有办公室、行政事业审计室、企业审计室，负责对全区2个乡镇和47个区直部门的审计监督。局长郑雪艳，副局长刘玉菊、魏春喜。

审计成果　审计户数22户，其中完成审计署计划1项；全年查出违纪金额147万元，其中处理处罚88万元，指明纠正59万元；全年上缴财政罚没收入10.5万元。对区属某公司进行财务收支审计过程中，发现该公司经理利用职务之便，收受贿赂及贪污公款12万元，挪用公款30万元，造成经济损失70万元。审计局已将此案移交检察院处理，并对涉案嫌疑人依法逮捕。

【本溪市明山区审计局】现有在职干部职工8人，设有行政事业审计办公室、工商企业办公室，负责对全区3个乡镇、7个街道办事处及全区130余家单位的审计监督。局长陈国辉，副局长赵丽、许茂军。

审计成果　全年共审计24户。查出和纠正违纪金额85万元；提高经济效益35万元；发送审计信息6篇，撰写审计论文1篇。根据区政府的统一部署，对全区3个乡镇、7个街道、16个村民委员会及31个居民委员会的纯收入指标完成鉴证，为全区1999年目标兑现工作提供了可靠的依据。对全区7个街道办事处的财产进行了清查。领导干部离任经济责任审计共审计13户。根据审计查实的不同情况进行了处罚，并提出审计建议35条。

【本溪市溪湖区审计局】现有职工9人，设有工业审计室、行政事业审计室和办公室，负责对全区4个乡镇和62家企业的审计监督。局长黄鹏连，副局长韩殿辅、高中华。

审计成果 全年共完成审计22户，查出纠正违纪金额42万元，上缴财政8万元，同相关部门联合查处涉税案件。

【本溪市南芬区审计局】现有干部职工9人，设有行政事业审计股、工商审计股和办公室，负责对全区3个乡镇和24个区直部门的审计监督。局长吴铁石，副局长闫芝。

审计成果 全年完成审计项目5项、30户，查出和纠正违纪金额65万元，促进增收节支30万元，针对思山岭乡三道河村多次集体上访，要求罢免村委会成员问题，受区政府指派对该村3年的财务收支进行审计，查出了大量违纪问题。

【本溪满族自治县审计局】现有干部职工20人，设有办公室、行政事业审计科、农林水利审计科、财政金融审计科、商粮供销审计科，负责对全县15个乡镇和县直各部门的审计监督。局长孙虎昌，副局长谢志春、迟炳伦。

审计成果 全县共审计52户，查出违纪违规金额1610万元，上缴财政25万元。发审计信息14篇，提交审计论文6篇。完成专项资金审计7户，其中延伸到各独立核算单位的审计25户，审计金额1120万元，查出被侵占挪用金额660万元。

【桓仁满族自治县审计局】现有干部职工23人，设有办公室、行政事业审计股、财政金融审计股、农业审计股、工商企业审计股、交通基建审计股，负责对全县18个乡镇和426个县属部门的审计监督。局长李贵方，副局长葛岩枫、赵亚琴。

审计成果 共完成审计96户，为年度计划任务的320%；纠正违纪金额2253万元；增加财政收入42万元，促进增收节支、提高经济效益112万元，发送审计信息21份，其中被有关部门、刊物采用6份。被辽宁省审计厅评为“全省审计机关档案工作先进集体”等光荣称号。

【丹东市审计局】2000年，共有在职干部、职工78人，其中硕士研究生1人，大学本科学历20人，大专学历57人，局长鄂显厚，副局长邹积庆、许广礼、刘恒杰。设有办公室、综合指导科、法规审理科、财政金融审计科、基本建设审计科、工业交通审计科、文教行政审计科、商贸审计科、农林水审计科、外资运用审计科。

审计成果 全年共完成审计308户，审计调查5项，查出违规行为金额35766万元，应交财政195万元，已交财政158万元，应减少财政拨款和补贴1248万元，应归还原渠道资金1181万元；为追究部分经济违法违纪人员的党、政纪责任，向有关部门发出《审计建议书》8份，召开审计情况通报会并印发《审计通报》8期；上报《审计信息》60期，发出《审计情况》20期，向丹东市委上报《送阅件》7期；在各级、各类新闻媒体发表宣传稿件20篇。

完成上级交办任务 完成丹东市政府交办的10户市属国有和国有控股工业企业经营责任状审计；按照丹东市政府的统一部署，负责帮扶1户经营困难的国有工业企业；抽调人员，参与丹东市“软环境”治理、依法强化养老保险费征缴“攻坚战”等阶段性工作；完成丹东市交办“丹沈高速公路”林木、林地补偿费专项审计。

内部审计 共有内部审计机构150个，其中专职机构27个，有内审人员270人，其中专职人员86人。完成审计单位264个，共查出损失浪费金额288万元，促进增收节支94万元，提出并被采纳的合理化建议118条，已纠正违规行为金额337万元。

经济责任审计 成立丹东市经济责任审计工作领导小组，建立经济责任审计联席会议制度，确认18个内部审计机构和14个社会审计组织可以接受国家审计机关授权承担经济责任审计业务，并对内部审计机构和社会审计组织分别承担的20户和10户经济责任审计工作质量进行检查。全年共完成县级以下党政领导干部和国有及国有控股企业领导人员经济责任审计106户，其中党政领导干部36人，企业领导人员70人。审计后有17人被提拔使用，46人转任其它职务，18人被免职或降职，1人被移交司法机关处理。

大案要案 向检察机关和纪律检查部门移送及配合查处经济违法犯罪和违纪案件11起，涉案人员16人，其中2人被判处有期徒刑，10人受到党、政纪处理。

【丹东市振兴区审计局】共有在职干部职工10人，设有财经、文行、综合、办公室等部门。局长胡正芳，副局长池迎春、毕建杰。

审计成果 完成审计和审计调查46项，查处违纪金额130万元，上缴财政4万元。预算执行审计44户，审计资金总额4800万元，查处违纪金额127万元；配合纪检对浪头基金会贷款清理追缴，对贷款金额较大的7户企业进行了全面审计，查处违法违纪款41万元，已收回34

万元，送交公检法处理5人。

【丹东市元宝区审计局】现有干部职工7人，负责对全区1个乡镇、6个街道办事处和25个区直部门的审计监督。局长刘伟，副局长杨松、吕亚军。

审计成果　全年共审计40户，下达审计意见书和审计决定10个，查出违纪行为金额1650万元，应上缴财政9万元。完成审计项目5项，编发审计信息3篇，提交审计报告8篇，科研论文1篇。本年招商引资2户，注册资金120万元。预算执行情况审计查出违纪金额627万元，应上缴财政4万元，提出审计建议10余条；对丹东市公安局元宝分局、元宝区检察院、环保资金审计、养老保险基金审计、教育事业费、计划生育事业费等进行专项审计；根据元宝区委组织部要求，对元宝建设开发总公司、元宝区总工会、元宝区城管局等“一把手”调任的部门和单位进行领导干部离任审计；根据元宝区政府要求，对蛤蟆塘镇的资产负债进行审计。

【丹东市振安区审计局】现有干部职工18人，设有财金审计股、农事审计股、基建审计股和办公室，负责对全区9个乡镇办事处和38个区直部门的审计监督。局长王文章，副局长胡本维、田福莲、卢丙革。

审计成果　完成上级交办任务5项，其中预算执行审计查出违纪违规金额100多万元，包括地税部门及其所属税务所滞留税款490多万元，各镇处“列收列支”700多万元，用专项资金平衡预算200多万元，赤字挂账190多万元；完成10名科级领导干部和公司经理的经济责任审计，查出违规违纪金额550多万元，其中虚列财政收入200多万元，虚列支出、套取现金20多万元，挪用专项资金平衡予算290多万元，偷漏税30多万元，私设“小金库”10多万元，挤占专项资金30多万元，因管理不善造成经济损失80多万元，审计建议有关部门追究责任1人。

【丹东市边境经济合作区审计局】现有干部职工12人，设有综合审计科、企业审计科和基建审计科，负责对全区12个区直部门和高科技开发区的审计监督。局长张立，副局长盛林。

审计成果　财政预算执行情况审计共查出违规行为资金300余万元，应缴财政6万元，提出审计建议6条；养老保险基金审计调查，查出10户企业基金的计提、上缴、管理等问题，提出审计建议3条；资产清晰审计2户。对丹东海外旅行社的审计，查出隐瞒收入6.9万元，资产不实82.5万元，其它费用挤占成本15.9万元，审计查补税金14.1万元；锦江制药厂审计查清了企业资产状况，保证了企业转制的顺利完成；丹东国际航运有限公司业务跨越中韩2个国家，审计调查揭示了公海航行中有关服务收入的纳税等问题；基建预结算审计共审计零星工程结算17项，送审总额245万元，审减5.5万元，对国有及国有控股企业投资工程结算审计总额3447.6万元，审减70.5万元；领导干部任期经济责任审计对丹东市高科委主任、合作区规划设计院等领导干部进行了离任审计。

【东港市审计局】现有干部职工27人，设有办公室、综合审理科、工业商业审计科、基建审计科、农事审计科、文行审计科和财金审计科，负责对全市22个乡镇和73个市直部门的审计监督。局长梁国衡，副局长邹荷、丛佩君。

审计成果　完成审计92户（项），查出违规金额4871万元，应缴财政收入344万元，实际收缴入库166.5万元。完成当地领导机关交办任务12项。编发审计信息、审计情况29期，撰写审计论文3篇，上报《送阅件》4份，在省级以上审计专业报刊和县级以上报纸发表稿件10篇。对所属11个乡镇的财政决算进行了审计，查出违规行为金额1300万元，应缴财政120万元，已入库70万元，并延伸审计了部分村级财务。完成东港市政府交办的有关1999年达标验收审计，共审计27户，其中有4个乡镇、9个村、14家企业通过验收；完成东港市政府关于农业综合开发资金专项调查、乡镇企业产值统计调查、牙鲆鱼场生产经营及基本建设投资情况调查；根据组织部的通知，完成东港市委交办的马家店镇党委、民政局、粮食局、公路段原任领导干部离任的经济责任审计；完成基建工程开工前审计78项；完成5个镇地税所办公楼、证券交易所、五四农场办公楼、殡仪馆办公楼及附属工程、财校二期工程、体育场三期工程等竣工决算项目审计，送审资金总额2937万元，审减113.9万元。

【凤城市审计局】现有干部职工24人，设有办公室、综合科、文行审计科、工交审计科、基建审计科、商粮贸审计科、财金农事审计科和经济责任审计科，负责对全市22个乡镇和62个市直部门的审计监督。局长赵文元，副局长马敏、王彦章。

审计成果　根据组织部门的委托，先后对9个主管部门、7个镇区、2个企业的18位领导干部进行了离任审计；全年共审结上级下达、本级交办和局内安排的审计项目57个，查处违规行为金额1397万元，其中决定处理、处罚371万元，指明要求纠正1026万元，责令上缴财政258万元，决定减少财政拨款或补贴173万元，要求归还原渠道资金93万元。向本级市委、市政府和丹东市审计局提交审计报告36篇，审计信息18篇。

【宽甸满族自治县审计局】现有干部职工23人，设有法规审理科、财金审计科、行政事业审计科、基建审计科和办公室，负责对全县22个乡镇和60多个县直部门的审计监督。局长王成家，副局长方立夫、张爱兵、程东明、郑文晶、迟文美。

审计成果 全年共审计64个单位，查出违规金额2800万元，上缴财政69万元，通过审计发现并移交司法机关和纪检监察部门处理经济案件3件，向县委、县政府和上级审计机关提交审计工作报告、信息68篇，被批示采用12篇。开展专项审计调查6项，撰写审计调查报告6篇，其中有3篇被市审计机关评为1等奖，1篇为2等奖。本级财政预算执行和其它财政收支情况的审计时发现，一是虚增财政收入120万元，人为调整滥列支出750万元，应列未列预算收入29万元；二是建筑施工单位漏缴税费严重，经抽查部分建筑施工单位，从1997年至1999年3年应缴税款168.8万元，实际只缴纳50.1万元等违法违纪问题。依据有关法律法规均予以处理。

【锦州市审计局】2000年共有在编公务人员62人，其中大学本科学历16人，大专学历42人，局长汤继凡，副局长马兆月、于庆金、才作义、刘凌滨，纪检组长孙玉琳。设有金融审计处、财政审计处、外资审计处、商业审计处、投资审计处、农业审计处、文行审计处、工交审计处、综合审计处和办公室等部门。

审计成果 全年完成审计118户（项），查出违纪金额5376万元，应上缴财政资金423万元，已上缴财政资金339万元，应归还原渠道资金188万元，提出审计建议370余条。对1998年预算执行审计提出问题的整改情况进行了后续审计，纠正应作未作财政预算收入、预算单位应缴未缴预算收入2项共增加财政收入1600万元。对1999年财政预算执行情况进行了全面审计，查出违纪问题金额8048万元。增加财政收入452万元，减少财政支出177万元。全市内审机构共完成审计项目1621个，促进增收节支3347万元，审减工程541万元。共受理了28件厂长（经理）离任审计申请。

大案要案 年初对市国家安全局兴办的10个经济实体审计查出违纪金额1300万元。同时还发现存在个人经济疑点问题，及时将此案移交市纪检委和市检察院进行处理。

【锦州市太和区审计局】现有干部12人，设有商业文行审计股、工交基建审计股、农业审计股和办公室，负责对全县4个乡镇和50个行政事业单位的审计监督。局长王瑞云，副局长刘永志、张佳恒。

审计成果 全年完成审计30户（项），查出违纪金额282万元，应上缴财政金额21万元，已上缴财政11万元，提出整改意见36条。

【锦州市古塔区审计局】现有干部10人，设有文教行政审计股、基建财务审计股、工业企业审计股和商贸审计股，负责对全区23个行政单位和60个事业单位的审计监督。局长杨宏燕，副局长徐秋、吕丽。

审计成果 全年共完成审计4户（项）。

【锦州市凌河区审计局】现有干部11人，设有工业审计股、商业审计股、文行审计股和财政审计股，负责对44个行政单位和40个事业单位的审计监督。局长李彦斌，副局长李文学。

审计成果 计划审计9户，实际完成11户，查出违纪金额288万元，罚没入库金额13.08万元，向被审计单位提出整改意见46条。

【凌海市审计局】现有干部17人，设有文行审计科、工交审计科、农业审计科、金融财政审计科、商业审计科、经济责任审计科和办公室，负责对全县28个乡镇和40个县直部门的审计监督。局长孙永泉，副局长王和平、王文才、袁振生。

审计成果 全年完成审计任务88户（项），完成年度计划的114%。查出违纪金额208.6万元，上缴市乡两级财政资金57万元，归还原资金渠道240万元，向市委、市政府提交审计工作报告4份，提出合理化建议119条。

【北宁市审计局】现有干部22人，设有综合审计科、文行金融审计科、农业财政审计科、工业交通审计科和办公室，负责对全县24个乡镇和40个县直部门的审计监督。局长李如惠，副局长张明义、刘宏逊、许百军、朱广学。

审计成果 全年北宁市审计局完成审计42户（项），查出违规、违纪金额412万元，已上缴市财政80万元。向被审计单位提出审计建议69条，促进增收节支27万元。

【黑山县审计局】现有干部22人，设有工交文行审计股、商贸农业审计股、金融审计股、行政事业审计股和办公室，负责对全县28个乡镇和40个县直部门的审计监督。局长孙广远，副局长付大任、吕国柱、卢德宣、王俊海。

审计成果 全年共完成审计46户（项），查出违规金额2560万元，应交财政资金21万元，已上交财政资金21万元。提交审计工作报告6篇，提出合理化建议130条。

【义县审计局】现有干部22人，

设有工交审计股、投资审计股、综合审计股、文行财贸审计股、农业审计股、财政审计股和办公室，负责对全县23个乡镇和45个县直部门的审计监督。局长吕玉堂，副局长才利军、李君。

审计成果 全年完成审计46户(项)，查出违纪金额826万元，应上缴财政金额45万元，已上缴财政金额25万元，提出合理化建议56条。

【葫芦岛市审计局】2000年，共有在职干部、职工41人，其中硕士1人，大学本科学历21人，大专学历13人，局长赵恩纯，副局长白凤志、郑洪平、时春明，纪检组长吴殿彬。设有办公室、综合科、财政金融审计科、农业文行审计科、经济贸易审计科、固定资产投资审计科、经济责任审计科等部门。

审计成果 全年共审计310户(项)，查出违纪违规金额52789万元，应交财政1302万元，追还被侵占挪用资金4401万元，查出百万元以上违纪单位7个，提交审计报告和信息245篇。全年共审计离任领导干部49人，其中平调35人、晋升1人、免职2人、撤职1人。

【葫芦岛市龙港区审计局】现有在职干部职工10人，设有财金农文股和工交贸审计股，负责对全区2个镇和64个区直部门的审计监督。局长岳廷权，副局长刘丽。

审计成果 按计划完成审计项目8个，超计划完成审计户数32户，查出违纪违规行为金额4788万元，处以上缴财政金额40万元，已缴财政40万元，收回某公司挪用排污费10.3万元。查出百万元违纪单位2个。全年提供审计信息3篇，同时被省级刊物采用1篇。对区属党政机关18个部门和单位的20位领导干部任期经济责任进行了审计。档案管理晋升为省一级管理单位。

【葫芦岛市南票区审计局】现有干部职工10人，负责对全区5个乡镇和56个区直部门的审计监督。局长孙闯，副局长孙国华、赵福兴。

审计成果 共审计30户（项），查出违纪、违规金额50万元，应收缴财政7万元，追还被侵占、挪用资金6万元，完成区委、政府交办任务3项，提出审计建议12条。

【葫芦岛市山区审计局】现有干部职工15人，设有财政金融审计股、工交商贸基建审计股、经济责任审计股、农业文行审计股，负责对全区19个乡镇和48个区直部门的审计监督。局长高振斌，副局长任志国、李焕义。

审计工作 共审计完成39户(项)，审计资金总额17000万元，查出违规金额3803万元，收缴违规资金总额19万元，归还原资金渠道1061万元，上缴区财政金额60.4万元。对查出的2起违法行为，已分别移送司法机关处理，对审计中发现的40万元违法资金已追回15万元，减少被审单位应付款8万元。

【兴城市审计局】现有干部职工20人，设有工交基建审计股、财贸金融审计股、文行农业审计股和综合办公室，负责对全市30个乡镇办事处和28个市直部门的审计监督。局长张克勤，副局长李保达、陶永昌。

审计成果 共完成审计任务25户（项），查出违纪金额1800万元，追回被侵占、挪用资金324万元，减少财政拨款110万元，应上缴财政74万元。受兴城市委组织部委托，对离任的22名正职乡局级领导干部1999年初至2000年7月末任职期间的经济责任进行了审计。

【绥中县审计局】现有干部职工18人，设有办公室、综合审计股、文行审计股、农业审计股、财金审计股、工交基建审计股，负责对全县的31个乡镇和61个县直部门的审计监督。局长智绍林，副局长王端怀、孙志学、李尚学，督导杨满林。

审计成果 全局共完成各项审计任务102户（项），全年审计金额4亿元，审计缴款55.6万元。

【建昌县审计局】现有干部职工24人，设有办公室、文行金融审计股、工交基建审计股、农财审计股和商贸审计股，负责对全县32个乡镇和56个部、委、办、局及221个企事业单位的审计监督。局长单宪安，副局长李海荫、李春海、秦明春、黄克常。

审计成果 共完成审计项目9个，审计单位63户，查出违规行为金额8178万元，上缴财政资金60万元。提交上报审计报告16篇。

完成署、省、市审计机关下达的审计任务7项，审计单位53户，查出违规行为金额8156万元。

【营口市审计局】2000年，共有在职干部、职工55人，其中大学本科学历14人，大专学历22人，局长唐心恩，副局长哈茂基、迟成君、张令。设有财政金融审计科、工业交通审计科、固定资产投资审计科、外资审计科、行政事业审计科、农林水审计科、商贸审计科、法规审理科、综合科、局办公室、经营者年薪制企业驻厂审计员办公室。

审计成果 共审计行政机关、企事业单位、社会机构423个，其中完成上级统审项目12项，审计单位69个。查出违纪金额3.2亿，应上缴财政547万元，已上缴359万元。

完成上级交办任务 营口市两级审计机关共完成领导交办审计任务42件。鲅鱼圈区审计局完成区政府交办的世纪广场、招商会展中心大楼等23项工程审计，为财政节约资金1416万元。

内部审计　全营口地区查出违纪金额2522.9万元，挽回经济损失1968.8万元。

经济责任审计　盖州市、大石桥市审计局先后成立了经济责任审计科，配备专职人员10人；建立了经济责任审计工作联席会议制度；全年共对30名领导干部进行了经济责任审计，有3人因在职期间存在经济问题而被免职。

大案要案　全年共移交案件3起，有5人被追究刑事责任。在对营口市合作银行审计中，从银行对账单位发现疑点，查出银行交换员监守自盗的大案，已被移交到公安机关立案侦察。老边区审计局将以校办工厂的名义偷漏税金达130万元的假校办工厂移交给经侦部门查处。

【营口市站前区审计局】定编9人，在编7人，设有办公室、文行审计股、综合审计股。局长杨秋兰，副局长刘庆文、夏军。

审计成果　预算执行情况审计共查出各种违纪金额1515万元。提出加强财政预算管理建议4条，督促有关单位入库税款300万元，同时受政府委托向区人大作了审计工作报告。共对25户行政事业单位进行了审计，查出违纪金额200余万元，其中"小金库"资金20余万元，提出合理化建议20多条。对东风小学教学楼工程进行了审计，削减应付工程款项7.3万元。组织审计人员对4户私营企业财务收支合规合法性进行审计，查出偷漏税等问题4万余元，对2户企业进行了处罚，1户企业补交税款1.5万元。

【营口市西市区审计局】现有干部职工7人，负责对全区7个街道办事处和50个区直部门的审计监督。局长李树林。

审计成果　全区完成审计项目24个，审计资金总额5800万元，查出违纪违规金额300万元，提出审计建议14条。完成上级交办任务4个。经济责任审计共实施了6户，对民政福利公司等6个领导干部应当负有的经济责任开展了审计。其它审计任务完成14个。

【营口市老边区审计局】现有干部职工15人，设有4个业务股和办公室，负责对全区6个乡镇及100多个区直部门的审计监督。局长刘井余，副局长马声远。

审计成果　全年审计任务33项，实际审计40项，查出违纪金额1246万元，应收缴财政18万元。完成领导交办的任务，摸清3户企业转制前的资产、负债情况。

【营口经济技术开发区审计局】现有干部职工13人，设有办公室、财金审计科、文行审计科、企事业审计科、基建审计科。局长张荣桓，副局长张铁群、叶晓东。

审计成果　完成审计项目39项，审计资金额4.5亿元，查出违纪额1887万元，实现增收节支1425万元。按照上级审计机关的部署，完成区地税局税收征管等4个项目的行业统审。查出挤占专项资金和对失业保险金基金缴纳率低等违纪违规问题；以及建区以来形成的39803万元历史包袱情况调查。接受地方政府交办，对区高中等5户领导干部任期经济责任进行审计，审计资金总额4368万元。基建审计科大力开展了世纪广场等新开工程、待审工程的审计。报审总值5756万元，审减额1417万元。

【大石桥市审计局】编制28人，现有36人，设有干部经济责任审计科、文行审计科、企业审计科、投资基建审计科、综合科及办公室，负责对全市20个乡镇区及所有市直部门的审计监督。局长于波，副局长李奎元、刘庆儒、张永宽。

审计成果　全年共依法审计33户（项），其中完成计划项目21项，委托审计1项，政府交办11项．共涉及114个单位，审计总金额24000万元，查出违纪金额2071.8万元，应收缴入库93万元，核减财政支出192万元，核减基建工程投资3378万元，向市政府和有关部门提交审计报告6份，协助有关部门查处案件5宗。

【盖州市审计局】现有干部职工30人，设有办公室、工业交通审计科、商业粮食供销审计科、固定资产投资审计科、农业林业水利审计科、财政金融审计科、干部经济责任审计科、文教行政卫生审计科，负责对全市3个办事处、4个农场、29个乡镇和38个市直部门及各类经济组织的审计监督。局长唐志吉，副局长韩中文、沈平、张家昌、董洪禄、谢庆元。

审计成果　完成审计项目111项，其中行业统审项目5项，市领导交办任务6项。查出违纪金额1548万元，其中查出漏交税款222万元。为财政增收节支407万元。应收缴入库142万元，已收缴入库45万元。全年已审结投资项目19项，工程原报价总额2603万元，审定额为1835万元，共审减报价额767万元，占报价额的29%。对7名领导干部任期经济责任进行了审计。

【盘锦市审计局】2000年，共有在职干部、职工41人，其中大学本科学历22人，大专学历16人，局长王淑静，副局长李鹏、王贺广，总会计师张彦琴。设有办公室、综合科、人事科、工交审计科、基建审计科、农林水审计科、商粮贸审计科、财金审计科、文行审计科。

审计成果　全年共完成审计项

目87项，为年计划的202%，查出违规行为金额9706万元，是上年的462%，其中决定处理处罚673万元，指明要求纠正9033万元；应交财政金额421万元，应归还原渠道资金金额538万元，已上交财政金额367万元。向上级审计机关和市委、市政府提交审计工作报告、审计信息94篇（份），其中审计报告、审计信息被各级党政机关采用59篇（份），已报批全国"三五"普法和依法治局工作先进单位。

完成上级交办任务　按省审计厅部署完成全市县级、乡（镇）计划生育行政性收费审计。审计资金330万元，审计县级计划生育部门2个、乡（镇）20个，抽查审计村6个，入户调查8户，对查出被截留挪用计划生育经费和保证金20万元依法进行了审计处理。按市人大、市政府指示精神，完成对市世纪广场工程建设项目的审计。

内部审计　共有内部审计机构101个，其中专职机构57个，共有内审人员206人。全年共审计620个单位，促进增收节支金额947万元，提出建议意见被采纳256条，查出损失浪费金额435万元，已纠正违规行为金额256万元。

【盘锦市双台子区审计局】现有干部职工16人，设有办公室、财金文行审计股、工交基建审计股、农林水审计股和商贸审计股，负责对全区6街1乡和60个区直部门的审计监督。局长韩守桐，副局长孙春孝、蔡永刚。

审计成果　全年共完成各类审计32户，查出违纪违规金额373万元，应上缴财政金额121万元，已收缴入库4.5万元，完成政府交办的审计查证4项。按照上级审计机关的要求对1999年双台子区财政预算执行和其它财政收支情况进行了审计，并延伸抽查预算执行单位16个。根据审计计划完成了22个单位的财务收支审计，对违规问题按有关规定进行了处理。按区政府的要求，共对15个部门法人离任进行了审计。

【盘锦市兴隆台区审计局】现有审计干部9人，设办公室、业务股，负责对全区2个乡、54个区直部门和辽河油田596个多种经营企业的审计监督。局长田宝顺，副局长高宏。

审计成果　计划审计17户，实际完成23户，审计中查出违纪金额173万元，应上缴财政金额11万元，实际上缴财政金额9万元。其中辽河油田天意实业总公司1996年6月至12月期间出租房屋取得有关收入29万元，应交未交房产税；渤海乡水利站使用财政拨付的水利专项资金修理的7个水利工程，金额24万元，工程支出均以工程预算列支，未有正式竣工决算手续，没有取得正式发票；区城建局挤占10万元排污费专项资金；区兴隆乡的4个分场财务支出未按规定取得有关发票，白条子列支现象突出；区房地产开发公司80万元的小区改造工程未取得正规发票；对兴隆宾馆承包人第2年承包指数完成情况及经营成果的审计中查出少交纳19万元税金问题。对以上问题已进行了处理，责令调账及罚款。

【盘锦市盘山县审计局】现有干部职工28人，设有办公室、财金文行审计股、工交基建审计股、商粮贸审计股、农林水审计股，负责对全县17个乡镇和60多个县直部门的审计监督。局长陈德智，副局长孙发胜、闫岗、张连华、李春润。

审计成果　全局完成审计计划项目37项，完成县委、县政府及其它有关部门临时交办的审计工作3项，参加企业清产核资1项，离任审计8项，查出违纪金额61万元，应缴财政46万元，已缴财政46万元，财政预算外调预算内收入15万元。对全县1999年财政预算执行和其它财政收支情况进行审计。审计财税部门及延伸审计相关部门40多个单位，审计覆盖面70%以上。《深化农业专项资金审计的思考》被省推荐到国家审计署进行论文研讨，论文《提高行政管理效率之拙见》被市推荐到省审计厅参加研讨。

【盘锦市大洼县审计局】现有干部职工32人，设有办公室、农林水审计股、商粮贸审计股、工交基建审计股、财金文行审计股，负责对全县20个乡镇和80多个县直部门的审计监督。局长张学俭，副局长邢殿举、李光、黄绍贵。

审计成果　全年共完成审计项目66户，查出违纪违规金额102万元，其中指明要求纠正34万元，执行审计缴款68万元，已上交财政入库55.5万元（含上年缴款本年入库17万元）。审计财税部门及延伸部分二、三级预算执行单位73户，审计覆盖面达50%以上；审计财政一般预算收支23726万元，占财政一般预算收支总额的53.1%；对全县17个农（苇）场1999年度的财务决算进行了审计。建立大洼县经济责任审计联席会议制度；共对20位党政机关及企事业单位的领导干部进行了经济责任审计。

【阜新市审计局】2000年，共有在职干部、职工67人，其中研究生3人，大学本科学历14人，大专学历45人，局长李忠良，副局长王智坚、杨绍军、武瑞华。设有国有企业审计科、固定资产投资审计科、集体企业审计科、行政文教审计科、农业审计科、财政金融审计科、办公室、综合科、人事科、法制科、审计管理科等部门。

审计成果　社会保障审计全年共审计了7项专项资金，查出违纪违规问题金额1150万元，市审计局在对职工基本养老保险基金审计时发现，在银行、非银行金融机构存入的定期存款和有价证券达1475万元，审计报告引起市政府及人大等有关部门的重视，责令采取措施限期收回。

固定资产投资审计对5个基建、技改项目进行了预（决）算审计，为建设项目节约资金42万元。其中对阜新市东环路改造工程项目核减工程价款18万元；对彰武县汽车客运站改建工程及1－3号住宅楼项目审计核减工程结算价款24万元。市审计咨询服务中心通过对10个建设项目进行预（概算）审计，共为建设项目节约资金353万元。其中对辽宁国际房地产开发有限公司阜新分公司综合楼装饰工程决算审计1项，审减值达134万元。

完成上级交办任务　先后3次组织力量，完成了市政府交办的转属企业审计工作。按照市政府的要求，对29户转属企业进行了资产、负债、损益审计。完成了对煤气公司、市园林处的专案审计工作，对发现的市煤气公司下属单位重大案件线索，及时移交检察、纪检机关处理。

经济责任审计　共对6个企业领导人员、11个党政机关领导干部进行了任期经济责任审计。

【阜新市海州区审计局】现有行政编制10人，实有9人，设有综合办公室、业务室，负责全区11个街道办事处、23个区直部门、53个行政事业单位、45户区属企业的审计监督。局长张谊莉，副局长王淑霞。

审计成果　全年共审计单位14户，共查出违规违纪金额65万元，处理处罚24万元，指明要求纠正41万元。

【阜新市新邱区审计局】现有干部职工8人，负责对全区4个街道办事处和52个区直部门的审计监督。局长季和，副局长索凤芹。

审计成果　共审计了19个单位（项目），查出违纪违规问题金额23万元；应归还原渠道金额24万元；处理处罚0.2万元。

【阜新市太平区审计局】现有干部职工12人，设有文行审计组、企业审计组、基建审计组和财政审计组，负责对区直机关、团体及所属企业事业单位的审计监督。局长肖玉光，副局长贾小平。

审计成果　全年共审计37个单位（项目），开展了同级财政预算资金及其它财政资金的审计、县级以下领导干部任期经济责任审计、财务收支审计、基建经济兑现转制企业审计及专项审计调查，2次向区人大常委会进行了报告。全年查出违纪金额1268万元，已上缴财政4.3万元，归还原渠道资金71万元，移交纪检监察机关另案处理1件1人。

【阜新市清河门区审计局】现有干部职工11人，设有工业审计股、商粮供审计股、行政事业审计股，负责对全区2个镇和区直各部门审计监督。局长宿宝章，副局长孙景贵。

审计成果　全年共审计了30个单位（项目），其中开展财政审计3户；行政事业单位审计27户。查出违纪违规问题金额422万元，决定处理处罚5万元。

【阜新市细河区审计局】现有干部职工10人，设有财政金融审计股、工业商业审计股、固定资产投资审计股、文化教育行政审计股，负责对全区5个镇区属行政事业单位、66个区直部门和2个街道的审计监督。局长王朝明，副局长张淑芹。

审计成果　全年共审计了28个单位（项目），其中完成署、省、市审计机关下达的审计任务8项20户；完成区政府交办的审计任务1项5户；完成领导干部离任审计3户；查出违纪问题金额213万元；决定处罚52万元；已上缴财政30.3万元，追还被挤占挪用资金11万元。

【彰武县审计局】现有干部职工20人，设有财政金融审计股、商贸审计股、行政文教审计股和办公室，负责对全县25个乡镇和46个县直部门的监督。局长王喜泉，副局长郭英涛、罗铁宏、钱海山。

审计成果　共审计了33个单位（项目），其中领导干部离任审计8户；查出违纪违规问题金额191万元，应上缴财政金额42万元；要求纠正金额149万元，已上缴财政金额7.2万元。

【阜新蒙古族自治县审计局】现有干部职工23人，设有办公室、综合股、工交商业审计股、行政事业审计股和农业审计股，负责全县36个乡镇和184个县直部门的审计监督。局长包铭山，副局长罗福田、陈景福。

审计成果　全年共完成审计项目22项，审计户数80户，审计资金额5.1亿元，查出违纪违规单位39户，违纪违规金额4497万元，其中指明纠正金额3143万元，归还原渠道资金869万元，应上缴财政金额19万元。

【辽阳市审计局】2000年，共有在职干部、职工73人，其中大学本科学历19人，大专学历41人，局长李洪儒，副局长杨利、田丰、丁茂竹。设有机关党委、纪检组、办公室、综合科、法规科、管理科、财政审计科、行政文教审计科、金融审计科、外资运用审计科、商贸审计科、固定资产投资审计科、工业交通审计科、农林水审计科。

审计成果　共开展审计110项，查出违规行为金额22365万元，应上缴财政338万元，已缴103万元。开展调查12项，形成各类审计报告33篇，编发审计信息81期。开展了对全市1999年度财政同级审，共审计85个单位。开展了对市商业银行及18个支行1999年度资产、负债、损益审计。向市政府报送了《关于加强我市地方金融机构审计监督的意见》。对市属国有大中型工业、商业企业进行了审计。对公路养路费使用情况的审计，收回账款120多万元。开展了养老、失业保险费缴纳情况的审计调查及对工商行政部门的行业审计。完成了署定世行贷款项目审计，审计查出挪用世行贷款150万元违纪问题，并作出归还原资金渠道的审计处理。共开展领导干部任期经济责任审计38项。共抽调4人，配合市纪检委参与对市证券公司“109”大案的查处工作。

【辽阳市白塔区审计局】　现有干部职工6人，设有行文审计组、财政审计组、工商审计组，负责对区机关和事业单位及7个街道办事处的审计监督。局长王德忠，副局长张迎胜。

审计成果　全年完成审计项目12项，查处违规行为金额14.3万元，提出审计建议36条，提交各类审计报告信息6篇。

【辽阳市文圣区审计局】现有干部职工6人，负责对全区5个街道办事处、26个区直部门和27个事业单位的审计监督。局长王连梅，副局长胡乃泓。

审计成果　全年完成审计项目16项，完成市下达计划的160%，查出违规行为金额143.26万元，纠正处理金额141.56万元，上缴财政1.3万元，提出审计建议8条。本级财政预算执行和其它财政收支情况审计工作查出违规行为金额108万元。对区政府办公室、老干部局、物价局、土地所、环保办、民政局6个部门1999年财务收支进行了审计，查出违规行为金额35万元，纠正处理金额33万元，上缴财政1.3万元。对襄平、东关、北门街道办事处及6个部门领导离任进行了审计。

【辽阳市宏伟区审计局】现有干部职工6人，设有经济责任审计办公室、财政财务审计办公室和综合办公室，负责对区直部门和曙光乡的审计监督。局长李振民。

审计成果　全年完成审计项目14项，查处违规行为金额156万元，提出审计建议10条，完成审计调查项目2项。全年共完成领导干部任期经济责任审计5项，其中县处级领导干部2人，科级领导干部3人。全年完成财务收支审计7项。

【辽阳市太子河区审计局】现有干部职工7人，负责对全区5个乡镇和51个区直部门的审计监督。局长刘锡源，副局长邹勇、肖奎华。

审计成果　全年共完成12项审计任务，查出违规行为金额1416万元，其中应归还原渠道资金350万元，应上缴财政16万元，已上缴财政5万元。档案管理晋升到省二级。财政“同级审”查出财政虚列支出75万元，查出企业欠税961万元等违规违纪问题。受组织部门的委托，开展了对2个镇长离任的经济责任审计。基建审计总金额158万元，查出高估冒算金额41万元。财政审计查出被挤占挪用专项资金350万元，经下达审计结论，要求被挤占挪用的专项资金全部归还原资金渠道。

【辽阳市弓长岭区审计局】现有干部职工17人，设有行文审计科、财税审计科、基建审计科、企业审计科，负责对56个区直部门和5个乡街（镇）的审计监督。局长曾宪博，副局长翁兴和、周健、齐作军、薛钰。

审计成果　依据国家审计署及省审计厅的工作安排开展了1999年度同级财政预算执行审计。在审计中，查出（乡）镇街弄虚作假，“空转”税款315.6万元，挤占区本级税源70.5万元，预征下年度税款30万元。开展了交通局、农委、公安分局等单位的固定资产投资项目竣工决算审计37项，为国家和建设单位节省建设资金8万元，占报审额的25%。协助地税稽查科查出企业漏缴税费700多万元。

【灯塔市审计局】现有干部职工32人，设有财政金融审计科、经济责任审计科、农业审计科、企业审计科、文行审计科、基建审计科、综合法制科和办公室，负责对全市20个乡镇和148个市直部门的审计监督。副局长陈凤玉（主持工作）、解永新。

审计成果　全年共完成审计项目37项，完成年度计划154%，查处违纪金额3327万元。应缴财政46.3万元，已缴财政27万元，完成市政府交办审计工作13户，提出审计合理化建议3条。

【辽阳县审计局】现有干部职工26人，设有财政审计股、商贸审计股、经济责任审计股、农业审计股、工交审计股、行政文教审计股、办公室，负责对县直机关、企事业单位和21个乡镇的审计监督。局长肖荣涛，副局长李宝民、马少博、李福佳。

审计成果　全年完成审计项目20项42户，查处违规行为金额2508万元，应上缴财政355万元，已上缴72万元。县财政预算执行情况审计查出违规行为金额1342万元。领导干部经济责任审计接受县委组织部委托20个，审结案5个，查出违纪金额576万元，其中应上缴财政7万元。审计中发现县交警大队的账外核算问题移交县检察院处理。被审计的15名干部中，有10人平调，5人离岗。税收审计重点对8个单位进行审计，审出漏税额超百万元，全部移交地税局处理，并向政府提出了加强税收征管的建议。配合工业局、农委，对4个群众上访案件进行审计调查，较好完成任务。

【铁岭市审计局】2000年，共有在职干部、职工70人，其中大学本科学历16人，大专学历36人，局长曹振祥，副局长李盛林、张宏伟、赵庆堂，纪检组长郭晖莹。设有工交、商贸、农林水、固定资产投资、文行、财税、金融、外资、经济责任等9个审计业务科和人事、综合、法规审理和办公室4个综合部门。

审计成果　全市共审计各类单位634个，完成年度计划的171%，查出违纪违规金额28201万元，上缴财政金额590万元。通过审计，增加财政收入1399万元，减少财政支出675万元，归还原资金渠道5215万元。其中市局审计各类单位238个，完成年度计划的140%，查出违纪违规金额16347万元，上缴财政金额325万元。通过审计，促进增收节支1250万元。2000年，铁岭市审计局被省委、省政府授予省级文明机关等光荣称号。

完成上级交办任务　两级审计机关共完成各级党委、政府交办的审计事项45项，协助公安、纪检监察机关办理经济违法违纪案件23件。

内部审计　全市共有内审机构532个，内审人员1408人。共审计各类单位429个，查出损失浪费金额322万元，促进财政增收节支390万元，纠正违规行为金额997万元，提出建议被采纳101条。

经济责任审计　全市共开展党政领导干部和厂长（经理）任期经济责任审计108项，其中县级以下党政领导干部任期经济责任审计100项，厂长（经理）离任审计8项。通过审计，有3人升职，93人平调，2人被免职，4人降职，3人退职，有3人涉嫌重大违纪问题移交纪检监察机关处理。

大案要案　全市两级审计机关共查处9件涉嫌经济案件，其中移送司法机关6件，涉案人员8人；移送纪检监察机关3件，涉案人员3人。查出“小金库”43个，金额达340万元，查出百万元违纪单位28个。

【铁岭市银州区审计局】现有干部职工19人，设有财金文行审计股、企业审计股、供销基建农林水利审计股、驻龙山乡审计室，负责对全区1个乡镇、6个街道委员会及区属国有集体企业事业单位和区直各部门的审计监督。局长刘长喜，副局长周贵仁、唐丽敏、齐雷。

审计成果　全局共完成审计项目35项，查出违纪违规金额516万元，应上缴财政金额41万元，实际上缴财政金额18万元，提交查出违纪违规金额百万元以上的违规单位2个，提交专业审计报告7个，撰写审计论文2篇。同时完成招商引资任务150万元（区下达引资指标100万元）。在区属各中学的收费及使用和管理情况的审计中，对铁岭市朝鲜族中学违规乱收费问题在全区范围内进行了通报批评。

【铁岭市清河区审计局】现有干部职工9人，设有人秘股、审计股、行政股，是区政府的综合经济监督部门。局长张会彦。

审计成果　共完成审计项目21项130户，完成全年计划的150%，查出违纪资金1899.9万元，上缴财政资金71.3万元，追回被侵占挪用资金1408.1万元。根据区政府的工作部署，受区委组织部的委托，对区交通局原局长任职期间财务收支情况进行审计，审计资金总额948.8万元，违纪金额113.8万元。根据铁岭市审计局工作部署，对区教委系统所属4所中学1999年至2000年4月末财务收支情况进行审计，查出违纪资金12.8万元，上缴财政资金1.3万元，追还被侵占挪用资金3.8万元。

【铁法市审计局】现有干部职工33人，设有办公室、财税金融审计股、文行审计股、企业审计股、固定资产投资审计股、干部经济责任审计股、法规监察股、乡镇审计所、内审指导股，负责对全市7个乡镇和46个市直部门的审计监督。局长杨建石，副局长傅书成、周存。

审计成果　全年共审计各类性质单位29个，查出违规行为金额778万元，上交财政金额61万元。其中本级财政预算执行情况审计查出截留上级财政收入等违规问题336万元。全年对10个单位16名主要领导干部进行了审计，查出违纪问题金额193万元，3名主要领导干部因违纪问题性质严重被移送到纪检部门受到相应的党纪、政纪处理。清理工程项目经理偷欠个人所得税专项审计，清缴偷欠税款31万元。

【开原市审计局】现有干部职工30人，设有财金审计股、农业审计股、基建审计股、企业审计股、文行审计股和综合股，负责对全市23个乡镇和42个市直部门的审计监督。局长徐玉双，副局长杨绍达、王艳华，纪检组长魏甫玉。

审计成果　全年完成审计项目60个，查出违纪金额2400万元，应上缴财政180万元，已上缴财政102万元，促进增收节支860万元，向司法机关移送案件5起，涉及7人。

除对财政部门组织预算收支、地税部门组织税收、国库部门办理预算资金进行全面审计外，延伸审计78个单位，查出违纪金额328万元，促进增收节支200万元。由组织、审计部门共同配合运作，先后完成对15名乡镇和市直部门的主要领导经济责任审计。审计结果提升4人，平调3人，降职7人，退居二线1人。突出对文教、卫生系统的审计，查出违纪金额1194万元，上缴财政19万元。

【铁岭县审计局】共有在职人员19人，下设5个业务股室、1个办公室。局长林长佳，副局长曹德贵、张志平，督导员张自然、王广林。

审计成果　全年共审计各类单位44户，查出违纪金额301万元，决定上缴财政58万元，已上缴财政53万元。提出审计意见和建议132条。促进增收节支和防止国有资产流失200万元。全年共发出审计信息、呈阅件30篇，被有关部门采用12篇；上报审计论文5篇，被上级审计机关采用3篇。文行审计股在对铁岭县地税局的延伸审计中查处其截留上级城市建设维护费收入26.3万元。在对铁岭县凡河中学的审计中，查出“小金库”22.7万元。基建审计股在对铁岭县公安局1999年度固定资产投资项目审计中，查补税款8.4万元。在铁岭县城建综合开发公司的审计中，查补税款16.6万元，查处私分契税代征手续费7.2万元。

【昌图县审计局】现有干部职工29人，设有秘书股、综合股、干部经济责任审计股、工交基建审计股、农业外资审计股、商贸文行审计股、财税金融审计股，负责对全县38个乡镇和76个县直部门的审计监督。局长祝全，副局长乔春光、张杰、王彦华。

审计成果　全年共完成审计单位100个，查出违规行为金额4915万元，应上缴财政179万元，应归还原资金渠道574万元。向上级提交审计工作报告、审计信息95篇，提交审计科研论文8篇。其中在财政预算执行审计中，查出违纪违规金额2931万元，应上缴财政、税务金额合计381万元，提出加强财政预算管理建议11条；在党政领导干部经济责任审计中，共对80名党政领导干部进行了任期经济责任审计；在行政事业审计中，审计3所中学，查出坐支预算外收入14.48万元，提高收费标准多收费0.28万元、超范围使用现金5.5万元、欠交税款1.04万元，挪用教育基金8.97万元；在乡镇财政决算审计中，审计34个乡镇，查出违纪金额971万元，收缴违纪罚没款21万元；在国有企业审计中，审计8个国有企业，共查出违纪金额363万元。

【西丰县审计局】现有干部职工25人，设有综合股、基建审计股、农林审计股、文行审计股、企业审计股、经济责任审计股和办公室，负责全县20个乡镇和31个县直部门的审计监督。局长冷宝昌，副局长谭志远、张波。

审计成果　全年共审计各类单位83个，查出违纪违规金额1366万元，应归还原资金渠道157万元，应上缴财政金额334万元，已上缴财政金额44万元。共提交科研论文12篇，其中10篇论文被国家级等各级刊物发表，并有5篇被市局评为优秀论文，审计信息共提交50篇，发表35篇，其中省级采用4篇。

【朝阳市审计局】2000年，共有在职干部54人，其中研究生学历2人，大学本科学历34人，大专学历18人。局党组书记兼局长赫明，副局长于海文、王秀珍、马仲英，纪检组长郑秀林。

审计成果　全年共审计143个单位，查出违规违纪金额12390.8万元，应收缴违规违纪金额655.9万元，已收缴476.8万元。有6个审计项目被辽宁省审计厅评为“优秀审计项目”。

完成上级交办任务　共完成市领导交办的审计事项8项，向市领导提供审计工作报告、审计调查报告、规范性文件9份，其中有3份被市委、市政府领导批示和批转执行。

内部审计　共有内部审计机构12个，专兼职审计人员40人，共对820个单位进行了审计，查出违纪金额3583万元，提出审计建议210条。

经济责任审计　先后对9户国有及国有控股企业领导人员进行了经济责任审计，同时还对朝阳广播电视报社改制试点实行了审计，并提出了审计报告。

大案要案　市审计局配合中共朝阳市纪委对朝阳市公路集团公司经济案件进行了查处工作。

【朝阳市双塔区审计局】现有干部职工11人，设有文行审计股、企业审计股、基建审计股、农林水审计股、经济责任审计股和办公室，负责对全区所有国有、集体企业、区直区属部门、以及2个乡、10个街道的审计监督。局长王彩霞，副局长李亚民，纪检组长杨燕。

审计成果　全区共审计55个单位，查出违纪、违规金额966万元，应上缴财政76万元，已收缴入库12万元。共对10名科级干部离任进行了审计，对2所小学进行了审计，查处违纪金额30余万元，收缴5.5万元。全区共有内审单位10个，配备专、兼职审计人员21人，共审计5个单位，查处违纪金额6万元。

【凌源市审计局】现有干部职工25人，设有办公室、农业审计科、工业审计科、商业审计科、文行审计科、社保审计科、财金审计科、基建审计科和法规科，负责对全市18个乡镇10个办事处和150个县直部门的审计监督。局长杜振民，副局长薛广珍、冯战军、刘建君。

审计成果 共审计了78个单位，查出违规违纪金额1955万元，应收缴财政金额202万元，已交财政21.6万元；核减工程造价节省基建投资59万元；促进增收节支785万元。完成市委市政府交办的审计事项5件。党政领导干部经济责任审计，制定了《凌源市党政领导干部任期经济责任审计实施办法》，成立了领导干部经济责任审计科，对松岭子等3个乡镇和市科协的主管领导干部调动进行了经济责任审计。

【北票市审计局】现有干部职工27人，设有办公室、法规指导股、财政金融审计股、商贸审计股、工业审计股、文行基建审计股、农业审计股，负责对全市31个乡镇、管理区及60多个市直部门的审计监督。局长邓永喜，副局长李向升、王兴利。

审计成果 全年共开展审计事项73项，查出各类违纪资金235万元；做上缴财政处理的违纪资金（含罚款）65.5万元。追还被侵占挪用专项资金85万元，提交审计报告、审计信息、编发审计宣传稿件19篇，被上级机关、新闻单位采用14篇，其中被省政府领导批示批转1篇，省审计厅批转采用3篇。全年共对4个行政事业单位领导干部任期经济责任进行了离任审计，纠正违纪资金27万元，平调2人，提升2人。全市共建立部门审计机构12个，内审人员17人，组织开展内审工作25项。

【朝阳县审计局】现有干部职工40人，设有财金审计股、商贸审计股、工业审计股、文行审计股、农业审计股、基建审计股、综合股、法规股和办公室，负责对全县27个乡镇和91个县直部门的审计监督。局长张宝柱，副局长刘志方、李国华、庞守刚、魏德华，纪检组长钱勇。

审计成果 全年共审计180户，查出各种违纪违规金额5030万元，挽回经济损失58.2万元，追回被侵占挪用的资金49万元，上缴财政57万元。对11位企业厂长（经理）和2位镇党委书记进行了经济责任审计，向县委、县政府提交审计结果报告1份，出具审计意见书10份。下达审计决定8份。内部审计配合公、检、法和纪检监察部门办案31起，帮助企业清理应收款项193万元，审计101个单位，查出各种违纪违规金额158万元。

【建平县审计局】现有人员24人，设有文行审计股、财贸审计股、工交审计股、农村审计股、基建审计股和办公室，负责全县23个乡镇、6个办事处和县直部门的审计监督。局长梁兴志，副局长赵兴中、于首中、张文一、姚永政。

审计成果 完成了上级交办的审计任务16项，完成审计户数215户，是全年审计计划的302%；查出违纪金额420万元，应缴财政158万元，已上缴财政43.9万元；下发审计意见书215份，审计科研论文5篇，审计信息8份；完成了县委、县政府交办的经济责任审计任务69户；共建内审机构52户。

【喀左县审计局】现有干部职工28人，设有办公室、财政金融审计股、农林水审计股、商粮贸易审计股，负责对全县22个乡镇和56个县直部门的审计监督。局长刘桂滨，副局长刘学东、徐连起、潘国权、李国民。

审计成果 全年共审计70户，是年计划的103%。共查出违纪金额500万元，其中“小金库”资金5万元。应上缴财政资金22万元，已上缴20万元。追还被侵占挪用资金49万元，归还原渠道资金34万元，提出各项合理化建议12条，被采纳6条；撰写审计论文与审计信息26篇。完成县政府招商引资任务130万元；包扶县营工业企业、乡镇企业、贫困村各1户，收到明显效果。受县政府委托，配合有关部门对10户群众集体上访的企业进行了审计，并做出相应处理。受县委委托完成了全县5名党政领导干部经济责任审计。现有内审机构44个，内部审计人员166人。

吉林省

【吉林省审计厅】2000年，吉林省审计厅定编105人，在编96人。厅机关设有办公室、人事教育处、机关党委、纪检监察室、法制处、财政审计处、金融审计处、行政事业审计处、经贸审计处、农业资源环保审计处、固定资产投资审计处、社会保障审计处、外资运用审计处、经济责任审计处；另设有政法审计处、文体卫生审计处、科学教育审计处、商粮审计处、林业水利乡企审计处、社会质量监督处等派出机构；同时，还设厅机关服务中心、审计研究所、审计学会、内部审计协会、审计信息中心、审计培训中心等6个直属事业单位。

领导成员

厅　　长：崔　杰

副 厅 长：张炳功　刘庆恒　李成姬

纪检组长：马亚力

助理巡视员：洪宝荣

吉林省审计成果　全省审计机关认真贯彻省委、省政府和审计署关于审计工作的指示精神，坚持全面审计、突出重点的原则，以审计财政财务收支真实性为基础，以提高审计质量为中心，加大对重大违法违纪问题的审计力度，进一步强化审计监督，在维护财经秩序，促进廉政建设，推进依法行政，保障国民经济持续快速健康发展等方面发挥了积极作用。全省共审计2949个单位，分别对查出违法违纪问题进行了处理，已上交财政13541万元，促进增收节支6871万元，向检察机关移送案件7件，向纪检监察部门移送案件53件，向主管部门移送案件66件，提交审计工作报告和信息2401篇，被各级党委、政府、新闻单位和上级审计机关批示采用1813篇。

预算执行审计　全省审计机关以规范预算管理和财政分配秩序为目标，以重点资金为主线，紧紧围绕预算资金的收缴、分配、拨付及使用环节，深入开展了预算执行审计，为各级政府和人大加强预算管理和监督发挥了积极作用。省审计厅对省级财政、地税和国库及所属22个市县地税、国库部门进行了审计，查出违纪违规问题156207万元，审计决定体现省级一级预算收入和基金预算收入3566万元，归还原渠道资金22965万元，收缴市州县截留省级收入693.1万元。在审计中，通过对部分市县财政管理使用省专项资金、住房资金、科技资金、农业综合开发资金管理使用情况的审计和调查，揭示了存在问题，分析了原因，提出了具体建议，达到了预期目标和效果。省政府常务会议听取审计结果报告后，决定对审计查出的问题集中进行整改，召开了有关部门参加的专题会议，并以省政府会议纪要的形式下发执行。省人大在审议审计工作报告后，给予了高度评价。

中直单位授权审计　审计署共授权给吉林省审计中直单位22户。全省认真组织实施，各级审计机关以资产负债损益的真实性为重点，严格按照审计署的要求，加强管理，注重规范，严格把关，认真履行审计程序，有效地促进和规范了中直单位经营管理，扩大了审计监督影响，取得了较好效果。在授权审计中，全省共查出违纪违规行为金额60397万元，收缴2538万元，罚没款455.7万元，追回被侵占挪用的资金1229.4万元，提出审计建议220条。

经济责任审计　全省积极开展并逐步规范经济责任审计工作，注意在完善制度、改进方法上下功夫。一是省厅对全省9个市州22个市县开展经济责任审计情况进行了专题调查，总结了过去的工作经验，并就目前存在的问题及其解决办法提出了具体意见。二是召开了全省经济责任审计工作研讨会，重点研究讨论了领导干部经济责任审计暂行规定和操作规程。三是与省纪委等五部门联合召开了经济责任审计工作联席会议，明确了联席会议的主要职责和成员单位的工作分工。四是市县审计局在经济责任审计工作中也做出了积极努力。通榆县审计局规范运作，完善措施，积极有效地开展经济责任审计，他们的做法和经验，在全国经济责任审计工作会议上做了书面交流。洮北区审计局强化领导干部任期经济责任审计，积极推进任期审计成果的转化，有2篇案例，被审计署编选进专集之中。全省共对560个单位的主要负责人进行了经济责任审计，各地参照审计结果和其他方面的考核情况，有262人平调，45人得到晋升，40人给予免职，3人被移送司法机关。

省直公司审计　全省审计机关注意围绕经济建设中心，增强大局意识和服务意识，积极完成各级党委政府交办的各项任务。根据省委、省政府指示，省厅对13个省直公司资产负债损益情况进行了审计。通过审计，查出省直公司经营管理上存在的6个方面问题，提出了具体意见和建议，共发现98件重大违法违纪问题和经济案件线索，涉及金额5.3亿元，根据问题的性质和严重程度，直接移送检察机关4件，移交省大案要案协调组30件，移交主管部门64件，省长洪虎同志专门批示有关部门跟踪督查办理。审计结束后，省政府已责成财政部门牵头进行专项清理整顿。省委常委、纪委书记吴广才同志亲自到省厅，听取有关情况，对审计工作给予了充分肯定。

省出版局系统及教材办审计　按照省政府的统一部署，省审计厅对省出版局系统23户企业的财务收支真实、合法和效益情况进行了全面审计，查出省出版局系统存在的资产、负债、损益不实等9个方面的问题，移交了19件违法违纪案件线索。同时，根据审计工作进展需要，经请示省政府领导同意，分阶段、有步骤地对省中小学教材审定委员会办公室及9个市、州和10个重点县、市、区的教材发行折扣收入情况进行了审计，发现了全省中小学教材和教辅材料的审定、出版、定价、发行中长期存在的扩大审定发行范围、提高价格标准、违规收取发行折扣、以高额回扣推销教辅用书等问题，向省政府提交了专题报告。针对审计查出的问题，全哲洙副省长主持召开了由财政、物价、审计、教育、出版等五部门参加的会议，共同研究了省审计厅代省政府起草的《关于加强中小学生教材教辅材料审定出版发行管理，切实减轻中小学生课业负担和经济负担的意见》。会后，省政府以通知的形式将意见全文转发至各市、县人民政府及省直有关部门。

其他重点项目审计 全省以提高审计质量为中心，积极开展各项工作。省厅对长春至拉林河、吉林至江密峰高速公路建设项目预算执行和竣工决算进行了审计，查出有问题金额3416.4万元；对长春市及所辖区1998年至1999年度排污费进行了审计，审计排污费总额4665万元，查出截留省级财政收入等有问题金额1841万元。全省组织对农业综合开发资金进行了审计，已归还原渠道资金2152万元，促进资金到位3729万元，省领导作出了抓紧整改落实的批示；对120户未参保的企事业单位1999年度职工基本养老保险扩大覆盖面的情况进行了审计调查；对21个世行和亚行贷款项目进行了审计，共查出挪用项目贷款和物资等违反协定和国家财经法规问题金额8973万元，指明要求纠正8641万元，归还被侵占挪用资金1533万元；对省工行系统落实1999年审计决定情况进行了督促和检查，全省应收缴的1161万元和应予调账的78222万元已经全部落实到位；对65户重点亏损企业资产负债损益情况的真实、合法和效益性进行了审计，分析了企业亏损的内外部原因，提出了加快改革和脱困的具体建议；省厅还对长春恒信会计师事务所有限责任公司的执业质量进行了检查，以促进提高社会审计组织的执业质量。由于反映问题全面，审计力度大，查处细致透彻，为政府科学决策提供了有力依据。

厅机关机构改革 根据省政府机构改革工作整体部署，6月至7月，省审计厅进行了机构改革。内设机构由15个减到13个，编制由129名减到71名。同时，按照“该减则减，该增则增”的原则，新增派出处6个，编制30名。改革后，干部的年龄结构、公务员队伍的职级职位结构和处级领导班子结构趋于科学合理，有19名业务骨干走上了正副处长的岗位，厅机关的职能得到了加强。

【长春市审计局】 2000年，共有在职干部职工112人，其中大学本科学历55人，大专学历32人，局长李本喜，副局长刘奇男、刘健芝、富志刚、李万成。设有办公室、人事处、机关党委、纪检组、管理处、审理处、经济责任审计处、工业审计一处、工业审计二处、农审处、商审处、行审处、财金审计处、外资审计处、投资审计处等15个处室和审计学会、服务中心2个直属事业单位。

审计成果 全年审计138户，查出违规行为金额144342万元，应上交财政12045万元，已上交财政（含调库处理）2317万元，应归还原渠道资金7110万元，应调账资金8908万元，提出审计意见和建议230多条，针对市财政、地税及政府有关部门存在的问题，提出了处理意见和建议，并根据市人大常委会要求，对审计决定执行情况进行了跟踪监督落实。全年收到信息130条，编发《长春审计简报》60期。初步建立了领导干部任期经济责任审计联席会议制度，明确了会议内容，并受市委组织部委托，对20名市管县级以上领导干部进行了经济责任审计。

完成上级交办任务 授权审计查出违纪违规金额49026万元，收缴94.9万元，罚没款19.5万元，追回被侵占挪用资金26万元。同时，完成市政府交办的30余项审计任务。

队伍建设 组织开展了“双评”和“讲廉洁、树形象”专题教育活动以及“审计如何更好地代表先进文化前进的方向”的大讨论，使广大审计干部增强了服务意识；通过竞争上岗，有25名同志重新走上或被提拔到中层干部岗位；加强廉政教育，制定完善了《长春市审计局党风廉政建设责任制实施细则》等5项规章制度；开展了审计回访，对县（市）、区审计局1999年度党风廉政建设情况和审计过渡专户管理情况进行了检查。

【长春市朝阳区审计局】 现有干部职工14人，设有综合科、行政事业审计科、企业审计科，负责对3个乡镇、8个街道办事处及49个区直部门和单位的审计监督。局长王永祥，副局长刘秀芳、李明。

审计成果 全面完成上级审计机关下达的审计项目计划及区委、区政府交办的审计事项，共审计53户，其中市审计局计划23户，区委、区政府交办30户，共查出违规行为金额82万元；在预算执行审计中，审计了与区财政预算执行有关的教育局、机关事务管理局等行政事业单位，查出违规行为金额35万元，依法作出了审计处理；开展了1户工会经费审计，对区工会经费的管理使用起到了监督作用；审计了9户企业事业单位财务收支，查出违规金额42万元，决定处理处罚23万元；根据上级审计机关授权，对长春出版社、长春市中心血站、吉林省青年旅行社3个单位进行了财务收支审计，查出违规金额4.9万元，依据有关法规作出了相应的审计处理；完成区委、区政府交办的领导干部任职期间经济责任审计任务30户。

【长春市宽城区审计局】 现有干部职工9人，设有综合科、行政事业审计科、企业审计科，负责对全区3个乡镇和9个区直部门的审计监督。局长刑振福，副局长依瑞志、曲桂文。

审计成果 共完成审计项目2个，审计单位13户，全年审计总金额28440万元；完成审计调查1项，调查单位4个，向市审计局提交审计调查报告7篇，提交审计工作报告5份；在企业审计中，进一步做到审计与服务相结合，为企业提出加强资金管理的建议，帮助企业培训财务人员；注重加强内部审计工作，全区共有内审机构22个，内审人员20人，完成审计项目45个。

【长春市二道区审计局】现有干部职工12人，设有行政事业单位审计科、企业审计科、综合科，负责对全区5个乡镇和32个区直部门及145个事业单位的审计监督。局长王恩波，副局长于红。

审计成果　共审计61户（项），查出违纪金额1336万元，追还被侵占挪用资金240万元，上缴财政138.9万元，开展审计调查2项；财政预算执行审计效果突出，审计总金额8700万元，查出违纪问题16项，违纪金额951.5万元，追回被侵占挪用资金9.5万元，提出审计建议17项；进一步加大了财务收支审计力度，查出违纪问题38项，查出违纪金额385万元，提出审计建议48项；此外，还完成了上级审计机关的授权审计及区委、区政府交办的审计任务，数量达40余项。

【长春市南关区审计局】现有干部职工12人，设有综合科、行政事业审计科、企业审计科和经济责任审计科，负责对全区3个乡镇和27个区直部门的审计监督。局长邓玉阁，副局长李占军。

审计成果　全年共对49个单位进行了审计，其中同级预算执行及其他财政收支审计11户，财务收支及专项审计6户，经济责任审计16户，省厅授权项目2个，共查出违纪金额5782万元，上缴财政84万元；在同级预算执行及其他财政收支审计中，查出违规退税、应缴未缴固定资产投资方向调节税等违规行为金额2947万元，占全部违纪金额的51%，审计结果引起长春市人大、市政府的重视；抽查了4个行政事业单位，共查出违纪金额44万元，促进了机关、事业单位的廉政建设和经济发展软环境建设；完成了区委交办的16个领导干部任期经济责任审计；完成了省审计厅授权的吉林省粮食专科学校和吉林省吉鑫供销贸易有限公司的审计，查出违规行为金额2145万元。

【长春市绿园区审计局】现有干部职工12人，设有综合科、企业审计科、行财审计科，负责对全区3个乡镇、7个街道办事处和40个区直部门的审计监督。局长魏学恩，副局长吕恩海、张清明。

审计成果　共完成审计项目计划20户，查出违纪金额1008万元，应缴财政124万元，全部入库；完成财政同级预算审计15户，其中应缴未缴预算收入244万元，挪用预算资金179万元，虚列支出585万元；受区委组织部委托，完成了领导干部经济责任审计31项，查出了有关领导在任职期间严重违反财政纪律，开假报销凭证及收入不入账、提取现金私设小金库，巧立名目滥发节日补贴等问题，组织部对此作出了严肃处理。

【长春市双阳区审计局】现有干部职工17人，设有综合科、财政金融审计科、基建审计科、工交行文审计科、商贸审计科，负责对全区13个乡镇和50个区直部门的审计监督。局长张占臣，副局长刘清双、常晶。

审计成果　共审计41项（户），其中署、省项目8项，市项目计划33项，全面完成了上级下达的年度审计任务。共查出各类违纪违规金额1247万元，决定处理处罚1045万元，指明纠正202万元，应交财政167万元，提交审计报告2篇，有1项工作受到省、市、区表彰；认真开展领导干部任期经济责任审计，全年共审计6人，对其经济责任进行了客观公正的评价，为区委正确使用干部提供了参考依据；进一步规范审计文书，防范审计风险，根据审计署2000年1号、2号令的规定，采取有效措施，制定完善了审计小组和被审计单位承诺及审计工作底稿制度，研究制定了违纪问题登记卡等审计文书。

【九台市审计局】现有干部职工21人，设有办公室、工商企业审计科、财金基建审计科、行文农业审计科、综合内审科、经济责任审计科，负责对全市15个乡、3个街办和230个市直部门的审计监督。局长贾士武，副局长宋国权、曹纯波。

审计成果　共完成审计项目113户，发现违纪金额7945万元，应上缴财政780万元；完成审计调查1项，提出合理化建议2条，均被市政府采纳；积极探索经济责任审计，全年共审计15人，为市委、市政府选拔任用干部提供了依据；进一步加强内部审计工作，有2篇理论研讨文章在市审计局组织的评选中获奖；全年共发表信息10篇，其中省审计厅采用2篇，市审计局采用8篇；在年度考核评比中，分别被省审计厅、市审计局评为信息宣传先进单位。

【榆树市审计局】现有干部职工26人，设有综合科、审计指导科、企业审计科、固定资产投资审计科、行政事业财政金融审计科、农林水审计科等部门，负责对全区36个乡镇和26个市直部门的审计监督。局长赵启范，副局长杨中友、庞树培、张铁汉。

审计成果　共完成审计任务83户，查出违纪金额1958万元，应上缴财政286万元，已上缴67万元；完成经济责任审计33户，查出漏缴税款29万元，已做出全额收缴处理；完成上级授权审计任务2户；完成专项审计调查4项，调查单位53个，提交专项审计报告4篇、审计信息18篇，被《长春市审计简报》采用4篇，内部审计杂志采用2篇。

【德惠市审计局】现有干部职工25人，设有秘书科、行政文教商贸审计科、农林水财金审计科、工交基建审计科，负责对全市19个乡镇和64个市直部门及所属企业的审计监督。局长李福明，副局长宁吉安、张德印。

审计成果 全年计划审计项目64户，实际完成审计项目97户，完成了计划的150%，其中省、市下达的审计任务9户，预算执行审计21户，企业审计12户，行政事业单位审计24户，金融审计1户。共发现违纪金额981万元，应上缴财政290万元，应归还被侵占挪用资金472万元，已缴财政40万元，有效地发挥了审计的经济监督作用；受市委、市政府委托，开展了领导任期经济责任审计，审计36个单位，38名领导干部，并对领导人员任期经济责任作出了客观公正的评价，为组织部门正确任用提供了参考依据。

【农安县审计局】现有干部职工23人，设有人秘科、综合科、基本建设审计科、农林审计科、商粮外贸审计科、财政金融工业交通审计科、行政文教审计科等部门，负责对全县26个乡镇和52个县直部门的审计监督。局长刘振杰，副局长张明智、王佑林。

审计成果 完成审计计划项目70户，审计调查项目5项，审计资金12.6亿元，其中违纪金额3937万元，已缴财政49.5万元；查出重大案件8起，重大违纪金额571万元；开展经济责任审计52户，审计65人次，涉及21个党政部门、24个乡镇、2户团体、5个县属企业，审计资金4.2亿元，并对领导人员任期经济责任进行了客观公正的评价，为组织部门正确使用干部提供了依据；报送审计信息、论文等22篇，被上级和有关刊物采用9篇；全县共有内部审计机构19个，均按照年度计划开展了审计工作，取得较好效果。

【吉林市审计局】2000年，共有在职干部职工83人，其中大学本科学历28人，大专学历40人，局长石汉钧，副局长刘淑华、杨万军、李福，纪检组长冯启元。设有办公室、人事教育处、机关党委、工业交通审计处、商贸审计处、农业水利审计处、财政金融审计处、外资运用审计处、投资审计一处、投资审计二处、行政文教审计处、案件审理处、经济责任审计处等13个部门。

审计成果 全年市县两级审计机关共完成审计任务625户（项），查出各类违规行为金额88194万元，应上缴财政517万元，已上缴财政382万元，促进增收节支461万元；提交各类审计工作报告、信息244篇，被各级党政机关、上级审计机关和新闻单位采用88篇，并完成上级审计机关交办的及政府临时交办的12项工作任务，充分发挥了审计在经济领域中的职能作用。

内部审计 全市共有274个内审机构，549名内审人员。共完成财务收支、经济效益、经济责任等审计任务243项，提出合理化建议被采纳41条，促进企业增收节支137万元，查出损失浪费195万元，促进了企业内控制度的健全。

经济责任审计 围绕企业管理人才建设，加强了经济责任审计。共开展了28户重点企业经济指标考核和经济责任审计工作，为正确评价企业经营业绩，分清企业法人经济责任及有关部门正确考核和使用干部提供了依据。

【吉林市船营区审计局】现有干部职工9人，设有综合审计科、行政事业审计科、企业审计科和内审指导科，负责对全区5个乡镇和64个区直部门的审计监督。7月份，吉林市将永吉县的搜登站、大绥河、太平等3个乡镇划归船营区管辖。局长陈中全，副局长王文彬、汪永富。

审计成果 共完成省、市计划审计14户（项），其中财政预算执行情况审计1户（项），财政决算审计1户（项），行业专项审计6户（项），企业、事业单位审计5户（项），社会养老保险扩面审计调查1项。应收缴罚没款5.5万元，已收缴入库4.5万元；完成区政府临时交办的审计工作共8户（项），对加强行政、事业单位的财务管理，促进党政机关的廉政建设，树立机关干部的良好形象起到了积极的作用；在年初区接收了新划归的一些企业后，对原永吉县石灰厂资产负债情况进行了审计；同时，配合其他部门进行了2项审计调查。

【吉林市昌邑区审计局】现有干部职工13人，设有综合科、行文审计科和企业审计科，负责对全区6个乡镇、13个街道办事处和34个区直部门的审计监督。局长白彦胜，副局长李春阳、回学智、王殿奇。

审计成果 共完成审计项目36户，查出违纪金额1569万元，完成审计调查报告3篇，审计信息8篇，上报审计论文1篇；积极采取有效措施提高审计质量，注意把好“四关”，即详细可行的审计方案、严格负责的审计复核、严肃认真的审定会议、高质量的复审制度，保证了全年没有发生错案；重视区政府交办的任务，共完成群众上访、企业改革审计8项；受区委组织部委托，完成了8个部门的领导干部经济责任审计；注意查找深层次的要害问题，发现重要违纪案件线索，向纪检监察机关提供重要线索2件，违纪人员被撤职的1人，通报批评并免去领导职务的2人。

【吉林市龙潭区审计局】现有干部职工11人，设有企业审计科、行政事业审计科和综合科，负责对全区8个乡镇和35个区直部门的审计监督。局长佟鸿志，副局长丁阳森、杨建明。

审计成果　全年在区委、区政府和市审计局的领导下，紧紧围绕区委、区政府的中心工作，扎扎实实地开展各项审计业务，共完成审计项目21户（项），其中完成市审计局下达的审计项目14户（项）；完成政府交办工作7项。共审计单位37个，查出违规行为金额610万元，应缴财政18万元，已全部上缴入库。

【吉林市丰满区审计局】现有干部职工11人，设有企业审计科、行政事业审计科、综合审计科，负责对全区2个乡镇和28个区直部门的审计监督。局长曲凡夫，副局长朱凤杰。

审计成果　共完成审计项目计划46个，完成审计调查2项，调查单位27个，共查出各类违纪金额196万元，应上缴区财政21万元，已上缴财政6万元，提交审计报告29篇；共完成上级审计机关下达的审计任务18项，审计单位38户，其中包括全区养老保险扩面审计调查20户，授权审计3户；积极推行经济责任审计，向区委、区政府提交了《关于贯彻实施县级以下党政领导干部任期经济责任审计暂行规定的意见》；为整治经济、营造全区经济发展软环境，结合本区实际，提出了8项具体措施，加大了对执收执罚部门、单位的审计力度。

【舒兰市审计局】现有干部职工38人，设有党总支、行政科、人秘科、财政金融审计科、企业审计科、固定资产投资审计科、农林水审计科、审计管理科、经济责任审计科及5个审计特派所，负责对全市25个乡镇街区和58个市直部门的审计监督。局长于洪池，副局长王玲、陈万昌。

审计成果　共审计175个单位，查处违纪金额9384万元，移交财税部门收缴186万元，核减市政建设资金230万元，市政府批示批转审计调查报告20篇，在《中国审计》、《当代审计》刊物上发表审计论文3篇，获奖3篇，提出审计建议128条，转化为经济成果200多万元，审计信息被采用33篇；全面完成市委、市政府交办的10项工作任务，为改革、发展、稳定发挥了作用。

【桦甸市审计局】现有干部职工21人，设有综合科、农林水审计科、工交商贸基建审计科、行文财金审计科，负责对全市21个乡镇街道和40个市直部门的审计监督。局长周兆海，副局长田井峰、张境荣。

审计成果　全年以强化服务意识、提高审计质量、加强干部队伍建设为重点，认真开展审计工作。共审计89个单位，查出违纪金额1332万元，上缴财政45万元；认真完成市委、市政府交办的1999年岗位责任制检查和3件上访案件的查处工作；注重强化经济责任审计，对全市部分行政机关及总公司主要领导任期经济责任进行了审计，查出违纪金额56万元，提出改进措施和建议27条。

【蛟河市审计局】现有干部职工20人，设有人秘科、行政文教审计科、农林审计科、企业审计科，负责对全市19个乡镇街和60个市直部门的审计监督。局长刘建国，副局长姜仑、王鸿雁。

审计成果　共审计93户（项），查出违纪金额2453万元，应上缴财政20万元，提交的审计报告、信息被采用6篇；认真开展财政预算执行审计，对11个乡镇、街的财政决算进行了审计，共查出虚列财政支出等违纪金额120万元，强化了财政资金管理；对5项预算工程、4项决算工程进行了审计，共审计项目投资558万元，审后削减资金70万元，削减幅度13%；积极推进乡局级领导干部经济责任审计，全年对16个单位领导任期经济责任和7个部门目标责任完成情况进行了审计，查出违纪金额31万元。

【磐石市审计局】现有在职干部职工23人，设有综合科、行文审计科、商贸审计科、工交审计科、农林审计科、经济责任审计科，负责对全市25个乡镇和50个市直部门的审计监督。局长刘志成，副局长韩志杰、郭长吉。

审计成果　共完成审计103户，完成了全年计划的147.2%，其中吉林市计划30户，磐石市计划73户。共查出各类违纪金额20000万元，已上缴财政47万元，完成了年计划的175%；在经济责任审计中，完成了对原朝阳山乡党委书记，原河南街党委书记，原磐郊乡乡长的经济责任审计。

【永吉县审计局】现有干部职工15人，设有财税金融审计科、工交商贸审计科、农林水利审计科、行文基建审计科和综合审计科，负责对全县12个乡镇、1个经济开发区和55个县直部门的审计监督。局长曲仁和，副局长王俊江、程军。

审计成果　继续深化同级财政预算执行审计，认真开展乡镇财政决算审计，深化企业审计和金融机构审计，探索领导干部经济责任审计，加大固定资产投资项目和农业综合开发资金审计力度。全年共完成审计项目计划99户（项），共查出各类违纪违规金额4006万元，其中指明要求纠正3939万元，追还被侵占挪用资金19万元，应缴财政48万元，已缴入库25万元，入库率52.1%。

【四平市审计局】2000年，共有在职干部职工77人，其中大学本科学历20人，大专学历25人，局长柳树森，副局长曹文勋、李振才、郭玉文，纪检组长蒋凤琴，总审计师孙景龙。设有财政审计科、金融审计科、固定资产投资审计科、农业审计科、工业审计科、行政文教审计科、交通物资审计科、商贸审计科、外资运用审计科、纪检组、人事科、综合科、办公室、审计管理科、案件审议科等15个科室和1个干部培训中心。

审计成果　市县两级审计机关共完成审计项目635户（项），查出违纪金额33108万元，增加财政收入417万元，促进增收节支2278万元，提交各类审计工作报告信息453篇，有331篇分别被各级党委、政府和上级审计机关及新闻单位采用。并完成上级交办的审计任务20项。

内部审计　全市共有内审机构611个，有内审人员951名。全市内审机构共完成审计项目1403户（项），查出损失浪费1732万元，促进提高经济效益1064万元。

经济责任审计　市县两级审计机关受组织部门委托共对40位领导实施了任期经济责任审计。其中党政机关领导干部28人，事业单位干部6人，企业领导6人。通过审计，有4人降职免职，1人受到党纪政纪处分。

【四平市铁西区审计局】现有干部职工9人，设有秘书科、综合审计科、行政文教审计科和内部审计指导科，负责对全区1个乡和55个区直部门的审计监督。局长王伟华，副局长王信。

审计成果　完成各类审计40户（项），查出违纪金额7万元，应上缴财政3万元，已上缴财政1万元，提出合理化建议20条，撰写审计论文2篇，提交综合报告6篇，审计信息13条。内部审计共完成审计项目15户（项），查出损失浪费5万元，促进增收节支30万元，提出合理化建议10条。

【四平市铁东区审计局】现有干部职工18人，设有综合科、行政事业审计科、企业审计科、内部审计管理科、案件审理科、经济责任审计科、审计咨询服务处，负责对全区1个乡、1个镇和100多个区直部门的审计监督。局长赵爱华，副局长魏正军。

审计成果　共完成省、市及区本级审计项目77户，为全年计划的130%，审计总金额9281万元，查出违纪行为金额202万元，其中应缴财政2.2万元，已上缴财政1.6万元，提出合理化建议30条，促进增收节支78万元；全年提交审计信息27篇，审计调研报告2篇；在撤乡并镇工作中，完成经济责任审计1户。

【公主岭市审计局】现有干部职工30人，设有人秘科、综合科、内审指导科、农林水审计科、行政文教审计科、固定资产投资审计科、财政金融审计科、商粮审计科和工交审计科，负责对全市29个乡镇和88个市直部门的审计监督。局长冯国明，副局长吕长清、董柏成、田凤彩，总审计师范宏伟。

审计成果　共完成审计项目120户，其中省授权审计项目7户。全年共查出违纪金额2712万元，决定处理处罚228万元，实际入库123万元；共提交审计工作报告信息35篇，其中被上级审计机关采用6篇；在本级预算执行审计中，全市共审计财政、地税、金库和预算执行单位15个，共查出各类违纪金额2119万元，应上缴财政81万元，应追还被侵占挪用的资金125万元；在粮食行业审计中，对全市25户粮食企业进行了审计，共查出违纪金额132万元，审计决定收缴56万元，实际收缴入库45万元，纠正违规金额66万元；对省安康医院等7个上级授权单位进行了审计，共收缴资金63万元，拓展了审计覆盖面；对全市20户信用社系统进行了审计，共查出违规行为金额50万元，上缴财政22万元，有效地纠正了违纪违规问题。

【双辽市审计局】现有干部职工24人，设有综合科、农业审计科、案件审理科、内审指导科、行政事业审计科、财政金融审计科、企业审计科、投资审计科，负责对全市22个乡镇街道和45个市直部门的审计监督。局长孙继新，副局长杨凤有、赵国军、刘成。

审计成果　共审计61个单位（项），其中上级审计机关统一部署10户（项），省审计厅授权审计1户（项），市委、市政府委托经济责任审计3户（项）。共查出违规资金3533万元，其中应上缴财政734万元，挤占挪用1342万元。已上缴财政65万元，追回被侵占挪用资金895万元；向上级审计机关和本级政府及新闻单位报送信息40条，被采用34条，向市委、市政府提交审计调查报告4篇；有3件审计案件移交有关部门进一步调查处理。

【梨树县审计局】现有干部职工30人，设有工交审计科、行文审计科、财金审计科、商粮审计科、农林审计科、办公室、综合科、案件审理科、审计学会，负责对全县25个乡镇和65个县直部门的审计监督。局长苏毅，副局长刘海、于洪涛、曲永成。

审计成果 共完成各类审计任务158户（项），占全年计划的186%，查出违纪违规金额4167万元，应缴财政228万元，已缴财政158万元；审计中，注重审计与服务相结合，为被审计单位提出合理化建议181条，促进企业增收节支206万元，清回往来欠款747万元，限期归还原渠道资金100万元；全年审计调研论文、信息被领导批示或专刊转发及被各级各类报刊、杂志、简报采用192篇（条）；在考核评比中，被省审计厅评为信息宣传先进单位。

【伊通满族自治县审计局】现有干部职工23人，设有综合科、审理指导科、农村水利审计科、商贸审计科、行政文教审计科、工交基建审计科、财政金融审计科，负责对全县18个乡镇和112个县直部门的审计监督。局长朱俊杰，副局长刘广生、曹玉山、李颖程、于亚君。

审计成果 共完成署、省、市及县本级审计项目130户，为年计划的130%，审计总金额3.8亿元，查出违规行为金额1354万元，应缴财政115万元，已缴财政34万元，归还被侵占挪用资金246万元，促进增收节支115万元；实施了固定资产投资项目开工前审计25项，总面积82253平方米，审计资金5647万元；经济责任审计完成6户，其中乡级4户，县直企业2户；所属乡镇审计分局全年共完成审计项目108户，审计总金额1.2亿元，查出违规行为金额303万元，上缴财政25万元。

【辽源市审计局】2000年，共有在职干部职工44人，其中大学本科学历12人，大专学历17人，局长林福魁，副局长刘成新、慈向东。设有办公室、综合审计科、案件审议科、审计管理科、行政事业审计科、商贸审计科、工交审计科、财金审计科、固定资产投资审计科、农林外资审计科等11个科室，局下设审计公证处，负责经济责任审计。

审计成果 全年共审计83个单位，查出违纪金额6830万元，上缴财政89万元；提交审计报告、调查报告88篇，被党政领导批示、批转7篇；审计信息被采用33篇；认真开展预算执行审计，对辽源市财政、地税、国库和参与预算执行的二三级预算单位进行了审计，查出应缴未缴预算收入、应拨未拨、列收列支等违规行为金额4314万元。审计结果报告被市政府领导批转财政部门，要求认真落实审计建议；对民政、环保、文化、科委、教委、公安6大系统进行了审计，查出乱收费、坐支罚没收入等违纪问题185万元，并依法进行了处罚；对19户国有工商企业进行了审计，查出偷税、收入不入账等违纪问题金额101万元，并依法进行了处罚。

完成上级交办任务 完成市政府交办审计事项共20项。其中对3个单位信访进行了审计，查清了大量上访提出的疑难问题；对15个使用国债资金的基础设施工程进行了审计检查，及时纠正了资金使用中存在的问题；对市场收费、救灾款项进行了审计，查清了7年来市场收费情况和救灾款项使用中的违法违纪问题。

内部审计 全市共有专、兼职内审机构28个，内审人员103名。全年对23个单位进行了财务收支、经济效益和经济责任审计，纠正违规行为金额38万元。

经济责任审计 对17名党政机关和事业单位领导干部进行了任期经济责任审计，查出违纪问题金额82万元，并依法进行了处理，平调14名，提拔3名。

【辽源市龙山区审计局】现有干部职工8人，设有综合科、行文基建审计科和企业审计科，负责对全区8个街道办事处、2个乡和70个区直部门及企业的审计监督。局长张玉祥，副局长陈炳龙。

审计成果 共完成审计项目9项，审计调查项目1项，查出被审计单位违反财经法规的问题18项，违纪金额1207万元，应追回被侵占挪用的资金48.2万元，应上缴财政59.8万元，审计罚款6.2万元，共为国家增收节支114.2万元，提出由政府自行纠正和处理的问题4项，金额1009万元；本级预算执行审计查出为非预算单位拨款、应列未列预算支出、截留上级政府预算资金等违规问题6项，金额937.4万元；下级政府财政决算审计中查出虚列预算收支、坐支预算外收入等6项违规问题，金额101万元；配合区委、区政府完成了有关审计事项，并抽调6人次对10户单位进行了清产核资。

【辽源市西安区审计局】现有干部职工8人，设有办公室、业务科，负责对全区1个乡镇和45个区直部门的审计监督。局长司舸，副局长韩福芝、郑翼辉。

审计成果 共完成审计项目16户（项），审计单位17个，完成审计调查2项，调查单位3个，审计金额21849万元，共查出违纪金额296万元，上缴区财政1万元，共提交审计报告30篇；完成预算执行审计6户（项），共查出违纪金额252万元。全年共完成区委、区政府交办的工作任务47项，配合企业改制，对18个单位进行了清产核资，同时，与区纪检、监察、信访等部门配合，查处各种经济案件2起。

【东辽县审计局】 现有干部职工17人，设有行财审计科、农林审计科、综合科、工交审计科、商贸审计科，负责对全县19个乡镇和56个县直部门的审计监督。局长周国文，副局长任延祥、郭长林、王淑华。

审计成果 共审计计划项目12项，此外，完成了市下达项目2项，省审计厅授权项目1项。共查出各种违纪金额191万元，应上缴财政174万元，提出审计建议31条；积极完成县政府交办任务，与纪检委联合对7个乡镇农民互助合作基金会情况进行了审计调查；在本级预算执行审计中，对全县财政局、地税局、国库和预算执行5个单位进行了审计，查出违规行为金额128万元。

【东丰县审计局】 现有干部职工20人，设有财政金融审计科、基建审计科、企业审计科、审理科、经济责任审计科和办公室等6个科室，负责对全县23个乡镇和55个县直部门的审计监督。局长刘增达，副局长陈志明、康健。

审计成果 以审计财政、财务收支的真实性和合法性为重点，共实施项目审计35户，完成上级交办审计任务300多个单位，共查出违纪金额1271万元，上缴财政15.4万元；认真开展经济责任审计，全年共对14户县直部门、国有工矿企业主要领导进行了经济责任审计；建立经常性的业务学习制度，注重提高审计人员业务水平，全年对全局干部进行业务培训51课时；认真开展审计理论研究工作，在如何加强审计监督工作、如何搞好经济责任审计方面加大了研究力度，有2篇论文在省审计厅和市审计局举办的论文研讨中获奖；加强审计信息宣传，全年共撰写审计信息稿件27篇，被《当代审计》和《审计信息》采用6篇。

【通化市审计局】 2000年，共有在职干部职工49人，其中大学本科学历11人，大专学历16人，局长王德义，副局长陈华鹏、张刚、刘颖。设有办公室、管理科、案审科、财金审计科、商贸审计科、工交审计科、投资审计科、行文审计科、农业审计科等部门。

审计成果 共审计单位33个，查出违规行为金额16448万元，应交财政284万元，已交财政96万元，应归还原渠道资金43万元，提交审计工作报告信息45篇，被批示采用34篇。共向司法机关移交案件9件。

完成上级交办任务 市县两级审计机关集中力量会同有关部门抽调人力，对111个乡镇、1121个独立核算单位进行了清理审计，共查出违规违纪金额3828万元；受市委组织部的委托，集中力量对10户行政事业单位领导任期经济责任进行了审计。通过审计有4人提拔，6人平调。

内部审计 召开了全市内审工作经验交流会，市政府通报表彰了18个先进集体和42个先进个人，副市长黄兴到会作了重要讲话。全市内审机构和内审人员共审计单位504个，查出损失浪费235万元，提出建议被采纳1027条。

【通化市东昌区审计局】 现有干部职工10人，设有行政事业农林水审计科，财金基建审计科、工交商贸审计科和办公室，负责对全区2个乡、1个镇、7个街道办事处和93个区直机关、企事业单位的审计监督。局长潘举德，副局长张纯璞。

审计成果 共完成审计项目计划13项，共查出违纪违规金额1202万元，应上缴财政112万元，应归还原渠道资金40万元，已上缴财政6万元，建议给予行政处分2人，建议区政府以审计通报方式批评6个单位，有4项审计成果被政府批转，审计工作报告、信息被批示、采用12篇；积极深化本级预算执行审计，共审计区、乡级财政2个单位，查出违纪违规金额1020万元，应上缴财政14万元；完成了10个单位的行政事业财务收支审计、1个单位的农发资金审计；完成区政府交办的审计任务共3项，审计5个单位，针对预算外资金管理混乱等违纪违规问题，提出了5条加强预算外资金管理的意见和建议，并颁布了《东昌区预算外资金征收管理办法》，在全区范围内对严重违纪违规的部门和单位进行了通报批评。

【通化市二道江区审计局】 现有干部职工11人，设有行政农林审计科、财金基建审计科、企业审计科和经济责任审计科，负责对全区6个乡镇街和47个区直部门的审计监督。局长郭军，副局长赫晓军。

审计成果 共完成审计项目计划11户（项）；完成政府和上级审计机关临时交办审计任务9户（项），其中经济责任审计4户（项）；注重强化内部审计工作，5次深入内部审计机构进行指导，全年内部审计机构共完成15户（项）审计任务；在加强行风建设和廉政建设、从严治理审计干部队伍方面狠下功夫，紧紧围绕政府中心工作，积极开展“三讲”教育，全局整体素质明显提高。

【梅河口市审计局】 现有干部职工35人，内设人教科、综合科、金融审计科、投资审计科、农林审计科、财政审计科、工交审计科、商贸审计科、行政事业审计科、内审科和办公室，负责对全市30个乡镇街和36个市直部门的审计监督。局长汪书庭，副局长冯国富、刘洪宝、陈景学。

审计成果 全局共完成各类审计项目28项（户），其中省厅统一组织的项目12项（户）。查出违纪违规行为金额18055万元；完成市委、市政府临时交办任务20余项；全市内审机构完成各类审计170项（户），查出损失浪费51万元，促进增收节支4万元，已纠正违规行为金额299万元，向司法机关移送案件2件，移送司法机关处理3人。

【集安市审计局】现有干部职工22人，设有人秘科、农林行文审计科、固定资产投资审计科、商粮贸审计科、经济责任审计科、财金审计科、综合审理指导科，负责对全市11个乡镇和70个市直部门的审计监督。局长王玉河，副局长袁文祥、崔奉杰、单蜂。

审计成果　共完成审计项目18户（项），查出违纪金额533万元，应上缴财政70万元，追还被侵占挪用资金173万元；积极完成政府交办任务，对本市60户企业税收征缴情况进行了检查，查出漏税欠税金额1.022万元，提出强化税收征管4条建议；加强对重点资金、重点部门的审计，查出国有经租房产33320平方米没纳入单位财务管理中，利润不实80万元，漏缴税费35万元；积极探索经济责任审计，共审计5户，查出挪用专项资金17万元，私设"小金库"22万元；全年完成各类信息25篇，其中4条信息为本级政府宏观决策提供重要依据，18条信息被市委、市政府采用，3篇理论文章被上级审计机关采用，积极促进了审计成果的转化。

【通化县审计局】现有干部职工21人，设有办公室、财政金融审计科、企业审计科、固定资产投资审计科、行政事业单位审计科，负责对全县21个乡镇和140个县直部门的审计监督。局长张景洪，副局长陈炳琪、曹春、于玲。

审计成果　共完成审计项目62项，查出违纪问题金额800万元，上缴财政298万元；上报审计信息9条，全部被《中国审计报》、《吉林日报》、《通化工作》等刊物采用；共完成上级交办的7项经济责任审计任务，对干部任期经济责任进行了客观公正的评价，为组织部门合理使用干部提供了依据；积极开展了内部审计工作，全县43个内部审计机构共审计316个审计项目，查出违纪问题金额2700多万元。

【辉南县审计局】现有干部职工32人，设有综合科、行政文教审计科、财政金融农林水审计科、商贸审计科、工业交通审计科和基本建设审计科，负责对全县18个乡镇和66个县直部门的审计监督。局长沈玉祥，副局长赖凤文、王颖、朱宝峰。

审计成果　共审计41个单位，查出违规行为金额281万元。其中决定处理处罚60万元，要求纠正158万元，归还原渠道资金30万元；认真完成县政府交办的任务，开展了对县车架厂、县消防队等综合楼工程决算审计，查出高估冒算工程款3.4万元，核减工程造价11万元；开展了乡镇清理审计，对全县18个乡镇及乡镇站所财务情况进行了清理审计，查出违规违纪金额1107万元，提出了意见和建议；改善办公条件及住宅条件，投资150万元新建1000平方米办公楼，同时集资新建家属住宅楼6000平方米，解决了职工的困难；全年提交审计工作信息20篇，被批示、采用18篇。

【柳河县审计局】现有干部职工32人，设有综合科、案审科、财政金融审计科、工交商贸审计科、农林乡镇审计科、基本建设审计科，下设4个乡镇审计分局，负责对全县22个乡镇和40余个县直部门的审计监督。局长祝秀思，副局长高广新、宋福香、史成志，纪检组长刘凤霞。

审计成果　全年深化预算执行审计，加大了对重点资金、重点项目、亏损企业以及基本建设投资审计，共完成审计项目226户，查出违纪违规金额12226万元，挽回经济损失70万元，上缴财政57万元；全年有52篇稿件被采用，其中国家级3篇，省级15篇，市级9篇。7篇调查报告被县政府和上级审计机关采用，促进了审计成果的转化；完成上级交办任务19户；全县22个内审机构共审计了83个审计项目，查出损失浪费45万元，促进增收节支10万元，纠正违规金额35万元，15条合理化建议被采纳；进行了4项经济责任审计，为政府和有关部门提供了可靠的参考依据。

【白山市审计局】2000年，共有在职干部职工45人，其中大学本科学历24人，大专学历5人，党委书记、局长张广增，副局长李文发、姜贵生、纪秉华，党委副书记潘玉梅，总审计师徐淑娟。设有审计管理科、固定资产投资审计科、财政审计科、外资金融审计科、农林水审计科、工业交通审计科、行政文教审计科、商粮贸审计科、综合科、办公室等10个部门。

审计成果　市县两级审计机关共审计328户（项），查出违规行为金额55393万元，应上缴财政1045万元，已上缴财政1027万元，归还原渠道资金8532万元，促进增收节支6160万元。局长张广增同志被国务院授予全国先进工作者。全市有110篇调查报告被地方党政领导批示或转发，其中领导批示64篇；被采用信息1772条。

全市共审计财政、地税、国库和预算执行单位81个，查出违规行为金额23688万元，其中挤挤上级预算收入396万元，隐瞒转移预算收入

1016万元，挪用预算资金1100万元，违规办理预算拨款1280万元，虚列支出2635万元。

对18个城乡信用社进行了审计，查出违规贷款等违规行为金额3654万元，降低和化解了金融风险。

对56户企业进行了审计，查出收入不实、虚减利润等违规行为金额8609万元，追还被侵占挪用资金2216万元。促进企业增收节支1612万元。

经济责任审计 对25人进行了任期经济责任审计，其中党政领导14人，国有企业领导11人。查出违规行为金额4671万元，其中主管人员责任312万元。参照审计结果和其他考核结果，平调7人，晋升2人，免职2人。

【白山市八道江区审计局】现有干部职工23人，设有综合科、审计科和乡镇审计管理科，负责对8个乡镇的审计监督。局长王秀枝，副局长李作生、季生明。

审计成果 共审计17户（项），查出违纪金额1519万元，收缴违纪款7万元，应归还原渠道资金1092万元，促进增收节支965万元；完成审计信息154条，有4篇在国家审计署信息刊物上发表，有65篇在省级信息刊物上发表；完成审计调查64个单位，撰写审计调查报告10篇，提出审计建议89条；对全区27个乡镇单位进行了审计，向纪检委移交案件1件，查出违纪金额28万元，提出审计建议43条；对区直4户单位进行了经济责任审计，查出违纪金额25万元，深入查清了企业遵守国家财经法纪情况；在内部审计方面，对28个单位进行了财务收支、经济效益和经济责任审计，审计资金总额878万元，查出违纪金额26万元，提出审计建议33条；全年共撰写理论研讨论文14篇，均在全市审计理论研讨中获奖；在考核评比中，被吉林省审计厅评为信息宣传先进单位。

【临江市审计局】现有干部职工28人，设有经济责任审计分局、行文审计科、经贸审计科、乡镇审计所、基建审计科、综合科、办公室和审计法庭，负责对全市11个乡镇和189个市直部门的审计监督。局长刘伟，副局长金明快、张宏伟。

审计成果 共完成审计任务32户，其中经济责任审计4户。全年共发现违纪金额1542万元，其中基建投资审计成果突出，核实不实工程款346万元，整顿了建筑市场经济秩序；改善了办公条件，建成审计综合楼，办公面积1500平方米，宾馆面积1200平方米；积极推进办公自动化，每个科室都配有微机，与省审计厅、市审计局实行联网，同时还建立了局域网。

【靖宇县审计局】现有干部职工22人，设有人秘科、综合科、案审科、农林审计科、工交审计科和经济责任审计室，负责对全县11个乡镇和41个县直部门的审计监督。局长李作来，副局长张文才、刘凤弟。

审计成果 完成市审计局下达审计项目计划32户（项），审计调查项目8个，审计信息计划50条。实际完成审计项目46户（项），是计划任务的143.8%；完成审计调查项目22个，是计划任务的275%，调查报告全部被转发和签批；完成审计信息176条，是计划的352%。全年共查出违纪金额1419万元，应缴财政56万元，已缴财政56万元，入库率100%。建议纠正地方、部门不当规定94条，促进增收节支4093万元。

【抚松县审计局】现有干部职工23人，设有办公室、经济责任审计室、审计管理科、案审科，财贸审计科、工交审计科、行文审计科、固定资产投资审计科等8个科室，负责对全县18个乡镇和48个县直部门的审计监督。局长曹向东，副局长马云虎、郑世君。

审计成果 共审计单位42户（项），查出违规行为金额2761万元，决定处理处罚310万元，上交财政147万元，归还原渠道资金2975万元，促进增收节支1217万元；完成审计信息190篇，完成审计调研项目14个，提交审计调查报告14篇，建议纠正地方部门不当规定42条，全部被县政府批示采用；全县拥有内部审计机构30个，其中专职机构12个，内审人员64人，完成审计项目96个，共查出损失浪费38万元，促进增收节支10万元，纠正违规行为金额203万元。

【江源县审计局】现有干部职工11人，设有管理科、财金行文审计科、工交审计科，负责对全县8个乡镇和58个县直部门的审计监督。局长谭家绪，副局长王福艳、付秋艳、纪显强。

审计成果 共审计单位17户，其中预算执行单位6户，企业3户，行政事业单位8户，共查出违规行为金额1395万元，其中指明处理处罚567万元，指明要求纠正828万元。应交财政42万元，应归还原渠道资金40万元；全年在省市各类刊物上发表审计信息41篇，提交审计调查报告8篇，加速了审计成果的转化；重视经济责任审计，重点从账外资金入手，共完成对5名乡镇领导、2户企业和4名行政单位领导干部的经济责任审计，为组织部门正确选拔人才提供了依据。

【长白县审计局】现有干部职工18人，设有办公室、商贸审计科、工交审计科、行文审计科、综合科和内审指导科，负责对全县11个乡镇和268个县直部门的审计监督。局长张连胜，副局长张福余、王玉华、王刚。

审计成果　共完成审计任务24户（项），审计资金总额39636万元，查出违规行为金额2880万元，其中决定处罚775万元，指明要求纠正2109万元，应上缴财政165万元，已上缴财政148万元，促进增收节支959万元，归还原渠道资金1214万元及被侵占挪用资金107万元，建议纠正部门不当规定46条。

【松原市审计局】2000年，共有在职干部职工28人，其中大学本科学历7人，大专学历16人。局长邹双林，副局长冯志杰、戴春雨、张恭。设有办公室、综合业务科、财政金融审计科、行政事业审计科、农林水审计科、工交基建审计科、商粮贸审计科等部门。

审计成果　全市共完成审计项目112项，其中上级安排66项，市里安排46项。查出违纪金额11175万元，应缴财政565万元，已缴财政104万元，归还原渠道资金508万元。发表各类审计信息100余条。全年各级内审部门共完成审计任务60多项。

经济责任审计　进一步加强制度建设，制定了《国有工交企业厂长（经理）经济责任审计办法》、《国有商业企业厂长（经理）经济责任审计办法》、《党政机关领导干部离任审计办法》和《乡、镇单位领导干部离任审计办法》，使经济责任审计进一步达到制度化、规范化。

大案要案　成立了大要案领导小组，组长由邹双林同志担任，副组长为市审计局副局长和各县（市、区）局长，并制定了工作制度。一是定期召开大要案线索协调会议，每半年协调一次；二是实行大要案线索报告制度，各县（区）局负责向市局报告，要求发现一起报一起，不得隐报、瞒报；三是年初将该项工作纳入了工作目标责任制，每半年考核一次。在审计松原市炼油厂时，发现该厂为其他单位和个人提供银行贷款担保资金733万元，造成损失713万元的案件线索，此问题已移交市纪检监察机关。

【松原市宁江区审计局】现有干部职工22人，设有人秘科、金融企业审计科、财政事业审计科、农林水审计科、行政经济责任审计科，负责对全区9个乡镇和45个区直部门的审计监督。局长孙立公，副局长曲伟、熊凤莉。

审计成果　全年审计工作成效显著，同历年相比，从几个方面有所突破。一是审计的覆盖面突破了历年，共审计39个单位，比上年增加50%。其中对非金融机构的审计面达到了100%，对街道的审计达到了80%；二是审计执法力度突破了历年，共查出违纪违规金额1498万元，收缴违纪款34万元，收缴额是去年的3倍；三是审计信息和论文突破了历年，共提交审计报告39篇，论文和信息58篇，被党委、政府、新闻单位和上级审计机关批示采用48篇，是去年采用篇数的3倍。同时还完成了上级审计机关下达的审计任务16项，审计单位29个。

【乾安县审计局】现有干部职工20人，设有人秘科，行政财金审计科，企业审计科和经济责任审计科，负责对全县15个乡镇和60个县直部门的审计监督。局长韩文，副局长赵哲、虞振林、王反修。

审计成果　在县委、县政府和上级审计机关的领导下，抓重点、求突破，抓规范、保质量，抓转化、促宏观，抓管理、上水平，全面完成审计工作任务。全年完成审计计划任务43户（项），其中同级财政预算执行审计17户（项），乡镇财政决算审计6户（项），专项审计3户（项），企业审计7户（项），经济责任审计7户（项），其他审计3户（项），此外，完成县政府交办的领导干部任期经济责任审计10户（项）。共查出违纪金额346万元，应缴财政65万元，较好地维护了财经纪律，充分发挥了审计机关的经济监督作用；全年提交审计报告、审计信息等共36篇，有19篇分别被省审计厅、松原市有关刊物及新闻单位采用。

【长岭县审计局】现有干部职工20人，设有综合科、行政文教审计科、财政金融农林水审计科、商贸审计科、工业交通审计科和基本建设审计科，负责对全县31个乡镇和85个县直部门的审计监督。局长吕景彬，副局长王凤、于洪、赵清。

审计成果　积极完成上级交办任务，共完成省厅下达的审计项目4项17户，省厅授权审计项目2项2户，市审计局下达的审计项目4项38户；在经济责任审计中，完成县委、县政府交办的乡局级主要领导任期经济责任审计3户，其中县直局级领导经济责任审计1户，乡镇领导任期经济责任审计2户；全年共查处违纪违规金额4267万元，追回被侵占挪用资金912万元，上缴财政51万元。

【扶余县审计局】现有干部职工16人，设有财政金融审计科、行政事业审计科、企业审计科、基本建设审计科、综合科和办公室，负责对全县26个乡镇和56个县直部门的审计监督。局长姜永君，副局长郑文海、王丽华、刘长志。

审计成果　共审计79户（项），完成了同级预算执行审计、企业资产负债损益审计、基建预决算审计、水利建设资金审计、省厅授权的财务收支审计、乡镇财政决算审计等，

辽河石油勘探局

辽河石油勘探局隶属于中国石油天然气集团公司（cnpc),是以油气勘探开发工程技术、施工作业和生产保障服务为主营业务，兼营石油机械加工制造、油田化工、新型建材等多元化经营的集团式法人企业。有员工7万人，总资产169亿元，年经营收入120亿元。

多年来，辽河石油勘探局曾荣获全国五一劳动奖状、中国首届建设工程奖－鲁班奖等多项荣誉，并取得重大科技成果4700多项，获国家级科技进步奖23项，其中特等奖1项、一等奖5项，申报国家专利1230多项。

辽河石油勘探局是我国最早设置内审机构、建立内审制度的国有特大型企业之一。辽河石油勘探局独立设置审计部，有27个处级单位设立审计机构，现有126名专职审计人员，已形成了"以条为主、条块结合"的内审网络体系，为企业实施内部监督提供了必要的组织保证。

鹤乡晚霞

2000年，全局审计系统全年共投入审计工作日25920个，完成审计项目238项，取得经济成果8311.91万元，人均取得直接经济成果62.78万元。共提出审计建议396条，被采纳367条。移送纪检监察部门处理8人，移交司法机关追究刑事责任2人。

2000年，该局被评为辽宁省内审先进单位，并荣获中国石油天然气集团公司优秀审计项目7项，其中一等奖2项，二等奖3项、三等奖2项。

钻井现场

苏州工业园区华能发电有限责任公司

苏州工业园区华能发电有限责任公司，是苏州工业园区华能发电厂一期工程的项目法人，负责该电厂工程的建设和营运任务。公司地处江苏省太仓市境内，北依长江，东邻上海。公司由中国华能集团公司、苏州工业园区股份有限公司、中新苏州工业园区开发有限公司、江苏省电力公司、江苏省国际信托投资公司和太仓市能源开发公司六家公司投资组建，其中中国华能集团公司投资比例占70%。

苏州工业园区华能发电厂工程，是中国和新加坡两国政府合作开发建设的苏州工业园区的基础设施配套项目。该电厂工程规划容量为120万千瓦，一期工程建设两台30万千瓦机组，是国家批准的利用国内外汇贷款购买国产发电设备发展电力工业的四个试点项目之一。1998年5月6日，一期工程正式开工。1999年12月19日和2000年4月19日，1号、2号机组分别完成基建任务，投入商业运行。其中＃2机组的投产发电标志着全国装机容量突破3亿千瓦。一期工程两台机组的投产发电，为缓解苏州地区用电紧张状况做出了积极贡献。

该公司严格实行新厂新办法，控制人员编制，提高人员素质，精简机构设置。现有员工284人，设置六大部门，为国内同类型机组、同装机容量电厂中，机构最简、人员最少的企业。公司围绕“安全”、“高效”，努力试行MIS管理系统，推行科学管理。经全体建设者和

经营管理者的不懈努力，于机组投产当年实现盈利，创造了全国发电企业中的好成绩。2001年3月，公司1号、2号机组分别被国家电力公司命名为“基建移交生产达标投产机组”。同年7月，公司被国家电力公司授予2000年度电力安全文明生产达标企业。

努力创建“无渗漏发电厂”、“国内一流发电企业”、甚至“国际一流发电企业”，这是公司全体员工的进一步奋斗目标。284颗火热的心永不停歇，为之拼搏，为之跳跃，准备迎接更加灿烂的明天！

东盛科技股份有限公司

东盛科技股份有限公司是1996年在上海证券交易所挂牌上市的大型医药企业。公司位于西安高新技术产业开发区，完全按照GMP标准设计建造，现有员工1200余人，总资产8.1亿元，是一个集新药研发、生产、营销及代理为一体的高科技企业。

公司下属东盛科技股份有限公司制药一厂、东盛科技启东盖天力制药股份公司、陕西东盛医药有限责任公司、青海制药集团股份公司和东盛科技产业园。

公司产品众多，科技含量和知名度较高。其主要产品为"白加黑"、"盖天力"、"维奥欣"、"白"及国家级新药"赛复喜"、"派复朗"、"四季三黄软胶囊"以及麻醉药品磷酸可待因、盐酸哌啶等。

公司拥有遍及全国的销售网络和一流的管理人才，目前已在全国28个省市设立省级营销管理心和67个管理小区，拥有一支600余人的高素质专业医药销售队伍。为了快捷、迅速掌握信息，司销售指挥中心移师北京，并首家在国内开通了以探索医药电子商务的网站"康易网"，为医药产营销未来的发展赢得了广阔的市场空间。

公司人才济济，科研力量雄厚。为加大科研开发力度，公司以东盛医药研究所为依托，积极各大科研院所紧密合作，推行全球开放式科研成果开发模式，吸收海内外医药专家，为激烈的市竞争储备了大量的、具有市场竞争力的产品。

展望未来，公司确定了向传统中药及中药现代化工程、医药生物基因工程、OTC市场、软包装输液生产、麻醉及精神类药、医药电子商务等领域进军的目标，力争在五年内步入我国医药行业强。为了人类的健康，全体东盛人愿用自己的聪明才智和汗水，创造更加辉煌灿烂的明天。

清远市地方税务局

局办公大楼

1994 年 9 月 28 日，清远市地方税务局挂牌成立，下辖七县(市)地方税务局，市局内设 8 个职能科室，外设 8 个直属单位。自成立以来，清远市地方税务局始终以组织收入为中心，不断完善征管，确保地方税收任务的完成和超额完成。六年共组织地方税收 16 亿多元，2000 年全市共组织收入 36834 万元，是机构设立时总收入 1.13 亿元的 3 倍多，税收收入增幅远远高于同期的 GDP 增长，有力地促进了全市国民经济持续、快速、健康发展。

清远市地方税务局建局以来，坚持“两手抓，两手都要硬”的方针，坚持以为纳税人提供优质服务为核心，以“文明、优质、高效”为目标，加强精神文明建设、廉政建设、队伍建设，在城市和农村推行税收征管体制改革，对地方税收征管全过程实行计算机网络管理，大大地提高了工作效率和服务质量。2000 年是地税部门负责征收社保费的第一年，全市共征收社保费 23709 万元，征收率为 96.98%，实现了征收率达 95%以上的目标。

2001 年，清远市地方税务局将再接再厉，锐意进取，围绕广东率先基本实现现代化和实现广东地税管理现代化的目标开展各项工作，为清远经济腾飞再增新篇。

收宣传咨询活动

功能齐全的办公大厅

加强政治学习

水城钢铁(集团)有限责任公司

水钢是“三线建设”时期，国家为改善钢铁工业总体布局于1966年兴建的。经过30多年的艰苦创业，水钢已由当初规划中的商品铁基地发展成为拥有矿业、煤焦化、耐材、机械加工、建筑安装、运输、水泥等多种配套产业的国有大型钢铁联合企业。水钢作为全国49家重点钢铁企业之一，现有在册职工2.69万人，资产总额42.90亿元，主体生产设施已具备年产铁150万吨、钢160万吨、钢材150万吨的综合生产能力。主要产品有小型材、高速线材、普通线材、连铸坯、铸造生铁、炼钢生铁、水泥、焦炭及焦化副产品等20余种。

近年来，水钢坚持走质量效益型发展道路，适应市场要求实施精品战略，产品质量不断提高，炼钢生铁、铸造生铁、螺纹钢获得了采用国际标准产品证书，企业于1999年9月通过了 ISO9002国际质量体系认证，并于2000年顺利通过复审；今年3月水钢螺纹钢获全国首批免检产品称号。同时，新开发的产品有H08A、20MnSiV和HRB400、英标CS-460热轧带肋钢筋等。水钢的产品不仅畅销国内西南三省一市和两广市场，而且远销日本、韩国、新加坡、泰国、越南、缅甸及中国香港、台湾等10余个国家和地区。

水钢对审计工作极为重视。多年来，水钢内审机构坚持“全面审计、突出重点、注重创新、服务大局”的指导思想，认真开展财务收支审计、工程预算及投资经济效益审计、经营和管理审计、二级单位领导干部任期及离任经济责任审计、子公司资产运营监督审计、财经法纪审计等工作，曾多次获得全国、部、省内部审计先进单位称号和等荣誉。

国家质量技术监督局颁发的合格证书

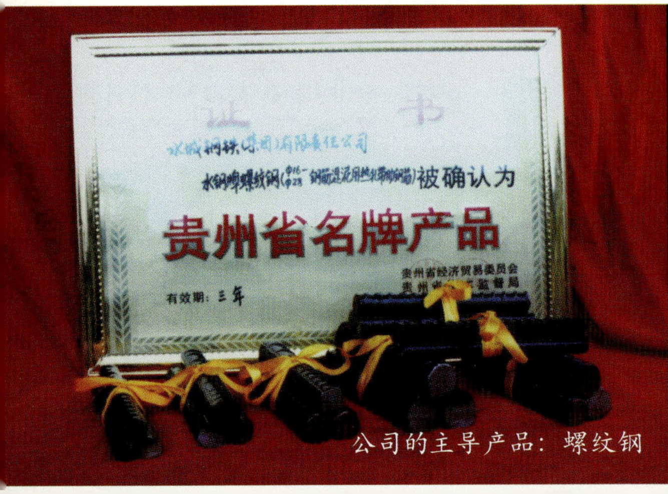

公司的主导产品：螺纹钢

公司获得的各类合格证书

南海明珠

湛江长途电信线路局

局长 黄海河

广东省湛江长途电信线路局，地处祖国大地最南端的雷州半岛，位于湛江市赤坎区北桥路花园仔15号，是直属中央国有企业，局机关设有“四部一办和工会”，主实业分营后，该局又成立粤长讯发展公司湛江分公司，湛江分公司是服务于湛江长线局主业的后台支持单位。该局担负着粤西地区国防长途光缆线路和镇以上农话中继光缆线路的维护管理和工程施工等任务，维护通信光缆线路总里程6823.4公里。

该局拥有一大批高中级职称专业人才，技术力量雄厚，并拥有当今世界上最先进的光缆维护设备，具有较强的工程施工和维护管理能力。该局高科技光缆监控系统，对长途光缆线路实行24小时全天候的自动化监控，确保为党、政、军、民提供优质、高效、安全、畅通的通信线路。企业认真恪守“用户至上、质量第一”的服务宗旨，讲效率，求质量，愿为粤西地区乃至全省的通信网建设、经济发展和社会进步贡献力量。

以实干上台阶 以创新求发展

——铜山县水利局

局 长 周远

铜山县地处江苏省西北部苏、鲁、豫、皖四省交界处，环抱徐州市区，辖22个镇，总人口132万。全县总面积2158平方公里，地貌特征是“三片平原三片山、黄河故道一高滩”。全县耕地总面积168万亩，其中平原耕地105万亩，占62.5%；废黄河滩耕地30万亩，占总耕地的17.9%；丘陵山区耕地33万亩，占总耕地的19.6%。

解放前，铜山县洪、涝、旱、渍灾害频繁，农业生产水平低下，纯属“靠天吃饭”。建国以来，党和政府一直把治水工作放在重要位置，领导全县人民艰苦奋斗、励精图治，经过五十年代以防洪为重点、六十年代以排涝降渍为主攻方向、七十年代重点实施‘旱改水’、八十年代主要解决灌溉水源四个阶段，全县水利工作取得了巨大成就。尤其是九十年代南水北调和徐洪河、二八河输水工程实施后，引来长江和三湖水(骆马湖、洪泽湖、微山湖)初步解决了平原地区的农业灌溉问题。至今，全县共开挖疏浚骨干河道19条，大沟210条，中沟1300余条，累计完成土石方82亿立方米。兴建涵闸1800多座，修筑中小型水库23座、塘坝160多座，发展固定排灌站近1200座，打井万余眼，初步形成了河网密布、水系相通、梯级控制、调度基本自如的排灌工程体系，全县建成旱涝保收田近100万亩，水利建设的发展为铜山的农业生产和经济的快速发展奠定了坚实的基础。以水工建筑，土方机械化施工，机电安装、钻井，房地产开发等为龙头企业的三处一公司也在改革与发展中不断壮大，先后中标各类大中型工程项目近30项，经济效益和社会效益十分显著。多次被市水利系统评为“十强企业”。多年来，该县水利事业取得了可喜的成绩，先后被评为“水利建设先进县”、“全国水利技术推广先进县”、“全国乡镇供水工作先进单位”、“全国人畜饮水工作先进单位”、“省水利服务体系建设先进单位”、“省水利渔业先进工作单位”，曾四年连获省水利建设“大禹杯”奖。1998年、1999年、2000年连续三年被省水利厅评为“全省水利经济先进单位”。连续多年被县委、县政府授予“先进集体”称号。

①

②

③

④

①省优工程西朱家大桥
②国家级重点防洪保安工程微山湖湖西大提铜山段
③丰富多彩的文娱活动
④优良工程八段闸
⑤座落在铜山经济开发区的铜山县水利局办公大楼
⑥风景秀丽的云龙湖水上世界

“办公自动化”带来

顺德地税办公现代化

顺德市地税局自1996年独立运作以来，全面实施“科技加管理”战略，实现了工作一年上一个台阶。从1998年开始，该局大力推广“无纸化”办公，自行开发应用“顺德市地方税务局办公自动化系统”，运用计算机进行非人格化的管理，使该局的各项工作实现了科学、规范、高效、透明管理，促进了税收工作综合管理水平的全面提高。目前，该局的人机拥有量超过100%，办公自动化系统的应用率达到100%。

“顺德市地方税务局办公自动化系统”包括了收发文管理、工作传递、审批管理等十二个模块，基本上涵盖了机关日常事务的方方面面，具有功能多、文书处理效率高、操作简单等多种优点；同时通过覆盖整个地税局的广域网，实现了市局与分局之间的实时联网，从而实现了信息的实时传送和资源共享。1999年11月中旬，该局作为特邀单位在杭州召开的全国税务系统办公室主任会议上进行办公自动化演示，得到国家税务总局领导和与会单位的充分肯定和高度赞扬!

广东省地方税务局局长吴升文（左三）对马定和局长（中）进行办公自动化系统

在杭州召开的全国税务系统办公室主任会进行办公自动化演示

SZPC

执著追求开拓进取 真诚合作共创辉煌

——山东中华发电有限公司

山东中华发电有限公司成立于1997年5月30日，公司总部位于山东省济南市，是由山东省电力集团公司、香港中电投资有限公司、法国电力国际投资有限公司、山东省国际信托投资公司按36.6%、29.4%、19.6%、14.4%的投资比例，采用合作方式组建的中外合作经营企业。山东中华发电有限公司的经营范围是在山东境内建设、经营、管理合作电厂，公司拥有的总装机容量为300万千瓦，包括运行中的石横发电厂4台30万千瓦发电机组，以及正在建设中的山东菏泽电厂二期2台30万千瓦机组和山东聊城新电厂2台60万千瓦机组。

山东中华发电项目是中国至今为止装机规模最大、结构最复杂、贷款额度最高的采取有限追索项目融资的电力项目，总投资为168.31亿元人民币。山中华发电项目是中国电力工业引进外资、发展电力事业的一个经典实例，它的成功为我国在电力领域引外资、盘活国有固定资产进行了有益的探索。该项目在国际上也引起了广泛注目，被多家全球著名金融志列为1998年度最佳融资项目。

山东中华发电有限公司自成立以来，始终遵循“规范运作、力求发展、强化管理、注重效益”的工思路，力争把公司建成“规范高效、团结创新”的现代化电力公司。公司通过加强规范管理，提高效率、低成本，优化资金运作方式，取得了良好的运行业绩。在完成合同规定的股东分利的同时，公司严格按国家规定依法纳税，1999年、2000年被山东省济南市评为“地方税收过千万”大户；所属石横电厂于1年7月8日被国家电力公司授予“全国一流管理发电企业”，2001年4月获得中华全国总工会颁发的“五劳动奖状”；公司的菏泽、聊城两个在建电厂自1998年10月正式开工以来，工程建设进展顺利、质量优受到国内外专家一致赞扬。

跨入新世纪后，随着改革日益深入，国民经济快速增长，年轻的山东中华发电有限公司面临着更大机遇与挑战。在合作四方的共同努力下，山东中华发电有限公司全体员工将继续为把公司建设成为精干效、业绩优良、欣欣向荣的现代化电力公司而努力奋斗。

广州市广龙汽车出租公司

该公司是一个集体企业。在兴办之初，资金、设施和自身的经营场地均为零。借助改革开放所给予的大好社会环境，通过招收社会挂靠车辆开始，逐步发展成为拥有自己的出租车队伍、自己的办公经营场所和设施等。在壮大出租车队伍的同时，公司还开展了货运（包括中港货运）、汽车维修和汽车零配件等业务。

多年来，公司的经营效益和社会效益在不断提高。在疏通市内乘客和转运物资等方面，该公司的车辆都起到了良好的作用。目前，该公司拥有出租车500多台，在规模上是本市同行企业中的前六名，在汽车出租方面占有重要之一席。

广东天广工程监理有限公司

广东天广工程监理有限公司是遵照国家《公司法》和建设部、国家计委建监字[1995]737号文《工程建设监理规定》，于一九九八年在广东省工商行政管理局登记注册的具有独立法人资格的经济实体。公司具有国家电力公司核发的送变电工程甲级监理单位资质证书。

公司实行总经理负责制，设总经理一名，常务副总经理一名、副总经理一名、总工程师、总经济师各一名。下设综合部、财务部、质管部、电网监理部、水电监理部。公司在工程建设地设立“项目监理部”，实行项目总监理负责制。公司主要技术骨干具有教授级高级工程师、高级工程师等职称，长期从事电力工程技术及工程建设管理；并聘请了一批具有丰富施工、安装、调试工作经验的专家组成强有力的技术队伍。公司共有员工58人，其中专业监理工程师52人。

公司的经营范围是：送变电工程建设监理，销售普通机械、电气机械及器材、电子产品及通讯设备(不含移动通讯终端)，人员培训及信息咨询服务。

公司的服务宗旨是：守法、诚信、公正、科学、竭诚提供全方位优质的监理服务。

为保证监理质量，公司的监理业务从项目合同评审、监理服务的过程控制，直到项目的投产后质量保修和回访，均按GB／T19000—ISO9000-2000模式进行管理。

公司成立以来，主要承担了十多项国家大型工程项目的送变电工程业务，对项目的“质量进度投资安全”实施了良好的控制，提高了项目的投资效益和社会效益，积累了丰富的工程监理经验，树立了良好的信誉，受到地方政府、委托方和被监理单位的一致好评。

几年来公司获得长足发展，为更好地适应市场机制，公司从完善管理制度入手，规范公司动作，重视企业发展，逐步充实人员，并采取极积措施活力资源，创建“精品工程”，进一步提高企业的竞争力，狠抓一次成品率和成本控制的关键，推行管理前移即：工作前移、观念更新，适应市场转化和经济迅猛发展所提出的要求。

中国工商银行 佛山分行

INDUSTRIAL AND COMMERCIAL BANK OF CHINA　FOSHAN BRANCN

佛山市分行在属下支行举办"建党对象学习班"，加强党知识教育。

分行党委学习中心组进行集中学习

分行藉建党八十周年之际表彰一批先进党支部、先进党务工作者及先进个人。

2001年，工商银行佛山市分行切实围绕思想建设这一重点工作，在省行党委及地方党委的领导和正确指导下，经过"思想发动，学习培训"、"对照检查，听取意见"、"认真整改，巩固提高"三个阶段，深入开展学习实践"三个代表"思想的重大意义，深刻理解和准确把握其科学内涵。同时紧密结合金融服务与金融管理工作的实际，研究新情况，制定新措施，开辟新路子，不断创新管理方式，提高监管质量。并抓住全国整顿规范市场经济秩序的时机，把整顿和规范金融秩序作为学习实践"三个代表"的具体行动。

通过学习教育活动，强化了党员、干部的思想和队伍建设，使其在坚定理想信念、坚持民主集中制、实践党的宗旨、弘扬求真务实的优良作风等方面都取得了实际效果，做到思想上有明显提高，政治上有明显进步，作风上有明显转变，纪律上有明显增强，在业务发展上都发生了深刻的变化。

图为在一线柜台推广的站立式服务。

为满足客户个性化服务的需求，佛山市分行增设个人理财业务，为客户提供多元化的银行理财服务。

分行以"在党旗的指引下…"为题组织开展演讲比赛。

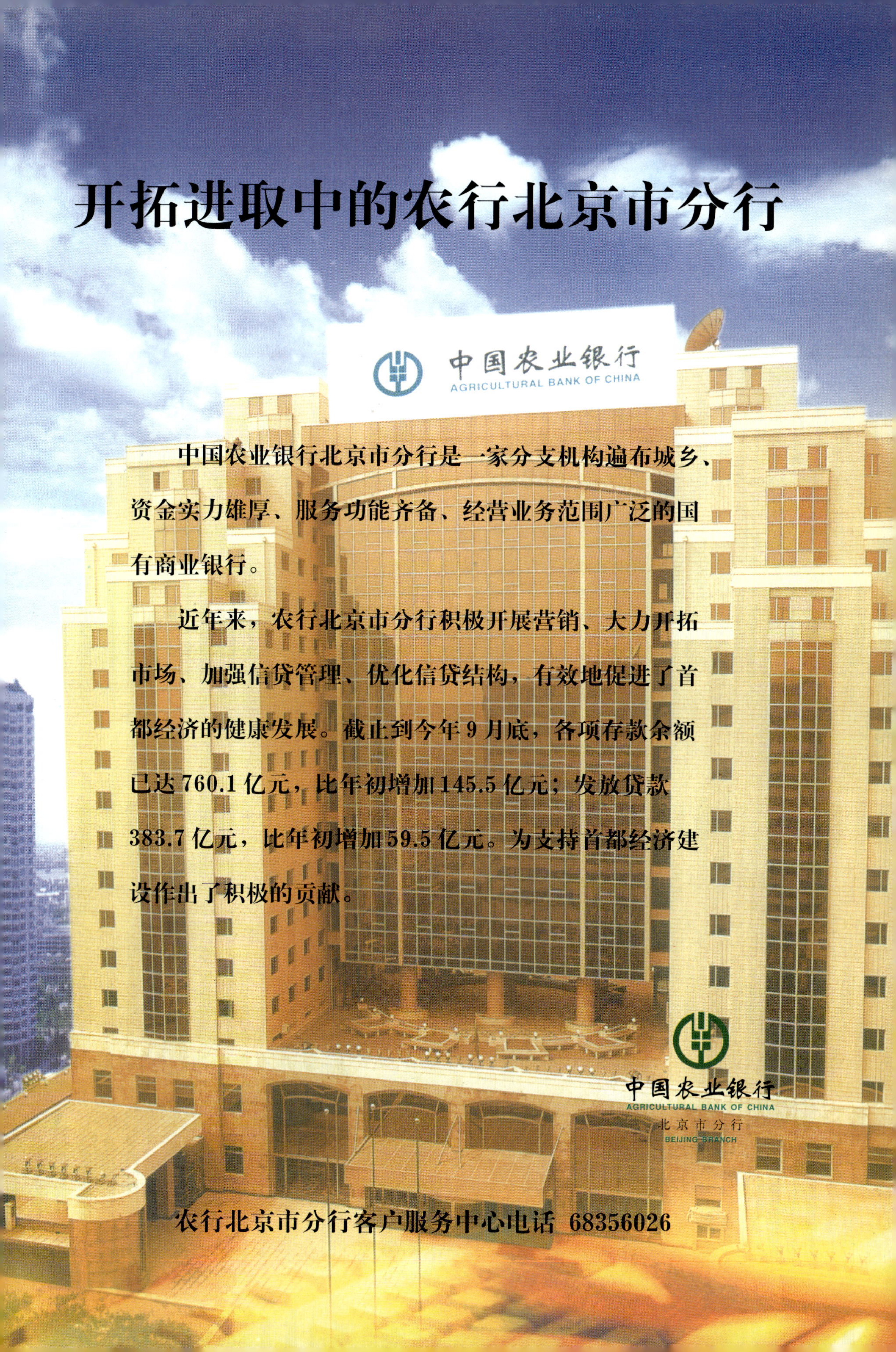
开拓进取中的农行北京市分行
中国农业银行
AGRICULTURAL BANK OF CHINA
中国农业银行北京市分行是一家分支机构遍布城乡、资金实力雄厚、服务功能齐备、经营业务范围广泛的国有商业银行。
近年来，农行北京市分行积极开展营销、大力开拓市场、加强信贷管理、优化信贷结构，有效地促进了首都经济的健康发展。截止到今年9月底，各项存款余额已达760.1亿元，比年初增加145.5亿元；发放贷款383.7亿元，比年初增加59.5亿元。为支持首都经济建设作出了积极的贡献。
中国农业银行
AGRICULTURAL BANK OF CHINA
北京市分行
BEIJING BRANCH
农行北京市分行客户服务中心电话 68356026

宝钢股份
目标：全球最具竞争力的钢铁企业
BAOSHAN IRON & STEEL CO.,LTD.
http://www.baosteel.com

共查出违纪违规金额5600万元，上交财政56万元，应归还原渠道资金415万元。完成了24户经济责任审计，共审计27人，为组织部门正确任用干部提供了依据；完成了县政府临时交办的工作6项；全年共提交审计信息近百篇；在年度考评中，被省审计厅评为信息宣传先进单位。

【前郭县审计局】现有干部职工44人，设有综合科、行文审计科、工交审计科、基建审计科、农林审计科、财金审计科、经济责任审计科和内审科，负责对全县25个乡镇和172个县直部门的审计监督。局长宋国彬，副局长丁忠民、赵凤路、李桐林、穆清国。

审计成果　共完成审计计划项目68项，授权审计1项，上级交办经济责任审计18项。审计中，突出重点，认真开展了同级预算执行审计、乡局级领导干部经济责任审计等，全年共查出违纪违规资金7712万元，归还纠正违规资金6917万元，已上缴财政130万元；注重提高审计质量，抓好审计基础工作规范，在审计事实认定、问题定性、处理处罚等各个环节下功夫，建立严谨的质量监督体系；注重“人、法、技”建设，努力提高干部素质，加强学习和培训，从政治、业务两方面提高干部的理论水平和工作能力。

【白城市审计局】2000年，共有在职干部职工53人，其中大学本科学历10人，大专学历27人，局长王峥，副局长李金胜、丛德升、温学卿，纪检组长康书君。设有办公室、综合指导科、财政审计科、金融审计科、行政事业审计科、固定资产投资审计科、工业交通审计科、商贸审计科、外资运用审计科、农林水审计科、审计管理科、机关党总支等12个部门。

审计成果　市县两级审计机关共审计415个单位，查出违规行为金额20626万元，其中决定处理处罚4064万元，指明要求纠正16562万元。应上缴财政1383万元，已上缴财政587万元，应归还原渠道资金1829万元。提交审计工作报告和信息298篇，被批示、采用140篇。

内部审计　全市共有内部审计机构259个，专兼职内审人员628名，开展各项审计831项，共查出损失浪费174万元，促进增收节支1090万元，纠正违规行为金额181万元，被采纳的建设性意见和措施912条，维护了企业正常经济秩序和正当权益；共开展乡镇审计174户，查出违纪金额914万元，其中应缴财政60.3万元，比上年增加34%，提出审计建议被采纳52条。

经济责任审计　由该局起草，经市政府常务会议、市委常委会讨论通过，下发了《白城市县（局）级领导干部任期经济责任审计实施办法（试行）》，同时，会同市纪委、市委组织部制定了《白城市领导干部经济责任审计联席会议制度》，使经济责任审计工作规范化、法制化、经常化。全年共审计领导干部125人，查明主管责任金额720万元，直接责任金额453万元。平调75人，晋升1人，免职1人，降职5人，党纪处分4人，移送纪检监察3人。其中通榆县审计局经济责任审计的经验在中央五部委联合召开的全国经济责任审计会议上进行了交流；洮北区审计局的经济责任审计案例被省审计厅推荐到审计署，并被采用。

【白城市洮北区审计局】现有干部职工24人，设有综合科、行政事业审计科、经济责任审计科、企业审计科等部门，负责对全区15个乡镇和28个区直部门的审计监督。局长富裕，副局长关亚军、梁长青、张晓红。

审计成果　共完成审计和审计调查项目29项，审计45个单位，调查6个单位，共查出违规资金2378万元，应缴财政37万元；完成市局授权审计项目3户；在经济责任审计中，审计了3位乡党委书记和4位局长，认定违规资金1386万元；在内部审计工作方面，区内设专职内审机构1个，17人从事内审工作，其中专职2人，兼职15人，全年共开展财务收支审计36户，经济责任审计8人，审计调查1项。

【大安市审计局】现有干部职工28人，设有行金审计科、工交审计科、农林水审计科、内审科、商贸审计科、农村审计科、安广办事处、基建审计科和综合科，负责对全市26个乡镇、12个场站、59个县直部门的审计监督。局长伞洪彦，副局长钟华、王勇、陈桂侠。

审计成果　紧紧围绕市委、市政府的中心工作，强化审计监督，加强自身建设，在财务收支审计的基础上，突出了“财政性资金审计、大案要案审计、领导干部经济责任审计”3个重点，圆满地完成了指令性计划和市委、市政府交办工作。全年共完成111户审计任务，查出违纪违规金额3976万元，要求纠正3610万元；同时，注重加强内部审计工作，全年完成内部审计118户；进一步强化经济责任审计和基建投资审计力量，3月，成立了基建审计科。5月，又增加了行政事业编制6人，成立了市经济责任审计事务所，为审计工作的开展奠定了基础。

【洮南市审计局】现有干部职工20人，设有人秘科、审计管理科、行政事业审计科、财政金融审计科、工交审计科、商贸审计科、基本建设审计科，负责对全市21个乡镇和96个市直部门的审计监督。局长李维忠，副局长郭永和、杨明、贾东升。

审计成果 按照全年计划安排，重点开展了本级预算执行审计，农业综合开发资金管理使用情况、养老保险扩面征缴情况审计调查、固定资产投资审计，共审计单位50户（项），查出违纪金额1395万元，决定处理处罚130万元，上缴财政59万元；向上级审计机关和市委、市政府提交审计报告53篇。

【镇赉县审计局】现有干部职工31人，设有综合科、农林审计科、商贸审计科、财金审计科、案审科、工交审计科、基建审计科、经济责任审计科和乡镇审计科，负责对全县26个乡镇（场）和31个县直部门的审计监督。局长丁立国，副局长李尊贵、王茹贤。

审计成果 共完成审计项目72户，查出违规行为金额3440万元，其中应归还原渠道资金374万元，应上缴财政58万元，已收缴入库55万元；有40篇信息、论文被《中国审计》、《中国审计报》、《当代审计》等各级报刊杂志采用，被省审计厅评为信息宣传先进单位；积极完成政府交办任务4项；强化经济责任审计，完善制度，制定了《镇赉县乡局级领导干部及国有企事业单位主要负责人经济责任审计实施办法》，并接受县委组织部委托，对27个乡（局）级领导干部任职期间经济责任进行了审计。县委依据审计结果报告，对22名乡局级领导干部进行了调整或轮岗交流，有4人受到党政纪处分，其中1人被降职使用，1人被移交纪检、监察部门立案查处。

【通榆县审计局】现有干部职工39人，设有财金审计科、工交审计科、行审科、审理科、农业审计科、审管科、综合科、经济责任审计分局及6个特派所，负责对全县29个乡镇（场）和64个县直部门的审计监督。局长李彦丰，副局长庞秀武、毛淑华、许英伟。

审计成果 共审计80户（项），查出违纪违规资金2394万元，上缴财政70万元，归还原渠道资金385万元；共提交审计信息200条，被采用120条；全年有24项工作受到上级党委、政府及上级审计机关的表彰和奖励。2月，被市审计局评为全市审计系统审计工作目标考核先进单位。6月，被吉林省审计厅授予“全省审计宣传先进单位”称号。10月，在中央五部委联合召开的全国经济责任审计工作会议上交流了县经济责任审计工作经验。11月，县农村审计工作得到了省审计厅的充分肯定，并参加了审计署农村审计工作研讨。

【延边朝鲜族自治州审计局】2000年，共有在职干部职工39人，其中大学本科学历15人，大专学历22人，局长金振锡，副局长李学斌、苑德明、金江泉，助理调研员盛振风、金贞淑。设有办公室、案审处、管理处、财金审计处、工交商贸审计处、农林审计处、行文审计处等部门。

审计成果 全年共审计96户（项），查出违纪金额9389万元，决定处理处罚652万元，指明要求纠正9389万元，应交财政640万元。全年编发《延边审计》18期，收到稿件190篇，采用信息114篇。被省审计厅评为信息宣传工作先进单位。全年共召开两次审计理论研讨会，促进了审计成果的转化。

州本级共审计财政、地税、国税和预算执行单位31个，其中查出19个“小金库”，金额214万元。抽查了27个单位的招待费支出计228万元，占公务费的23%。

重点加强了对林业企业的审计，查出延边州林业管理局向所属企业摊派980万元的问题；在对大石头林业局审计中，查出“小金库”2016万元，挤占挪用天然林保护工程资金715万元。

经济责任审计 协调州委、州政府成立了经济责任审计领导小组。全年共完成39位领导人任期经济责任审计，查出违规行为金额965万元，通过审计，平调3人、晋升22人、免职4人。

大案要案 加强了大案要案的审计力度，审计查出延边州财政局综合处会计利用职务之便挪用国库券资金400万元借给朋友炒股，案发时尚有267万元没有收回；查出延边未来书文有限公司违反规定，虚列支出123万元发放奖金。2个案件已分别移交检察、纪检部门进一步调查处理。

【延吉市审计局】现有干部职工25人，设有综合科、行政文教事业审计科、财政金融审计科、投资审计科、工交商贸审计科、乡镇审计科、案件审议科等7个科室，负责对全市3个乡镇、265个市直部门和事业单位的审计监督。局长肖艳新，副局长金基万、许东日。

审计成果 共审计35户，查出违规行为金额8190万元，应上缴财政343万元；在预算执行审计中，对全市财政、金库、地税等5个参与预算组织、管理的部门和21个预算执行单位进行了审计，对部分财政资金的使用效果进行了专项审计，对115个单位的预算外资金管理情况进行了专题审计调查，查出违规行为金额2150万元。市政府依据审计结果，先后制定了专项资金拨款审批程序告知单制度、减免配套费市长“一支笔”制度、手续费处理办法等，而且在提交人大工作报告中提出了9条措施，加大了整改力度；开展了6项专项审计调查，为政府节约使用资金提供了依据；配合市委廉政建设，成立了行风廉政领导小组，进一步明确责任；注重从完善制度入手，提高审计质量，局内自行设计并实行了承诺书制度，严格贯彻落实三级复核制，有效地防范了审计风险。

【图们市审计局】现有干部职工19人，设有监察审理科、基建审计科、行文审计科、财经审计科、企业审计科、综合科等部门，负责对全市5个乡镇和165个市直部门的审计监督。局长李永君，副局长申正在、安瑞云。

审计成果 共完成审计单位58户，审计项目56个，其中州项目41个，市项目15个，另有省、州授权项目3个，共查出违纪金额1952万元，应上缴财政30万元，已上缴财政20万元；积极完成上级交办任务，完成党政机关、企事业领导任期经济责任审计15人，提交审计调查报告和综合报告3篇，上报审计信息论文29篇，其中1篇被省级审计刊物采用，8篇被州审计刊物采用。

【敦化市审计局】现有干部职工27人，设有综合内审指导科、案件审理科、农林水审计科、工商企业审计科、行文卫事业审计科、财政金融基建审计科、办公室，负责对全市16个乡镇、1个开发区和40余个市直部门的审计监督。局长岳春田，副局长马铁石、华跃武。

审计成果 全年审计工作取得了较好成绩，完成审计110户（项），查出违纪违规金额77万元，收缴入库53万元；完成经济责任审计13户，企业转制审计12户，审计调查3项；召开了敦化市第六届审计理论研讨会，交流论文25篇；全年共发表审计信息52篇，其中省级以上刊物采用7篇；同时，被省审计厅授予内部审计先进管理单位、审计宣传先进单位等称号。

【龙井市审计局】现有干部职工17人，设有综合科、审理指导科、财政金融审计科、行政事业审计科、企业审计科、基建投资审计科等部门，负责对全市4个乡镇和38个市直部门的审计监督。局长李镐洙，副局长石东植、周振凯、朴明国。

审计成果 共完成审计项目42户，其中任期经济责任审计8户；审计调查5项；基建工程开工前审计33户。全年共查出违纪违规金额77万元，上缴市财政32万元。在对龙井市房地产经营公司财务收支审计中，查出了该单位从1993年至1999年累计漏交22.5万元税费的问题，情节严重，违纪数额在近年中较大，已按规定全部上缴国库；提交审计调查报告5篇，审计报告4篇，上报各级各类信息46篇，论文4篇，被采用论文1篇、信息21篇；完成上级下达的审计任务共17项，审计调查2项；在考核评比中，被评为省级信息宣传先进单位。

【珲春市审计局】现有干部职工17人，设有综合科、行政文教审计科、财政金融农林水审计科、商贸审计科、工业交通审计科和基本建设审计科，负责对全市9个乡镇和36个市直部门的审计监督。局长郑昌权，副局长闫志会、崔日善。

审计成果 共完成审计计划项目31个，查出各类违纪金额2775万元，应上缴财政126万元，指明纠正和调整金额2665万元；预算执行审计中，审计了财政、地税、国库等14个部门和单位；对16名中层领导干部进行了经济责任审计；积极开展审计理论调研和信息宣传，全年共撰写有关审计理论研究论文、信息等15篇，均被采纳；全年完成内部审计计划项目104户，审计查出和纠正违纪违规金额17万元，提出合理化建议20条。

【和龙市审计局】现有干部职工15人，设有人秘科、乡企审计科、行政事业审计科、综合审计科、财政金融审计科，负责对全市9个乡镇和126个市直部门的审计监督。局长金百旭，副局长孙秀青、赵官春、张贞花。

审计成果 按照年度计划，共完成审计任务61户（项），其中审计调查2项，省、州授权审计2户，经济责任审计5户。全年共审计查出各类违纪违规金额1422万元，决定处理处罚11万元，指明要求纠正1411万元，查出私设“小金库”1万元，应上缴财政17万元，已上缴财政13万元；全年提交审计工作报告、信息及论文50篇，被上级审计机关和市委、市政府及新闻单位采用27篇；按照市委、市政府布署，查办上访案3件，完成了市委、市政府交办的其他审计任务5项。

【安图县审计局】共有干部职工24人，设有办公室、监察审理科、财政金融审计科、行政事业审计科、工交农林企业审计科、固定资产投资审计科、审计学会等部门，负责对全县12个乡镇和60余个县直部门的审计监督。局长王作勤，副局长李东植、卢廷申。

审计成果 共完成审计和审计调查项目83户，查出违规违纪金额1568万元；提交审计报告信息60多条，被审计署采用3条、省厅采用3条、州审计局采用30多条；积极完成上级审计机关授权的中直、省直、州直项目4户，查出违纪金额30万元；积极稳妥地进行了3户任期经济责任审计，客观公正地进行了评价，并向组织、纪检部门写出专题报告；加强乡镇审计工作，共审计了6个乡镇，62个站所、学校和卫生机构，审计金额11377万元，针对核算不规范、财务管理不到位、坐收坐支、白条入账等问题提出了146

条审计建议。

【汪清县审计局】现有干部职工22人，设有办公室、行政文教审计科、财政金融审计科、工业交通审计科、基本建设审计科、管理科，负责对全县12个乡镇和40余个县直部门的审计监督。局长徐希盛，副局长金雷声、郭俊杰、李建吉。

审计成果　共审计45项，查出违纪金额3220万元，应上缴财政76万元，已上缴财政20万元；提出审计信息23篇，被上级机关、新闻单位采用12篇；对10个预算执行单位进行了审计，共查出8个方面的违规问题，违规金额达2765万元，审计报告得到了县人大的重视和好评；认真开展基本建设决算审计，全年共完成6项，审计工程总投资额780万元，裁减工程造价、减少国家损失29万元；开展了汪天公路建设项目跟踪审计，揭露了筹建处乱列支出等违规问题，提出的3条合理化建议均被采纳；开展离任审计6项，提出审计评价和建议9条，2人被提拔，3人平调，1人免职；全县12个乡镇审计所和5个内审机构完成了46个审计项目，查出违规金额73万元，向纪检监察部门移送重大案件3件，处理责任人2人。

黑龙江省

【黑龙江省审计厅】2000年，黑龙江省审计厅定编168人，在编168人。厅机关设有办公室、法制审理处、人事教育处、财政审计处、金融审计处、行政事业审计处、经贸审计处、农业和资源环保审计处、社会保障审计处、固定资产投资审计处、外资审计处、经济责任审计处、外事处13个职能处室。还设立了离退休干部工作处（与人事教育处合署办公）、机关党委和监察室。对省政府各部门、直属机构、部门管理机构派出14个审计处。同时还设立了厅机关服务中心、审计干部培训中心、龙江审计杂志社、省审计科学研究所、审计信息计算机技术中心、审计厅招待所6个事业单位。

领导成员

厅　　长：陈　兴

副 厅 长：李希龙　杨维玲

　　　　　李明光　王学文

纪检组长：戴英胜

助理巡视员：原志峰

黑龙江省审计成果　全省共审计5369个单位，分别对查出的违纪违规问题进行了处理。已上缴财政6142万元，减少财政拨款和补贴2016万元，向司法机关移送各类违法犯罪线索42件，建议给予行政处分38人，协助有关部门查处案件110件。向各级党政和上级审计机关提交审计工作报告、信息5975篇，被批示采用1133篇，新闻宣传稿件270余篇。全省各级审计机关还完成各级党委政府交办任务937项，发现违规行为资金23亿元，向司法机关移送案件7件，建议给予行政处分4人。

财政审计　以规范预算管理和财政分配秩序为目标，深入开展了预算执行审计。各级审计机关按照“集中力量、突出重点、提高质量、扩大影响”的指导思想，加强了对重点财政资金的审计监督，增强了审计的深度和力度。在本级预算执行审计中，既审计资金分配管理部门，又向用款单位延伸，使预算执行审计工作的规范化程度和审计质量有了一定的提高。重点审计了科技三项费用、支援不发达地区发展资金、小型农田水利和水土保持补助费等专项资金的拨付、使用情况，水利、乡镇企业局等10个主管部门15项行政性收费的收缴情况。通过审计，共查出违纪违规资金50469万元，应上缴财政收入3475万元，应追还被侵占挪用专项资金1565万元，应拨付滞留的专项资金18971万元，责令调整账目25373万元。审计提出的加强预算管理的意见和建议更具有针对性，为各级政府和人大加强预算管理和监督发挥了积极作用。8月14日，陈兴厅长受省政府委托向省九届人大常委会第十八次会议作了《关于1999年省本级预算执行和其他财政收支的审计工作报告》，得到了省人大常委的充分肯定。

企业审计　以真实性审计为重点，加强了国有企业审计。省厅按照省政府的要求，在全省审计机关抽调人员分两期对105户省直集团公司、356个二三级子公司进行了历时6个多月的审计。共核实资产223.6亿元，查出违纪违规资金24.5亿元；向司法机关移交经济犯罪线索9条，向纪检部门移送案件线索12条，依法追究了当事人的责任。省直公司审计达到了“摸清家底，掌握国家投资使用去向，为政府决策提供准确情况和参谋建议”的目的。

重点资金审计　围绕经济热点、难点，加强了重点行业、资金、项目的审计。主要对工商行政管理系统、环保排污费、城市建设资金、农业综合开发资金、农村信用社信贷资产质量、外资运用项目等进行专项审计和审计调查。通过审计，揭示了行业性问题和资金征收、管理、使用中存在的问题，分析了产生问题的原因，并提出了有针对性的审计意见和建议，引起了有关部门和领导的重视，为促进各项事业发展和管好用好各类资金发挥了有效作用。在农业综合开发资金审计中，各级审计机关对1997－1999年第四期农业综合开发资金的计划执行、投资、匹配、管理、使用和效益情况进行了审计，揭示了资金不到位、改变资金投向、挤占挪用等影响农业综合开发项目实施和效益发挥的问题，及时向有关部门反馈了审计结果，提出整改建议，使审计在促进有关部门加强农业综合开发资金的管理方面发挥了应有的作用。同时各级审计机关开展了对全省企业基本养老保险扩大覆盖面情况和企业养老保险基金收支预测情况的审计调查，深入细致地了解企业尤其是未参保企业的情况，向各级政府全面客观地反映了问题，引起了各级政府领导的重视。

经济责任审计 各级审计机关认真贯彻中办发［1999］20号、中办发［2000］16号文件，落实全国经济责任审计工作会议精神，按照审计署尽快全面推行领导干部经济责任审计制度的要求，不断完善制度、改进方法，积极开展并逐步规范经济责任审计工作。一是各级党委、政府相继成立了经济责任审计工作领导小组，建立了经济责任审计联席会议制度，为经济责任审计工作的顺利开展提供了组织保证。二是按照省委书记徐有芳同志指示，省厅与有关部门协商起草了《关于贯彻落实中办发［2000］16号文件的意见》，由省委、省政府办公厅转发至全省各级党政机关，进一步明确了完善联席会议制度、建立经济责任审计机构、保证审计经费、逐步开展县级以上党政领导干部经济责任审计等项要求。三是召开了各市地纪检、组织、人事、监察、审计等部门领导参加的全省经济责任审计工作会议，王先民副省长代表省委、省政府对加强经济责任审计工作做出了重要指示，鸡西、牡丹江、讷河、宁安等11个市县介绍了经济责任审计的经验，促进了这项工作的深入开展。全年各级审计机关完成了953项党政领导干部和国有企业领导人员经济责任审计，查出违纪违规资金18.1亿元，向被审计单位提出审计建议1660条，其中已被采用1002条。在已审的953名领导干部和领导人员中，有27人因虚报政绩、侵吞公款、管理混乱、亏损严重被降职，其中21人因违法违纪问题严重被移送纪检监察和司法机关立案查处。该省的经济责任审计工作得到审计署、省委、省政府的肯定，分别在全国经济责任审计工作会议和全省干部监督工作会议上汇报了作法和经验。

内部审计 全省各级审计机关把内审指导工作的重点放在积极引导各内审机构突出审计重点，强化审计力度，加强经营管理，提高经济效益上，积极维护部门单位的合法权益，取得了部门单位领导的重视，在政府机构改革过程中，使内审工作保持了相对稳定的发展态势。在省内审协会的推动下，部分地市审计局及时转变对内审工作的指导方式，将内审协会这个行会组织作为内审行业协调、管理的主要组织形式，积极争取成立内审协会，为加强内审工作创造有利条件。

队伍建设 全省各级审计机关继续深入开展以“建一流班子、带一流队伍、创一流业绩”为主要目标的争先创优活动，进一步推进了“人、法、技”建设。一是以深入开展“三讲”教育活动为契机，加强审计机关思想建设、组织建设、作风建设和廉政建设。结合“学理论、作表率”活动、“警示教育”活动、“为经济建设服务、树行业新风”活动等，开展深入细致的思想政治工作，调动审计人员的工作积极性和创造性；严格执行《审计组廉政责任规定》、审计“五公开”、“十二不准”等廉政纪律，树立良好的审计形象。二是按照《2000年全省审计机关干部教育培训工作要点》的要求，以宏观经济知识、WTO知识、法律法规知识、计算机应用技能为重点，有组织、有计划、有针对性地开展教育培训工作，促进了审计人员素质的提高。三是结合贯彻执行审计署颁布的《国家审计基本准则》等10个审计准则，制定了《黑龙江省审计厅审计执法过错追究办法》，修改了《黑龙江省审计机关审计复核工作规则》，加快了审计法制化、规范化建设步伐。举办《行政复议法》和《国家审计基本准则》培训班50期，对3000余人次进行了培训。四是认真开展计算机应用技术普及、培训，大力开发推进审计应用软件，审计信息化建设取得新的进展。省厅和部分地市审计机关成立了信息化建设领导小组，制定了黑龙江省审计机关审计信息化建设五年规划，开发了财政辅助审计软件、办公自动化软件、审计数据处理发布系统、审计信息网上发布查询系统，并在财政、金融、固定资产投资、外资等审计项目管理中应用了计算机审计软件。审计署向全国审计机关推广介绍使用该省开发的财政辅助审计软件。

机构改革 省厅按照省委省政府关于省直机关机构改革的统一部署，于6月份进行了机构改革。一是从有利于全面履行审计监督职能出发，对职能进行了重新调整和划分。改革后，新增了审计监督省级预算执行情况和其他财政收支、向省政府部分行政部门及其直属事业单位派出审计机构、组织对党政领导干部和国有企业法定代表人进行经济责任审计、审计监督社会保障资金和环境保护资金4项职能，减少了指导和管理社会审计的职能。二是立足于职责明晰、设置合理，对内设机构进行了重新调整。办公室与综合处合并为办公室，工交处与商业处合并为经贸审计处，增设了社会保障审计处、外事处，撤消了管理处。根据有关规定设置了机关党委、监察室和离退休干部工作处。改革后，内设机构15个，比原来减少1个。三是按照精兵简政、提高效率的原则，精简编制，优化人员结构。厅机关编制由196名减少到118名，精简幅度为40%；加上派出审计机构行政编制42名、离退休干部工作处编制4名、监察室编制3名、临时编制1名，精简后的行政编制总数为168名，比改革前精简17.5%。14个派出审计处对14个省直厅局及所属二三级单位1999年度的财务收支进行审计，查出各类违规资金7812万元，促进被审单位增强遵纪守法意识，加强依法行政和规范管理。

【哈尔滨市审计局】2000年，共有干部职工161人，其中研究生学历2人，大学本科学历55人，大专学历91人，局长贾建林，副局长徐立义、刘爱华、孙常龄、曲振玉、马有伟、于志国、陈维东。设有办公室、人事教育处、机关党委、综合处、政策法规处、工业交通审计处、商贸审计处、基本建设审计处、城建资金审计处、财政审计处、金融审计处、农业审计处、外资运用审计处、行政事业审计处、审计培训中心等机构。

审计成果 全年共审计项目136个，其中审计单位132个，审计调查项目4个，调查单位37个；共查出各类违纪违规金额312969万元，已上缴财政654万元，共提交审计报告64篇。

内部审计 共设立内部审计机构292个，内审人员610人。

【阿城市审计局】共有在职干部职工35人，其中大学本科学历2人，大专学历15人，设有办公室、综合室、财金审计室、文行审计室、农林审计室、工交审计室、商业审计室。局长赵春生，副局长刁仪军、王丽娟。

审计成果 全年共审计项目50项，审计单位123个，审计金额187364万元，查出违纪金额5723万元，收缴违纪资金74.6万元，归还原渠道资金654万元。呈报审计报告35份，其中9份被市领导批示。编发审计信息21篇，被党政部门、报刊等采用9篇。共完成省市审计机关下达的同级财政预算执行情况审计、10个乡镇财政决算审计、世界银行贷款结核病控制项目审计、科技三项费用审计、职工养老保险审计、农村信用联社信贷资产审计等44项。完成当地党政机关交办审计任务3项，其中司法部门财政收支审计1项，经济责任审计2项。另外，受市委组织部委托，对24名乡镇、街道和行政部门党政主要领导任职期间经济责任进行了审计。

【尚志市审计局】现有在职干部职工27人，设有综合办公室、法制审理室、财政审计室、经贸审计室、经济责任审计室、基本建设审计室、农业审计室、行政事业审计室、内部审计指导室，负责对全市17个乡镇和56个市直部门及重点国有企业、事业单位的审计监督。局长王世龙，副局长冯忠云、关景海、邢国纹。

审计成果 完成计划审计项目单位78个。完成的主要项目包括财政预算执行情况审计、乡镇政府财政决算审计、农村信用社信贷资产质量专项审计、党政领导干部任期经济责任审计、专项资金审计等。共提交审计综合报告和审计信息48篇，被地方党政领导和上级审计机关批示、采发22篇。共查出违规行为金额2832万元，其中决定处理处罚648万元，指明要求纠正2184万元，追缴应交财政79万元，核减财政拨款244万元，应归还原渠道资金398万元。协助纪检、监察和司法机关查处案件4起。获“黑龙江省经济责任审计先进单位”称号。

【双城市审计局】共有在职干部职工27人，其中大专学历25人，设有综合股、财政审计股、农林审计股、基建审计股、文行审计股和工贸审计股。局长关太山，副局长王术、何鹏、邹洪玉。

审计成果 全年共审计项目71项（单位），为年度计划的100%，其中省定项目49项，自定项目22项。查出违纪违规行为资金2563万元，应缴财政6万元，已缴入库6万元。上报审计信息8篇，提出审计报告40篇。设有内审机构18个，内审人员44人。完成审计项目86项，其中财务收支审计58项，经济效益审计7项，经济责任审计16项，其他项目7项。查出损失浪费22万元，促进增收节支5366万元，提出的建议被采纳52条。还对21户行政机关和企事业单位主要领导进行了经济责任审计，通过审计平调12人，降职使用1人。

【五常市审计局】现有干部职工30人，设有财政审计股、基建审计股、金融审计股、商贸审计股、文行审计股、工交审计股、农林审计股、经济责任审计股、综合审理股、秘书股，负责对全市28个乡（镇）、70个市直部门和293户国有企业和事业单位的审计监督。局长王昆（1999年4月—2000年10月）、刘治邦（11月起至今），副局长杜兴桥、肖连怀、李培森、朱世昌、杨喜东。

审计成果 共审计166个单位，查出违规行为资金8889万元，决定处理处罚1044万元，应交财政109万元，已交财政109万元，其中税金43万元，罚款57万元。向司法机关移送案件1件。提交审计工作报告、信息53篇，被政府、上级审计机关及有关部门采用26篇。

【呼兰县审计局】现有干部职工28人，设有办公室、工交、商业、文行、基建、农林和财金审计室，负责对全县16个乡镇和276个县直部门的审计监督。局长施文臣，副局长翟建华、李树林、任继贵。

审计成果　全年以同级财政预算执行审计为主线，以经济责任审计为重点，共完成审计项目61项，其中上级交办任务27项。共查出违规行为资金5006万元，应缴财政91万元；提交各类报告18篇，审计信息20篇，报告及信息被各级党政机关、有关部门和新闻单位采用17篇次，发表及获奖论文3篇。

【方正县审计局】现有干部职工18人，设有财政审计室、农林审计室、基建审计室、文行审计室、工交商贸金融审计室、办公室、法制审理室和综合室，负责对全县8个乡镇和102个县直部门的审计监督。局长李才，副局长李桂芝、宋福滨。

审计成果　共完成审计项目67项，查出违规行为资金2218万元，应归还原渠道资金166万元，应交财政10万元。提交审计报告、信息52篇，被各级领导采用批示7篇。

【宾县审计局】现有干部职工23人，设有办公室、综合审理室、农林审计室、财金审计室、工商审计室、经济责任审计室、基建审计室、文行审计室，负责对全县22个乡镇和48个县直部门的审计监督。局长徐中才，副局长刘铁飞、杨洪久、张军。

审计成果　共完成审计项目9项，审计单位121户，完成审计调查1项，查出违纪资金820万元，处理处罚682万元，罚款148万元，应归还原渠道资金122万元，上缴财政100万元，促进增收节支50万元。完成县以下党政领导干部经济责任审计45项，经济责任审计工作被评为省级优秀项目。提交综合审计报告11篇，采用6篇；上报信息34篇，采用8篇；上报论文6篇。

【依兰县审计局】现有干部职工18人，设有财金审计股、农林审计股、行政事业审计股、工商审计股和基建审计股，负责对全县18个乡镇和64个县直部门的审计监督。局长张继敏，副局长尹玉琨、吴建民。

审计成果　完成审计项目69项，查出违纪违规资金1506万元，追还被侵占挪用资金416万元，减少财政拨款6.4万元，减少国有资产流失220万元，增加县乡两级财政收入27万元，促进增收节支14万元，促进财政安排支农资金7.2万元，上缴财政36万元，移送司法机关案件1件.提交审计综合报告47份，编发审计信息31篇，审计报告被领导批示4份；审计信息被县领导批示、上级审计机关、省政府、新闻单位采用31篇次，批示采用率100%。特别是，有2篇审计信息被县纪检委作为立案依据，据此分别给予某镇公安派出所现负责人和原两任所长党内警告、党内严重警告、开除党籍的处分。

【巴彦县审计局】现有在职干部职工22人，设有文行审计室、基建审计室、经济责任审计室、农林审计室、财政审计室、经贸审计室、综合审计室、审理室，负责对全县28个乡镇和56个县直部门的审计监督。局长张汉晨，副局长赵景权、齐家宏。

审计成果　共完成审计项目计划92项，其中政府交办20项，占计划的100%；查处违纪资金6962万元，收缴违纪资金及罚款46万元；查处挤占挪用专项资金615万元，核减基本建设高估冒算工程款115万元，促进增收节支47万元，减少财政拨款和补贴26万元；审计报告、信息、论文被有关方面采用或批示27篇次。被省审计厅及市审计局评为“争先创优”先进单位，审计信息工作被省审计厅评为先进单位。

【通河县审计局】现有干部职工20人，设有办公室（兼局法制监察审理室、综合指导室职能）、行政事业审计股、企业审计股、农林审计股、财金基建审计股、经济责任审计股，负责对8个乡镇和164个县直部门的审计监督。局长林万成，副局长张谦、明晓军。

审计成果　全年完成审计项目和审计调查50户（项），查出违规行为资金812万元，处理处罚48万元，指明要求纠正764万元，促进被审计单位增收节支5万元。完成县政府临时交办的审计任务19项，包括整顿经济秩序，职工上访、单位主要领导任职期间经济责任审计等。查出账外贷款74.8万元，查出欠公款人员82人，欠公款额合计121万元，配合法院清欠41万元。提交审计报告、审计信息70篇，被上级机关采用3篇，新闻单位采用1篇。

【木兰县审计局】现有干部职工19人，设有财政审计室、金融基建审计室、经济责任审计室、文行审计室、工交商贸审计室、农林审计室、办公室，负责对全县14个乡镇和40个县直部门的审计监督。局长吴坤，副局长王克山、胡振亚、李忠辉。

审计成果　共审计40户单位，完成年度计划的100%。查处违规行为金额4837万元，上交财政27万元；提交审计报告信息60份，被采用16份。主要是开展了对本级预算执行审计；4户乡镇财政决算审计；广播电视、教育经费、养老保险金等重点专项资金审计；3项世行贷款跟踪审计；4户基建决算审计等。分别获省、市审计系统“争先创优”先进单位光荣称号。

【延寿县审计局】现有干部职工21人，设有工交审计股、农林审计股、商贸审计股、财金审计股、文行审计股、基建审计股、体系指导股、综合计划办公室，负责对全县9个乡镇和38个县直部门的审计监督。局长李福，副局长贾德群、黄恩贵。

审计成果　共完成审计项目72个，为年初计划的100%。查出违纪违规行为资金625万元，上缴违纪资金及罚款63万元。撰写论文、信息、经验文章35篇，被上级审计机关、新闻单位采用9篇，被地方政府采用5篇。

【齐齐哈尔市审计局】2000年，共有在职干部职工103人，其中大学本科学历26人，大专学历67人，局长任凤仪，副局长张守林、范天君、赵树宽，纪检组长陈忠义，助理调研员王书平。设有办公室、综合科、人事教育科、法制审理科、财政审计科、固定资产投资审计科、行政事业审计科、工交审计科、金融审计科、外资运用审计科、商贸审计科、农业审计科等部门。

审计成果　共完成审计项目184项；查处违纪违规资金269572万元；要求归还原渠道资金268219万元；上缴财政1410万元。向上级审计机关和本级政府提交审计报告49篇，发出审计信息70篇，审计报告、信息被批示、采用102篇（次）；向纪检监察机关、司法机关和有关主管部门移交大要案线索17个；建议给予有关违纪人员行政处分19人。

大案要案　在对房改资金的审计中，查出了市住房资金管理中心所属解困办3名工作人员挪用房改专项资金300多万元归个人使用的经济犯罪问题，及时移交检察机关进行处理，并已立案侦察。

【讷河市审计局】现有干部职工19人，设有财金审计室、文行审计室、农林审计室、工交审计股、商贸审计股、综合股、办公室，负责对全市23个乡镇、461个市直机关及企事业单位的审计监督。局长赵生，副局长李建平、吴文波。

审计成果　共完成审计任务63项，占全年项目计划的100%，并完成市委、市政府临时交办任务13项。共查出违纪违规资金4205万元，指明纠正803万元，应归还原渠道资金4120万元，上缴财政50.5万元。发现大案要案线索向纪检、司法机关移交6项，纪检、司法机关立案查处4项。依法通报了1个单位。提交审计报告66篇，上报审计信息24篇，上报“双评”活动简报2期，被政府和上级审计机关及新闻单位批示、采用21篇（次）。财政审计、金融审计、经济责任审计等7个审计项目被省审计厅评为先进，荣获省审计系统信息宣传先进集体称号。

【富裕县审计局】现有在职干部职工16人，设有办公室、财政金融审计室、行政事业审计室、企业审计室、固定资产投资审计室，负责对全县10个乡镇和64个县直部门的审计监督。局长史凤霖，副局长徐洪柱、付文军。

审计成果　共完成审计项目35个，占年初计划的106%。其中财政审计7项，金融审计4项，经济责任审计6项，行政事业审计4项，农业专项资金审计5项，外资运用审计3项，其他审计及调查6项。查出各类违规行为资金981万元，决定处理处罚52万元，指明纠正929万元，收缴违纪资金12万元，追还被侵占挪用资金969万元。为当地政府及上级业务部门提交审计报告22篇，审计论文2篇，审计信息8篇，审计报告、信息被批示、采用4篇。

【拜泉县审计局】现有干部职工17人，设有综合秘书股、金融审计股、文行审计股、基本建设审计股、企业审计股、财政审计股、农林审计股，负责对全县22个乡（镇）和129个县直行政事业单位及87个企业的审计监督工作。局长桂春林，副局长袁志君、张荔枝。

审计成果　共计完成157个审计项目，查出违纪资金2559万元，按照财经法规要求应纠正和归还原渠道资金2229万元，决定应上交财政70万元，实际上缴财政58万元，占应上缴的82.9%。

【甘南县审计局】现有干部职工27人，设有办公室、综合审理室、经济责任审计室、财金审计室、农林审计室、经贸审计室、基建审计室、文行审计室、内审指导室，负责对全县12个乡镇和47个县直部门的审计监督。局长刘春华，副局长韩庆福、迟德富。

审计成果　共审计59个项目和单位，审查出违规行为资金1607万元，其中决定处理处罚41万元，指明纠正1566万元，应交财政19万元，应归还原渠道资金1574万元，已上交财政27万元（含收缴以前年度）。向政府和上级审计机关提交审计工作报告23篇，其中被县长批示1篇。提交审计信息17篇，其中被新闻单位和县政府采用7篇。

【依安县审计局】现有干部职工24人，设有人秘、综合、财政、金融、企业、文行、农林、经济责任8个审计股，负责对10个乡镇和64个县直部门的审计监督。局长蔡显明，副局长许义藩、刘惠斌。

审计成果　共完成省、市审计机关下达审计项目计划13项33户；自定审计项目4户。审计调查项目2户。共审计查出违纪违规资金1811万元，其中做出处理处罚404万元；指明要求纠正1407万元；应缴财政

38万元，已上缴财政13万元；移交纪检监察部门6件；共提出审计报告、信息31篇，提交审计论文2篇。协助纪检委审计阳春乡政府以及17个乡镇政府教委、中学财政收支审计、住房基金、“小金库”清理工作；参加县合作基金会兑付工作；完成县委县政府交办的对粮食供应公司、盐业公司、县社、依安卫校、天鹅公司等审计工作任务。

【克山县审计局】 现有干部职工23人，设有综合股、企业投资审计股、农林审计股、财政金融审计股、文教行政审计股，负责对全县17个乡镇和55个县直部门的审计监督。局长杨居庆，副局长刘春田、凌顺发、陈瑞琴。

审计成果　完成审计项目49个，其中省定审计项目27个，自行安排审计项目22个。共查出违规行为资金6260万元，应交财政71万元，已交财政36万元。

【泰来县审计局】 现有干部职工21人，设有综合股、工交审计股、商贸审计股、农林审计股、文行审计股、财金审计股、法制审理股，负责对全县16个乡镇和128个县直部门的审计监督。局长宋占海，副局长张贵喜、张道君。

审计成果　共完成审计项目94项，其中经济责任审计42项，查出违纪违规行为资金1866万元，归还原渠道资金1830万元，处理处罚36万元。向本级政府和上级审计机关提交审计报告、信息73篇，审计论文3篇，提出审计建议120条。其中审计信息被省审计厅采用1篇、市审计局采用4篇、市政府采用1篇，论文3篇均被市审计学会评为优秀论文。

【克东县审计局】 现有干部职工21人，设有办公室、业务综合股、财政金融审计股、行政事业审计股、工商企业审计股、农业审计股、经济责任审计股、固定资产投资审计股，负责对全县12个乡镇和59个县直部门的审计监督。局长朱秀民，副局长王德胜、吴金玉、马宝石。

审计成果　共完成审计（调查）项目48项，审计单位48个。共查出违纪违规金额5983万元，上缴县财政67万元，提交审计报告、信息78篇，被批示、采用10篇。完成经济责任审计项目24项，其中党政领导19项，国有企业及控股企业5项。县委、县政府高度重视经济责任审计工作，在全县范围实行了先审计后任职的审计制度，健全和完善了党政领导干部和国有企业法人经济责任审计档案，为县委、县政府正确使用干部提供了完整、准确的审计资料。

【龙江县审计局】 现有在职干部职工32人，设有办公室、综合审理股、财政审计股、金融审计股、文行审计股、农林审计股、基建审计股、商贸审计股、工交审计股、经济责任审计股，负责对20个乡镇、48个县直部门的审计监督。局长李文林，副局长樊秀国、聂洪文。

审计成果　全年共完成审计项目计划61项，其中县政府交办经济责任审计31个单位，完成县委、县政府交办的工作任务15项。共查出违纪违规资金1771万元，其中应交财政45万元，已交35万元，应归还原渠道资金1726万元。提交审计报告45篇，提交信息14篇，被上级审计机关采用、转发16篇次。

【鹤岗市审计局】 2000年，共有在职干部职工48人，其中研究生学历2人，大学本科学历6人，大专学历35人，局长王洪军，副局长吴宝寅、张宝魁，纪检组长高崇杰，副处级审计员韩义。设有办公室、综合科、人教科、法制审理科、行政事业审计科、固定资产投资审计科、商贸审计科、金融审计科、经济责任审计科、财政审计科、农林水审计科、外资审计科、工交审计科。

审计成果　全年共完成38个审计项目，审计单位50个，查出违纪违规金额2667万元，追还被侵占挪用资金82万元，减少财政拨款3万元。提交审计工作报告和信息146篇，被党政领导批示、采用12篇。

完成上级交办任务　完成上级审计机关交办的审计任务10项，审计单位34个，查处各种违纪违规资金2215万元。完成市委、市政府交办的经济责任审计任务5项，查处违纪违规资金200万元。另外还配合省审计厅经济责任审计处完成了对矿务局局长离任审计。

【萝北县审计局】 现有干部职工17人，设有综合审理室、财政金融审计室、经济责任审计室、农林基建审计室、经贸审计室，负责对全县18个乡镇和30个县直部门的审计监督。局长张克周，副局长郭淑华、高川，主任审计师李贵祥。

审计成果　共完成审计项目19个，审计单位24个，其中省定项目单位14个，自定项目单位6个，完成交办项目单位4个。审计总金额29565万元，查出各种违纪违规资金2100万元。被省审计厅评为经济责任审计工作先进单位，审计信息工作先进单位。

【绥滨县审计局】 现有干部职工13人，设有财金审计室、农林审计室、文行审计室、工交审计室、审理室、办公室，负责对全县9个乡镇和39个县直部门的审计监督。局长张亚双，副局长郭俊德、李金良。

审计成果　共完成审计项目53项，审计调查1项，查出违规行为资金886万元，其中决定处理处罚

420万元，指明纠正466万元，应交财政25万元，已交财政5万元。提交审计报告、信息5篇。

【双鸭山市审计局】2000年，共有在职干部职工50人，其中大学本科学历16人，大专学历30人，局长张明久，副局长郑小光、杨会东。设有财政、金融、固定资产投资、工交、农林、商贸、行政事业、外资、经济责任等审计科室和办公室、监察室、人教科、管理科、法制科、综合科等管理科室。

审计成果 全年共审计43个单位，查出违规行为资金7322万元，应缴财政11万元，已缴财政9万元。上报审计信息31篇，被上级机关采用批示18篇。

经济责任审计 配合纪检、组织部门进行经济责任审计11项，查出违规行为资金315万元，向司法机关移送案件1件，建议给予行政处分2人。

【集贤县审计局】现有干部职工24人，设有财税审计室、文行审计室、金融审计室、基建审计室、农林审计室、工商审计室、法制审理室和办公室，负责对全县12个乡镇和136个县直部门的审计监督。局长朱连富，副局长陈本义、彭万江。

审计成果 完成必审项目10项；自定审计项目20项；县委组织部交办的10名科级领导干部离任审计。并完成了县委、县政府临时交办的工作任务。发现违纪违规行为资金合计为3883万元，其中决定处理处罚262万元；指明要求纠正3621万元；应归还原渠道资金3621万元。上报审计情况报告10篇，编发审计信息10期。揭露纠正了被审单位存在的不真实、不合法、不规范等问题。对审计发现的涉嫌犯罪问题，已移交司法机关；对发现的经济责任问题，已移交纪检部门给予了党纪处分。

【宝清县审计局】现有干部职工24人，设有办公室、审理室、文行审计室、工交审计室、商业审计室、基建审计室、农林审计室、乡镇审计室和经济责任审计室，负责对全县10个乡镇和80个县直部门的审计监督。局长孟祥岐，副局长马章臣、李成发、王德刚。

审计成果 共审计67个单位，对查出的违法违纪问题进行了处理。上缴财政49.6万元。完成县委、县政府和上级审计机关交办的17个乡镇资产、负债审计调查；减轻企业负担审计调查；配合县纪检委进驻宝清糖厂、宝清镇双盛村搞专案调查；参与县政府组织的浸油二厂清产核资组和税收、财务、收费大检查；参加省直公司审计等工作任务。提交审计调研材料、信息38篇，编发23期，被《中国审计报》、省审计厅等有关部门采用13篇，被省审计厅评为年度审计信息先进单位。

【友谊县审计局】现有在职干部职工13人，设有综合办公室、审计一室、审计二室、审计三室，负责对全县10个乡镇和全部县直部门的审计监督。党支部书记景祥武，局长赵世琴，副局长杨树森、王英杰。

审计成果 共完成审计项目21项，对36个部门、单位实施了审计，完成计划的181%。查纠违规行为资金914万元，其中决定处理处罚111万元，指明要求纠正803万元。完成县委、县政府交办的领导干部任期经济责任审计6项，查处违纪违规行为资金91万元。向被审计单位提出审计建议8条。提交审计报告21篇，审计信息7篇，审计理论研讨论文2篇，并向政府和有关部门有针对性地提出审计建议63条。

【饶河县审计局】现有干部职工20人，设有办公室、综合审理办公室、财金审计室、文行审计室、工商企业审计室、农林基建审计室和经济责任审计室，负责对全县12个乡镇、33个县直部门及42个国有企事业单位的审计监督。局长刘盛先，副局长董作滔。

审计成果 共审计26个项目，48个单位，其中省定项目10项，17个单位；自定项目12项，27个单位；县委、县政府临时交办项目4项，4个单位。查出违纪资金609万元，违规资金1亿元，应收缴县财政8.8万元，已收缴8.2万元，向上级审计机关和县委、县政府提交审计报告26篇，审计信息3篇。针对被审计单位存在的问题，向被审计单位提出改善经营管理，提高经济效益审计意见和建议71条，已被采纳和落实59条。促进企业和事业单位增收节支120万元。县同级财政预算执行情况审计、经济责任审计被省审计厅评为先进单位。

【鸡西市审计局】2000年，共有在职干部职工61人，其中大学本科学历19人，局长李连霞，副局长任和财、王椿、王旭，纪检组长李梅山，助理调研员崔长杰。设有办公室、法制审理科、综合科、工交审计科、行政事业审计科、商贸审计科、固定资产投资审计科、农业审计科、财政审计科、金融审计科、外资运用审计科和审计培训中心。

审计成果 全年共完成审计项目和单位97个，完成审计调查1个，共查出违纪违规金额32555万元，上缴财政101万元，共提交审计报告、信息149篇。

内部审计 全市共有专职内部审计机构34个，完成审计项目126个，节支增效1096万元。

经济责任审计 由市审计局、市纪检委、市委组织部联合开展经济责任审计，全年共审计59个单位，查出违纪违规资金27710万元，市委依据审计结果提职5人，降职4人，向纪检监察、司法机关移交案件线索10起，其中3人已被批捕。

大案要案　在对密山制油厂的审计中，发现密山市白泡子粮库主任大额套取现金82万元，贪污18万元的线索，经移交市纪检委后又移交至检察院处理。

【密山市审计局】共有在职干部职工19人，其中大学本科学历1人、大专学历10人，设有财政审计室、审理室、文行审计室、投资审计室、工交审计室、商贸审计室。局长程龙兴，副局长魏万志、刘丽馥。

审计成果　全年共完成审计项目85项，其中省审计厅及市审计局下达的审计项目19项，市委、市政府交办的审计任务66项。包括企业经营成果审计22项，领导干部离任审计20项，经济责任建档审计24项。查出违纪违规资金4715万元，收缴违纪资金10万元。向被审单位提出审计建议48条，被采纳28条。共编发审计信息35篇，被国家级刊物采用转发2篇，被省审计厅、市审计局及地方党委政府采用转发12篇。在完成的审计项目中，被评为省级优秀项目2项，市级优秀项目9项。经济责任审计被评为省级先进集体。

【虎林市审计局】共有在职干部职工26人，其中大学本科学历4人，大专学历20人，设有办公室、审理室、财政审计股、文行审计股、金融审计股、农林审计股、企业审计股、基建审计股。局长程谟业，副局长陶源芳、时述良、冷贤兰。

审计成果　全年共完成16个审计项目，22个单位，查出违规行为资金1945万元，要求纠正资金1800万元，应上缴财政145万元，已缴财政120万元。上报审计报告13篇、信息30篇、论文2篇，被上级审计机关和有关部门采用14篇。

【鸡东县审计局】现有干部职工24人，设有办公室、综合室、法制审理室、工交审计室、商贸审计室、固定资产投资审计室、文行审计室、农林水审计室、财政审计室、金融外资审计室、经济责任审计室，负责对全县11个乡镇和42个县直部门的审计监督。局长周长有，副局长许春兰、李嘉慧、宋仁秀。

审计成果　共完成审计项目19项，查出违纪违规资金1804万元，收交违纪资金45万元，增收节支403万元。编发审计信息51篇，被各级政府、上级审计机关及新闻单位采用35篇。荣获全省财政审计先进单位、审计信息先进单位等称号。

【大庆市审计局】2000年，共有在职干部职工33人，其中大学本科学历15人，大专学历17人，局长杨桂琴，副局长李世宏、黄殿利、徐丽艳。设有办公室、财政审计科、金融审计科、行政事业审计科、农业审计科、工交审计科、商贸审计科、固定资产投资审计科。

审计成果　共开展审计项目13个，审计单位63个。审计查出违规行为资金35358万元，其中决定处理处罚6152万元，指明要求纠正29206万元；应交财政1790万元，已交财政996万元，其中税金425万元，罚款145万元；应归还原渠道资金711万元，促进增收节支459万元。共提交审计报告、信息322篇，被上级审计机关及新闻单位采用103篇，被地方党政领导批示23篇。

经济责任审计　全年共审计55项，即行政事业单位51项，企业4项。审计中，共查出违规行为资金5044万元。其中国有控股企业1250万元，行政事业单位3794万元。对审计中查出的各种问题进行了处理处罚，处理处罚率达100%。共收缴违纪资金25万元。已完成的55个审计项目中，市、县领导签批率达80%。审后原职未动26人，平调24人，降职2人。

【林甸县审计局】现有干部职工13人，设有秘书股、综合股、文行审计股、财政金融审计股、商贸审计股、工交审计股、农林审计股和基建审计股，负责对全县8个乡镇和78个县直部门的审计监督。局长王玉昌，副局长孟凡良、李国华。

审计成果　完成省、市下达审计项目8项，占计划的100%，完成县委交办的经济责任审计41项，离任审计4项，占计划的100%。查出各类违规行为资金420万元，收缴资金2万元，罚款4万元，入库6万元，提出审计建议35条。制发审计信息32期，其中被省厅转发1期，《现代审计与会计》转发2期，市局转发13期，县政府采用2期。在行风建设方面，制定了方案，成立了领导小组，聘请14名行风监督员。

【肇州县审计局】现有干部职工23人，设有综合办、法制审理股、基建审计股、农林审计股、文行审计股、财政审计股、金融审计股、工交审计股、商贸审计股，负责对全县17个乡镇（场）和194个县直部门的审计监督。局长赵宏业，副局长孙世研、吴凯峰。

审计成果　完成了省市审计项目9个，涉及被审计单位37户，审计资金34271万元；发现违规资金1415万元，应归还原渠道资金92万元；应收缴59万元，已收缴59万元，并足额上交县财政；提出审计建议15条，已落实15条，建立被审计单位档案211户；编发审计信息33期，被县以上部门和单位转发35期次。被省委、省政府评为全省审计系统先进单位、"争先创优"先进单位和财政审计先进单位。

【肇源县审计局】现有干部职工22人，设有文行审计股、财政审计股、金融审计股、农林审计股、商贸审计股、工交审计股和基建审计股，负责对全县20个乡镇和107个县直部门的审计监督。局长陈树彪，副局长冯跃东、王春成、李登学。

审计成果 共完成审计任务11项，审计单位90户；审计查出违纪违规资金6304万元，应缴财政556万元，已缴财政58万元；上报审计报告、研讨文章、审计信息104篇，被上级采用51篇次；被黑龙江省审计厅评为财政审计工作、经济责任审计工作、“争先创优”工作、信息工作、发行工作先进单位。

【杜尔伯特蒙古族自治县审计局】现有干部职工14人，设有财政审计股、金融审计股、行政事业审计股、社会保障审计股、农业环保审计股、经贸外资审计股、综合审理股、经济责任审计股，负责对全县11个乡镇和98个县直部门的审计监督。局长李元芳，副局长马景全、王育学、董书明。

审计成果 共对75个单位实施了审计，审计资金总额1.5亿元，查出违纪违规资金163万元，移送纪检部门案件1起。

【伊春市审计局】2000年，共有干部职工43人，其中大学本科学历9人，大专学历17人，局长杨志勇，副局长王勇、杨占报、曲贵方。设有办公室、综合科、党总支、法制审理科、财政金融审计科、行政事业审计科、商贸审计科、工交审计科、基建审计科、农林审计科、林业企业审计科、林业事业审计科。

审计成果 共完成审计项目18项，审计单位60户；完成审计调查项目1项，调查单位3个；查出违纪资金3911万元，上缴财政16万元，应归还原渠道资金185万元。提交审计报告、信息41篇。

完成上级交办任务 完成市委、市政府交办的离任经济责任审计8项，其中党政领导干部经济责任审计3项，国有企业法定代表人经济责任审计5项。经过审计，提拔1名、平调6名、调离1名。

内部审计 组织全市林业企业内部审计人员，对全市林业企业财务挂账进行了清理。通过清理，摸清了林业企业家底，向市委、市政府的领导提供了财务挂账的真实情况，为领导决策提供了依据。

【铁力市审计局】现有干部职工42人，设有综合办公室、法制审理室、财政金融审计室、文行审计室、商贸审计室、工交审计室、基建审计室、农林审计室、派出人员管理办公室、督查室，负责对全市7个乡镇和83个市直部门的审计监督。局长陈天林，副局长杨锡强、苗晓泉、王铁建。

审计成果 共完成审计项目36项，查出违纪违规资金495万元，其中违纪资金116万元，要求指明纠正379万元，上缴财政22万元，提交审计报告28篇，上报省审计厅信息4篇，均被采用。同时完成本级政府交办的工作任务5项，其中领导干部离任经济责任审计3项，其它审计2项。在对本级财政预算执行情况审计中，全面摸清全市财政资金整个家底，提出了建设性意见和合理化建议，为市财政减少支出50万元，为本级宏观经济决策提供了真实依据。

【嘉荫县审计局】现有干部职工13人，设有综合股、财政金融审计股、工商基建审计股、农林文行审计股，负责对全县9个乡镇和85个县直部门的审计监督。局长刘翠玉，副局长杨春山。

审计成果 共完成审计项目（单位）86个，查出违规行为资金1420万元，其中决定处理处罚479万元，指明纠正941万元，上缴财政13.6万元。完成县政府交办经济责任审计25项，查出违规行为资金446万元，其中决定处理处罚251万元，指明纠正195万元，应交财政4万元。提交审计报告、信息45篇，被党政领导和上级审计机关采用6篇。

【牡丹江市审计局】2000年，共有在职干部职工91人，其中大学本科学历29人，大专学历47人，局长庞愚男，副局长庄长顺、顾景泉、刘永和、孙秉海、佟卫东，纪检组长吕春江。设有办公室、综合科、工业审计科、农业审计科、商贸审计科、财政审计科、外资审计科、人教科、党委办、监察室、微机室、培训中心（学会）等部门。

审计成果 全年共完成审计项目77项，其中省定项目24项，自定项目53项，查出违纪资金30607万元，应上缴财政150万元，已上缴财政113万元，应归还原渠道资金292万元，促进增收节支101万元。开展审计调查6项，其中2篇审计调查报告被市政府领导做了重要批示。共编发审计信息52期195条，被上级审计机关和党政机关采用101条。共完成上级交办任务22项。

经济责任审计 共对148户党政机关和企事业单位进行了经济责任审计，查出违纪违规资金13388.5万元，损失浪费147万元，潜在亏损7833.2万元，审后领导有3人提职，12人平调，112人原职未动，9人降职。移交案件3起，移交纪检监察机关7人，移交司法机关2人，建议给予行政处分1人，协助有关部门查处案件2起。

【绥芬河市审计局】共有在职干部职工20人，其中研究生学历4人，本科学历8人，大专学历3人，设有办公室、财税审计科、金融审计科、文行审计科、企业审计科。局长卢建民，副局长舒巍、刘莹。

审计成果　全年共完成审计项目46项，查出各类违纪违规资金1456万元，促进增收节支265万元，提出合理化建议58条。完成审计调查报告、论文、信息等调研文章85篇，其中被各级领导机关采用29篇。

【宁安市审计局】共有在职干部职工21人，其中大学本科学历1人，大专学历19人，设有综合审理办公室、固定资产投资审计室、农业审计室、财金审计室、文行事业审计室和工交商贸审计室。局长徐富强，副局长姜涛、王毅、张永新。

审计成果　全年共完成审计项目36项。查出违纪违规行为资金9180万元，其中上缴财政70万元，被侵占挪用专项资金归还原渠道162万元，为建设单位核减基建工程支出37万元。向上级审计机关和市政府提交审计工作简报、调查报告等129篇，被采用40篇。在"争先创优"竞赛活动中，被黑龙江省审计厅授予"审计工作先进单位"光荣称号。

按照年度审计计划，对5个企事业单位的主要领导、1个乡镇党委书记进行了离任经济责任审计。查出应缴未缴各种税费、多计少计成本费用等违纪违规问题金额5564万元，依法收缴并上缴财政18万元。经济责任审计的拉动效应使内审工作出现转机，经济责任审计工作与内审工作形成了互相促进、共同发展的态势。据统计，全市9个市直主管部门涉及的所属16个二三级预算执行单位主要领导的变动，均进行了离任审计。通过审计，因存在经济责任问题而被免职3人。

【海林市审计局】共有在职干部职工25人，其中大学本科学历4人，大专学历12人，设有办公室、财政金融审计股、行政事业审计股、工交商贸审计股、固定资产投资审计股、农业审计股、经济责任审计股。局长邹保安，副局长魏树党、王忠义、王国志。

审计成果　全年共完成审计项目65项，查出违纪违规金额2406万元，上缴市财政33万元。协助市法院、纪检委查处案件2件；向司法机关移送经济案件2件；被上级党政机关、上级审计机关采用审计报告、审计信息33篇。

完成地方党政机关交办事项39项，包括经济责任审计36项，查出违规违纪行为资金1219万元，上缴市财政18万元。经审计，提拔任用领导干部2人，移地安排5人，移送司法机关查处经济案件2件，已被司法机关判刑1人。

【穆棱市审计局】共有在职干部职工17人，设有办公室、综合审理股、专业股，负责对全市9个乡镇和154个市直部门的审计监督。局长倪金亭，副局长朱丽华、张殿军、孟庆龙。

审计成果　全年共完成审计项目31个，完成审计调查2项，查出违规行为金额1492万元，收缴违纪资金23万元。提交审计报告信息73篇，被批示、采用18篇。撰写审计论文6篇，发表4篇。完成市政府交办任务2项，其中在对市交警大队所属路安公司审计中，认定其越权进行行政性收费37万元，不合理列支费用26万元，漏税3万元，针对发现的问题提出了改进建议。

全市共有内部审计机构38个，内审人员49名，共查处损失浪费10万元，促进增收节支18万元，纠正违规行为金额551万元，对3人建议给予行政处分。对7个单位的主要领导人进行了经济责任审计，查出违规行为金额1313万元，指明纠正1306万元。

【林口县审计局】现有干部职工20人，设有财金审计股、文行审计股和企业审计股，负责对全县12个乡镇和252个县直部门的审计监督。局长李德义，副局长闵成基、张大伟。

审计成果　共完成审计项目35项，其中省、市下达的审计项目27项，县委县政府交办的临时审计任务8项。查出违纪违规行为资金11015万元，上缴财政16万元，向司法机关、纪检部门移送案件3件。上报审计工作报告及信息110篇，被审计署和省、市审计机关及地方党政领导机关批示转发报告信息45篇，被上级审计机关评为优秀审计论文2篇，调查报告被县政府采用2篇，建议纠正地方部门不当规定45条。荣获黑龙江省审计厅授予的信息调研工作先进单位光荣称号。

【东宁县审计局】现有在职干部职工19人，设有办公室、综合审理执法股、审计专业一股、审计专业二股等科室，负责对全县6个镇和15个县直部门的审计监督。局长黄兴华，副局长卜照亮、刘艳华、王宏杰、赵凤昌。

审计成果　共审计35个项目，查出违规行为资金849万元，其中决定处理处罚112万元，指明纠正737万元，应交财政24万元，减少财政拨款补贴269万元，应归还原渠道资金295万元，已缴财政资金10万元。提交审计工作报告信息49篇，被地方党政领导和上级审计机关批示、采用11篇，其中地方党政领导批示、采用5篇。

【佳木斯市审计局】2000年，共有在职干部职工83人，其中大学本科学历12人，大学专科学历62人，局长王家范，副局长阿志有、李恩祥、崔新文。设有办公室、综合调研室、人事教育科、党总支、工交审计科、商贸审计科、固定资产投资审计科、行政事业审计科、财政审计科、金融审计科、外资运用审计科、农林审计科、法制审理科及市纪委派驻纪检组、监察室。

审计成果　共完成审计项目16个，完成上级交办任务8项，审计单位627户，查出违纪、违规资金2.1亿元，其中决定处理处罚2964万元，指明要求纠正资金1.3亿元，归还原渠道资金898万元。

内部审计　全市内审机构共完成审计项目216个，查出各种违规资金3540万元，提出审计建议147条，被采纳98条，促进企业增收节支251万元。

经济责任审计　全年完成经济责任审计89户，查出违纪违规资金9108万元，有针对性地提出审计建议195条，为被审单位采纳127条。审计后提职4人，降职2人，免职1人，平调39人，29人原职未动，为各级党政机关考核使用干部提供了参考依据。

【同江市审计局】现有干部职工23人，设有办公室、经济责任审计室、文行审计室、财政金融审计室、农林审计室、固定资产投资审计室、经贸审计室、审理室，负责对全市12个乡镇和109个市直部门的审计监督。局长初宝江，副局长霍明哲、魏良伟。

审计成果　完成审计项目14项，审计单位53个，查出违规行为资金2399万元，依据法律法规对违纪违规单位和个人分别给予调账、资金归还原渠道、收缴违纪资金、罚款、通报等处理处罚。根据市政府的要求，对全市121个行政事业单位的资产负债情况进行了全面的审计调查，揭示了全市行政事业单位及乡镇政府在财政、财务收支中存在的资产、负债不清等问题，提高了资产的使用效益，防止了国有资产流失。

【富锦市审计局】现有干部职工43人，其中大学本科学历1人，大专学历21人，设有综合办公室、财政金融审计室、文行审计室、商贸审计室、工交审计室、基建审计室、农林审计室、法制审理室等部门。局长温旭久，副局长林英昌、武清池、张洪清。

审计成果　共完成审计项目11个，审计单位100户。共查出违纪违规金额2045万元。上缴市财政18万元，向上级提交审计报告16篇。完成省、市审计机关下达的任务10项，审计单位40个。完成市委、市政府交办的工作任务2项，审计单位21个，其中经济责任审计11户，为市委、市政府宏观决策提供了真实可靠的依据。同时设有内部审计机构22个，内审人员44名。

【桦川县审计局】现有干部职工23人，设有办公室、法制审理室、财金审计室、工交审计室、农林审计室、文行审计室、基建审计室，负责对全县9个乡镇和156个县直部门和企事业单位的审计监督。局长刘玉明，副局长邹世宽、朱学林、李士瑞。

审计成果　共完成56个审计项目，处理违纪资金1066万元。其中挤占挪用资金233万元；“三乱”资金141万元；坐收坐支预算外资金40万元；挤占乡统筹资金548万元；“小金库”80万元；偷税18万元；其它6万元。完成审计调查报告、情况报告、审计信息48篇。被省厅采用3篇，市局采用14篇，县委、县政府采用18篇，在省级刊物发表论文2篇。

【抚远县审计局】现有干部职工21人，设有办公室、农林审计室、财金审计室、工交审计室、文行审计室、商贸审计室和经济责任审计室，负责对全县9个乡镇和62个县直部门的审计监督。局长布延庆，副局长杨金涛、张军山。

审计成果　共完成省定审计项目10项29户，市定项目7项20户，县委、县政府交办的全县行政企事业130多个单位的财务清查审计工作，协同纪检委办案3起，查出违纪违规资金4.729万元，追还被侵占挪用资金204万元，上缴财政23万元。上报审计信息40篇，被市局采用18篇，被省厅采用4篇。

【桦南县审计局】现有干部职工28人，设有办公室、农林审计室、工商审计室、行政事业审计室、财金审计室、固定资产投资审计室、经济责任审计室、综合审理室、审计管理室，负责对全县10个乡镇和66个县直部门的审计监督。局长桂万霖，副局长刘存祥、关永恩、胡爱军、李建伟、张建园。

审计成果　完成全省统一组织的审计项目10项51户。完成县本级自定审计项目5项55户，县委、县政府交办的县级以下党政领导干部、国有企业及国有控股企业领导人员任期经济责任审计和其他专项审计21户。共查出违规行为资金444万元，其中决定处理处罚162万元，应交财政23万元，应归还原渠道资金129万元，已交财政19万元，占应交的82.6%。提交各类审计报告47篇，编发审计信息27篇，被省厅、市局及新闻媒体转发采用31篇(次)。农业综合开发资金审计和经济责任审计被评为全省先进单位。

【汤原县审计局】现有干部职工19人，设有文行审计室，财金审计室，工交商贸审计室，农林审计室和办公室等部门，负责对全县13个乡镇和91个县直部门的审计监督。局长康天石，副局长王文学、王斌、李金龙。

审计成果　完成审计项目15项59户，共查出违规行为资金3127万元，应缴已缴财政16万元，纠正违规行为资金3156万元。撰写并向上级提供审计信息16期，理论研讨文章3篇。

【七台河市审计局】2000年，共有在职干部职工33人，其中大学本科学历8人，大专学历18人，局长潘玉清，副局长陶佩行、金凤新、陈云峰、柳亚贤，纪检组长张洪涛。设有综合科、法制审理科、办公室、财政审计科、金融审计科、文行审计科、商业审计科、基建审计科、农林审计科、工交审计科和经济责任审计科。

审计成果　全年共完成11个审计项目，63个被审单位，查出违纪违规资金8597万元，应上交违纪资金26万元，已上交22万元，追回被侵占挪用资金77万元，减少财政拨款和补贴114万元。向被审计单位提出审计建议107条，被采纳97条。编发审计信息45篇，被有关部门采用6篇。

以财政收支、税收计划、行政事业性收费、科技三项费用、小型农田水利和水土保持费专项资金为审计重点进行了审计。审计发现未纳入预算管理的行政事业性收费132万元；专项资金拨付到位335万元；虚列预算支出257万元；提高标准支付地税部门经费160万元；混淆地方税收入库级次21万元；行政事业性收费的收取和解缴中存在少征管理费、欠缴各级财政收入等问题。

经济责任审计　共完成经济责任审计5户，发现违纪资金300万元，主要有账外资产、隐瞒收入、坐支现金、招待费超支等问题。

【勃利县审计局】现有干部职工21人，设有综合股、审理股、文行审计股、农林审计股、基建审计股、金融审计股、财政审计股、工业审计股、商业审计股，负责对全县11个乡镇和126个县直部的审计监督。局长郭永志，副局长董冰、郭福全、陈玉明。

审计成果　共审计14个项目55个单位，审计资金总额3.7亿元，查出违规行为资金1099万元，决定处理处罚123万元，指明纠正976万元，应缴财政32万元，已缴财政32万元，应归还原渠道资金12万元，促进增收节支6万元。提交审计报告49篇，审计信息6篇。提出审计建议17条，被采纳5条。

【黑河市审计局】2000年，共有在职干部职工41人，其中大学本科学历13人，大专学历28人，局长冯清祥，副局长宋伟、孙长忠、凌明祥、侯振友。设有财金、商贸、工交、农林、文行、固定资产投资、经济责任审计科及综合、法制、人教、办公室等部门。

审计成果　全年审计51个单位，其中省定项目30个单位，审计调查项目1个，自定项目20个。完成经济责任审计8个单位，其中党政领导3个，国企5个。共查出违规行为资金44148万元，其中决定处理处罚6149万元，指明纠正37999万元。查出百万元以上违规单位1个，向纪检监察机关移交案件3起。提交审计报告42份，编发审计信息51篇，被上级审计机关、党政机关和新闻机构采用61篇（次）。荣获省厅授予“争先创优”工作先进单位称号。

【北安市审计局】现有在职干部职工22人，其中大学本科学历2人，大专学历15人，设有综合、财金、商贸、工交、文行、农林、基建和经济责任审计科。局长李彬，副局长刘树海、谷晓龙、李俊忠。

审计成果　全年共完成省审计厅及市审计局下达的计划任务17项48个单位，查出各种违规行为资金5300万元，其中决定处理处罚1000万元，指明纠正4300万元，应交财政101万元，应归还原渠道资金358万元。提交审计工作报告、信息40篇。还完成5户国有企业，13个行政事业单位领导人员的任期经济责任审计，审计总额为52000万元，查出各种违规行为资金803万元，其中查出损失浪费300多万元，挪用国家专项资金240多万元。

【五大连池市审计局】现有在职干部职工26人，其中大学本科学历3人，大专学历7人，设有综合、财政金融、行政事业、工交、商贸、农林、基建7个审计室。局长张仁洲，副局长高德华、纪勋海。

审计成果　全年共完成审计项目14项58个单位，审计总金额27138万元，查出违纪违规资金2265万元。本级预算执行情况及其它财务收支审计项目被省审计厅授予先进单位荣誉称号。认真落实“人、法、技”建设规划，聘请教师为干部进行机关应用文讲座和应用技术讲座，投入资金4万元购进4台计算机，与上级审计机关联网，先后派4人参加省厅组织的计算机骨干培训学习，收到了较好的效果。

【逊克县审计局】现有在职干部职工12人，设有办公室、财金审计室、农林商贸审计室、文行审计室、工交基建审计室、经济责任审计室，负责对全县11个乡镇和36个县直部门的审计监督。局长张永成，副局长丁振国、周新华。

审计成果　共完成省、市下达的22个审计项目，31个单位的审计任务；完成县委、组织部交办的离任审计2项；完成县政府交办乌松岗电站前期工程审计1项；电大、农机校职教合并审计1项，共查出违规行为金额1144万元。提交审计报告18篇，审计分析11篇，信息7篇，其中被《黑河日报》采用1篇，被县电视台、广播电台采用1篇。

【嫩江县审计局】现有干部职工23人，设有人秘股、综合审理室、基建审计室、财金审计室、工交审计室、农林审计室、商粮审计室、文行审计室，负责对全县13个乡镇和56个县直部门的审计监督。局长刘文锁，副局长唐念超、赵树明、陶卫东。

审计成果　共完成审计项目13项、27个单位，占计划的100%。查出违纪违规资金2258万元，其中决定处理处罚214万元，指明纠正2044万元，归还原渠道资金167万元。完成省厅、市局、县人大、县政府、县纪委交办的审计任务10项，并做出专题报告。完成经济责任审计任务16项。其中计划内任期经济责任审计4项，县委组织部提请的离任经济责任审计12项。共查出违纪违规资金154万元，其中县直党政机关违纪违规资金31万元，乡（镇）政府违纪违规资金55万元，国有企业领导人员违纪违规资金68万元。对上述问题，依据有关法律、法规分别做出了处理和处罚。

【孙吴县审计局】现有干部职工18人，设有综合室、办公室、法制审理室、财金审计室、文行审计室、农林审计室、工商基建审计室、经济责任审计室，负责对全县13个乡镇和220个县直部门的审计监督。局长陶静萍，副局长马万民、孙桂洁、凌仁俊。

审计成果　共完成审计项目14项，审计单位28个，其中完成上级审计计划项目12项，单位25个；完成审计调查项目1项，调查单位1个；完成省厅授权项目1项，审计单位2个；会同纪检委、监察局、信访办等部门审计项目1项，审计单位1个；完成县委、县政府交办的党政机关主要领导及企业法定代表人经济责任审计项目6项，审计单位6个。揭露违规行为资金941万元，其中指明纠正906万元，决定处理处罚35万元，应归还原渠道资金124万元，应交财政3万元，已交财政3万元。提交审计报告信息35篇、调查报告2篇。工商银行、县民政救灾款物、经济责任审计被评为省级优秀项目。

【绥化市审计局】2000年，共有在职干部职工48人，其中研究生学历8人，大学本科学历9人，局长傅广文，副局长刘江、袁国学。设有秘书科、综合科、审理科、财政审计科、金融审计科、基建审计科、经济责任审计科、文行审计科、农林审计科、工交审计科、商贸审计科、审计学会。

审计成果　全年共审计487个单位，查出违规违纪资金36902万元，上缴财政715万元，归还原渠道资金2785万元，促进增收节支2450万元。提交审计报告、审计信息498篇，被各级党政部门和上级审计机关等有关部门采用153篇。建议纠正地方或部门不当规定26条。获全省审计系统“争先创优”工作先进集体。

完成上级交办任务　全市各级审计机关对本级预算执行情况进行了全面检查，共查出违纪资金1548万元。财政决算审计共审计县、乡两级财政部门84个单位，查出违规违纪资金7651万元，上缴财政54万元。基本建设投资审计查出各种违纪资金10210万元，上缴财政96万元，核减工程造价325万元。专项资金审计完成23个单位，查出违纪资金136万元，上缴财政6万元。企业审计完成35个单位，查出违规违纪资金6422万元，上缴财政48万元。行政事业审计完成了省级科技三项费用专项资金审计，审计总金额106万元。完成了普教经费审计，收缴违纪资金13万元。对法院系统财务收支审计，查出违规违纪资金600万元，收缴违纪资金10万元。

经济责任审计　全年共完成审计事项183件，提交审计报告183篇，根据审计结果，有34人被提拔，79人平调，41人保留原职，6人被降职，5人被纪检部门查处。

【安达市审计局】现有在职干部职工25人，其中大学本科学历6人，大专学历10人，设有工商企业审计股、农林审计股、基建审计股、财金审计股、文行审计股、综合指导股、审理股等7个股。局长洪振祺，副局长梁运林。

审计成果　全年共完成审计项目130个单位（项），为年初计划68个单位（项）的152%，其中完成上级审计机关下达的68个单位（项）的100%，完成市委、市政府交办的任务62个单位（项）。审计资金总额35400万元，共查出各种违纪违规资金389万元，其中应返还原资金渠道的各种专项资金175万元，应上缴财政75万元，已上缴财政60万元，占应上缴额的80%。提交各种审计建议146条；编发审计信息11篇。

【肇东市审计局】现有干部职工62人，设有人秘股、综合股、工交审计股、基建审计股、外资审计股、农林审计股、文行审计股、财金审计股、商贸审计股、集体企业审计股，负责对全市26个乡镇和65个市直部门的审计监督。局长接传礼，副局长陈贵友、公柏玲、李东坤。

审计成果　共完成审计项目16项，审计单位125个，审计资金总额17842万元，查出各类违纪违规资金1087万元，为被审计单位整章建制66项，提出合理化建议172条。与公安、检察机关配合协作，成立了公安审计税检室、审计检察室，两室全年共处理举报经济案件12起，为国家挽回经济损失60多万元，有力地打击了偷、漏税等违反财经纪律行为，促进了廉政建设。上报审计信息20篇，被上级审计机关和有关刊物采用18篇，上报审计调研文章4篇，分别被省、市审计学会评为一二等奖，有2篇被《现代审计与会计》采用，信息工作被授予全省审计系统先进集体。被省厅评为"争先创优"工作先进单位。

【海伦市审计局】共有在职干部职工36人，其中大学本科学历7人，大专学历14人。设有人秘股、综合股、审理股、基建审计股、财政审计股、文行审计股、工交审计股、商贸审计股、金融审计股、农林审计股、经济责任审计办公室等部门。局长唐久毅，副局长程士忠、鲁明太、赵文彬、张凤敏。

审计成果　全年共完成署、省、市审计项目37个，市委、市政府交办的经济责任及其他审计项目49个，共涉及单位192个，查出违纪资金255万元，应缴89万元，已缴60万元。向市委、市政府和上级审计机关提交审计报告83篇，编发审计信息23篇，被采用22篇。全年共完成经济责任审计43个部门48人，查出违纪违规问题18项，违纪资金1481万元。经济责任审计结果得到了有效利用，一是成为市委、市政府选拔任用干部的参考；二是成为制定党风廉政建设措施的依据；三是成为教育、警示党员干部的明镜。被评为全省经济责任审计先进单位。

【绥棱县审计局】现有干部职工22人，设有人秘股、审理股、财政金融审计股、工交审计股、商贸审计股、农林审计股、文教行政审计股、固定资产投资审计股，负责对全县14个乡镇和194个县直部门的审计监督。局长曹凤林，副局长李明义。

审计成果　共完成审计项目63个，审计单位190个，审计资金总额2.3亿元，查出违纪违规资金573万元，应上缴财政58万元，已上缴财政49万元，促进增收节支145万余元。向上级机关提交报告和信息44篇。获全省争创"三个一流"先进集体荣誉称号。

【兰西县审计局】现有干部职工20人，设有文秘股、综合审理股、文行审计股、财金审计股、农林审计股、工交审计股、基建审计股、商贸审计股，负责对全县15个乡镇和90个县直部门的审计监督。局长何勇，副局长张铁光、张志刚、佟立民。

审计成果　共审计44个单位，查出违规行为资金77万元，应处罚资金36万元，上缴地方财政30万元，纠正违规资金41万元，促进增收节支110万元。提出合理化建议54条。向上级审计机关和县政府提交审计信息17篇，被采用13篇，采用率76%。

【明水县审计局】现有干部职工25人，设有办公室、综合室、文行审计室、工交审计室、商贸审计室、农林审计室、基建审计室和财金审计室，负责对全县14个乡镇和38个县直部门的审计监督。局长姜继勤，副局长李景全、程克、聂占峰。

审计成果　共完成计划审计项目26个、97个单位，占计划项目的100%。查出违纪资金115万元，应上缴财政35万元，已上缴财政25万元，占应上缴违纪资金的71.4%。撰写调研文章4篇，其中有2篇在《现代审计与会计》发表。在全省审计系统开展的"建一流班子，带一流队伍，创一流业绩"竞赛活动评比中获先进单位称号。

【青冈县审计局】现有干部职工36人，设有秘书股、经济责任审计股、行政事业审计股、财政金融审计股、工交审计股、投资审计股、商贸审计股、农业审计股和综合股，负责对全县18个乡镇和81个县直部门的审计监督。局长刘雨贵，副局长王满昌、潘月楼。

审计成果　共完成审计计划项目18项，审计单位84个，审计资金总额25800万元，查出各类违规资金208万元，应缴财政21万元，已全部上缴县级财政。上报审计报告、信息83篇次，被省、市、县三级批示、转发35篇次。撰写审计论文11篇次，其中被国家级刊物转发1篇次，省级转发4篇次，市级转发6篇次。移交违法案件线索3起。被省审计厅评为优秀审计项目3个。

【庆安县审计局】现有干部职工22人，设有工交、农林、文行、财金、商贸、基建、经济责任审计股和综合审理、秘书股，负责对全县15个乡镇和78个县直部门的审计监督。局长刘岚峰，副局长钱福庆。

审计成果　共审计189个单位，查出各类违纪资金300万元，上缴财政50万元。为部门整章建制32项；为被审单位提出合理化建议154条；帮助企业清理账外资产重新入账180多万元，核减工程造价230万元。上报审计信息15份，被上级机关采用6份。上报政研文章4篇，获省社科联社科佳作奖1篇、一等奖1篇、二等奖2篇。

【望奎县审计局】现有干部职工

24人，设有综合股、财金审计股、文行审计股、农林审计股、工交审计股、基建审计股、商贸审计股、经济责任审计股，负责对全县15个乡镇和65个县直部门的审计监督。局长姜洪海，副局长谷卫华、何景泉、侯兴祝。

审计成果　完成上级交办的审计项目28个，涉审单位68个，县委交办的县以下领导干部经济责任审计项目13个，县政府交办的国有企业改革、清产核资3户，查出违纪资金895.5万元，缴款25万元。撰写并发表论文和信息文章9篇，其中在省《审计简报》发表信息2篇，市《审计简报》发表信息5篇。2个审计项目获全省审计优秀项目。

【大兴安岭地区行署审计局】 2000年，共有在职干部职工30人（编制36人），其中大学本科学历2人，大专学历18人，局长杨俊树，副局长宋学阳、屈云中。设有财金审计科、农林审计科、固定资产投资审计科、文行审计科、工交审计科、商贸审计科、政工审计科、综合科、办公室等科室。

审计成果　共完成审计项目40项，查处违纪违规资金14121万元，归还原渠道资金543万元，上缴财政518万元。向上级审计机关和本级政府提交审计报告132篇，发出审计信息111篇，审计信息被批示、采用54篇。协助有关部门查处案件1起。完成领导交办任务20项。

地、县两级审计机关除对财政局、地税局进行全面审计及对科技费用、行政事业性收费、小农水三项专项资金进行审计外，还对涉及预算执行的25个部门、单位和25户纳税企业进行了延伸审计，共查出违纪违规资金15505万元。仅地本级查出10706万元，其中截留预算收入505万元，赤字挂账5047万元，挪用省专项资金153万元，人为调整预算级次33万元。促进增收节支1861万元。对违纪违规问题依据有关财经法规分别进行了处理处罚，并提出了20条审计建议。

为防范化解金融风险，促进地方金融机构依法经营，改善资产质量，组织对所辖的农村信用社1999年度信贷资产情况的审计，全区安排了5项，审计覆盖面为66%。共审计资金总额6688万元，查出违规资金133万元。其表现形式为：一是违规发放贷款80万元；二是信贷资产质量不良；三是指标超比例管理严重。针对上述问题，全区编发2期审计信息并据此提出6条审计建议。

【大兴安岭加格达奇区审计局】 现有干部职工10人，设有综合办公室、文行审计室、企业审计室和经济责任审计室，负责对全区所有区直部门及所属单位和2个乡的审计监督。局长刘春学，副局长孟繁华。

审计成果　共完成省、地交办审计任务10项，审计总金额21700万元，查出违纪违规问题74个，查出问题资金675万元，收缴违纪资金2.8万元。向上级审计机关报送审计结果报告19篇。完成经济责任审计事项8项，审计总金额1958万元，发现违纪违规问题22个，有问题资金162万元，收缴违纪资金2.1万元。报送审计结果报告3篇。

【大兴安岭松岭区审计局】 现有干部职工10人，设有政府审计组、内部审计组和综合档案室，负责全区的政府审计工作和松岭林业局的内部审计工作。局长陈升云，副局长刘树海、马丽华、石万春。

审计成果　共完成审计项目10项，其中省、地机关下达的审计任务5项，审计10个单位，查出违纪违规资金126.21万元。提出审计建议29条。编发审计信息6篇，其中4篇被地级审计机关采用，2篇被区纪检监察机关采用。

【大兴安岭新林区审计局】 现有干部职工8人，设有政府审计组和内部审计组，负责对8个林场和17个区直部门的审计监督。局长王忠奎，副局长徐国芬。

审计成果　共完成26个审计项目，完成年度计划的217%，审计单位129个，查出各种违纪违规资金2190万元，促进企业增收节支153万元，收缴违纪资金4.9万元。完成了对新林林业局所属20户经费单位1999年度财务决算审计、育林基金专项审计、资产经营责任制审计及天保工程专项资金审计，6个单位的企业法人经济责任审计等工作。提交审计报告27篇，信息8篇。

【呼玛县审计局】 现有干部职工15人，设有财金文行审计室、工交农林审计室、商粮基建审计室和综合审理室，负责对全县8个乡镇和县直各部门的审计监督。局长武占臣，副局长李艳、徐延彬。

审计成果　共完成审计项目28个，其中省定项目11个，县政府交办的审计项目17个。查出各类违纪违规资金352万元，其中决定处理处罚资金61万元，指明纠正资金291万元。查出损失浪费资金1756万元，补交各类税款2万元。上报审计报告27篇，审计信息11篇，被上级审计机关和县政府采用7篇。被省审计厅评为全省审计系统"争先创优"活动先进单位。

【塔河县审计局】 现有干部职工13人，设有工交审计组、文行审计组、森工审计组、综合组，负责对全县6个乡镇和14个县直部门的审计监督。局长赵丽菊，副局长王玉壮、郭勇。

审计成果　共完成审计项目14

项，其中县委、县政府交办审计任务6项，上级审计机关下达的审计任务8项，审计单位22户。完成审计调查4项，调查单位17个。查出违纪违规资金1047.5万元。提交审计报告20篇。

【漠河县审计局】现有干部职工10人，设有综合办公室和审计业务办公室，负责对全县5个乡镇和60个县直部门的审计监督。局长魏敏善，副局长李朝云。

审计成果　共完成上级审计机关下达和本级政府交办的审计项目16项，审计单位24户，查出违纪违规资金3003.2万元，提出整改和节支资金2977.9万元。提出审计意见及建议73条，审计信息10篇，其中被行署审计局转发1篇，被县局领导批转7篇。荣获省审计厅信息工作先进单位荣誉称号。

上海市

【上海市审计局】2000年，上海市审计局定编380人，在编276人。局机关设有办公室、人事处（老干部处）、法规处（政策研究室）、财政审计处、金融审计处、行政事业审计处、社会保障审计处、农业与资源环保审计处、经贸审计处、经济责任审计处、国有资产鉴证审计处、固定资产投资审计处、外资运用审计处等13个职能处；按有关规定设置纪检监察室和机关党委；还设有审计科培中心（审计科学研究所、审计培训中心）、审计信息中心、审计中心、机关服务中心等直属事业单位。

领导成员

局　　长：靳曾德

副 局 长：徐志中　程志强
　　　　　郑健龄　葛爱玲

总会计师：於　榕

上海市审计成果　2000年，全市审计机关共完成审计单位1104个，完成专项审计调查项目81个。通过审计，共查出违规行为金额262.7亿元，其中应上交财政4.95亿元，应减少财政拨款或补贴1.55亿元，应归还原渠道资金4.69亿元，节省基建投资8.65亿元，共为国家增收节支19.84亿元。向司法机关移送案件5件，向纪检监察机关移送案件2件，协助司法机关和纪检监察机关查处案件13件。全市审计机关全年提交审计工作报告、信息1225篇，其中被批示采用627篇。

财政审计　全年市审计局和17个区县审计局依法开展了1999年本级财政预算执行和其他财政收支审计，共查出违规行为金额7.22亿元。通过审计，核实了财政收支，发现和纠正了本级预算执行和其他财政收支中存在的不真实、不合法、不规范的问题，应交财政4449万元，应增加财政结余4518万元，为政府加强预算管理和人大加强财政监督提供了依据。市审计局受市政府委托，向市十一届人大常委会第二十一次会议作了《关于上海市1999年本级预算执行和其他财政收支的审计工作报告》，受到了市人大常委会的充分肯定，认为审计覆盖面不断扩大，审计报告透明度较高，审计内容突出了重点，审计的效果越来越明显。在抓好本级预算执行审计的同时，市审计局还对12个区县政府1999年度财政决算进行了审计，共查出违规行为金额7.86亿元。审计中查出1名税务人员挪用巨额税款案件，经检察机关提起公诉，罪犯被判刑20年。6个区县审计局对31个乡镇政府1999年度财政决算进行了审计，查出违规行为金额2398万元。

金融审计　市审计局对申银万国证券股份有限公司及下属36个营业部、东方证券有限责任公司及其下属10个营业部1999年度资产负债损益进行了审计。通过审计，共查出违规行为金额51.22亿元，应交财政1266万元，罚款384万元，促进了地方证券公司依法经营，规范管理，提高资产质量。

行政事业审计　全市审计机关共审计行政事业单位403户，查出违规行为金额20.92亿元，应上交财政1560万元，应归还被侵占挪用资金6435万元。市审计局对20户市一级预算单位进行了审计，共查出违规行为金额792万元。9个区县审计局对本地区51户一级预算单位预算执行情况进行了审计，共查出违规行为金额4701万元。市审计局组织各区县审计局对市工商行政管理系统1998年度规费及罚没收入收缴管理和1999年度财务收支情况进行了审计。通过审计，查出部分区县工商行政管理分局未按收费标准收费、收入管理使用不规范、拖欠上缴款2.38亿元等问题。此外，在市级政府机关机构改革中，市审计局加强对机构调整单位财务和国有资产管理情况的审计监督，共审计原市公用事业局等10家机构调整单位。

企业审计　全市审计机关共审计各类企业324户，查出违规行为金额124.76亿元，应交财政1.37亿元，应归还被侵占挪用资金2.43亿元。市审计局对20户重点国有经贸企业1999年度财务收支情况进行了审计，查出企业虚增亏损5897万元，不良资产和潜在损失32.67亿元，发现并向司法机关移送经济案件线索1件。通过审计，揭示了企业投资管理、财务管理、改制重组中存在的问题，分析了影响企业经营效益的外部环境因素，提出了审计意见和建议，促进了被审计企业加强内部管理，规范改制重组，提高经济效益。市审计局对市燃气行业、主副食品行业8户政策性亏损企业1999年度财政补贴资金使用管理情况进行了审计。通过审计，查出燃气行业政策性亏损企业下属的以多元投资为主的“三产”企业不合理地赚取主业利润、副食品行业部分政策性亏损企业财政补贴资金使用效益差等问题，促进了政策性亏损企业深化改革，加强管理。市审计局组织9个区县审计局对本市粮食收储企业亏损情况进行了审计调查。通过审计调查，掌握了本市粮食收储企业新增亏损的数额和结构情况，客观反映了存在的困难和问题，分析了产生亏损的深层次原因，提出了深化粮食流通体制改革的审计意见和建议。市审计局根据市国资办委托，全年组织开展了对244户国有企业国有资产鉴证专项审计。各区县审计局对199户企业进行了审计，查出违规行为金额34.05亿元，应交财政5292万元。

专项资金审计 全市审计机关共审计各类专项资金37项，审计专项资金总额500.87亿元，查出违规行为金额4.42亿元。市审计局对住房公积金、城市建设投资资金、环保专项资金、排水专项资金、国有企业下岗职工基本生活保障和再就业补助资金、养老保险基金、失业保险基金、医疗保险基金、社会帮困资金等14项重点专项资金进行了审计，审计资金总额449.81亿元，查出违规行为金额4.04亿元。通过审计，揭示了专项资金使用管理中存在的问题，提出了审计意见和建议，促进了被审计单位强化资金管理，提高资金使用效益。13个区县审计局也分别对本地区财政安民基金、绿化建设资金、农村社会养老保险基金、水利建设资金、农业综合开发资金等23项重点专项资金进行了审计和审计调查，促进加强了资金监管，提高了资金使用效益。

重点建设项目审计 全市审计机关共审计建设项目206项，审计项目投资总额486.54亿元，查出违规行为金额42.94亿元，核减工程结算、节省基建投资8.65亿元。市审计局对沪杭高速公路（上海段）、黄浦江人行观光隧道、轨道交通明珠线一期等6个市重大工程项目进行了预算执行情况审计，对外环线（一期）工程、浦东国际机场、上海港罗泾煤码头等15个市重大工程项目进行了竣工决算审计，对市医疗救护中心、市检察院二分院、宝山监狱等11个市财力安排的建设项目进行了调整概算审计。审计资金总额达403.09亿元，查出挤占建设成本、多计建设投资、概算外投资、挪用侵占建设资金等违规行为金额37.18亿元，核减工程结算、节省基建投资5.82亿元，促进了建设单位加强投资管理，节约建设资金，保证了市重大工程项目顺利建设。各区县审计局共审计建设项目174个，审计项目投资金额83.46亿元，查出违规行为金额5.76亿元，核减工程结算、节省基建投资2.83亿元。

外资运用审计 根据审计署的统一组织，市审计局对本市使用世界银行、亚洲开发银行贷款的12个项目、17个项目执行单位1999年度项目执行情况进行了审计，查出违规行为金额6.1亿元。此外，市审计局对本市18个国外贷款项目、438个标段的招投标情况进行了审计调查，针对审计调查中发现的盲目采购造成工程损失浪费、工程承发包合同执行不力等问题，提出了审计建议，促进加强了本市国外贷款项目招投标管理。

经济责任审计 市审计局会同市纪委、市委组织部、市监察委，制定了《上海市区县级以下党政领导干部任期经济责任审计暂行办法》和《上海市国有企业及国有控股企业领导人员任期经济责任审计暂行办法》，经市委、市政府同意，由市委办公厅、市政府办公厅印发全市施行。市审计局还会同市纪委、市委组织部、市监察委联合制定了上海市经济责任审计工作联席会议组织办法，建立了市经济责任审计工作联席会议制度。全市审计机关全年共对143名处级党政领导干部、13个市管企业和57个区县管企业领导人员进行了经济责任审计，为各级组织部门考核评价党政领导干部和企业领导人员工作业绩提供了客观公正的依据。

内部审计 全市审计机关重点指导内部审计机构抓好财务收支真实性审计，抓好对下属单位领导干部的经济责任审计，抓好对重点生产经营领域和环节的经济效益审计，组织开展内控制度评审。全年有678名内部审计人员参加了市审计培训中心举办的内部审计人员上岗证书培训，有439人次参加了继续教育培训，有227名内部审计人员报名参加注册国际内部审计师考试。至年底，全市已建立内部审计机构1773个，配备专、兼职内部审计人员6939名。全市内部审计机构全年共完成审计单位32398个，查出损失浪费12.16亿元，促进增收节支8.12亿元，已纠正违规行为金额7.66亿元，建议给予行政处分38人，向司法机关移送案件32件。

审计信息化建设 全市审计机关加快信息化建设步伐。市审计局先后研制完成了“上审2.0工交企业版”和“上审2.0行政单位版”两个软件，开发设计了“基建审计案例经验库”程序，开发的“审计业务综合管理系统”通过了市科委组织的专家鉴定，推广应用了“审计业务档案辅助管理系统”。在计算机应用知识培训方面，全年共组织了10个班次、377人参加信息技术应用基础知识培训，考试合格率达100%。各区县审计局也根据全国审计系统计算机基础知识培训工作的要求，共组织277人参加全国审计系统计算机基础知识考试，审计人员的计算机应用水平有了新的提高。

【上海市黄浦区审计局】 现有干部51人，局长计秋荣，副局长王珍妮、欧阳小平。设有办公室、指导科、综合科、固定资产投资审计科、经济责任审计科、企业审计科、行政事业审计科、财政金融审计科。

审计成果 共完成审计项目104项，审计资金总额139.61亿元，查出违规行为金额12.55亿元。

先后对“南花苑”住宅楼工程、文庙修善（三期）工程、黄浦区中心医院医技楼工程、天津路道路拓宽及道路两侧商业临房建造工程、延安中路大型公共绿地（黄浦段）动拆迁工程等28个项目进行了竣工决算审计。审计发现，大多数项目不同程度地存在着多计工程量、多计材料成本、多结费用以及超计划投资等问题。28个项目核减金额2964万元。

完成上级交办任务 上半年，原黄浦区和原南市区“撤二建一”，成立了新的黄浦区。根据区委、区政府关于认真做好“撤二建一”资产审计工作的部署和要求，对原黄浦区和原南市区机关委、办、局共50个单位的资产、负债以及收支情况进行了审计。这次审计的资金总额为178005万元，指明要求调账纠正的金额为2575万元，揭示的有关问题55项。审计中发现的问题主要有：个别单位将行政资金转存定期存款；用公款为职工个人购买保险；部分单位大额资金投资无收益，有的已成为损失。区审计局将审计结果和审计工作情况向区委、区政府和区资产审计领导小组以及区人大作了专题汇报。

经济责任审计 根据区委和区政府的要求，分别对区属卫生局、住宅发展局、规划局、司法局、文体局、经贸委和建委等部门实施了处级领导干部任期经济责任审计。在经济责任审计中，查出卫生局三产管理费收入未按规定记入行政账中，查出规划局120.31万元的规费收入未按规定交区财政，查出住宅发展局所属主管企业未按财务制度规定结转商品房销售收入等问题。

【上海市卢湾区审计局】 现有干部职工36人，局长张克非，副局长孙德明、蒋锡明。设有综合科、行政事业审计科、工业审计科、商贸审计科、基建审计科和办公室，负责对全区国有企业和行政事业单位的审计监督。

审计成果 全年完成各类审计55项，审计资金总额2155797万元，查处违规行为金额5165万元，上缴财政499万元，减少财政拨款或补贴1088万元。提交信息报告51篇，采用36篇。

对区中心医院一期改建工程竣工决算进行了审计，经审计核减工程款1088万元。还对延安中路大型公共绿地卢湾区段工程的前期费用进行了专项审计，审计结果表明在实施动迁过程中，居民动迁资料完整，各项费用计算基本正确，执行动迁政策较好，财政补偿居民的资金真正让老百姓得到实惠。有关专题报告上报区政府后得到了领导的重视，正副区长先后批示：这将为全区更大规模地展开新一轮的旧区改造和绿地建设提供经验，值得推广。

经济责任审计 根据区委组织部的要求，全局开展了对4个集团公司年度经济责任审计及4名行政领导干部和2名国有企业领导人员的离任审计。在开展经济责任审计工作中，结合实际采取了一些新措施：一是运用自行制定的经济责任审计评价指标体系；二是加强组织协调，发挥内审和社会审计组织的作用，扩展审计覆盖面和审计内容；三是加强与区国资办、工商局等部门沟通，避免对企业多头检查和重复检查。

【上海市徐汇区审计局】 现有干部职工33人，局长刘融先，副局长杨彪。设有综合科、基建审计科、行政事业审计科、企业审计科、办公室和社审内审指导室，负责对全区13个街道（镇）和127个区直属部门的审计监督。

审计成果 按照“全面审计，突出重点”的审计工作方针，共完成以任期经济责任审计和行业系统审计为重点的审计项目35个，审计资金总额63.06亿元，纠正违纪违规金额49581万元；开展税收专项检查38户，查补各类税款535万元；提交审计工作报告、信息87篇，其中被市政府办公厅采用1篇，在市级以上报刊登载5篇。年内，对1999年度44个审计项目从审计程序、取证、效果等10个方面进行全面考核，全区评出优秀审计项目9个。为推进廉政建设和公开办事制度，还聘请8位具有一定会计、管理经验的民主人士担任特邀审计员。

经济责任审计 8月，区审计局长任期届满退休前夕，经区委组织部委托，由上海市审计局对其开展任期经济责任审计，在本市尚属首例。同时还先后对原新路达集团总经理、区规划土地局局长等11位党政企业领导干部，进行任期经济责任审计。通过审计，纠正违纪违规金额30814万元，为组织部门考核领导干部提供了翔实可靠的依据。

开展对区环卫系统9户企事业单位的经营、管理状况审计调查，共纠正违纪违规金额4340.66万元，提出35条审计建议。为有效发挥财政专项资金的作用，保障企业职工的基本生活，对上无三十六厂等4家企业开展财政安民基金贷款管理的审计调查，查实了1999年财政多拨虚报贷款171.58万元的违法违规行为。对新乐无线电厂、云洲商厦等22家区属集体企业进行经营、改制情况的审计调查，揭示潜亏金额达1267.58万元，为账面亏损数的2.7倍。针对当前企业体制改革中的难点问题，提出了5条审计意见和建议。

【上海市长宁区审计局】现有干部职工32人，局长江小民，副局长周宝玉、赵红旗。设有办公室、综合业务科、固定资产投资审计科、工业基本建设审计科、商粮贸外审计科、财政审计科和行政事业审计科，负责对区委、区府各部门、街道（镇）和企事业单位的审计监督。

审计成果　完成各类审计项目52项，其中审计39项，审计调查13项。审计资金总额达83.32亿元，指明纠正金额2.78亿元，已收缴国库1008万元。编发《长宁审计》27期，撰写信息51篇，其中被上级和新闻单位录用90篇次。

实施基建项目全过程跟踪审计，对10个固定资产投资项目进行了审计，其中4个属于大市政工程建设项目，2个是区教育系统基建项目。共查出违规行为金额10029万元，其中应缴财政18万元，投资完成额不实4463万元，挤占建设成本514万元，施工单位高估冒算5043万元。审计节约了建设成本，防止了损失浪费，加强了基建项目资金的管理。开展企业资产负债损益审计，对部分中外合资企业、区属重点企业进行资产负债损益审计。发现收入不实4536万元，成本不实4447万元，漏交税金492万元，针对三户中外合资企业存在的问题，提出了整改措施。

经济责任审计　年内对9名处级领导干部进行了任期经济责任审计、2名处级干部进行了届中经济责任审计。重点审计了任期内主管或分管的经济指标完成情况和财务收支、资产管理情况。

【上海市静安区审计局】现有干部职工39人，局长徐雪林，副局长张海根、施鸿华。设有综合业务科、工业商业审计科、基本建设审计科、财政金融审计科、行政事业审计科、干部离任审计科、内部审计指导科和办公室，负责对全区28个职能部门和区属国有6大集团性公司，及其下属单位的审计监督。

审计成果　共完成审计项目38项，查处违规金额31604万元，应上交财政1405万元，其中查补税收33万元，已上缴入库18万元；查处虚增利润4050万元，企业潜亏18472万元。15篇审计报告被区有关部门作为考核企业、党政机关领导班子和领导干部的参考依据，5篇审计专报得到区委区政府主要领导批示，20余篇审计信息被上级机关和有关媒体采用。

经济责任审计　上半年，开展了区属国有6大集团性公司1999年度经济责任审计，涉及被审计单位27家，审计资金总额747808万元。通过审计，共核实企业虚增虚减利润4835.08万元，企业潜亏18741.84万元，并就企业存在的对外投资效益较差，资产质量欠佳和法人治理机构不健全，基础管理薄弱，会计核算失真等方面问题提出了审计意见和建议。还对区计生委、区物价局等近10个部门领导干部的离任或任期进行经济责任审计。12月，会同区委组织部起草了《静安区处级党政领导干部任期经济责任审计暂行办法》，并由区委区政府联合发文至区各部、委、办、局等单位。

内部审计　4月，内部审计领导小组和区审计局联合召开“2000年静安区内审工作会议”。会上总结和部署区内部审计工作，表彰内审工作先进集体和个人。12月，区审计局会同区纪委、监委和区委组织部联合发文，要求区内24家部门和单位建立内部审计机构和配备专职内部审计人员。至年底，上述部门和单位全部按时保质设立内审机构。

【上海市普陀区审计局】现有干部职工30人，局长沈德康，副局长吴再兴、周勤毅。设有综合业务指导科、工业审计科、行政事业审计科、商业审计科和基建审计科，负责对全区9个街道（镇）、37个区直属部门和19个区属、区管企业的审计监督。

审计成果　全年审计单位45个，其中财政4个、固定资产投资2个、企业11个、行政事业28个；提交各类审计报告和信息85篇，其中被上级领导批示和有关部门以及报刊杂志采用14篇；查出违纪违规金额1149万元，应上缴财政790万元，已全额上缴，为促进区经济发展发挥了积极作用。

完成上级交办任务　根据区政府有关区划工作的计划，开展对白玉、东新、曹安、白丽、真光等5个街道财务收支审计，基本摸清了家底，反映了问题，保证街道撤并工作顺利完成；按照区领导要求，对区国资经营公司资产负债损益情况审计，针对国有企业上缴收益未全面反映、对外担保金额过高等问题，提出了审计建议。

经济责任审计　对规土局、民政局、外经委、长风街道、曹杨街道、体委、商委等7名处级党政领导干部和西部集团、万千集团等2名企业领导人员的任期经济责任审计，揭示了党政机关或部门内控制度执行不力、会计资料失实、固定资产管理不严等问题；披露了企业的不良资产、融资管理、对外担保等方面问题，并对企业漏缴税款行为作了处罚。

内部审计　贯彻全国和上海市审计工作会议精神，确实加强对内审工作的指导，全年内审完成审计单位619个（其中企业157个、行政事业462个），查出损失浪费124万元，促进增收节支972万元，提出意见建议并被采纳149条，纠正违纪违规金额91万元，建议给予行政处分1人。

【上海市闸北区审计局】现有干部职工31人，局长李原康，副局长李栋梁。设有办公室、综合业务科、工业审计科、商业审计科、行政事业审计科和基本建设审计科，负责对全区65个行政事业单位和5个区管企业集团等数百家单位的审计监督。

审计成果 为维护财经秩序，促进改革发展，加强廉政建设履行审计监督职责，完成审计（调查）项目39项，其中财政审计3项，固定资产投资审计3项，企业审计12项（其中经济责任审计9项），行政事业审计15项（其中经济责任审计9项），审计调查6项。查处违规行为金额2939万元，其中决定处理处罚143万元，已上缴财政8万元，要求纠正的2796万元，核减建设资金35万元。

完成了“365”旧区改造桥东“中—四”地块动迁费专项审计，如实反映动迁资金来源和动迁资金需求变化情况，审核动迁成本，分析居民动迁费用、单位动迁费用及管理费用的结构情况，为区政府正确核定该地块改造成本、合理安排贴息资金起到保证作用。完成乌镇路桥市政改建（闸北段）工程动拆迁费用的审计，揭示居民动迁现房安置偏松，超配面积返回款单价偏低，多报间接费、配套费等问题，核减金额35万元。

【上海市虹口区审计局】现有干部职工29人，局长倪华清，副局长张永安、高庆迁。设有办公室、综合业务科、工业企业审计科、商业企业审计科、财政金融审计科、固定资产投资审计科。

审计成果 全年完成审计及调查项目37项，审计资金总额62.5亿元，揭示违纪违规资金11940.99万元，披露企业潜亏26543.13万元，节减财政资金支出2342.8万元，处理处罚407.91万元。全区设立内审机构75个，内审人员182人。完成了对全区街道（镇）1999年度预算执行情况的审计；对虹北工业小区、喜临门大酒店、虹口商业投资公司等3位企业领导人员离任经济责任审计，根据审计结果，有1名领导受到党内严重警告和撤销行政职务的处分；根据市、区重大建设项目审计要求，完成对周家嘴路——海宁路拓宽工程前期动迁费、复兴寄宿制高级中学建设工程竣工决算、虹口港水系综合整治前期工程检查等6个基建项目预（决）算审计和调查，节减财政基建资金支出2057.62万元。

【上海市杨浦区审计局】现有干部职工40人，局长刘珏，副局长吕亮。设有办公室（人事教育监察科）、综合业务科、社审内审指导科、行政事业审计科、财政金融审计科、工业交通审计科、商粮贸外审计科、基本建设审计科，负责对全区12个镇、街道、40个行政事业单位和17个企业的审计监督。

审计成果 全年完成审计项目50个，超年计划43个的16%，审计资金总额120.41亿元，查出违规金额4.98亿元，上交区财政84万元；审计鉴证超税奖励单位196户，核减奖励金额278.40万元，核减率22.6%，共为区财政增收节支362.40万元。完成了对区物价局、上海杨浦建设（集团）有限公司等8个单位领导人员任期经济责任审计，9月，建立了区经济责任审计工作联席会议制度；开展了7项审计调查，其中2项调查分析材料被市审计局推荐上报审计署；通过季度例会、上岗培训、专题讲座、以审带训等方式，全区内审人员基本达到持证上岗目标，内审机构完成项目339项，向纪检机关移送案件1件。

【上海市闵行区审计局】现有干部职工35人，局长陈国华，副局长奚德明。设有办公室、综合业务科、财政审计科、企业审计科、基本建设审计科、行政事业审计科和经济责任审计科，负责对全区10个镇、3个街道和40个区直部门的审计监督。

审计成果 全局计划审计项目35项，实际完成40项，其中审计调查4项。审计资金总额744779万元，查出违规行为金额14150万元，应上交财政470万元，已上交470万元。固定资产投资项目送审总金额6.12亿元，审计核减金额7024万元，核减率11.48%。完成审计信息19篇，上级采用8篇。完成了对1999年区级预算执行情况的审计，并对区内6个街道进行了财政收支审计；开展了对区房屋土地管理局及下属建设用地事务所等5户单位的行政事业审计；同时全年完成审计调查项目4个，对区教育局等25户单位内部扶贫帮困资金筹集、管理情况审计调查，对区1996至1999年度“三高”（高产、高质、高效）良田项目建设资金拨付及使用情况等开展审计调查。

【上海市宝山区审计局】现有干部41人，局长陆永嘉，副局长凌振环、李正正、张晓宁、曹兆麟。设有办公室、综合业务科、内审社审指导科、基建审计科、企业审计科和财政行政事业审计科，负责对全区16个乡镇、13个集团公司和52个区直属部门和行政事业的审计监督。

审计成果　共完成审计项目45项，审计资金总额145.43亿元，查处各类违规违纪金额71556.53万元。其中要求被审计单位自行纠正65558.83万元，审计处理金额5501.34万元，核减基建工程造价496.36万元。开展了对16个乡镇的17个经济开发区返税资金管理使用情况的审计调查。向区委、区政府提交各类审计报告20篇，编发审计信息14篇。

主要对区财政教育专项经费、公安专项经费、美化绿化环境专项经费和基建专项经费审计，审计资金总额112亿元，查处违规违纪金额29337.55万元，核减基建工程造价109.68万元。

完成上级交办任务　对6项固定资产投资项目竣工决算审计中，查处违规违纪金额63.70万元，核减基建工程造价386.68万元。对区内2个律师事务所和1个公证处开展了审计，审计资金总额1571.06万元，查处违规违纪金额25.97万元。

经济责任审计　完成区委交办的对9个单位主要领导离任审计，审计资金总额232819.18万元，查处违规违纪金额4506.29万元。对区人大交办的4个单位领导干部述职评议进行审计，审计资金总额6626.89万元，查处违规违纪金额1411.62万元。

【上海市嘉定区审计局】现有干部职工38人，局长杨正球，副局长郑红、余宏志、雷文龙。设有办公室、行政事业审计科、企业审计科、基建审计科、综合业务科、业务管理科、人事监察科，负责对全区14个镇、3个街道办事处、嘉定工业区、菊园新区和其他区属机关事业单位，以及区属国有企业、国有控股企业的审计监督。

审计成果　完成各类审计和审计调查项目54项，比上年减少26%。通过审计，决定对被审计单位处理处罚2.55亿元，比上年增长792%；查出应上缴财政1138万元；年内实际已收缴659万元，比上年增长13%。

审计区本级预算执行情况和其他财政收支情况后，对审计中发现的一些不真实、不合法、不规范问题，区审计局建议：一、加大税收征管力度，对部分长期欠缴税款的单位应采取有力措施追缴税款；二、严格按照《预算法》的规定，完善预算编报制度，确保预算执行的及时性和准确性；三、加强财政资金的集中管理，规范财政性资金的银行开户行为；四、继续清理各类预算外资金，加强对预算外资金的管理；五、整顿财经秩序，严肃财经纪律，促进依法理财和合理有效使用财政资金。

【上海市浦东新区审计局】现有干部职工37人，局长朱国兴，副局长陆方舟、濮近兴。设有办公室(法规处)、行政事业审计处、企业审计处、基本建设审计处，负责对全区23个一级预算单位、14个街道、16个乡镇、6个开发公司及财政拨款的事业单位的审计监督。

审计成果　共完成审计项目18个，审计资金总额1685669万元，查出违规行为金额13066万元，其中应上交财政38万元，应减少财政拨款和补贴1525万元，应归还被侵占挪用资金10万元，出具审计工作报告10篇。

完成基本建设竣工决算审计8项，同时履行国家审计机关职责，加强对社会中介机构审计业务质量的监督。其中对中介机构审计过的公利医院改扩建工程和桃林一期工程竣工决算审计后，又核减经费11.86%和9.88%，其中桃林一期工程造价比社会审计结果减少1412多万元。

【上海市松江区审计局】2000年共有干部职工39人，局长余垂象，副局长沈玉芳、洪涛。设有办公室、综合业务科、商粮贸审计科、行政事业审计科、工交基建审计科、财政审计科、审计监察内审指导科等机构，负责对全区20个乡镇和64个行政事业单位以及区属企业的审计监督。

审计成果　共实施各类审计项目97个，完成项目84个，在审项目13个。完成区政府批准的年度审计项目计划的115%，完成市局下达年度计划的171%。完成项目审计总金额1277867万元，共查出违纪违规金额44470万元，应上缴财政775万元，已上缴财政560万元，核减财政补贴或拨款189万元，归还原渠道资金707万元。提交综合审计报告46份，发出审计决定和审计意见书114份。提交审计信息15篇，其中，被国家审计署采用2篇，被上海市审计局采用12篇次，被区委采用或批示4篇。

经济责任审计　建立了区经济责任审计工作联席会议制度，具体实施经济责任审计的工作格局。全年共完成27个单位的45个领导干部任期经济责任审计，共查出违纪违规金额29593万元，其中给予经济处罚491万元，指明要求纠正29102万元。

【上海市金山区审计局】现有干部职工30人，局长沈英，副局长刘晓明。设有办公室、综合科、经济责任审计科、固定资产投资审计科、企业审计科、国有资产鉴证审计科、内审指导科、财政金融审计科、行政事业审计科、监察科，负责对全区16个乡镇、街道和74个区直部门、区属企业的审计监督。

审计成果　审计项目计划数由年初确定的40个增至51个。审计资金总额404296万元，查处违规行为金额2567万元，应交已交财政7万元；提交审计工作报告、信息60篇，其中13篇分别被审计署、《中国审计报》等有关报刊采用。下半年，首次开展了县级以下党政领导干部经济责任审计。共对2名区局、办领导，4名乡镇领导进行了经济责任审计。同时制定出《金山区经济责任审计组织办法》，以进一步规范经济责任审计工作，不断提高经济责任审计的质量。

内部审计　全区乡镇和部门内审共审计600个单位（项目），纠正违纪违规金额9054.18万元，查出损失浪费4789.98万元，挽回损失106.69万元，增收节支239.57万元，帮助企业收回呆滞应收款14.64万元，提出审计建议469条，被采纳274条。

【上海市青浦区审计局】现有干部职工35人，局长金伯涛，副局长华福全、瞿坚春。设有办公室、综合业务科、内审指导管理科、行政事业审计科、财政审计科、企业审计科和基建审计科，负责对全区21个镇和62个区直部门的审计监督。

审计成果　共完成审计项目61项，查出违规行为金额7078万元，其中应上交财政35万元，应减少财政拨款或补贴2300万元。提交审计工作报告、信息39篇，被批示采用23篇次。

完成上级交办任务　固定资产投资审计中，查出违规行为金额2324万元，平均核减率达9.23%，为国家节约了建设资金。加强了对被审计单位审计结果执行情况的检查，全年共检查审计项目34项，已纠正问题单位19家，部分纠正问题单位15家，应纠正问题152条，已纠正110条。通过检查，促进被审计单位加强了管理，提高了效益。

内部审计　全区内审机构共完成各类审计项目503项，纠正违规金额16234.21万元，查出损失浪费7674.87万元，促进增收节支1100.58万元，提出建议、意见并被采纳592条，向司法机关移送案件2件，涉及人员2人，行政处分5人，较好地发挥了内审工作的服务和监督作用。

【南汇县审计局】现有干部职工38人，设办公室、综合科、企业审计科、行政审计科、农经审计科和基建审计科，负责对全县24个镇和65个县直属部门的审计监督。局长王永明，副局长陆生君、穆华。

审计成果　全年完成审计任务61项，超年度计划19%，处理违规资金7.48亿元，上缴财政19万元。核减各类基建投入资金4564万元。审计中对县内实事工程项目必审，中小项目参插审。加强对有巨额财政资金投入的基建项目审计，其中对祝桥空港动迁房54幢群体工程、商检大楼工程，远东大道南汇段中央绿化隔离带工程审计，就核减工程造价2502万元。通过对160项基建工程审计，年内核减投入资金4564万元。接受县委组织部委托开展经济责任审计，其中审计任务29项，实施21项，查出违规金额3034万元，上缴财政19万元，提出审计意见和建议69条。加强审计队伍建设，年底县特约审计队伍扩大至16人，其中民主党派人士有8人。11月授予“特约审计员”证，并兼聘为政务公开监督员，充分发挥特约审计员的参政议政作用。

【奉贤县审计局】现有干部职工36人，设有办公室、财政审计科、行政事业审计科、企业审计科、基建内审科和综合业务科，负责对全县22个乡镇和县直部门及国有企业的审计监督。局长潘妙龙，副局长陈正明、倪国潮。

审计成果　共完成各类审计项目45项，审计资金总额57.68亿元，查出违规行为金额19871万元。其中决定处理处罚315万元，指明要求纠正19556万元，应缴财政28万元，已缴21万元，向司法机关移送案件1件，涉及1人。

全县38个内审机构对422个单位进行了审计，查出损失浪费5285.10万元，促进增收节支642.20万元，提出审计意见建议被采纳231条，纠正违纪金额291.82万元，建议给予行政处分5人，完成财务决算审计鉴证22项。

在总结查处大案要案经验的基础上，通过强化对应收账款的审计监督，查获某公司为隐瞒巨额亏损，虚增应收账款高达1300多万元和该公司经理的严重经济问题。在依法对该公司作出严肃处理的同时，将该公司经理依法移送检察机关立案查处，追究刑事责任。

【崇明县审计局】现有干部职工37人，设有办公室、综合业务科、财政金融审计科、行政事业审计科、企业审计科、基建审计科、内部审计指导科。局长黄嘉禄，副局长徐鑫鸿、郭卫平。

审计成果　共完成审计项目77个，完成审计调查2项。审计资金总额389347万元。共查出违规行为金额5581万元，上缴县财政2710万元，核减财政拨款补贴1262万元，应归还被侵占挪用资金167万元。共对16位行政事业单位党政主要领导干部、3位国有企业领导人员任期经济责任进行审计。经审计，有1位处级领导干部被免职。共完成45个基建项目审计，通过审计，核减工程结算、节省基建投资1492万元。根据县政府领导交办，完成对征地资金、专项补偿资金审计项目9个，查实有关单位违反财务制度规定，侵占财政资金1996万元。审计后，上缴县财政1996万元。对县用电办公室财务收支审计，查实超计划用电罚款1149.89万元未按规定存入财政预算外专户。审计后，上缴县财政511万元。向有关部门提交审计工作报告、信息57篇。

江苏省

【江苏省审计厅】2000年，江苏省审计厅定编153人（其中行政编制108人，比照公务员管理的全额财政拨款事业编制45人），在编149人。厅机关设有机关党委、办公室、人教处、法制处、财金审计处、行社审计处、经贸审计处、农环审计处、投资审计处、外资审计处、经济责任审计处、计算机处、直属一局、直属二局、直属三局；另有省纪委派驻纪检组、监察室；同时还设有厅机关服务中心直属事业单位。

领导成员

厅　　长：余效明

副 厅 长：朱尧平　薛蓓儿

　　　　　陈　健

江苏省审计成果　2000年，江苏省各级审计机关紧紧围绕经济建设和政府工作中心，突出对重点资金（财政性资金）、重点领域（建筑装饰领域）、重点项目（领导干部任期经济责任）的审计监督，加大了对重大违法违纪问题和经济案件的查处力度，共审计5811个项目单位，查出违纪违规行为金额187.48亿元，其中已上缴财政7.55亿元，减少财政拨款和补贴2.24亿元，追还被侵占挪用资金7.19亿元，促进增收节支3.23亿元。向上级党政机关上报审计信息和报告7286篇，被批示和采用4551篇。

财政审计　全省124个县级以上审计机关都开展了本级预算执行审计，共查出违纪违规金额26.26亿元，增加财政收入和财政结余5.50亿元。各地紧紧围绕预算资金的运行，不断增强审计的深度和力度。一是抓住预算执行这个主线，深入解剖预算批复、科目调剂和结余结转等重点环节，注重检查资金分配的合法合规性；二是将本级预算执行审计与专业审计相结合，有重点地开展科教、农业和社保等专项资金审计，注重检查部门（单位）管理使用财政资金的状况；三是围绕财政管理开展审计调查，注重从预算体制、制度、管理上提出改进和完善的建议，增强建议的前瞻性、科学性，为各级政府和人大加强预算管理和监督发挥了积极作用。各地向本级人大常委会作审计工作报告普遍受到好评。省人大常委会再一次作出了加强省级预算执行和其它财政收支审计监督的决议。

各地加强了对下级政府财政决算的审计，突出了财税政策执行、上级收入及专项资金以及财税部门内部控制制度等重点，全省共查出违纪违规金额24.49亿元，应交财政2.45亿元，已交财政1.85亿元。

金融和专项资金审计　全省对41个城市合作银行、农村信用联社、证券公司和信托投资公司等金融机构进行了审计，查出违纪违规金额3.49亿元。根据审计署的授权，全省组织12个省辖市对12个国际金融组织贷、援款项目的84个执行单位进行了审计，共出具审计报告61份，其中向世界银行出具报告6份。

2000年，全省各级审计机关对全省工商行政管理部门1999年度财政、财务收支，以及1998、1999年度行政性收费、罚没收入收缴管理情况进行了审计，有效地促进了工商系统规范执收执罚行为。省审计厅组织各省辖市审计局对养老保险费扩面征缴和以前年度养老保险基金违纪问题纠正情况进行了审计调查；组织对省级及苏州、南京、南通、连云港4城市1998年和1999年排污费收支情况进行了审计，共查出各类违纪违规金额6411万元。省审计厅对省级第4期农业综合开发资金进行了专题审计，向国家验收组提交了审计意见书；对"六艺节"和"十一届全国书市"财务收支进行了全过程跟踪审计，为这两大活动的顺利开展提供了保障。

固定资产投资审计　继连续4年开展工程建设专项治理审计工作之后，2000年又在全省范围内开展了装修装潢工程项目的专项治理审计。截至年底，全省共审计装修装潢项目1225个，审计总额达39.1亿元。通过审计，净核减金额3.57亿元，其中高估冒算净核减额3.30亿元。审计处理后，减少各级财政拨款1.61亿元，核减工程款留给建设单位1.64亿元，决定收缴入库1369万元，归还原资金渠道898万元。审计中还发现并向各级纪检、监察部门移送违法违纪疑点线索34件。

全省各级审计机关继续开展了工程项目的开工前、在建和竣工决算审计。省审计厅完成了40个建设项目的开工前审计，并对江阴长江大桥、淮河入海水道等重点工程项目的概（预）算执行情况和竣工决算情况进行了审计。

企业审计　全省组织开展了51户重点企业的审计工作。各地按照统一要求，在分析企业资产、负债结构的基础上，重点揭示企业不良资产、长期负债、对外经济担保、欠税及扭亏情况；了解医疗、养老等社会保障体系的建立，对逐步减轻企业负担的收效情况；同时注意总结企业深化改革、强化管理、扭亏增盈等方面的做法和经验。在审计中，各地形成了一套较规范的操作程序，把握审计承诺、内控制度测试和资产、负债确认等重点环节，保证了审计质量。省审计厅还组织11个省辖市审计局对108户国有控股中外合资（合作）房地产开发企业进行了审计和审计调查。

经济责任审计　按照中央"两

办”文件精神和《江苏省国有企业法定代表人任期经济责任审计条例》的规定，省、市、县三级审计机关都开展了经济责任审计工作。全省共对493个单位的496名领导实施经济责任审计，其中党政领导431人，企业领导65人。共查出违规行为金额8.47亿元，损失浪费金额284万元。依据审计结果和其它考核情况，24人晋升，247人平调，30人免职，2人被降职或撤职，8人被移送纪检监察和司法机关查处。

从全省各地经济责任审计工作的开展情况来看，一是领导重视，加强协调。全省已建立由党政主要领导为组长的经济责任审计领导小组45个，不少地方纪检、组织、监察、人事、审计等5部门都建立了联席会议制度。省审计厅在机构改革中成立了经济责任审计处，有些县级审计机关也设立了经济责任审计机构；二是规范运行，保证质量。省及4个有地方立法权的省辖市都已通过了经济责任审计的地方立法。其它市、县也制定了一些指导经济责任审计工作的文件，为推进经济责任审计提供了有力的法制保障。同时坚持严格按审计程序操作，讲究深度，保证质量；三是精心组织，改进方法。各地在开展这项工作时，采取统一领导，统一组织，国家审计、内审机构和社审组织分工协作、分级分层审计的方式，有效地扩大了审计的覆盖面，推动了经济责任审计工作的全面开展。

机构改革 根据省委省政府的部署，省审计厅于下半年顺利完成了机构改革工作。机构改革后，审计厅机关行政编制由原来的160名减少到93名，精减了41.9%；加上行政附属编制及新设置的3个直属局（事业编制）后，总编制数从原来的177名减少到153名，精减了13.6%；实有人数由原来的164名减少到149名，精减了9.1%。机关内设行政处室从13个减少到11个，精减了15.4%。增设了经济责任审计与内审指导处和计算机审计处。基本达到了精简机构不弱化监督、压缩人员不减少职能的效果。在机构改革中，采取了现任正副处级领导干部选岗，缺额副处级领导干部竞争上岗，副处级及其以下非领导职务人员和工勤人员双向选岗等办法，收到了良好的效果。

审计机关建设 一是审计信息化建设步伐不断加快。各地都把审计信息化建设作为一项战略措施，部分市、县审计机关实现了人均1台计算机，计算机业务培训工作普遍得到加强。各地把计算机辅助审计作为审计信息化的突破口，不少地方对实行会计电算化的审计对象，都能运用计算机进行辅助审计，并在数据采集、审计取证、资料汇总等环节探索了电子化的路子。全省审计机关狠抓信息化建设的做法，在全国审计系统计算机开发应用成果展示会上作了专门介绍；二是审计法制建设取得新成效。围绕贯彻审计署1号令、2号令，全省加强了法制宣传，各地普遍推行了审计执法公示制、审计执法责任制和执法过错责任追究等制度，促进了审计工作的规范化；三是审计队伍建设进一步加强。各级审计机关把深入细致的思想政治工作与严明审计纪律结合起来，强化内部管理，大力推进审计机关廉政建设。省审计厅与省审计学会共同举办了“审计监督与反腐倡廉”专题研讨会。省审计厅取消了原有的审计专户，并率先执行“八不准”规定，在社会上树立了良好的审计形象。

【南京市审计局】 2000年，共有在职干部、职工153人，其中大学本科学历37人，大专学历95人，局长张秀华，副局长宋帼芸、胡宝生、储永宏、徐卫平。设有办公室、人事教育处、纪检监察室、综合处、审计管理处、法规处、工交审计一处、工交审计二处、商贸审计处、固定资产投资审计处、财政审计处、金融审计处、行政事业审计处、外资运用审计处、农业审计处、局机关党委。

审计成果 全年共完成审计项目111项，查出违纪违规金额16.51亿元，其中监督被审计单位上交财政8648万元，减少非正常财政拨款和补贴3393万元；向地方和上级党政机关提交审计报告、信息153篇，其中被批示和采用55篇。市局完成20个工程建设项目审计，审计项目投资总额达41亿，查处违规行为金额3222万元，净核减高估冒算金额2929万元；共对8个地方金融机构进行审计，对商业银行专项资金审计增加财政资金3290万元，处置变换房产5449万元；对108户外资运用企业进行了审计和审计调查，对其中的22户利用外国政府贷款及世行贷款情况实施了审计，对3家企业审计查出“小金库”573.6万元。

财政审计 市局共对6个财政和税务部门进行审计，查处违纪金额近1.2亿元，增加财政收入6020万元。对人大、政府关心的科技资金、水利资金、教育资金、环保资金、地方工业发展基金等热点资金进行了同步审计。

经济责任审计 市局共接受组织部门的委托18项，查出领导干部在任职期间所在单位有问题资金3.1亿元。经审计有1人晋升，12人平调，离、退休等5人。市委、市政府转发了由市审计局会同纪检、组织、监察、人事部门共同起草的《关于进一步加强领导干部任期经济责任审计的实施意见》，市审计局出台了《南京市乡镇领导干部任期经济责任审计操作规程》。

大案要案 市局在审计中共查办案件12宗，向司法、监察机关移送经济犯罪疑点线索594条，移送纪检监察机关司法处理的违法违纪人员有33人，其中厅局级6人，处级18人。

2000年，市审计局共获得国家、省、市荣誉21项，连续第3次被评为江苏省审计系统“先进集体”。

【南京市玄武区审计局】现有干部职工12人，设有行政事业审计科、企业审计科和固定资产投资（含综合业务）审计科。局长陶树安，副局长朱保和、沈原。

审计成果 全年共完成审计项目26项，其中省定2项，市定1项；查出违规金额4547万元，决定处理处罚3333万元，应上缴财政2180万元，已入库323万元；提交审计综合报告及信息13篇，被领导批示和上级机关、新闻单位采用20篇次。同级财政审计重点检查和揭露预算执行中存在的不真实、不合法和不规范等问题，提出加强税收征管、规范预算执行、提高财政资金使用效益等方面的意见和建议；将离任审与任期审、经济责任审与专业审相结合，变“算总账”为“常算账”。经济责任审计开始由事后向事中转变，全年共完成16项经济责任审计，查出违规金额2183.43万元，应缴区财政1496.75万元，已上交216.82万元，提出审计建议49条，审计结果晋升2人、平调9人、退居二线5人；全年完成固定资产投资审计7项，审计项目总投资额51628万元，核减工程结算价56万元，查处偷漏税金615万元。

荣获江苏省审计系统1997－2000年度“先进集体”等光荣称号。

【南京市鼓楼区审计局】现有干部12人，设有行政事业审计科、企业审计科、基建审计科、综合科，负责对鼓楼区财政预算执行情况、区属行政事业单位、区属国有企业、工程建设项目进行审计。副局长兼党支部书记张国强（主持工作）。

审计成果 全年共完成审计项目28个，完成审计调查10项；提交各类审计报告14篇；查出违规违纪金额650万元，应交财政176万元，已交财政58万元；原报审工程决算3908.79万元，审计核减291.20万元；撰写审计论文3篇，被省级刊物采用1篇；上报审计信息16篇，被区批示采用6篇，省级刊物采用1篇；提出加强财政财务收支管理的意见和建议40多条。对区属15个行政事业单位的领导干部离任审计，查出截留坐支应上缴罚没收入和行政性规费、以收代罚、违规购房、公款为个人办理商业性保险、公款缴纳个人所得税、虚列支出转移国有资金等违规违纪金额248万元；对全区10个街道财务收支审计调查，指出预算外资金未全部纳入收支两条线管理、社区建设硬件资金投入不足、预算外收入来源不尽合理、街道财务核算管理薄弱等问题。

【南京市建邺区审计局】现有干部职工14人，设有办公室、行政事业审计科、企业审计科和基本建设审计科，负责对本级政府预算执行、区级各部门、国有及城镇集体所有制企业事业单位、国有资产（其它公有制经济）占控股地位或主导地位的企业、基本建设投资项目、各种专项资金和基金、政府派出机构等的财政财务收支进行审计监督。局长张贵，副局长孙挥政、秦智平、韩少勇、邓志辉。

审计成果 全年共完成审计项目26项，其中市定项目3个，自定项目14个，区政府、区委组织部、区纪委交办任务9项，参加了区纪委专案组对三星美食大世界一、二期经营情况的审计；出具审计报告20份、审计调查报告2份、审计意见书20份、审计决定13份，审计信息18篇，其中5篇被区政府和上级审计机关采用；审计查出违纪金额467万元，应上缴财政金额150万元，已收缴117万元；全区内审机构全年共完成审计项目184个，其中经济责任审计15个，财务收支审计35个，经济效益审计35个，基本建设审计74个，其它审计25个，查出损失浪费金额357万元，促进增收节支21万元，提出审计建议107条，纠正违纪违规金额14万元。

【南京市白下区审计局】现有干部职工15人，设有综合科、行政事业审计科、企业审计科、基建审计科，负责对全区各部门、7街1镇及直属单位的审计监督。局长部有光，副局长祁寿康、韩德济。

审计成果 全年审计项目38项，查出违规行为金额4875万元，其中决定处理处罚金额271万元，指明要求纠正金额4604万元，应交财政133万元，已交财政18万元，向司法机关移送案件2件。同时提交审计工作报告、信息27篇，被采用14篇。全年共完成经济责任审计14项，查处违规行为金额391万元；完成固定资产投资审计项目11项，查处违规行为金额4148万元，百万元以上违规单位4个，共核减工程结算1214万元。

【南京市秦淮区审计局】现有干部职工13人，设有综合科、行政事业审计科、企业审计科、基建审计科，局长黄建平（2000年8月前）、陈良华（8月后），副局长何健、徐楠。

审计成果 全年共完成审计项目60项（其中领导交办24项），是年初项目计划的222%；查处违纪金额534万元，其中应上交财政84万元，已全部上缴财政；向市、区提供各类审计工作报告信息23篇，被采用15篇，其中《聚星商场潜亏严重应引起重视》被区委杨福明书记批示；开发的《个人所得税计算软件》得到市局好评。

【南京市下关区审计局】共有在职干部职工13人，设有综合科、行政事业审计科、企业审计科、固定资产投资审计科，负责对全区6个街道办事处和51个区直部门、单位的审计监督。局长董瑞华，副局长冯湘平。

审计成果　全年共完成计划内审计项目14个，查处各类违纪违规金额293万元，上交财政金额32万元。财政预算执行情况及其它财政收支审计揭示了当前财政预算执行及其它财政收支管理中存在的不真实、不合法、不规范等问题，促进了财政部门细化和规范预算管理；对国库部门进行了延伸审计，揭示了财政资金收纳中存在的不规范行为；全年共开展经济责任审计9项，查出违纪金额57万元。对二板桥小学教学楼等建设项目审计投资总额571万元，核减施工决算价及结算款计12.36万元。

【南京市雨花台区审计局】现有干部职工12人，设有办公室、企业审计科、行政事业单位审计科、财政金融审计科，负责对全区8个街道、1个镇和33个区直部门的审计监督。局长马宏泉，副局长方庆友、李明。

审计成果　全年共完成审计项目53项，其中财政预决算审计3项、领导干部经济责任审计8项、行政事业单位审计9项、承包兑现审计6项、企业改制审计5项、审计调查2项、工程专项治理16项、专案审计1项、其它审计3项；审计查出违纪金额872.03万元，应交财政资金155.15万元，促进被审计单位增收节支54.70万元，审计核减工程投资金额180万元；向各级党政机关上报审计工作报告和信息19篇，被批示和采用10篇。全区14个内审部门共完成各类审计项目137项，纠正违纪金额193.39万元，提出各项整改意见和建议300余条，经审计移交纪检部门处理1人。

【南京市浦口区审计局】现有干部职工6人，设有财金审计科、企业审计科、综合科，负责对全区6个乡镇、街道和38个区直部门的审计监督。局长杨传龙，副局长黄运楼、刘俊。

审计成果　全年共完成各类审计项目31个，其中同级财政预算执行情况审计1项，税收计划完成情况审计1项，乡镇财政决算审计2项，固定资产投资审计4项，行政事业单位财务收支审计4项，经济责任审计18项，审计调查1项；共查出违纪违规金额41万余元，应上缴财政19万元，已上缴财政19万元，要求被审计单位自行纠正违规资金22万元；提出审计建议120多条，编写信息和论文21篇，上级采用3篇。

【南京市栖霞区审计局】现有干部职工8人，设有综合科、企业审计科、行财审计科，负责对全区8个街道、乡镇和35个区直部门的审计监督。局长余秀玲，副局长吴德双、王安琴。

审计成果　全年共完成审计项目23项，其中财政审计5项，领导干部责任审计6项，行政事业单位审计2项，企业审计1项，审计调查4项，工程专项治理5项；审计查出违规金额2316万元，应归还原渠道资金55万元，审计核减工程投资金额165万元；向各级党政机关上报审计工作报告和信息24篇，其中被有关领导、部门批示和采用22篇；17个内审部门共完成各类审计项目184项，纠正违纪金额74万元，提出各项整改意见和建议31条，建议行政处分1人。

【南京市大厂区审计局】应有编制12名，实际在编11人，设有综合科、财政金融审计科、行政事业审计科、企业审计科。局长郭爱民，副局长许传勤。

审计成果　全年共完成各类审计项目22项，其中与区政府签定的目标任务11项，政府交办任务11项；查出违规金额1102万元，减少财政拨款549万元，核减工程投资582万元；提交审计综合报告和审计信息29份。在同级财政审计中，将区政府重点项目垫贴息资金、社会保障、环保及农业专项资金等作为审计重点，监督资金使用的合理性和效益性；共对全区11个经济主管部门的物质文明指标完成情况进行考核，开展了年终兑现审计；对11名干部实施了离任审计，查出违纪金额46万元，提出审计建议36条，向司法部门移送案件1起；开展了对区城建道路的竣工决算审计，共核减投资492万元，核减率达18.3%，纠正挤占道路工程资金200多万元。

【江宁县审计局】现有干部职工21人，设有办公室、综合科、财金审计科、行政事业审计科、工商企业审计科、经济责任审计科和固定资产投资审计科，负责对全县18个镇和67个县直属部门的审计监督。局长李昌文，副局长王士富、吴兴顺、李安胜、缪立林。

审计成果　全年共完成各类审计计划项目61项，完成政府临时交办的区划调整撤乡并镇等审计项目7项；审计共查处各类违纪违规金额7.26亿元，其中审计指明要求纠正金额7.22亿元，依法收缴财政356万元，通过审计直接减少财政拨款109万元。实施经济责任审计43项；

完成工程建设投资审计总额2.63亿元，核减决算支出1992万元；实施了对县自来水厂、煤气公司和邮电通讯发展有限公司等几家重点行业单位的审计，揭示了特殊企业存在严重的疏于管理、损公肥私和纳税意识淡薄等问题；组织开展了对社会保障基金和环保资金的审计，揭示了有关部门存在的截留、隐瞒资金（基金）收入，违规动用基金的严重问题，向县政府提出了进一步规范资金（基金）管理的建议；全县内部审计共完成审计项目545项，查出损失浪费金额565万元，纠正违纪金额114.7万元，通过审计给有关责任人党纪处分12人次。

【溧水县审计局】现有干部职工17人，设有财金基建审计科、经济责任审计科、综合行政事业审计科和办公室，负责对全县8个乡镇、1个开发区、5个场圃和52个县直属部门的审计监督。局长彭勇，副局长杨明炜、夏建国，检查员蔡本富。

审计成果 完成各类审计项目52项（其中县委、县政府交办项目40项），查出违纪违规金额4123万元，上交财政468万元，返还原资金渠道751万元，减少财政拨款104万元。完成财政预决算收支审计、金融审计10项，查出各类违纪金额1171万元，增加财政收入196万元，减少财政拨款92万元；完成基建项目审计29项，送审项目总金额3996.4万元，核减金额619.44万元，应上交财政（税费）167.44万元；完成领导离任审计27项，其中党政干部13项，查出成本不实、虚列利润1278万元，查出违纪金额940万元，追回被侵占挪用资金2602万元，有4人提职，2人降职，17人平调，2人退居二线，2人受到法律制裁；全县53个内审机构的112名内审人员完成审计项目438项，查出违纪违规金额1302万元，促进增收节支430万元，纠正违规金额480多万元，建议给予政纪处分3人，开除公职2人，撤销职务1人，被领导采用审计建议240多条，增收节支430万元。

【高淳县审计局】现有干部职工18人，设有综合科、财贸金融审计科、工业交通基建审计科、行政事业审计科、固定资产投资审计科5个科室，负责对全县9个乡镇和108个县直部门和单位的审计监督。局长王建平，副局长韩人义、汤金松。

审计成果 全年共完成审计项目45个，查出违规违纪金额1226万元，收缴违纪款76万元，应归还原渠道资金574万元，上报审计信息25篇。财政同级审计工作中，开展了内控制度测评及对地方金库的审查，采取了财政部门与税务部门收入对账等方法；共对25个部门和单位的领导任期经济责任进行了审计，审计操作程序逐步规范，审计结果运用和审计处理进一步强化；共完成建设项目开工前审计12项，审计总金额2095万元；完成建设项目竣工决算审计36项，审计总金额6726万元，审计核减额533万元，减少财政拨款34万元，归还建设单位资金450万元；全县共建立内审机构21个，完成审计项目540项，查出违规违纪金额3650万元。

【六合县审计局】共有干部、职工19人，设有办公室、综合审计科、财政行政审计科、金融商贸审计科、工交企业审计科、基建审计科。局长张德珍，副局长竺廷洲。

审计成果 全年共完成各类审计项目52项（其中县委、县政府交办41项），查出违纪违规金额5418万元，上交财政227.8万元；提交审计调查报告、审计综合报告32篇，审计信息9篇；与纪委、农工部、财政等部门一起进行了乡镇行政区划调整的财务清理合并工作及对预算外资金的检查。审计发现县农村信用合作联社信贷资产质量不高、金融风险较大等问题，引起县领导的高度重视；组织实施了农业综合开发专项资金使用管理情况、解困再就业基金和排污费征收管理及使用情况、养老和失业保险基金扩面征缴情况的审计；对工商行政管理部门1998—1999年度行政性收费、罚没收缴管理情况及1999年度财务收支情况进行了审计；完成了县政府临时交办的县经济技术开发总公司、县外贸公司、统计局人口普查经费、泰山村财务收支及资产、负债、损益情况的审计；对39名县管领导干部进行了离任经济责任审计，其中行政区划调整前的乡镇22个涉及33名领导干部；完成建设项目开工前审计23项、工程建设专项治理及工程竣工决算审计10项，审计发现违规违纪资金3231万元，审计核减259万元；内审开展各类审计项目253个，查出损失浪费34.8万元，增收节支54.7万元。

【江浦县审计局】共有在职职工人数22人，设有财政金融审计科、经济责任审计科、固定资产投资审计科、行政事业审计科、企业审计科、综合科、办公室。局长高建国，副局长刘铜城、许贤才、刘谊新。

审计成果 全年完成各类审计项目任务45个（其中计划项目24个），完成县政府交办的区划调整乡镇资产清查审计8个，国家级农业综合开发资金江浦建设项目审计4个，建设工程专项治理项目7个，市纪委、市审计局交办的“9·20”案件审计和配合县检察院“9·8”案件审计；共查出各类违纪违规资金5227万元，应收缴财政1310万元，已收缴72万元；核减各类工程造价1411万元，平均核减率15.2%；查出经济案件1宗，1人被判刑。据不完全统计，各乡镇、内部审计机构完成审计项目240个，查出损失浪费金额223.60万元，纠正违纪违规金额76.05万元，促进增收节支317.93万元，被采用合理化建议171条，建议行政处分6人，移送纪检监察机关查处4人。

【徐州市审计局】2000年，共有在职干部、职工96人，其中大学本科以上学历26人，大专学历54人，局长李新民、葛维琴，副局长王兆荣、盛廷建、卢海良，纪检组长于建国，总审计师于长友。设有办公室、内审社审管理科、法规科、综合科、行政事业审计科、人事科、固定资产投资审计科、财政金融审计科、农牧业审计科、工业交通审计科、商贸审计科、外资审计科、机关党委、监察室和科培处。

审计成果　全年共审计单位100个，查出各种违规行为金额83893万元，核定应上缴财政3514万元，已上缴财政3383万元，核减基建工程预（决）算支出9553万元。

完成上级交办任务　徐州市政府将市18项重点工程项目交给审计部门审计，已审结11个项目中，上报结算金额2.18亿元，审减金额7457万元，平均审减率34%。

经济责任审计　根据中共中央办公厅、国务院办公厅颁布的关于领导干部任期经济责任审计暂行办法、《徐州市国有企业法定代表人任期经济责任审计条例》和徐州市委、市政府、组织部门对干部管理的要求，共对14个党政部门正职和11个企业单位的主要负责人进行了经济责任审计，查处违纪违规金额23179万元，其中决定处理处罚3245万元。

【徐州市云龙区审计局】现有干部职工8人，设有综合股、财政基建审计股、企业审计股和行政事业审计股。局长赵民强，副局长程杰。

审计成果　全年共完成审计项目53个，查处违规行为金额126万元，上缴财政入库9万元。重点完成了区1999年度财政预算执行情况审计，提出了规范财政分配和加强财政管理的具体意见和建议，受到政府和人大的重视和肯定；配合组织部门，对离任干部实施了任期经济责任审计，对国有企业的经营成果进行了审计，遏制了部分单位在财务上弄虚作假的行为。

【徐州市鼓楼区审计局】现有干部13人，设有行政事业审计股、企业审计股、基本建设审计股、综合股。局长郑加松，副局长董建国、隋旭东、王伟。

审计成果　全年共完成审计项目67个，查处违规行为金额2633万元，上缴财政入库8万元。财政资金审计重点对支农资金、科技三项费用的拨付使用情况进行延伸审计，扩大对预算执行单位和专项基金的审计面；完成了对33家行政事业、企业单位领导干部任期经济责任审计；基建工程审计中严肃查处高估冒算，规范建设资金的使用。

【徐州市九里区审计局】现有干部职工13人，设有人秘股、财政金融行政事业审计股、固定资产投资审计股、企业审计股和审计派驻所。局长周运才，副局长李兆莲、池庆箐。

审计成果　进一步深化本级预算执行情况审计，依法对原拾屯镇及火花乡财政决算进行审计，完成了区环保局办公大楼竣工决算审计，核定投资额247.12万元，审减工程造价48.57万元；完成了省定的装潢工程项目专项审计和对1999年农业专项资金及科技三项费用管理使用情况的审计调查；开展了对房管处、卫生局、物价局等部门主要负责人任期经济责任审计。

【徐州市贾汪区审计局】现有干部职工16人，设有财政金融审计科、行政事业审计科、工商企业审计科、基本建设审计科、综合科和法规科，负责对全区7个镇和83个区直部门的审计监督。局长张新义，副局长崔国强、王德志。

审计成果　全年审计了23个单位，查出违纪违规金额1620万元，处理处罚金额156万元，提交审计工作报告及信息宣传稿件63篇，被采用41篇，其中《中国审计报》采用6篇，《江苏审计》采用4篇；提出合理化建议27条，被审计单位采纳21条。进一步深化本级预算执行情况审计，加大对乡镇财政决算审计的力度，经济责任审计、行政事业、工商企业和基本建设审计都有新的突破。

【徐州市泉山区审计局】现有干部职工11人，设有企业审计股、行财审计股、基建审计股和综合股，负责对全区13个办事处和46个区直部门的审计监督。局长李德庆，副局长左化彬、刘圣义。

审计成果　共完成审计项目14个、审计调查项目3个，查处违纪违规金额1263万元，上交财政金额67万元。8月26日通过了江苏省审计系统和徐州市机关档案管理一级达标验收。共对9位领导干部实施了经济责任审计，在被审计单位召开民主座谈会的方法被《徐州日报》、《新华日报》等媒体报导。对审计中查出的资产管理不善、账实不符、收支不入账、资金体外循环等问题提出了改进的建议和意见。围绕政府工作中心和区划调整，开展了区农村合作基金联合会财务收支、原奎山乡债权债务情况和原奎山乡所属行政事业单位财务收支情况3项审计调查。

【邳州市审计局】现有干部职工

37人，设有秘书科、综合科、内社审指导科、行政事业审计科、财政金融审计科、工业交通审计科、固定资产投资审计科和农业水利审计科，负责对全市24个镇和310个市直部门的审计监督。局长李敦安，副局长周玉宝、韩光芬、周义生、彭丽莎，纪检组长王绪阁。

审计成果　全年共完成审计（调查）项目81个，协助有关部门查处案件23件；查处违纪违规金额2909万元（其中虚列支出1493万元，被挤占挪用专项资金558万元，查处私设“小金库”387万元），年度内增加财政收入1209万元，促进被审计单位增收节支1560万元；向被审计单位提出切实可行的审计建议200余条；向纪检司法机关移送经济案件6起，建议给予行政处分13人。

【新沂市审计局】现有干部职工23人，设有综合科、基建审计科、工交审计科、文行审计科、财金审计科、商贸审计科和内审科，负责对全市16个乡镇和80个市直部门的审计监督。局长谢新民，副局长徐祇亮、周佩秀、胡秀岭、独立存。

审计成果　共完成审计项目33个，完成上级审计机关下达任务的150%；查处违规行为金额5864万元，应交财政金额479万元，提交审计信息、审计报告199篇，被批示采用127篇，《中国审计报》用稿10篇，发表理论研讨文章7篇，被评为江苏省审计系统档案工作一级达标单位。

【铜山县审计局】现有干部职工28人，设有人秘股、综合股、财金审计股、行政事业审计股、工交审计股和固定资产投资审计股，负责对全县22个乡镇和68个县直属部门的审计监督。局长吴登赋，副局长李爱好、王景华、刘华桂、杨广华、金生贵、吴继忠。

审计成果　共完成上级审计机关安排的必审项目34个，查出违纪金额22735万元，决定处理处罚金额3956万元，指明纠正金额18799万元，应交财政金额3333万元。通过对乡镇财政决算的审计，揭示了乡镇财政决算中普遍存在的通过虚增收入、虚调资金甚至贷款入库等手段造成虚假平衡的问题。共完成县政府交办临时审计项目64个。其中干部经济责任审计52个，群众集访案件审计4个，基建工程审计8个；提交审计工作报告及审计信息110篇，被采用、批示73篇。

【睢宁县审计局】现有干部职工18人，设有人秘股、财金审计股、行政事业审计股、企业审计股、固定资产投资审计股，负责对全县16个镇和76个县直部门的审计监督。局长张保平，副局长庞道礼、杨绪远、张格强、陈良。

审计成果　全年共完成审计项目228个，查出各种违规行为金额5717万元，已上交财政208万元（其中县审计局完成审计项目20个，查出各种违规金额1837万元，增加财政收入52万元）。在全省装璜工程专项治理审计中，对某工程招投标之外370万元的装修和甩项工程项目审计，审定投资额为166万元，审减率为54%，并及时编发《审计简报》，为县委、县政府制定县城区建设方案提供了依据。

【沛县审计局】现有干部职工46人，设有秘书股、综合审计股、行政事业审计股、财政金融审计股、企业审计股、固定资产投资审计股和监察室，负责对全县15个乡镇和59个县直部门的审计监督。局长许怀武，副局长胡存义、王春友、黄效锋、王吉星。

审计成果　全年共完成审计项目42个，审计查处违规金额2143万元，其中上缴财政金额180万元、追回被侵占挪用资金104万元、基建工程决算净审减597万元。全年办理基建项目开工前审计12个；完成审计调查项目6个；配合纪检、监察、信访等部门查处经济案件7起；围绕党政工作中心完成县委县政府交办的任务9项。向上级审计机关和县委县政府报送信息98篇，被县以上刊物采用55篇。

【丰县审计局】现有干部职工22人，设有办公室、综合股、行政事业审计股、财政金融审计股、企业审计股，负责对全县14个镇和38个县直部门的审计监督。局长段玉兰，党组书记戴旭，副局长董立华、毕先华、高世弟、高长青。

审计成果　全年共完成审计项目43个，查出各类违纪违规金额7785万元，上交财政206万元，向司法机关移送案件6件。先后对20个国有企业法定代表人、行政部门及乡镇主要负责人进行了任期经济责任审计。对县城解放西路等12项重点基建工程项目决算进行了审计，送审金额1171万元，审减金额369万元，审减率31.5%。

【连云港市审计局】2000年，共有在职干部、职工77人，其中大学本科学历37人，大专学历26人，局长郝殿钰，副局长刘岱南、穆方友、严道明、沈未中。设有财政审计科、金融审计科、工交审计科、商贸审计科、固定资产投资审计科、外资利用审计科、行政事业审计科、农业审计科、人事教育科、审计管理科、办公室、综合科等14个部门。

审计成果　本级预算执行审计对教育科技经费、防洪保安资金、国土出让金等专项资金和部分预算执行单位进行了延伸审计，涉及单位73个，审计资金总额21亿元，查实并揭露预算收入入库不及时、财政周转金贷款逾期较多等9个方面的问题，涉及资金逾2亿元；财政决算审计涉及乡镇67个，占全市乡镇总数的51.53%，共查处违纪违规行为金额7430万元。

完成上级交办任务 全年共完成政府交办的审计事项28个，对政府住房基金连续4年实施审计，查出各种违纪违规行为金额3.07亿元，提出加强和改善管理的审计建议30多条；对市经委等20个政府部门实施定期审计，查出违纪违规资金1600万元；对市区环卫部门的财务收支情况进行了全面审计，针对财政管理混乱、环卫资金落实不到位，内部缺乏竞争激励机制等问题提出了意见和建议；对4个城市、农村信用社等地方非银行金融机构的审计，查出资本金匮乏、负债过高、亏损严重等问题。

经济责任审计 全年完成经济责任审计事项42个，查处违规行为金额6329万元，有33人平调，2人晋升，3人被免职。

【连云港市新浦区审计局】现有干部职工4人，负责对全区85个区直部门的审计监督。局长曹铁成，副局长谢荣。

审计成果 全年共完成政府交办事项4个，对陇海路步行街拆迁安置费用情况进行审计，查出虚增费用57万元、大额支付现金38万元等问题；对市百国饭店和外贸公司资产负债损益进行审计，查出虚增资产1379万元、隐瞒亏损240万元、潜亏309万元等问题，政府领导高度重视审计结果，对2单位领导班子进行了调整。对财政部门和3个预算执行单位进行审计，查出财政部门虚增收入503万元、支出项目不真实5万元、预算执行单位违规金额37万元等问题，监督被审计单位上缴财政收入1万元。对国家投资和政府关心的重点工程进行全程跟踪审计，2个项目审计总金额676万元，查出违纪违规金额36万元，监督被审计单位上缴财政收入2万元。

【连云港市云台区审计局】现有干部职工7人，负责对7个乡镇和2个区直部门的审计监督。局长杜家平，副局长周应禄。

审计成果 全年共完成审计项目16项，审计金额5.1亿元，查出违规行为金额570万元，促进增收节支和应归还原渠道资金490万元，上缴财政金额3万元；提交审计工作报告信息3篇。根据区委和区纪委的要求，完成上级交办的经济责任审计5项，审计资金近亿元，查出违规金额112万元。

【连云港市连云区审计局】现有干部职工7人，负责对全区7个乡镇和26个县直部门的审计监督。局长刘士航，副局长张晓秋、徐子胜。

审计成果 共完成审计项目10项，其中财政审计2项，固定资产审计2项，行政事业审计6项。

【连云港市海州区审计局】现有干部职工3人，负责对2个乡镇、4个办事处和48个区直部门的审计监督。局长顾忠才，副局长周恒兴。

审计成果 对区本级预算执行和2个预算执行单位进行审计，查出违规金额754万元，其中应归还原渠道资金493万元，促进增收节支12万元；对2个乡镇、1个开发区管委会财政决算进行审计，查出违规行为金额89万元，其中应归还原渠道资金28万元，促进增收节支57万元；完成政府交办事项8个；完成乡镇审计项目单位69个，查出违规行为金额133.04万元，损失浪费金额173.4万元，促进提高经济效益金额78.51万元；完成内部审计项目单位83个，查出违规行为金额165.42万元，查出损失浪费金额13.2万元，促进增收节支金额26.1万元。

【连云港市经济技术开发区审计局】现有在编人员4人，负责对全区1个乡镇和9个区直属部门进行审计监督。副局长蔡春华。

审计成果 共完成审计计划项目14个，政府交办事项6个；查出违规违纪金额137万元，其中指明要求纠正的137万元；全年共提交审计工作报告和信息21篇，被采用8篇，其中地方党政领导批示2篇，新闻单位采用6篇；协助有关部门查处案件3起。

【东海县审计局】现有干部职工23人，设有人秘股、行政事业审计股、工交审计股、财金审计股、基建审计股和农水审计股，负责对全县24个乡镇和79个县直部门的审计监督。局长武强太，副局长范士勋、孙玉元、魏玉山、赵洪刚。

审计成果 共完成审计项目68个，审计单位106个，其中完成县领导交办经济责任审计7项，撤乡并镇审计4项（审计单位42个），其它交办8项。查出违纪金额3596万元，收缴违纪金额增加财政收入72万元，应减少财政拨款43万元，应归还原渠道资金75万元，移送纪检、检察部门处理案件5件，其中受党政纪处理3人，受司法处理2人，配合经济案件查处20多人次。

【灌云县审计局】现有干部职工19人，设有综合股、基本建设审计股、农林水利审计股、行政事业审计股、工交企业审计股和财政金融审计股，负责对全县21个乡镇和43个县直部门的审计监督。局长阙明，副局长于成松、杨友斌、朱士成。

审计成果 共完成审计单位(项目)52个，是年度计划的130%，查出违纪违规金额3513万元，应上交财政58万元，已上交财政58万元，为财政节约支出26万元；向纪检部门移送案件线索1件，有1人受到刑事处理。

【赣榆县审计局】现有干部职工19人，设有人秘股、财政金融审计股、商业贸易审计股、工业交通审计股、行政事业审计股和固定资产投资审计股，负责对全县26个乡镇和73个县直部门的审计监督。局长王孝密，副局长钟克亮、浦鉴忠、王行达、侯天柱，纪检组长郑家堂。

审计成果 全年共审计49个单位，完成计划的128.95%，查出各类违规行为金额3725.17万元，其中应上交财政120.49万元，已上交财政120.49万元，提出合理化建议被采用32条，促进增收节支24万元，提交审计调查报告5篇。完成全省统一组织审计项目4项，审计单位13个，审计总金额74272.06万元，查处违规行为金额179.34万元，审计决定上交财政43.45万元，审计建议被采纳32条。对6个审计项目36个单位开展了财务收支、资产负债损益、专项基金等事项的审计，审计总金额148032.71万元，查处违规行为金额3545.83万元，上交财政77.04万元。接受县委、县政府和有关部门的委托，完成2项离任审计；接受县公安局委托，对县物资石油公司专案进行审计。对县农业综合开发资金等项目进行审计调查。全县共建立内部审计机构16个，内审人员33名，审计单位274个，查出损失浪费金额271万元，建议给予行政处分1人，提出建议意见被采纳387条，促进增收节支500万元。

被江苏省人事厅、省审计厅授予江苏省审计系统1997－2000年度"先进集体"等荣誉。

【灌南县审计局】现有干部职工13人，设有行政事业审计股、农水审计股、财金审计股、工交（商贸）审计股、基建审计股、人秘股。局长孙慕铭，副局长于学章、王金生。

审计成果 共审计单位67个，查出违规行为金额5535万元，决定处理处罚984万元，查补增加财政收入261万元；提交审计工作报告、信息49篇，其中被上级审计机关采用11篇，新闻单位采用35篇；提出合理化审计意见与建议132条，采纳率达85%以上，促进增收节支金额241万元。财政审计对4个预算执行单位进行了延伸审计，对市以上所属15个企业的税费交纳情况进行专项审计调查；对3个乡（镇）人民政府1999年度财政决算进行了审计，查出乡镇财政普遍存在虚列收入、空调资金搞假平衡等问题；对县某金融企业1999年度资产负债和损益情况进行了审计，查出瞒报基建项目资金135万元、乡镇信用社虚增存款、虚增股本金等问题；对21个行政事业单位进行审计，查出违规行为金额2704万元，应缴财政14万元已全部入库；审计企业单位28个，查出违规行为金额1547万元，应缴财政20万元已全部入库；对全县1999年以来竣工的投资额50万元以上的各类工程建设项目进行竣工决算审计，共审计6个单位，审计项目投资总额669万元，查出违规行为金额62万元，核减工程结算40万元，处理处罚23万元。

【淮阴市审计局】2000年，共有在职干部、职工69人，其中大学本科学历37人，大专学历21人，局长朱邦德（2000年8月前）、王泰昌（8月后），副局长江建波、韩竹华、陈凤琴、徐增道、程大军，纪检组长汪耀洲。设有办公室、财政金融审计科、工交审计科、固定资产投资审计科、商贸审计科、行政事业审计科、外资审计科、农水审计科、法规科、人事教育科、体系管理科、综合科、监察室等部门。

审计成果 全市共审计单位629个，查出违规行为金额5.05亿元，处理上缴财政3044万元，核减工程决算2621万元，向各级党委、政府和上级审计机关报送重要审计情况和信息500多篇（条）。

完成上级交办任务 全年共完成领导交办的各类审计任务140项，涉及210多个单位，并向领导部门出具了审计报告。

内部审计 全市已有内审机构338个，内审人员1158人，其中专职人员758人，全年共完成内审事项目1295个，查出损失浪费金额2119万元，促进提高经济效益2008万元，纠正违纪金额6408万元。

经济责任审计 全年共完成各类经济责任审计项目79个，其中党政部门领导离任经济责任审计53个，均比上年同期有较大幅度增长。审计中采取了经济责任审计与常规财务收支审计相结合、离任审计与任期内例行审计相结合等方法。

【淮阴市清河区审计局】现有干部职工10人，设有综合股、行政事业审计股、企业审计股和监察室，负责对全区6个街道办事处和43个区直部门的审计监督。局长徐乃明，副局长王彦华、邓爱华、侍作兵。

审计成果 全年共完成审计项目23个，查出违纪违规金额940万元，处理上缴财政6万元，审核工程决算705万元，为被审计单位挽回直接经济损失213万元，移交审计线索11条，已被处理5人，向上级审计机关和区委区政府报送并发表审计信息24篇。对全区范围内自1998年以来的1万元以上的装璜、维修工程和3万元以上的基建项目进行了审计调查。召开了2次全区审计工作会议，总结内部审计工作经验，并对内审工作中涌现出的先进集体、先进个人进行了表彰。加强计算机审计应用工作，3篇论文入选中国审计出版社出版的《审计人员巧用EX-CEL》一书。

【淮安市清浦区审计局】现有干部职工5人，设有1个业务股，负责对全区6个乡镇、3个街道办事处、40个区直部门的审计监督。局长陈凤良，副局长陆志祥、王树本。

审计成果 完成区本级预算执行情况及2个乡镇财政决算审计，4个行政事业单位的财务收支审计，共查出违纪违规金额342.4万元。对区直3个部门的8项专项资金进行了审计，查出违规金额55万元。根据市局授权，对城南城市信用社1998年1月至2000年6月的财务收支情况进行了审计，查出违规金额123.29万元。全年共完成竣工决算审计55项，送审金额6482.7万元，审定金额5896.4万元，审减金额586.3万元，全年完成的审计项目、审定金额、审减金额分别是上年的3.7倍、4.3倍、4.2倍。共完成经济责任审计9项，其中区直各部门党政干部离任审计1项，共查出违规金额2648.86万元。共完成乡镇企事业单位及村级财务收支审计29项，查出违纪违规金额95.31万元。

【淮安市审计局】现有干部职工26人，设有人秘股、财贸审计股、农水审计股、工交审计股、行政事业审计股、固定资产投资审计股和基建审计股，负责对全市28个乡镇和89个市直部门的审计监督。局长刘光辉，副局长杨兴林、章汉民、王祥、杜新生、叶延红。

审计成果 全年共完成审计项目101项，查处违规违纪金额3892万元，上缴入库82万元，为有关单位追回被挤占挪用专项资金562万元，核减基建工程预算360万元；上报审计工作报告、信息62篇，被省、淮阴市审计机关、新闻单位和淮安市委、市政府批示采用48篇。年初创办了《审计要情》，直接向市主要领导同志汇报重要、重大项目的审计结果，全年共出版6期，其中2期被淮阴市主要领导批示；提供大案、要案线索2条，1名科级干部和1名村长被依法查处。

完成市政府交办的54项重大任务，其中经济责任审计28项，乡镇财政自求平衡审计18项，其它项目8项。完成了流均、平桥等13个乡镇及计生委、人事局等15个部门的离任审计项目。查出14个乡镇存在垫税问题，垫税额高达800多万元。共制定完善了《审计执法责任制度》、《执法岗位目标责任制度》等15项制度。全年未发生执法过错、错案、行政复议和行政诉讼案件。

【淮阴县审计局】现有干部职工19人，设有人秘股、财经审计股、商贸审计股、工交审计股、农水审计股、行政事业审计股和基建审计股，负责对全县20个乡镇和80多个县直部门的审计监督。局长周兴超，副局长王万清、刘少云、支凤国。

审计成果 全年共完成审计项目56项，查出违规行为金额4200万元，其中决定处理处罚42万元、指明要求纠正4158万元。提交审计工作报告和信息79篇，被县以上党政部门和上级审计机关批转、批示和采用45篇。完成了县委、县政府布置的招商引资和扶贫促小康工作。

【涟水县审计局】现有干部28人，设有综合股、财政金融审计股、工交基建审计股、行政事业审计股、审计管理股，负责对全县19个乡镇和68个县直部门的审计监督。局长王超，党组书记罗会超，副局长杨风宝、李保成、陈晓斌、朱从玉、费泽忠，纪检组长王秀祥。

审计成果 全年审计单位77个，完成经济责任审计项目22个，查出违规金额3750万元，上缴财政130万元，核减工程决算328万元，追还被挪用资金46万元，报送审计报告和信息130篇。财政审计查出追加支出较多、混淆税收入库级次350万元、虚列财政支出220万元、少列财政赤字520万元；对县农村信用社和县安东城市信用社进行了审计，查出私设“小金库”3个、账外收支195万元、挤占成本35万元等问题；农村社会养老保险基金审计发现，原县农保处主任私自以单位建宿舍楼名义从县建行贷款30万元给朋友做生意达3年之久，至审计日本息38万元已被县建行从保险基金账户扣划，该案犯依法受到制裁。

【洪泽县审计局】现有干部职工14人，设有财政金融审计股、企业审计股、行文审计股、固定资产投资审计股和办公室，负责对全县12个镇和71个县直部门的审计监督。局长金国平，副局长徐宝栋、翟立本、韩万海、陈定保。

审计成果 全县共审计206个单位，其中县审计局审计56个单位，12个镇审计站审计150个单位；共查出违纪违规金额2701万元，其中处理上缴财政123万元，核减工程决算110万元；审计中查出违纪案件14件，其中有13人受到党纪政纪处分；向上级党政机关上报审计信息和报告96篇，被采用52篇。财政审计查处违规金额135万元；全年完成竣工决算审计项目7个；企业审计查处资产、负债、损益不实等违规金额2215万元；全年完成经济责任审计项目38个，其中党政部门领导干部离任经济责任审计项目34个。

【金湖县审计局】现有干部职工17人，设有办公室、财政金融审计股、行政事业审计股、工业交通审计股、商贸审计股、农业审计股和固定资产审计股，负责对全县11个乡镇和47个县直部门的审计监督。

局长招启平，党支部书记金义兵，副局长冀叶青、李玉辉、吴定、闵福高。

审计成果 全年完成审计项目75个，超年计划114%，其中县委、县政府交办项目24个；查出违纪违规金额3919万元，要求自行纠正3854万元，决定入库65万元，当年入库62万元；提供审计信息14篇，被上级机关采用率100%。县本级预算执行审计结合镇乡区划调整，对原22个乡镇财政状况进行专项审计，揭露一些乡镇存在“引税”行为，得到县政府领导重视，有关部门采取措施，遏制“引税”现象的蔓延。共完成党政领导干部任期经济责任审计7项。配备了8台计算机，1/3审计项目实现计算机辅助审计，徐延辉、顾秀红、黄海霞等3人撰写的《EXCEL“排序”功能在审计实务中的运用》一文被收录在《审计人员巧用EXCEL》一书中。

【盱眙县审计局】现有干部职工21人，设有综合股、财政金融审计股、基本建设审计股、工业交通审计股、行政事业审计股和农水商贸审计股，负责对全县19个乡镇和45个县直部门的审计监督。局长吴修德，党组书记姜守廉，副局长田玲山、左坚、申玉超。

审计成果 全年共完成审计项目58个，查出违纪金额1193万元，上缴财政821万元，已缴财政728万元；发出审计信息50篇，已被采用28篇；发现案件线索4起，向纪检、司法机关移送4起，涉案人数5人。主要审计项目有1999年度县本级财政预算执行情况及其它财政收支情况、县农村信用合作联社资产负债损益情况和6个乡镇财政决算情况审计及县属6户重点企业资产负债损益情况审计；完成县烟酒公司装饰工程等工程专项治理审计20个，审计核减率达15.65%；县交通局等10个行政事业单位财务收支情况审计。受县委组织部的委托，实施了3项任期经济责任审计；省厅授权审计盱眙工商行政管理局1999年度财政财务收支和1998、1999年度行政性收费、罚没收入收缴管理情况；县委、县政府交办的乡镇行政区划调整等10个项目。

【宿迁市审计局】2000年，共有在职干部、职工27人，其中大学本科学历15人，大专学历10人，局长毛守旗，副局长李朝阳。设有办公室（人事教育科）、综合（法规）科、财政金融审计科、行政事业审计科、工业交通审计科、商贸（外资运用）审计科、固定资产投资审计科、农业审计科、审计管理科。

审计成果 全市各级审计机关共完成对365个（项目）单位的审计，查出各类违规行为金额108431万元，应交财政790万元，已交财政679万元，应减少财政拨款或补贴金额6799万元，应归还原渠道资金5247万元，促进增收节支4777万元；提交审计工作报告、信息331篇，其中被各级领导批示或省以上信息刊物采用175篇（条），建议纠正地方部门不当规定257条。

完成上级交办任务 全市共完成审计署、省审计厅下达的审计项目140个，审计单位208个；查出违规行为金额38843万元，上缴财政399万元；审计建议被有关部门采纳248条。

内部审计 全市内部审计机构161个，其中专职机构46个；从业人员322人，其中专职人员120人；完成财务收支、经济效益、任期经济责任、基建预决算等审计项目62个，查出损失浪费110万元，促进增收节支44万元，已纠正违规行为金额80万元，提出建议和意见被采纳40条，建议给予行政处分1人。

经济责任审计 全市共完成对99个经济责任人的审计，其中党政领导干部89人、企业领导10人，查出违规行为金额24243万元，审计结果4人得到晋升、72人平调、9人被降职使用，受到免职和纪检监察机关处理的各1人，2人被移送司法机关处理。

【宿迁市宿城区审计局】现有干部职工9人，设有综合股、行政事业审计股、企业审计股和基建审计股，负责对全区2个乡镇、4个街道办事处和25个区直部门的审计监督。局长朱云松，副局长赵超、施勇。

审计成果 共完成审计项目37个，查出违规违纪问题资金1235万元，其中违纪金额26万元，已全部追缴上交区财政金库；指明要求纠正和归还原资金渠道949万元；促进单位增收节支355万元。开展专项审计调查项目1个，并及时向区政府递交专项审计调查报告1篇。全年提交审计工作报告25篇，报送审计信息17篇，被上级采用10篇。完成区委区政府交办审计项目14个，在乡镇区划调整过程中，牵头分别对原宿城镇、双庄乡、支口乡、果园乡、原种场的“7所8站”及有关企业进行财产清查，核实资产总额5418万元，负债总额为5437万元；对群众反应较大的6个村办企业进行全面审计，发现经济疑点40个，有关责任人受到党纪国法治裁；对12个单位的14个经济责任人进行了任期经济责任审计，1人涉嫌经济犯罪被移送纪检监察机关查处。

【宿豫县审计局】共有干部职工13人，设有综合股、农水文行审计股、财贸金融审计股、工交基建审计股，负责对全县23个乡镇和66个县直部门的审计监督。局长曹天成，副局长李哲、朱涛、苗春杰。

审计成果 全年共完成审计项

目37个，其中市、县计划安排27个，临时交办10个，比上年同期增长13%；形成审计工作报告35份，审计意见书34份，审计调查报告3份，涉及审计单位100多个；审计查处各种违规违纪金额5547万元，下达审计决定并上交财政91万元；向县纪检监察部门提供经济疑点线索6条，配合纪检监察机关查处经济案件7起；上报并被采用的审计情况报告、信息和其它稿件26篇。

【沭阳县审计局】现有干部职工25人，设有农业审计股、企业审计股、行政事业审计股、经济责任审计股、固定资产投资审计股、政秘股、纪检组，负责对全县37个乡镇和78个县直部门的审计监督。局长吴连珠，副局长宋以干、周保田、张法伟、郁光玲。

审计成果　全年共完成审计项目126个，查出违纪违规金额13619万元，其中促进增收节支2563万元，应归还原渠道资金1160万元，应交财政239万元，上交财政174万元；完成县领导交办任务111项；完成48个工程项目预决算审计，审计金额43824.46万元，审定金额35991.1万元，审减7833.36万元，审减率17.8%；对20个乡镇、8个部门和5个县直企事业单位35名领导干部进行了离任审计；协助纪委等部门查处案件26起；向上级和新闻单位提交审计报告和信息54篇，被采用62篇次。先后被省人事厅、审计厅授予“1997—2000年江苏省审计系统先进单位”等光荣称号。

【泗阳县审计局】现有干部职工23人，设财金审计股、农水审计股、工交审计股、基建审计股、行政审计股和商贸审计股，负责对全县23个乡镇和46个县直部门的审计监督。局长冯锦荣，副局长李平、章东生、车林、刘楠。

审计成果　共审计45个项目，查出违纪金额9990万元，增加财政收入126万元，向被审计单位提审计意见和建议96条，为其节约各项资金523万元；全年共向县领导和上级审计机关报送各类信息、审计报告52篇，有4篇审计报告被县领导批示，审计信息被国家审计署采用4篇，被审计厅采用12篇，其它单位采用20篇。全年共向纪检监察机关和有关部门移送案件线索8件。对洋河集团、县直属粮库、县磷肥厂、县药业总公司和泗绢集团等单位1999年度资产负债损益进行了审计，查出各类违纪金额7885万元，收缴了50万元；对县供电局电力宾馆装饰装修工程、泗阳港监所综合楼装饰装修工程、泗阳棉麻公司苏果超市装修工程和泗阳工行办公楼装饰装修工程进行了审计，审计总额316.91万元，审减33.45万元，审减率达到10.6%。

【泗洪县审计局】现有干部职工25人，设有人秘股、农水审计股、工交审计股、商贸审计股、行政事业审计股、财金审计股和固定资产投资审计股，负责对全县26个乡镇和77个县直部门的审计监督。局长王福胜，副局长丁桂光、陆红梅。

审计成果　全年完成审计项目74个，其中署定项目2个，省厅下达项目12个；审计总金额69亿元，审查违规金额3亿多元，审计纠正金额3亿元，决定处理处罚385万元，上交财政375万元，归还原渠道815万元；提交审计报告和信息90余篇（条），被县以上各种报刊和信息专刊采用62条；移交案件线索1条，向被审计单位及有关部门提出各种审计建议259条。

【盐城市审计局】2000年，共有在职干部、职工66人，其中大学本科学历40人，大专学历15人，局长徐奇云，副局长程玉林、朱金良、陈献东、孙红青，纪检组长刘万平。设有纪检监察室、办公室、组织人事科、综合科、法制科、内审管理科、工业交通审计科、财政金融审计科、固定资产投资审计科、农业审计科、行政事业审计科、外资运用审计科、商贸审计科等部门。

审计成果　全年共审计96个单位，开展专项审计调查7项，调查274个单位；查出违规行为金额148180万元，决定处理、处罚51031万元，指明要求纠正97149万元，上缴财政2486万元；查出“小金库”11个共309万元；查处百万元以上违规单位6个；协助查处案件2件；编发《盐城审计动态》61期、《审计情况摘报》65期，上报信息301条，被上级领导批示、内刊采用186条，信息宣传工作连续8年在全省审计系统名列第一。

完成上级交办任务　根据市政府交办，对城东污水厂国债资金使用情况和市政府驻南京、北京、上海办事处，市广济医院等12个单位和项目进行了审计；配合财政部门开展预算外资金收支检查等；在与纪检部门一起对新长铁路盐城境内某桥梁工程审计中，揭示的招投标工作存在的问题引起高层领导的重视，国务院副总理李岚清和省委书记回良玉都作出重要批示。

内部审计　市直65个内审机构共审计676个单位，查出损失浪费金额1103万元，促进增收节支1325万元，纠正违规行为金额692万元。

重点项目审计　围绕扩大内需目标，开展重点工程招投标审计、装修装潢决算和工程竣工决算审计。市政府国宾馆装修工程决算审计核减工程造价1143.17万元，净核减率达29.75%；组织全市对66个装修工程进行审计，项目总投资10833万元，核减工程造价2083万元，平均核减率达19.2%；对海堤达标工程建设资金的筹集、使用情况以及工程决算进行审计；对第4期农业综合开发资金和中低产田改造资金进行审计；对铁路拆迁资金下拨审计，使800万元被挪用资金如数归位；对淮河入海水道拆迁资金使用、费用开支等情况进行了审计调查，发现的省拨资金不到位、县乡滞留资金等问题引起季允石省长、姜永荣副省长和市委林祥国书记重视，要求从源头、从严抓好入海水道资金的使用，要求第一责任人抓整改。

经济责任审计　对9个县（市、区）经济责任审计工作进行调查研究，邀请各地政府领导和相关部门负责人180人召开18次座谈会，向市政府提交了《关于当前领导干部任期经济责任审计工作开展情况和今后意见的报告》，草拟了《盐城市党政领导干部和企业负责人员任期经济责任审计实施意见》；召开市直5部门经济责任审计联席会议；对3个单位领导进行离任审计，查出违规行为金额27360万元，揭示的年薪考核、项目投资中存在的问题引起市领导和有关方面的重视。

【盐城市城区审计局】共有在职干部、职工14人，设有办公室、行政事业基建审计股、工交商贸审计股、财政金融审计股。局长胡跃平，副局长石秦、滕官建。

审计成果　共完成审计项目（调查）37个，查出各类违规行为金额3546万元，处罚上交财政金额848万元；查出“小金库”8个共121万元；发现和移送违纪案件线索12条；为区、乡两级财政增加收入300多万元；提出合理化建议150多条。财政预算审计共延伸核对15个单位和部门，查出预算收入未及时入库、动用专项资金等问题金额2336万元；完成经济责任审计项目7个，查出违规金额260多万元，上交财政和处罚金额3万元；固定资产投资审计共完成9个项目，审计总金额3937万元，补交税金275万元，补交规费169万元，处以罚款16万元。

【东台市审计局】现有干部职工27人，内设办公室、综合股、财政金融审计股、行政事业审计股、工交企业审计股、商贸企业审计股、基建审计股，负责对全市28个乡镇和58个市直部门的审计监督。局长兼党组书记夏志忠，党组副书记王平，副局长陈志文、马维国。

审计成果　全年完成审计项目35个，其中盐城市以上项目16个，政府交办及自定项目19个；完成政府临时交办事项44个；查处各类违纪违规金额9267万元，上缴财政375万元，促进增收节支1091.45万元；查出私设“小金库”12个，发生金额360多万元；向纪检部门移送经济案件2起，提供经济案件线索16条，1人被逮捕，3人受党内严重警告处分，2人被行政降职；上报审计信息72篇，被各级党委政府和上级审计机关采用60篇次；向政府提交报告13篇，被市政府领导批示12篇，提出审计建议38条，被采纳31条。财政审计除查出混淆预算级次136万元外，还揭示了财政部门自身应交未缴预算收入76万元及财税部门内部管理中存在的问题；行政事业单位审计查出乱收费115万元，转移收入349万元，发现罚没款、政府专项资金未上缴财政114万元，预算外资金未纳入专户核算202万元，被挤占挪用专项资金134万元；企业审计除查补税收51万元，还揭示隐留国有资产380万元，使800万元国有资产得以保全；基建工程审计核减1048万元，平均核减率达14.12%。

【大丰市审计局】现有干部职工23人，设有办公室、综合股、行政事业审计股、财政金融审计股、工业交通审计股、商贸审计股、固定资产投资审计股、农水外资审计股，负责对全市29个乡镇和54个市直部门的审计监督。局长陈锦良，副局长吕鹤福、葛玉文、赵龙根、朱红。

审计成果　共完成审计和审计调查项目及政府临时交办任务51个，其中上级审计部门项目14个、市委市政府交办经济责任审计15个、其它专项审计调查项目22个；查出各类违纪违规金额6314万元，应交财政285万元均已入库；移送纪检司法机关案件3起，已批捕2人，立案审查6人；提交审计工作报告和审计信息、科研稿件71篇，被报刊杂志、电台等采用74篇次，其中国家级报刊杂志采用1篇，省级采用19篇。经省档案局、省审计厅验收为省级一级档案室。

【盐都县审计局】现有干部职工22人，设有办公室、综合股、固定资产投资审计股、工交商贸审计股、行政事业审计股、财政金融审计股和农业审计股，负责对全县20个乡镇和78个县直部门的审计监督。局长严广庆，副局长张长荣、刘训钏、陈伟、徐凤琴。

审计成果　全年共审计和调查118个单位，完成审计和调查项目32项，重点审计了县镇财政、固定资产投资、科技教育经费、社会保障基金、专项资金和重点企业，并对国土、地税、募办、工商等部门的财务收支和龙冈、潘黄、马沟、鞍湖、尚庄、北蒋6乡镇的财政平衡情况进行了审计和调查，审计总金额6.2亿元，查出各类违规行为金额7613万元，没收上缴财政金额42万元，追还被挤占挪用资金491万元，提交审计工作报告12篇，被有关部门采用信息、宣传稿件109篇。

【建湖县审计局】现有干部职工21人，设有办公室、财贸金融审计股、工交外资审计股、行政事业审计股、农业基建审计股、审计综合管理股。局长冯正龙，副局长李定群、严志鹏、胡玺玉，纪检组长乔选文。

审计成果　全年共完成30个审计项目，查出违规违纪金额7602万元，上缴财政1051万元，入库率100%；挖出“小金库”16个，发生额达1600万元；提供案件线索108条，10人被追究刑事责任或受党政纪处分，其中科级干部3人。现有台式电脑14台，笔记本电脑11台，建立了局域网，50周岁以下人员全部通过了审计署统一组织的计算机基础知识与基本技能和江苏省组织的计算机应用技术（中级）考试。

2000年，被省人事厅、审计厅联合表彰为“1997－2000年度江苏省审计系统先进集体”等光荣称号。

【响水县审计局】现有干部职工23人，内设人秘股、综合管理股、商贸外资审计股、农业基建审计股、工交审计股、财经审计股、行政事业审计股、经济责任审计股，负责对全县17个乡镇和65个县直部门的审计监督。局长周效华，副局长顾仕涛、徐子华、周玉仁、潘智勇。

审计成果　共审计57个单位，查出违规行为金额11839万元，上缴财政502万元，向司法机关移送案件2件，审计报告、信息被批示和采用88篇。县本级财政预算执行和其它财政收支情况审计查出违纪违规行为金额321万元；对陈港、响水、大有、小尖、七套5乡镇1999年度财政审计，纠正税收空转、往来账户数额大清理不及时、财政虚假平衡等问题；完成工程竣工决算审计30个，审计总金额6284.58万元，核减工程造价569.2万元，平均核减率9.06%；对4个单位领导任期经济责任进行了审计，其中棉麻公司审计查出1997至1999年共亏损5161.9万元，逃避农发行监督偷卖棉花7992.61担、554.95万元，销售收入不入账377万元，利用运杂费、会议费夹支春节、中秋节请客送礼37.87万元，偷漏税收107万元等违纪违法问题，该公司原经理等7名中层以上干部被依法逮捕；对15个行政事业单位进行财务审计，查出违纪违规行为金额1000万元，上缴财政85万元；专项资（基）金审计和审计调查结果得到了县领导肯定，9篇审计报告被县领导批示。

【阜宁县审计局】现有在职干部职工22人，设有工会、办公室、综合股、工业交通审计股、财贸金融审计股、农水基建审计股、行政事业审计股。局长孙国岱，副局长陈华、曹长明、郑书芹、孟庆阳，纪检组长陈剑明。

审计成果　共完成23个审计项目，查出违规行为总额7871万元，决定收缴入库70万元，实际入库70万元，挖出“小金库”11个，金额达49万元，向检察、监察部门移送42条经济案件线索。全县20个政府部门内部审计机构共完成审计（调查）项目303个，查处损失浪费金额233万元，促进增收节支591万元，纠正违规行为金额515万元。

【射阳县审计局】现有在职干部职工24人，设有办公室、综合股、财贸金融审计股、行政事业审计股、工业交通审计股、农水外资审计股、固定资产投资审计股和经济责任审计办公室，负责对全县23个乡镇（区）和43个县直部门的审计监督。局长沈爱平，副局长周玉飞、周德乾、杨耀华。

审计成果　全年共完成审计项目和审计调查项目34个，其中市以上指定项目15个，县委、县政府交办事项和自定项目19个；共查出各类违规行为金额5478万元，决定处理、处罚并上缴县财政金额981万元；查出“小金库”15个，累计发生额402万元；查出百万元以上违纪金额单位3个；全年审计工作报告被县以上领导批示19个篇次，被上级审计机关内刊及新闻单位采用审计信息宣传稿件98篇；通过对3个行政执法部门和1个行政执法部门负责人离任审计，查出违规行为金额高达3300万元；通过强化大案要案查处，全县审计系统共排查出经济案件线索20条，向司法机关移送案件18件，建议给予行政处分19人，移送司法机关处理20人；建设工程决算审计，8项工程净核减5901万元，平均核减率为13.36%。

【滨海县审计局】现有干部职工25人，设有办公室、财贸金融审计股、工交企业审计股、行政事业审计股和农水基建审计股，负责对全县25个乡镇和72个县直部门的审计监督。局长李卫华，副局长陆淮、曹恒清、孙中敖、严大同。

审计成果　全年共完成审计和审计调查项目35个，其中署定项目2个，省定项目4个，政府临时交办项目7个；查出违规行为金额3332万元，其中决定处理处罚应交财政111万元，已上交财政91万元，罚款32万元；提交审计工作报告、信息59篇，被上级审计机关、政府采用32篇，新闻单位采用5篇。

【扬州市审计局】2000年，共有在职干部、职工57人，其中大学本科学历17人，大专学历29人，局长黄道龙，副局长宦文平、宗金林、陈发松、周宏举，纪检组长韩林。设有财政金融审计科、工业交通审计科、商贸审计科、固定资产投资审计科、行政事业审计科、农林水利审计科、外资运用审计科、审计管理与经济责任审计科、组织人事教育科、法制科、办公室、综合科等部门。

审计成果　共完成审计项目39个，查出违纪金额1.42亿元，应交财政6422万元，已交财政6299万元，提交审计工作报告和信息143篇，被上级机关及新闻单位采用58篇。同级财政审计和国债投资项目审计经分管市长分别开会和批示督促落实整改；对国土局、民政局等单位进行审计；建立了机关内部局域网，42名参考人员全部通过审计署计算机知识考试。

完成上级交办任务　受政府委托，转战深圳、珠海、海南，对市建工局、建管处和江苏建安股份公司1999年财务收支情况进行审计，受到市政府领导好评；对扬州服装厂职工反映的财务问题开展了专项审计调查。

内部审计　组织参加了全国内审业务培训，常州价格审计培训和国际注册内部审计师资格考试；制定下发了《扬州市内部审计工作考核办法》。

大案要案　配合市纪委对市农业投资公司1989年至1999年财务收支进行审计，查出违纪金额1342万元，移交案源线索60多条，3人被移送司法机关查处；配合省、市纪委，对北京重阳大酒楼和金洋恒丰贸易公司、省经济贸易总公司、省国土局进行了专案审计。

【扬州市广陵区审计局】现有干部职工11人，设有办公室、法制股、行政事业审计股、企业审计股、经济责任审计股和固定资产投资审计股，负责对全区4个街道办事处和75个区直部门的审计监督。局长顾本安，副局长肖昌平。

审计成果　全年共完成审计项目38个，查出违规违纪金额1.14亿元，应上交财政9万元；已上交财政9万元，提交审计报告、信息9篇，被上级审计机关和新闻单位采用7篇。同级财政审计加强了对区内用款大户（如有罚没收入的单位）和普教经费、待业保险金等重点资（基）金的延伸审计监督；共对8个企业进行了审计，查出违规违纪问题1.07亿元；对5名党政机关正职领导干部进行经济责任审计，审计结果被区委、区政府和区纪委运用到干部任用管理及党风廉政建设中；固定资产投资审计从事后审计向全过程审计转变，立项审概算、施工审成本、竣工审决算，积极开展装饰、装璜工程专项治理审计，全年完成审计项目14个，审计净核减建设资金345万元，核减率达28.03%。

【扬州市郊区审计局】现有干部职工6人，设有行政事业审计股、企业审计股、乡镇审计股、办公室，负责对区内8个乡镇、茶场和28个区直部门的审计监督。局长徐家安，副局长朱承玉。

审计成果　共完成审计项目11个，其中政府交办项目2个，经济责任审计项目2个，共审计27个单位，查出违纪违规金额2529万元，提出审计意见46条，向上级机关提交论文和信息4篇。同级财政审计延伸审计了区政府办、建委、劳动人事局、蔬菜局等4个预算执行单位；对汤汪乡1999年度财政决算进行了审计；对区卫生局公费医疗办和养老保险基金进行了审计，参与了区人大对区民政局的审计评议工作；固定资产投资审计审减西湖中学综合楼工程决算17.04万元，受区委委托对江堤达标工程进行了审计；对环球工贸集团股份公司、环建集团公司总经理任期经济责任进行了审计；受区委、区政府委托，对区级机关理财情况进行了调研等。

【扬州市邗江区审计局】现有干部职工23人，设有财政金融审计股、行政事业审计股、工业交通审计股、固定资产投资审计股、经济责任审计股、乡镇审计股和人秘股，负责对全区21个镇和108个区直部门的审计监督。局长单启明，副局长葛恒胜、韦敏、杭澜、赵文华。

审计成果　全年共完成审计项目29个，查出违纪金额1675万元，上缴财政34万元，移送司法机关案件2起，提交综合报告及审计信息23篇，被采用和批示19篇。同级财政审计得到了人大、政府的肯定，县人大提出审议意见，要求政府组织有关部门和单位切实整改；对工商局财务收支和行政性收费、罚没收入收缴管理、邗江中专世行贷款项目以及社会养老保险基金、农业综合开发资金进行了审计；开展装修工程专项治理审计，强化对重点工程的审计监督，全年共审计10个单位，核减建设资金85万元；积极完成政府交办事项，对农机公司领导人任期经济责任进行了审计，对信托投资公司、投资公司等审计意见得到了区委、区政府的高度重视，扬子肉禽食品公司审计移交纪检、司法机关26个案源线索；全年安排153个乡镇审计项目，组织了对乡镇民政科1999年民政资金一条鞭审计监督；建成了内部局域网。

【高邮市审计局】现有干部职工22人，设有办公室、行政事业审计科、财政金融审计科、工业交通审计科、商业贸易审计科、固定资产投资审计科和农林水利审计科，负责对全市20个乡镇和108个市直部门及单位的审计监督。局长陈爱萍，副局长郭永成、王国成、姚恩往、刘云，纪检组组长周群智。

审计成果　全年共审计51个单位，查出违规金额1684万元，应交财政59万元，已交财政57万元，提交审计综合报告及信息16篇。同级财政审计意见与建议得到了市委、市人大和市政府的高度重视，审计工作报告被全文转发各乡镇和各委、办、局；行政事业审计共对市工商局、粮食局等15个单位进行了审计；对珠光食品有限公司等13个企业进行了资产负债损益审计；对市建委、界首镇、造纸厂等10个单位原负责人任期经济责任进行了审计；完成了市领导交办的3项审计任务，其中对江府啤酒厂审计，得到了市委领导的肯定，审计结果在《高邮日报》上向社会公布，平息了职工集访事态；积极开展案件审计，对华联商厦负责人违法违纪问题进行了审计调查。

【江都市审计局】现有干部职工27人，设有财政金融审计科、行政事业农水审计科、固定资产投资审计科、企业外资审计科、经济责任审计科、审计管理科、综合科和纪检组，负责对全市24个镇和108个市直部门的审计监督。局长韩杰，副局长丁传德、孙华、陈国平。

审计成果　全年共完成审计项目29个，查出违规违纪金额2204万元，核减工程建设资金248万元，被新闻单位和上级审计机关采用审计信息64篇，被省人事厅、省审计厅表彰为全省审计系统1997－2000年度审计工作先进集体。本级财政审计受到人大、政府重视，市长将落实审计意见列入政府督办范围，31条审计意见得到有效落实；积极开展基础设施工程审计和装修工程专项治理审计，江堤达标工程审计核减造价112万元；社会养老保险基金审计查出违规违纪问题166万元；成立经济责任审计职能科室，完成镇、局级正职领导干部任期经济责任审计项目4个。

【仪征市审计局】现有干部职工24人，设有办公室、综合股、行政事业审计股、财贸金融审计股、固定资产投资审计股、工交企业审计股、农林水审计股，负责对全市9个乡镇和83个市直部门的审计监督。局长骆翔，副局长吴春和、黄元龙。

审计成果　全年共完成审计项目26个，查出违规行为金额6883万元，应上缴财政67万元，已上缴财政12万元，提交报告和信息23篇，被批示采用13篇。财政审计改进了与专业审计的结合方式，加强了对预算资金的组织、拨付以及国库管理的审计监督，并延伸审计了预算内外资金数额较大的部门和单位，并对原铜山、刘集乡1999年度财政决算进行了审计；对工商局财务收支以及行政收费、罚没收入收缴管理情况进行了审计，对民政局民政经费审计为人大评议工作提供了参谋服务；对市套闸改造、蔡湖冲小流域治理等工程项目进行了审计，核减工程投资额26.21万元；全年完成领导干部任期经济责任审计项目11个，完成政府交办任务5项，对再就业资金审计查出部分责任部门未按时足额缴纳资金等问题；完善审计执法责任制，相继制定执法责任实施方案等10余项制度办法。

【宝应县审计局】现有干部职工27人，设有办公室、财政金融审计股、行政事业审计股、农村水利审计股、固定资产投资审计股、工交企业审计股和商贸企业审计股，负责对全县16个乡镇和50多个县直部门的审计监督。局长马荣秀，副局长梁永华、潘毓琪、姜保林、耿龙虎、赵会祥。

审计成果　全年共完成审计项目38个，其中县委、县政府交办项目10个；查出违规违纪金额7112万元，应交财政59万元，应归还原渠道资金348万元，已交财政59万元；向政府和上级审计机关报送报告和信息41篇，被采用或批示24篇。和有关部门对29个乡镇及21个企业年度经济责任进行了目标考核与审计，对13个被撤并乡镇的财务、资产进行了清理审核。

【泰州市审计局】2000年，共有在职干部、职工34人，其中大学本科学历19人，大专学历12人，局长居锦杰，副局长谢纪。设有纪检组、监察室、办公室（人教科）、审计管理科、综合科、工交（外资）审计科、财金审计科、商贸审计科、农业审计科、固定资产投资审计科、行政事业审计科等部门。

审计成果　全市共完成325个审计项目单位，查出违纪违规行为金额11.22亿元，增加财政收入和财政结余2546万元，追还被侵占挪用资金6127万元，促进增收节支4235万元；向纪检、司法机关移送案件52起。

完成上级交办任务　根据上级审计机关的统一部署，组织开展了工商行政管理部门、装修装潢工程、农业重点开发资金、养老保险费扩面征缴和以前年度养老保险基金违纪问题纠正情况等项目的审计和审计调查，全年完成上级交办任务72个；全市统一对7户重点企业进行了审计；完成装修装潢项目审计57个，净核减高估冒算额1131.66万元，决定收缴入库89.77万元；完成地方党委、政府交办事项55个。

内部审计　全市现有内审机构93个，内审人员283名，完成审计任务653个，查出损失浪费362万元，促进增收节支78万元，向司法机关移送案件1起。

经济责任审计　全市共对41个单位的领导实施经济责任审计，其中党政领导29人，企业领导12人；查出违规行为金额3.35亿元；依据审计结果和其它考核情况，有2人得到晋升，19人平调，5人免职，2人被降职或撤职，3人被移送纪检监察和司法机关查处。

大案要案　全市查出案件线索

52起，移送纪检、司法部门处理后，有7人受到刑事处分，有12人受到党纪、政纪处分。

【泰州市海陵区审计局】 现有干部职工19人，设有办公室、综合科、财贸审计科、行政事业审计科、工业交通审计科和固定资产投资审计科，负责对全区6个乡镇和37个区直部门的审计监督。局长卢家麟，副局长周来荣。

审计成果 共完成26个审计项目，查出违规行为金额21824万元，其中应上缴财政38万元，已上缴财政38万元。对1999年区本级财政预算执行情况和其它财政收支情况进行了审计，对西郊乡、九龙镇等财政决算情况进行了审计；下发了《关于对领导干部实行任期经济责任审计的意见》，将离任审计扩展到对党政领导干部的任期经济责任审计；对市房地产交易中心等3个装修工程项目进行了专项审计；对区属重点企业江苏万马金属制品集团公司1999年度资产负债损益的真实性及财务收支的合规合法性进行了审计。

【泰州市高港区审计局】 现有干部职工11人，设有办公室、行政事业审计科、固定资产投资审计科、工交审计科、财政金融审计科（与行政事业审计科合署），负责对全区7个镇和38个区直部门的审计监督。局长于得宏，副局长王永生。

审计成果 共完成审计项目9个，查出违纪违规行为金额1959万元，上缴财政54万元，归还原渠道资金93万元，审计中发现挪用公款案件1起，2名涉案人员被判刑。完成区政府交办任务3项。

【泰兴市审计局】 现有干部职工26人，设有人秘科、财政金融审计科、行政事业审计科、农业水利审计科、工业交通审计科、商贸审计科、固定资产投资审计科、审计体系管理科，负责对全市24个乡镇和90个市直部门的审计监督。局长赵国强，副局长耿海涛、张振华、李培根、金晓林、宗泰生。

审计成果 全年共审计75个单位；查处违规行为金额12999万元，归还原渠道资金2732万元，促进增收节支844万元，收缴入库89万元；向司法机关、纪检监察部门移送案件线索6件，已查处并逮捕1人；《浅谈干部经济责任审计方法和重点》、《牢固树立中心意识，积极发展乡镇审计》等论文被《中国审计信息与方法》、《江苏审计》等刊物采用。内部审计全年共审计305个单位，查出损失浪费金额473万元，促进增收节支111万元，纠正违规行为金额162万元，促进主管部门出台加强审计监督的规范性文件3个。乡镇审计所共审计101个单位，查出损失浪费金额1801万元，促进提高经济效益901万元，纠正违规行为金额3917万元，移送经济案件线索19件。

【姜堰市审计局】 现有干部职工24人，设有综合科、财贸金融审计科、行文农水审计科、经济责任审计科、审计管理科、固定资产投资审计科、工业交通审计科，负责对全市18个乡镇和市直部门的审计监督。局长孙志远，党组书记李广年，副局长秦锡如、汤益民、程林华、戴忠全。

审计成果 全年完成审计项目47个，查出违纪违规金额10141万元，处理上缴财政58万元，归还原渠道资金536万元，促进增收节支2984万元；向党委、政府和上级审计机关提交报告和信息21篇，地方政府采用2篇。同级财政预算执行审计中调增财政结余654万元；对13个市管领导干部进行经济责任审计，新设置经济责任审计科，建立经济责任审计联席会议制度，对审计重点、操作方法、量化经济指标分析、审计评价作出了补充意见；工程竣工决算审计查出高估冒算金额489万元，查补税收17万元；对内部审计机构加强指导，全年审计项目61个，促进增收节支74万元，向企业主管提出各种建议76条。

【靖江市审计局】 现有在职干部、职工30人，设有财金审计科、工交审计科、农水审计科、行文审计科、基建审计科、法制科、乡镇审计管理科、监察室、办公室。局长张寿恒，副局长李宗义、何国安、高德华。

审计成果 本级预算执行审计注重“四个结合”，审计的广度、深度增强，报告质量明显提高，得到了政府领导和人大委员的普遍好评；以真实性审计为主，抓好对国有重点企业及国有资产占控股地位企业的审计，审计了10个企业，查出违规行为金额1090万元；与组织、纪检部门建立了联席会议制度，完成了对8个市直部门和乡镇党委书记任期经济责任审计。

【兴化市审计局】 现有干部职工24人，设有办公室、综合科、固定资产投资审计科、工业交通审计科、财贸金融审计科、农业审计科和行政事业审计科，负责对全市34个乡镇和94个市直部门、单位的审计监督。局长柳门，副局长方德才、李显运、孙兆才、王春堂。

审计成果 全年共完成各类审计项目75个，审计单位119个；审计查出各类违规行为金额11859万元，上缴财政155万元，提交审计报告、信息4篇，其中被地方政府、上级审计机关采用3篇。完成市政府交办的经济责任审计、乡镇区划调整审计、专项审计等24项；完成本级财政预算执行审计、重点企业、部门、工程审计、基建装璜工程专项治理审计等项目6个，共审计了28个单位。

【南通市审计局】2000年，共有在职干部、职工77人，其中大学本科以上学历38人，大专学历29人，局长纪进，副局长葛松良、陈士萍、蔡云华、张乃炎，纪检组长王安华。设有办公室、综合科、人事教育科、法制科、内部审计指导科、监察室、工业交通企业审计科、商贸企业审计科、行政事业审计科、财政金融审计科、农业水利审计科、外资运用审计科、固定资产投资审计科。

审计成果　全年共完成审计项目85项，查处违纪违规金额61511万元，增收节支4890万元；发现经济案件线索1起，经移送有关部门查处，有3人分别受到党纪政纪处分或被追究刑事责任；提交审计信息、报告235篇，被批示采用114篇。

完成上级交办任务　市局积极参与政府交办的企业改制审计、药品购销专项治理检查、农村合作基金清理审计、重点企业及重点问题专项审计、案件协查等任务。在对政府交办的南通华联集团审计中核减资产5293万元，核实亏损9530万元；在石化公司、石化农场审计中共查出违纪金额5191万元，审计提出的意见建议均被政府采纳并形成会议纪要；在对政府驻京办事处清产核资审计中，核增该办事处拆迁补偿费150万元。

内部审计　共有内审机构129个，内审人员472人。共完成审计项目1063个，纠正违纪违规金额746万元，查出损失浪费金额371万元，促进增收节支1363万元。

经济责任审计　市委组织部、市纪委、监察、审计等部门联合制定颁发了《南通市党政领导干部任期经济责任审计实施细则》；市局共完成县处级领导干部经济责任审计6项，发现并移送经济案件线索1起；经审计，5人平调，1人因经济问题被追究刑事责任。

大案要案　在市建安总公司法人代表离任审计中，历时6个多月，查清资金管理不到位、成本结转不合规、虚开工程发票等问题。将有关案件线索移送纪检监察部门查处，该公司离任法人代表及另2名副总经理均因经济犯罪问题被依法逮捕。

【南通市崇川区审计局】现有在编干部5人，编外事业干部1人，未设置内部科室，负责对全区3个乡、6个街道办事处和50余个区直部门、单位的审计监督。局长顾德华。

审计成果　全年完成审计项目21项，查出违规行为金额1183万元，查出并移送案件线索1件；基建竣工决算审计核减工程成本153万元；完成开工前审计11项，审计总额10392万元；提交审计工作报告、信息27篇，被地方党政领导、上级审计机关和新闻单位批示、采用32篇次。同级财政审计为调整经济结构和税源结构献计献策，受到了区政府和区人大常委会的一致肯定；揭露了城港幼儿园克扣幼儿伙食、利用假票套取资金、私设“小金库”30余万元，农经局挪用、挤占农业发展资金和水利建设资金80万元等问题，引起有关领导高度重视；坚持开展对投资额50万元以下的小基建项目的审计监督，为街道、居委会、村组等单位审核小基建项目115个，节约建设资金188万元；积极参与医药购销专项治理审计，使4家医院购销人员上缴让利款、宣传费3万余元；积极投入区企事业单位改制工作等。

【南通市港闸区审计局】现有干部职工6人，未设有科室，负责对全区9个乡镇和各区直部门的审计监督。局长张亚华，副局长刘洪涛。

审计成果　共完成审计项目12项，其中财政审计1项、固定资产投资审计6项、行政事业审计4项、农业专项资金审计1项，查处违规行为金额213万元，提交审计工作报告、信息3篇。

【如皋市审计局】现有干部职工25人，设有办公室、综合科、财政金融审计科、企业审计科、行政事业审计科和基本建设投资审计科，负责对全市28个乡镇和50个市直部门的审计监督。局长陈万圣，副局长杨广泉、周永凤、许映斌、陈岗、彭深海。

审计成果　全年共完成审计项目38个，审计发现并纠正违纪金额近亿元，其中直接收缴入库金额480万元；发现并移交案件线索6条，直接参与案件查处2起；编发审计信息56条，其中被上级审计机关采用29条，被地方政府采用1条，被新闻单位采用9条。

【通州市审计局】现有干部职工30人，设有人秘科、审计管理科、财贸金融审计科、行政事业审计科、工业交通审计科和固定资产投资审计科，负责对全市23个镇和100多个市直部门及企事业单位的审计监督。局长黄锡飞，副局长王勤奋、杨汉银、张跃进、冯雪江、吴昌虎，纪检组长周艳。

审计成果　全年共完成审计项目60个，查出违纪金额4988万元，应上缴财政105万元，已收缴入库91万元；提交审计工作报告、信息42篇，被领导批示或上级审计机关录用32篇；完成市委、市政府交办的市农村合作基金会联会、市开发区财政财务收支情况审计等12项交办任务；对1999年度通州市预算执行和其它财政收支情况的审计，查增财政收入249万元，调增预算结余

50万元，查出可用于平衡预算资金377万元；固定资产投资审计完成工程建设专项治理审计项目19个，工程项目送审金额6743万元，审计核减648万元，平均核减率为9.6%；对南通市通州工商行政管理局1998－1999年度财政财务收支审计，查处上缴国库297万元；对14家企业进行审计，查出违纪金额1385万元；乡镇和内部审计共完成审计项目939个，查出违纪违规金额2354万元，促进提高经济效益648万元，向司法部门移送案件6件，移送纪检司法部门处理16人。

【海门市审计局】现有干部职工33人，设有工业交通审计科、行政事业审计科、财贸金融审计科、乡镇审计指导科、基本建设审计科、经济责任审计科、秘书监察科，负责对全市22个乡镇和156个县直部门的审计监督。局长蔡建新，副局长沈忠伟、杨祖兴、张祖平、江耀忠、陆卫忠、陈善冲。

审计成果　全年完成审计项目44个，查出违纪违规金额13049万元，为财政增收节支1209万元；完成领导交办项目48个；完成固定资产投资项目108个，核减高估冒算金额998万元；22个内审机构完成审计项目116个，22个乡镇完成审计项目258个，内审和乡审查出违纪违规金额806万元；向纪检监察和公安检察机关移送案件4件，向上级政府和审计部门提交审计报告和信息61篇。《加大经济责任审计力度，强化领导干部监督管理》的经验总结被选为国家和省经济责任审计工作会议材料，市委书记徐永兵和审计局长蔡建新在大会上作了经验介绍，多家国家级新闻媒体给予报道。2000年，被江苏省人事厅、江苏省审计厅评为江苏省审计系统1997—2000年度“先进集体”等光荣称号。

【启东市审计局】现有干部职工24人，设有办公室、综合科、行政事业审计科、财贸金融审计科、工交企业审计科、基本建设审计科，负责对全市24个乡镇和74个市直部门的审计监督。局长顾永生，副局长徐卫平、龚瑾、陆家平。

审计成果　全年实施审计项目38项，查处各类违纪违规金额6658万元，为政府增收节支2452万元，其中核减基本建设投资额2188万元，收缴财政264万元。在财政同级审中延伸审计了契税、罚没款收入解缴、科技经费、教育经费和财政周转金及融通资金回收情况，审计了15个部门和单位，共查处违纪违规金额3140万元，指出了预算执行中存在的8个方面问题，提出7条整改意见和建议。对启东市政府投资的4个重大基础设施项目实施审计，审计总额21399万元，核减2188万元；工人文化宫送审额2681万元，核减674万元，核减率25.9%。

【海安县审计局】现有干部职工28人，设有办公室、企业审计科、财政金融审计科、行政事业审计科、农业审计科和基本建设审计科，负责对全县22个乡镇和50个县直部门的审计监督。局长田宝进，副局长谢长根、韩家苏、李如生。

审计成果　全年共完成审计项目59个，完成审计调查项目5个，查出违纪金额16284万元，收缴县财政1178万元；提交审计调查报告4篇，上报审计信息54条，被录用51条，其中被《中国审计报》、《审计理论与研究》录用9条，被省政府领导批示1条，省政府《简报》录用1条，《江苏审计》、省厅《专报》录用6条等。共完成县政府交办任务14项，在对县外贸公司原法人代表经济责任审计中挖出经济串案，处分党员干部8人，其中3名科级领导干部被追究刑事责任。

【如东县审计局】现有干部职工22人，设有人事秘书科、审计管理科、工交审计科、农水行政事业审计科、财金商贸审计科和基建审计科，负责对全县20个镇和69个县直部门的审计监督。局长肖斌，副局长张大限、钱兴山、王俊、袁绍兵。

审计成果　全年共完成审计项目46个，查处各类违纪违规金额2987万元，上缴财政金额293万元；固定资产投资审计总额3395万元，审计核减413万元；内部审计和乡镇审计完成审计项目621个，查出违法违纪金额217万元；提交专题审计工作报告、信息40篇，被上级机关、新闻单位采用24篇。共完成上级交办审计事项15个，先后2次派员参加对撤乡并镇和未撤并乡镇财力状况的专题审计。完成对6个单位负责人的经济责任审计，其中科级干部4人，县属国有企业负责人2人，移送有关部门案件1起，由司法机关查处2人。

【镇江市审计局】2000年，共有在职干部、职工69人，其中大学本科学历34人，大专学历27人，局长李锦茂，副局长丁汉云、施应兰、周本友、张炳良、陈宏贵、蒋建军。设有财政金融审计处、工业交通审计处、固定资产投资审计处、外资审计处、商粮贸审计处、农业审计处、行政事业审计处、办公室、综合处、法规处、人事教育处、审计管理处、纪检组、监察室等部门。

审计成果　全年共完成审计项目162个，查出违规行为金额10279万元，应交财政金额3306万元，已交财政3183万元，向有关部门提供案件线索58条，审计报告、信息被批示采用197篇。

完成上级交办任务　根据镇江市政府要求，对市供销合作总社募集的社员股金、市旅游经济开发区的集资及使用情况进行了审计，共审计86个单位、109套财务账，并发现案件线索58条，有的已被纪委和司法机关立案查处。

内部审计 全年完成审计项目1882个，查出损失浪费金额901万元，促进增收节支1396万元，纠正违规金额2443万元；提出整改建议和意见被采纳817条；查处经济案件2起，收缴70万元，行政处分1人，司法处理1人。全年内审开展固定资产投资审计项目2672个，为单位节约1499万元，工程核减率达25%。据对江苏省电建三公司、镇江船厂及市第一人民医院3个单位设备、大宗物料采购的价格审计，节约资金338万元。3人通过了国际内部审计师（CIA）考试。

经济责任审计 首次对新区主要领导、原管委会主任及所辖大港经济开发总公司和化工经济开发总公司总经理任期经济责任进行了审计，发现了往来占用资金多，注入自办实体资金效益差；外借资金多，回收难；社会集资金额大，兑付负担重；财务核算不规范、资金控制不严及2公司滞留未缴税款928万元等问题，并对此作出审计处理。

大案要案 在对市旅游经济开发区的审计中，对区内投资6000万的“神州第一蛋”工程及财务进行了重点审计，发现与该工程有关的诈骗及贪污等案件线索40多条，经纪委和公安各部门侦查，抓获了所谓的台商合作伙伴、诈骗犯赵明及旅游经济开发区原总经理等经济犯罪分子，并依法作出了处理。

【镇江市京口区审计局】现有干部职工7人，设有综合科、审计科，负责对全区4个乡镇和29个区直部门的审计监督。局长周绍林，副局长郑苏真。

审计成果 全年共审计了15个单位，查出违规行为金额1372万元，应上交财政4万元，已上交财政3万元，提交审计工作报告和信息5篇，被各级批示采用5篇（次）。对乡镇政府财政决算进行了审计，查出违规行为金额64万元，并提出审计建议。

【镇江市润州区审计局】现有在职干部职工10人，设有办公室、行政事业审计科、工交企业审计科，负责对全区4个乡镇和28个区直部门的审计监督。局长王宏生，副局长严金荣、汤永林。

审计成果 全年共完成审计项目21个，查处违规行为金额1240万元，完成审计调查4项，调查金额1019万元，提交各类审计报告和信息10篇，其中被各级批示和采用7篇。共完成6项经济责任审计项目。完成政府交办任务15项，占全年计划的71%。其中对区房地产开发总公司等6家单位的债券审计由政府牵头专门召开4次会议，落实审计建议。

【丹阳市审计局】现有干部职工31人，设有财贸金融审计科、工业交通审计科、行政事业审计科、经济责任审计科、固定资产投资审计科，负责对全市31个乡镇和116个市直部门的审计监督。局长冷吉华，副局长马锁庚、黄敏杰、朱兴华、沈建平。

审计成果 共完成各类审计项目73个，查出违规行为金额7394万元，查出“小金库”15个，收缴财政金额569万元，提交各类审计工作报告和审计信息102篇，被上级审计机关和政府部门采用121篇次。

【扬中市审计局】现有干部职工25人，设有办公室、行政事业审计科、财政金融审计科、企业审计科、基本建设审计科，负责对全市11个镇、1个开发区和43个市直部门的审计监督。局长程贵耘，副局长司晓明、毛海金、宗秋生、宫金生。

审计成果 全年共完成审计项目71个，查出违规行为金额11516万元，其中决定处理处罚184.49万元，应交财政145万元；查出“小金库”7个，金额499.64万元；工程送审总造价5205.04万元，审计核减103.47万元；向司法机关移送案件3件，建议给予行政处分5人；提交审计工作报告10篇，被批示6篇；撰写审计信息、论文、典型材料64篇，被各级采用57篇次，其中省级以上刊物采用15篇次。全市18家内审机构共完成各类审计项目214个，查出损失浪费金额3762万元，促进增收节支537万元，向司法机关移送案件1件，建议给予行政处分1人。

【句容市审计局】现有干部职工16人，设有人秘科、财贸金融审计科、工业交通审计科、固定资产投资审计科、农业审计科，负责对全市17个镇和89个市直部门的审计监督。局长蔡明仁，副局长周玉才、徐树山、刘传林。

审计成果 共完成审计项目26个，查出违规行为金额1669万元，指明要求纠正金额1268万元，决定处理130万元，已上交财政130万元。全年完成市政府交办任务36项，其中党政领导干部经济责任审计15项；完成工程决算审计项目16个，送审金额4684.99万元，净核减工程造价701.35万元，核减率为14.97%；完成装饰工程专项治理审计项目12个，审计核减工程造价266.15万元，核减率为14.89%；协助有关部门查处经济案件，向司法机关移送2件。提交审计工作报告信息、论文共105篇，被上级审计机关和地方党委、政府及有关刊物采用、批示115篇（次）。

【丹徒县审计局】现有干部职工

21人，设有办公室、综合审计科、财金商贸审计科、行政事业审计科、工业交通审计科和固定资产投资审计科，负责对全县17个乡镇和120个县直部门的审计监督。局长叶向东，副局长郭永祥、朱加庆、李跃东。

审计成果　全年共完成审计项目56个，查处违纪金额3610万元，应上交财政221万元，已上交152万元；为政府提供审计信息72篇，被采用30篇。财政审计延伸审计22家乡镇企事业单位，查出漏交各项税金87万元，审计查处入库金额77.65万元，提出审计建议49条，并由县财政局制发了《丹徒县乡镇财政稽核、印章、账户、经费审批制度》；装饰装璜项目审计共核减工程款65.37万元，查出偷漏税金13.34万元；50岁以下审计干部全部通过全国审计系统计算机应用技术考试。

【常州市审计局】2000年，共有在职干部、职工71人，其中大学本科学历22人，大专学历46人。局长戴耀南，副局长金杏杏、张淑玲、史君维、曹慧明。设有办公室、人教处、综合处、法规处、财政金融审计处、工业交通审计处、商贸审计处、外资运用审计处、行政事业农业水利审计处、固定资产投资审计处、审计管理处等部门，另设纪检组、监察室。

审计成果　全市审计机关共完成审计项目202个，其中署定项目19个，省定项目37个，审计调查项目12个，计划完成率达到144%；共查出违规行为金额56582万元，应上缴财政收入金额15030万元，已上缴财政11492万元，审计促进增收节支17111万元，归还原渠道资金1298万元；全年编发《审计信息》、审计情况反映70期，报送各类审计工作报告和信息211篇，被批示和采用77篇。

完成上级交办任务　完成对1999年度本级财政预算执行情况和其它财政收支审计，共查出违规行为金额13202万元，应上缴财政8934万元，排出可用财力15256万元；对市信托投资公司、常州证券有限公司、常州市商业银行的资产、负债、损益情况进行了审计；全年共完成37个固定资产投资项目，核减工程造价2111万元；共完成53个装饰工程专项治理审计项目，累计送审金额7389.5万元，核减投资850.2万元，平均核减率11.5%；共审计行政事业单位项目49个，涉及资金达16.72亿元；实施企业审计项目45个，调整资产不实15957万元，负债不实8407万元，损益不实4523万元，净资产不实6184万元；根据全省50户重点企业审计计划，市局对4家企业进行了资产、负债、损益审计；根据授权，常州市局对市酒精厂、常州建材二五三厂利用世界银行贷款苏南环保项目及常州市消防器材厂进行了审计。

内部审计　共完成审计项目5895个，查出损失浪费金额730万元，促进增收节支3125万元，提出意见建议被采纳393条。8月，江苏省价格审计培训班在常州举行，200多名学员参加了培训。9月，全国购销比价审计理论研讨暨经验交流会在常州召开，审计署、国家内部审计学会的领导和27个省、市、自治区的150多名代表出席了会议。

经济责任审计　共对12名党政领导干部、4名企业领导干部进行了经济责任审计工作。

大案要案　常州市局在对火车站和江南春宾馆3号楼工程审计中各查出经济案件1起，有4人涉嫌犯罪被捕；市局继续配合纪检、司法等部门做好对原城市信用合作联社主任经济案件、杭州周宪法案件和“7·12”专案等审计查证工作。

【常州市钟楼区审计局】现有干部职工3人，负责对全区8个街道和31个区直部门的审计监督。局长蒋兆华，副局长沈国民。

审计成果　全年共完成18个审计项目，其中经济责任审计6个，审计调查1个；并完成了区领导交办审计项目3个。举办了1期经济责任审计培训班，区内18个内审组织、共50名内部审计人员参加了培训。积极参与了区内改制企业的清产核资、产权界定和企业操作规范制定等工作。

【常州市天宁区审计局】现有干部职工5人，负责全区8个街道办事处和26个党政部门以及8个区直属事业单位的审计监督。局长芮如植，副局长周进林。

审计成果　全年共完成审计项目9个，其中任期经济责任审计4个、审计调查项目1个；查出违纪违规行为金额933万元，审计决定补交入库14万元；查出经济案件1起，由纪监机关给予党纪政纪处分2人；全年共提交审计报告8篇、审计调查报告1篇，财政同级审的结果报告和工作报告分别得到区长和人大主任的批示和好评。

【常州市戚墅堰区审计局】现有干部职工6人，负责对全区2个乡镇和50个行政事业单位的审计监督。副局长寿复新（主持工作）、吴国方。

审计成果　全年共完成审计项目27项，审计单位27个；完成审计调查1项，调查单位2个；共查出违规违纪金额1094万元，应上缴财政1092万元；提交审计（调查）报告7篇。完成区政府交办项目15项，审计单位15个；财政同级审共查出违规违纪金额259万元，其中应增加财政收入236万元；对由区财政拨款的列入区政府“为民办理实事”的7

个工程项目进行了审计，送审金额1188万元，审定金额1076万元，核减金额112万元；完成经济责任审计6项，查出违规违纪金额120万元。全区共设立内部审计机构2个，内审人员10人，共完成审计项目76项，其中财务收支审计22项，基本建设项目审计34项，农村集体资产评估等20项，促进企业增收节支230万元。

【常州市郊区审计局】现有干部职工9人，设有审计一科、审计二科和办公室，负责对全区9个乡镇和23个区直属部门的审计监督。局长黄玉坤，副局长陈建隆、朱惠平。

审计成果　共完成审计项目14个，其中离任经济责任审计3个、上级交办1个，完成全年计划的107%，共查出违规行为金额2173万元，上交财政17.5万元，完成审计信息9篇，科研论文2篇，案例分析1篇。完成装修工程专项治理项目11个，审计金额977万元，查出高估冒算金额201万元，核减率20.6%；为国家节约建设资金220.5万元。参与案件审计2件，追回经济损失40余万元。全区共有内审机构11个，完成内部审计项目178个，查出损失浪费金额7万余元，促进增收节支37万元，纠正违规行为金额593万元，提出各种建议54条。

【常州市新区审计局】现有审计干部3名，设有审计处，负责新区及所属5个乡镇和1个街道办事处的审计监督。局长李兴根。

审计成果　共完成审计项目12项，查出违规金额3502万元，应交财政2484万元，归还原渠道资金238万元，促进增收节支87万元，向司法机关移送案件1起，协助纪检部门查处案件1起。其中财政决算审计完成3项，查出违规金额2828万元，应交财政2441万元，归还原渠道资金238万元，促进增收节支17万元；完成工程项目竣工决算审计1项，装饰工程专项治理审计4项，共查出违规金额283万元，核减高估冒算113万元，收缴28万元；完成固定资产投资项目开工前审计12项；完成经济责任审计2项、财务收支审计1项，查出违规金额186万元。向司法机关移送案件1起，协助纪检部门查处案件1起；完成对省国土局农重金协查审计工作。

【金坛市审计局】现有干部职工21人，设有综合科、行政事业审计科、工交商贸审计科、财金审计科、基建审计科、办公室，负责对全市15个乡镇、1个经济开发区和75个市直部门的审计监督。局长谢小龙，副局长郭小剑、袁明生，督导王锁法。2000年6月经市编委批准成立了金坛市经济责任审计中心，核定编制5人，为全民事业单位，负责开展经济责任审计和财务收支审计以及其它审计业务的咨询服务等。

审计成果　全年审计项目计划16个，实际完成42个，其中署计划项目8个，省计划项目2个，市定计划项目和市政府临时交办32个。审计总金额207062万元，查出违规违纪金额6454万元，百万元以上违规单位6个，应上交财政金额965万元，促进增收节支389万元，提交审计工作报告、信息46篇，其中被批示、采用的28篇。

【溧阳市审计局】现有干部职工29人，设有办公室、综合法规科、内审监察科、财政金融审计科、行政事业审计科、工业交通审计科、商业贸易审计科、固定资产投资审计科，负责对全县18个乡镇、96个行政、事业、企业单位的审计监督。局长俞宝赅，副局长史连生、张万进、周济平，纪检组长张建庚。

审计成果　全年完成审计项目19个，查出违规行为金额1.9亿元，应上缴财政192万元，提出审计建议59条。根据上级审计机关的要求，分别对1事业单位和1家企业的法人代表进行了任期内经济责任审计。在对市属重点支柱企业—江苏省正昌、力士2个集团公司的审计中，查清了“家底”，指出了管理中存在的问题，为企业改制工作奠定了基础。市化肥厂和市中百公司在实施改制的过程中，职工集体上访反映企业存在的问题，并发生过激行为，受市委、市政府交办，审计局对这2家企业进行了为期半年的审计，查清和澄清了一些问题，缓解了矛盾。

【武进市审计局】现有干部职工26人，设有人事秘书科、财政金融审计科、行政事业审计科、商贸审计科、工业交通（基建）审计科、镇办集体企业审计科、审计管理科，负责对全市30个乡镇和52个市直部门的审计监督。局长王炳昌，副局长王志明、史伟刚、夏燕、王泽南。

审计成果　全年共完成审计项目86个，查出违规行为金额2053万元，增加财政收入649万元，提交48篇工作报告和信息，被批示、采用37篇。同级审开展了8个专题审计，查出专项资金移作它用及收缴的罚没收入未及时上交财政等问题，增加市财政收入504万元；固定资产投资审计完成对市行政中心建设工程项目的审计，组织5家中介审计单位审计了423份工程决算书，核减金额8214万元；社会保障资金审计和审计调查，查出1家保险机构把提取的管理费700余万元挪用；内部审计共完成审计项目371个，查出损失浪费66万元，促进增收节支282万元，纠正违规行为金额2948万元，提出合理化建议被采纳292条，向司法机关移送案件1起，移送司法机关处理1人，建议行政处分1人。与市经委联合下发了《关于在全市工业企业开展价格审计工作的意见》，并举办了1期价格审计培训班。获得省人事厅、审计厅授予的1997-2000年度全省审计系统“先进集体”称号。

【无锡市审计局】2000年，共有在职干部、职工78人，其中大学本科学历24人，大专学历37人，局长范泽熙，副局长孙亚石、蔡叶明。设有办公室、财金审计处、工交审计处、商贸审计处、行事审计处、固投审计处、外资审计处、综合处、管理处、人教处、纪检组等部门。

审计成果　全市共审计537个单位，查处各类违纪违规金额16.38亿元，增加财政收入8360万元，追还被侵占挪用资金1611万元，节约基建投资1.23亿元，提交审计报告和信息316篇，被政府和上级审计机关批示和采用129篇。

内部审计　积极开展经济责任审计、绩效审计、财务收支审计、基建工程项目审计，完成项目1468个，查出损失浪费金额1.08亿元，促进增收节支1370万元；其中建设工程项目533个，送审金额1.25亿元，审计核减1726万元，核减率为13.82%。

经济责任审计　全年共对101名国有及国有控股企业领导、乡镇党政领导、行政事业单位负责人进行了经济责任审计。通过审计，3人提拔重用；7人被降职降级或免职；1人受到党纪政纪处分。

大案要案　全市审计机关配合司法、纪检部门参与138个经济案件的审查，共提供990条经济案件线索，有22人被追究刑事责任，36人受到党纪政纪处分，追缴违纪违规款项2.87亿元。

【无锡市崇安区审计局】共有在编人数6人。局长孙昌言，副局长张萍萍。

审计成果　全年共完成审计项目17个，其中上级交办审计项目5个；查出违纪违规资金2470.30万元，增加财政收入9.66万元，减少财政支出298万元；同区纪检、监察部门配合查处经济案件1起，为国家和集体挽回经济损失61.9万元，其中2人被追究刑事责任，2人受到党纪处分，1人受到政纪处分。全年共完成上级交办任务12项，其中经济责任审计项目4个（区机关部门3个，事业单位1个），查出违纪金额385万元；企业审计项目4个；竣工决算审计项目4个，核减政府投资298万元，核减率10.78%。

【无锡市北塘区审计局】现有干部职工4人，负责全区6个街道和全区行政机关、事业单位的审计工作。局长杜继勤，副局长赵建军。

审计成果　共完成审计项目29个，查出违纪违规金额24905万元；查出“小金库”4个，金额201.93万元；核减高估冒算工程款62.2万元，核减率为14%。重点审计财政预算收入、支出和平衡情况；延伸审计区教育局、计生局预算执行情况。对区城建综合开发公司、房屋建设开发公司和房地产经营公司实施了审计，完成了对新设立街道办事处的资产交接审计，对9位领导干部的经济责任审计以及2个街道办事处的财务收支审计工作。共完成建设项目审计14个，审计金额450万元，核减高估冒算62.2万元，核减率为14%。组织全区主管部门、街道办事处内审负责人参加中国内审学会举办的经济责任审计培训班等。

【无锡市南长区审计局】共有干部职工5人，设有综合管理、行政事业审计、企业审计、基本建设审计等行政执法岗位，负责对全区45个区直部门、事业单位和6个街道的审计监督。局长刘建明，副局长张毅。

审计成果　全年完成国家审计项目21个，查出违规行为金额2463万元（其中处理处罚金额92万元，指明纠正金额2371万元），增加财政收入92万元，促进增收节支金额59万元。全年共完成政府交办项目14个，其中在企业改制改组前进行资产存量审计；在城区改造中对政府投资的工程建设项目进行竣工审计。全年共开展领导干部（科级）离任经济责任审计项目7个。审计中发现某单位原领导干部在任职期间严重违纪违规，金额达425万元，审计作出处理处罚决定，同时移送纪检监察部门做进一步调查处理。

【无锡市郊区审计局】现有干部职工5人，负责对蠡园经济开发区、太湖山水城旅游区、8个乡镇、8个街道和27个区直部门的审计监督。局长王侠民，副局长史仲云、朱希中。

审计成果　共完成审计项目14个，查出违纪违规金额277.38万元，增加财政收入15.04万元，减少财政拨款262.34万元。对1999年度区同级财政和乡财政预算执行情况和其它收支情况进行了审计。审计结果表明：郊区圆满完成了1999年度的财税任务，财政收入继续保持稳定增长的态势；财政部门加强预算外资金的筹集、分配、使用和管理，提高了会计和财务管理水平。受郊区政府委托，郊区审计局会同监察局对全区12项重点防汛工程实施全方位的督查；对63个子项目进行了决算审计。通过现场检查工程质量，协调工程进度，参与峻工验收，统一规定三材价格，规范取费标准等，63个子项目共核减工程款262.35万元，平均核减率为15.23%。

【无锡市新区审计局】现有干部

职工8人，设有财务审计组和基建审计组，负责对新区范围内的2个镇、1个街道办事处、22个新区直属部门及相关企业的审计监督。局长唐栋林。

审计成果　继续开展财政同级审，对支出项目不明细、收入挂往来等问题提出了整改意见；首次对新区公检法部门财务收支进行审计，发现账外资金、罚没款物管理混乱等问题；对新区医院、新区检察院等重大建设项目的财务管理进行跟踪审计；配合纪检部门进行案件审计，提供了原锡南公司总经理挪用资金360万元的犯罪线索。根据新区基建规模大、增长快的特点，新区审计局加大对政府投资项目的审计力度，全年共完成基建审计项目280个，审计金额9206万元，核减工程款1400万元，平均核减率达15.21%。

【江阴市审计局】现有干部职工20人，设有综合科、行政事业审计科、财贸金融审计科、工业交通审计科、社审内审指导科、基本建设审计科等部门，负责对全市28个乡镇和52个市直部门的审计监督。局长陆炳汝，副局长马锡树、王维秧、吴财富。

审计成果　全年共完成审计项目50项，完成年计划的125%；查出各类违纪违规金额2085万元，增加财政收入630万元。共参与4个经济案件的审计查证工作，向纪检监察和司法部门提供线索15条。其中抽调各部门和单位的业务骨干人员34名，组成17个核查小组，对省"1·16"专案组下达的42个与省经济贸易总公司及其下属企业有经济往来的单位及对无锡"3·8"专案组下达的111个与无锡长达经济贸易总公司及其相关企业有经济往来的单位进行核查，较好地完成了任务。共对峭岐镇、顾山镇、劳动局等16个单位的主要领导干部实施了离任审计。审计结果揭露出有的单位存在虚盈实亏、偷逃税款、截留应缴财政收入等情况及监督机制薄弱、内部审核制度不完善等问题。

【宜兴市审计局】现有干部职工33人，设有综合审计科、财政金融审计科、行政事业审计科、基建审计科、企业审计科、经济责任审计科和审计管理科，负责对全市28个镇、1个环保科技工业园和76个市属部门以及企事业单位的审计监督。局长刘建良，副局长李明初、洪雅、朱保强。

审计成果　共完成审计项目108个，查出违规违纪金额82204万元，增加财政收入2681.61万元；审计移送纪检、监察机关经济案件线索127条，被司法机关立案侦查11件；受到党纪、政纪处分9人；被追究刑事责任7人。固定资产投资项目审计总额30617万元，审计核减5982万元，平均核减率20%。组织各级审计人员140多人，对市商业集团、经协集团、物资集团公司及下属47个经济实体的净资产、集资款、期货交易、奖金发放及个人经济行为等6个方面问题实施了全面审计。对供销燃料公司期货交易、昌泰化学试剂研究所、丁蜀南方集团、爱国建设公司非法集资和物资资源公司挪用公款以及太华桥涯村等经济案件实施了专案审计。同时，配合省纪委、省检察院对宜兴创格企业发展公司实施了专案审计查证。共收缴违规违纪资金1400万元，涉案人员受到惩处。

【锡山市审计局】现有干部职工61人，设有综合科、基建审计科、法制科和6个审计所，负责对全市33个乡镇和71个市直属部门的审计监督。局长华林生，副局长平月瑛、张一敏。

审计成果　全年共完成审计项目80个，查处违纪违规金额7907万元，增加财政收入840万元，核减基本建设投资3540.65万元。根据市政府交办，继续重点亏损企业解剖审计工作。共查处经济案件17个，向纪检监察司法部门移交经济案件线索459条，追回被侵占挪用的资金1306.59万元。

【苏州市审计局】2000年，共有在职干部、职工79人，其中大学本科学历29人，大专学历34人，局长朱林一，副局长徐五官、陶孙贤、周泓、陈鼎昌，总审计师卢国柱。设有办公室、人事教育处、纪检监察室、综合处、法规处、审计管理处、财政审计处、金融审计处、行政事业审计处、工业交通审计处、商贸审计处、外资审计处、固定资产投资审计处、农业审计处等处室。

审计成果　全市审计机关共对525个单位实施了审计，查处违规行为金额133385万元，增加财政收入8059万元，为政府和建设单位节约建设资金12900万元，向司法机关移送案件3起，共有463篇审计工作报告和信息被采用，荣获"江苏省审计系统先进集体"的光荣称号。

经济责任审计　全市共完成经济责任审计91项。根据组织部门交办，全市审计机关对一些国有企业的法定代表人进行了离任审计；全市审计机关还积极开展了县级以下党政领导干部经济责任审计工作。

大案要案　全市审计机关协助各有关部门查处大小经济案件39件。完成了各级党委、政府交办项目140项。

【苏州市沧浪区审计局】现有干部6人，负责对全区范围内的行政、事业单位的审计监督。局长姚正永，副局长卢霓霓。

审计成果　全年共完成审计项

目200项（含基建审计项目185项），查处违纪违规金额17万元，核减基建工程造价决算金额1294万元。通过“同级审”，分析本级预算管理和资金管理中存在的问题，并延伸审计重点、难点、热点问题。抓好装潢工程专项治理审计工作并与纪监部门将审计监督与纪监查案相结合，取得明显成效。

【苏州市金阊区审计局】共有干部职工6人。局长包士江，副局长朱伟根。

审计成果　共完成上级下达的审计任务4项，查出违纪违规金额61万元，原渠道上缴财政45万元；涉及到审计和调查单位33个，上门跟综调查26户人家。完成上级交办审计任务5项，审计单位63个；专项审计1项，审计涉及到5个年度；完成对区属各类基建工程竣工决算审计项目176个，审计金额15626万元，审计核减金额2417.71万元。

【苏州市平江区审计局】共有干部6人，负责对全区6个街道和21个区直部门的审计监督。局长宋德芳，副局长陈浩。

审计成果　全年完成审计项目30个，审计单位78户，共查出违纪违规金额218.36万元，12篇审计信息被本级政府和上级机关批示采用。完成区委、区政府交办任务19项，审计单位61户。对平江区城建指挥部的审计发现存在2000多万元的账外资产。通过任期经济责任审计，下发了《平江区关于加强街道财务管理的有关规定》。举办1期47人参加的内审人员业务培训班。

【苏州市虎丘区审计局】现有干部职工13人，设有业务一科、业务二科和区基建项目审核站，负责对全区5个镇（街道、开发区）和24个区直部门的审计监督。局长尤国华，副局长张木全、陶荣庆。

审计成果　全年共完成审计项目18个，审计单位115户，查处违纪金额550万元，挽回和减少经济损失400多万元。认真完成区政府交办的集团组建和转制企业审计等任务，提出了应对转制企业“回头看”的建议得到采用；完成对5个单位法定代表人离任经济责任审计；加强区、镇两级财政审计监督，重点对镇有资金总体情况进行了审计，摸清了镇财政预算内外资金的家底和总体运行管理情况；共审计水利工程项目83项，审计决算金额2090万元，核减380万元。

【苏州新区审计局】共有干部、职工7名，设有综合处、审计处、固定资产投资审计处。局长李笑天，副局长顾尚德。

审计成果　全年共完成审计项目31个，基本建设新开工审计项目58个，查处违纪行为金额1960万元，应交财政12万元，应减少财政拨款88万元。结合区域实际制定并通过管委会转发了《苏州新区国家建设项目审计办法》和《苏州新区关于审计机关办理交办事项的暂行规定》。共撰写审计信息16篇，其中4篇被苏州市审计局采用；撰写经济责任审计及利用EXCEL进行审计调账及形成审定会计报表方法初探专题论文2篇。成为江苏省区级档案管理首家区级一级达标单位。

【常熟市审计局】共有在职干部职工32人，设有办公室、财政金融审计科、行政事业审计科、基本建设审计科、工业交通审计科、商贸审计科和审计管理科。局长陈锦祥，副局长林浩成、许建明、刘师凯、陈邵东。

审计成果　全年共完成审计项目57项，查纠各类违纪违规金额34330万元，增加财政收入1084万元。向各级领导提交审计信息、专题报告和综合报告80多篇，审计意见和建议得到了被审计单位的重视和采用。全市内审系统全年审计单位1971个，查出损失浪费5079万元，促进增收节支893万元，提出建议意见被采用643条，纠正违规行为金额1044万元，向司法机关移送案件5件，建议行政处分7人，移送司法机关处理6人。

【张家港市审计局】现有在职干部职工26人，设有人事秘书科、工业交通审计科、行政事业审计科、财政商贸审计科和金融基建审计科，负责对全市20个乡镇和120个市直部门的审计监督。局长吴坤和，副局长毛永华、崔振华、陆新玉、顾放。

审计成果　全年完成审计项目82个，查出违纪违规金额5137万元。向上级提交信息、报告40余篇，被国家审计署、省（市）审计机关采用38篇次，被市委、市政府转发2篇次，财政预算执行情况审计提出针对性审计建议8条，并被被审计单位采纳。全年完成领导交办项目59个，是上年的2.1倍。通过对全市24个用电站1990年末至1999年底财务收支和资产负债审计，出具24份用电站资产负债审计报告和1份汇总报告，为理顺用电站体制和资产归属提供了依据。根据市政府指令对17名正科级干部实施了任期经济责任审计，并参与“苏物案贸专”、“116专案”和“9·20专案”的审计查证工作。

【太仓市审计局】现有在职干部职工25人，设有办公室、财政金融审计科、行政事业审计科、企业审计科和固定资产投资审计科，负责对全市12个镇和125个市直部门的审计监督。局长刘健，副局长顾建国、田习曾、董家民、李一鸣。

审计成果　共完成审计项目42项，查出违规行为金额6209万元，直接增加财政收入311万元。向上级党政机关上报审计报告和信息40篇，被批示、采用15篇。协助、配合上级及当地纪委、检察机关办理经济案件5起，向纪委、检察、公安部门移交疑点线索226条，经纪检司法机关核实，有6人被逮捕，1人被刑事拘留，纪委立案3起，为国家和集体挽回经济损失800万元，收缴违纪金额290万元。

【昆山市审计局】现有干部职工28人，设有办公室、工业交通审计科、商贸外资审计科、财政金融审计科、行政事业农业审计科和固定资产投资审计科，负责对全市15个乡镇和78个市直属部门的审计监督。局长谈祥生，副局长江雪龙、蒋春明、汤土云。

审计成果　全年共实施审计和审计调查项目96项，其中政府交办项目50项，查出各类违纪违规金额1.21亿元，为政府增加财政收入863.63万元。向各级领导部门提供各类审计报告和审计信息103篇，被批示采用100篇（次），其中被市领导批示22篇，向上级审计机关报送较高质量的统计分析12篇；完成审计科研课题4个，出版审计专著1部，通过审计促进有关部门出台管理制度9个。向有关执法执纪部门移送经济案件线索16条，涉及违法违纪事项5项，追回违纪违规资金600多万元，有5人受到党纪政纪处分，11人被刑事拘留，7人被判刑。被江苏省人事厅、审计厅评为1997－2000年度江苏省审计系统“先进集体”等荣誉。

【吴江市审计局】现有干部职工26人，设有企业审计科、财金审计科、行政事业审计科、固定资产投资审计科、指导科和办公室，负责对全市21个镇的财政审计和行政事业单位、地方金融机构、国有集体企业、市重点工程、市专项资金等的审计监督。局长张国生，副局长赵荣兰、杨建华、石全明。

审计成果　全年共完成审计项目35个，对56个单位实施审计或审计调查，共查处和纠正各类违纪金额530.69万元，通过开展装修工程专项治理和基建项目竣工决算审计，为政府和建设单位节减基建支出1583.5万元。18篇审计报告得到市领导批示，促成被审计单位建立财务制度、制定整改办法12项，有33篇审计信息和经验材料被各类刊物采用。共开展10项领导干部任期经济责任审计，制定了《吴江市党政领导干部任期经济责任审计实施办法》。在对平望镇财政决算延伸审计时，发现该镇基金会擅自销毁会计资料，篡改账册，减少账面余额57.19万元，并采取不法手段核减企业借款588.87万元，审计局及时将这1重要案件线索移交给市纪委，经立案侦查，1责任人被判处有期徒刑。

【吴县市审计局】现有干部职工28人，设有办公室、人教管理科、财政金融审计科、工业交通审计科、行政事业审计科和固定资产投资审计科，负责对全市29个乡镇和100多个市直部门的审计监督。局长查士宏，副局长褚建英、赵银弟、王景澄。

审计成果　全年共实施审计项目（单位）60个，查出违纪违规行为金额10849万元，收缴入库资金679万元。审计各类工程项目282个，审计总额3.41亿元，核减资金3245万元。全市乡镇审计所完成各类审计项目725个，内审部门完成审计项目216个。在财政审计“同级审”中，延审有关单位72户，专项资金（基金）10项，查出有关单位漏交少交税费58.68万元。在对9个镇级财政决算审计中，审计财政资金总额2.35亿元，延审有关单位127户，查出各类违纪违规资金804.62万元，增收节支520.40万元，查补漏交或少交各类税费114.51万元，查处“小金库”1个，收缴资金7.09万元，提出了审计建议47条。对12个政府部门和8个事业单位的财务收支审计，查出各类违纪违规资金1448.69万元，指明纠正金额834.39万元，归还原渠道资金614.30万元，收缴入库金额130万元。全年共对13个专项资金进行了审计，其中养老保险资金审计，市领导责成市社保、财政、劳动、审计等4个部门，组成联合检查组，开展全市性的大检查，取得了明显的成效。完成了政府交办的对全市29个乡镇电力站、三电办和电力开发公司的资产审计，3户市属企业的法定代表人离任审计，3个政府部门领导的述职评议审计和3家房地产公司的财务收支审计工作。

浙江省

【浙江省审计厅】2000年，浙江省审计厅机关定编131人，在编123人。内设办公室、法规处、财政审计处、金融审计处、行政事业审计处、经贸审计处、外资运用审计处、农业与资源环保审计处、社会保障审计处、固定资产审计处、经济责任审计处、人事教育处，另设直属审计局和审计科研所2个直属事业单位。直属审计局为正处级单位，定编20人，在编11人，人员依照国家公务员制度管理。

领导成员

厅　长：陈正兴

副厅长：孙永珍　姚世新

　　　　唐锡表　岑国荣

浙江省审计成果　全省共完成审计项目4329个，完成计划的131%，审计查处违规行为金额190.9亿元，经审计处理，应缴财政8.56亿元（已缴财政7.89亿元），应减少财政拨款或补贴0.56亿元，应归还原资金渠道资金13.22亿元，促进增收节支2.16亿元，向司法机关移送案件71件，提交审计工作报告、信息4991篇，被批示、采用3238篇。

财政审计　共查出违规行为金额32.27亿元，应上缴财政3.37亿元。通过对32个县市财政决算审计，共查出违纪金额20.22亿元。浙江省审计厅还根据省管县财政体制的实际，对富阳、平阳2个县级财政决算进行了直接审计，审计表明县级财政存在侵占省级财政收入和不严格执行国家财税政策的问题，有的地方还相当严重，考虑地方利益而形成的问题更为突出。全省共审计和审计调查乡镇财政579个，审计覆盖面达34%，共查出违规行为金额4.83亿元。

金融和外资审计　共查出违规行为金额25.76亿元，上缴财政1432万元。全省还对15个世亚行贷款项目共130个项目执行单位进行审计，查处违规行为金额2.53亿元。

企业审计　全省企业审计有重点地选择了25家改制企业、国有重点亏损企业和45家外贸企业。经审计，14家企业1999年末总资产12.84亿元，净核减1.1亿元；总负债10.6亿元，净核增0.24亿元；所有者权益2.24亿元，净核减1.36亿元；历年累计亏损合计3.86亿元，净核增1.25亿元。11家改制企业审计结果表明浙江省国有企业改制工作进展顺利，成效明显。45家外贸企业审计，净核减资产9184.91万元，净核减负债7222.82万元，净核减所有者权益1962.09万元。

固定资产投资审计　完成项目157个，查处违规行为金额26.84亿元，上缴财政金额0.33亿元，核减工程价款2.46亿元。温州市审计局对温州大桥工程审计核减价款8510.95万元，核减率为7.3%。金华市审计局对“三江”治理工程某一标段的审计核减工程款700万元，核减率高达53%。省审计厅对上三高速公路审计，查出违规行为金额4.14亿元。

专项审计　教育经费审计除对教育行政主管部门审计外，审计调查了教育经费使用单位677家，各级政府安排的教育建设项目475个，从严查处了教育经费违规行为金额2.78亿元。农业发展基金审计查出各类违纪违规行为金额达1.59亿元。根据审计署的部署，对杭州、宁波、温州3个城市排污费实施审计，查处违纪违规资金7434万元，占审计总金额的33%。全省工商管理系统财务收支审计共审计各级工商部门85家，抽查工商所（站、队）292家，省、市两级审计覆盖面达100%，审计查处了违规行为金额达2.9亿元。

经济责任审计　全省共完成经济责任审计项目1128个，其中厅局级干部54人，处级173人，查处违规行为金额22.8亿元，查出损失浪费金额3.24亿元，移送纪检监察处理41人，移送司法机关立案6人。

大案要案　浙江省各级审计机关加强对大案要案的查处力度，揭露了许多涉嫌经济犯罪的大要案线索，依法移交纪检监察和司法机关查处。浙江省厅对省供销社原主任的经济责任审计，发现其在担任省供销社主任期间，擅自决策给供销社造成重大损失，现已移交司法机关处理，此案还牵出原杭州市某副市长等腐败分子。平湖市审计局对该市商业局局长离任经济责任审计时，查明该局长非法所得16万元，利用职权多次非法收受他人钱物共计23.61万元，该市商业系统有14人与该局长有不正常的经济往来。现该局长已被判处有期徒刑12年。嘉兴市审计局在对嘉兴绢纺厂审计时，发现其下属华绢实业公司业务经理在经办业务时私自填开支票，截留货款，转移给个人使用，现该业务经理已被判处有期徒刑15年，另一同案犯也被判处有期徒刑10年。瑞安市审计局在对华瑞发电有限公司审计时，发现原瑞安市经委副主任、华电有限公司董事长兼总经理挪用公款370万元，受贿220万元，并有100多万元的不明来源收入，已经被浙江省高级人民法院判处死刑，缓期执行。湖州市审计局在对湖州市肉类加工总厂（即湖州市食品总公司）审计时，查明其下属南浔副食品公司经理结伙或单独侵吞公款近30万元，个人实得赃款19.66万元，已被判处有期徒刑6年，同案3人也分别以挪用公款罪和侵占罪判处有期徒刑。原平湖市光明电讯变压器厂王某列支26万元货款并且虚开增值税专用发票16份，价税达134万元。被一审判处有期徒刑11年，并处罚金10万元。

队伍建设　全省各级审计机关坚决割断与被审计单位经济联系，审计队伍建设和基础建设全面加强。一是干部教育培训工作进一步强化，先后举办审计机关领导干部财税知识研修班、领导干部培训班、计算机审计培训班等，首次举办处级领导干部上岗培训班；二是以贯彻落实行政执法责任制为主线，结合学习《国家审计准则》及其它规定的内容，继续开展“质量、管理、效率”年活动；三是实施审计项目评优和审计揭露重大违法犯罪线索奖励制度。

【杭州市审计局】2000年，共有在职干部、职工89人，其中大学本科学历33人，大专学历40人，局长王高麟，副局长刘锡珠、付立云、董伯坤。设有财政审计处、金融审计处、工业企业审计处、商贸企业审计处、行政事业审计处、农业审计处、固定资产投资审计处、外资运用审计处、法制处、综合处、审计管理处、人事教育处、办公室。

审计成果　完成审计项目107个，查出各类违规行为金额16.1亿元，其中应上缴财政6179万元，应归还原渠道资金3896万元，提交各类审计工作报告、信息简报105篇(次)，被各级领导批示、批转或被有关部门及新闻单位采用35篇(次)。共完成基建审计项目64个，送审金额5300万元，核增金额155万元，核减金额1043万元，核减率达到19.68%。

完成上级交办任务　杭州市审计局根据市长仇保兴等领导批示和要求，承担了涉及人民信访、对外投资、资金出借、借贷担保、“三产”情况、资产评估、工程建设和账外账、“小金库”、损失浪费等方面的调查事项16项，如期提交了审计报告。开展了人大评议审计、重点部门年审轮审和参加了经济案件查账审计以及企业改制、预算外资金和账户设立情况检查、党政机关与所办经济实体脱钩情况检查和其它多项清理检查任务。此外根据浙江省审计厅下达的指令性计划，对部分社会中介机构完成的会计报表审计项目业务质量进行了检查。

内部审计　全市157个内审机构(其中专职机构48个)518名内审人员(其中专职人员171名)，共完成各类审计项目2232个。其中开展工程审计项目1428个，占全年完成项目总数的57%，创历史最高纪录。开展各种经济责任审计184个，共查出损失浪费1.71亿元，促进增收节支1.08亿元，纠正违规行为金额0.16亿元，提出审计建议被采纳818条，建议给予行政处分9人，向司法机关移送案件3件，处理3人。

经济责任审计　共对18名党政领导干部进行了经济责任审计，对审计反映的问题，均向有关部门提出了整改意见和建议。杭州市仇保兴市长、马时雍副市长，以及其他有关分管市领导对于上报市政府的所有《领导干部经济责任审计结果报告》，都作出重要批示，要求相关部门和有关责任人按审计意见在规定期限内进行整改。

大案要案　在对杭州市民政局审计中，发现该局社会福利处处长兼杭州市慈善总会副秘书长擅自违规出借捐赠资金给企业用作经营活动，造成60万元资金无法追回，后移送杭州市纪委做进一步调查，查明其在任市慈善总会副秘书长期间，挪用人民币215万元，受贿人民币3万余元。该案已移交司法机关处理。

【杭州市拱墅区审计局】现有干部职工18人，设有办公室、综合科、固定资产投资审计科、企业审计科和财政行政事业审计科，负责对全区4个乡镇和31个区直属部门的审计监督。局长刘强，副局长王忻星。

审计成果　共完成37个审计项目，其中领导干部经济责任审计9个。查出违规行为金额13745万元，应上缴财政96万元，应归还原渠道资金金额162万元。

【杭州市西湖区审计局】现有干部职工15人，设有办公室、行政事业审计科、财政审计科、固定资产投资审计科，负责对全区9个乡镇、6个街道和46个区直部门的审计监督。局长胡如玲，副局长严晓红。

审计成果　完成审计项目42个，超计划27%，查出各类违纪金额5725万元，其中应上缴财政655万元，入库率100%。进一步深化预算执行审计；开展了对15位区管党政领导干部的经济责任审计，其中1名被审领导因负有主管责任被撤职；对财政投资的重点项目基建决算审计，查出超计划投资、超计划面积等违反建设工程程序的问题，核减工程造价167.5万元(核减率19.3%)；对重点国有企业“城建开发公司”进行清产核资审计中，经审计确认的净资产比账面增值280万元，并补提各类税收600万元，最后以审计结果为依据拍卖成功，使国有资产得到保值增值；在2000年的审计中有3人因挪用公款、私设“小金库”等，被审计部门作了移送处理。

【杭州市上城区审计局】共有在职干部15人，设有办公室、干部经济责任审计科、行政事业审计科、企业审计科和固定资产投资审计科。局长诸玲玲，副局长吴玲玲。

审计成果　全年共完成审计项目34个，查出违纪违规金额8925万元，指明要求纠正金额8695万元，应上缴财政230万元，已全部入库。全年共提交审计工作报告和审计信息46篇，征文14篇，被区委、政府、人大领导和上级审计机关采用13篇。共完成基建审计项目64个，送审金额5300万元，核增金额155万元，核减金额1043万元，核减率19.68%。

上城区政府共交办干部经济责任审计项目9个，查出违纪违规金额3711万元。其中移送区纪检、监察部门进一步查处的区管干部1名。

【杭州市下城区审计局】现有干部职工12人，设有办公室、行政事业审计科和企业审计科，负责对全区1个镇和48个区直部门的审计监督。局长曹菊玲，副局长朱捷。

审计成果　共完成审计项目28个，查出各类违纪违规金额2160万元，上缴财政971万元，撰写论文4

篇，编写审计信息17篇，其中被上级机关采用8篇（次）。共完成上级交办任务6项，参与了公有资产和预算外资金检查、企业改制等审计工作。先后对7位区管领导干部开展了经济责任审计，进一步完善审计程序和办法，并采取离任审计与在任审计、经济责任审计与其它专业审计相结合的方法。

【杭州市江干区审计局】现有干部13人，设有行政事业审计科、工商企业审计科和办公室，负责对全区5个乡镇和29个区直部门的审计监督。局长孙伟明，副局长俞德荣、叶玉兰。

审计成果　全年共完成审计项目25个，审计及延伸审计44个单位，同时还完成区委、区政府交办和配合有关部门的各项专项审计或调查事项13件。共查出各类违规行为金额1.29亿元，其中应缴国家税款93万元，已缴24万元，应纳入财政专户管理及归还原渠道资金8160万元，建议有关单位清理应收款项1977万元。向区委、区人大常委会、区政府和有关部门提交各类审计工作报告、信息简报39篇。

【杭州市滨江区审计局】现有干部职工8人，设有办公室、财政金融（行政事业）审计科、经济责任审计科，负责对区所属3个镇31个直属部门的审计监督。局长燕德银。

审计成果　共完成审计项目85个，审计单位73户，审计金额11026万元。共查出违纪违规金额3321万元，其中应上缴财政金额1309余万元。完成道路和房屋等工程建设项目52个，审计各项基建工程款6159万元，其中核减工程款1109万元，核减率18%。对全区29个村1998年度的财务收支进行了审计，集中发现了6个方面的违规问题，查出违规资金800余万元，向区政府提交了审计综合报告，受到了区领导的高度重视，区委书记、区长、区委副书记先后3次召开专门会议，听取审计情况汇报，向镇、村领导干部传达布置了整改措施；区委党校还专门为此举办了1期由村支部书记和村委会主任参加的村级财务管理学习班。完成了区政府下达的5个领导干部经济责任审计项目，提交了5篇审计结果报告。

【萧山市审计局】现有干部职工30人，设有办公室、综合科、财政金融审计科、行政事业审计科、固定资产投资审计科、工交企业审计科和商粮贸企业审计科，负责对全区31个乡镇和42个区直部门的审计监督。局长陈秀卿，副局长倪吾良、李振庆。

审计成果　全年共完成审计项目78个，其中上级下达审计任务21项。查出违纪违规金额29041万元，上缴财政1473万元，归还原渠道资金3083万元。配合区委、区政府中心工作，完成交办任务13项。同时撰写审计信息简报45篇，被地方党政领导和上级审计机关采用15篇。对区本级财政预算执行情况和乡镇财政决算审计，审计单位14个，查出违规行为金额7368万元。对固定资产投资、环保资金、养老保险基金、农业综合开发资金、外向型经济发展基金等实施了审计，审计资金总额70186万元，纠正违规行为金额4881万元。同时还开展了工商企业真实性审计和改制企业审计调查，纠正违规行为金额6039万元。共对27个有关乡镇、区级机关的领导干部以及3个国有企业的负责人开展了任期经济责任审计，纠正违规行为金额10700万元。

【建德市审计局】共有在职干部、职工19人，设有财政金融审计科、行政事业审计科、企业审计科、固定资产投资审计科、办公室。局长滕明湘，副局长王元根、郑冰，党组成员程霄。

审计成果　完成审计项目46个，是年度计划的102%。查出各类违纪违规金额4616万元，应缴财政323.72万元，同比增长168%。已缴财政316.18万元，审计决定执行率100%。共提出审计意见和建议134条，制止1起国有资产流失案，审计查处“小金库”“账外账”4个，向检察机关移送处理案件1起，建议有关部门行政处理3人，协助有关部门开展审计查证7项。全年共提供各类审计信息47篇次，其中被上级审计机关采用8篇，被地方党政部门采用11篇，领导批示7篇。

经济责任审计　全年完成了18名市管领导干部的经济责任审计工作。其中机关部门行政领导17名，乡镇书记1名（任期审计16名，离任审计2名）。通过审计对13个单位的违法违纪问题作出了审计决定，共查出各类违纪金额974万元。

【富阳市审计局】现有干部职工26人，设有办公室、财政金融审计科、行政事业审计科、企业审计科、固定资产投资审计科、干部经济责任审计科、综合科，负责对全市25个乡镇和29个市直部门的审计监督。局长吕玉生，副局长何土根、朱经国。

审计成果　全年完成审计项目61个，查出各类违纪违规问题金额1835万元，应上缴财政金额376万元，已上缴财政374万元，应归还被侵占挪用资金236万元。全年提供各类审计信息14篇次。实施完成了恩波广场工程建设资金筹集、使用审计，人民法院审判大楼、富阳中学体艺馆、城镇职业高级中学等在建工程审计，富阳第二人民医院病房大楼决算复审和富阳市公路运输管理所综合楼等竣工决算审计。审计发现建设单位仍然存在资金不到位，项目超规模、超计划等问题，施工企业高估冒算、多收费用287万元。按照中办、国办经济责任审计的两个暂行规定和《富阳市领导干部经济责任审计实施办法（试行）》的规定，新增设领导干部经济责任审计职能科室，促成建立联席会议制度，完成了市政府交办的10个单位领导干部任期经济责任审计，对部分单位截留专项资金、漏缴税费、收不入账、固定资产不建账核算等进行了纠正和处理。

【余杭市审计局】现有干部职工32名，设有财政审计科、行政事业审计科、工交企业审计科、商贸金融审计科、固定资产投资审计科、综合科、办公室。局长陈明，副局长施建华、褚水法、葛云莲。

审计成果　全年完成各类审计项目65个，其中署定项目3个，省定项目2个，本级政府及人大交办项目8个；查出各类违纪违规金额15890万元，提供审计工作综合报告、审计信息、审情反映等46篇。财政同级审突出了对预算支出和内控制度审计。全年实施镇乡财政审计7个，完成8个部门及镇乡领导干部的任期内经济责任审计。特别注重审计中发现问题的整改落实情况，对被审单位均进行了回访。根据市政府交办，配合市纪检委开展了对养老保险等4项基金及多个违纪案件的查处工作。

【临安市审计局】现有干部16人，设有综合科、固定资产投资审计科、财政金融审计科、行政事业审计科、工商企业审计科、办公室，负责对全市39个乡镇和近50个市直机关部门以及非银行金融机构的审计监督。局长李思礼，副局长陈诗华、周向东，助理调研员郑国相。

审计成果　共审计60个项目（单位），完成计划项目的123%。查出违纪金额4690万元，促进增收节支370万元，上缴财政入库423万元。对16位单位（部门）主要负责人的经济责任进行了审计。根据市政府的指示，通过内查外调，及时查获浙江温州蓝光交通有限公司对临安境内02省道改造一级公路建设项目虚假出资6380万元的大案，浙江省副省长卢文舸在该案的报道上作了批示，《中国审计报》以及浙江省审计厅等部门刊物均详细转载刊登了该案的审计情况。

【桐庐县审计局】现有干部职工21人，设有办公室、综合科、经济责任审计科、投资审计科、行政事业审计科、财政金融审计科、企业审计科，负责对全县24个乡镇和34个县直部门的审计监督。局长陈阿水，副局长王竹兴、雷德金、王优健。

审计成果　共完成审计项目63个，为上级下达计划的133%，共查处各类违纪违规金额767.5万元，其中应上缴和应追还被侵占、挪用资金305.61万元，财政入库率100%，全年共提交各类审计信息等38篇，其中被各级领导批示、批转或被有关部门及新闻单位采用12篇。

【淳安县审计局】现有干部职工16人，设有办公室、财政金融审计科、企业审计科、行政事业（领导干部经济责任）审计科、固定资产投资审计科，负责对全县37个乡镇和42个县属机关部门的审计监督。局长章真忠，副局长徐文锋、方震凡。

审计成果　共完成审计项目68个，查出各类违纪违规金额1278万元，其中指明要求纠正1232万元，应上缴财政46万元，已上缴财政46万元，查出应归还原渠道资金9万元，向被审计单位提出纠正问题和改进意见101条，提交审计工作报告和审计信息30篇，被上级审计机关采用16篇次。协同县纪委查处了某村原党支部书记侵占集体资产案、某村出纳员贪污案、某建筑公司改制过程中的国有资产流失案，涉案人员和单位受到了党纪处理、经济退赔等处分，追回国有集体资产48万元。在同级财政预算执行情况审计中，真实地反映了县财政收支状况，对一般预算支出类别之间的调剂、有关税费的征收、部分历史遗留债权债务的清理等方面的问题提出了纠正和完善的意见和建议。

【宁波市审计局】2000年，宁波市审计局定编63人，在编63人，局长虞祖英，副局长董文龙、许炎盛、王安华。设有办公室、综合处、财政审计处、金融审计处、行政事业审计处、工交（商贸）审计处、基本建设审计处、外资运用审计处。

审计成果　全年共完成审计项目470个；审计查出违规行为金额261395万元；决定处理处罚30257万元；指明要求纠正231138万元；应上缴财政22010万元；共为国家增收节支16312万元。移送案件6起，提交审计调查报告43篇，编发审计信息简报413期。实施了对镇海、象山、慈溪、海曙等县（市）区1999年度财政决算审计，查出违纪违规行为金额69912万元。完成市证券交易中心、证券登记中心以及证券有限责任公司等非银行金融机构的审计，重点对证券公司违规运营进行了揭露，审计查出违规行为金额17409万元。对企业职工养老保险基金进行了专项审计和对行政事业单位办“三产”开展了专项审计调查，进一步加强了对有关行政事业单位的审计，查出违纪违规行为金额66139万元。组织对银亿集团有限公司、市公交公司等重点企业进行审计。重点组织对署定全国同步项目

"同三线"——宁波大碶至西坞段竣工决算审计以及署定同步项目宁波市区1998至1999年排污费的审计，并组织对市属重点工程项目效实中学迁建、电视台大楼竣工决算以及白溪水库工程预算执行情况进行审计，核减投资4747万元。重点组织对世行贷款项目进行审计，重点检查了国有资产保值、增值情况，同时还就市政府对外举债情况以及市本级外贸企业对外投资经济效益情况进行了审计调查。

经济责任审计 市委于6月正式批准建立经济责任联席会议，并成立了经济责任审计办公室。全年主要完成了15个领导干部任期经济责任审计。通过审计，查出违纪违规行为金额39049万元，查出损失浪费金额12074万元。

【宁波市海曙区审计局】现有干部9人，设有财政审计科、企业审计科和办公室，负责对全区2个乡镇、6个街道和95个区直属部门的审计监督。局长吴克勤，副局长赵伯贤、邬丽芬。

审计成果 全年完成审计项目20项，为年度计划133.3%。查出违规行为金额2255万元（决定处理处罚56万元，指明要求纠正2199万元），应缴财政50.64万元；为被审计单位收回应收款10万元。开展的主要审计项目有：预算执行情况审计；财税、工商等行政单位财政收支审计；卫生防疫站、计生委、技监局、物价所等基层站、所事业单位财务收支审计及月湖、灵塔、南门街道、党校、计生委5位领导干部离任经济责任审计。配合政府工作中心完成对区就业管理处、文化市场的审计调查工作，还派员参加农村合作基金会的清理检查及基本建设投资、装修招投标、政府采购等审计工作。对卫生、教委两大系统内审进行业务指导和审计质量监督。全年共编发审计信息16篇，采用11篇。

【宁波市江东区审计局】共有在职干部9人，未设科室。副局长戎松岳（主持工作）、方凤娣。

审计工作成果 全年共完成审计项目15个，完成年度审计计划任务110%。查出违规行为金额586万元，应缴财政205万元，已缴财政200万元。提交审计工作报告信息8篇，被当地政府和上级机关采用4篇。完成领导干部经济责任审计项目6个，共查出违规金额300万元，其中属领导主管责任金额50万元，属直接责任金额250万元。

【宁波市江北区审计局】现有干部职工12人，设有办公室、业务一科、业务二科，负责对全区5个乡镇、4个街道办事处和31个区直属部门的审计监督。局长王伟昌，副局长吴晓峰。

审计成果 完成审计19个项目，共查出违规行为金额5413万元，应缴财政467万元，已缴财政339万元，作出审计决定5个，提出审计意见和建议65条。经审计跟踪和被审计单位返回的执行情况统计，审计决定执行率100%，审计意见采纳率95%以上。共对4名局长进行了经济责任审计，查出违纪金额826.60万元，应缴财政207.30万元，还发现私设"小金库"、挪用专项资金等重大违纪问题，移送纪检部门处理案件1件。

【宁波市镇海区审计局】现有干部职工13人，设有金融行政事业审计科、工交商贸基建审计科、办公室，负责对全区6个乡镇、62个区直部门以及国有企事业单位的审计监督。局长吴泰元，副局长王鸣凤。

审计成果 共计完成审计项目26个，查出违规行为金额4624万元，应缴财政1052.85万元，已上缴财政金额992.85万元，应归还原渠道资金金额717万元。向司法部门移送案件2起，其中百万元以上案件1起。

【宁波市北仑区审计局】现有干部职工14人，设有综合科、业务一科、业务二科和固定资产投资审计室，负责对全区9个乡镇和44个区直部门的审计监督。局长朱永定，副局长曹公明。

审计成果 全年完成审计项目29项，实际完成数为项目计划的116%。共查处违规行为金额3312万元，上缴财政433万元，退回原渠道资金451万元，核减工程造价100万元。审计预算执行单位6个，发现违规资金1103万元，经审计处理增加财政收入66万元；完成经济责任审计11项，查出违规行为金额490万元。在上级审计机关统一部署下，组织对工商系统、外贸局财务收支等5个同步项目实施审计，查出违规行为金额584万元。新增设固定资产投资审计室，对4个基建项目竣工决算进行审计，审计项目总投资3000万元，通过审计核减工程造价100万元。

【余姚市审计局】现有干部职工21人，设有财金审计科、行政事业审计科、企业审计科、固定资产投资审计科和办公室，负责全市22个乡镇和51个市直部门的审计监督。局长蒋狄波，副局长马水定、马继东、阮岳军。

审计成果 共完成审计项目37个，查出各种违规行为金额14594万元，应上缴或增加财政收入3422万元，追还被挪用资金54万元，核减工程支出款727万元。共查出预算内外违规金额2600万元，纠正违规退库300万元，延伸审计了19个执罚单位，收缴罚没收入71万元。对5

个重点工程项目进行审计，追缴截留基建收入1325万元，其中查处私设“小金库”1个，金额44万元。同时提出了规范建设单位管理费等3条建议，得到上级部门的采用。开展领导干部任期经济责任审计18项，对部分单位盲目集资、担保和违规出借资金等问题提出了审计处理意见。

【慈溪市审计局】现有干部职工19人，设有财政金融行政事业审计科、工交商贸审计科、基建审计科、综合科和办公室，负责对全市23个镇和96个市直部门、单位的审计监督。局长周逢良，副局长谢玉华、史永年、陆益富。

审计成果　共完成审计项目62个，查出违规行为金额16763万元，上缴市财政7353万元，提出审计综合报告、调查报告、信息等被上级审计机关及党委、政府部门录用68篇。本级预算执行情况审计共查出违规金额1764万元，上缴财政金额815万元，减少财政拨款或补贴金额412万元，建议纠正地方、部门不当规定4条。先后对25个单位的领导干部离任经济责任进行了审计，并分别出具了审计意见书和审计决定书。共对投资总额44510万元的6个重点建设项目进行了跟踪审计，出具了2份审计意见建议书，提出书面意见建议24条。加强了对内部审计、镇级审计工作的指导、管理和监督，全面规范了镇级审计工作，全市23个镇级审计所共配备专兼职审计人员99名。

【奉化市审计局】现有干部职工17人，设有审计一科、二科、三科和办公室，负责对全市19个乡镇及95个市直部门的审计监督。局长张柏生，副局长毛亚贞、蔡志佩。

审计成果　共完成审计项目34项，完成年度计划的131%，查出违规行为金额1195万元，上缴财政20.4万元，退回原渠道资金87万元，核减工程造价213万元。对财政预算执行情况和其它财政收支进行审计，并将农业发展基金和教育经费专项审计等项目作为“同级审”的外围审计项目，整个审计金额达61400万元，查出违规退库等问题资金1021万元。对全市17个单位的现任和原主要负责人任期经济责任进行了审计，查出违规金额109万元，分别作出了纠正、上缴处理。根据上级审计机关的统一部署，组织对市工商分局、市外贸局的财政收支、外贸出口发展基金和农业发展基金实施同步审计，查出违规金额47.7万元。重点对群众关注的矿产管理局、就业管理服务处、自来水公司、人民医院、经济开发区管委会等单位开展审计监督，查出违规资金57.8万元。同时，根据有关部门的要求，对于重大工程开展竣工决算审计和财务收支情况审计，全年核减工程投资213.2万元。

【鄞县审计局】现有干部职工26人，设有办公室、综合科、财政金融审计科、行政事业审计科、企业审计科和固定资产投资审计科。局长张纪燧，副局长陆瑞康、谢霄苗、陈良义，党组成员郑国芳。

审计成果　全年共审计项目37个，查出违规金额21184万元，应上缴财政258万元，已上缴财政258万元，应归还原渠道资金142万元。制定了《鄞县审计局关于经济责任审计工作操作规范》9项经济责任审计共查出违纪金额16894万元，“小金库”金额27万元，移交县纪委案件1起。全县24个乡镇都成立了审计办公室，一些重点部门和大中型企业成立了内审机构，全县乡镇审计和内部审计共审计单位857个，查出损失浪费金额1574万元，促进增收节支1636万元，查处违法违纪案件6起，提出并被采纳合理化建议343条。

【宁海县审计局】共有在职干部职工18人，设有办公室、财政金融审计科、行政事业审计科、国有企业审计科、基本建设审计科。局长陈建国，副局长董金财、葛长林、赵秀萍。

审计成果　全年共完成审计项目38个，完成年度计划的146%；依法查处违规金额4365万元，应上缴财政金额1397万元。向司法机关移送案件2件，已有1人被追究刑事责任。编报信息23条，被各级采用20条。

【象山县审计局】现有干部职工17人，设有办公室、财政行政审计科、金融事业审计科、基建审计科、企业审计科。局长郑亚红，副局长顾卫国、史美德。

审计成果　共完成审计项目47个，其中上级审计机关下达项目9个，县政府交办项目30个。共查出违规行为金额11043万元，上缴县财政1450万元，减少财政拨款或补贴417万元，应归还原资金渠道1175万元，核减工程款509万元，向纪检、监察机关移送案件2起。开展领导干部经济责任审计项目12个。提供信息被采用39篇。

【温州市审计局】2000年，共有在职干部、职工62人，其中大学本科学历12人，大专学历40人，局长石文秀，副局长梅一华、沈仁生。设有办公室、人教处、综合处、法制处、财政审计处、金融审计处、工交审计处、商贸审计处、固定资产投资审计处、外资审计处、行政事业审计处，下辖审计培训中心和基建审计中心。

审计成果　全市共完成审计项目512个（其中市本级71个），查出违纪违规金额91373万元，应上缴财政11829万元（其中市本级7386万元），应减少财政拨款、补贴及追回被侵占挪用资金9519万元（其中市本级2654万元）；查处百万元以上违规单位29个（市本级11个），向司法机关移送案件13件，建议给予行政处分17人；编发《温州审计》38期，计135篇，被各级党政机关采用审计信息279篇次。

完成上级交办任务　全市共完成上级审计机关下达计划项目61个，其中署定项目18个，省定43个。完成当地党委、政府交办项目88个，其中市本级19个。根据省审计厅计划安排，市审计局对重点工程——温州大桥竣工决算和甬台温高速公路湖雾岭隧道工程决算进行了审计，共核减工程投资9286.5万元，上缴财政223.33万元，追回多付工程款、征地费208.8万元。

内部审计　全市内部审计机构163个，专（兼）职内部审计人员530人，全年共完成审计单位1354个，纠正违规金额25796万元，向司法机关移送案件2件，移送处理3人，建议给予行政处分30人，提出审计意见被采纳1732条。

经济责任审计　建立了经济责任审计联席会议制度。全市审计机关共完成经济责任审计项目174个，查出违纪违规金额6223.42万元，上缴财政925.38万元，移送纪检、监察和检察等部门16人。

【温州市鹿城区审计局】现有干部职工12人，设有办公室、审计一科、审计二科。局长叶希安，副局长庄明顺。

审计成果　全年完成审计项目24个，为年度计划的133%，查出违纪违规金额2510.65万元，上缴财政432.74万元。

【温州市龙湾区审计局】现有干部职工14人，设有办公室、财金审计科、经济责任审计科、行政事业审计科、基建审计科，负责对全区5个乡镇和38个区直部门进行审计监督。局长曹绍国，副局长严立聪。

审计成果　共完成审计项目16个，占计划任务数107%，查出违纪违规金额1388万元（其中超百万元违纪违规单位2个），追回被侵占挪用资金484万元，上缴财政64万元，核减工程造价79.5万元。对4个单位的领导任期经济责任进行了审计，查出违纪违规金额114.9万元，上缴财政12.8万元。审计后平调3人，升调1人。

【温州市瓯海区审计局】共有干部职工21人，设有办公室、财政金融审计科、行政事业审计科、企业和固定资产投资审计科，负责对全区23个乡镇和68个区直部门的审计监督。局长吴强，副局长鲍寅武、叶向阳。

审计成果　完成审计项目34项，其中审计调查6项，调查单位97个。共提交审计报告35篇，审计共查出违纪违规金额5446万元，上缴财政1677万元，应归还原渠道资金金额750万元，移送纪检部门案件4件。提交审计信息（采用）26篇。完成区委区府交办的领导干部任期经济责任审计任务14项，查出违纪违规金额471万元，移送纪检部门案件4件。完成省审计厅项目7项，市审计局项目4项。24个内部审计机构，完成审计项目129项。

【瑞安市审计局】现有干部职工27人，设有办公室、综合科、行政事业审计科、财政金融审计科、企业审计科、基建审计科和经济责任审计科，负责对全市34个乡镇和62个市直部门的审计监督。局长池强华，副局长胡志辨、叶际煜。

审计成果　共完成审计项目56个，查出违纪违规金额6556万元，上缴财政1124万元，责令归还原资金渠道1582万元，核减工程基建款323万元，同时查出违法违纪案件并移送纪检监察和公安机关各1起。

【乐清市审计局】现有干部职工26人，设有办公室、综合科、行政事业审计科、财政金融审计科、企业审计科和外资基建审计科，负责对全市31个乡镇和79个市直部门的审计监督。局长李少斐，副局长陈海英、徐振朴、余淑华，纪检组长袁杰。

审计成果　共完成审计项目53个，查出各类违纪违规金额10510万元，其中决定处理处罚金额1680万元，指明要求纠正金额8830万元；应缴财政774万元，已缴财政766万元；查出“小金库”3个，总金额55万元全部予以没收，并对有关责任单位处以罚款32万元；追还被侵占挪用资金370万元；核减基建投资额301万元；移送纪检监察部门查处1件；配合市纪委查处案件2件；提交审计工作报告、信息共60篇次，被上级审计机关和各级党委政府部门采用共34篇次，其中被有关领导批示3篇次。

【永嘉县审计局】现有干部职工23人，设有企业审计科、基建外资审计科、财政金融审计科、行政事业审计科和办公室，负责对全县42个乡镇和72个县直属部门的审计监督。局长林振勇，副局长吴德弟、胡中平。

审计成果　共完成审计项目45个，查处违纪违规金额5307.40万元，上缴财政156.70万元，核减工程款542.30万元。向上级机关提供信息48篇，被采用44篇，其中省署级10篇。移送案件3起，建议司法、纪监部门给予进一步查处16人，涉案人员中已逮捕9人，取保候审1

人，受党政纪律处分12人。共完成领导干部经济责任审计项目29个，查处违纪违规金额760万元。

【洞头县审计局】现有干部职工11人，设有财政金融审计科、行政事业基建审计科、企业审计科和办公室，负责对全县11个乡镇和41个县直部门的审计监督。局长甘卫康，副局长陈清委、林卫卫。

审计成果　全年共完成审计项目33个，完成年度计划160%，查出违纪违规金额812万元，上缴财政144万元，要求归还被挤占挪用资金57万元，纠正金额266万元。移送纪检监察部门处理4人。提供审计信息（报告）29篇，上级机关、部门采用20篇。在对全县基础教育发展基金管理情况的审计调查中，查出截留、移用、违规出借基金230万元，引起市、县领导高度重视，市委书记蒋巨峰、县长林东勇分别作出批示要求加强教育经费的管理。

【平阳县审计局】现有干部职工25人，设有办公室、综合法规科、财政金融审计科、行政事业审计科、工商企业审计科、基建外资审计科、经济责任审计科，负责对全县31个乡镇和68个县直部门的审计监督。局党组书记谢碧霞，局长雷德锋，副局长周志祥、林宏村、孔庆虎（兼纪检组长）。

审计成果　全年共完成审计项目40个，查出违纪违规行为金额2544.33万元，应上缴财政711.48万元，已上缴财政698.68万元，应归还原渠道资金270.19万元，对严重违纪事项处以罚款94.64万元，向纪委监察司法机关移送案件3件，向县委、县政府和上级审计机关提交审计综合报告、审计信息31篇，其中被批示采用17篇次。对全县30个乡镇政府正职领导干部任职期间的经济责任进行了审计，共查出违纪违规金额1533.80万元，决定应上缴财政26.68万元，追还被侵占挪用资金99.31万元。

【苍南县审计局】现有干部职工22人，设有办公室、财政金融审计科、行政事业审计科、固定资产投资审计科、工交企业审计科、商粮贸企业审计科，负责对全县36个乡镇和60个县直部门的审计监督。局长高友平，副局长韩仙益、陈用录。

审计成果　共完成审计项目79个，超计划任务的108%，查出违纪违规金额1689万元，上缴财政金额360万元，核减工程款353万元，应归还被侵占挪用资金100万元；查出百万元违纪单位3个，向纪检、司法机关移送案件4起；向各级党委、政府提交审计综合报告和信息49篇，被采用35篇次。共完成交办的领导干部任期内的经济责任审计6项，参与税收大检查、预算外资金清理、领导干部述职评议审计等任务20多项。

【文成县审计局】现有干部职工12人，设有财政金融行政事业审计科、企业与基建投资审计科、办公室，负责对全县33个乡镇和43个县直部门的审计监督。局长叶国培，党组副书记林秀美，副局长吴方喜。

审计成果　全年共完成审计项目22个，查出违纪违规金额6383万元，决定处理金额236万元，指明要求纠正金额6147万元，上缴财政金额76万元。审计工作报告、信息被党政机关、上级审计部门、新闻媒体采用12篇，其中《文成县部分农发基金使用不合理》被省府办专报采用，省长柴松岳等领导批示督办整改。

【泰顺县审计局】现有干部职工20人，设财政金融审计科、企业（基建）审计科、行政事业审计科和办公室，负责对全县36个乡镇72个县直部门的审计监督。局长陈美卿，副局长张跃华、董教宋。

审计成果　审计项目计划25个，实际完成44个，其中完成审计调查4项，调查单位32个。共查出各类违纪违规金额1193万元，上缴财政金额141万元。提交各类审计工作报告、信息24篇，被采用22篇。共完成县委、县政府交办工作任务20项，以领导干部经济责任审计和住房资金、希望工程审计为主。

【嘉兴市审计局】2000年，共有在职干部、职工48人，其中大学本科学历12人，大专学历26人，局长刘孟，副局长童成宋、吴贵敏，纪检组长姚丽华。设有办公室、综合处、财政金融审计处、工业交通审计处、商贸审计处、农业外资审计处、固定资产投资审计处、行政事业审计计处、监察处、审计管理处。

审计成果　全年共完成审计项目70个，其中政府交办项目12个，经济责任审计项目18个，超额完成年度计划任务。查处违法违规金额达6亿多元，上缴财政资金8088万元，向司法机关移送经济案件7件。

全年共完成18个县处级领导干部经济责任审计项目，资金使用效益审计共查出损失浪费金额3856万元。对环城路改造项目、市职教中心建设项目等7个重点工程项目进行竣工决算审计，通过审计核减工程投资1465万元。对乍嘉苏高速公路建设项目和国家安居工程西马桥小区建设项目进行预算执行情况审计，减少了基建投资3851万元。

内部审计　成立了嘉兴市内部审计师协会，吸收了119个团体（个人）会员，共建立了173个内审机构。

【嘉兴市秀城区审计局】现有干部职工5人，负责对全区9个乡镇、

5个街道办事处和19个区级部门的审计监督。局长叶涵初，副局长朱介政。

审计成果　审计局成立于2000年5月28日，主要工作是建立必要的内部规章制度，同时开展了乡镇财政财务收支的审计调查，完成了政府交办的2项审计任务，为区委、区府解决群众反映的热点问题提供了决策依据。

【嘉兴市秀洲区审计局】现有干部职工10人，设有办公室（综合管理科）、审计一科和审计二科，负责对全区13个乡镇、1个街道、50个区政府组成部门和区直部门的审计监督。局长王爱根，副局长张宏、成海明。

审计成果　共完成审计项目30个，查出违纪金额883万元，"小金库"2个，移送区监察局处理案件1件1人。上缴财政214万元，提交审计工作报告、信息18篇。

【海宁市审计局】现有干部职工24人，设有办公室、财政金融审计科、行政事业审计科、工交企业审计科、商粮贸企业审计科、基建技改投资审计科，负责对全市19个乡镇和48个市直部门的审计监督。局党组书记吴培金，局长陈伯明，副局长徐雪明、李富中、吴子法、陆明。

审计成果　共完成审计项目64个，是年度计划的164.1%。审计查处各类违纪金额5605万元，指明纠正各类违纪金额5387万元，核减财政补贴和审计收缴财政293万元，促进增收节支1871万元，向上级审计机关和市委、市政府提供各类审计报告、调查报告及审计专报、信息68篇，得到市委、市政府领导批示共13个（20余条）。

【平湖市审计局】现有干部职工25人，设有办公室、审计管理科、财政金融审计科、行政事业审计科、工交商贸审计科和基建外资审计科，负责对全市10个乡镇和68个市直部门单位的审计监督。局长俞明祥，副局长张山根、徐松南、徐明光。

审计成果　共完成审计项目53个，为年度计划的166%。其中审计署指定项目3个，省审计厅指定项目3个，市政府交办项目16个。审计查处违规行为金额7742万元，收缴财政239万元，促进增收节支1679万元。通过审计查证，向纪检监察部门移办案件4件，协助有关部门查处案件2件，向各级领导、有关部门提交审计工作报告信息81篇。

【桐乡市审计局】现有干部职工28人，设有办公室、法制科、财政金融审计科、行政事业审计科、固定资产投资审计科和企业审计科，负责对全市24个乡镇和73个市直部门的审计监督。局长凌云，副局长房治方、徐佩珠。

审计成果　全年共完成审计项目77个，其中审计署指定项目3个、省审计厅指定项目5个，查出各种违规违纪金额4575万元，收缴财政金额249万元（其中上缴中央财政69万元、地方财政180万元），核减国家建设资金646.5万元，移送检察机关处理案件4件，移送纪检部门处理案件2件。全年共查获挪用公款案2起，贪污受贿案3起，移送给检查院和市纪委处理，其中被一审判处有罪4人，开除党籍1人。对市内河航道改造项目、市地面水厂2期工程项目、市第一人民医院和市中医院住院大楼基建项目、市高级中级基建项目等工程进行审计，共核减投资资金646.5万元。全年共实施领导干部任期经济责任审计37个。

【嘉善县审计局】现有干部职工21人，设有办公室、行政事业审计科、工交商粮贸审计科、基建审计科和领导干部离任审计科。局长柳明根，副局长朱敏良、冯学英。

审计成果　全年共完成审计项目42项，查出违纪金额2990万元，应缴财政69万元，减少财政性支出47万元。对县财税部门在具体执行预算过程中的一些违规问题，嘉善县审计局第1次出具审计决定书，责令财税部门限期纠正。基建投资审计核减工程价款86万元，其中作收缴财政处理23万元，减少财政拨款21万元。按照县领导的意见，为县委县府代拟了《嘉善县党政领导干部任期经济责任审计实施办法》，并经由县纪委、组织、监察、人事等部门参加的联席会议讨论通过，由县委县府颁发执行。

【海盐县审计局】现有干部职工20人，设有财政金融审计科、行政事业审计科、工交商贸审计科、基建外资审计科、审计管理科和局办公室，负责对全县12个乡镇和48个县直部门的审计监督。局长董国梁，副局长钱永铭，党组副书记汤胜利，纪检组长朱进达（党组成员）。

审计成果　共完成审计项目44个，完成年度任务的146.67%，审计发现各类违规违纪金额10929.71万元，应缴财政资金215.49万元，其中查处"小金库"7只，涉及行政处罚单位11个，罚款金额12.40万元；减少财政拨款补助209.36万元、归还原渠道资金金额2498.30万元，共为国家增收节支2923.15万元。向县委、县府和上级审计机关提交审计综合报告、审计信息73篇，其中被采用51篇。

【湖州市审计局】2000年，共有在职干部、职工56人，其中大学本科学历25人，大专学历17人，局长鲁锦森，副局长田新念、沈蓓、钱新惠。设有办公室、组织宣传处、综合处、财金审计处、行政事业审计处、工交审计处、商贸审计处、基建外资审计处、农业审计处。

审计成果 全年完成审计项目67个，完成年度计划的112%。审计查出各类违规金额39366万元，其中应上缴财政金额1455万元，已上缴财政金额1271万元，应归还原渠道资金金额7141万元。向各级各部门提交审计工作报告、信息66篇，其中被批示、采用的有32篇。

完成上级交办任务 全年共完成审计项目40个，其中完成署定项目9个；完成省定项目13个；完成党委、政府交办项目18个。

内部审计 各内审机构除普遍开展的财务审计、经济责任审计外还开展了企业兼并审计、改制企业审计等，共查出违纪金额4132.8万元。提交各类审计论文14篇。

经济责任审计 完成市经委等7个部门、浙江正兴纺织品集团公司等2家市属企业领导经济责任审计。

【长兴县审计局】现有干部职工16人，设有办公室、财政金融审计科、行政事业外资审计科、工商企业审计科、基本建设审计科和经济责任审计科，负责对全县20个乡镇和79个县直部门的审计监督。局长吴天明，党组书记孙月荣，副局长葛学梅、章玉坤。

审计成果 全年完成审计项目44个，完成年度计划任务的147%；查出各类违纪违规金额2755万元，应上缴财政金额751万元，应归还原渠道676万元。向各级各部门提交审计意见书、审计报告和专题调查报告64份，编报《审计信息》22期。

【德清县审计局】现有干部职工16人，设有财金审计科、企业审计科、行政事业审计科、基建审计科、综合科，负责对全县16个乡镇和60多个县直部门的审计监督。局长沈佳明，副局长朱伟、罗松水。

审计成果 完成审计项目30个，其中署定1个、省定3个。审计查明各类违规金额5497万元，已缴财政95万元，提交审计工作报告、信息32篇，被有关部门、新闻单位采用14篇。完成10名领导干部经济责任审计，查明违规金额3552万元，其中领导直接责任176万元、主管责任2816万元，上缴财政69万元。根据国务院有关文件和上级审计机关要求，10月底顺利地完成了德清县基本建设审计事务所的脱钩改制工作。完成审计项目44个，完成年度计划任务的147%。通过审计，查出各类违纪违规金额2755万元，应上缴财政金额751万元，应归还原渠道676万元。向各级各部门提交审计意见书、审计报告和专题调查报告64份，编报《审计信息》22期。

【安吉县审计局】现有干部职工15人，设有财政金融审计科、行政事业审计科、工商企业审计科、综合科（暂虚设）和办公室，负责对全县19个乡镇和79个县直部门的审计监督。局长潘洪福，副局长竺志良、翁有良、陈晓朝。

审计成果 共完成审计项目28个，查出违规金额1648万元，应收缴财政金额361万元，已收缴金额142万元；核减县重点工程投资额312.52万元；向县司法机关移送案件4起，涉案人员7人，其中3人被判有期徒刑，其余4人在进一步立案查处之中。对县苍龙集团公司及其下属企业审计共查出涉案人员7人；完成县重点工程项目竣工决算审计项目2个，核减工程款312.52万元；行政事业单位审计收缴违规资金200多万元。经济责任审计项目完成项目3个。完成上级交办审计项目16个，参加或完成县里交办的其它中心工作6项。

【绍兴市审计局】2000年，共有在职干部、职工40人，其中大专以上学历29人，具有高中级专业技术职称31人，党组书记兼局长水振华，副局长卢银银、郭春敖。设有财政审计处、经贸审计处、行政事业审计处、固定资产投资审计处、经济责任审计处、综合处、办公室。

审计成果 全市共完成审计项目360个，为年度计划的144%，其中市本级完成审计项目78个，完成计划的112%；全市共查出违规行为金额10.31亿元，其中市本级5.5亿元；全市应上缴财政2129万元，其中市本级661万元；全市向有关执法执纪部门移送案件10起，向各上级机关提交审计信息、报告369篇，被采用或批示236篇。全市共完成市政府交办任务23项，共完成21位领导干部经济责任审计。绍兴市审计局在调查研究的基础上，部署了全市联动的10大审计项目。

内部审计 表彰了全市10个先进单位、30名先进个人，开展了内审论文评选，对全市300名内审干部进行了轮训，以政府令的形式颁布了《绍兴市内部审计工作规定》。

【诸暨市审计局】现有干部职工22人，设有办公室、审计一科、审计二科、审计三科，负责对全市34个乡镇90个市直和企事业单位部门的审计监督。局长方永权，副局长李友根、戚俏新。

审计成果 全年累计完成审计项目63个，共查出违规行为金额8639万元，应上缴财政金额198万元，向各级提交审计综合报告10篇，提出审计意见建议218条，编报审计信息76篇，查出移送司法机关处理案件2个。

【上虞市审计局】现有干部职工18人，设有审计一科、审计二科、审计三科和审计四科，负责对全市

24个乡镇62个市直部门和企事业单位的审计监督。党组书记兼局长周健，副书记胡小法，副局长陈荣荣、蒋云。

审计成果　全年共完成审计项目72个，其中完成市委市府临时交办的信访调查等委托审计项目31个。查处违纪违规金额6461万元，应上缴财政352万元，已上缴财政352万元。查出百万元以上违纪单位7个，总违纪金额2600万元，查处“小金库”12个。企业审计先后对20家单位实施了审计。

【嵊州市审计局】共有在职干部职工20人，设有行政事业基建审计科、工交审计科、粮商贸审计科和办公室，负责对全市28个乡镇、75个市直部门和企事业单位的审计监督。党组书记兼局长钱孝金，副局长卢向明、裘建东、钱黎东。

审计成果　全年共完成审计项目40个，领导干部经济责任审计13项。开展对全市28个乡镇1999年度的财政情况年审工作，共查出违纪违规金额7905万元，上缴财政167万元，向纪检等部门移送案件2件，协助公安机关办理经济案件1件。

【绍兴县审计局】现有干部职工22人，设有审计一科、审计二科、审计三科、审计四科、审计五科和办公室，负责对全县20个乡镇、50个县直部门和企事业单位的审计监督。党组书记兼局长韩国良，副局长林如相。

审计成果　全年组织实施国家审计项目104个，其中审计署定项目1个，省审计厅定项目3个，县委县政府交办项目60个，纪委交办项目1个，实施基本建设工程审计项目29个，送审造价19944.39万元，核减工程造价2593.98万元，核减率达13.01%；共查处违纪金额26551万元，比上年增加6702万元，其中上缴各级财政收入243万元，比上年增加103万元，查出百万元以上违纪金额单位3个，查出“小金库”3个，处理罚款34万元，移交司法纪检部门案件5起，其中4起受到司法纪检部门的处理。全面完成了县信用联社1999年度资产、负债、损益情况审计，5个县重点工程竣工决算审计，6个镇干部岗位责任制主要经济指标抽查审计，1个镇内部审计工作试点，县重点建设项目竣工决算审计办法申报县政府等重点考核工作。

【新昌县审计局】现有干部职工18人，设有办公室、审计一科、审计二科、审计三科，负责对全县18个乡镇、县直部门和企事业单位的审计监督。局长徐焕忠，副局长陈明远、武姚生。

审计成果　共完成审计项目36个，查处违规行为金额3207万元，应上缴财政635万元，上缴率100%，核减财政拨款或补贴及应归还原渠道资金135万元；向县纪委等部门提供党员干部违纪案件线索3件，被追究刑事责任2人、追究党政纪责任9人；移送县工商局处理的案件1件。提交的审计信息、工作报告被上级审计机关采用43篇，省府办采用1篇，市、县采用12篇。

对新昌县城镇房屋拆迁安置建房合作社财务收支审计查明该单位隐瞒国有资产308万元、滥设“小金库”182万元、转移国有资金99万元等重大违法违纪案件，依法作出审计处理后，移送县纪委等部门进一步侦查，已有2人被追究刑事责任、4人受到党内严重警告和警告处分、1人被撤销党内和行政职务。

【金华市审计局】2000年，共有在职干部42人、职工1人，其中大学本科学历6人，大专学历29人，局长郑德龙，副局长钟金明、陈如新、苏礼明。设有办公室、综合科、法制监察科、财政金融审计科、工商企业审计科、行政事业审计科、外资基建审计科和农林水审计科。

审计成果　全市完成审计项目450个，完成年度计划的160%，查出违规行为金额147985万元，百万元违规单位11个，应缴财政9550万元、已缴财政7874万元，应减少财政拨款或补贴47万元，应归还原渠道资金金额7554万元，向司法机关移送案件10件，协助有关部门查处案件3件，提交审计工作报告信息597篇，被批示采用530篇，其中地方党政领导批示或采用118篇、上级审计机关采用286篇、新闻单位采用126篇。金华市审计局信息工作被浙江省审计厅评为全省第1名。通过对市开发区管委会的财政财务收支审计，管委会立即改进土地出让和公共设施建设工程全部实行公共招标；清收土地出让金2341.86万元，并收回欠税逾期企业的全部税款。年内完成市委组织部交办的经济责任审计24项，查处违规行为金额4874万元。对望江饭店建设工程决算审计，核减工程款863.66万元，核减率为22.04%，还为该项目节约审核费30余万元；督促“三江治理”工程标段审计，其中一段2386米江堤审计核减工程款700万元，核减率高达53%；年内开展了对金华市商业银行、东风莹石公司、红旗集团的审计。

【兰溪市审计局】现有干部职工19人，设有办公室、综合科、企业审计科、基建审计科、财政金融审计科和行政事业审计科，负责对全市25个乡镇和72个市直部门的审计监督。局长许志明，副局长徐华庆、章志明、章海良。

审计成果　全年完成审计项目67项，查处违规违纪金额1918万元，其中决定处理处罚的137万元，指明要求纠正的1781万元，应缴财政135万元，已交财政135万元。基建审计核减工程决算投资额1262万元，特别是兰一中易地搬迁工程决算审计，核减资金580万元，核减率达到33.7%。经济责任审计查处重大案件2起。国有企业审计查出洪荣皮革厂一窝“蛀虫”9人，3名重大犯罪嫌疑人被逮捕，其中1人已被判处有期徒刑10年；另外6名中有2人受到违纪处理。

【义乌市审计局】现有干部职工20人，设有财政金融审计科、行政事业审计科、基建外资审计科、工商企业审计科，负责对全市8个镇5个街道办事处和28个政府直属部门的审计监督。局长楼初阳，副局长王新昌、朱雄伟。

审计成果　完成审计项目52个，查出违纪资金3828万元，增加财政收入613万元，追回被侵占挪用资金28万元，提交调研报告、信息158篇。

【东阳市审计局】现有在职人员20人，设有办公室、财政金融审计科、行政事业审计科、基建外资审计科、企业审计科，负责对全市26个乡镇和60个市直部门的审计监督。局长张荣林，副局长李章苗、金分水、马国鑫、单美其。

审计成果　共完成审计项目37个，其中法定1个，署定6个，省定4个，市交办9个，共查出违规行为金额6985万元，处理上缴财政1258万元。重点对行政事业单位和大型国营企业进行了审计，查出百万元以上违规单位4个，违规行为金额达3831万元，处理上缴财政885万元；在财政同级审外围审计中发现贪污案件1件1人，并及时作了移送，当事人被判刑；办结行政处罚案件6件，罚没款11万元；提交审计调研信息92篇，被采用80篇（次），其中被省委、省政府采用2篇，被省审计厅采用4篇。广厦集团、横店集团2个内审机构对298个下属单位及投资项目的财务收支、经济责任、基本建设等进行了审计，共查出损失浪费金额2932万元，促进增收节支7483万元，纠正违规行为金额1620万元，提出建议意见被采纳330条，向司法机关移送案件5件3人。

【永康市审计局】共有审计干部职工16人，设有办公室、工商企业审计科、财政金融审计科、基建外资审计科、行政事业审计科，负责对全市22个乡镇和58个市直部门的审计监督。局长柴厅柱，副局长朱安然、成章威、颜锋。

审计成果　全年共完成各类审计项目41项，为年度计划的136%，其中完成法定项目1项，署定项目3项，省定项目4项。查出违纪金额1734万元，比上年同期增加152万元，其中作出审计处理上缴财政78万元，纠正违规金额1147万元。向被审计单位提出加强管理、完善制度等整改建议100多条，各类审计调研文章和审计信息被上级采用共35篇（次），其中审计调研文章7篇。全年共完成市政府交办项目33项，其中完成政府部门领导干部任期经济责任审计7项。完成建设工程竣工决算审计5项，核减支出509万元。为配合政府机构改革，按时完成了对2个乡镇和市公医办、农村社保办等机构的财务收支审计。为配合深化企业改革和规范各类基金、资金的管理，派员参加了市体改办工作和农村合作基金会整顿及落实“收支两条线”规定专项检查等工作。根据市政府要求，局域概况顺利进入因特网。

【金华县审计局】在编干部职工16人，设有人事秘书科、财政金融审计科、工商企业审计科、行政事业审计科和基建外资审计科，负责对全县23个乡镇、68个县直部门及全县事业、企业单位的审计监督。局长金助民，副局长毛珍琴、张有钢、刘奇星，局党组成员方根羊。

审计成果　全年共完成审计及审计调查项目72项，审计查处违纪违规金额7000余万元，上缴财政2500余万元，其中查处违纪大案3项，追缴违纪金额2100万元。金华县政府综合办公楼基建决算审计项目，在其报送造价2247.8万元工程中，净核减了594万元工程款。45周岁以下审计干部全部通过了计算机实用操作二级考核。

【武义县审计局】现有干部职工15人，设有办公室、财经行政审计科、工交审计科、商贸审计科、基农审计科，负责对全县23个乡镇和66个县直属部门的审计监督。局长俞申弘，副局长张建桥、张李新。

审计成果　完成审计项目40个，完成年度计划160%，查出违纪违规金额370万元；应缴财政金额43万元，已缴财政金额34万元；归还原渠道资金186万元；应减少财政拨款32万元；协助查办违纪案件2件，向县纪委移送案件1件。受县公安局委托对宁波双神经贸有限公司金华总代理吕某涉嫌非法经营的有关经济往来情况进行了审计核实，吕某等人以网络营销方式进行欺诈性经营，直接受理投单19867份，计价为620万元。吕某个人占用32.8万元，现已被判刑3年。受检察院委托对坦洪乡财政总会计曾某涉嫌贪污问题进行专项审计，经审计核实，涉嫌贪污公款合计人民币23289.74元；受县组织部委托对电大工作站站长王某进行经济责任审计，查明电大工作站私分公款5.48万元，滥发现金26.41万元。审计依据财经法规对单位和直接责任人处以罚款，同时移送县纪委进一步追究责任。

【浦江县审计局】共有干部职工14人，设有秘书科、行政事业财政金融审计科、工商商贸企业审计科和固定资产投资外资审计科，负责对全县16个乡镇和34个县直部门的审计监督。局长王向阳，副局长任草芳。

审计成果　共完成审计项目35项，查出违规行为金额613万元，追回经济损失80万元，同县纪检监察部门配合，查处经济案件3件，增加财政收入25万元。提出建议105条，采用信息44篇。共完成县委县府交办任务11项，其中领导经济责任审计5项。2000年浦江县审计局被评为省级“文明单位”。

【磐安县审计局】现有干部职工15人，设有办公室、财政金融审计科、行政事业审计科、企业审计科和基建审计科，负责对全县20个乡镇和65个县直部门的审计监督。局长胡岩儿，副局长陈四海、卢希陆、张生土。

审计成果　全年共完成审计项目32项，查处违纪违规行为金额1207万元，直接增加财政收入140万元，减少财政支出15万元，挽回经济损失20万元，移送有关部门查处案件线索3件，涉案4人，案值288.8万元，固定资产送审总造价2051万元，核减工程造价278万元。

【衢州市审计局】2000年在职干部、职工33人，其中大学本科学历4人，大专学历17人，局长应兆寅，副局长陈福忠、刘龙、王水泉。局机关内设办公室、综合科、行政事业审计科、工交企业审计科、商粮贸审计科和财政金融审计科。

审计成果　全年共完成审计项目232个，其中完成领导干部任期经济责任审计80个；市本级完成县(处)级领导干部任期经济责任审计12个。查出各类违纪违规行为金额31721万元，应追还被侵占挪用527万元，指明要求被审计单位自行纠正有问题金额31295万元，增加财政收入445万元。其中市本级全年完成审计项目42个，查纠违纪违规行为金额7834万元，追还被侵占挪用专项资金92万元，收缴财政81万元。全市向司法机关移送经济犯罪嫌疑案件3件，其中开化县木材公司原经理被判处有期徒刑13年6个月；有8人受到党纪政纪处分。同时，形成审计工作报告、情况信息278篇，被各级领导批示采用147篇。

经济责任审计　衢州市审计局会同市委组织部研究制定了《衢州市党政领导干部（企业领导人员）任期经济责任审计〈实施办法〉和〈操作规范〉》，并于10月30日通过市委办、市府办颁布试行；与市委组织部联合召开了全市领导干部经济责任审计研讨会，建立了经济责任审计联席会议制度；按照市长提出“对重点部门、重点项目、乃至涉及到基建投资等大额政府性资金要加强审计监督”的指示精神，研究制定了《衢州市国家建设项目审计办法》。

【江山市审计局】共有在职干部职工22人，设有办公室、企业审计科、行政事业审计科、固定资产投资审计科和财政金融审计科。局长姜迎新，副局长徐志根、姚舜华。

审计成果　完成审计项目49个，其中领导干部经济责任审计16个。查出违纪违规行为金额2890万元，审计处理增加财政收入25万元，核减工程造价267.45万元，应归还原渠道资金67万元，建议纠正部门单位不当规定27条，提交审计报告及信息80篇，协助有关部门查处经济犯罪嫌疑案件1件，受党纪政纪处分3人。组织审计业务培训和审计理论研讨活动，交流审计业务论文和审计案例45篇，其中省级交流7篇，地市级交流11篇，其中获省级三等奖1篇，被省级刊物采用1篇。

【衢县审计局】共有在职干部职工19人，设有办公室、金融基建审计科、工交商贸审计科、财政审计科、领导干部经济责任审计室，负责对全县30个乡镇和42个县直部门单位的审计监督。局长吕衍和，副局长郑东木、邱光强、袁康彬。

审计成果　共完成审计项目37个，查出违纪违规行为金额2170万元，归还原渠道资金368万元，增加财政收入73万元，提交审计工作报告、信息34篇，建议纠正部门单位不当规定38条。全年完成县委组织部交办的领导干部离任经济责任审计和领导干部任期内经济责任审计共18个，查纠违规行为金额1544万元，其中有3名经济责任人分别受到党纪政纪处分；完成县政府交办的“大调查、大发动、大服务”活动，推进了农村农技110建设。全年被各级各类刊物采用审计信息、调研文章25篇，其中审计署刊物采用1篇、省级刊物采用6篇、《世行贷款红壤开发项目还贷风险加剧应引起重视》一文被中共衢州市委、衢县县委内参采用。

【龙游县审计局】共有在职干部职工16人，设有行政事业审计科、财政金融审计科、商粮贸审计科、综合科和办公室，负责对全县21个乡镇和68个县直部门及中央级驻地方部门单位的审计监督。局长洪玉章，副局长姚永平、曹群。

审计成果　本年度共完成审计项目42个，查出违纪违规行为金额11868万元，增加财政收入75万元，追还被侵占挪用资金1097万元。同时针对被审计单位存在的问题和管理方面的薄弱环节，提出审计意见、建议117条，有31篇审计专题报告、调研文章和信息被当地党委政府和上级审计机关、报刊杂志采用。本年度完成县委、县政府交办的任务6项，派员参加企业改革工作指导组；对全县乡镇工业年度工作实绩进行考核；协助县纪委对溪口压板厂职工上访反映厂长问题的查实；配合司法机关对破产企业债权债务清算查证、鉴定；会同县体改办、财政局对全县11个系统、部门企业改制资金到户及职工安置情况进行调查；同时完成县管领导干部经济责任审计16个，其中行政事业单位领导13人，乡镇领导3人。

【常山县审计局】现有干部职工16人，设有办公室、财政金融审计科、企业审计科，负责全县24个乡镇和66个县直部门的审计工作。副局长魏国强（主持工作）、李德勇，党组成员李忠兴。

审计成果　共完成审计项目34个，查处违纪违规金额6625万元，上缴财政81万元。完成常山县人大常委会交办的对县环境保护局和县土地管理局领导干部任职期内的人大述职评议前审计工作。建立了经济责任审计联席会议制度，全年共对11名领导干部进行了经济责任审计，对2名乡镇领导干部违规报销移动电话费、住宅电话费的问题作出了处理，责令其全部退回。

【开化县审计局】现有在职干部职工18人，设有办公室、企业审计科、财政金融基建审计科和行政事业审计科，负责对全县26个乡镇和85个县直部门的审计监督。局长朱德发，副局长徐立坤、江景善。

审计成果　全年完成审计项目28项，其中署定项目3个，省定项目2个。查纠违纪违规行为金额344万元，上缴财政110万元。为建设单位核减工程造价796万元。查出百万元以上违纪单位1个。向司法机关移送涉嫌经济犯罪案件1件。基建决算审计送审造价金额为6260万元，共核减工程造价796万元。全县凡有国家、集体资金投入的基建项目决算均纳入审计范围，并通过政府发文由审计局进行审计。完成经济责任审计项目8个，查出违纪违规行为金额107万元，并查清原县木材公司经理有重大贪污、受贿等嫌疑，移送司法机关查处后，被判处有期徒刑13年6个月。

【舟山市审计局】2000年，共有干部、职工43人，其中大学本科学历8人，大专学历31人，局长陈章林，副局长张世民、周国明。设有办公室、综合处、财政金融审计处、经贸企业审计处、固定资产投资审计处、领导干部经济责任（行政事业单位）审计处和定海工作处。

审计成果　市局完成审计项目80个，共查处违规行为金额12177万元，监督被审计单位上缴财政金额285万元，减少财政拨款和财政补贴及应归还原渠道资金1807万元。向上级审计机关及同级政府提交审计报告、审计信息137篇（条），向被审计单位提出审计建议200余条。

完成上级交办任务　按照上级审计机关和市委、市政府的要求，组织开展了24个乡镇财政的决算审计；组织了对舟山重大基础设施项目和政府性投资项目的决算审计，审计金额3.3亿元，查明违纪违规资金6092万元；组织了对工商行政管理系统收支两条线及经费资金、电力资金、50年一遇标准海塘建设资金、外贸发展基金、环保资金等重点资金的审计；开展了对经营者“年薪制”企业、重点亏损国有企业的审计。

内部审计　据不完全统计，全市各行政企事业单位设有内部审计机构75个，专兼职审计人员256名。年内共开展内部审计查证281项，查出违纪金额3025万元，促进增收节支和查处损失浪费4200万元。

经济责任审计　按照积极推进、规范操作目标和《舟山市领导干部任期经济责任审计办法》，开展对县处级领导干部经济责任审计项目12个，查处违规违纪金额5971万元。

大案要案　向纪检、司法部门移送案件3件，在对舟山市民政局福利彩票专项审计中，发现该局违规操作情况反常，对该局局长进行离任经济责任审计，查明违规套取现金、私设“小金库”、烧毁会计凭证等严重违纪违规问题，经纪检、检察、审计等机关进一步深查，挖出了违法违纪人员13名，分别受到法律制裁以及党纪政纪处分。

【舟山市普陀区审计局】现有干部职工14人，设有办公室、综合科、财政金融审计科和企业事业审计科，负责全区17个乡镇和71个区直部门审计监督。局长王元成，副局长洪满龙、谢存君。

审计成果　全年完成审计项目37项（包括审计调查项目3项），审计调查单位77家，审计总金额20.6亿元。查出违规行为金额17252万元，应归还原渠道资金2675万元，应缴财政938万元。完成地方政府交办的领导干部经济责任审计19项，涉及经济责任人25人，查出领导干部应负主管责任的违纪金额1168万元，损失浪费122万元，发现“小金库”1个，并对查明的问题依法作出处理处罚。在对“收支两条线”审计调查中，发现某执法单位将赃款、暂扣款及其利息共计509.04万元设账外账，由出纳一人经管等问题。配合区纪委查处经济案件2起。共提交审计工作报告23篇、审计信息27篇，其中审计信息被《浙江审计》录用3篇、省审计厅录用4篇、市局、党政机关录用12篇。

【岱山县审计局】现有干部职工13人，设有办公室、综合科、财政金融审计科、企业审计科、经济责任审计科，负责对全县11个乡镇和40个县直部门的审计监督。局长李平波，副局长沈三五。

审计成果　共完成审计项目30个，查处违规金额1460万元，应缴财政金额18万元，应归还原渠道资金24万元，向上级审计机关及同级政府提交审计信息6篇。乡镇审计面达到30%，重点揭露了一些乡镇财政白条抵库现象严重等问题。开展领导干部经济责任审计项目14个。固定资产投资审计对县中心渔港二期工程及浅水竣工工程、县技校教育楼工程审计中，核减工程造价110万元。

【嵊泗县审计局】现有干部职工14人，设有办公室、综合科、财政金融审计科、企业投资审计科和干部经济责任审计科，负责对全县7个乡镇和33个县直部门的审计监督。局长夏玉雪，副局长傅雅芳、杨雪芬。

审计成果　完成审计项目31项，查出违纪资金1562万元，已上缴财政654万元，追回被侵占挪用资金121万元。向上级审计机关及同级政府提交审计结果报告、审计信息31篇，向被审计单位提出审计建议28条。开展领导干部经济责任审计12个，查出领导干部应负主管责任的违纪金额373万元，有3名干部受到行政降级处分。对4个乡镇财政进行了决算审计，发现隐瞒转移收入、私设“小金库”和基本建设投资内控制度混乱等问题，并将这些情况以简报形式向县委、政府作了反映。开展固定资产投资审计4个竣工决算项目，节约国家投资资金146.48万元，尤其是在政府经济适用房审计中，在社会中介机构已审核的基础上，又核减工程造价及费用61.05万元。

【台州市审计局】2000年，共有在职干部、职工32人，其中大学本科学历8人，大专学历18人，局长韩建飞，副局长李新民、张卫平。设有办公室、财政金融审计处、企业审计处、行政事业审计处、审理处、综合处。

审计成果　全市共完成审计项目394个，查处违纪违规金额171554万元，应上缴财政金额5158万元，已上缴财政金额4928万元，提交审计工作报告信息512篇。审计信息工作被评为浙江省审计信息工作二等奖等荣誉。

完成上级交办任务　全市共完成上级交办任务115个，其中署定项目18个，省定项目36个，当地党政领导交办任务61个。

经济责任审计　市审计局与市纪委监察部门建立了日常工作联系制度，成立了领导干部经济责任审计领导小组。根据形势发展要求，市审计局向市委、市政府报告了关于贯彻落实中办国办经济责任审计两个《暂行规定》的若干建议，孙忠焕书记作了批示，市委办、市府办予以转发。全市全年共完成了53个处科级领导的经济责任审计，查处违规金额9336万元。

大案要案　开展了对涉案企业36家，涉案资金5亿元，造成国家直接经济损失8400余万元的台州市金融诈骗大案——“3·23”专案的相关后续审计工作，受到了省审计厅的嘉奖。

【台州市椒江区审计局】现有干部职工17人，设有办公室、财政金融审计科、工商企业审计科、基本建设审计科，负责对全区13个乡镇和31个区直部门的审计监督。局长江建军，副局长徐连富、管康毅。

审计成果　共完成审计项目37个，为年度计划的132%；查出违纪违规金额11147万元，查出“小金库”5个；应上缴财政1410万元，已足额上缴。归还原渠道资金537万元；向纪检监察机关移送案件1件。对区民政局、区土地管理分局等7个单位的局长进行了任期经济责任审计，其中土地管理分局审计后的收缴额为739万元。对自来水公司安装工程的专项审计，收回该公司下属单位高估冒算的工程款88万元退还给村民。对椒江大厦的资产、负债、损益审计，发现该单位私设巨额“小金库”，主要负责人及有关当事人有严重违法乱纪的事实，移送纪检监察处理，目前区检察院已提起公诉。

【台州市黄岩区审计局】现有干部职工18人，设有财金审计科、企业审计科、基建审计科、综合科和办公室，负责对全区20个乡镇和60多个区直部门的审计监督。局长郑钢，副局长陈临华、焦路辉、金永志，党组成员汪中健。

审计成果　全年完成审计项目44个，查处违规违纪金额5709万元，收缴并上交财政金额231万元。预算执行审计以财政资金为主线，从账户入手，努力做好3个结合：即“核心”审计与“外围”审计结合、预算收支审计与财政管理审计结合、同级财政审计与乡镇财政审计结合。财务收支审计方面在行政事业单位审计中，查出违纪违规金额1145万元，提出针对性审计意见建议36条。在企业审计中，从1张工资发放表入手，查出1起隐藏3年，虚领工资29个月，金额达23.2万元的“小金库”和10张出租车发票大头小尾3.2万元的案件。基建及重点工程审计方面完成建设项目开工前审计项目44个，送审投资金额

1.32亿元，并对6个重点工程单位进行了审计，审计资金3.36亿元，纠正违规违纪金额1716万元。

【台州市路桥区审计局】 现有干部职工13人，设有办公室、财政金融审计科、企业基建审计科，负责对全区12个乡镇办事处和29个区直部门的审计监督。局长章福明，副局长张伟力、袁伟军、胡建军。

审计成果　共完成审计项目26项，查处违规行为金额9678万元，应缴财政168万元，应减少财政拨款29万元，应归还原渠道资金62万元，核减工程造价918万元，追缴税金入库230万元。查出财政部门隐瞒转移预算收入3024万元，延解占压财政库款252万元。揭露出公安系统存在应缴财政款项上缴不及时、坐支现象严重、内部结算制度欠完备、会计资料反映不全面、固定资产和票据管理不完善等问题。揭露出教育经费管理不规范、部分学校存在乱收费和乱开支现象，并对有关学校进行了处理。通过对区级重点工程指挥部财务收支的审计，揭露出个别指挥部领导擅自将大额资金出借给单位和个人的重大违纪现象，为纪检部门查处其违法、违纪事实提供了线索，使有关责任人员受到法律制裁。通过对台州市路桥天龙汽车运输有限公司的审计，查获该公司存在着偷漏税收201万元的重要违法违纪线索，并将其移送公安、检察机关侦查，使有关责任人依法受到处罚。

【临海市审计局】 现有干部职工20人，设有办公室、行政事业审计科、财政金融审计科、企业审计科和审理科，负责对全市30个乡镇和72个市直部门的审计监督。局长陈官昌，副局长夏莉、冯皓。

审计成果　共完成审计项目44个，是年度计划的118.9%，查处违规金额3895万元，上缴财政金额125万元，已全部入库。领导干部经济责任审计，全年共完成6个乡镇和2个市直部门的领导干部审计。根据审计署授权，对临海市3家化工企业的CFC生产线淘汰情况进行了审计。积极探索基建工程全程审计的新路子，对重点工程建设项目实行事前、事中和事后的审计监督。

【温岭市审计局】 现有干部职工20人，设有办公室、财金审计科和企业审计科，负责对全市34个乡镇和60个市直部门的审计监督。局长江松珊，副局长赵三玉、汤洪福、刘理辉。

审计成果　共完成审计项目54个，完成年度计划的142.10%，比上年增长25.6%。共查出各类违规行为金额6591万元，审计处理后应上缴财政金额378万元，已入库400万元（含上年欠缴的22万元），应归还原渠道资金206万元，上缴财政专户资金443万元，为国家增收节支1027万元。向各级领导部门提交审计工作报告和信息70篇，其中被采用55篇。审计信息工作被评为全省审计系统先进单位直报点一等奖。10月18日成立温岭市内部审计协会，内审共完成审计项目118个，纠正违规行为金额721万元，促进增收节支629万元，上缴国库10.6万元，提出合理化建议意见被采纳的113条，审计后受行政处分的6人。

【玉环县审计局】 现有干部职工14人，设有办公室、财政金融审计股、基本建设审计股、企业审计股，负责对全县12个乡镇和130多个县直部门及各项专项资金等的审计监督。局长林福才，副局长谢纯建、余贤平、梁永红。

审计成果　共完成了43个审计项目，查出违纪金额5932万元，并对29个单位作了收缴违纪所得或罚款等处理处罚决定。应上缴财政633.88万元，其中当年应缴515.88万元，实际上缴财政514.01万元，促进国家增收节支994.88万元。配合纪检监察部门办案2件，向检察部门移送案件线索1件。

【天台县审计局】 现有干部职工18人，设有财政金融审计科、行政事业审计科、企业审计科和办公室，负责对全县19个乡镇和56个县直部门的审计监督。局长许金斗，副局长姜静英、季瑞明、许国安。

审计成果　共完成审计项目38个，其中署定、省定、市定项目6个，审计调查项目2个。依法查处违规行为金额9800万元，上缴县财政118万元，查处“小金库”4个，金额9.5万元。提交审计报告和审计信息35篇，其中被党政领导批示4篇。移送纪检监察机关案件1起。

【仙居县审计局】 现有干部职工20人，设有办公室、财政金融审计科、行政事业审计科、企业审计科和固定资产投资审计科，负责对全县19个乡镇和58个县直部门的审计监督。局长张相仁，副局长郑美金、王荣千，党组成员张伯钧。

审计成果　共完成审计项目38个，查出违规违纪金额7143万元，应缴财政104万元，已缴财政104万元，向纪检检察机关移送案件2起。对仙居县某贫困乡的经济责任审计中，查出该乡财政会计张某贪污、挪用公款近50万元，此案被及时移送检察机关，张某已被判处有期徒刑14年。此案又牵出乡中心校会计杨某赌博、挪用公款4万元的情况，并涉及乡政府、信用联社、学校干部职工10余人，该案是仙居县至今查处的挪用公款最大的1起经济犯罪案件。对省道临石线西段公路拓宽（二期）项目审计中，发现施工单位虚报工程量及监理不规范等问题，此案移交纪委后，查出7人与有关包工头存在违纪违法行为，此案还在进一步审理当中。

【三门县审计局】现有干部职工20人，设有办公室、财政金融审计科、行政事业审计科、企业审计科和固定资产投资审计科、经济责任审计科，负责对全县16个乡镇和72个县直部门的审计监督。局长汪源，副局长严学通、陈华国、尤福跳。

审计成果 全年共完成审计项目36个，是计划的124.1%；查出违规行为金额1070万元，核减海塘工程投资额146万元，收缴违纪金额115万元；移送领导干部经济违法案件1起，提供经济违纪案件线索1条，其中1人受到县政府行政撤职处分；提交审计信息及专题报告39篇，其中被省级录用3篇、市级机关录用11篇。

【丽水市审计局】2000年共有在职干部职工34人，其中大学本科学历2人，大专学历22人，局长吴利文（9月份前高焕廷任局长），副局长陈肇平、连小敏。设有办公室、综合科、财政金融审计科、行政事业审计科、工交商贸企业审计科、基建外资审计科、审计培训中心。

审计成果 2000年是撤地设市第1年，全市审计机关共审计377个单位，查出违纪违规金额29015万元，应上缴财政3221万元，向司法公安机关移送案件8件，向各级党政部门提供审计报告或信息648篇(次)。审计信息工作荣获全省审计系统二等奖，松阳县1999年度财政决算和其它财政收支审计被省审计厅评为优秀项目。结合丽水实际制订出台了《丽水市审计业务操作程序规定》，全市开始实施审计处罚告知制度。

内部审计 对丽水佳信、龙泉德兴2家会计师事务所1999年度会计报表审计质量进行了检查，其中1位注册会计师受到了行政处罚。全市有内审机构79个，内审人员311人，审计单位128个，促进增收节支29万元，提出建议意见被采纳303条。

经济责任审计 市审计局共对21个党政领导干部进行了审计，查出应负主管责任2534万元，通过审计，1人晋升职务。

【丽水市莲都区审计局】现有在职干部职工16人，设有财政金融审计股、工交基建审计股、商粮贸企业审计股、行政事业审计股和办公室，负责对全区21个乡镇和60个区直部门的审计监督。局长周景海，副局长张瑞薇。

审计成果 审计单位34个，查出违纪违规金额5046万元；应缴财政296万元，审计决定执行率89.19%，清理“小金库”7个，涉及金额99万元；应追回流失国有资产和归还原渠道专项资金137万元；查处和纠正企业虚盈实亏、资产失实4774万元；审计核减工程造价24万元；向司法机关移送案件1件；向地方政府和上级审计机关提交审计工作报告、信息39篇。

【龙泉市审计局】现有干部职工17人，设有工交商贸审计股、财政金融审计股、行政事业审计股、固定投资审计股和办公室，负责对全市17个乡镇和90个市直部门的审计监督。局长徐志明，副局长郑富南、林跃进。

审计成果 全年共完成审计项目51个，其中署定1个、省定5个、市委、市政府交办11个，是年计划的2倍，审计资金总额69119万元，查出违纪违规金额1596万元，决定处理处罚金额102万元，指明纠正金额1494万元，追还被侵占挪用资金359万元，向司法、纪检、监察机关移送案件1件，1人被追究刑事责任，1人被追究行政责任，建议主管部门给予行政处分1件，2人被追究行政责任。被各级党委、政府、上级审计机关和新闻单位采用、批示等综合报告及审计信息99篇，审计论文5篇，审计案件2例。

【缙云县审计局】现有干部职工17人，设有办公室、财政金融审计股、行政事业审计股、工交商贸企业审计股、基建外贸审计股、经济责任审计股，负责对全县24个乡镇和91个县直部门的审计监督。局长李耀松（8月份前施开阳任局长），副局长赵祖跃、卢德贤。

审计成果 共完成审计项目32个，审计单位66户，查出违纪违规金额1231万元，其中上缴财政金额231万元，共提交审计信息41篇。完成对县解困房工程审计，送审金额4647万元，审计核减工程决算金额490万元，核减率11%。全年共对县财政局、地税局和9个部门预算单位审计，查出各类违纪违规金额333万元，增加财政收入173万元。针对“同级审”发现的国有资产转让收益欠缴率高、被挤占挪用等问题，向县政府提出建议，为此县政府发出《关于加强改制企业国有资产管理的通知》。共完成领导干部经济责任审计项目5个，共查出违法违规金额64万元，上缴财政金额10万元。

【青田县审计局】现有干部职工17人，设有办公室、财政金融审计科、经济责任审计科、企业审计科、行政事业审计科，负责对全县33个乡镇和56个县直部门的审计监督。局长郦天鸣，副局长陶伟林、周培玉。

审计成果 共完成审计项目69个，查出违纪违规金额2443万元，应缴财政金额377万元，应核减财政拨款或补贴金额6万元，应归还原渠道资金54万元，向司法机关移送案件1件。全年提供审计信息102条，被采用91条，是1999年的2.27倍，其中7条被省政府办公室、丽水市委、市政府办公室采用；有7条被《中国审计报》、《中国审计》和省《联谊报》采用。

【云和县审计局】现有干部职工12人，设有行政事业审计股、工贸企业审计股、财政金融审计股、固定资产投资审计股、办公室，负责对全县15个乡镇和60个县直部门的审计监督。局长吴雷德，副局长贺发荣、柯志宙。

审计成果　共完成审计项目23个，其中政府交办项目8个。查出违纪违规金额555万元，应上缴财政322万元，应归还原资金渠道29万元，促进增收节支78万元，提供审计工作报告信息13篇，采用4篇。共对11个外围单位进行了审计，查出违纪违规金额139万元，应归还原资金渠道23万元，促进增收节支金额78万元。审计对应缴未缴财政收入、预算外资金管理落实“收支两条线”不规范、固定资产不入账等问题进行了处理。共完成经济责任审计项目7个，查出主管责任金额348万元，损失浪费2万元，通过审计平调4人，撤职1人。

【遂昌县审计局】现有干部职工14人，设有财政金融审计股、企业审计股、基建外资审计股、行政事业审计股、办公室，负责对全县20个乡镇和79个县直部门的审计监督。局长孙元芳，副局长沈蔡岳、傅代兴。

审计成果　共完成审计项目26个，查出违纪违规金额7312万元，应上缴财政146万元，追回被侵占挪用资金2730万元，向司法机关移送案件1件，提交审计工作报告、信息73篇，被批示采用61篇。县林化厂原厂长离任审计项目，查出企业存在的一系列严重违法违纪问题和原厂领导个人经济问题，根据审计提供的线索，县检察院对8人立案侦查，现已判刑3人，其中原林化厂厂长被判7年。审计结果引起县领导高度重视，县委书记办公会议专题研究，派出驻厂整改工作组，督促落实审计决定。在对县工商局的审计中，查出该局及其下属工商事务所一系列违纪违规问题，审计结果引起县领导重视，县“清费减负”办公室专门成立检查组，查处收缴违纪款项25万元，取消不合理收费项目。

【松阳县审计局】现有干部职工13人，设有办公室、财政金融审计股、行政事业审计股、企业基建审计股。负责对全县20个乡镇和95个县直部门的审计监督。局长吴松霞，副局长蒋思根、尤金土。

审计成果　完成审计项目40个，查出违纪违规金额1795万元，应上缴财政金额179万元，查出百万元以上违纪违规单位1个，查获侵占公款案件3起，经移送1人被判3年有期徒刑，7人受到纪检部门的处理。向上级审计机关和党政部门提交审计工作报告、调研论文和审计信息68篇，被采用75篇次，率先实行审计处罚告知书制度。

【庆元县审计局】现有干部职工13人，设有办公室、财政金融审计股、行政事业审计股、工交企业审计股，负责对全县9个乡镇和81个县直部门的审计监督。局长陈明章，副局长吴世发。

审计成果　全年共完成审计项目30个，查出违纪违规金额1443万元，应上缴财政407万元。提交审计专项工作报告、审计信息38篇，被政府部门、上级审计机关及《中国市场经济报》等各级部门刊物采用22篇。制定了《庆元县领导干部任期经济责任审计制度》和《庆元县经济责任审计工作联席会议制度》，由县委、县政府联合发文实施。

【景宁畲族自治县审计局】现有干部职工13人，设有办公室、行政事业审计股、财政金融审计股、基建审计股、企业审计股，负责对全县24个乡镇和105个县直部门的审计监督。局长陈阳南，副局长徐琴妹、潘昌德。

审计成果　全年共完成审计项目23个，查处违纪违规金额2190万元，其中决定处理149万元，指明纠正2041万元，追还被侵占资金归还原渠道177万元，增收节支21万元，上缴财政资金149万元，提交审计报告信息28篇，被党政机关领导、上级审计机关、新闻单位采用18篇。

安徽省

【安徽省审计厅】2000年，安徽省审计厅定编127人，在编127人。厅机关设有办公室、综合法规处、财政审计处、金融审计处、行政事业审计处、经贸审计处、农业与资源环保审计处、社会保障审计处、固定资产投资审计处、外资运用审计处、经济责任审计处、人事教育处、机关党委、纪检监察室；另设有计划统计审计室、经济审计室、科技教育审计室、劳动保障审计室、农业审计室、交通建设审计室、文化卫生审计室、新闻广电审计室；同时还设有审计科研所、审计学校、审信工程造价事务所、黄山培训中心、劳动服务公司等直属单位。

领导成员

厅　长：桂建平

副厅长：王兴如　黄庆禄

汪元义　郁少文

安徽省审计成果　2000年，全省共审计了6597个单位（项目），查处违规行为资金99.6亿元，应上交财政3.3亿元，已上交财政2.36亿元，减少财政拨款和补贴1.47亿元，归还原渠道资金7.96亿元，促进增收节支1.8亿元，查处百万元以上违规行为单位174个，建议纠正地方部门不当规定308条，向司法机关移送案件47件，向各级党委政府及有关部门提交审计报告、信息4901篇，被领导批示、采用2500篇。

财政审计　全省共查出隐瞒转移财政收入、虚列财政支出、挪用预算资金以及违规办理预算等违规行为资金21.9亿元。在省本级预算执行审计中，除审计省财政厅、地税局外，还对4个预算执行部门和2项专项资金进行了审计。审计结果引起了省人大、省政府的高度重视，对有关部门震动很大。在对下级政府财政决算审计中，对淮南、蚌埠2个市财政决算和其它财政收支实施了审计，共查出违规行为资金5.05亿元。同时对两市地税系统财务收支进行了审计。通过审计，客观评价了财政财务收支的真实性、合法性，强化了预算约束，规范了财政分配秩序和税收管理，促进了财政运行质量的提高。

金融审计　安徽省审计厅组织开展了全省部分农村信用社1999年度资产负债损益情况审计，重点对信贷资产质量、利率政策的执行、经营面临的问题、高风险信用社情况进行了详细检查，全省共审计了393家农村信用社，对1603家农村信用社进行了审计调查，审计发现农村信用社在经营和发展过程中仍然存在着资本充足率低、不良贷款比重过大、高风险信用社较多等问题。审计署《审计简报》加按语全文编发了安徽的审计综合报告。此外，还组织开展了对安徽省证券公司巢湖、蚌埠等15个证券部的财务收支审计。

行政事业审计　安徽省审计厅组织各级审计机关对全省1999年度义务教育经费投入、筹措、使用和管理情况进行了审计和审计调查。查出违纪违规金额3.12亿元。审计发现，义务教育经费供需矛盾、经费分配不合理、各项教育税费不能及时足额拨付等问题较为突出，个别地方还存在乱收费、乱摊派、挤占挪用、私设“小金库”现象。此外，还组织开展了全省住房资金审计和128个县以上工商行政管理机关1999年度财务收支审计。

企业审计　安徽省审计厅组织开展了全省829户国有重点企业审计，其中审计省重点监控脱困企业35户，地方重点骨干企业65户。查出违纪金额3.68亿元，发现大案要案线索9件，移送司法、纪检监察部门立案5件。开展了全省物资行业80户重点企业、全省82户盐业公司审计，参与制订了一系列有关企业减负的政策和措施。

农业审计　安徽省审计厅组织开展了全省1997—1999年度农业综合开发资金审计和审计调查，抽查项目及单项工程3335个，查出违纪违规资金7815万元，促进财政资金到位2217万元，促进贷款计划落实276万元，归还原资金渠道1441万元。通过审计，摸清了全省农业综合开发资金管理使用的现状，促进了国家农业综合开发政策的贯彻落实，规范了资金管理，提高了资金使用效益。审计综合报告上报后，省政府领导作了专门批示，审计信息分别被中办和省委、省政府采用。该审计项目被审计署评为全国优秀审计项目。

社会保障审计　安徽省审计厅组织部分审计机关对全省50户未参加统筹养老保险的非国有企业开展审计调查，重点对企业职工基本养老保险扩大覆盖面情况进行分析，并对2000年养老保险基金收支进行预测。经审计调查，全省外商投资企业和私营企业参保率较低，仅为66.7%和38.5%；养老保险基金缺口较大，基金支付具有较大的潜在危机，问题不容忽视。通过审计调查，初步查明了产生问题的主要原因，为政府决策提供了依据。

固定资产投资审计　安徽省审计厅组织开展了全省329个固定资产投资项目审计，查出违规行为资金38276万元，核减工程预决算10907万元；完成了宣城港口湾水库、合安高速公路等一批国家和地方重点工程项目的审计；对省级水利建设专项资金、沿江8个水利建设项目和3个公益性项目进行了审计。对发现的资金到位不足、挤占建设成本、挪用建设资金、切割工程违规发包等一系列严重问题，作了实事求是的反映和披露，并向纪检监察机关移送了有关人员涉嫌违法犯罪的案件线索，引起了各级领导的重视。安徽省审计厅在世行合安高速公路建设项目审计中，延伸审计了35个单位，查处各类违规金额13亿元。许仲林省长、张平常务副省长对审计报告分别作了重要批示，黄岳忠副省长在充分肯定审计工作的同时，亲自主持召开专题会议，督促有关部门研究整改措施。该项目被审计署评为全国优秀审计项目。

外资运用审计　全省共审计国际金融组织贷款和国外援助项目执行单位322个，查出违规资金4.8亿元。其中省审计厅审计世行、亚行贷款项目12个，涉及被审计单位32个，出具审计报告30余份。此外还开展了世行贷款还本付息专项审计、外国政府贷款项目审计调查，并组织各市审计机关对全省30户中外合资企业进行了审计。世行贷款2期农业加强灌溉项目的审计结果引起了省政府领导及有关部门的重视，省财政厅发出审计情况通报，对违纪违规的单位予以曝光，要求提出整改措施。外资审计工作在促进外资项目管理、维护政府良好形象、创造招商引资环境等方面发挥了重要作用。

经济责任审计 安徽省审计厅组织全省共完成1248项经济责任审计任务，查处违规行为资金近11亿元，查出挪用公款、损失浪费及个人贪污、受贿等金额3035万元。各地参考审计成果，提拔使用91人，有98人因经济问题被免职、降职、撤职，40人因严重经济问题被移交纪检监察部门和司法机关处理。中办发（2000）16号文件下发后，安徽省审计厅及时研究了贯彻落实的具体意见，并向省政府提交了专题报告。10月中旬，省纪委、省委组织部、省监察厅、省人事厅和省审计厅召开了省经济责任审计工作第一次联席会议，明确了联席会议及其办公室组成人员，讨论通过了联席会议工作制度。会后，省委办公厅、省政府办公厅将贯彻中办发(2000) 16号文件的具体意见转发全省贯彻执行。各级审计机关注意通过审计发现大案要案线索，取得了明显成效。

队伍建设 一是认真开展了“三讲”教育“回头看”活动，巩固和发展了“三讲”教育成果；二是深入开展精神文明建设，安徽省审计厅在省直单位创建活动中被评为“三优文明机关”；三是从严治理审计队伍，加强党风廉政建设。安徽省审计厅制定并印发了《加强审计工作纪律的规定》，并加强审计回访，积极开展党课教育、电视录像教育，建立了处级干部个人廉政档案，在省直单位廉政评选中被评为领导干部执行廉洁自律先进单位；四是强化培训学习，提高干部队伍素质。据不完全统计，全省共举办新任审计局长培训班、审计法规、审计业务、审计信息、计算机等各种培训班28个，培训审计人员1108人次，并积极开展了高级审计师试点工作。

【合肥市审计局】 2000年，共有在职干部、职工99人，其中研究生学历4人，大学本科学历25人，大专学历54人，局长姚厚贵，副局长郭忠仁、赵翰博、米宏胜，纪检组长杨永华。设有财政审计处、金融审计处、行政事业审计处、农业审计处、固定资产投资审计处、工交审计处、外资审计处、商贸审计处、办公室、管理处、综合处。

审计成果 全年共审计224个单位，查处违规行为金额6.9亿元，应上缴财政1.26亿元，已上缴财政1.21亿元，追还被侵占挪用资金4695万元，促进增收节支2063万元。提交各类报告和信息345篇，被市委、市政府和省政府采用89篇。合肥市审计局连续第6年被评为全省审计系统先进单位。

内部审计 全市179个内审机构共审计782个单位，查处损失浪费金额10707万元，促进提高经济效益2980万元，纠正违规行为金额5246万元，移送司法机关处理4人，建议给予行政处分15人。

经济责任审计 全年共对42位领导干部进行了任期经济责任审计。查处违规行为金额3526万元，其中责任人负主管责任3437万元。审计结果提交有关部门参考后，19人平调，13人免职，3人降职，1人移送纪检部门处理，其余退休。

【长丰县审计局】 现有干部职工18人，设有政秘科、工交审计科、农业行政事业审计科、商贸审计科和财政金融审计科，负责对全县30个乡镇、83个县直部门的审计监督。局长沈晓平，副局长闫汝安。

审计成果 全年共审计了41个单位，查出违纪违规金额7699.58万元，指明纠正金额6558.26万元，其中归还原资金渠道1225.46万元，促进增收节支金额110.7万元，应缴已缴财政金额36.39万元，提交审计报告和信息56篇。

【肥东县审计局】 现有干部职工19人，设有财政金融审计科、行政事业审计科、商贸审计科、工交审计科、固定资产投资审计科和办公室，负责对全县37个乡镇、69个县直部门和18个“三权”在上单位的审计监督。局长张宏春，党组书记夏庆华，副局长毕守水、程永文、李明浒。

审计成果 全年共审计项目36个，完成年度审计计划的112.5%。查出违纪金额7644.4万元，上缴财政41.3万元，向各级提出审计建议50多条，被采纳42条。共对10名科级干部进行任期经济责任审计，其中有7名党政主要领导，审计结果，被有关部门异地安排副职3人，免去领导职务2人，平职调整2人。

【肥西县审计局】 现有干部职工20人，设有办公室、财政金融审计科、行政事业审计科、企业审计科、综合审计科，负责对全县31个乡(镇)、1个工业园、1个旅游开发区和69个县直行政事业部门（正科级）的审计监督。局长邓余堂，副局长卫功爽、杨远德、梁齐成、陆广枢（兼纪检组长)。

审计成果 共完成审计项目16个，审计42个单位，查出违纪违规资金2542.3万元，审计处理上缴财政43.55万元，提出审计建议270余条，向上级领导机关提交审计信息、报告23篇，被批示采用13篇。年度考核中被安徽省审计厅、合肥市审计局分别授予“先进单位”称号。

【芜湖市审计局】 2000年，共有在职干部、职工80人，其中大学本科学历26人，大专学历41人，局长李宗国，副局长周明、过淑华、杨高，纪检组长左光明。设有办公室、人事教育科、法规科、监察室、内审管理科、财政审计科、金融审计科、固定资产投资审计科、工业交通审计科、行政事业审计科、农业审计科、外资运用审计科、中央企事业审计科、商贸审计科等部门。

审计成果　全年共审计373个项目，查出违规行为金额20957万元，收缴违规款项633万元，核减财政拨款1846万元，促进增收节支2305万元，向有关部门移送经济案件17件，已判刑5人，党政纪处分12人。同时，还向各级党政机关及有关部门提交审计报告、信息326篇，被批示、采用240篇，采用率达74%。市局有12篇信息被《中国审计报》采用，还就审计中发现的重要问题发出了16期《审计专报》，受到市领导的重视和批示。

完成上级交办任务　全年共完成指令性任务64个，其中署指令性任务18个，省指令性任务46个，超计划完成达88%，同比增长42%。

内部审计　成立了内部审计协会，对全市10个内审先进集体、16个先进内审工作者进行了表彰。开展理论研讨和业务交流活动，在省内审论文研讨会上，市局推荐的论文获1等奖1篇，2等奖2篇。全市现已建立113个内审联系点。

经济责任审计　全年共对72名党政领导干部进行经济责任审计，其中地级干部2名，县级干部28名。根据审计结果，晋升2人，免职9人，移送纪检和司法机关10人，(其中已判刑1人，撤职1人，降职4人，受党政纪处分1人)。

大案要案　全年向司法机关移送案件10件，已判刑5人，党政纪处分12人，同时配合有关部门立案19件。

【芜湖市镜湖区审计局】现有干部5人，下属审计服务中心人员3人，负责对全区6个街道办事处、30个区直部门、62个全民、集体企业开展审计监督。局长马方平，副局长秦文莉、徐平。

审计成果　共审计项目34个，查出违规金额2390万元，收缴29.37万元，促进增收节支164万元，向有关部门移送经济案件5件，党政处分3人。向各级党政机关提交审计报告、信息40篇，被批示采用18篇。

【芜湖市新芜区审计局】现有干部6人，设财政行政事业组、企业组，负责对全区7个街道办事处、56个区直单位和51个国有、集体企业的审计监督。局长高建平，副局长邓民、王成艺。

审计成果　全年共完成审计项目17项，审计金额达2.4亿元，查出违规行为资金872万元，追还被侵占挪用资金19.6万元，收缴财政资金21.41万元，促进增收节支92万元。向上级机关和有关单位提交审计报告、信息26篇，被批示采用22篇。对5名领导干部进行了经济责任审计。向检察机关移送案件2件，已批捕2人，立案侦查1人. 向纪检监察机关移送案件1件。

【芜湖市马塘区审计局】现有在职干部6人，负责全区2个镇和3个街道办事处、44个区直单位及48家国有集体企业的审计监督。局长徐光才，副局长杨凛（挂职）、王少杰、计明。

审计成果　共审计项目22个，查出违纪金额120.8万元，收缴42.50万元，促进增收节支267万元。向有关部门移送经济案件4件，党政处分3人。向各级党政机关提交审计报告、信息50篇，被批示采用18篇。

【芜湖市鸠江区审计局】现有干部职工5人，负责对全区3个镇、2个办事处及25个区直部门的审计监督。局长张上海，副局长许洋。

审计成果　全年共进行了16项审计，完成审计项目13项，查处违纪违规金额306.7万元，应上缴财政1.80万元，已上缴财政1.30万元。归还原渠道资金100.60万元，核减财政拨款443万元，移交司法机关处理案件3件，提交审计报告或信息14篇。

【芜湖县审计局】现有干部职工14人，其中大学专科以上学历11人，设有办公室、财政金融审计科、行政事业审计科和工商企业审计科，负责对24个乡镇和50个县直部门的审计监督。局长陆亚龙，副局长顾玉才。

审计成果　全年共完成审计任务51项，是年度计划的142%，查出违纪违规资金1494万元，依法收缴31万元，责令归还原渠道资金422万元，促进增产节支15万元，提出审计意见和建议150余条，向有关部门移交经济案件1件，协助查处经济案件1件，提交审计综合报告和信息58篇，被采用47篇。

【南陵县审计局】现有干部职工11人，设有财金审计科、行事审计科、工商审计科和办公室，负责对全县21个乡镇和35个县直部门的审计监督。局长戴昌友，副局长周翠霞。

审计成果　全年共完成审计项目56个，是计划任务的243.5%。查出违规行为金额1200万元，应归还被侵占挪用资金76万元，应上缴财政36万元，提交审计报告、信息25篇，被批示采用21篇。农村信用社审计项目、血防审计项目被省厅授与“先进单位”，工商系统审计项目、农村电网改造审计调查项目被省厅授与“优秀项目”。

【繁昌县审计局】 现有干部职工18人，设有财政金融审计科、行政事业审计科、企业审计科、综合基建审计科和办公室，负责对全县20个乡镇和87个县直部门的审计监督。局长曹德伟，副局长董勤业、刘修林。

审计成果 全年完成审计项目86个，是年初计划的125%，其中完成署定单位10个，省定单位28个，完成审计调查3项。通过审计共查出违规行为金额1216万元，追还被侵占挪用资金89万元，收缴财政149万元，促进增收节支66万元，向上级机关和新闻单位提交综合报告及信息47篇，被批示采用33篇，全年专项工程资金审计总额1600余万元，收缴财政22万元，核减高估冒算工程造价90余万元，向司法机关移交经济案件3起，受到刑事处分3人。

【蚌埠市审计局】 2000年，共有在职干部、职工75人，其中大学本科学历13人，大专学历52人，局长高凤莲，副局长王德宏。设有财政审计科、金融审计科、行政事业审计科、工业交通审计科、商贸审计科、固定资产投资审计科、外资审计科、农业审计科、人事教育科、内部审计社会审计管理科、办公室、综合法规科、机关党委和监察室等部门。

审计成果 全市计划审计140个单位，实际审计330个单位，查出违纪违规金额52652万元，增加财政收入955万元。全年共向省、市各级领导机关和有关部门提交审计工作报告、审计信息446篇，其中有191篇得到党政机关领导人批示或被新闻媒体采用。全年对8个财政部门、4个地税部门、13个预算执行单位进行环保、城建、国债、教育费附加、失业保险、公费医疗等专项资金的重点审计。全市教育经费审计，反映了教育经费在筹集、使用和管理上存在的问题；全市企业职工基本养老保险覆盖面和养老保险基金收支情况审计，反映了养老保险资金缺口较大，参保单位欠缴情况严重，事业单位保险扩面不充分等问题，提出了加强征缴力度，拓宽养老保险基金筹集渠道等建议；对33家建设、施工单位审计，查出违规金额1090万元。全年编发《审计调查与研究》5篇，对安徽丰原生物集团公司加强企业内部审计的做法开展了专题调研，并将其经验在全市进行推广。

经济责任审计 建立和制定了经济责任审计工作联席会议制度，全年对36个部门、单位和国有企业、国有控股企业开展了领导干部、领导人员任期经济责任审计。

【蚌埠市中市区审计局】 现有在职人员2人。局长高玲。

审计成果 全年共审计67个部门和单位，查出违纪金额580.39万元，其中查出“小金库”16.04万元；向各级党政机关和有关部门提交审计报告4篇，审计信息5篇，被上级审计机关采用4篇，提交论文1篇。对财政资金运用及管理中存在的问题提出8条改进意见，向区政府常务会议汇报后，区政府要求区财政部门拿出整改方案。行政事业单位审计，重点对区教委、蚌埠市第三十二中学、中平街小学的教育经费和40个行政部门、事业单位的专项资金进行了审计。加强了基建项目审计监督。起草了“关于加强中市区建设项目审计监督意见”，以区政府蚌中政［2000］04号文件下发到全区。当年根据文件精神，委托中介机构对中区医院大楼基建项目进行了审计，核减125.81万元，核减率12.08%。

【蚌埠市东市区审计局】 现有干部职工3人。局长高林华，副局长王皖敏。

审计成果 全年共审计17个单位，查出违纪金额20万元，向上级领导机关和本级政府提交审计信息12篇，被采用6篇。本级预算执行情况审计在总结以往年度经验的基础上，对本区1999年度预算执行和其它财政收支情况进行了审计，同时延伸审计了3个行政事业单位。行政事业审计共审计了10个单位，审计专项资金总额1284万元，审计收缴违纪金额11万元。固定资产投资审计共审计了3个单位，核减工程决算6万元。配合纪检监察部门办理人民来信1件，配合法院对1家企业进行破产清算。

【蚌埠市西市区审计局】 现有干部职工4人。局长陈淮洁。

审计成果 全年共审计37个单位，查出违规资金92万元，向上级领导机关和有关部门提交审计信息4篇，被采用1篇。对全区1999年度区级财政预算执行情况和其它财政收支情况进行审计，同时对4个单位进行了延伸审计。行政事业审计共审计12个单位，审计金额1300万元，共查出违纪违规金额26万元，已上缴财政7万元，其中全区9年制义务教育经费审计项目获全省优秀审计项目。全年开展党政机关领导干部和企业领导人员经济责任审计8个。固定资产投资审计共审计13个单位，审计金额741万元，核减工程决算88万元。

【蚌埠市郊区审计局】 现有在职干部职工5人，负责对全区8个乡镇和区直部门的审计监督。局长高忙田，副局长邢士忠。

审计成果 全年共审计21个单位，查出违规金额978万元，增加财政收入2.2万元，提供审计信息4

篇。全年共派人参加区委、区政府中心工作9人次。根据区领导的指示对8个企业进行了审计。区教育经费审计，查出私设"小金库"、挤占代收代管款物等问题。任期经济责任审计对2个乡镇、2个企业领导人员进行了经济责任审计。配合纪检、监察办案，全年对供销系统18个单位进行了审计，根据审计结果，已有2人因挪用公款被公安机关立案侦察，2人正在调查中，另外，清理出历年个人和单位欠款100余万元，现已收回28万余元。

【怀远县审计局】 现有干部职工17人，设有办公室、综合股、财金审计股、农业审计股、企业审计股、行政事业审计股和商贸审计股等部门，负责对全县29个乡镇和80多个县直部门的审计监督。党组书记胡廷华，局长李文志，副局长李琳。

审计成果 全年共完成审计项目16个，审计单位40个，查出违纪违规金额12392万元，应归还被侵占挪用资金3759万元。全年共向有关部门提交审计工作报告、专题报告、信息32篇，其中有29篇得到各级党政领导批示或被媒体采用。完成县委、县政府交办任务3项，配合纪检、监察等部门完成任务3项。当年被评为"全省审计系统先进集体"。本级预算执行情况审计，重点反映了县本级财政债务沉重问题。提出了加强征管、提高收入质量、确保收入增长、采取有效措施防范和化解债务风险等审计意见和建议。此项工作受到县政府领导高度重视。乡镇资金审计，发现乡镇债权债务存在问题突出，已成为制约乡镇经济增长的桎梏。摸清了乡镇负债形式及负债形成原因，揭示了高额负债的严重后果。

【固镇县审计局】 现共有在职干部职工16人，设有财政金融审计股、商粮贸审计股、行政事业审计股、工交审计股、办公室，负责对全县18个乡镇和县直部门的审计监督。局党组书记王占元，局长金以怀，副局长秦万金。

审计成果 全年共审计43个单位，查出违规行为金额1759万元，决定处理处罚414万元，应交财政58万元，应归还原渠道资金91万元，促进增收节支62万元。提交各类审计工作报告和信息14篇，其中被上级审计机关和地方党政领导采用8篇。开展了财政同级审和部门预算执行情况审计；围绕防范金融风险，对5个农村信用社资产、负债、损益情况进行了审计，查出违规行为金额231万元；对6个固定资产投资单位的审计，核减工程决算62万元；对9个行政事业单位财务收支审计和9个领导干部任期经济责任审计，共查出违规行为金额528万元。

【五河县审计局】 现有干部职工13人，设有财金审计股、工交审计股、商贸审计股、综合股等部门，负责对全县20个乡镇和46个县直部门的审计监督。局长沈延安，副局长孙敬祥。

审计成果 全县计划审计46个单位，实际审计了72个单位，查出违纪违规金额6638万元，增加财政收入142.3万元。全年共向上级提供审计工作报告和审计信息62篇，其中被审计署、省审计厅采用5篇，被各级党委、政府批示批转12篇。开展同级财政审计，查出虚收虚支、挤占挪用专项资金等问题，受到县人大、县政府重视，省审计厅在《审计简报》上刊登文章，肯定了县人大做法。开展农业审计，除查处违规资金765万元外，还移交3人给检察院查处。开展固定资产投资审计，审计决算金额632万元，核减86万元，核减率13.6%，同时还给建设单位化解了几起矛盾。开展对20个信用社审计，发现有18个高风险信用社，引起了上级政府及有关部门的重视，国家、省金融监管部门派人到五河调研。开展房地产开发公司审计，发现被审计房屋开发公司偷漏税收130万元，依法进行了处理，引起了县委、县政府关注。

【淮南市审计局】 2000年，共有在职干部、职工74人，其中大学本科学历22人，大专学历39人，局长孙多礼，副局长牛多云、丁常宝、盛明训，纪检书记曹和平。设有办公室、综合科、人教科、管理科、监察室、农林水利审计科、外资运用审计科、固定资产投资审计科、行政事业审计科、工业交通审计科、财政金融审计科、商粮供贸审计科等12个部门。

审计成果 全年计划审计261个单位，实际审计426个单位，查出纠正违规行为金额26646万元，应交财政981万元，应归还原资金渠道1029万元，已入库资金922万元。协助有关部门查处案件26起，向司法机关移送案件2起，逮捕1人。向党政机关提交综合报告、信息301篇，被批示、采用157篇（次）。10多个单项工作被市级部门、省厅等评为先进单位，10多个项目被评为全省优秀审计项目。

完成上级交办任务 完成上级交办任务15项，审计了146个单位，其中审计了93户企业，查出纠正违规违纪行为金额13666万元，核减资产2701万元，核增负债1597万元，核增亏损4133万元。

内部审计 全年累计开展审计项目743项，查出损失浪费金额4498万元，纠正违纪金额2695万元，向司法机关移送案件1件，建议给予行政处罚4人，移交司法机关处理1人，发表审计论文近30篇，被国家级刊物采用5篇，4篇文章在省以上会议交流，其中2篇获奖，特别是由内部学会秘书处撰写的论文获全国一等奖。

经济责任审计　全年共完成了25个领导干部任期经济责任审计和厂长（经理）经济责任审计，查出违规行为金额962万元，收缴21万元，根据审计结果，组织人事部门提拔的有5人，平调的17人，免职的3人。制定了市经济责任审计联席会议制度，设立了经济责任审计联席会议办公室。

大案要案　全年协助有关部门查处案件26起，向司法机关移送案件2起，1人被批准逮捕。

【毛集社会发展综合实验区审计局】现有干部职工6人，设有综合科、行政审计科，负责对全区3个乡镇和26个区直部门的审计监督。局长朱克谦，副局长梁仁毅。

审计成果　共对全区4个企事业单位7个村民委员会的财务收支进行了审计，查处违规违纪资金403万元，并对问题大、情节严重的15名村干部给予党纪政纪处分。

【马鞍山市审计局】2000年，共有在职干部、职工45人，其中大学本科学历4人，大专学历32人，局长张延玉，副局长孔德政、沈永生、蒋利平。设有办公室、综合科、财政金融审计科、行政事业审计科、工业交通审计科、商业粮食审计科、固定资产投资审计科、外资运用审计科等部门。

审计成果　共完成审计单位108户，为年度计划的112.5%，查出违规行为金额近2.4亿元，指明要求纠正2.3亿元，决定处理处罚397万元，应归还原渠道资金1438万元，决定收缴财政192万元，促进增收节支147万元。向纪检监察部门移送案件3件。向省审计厅、市委、市政府及有关部门报送各类信息、专题报告167篇（件），被领导批示或采用146篇。

完成上级交办任务　一是积极配合中纪委、省纪委、市纪委和市检察院查办案件，全年参与办案共有15人次，近80个工作日；二是围绕地方政府中心工作，完成上级党政领导交办任务12项，审计中共查出违规行为金额244万元，促进增收节支16万元。

内部审计　马鞍山市共有61个内部审计机构，全年对104个单位进行了财务收支、经济效益、经济责任、基本建设等审计，查出损失浪费6272万元，促进增收节支4825万元，提出建议意见被采纳195条。

经济责任审计　全年共对41名领导干部任期经济责任进行审计，查出违纪违规行为金额7549万元，提出改进管理建议82条。组织人事部门参照审计结果和其它方面的考核情况，对其中5人给予降（撤）职处分，3人受到党纪政纪处理。

大案要案　马鞍山市审计局在对市劳动就业局审计中，发现该局在马钢以钢材抵缴失业保险基金的管理上极为混乱，造成失业保险被挪用735万元和损失295万元的重大案件，其中负有重大责任的涉案人员受到法律制裁。

【当涂县审计局】现有在职人员17名，设有人秘综合股、行政事业审计股、财政金融审计股和工商企业审计股，负责对全县25个乡镇及近80个县直部门的审计任务。局长钱其华，副局长唐朝龙、周代仁。

审计成果　共完成审计项目61项，为全年计划任务的125%，查出违纪资金4600万元，指明要求纠正资金4500万元，上缴资金35万元。移送纪检监察机关处理2人。荣获全省审计系统“先进集体”。

【淮北市审计局】2000年，共有在职干部、职工72人，其中大学本科学历28人，大专学历33人，局长吴锡福，副局长赵德荣、金文。设有办公室、综合科、人教科、经济责任审计科、工交审计科、商贸审计科、固定资产投资审计科、行政事业审计科、农业水利资金审计科、财政审计科、金融审计科和纪检组。

审计成果　全年共审计了7个财税部门、28个主管部门、79个二、三级预算单位及68个延伸单位，并对地方国库系统和城市3项附加收入进行了专项审计调查，查出违纪违规金额7548万元，补缴入库134万元。共对26家大中型企业进行了审计，查出违纪违规金额6077万元，其中收入不实1772万元，成本不实1998万元，损益不实815万元，组织力量对市一建公司进行了审计，对发现的违纪线索，及时移交纪检机关处理。全市对8家农村信用社1999年度资产、负债和损益情况进行了审计调查，并向政府领导提交了审计调查报告。组织对1997年至1999年国家立项的农业综合开发项目资金进行审计，审计资金1.49亿元，查处违反财政法规金额2154万元。市局获全省“农业审计先进单位”称号。共审计8个乡镇及下属55个部门单位1998年至1999年度的财政财务收支和负债情况，对24个村和27户乡镇企业的负债情况、152户农民收入和负担情况、农村税费改革情况进行审计调查，查处违纪违规金额2231万元。

内部审计　共开展审计项目300余项，纠正违纪违规金额4987余万元，促进增收节支2960万元。共有内审机构64个，人员202人。

经济责任审计　共完成19位县处级领导干部的任期经济责任审计，查出违纪金额1007.29万元，核实利润不实80.31万元，核实企业潜亏3626.76万元。

【濉溪县审计局】现有干部职工48人，设有农业审计股、财金审计股、企业审计股、综合股、行政事业审计股、办公室、经济责任审计分局和3个农村中心审计所，负责对全县24个乡镇和52个县直部门的审计监督。局长陈钦伦，支部书记王和浩，副局长郑黎光、单春晓、袁文军。

审计成果　全年共完成14个审计项目，审计单位63个，查出违纪违规资金8809万元。其中应缴财政561万元，追还被侵占挪用资金3161万元，为国家减少基建投资损失462万元。被安徽省审计厅授予"优秀项目"和"优秀单位"4次、"先进集体"1次。全年共完成领导交办任务4项，配合有关部门开展专项工作4项。

【铜陵市审计局】2000年，共有在职干部55人，其中研究生学历1人，大学本科学历19人，大专学历23人，局长姚新生，副局长陶和平、李丛林、宋同英、陈延友。设有人教科、办公室、综合科、工交审计科、商贸审计科、基建审计科、行政事业审计科、财金审计科、指导科、监察室等部门。

审计成果　共对131个单位进行了审计，出具了102份审计报告、审计意见书及审计决定书。查出各类违纪违规金额24910万元，应减少财政拨款或补贴资金60万元，应归还原渠道资金1950万元，应交财政653万元。共向各级党政机关以及有关部门提交审计专题报告和信息87篇，被市领导批示采用59篇。财政审计共审计单位49个，查出有问题金额6020万元，审计均提出了处理意见。企业审计共对26户企业进行了审计。共完成市委组织部和市纪委交办的22项行政事业单位领导干部任期经济责任审计任务。

内部审计　共有内审机构80个，内审人员168人。全年共开展各项审计工作636项，审计总金额38亿元，查出损失浪费金额1895万元，促进增收节支628万元，纠正违规金额196万元，共有306条审计建议被各级领导采纳。

大案要案　全年共移送市纪委案件线索6件，受理群众的信访举报案件2起。协助市监察局强化行政执法监察，对国债专项资金使用情况、粮食风险基金使用情况、扶贫救灾资金使用情况开展执法监察。

【安庆市审计局】2000年，共有在职干部、职工74人，其中大学本科学历17人，大专学历35人。局长钱发林，副局长倪桂林，纪检组长杨晓峰。设有办公室、人教科、监察室、综合科、财政金融审计科、行政事业审计科、农水审计科、固定资产投资审计科、外资运用审计科、工交审计科、商贸审计科、中央企业审计科等部门。

审计成果　全市共完成审计单位688个（其中地方各级领导交办的任务106项），查出违纪违规行为金额48221万元，其中应予收缴财政1187万元，已收缴审计专户1067万元。同时归还原渠道资金3510万元。全市共提交审计工作报告、信息355篇，被各级领导和新闻单位批示采用54篇。向司法机关移送案件1件，建议给予行政处分4人。市本级共完成审计单位92个，查出违规行为金额22186万元，应收缴财政539万元，已收缴审计专户486万元；共提交审计报告、信息61篇，被领导和新闻单位批示、采用12篇。全市各级审计机关配合纪检监察机关查处案件22件，配合司法机关查处案件4件。

完成上级交办任务　全市共完成署定项目计划167个，省定项目计划248个，地方各级领导交办项目106个。市本级完成署定项目计划32个，省定项目计划25个，市领导交办项目6个。

内部审计　全市已建内审机构241个，其中专职机构88个；内审人员637人，其中专职人员257人。共审计单位756个。查出损失浪费金额568万元，促进增收节支614万元，提出建议意见被采纳907条，已纠正违纪金额548万元。市本级已建内审机构66个，其中专职机构51个。内审人员212人，其中专职人员184人。审计单位640个。查出损失浪费金额555万元，促进增收节支538万元，提出建议意见被采纳732条，已纠正违规行为金额374万元。

经济责任审计　全市审计机关共对96个单位进行了审计，审计经济责任人132人，查出违规行为金额5950万元。

【安庆市迎江区审计局】现有干部职工4人，设有财政审计、行政事业审计、国企审计、经济责任审计、行政综合审计岗位，负责对全区6个街道办事处、18个区属国有企事业单位和29个区直部门的审计监督。局长张时民，副局长黄雪莲。

审计成果　全年完成各类审计项目10余项，审计查出违纪违规金额339万元，补缴预算外资金40.10万元，提出审计建议26条。较好地完成了省、市布置的审计项目计划和与区政府签订的年度目标。与此同时，积极配合区纪检、监察部门参与经济案件查处工作。

【安庆市大观区审计局】现有干部职工5人，设有财政审计、行政事业审计、国企审计、经济责任审计、行政综合等业务岗位，负责对全区7个街道办事处、24个区属国有企事业单位和29个区直部门的审计监督。局长何建生，副局长李义全。

审计成果　全年完成各类审计

项目10余项，审计查出违纪违规金额121万元，审计处理处罚金额28万元，提交审计报告、意见书和做出审计处理处罚决定及建议书11份，配合参与查处经济案件和进行预算外“收支两条线”专项检查与推动整改。

【安庆市郊区审计局】现有干部职工11人，设有办公室和业务股，负责对全区7个乡镇和34个区直部门的审计监督。副局长吴昌维、曹承霖。

审计成果　全年共完成审计项目10项，审计单位数32个。共查出各类违纪违规金额786万元，应上缴财政22万元，应追还被侵占挪用资金23万元，已上缴财政22万元。向各级党政领导和有关部门提交各类审计调查和综合报告10份，提供审计信息4条，向被审单位提出审计意见和建议32条。

【桐城市审计局】现有干部职工17人，设有行财审计科、企业审计科、经济责任审计科、综合科和办公室，负责对全市24个乡镇、4个街道办事处和102个市直部门的审计监督。局长何炜，副局长井大兆、王忠生。

审计成果　全年共审计了47个单位，查出违纪违规金额749万元，收缴财政174万元，为国家增收节支150余万元，提交审计综合报告12篇，审计建议94条。

【宿松县审计局】现有干部职工19人，设有办公室、综合股、行政经贸审计股、财金农业审计股和投资外资审计股，负责对全县22个乡镇和80个县直部门的审计监督。局长操宁生，副局长邓向东、王玉水、余桂林。

审计成果　全年共完成97个单位的审计工作任务，是年初计划的122%。查处违规行为金额5996万元，应上交财政129万元，应归还原渠道资金211万元，向有关部门建议给予行政处分的案件6件，协助有关部门查处案件3件。

【枞阳县审计局】现有干部职工20人，设有行政事业审计股、固定资产投资审计股、企业审计股、办公室，负责对全县27个乡镇和75个县直部门的审计监督。局长王中朝，副局长张文友、周尚书、唐亮义。

审计成果　共完成了对9大项目106个单位的审计监督工作。查出违规违纪金额6785万元，归还原渠道资金458万元，上缴地方财政125万元，共提出审计意见及建议268条，向上级审计机关和县委县政府提交审计工作报告及信息36篇，被批示和采用的12篇。荣获全省审计系统“先进单位”称号。

【太湖县审计局】现有干部职工14人，设有一科（工、交、商、粮、贸）、二科（行政、事业、财政、金融）、三科（农、林、水、外贸、基建），负责对全县26个乡镇和96个县直部门的审计监督。局长蒋卫东，副局长王群生、朱群模。

审计成果　全年共对8大审计项目56个单位进行了审计，查出各类违纪违规金额5718万元，收缴违规违纪资金31万元，归还原渠道资金50万元。提交各类审计工作报告、信息22篇（条）。工商系统审计、农业审计获省级“优秀项目”。圆满地完成了年度审计工作计划及领导临时交办的8个单位、12个任期经济责任人离任审计任务。

【怀宁县审计局】现有干部职工16人，设有办公室、行政事业审计股、财政金融审计股、工交企业基建审计股，负责对全县26个乡镇和61个县直部门的审计监督。局长孔垂和，副局长张涛、潘成庚。

审计成果　全年完成审计项目62项，查出违纪违规资金5273.95万元，其中指明要求被审计单位纠正有问题资金1549.25万元，要求归还原资金渠道675.89万元，责令限期向征收机关补缴入库税收26.33万元，决定收缴及处罚上交县财政64.26万元。全年查处“小金库”4个，金额87万元，发现并移交案件线索3件，对被审计单位提出审计建议和整改意见152条。

【岳西县审计局】现有干部职工15人，设有行政事业审计股、企业审计股、财金审计股、基建站和办公室，负责对全县28个乡镇和50个科级行政事业单位的审计监督。局长汪双俊，党组书记孟庆龙，副局长范建平。

审计成果　全年共完成审计（项目）单位76个，查出违纪违规金额609万元，明确要求纠正458万元，应归还原渠道资金24万元，决定处理处罚27万元，应上缴财政23万元，已上交财政13万元。提交审计工作报告、信息9篇，被采用5篇。协助有关部门核查经济案件2件，向纪检、监察机关移送1件。行政事业审计共审计8个单位，查出违规违纪金额142.37万元，要求纠正88.27万元，决定处罚收缴5.05万元，提出改进意见和建议30余条。扶贫资金和乡镇资金审计重点抽查了2个乡镇1998至1999年度扶贫资金运用、乡镇财政收支、行政经费收支情况，并对4个村的财务及部分农户进行了审计调查。同时审查了县直6个部门的财务收支情况，并对“零户统管”情况进行了延伸审计。查出违纪违规金额96.2万元，被挤占挪用农业专项资金36.4万元，决定归还被挪用资金9.2万元。外资运用审计审查了世行贷款林业发展保护、卫生开发、国际农发基金会和世界粮食计划署援助的农业开发等项目，涉及6个单位，审计总金额3117万元。企业审计共审计9个单位，查出违规金额33万元。金融审计对县联社及下属3个基层社的资产负债、损益情况进行了审计，没有发现违纪违规行为。基本建设投资审计共完成基建审计项目15个，审计投资总额2580万元，核减工程造价182万元，为国家挽回税金11.67万元。完成了10个乡镇的10位党委书记、5位乡镇长，3个局级单位的2位局长、1位主任，3所中学校长，3个企业法人的任期经济责任审计。共查出违纪违规金额285.62万元，决定罚没7.07万元，要求纠正金额184.45万元，提出改进意见和建议50多条，移送纪检、监察部门查处1人。

【望江县审计局】现有干部职工18人，设有办公室、企业审计股、财政金融审计股、行政事业审计股、基建外资审计股，负责对全县21个乡镇和40个县直部门的审计监督。党组书记邱全芳，局长王中元，副局长张启友、方向。

审计成果 全年共对5个重点企业单位进行审计。对2个下级政府财政决算审计，审计总金额1874万元，应上缴财政金额12525元，发现征解会计短款91224元，已移交纪委、监察部门。实施了农村信用联社1999年度财务收支审计，审计总金额3417万元，查出违纪金额120万元，应上缴财政10426元。基建外资审计核减工程款13万元，收缴审计专户5万余元。完成卫生、林业等4个部门外资审计，审计总金额580万元，指出有问题资金100万元并得到纠正。全年共对19个单位领导干部进行了任期经济责任审计。共计查出违纪违规金额696万元，上缴财政16万元。

【潜山县审计局】现有干部职工24人，设有办公室、行政事业审计股、工商企业审计股、财政金融审计股，负责对全县30个乡镇和县直各部门的审计监督。局长叶霜绿，党组书记董根普，副局长洪昌玉、梅笃锋、徐杏春。

审计成果 全年共对50个单位进行了审计，是年初任务的109%。查出各类违纪违规行为金额540万元；共为国家增收节支484万元，其中追还被侵占挪用资金219万元，减少财政拨款或补贴金额220万元，已上交财政45万元。提交审计工作报告信息15篇。

【黄山市审计局】2000年，共有在职干部、职工31人，其中大学本科学历8人，大专学历16人，局长吴树仁，副局长戴德铨、宋生钰、徐金武，纪检组长李文修。设有办公室、综合科、行政事业审计科、财金审计科、工交审计科、商贸审计科、基本建设审计科。

审计成果 全年完成审计单位37个，查出违纪违规行为金额12392万元，其中决定处罚198万元，指明要求纠正12194万元。应上缴财政162万元，其中已上缴财政132万元，应归还原渠道资金230万元，促进增收节支88万元，建议纪检监察部门给予行政处分1人。移送检察机关处理1人。提交审计工作报告、信息38篇，其中被各级领导批示和新闻单位采用15篇。

内部审计 全市有内审机构65个，其中在职机构37个，内审人员146人，其中专职人员56人，全年完成审计单位80个，查出被损失浪费8万元，促进增收节支203万元，提出建议意见被采用37条，已纠正违规行为金额20万元，向司法机关移送案件1件。

经济责任审计 完成经济责任审计65人，其中党政领导59人（处级1人），审计单位65个，查出违规行为金额2757万元，其中主管责任2725万元。直接责任32万元。

【黄山市屯溪区审计局】共有干部12人，设有人秘股、综合股、财政金融审计股、工交商贸审计股、行政事业审计股，负责对全区5个乡镇和80多个区直部门的审计监督。局长李寿官，副局长王家明、朱晓明。

审计成果 完成了对本级财政预算执行情况、国库办理预算收支情况、2个乡镇财政决算、乡镇资金、城乡信用社、外资运用项目、住房资金使用管理、义务教育经费管理使用及企业资产、负债、损益情况共9大审计项目，24个审计单位（包括跨年度的6个单位）的审计工作及区人大交办的卫生局、交通局2个评议单位的审计，还完成了区体委销售中国体育彩票及返还奖励情况的审计。共查出违纪违规金额3242万元。上缴财政3万元。

【黄山市黄山区审计局】共有干部职工14人，设有财政金融审计科、行政事业审计科、工交企业审计科、固定资产投资审计科和办公室，负责对全区19个乡镇和80个区直部门单位审计监督。局长陈跃华，支部书记洪国来，副局长胡恒春、刘祥永。

审计成果 共完成上级审计机关安排的审计项目11项，完成领导干部经济责任审计41人次，完成政府交办的审计项目3项，审计查出各类违纪违规资金总额4500万元，共对23个被审计单位作出了处理处罚，直接收缴金额28.94万元，责令补交财政预算资金54万元，申报补税31.18万元，收回被侵占公款4.17万元，调账减少成本费用8.37万元，当年为财政直接增加收入139.91万元，移送纪委或检察机关案件线索2

起。对财政、地税、地方金库以及7个主管部门和11个预算执行单位进行了审计，共查出违纪违规资金1273万元。2000年度，黄山区审计局被安徽省审计厅授予“先进集体”称号。

【黄山市徽州区审计局】共有干部6人，设有人秘科、企业审计科、行政事业审计科和财金基建审计科，负责对全区6乡1镇和61个区直部门的审计监督。局长方大海，副局长王云华。

审计成果 全年完成审计项目22项，其中署定项目7项，省定项目9项，市领导交办1项，查纠违纪违规金额956万元，应归还原渠道资金92万元。提交审计综合报告6篇，审计信息24篇，被区党政机关和上级审计机关采用10篇次。

【休宁县审计局】共有干部职工12人，设有综合办公室、财政金融审计股、企业审计股、行政事业审计股，负责对全县33个乡镇和47个县直部门的审计监督。局长蒋龙翔，副局长程雄坤、余春峰。

审计成果 全年实际完成审计单位36个，查出违纪违规金额763万元，审计收缴8万元，查出“小金库”5个，移交纪检监察部门处理1个。在地方交办的审计事项中，通过对某中心小学的财务收支审计，发现该学校有账外私分手续费的行为。通过外调发现其它学校也有类似现象，审计结果引起了县委、县政府及有关部门的高度重视，县委书记立即批示纪检部门予以查处，县长批示县教委，责成其按审计意见制定出相应的管理办法，下发各中心小学严格执行，此举每年可为全县教育系统增加收入20余万元。

【歙县审计局】共有干部职工15人，设有商贸企业审计股、财金基建审计股、行政事业审计股、综合股，负责对全县41个乡镇和136个县直部门的审计监督。局长张绳平，副局长王德济、汪俐。

审计成果 全年共安排审计项目14项，其中署定6项，省定8项，涉及被审计单位26个。全年实际完成审计项目（单位）42个，其中跨年度项目5个，完成县委、政府交办项目9项。通过审计，共查出各种违纪违规金额390万元，审计处理应收缴违纪金额18.4万元，已收缴入库16.3万元，入地税局1万元，收缴入库率达94%以上。全年提交审计综合报告和审计信息16篇，被县委、政府领导批示4篇次。

【祁门县审计局】共有干部职工14人，设有人秘综合股、企业审计股、行政事业审计股和财金基建审计股，负责对全县25个乡镇和43个部门的审计监督。局长王震，副局长方向、金世忠。

审计成果 全局全年共完成审计项目39个，其中上级审计机关安排审计项目计划21个，县委、县政府安排审计项目10个。查出违纪违规行为资金3846万元，应归还原渠道资金39万元，应收缴违纪行为资金15万元，已收缴上交财政15万元。被各级领导批示、采用审计综合报告、信息12篇（条）。由祁门县审计局组织审计的贫困地区林业发展项目、农村信用社、普通教育经费3个项目的审计分别获安徽省审计厅评选的全省优秀审计项目。

【黟县审计局】现有干部8人，设办公室、审计一股、审计二股，负责对全县12个乡镇和80个县直部门的审计监督。局长崔高生，副局长鲍辉明。

审计成果 全年共审计24个单位，查出违规行为金额831万元，归还原渠道资金7万元，向县委、县政府及上级审计机关提交审计信息、工作报告24篇，向检察机关移送案件1例。世行贷款“森林资源发展与保护”项目连续第3年荣获省审计厅“优秀审计项目”。

【滁州市审计局】2000年，共有在职干部职工52人，其中大学本科学历19人，大专学历22人，局长方家胜，副局长杨建奇、杨在欣、张枝根，总审计师叶宏斌。设有办公室、监察室、综合科及工交、商贸、行政事业、财政、金融、农业、固定资产投资审计科等部门。

审计成果 全年全市共完成审计单位415个，查出违规金额18165万元，其中市审计局完成审计单位76个。对4个市县区的财政决算进行了审计。局本级共对32个城乡信用社进行了审计，查出违规金额1605万元，收缴财政29万元。被省审计厅评为金融审计“先进单位”。对全柴动力股份公司（上市公司）进行了审计，对其募集资金的管理使用、对外投资、经济效益及母子公司关联交易等情况作了详细调查。这是滁州市审计机关首次对上市公司开展审计。该审计项目被省审计厅评为优秀项目。对全市1999年度义务教育经费进行了专项审计，审计资金总额4.3亿元，查出违纪金额1900万元。

经济责任审计 共对121个党政和企业领导干部进行了任期经济责任审计，其中县处级干部10人，查出违纪违规金额5277万元。此外，根据市人大要求，市审计局还对8个部门的领导干部任期述职情况进行了审计。

【阜阳市审计局】2000年，共有在职干部职工46人，其中大学本科学历20人，大专学历13人。局长杜醒中，副局长朱贺明、张双华，纪检组长罗良成，助理调研员王春典。

设有办公室，综合科、人教科、监察室、财政金融审计科、农业资金审计科、基本建设审计科、工业交通审计科、行政事业审计科、商粮外贸审计科等部门。

审计成果　全市共审计492个单位，是年度计划的147.3%，查出各类违纪违规金额26964万元，应交财政783万元，已交财政449万元；归还被侵占挪用资金4735万元，促进增收节支930万元，核减基建工程造价1415万元。共提交审计工作报告262篇，审计信息122篇，绝大多数被上级和党政部门采用；协助查处经济案件40余件。

完成上级交办任务　全年共完成当地党政领导交办的审计任务158个，内容涉及财务收支、财产清理、案件查处、破产审计和农村财务纠纷等多项。

内部审计　全市共有内审机构358个，配备内审人员690人，其中专职人员569人。共审计378个单位，其中经济责任审计33个，查处损失浪费2277万元，促进增收节支1165万元，提出加强企业经营管理的合理化建议被采用543条。

经济责任审计　全市共开展县以下党政领导经济责任审计129个(含副县级领导干部离任审计3个)，为国家挽回经济损失2280万元。经审计，有18名领导干部平调，10名提拔，4名因经济问题被降职、免职，3人被判刑。涉及一般干部党纪政纪处分的32人，司法机关追究责任19人，其中依法逮捕的7人。

【利辛县审计局】现有干部职工25人，设有人秘股、综合股、财金审计股、行政事业审计股、农水审计股、企业审计股、外资基建审计股，负责对全县26个乡镇和111个县直部门的审计监督。局长邢俊奇，副局长赵复贤、侯艳秋、高传海。

审计成果　实施完成了对85个单位的审计任务。审计查出违纪行为金额1275万元，决定处理处罚的52万元已上交财政，在指明要求纠正的1205万元中被挤占挪用的金额536万元，已责令限期归还，促进增收节支22万元。提交26篇审计工作报告和信息，被上级审计机关和地方政府批示采用23篇。先后对12个乡镇、15位离任领导进行了任期经济责任审计，审计查出12个乡镇存在收支不实，并有挤占挪用资金现象，对违纪违规的519万元，已按有关法律、法规进行了处理处罚。部分乡镇还存在财务管理混乱，为此县委、县政府制定出台了《利辛县领导干部任期经济责任审计实施办法》、《关于进一步加强审计监督，加大审计执法力度的通知》。

【涡阳县审计局】现有干部职工17人，设有人事秘书股、财政金融审计股、行政事业审计股、商粮贸企业审计股、工交企业审计股和综合股，负责对全县27个乡镇和79个县直部门的审计监督。局长张明远，副局长胡东禹、姜长海。

审计成果　全年共审计76个单位，查出各种违纪金额1308万元，上缴财政80万元。向党政机关提供综合报告，审计信息37篇，全部被采用；向各级媒体投稿20篇，发表10篇，同时，乡镇资金审计、财政审计荣获省厅“先进审计项目”。

【蒙城县审计局】现有干部职工28人，设有办公室、财金审计股、农水审计股、行政事业审计股、企业审计股、基建审计股、干审股，负责对全县25个乡镇和34个县直部门的审计监督。局长李如伦，副局长童希华、钥芳才、马杰、姜永勤。

审计成果　共审计81个单位，查出各类违规、违纪金额1775万元，其中应上缴财政105.5万元，指明要求被审计单位纠正1693万元，追还被侵占挪用资金13万元。提供各种专题综合报告、信息48篇，建议纠正地方部门不正当规定10条，协助有关部门查处案件12件。

【宿州市审计局】2000年，共有在职干部、职工32人，其中大学本科学历16人，大专学历10人，局长牛洪杰，副局长陈传国、李爱尊。设有财金审计科、基建外资审计科、商贸审计科、行政事业农林水审计科、工交审计科、综合科、管理科、办公室。

审计成果　全年计划审计(调查)单位322个，实际完成审计单位707个，其中完成各级党委、政府交办的审计单位118个。查出违纪违规金额44202万元，其中应上缴财政资金2352万元，已上缴财政资金1938万元，促进增收节支资金966万元，查出违纪资金百万元以上的单位32个，配合纪检、监察和司法机关查办经济案件18件。全市共提交审计(调查)报告、信息340篇，被各级党政领导批示、转发或上级机关采用163篇。共获得省审计厅28项综合奖和单项奖。宿州市审计局连续4年被省审计厅、市委、市政府授予“精神文明先进单位”和“岗位目标责任制先进单位”等光荣称号。

内部审计　全市企事业单位共设有内审机构132个，其中专职机构85个。共配备内审人员280名，其中专职人员209名。全年共审计712个项目，查出损失浪费金额569万元，促进增收节支资金1007万元，纠正各类违规行为资金1761万元。

经济责任审计　全市对93个单位的124名领导干部进行了任期经济责任审计，其中党政领导干部110名，国有及国有控股企业负责人14名。查出违规行为资金9767万元，决定处理处罚1197万元，指明纠正8570万元。审计结果平调干部108人，晋升5人，免职9人，降职2

人。市、县区都分别建立了任期经济责任审计联席会议制度。

【巢湖市审计局】2000年，共有在职干部、职工29人，其中大学本科学历9人，大专学历15人，局长郭宏云，副局长杨凌云，总审计师（党组成员）周善涛。设有办公室、综合科、财金审计科、行政事业审计科、商贸审计科、工交审计科、投资审计科并成立市审计学会。

审计成果　全年完成审计项目单位49个，是全年计划的175%。查出违纪违规金额18508万元，应交财政112万元，已上交财政171万元（含补缴以前年度81万元）。提交审计报告、信息106篇，被批示采用44篇，其中被市委、市政府领导批示20篇次。

内部审计　内审机构38个，内审人员75人，全年审计单位23个，提出建议意见被采用55条。

经济责任审计　成立巢湖市经济责任审计工作联席会议办公室，全年完成经济责任审计15项，查出违规行为金额5351万元。通过审计平调13人、晋升2人。

【巢湖市居巢区审计局】现有干部职工19人，设有人秘科、财政金融审计科、行政事业审计科、工交审计科、商贸审计科、基建外资审计科，负责对全区28个乡镇和45个区直部门的审计监督。局长赵建南，副局长滕辽生、杨祖才、洪涛。

审计成果　全年共完成23个审计项目，查出违纪违规金额8148万元，应交财政49万元，已交财政7万元。提交审计工作报告、信息6篇，被采用、批示2篇。

【含山县审计局】现有干部职工18人，设办公室、综合股、财政金融审计股、行政事业审计股、工商企业审计股，负责对14个乡镇和45个县直部门的审计监督。局长范厚培，副局长钱仁枝、曹文，党组副书记胡杰根。

审计成果　全年完成审计单位48个，查出违纪违规金额2270万元，应交财政36万元，已交财政32万元，提交审计报告、信息37篇，被批示采用14篇。全年配合纪检司法部门进行了3次经济案件审计，追回非法占用资金21万元，为国家挽回经济损失120万元。依法逮捕2人，取保候审3人，行政撤职1人，行政降级1人。2个项目被评为全省“优秀审计项目”。

【无为县审计局】现有干部职工17人，设有行政事业审计股、工交商贸审计股、财政金融审计股、综合股和人秘股，负责对全县35个乡镇和62个县直部门的审计监督。局长程松，副局长朱世贵、丁以豪。

审计成果　全年共查出违纪违规金额7016万元，应交财政190万元，已交财政132万元。提交审计工作报告和信息47篇，被批示和采用15篇。获省厅、市局优秀审计项目6个。对34个单位35位领导干部任期经济责任进行了审计，其中处级干部1人。查出违纪违规金额1520万元，其中被挤占挪用专项资金115万元，乱收费乱罚款799万元，私设“小金库”25万元，偷税漏税201万元。

【庐江县审计局】现有干部职工17人，设人秘股、综合股、财金审计股、行政事业审计股、企业审计股、投资审计股，负责对全县32个乡镇和43个县直部门的审计监督。局长夏修贵，副局长洪玉兰、王劲兵、郭为明。

审计成果　共完成审计项目16个，审计单位40个，共查出违纪违规行为金额4200万元，应交财政98万元，已交财政70万元，提交审计报告、信息50篇，被批示采用30篇。共设内审机构58个，内审人员147名，全年共审计132个单位，纠正违纪金额671万元，查出损失浪费金额106万元，有67条建议或意见被主管部门采纳。

2000年底庐江县审计局被安徽省审计厅授予“全省审计系统先进集体”荣誉称号；4个审计项目获省“优秀审计项目”称号。

【和县审计局】现有干部职工16人，设有办公室、综合股、财金审计股、行政事业审计股和企业审计股，负责对全县21个乡镇和70个县直部门的审计监督。局长刘国强，副局长唐传华、李安木、鲁本全。

审计成果　全年共审计（调查）项目单位59个，查出违纪违规金额5426万元，应上交财政47万元，已交财政36.1万元。提交审计报告、信息52篇，被批示采用22篇。内部审计共审计单位414个，其中经济责任审计39个。共查出损失浪费金额208万元，促进增收节支227万元，纠正违规行为金额2026万元，提出审计建议意见被采纳171条，向司法机关移送案件6件，对其中涉案人员建议给予行政处分12人，移送司法机关处理4人。

【六安市审计局】2000年定编30人，实有干部职工31人，其中大学本科学历8人，大专学历15人，局长赵海阔，副局长吴智金，纪检组长夏云，总审计师冯六合，调研员解登高、罗志宽，助理调研员、工会主席岳廷香。设有办公室、综合科、行政事业审计科、农林水审计科、工交基建审计科、财政金融审计科、商粮外贸审计科。

审计成果　全年共审计51个单位，查出违规行为金额6659万元，决定处理处罚477万元，指明要求纠正6182万元，应交财政304万元，已交财政173万元，应归还原渠道资金44万元，提交审计工作报告信息38篇，被地方党政领导和有关部门采用18篇。

内部审计　共对19个单位的财务收支和经济效益进行了审计，查出损失浪费金额16万元，促进增收节支22万元。

经济责任审计　共对15位县处级领导干部进行了审计，查出违规行为金额28万元，决定处理处罚23万元，指明要求纠正5万元，审计后，平调12人，晋升3人。

【六安市金安区审计局】现有干部职工18人，设有财政审计科、行政事业审计科、工业交通审计科、商粮外贸审计科、农业金融审计科、综合科、办公室和监察室，负责对全区22个乡镇街和76个区直部门的审计监督。党组书记兼局长王多成，副局长高良俊、朱玲、韦文海。

审计成果　全年共对全区72个单位进行了审计，查出各类违纪金额7558万元，审计决定上缴财政63万元，已上缴63万元。移交区检察院案件4例，已查处2人，移交区纪委5人。区委成立了离任审计领导组，制定了《金安区党政领导干部任期经济责任暂行规定》，建立联席会议制度。对全区42个单位领导干部任期经济责任审计，共查处各类违纪金额2470万元，决定上缴22万元，已上缴22万元。

【六安市裕安区审计局】现有干部职工23人，设有经济责任审计科、财政审计科、经贸审计科、行政事业审计科、农（业）金（融）审计科、综合科和办公室，负责对全区23个乡镇街道和49个区直部门的审计监督。局长许光玉，副局长雷安宁、曾贤圣、刘俊。

审计成果　全年共审计了56个单位（项目），共查处违规行为资金2900万元，应上缴财政42万元，已上缴财政35万元，应归还原资金渠道910万元，促进增收节支340余万元，挖出“小金库”8个。移交纪检案件1起，检察院处理2起。审计建议被区委、区政府采纳9条，在区、市、省等媒体上刊登信息37篇。

【寿县审计局】现有干部职工22人，设有办公室、财政审计股、行政事业审计股、金融审计股、工交审计股、商贸审计股及审计案件审理办公室，负责对全县32个乡镇和50多个县直部门的审计监督。局长（暂缺），副局长张成、吴本君。

审计成果　全年共完成审计项目5大项62个项目（单位），查处违纪金额1125万元，应收缴财政金额68万元，已收缴财政金额48万元，纠正归位各类资金1047万元，向县委、县政府提交16份审计报告和情况反映，向被审计单位提出68条加强财政管理的意见和建议。

【霍山县审计局】现有干部职工17人，设有工交审计股、商贸审计股、行政事业审计股和人秘股，负责对全县24个乡镇和62个县直部门的审计监督。局长高大国，副局长蒋植厚。

审计成果　共对财政金融、农业外资、企事业等76个单位（项目）进行了审计或审计调查，共查出违纪、违规金额4156万元，审计收缴80万元，全部缴入县财政，追回被侵占挪用资金214万元，促进机关企事业单位增收节支、提高经济效益120万元。

【霍邱县审计局】现有干部职工13人，设有财政金融审计股、行政事业审计股、工交商贸审计股和固定资产投资审计股，负责对全县33个乡镇和65个县直部门的审计监督。局长王树林，副局长胡甄、纪本俊。

审计成果　全年实际完成审计项目59个，是年计划的147.5%。审计总金额12亿元，比上年增长41%。查出违纪违规金额4776万元，指明应予纠正4712万元，决定处理处罚收缴60万元。全年共提交审计工作报告40份，审计建议96条，协助有关部门查处案件6件，促进被审计单位增收节支2227.3万元，是上年的6.3倍。

【舒城县审计局】现有干部职工17人，设有人秘股、行政事业审计股、工交审计股、财政金融审计股和商贸审计股，负责对全县30个乡镇和76个县直部门的审计监督。局长郑贤培，副局长许正莲、程龙，监察室主任许传久。

审计成果　共完成审计任务58项，是年计划的149%，查处违规行为金额40912万元，决定应上交财政137万元，应归还被侵占挪用资金178万元，已上交财政137万元，提交审计工作报告、调研报告、情况反映和信息并被县委、政府、上级审计机关和新闻单位采用18篇。

【金寨县审计局】现有在职干部职工20人，设有办公室、综合股（财政金融审计股）、行政事业审计股、企业审计股、基建审计办公室，负责对全县29个乡镇和57个县直主要部门的审计监督。局长孔庆海、副局长黄刚、漆学坤，局纪检组长张英洲。

审计成果　全年共完成61个审计项目，是计划的150%。审计查出违纪违规金额3450万元，建议追回被侵占挪用的资金1130万元，上交县财政违纪款105万元，为各单位提出内部管理方面的整改建议90余条。共完成地方党委、政府交办审计事项27项。

【叶集改革发展试验区审计局】 现有干部职工5人，负责对全区2个乡和14个区直部门的审计监督。局长孙永平，副局长孟凡铎。

审计成果 全局全年共完成审计项目33个，其中财政金融审计2个，行政事业审计21个，企业审计5个，基建投资审计5个。共查出违规违纪金额206万元，其中审计决定处理处罚金额40万元，指明要求纠正金额120万元，削减基建项目高估冒算46万元，应收缴财政40万元，全年实际收缴财政32万元。

【亳州市审计局】 2000年，共有在职干部职工11人，其中研究生学历1人，大学本科学历8人，大专学历2人。副局长魏超（主持工作）、陈陵生。设有办公室，综合法规科、财政审计科、金融投资审计科、经贸审计科等部门。

审计成果 亳州市审计局自2000年下半年组建以来，全局人员齐心协力，克服了种种困难，完成了组建、衔接、理顺、起步等工作，取得了阶段性成绩。目前，各项工作有条不紊，顺利进行。

【亳州市谯城区审计局】 现有干部职工74人，设有综合科、财政金融审计科、行政事业审计科、商贸审计科、工交审计科、农水审计科、基建外资审计科、办公室。局长陈昆仑。

审计成果 全年共完成审计项目19个，审计单位208个，查缴违规行为资金7888万元，上交地方财政102万元，提交审计工作报告、信息152篇，同纪检、监察等部门配合，查出各种违纪案件24起，共完成区政府交办事项11件，审计单位160个。共有内审机构7个，内审人员6人。共获省优秀项目4个。

【宣城市审计局】 2000年，共有在职干部18人、职工2人，其中大学本科学历10人，大专学历5人，局长项伟君，副局长张慧民、唐佑文。设有办公室、综合科、财政农水审计科、金融外资审计科、行政事业审计科、企业审计科、固定资产投资审计科等部门。

审计成果 全年共审计37个单位，审计查出违纪违规行为金额14595万元，依据有关法规，决定处理378万元，归还原渠道资金3372万元，收缴财政124万元。

全市审计机关重点确定了具有代表性的10个审计点，调查行政村29个、农户195个。通过审计，查出违纪违规金额1005万元，提出改进管理意见45条，移送纪检机关案件1起，处理2人。对世行24个贷款项目的审计，披露了挪用外资、配套资金不落实和损失浪费等问题，原宣城行署在全文批转审计结果综合报告时，加按语要求各县、市政府及有关部门认真研究并切实加以解决。《中国审计报》先后2次载文予以宣传。

内部审计 全市共对256个下属单位进行了审计，纠正违规行为金额6253万元，提出审计建议123条，建议给予有关责任人行政处分38人，移送司法机关处理1人。

经济责任审计 成立了以市委领导为首的任期经济责任审计领导小组，建立了联席制度。全年共对10名处级领导干部进行了审计。

【宣城市宣州区审计局】 现有干部职工19人，设有综合科、企业基建审计科、财政金融审计科、行政事业外资审计科、领导干部经济责任审计科，负责对全区39个乡镇街道办事处和59个区直部门的审计监督。局长胡名达，副局长张辉华、江爱明。

审计成果 全年共完成审计单位44个，审计查出违规行为金额1928万元，归还原渠道资金812万元，收缴财政资金61万元。

【宁国市审计局】 现有干部职工19人，设有财政审计科、行政事业审计科、企业审计科、综合科、办公室、经济责任和基建审计室，负责对全市29个乡镇和87个市直部门的审计监督。副局长王屹（主持工作）、俞丽俊，纪检组长谌富贵。

审计成果 全年共对51个单位进行了审计，其中署定项目12个，省定项目18个，地方领导交办任务21个。查出各类违纪违规金额3630万元，已上缴财政27万元，归还原渠道资金701万元。共向各级党政领导机关及有关部门提交审计工作报告、论文、信息62篇，其中地方领导批示25篇，上级审计机关采用28篇，新闻单位采用7篇。

【广德县审计局】 现有干部职工19人，设有办公室、综合股、财政金融审计股、行政事业审计股、经济责任审计股和企业审计股，负责对全县29个乡镇和40多个县直部门审计监督。局长应任祥，党组书记李春山，副局长陈菊凤、吴永木，监察室主任刘靖。

审计成果 共完成审计项目35项，其中署定10项，省定12项，县委、政府交办11项。是计划审计单位数的116.6%。查出违纪违规金额2999万元，审计报告、信息被采用14篇。税收督查及协助纪检监察部门抓好案件查处工作。

【郎溪县审计局】 现有干部职工14人，设有办公室、财政金融审计股、企业审计股、行政事业审计股、农林水审计股，负责对全县17个乡镇和85个县直部门的审计监督。局长陈道平，副局长杨连春、岑香。

审计成果 全年共完成审计项目单位43个，共查处违纪违规金额

6653万元，收缴财政专户资金20万元，督促归还原渠道资金825万元。配合县纪检监察部门和检察机关查办案件5起，为集体挽回经济损失44.2万元。向县委、县政府和上级审计机关提交审计报告和审计调查报告25份，其中综合报告4份，被领导批示采用11份。发出审计信息和宣传稿件45篇，提出审计意见和建议87条，下达审计决定7份，被采用的信息和稿件18篇。

【泾县审计局】现有干部职工17人，设有领导干部任期经济责任审计局（副科级单位）、财政金融审计股、企业审计股、行政事业审计股、办公室，负责对全县30个乡镇和76个县直部门的审计监督。党组书记兼局长汪玲，党组副书记兼纪检组长朱同义，副局长郝家定（党组成员）、叶茂枝。

审计成果　共完成审计45个项目单位，查出违规违纪行为金额2794万元，其中决定处理、处罚31万元。提交并被上级及新闻单位采用的报告、信息24篇，对16名科级领导干部实施了任期经济责任审计。与县纪委、县委组织部联合摄制了领导干部任期经济责任审计电视专题片得到了社会各界的广泛好评。

【旌德县审计局】现有干部职工20人，设有办公室、财政农水金融审计股、行政事业审计股、企业审计股和领导干部任期经济责任审计股，负责对全县14个乡镇和62个县直部门的审计监督。局长程观明，副局长程观武、王恒年。

审计成果　全年共审计28个单位，查出违纪金额863.50万元，收缴财政7.70万元。

【绩溪县审计局】现有干部职工17人，设有人秘股、行政事业审计股、金融农水审计股、企业审计股，负责对全县14个乡镇和70个县直部门的审计监督。局长汪炜，党组书记姚裕洪，副局长汪齐放、方飞龙。

审计成果　全年共审计44个单位，查出违规违纪金额1349万元，收缴财政33万元，提出审计意见和建议108条，上报审计综合报告和信息46篇（条），审计报告被县委、县政府领导批示8篇，信息被上级审计信息刊物采用12条，移送纪检部门案件线索1件。

【池州市审计局】2000年，在职干部职工18人，其中大学本科学历6人，大专学历6人，局长杨正尧，副局长张泽民。设有办公室、综合法规科、财金审计科、行政事业审计科、农林水外资审计科、企业审计科、固定资产投资审计科。

审计成果　全年共审计单位242个，查出违规违纪金额11366万元，其中决定处理处罚234万元，指明要求纠正1132万元。应上交财政112万元，已上缴财政70万元，应归还原渠道资金897万元，促进增收节支1074万元。提交审计工作报告信息86篇，被各级党委、政府和上级审计机关批示采用24篇。

完成了省审计厅和市委、市政府交办的各项审计任务90个。开展了县以下领导干部及市直10个单位县处级干部任期经济责任审计，审计总额1.3亿元，查出违纪违规金额1841万元，损失浪费金额10万元。同时积极配合纪检、监察机关开展了行业行风的评议，查办有关案件工作。

【池州市贵池区审计局】现有干部职工17人，设有办公室、行政事业审计科、工交投资审计科、财金审计科、农业外资审计科，负责对全区27个乡镇和70个区直部门的审计监督。局长纪明旺，副局长钟茅丰。

审计成果　共查出违纪违规资金2266万元，其中处理入库37.5万元，要求纠正的2227万元。提交审计工作报告6篇，提出审计意见和建议近百条。在《安徽审计》、《池州日报》刊登新闻稿4篇。

【东至县审计局】现有干部职工17人，设有财金商贸审计股、工交基建审计股、行政事业审计股和办公室，负责对全县32个乡镇和79个县直部门的审计监督。局长杨善权，书记宋德印，副局长唐华林、张金泉、季传宝。

审计成果　全年共审计68个单位，查出违规违纪金额2444万元，应交财政33万元，应归还原渠道资金184万元，已交财政14万元，促进增收节支金额134万元，向上级审计机关和县委、县政府提交审计工作报告、信息17篇，协助有关部门查处案件11件。

【石台县审计局】现有干部职工19人，设有行政事业审计股、工商企业审计股、财政金融审计股和办公室，负责对全县15个乡镇和42个县直部门的审计监督。局长查清林，副局长李建徽、周佩。

审计成果　全年共完成审计项目25项，是年计划的167%；涉及单位43个。审计查出违纪违规金额1468万元，应上缴财政金额10万元，已上缴财政7万元。为财政增收节支100余万元。并在财政、金融、工商、林业等项目审计中，先后被省厅评为“全省财政审计工作先进单位”、“全省农村信用社审计优秀单位”、“全省工商系统审计优秀项目”、“世行贷款贫困地区林业发展项目审计优秀单位”，石台县2000年被安徽省审计厅授予“全省审计系统先进集体”等荣誉称号。

【青阳县审计局】现有职工14

人，设有政秘科、综合科、行政事业审计科、财政金融审计科、企业审计科，负责全县16个乡镇和40个县直部门的审计监督。局长盛叶春，副局长张益平。

审计成果　共完成44个项目审计任务，是年初计划的110%；共查处各类违纪违规金额10.147万元，上缴县财政资金30万元，追回被侵占挪用和损失浪费资金105万元，移交经济案件1例。

【九华山管理处审计局】现有干部职工4人，负责对九华山管理处1个镇和23个处直部门的审计监督。局长陶能昌。

审计成果　全年共完成审计项目9个，审计总金额802.60万元，查出违纪违规资金136.20万元，提交审计报告8篇，审计信息1篇，提出审计建议24条。领导干部任期经济责任审计查出违纪违规资金6.06万元，提出整改意见7条。

福建省

【福建省审计厅】2000年，省审计厅定编164人，在编145人。厅机关设有办公室、法制处、经济责任审计处、财政审计处、金融审计处、行政事业审计处、经贸审计处（同时挂“中央属单位审计处”牌子）、农业与资源环保审计处、社会保障审计处、固定资产投资审计处、外经贸审计处、人事教育处和机关党委，另设有派驻纪检组、派驻监察室等部门；设有经济执法审计处、工交商审计处、教育审计处、信息科技审计处、卫生社保审计处、政法审计处、机关事务审计处、建设审计处、农林水审计处和文体广电审计处等派出审计处，设有福建省审计科研所、福建省审计干部培训中心、福建省审计厅审计举报中心、福建省审计厅计算机应用技术中心等直属事业单位。

领导成员

厅　长：冯声康

副厅长：蔡松林　梁亦秋

王光远

纪检组长：张子枢

福建省审计成果　2000年，全省审计机关共审计4386个单位（项目），查出违纪违规金额90.6亿元，其中应上缴财政4.03亿元，已上缴财政3.6亿元，应核减财政拨款或补贴金额9396万元；向司法机关和纪检监察部门移送案件及案件线索162起；提交各类审计工作报告及审计信息5368篇。

财政审计　进一步深化预算执行审计方案，加大财政收支真实性审计力度，突出审计财政资金管理使用的安全性和效益性。审计结果表明，财政、税务等部门存在省级预算收入结构不尽合理，预算支出执行进度偏慢，年终专项结转逐步加大；税务部门违规审批单位延期缴纳税款，省级对市县财政部门补助不规范，超范围供应财政资金；地方金库在预算执行中对财政部门向非预算单位拨款及违规退库等监管不到位等问题。审计部门的处理意见促使有关部门强化了依法理财意识，预算管理行为逐步规范，预算资金分配透明度也有了一定程度的提高。同年组织的政府负债情况审计调查通过组织试审制定了统一的审计方案和报表，基本摸清了全省各级政府的负债规模，针对政府负债偏重、偿债压力大，超财力举债搞建设，债务结构不合理、自身偿债能力差、还贷难度大，乡镇政府举债过多影响行政工作运转等问题，客观地分析了其产生的原因及其带来的负面影响，提出了加强政府债务管理、严格区分政府债务和企业债务等建议。省长习近平作了重要批示，并提交省长办公会议专题研究制定政府债务管理制度办法在全省实行。

以财政收入真实性为目标的泉州、福州两市人民政府财政决算审计重点是：地方政府执行国家财税政策方面、按照分税制体制上缴省级收入方面、地方政府管理和使用上级财政专项拨款补助资金方面以及同级审难以监督和反映的问题。审计发现了财政收支方面存在的大量问题，查出违规违纪金额35673万元，应增加财政收入16274.51万元。

金融审计　组织对福建华兴信托投资公司等6家财政信托投资公司1999年度资产、负债、损益情况实施审计。审计查出财务方面违纪金额较大，还相应补缴各项税款。审计发现和纠正了一些违规违纪事项及经营管理中存在的问题：损益方面存在隐瞒、截留、转移各项收入、收益以及私设“小金库”形成账外账，挤占成本费用、多列支出、高息放贷收取非法收入等。信托贷款方面不良资产比例较高。以借款人名义发放信托贷款、变相转移、挪作它用，采取“借新还旧”办法隐瞒不良贷款，贷款发放对象过于集中、贷款金额偏大，信托贷款的抵押担保不规范、相关资料手续不完整，贷前审查把关不严，贷中、贷后检查监督不力等。经营管理方面投资项目管理不到位，对外提供担保业务管理不规范，向境外拆借、超期限等违规拆借及逾期催收措施不力，固定资产购建缺乏必要审批手续以及管理不到位、不及时，不良资产未按规定程序依法报批等。据此审计提出增强财经法纪意识，严格执行国家信托政策，完善会计核算，规范财务管理；加强信托资产管理，建立、健全内部制约与激励机制等审计建议。

行政事业审计　根据本级预算执行审计总方案要求，配合财政审计处的非税性收入审计对省工商局、省无委办1999年度财务收支情况进行审计；对省工商时报社1996年1月至2000年6月财务收支情况进行审计；对福建金融管理干部学院1999年度财务收支情况进行审计。审计纠正了财务基础工作和管理上存在的问题，指出薄弱环节，对其报表上不准确的资产、负债、损益金额进行了调整，对违纪违规问题依法进行了处理和纠正。

对全省99个工商局1999年度财务收支和1998年度行政性收费、罚没收入进行了审计，并抽查审计235个工商所（站、队）。审计查出违纪违规金额28523.76万元。在依照现行有关财经法规进行处理的同时，提出了改进建议，为促进工商行政管理部门依法行政，全面落实收支两条线规定，健全和完善内部控制制度，提高财务管理水平，起到了积极的促进作用，省政府办公厅批转了审计综合报告。

企业审计　全省共对428家国有企业1999年度资产、负债、损益情况进行审计。审计调查情况表明，省委、省政府为国有企业争取三年脱困，建立和完善现代企业制度而采取的许多积极措施，已收到了较好成效。但也反映了有的国有企业存在资产质量不佳，潜在亏损数额较大；改制不规范，国家权益受到损害；会计信息失真较严重，不能真实反映企业财务状况以及经济效益不理想、财务管理和会计基础工作仍很薄弱等问题。对1999年省级副食品生产扶持金的使用情况进行专项审计调查，共抽查了23个生产基地和用款单位，审计资金占省级副食品生产扶持金的20%，曹德淦副省长对审计报告作了批示，并限令有关部门在15日内报告整改结果。对署定项目企业职工养老保险扩大覆盖面和当年全省企业职工基本养老保险基金收支预测进行审计调查，对其中亟待解决的问题提出了建议。省审计厅向审计署提出了全省企业职工基本养老保险扩大覆盖面的审计调查综合报告和全省企业职工基本养老保险金保险基金收支预测的审计调查综合报告。分析材料被省政府《今日要讯》采用。省劳动和社会保障厅就此专门向省政府汇报了改进措施。

农业专项资金审计　对福州市、厦门市1998－1999年度排污费征收、解缴和环保补助资金、污染源治理专项基金的分配、拨付，以及用款单位和污染源治理项目资金的管理、使用、效益情况进行审计，并对部分企业缴纳排污费情况进行延伸审计。审计发现的问题除部分与上年调查相同外，还存在环保部门违反规定将不属于“四项收入”的超标排污费收入列为“四项收入”；财政部门违反《预算法》规定将排污费用于平衡财政当年预算，未如实反映当年排污费收入和支出。福州市市长主持召开专题会议，对审计提出的问题研究制定具体的整改意见。省环保局专门起草了关于加强排污费工作的文件，并以省政府办公厅的名义下发全省各地执行。

社会保障审计　全省共审计各级人事部门社保机构83个，查出违纪金额4091.13万元，针对存在的问题，审计建议在全省范围内统一社保基金征收、使用、管理等办法，习近平省长作了重要批示，要求严肃查处有关问题。

全省共审计各级民政部门社保机构90家，查出违纪违规金额1795.56万元，审计综合报告揭示了农保基金存在极大风险和隐患：管理费提取比例过大、基金存在潜亏、挤占挪用基金的违纪违规行为比较严重、个别地市、县农保公司存在人员超编、管理费开支随意性大的问题。黄小晶副省长对此作了专门批示，要求民政部门认真整改。

固定资产投资审计　全年审结项目有福州大学化肥催化剂中心预（概）算执行情况审计、福建省高速公路有限责任公司财务收支情况审计和棉花滩水电站等14个省重点建设项目的跟踪审计调查以及省政府交办的驻京办“福建大厦”建设项目审计调查。项目计划总投资184.04亿元，审计共查出违纪违规金额300709.63万元，审计发现的主要问题有：资金不落实、不到位和到位不及时；多列概算，主要是部分项目未对未动用的价差预备费调减；转移挪用建设资金；部分工程未进行招投标或层层转包等。

经济责任审计　根据省政府领导批示，省委组织部、省审计厅向省委、省政府呈报《关于省级机构改革中对厅局主要领导干部进行离任审计问题的请示》。省委组织部委托省审计厅对职务变动的17名厅局主要领导进行经济责任审计。当年对其中的8名厅局领导进行审计，另外9名厅局领导在2001年的年度项目计划中统一安排。

外资运用审计　省审计厅组织了对福建福日集团公司、福建汽车工业集团公司及其下属子公司、控股公司1998～1999年度财务收支真实性审计。审计组严格按照《国家审计准则》等规范操作，注重突出会计报表审计，注重核实内部控制的有效性，资产的存在性、安全性，负债和所有者权益的真实性，或有事项、关联交易事项的存在性、正确性。摸清了企业家底、揭露了企业经营中存在的问题，并就有关问题向省政府进行了汇报。至2000年底，有关审计处理还在进行中。

1999年12月至2000年元月，省政府交办配合中央查处厦门走私“420”项目组工作，派出由70人组成的审计组，对九州商社、九州股份公司等下属单位共34家企业进行全面的资产负债和损益审计工作。厅领导亲任组长，统一调配审计力量、安排审计事宜。通过1个多月的紧张工作初步查清了该公司的家底，为省政府处理九州问题提供了可靠的依据。随后又组成6人审计组，对相关问题进行了再次核实，向中央专案组移交了大量案件线索，为查清公司违法和法人代表的犯罪行为起到重要作用。

大案要案 福建省各级审计机关共发现案件线索174件，其中向司法机关移送43件，向纪检、监察部门移送119件，建议追究责任人员150人，建议行政处分41人。这是历年来查出案件最多的一年，有以下特点：1、涉案人员层次较高，多为掌握经济实权的领导干部和企业高层负责人；2、财务人员涉案比例高；3、贪污、挪用公款犯罪多；4、“小金库”成为违法违纪案件的“温床”；5、公款私存现象不绝。

【福州市审计局】2000年，共有在职干部、职工317人（局本部107人），其中大学本科学历22人（局本部16人），大专学历173人（局本部63人），局长商光秀，党组副书记兼纪检组长游经成，副局长刘祖森、潘丽珠、郑子平。设有办公室、人教处、监察室、基建审计处、商贸审计处、工交审计处、外经审计处、农林水审计处、行事审计处、财经审计处、综合处、法规处等部门。

审计成果 全年完成审计608个单位（项目）；完成审计调查项目99项。查出违规行为金额160219万元；应上缴财政3407万元；应减少财政拨款或补贴金额550万元；应归还原渠道资金3054万元；促进增收节支金额878万元。提交各类审计工作报告和信息808篇，被各级政府和部门采用、批示334篇。建议纠正地方部门不当规定94条。查出百万元违规单位31个。

完成上级交办任务 共完成上级交办任务65件，查出违规金额4957万元。

内部审计 全市共有内审机构214个（其中专职机构93个），内审人员663人（其中专职人员232人），审计了751个单位，查出损失浪费178万元；促进增收节支828万元。提出建议意见被采用665条。向司法机关移送案件3件、4人。

经济责任审计 全年共审计111个单位，经济责任人122人。查出违规金额9231万元，损失浪费金额203万元；查出个人经济问题2宗；移送纪检监察机关6人。审计结果平调1人、晋升1人、免职2人。

大案要案 全年共发现案件线索40件，其中移送司法机关案件10件、移送纪委监察部门案件30件。

【福州市鼓楼区审计局】现有干部7人，设有综合审计科和业务审计科，负责对全区10个乡镇和40个区直部门的审计监督。局长郑义雄，副局长房贞彪、粘少梅。

审计成果 全年共完成审计项目12个，审计调查4项，查出违纪违规金额775万元，其中决定处理处罚95万元，指明要求纠正680万元，其中应上缴财政44万元，已上缴44万元。提交审计报告、信息27篇，被有关部门采用1篇，此外，还完成党政交办审计任务5项，任期经济责任审计10人。行政事业审计，查出违纪违规金额216万元，发现部分单位的预算资金使用不合规、预算收入未及时上缴、预算外资金发放超范围、超标准补贴、奖金等问题，均依法予以处罚。

【福州市台江区审计局】现有干部8人，无内设科室，负责对全区12个街道和66个区直部门的审计监督。局长郑莎，副局长王良。

审计成果 全年完成审计19个单位20个项目，查出违纪金额221.84万元，其中决定处理处罚77.11万元，指明要求纠正144.73万元，应交财政70.81万元，其中罚款1.08万元，完成党政领导交办工作7件，协办工作5件，完成经济责任审计8项。采用信息29篇，完成论文10篇，被省市有关刊物采用3篇。

【福州市仓山区审计局】现有干部7人，未设科室，负责对全区5个乡镇和54个区直部门的审计监督工作。局长林翼群，副局长郑铭、江信安。

审计成果 全年完成省厅下达的必审项目共5个，完成审计局下达的乡镇土地出让金收支情况审计调查。完成区自定的8个行政事业单位99年财政、财务收支情况及区委组织部通知的离任审计共24人。全部审计事项共查出违纪金额787万元，其中少缴预算收入41万元，乱收费23万元，财政支出挂应收款473万元等，提出整改意见88条，已被采用80条。

【福州市马尾区审计局】现有干部职工8人，设有综合审计科、行政事业审计科、国有企业审计科，负责对全区2镇1街和55个区直部门的审计监督。局长陈育德，副局长陈大楼。

审计成果 全年审计15个单位（项目），专项审计调查4项，全面完成审计计划。查出违纪违规资金2231万元。其中指明纠正2031万元，决定处理处罚201万元，决定上缴区财政666万元，已全部上缴。

【福州市晋安区审计局】现有干部10人，设有综合科、法规审理科、行政事业审计科和农林水城建工交审计科，负责对全区8个乡镇、3个街道和37个区直部门的审计监督。局长郑友法，副局长林凤飞。

审计成果 全年共审计25个单

位（项目），查出违规行为金额3099万元，完成审计调查4项，完成党政交办任务2项，审计工作报告8篇，审计信息14篇，被《福州审计》采用6篇、《审计动态》采用1篇、区《政务信息》采用2篇。向司法机关移送案件1件。

【福清市审计局】现有干部职工24人，设有综合科、法规审理科、财政金融审计科、行政事业审计科、基本建设投资审计科和企业审计科，负责对全市21个镇（街道）和68个市直部门的审计监督。局长方朝钦，副局长游行勇、何希弼。

审计成果 全年共审计62个单位（项目），向市纪检监督部门移送案件8件，查出违规行为金额4211万元（其中审计决定处理处罚金额988万元，指明要求纠正金额3223万元），应上缴财政139万元，促进增收节支878万元，提交审计工作报告信息58篇，被批示采用30篇（次）。完成市党政领导交办的审计事项4个；专项审计调查项目8个，审计调查单位数132个；受组织部门委托，完成24个单位27位党政领导干部任期经济责任审计任务。

【长乐市审计局】现有干部职工23人，设有综合科、财政金融审计科、行政事业审计科、工交商粮贸审计科、基本建设审计科，负责对全市18个乡镇、199个市直部门和38家国有企业的审计监督。局长陈崇国，副局长郑依凤、林春华、林升、陈鸿、王霞。

审计成果 全年共审计61个单位（项目），查出违纪金额3591万元，应上缴财政64万元，已上缴财政88万元（含历年追补缴34万元），完成审计调查项目6个。向纪检监察机关移送案件4起，提交各类审计工作报告，信息和论文39篇。

【闽侯县审计局】现有干部职工23人，设有财政审计科、综合科、行政事业审计科、基建审计科、企业审计科、法规审理科、监察室和办公室，负责对全县16个乡镇和78个县直部门的审计监督。局长程依香，副局长高振英、宋洪堤。

审计成果 完成审计项目40个，共查出违纪违规金额1972万元，其中作出处理处罚的有1438万元，在处理处罚中应上缴财政83万元，应上缴财政专户374万元，应退还原资金渠道191万元，均已上缴财政或纠正。向执法执纪机关移送违法违纪案件6件，全部立案审理。完成审计信息44篇，完成审计论文30篇，被县以上刊物采用53篇。

【连江县审计局】现有干部职工26人，设有综合科、法规体系管理科、财政金融审计科、行政事业审计科、工交商贸审计科和基本建设投资审计科，负责对全县22个乡镇和40多个县直部门的审计监督。局长黄康兴，书记陈俊贵，副局长郑新国、杨品忠。

审计成果 全年共完成审计项目48个，完成审计调查7项，是计划任务数的104%。查出违规行为金额1465.80万元；应上缴财政142.07万元，已上缴118.37万元，应归还被侵占挪用资金231.98万元，应调整预算收入199.63万元，对违纪单位处以罚款31.64万元，净核减基建预决算资金462.82万元，以上共为国家增收节支1068.41万元；向纪检监察机关移送案件1起，2名责任人员已被追究刑事责任；向当地党政和上级审计机关提交审计工作报告和信息75篇，被各级采用33篇41次，其中福建日报采用1篇，省厅采用5篇，报送审计论文27篇。

【平潭县审计局】现有干部职工21人，设有企业审计科、行政事业审计科、财政金融审计科、基本建设审计科、法规审理科、办公室、监察室，负责对全县15个乡镇和168个县直部门的审计监督。局长李于丰，副局长丁元恩、薛岚。

审计成果 财政收支审计8个单位，发现违规金额2262万元，应交财政8万元，处理728万元。行政事业审计8个单位，发现违规金额922万元，要求纠正911万元，应上交财政13万元。固定资产投资审计1个项目，发现违规金额45万元，要求纠正45万元，其中应归还渠道资金18万元。企业审计3个单位，发现违规金额74万元，要求纠正74万元，其中应上交财政6万元。外资运用审计利用世行贷款项，未发现违规问题。乡镇财政审计5个单位，发现违规金额138万元，要求纠正132万元，应上交财政6万元。全年进行审计调查70个单位，其中署定1个、省定4个。提交调查报告8篇。2000年印发《平潭审计》21期，市局采用4篇。审计报告得到县委、县政府领导批示1篇。共报送审计结果报告21篇，审计工作报告21篇，撰写审计论文7篇，参加学术交流1篇。

【永泰县审计局】现有干部职工18人，设有办公室、综合股、财金审计股、行政事业审计股、企业审计股和基建审计股，负责对全县21个乡镇、38个县直部门、45个事业单位和35个国有企业的审计监督。局长宋金秋，副局长郑远志、陈宝华。

审计成果 全年共完成审计单位（项目）51个，其中署省定项目7个、同级审9个、经济责任审计6个，是年度计划的110.87%；查出各类违纪金额590万元，其中决定处理处罚103万元，指明要求纠正金额487万元，应上缴财政金额92万元，已上缴财政金额71.71万元；全年完成审计调查7项，审计调查35个单位，其中省定项目5项、市定项目2项；完成党政交办事项10项，其中审计项目7项，审计调查3项；开展全县教育附加费专项审计，配合有关部门查处经济案件3起；共提交各类审计综合报告33篇，被县领导批示12篇，提交审计信息40篇，被采用13篇，提交审计论文10篇，其中2篇用于市学会学术交流。

【闽清县审计局】现有干部职工18人，设有综合科、行政事业单位审计科、财政金融审计科、固定资产投资审计科、商粮贸审计科和工交审计科，负责对全县2个乡镇和38个县直部门的审计监督。局长张樵太，副局长林从娇。

审计成果　全年共完成审计项目（单位）40个，完成审计调查项目8个，查出违规行为金额474万元，应交财政57万元，已全部收缴入库。应归还原渠道资金24万元，向纪检、监察部和司法机关移送案件9起。提交各项审计工作、信息54篇，被批示、采用34篇。财政审计对10个单位的预算执行情况和两个乡镇的财政决算进行审计，共查出违纪金额201万元，应上交财政35万元。外资运用审计共对县营林公司和杉村溪水电梯级开发有限公司进行审计，发现杉村溪水电梯级开发有限公司会计涉嫌挪用公款，移交县检察院立案查处。行政事业单位审计对县科协等18个单位的财政财务收支进行了审计。企业审计共对县公交公司等5家企业进行审计。受县委组织部委托，对县技术质量监督局和房地产开发公司原负责人进行了任期经济责任审计。

【罗源县审计局】现有职工17人，设有综合审理科、财政金融审计科、行政事业审计科、企业审计科和基本建设审计科，负责对全县11个乡镇和34个县直部门的审计监督。局长陈玉琴，副局长洪兆文、黄德旺。

审计成果　共完成项目31项、审计调查项目8项，查出违规行为金额3019万元（其中决定处理处罚金额871万元、指明要求纠正2148万元），应归还原渠道资金金额99万元，应上缴财政146万元，已上缴财政126万元，提交审计工作报告49篇、信息22篇、论文5篇，其中信息被有关刊物刊登6篇。

【三明市审计局】2000年，共有在职干部、职工44人，其中大学本科学历6人，大学专科学历23人，高级职称2人，局长李光钦，副局长卢维沙、林元琬，助理调研员林建明。设有办公室、人教科、综合科、法规审理科、财政金融审计科、行政事业审计科、工交审计科、商业审计科、外经贸审计科、农林水审计科、固定资产投资审计科等科室。

审计成果　全年共审计单位（项目）91个，查出违规行为金额9240万元，决定处理处罚3340万元，指明应纠正金额5900万元，应上缴财政2358万元，已缴财政2281万元，应归还原资金渠道1302万元。向上级有关部门提交审计报告或审计信息94篇，其中被采用或批示29篇。还对拒不执行审计决定的市防疫站给予全市内通报批评。

完成上级交办任务　共完成市人大、市政府交办审计事项4个，对市交通局、市土地局、市财政局基建项目资金进行专项审计，对全市交通运管进行财务收支审计。

内部审计　共有内审机构16个，其中专职内审机构9个。共有内审人员58人，其中专职内审人员40人，共审计单位268个，纠正违规行为金额5177万元，查出损失浪费金额8万元，促进增收节支73万元，建议被采用458条。

经济责任审计　开展任期经济责任审计7个，其中处级党政机关领导4人，企业法人代表3人，共查出违规行为金额1382万元，决定处理处罚151万元，指明要求纠正金额1231万元，查出个人挪用案件1起，挪用金额15万元并移送司法机关处理。

【三明市梅列区审计局】现有干部职工7人，设有企业审计股、财政行政事业审计股和综合股，负责对全区6个乡镇、街道和23个区直部门的审计监督。局长丁火生，副局长范宗里。

审计成果　共完成审计项目单位13个，共查出违规违纪金额60.45万元，其中指明要求纠正56.46万元，决定处理处罚3.99万元，提交各类审计工作报告及信息20篇。

【三明市三元区审计局】现有干部职工7人，设有办公室、财政行政事业审计股、企业审计股和综合股，负责对全区4个乡镇和72个区直部门的审计监督。局长龚培宁，副局长陈隐侯、蔡荣华。

审计成果　全年共完成审计项目32个，完成年初计划的133%。其中经济责任审计项目4个，专项审计调查项目6个。共查出违规金额326万元，其中应缴纳财政6万元，归还原渠道资金184万元。指明要求纠正的违规金额136万元。促进增收节支14万元。向司法机关移送经济案件2宗，建议追究责任人员2人，提供审计工作报告、审计调查专题报告和审计信息25篇，被有关刊物采用发表的12篇。

【永安市审计局】现有干部职工27人，设有人秘科、综合科、财金审计科、企业审计科、固定资产投资审计科、行政事业审计科和农林水审计科，负责对全市18个乡镇街道办事处和48个市直部门的审计监督。局长吴光增，副局长张邦起、黄四清。

审计成果 全年共完成55个审计项目（含审计调查14项），其中署、省定项目25项、涉及审计或调查单位共计122个，查出违纪违规金额256万元，其中决定处理处罚42万元，指明纠正213万元；参与了13户国有企业破产清算。共撰写各类审计信息111篇，被省级刊物采用1篇，上级机关采用16篇，当地报刊采用5篇。

【明溪县审计局】现有干部职工13人，设有人秘股、综合法规审理股、财经审计股、行政事业农林水审计股和工交商外经贸审计股，负责对全县9个乡镇和28个县直部门的审计监督。局长张天争，局党支部书记叶贻民，副局长黄传熙。

审计成果 共计完成审计和调查项目37个，其中经济责任审计5个；查出违规行为金额629万元，决定处理处罚金额124万元；指明要求纠正金额505万元；应归还原渠道资金68万元。查处“小金库”2个和协助检察院查处涉嫌贪污案件1起；提交审计工作报告、信息31篇，其中被县党政领导批示4篇，上级审计机关采用4篇。在深化“同级审”方面，县财政局根据审计建议，采取了切实有效的措施，最终实现了财政周转金“五个统一”的要求，将原先分散到各股管理的周转金集中到预算股统一管理，严格实行只收不贷原则；在对农村和企业养老保险基金开展的审计和调查中，对二者存在的共性问题进行了深刻的调查和研究，引起了县领导的高度重视，并做出了重要批示。

【将乐县审计局】现有干部职工13人，设有综合股、法规审理股、财政金融审计股、行政事业审计股、工商企业审计股和固定投资审计股，负责对全县13个乡镇和34个县直部门的审计监督。局长陈淑治，副局长陈仕朝、罗顺华。

审计成果 全年共完成审计（调查）单位（项目）63个，其中署、省、市定项目30个（含同级审11个），党政临时交办项目18个，共查出违规行为金额367万元，其中应上交财政26万元（已上交财政21万元），指明要求纠正341万元。向司法机关移送案件1件。向政府部门或上级审计机关提交审计工作报告36篇、审计信息29篇，被批示或采用32篇。编辑《将乐审计》专刊8期。

【大田县审计局】现有干部职工14人，设有办公室、综合股、法规审理股、财政审计股、金融审计股、行政事业审计股、企业审计股和固定资产投资审计股，负责对全县18个乡镇街道办事处和162个县直部门的审计监督。局长刘佳秋，副局长陈玉炳、章兴法。

审计成果 共完成101个审计项目（单位），查纠违纪违规金额5563万元，其中应缴财政金额183.09万元，已收缴41.09万元；追回被挤占挪用资金511万元；查补林业金费61.85万元；核减建设项目投资及财政补贴705.84万元；向有关部门移送财金违纪违规案件8件；提交各类审计报告、呈阅件、情况反映、审计信息65篇，被采用30篇。在对县机械集团公司总经理离任审计中，查出该集团公司及下属成员企业严重违纪违规金额1096万元，并将审计中发现的重大违纪违规案件线索8件移送纪检监察部门。共审结76个建设项目，核减建设项目投资及财政补贴705.84万元，其中组织固定资产投资审计中心开展73个建设项目竣工决算审计，送审金额4790.38万元，净核减工程造价669.61万元，净核减率为13.98%。

【宁化县审计局】现有干部职工14人，设有人秘股、法规审理股、行政事业审计股、企业审计股、财政金融审计股、农林水审计股和固定资产投资审计股，负责对全县16个乡镇和26个县直部门的审计监督。局长蔡绍启，副局长林以芬。

审计成果 共完成审计单位41个，全面完成署、省、市及县定项目。共查出各类违纪违规金额518万元，其中指明要求纠正303万元，应交财政27万元，已交财政27万元，应归还原资金渠道金额为188万元。向纪检监察部门移送并协助查办案件2件；提交审计综合报告及审计信息51篇，其中综合、专题报告17篇、审计信息22期，涉及内容34条，被采用14篇次。在开展下岗职工再就业资金审计中，发现部分企业单位截留、挪用“两节”送温暖资金，因涉及面广、性质严重，及时将此线索移送县纪委，并按县领导要求与县纪委联合开展专项调查、进行查处。

【建宁县审计局】现有干部职工14人，设有办公室、固定资产投资审计股、财金审计股、企业审计股、审理股、行政事业审计股、综合股，负责对全县10个乡镇和县级副科以上单位的审计监督。局长甘家福，副局长廖美琴、宁邦清。

审计成果 全年共审计单位（项目）31个，查出违规行为金额1220万元，决定处理处罚61万元，指明应纠正金额1159万元，应缴财政52万元，应减少财政拨款或补贴136万元，已缴财政41万元，应归还原资金渠道598万元，促进增收节支84万元，提交审计信息或报告37篇，其中被采用或批示15篇，向司法纪检监察部门移送案件线索2件，协助查处案件3件。在对县木材总公司审计中，查处违规行为金额120万元，收缴金额41万元，移送案件1件，批准逮捕1人。

【沙县审计局】 现有干部职工18人，设有办公室（含纪检监察室）、法规综合股、行政企事业审计股、财金基建审计股、经济责任审计股，负责对全县15个乡镇和33个县直部门的审计监督。局长刘万年，副局长魏钦权。

审计成果 全年共完成审计单位项目43个，审计调查项目8个，是年计划的164.5%，查处违纪违规资金1031万元，其中指明要求纠正资金972万元，决定处理处罚59万元，应交财政57万元，应减少财政拨款或补贴金额12万元，促进增收节支金额2万元；审计发现违纪违法案源4件，其中移送司法机关追究1起1人，移送纪检监察机关处理3起多人。配合纪检监察部门或专案组完成信访件、举报件审计2件，移送案源2起。提交审计工作报告、信息51篇，其中被批示采用35篇。

【尤溪县审计局】 现有干部职工46人，设有办公室、综合股、财金审计股、行政事业审计股、企业审计股、基建审计股和城关、梅仙、西滨、管前、坂面5个乡镇审计办事处，负责对全县15个乡镇和146个县直部门、56个国有企业的审计监督。局长郑耀兰，书记林昭黎，副局长邱康、王大铭。

审计成果 共完成58个项目的审计任务，查出违纪金额1512万元，其中应上缴财政76万元，追还被侵占挪用资金435万元。在对9个单位预算执行情况的审计过程中，查出违纪140.47万元，并对预算调整、批复不规范、周转金收支结转不真实等问题进行了披露，引起了有关领导的高度重视。对8位科级领导进行了任中经济责任审计，查出违纪256.22万元，查处“小金库”2个39100元，追回被挤占挪用专项资金219.37万元。

【清流县审计局】 现有干部18人，内有办公室、综合科、财政金融审计科、行政事业审计科、基建审计科和企业审计科，负责对全县15个乡镇和76个县直部门的审计监督。局长韦玲玲，副局长黄中创、卢云华。

审计成果 共完成审计项目49个，完成审计调查7项，审计查出违纪违规行为金额136万元，上缴县财政11万元，共提交审计报告信息33篇。通过对9个单位的预算执行审计，查出违规金额12万元，提出加强和改进财政管理切实可行的建议。同时，认真开展乡镇财政决算审计和政府负债情况、行政性收费等专项审计调查，查出违规金额24万元；查出单位欠缴养老金严重、挤占挪用专项资金等违纪金额17万元；严肃查处医药公司药品让利款未入账等“小金库”行为；通过对18个行政事业单位财务收支审计，查出违规金额60万元；先后对6个单位法人代表离任进行任期经济责任审计。

【泰宁县审计局】 现有干部、职工10人，设有办公室、综合股、财金审计股、企业审计股、行政事业审计股和固定资产投资审计股，负责对全县15个乡镇和146个县直部门、56个国有企业的审计监督。局长朱静，副局长陈列凤、吕孙娥。

审计成果 共完成审计项目（单位）55个，查出违纪违规金额437万元，归还被侵占挪用资金13万元，应上缴财政45万元，已入库45万元。提交审计工作报告、信息38篇，其中被上级有关部门采用、批示27篇。此外，还配合有关部门开展了清理检查工作3项。国有企业和国有控股企业审计成效明显。共审计了8家企业，查出违规行为金额247万元，应上缴财政30万元。并揭示了企业管理上存在的漏洞，促进企业加强管理；专项资金审计和审计调查有效地监督了专项资金的管理和使用情况；全年共完成了10个任期经济责任审计。

【莆田市审计局】 2000年，共有干部职工33人，其中研究生1人，大学本科学历9人，大专学历11人，具有高级技术职称3人。局党组书记兼局长王国模，副局长郑金栋、陈立人、钱元森、施春耀，纪检组长朱明，调研员许炳章。内设办公室、纪检监察室、综合审计科、财政金融审计科、行政事业审计科、工交企业审计科、外经商贸企业审计科、农林水审计科、基建审计科和市审计局驻湄洲湾北岸审计特派员办事处。

审计成果 全年全市共完成审计87个单位和项目，查出各类违纪违规金额12821万元，指明要求纠正金额7690万元，决定处罚金额5131万元，应缴财政金额401万元，促进增收节支金额53万元。

完成上级交办任务 根据市委、市政府的部署和要求，在全市范围内对为民办实事10个城建重点建设项目和中小学收费情况进行审计和审计调查，纠正重点工程建设项目的手续审批、资金管理、物资采购和财务收支等方面的违纪违规问题，规范了管理。对全市现有1171所中小学1998—2000年上半年的收费情况进行了专项审计调查，重点抽查面37%，查出各类违规违纪金额3750万元，“小金库”205个，金额923万元。

经济责任审计 完成领导干部任期经济责任审计33个，其中行政事业单位22个，企业11个，行政机关中处级领导干部11人，科级领导干部10人。查出违纪违规金额14900万元，决定处罚1127万元，指明纠正1275万元，依法追究有关责任人员3人。

大案要案 全年全市共发现经济案件线索29件，建议移送处理24件。在对农村社会保障基金审计时发现有2个乡镇的农保员涉嫌侵占、挪用和贪污农保基金3.63万元。

【莆田市城厢区审计局】现有在编人员8人，不设股室，负责对全区4个乡镇和75个区直部门的审计监督。局长林庆荣，副局长陈金福。

审计成果 全年共完成审计项目单位24个。其中署定项目3个，省定项目6个及单位15个，共查出违纪金额886.47万元，应缴财政60.09万元，上交财政54.82万元，入库率达91.23%。

【莆田市涵江区审计局】在编人员4人，不设股室，负责对全区3个乡镇、2个街道办事处和29个区直部门的审计监督。局长朱永恒，副局长郑秀梅。2000年经区编委批准成立“经济责任审计室”，为局机关下属全额拨款事业单位。

审计成果 全年共完成审计项目单位24个。其中省定5个，领导交办事项7个，干部经济责任审计2个。依法查出违法违纪金额1230万元，应缴财政金额108万元，审计发现案件线索12件全部依法移送纪检司法机关查处。立案查处5件，涉及人员2人；“小金库”5个共计61.3万元。2000年度被审计署办公厅、审计出版社评为“2000年度通联宣传工作优秀单位”等。

【莆田县审计局】共有人员28人，设有办公室、监督室、行政事业审计股、财金审计股、企业审计股、基建审计股和农林水审计股，负责对全县17个乡镇、35个县直部门和200多个企事业单位的审计监督。局长刘金贵，副局长黄志光、张云华、江金山。

审计成果 全年共审计了63个单位和项目，查出各种违纪金额11759万元，处理上缴财政201万元，已上缴财政169万元。查出“小金库”10个，查出违法违纪案件移送纪检监察部门处理5件，向县政府和上级审计机关提交审计综合报告15篇。同时积极配合党的中心工作，及时完成县委、县政府领导交办的专项审计任务13件。先后派出多人配合县纪委、监察局、县检察院、县农业局等部门查处有关专案。加强基本建设项目的全过程监督，审核基建决算项目31个，送审工程资金总额4389万元，核减工程造价376万元，净核减率8.6%。

【仙游县审计局】现有在编人员30人，设有办公室、行政事业审计股、财政金融审计股、国家资产投资审计股、工商贸审计股和乡镇审计所，负责对全县19个乡镇和31个县直部门及100多个企事业单位的审计监督。局长陈建仁，副局长罗成聪、黄明华。

审计成果 共完成了审计单位和项目101个，完成县领导交办和协办的审计事项25件，查出违规金额1.30亿元，应交财政211万元，应减少财政拨款20多万元，应归还原渠道资金106万元，已上缴入库182万元，审计查出“小金库”16个，完成建设项目竣工决算16个，送审造价22745万元，净核减2578万元，发现和查处各类经济案件14件，建议给予行政处分14人。提交审计工作报告、信息86篇，被批示采用的有58篇。

【泉州市审计局】2000年，共有在职干部、职工52人，其中大学本科学历16人，大专学历33人，局长詹汉民，副局长魏昭富、吴清水、黄志生。设有办公室、综合审计科、法规体系管理科、财政金融审计科、固定资产投资审计科、行政事业审计科、外经贸审计科、工交商审计科等部门。

审计成果 泉州市两级审计机关共审计488个单位，调查90个项目，还完成党政交办任务87项，其中任期经济责任审计49项。查出违纪违规金额6.37亿元，处理上交财政8250万元，核减财政拨款或补贴1702万元，归还原渠道资金1380万元，核减工程结算款1935万元，共为国家增收节支13267万元。发现11条经济案件线索，查出7个百万元违规单位和30个单位“小金库”1048万元。提交各类审计报告、信息846篇，被批示、采用522篇。

完成上级交办任务 泉州市审计局全年共完成35项上级交办任务，其中署定项目10个。一是财政决算审计及调查，审计了南安市、惠安县、永春县和泉港区4县（市、区）1999年财政决算，并结合审计对其财政决算的真实性情况进行审计调查；二是对市本级政府负债的规模、类型和投向进行审计调查，对举债原因和偿债能力进行了分析，向市政府提出了加强债务管理的若干建议；三是对市本级行政性收费及政府性基金进行审计调查；四是对晋江市供水一期工程、石狮市引水一期工程、肖厝5万吨级码头、宝洲污水处理厂4个省重点建设项目概预算执行情况进行审计跟踪调查；五是对企业养老保险基金、机关社会养老保险基金、农村社会养老保险基金3块社会保障资金1999年征收、使用和管理情况进行审计；六是对泉州港务集团有限公司、泉州金属有限公司2家重点企业1999年度资产负债损益进行审计；七是对5个外资运用项目的外债偿还能力进行审计调查；八是完成了对泉州市本级1999年度财政预算执行情况的审计，审计了财政、税务等14个预算执行部门和单位；九是完成对泉州泉联、泉州名城等2家会计师事务所有限责任公司的业务质量检查；十是完成对闽南侨乡信托投资公司1999年资产负债损益的审计。市审计局还完成了对泉州物资公司等7家国有企业领导人经济责任审计。审计结果引起了市领导的高度重视，市长、分管副市长均在有关审计结果报告上作出了批示，要求企业针对审计提出的问题和建议进行整改。

【泉州市鲤城区审计局】现有干部职工14人，设有综合科、财税审计科、行政事业审计科和企业金融审计科，负责对全区6个镇、街道办事处和27个区直部门、130个企事业单位的审计监督。局长黄种渥，副局长胡惠红、杜辉。

审计成果　完成审计项目17个，其中审计单位6个、审计调查项目11个，年末还有在审项目2个。审计查出违规行为金额787万元，依法作出审计处理和建议。应上交财政4万元，应减少财政拨款362万元，向地方党政和上级审计机关提交审计工作报告和信息47篇，被采用、批示19篇。

【泉州市丰泽区审计局】现有在职干部职工8人，设有办公室、行政事业审计科、企业审计科，负责对全区8个乡镇、街道办事处和46个区直部门的审计监督。局长黄国富，副局长李清坝。

审计成果　全年完成审计项目单位27个，查处违规行为金额662万元，处理处罚上缴财政55万元。完成政府交办的重点建设项目审计3个，共送审造价807.40万元，审定造价753.41万元，核减工程造价53.99万元，核减率为6.69%。开展对丰泽区粮食车队队长任职期间的经济责任审计。

【泉州市洛江区审计局】现有在职干部职工10人，设有秘书科、财政金融基建审计科、行政企事业审计科、经济责任审计科和固定资产投资审计中心，负责对全区6个乡镇和121个区直行政、企事业单位的审计监督。局长苏清良，副局长兰伟文、黄庚寅。

审计成果　共完成审计项目(单位)23个，查出违纪违规金额248万元，应上缴财政金额14万元(其中查缴税金1万元，对违纪单位处以罚款13万元)，归还原资金渠道4万元，审计核减基建投资166万元，核减率13.73%，上报各类审计信息34篇，被采用29篇。受区委、区政府的委托，完成对洛江区万安科技工业园土方工程等26个建设工程决算审计。通过审计核减工程造价152万元，核减率13.67%。共设立内部审计机构3个，内审人员15人。共完成对7个单位的财务收支审计，纠正违规行为金额8万元，促进增收节支12万元。

【石狮市审计局】现有在职干部职工14人，设有综合科、行政事业审计科和企业审计科，负责对全市7个镇、2个办事处和187个行政、事业及国有企业单位的审计监督。局长刘金钟，副局长孙进荣、章华旺、杜清耀。

审计成果　共完成审计项目39个，其中署定项目3个，省定项目14个，共查出违纪金额5197万元，处理应上缴和增加财政收入523万元，已缴523万元。报送审计综合报告和信息60篇，被新闻单位和上级审计机关采用47篇。完成对石狮市国家安全局局长1个项目的经济责任审计，查出违规金额7万元。受石狮市纪委的委托，协助“4·20”专案组查处案件，对涉案的石狮市公安局的账外资金、110基金、二轮办财务收支进行审计，查出违规违纪金额1458万元，没收上缴财政200万元，归还原渠道资金93万元。

【晋江市审计局】现有在职干部职工28人，设有办公室、财税审计科、行政事业审计科、金融固定资产投资审计科、工商企业审计科、农业外经审计科，负责对全市16个乡镇、街道办事处和234个市直部门的审计监督。局长许良志，副局长施养哲、陈犹远。

审计成果　共完成审计单位(项目)63个，查出违规行为金额9199万元，上缴财政336万元。向纪检、监察移送案件3件，协查案件5起，查出私设“小金库”单位4个。提交审计报告、信息67篇(次)，被采用62篇(次)。组织对28个建设项目、工程预(概)算金额10230.4万元的决算审计，核减造价744.3万元，核减率7.28%。

全年共完成党政交办任务6项，接受晋江市委组织部、宣传部的委托，对4个单位的5位领导干部进行任期经济责任审计，经审计受到政纪处分1人。对全市78家国有控股企业国家股运行情况进行审计调查，摸清企业家底。完成对15个乡镇的镇自有资金投入教育、教育事业费附加征管用情况的审计调查。

【南安市审计局】现有干部职工25人，设有办公室、财金审计科、企业审计科、文教事业审计科、行政审计科、基建审计科和经济责任审计科，负责对全市27个乡镇和356个市直部门的审计监督。局长傅健康，副局长陈建德、黄跃清。

审计成果　完成审计项目83个，共查出违纪金额6401万元，决定处理、处罚2800万元，收缴市财政174万元。本级预算执行情况审计，充分发挥审计为地方党政服务的作用，市长陈庆宗亲自在审计结果报告上签批有关单位进行纠正，市人大在人大常委会上要求审计机关在3个月内再一次做出关于对审计结果进行纠正的情况报告，在全市引起了极大的反响；对群众戏院财会人员贪污等2起案件进行移送；6月成立了经济责任审计科，当年共完成7个单位领导干部的离任审计工作。

【惠安县审计局】 现有干部职工25人，设有综合科、财政金融审计科、行政事业审计科、固定资产投资审计科和工交企业审计科，负责对全县16个乡镇和154个县直部门的审计监督。局长黄进辉，副局长刘培红。

审计成果　全年共完成审计项目（单位）70个，是年度计划的104%，查出违纪违规金额2849万元，其中应上缴财政226万元，已全额上缴。查出私设"小金库"14个，金额37万元；基建项目送审总金额3344万元，审计核定工程造价2996万元，核减率为10.4%。报送审计信息65篇，被采用58篇。其中1篇被国办政务信息采用，3篇被《中国审计报》采用，2篇关于任期经济责任审计的调研文章被《福建审计》采用。

【永春县审计局】 现有在职干部职工16人，设有秘书科、企业审计科、农林水审计科、固定资产投资审计科、行政事业审计科和财政金融审计科，负责对全县11个乡镇和117个县直部门的审计监督。局长张敏辉，副局长郑文艺、陈英丽。

审计成果　全县共审计44个单位（项目），其中预算执行审计10个单位，审计调查单位1个，完成年度计划100%。审计查出违规行为金额3373万元（其中决定处理处罚2061万元，指明要求纠正1312万元），应归还被侵占挪用资金111万元，税金26万元，罚款10万元，应上缴县财政1091万元，已全部入库。核减工程结算额411万元（其中305线核减401万元），减少财政支出401万元、业主支出10万元。完成专项审计调查5个项目，提交各类审计工作报告信息31篇（条），被地方党政领导及上级审计机关采用16篇。查处3起案件线索并移交县检察院、纪委监察及有关部门查处。

【安溪县审计局】 现有干部职工24人，设有综合股、财政金融审计股、工商审计股、行政事业审计股、固定资产投资和农业审计股、经济责任审计股和基建审计中心，负责对全县24个乡镇和64个县直部门的审计监督。局长林泗川，副局长李新建、叶文德。

审计成果　全年共审计75个单位（项目），查出违规行为金额6050万元，其中处理上缴县财政370万元，移送县检察院经济案件线索2件，向县党政领导机关、上级审计机关和新闻单位提交审计报告、审计信息86篇，被批示采用47篇。8月份局长林泗川应邀在泉州市"收支两条线"经验交流会上介绍工作经验，11月份在福建省经济责任审计工作会议和福建省审计系统党风廉政建设先进经验交流会议上介绍工作经验。2000年，被省委、省政府授予福建省第7届"文明单位"称号。

【德化县审计局】 现有干部职工18人，设有调研室、办公室、财政金融审计科、行政事业审计科和企业（基建）审计科，负责对全县18个乡镇和118个县直行政、企事业单位的审计监督。局长苏国友，副局长郑新民、林素红。

审计成果　全年完成60个项目（单位）的审计工作，查出较大数额的"小金库"1个，向司法机关移送重大贪污案件1起，建议行政处分2人。组织对县财政局、地税局、金库以及教育局、科技局、林业局等12个县直单位1999年预算执行情况和其它财政财务收支情况审计。对6个企业审计查出违纪违规金额34万元，处理处罚上缴财政32万元。行政事业审计完成了24个单位的审计，查出违纪违规金额59万元，处理处罚上交财政19万元。全年完成了10个单位的科级党政领导干部任期经济责任审计工作，并及时向县委、县政府提交审计结果报告。对全县乡镇教育资金投入专项审计中发现原南埕镇财政所总会计涉嫌贪污19.11万元的重大线索，及时移交县有关部门立案侦查。

【漳州市审计局】 2000年，共有在职干部、职工54人，其中大学本科学历13人，大专学历33人，局长黄永坤，副局长吴雪华、庄文龙、韩源亮。设有人事秘书科、综合审计科、政策法规科、外资商粮贸审计科、工交审计科、财政金融审计科、行政事业审计科、固定资产投资审计科等部门。

审计成果　共审计78个单位，查处违规行为金额78000万元，应缴财政1509万元，追还被侵占挪用资金252万元，向纪委监察部门移送案件2件，被批示采用文章信息35篇。

完成上级交办任务　共完成署定审计项目25个、省定项目19个及市政府领导交办的任务4个。市局对全市13个工商局1998年度行政性收费、罚没收入的收缴及1999年度财务收支情况审计，发现拖欠上级提成款435.79万元；暂扣款物管理混乱；累计经费超支2537.82万元等问题。市局审计漳州东环城路段工程及漳州战备大桥拆除重建等2个重点建设项目，共核减资金额500.36万元，引起市政府及有关方面重视。市局审计漳州糖厂等4家企业1999年度财务收支真实性，发现企业会计信息失真、企业资产质量不高、财会基础工作薄弱及欠缴税费多等共性问题。市局核定市毛纺厂虚增资产2600多万元，调减利润2740万元，核定市百货采购站虚增利润798万元，查出漳州糖厂欠缴税费82.52万元。

经济责任审计　市局审计市燃料公司原法定代表人在任期间经济责任，查出出售轿车等53.56万元“小金库”未入账，场地租金收入38.38万元等应补交税费5.33万元等问题。并对漳州新闻电子大屏幕中心法人代表任期经济责任进行审计。

大案要案　市局共向纪检部门移送2件经济犯罪案件。其中向市纪委移送漳州市商业储运公司原总经理涉嫌侵吞工程款3.07万元；向芗城区检察院移送包工头偷税9.59万元，原芗城区芝山镇大同村村长多付工程款12.28万元等犯罪嫌疑。

【漳州市芗城区审计局】现有干部12人，设有综合股、行政事业审计股、企业审计股、人秘股，负责对全区3个镇、1个开发区、6个街道办事处和24个区直部门的审计监督。局长林秀玉，副局长韩陆进、潘俊君。

审计成果　全年共完成对22个单位的审计，查出违规行为金额2178万元，决定处理处罚281万元，其中上缴财政216万元，减少财政拨款45万元。在对1999年区本级财政预算执行情况审计中，查出在预算执行中列收列支、违规安排专项资金、代征代扣税款管理不严、部门单位挤占挪用专项资金等问题，得到政府、人大的好评。完成政府交办的3家国有房地产公司历年开发的18个小区的财务收支审计；完成对科技局等10个单位的审计，查出各类违规行为金额482.90万元，完成了劳动、机关、农村社会养老保险金的审计，完成对东1号路南和319国道绿化工程的决算审计，核减工程造价46.53万元。此外，开展对政府负债、行政事业性收费和政府基金的审计调查。

【漳州市龙文区审计局】现有干部职工10人，未设科室，负责对全区4个乡镇和行政、企事业单位的审计监督。局长林辉荣，副局长黄锦波。

审计成果　全年共完成审计项目18个，查出违纪违规行为金额646万元，其中指明要求纠正573万元，应交财政73万元，已全部入库。提交审计工作报告24篇，提交给上级审计机关和地方党政领导的信息有16篇，其中被采用的有11篇。完成省定专项审计调查1个，完成省定专项审计1个，完成地方政府交办审计事项3个。

【龙海市审计局】现有干部职工22人，设有人秘股、综合股、财政金融审计股、行政事业审计股、企业审计股和固定资产审计股，负责对全市22个乡镇（场）和100个市直部门的审计监督。局长戴坤海，副局长高跃强、郭翠琴。

审计成果　共完成审计单位（项目）52个，查出违纪金额5620万元，处理上缴80万元，已缴45万元，应缴财政专户的预算外资金10万元，追还被侵占挪用的资金1867万元，完成党政领导交办事项3件，协助查处经济案件2起，移送纪检监察机关案件1起，提交的审计报告及信息被采用5篇。财政审计共审计12个单位，查出违纪金额2772万元；经济责任审计17个单位，查出违纪金额608万元，追回赃款29万元，有8名领导干部受党纪政纪处分；审计30个行政事业单位，查出违纪金额1294万元，处理上缴72万元，追缴预算外资金54万元，追还被侵占挪用资金348万元；对6个国有企业的资产、负债和损益进行了核实，查出违纪金额120万元，查处3家企业私设“小金库”的行为；基建审计2个项目，查出违纪金额1114万元，核减工程造价143万元，追还被侵占建设资金960万元，处理上缴财政金额6万元。

【平和县审计局】现有干部职工17人，设有人秘股、综合审计股、企业审计股、行政事业审计股、财政金融审计股、固定资产投资审计股和监察室，负责对全县16个乡镇（场、工业区）和130个县直部门的审计监督。局长王木泉，副局长叶向阳、张明山。

审计成果　全年共完成审计项目71个，其中署定、省定项目11个，经济责任审计15个，党政交办的项目25个，完成年度审计任务的203%，查出违纪违规金额1908.15万元，处以应上缴财政41万元，向纪检，检察机关移送案件4起，提供综合报告、专项报告、信息等85篇，被批示采用67篇。被省审计厅评为全省审计系统“党风廉政建设先进单位”等荣誉。

【南靖县审计局】现有干部职工19人，设有人秘综合审计股、财政金融审计股、行政事业审计股和企业审计股，负责对全县12个乡镇（含高科技工业园区）和48个县直部门的审计监督。局长张林林，副局长王松溪、沈建明。

审计成果　全年共完成审计项目42个，其中完成署、省定项目11个，党政委托交办项目7个，查出各类违规违纪金额134万元，应上缴县财政15万元，入库34万元（含追缴前年度拖欠应上缴款入库19万元），追回被侵占挪用资金28万元，审计工作报告和信息被采用8篇。

【诏安县审计局】现有干部职工15人，设有人秘股、经济责任审计股、财政金融审计股、企业审计股、行政事业审计股和投资审计股，负责对全县16个乡镇和62个县直部门的审计监督。局长何才成，副局长沈志坚、蒲巧雄、沈卫建。

审计成果　全年共审计了41个单位，查出各类违规违纪行为金额1356万元，指明要求纠正892万元，决定处理处罚464万元，应交财政金额339万元，已交财政183万元（其中罚款7万元），向司法机关移送案件2起2人，向纪检监察部门移送案件1起1人；提交审计工作报告、信息36篇，其中21篇信息被采用。

【漳浦县审计局】现有干部职工23人，设有人秘股、综合审计股、工交企业审计股、外经商贸审计股、行政事业审计股、财政金融审计股和固定资产投资审计股，负责对全县33个乡镇（场）和42个县直部门的审计监督。局长刘海龙，副局长卢宗金。

审计成果　共完成审计项目64个，查出违规违纪行为金额1060万元，查处百万元以上违规单位1个，处理应缴财政398万元，提交审计工作报告信息52篇，被批示采用25篇。全年"同级审计"查出各种违规行为金额421万元，处理应缴财政315万元，针对财政管理薄弱环节，提出财政综合零基预算制度、收支两条线、推行政府采购等审计建议，并制定相应的管理措施；共完成署定省定项目11个；分析了负债规模结构、资金使用效益以及偿债能力等方面存在的问题，并提出审计建议；全县行政事业性收费、政府性基金审计专项审计调查，揭露出行政事业性收费、政府性基金征收管理过程中存在的问题。固定资产投资审计共查出违规行为金额304万元，核减工程造价40万元，其中对某单位综合大楼进行竣工决算审计，经审计又核减工程造价10多万元。

【华安县审计局】现有干部职工17人，设有综合审计科、财政金融审计科、行政事业审计科、工交基建审计科和商粮贸审计科，负责对全县10个乡镇和111个部门的审计监督。局长庄山东，副局长林鸿安。

审计成果　全年共完成审计项目（单位）53个，审计调查项目4个。查出违规行为金额2001万元，决定处理处罚141万元，指明要求纠正1860万元，应缴财政141万元，已缴财政141万元，应归还原渠道资金194万元，移交纪检监察机关案件1件，提交审计工作报告、信息20篇，被党政、上级审计机关、审计报刊采用16篇。

【东山县审计局】现有干部职工14人，设有综合审计股、行政事业审计股、财政金融审计股、企业审计股、投资审计股，负责对全县7个乡镇和14个县直部门的审计监督。局长许永和，副局长李建明。

审计成果　共完成审计项目单位51个，完成年度项目计划的142%，查出各类违规违纪金额865万元，处理应上缴县财政金额162万元，提交各类审计综合报告和信息19篇，其中被上级审计机关和县党政部门采用11篇。

【长泰县审计局】现有干部职工16人，设有综合股、财金审计股、企业审计股、行政事业审计股、固定资产投资审计股，负责对全县6个乡镇（场、工业区）和36个县直部门的审计监督。局长吴春金，副局长叶阿滨、陈清峰。

审计成果　共完成审计项目26个、审计调查项目4项，向上级审计机关和县委县政府报送专项审计调查报告和审计信息11篇，审计查出违规违纪金额1881万元，应上缴国库53万元，应减少财政拨款和补贴36万元，促进增收节支38万元。开展对7个乡镇（场、工业区）主要领导任期经济责任审计；开展对行政事业单位执行收支两条线的审计监督及社保基金、政府负债项目、国外贷援款项目、行政事业性收费和政府基金收支情况4个项目的审计调查；开展对基建工程竣工决算审计，其中角泰路工程审计金额1280万元，经审计核减190万元，查出涉嫌贪污案件1起并移送纪检监察机关。

【云霄县审计局】现有干部职工22人，设有综合股、财政金融审计股、行政事业审计股、企业审计股和固定资产投资审计股，负责全县10个乡镇（场）和49个县直部门的审计监督。局长王彩云，副局长王霖春、周永江。

审计成果　全年共审计项目102个及专项调查4个，共查出违规违纪金额7521万元，其中给予指明纠正金额5517万元，决定处理处罚2004万元，处理应上缴财政219万元，其中已上缴财政190万元，责令归还原渠道资金46万元，提交审计工作报告及信息31篇。

【南平市审计局】2000年，共有在职干部、职工38人，其中大学本科学历11人，大专学历18人，局长陈华瑞，副局长孙师佣、张延丁、栗云。设有人秘科、综合科、财金审计科、行政事业审计科、工交审计科、投资审计科、商粮贸审计科、法规科。

审计成果　审计单位数33个，查出违规行为金额12484万元，应交财政2538万元，已交财政2192万元，被当地党政部门及上级审计机关采用信息40篇。开展了对1999－2000年度建瓯、邵武、浦城县（市）财政决算审计调查，对财政运行状况进行评价，分析了财政不真实的原因，向上级领导机关写了专题调查报告。对财政、交通、公安、民政、土地及邵武竹浆厂等单位进行了行政性收费和政府性负债的调查，发现南平市行政性收费、政府性基金收入的总体规模为1.54亿元，政府性负债总额达28.93亿元，指出了该市行政性收费、政府性基金项目审批管理中存在的个别政府自立收费项目、违规坐支、未按规定上交财政、票据管理不规范等问题，并向南平市政府作了汇报。对南平电视台、闽北报社、市卫生防疫站1999年度财务收支审计，查出违规行为金额491.53万元。通过对机关社保基金和农村社保基金进行审计，核实了基金收入、支出、结余的真实性，揭示了农村社保公司挪用社保基金以及机关社保公司超标准提取管理费等问题，为机关社保基金和农村社保基金顺利移交劳动部门统一归口管理打下了基础。对市政府交办的南平市交通开发投资总公司205国道K2154、K2155两标段边坡治理工程招标标底进行审计，审计后，减少124.50万元，核减率达50.83%。

【南平市延平区审计局】现有干部职工22人，设有综合科、工交商贸审计科、财政金融审计科、行政事业审计科和固定资产投资审计科，负责对全区16个乡镇、办事处和46个区直部门的审计监督。局长薛中英，副局长林防隆、高松。

审计成果　全年共完成审计项目45个，占全年审计项目计划112%，查出违纪违规金额811万元，其中应上缴财政39万元，已上缴财政21万元，应归还侵占挪用资金206万元，共提交审计工作报告、信息11篇。完成党政领导交办的审计任务15项。本级预算执行情况审计查出的各项违规违纪金额共计150万元。养老保险基金的审计和审计调查，查出违纪违规金额共计260万元。对区15个行政事业单位的各种专项资金、基金、经费、行政性收费和罚没收入的真实、合法进行审计，查出违纪违规金额272万元。

【建瓯市审计局】现有干部职工17人，设有办公室、综合审计科、行政事业审计科、财政金融审计科、工业交通审计科、商粮贸审计科和固定资产投资科，负责对全市18个乡镇、街道办事处和76个市直部门的审计监督。局长陈力华，副局长莫政健、何吾树。

审计成果　全年共审计了76个单位（项目），查出违纪违规行为金额1031万元，其中决定处理处罚117万元，上缴财政金额43万元，指明要求纠正金额914万元，追还被侵占挪用金额61万元，查出各类“小金库”14个，金额40万元。完成当地党政领导交办事项12项。协助有关部门查处经济案件5件，向司法机关移送案件线索1件。全年共报送审计信息53篇，被有关领导、部门批示采用34篇。根据市委交办，派出审计小组对部分行政村村民多次上访的问题，对有关村级财务进行了审计，并将审计结果向村民公布，同时对审计查出的违规违纪问题移交司法部门处理。

【邵武市审计局】现有干部职工29人，设有综合科、财政金融审计科、行政事业审计科、固定资产投资审计科、工交商贸审计科和农林水审计科，负责对全市19个乡镇和275个县直部门的审计监督。局长陈简同，副局长戴惠桢、郑明辉。

审计成果　全年累计完成审计任务53项，署定项目6项，省定项目5项，党政交办项目6项。查出违纪违规金额4563万元，其中归还原资金渠道34万元，抵减财政拨款或补贴71万元，应上缴财政金额98万元，已上缴财政80万元，促进增收节支1万元。全年完成基建工程审计2项，送审金额2434万元，核减工程造价87万元，核减率为3.6%，提交审计信息57篇。对重点建设项目邵武迎宾大道、人民广场进行了竣工决算审计。其中迎宾大道送审工程造价1580.80万元（招标工程），审定造价为1568.12万元，净核减12.68万元，净核减率为8%，人民广场（土建项目）送审852.89万元，审定造价778.16万元，净核减74.73万元，净核减率为8.76%。

【武夷山市审计局】现有干部职工17人，设有综合审计科、行政事业审计科、财政金融审计科、工业交通审计科、商粮贸审计科和固定资产投资科，负责对全市10个乡镇和70个县直部门的审计监督。局长张贤军，副局长黄学进、张虹。

审计成果　全年共完成审计项目计划70项，共查出违纪违规金额2027万元，应上缴财政239万元（其中任期经济责任审计违纪违规金额110万元），已上交财政97万元。财政预算审计共审计单位50个，查出违纪违规金额80万元，增加财政收入76.93万元，减少财政支出95.20万元。安排全市53个单位自查反馈。

【建阳市审计局】现有干部职工16人，设有综合审计科、工业交通审计科、行政事业审计科、财政金融审计科、商粮贸审计科和固定资产投资审计科，负责对全市13个乡镇和60个市直部门的审计监督。局长李书辉，副局长李国强。

审计成果　全年共完成审计项

目45个，查出违纪金额349万元，应上交财政20万元，已上交财政11万元。提交审计工作报告、信息25篇。完成党政交办任务8项。

【松溪县审计局】 现有干部职工13人，设有综合科、法规科、财政金融行政事业审计科、工交农林水审计科、商粮贸审计科和基建审计科，负责对全县9个乡镇和县直各部门（单位）的财政财务收支进行审计监督。局长李德辉，副局长黄连娣、徐少华。

审计成果 全年共审计35个单位，是年度计划103%，查出违纪金额311.4万元，上交财政15.9万元，纠正或追还被侵占挪用资金59万元，提交专题信息或论文3篇。

同级财政预算执行审计揭示了财政收支管理方面存在县、乡财政没有自成体系，分别编报，预算执行中存在随意性；财政收入不实，财力增长乏力；现有财力不敷支出，靠争取上级补助并占用部分财政专款以弥补赤字；各级不同程度截留挪用财政专款，影响了财政规范管理和有效监督。经审计建议，县人大要求财政部门规范预算，县乡两级财政预算应当自成体系、分别编报，财政应向县人大常委会补报2000年县本级财政收支预算，年终单独编制县本级财政收支决算，报县人大审批；预算经本级人民代表大会批准后，按照批准的预算执行，“财政收支决算表”的“年初预算数”应与县人大批准数一致。

【光泽县审计局】 现有干部职工15人，设有综合科、财金行政事业审计科、企业审计科和基建审计科，负责对全县7个乡镇和50多个县直单位的审计监督。局长宋凤英，副局长谢建英、庄定良。

审计成果 全年共完成审计单位项目64个，完成计划的160%；查出违纪违规问题金额2544万元，其中查处“小金库”5个，金额239万元；应追还被侵占挪用资金98万元；应上缴财政65万元，已入库36万元；完成党政交办任务10项，配合有关部门查办案件等20项。共对2个行政单位的主要领导进行了离任审计。配合纪检、监察部门查处违法违纪案件，查处了某林场私设“小金库”355万元，某酒业公司私设“小金库”192万元等案件10多起，挽回经济损失100余万元。

【顺昌县审计局】 现有干部职工15人，设有综合科、财金金融审计科、行政事业审计科、工交商企业审计科、农林水审计科和固定资产投资审计科，负责对全县14个乡镇和330个县直部门、单位的审计监督。局长范隆坤，副局长许发庆、彭平弟。

审计成果 全年完成审计项目71个，超额完成年度计划36.5%，共查出违纪违规金额810万元，应收缴财政82万元，已收缴财政80万元，追回被侵占挪用资金78万元，共为国家增收节支158万元，向上级和县党政机关提交审计报告、信息37篇，被采用26篇。在对贵岭电站技改项目、316国道财务决算及县交通培训中心竣工财务决算审计中，完成决算审核7256万元，净核减133万元。在对农村救灾保险基金审计中，发现账目混乱，管理费用缺乏控制，保险基金发放手续不完整，白条现金支付款项较多，所附理赔单不全，理赔对象弄虚作假及挪用救灾资金等问题，审计组向县政府作了汇报，并作了处理。

【浦城县审计局】 现有干部职工14人，设有综合科、法规科、行政事业审计科、工交商审计科、财金审计科和固定资产投资审计科，负责对全县19个乡镇和82个县直部门的审计监督。局长林锋，副局长汪春孙。

审计成果 全年共完成72个审计项目，其中完成署、省定项目10个、任期经济责任审计3个，是年度项目计划的102.8%，查出各种违纪、违规资金1897万元，查处应缴财政资金120.82万元，已收缴入库92万元。在审计中发现重大违法、违纪案件3起，涉案4人，其中移送县纪检监察部门查处的1起，移送有关主管部门纪检监察室的2起，受党纪政纪处分2人，免职2人。配合有关部门完成党政领导交办任务6项，开展固定资产建设项目工程竣工决算审计16个，送审投资总额1425.52万元，定案价值1284.53万元，经审计核减工程竣工造价净额141万元。向上级审计机关和当地党政提交审计工作报告、信息52篇，被采用批示35篇。

【龙岩市审计局】 2000年，共有在职干部、职工44人，其中研究生学历1人、大学本科学历9人、大专学历23人，局党组书记兼局长邓干华，副局长（局党组成员）胡兴林、李春成。设有办公室、监察室、综合科、财政金融审计科、行政事业审计科、工业交通审计科、商粮贸审计科、基建审计科、农林水审计科、外经贸审计科、举报中心等部门，成立了龙岩市审计学会。

审计成果 共完成审计单位108个，查出违规行为金额21651万元，应交财政1227万元，应减少财政拨款或补贴171万元，应归还原渠道资金99万元，已缴财政237万元，促进增收节支27万元，提交审计工作报告、信息120篇，其中被批示采用32篇，“世行贷款红壤Ⅱ期项目利率偏高，增加农民负担”的信息经龙岩市政府办专报后被省政府办转报国务院办公厅，查出百万元违规单位3个。被审计署办公厅、中国审计出版社评为“2000年度通联宣传工作优秀单位”。

龙岩市委书记张燮飞和市长袁荣祥分别于6月9日和6月13日对龙岩市审计局关于政府负债情况专项审计调查报告作出重要批示，责成有关部门针对审计发现的问题认真整改，尽快建立和完善偿债机制。龙岩市政府专门发文提出化解政府负债的具体意见。从1996年开始的龙岩市公路“先行工程”竣工决算审计，至2000年12月底全面完成。共审计路段668.12公里，核减工程造价2.55亿元，核减率11.47%。其中2000年审计路段131.26公里，核减工程造价7314.15万元。

经济责任审计 龙岩市建立任期经济责任审计联席会议制度，龙岩市委办、市政府办转发了关于切实做好经济责任审计工作的意见。共审计经济责任人4人、查出违规行为金额3038万元，还召开任期经济责任审计专题研讨会。

大案要案 在对龙岩市水电工程处进行财务收支审计时，查出该处原主任黄某在任职期间收受贿赂7.5万元和挪用公款9.5万元。此案移送龙岩市纪委后，引发了1起涉及3名处级干部、9名科级干部，违纪金额近150万元的案件。

【龙岩市新罗区审计局】共有在职干部职工26人，设有人秘股、综合股、行政事业审计股、财金审计股、基建审计股、工交审计股和商贸审计股，负责对全区19个乡镇和120个区直部门的审计监督。局长林泉山，副局长郭幼味、林秋明。

审计成果 全年完成审计项目39项，审计涉及单位196个，查出违规行为金额326万元，应缴财政41万元，完成领导交办事项17件，查出违规金额15万元。向区纪检监察部门移送案件1件，向司法机关移送贪污案件1件，提交审计工作报告、信息58篇。对13名领导干部实施经济责任审计。查出黄岗灌区管理所原所长利用职便，套开收入发票、收入不入账、私设“小金库”列工程支出等手段贪污公款行为，并及时移送区纪检、检察机关立案查处。共有内部审计机构6个，配备人员16人，全年完成审计单位35个，纠正违纪金额18万元，提出建议意见21条。

【漳平市审计局】共有在职干部职工20人，内设综合股、财政金融审计股、行政事业审计股、工业交通审计股、商业贸审计股、基建建设审计股和基建审计中心，负责对全市16个乡（镇）和108个市直部门的审计监督。局长叶庆标，副局长邓家波、温周健。

审计成果 共完成审计单位（项目）120个，查出违规违纪金额1777万元，提交各类审计信息39篇，被批示采用23篇。本级财政预算执行对10个一级预算单位和68个二、三级预算单位和项目进行了审计，向有关部门提交4篇审计调查报告和1篇专项审计报告，查出违纪资金1186万元。完成了漳平市领导交办的审计事项6项，查出违规违纪金额5.75万元。还积极配合有关部门开展国有企业改制工作。完成对漳平市罐头厂原厂长任期经济责任审计，查出违规行为金额11.7万元，其中主管责任11.5万元。

【长汀县审计局】现有干部职工20人，设有人秘监察股、基建审计股、商粮贸审计股、工交审计股、综合审计股和行政事业审计股，负责对全县18个乡（镇）和135个县直部门的审计监督。局长林庆清，副局长任有锦、高丽娜、余兴万。

审计成果 完成审计项目85个，其中署定项目6个。查出违纪金额650万元，应上缴财政35万元，已上缴财政35万元，向纪检监察部门移送案件2件，完成领导交办的审计事项14项，查出“小金库”2个，金额计3.8万元。对教育、建委、计生等3个行业进行了全面审计，对2个行政单位领导及1个企业厂长的经济责任进行了审计。

【武平县审计局】现有干部职工17人，设有人秘股、财政金融审计股、行政事业审计股、企业审计股、基建审计股、经济责任审计股和审计举报中心，负责对全县17个乡（镇）和48个县直部门的审计监督。局长肖政周，副局长刘桂生、谢素英。

审计成果 共审计88个单位（项目），是年计划任务的144%，查出违规违纪金额3226万元，其中决定处理处罚583万元，指明纠正2643万元，已上缴财政14万元。提交审计信息68篇，工作报告21篇，其中被上级审计机关采用18篇、中国审计报采用4篇、县委县府及新闻单位采用24篇。财政预算执行情况审计促进有关部门对县直26个单位的62项收费项目实行“票款分离，银行代收”的办法。共完成领导交办审计事项4项、涉及20个单位。配合县委组织部、县纪检监察部门开展任期经济责任审计5个。

【上杭县审计局】现有在职干部职工21人，设有综合股、财金审计股、工交审计股、商粮贸审计股、行政事业审计股和基建审计股，负责对全县22个乡（镇）和82个县直部门的审计监督。局长张仰坤，副局长廖永荣、刘永宁、郑庆辉。

审计成果 完成审计项目29个，其中审计署、省定项目为13个。查出违规行为资金1734万元，其中应上缴财政158万元，应减少财政拨款或补贴28万元。向纪检等部门移送案件3宗。向上级审计机关和有关部门报送审计工作报告17篇、审计信息89篇。对县财政局、地税局、民政局等单位1999年预算执行情况及其它财政收支情况进行就地审计。审计共查出违纪金额541万元，其中应上缴入库150万元。乡镇财政状况审计调查，重点调查当年预算内赤字情况，向政府提出了化解乡镇财政负债压力和风险的针对性建议。接受基建送审项目151个，核减造价562.25万元，核减率7.4%。其中棉花滩库区移民工程136项，送审金额3233.48万元，核减造价326.61万元，核减率10.1%。

【永定县审计局】现有在职干部职工18人，设有综合股、基建审计股、行政事业审计股、财政金融审计股和工交商粮企业审计股，负责对全县24个乡镇和123个县直部门的审计监督。2000年1月成立基建审计中心，核定事业编制5人。局长张良昌，副局长卢焕清、赖弈洲、胡畔朝。

审计成果 共完成审计单位55个，查出违规行为金额4902万元，其中决定处理处罚2677万元，指明要求纠正金额2225万元，应交财政664万元，应归还原渠道资金195万元，促进增收节支460万元。向纪检、监察部门移送案件线索3件，提交审计信息、综合报告被有关部门采用28篇。对棉花滩水电站（库区）二期移民14个移民搬迁村移民资金审计，发现案件线索移交纪检、监察部门立案查处后，共追回被贪污、挪用的移民资金近60万元，涉案人员6人。

【连城县审计局】共有在职干部职工19人，设有综合股、基建审计股、商贸审计股、工交审计股、行政事业审计股、财金审计股和法规股及下属股级事业单位连城县基建审核中心，负责对全县18个乡（镇）和86个县直部门的审计监督。局长黄建基（1月－12月）、林华辉（12月任职），副局长黄承勤、罗裕堂。

审计成果 全年共完成审计单位22个，查出违规行为金额1043万元，应上交财政53万元，已交财政38万元；开展基建审计执法检查，完成自筹基建资金审计项目36个，竣工决算审计项目89个，审定工程造价3116万元，核减工程款156万元；提交报告信息62篇，被采用31篇。完成18个乡镇农村教育费附加审计，完成财务清查3项，配合纪检监察和财政部门开展预算外资金和“小金库”的清理检查。内部审计共完成审计单位233个，其中财务收支审计42个，经济责任审计22个，基本建设审计80个，其它89个。促进增收节支125万元，提出建议意见被采纳293条，已纠正违规行为金额43万元。

【宁德市审计局】2000年，共有在职干部30人，职工3人，其中大学本科学历3人，大专学历28人。局长黄兆清，副局长肖芳铨、雷翠玉，纪检组长阮松梅。设有办公室、综合审计科、法规体系管理科、行政事业审计科、农林水审计科、工交企业审计科、外经贸审计科、固定资产投资审计科、财政金融审计科、监察室。下设宁德市基建审计事务所。

审计成果 全年共完成审计47个单位项目，查出违规行为金额9718万元，其中决定处理处罚148万元，指明要求纠正9570万元。应交财政117万元，已交财政90万元。查出应归还原渠道资金1302万元。查出应核减财政拨款或补贴金额6472万元。提交审计工作报告信息28篇，被批示采用28篇。

内部审计 共完成审计单位40个，其中财务收支审计26个，经济效益审计1个，经济责任审计2个，其它11个。提出建议意见被采纳23条。已纠正违规行为金额8万元。

完成上级交办任务 共完成审计5个单位项目，查出违规行为为金额1316.98万元，其中指明要求纠正1316.78万元。

【宁德市蕉城区审计局】现有在职干部职工16人，设有办公室、综合股、财金审计股、行政事业审计股、企业审计股和固定资产投资审计股，负责对全区16个乡镇和288个区直部门的审计监督。局长焦宁华，副局长王致栋。

审计成果 全年完成审计项目63项，查出违规金额4106万元，决定处理处罚646万元，指明要求纠正3460万元，应上缴财政215万元，已上交财政20.93万元，应追还被侵占挪用资金1883万元。提交审计信息87篇，被有关刊物采用15篇。全区共有4个内审机构，查出损失浪费73万元，促进增收节支8万元，提出建议意见被采纳18条，已纠正违规金额87万元。完成任期经济责任审计项目33项，查出违规金额2544万元。移交纪检委案件4起，其中2起已结案，当事人受党内警告处分。

【福安市审计局】现有干部职工18人，设有综合股、执法办、财金审计股、行政事业审计股、企业审计股、固定资产投资审计股，负责对全市22个乡镇、街道办事处、开发区和100个市直部门的审计监督。局长王梅凌，副局长陈光辉、缪雪海、欧文夫。

审计成果 全年完成审计项目59项，查处违纪违规金额1821万元，上缴财政70万元，移交案件5起，提交审计工作报告、审计信息57篇，发表业务论文9篇。同级预算执行情况审计发现贪污挪用公款

26万元案件线索1条，为加强和规范预算管理提出可行性审计建议5条。提请市政府发文在全市21个乡镇和15个政府重要部门中设立内部审计机构的建议被采纳，组织召开全市内部审计工作会议2场，培训内部审计人员30多人次，表彰并推广市教委、坂中乡内部审计工作经验。

【福鼎市审计局】共有在职干部职工16人，设有办公室、综合审计科、财政金融审计科、行政事业审计科、工交商贸企业审计科和固定资产投资审计科，负责对全市17个乡镇和212个市直部门的审计监督。局长王孙明，副局长陈世界、丁庆强，纪检组长杨雪娇。

审计成果 全年共完成审计项目59个，审计调查15个，查出违纪违规金额3095万元，其中决定处理处罚1825万元，指明要求纠正1270万元，应交财政235万元，已交财政169万元。查出贪污案1件，挪用公款案1件。共完成市政府交办的领导干部任期经济责任审计5项，其中委、局4人，企业1人。全市已建立内部审计机构10个，其中专职机构7个。内审人员21人，完成审计项目22个，查出损失浪费6万元。

【寿宁县审计局】现有干部职工16人，设有办公室、综合股、行政事业审计股、财政金融审计股、固定资产投资审计股、企业审计股，负责对全县14个乡镇和162个县直部门的审计监督。局长周大建，副局长王仕义、范希新。

审计成果 共完成40个审计项目，8个审计调查项目。查出违规行为金额1667万元，其中决定处理处罚164万元，指明要求纠正1503万元。查出应交财政19万元，已交财政11万元，应归还原渠道资金127万元，提交审计工作报告、信息18篇，被批示、采用13篇。在政府负债审计调查中查出该县超出财力举债、偿债能力弱、债务支出不合理等问题。

【霞浦县审计局】现有在职干部职工19人，设有行政事业审计股、财金审计股、农林水审计股、固定资产投资审计股、商业审计股、工交审计股和综合股，负责对全县14个乡镇和106个县直部门的审计监督。局长纪玉角，支部书记王理水，副局长雷幸福，纪检组长杨寿禄。

审计成果 全年共完成52个单位项目的审计，查出违纪违规金额2498万元，处罚上缴财政79万元，追回被挪用16万元，提交审计报告、信息57篇。被省厅授予“全省审计系统党风廉政建设先进单位”等荣誉称号。完成县政府指令2个单位的经济责任审计和其它审计事项5件。

【柘荣县审计局】现有在职干部职工13人，设有办公室、综合审计股、财政金融审计股、行政事业审计股、农林水审计股、工交商企业审计股和固定资产投资审计股，负责对全县9个乡镇和48个县直部门的审计监督。局长池昌委，副局长叶克明。

审计成果 共完成审计54个项目，查出违纪违规金额2017万元，查出各类“小金库”5个，向司法纪检监察机关移送案件3起，应上交财政36万元，已上交财政11万元，提交审计报告信息28篇，被有关部门批示采用17篇。完成3个单位的领导干部任期经济责任审计。

【屏南县审计局】现有干部职工18人，设有办公室、综合审计股、财政金融审计股、企业审计股、行政事业审计股、固定资产投资审计股，负责对全县11个乡镇、120个县直部门的审计监督。局长徐河北，副局长卢圣强、李青，纪检员张长享。

审计成果 共完成审计项目52个，其中经济责任审计14个，专项调查4个。共查出违纪金额1666万元，其中决定处理处罚345万元，指明要求纠正1321万元，应缴财政152万元，提交审计工作报告、信息23篇，其中被上级机关采用4篇，向司法机关移送立案查处案件1起，追究刑事责任1人，向纪检监察机关移送案件1起，受行政处分1人，协助检察机关查证案件2起。

【古田县审计局】共有在职干部15人，设有秘书股、综合审计股、财金审计股、行政事业审计股、企业审计股，负责对全县15个乡镇和98个县直部门的审计监督。局长黄家键，副局长王何勇、刘贤成、王主世。

审计成果 共完成审计和审计调查项目51个，查出违纪违规金额4642万元，应上缴财政158万元，已上缴财政94万元，应归还原渠道资金517万元，查出“小金库”8个，提交审计信息和工作报告43篇，被批示采用15篇。设有内审机构10个，并完成了上级交办的审计任务3个。开展了8个单位的任期经济责任审计，查出并向纪检、检察部门移送了县工商业联合会、县机电设备公司等单位有关人员，私设“小金库”、私分公款的案件线索和事实7起，部分已立案查处。

【周宁县审计局】现有干部职工15人，设有办公室、行政事业审计股、企业审计股、财金审计股和基建审计股，负责对全县9个乡镇和68个县直单位的审计监督。局长陈景，副局长叶佛全、汤光明。

审计成果 共审计48个单位，查出违规行为金额1269万元，应缴财政50万元，已缴财政30万元。

江西省

【江西省审计厅】2000年，江西省审计厅定编125人，在编108人。厅机关设有办公室、法规处、财政与金融审计处、行政事业审计处、经贸审计处、农业与资源环保审计处、固定资产投资审计处、社会保障审计处、外资运用审计处、人事教育处、机关党委、纪检组（监察室）；另设置8个派出审计处；同时还设厅机关后勤服务中心、审计科研所、审计干部培训中心和庐山培训基地等直属事业单位。

领导成员

厅　　长：李海泉

副 厅 长：余先仕　何千成

　　　　　桑昌武　陈长安

纪检组长：李水芳

江西省审计成果　全年共审计单位9355个，查出违规行为金额996043万元，应交财政16784万元，已交财政14059万元，应核减财政拨款或补贴3158万元，应归还原渠道资金29522万元，促进增收节支70985万元。查出百万元以上违规单位141个，编发审计工作报告信息共4220篇，被批示、采用1596篇，其中地方党政领导批示批转审计报告442篇。

财政审计　对1999年度省本级预算执行情况和其他财政收支情况进行了审计，主要审计了省财政厅、省地税局、地方金库具体组织执行省本级预算情况，以及省政府各部门预算执行情况。同时还对1998年省本级预算执行和其他财政收支审计决定的落实情况进行了检查。这次审计省财政厅、地税局，查出的主要问题是：预算列支拨入省财政厅管理专户的款项有的未及时拨付项目单位；由于项目建设进度和政府有关部门计划下达不及时，致使无法按计划拨付中央的基本建设、国债补助等专项资金，至年底结转达106251.3万元，占29.8%；一些地方和单位地税收入存在水分、不够真实。此次还审计了国家金库赣州、上饶、宜春、萍乡、南昌、新余6个中心支库，查出违纪违规金额3408.4万元，同时对省政府所属46个部门和直属单位进行了审计，延伸审计了69个二三级单位，查出违纪违规问题资金33059.4万元。8月30日，李海泉受省政府委托，在省九届人大常委会第十八次会议上作了审计工作报告。报告从9个方面揭示了省本级预算执行及专项资金管理中存在的问题。针对存在的问题，提出了进一步深化财税改革，不断提高依法理财水平；规范税务部门提退代征、代扣、代收手续费的行为，财政部门应进一步加强对税务部门提退事项的审核批准和资金使用情况的监督检查工作等意见和建议。省人大常委对审计工作报告给予了充分肯定，认为这几年的预算执行审计一年比一年好，对审计机关几年来的工作及取得的成绩，常委们表示满意并要求省政府责令有关部门和市县政府对审计查出的问题认真采取措施，切实加强整改，对责任人员要依法追究责任，杜绝屡查屡犯的现象再度发生。江西省人民政府办公厅转发了审计厅的审计结果报告，政府有关部门对预算执行审计查出的问题，都比较重视，采取了相应的措施进行整改。审计厅于年底向省人大常委会报告了对审计查出问题的处理结果。9月21日，《江西日报》对审计工作报告的主要内容予以了报道。

企业审计　按照审计署统一安排，组织全省11个地方审计局对冶金、煤炭、纺织、机械、建材、电子、化工、烟草、酿酒等11个行业的50户地方重点国有及国有控股工业企业1999年度资产负债损益的真实、合法与效益情况进行了审计。审计结果表明，这50户企业经济效益好于往年，特别是酿酒及烟草工业企业较好，冶金钢铁企业也有所提高。审计查出部分企业盈亏反映不实，隐瞒亏损严重和不良资产多、资产质量差等问题。这50户企业不良资产达159754万元，占资产总额的6.35%。审计结束后，江西省审计厅对造成企业会计信息失真，经济效益不理想的原因进行了分析，同时有针对性地提出了眼睛向内、向管理要效益；加强对投资项目的可行性研究和管理；盘活不良资产，提高资产利用率等建议。通过审计，收缴违纪金额650万元，向检察院移送1起涉嫌贪污28万元的案件，先后2次向省政府反映企业存在的问题。省长舒圣佑、常务副省长黄智权、副省长王君对江西省审计厅提交的审计综合报告分别作了批示。

农业与资源环保审计　审计厅和南昌、九江市及上饶地区审计机关对辖区内有移民建镇任务的24个县（区、场）第一期移民建镇资金分配、使用、管理情况进行了审计，审计资金总额17.3亿元，审计调查乡镇157个，调查移民户数42691户。查出违纪违规等有问题资金4.6亿元。审计共促进资金拨付到位6730.54万元，归还原渠道资金302.48万元，并对存在问题的整改情况进行跟踪调查纠正，有效地督促了各级有关部门和单位管好、用好移民建镇资金。对审计中揭露出的10个问题，已移交纪检监察部门查处。同时组织各级审计机关对全省11个设区市、99个县（区）的1998至1999年度环保资金进行了审计调查。重点审计调查了排污费的征收、解缴和环保补助资金、污染源治理专项基金的分配、拨付及资金的管理使用情况。此次审计调查520个单位，审计总金额22271万元，查出违纪违规金额7554万元。审计报告既充分肯定了江西省环境保护工作所取得的成绩，也揭示了环保资金征收、管理、使用中尚存在一些不容忽视的问题，得到省政府主要领导的批示。

社会保障审计 审计厅和11个地市审计机关对全省企业职工基本养老保险扩大覆盖面的情况进行了审计调查，并对省2000年度养老保险基金的收支情况进行了预测。审计调查结果表明，1999年度江西省养老保险基金收入27.32亿元，比1998年增加2.82亿元，基金收入增长11.54%，但按照扩面计划数65万人测算，江西省因扩面而增加的基金收入应达8亿元，实际只增收扩面基金收入6668万元，仅完成计划数的8.33%。该项目被审计署评为优秀审计项目。

固定资产投资审计 根据省政府领导关于加强对全省新增投资项目、国债专项资金使用情况审计监督的指示精神，江西省审计厅统一组织各级审计机关对全省基础设施建设资金和226个基础设施建设项目进行了审计，共查出违纪违规金额139702万元，应上缴财政768万元。审计查出的主要问题有：财务管理不严格，挤占挪用建设资金；审批手续不完备，未按基建程序办事；资金拨付不及时，层层滞留现象严重等。舒省长、黄副省长对专题报告分别作出批示，要求省计委、建设厅、重点办和有关部门、地市加强监管，严格依法依规办事。省计委及时转发了省审计厅的专题报告。审计厅还先后开展了南昌新八一大桥及一江两岸的南岸道路、南昌至樟树高速公路、南昌昌北机场专用公路等工程竣工决算审计和九江至景德镇高速公路及全省长江干流江岸堤防加固和整治工程概算执行情况的审计。通过审计，保证了建设资金来源的合规和合理、有效使用，揭示了项目投资与建设管理中存在的问题，落实了国家政策，控制了建设规模，提高了投资效益。提交的专题报告，均引起省政府主要领导高度重视。

外资运用审计 组织全省审计机关对10个世行贷款项目、1个国际农发基金会项目和其他7个国际金融组织贷款项目的执行情况进行了审计，涉及审计执行单位246个，审计资金总额243427万元，查出违纪金额1328.92万元，出具对外报告5份，特别是对“第二个贫困地区基础教育发展”和“长江洪灾紧急恢复”项目出具了“拒绝表示审计意见”的报告，为促进江西省合理有效地利用外资发挥了积极作用。

专项审计 组织全省审计机关对全省工商行政管理系统619个单位1999年度财政、财务收支及1998年度行政性收费、罚没收入收缴管理情况进行审计和审计调查，揭露出部分基层工商局不及时上交、坐支各种规费、部分规费没有按票据收缴和没有专储等问题，查出全省工商局系统1999年度违纪违规金额3563万元，占全省工商系统收入总额的10.33%。舒省长、蒋仲平副省长对该项专题审计报告分别作出重要批示，要求省工商局认真研究整改意见，并将结果报省审计厅。为了摸清省财政预算安排的科技经费在分配、管理、使用等方面的情况，审计厅和11个地市及部分县（市）审计局开展了全省科技经费的专项审计。审计总金额为5900万元，占全省预算安排的30.29%。审计科研项目679个，共查出违纪违规金额996万元。根据舒省长、黄智权、胡振鹏副省长的批示，省政府办公厅全文转发了《江西省审计厅关于全省科技经费审计情况的报告》，要求各有关部门、各地市针对报告中所反映的问题，制定具体整改措施，切实加强整改，并认真落实该报告中关于加强科技经费管理的改进意见，进一步规范科技经费管理，提高资金使用效益，保障全省科技事业健康发展。

经济责任审计 在组织实施经济责任审计项目中，注意配备业务骨干力量，提高工作效率，确保工作质量，同时注重规避审计风险，在问题的定性和责任的评估上，尽可能使审计报告客观公正。全年共完成经济责任审计6项，其中对省供销社农资公司、省第一建筑有限公司以及桑海企业集团等3项审计结果都引起有关部门重视，受到委托部门好评；对省政府驻深圳办事处原主任离任经济责任情况的审计报告，舒省长、省委副书记黄智权、步正发、组织部长傅克诚、副省长蒋仲平先后批阅。

大案要案 在认真完成党政领导交办的审计事项中，积极配合纪检、监察和司法等部门开展违法犯罪案件的财务审计查证工作。全年抽调审计业务骨干近100人次，协助对有关大要案的查处工作，受到上级机关和领导的充分肯定和赞扬，其中胡长清的“808”案件、吹沙造地的“413”案件、恒丰“323”香猪案件，被江西省委、省政府表彰为“全省查办大案要案工作先进集体”称号。

【南昌市审计局】 2000年，共有在职干部职工79人，其中大学本科学历25人，大专学历36人，局长袁蔚秋，副局长孙育平、刘鹏，纪检组长彭中秋，助理调研员袁小兰。内设办公室、综合法规科、人事教育科、财政金融审计科、固定资产投资审计科、行政文教审计科、工业交通审计科、农林水审计科、商粮贸审计科，下辖审计干部培训中心。

审计成果 全年共完成审计单位（项目）707个，查出违规违纪金额15.85亿元，减少财政拨款或补贴1278万元，归还原渠道资金6118万元，促进增收节支8745万元，向司法机关移送案件5起，建议给予行政处分3人，有150余篇审计报告、信息被各级党政领导、上级部门、有关单位批示采用。

完成上级交办任务 全年完成市委、市政府领导交办任务95项，各项审计均产生了良好的效果，其中在对市酱制品公司土地偿还债务的审计中，核减费用12.5%，为政府节约了资金；在对市自来水公司1999年经营状况及资金使用情况的审计中，在揭示有关问题的同时，对自来水调价作了成本、费用方面的问题分析，为市政府决策提供了有力的依据。

内部审计 共有内审机构111个、从业人员307人，全年内部审计共审计单位635个，其中财务收支审计163个，经济效益审计63个，经济责任审计229个，基本建设审计63个、其他审计117个，共查出损失浪费1993.9万元，促进增收节支1417.9万元，提出建议意见被采纳834条，已纠正违规行为金额6375.1万元，向司法机关移送案件2件，建议给予行政处分1人，移送司法机关处理4人。

经济责任审计 根据市委、市政府安排先后对南昌市档案局、市司法局、市工人业余大学等24名行政企事业单位领导干部、法定代表人任期内经济责任进行了审计，其中党政部门领导20人，企业领导4人，查出违规行为金额21385万元，有关领导负主管责任的5290.6万元，负直接责任的0.7万元，审计处理处罚403.8万元，审计指明要求纠正20981.2万元，查出损失浪费53.7万元，移送纪检监察机关处理1人。

【南昌市东湖区审计局】现有干部7人，设有综合科、业务科，负责对全区13个街道办事处和84个区直部门的审计监督。局长邓玲玲，副局长龚明智。

审计成果 共完成审计项目及审计单位49个，完成年计划的114%。应上缴财政6.8万元，已上缴财政6.8万元，入库率100%，提出改进意见30条。在本级财政预算执行情况的审计中，重点延伸审计了6个预算执行单位的财务收支以及对城镇居民最低生活保障线资金的拨付、使用情况，并向政府提交了审计结果报告，提出了加强财政管理的建议。

【南昌市西湖区审计局】现有干部职工6人，设有秘书股和综合业务股，负责对全区13个街道办事处和30个区直部门的审计监督。局长陈美凤，副局长廖小兵。

审计成果 完成审计项目7个，审计单位24个。审计查出违纪违规行为金额47.50万元，应上缴财政22.60万元，提交审计报告、信息20篇，其中被批示、采纳15篇。同时，积极推进经济责任审计，制定了《西湖区审计局行政事业单位主要负责人任期经济责任审计操作规范》。年底，开展了对区工会等单位的领导干部任期经济责任审计。

【南昌市青云谱区审计局】现有干部职工5人，设有办公室、行政事业审计股、工商企业审计股，负责对全区5个街道办事处、1个乡和55个区直部门的审计监督。局长陈茂林、副局长聂洪明。

审计成果 共完成审计单位（项目）30个，查出违纪违规行为金额564.1万元，其中决定处罚33.4万元，指明要求纠正530.7万元，减少基建财政拨款15.4万元，上交财政19.6万元。提交审计工作报告、信息17篇，被批示、采用10篇。完成党政领导交办的区直7个部门科级领导干部任期经济责任审计。先后派出4人次配合区纪检查处经济案件2起；配合区财政局核实了乡政府、法院和检察院等4个单位的财政、财务收支情况。

【南昌市湾里区审计局】现有干部职工5人，设有2个股，负责对全区5个乡镇、3个街道办事处和45个区直部门的审计监督。局长袁展治，副局长胡因达、张华。

审计成果 共审计单位24个，查出违纪违规金额487.10万元，应上缴财政3.4万元，已上缴3.4万元，促进增收节支92.8万元，提交审计工作报告、信息7篇，被批示采用4篇。

【南昌市郊区审计局】现有干部职工6人，设有二股一室，负责对全区9个乡、镇、场和44个区直部门的审计监督。局长刘海贵，副局长赵来辉、夏洪。

审计成果 共完成审计单位（项目）69个，人均完成11.5个项目单位，审计总金额3.5亿元，查出违纪金额853.3万元，其中应上缴财政41.8万元，上缴并入库37.3万元，人均入库6.2万元。固定资产投资审计14个项目，送审总金额4202.62万元，审计核定3909.46万元，审计核减293.16万元，核减率7%。

【新建县审计局】现有干部职工27人，设有人事秘书股、工交城建审计股、财政金融审计股、商贸审计股、农水审计股，负责对全县23个乡（镇）和65个县直部门的审计监督。局长熊运项，副局长陈其召、武兰萍。

审计成果 共审计项目53个，查出违反财经金额720.8万元，应上缴财政156万元，实际上缴财政18万元，应核减财政拨款或补助72.8万元，归还原渠道资金225万元，提交审计工作专题报告14篇。其中世行贷款卫五、卫六项目审计中，查出挪用项目款18.3万元。社保资金审计中，查出挪用资金113万元。领导干部离任经济责任审计共完成10项，提交专题报告10篇。对礼步湖、解放路拓宽工程资金审计，核减财政补助款72.8万元，要求归还原渠道资金225万元。

【南昌县审计局】现有干部职工23人，内设财金审计股、企业审计股、农水审计股、综合股、基建审计股、办公室，负责对全县23个乡（镇）场和79个县直部门的审计监督。局长许西梭，副局长喻相根、邓发生，纪检组长徐建文。

审计成果 共完成审计项目88个，其中财政税收审计7个，行政事业审计42个，专项审计或审计调查11个，企业审计4个，固定资产投资审计2个，世行贷款审计3个，县领导交办12个，经济责任审计7个。查出违规行为金额29428万元，审计决定处理处罚1258万元，指明要求纠正2817万元，应归还被侵占挪用资金6975万元，已上交县财政11268万元，促进增收节支37436万元，向司法机关移送案件2件，提交审计工作报告、信息35篇，被上级采用24篇。

【进贤县审计局】现有干部职工21人，设有财金审计股、农水审计股、行政事业审计股、工交企业审计股、办公室，负责对全县27个乡镇和53个县直部门的审计监督。局长陈国华、副局长胡江松。

审计成果 共完成审计项目（单位）93个，查出违纪金额439万元，应缴198.4万元，提出审计意见、建议150条，挽回经济损失百万元，为维护当地经济秩序，促进经济发展发挥了积极作用。

【安义县审计局】现有干部职工14人，设有办公室、财金商贸审计股、行文农水审计股、工交基建审计股，负责对全县13个乡镇（场）和115个县直部门的审计监督。局长黄永金，副局长魏金水、彭兰、彭义根，纪检组长胡平西。

审计成果 共查出违纪违规金额325万元，归还原渠道资金103万元，上交财政36万元，为国家节省资金75万余元，上交审计信息和审计报告12篇，为维护全县财政经济秩序，促进廉政建设发挥了强有力的监督作用。

【景德镇市审计局】2000年，共有在职干部职工43人，其中大学本科学历14人，大专学历18人，局长卢吾老，副局长乐伯乐、叶观荣、陈建平，纪检组长王丽琴。设有办公室、监察室、综合审计科、财经审计科、商粮贸审计科、外资基建审计科、工业交通审计科、行政文教审计科、农业林业水利审计科。

审计成果 全年对财税、工交、行政文教、外资、基建和农林水等单位进行了审计，共完成审计项目152个，查出违纪金额3496万元，应上缴财政165万元，已上交财政165万元，追还被侵占挪用资金423万元，促进增收节支1904万元。上级批转审计报告4篇，在全国、省、市有关杂志刊载论文、提交审计信息10篇。

按上级有关要求，6月对全市（含县、区）社保局1998年度以前企业职工基本养老保险基金违纪违规问题处理落实情况进行了审计调查。通过调查，发现仍有许多问题没有得到纠正和改进。挤占挪用的养老保险基金未能及时全额收回，有的社保局在1999年度又出现了新的挤占挪用现象；市社保局1996年以前陶瓷特困企业以陶瓷抵缴养老保险基金65.9万元的瓷器仍积压在仓库；乐平市社保局1998年度以前暂借乐平市水泥制品厂，垫付乐平市总工会和购买乐平市纺织厂债券共计61万元未收回；浮梁县社保局挪用养老保险基金建活动中心，弥补行政经费共计164.27万元，县政府、县财政和企业借款117万元，社保局办经济实体占用21.57万元，其他占用9.48万元均未落实收回；珠山区社保局区政府借款，区人才交流中心借款，区劳动人事局借款和困难企业借款19.85万元至今未归还。其他违纪违规问题主要表现为浮梁县社保局1998年以前以养老保险基金的大额存单（国库券）18万元质押贷款支付活动中心大楼工程款，1999年2月和7月又以基金大额存单39万元质押贷款用于归还工程欠款。针对以上问题，提出了审计意见和建议。“凡是挤占社保资金的都要限期归还，市社保局的抵账瓷器如何处理，亦请市审计局提出意见，资金挤占情况纳入市监察局的清理范围。”

经济责任审计 先后对有关部门、企事业单位、驻外办事机构等近20位责任人进行了任期经济责任审计。特别是对市物资局所属3个单位的责任人（均为副局长侯选人）进行了任前经济责任审计。通过经济责任审计，为市委、市政府考察、使用干部提供了有力依据。

【景德镇市珠山区审计局】现有干部7人，负责对全区8个街道办事处、39个区直部门、21个事业单位和4个其他单位的审计监督。局长兼党支部书记周仲林，副局长王丽珍。

审计成果 全年共完成审计项目43个，查出违纪金额306.54万元，其中指明要求纠正223.67万元，应上缴财政3.34万元，已上缴财政2.99万元，提交审计工作报告3篇。具体审计项目是：本级预算执行审计1个，普教经费审计16个，行政事业单位领导任期经济责任审计21个，社保基金和环保资金审计各1个，企业资产负债审计2个，领导交办调查审计1个。此外，还对区教委系统1998和1999两年的财务收支和管理情况进行了全面审计评价，提交了综合审计评议报告；支持区街企业改制工作，指导帮助了5户企业搞好清产核资；组建成立了珠山区审计学会，并开展了审计业务研讨活动。

【景德镇市昌江区审计局】现有干部职工6人，设有办公室和业务股，负责对全县7个乡镇和13个县直部门的审计监督。局长李往来，副局长樊庆春、刘丽红。

审计成果 共完成审计项目44个。审计单位52户；完成审计调查2项，调查单位10个；审计金额30594万元。共查出违纪金额18.2万元。同区纪委、监察、信访等部门配合，查出各种经济案件3起，为社会稳定发挥了作用。上缴区财政7.3万元，共提交审计报告6篇，其中批转采用2篇。完成省、市审计机关下达的审计任务5项，审计单位10个，审计金额76万元。

【乐平市审计局】现有干部职工42名，设有人秘股和行文、企业、财经、基建4个审计股，负责对19个市直行政部门、30个企业单位、29个事业单位的审计监督。局长古英平，副局长吴菊英、方福海、汪华。

审计成果 共完成79个审计项目，涉审独立核算单位近100个，查出问题资金1693万元，收缴违纪款入库95万元。完成了对同级财政预算执行情况及26个预算单位的审计；对17个国有企业的资产、负债、损益的真实性、合法性和效益性审计；对14个市直单位的财务审计；对20个基建单位的决算审计；对19个事业单位的审计；对省厅、市局授权的江西化纤化工有限责任公司1999年度效益的真实性情况和江西电化厂基建情况的审计；对民政福利彩票等5个项目的专项审计。协助纪检对镇桥镇华家村等7个信访案件进行了审计。

【浮梁县审计局】现有干部职工17人，设有领导干部经济责任审计办公室、人事秘书股、行政事业审计股、企业审计股，负责对全县26个乡、镇、场，38个县委、县政府直属部门单位，138个事业、企业和143个其它单位进行审计监督。局长陈松云，副局长王辅林、程光年、杨中民、朱寿年。

审计成果 完成审计项目计划58个，其中开展了行政、事业单位经常性审计16个；基本建设及工程竣工决算审计15个；水利资金、救灾资金、老建资金、普教经费、养老保险、扩面征缴6个专项资金审计；2个企业审计；5个乡镇财政决算审计。完成省审计厅授权的森林资源发展与保护、卫VI、国债资金3个项目审计。完成县委、县政府领导交办的领导干部离任审计12个，企业年薪制试点审计2个。配合县纪律检查委员会、县检察院专案审计2个。共查出违纪金额840.5万元，应上缴财政32.82万元，已上缴财政26.42万元，核减基建工程造价60.4万元，促进增收节支46.82万元，追还被侵占挪用专项资金82.2万元。

【萍乡市审计局】2000年，共有在职干部职工36人，其中大学本科学历12人，大专学历18人，局长丁琪军，副局长谢锋、晏从福、李满和，纪检组长易胜文。设有办公室、监察室、机关党总支、财贸审计科、工交审计科、行政事业审计科、农林水审计科、固定资产投资审计科、综合科（含经济责任审计科）。

审计成果 共完成审计项目（单位）98个，查出违规资金27728万元，决定处理处罚2085万元，指明要求纠正25543万元；应缴财政216万元，应归还原渠道资金477万元，已缴财政230万元，促进增收节支659万元，向司法机关移送案件1件，建议给予行政处分1人，提交审计工作报告、信息93篇，其中被批转、批示或采用54篇，建议纠正地方部门不当规定86条，协助有关部门查处案件3件，查出百万元违规单位4个。共完成市委、市政府交办各项任务12项。共对14个副县级以上部门、单位的“一把手”任期经济责任进行了审计。

内部审计 设有内审机构35个，内审人员68名，共审计了134个单位（项目），查出损失浪费22万元，促进增收节支46万元，提出建议意见被采纳26条，已纠正违规行为金额45万元。

【萍乡市安源区审计局】现有干部职工9人，负责对全区11个乡镇、街道和46个区直部门的审计监督。局长肖粟，副局长王兰萍、邓志勇。

审计成果 全年共审计单位（项目）52个，查处违反财经法规金额70万元，应上缴财政39万元，已上缴财政22万元，应归还原渠道资金60万元，促进增收节支30万元。其中对区本级1999年度财政预算执行情况，安源镇、后埠街1999年度财政收支决算进行了审计，并对13个行政事业单位和乡镇街主要领导进行了任期经济责任审计；还对21个行政事业单位财务收支进行了定期审计。

【莲花县审计局】现有干部职工15人，设有办公室、行文审计股、专项资金审计股、财贸审计股和离任审计股，负责对全县18个乡镇和

48个县直部门的审计监督。局长袁东鸿，副局长杨纪林、贺水存、贺坚。

审计成果 共审计单位及项目54个，审计总额达1.8亿元，查出各种违纪违规金额1333.7万元，其中对县财政预算执行情况以及其他财政资金的审计，查出违纪违规金额428.7万元；归还原渠道资金80万元，增加财政收入77.86万元，向上级机关和县党政领导提交审计报告、信息22篇，其中12篇被采用或批转。对县汽车站原站长和县金属材料公司经理任职期间经济责任进行了审计，查出金属材料公司账外销售收入435万元，偷漏各种税收70余万元，库存短少46万元等重大问题；对县公路建设资金、环保资金、工商行政管理资金、交警车辆检测规费等专项资金进行了审计，查出违纪金额90余万元；对全县以工代赈、农业综合开发、老建扶贫以及民政经费等四类专项资金管理和使用情况的审计，查出违纪违规金额380余万元。

【上栗县审计局】 现有干部职工10人，设有秘书科、审计股，负责对全县11个乡镇场和40个县直部门的审计监督。局长胡建秋，副局长李锡保、龙汝模。

审计成果 全年完成审计项目27个，查出违纪违规金额232.82万元，已上缴财政10.7万元，移送纪检监察处理案件1件，移送检察机关处理案件1件。

【芦溪县审计局】 现有干部职工10人，设有综合股、财贸金融审计股、行政文教审计股、工业交通审计股，负责对全县12个乡镇和29个县直部门的审计监督。局长黄云发，副局长曾建国、敖小文。

审计成果 全年共完成审计任务35项，查出违纪金额195万元，应上缴财政25万元，已全部上缴入库。报送审计工作报告、信息12篇，均被采用和批示。其中对全县6家县属工业企业进行了改制后的承包经营期满的审计；对县属3家单位的离任领导干部进行了任期经济责任审计。同时为县纪委、县监察局提供案件线索，查出某单位集体贪污公款案，近20万元私分款项全部被追缴国库，有关责任人被依法追究责任。

【新余市审计局】 2000年，共有在职干部职工35人，其中大学本科学历8人，大专学历23人，局长邹杰荣，副局长李志坚、陈秉正，纪检组长黄桂兰。设有财金、工交、商贸、行政事业、基建审计科以及人秘、综合等科室。

审计成果 完成审计单位91个，审计调查项目5个。查出违规行为金额2968万元，其中百万元违规单位3个。应缴财政246万元，已缴财政250万元，上交财政比上年提高420.8%。通过审计，促进增收节支47万元，同比提高327.3%；应归还原渠道资金203万元，同比提高69.2%；向上级审计机关和地方党政领导以及新闻单位提交审计工作报告、信息76篇。

完成上级交办任务 完成市委、市政府交办的经济责任审计9个，企业资产负债损益审计1个，提交审计报告10篇。在对某商城管理局的资产负债损益审计中，发现会计资料失真现象较重，其中虚减资产、负债、利润分别为1037万元、1126万元、1109万元，市政府有关领导对审计报告非常重视，经研究后，对该单位下属重点企业又作出了审计安排。

内部审计 设内审机构12个(包括二级机构4个)，内审人员34人。审计单位101个，纠正违规行为金额658万元，查出损失浪费122万元，促进增收节支27万元，提出建议意见被采纳168条。

经济责任审计 完成经济责任审计9个，查出违规行为金额853万元，损失浪费13万元。通过审计，平调6人，免职2人。

【新余市渝水区审计局】 现有干部职工13人，设有财金金融审计股、企业审计股、行政事业审计股和办公室，负责对全区22个乡镇和70个区直部门的审计监督。局长王立夫，副局长欧阳志东。

审计成果 共完成审计单位(项目)64个，审计调查2个。查出违规行为金额866万元。上缴财政12万元，提出审计建议38条，责令改进3条，提交审计报告、信息23篇，其中区政府批转1篇，上级审计机关采用5篇。完成区政府交办工作任务10个，其中离任审计3个，专项审计4个，配合纪检、监察部门和检察院查处经济案件3起。

【分宜县审计局】 现有干部职工16人，设有办公室、行政文教审计股、财政金融审计股和工交基建审计股，负责对全县13个乡镇和46个县直部门的审计监督。局长孙用平，副局长夏侯龙、夏侯善、夏侯晓明，纪检组长黄友生。

审计成果 全年共完成了对37个单位和5个审计调查项目的审计工作，为年度计划项目的100%。共查出各种违规行为金额723万元；应上缴财政113万元，已上缴财政41万元。共查出"小金库"8个，金额达136万元。通过审计向县党政领导和上级审计机关提交各种审计报告7篇，批转1篇。全年撰写各种审计论文5篇，撰写审计信息11条，被各级各类刊物采用8条。

【九江市审计局】 2000年，共有在职干部职工59人，其中大学本科学历13人，大专学历25人，局长闵梦嫦，副局长方义员、余卫平、胡伟华，纪检组长范定坤。设有工业交通审计科、商粮贸审计科、财政金融审计科、农林水审计科、行政文教卫生审计科、固定资产投资审计科、外资运用审计科、办公室、综合科等部门，下设审计干部培训中心，编制10人。

审计成果 共审计项目单位119个，查处违纪违规金额41572万元，决定处理处罚278万元，减少财政拨款23万元，归还原渠道资金184万元，促进增收节支93万元。提交审计工作报告、信息16篇，被上级部门和审计机关批转批示3篇，建议纠正地方部门不当规定2条。全年共完成政府交办审计任务8项，移交纪委处理案件1起，移送检察院处理案件1起。

内部审计 共有内审机构22个，其中专职机构9个；内审人员49人，专职人员16人；全年审计项目单位124个，其中经济效益审计95个，任期经济责任审计3个，基本建设审计1个，查处违纪违规金额134万元，促进增收节支32万元，查出损失浪费53万元，提出审计建议被采纳118条。

【九江市浔阳区审计局】 现有干部职工11人，设有财政金融审计股、行文审计股、基建企业审计股、办公室，负责对全区6个街道办事处和45个区直部门的审计监督。局长柳秀江，副局长程星玖。

审计成果 全年共完成审计项目40个，完成计划数的138%，查出违纪行为金额255万元，收缴违纪款22万元，共提交审计报告13篇。查处万元"小金库"1个，查处大案1起。共完成省、市审计机关下达的审计任务29项和区政府交办的工作任务11项。一是对10个单位的主要领导离任进行经济责任审计，二是对区财政投资的基建项目审计，审计基建资金1233万元，核减工程造价101万元，核减率为8.2%。

【九江市庐山区审计局】 现有干部职工22人，设有人秘股、财金审计股、行政文教事业审计股和工商企业审计股，负责对全区10个乡镇和29个区直部门的审计监督。局长户金宝，副局长张敏杰、洪本华、胡建萍。

审计成果 全年省、市下达审计任务32个，实际完成43个，占计划的134.3%；查出违纪金额520万元，决定处罚86万元，应归还原渠道资金113万元，应上缴财政86万元，已上缴财政73万元，向上级审计机关提交审计工作报告11篇，移送案件1起。6月15日，在对延伸地税纳税户庐山区海会镇三叠泉旅游公司审计时，查出漏税51.2万元，同时，查出九江东华广告咨询有限公司漏税和套开发票25.87万元，已移送司法部门处理。

【瑞昌市审计局】 现有干部职工26人，设有人秘科、财金审计科、工交审计科、行文审计科、农贸审计科和固定资产投资审计科，负责对全市27个乡镇场和70个市直部门的审计监督。局长朱毕峰，副局长陈洪智、章征坡、高先友。

审计成果 共完成审计项目87个，查出违纪金额277万元，决定处理处罚93万元，指明要求纠正86万元，应上缴财政93万元，已上交财政54.16万元。协助有关部门查处案件4起，向上级审计机关和当地党政部门提交各类报告（含审计调查报告）12篇，提出改进建议和意见16条。

设有内审机构18个，专职和兼职审计人员27人，完成审计项目26个，查出损失浪费36万元，促进增收节支28万元，纠正违纪金额63万元，从而防止了国有资产的流失。

【九江县审计局】 现有干部职工19人，设有人秘股、行政文教事业审计股、企业审计股和财金审计股，负责对全县20个乡镇（场）和80个县直部门的审计监督。局长柳存信，副局长蔡隆成、王书柳。

审计成果 共对91个单位和项目进行了审计，查出违纪资金638万元；作出决定应上缴财政83万元；已上缴财政79万元；指明要求纠正432万元；追还被侵占挪用专项资金190万元；促进增收节支284万元；向上级和当地党政提交各类审计报告、信息22篇，被批示采用7篇。

【星子县审计局】 现有干部职工14人，设有办公室、行文审计股、财政金融审计股、企业审计股，负责对全县16个乡镇和80余个县直部门的审计监督。局长涂巧峰，副局长黄纪平、缪世华、徐滚金。

审计成果 共完成审计项目44个，其中财政审计5个，金融审计1个，企业审计8个，行政事业单位审计28个，农业专项资金审计1个，国外援款贷款1个，审计署、省、市交办审计项目2个。共计查出违纪违规金额40万元。

完成内部审计项目39个，其中财务收支审计28个，经济责任审计8个，基本建设审计1个，其他审计2个，查出损失浪费8万元，促进增收节支10万元，提出建议意见被采纳37条，财务决算审签8个。

【武宁县审计局】 现有在职干部职工17人，设有秘书股、财政金融审计股、行政文教卫生审计股、企业审计股，负责对全县24个乡镇和82个县直部门及14个企业的审计监督。局长刘诗辉，副局长严盛英、张友华、钟平。

审计成果 共完成审计项目12

个，审计单位83个，查出违纪款872万元，收缴47万元，全面完成审计任务。同时完成15个单位的主要领导离任审计，其中乡镇领导7名，县副处级领导1名，科级领导5名，国有控股企业领导2名。有3名科级领导任职期内违反财经纪律，受到县纪委通报批评和诫勉。

设有内审机构9个，内审人员19名，审计单位24个，纠正违纪违规金额27万元。

【彭泽县审计局】现有干部职工19人，设有综合股、财金审计股、行文审计股和企业审计股，负责对全县21个乡镇和42个县直部门的审计监督。局长卫红，副局长张赛喜、欧阳忠爱、李金龙。

审计成果 共审计102个单位，查出违纪违规金额1429万元，其中"小金库"1个，金额15万元。应追还被侵占挪用专项资金170万元，已上缴财政80万元。通过审计，查处各类违法违纪案件3件，建议有关部门给予处分1人。共提供审计信息、稿件8篇，其中被批转、刊载3篇。

【永修县审计局】现有干部职工21人，设有人秘股、财金审计股、行政事业审计股、企业审计股、经济责任审计股，负责对全县19个乡（镇、场）和62个县直部门的审计监督。局长熊茂琳，副局长陈学享、梁家煌、代隆喜。

审计成果 全年审计项目47个，查出违反财经法规金额191万元，应上缴财政23万元，已上缴财政18万元。同时完成县政府领导交办审计事项28个，其中任期经济责任审计26个。

【修水县审计局】现有干部职工22人，设有综合股、行文审计股、财金审计股、企业审计股和基建审计股，负责对全县36个乡镇和50个县直部门的审计监督。局长廖绵逑，副局长何晋达、王尚清、唐小明、周荣荣。

审计成果 完成审计项目60个，处理上交180.1万元，责令调账1333.5万元，责令缴纳财税部门35.1万元，责令归还原渠道资金213.2万元，采取其他纠正措施金额135.6万元。

【湖口县审计局】现有干部职工21人，设有办公室、综合股、财经审计股、工交审计股、行文审计股，负责对全县18个乡镇场和38个县直部门的审计监督。局长张书明，副局长刘毅、廖晓建，纪检组长陈胜喜。

审计成果 共完成审计项目63个，查出违纪违规金额264万元，其中指明要求纠正的167万元，决定处理处罚的97万元，收缴财政24万元，已入库16万元。向司法机关移送万元以上的经济案件1起，涉案3人。

【德安县审计局】现有干部职工17人，设有综合股，工商企业审计股，行政事业审计股，财政金融与基建投资审计股，负责对全县20个乡镇和70个县直部门的审计监督。局长饶文华，副局长周庆珠，戴熙忠。

审计成果 完成审计项目7个，审计单位62个，递交审计报告15份，出具审计意见书43份，下达审计决定书27份。查处违纪金额147万元，应上缴财政18.7万元，已追缴入库23万元。刊播审计工作信息12篇。

【都昌县审计局】现有干部职工23人，设有人秘股、企业审计股、财政金融审计股、行政事业审计股，负责对全县29个乡镇和312个县直部门及行政企事业单位的审计监督。局长彭纪芳，副局长魏继平、罗卖九、蒋松泉、江传宋，纪检组长刘初平。

审计成果 完成审计项目67个，查出违纪违规资金523万元，为财政增收30万元，追还被侵占挪用资金44万元，查处并移送经济案件7起，提交审计情况报告6篇。在对湖口县第一期移民建镇资金审计中，移送案件2起；5次对本县移民建镇资金进行跟踪审计，查处公款私存、挤占挪用移民资金案件2起；4次对各乡镇农民负担情况开展审计调查，及时办理了县党政领导和上级审计机关批转交办的信访案件8件。

【鹰潭市审计局】2000年，共有在职干部职工24人，其中大学本科学历2人，大专学历17人，局长申锐，副局长徐加样、黄兰景、孙水春、詹正兴。设有秘书科、综合法制科、财政金融审计科、固定资产投资审计科、行政文教审计科、企业审计科、监察室。

审计成果 按照省审计厅的统一部署，对预算执行情况、中外合资企业、世行贷款项目、国债资金及重点项目、公路建设资金、工商行政管理系统、普教经费、重点企业进行了审计和对养老保险扩面征缴审计调查，全面完成了省审计厅下达的审计工作计划。共审计了35个单位，查出违规行为金额7483万元，决定处理处罚162万元，指明要求纠正7321万元，应追还原渠道资金1228万元，提交审计工作报告信息19篇，被地方党政领导批示、上级审计机关和新闻单位采用7篇。

【鹰潭市月湖区审计局】现有干部7人，设有办公室、行文审计股、财金审计股、企业审计股，负责全区4个乡镇和68个区直部门的审计监督。局长严明华，副局长董发明、杨厚成。

审计成果 共审计单位22个，其中专项资金审计2个，审计调查1项。共查出违纪金额56万元，上缴财政12万元，提交审计工作报告3篇，审计信息6条，被采用5条，完成审计科研课题2项，均被省、市报刊杂志采用。共完成上级交办任务4项，主要包括清产核资、经济责任等方面审计。

【贵溪市审计局】现有干部职工16人，设有行政文教审计股、财政金融审计股、企业审计股、办公室，负责对全市31个乡镇和67个市直部门的审计监督。局长邓高球，副局长江朝明、赵桂明。

审计成果 全年共完成审计项目41个，查出各种违规金额368万元，收缴财政47.5万元，向上级审计机关及市政府提交审计工作报告15篇。

【余江县审计局】现有干部职工12人，设有办公室、企业审计股、商粮贸审计股、财金审计股、行文审计股，负责对全县14个乡镇和44个县直部门的审计监督。局长桂海友，副局长王卫平、徐弦。

审计成果 全年共审计383个单位，查出违纪金额101万元，已上缴财政40余万元。完成县委、县政府交办的6个离任审计和1个专项审计，为县委、政府宏观决策起了参谋作用。

【赣州市审计局】2000年，共有在职干部职工54人，其中大学本科学历26人，大专学历8人，局长罗穗安，副局长李加淳、刘垣林、张建华、陈木生，纪检组组长周远勇。设有办公室、综合科、财政金融审计科、行政文教审计科、固定资产投资审计科、工交审计科、商粮贸审计科、外资审计科、农林水审计科、经济责任审计科等部门。

审计成果 全市19个审计机关，共审计了1908个单位，查出违纪违规金额42333万元，应缴财政3744.51万元，同比增长53.75%；已缴财政3678.19万元，同比增长64.65%，其中市局1582.17万元，是上年的3.34倍；促进增收节支256万元；查出经济案件，移送司法和纪检机关49起，同比增长40%；查出“小金库”454个，涉及金额1.1亿元，同比增长90.76%和334.92%；查处和制止“三乱”行为462次，涉及金额2195万元，同比增长22.55%和59.82%；提交审计工作报告信息1321篇，被批示采用551篇，同比增长96.37%。

内部审计 设内审机构368个，内审人员704人，审计单位524个，查出损失浪费173万元，促进增收节支148万元，提出建议（意见）被采纳146条，已纠正违规行为金额250万元，向司法机关移送案件1起，办理财务决算审签76件。

经济责任审计 实施经济责任审计288个、305人，查出违规金额5809万元，决定处理处罚1438万元，移送纪检、监察和司法机关查处23人。

大案要案 全年市局查出并移送经济案件5起，是建局以来最多的一年。在对赣州大康实业股份公司的审计中，查出原法人代表涉嫌犯罪线索，移送市检察院后，查实犯罪金额23.6万元，被判处有期徒刑11年。

【赣州市章贡区审计局】现有干部职工29人，设有工交审计科、财金审计科、农林水审计科、商粮贸审计科、行文审计科和固定资产投资审计科，负责全区12个乡镇办事处和77个区直部门的审计监督。局长李琳，副局长郭名贵、冯文珍。

审计成果 全年共对40个政府部门及企事业单位实施了审计，查出违规金额8816万元，应缴财政71万元，已缴财政71万元；发现“小金库”4个，移送案件2例，制止“三乱”项目18项。同时完成国有企业法人代表经济责任审计项目4项，事业单位法人代表经济责任审计1项；为配合国有企业的转轨改制，先后对8家国有企业实施资产负债损益审计，并对江西第二糖厂、赣江造纸厂实施了破产清算资产负债损益审计。

【瑞金市审计局】现有干部职工25人，设有财政金融审计科、行政事业审计科、企业审计科、基建审计科、经济责任审计科和办公室，负责对全市19个乡镇和85个市直部门的审计监督。局长李运泽，副局长郭隆泽、钟晓华、杨柱。

审计成果 共完成审计项目45个，审计单位134个；完成审计调查5项，调查单位42个；共查出违规违纪金额1829万元，上缴市财政149万元。查出“小金库”14个，涉及金额306.55万元；查出并移送经济案件2起。共提交审计工作报告、信息98篇，被批示、采用69篇。5月中旬，经市政府批准，率先在赣州市18个县（市、区）审计机关成立了经济责任审计科，并出台了《瑞金市领导干部任期经济责任审计暂行规定》，使瑞金市领导干部经济责任审计工作步入了制度化、规范化的轨道。在开展“优化经济发展年”活动中，充分发挥审计监督职能，查处和制止“三乱”行为45起，涉及金额124万元，同时提出并被采纳合理化建议105条。

【南康市审计局】现有干部职工21人，设有行政办公室、固定资产投资审计科、行文审计科、财金审计科、工贸审计科、农水审计科，负责对全市29个乡镇和45个市直部门的审计监督。局长谢光天，副局长刘相荣（书记兼）、谢家志、郭国民、罗华兰。

审计成果 共完成审计项目59个，查出违规违纪金额1790万元，应上缴财政154.6万元，其中已缴财政（包括预算外资金管理局）154.6万元，应归还被侵占挪用资金97万元，为财政增收节支208万元，查处“三乱”行为17起，违纪金额99万元，事前制止“三乱”11起，金额为181万元，查处“小金库”、账外账30起，违规违纪金额1890.6万元，其中百万元“小金库”2个即市公路段905.46万元，市土管局387.45万元。查出重大违法违纪问题并移送纪检、检察机关案件3起，建议追究个人责任5人，提交各类审计报告98篇，其中被批转、批示、采纳录用的报告和信息31篇。从对15个领导干部的经济责任审计中，查处个人侵占国家资金8.18万元，移送经济案件2起，查处“小金库”、账外账13起，违规违纪金额329.19万元，查处“三乱”行为8起，违纪金额66.18万元。

对某局领导的离任审计中，发现该局从1992年到1999年底，历时8年多，历经5任领导，总收入为159.48万元，支出为86.91万元，货币资金结余80多万元，一直没有整理、登记入账，仍在会计处保管的原始单据账外账。对某镇镇长离任审计中，查实该镇以弥补镇属单位办公经费不足的名义，拨出资金20万元，其中用于发放部分干部的资金2.7万元，个人挪用2.8万元，14.5万元用于兴建办公楼的开支和个人违纪。对某乡的财务收支审计中，乡财政所所长利用职务上的便利和乡领导管理上的漏洞，隐瞒滞留自己所收的村上交税费10万元的违纪事实。

【石城县审计局】 现有干部职工20人，设有综合秘书股、企业审计股、行政事业审计股、财政金融审计股、基本建设投资审计股、任期经济责任审计股，负责对全县15个乡镇和88个县直部门的审计监督。局长李贤宝，党支部书记刘胜传，副局长温绵新、刘凤秀、黄有华，纪检组长巫俊。

审计成果 全年共审计单位132个，查出违纪违规金额671万元，其中违纪收缴财政111万元，已上交财政110万元；查出并责令归还被侵占挪用专项资金332万元；查出并移送经济案件2起，受刑事处罚3人；依法制止“三乱”12起，金额47.9万元；查出账外“小金库”7个，涉及金额119万元；向各级党政及新闻单位提交报告、信息95篇，被批转、采用48篇。内审机构共审计单位31个，已纠正违规行为金额37万元，促进增收节支16万元。

【安远县审计局】 现有干部职工17人，设有办公室、财政金融审计股、行政文教审计股、企业审计股、固定资产投资审计股和经济责任审计股，负责对全县21个乡镇和125个县直部门的审计监督。局长陈孔寿，副局长叶挺青、廖志宏。

审计成果 共完成审计项目单位135个，查出违纪违规行为金额1243万元，上缴财政108.9万元，促进增收节支、减少损失浪费122万元，查出“小金库”、“账外账”56个，金额448万元，查处“三乱”行为35起，金额122万元，查处违法经济案件13起，金额32万元，其中万元以上大案要案7起，移送纪检检察机关处理2起，移送检察机关处理5起，查出百万元违规行为单位3个，提交各类综合、专题报告36篇，被批转、批示28篇，向市级以上报刊杂志投稿51篇，被刊登采用29篇。

【赣县审计局】 现有干部职工22人，设有秘书股、工交企业审计股、财贸审计股、行政事业审计股和基建审计股，负责对全县24个乡镇和55个县直部门及群众团体的审计监督。局长罗光松，副局长曾万龙、陈林、李通逵、陈卫东。

审计成果 全年共开展对94个单位的审计，完成年度计划158%；查处违纪违规金额1721万元；应缴财政106万元，当年入库101万元，入库率95%；向县委、县政府及上级审计机关提交审计工作报告、信息45篇。配合县级“三讲”教育和信访工作，开展了“大埠—大田公路工程建设调查”、燕塘北路开发、红金工业区开发财务收支等16个项目专项审计，查明了存在的挤占挪用专项资金、私设“小金库”等问题，提出了整改意见，并对违纪违规问题作了严肃处理；加大了对设立“小金库”的严重违法乱纪行为的审计力度，全年共查处4个单位5个“小金库”收入219.8万元、6个一次性收支“账外账”收入10万元，维护了财经法纪的严肃性。

【宁都县审计局】 现有干部职工22人，设有办公室、财政金融审计股、行政文教审计股、工交审计股、农林水审计股、商粮贸审计股、固定资产投资审计股，负责对全县28个乡（镇、场）和50多个县直部门的审计监督。局长黄春生，副局长罗文盛、廖素红、廖丁生。

审计成果 共审计单位130个，查出违规行为金额1056万元，上缴财政263万元；查出“小金库”、“账外账”43个，涉及金额780万元；向县政府提交审计综合报告12篇，批转3篇；被市级以上有关报刊采用信息及文章33篇。

【寻乌县审计局】 现有干部职工20人，设有办公室、行政事业审计股、企业审计股、经济责任审计股、基建审计股和综合内审指导股，负责对全县15个乡镇和58个县直部门的审计监督。局长赖运良，副局长刘庆文、刘志丰。

审计成果 共完成审计单位（项目）59个，查出各种违纪违规金额628万元，应上缴财政120.92万元，应归还被侵占挪用资金29万元，已上缴财政96.2万元。其中查出“小金库”12个，总额41.78万元，收缴财政5.55万元。向上级审计机关或新闻单位提供文章、信息48篇，其中被刊登18篇。根据县领导交办，在对某工程临时指挥部进行财务收支情况审计中，发现该单位私设“小金库”5.78万元，重复发放补助1.18万元及白条支付工程款项漏税1.84万元等问题，并依法作出了严肃处理。开展了12个单位领导任期经济责任审计，查出违纪违规金额62万元，应缴财政48万元，提出了审计意见和建议32条，为领导使用干部提供了决策参考。注意突出审计重点，及时发现经济案件线索，在对某单位审计中，发现该单位白条支付外地某工程队工程款项49.13万元，且未附工程结算单，及时向县检察机关作了移送。

【兴国县审计局】现有干部职工19人，设有秘书股、财政金融审计股、企业审计股、固定资产投资审计股、农林水审计股、行政文教审计股，负责对全县24个乡镇和251个县直及企事业单位的审计监督。局长卢方梅，副局长王甘生、钟功斌、钟伟。

审计成果 共完成审计项目170个，查出违纪违规金额758万元，上缴财政115万元，归还原渠道资金121万元，提交审计报告55篇，被批转采用3篇，提交论文、信息70篇，被采用利用13篇，移送纪检、监察机关案件5起。完成省、市审计机关下达任务35项，完成县委、县政府交办审计任务30项。设有内审组织18个，内审人员48名。完成审计单位15个，促进增收节支11万元，提出审计建议并被采纳15条。经济责任审计共审计单位23个，查出违纪违规金额86万元，向纪检、监察部门移送案件2起，涉及人员3人。

【定南县审计局】现有在职干部职工12人，设有综合股、财政金融审计股、企业审计股、农林水审计股、经济责任审计股，负责对全县13个乡镇和140个县直部门的审计监督。局长黄伟平，副局长李建华、李永祥。

审计成果 完成审计项目11项，审计单位85个，查出各种违纪金额780万元，上缴县财政61.8万元，查处“小金库”5起，金额达17万元，追还被侵占挪用资金200万元。提交审计工作报告36篇，其中经济责任审计结果报告20篇。查出违法经济案件2起，已移送纪检、检察机关处理。完成省、市审计机关的审计任务7项，审计单位59个，审计金额3127万元；完成县委、县政府交办的工作任务4项，审计单位26个，其中领导干部任期经济责任审计17个，财务收支审计3个，专项审计调查1个，基建审计2个，企业资产、负债、损益审计3个。

【上犹县审计局】现有干部职工14人，设有秘书股、财金审计股、行文审计股、综合股、经济责任审计办公室，负责对全县18个乡镇和51个县直部门的审计监督。局长赖光龙，副局长王荣春、张均鸽、张重浩。

审计成果 共完成审计项目单位82个，其中县财政预算执行审计单位7个，国外贷援款项目2个，行政事业单位54个，企业单位13个，查出违纪违规金额1666万元，应上缴县财政60万元，已上缴县财政55万元。查出私设“小金库”15个，累计金额达180多万元。查出万元以上违纪单位18个，提交审计工作报告16篇。重点对普教经费进行了审计，查出违纪金额200多万元；根据中办文件精神，成立经济责任审计机构，开展了经济责任审计，为组织部门任命干部提供公正依据。

【于都县审计局】现有干部职工24人，设有人事秘书股、财经审计股、行政文教审计股、企业审计股和经济责任审计股，负责对全县27个乡镇和36个县直部门的审计监督。局长黄传荣，副局长罗淑芳、方萃文。

审计成果 完成审计项目28个，其中指令性项目11个，授权审计项目3个，自选审计项目5个，政府临时交办项目9个；审计单位160个；查处违纪违规金额322万元，上缴财政183万元。

【龙南县审计局】现有干部职工15人，设有秘书股、企业审计股、财金审计股、农林水审计股和固定资产投资审计股，负责对全县18个乡镇（场）和60个县直部门的审计监督。局长廖振俊，副局长戴淑兰、钟小龙。

审计成果 完成审计项目72个，查出违规违纪金额460.73万元，其中决定处理处罚235.73万元，指明要求纠正225万元。已上交财政196.72万元。提交审计工作报告、信息72篇，被批示采用7篇。查处“小金库”8个，金额32.64万元，查处“三乱”行为17起，金额74.68万元，处理处罚46.01万元。

完成33个单位主要领导任期经济责任审计（其中行政事业单位28个，国有企业5个），查出违规金额206万元，处理处罚85万元，指明要求纠正121万元，根据有关部门的委托，开展了全县各乡镇16所初中现任校长任期期间的经济责任审计。

【崇义县审计局】现有在职干部职工15人，设有办公室、工业交通审计股、财政金融审计股、农林水审计股和综合股，负责对全县8个乡镇和62个县直部门的审计监督。局长王英明，副局长胡石清、王福金。

审计成果 全年共审计单位70个，查出违规行为金额360万元，其中决定处理处罚229万元，应交财政45万元，已交财政43万元。提交审计工作报告信息40篇，其中工作报告36篇。全县设有内部审计机构16个，内审人员26人，其中专职机构6个，专职人员11人。完成审计单位51个，查出损失浪费62万元，促进增收节支43万元。全年完成经济责任审计单位23个，其中企业单位6个，审计经济责任人31人，查出违规行为金额138万元，收缴财政16万元。移送县纪检机关经济案件1起。

【信丰县审计局】现有干部职工17人，设有人事秘书股、财政金融审计股、行政事业审计股、企业审计股、基本建设审计股，负责对全县23个乡镇和75个县直部门、单位的审计监督。局长梁金山、副局长李丽、黄小琳、赖喜明、陈良龙。

审计成果 全年共完成审计项目18个，审计单位110个，查出违规行为金额6144万元（其中决定处理处罚1621万元，指明要求纠正4523万元），应交财政75.21万元，已交财政88.57万元（含上年结转），应归还原渠道资金149万元；查出百万元以上违规行为单位9个；查出单位“小金库”、“账外账”52个，金额1146.54万元；向司法机关移送案件6件，涉案人员14人；向纪检监察部门移送案件1起，建议给予行政处分1人，向上级部门、兄弟县市和税务部门等单位移送或提供案件线索10件；查处或制止“三乱”行为61起，金额达157.51万元；向上级机关、部门以及有关报刊提交审计工作报告、信息73篇，被批示采用21篇。

【全南县审计局】现有干部职工19人，设有秘书股、财金行文审计股、工交商审计股、农林水审计股和基建审计股，负责对全县19个乡镇和108个县直部门的审计监督。局长兰海洋，副局长钟丽珍、钟文明。

审计成果 共完成审计项目83个，查出违纪违规金额312万元，收缴财政134万元，查出各种形式的“小金库”2个，涉及金额6.3万元，查处乱收费行为75起，涉及金额166.3万元。向地方党政领导和上级审计机关提交反映宏观经济的综合报告和信息78篇，被上级审计部门和当地党政机关批转、采用36篇。

【大余县审计局】现有干部职工18人，设有综合科、财金审计科、工交审计科、农水审计科、经济责任审计科、固定资产投资审计科，负责对全县15个乡镇和38个县直部门的审计监督。局长聂卫兵，副局长王世信、刘津同。

审计成果 共审计单位120个，查出违规金额3128万元，较上年增长38.4%，其中决定处理处罚265万元，建议纠正2863万元，应缴财政106万元，已缴财政102万元，追还被挤占挪用资金675万元；发现违法违纪线索并向纪检、监察和司法机关移送案件6起，提交审计工作报告、信息117篇，被批转、采用47篇。

【会昌县审计局】现有在职干部21人，设有人事秘书股、企业审计股、财金审计股、农林水审计股、工程预决算中心等机构，负责对全县22个乡镇和75个县直部门的审计监督。局长杨伦华，副局长梁福荣、李启安、刘萍，朱建荣。

审计成果 共完成审计项目69个，查出违纪违规金额1343万元，应上缴财政110万元，已上缴88万元；查出“小金库”30个，金额305万元。提交审计工作报告、信息58篇，被采用24篇。

【上饶市审计局】2000年，共有在职干部职工35人，其中大学本科学历14人，大专学历11人，局长贺子寿，副局长陈邦仁、徐天寿，纪检组长邵忠宽。设有人事秘书科、综合科、监察室、财政金融外资审计科、行政事业审计科、商粮贸企业审计科、工交企业审计科、固定资产投资审计科、审计干部专业培训中心。

审计成果 共审计单位1168个，查出违规行为金额47344万元，应上交财政1438万元，应减少财政拨款或补贴1395万元，应归还原渠道资金942万元，已上交财政1362万元，促进增收节支530万元，提交审计工作报告、信息350篇，被地方党政领导批示17篇、上级审计机关批示27篇、新闻单位采用49篇，建议纠正地方部门不当规定85条，协助有关部门查处案件13件。完成了对13个财政预算执行情况的审计和6个财政部门决算审计。

内部审计 对418个单位进行了内部审计，查出损失浪费225万元，促进增收节支198万元，已纠正违规行为金额655万元，其中增加上缴6万元，增加留利5万元。

经济责任审计 完成对87个党政领导和国有企业或国有控股企业领导人员任期经济责任审计，其中党政领导77人，国有企业或控股国有企业领导人员70人，查出违规行为金额1547万元，查出损失浪费532万元，个人有经济问题5人，受到党纪政纪处分1人，移送纪检监察机关4人，平调9人，免职1人。

大案要案　查出大案要案11件，已处理有关责任人15人，其中10人已批准逮捕，7人已判刑。

【上饶市信州区审计局】　现有干部职工21人，设有行政事业审计科、企业审计科和综合科，负责对全区7个乡镇和34个区直部门的审计监督。局长姚子敏，副局长徐翔、李振国、姜饶祥。

审计成果　全年共审计89个单位，查出违规违纪金额829万元，应上缴财政118万元，已上缴入库118万元，减少财政拨款18万元，归还被侵占挪用资金427万元，促进增收节支382万元，内审机构全年审计33个单位，纠正违规金额52万元，促进提高经济效益97万元。

全年依法向司法、纪检机关移送3起经济案件：一是向公安局移送某农业综合养殖场出具虚假抵押证明，涉嫌骗取银行贷款100万元的要案线索；二是向纪检监察机关移送某乡出让公墓基地收入等179万元账外资金的重大违纪案件线索；三是向检察院移送区水产场干部涉嫌私分巨款的大案线索，原场长等5人由检察机关依法逮捕并被判刑。

【德兴市审计局】现有干部职工15人，设有办公室、行政事业审计科、企业审计科、基本建设投资审计科，负责对全市17个乡镇和49个市直部门的审计监督。局长高良来，副局长程容开、王永银。

审计成果　共完成审计项目88个，查出违规资金2012万元，其中上缴财政45万元，查出移送经济案件1起，提交审计工作报告、信息科研文章58篇，被采用33篇，审计档案管理已达省特级。同时还对18个行政事业单位科级干部离任进行了经济责任审计。

【上饶县审计局】现有在职干部职工25人，设有办公室、行政事业审计股、企业审计股、经贸审计股、经济责任审计股，负责对全县31个乡镇和60个县直部门的审计监督。局长王辉良，副局长聂登湖、乐正林、孙饶峰。

审计成果　完成审计项目75个，审计单位140户；查出违规违纪金额620万元，应上缴财政126万元，查处、移送贪污案件2起，查处“小金库”6个，金额60万元。完成县委、县政府交办的工作任务31项，对13个行政事业单位负责人进行了经济责任审计，对18个改制企业进行了资产、负债、损益审计，被审计单位50个。完成省、市审计机关下达的审计项目13个，审计单位29个。3－5月，根据省审计厅的统一部署，派出了以乐正林副局长为领队的6人审计组，对波阳、余干2县的移民建镇资金进行了审计。

【广丰县审计局】现有干部职工18人，设有行政事业审计股、企业审计股、财政金融审计股、基本建设审计股，负责对全县30个乡镇、66个县直部门和146个事业单位和45个国有企业及国有控股企业的审计监督。局长周永海，副局长陈传雨、林贻福、林忠。

审计成果　共完成审计项目67个，即省、地指令性项目12个，县委、县政府交办的审计项目4个，自行安排的乡（镇）财务收支审计项目51个。财政审计7个，行政事业单位定期审计项目41个，企业资产、负债、损益审计11个，经济责任审计2个，利用外资审计2个，专项资金审计调查3个。通过审计，共查出违纪违规金额158万元，应上缴财政102万元，已上缴财政101万元，向政府提交综合报告2篇，单项报告5篇，另在三省九县市审计研讨会上提交了审计科研文章1篇，提交审计信息15篇。

【波阳县审计局】现有干部职工32人，设有财金审计股、行政事业审计股、固定资产投资审计股、工交审计股、经济责任审计股、办公室、监察室，负责对全县45个乡镇和73个县直部门的审计监督。局长张天福，副局长高应清、李文澄、段金火，纪检组长胡胜华。

审计成果　全年共审计76个项目，查出违反财政法规金额1380万元，应上交财政86万元，已上交财政84万元，归还原渠道资金52万元，提供各类审计工作报告和信息18篇，被批示采用8篇。

【婺源县审计局】现有干部职工21人，设有行文审计股、企业审计股、投资审计股和人秘股，负责对全县27个乡镇和114个县直部门、9个驻婺省属单位的审计监督。局长邹金娣，书记杨诚，副局长查喜兰、程永辉。

审计成果　共完成审计项目单位58个，查出违规行为金额183万元，上交财政50万元，向县委、县政府和上级审计机关提交审计工作综合报告15篇。其中完成省、地审计机关以财政预算执行情况审计为重点的审计项目14个，查出违规行为金额111万元，上交财政27万元，指明要求纠正84万元，提交审计项目综合报告4篇。完成县委组织部交办的对27位领导干部离任经济责任审计。

【铅山县审计局】现有干部职工18人，设有办公室、行政事业审计股、工业企业审计股、商贸金融审计股、固定资产投资审计股、财务服务站，负责对全县25个乡镇和54

个县直部门的审计监督。局长周明田，副局长余文标、陈勇、詹世祥。

审计成果　共完成审计项目96个，查出违纪违规资金488万元。应上交财政68万元，已上交财政51万元。共提交审计专题报告、信息15篇。

【余干县审计局】现有干部职工26人，设有秘书股、财金审计股、行文审计股、工交审计股和审计服务中心，负责对全县35个乡镇场和55个县直部门的审计监督。局长高丁山，副局长任国兴。

审计成果　共完成审计项目90个，审计资金9800万元，查处违规行为金额897万元，其中应交财政86万元，已交财政85万元，归还原渠道资金482万元，提交审计报告、信息63篇。完成协助省、市审计任务6项、赴外地审计项目1个和县政府交办的移民建镇资金、计划生育资金、联合国粮援资金的执法检查，对75个县直单位和乡镇场实施了届中经济责任审计。

【横峰县审计局】现有干部26人，设有办公室、行政事业审计股、企业审计股和审计服务中心，负责对全县12个乡镇（场）和50个县直部门的审计监督。局长黄华，副局长曾道凯、李锋。

审计成果　共审计项目95个，其中财政预算执行情况审计项目2个，企业15个，行政事业单位76个，国外援款贷款项目2个，查出违规金额285万元，应交财政75万元，已交财政75万元，指明要求纠正195万元，应归还原渠道资金8万元，提交审计工作报告12篇，建议纠正地方部门不当规定11条。在对全县76个行政事业单位财务收支情况的审计中，发现挤占挪用专项资金16万元，乱收费乱罚款34万元，未按规定征提基金1万元，偷税漏税10.5万元，2个单位的各种回扣转入本单位“小金库”，对此及时将违规金额收缴入库，保证了专项资金落到实处。

【弋阳县审计局】现有干部职工14人，内设4个职能股室，负责对全县22个乡镇和57个县直部门的审计监督。局长李长水，副局长倪爱萍。

审计成果　共审计单位（项目）1384个，查出违纪违规资金4544万元；及时递交综合审计报告、信息191篇，上级批转采用75篇；决定应上交财政1636.9万元，含对违纪资金予以处罚106.47万元；已收缴入库1507.4万元。其中审计实施项目63个，查出违纪违规资金722万元；应上交107万元，已收缴入库106万元；提交审计综合报告25篇，有4篇受到当地党政和上级机关重视或批转采用。

【玉山县审计局】现有干部职工18人，设有财金审计股、行文审计股、商贸审计股、投资审计股，负责对全县30个乡镇和120个县直部门的审计监督。局长吴植森，副局长俞瑞英、张德兴、俞银水、张曼。

审计成果　共完成审计项目84个，查出各种违纪资金1727万元，应上缴财政93万元，实际上缴财政91万元，入库率达97.8%，追还被侵占挪用资金229万元，促进增收节支138万元，减少基建投资787万元。经县委、县政府批转的工作报告5份，论文信息4篇。完成了县委、县政府交办的事项10项，特别是把在“三讲”中群众反映强烈的热点问题，沿河路工程、七一至县城引供水工程、城西开发区建设工程、追日集团及下属的糖厂技改等4大工程的资产、负债、损益情况进行了审计，摸清了4大工程的家底，查出各种违纪资金达221.2万元，查出各种违纪违法线索5条，有4人被追究刑事责任。对工程建设中高估冒算及其用户多建少交各种费用进行了清理，为县里挽回和减少了国家损失630.54万元。

【万年县审计局】现在干部职工35人，设有办公室、财政金融审计股、企业审计股、行政事业审计股、固定资产投资审计股、审计服务中心，负责对全县19个乡镇和43个县直部门的审计监督。局长王云学，副局长孙海远。

审计成果　共审计单位91个，查出违规金额836万元，决定处理处罚142万元，指明要求纠正694万元，应交财政142万元，上缴财政142万元，提交审计工作报告及信息90篇，上级审计机关采用10篇，审计移送案件1起，查出百万元违规单位案件1起，建议给予一般工作人员行政处分1人，建议追查领导干部经济责任2人。共完成上级交办审计项目24项，其中经济责任审计18项，审计中查出“小金库”6个，总计金额57.2万元。

【宜春市审计局】2000年总共有在职干部职工44人，其中研究生学历1人，大学本科学历11人，大专学历23人，局长郭明（－11月）、辛水根（11月－），副局长黄锡梅、陈文辉、刘树恩，纪检组长贺鹤年（－11月）、彭泽荣（11月－）。设有秘书科、综合科、财政金融审计科、行政文教审计科、工业交通审计科、商粮贸审计科、农林水审计科，固定资产投资审计科等部门。

审计成果　共审计单位93个，查出违规行为金额6296万元，应交财政249万元，应归还原渠道资金183万元，已交财政132万元，提交审计工作报告信息42篇，其中工作报告31篇，被批示采用10篇。

完成上级交办任务　对本级财

政1999年预算执行和其他财政收支情况进行了审计，组织各县（市、区）审计局对全市58个乡镇1999年度财政收支决算进行了就地审计，完成了对宜丰、樟树、上高、高安、奉新5县（市）1998、1999年度财政决算和其他财政收支及税收政策执行情况的审计；配合国企改革，完成了对5户重点国有大中型企业1999年度资产、负债、损益真实性审计。

【宜春市袁州区审计局】现有干部职工31人，设有办公室、综合股、农林水基建审计股、行政事业审计股、财政金融审计股、企业审计股，负责对全区26个乡（镇）、7个街道办事处（含驻京办事处）和59个区直部门的审计监督。局长钟建，副局长钟志诚、刘东河，纪检组长陈清华。

审计成果　共审计单位122个，查出违纪金额2522万元，责成纠正2329万元，决定处理处罚193万元，应交财政188万元，已上交财政188万元。向检察院移交或联合办案4件，逮捕7人，其中副县级1人，配合纪委监察执法2件。报告与信息被批示和采用38篇，其中署级7篇，信息质量创历史最好水平。

【丰城市审计局】现有干部职工20人，设有财政金融审计股、行政文教事业审计股、企业审计股、农水基建审计股、办公室，负责对全县12个乡镇和121个县直部门的审计监督。党组书记、局长陈金龙，副局长余新华、饶慧琴、杨裕元、范国华、徐国龙，纪检组长欧阳进辉。

审计成果　共完成审计项目（单位）167个，查处各类违规违纪资金2107万元，追还被侵占挪用资金119万元，促进增收节支642万元，减少损失浪费312万元，上缴财政172万元，提交审计综合、专项报告41篇，调研论文14篇，被批示采用21篇。开展离任经济责任审计项目5个，涉及领导干部7人，其中平调2人，晋升2人，降职、停职、免职3人。查处大案要案3起，涉及违法犯罪金额171万元，涉及有关人员13人，给予党纪政纪处分10人，追究刑事责任3人，为国家挽回经济损失152万元。

共建立内审机构86个，内审人员166人，其中专职人员112人，开展审计项目（单位）884个，查处损失浪费296万元，促进增收节支311万元，纠正违规行为资金985万元。

【樟树市审计局】现有干部职工26人，设有人秘综合股、行财审计股、企业审计股、农水审计股、基建审计股和测算中心，负责对全市21个乡镇办事处和48个市直部门的审计监督。局长丁友才，副局长何海保、杨新根、刘刚、邹荣荣、傅芳，纪检组长熊茶根。

审计成果　共完成审计单位（项目）126个，审计总金额9.8亿元，查出违纪金额218万元；上缴财政96万元，人均上缴财政3.96万元；入库率100%。查出“小金库”2个，金额22.6万元。共审计基建工程款2800万元，查出高估冒算、高套定额标准等不轨行为，核减基建投资203万元，为国家挽回了巨额经济损失。向市政府提交综合审计报告12篇，有6篇被批转或批示；协同纪检、监察部门查处经济案件3起；完成市委市政府交办的工作任务25项。设有内审机构60个，内审人员160人，共审计单位402个。

【高安市审计局】现有干部职工32人，设有秘书股、行文审计股、农水审计股、企业审计股、财金审计股和固投审计股，负责对全市24个乡镇和176个市直部门的审计监督。局长邓六根，副局长徐子洪、葛建军、陈清华、熊爱莲，纪检组长胡宝庆。

审计成果　共完成审计单位（项目）228个，审计金额38659万元，查出违纪违规金额1123万元，上交财政74万元，促进增收节支985万元，向司法机关移交大案要案2起，追究刑事责任2人；完成宣传报道65篇，提交审计报告和综合审计信息36篇。完成市委、政府交办的工作任务23项。在开展对领导干部经济责任审计中，查出私设“小金库”5个，涉及金额62万元，为国家增收节支200多万元；完成上级下达的任务172项，省厅授权7个，审计金额29826万元。设有内部审计机构25个，内审人员92名。接受基建决算审计28个，核减工程造价278.68万元。

【铜鼓县审计局】现有干部职工18人，设有办公室、财金审计股、农企审计股，负责对5个乡镇和53个县直部门的审计监督。局长刘文生，副局长况建山、张全本，纪检组长邓映柳。

审计成果　共完成审计项目42个，审计单位58个。完成专项资金审计5项，审计单位16个，审计总金额4995万元。完成省厅授权委托审计项目7项。查出违纪违规金额296万元，上缴财政35万元。在纪检、监察、信访等部门配合下，查出各种经济案件3起，为社会稳定发挥了积极的作用。提交审计报告、信息49篇，被政府、上级审计机关及新闻单位批转、采用28篇。

全年工作特点：一是进一步深化了预算执行审计。在审计的8个单位中，收缴财政4万元；二是抓住重点项目，致力搞好专项资金审计。审计单位16个，审计总金额4995万元，纠正违规行为金额近30万元，收缴财政10万元；三是积极探索，着力搞好经济责任审计。改变过去审计走过场，拓宽经济责任审计渠道，结合财务收支审计，发现大要案线索3起，并协力配合纪检监察部门调查处理；四是合理安排，努力完成政府委托审计。在政府的工作安排下，完成农民减负调查、铜鼓县公安局看守所监狱大楼资金缺口情况等5个项目、25个单位的专项审计调查。

【靖安县审计局】 现有干部职工17人，设有人秘股、综合股、行文审计股和企业审计股，负责对全县11个乡镇和46个县直部门的审计监督。局长井平，副局长刘诗还、郭成所、顾金陵，纪检组长钱光江。

审计成果 共完成审计项目26项，审计单位43户，审计调查10项，调查单位15个，审计金额17895万元。查出违纪违规金额230万元。上缴财政63万元，提交审计报告24篇，提交专题审计调查和综合报告17篇。内审机构共完成审计项目38个，纠正违纪金额26万元，促进增收节支40万元。

完成上级审计机关下达的审计任务14项，审计单位92个，审计金额9697万元。完成县委、县政府交办的各项工作任务18项。派出25人次参加全县财税清理、企业破产以及乡镇区划调整、清房等中心工作，协助清收漏交税费20余万元。

【宜丰县审计局】 现有干部职工24人，设有秘书（综合）股、企业审计股、农林水基建审计股、行政文教审计股、财政金融审计股，负责对全县16个乡镇和80个县直部门的审计监督。局长漆嵩，副局长周云宵、毛幸荣、邹凤兰、邹斌，监察组长蔡碧云。

审计成果 全年共审计单位91个，查出违纪违规金额1541万元，收缴上交财政50万元，被批示、批转采用的审计报告和信息47篇。

完成县委、县政府交办的审计工作任务6项，审计单位13个。在“三讲”教育期间，针对群众反映强烈的问题，查清了3个企业的经济问题和8个乡镇、部门购买小汽车问题，使存在的问题在“三讲”活动中得到及时整改。另外，参与了2个企业产权制度改革的清产核资工作和4个破产企业的破产清算工作。完成省、地审计机关下达的审计任务23项，审计单位78个。

【奉新县审计局】 现有干部职工21人，设有人秘股、财金审计股、行政事业审计股、企业审计股、基建农林水审计股，负责对全县17个乡镇和60个县直部门的审计监督。局长周孔汉，党组书记谢先亚，副局长谌忠爱、胡勇，纪检组长邓永保。

审计成果 全年共审计67个单位（项目），查出违规行为金额672万元，其中决定处理处罚62万元，指明要求纠正610万元，应交财政62万元，应归还被侵占挪用资金74万元，已交财政62万元。向上级审计机关和县政府提交审计专题材料及综合报告等30篇，被批转、批示19篇。建议县纪检监察部门给予行政处分5人，向检察机关移交案件1起，向审计机关和县以上刊物、广播电视等宣传媒体提交审计文章、信息、通讯稿112篇，被刊登采用37篇。

【万载县审计局】 现有干部职工24人，设有秘书股、财政金融审计股、行政文教事业审计股、基建农林水审计股和企业审计股，负责对全县21个乡镇（区）和82个县直部门的审计监督。局长李忠军，副局长施荣贵、袁春发、张焕员、郭锐。

审计成果 共完成审计项目79个，查出违纪违规金额1585万元。向司法机关移送案件2件。上缴县财政123万元，提交审计报告33篇。完成县委、县政府交办的工作任务8项，审计单位40个；完成省、地审计机关下达的审计任务71项。设立内审机构32个，内审人员76人，共审计167个单位（项目），查出违规金额176万元。

【上高县审计局】 现有干部17人，设有财政金融审计股、企业审计股、行政事业审计股、农林水审计股和人秘股，负责对全县18个乡镇和54个县直部门的审计监督。局长李年生，副局长胡莉蓉、黄珠生、雷陕江，纪检组长李福生。

审计成果 开展了县、乡财政审计、企业、行政事业单位财务收支审计、农业专项资金审计、世界银行贷款审计等4类审计项目，共审计70个单位，查出违规行为金额385万元，决定处罚56万元；指明要求纠正329万元，已交财政50万元，税金42万元；罚款8万元。提交审计工作报告14篇、信息11篇，被采用11篇。协助有关部门查处案件2件。

【抚州市审计局】 2000年，共有在职干部职工39人，其中大学本科学历7人，大专学历22人，局长张建国，副局长周水生、黄德泉、郑瑞龙。设有人事秘书科、综合法规科、监察室、财金审计科、行文审计科、企业审计科、投资审计科和经济责任审计科等部门。

审计成果 全市共审计992个单位（市局审计151个），查出违纪行为金额14663万元（市局查出7821万元），应上缴财政1171万元，已上缴财政950万元（市局249万元），发现和移送经济违法犯罪案件线索9件（市局移送3件），建议给予行政处分6人，提交审计工作报告291篇，被批示、采用57篇。

经济责任审计　2月，原抚州地委办公室、行署办公室转发《抚州地区领导干部任期经济责任审计的暂行规定》，建立了经济责任审计制度，规定县（区）委书记、县（区）长和市直机关的党政一把手以及国有企业和国有控股企业的负责人均属经济责任审计的对象，并设立了专职审计机构，增加了4个事业编制，拨给了专项经费。全年共完成6批50人（次）县级领导干部的经济责任审计，其中县委书记4人，县长12人，局长30人，厂长（经理）4人。通过审计，有1人被降职使用，有1人未被提拔。

大案要案　乐安县审计局查出该县房管局自1996年以来亏损454.4万元，"账外账"、"小金库"金额高达734.3万元，偷漏税费35.6万元的严重违纪违法问题。

【南丰县审计局】现有干部职工22人，设有人事秘书股、法制监察股、财政金融审计股、行政事业审计股、企业审计股、固定资产投资审计股和经济责任审计股，负责对全县17个乡镇和124个县直部门的审计监督。局长徐小明，副局长郑华栋、彭德泉。

审计成果　审计单位83个（次），查出违纪违规金额2377万元，应交财政277万元，已交财政273万元，追还被挤占挪用资金32万元，发现违法违纪问题经济案件线索3条，提交综合或专题审计报告10份。在实际工作中，一是坚持以真实性为突破口，打假治乱。审计发现某公司经理涉嫌挪用资金案、某管理局主要领导涉嫌挪用公款渎职案和某乡原会计人员私自撕毁会计单据案，3案均及时移送司法机关和有关部门查处。二是围绕中心，深化本级财政预算执行审计，加强乡镇财政决算审计。本级财政预算执行审计初步实现了由查错纠弊向审查控制、监督制度、改进管理、提高资金使用效益上深化。

【乐安县审计局】现有干部职工15人，设有人秘股、财政金融审计股、行政事业审计股、企业审计股、经济责任审计股，负责对全县21个乡镇（场）和51个县直部门的审计监督。局长彭光辉，党支部书记兼副局长朱彩联，副局长刘洪、邓乐文。

审计成果　全年共审计项目单位70个，查出违纪违规金额2106万元，其中应缴已缴财政49万元，入库率100%。移送纪检、检察机关案件3件，向上级报送审计工作报告、信息31篇，其中报刊录用3篇，向上级提交审计科研论文2篇，在省级以上报刊发表文章3篇。主要工作一是抓了国债资金、养老保险扩面征缴调查、普教经费、排污费环保资金、科研经费、财政预算执行情况等6项专项审计，披露了不少违纪违规问题；二是抓了21个乡镇场主要领导的经济责任审计；三是突出对县房管局房地产开发亏损454.5万元、县生资公司经营亏损几千万元进行了全面审计，涉案人员被移送检察机关，依法逮捕了4名犯罪嫌疑人。

【金溪县审计局】现有干部职工18人，设有人秘综合股、行政事业审计股、企业审计股、财政金融审计股，负责对全县21个乡镇（场）和46个县直部门的审计监督。局长邹垣兴，支部书记邹群湘，副局长余国文、徐高科、李有才、江春芳。

审计成果　全年共审计单位（项目）89个，查出违纪违规金额464万元，其中指明要求纠正383万元，上缴财政40万元，责成应归还原渠道资金41万元；向被审单位提出审计意见和建议269条；提交审计工作报告、信息14篇，被上级刊物采用3篇。

【南城县审计局】现有干部职工15人，设有人事秘书股、行政事业审计股、工交审计股、财政金融审计股等机构，负责全县17个乡镇和78个县直部门的审计监督。局长徐洁敏，副局长曾幼华、杜恭龙、曹淑玲。

审计成果　全年共完成审计单位70个，查出违纪违规金额609万元，应交财政51.5万元，已交财政51.5万元；开展专项审计和调查8个；提交综合和专项审计报告10篇，其中被批示、批转3篇，为维护财经秩序，加强廉政建设，促进县域经济发展等方面发挥了审计监督的重要作用。

【东乡县审计局】现有干部职工31人，设有人事秘书股、行政事业审计股、工交审计股、商粮贸审计股、基建审计股，负责对全县20个乡镇（场）和32个县直部门的审计监督。局长艾益群，党组书记杨长松，副局长陈才明、乐仁恩、乐长娥，纪检组长周笑兰。

审计成果　全年共审计单位（项目）56个，查出违规行为金额226万元，缴交财政36万元，追还被侵占挪用资金158万元，向司法机关移送案件2起，向县政府和上级审计机关提交审计工作报告、信息26篇，被采用9篇，其中3篇在《中国审计报》上登载，6篇被《江西审计与财务》刊用。

【资溪县审计局】现有干部职工15人，设有人秘股、行政事业审计股、企业审计股、基建综合股，负责对全县10个乡镇（场）和46个县直部门的审计监督。局长何伟东，副局长饶贵木、杨春高。

审计成果　全年共审计项目6个，审计单位74个，查出违纪违规金额246万元，决定处理处罚40万元，指明要求纠正206万元，应上交财政40万元，已上交财政40万元，提交审计工作报告11篇，均被县委、县政府采纳，提交信息稿件11篇，被上级新闻单位采用3篇。

【宜黄县审计局】 现有干部职工21人，设有办公室、行政事业审计股、财政金融审计股、企业审计股、固定资产投资审计股、经济责任审计股，负责对全县15个乡镇和82个县直部门的审计监督。局长曹小平，书记饶建民，副局长何绍贤、吴新棠、施长国、周晓琴。

审计成果 全年共审计项目（单位）74个，查出违纪违规金额1545万元，其中指明要求纠正1508万元，上缴县财政36万元，查出应归还原渠道资金476万元，提交审计工作报告、信息30篇，被批示采用8篇。深化本级预算执行审计，重点抽审了农林水、地税等10多个县一级预算单位，同时对9个乡镇财政决算进行了审计，基本摸清了县、乡两级财政收入、管理、使用情况，受县政府委托，向县人大常委会报告了预算执行审计情况。

【广昌县审计局】 现有干部职工21人，设有人事秘书股、企业审计股、行政事业审计股、经济责任审计股和固定资产投资审计股，负责对全县16个乡镇和80个县直部门的审计监督。局长肖勇，副局长白晓峰、尹德芳、周群芳、杨荣娣，纪检组长吴俊文。

审计成果 全年共审计单位94个，查出违纪违规金额220万元，已上缴财政27万元。完成了11个专项审计项目，撰写审计调查报告11篇。固定资产全年审计工程造价2052万元，核减工程造价217万元。

【黎川县审计局】 现有干部职工17人，设有人事秘书股、财金审计股、企业审计股、行政事业审计股、经济责任审计股，负责对全县18个乡镇和56个县直部门的审计监督。局长许爱军，副局长张春强、万兴龙，纪检组长汤亚平。

审计成果 全年共完成审计单位（项目）42个，查出违纪违规金额186万元，其中应上缴财政54万元，已上缴财政54万元，向当地政府和上级业务主管部门提交综合或专题报告11篇。

【崇仁县审计局】 现有干部职工18人，设有办公室、行政事业审计股、工交审计股、基建审计股、商贸审计股、监察室，负责对全县21个乡镇和76个县直部门的审计监督。局长徐逵增，副局长章忠平、刘振国、刘健国、吴正顺。

审计成果 全年共审计项目（单位）107个，查出违纪违规金额122万元，应上交财政77万元，已上缴财政74万元，向上级审计机关和当地党、政部门提交审计调查和专题审计报告51篇，其中3篇被采用。根据县委、县政府的指示，对全县21个乡镇党委书记、乡（镇）长任期经济责任进行了审计，审计结果，引起了县委、县政府的高度重视，据此重新研究制订了《关于加强乡镇财务管理的规定》。

【吉安市审计局】 2000年，共有在职干部职工38人，其中大学本科学历12人，大专学历13人，局长李祖江，副局长钟贞荣、钟循育、黄廉传，纪检组长郭天仪。设有办公室、综合科、财政金融审计科、行政文教（农林水）审计科、商粮贸审计科、工业交通审计科、固定资产投资审计科，审计干部培训中心。

审计成果 共完成审计单位155个，查出违纪违规金额8823万元，上缴财政380万元。共提供审计工作报告、信息70篇，有25篇被地方党政、上级审计机关或新闻单位批转、批示或采用。

完成上级交办任务 完成了财政预算执行情况和财政其他收支审计，及时向当地政府和人大提交了审计工作报告；加强了固定资产投资审计，固定资产审计161个，核减工程造价1040万元，为国家挽回了大量的经济损失。

内部审计 设立内部审计机构46个，内审人员74人，共审计456个单位和项目，查出并纠正违纪金额445万元。

经济责任审计 完成领导干部任期经济责任审计单位33个，其中党政部门、行政事业单位领导干部27人，国有企业及国有控股企业领导干部6人，查出违规行为金额1983万元，损失浪费36万元，国有资产减值17个。组织、人事部门根据审计结果，提拔2人，平调30人，免职1人。

【吉安市吉州区审计局】 现有干部职工25人，设有办公室、综合科、监审科、财贸审计科、行文审计科、工交审计科、固投审计科，负责对全区6个乡镇、5个街道办事处和67个区直部门的审计监督。局长宗绵川，副局长王仁青、刘红林、方业荣。

审计成果 完成审计项目115个，查出违纪违规金额774万元，上缴区财政145万元；提交审计报告及信息24篇；移送严重违纪案件线索2件，协助检察、纪检机关查办案件2件。设立内审专职机构8个，专职内审人员8人。

完成上级交办的审计工作任务42项，其中领导干部任期经济责任审计单位24个，涉及领导25人；完成重点基础设施建设工程决算审计任务7项，审减决算金额286万元，核减率17.6%，节约了财政资金，提高了投资效益。

【井冈山市审计局】现有干部职工19人，设有办公室、综合审计科、固定资产投资审计科和经济责任审计科，负责对全市18个乡镇（场）和83个市直部门的审计监督。局长龚敏秋，副局长赵毅、李春雷、赵为平。

审计成果 共完成审计项目单位101个。实现了“两个确保”目标，即确保了署定指令性项目和省定的10个授权项目的按时完成，确保了市委、市政府交办的审计任务的按时完成。审计共查出违规违纪金额1449万元，违纪应缴财政45万元，实际上交财政45万元，审计决定违纪收缴落实率达100%。基建工程决算审计共核减工程款327万元，维护了建设及施工单位的正当利益，杜绝了不应有的经济损失。进一步推进自身队伍建设及精神文明建设，加强了业务学习培训，局领导及审计业务人员通过考试均符合上岗条件，并取得在职资格。

【吉安县审计局】现有干部职工17人，设有综合股、财政金融审计股、行政事业审计股、企业审计股、固定资产投资审计股，负责对全县21个乡镇、67个县直部门的审计监督。局长肖卿才，副局长肖炎洲、彭金光、肖文山。

审计成果 共完成审计项目单位61个，其中财政审计9个；领导干部经济责任审计13个；审计调查及专项资金审计9个；行政事业单位经常性财务收支审计23个；企业审计7个。查出违纪违规金额914万元，其中应收缴财政96万元，实际入库91万元，入库率95%，调账处理818万元，提出审计意见建设245条，向有关部门移交案件1件，提交审计工作综合报告、信息21篇，有12篇得到领导批示或上级审计刊物采用。

【永丰县审计局】现有干部职工17人，设有秘书股、财政金融审计股、工交商贸审计股、固定资产投资审计股，负责对全县29个乡（镇）场和70个县直部门的审计监督。局长金辉保，副局长汪南平、李忠平、宋一松。

审计成果 全局重点开展本级预算执行情况和乡镇财政、财务的审计。注重了对以工代赈项目资金、环保资金、科技经费、地方水利建设基金、普教经费、交通建设资金、计划生育经费、抚八公路建设资金的专项审计，认真抓了行政事业单位经常性审计，全面完成了县委组织部委托的13个乡（镇）、2个县直单位的科级领导干部经济责任审计。全年共审计了75个项目，查出违纪违规金额368万元，上缴财政82.23万元，提交审计工作报告、信息33篇。查处“小金库”5个，移送纪检监察局案件3起。

【永新县审计局】现有干部职工12人，设有秘书股、行文审计股、工交财贸审计股和固投审计股，负责对全县29个乡镇和60个县直部门的审计监督。局长陈富先，副局长王章圣、龙兴发、戴鸣。

审计成果 共完成审计项目35个，审计单位（含延伸审计单位）46个，查出违纪金额756万元，应上交财政62万元，已上交财政59万元。完成科研论文《国家财政支出效益审计研究》1篇，提交审计工作报告及信息20篇，被上级机关采用3篇、地方党政领导采用4篇。

完成县委、县政府交办的国有企业领导人员任期经济责任审计、计划生育费统筹及粮食挂账资金审计项目4个；工程决算审计80个，审计项目投资额2417万元，核减金额145万元，为国家节约资金145万元；完成上级指定的环保、社保、公路建设资金、科技三项经费、普教经费专项资金审计项目5个，审计各类专项资金4392万元，查出违纪金额78万元。通过审计，对一些重点项目中存在的问题作了处理，提出了责令改正的审计建议。

【新干县审计局】现有干部职工11人，设有秘书股、财政金融审计股、行政文教审计股、企业审计股、固定资产投资审计股，负责对全县14个乡镇和94个县直部门的审计监督。局长吴桂如，副局长陈晓明、朱淑云，纪检组长欧阳海根。

审计成果 共完成审计项目单位59个，查出违纪违规金额301.72万元，应缴已缴财政专户53.62万元，决定落实率100%，审计项目单位分别占市县计划的414%和141%；共查出7个单位的“小金库”45.83万元，受理群众举报案件1件；提交审计报告31篇，已批转3篇；完成审计科研论文3篇；刊登文章信息32篇次，占市局计划的270%，其中省以上审计报刊文章3篇，省地审计信息5条，县以上新闻稿件24篇；完成审计报刊发行780份；审计队伍素质进一步提高，全员通过了全国首次审计岗位资格考试，其中4人取得A级证书，全年共拒绝吃请26人次，拒收钱物28人次，金额0.81万元。

【泰和县审计局】现有干部职工18人，设有人事秘书股、工交金融审计股、商粮贸审计股、行政事业审计股和固定资产投资审计股，负责对全县26个乡镇和190个县直部门的审计监督。局长肖优莲，副局长贺丽斌、康昭泗。

审计成果 全年共完成审计项目单位102个，查出违规行为金额228万元。其中决定处理处罚215万元，指明要求纠正13万元。应上交财政128万元，已上交财政114万元，完成基建工程预决算审计项目7个，核减工程预决算168万元。向上级党政机关提供审计工作报告、信息34篇，被上级审计机关采用3篇，县政府批转审计报告3篇。

【峡江县审计局】现有干部职工12人，设有综合审计股、财金审计股和企业审计股，负责对全县12个乡镇和90多个县直部门的审计监督。局长娄春生，副局长刘志刚、边文明。

审计成果　共完成审计项目41个，查处违规行为金额899万元，上缴财政12万元，查出"小金库"5个，移送司法机关案件1起，提交综合审计报告23篇。按照县委交办意见，对12名领导干部离任经济责任进行了审计，并提出审计建议25条。

【遂川县审计局】现有干部职工14人，设秘书股、行文审计股、企业金融审计股、固定资产投资审计股，负责对全县29个乡镇和73个县直部门的审计监督。局长谢永洪，副局长郭晓春、李晓院。

审计成果　完成审计项目43个，审计单位79个，调查单位11个，审计金额29000万元，上缴县财政59万元，共提交审计报告11篇。先后抽调12人次参与各项专项经费的清理检查，对3个主要领导干部的任期进行了经济责任审计，为市委组织部的干部任免考核提供了重要依据。完成上级交办的审计任务9项，审计单位50个，审计金额18354万元。

【安福县审计局】现有干部职工15人，设有秘书股、综合股、财政金融审计股、行政事业审计股、企业审计股和固定资产投资审计股，负责对全县24个乡镇和58个县直部门及所属机构的审计监督。局长童灿然，副局长刘刚荣、肖华先。

审计成果　全年完成国家审计项目23项，完成县委、县政府交办的审计项目7项，查出违反财经法规金额563万元，已上缴县财政75万元，查出损失浪费25万元，促进增收节支45万元，完成自筹基建资金项目资金来源审计32项，审计建设资金2366万元，完成购车资金来源审计14项，审计购车资金171万元，另外与县监察局完成驻县中央、省、地12个部门、单位防洪保安资金专项审查，收缴违纪违规金额7.3万元。向县委、县政府和上级审计机关提供具有决策参考价值的报告14篇，在省、市审计报刊上刊登审计论文，信息13篇，完成科研论文3篇。

【吉水县审计局】现有干部职工19人，设有综合股、行文审计股、财金审计股和企业审计股，负责对全县22个乡镇和83个县直部门的审计监督。局长许正长，副局长郭俊生、胡晓燕、罗冬生。

审计成果　认真贯彻审计署提出的"审计工作二十字方针"，强化审计监督功能，加大依法审计力度，按照精、准、细、深的要求开展财政"同级审"、经济责任离任审计、财务收支审计、专项审计以及重大工程项目审计等。全年共完成审计项目76个，查处违纪违规金额431万元，上交财政118万元。向县委、县政府和上级审计机关提交反映宏观经济情况的审计调查报告、综合报告、专题报告23篇。被上级审计刊物和各种新闻媒体采用34篇，撰写论文2篇，向被审计单位提出审计意见和建议150条，大部分被采纳执行，产生了较好的经济和社会效益。

【万安县审计局】现有干部职工15人，设有人秘股、行文审计股、企业审计股（固调股挂靠企业股），负责对全县20个乡镇和62个县直各部门的审计监督。局长许凌云，副局长许金、唐祖俊。

审计成果　全年共实施审计项目47个，查出违规行为金额61万元，其中应缴财政47万元，已缴财政42万元。查出"小金库"6个，金额23万多元。开展了对本县农村1.5%教育附加费征收、管理和使用情况的专项审计；完成了对县本级财政预算执行情况和高陵镇等4个乡镇财政决算审计。

山东省

【山东省审计厅】2000年，山东省审计厅行政编制117人（其中老干部编制2人，纪检监察编制3人），实有107人；按公务员管理的事业编制49人，实有34人；事业编制137人，实有71人。厅机关设有办公室、法制处、财政审计处、金融审计处、行政事业审计处、经贸审计处、固定资产投资审计处、农业与资源环保审计处、外资运用审计处、社会保障审计处、人事处和机关党委、监察专员办公室以及经济责任审计办公室和派出审计一处、二处、三处、四处、五处6个按公务员管理的事业单位，另设有机关服务中心、省审计科研所、山东审计杂志社、省审计干部学校4个事业单位。

领导成员

厅　　长：柏继民

副 厅 长：张兆喜　王谦华
　　　　　于　谦　刘均刚

助理巡视员：张圣显

山东省审计成果　2000年，全省共审计单位8023个，查出各类违规行为金额343.58亿元，为国家增收节支24.01亿元。其中已上交财政

11.05亿元，减少财政拨款和补贴11.57亿元，追还被侵占挪用资金1.39亿元。通过审计，发现并向纪检、监察和司法机关移送经济违法犯罪案件线索120件，还协助有关部门查处案件57件。审计中注意发现经济运行和财经管理中带有苗头性、倾向性、普遍性的问题，研究解决的意见和建议，提供党委、政府决策。共提交审计报告、审计信息9756篇，被各级党政领导和上级审计机关批示、采用3904篇，新闻单位采用1513篇；建议纠正地方部门不当规定841条。

财政审计　按照《审计法》规定，组织开展了1999年度本级预算执行审计。各级审计机关进一步加大预算执行审计深度和力度，突出重点，改进方法，提高质量，加强对预算执行有重要影响的部门单位和资金的审计，重点检查了预算执行的真实性、资金分配的合理性、税收征管的规范性、资金使用的安全性和效益性，充分揭露不真实、不合规的问题，有针对性地提出了加强预算管理的意见和建议，促进各预算执行部门依法行政，加强财政财务管理，提高资金使用效益。共审计了1535个一级预算部门单位和1720个二、三级预算执行单位，查出各类违规行为金额87.06亿元。结合预算执行审计，省厅专门安排对5所高校收费管理使用情况进行了审计，发现和揭露了违规收费、挤占挪用以及贷学金、助学金、奖学金发放不到位等问题。全省审计机关还对752个市、县、乡镇政府财政决算进行了审计。结合预算执行审计，对全省281个乡镇财政进行了审计调查。

金融审计　全省共审计金融单位213个，查出违规行为金额13.88亿元，决定处理处罚金额2.25亿元。其中审计地方金融机构149个，查出违规行为金额9.22亿元，决定处理处罚金额1.79亿元。

行政事业审计　共审计行政事业单位（项目）3299个，纠正违纪违规问题金额64.4亿元，促进增收节支金额2.06亿元。组织对17个市本级和92个县（市、区）工商行政管理部门及所属单位1998、1999两个年度行政性收费、罚没收入和1999年财政财务收支及内控管理情况进行了审计，查出隐瞒截留收入、乱收费、乱集资，挤占挪用专项资金等违纪违规资金1.21亿元。对全省13所省市级医院1999年至2000年上半年财务收支情况进行了审计，查出在医疗过程中乱加价、乱收费、私设小金库、擅自扩大开支范围等违纪违规金额1.59亿元。

企业审计　共审计企业1578户，查出各类违规行为金额109.37亿元，移送纪检监察和司法机关经济案件44件，提出审计建议并被采纳2354条，促进企业增收节支3.72亿元，减轻企业不合理负担793万元。

农业与资源环保审计　共审计农业与环保单位328个，审计资金总额88亿元，查处违纪违规金额9.8亿元。对15个市本级和35个县本级1997至1999年度（第四期）农业综合开发资金的配套、拨付、管理和使用情况进行了审计，审计单位286个，延伸审计228个项目，审计总金额9.74亿元，查出配套资金不到位、财政下拨资金不及时、抵扣财政有偿资金等违纪违规资金8999.24万元，促进财政资金投入到位1327.7万元，促进贷款计划落实256万元。对省级和17个市、46个县（市区）1998至1999年度排污费的征管用情况进行了审计，并对部分重点企业缴纳排污费情况和污染源治理项目进行了延伸审计，查出截留、挤占挪用环保资金及排污费征收不到位等违纪违规金额1.44亿元，促进归还原资金渠道6151.3万元。

社会保障审计　组织开展了全省1999年度以前挤占挪用企业职工基本养老保险基金的典型问题、1999年度企业职工基本养老保险基金扩大覆盖面和2000年企业职工基本养老保险基金收支预测审计调查，揭露了基金管理及使用中存在的征缴不足、支撑力减弱、挤占挪用等问题，分析了挪用基金购建的资产变现难的问题，进一步促进了基金管理工作的安全完整性。

固定资产投资审计　全省共审计各类建设项目387个，审计项目资金总额297.69亿元，查出各类违规行为金额28.96亿元，核减工程结算款1.23亿元，归还原资金渠道2.61亿元，应上缴财政资金3579万元，已缴财政资金2870万元。省厅统一组织对19个公路建设项目进行审计，同时延伸审计相关单位110个，共查出挤占挪用建设资金、偷漏税款、私设小金库、监理费用超概算、建设资金不到位等问题资金29.77亿元，占项目批准总投资的15.2%。对15个市的1999年度城市维护建设资金管理和使用情况进行了审计，重点揭露了欠征欠缴、损失浪费、坐支挪用、转移挤占等问题，共查出有问题金额7.22亿元。

外资运用审计　全省审计外资项目、单位179个，查出违规行为金额6.55亿元，其中决定处理处罚2895万元，指明要求纠正6.26亿元。对22个国外贷援款项目161个项目执行单位进行了审计，查出违规行为金额5.3亿元，向国外贷援款机构提交了18份审计报告。

经济责任审计　全省共对1481名党政领导干部和企业领导人员进行了经济责任审计，查出各类违规行为金额55.03亿元，损失浪费金额3063万元。参考审计结果和其它方面的考核情况，有115人得到提拔，有200人被免职降职撤职，6人受到党纪政纪处分，26人被移送纪检监察和司法机关处理。

内部审计、乡镇审计 全省已建内部审计机构8972个，配备内审人员20587人，其中专职机构5666个，专职人员12527人，共审计6.37万个单位，纠正违规行为金额18.07亿元，查出损失浪费金额9.46亿元，移送纪检监察和司法机关处理87人，促进部门单位加强内部管理，严肃财经法纪，进一步提高经济效益。乡镇审计进一步发展。已建机构2160个，其中政府机构1416个，配备审计人员5206人，其中政府编制人员2962人。审计单位（项目）19447个，纠正违纪金额2.27亿元，查出损失浪费金额9245万元，促进增收节支金额1.82亿元，建议给予行政处分76人，移送司法机关处理31人。

队伍建设 一是加强了思想政治工作。省厅及各市审计机关认真开展了“三讲”教育“回头看”活动，进一步巩固了“三讲”教育成果，审计干部思想工作作风有了很大的提高；二是认真搞好厅机关机构改革工作，进一步提高工作效率。在精减机构、压缩人员任务的落实方面，确定18个处级领导职位进行竞争上岗，加大了轮岗交流的力度。厅机关增设领导干部经济责任审计机构和5个派出审计机构，进一步加强审计监督工作，重点进行了党支部的换届和组建，全厅共建党支部24个，厅机关基层党组织的建立健全，有力推动了机关各项工作的开展；三是狠抓了审计机关党风廉政建设工作。坚持审计组执法执纪跟踪检查制度。据不完全统计，全年全省各级审计机关共组织检查组168个，回访被审计单位2505个，参加座谈人员达12460人，发征求意见卡186个，向社会发放公开信3260封；四是鼓励审计干部不断更新知识，提高素质和能力。鼓励厅机关干部参加学历教育，并制定了不同的奖励措施，激发了干部职工学习的积极性。全省共举办各类培训班1124期，培训人员13430人次，其中省厅统一组织各类培训班25期，培训人员1315人次。成功组织了审计高级技术职称考评试点工作，全省有2675人参加了考试，有280人取得了高级审计师任职资格。厅机关有28人取得了高级审计师职称，11人通过了审计师资格考试；五是进一步加强精神文明建设。举办多种形式群团活动，并在活动当中涌现出一批先进集体和先进个人。淄博市审计局荣获“全国精神文明建设先进工作单位”称号。菏泽地区审计局荣获“全省思想政治工作先进单位”称号，潍坊市审计局荣获“省级文明单位”称号，有139个市县审计机关被当地评为“精神文明建设”先进单位。省厅连续3年被评为“省直文明机关”，还被评为“全省党员教育工作先进单位”。

【济南市审计局】2000年共有在职干部职工130人，其中大学本科学历48人，大专学历52人。局长连承俊，副局长孙永涛、何楠、曲连璧、王金林、张凯恩，纪检组长初曰文。设有办公室、综合处、法规处、财政审计处、金融审计处、工业审计处、商贸审计处、行政事业审计处、基本建设审计处、城建资金审计处、外资审计处、审计管理处、组织人事处、机关党委、纪检监察室等15个处室。

审计成果 济南市审计局共审计502个单位，查出违纪违规资金金额41.8亿元，应上缴财政11946万元；应追还被侵占挪用资金8402万元；已上缴财政18690万元（含跨年度追缴8264万元），其中税款10343万元；对各类违纪处以罚款577万元。通过对财政、地税、国库及18个市级预算执行单位和108个二、三级基层单位的审计，发现预算执行中存在的9个方面的问题，查出违纪金额15.7亿元，应上缴财政7076万元。对重点专项资金的管理使用情况审计查出违纪金额2574万元。通过顺河街高架路工程决算审计，为国家节约建设资金1.42亿元。全年共对78个企业进行了不同类型的审计，查出违纪金额86257万元，增加财政收入3458万元，促进企业增收节支4619万元。重点对济南市商业银行总部、营业部、两个支行及部分农村信用合作社进行了审计，依法对查出的问题进行了处罚，收缴违纪款200多万元。对19个世界银行贷款项目进行审计，查出违纪金额16063万元。《济南市社会保障基金审计监督办法》已经省人大常委会批准发布实施。

完成上级交办任务 出色完成了上级交办的青岛“济南大厦”基建项目竣工决算审计、黄河滩区搬迁专项资金审计、济南市黄河河务局人民来信查处等3项审计任务。

内部审计 截止2000年底，济南市市直机关及企事业单位有专兼职内部审计机构195个，年内共审计4123个单位，查纠违纪资金金额5955万元，查出损失浪费金额7375万元，促进增收节支8836万元。

经济责任审计 建立了由市纪委、市审计局、市监察局、市委组织部、市人事局参加的经济责任审计联席会议制度。全市各级审计机关共完成经济责任审计90项，其中党政领导干部经济责任审计80项，查出违法违纪金额18370万元。审计结果7人晋升，35人转任，5人被免职，1人被移送司法机关处理。

【济南市市中区审计局】现有在职干部职工14人，设有综合科、行政事业审计科、企业审计科和经济责任审计科，负责全区3个乡镇、34个区直部门和15个街道办事处的审计监督。局长江兴会，副局长韩廷芬、梁海兰、王桂香、黄明光。

审计成果 全年共完成审计项目25项，审计总金额92145万元，查出各类违纪违规金额6394万元；上缴财政金额338万元，追回被挪用专项奖金245万元；促进增收节支金额480万元。向纪检、检察部门移送案件1起，处理1人。对区财政局等12个单位进行了预算执行情况和乡镇财政决算审计，共查出违纪违规金额2300万元。查出的主要问题有：预算资金列收列支891万元；改变专款用途543万元；滞留预算收入，农税过渡户滞留契税544万元。共对10名领导干部进行了任期经济责任审计，查出违规行为金额2749万元。共对23个基建项目进行了审计，审减金额300余万元。

【济南市历下区审计局】现有干部职工17人，设有行政事业审计科、企业审计科、基建审计科、办公室、经济责任审计办公室（副处级），负责对本区11个乡镇和80个区直部门的审计监督。局长吕安然，副局长隋怀军、王朝海，经济责任审计办公室主任马夏。

审计成果 全局共完成审计项目30个，是市局下达计划的130%；审计总金额110841万元；查出各类违纪违规金额26177万元，应上缴财政1236万元。向被审计单位提出合理化建议61条，被采纳55条；提交审计信息35篇，被采用13篇。已建内审机构22个，配备内审人员45名。共完成审计242个，纠正违纪金额322万元，查出损失浪费金额138万元，提出合理化建议260条，促进增收节支220万元。

【济南市天桥区审计局】共有在职干部职工16人，设有综合管理科、财政行政事业审计科、工商交企业审计科和基本建设投资审计科。局长张全仓，副局长侯传敏、陈乐敏（女）。

审计成果 全年共完成审计项目28项，完成全年计划的116%，查处各类违纪违规行为金额15312万元，应上缴财政379万元，已上缴财政368万元，促进增收节支486万元，提交各类审计报告19篇，报送审计信息20篇，下达审计决定10项。向检察机关移送2起经济案件，涉案人员2人，对查出的严重违反财经法纪问题的有关责任人，及时移交纪监部门，有4人受到党纪政纪处分。

【济南市槐荫区审计局】现有干部职工13人，设有综合科、行政事业审计科、企业审计科和内审科，负责对全区14个街道办事处、镇和66个区直部门的审计监督。局长崔传生，副局长郑英芝、朱庆胜、李志勇。

审计成果 全年共完成审计项目22个，查出违纪违规金额4123万元；应上缴财政223万元；已上缴财政203万元，追还被挤占挪用专项资金金额20万元；促进增收节支462万元；提交审计工作报告3篇，审计信息24篇，被市局采用8篇，报送审计论文7篇，已发表5篇。

【济南市历城区审计局】现有干部职工31人，设有办公室、行政事业审计科、财政金融审计科、企业审计科和离任审计办公室，负责对全区15个乡镇、1个示范区和100余个区直部门的审计监督。局长崔志清，副局长辛守文、刘同刚、张圣泉。

审计成果 完成审计项目43个，查出违规行为资金8050万元，应上缴财政2468万元，已上缴财政2463万元，提出合理化建议112条，被采用93条，促进增收节支631万元，提交审计报告、信息、论文66篇，被上级及有关单位批示、采用41篇，移交司法机关处理事项1件。各内审机构共完成审计单位655个，纠正违规行为资金2200万元，促进提高经济效益246万元，查出损失浪费395万元。

【章丘市审计局】现有干部职工33人。局长王恩荣，副局长牛余明、张荣、焦卫星。

审计成果 共完成审计项目82项，其中审计计划项目55项，济南市局授权审计项目1项，市领导交办项目26项；查出违规违纪金额14519万元，实现入库581万元，有118篇审计信息和调研成果被各级党政领导批示、批转或报刊采用。11月份，对章丘市22个乡镇42名党政主要负责人1999年至2000年9月份任期经济责任情况进行了审计。

【长清县审计局】共有干部职工22人，下设办公室、行财审计科、企业审计科和基建审计科。局长王树海，副局长纪长青、高元刚、董福生。

审计成果 共完成审计项目68项，查出违纪金额3195万元，应上缴财政574万元，已缴财政569万元，提交审计工作报告、信息68篇。共对8个部门及所属的61个单位的预算执行情况进行了审计，延伸调查了16个部门和单位，查出违规行为金额1089万元，上缴财政137万元。对6个乡镇的财政决算进行了审计，延伸审计办事处21个，查出违纪金额701万元，追还原渠道资金570万元。完成对县城建局、县广播局、县中医院等21个单位的审计任务，查处违纪金额89万元，上缴财政22万元，对3个乡镇和县直7个部门主要负责人任职期间的经济责任进行了审计。全县共建内审机构24个，配备专（兼）职内审人员52名，全年共完成审计项目159项，查处收缴金额69万元。

【平阴县审计局】现有干部职工20人，设有办公室、行财审计科、企业审计科，负责对全县11个乡镇和66个县直部门的审计监督。局长吕建平，副局长王道勤、孔令峰、李文波。

审计成果　共完成审计项目35个，查出违规行为金额10086万元，应上缴财政金额230万元，已上缴财政金额160万元，应归还原渠道资金539万元，促进被审计单位增收节支555万元，提交审计工作报告、信息99篇，被县级以上机关采用43篇。有1个项目获省审计厅优秀审计项目第一名。完成对16个县直单位的预算执行和其它财政收支情况审计，延伸审计24个单位，查出违规行为金额1510万元，应交财政金额188万元，已缴财政金额141万元。对10位离任领导干部进行了任期经济责任审计。查处并移交司法机关经济案件1件，3名涉案人员被追究刑事责任。

【济阳县审计局】现有干部职工16人，设有办公室、行政事业审计科、企业审计科、经济责任审计办公室、内部审计管理科和法规科，负责对全县20个乡镇和48个县直部门及所属企事业单位的审计监督。局长张善忠，副局长于建伟、郑艳、肖金梓、陈元勋。

审计成果　计划业务目标为18项，实际完成34项，同时完成领导交办的审计和调查事项4项，查出1999年度违规行为金额11975万元，其中隐瞒截留财政收入30万元，偷漏税款11万元，挤占挪用专项资金72万元，乱收费179万元，“小金库”2万元，虚收虚支5611万元；其它违规金额6070万元；应缴财政115万元，已上缴财政105万元，完成的主要目标有：县级预算执行单位审计12个，干部离任经济责任审计9个，专项资金审计2个，领导交办的任务4项。

【商河县审计局】现有干部职工17人，设有综合科、工交基建审计科、行政事业审计科和商粮金融审计科，负责对全县21个乡镇和75个县直部门的审计监督。局长刚守银，副局长朱明泉、信福贤、王存岭、苗丽荣。

审计成果　全年共完成审计项目55项，查出违规行为金额1238万元，入库额164万元，其中跨年度上缴金额83万元，提出合理化建议75条，审减工程核算金额197万元。

【青岛市审计局】2000年，共有在职干部、职工109人，其中大学本科学历54人，大专学历36人，局长许金銮，副局长李乐基、王依峰、田德新。设有工业、交通、基建、商贸、财金、外资、行政事业审计处和综合处、人事处、管理指导处、办公室等部门。

审计成果　全年共审计单位（项目）120个，查处违规行为金额260413万元，应上缴财政金额9737万元，罚款53万元，已上缴财政金额9802万元。财政审计共审计了17个部门和单位的预算执行情况，延伸审计了64个二、三级预算单位和纳税企业，共查出违规行为金额2.57亿元，指明要求纠正金额4798万元，应上缴财政金额8061万元，已上缴财政金额5871万元。环保专项资金审计查出违规行为金额5259万元，其中挪用环保资金5183万元，隐匿排污费收入65万元。在对工商系统行政性收费、罚没收入收缴管理情况的专项审计中，查出违规行为金额1796万元，其中拖欠、截留应缴财政收入1081万元。在对企业职工养老基金的审计调查中，发现劳动部门挪用养老保险金7510万元用于建退休职工活动中心。在对青银高速公路预算执行情况审计中，查出挤占工程成本3364万元，欠拨征地费1229万元。共审计了亚行贷款项目4个，世行贷款项目4个，欧盟援助项目2个；对青岛8户重点国有企业（集团）的财务收支审计共查出违规行为金额4.8亿元。青岛港务局前湾港一期工程日元贷款潜亏4.3亿元，三年以上应收账款未能收回及长期投资无收益，造成不良资产6784万元。

完成上级交办任务　对市委组织部、宣传部、市纪委等20个单位1999年度的财政财务收支情况进行了审计，对审计查出的会计核算不够规范、多头开设银行账户、虚列经费支出等问题，依法作出了处理。

内部审计　全市已建内审机构647个，其中专职机构333个，配备内审人员2014人，其中专职人员1013人。共完成审计项目7079个，纠正违规行为金额41404万元，查出损失浪费金额40710万元，促进增收节支12182万元，提出审计建议7454条，向司法机关移送案件4件，建议给予行政处分40人，移送司法机关处理3人。

经济责任审计　通过对48名市直单位、企业的领导干部经济责任审计，查出有违规行为的单位38个，违规行为金额15.3亿元。

【青岛市市南区审计局】现有干部职工13人，设有综合审计科、行政事业审计科、商贸审计科、工交审计科，负责对全区73个部门（单位）和14个街道办事处的审计监督。局长吴同岗，副局长孙燕堂。

审计成果　共完成审计项目41项。审计单位51个，审计资金总额49326万元。共查出违纪违规金额3172万元，上缴财政金额464万元，向区纪检监察部门移送案件1件，涉案5人，其中处级干部3人，受到党纪处分1人，被司法机关批捕1人。同区纪检监察部门配合，查处各种经济案件3起。本级预算执行审计对区财政预算和其它财政资金的收支情况进行了审计，并对区属4个一级预算拨款较大的单位进行了延伸审计，查出违规行为金额1201万元，应上缴财政金额464万元，已上缴财政金额464万元；经济责任审计完成了对区属18个部门（单位）领导干部任期经济责任审计。查出违规行为金额1747万元；完成了对区属企业日盛租赁公司等单位的资产、负债、损益情况的审计；完成区委、区政府交办的对14个街道办事处劳动服务公司政企分开财务专项审计。

【青岛市市北区审计局】现有干部18人，设有办公室、行事财金审计科、工商外资企业审计科、基建审计科和经济责任审计科，负责对全区110个党政部门和企事业单位的审计监督。局长梁佳普，副局长赵崎、张宗亮。

审计成果 完成审计项目45项，其中审计调查项目1项。协助纪检、监察、信访等部门审计查证举报信件、案件4件。查出违规行为金额13787万元，其中应上缴财政金额523万元已上缴。提出审计建议74条全部被采用。全年共对24位领导干部进行了任期经济责任审计。共查出违规金额1116万元，应上缴财政金额257万元。

【青岛市城阳区审计局】现有干部职工20人，设有办公室、行财审计科、企业审计科、基建外资审计科、领导干部经济责任审计科，负责对全区8个镇和118个区直部门的审计监督。局长徐建修，副局长侯健、纪仕平。

审计成果 共审计单位31个，查处违规行为金额3725万元，应上缴财政金额832万元，已上缴财政金额846万元，查处大要案4起，应追还被侵占挪用资金119万元。预算执行审计共查处违纪违规金额2100万元，上缴国库金额828万元；开展了15个单位的领导干部经济责任审计，查处挤占财政专项借款、专项资金管理不善等违规行为金额385万元；审计开工前项目30项，审计总投资额31230万元，查出资金不落实金额505万元，超计划面积560平方米，超计划投资180万元。

【青岛市四方区审计局】现有干部职工14人，设有综合审计科、行政事业审计科、企业审计科、办公室，负责对全区12个办事处和17个区直部门的审计监督。局长王永健，副局长马骏伟。

审计成果 共完成上级下达的审计任务4项，审计总金额25449万元，查出违规行为金额92万元，处理处罚金额1万元。预算执行审计审计总金额22542万元，查出违规行为金额70万元，提出审计建议5条；经济责任审计审计单位8个，审计总金额8613万元，查出违规行为为金额515万元，提出审计建议24条。

【青岛市李沧区审计局】现有干部职工13人，设有办公室、行政事业审计科、经济责任审计科和工商企业审计科，负责对全区70余个区直单位和11个街道办事处的审计监督。局长臧金仕，副局长戴建利。

审计成果 完成审计项目6项，审计单位31个。查处违规行为金额3485万元，处理处罚金额573万元，应上缴财政金额270万元，罚款2万元，查出应追还被侵占挪用资金113万元；并查出百万元以上违规单位1个。预算执行审计共审计单位4个，查处违规行为金额32万元，处理处罚金额21万元；经济责任审计共审计单位14个，查处违规行为金额1764万元，处理处罚金额212万元；完成上级交办其它审计项目4项，审计单位13个，查处违规行为金额721万元，处理处罚金额340万元；共设内部审计机构30个，内审人员80名，完成审计项目102个，纠正违规行为金额222万元。

【青岛经济技术开发区（黄岛区）审计局】现有干部职工22人，设有办公室、行政金融审计处、企业审计处和经济责任审计处，负责对全区5个街道办事处和36个区直部门的审计监督。局长张永孝，副局长韩桂盛、彭人倬。

审计成果 全年共审计36个单位，查出违纪违规金额5954万元，应上缴财政金额1668万元，已上缴财政1668万元。本级预算执行情况审计对区财政、地税局、地方金库组织实施年度预算的具体情况进行了审计；对6个一级预算单位年度预算执行情况进行了审计，并对上述部门所属的14个二、三级预算单位进行了延伸审计。审计的预算支出总额占当年本级预算总支出的57%；经济责任审计完成了6位单位负责人的任期经济责任审计；国有企业审计组织4家会计师事务所对全区11家国有企业进行了改制前的审计工作，审定资产总额119190万元，负债总额129990万元，所有者权益－10800万元，经审计发现，11家区直企业少计成本费用，导致多计利润17072万元；擅自冲减和少计资产4564万元；其它违纪违规金额1681万元；存在潜亏40936万元；完成各街道办事处1999年度经济指标完成情况、1999年度建设项目税费减免情况、城市维护费管理使用情况等7个审计项目。

【青岛市崂山区审计局】现有干部职工11人，设有综合科、业务科、经济责任审计办公室，负责对全区4个街道办事处和43个区直部门和事业单位的审计监督。局长苗蔚，副局长刘涛。

审计成果 共审计单位（项目）18个，查出违纪违规金额6398万元，其中虚减利润92万元；企业税款罚金未缴32万元，欠税1103万元，违规缓缴税款67万元；违规退库303万元；延压国库款3777万元；被挤占挪用专项资金852万元。

【胶南市审计局】 现有干部职工30人，设有人秘科、法制科、商贸审计科、工交审计科、基本建设审计科、行财审计科、内部审计指导科和经济责任审计办公室，负责对全市27个乡镇和63个市直部门的审计监督。局长朱慧光，副局长王锡清、薛福建。

审计成果 共完成审计项目（单位）112个，查处违规行为金额9887万元，上缴财政金额452万元，追还被侵占挪用资金216万元，促进增收节支525万元。同市纪委、检察院等部门配合查处经济案件2起，移交司法机关处理3人。完成市委、市政府交办的工作任务26项。提交审计报告、信息25篇，被采用20篇。

【胶州市审计局】 现有干部职工40人，设有办公室、综合科、工交审计一科、工交审计二科、行政事业审计科、财政金融审计科、商粮贸审计科、基建审计科、法制科，负责对全市22个乡镇和60余个市直部门的审计监督。局长刘文学，副局长张永福、陆正玉、兰晋亭。

审计成果 共审计单位76个，查出违规行为金额3974万元，应交财政789万元，已缴财政443万元，促进增收节支1169万元，向有关部门移送案件1件。完成经济责任审计26项，经审计有4人被提拔，有19人调任、转任，有3人被降职。

【平度市审计局】 现有干部职工48人，设有办公室、综合内审科、经济责任审计办公室、财金审计科、行事审计科、商贸审计科、基建审计科和审计驻厂员办公室；负责对全市33个镇（处）和110个市直部门的审计监督。局长翟玉龙，副局长温晓华、昌卫国、马增林、孙富强、姜会光。

审计成果 共完成审计项目92个，查出违规行为金额18954万元，应上缴财政金额1411万元，实际完成入库额1093万元。预算执行审计对5个预算收支管理部门和53个其它预算执行部门进行了审计，审计的部门数占预算执行部门数的88%；审计总额22981万元，占市本级预算收支总额的68%；查出违规行为金额6650万元，应上缴财政金额235万元；企业厂长（经理）年薪制审计对21户企业1999年度厂长（经理）年薪制考核指标的完成情况进行了审计；经济责任审计对全市32个镇（办事处）的党政主要领导干部任期经济责任进行了审计，依法对查出的违纪违规问题进行了处理。建有内审机构38个，配备专兼职审计人员150名；完成审计项目208个，查出损失浪费金额680万元，促进增收节支301万元。

【莱西市审计局】 现有干部职工47人，设有办公室、综合体系科、基本建设审计科、工业交通审计科、商粮贸易审计科、行政事业审计科、审计驻厂员办公室，负责对全市17个乡镇（办事处）和42个市直部门的审计监督。局长常月宽，副局长战宝亮、吴天春、常志毅。

审计成果 共完成审计项目668个，审计单位987户；完成审计调查46项，调查单位60个。共查出违纪违规金额17260.9万元。上缴市财政681万元。共提交审计报告236篇。完成市委、市政府交办的任务217项，审计清理单位631个。处理违纪责任人员8名，在全市通报了市五交化公司借改制之机人为制造虚假亏损、造成国有资产流失200.6万元的问题。

【即墨市审计局】 现有干部职工42人，设有办公室、内审综合科、企业审计科、经济责任审计科、行事财金审计科、基本建设审计科、乡镇审计分局，负责对全市22个乡镇和34个市直部门的审计监督。局长黄松，副局长刘君、李国平。

审计成果 共审计110个单位，完成年度计划的166%，查处违规违纪金额22393万元，应上缴财政343万元，已上缴财政309万元。追还被侵占挪用资金707万元。组织实施了全市税源普查工作，共查出偷逃国家税金528万元。

【淄博市审计局】 2000年，共有在职干部、职工94人，其中研究生学历4人，大学本科学历52人，大专学历24人，局长王振升，副局长王增福、成锡钶、李向军、杜贞耐。设有办公室、人教科、综合科、内审指导科、法规审理科、行政事业审计科、财政金融审计科、工业交通审计科、商粮外贸审计科、投资审计科和外资运用审计科。

审计成果 共审计单位129个，查出违规行为金额8.83亿元，上缴财政5885万元，其中审计罚款1584万元，全年促进企业增收节支1.03亿元。全年全局共获得市级以上先进集体荣誉称号15个，11个审计单项在省审计厅获奖，审计业务质量考核名列全省第一。

经济责任审计 共对74户单位领导干部进行了经济责任审计，查出各类违规行为金额9169万元。完成审计署授权的齐鲁石化公司审计。

大案要案 全年向有关部门移送案件线索23件，其中有关部门受理15件，判决4件。

【张店区审计局】现有干部职工22人，设有办公室、综合内审指导科、财金审计科、基建审计科、行政事业审计科、企业审计科，负责对全区8个镇、6个街道办事处和73个区直部门的审计监督。局长董勤生，副局长周宪平、许安平。

审计成果　共完成审计项目69项，查处各类违规行为金额14201万元，上缴财政984万元，促进被审计单位增收节支1717万元，查出了5起大案要案线索并移交纪检部门。

【临淄区审计局】现有干部职工19人，设有综合科、办公室、工交审计科、商贸审计科、固定资产投资审计科、行财审计科，负责对全区15个乡镇（街道办事处）和50余个区直部门的审计监督。局长唐家学，副局长李克广、武守南、张汝俭。

审计成果　全年共完成审计项目86项，查出违规行为金额7374万元，已缴财政386万元，罚款45万元，移交司法机关案件5起。对全区17处基金会成立以来的运营情况进行了审计，共查出决策失误造成投资损失196万元，管理部门挪用基金会资金221万元，跨地域放贷1197万元，支出浪费、长期白条抵库16万元，违规经营导致形成呆账495万元，大量使用私人储蓄账户207万元，部分企业改制换名脱逃债务282万元，虚增收入56万元等问题。对全区74个党政机关、事业单位1996年以来购建住房情况进行了审计，查实有3个单位违规购建住房123套，有10个单位购建房超区计委批复面积共44364平方米，5个单位挤占正常经费631万元用于购建住房，9个单位公款装修344.9万元，查实有6个单位个人多占住房13套，还有63人多占住房正在核查中。

【淄川区审计局】现有干部职工26人，设有办公室、综合内审法制科、行政事业财金审计科、商业粮食外贸审计科和工业交通基建审计科，负责对全区19个乡镇、3个办事处和63个区直部门的审计监督。局长吴佩宁，副局长李福昌、李荣军、程玉明、史配华。

审计成果　全年共完成审计项目20个，查处违纪违规金额1500万元，其中上缴财政金额50万元。全年提报审计信息和报告等36篇，为被审计单位提出合理化建议27条，全部被采纳。内部审计和乡镇审计完成审计项目550个，查出各种违纪金额798万元，提出审计建议120条，帮助企事业单位盘活存量资产3000多万元，收回债权资金6600万元。完成了财政同级审任务；完成基金会清理和22个领导干部的离任审计；完成了计算机局域网络建设。

【博山区审计局】现有干部职工15人，设有综合科、工业交通基本建设审计科、行政事业审计科、商粮贸审计科和办公室，负责对全区14个乡镇、街道办事处和56个区直部门的审计监督。局长迟培光，副局长甘玉德、孙兆勇。

审计成果　全年共完成审计项目45个，共查出违规行为金额4115万元，其中上缴财政金额114万元。向纪检、司法机关移送审计查出的案件2起。领导干部经济责任审计共查出违纪金额1274.96万元，其中被挪用资金230万元，上缴财政金额6.16万元。基建工程决算审计提报值1786.7万元，审计工程支出691万元，上报各类审计信息19篇。共建内审机构48个，其中审计机关直管的16个，部门管理的32个。共完成审计项目682项，查出损失浪费金额170万元，纠正违规行为金额491万元，促进增收节支金额222万元。共建乡镇审计所14处，乡镇企业及村级内审机构已建立105个，在全区已形成乡镇审计网络化。共完成审计项目384项，查出损失浪费金额411万元，纠正违规行为金额570万元，促进增收节支金额490万元，提出各类审计建议382条，审计调查19项，经济合同审计避免经济损失67万元，审计查出移送司法机关处理2人，建议行政处分2人。

【周村区审计局】现有干部职工36人，设有财政金融审计科、行政事业审计科、固定资产投资审计科、经贸审计科、法制科、综合科和办公室，负责对全区4个乡镇、5个街道办事处和70个区直部门的审计监督。局长胡军，副局长徐德利、安文平、孟宪玉、藏雪梅。

审计成果　共完成审计项目43项，查出违规行为金额8376万元，已上缴财政金额769万元，向被审计单位提出审计建议并被采纳91条，促进被审计单位增收节支1610万元。共查处违法违纪案件4起，其中向检察机关移送2起，1起案件的责任人已被追究刑事责任。共报出信息、宣传及科研稿件105篇，被采用78篇，向区委、区政府和上级审计机关报出各类工作报告18篇。

【淄博高新技术产业开发区审计局】现有干部职工18人，设有综合科、审计一科、审计二科和经济责任审计处，负责对高新区内机关、事业单位和国有及国有控股企业单位的财政、财务审计监督事项。局长刘中兴，副局长杜玉林、王济众。

审计成果　作为国家级高新技术产业开发区的淄博市高新区在经济责任审计方面进行了积极的探索和有效的尝试。2000年颁布了本区《经济责任审计实施办法》，制定了五部门联席会议制度，共完成审计项目39项，查处违纪违规金额2062万元，增收节支500余万元，审计工作报告、信息被批示、采用26篇。

共进行了6个事业单位原任领导人的离任审计。

【桓台县审计局】现有干部职工28人，设有行财审计科、企业审计科、基建审计科、管理指导科、执行检察科和办公室，负责对全县12个镇（办事处）和78个县直部门单位的审计监督。局长田玉国，副局长王道峰、于亦之、苏维光、田家长。

审计成果 共对67个单位和项目进行了审计，查出百万元以上违规单位9个，查出违规行为金额7827万元，促进被审计单位增收节支1560万元，查处大案要案2起，上缴财政金额565万元。

【高青县审计局】现有干部职工17人，设有办公室、综合科、行财审计科、企业审计科和固定资产投资审计科，负责对全县9个乡镇和77个县直部门的审计监督。局长蔡悦连，副局长何新华。

审计成果 共完成审计项目36个，查处违规行为金额5032万元，同比增长36.2%，上缴财政金额51万元，通过审计提出审计建议72条，促进增收节支57万元。

【沂源县审计局】现有干部职工22人，设有秘书科、工交基建审计科、财贸审计科，负责对全县13个乡镇和121个县直部门的审计监督。局长殷连平，副局长赵希永、张慧。

审计成果 共审计单位35个，查出违规行为金额6212万元，下达审计决定进行处理处罚金额2169万元，上缴财政金额157万元，提交审计工作报告及信息18篇。本级预算执行审计共审计部门单位11个，延伸审计7个相关单位。审计资金总额7.5亿元，查出违规金额2691万元。分别对石桥、悦庄等4个乡镇1999年度的财政决算进行了审计，查出违规行为金额341万元。按年度审计计划，对县造纸厂、县热电公司等6户企业财务收支进行审计，查出违规行为金额1671万元。对养老、医疗、失业、劳保等社会保障资金进行了审计，共发现违规问题金额1412万元。

【枣庄市审计局】2000年，共有在职干部、职工55人，其中大学本科学历16人，大专学历32人，局长靳西德，副局长刘永平、梁忠昌，纪检组长徐军。设有纪检室、办公室、人事科、综合科、工交审计科、行财审计科、投资审计科、商贸审计科等部门。

审计成果 共完成审计项目（单位）84个，查处违规行为金额33566万元，其中应上缴财政781万元，已上缴672万元；促进增收节支813万元，实行审计罚款23万元。农业资金和京福路审计项目，被山东省审计厅评为优秀审计项目。

完成上级交办任务 根据山东省审计厅授权对京福高速公路界张段等4个基本建设项目和枣庄矿业集团公司财务收支以及法人代表任期经济责任进行了审计。根据枣庄市政府安排，对市排水工程等7项市财政投资的重点工程项目进行了审计。配合有关部门，开展了减轻农民负担情况检查和税收情况检查等多项工作。

内部审计 市直共建内审机构166个，配备内审人员356人，开展审计项目1449个，有13篇内审论文获奖。

经济责任审计 建立了经济责任审计联席会议制度。全年共对6名法定代表人进行了审计，查出各类违规行为金额3340万元，损失浪费金额1万元。根据审计结果，对领导干部提拔2人，平调4人，完成了上级领导交办的审计任务。

【枣庄市市中区审计局】现有干部职工15人，设有财金审计科、行政事业审计科、经贸审计科、基建审计科和办公室，负责对全区5个乡镇、6个街道办事处和29个区直部门的审计监督。局长赵克平，副局长李贵友。

审计成果 共完成审计项目57个；查出各类违规行为金额6442万元；增加财税收入190万元。共查出各类违反财政制度金额2544万元。全年共提交审计报告和审计信息40余篇，有6篇被市审计局或报社电台采用，有半数以上被区委、区政府信息督查科采用并上报。

【枣庄市山亭区审计局】现有干部职工22人，设有办公室、行政事业审计股、财金审计股、企业审计股，负责对全区14个乡镇和区直部门的审计监督。局长韩西荣，副局长牛传典、刘竹青、神兆印、王鹏。

审计成果 全年共完成审计项目75项，其中财政审计项目10项，促进增收节支280万元；行政事业单位审计项目25项，查处违规违纪金额848万元；企业审计项目9项，共查出违规违纪金额780万元，促进增收节支135万元；专项审计调查1项，对全区13处乡镇卫生院及区直5处医疗单位的资产、负债、财务收支及医院药品代购分发情况进行了专项审计调查；领导交办审计项目7项；机关及企事业单位法定代表人离任审计23项，查出违规违纪金额5200万元。

【枣庄市峄城区审计局】现有在编人员17人，设有财金审计科、工交审计科、商贸审计科、行政事业审计科、基建审计科、办公室。局长傅宝林，副局长李学广、李均银，纪检组长邹斌。

审计成果 本级预算执行审计重点突出了对99年度峄城区财政

局、地税局、国库和11个一级预算执行单位的审计，共查出违规行为金额738万元，其中财政自身列收列支685万元；税务部门混乡镇入库29万元等。同时对8个乡镇财政进行了审计，查出违规行为金额1076万元，其中虚列支出32万元，挪用财政专项资金105万元。共审计企业10户，查出违规行为金额1799万元，虚增利润552万元，虚减利润200万元，促进增收节支202万元。全年共进行行政事业单位审计17个，查出违规行为金额113万元，应交财政9万元。

【枣庄市台儿庄区审计局】现有干部职工16人，设有财金审计股，行政事业审计股、工交审计股和办公室。局长刘树起，副局长刘恒春、满保华、王振伦、杨伟。

审计成果　超额完成39个单位（项目）审计任务。完成了对9个区属企业1999年度财务收支情况的审计。查出企业虚增、减利润，成本不实，偷漏税等问题金额818万元，促进企业增收节支190万元。全年共对9名法定代表人进行了经济责任审计。着重对区工商分局、卫生局、劳动和保障局等10个重点部门的行政预算资金，行政性收费和罚没收入的管理使用情况进行了审计。

【枣庄市薛城区审计局】现有干部职工17人，设有行政事业审计股、工交基建审计股、商贸审计股和办公室，负责对全区6个镇1个街道办事处和66个区直部门的审计监督。局长王秉宜，副局长杜家岭、曹文兰。

审计成果　全年共完成审计项目134个，查出各类违规违纪金额1.21亿元，提出审计建议280条，促进增收节支378万元，同区纪检、监察、财政、体改等部门配合，查纠各类经济项目30余件。通过药品价格收费、中小学教育收费等专项审计，查出各类违规金额2931万元，延伸68个部门，对违规违纪行为实施罚款达20余万元。

【滕州市审计局】现有干部职工27人，设办公室、综合科、工业交通审计科、商贸基建审计科、行政事业审计科、财政金融审计科及经济责任审计办公室，负责对全市17个乡镇和4个办事处的审计监督。局长马士德，副局长赵恒田、鲁开宏。

审计成果　共完成审计项目63个，查纠违规行为金额3807万元，上缴财政568万元，实施罚款36万元。在对市投资公司审计时，查出该公司资产负债不实，经营亏损，擅自提高存款利率，偷漏税金，滥发奖金、补贴43.5万元，超标准、超计划建设宿舍楼等问题，该公司经理已移交市纪委处理。共对26名领导干部进行了离任审计。企业审计查出某开发公司虚增资本1192万元，以及偷漏税金等问题。已建内审机构106人，配备专职审计人员218名，全年共完成审计项目834个，查纠违规行为金额3657万元，移交司法机关追究刑事责任11人，建议党政纪处理的15人。

【东营市审计局】2000年，共有在职干部、职工46人，其中大学本科学历35人，大专学历8人，局长韩奎祥（1－7月份），副局长于平（8－12月份主持工作）、李玉平、赵致华。设有办公室、人事教育科、综合科、审计管理科、财政金融审计科、行政事业审计科、基建审计科、工业交通审计科、商粮贸审计科等。

审计成果　全年共审计单位149个，查出违规行为金额28900万元，应上缴财政2112万元，已上缴财政1613万元。预算执行审计工作审计了财政、地税、国库等一级预算单位15个，审计部门、单位占市一级预算部门、单位的16%，延伸审计基层单位78个，并对市级科技三项经费安排使用情况进行了专项审计调查。审计共查出违纪违规金额4126万元，应上缴财政金额1042万元。农业综合开发资金审计对市直和广饶县、东营区1997至1999年度的农业开发资金以及农业开发贷款的资金筹集、管理、使用情况和项目计划完成情况进行了审计，对部分项目进行了抽审。全市工商系统的审计查出拖欠截留应缴预算收入18万元，应缴财政专户款197万元，乱收费47万元，挤占挪用173万元等问题。对全市的企业职工基本养老保险扩大覆盖面和养老保险收支预测的情况进行了审计调查。对市环保局、垦利县环保局、利津县环保局1998－1999年度排污费的收缴、管理、使用情况进行了审计，共查出各种违纪违规金额1755万元，并提出了4条审计建议。对市人民医院1999－2000年1－6月份的财务收支审计，查出该院违反价格管理规定向患者多收取药品费、违反规定发放各种补贴及超标准收费等问题，并提出了处理意见，责令限期纠正。

内部审计　全市共有内审机构213个，配备审计人员416人，审计单位1069个，查出损失浪费金额892万元，促进增收节支3280万元，审计意见被采纳728条。

经济责任审计　共对29个机关事业单位及国有企业法人进行了离任审计，结果晋升8人，调任、转任20人，免职1人。查出各种违纪违规金额5472万元。

【东营市东营区审计局】现有干部职工27人，设有办公室、行政事业审计股、企业审计股、基建审计股、离任审计办公室，负责对全区8个乡镇、3个街道办事处和87个区直部门的审计监督。局长李克玉，副局长郭培亮、高霞、付同京、崔维云、朱丙增。

审计成果 共完成审计项目36个，其中计划内项目22个，上级交办审计项目14个。查出违规行为金额3787万元，上缴财政金额217万元，促进增收节支349万元。

【东营市河口区审计局】 现有干部职工16人，设有办公室、综合股、行政事业审计股、基建审计中心、离任审计办公室，负责对全区7个乡镇和47个县直部门的审计监督。局长高志勇，副局长徐贵锋、徐红、隆会芝，纪检组长魏玉琢。

审计成果 共完成审计项目27个。查出违规行为金额2766万元，上缴财政金额351万元，促进增收节支347万元。

【垦利县审计局】 现有干部职工14人，设有行政事业审计股、企业审计股和办公室，负责对全县12个乡镇和103个县直部门的审计监督。局长王冠武，副局长王立明、傅健。

审计成果 全年共完成审计项目59个。其中完成计划内项目29个，县委、县政府交办审计项目30个。查出违规行为金额6417万元，上缴财政金额199万元。

【广饶县审计局】 现有干部职工14人，设有办公室、行政事业审计股、企业审计股、基建审计股和经济责任审计办公室。局长周立华，副局长秦国锋、刘飞。

审计成果 全年共完成审计项目98个。其中完成计划内项目15个，县委、县政府交办审计项目83个。查出违规行为金额4904万元，上缴财政金额210万元，促进增收节支336万元。

【利津县审计局】 现有干部职工26人，设有办公室、行政事业审计股、企业审计股、基建审计股和经济责任审计办公室，负责对全县12个乡镇和69个县直部门的审计监督。局长薄万举，副局长赵中华、何吉祥。

审计成果 全年共完成审计项目34个。其中完成计划内项目22个，县委、县政府交办审计项目12个。查出违规行为金额2272万元，上缴财政金额76万元。

【潍坊市审计局】 2000年，共有在职干部、职工56人，其中大学本科学历35人，大专学历16人。局长孟庆亮，副局长刘福忠、辛禄升、高保强、高敬禄。设有办公室、综合审计科、人事教育科、审计管理科、工交审计科、商贸审计科、财政审计科、金融审计科、行政事业审计科、投资审计科、外资运用审计科等11个科室。

审计成果 全市审计机关共审计和组织审计单位630多个，查出违规行为金额14.2亿元，为国家增收节支9800多万元，其中当年和跨年度上缴财政资金4800多万元，减少财政拨款或补贴金额860多万元，追还被侵占挪用资金4200多万元。共提交审计信息和专题报告70余条（份），被市委、市政府和上级审计机关采用30余条（份）；全市审计机关共获得各级各项荣誉称号56项，有80多人次受到不同层次的表彰。全市共建有内审机构592个，其中专职机构337个，内审人员1447人，共审计单位2313个，促进增收6137万元，纠正违规金额7720万元。共向企业提合理化建议120余条，避免损失浪费提高经济效益7200多万元。全年共开展经济责任审计157个，查出、纠正违规金额31303万元。在市委、市政府和上级审计机关的关心和支持下，投资200多万元，配备了笔记本电脑、台式机等电算化审计设施，达到了审计人员人手一台微机。并在局机关建成了局域网，与各县市区审计局初步建成了广域网，基本实现了网络办公。同时，组织人员开发研制了《审计信息自动化管理系统》等应用软件，参加了全国计算机审计技术推广应用成果展示会，受到审计署领导和省内外同行的好评。

【潍坊市潍城区审计局】 现有干部职工16人，设有办公室、综合科、行政事业审计科、企业审计科、财政金融审计科，负责对全区6个镇、4个街道办事处及44个区直部门的审计监督。局长魏正德，副局长李汝林、齐忠新，纪检组长王顺武。

审计成果 共完成审计项目（单位）19个，查出各种违纪违规金额1135万元，归还原渠道资金542万元，提供审计信息24篇，被有关单位和部门采用18篇。

【潍坊市寒亭区审计局】 现有干部职工16人，设有办公室、行政事业审计科、企业审计科、内部审计科、固定资产投资审计科，负责对全区8个乡镇、2个街道办事处及30个区直部门的审计监督。局长韩斌业，副局长周友群、岳磊，纪检组长徐五申。

审计成果 全年共完成审计项目29项，审计资金总额2.2亿元，查处违纪违规金额0.2亿元，提出审计建议68条，促进增收节支0.6亿元。完成了招商引资任务，引进一大型石油储存项目，已完成投资1000万元，预计投产后实现销售收入1.5亿元，利税2000万元。乡镇税源调查增加财政收入200万元。

【潍坊市坊子区审计局】 现有干部职工15人，设有办公室、财政金融审计科、商贸审计科、工交审计科、内审指导科和综合科，负责对全区8个镇（街办）和34个区直部门的审计监督。局长李天臻，副局长李怀友、郭均智。

审计成果　全年共审计单位56个，审计调查单位62个，查出各类违纪金额19656万元，应上缴财政36万元，已上缴财政12万元，协助入库48万元。对全区60多处预算拨款单位的经费拨付情况和40多项专款进行了逐一核对，对其管理使用情况进行了追踪审计。根据区委组织部的安排，集中开展了对调整的23个乡镇、部门、企事业单位负责人的任期经济责任审计。对2处乡镇财政决算和区里转交的与经济责任人有关的6个单位的信访问题进行了审计。同区纪检、检察、法院等部门配合，查处各种经济案件4起。全年共提交审计报告50余篇，发布重要审计信息20余篇。

【潍坊市奎文区审计局】现有干部职工14人，设有办公室、行政事业审计科、企业审计科、财政金融审计科、投资审计科，负责对全区8个街道办事处及44个区直部门、企业的审计监督。局长陈军华，副局长董玲、牛西勤、王乃宾。

审计成果　全年共查处违规金额4799.5万元，应上缴财政116.7万元，已上缴财政110.6万元。对27名领导干部进行了离任经济责任审计，对67名领导干部进行了任期经济责任审计。对奎文区农村信用联社东郊和梨园信用社99年度资产、负债、损益情况进行审计，重点实施了对全区社会保障基金、义务教育费、农村合作基金会、山东樱桃园集团公司非法集资清理整顿等项目的审计。

【青州市审计局】现有干部职工25人，设有办公室、综合审计科、行政基建审计科、工交审计科、商粮贸审计科，负责对全市21个乡镇、街道办事处和140个市直部门的审计监督。局长王金义，副局长王法德、郭宪桢、颜萍、王延宗，纪检组长郭方奎。

审计成果　全年共完成审计项目77个，查出违规行为金额12330万元，应上缴财政金额606万元，已上缴财政483万元，促进提高经济效益159万元。编发审计信息30篇，被采用21篇，其中省以上报刊采用8篇，国家级3篇。完成领导干部任期经济责任审计24个，有2人晋升提拔，6人调任转任，16人免职。全市44个内审机构，123名审计人员完成审计项目88个，查出损失浪费金额312万元，促进增收节支53万元，提出建议意见被采纳159条。

【诸城市审计局】现有干部职工23人，设有办公室、工交审计科、商贸审计科、财政金融审计科、行政事业审计科、基建投资审计科、经济责任审计科、督查科，负责对全市27个乡镇和225个市直部门、企业的审计监督。局长孟庆新，副局长王培善、许衍和、王泽科、姜永茂、宋明华，纪检组长张富运。

审计成果　全局完成审计项目87个，查处违纪违规金额1000多万元，促进增收节支2500多万元，提供各类审计报告、审计调查、审计信息166篇，审计一级预算单位12个，延伸审计二级预算单位25个，审计资金总额达1.8亿元，占预算支出总额的75%。全年共完成企业审计项目43个。开展了养老保险基金、世行贷款、环保资金、科教经费、农村合作医疗资金等专项资金的审计；先后对3户企业厂长（经理）开展了经济责任审计。

【寿光市审计局】现有干部职工33人，设有办公室、财政金融行政事业审计科、商贸审计科、工交审计科、基建审计科，负责对全市22个乡镇、3个街道办事处和75个市直部门、企业的审计监督。局长刘允东，副局长于华亮、王建国、赵兴业，纪检组长张树国。

审计成果　全年共完成审计项目115个，审计总金额67亿元，查处违规行为金额1.8亿元，上缴财政63万元，提出审计建议134条，促进增收节支9128万元，提交审计报告115篇。局内已配备微机48台，达到审计人员人手一台，实现局内联网，建成了审计办公自动化系统。自主研制开发了8个审计专用软件，其中工商企业财务收支审计系统、基建项目审计系统、行政机关财务核算系统已经通过山东省科委鉴定，2000年又对部分软件进行了更新升级，推出了《财务收支审计系统》，先后5次作为县级审计机关的代表参加了审计署在吉林、南京、潍坊、蓬莱等地组织召开的计算机审计技术研讨会，受到了审计署领导和专家的高度评价。

【安丘市审计局】现有干部职工26人，设有办公室、企业审计科、商贸审计科、行政事业审计科和基本建设审计科，负责对全市28个乡镇和169个市直部门的审计监督。局长王耀泉，副局长李百奇、李爱云、李宝鼎、张锡文。

审计成果　共完成审计项目149个，查处违纪违规金额16080万元，促进财政增收310万元。基本建设审计共完成基建项目96个，审计基建工程决算总额7260万元，核定价为6438万元，净核减327万元，为国家、集体节约建设资金800多万元。

【高密市审计局】现有干部职工31人，设有办公室、综合内审科、行政事业审计科、财政金融审计科、企业审计科、基建审计科，负责对全市17个乡镇、3个街道办事处和

53个市直部门的审计监督。局长王福兴，副局长姜殿国、王心福、赵立刚、范季红，纪检组长王玉树。

审计成果　共完成审计项目56个，其中本级预算执行审计16个，经济责任审计18个，乡镇决算审计5个，企业审计6个，基建审计7个，其它审计项目4个。查出违规行为金额3494万元，决定上缴资金160万元，纠正有问题资金1050万元，增收节支1312万元。

【昌邑市审计局】现有干部职工25人，设有办公室、财政金融审计科、基本建设审计科、行政事业审计科、企业审计科，负责对全市15个乡镇、街道办事处和29个市直部门的审计监督。局长刘锡赞，副局长赵宝信、马学钊、邓洪勇、马振杰。

审计成果　共完成审计项目19个，实际入库金额930万元。投入50万元购买微机和电脑笔记本20多台，达到了审计人员人手一台电脑，并于当年进行了微机联网。

【昌乐县审计局】现有干部职工28人，设有办公室、财政金融审计科、行政事业基建审计科、商贸审计科、工交审计科，负责对全县23个乡镇和62个县直部门的审计监督。局长赵延光，副局长韩德平，纪检组长刘会昌。

审计成果　全年共完成审计项目49个。审计单位53户，完成审计调查1项，调查审计单位3个，共查出违纪违规金额932万元。同县纪委、监察局等部门配合，查处经济案件1起，上缴财政13万元，共提交审计报告36篇。

【临朐县审计局】现有干部职工26人，设有办公室、工交审计科、行财审计科、商贸审计科、审计复核科、经济责任审计科，负责对全县17个乡镇和97个县直部门的审计监督。局长许同铭，副局长李祺瑞、丛兴平、李忠蓬、孟祥军，纪检组长刘振挺。

审计成果　全年完成审计项目119个，查出各类违纪违规资金21386万元，应上缴财政资金624万元，已上缴145.5万元，促进增收节支833万元，提交审计工作报告、信息57篇，被上级机关采用12篇。

【烟台市审计局】2000年，共有在职干部、职工68人，其中大学本科学历52人，大专学历12人，局长李振基，副局长孙启东、吕永祥、王国勋，纪检组长刘志坚，总审计师段百田。设有办公室、财政审计科、金融审计科、外资运用审计科、工业交通审计科、投资审计科、行政事业审计科、商贸审计科、综合科、人事教育科、审计管理科。

审计成果　全年共审计项目和单位78个，查出违规行为金额17.2亿元，已上缴财政5154万元，移交案件5起。预算执行审计13个单位，延伸审计46个单位，审计财政性资金收支额15.1亿元，发现5个较突出问题，下达审计意见书13份、审计决定8份，应上缴财政344万元，应追还被侵占挪用资金373万元。对3个市1999年度财政决算进行审计，查出违规行为金额9533万元，处理处罚4501万元。统一组织了对市、县工商行政管理部门的财政预算资金、行政性收费、罚没款物收缴管理情况审计，查出5个较突出问题；对全市23个国债转贷项目1998至1999年国债专项资金管理使用情况进行审计或审计调查，会同市计委、财政局联合发出关于进一步加强国债专项资金管理和使用的通知；对全市1999年度教育和科技经费安排使用情况进行审计，市领导批示有关部门研究下发了关于加强教育经费管理使用的意见；对全市1999年度企业职工养老保险基金管理情况进行审计调查，市政府召集有关部门研究制定了整改措施。对9名县（处）级领导人员进行经济责任审计，制定了经济责任审计评价基本要求、结果报告格式和《行政事业单位领导干部经济责任审计操作规程（试行）》。有13人获得高级审计师职称，大专以上学历人员占94%；建立后续审计和审计执法责任等制度；8月底与省审计厅联合召开了“管点控面－－－现代审计系统管理模式”研讨会，国内8名著名审计专家和教授应邀与会；根据政府安排，对机构改革中拟撤并的20个市直部门（单位）集中进行了资产负债与损益审计、财政财务收支审计和经济责任审计，分别出具了审计报告；牵头协同有关部门对市直22户国有企业进行了清家底审计；完成国外援贷款项目审计7个。

内部审计　烟台市603个内审机构、1366名审计人员，审计4517个单位，查出损失浪费金额3297万元，纠正违规行为金额5818万元，建议给予行政处分2人；128个乡镇审计机构、321名审计人员，审计项目1649个，纠正违纪金额1065万元，建议行政处分2人。

【烟台市芝罘区审计局】现有干部职工18人，设有财金行事审计科、商贸企业审计科、工业基建审计科、经济责任审计处和办公室，负责对全区12个街道办事处和64个区直部门的审计监督。局长高祝军，副局长徐爱芝、高国民。

审计成果　共向公安机关移送案件1件，查处百万元以上违规单位2个，提交审计工作（调查）报告28篇。审计预算执行单位14个，查处违规行为金额8441万元，应交已缴区级财政金额495万元；审计5户乡镇（街道办事处）财政决算，查出违规行为金额1920万元，应交区级财政金额1万元。共审计企业5户，查出违规行为金额5883万元，应缴已缴区财政金额172万元。共审计行政事业单位11户，查出违规行为金额3727万元，其中经济责任审计6户，查出“小金库”3个，金额180万元。完成2项专项审计调查，共调查单位11个。

【烟台市福山区审计局】现有干部职工12人，设有行政事业审计科、工交基建审计科、商贸财金审计科、办公室、审理室，负责对全区10个乡镇和76个区直部门的审计监督。局长金建宁，副局长李维良、肖敏。

审计成果 完成审计项目43项，查出违规行为金额10160万元，应上缴财政金额514万元，已全额上缴财政，较同期增长208%，促进增收节支173万元。提交审计工作报告、信息60篇，被地方党政部门、上级审计机关和新闻单位采用51篇次。共完成上级交办任务17项。其中完成了10个行政事业单位财务收支审计，同比增长233%；完成了对7个乡镇、77个单位的财政财务收支审计。全年共开展10个部门的预算执行审计，同时选择了16个资金使用单位作为延伸对象，查出违规违纪问题资金4615万元，应上缴财政金额514万元。完成了对17个行政事业单位领导干部的经济责任审计，审计数量同比增长70%。2000年新配备3台笔记本、2台台式计算机，并建成了局域网，实现了审计文书的网上传递。

【烟台市牟平区审计局】现有干部职工27人，设有办公室、工交审计科、商贸审计科、行事财金审计科、基建审计科、内审指导科和经济责任审计处，负责对全区13个乡镇和70个区直部门的审计监督。局长刘忠鉴，副局长贺先军、姜书先、戚剑武、王学江。

审计成果 全年共完成区委、区政府交办及市审计局下达的审计项目（单位）45个，查出各类违规行为金额11057万元，其中应上缴财政金额167万元，已上缴财政金额151万元。通过审计，向被审计单位提合理化建议并被采纳105条，促进被审计单位增收节支、提高经济效益763万元。被区级以上报刊、电台、信息刊物采用信息、宣传、科研文章81篇（次）。共完成内部审计项目893个，查出损失浪费金额309万元，纠正各类违规行为金额240万元，提合理化建议并被采纳1078条，促进企业增收节支、提高效益941万元。对17个部门、单位法定代表人进行了离任经济责任审计，共查出各类违规行为金额3280万元，向区委、区政府及组织部门提交审计报告17篇。共完成乡镇审计单位（项目）775个，纠正违纪金额17万元，查出损失浪费金额105万元，促进增收节支381万元，建议给予行政处分2人。

【烟台市莱山区审计局】现有干部职工10人，设有办公室、财金行事审计科、工交商贸审计科、基建审计科、离任审计处，负责对全区5个乡镇（街道办事处）和30多个区直部门的审计监督。局长孙德刚，副局长陈寿荣、宋吉伟。

审计成果 共完成本级预算执行情况审计、任期经济责任审计等审计项目29个，同比增长60%。查出违规行为金额6364万元，其中决定处理处罚单位18个，占审计单位总数的62%，决定处理处罚金额480万元。对18个部门单位执行审计决定、采纳审计建议情况进行了后续审计检查，对个别不认真不及时纠正问题的部门单位进行了通报批评。全年共完成区委、区政府交办的审计事项13个，促进增加财政收入、节约财政开支360万元，向区委、区政府提交审计报告、建议和信息等40多篇，被采纳及建议出台有关规定3个；针对被审计单位存在的问题，提出审计建议90多条，促进增收节支240万元，建章立制20多个；全年共引进项目10个，注册资金总额900多万元。

【烟台经济技术开发区审计局】现有干部职工15人，设有办公室、行财审计处、企业审计处和经济责任审计处，负责对全区3个国有公益企业和22个区直部门的审计监督。局长王顺庆，副局长谭得水。

审计成果 全年共对27个单位进行审计，并延伸审计24个单位。查出各种违纪违规资金2600多万元，其中应缴财政560多万元，已全部入库。查出“小金库”4个、账外账13套，涉及严重违纪资金1200多万元，对4个被审计单位处以经济处罚，向纪检监察部门移交案件1起，有7名违纪责任人受到党纪、政纪处分。

【龙口市审计局】现有干部职工29人，设有办公室、行政事业审计科、企业审计科、财政金融审计科、固定资产投资审计科和经济责任审计处，负责对全市20个镇区和138个市直部门的审计监督。局长刘振武，副局长王积永、栾德洲、陈凤菊、田平春。

审计成果 全年共完成审计项目34个，查出违规行为金额39432万元，已上缴财政金额908万元，促进被审计单位增收节支198万元，审计决定落实率达到100%。其中对12个部门开展了“本级审”，共查出违规资金金额8198.8万元；对3户国有企业进行审计，查出违规行为金额36506万元；对3处镇区进行财政决算审计，查出虚列财政支出150万元；对10个行政事业单位进行审计，查出违规行为金额1617万元；

查出“小金库”1个，金额50万元。向检察机关移送案件2起。提交专题报告、审计信息等121篇，被市级以上党政部门及新闻媒体采用65篇次。

【莱阳市审计局】 现有干部职工25人，设有办公室、审计管理科、企业审计科、离任审计科、固定资产投资审计科、行财审计科，负责对全市26个乡镇和54个市直部门的审计监督。局长王乐积，副局长曲文章、宋明亭、李洪斌、黄志贤、孙振奎。

审计成果 共完成审计项目37个，查出违纪金额6989万元，应上缴入库金额66万元，实际入库金额66万元，被各级政府部门采用报告、信息53篇，通过审计促进企业增收节支963万元。共审计了12个预算执行单位，同时延伸审计了18个下属单位，查出违规违纪金额1476万元，下达处理决定5份。对9个乡镇进行了财政决算审计，查出违纪金额1095万元。共完成经济责任审计8个，查出违纪金额4149万元，审计结果，晋升1人、平调5人、免职2人。共查出大要案线索2起，移交监察、司法机关各1起，涉案人员9人，有4人已受到处理处罚。

【莱州市审计局】 现有干部职工21人，设有行财审计科、企业审计科和办公室，负责对全市11个镇、5个街道办事处和73个市直部门的审计监督。局长刘卫东，副局长陈振作、张梅英、于晓湖。

审计成果 全年共完成审计项目35个，查出违规行为金额6785万元，已缴财政206万元，上报审计信息被莱州市委、市政府和上级审计机关采用23篇。内审机构达到了40个，专职内审人员62名。全年共完成审计单位621个，查出损失浪费金额347万元，促进增收节支208万元，提出审计意见和建议被采纳239条，纠正违纪金额95万元。

【招远市审计局】 现有干部职工27人，设有办公室、综合科、工业交通审计科、行事财金审计科、商贸审计科、固定资产投资审计科和审计管理科，负责对全市14个镇（街道办事处）和43个市直部门的审计监督。局长于建书，副局长王令君、曲永波、杨全林、王春辉。

审计成果 通过对9个预算执行部门及其下属60个单位的审计，查出违规行为金额5122万元，应上缴财政金额1024万元，应减少财政补贴1492万元。针对发现的问题向市政府及有关部门提出加强预算管理、改善财务核算等建议16条。通过对22户市属重点企业审计，查出企业虚报利润、设置账外资产、欠缴税款等有问题金额24438万元，应交财政金额323万元。对8个部门、单位法定代表人进行了经济责任审计，查出违规行为金额1719万元。对海莱路（招远段）和文化博览中心等政府投资重点建设项目进行了跟踪审计，查出多计工程量、多计材料价格、错套定额等问题，审减工程决算值1500万元。

【蓬莱市审计局】 现有干部职工24人，设有办公室、财政金融审计科、工交商贸审计科、外资基建审计科、基层指导科和经济责任审计处，负责对全市9个乡镇、3个街道办事处和106个市直部门的审计监督。局长张启龙，副局长张颖祐、栾丽明、李吉峰，纪检组长宋方胜。

审计成果 共完成审计项目41个、审计调查项目5个，查出违规行为金额6327万元，应上缴财政112万元，已上缴财政112万元，促进被审计单位提高经济效益249万元。共完成市委、市政府领导交办的审计工作任务22项，审计单位25个。其中结合乡镇撤并工作，对7处乡镇党委书记离任经济责任进行了审计，对8处乡镇党委书记进行了任期内经济责任考核审计；对6个市直部门、1个市属企业主要负责人进行了离任经济责任审计。共查出违规行为金额2097万元。对2个事业单位清产核资情况和水利工程资金筹集使用情况进行了审计。共完成上级审计机关下达的审计项目19项，审计单位24个，审计金额26417万元，查出违规行为金额4330万元。全市共设有内审机构28个，内审人员40名。全年开展各类审计165项，纠正各种违规行为金额1546万元，查处损失浪费407万元，促进增收节支1213万元。

【栖霞市审计局】 现有干部职工26人，设有办公室、综合科、行财审计科、投资审计科、企业审计科、外资审计科和经济责任审计办公室，负责对全市15个乡镇、87个市直部门、136个事业单位和100个市属企业的审计监督。局长张贤全，副局长唐乐运、刘书庆。

审计成果 共完成审计和审计调查项目56个，查出违规资金12743万元，应上缴财政金额1280万元，已缴财政金额1200万元，促进提高经济效益300万元，核减工程造价818万元。在对某公司进行资产负债审计时，发现有账无实114万元、转移国有资产20万元、违规账务处理13万元等9个违纪线索，移交检察机关后，有关涉案人员已被拘留审查。建立了经济责任审计联席会议制度，成立了经济责任审计办公室，全年对13个部门、单位领导干部进行了经济责任审计。

【海阳市审计局】 现有干部职工24人，设有办公室、财政金融审计科、企业审计科、固定资产投资审计科、行政事业审计科、经济责任审计处，负责对全市15个乡镇（街道办事处）和110个市直部门的审计监督。局长王忠民，党组书记孙京健，副局长于长杰、包正初、姜波。

审计成果 全年共完成各类审计项目和单位74个，延伸审计单位62个，查出违纪违规金额3296万元，其中应上缴财政411万元，已上缴财政411万元；查出“小金库”6个，发生额46万元；对12个单位执行罚款22万元。对12个预算执行单位进行了审计，并延伸审计了16个二、三级预算执行单位，共查出各类有问题资金1241万元。共完成经济责任审计28个，其中离任经济责任审计11个，领导干部任期经济责任审计17个，查出违纪违规问题335万元。对22个行政事业单位进行了财务收支审计，通过审计，查出违纪违规金额760万元。对7处乡镇1999年度财政决算情况进行了审计，并延伸审计了26个基层站所，查出违纪违规资金580万元，纠正内部管理失控点21处。组织全部审计力量，圆满完成了对20个乡镇的资产负债审计工作。

【长岛县审计局】现有干部职工9人，设有办公室、经济责任审计科、商贸外资审计科、工基交审计科、财金行事审计科，负责对全县10个乡镇和56个县直部门的审计监督。局长张仁国，副局长马玉兰、姜庆敏。

审计成果 共完成审计项目8个，审计单位30个。其中上级审计机关交办审计项目4个，审计单位14个；当地领导交办审计项目4个，审计单位16个。共查出违规行为金额2842万元，追回被侵占挪用资金275万元，收缴入库金额64万元，审增固定资产320万元，查出账外账5套，金额892万元，提交各类审计工作报告和信息53篇，被各部门采用36篇（次）。在对县直某部门负责人的任期经济责任审计中，查出该单位私设“小金库”金额7万元，用于发放奖金等支出，该案件已被移交县纪检监察机关进行处理。

【威海市审计局】2000年，威海市审计局共有在职干部、职工46人，其中大学本科学历15人，大专学历11人，局长马保庆，副局长俞梅山、陈崇亮、赵玉景、丛培军，纪检书记王子明。设有办公室、综合科、行政事业审计科、工交审计科、投资审计科、商贸审计科、外资审计科和财金审计科。

审计成果 全市审计机关完成审计项目229个，查出违规金额233643万元，应上缴财政7510万元，已上缴财政7154万元。市局机关完成审计项目82个，查出违规金额165758万元，为政府增收节支6317万元。省厅考评的15个审计项目，有14个被评为优秀。共编报审计信息137期180篇，被各级信息部门采用180多篇次，其中中央办公厅采用4篇，审计署采用18篇。

完成上级交办任务 共完成计划审计项目50个，市委、市政府临时交办审计项目32个。本级财政预算执行审计查出违规金额46920万元，应上缴财政1604万元。金融审计通过对新威城市信用社的审计，审减企业利润7200多万元，企业因而少交国税2200万元。对115968万元专项基金进行了审计和审计调查，查纠违规金额11284万元，对米威调水二期工程竣工决算的审计审减1600多万元。企业审计查出违规金额75956万元，上缴财政1510万元。对山东曲轴厂的审计，避免国有资产流失上亿元；对市工交公司的审计，增加市财政收入1408万元。

内部审计 全市内审部门审计单位4540个，查出损失浪费3889万元，促进企业增收节支4472万元，纠正违规金额6050万元。

经济责任审计 共对16个责任人进行了审计，查处违纪违规金额18670万元，审计结果13人平调，3人免职或退休。

【威海市环翠区审计局】现有干部职工16人，设有办公室、企业审计科、行政事业审计科，负责对全区9个镇、3个办事处、76个区直部门和公司的审计监督。局长丛培威，副局长李君、李树敏、王锋明。

审计成果 完成审计项目20项，查出违规金额3120万元，应上缴财政531万元，移交会计贪污案1起；共完成经济责任审计项目7个，查处违规金额1270万元，被审计对象6个平调，1个移交检察机关。已完成内部审计项目216个，纠正违纪额185万元，促进提高经济效益330万元。

【威海经济技术开发区审计局（物价局）】现有干部职工22人，设有办公室、机关事业审计科、企业审计科、物价科，负责对全区3个街道办事处和13个区直部门的审计监督。局长孙本安，副局长王凤鸣。

审计成果 全年共完成审计项目7个，审计单位63个，完成审计调查项目12个，调查单位31个。共查出违纪金额1.06亿元，上缴区财政65万元，查处经济案件1起，涉案金额50万元，移交司法部门处理1人。尝试性地开展了开发区城建资金审计，查出区财政挪用城建资金2718万元。完成区管委交办的审计项目11项，审计单位23个，审计金额8亿多元。会同物价部门对全区有行政性收费事业单位的收费项目进行清理整顿（指符合国家规定的收费项目），暂停84项收费，保留44项收费，年可减轻企业和个人负担400多万元。

【威海高技术产业开发区审计

局】共有干部职工14人，设有办公室、综合财务审计科、固定资产投资审计科。局长陆英东，副局长王凤海。

审计成果　共完成审计项目46个，查出违规违纪金额5107万元，收缴财政816万元。共完成区党委管委及业务上级交办的工作任务18项，包括干部离任审计8项。本级预算执行情况审计7项，查出违规资金1226万元，收缴财政86万元。对火炬大厦工程财务清理审计，明确了49户往来账户的债权债务，节约建设资金238万元。完成事业单位法定代表人离任审计8项，查出违规金额3839万元，收缴财政722万元。其中查出"小金库"7个，金额401万元，收缴财政142万元。

【乳山市审计局】共有行政人员18人，事业人员7人，设有办公室、综合审计科、工交审计科、商贸审计科、行政事业审计科、基建审计科。局长张进杰，副局长姜吉山、姜泽苏，纪检组长于京书。

审计成果　全年共审计单位134个，查出纠正违纪违规行为金额10615万元，上缴财政收入1000多万元。先后对6个企业进行了审计，查出违纪金额2985万元。先后审计和延伸审计26个单位，查出各类违纪违规金额1141万元，追缴应上缴财政资金793万元。共对14个行政事业单位进行了审计，查处违纪违规金额1539万元，追缴财政收入194万元。共完成28个工程项目审计，审计总金额2512万元，为国家和企业节约建设资金272万元。共对18个机关企事业单位负责人进行了离任审计，延伸审计88个单位，查出资产不实、应缴未缴财政收入等违纪违规金额5936万元。全年内审机构共审计了505个单位，查出纠正违规金额860万元，查出损失浪费金额238万元，提出合理化建议114条，经落实促进增收节支212万元。

【文登市审计局】现有干部职工20人，设有办公室、综合科、工交审计科、商贸审计科、行财审计科和基建投资审计科，负责对全市22个镇（区）和178个市直部门和公司的审计监督。局长杨相文，副局长许子宪、许秀峰、崔同富、于忠元。

审计成果　全年共完成各类审计项目36个，查出违纪金额6818万元，已上缴财政收入244万元，移交挪用公款案1起，促进被审计单位增收节支792万元；提报各类审计工作报告和信息69篇，被地方党政部门采用46篇，领导批示6篇，有2篇分别被审计署和省审计厅转发，4篇被大众日报采编。

【荣成市审计局】现有干部职工24人，设有办公室、综合指导科、财金审计科、行政事业审计科、经贸审计科和投资审计科，负责对全市26个镇和80个市直部门的审计监督。局长李京选，副局长孙战平、车文才、张华安、张云。

审计成果　共完成审计项目41个，查出违规行为金额35071万元，决定上缴财政1604万元，促进被审计单位增收节支2907万元。本级预算执行审计查出违规行为金额25542万元，决定入库金额698万元；对7个行政事业单位财务收支及资金使用情况的审计查出应缴未缴预算收入、公款私存等违规行为金额287万元，决定收缴财政68万元；对4家市属企业资产负债损益和财务收支审计，查出违规行为金额1340万元；对22个部门单位1999年度城建资金征、管、用情况审计，查出违规行为金额825.2万元并全部收缴财政。全年共对4个市直部门、7个镇和2个企业（集团）的主要负责人实施了任期经济责任审计，查出违规行为金额3464万元，决定上缴财政金额13万元。全市46个内审机构共完成审计项目539个，查出并纠正违规行为金额1975万元，促进增收节支3080万元。向党委、政府和上级审计机关报送审计信息、专题报告等84篇，被批转采用96篇（次）。

【济宁市审计局】2000年，共有在职干部、职工64人，其中研究生1人，大学本科学历43人，大专学历10人。局长张显忠，副局长路金琚、焦建强、石广元，纪检书记孙传运。设有办公室、纪检监察室、综合法规科、财政金融审计科、行政事业审计科、固定资产投资审计科、农业审计科、工业交通审计科、商粮贸审计科、外资运用审计科、内审管理科等部门。

审计成果　全年共审计113个单位，查出违规行为金额83387万元，应缴财政5188万元，同比增加2436万元；其中罚款金额362万元，同比增加132万元；已缴财政4775万元，同比增加2190万元；审计发现经济犯罪案件线索12起，全部移交纪检监察和司法机关处理。

完成上级交办任务　圆满完成省厅交办的农业、企业、固定资产投资、外资等审计任务，其中9个审计项目被省厅评为优秀审计项目，同时完成市委市政府交办的临时性任务56项。

经济责任审计　年内与纪检、组织、监察、人事等部门建立了联席会议制度，制定了经济责任审计工作操作规范和审计结果报告模式。全年共完成经济责任审计单位49个，查出违规行为金额33255万元，审计后被审计对象晋升8人，调任转任29人，免职撤职3人，受党纪政纪处分1人。

大案要案　完善了《审计揭露大案要案线索》的奖励办法，与市公安局、市检察院建立了移交案件线索制度，加强了与纪检、司法等部门的配合。在对财校的审计中发现财务科长涉嫌贪污问题，移交后该人受到党政纪处分。对科协下属某单位的审计中，发现该单位有关人员涉嫌挪用公款150多万元的事实，该嫌疑人已被司法机关逮捕。

【济宁市市中区审计局】现有干部职工13人，设有财金审计科、固定资产投资审计科、企业审计科和综合科，负责对全区8个办事处和66个区直部门的审计监督。局长梁光民，副局长范继顺、邱继亮、李伟。

审计成果　全年共审计单位28个，查出违规违纪金额15180万元，处理处罚金额510万元，指明要求纠正14670万元，应缴财政220万元，已缴财政86万元。对区财政局、地税局、区级金库审计查出违规资金637万元。先后对公安、法院、建委、土管、水利、交通等18个行政执法部门的行政性收费和罚没收入及城市维护建设资金的收缴、管理、使用情况进行了审计，查出应缴未缴预算收入、挤占挪用专项资金、“三乱”、其它违规违纪资金1332万元。共完成经济责任审计项目14个，查出违规行为金额789万元。完成了经济政策兑现审计、华夏商厦破产清算审计、牛屯村、柳行村群众上访案件的账目清查、政府宿舍楼工程竣工决算审计等领导临时交办的各项工作任务。尤其是政府宿舍楼工程竣工决算审计，该项目建筑面积14000m^2，总造价1201万元。经过审计，审定750万元，直接减少政府拨款450万元。

【济宁市任城区审计局】现有干部职工16人，设有人秘科、行政事业财政金融审计科、工交商贸企业审计科、固定资产投资审计科、法规复核科，负责对全区9个镇、2个街道办事处和28个区直部门的审计监督。局长李桂安，副局长程士臻、廉克喜、王香莲。

审计成果　全年共完成审计项目28个，查出违纪违规资金8199万元，其中处理1028万元，责令纠正7171万元，应缴财政89万元，已缴财政89万元，同级预算执行审计一级单位6个，延伸审计单位24个。查出违规资金4936万元，处理处罚81万元，指明纠正4854万元，应上缴财政37万元，已缴财政37万元，归还原资金渠道11万元。共开展经济责任审计7项，审计后有3人晋升，4人调任，其中有2位干部因任职期间违反财经法纪较为严重，被予以系统内部通报批评，有5位领导干部被组织部门谈话打招呼。专项资金审计一级单位2个，查出违规资金6万元，已作处理6万元。行政事业财政金融审计，查出违纪违规资金6933万元，决定处理处罚455万元，指明纠正6478万元，应上缴财政41万元，已缴财政41万元。工交商贸企业审计查出违纪违规资金470万元，决定处理处罚58万元，指明纠正412万元，应上缴财政18万元，已缴财政18万元。固定资产投资审计4个，审减256万元，并发现案件线索1起，已移交区纪检监察机关。

【曲阜市审计局】现有干部职工19人，设有财政金融审计科、商粮贸审计科、工交审计科、基建审计科和乡镇审计工作指导站，负责对全市13个乡镇和46个市直部门的审计监督。局长李清海，副局长颜廷雨、孔昭生、魏长柱、屈小忠。

审计成果　全局共完成审计项目47个，涉及单位200余个；审计总金额9.43亿元，查出各类违纪违规金额1.17亿元，应上缴435万元，截止年底实际收缴入库362万元。全年共对5个部门的领导人进行了经济责任审计，审计结果晋升2人，平调3人。13个乡镇审计所共完成审计项目146项，查出违纪资金692万元，实际收缴入库90万元，纠正账务差错110余笔。

【兖州市审计局】现有干部职工16人，设有办公室、综合科、基建审计科、行财审计科、工交审计科、商贸审计科、内审指导科，负责对全市12个乡镇（办事处）和市直部门、企业的审计监督。局长王福伟，副局长苏秉印、王伟。

审计成果　全年共审计26个单位，查出各类违纪、违规金额3759万元，增加财政收入313万元，促进增收节支1358万元。“同级审”共查出违规行为金额1313万元，增加财政收入252万元，促进增收节支530万元。共审计17家行政事业单位，并对农业综合开发资金和城建资金进行了专项审计，查处各类违规行为金额1365万元。查处了有关村支部书记挪用公款、贪污受贿的事实，涉案金额56.07万元，共有10人受到党纪、政纪处分。全年共对12个单位的领导干部进行了任期经济责任审计，审计对象12名，通过审计，有9人转任，3人免职。查处违纪金额723万元。

【邹城市审计局】共有在职干部职工23人，设有人秘科、行财审计科、内审指导科、基建审计科和企业审计科。局长王建民，副局长周立勋、徐克勤、张铁民。

审计成果　全年共完成审计项目68个，查处各类违纪违规金额13068万元，其中应上缴财政2714万元，已上缴2691万元。发现并向纪检、监察部门移交经济案件线索3个。完成了对8家市属重点企业的财务收支审计。完成了对市人民广场、西苇路东段、广电大厦、市委办公楼4个重点建设项目的工程竣工决算审计，共审减工程造价1260

多万元。完成了对28名领导干部（包括企业领导人员）的任期经济责任审计，利用审计手段，冻结乡镇政府及所属部门银行账户300多个，冻结资金8600多万元，同时还完成了对6个被撤并乡镇的财务审计及财物的清查盘点、移交工作。

【鱼台县审计局】现有干部职工22人，设有行政事业审计股、企业审计股、固定资产投资审计股、综合内审指导股，负责对全县10个乡镇和126个县直部门的审计监督。局长程庆云，副局长刘俊宪、邵华。

审计成果　全年共审计单位（项目）44个，其中财政审计11项；行政事业审计15项；企业审计6项；固定资产投资审计1项；农业专项资金审计1项；经济责任审计10项。并对8处撤并乡镇进行了资产清理，查出违规行为金额3768万元，促进财政增收节支476万元。

【金乡县审计局】现有干部职工19人，设有人秘科、经济责任审计办公室、财政金融审计科、行政事业审计科、工交企业审计科、商贸审计科和固定资产投资审计科，负责对全县13个乡镇和52个县直部门的审计监督。局长杜中胜，副局长代云庆、王成彬。

审计成果　共审计单位（项目）73个，查出各类违规行为金额23350万元，应上缴财政80万元，已上缴财政79万元。提交审计工作报告、信息38篇。对3个预算执行单位进行了审计，查出违规行为金额6481万元，上缴财政金额10万元。对5个乡镇的财政决算进行了审计，查出违规行为金额320万元。对16处乡镇和18个县直单位的50名领导干部进行了经济责任审计，查出违规行为金额896万元，审计结果提拔11人，平调39人。对11个单位进行了行政事业审计，查出违规行为金额957万元，应上缴财政26万元，已上缴财政25万元。其中对4个单位进行了专项资金审计，审计资金总额1598万元。在固定资产投资审计中积极开展计算机辅助审计，共审计基本建设项目3个，审计总金额950万元，核减工程结算金额98万元。审计企业单位5个，查出违规行为金额2317万元，上缴财政金额52万元，对被审计单位提出审计建议15条。

【嘉祥县审计局】现有干部职工24人，设有办公室、财金审计科、公交审计科、商贸审计科和内审科，负责对全县18处乡镇和60个县直部门及重点企业的审计监督。局长张正盟，副局长胡波、卜建民、靳兆化。

审计成果　共完成审计项目58个，查出违规违纪金额9839万元，上缴财政40万元。查出并移交经济案件2起。对29名乡镇党政主要负责人进行了经济责任审计，干部管理部门提拔或重用9人，平调16人，降职或就低安排4人。对乡镇财政虚增空转、对企业名盈实亏、对基建工程高估冒算等虚假行为进行了审计和揭露，查出虚增财政收入1213万元，虚列财政支出1812万元，企业有账无实294万元，虚列利润572万元，损失浪费59万元。重点对2个企业法人代表进行审计，并移送纪检司法机关立案查处。

【微山县审计局】现有干部职工24人，设有副科级单位微山县经济责任审计办公室，为全额预算管理事业单位；局下设办公室、综合股、行政事业审计股、财政金融审计股、投资审计股、工交企业审计股、商贸企业审计股和内审指导股，负责对全县14个乡镇和40个县直部门的审计监督。局长靳广坤，副局长管洪祥、赵士全、殷允恭、陈科。

审计成果　全年对54个单位64位领导干部（领导人员）实施了经济责任审计。全面完成了省厅市局指令性任务和本县7个乡镇撤并财政财务审计移交任务。全年共完成审计项目85个，处理处罚违纪违规金额8011万元，增加财政收入316万元，促进被审计单位增收节支436万元。全年为建设单位节约投资2000多万元。根据县政府2000年为民办的8件实事相应投资项目提前介入，全程跟踪审计，全年为政府节约投资1000多万元。通过开展同级财政审计，成立了协税护税办公室。在省、市、中央各级部门领导的支持下，落实了原县属煤矿基建拨款产权归属问题，为微山争取到位资金3202万元。

【汶上县审计局】现有干部职工33人，设有办公室、财金审计股、工交审计股、商贸审计股、基建审计股、内审股，负责对全县15处乡镇和县直部门的审计监督。局长孙一民，副局长李桂寅、王印喜。

审计成果　共审计单位（项目）31个，查出违纪违规行为金额6380万元，应缴财政金额75万元，已缴财政金额75万元。共审计预算执行单位8个，延伸审计一级预算单位15个。查出违纪违规金额1801万元。对3处乡镇政府的财政决算情况审计查出违规行为金额963万元。审计企业单位6个，查出违纪违规金额2069万元，其中存在资产不实1209万元，虚增利润255万元，损失浪费157万元等问题。审计项目投资总额524万元，查出违规资金369万元，超计划投资36万元，审减工程造价58万元。共设置内审机构139个，其中专职内审机构115个，配备内审人员196人。去年共组织内审项目524个，查出损失浪费金额459万元，促进增收节支1030万元，为单位提出合理化建议422条。

【泗水县审计局】现有干部职工26人，设有办公室、综合股、内审股、行财审计股、农业审计股、基建审计股，负责对全县15个乡镇和县直部门的审计监督。局长张体孝，副局长李本庆、乔志端。

审计成果 共完成审计项目48个，查出各类违纪金额16418万元，应上缴财政金额128万元，其中对违纪事项处罚28万元，入库率为100%，为国家节约支出187万元。发现大案要案3起，分别移送纪检监察部门和检察机关，目前有1人受到党纪处分，1人被逮捕。

【梁山县审计局】现有干部职工26人，设有行政事业审计股、经贸审计股、固定资产投资审计股、干部任期经济责任审计室、综合审计室及办公室，负责对全县14个乡镇和87个县直部门的审计监督。局长高承坤，副局长闫吉庆、商允宪、杨怀金、者建东、李梦海，纪检书记徐龙照。

审计成果 共完成审计项目51个，其中计划内项目33个，任期经济责任审计项目16个，县政府委托的项目2个。审计移交大案要案2起，涉案人员2人，其中逮捕1人，撤职1人。查处违纪违规金额12934万元，应缴入库金额43万元，实际入库43万元，收缴1999年度尾欠款11万元；向被审计单位提出合理化建议58条，被采纳57条，促进增收节支842万元。

【泰安市审计局】2000年，共有在职干部、职工96人，其中大学本科学历38人，大专学历36人，局长张书盈，副局长王文明、陈惠菊、朱家兑、王峰。设有办公室、政工科、法制科、财政审计科、金融审计科、经济责任审计办公室、审计中专学校、审计培训中心等部门。

审计成果 通过对财政、金融、行政事业、企业、社会保障资金和专项资金以及国外援贷款等512个项目（单位）的审计，查出违规行为金额150946万元，应缴财政金额6454万元，已上缴财政入库5570万元，促进增收节支7627万元。全市审计机关完成党政领导交办的审计事项168项。

内部审计 全年内部审计完成审计项目（单位）1828个，查出损失浪费1083万元，纠正违纪金额3164万元，促进增收节支2131万元。同时开展了乡镇审计工作，审计项目（单位）1351个，纠正违纪金额847万元，查出损失浪费451万元，促进增收节支1550万元。

经济责任审计 市县两级审计机关建立了经济责任审计联席会议制度，明确了办事机构和相关职责，对72个部门单位的领导干部进行了离任审计。通过审计，查出违规行为金额20445万元，调任转任57人，提拔4人，免职、降职11人，移送司法机关处理2人。

【泰安市泰山区审计局】现有干部职工9人，设有办公室、财金行事审计科、工交商贸审计科，负责对全区8个乡镇和72个区直部门的审计监督。局长安存祥，副局长张振元、赵同生、董仲训、李宝星。

审计成果 共完成审计项目36个，查出违规行为金额9455万元，应上缴财政319万元，已上缴财政232万元，提出审计建议被采纳42条，促进增收节支、提高经济效益225万元。对8个部门和单位进行了预算执行审计，并延伸审计和调查了16个预算执行单位，查出违规行为金额1424万元，其中应上缴财政288万元，追还财政资金299万元，促进增收节支225万元。对4个企业进行了审计，查出违规行为金额4925万元。对6个部门主要负责人进行离任审计，共查出违规行为金额1098万元。对4个农村信用社资产、负债、损益情况的审计，查出违规行为金额634万元。对5个行政事业单位的财务收支进行了审计，查出违规行为金额1155万元。

【泰安市岱岳区审计局】现有干部职工19人，设有办公室、商贸审计科、财政金融审计科、行政事业审计科和工交企业审计科，负责对全区18个乡镇和132个区直部门的审计监督。局长薛德铎，副局长梁忠信、王继忠、武兆海、李广军、李大鹏。

审计成果 共审计了72个项目单位，完成年度计划的131%，查处各类违规行为金额26585万元，收缴财政款额482万元，追还被侵占挪用资金489万元，向被审计单位提出合理化建议226条，促进增收节支和提高经济效益805万元。通过对区直16个部门（单位）1999年度的预算执行情况进行审计，查处各类有问题金额8120万元，增加财政收入223万元，提出合理化建议75条。全年共对6个乡镇1999年度的财政决算进行了审计，查出违纪金额2999万元，收缴入库4万元。对5个农村基层信用社进行了审计，查出违纪金额152万元，收缴财政入库2万元。全年对1个单位的法定代表人进行了离任经济责任审计，查出应负主管责任的违规行为金额474万元，损失浪费金额118万元，通过审计免职1人。全年共对14个行政事业单位进行了财务收支审计，查出违规行为金额66万元，收缴财政16万元，促进增收节支167万元。全年共审计30户区直企业，查出资产、负债、损益不实和损失浪费金额15192万元，提出合理化建议42条，促进增收节支198万元。全年共完成区委、区政府交办的工作任务23项，审计清理单位26个，查处有问题资金132万元。

【新泰市审计局】现有干部职工13人，设有人秘科、综合科、财政金融审计科、工交企业审计科和行政事业审计科，负责对全市27个乡镇和120多个市直部门的审计监督。局长李冠凯，副局长马印吉、李新民、周美跃。

审计成果　共完成审计项目79个，查处违纪违规金额16056万元，应上缴财政757万元，促进增收节支500万元。共对22名离任领导干部进行了任期经济责任审计。促进企业提高经济效益310万元。

【肥城市审计局】共有在职干部职工18人，设有人秘科、行政审计科、工交审计科、商贸审计科和外资审计科，负责对全县17个乡镇和120个县直部门的审计监督。局长马兴庆，副局长孙庆宝、张耀泉、赵守国、尹涛、穆云彪。

审计成果　完成各类审计项目单位82个，查出违规行为金额36699万元，收缴入库922万元。全年完成财政审计13个，延伸审计单位24个，审计查出违规行为资金7316万元。针对被审计单位存在问题，提出合理化建议48条。全年对4家市属企业的财务收支进行了审计，查出违规行为金额2059万元，帮助企业提出合理化建议10条，增加财政收入345万元。完成干部任期经济责任审计15个，查出违规行为金额24700万元。

【宁阳县审计局】现有干部职工12人，设有综合审计科、行政事业审计科、企业审计科、基建审计科，负责对全县12个乡镇和96个县直部门的审计监督。局长周慎凯，副局长胡方平、王军、曹广强。

审计成果　共完成审计项目71个，查处各类违规违纪行为金额5228万元，处理处罚收缴入库298万元，促进增收节支750万元。

【东平县审计局】现有干部职工17人，设有综合科、行政事业审计科、经济贸易审计科、固定资产投资审计科、审计管理科和经济责任审计科，负责对全县18个乡镇和县直部门、企事业单位的审计监督。局长张庆祥，副局长苏树旺、潘全勤、王成民。

审计成果　全年完成审计项目60个，是年度计划的107%，查处违规资金14784万元，促进被审计单位增收节支701万元。其中本级预算执行审计共审计财政、地税、银行国库及延伸单位12个。共开展党政领导干部经济责任审计15名，出具离任审计报告15份。共开展企业审计10项，提出审计建议37条，促进提高经济效益224万元。开展行政事业单位审计和调查15个，查处各种违规资金771万元。开展固定资产投资审计1项，查处违规资金3万元。完成党政领导交办的临时性任务8项。

【日照市审计局】2000年，共有在职干部36名、职工3名，其中大学本科学历18人，大专学历14人，局长刘景峦，副局长陈常建、袁令春。设有办公室、综合科、财金审计科、投资审计科、工交审计科、外资审计科、行政事业审计科、农业审计科、商贸审计科、市属中（二）以上企业经济责任审计办公室等部门。

审计成果　全市共审计单位246个，查出违纪违规金额88406万元，为国家增收节支4209万元，其中，已上缴财政760万元，追还被侵占挪用资金3449万元。

完成上级交办任务　日照市共对财政、税务、国库等59个预算部门和执行单位进行了审计，延伸审计了市直36家纳税大户，共查出违纪违规行为金额14184万元。全市统一组织对市、县环保资金的征收、管理和使用情况进行了审计，查出违纪违规金额570万元。积极开展了农业综合开发资金审计，审计资金总额5516万元，查处被挤占挪用、损失浪费等违纪违规金额822万元。促进项目资金到位113万元。组织对全市工商系统和5个市、县（区）医院的收费情况进行了审计。组织了对4个利用国外援贷款项目的审计，审计项目投资总额1574万元。全市审计机关还对日竹高速公路等29个固定资产投资项目进行了审计，审计项目投资总额51亿元，查处违规行为金额28395万元，追回被侵占挪用资金1875万元，上缴财政138万元。全市共审计国有企业30户，查出违纪违规金额3.3亿元。共审计中二以上企业16户，审定资产总额188744万元，审减9122万元；审定负债总额176165万元，审增7339万元；审定资产负债率达93%。

内部审计　截止年底，全市已建内审机构182个，配备内审人员370名，审计905个单位，纠正违规行为金额8556万元，查出损失浪费433万元，促进增收节支631万元。

经济责任审计　全市共对46个部门、企事业单位的负责人进行了经济责任审计，查处各类违纪违规金额9933万元，查明国有资产保值增值单位44个。

【日照市东港区审计局】现有干部职工16人，设有办公室、财政金融审计科、基本建设审计科、行政事业审计科、工交商贸审计科和经济责任审计办公室，负责对全区15个镇和60个区县部门的审计监督。局长焦安润，副局长朱任平、王允周、焦见格。

审计成果　共完成审计项目34个，完成专项审计调查项目2个，完成任期经济责任审计项目17个。查出违规违纪金额880万元，追回被侵占挪用资金368万元，应收缴财政金额110万元，已收缴财政金额108

万元，收缴率98%。

【五莲县审计局】现有干部职工28人，设有财政金融审计科、行政事业审计科、工交审计科、商贸审计科、基本建设审计科、办公室和经济责任审计办公室，负责对全县12个乡镇和90多个县直部门的审计监督。局长王建国，副局长李维凯、牟善金。

审计成果　全年共完成各类审计项目71个，其中同级财政审计及延伸单位共14个，金融审计3个，乡镇财政决算审计5个，企业审计18个，行政事业审计17个，固定资产投资审计6个，经济责任审计8个。查出违规违纪金额11777万元，其中应上缴财政73万元。促进提高经济效益760万元。查出贪污案件1宗，涉案总金额837万元。

【莒县审计局】现有干部职工20人，设有办公室、综合内审科、财金审计科、行政事业审计科、工贸审计科、基建审计科、领导干部任期经济责任审计办公室，负责对全县21个乡镇和106个县直部门的审计监督。局长张守成，副局长于增喜、张祥金、朱杰、战玉航，纪检组长李玉芬。

审计成果　完成审计项目89项，查出各类违规行为金额4176万元，增加财政收入115万元，追还被侵占挪用资金670万元，促进增收节支581万元。干部管理部门根据26名干部经济责任审计结果，结合考核考察情况，提拔重用9人，交流12人，降免职5人。查出乱收费、漏交税金等百万元以上的违规单位4个，贪污受贿案件线索2起，移交纪检、监察和司法机关处理，其中受党政纪处分1个，追究刑事责任3人。被授予"省级文明单位"、"档案管理省一级先进单位"，在全省"爱我审计"演讲比赛中获第一名。

【莱芜市审计局】2000年，共有在职干部、职工37人，其中大学本科学历24人，大专学历6人，局长吕京华，副局长许荣利。设有办公室、综合科、企业审计科、财政审计科、金融审计科、固定资产投资审计科及管理审计干校、审计培训中心所属2个事业单位。

审计成果　市、区两级审计机关共审计单位80个，查出违规行为金额97313万元，促进增收节支1707万元，查出百万元以上单位11个，上缴财政2460万元，归还原资金渠道2600万元。审计单位数占到一级预算单位数的20%，审计单位预算资金11193万元，占预算总支出的27%，共查出违规行为金额41993万元。重点进行了市属16户国有企业审计，查出违规行为金额19403万元，促进企业增收节支655万元。市、区两级审计机关对10个重点建设项目进行了审计，审计投资总额67567万元。查出违规行为金额16542万元，违纪金额入库率达80%，有10个项目被评为全省优秀审计项目。全年提报审计报告、信息130篇，有64篇被各级批示或采用。在全市审计机关和审计干部中开展了"学习年"活动，举办业务培训班10期，培训262人。

内部审计　全市已建专职内审机构80个，配备专职内审人员171人，机构和人员分别比上年增长3%和4%，各内审机构全年共完成审计项目698个，查出损失浪费708万元，纠正违规行为金额669万元，促进增收节支1253万元。

经济责任审计　对7名法定代表人进行了审计，查出违规行为金额3570万元，损失浪费111万元。

【莱芜市莱城区审计局】现有干部职工10人，设有办公室、行政事业审计科、企业审计科、固定资产投资审计科，负责对全区15个乡镇（办事处）和48个区直部门的审计监督。局长张平安，副局长李秋富、乔运伟、张义军。

审计成果　共完成审计项目18个，检查各类资金29亿元，查出各类违纪违规金额11605万元，追回被挪用专项资金143万元，催交税金360万元，罚款8万元，提出合理化建议64条，促进被审计单位加强管理提高经济效益285万元。全年抽调12人次参加区信访案件查办和包村工作，对5名领导干部进行了离任审计。全年乡镇审计完成审计项目265项，内部审计完成审计项目93项，共纠正违规金额1042万元。

【莱芜市钢城区审计局】现有干部职工10人，设有综合科、企业审计科、行政事业审计科、经济责任审计科及二级事业单位区审计中心，负责对全区4个乡镇和25个区直部门的审计监督。局长郝慎滨，副局长郝东财、段崇胜。

审计成果　共完成审计项目26个，为全年计划的104%，完成领导交办审计任务16个，比去年增加60%，查处违纪违规金额1735万元，决定处理处罚金额167万元，直接增加财政收入45万元，其中罚款31万元。提出审计建议87条，促进增收节支、提高经济效益230万元。

【德州市审计局】2000年共有在职干部、职工63人，其中研究生学历2人，大学本科学历32人，大专学历21人，局长刘聿全，副局长陶涛、刘善璞、方士信、许冰，纪检组长刘铁明，总审计师高军，助理调研员韩吉庆、刘洪田。设有工交审计科、商贸审计科、财金审计科、行政事业审计科、农业审计科、投资审计科、办公室、综合科、管理科、人事科等部门。

审计成果　共审计单位43个，延伸审计单位34个，查出违规行为为金额22428万元，应上缴财政2274万元，罚款金额10万元，已缴财政1706万元，促进增收节支2593万元，有5个项目被省审计厅评为优秀审计项目，受到通报表扬。德棉集团审计项目被评为省优秀项目。对城市会展中心工程决算的审计，审减工程投资468万元，审减率12.72%。开展了对农业综合开发资金、环境保护资金的审计，其中，排污费审计项目被省审计厅评为优秀等次。还开展了对工商管理系统、地方金融机构以及国外贷援款项目的审计。

完成上级交办任务　共完成重点亏损企业审计、企业改制、农民负担调查、配合纪检监察部门查处经济案件等多项审计任务，审计单位21个。受市委、市政府委托，对群众反映强烈、亏损严重的市造纸厂进行了审计，核实了职工养老金、工资发放等7个专项问题，并协助市委专案组查清了原厂长的6个账务问题。

经济责任审计　进一步完善了经济责任审计的有关规章制度，成立了联席会议办公室。对市直4个部门负责人进行了离任审计，并对市计委、建委等10个重点部门领导人员经济责任情况进行了任中审计调查。

【德州市德城区审计局】现有干部职工28人，设有综合办公室、财金审计科、行政事业审计科、工交审计科、商贸审计科和基建审计科，负责对全区10个乡镇、街道办事处和47个区直部门的审计监督。局长郭新民，副局长尚勇、陈红升。

审计成果　共完成计划审计项目32项，查出违规行为金额11483万元，其中应上缴财政143万元，已上缴138万元，促进增收节支300万元。共提交审计报告、信息43篇。配合区纪检委查处经济案件2起。共完成上级交办的审计任务8项，审计单位115个。参与了合乡并镇中的清产核资任务，核实资产、负债共计7400余万元。全年共对8名干部进行了离任审计，查出违规行为金额3405万元。财政审计共审计单位6个，延伸审计单位10个，查出违规行为金额5938万元，上缴财政126万元。在所审计的11户企业中，查出有9户企业存在会计信息失真问题。

【乐陵市审计局】现有干部职工27人，设有办公室、行政事业审计科、企业审计科和管理科，负责对全市16个乡镇街道办事处和市属部门的审计监督。局长季涛，副局长宋天文、王建军、杨志英。

审计成果　全年共完成审计项目95个，查出各类违规行为金额20134万元，其中应上缴财政988万元，已缴财政988万元，追还被侵占挪用资金257万元，促进增收节支436万元，提出审计建议和意见219条，被审计单位采纳206条。

【禹城市审计局】现有干部职工20人，设有行政事业审计科、工交企业审计科、商贸企业审计科、基建审计科、内部审计指导科、办公室，负责对全市10个乡镇、2个街道办事处、49个市直部门、54个企业的审计监督。局长李春厚，副局长吴文禹、张文泉、裴传柱、李新海。

审计成果　全年共完成审计项目98个，其中指令性审计项目43个，领导交办的审计项目55个，查处违规行为金额1510.58万元，上缴财政金额565.2万元。提交审计报告98篇，撰写审计信息101篇。其中对同级预算执行情况和7个乡镇财政决算进行了审计，查增财政收入104万元，被审计单位采纳审计建议26条；对6个企业的财务收支进行了审计，查处违规行为金额643.1万元，应缴财政金额191万元，被审计单位采纳审计建议51条，促进企业增收节支670万元；对10个行政事业单位进行了重点审计，查处应缴财政收入176.2万元；对7个地方金融机构进行了审计，查处违规行为金额519万元，应缴财政金额94万元；对19个基本建设项目进行了开工前审计，审计基建决算项目5个，审减75万元；对24名乡镇书记、镇长进行了经济责任审计，对12个乡镇（街道办事处）的债务及工资发放情况进行了年度考核。全市共有内审机构118个，配备内审人员141人，完成审计项目1097个。

【陵县审计局】现有干部职工24人，设有办公室、综合审计股、企业审计股、行政事业审计股、基本建设审计股，负责对全县12个乡镇和62个县直部门的审计监督。局长刘金鹏，副局长门素芹、孟庆文、许大贵、范树铨。

审计成果　共完成审计项目68个，提交审计报告、信息87篇，查出各类违规金额12000万元。按照上级审计机关下达的审计项目计划，对陵县财政局、地税局、金库和6个一级预算单位、20个二级预算单位1999年度预算执行情况进行了审计。审计预算执行总金额36989万元，查出违规行为金额2482万元。先后对14个撤并乡镇党委书记、14个行政事业单位和2个企业“一把手”进行了离任审计。有重点地对7个企业进行了资产、负债、损益审计。

【宁津县审计局】现有干部职工15人，设有办公室、综合科、企业审计科、行政事业审计科、基建审计科，负责对全县11个乡镇和50个县直部门的审计监督。局长李树森，副局长撒德梧、郭爱荣、邢金明。

审计成果　全年共完成计划审

计项目34项，审计单位45户。专项审计调查项目2项，查出违规金额1.4亿元。共向上级提交审计工作报告、信息64篇。全年共完成党政领导交办任务11项，审计单位56个。受县政府委派，完成了对全县11个乡镇合并、清产核资及党政"一把手"任期经济责任审计任务。内审机构共完成审计项目532个。

【齐河县审计局】现有干部职工17人，设有办公室、行政事业审计科、企业审计科、金融审计科、基建审计科、内审科，负责对全县14个乡镇和80多个县部门的审计监督。局长张绍杰，副局长张荣德、高化勇、王文笑、张广军。

审计成果　共完成对财政局、行政事业、企业、金融等100多个单位的财务审计，共查出违纪违规金额6000多万元，为被审计单位增收节支1000多万元；基建工程投资审计中，完成对45个工程建设项目3600多万元的投资审计，为建设单位节约资金760多万元；还根据县委县领导指示，完成对20多个单位主要负责人的离任经济责任审计。

【庆云县审计局】现有干部职工8人，设有行政事业金融审计科、企业审计科、基本建设审计科、办公室，负责对全县8个乡镇和130个县直部门的审计监督。局长王玉明，副局长陈立忠、张玉玺。

审计成果　共完成审计项目6个，审计单位46户；完成审计调查3项，调查单位26个。共查出违纪违规金额11361万元。上缴县财政37万元，节省基建投资160万元，促进和提高经济效益1085万元。共提交审计报告20篇。共完成经济责任审计3项，审计单位18个。县、乡两级共提拔干部8名，有2名人员被取消任职资格。共完成基本建设、固定资产投资审计7项，审计投资金额1430万元，核减金额160万元。

【平原县审计局】共有在职干部、职工22人，设有办公室、企业审计股、行政事业审计股、基建审计股。局长宋连军，副局长冯延昌、孙树华、董恩杰。

审计成果　对财政局、县金库、地税局和5个一级预算执行单位进行审计，对9个企业的纳税情况进行了延伸审计。查出违规行为资金1218万元。提出审计意见及建议11条。企业审计审增资产196万元，审增负债111万元，审增所有者权益85万元，提出审计建议10条，促进增收节支592万元。对5个固定资产投资项目特别是对王杲铺批发市场项目的审计，审减率达到60%。对全县16个单位44项专项资金进行了审计。对11个乡镇的党委书记和乡镇长进行了经济责任审计，审计结果晋升职务的3人，调任转任的19人。

【夏津县审计局】现有干部职工19人，设有办公室、企业审计股和行政事业金融审计股，负责对全县12个乡镇和90个县直部门的审计监督。局长褚银华，副局长周忠军、王安国、常东生、邓振富。

审计成果　全年完成审计项目42个，审计调查61个。查出违规金额5266万元，其中已上缴财政282万元，追还被侵占挪用资金1334万元。提出加强和改进管理方面的审计建议58条，在《中国审计报》、《山东审计》等业务报刊发表文章14篇。重点对行政执法单位及专项资金的使用管理进行了审计，使110万元的违规资金全部入库。对全县19个乡镇财政、财务收支情况和资产进行了审计并参加了7个乡镇的合并工作。

【临邑县审计局】现有干部职工16人，设有财金审计科、行政事业审计科、企业审计科、基建审计科和办公室，负责对全县10个乡镇和44个县直部门的审计监督。局长张成林，副局长张兴文、邓荣敬、李东升、尚兴东、王善标。

审计成果　全年共完成审计项目75个，查出违规行为金额2010万元，其中违纪金额1912万元，上缴财政137万元，被审计单位上缴县收费管理局收入329万元；审计工程资金7149万元，核减基建投资1034万元，其中直接减少财政支出690万元；提出审计建议74条。对撤消合并的13个乡镇和负责人离任的2个乡镇的资产、负债情况进行了审计。向县撤并乡镇领导小组提出了3条建议，并立即落实。共为上级审计机关和县委县政府提供各类信息84篇，被采用50篇，其中省级1篇，市级4篇。

【临沂市审计局】2000年，共有在职干部、职工66人，其中大学本科学历49人，大专学历9人，局长王恒旭，副局长孔祥臣、张廷、王兴助。设有办公室、人事教育科、审计管理科、综合科、工业交通审计科、行政事业审计科、利用外资审计科、财政金融审计科、固定资产投资审计科、商粮贸审计科、农业审计科等部门。

审计成果　共审计775个单位，是年度审计项目计划的199%；查出各类违规行为金额17.62亿元，同比增长17%；增加财政收入1.26亿元，同比增长33%；促进增收节支1.16亿元，同比增长194%；对违纪单位和个人罚款1804万元，同比增长19%；查出并移交经济违法案件28起。共审计财政、地税、国库及130个一级预算单位，延伸审计325个单位，开展了27个专项审计和审计调查。共查出违规行为金额11.35亿元，收缴财政违纪资金9041万元，追还被侵占挪用资金2836万元，实施审计罚款230万元。通过对红日、真情、九州、医药集团、鲁南制药、临沂电厂等56户重点企业进行审计，查出违规行为金额4.43亿元，收缴财政及罚款1392万元，促进增收节支2979万元。

完成上级交办任务　共完成各级党政领导交办的信访案件查证、经济案件鉴证等审计或调查项目291个，查出违纪资金3600多万元，追究有关人员责任7人，化解消除矛盾30多起。

内部审计　已建内审机构636个，配备内审人员1725人，全年共完成审计项目5016项，查纠各类违规行为金额3369万元，促进增收节支6661万元。

经济责任审计　对56个单位负责人进行审计，查处违规行为金额1.98亿元，审计后审计对象晋升的9人，平调的31人，免职的8人，撤职的1人。

大案要案　共查出和移交经济违法犯罪案件28起，其中向司法机关移交案件15起。目前，已立案11起，受党纪政纪处分的8人，有5人被依法追究刑事责任。

【临沂市兰山区审计局】现有干部职工17人，设有办公室、财政金融审计科、行政事业审计科、基建审计科、工交审计科、商贸审计科、审计管理科和离任审计办公室，负责对全区12个乡镇（含办事处）和57个区直部门的审计监督。局长樊仕滨，副局长郭守营、时玉吉、杨忠森、赵玉珍。

审计成果　共审计项目（单位）50个，审计资金总额2亿余元，查出违规违纪资金5013万元，依法实施收缴517万元，促进增收节支1180余万元，出具审计报告15个，编发审计信息45篇，提出审计意见和建议67条。

【临沂市罗庄区审计局】现有干部职工22人，设有办公室、审计科和干部离任审计办公室，负责对全区8个乡镇办事处和51个区直部门的审计监督。局长李华三，副书记程光明，副局长梅兴军、杨献莲、王建平，纪检组长庄建华。

审计成果　共审计27个单位，审计资金总额8.71亿元，查出各类违规行为金额4075万元，增加财政收入96万元（审计罚款72万元，收缴款24万元），比上年增长11.7%，促进被审计单位增收节支448万元，提出审计建议78条。完成区委、区政府安排的信访案件调查工作3起，审计查出并移交经济违法案件2起。同时编写审计信息36篇，其中省级刊物采用2篇，市局及地方政府采用23篇。

【临沂市河东区审计局】现有干部21人，设有财金审计科、行政事业审计科、基建审计科、农业审计科、工交企业审计科、管理科、领导干部离任审计办公室和办公室，负责对全区12个乡镇和43个区直部门的审计监督。局长曹淑宜，副局长管清良、蒋新田、韩庆文、牛福林。

审计成果　全年完成审计项目28个，查出各类违规行为金额4118万元，增加财政收入512万元。

【沂南县审计局】现有干部职工21人，设有企业审计科、基建审计科、财金审计科、审计管理科、经济责任审计办公室和复核科，负责对全县17个乡镇和68个县直部门的审计监督。局长袁迎春，副局长董守海、陶明华、葛蔚佳。

审计成果　共计完成审计项目52个，涉及单位158个，查出各类违纪违规金额5460万元，追还被侵占挪用资金91万元，促进增收节支311万元，罚没款全额入库163万余元。

【郯城审计局】共有在职干部职工28人，设有办公室、财政金融审计科、行政事业审计科、工交商贸审计科、基建审计科、审计管理科和经济责任审计办公室，负责对全县17个乡镇和86个县直部门的审计监督。局长孟祥群，副局长段晓霞、范者元、李玉华。

审计成果　共完成审计项目668个，完成审计总金额980559万元，查出违纪金额18895万元，查处损失浪费金额1650万元，促进被审单位增收节支4563万元。

【沂水县审计局】现有干部职工27人，设有企业审计科、财金审计科、行政事业审计科、基建审计科、审计管理科、离任审计管理办公室和办公室，负责对全县县直部门、企事业单位和19个乡镇的审计监督。局长张玉芹，副局长王树来、秦文江、刘成功、徐守凯、陈长安。

审计成果　共完成审计项目50项，查处违纪违规金额4520万元，上缴财政259万元，其中罚没款78万元。促进被审计单位增收节支245万元。查处严重违法违纪案件6起，移交司法和纪检机关处理7人。

【苍山县审计局】共有干部职工31人，设有干部离任审计办公室（副科级）、财金审计科、企业审计科、行政事业审计科、基建审计科、法制复核科、体系指导科和办公室，负责对全县21个乡镇和53个县直部门的审计监督。局长赵平森，副局长任庆元、付信奎、刘向雷。

审计成果　共完成审计项目60项，审计单位253个，查出违纪违规金额12863万元，应缴财政金额188.8万元，已缴170.8万元，其中审计罚款72万元。审减工程决算为国家节约投资315万元，促进被审计单位增收节支185万元，归还原资金渠道1185万元，提交审计信息稿件58篇，被批示采用25篇。

【费县审计局】现有干部职工29人，设有行政事业审计科、基建审计科、审计管理科、财政金融审计科、企业审计科、农业审计科、干部经济责任审计办公室、法制科、人秘科、办公室，负责对全县各乡镇和县直部门及企业的审计监督。局长夏自高，副局长崔树森、王学龙、韩冬梅。

审计成果　全年共开展审计项目76个，查出违规行为金额8310万元，上缴财政168万元，促进被审计单位增收节支金额435万元，移交案件3起，其中完成上级审计机关部署的财政、金融、企业、行政事业以及专项资金审计39项，县委、县政府交办临时性任务12项，乡镇党委书记、乡镇长经济责任审计25项。全县共建立内审机构65个，内审人员208人，各内审机构完成审计项目895个。

【平邑县审计局】现有干部职工36人，设有办公室、工商审计科、审计复核科、审计管理科、固定资产投资审计科、行政事业审计科、财金审计科、领导干部离任审计办公室、档案室和基建服务中心，负责对全县16个乡镇和有关县直部门的审计监督。局长王立学，副局长王传运、张纯胜、刘克祥、郭继峰。

审计成果　共开展各类审计109项，查处各类违规行为金额11140万元，处理处罚上缴财政238万元，查处大案要案线索5起，提出合理化建议329条，促进增收节支1101万元。全年共编发审计信息102篇，被省、市各级审计机关和有关新闻单位采用88篇次，其中《中国审计报》采用24篇。

【莒南县审计局】现有干部职工32人，设有办公室、财金审计科、行政事业审计科、工交审计科、商贸审计科、基建审计科和离任审计办公室，负责对全县18个乡镇和193个县直部门的审计监督。局长曹元贞，副局长郑杰、林祥奎、徐运田、王兴树、唐守方，纪检组长刘吉永。

审计成果　全年共审计单位和项目79个，为年度计划的188%；查出各类违规违纪金额5561万元，收缴财政172万元；提出审计建议133条，被有关部门单位采纳114条，促进增收节支提高经济效益311万元；审计发现违法犯罪案件线索2起，涉案人员4名，查实涉案资金51万元，其中涉嫌贪污犯罪金额20万元。

【蒙阴县审计局】现有干部职工25人，设有办公室、财金审计科、行政事业审计科、企业审计科、基建审计科、审计管理科和经济责任审计办公室，负责对全县11个乡镇和165个县直部门的审计监督。局长公茂瑞，副局长马富军、陈尚军、田兆明。

审计成果　共完成审计项目32个，完成审计调查2项。查处各类违规行为金额3325万元，上缴财政392万元，实施审计罚款31万元，追还被侵占挪用资金307万元，查处大案要案1起，提交审计报告40篇。

【临沭县审计局】现有干部职工25人，设有办公室、财金审计科、行政事业审计科、工交审计科、商贸审计科、固定资产投资审计科、综合科和经济责任审计科，负责对全县20个乡镇、180个县直部门和县属企业的审计监督。局长李伦云，副局长王经福、辛崇方、吕郁华，纪检组长王福瑞。

审计成果　共完成审计单位69个，完成领导交办项目5个。共查出违规金额9096万元，增加财政收入189万元（其中审计罚款89万元，收缴税金及其它100万元），追还被侵占挪用专项资金117万元，促进增收节支、提高经济效益249万元，提出审计建议209条全部被被审计单位采纳，向上级审计机关和县委、县府提交专题报告、信息39篇，其中23篇次被上级领导机关采用，在《中国审计报》上发表业务论文1篇，为省审计厅提供审计案例1篇。

【聊城市审计局】2000年，共有在职干部、职工70人，其中大学本科学历19人，大专学历33人。局长姜之厚，副局长李昌忠、刘敏，纪检组长杨泽峰。设有办公室、人事教育科、法规科、综合科、管理科、财政金融审计科、工业交通审计科、固定资产投资审计科、商粮贸审计科、农业审计科、行政事业审计科、科研所、培训中心等部门。

审计成果　全年共审计50个单位，查出各类违规行为金额43337万元，同比增长47.75%；应上缴财政3988万元，同比增长140.39%；已上缴财政1275万元，同比增长1270.97%。全年共编发审计要情和信息158篇，被市委、市政府和上级审计机关采用70篇，发出宣传稿件64篇，被《中国审计报》等新闻单位采用48篇。共对57个部门单位（含延伸审计单位）进行了预算执行审计，查出违规行为金额16455万元，同比增长186.47%；应上缴财政金额1603万元，同比增长122.02%；已上缴财政183万元，同比增长1207.14%；应追还被侵占挪用资金495万元，责令调整有关账务73万元，提出审计建议34条。

完成上级交办任务　2000年，对市经济技术开发区市政工程建设项目中的黄河路等5条路和办公楼工程进行了审计，5条路共审减

236.9万元，审减率为7.9%；办公楼工程审减211万元，审减率为22.58%。两次对四海房地产开发集团有限公司进行审计，查实了该公司大量非法集资和偷漏巨额税款等事实，根据审计结果，司法部门及时介入，该公司原法定代表人等3人已被依法逮捕。

内部审计 市直部门（单位）共设88个内部审计专职机构，170名专职内部审计人员。共审计单位3640个，查出损失浪费金额880万元，纠正违规行为金额983万元。

经济责任审计 共对2名领导干部进行了审计，查出各种违反财经法规金额1559万元。

【聊城市东昌府区审计局】现有干部职工37人，设有办公室、审计管理科、法制科、财政金融审计科、行政事业审计科、企业审计科、固定资产投资审计科、农业审计科，负责对全区19个乡镇和42个区直部门的审计监督。局长张国杰，副局长张绍华、夏宏、王修义。

审计成果 全年共完成审计项目66个，共查处违规资金2686.99万元，应缴财政资金398.78万元，上缴财政资金375.78万元。本级财政预算执行情况审计查出违规行为金额740.13万元，查处私设“小金库”8个，收缴违纪资金332万元。乡镇财政审计查处违规行为金额311.64万元。行政事业单位审计查处违规行为资金433.21万元。企业审计查处违规行为资金513.35万元。共完成党政干部离任审计项目7个，其中6位离任者调任它职，1人被就地免职。对2所学校校改项目进行了审计，经审计核减20余万元，审减率为22.2%。完成党政领导交办事项16项。编发上报审计信息47篇，区委、区政府采用5篇，被市审计局采用25篇，被《中国审计报》等各类报刊采用15篇。

【临清市审计局】现有干部职工30人，设有办公室、企业审计科、财政金融审计科、行政事业审计科、基建审计科、经济责任审计科、法规科和管理科，负责对全市16个乡镇办事处和90个市直部门的审计监督。局长孙树荣，副局长宋加利、王新华、张庆玉。

审计成果 全年共完成审计单位70个，查出违规行为金额2633万元，应上缴财政139万元，已上缴财政65万元，共提交审计报告75篇。共完成了对4个单位主要负责人的经济责任审计。配合市纪检、监察、信访等部门，查处信访案件7起，对事业收费、招待费、基建项目等进行了专项检查。

【高唐县审计局】现有干部职工23人，设有办公室、财金审计科、行事审计科、农业审计科、法规科、工交审计科、商贸审计科、基建审计科，负责对全县所有乡镇和县直部门及企事业单位的审计监督。局长李保海，副局长张军、张道礼、王军、彭玉祥，纪检组长王学祥。

审计成果 共完成审计项目52个，查出违规行为金额5971万元，其中决定处罚1069万元，指明纠正4902万元，应上缴已缴财政180万元，应归还渠道资金1216万元。完成领导交办的临时和专题审计任务，其中主要包括经济责任审计、重点企业集团经济指标完成情况考核、审计专项调查等。

【阳谷县审计局】现有干部职工26人，设有办公室、法规科、内审科、工交审计科、商贸审计科、财金审计科、农资基建审计科和经济责任审计科，负责对全县16个乡镇和51个县直部门的审计监督。局长魏绪坤，副局长程仁昌、孙贯信、韩鲁东。

审计成果 全年共完成计划内审计项目38个，其中财政预算执行审计17个，金融审计1个，企业审计7个，行政事业审计13个，查出违纪违规金额10067万元，上缴财政129万元，追还被侵占挪用专项资金118万元，提交审计工作报告和信息52篇，被县委政府和上级审计机关采用16篇。完成县委政府交办的企业改制、企业破产清算、市政工程审计、专项执法检查和经济责任审计等任务12件。

【茌平县审计局】现有干部职工31人，设有办公室、财金审计科、工交审计科、行政事业审计科、商贸审计科、基建审计科、法规科，负责对全县14个乡镇和50个县直部门的审计监督。局长李林军，副局长姚洪泉、李玉祥、刘洪涛、韩千鹏、吴庆德。

审计成果 全年共审计预算执行单位7个，查出各类违规行为金额914万元。共审计乡级财政10个，查出各类违规行为金额203万元。共审计企业17户，查出违规行为金额112万元。共对11个行政事业单位进行了审计，查出各类违规行为金额256万元。共审计投资额3320万元，揭露了高估冒算、损失浪费等违纪违规问题。共编发审计信息46篇，被上级党委、政府和审计机关采用25篇。

【东阿县审计局】现有干部职工26人，设有办公室、财政金融审计科、行政事业审计科、企业审计科、基建审计科、审计管理科，负责对全县14个乡镇和200个县直部门的审计监督。局长朱传富，副局长雷保福、范正伦。

审计成果 全年共审计项目43个，审计单位68个；审计调查项目2个，审计调查单位4个。查出违规行为金额8601万元，应上缴财政277万元，已上缴财政248万元，应追还原资金渠道金额75万元；提交审计工作报告12篇，审计信息36篇，被上级审计机关采用12篇。对4个乡镇主要领导干部的任期经济责任审计，共查出违规行为金额1568万元，并向有关领导提交了审计结果报告。完成了领导临时交办的9项任务，审计单位24个并提交了审计报告。

【冠县审计局】现有干部职工34人，设有办公室、法规（内审）科、行政事业审计科、企业审计科、财政金融审计科、基建审计科、经济责任审计科，负责对全县17个乡镇和46个县直部门的审计监督。局长高福林，党组副书记孙长忠，副局长田雨泽、王银范、李迎泽。

审计成果 全年共完成审计项目53个，查出各类违规违纪金额11900万元，上缴财政金额118万元，促进单位增收节支392万元，提出审计建议69条，提交各种审计信息、报告54篇，被各级领导批转36篇。

【滨州市审计局】2000年，共有在职干部、职工35人，其中研究生学历1人，大学本科学历16人，大专学历17人，党组书记曲振水，局长张子禹，副局长刘合三、董建平、李少民，纪检组长李春明，调研员宋树标。设有办公室、综合（法规）科、人事教育科、财政金融审计科、工业交通企业审计科、商业贸易企业审计科、行政事业审计科、固定资产投资审计科、经济责任审计科等职能科室。

审计成果 全年共审计单位73个，查出违规行为金额4.3亿元，应上缴财政金额1540万元，已上缴财政金额1385万元，罚款金额82万元，同比分别增长4%、28%、107%、123%、257%，人均为国家堵漏增收40万元；提出审计建议被采纳99条，编发《滨州审计》42期，发布信息108条。

完成上级交办任务 全年共完成省厅下达的计划项目和行署批转的计划项目73个，其中本级预算执行审计12个，财政决算审计4个，金融审计2个，固定资产投资审计8个，企业审计11个，行政事业审计26个，农业专项资金审计5个，国外援贷款项目审计5个。完成党政领导交办的审计事项9项，审计单位300个。

内部审计 市直内部审计人员已达到142人，机构42个，审计单位336个，经济合同审计110份，促进增收节支95万元，提出建议被采纳146条，纠正违规行为金额28万元。有8人顺利通过并取得国际注册内部审计师协会的资格认证。

经济责任审计 建立经济责任审计科，成立了滨州市经济责任审计联席会议办公室并召开了联席会议，制定了联席会议制度。开展了全市经济责任审计研讨活动，共收到论文26篇，评出获奖12篇。全市审计机关对12名党政企领导干部实施了经济责任审计，根据审计结果和建议，党委政府给予1名干部晋升，8名平调或续任，3名被免职。

【滨州市滨城区审计局】现有干部职工21人，设有办公室、综合科、财政金融审计科、企业审计科、行政事业审计科，负责对全区15个乡镇办和区直部门的审计监督。局长闫启芳，副局长范宝兴、张加奎、蔺守元。

审计成果 全年共完成审计项目86个，其中审计计划项目36个。查出违规行为金额2000余万元，应上缴财政金额834万元，已上缴财政599万元，查出“小金库”3个，移交市公安局经济侦察大队1人。完成上级交办经济责任审计、离任审计、专项资金审计等项目50个。查出违规行为金额1200余万元，应上缴财政金额334万元，已上缴财政256万元。全年共编发《审计简讯》35期，共提供审计信息46篇，其中在《中国审计报》、《中国审计》、《山东审计》等报刊发表文章及信息36篇。

【邹平县审计局】现有干部职工19人，设有办公室、财金审计股、投资审计股、工交审计股、商贸审计股，负责对全县党政机关、国有企事业单位的审计监督。局长杨嘉文，副局长孟昭洪、高凤友、刘立忠、王恩发。

审计成果 完成计划内审计项目28个，查处各类违纪违规行为金额7155万元，决定处理处罚金额1472万元，应上缴财政金额1378万元，已上缴财政金额635万元，追还被侵占挪用资金320万元。共对15名党政领导干部和企业领导人员进行了经济责任审计，查处各类违纪违规行为金额4786万元。编发审计科研文章和审计信息58篇，被各级党政领导批示、报刊采用35篇。

【沾化县审计局】现有干部职工12人，设有人事秘书科、行政事业审计股、企业审计股、经济责任审计办公室，负责对全县15个乡镇办事处和辖区内党政企事业单位的审计监督。局长王金刚，党组书记李德元，副局长牟庆民、刘云超，纪检组长李炳涛。

审计成果 全年共完成审计项目31个，其中审计计划项目24个，审计单位38个，审计查出违规行为金额2041万元，应上缴财政金额12万元，已上缴财政7万元。完成县委、县政府交办任务7项，审计单位66个。对全县市政、水利与校改工程进行了审计，审计资金2727万元，审减工程造价294万元；对全县38户企业争名升位擂台赛实施了考核审计。

【惠民县审计局】现有干部职工22人，设有办公室、企业审计科、行政事业审计科、经济责任审计科，负责对全县21个乡镇和辖区内党政机关、国有企事业单位的审计监督。局长高汉廷，副局长成兴吾、张新英，党组书记寇志泉，纪检组长张平。

审计成果　共完成计划内审计项目39个，查处各类违纪、违规行为金额11619万元，决定处理处罚金额770万元，应上缴财政金额185万元，已上缴财政金额24万元，促进增收节支金额376万元。上级交办审计事项6项，其中土马河治理工程审计项目投资金额3016万元，查出被挪用侵占建设资金93万元，通过审计已归还原资金渠道。提报审计科研文章和审计信息14篇，被各级党政领导批示、报刊采用11篇。

【博兴县审计局】现有干部职工20人，设有办公室、财政金融审计股、工商企业审计股、经济责任审计办公室，负责对全县10个乡镇和县直各部门、企事业单位的审计监督。局长鲍庆华，党组书记王春青，副局长王少华、吕耀华、李真。

审计成果　完成计划内审计项目28个，其中审计计划项目23个。通过审计，共查出违纪、违规行为金额2601万元，归还原渠道资金120万元，应上缴财政金额15万元，共提出合理化建议57条。

【阳信县审计局】现有干部职工16人，设有办公室、财政金融审计科、行政事业审计科和企业审计科，负责对全县13个乡镇和62个县直部门的审计监督。局长史福利，副局长韩连堂、崔增臣、董曰忠、高存贞。

审计成果　全年共审计单位39个，查出违规行为金额6001万元，应增加财政收入578万元，罚款11万元。对17名党政领导干部进行了经济责任审计，其中平调或转任12名，降职3名，内退1名，辞职1名。查出违规金额3422.6万元，其中虚增财政收入1488万元，加重农民负担1607万元，挪用专款46.6万元，其它违规问题281万元。均按有关法律法规做了处理。提交审计报告和信息74篇，被各级党政领导批示、报刊采用29篇。

【无棣县审计局】现有干部职工18人，设有行政事业财务审计股、企业财务审计股、经济责任审计股、基建工程审计科和办公室，负责对全县11个乡镇和96个县直部门的审计监督。局长张荣华（女），副局长刘荣玉、张凤顺、王廷邦，纪检组长王鲁闽。

审计成果　完成审计项目36个，其中离任审计14个。查处违纪违规资金5557万元，应缴财政金额39万元，已缴财政金额30万元，下达审计意见书28份，审计决定10份，审计调研信息28篇。另外，完成县领导批办项目3个，提报专题报告3份，创办了《无棣审计》简报，全年编发了4期。推行审务公开，把审计职责范围、审计程序和审计纪律，向社会印发210份，通过财经法规服务台发放审计服务卡50份，征求意见书50份，回收率达到了90%。

【菏泽市审计局】2000年，共有在职干部、职工65人，其中大学本科学历49人，大专学历14人，局长霍保银，副局长张保印、任崇尚、李永垠，纪检组长周东押，工会主任康俊玲，总审计师李洪涛。设有办公室、综合科（法规科）、人事监察科、工业审计科、商贸审计科、财政审计科、金融审计科、行政事业审计科、固定资产投资审计科、农业审计科、外资审计科、经济责任审计科、执法监察室、管理科、培训中心等15个部门。

审计成果　2000年6月被审计署、省政府记集体一等功；全市审计机关共完成审计项目844个，查出违纪违规行为金额111783万元，应缴财政5285万元，已上缴财政3799万元，促进增收节支5670万元。其中市审计局完成审计项目131个，查出违纪违规行为金额6.3亿元，应上缴财政2711万元，已上缴财政2432万元，除查出违纪违规行为金额与去年同期相比基本持平外，其它主要指标分别比去年同期增加5%、42%、70%。市审计局重点进行了经济责任审计、财政审计、专项资金审计和企业审计，还完成党政领导交办的经济秩序专项治理、预算外资金检查、社会保障资金专项检查、农民负担调查和企业整顿等事项56件，完善了审计执法过错追究制、执法责任制和年度目标考核制等。向司法、纪检机关移送大要案线索3起，其中有4人受党、政纪处分。全年不间断地在广播电台举办“审计之声”专题节目，在地方报纸开辟专栏宣传审计，在街头设立审计法制宣传橱窗，每月定期在广播电台与听众对话，回答群众的直接提问，编发审计宣传稿件268篇。

【菏泽市开发区审计局】现有干部职工5人，负责对3个居民办事处和区直部门的审计监督。局长潘启秀，副局长张浩。

审计成果　完成审计项目14个，查出违纪违规行为金额132万元；完成领导交办事项3件，并提出整改建议30余条。配合相关部门对开发区建立以来的资产及债权债务情况进行了全面清理，对企业交纳税款情况进行了专项审计，对财政拨款的部门单位1998年至1999年度的财政收支进行了审查核对。

【菏泽市牡丹区审计局】现有干部职工84人，设有办公室、综合科、经济责任审计科、行政事业审计科、财政金融审计科、工交企业审计科、商贸企业审计科、固定资产投资审计科、法规科、直属审计所，负责对全区21个乡镇办事处和36个区直部门的审计监督。局长王义科，副局长李洪斌、李玉莲、瞿振兴，纪检书记魏湘合。

审计成果　全年共审计70余个审计项目，查出违纪违规金额6000余万元，收缴财政200余万元。区审计局会同组织、纪检监察、人事等部门相继出台了《联席会议制度》、《经济责任审计追究意见》、《经济责任质量管理》和《充分利用审计成果的意见》等规范性文件。

【鄄城县审计局】现有干部职工21人，设有行政事业审计股、商贸审计股、财金审计股、工交审计股、经济责任审计股和办公室，负责对全县16个乡镇和83个县直部门的审计监督。局长谷存修，副局长张守庆、苏本森、李子臣、王殿法，纪检组长张毅。

审计成果　全年共完成审计项目66个，查出违纪违规行为金额20341万元，应上缴财政金额206万元，已上缴财政168万元。

【单县审计局】现有干部职工44人，设有人秘股、行政事业审计股、财政金融审计股、企业审计股、固定资产投资审计股和经济责任审计股，负责对全县20个乡镇和126个县直部门的审计监督。局长关兆科，副局长张逢举、孟庆亭、周峰、宁进珠，纪检组长毛汉彪。

审计成果　共完成审计项目104个，查出违纪违规金额2.5亿元，增加财政收入300余万元，促进增收节支570万元。编发审计信息65期，被各级党政机关和新闻单位采用50余期（篇）。配合乡镇规模调整，对原37个乡镇政府开展了财政财务收支审计。重点对49个县直部门、企事业单位和乡镇政府的主要负责人开展了任期经济责任审计，根据审计结果，有16名干部得到提拔重用，2名干部受到降免职处理。

【郓城县审计局】现有干部职工97人，设有办公室、工交审计科、商粮贸审计科、行政事业审计科、财政金融审计科、基建投资审计科和经济责任审计科，负责对全县21个乡镇和162个县直部门的审计监督。局长李文霞，副局长赵性峰、曹明永、樊西忠。

审计成果　完成审计项目92个，查出违纪违规资金16228万元，收缴财政137万元，追还被挪用的专项资金798万元，核减基建投资69万元，促进提高经济效益830万元。查出“小金库”3个，金额12.3万元。审计局被推荐为全省“文明执法先进单位”。

【曹县审计局】现有干部职工21人，下设办公室、经济责任审计办公室、固定资产投资审计股、企业审计股、财政金融审计股和行政事业审计股，负责对全县26个乡镇和85个县直部门的审计监督。局长谢京社，副局长姜付德、李清军、赵安民。

审计成果　全县共完成审计项目78个，是年计划的122%，查出违纪违规行为金额5553万元，应上缴财政266万元，收缴入库87万元，促进增收节支76万元。完成审计调查项目3个，共审计调查了20个单位。全年共获省、市、县单项及个人奖励8次。

【定陶县审计局】现有干部职工22人，设有办公室、行政事业审计股、基建审计股、经济责任审计股、工交企业审计股和商粮贸审计股，负责对全县11个乡镇和县直各部门的审计监督。局长宁淑跃，副局长毕玉信、许中瑞、安森华、牛辉科、王玉娥，纪检书记程慧。

审计成果　共完成审计项目69个，审计调查4个，查出违规违纪金额8840万元，上缴财政罚没收入47万元，向本级政府和上级审计机关提交审计工作报告18篇，编发审计信息20余篇。

【巨野县审计局】现有干部职工39人，设有办公室、经济责任审计科、工交基审计科、商粮贸审计科、财政金融审计科、行政事业审计科、直属审计所，负责对全县16个乡镇和292个县直部门的审计监督。局长张凯，党组书记赵家申，副局长马根成、张志涛、姚树亭。

审计成果　全年共完成82个审计项目，查出违纪违规行为金额6342万元，应上缴财政199万元，已上缴财政162万元，促进增收节支551万元。县委、县政府及有关部门参照国家审计机关、部门内审机构的审计结果，提拔重用12人，诫免11人，解聘17人，转执纪执法部门处理14人，有8个单位被取消授奖资格。全年共审计14个乡镇财政，查出“小金库”2个，金额达40多万元，对有关责任人进行了处理。2000年，被省审计厅授予“通联工作先进集体”等光荣称号。

【东明县审计局】现有干部职工15人，设有工交商贸审计科、固定资产投资审计科、行政事业审计科、财政金融审计科和办公室，负责对全县13个乡镇和县直部门的审计监督。局长武合亮，副局长刘建国、吕建华、张超建、李文学，纪检书记尹玉兰。

审计成果　全年完成审计项目107个，查处违纪违规行为金额

43852万元，应上缴财政526万元，已缴财政442万元，追回被侵占资金69万元，促进增收节支345万元。对县财局、地税局、国库及6个预算执行单位进行了审计，共查处违纪资金3420万元，提出审计建议20条，及时提交了“两个报告”。开展离任审计项目48个，查出违纪资金4897万元，参照审计结果，晋升3人，调任转任22人，免职23人。对14家县属改制及重点企业1999年度经营成果情况进行了综合审计评价。对2个国有企业的资产、负债、损益情况进行了审计。全年开展计算机辅助审计项目6个，查出违规行为金额1273万元。

【成武县审计局】现有干部职工34人，设有秘书股、财政审计股、金融审计股、行政事业审计股、企业审计股、农业审计股、经济责任审计股和固定资产投资审计股，负责对全县18个乡镇和91个县直部门的审计监督。局长李炳海，副局长张乐平、辛继政、翟来修、王若魁、刘绵恩，纪检书记刘兆华。

审计成果　共完成各类审计项目97个，比去年同期增长136%。其中预算执行审计10个，财政决算审计8个，行政事业审计18个，企业财务收支审计20个，养老保险基金调查1个，村级财务收支审计35个，干部任期经济责任审计5个。查出违纪违规行为金额2406万元，应收缴财政109万元，已收缴财政93万元，促进增收节支1020万元。完成县委、县政府交办事项45件，同比增加20件。向纪检监察机关移送违纪案件3起。综合审计和审计调查成果编发各类审计信息、资料76篇，被县委、县政府和上级审计机关采用39篇，共有8篇审计信息分别被《中国审计报》、《山东审计》和《菏泽日报内参》等采用。

河南省

【河南省审计厅】2000年，河南省审计厅定编144人，在编144人。厅机关设有办公室、法制处、财政审计处、金融审计处、行政事业审计处、经贸审计处、农业与资源环保审计处、社会保障审计处、固定资产投资审计处、外资运用审计处、人事教育处、机关党委、纪检（监察）室等14个职能部门。同时还设厅机关审计干部培训中心、审计科研所、《中州审计》编辑部三个直属事业单位。

领导成员

厅　　长：冯义申

副 厅 长：张祥沛　王小烈

助理巡视员：岳天武

河南省审计成果　全省共审计单位8195个，在查出的违纪违规资金中，应缴财政7.7亿元，已缴财政4.67亿元，应减少财政拨款或补贴7440万元，应归还被侵占挪用资金10.5亿元，促进增收节支18亿元。同时，向各级党政领导机关提交审计工作报告和信息6819篇，被批示采用3865篇。通过审计成果的转化和利用，在为党委、政府宏观调控服务，维护经济秩序，推进依法行政，促进经济发展和党风廉政建设等方面发挥了积极作用。

财政审计　进一步突出重点，不断改进和深化了财政预、决算审计。全省各级审计机关高度重视本级预算执行情况审计，围绕党委、政府经济工作重心，把本级预算执行审计作为各项审计工作的“龙头”项目来抓，在审计的广度和深度上下功夫。全省共审计预算执行单位880个，查出违规行为金额50亿元，其中，决定处理处罚6.48亿元，应缴财政3.15亿元，应减少财政支出1658万元，促进有关部门和单位加强了预算管理，为各级政府和人大加强预算管理和监督发挥了重要作用，受到了人大和政府的好评。李克强省长在听取省本级预算执行审计汇报时指出：“审计厅的报告是认真负责的，既全面又突出了重点，审计结果是实事求是的，对服务于我省经济工作大局、服务于省政府的科学决策起到了重要的作用，应给予充分肯定。”

农业专项资金审计　省厅统一组织对108个县152个单位第四期农业综合开发资金管理使用情况的审计，查出了农业开发资金中存在的“财政有偿资金回收率低、银行专项贷款计划落实较差、部分财政资金拨付不及时”等主要问题，纠正违规违纪资金1.66亿元。审计情况引起了各级政府和有关部门的高度重视，省委副书记、常务副省长李成玉批示：“组织召开有关部门会议，专门讨论审计中发现的问题及提出的建议。切实用好这批资金，为农业基础设施建设和结构调整发挥作用。”国家验收组对河南省的审计情况给予了高度评价。

固定资产投资审计　全省共审计基建和技改项目403个，审计项目投资总额142亿元，从中查出违规行为金额15亿元，核减工程结算1.5亿元。省厅重点对建设资金和国债资金投入量较大的商丘—开封、三门峡—灵宝、郑州—新郑三条高速公路和安彩高科增资扩产建设项目、'99昆明世博会专项经费进行了审计。三条高速公路建设项目审计，查出多列概算投资、工程结算多付工程款、挤占挪用建设资金、截留、转移征地管理费等有问题资金7.25亿元，审定了工程投资完成额，节约了大量基建资金。对18个国际组织贷款援助项目332个执行单位进行了审计，项目计划投资总额172.7亿元，查出违规违纪金额2.84亿元。

行政事业审计　组织各级审计机关对省质量技术监督局、18个省辖市及128个县（市、区）局1999年度财务收支情况进行了审计。共审计资金总额2.2亿元，查处违纪违规资金5096万元，收缴财政446万元，追回被挤占挪用资金123万元，责令清理清退违规集资587万元。针对审计中发现的“一些单位借执法之机乱收费、乱摊派，截留、坐支罚没收入，滞留应缴财政专户资金，私设‘小金库’”等问题，进行了严肃处理。认真抓好了对环保资金的审计。根据审计署对全国46个重点城市环保资金审计的工作安排，省厅对郑州市1998、1999年度排污费征收、管理和使用情况进行了审计。洛阳、濮阳、许昌、新乡等市根据本地实际，也积极开展了这项审计工作。对郑州市环保资金的审计，共查出违纪违规金额2158万元，占审计金额的18.8%。针对环保部门在环保资金管理使用中存在的问题，提出了“改变现行排污费使用政策、征收实行收支两条线，改革现行排污费征管体制、实行事权和财权分离，改变排污费使用办法、加强对环保资金的管理监督”等建议。审计结果受到审计署的肯定和好评。

社会保障审计　省厅对15个市、县、乡民政部门的救灾款物收付发放使用情况及财政部门救灾款预算安排配套情况进行了跟踪审计，发现了“一些县、乡救灾款棚架滞留严重，财政匹配资金兑现较差，变相挪用救灾款物，乡镇民政部门救灾款物管理制度不完善”等主要问题，并及时向政府作了反映，引起了省政府领导的高度重视。省长李克强、常务副省长李成玉、副省长李志斌分别作了重要批示。省政府及时派出了由民政厅牵头，财政、监察、审计厅参加的4个联合检查组，先后奔赴12个市、县进行检查督促，有效地促进了救灾款物的落实，纠正了存在的问题，把党和政府的关怀真正落实到了灾民身上。

企业审计　各级审计机关对1432个国有企业进行了审计，查出违规行为金额61.3亿元。尤其是集中力量对51户重点国有企业财务收支和资产、负债、损益情况进行了审计，发现了“企业亏损严重、会计信息失真、资产质量问题较多、改制不彻底、操作不规范”等主要问题。同时，抓住社会关注的焦点，分别对51户重点国有企业的养老保险费、失业保险费欠费情况和全省各类未参保的119家非国有企业职工1999年基本养老保险扩大覆盖面落实情况进行了审计调查。针对调查发现的问题，向省政府和有关部门提出了“调整财政支出结构，提高社保支出比重，不断增加基金积累，加大基本养老保险扩面征缴力度”等建议，对有关部门建立完善可靠、稳定的资金筹措机制，为退休、失业人员提供基本生活保障，起到了积极作用。

经济责任审计　切实保证审计质量，及时完成了经济责任审计和党委、政府交办工作任务。各级审计机关认真贯彻中办、国办《两个暂行规定》，积极开展经济责任审计的探索和实践，经济责任审计工作取得了明显成效。各级审计机关共审计931人，其中，党政领导干部836人，国有企业及国有控股企业领导人员95人，查出违规行为金额29.3亿元。审计结果被有关部门利用后，38人被免职，4人被撤职，7人受到党政纪处分，23人被移送纪检监察机关查处，4人被移送司法机关查处。各级审计机关在人员紧张、经费短缺、任务繁重的情况下，及时组织力量，认真完成了党委、政府交办的各项审计工作任务，并积极参与了一些经济案件的查证工作，受到当地党委、政府的肯定和表扬。据统计，全年协助有关部门查处案件67件，查出百万元违规单位246个，建议纠正不当规定1690条，建议给予党政纪处分33人，向司法部门移交案件35件，有效地打击了经济犯罪，维护了经济秩序。

“人、法、技”建设　在领导班子建设方面，深入开展以“三讲”为主要内容的政治教育，增强和提高了各级领导班子的宏观意识、政策理论水平和驾驭全局的能力，班子的凝聚力和战斗力进一步增强。在队伍建设方面，始终坚持以人为本，加强和改进政治思想工作，增强了执行党的路线方针政策的自觉性。不断推进干部人事制度改革，建立新的用人机制，激发了全体人员工作主动性和积极性。省厅机关按照省委、省政府的要求和批准的编制，从4月18日至6月19日，圆满完成了机构改革。机构改革后，厅机关内设机构仍保留14个，人员编制由203名减少到144名。在机构改革中，坚持“公开、公平、竞争、择优”的原则，充分尊重民意，实行竞争上岗、双向选择和轮岗交流，干部的年龄结构、知识结构得到优化，工作效能明显提高。在法制建设方面，各级审计机关认真搞好审计准则的学习，省厅分两批组织了70多人参加了审计署举办的骨干培训班，举办了全省审计准则培训班。开展了依法治省和“三五”普法检查验收工作，组织全省4800多人参加了法律知识验收考试，评选出8个先进单位和56个先进个人。修改制定了《河南省审计机关审计执法责任制规定》、拟定了《河南省审计厅审计质量控制暂行办法》和《河南省审计厅审计复核暂行规定》。办理行政复议案件3起、审计行政诉讼案件2起。增加了对基础设施建设的投入，改善了工作环境和工作条件。省厅对办公楼进行了整修，新增了一部分办公设备，改善了办公条件；增添了计算机及网络设备，进一步提高了计算机网络系统建设水平；建成一个多媒体网络教室，增强了计算机培训的手段和能力。制定了《河南省审计机关计算机网络信息系统管理规定》等八项制度，举办了普及培训班120期，培训2520人次，其中省厅举办培训班25期360人次，占应训数的98%。全省培训计算机骨干60人。全省参加审计署组织的计算机考试670人，通过率达90%以上。

【郑州市审计局】2000年，共有在职干部、职工105人，其中大学本科学历37人，大专学历58人，局长赵新中，副局长李健、宋金中、王彦斌，纪检组长孙铁成。设有财政审计处、金融审计处、基建投资审计处、工交审计处、商粮贸审计处、行政事业审计处、农林水审计处、外资审计处、办公室、综合处、人事教育处、审计管理处、纪检监察室、科研所等部门。

审计成果　共完成审计（调查）项目482项，查出各类违纪违规行为金额37.8亿元，增加财政收入1.98亿元，促进增收节支1219万元。向司法机关移送案件2件，建议给予行政处分8人。提交审计工作报告、信息872篇，被批示、采用578篇；被新闻单位采用332篇。建议纠正地方部门不当规定316条，协助有关部门查处案件11件。

强化了本级预算执行情况审计，对国债转贷资金、农发资金、环保资金、城建资金等市级专项资金的拨付使用情况进行了跟踪审计，效果明显，受到市人大、市政府领导的高度评价和充分肯定。对55家企业的资产、负债和损益情况进行了审计，查出收入不实835万元，成本不实3960万元，虚增利润967万元，防止国有资产流失400多万元。对3个市重点工程建设项目进行了重点审计，审减工程结算1501万元，从中发现了固定资产管理混乱，造成国有资产流失等问题，及时向市政府反映后，引起了市政府领导的高度重视，市政府以郑政办文［2000］233号出台《郑州市人民政府关于加强我市大型建设项目临时指挥部所购固定资产管理的通知》，强化了国有资产的管理，提高了城建资金的使用效益。对1998、1999年度排污费征收、管理和使用情况进行了审计。针对环保部门在环保资金管理使用中存在的问题，提出了加强对环保资金管理监督的建议，引起市委领导的高度重视，责成有关部门及时进行了整改，审计结果受到省审计厅的肯定和好评。加大了对领导干部经济责任审计力度，全年共完成经济责任审计131项，查出违规行为金额16438万元，有关部门运用审计结果，平调69人，晋升9人，免职6人。

【郑州市中原区审计局】现有在职干部职工8人，设有办公室、综合科、审计监督举报中心。局长杨文毅，副局长刘岚、石振现。

审计成果　2000年共完成审计项目14项，查出各类违纪违规行为金额4918万元，罚款22.2万元。加强了对内审工作的管理和指导，全区共设立内审机构29个，内审人员59名，完成各类审计项目146个，查出损失浪费金额265万元，对改善经营管理，提高经济效益，促进廉政建设发挥了积极作用。建立了经济责任审计联席办公会议制度，制订出台了反腐败抓源头领导干部经济责任审计的实施方案。

【郑州市金水区审计局】现有干部职工9人，设有办公室、行政事业审计科、企业审计科，负责对全区4个乡镇、9个街道办事处和60个区直部门的审计监督。局长罗力平，副局长陈子魁、钱锐。

审计成果　全年共完成审计项目9个，审计单位56个，查出违纪违规行为金额1287万元，指明要求纠正495万元、处理处罚792万元，上缴财政45万元，追回被侵占挪用资金171万元，避免国有资产损失315万元。圆满完成了省、市审计机关下达和区委、区政府临时交办的各项审计任务。

【郑州市二七区审计局】现有干部职工11人，设有办公室、审计科，负责对全区4个乡镇、10个街道办事处和48个区直部门的审计监督。局长李新亮，副局长陈保生。

审计成果　2000年共完成审计单位（项目）9个，审计总金额3.5亿元，查出违纪违规行为资金1686万元，上缴财政金额190万元，提出的审计建议均被有关单位采纳执行，较好地发挥了审计监督的作用。

【郑州市管城区审计局】现有干部职工8人，设有办公室、综合科和行政事业审计科，负责对全区4个乡镇、8个办事处和61个区直部门的审计监督。局长鲁华贵，副局长贾宝蕴、李治县。

审计成果　2000年共完成审计项目21个，查出违纪违规行为金额3733万元，上缴财政272万元，提出合理化建议48条。对3个建设项目进行竣工决算审计，审减建设资金453万元。对6个党政领导干部、1个企业领导人员进行了任期经济责任审计，查出违纪违规金额658万元，为国家挽回经济损失555万元。通过经济责任审计，21名领导干部被提拔重用，3名严重违反财经纪律的“一把手”就地免职，5名干部被诫勉。加强了对内部审计工作的管理指导，截止10月份，内审机构对175个单位进行了审计，查出损失浪费金额164万元，纠正违规金额66万元。

【郑州市上街区审计局】现有干

部职工6人，负责对全区3个乡、街道办事处和40个行政事业单位的审计监督。局长安惠萍，党组书记兼副局长牛志甫。

审计成果　2000年共完成审计项目15个，查出违纪违规行为金额517万元，上缴财政35万元，归还被侵占挪用资金27万元，完成审计调查项目2个，提交审计综合调查报告9篇。进一步深化了行政事业审计，对郑州市质量技术监督局上街区分局等8个单位进行了审计。在对某单位审计中，查出了这个仅有10名工作人员的单位违纪金额达36万元，应缴财政12万元。对审计查出的截留、隐瞒财政收入等问题依法进行了处理处罚。

【郑州市邙山区审计局】现有干部职工13人，设有办公室和法制科，负责对全区4个乡镇和51个区直部门的审计监督。局长牛秋文，副局长刘季召、王永忠。

审计成果　2000年共完成审计项目54个，查出违纪违规行为金额4613万元，上缴财政361万元。

【巩义市审计局】现有在职干部职工25人，设有行政事业审计科、财政审计科、法制科、企业审计科、基建审计科和办公室。局长白玉琳，副局长陈站柱、马庆元、刘新建。

审计成果　2000年共完成审计项目48个，审计总金额31.8亿元，查出违纪违规行为金额875万元，上缴财政50万元，促进增收节支619万元，提合理化建议80条。协助有关单位开展党政机关财务大检查、三乱治理大检查、政府采购大检查，完成五会一部和7个信用社资金后续兑付及企业破产审计等项工作。加大了内部审计工作力度，共审计单位218个，查出损失浪费金额178万元，促进增收节支63万元，被采纳建议意见56条，纠正违规金额36万元。对17名领导干部实施任期经济责任审计，审计资金总额24085万元，查出违纪资金39万元。

【新郑市审计局】现有干部职工46人，设有办公室、综合科、财金审计科、商业审计科、工交审计科、行政事业审计科、基建审计科，负责对全市14个乡镇和全市行政事业单位、国有企业的审计监督。局长刘秀举，党组书记史耀东，副局长聂建新、靳国治，纪检组长郝富有。

审计成果　全年完成审计项目43个，查出违纪违规行为金额1.6亿元，上交财政495万元，促进增收节支279万元；撰写审计调查报告4篇，提出审计建议120条，向市政府及新闻媒体上报信息65篇。内部审计完成审计项目108个，提出审计建议240条，乡镇审计完成审计项目148个，查出违纪违规金额569万元，为集体挽回经济损失43万元，提出审计建议415条。

【新密市审计局】现有干部职工71人，设有党政办公室、审计一科、审计二科、审计三科、审计四科、审计五科、基建审计科、综合法制科、行政科和社审内审指导服务中心，负责对全市15个乡镇、1个经济开发区和102个市直部门的审计监督。局长刘保立、副局长李东泉、李彦礼、周世彬、魏建军、张运奇。

审计成果　2000年共完成审计单位（项目）75个，查出各类违纪违规行为金额1.23亿元，上缴财政420万元，促进增收节支289万元，向被审计单位提出审计建议225条。注重发现和查处大案要案，全年共查处涉嫌经济违法违纪案件18起，涉及金额1165万元，涉嫌人员35人。认真开展经济责任审计工作，对29个单位37名党政领导干部的任期经济责任审计，查出违纪违规行为金额3163.29万元。完成4项审计调查，揭示了存在的深层次问题和倾向性问题，提出了合理化建议。

【登封市审计局】现有干部职工51人，设有审计业务一科、审计业务二科、审计业务三科、基建业务科、法制科和办公室，负责对全市14个乡镇、2个开发区和95个市直部门的审计监督。局长岳耀争，书记丁新年，副局长孙晓玲、郑清勋，纪检组长徐西君。

审计成果　全年共完成审计项目52个，查出违纪违规行为金额5090万元，上缴财政111万元。完成政府交办项目和纪检、组织部门委托经济责任审计项目16个；配合有关部门查处案件3起。年度综合考评，获得河南省省级文明单位称号和登封市目标考评一类先进单位称号。

【荥阳市审计局】现有干部职工48人，设有办公室、法制科、审计举报中心、行政事业审计科、金融基建审计科、工交企业审计科和商粮贸易审计科，负责对全市17个乡镇和59个市直部门的审计监督。党组书记牛景洲，局长吴喜林，党组副书记靳强亮，副局长张遂军，纪检组长朱宏伟，总审计师贾德顺。

审计成果　全年完成审计单位（项目）64个，查出违纪违规行为金额2.7亿元，增加财政收入380万元，追还被侵占挪用资金1367万元。撰写审计信息、审计调查报告和论文219篇，被地方党政机关、上级审计机关和新闻单位采用163篇，向被审计单位提出合理化建议229条。就被审计单位的8个责任人的违纪问题向其主管部门出具了要求追究责任的《审计建议书》。全市建立内部审计机构59个，内部审计人员145名，审计单位940个，减少损失浪费89万元，促进增收节支188万元，提出审计建议并被采用1074条，查处违纪金额217万元。

【中牟县审计局】现有干部职工30人，设有办公室、法制综合科、工交基建审计科、财政金融审计科、行政事业审计科和商业贸易审计科，负责对全县20个乡镇和71个县直部门的审计监督。局长朱贵聚，副局长马书峰，党组副书记张炳彦，副局长王森屏、陈贵乾，纪检组长柴长遂。

审计成果　全年完成审计（调查）单位和项目56个，任期经济责任审计26项，查出违纪违规行为资金4979万元，上缴财政559万元；向纪检监察机关移交处理1人；提交审计工作报告和信息75篇，被采用55篇。继续保持了省级文明单位的荣誉。

【开封市审计局】2000年，共有在职干部、职工62人，其中大学本科学历15人，大专学历37人，局长李玉梅，副局长刘中斌、张同安、韩金选。设有办公室、综合科、人教科、科研所、行政事业审计科、农业审计科、外资审计科、工交审计科、财金审计科、固定资产投资审计科、开发区审计局等部门。

审计成果　全年共审计了400个单位，查处违纪违规行为金额29521万元，决定处理处罚12625万元，应交财政1257万元，已交财政869万元，移送纪检、监察和司法部门案件5件。积极利用审计成果为政府宏观调控服务，提交审计工作报告信息274篇，被批示和采用105篇。

内部审计　全市共设立内部审计机构107个，其中专职机构48个；内审人员314人，其中专职人员199人。全年共审计726个单位，查出损失浪费2787万元，促进增收节支1025万元，纠正违规行为金额901万元。

经济责任审计　1月到3月，共选派14名审计骨干到南京审计学院参加经济责任审计培训；举办了2期经济责任审计培训班，培训145名审计人员。从1998年到2000年年底，全市共审计91个单位，审计经济责任人96人，查处违规行为金额4032万元，查处损失浪费2万元，查处个人经济问题16万元，移送纪检监察2人，移送司法机关4人；在审计结果利用方面，平调48人，晋升7人，免职16人，受党政纪处分19人。

【开封市鼓楼区审计局】现有干部职工5人，负责对全区6个办事处和32个区直部门的审计监督。局长任孔洲，副局长韩玉瑛、逯彩虹。

审计成果　2000年共完成审计项目12个，审计单位13户，查处违纪违规行为金额1179万元，其中：决定处理处罚569万元，要求纠正610万元，上缴财政23万元。提交审计报告15篇。完成区委、区政府交办的任务，配合区监察局完成了对区板焊厂财务收支情况审计和厂长贪污贿赂情况审查；配合区财政局对区直7个单位的小金库情况进行了清理；配合区劳动服务公司对金属配件厂等4个单位的债权、债务情况进行了清理。

【开封市龙亭区审计局】现有干部职工3人，负责对全区5个办事处和33个区直部门的审计监督。局长杨萍，副局长王春迎。

审计成果　共完成审计项目9个，审计单位24个，共查处违规行为金额89万元，应上缴财政7万元，实际入库7万元。

【开封市顺河区审计局】现有干部5人，负责对全区6个办事处和43个区直部门的审计监督。局长马志敏，副局长吴锦霞。

审计成果　2000年共完成审计项目7个，审计单位17个，查出违规违纪行为金额921万元。其中决定处理处罚250万元，要求纠正671万元，上缴区财政9.5万元，提交审计报告17篇。8月，会同有关部门对5个区属企业实施了清产核资；对全区11名科级领导干部进行了经济责任审计。

【开封市南关区审计局】现有干部5人，负责对全区21个区直部门的审计监督。局长李学德，副局长杨艳。

审计成果　共完成上级下达审计项目2项9个单位，截止10月底，已完成审计项目2项13个单位，其中完成预算执行情况审计4个单位，行政事业审计9个单位。全年查出违纪违规行为金额128万元，应上交财政22万元，已上交财政22万元；移交区纪检监察机关案件1件；建议纠正地方部门不当规定42条。

【开封市郊区审计局】现有干部职工9人，设有办公室、综合审计股，负责对全区8个乡和32个区直部门的审计监督。局长张秋玲，副局长平素芳、高深。

审计成果　2000年共完成审计项目25个，查出违纪违规金额1109.2万元，追还被侵占挪用资金19.8万元，上缴财政30.5万元。

【开封县审计局】现有干部职工48人，设有办公室、企业审计股、乡镇财政审计股、行政事业审计股和农村基层审计中心，负责对全县20个乡镇和70个县直部门的审计监督。局长姬玉林，副局长王好启、薛世豪、耿广申。

审计成果　2000年共审计31个单位，查出违纪违规行为金额2497万元，其中决定处理处罚200万元，要求纠正2297万元，应交财政53.5万元，已交财政10.9万元。

【尉氏县审计局】现有干部职工20人，设有办公室、财政金融审计股、行政事业审计股、工交物资审计股、商粮贸审计股，负责对全县17个乡镇和167个县直部门的审计监督。局长刘麦囤，副局长陈广泉、高占勇、董二孟、刘跃进、李尉生、王国民。

审计成果 2000年共完成审计单位项目38个，查出违纪违规行为金额168万元，应上交财政144万元，已上交财政126万元。提交审计工作报告、编发信息共40篇，被上级采用21篇。完成县委、县政府交办经济责任审计16个单位、21个领导干部，查出违纪金额2102万元。

【兰考县审计局】现有干部职工26人，设有办公室、综合股、行政事业审计股、企业审计股和乡镇审计股，负责对全县16个乡镇和50多个县直部门的审计监督。局长张德府，副局长郭怀亮，副书记韩正彬。

审计成果 2000年，共完成审计单位和项目48个，查出各类违纪违规行为金额477万元，应缴财政66万元。移交纪检监察部门处理案件1件。

【杞县审计局】现有干部职工29人，设有办公室、综合股、财经金融审计股、行政事业审计股、企业审计股、农业资金审计股，负责对全县21个乡镇和80个县直部门的审计监督。局长魏振东，副局长翟建华、叶圣龙、徐州杰。

审计成果 2000年共完成各类审计项目52个，查出违纪违规行为金额1562万元，追还被侵占挪用资金48万元，收缴财政金额335万元，为被审计单位提出合理化建议152条，发出审计信息6篇。

【通许县审计局】现有干部职工19人，设有办公室、工交金融审计股、乡镇审计股、行政事业审计股、商粮贸审计股，负责对全县12个乡镇和近百个县直部门的审计监督。局长张绍峰，党组书记王清受，副局长于兆华、周新会。

审计成果 2000年共审计86个单位和项目，查出违纪违规行为金额1578万元，收缴违纪款193万元。被省委、省政府命名为省级文明单位。

【洛阳市审计局】2000年，共有在职干部、职工70人，其中大学本科学历10人，大专学历44人。设有办公室、人事科、综合科、监察室、党总支、审计管理科、财政审计科、金融审计科、行政事业审计科、固定资产投资审计科、工交审计科、商贸审计科、农业审计科、外资审计科等部门。局长魏建坤，副局长员德勋、孙遂申、刘孟林、王凤民，纪检组长张茂宗。

审计成果 共完成审计项目732个，查出违纪违规行为金额88634万元，应上交财政7137万元，已上交财政2316万元。其中，市局完成审计项目127个，查出违纪违规行为金额44725万元，决定处理处罚8236万元，应上交财政5807万元，已入库1326万元，促进增收节支485万元，责令归还原渠道资金2806万元。提供审计工作报告信息47篇，被批示采用30篇。

完成上级交办任务 完成省授权审计项目5项，查出违规违纪金额629万元；完成国债资金检查、“食品办”审计、浅井头村信访案件调查、经贸开发区审计、农机公司经济责任审计、信托投资公司清产核资、交通扶贫资金审计、市政府驻北京办事处审计、扶贫救灾资金审计、东郊热电厂建设项目审计等市政府交办项目12项。

内部审计 共有内审机构191个，内审人员568人，审计单位2714个，查出损失浪费资金3404万元，促进增收节支2049万元，提出意见建议被采纳1216条，纠正违纪违规行为金额18698万元，移送司法机关处理1人，建议给予行政处分9人。

经济责任审计 全市审计机关共开展经济责任审计127项，其中党政领导干部121人，国有及控股企业领导人员6人，查出违纪违规金额8486万元，属主管责任502万元，损失浪费63万元。有关部门利用审计成果，平调22人，免职2人，移送纪检检察机关查处1人。

【洛阳市西工区审计局】现有干部职工10人，设有办公室、行政事业审计股、工商企业审计股，负责对全区75个区直部门的审计监督。局长贾乐广，副局长李扬太、常勇、郭强。

审计成果 2000年共完成审计项目29项，查出违纪违规行为金额644万元，上缴财政42万元，核减基建投资494万元。提交审计工作报告和信息25篇，被采用12篇。配合区纪委、财政局对20个单位进行了预算外资金检查；配合区纪委、政法委调查落实信访案件3起。被省委、省政府授予省级文明单位称号。

【洛阳市老城区审计局】现有干部职工6人，设有办公室、综合业务科，负责对全区1个乡镇、7个办事处和11个区直部门的审计监督。局长吕俊山，副局长李祥生、李媛。

审计成果 2000年共完成审计项目14个，审计单位17个，查出违纪违规行为金额104万元，上缴财政18.2万元，促进增收节支28万元，提交审计报告9篇。在审计基建工程项目中，为被审单位挽回经济损失251万元。

【洛阳市涧西区审计局】现有干部职工8人，设有办公室、行政事业审计股、工商企业审计股、固定资产投资审计股，负责对全区2个乡和区直各部门及区属工商企业的审计监督。局长冯清海，副局长李洁明、庄艾文。

审计成果　完成审计（调查）项目16个，审计资金总额33600万元，共查出违纪违规行为金额1933万元，上缴财政39万元。向被审计单位提出审计意见和建议40多条，核减基建投资268万元，促进被审计单位增收节支30多万元。提交审计报告、审计科研课题及审计信息37篇。

【洛阳市廛河区审计局】现有干部职工7人，设有企业审计股、行政事业审计股、办公室，负责对全区300多个区直部门和企业的审计监督。局长李本立，副局长张璇。

审计成果　2000年共完成审计项目13个，查出违纪违规行为金额300多万元，收缴罚没款12万元。在党风廉政建设、精神文明建设及社区服务、扶贫、计划生育、信访等各项工作中，较好地完成了区政府下达的目标任务。

【洛阳市郊区审计局】现有干部职工15人，设有办公室、综合股、财政审计股、行政事业审计股、工交企业审计股，负责对全区13个乡镇和65个区直部门的审计监督。局长何来芳（10月份任）、雷凤涛（10月份改任调研员），副局长张凤芝、刘再锁。

审计成果　共完成审计项目16个，查出违纪违规行为金额3441万元。完成区委、区政府交办任务4项。内部审计工作成效明显，共完成审计项目22个，查出违纪违规金额68万元。

【洛阳市吉利区审计局】现有干部职工11人，设有办公室、财政行政事业审计股、企业基建审计股，负责对全区1个乡、1个办事处和56个区直部门的审计监督。局长权全社，副局长赵静超、郭文通。

审计成果　2000年共审计单位24个，查出违纪违规行为金额549万元，上缴财政101万元，追还被侵占挪用资金6万元，促进财政代管59万元，促进增收节支19万元，向上级审计机关和区委、区政府提交审计报告、工作信息19篇，被采用13篇，为审计单位提供合理化建议21条。对9个单位的乡科级正职离任进行了经济责任审计，为区委任用干部提供了参考依据，保证了干部调整工作的顺利开展。

【偃师市审计局】现有干部职工15人，设有办公室、行政事业审计科、工交审计科、财政金融审计科、固定资产投资审计科、商业贸易审计科，负责对全市17个乡镇和67个市直部门的审计监督。局长任宏孝，副局长田维训、高宗理、张建云。

审计成果　完成审计单位（项目）27个，查出违规违纪行为金额11787万元，上缴财政入库金额86万元，促进增收节支39万元。全年完成偃师市农业综合开发专项资金、世行贷款、环保资金专项审计项目，司法局、技术监督局、新闻单位、医药公司行业审计项目，基建投资、水泥厂财务收支审计项目等上级交办任务24项。

【孟津县审计局】现有干部职工12人，设有办公室、行政事业审计股、工交基建审计股和财贸审计股，负责对全县12个乡镇和63个县直部门的审计监督。局长闫广禄，副局长马忠孝、张海棠。

审计成果　共完成审计项目87个，完成县委、县政府下达的责任目标"局长项目"和"招商引资"，"局长项目"当年第一期工程投资105万元，"招商引资"到位资金70万元，超额完成20万元。被省委、省政府授予精神文明建设先进单位称号。

【汝阳县审计局】现有干部职工15人，设有行政事业审计股、财政金融审计股、基建投资审计股、工商企业审计股和办公室，负责对全县15个乡镇和56个县直部门的审计监督。局长赵键彰，副局长张社立、刘望喜。

审计成果　共完成审计项目68项，查出违纪违规行为金额3039万元，上交财政67万元，归还被侵占挪用资金1133万元，促进增收节支369万元，提交审计工作报告5篇。同纪检、监察、检察等机关配合，查处经济案件2起，2人被依法处理。指导内部审计完成审计项目6项，查出损失浪费金额12万元，促进增收节支33万元，纠正违规行为金额56万元。

【伊川县审计局】现有干部职工19人，设有办公室、财金审计股、农林水审计股、行政事业审计股、商贸基建审计股、工交物资审计股，负责对全县16个乡镇和75个县直部门的审计监督。局长孙新庄（7月以后）、崔守忠（6月以前），副局长董建友、段永正、焦聚稳。

审计成果　共完成审计项目56个，查出违纪违规行为金额2680万元，应收缴财政244万元。提交审计工作报告及信息14篇，被采用12篇，受到了县人大和政府的好评。对第四期农业综合开发资金、国有企业养老保险、失业保险、社保欠费、环保资金等项目进行了审计；开展了国有企业资产、负债、损益及真实性审计；对13个行政事业单位财务收支和行政事业性收费情况进行了审计，纠正了存在问题；开展经济责任审计项目23个。

【洛宁县审计局】现有干部职工25人，设有办公室、财政金融审计股、固定资产投资审计股、企业审计股、行政事业审计股，负责对全县21个乡镇和71个县直部门的审计监督。局长黄清杰（8月2日前任职）、张若羽（8月2日后任职），副局长王书范、杨从文、程相亚，纪检组长谢群英。

审计成果 完成审计项目单位108个，查出违纪违规行为金额4971万元，收缴财政92万元，追还被侵占挪用资金261万元，促进增收节支98万元，查出经济违法案件2起，向县委、县政府及上级审计机关报送审计报告30篇、审计信息48条，被采用14条。

【嵩县审计局】现有干部职工20人，设有财政金融审计科、行政事业审计科、工业交通审计科、投资审计科和办公室，负责对全县16个乡镇和78个县直部门的审计监督。局长苌经国，副局长万新贞、刘献、郭大朴，纪检组长袁迎建。

审计成果 共完成审计项目40个，查出违纪违规行为金额2484万元，上缴财政资金158万元。提交有价值审计报告36篇。完成县政府交办任务6项，特别是对农村基金会和供销社股金部的审计效果好、力度大，在稳定储户和股民情绪、防止矛盾激化、为政府排忧解难方面发挥了积极作用。对11个县局委、8个乡镇的主要领导干部进行了经济责任审计，较好地发挥了审计工作在干部监督管理中的作用。再次被省委、省政府命名为省级文明单位。

【宜阳县审计局】现有干部职工17人，设有办公室、财政金融审计股、行政事业审计股、工商企业审计股、固定资产投资审计股，负责对全县19个乡镇和县直各部门的审计监督。局长胡喜照，副局长孙会杰、郝增梅、张志义。

审计成果 共完成审计项目41个，查出违纪违规行为金额2237万元，上缴财政46万元，归还原渠道资金225万元，提交审计报告和信息49篇，被市、县采用4篇。延伸审计了10个预算执行单位，对6个乡镇财政进行了决算审计，重点查处了财政财务收支存在的不真实、不合法和损失浪费及效益低下等问题。先后对6户企业和4个金融机构进行了审计，促进和规范了经营管理。较好地完成了党委、政府交办的任务。

【新安县审计局】现有干部职工20人，设有行政事业审计股、金融商贸审计股、工交企业审计股、基建投资审计股、综合股和办公室，负责对全县13个乡镇和76个县直部门的审计监督。局长孙耀平，副局长李俊章、王震颖。

审计成果 共完成审计单位（项目）63个，查出违纪违规行为金额15433万元，上缴财政119.7万元，减少财政拨款187.65万元。对本级预算执行情况和其他财政收支进行了审计，查出违纪违规行为金额88.2万元；对8位正科级领导干部进行了任期经济责任审计，查出违纪违规行为金额39万元；开展固定资产投资项目审计7项，审减工程造价474.5万元。被评为省级文明单位。

【栾川县审计局】现有干部职工23人，设有办公室、财政金融审计股、行政事业审计股、基本建设审计股和工商企业审计股，负责对15个乡镇和65个县直部门的审计监督。局长程大聚，副局长孙军献（6月4日调出）、雷献、张荣征。

审计成果 共完成审计项目（单位）63个，查出违纪违规行为金额7705万元，上缴财政317.2万元，促进增收节支2754万元。对25名乡镇长、局长（主任）和厂长、经理进行了经济责任审计，审计资金总额3.95亿元，查出违纪违规行为金额3173万元，查补税金28万元，处以罚款14.96万元。

【平顶山市审计局】2000年共有在职干部、职工82人。其中大学本科学历31人，大专学历37人。局长吴耀成，副局长胡保义、李世良、郭文志、李湘江、乔玉民，纪检组长张松岩。设有办公室、综合科、人教科、管理科、工交审计科、商贸审计科、投资审计科、财政审计科、金融审计科、农林水审计科、外资审计科、行政事业审计科、监察室、机关党总支和事业单位科研所等部门。

审计成果 共完成各类审计及审计调查516项，查出违规违纪行为金额62136万元，收缴财政4417万元，追还被侵占挪用资金697万元，促进增收节支3031万元。向各级党政领导机关提交审计报告、信息等362篇（条），被批示、采用180篇（条）。

完成上级交办任务 先后参与完成了改制企业资产核实、经济案件查证、收支两条线检查、农村电网改造、国债资金使用、优化经济环境、信访稳定等地方党委、政府交办的中心工作160多项。

内部审计 共设内审机构373个，配备内审人员1053人，完成审计单位（项目）1219个，查出损失浪费金额828万元，促进增收节支946万元。提出建议、意见被采纳562条，向司法机关移送案件7件，建议给予行政处分7人，移送司法机关处理1人。

经济责任审计 共完成经济责任审计单位74个，其中党政领导70人，企业负责人7人。查出违纪违规行为金额9997万元，损失浪费金额247万元。组织部门参考审计结果，平调57人、免职14人。

【平顶山市新华区审计局】现有干部职工14人，设有综合股、行政事业审计股、工商企业审计股，负责对全区两个乡镇和30多个区直部门的审计监督，局长闫中喜，副局长丁增跃、张跃华、张广东。

审计成果 2000年预算执行情况和其他财政收支情况审计资金1000余万元，对查出的违纪违规问题分别作了处理，并及时向区政府和区人大提出了审计结果报告和审计工作报告。对全区32个行政事业单位进行了审计，审计资金1286万元，查出违纪违规行为金额305万元，向区委区政府上报各类信息24篇，提交调查报告3篇。

【平顶山市卫东区审计局】现有干部职工7人，设有办公室、行财审计股和企业审计股，负责对全区一个乡、7个办事处和77个区直行政事业单位的审计监督。局长黄巧云。

审计成果 2000年共完成审计项目9个、审计调查项目3个，审计资金总额8168万元，查出违纪违规行为金额238万元，追回被侵占挪用资金70万元，上缴财政11万元，提出审计改进建议34条，避免和挽回国有资产流失10万元。提交审计调查报告和信息11篇，被市区有关部门采用5篇，提交科研论文2篇，1篇获得“平顶山市内部审计研讨论文”一等奖。

【平顶山市湛河区审计局】现有干部职工17人，设有办公室、财政金融审计股、行政事业审计股、企业审计股，负责对全区2个乡镇和5个办事处及34个区直部门的审计监督。局长高松莲，副局长付淑君、王玉花。

审计成果 2000年共完成审计项目29个，查出违规违纪行为金额1155万元，为被审计单位挽回经济损失1050万元，上缴财政罚款5.15万元，补缴税金14.2万元，提出合理化建议87条。

【平顶山市石龙区审计局】现有干部职工7人，设有行政事业审计股和企业审计股，负责对全区1个乡、2个办事处和37个区直部门的审计监督。局长范忠强，副局长葛锦山。

审计成果 2000年共完成审计项目9个，查出各类违纪违规行为金额93万元，为区领导提供调查结果报告1份。领导干部经济责任审计项目2个，查出违规金额8万元，为上级领导任用干部及全区的宏观决策提供了第一手资料。

【汝州市审计局】现有干部职工66人，设有办公室、行政事业审计科、工交基建审计科、财金贸易审计科。另有市区、骑岭、王寨、尚庄、庙下等5个中心审计所。负责对全市16个乡镇和83个市直部门的审计监督。党组书记、局长李万栓，副书记、副局长郭建国，副书记于红伟，副局长张玉林、孙二省、丁景莲，纪检组长王新立。

审计成果 2000年共完成审计项目94个，完成专项审计5项，审计总金额21.9亿元，查出违纪违规行为金额3458万元，决定处理处罚438万元，收缴财政103万元。

【舞钢市审计局】现有干部职工46人，设有政办室、综合科、农业审计科、行政事业审计科、工交审计科、基建审计科、商贸审计科和财金审计科，负责对全市10个乡镇和40个市直部门的审计监督。局长李长剑，副局长朱慈林、孙冠兴、岳凤琴、李春花。

审计成果 2000年共完成审计项目73个，查出违规违纪行为金额8448万元，增加财政收入338万元，应补交税金24万元，直接处罚13万元，提建议136条。

【宝丰县审计局】现有干部职工41人，设有办公室、财金审计股、商贸审计股、工交审计股、行政事业审计股、固定资产投资审计股、农村财务中心审计所等机构，负责对全县13个乡镇和95个县直部门的审计监督。局长李松安，副局长李兴、黄玉敏、马法祥、王新政，纪检组长郭志敏。

审计成果 2000年共完成审计项目55项，审计总金额达6.5亿元，查出违纪违规行为金额6248万元，上交财政9万元。

【叶县审计局】现有干部职工62人，设有行政事业审计股、基建审计股、财政金融审计股、企业审计股、综合股、法制审理股、办公室，负责对全县18个乡镇和74个县直部门的审计监督。局长赵建业，副局长宋国稳、梁根、顾联义、张海青，纪检书记孙士勇，总审计师张越美。

审计成果 2000年共完成审计项目64个，审计调查项目13个，共查出违纪违规行为金额4929万元，受到审计处理处罚单位6个，上缴财政748万元。

【郏县审计局】现有干部职工38人，设有财政审计股、金融商贸审计股、工交审计股、行政事业审计股、基建审计股和办公室，负责对全县14个乡镇和52个县直部门的审计监督。局长孔结实，副局长高付军、史玉顺、安凤英、吴向杰、赵俊杰。

审计成果 共完成审计项目54个，审计单位86个，查出违规违纪行为金额1928.7万元，增加财政收入343.2万元，提交审计报告33篇，被领导批示12篇。

【鲁山县审计局】现有干部职工29人，设有办公室、农业审计股、工交审计股、固定资产投资审计股、行政事业审计股和财贸审计股，负责对全县22个乡镇和78个县直部门的审计监督。局长李俊峰，副局长王廷顺、梁嘉华。

审计成果 2000年共完成审计项目62个，审计单位71个；完成审计调查2项，调查单位13个；共查出违纪违规行为金额1706万元，上缴县财政357万元。提交审计报告62篇。

【焦作市审计局】2000年，共有在职干部、职工65人，其中硕士研究生2人，大学本科学历13人，大专学历40人，局长刘政良，副局长马天岗、卫宗荣、谢常富，纪检组长王忠义。设有办公室、综合科、人事教育科、监察室、行政事业审计科、财政金融审计科、工业交通审计科、固定资产投资审计科、农林水审计科、外资审计科、商贸审计科等部门。

审计成果 共完成审计项目69个，查出违纪违规行为金额91813万元，上缴财政金额1025万元。

计算机审计 全局人员积极参加计算机学习，提高计算机应用水平，投资20万元加强了计算机硬件建设，引进了审计署、郑州特派办、京津冀特派办、西安审计局的办公辅助系统、人事管理系统、档案管理系统、行政事业单位审计等软件，组织开发了《报表辅助审计分析决策系统》。

经济责任审计 成立了市经济责任审计工作联席会议办公室，各县（市）区相继建立了经济责任审计联席会议制度。山阳区成立了经济责任审计局，定编16人。通过建立经济责任审计和完善地方“小立法”，推动了经济责任审计工作的开展。马村区审计局先后对36名领导干部进行了经济责任审计，对违反财政法规较严重的领导干部进行了全区通报批评，对有关责任人给予了行政处分。

【焦作市解放区审计局】现有干部职工5人，负责对全区所有乡镇和区直部门的审计监督。局长刘耀辉，副局长张文勃。

审计成果 2000年共完成审计项目24个，查出违规违纪行为金额611万元，上缴财政金额58万元。

【焦作市中站区审计局】现有干部职工7人，负责对全区所有乡镇和区直部门的审计监督。局长卢月英，副局长陈俊志。

审计成果 2000年共完成审计项目28个，查出违纪违规行为金额528万元，应上缴财政金额132万元，实际已上交120万元。

【焦作市马村区审计局】现有干部职工10人，负责对全区所有乡镇和区直部门的审计监督。局长刘明胜，副局长杨合银、张晓萍，纪检组长侯新红。

审计成果 2000年共完成审计项目24个，查出违纪违规行为金额486万元，应上缴财政金额12万元，实际已上交6万元。

【焦作市山阳区审计局】现有干部职工7人，负责对全区所有乡镇和区直部门的审计监督。局长申文燕，副局长焦玉江。

审计成果 2000年共完成审计项目36个，查出违纪违规行为金额2715万元，应上缴财政金额36万元。

【沁阳市审计局】现有干部职工18人，设有办公室、综合科、行政事业审计科、工交审计科、财贸审计科和固定资产投资审计科，负责对全市所有乡镇和市直部门的审计监督。局长赵江艇，副局长黄孝秋、白东风，副书记和洪范，纪检组长任献明。

审计成果 2000年共完成审计项目44个，查出违规行为金额8085万元，上缴财政金额133万元。

【孟州市审计局】现有干部职工15人，设有办公室、一科、二科，负责对全市50多个乡镇和市直部门的审计监督。局长王新平，副局长行长绪、王新国、刘玉红，纪检组长张有利。

审计成果 2000年共完成审计项目61个，查出违纪违规行为金额2317万元，上缴财政金额69万元。

【修武县审计局】现有干部职工15人，设有办公室、财金审计股、工交审计股、行政事业审计股和商贸审计股，负责对全县所有乡镇和县直部门的审计监督。局长王家鹏，副局长王黎明、张保良、崔建民，纪检组长黄公芳。

审计成果 2000年共完成审计项目50个，查出违规行为金额1137万元，上缴财政金额70万元。

【温县审计局】现有干部职工17人，设有办公室、工交审计股、财贸审计股、行政事业审计股和基建审计股，负责对全县所有乡镇和县直部门的审计监督。局长张新春，副局长张广福、杨清川。

审计成果 2000年共完成审计项目55个，查出违纪违规行为金额6029万元，上缴财政金额136万元。

【武陟县审计局】现有干部职工18人，设有办公室、工交审计股、基建审计股、财贸审计股和行政事

长岭炼油化工有限责任公司

长岭炼油化工有限责任公司（简称长炼），坐落在宽阔壮美的洞庭湖畔、长江之滨——湖南省岳阳市云溪区。长炼地处京广铁路、长江、107国道及正在建设中的京珠高速公路的交汇点，特别是居于湖南经济发展的重点地区和江开放的重点城市，水陆交通十分便利。

长炼从1971年5月7日建成投产至今，生产规模不断发展壮大，现拥有30多套炼油、化工生产装置，原油年加工能力500万吨，聚丙烯9万吨，并拥有催化裂化、催化重整、加氢、化工助剂等四大系列的炼油化工催化剂生产能力2.2万吨，是全国品种最全的炼油催化剂生产基地。长炼可生产炼油、化工、催化剂产品70余种，有17种产品先后获得省、部以上优质产品称号，2个获国家质量金奖，5个获国家质量银奖。公司有较强的机械加工、制造、建筑安装施工队伍。已取得Ⅰ、Ⅱ、Ⅲ类压力容器的设计资格和检验、制造许可证，可承担中型石油化工装置，各类技术改造的设计和工程施工以及大型石油化工装置的检修工程。公司现拥有固定资产原值54亿多元，年销售收入超过100亿元，已成为国有特大型企业。

长炼注重在全体员工中努力培育“争创一流”的企业精神，靠从严治厂起家，靠科技进步发展，使企业两个文明建设获得丰硕成果。公司先后荣获国家级荣誉称号50多个，3次被评为全国设备管理先进单位，2次荣获国家质量管理奖，13次被评为全国思想政治工作优秀企业，2次被评为“全国先进基层党组织”，1990年首批晋升“国家一级企业”，1999年获“全国精神文明建设先进单位”光荣称号。

公司审计处始建于1986年7月，经过15年的发展，现有各类审计人员10名，全部具有中级以上职称，2人拥有注册会计师资格。审计处自成立以来，在上级主管部门及公司的正确领导下，积极开展各项审计及调查工作，为规范公司经营理财行为、提高企业经济效益作出了突出贡献。由于工作业绩突出，审计处多次荣获省市“内审先进单位”、建设工程造价管理先进单位”称号。

走进新世纪，长炼被列为湖南“十五”计划纲要重点支持和发展的企业。面对新经济的挑战，长炼坚持“全面增强活力，全力提高效益”的方针，以良好的企业形象，先进的设备、丰富的生产经营经验、雄厚的技术实力、广泛的对外交往，抓住机遇，迎接挑战。通过“十五”的发展，使企业形成“炼油——催化剂——化工”三足鼎立齐发展的可喜局面。

一汽轿车股份有限公司

总经理　　张　磊

一汽轿车股份有限公司，成立于1997年6月10日，是由一汽集团公司独家发起，采用募集方式设立的股份制上市公司。主要业务为开发、制造和销售轿车整车及配件，主导产品为红旗系列轿车，年生产能力9万辆。公司设有4个生产厂、9个行政管理部门、5个党群部门，共计员工7400人。

1997年5月29日，“一汽轿车”股票在深圳交易所上网发行A股股票3亿股，募集资金20.1亿元，于6月18日上市流通。1998年通过增资扩股，再次募集资金7.97亿元。

公司成立以来，积极发挥自己的资本优势，围绕市场和用户需求制定和实施了红旗轿车发展战略，从保护品牌价值和发挥品牌作用出发，向市场和用户提供了从高级、中级到普通级别的不同档次不同价位的系列车型，极具竞争优势的红旗系列产品深受市场青睐；与美国福特公司联合设计开发的大红旗“红旗旗舰”，成为国产轿车的顶级车型；2000年10月，公司换型新产品“红旗世纪星”在西区新建的现代化生产线上正式投产，全方位的设计和技术创新，使“世纪星”赢得了社会各界和广大用户的赞誉。

各种新款红旗轿车及豪华变型车的相继推出，标志着公司在调整产品结构、拓宽产品系列和自主开发新产品上取得了殷实的成果，标志着“一汽轿车”的募集资金产生了企业效益和社会效益。

四年来，公司各方面管理取得了长足的进步，实现了各年度生产经营目标；2000年，“红旗”品牌价值43.03亿元，比上年净增了8.02

一汽轿车股份有限公司的红旗轿车总装配线

亿元，是中国轿车制造业中唯一最有价值的品牌；由于公司的平稳快速发展，连续被长春市授予优秀高新技术企业。

面对新世纪的发展和中国走入WTO，公司制定了中长期发展规划，公司将通过改革和创新，不断完善自我，在更加开放的环境中，研究竞争，研究合作，把产品技术和经营管理提高到一个崭新的水平，为社会创造更有价值的财富，为用户提供更多更好的轿车产品。

一汽轿车股份有限公司生产的“红旗世纪星”豪华型轿车

中国农业银行湖北省分行

中国农业银行湖北省分行自1979年12月1日正式恢复以来，在总行党委和中共湖北省委、省政府领导下，锐意改革，积极进取，两个文明建设取得了丰硕的成果。特别是进入“九五”时期，全省农行始终坚持“以业务经营为中心，以追求利润最大化为目标，以支持城乡经济发展为己任，一心一意办国有商业银行”的经营指导思想，各项业务稳健高效发展，市场份额、资金实力和社会形象大幅提升。目前，全省农行机构网点达2500多个，职员人数达3万多人，资产总额达700多亿元。业务经营已由过去相对单一的农业存贷款业务逐步发展到现在的以农、工、商存贷款业务及城乡居民存贷款为主体，以消费信贷、高科技信贷为两翼，以信用卡、投资咨询、项目评估、代收代付、证券金融租赁、经济金融信息、国际金融等业务为新的支撑点的综合性现代商业银行运作体系。管理手段实现了电子化、业务运作实现了网络化。为实现湖北对外开放的需要，湖北省分行已与世界五大洲的500多家国外银行建立了业务代理关系，先后从世界银行、亚洲银行引进大量资金,有力地支持了湖北省城乡经济的快速高效发展。一个机构遍及全省城乡的现代化、多功能、综合性、开放型的国有商业银行已闪亮矗立于荆楚大地。

湖北省分行在改革和发展中始终突出审计工作在全行内控管理的中心地位,坚持审计工作“行长负责制”，成立了以“一把手”行长直接领导、省分行稽核处牵头的内部监督委员会，将审计监督纳入全行经营决策管理程序，充分运用审计成果和数据进行全行经营决策。全面实行了农村行派驻、城市行集中、系统管理、垂直领导、下审一级的审计派驻管理体制，组建了100人的省分行稽核大队和15人的省分行稽查直属队。近年来，湖北分行审计部门全盘筹划，精心组织，狠抓关键，在坚持做好业务经营常规稽核的同时，卓有成效地开展全行性专项审计活动20余次，为防范和消除金融风险，整治违规行为，促进依法合规经营、稳健发展付出了艰辛劳动，发挥了特殊作用，作出了积极贡献,先后两次被国家审计署、人总行评为全国内部审计先进单位，连续15年被湖北省审计厅评为全省内部审计先进单位。

“十五”期间，湖北省农行将以江泽民同志“三个代表”的重要思想为指导，牢固树立商业银行经营理念，坚持以“一心一意办好国有商业银行”为宗旨，以“加强审计监督，完善内部控制”为保障，用一流的形象、一流的设施、一流的功能、一流的服务、一流的管理在湖北争创一流的国有商业银行,以崭新的姿态迎接新世纪的挑战!

改革前沿上的湛江市财政局

局长　赵　平

2000年湛江市财政局以“强化管理、深化改革”为中心，按照保稳定、促发展的工作思路，全年地方一般预算收入完成124354万元；上划中央“两税”收入完成144763万元；上划省“四税”收入完成23160万元；一般预算支出完成268218万元，圆满完成各项工作任务。

强征管　保证收入预算任务的完成。特别是在全市实施改水治旱和南亚热带农业示范区建设为主的农业结构战略性调整初见成效的基础上，狠抓农业“四税”的征管，实现了较大的增长。

保稳定　努力筹集资金做好工资发放工作，防范化解金融风险，确保了全市社会经济的稳定发展。

促发展　认真贯彻落实中央、省市的各项决策。成功地举办了湛江海洋经济博览会，签定合同金额达176亿元。

抓改革　逐步建立公共财政框架。继续建立和完善政府采购制度，率先开展了政府对地方储备粮收购的公开招标；实施国库集中支付制度及积极开展会计委派制试点工作。

严管理　坚持依法理财，严肃财经法纪。加强对财政收支的监督，对20万元以上的财政资金的分配、拨付和使用情况进行跟踪检查。

局办公大楼

富有热带特色的海滨风光

整治一新的南河桥

湛江港集装箱码头

金杯贸易总公司

JINBEI GENERAL TRADE COMPANY

总经理　邵恩瑞

金杯贸易总公司成立于1984年，是金杯汽车股份有限公司所属的专业性汽车贸易公司，是金杯轻型载货车的总经销单位。

公司主要经销金杯牌一吨级SY1020系列；二吨级SY1041、SY1042、SY1043系列;三吨级SY1060系列；SY6600系列；SY6700系列及四轮农用运输车系列；共一百二十余种轻型载货汽车、客车及底盘。并负责其产品的售后服务、仓储发运及广告宣传等营销工作。公司现有员工近280人，拥有一批优秀的汽车营销与专业维修人员和经营管理人才。所销产品网络遍布全国各地并已打开国际市场，远销到南美、亚洲、非洲及中东一些国家。

公司以完善的网络和优质的售后服务，保证用户购车无后顾之忧。竭诚欢迎您选购和使用金杯牌轻型系列汽车。

金杯先达 SY1043 系列轻型货车

金杯先锋 SY1041L 系列轻型货车

金杯东方之星 SY1042 系列轻型货车

岳阳经济技术开发区电力局

全国电力系统专家在开发区电力局领导的陪同下光临该局指导工作

岳阳经济技术开发区电力局组建于1993年底，1994年元月5日正式挂牌办公，属岳阳电业局二级机构，现有职工119人，担负着岳阳经济技术开发区和岳阳楼区，岳阳县部分乡、镇、场范围内的供用电管理和运行维护等任务。电力网络中有10KV线路26条，全长194KM，变电总容量104875KVA，截止2001年9月底已实现连续安全运行2827天，创建局七周年无事故年，为岳阳市的经济发展和开发区的招商引资提供了可靠的电力保障。

在八年的发展历程中，开发区电力局始终坚持以安全生产为基础，以经济效益为中心，发扬"团结、务实、安全、高效"的企业精神，坚持"人民电业为人民"的服务宗旨，取得了骄人成绩。八年来，固定资产增长436%，售电量增长134%。开发区电力局已由一个名不见经传的县级局，发展成为各项经济指标稳步增长的明星企业。近年来，该局为适应市场变化,大胆进行一系列改革，得到了丰厚的回报，2000年，在市场疲软的情况下，实现了售电量明显增长，增幅达到45%，2001年继续保持了增长势头，供、售电量增幅均居岳阳市前列。尤其在"城乡电网改造"工程中，该局严格遵照《审计法》、《城乡电网建设与开工前审计办法》执行，克服要求高、工作量大、施工情况复杂等困难，共投资近1亿元进行城乡电网建设，使供电区域内10KV电网得到了全面改造，真正办好了党的德政工程，民心工程。2001年国家审计署、省监察厅委托市监察局、审计局等多家单位联合对该局城乡电网工程项目进行了为期4个月的专项审计检查，无任何违章违纪行为，各审计部门对该局"城乡电网改造"工程作出了积极评价和肯定。

同时，该局在企业双文明建设上也取得了丰硕成果：1996、1997年被岳阳经济技术开发区管委会评为"十佳企业"；综合档案室管理达"国家二级"标准；局领导班子连续多年被岳阳电业局评为"三强领导班子"，先后荣获了省级"模范职工之家"、"园林式单位"，市级"文明标兵单位"、"文明单位"、"安全文明小区"等荣誉称号。

"不求最大，力求最优"是开发区电力局面向21世纪的战略选择。今后，该局将进一步加大"两网改造"力度，提高供电可靠性，让电网更加畅通，争取年内迈入省级"文明单位"和国家一流县级供电企业行列。为此，他们将不甘落后地拼搏，永无止境地探索，致力企业的全面发展，努力构筑企业的一流形象。

电力架线工人顶高温战酷暑在施工现场紧张施工

办公大楼外景

江铃汽车集团公司

董事长　孙　敏

江铃汽车集团公司属全国汽车行业重点骨干企业，为国家重点支持的512家大型企业之一。企业占地面积278万平方米，现有职工1.7万人，总资产60亿元，已具备6万辆轻型车的年生产能力。江铃产品在2000年产销量大幅增长的基础上，今年1—10月份，企业生产经营持续增长，实现销售收入39.47亿元，同比增长29.68%；销售汽车32131辆，同比增长51.1%;实现利税4.98亿元，同比增长108.3%。

江铃汽车集团公司十分重视审计工作。审计处自1987年成立以来，围绕公司的经营目标，大胆探索，找准经济工作与审计工作的结合点，积极开展了财务收支审计、经济效益审计、工程项目审计、离任审计和内控制度审计等多项工作，并制定了《江铃汽车集团公司内部审计质量标准》、《主审责任制》和《内部错误事项追究制度》，有效地防范了审计风险，提高了工作效率，基本实现了内审工作的法制化、制度化、规范化。从而充分发挥了审计监督的“预警”作用，在健全资产财务管理、严肃财经法纪、维护经济秩序、促进廉政建设、促进宏观管理、提高经济效益等方面取得较好成绩，同时也得到上级部门的肯定，已连续二次荣获国家审计署授予的“全国内部审计先进单位”、连续四次荣获机械工业部颁发的“全国机械行业内部审计先进单位”荣誉称号。

经过多年的发展，审计处现有审计人员14名，其中：1名高级会计师，4名注册会计师，2名注册评估师，1名注册造价师，1名会计师，5名助理会计师，1名助理工程师。建立了一支敢打硬仗、能打硬仗的高素质队伍。

“路漫漫其修远兮，吾将上下而求索”。跨入新世纪，江铃人不会停下前进的脚步，将继续努力完善审计体系建设，深化审计内涵，改进审计方式、方法，强化基础管理，真正体现内审服务与监督的双重职能，走向一个新的发展阶段。

广东饶平县水利局

广东省饶平县东风海堤达标加固工程

饶平县东风埭围垦工程建成于1965年，围垦总面积2.36万亩。该工程修筑防洪挡潮大堤10020米(其中南堤3828米、西堤6192米)，南堤设置20孔和10孔两座排水闸，总排水量530立方米／秒。工程捍卫人口12万，耕地面积4万亩，其社会效益和经济效益显著．是该县沿海地区主要粮食和养殖的重要生产基地。

为使工程安全达标，在中央、省、市的大力支持下，该工程列人1998年度“千里金堤”海堤达标加固项目，按50年一遇潮水位加同频率设防标准加固堤围10020米，工程需总投资2890万元，分两期实施。第一期工程加固南堤长3828米，于1998年年底开工，现已基本完成，累计完成土方3.86万立方米，石方3.435万立方米，投人总资金1025万元。

工程在建期间，严格执行基建工程管理和建设程序采用项目法人责任制、招投标制、监理制和质监制，有效地提高工程的进度和质量，是全省海堤达标工程的样板。

广东省饶平县汤溪水库除险加固工程

饶平县汤溪水库于1958年兴建，是一宗以灌溉、防洪为主、兼有发电等多种效益的大型水利工程。水库集雨面积667平方公里，占黄冈河流域50.6%，总库容3.8亿立方米，是全省粤东最大的一宗水库，灌溉农田14.2万亩，捍卫国道、省道和县城及15个镇、场40万人民的生命财产安全。工程的建成，为该县国民经济和社会的发展提供了防洪安全和水资源保障。

汤溪水库工程于1998年被水利部列为全国重点病险水库，2000年度列人省除险加固基建工程计划项目。1、加固坝体和处理坝肩渗漏，2、对排洪渠进行整治，3、主、副坝内坡砼护坡，4、改建交通桥，5、改建主坝反滤层顶的引浮渡槽，6、处理溢洪道冲刷坑右岸滑坡体和周边的防护，7、建立水情自动测报系统，8、兴建防汛调度指挥中心。同时整治好库区环境，全部工程总投资3724.34万元，土石方开挖33.4万立方米、浆砌石6000立方米，砼6300立方米。工程目前正在紧张进行。

前进中的惠州出入境检验检疫局

惠州出入境检验检疫局(以下简称惠州检验检疫局)于1999年11月根据国务院机构改革方案由原惠州进出口商品检验局、惠州动植物检疫局和惠州卫生检疫局合并组建而成，为正处级政府部门，隶属于广东出入境检验检疫局，肩负着惠州地区出入境卫生检疫、动植物检疫、商品检验、鉴定、认证和监督管理的涉外经济行政执法任务。

惠州检验检疫局为履行好《商检法》、《进出境动植物检疫法》、《国境卫生检疫法》和《食品卫生法》赋予的神圣职责，已建成了一个跨学科、多功能的具有国内先进技术水平的检验检疫实体，形成了一支具有多学科、多门类专业技术和良好政治素质的检验检疫队伍。

惠州检验检疫局机关内设办公室、人事政工科、纪检监察科、检务科、科技设备管理科、财务科、检管认证科、食品卫生检验检疫科、纺织化矿检验科、机电轻工检验科、动植物检验检疫科等11个科室；设有机关服务中心、综合技术中心(含卫生保健中心)2个事业单位；下辖惠东、惠阳、博罗三个副处级办事处；以及港口、碧甲、新圩、园洲4个正科级检验检疫办公室。全局在编人员120人，其中本科以上学历占54%，大专学历占33%。

惠州检验检疫局基础建设完善，目前拥有固定资产2000多万元，先后购置了具有国际、国内先进水平的核放射检测仪、全自动凯氏定氮仪、脂肪抽提仪、自动细菌鉴定仪、原子吸收光谱仪、气相色谱仪、X光机和其它常规检验检疫仪器设备222台(套)，总值达500多万元。该局建立有机电轻工产品检验、食品卫生检验检疫、纺织化矿产品检验、动植物检验检疫四个实验室和艾滋病初筛实验室，除动植物检验检疫实验室和艾滋病初筛实验室外，其它的三个实验室已获得原国家商检局的二级认证。上述检验检疫实验室现正筹备申请国家局的注册或 CCIBLAC 的认证。

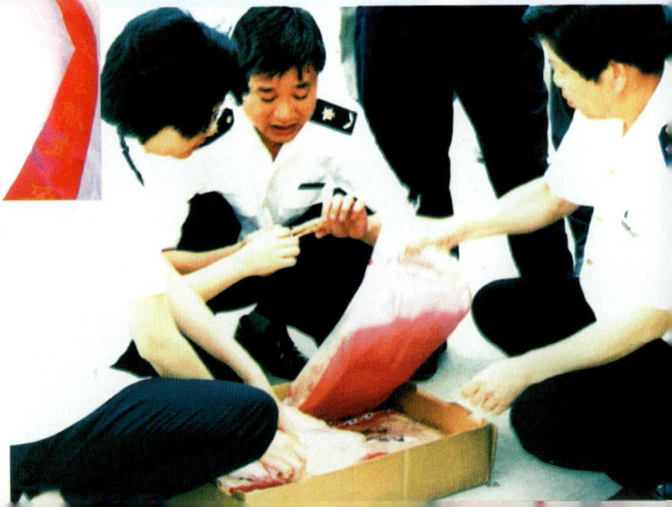

①广东局张淑莱局长（中）到局检查指导工作。
②局领导与干部职工一起无偿献血。
③局领导亲临一线检查指导现场检疫查验工作。

该局采用电子计算机对局本部和办事处以及检验检疫办实行网络化管理，全面运用 CIQ2000 网络系统开展检验检疫业务。

惠州检验检疫局凭借雄厚的技术实力，依法行政，严格把关，热诚服务，为惠州对外经济贸易发展保驾护航。2001 年 1–5 月份，检验检疫出境货物3.33万批(次)，货值9.62亿美元；检验检疫入境货物3.1万批(次)，货值6.14亿美元。检出不合格货物7批，货值3万美元。签发一般原产地证书5，943份，货值1.07亿多美元；签发普惠制产地证书1.78万多份，货值2.28亿多美元，为惠州产品顺利进入国际市场拓宽了渠道，维护了国家信誉和企业利益。为防止病虫害传入传出，惠州检验检疫局对进出境动植物及其产品、交通运输工具、集装箱进行检疫和监管，从而保护了惠州的农业生产免受病虫害威胁；还对出入境人员、交通运输工具实施卫生检疫和监管，从而保护了人民群众的健康卫生。

地处改革开放前沿的惠州出入境检验检疫局经过多年的努力，已经建设成为检测手段健全，检验检疫监管网络完善，内部管理规范，服务优质高效，与我国出入境检验检疫要求相适应，与国际通行规则逐渐接轨的行政执法机构，为惠州经济发展和社会进步作出了应有的贡献。

在新的世纪里，惠州出入境检验检疫局将不辱使命，开拓进取，努力增创检验检疫新优势，在国家全方位开放的态势中，严格履行国家和人民赋予的职责，为惠州率先基本实现现代化努力奋斗。

工作人员将发现有生物害虫的进口木卡板全部销毁

实行办事处主任竞争上岗制度，图为演讲答辩现场

工作人员深入企业仓库对进口食品进行后续管理

地方党政领导慰问该局干部职工

工作人员在现场检疫进口货物木制垫板

茂名电力局

茂名电力工业局为广东省电力集团公司直属供电企业，担负着茂名地区一市四县供电任务，属国有中一型企业，1993年进入广东工业200强，固定资产原值8.52亿元。

茂名电网作为粤西地区电能输送的枢纽，在省电网中有着重要的地位，其结构日趋完善合理，能有效满足地区经济持续发展的需要。

茂名电力工业局自1995年开展创电力部安全文明达标企业活动以来，两个文明建设取得显著成效。先后荣获茂名市、广东省“文明单位”，“广东省电力系统文明单位”、“广东省思想政治工作优秀企业”、“广东省职业道德百优单位”、“广东省电力系统双文明单位”、“广东省五四红旗团委”称号。并被国家电力部授予“安全文明生产达标单位”称号，被国电公司授予“双文明单位”称号，被中华全国总工会授予“全国模范职工之家”称号。正争创国电公司一流供电企业。

深圳市农电总公司

深圳市农电总公司成立于1992年12月，是深圳供电局下属企业，负责宝安、龙岗两区的电力销售和供用电管理等业务。在深圳供电局的正确领导下，坚持以安全生产为基础，提高经济效益为中心，优质服务为宗旨，争创一流企业为目标，围绕“两改一同价”这一中心工作，不断深化体制改革，1999年率先全国实现了同网同价，完成了16个镇农电公司的改制和接管，实现了全市城乡电力管理一体化。2000年该公司狠抓安全生产，加大农网建设和改造力度，争创一流供电企业；以客户为中心，努力创建规范服务窗口，该公司已有龙华等11个供电所通过了省级规范服务达标，做到了“政府放心，群众满意”，为全市经济的发展和争取率先基本实现现代化作出了贡献。

目前，深圳农电事业已取得了巨大的成就，形成了供电能力强、农网运行安全可靠、网架布局合理的配电网络。2000年度农网改造工作任务圆满完成，截止去年底，完成农网改造项目共110项，完成投资额8770万元；其中高压工程51项，低压工程59项。在去年基础上，积极开展各镇农电公司债券与债务的清理和资产移交工作。2000年全面完成各项技术经济指标：完成供电量722075万KWH，售电量685183万KWH，实现销售收入50.72亿元，人均售电量656万KWH，人均产值540万元。

在财务管理方面，建立了健全的财务管理体制，制定并实施了一系列财务管理制度，加强了公司会计核算内部牵制制度、稽核制度的执行力度，重点监控资金流向和电费回收，切实执行财务收支两条线政策，进一步规范电费发票的使用管理，严格执行财务报销制度。该公司有着良好的企业管理水平和完善的经营策略，经营业绩逐年递增，上交的国家税收逐年加大，1996年至2000年被评为广东省、深圳市守法纳税大户，多次受到各级政府的表扬和奖励，为深圳的电力建设作出了积极的贡献。

总经理　李叶青

华新水泥股份有限公司

华新水泥股份有限公司是国家建材行业的重点骨干企业，现有三条湿法水泥生产线和两条具有20世纪90年代国际先进水平的干法生产线，年产水泥500万吨，单厂生产能力为全国第一。公司率先在全国建材行业通过了ISO9001和ISO9001(2000版)的认证。通过B股战略性配售,与世界最大的水泥制造商——瑞士Holcim公司建立了全方位的战略协作伙伴关系。公司不仅完全消化掌握了新型干法技术,而且在设备的国产化方面走在了行业的前列,并掌握了6000t/d等大型新型干法设备的制造技术。自主开发成功和正在研究的筒式辊碾磨项目为“国家重大技术装备国产化创新项目”，于2001年获得“国家九五攻关优秀科技成果奖”，其研究成果已被成功应用于公司日产5500t/d熟料干法生产线的配套水泥粉磨系统。公司曾荣获全国“五一劳动奖状”。

华新多年来高度重视内审工作并取得明显成效，曾多次被评为“湖北省内部审计工作先进集体”和“全国内部审计先进单位”等称号。

公司将审计工作列为“一把手工程”，由总经理亲自抓。对《审计报告》实行公司全体领导会签制，每位公司领导都坚持认真审阅《审计报告》并提出具体审计处理意见。公司不断加强组织队伍建设。将监事会办公室归并到审计部实行合署办公，以强化内部审计的综合监督职能。近两年在公司大幅度精简机构和人员的情况下，增设了审计部的内部机构，将审计人员由8人增至11人，并注重对内审人员的知识更新和业务培训。

公司制定了《华新公司内审管理条例》等16项规章制度。通过不断完善内审管理体系，使内审工作有依据、有计划、有步骤、有检查、有总结，沿着法制化、规范化的轨道发展。

公司通过强化监督职能，不断拓宽内审新领域，逐步形成了立体化、网络化的内审格局。①坚持开展财务收支常规审计，实行“审计专管员”负责制，将所有单位的审计责任落实到人。②全面开展了经济责任审计，对公司独立核算单位及控股公司负责人都认真进行离任审计。③不断强化基建审计，把事后监督与事前审计和事中控制有机结合起来，对工程项目实行全程跟踪监控，严把工程的质量关、定额关和取费关。④加强对物资采购等经济合同的审计，凡是金额在5万元以上的材料采购所签订的合同，在实行招、议标，经过内部审计后，才能签定，近年来为公司节约采购资金1200万元。⑤规范合同管理，坚持开展定期合同检查，使公司合同履行率年年都达到100%，年年被评为黄石市“重合同、守信用”企业，多次被评为湖北省“重合同、守信用”企业。⑥注重内审宣传，创办《审计简讯》月报，宣传国家的财经法规和公司内部规章制度，通报内部审计结果及审计决定执行情况，表扬先进，反映问题，服务领导决策。

公司两条具有20世纪90年代国际先进水平的干法生产线

公司厂容厂貌一角

审计人员研究工作

广东虎门大桥有限公司

虎门大桥是我国自行设计自行施工自行监理，高技术高标准建成的一座具有世界先进水平的现代化特大桥梁，它展示了我国改革开放的辉煌成就，标志着我国桥梁建设进入了世界先进行列。大桥于1997年香港回归前夕建成通车，坐落于鸦片战争虎门古战场和宽阔的珠江入海口，缩短两岸行车里程120多公里，是连接和促进粤港澳经济发展的重要枢纽。

虎门大桥有限公司是由内地、香港七家股东组成的合作企业，是虎门大桥工程的投资建设者和经营管理者。大桥通车三年来，公司着力营造安全快速优质完善的运行环境，车流量年年稳步上升，文明服务质量和水平也取得了享誉全国的好成绩：公司先后获得了"全国职业道德百佳班组"、"全国巾帼文明示范岗"、"交通部科技进步特等奖"、"第六届国家级企业管理现代化创新成果二等奖"、"国家科学技术进步二等奖"等荣誉称号和奖项。

贵州省公路桥梁总公司

总经理　何开智

贵州省公路桥梁工程总公司成立于1990年3月，是经国家建设部批准的公路桥梁工程施工一级施工企业。是由贵州省公路工程总公司、贵州省桥梁工程总公司、贵州省各地州市公路桥梁施工单位联合组成的施工实体。主要从事各种等级的公路、桥梁、隧道施工，并兼营房屋建筑、城市道路等工程。

总公司注册资金5000万元人民币，现有职工2024人，其中工程技术人员348人，占职工总数17.2%，其中高级工程师62人，工程师98人，占工程技术人员总数46%，公司拥有各类大中型施工机械829台，其中有近年从国外购置的大型沥青砼拌和设备，大型沥青砼摊铺机，大型水泥砼拌和机械，大型水泥砼摊铺机，同时还有大型的桥梁钻机、吊装、架桥设备和大型土石方开挖、装卸、运输、平整、碾压等设备，施工机械门类齐全，能够满足各种等级的公路和各种类型的桥梁施工。

公司确立了"立足本省、开拓国内、跻身国际"的发展战略，努力在激烈的市场竞争中开拓市场，近年先后承建了贵新高等级公路、贵毕高等级公路、关兴高等级公路、广东番禺德兴大桥、贵州独山至荔波公路改建工程、红果至胜境关公路改建工程、一碗水至凯里公路改建工程、遵义碧云大桥等大型工程项目。由何开智总经理任总指挥的广州市丫髻沙特大桥在转体难度、转体重量等方面居世界领先地位。公司于2000年11月通过了ISO9002质量体系认证，使公司的质量管理水平上了一个新台阶，为公司的进一步发展打下了坚实的基础。

由何开智总经理任总指挥的广州市丫髻沙特大桥在转体中

萧甬铁路有限责任公司

根据铁道部和浙江省政府联合下发的《关于成立萧甬铁路有限责任公司的批复》，1999年7月由铁道部和省政府作为初始出资方，上海铁路局、浙江省铁路建设投资总公司为出资方的产权代表组建了萧甬铁路有限责任公司，注册于宁波市工商局。公司成立之初的注册资本为20.446亿元，其中铁道部以萧甬铁路既有线净资产10.737亿元和新建第二线投资货币7.05亿元、合计17.787亿元出资，占注册资本的87%；省政府以烘塘乡编组站净资产生0.3亿元和新建第二线投资货币2.359亿元、合计2.659亿元出资，占注册资本的13%。1999年12月由于新建第二线存在较大资金缺口，经协商，铁道部追加资本金4.05亿元，并增加宁波港务局为第三个出资方，调整后公司的资本金总额为24.796亿元，其中铁道部为21.837亿元，占88.07%，浙江省政府为2.359亿元，占9.51%，宁波港务局0.6亿元，占2.42%。

公司管辖东起宁波，西与萧山站接轨，全长147公里，目前已开通萧山至洪塘乡复线133.5公里，复线三期工程洪塘乡至宁波段正在抓紧建设中。公司管辖萧甬线上17个车站，其中宁波北、宁波为一等站，余姚、绍兴为二等站，庄桥、余姚西、上虞、绍兴东、柯桥为三等站，其余为四等站。公司还包括萧甬线的工务、电务、机务、车辆、水电、建筑、客车队等单位和部门，现有员工3200人。

公司的经营宗旨：坚持社会主义经营方向，实行现代企业管理制度，充分发挥出资各方的优势，不断提高运输效率，大力发展多种经营，实现资产保值增值，为发展浙江经济，促进对外开放提供重要的基础条件和优质的运输服务，不断提高企业经济效益和社会效益。

公司经营范围：铁路客货运输，铁路与其它运输方式的联合运输；运输延伸服务；运输装卸、仓储；设备维修、制造；铁路建设项目的发包与管理；工程勘测、设计、施工；房地产开发；中介服务、保险保价代理；汽车运输；物业管理、旅游、宾馆、餐饮、广告、娱乐与商贸及国家允许的其它经营业务。

公司目前每日开行旅客列车13对，其中5对为公司自已开行的甬杭间城际列车，其它分别开往包头、吉林、广州、合肥、南京、上海等地。每日开行货物列车40对，其中直通、区段列车23对，行包专列及小运转17对，办理到全国各铁路站的整车、零担、集装箱运输业务。公司每日还开行到成都、北京的直达行包专列，以及到福州、柳州、广州、昆明、沈阳等地的货运“五定专线”班列。

公司2001年计划发到旅客1000万人，发到货物1600万吨。

铁道部、浙江省领导为公司开业剪彩

有关领导为萧甬公司开业揭牌

铁科院实验车对萧甬线提速测试

萧甬复线三期工程开工仪式

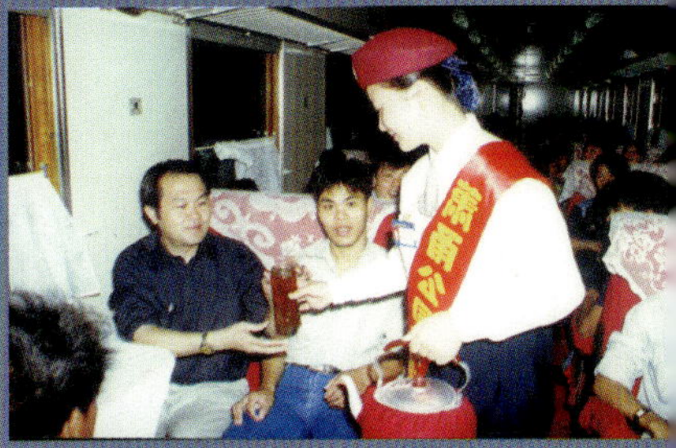
萧甬公司为旅客提供优质服务

萧甬公司与杭铁分局签定安全责任书

将街道变成舞台
MCR125
革 新 型 摩 托 车
外观、功能都达到了新境界
革新型摩托车—MCR125。
在她时髦漂亮的车身上。在她成熟的性能上。
街道的视线被猛然抓住。
拥有流畅线条外观，同时具有更高境界的行驶性能。
率先实现欧洲1号环保标准的革新型发动机。
追求环保的同时，更能让您享受到顺畅的骑乘。
集无穷魅力于一身的革新型摩托车，MCR125。
如果是你，一定能感觉到她的优越性。
WUYANG HONDA
MCR125
■ 顺畅而清洁。充分适应21世纪的革新型发动机。(达到欧洲1 号环保标准)
■ 全反射灯■设计和性能完美组合的车尾(铝合金扶手／后货架)
■ 根据喜好可以选择的轮毂(铝合金轮毂／辐条)■出类拔萃的稳定感、后脚踏。
WUYANG HONDA
五羊—本田
五羊—本田摩托（广州）有限公司
服务热线：020 86369988 网址：http://www.wuyang-honda.com

业审计股，负责对全县所有乡镇和县直部门的审计监督。局长郭万良，副局长张建国、李新平，副书记陈广勋，纪检组长原献华，总审计师侯来永。

审计成果　2000年共完成审计项目54个，较上年增加35%，查出违纪违规行为金额797万元，上缴财政金额101万元，比上年增长34%。

【博爱县审计局】现有干部职工18人，设有办公室、财贸审计股、行政事业审计股、工交审计股和基建审计股，负责对全县所有乡镇和县直部门的审计监督。局长秦永奎，副局长刘乃忠、王启宝。

审计成果　2000年共完成审计项目67个，查出违规行为金额2314万元，上缴财政金额308万元。

【鹤壁市审计局】2000年，共有在职干部、职工42人，其中大学本科学历6人，大专学历30人，局长王华东，副局长张保成、杜胜洲、刘光连，纪检组长郑平安。设有办公室、综合科、财政金融审计科、行政事业审计科、工交审计科、商粮贸审计科、固定资产投资审计科、农林水审计科、外资运用审计科、法规审理科、纪检监察室等部门。

审计成果　共完成审计项目220个，完成审计调查项目18个，共查出违规违纪行为金额57850万元，上缴财政362万元，促进增收节支448万元，核减基建项目工程款240万元。

完成上级交办任务　共完成党委、政府交办的工作任务40余项，抽调人员100多人次，投入工作日1000多个，有效地配合了党委、政府的中心工作。

内部审计　全市共有专兼职内部审计机构121个，专兼职内审人员239人，查出损失浪费资金486万元，纠正违纪违规行为金额3839万元，促进增收节支2865万元，提出合理化建议559条。

经济责任审计　对10名县级干部、32名科级干部和国有企业领导人员任期经济责任进行了审计，共查出违纪违规行为金额2028万元，查出14名领导干部存在经济责任问题。依据审计结果，7人被移送司法机关追究刑事责任，4人受到党纪政纪处分，4人被就地免职，18名干部正常交流，10名干部退居二线。

大案要案　全年共查处或协助查处经济违法案件9起，7人移交司法机关处理，其中4人被判刑，3人受到党纪处分。

【鹤壁市山城区审计局】现有干部职工10人，设有审计一科、审计二科和固定资产审计科，负责对全区2个乡、5个街道办事处和81个区直部门事业单位的审计监督。局长张存良，副局长刘锡钧。

审计成果　2000年共审计44个单位，审计资金总额9882万元，查出违纪违规行为金额667万元，处理处罚8个单位，罚款93800元，建设项目报审额504万元，审减额69万元。对区财政局等4个单位同级预算执行情况进行了审计，对5个乡的财政决算进行了审计；对9个科级领导干部开展任期经济责任审计。

【鹤壁市鹤山区审计局】共有干部职工5人，设有行政事业审计科、综合审计科，负责对全区2个乡、5个办事处和26个区直部门的审计监督。局长王海涛，副局长郭继伟。

审计成果　2000年共完成审计项目24个，其中预算执行情况2项，预算执行单位3个，乡财政决算1项，审计调查项目2项，行政事业单位16个。查出违纪违规行为金额500万元，完成领导临时交办审计4项，接受委托审计项目2项，开展经济责任审计2项，提交工作报告信息20篇。

【鹤壁市郊区审计局】现有干部职工8人，设有企业审计股、行政事业审计股和办公室，负责对全区4个乡镇29个区直部门的审计监督。局长陈高如，副局长王春岭、杨伟成。

审计成果　2000年共完成审计项目12个，审计资金总额6850万元，查出违纪违规行为金额266万元，追还被侵占挪用资金111万元，上缴财政1.7万元。

【浚县审计局】共有干部职工23人，设有办公室、财税金融审计股、工交企业审计股、行政事业审计股、商粮贸审计股、农林水文教审计股，负责对全县10个乡镇和105个县直部门及企事业单位的审计监督。局长申桂廷，副局长庞俊田、李洲卿，纪检组长张速昌。

审计成果　2000年共完成审计项目35个，共查出违纪违规行为金额1827万元，上缴财政178万元，上报信息26篇。受县委、县政府委托，开展了对12名科级领导干部经济责任审计，查出违纪违规行为金额551万元，为干部管理部门考核使用干部提供了参考依据。被省委、省政府命名为省级文明单位。

【淇县审计局】现有干部职工22人，设有办公室、财税金融审计股、行政事业审计股、商粮贸审计股、工业交通审计股、外资基建审计股、经济责任审计股，负责对全县7个乡镇和85个县直部门的审计监督。局长张学枝，副局长栗文德、冯成世，纪检书记晋学栋。

审计成果　2000年共完成审计项目36个，查出违纪违规行为金额37317万元，其中决定处理处罚35778万元，指明纠正1539万元，责令归还原渠道资金316万元，应上交财政49万元，查出千万元违纪单位5个。完成审计调查项目4个，提供专项调查报告4篇，审计信息和新闻稿件被市级以上部门和新闻单位采用25篇。对11个行政事业单位和企业的“一把手”进行了任期经济责任审计，依据审计结果，3人被免职，1人被降级。

【新乡市审计局】 2000年，共有在职干部职工65人，其中大学本科学历12人，大专学历46人，局长王修书，副局长刘秀琴、董清会、牛伯兴、冯守请、王显生，纪检组长何录良。设有纪检组、党总支、办公室、综合科、人事科、审理科、审计管理科、财政金融审计科、行政事业审计科、商业审计科、工交审计科、固定资产投资审计科、农业审计科、外资审计科等部门。

审计成果 共完成审计项目380个，查出违纪违规行为金额74403万元，收缴财政442万元，归还原渠道资金1301万元，促进增收节支429万元，核减财政支出516万元。共向政府及其他领导机关提交审计工作报告和信息415篇（条），被批示采用219篇（条），其中，被省审计厅采用10篇（条），被市政府采用25篇（条）。

完成上级交办任务 共完成上级交办任务200余项，较好地配合和服务了当地党委、政府的各项中心工作，也为领导科学决策提供了可靠的依据。

内部审计 内审机构发展到208个，内审人员达539人，完成审计项目915个，纠正违纪违规行为金额799万元。查出损失浪费202万元，促进增收节支238万元，提出合理化建议494条。

经济责任审计 全年共完成审计单位7个，查出违规行为资金25179万元，查出损失浪费782万元。通过审计，3人被平调，2人被免职，3人被移交纪检监察机关处理。

【新乡市新华区审计局】 现有干部职工4人，负责对全区9个办事处和40个区直部门的审计监督。局长蔡龙兴。

审计成果 2000年共完成了对本级预算执行情况审计和其他财政、财务收支审计，及对新乡市豫北磨料磨具（集团）工业公司总经理离任审计。查出违纪违规行为金额38万元，上缴财政17万元。

【新乡市红旗区审计局】 现有干部职工6人，负责对全区9个办事处和43个区直部门的审计监督。局长海玉梅，副局长韩风林、王明谦。

审计成果 2000年共完成审计单位10个。对财政预算执行情况及执法管理部门的财政、财务收支情况的审计，查出违纪违规行为金额56万元，对规范财政预算资金、行政事业收费和执法执纪罚没款收缴的审计，促进了依法行政，有力地维护了经济秩序。

【新乡市北站区审计局】 现有干部职工4人。负责对全区23个区直部门和4个乡（办事处）6个区属企业的审计监督。局长崔荣金，副局长林琳。

审计成果 2000年共审计16个单位，查出违纪违规行为金额200余万元，上缴财政20余万元。

【新乡市郊区审计局】 现有干部职工10人，设有行政事业审计科、企业审计科和办公室，负责对全区3个乡镇和1个市民管理委员会以及39个区直部门的审计监督。副局长王文良（负责全面工作）、焦祥贵。

审计成果 2000年共完成审计项目7项，审计单位26个，查出违纪违规行为金额102396.70元。

【卫辉市审计局】 现有干部职工42人，设有办公室、综合科、基建审计科、工商企业审计科、行政事业审计科、财政金融审计科、纪检监察室。局长李三林，副局长张银香、张晓军、孔德明，纪检组长李浠。

审计成果 2000年共完成审计项目52项，审计总金额92816.47万元，查出违纪违规行为金额187万元，上缴财政20万元，归还原渠道资金187万元。向被审计单位提出合理化建议94条。有63篇信息、论文、调查报告被上级党委、政府、审计机关及报刊杂志采用。

【辉县市审计局】 现有干部职工43人，设有办公室、法制内审科、财政金融审计科、行政事业审计科、商业审计科、工交审计科、固定资产投资审计科、农业环保与资源审计科，负责对全市26个乡镇和100多个市直部门的审计监督。局长董建敏，副局长孙红霞、师明新、郭保昌、付建军，纪检员崔数勤。

审计成果 2000年共完成审计项目50个，查出违纪违规行为金额65万元，上缴财政入库金额12万元，为被审计单位提出合理化建议150余条，编发审计信息42期。受辉县市委组织部的委托，完成了对6个乡党委书记、2个市直单位领导的经济责任审计工作。并配合纪检、监察、信访等部门完成了不稳定村的整顿、收支两条线、乡镇七所八站的执法检查等工作。被省委、省政府命名为省级文明单位。

【新乡县审计局】 现有干部职工23人，设有办公室、行政事业审计股、工交基建审计股、商粮贸金融审计股。局长孟庆昌，副局长张有杰、朱性勤、夏宏伟。

审计成果 2000年共完成审计单位和项目28个，审计查出违纪违规行为金额310万元，上缴财政32万元。按照县人大、县政府的要求，对新城建设工程质量、建设费用使用情况进行了审计，核减路、桥工程款1200万元。

【获嘉县审计局】现有干部职工33人，设有财金审计股、行政事业审计股、固定资产投资审计股、企业审计股、办公室和审理室。局长武元岭，副局长浮怀东、杨留堂、李吉廷、张利霞，纪检书记穆时彦。

审计成果　2000年共完成审计单位29个，查出违纪违规行为金额1535万元，为财政增收17万元。被省审计厅表彰为“三五”普法和依法治理工作先进单位、审计刊物发行宣传工作先进单位。

【原阳县审计局】现有干部职工35人，设有办公室、工交基建商贸审计股、行政事业审计股、财政金融审计股。局长丁孝武，党组书记冯文良，副局长赵希富、王军，纪检组长李全。

审计成果　2000年共完成审计项目14项，审计单位39个，查出违纪违规行为金额21434万元，上缴财政和归还原渠道资金180万元，追还被侵占挪用资金22万元。撰写信息、论文20篇，被上级部门采用8篇。

【长垣县审计局】现有干部职工29人，设有人事秘书股、行政事业审计股、工交企业审计股、财贸基建审计股。局长贾成云，副局长卢福泉、马桂芹、李金铎、李济荣，纪检组长程泽平。

审计成果　2000年共完成审计单位和项目45个，查出违纪违规行为金额878万元，其中决定处理处罚金额789万元，为财政增加收入30多万元，促进增收节支280万元。采编信息40多篇。积极配合县纪检、监察、信访等部门的经济案件查处8起，清理乱收费罚款60多万元。

【封丘县审计局】现有干部职工19人，设有财政金融审计股、行政事业审计股、商粮贸审计股、工交基建审计股和办公室，负责对全县25个乡镇和55个县直部门的审计监督。局长周德成，副局长张正军、王洪义、裴玉申，纪检组长马俊勇。

审计成果　2000年共完成审计单位和项目36个，查出违纪违规行为金额1600余万元，上缴财政53万元。向被审计单位提出合理化建议120条。配合县纪检、监察、财政、物价、公安等部门完成了经济责任审计、企业改制、农村财务收支审计、收支两条线检查等10个单位和项目。

【延津县审计局】共有干部职工29人，设有办公室、农林水审计股、行政事业审计股、财金审计股、商粮贸审计股、工交审计股，负责对全县18个乡镇和56个县直部门的审计监督。局长席荣俭，副局长靳四海、陈鸿雁、杨青洲。

审计成果　2000年共审计32个项目，查出违纪违规行为金额1767.12万元，追还被侵占挪用资金286万元，收缴及罚款237.29万元。

【安阳市审计局】2000年，共有在职干部、职工69人，其中大学本科学历25人，大专学历26人，局长李俊安，副局长常建合、李庆祥、张玉申。设有办公室、综合科、人事教育科、审计管理科、法制科、机关党总支、财政金融审计科、固定资产投资审计科、行政事业审计科、农业审计科、工业交通审计科、商粮贸审计科及开发区审计分局等部门。

审计成果　全年共审计单位和项目123个，收缴财政1100万元，减少财政拨款或补贴1082万元，追还被侵占挪用资金208万元，提交各类信息和审计报告143篇，被党政领导和上级审计机关采用、批示39篇。

完成上级交办任务　重点搞好本级预算执行审计，揭示在预算执行、基本建设投资、行政收费等19个方面违背《预算法》和有关财经法规的问题，提交的预算执行情况审计报告，受到市人大常委会的肯定。高质量地完成审计署和省厅两级授权项目，对安阳市电业局、石油公司等中央和省属单位进行了审计，核实了上述两家省属企业拖欠地方财政收入共计8800多万元，发挥了审计部门在地方经济建设中的作用。不断强化机关事业单位审计，接受市委、市政府委托，先后对党政群机关的招待费、会议费、五路一桥工程项目、安阳宾馆追加投资、市文化宫上访案件落实、安阳党校群众上访案件等65个项目进行了审计和审计调查落实，受到市委、市政府领导的肯定和好评。

经济责任审计　开展了经济责任审计试点，通过审计，客观公正地评价了责任人任期内的功过是非，为组织部门正确使用企业领导人提供了依据，为下一步开展经济责任审计积累了经验。

【安阳市北关区审计局】现有干部职工7人，设有办公室、行政事业审计股和财政金融审计股，负责对全区7个街道办事处和58个区直部门的审计监督。局长吕平生，副局长张平生、张欣萍。

审计成果　2000年共完成对本级预算执行情况和招待费情况的审计、对北关区法院和质量技术监督局1999年度财务收支审计；完成了区委交办的对区科委、经贸委、洹北办事处领导干部的离任经济责任审计；完成了区政府交办的对北关区环卫处、教育系统、卫生防疫站等单位的财务收支审计，查出违纪违规行为金额669.9万元，上缴财政10万元。

【安阳市文峰区审计局】现有干部职工6人，负责对本级财政预算执行审计和区直所有行政事业单位财务收支审计监督。局长杜华堂，副局长王开顺、高秀琴。

审计成果　2000年共完成审计项目13项，审计单位26个，查出违纪违规行为金额80多万元，上缴财政50万元，为国家挽回经济损失7万元。提交审计工作信息6条，被区委、区政府和省、市审计机关采用4条。

【安阳市铁西区审计局】现有干部职工8人，设有办公室、财政金融审计科、行政事业审计科、基建工交审计科，负责对全区有关企业、部门和单位的审计监督。局长许海栓，副局长郭改凤。

审计成果　2000年共完成审计项目7项、审计单位34个，查出违纪违规行为金额600多万元，核减基建工程造价70多万元。通过实施经济责任审计，1名企业领导人员被追究刑事责任，为企业挽回了经济损失，严肃了财经法纪，维护了经济秩序。

【安阳市郊区审计局】现有干部职工12人，设有办公室、财金审计科、行政事业审计科、工交企业审计科，负责对全区5个乡镇和42个区直部门的审计监督。局长王常，副局长郭林兴、李海江、李维民。

审计成果　2000年完成审计单位24个。开展了对本区租赁业7个单位的纳税审计，上缴税款10万元；配合区纪检机关和财政部门完成了治理中小学乱收费检查、基本建设检查、水利专项资金检查和"双基"检查工作。指导内部审计机构完成审计项目46个，查出损失浪费金额3万元，促进增收节支4万元。

【林州市审计局】现有干部职工31人，设有办公室、行政事业审计科、财政审计科、固定资产投资审计科、商粮贸审计科和工交审计科，负责对全市17个乡镇81个市直部门的审计监督。局长郭河山，副局长宋继洲、李守文、李庄生、方成义。

审计成果　2000年共完成审计项目50个，查出违纪违规行为金额6405万元，促进增收节支1039万元。进一步突出了审计工作重点，深化了本级预算执行情况审计，固定资产投资审计取得新突破，加大了对全市乡镇财政决算审计力度，查处了各类违纪违规问题，促进加强了经费管理。再次被省委、省政府命名为省级文明单位。

【安阳县审计局】现有干部职工54人，设有办公室、综合股、行政事业审计股、企业审计股、财政金融审计股、基本建设审计股和经济责任审计办公室，负责对全县24个乡镇和66个县直部门、企业的审计监督。局长李明顺，副局长郭大保、袁学文，纪检组长程海生。

审计成果　2000年完成审计项目40个，查出违纪违规行为金额1200万元，增加财政收入199万元，追还被侵占挪用资金632万元。内部审计完成审计项目210个，查出有问题资金91万元，为集体挽回经济损失140万元。查出了"天灵公路"项目多列工程款和马投涧乡计生办主任坐支计生费80万元等违法违纪案件。

【滑县审计局】现有干部职工21人，设有办公室、行政事业审计股、财政金融审计股、工交审计股、商粮贸审计股、固定资产审计股，负责对全县22个乡镇74个县直部门的审计监督。局长王少刚，副局长梁正佩、李月珍、李景胜（兼总审计师）、张国盟。

审计成果　2000年共完成审计和审计调查单位（项目）45个，查出违纪违规行为金额3533.78万元，上缴财政320.49万元，归还原资金渠道235.9万元，责令调整账项233.31万元，纠正金额2043.55万元。对11个乡镇财政决算进行了审计，查出违纪违规行为金额1653.97万元，收缴财政56.45万元。根据县委、县政府的要求，对26个行政事业单位领导干部进行了届中经济责任审计，查出违纪违规行为金额202.83万元，查出小金库1个，依法进行处理处罚182.96万元，移交纪检监察部门案件1件。对10个行政事业单位及国有企业进行了财务收支审计，查出违纪违规行为金额308.59万元，收缴财政66.73万元，归还原资金渠道35.7万元。

【内黄县审计局】现有干部职工20人，设有办公室、财政金融审计科、行政事业审计科和基本建设审计科，负责对全县17个乡镇和104个县直部门的审计监督。局长常水堂，副局长王顺安、王宝林。

审计成果　2000年共完成审计项目12个，查出违纪违规行为金额325.89万元，上缴财政75万元，追还被侵占挪用资金33.93万元。

【汤阴县审计局】现有干部职工17人，设有办公室、行财基建审计股、商贸审计股、工交审计股，负责对全县10个乡镇和78个县直部门的审计监督。局长武学忠，副局长苏天才、梁洪现、李大元、吴光平。

审计成果　2000年共完成审计26项，查出违纪违规行为金额920万元，上缴财政12万元，追还被侵占挪用资金36万元，查出小金库2个计75万元，协助有关部门查处经济案件一起，在促进经济快速健康发展等方面发挥了较大作用。完成了县委、县政府交办任务，审计单位56个。内部审计机构全年共审计单位245个，提出合理化建议117条，纠正违纪违规行为金额52万元，查处损失浪费金额21万元，建议给予行政处分3人。

【濮阳市审计局】 2000年，有在职干部、职工61人，其中大学本科学历23人，大专学历26人，局长史光轩，副局长李保国、宋伯迅、丁同海，设有办公室、综合审计科、财政金融审计科、基建投资审计科、工业交通审计科、商粮贸审计科、外资农水审计科、行政事业审计科和审计科研培训所等部门。

审计成果 共审计单位和项目61个，查出违纪违规行为金额2.2亿元，其中上缴财政261万元，追还被侵占挪用资金2412万元，向纪检、监察机关移送案件线索2起；共编发审计信息、提交综合审计报告、审计调查报告60篇。

完成上级交办任务 通过对市本级1999年财政预算执行情况审计及对台前、濮阳两个县级财政决算审计，查出违纪违规行为金额7775万元，上缴入库150多万元，归还原资金渠道1752万元；对市第三条濮清南、金堤河、濮水河治理工程和城建资金进行了审计，查出违纪违规行为金额2692万元，审减工程造价300多万元；通过对濮阳市利用世界银行贷款项目审计和利用外国政府贷款项目审计调查，查出有问题资金930多万元；对濮阳县、范县1997—1999年度扶贫资金进行了审计，查出有问题资金4470万元；对市城区计划生育部门和市公安、质量技术监督、环境保护等执收执罚部门的审计，查出有问题资金1310万元；通过对市农机公司、濮阳大磨坊面粉有限公司、市飞龙汽车运输集团有限公司的审计，摸清了企业家底，核实了盈亏，为促进国有企业深化改革和摆脱困境发挥了作用。

内部审计 全市建立内部审计机构133个，内审人员274人，全年审计365个项目和单位，查出损失浪费金额662万元，促进增收节支519万元，纠正违规资金800余万元。

经济责任审计 全年共对180个行政事业单位、60多个乡镇（街道办事处）领导干部、30多个国有企业领导人员进行了经济责任审计。各级党委、政府和有关部门参照审计结果，对35名领导干部和领导人员给予了党纪、政纪等处分，对3个单位进行了通报批评，责令20个单位限期整改。

【濮阳市市区审计局】 现有干部职工16人，设有财税金融审计股、行政事业审计股、基建投资审计股、法制教育审计股、经济责任审计股和办公室，负责对全区4个乡镇7个街道办事处和40多个区直属部门的审计监督。局长王青竹，副局长李传居。

审计成果 2000年共完成审计项目25个，延伸审计单位90多个，查出违纪违规行为金额4000多万元，上缴财政10多万元，入库率100%，提出合理化建议68条。

【濮阳县审计局】 现有干部职工51人，设有办公室、法制股、行政事业审计股、商粮贸审计股、工交审计股、财金审计股、农水审计股、基建审计股和教培中心，负责对全县22个乡镇、100余个县直部门的审计监督。局长张朝斌，副局长赵军民、李振华、李桂兰、刘玉芳。

审计成果 2000年共完成审计（调查）项目141个，共查出违纪违规行为金额15144万元，上交入库金额51万元，归还被挤占挪用资金84万元，同纪委、监察等部门配合查处各种经济案件5起，提交审计报告116篇、信息61篇，有22篇被地方党政领导和上级审计机关批示采用。积极完成上级审计机关下达的审计计划项目，共完成22项，查出违纪资金6100万元，提出审计建议53条，为国家宏观经济管理提供了服务。积极开展经济责任审计，共完成经济责任审计项目90个。通过开展年度经济责任审计，分清了领导干部的经济责任，查清了企业家底，并对重点违纪问题进行了处罚，对带有普遍性、倾向性的问题向县委如实进行了反馈，提出了宏观管理建议。完成县委、县政府交办任务5项，审计清理单位16个。

【南乐县审计局】 现有干部职工40人，设有办公室、综合股、财政金融审计股、工交基建审计股、行政事业审计股、商粮贸审计股，负责对全县12个乡镇和56个县直部门的审计监督，局长李留魁，副局长杜海林、李宪斋、赵路成、申桃恩。

审计成果 2000年共完成审计项目18项，其中署定项目5项，省定项目4项，审计单位34个，查出违纪违规行为金额6229万元，依法入库30万元。

【台前县审计局】 现有干部职工16人，设有办公室、财政金融审计股、工商企业审计股、行政事业审计股、基建审计股，负责对全县7乡2镇和70余个县直部门的审计监督。局长岳喜阔，副局长葛文福、付山寅，纪检组长王福堂，总审计师张欢寅。

审计成果 2000年共完成审计项目32个，查出违纪违规行为金额2000余万元，上缴财政29.7万元，提出合理化建议128条。根据县委、县政府安排，对县广播局、公路段、司法局、统计局、人民医院等县直15个单位开展了领导干部任期经济责任审计。

【清丰县审计局】现有干部职工67人，设有办公室、行政事业审计股、文教卫审计股、财政金融审计股、工业交通审计股、商粮贸审计股、基本建设投资审计股、审计咨询服务中心和五个乡镇中心审计所，负责对全县112个县直部门及县辖18个乡镇的审计监督。局长朱志钦，副局长王聚彬、岳志先、王贵方、李社鹏。

审计成果　2000年共完成审计（调查）项目单位52个，查出违纪违规行为金额1413万元，上缴财政26.8万元，向上级审计机关和县领导提交审计工作（调查）报告6篇，提出合理化建议209条。开展了本级预算执行情况审计，突出了对预算外资金、支农资金、国外援贷款资金、信贷资金等重点资金的审计。通过审计，摸清了财政家底，揭露了存在问题，并针对审计情况分别向县人大、县政府提交了审计工作报告和审计结果报告。开展了对柳格、城关等9个乡镇的财政决算审计。对农业综合开发四期项目、世行贷款二期灌溉项目、洪涝救灾款等专项资金的管理、使用情况进行了审计；对社保欠费统筹资金进行了扩面审计调查；对公安、文教、卫生、交通、粮食、医药等系统及市有机化工厂、二制药厂等单位的财务收支情况进行了审计，揭露了存在问题，找出了问题症结，作出了客观处理，提出了改进性建议。根据县委、县政府工作安排，完成了对11名正科级干部的离任审计；配合纪检、监察等部门对有问题的部分农村账务进行了审查；对阳邵乡各行政村的账务进行了全面审计，帮助其建账立制，培训财会人员，同时也抑制了损失浪费，达到了标本兼治的目的。

【范县审计局】现有干部职工27人，设有办公室、财政金融审计股、行政事业审计股、商粮贸审计股、工交审计股，负责对13个乡（镇）和县直104个部门的审计监督。局长王佑民，副局长弓传辉、范淑敏、付心畔，纪检组长张立新。

审计成果　2000年共完成审计调查项目22个，共查出违纪违规行为金额304万元，上缴财政17万元，提交审计报告17篇。积极做好文明单位创建工作，4月份被濮阳市委、市政府命名为市级文明单位，5月份被濮阳市委、市政府命名为社会治安综合治理模范单位，被县委、县政府命名为党风廉政建设先进单位。

【许昌市审计局】2000年，共有在职干部职工52人，其中大学本科学历12人，大专学历30人，局长何钦正，副局长樊建祥、司福林、曹颖建，纪检组长刘怀亮。设有办公室、法制综合科、人事教育科、财政金融审计科、工交外资审计科、固定资产投资审计科、商贸审计科、行政事业审计科、监察室、科研培训所等部门。

审计成果　全市共审计单位和项目416个，查出违纪违规行为金额45726万元，上缴财政金额1290万元。市局审计65个单位和项目，查出违纪违规金额26141万元，应上缴财政金额577万元。

完成上级交办任务　完成市委、市政府交办审计任务12项。按照市委、市政府部署，对“银企”集团所属河南21世纪矿泉水有限公司的资产进行了审计，核实了公司资产情况，调整、纠正会计差错和舞弊金额2000万元，审减某施工单位虚报债权41.5%，提交了有情况、有分析的审计结果报告，为市委、市政府处理“银企事件”赢得了时间，减少了银企集团集资户的资金损失，为社会大局稳定作出了贡献。

【许昌市魏都区审计局】现有干部职工13人，设有办公室、行政事业审计股、工商企业审计股、财政金融审计股，负责对全区10个乡办和55个区直部门的审计监督。局长孙俊贤，副局长李春娥、刘延保，纪检组长孙舟丽。10月，孙俊贤同志调离，由刘延保副局长任党组副书记，主持全局工作。

审计成果　2000年共审计单位和项目31个，查出违纪违规行为金额2348万元，追还被侵占挪用资金546万元，上缴财政6万元。在对区本级1999年度财政预算执行和其它财政收支情况审计中，发现财政部门虚列支出等违规金额608万元，地税部门提高比例多计提代征代扣手续费等违规金额19万元，共计627万元。在对区人民法院1998－2000年7月财务收支情况审计中，发现账外账777万元，坐支截留上缴财政专户资金279万元，违规支出诉讼费219万元，私设小金库40万元及其它违纪资金343万元，共计1658万元。区委就区人民法院严重违反财经纪律问题向全区发了通报。

【长葛市审计局】现有干部职工72人，设有财金审计科、工交审计科、商粮贸审计科、行政事业审计科、固定资产投资审计科、经济责任审计科、综合办公室和3个乡镇审计所。局长曹全民，副局长柴琛聚、张朝林，纪检组长郭水池，工会主席宋百科。

审计成果　2000年共完成审计单位和项目52个，查出违纪违规行为金额37260万元，增加财政收入166万元，促进增收节支670万元，提高经济效益360万元，提供综合报告、审计信息36篇。

【许昌县审计局】现有干部职工32人，设有办公室、行政事业审计股、工交审计股、财政金融审计股、商贸审计股和固定资产投资审计股，负责对全县16个乡镇和52个县直部门的审计监督。局长王留志，副局长张旗标、杨新德、郭俊岭、于保泺。

审计成果 2000年共完成审计单位和项目73个，查出违纪违规行为金额1694万元，上缴县财政91万元。

【鄢陵县审计局】现有干部职工29人，设有办公室、行政事业审计股、工交审计股、财政金融审计股、商贸审计股和固定资产投资审计股，负责对全县12个乡镇和48个县直部门的审计监督。局长段金鹏，副局长张国勤、赵延伟、刘海彪。

审计成果 2000年共完成审计单位和项目110个，查出违纪违规行为金额960万元，上缴县财政金额165万元。

【襄城县审计局】现有干部职工39人，设有办公室、行政事业审计科、乡镇审计科、财金审计科、工交审计科和基建审计科，负责对全县16个乡镇和38个县直部门的审计监督。局长周新明，副局长李栓紧、赵萍、王国文。

审计成果 全年完成25个审计项目，查出违纪违规行为金额1200多万元，组织财政收入20万元。在审计过程中，对查出的未及时解缴预算内、外资金，挤占挪用专项资金、超支、虚列、滥发福利补助、使用不合规票据等违反财经法规的问题，依法作出了处理，对带有倾向性、普遍性的问题提出了综合报告。

【漯河市审计局】2000年，共有在职干部、职工48人，其中大学本科学历7人，大专学历32人，局长张栓紧，副局长李卫民、王国干，纪检组长张宝珍。设有办公室、法制综合科、财政金融审计科、行政事业审计科、固定资产投资审计科、工业交通审计科、商粮贸审计科、外资运用审计科、农林水审计科、社会保障审计科等部门。

审计成果 共完成审计单位和项目370个，查出违纪违规行为金额8.68亿元，收缴财政1819万元，追还被挪用专项资金1781万元。向市委、市政府和上级审计机关提交审计报告、审计要情、信息473篇，被批示、采用274篇。

完成上级交办任务 重点组织实施了财政预算执行情况审计，县级财政决算审计；教育、卫生、技术监督、广电、粮食等系统财务收支审计；银鸽、磷肥、针织、电厂等企业的资产负债损益情况审计；农业开发、养老失业保险、环保、救灾等专项资金管理使用情况审计；体育村、107国道、高速公路连接线、安居二期工程、高新区小学以及漯河小学等工程概预算审计。

内部审计 全市共设立内审机构170个，其中专职机构101个。配备内审人员371人，其中专职人员211名。全市内审机构共审计单位及项目808个，纠正有问题资金1753万元，促进增收节支486万元。

经济责任审计 对14名党政领导和国有企业及控股企业领导人进行了经济责任审计，查出违规行为金额548万元。

【漯河市源汇区审计局】现有干部职工42人，设有总师室、办公室、财金审计科、行政事业审计科和经济责任审计科，负责对全区4个乡镇、4个办事处和46个区直部门的审计监督。局长丁学谦，副局长魏聚坤、胡凯、肖文鼎。

审计成果 2000年共完成审计项目36个，审计资金总额188506万元，查出违纪违规行为金额7267万元，上缴财政316万元，追还被挪用资金340万元，责令纠正资金6610万元，挽回企业经济损失60万元，提出合理化建议29条，促进企业提高经济效益110万元；向区委、区政府和上级审计机关提出审计报告及专题信息51篇，被采用42篇。

【郾城县审计局】现有干部职工68人，设有办公室、综合股、财金审计股、行政事业审计股、商贸审计股、工交审计股、基建审计股、农林水审计股、固定资产投资审计股和3个乡镇审计中心所，负责对全县18个乡镇和90多个县直部门的审计监督。局长李永林，副局长王庆海、赵亮恒、芮春正、卢顺成。

审计成果 2000年共完成审计项目147个，审计资金总额6.4亿元，查出违纪违规行为金额3456万元，收缴违纪违规行为金额近90万元，为国家挽回经济损失320多万元，移交纪检监察、司法部门案件5起，涉及22人。为上级党政机关提供宏观报告14篇，被批转和采用8篇。提供各类审计信息96篇，被批转和采用49篇。提出合理化建议170余条，被采纳110余条。获省级文明单位、省级卫生先进单位称号。

【临颍县审计局】现有干部职工46人，设有办公室、综合股、财金商贸审计股、行政事业审计股和工交基建审计股，负责对全县15个乡镇和60个县直部门的审计监督。局长晁国顺，副局长杨英培、蔡彦杰、尹银岭，纪检组长张发民。

审计成果 2000年共完成审计项目71个，其中省定审计项目4个，市定审计项目47个，共查出违纪违规行为金额4662万元。向各级党政领导和新闻媒体上报综合报告、科研论文、先进经验材料、宣传信息

95篇，被采用75篇。

【舞阳县审计局】现有干部职工23人，设有办公室、经济责任审计股、工交审计股、财贸审计股和行政事业审计股，负责对全县14个乡镇和70个县直部门的审计监督。局长杨松林，副局长张文斌、王任、郭晓军、郑一飞，纪检组长张蜀敏。

审计成果 2000年共审计90个单位，查出违纪违规行为金额8000多万元，追还被挪用专项资金224万元，向县人大、政府提交综合审计情况报告6篇，被采用4篇。向上级审计机关和有关部门提供审计信息等近百篇，被采用40篇。保持了省级文明单位称号。

【三门峡市审计局】2000年，共有在职干部、职工46人，其中大学本科学历7人，大专学历30人，局长刘心初，副局长胡民举、周国谦、彭凤珍，纪检组长张玉林，总审计师刘树军。设有办公室、综合科、工交审计科、财金审计科、固定资产投资审计科、商贸审计科、行政事业审计科等部门。

审计成果 全年共审计单位和项目169个，查出违纪违规行为金额30723万元，应追还被侵占挪用资金2309万元，应减少财政拨款或补贴243万元，上缴财政259万元。对市信托投资公司成立13年来的资产、负债、损益状况进行了清查审计。经审计核实，该公司资产1.9亿元，负债4.24亿元，实际亏损2.3亿元，账外累计资金5600万元，对一些严重问题移交专案组查处，并及时向市政府提交了清查审计情况报告，为市委、政府科学决策提供了可靠依据。根据市委、政府要求，对市重点建设项目——洛三高速公路峡东连接线及三门峡市火车站广场改造工程进行竣工决算审计，受到市政府领导的重视和肯定。对1999年度市属企业职工基本养老保险扩大覆盖面及2000年企业职工养老保险基金收支预测的审计调查，认真分析了未完成扩面征缴任务的原因和影响养老保险金征缴的主要因素，提出了切实可行的建议。对全市第四期农业综合开发资金的使用、投放、管理和效益情况进行了审计，发现项目单位存在的配套资金应配未配、专项贷款没有落实到位、资金滞留未拨付使用、自筹力度不足、部分子项目未实施完工、资金管理不统一等问题，提出了有针对性的审计建议。年度综合考评，再次被省委、省政府授予省级文明单位称号。

【三门峡市湖滨区审计局】现有干部职工7人，设有办公室、行政事业审计股、财金审计股、工交审计股，负责对全区5个乡镇、5个街道办事处和30个区直部门的审计监督。局长张省民，副局长张建新、苗雨兴。

审计成果 2000年共完成审计单位和项目18个，查出违纪违规行为资金1638万元，配合财政、监察、纪检等部门查处各种经济案件9起，上缴财政5.2万元。完成区委、区政府临时交办工作任务4项。对17名党政领导干部进行了经济责任审计，查出违纪违规行为金额1200多万元，上缴财政3.6万元。完成工程决算审计项目4项，审减金额114万元。

【义马市审计局】现有干部职工15人，设有办公室、财税金融审计科、行政事业审计科、企业基建审计科，负责对全市2个乡镇、4个街道办事处和40个市直部门的审计监督。局长靳雪保，副局长李健平。

审计成果 2000年共完成审计单位和项目48个，查出违纪违规行为金额1517万元，上缴财政16万元。审计基本建设资金总额10120万元，审减工程资金420万元。被三门峡市审计局授予“优秀单位”称号。作为经济责任审计工作先进典型，参加了全省经济责任审计工作会议，并介绍了先进工作经验。

【灵宝市审计局】现有干部职工18人，设有办公室、财政金融审计科、行政事业审计科、商贸审计科、工交审计科、基建审计科，负责对全县17个乡镇和40个县直部门的审计监督。局长张宏森，副局长马来功、建守强、张占鳌。

审计成果 2000年共完成审计单位和项目29个，查出违纪违规行为资金4293万元，上缴财政资金11万元。对本级预算执行情况审计，审计核增财政收入984万元，审计调减财政支出671万元，共增加财政资金1655万元。对13名党政领导干部和企业领导人员进行了经济责任审计，加强了对领导干部的监督，促进了干部制度的改革。

【渑池县审计局】现有干部职工13人，设有办公室、行政事业审计股、企业审计股，负责对全县10个乡镇和40个县直部门的审计监督。局长聂群彦，副局长郭玉贤、张晓波，纪检组长席智。

审计成果 2000年共完成审计项目14项，查出违纪违规行为金额986万元，为国家和单位挽回经济损失314.5万元。在本级预算执行情况审计中，重点审查了财政资金分配和资金管理使用中不真实、不规范的问题和有税不征、越权违规减免税、清理欠税不力以及税源管理薄弱、造成税款流失等问题，查出违纪违规行为金额195万元，提出整改意见6条。完成基本建设预决算审计12项，核减工程资金268万元。

【卢氏县审计局】现有干部职工14人，设有办公室、行政事业审计股、工交审计股、财金审计股，负责对全县19个乡镇和43个县直部门的审计监督。局长李彦山，副局长张伟、刘阳群、段双虎。

审计成果 2000年共完成审计单位和项目18个，查出违纪违规行为金额6260万元，上缴县财政165万元。开展了本级预算执行情况审计和乡级财政决算审计，重点纠正了财政分配和资金管理使用中不真实、不规范等问题，保障财政收支的真实可靠，促使严格执行预算法。对失业保险基金征收、管理、使用情况，国有企业两费欠缴情况进行了审计和审计调查，核实欠费数额，查明欠费原因，为提高社会保险费的收缴率提供了依据。对省审计厅授权项目卢氏县烟草公司1999年度财务收支进行了审计，查出超标准升溢、欠缴所得税、违反规定销售卷烟、非法销售末级烟及碎烟、挤占成本费用等违纪资金5062万元，上缴财政133万元。

【陕县审计局】现有干部职工14人，设有办公室、财政金融审计股、行政事业审计股、企业审计股，负责对全县17个乡镇和43个县直部门的审计监督。局长杨遂增，副局长张留群、刘建刚，总审计师李建勋。

审计成果 2000年共完成审计单位和项目28个，查出违纪违规行为金额869.4万元，上缴财政239.5万元。编发信息14条，向各级党政领导机关提供综合报告或信息9份。通过对财税部门的审计，共发现违纪违规金额336.6万元，增加财政收入62.7万元。对9名党政干部和企业领导人员进行了离任审计，其中在对某局局长的离任审计中，根据职工举报线索，一次查出两起贪污公款案件，除追缴全部赃款外，分别移送司法、监察部门，分别给予刑事、政纪处分。被省委、省政府授予省级文明单位称号。

【南阳市审计局】2000年，共有在职干部、职工103人，其中大学本科学历58人，局长王玉璞，副局长王自全、方向、马晋豫、胡铁铮，纪检组长庄平斌。

审计成果 全年共审计762个单位，查出违规违纪行为金额110917万元，上缴财政5641万元，归还原渠道资金5727万元，减少财政拨款或补贴金额921万元，促进增收节支1946万元，协助有关部门查出经济犯罪案件3件，建议纠正地方部门不当规定6条。

完成上级交办任务 根据南阳市人大的要求和市政府的安排，统一开展了对市本级1999年度预算外资金的审计。共完成对市直41个部门、232个单位的审计，查出违规违纪行为金额11730.2万元，收缴财政1871.4万元，罚款69.43万元，归还原渠道资金2030.43万元，责令退还单位或个人2232万元，并依法对审计中发现的涉及计划、教育、公安部门的11个有关问题，移交纪检或其主管部门处理。在市人大会议上，市审计局局长王玉璞受市政府委托向会议作了预算外资金审计报告，受到了委员们的一致好评。

经济责任审计 全市审计机关大多数建立了经济责任审计联席会议制度，发布了党政领导干部、企业领导干部的任期经济责任审计实施办法。全年完成经济责任审计15个单位，其中党政领导干部14人、国有企业及控股企业领导人员1人，共查出违规违纪行为金额2120万元，查出有个人经济问题的2人，有关部门利用审计结果，2人被晋升，2人被免职，1人被降职。

【南阳市卧龙区审计局】现有干部职工37人，设有办公室、财政金融审计科、行政事业审计科、工商企业审计科和固定资产投资审计科。负责对全区15个乡镇、办事处和67个区直部门的审计监督。局长李永才，副书记林宗照，副书记、纪检组长高炳武，副局长黄朝喜、任永良、李金榜、柏高树、吴勇才，总审计师王定基。

审计成果 2000年共完成审计项目72个，共查出违规行为金额1374万元，上缴入库419万元，为全区的经济发展做出了积极的贡献。

【邓州市审计局】现有干部职工19人，设有行政事业审计科、财贸审计科、工交基建审计科和办公室，负责对全市29个乡镇和78个市直部门的审计监督。局长韩焕业，副局长王国云、武圣阁、尚荣军，党组副书记郭荣甫。

审计成果 2000年共完成审计单位和项目45个，查出违纪违规行为金额4786万元，收缴入库752万元，追回被挤占挪用专项资金203万元。在对全市预算外资金审计检查中，发现并移交案件线索2起；向上级审计机关和市委、市政府提交各类宏观报告20篇，被采纳转发16篇。

【桐柏县审计局】现有干部职工24人，设有行政事业审计股、财政金融审计股、商贸工交企业审计股、固定资产投资审计股和综合办公室，负责对全县16个乡镇和所有县直部门的审计监督。局长高亭，副局长李明奎、金启山、逮长伟。

审计成果 2000年共完成审计单位和项目28个，查出违纪违规行为金额1534万元，收缴财政84万元，提出合理化建议117条，提交审计工作报告、信息和宣传稿件被采转40篇（条）。完成领导干部任期经济责任审计14人。继续保持了省级文明单位称号。

【方城县审计局】现有干部职工27人，设有综合股、办公室、财金审计股、行政事业审计股、企业审计股、基建审计股，负责对全县16个乡镇和68个县直部门的审计监督。局长郭松延，副局长王国廷、崔慧敏。

审计成果 2000年共完成审计单位和项目52个，查出违纪违规行为金额5447万元，上缴财政金额417万元。提交的宏观情况报告被县委、政府和上级审计机关采用转发7篇，提交的审计信息和审计报道稿件被采转65篇。

【淅川县审计局】现有干部职工32人，设有办公室、行政事业审计股、财政金融审计股、工业交通审计股、商业外贸审计股、基建投资审计股和农林水审计股，负责对全县16个乡镇和178个县直单位的审计监督。局长贾保三，副局长全金河、叶绍仁，副书记冯同林。

审计成果 2000年共完成审计单位和项目101个，查出违纪违规行为金额7842万元，收缴县财政183万元，促进增收节支546万元。提交审计信息及审计专题报告65篇，被省、市、县各级采转46篇。

【镇平县审计局】现有干部职工51人，设有办公室、财金审计股、行政事业审计股、工交审计股、商粮贸审计股和经济责任审计股，负责对全县23个乡镇和81个县直单位的审计监督。局长李英华，副局长杨晓军、王富信，党总支副书记刘喜文。

审计成果 2000年共完成审计单位项目12个，查出违纪违规行为金额3716万元，审计罚款57万元，追还被侵占挪用资金889万元，上缴财政金额144万元。局长李英华在全省开展的“争做人民满意公务员”活动中，被评为先进个人，被省政府荣记一等功。连续九年保持省级文明单位称号。反映李英华同志先进事迹的《审计前哨写辉煌》的通讯报道被《中国审计报》、《南阳日报》刊登。反映宋崇申和赵化同志事迹的通讯报道在《中国审计报》发表。

【唐河县审计局】现有干部职工36人，设有办公室、财政金融审计股、行政事业审计股、工商企业审计股、基本建设审计股、法制审理股。负责对全县20个乡镇和186个县直部门的审计监督。局长周兰清，副局长相瑞、毕震九。

审计成果 2000年共完成审计单位和项目166个，查出违纪违规行为金额2841万元，收缴财政467万元，追还被侵占挪用资金14万元。提交审计报告、审计调查报告、审计信息、宣传报道稿件107篇（条），被批转采用89篇（条）。完成了上级审计机关以及县委、县政府交办的救灾款物使用和管理情况审计、节水灌溉项目资金审计、减轻农民负担情况、养老保险金征收管理、发放使用情况以及最低生活保障线制度实施情况大检查等10项临时任务。

【南召县审计局】现有干部职工18人，设有行政事业审计股、财金审计股、企业审计股、基本建设审计股、经济责任审计股、办公室，负责对全县16个乡镇和县直各部门的审计监督。局长席长富，副局长张广全、张佩玲、谭天德，纪检组长任贵风。

审计成果 2000年共完成审计单位和项目35个，查出违规行为金额4335万元，上缴财政131万元，应归还原渠道资金72万元。发现大案要案线索2个，协助县纪检、监察、信访部门查处经济案件5起，并移交到有关部门。为被审单位提合理化建议215条，撰写工作报告9篇，提交信息和新闻稿件44篇，被各级采用25篇。

【内乡县审计局】现有干部职工24人，设有办公室、行政事业审计股、财政金融审计股、企业审计股、固定资产投资审计股、经济责任审计股，负责对全县16个乡镇和96个县直部门的审计监督。局长于千里，副局长杨文秀、姚文清、李文群，纪检组长何保国。

审计成果 2000年共完成审计单位86个，查出违规违纪行为金额5789万元，调整增加县、乡两级财政收入1792万元，应收缴财政83万元，罚款60万元，追还被侵占挪用资金1300万元。向纪委、监察、司法机关等移交案件线索2件。向县委、县政府和上级审计机关及新闻媒体提交审计工作报告、信息95篇，被批示采用74篇。特别是开展农村财务审计、减轻农民负担的做法，受到了社会各界一致好评，河南电视台2000年9月26日对此进行了专题报道。开展党政领导干部和企业领导干部任期经济责任审计工作也取得了显著成效，在全省经济责任审计工作会议上介绍了经验。

【新野县审计局】现有干部职工22人，设有财政金融审计股、行政事业审计股、工业交通审计股、商粮贸审计股、办公室和农村审计服务中心，负责对全县14个乡镇和118个县直部门的审计监督。局长王云长，副局长王长清、贾永俊、徐献礼，党组副书记、纪检组长黄占文。

审计成果 2000年共完成审计单位和项目64个，查出违纪违规行为金额1213万元，上缴财政152万元，向被审计单位提供审计建议76条。同县纪检、监察、信访等部门配合，解决群众上访问题2起，为社会稳定发挥了积极作用。审计宏观报告、审计信息被上级审计机关及县委、政府采转16篇，其中《我们是怎样开展党员示范岗活动的》被《中国审计报》转发。

【社旗县审计局】现有干部职工65人，设有办公室、工业交通审计股、财金商粮贸审计股、行政事业农林水审计股和审计所，负责对全县18个乡镇和县直部门的审计监督。局长张恒全，党组书记、副局长韩亚洲，副局长张全岐、周金泽，纪检组长史保文。

审计成果　2000年共完成审计项目90个，查出违纪违规行为金额2077万元，上缴财政61万元，同县纪检、监察、信访等部门配合查出各种经济案件3起，共提交审计报告5篇。完成县政府交办审计任务6项，审计清理单位72个。开展了对县直26个部门的66个单位“收支两条线”和“三项清理回头看”检查，规范了收支两条线管理。

【西峡县审计局】现有干部职工26人，设有办公室、财政金融审计股、工交基建审计股、行政事业审计股、商贸审计股、农林水审计股。局长张志勇，书记王祖章，副局长孙文正、于京，纪检组长袁海宽。

审计成果　2000年共完成审计项目48项，审计单位170个，共查出违纪违规行为金额1468万元，上缴财政133万元。共提交审计报告63篇，被县政府转发5篇，编写各类审计信息26篇（条）。

【商丘市审计局】2000年，共有干部、职工52人，其中大学本科学历10人，大专学历33人，局长翟建国，副局长王永光、董其堂、李杰，纪检组长孔祥元。设有办公室、综合科、监察室、科研培训中心、财政审计科、金融审计科、行政事业审计科、工交审计科、商贸审计科、基建投资审计科、农水外资审计科等部门。

审计成果　共完成审计单位和项目531个，查出违纪违规行为金额7.5亿元，归还被侵占挪用资金5918万元，上缴财政7797万元，比上年增加416万元，促进增收节支2479万元。向省审计厅及市委、市政府提交审计工作报告、信息523篇，被批示采用323篇。在对本级预算执行审计中，查出违纪违规行为金额4028万元，审计结果报告受到市人大、市政府领导同志的高度评价和充分肯定。加大了大案要案查处力度，共向纪检、监察、司法机关移交涉嫌经济犯罪案件17起，处理13人。

内部审计　内部审计工作力度大、效果好，共查出损失浪费资金7000万元，促进增收节支6500万元。

经济责任审计　全年共对89名党政领导干部和企业领导人员进行了经济责任审计，有关部门运用审计成果，提拔12人，免职1人，受党政纪处分1人，被移送司法机关查处1人。3月，市审计局和宁陵县审计局代表河南省审计机关参加了全国经济责任审计工作座谈会。市审计局被省委、省政府命名为“省级文明单位”。

【商丘市梁园区审计局】现有干部职工37人，设有办公室、工交审计科、农业审计科、行政事业审计科、商贸审计科、财金审计科、投资基建审计科和内审指导科，负责对全区19个乡镇和50个区直部门的审计监督。局长孔岩峰，副局长王新民、李凤英，纪检组长吴广福，总审计师崔明。

审计成果　2000年共完成审计（调查）项目23个，审计单位119个，查出违纪违规行为金额20615.4万元，收缴罚款110万元，增加财政收入276万元。进一步深化了本级预算执行审计，查出违纪违规行为金额905万元，审增财政收入135万元。认真开展了经济责任审计工作，对11位党政领导干部和企业领导人员进行了经济责任审计。

【商丘市睢阳区审计局】现有干部职工69人，设有办公室、综合法制股、行政事业审计股、财金基建审计股、工交审计股、商贸审计股和3个中心审计所。局长冯维加，副局长周长江、李艳、陈光，纪检组长朱传兴。

审计成果　2000年共完成审计单位和项目225个，查出违纪违规行为金额6802万元，上缴财政362万元，移交经济案件18起；提交审计报告、信息372篇；完成区政府交办任务69项。在本级预算执行审计中，共查出违纪违规金额1989万元。对43个领导干部任期经济责任进行了审计，查出违纪违规行为金额3621万元，出具了任期经济责任结果报告。全年共完成内部审计项目159个，纠正违纪违规金额7169万元，减少损失浪费5452万元。

【永城市审计局】现有干部职工72人，设有办公室、督察科、综合科、企业审计科、行财审计科、乡镇审计一科、乡镇审计二科、投资审计科，负责对全市30个乡镇和55个市直部门的审计监督。局长孙家安，副局长马心喜、刘怀勇、朱云、刘子芳、夏永锋，纪检书记闫秀杰，总审计师郑相华。

审计成果　共完成审计项目67个，查出违纪违规行为金额8000多万元，上缴财政384万元，促进增收节支1900万元，追还被侵占挪用资金600万元。在本级预算执行审计中，共审计和延伸审计预算执行单位16个，查出违纪违规金额3772万元，审增财政收入475万元，审减财政支出258万元，提出改善预算执行并被政府采纳的意见11条。大案要案查处力度大，向检察、公安移送经济案件8起。对14名党政领导干部进行了任期经济责任审计，结果有7人被提拔重用，6人平调，1人诫免。

【宁陵县审计局】 现有干部职工24人，设有办公室、经济责任审计办公室、中心所、财政金融审计股、行政事业审计股、基建审计股、企业审计股，负责对全县15个乡镇和52个县直部门的审计监督。局长郭勇，副局长王圣林、雍忠臣、王健，总审计师付华昌。

审计成果 2000年共完成审计单位和项目25个，查出违纪违规行为金额5352万元，增加财政收入520万元，超额完成招商引资65万元，提出合理化建议120条，为县委、县政府和上级审计机关提供宏观报告、论文及信息55篇，被采用33篇。在本级预算执行审计中，查出各类违纪资金841万元，审增财政收入450万元，上缴49万元。对3个离任的领导干部进行了任期经济责任审计，查出违规行为金额20万元，损失浪费20万元，个人经济问题15万元。局长郭勇同志获得省“五·一劳动奖章”。

【虞城县审计局】 现有干部职工59人，设有办公室、综合股、行政事业审计股、财金审计股、商贸审计股、基建投资审计股、工交审计股、监察执行室。局长张福荣，副局长许洪亮、许心社、李如森，纪检组长朱辉丽。

审计成果 2000年共完成审计单位和项目107个，查出违纪违规行为金额9738万元，上缴财政资金103万元，促进增收节支152万元。在本级预算执行审计中，查出违纪违规金额3703万元，审减财政支出603万元，审增财政收入34万元，查出预算执行单位截留预算外资金50万元、违规收取三乱资金20万元等问题。移交县纪委、监察局案件2起，受到党政纪处分4人。对35名党政领导干部进行了任期经济责任审计，查出违纪资金3620万元。根据审计结果，组织部门提拔重用2人，平调33人。内部审计工作成效突出，审计单位303个，查出违纪资金3218万元，促进增收节支77万元，追回被侵占挪用资金27万元，提出合理化建议416条。

【民权县审计局】 现有干部职工53人，设有工业交通审计股、财政金融审计股、商粮贸审计股、固定资产投资审计股、农林水审计股、行政事业审计股、办公室、综合股和3个中心审计所，负责对全县19个乡镇和38个县直部门的审计监督。局长吕志彬，副局长崔宪法、王爱国、张诗河、郭志起、徐爱玲，纪检组长任经广。

审计成果 2000年共完成审计单位和项目62个，查出违纪违规行为金额6764万元，上缴入库67万元；完成专题调查项目5个、上级交办工作任务8项，提出合理化建议22条。在本级预算执行审计中，查出违纪违规行为金额547.8万元，上缴财政43万元，提出改进工作建议5条。对24名县直单位一把手和乡（镇）党委书记、乡（镇）长进行了任期经济责任审计，为上级领导和组织部门提拔任用干部提供了重要依据。内部审计共审计项目187个，查出违纪违规行为金额184万元。再次被省委、省政府命名为省级文明单位。

【夏邑县审计局】 现有干部职工52人，设有办公室、工交审计股、金融审计股、行政事业审计股和4个中心审计所。局长曹升民，副局长夏敬明、张运昌、段传民、隋萍，纪检组长王治军，总审计师李远寨。

审计成果 2000年共完成审计单位和项目54个，查出违纪违规行为资金2751万元，上缴财政170万元，移交纪检部门查处1人，建议主管部门处理2人。全年共提交审计综合报告、审计信息187篇。在本级预算执行审计中，查出违纪违规资金196万元，上缴财政25万元；延伸审计12个预算执行单位，查出违纪违规资金243万元，上缴财政15万元。审计报告的深度和力度较往年有很大提高，受到县政府和县人大的肯定。内部审计全年共审计单位69个，查出损失浪费资金1791万元，查出违纪违规行为资金142万元，为企业和单位增收节支172万元；移交纪检检察机关查处1人。被河南省委、省政府命名为省级文明单位。

【柘城县审计局】 现有干部职工63人，设有办公室、综合股、财金审计股、行政事业审计股、工交审计股、商贸审计股、基建审计股和5个乡镇审计所，负责对全县23个乡镇和52个县直部门的审计监督。局长白玉东，副局长赵杭印、张殿龙、赵伟、张云忠，纪检组长吕良元。

审计成果 2000年共审计22个单位，查出违纪违规金额883万元，上缴财政58万元，撰写论文6篇、信息32条，提出合理化建议115条。在本级预算执行审计中，对1999年度财政预算情况及财政分配和资金管理使用中不真实、不规范问题进行了审计，查出有问题资金120万元，增加财政收入16万元，减少财政支出95万元，向县政府提出合理建议8条。对李原乡某会计贪污嫌疑案，进行了移送处理，涉嫌金额1.5万元。对2名党政领导干部进行了经济责任审计，审计结果被组织部门采纳，两名领导干部均受到提拔重用。

【睢县审计局】现有干部职工42人，设有办公室、工业审计股、商贸审计股、财金审计股、农业审计股、行政事业审计股。局长韩典启，副局长刘先书、刘金刚、闫在书、童金敬，纪检组长李海生，总审计师王要强。

审计成果 2000年共完成审计单位和项目89个，查出违纪违规行为金额3780万元，上缴财政150万元；配合有关部门查处经济案件10起。提交审计报告36篇。在本级预算执行审计中，查出违纪违规行为金额1601万元，上缴财政147万元。对3个乡镇党委书记、4个县直部门主要负责人、2个企业领导人员等9人进行经济责任审计，有关部门运用审计结果，提拔1人，免职1人。内部审计全年完成审计项目124个，查出违纪违规行为金额135万元。被省委、省政府命名为省级文明单位。

【信阳市审计局】2000年，共有在职干部、职工56人，其中大学本科学历38人，大专学历15人，局长柴明奎，副局长胡正庆、张固军，纪检组长王吉明。设有办公室、综合科、审计管理科、工商企业审计科、外资运用审计科、行政事业审计科、固定资产投资审计科、财税金融审计科、科研所等部门。

审计成果 共审计94个单位，查出违纪违规行为金额50706万元，其中决定处理处罚4697万元，指明要求纠正46009万元；应交财政1324万元，已交财政1240万元，归还原渠道资金3992万元；提交审计工作报告、信息83篇，被批示采用61篇。

完成上级交办任务 圆满完成了审计署确定的审计（调查）项目39项，省审计厅下达的审计（调查）项目11项，市委、市政府临时交办的各项任务19项，共计69项。

内部审计 指导市直32个内审机构完成了176个审计项目，已纠正违纪违规资金183万元，促进增收节支267万元，减少损失浪费217万元，提出合理化建议109条，被采纳89条。

经济责任审计 建立了经济责任审计联席会议制度，召开了全市经济责任审计工作会议，成立了组织机构，制定了具体实施办法，推进了经济责任审计工作。对2人开展了经济责任审计，审计结果被利用后，1人被提拔为罗山县县长助理，1人被重新安排使用。

【信阳市浉河区审计局】现有干部职工22人，设有办公室、财贸金融审计股、行政事业审计股、工交基建审计股，负责对全区17个乡镇、办和30个区直部门的审计监督。中共党支部书记郭忠密，局长舒继仁，副局长许广一、张书锋，纪检组长肖玉金。

审计成果 2000年度共完成审计项目66项，查出违纪违规行为金额4324元，上缴财政88万元。提交审计工作报告、信息56篇，被各级转发采用6篇。指导86个内审机构完成审计项目313个，纠正违纪违规行为金额3203万元，促进增收节支117万元。

【信阳市平桥区审计局】现有干部职工26人，设有办公室、行政事业审计股、财金基建审计股、工商企业审计股、农业资金审计股和审理室，负责对全区21个乡镇、区、办和45个区直部门的审计监督。局长周本清，支部书记朱爱华，副局长庸守端、胡新国、方德荣、余根业，纪检组长郑家鹏。

审计成果 2000年共完成审计单位和项目54个，查出违纪违规行为金额2915万元，上缴财政306万元，提交审计报告或信息30篇。完成经济责任审计项目3个，审计结果被运用后，1人被提拔重用，4人被免职。完成区政府交办审计工作任务7项，为领导解决信访事件和维护社会稳定提供了依据。

【潢川县审计局】现有干部职工24人，设有办公室、财政金融审计股、企业审计股、行政事业审计股、固定资产投资审计股和综合股，负责对全县21个乡镇和43个县直部门的审计监督。局长朱明福，书记雷全智，副书记王国琳，副局长朱立人、王长安、崔永安。

审计成果 2000年共完成审计项目77个，查出违纪违规行为金额10487万元，上缴财政484万元，追还被侵占挪用资金572万元，促进增收节支1056万元。向上级审计机关和县委、县政府提交工作报告、信息35篇，被批示采用10篇。完成了县委、县政府临时交办的6项审计和审计调查任务。潢川县审计局投入120万元建成了1栋建筑面积1200平方米的现代化多功能办公楼，购置了10多万元的家具和办公用具，在河南省、信阳市文指委组织的检查活动中，被誉为潢川县机关建设的一个亮点。

【淮滨县审计局】现有干部职工23人，设有办公室、综合股、行政事业审计股、财税金融审计股、工商企业审计股和固定资产投资审计股，负责对全县21个乡镇和65个县直部门的审计监督。局长贺家勋，副局长徐晓锋、朱家全、殷俊德。

审计成果 2000年共完成审计项目39个，查出违纪违规行为金额6711万元，上缴财政93万元。上报审计综合报告、审计信息23篇，被批示采用12篇。指导25个内审机构完成内审项目112项，查出各类违规违纪行为金额1680万元，为国家挽回经济损失1306万元。

【息县审计局】现有干部职工15人，设有办公室、综合股、财政金融审计股、工商企业审计股、行政事业审计股和固定资产投资审计股，负责对全县22个乡镇和80多个县直部门的审计监督。局长王尚岳，副局长王爱民、李树清。

审计成果 2000年共完成审计单位和项目209个，查出违纪违规行为金额8423万元，上缴财政97万元，追回被挤占挪用资金667万元，向纪检、监察机关移交案件3起。提交审计工作报告及信息21篇，被上级领导和部门批转采用5篇。完成县委、县政府交办审计事项22项。对15名乡镇和县直单位领导干部进行了任期经济责任审计。完成了对2户破产企业的清算工作和5项专项审计任务。被省委、省政府授予省级文明单位荣誉称号。

【新县审计局】现有干部职工18人，设有办公室、财税金融审计股、工商企业审计股和行政事业审计股，负责对全县17个乡镇和70个县直部门的审计监督。局长张思旺，副局长黄远巡、扶德同、胡明春。

审计成果 2000年共审计55个单位，查出违纪违规行为金额1189万元，上缴财政34万元，减少财政拨款或补贴60万元，归还原渠道资金180万元。提交审计工作报告55份、信息11篇，被上级审计机关和新县县委、县政府采用6篇。完成审计署、省、市审计机关下达的审计任务21项，审计单位25个，查出违纪金额1189万元；完成县委、县政府交办住房公积金、社会养老保险基金、教育基金等八项基金审计和两次捐赠资金审计，完成4项与政府签有奖惩责任制企业的审计，为政府领导决策提供了可靠依据。指导内审机构共完成审计项目176个，查出违纪违规金额6682万元，促进增收节支221万元，处理处罚责任人3人次，向司法机关移送案件2起。完成领导干部任期经济责任审计26人，结果使9人得到提拔重用，1人受党纪处分，移交案件线索4起，为县委任用干部提供了可靠依据。

【商城县审计局】现有干部职工14人，设有办公室、行政事业审计股、财政金融审计股和工交企业审计股，负责全县22个乡镇和60个县直部门的审计监督。局长张向东，副局长王本根、刘先荣、陈静、李锐。

审计成果 2000年共完成审计单位和项目227个，查出违纪违规行为金额1498万元，收缴罚没款15万元，增加财政预算收入58万元，归还原渠道资金152万元，促进增收节支110万元，征收困难职工失业救助基金30万元；向上级审计机关、新闻单位和当地党委、政府上报各类工作信息、综合报告20篇，被批示采用12篇。指导内审机构共审计79个单位，查处损失浪费资金86万元，促进增收节支109万元，提出合理化建议36条，有效堵塞了“跑、冒、滴、漏”现象。

【固始县审计局】现有干部职工19人，设有办公室、内审指导办、行政事业审计股、工商企业审计股、财政金融审计股、经济责任审计股、固定资产投资审计股，负责对33个乡镇和80多个县直部门的审计监督。局长彭中强，副局长吕广明、单治金。

审计成果 2000年共审计71个单位，查出违纪违规行为金额9849万元，收缴财政43万元，减少财政拨款或补贴585万元，归还原渠道资金629万元，促进增收节支515万元，提交审计工作报告、信息51篇，向纪检监察部门移交案件线索6条。

【罗山县审计局】现有干部职工27人。设有行政事业审计股、工商企业审计股、财税金融审计股、农业资金审计股、基本建设审计股、审理股和经济责任审计办公室，负责对全县19个乡镇和56个县直部门的审计监督。局长郑承炳，副局长张远智、尹士良、陶新宏，纪检组长田三刚。

审计成果 2000年共完成审计项目29个，查出违纪违规行为金额2087万元，处理处罚556万元，指明要求纠正1531万元，收缴财政62万元。发现百万元违纪单位6个，向司法机关移送案件1起。有19篇审计工作报告、信息被县委、县政府和上级审计机关及新闻单位采用。被河南省委、省人民政府命名为“省级文明单位”。

【光山县审计局】现有干部职工21人，设有办公室、行政事业审计股、工商企业审计股、财税金融审计股、固定资产投资审计股和综合股，负责对全县25个乡镇和48个县直部门的审计监督。局长胡新海，副局长付家银、王庆强、向在勤、明光霞。

审计成果 2000年共完成审计项目63项，查出违纪金额4561万元，增加财政收入或减少财政支出187万元，追还被挤占挪用资金225万元，促进增收节支292万元，提交综合报告、信息26篇，被上级机关采用11篇。

【济源市审计局】2000年，共有在职干部、职工28人，设有办公室、行政事业审计科、工业交通审计科、商贸审计科、基建审计科和财政金融审计科，负责对全市13个乡镇、4个办事处和68个市直部门的审计监督。局长吴元龙，副局长孔江庆、苗先起、李社会、王陆平，纪检组长黄霞。

审计成果　全年共完成审计项目30个，审计调查单位53个，查出违纪违规行为金额10332万元，上缴财政185万元，向市委、市政府、上级审计机关及新闻单位提交工作报告、审计信息50余篇，被采用25篇，为政府宏观调控和经济决策提供了科学依据。

【周口市审计局】 2000年，共有干部职工60人，设有办公室、综合科、财金审计科、工交审计科、商贸审计科、行政事业审计科、外资审计科、监察室和科研所等部门。局长马于庆，副局长张全法、符尚岭、凌福英，纪检组长刘家合。

审计成果　共完成审计单位和项目698个，查出违纪违规行为金额5.2亿元，依法收缴财政2085万元，核减拨款或补贴70万元，归还原渠道资金8625万元，累计为国家增收节支234万元。向各级党政领导机关提交审计报告和提供审计信息212篇，被批示采用72篇。

内部审计　全市共设立内审机构307个、专职人员461人，共审计1798个单位和项目，查出损失浪费资金1207万元，纠正违纪违规行为金额5561万元，促进增收节支、提高经济效益1100万元。向司法机关移送案件4起，建议给予行政处分22人，移交司法机关处理18人。

人、法、技建设　在队伍建设方面，坚持以人为本，进一步加强和改进思想政治工作，针对人员的思想实际和变化规律，有的放矢地开展思想教育，提高审计人员的思想政治素质。通过不断推进干部人事制度改革，建立新的选人用人机制，激发人员的工作积极性和创造性。在法制建设方面，积极开展《国家审计准则》的学习活动，不断推动审计准则的贯彻落实。通过推行审计质量监督机制、审计执法责任制、错案责任追究制以及审计执法公示制，有效地促进了审计机关依法行政和审计工作的法制化、制度化和规范化。在业务技术建设方面，坚持不懈地抓教育、抓培训，先后举办各种业务知识培训班，积极鼓励干部深造，参加各种形式的专业技术职称考试，提高学历层次。当年，全市审计机关拥有技术职称者201人，占人员总数的51%。有高级技术职称14人、中级技术职称101人、初级技术职称91人。具有大专以上文化学历的256人，占人员总数的63%。

【周口市川汇区审计局】 现有干部职工27人，设有行政事业审计股、工交基建审计股、财贸金融审计股、综合股和办公室。局长韩进勇，副局长李国振、徐新胜、李强民，纪检组长王珂。

审计成果　共完成审计单位和项目38个，审计总金额2.64亿元，收缴财政115万元，处罚金额2.1万元，违反财经法规金额33万元，审减工程决算132万元。在财政金融审计中，通过财政审计主要核实了财政收支情况的真实性；对税收征管部门的审计，纠正了个别单位有税不征、越权违规减免税，有效地促进了税收征管部门加强税收征管和税源管理。全年共完成6个行政事业单位审计，查出违反国家“收支两条线”规定以及坐支10万元，应缴罚没收入1.7万元。

【项城市审计局】 现有干部职工41人，设有办公室、监察室、法制室、审计人员培训中心、商贸审计股、行政事业审计股、财金审计股、农资审计股、基建审计股、工交审计股，负责对全市18个乡镇和108个市直部门的审计监督。局长李洪东，副局长邝志体、张俊杰、陈海泉、王涛。

审计成果　共完成审计单位和项目179个，查出违纪违规行为金额11085万元，追还被挤占挪用资金658万元，核减工程决算133万元，提出审计建议500多条。

【商水县审计局】 现有干部职工26人，设有行政事业审计股、工交审计股、基本建设审计股、商贸审计股、综合股和办公室，负责对全县23个乡镇（场）和90个县直部门的审计监督。局长陈振华，副局长苑乃禄、乔胜利、史德道，纪检组长雷森林。

审计成果　共完成审计单位和项目70个，查出违纪违规行为金额1061万元，上缴财政188万元，促进增收节支48万元。对县级财政预算执行和其他财政收支进行了审计，查出应缴未缴预算收入等违纪违规行为金额34万元。对全县各乡镇（场）计划外生育费征收、管理和使用情况进行了审计，查出挤占挪用等违纪违规行为金额549万元，依法处以罚款113万元。继续保持了省级文明单位荣誉。

【淮阳县审计局】 现有干部职工37人，设有行政事业审计股、财政金融审计股、商粮贸审计股、基建审计股、工业交通审计股和办公室，负责对全县16个乡镇和40个县直部门的审计监督。局长张建群，副局长卢克金、王锦才、李全彬、谭玉峰，纪检组长张继良。

审计成果　共完成审计单位和项目83个，查出违纪违规行为金额5859万元，上缴财政296万元，核减工程预算54万元，通过审计向被审单位提出合理化建议249条，向县委、县政府和上级审计机关报送审计报告6篇。

【太康县审计局】 现有干部职工38人，设有人秘股、行政事业审计股、商粮贸审计股、工交基建审计股和综合股，负责对全县23个乡镇和79个县直部门的审计监督。局长王崇连，副局长张俊卿、张理平、刘廷兴。

审计成果 共完成审计单位和项目78个，查出违纪违规行为金额1996万元，上缴财政375万元，应归还原渠道资金359万元。提交审计工作报告和信息18篇，被上级党政机关采用11篇。

【鹿邑县审计局】现有干部职工24人，设有办公室、行政事业审计股、财贸金融审计股、工交审计股、基建审计股，负责对全县16个乡镇和44个县直部门的审计监督。局长孟宪清，副局长孙勇、路玉平、李学军、吴秋玉。

审计成果 共完成审计单位和项目49个，查出违纪违规行为金额1422万元，上缴财政126万元，归还原渠道资金553万元，促进增收节支186万元，完成县四大班子交办任务16项，向纪检监察机关移送案件2起；撰写课题、审计调查报告、论文、信息、案例68篇，被采用22篇。进一步深化了财政预决算执行审计，查出违纪违规行为金额1133万元，归还原渠道资金540万元，收缴入库93万元，促进增收节支160万元。对宋河酒厂及宋河酒业股份有限公司、县电业局、粮食局、棉麻公司等4个重点国有企业进行了审计，查出违纪违规行为金额112万元，应归还原渠道资金13万元，上缴财政16万元，促进增收节支26万元。在对12个行政事业单位和1个农业专项资金的审计中，查出个别单位扩大开支范围、吃喝招待等违规行为资金107万元，收缴财政13万元。保持了省级文明单位称号。

【沈丘县审计局】现有干部职工37人，设有行政事业审计股、财政金融审计股、工业交通审计股、商业粮食审计股、农业资金审计股和基建审计股，负责对全县17个乡镇和65个县直部门的审计监督。局长辛国章，副局长许仲启、胡居华、王友国，纪检组长李俊青。

审计成果 2000年，共完成审计单位和项目102个，查出违纪违规行为金额3818万元，收缴财政325万元，追回被挪用资金83万元。对县财政预算执行及其它财政收支情况进行了重点审计，共查出违纪违规行为金额892万元，收缴入库36万元。还对9个乡镇财政决算情况进行了审计，查出违纪违规行为金额580万元，收缴入库9万元。被省委、省政府授予省级文明单位称号。

【西华县审计局】现有干部职工29人，设有财政金融审计股、商粮贸审计股、工业交通基建审计股、行政事业审计股和办公室，负责对全县19个乡镇和74个县直部门的审计监督。局长刘国民，副局长杨登厂、祝本修、王宝生、宋炳武。

审计成果 共完成审计单位和项目136个，查出违纪违规行为金额573.2万元，上缴财政348万元。重点查处了县粮食局下属18个基层粮经所1999年度保护价收购小麦违规金额838.223元，按照有关法律除没收违规金额外，又罚款2514.669元，共计3352.892元，全部上缴财政。对县1999年度财政预算执行情况进行了审计，并延伸10多个单位，审计结果受到县人大、县政府领导的好评，取得了较好的效果。

【扶沟县审计局】现有在职干部职工28人，设有工业交通审计股、商粮贸审计股、行政事业审计股、财政金融审计股、纪检监察室和办公室，负责对全县16个乡（镇、场）和60多个县直部门的审计监督。局长杜有轩，副局长葛中平、赵合社、严明中，纪检组长徐红巧。

审计成果 共完成审计单位和项目66个，查出违纪违规行为金额3872万元，追回被挪用资金574万元，上缴财政192万元。在对本级财政预算执行情况审计中，共查出违纪违规行为金额2260万元，追回被挪用财政专项资金559万元；审计重点国有企业单位7个，查出违纪违规行为金额634万元，上缴财政135万元；审计行政事业单位49个，查出违纪违规行为金额976万元，上缴财政53万元；全县49个内审机构，共审计单位和项目122个，查出损失浪费资金120多万元，减少损失浪费资金95万元。

【郸城县审计局】现有干部职工24人，设有财金审计股、行政事业审计股、工交审计股、基建审计股、综合股、外资审计股、办公室，负责对全县20个乡镇和63个县直部门的审计监督。局长黄灿香，副局长谢学正、赵天文、朱奇峰，纪检组长杨廷芝。

审计成果 共审计63个单位，查出违纪违规行为金额3672万元，上缴财政117万元。同级财政和乡级财政审计取得了显著成绩，共查出财政部门违规借款417万元，违规担保贷款造成利息损失82万元，未划分准确的预算收入82万元，截留借支1245万元，挤占专项资金1370万元，其它违纪支出466万元。在对专项资金的审计中，查出超规定列支招待费176万元，挤占挪用专项资金484万元，违控购置支出94万元，以及其他违纪支出123万元等问题。加强了对企业的各项审计工作，全年共查出企业欠交各种税金43万元，挤占成本费用167万元，挤占挪用专项资金213万元，违控购置以及发票违纪支出110万元。继续保持了省级文明单位的荣誉称号。

【驻马店市审计局】2000年，共有在职干部、职工44人，其中大学本科学历10人，大专学历25人。局长黄泽康，副局长侯定乾、李珍珠、宋德、冯铁山，纪检组长陈孝友。设有财税金融审计科、工交基建审计科、行政事业审计科、农林水审计科、商粮贸审计科、法制综合科、办公室、纪检监察室等部门。

审计成果 共审计66个单位，查出违规行为金额18361万元，上缴财政165万元，应归还被侵占挪用资金966万元，查出百万元以上违规单位4个。向各级领导提供审计工作报告和信息89篇，被地方党政领导和新闻单位采用35篇。通过审计向有关部门移交案件3起，已有6人受到党纪政纪处理。

完成上级交办任务 圆满完成了党委、政府和上级审计机关交办的审计任务。主要有：市政府交办的对市劳动局所属单位锅炉检测所、安监站的资产核实审计。开展了对全市截止1999年底新增粮食财务挂账转专户前的审计检查。配合市监察局、计经委等部门完成了对驿城区自来水厂、污水处理处等10个单位国债资金、社会保障资金的检查。并完成了省厅交办的对驻马店市截止1999年底利用外国政府贷款项目借、用、还情况的审计调查。

经济责任审计 组织了对正阳、新蔡县任期经济责任的审计调研，召开座谈会，肯定成绩，查找问题和不足，规范经济责任审计工作，并向市委、省审计厅提交了经济责任审计的调研报告。同时，加强了对经济责任审计工作的检查指导，撰写有关审计研讨论文，促进了党政领导干部任期经济责任审计工作的开展。

【驻马店市驿城区审计局】现有干部职工20人，设有行政事业审计科、财政金融审计科、工交基建审计科、商粮贸审计科、农林水审计科和办公室。负责对全区5个乡、4个街道办事处和40个区直部门的审计监督。局长王文忠，副局长连中记、康保柱、孙文华。

审计成果 共审计38个单位，查出违规违纪行为金额868万元，上缴罚款50万元。提供审计信息10篇，被区委、区政府采用7篇，被上级审计机关采用3篇。

【确山县审计局】现有干部职工17人，设有办公室、财政金融审计股、商粮贸审计股、行政事业审计股、工交基建审计股，局长潘水山，副局长刘广成、赵华，纪检组长段贺杰。

审计成果 共完成审计项目10项，县委、县政府交办审计事项6项，审计单位33个。查出违纪违规行为金额2075万元，收缴财政60余万元，调整账务1215万元。

【新蔡县审计局】现有干部职工20人，设有财政金融审计股、行政事业审计股、农林水审计股、工交基建审计股、商粮贸审计股和办公室。局长徐华成，副局长梅新生、王文亮、王新建，纪检组长杨正华。

审计成果 共完成审计单位93个，查出违纪违规行为金额1.2亿元，查出资产不实金额4500万元，负债不实金额2500万元，纠正账务差错1580笔，上交财政资金82万元，核减基建投资67万元，促进增收节支180万元；查出经济案件8起，其中移交检察机关6起10人，移交纪检监察机关2起3人；对全县23个乡镇49名党、政主要领导干部进行了任期经济责任审计。

【上蔡县审计局】现有干部职工74人，设有1室6股和5个中心所。局长聂玉山，副局长陈和平、曹民升、赵伟、刘庆华。

审计成果 共完成审计单位和项目119个，完成审计调查8项，共查出违纪违规行为金额14785万元，收缴财政112万元，提交审计综合报告及审计信息18篇，向司法机关移送案件1起。被省委宣传部、省文明委、人事厅评为河南省“人民满意的公务员”先进集体；被市委评为“思想政治工作”先进单位；被省审计厅评为全省行政事业审计工作先进单位；被市审计局评为全市审计机关目标管理优秀单位；被县委县政府评为目标管理优秀单位，并继续保持了省级文明单位称号。

【西平县审计局】现有干部职工19人，设有财政金融审计股、行政事业审计股、工交基建审计股、商粮贸审计股和办公室，负责对全县20个乡镇场和113个县直部门的审计监督。局长王志勤，副局长崔万泉、王新建、杨延正、李长青。

审计成果 共完成审计单位和项目44个，查出违纪违规行为金额2766万元，追回被挪用资金406万元，上缴财政55万元。完成县政府交办任务4项。审计清理单位15个，包括对8个单位土地出让金收缴情况的清理，2个企业执行国家政策情况的执法检查，1个单位的经济责任审计和信用联社及其下属3个基层信用社的财务收支审计。共完成上级下达的审计任务6项，审计单位20个。

【泌阳县审计局】现有干部职工31人，设有工业交通审计股、财政金融审计股、商粮贸审计股、农林水审计股、行政事业审计股和基本建设审计股，负责对全县24个乡镇和40多个县直部门的审计监督。局长袁海顺，副局长吕明法、王德省、褚明霞、程远富、王怀军。

审计成果 2000年完成审计项目33个，审计调查79个单位，查出违纪违规行为金额300万元，上缴财政62万元，促进增收节支7.5万元，移交案件1件，提交审计报告8篇，编报审计信息、消息和论文24篇，被各级新闻媒体采用6篇。

【平舆县审计局】共有干部职工19人，设有财政金融审计股、行政事业审计股、商贸审计股、工交审计股和办公室。局长兼党组书记张伟，副局长邢继纯、麻占云、张克亮，纪检组长陈洪军，总审计师孔黎。

审计成果　共完成审计项目和单位37个、社保所欠费统筹扩面调查1个；受县委组织部委托，对4个行政事业单位、2个企业单位的党政领导干部的经济责任进行了审计。共查出违纪违规行为金额5189万元，收缴财政70万元，向政府及上级审计机关提交工作报告和信息11篇。

【汝南县审计局】现有干部职工29人，设有四股一室。局长刘路红，副局长赵新民、李全军、李家平、阎花，纪检组长吴建华。

审计成果　共完成审计单位和项目49个，查出违纪违规行为金额2374万元，上缴财政金额66万元，追还被侵占挪用资金137万元，促进增收节支提高经济效益1266万元，被各级采用信息15篇，撰写审计工作报告8篇，移交司法部门处理的重大经济案件1起。保持了"省级文明单位"的称号，被评为全县目标管理先进单位、综合治理先进单位。

【遂平县审计局】现有干部职工24人，设有行政事业审计股、财政金融审计股、工业交通审计股、基本建设审计股、商粮贸审计股和办公室，负责对全县18个乡、镇和县直70个部门的审计监督。局长陈其合，副局长刘建强、许兴伟，纪检组长李宏建。

审计成果　共审计89个单位和项目，查出违纪违规行为金额10525万元，收缴财政68万元，促进增收节支、增加财政收入9.5万元，退回被挤占挪用专项资金160万元，提交综合报告5篇，被上级审计部门采用信息8篇。被省委、省政府命名为省级"文明单位"。

【正阳县审计局】现有干部职工27人，设有财政金融审计股、工交基建审计股、行政事业审计股、商粮贸审计股和农林水审计股，负责对全县22个乡镇和71个县直部门的审计监督。局长吴志学，副局长张君廷、刘宏清、张秀丽，纪检组长马清华。

审计成果　共完成审计项目104个，查出违纪违规行为金额6694万元，上缴财政78万元。经济责任审计工作受到了省委领导的重视和肯定，并在《河南日报》、《驻马店日报》、《河南内参》等刊物上介绍了经验和做法。向县委、县政府和上级审计机关提交审计调查报告10篇、审计信息37篇。档案管理工作始终保持了省一级档案管理先进单位的水平，受到了县委的表彰。被省政府授予行政执法先进单位称号。

湖北省

【湖北省审计厅】2000年，湖北省审计厅定编129人，在编116人。厅机关设有办公室、综合处、法规处、财政审计处、金融审计处、行政事业审计处、经贸审计处、农业与资源环保审计处、社会保障审计处、固定资产投资审计处、外资运用审计处、人事教育处、机关党委(包括工会)；另设有派驻纪检组、监察室，以及派出的发展计划及投资审计处、经贸审计一处、经贸审计二处、科教卫审计处、政法审计处、农林水审计处、经济执法审计处、新闻出版及文化审计处、综合审计一处、综合审计二处等机构；同时还设厅机关后勤服务中心、计算机中心、审计科研所、审计干部学校等直属事业单位。

领导成员

厅　　长：高　林

副 厅 长：彭世泽　方国建　张永祥

助理巡视员：程含科　王佑河

湖北省审计成果　全年全省各级审计机关共审计单位7164个，查出违纪违规资金164.4亿元，其中：处理上缴财政6.7亿元，减少财政拨款和补贴2.1亿元，追还被挤占挪用资金9.7亿元。查出各类经济案件156件。各级审计机关向党委、政府和审计署报送的重要审计情况，被批示采用2400篇(次)。跟踪督办落实各级党政领导批示意见100多条，纠正不当规定2100多项，促进增收节支2亿多元。

财政审计　2000年，全省共审计173个单位，查出违纪违规金额60多亿元，其中：预算执行审计查出应缴未缴预算收入、挤占挪用、虚列支出、违规调整预算等有问题资金30多亿元；11个市州财政决算审计查出虚报财政收入、专项资金分配拨付不及时、挤占挪用、违规收费和征集基金等有问题资金24.6亿元；国债资金审计查出超发国债、违规拆借资金、截留挪用国债发行兑付专项资金、公款储蓄等有问题资金7亿多元。对审计查明的问题，分别依法依规作了处理，上缴财政2.7亿元。

金融审计　按照审计署统一部署，完成了对全省建行系统审计收尾工作。对长江证券、三峡证券1999年度资产负债损益情况进行了审计，查出违纪违规金额共计7522万元，收缴罚没款余额1194万元。对武汉、孝感、宜昌、荆州、襄樊、黄石等地商业银行1999年度资产负债损益进行了审计，对审计查出的违规放贷等造成的损失问题，向省政府、审计署作了专题报告。

行政事业审计　全省先后开展了工商系统、人事系统财务收支、体育彩票资金、1999年法院检察院审计和养老金整改情况审计调查等5项行业审计，对2151个行政事业单位开展了预算执行和财务收支审计，审计资金总额为35亿元，追回被侵占挪用资金4.7亿元，上缴财政1.3亿元，移送纪检监察、司法机关处理35人，提交审计情况报告、信息被批示采用862篇。

企业审计　以剖析企业扭亏脱困的现状、问题及原因为重点，选择50户国有工商企业，对其资金质量、企业信息质量和改革改制成果进行了审计和调查。在此基础上，选择湖北安陆棉纺织集团、武汉一棉等7户棉纺企业开展了对比审计，从改革改制力度、管理水平、产品开发能力等多角度进行比较，分析企业经营效益好坏的原因，并向省委、省政府报送了专题材料，引起了高度重视，为领导宏观决策和国企改革脱困提供了有效的服务。

农业专项资金审计　组织实施了对国土资金、三峡移民资金、重庆外迁移民管理、重点城市排污费和省直农口部门预算执行情况的审计。同时，根据省委、省政府和审计署的安排，对1999年水利资金、三峡移民资金、扶贫资金、移民建镇资金等重点项目的审计意见和审计决定的落实情况进行了跟踪检查。审计总金额65亿元，查出违纪违规问题资金12.7亿元，上缴财政645万元，提交农业审计信息263篇。

社会保障审计　2000年是社会保障审计处组建开始工作的第一年。完成了对15个市、州60余户企业职工基本养老保险扩大覆盖面和养老保险基金收支预测情况的审计调查，完成了对湖北省本级企业职工养老保险基金收支审计，承办了省政府交办的6个审计项目。查出违纪违规金额5205万元，处理上缴财政3万元，审计处理决定落实率100%。

固定资产投资审计　全年对部分重点建设项目及农网改造项目进行了审计，查出了概算不实、多列投资、截留转移建设资金等违纪违规问题，金额24.8亿元，收缴2359万元，清理落实率100%，督促归还被挤占挪用资金9317万元，核减工程投资2327万元，提交的4篇信息被湖北省政府采用。

外资运用审计　完成国外贷援款审计项目413个、外商投资企业26个、外国政府贷款调查项目80个，审计总金额287亿元，共查出各类违纪违规金额5.58亿元，上缴财政317万元，归还被侵占挪用资金2.06亿元，向司法机关移送大案要案1件，出具对外审计报告10份，提交审计信息681篇。

经济责任审计　全年共对882名领导干部进行了审计，查出违规行为及损失浪费资金12.4亿元，其中领导干部应负直接责任6026万元，个人经济问题204万元。各级党委、政府及组织部门根据审计情况，对443名干部作了调整使用，对62名有违法违纪行为的人员分别进行了处理。其中，降职、撤职19人，党纪政纪处分11人，移送纪检监察、司法机关处理32人。

大案要案　黄石市审计局在对市物贸集团公司原经理任期经济责任审计中，发现该公司经营管理混乱，会计报表严重失真，财务管理失控，在任期的4年多时间内，公司明亏和潜亏达2.7亿元，有10多人被司法和纪检部门审查处理。黄石市绒线厂原是黄石纺织行业骨干企业，该厂法人代表在1993年上任后的5年时间内，该厂由盈利到累计亏损2882万元，资产负债率高达165%，于1999年宣布破产。2000年5月，黄石市审计局根据市委、市政府决定，对黄石市绒线厂法人代表任期经济责任进行审计，一举查出其伙同副厂长、财务部长私分公款122万元的犯罪事实。此案移送市检察院后，市检察院以共同贪污罪将3人予以逮捕。2000年4月，枝江市审计局根据市委、市政府指示，对宜昌陶瓷装饰材料厂进行破产审计，发现该厂原任厂长、现任厂长等4人，采取廉价租赁固定资产、低价销售原材料等手段，造成该厂亏损3281万元，涉嫌贪污、侵占集体资产和偷漏国家税金292万元的重大经济问题，2人已被司法机关逮捕。

【武汉市审计局】 2000年，共有在职干部191人、职工20人。其中博士研究生学历1人，研究生学历9人，大学本科学历87人，大专学历79人。局长吴清，副局长吴乐平、胡曼萍（巡视员）、张建、袁伯诚、胡勤华，纪检组长韩世林。设有办公室、综合处、财政审计处、金融审计处、行政事业审计处、工业交通审计一处、工业交通审计二处、商贸审计处、固定资产投资审计处、农业审计处、外资运用审计处、政策法规处、审计管理处、人事教育处、机关党委、纪检监察室等部门。

审计成果　2000年，查出各类违纪违规及有问题金额257829万元，处理应上缴财政36994万元，应减少财政拨款或补贴2122万元，追还被挤占挪用资金9474万元。

内部审计　截止2000年底，全市已建内审机构713个，配备内审人员1812人。全年共审计7242个单位，查出损失浪费8185万元，促进增收节支11676万元，纠正违纪金额11635万元，提出审计意见和建议被单位采纳3294条。

经济责任审计　对62名党政领导干部和企业法人代表进行了经济

责任审计，查出领导干部应负主要责任和直接责任的违规金额29669万元。干部管理部门参照审计结果，晋升4人，平调25人，免职1人，党纪政纪处分1人，移送纪检监察机关处理1人。

大案要案　向市纪委移送了市建委原主任收受贿赂、挪用公款的重大经济违纪违法案件线索。移送了市化工进出口公司原开达经营部经理利用办理出售公司房产业务便利贪污公款，市化工进出口公司深圳分公司原负责人挪用公款私自炒卖出口配额从中牟利，市国际经济技术合作公司聘用业务员挪用公款用于个人炒买炒卖股票，江汉区城市建设综合开发公司劳动服务公司原出纳贪污公款等案件。

【武汉市武昌区审计局】现有在职干部职工25人，设有办公室、法规监督科、行政事业审计科、企业审计科、财政审计科、国有资产审计科和经济责任审计科，负责对全区14条街道和140个区直机关和企事业单位的审计监督。局长熊泽刚，副局长黄长菊、万会国。

审计成果　共审计行政事业单位、国有企业33个，查出违规行为金额2189万元，增加财政收入612万元。全年上报各类信息130篇，被领导批示或各级刊物采用92篇，其中，国家级7篇，省级31篇，市级40篇，区级14篇。

【武汉市江岸区审计局】现有干部职工29人，设有办公室、综合法规科、行政事业审计科、企业审计科、财政金融审计科和内部审计指导科，负责对江岸区17条街乡和70多个区直部门的审计监督。局长戴长松，副局长刘生桥、叶建桥。

审计成果　完成审计项目43个，为年度计划179%，审计处理处罚17.02万元已全部入库，入库率为100%。共上报审计信息23篇，被采用12篇（次）。在同级财政审计中延伸审核了17条街乡税收收入的完成情况。按市审计局的统一要求，对15条街道财政财务收支进行了审计调查，开展了江岸区平垸还湖、移民建镇资金专项审计，开展了江岸区房地产公司、江岸区长青房屋开发公司、江岸房地产开发公司的财务收支真实性审计。完成了武汉市、江岸区临时交办的工商联民生互助会等专项清理工作任务。

【武汉市江汉区审计局】现有干部职工22人，设有办公室、综合科、审计管理科、行政事业审计科、企业审计科和固定资产投资审计科。负责对区属行政事业单位及国有企业的审计监督。局长沈若兰，副局长徐静萍、袁幼平。

审计成果　完成审计项目43项，占目标管理任务的143%，查出违纪违规金额8861万元，督促上缴财政650万元，收缴罚没收入58万元，移交纪检司法机关处理2人。共提交审计报告、情况反映、简报53篇（次），被省厅、市局、区委、区政府采用37篇（次），被省、市新闻单位采用21篇（次），审计建议有200多条被被审计单位采纳，审计效果明显增强。

【武汉市硚口区审计局】现有在职干部职工25人，设有办公室、综合科、企业（固定资产投资）审计科、行政事业审计科、财政审计科，负责对全区10条街、1个乡和77个区属行政、企、事业单位的审计监督。局长刘启群，副局长金忠东、鄂德福。

审计成果　全年审计（调查）项目计划25项，实际完成38项，其中上级审计机关下达项目7项，查出违纪违规金额6745万元，上缴财政396万元。预算执行及其他财政收支审计查出各种违纪违规问题金额653万元，依法进行了纠正，审计结果得到区政府和区人大的充分肯定。结合预算执行审计，对6个区属行政事业单位和1项专项资金进行了审计。围绕国有企业改革、改制，以真实性为基础，对1个企业主管部门和1个企业进行了审计。

【武汉市汉阳区审计局】现有干部职工14人，设有办公室、行政事业审计科、企业审计科、法规综合审计科。局长李文清，副局长张志望、谢春芬，调研员涂仁杰。

审计成果　全年审计项目计划19项，完成审计任务23项，完成年度目标121%。紧紧围绕全区经济工作中心，开展对事关全局的重点行业、重点部门、重点资金的审计监督，查出账外账、小金库及违纪违规资金197万元，处理上缴财政资金34.9万元，向省、市、区提交审计信息6篇，被《湖北审计简报》、《武汉审计简报》、《汉阳情况》等采用4篇次。

【武汉市青山区审计局】现有干部职工18人，设有办公室、综合审计科、财政审计科、行政事业审计科、企业审计科，主要负责对区属单位财政财务收支进行审计监督。局长曾凡岗，助理调研员马美华、黄金华。

审计成果　审计目标计划20项，实际完成26项，查出违纪违规金额14340.51万元，处理上缴财政50.85万元，向各级党委、政府和上级审计部门报送重要审计信息2条。

【武汉市洪山区审计局】现有干部职工19人。设有办公室、企业审计科、行政事业审计科、综合审计科、财政金融审计科，负责对全区8个乡镇、6条街道和39个区直部门的审计监督。局长曾庆祝，副局长李安武、桂兴志。

审计成果 完成审计项目40项，查处“小金库”6个，金额34万元。违纪问题资金1476万元，应上缴财政69万元。财政预算执行审计突破了传统的思路，突出了对专项经费的延伸审计，收回被审计单位挪用专项资金16万元，并帮助用款单位完善了专项资金管理办法，较好发挥了审计的职能作用。

【武汉市东西湖区审计局】 现有干部职工21人，设有办公室、综合科、企业审计科、行政事业审计科、农业资金审计科、内部审计科，负责对全区所属镇政府、行政机关、企、事业单位和13个农场、街（办事处）的审计监督。局长张明权，党组书记林修利，副局长徐大桥、王强。

审计成果 全年完成审计项目22项，查处违规金额7711万元。增加财政收入3825万元。减少各项支出506万元。移送处理案件2起，其中涉税行为1起，涉嫌犯罪线索1起。帮助被审单位建立相应的内控制度，一年中共提出审计建议76条，促进被审计单位加强了管理。

【武汉市汉南区审计局】 现有干部职工13人，设有办公室、行政事业审计科、企业审计科、财政金融审计科，负责对全区4个乡镇街和4个农场以及70个区直部门的审计监督。局长陈有雄，副局长蔡稳根，调研员黄演哲。

审计成果 完成审计项目23个，是年初目标计划的153.3%，共查出违纪违规金额20000万元，上缴财政金额5万元，移送经济犯罪嫌疑人1名，协助司法机关查出经济犯罪嫌疑人2名。

【武汉市蔡甸区审计局】 现有干部职工25人，设有办公室、综合审计科、行政事业审计科、财政金融审计科和农业审计科。局长刘武堂，副局长高新华、陈云阶、陈红霞，纪检组长谢守恩。

审计成果 围绕全区经济工作中心，审计单位42个，查出各类违纪违规金额5322万元，决定处理处罚663万元，上交财政213万元，减少财政拨款和补贴459万元，提交各类审计情况报告和信息材料51篇，被各级领导批示和上级审计机关及新闻单位采用34篇（次），向纪检、司法机关移送案件2起。开展了本级预算执行和乡镇财政决算审计，审计和延伸审计单位18个，查出各类违纪违规金额2554万元，查出隐瞒转移财政收入200万元，挪用财政专项资金154万元，应交财政197万元等问题。审计情况引起区委、区人大、区政府领导高度重视，8月4日区政府召开全区落实审计决定督办工作会，要求有关单位根据审计意见举一反三，立即整改，全面落实审计决定。

【武汉市江夏区审计局】 现有干部职工30人，设有办公室、财政金融审计科、行政事业审计科、农林水审计科、经济责任审计科和综合审计科，负责对全区23个街、镇、乡和88个区直部门的审计监督。局长王尤堤，副局长柯善发、陈雪刚，纪检组长刘冬发。

审计成果 完成审计和审计调查42项，占年度计划35项的120%。共查明违纪违规金额6428万元，减少财政拨款和补贴36万元，追还被侵占挪用资金3万元，上缴财政33万元。审计发现并移送有关部门案件线索5起，涉案金额21.5万元，已判刑1人，受党纪处分2人。编发、上报各类信息、专题材料、报告35篇，被上级机关、新闻单位采用和领导批示30篇（次），其中：审计署采用3篇（次），省市采用11篇（次），区级采用2篇（次），区领导批示14篇（次）。提出审计建议184条。

【武汉市黄陂区审计局】 现有干部职工29人，设有综合科、经贸审计科、固定资产投资审计科、财政金融审计科、行政事业审计科，负责对全区9个街道办事处、17个乡镇和624个区直部门的审计监督。局长易晓，副局长邱友芳、章华林、刘绪艳、张建新、卢勇。

审计成果 全年共对93个单位进行了审计，完成审计项目49个，查出违纪违规金额5292万元，追还被挤占挪用资金360万元，处理处罚103万元；提出审计建议248条，促进增收节支586万元；发出的审计信息被采用42篇（次）。在同级财政预算执行审计中，查出虚增财政收入、滞留税款等问题2341万元。在2个政府部门和3个乡镇的领导干部任期经济责任审计中，查出违纪违规金额1258万元；审计后，提拔使用1人，撤职1人。在5个企业资产、负债和损益审计中，查出不实150万元。在3个建设项目竣工决算审计中，共挤出“水份”340万元。同时积极完成区委、区政府交办的审计任务9项，查出违纪违规金额601万元，移送司法机关处理4人。

【武汉市新洲区审计局】 现有干部职工50人，设有办公室、财政金融审计科、工商企业审计科、行政事业审计科、农业基建审计科、综合科和基建预算咨询中心。负责对全区21个街、乡、镇、场和101个区直行政、企事业单位的审计监督。局长巴瑞林，副局长李明洲、李津舟。

审计成果 全年完成审计项目65项，占年计划的166.5%，其中计划外项目26个，占年计划的66%，审计单位245个。查出违法违规资金

3662.4万元，决定收缴入库资金48.86万元，入库率94.6%。预算执行审计单位15个，查出违法违规资金1228.2万元。开展了企业经济运行质量审计。9个行政事业单位财务收支审计，查出各种违纪违规资金811.5万元，决定处罚15.1万元。专项资金审计9项，审计32个单位，查出违纪违规金额1260万元，依法处罚7.95万元已入库。

【黄石市审计局】2000年，共有在职干部、职工54人，其中大学本科学历9人，大专学历38人。局长邓万才，副局长鲍贤咏、丁梅存、周秋海、郭建安，纪检组长王业琴。设有办公室、综合科、政工科、指导科、财政金融审计科、农林水审计科、行政事业审计科、工交审计科、商贸审计科、投资审计科和外资审计科等部门。

审计成果　全市审计机关（含区县局）共审计306个单位，查出违纪违规金额54313万元，处理上缴财政4048万元，追还被侵占挪用资金3278万元，向纪检和司法机关移送案件7起，协助查处案件24起，上报审计信息126篇，被各级批示、采用119篇（次）。

完成市政府交办任务　全年共完成交办审计事项34件，查出违纪金额1241万元。如对群众举报市商业银行负责人的有关问题，进行了认真核实，否定了举报材料所反映的问题，澄清了事实，保护了干部，为领导提供了真实的情况。

内部审计　至2000年末，全市共设立内部审计机构168个，内审人员424人，全年共审计单位662个，查出损失浪费金额746万元，促进增收节支618万元，纠正违规行为金额489万元，向司法机关移送案件2件，297条建议被单位决策机构采纳。

经济责任审计　全市审计机关共对97名党政领导干部和10名企业领导人任期经济责任进行了审计，查出违纪违规金额5999万元，查出隐瞒亏损7.3亿元，根据审计结果提拔4人，免职4人，降职4人。

大案要案　全市审计机关共发现和查处大要案7件，移送纪检、监察、司法机关处理14人。其中，发现和查处了市绒线厂原厂长重复报销、私分公款、虚开增值税发票案件；市无纺布厂原厂长贪污、受贿案件；某税务助征员以白条代替税票、侵吞税款案件。

【黄石市黄石港区审计局】现有审计干部8人，负责对全区4个街道办事处和48个区直部门、企业的审计监督。局长张绪军，副局长朱胜荣、黄开文。

审计成果　共完成审计项目30项、审计调查项目3项，查出违纪违规金额255万元，上缴区财政13万元。查处"小金库"2个，金额5.8万元，移送纪检、监察案件1起。报送审计信息15篇，被市审计简报采用15篇，市新闻单位采用6篇。

【黄石市石灰窑区审计局】现有干部职工5人，负责对全区3个乡镇、5个街道办事处和40个区直部门及11所小学、4个医疗机构等事业单位的审计监督。局长李碧，副局长尹成南、李力。

审计成果　2000年度共完成审计项目24个，其中经济责任审计5个。查出违纪违规金额776万元，要求纠正的违规金额719万元，应缴财政27万元，向区纪检监察机关移送案件1起。

大案要案　经济责任审计中，查出某乡原乡长等人利用职权贪污挪用、行贿受贿金额达24.62万元，及时移送纪检监察机关。经纪检监察机关和检察机关的进一步审查核实，认为审计提供的案例事实清楚，证据确凿。纪检监察机关对其中严重违纪的9个责任人给予党纪行政处分，其中开除党籍、开除公职4人，开除党籍、行政降级1人，党内严重警告2人，留党察看2年1人，同时建议罢免市、区两级人大代表资格1人。检察机关提起公诉4人，分别判处2-3年有期徒刑。

【黄石市下陆区审计局】现有干部职工7人，设有办公室、审计业务办公室、微机管理档案室，负责对全区2个乡镇和45个区直部门的审计监督。局长熊宜波，副局长江联乡、陈新送。

审计成果　共完成审计项目43个，审计资金总额9960万元，查出违纪违规金额435万元，上报专题审计情况报告13份，审计信息18篇。先后对13个行政事业单位主要领导进行了经济责任审计，审计资金1599万元，查出违纪违规金额54万元，提出审计建议28条，为下陆区委、区政府选拔任用干部提供了参考依据；先后对17个单位进行了审计，其中财政决算审计4家，行政事业单位年度财务收支审计10家，企业资产、负债及损益审计3家，审计资金2607万元，查出违纪违规金额89万元，提出审计建议35条，促进了行政企事业单位财务管理的规范化。

【黄石市铁山区审计局】现有干部职工5人，负责全区1个乡镇和37个区直部门的审计监督。局长刘雪秋，副局长戚军。

审计成果　完成审计项目41项、审计调查项目3项，共审计56个单位。查出违纪违规金额670万元。移送纪检、监察案件1起。完成审计论文、信息稿件17篇，其中《中国审计报》刊登论文1篇，《湖北审计》杂志刊登4篇。开展了一次全地区性的《审计法》讲座。

【大冶市审计局】现有在职干部职工41人，设有办公室、综合科、财政金融审计科、行政事业审计科、工交商贸审计科、投资审计科、农林水审计科和经济责任审计中心，负责对全市15个乡镇和76个市直部门、国有企事业单位的审计监督。局长刘旭东，书记闵运德，副局长刘爱国、尹剑钧，副书记周祖贵。

审计成果　共审计项目69项，审计单位100余个，查出违纪违规金额3400多万元，上缴财政180万元，提出合理化建议100余条，较好地维护了财经纪律，促进了全市经济的健康发展。对大冶市18个行政、企事业单位的领导干部进行了任期经济责任审计，提出审计意见和建议60多条。根据审计结果，提拔2人，降级使用2人。向上级审计机关、地方党政领导报送审计信息34篇，被各级采用、批示44篇（次），进一步扩大了审计影响。被湖北省委、省政府评为1999－2000年度省级文明单位。

【阳新县审计局】现有干部职工31人，设有办公室、综合科、财政金融审计科、行政事业审计科、投资外资审计科、工交商贸审计科和农林水审计科，负责对全县25个乡镇（含3个农场和1个开发区）和80个县直部门的审计监督。局长夏焕赋，书记潘会综，副局长肖胜国、柯昌金、陈敬扬、鲍义谦，总审计师徐润新。

审计成果　共完成审计项目96个，查出违纪违规金额2857.3万元，处理收缴入库114万元，提出合理化建议134条，被采纳108条，向纪检司法机关移送经济案件1起，其中2人被撤职，1人被判刑。

【襄樊市审计局】现有在职干部职工125人，其中大专以上学历87人，高中级职称91人。局长吕衡，副局长李淑琼、董晓东、黄青云、张振武、彭厚德、余汉国，纪检组长安明书，调研员吴永明，助理调研员邱正明。设有办公室、综合科、财政审计科、金融外资审计科、行政事业审计科、投资审计科、农林水审计科、工交审计科、商贸审计科、体指科、纪检组等12个部门。下设直属办事处和开发区办事处。

审计成果　完成审计（调查）项目45项，党政部门临时交办项目22项，审计单位727个，查出违纪违规金额162206万元，上交财政2123万元，减少财政拨款或补贴4267万元，归还被侵占挪用资金4913万元，促进增收节支6309万元；向司法机关移送案件25件，协助有关部门查处案件8件；建议纠正地方部门不当规定167条。

经济责任审计　2000年，成立了“襄樊市经济责任审计领导小组”，完善组织部、纪检监察、审计局等部门联席会议制度，建立了“经济责任审计数据库”，出台了《襄樊市经济责任审计结果传递办法》和《襄樊市领导干部经济责任审计结果报告规范》。对128个单位(其中党政部门108个)的138名领导干部进行任期经济责任审计，查出违规行为及损失浪费资金28831万元，根据审计结果，平调59人，晋升5人，降、免职各2人，撤职1人，受党纪政纪处分5人，移送纪检监察和司法机关处理7人。10月26日，市委书记在中央五部委联合召开的全国经济责任审计工作会议上作典型发言。《经济日报》、《中国审计报》等报刊对襄樊经济责任审计工作情况作连续报道。

【襄樊市襄城区审计局】现有干部、职工13人，设有办公室、行政事业审计科、企业审计科、经济责任审计中心，负责对全区1个乡镇、5个办事处和59个区直部门的审计监督。局长付明辉，副局长王春玲、张玉宽、高会欣。

审计成果　完成审计单位（项目）20个，查处违纪违规金额1332万元，上缴财政45万元，促进增收节支96万元。共完成交办任务79项，其中预算执行审计7项、领导干部任期经济责任审计11项、全区61个行政事业单位“零户统管”会计检查、13个执罚执收部门收支检查、5个单位办班培训收费情况全面检查，配合纪检监察部门查处经济案件2起，向司法机关移送案件1起。

【襄樊市樊城区审计局】现有干部职工24人，设有办公室、综合科、行财审计科、企业审计科和经济责任审计中心，负责对全区8个乡、办事处和55个区直部门的审计监督。局长刘先甫，副局长张寒蕊、龚继林、任明远、冷二军、李晓菁。

审计成果　完成审计（调查）项目19项（超计划任务3项），审计单位53个，查出各种违纪违规资金4200万元。

【老河口市审计局】　现有人员112人。其中大专以上学历53人，有中级专业职称38人、高级职称1人。局长韩斌，副局长杜竞先、曾庆宏、赵萍、孟继群，纪检组长刘清和。设有办公室、综合科、政工科、监察科、法制科、财政审计科、金融审计科、外资审计科、经贸审计科、农林水审计科、行政事业审计科、固定资产投资审计科、体系指导科等，下设经济责任审计中心、城区审计办事处、乡镇审计办事处、武汉大学老河口审计局函授站等4个二级单位。

审计成果　完成审计项目25项，审计单位95个，共查处违纪违规金额5523万元，促进财政增收节支236万元，归还被侵占挪用资金276万元。完成本级党委政府交办任务5项，审计清理单位54个，其中对31名领导人员进行了经济责任审计，查出违纪违规资金589.40万元。同纪检、监察、信访、司法等部门配合，查处经济案件6起，2人被追究党纪、政纪和刑事责任，1人被立案审查，建议给予行政处分1人。审计信息被省级以上采用201篇，其中中央级65篇、省级136篇。12月被湖北省委、省政府命名为省级文明单位。

【枣阳市审计局】现有干部职工39人，设有办公室、财政金融审计科、工交企业审计科、商业贸易审计科、行政事业审计科、固定资产投资审计科、农林水审计科和体系指导科，负责对全市27个乡镇（办事处）和96个市直部门的审计监督。局长葛昌永，副局长杜见有、陈波、吴玉江，副书记冯亮荣，纪检组长李伦运。

审计成果 完成审计项目28项，对124个单位进行了审计，查出违纪金额7690万元，上缴财政324万元；向司法机关移交经济案件1起。同时，完成本级市委、市政府交办审计（调查）项目20项，上交财政164.1万元。对4个单位原法人代表任期经济责任进行审计，查出违纪违规问题资金600万元，依法进行了处理。

【宜城市审计局】现有干部职工42人，设有办公室、政工科、财政金融审计科、固定资产投资审计科、工交企业审计科、商贸企业审计科、行政事业审计科、审计体系指导科和经济责任审计中心，负责对全市17个乡镇（办事处）和62个市直部门的审计监督。局长李忠友，副局长吴传珍、华春生、夏元成、刘遵柱、胡新成，纪检组长王凤鸣，总审计师彭元功。

审计成果 全年共完成审计项目31个，查出违纪违规资金10122万元，增加财政收入42万元；共对21个单位的法人代表进行了审计，其中党政领导干部11人，企业领导人员10人。向上级提交审计情况报告和信息157篇，被领导批示和各级采用142篇。

【襄阳县审计局】现有干部职工70人，设有办公室、综合股、政工股、财政审计股、金融外资审计股、工业交通审计股、商业贸易审计股、行政事业审计股、固定资产投资审计股、农林水审计股、内部审计体系指导股、经济责任审计处及7个乡镇办事处，负责对全县28个乡镇和90个县直部门的审计监督。局长卫军，副局长毛伟民、张自强、李明杰、江荣兰、张喜贵、吴传发。

审计成果 全年共完成审计项目28个，县级审计项目25个，审计单位216个，查处违纪违规资金1.74亿元，处理上缴财政512万元。提交审计情况报告和信息材料387份，被批示、采用241篇次，其中省政府批示、采用8篇。

荣获省级"文明单位"称号。

【南漳县审计局】 现有干部职工43人，设有办公室、政工人事监察股、财政金融审计股、农林水审计股、基本建设审计股、行政事业审计股、商贸企业审计股、工交企业审计股、经济责任审计中心、法规股和内部审计体系指导股。局长张学良，书记郭元富，副局长张志国、秦敦玉、胡世杰、方显琴，纪检组长宋启卓。

审计成果 全年完成省、市下达的指令性项目27项、县政府安排项目35项，查处违纪违规金额3400多万元。审计情况报告被县委、县政府领导批示15篇，审计信息被审计机关和新闻单位采用180篇。

2000年蝉联省级"文明单位"荣誉称号。

【谷城县审计局】共有干部职工39人，设有政工股、财政金融审计股、行政事业审计股、企业审计股、农林水利审计股、固定资产投资审计股、审计体系指导股和审计监察室，下设经济责任审计中心（事业单位）。局长朱绍强，副局长邹庆福、葛秀安、宋瑞洪、尚玉年、张崇友。

审计成果 2000年共完成省、市、县安排的审计项目43项，审计单位128个，完成审计调查项目2项，调查单位5个，查出违纪违规金额885万元，上交县财政60万元，促进有关部门增收节支750万元。提交审计情况报告、审计信息187份（篇），被各级领导批示和部门采用115份（篇）。

【保康县审计局】现有干部职工29人，设有办公室、工交审计股、投资审计股、商贸审计股、行财审计股、财金审计股、农林水审计股、体指股和经济责任审计中心，负责对全县11个乡镇和103个县直部门的审计监督。局长吴天星，副局长徐昌莲。

审计成果 全年共完成45个审计项目，审计单位69个，查出违纪违规资金3484万元，上缴财政300多万元，归还原资金渠道1098万元。提出审计建议有17条为被审计单位及县委、县政府采纳，促进增收节支271万元。被省委、省政府授予"文明单位"称号。

【十堰市审计局】2000年，共有在职干部、职工70人，其中大学本科学历22人，大专学历34人。局长翁仙王，副局长陈明显、王德中、杨龙长、马泽民、刘文明。设有办公室、人事教育科、综合科、财政审计科、金融审计科、行政事业审计科、工交审计科、商贸审计科、固定资产投资审计科、农林水审计科、外资审计科、法制科、审计体系指导科、财务科、纪检（监察）室、驻白浪经济开发区审计办事处，下属审计计算机中心、审计培训中心2个事业单位。

审计成果 全年共完成审计项目（单位）60个，查出各种违纪违规资金7427万元，处理收缴财政315万元，向司法机关移交案件4起，审计工作报告和信息材料被领导机关和新闻媒体批示采用167份（条）。

内部审计 全市内部审计机构共审计了1209个单位，查出损失浪费金额1615万元，促进增收节支1980万元，已纠正违规行为金额1454万元，提出意见建议被采纳1586条。

经济责任审计 全市审计机关共对35名党政领导干部进行了经济责任审计，对10户国有企业领导人员进行了离任审计，各级党委、政府根据审计情况，对20名干部作了调整。

精神文明建设 通过实施“四三二一”文明创建工程，围绕“四以”（以教育德、以训强能、以律促廉、以勤创业）主题，强根固本教育人；开展“三创”（创建文明科室、文明单位、文明系统）活动，潜移默化感召人；加强“二联”（上下联动、左右联动）机制，整体提高促发展；实现“一流”水平，主导创业铸辉煌，取得明显成效，被省委、省政府命名为1999—2000年度全省最佳文明单位。

【十堰市张湾区审计局】 现有干部职工12人，设有综合科、审计一科、审计二科，审计三科，负责对全区乡镇街办和区直部门的审计监督。局长叶克田，副局长曹淑莉、徐忠先。

审计成果 共完成审计项目20项，审计单位25个。共查出违纪违规资金1465万元，处理上缴财政100.52万元，通过审计促进被审计单位增收节支178万元。撰写上报审计情况和信息79篇（条）。

【十堰市茅箭区审计局】 现有干部职工7人，设有办公室、财政审计股、行政事业审计股、企业审计股，负责对全区8个乡镇街办和40个区直部门的审计监督，局长杨玉平，副局长秦道荣。

审计成果 共完成审计项目单位31个，完成企业清产核资、产权界定单位14个，查出违纪违规资金129万元，经处理上缴财政金额1.8万元，追还被侵占挪用专项资金10万元，促进增收节支86万元。向各级党委、政府和上级审计机关报送审计工作报告、审计信息材料16份（条），被批示采用10份（条）。对区商业公司1998至1999年度财务收支情况进行了审计，发现违纪违规资金19万元，依法进行了处理，提出了改进的意见和建议。完成改革企业产权界定14个单位，摸清了企业家底，明晰了产权，为领导宏观决策提供了依据。对区计划局、区行管局、区统计局等12个单位原行政领导离任进行了审计。查出所在单位违纪违规资金32万元。经处理指明要求纠正28万元，处理处罚金额4万元，依法收缴财政0.3万元。

【丹江口市审计局】 现有干部职工31人。设有办公室、综合科、财政金融外资审计科、行政事业审计科、农林水审计科、商贸企业审计科、工交企业审计科、固定资产投资审计科、驻武当山特区办事处，负责对全市乡镇和市直部门的审计监督。局长汪新建，副局长黄富华、周国超、陈咏梅、何丹生，纪检组长王新治。

审计成果 完成审计项目单位40个，查出违规行为金额15638万元，决定处理处罚金额2273万元，上缴财政24万元，提交审计情况报告、信息21篇。

【郧县审计局】 现有干部职工31人，设有办公室、财政金融审计股、经济责任审计股、行政事业审计股、农林水审计股、经贸审计股和基建投资审计股，负责对全县26个乡镇和160个县直部门的审计监督。局长陈连康，副局长谢建国、张治国、金天珍、狄永胜（兼纪检组长），总审计师梅锦明。

审计成果 全年完成审计项目（单位）112个，审计资金总额12.5亿元，查出违纪违规资金1.25亿元，处理收缴入库资金76.2万元，追回被侵占挪用国有及专项资金957万元，促进被审计单位增收节支250万元，提出审计建议、意见385条，向纪检、监察和检察机关移交经济案件线索9件（10人），较好地发挥了审计监督的职能作用。

【竹山县审计局】 现有干部、职工26人，设有办公室、法制股、行政事业审计股、体系指导站、经济责任审计股、财政金融审计股、经贸审计股和农林水审计股，负责对全县25个乡镇和县直100多个部门（单位）的财政财务收支进行审计监督。局长胡学端，书记张瑞明，副局长何敦波、程贤斌、吴庆刚。

审计成果 全年完成审计项目10项，审计单位29个，查出各类违纪违规资金7717.75万元，处理收缴入库25万元。按县领导要求，对15个乡镇农村财务“三提留五统筹”的征收、管理、使用及经管站财务收支进行了审计，有10个乡镇在分解县农监委批复的农民负担额时多分解210.76万元，超标准集资84.26万元，未经批准自行行文集资124.61万元，未经批准亦未见政府行文摊派收费51.71万元，挤占挪用统筹款403万元。在5个乡镇所辖的村级财务审计中，有违规资金23.45万元，有的在村财务中重列干部工资、报销鞋、自行车、香油、木炭等情况，除对乡镇进行了依法依规处理外，还对21名违纪严重的村干部给予了100元罚款的处理。

【房县审计局】现有干部职工24人，设有办公室、综合股、行政事业审计股、农林水审计股、商贸审计股、工交审计股、财政金融审计股、固定资产投资审计股，负责对全县25个乡镇（场）和县直部门的审计监督。局长邓清海，党支部书记付涛，副局长邓荣基、肖广学、孙运林。

审计成果　共完成审计项目（单位）103个，查处各种违纪金额3135.72万元，处理收缴财政60.22万元，向县委、政府、上级审计机关提供审计工作报告、信息65份。

【郧西县审计局】共有干部职工25人，设有办公室、财政审计股、金融审计股、投资审计股、行政事业审计股、农林水审计股和企业审计股，负责对全县24个乡镇和38个县直部门的审计监督。局长杨杰，书记周绍福，副局长彭先祝、吴永文、李贞，纪检组长曾大鑫。

审计成果　共完成审计项目（单位）69个，完成审计调查项目9个，查处违纪违规资金1326万元，上缴财政30万元，为国家增收节支219万元，追还被侵占挪用资金189万元。移交违法违纪案件线索3起，涉案资金105万元。向有关部门提交审计信息75篇（条），被批示采用33篇（条）。

【竹溪县审计局】现有干部职工22人，设有办公室、行政事业审计股、农林水审计股、财政金融审计股、商粮贸审计股、工交审计股、经济责任审计股、投资建设审计股，负责对全县20个乡镇和75个县直部门的审计监督。局长王林，副局长翁炳华、柯玉和。

审计成果　共完成审计项目（单位）51个，审计资金总额1.7亿元，查出违纪违规资金3708万元，上缴财政35万元。涉及个人贪污行为3名，个人违纪款额2万元，处理收缴财政2万元。移交检察院处理1人，追还被侵占挪用资金210万元。促进增收节支150万元，挽回经济损失263万元。

【荆州市审计局】2000年，共有在职干部、职工84人，其中大学本科学历17人，大专学历44人。局长王本波，副局长付祖卿、余品元、刘大江、冯学义、李俊平。设有办公室、监察室、政工科、综合科、外资审计科、基建投资审计科、农林水审计科、财政金融审计科、社会保障审计科、经贸审计科、行政事业审计科、法制科、体系指导科等部门。下设经济责任审计局，内设综合科、行政事业审计科、企业审计科。

审计成果　全市共审计392个单位和项目，查出违规行为金额120324万元，处理上交财政1598万元，减少财政拨款或补贴4002万元，归还原渠道资金6170万元，促进增收节支3961万元，向各级党政部门、上级审计机关和新闻单位提交审计工作报告、信息457篇，其中被批示、采用334篇。先后对市领导关心、社会关注的市政建设重点工程、占地1万多平方米的沙隆达广场一期拆迁和二期建设工程，荆州奥林匹克体育中心的搬迁建设工程，荆州端午龙舟节各项收支，东岳开发小区征地拆迁纠纷等进行了专项审计，了解了真实情况，为领导宏观决策提供了可靠的依据，得到市领导的充分肯定。

内部审计　荆州市内部审计师协会于2000年8月29日正式成立。全市各内审机构共完成审计项目2683个，查出损失浪费1.79亿元，促进增收节支2.1亿元，纠正违规行为金额1.84亿元，提出合理化建议被采纳564条。举办各类业务培训班6期，102个部门或单位的118人参加了理论研讨、经验交流和培训。

经济责任审计　受荆州市委组织部委托，对市直33个副县级以上单位的主要行政领导干部进行了任期经济责任审计，其中已作审计结论的26个。共查出违纪违规金额1356万元，审计处理收缴28万元；发现违规违纪线索11条，其中移送纪检、监察部门2件；查出涉嫌贪污挪用公款案1件，涉案金额13万元，已移送检查机关立案处理。审计后，提拔使用3人，平调26人，退出领导岗位3人。

【荆州市沙市区审计局】现有干部职工11人，设有办公室、企业审计科、财政金融审计科、行政事业审计科，负责对全区5个乡镇和100多个区直行政事业单位和国有企业的审计监督。局长朱明，副局长陈家福、黄玮。

审计成果　共审计13个单位（项目），查出违规金额258万元，处理增加财政收入10万元，未发生行政复议事项。通过审计和审计调查，向上级党政机关和有关部门报送审计工作报告、信息25篇。

【荆州市荆州区审计局】现有干部职工23人，设有办公室、行政事业审计科、财政金融审计科、农林水审计科、工交商贸审计科、综合审计科，负责对全区9个乡镇（办事处）和60多个区直部门的审计监督。局长林克新，副局长周传华、涂华垓、龚林森、刘庆华、葛云、鄢咸杰。

审计成果　共审计46个项目单位，查出各类违纪违规资金10300万余元，督促被审计单位纠正违规问题金额2500万余元。全年上报各种审计情况和信息材料65篇，被批示、采用23篇，其中被市级采用15篇，省级采用7篇。在预算执行情况和财政收支审计中，审增财政收入89万元，审减财政支出40万元，查明各项专款未拨付到位815万元；区地税局未通过金库办理退库手续，直接提退农村双代手续费200余万元，部分税种掉收203万元，违规多提手续费14.2万元，由于征管不力，造成税款流失47万元及欠税89.9万元等问题；在国土资金审计中，查出荆州区城南开发区欠收土地出让金5731万元，挤占挪用国土出让金317万元等问题并进行了处罚，促进了土地部门加强对国土资金的征收和管理。

【洪湖市审计局】现有干部职工36人，设有办公室、政工科、监察室、农林水审计科、基建审计科、财政金融审计科、工交审计科、行政事业审计科、商贸审计科和经济责任审计局，负责对全市17个乡镇和70个市直部门的审计监督。局长陈桥南，副局长卢圣方、刘柏山、肖方栋、罗功佑，纪检组长祝运河，经济责任审计局局长刘少兵。

审计成果　共完成审计单位或项目38个，查出违纪违规金额3591万元，上缴财政169万元。同纪检、监察等部门配合，查处各种经济案件3起。1999年同级财政预算执行审计中，发现市粮食局多年来收取的就业发展基金未列财务收支，其基金单独存放，金额达510万元。对9个行政、企事业单位法人代表进行了离任经济责任审计，结果因涉及重大经济问题被司法机关追究刑事责任2人。

【石首市审计局】现有干部职工26人，设有办公室、经济责任审计分局、综合科、财政金融审计科、农林水审计科、行政事业审计科和经贸审计科，负责对全市16个乡镇办和68个市直部门的审计监督。局长张海清，副局长陈明进、王永超、李晓军、管楚荣，纪检书记刘良新。

审计成果　共完成审计项目27项。其中完成市政府交办工作任务16项，完成上级下达审计任务11项。审计单位62个，完成审计调查8项，调查单位14个。共查出违纪违规金额8759万元，决定上缴财政43万元。同市纪检、监察、信访等部门配合查处各种经济案件2起，移送司法和纪检监察机关处理3人。

【松滋市审计局】现有干部职工71人，设有办公室、综合科、财税审计科、金融审计科、商贸审计科、工交审计科、行政事业审计科、固定资产投资审计科、农林水审计科、经济责任审计处、刘家场审计办事处、西斋审计办事处、沙道观审计办事处，负责对全市23个乡镇、开发区和市直行政事业单位、国有及国有控股企业的审计监督。局长雷正秘，副局长陈稀林、胡兴林、李远华、孙权，纪检书记谢光军。

审计成果　预算执行审计查出违纪违规收支1598万元。为了解乡镇财政运行状况，组织力量对八宝、麻水、危水3乡镇进行了审计调查，查出三乡镇财政赤字数额大，政府负债沉重，借贷交税，平调统筹费等情况，引起了市委、市政府的高度重视。完成了国债资金、世行贷款六个项目、工商行业、人事系统、企业资产负债损益审计。土管系统行业审计查出原危水土管所长、沙道观土管所长贪污铁路征地补偿费、滥用职权违法划拨国有土地等违法犯罪事实，2人分别被判处有期徒刑一年，并被开除公职。

【监利县审计局】现有干部、职工37人，设有办公室、工交审计股、商贸审计股、行政事业审计股、农林水审计股、基建审计股、财政金融审计股、体系指导股。局长朱世清，党总支书记朱正华，副局长刁善和、唐明良、常光忠、段先锦、何建国、朱海波，纪检组长赵新程。

审计成果　共完成审计项目56项（其中属省、市审计机关下达任务18项，属县委、县政府交办任务38项），审计单位175个。完成审计调查3项，调查单位23个。共查出各类违纪违规资金3880万元，上缴财政82万元，追回被挤占挪用资金280万元，促进增收节支210万元。提交审计报告、信息60多篇。被省委、省政府授予“文明单位”称号。

【公安县审计局】现有干部职工32人，设有办公室、政工股、财政金融审计股、行政事业审计股、农林水审计股、工交审计股、商贸审计股、外资基建审计股、审计体系指导股。局长陈良华，副局长周旭、李美俊、王典章、胡波。

审计成果　共完成审计项目48项（其中属县政府交办的任务27项，经济责任审计14项），审计单位128个，完成审计调查8项，调查单位24个。查出违纪违规金额4282万元，配合县纪委、监察等部门查处经济案件1起，移送纪检、监察处理3人，共提交审计工作报告48篇。

【江陵县审计局】现有干部职工8人，设有办公室、财政行政事业审计科、金融企业审计科。局长张士辉，副局长刘正清、陈知勤。

审计成果 全年共完成各类审计项目16项，审计单位28个，提交各类审计信息60篇（条），为政府及有关单位提合理化建议34条。

【宜昌市审计局】2000年，共有在职干部、职工71人，其中研究生学历1人，大学本科学历15人，大专学历36人，局长向克林，副局长宋明坤、胡凤兰、马全平、向子荣、冉锦成。设有办公室、政工科、综合科、法制科、工交审计科、商贸审计科、行财审计科、外资审计科、金融审计科、财政审计科、投资审计科、农林水审计科等部门。

审计成果 2000年全市共审计单位490个，查出违纪违规资金162989万元，处理上缴财政2869万元，责成被审计单位归还原渠道资金10412万元，向司法机关移送案件15件，向上级审计机关和各级党委政府提交审计情况报告和信息1257篇（条），被批示采用578篇（条）。

完成地方政府交办任务 完成宜昌市委、市政府交办任务19项，其中对13个使用财政性资金的基本建设项目进行审计，累计审减虚报投资2021.4万元，宜昌市政府召开专题办公会议研究制定了加强建设项目管理的六条措施和办法。根据市政府指令，抽调41人组成9个审计小组，历时5个多月，对猴王集团及149个下属企业1996年至1999年度的资产、负债、损益情况进行了全面审计核实，为市政府解决猴王集团的问题提供了真实准确的依据。

经济责任审计 对49个单位的领导人开展了离任经济责任审计，查出违纪违规资金17218万元，审计后，平调16人，晋升3人，免职10人，另有4人被移送纪检监察部门处理。2000年设立宜昌市经济责任审计局，定编18人。

大案要案 向检察机关移送案件15件。对猴王集团审计发现了大量个人经济违法线索，依法向检察机关移送案件线索10起，涉及的问题21类，涉及人员27人。国债资金审计向检察机关移交经济案件7件，涉案人员5人，涉案金额达600余万元。

被湖北省委、省政府授予省级“最佳文明单位”称号。

【宜昌市西陵区审计局】现有干部职工4人，设有办公室、综合科、审计科，负责对全区1个乡镇和33个区直部门的审计监督。局长苏会林，副局长李蓉、李爱红。

审计成果 完成审计项目12项，其中属区政府领导交办审计任务7项，审计单位30个；完成审计调查2项。共查出违纪违规资金543万元，收缴入库1.7万元，追还被挤占挪用的专项资金173万元，提交审计专题和综合报告33篇。与纪检、监察部门配合，查处经济案件2起。

【宜昌市伍家岗区审计局】现有干部职工5人，设有行财审计股、企业审计股、综合股，负责对1个乡镇、4个街道办事处和21个区直部门的审计监督。局长赵勇，副局长疏社友、艾琼。

审计成果 共完成审计项目45项（其中属区政府交办的任务23项），审计单位32户，查出违法违规金额35万多元，处罚3个单位，为财政挽回资金损失17万元，审计发现违法嫌疑2人，分别移交司法机关查处，其中1人已判5年有期徒刑。

【宜昌市点军区审计局】现有干部职工3人，设有办公室、综合审计科，负责对辖区内两个乡政府一个街道办事处和22个区直部门的审计监督。局长幸敏秀，副局长覃爱群。

审计成果 完成上级交办的审计项目4项，完成区委区政府交办的审计工作6项，审计单位10个，查出违纪违规资金188万元，提出审计建议30条。

【宜昌市猇亭区审计局】现有干部职工7人，设有经济责任审计中心、行政事业审计股、综合审计股，负责对全区4个街道办事处和区直行政、企事业单位的审计监督。局长高亚华，副局长原立荣，经济责任审计中心主任李国林。

审计成果 完成审计项目9个，查出违规违纪金额1449万元，处理上缴财政2万元，追还被挪用资金6万元，核减工程投资1.52万元，向被审单位提出审计建议26条。

【宜都市审计局】现有干部职工19人，设有财政金融审计科、工交商贸审计科、行政事业审计科、农林水审计科，负责对全县10个乡镇和65个市直部门的审计监督。局长王宏源，副局长李从宽、刘昌涛、高圣德、周梅。

审计成果 共完成审计项目55项，查出违纪违规金额6278万元，处理上缴财政72万元，追还被挤占挪用资金128万元，向各级党委、政府和上级审计机关报送审计情况和信息材料42份。被湖北省委、省政府授予1999－2000年度省级“文明单位”称号。

【当阳市审计局】现有干部职工21人，设有办公室、财政金融审计科、工交商贸审计科、行政事业审计科、农林水审计科、外资基建审计科，负责对全市17个乡镇和87个市直部门的审计监督。局长王善玉，副局长彭代林、严尚富。

审计成果 全年共完成58个审计项目，查出违纪违规资金1602万元，处理处罚462万元，调账、纠正各类违规资金1140万元，增加财政收入资金162万元，提出审计建议120条，促进提高经济效益972万元，向各级党委、政府及上级审计机关报送审计情况报告和重要审计情况260份，报送审计信息近100份，被采用50余篇。

【枝江市审计局】现有在职干部职工23人，设有办公室、财政金融审计股、工交商贸审计股、行政事业审计股、农林水审计股、固定资产投资审计股。局长刘行成，副局长胡庆元、郑丙南、周宜发。

审计成果　共完成审计项目34项（其中属市委市政府交办的审计任务23项），审计单位131个；完成审计调查事项3项。查出违纪违规金额8170万元，上缴财政521.9万元，移交司法机关处理4人；有165篇（条）审计信息被各级刊物、新闻单位采用。

大案要案　对市陶瓷装饰材料厂进行破产审计时，查出原任厂长在1985年至1997年间，用租赁经营、厂中办厂等办法，侵吞该厂流动资产105.9万元，偷税169.5万元的违纪事实；查出继任厂长、副厂长在1998年至1999年间违规经营，造成该厂两年亏损1980万元；同时，发现瓷片生产线租赁者采取虚报冒领等手段，窃取该厂流动资产39.1万元。4人已移交司法部门处理。

被湖北省委、省政府授予文明单位称号。

【宜昌县审计局】现有干部职工19人，设有办公室、农林水审计股、财金审计股、工交审计股、商贸审计股、基建外资审计股，负责对全县20个乡镇及县直行政事业单位、国有控股企业等单位的审计监督。局长何学章，副局长黄祖华、袁维金、张明金。

审计成果　2000年对财政、税务、城建、国土、房改办等18个单位进行了审计，共查出违纪违规资金6086万元，上缴财政1342万元。12月，宜昌县审计局召开首次审计听证会，就宜昌县地矿局私设小金库处罚一事举行审计听证。

【秭归县审计局】现有干部职工28人，设有经济责任审计分局（2000年10月组建成立，内设党政领导干部经济责任审计股、企业领导人员经济责任审计股）、办公室、监察复核股、财政金融审计股、行政事业审计股、企业审计股、农林水（移民）审计股、基建外资审计股，负责对全县14个乡镇和62个县直部门的审计监督。局长邓邦林，副局长兼经济责任审计分局局长余小琴，副局长王大荣、郑之香、李家顺。

审计成果　完成审计项目33项，其中完成上级下达的13项，审计和延伸审计调查单位75个，查出各种违纪违规金额9453万元，处理违规应上缴财政194万元，责成被审计单位归还原渠道资金332万元，依法移送司法机关处理2人，依法通报了一国营林场拒不执行审计决定的行为，向县委、政府和上级审计机关报送审计情况和信息被采用90篇（条）。

【远安县审计局】现有干部职工16人，设有办公室、工业交通审计股、商贸审计股、财政金融审计股、行政事业审计股、经济责任审计股、农林水审计股、固定资产投资审计股，负责对全县9个乡镇和34个县直部门的审计监督。局长宗明新，副局长朱兴国、张德全。

审计成果　共完成审计项目50项，查出违纪违规资金936万元，处理上缴财政53万元。对18个单位“一把手”开展了经济责任审计，查出违纪违规资金272万元，收缴上交财政资金65万元。经审计，诫免2人、降职3人。

【兴山县审计局】现有干部职工17人，设有办公室、财政金融审计股、行政事业审计股、工交商贸审计股、农林水审计股、移民基建审计股，负责对全县13个乡镇和县直各企事业单位的审计监督。局长杨守朝，副局长甄景平、王尚武，纪检组长樊令文。

审计成果　完成审计项目14项，其中：省厅计划11项，县委县政府交办3项，被审计单位42个。共查出违纪违规金额5717.6万元，决定处理收缴364万元，建议归位挤占挪用资金224万元。移送司法机关处理1人。向上级审计机关和各级党政部门提交审计情况报告和信息62篇（条），向被审计单位提出合理化建议59条。受县政府委托，对宜昌市宏兴有限责任公司进行审计，查明该公司负责人1991年至1998年累计非法集资966万元，被移交司法机关处理。

【五峰土家族自治县审计局】现有干部职工15人，设有办公室、财政金融审计股、行政事业农林水审计股、工交商贸审计股，负责对全县8个乡镇和30个县直部门的审计监督。局长符代华，副局长叶厚全、张盛荣。

审计成果　全年完成审计项目44项，其中政府交办31项；审计单位71个。查出违规违纪金额1554万元，作出处理处罚254万元，要求纠正1300万元，上缴财政86.8万元，追回被挤占挪用114万元。上报审计情况报告和信息材料76篇，被采用39篇。向司法机关移送案件3件。

【长阳土家族自治县审计局】现有干部职工19人，设有财政金融审计股、行政事业审计股、经济责任审计股、工交商贸审计股和基建外资审计股，负责对全县16个乡镇和68个县直部门的审计监督。局长张昌鑫，副局长郑文勋、陈石洲。

审计成果　共审计75个单位（项目），处罚收缴增加财政收入117万元，移交司法、纪检机关查处案件4起。完成了省厅下达的审计计划，完成了政府交办的对全县乡镇1999年末财政状况和水产集团的审计调查，对5个县直行政事业单位进行了经济责任审计。

【荆门市审计局】 2000年，共有在职干部职工57人，其中研究生学历2人，大学本科学历13人，大专学历37人，中专学历3人。局长刘永庆，副局长张良智、刘良生、汪顺彪、张贵平，纪检组长谢从忠。设有办公室、综合科、财政审计科、金融审计科、行政事业审计科、商贸审计科、工交审计科、投资审计科、农林水审计科、人教科、纪检监察室、机关总支、经济责任审计局等部门。

审计成果　共审计611个单位，查明违纪违规资金59507万元，处理上缴财政1972万元，归还原渠道资金6664万元。全年被省以上党政领导、审计机关和新闻单位批示采用的情况和信息140条。

完成上级交办任务　完成市委、市政府及省厅交办的工作任务600多项，主要开展了财政预算审计、专项资金审计、企业审计、经济责任审计、固定资产投资审计、金融审计、重点行业和部门审计。如通过对市直108个行政事业单位的清理审计后，市政府出台了《荆门市专项资金管理办法》，将所有的专项资金纳入管理范围，从制度上规范了专项资金管理，实现“四个直达”，即预算支出直达部门、工资直达个人、专项资金直达项目、多项返还及征收费直达单位。

经济责任审计　荆门市审计局成立了经济责任审计局，并积极开展工作，组织部门根据审计结果，提升3人，平调11人，免职3人。

被湖北省委、省政府评为省级最佳文明单位。

【荆门市东宝区审计局】 现有干部职工14人，设有办公室、财政审计股、金融审计股、行政事业审计股、农林水商审计股、工交投资审计股，负责对全区16个乡镇和57个区直部门的审计监督。局长王治华，副局长赵德洪、余银远。

审计成果　完成审计项目21项（其中属政府交办工作任务9项），审计单位60个，查出违纪违规金额2000万元，上缴财政35万元，查处贪污案件2起，移送司法机关处理1起，向被审单位提整改建议25条，共提交审计情况报告45篇。

【荆门市掇刀开发区审计局】 现有干部职工11人，设有办公室、行政事业审计科、企业审计科和经济责任审计科，负责对全区34个区直单位的审计监督。局长官斌，副局长王功朝。

审计成果　完成审计项目39个，其中：财政预算执行审计1个，财务收支审计32个，离任经济责任审计4个，企业资产负债损益审计2个，共查出违纪违规金额4008万元，上缴财政83万元，提交工作报告、信息12篇。

【钟祥市审计局】 现有干部职工39人，设有办公室、综合科、财政金融审计科、行政事业审计科、农林水审计科、基建外资体系指导科、工业交通审计科和商贸审计科，负责对全市17个乡镇和108个市直部门的审计监督。局长肖绍华，副局长吕学佳、肖玲、李保华、周光林，总审计师贺本清。

审计成果　共完成审计项目46项，审计单位109个，完成审计调查3项，调查单位11个。共查出违纪违规金额4260万元。同市纪检、监察等部门配合，查办经济案件3起，接受组织部门委托开展经济责任审计35个，为市委、市政府合理使用干部提供了客观公正的依据。

【京山县审计局】 现有干部职工79人，设有办公室、监察室、综合股、财务股、工商审计股、商贸审计股、农林水审计股、行政事业审计股、财政金融审计股、固定资产审计股，下设3个审计分局。

审计成果　完成上级交办的审计项目66项，审计单位201个，查出违纪违规资金2674万元，提出合理化建议83条，上报信息68篇，被市级以上刊物采用23篇。受荆门市委组织部、市审计局委托和受县政府委托，对4单位主要负责人进行了经济责任审计。审计后，提升1人、平调1人、留任1人、被移送司法机关追究责任1人。根据审计中发现的线索和群众的举报，对京山县原供销社主任进行了审计，查出挥霍公款达百万元，并移交司法部门进行处理。

【沙洋县审计局】 现有干部职工20人，设有财政金融基建审计股、行政事业审计股、工交商贸审计股、农林水审计股，负责对全县16个乡镇和38个县直部门的审计监督。局长詹必成，总支书记王敦学，副局长吕启辉。

审计成果　完成审计项目17项，审计单位113个，查处违纪违规金额3750万元，追回被侵占挪用资金1260万元，处理上缴财政62万元，提出合理化意见建议被采纳27条，促进增收节支450万元，上报信息报告被采用23条，为各级领导宏观决策提供了客观依据。

【鄂州市审计局】 2000年，共有在职干部职工52人，其中大学本科学历12人，大专学历32人。局长夏建武，副局长张汉清、吴永环、沈美树，纪检组长柯昌新。设有办公室、政工科、监察科、财政金融审计科、行政事业审计科、农林水利审计科、固定资产投资审计科、工交企业审计科、商贸企业审计科等部门。

审计成果 全年共完成审计及审计调查项目35项，共审计和调查了52个单位，查出各类违规违纪金额11318万元，处理上缴财政513万元，促进增收节支696万元，向有关部门移送案件3起。审计信息宣传材料被各级采用182篇（次），其中：被省委、省政府采用、批示4篇（次），被审计署采用8篇（次），被省审计厅采用27篇（次），被市委、市政府采用、批示35篇（次）。

内部审计 全市有内部审计机构138个，配备内审人员197人。全年审计单位634个，查出损失浪费金额554万元，促进增收节支1346万元，纠正违规违纪金额4298万元，提出建议和意见被采纳701条。

经济责任审计 全市审计机关共对20个单位24名负责人任期经济责任情况进行了审计，查出违规违纪金额790万元，根据审计结果，提升2人，撤职4人，受党纪政纪处分2人，移送司法机关处理5人。

【鄂州市鄂城区审计局】 现有干部职工13人。设有一股、二股、办公室，负责对全区8个乡镇和56个区直部门的审计监督。局长徐新建，副局长李金波、游家才、杜家东。

审计成果 完成审计项目12项、审计单位77个，查处违纪违规金额1133万元，增加财政收入136万元，减少财政支出53万元，报送审计综合报告及信息材料25篇，被各级采用16篇。被评为全省审计系统先进集体和省级文明单位。

【鄂州市华容区审计局】 现有干部职工8人，设有办公室、财政金融审计股和行政事业审计股，负责对全区8个乡镇和区直部门的审计监督。局长李崇春，副局长汪新城、廖敬忠、姜国平。

审计成果 共完成审计项目10个，审计单位56个，查出违纪违规金额1506万元，增加财政收入127万元，促进增收节支696万元，提出审计建议27条，提供专题审计报告15篇。对9个单位的主要负责人进行了经济责任审计，结果被免职1人、降职1人。

【鄂州市梁子湖区审计局】 现有干部职工5人，设有办公室、财政金融审计股、综合股，负责全区5个镇和43个区直部门的审计监督。局长胡怡生，书记熊克胜。

审计成果 共完成审计单位43个，查出违纪违规金额480万元，增加财政收入22万元。审计信息被采用和批示6篇（次）。共对6个单位的领导人员开展了经济责任审计，结果平调5人，撤职1人，移送司法机关处理1人。

【孝感市审计局】 2000年，共有在职干部职工50人，其中大学本科学历12人，大专学历26人。局长张月英，副局长付益珊、龙木青、左国香、田卫民，纪检组长苗九兰。设有办公室、人事教育科、综合科、财政审计科、金融外资审计科、行政事业审计科、工业交通审计科、商贸审计科、固定资产投资审计科、农林水审计科、法制科、经济责任审计科和纪检组等部门。

审计成果 共完成审计任务49项，直接审计单位56个，查出违纪违规金额4706万元，上缴财政162万元，促进增收节支519万元，提交审计报告138篇，审计报告信息被批示采用108篇，建议纠正地方部门不当规定11条。

完成上级交办任务 全年共完成孝感市委、市政府交办的减轻农民负担调查、小康建设、对口扶贫、创建省级文明卫生城市、农金会兑付、社会治安综合治理等12类21项中心任务。

内部审计 孝感市市直行政机关、国有企事业单位及金融机构共设内部审计机构78个，其中专职机构69个，配备内审人员181人，其中专职人员145人。全年审计单位270个，查出损失浪费22万元，促进增收节支14322万元，提出建议意见被采纳307条，纠正违规违纪金额12635万元，建议给予行政处分2人，办理财务审签11件。

经济责任审计 孝感市审计局于3月成立了经济责任审计科，共对10个副县级以上领导干部进行了任期经济责任审计，查出违规违纪金额2150万元，要求纠正1726万元，决定处理处罚424万元，查出损失浪费6万元。根据审计结果，免职9人，平调1人。

【孝感市孝南区审计局】 现有干部职工29人，设有人事股、综合审计股、财政金融审计股、工交商贸审计股、农林水行政事业审计股，负责对全区17个乡镇（场、街道）和85个区直部门的审计监督。局长丁相如，副局长王爱娥、李柏青、管德文、田东升，纪检组长李杏珍。

审计成果 全年共审计单位（或项目）76个，其中省、市计划安排项目23项。查出违纪违规金额6713万元，促进增收节支2180万元，向司法、纪检监察机关移交案件1件。审计情况报告和信息宣传被各级批示、采用143篇次。

【应城市审计局】现有干部职工29人，设有财政金融审计股、行政事业审计股、经济责任审计股、工商企业审计股、基建投资审计股、人秘股、内审股和工会。局长卢晓雷，副局长杨德清、汪木发、涂新亮，纪检组长田清源。

审计成果 共完成审计、审计调查项目46项，查出违纪违规资金3858万元，归还原渠道资金411万元，处理上缴财政50万元。查处3起大案要案，其中移送司法机关1起，移送纪检监察机关2起，已处理1人。审计情况报告和信息宣传材料被批示、采用164条。完成市委、市政府交办任务6项，审计和审计调查单位49个。2000年有内部审计机构50个，内审人员117人，审计单位250个，查出损失浪费77万元，纠正违纪金额124万元，促进增收节支123万元；向司法机关移送案件1起，建议给予行政处分1人。

第四次被省委、省政府命名为“最佳文明单位”。

【安陆市审计局】现有干部职工22人，设有办公室、投资审计股、行政事业审计股、企业审计股、农林水利审计股、经济责任审计股和财政金融审计股，负责对全市15个乡镇和98个市直部门的审计监督。局长张德安，副局长彭加权、周文进、姚开永。

审计成果 完成审计项目68项，审计单位92个，共查出违纪违规金额1755万元，处理处罚上缴财政91万元，归还原资金渠道金额543万元，提交审计情况报告和信息97篇，被批示采用63篇。1999年－2000年被湖北省委、省政府命名为“文明单位”，2000年被湖北省委宣传部和共青团湖北省委命名为“青年思想政治工作先进单位”。

【汉川市审计局】现有干部职工28人，设有人事秘书股、行政事业审计股、经济责任审计股、财政金融审计股、企业审计股和固定资产投资审计股，负责对全市28个乡镇和52个市直部门的审计监督。局长戴传安，副局长徐仁华、邓中云、周天忠、王永芳。

审计成果 共完成审计项目32个，审计单位82个，查出违规行为金额10321万元，处理上缴财政53万元，督促归还被挤占挪用资金367万元，促进增收节支54万元。提交审计情况报告、信息110篇，被批示、采用86篇。

【云梦县审计局】定编23人，实有28人。设有综合股、财政金融审计股、行政事业审计股、工商企业审计股、经济责任审计股、基本建设投资审计股，负责对全县12个乡镇和县直部门的审计监督。局长张立山，副局长江少明、黄汉章。

审计成果 全年完成审计项目65项，其中上级审计机关下达的指令性任务22项，县委、县政府交办的任务43项，审计单位93个，查处各类违纪违规金额3600多万元，提交审计情况报告、信息宣传稿件120多篇，被领导批示采用72篇。

【大悟县审计局】现有干部职工27人，设有综合股、财金审计股、行政事业审计股、经济责任审计股、经贸审计股、投资基建审计股和农林水审计股，负责对全县17个乡镇和93个县直部门的审计监督。局长严少林，副局长严海东、龚爱军、黄新民。

审计成果 共完成省、市、县交办审计项目43项，审计单位126个（次），审计总金额7.2亿元，查出违纪违规金额3600万元，协助有关部门查处案件5起，上缴财政金额50.6万元。向县委、县政府、上级审计机关、新闻媒体提交审计情况报告和信息153篇，被批示和采用89篇。共查处大案要案5起，移送纪委监察3起，发现违纪违规资金300万元，收缴各项违纪资金20余万元。

【孝昌县审计局】现有干部职工16人，设有办公室、综合投资审计股、财税金融审计股、企业审计股和经济责任审计办公室，负责对全县12个乡镇和45个县直部门的审计监督。局长丁汉春，副局长季海山、李和平，纪检组长毛德润。

审计成果 对全县45个单位进行了审计和审计调查，查出违纪违规金额9478万元，处理上缴财政22万元，追还被挪用资金1569万元，促进增收节支84万元，向被审单位提出合理化建议54条。提交审计情况报告和信息92篇，被采用47篇。对9个单位的领导干部进行了任期经济责任审计，查出违纪违规资金3815万元。对县直15个部门单位的领导干部经济责任实行了届中审计，查出各类违纪违规资金2405万元。共建立内审机构14个，有内审人员27人，2000年共审计32个单位，查出损失浪费61万元，促进增收节支80万元，提出合理化建议被采纳25条。

【黄冈市审计局】2000年，共有在职干部职工44人，其中大学本科学历9人，大学专科学历23人，局长龚应祥，副局长杜亨达、王思发、张绘、陈毅华、肖建军，纪检组长陶宗汉，总审计师贺光初，助理调研员陈中军。设有办公室、财政金融审计科、工业交通审计科、外资审计科、固定资产投资审计科、农林水审计科、商贸审计科、行政事业审计科、经济责任审计科、审计体系指导科、政工科等部门。

审计成果 共完成审计项目28项，审计单位83个；查处违纪违规金额9889万元；上缴市财政70万元，促进增收节支562万元；建议纠正不当规定25条。

完成上级交办任务　共完成上级交办的审计任务23项，审计单位74个。

内部审计　市直有专职内审机构23个，内审人员45人；全年审计单位452个，纠正违规行为金额658万元，促进增收节支1132万元。

经济责任审计　审计单位10个，经济责任人10人，其中党政领导6单位6人，国有企业4单位4人；查处违规行为金额816万元。

获省级文明单位荣誉称号。

【黄冈市黄州区审计局】现有干部职工43人，设有办公室、财政金融审计股、行政事业审计股、工交商贸审计股、农林水利审计股、经济责任审计股、固定资产投资审计股、特派办，负责对全区8个乡镇和89个区直部门的审计监督。局长罗少斌，副局长刘福清、陈细宝、何保平。

审计成果　全年共开展审计38项，计136户（其中中央和省、市级下达项目11项，37户），查出违纪违规金额1.41亿元，责令归还原资金渠道3779万元，责令上交财政417万元，审计收缴入库61万元，促进财政增收节支732万元。审计移交和处理违纪案件5起，协助纪委、检察院查处案件3起，通报1起，查处违纪人员5人。向上级审计机关和区委、区政府提供审计情况报告49份，提供审计要情和信息162篇，被上级采用和领导批示115篇。2000年被评为省级文明单位。

【麻城市审计局】现有干部职工30人，设有财政金融审计科、行政事业审计科、工交审计科、商贸审计科、农林水审计科、固定资产投资审计科和审计体系指导科，负责对全市20个乡镇和120个市直部门的审计监督。局长李贵忠，副局长吴本和、鲁铁桥、沈顺林、金德太。

审计成果　完成审计项目40项，审计单位107个，查出各类违纪违规资金18000万元，上缴财政130万元，共有70篇审计信息调研材料被上级领导或各级新闻单位采用。

被省委、省政府表彰为1999－2000年度省级文明单位，蝉联两届省级文明单位荣誉称号。

【武穴市审计局】现有干部58人。设有办公室、财金审计科、工交审计科、投资审计科、行政事业审计科、经济责任审计科、商贸审计科、体系指导科，负责对全市18个乡镇和118个市直部门的审计监督。局长李炎清，副局长程治琼、郑少卿、龚起兵、劳仲文，纪检组长查皓，总支副书记解云东，总审计师汪军民。

审计成果　完成审计项目23项，审计单位168个；查出违纪违规金额6600万元，纠正违规资金4300万元，收缴违规款额118万元。依法责令归还专项资金92.4万元，责令调账1223.3万元，向被审计单位提出合理化建议300余条，促进增收节支230多万元。编印了《迈步审计路—武穴审计十五年》、《武穴市审计局文明创建活动资料汇编》和《审计工作管理制度》。

【红安县审计局】现有干部职工70人，设有行政事业审计股、经济责任审计股、固定资产投资审计股、商贸审计股、工交审计股和财政金融审计股，负责对全县11个乡镇（场）和121个县直部门的审计监督。局长李洞庭，副局长曾寿元、江厚权、阮成年、李明星、阮双喜。

审计成果　共审计169个单位（项目），查处违纪违规资金16257万元，上缴财政968万元，促进增收节支1726万元，提出合理化建议被采纳162条，查处案件并移交司法机关处理7人。被县委、县政府表彰为优秀服务部门、先进单位。“预算执行审计项目”被省厅评为优秀审计项目，荣获二等奖。全年共编发审计信息220篇，被市以上单位采用115篇（条），其中被《人民日报》、《中国审计报》采用10篇，被审计署采用15篇。

【罗田县审计局】现有干部39人，设有办公室、复核股、基建投资审计股、财政金融审计股、行政事业审计股、工交企业审计股、商贸企业审计股、农林水审计股、经济责任审计股、纪检组等。局长周西云，副局长周德和、陈雪明、叶从浩，纪检组长王惠安。

审计成果　完成审计和审计调查项目105项，随项目延伸审计核算单位或报账单位176个，审计金额23.27亿元，查处违纪违规资金1.78亿元，上缴财政资金121.28万元。金融审计中，查出县农村信用联社账外收支132.57万元，违反国家金融政策高息揽储多付利息389万元，挤占信贷资金购建固定资产35.4万元，违规投放贷款691.7万元等，并进行了严肃处理。

【浠水县审计局】现有干部职工45人，设有办公室、基建投资审计股、农林水审计股、工交审计股、经济责任审计股、商贸审计股、财政金融审计股、行政事业审计股，负责对全县28个乡镇场和128个县直部门的审计监督。局长陈全友，副局长郭会荣、冯兴安、周应祥、岑月新、何雁凌、刘爱。

审计成果　共审计单位124个，查处违纪违规金额2472万元，上缴财政176万元，提出合理化审计建议344条，追回被挤占挪用资金115万元，促进增收节支120万元、提高经济效益250万元。全年共被中央、省、市采用审计信息70篇，其中：《浠水县粮食企业包装物采购中存在的问题》等信息被《湖北日报内部参考》、《中国审计报》、《湖北审计》等采用。

【蕲春县审计局】现有干部职工61人，设有办公室、综合股、政工股、财金审计股、经济责任审计股、行政事业审计股、工商企业审计股、农林水审计股、固定资产投资审计股，负责对全县16个乡镇（场）和130个县直部门的审计监督。局长李川东，副局长余利民、邓金友、侯光。

审计成果　主要开展了财政预算执行审计、乡镇和行政事业单位党政领导干部经济责任审计、农村信用联社资产负债损益审计、腹地公路建设资金、外资利用、移民建镇资金、住房公积金等专项资金审计。全年完成审计项目226项，审计单位310个，查出违纪违规金额48939万元，其中查出100万元以上的违纪单位22个，向司法机关移交经济案件1起，处理上缴财政204万元。有86篇审计信息材料被各级报刊采用和党政领导批示批转。《三乱蔓延之势应引起高度重视》等审计要情和案例先后被《经济日报》、《中国审计》、《湖北审计》刊用。

【黄梅县审计局】现有干部职工72人，设有财政金融审计股、商贸审计股、固定资产投产审计股、农林水审计股、工交审计股、行政事业审计股、体系指导股和人事秘书股，负责对全县16个乡镇和78个县直部门的审计监督。局长赵树华，副局长程继纯、吕尚志、杨金女、江尊华。

审计成果　共完成审计项目135项，查出违纪违规金额17500万元，纠正违规资金1456万元，处理上交财政80万元，归还原渠道资金1240万元，促进被审计单位增收节支321万元，处理来信来访等举报案件20余起，化解重大矛盾事件3起，为密切党群关系做出了积极贡献。

【英山县审计局】现有干部职工30人，设有财政金融审计股、行政事业审计股、农林水审计股、投资审计股、工交审计股、商贸审计股和经济责任审计股，负责对全县11个乡镇和116个县直部门及其所属268个二级单位的审计监督。局长方振华，书记万勇，副局长孙永福、刘宗林、胡志高，纪检组长许助民。

审计成果　完成审计署、省审计厅、市审计局和县委、县政府交办的审计项目128项，查处违纪违规问题金额8200万元，收缴入库90万元，追回被挪用资金680万元，促进增收节支2580万元。经济责任审计查处百万元以上大要案2起，涉及副县级领导干部1人、正局级干部4人。

获全省文明单位、全省审计系统先进集体荣誉称号。

【团风县审计局】现有干部职工22人，设有办公室、财政金融审计股、工交商贸审计股、行政事业审计股、农林水利审计股和经济责任审计股。负责对全县13个乡镇和87个县直部门的审计监督。局长吴自然，副局长孙华玲、曹林保、罗汉明。

审计成果　完成审计项目26项，被审计单位84个，查出违纪违规金额1911万元，决定处理处罚金额684万元，收缴违纪金额33万元，核减财政拨款或补贴32万元，追还被挤占挪用资金516万元，报送审计情况报告和信息被采用38篇。2000年有内审机构15个，内审人员19人，审计96个单位，查出损失浪费21万元，促进增收节支89万元，纠正违纪违规92万元，增加上级收入4万元，增加企业留利54万元，较好地发挥了内部审计监督作用。

【咸宁市审计局】2000年，共有在职干部、职工71人，其中大学本科学历11人，大专学历35人。局长冯春，副局长张远烈、熊自付、廖三楚、陈仁汉，纪检组长石深强，调研员刘树松。设有办公室、综合科、法制科、财政审计科、金融审计科、固定资产投资审计科、农林水审计科、行政事业审计科、工业交通审计科、商贸审计科、人事教育科、审计体系指导科、纪检监察室、工会等部门。

审计成果　全市共审计单位549户，查出各类违纪违规资金18264万元，处理上缴财政685万元，减少财政拨款或补贴184万元，追还被侵占挪用资金1408万元，促进增收节支704万元。查出经济案件8起。向各级党委、政府和上级审计机关报送重要审计情况和信息材料715份，被县以上党政机关和上级审计机关采用519份。

内部审计　全市共完成审计（调查）项目1240个，查处纠正违纪违规金额2568万元，促进增收节支1492万元，向司法机关移送经济案件11件。

经济责任审计　全市共审计单位102个，审计经济责任人97人。共查出违规行为和损失浪费金额5639万元，个人经济问题23万元。审计后，平调61人，提拔使用8人，免职16人，降职4人，撤职1人，受党纪政纪处分3人。

被省委、省政府授予省级文明单位称号。

【咸宁市咸安区审计局】现有干部职工43人，其中大学本科学历4人，大专学历28人。局长童新民，副局长吴红梅、王振湖、章成功、潘传荣。

审计成果　共完成审计项目66项（其中属区政府交办工作任务23项），审计单位120个；完成审计调查5项，调查单位22个。共查出违纪违规金额4623万元。同区纪检、监察和司法机关配合，查处各种经济案件4起。

【赤壁市审计局】现有干部职工45人，设有办公室、财政金融审计股、经济责任审计股、工交审计股、商贸审计股、固定资产投资审计股、农林水利审计股、行政事业审计股，负责对全市21个镇（办事处）和153个市直部门和单位的审计监督。局长石西京，副局长张大贵、唐卫星、黄华利。

审计成果　完成审计项目（单位）98项，查处违纪违规金额3077万元，处理上缴财政156万元，减少财政拨款81万元，促进增收节支150万元。固定资产投资审计中，改变往年单纯审计建设单位的做法，以工程投资额为主线，延伸到工程项目的施工、监理、采购等单位进行全方位审计监督，审计施工单位23家，查补偷漏税收40多万元，有效地拓展了审计领域。提交审计综合报告和信息材料118篇，被各级党政机关和宣传部门批示、批转、采用98篇。2000年度被湖北省委、省政府授予省级最佳文明单位荣誉称号。

【嘉鱼县审计局】现有干部职工34人，设有办公室、综合股、行财审计股、工交审计股、商贸审计股、财金审计股、农林水审计股和基建审计股，负责对全县14个乡镇和78个县直部门的审计监督。局长蔡明音，副局长陈世奇、袁炎清、李法谋、来祚金、蔡同武、汪小兰，纪检组长李茂恩，总审计师朱德银。

审计成果　全年共完成审计项目80项，其中完成上级交办任务34项，完成经济责任审计13项，查处大案要案2起和经济信访案件6起，移送司法机关3人，开除党籍1人，判刑1人。挽回经济损失376万元，处理上缴财政98万元。被上级机关和新闻单位采用信息81篇。

【通山县审计局】现有干部职工45人，设有办公室、法规指导股、工交商贸审计股、财政金融审计股、农林水审计股、行政事业审计股、基建投资审计股、经济责任审计中心，负责对全县13个乡镇和122个县直部门的审计监督。局长朱碧海，副局长彭建芬、杨兴社、郑远星。

审计成果　完成审计项目单位69个，其中局级领导干部经济责任审计项目6项。查出违纪违规资金3170万元，处理上缴财政130万元。移送纪检监察和司法机关案件5起，涉案人员27人。提出合理化建议46条，其中23条被采纳，促进增收节支116万元。提交审计情况报告、审计信息125篇，其中被上级审计机关、县委县政府和新闻单位采用83篇。

【崇阳县审计局】现有干部、职工35人，局长廖光明，书记邹汉候，副局长程明书、陈燕怡、庞晓珍，总审计师尔复生。

审计成果　共完成审计项目60项（其中属省、市下达的审计任务32项，属县政府交办的任务24项），审计单位73个，查出违纪违规金额2530万元，上缴财政60万元，追还被侵占挪用资金24万元，查处经济案件7起。对13个行政单位、3个企业、19个乡镇等共35个单位的有关领导进行了离任审计。审计后，提拔3人，平调21人，降职4人，免职7人，查出“小金库”案2起，个人涉嫌贪污案4起，偷税漏税案1起，移交司法机关处理5人，移交纪检监察机关处理1人。

【通城县审计局】现有干部职工55人，设有办公室、综合法制股、财政金融审计股、企业审计股、行政事业审计股、农林水审计股、固定资产投资审计股、恒信预决算中心，负责对全县21个乡镇和70个县直部门的审计监督。局长吴治安，副局长郑光成、李良才、杜光华。

审计成果　全年完成审计项目38项，审计单位85个。查出违纪违规金额927万元，处理上缴财政61万元。为被审计单位挽回经济损失687万元。提交审计工作报告98篇，信息45篇，其中：被省级采用8篇，市级采用14篇，县级采用10篇。财政审计、工商审计、世行造林资金审计、农电网改造审计调查等项目的审计结果得到省市审计机关和县四家领导的充分肯定。

2000年被评为省级文明单位。

【随州市审计局】经国务院批准，2000年6月25日湖北省设立地级随州市，撤销原县级随州市，辖曾都区、广水市两个县级市（区）。2000年11月，地级随州市审计局成立，定编30人，现有在职干部23人、职工1人，其中大学本科以上学历6人，大专学历15人。局长任文泽，副局长明银、方锋涛，助理调研员裴宗万。设有办公室、法规科、财政社保审计科、金融外资审计科、经贸审计科、行政事业审计科、农业与资源环保审计科、固定资产投资审计科、经济责任审计室等部门。

审计成果　10月随州市审计局与曾都区审计局联合，抽调50余人组成8个审计小组，对原随州市43个部、办、委、局1999年至2000年8月以来财务收支进行了审计。查出违纪问题金额2955.2万元，其中预算外收入未纳入财政专户储存537.7

万元，挤占、截留、挪用专项资金703.2万元，私设小金库及设置账外账276万元，乱收费、乱摊派114.4万元，漏交各种税金145万元，投资超计划992万元，其他违纪违规问题186.9万元。审计结果为市委、市政府领导决策提供了依据，9名党政领导干部受到党纪、政纪处分。

【随州市曾都区审计局】现有干部职工17人，设有办公室、法规科、财政社保审计科、经贸审计科、金融外资审计科、农业与资源环保审计科、行政事业审计科、固定资产投资审计科，负责对全区35个乡镇和100多个区直部门的审计监督。局长刘光月，副局长赵立国、彭大中、江国民、杨支海。

审计成果　共审计单位65个，查出违纪违规金额21936万元，其中百万元以上违纪单位1个，上缴财政336万元，追还被侵占挪用资金1368万元。向上级审计机关和市委、市政府提交审计情况报告、情况反映及信息86份，向纪检和司法机关移送案件1起。

【广水市审计局】现有干部职工35人，设有办公室、行政事业审计股、金融外资审计股、工交商贸审计股、财政审计股、固定资产投资审计股和经济责任审计办公室，负责对全市20多个乡镇和44个市直部门的审计监督。局长方峰涛，副局长黄永俊、叶波、罗向明、李远东。

审计成果　全市共审计单位87个，查出违纪违规金额6100万元，处理上缴财政79万元，归还被挤占挪用资金130万元，促进提高经济效益689万元，发现和查处大案要案线索3件，移交纪检、监察、司法机关处理5人。全年提交审计情况报告、信息被批示采用87篇。荣获1999—2000年度省级“最佳文明单位”荣誉称号。

【仙桃市审计局】2000年，共有干部职工31人，其中大学本科学历4人，大专学历24人，具有中级以上职称26人。局长刘国良，副局长杨光权、周方群、彭国黎、黄大华。设有办公室、综合科、财政金融审计科、行政事业审计科、工交商贸审计科、农林水审计科和基本建设审计科。

审计成果　共完成审计项目（单位）61项，其中省厅安排项目21项。查出违纪违规金额22190万元，处理上缴财政200多万元，追还被侵占挪用资金453万元，促进增收节支235万元，向上级审计机关和市委、市政府报送审计报告、信息63篇（条），被批示采用30篇（条）。

完成上级交办任务　完成省审计厅统一部署的审计项目20个，主要包括财政预算执行审计、重点国有企业审计、工商系统审计、国土资金审计等。完成市委、市政府交办的中心工作12项，如企业改制、重大案件查证等，都较好地完成了任务。

内部审计　有内部审计机构148个，其中专职机构37个，有内审人员209人，其中专职人员74人。审计单位678个，查出损失浪费金额1079万元，促进增收节支322万元，纠正违纪违规金额1192万元，移送司法机关处理3人。

经济责任审计　完成8个单位法人代表的经济责任审计，查出违纪违规金额426万元，促进被审单位增收节支106万元，审计结果为政府宏观决策和组织人事部门考核任用干部提供了依据。

【天门市审计局】现有干部职工37人，设有办公室、财政金融审计科、行政事业审计科、工交商企业审计科、农林水审计科和固定资产投资审计科，负责对全市30个乡镇、办事处、农场和108个市直部门的审计监督。副局长赵水庭、李曰忠、詹东娥、张昌宏、张业华。

审计成果　共完成审计和审计调查项目（单位）96项，同时完成了各级领导交办的10个“热点”项目的审计查证工作，查出违纪违规资金3.4亿元，调账处理2.3亿元，上缴财政743万元。查处小金库8个，涉及金额217.3万元。向各级报送审计情况报告和审计信息39篇，其中被批示、采用18篇；向纪检、检察机关移交重要案件线索5条。

【潜江市审计局】2000年，共有在职干部职工54人，其中大学本科学历1人，大专学历44人，局长康如学，副局长彭振松、尹业刚、李国平。局机关设有办公室、综合科、财政金融审计科，下设经济责任审计分局、广华审计分局、园林审计分局、熊口审计分局等部门。

审计成果　工商审计查出违纪违规问题614.49万元，没收小金库余额和乱收费罚款9.7万元，并向社会披露了乱收费问题。审计发现市工商局原运输所负责人利用职务之便，自立项目、自购票据收取汽车验花工本费，收费不入财务账，存入“小金库”自收自用等问题，及时向检察机关移送。审计血防办，查出违反财经纪律问题突出：一是挤占世行贷款环改资金79.25万元；二是无偿药品转有偿收费获利12.69万元；三是设置“账外账、小金库”2.3万元；四是血防办授意复兴公司以“周转金”名义收取乡镇办血防站灭螺药品预交款9.05万元，涉嫌无偿转有偿。

【神农架林区审计局】现有干部职工17人，设有财政金融审计科、经贸审计科、行政事业审计科、农林水审计科、经济责任审计局，负责全区8个乡镇和96个区直部门的审计监督。局长姚成堂，副局长刘忠君，经济责任审计局局长许贵国。

审计成果　完成省审计厅统一安排的审计（调查）项目13个、地方政府安排的经济责任审计33个。全年共查出违纪违规资金1399万元，上缴财政资金21万元。

【恩施州审计局】 2000年，共有在职干部、职工39人，其中大学本科学历8人，大专学历17人，局长滕树煊，副局长程华、熊瑛，纪检组长何家祥。设有办公室、政工科、综合科、法制科、财政金融审计科、工交商贸审计科、农林水审计科、行政事业审计科、投资外资审计科等部门。

审计成果　全州共审计单位401个，查出违纪违规金额4.67亿元，其中：决定处罚金额1.12亿元，指明要求纠正3.56亿元。处理上缴财政855万元，减少财政拨款或补贴748万元，促进增收节支26万元，向司法机关移送案件3起，追还原渠道资金6694万元，建议纠正地方部门不当规定204条。其中州局审计单位58个，查出违规行为金额1.7亿元，上缴财政147万元。

文明创建成果　全州审计系统保持了“最佳州级文明系统”称号，州局被省委、省政府授予“省级文明单位”称号。2000年度，全州9个审计机关已建成5个省级文明单位、3个州级文明单位和1个县级文明单位，其中鹤峰县审计局被授予“最佳省级文明单位”称号。

【恩施市审计局】 现有干部职工18人，设有办公室、综合科、财政金融审计科、工交商贸审计科、基建投资审计科、农林水审计科、行政事业审计科。负责对全市22个乡（镇、办事处）和63个市直部门的审计监督。局长黄宏明，副局长朱远略、黄振翠，党组书记罗典银，党组副书记吴清华。

审计成果　共完成审计项目42项（上级审计机关下达13项、本级政府安排29项），审计单位54个，查出违纪违规资金3824万元，处理上缴财政42万元，促进增收节支28万元，归还原资金渠道101万元，提交审计工作报告及审计信息137篇（被上级审计机关和各级刊物采用69篇）。

【利川市审计局】 共有在职干部职工15人，局长林科峰，副局长段绩当、余国春。设有办公室、综合科、财政金融审计科、工交商贸审计科、行政事业审计科、投资外资审计科、农林水审计科、经济责任审计科。

审计成果　共完成23个审计项目，79个单位，其中署定项目7个，省定项目4个，州定项目1个，市定项目11个。共查出违纪违规金额8665万元，归还原资金渠道3299万元，作出审计收缴处理103万元，促进增收节支14万元，向司法机关移送案件2件，提交审计工作报告（信息）119篇，被各级党委、政府采用28篇，建议纠正不当规定67条。

【建始县审计局】 现有干部职工17人，设有办公室、综合审计体系指导股、工业交通商贸审计股、农林水利审计股、行政事业审计股、财税金融投资审计股，负责对全县10个乡镇和52个县直部门的审计监督。局长柳景槐，副局长夏新成、杜绪炳。

审计成果　共完成21个审计单位（项目），查出违规行为金额4877万元，依法作出决定收缴财政102万元，已收缴入库57万元，减少财政拨款和补贴748万元，归还原资金渠道1947万元，全面完成了上级交给的各项审计工作任务。本级财政预算执行审计，揭露和纠正不真实、不合法、不规范等问题，查出违规行为金额4298万元，决定处理处罚2711万元，指明要纠正1587万元，依法决定收缴72万元，减少财政支出金额748万元，增加财政结余金额160万元。对2个单位的经济责任审计，查出违规行为金额96万元，其中“小金库”12.5万元。外资审计单位3个，项目计划投资总额2598万元，其中外资1653万元，2000年度计划投资224万元，实际完成投资191万元，挪用配套资金92万元，配套资金不落实9万元。工商、人事部门的财务收支审计和国土资金审计，共审计5个单位，查出违规行为金额46万元，决定处理收缴财政11万元；卫生系统财务收支审计，共审计6个单位，查出违规行为金额222万元，决定收缴财政1万元，归还被挪用资金50万元。各内审机构都积极开展了内审工作，全年审计项目72个，其中：财务收支审计41个，经济效益审计5个，其它项目审计21个。查出违纪金额458万元、损失浪费62万元。

【来凤县审计局】 现有干部职工20人，设有办公室、综合体系指导股、财政金融审计股、行政事业审计股、工交商贸审计股、固定资产投资外资审计股，负责对全县9个乡镇和38个县直部门的审计监督。局长田延初，副局长黄斗、杨顺红、李春芳。

审计成果　全年共完成审计（调查）项目38个，审计单位49个，查出违纪违规金额3992万元，处理收缴财政183万元，追回被侵占挪用资金146万元，协助纪检部门查处案件3件，建议纠正部门不正当规定108条，提出审计工作报告、信息218篇，被批示采用120篇。

【巴东县审计局】 现有干部职工14人，设有办公室、工交商贸企业审计股、农林水审计股、基建投资审计股、财政金融审计股、行政事业审计股和经济责任审计股，负责对全县17个乡镇和63个县直部门的审计监督。局长樊平，副局长苏成强、徐光军。

审计成果　完成上级审计机关任务11项、县政府交办任务2项，审计20个单位，查出违纪违规金额2041万元，上缴财政82万元。为12户改制企业挽回经济损失180万元，移交纪检立案5件，收缴赃款10万元。对移民资金事前审计审减工程预结算132万元，追回多付工程款39万元。对县工商局审计查出截留、隐瞒行政性收费收入及私设“小金库”等问题162万元，应收缴入库25万元，已入库5万元，申请法院执行20万元。

【鹤峰县审计局】定编15人，现有14人，设有办公室、综合股、财政金融审计股、工交商贸审计股、行政事业审计股、经济责任审计股，负责对全县行政领导的经济责任审计和9个乡镇、38个县直部门的审计监督。局长陶拥政，副局长戴成学、唐递成。

审计成果　共实施审计项目24项，查出违纪违规金额2000万元，处理上缴财政73万元。提交审计工作报告和审计信息200多篇，被各级报刊、电台、新闻媒体采用162篇。《审计机关实施制止性措施的实践及其思考》一文获湖北省优秀审计论文三等奖。

2000年度荣获湖北省省级最佳文明单位称号。

【宣恩县审计局】现有干部职工15人。设有办公室、综合股、行政事业审计股、财政金融审计股、固定资产投资外资审计股、农林水审计股、工交商企业审计股、经济责任审计股。局长黄绍刚，副局长覃遵成、田联群。

审计成果　共完成审计项目19项，审计单位52个，查出违纪违规金额1785万元，决定处理处罚40万元，指明要求纠正1745万元，建议纠正地方部门不当规定29条。审计信息被党委、政府、上级审计机关批示和被新闻单位采用共117篇。

【咸丰县审计局】现有干部职工23人，设有办公室、工交商贸审计股、农林水审计股、行政事业审计股、财政金融审计股，负责对全县乡镇和县直部门及国有企业的审计监督。局长陈安明，副局长石成德、吴启章、邓建鄂，总会计师艾名振，副总会计师张守政。

审计成果　完成审计项目21项，审计单位44个，查出违纪违规金额1672万元，已上缴财政70万元。配合纪委、监察部门对36个单位进行了财务清查，检查出违纪违规行为金额148万元，应上缴财政39万元，已上缴38万元。对13个乡镇的财政管理体制进行了审计调查，全年提交审计工作报告23篇、调查报告1篇。咸丰县审计局结合行业特点，垒筑“四大工程”，即核心工程抓班子，重点工程抓队伍，细胞工程抓载体，形象工程抓规范，连续三届荣获省级文明单位称号。

湖南省

【湖南省审计厅】2000年，湖南省审计厅定行政编制79人，专项编制103人，事业编制60人。厅机关设有办公室、法制处、财政审计处、金融与社会保障审计处、行政事业审计处、经贸审计处、农业与资源环保审计处、固定资产投资审计处、外资运用审计处、经济责任审计处、人事教育处、机关党委、工会、纪检监察室；另设有派出的审计一处、审计二处、审计三处、审计四处、审计五处、审计六处、审计七处、审计八处、审计九处、审计十处、审计十一处、审计十二处等机构；同时还设有厅机关后勤服务中心、审计科研所等直属事业单位。

领导成员

厅　　长：张连华（-4月）
　　　　　吴宗源（4月-）
副 厅 长：刘林玉（-4月）
　　　　　唐会忠　王利明
　　　　　胡吉祥
总审计师：袁家兴
助理巡视员：李伟德

湖南省审计成果　2000年共审计7276个单位（项目），查出违规行为金额81亿元，经审计处理为国家增收节支15.58亿元，向司法机关移送案件76起，协助有关部门查处案件92起，建议地方、部门纠正不当规定1369条，向有关部门提交审计工作报告和信息4330篇，其中被有关领导和部门批示采用2541篇，在维护财经秩序、加强廉政建设、推进依法行政、促进国民经济发展方面发挥了积极作用。

财政审计　预算执行审计深入开展，2000年137个县以上审计机关审计了545个预算执行单位，共查出违规行为金额92957万元，应交财政12332万元，应减少财政支出4559万元，应增加财政结余4764万元；省审计厅向省九届人大常委会第十六次会议作了《关于1999年省本级预算执行和其他财政收支的审计工作报告》。预算执行审计查出的问题大部分已经纠正，审计建议被有关部门采用。财政决算审计取得突破，共审计700个单位，查出违规行为金额13亿元，经审计处理后，应交财政3277万元，应减少财政支出454万元。年底，按照审计署的统一安排，省审计厅组织部分市州审计机关参与了由审计署统一组织的对湖南省国家税务局和长沙、株洲等五市国家税务局2000年税收政策执行及机关财务收支情况的审计。

金融审计　为推进金融体制改革，按照审计署的要求，2000年圆满完成了对省建设银行和省工商银行的行业审计，不仅审计了全省建行系统、工行系统县以上支行的资产、负债、损益的真实性、合法性、效益性，还对两行97个自办经济实体进行了延伸审计，对信贷资产清分情况进行了审核，抽查了3991家贷款企业的还本付息及效益情况，审计覆盖面达100%。通过审计检查核实，摸清了全省建设银行和工商银行的资产、负债、损益情况，揭露了两大银行普遍存在的少计多计收入、少计支出、账外资产和违规经营造成损失等问题，审计分别调增利润526万元、调减利润31854万元。为探索期货经纪公司审计的路子，省审计厅首次开展了对期货企业——湖南湘正期货经纪有限责任公司的审计，对查出的问题依法作了严肃处理。

行政事业审计　2000年，根据省政府和省人大的要求，组织开展了对省教育厅及其下属单位1999年度执行本级政府预算和财政财务收支情况的审计，查出专项经费下拨不及时、挤占挪用教育经费、转移事业单位经营权和账外设账等多层次多方位的违纪违规问题，涉及金额7862.30万元，作出了及时下拨经费、调账、限期归位及收缴97万元的审计决定。根据审计署的安排，组织全省审计机关对全省工商行政管理系统1998年至1999年度财务收支及其他经济活动情况进行了全面审计，查出违纪违规金额53475.43万元，发现贪污、挪用、毁弃会计凭证4起，移送纪检、监察及司法机关处理2起。此外，完成了对省公安厅、省工商局及其下属单位、省委宣传部、湖南日报社等单位的经常性审计任务，查处了账外设账、私设小金库、挤占挪用等方面的问题；安排部署了对部属7所院校的审计。

企业审计　2000年全省审计机关共完成对899户国有企业的财务审计，查出违规行为金额11.5亿元。其中，省审计厅组织了对29家工交商贸企业的资产、负债、损益情况的审计，查出违纪金额3.66亿元，收缴财政1512万元；省审计厅组织完成了对省煤炭局直属企业、湖南酒鬼酒股份有限公司、三湘客车集团有限公司、湖南省食品总公司等企业的审计任务；常德市审计机关完成了对29家实施“两个买断”的企业和破产改制企业进行资产清查和财务审计；石门县审计局对5家群众反映强烈的改制企业进行了审计，查出部分国有企业领导人趁改制之机，侵吞私分公款，造成国有资产流失，违纪违规问题金额205万元，7人被移送纪检、监察和司法机关处理。

农业专项资金审计　2000年，完成对省本级和14个市州本级及78个重点县（市、区）排污费征收、解缴、投放和效益等情况的审计和调查，审计总金额57912万元，查出违规行为金额14162万元，向纪检、监察部门移交经济案件4起，涉案人员14人，涉案金额64万元。经审计处理，归还原资金渠道3776万元，解缴财政918万元，被审计署评为优秀项目。组织开展了对洞庭湖区4市及所属27个县（市、区、场）1999年4月至2000年5月中央安排的移民建镇资金和地方配套资金的审计和调查，并对上年审计发现问题的整改情况进行了跟踪审计，查出违规行为金额7206.07万元，促进资金拨付到位408.41万元，归还原资金渠道1135.53万元，收缴财政68.46万元，移交案件6起，涉案人员12人。应省平建办的要求，对桃江县的移民户数及移民建镇资金使用情况进行了调查核实，对发现的移民户数核定不实、补助资金分配不合理、工作进度达不到要求等问题，提交了《关于桃江县移民户数核查及资金使用情况的报告》，引起了省委、省政府及省平建办的高度重视。

社会保障审计　完成对截止2000年3月末参加企业职工基本养老保险的111家非国有经济企业有关情况及2000年企业职工基本养老保险收支预测的审计调查，发现全省专访统筹累计欠缴养老保险基金191065万元，受到审计署的通报表彰。组织全省137个县级以上审计机关对原挤占挪用养老保险基金的整改和清理情况的审计调查，发现用于购建固定资产、对外投资、自行或委托贷款三项审计处理金额30612万元，已纠正收回5901万元，省政府办公厅为此发出通报，要求对应收回的基金于当年底全部归位，对基金及社会保障经费实行收支两条线管理，并责令财政、审计部门对社会养老保障基金加强监督检查。此外，审计查出邵阳市一起个人挪用养老保障金案，涉案金额833万元，已移交检察机关作出处理。

固定资产投资审计　为确保财政投入的实效，切实保障人民群众利益，不断深化了固定资产投资审计。2000年，完成建设工程专项稽查项目615个，查出违纪违规金额34亿元，占完成投资的27%。稽查处理归还原资金渠道7485万元，应收缴财政6125万元，核减工程造价为国家节约投资13165万元，发现违法违纪线索55件，涉案金额2272万元，涉案人数68人，已移交纪检、监察或司法机关处理。完成对湖南省广播电视中心工程、湘耒高速公路、湘潭聚脂切片工程等项目的审计，审计总金额66.42亿元，查出违规行为金额1.5亿元。

外资运用审计　2000年圆满完

成了审计署授权的19个国外贷款援款项目的审计任务，共对354个项目执行单位进行了审计，查出违规行为金额5042万元，出具审计报告（代审计意见书）308份，其中由省审计厅出具对外报告9份。根据省委、省政府的指示，首次开展了对境外企业——三湘集团有限公司本部及所属部分二级公司的资产、负债、损益审计。完成了省政府交办的中外合资企业湖南天立装饰材料有限公司1994年至1998年财务收支及1998年度资产、负债、损益情况的审计，查出该公司五年来共发生的违规行为金额2102万元。

经济责任审计　2000年共完成经济责任审计项目1159个，审计经济责任人1315人，其中党政领导干部1170人，国有企业及国有控股企业领导145人，查出违规行为金额71509万元，查出损失浪费3071万元，查出个人经济问题225万元。审计结果得到较好重视和利用。各地组织、人事部门参照审计和其他考察结果，对63人给予撤职、免职、降职处分，对23人给予党纪政纪处分。各级审计机关开展的经济责任审计走向深入，如娄底市把经济责任审计制度纳入了干部管理程序，纳入了领导班子和领导干部勤政廉政目标管理，纳入了对干部的年度考核奖惩；湘潭市注重发挥经济责任审计在促进党风廉政建设、预防和打击犯罪方面的作用，通过对61家行政企事业单位领导人的经济责任审计，查出违纪违规金额4659万元，21人被移送到纪检、监察和司法机关处理。

【长沙市审计局】2000年，共有在职干部、职工89人，其中大学本科学历12人，大专学历60人。局长孙文超，党组书记彭运兰，副局长闵爱诚、李志明、张知勇。设有局办公室、人事教育科、综合科、法规科、财政审计科、工交审计科、商贸审计科、行政事业审计科、投资审计科、农业审计科、金融审计科、外资审计科、经济责任审计处等职能科（处）室。

审计成果　共审计单位102个，查出违规行为金额60118万元，作出处理决定收缴5357万元，调账增加收入3763万元，入库572万元，应归还原渠道资金313万元，提交审计报告、审计信息147篇（条），被市以上党政机关、上级审计机关与新闻单位采用46篇（条）。

完成上级交办任务　1、根据市长办公会议的决定，对长沙经济开发区的财务收支情况进行了全面审计，查出了一批经济案件线索，确认、核减开发区金霞大道工程结算价款2770.8万元。2、根据省市有关领导批示，对长沙市运贸总公司离退休职工联名反映的问题进行了审计调查，发现该单位私设“小金库”巨额资金去向不明以及白条出账、偷漏税收等重大经济问题。3、对长沙市接收的20户军、警办企业进行审计，经审计顺利完成移交。4、根据市领导批示，对长沙市食品公司北正街贸易商行职工举报的问题进行核实，发现该单位私设“小金库”14.7万元，业务招待费偏高，从1995年元月至1997年12月，假造他人工资套取现金7.8万元。

内部审计　全市内审机构共审计单位1548个，查出损失浪费金额2181万元，促进增收节支4680万元，纠正违规金额908万元，被采纳审计建议577条。

大案要案　对长沙市经济开发区审计，向长沙市开福区检察院移送涉嫌经济问题案件6宗，金额达71万多元，向长沙市开福区检察院移送涉嫌玩忽职守给国家造成重大损失612.21万元的重大案件1宗；对长沙市运贸总公司的审计调查发现私设“小金库”及其中有巨额资金去向不明问题移交长沙市纪委进一步查处后，挖出经济犯罪案件1宗，移送检察机关逮捕1人。对接收的20户军、警办企业进行审计，发现湖南省莱特尔实业公司及新世界置业有限公司法定代表人，新世界置业有限公司一名副总经理存在重大经济问题；对长沙市康居置业发展公司审计，发现该单位从1998年2月至2000年3月私设“小金库”57.31万元。

【长沙市天心区审计局】现有干部职工11人，设有办公室、财政经济审计股、行政事业审计股、基建投资审计股，负责对全区10个街、镇、场和118个区直部门、事业单位的审计监督。局长曾沛霖，副局长袁玲玲、刘亚妮。

审计成果　2000年重点抓了同级财政预算执行情况审计、重点工程审计、专项资金审计、领导干部任期经济责任审计和单位财务收支审计。共完成审计项目19个，审计单位23个，其中省市审计项目3个、审计单位7个，区定审计项目16个、审计单位16个。查出违纪违规金额441万元，上缴财政32万元。对五位党政领导干部进行了任期经济责任审计，审计报告引起了区委组织部的重视，为其考核和使用干部提供了依据。

【长沙市雨花区审计局】共有在职干部职工10人，设有办公室、财政审计科、行政事业审计科、经济责任审计科。局长夏顶稳，副局长罗春晖、魏然。

审计成果　共完成审计项目15个，查出违规行为金额1252万元，作出处理决定收缴446万元。所报审计信息中有9篇（条）被上级审计机关或区委、区政府采用。全区内审机构共审计单位48个，查出损失浪费金额284万元，促进增收节支

186万元，纠正违规金额320万元，被采纳建议6条。

【长沙市芙蓉区审计局】现有干部职工11人，设有办公室、行政事业审计股、财政经济审计股、固定资产投资审计股，负责对全区的1个乡镇、11个街道办事处和37个区直部门的审计监督。局长柳钢，副局长毛中国、毛芹青。

审计成果　完成审计项目23个，查出违纪违规资金3433万元，其中决定处理处罚935万元，指明要求纠正2498万元，应上交财政50万元，已上交财政30万元，应归还原渠道资金787万元，向被审计单位提出合理化建议46条，提供建议书7份，向上级审计机关提交审计工作信息7篇，其中2篇被市级审计信息简报采用，4篇分别被《湖南审计》及《城市审计》所采用。

【长沙市岳麓区审计局】现有干部职工10人，设有办公室、财政行政事业审计股、投资农业审计股和经济责任审计室，负责对全区12个乡镇、2个开发区和47个区直部门的审计监督。局长廖强华，副局长贺国权、陈金星。

审计成果　2000年共完成审计项目24个，查处违规行为金额1288万元，收缴财政64万元，核减工程造价428万元；向上级审计机关、区委区政府和被审计单位提出报告、信息及合理化建议等130余篇（条）。

【浏阳市审计局】现有干部职工33人，设有办公室、综合法规科、财金审计科、农财审计科、行财审计科、基建审计科、企财审计科、领导干部任期经济责任审计室、社审内审指导站，负责对全市40个乡镇（办事处）和86个市直部门的审计监督。局长王资生，党组书记、副局长赖春球，副局长罗建中、肖凤伟。

审计成果　共完成审计项目49项，完成上级交办任务12项，查处违纪资金2858万元，收缴财政308万元，提交审计报告信息33篇（条），被市以上党政机关、上级审计机关和新闻单位采用19篇（条）。内审机构全年共完成审计项目389个，查处违纪违规金额3200多万元，挽回经济损失1200多万元，提出合理化建议460条，移送司法纪检处理16人。年内共完成领导干部任期经济责任审计21项，查出违规行为金额350万元，向司法机关移送案件2起。3月，受市人大的委托，对市房改资金的管理使用情况进行了审计。审计发现市房改办挤占房改资金62.04万元、动用城市住房基金702万元购买大额储蓄、多头开户、漏交税费等问题，依法作出处理并向人大提出了加强房改资金管理的建议。

【长沙县审计局】现有干部职工19人，设有行政事业财政审计股、工业交通金融审计股、农林水卫审计股、固定资产投资审计股和办公室，负责对全县20个乡镇和92个县直部门的审计监督。局长吴寿兴，副局长吴亮华、胡希胜。

审计成果　2000年共审计单位项目30个，其中政府交办的12个，查处违纪违规违法资金7161.2万元，收缴和核减财政拨款50万元，追回被侵占挪用的专项资金112.55万元，移送纪检、司法机关处理的案件4起15人，查增企业亏损5734.21万元，查增潜亏537.97万元，提出合理化建议40余条。

【望城县审计局】现有干部职工20人，设有固定资产投资审计科、行政事业审计科和财贸金融审计科，负责对全县19个乡镇和县直机关、国有企、事业共310个单位的审计监督。局长冯海强，党组书记胡福奇，副局长黄祥明、夏玉良。

审计成果　全年完成审计项目37项、审计调查6项，查出违纪违规金额4754万元，应收缴财政105.51万元已入库，应归还原渠道资金467万元，促进被审单位增收节支943万元，向上级机关报送信息25条（篇），被采用20条（篇），向司法机关移送案件2起涉案人员7人。

【宁乡县审计局】现有在职干部职工30人，设有财金审计股、基建审计股、农林水审计股、行财审计股、企业审计股、体系法规股、办公室。局长蔡运华，党组书记胡明德，副局长彭自力、周连桥、谈春松。

审计成果　全年共完成审计项目108个，查出违纪金额3165万元，上缴财政432万元，移交司法、纪检、监察部门处理经济案件2起。写出审计调查报告信息12篇，分别被各级政府、部门和单位采用。年内共对11个建设项目进行了审计，核减工程造价1298万元。还对12个单位的领导进行任期经济责任审计，结果使2人得到提拔任用，1人被免职。

【株洲市审计局】2000年，有在职干部职工69人，其中大学本科学历18人，大专学历41人，局长、党组书记高起林，副局长刘云成、杨长云、阎敬堂、刘华，总审计师黄佑喜。设有综合科、政工科、办公室、法制审理科、管理科、财政金融审计科、行政事业审计科、基建外资审计科、工业交通审计科、商粮贸审计科、农林水审计科等部门。

审计成果　全市各级审计机关共完成审计项目435个，查出违纪违规金额30436万元，处理上缴财政1765万元，追回被侵占挪用资金

3238万元；其中市局机关完成项目131个，处理上缴财政880万元。通过对44个预算执行单位的预算执行审计和19个单位的财政决算审计，共查出违纪违规金额7411万元，揭露了应缴未缴预算收入、违规减免预算收入、隐瞒转移预算收入、截留挪用预算资金等问题，并依法作了处理，为财政增加收入704万元。财政审计实现了从注重查处具体违纪行为向揭露预算管理和执行中的深层次问题转变，为政府加强财政管理和人大加强对财政预算的监督提出了更有针对性的审计建议。

内部审计 全市178个内审机构全年共完成审计项目8818个，查出并纠正违纪违规金额31125万元，查出损失浪费金额3503万元，促进增收节支12489万元，向司法机关移送案件5起，移送司法机关处理8人，使28人受到党纪政纪处分，为加强内部管理、提高经济效益、促进廉政建设等方面发挥了积极作用。

经济责任审计 全年共完成领导干部任期经济责任审计74项，查出违纪违规金额10840万元，处理上缴财政127万元，查出了一些领导干部个人的违纪违规问题。通过审计，有1人被党委、政府作了降级处理，2人受到党纪政纪处分，6人被移送纪检监察机关和司法机关处理，为党政领导机关加强干部监督管理、考察任用干部提供了依据。

【株洲市天元区审计局】 现有干部职工7人，设有办公室、业务审计股，负责对全区4个乡镇（办事处）和82个区直部门及企业的审计监督。局长陶岳，副局长何胜华、傅永东。

审计成果 完成审计项目16个，查出违纪违规金额212万元，处理上缴财政16万元，追回被侵占挪用资金53万元。在同级财政预算执行审计中，重点对预算执行的真实性和财政家底情况进行了审计，为政府全面掌握财政情况，加强财政管理和人大加强对预算执行的监督发挥了积极作用；在对6个单位的领导干部任期经济责任审计中，克服了区划调整人员变动大等困难，客观公正地评价了干部业绩，并查出了区工业总公司主要负责人在任职期间，因经营管理不善造成国有资产损失421万元的问题，移送区检察院后以渎职罪对其进行处理。

【株洲市荷塘区审计局】 现有干部职工7人，设有办公室、业务审计股，负责对全区6个乡镇（办事处）和100个区直部门及企业的审计监督。局长皮修刚，副局长刘兴发、袁博。

审计成果 完成审计项目22个，查出违纪违规金额115万元，处理上缴财政29万元，追回被侵占挪用资金343万元。在本级财政预算执行审计中，重点检查预算执行中不真实、不规范的问题，查出违纪资金23万元，全部处理上缴财政，责成区财政局撤销多开的银行账户4个和上缴以前年度未上缴的收入110万元全额上缴国库，在审计的深度、广度和力度等方面都较往年有较大的突破。根据区委、区政府的交办，先后完成了对区苗圃等5个专项审计，查实区农林局及区苗圃的主要负责人严重违反财经纪律的行为，移送纪检监察机关使4人受到了党纪政纪处分；查实两个区属企业的业务人员长期拖欠货款90多万元的问题，移送区检察院后依法全部追回，为国家和企业挽回了损失。

【株洲市芦淞区审计局】 现有干部职工7人，设有办公室、业务审计股，负责对全区8个乡镇（办事处）和87个区直部门及企业的审计监督。局长郭俭平，副局长周仲存、熊玉兰。

审计成果 完成审计项目19个，查出违纪违规金额449万元，处理上缴财政58万元。在财政审计中，查出预算安排赤字、大额支付现金、应缴未缴预算收入、挤占专项基金等问题，并查实了区财政局所属财信服务部财务管理混乱、招待费开支巨大、亏损严重的问题，引起了区政府和区人大的高度重视，在责成财政等预算执行单位认真整改的同时，撤销了财信服务部；在对区财政局等7个单位的领导干部任期经济责任审计中，查实了区财政局原任领导自报自批、突击滥发钱物，区卫生局隐瞒收入、私设“小金库”11万多元等问题。通过经济责任审计，有3人被移送到纪检监察机关处理，受到党纪政纪处分。

【株洲市石峰区审计局】 现有干部职工7人，设有办公室、业务审计股，负责对全区7个乡镇（办事处）和91个区直部门及企业的审计监督。局长郭忠，副局长罗自力。

审计成果 全年完成审计项目15个，查出违纪违规金额319万元，处理上缴财政98万元，追回被侵占挪用资金214万元。在本级财政预算执行审计中，通过对14个预算执行单位的审计，查出违规金额136万元，揭露了截留转移财政收入、私设“小金库”等问题，为财政增加收入102万元；通过对教育经费等6个专项基金的年度审计，揭露了征管部门挤占挪用资金普遍、使用效益欠佳、监督管理有待加强等问题，责成归还被侵占资金197万元；通过对7个领导干部任期经济责任审计，查出违规金额131万元，摸清了家底，客观公正地评价了干部业绩，得到了区委、区政府的好评。

【醴陵市审计局】 现有干部职工18人，设有办公室、财金审计股、企业审计股、行政事业审计股、基建外资审计股，负责对全市38个乡镇和125个市直部门及企业的审计监督。局长朱振良，副局长姚若玲、彭捷、易纪发。

审计成果 完成审计项目52个，查出违纪违规金额3333万元，处理上缴财政126万元，追回被侵占挪用资金401万元。在全面加强审计监督的基础上，进一步突出了财政、专项基金、重点建设项目和重点行业等审计重点，把领导干部任期经济责任审计摆在突出位置，成立了醴陵市领导干部任期经济责任审计办公室，制定了有关制度和审计规范，全年完成领导干部任期经济责任审计30项，查出违纪违规金额1691万元，处理上缴财政71万元，从中还查出贪污案件一起，移送司法机关后，使1人受到法律制裁。

【株洲县审计局】 现有干部职工13人，设有办公室、财政金融审计股、行政事业审计股、基建审计股、企业审计股，负责对全县21个乡镇和45个县直部门及企业的审计监督。局长钟显军，副局长李升尧、颜桂平、袁习成。

审计成果 完成审计项目27个，查出违纪违规金额1206万元，处理上缴财政130万元，追回被侵占挪用资金886万元。通过对本级财政预算执行情况和乡镇财政决算的审计，查出违规金额1010万元，严肃查处了应缴未缴预算收入1983万元、乡镇挤占上级收入90万元等问题，上缴财政105万元，并对株洲县国税局贷款交税情况进行了专项审计，查出违纪资金53万元；通过对教育经费等8个专项基金的年度审计，查出挤占挪用资金53万元、私设"小金库"77万元等问题，并依法进行了处理；积极完成了党政领导交办任务，先后完成了6个单位的领导干部任期经济责任审计、农村两会清理整顿、建筑市场专项治理等工作，得到了县委、县政府的好评。

【炎陵县审计局】 现有干部职工15人，设有办公室、工商企业审计股、行政事业审计股、农林水审计股，负责对全县16个乡镇和106个县直部门及企业的审计监督。局长张东元，副局长曾桂生、黄晚湘、成工兵。

审计成果 完成审计项目54个，查出违纪违规金额1459万元，处理上缴财政120万元，追回被侵占挪用资金968万元，促进纠正地方部门不当规定79条。在财政审计中，通过对10个预算执行单位和3个乡镇财政决算的审计，查出违规行为金额742万元，处理上缴财政94万元，得到了县人大和县政府的好评。通过对5个部门和单位的领导干部任期经济责任审计，查出违纪金额464万元，其中对县绿银集团的审计，查出因主要负责人的失误造成损失浪费126万元，县委、县政府根据审计建议，作出了对该集团负责人免职调离、从正科级降职为一般干部，该集团从正科级降为副科级的处理，在全县引起了强烈反响。2000年继续保持了湖南省文明建设先进单位和株洲市双文明建设红旗单位的光荣称号。

【茶陵县审计局】 现有干部职工16人，设有办公室、农金审计股、企业审计股、行政事业审计股，负责对全县26个乡镇和93个县直部门及企业的审计监督。局长罗光远，副局长罗道光、何文龙、刘汉阳，纪检组长刘文湘。

审计成果 一是突出审计重点，深化了财政审计，在本级财政预算执行情况审计中，查出违纪违规金额460万元，处理上缴财政93万元；二是全面加强对行政事业、基建、专项基金等重点行业、重点单位和重点资金的审计监督，严肃查处"三乱"等影响经济发展环境的行为，促进被审计单位进一步规范和健全财务管理；三是拓展审计监督领域，积极开展领导干部任期经济责任审计，为领导机关加强对干部的监督管理、政绩考核和选拔任用提供依据；四是严格审计纪律，大力加强培训，提高干部队伍素质。全年完成审计项目60个，查出违纪违规金额2850万元，处理上缴财政160万元，追回被侵占挪用资金171万元。

【攸县审计局】 现有干部职工16人，设有办公室、财金商贸审计股、行政事业审计股、工交基建审计股，负责对全县30个乡镇和128个县直部门及企业的审计监督。局长龙雪英，副局长李雪生、张公文、刘天飞。

审计成果 全年完成审计项目49个，查出违纪违规金额640万元，处理上缴财政121万元，追回被侵占挪用资金165万元。在进一步突出对财政、专项基金、重点建设项目和执法执纪等重点行业审计的同时，大力开展了领导干部任期经济责任审计，通过15个领导干部任期经济责任审计，客观公正地评价了干部业绩，有1人受到党纪政纪处分，1人被撤销职务，10人被调整了工作岗位。通过审计，还查出了两起贪污案件，移送检察机关后，使2人受到了法律制裁。

【湘潭市审计局】 2000年，全局共有在职干部、职工68人，其中大学本科学历19人，大专学历33人。局长陈海清，副局长刘培根、彭延生、贺庆华、蒋孟来，总审计师方菊娥，纪检组长徐曙明。设有办公室、监察室、法制科、人教科、财政金融审计科、固定资产投资审计科、经贸审计科、经济责任审计科、农业资源环保审计科、行政事业审计科、外资运用审计科、驻市教委特派员办事处、驻市建委特派员办事处共十三个部门。

审计成果 共审计281单位（项目），为年计划的342.68%，共查处违规行为金额19867万元，应上交财政1712万元，应减少财政拨款或补贴214万元，应归还原渠道资金427万元，已上交财政1022万元，提交审计报告信息155篇（条），被上级批示采用66篇（条）。向司法机关移送案件7件，建议给予行政处分23人次。

经济责任审计 共对16家县处级单位、41家科级单位、5家市管企业、1家县管企业的领导人任期经济责任进行了审计。共查出违纪违规金额4659万元，收缴财政159万元；查处个人贪污60万元、挪用200万元、受贿13万元。通过审计移送纪检监察机关查处11人，移送司法机关查处10人，其中处级干部2人。审计后11人被降职免职，8人未进换届后的新班子，5人被提拔重用。

大案要案 年初，根据市委组织部委托，对合成化工厂原厂长1997年至2000年3月底任期经济责任履行情况进行了审计，发现该厂的某些领导和二级经营机构负责人在从事购销业务活动中有挪用、贪污公款等重大经济问题。随即成立由市纪委牵头，由审计、监察、检察、公安等部门组成的专案组进驻该厂对审计提供的线索进行深入调查。经过四个多月的内查外调，一举查实了该厂原党委书记、厂长和一些部门负责人、业务人员的大量违纪违法事实。此案以涉嫌贪污公款、受贿逮捕副处级干部1人，以涉嫌违规接受红包礼金、收受回扣、好处费以及违规报销费用立案查处处级干部2人，以涉嫌贪污、挪用公款刑事拘留科以下干部、业务人员9人，后逮捕5人。该案涉嫌违法犯罪及违纪金额总计数百万元。

【湘潭市雨湖区审计局】 现有干部职工10人，设有两个审计股，负责对全区4乡2镇8街道和19个区直部门的审计监督。局长杨贵，副局长杜虹、邢振西。

审计成果 共完成18个审计项目、4个审计检查项目、1个专项审计调查项目。查出违纪违规金额827万元。应上缴财政41万元，已上缴财政30万元；查出挤占挪用资金82万元，已分别责令被审计单位归还原资金渠道。全年提交审计报告、信息25篇，被采用18篇。

该局2000年工作具有如下特点：一是改进审计方法，深化本级预算执行审计。对预算执行部门的专项资金专项经费进行延伸审计，查出挤占挪用资金；二是紧扣重点，开展专项审计和行业审计，查出违规金额327万元；三是落实“两办”文件精神，搞好任期经济责任审计，开展项目5个，查出违纪违规金额26万元，应上缴财政6万元；四是加强管理，搞好审计队伍自身建设。

【湘潭市岳塘区审计局】 现有干部职工8人，设有财政金融审计股、行政事业审计股、综合计划股和办公室，负责对全区4乡2镇9办事处1开发区1农场和30个区直部门的审计监督。局长李尧坤，副局长罗淑芬、李中泽。

审计成果 全年完成审计项目15项，其中署定3项，省定3项，市委托3项，自定4项，区政府交办2项。审计查处各类违纪金额508万元。应收缴上交财政金额23万元，已上交财政11万元，提交审计工作报告11篇，报告信息被采用7篇，超额完成年度审计计划。

【韶山市审计局】 现有干部职工15人，设有办公室、经济责任审计办公室、行政事业审计股、企业审计股、财金基建审计股，负责对全市8个乡镇和76个市直部门的审计监督。局长庞争科，党组书记马湘源，副局长罗民权、彭军。

审计成果 韶山市审计局积极开展财政审计、金融保险、行政事业单位财务收支审计、企业资产负债损益审计、专项资金审计、经济效益审计、干部任期经济责任审计、基建审计和审计调查，全年共审计单位（项目）28个，查出违纪违规资金200余万元，依据有关法律法规进行审计处理处罚，共上缴财政违纪违规资金47万元。

【湘乡市审计局】 现有干部职工26人，设有办公室、法规审理室、任期经济责任审计工作办公室、投资审计股、行政事业审计股、财政金融审计股、经贸审计股和乡镇财政审计股，负责对全市22个乡镇办和93个市直部门、单位的审计监督。局长刘许生，副书记赵仕太，副局长谷春耕、陈光复、谭致和。

审计成果 计划审计项目（单位）60个，实际开展审计83个，审结69个。共查出违规行为金额2430万元，指明要求纠正1803万元，决定处理处罚627万元，责令限期缴纳276万元，应收缴上交财政502万元，实际已交财政398万元。全年提交审计工作报告和信息39篇，被上级审计机关、有关部门和单位采用25篇，向被审计单位提出完善财务管理等建议49条。

【湘潭县审计局】 现有干部职工17人，设有商贸审计股、行政事业审计股、财金审计股、经济责任审计股和办公室，负责对全县22个乡镇和49个县直机关、事业单位的审计监督。局长彭述龙，党组书记赵修涛，副局长杨孔加、刘炳英。

审计成果 全年共完成审计项

目65项，其中审计署定的审计项目2项，省审计厅定的审计项目6项，省审计厅授权审计项目1项，湘潭市审计局授权审计项目1项，共查出违纪违规行为金额1800多万元，追还被挪用资金220万元，为财政增收节支180万元。查出小金库8个，上缴县财政120多万元。与纪检、监察、检察机关联合办案4起，移送纪检、监察、检察机关案件2起。同时，审计执法力度进一步增强，审计环境进一步改善，审计法制化、制度化、规范化建设成效明显。

【衡阳市审计局】2000年，共有在职干部、职工77人，其中大学本科学历25人，大专学历33人，局长王俊杰，副局长廖慧常、王永智、费明生、李鹏飞，总审计师尹秀文，纪检组长刘运安。设有财金、工交、投资、商贸、行政事业、农业、外资、经济责任、办公室、综合、人教、法制、内审、纪检、工会等部门。

审计成果 全年完成审计项目443个，占计划任务的238%，市本级完成82个，占计划任务的122%。查处违规行为金额17427万元，上交财政1640万元，减少财政拨款或补贴613万元，归还原渠道资金728万元。

完成上级交办任务 主要完成了环保资金审计，查出排污费征收不到位问题突出；世行信贷资金项目情况审计，查出世行信贷项目存在国内配套资金到位率低等问题；对审计署授权的衡阳火车站、衡阳烟草局两家中央企业进行了审计；工商行政管理系统审计，查出坐支应缴预算行政性收费及罚没收入、漏缴税费等问题。

内部审计 全年共完成审计单位（项目）823个，其中财务收支审计263个，经济效益审计201个，经济责任审计202个，基本建设审计90个，其它审计项目67个。查出损失浪费264万元，促进增收节支2045万元，提出建议意见被采纳479条，纠正违规行为金额564万元。

经济责任审计 对37个单位法人代表进行了经济责任审计。该市把经济责任审计作为干部任用的必要法定程序，先审计后离任、后任命已逐步形成制度。

大案要案 全市审计机关查处大案要案25起，查处违纪违规金额1596万元，移交纪检、监察部门处理13起，移送司法机关立案查处9起。

【衡阳市城南区审计局】现有干部6人，负责对全区31个区直部门、5个街道办事处、20个事业单位和17个区直企业的审计监督。局长周双元，副局长李萍、江红。

审计成果 年计划审计项目13个，实际完成23个，超计划77%。审计总金额3000余万元，查出违纪金额120万元，处罚上交财政15万元，核减工程造价150万元。与区纪委、监察局和检察院联手查办经济案件4起，分别对1名行政领导和1名企业负责人给予了党纪、政纪处分。

该局在实践中注意探索做好审计工作的规律，做到在计划安排上注意保上促下，共同发展；在项目实施上坚持以大带小，齐头并进，并努力使经济责任审计走向规范化，基建项目竣工决算审计变成制度化，经济案件办理实现程序化。

【衡阳市江东区审计局】现有干部职工4人，设有办公室和审计股，负责对全区7个街道办事处和28个区直部门的审计监督。局长阎庆平，副局长匡新武、曾刚乔。

审计成果 共完成审计项目7个，审计资金总额7852万元，共查出违规行为金额101万元，存在的主要问题是单位预算外收入挂往来、未缴财政专户储存和漏缴税金。完成了区政府临时安排项目2个，即对中外合资江律公司的资产负债审计和区文化局开发项目的效益审计，查出单位负责人渎职案件1个，已移送司法机关作出了刑事处理。

【衡阳市城北区审计局】现有干部职工6人，设有综合办公室、查证股，负责对全区6个街道、2个乡和17个区直部门的审计监督。局长罗锡斌，副局长齐素媛、贺水源。

审计成果 共完成审计项目20个，审计资金总额1.4亿元，查出违纪违规金额378万元，追回被侵占挪用资金44万元，上交财政30万元，同纪检、检察部门配合查处经济案件2起，共提交审计信息和综合报告10篇。在同级财政审计中对区财政局、市地税局城北分局、区建设局和区民政局进行审计，查出挪用财政资金、滞留财政收入、动用教师奖励基金搞基建等问题，受到区人大和区政府的好评。审计衡阳市城北区城市信用社（简称北信）查出高息揽储、放贷、以虚假单据入账等问题，为政府全面掌握北信的经营状况提供了依据。

【衡阳市郊区审计局】现有干部9人，设有办公室、行政事业审计股、工商企业审计股、农业审计股，负责全区8个乡镇和60个区直部门的审计监督。局长傅德寿，党组书记刘孝国，副局长江常军、胡义卫，纪检组长何跃斌。

审计成果 全年共完成审计项目16个，查出违纪金额930万元，收缴财政96万元。年内，审计局与纪委、检察联合对区工贸物资总公司进行了检查，查出该单位私设"小金库"102万元，公司总经理和副总经理及部门经理等三名责任人侵占挪用公款80多万元等违纪行为，收缴财政83万元，三名责任人都受到了开除党籍的处分，在全区引起了强烈反响。

【衡阳市南岳区审计局】现有干部职工12人，设有财金商贸审计股、农林基建审计股和办公室，负责对全区4个乡镇和122个区直部门的审计监督。党组书记文运艺，局长颜家和，副局长章春梅、王谭文。

审计成果 全年共完成审计项目25个，共查处违纪违规金额522万元，其中应上交财政81万元，已上交财政72万元，追回被侵占挪用资金124万元，促进增收节支20万元，扣减财政拨款42万元。审计本级财政预算执行情况，查出违纪违规金额155万元，增加财政收入45万元；对广播电视局、农林局等8个科局级单位领导离任进行了审计，查出违纪违规金额9万元；对2000年中国南岳衡山寿文化节专项资金全过程进行了审计，查出应缴未缴财政收入42万元，挤占节会活动费11万元以及违反国家控购政策、滥发礼品、支出票据不规范等问题。针对以上问题依法作出相应处理，还提出了4条合理化建议；按照行业审计安排，对南岳区各学区及中小学教育经费进行跟踪调查，发现区教育经费增长比例低于地方经常性收入增长比例，城乡教育费附加未征收到位，优惠政策未执行到位等有关问题。

【耒阳市审计局】现有干部职工29人，设有财政金融审计股、基建外资审计股、行政事业审计股、工商审计股、经济责任审计股、法规股、办公室，负责对全县34个乡镇、街道办事处和115个市直部门的审计监督。局长欧阳颇林，副局长李传本、李冶灵、李春芳、谢时珍。

审计成果 全年完成审计项目38项，查出违纪违规金额1335万元，应上缴财政95万元，已入库85万元，应减少财政拨款或补贴484万元，应归还原渠道资金85万元，促进增收节支21万元。根据上级审计机关部署，对社会养老保险基金进行审计，查出耒阳市社会劳动保险局违反养老保险基金管理规定，在其行政经费纳入财政预算的情况下，擅自从1999年养老保险基金中提取"管理费"83.5万元，用于滥补滥发职工补贴，漏缴个人所得税等问题，依法给予了处理。年内进一步加强经济责任审计工作，成立了由市长任组长的耒阳市经济责任审计领导小组，组织人事、纪检监察、检察法院等职能部门的主要领导人参加，并建立了经济责任审计联席会议制度。全年共完成市委组织部委托的2个市直单位和6个乡镇领导离任审计工作。在对耒阳市电影公司经理的任期审计中，将前后两任经理贪污、违法事实揭露无遗，并及时移送司法机关，使犯罪分子受到了严惩。

【常宁市审计局】现有干部职工39人，设有办公室、行政事业审计股、财政金融审计股、企业审计股、基建外资审计股、经济责任审计股以及内审社审指导法规审理股，负责对全市23个乡镇和210个市直部门的审计监督。局长郭生春，副局长李爱成、吴丁萌、邓福千、贺中生、邓无茂，纪检组长祝宇明。

审计成果 共审计单位或项目65个，审计资金总额27850万元，查出违纪金额833万元，处理上交财政85万元，纠正违纪金额320万元，促进被审计单位增收节支提高经济效益150万元。其中较有影响的案件是对常宁市宾馆进行的经济责任审计，查出市宾馆私设"小金库"48万元，其中20.4万元用于请客送礼，此案涉及副科级以上干部28人，通过审计，请客送礼的20.4万元全额收回并退回给被审计单位用于发放职工工资，收回其它资金27.6万元上交市财政。

【衡阳县审计局】现有干部职工33人，设有财政金融审计股、行政事业审计股、工交商贸审计股、基建外资审计股、经济责任审计股和办公室，负责对全县25个乡镇和150余个县直部门的审计监督。局长黄黎明，党组书记郑新生，副局长邓伟阳、刘景贵、刘诗秋、万和平。

审计成果 共完成审计项目（单位）60个，查处各类违纪违规行为金额1500万元，处理应交财政200万元，收缴入库150万元，减少财政拨款或补贴200万元，追还被侵占挪用专项资金200万元，促进增收节支190万元，向各级政府和上级审计机关提交审计报告和信息20篇，被批示或采用15篇。

在财政审计中突出一个"实"字，重点为县委县政府摸清财政家底，并针对存在问题提出了如何"生财、理财、聚财、用财"四个方面合理化建议；企业审计中围绕一个"帮"字，着力从真实性入手，帮助企业在扭亏增盈上做文章；行政事业审计中力求一个"真"字，促进各单位规范收费行为、加强财务管理；经济责任审计中落实一个"绩"字，重点为被审计领导分清经济责任，为县委县政府考察任用干部提供可靠依据；世行贷款审计中讲究一个"效"字，促进提高资金效益；固定资产投资审计中狠抓一个"严"字，进一步规范建筑市场的运作和管理。

【衡东县审计局】现有干部22人，设办公室、工商审计股、财金审计股、行事审计股、外基审计股、农业审计股，负责对全县24个乡镇和38个县直部门的审计监督。局长刘金值，党组书记罗冬秋，副局长刘冬高、刘年丰、陈磊、李先佬。

审计成果　突出抓好财政审计，并确定"一个重点三个延伸"，即以县本级财政预算执行审计为重点，延伸审计教育经费、水利资金和公安系统财务收支情况，查出违规行为金额179万元，依法收缴财政53万元。5月10日向县人大常委会主任会议汇报，受到高度评价。县人大常委会主任会议决议：（一）县政府常务会议要认真听取审计工作汇报，并对审计查出的问题研究处理意见；（二）审计机关要依法作出审计决定；（三）县政府要针对审计查出的问题，进一步规范政府部门行为。乡镇财政决算审计突出对加重农民负担、乱收费、乱罚款、依法侵吞挪用财政资金等涉农问题进行查处，完成9个审计项目，查出违纪违规金额63万元，依法收缴县财政11万元。全年完成审计项目36个，查出违纪违规行为金额354万元，依法收缴财政107万元已入库。查出大要案1起，移送纪检机关处理1人。

【衡山县审计局】现有干部职工20人，设有办公室、财政金融审计股、工交商贸审计股、行政事业审计股和基建外资审计股，负责对全县18个乡镇和56个县直部门的审计监督。局长李梅初，副局长张桥、陈治国、周建新。

审计成果　全年共完成上级下达项目12个、县定项目15个、省建设领域专项治理领导小组授权项目2个、县政府交办的临时指挥部审计项目11个、县委组织部委托的干部经济责任审计项目31个合计62项任务。审计总金额3亿元，查出违纪金额2176万元，应上交财政86万元，实已上交78万元。同级财政预算执行情况审计，共查出财政列收列支1292万元，潜在赤字2723万元，地税局多提手续费和办案经费38万元，税侦大队以油料款抵扣税款7万元。审计报告如期提交县人大审议通过。对31个单位的38名党政领导进行了经济责任审计，建议县委组织部撤换或调任6人，建议司法机关追究刑事责任1人。对湘运衡山分公司和县烟草公司的基建项目进行了稽查审计，查出违纪金额34万元。根据县政府常务会议安排，对县内11个工程临时指挥部的财务收支进行审计，审计建设资金4427万元，查出违规金额137万元，清理核实固定资产45万元。

【衡南县审计局】现有干部职工29人，设有办公室、工交审计股、财贸金融审计股、行政事业审计股、基建外资审计股、法规审理股、经济责任审计办公室，负责对全县24个乡镇和40个县直部门的审计监督。局长彭金生，副局长蒋解放、贺建国、黄业幼、董荣、宁仁占、郭炳炎、谢小平。

审计成果　2000年完成审计项目（单位）64个，查出违规违纪行为金额714万元，应缴财政240万元，已入库144万元。提交审计综合信息25篇，被上级和新闻单位采用或发表14篇。全年审计工作的基本经验，一是突出税收审计，确保财政收入增长。首先，抓住乡镇和行政事业单位的重点审计对象；其次，突出基本建设项目和固定资产出租及变价收入、白纸发票报账是否依法纳税为主要审计内容进行审计。在乡镇财政审计中，查出偷漏税收10万元以上的乡镇有6个。二是打假治乱，规范财务管理，加强行业系统的审计监督。对教育、卫生、粮食、乡镇计划生育办公室等系统25个单位进行了财务收支审计，查出违规违纪行为金额56万元，收缴财政12万元。三是执纪执法部门协同作战，形成整体合力。县审计局同县纪委，对县一家国有企业进行联合审计，挖出一窝企业"蛀虫"20余人，追缴违纪违法资金45万元并及时返还企业。由县审计、纪委、财政、建设等部门组成建设项目专项稽查组，对14个建设项目进行了稽查。查出应缴财政款项30.8万元，收缴入库11.5万元。县检察、审计执法联络室查出经济案件29起，查处违纪金额120万元，收缴入库44万元，查出经济犯罪案件2起，起诉2人，已判决1人。

【祁东县审计局】现有干部职工26人，设有办公室、工交审计股、行政事业审计股、财金审计股、基建外资审计股，负责对全县23个乡镇76个县直部门的审计监督。局长刘中奇，副局长刘海南、颜琴香、许友生、陈怡忠、周冰波，纪检组长张绪崇。

审计成果　2000年祁东县审计工作的主要特点，一是以披露问题为重点，搞好同级财政预算执行审计，在深度和广度上加大了监督力度；二是全面贯彻朱总理指示，狠抓大案要案；三是积极完成县委、县政府交办的审计工作任务。全年共完成审计项目55个，查出违纪违规金额1235万元，追回被挪用资金250多万元，上缴财政132万元。审计信息被各级刊物采用20篇，其中人民日报1篇。

【邵阳市审计局】2000年，共有在职干部职工64人，其中大学本科以上学历16人，大专学历39人。局长伍玉堂，副局长李邦文、康俭光、谭友明、胡正桥。设有办公室、法规科、政工科、财金审计科、工交审计科、商粮贸审计科、农林水审计科、基建外资审计科、行政事业审计科、内审社审指导科、监察室等科室。

审计成果　全年共完成审计项目689个，为年度计划的160%；查处违纪违规金额21149万元，收缴财政2049万元，促进增收节支813万元，责令归还原渠道资金3797万元，向司法、纪检监察机关移送案件28件；提交审计报告、信息647篇，其中被领导批示或被采用454篇。

完成上级交办任务　完成各级政府与人大交办的临时审计任务53项。完成了备受社会关注的希望工程光彩基金、市政法委见义勇为基金、市募委福利彩票等项目的审计。对群众举报或反映强烈的问题，注意查深、查透，揭露腐败，揭露漏洞，给了群众一个满意的答复，为党政部门宏观决策提供了科学有力的依据。

内部审计　共有内审机构238个，内审人员548人，全年审计单位2298个，查出损失浪费金额540万元，促进增收节支3920万元，纠正违纪违规5611万元，增加利润208万元，提出建议1029条，移送司法机关追究责任10人。

经济责任审计　完成组织部门委托的审计项目28个，审计单位56个111人，查出违纪违规行为金额1105万元、损失浪费金额29万元。审计结果情况为：平调52人，晋升5人，免职5人。

大案要案　查出案件线索28起，涉案金额上千万元，其中百万元以上案件2起，10万元以上案件7起。移交有关部门立案追究20多人。查出的市劳动局社保处工作人员挪用养老保险金833万元一案，在全市、全省引起强烈反响。

【邵阳市双清区审计局】现有干部职工8人，设有办公室、财金审计股、行政事业审计股和企业审计股，负责对全区12个乡镇（办）和30个区直部门的审计监督。局长曾琦，副局长宋国祥。

审计成果　全年共完成审计项目20个，为年度计划的150%，查处违纪违规金额234万元，收缴财政10万元，责令归还原资金渠道47万元，促进增收节支142万元。提交审计报告、信息38篇，其中被领导批示或被采用32篇。

在计划项目外，还完成了区政府、人大、政协交办的临时审计任务4项。完成了备受社会关注的区教委捐资助学金和危房改造费、区敬老助残基金等项目的审计，给了人大代表和政协委员满意的答复，为党政部门宏观决策提供了科学的依据。

【邵阳市大祥区审计局】现有干部职工7人，设行审科、干审科和办公室，负责全区60个乡镇、6个办事处、1个场所（园艺场，农科所）以及20多个区直部门的审计监督。局长曾向阳，副局长蒋柏生、罗杰夫。

审计成果　2000年计划审计项目17个，实际完成37个，为年度计划的218%，共查出违规违纪金额370万元，应交财政16万元，已交财政13.5万元，入库率达88%，核减基建决算资金达68万元，向上级党政机关和人大机关提交审计工作报告4份、审计调查报告4份、审计信息7篇，全年各项成绩均创该局历史最好水平。

【邵阳市北塔区审计局】现有干部职工7人，设有办公室、行政事业审计股、企业审计股和综合审计股，负责对全区6个乡（场）办和30个区直部门的审计监督。局长尹昌芳，副局长刘丽华、黄生豪。

审计成果　2000年共完成审计项目15个，审计单位15户，完成审计调查1项，调查单位7个，审计共查出各类违纪金额362万元，其中：按照要求归还原资金渠道331万元，指明要求纠正20万元，上缴财政11万元。共提交审计报告15篇，审计调查报告1篇，查出大案要案移送检察机关1件，提出审计建议45条，大多数建议被区政府及有关部门采纳。

【武冈市审计局】现有干部职工23人，设有人秘股、财政金融审计股、工交审计股、基建审计股、农林水审计股、行政事业审计股、商贸审计股、离任审计股，下属一个乡镇审计所（4人）、七个乡镇审计站（19人），负责对全县19个乡镇（街道办事处）和110个市直部门的审计监督。局长肖体政，副局长肖姬凤、艾长春、周辉臣、左江桥、肖立兵。

审计成果　全年共完成审计项目80个，查出违纪违规资金3265万元，应收缴财政105万元，已收缴财政102万元，提交审计报告、信息被各级刊物采用51篇。向纪检监察移送案件4宗，向检察机关移送案件1宗。财政预算执行审计效果较好，引起了市政府的重视并从宏观方面加强了管理；在建设领域对农业综合楼工程大厦、湾头输变电工程（国债资金使用项目）、DN600管道自来水安装工程、农贸市场四个工程项目进行专项稽查。共稽查投资总额1372万元，查出违纪资金73万元，及时处理了有关问题，得到了市委、市政府的好评。

【邵东县审计局】现有干部职工24人，设有人秘股、财政金融审计股、企业审计股、农业基建审计股、行政事业审计股、领导干部任期审计办公室，负责全县26个乡镇、118个县直机关的审计监督，局长李卫国，副局长杨四新、羊新义、肖谋成。

审计成果　全年共完成审计项目60个，查出违规行为金额7540万元，应交财政458万元，应减少财政拨款或补贴258万元，应归还原渠道资金342万元，核减工程造价1030万元，为国家和集体节约资金1030万元，向司法机关和纪检监察部门移送案件和线索10件；提交审计工作报告信息96篇，被批示、采用46篇；建议纠正地方部门不当规定4条；协助有关部门查处案件3件。审计县自来水公司时，发现该单位下属的服务部销毁会计凭证和账簿，多收工程价款15.3万元，偷漏国家税款19.3万元，审计结论收缴财政35.6万元，该案已移送检察机关，服务部原承包人由检察院立案侦查，并依法逮捕，其他有关人员给予了不同程度的处理。在对县食品总公司的审计中，查出违规违纪金额106万元，其中偷税40.1万元，收缴财政41.2万元，单位负责人移交有关部门查处，现已免去经理职务，并开除了党籍。

【洞口县审计局】现有干部、职工18人，设有办公室、财政金融审计股、行政事业审计股、工交商贸企业审计股、农林水审计股、离任审计股。负责对全县22个乡镇110个县直单位的审计监督。局长谢扬凡，副局长曾广轩、胡休池，纪检组长尹健生。

审计成果 全年完成审计项目82个，审计单位82个，完成调查6项，调查单位6个。审计金额2.72亿元，查出各种违纪违规行为金额1523万元。应收缴财政159万元，收缴入库154万元，占应收的96.8%。通过审计限期归还被挪用资金110万元，核减基建工程造价80万元，促进被审单位增收节支265万元，查处"小金库"15个，资金250余万元。共提交审计报告、审计论文及审计信息60篇，被采用48篇。

【新邵县审计局】现有干部职干17人，设有办公室、行政事业审计股、财贸审计股、工交审计股。局长杨铁桥。

审计成果 全年共完成审计项目50个，为年度计划的104%，查出违纪违规金额1559万元，处理应上交财政90万元，已上交财政68万元；应归还原渠道资金154万元，促进增收节支127万元；向上级审计机关和新闻媒体提交工作信息47篇，被采用30篇。查处县国土局乱收费13万元，截留预算收入8.6万元，在铁路专项资金中违规列本单位职工集资建房支出8.2万元，经审计处理收缴财政18万元。查处县工商局少缴财政专户款10万元，欠缴罚没款3.8万元，股室列账外账1.6万元，"个协"超标收会费11万元，审计处理收缴财政3.6万元。先后对6个单位的"一把手"进行了离任经济责任审计，为组织部门用人提供了依据，特别是对煤炭局审计，查处私设"小金库"、乱收费、挤占挪用煤炭开发基金等违纪金额105万元，收缴财政14.3万元。同时对10个单位的基建投资进行了专项审计，为国家节约资金200万元，保护了国有资产。

【绥宁县审计局】现有在职干部17人，设行政事业审计股、工交企业审计股、农林水利审计股、财政金融审计股和办公室，负责对全县25个乡镇、126个县直部门的审计监督。局长隆振理，副局长蒋运强、杨昌仁、袁仕清、李卫东。

审计成果 共完成审计项目56个，审计总金额3.56亿元，查出违规行为金额1875万元，审计处理处罚应收缴财政93万元已收缴入库。为建设单位和县财政节约资金240万元，审计决定要求调整账务纠正违规金额1782万元，要求归还原资金渠道226万元；建议纠正地方部门不当规定26条；向上级和有关部门提交审计工作报告、学术论文、审计信息、调查报告、审计通讯116篇，被批转或采用93篇。

【邵阳县审计局】现有干部职工29人，设有人秘股、财政金融审计股、行政事业审计股、农业审计股、综合审计股、经济责任审计股。局长李斌玉，党组书记黄荣生，副局长胡恒洋、王求保、张晓堂、曾臻、王长生，纪检组长张宗清。

审计成果 2000年共完成审计项目（单位）75个，查出违纪金额1067万元，应收缴财政137万元，已收缴入库134.7万元。全年共查处大案要案4起，查处个人违法犯罪、贪污金额万元以上并移交检察机关依法处理3人。积极完成了县委、县人大、县政府交办的各项任务。4－10月份，出色完成了县人大交办的全县计划生育系统财务收支、路桥建设费等专项资金审计。全年共抽调50余人次，圆满完成了建整扶贫、财务会审监督等六项中心工作。

【隆回县审计局】现有干部职工28人，设有6股1室，负责对全县26个乡镇、95个县直副局级以上行政事业单位、216个非局级事业单位和97个企业单位的审计监督。局长、党组书记宁玉光，副局长、党组成员王玉龙、魏佳辉。

审计成果 全年共完成审计项目62个，为市局下达计划项目37个的167.5%；查出违规行为金额2995万元，收缴财政208万元，向纪检监督机关和司法部门移送案件4起。

【城步苗族自治县审计局】现有干部职工15人，设有人秘股、农业审计股、财贸审计股、工交基建审计股、行政事业审计股、干部离任审计办公室。负责对全县10个乡镇和120个县直部门的审计监督。局长彭宏中，副局长肖庆球、江世权、张立红。

审计成果 全年共完成审计项

目（单位）50个，是年初审计项目计划的161%，共查出违纪违规资金940万元，其中应缴财政84万元，已收缴入库83万元。全县建筑市场专项稽查共核减工程造价20万元。在实施财政预算执行情况审计时，严肃处理了违规退库、挤占挪用等违纪问题，向政府等有关部门提10条建议并被采纳。

【岳阳市审计局】共有干部职工75人，其中大学本科学历9人，大专学历38人，局长周湘涛，副局长王同生、张云峰、苏绍东、余炳煜，纪检组长方崇辉，总审计师李星吾。设有办公室、综合科、法规科、人教科、纪检组、监察室、财金审计科、工交审计科、商贸外资审计科、固定资产投资审计科、农业审计科、行政事业审计科、经济责任审计处、内审协会、审计学会、开发区审计分局等部门。

审计成果　全年共完成审计项目570个，审计单位723个，查出违规行为金额55455万元，审计处理收缴财政1643万元，调账增加财政收入1594万元，应减少财政拨款或补贴729万元，应归还原渠道资金2145万元，促进增收节支714万元，共查出和移送重大经济案件线索18起，查处违法违纪23人，涉案金额400多万元。提交审计综合报告、信息168篇，被上级机关和党政领导采用、批示141篇。

完成上级交办任务　全市同级财政预算执行情况审计共完成11个项目，审计单位84个，查出违规行为金额8951万元，应增加财政收入1487万元，应增加财政结余292万元，提出规范财政管理建议60多条。建设领域专项稽查完成30多个项目，查出违规行为金额1.78亿元。对违纪问题进行了严肃处理。审计署授权的长岭炼油化工厂和岳阳市电信局的审计，查出违规行为金额750多万元，提出了10多条审计建议。省审计厅安排的平垸行洪、移民建镇资金审计，查出违规行为金额526万元。环保资金审计查出违规行为金额843万元。全市共完成当地党政领导交办任务60多项，重点开展了对各种专项资金和大要案件的查处工作。

内部审计　全市现有内审机构223个，内审人员604人。全市共完成审计项目1175个，查出损失浪费金额10093万元，促进增收节支11295万元，纠正违纪金额9983万元，提出改进管理建议704条，对6名严重违纪人员提出了行政处分建议。

经济责任审计　共完成审计项目92个，查出违规行为金额3500多万元、损失浪费金额130多万元、个人经济问题8万元。通过审计，平调82人，晋升3人，降职1人，移交纪检监察部门处理4人，移交司法机关处理2人。其中市审计局完成审计项目5个，查出违规行为金额2000多万元，查出小金库5个，金额53万元，对5个单位主职领导任期内的经济责任进行了实事求是和客观公正的评价。

【岳阳市岳阳楼区审计局】现有干部职工17人，设有办公室、财金审计股、行政事业审计股、工交基建审计股、商贸农水审计股、经济责任审计室，负责对6个乡场、8个办事处、50多个区直单位的审计监督。局长叶满舟，副局长高六一、包克俭、刘陆军、沈菊娥。

审计成果　共完成审计项目41个，查出违规行为金额2773万元，处理收缴财政152万元，已入库92万元。全年突出了重点单位、重点资金和重点项目的审计。在对梅溪乡财政审计中，查出该乡政府及下属单位负债1978万元，资不抵债731万元。专项资金的审计中，查出民政部门管理的农保金有100多万元被挪用搞开发，造成难以收回；查出环保资金109万多元全部用于机关行政开支，未真正用于治理环境。全年对16个单位的主职领导进行了经济责任审计，发现部分单位挤占挪用专项资金，自立项目乱收费，增加群众负担，少数领导离任后还继续到原单位报账。据此作出了实事求是的审计结论。在企业审计中查出某厂原副经理违纪金额20多万元，已移交区纪委查处。全年完成区委、政府交办项目10项，参与了教育收费调查、区直四家企业清产核资，完成了区政协提案办理工作等。

【岳阳市君山区审计局】现有干部职工25人，设有办公室、行政财金审计股、农水外资审计股、工交商贸审计股、基建审计股和经济责任审计室。负责对全区6个乡镇、1个办事处、5个农林、园艺场和50个区直部门的审计监督。局长金文模，副局长汤国强、欧阳雄志、郑健军。

审计成果　共完成署、省、自定项目28个，审计单位40个，查出违规行为金额1616万元，应减少财政拨款或补贴45万元，审计处理收缴财政45万元。向纪检、监察部门移交案件3起。在同级财政预算执行情况审计中，查出违规行为金额659万元，对多列及虚列预算支出、征收过头税及违规收费等问题作了严肃处理。在专项资金审计中，查出挤占、挪用移民建镇资金14.3万元，查出挤占挪用水利资金120多万元。完成建筑领域专项稽查项目5个，查出违规行为金额97万元，移送案件2件。全年共开展了8个单位主职干部经济责任审计，查出违规行为金额120万元。此外，还完成区委、政府交办项目16项，参与了钱粮湖农场撤场并区后集资款调查清理、原农场行政事业单位财产清查、区直企业改制中的资产、负债、损益情况审计等。揭露和处理了截留应上缴财政收入、国有资产流失、私设小金库等严重违纪问题。还完成了区政府交办的扶贫建整、调整农业结构等中心工作任务。

【岳阳市云溪区审计局】现有干部职工15人，设有审计业务股、经济责任审计室、审计复核室和办公室，负责对全区7个乡镇场和38个区直部门的监督。局长杨仲秋，副局长严松柏、张云先、何锦新、戴华南。

审计成果 共完成审计项目35个，审计单位44个，查出各类违纪金额1050万元，审计处理收缴财政23万元，向区检察院、区纪委移送大案要案线索2起。突出了财政“同级审”和领导干部任期经济责任审计，加大了审计执法力度。在对岳阳化工总厂隆兴公司下属某厂进行资产负债损益审计过程中，发现该厂有隐瞒收入、虚列支出、套取现金、私设“小金库”的违规行为。查出以私人名义开户存折7个，资金体外循环335.9万元，私设“小金库”21万元，个人私分利息1.3万元，已移送区检察院处理。在对区建设局下属企业审计中，发现该企业财务混乱，各类违纪问题突出，写出了专题报告，并将有关案件移送区纪委处理。

【临湘市审计局】现有干部职工17人，设有人秘股、财政金融审计股、行政事业审计股、经济贸易审计股、基本建设审计股、经济责任审计室，负责对全市23个乡镇和107个市直部门的审计监督。局长李群奎，副局长范晓红、张文明、杨孟和、王凌璠，纪检书记王胜炎。

审计成果 全年共完成审计项目57个，查出违纪金额2552万元，追回被挤占挪用专项资金281万元，处理应上缴财政243万元（含调账增加收入146万元）；提交审计报告、信息材料34篇，被采用24篇，向纪检监察和司法机关移送案件10件，有6人受到纪检监察和司法机关处理。4月份，对市农保站1994年至1999年度财务收支情况进行了审计，查清了资金管理使用中存在的严重违纪问题，建议市政府采取措施，追回被挪用资金及应收利息，将本息一次性退还给农民。全年共完成经济责任审计项目18个，查出违规行为金额800多万元，处理应上缴财政12万元，其中查出小金库4个，涉及发生金额100多万元。

【汨罗市审计局】现有干部职工52人，设有办公室、行政事业审计股、商贸外资审计股、财金审计股、农林水审计股、工交审计股、固定资产投资审计股、经济责任审计股等8个股室，负责对全市36个乡（镇）场和78个市直部门的审计监督。局长胡光华，党组书记湛海球，副局长许泽富、邹世鑫、彭健、曹治敬、毛利平，纪检组长缪正华。

审计成果 共完成69个审计项目，查出各类违规行为金额4904万元，应收缴财政113万元，已入库102万元；调账1897万元，应归还原渠道资金28万元，提交审计工作综合报告、信息39篇，被有关部门采用18篇。完成了市领导交办工作任务14项。协同组织、纪检部门开展的离任审计，共审计了16名行政和企业单位负责干部。对市委、市政府交办的省道1809线汨新段拓改工程竣工决算审计，经过三个多月的现场勘测，核实工程量和核对账目，查明该工程总造价7939万元，审计核减工程总投资587万元，为市财政节约了资金，减少了财政支出，得到市委、政府领导的好评。

【岳阳县审计局】现有干部职工26人，设有财金审计股、行政事业审计股、企业审计股、基建审计股、经济责任审计室、办公室等四股二室，负责对全县23个乡镇65个县直部门的审计监督，局长杨和平，副局长袁森林、张武生、兰勇、向阳，纪检组长易辉。

审计成果 全年共完成审计项目52个，查出各种违规行为金额2108万元，审计处理应上缴财政112万元，已入库103万元，调账增加财政收入117万元。提交审计工作综合报告、信息30篇，被采用20篇。全年突出了同级财政预算执行情况审计和乡财政决算审计、行政事业单位的审计和各种专项资金的审计，对严重违纪问题进行了认真处理。审计查出的鹿角镇教育组私设小钱柜、虚报冒领移民资金等5个案件，已移送纪检监察部门，经济责任人受到了党纪政纪处分，维护了财经纪律。根据组织部门的安排对12个乡镇和县直单位的主要领导进行了任期经济责任审计，对其任期内履行经济责任情况进行了客观公正的评价。年底对全县23个乡镇负债情况进行了全面调查，核实了乡镇负债情况，揭露了乡镇财务管理中存在的问题，分析了产生的原因，提出了消债减赤的建议，引起了县党政领导的重视。

【湘阴县审计局】现有干部职工21人，设有工交审计股、农林水审计股、商贸审计股、财政金融审计股、行政事业审计股、基建审计股、法规复核股及办公室，负责对全县32个乡镇和86个县直部门的审计监督。局长左志军，副局长周文武、黄应秋、李明正、刘爱民、刘洪义，党组副书记彭景怡，纪检组长彭新云。

审计成果 全年共完成署、省、市定审计项目88个，完成县委组织部委托的领导干部任期经济责任审计项目25个及县政府交办的乡镇财政赤字及负债情况审计32个。共查出违规行为金额3946万元，为国家挽回经济损失397万元，其中收缴入库136万元。在对全县乡镇财政赤字及负债情况审计中，对各乡镇从1993年起到1999年末止的财政负债情况进行了全面审计，确认全县32个乡镇至1999年末累计财政赤字及负债1.3亿元。审计分析了其主要原因是由于机构臃肿、资金恶性循环等六个方面的原因造成的。针对这一情况，向县政府提出了切实加强乡镇财政管理监督的6条建议，得到采纳。县政府及时发出《关于进一步加强乡镇财务管理的决定》，同时责成纪委、监察、审计、财政4个部门具体监督，并成立消赤减债办公室，限期整改，到年末消赤要求达15%，产生了较大的社会影响。

【平江县审计局】现有干部24人，设有基本建设审计股、经济责任审计股、财政金融审计股、行政事业审计股、工交商贸审计股、农水外资审计股、办公室、人事教育股、法规复核室、内审督导室，负责全县27个乡镇、104个县直部门的审计监督。局长李剑根，副局长易完涛、钟伯庚、刘裕凡、叶然龙，纪检组长余兢业。

审计成果　完成审计项目56个，审计单位72个，审计调查单位16个，审计总金额2.6亿元，查出违规行为金额4809万元，收缴财政386万元（其中调账239万元），为财政增收节支700万元，移送纪检监察、检察案件3起，挽回经济损失253万元，审减基建工程造价120万元，提交审计综合报告56篇、审计信息24条，被采用16条。其中，完成署、省、市定项目28个，县政府交办项目12个，共审计单位42个，查出违规行为金额4050万元，应归还原渠道资金340万元，提出合理化建议24条，挽回经济损失240万元，收缴财政112万元。

【华容县审计局】现有干部职工24人，设有办公室、经济责任审计股、财政金融审计股、工交审计股、商粮贸审计股、农林水审计股和行政事业审计股，负责对全县22个乡镇和93个县直部门的审计监督，局长许汉泉，副局长吴海清、谢寿保、张爱国、于庆民、朱光涛，纪检组长罗建宏。

审计成果　共完成审计项目80个，审计单位92个，查出违规行为金额5131万元，审计处理应增加财政收入564万元，（其中调账371万元），应收缴财政193万元，应归还原渠道资金2206万元。提出审计建议241条，提交审计工作综合报告、信息5篇。同级财政预算执行情况审计，共审计了8个单位的31个银行账户，审计资金总额2.2亿元，查出违规行为金额162万元，提出审计建议19条。3月份对全县乡镇1999年度财政决算情况进行了审计，查出违规行为金额571万元，收缴县财政15万元，个人清退4.8万元，调账归位219万元。将乡镇违纪违规问题在全县进行了公开曝光。对违纪问题较大的8个乡镇，移送县纪委专案处理后，先后有11名主要负责人分别受到党纪政纪处分。对教育、国土、农业等29个行政事业单位财务收支的清理整顿，审查资金1.1亿元，查出违规行为金额344万元，收缴县财政50万元，先后查出5个单位私设的6个小金库，金额达220万元，抑制了资金体外循环的违纪现象。县政府颁布了《行政事业单位财务管理的若干规定》。

【常德市审计局】2000年，共有在职干部、职工63人，其中大学本科学历15人，大专学历28人，具有中级以上技术职称35人。局长马耀舫，副局长刘国清、郭亿春、周萼全、万承贞、杨石旭、刘光华，纪检组长邓平元，总审计师李新辉。设有办公室、综合科、人教科、法规科、财政金融审计科、行政事业审计科、工交审计科、商粮贸审计科、固定资产投资审计科、农林水审计科、经济责任审计科。

审计成果　全市共完成审计项目770个，查出违规行为金额16671万元，处理应缴财政4011万元（含同级财政审计调增数1055万元），已入库3283万元（含同级审计调增数），促进增收节支2489万元，督促有关部门、单位归还被侵占挪用专项资金8283万元，核减基建预决算工程款1234万元，向各级各部门提交审计信息或工作报告651条（篇），其中被批示采用442条（篇）。市局共完成审计项目151个，查出违规行为金额24877万元，处理应收缴财政1135万元，已入库1035万元。

完成上级交办任务　全市完成上级交办任务309项，其中完成审计署、省审计厅计划任务166项。完成当地党委、政府等领导交办任务143项。其中市局完成交办任务43项。

内部审计　常德市直有内审机构87个，内审人员1680人。共审计单位562个，查出损失浪费1952万元，促进增收节支1310万元，已纠正违规行为金额985万元。

经济责任审计　市局全年共完成经济责任审计33项，查出违规行为金额2127万元，其中主管责任金额2127万元，决定处罚金额125万元。审计后平调27人，提拔1人，免职5人。

大案要案　全市共查出或协助查处大要案件31件，涉及违纪违规金额4433万元，审计已移交纪检监察、检察机关处理20件，移送处理29人。市审计局对全市平垸行洪移民建镇资金进行审计，查出汉寿县洋淘湖乡党委书记等3人挪用专项资金164．8万元的问题，向纪委、监察移交后，分别给予行政处分，并追缴资金返还原渠道。石门县审计局对该县饮食服务公司改制审计，查出该公司负责人趁改制之机，私分公款20多万元，审计后向县检察院移交，有7名主要领导和直接责任人被依法批捕，并追缴个人侵占的公款。

【常德市武陵区审计局】现有干部职工13人，设有财政金融审计股、行政事业审计股、企业固定资产投资审计股和经济责任审计股。负责对全区7个乡镇、5个街道办事处和79个区直部门的审计监督。局长王大玉，党组书记沈正建，副局长叶峰、尹治才，纪检组长蒋中英。

审计成果　共完成审计项目38个，占计划数的165%。审计查出违规行为金额1344．66万元，决定收缴财政166万元，其中：罚款26.8万元，归还原资金渠道398万元，实际入库75万元。内部审计机构全年共完成审计项目10个，查出损失浪费50万元，查纠违规行为金额75万元，提出并被采纳审计建议10条。2000年审计工作主要在以下几方面取得进展：一是深化财政审计。对1个预算同级审计和9个财政决算审计，查出违规金额62万元。二是加强企业审计，促进企业规范经营。完成2个企业审计项目，查出违规金额140万元。三是突出专项审计，促进规范管理。共审计3个单位水利资金576．34万元，查出违规挤占挪用金额369．43万元。四是狠抓有执收执罚权的重点行政事业单位审计，查出违规行为金额181．3万元。五是完成3个法人代表经济责任审计。

【常德市鼎城区审计局】现有干部职工40人，设有办公室、财金审计股、工交及重点工程审计股、农水审计股、行政事业审计股、固定资产投资审计股和乡镇审计站。负责对全区33个乡镇和80个区直部门、单位的审计监督。局长康存波，党组书记唐冬梅，副局长胡廷清、赵加宏、刘启信、钟泽英。

审计成果　2000年认真开展了财政金融审计、工交企业和重点工程审计、行政事业审计、农水审计、固定资产投资审计、领导干部任期经济责任审计，共审计96个单位(项目)，查出违规行为金额6649万元，其中处理应上缴财政413万元，减少财政拨款或补贴21万元，追还被侵占挪用资金905万元，共为国家增收节支1233万元。全区78个内审机构共对235个单位进行了审计，查出损失浪费330万元，促进增收节支399万元，提出建议意见被采纳154条，已纠正违规金额315万元，并对56个单位实施财务决算审签。查处大要案件2件，移送纪检、司法机关处理的责任人员7人。

【津市审计局】现有干部20人，设有经济责任审计股、财政金融审计股、企业投资审计股、行政事业审计股和办公室，负责对全市9个乡镇和176个市直部门、重点企业的审计监督。局长谢朝银，党组书记李湘林，副局长苏国孝、任家德，副书记兼纪检组长吴承武。

审计成果　共完成审计项目49个，查出违规行为金额1766万元，处理收缴财政275万元，当年实际入库256万元。在对21家重点单位的年度财务审核对建设领域重点投资项目的专项稽查以及对七个单位法人代表的任期经济责任审计中，突出查处了弄虚作假、贪污受贿、挤占挪用专项资金、私设“小金库”等严重违法违纪问题。

内部审计　全市内审机构19个，配备内审人员58名。全年完成审计项目89个，查出损失浪费金额102万元，促进增收节支109万元，提出建议被采纳42条，促进纠正违规行为金额70万元。

【澧县审计局】现有干部职工30人，设有财政金融审计股、工业交通审计股、行政事业审计股、商粮贸审计股、固定资产投资审计股、乡镇审计站和办公室，负责对全县32个乡镇和131个县直部门的审计监督。局长李学友，副局长刘大发、肖碧霞、章方才、周加兴、李鹏。

审计成果　全年共完成审计项目98个，查处违规行为金额3014万元，审计决定收缴财政240万元已全额入库。同时减少财政拨款补贴274万元，督促归还原资金渠道682万元，促进增收节支222万元，向司法机关移送案件4件。全年对22名领导干部进行了经济责任审计，审计成果受到组织人事部门的重视。对全县平垸行洪移民建镇、农业资金、教育资金等专项资金进行审计，处理违纪资金收缴财政100多万元。全县37个内审机构对114个单位进行审计，查出损失浪费133万元，促进增收节支361万元，提出并被采纳审计建议51条，已纠正违纪金额686万元。

【临澧县审计局】现有干部职工26人，设有企业审计股、财政金融审计股、固定资产投资审计股、行政事业农林水审计股、经济责任审计股和办公室。负责对全县18个乡(镇、区）和98个县直部门的审计监督。局长唐初汉，副局长董方军、金则奎、刘文锋，纪检组长李兴国，总会计师颜永育。

审计成果　全年共审计87个单位（项目)，查出违规行为金额5341万元，其中应上交财政98万元已入库，促进增收节支551万元，应归还原资金渠道567万元；向司法机关和纪检监察部门移送案件6件，提交审计工作报告和信息45篇，其中被批示采用34篇。全县44个内审机构完成审计项目（单位）234个，查出并纠正违规违纪行为金额310万元，查出损失浪费320万元，促进增收节支165万元。另外，还完成了地方党委、政府交办的任务12项。

【桃源县审计局】 共有干部职工19人，设有办公室、法制办、信访办、财政金融审计股、固定资产投资审计股、企业审计股、行政事业审计股、经济责任审计股，负责对全县40个乡镇和105个县直部门单位的审计监督。局长陈建鹏，副局长龚发甫、姜秋成、王成立、高东海。

审计成果　共完成审计项目57个，其中署定6个、省定4个、市定47个，查出违规行为金额8325万元，追缴被侵占挪用的资金90万元，决定处理收缴财政260万元，已收缴入库256万元。全年共查处"小金库"7个，涉及金额1103万元，移送纪检监察部门案件4件，被各级采用审计信息49篇。全县57个内审机构共完成审计项目113个，查纠违纪违规行为金额547万元，促进增收节支321万元。

【汉寿县审计局】 现有在职干部职工19人，设有财政金融农林水审计股、基本建设投资审计股、行政事业审计股、企业审计股、经济责任审计股和办公室。负责对全县34个乡镇（场）和100多个县直部门的审计监督。局长刘德禄，书记袁绍亮，副局长穰贻友、李启友、许永言、杨又生。

审计成果　共完成审计项目37个，查出违规行为金额2100万元，收缴财政17万元。全县112个内审机构共完成785个审计项目，查出损失浪费金额460万元，促进增收节支320万元，向司法机关移送案件15起，建议给予行政处分28人，向各级部门报送审计信息85篇，提出各类合理化建议88条，其中被采纳60条。全年共查处大要案件2个，向社会公开曝光2个，移交纪检监察机关查处1个。其中查处县检察院罚没款不入账、私设"小钱柜"114万元，有关领导和直接责任人移交有关部门处理。

【安乡县审计局】 现有干部职工23人，设有办公室、投资审计股、财金审计股、行政事业审计股和商贸审计股。负责对全县20个乡镇和126个县直部门单位的审计监督。局长向铁荣，党组书记、副局长曹家清，副局长、党组副书记程福安，副局长任建国、赵先松、龙春美，党组副书记曾晓清，纪检组长汤海源。

审计成果　共完成审计项目86个，查出违规行为金额3792万元，处理处罚金额123万元，促进增收节支850多万元。其中先后完成水利资金、长江洪灾援款、农业综合开发等11个专项资金的审计，审计金额7132万元。查纠违规使用资金1432万元。44个内审机构共对274个单位进行审计，查纠违规行为金额419万元，提出建议意见被采纳77条。

【石门县审计局】 现有干部职工21人，设有行政事业审计股、固定资产投资审计股、财政金融审计股、企业审计股和办公室，负责对全县19个乡镇、150多个县直部门和25个国有企业的审计监督。局长周常云，副局长袁圣宏、陈平。

审计成果　共完成审计项目73个，查出违纪违规金额5685万元，追还被侵占挪用资金839万元，决定收缴财政153.4万元，归还原资金渠道1106万元。移送纪检、监察和检察院案件3起。案件移送后，被纪检监察和检察机关实行"两规"措施的2人，被检察机关批准逮捕的14人。全县87个内审机构共审计单位186个，查出损失浪费金额932万元，促进增收节支866万元，提出建议意见被采纳157条，已纠正违规行为金额867万元。

【张家界市审计局】 2000年，共有在职干部、职工24人，其中大学本科学历5人，大专学历14人，局长胡天爱，局党组书记张剑华，副局长王章生、廖祖健、李文化。设有办公室、行政事业审计科、财政金融社会保险审计科、经济贸易审计科、固定资产投资及外资审计科、经济责任审计科和法规科等部门。

审计成果　共审计单位（项目）203个，其中市本级55个；查出违规违纪金额20245万元，其中市本级11180万元；追还被侵占挪用资金2006万元，其中市本级1315万元；上交财政245万元，其中市本级85.3万元；向纪检、监察和司法机关移送经济案件4件，提交审计工作报告、审计调查报告和审计信息121篇，被各级报刊和领导批示采用104篇。财政"同级审"方面，对1999年度全市财政预算执行和其他财政收支情况进行了审计，共审计财政、地税等98个预算执行单位，查出违纪金额4832万元，其中市本级2014万元，揭露了预算执行中存在的违规减税、收过头税、买税、卖税、提高分成比例等问题，并如实向市人大常委会报告。行政事业审计方面，全市共审计行政事业单位106个，主要审计了环保资金、农业专项资金和教育经费等，查出违纪金额6280万元，查出"小金库"3个，金额109万元，建议给予行政处分2人。审计发现环保资金、农业专项资金和教育经费被挤占挪用现象比较严重，并依法进行了处理。企业审计方面，全市共审计18个企业，查出违纪金额2322万元。审计后，审计部门向企业提出了完善管理制度，加强内部管理的合理化建议。外资审计以专项稽查为重点，共审计15个项目，稽查投资总额4700万元，查出违纪金额825万元。在专项稽查中，共审计投资额1810万元，核减投资533万元，充分揭露了投资工程高估冒算的虚假行为。领导干部经济责任审计步入了正轨。

大案要案 2000年，张家界市审计局在揭露和查处大案要案方面已初见成效，共揭露经济案件4起，主要涉案人员4人，分别移交纪检监察和检察院立案侦查、追究责任，挽回直接经济损失近百万元。

【张家界市永定区审计局】现有干部职工16人，设有行政事业审计股、财政金融审计股、工交基建审计股和办公室，负责对全区27个乡镇办事处106个区直部门的审计监督。局长陈昌新，副局长童少方、覃国平、陈俊。

审计成果 全年完成审计项目45个，共查出违纪违规金额2496万元，决定处理收缴85万元，出审计意见书45份，作出审计决定书39份，提出审计建议81条，提供审计信息17条，提交专项报告15篇。

2000年该局认真贯彻《中共中央关于加强和改进思想政治工作的若干意见》，强化党风廉政建设，制定《党风廉政责任制》，与每个干部签订了《党风廉政建设责任状》；深入开展机关作风整顿，完善了各项规章制度；进一步加强了审计干部队伍的业务学习培训，鼓励支持审计干部参加专业职称和高等教育自学考试，收到了较好效果。

【张家界市武陵源区审计局】现有干部职工6人，设有办公室、行政事业审计股、企业审计股，负责对全区4个乡镇和张家界国家森林公园管理处以及68个区直单位的审计监督。局长徐波，副局长龚平。

审计成果 全年共完成审计项目18个，审计单位27个，查出违规行为金额2178万元，决定处理处罚396万元，指明要求纠正1791万元，应上交财政金额8万元已全部入库，追还被挤占挪用资金17万元，基建审计核减工程造价48万元；全年共提交审计信息、工作报告29篇。完成党委政府交办事项8项。

【桑植县审计局】现有干部职工18人，设有财政金融审计股、行政事业审计股、农水商贸审计股、工交基建审计股、办公室，负责对全县38个乡镇和142个县直部门的审计监督。局长张清山，副局长王少荣、江梓清、蔡吉成，党组副书记王远耀。

审计成果 共完成审计项目45个，查出违规行为金额3159万元，决定收缴财政75万元，归还被挤占挪用专项资金413万元，作出其他处理2671万元。审计财政局、地税局等5个预算执行单位，查出违规金额76万元，收缴财政21.4万元；行政事业审计共审了20个单位，查出小金库4个，金额达150万元。企业审计中，揭露了县电力集团公司、自来水公司虚报盈利、欠缴税收等问题，为领导决策提供了依据；参与建设领域专项治理，审计基建投资项目12个，查出漏税42万元，挤占住房资金80万元，少收账房款5万元，多付工程款4.3万元。在审计中查处单位违纪金额百万元以上大案8件，个人经济问题1万元以上的3人，决定收缴财政28万元，罚款5.2万元，其他处理904万元，建议和移送执纪执法机关追究责任的案件三起。

【慈利县审计局】现有干部职工21人，设有办公室、财金审计股、行财审计股、商贸审计股、固定资产投资审计股，负责对全县31个乡镇和51个县直部门的审计监督。局长朱业平，副局长杨景波、莫焕锦、吕筱萍，纪检组长鲁观清。

审计成果 全年共完成审计单位（项目）89个，查出违规行为金额5302万元，收缴财政78万元，创建局以来的最好水平。突出表现在：一是切实强化审计监督，圆满完成了署、省、市审计计划任务。完成审计项目、查出违规行为金额、收缴财政金额，分别比上年增长37%、38%、17%。二是切实服务本县的经济建设，认真组织了交办审计项目的实施。主要是完成了县人大交办的“关于人民群众反映强烈的几个问题”的审计，完成了县政府交办的对全县28个农村合作基金会的财务审计，完成了县委组织部委托的对17名县直及乡（镇）主要领导干部的任期经济责任审计，为领导的决策提供了依据；三是加强审计队伍建设和审计质量控制，增强审计查处问题的深度及审计执法的力度。

【益阳市审计局】2000年，共有在职干部职工54人，其中大学本科学历10人，大专学历30人，局长唐希良，副局长陈润生、谢征粮，纪检组长王棣琪，总会计师潘俊高。设有办公室、财政金融审计科、行政事业审计科、工业交通审计科、商粮贸审计科、固定资产投资审计科、农业审计科、人事教育科、法规科、离任审计科等部门。

审计成果 全市共完成审计项目519个，查出违规行为金额45424万元，其中依法作出审计决定进行处理处罚2750万元，指明要求纠正42674万元，应上缴财政金额1360万元，向司法机关移送案件10件，建议给予行政处分的违纪人员15人。向各级党委、政府提交工作报告、信息、材料329篇，被上级采用或批转 109 篇。益阳地处洞庭湖畔，市局高标准地完成了平垸行洪资金的审计，共审计第二期平垸行洪资金 4565 万元，审计堤垸 53 个，调查核实农户 254 户，抽审基础设施建设项目 12 个，共查出违纪金额 80.35 万元，移送检察院案件 1 起。

完成上级交办任务　市县两级审计机关共完成各级党委、政府及信访部门交办的审计查证任务 107 项。其中，市委书记、市长亲自批办的 11 项。根据市委、市政府的部署，市审计局连续两年组织区、县（市）审计局对全市消赤减债情况进行了审计。2000 年全市消赤 3490 万元，比上年多消赤 2422 万元，减债 3787 万元，比上年多减债 2372 万元，从而缓解了农村基层政权经济拮据、运转艰难的局面。

内部审计　全市共有内审机构 507 个，审计人员 1556 人，共完成审计项目 806 个，查出违规行为金额 9084 万元，促进企业提高经济效益 3050 万元。

经济责任审计　市县两级审计机关共接受各级党委、政府交办的经济责任审计项目 161 个，当年结审 157 个，其中乡镇领导干部经济责任审计 137 个，党政部门领导干部经济责任审计 20 个，县处级干部 3 人。查出违规行为金额 11269 万元，为财政查增收入 3968 万元。通过审计被免职、降职、撤职的干部 10 人，受到党纪政纪处分和司法机关惩办的 7 人。

【益阳市赫山区审计局】现有干部职工 26 人，设有财政金融审计股、经济责任审计股、行政事业审计股、固定资产投资审计股、企业审计股、办公室，负责对全区 24 个乡镇和 68 个县直部门的审计监督。局长何唱东，副局长朱新凡、马庆湘、臧国庆，纪检组长李梓秋。

审计成果　共完成审计项目 75 个，查出各类违纪违规金额 1054 万元，为财政查增收入 72 万元，向司法机关和纪检监察机关移送案件及线索 4 起，为上级审计机关和当地党政机关提交审计信息 24 条，较好地发挥了审计监督的职能作用。在对全区 24 个乡镇、办事处 1999 年度财政决算、财务收支进行全面审计时，延伸到了所属的“七站八所”，共查出各类违纪违规金额 330 万元，为区财政查增收入 21 万元。其主要违纪违规问题有：漏交税收、违规发票列支，截留、挪用专项资金，超标准发放补贴，乡镇联校多收学生费用等。针对所查出的问题，根据《审计法》的有关规定，均依法作了处理。同时就如何控制非生产性支出，加大乡镇财政管理力度，增强法制意识，规范二级机构核算行为等方面提出了切实可行的建议。

【益阳市资阳区审计局】现有干部职工 23 人，设有办公室、财政金融审计股、行政事业审计股、经贸审计股、固定资产投资审计股、农林水审计股，负责对全区 14 个乡镇街道办事处和 82 个区直部门的审计监督。局长戴建军，副局长陈奇生、陈小华、田明春、黄佑钦，纪检组长臧立明。

审计成果　2000 年共完成审计项目 48 个，审计单位 43 户，完成审计调查 3 项，调查单位 16 个，审计金额 23686 万元，共查出各类违纪违规金额 2269 万元，经审计处理，为财政查增收入 58 万元，促进增收节支 186 万元。提交审计报告 48 篇。

【沅江市审计局】现有干部职工 32 人，设有工交商贸审计股、固定资产投资审计股、农水审计股、财政金融审计股、经济责任审计股、行政事业审计股，负责对全市 26 个乡镇和 61 个市直部门的审计监督。局长曹建波，副局长彭俊岳、刘明高、李梅芳、徐慧，纪检组长杨学辉。

审计成果　全年共对 100 个单位（项目）实施了审计，审计查出违纪金额 2081 万元，决定收缴财政 232 万元，已缴 127 万元，责令被审计单位退还违纪违规所得 751 万元，移交纪检、检察案件 2 起。在具体工作中主要抓了三个方面：一是抓住经济案件线索。在进行某项离任审计过程中，发现企业虚增利润 6100 万元，且财务管理混乱，以假发票、假运费冲红字，截留挪用销货款等方式侵占国有资产的可疑现象较多。于是便将问题及时向市委政府作了汇报，并将线索向纪检、检察部门作了移交。二是抓住重点资金。对信用社的审计，查出了某社挪用信贷资金 110 万元搞建设的问题，督促追还了被挪用款项。三是规范财政审计。一方面是在同级财政预算执行情况审计中，分析了税源不足，工商各税在财政收入中所占比重过低，税收寅吃卯粮现象严重的现实，建议政府努力开拓外向型经济的发展模式，开辟税源。另一方面是开展了乡镇财政决算审计，盘清了全市 26 个乡镇 1999 年底累计赤字 4858 万元的底子，揭示了乡镇 1999 年垫税 450 万元、利息包袱沉重等不利于消赤的问题，为政府安排来年乡镇经济工作和确定消赤目标提供了重要的参考依据。

【桃江县审计局】现有干部职工 42 人，设有办公室、行政事业审计股、财政金融审计股、工商企业审计股、基本建设投资审计股、经济责任审计股、法规股和审计技术服务所，负责对全县 24 个乡镇和 59 个县直部门的审计监督。局长文元宝，副局长陈锡纯、文正清、秦旦荣、刘楚江。

审计成果　共完成审计项目 95 个，审计单位 140 户，完成审计调查

4项，调查单位12个，审计金额54218万元，共查出违纪违规金额6071万元，查处“小金库”等重大违纪问题15个，同县纪检、监察、检察等部门配合，查处各类经济案件5起，为维护经济秩序、促进廉政建设、推进依法治县发挥了积极的作用。全年共上缴财政114万元，提交审计报告95篇。

【南县审计局】现有干部职工21人，设有行政事业审计股、财政金融审计股、农林水审计股、商贸工交审计股、基建投资审计股和办公室，负责对全县20个乡镇和137个县直部门的审计监督。局长岳平安，副局长王贤文、郑学进、曾宪彬、刘万红。

审计成果 共完成各类审计项目74个（含调查项目8个），其中：署定项目12个，省定项目1个，市定项目4个，县定项目57个，审计总金额36880万元，查出违纪违规金额2224万元；应收缴财政75万元，实际收缴（罚款）71万元；指明要求纠正2149万元；向司法机关移送案件3起，向被审计单位提出整改建议132条，被采纳60条；审计工作报告、信息被批示采用10篇；建议纠正地方不当规定60条。

【安化县审计局】现有干部职工27人，设有办公室，政工股、行政事业审计股、农林水审计股、企业财务审计股、固定资产投资审计股、财政金融审计股。局党组书记、局长吕群锋，副局长李庆宏、周回原、潘访华、杨慎之，纪检组长戴春光。

审计成果 共完成审计项目单位88个（其中署、省、市定53个），审计资金38000万元，查出各类违纪违规金额1248万元，依法作出审计决定收缴县财政116万元，追回被侵占挪用专项资金262万元，促进企业增收节支180万元，移送纪检、监察、公安等司法部门案件7件。主要工作成绩为：一是较好的完成了“同级审”和乡镇消赤减债审计。查出违规金额193万元，提出了规范税收征管，降低征收成本，加强专项资金管理等6个方面的审计建议；二是加强了外资运用与专项资金的审计监督。审计资金总额3800万元，查出违规金额231万元，督促归还原渠道金额229万元；三是完成了县委、县政府交办的临时性审计任务16项，其中经济责任审计7项，专项资金审计5项，企业审计4项。查处了一批大案要案和小金库。栗林乡企业办主管会计贪污挪用公款15.27万元，审计决定除追回赃款并移送司法机关处理。

【郴州市审计局】2000年，共有在职干部职工41人，其中大学本科学历12人、大专学历17人，高级审计师3人、中级审计师19人。局长黄子明，党组书记曾寅阶，副局长陶建中、全天生、罗细石。设有行政事业审计科、工交审计科、农水审计科、财金审计科、商贸审计科、基建外资审计科等6个业务部门和办公室、政工科、法规指导科等3个管理部门。

审计成果 2000年，郴州市审计局坚持以“三个代表”重要思想为指导，根据审计署“大高深”的要求，围绕政府工作中心，抓住重大项目、重大问题、重大经济案件线索进行重点突破，从较高起点、较高层次提出审计建议，为服务经济建设发挥了积极作用。共完成审计项目（单位）93个，查出违规行为金额25056万元，审计处理处罚已交财政845万元，应归还原渠道资金7158万元，促进增收节支8444万元。

内部审计 设有专职内审机构59个，配备专职人员179人。

经济责任审计 对42个单位43名党政领导和国有企业领导的经济责任进行了审计，查出违规行为金额7842万元，其中主管责任7002万元，查出损失浪费134万元，国有资产减值单位3个，根据审计结果平调6人，晋升1人，免职1人。

【郴州市北湖区审计局】现有干部职工21人，设有基建外资审计股、财金审计股、农业审计股、行政事业审计股、企业审计股、审计业务指导站和办公室，负责对全区14个乡镇和区直120个部门的审计监督。局长、党组书记黎晓文，副局长徐桂萍、陈青山、孙小红，纪检组长曾昭平，总审计师王辉。

审计成果 全年共完成审计项目55个，查出违规行为金额2738万元，已上交财政222.36万元。按照区委、区政府的指示，于7月22日至8月21日，对区财政局基建资金财务情况及1995年至2000年6月30日止各股室资金情况进行了审计调查，所写调查报告，受到了区领导好评。水利基金专项检查成效显著，对辖区内83个单位1998至1999年水利建设基金筹集管理情况进行了专项审计检查，查缴40.94万元，已实现补缴36.23万元。并针对存在的问题，提出5条建议，受到了有关部门重视。

【郴州市苏仙区审计局】现有干部职工20人，设有局办公室、任期审计办公室、工交审计股、商贸审计股、行政事业审计股、基建审计股、审计技术服务站。负责对全区17个乡（镇）、街道办事处和41个区直部门的审计监督。局长曹第辉，党组书记李万成，副局长刘德芳、王祥亮、李警中，纪检组长韦超强，总审计师段发贤。

审计成果 全年完成审计项目80项，查出违规金额1249万元，其中查出弄虚作假5起，金额46.6万元，私设“小金库”6个，金额40

万元，追还被挤占挪用资金252万元，促进增收节支52万元，核减基建投资造价654.5万元，挽回经济损失739万元。处理应上交财政金额130.87万元，已上交财政132.54万元（剔除以前年度欠缴款项2.7万元）当年入库率为99.3%。

【资兴市审计局】现有干部职工21人，设有办公室、工交审计股、基建审计股、行政事业审计股、财金商贸审计股，负责对全县29个乡镇和90多个县直部门的审计监督。局长刘建设，党组书记谢昭林，副局长欧奇天、谢柏南，纪检组长易新亚。

审计成果　全年完成审计项目57个，查出各种违规行为金额755万元，上缴财政84万元，为国家增收节支323万元。提交审计工作报告、审计信息17篇。被省、市上级和地方党委、政府采用11篇。完成当地党委、政府委托的任期经济责任审计19项，查出两个犯有严重经济错误的企业领导移交给市纪委处理，其中一人被免职，一人给予处分调离。完成基建工程决算审计5项，审计投资总额3100万元，核减投资额200万元。

【宜章县审计局】现有干部职工22人，设有办公室、工交基建外资审计股、行政事业农林水审计股、商粮贸财金审计股，负责对全县27个乡镇和63个县直部门的审计监督。局长王力争，副局长欧祖雄、陈小冲。

审计成果　2000年度完成审计项目47个，查出违纪违规金额2647.6万元，审计处理收缴财政79万元，下达审计决定责令被审计单位自行上交财政42.63万元，调账处理2590万元。查出“小金库”两个3.9万元，审计处罚3万元。

【汝城县审计局】现有干部职工17人，设有办公室、财政金融审计股（加挂商粮贸审计股牌子）、行政事业审计股（加挂农林水审计股牌子）、工交基建审计股，负责对全县23个乡镇和105个县直部门的审计监督。局长戴建，书记朱都生，副局长黄永根、陈建国、朱维明，纪检组长朱伟红，总审计师陈爱秀。

审计成果　2000年，共完成审计项目61个，为年度计划的107%；审计总金额42417万元；查出违规行为金额342万元，收缴上交财政104万元，提交宏观调查报告9篇，同县纪检、监察部门联合办案1起。

【安仁县审计局】现有干部职工23人，设有办公室、行政事业审计股、财政金融审计股、商贸审计股、工交基建审计股，负责对全县21个乡镇和139个县直部门的审计监督。局长兼党组书记傅安娅，副局长罗俊泉、段树恒、李海波。

审计成果　2000年，在县委、县政府及市审计局的领导下，按照审计工作的“大、深、高”要求，突出审计“精品”战略，有力地推进了审计工作的全面发展。全年共完成各类审计项目115个，查出各类违纪违规金额191万元，核减工程支出减少财政拨款和补贴429万元，审计处理收缴财政113万元。

【嘉禾县审计局】现有干部职工20人，设有工交审计股、行政事业审计股、商粮审计股、农林水审计股、复核股、任期经济责任审计办公室、办公室。负责对全县17个乡镇和县直各部门的审计监督。局长李仟熊，副局长李加玲、唐牛保、王开军、胡福生、李昭旗。

审计成果　2000年，共完成各类审计项目101个，查出违规行为金额2782万元，已收缴财政239万元。通过审计追还被挪用的专项资金154万元。

【临武县审计局】现有干部职工18人，设有行政事业审计科、企业审计科、财政金融审计科、投资经济审计科、任期经济责任审计室、办公室。负责对全县22个乡镇和140多个县直部门的审计监督。局长卢达庭，副局长郭立新、陈丽娟、唐柏林。

审计成果　共完成审计项目63个，占年初计划的131.3%，审计总金额达34633.5万元，查出违纪金额2378万元，审计收缴财政101.8万元，追回被挤占挪用资金95万元；促进增收节支1900万元，为国家挽回经济损失2114万元；全年办理基建项目审计签证和开工前审计37项，普遍查验工程项目竣工决算9项，核减造价75万元；在各类审计项目中查出“小金库”12个，涉及金额200多万元；民政局农保办的审计查出该办主任及财会人员合伙贪污农保资金2万多元，经移交检察机关后，主要责任人被依法追究刑事责任。

【桂东县审计局】现有干部职工14人，设有办公室、财政金融审计股、商粮贸审计股、行政事业农林水审计股、工交基建外资审计股、任期经济责任审计股、内审指导股等股室，负责对全县18个乡镇和128个县直部门的审计监督。局长周国栋，局党组书记郭炳荣，副局长欧航、郭金兰，总审计师王文明。

审计成果　全年完成审计项目52个，其中中央、省、市项目12个，县定项目40个。查出违规违纪金额1698万元，应上缴财政金额93.11万元，其中应收缴审计过渡户金额20.37万元，已上缴财政金额91.81万元，入库率为98.6%，其中已收缴审计过渡户金额19.07万元。追还被侵占挪用资金107万元，促进增收节支50万元。

【永兴县审计局】现有干部职工21人，设有行政办公室、财政金融审计股、商业粮食贸易审计股、工业交通基建审计股、行政事业审计股。负责对全县25个乡（镇）和县直部门的审计监督。局长李冰，副局长何孝林、陈小山。

审计成果　共完成审计项目63个，办理基建工程预决算项目48个，查处违纪违规金额4645万元，依法处理收缴违纪违规金额89万元，已收缴入库85万元。按照中办发［1999］20号、［2000］16号文件规定，积极开展了领导干部任期经济责任审计，对17个乡（镇）及县直单位的党政一把手进行经济责任审计。检查清理1998、1999年两年度欠缴水利建设资金单位25个，清收资金24.39万元。

审计基建　动工兴建审计综合大楼一栋，建筑面积2180平方米，预算投资160万元。

【桂阳县审计局】现有干部职工24人，设有审计复核股、行政事业审计股、财政审计股、金融审计股、基建外贸审计股、农林水审计股、办公室、流峰审计所。负责对全县39个乡镇和110个县直部门的审计监督。局长邓启情，副局长李国保、陈诗任，总审计师吴跃龙。

审计成果　全年共完成审计项目65个，全面完成了年度审计计划。查出违规行为金额2291.36万元，查增财政收入157.25万元，追回被侵占挪用的资金122.58万元，核减不合理基建投资挽回投资损失130.35万元。对群众上访强烈的燕塘乡上邓村建校账务，审计查出该村支书伪造领条冒领工程款1.12万元、私贷公还本金2万元等严重违纪违法问题。对社会反映强烈的中小学校收费、公安收费和荷叶煤矿等改制企业的审计，得到了县委、县人大、县政府的肯定和社会群众的称誉，提交的11篇宏观经济报告全部被县委、县人大、县政府批转采用。

【永州市审计局】2000年，共有在职干部职工41人，其中大学本科学历7人，大专学历24人，局长宋广芬，副局长刘锦坤、宋仁彬、何先旺、黄丽晃，纪检组长申松柏，总审计师伍少林。设有综合科、人事教育科、法制科、财政金融审计科、基建审计科、工业交通审计科、商业粮食贸易审计科、农业外资审计科、行政事业审计科、监察室、办公室等部门。

审计成果　全市共完成审计项目532个，查出违规行为金额42074万元，为财政增收节支3678万元。其中市审计局完成审计项目63个，查处违规行为金额16082万元，收缴财政278万元。按照市政府常务会议的决定，对全市公安交警系统近两年的财务收支开展了行业审计，查处各类问题金额1800多万元。市政府市长刘爱才、常务副市长蒋桃生、副市长崔永平分别就此项审计作出重要批示，有力地促进了公安交警系统的财务管理工作，对推动执法部门依法行政起到积极作用。同时，全市完成审计调查项目55个，提交审计工作报告信息655篇，撰写审计理论实务文章136篇，共被各级采用发表457篇，其中被市委、市政府领导批示的重要审计报告信息11篇。

内部审计　全市489个专兼职内部审计机构完成审计项目649个，财务决算审签单位315个，查纠违规行为金额589万元，查出损失浪费378万元，促进增收节支430万元，提出建议意见被采纳434条。

经济责任审计　全市完成领导干部任期经济责任审计项目78个，其中审计县处级干部20人、科级干部58人。各级党委、人大、政府和组织部门结合运用审计结果，决定对21名政绩突出的干部予以提拔重用，39人被平级调动，被免职、降职和撤职的7人。

大案要案　年内共发现大要案件线索39件，涉案金额1620万元，涉及人员47人，建议纪检监察部门给予党政纪处分28人，移送司法机关处理19人。

【永州市芝山区审计局】现有干部职工18人，设有工交基建审计股、财金商贸审计股、行政事业审计股、农林水审计股和法制股，负责对全区12个乡镇和32个区直部门的审计监督。局长任湘阳，副局长刘福美、胡北。

审计成果　共完成审计项目30个、审计调查项目4个，查出违规行为金额3357万元，追还被侵占挪用资金317万元，收缴财政41万元。在财政预算执行审计中，围绕财源建设、收入组织、支出挂账等财政热点问题开展审计，有针对性地提出审计建议。同时，在环保资金审计中，对全区1998年至1999年的排污费收入、四项收费及治理资金进行了审核，查出空转排污费收入、虚列治理支出16万元，挤占挪用治理资金19万余元，并针对查出的问题提出了加强环保资金征、管、用等方面工作的合理化建议。

【永州市冷水滩区审计局】现有干部职工19人，设有财政金融外资审计股、工交基建审计股、行政事业审计股、商贸审计股、经济责任审计股、办公室，负责对全区18个乡镇、办事处、开发区和500多个区直属单位的审计监督。局长周连湘，副局长胡柏艳、唐善春、周大发。

审计成果　完成审计项目36个，查出各类违规行为金额304万元，收缴财政30万元，促进增收节支136万元，追还被侵占挪用资金110万元。在基建投资审计中，选择工期长、投资大、领导和群众关注的工程项目进行审计。如对市曲河供水有限责任公司基建工程审计时，查出转移挪用、偷漏税费等违纪违规行为金额58万元，向纪检、检察部门移交案件线索一起。

【祁阳县审计局】现有干部职工23人，设有干部任期经济责任审计股、行政事业审计股、财政金融审计股、商贸外资审计股、工交基建审计股、农林水审计股和办公室，负责对全县21个乡镇和72个县直部门的审计监督。局长宁梅生，副局长段密和、郑宝香、艾茂林。

审计成果　共完成审计项目84个（其中审计调查项目4个），查出违规行为金额5187万元，上缴财政213万元，应归还原渠道资金570万元，促进增收节支527万元，提出审计合理化建议213条。年内审计发现10万元以上的“小金库”8个，总金额384万元，均依法作出了处理，有效地规范了各单位的财政财务收支行为，维护了财经秩序。全年共提交审计工作报告、信息109篇，被上级采用43篇。

【蓝山县审计局】现有干部职工22人，设有行政事业审计股、工交基建审计股、商粮贸审计股、经济责任审计股、法制股及办公室，负责对全县25个乡镇和86个县直部门的审计监督。局长黄和平，副局长李和清、周芳军。

审计成果　全年共完成审计项目29个，完成审计调查项目4个，完成县里交办的项目7个，查出违规行为金额1072万元，收缴财政50万元。审计中注意抓好大要案件的查处，共发现大要案件线索4个，涉及金额132万元，涉及人员20人。其中，对县城乡规划建设管理局的经济责任审计，查出该单位私设“小金库”56万元以及公款私存并牟取利息收入2万余元等问题；对县物价局的财务收支审计，查出该单位会计利用职务之便私自侵占公款1万元的案件并移送县纪委进一步查处；对县信用联社综合大厦和县粮食大厦两个工程的审计检查，发现多付工程款、虚列支出和行贿受贿等问题，该局及时联同检察机关进一步深查细审，结果查出多付工程款和虚列工程款支出30余万元，行贿受贿金额40余万元。司法机关已追究有关人的刑事责任。

【宁远县审计局】现有干部职工19人，设有财政金融审计股、行政事业审计股、工商企业审计股、经济责任审计股和乡镇财政审计股，负责对全县17个乡镇和96个县直单位以及34所中、小学校的审计监督。局长张丽芝，副局长肖成旺、张桂中。

审计成果　全年共完成审计项目41个，审计调查项目4个，查处各类违规行为金额4149万元。决定收缴财政42万元，责成归还原渠道资金234万元，建议纠正地方部门不当规定102条。在公安行业审计中，查处县公安局超标准收费45万元，违规收取“赞助款”30万元，查处县交警大队收入不入账3万余元，应缴未缴投资方向调节税11万元等问题。在县工商局审计中，查处截留应缴预算收入、坐支收入和“搭车收费”等问题金额18万余元。还查出两个单位私设“小金库”及账外账等问题金额54万余元，其中县农业局账外列收“转体费”12万元的违纪行为被移交县纪委查处，有力地维护了财经法纪。

【新田县审计局】现有干部职工14人，设有办公室、法制股、商粮贸审计股、行政事业审计股、工交企业审计股、财政金融审计股，负责对全县23个乡镇（办事处）和367个县属单位的审计监督。局长陈建军，副局长朱志祥、陈安荣。

审计成果　共完成审计项目和审计调查项目76个，查出违规行为金额2936万元，应交财政金额172万元，追还被侵占挪用资金446万元，促进增收节支283万元，提交审计工作报告、信息调研文章62篇。审计中注意发现大要案件线索，共发现侵占工会经费、多付工程款无法追回、挤占巨额水利资金及私设小金库等大要案件线索4个，涉及金额193万元，建议纪检监察部门处理5人，其中一被审单位的局长被撤职。

【东安县审计局】现有干部职工29人，设有办公室、财政金融审计股、工商基建审计股、行政事业审计股、经济责任审计股，负责对全县16个乡镇和83个县直部门的审计监督。局长黄慧奎，副局长宾凯、文亚军、兰海华，纪检员徐景秀。

审计成果　共完成审计项目41个，查出违规行为金额1139万元，应缴财政135万元，追缴被侵占挪用资金180万元，共为财政增收节支315万元。提交审计工作报告信息78篇，被各级采用15篇。全年共完成领导干部经济责任审计10项，查出违纪违规金额323万元，审计结果受到了有关部门的重视，经审计后被提拔的2人，平调的5人，免职的3人。全年共查处20万元以上的案件4起，涉及违纪违规金额93万元，收缴31万元，追回被侵占挪用资金62万多元。

【江永县审计局】现有干部职工17人，设有办公室、工交企业审计股、商粮贸审计股、财政金融审计股和行政事业审计股，负责对全县11个乡镇和109个县直部门、企业的审计监督。局长白启余，副局长欧利生、马芳。

审计成果 共完成审计（调查）项目30个，审计总金额5688万元，查出违规行为金额3255万元，收缴财政46万元，追还被侵占挪用资金166万元，揭露损失浪费50万元，挽回经济损失45万元，促进增收节支54万元。向上级机关提供调研文章和审计信息62篇。该局在审计中注意突出重点和查处案件。如查处县教育系统挤占挪用教育事业费66万元、私设“小金库”和形成账外资金近5万元等问题。发现黄甲岭乡中心校出纳员利用职务之便，将现金3790元据为己有，并向审计人员提供虚假会计资料的问题。对此，该局除没收出纳员个人非法所得并处罚款800元之外，还依法向县监察局提出给予其行政处分的建议（已被采纳），并向政府各有关部门通报了审计结果。

【道县审计局】现有干部职工21人，设有办公室、商粮贸审计股、行政事业金融审计股、乡镇场财政审计股和工交基建审计股，负责对全县26个乡镇场和74个县直部门的审计监督。局长陈耀明，党支部书记胡德升，副局长何清文、刘明义、周晓鸣、陈一。

审计成果 全年共完成审计项目45个、审计调查项目5个，查出违规行为金额989万元，应归还原渠道资金41万元，收缴财政122万元，提出合理化审计建议93条，促进增收节支97万元，提交各类审计论文信息38篇，被各级采用发表12篇，其中《审计成果转化问题的思考》荣获《湖南审计》1997年至2000年优秀审计论文二等奖。该局切实抓好公安交警行业审计收效明显，共查出公安交警部门自立收费项目违规收费、预算外收入未实行专户储存、少缴漏缴罚没收入、公款列支应由个人支付的养老保险金、商业性人寿保险费及个人捐资款、欠漏国家税费236万元，经审定收缴财政50万元。该局在耐心宣传财经法规的同时，敢于碰硬、敢于坚持原则，最终依法落实了审计决定。

【双牌县审计局】现有干部职工15人，设有办公室、行政事业审计股、农林水审计股、工商基建审计股、财政金融审计股，负责对全县17个乡镇场和218个县直单位的审计监督。局长杨玫芳，副局长陈锦条、佘国燕、陶思荣。

审计成果 全年共完成审计项目30个，查出违规行为金额2738万元，收缴财政46万元，减少财政拨款3万元，应归还原渠道资金102万元。完成专项审计调查4个，提交审计信息58篇，被批示、采用18篇，撰写审计论文9篇，被刊发交流5篇。在财政审计中查出10万元以上的“小金库”3个；在教育经费审计中查出挤占挪用教育经费、违规收费、收入不入账等违规行为金额166万元；在公安、工商行业审计中查出违规行为金额220万元，可增加财政收入81万元。出色完成了县人大交办的对县林委的评议审计。

【江华瑶族自治县审计局】现有干部职工24人，设有办公室、行政事业审计股、工交审计股、基建审计股、财政金融贸易审计股和经济责任审计股，负责对全县23个乡镇场和149个县直单位的审计监督。局长吴淑华，副局长蒋汉华、唐开春。

审计成果 全年共完成审计项目41个，查出各类违规行为金额1598万元，依法收缴财政52万元，追还被侵占挪用资金32万元，责成调整账务263万元。在基建投资审计中，重点选择投资额较大、群众关注的9个项目进行审计，共查出高估冒算、多付工程价款、账外收入、偷逃税费等有问题金额8433万元，依法收缴财政89万元，核减工程造价款187万元，发现案件线索19件，涉案人员5人，涉案金额162万元。向纪检监察及有关主管部门移送处理案件2起。此外，进一步改善了审计执法外部环境，年内县政府连续下发了关于建设项目审计、集体经济组织审计、经济责任审计等三个规范性文件。

【怀化市审计局】2000年共有在职干部、职工42人，其中大学本科学历7人，大专学历30人。局长杨顺泉，副局长邓金良、田斌、郭长生、杨安秀。设有综合科、办公室、人教科、法规科、财金外资审计科、基建审计科、行政事业审计科、工交审计科、商贸审计科、农业审计科等部门。

审计成果 全市共完成审计项目601个，查出违规行为金额34219万元，收缴违纪金额734万元，追回被侵占挪用资金2983万元，促进增收节支331万元，核减工程预结算163万元，向纪检、监察、司法机关移送案件14件，建议给予行政处分8人。市本级完成审计单位54个，查出违规行为金额15613万元，收缴违纪金额256万元，追回被侵占挪用资金1163万元。全市共完成交办项目146个，查出违规行为金额1927万元，提出合理化建议134条，其中党委、政府采纳建议13条。

内部审计 全市有内部审计机构222个，配备内审计人员450人，共审计293个单位，查出损失浪费756万元，促进增收节支354万元，纠正违规行为金额123万元。

经济责任审计 全年共对87人进行了经济责任审计，有关部门根据审计结果平调43人，免职5人，降职1人，撤职3人，给予党纪、政纪处分3人，移送纪检监察处理4人，移送司法机关查处4人。

【怀化市鹤城区审计局】现有干部职工20人，设有办公室、财贸审计股、基建外资审计股、行政事业审计股、工交审计股，负责对全区8个乡镇、114个区直部门的审计监督。局长仇仁奎，副局长赵儒金、肖国荣、汤明辉、沈丽华、肖莉杏。

审计成果 共完成审计项目36个，查出违纪违规金额1700万元，上缴财政26万元，查出贪污嫌疑案2件，向检察院反贪局移送1件，完成鹤城区委、鹤城区人民政府领导交办工作9项。在审计执法中，注意对重点部门、重点行业、重点资金加大审计执法力度，对4个单位私设小金库13万元问题进行了严肃处理；对一乡镇财税所出纳携款9.2万元外逃及时进行了移送；对3个离任审计单位存在的百万元以上违纪违规问题如实加以反映，并客观公正地进行了审计评价。

【怀化市洪江区审计局】现有干部职工15人，设有办公室、财政金融审计股、行政事业审计股、基本建设审计股、企业审计股、领导干部经济责任审计股、法规审理股，负责对全区3个乡和区直部门及国有企业的审计监督。局长邱少华，副局长何兰英、杨艳华。

审计成果 完成审计项目32个，其中财政预算决算审计项目3个，世行贷款和行业审计项目5个，行政事业单位审计项目6个，国有企业及领导干部经济责任审计项目5个，政府交办审计项目5个，固定资产投资、建设领域专项稽查项目6个。审计查出违纪金额1750万元，直接收缴入库42万元，提出合理化审计建议45条，帮助和促进企业单位增收节支140万元。

【洪江市审计局】现有干部职工20人，设有办公室、法规审理股、财贸金融审计股、行政事业审计股、工交审计股、基建外资审计股、农林水审计股、经济责任审计股，负责对全市25个乡镇、90个市直部门的审计监督。局长段承德，副局长李长青、覃官禄。

审计成果 2000年，洪江市的审计工作进一步加强，一是深化了同级财政预算执行审计；二是开展了对洪江市广播局、市工商行政管理部门的财务收支情况、环保资金、林业系统、检察部门的专项审计；三是积极稳妥地开展了经济责任审计；四是认真开展了基建专项稽查工作。全年共审计432个项目，查出违纪违规金额3852万元，收缴财政80万元，移交纪检、司法部门案件2起。

【会同县审计局】现有干部职工16人，设有办公室、行政事业审计股、工交审计股、基本建设审计股、财贸审计股，负责对全县25个乡镇和78个县直部门的审计监督。局长曹鹏云，副局长佘朝华、赵党民、梁日明。

审计成果 全年共完成审计项目43个，查出违纪违规金额131万元，应缴财政12万元，已缴财政10万元，提出合理化建议80条。4个内审机构审计36个单位，查出损失浪费31万元，促进增收节支4.3万元，提出合理化建议被采纳的有42条。

【沅陵县审计局】现有干部职工20人，设有办公室、财金贸易审计股、工业交通审计股、基建外资审计股、行政事业审计股、农业审计股，负责对全县60个区、乡（镇）和58个县直部门的审计监督。局长向显桃，副局长李德胜、张生智、全小军。

审计成果 共完成审计项目78个，其中县委、县政府交办项目34个，查出违规行为金额2878万元，应收缴财政33万元，已上缴县财政32万元，促进增收节支125万元，促使归还被侵占挪用资金1848万元，提交审计工作报告及信息报导18篇，被上级审计机关和新闻媒体采用14篇。5月由县委组织部行文，出台了沅陵县党政领导干部任期经济责任审计实施办法，已完成经济责任审计32项，为组织、人事等部门考察任用干部提供了重要参考依据。年内已如期完成专项稽查任务，查出违纪违规行为金额218.8万元。

【辰溪县审计局】现有干部22人，设有办公室、行政事业审计股、财金贸易审计股、工业交通审计股、固定资产投资审计股，负责对全县30个乡镇和158个县直部门的审计监督。局长刘明浩，副局长柴泽云、余运忠、郭岚、钟吉寿。

审计成果 全年共完成审计单位（项目）48个，查出违规金额976万元，处理应交财政违纪款43万元，其中罚款11万元，处理应归还原渠道资金102万元，促进增收节支27万元，为被审计单位减少损失24万元。全年为被审计单位提出改进经营管理建议53条，向上级审计机关及政府提供了审计工作信息18篇，被上级采用9篇。2000年的审计工作成效主要体现在四个方面：一是突出了审计工作重点，发现了大案要案线索；二是尽职尽责完成当地党政领导交办的审计任务，先后对县煤矿工人上访，县国土开发成本进行了审计；三是积极实施县委、政府交办的县物价局、县民政局、县林业局、县交通局4项经济责任审计；四是加大对有权部门的审计力度，全年对27个行政事业单位进行了审计，重点放在规范财政预算资金、行政性收费、罚没款收缴管理上。

【溆浦县审计局】现有干部职工

38人，设有办公室、行政事业审计股、财金审计股、工交商贸审计股、基建审计股、领导干部经济责任审计中心。负责对全县43个乡镇和75个县直部门的审计监督。局长李兴光，副局长张孝义、陈漪纹、唐喜刚、陆家兴。

审计成果　共审计了26个单位（项目），查出违纪金额501万元，收缴财政77万元，移送纪检监察部门处理违规人员3人。在已完成的审计项目中，有5个乡镇、1个县直部门的财政决算情况，查出违纪金额73万元；有3个工交、商贸项目，查出违纪金额97个万元；有10个行政事业单位的财务收支，查出违纪金额136万元；还有5个单位的领导干部经济责任审计，查出违规金额192万元。本年度保持了全省、全市“双文明先进单位”称号。

【中方县审计局】现有干部职工11人，设有办公室、行政事业审计股、基建外资审计股、工交财贸审计股，负责对全县22个乡镇和90个县直部门的审计监督。局长杜世奎，副局长杨隆华、向长刚、胡顺清。

审计成果　共完成审计项目24个，查出违规行为金额491万元，上缴财政15万元，向司法机关移送案件2起，移送纪检监察部门1起，提交审计信息16篇，被上级审计机关采用10篇。在财政审计中，查出财政局应列未列预算收入25.40万元等问题；对工商局、林业局、检察院等6个县直单位的审计，查出违纪金额90万元；对教育费附加、卫生经费、环保资金、社会保障资金等专项资金的征、管、用情况的审计，查出挤占、挪用等违纪违规问题142万元；对公路管理站办公楼等3个基建项目的审计，查出违纪金额58万元，核减工程造价15万元，收缴财政2万元。

【新晃侗族自治县审计局】现有干部职工16人，设有办公室、行政事业农业审计股、财政金融商贸审计股、工交审计股、基建外资审计股，负责对全县23个乡镇和68个县直单位的审计监督。局长李鸣放，副局长田晓林、陈宏进。

审计成果　全年深入开展了预算执行情况和财政决算审计，注意抓住重点、开展专项资金审计、行政事业审计、固定资产投资审计、领导干部经济责任审计，共完成审计项目29个，查出违规行为金额1025万元，查增财政收入37万元，责成归还原渠道资金66万元。

【芷江侗族自治县审计局】现有干部职工18人，设有办公室、基建外资审计股、财经商粮贸审计股、行政事业审计股、领导干部经济责任审计中心，负责对全县29个乡镇和45个县直部门的审计监督。局长蒲仕树，副局长梁章寿、刘腊秀、陈晶生。

审计成果　按计划开展了同级财政预算执行审计、基建外资审计、世界银行贷款结核病防治审计、环保资金审计、领导干部经济责任审计及其他重点部门、重点资金审计，共完成审计项目35个，查出违纪金额1217万元，收缴应缴财政金额145万元，促进增收节支180万元，为企业挽回经济损失304万元，向纪检监察移送案件5起。在县国家税务局、县烟草公司基建投资稽查审计中，查出该局以假报危房改造偷税82万元，漏缴土地出让金45万元的严重违纪行为。在财政资金审计中，查出芷江镇截留上级财政收入115万元。

【通道侗族自治县审计局】现有干部职工15人，设有综合股、财政金融审计股、基建外资审计股、工交商审计股、农林水审计股、负责对全县21个乡（镇）和83个县直部门的审计监督。局长戈承孝，副局长郦爽华、粟江利、吴义雄。

审计成果　全年共完成审计项目56个，查出违规行为金额492万元，应归还原渠道资金27万元，应交财政22万元。一是加强政治思想工作，在全局干部中开展增强“四个观念”教育“回头看”活动。二是制订了《目标管理考核办法》，做到职责明确，任务落实，奖罚分明，极大地调动了审计人员的工作积极性。三是制订一系列措施，以规范审计执法行为，降低审计风险。四是在全县科（局）级以上领导干部中举办“审计法律知识竞赛”活动，使广大领导干部熟知和掌握了必要的审计法律知识。五是认真做好扶贫建整工作，多方筹资14万元，为扶贫点修建了水渠、防洪堤、饮水等工程。六是开展了建设工程项目专项稽查，查出超计划投资50万元，收缴财政5万元。七是认真完成县委、县政府交办任务，对违反规定挪用专项资金的单位进行了处理处罚。

【靖州苗族侗族自治县审计局】现有干部职工14人，设有办公室、经济责任审计办公室、财金商贸审计股、行政事业审计股、工交审计股、基建外资审计股，负责对全县17个乡镇（管委会）和46个县直部门的审计监督。局长谌小文，副局长吴登本、余少宜、杨志宏。

审计成果　全年共完成审计项目33个，审计单位47个，完成审计调查2项，调查单位11个。共查处违纪违规行为金额448万元，上缴县财政36.1万元，提交审计工作报告、信息28篇。在对8名领导干部的经济责任审计中，对个人重大违法违纪问题的查处取得了突破，向纪检监察部门移交案件3件，建议给予党纪政纪处分4人；在基建领域，完成县政府交办审计任务2项，审计单位11个，对预算总额546万元的市政工程项目，审计核实236万元的“三无工程”，核减预算38万元；稽查建设资金1285万元，查处超计划、超规模投资804万元，偷漏税费37万元，收缴县财政19.6万元。

【麻阳苗族自治县审计局】现有干部职工17人，设有财政金融审计股、行政事业审计股、经济贸易审计股、领导干部任期经济责任审计股、乡级财政审计站、办公室、法规审理股，负责对全县24个乡镇和90个县直机关部门的审计监督。局长龙绪平，副局长米仲生、李林、曾令钧、鲁谦。

审计成果　共完成审计项目58个，查出各类违纪违规金额3058万元，上缴财政32万元，完成领导交办项目10个，查出大案要案2起，移送司法机关2起，查出“小金库”10个，金额达210万元。围绕“全面审计、突出重点”八字方针，对涉及群众切身利益的国土、医院、水电、扶贫、生态等专项资金进行重点审计；注意拓宽思路，不断完善经济责任审计并查出了大要案，3个领导干部因经济责任受到党纪国法处理，促进了党风廉政建设。

【娄底市审计局】2000年，共有在职干部、职工50人，其中大学本科学历16人，大专学历21人，局长贺启家，副局长黄鸣凤、彭爱华、李赛斌、黄祥刚，纪检组长张保生，总审计师聂子永。设有行政事业审计科、财政金融审计科、商粮贸审计科、工交审计科、投资外资审计科、农林水审计科、离任审计科和人事教育科、法规科、行政科、办公室、监察室等部门。

审计成果　共审计38个单位（项目），查出违规违纪金额17744万元，减少财政拨款385万元，追还被侵占挪用资金363万元，处理上交财政金额233万元，促进增收节支1491万元，建议给予行政处分1人，移送司法机关处理3人，查出百万元以上违纪单位6个，审计工作报告、信息被批示采用12篇。

经济责任审计　2000年在经济责任审计方面狠抓了规范操作和审计成果的推广运用。在制度建设上，连续出台了三个规范性文件。娄底市委、市政府下发了《关于认真开展领导干部任期审查审计工作的意见》、《娄底市领导干部经济责任审计操作规程》，娄底市审计局出台了《娄底市领导干部经济责任审计项目管理办法》。在审计成果运用上实行了“三纳入”：即把经济责任审计制度纳入干部管理程序、纳入领导班子和领导干部勤政廉政目标管理、纳入对干部的年度考核奖惩。全年完成经济责任审计项目17个，审计对象19人，审计后有1人被提拔，1人被免职，5人受到经济处罚，2人移送司法机关查处。娄底市经济责任审计的成功经验，经湖南省委宣传部、省社科联审查推荐，出席了“湖南省社会科学成果转化工作经验交流会”，并在会上作了典型发言。

大案要案　审计查出了娄星区国税局非法收取娄底纺织厂咨询费、宣传费20万元，同时还以便函的形式通知该厂调账处理历年所欠增值税200万元的涉嫌单位受贿犯罪案。审计查处了冷水江市财政局基建股股长贪污挪用公款25.27万元的经济犯罪案。在对娄底市内环道工程建设项目的审计中，发现了市工程管理局领导渎职，多付工程施工进度款，造成国债资金损失144.7万元，市检察院已立案查处。审计查处了冷水江钢铁总厂少进成本、隐瞒亏损13307.85万元；市汽车运输总公司报送虚假会计报表少报亏损2022万元等违纪问题。

【娄底市娄星区审计局】现有干部职工19人，设有办公室、法规股、财政金融审计股（商贸审计股）、行政事业审计股（农林水审计股）、基建外资审计股（工交审计股）、领导干部任期经济责任审计办公室。负责对全区10个乡镇和8个区直部门的审计监督。局长禹丽君，副局长胡明德、胡世强、罗钢铁，纪检组长黄惠良。

审计成果　共完成审计项目任务48个，占年计划145.50%。完成建设领域专项稽查项目7个，共查出违纪违规金额11745万元，为国家增收节支165万元，查处大要案件线索9起，向纪检监察、司法机关移送案件1起。完成政府交办事项8项，审计信息、论文被国家、省、市、区采用20篇，发行审计报刊杂志372份。

【冷水江市审计局】现有干部职工31人，设有离任审计办公室、法制股、财贸审计股、工交审计股、行政事业审计股、农林水审计股、基建审计股和办公室，负责对全市16个乡镇办和93个市直机关、企事业单位的审计监督。局长黄世平，副局长李若伯、贺湘南、刘兆慷，纪检组长、监察室主任莫尚建。

审计成果　共完成审计项目54个，查出各类违规违纪资金3124万元，上缴财政75万元，查处大案要案2起，向纪检监察和司法机关移送案件3起，提交审计信息被上级采用16条。领导干部经济责任审计共完成项目12个，查出违规违纪金额1825.26万元，查处大案要案2起，移交司法机关查办2起。同时对6个乡进行了财政决算审计，查出虚报产值严重、决算调整缺乏监督等问题，引起了冷水江市党政领导的重视。还完成了电力费附加、治理“三乱”等7项政府交办事项，其中查处“三乱”案件25起，涉及违规违纪金额753万元。

【涟源市审计局】现有干部职工26人，设有办公室、领导干部经济责任审计办公室、法制股、行政事业审计股、农林水审计股、财政金融审计股、工商企业审计股、外资投资审计股，负责对全市20个乡镇和84个市直部门的审计监督。局长王一新，副局长周海良、谭秋姣、李纲、李东元、龙仁富，纪检组长陈久长。

审计成果　共完成审计和审计调查项目58个，其中署定项目6个，省定项目1个，领导干部经济责任审计项目6个，大要案3个，查处"小金库"12个，查出各类违法违规金额4441万元，依法收缴财政金额431万元。特别是对同级预算执行情况和其他财政收支的审计、教育经费审计调查、养老保险基金和收支预测情况审计调查、建设项目专项稽查等，都取得了良好的社会效果。

【新化县审计局】现有干部职工25人，设有办公室、财贸审计股、行政事业审计股、工交基建审计股、农林水审计股、经济责任审计股，局长蒋景儒，党组书记邹国隆，副局长陈富荣、廖秉秋、罗孝魁，纪检组长刘树安。

审计成果　共完成审计项目62个，为年度计划的163%，查出违纪违规金额3199万元，上交财政70万元，被采用审计报告信息16篇、审计建议128条。完成了政府交办的对扶贫资金、以工代赈资金、库区移民资金、农业综合开发资金的审计，揭露了挤占、挪用专项资金、违规收取管理费用、擅自改变项目、资金拨付不及时、不足额等问题，促进了全县专项资金的专款专用和有效使用。经济责任审计势头强劲，全年共完成经济责任审计项目48个，审计对象56名。共查处违纪违规金额2561万元，上交财政54万元，返回原渠道资金252万元，受到经济处罚的干部47人。对经济责任审计中存在的带普遍性的问题，县委、县政府连续出台了四个规范性文件，进一步严格了财经纪律，规范了财务行为。

【双峰县审计局】现有干部职工41人，设有办公室、行政事业审计股、财政金融审计股、工交投资外资审计股、商贸审计股、农林水审计股、离任审计办公室、法规股，负责对全县16个乡镇和78个县直部门的审计监督。局长李鹤林，党组书记左然良，副局长肖惠福、赵正康，纪检组长周建国。

审计成果　共完成审计项目60个，查出违规行为金额3251万元，上交财政88万元。完成县委、县政府交办的工作任务7项，为治理经济发展环境，配合县综治办对全县118个单位的预算外资金进行了检查清理，取消银行账户327个，划转财政资金1821.8万元，查出违规收入1240万元，收缴财政105万元。同时还协同监察局对16个乡镇进行了清收干部欠款的工作，共收回干部欠款370万元。加强了对工业、供销、商业、工商体制改革和资、债清理，促进了改革的顺利有序进行。审计查出了县卫生局隐瞒截留卫生事业费43.3万元和私设"小金库"1.3万元等违纪违规问题，决定收缴财政12万元。在该单位拒不执行审计决定的情况下，县人大、政府全力支持审计执法，通过财政全额划解入库。全年完成经济责任审计单位15个，审计经济责任人21人。

【湘西自治州审计局】2000年，共有在职干部、职工40人，其中大学本科学历3人，大专学历37人。局长郑宗凡，副局长胡家模、黄大健、吴东升，纪检组长高光忠。设有政工科、办公室、综合科、法规审理科、商贸审计科、农业审计科、工交审计科、行政事业审计科、基建外资审计科、财政金融审计科等机构。

审计成果　全州审计机关共完成审计项目249个，查出违纪违规行为金额20262万元；应缴财政326万元，已缴财政239万元；应归还原渠道资金2931万元；移送司法机关办案3件，协同纪检、监察司法机关办案7件；共提交审计报告（信息）95篇，被县以上单位采用63篇。

完成上级交办任务　全州审计机关共完成州、县（市）委、政府交办任务43项。

内部审计　全州内部审计机构共有82个，内审人员115名，查出损失浪费金额813万元，纠正违规行为金额6000余万元。

经济责任审计　全州审计机关共完成经济责任审计项目33个，查出违纪违规行为金额1137万元，收缴财政34万元；经审计，平调26人，免职3人，降职1人，移送司法机关查处4人。

大案要案　全州审计机关共为纪检监察司法机关提交大案要案线索和协助其查处大案要案3起，涉案金额200余万元，涉案人员2人。

【吉首市审计局】现有在职干部职工18人，设有办公室、金融审计股、投资审计股、行政事业审计股、企业审计股，负责对全市18个乡镇街道和64个市直部门的审计监督。局长董筑华，副局长李嘉琳、刘美春、邓兵。

审计成果　全年共审计44个单位，完成审计项目45个，超年度项目计划16个。查出违规行为金额4553万元，应上缴财政76万元，已上缴财政71万元。

重点开展了同级财政预算执行情况审计，为政府宏观决策服务。

开展了三个专项审计及审计调查(市公安局税侦大队财务收支及涉税案件审计，教育经费和住房资金的审计)。审计总金额2.5亿元，查出违规行为金额1892万元。查实了市财政局存在的历年结余挂往来和以借列支、市地税局存在的多提手续费和坐支罚没款、市教委存在的用教育费附加拨补教育事业费等问题。

对市工商局进行审计的人员顶着压力，认真负责，查实了吉首市工商局在1998—1999年存在着截留收入、设置“小金库”、虚列支出、套取现金用于购置小轿车、公费旅游、乱发补贴等严重违纪违规问题并依法进行了审计处理，收缴财政21万元，并将有关直接责任人移交纪检、监察机关追究责任。

全年共完成领导任期经济责任审计项目11个，查出违规行为金额803万元，促进增收节支251万元，收缴财政5.2万元，提出合理化建议21条。

【古丈县审计局】现有干部、职工14人，设有办公室、行政事业财政金融审计股、商贸审计股、工交审计股，审计对象198个。局长覃明龙，副局长罗宏章、瞿明，纪检组长田继军。

审计成果 认真开展了移民资金、民政资金、口粮田资金、希望工程资金等专项资金审计，查出县移民局修住宅楼、单位行管费挤占移民资金72万元，少数县直单位挤占挪用移民资金86万元，移民开发服务公司挤占挪用移民资金20万元等，并发现专项资金在管理、使用环节上还存在一些突出的问题需及时解决，及时给县政府写出了专题汇报材料，认真研究对策，制定规范措施，促使专项资金管理的进一步加强。完成基建工程公开招标审计、基建决算审查9项，审计总投资893万元，核减金额63万元。全年内审机构共完成审计项目18个，其中财务收支审计9个，经济效益审计3个，基建审计1个，其他审计5个，纠正违规行为金额320万元，提出合理化建议18条。

【龙山县审计局】现有在职干部职工17人，设有财贸审计股、工交基建审计股、行政事业审计股、办公室，负责对全县49个乡(镇)和县直部门单位的审计监督。局长向平骥，副局长彭南国、严许艾、胡真平(兼县政协副主席)，纪检组长蒋家如。

审计成果 全年共对38个单位(项目)进行了审计，其中领导干部任期经济责任审计项目19个，审计总金额4.56亿元，查出违纪违规资金916.78万元，收缴财政82.96万元，减少财政支出50万元。龙山县审计局审计业务工作在被评为全州审计系统第一名的同时，被县委、县人民政府评为最佳六星级(团结星、学习星、法纪星、服务星、新风星、环境星)单位和依法行政先进单位。

【永顺县审计局】现有干部职工22人，设有办公室、财政金融审计股、行政事业审计股、工交商贸审计股、基建外资农业审计股等职能股室，负责全县56个办事处、乡镇，121个县直单位的审计工作。局长邱云贵，副局长左孝慈、吴吉森。

审计成果 2000年，共审计21个单位(项目)，审计总金额2.45亿元，共查出违纪违规金额2050万元，实现上缴财政37.2万元。一是找出了问题。如在预算执行情况审计中，发现财政支出有空转现象造成决算编审不属实，地税部门有将正常征管税款列入稽查收入做法，税侦部门未建议有涉税案件移送制度；在“世行”贷款项目审计中，发现四个外资项目配套资金严重不到位43万元；专项资金审计中，发现挤占挪用现象有增无减，某单位上面拨入专项资金39万元，而挤占挪用达26万元，挪用比例高达66.6%；基建项目审计中，发现普遍存在工程超计划投资等问题。二是处理了违纪。对严重违纪金额作了收缴财政处理28.5万元，同时对挤占挪用改变投向的26万元专项资金，限期归还原资金渠道。三是提出了建议。在审计过程中，该局注重针对被审计单位提出可操作性的建议，深受被审计单位的欢迎。

【凤凰县审计局】现有在职干部、职工16人，设有办公室、综合审理股、财政金融审计股、行政事业审计股、工商企业审计股、基建外资审计股等机构，负责对全县31乡镇和114个县直部门的审计监督。局长韩全寿，党组书记舒凤兰，副局长刘婉豫、田儒清。

审计成果 全年共完成审计项目29个，审计单位86户，完成审计调查1项，调查单位23个；审计总金额31150万元，查出违纪违规金额650万元，上缴财政35万元，提交审计报告23篇。

在对县水电局行业的财务收支进行审计时，查出各种违规行为金额102万元。其中：截留应缴预算款11万元，漏交各种税金3.5万元，挤占挪用各种专项资金95万元，变相侵吞国有资产1.3万元。在对某乡党政“一把手”进行经济责任审计时，发现该乡主要领导无视财经法规，财政财务管理混乱，私设“小金库”7万元，并乱花一空；挤占挪用农业救灾款和农业专项周转金10万元，用于发放乡干部补贴；预算收入不实行收支两条线管理，政府机关随意支取。据此，审计建议有关部门对该乡党委书记、乡长作出了就地免职的处理。

【泸溪县审计局】现有在职干部职工14人，设有办公室、行政事业审计股、商粮贸基建审计股、工交审计股，负责对全县19个乡镇和80个县直单位的审计监督。局长陈燕芳，副局长文体平、唐显锋、张显迟。

审计成果 全年完成审计项目24个，为年度审计计划的120%。审计总金额1.23亿元，查出各类违规行为金额640.5万元，收缴财政11万元，责成被审计单位调账处理82.3万元。

【保靖县审计局】现有干部、职工12人，设有行政事业审计股、企业审计股、法规审理股、办公室，负责对全县25个乡镇及县直53个单位的审计监督。局长向邦宪，副局长薛德敏、贾长金。

审计成果 2000年共完成审计项目16个，审计单位21个，查出违规行为金额1187万元（其中指明要求纠正753万元，决定处理处罚434万元），移交纪检监察机关案件一起，涉案一人（已被行政记大过处分）。

2000年，保靖县审计局除按要求开展好同级预算执行情况审计、工商行业审计、外资项目审计外，突出扶贫专项资金审计、领导干部经济责任审计，并且注意选择领导关心、群众关注的热点、难点单位、事项进行审计，取得了良好的社会效益，提高了审计的地位。如县良种繁殖场多次发生职工集体上访事件，要求对该场的账务进行清理，阻挠县里重点工程的施工建设，成为本县不稳定因素之一。县审计局派出审计小组内查外调，查出违纪违规金额148万元，其中非法放贷124万元、挥霍浪费9.2万元，虚开发票1.7万元。有关部门根据审计结果，公开宣布撤销了原场管委会，并对原场长进行立案审查，全场职工欢欣鼓舞，纷纷赞扬审计局审得好！

【花垣县审计局】现有干部职工20人，设有办公室、行政事业审计股、商粮贸审计股、工交审计股，负责对全县21个乡镇、110个县直单位的审计监督。局长贺力健，副局长黄宜栋、彭绍金、万利群。

审计成果 全年完成审计项目24个，审计单位85个，审计金额37451万元，查出违规行为金额202万元，处理上缴财政22万元。完成县委、县政府交办的工作任务3项，审计清理单位8个。6月，由县审计局牵头，财政、建委、监察等部门派人配合，组成了建设工程专项稽查小组，对幸福大桥、医药公司天然植物制品厂厂房、铁合金厂综合大楼3项工程进行专项稽查，查出了医药公司天然植物制品厂房工程、铁合金厂综合大楼工程超计划投资以及欠交固定资产投资方向调节税等问题。

广东省

【广东省审计厅】2000年，广东省审计厅定编329人，在编257人。厅机关设有办公室、政策法规处、财税审计处、金融审计处、行政事业审计处、经贸审计处、农业与资源环保审计处、社会保障审计处、固定资产投资审计处、外资运用审计处、人事教育处、监察室（与机关党委办合署）、直属分局、驻深圳特派员办事处；同时还设厅机关服务中心、科研所等直属事业单位。

领导成员

厅　　长：曾春喜

副 厅 长：刘伯龙　吴清泉

　　　　　欧阳标　李　心

纪检组长：郭俊山

广东省审计成果 2000年，全省共审计4675个单位，为国家增收节支22.78亿元，其中已上缴财政14.55亿元，减少财政拨款补贴3889万元，归还被侵占挪用资金7.84亿元，向司法机关移送案件41宗，向各级党政领导提交审计工作报告、信息1786篇，被批示采用532篇。各级审计机关围绕中心、服务大局，积极完成党政领导交办事项。仅省审计厅机关，全年就投入80多人、近3400个工作日，参与中纪委、省纪委“5·18”专案工作、行政事业收费年审工作以及一些涉嫌犯罪案件的查处等大量工作，在维护经济秩序，加强廉政建设，促进依法行政，保障国民经济健康发展等方面发挥了积极作用。

财政审计 全省144个审计机关全面完成预算执行情况审计任务，共审计656个单位，查出各种违规行为金额35.49亿元，应上缴财政5.84亿元，已上缴财政4.67亿元。受省政府委托，省审计厅向广东省九届人大常委会第十九次会议作关于1999年广东省本级预算执行和其他财政收支的审计工作报告，披露了预算资金管理和其他财政财务收支方面存在的问题。省人大常委会非常重视审计工作报告，有关部门针对存在的问题，及时采取了整改措施，使审计建议落到实处，强化了管理。地方各级预算执行审计工作进一步深化，深圳、珠海、汕头、韶关、汕尾、肇庆、清远、揭阳、惠州等地的审计工作报告得到当地人大常委会的肯定和好评。

同时还审计了4个地级市、37个县级、206个乡级政府财政决算，查出各种违规行为金额18.65亿元，应上缴财政1.41亿元，已上交财政1.4亿元，减少财政支出350万元，促进了地方政府财政管理的规范化。

金融审计 共审计139个金融机构，查出违规行为金额13.91亿元，应交财政5953万元，已交财政1795

万元。先后起草和修订了《关于防范化解金融风险工作中认真做好资产保全工作的意见》、《关于加大力度进一步做好我省地方中小金融机构资产保全和回收工作的通知》，分别以省委办公厅、省政府办公厅名义下发。各地审计机关担负或参与地方中小金融机构的清理整顿工作。对广东粤财信托投资公司1999年度资产负债损益进行了审计，涉及该公司境内外7个子公司，资金总额100.44亿元。还对广东发展银行数百个分支机构的资产负债损益进行行业性审计。

行政事业审计　对1469个行政事业单位和245个使用专项资金单位进行了审计，查出应交财政5.28亿元，应减少财政拨款补贴1602万元，应追还被侵占挪用资金3.29亿元，已交财政3.74亿元。对省、地级市和部分县（区）级公、检、法部门以及全省县（区）级以上工商行政管理部门执行“收支两条线”规定情况进行了审计，共审计公安机关71个，检察院78个，法院77个，工商行政管理部门140个，延伸审计了数百个派出所、工商所等下属单位，发现部分地方和单位未及时上缴或坐支行政性收费和罚没收入，违规收费、设置账外资金及暂扣款物、代管资金管理薄弱等问题，省纪委和有关部门依据审计结果对有关人员违纪违规问题进行党纪政纪处理。

对教育科技经费安排使用情况进行了专项审计，共审计教育科技经费131.1亿元，查出违规金额5451.4万元，应归还原渠道资金4134.4万元，促进了教育科技专项资金的规范管理。

企业审计　对926个企业进行审计，查出收入不实7.52亿元、成本不实8.75亿元、账外资产2.02亿元、有账无实10.93亿元、损失浪费3.98亿元、转移国有资产780万元、已上交财政4.37亿元。会同有关部门对全省供销系统截止1998年底的财务挂账等情况进行清理核查，对企业人员、资产、财务挂账结构以及企业经营管理中存在的问题进行了调查，共清理核查2712个单位，核实资产总额304.28亿元，负债总额297.18亿元，净资产7.10亿元，新老财务挂账总计140.56亿元，为领导决策提供了真实依据。对全省1998年至1999年上半年交通规费财务收支情况进行了行业审计，共审查交通主管部门及21个市所属的单位，按资金总量的20%抽查和延伸审计了县级交通管理部门以及交通规费征管用的关联单位，审计金额138.84亿元，查出漏征规费、规费未及时上缴、挤占规费等问题。对全省27家重点企业进行了审计，审计结果表明，以“三年脱困”为目标的国有企业改革，资产状况逐步改善、盈利能力有所增强，存在的问题主要是企业资产质量状况较差，潜在损失较多，企业改制操作不规范，企业利益受侵犯，企业普遍拖欠银行贷款和国家财政资金，企业核算不规范，会计信息失真等。对24个中外合资企业和13个境外企业进行了审计和审计调查，查出违规行为资金4.6亿元，应交财政2306.2万元。积极开展境外企业和中外合资（合作）企业审计，揭露了部份境外企业和中外合资（合作）企业存在不良资产、财务报告失真和经济效益不理想等问题。

农业专项资金审计　对1999年度的农业综合开发专项资金、林业专项资金的分配、管理、使用和效益情况进行了审计，共审计273个项目单位，审计资金总额14.68亿元，查出违纪违规行为金额1.29亿元，促进资金到位1309.53万元。针对存在问题，提出了加强专项资金管理，明确省级财政资金下拨时限等积极建议，强化了林业、水利部门专项资金的管理。

社会保障审计　开展了企业职工养老保险基金收支的审计调查，对1999年以前年度挤占挪用企业职工基本养老保险基金问题开展了专项审计调查，组织全省各级审计机关对52个非国有经济企业参加社会基本养老保险情况进行专项审计调查，提出了提高企业和职工参保率的建设性意见，省政府领导批示要求社保部门纠正存在问题，维护了人民群众的利益。

固定资产投资审计　对159个国家重点建设项目进行审计，审计项目投资总额342.88亿元，查出各种问题资金17.45亿元，核减工程结算5.67亿元。对国家重点项目同三公路电白至湛江段审计，核减工程成本1138万元。对全省部分地区1998年和1999年排污费征收管理使用情况进行审计，共审计28个市、区的环保局，审计调查25个污染源治理项目，审计金额4.01亿元，查出违纪违规金额9440.5万元，发现了排污费分配和使用结构不尽合理、污染源治理基金管理不善等问题，引起了国家环保总局和各级环保部门的重视，对促进全省加强排污专项资金管理，提高环境治理力度发挥了积极作用，该项目被审计署评为优秀项目。此外，还对飞来峡水利枢纽工程、东深供水管理局“金湖酒店”、女子监狱扩建、万人妇教所、广东省基本建设基金、广东演艺中心等重点建设项目进行了审计。

外资运用审计　开展了政府外债项目审计和审计调查，查出违规行为资金1.0亿元，应交财政44.3万元。《关于广东省1999年度政府外债情况的审计调查报告》得到省政府领导的重视，并责成项目执行单位对存在问题进行整改。对全省35个国外贷款援款项目进行了审计，揭露了项目实施过程中工程违规转包、分包、挪用及积压项目资金、超概算列支和漏缴所得税等问题。

经济责任审计　共对940名人员进行了经济责任审计，其中党政领导干部676人，企业领导人员264人；审计主管责任资金49.89亿元，查出直接责任资金1.71亿元；国有资产保值单位307个，减值单位83个。根据审计结果，组织人事部门对有关人员进行了调整和处理，平调307人，晋升38人，免职58人，降职1人，撤职5人，受党政处分7人，移送纪检监察机关案件16宗，移送司法机关15人，有效地加强了对领导干部的管理和监督，配合了廉政建设和反腐败斗争的开展。

内部审计　在各单位机构改革精简人员的情况下，内审机构坚持围绕加强部门财务管理、提高经济效益开展工作，全年共审计28943个单位，纠正违纪金额15.46亿元。国际注册内部审计师资格考试稳步进展，全省已有823人取得国际注册内部审计师资格。

【广州市审计局】2000年，共有在职干部职工223人，其中大学本科学历36人，大专学历148人，局长郑锡雄，副局长罗仁杰、陈燕芳、王展飞。设有办公室、工业交通审计处、商贸审计处、财政金融审计处、基建审计处、外资审计处、行政事业审计处、政策法规处、政治处、审计事务管理处、审计科研培训中心等处室和部门。

审计成果　进一步突出重点，开展了本级预算执行情况审计、财政决算审计，对工商行政管理部门、公、检、法系统及部分行政事业单位的审计，对水利资金、"三防"办专款、排污费、养老保险基金、市地铁1号线竣工决算等重点资金和工程项目的审计及对企业财务收支的审计。共审计了77个单位，查出违规行为金额366224万元，应上缴财政44623万元，已上缴财政64488万元（其中补缴上年27789万元），应减少财政拨款、补贴1252万元，应归还被侵占挪用资金16650万元。同时完成了党政领导临时交办的审计任务共17项，为政府了解有关单位情况和作出决策提供了依据。

内部审计　共有内审机构492个，内审人员1324名。审计单位3680个，纠正违规行为金额46746万元。

经济责任审计　共完成对6名企业领导人员的经济责任审计，查出违规行为金额中经济责任人应负主管责任11142万元。移送司法机关1人。为组织部门考核和使用干部提供了依据。

【广州市越秀区审计局】现有干部职工22人，设有办公室、行政事业审计科和企业审计科，负责对全区10条行政街和区直部门的审计监督。局长梁力鸣，副局长邬润群、程棣芳。

审计成果　按市审计局的统计安排，共完成审计及审计调查34户（其中审计项目32户，审计调查2户），查出违纪违规金额9312万元（其中应上缴财政收入68万元，已入库31万元）。完成财政审计和行政、事业单位审计共18户，查出违纪违规金额1360万元；完成企业审计共10户，查出违纪违规金额7952万元；完成经济责任审计4户。据不完全统计，全区内审部门共完成审计180户。在对北京路商业步行街整改的第一期工程的效能监察中，对负责该工程决算审计工作的社会审计中介机构进行指导和监督。通过审计，将原工程造价997.02万元核减至796.74万元，核减额为200.28万元，核减率为20.09%。

【广州市东山区审计局】现有在职干部职工24人，其中大学本科学历5人，大专学历17人，设有办公室、商贸审计科、工交、基建审计科、财金行事审计科。局长陈进，副局长冼伟民、陈伟明。

审计成果　全年对本级财政、行政事业单位、专项资金、企业单位等项目进行审计。共完成审计项目33个，查出违纪违规金额5718万元，应缴财政311万元，已缴财政569万元（其中补缴上年391万元）。对5个单位领导进行经济责任审计，查出违规行为金额190万元，发现存在罚没收入未上缴财政、公款私存等问题，作出全额上缴财政，取消私人存折，款项转入单位的银行账户的决定。全区建立内部审计机构21个，内审人员27人，全年审计46个单位，促进增收节支106万元。

【广州市海珠区审计局】现有干部22人，其中大学本科学历4人，大专学历16人，设有秘书科、行政事业审计科、财政金融审计科、工交审计科、商贸审计科。局长马洁玲，副局长范有国，助理调研员马连冰。

审计成果　全年共完成审计项目45项，完成审计调查3项，查处违纪违规行为金额16177万元，应上交财政656万元，已上交财政392万元，提交审计报告57篇。会同纪检监察部门立案查处并向司法机关移送案件2件。全区设有内审机构58个，配备专兼职内审人员187人。内审机构共审计了56个单位，审查和纠正违纪违规金额1374万元。

共完成区委、区政府交办的工作任务14项，审计单位14个。在对区环保局1998——1999年排污资金的专项审计中，发现环保部门挪用排污费182万元用于购买职工住房，35万元划入工会账户用于发放职工奖励等问题，审计依法作出了对挪用的182万元全额上缴区财政，同时没收工会账户余额的处理。共完成了对13位区属行政事业单位领导、街道党委书记、国有企业厂长（经理）的任期经济责任审计。共完成省、市审计机关下达的审计任务5项，审计单位5个，审计调查1项，审计查出违规违纪金额1955.66万元。

【广州市荔湾区审计局】现有干部职工21人，设有综合科、财政金融行政事业审计科、企业审计科，负责对全区12个街道和70个区直属部门的审计监督。局长汤松盛，副局长刘南群。

审计成果　共审计（调查）63个单位，完成年度计划158%，查处违纪违规行为金额15723万元，其中应交财政527万元，已交财政731万元（含补交上年），提交审计工作报告、信息5篇，被领导批示或审计学会采用5篇。

完成本级财政预算执行审计，对1999年区财政、地方税务局预算内外收支、税收征管等情况进行了审计，审计工作报告得到区政府和区人大的充分肯定；完成区商业总公司等11户企业财务收支审计；完成了对26个单位领导的任期经济责任审计；制定了《荔湾区审计局党风廉政建设责任制》。

【广州市天河区审计局】现有在职干部职工17人，其中大学本科学历3人，大专学历13人，设有办公室、行政事业审计科、企业审计科等部门。局长莫国衔，副局长姚家怡、吴策敏。

审计成果　全年完成审计项目24项，完成年度计划的120%，查出违规行为金额18755万元，其中指明要求纠正18074万元，决定处理处罚501万元，已缴财政入库449万元。完成上级交办任务6项，其中署定项目5项，省定项目1项。设有内审机构27个，专职2个，内审人员86人，专职6人。共审计单位26个，提出建议意见被采纳12条。共完成经济责任审计12项，其中党政领导干部10人，国有企业法定代表人2人。共查出违规行为金额5792万元，其中决定处理138万元，指明要求纠正5654万元。经济损失浪费962万元，其中领导负有直接责任470万元，负有主管责任492万元。

【广州市白云区审计局】现有干部职工20人，设有办公室、财政金融审计科、企业审计科和行政事业审计科，负责对全区20个镇街和45个区直部门的审计监督。局长汤志耿，副局长陈景敏、冯海源。

审计成果　共审计单位24个（其中审计调查2个），审计查出违纪金额1728万元，应上交财政608万元，已上交财政608万元，追还被侵占挪用资金3.5万元。

以审查财税部门贯彻执行预算法和税法及预算收支手续情况为重点，对1999年度预算执行情况、税收征管情况等进行了专项审计。审计查出的问题有：一、财政部门监督力度不够，一些预算执行单位部分收入未纳入预算管理、部分专项资金未专款专用、部分专项款被挪作借款；二、财政周转金和有偿使用资金17746.5万元逾期未能偿还，成为财政管理的一大隐忧；三、农业专项资金的管理临控手段不够健全，国家资金的使用缺乏必要的保障，如区农办在广灿家禽加工厂投放的龙头企业资金240万元，无正常的会计账目进行核算和管理。在审计区工商行政管理局时，除了对其本部账目进行审计外，还抽查了一些科室、下属等单位，通过审计，将没有按当月职工实际收入足额代扣代缴个人所得税的，补缴个人所得税141万元；将截留行政性收费9.7万元全额上缴财政专户；清理"小金库"资金并处以一倍罚款，将罚款16.2万元全额上缴财政；将账外资产142.8万元据实补记入账。

【广州市黄埔区审计局】现有干部职工15人，其中研究生学历1人，大学本科学历3人，大专学历7人，设有财基审计科、企业审计科、行事审计科、办公室。局长郑卓文，副局长黄俊、陈德俊。

审计成果　共完成审计项目21个，审计调查1个，完成区委、区政府和上级审计机关临时交办的工作任务10件，查出违规行为金额1973万元，应上缴财政540万元，已上缴财政441万元，追回被侵占、挪用资金36万元。审计移送案件线索2起。

审计查出的问题：一是违规发放奖金补贴，经审计督促有关单位清退多发多占的收入达195万元。二是部分科技三项费用及财政资金借出没有履行报批手续，资金投向与区政府的规定不符。三是部分单位没有严格执行区"收支两条线"的有关规定，如：直接坐支联合办案费，收到工程管理费没有缴交财政。四是有的单位截留借款利息设立"小金库"。五是部分单位少缴、漏缴个人所得税和营业税。经审计，共补缴入库税收242万元。六是资产管理不够完善，资产购置没有及时进行账务处理。七是个别单位超出审批的收费范围进行收费。

【广州市芳村区审计局】现有干部职工14人，设有办公室、财政审计科、企业审计科和行政事业审计科，负责对全区5个街、1个镇及各直属部门、国有企业事业单位的审计监督。局长李治雄，副局长刘锦泉。

审计成果　完成审计和审计调查项目22项，共查出违规行为金额2977万元，其中决定处理处罚1249万元，指明要求纠正1728万元；应上交财政188万元，已上交财政188

万元；应归还原渠道资金34万元。其中完成了8个行政事业单位的审计，对个别单位私设“小金库”、隐瞒收入、漏缴税费等问题，依法作出处理处罚，并协助会计核算不规范的单位进行整改；完成了3个单位的领导干部任期经济责任审计。

【广州市番禺区审计局】现有在职干部职工26人，其中大学本科学历2人，大专学历16人，设有办公室、财金行事审计科、商贸企业审计科、工交企业审计科、审计事务管理科。局长何志权，副局长黄树坤、吴少珊。

审计成果　共完成审计计划单位42个，审计调查项目1项1个单位，全年共查出违规行为金额50545万元，其中决定处理处罚13091万元，指明要求纠正37454万元，应上交财政1547万元（已全部上交），应归还原渠道资金163万元，提交审计报告、信息12篇，其中工作报告3篇。完成区政府交办的7个审计调查项目，为区政府的决策提供了帮助。完成内部审计单位240个，促进增收节支3万元，提出建议意见646条，已纠正违纪金额313万元。在完成的审计单位中有15个单位的违规金额超过百万元。其中财政审计8个，企业审计2个，行政事业审计5个。

【花都市审计局】现有干部职工20人，设有工交审计科、商贸审计科、行事审计科、综合审计科和办公室，负责对全市10个乡镇和85个市直部门的审计监督。局长陈锦星，副局长吴宇恒，副书记黄志坚。

审计成果　全年审计（调查）53个单位，完成年度计划的147.22%；查处违规行为金额3635万元，其中应交财政326万元，已交财政325万元；提供审计信息稿件11篇，被采用2稿；完成市委、市政府交办任务26项。

预算执行情况审计中，发现市财政局行财科擅自将预算内资金1000万元划出作周转金使用；专项资金审计8户中，除市科技局占用科技三项费用17万元，市工会及属下企业占用老年福利基金101万元外，未发现其他被审计单位占用专项资金；行政事业单位财务收支审计18户，查出违规行为金额1013万元；企业审计11户，查出违规行为金额1340万元；经济责任审计12位正职领导；乡镇财政审计3户。

【从化市审计局】现有干部职工22人，设有办公室、财金审计科、商贸审计科和工交审计科，负责对全市15个乡镇和80多个市直部门的审计监督。局长高志明，副局长李根、赖成昌。

审计成果　完成审计和审计调查单位23户，为年初计划的110%，共查出违规行为金额3852万元；应上交财政185万元，已上交财政185万元；应归还原渠道资金939万元；提交审计工作报告、信息9篇。其中完成2户重点行业部门的财务收支审计；完成8户党政领导干部任期经济责任审计；按10%比例安排对乡镇财政审计。

全年各内审机构共完成审计单位（项目）192户，纠正违纪违规行为金额167万元，促进增收节支36万元，查出损失浪费12万元，提出意见和建议104条，较好地发挥了内审的职能作用。

【增城市审计局】现有干部职工23人，设有办公室、财金审计科、行事审计科、工交审计科和商贸审计科，负责对全市16个镇和120个市直部门的审计监督。局长周艳安，副局长赖镜池、陈健昌、黄远萍。

审计成果　共审计和审计调查32个单位，查出违规行为金额9054万元，其中决定处理处罚4138万元，指明要求纠正4916万元；应交财政1715万元，已交财政900万元；提交审计工作报告、信息13篇，为被审计单位提出审计建议和改进意见51条。年底内审机构已发展到51个，内审人员101人，分别比1999年增加14个和30人；全年共审计155户，已纠正违纪金额359万元，查出损失浪费39万元，促进增收节支30万元，提出建议意见被采纳127条，向司法机关移送案件1件。

【深圳市审计局】2000年，共有在职干部职工77人，局长刘礼权，副局长陈志刚、庞邦和、陶长春。设有办公室、综合处、财金审计处、工交审计处、基建审计处、商业审计处、行政事业审计处、涉外审计处。

审计成果　全年市、区两级审计机关共完成305个审计、审计调查项目，查出违规行为金额409278万元，应上交财政12854万元，已上交财政6031万元，应归还原渠道资金6499万元，促进增收节支33772万元。全年市、区两级审计机关共审计了20个单位的预算执行和其他财政收支情况，查出违规金额74455万元。

先后开展了对深圳发展银行、深圳市商业银行的资产、负债和损益的审计，查处违规行为金额3198万元，应交财政2669万元。

市、区两级审计机关共对66个行政事业单位进行了审计，查处违规行为金额74631万元，应上交财政7427万元，已上交财政3986万元；开展了对公、检、法系统6个单位的财务收支审计，查出公安系统违规行为金额803万元、检察院系统违规行为金额929万元、法院系统违规行为金额96万元。

全市审计机关共审计企业单位85个，查出违规行为金额239914万元，其中应上交财政1362万元，已上交财政1526万元。

共完成建设项目审计102个，经审计核减工程造价39807万元。下半年，为了配合纪委、检察院查办大案要案的需要，市审计局组织对市投资大厦和盐田河排洪系统工程造价结算进行审计。对投资大厦的审计是在原建行初审的基础上进行的，施工单位报价2.87亿元，经建行初审部分内容后，建设单位报价2.72亿元，市审计局审定造价为2.25亿元，核减4700万元，审减率为16.4%。此外，审核核减应退未退进口设备关税和增值税447万元。

经济责任审计 全市共完成任期经济责任审计项目59个，经审计，查处违规行为金额52362万元，查处损失浪费32361万元，移送纪检监察机关3人。市审计局在对深圳发展银行法人代表董事长任期经济责任审计中，不但对其任期内正确决策、防范和化解金融风险、资产质量逐年提高等成绩给予了客观、公平评价，同时也揭露了董事长授权控制不力、私设"小金库"及违规经营等问题，使其本人对自己过去工作取得的成绩和不足有了正确、深刻的认识，也为组织部门考察干部提供了参考依据。深业集团是深圳市驻港大型企业，董事长、总经理是副市级领导，市审计局在5月至10月开展对其任期经济责任审计中，局领导给予了高度重视，亲临现场办公，认真组织实施审计，使审计评议符合客观事实，离任接任双方都比较满意。

【深圳市福田区审计局】 现有干部职工14人，设有行政事业审计科、企业审计科、基建审计科和办公室，负责对全区7个街道办事处和29个区直部门以及2个资产经营公司等单位的审计监督。局长沈启凡，副局长谢作正、陈小卿。

审计成果 共完成22个审计项目，完成计划任务的110%，审计总金额26亿元，查出违纪金额2415万元，应上缴财政41万元。为区政府核减基建资金2991万元，追还被侵占挪用资金100万元，提出审计建议30条，查处重要案件1起，移送纪检监察部门处理3人。为配合区企业机构改革，区审计局查处了一个濒临破产的公司，该公司前后兴办15家子公司，已倒闭11家，为了弄清该公司面临倒闭的情况，审计人员历经半年，行程数千公里，终于查清该公司濒临破产的原因：一是财务收支管理混乱；二是盲目投资，决策失误；三是法人代表弄虚作假，以权谋私。经审计核实，该公司总资产2420万元，总负债5013万元，资不抵债2593万元，原法人代表利用职权贪污公款76万元，其他2人贪污公款11万元。鉴于案情重大，此案已移交司法机关处理。

【深圳市罗湖区审计局】 现有干部职工22人，设有局办公室、综合指导科、行财审计科、企业审计科和基建审计科，负责对全区130多个区直部门及其下属单位的审计监督。局长古文劲，副局长黄挺青。

审计成果 共完成86个审计项目，为年计划的159%，查出违规金额7124万元，应上缴财政72万元，已上缴财政39万元，应归还被侵占挪用资金361万元，基建审计核减金额6325万元。

【深圳市南山区审计局】 现有干部职工17人，设有综合科、行政事业审计科、企业审计科、基建审计科，主要负责对全区24个政府部门、52个事业单位及25个区属企业（包括国有控股企业，但下属子公司未计）的审计监督。局长黄吉伦，副局长温贵先。

审计成果 完成审计项目45项，超额完成年初审计计划项目26项的57%。审计查出违纪违规金额14.9亿元，其中应上缴财政677万元，已缴529.7万元；基建审计核减754万元；促进增收节支1283万元；提出审计意见和建议97条。

审计工作主要特点：一、财政审计进一步突出了为政府宏观调控服务的指导思想。当年财政审计与往年不同的是在全面审计的基础上，针对财政借出资金回收困难、资金运作包袱较重的情况，对历年财政借出资金和支付市政建设高额贷款本息情况作为重点进行了彻底审计，并就其对财政产生的压力与后果以及潜在损失和对财政净资产的直接影响等展开了深入分析，并提出了积极的意见和建议。二、加大了系统、行业和对区国有资产管理与运营审计监督，严肃查处了非法集资、私设账外账、偷漏税收、随意设置劳务提成奖等问题，产生了较大影响。三、基建审计监督促进了建设管理部门、造价审核部门的管理，政府投资项目工程造价得到明显控制。年度基建审计平均再核减率由上年的11.8%下降为7.9%。

【深圳市宝安区审计局】 现有干部职工19人，设有秘书科、行政事业审计科、商业企业审计科、工交企业审计科和基建审计科，负责对全区10个乡镇（街道）和30多个区直部门的审计监督。局长徐礼杰，副局长贺远东。

审计成果 完成审计项目35个，占年度审计计划的152%。查出违纪违规金额27547万元，查处应上缴财政2197万元（其中查补应缴纳税款1478万元，核减财政支出501万元），查出挪用、占用专项资金3302万元。移交有关部门查处案件3宗，提出合理化审计建议120条，大部分被采纳。对5个政府投资建设项目的结算进行审计，审计资金达

1.7亿元，查处挪用建设项目资金1378万元，查处占用建设项目利息157.2万元，核减政府投资支出501万元；对18家公司经理实行了经济责任审计，查出损失浪费3146万元，查处账外资金1857万元；账外担保造成经济损失2000多万元等重大问题，违纪金额达13554万元。

【深圳市龙岗区审计局】现有干部职工21人，设有人秘科、行政事业审计科、工交企业审计科、商贸企业审计科、基建审计科，负责对区直行政事业和企业单位以及镇级财政收支的审计监督。局长黄剑斌，副局长李跃飞。

审计成果　共完成了30个审计项目（含审计调查项目1个），查出违规金额63777万元，核减基建投资并减少财政支出3717万元。

共完成政府交办的审计任务22个；完成领导干部经济责任审计项目10个；完成政府投资基建审计项目7个，核减工程造价3717万元；完成乡镇财政审计项目5个；完成上级下达审计任务5个。其中在工商审计中，如实反映了工商部门罚没收入1800多万元未及时足额上交区财政及账外资产1200多万元等问题，通过审计责成工商等部门采取措施纠正违规违纪问题。

【深圳市盐田区审计局】现有干部职工11人，设有办公室、行财基建审计科、企业审计科，及下属事业单位审计中心，负责对全区1个镇、2个办和23个区直部门的审计监督。局长梁景海，局长助理韩秋玲。

审计成果　全年共完成审计项目20个，审计调查项目3个，共查出违规金额3139万元，应交财政529万元，应归还原渠道资金120万元，基建审计核减工程结算造价857万元。在审计的过程中适时提出改进财政、财务收支管理的意见和建议，均被采纳，并受到广泛好评；帮助被审计单位完善内部控制制度，提高管理水平，切实体现了审计"审、帮、促"的特点。

【珠海市审计局】2000年，共有在职干部职工51人，其中研究生学历2人，大学生本科学历17人，大专生学历26人，局长曾广强，副局长陈世训。设有工交审计科、商贸审计科、财政金融审计科、基建审计科、外资审计科、行政事业审计科、综合法制科和办公室。

审计成果　共完成审计项目51个。审计单位51户；完成审计调查14项，调查单位63个。共查出违纪违规行为应交财政金额6857万元，已上缴市财政4534万元。共提交审计信息、报告81篇，被采用10篇。

完成上级交办任务　共完成署定、省定审计任务20项，审计单位20个。市审计局进一步深化对1999年市本级预算执行和其他财政收支的审计，查出违规行为金额5629万元，应上缴财政1867万元，已上缴财政1485万元。在预算执行审计中，发现少征、漏征税费875万元的问题。在对下级政府的财政决算审计中，对某地方私自设立"生猪基金"和收取生猪屠宰检查队经费108万元的做法进行了严肃处理，维护了人民群众的利益。共完成当地党委、政府交办的审计工作24项。其中包括17项党委交办的各项党政领导干部和国有企业领导人员任期经济责任审计，查出违规行为金额20226万元，其中主管责任11961万元，直接责任8265万元。根据审计结果，组织人事部门对有关人员进行了调整和处理，平调9人，免职8人，由审计机关移送纪检机关查处1人。

内部审计　共有95个内部审计机构，共审计1344个单位，查出损失浪费3229万元，促进单位增收节支1982万元，已纠正违纪金额2175万元，提出建议意见被采纳702条。

【珠海市香洲区审计局】现有在职干部9人，其中大学本科学历5人，大专学历3人，设有办公室、行政事业基建审计股、工交商粮贸审计股、财政金融审计股。局长刘观景，副局长黄绍强、杨素芬。

审计成果　全年完成39个审计项目，占年计划的217%，查处违规行为金额16981万元，应缴财政382万元，已缴财政370万元。主要完成了区本级预算执行审计、下级镇财政决算审计、养老保险基金审计调查等署定、省定项目，以及23个任期经济责任审计和5个区委、区政府交办财务收支审计，并将镇、村审计中发现的4条线索及时提供给司法、监察部门依法处理。5个镇内审机构完成审计项目118个，查出损失浪费1383万元，纠正违规行为金额131万元，移送司法机关处理3人。

【斗门县审计局】现有干部职工21人，设有局长室、办公室、财政金融审计股、商粮外贸审计股和政策法规股，负责对全县8个乡镇和行政事业单位及国企和国控股企业的审计监督，并负责其领导干部和领导人员的经济责任审计。局长黄汉俊，副局长周炬晖。

审计成果　共完成审计项目24个，为年度100%，审计查处违规违纪金额8577.4万元，其中应缴财政99.8万元，已上交财政40.7万元。完成经济责任审计项目6个，针对经济责任审计项目的特点，根据实际组成审计组，分别对不同的审计事项采取不同的审计方式和方法，收到良好效果。

【汕头市审计局】2000年，共有干部职工62人，其中大学本科学历

6人，大专学历37人，局长王宋畅，副局长黄辉盛、李东水、丁友科、汪胜豪。设有办公室、综合科、工交审计科、商贸审计科、基本建设审计科、行政事业审计科、财政金融审计科、外资审计科、指导管理科等部门。

审计成果　全市共完成审计单位220个，为国家增收节支6345万元，其中已缴财政5561万元，减少财政拨款、补贴95万元，归还被侵占挪用资金479万元，促进增收节支210万元，提交审计工作报告信息71篇，被批示、采用51篇，建议纠正地方、部门不当规定4条，向司法机关移送案件7件。

完成上级交办任务　共完成上级交办审计任务108个，其中署下达的审计单位28个，省下达的审计单位35个，各级党政领导批示审计机关办理的专项审计45个。对交办的事项均已全部审结，并提交专项审计报告。

内部审计　全市现有内审机构170个，其中专职机构74个，内审人员467人。主要开展财务收支审计、经济效益审计、经济责任审计和基本建设审计，共审计了951个单位，查出损失浪费345万元，促进增收节支2378万元，已纠正违纪违规行为金额4347万元，提出建议意见被采纳618条，建议给予行政处分4人，财务决算审签264个。

经济责任审计　全市完成任期经济责任审计33个，审计责任人33人，其中党政领导干部20人，企业领导人员13人；查出直接责任金额3591万元，决定处罚2888万元，指明要求纠正99066万元，干部管理部门根据审计结果做了调整和处理，已有16人平调、1人撤职。

大案要案　潮阳市审计局对该市残联原理事长的任期经济责任审计过程中，发现该单位总务有涉嫌挪用公款15万元的违法行为，及时将其移送检察机关立案侦查，已被法院一审判处有期徒刑4年。

【汕头市金园区审计局】现有干部职工15人，设有人秘科、财金行政事业审计科、基建外资审计科和工业商贸审计科，负责对全区15个街道和56个区直部门的审计监督。局长张钦旭，副局长林惜坤、吕镇稳。

审计成果　共完成对19个单位的审计（调查）工作，查出违纪违规金额7558万元，上缴财政39.31万元、核减工程造价208万元。全年主要作了以下几项工作：一是进一步深化预算执行审计，较好完成了“同级审”任务，审计结果报告受到区政府和区人大常委会的肯定；二是完成当地政府交办的专项审计任务，为政府提供了决策论据；三是开拓基建工程审计工作，全年共完成3个基建工程审计。审计建设资金1873万元，核减造价208万元。四是探索任期经济责任审计路子，完成对1个企业总经理的任期经济责任审计，并向区政府提交了审计结果报告。

【汕头市龙湖区审计局】现有干部职工24人，设有人秘科、财金行政事业审计科、工交企业审计科、贸易企业审计科和基建审计科，负责对全区辖下8个街道办事处和40多个机关事业单位及60多个区直国有企业的审计监督。局长翁水木，副局长蔡俊鸿、李锦桂。

审计成果　全年共完成对37个项目的审计（含审计调查1个），其中署、省定项目3项，区自定项目34项，完成年度计划37项的100%，通过审计，查出违纪金额29667万元，指明要求纠正28984万元，处理应上交财政64万元，已上交财政195万元（含去年应交未交数），有效地维护了正常的经济秩序。

【汕头市升平区审计局】现有干部职工13人，设有人秘科，财经行政事业审计科、基建外资审计科、工交商贸审计科，负责对全区15个街道、40个区直部门和3个区直属企业的审计监督。局长林闻荣，副局长唐喜盛、邱良发。

审计成果　全年完成审计单位20个。查出违规行为金额2654万元，其中决定处理处罚415万元，处理应上缴财政163万元，已上交财政11万元。

【汕头市达濠区审计局】现有职工14人，设有人秘科、工交贸易审计科、财金行政事业审计科和外资基建审计科，负责对区直部门的审计监督。局长黄光洲，副局长陈业生、杨争荣。

审计成果　共完成审计项目16个，查出违纪违规行为金额63万元，应归还原渠道资金28万元，应交财政5万元。

【汕头市河浦区审计局】现有干部职工4人，负责对全区3个街道和30个区直部门的审计监督。局长陈昭德，副局长郑少雄。

审计成果　共完成对本级预算执行情况审计、街道办事处财务收支审计、党政领导干部任期经济责任审计，查出违规金额287万元，其中决定处理处罚12万元、指明要求纠正275万元，应交财政2万元，已交财政2万元。

【澄海市审计局】现有干部职工20人，设有财政金融审计科、行政事业审计科、企业审计科和人秘科，负责对全市15个乡镇和80个市直部门的审计监督。局长郭授潮，副局长陈文和、郑琳。

审计成果　共完成审计项目29项，查处违纪违规金额7547万元，处理上缴财政591万元，向市政府提供各类专项报告和信息5篇；配合纪检监察部门查处经济案件1起，为本市社会稳定，经济发展发挥了作用。

【潮阳市审计局】现有干部职工38人，设有人事秘书科、行政事业审计科、财政金融审计科、商贸外资审计科和工交基建审计科，负责对全市22个乡镇、4个街道办事处和112个市直部门的审计监督。局长谢昭武，副局长马汉民、郭科杰、林楚健。

审计成果 完成审计单位38个，查出违纪行为金额22721万元，应上交财政1759万元，应归还被侵占挪用资金33万元，已上交财政1668万元，提交审计工作报告（信息）11篇。全年开展了对本级1999年度预算执行和其他财政财务收支、市地税局、地方金库、1999年度教育经费、科技三项经费的使用情况进行审计，圆满完成了任务，受市政府委托向市人大常委会作审计工作报告，市人大常委会要求被审计单位和部门要高度重视，按照审计机关提出的意见和建议落实整改，健全内部约束机制，规范管理。

【南澳县审计局】现有干部职工11人，设有人秘股、企业审计股、财金基建审计股，负责对全县7个乡镇和57个县直部门的审计监督。局长陈映山，副局长林永毅。

审计成果 全年共完成审计单位16个，查出违规行为金额152万元，处理上缴财政4万元，向县政府和上级审计机关报送专项报告5篇，向被审计单位提出合理审计意见和建议24条。

【韶关市审计局】2000年，共有在职干部职工35人，其中大学本科学历6人，大专学历22人，局长杨志成，副局长刘昌练、邓锡泉、于莉莉。设有办公室、政策法规科、指导管理科、财政金融审计科、基建外资审计科、行政事业审计科、工业交通审计科、农林水审计科、商粮贸审计科。

审计成果 市审计局和各县（市）区审计局共完成审计项目209个，查出违规行为金额51194万元，其中处理处罚4813万元，指明要求纠正46381万元，促进增收节支667万元，应上交财政1214万元，已上交财政1041万元。

内部审计 全市共有内部审计机构252个（其中专职机构113个），内审人员576名（其中专职人员139人）。共审计了619个单位（项目），已纠正违纪金额131万元，促进提高经济效益106万元。

经济责任审计 全市审计机关共完成了对23个党政领导的离任经济责任审计和10个国有企业领导离任经济责任审计。审计查出违规行为金额4372万元，其中决定处理处罚742万元，审计后平调17人、晋升3人、免职2人。

【韶关市北江区审计局】现有干部职工6人，设有办公室、业务股，负责对全区3个办事处、1个乡镇和26个区直部门的审计监督。局长张佩玲，副局长赖成功。

审计成果 完成审计任务10个，完成年计划的100%。其中审计署指定的项目2个；省、市项目3个；党政领导干部任期经济责任审计等项目5个。审计总金额12亿元。查出违规金额8532万元，已指明要求纠正8532万元，向被审单位和政府提出合理化意见和建议52条。

【韶关市浈江区审计局】现有干部职工4人。局长傅爱兵。

审计成果 完成审计任务14个，审计单位17户，共查出违纪金额1892万元，上交财政27.9万元，共提交审计报告8篇、信息2篇。经济责任审计共完成项目5个，其中对停业整顿的浈江城市信用社的资产、负债、损益的情况进行了审计，查出违纪金额1820万元，查出原主任涉嫌挪用公款，已移交有关部门处理。

【韶关市武江区审计局】现有干部职工5人，其中大学本科学历2人，大专学历2人，负责对全区2个乡镇和31个区直部门的审计监督。局长黄钦林，副局长佘保生。

审计成果 共完成审计项目13个，审计调查2个，查出违纪行为金额5612万元，其中决定处理处罚2万元，指明纠正5610万元。完成区委区政府交办的审计项目5个，其中4个为任期经济责任审计；完成上级下达任务10个，审计单位10个。

为了配合省整顿中小金融机构，参与了武江城市信用社（简称城信社）、红星农村合作基金会（简称农金会）的整顿工作。2月21日，由韶关市审计局授权，实施了对城信社、农金会停业整顿日（1999年11月25日）止的资产、负债、权益的审计，发现存在违规吸存放贷、信贷资产质量差等问题。

【乐昌市审计局】现有干部职工14人，设有办公室、行政事业审计科、商贸审计科、工交审计科，负责对全县（市）20多个乡镇和372个县（市）直部门的审计监督。局长邓楚荣，副局长邓细凤、廖英。

审计成果 一、继续深化预算执行情况审计和乡镇财政审计，核实财政财务收支，分析和反映预算资金分配、管理和使用中存在的问题，促进政府完善财政预算管理，从而提高财政资金使用效益。二、强化行政事业审计，主要开展了对工商部门的审计，对其账外账、乱收费及罚没收入未作收入和上缴等几方面合计金额13万元进行收缴处理，促使工商部门管好、用好各项资金，加强廉政建设。三、认真完成水利审计，开展了对林业局1999年林业事业费、行政经费、生态公益林建设补偿等资金的使用及大瑶山林场经营管理情况进行了审计，对其在资金使用、林业投入等方面存在的一些需要加强和纠正的地方提出了审计建议。四、积极完成当地党政交办的各项任务，接受市委、组织部的委托，开展对领导干部任职期间经济责任审计等。

【南雄市审计局】共有在职干部职工17人，其中大专学历13人，设有财政金融审计股、行政事业审计股、商粮贸审计股、工交审计股和办公室等部门。局长钟宝洪、副局长李祥、张小琴。

审计成果 共完成审计项目24个，审计查出各种违纪违规金额2301万元，应上缴财政96万元，决定追还被侵占挪用资金166万元，报送审计报告和信息17篇，被政府和有关单位采用4篇。同时在审计中发现经济案件线索1宗，涉及金额94万元，已移交纪检监察部门立案侦查。完成署、省、市审计机关下达的审计任务13项，实际完成24项，其中完成市委、市政府交办的工作任务11项。

内审机构已发展到28个，内审人员70人，其中专职15人。审计了89个项目，其中财务收支37个，经济效益10个，经济责任18个，基建3个，其他21个。促进了增收节支7万元，提出建设意见被采纳73条，已纠正违纪金额6万元。

【仁化县审计局】现有干部职工13人，设有办公室、财金商贸审计股、工交农林水审计股、行政事业审计股、审计复核股、基建外资审计股，负责对全县9个乡镇和55个县直部门的审计监督。局长丘伟胜，副局长谢运洪、钟远英。

审计成果 共完成审计项目33项，揭露违纪金额1.23亿元，应上缴财政80万元，已上缴80万元，审计决定100%落实，全面完成了各项审计任务。具体是：一是配合县“三讲”教育，共审计9家群众反映问题较多的单位，重点揭露了丹霞进口汽车维修中心私设“小金库”58万元，偷税52万元，虚拟外方投资86万元，揭露县医药总公司账外资金47万元等问题。二是为配合县深化企业改革，对9家行政单位所办企业进行清理审计。审计总额6230万元，揭露因管理不善造成6家企业资不抵债，停止经营，会计资料丢失、霉烂等严重问题，分析了深层次原因，向县委县政府提出建议35条，为深化企业改革和企业转制提供准确的信息和依据。三是共挖出“小金库”28个，总金额1189万元，如挖出县电力公司隐藏多年的“小金库”14万元，隐瞒收入25万元。四是在县城市信用社审计中，通过大量内查外调，历时61天，揭露其不良资产达94%，“账外账”、“小金库”15个，金额达1086万元，违纪金额2352万元，查出涉嫌贪污、挪用转移公款4人，已移交县检察院审理，并拘捕4人，其中3人被开除了党籍，在全县范围内通报，人民群众拍手称快。

【始兴县审计局】现有干部职工17人，设有人秘股、财金商粮贸审计股、行政事业审计股、工交农林水审计股、基建外资审计股，负责对全县15个乡镇和33个县直部门的审计监督。局长邓华胜，副局长彭保玲、刘超明。

审计成果 完成上级交办审计任务26个，是年度计划20个的130%，查出违规行为金额455万元，应上交财政120万元，已上交财政81万元。内审机构审计单位（项目）7个，查出3个单位私设“小金库”，并对其作出了严肃的处理处罚决定，全年对违纪行为作出处罚的金额达61万元。

【翁源县审计局】现有干部职工20人，设有办公室、行政金融审计股、商贸基建农林水企业审计股、财政工交审计股、干部经济责任审计股和综合股，负责对全县18个乡镇和113个县直部门的审计监督。局长李梦英，副局长魏汉光、刘匡永、曾桓健。

审计成果 共审查了98个单位，完成审计项目41个（其中预算执行审计10个，财务收支审计15个，企业资产、负债、损益审计2个，固定资产投资审计2个，干部经济责任审计15个，专项审计调查4个），占年度审计计划的114%，查出违纪违规金额8885万元，审计处理处罚2483.7万元，审计意见纠正金额4137.7万元，追还被侵占挪用资金25万元，处理上交财政229万元，移送检察、纪检监察机关处理的重大违法违纪案件4宗，向全县发出通报批评违规违纪事件2次。

【曲江县审计局】现有干部职工25人，设有行政事业审计股、财政金融审计股、商粮贸审计股、工交审计股、基建审计股、综合股、办公室，负责对全县23个乡镇和129个县直部门的审计监督。局长欧新远，副局长徐彩营、肖宪智、潘振森。

审计成果 共完成审计项目45项，是完成全年审计项目任务的110%。审计查出违纪违规行为金额645万元，其中查处“账外账”5套，收缴违纪金额20多万元，查出漏缴国家税费83万元，全年审计结案率和审计处理入库率达100%。向上级审计机关及当地政府提交审计信息20篇，被采用15篇。开展了党政领导干部任期届中经济责任审计，并有选择性地对6个单位主要负责人进行了试点，审计效果良好，得到县委、县人大、县政府、县委组织部的大力支持和肯定。

【新丰县审计局】现有干部职工16人，设有局长室、人秘股、基建审计股、企业审计股、财金审计股和经济责任审计股，负责对全县11个乡镇和54个县直部门的审计监督。局长赵志然，副局长李志强、曾祥根。

审计成果 共完成审计项目42个，查出违纪违规行为金额412万元，应上交财政44万元，已上交财政39万元。

全县设置内审机构35个，配备内审人员58人。完成审计项目23个，其中财务收支17个，经济责任审计6个。受县委组织部的委托，分别实施了16个行政、企事业单位的领导干部经济责任审计，查出有违规行为单位6个，违规行为金额44万元，应上交财政13.3万元。

【乳源瑶族自治县审计局】现有干部职工13人，设有工交基建审计股、财贸金融审计股和办公室，负责对全县18个乡镇（场）和47个县直部门的审计监督。局长李荣逸，副局长肖国麒、凌诗美。

审计成果 完成审计项目20个，是完成计划的166%。查出违规行为金额6630万元，比上年增长76%，其中指明要求纠正5434万元，应交财政81万元，已交财政35万元。

10月份，县审计局对县国道323线县城段公路收费站1999年度财务收支进行了审计。根据国家财经法规规定，对该站公款私存行为给予罚款3万元，收取的车辆通行费应提取水利建设基金42万元，缴交财政。该站对审计决定不服，向县人民政府申请行政复议。县人民政府经过认真调查核实于2001年2月19日作出决定：维持县审计局对县国道323线县城段公路收费站的处理处罚决定。这是审计局成立16年来首例审计决定被行政复议，县审计局胜诉。

【河源市审计局】2000年，共有在职干部职工35人，其中大学本科学历6人，大专学历21人。局长黎房新，副局长陈钦添、王超良。设有办公室、执法监督科、综合科、财政金融审计科、行政事业审计科、工交审计科、商贸审计科等部门。

审计成果 全年共审计了252个项目（单位），查出违纪金额246798.50万元，应上缴财政2505.42万元，已上缴财政1843.02万元，促进增收节支136万元，发现案件线索并移送公安机关1宗。全市内审机构249个，内审人员627人。

完成上级交办任务 按照市领导统一部署，抽调业务骨干对市县5家城市信用社资产保全进行审计，发现违规经营、违规折借等行为和涉嫌犯罪的线索，分几大专题向市委、市政府、市纪委汇报，引起市领导高度重视，为市领导决策及时提供了信息。完成对63个单位的63名领导干部的经济责任审计，健全了干部联席会议制度，促进党风廉政建设。

大案要案 在对农村合作基金会审计过程中发现涉嫌犯罪案件线索1宗，涉案人员4名，涉案金额98万多元。

【河源市源城区审计局】现有干部职工13人，负责对2个镇、4个办事处、1个农场和80个区直部门的审计监督。局长诸秋林，副局长程日波、李可才。

审计成果 共完成审计项目29个（单位）。共查出违规行为金额1016万元，其中决定处理处罚113万元，自行纠正的903万元。向公安、司法机关移送涉嫌犯罪线索案件1宗。完成上级审计机关下达的审计项目9个；共完成区交办审计项目20个；经济责任审计完成4个项目。在对东埔农金会的审计中，发现该会领导及财务人员采取更改账目、抽走借据，涉嫌侵占贪污90万元的线索，并移送公安机关查处。

【龙川县审计局】现有干部职工14人，设有办公室、行政财金审计股、工交审计股、商粮贸农林水审计股，负责对全县各部门及乡镇和企事业组织的审计监督。局长谢秋平，副局长曾善德、黄盛平。

审计成果 共完成审计项目34个，查出违纪违规金额248万元，发出审计意见书和审计报告34份，作出审计决定7个，上缴财政60.8万元。完成县委、县政府交办任务9项。

【东源县审计局】现有干部职工14人，其中研究生学历1人，大学本科学历1人，大专学历8人，设有行政秘书股、行政事业审计股、农工贸审计股，负责对全县24个乡镇和63个县直部门的审计监督。局长江勇，副局长赖达浓、黄尔青、蓝丽珍。

审计成果 全年完成审计项目（单位）40个，占全年计划项目安排39个的103%；审计资金总额140850万元；查出违规违纪金额3519万元，其中应上缴财政73万元，纠正金额3446万元；已上缴财政6万元。

仙塘镇木京村财务管理混乱问题，是多年来的“老大难”问题。县委、县政府先后于1993年、1996年、1999年派出联合调查组进驻该村进行清查。但每次调查结果，群众都不满意，且继续上访。4月份，木京村财务管理混乱问题被广东电视台《社会纵横》节目曝光，再次引起县委、县政府高度重视，县委成立专案领导小组，确定先组成审计组后再进驻审计。经过3个多月的审计清查，查清了群众反映比较强烈的村干部以公款旅游、违纪赞助、扩大开支范围、虚报冒领征地款及工程款用于请客送礼和贪污私分等违纪违法问题，涉嫌经济总额70多万元，2名贪污公款的村干部受到法律追究。

【梅州市审计局】2000年，共有在职干部职工38人，其中大学本科学历5人，大专学历17人，局长朱荣生，副局长邱健昌。设有办公室、综合科、财金审计科、行政事业审计科、工交审计科、商粮贸审计科、基建审计科、经济责任审计科。

审计成果　全市完成审计单位263个，查出违规金额21575万元，处理应交财政610万元，已交财政559万元，促进增收节支494万元，建议给予行政处分6人，移交检察机关处理案件1宗。提交审计工作报告信息86篇，被党委政府和上级审计机关及新闻单位采用28篇。其中市局完成审计单位31个，查出违规行为金额4181万元，审计决定处理处罚349万元，指明纠正3832万元，上交财政收入179万元，被采用审计报告、信息13篇。

完成上级交办任务　市统一组织审计项目计划173个，实际完成审计署指定项目预算执行审计、工商行政管理部门审计、养老保险基金审计调查等单位30个；完成省审计厅指定项目对公、检、法系统和林业行业等审计单位45个；市和县级审计局完成政府交办任务，审计单位188个。全市全年实际完成263个，超额完成年度计划52%。

内部审计　全市有内审机构285个，内审人员618人，其中专职人员147人。对298个单位开展了审计，查出损失浪费1926万元，促进增收节支420万元，提出审计建议被采纳114条。

经济责任审计　12月中旬，市委、市政府召开经济责任审计会议，建立了市经济责任审计工作联席会议制度，并经市编委批准，在市审计局内增设"经济责任审计科"，并增加干部编制2人。全市县级审计机关受党委、政府委托，对74个乡镇（局）的79名党政领导干部实行了经济责任审计。党委政府根据审计结果报告，晋升4人，免职4人，平调49人。

【梅州市梅江区审计局】现有干部、职工14人，设有人秘股、财金审计股、企业审计股、综合审计股、经济责任审计股，负责全区10个乡镇、办事处和45个区直部门的审计监督。局长邓心沁，副局长刘佛云、黄金森。

审计成果　共完成上级下达的审计项目13个（包括审计调查），其中署定2个，省定2个，市定4个，自定5个。查出违纪违规金额214万元，上缴财政11.7万元，提交审计报告等25篇。共完成区委、区政府交办的工作任务13项（其中经济责任审计8个、基建工程审计5个），核减工程决算款78万元。

【兴宁市审计局】现有干部职工22人，设有人秘科、财金审计科、商粮贸审计科、工交审计科、经济责任审计科，负责全市29个镇和91个市直部门的审计监督。局长陈柳清，副局长刘竞东、巫桂庭、曾金辉、毛金鹏。

审计成果　共审计单位（项目）44个，查出违纪违规金额4047万元，指明纠正3976万元，处理应交财政71万元；建议移交纪检、司法机关处理2人；同级财政预算执行审计查出违纪违规金额99万元；对2个镇财政结算、财务收支审计，查出违规违纪金额32万元。行政事业单位审计7个，查出违规违纪金额948万元，上缴财政13万元；领导干部经济责任审计24个，查出违规违纪金额2823万元，指明纠正2765万元，应交财政58万元，移交纪检、司法机关处理2人。重点工程项目审计2个，共核减工程款167.75万元。

【梅县审计局】现有干部职工20人，设有人秘股、财金基建审计股、行政事业审计股、商粮贸审计股、工交审计股、审计复核股、经济责任审计股，负责对全县26个乡镇和89个县直部门的审计监督。局长叶剑灵，副局长黄敬贤、熊英淦。

审计成果　共审计34个单位，查出违规金额1170万元，应缴财政34万元，已全额上交财政，指明纠正947万元，促进增收节支52万元。对本级财政预算执行情况审计了7个单位，查出违规金额776万元，上缴预算22万元；审计了4个乡镇，查出违规金额49万元，补交税金2.52万元。并对农金会的集资兑付进行审计核实，共核实金额5851万元。对6个行政事业单位的审计和调查，查出违规金额107万元，处理上交财政3.9万元，并将养老保险基金15万元收回原资金渠道。对6个国有企业进行审计，查出违规金额203万元，上交财政2.19万元。对10个行政事业、企业单位领导经济责任进行审计，查出违规金额84万元，上交财政3.39万元。

【蕉岭县审计局】现有干部职工15人，设有办公室、财政金融审计股、企业审计股、基本建设审计股，负责对全县12个镇和92个县直部门的审计监督。局长丘湘群，副局长汤昔康、黄清、徐勤辉。

审计成果　共计完成上级审计机关下达和县委、县政府交办的审计项目任务37个，占上级审计机关下达审计项目计划任务15个的247%，其中完成县委、县政府交办党政领导干部任期经济责任审计任务20个，共对25名科局级领导干部进行了任期经济责任审计。查出违规行为金额1958万元，决定处理处罚39万元，指明要求纠正1919万元。应上交财政39万元。向上级审计机关和县委、县政府提交审计工作报告、信息、专题27篇。

【大埔县审计局】现有干部职工16人，设有人秘股、财金基建审计股、行政事业审计股、工交企业审计股和商粮贸审计股，负责对全县21个镇（场）和38个县直部门的审计监督。局长何国雄，副局长范鼎能、肖春林、丘国强。

审计成果　完成审计项目和单位33个，占上级下达任务19个的173.7%。其中财政审计4个，延审单位9个；公检法工商审计4个；经济责任审计4个；烟草、林业、银信等行业审计4个；专项资金审计8个。审计查出违纪违规资金1680万元，其中乱收费、“小金库”、偷漏税259.31万元，少计收入361万元，账外资产94.07万元，挪用资金449.23万元，欠缴财政收入354.3万元。通过审计，增加本级财政收入498.56万元，为被审计单位挽回经济损失130万元，提交审计专题报告7篇，提出审计建议68条。

【丰顺县审计局】现有干部职工16人，设有人秘股、财金审计股、工交商贸审计股和农林水审计股，负责对全县25个镇（场）和98个县直部门的审计监督。局长谢伟良，副局长丘希锐、马绍高。

审计成果　深入开展财政预算执行情况审计，认真组织开展以工商行政管理、公检法系统为主的行政事业审计，对养老保险基金、社保欠费等情况进行审计调查，审计烟草公司、农村合作基金会等重点企业，对13个单位14名县级以下党政领导实行经济责任审计；协助纪检、监察、检察机关进行案件财务清查工作。全年共完成审计单位（项目）30个，占年度计划167%，查出违规行为金额2392万元，其中指明要求纠正2362万元，决定处罚30万元；促进增收节支115万元；建议给予行政处分3人；全年共报送综合报告、专题报告8篇。

【五华县审计局】现有干部职工20人，设有人秘股、财政金融审计股、行政事业审计股、工业交通审计股、商粮贸审计股和经济责任审计股，负责对全县30个乡镇和45个县直部门的审计监督。局长曾胜宏，副局长邹尚文、魏松才。

审计成果　共完成审计单位（项目）32个，完成年度计划的110%，查出违规金额5077万元，处理处罚上交财政101万元，缴交税务机关各项税费35万元，指明纠正的违规金额4941万元；移交检察机关处理案件1宗，有4人受到法律制裁。其中完成经济责任审计5个，查出违规金额4610万元；本级预算执行及相关单位审计5个，查出违规金额60万元，处理处罚上缴财政60万元，实事求是地反映了财政管理中存在的问题，提出加强本级预算管理的建议3条；行政企事业单位审计20个，查出违纪金额407万元，处理处罚上缴财政38万元。

【平远县审计局】现有干部职工17人，设有局长办公室、综合审计股、财政金融审计股、商粮贸企业审计股、工业交通企业审计股和行政事业审计股，负责对全县16个乡镇和40多个县直部门的审计监督。局长丘义华，副局长凌育麟、李毓珊、钟浩泰、徐灵良。

审计成果　全年完成审计单位28个，查出违纪违规金额847万元，处理上缴财政43万元。同级财政审计和镇级财政审计，查出违纪金额770万元，作出处理处罚22万元。行政事业单位审计13个，查出违纪金额39.3万元，处理上缴财政19.7万元。经济责任审计6个，为党委政府考察干部提供了可靠的依据。

【惠州市审计局】2000年，共有在职干部职工38人，其中大学本科学历11人，大专学历21人，局长罗伟谊，副局长陈乃群、陈文清。设有办公室、复核指导科、财金审计科、行政事业审计科、企业外资审计科、基建审计科。

审计成果　全年共完成审计（调查）单位（项目）45个，查出各种违规金额25831万元，应上缴财政3093万元，已上缴财政1466万元，减少财政拨款和节约建设资金193万元，应归还被侵占挪用资金100万元；共报送重大问题综合报告、专题报告、信息43篇。

对市房产局1999年度财务收支的审计，查出该局及所抽查的下属8个所，1998年1月至2000年1月乱收费621.72万元，截留税款和其他财政资金415.28万元，私设账外账4个、“小金库”10个，总金额1565.65万元，违规将424万元公款借给个人使用，少计少交税款32.49万元和导致对方少交税款178.10万元，以及内部财务管理混乱，审计期间随意改账、导致会计资料虚假和失真等问题。针对上述问题依法依规作出处理处罚和通报批评。

内部审计　建有内部审计机构39个，其中专职机构28个；内部审计人员158人。全年审计单位（项目）481个，纠正违纪金额1345万元，查出损失浪费97万元，促进增收节支1991万元，向司法机关移送案件1件，建议给予行政处分2人。

【惠州市惠城区审计局】现有干部职工16人，下设有办公室、财政金融审计股、行政事业审计股、企业基建审计股，负责对全区的镇、办事处及区直行政事业单位、国有企业或国有控股企业等的审计监督。局长李树基，副局长黄建明、郑汉生。

审计成果　共完成审计和专项审计项目20个，查出违纪行为金额779.6万元，应上缴财政487.6万元，应归还被侵占挪用的资金287万元。根据区政府统一部署，派出了8名业务骨干（其中2名副局长）密切配合区整顿办对桥东、桥西等5个城市信用社、3个农金会进行停业整顿和置换工作。5月，对资产、债务进行了严格的清理和核对。9月后，还重点审查了下角城市信用社资金账外经营等违纪违法的重大问题。同时，还对区财政局、地税局等部门具体实施管理1999年度本级预算执行情况进行了审计，查清了粮食专项基金、防范金融风险准备金、教育、治安等8项基金和预算外资金管理及科技、教育经费收支管理情况。7月，还依照中办、国办的“两个规定”对区工业局、贸易局、建设局、文化局等4个单位的领导干部进行了期中经济责任审计，个别单位还延伸审计到下属部门，对违纪行为也作了处理。

【惠阳市审计局】现有在职干部职工22人，其中大学本科学历2人，大专学历7人，设财政金融审计科、工交基建审计科、商贸审计科和综合科。局长张伟光，副局长林帝考、葛立强、颜时兴。

审计成果　共完成审计项目8个，被审计单位35个。查出违纪金额7593万元，应上交财政1191万元，已上交财政612万元，应归还原渠道资金3011万元，有力地维护了正常的经济秩序。根据市政府的指示，对市教育资金进行了审计，抽审了部分镇教办和中小学共33个单位；根据省审计厅和市政府的部署，对全市3家城市信用社资产债务进行清查。设立内部审计机构23个。

【惠东县审计局】现有干部职工22人，设有财政金融审计股、行政事业审计股、企业审计股、基建外资审计股及办公室，负责对全县22个镇和143个县直部门的审计监督。局长梁水清，副局长蔡佛金、魏淑英。

审计成果　共完成审计项目和单位44个，查出各种违规行为金额1362万元，应上缴财政35万元，已上缴财政26万元，促进增收节支714万元，查补各种税款57万元，向有关部门提交综合报告3篇，配合检察机关查处各种经济案件2起，完成政府交办的任期经济责任审计10起，为政府的决策提供依据。

【博罗县审计局】现有在职干部23人，其中大学本科学历6人，大专学历11人，设有办公室、财政金融审计股、基建审计股、行政事业审计股、企业审计股。局长王福盛，副局长纪子明、刘秀娟、周广玉。

审计成果　先后开展对本级财政预算执行、城市信用社清算、养老保险基金、科技与教育经费、国有企业、行政事业等29个单位进行了审计，是原定计划19个项目的152%，查出违规行为金额4564万元，指明要求纠正4531万元，决定处罚33万元，已上交财政20万元，提交审计工作报告、信息3篇，建议纠正地方、部门不当规定56条。全年的工作重点是切实抓好城市信用社清算与防范化解金融风险工作，县审计局先后抽调6名业务骨干对县城、石湾镇、园洲镇3个城市信用社进行了清算审计，发现这3个信用社均是资不抵债，并存在私设“小金库”、贷款呆滞严重、自营房产等问题。

【龙门县审计局】现有干部、职工19人，设有办公室、财政金融审计股、行政事业审计股、企业基建审计股，负责对全县16个镇（乡）和100多个县直部门的审计监督。局长陈瑞玲，副局长林焕友、廖林乐。

审计成果　完成审计项目21项（审计单位30个），查出违规违纪金额298740万元，应上交财政52.62万元，已上交财政29.69万元；提交工作报告、信息31篇，被采用3篇。

【汕尾市审计局】2000年，共有在职干部职工39人，其中大学本科学历11人，大专学历15人，局长林来水，副局长周建新、沈泽雄、王兴罗。设有办公室、综合科、财政金融审计科、工交基建审计科、行政事业审计科、农林文教审计科、商贸外资审计科和指导管理科。

审计成果　全市审计机关共审计173个单位，查出违规行为金额1.61亿元，应缴财政2160万元，追还被侵占挪用资金927万元，促进增收节支1645万元，移交纪检监察和司法机关立案处理案件6宗，建议给予行政处分8人。

完成上级交办任务　本级预算执行情况审计查出违规行为金额1325万元，向本级政府和上一级审计机关提交了审计结果报告，并受当地政府委托向人大常委会作审计工作报告；组织对广东发展银行汕尾办事处和4个农村信用社资产负债损益进行审计，并根据省政府的统一部署，相关部门联合组成93个清查小组，对全市各个金融机构进行全面清查；对公检法及工商系统

1999年度的收入和财务收支进行全面审计，查出违规行为金额6237万元，应缴财政944万元，对其中的责任人移交纪检监察机关立案处理；提出了加强对专项资金管理和监督的建议，得到市政府的高度肯定；开展了对卫生、民政等24个单位的审计，查出违规行为金额765万元。

经济责任审计　建立经济责任审计工作联席会议制度，制定了党政领导干部任期经济责任审计规范性文件。全年审计机关共完成对54名领导干部的经济责任审计，查出违规行为金额达4802万元，应缴财政230万元。

大案要案　公安系统审计查出个别公安机关私设小金库1000多万元和弄虚作假、隐瞒财务资料的重大违法违纪问题，将责任人员移送纪检监察机关立案处理；市城区审计局在对住宅公司和某房地产公司的清查审计中，查出住宅公司截留销售住房收入94万元私设小金库等重大违纪违规问题，查出某房地产公司滥发补贴等违纪金额121.12万元，并对其作出严肃的处理，将有关责任人员移送监察机关；陆河县审计局在新坑电站财务收支审计中，严肃查处该单位资本性支出列入成本费用512.28万元等违纪行为。

【汕尾市城区审计局】现有干部职工15人，设有人秘股、审计一股、二股、三股、四股，负责对全区4个镇、3个街道和区直各部门的审计监督。局长詹木夏，副局长王泉、温红珍。

审计成果　共完成审计项目48个，查出违规行为金额3891万元，决定处理处罚2030万元，指明纠正1861万元，应缴财政572万元（其中税款209万元），上缴财政185万元，查出“小金库”9宗，发生额145.4万元，交由纪检、监察机关处理案件2宗。完成审计署、省和市审计机关下达的任务4个，完成区委、区政府交办的审计任务25个。完成全区13个行政事业单位领导的任期经济责任审计，查出违规行为金额2324万元，应交财政37.8万元（其中税金30.3万元），查出“小金库”4宗，发生额34.3万元，并对有关责任人进行了严肃处理。

全区现有内审机构18个，内审人员55人，共完成内部审计项目55个，查出违规行为金额401万元，促进企业增产节支20万元，提出建议被采纳22条。

【陆丰市审计局】现有干部职工29人，设有人秘科、行政事业审计科、财政金融审计科、农林水审计科、商贸审计科、工交基建审计科，负责对全市23镇（场、区）、61个市直部门单位的审计监督。局长庄之远，副局长林文秦、陈晖荣、陈明光、蔡悟盛。

审计成果　完成审计项目42个，查出违规行为金额3363万元，应上缴财政1454万元，已上缴财政60万元，应追回被侵占挪用资金392万元，建议给予行政处分1人，报送专题审计工作报告、信息6篇，协助调查案件4起，落实市委、市政府交办案件2宗。在审计市水产供销总公司中发现，该公司违反国家固定资产投资管理规定，擅自投资建设金厢虎尾山油库，将油库非法转让，导致国有资产损失119万元的重大违纪行为，对直接责任人处以3个月基本工资的罚款，根据干部管理权限，建议市监察机关对责任人给予行政处分，并对市水产供销总公司违反财经纪律问题向全市发出了通报。建立了经济责任审计工作联席会议制度，全年共对28位党政领导干部和2位企业经理进行离任审计。已完成审计对象15个，查出经济违规行为1138万元。

【海丰县审计局】现有在职干部职工20人，设有秘书股、审计一、二、三、四股，负责对全县19个乡镇、77个县直部门的审计监督。局长余振诚，副局长房伯秋、陈碧霜、马泽群。

审计成果　全年共完成审计项目33个（其中审计调查项目7个）；查出违规行为金额5274万元（其中处理处罚258万元），指明要求纠正5016万元），上缴财政92万元，应归还被侵占、挪用资金217万元，向县人大、公安、检察机关移送案件3宗，建议处理处分5人，提供审计报告33篇（其中审计调查报告7篇），被县人大采用1篇，县政府采用3篇。接受县委、县政府人事部门委托，完成离任审计项目16个，查出违纪金额1181万元，决定处理处罚201万元，应交财政21万元，已交财政5万元。内部审计机构15个，内审人员47人，审计项目13个，查出违纪金额214万元，并指出审计意见42条供单位领导和上级主管部门作为决策参考依据。经审计查出可塘镇溪头村委会干部1人贪污公款10多万元，移送县公安局查处；在水产供销公司离任审计查出原会计与下属单位出纳共同将周转金23.20万元进行私分，将此案移送检察院查处。

【陆河县审计局】现有干部职工15人，主要负责全县县直行政事业单位及8个乡镇国有资产的管理和使用进行审计监督。局长黄五福，副局长张庆营、彭美容、彭国海。

审计成果　共完成了16个审计项目，查出违纪违规金额271万元，决定处理处罚179万元，指明纠正92万元，应上缴财政21万元，已缴18万元，促进增收节支74万元，提出审计建议并被采纳9条。按县政府要求，派出4个审计组对3个信用社和1个农金会进行清资核债工作，此项工作仍在进行；在对陆河县某村委会审计中，查出收入未入账金额3.02万元，经费支出不合理应退赔款项2.8万元，建议该村委会应加强管理，健全财务制度，对被侵占挪用集体经济行为者，根据情节分别给予党政纪处分。

【东莞市审计局】2000年，共有在职干部38人，其中研究生学历2人，大学本科学历7人，大专学历18人，局长祝楚钦，副局长陈锐康、李常永、祁达洪。设有办公室、财金审计科、行政事业审计科、基建审计科、粮商贸审计科、工交审计科。

审计成果　共完成审计或审计调查单位（项目）49个，查出违规行为金额23534万元，已交财政8404万元，追还被侵占挪用资金527万元，向上级提交审计综合报告14篇。

内部审计　全市有内审机构1018个，内审人员2495人，全年共审计2893个单位（项目），已纠正违纪违规金额20760万元，查出损失浪费999万元，促进增收节支802万元，提出意见建议被采纳1566条，向司法机关移送案件1件，移送司法机关处理1人，提交审计报告、信息166篇。

【中山市审计局】2000年，共有干部职工38人，其中大学本科学历15人，大专学历13人，局长郑合源，副局长胡静戈、吴国范。设有办公室、法规科、综合科、财政审计科、金融审计科、行政事业审计科、企业审计科、基建审计科、外资审计科。

审计成果　共完成审计单位47个，审计调查单位14个。查出违纪违规金额88321万元。上缴市财政751万元，共提交审计信息、报告24篇。

完成上级交办任务　共完成上级交办审计任务25项，审计调查任务3项；完成市委市政府交办审计任务15项，审计调查任务1项。其中通过对某企业集团转制前的审计调查，调增净资产21445.16万元。

内部审计　设立内部审计机构545个，配备内审人员1769人，共审计单位849个，查出损失浪费23703万元，促进增收节支1062万元，提出意见建议被采纳1052条。

经济责任审计　共完成9个镇（区）、1个部门、1家国有企业的领导干部经济责任审计，查出违规行为金额84216万元，其中个人经济问题84万元，促进增收节支175万元。

【江门市审计局】2000年，共有在职干部职工37人，其中大学本科学历8人，大专学历19人，局长姚桥盛，副局长杨华新、甄仁旺。设有办公室、综合指导科、行财审计科、外资审计科、工交审计科、商粮贸审计科和金融审计科。

审计成果　共完成审计项目49个，完成审计调查1项；查出违纪违规金额48559万元，上缴市财政1834万元；提交审计综合专题报告38篇（其中被采用2篇）；移交涉嫌犯罪案件5件，15人。

内部审计　共有内审机构33个，内审人员63名。完成审计项目68个，纠正违纪违规金额656万元，提出建议意见被采纳61条。

经济责任审计　完成经济责任审计15项，其中党政领导8项，国有企业及控股企业7项。查出违规行为金额10894万元。

大案要案　审计查出金鹤城信社违规经营，私设小金库，从1993年至1999年非法以14.4%至30.24%高息贷给企业，总额39.9亿元，收得利息1.27亿元。所得利息除按国家基准利率的6571万元划入正账外，高出标准利率部分6177万元划入小金库。另一方面违规以物抵贷，转移侵占城信社资金，1997年至1998年间，该社领导与长期不归还贷款的两家公司合谋，将公司卖不出去的地皮以高于市场数倍价格作为抵顶贷款5875万元，并从中侵吞公共财物。司法机关根据审计提供的有关资料线索进一步查证，依法追究刑事责任，判处该社涉案人员无期徒刑或有期徒刑。

【江门市江海区审计局】现有干部职工11人，设有行政秘书科、财政金融审计科和工交商粮贸审计科，负责对全区5个乡镇（街道办事处）和38个区直部门的审计监督。局长张良盛，副局长陈贤、李卓鹏。

审计成果　通过审计，查出违规金额298万元；审计发现大要案线索1件，已向司法和纪检监察机关移送1件，并协助有关部门查处案件1起。帮助被审单位纠正错账52笔，提出合理化建议51条，被审单位采纳51条。开展了经济责任审计，查处违规金额110万元，发现大要案线索1件。

【江门市蓬江区审计局】共有在职干部职工9人，其中大学本科学历1人，大专学历4人，设有综合科、行财审计科、工贸审计科等部门。局长苏炳裕，副局长余美婵、罗家国。

审计成果　全年完成审计项目18个，为年度计划任务的100%，查出各类违纪违规行为金额5153万元，发现涉嫌犯罪案件线索2宗并已移交检察机关，处理处罚缴交财政214万元，其中追缴200万元、罚款14万元。主要体现在：一是为配合政府实施积极的财政政策，从宏观经济运行和社会发展的全局着眼，将预算执行和专项资金（基金）审计有机结合起来，综合分析评价预算执行和其他财政收支情况；二是积极贯彻落实中央和省经济责任审计工作会议精神，建立健全有纪委监察、组织人事、财政、审计等部门组成的经济责任审计工作联席会议制度，设立经济责任审计机构，制定党政领导干部和企业领导干部人员经济责任审计实施方案；三是树立大案要案的意识，注意发现大案要案线索，如在审计江门长润房地产开发总公司和化工建材供应公司中，正是由于审计人员时刻牢记朱总理关于“全面审计、突出重点。注意发现大案要案线索”的指示，而发现该企业的主要负责人等涉嫌贪污犯罪线索的。

【台山市审计局】共有在职干部26人，其中大学本科学历4人，大专学历8人，设有办公室、财金审计科、工交基建审计科、商粮贸外资审计科、综合复核审计科。局长谭翰卿，副局长关维铎、伍仰晃、张基常、黄旭旦、关焕宜。

审计成果　共完成审计项目33项，查出违规行为为5184万元，指明要求改正5118万元，应上缴财政66万元，应归还被侵占挪用资金1669万元。完成审计署定任务2项；完成省审计厅定任务4项；完成当地政府交办任务3项；经济责任审计10项。

【新会市审计局】共有在职干部23人，其中大学本科学历1人，大专学历11人，设有办公室、财政金融审计科、工交审计科、商粮贸审计科、综合指导管理科。局长温光，副局长冯国沛、何华超、黄翠颜。

审计成果　共完成审计项目39个，协助其他部门审结审计事项6宗。查出违纪违规金额104755万元，应上交财政3344万元，不合理占用资金要求归还原渠道337万元。完成政府交办的市交通建设投资公司等4个交通公路建设部门的资产、负债、损益审计，并向政府出具详实的审计报告。完成经济责任审计26项，审计查出违纪违规问题金额50982万元，依法实施处理金额1020万元，并按“两个暂行规定”的要求作出了审计评价意见。

【开平市审计局】现有在职干部职工18人，设有财经审计科、商粮贸审计科、工交审计科、综合审计科、办公室。局长谭文汉，副局长劳威雄、傅丹秋。

审计成果　完成审计和审计调查共37项113个单位，查处违纪违规金额11930万元，上缴市财政82万元，罚款13万元，追缴非法所得18万元，移交市纪委、监察处理1人。

【鹤山市审计局】共有在职干部职工16人，其中大专学历6人，设有办公室、财政金融审计科、商粮贸审计科、工交基建审计科、综合指导科等部门。局长邓仲启，副局长吕卫雄、邓荣标。

审计成果　完成审计项目29个，其中署定审计项目6个，省市各级下达的审计项目23个。查出违规行为金额3563万元，决定处理处罚的3931万元，要求纠正的59万元。

【恩平市审计局】共有在职干部职工16人，其中大学本科学历1人、大专学历7人，设有人秘科、财政审计科、金融审计科、工交审计科、商粮贸审计科。局长冯业河，副局长吴子峰。

审计成果　全年审计项目计划19项，实际完成24项，为完成年度计划的126.3%。审计总金额74038万元，查出违规行为金额2224万元，其中指明要求纠正的1552万元，上缴财政41万元。向检察机关移送案件2起，涉及人员3人，协助检察机关查办案件3宗和协助纪检部门查案2宗。

对司法局、公安局等13个单位的主要负责人进行经济责任审计。在对市司法局原局长的经济责任审计中，发现该单位财务管理混乱，私设5套“账外账”；以该局办公大楼作抵押向市工商银行借款用于支付属下企业的经济赔偿损失和费用近180万元；原局长及司机报销大量手续不全的大额费用开支单据（主要是白头单），金额达119万元；并在没有入账的公证费收入中直接侵占2万多元。在对市公安局原局长的经济责任审计中，发现该局副局长和交警大队原队长在建筑工程结算及购买汽车零件过程中涉嫌贪污等问题。依照审计的有关程序，及时将材料移送检察机关，并依法追究刑事责任，判处有期徒刑6年。

【佛山市审计局】2000年，共有在职干部40人，其中研究生学历1人，大学本科学历10人，大专学历24人，党组书记饶始源，局长黄福洪，副局长李新怀、吴乃慧，纪检组长陈少泉。设有办公室、财政审计科、金融审计科、基建审计科、行政事业审计科、工交企业审计科、商贸企业审计科、指导管理科等。

审计成果　全市共完成审计项目132个，查处违规金额6.64亿元，增加财政收入2730万元，归还原渠道资金807万元，促进增收节支377万元。

完成上级交办任务　对本级财政预算执行和公、检、法、工商“四部门”以及环保资金、林业专项资金、教育经费、科技经费、计划生育专项经费、文化事业基金、再就业社会保障资金等进行了审计，并对职工基本养老保险基金、水利建设基金进行了审计调查。

经济责任审计　建立了经济责任审计联席会议制度，对国有及国有控股企业领导人任期经济责任审计的有关问题专门向市政府作了请示，经市政府同意并批转执行。

【佛山市城区审计局】现有干部职工7人，设有人事秘书科、财政金融审计科、工商企业审计科、综合审计科。局长叶树林，副局长杨锦良。

审计成果　共完成审计项目11项，其中署定项目1项，市、区自定项目10项；完成审计调查项目1项。查出违纪金额59.87万元、查出违规金额1521.05万元；审计处罚6.22万元，应上缴财政65.73万元，已上缴财政15.12万元；向区纪检监察机关移交处理事项4起。

【佛山市石湾区审计局】现有干部16人，设有财金审计科、商贸审计科、工交审计科、基建审计科、综合审计科和办公室，负责对区直行政事业单位及国有、集体企业、4个镇、2个街道办事处的审计监督。局长李绍华，副局长吴志伟、杜婵玉。

审计成果　共完成审计项目（单位）12个，查出违规行为金额4234万元（包括要求纠正2203万元、依法处理处罚2031万元），决定上缴财政1405万元，应归还原渠道资金279万元。23个内部审计机构，全年共审计单位272个，查出损失浪费14621万元。

【顺德市审计局】2000年，共有在职干部职工27人，其中大学本科学历9人，大专学历9人，局长叶伯明，副局长梁仁生、周冬生。设有人秘科、综合审计科、行政事业审计科、工商企业审计科、财税金融审计科。

审计成果　全年共完成审计项目33项，审计总金额158亿元，查出违纪违规金额2398万元，应上缴财政216万元，已缴财政216万元，促进增收节支404万元，纠正错账乱账2026万元。

完成上级交办任务　共完成上级交办的审计任务12项。其中在预算执行审计项目中，以财政、地方金库审计为主，延伸审计了8个单位和项目，规范了财政资金的收集、分配秩序，促进了“收支两条线”的贯彻落实；同时，继续强化基建工程审计，直接核减工程结算款109万元，并重点对科技、教育经费出具了专题报告；在对重点企业审计中，帮助企业调整账务124万元；对市社会保险事业局等3个单位进行了审计调查，并向广东省审计厅出具了专项审计调查报告。

内部审计　共设151个内审机构，内审人员588人，全年共审计单位527个，查出损失浪费39万元，纠正违规行为金额77万元，促进增收节支1272万元，提出并已被采纳的合理化意见和建议493条。

【南海市审计局】现有干部职工20人，设有办公室、财政金融审计科、企业审计科、行政事业农林水审计科、基建审计科、审计指导科，负责对全市乡镇和市直部门、公司的审计监督。局长苏日超，副局长黄雄华、汤荣波。

审计成果　完成审计（审计调查）项目30项，共查出违规行为金额19821万元，上交财政284万元，追还被侵占挪用资金404万元。继续搞好本级预算执行审计，加强对财政支出监督，延伸审计4个预算执行单位和跟踪检查4项专项资金（基金）专款专用情况；加大乡镇财政审计力度，对4个镇区开展财政决算审计，规范银行账户、财政周转金的管理，揭露私设小金库、政企不分等问题，给予有关责任人调岗、撤销职务的处理；推行经济责任审计，对镇区、市直党政机关、市属企业（公司）共15位领导人员实施任期经济责任审计，向市政府、市纪委和人事组织部门提交审计报告4篇。完成内审项目660项，查出损失浪费1267万元，促进增收节支560万元。

【三水市审计局】共有在职干部职工16人，其中大学本科学历1人，大专学历9人，设有人事秘书科、财政金融审计科、工贸企业审计科、综合审计科。党组书记、局长孔德光，党组副书记曾建华，副局长陈永祥、榴志新。

审计成果　全年完成审计项目20个，查处违规金额2003万元，提出改进意见40条。共完成了原范湖镇党委书记、市驻京联络处主任等7人任期经济责任审计。根据市政府关于三水孔圣园移交工作协调会议要求及对其移交前进行审计的通知，市审计局对孔圣园移交前的情况进行了审计。确定了投资各方的投资额，审计核减工程款21.8万元。为政府处理好该项工作提供了充分的依据和保证。

【高明市审计局】现有干部20人，设有综合审计科、财金审计科、工交审计科、商贸审计科、业务指导科和人秘科，负责对全市10个镇（区）和市直各个部门的审计监督。局长罗志生，副局长陈明生、何友明。

审计成果　共审计20个单位（项目），查出违规行为金额2701万元。通过对市1999年度本级财政预算执行情况审计，促进财政部门如实列收列支，真实反映预算执行结果，严格管理财政周转金，采取措施加快清收逾期借款，防止国有资产流失；对5家国有企业的财务收支情况进行了审计；开展对养老保险基金、农业、水利、科教经费等专项资金审计；审计了7个行政事业单位的财务收支情况，对普遍存在的问题提出了改进意见。全市内审部门共审计了90个单位（项目），纠正违规金额6037万元，向被审计单位提出的建议、意见有253条被采纳。

【湛江市审计局】2000年，共有在职干部职工59人，其中研究生学历3人，大学本科学历6人，大专学历29人，局长肖景太，副局长杨澄和、陈全助、郑富有、梁炳彪。设有人秘科、综合科、指导科、工交审计科、商粮贸审计科、基建审计科、财金审计科、外资审计科、行政事业审计科及机关服务中心。

审计成果　共完成审计项目80项，占年度计划任务的114%，查出违纪违规金额80270万元，追还被侵占挪用资金146万元，减少财政拨款和补贴金额629万元，罚款金额14万元，促进增收节支、提高经济效益198万元。向司法和纪检监察机关移送案件1宗。给市领导提供《湛江审计要情》5期，印发《湛江审计信息》4期。全市已开展农金会清产核资129家，追收欠款6299万元，保全资产6.92亿元，拍卖变现盘活收回资金1750万元。对市公安局、市检察院、市中级人民法院和廉江市、遂溪县的公安局、检察院、法院及34个独立核算或二级核算单位进行了审计；完成了市工商行政管理部门等9个单位的审计任务，有效地加强了行政事业单位的内部控制和财务管理，不断加强和改进企业、基建和外资的审计工作。

内部审计　全市已建立内审机构139个，专职机构77个，配备内部审计人员357人，其中专职人员183人。全年共审计单位346个，查出损失浪费共计130万元，促进增收节支122万元，提出并被采纳的各种改进管理建议191条，纠正违规金额823万元。

经济责任审计　全年共对8名领导干部进行了任期经济责任审计，查出违规行为金额15292万元，决定处理处罚712万元，指明要求纠正14580万元，促进了党风廉政建设。

【湛江市赤坎区审计局】现有干部职工14人，设有财金审计股、行政事业审计股、工交商贸审计股、基建审计股、办公室，负责对全区100多个区属部门（单位）的审计监督。局长郑交，副局长黄宗芳、钟炳平。

审计成果　共完成审计任务9项，查出违纪金额160万元，应上交财政73万元，已上交财政15.4万元。

【湛江市霞山区审计局】共有在职干部职工12人，设有工交商贸审计股、财政金融审计股、行政事业审计股、综合审计股、局办公室等。局长杨永忠，副局长吴珍妮、刘昌恒、梁静。

审计成果　全年审计项目计划19项，完成21项，审计单位22个，其中审计调查项目1项，政府交办11项。全年共查出违规行为金额1124万元，应处理上缴财政58.3万元，已上缴54万元。由于坚持真实性审计，共查出“小金库”7个，查出违规行为金额694万元，对有关问题的单位进行了处理、移交监察部门处理案件2宗，较好地树立了审计机关权威。积极开展经济责任审计项目10项，查出违规行为金额526万元，追回应缴未缴财政13万元，确定法定代表人应负责任事项24项，为有关部门正确考核领导干部提供了可靠依据。

【湛江市坡头区审计局】现有干部职工8人，设有企业审计股、综合审计股和办公室，负责对全区7个镇街和83个区直部门的审计监督。局长林敏，书记何锦成（兼副局长），副局长赵日养。

审计成果　完成审计项目（单位）17个，查出违规违纪金额2645万元，其中应上缴财政144万元，已上缴入库74万元，归还被侵占挪用资金151万元，减少财政拨款补贴248万元，移送司法机关案件线索立案查处1件。配合区委、区政府中心工作，抽调8人次450个工日，投入到全区10个基金会清账核查和关闭糖厂清账核查以及区国资公司清产核资等工作。

【湛江市麻章区审计局】现有干部职工14人（其中审计所6人），设有办公室、财金审计股、行政事业审计股、企业审计股和审计所，负责对全区3个乡镇和71个区直部门的审计监督。局长李杨保，副局长曾柯泉、曹冠清。

审计成果　共完成审计项目（单位）7个（其中审计署和省定项目4个，区定项目和临时交办任务3个），查出违纪违规金额11116万元，（其中决定处理处罚554万元，指明要求纠正10562万元），应上缴财政554万元，应归还原渠道资金1071万元，已上缴财政271万元，提交审计工作报告2篇，建议纠正地方部门不当规定20条，移交有关部门查处责任人2人，协助有关部门查处案件1件。

【湛江市经济技术开发区审计局】现有干部职工4人，负责对全区2个街道办、18个区直部门和区国有企业的审计监督。局长韩伟强，副局长吉崇明。

审计成果　开展审计项目11个，完成8个，完成当年计划4个的200%。其中行政事业单位项目6个，商贸企业1个，中外合资企业3个，基建审计调查1个。查出违纪违规金额36807万元，其中行政事业单位

1199万元，指明要求纠正9715万元。移交检察院案件1件，提交审计工作报告12份。写出审计论文、信息8篇，其中上报湛江市审计局2篇，在《湛江开发区报》发表6篇。完成2项领导干部经济责任审计，其中企业经理离任审计1项，党政领导干部离任审计1项。在对企业经理离任审计中查出违纪违规金额35378万元，已决定处理处罚26169万元，指明要求纠正9209万元，同时发现该企业经理有重大营私舞弊问题，已将此案移交给市检察院立案调查。

【廉江市审计局】现有干部职工19人，设有人秘科、行政事业审计科、工交基建审计科、商贸金融审计科，负责对全市22个乡镇和238个市直部门的审计监督。局长杨旦新，党组书记黄诚新，副局长廖锡真、温锡梅。

审计成果　共完成审计项目65项，占全年计划项目43项的151%，全年审计总额171083万元，查出违纪违规金额7189万元，处理应收缴财政75万元，已收缴财政110万元(其中收缴上年应缴本年补缴59万元)。共对5个党政领导干部和企业领导人员进行任期经济责任审计，为市委、市政府正确考核和任用干部提供可靠依据。

【雷州市审计局】现有干部职工21人，设有办公室、审理科（股级，下同）、财政金融审计科、工商企业审计科、行政事业审计科，负责对全市20个镇和99个市直部门的审计监督。局长肖珣，副局长余均发、黄谋、陈志谋。

审计成果　共完成审计项目24个，审计单位38个；审计调查项目2个，审计调查单位9个。查出违法违规金额3188万元，应缴各级国库808万元，已缴163万元。移送检察机关查处案件2宗。完成市委市政府交办工作任务17项，审计单位17个。其中对5个单位的党政领导干部、企业领导人员进行了经济责任审计。完成上级审计机关下达的审计任务7项，审计单位21个，审计调查2项，审计调查单位9个。

【吴川市审计局】共有干部职工36人，设有局办公室、财政金融审计科、工交外资审计科、商粮贸审计科、行政事业基建审计科和属下事业单位吴川市审计所，负责全市16个镇、1个街道办事处和副科级单位的审计监督。局长张胜泰，副局长陈康保、梁韧才、郑世光。

审计成果　共审计51个单位(项目)，完成年度项目计划113%，查出违纪金额2959万元，决定处理处罚应上缴国库违纪金额241万元，已收缴国库款项241万元。在对市城市信用社的审计中，完成审计取证材料96卷，查清城信社各种违规贷款1.9亿元，共向公安检察机关移送涉嫌渎职、贪污受贿案件6宗，8人被依法逮捕。

【遂溪县审计局】现有干部15人，设有财务股、商粮贸审计股、行事审计股、工交审计股和办公室，负责对全县20个乡镇和159个县直部门的审计监督。局长庄才，副局长杨康寿、黄观华。

审计成果　完成40个审计单位(项目）任务，其中行政事业单位21个，地方金融机构3个，企业9个，财政2个，专项审计调查和其他5个。查出违纪违规金额1006万元，应缴财政97万元，已缴财政84万元，罚款5.3万元，向当地党委政府及上级审计机关提交审计（信息）报告12篇，移交检察机关处理的案件1宗。

【徐闻县审计局】现有干部职工18人，设有人秘股、财金审计股、商粮贸审计股、工交审计股、行政事业审计股，负责对全县18个乡镇和全县副科以上部门的审计监督。局长赖开应，副局长余美。

审计成果　共完成审计项目39个，占年度计划169%，查出违纪违规金额8285万元。其中应缴财政167万元，已缴财政167万元。先后审计了教育局等4个单位，对某镇挪用教育经费9万元，责成纠正；先后对农村信用社和14个农金会进行审计，经审计核实，14个农金会，资产总额7684.4万元，负债总额8401.5万元，所有者权益－717.10万元；先后审计了县农业局等3个单位，对其采用白条单据9.86万元列支生产费用，责成其纠正，查出被挤占、挪用专项资金203.4万元。

【茂名市审计局】2000年，共有干部职工47人，其中大学本科学历4人，大专学历42人，局长李兴（－12月）、杨显成（12月－），副局长麦浪、王学才、邓维炎。设有办公室、综合科、行政事业审计科、商粮贸审计科、工交审计科、财政金融审计科、基建审计科等部门。

审计成果　全市完成审计和审计调查项目244个，查出违规行为金额达39280万元，决定处理处罚2585万元，应交财政1377万元，应归还原渠道资金1973万元，向有关部门提供2宗严重违法案件线索。

内部审计　全市有内审机构327个，内审人员903人，其中专职296人。完成审计项目670个，查出损失浪费130万元，核减工程造价560万元，促进增收节支731万元，纠正违规行为金额482万元。

经济责任审计　完成经济责任审计52个，其中党政领导干部司级1人，处级7人，科级31人；国有企业领导干部13人。查出违规违纪行为金额1556万元，损失浪费664

万元，决定处理处罚840万元，指明纠正14816万元。经审计，提拔任用4人，免职3人。中央纪委、监察部办公厅在第126期刊登了《茂名审计106名领导干部任期经济责任审计，追还侵占挪用款1663万元》，作为重要信息在全国进行通报，抄送中央政治局常委。

大案要案　属下高州市审计局对该市水利管理处原主任的审计中，配合纪委部门查实受贿索贿9万元，伪造水利工程维修和增拨工会经费，套取公款118万多元的重大案件。

【茂名市茂南区审计局】现有干部职工20人，设有综合股、行政事业审计股、商粮贸审计股、工交审计股、基建审计股、经济责任审计股，负责对全区8个镇、7个街道和130多个区直部门的审计监督。局长杨康权，副局长张帝清。

审计成果　共审计32个单位（项目），查出违纪金额792万元，应上缴财政173万元，已上缴39万元，应归还被侵占挪用资金434万元，向有关部门提供2起严重违纪案件线索。

【高州市审计局】现有干部职工19人，设有综合科、财金审计科、工交审计科和行政事业审计科，负责对全市33个乡镇（街道）和69个市直部门的审计监督。局长练锋，副局长张锡文、卢炳开。

审计成果　全年完成审计项目37个，对违纪事项作出审计处理、处罚决定18个。共查出违规行为金额9253万元，其中决定处理、处罚违规金额1345万元。审计处理、处罚上缴财政96万元，追还被侵占挪用专项资金624万元。会同纪检监察等部门查处违法违纪问题及经济案件4宗，针对审计揭示的问题向有关部门和单位提出整改意见和建议162条。在12宗领导干部经济责任审计中，查出资产、负债不实1826万元，挪用专项资金235万元，行政事业性收费违反“收支两条线”管理规定金额870多万元，盲目投资造成经济损失3150多万元。财政预算执行审计，按照“一年一个侧重点”的思路，在查清财税部门预算执行情况的基础上，突出抓好重点专项财政拨款的跟踪审计，大胆披露财政专款管理、使用中存在的问题。按照市政府指示，对全市地方税税源，按税种、按行业、按重点单位进行了审计调查，为市政府全面掌握地方税源的构成、分布、潜力及其变化趋势提供了详细资料。

【化州市审计局】现有干部职工19人，设有人秘科、行政事业审计科、财政金融贸易审计科、工业交通基建审计科、综合科，负责对全市市直各部门、24个镇区的审计监督。局长周干英，副局长钟元光、黄亚安。

审计成果　完成审计项目39项，其中经济责任审计11项，涉及审计单位72个。共查出违规行为金额5074.98万元（其中处理处罚127.1万元），应上缴财政158.24万元，应归还原渠道资金268.63万元，已上交财政78.43万元，提交审计报告信息15篇。

【信宜市审计局】现在干部职工25人，设有人事秘书科、财政金融审计科、行政事业审计科和工交商建审计科，负责对全市23个乡镇和104个市直部门的审计监督。局长陈为佳，副局长林美琼、张权庆、原喜怀。

审计成果　共完成审计项目38个，占计划的100%，其中署定项目2个，省定项目3个，市定项目5个，自定项目18个，党政部门交办项目10个。共查出违纪违规金额2815万元，决定处理处罚255万元，经处理后上缴财政225万元，实际已上缴财政182万元。

【电白县审计局】现有干部职工35人，内设人秘股、行政事业审计股、财政金融审计股、工交基建审计股、商粮贸审计股，负责对全县25个乡镇和156个县直部门的审计监督。局长杨景泉，副局长陈正华、潘钦、郑朝辉、刘名威、杨起帆。

审计成果　共完成审计项目33项；追缴入库30多万元；向被审计单位提出审计建议150条；协助县纪检部门查处各类经济案件7宗，移交司法机关追究法律责任2人；组织清理4个行业基金会7126户，消除行业基金会违规经营利息，促进增收节支599万多元。

【肇庆市审计局】2000年，共有在职干部职工34人，其中大学本科学历3人，大专学历22人，局长刘惠明，副局长李永坚、张树泉。设有人秘科、综合科、审计一、二、三、四科等。

审计成果　共完成审计项目218个，为年度审计计划的146%，查处违规行为金额2.34亿元，其中应交财政762万元。各级审计机关向有关部门提交审计工作报告、信息61篇，其中12篇为地方党政领导和上级审计机关所批示采用。

经济责任审计　全市各级审计机关共完成经济责任审计项目58个，其中科级党政领导干部43个，县管国有企业及控股企业领导人员15个，查出违规行为金额1187万元，其中决定处理处罚378万元，指明要求纠正809万元。根据市府领导的批示，市审计局对市教育学院院长任期经济责任实施了审计，着重审计了该领导干部任期内相关经济责任情况，为市开展县（处）级以上领导干部任期经济责任审计作了有益的探索。

【肇庆市端州区审计局】共有在职干部职工17人，其中大学本科学历3人，大专学历7人，设有办公室、财政金融审计科、行政事业审计科、工业基建审计科、商粮贸审计科。局长郑智超，副局长高玉兰。

审计成果　审计查出违纪违规金额2043万元，应缴财政55万元，已上缴财政39万元，并向有关部门和单位提出了整改意见和建议65条。完成上级交办审计任务21项，是年计划的123%。与区纪委、组织部、人事局等部门联合建立了党政领导干部任期经济责任审计联席会议制度，全年完成了对区财政局、区计划局等5个部门领导干部任期经济责任的审计，为区领导、组织、人事部门对领导干部的提拔、调任等提供了参考依据。

【肇庆市鼎湖区审计局】现有干部职工6人，设有办公室、审计一科、审计二科，负责对全区8个乡镇和111个区直部门的审计监督。局长李少波，副局长伍荣生。

审计成果　对1999年度区本级财政预算执行情况进行了审计，除对区财政局、区地税局进行审计外，分别对区教育局、区科技局2个单位的财政财务收支情况进行审计。乡镇财政审计中，对区属桂城办事处和坑口办事处1999年度财政决算进行了审计。共查出违规行为金额474.02万元，对其中应交未交税金10.6万元的问题按照规定作出补缴入库处理，对应缴未缴专户11.61万元作出上缴财政专户处理，对应拨未拨专项经费3万元作出按规定拨付的处理，对滞留税收减免返还款5.46万元作出应拨付有关单位处理，并受区政府委托，向区人大提交了1999年区本级财政预算执行的审计工作报告，得到了区政府和区人大的认可。区审计局先后完成对区机关事务管理局、鼎湖中医院、肇庆市第三物资总公司、鼎湖拍卖行4个部门的审计工作，查出违规行为金额71.96万元；并完成对审计查出挤占挪用养老保险基金审计意见和审计处理的落实情况；区本级1999年度水利建设基金的筹集、拨付情况；区粮食企业集团公司截止至3月底资产负债损益的审计调查，被审计调查单位已纠正落实金额1.9万元，未纠正落实金额88.69万元。

【高要市审计局】现有干部20人，设有办公室、综合科、财政金融审计科、行政事业审计科、商粮贸审计科和工交审计科，负责对全市19个镇和103个市直部门的审计监督。局长傅瑞联，副局长蔡爱珍、袁子健。

审计成果　完成审计项目28个，为年度计划的133%，查出违纪违规金额164万元，应上交财政30万元，已上交财政25万元。向上级审计机关或当地政府提交审计工作报告、信息3篇，其中2篇为当地政府领导所批示采用。共对9个单位的主要领导干部进行了离任审计。

【四会市审计局】现有在职干部职工14人，其中大专学历11人，设有办公室、财政金融审计科、工交基建行政事业审计科、农林水商粮贸审计科、经济责任审计科，负责对全市14个乡镇和市直各部门的审计监督。局长梁明，副局长冯彩凤、曾金娣。

审计成果　完成审计项目（单位）15个，为年度计划13个项目的115%。其中署定项目（单位）4个，省定项目2个，领导干部经济责任审计3个，市委市政府交办项目6个。查出违规违纪金额233.3万元。其中应上缴财政47.6万元，应归还被侵占挪用资金152.4万元，纠正违规金额33.3万元。对市实业发展总公司的审计中，发现该公司在房地产买卖、基建工程支出等有不正常行为，涉嫌触犯有关法律，已移交市检察院反贪局进一步查处。此外，还受市政府委托，向市人大常委会作了1999年市预算执行和其他财政收支情况的审计工作报告，得到了人大常委会的认可。

【广宁县审计局】现有干部职工19人，设有办公室、人事科、财金审计科、行政事业审计科、工交审计科、商粮贸审计科和经济责任审计科，负责对全县20个乡镇和120个县直部门的审计监督。局长潘岐华，副局长陈新洪、冯汉。

审计成果　全县共审计了38个单位，查出违规行为金额2408万元，其中应上缴财政28万元。在完成审计署、省审计厅下达的预算执行审计、工商行政部门审计，养老保险基金审计调查、乡镇财政审计、林业行业审计的同时，积极完成县委、县政府交办的教育部门财务收支审计以及经济责任审计，取得了较好的效果。

【德庆县审计局】共有在职干部职工14人，设有人秘股、财政金融审计股、行政事业审计股、商粮贸审计股、工交审计股。局长陈祖华，副局长李冠明、欧伙阳。

审计成果　共完成审计项目20个，为年度计划的181%，其中完成审计署、省厅、市局审计机关下达的审计任务7项，审计调查2项。审计查出违纪行为金额1592万元，其中决定处理处罚上缴财政14万元，共提交审计报告及信息25篇，其中5篇被上级机关和县政府批示采用。共完成14个党政领导干部和国有企业领导人的任期经济责任审计，查出违规资金992万元，其中应上缴财政8万元，属直接责任的违规资金742万元。提出纠正和合理化建议意见32条。全县有内部审计机构12

个，配备内审人员31人，完成审计事项38个，纠正违纪金额320万元，提出合理化建议40条。

【封开县审计局】共有在职干部职工16人，设有秘书股、财金审计股、商粮贸审计股、行政事业审计股和工交审计股。局长石泮兴，副局长马植梅、郭庆年、陈叶枝。

审计成果　共完成审计单位（项目）39个，查出违规金额666万元，上缴财政32万元，提交审计工作报告信息3篇。设立内部审计机构37个，内审人员112人，查出损失浪费9万元，促进增收节支7万元，提出建议意见被采纳31条。对9个领导干部及企业领导人员任期经济责任进行审计。为加强经济责任审计工作，12月25日建立县经济责任审计工作联席会议制度。

【怀集县审计局】现有干部职工22人，设有局长室、办公室、工商贸审计股、行政事业审计股和财金审计股，负责对全县21个乡镇和54个县直部门的审计监督。局长梁伟汉，副局长苏武文、谢伟成。

审计成果　全县共完成审计项目18项，其中上级指令性项目7项，县委县政府交办审计项目11项（任期经济责任审计8项）。查出违纪违规金额59.9万元，应上缴财政59.9万元，已上缴财政8.1万元。对被审计单位提出审计建议36条，被采纳36条。

【清远市审计局】2000年，共有在职干部职工40人，其中大学本科学历6人，大专学历25人，局长陈仕发，副局长卢元育、朱昭斌、杨汉。设有办公室、人事科、指导管理科、行政事业审计科、工交审计科、基建审计科、商粮贸审计科、财金审计科、飞来峡区直属分局。

审计成果　共完成审计及审计调查单位333个，占全年计划的118%，查出违规行为金额36802万元，应上交财政2014万元，已上交财政1873万元，入库率93%，应减少财政拨款或补贴385万元，应归还原渠道资金447万元，向纪检监察和司法机关移送案件6件，协助有关部门查处案件2件，提交审计工作报告信息70篇，审计工作报告、信息被批示、采用21篇，建议纠正地方、部门不当规定90条。

内部审计　内审机构共有222个，全年内审机构共审计单位310个，促进增收节支68万元，提出建议被采纳137条，已纠正违规金额85万元，建议给予行政处分2人。其中市商业局审计科进行经济责任审计时，发现经济案线索1宗，已移送司法机关查处。

经济责任审计　全市共对58个单位、62人进行了任期经济责任审计。查出违规行为金额2135万元，国有资产保值单位9个，减值单位4个。

大案要案　对该市银州铅锌矿冶公司1999年度财务收支情况审计发现，该公司漏交所得税91.41万元，会计不规范核算金额969.70万元，国有资金流失74.7万元，该局将此案移送检察机关另案处理。市英德审计局对英洲城市信用社1999年资产负债损益审计延伸发现，和平营业部负责人利用职务之便，吸收存款不入账并挪作它用，导致31.02万元存款无法兑付，英德市审计局将此案移送市检察院处理。

【清远市清城区审计局】现有干部职工10人，设有综合股、企业审计股、财金审计股，负责对全区7个镇、5个街办和64个区直部门的审计监督。局长陈小菊，副局长余烈强。

审计成果　共完成审计单位（项目）25个，审计调查单位3个，合计28个。占年度计划26个的108%，查出违规行为金额2244万元，应上缴财政104万元，已上缴财政117万元，其中追缴1999年度欠缴入库金额16万元，向司法机关移送案件1宗，向区委、区政府及上级审计机关报送审计工作报告、审计结果报告、审计信息、审计要情、工作论文等26篇，被采用6篇。

【英德市审计局】现有干部职工26人，设有办公室、财金审计科、工交审计科和商贸审计科，负责对全市30个乡镇和200个市直部门的审计监督。局长张邦钿，副局长巫永星、赵辉。

审计成果　全年共完成审计项目48个（其中审计调查项目2个），占年度项目计划31个的155%，查处违规金额7949万元，处理应上交财政107万元，已上交财政104万元，查处挤占挪用专项资金28万元，发现违法违纪案件线索并移送司法机关和其他部门查处案件5宗，提交审计工作报告、信息3篇。完成市委市政府交办审计项目31个，其中经济责任审计项目13个，移民经费审计项目7个。完成署、省、市审计机关下达的审计任务17个，审计单位30个，审计金额96174万元。设立内审机构41个，其中专职机构8个，内审人员164名，其中专职人员26名。完成审计单位（项目）118个，查出损失浪费2.45万元，提出建议意见被采纳14条。

【连州市审计局】现有干部职工17人，设有人事秘书科、行政事业审计科、财政金融审计科、经贸审计科和经济责任审计科，负责对全市22个乡镇和63个市直部门的审计监督。局长周锦诚，副局长罗蔚渊、陈方平、邵建辉。

审计成果　共完成审计项目36个，其中完成审计调查2项，调查单位3个，完成经济责任离任审计10项11人，共查出违规违纪金额1986.7万元，其中应上缴财政267.4万元，向司法机关移送案件1个，应归还原渠道资金159万元，应减少财政拨款337万元。向市委、市政府提交审计建议和信息10条，被采纳5条。完成交办的工作任务13项；完成上级审计机关下达的审计任务15项。

【佛冈县审计局】现有干部职工17人，设有办公室、指导管理股、财金行事审计股、工交建审计股、商粮贸审计股，负责对全县12个镇和43个县直部门的审计监督。局长廖耀彬，副局长李启友、黄素云。

审计成果 共完成审计项目(单位)33个，是年度审计计划任务29个的114%。审计资金总额105878万元，查出违纪违规金额1753万元，指明要求纠正1713万元，应缴财政40万元，已缴财政40万元，入库率100%。提交审计工作报告11篇。首次开展对镇级党政领导干部经济责任审计，共完成7个，通过审计查出违规金额285万元，指明要求纠正281万元，决定处理处罚4万元。根据市审计局的工作安排，派出审计组开展对英德市公安局、检察院、法院3个执法部门1999年度收费、罚没收入和财政财务收支进行交叉审计。审计资金总额1754万元，查出违纪违规金额611万元，指明要求纠正600万元，决定处理处罚11万元，已上缴财政11万元，此项审计受到上级领导的好评，为加强对执法部门的审计工作探索出一条新路子。

【阳山县审计局】现有干部职工19人，设有人秘股、综合股、工交审计股、财金审计股和行事审计股，负责对全县22个乡镇和145个县直部门的审计监督。局长陈忠志，副局长林育森、廖什妹。

审计成果 共完成审计项目34个（市计划29个），查出违纪违规金额3312万元，应上交财政197万元，已交财政192万元、占应交财政的97.5%。

对“阳山县城市信用社资产、负债、损益审计”是全年重点项目，通过审计挖出该信用社以利息收入不入账等多种手段私设“小金库”，并将资金分散在20多个账户（存折）中，共计433万元；审前报表反映亏损463万元，经审计查实亏损111万元；虚增实收资本的同时虚增贷款112万元；发现会计账“委托存款”650万元，其中100万元中有90万元有委托方经办人签名，但无法人代表签名盖章，其余10万元无任何手续；会计账反映“委托贷款”650万元经审计核实无委托贷款协议，属假委托贷款。此案已移送司法机关处理。

【清新县审计局】现有干部职工13人，设有办公室、财金行事审计股、商粮贸审计股和工交建审计股，负责对全县22个乡镇和80个县直部门的审计监督。局长陈计棠，副局长郑金平、朱利文。

审计成果 共完成审计项目31个。共查出违规行为金额11142万元，应上交财政34万元，已全部上交县财政，应减少财政拨款或补贴48万元，应归还被侵占挪用资金200万元。共提交审计报告31篇，向本级人大、政府提交审计工作报告、信息1篇。

【连山壮族瑶族自治县审计局】现有干部11人，设有办公室、财金审计股、企业审计股和综合股，负责对全县12个镇和120个县直部门的审计监督。局长韦家贵，副局长刘国雄、谭爱兰。

审计成果 共完成审计项目(单位)25个，其中署定项目3个、省定项目2个、市定项目8个、县自定项目12个（其中经济责任审计4个），共查出违纪违规金额1001万元，应上交财政91万元，已交56万元。

【连南县审计局】现有干部职工12人，设有财金审计股，企业审计股和办公室，负责对全县12个乡镇和120个县直部门的审计监督。局长张明，副局长黎钟罗。

审计成果 共完成审计任务31个单位（项目），完成审计计划110.7%，查出违纪金额36万元，应上缴财政23万元，已上缴财政23万元，入库率100%。提出合理化建议90条，为维护国家财经法纪，加强党风廉政建设，促进经济建设发展，发挥了审计部门应有的职能作用。

【潮州市审计局】2000年，共有在职干部职工30人，其中大学本科学历3人，大专学历15人，局长庄鸿杰，副局长吕伟民、陈森泰、周修喜。设有财政金融审计科、行政事业审计科、工业交通审计科、商粮贸审计科、基本建设审计科、办公室、综合指导科等部门。

审计成果 全年共审计单位39个，查出违规行为金额5031万元，处理入库187万元，责成补交财政315万元，抵减财政拨款15万元。

完成上级交办任务 一、开展对本级财政预算执行审计，从依法规范预算分配秩序和促进政府部门依法行政的高度，进一步深化预算执行情况审计。对审计中查出的问题，依照有关财政法规，责成纠正。二、开展行政事业单位审计，共审计单位15个，查出违规行为金额1089万元，处理上交财政50万元。其中在对全市公、检、法系统和工商行政管理部门1999年度的财政财务收支的审计中，共审计单位12

个，并抽查审计部分基层单位和内部执收执罚机构，共查出违纪违规行为金额907万元，处理上交财政43万元，责成补交财政315万元，建议撤消收费项目2个。三、开展商贸企业审计，共审计单位6个，查出违规行为金额1001万元，处理上交财政24万元。四、对林业主管部门和2个国营林场1999年度林业专项资金及财务收支进行审计，共提出了整改意见8条，责成归还专项资金60万元，处理上缴财政3万元。五、对市直非国有企业1999年未参保情况和社保局1999年及以前年度企业职工养老保险基金被挤占挪用处理落实情况进行专项审计调查。

内部审计　内审机构共审计单位28个，提出建议意见被采纳13条，已纠正违纪金额133万元。

经济责任审计　承办经济责任审计项目13个，发现了相关单位挤占挪用、隐瞒收入、偷税漏税等问题，查出违规行为金额1880万元，处理处罚21万元。

【潮州市湘桥区审计局】现有干部7人，设有人秘股、财金行政事业审计股和企业审计股，负责对全区10个街道（镇）和39个区直部门的审计监督。局长林汉龙，副局长翁友群、洪永标。

审计成果　完成审计项目15个，其中署定项目5个，省定项目3个，区级自定项目7个。查出违纪违规金额631万元，处理处罚上缴财政7.3万元，提交审计专题报告6篇。

【潮安县审计局】共有在职干部职工13人，其中大专学历5人，设有人秘股、粮商贸审计股、工交企业审计股、行政事业审计股、财政金融审计股、基本建设审计股。局长许岳丰，副局长林乐顺、陈东全。

审计成果　共完成审计项目44个，其中财政审计9个；行政事业审计31个；经济责任审计8个；金融审计2个；企业审计2个。查出违规行为金额745.57万元，决定处理处罚32.89万元，处理应缴财政7.84万元，已交财政7.84万元。

【饶平县审计局】现有干部职工18人，设有人秘股、经济责任审计股、财政金融审计股、工交审计股和商贸审计股，负责对全县29个乡镇和30个县直部门的审计监督。局长周春水，副局长吕瑞琪、黄俊盛。

审计成果　共完成审计单位项目40个，查出违纪违规金额1165万元。其中处理上交财政37万元，追回被挤占补贴款610万元，责令调账974万元，通过对一些重要财经问题进行调查，向政府和有关部门提出合理化建议和意见62条，并及时综合审计情况，向政府提出专题报告6篇，受到县政府领导和主管部门的高度重视和充分肯定。

【揭阳市审计局】2000年，共有干部职工41人，其中大学本科学历10人，大专学历25人，局长袁略文，副局长林俊辉、胡焕华、林少波、杨愈勇，助理调研员陈若波。设人事秘书科、综合科、财政金融（外资）审计科、商贸审计科、工业交通审计科、基本建设审计科。

审计成果　共完成审计项目和审计调查项目52个；共查出违规行为资金13111万元，处理应上缴财政250万元。完成经济责任审计项目64个。共提交审计工作报告33篇，被采用或批示18篇。共有内审机构84个，内审人员252人，共完成审计项目（单位）148个，提出建议意见被采纳205条。

【揭阳市榕城区审计局】现有干部职工21人，设有人事秘书股、行政事业审计股、财政金融审计股、工交企业审计股和商贸企业审计股，负责对全区2个乡镇、5个办事处和53个区直部门及所属和国有控股企业及集体企业的审计监督。局长杨明城，副局长杨木营、杨耀武、陈庆锋。

审计成果　共实施审计项目26个、审计调查1个。共查出违纪违规金额803万元，其中指明要求自行纠正588万元，处理上缴国库215万元，共查出私设小金库9个，金额210万元，查出挤占挪用专项资金1.8万元，偷税漏税5.2万元；对违反财经纪律的某校校长及总务主任向区纪委出具给予行政处分建议书1份；同时向区人民政府和市审计局提交1999年区预算执行和其他财政收支审计报告，向区人大常委会汇报1999年区预算和其他财政收支的审计工作报告。

【普宁市审计局】现有干部职工34人，设有人事秘书科、财政金融审计科、行政事业审计科、基本建设审计科、商业贸易审计科和工业交通外资审计科，负责对全市31个乡、镇、场、街道办事处和84个市直部门的审计监督。局长张怡荣，副局长张耀文、陈楚孝、赖世见，纪检组副组长陈自卫。

审计成果　共完成审计项目（单位）68个，其中专项资金审计（单位）3个，审计专项资金总额6563万元；审计调查2项，审计调查单位2个；领导干部任期经济责任审计25个，平调24人，晋升1人；预算执行、财政决算、财务收支、资产损益审计项目38个。共查出违规行为金额1512万元，指明要求纠正1183万元，决定处理处罚329万元，依法处理应上缴市财政301万元，已上缴财政195万元，私设小金库单位9个，金额358万元，偷税漏税124万元。共提交审计工作报告

21篇，提出审计整改建议意见136条。

【揭东县审计局】现有干部职工26人，设有人秘股、财金审计股、行政事业审计股、工交审计股、商贸审计股，负责对全县15个乡镇和82个县直部门的审计监督。局长孙佳年，副局长郑锭周、江桂缄、陈光华、郑加年。

审计成果　共完成审计项目26个，完成年度计划的100%，查处违规行为金额2075万元。完成县委县政府交办的领导干部任期经济责任审计6项，共查处违规行为金额1284万元，向被审单位提出审计建议意见130条，被采纳91条。

【揭西县审计局】现有干部职工16人，设有财政金融审计股、企业审计股、人秘股，负责对全县20个乡镇和108个县直部门的审计监督。局长蔡锦雄，副局长陈本利、邹松庆。

审计成果　共完成审计项目43个，查出违规行为金额1937万元，处理上缴县财政36万元。提交审计报告43篇，提出审计建议意见138条。完成县委县政府交办的领导干部任期经济责任审计9项；完成上级审计机关下达的审计任务34项。

【惠来县审计局】现有干部职工27人，设有人秘股、行政事业审计股、财政金融审计股、商粮贸审计股、工交审计股，负责对全县21个乡镇场和102个县直部门的审计监督。局长詹汉荣，副局长胡锡江、林汉华。

审计成果　共完成审计项目33个，占年度项目计划的110%，查出违纪违规行为金额1140万元，提交审计报告、信息5篇。认真做好领导干部离任经济责任审计，共承办12个离任审计项目，重点对规范和加强乡镇财政收支、财务收支管理，帮助、促进其纠正和改进。

【云浮市审计局】2000年，共有在职干部职工23人，其中大学本科学历2人，大专学历14人，局长杨宪钦，副局长莫章硕、李洪辉。设有办公室、综合科、政策法规科、财政行政审计科、金融农林文教审计科、工交审计科、商粮贸审计科、基建外资审计科等科室。

审计成果　全年完成审计项目161项，占年初计划任务83项的193%，查出违纪违规金额17916万元（其中决定处理处罚1728万元，指明要求纠正16188万元），应交财政479万元，已交财政363万元，应归还原渠道资金903万元。

内部审计　内审机构全年完成审计项目87个，查出损失浪费211万元，促进增收节支126万元，纠正违纪金额378万元，提出合理化建议177条。

经济责任审计　12月市委专门成立了联席会议办公室并召开了首次全市经济责任审计工作会议，具体部署了全市经济责任审计工作。开展经济责任审计项目12个，审计经济责任人16人，查出违规行为金额2693万元，其中决定处理处罚60万元，指明要求纠正2633万元，审计认定违规行为金额2693万元均属主管责任。

【云浮市云城区审计局】现有干部职工10人，设有办公室、综合法规科和审计科，负责对全区8个镇（街）和50多个区直部门的审计监督。局长邱秋林，副局长吴国勇、阮其华。

审计成果　共完成审计项目21项，审计单位42户，审计资金总额7.2亿元，查出违纪违规金额252万元，处理上缴财政入库5万元，督促企业补缴税款95万元，追还被侵占挪用资金90万元，提交审计报告45篇。其中预算执行和其他财政收支审计单位15个，查出违纪金额180万元，已增加财政收入48万元，配合纪检、监察和检察等部门查处各种经济案件5起，为社会稳定发挥了积极作用。完成经济责任审计工作4项，向区委、区政府及组织人事部门提交审计结果报告4篇。

【罗定市审计局】现有干部职工15人，设有办公室、审计一科、审计二科、审计三科，负责对全市24个乡镇和72个市直部门的审计监督。局长李栋荣，副局长彭向莹、梁燕芳。

审计成果　全年共完成审计项目33项，比计划项目超额完成18个，完成年计划的220%。查出违规行为金额2538万元，决定处理处罚184万元，指明要求纠正2354万元，应上缴财政316万元已全部上缴入库。对市基建项目审计中经核定，罗定师范学生宿舍二号楼工程造价为324.60万元，工程面积为3864.84平方米，比原结算造价363.51万元，建筑面积3971.60平方米，分别核减38.91万元、106.76平方米，核减率达10.7%、2.69%。完成市领导交办审计任务有市检察院领导离任审计等9项。

【云安县审计局】现有干部职工8人，设有办公室、审计一股和审计二股，负责对全县9个乡镇和92个县直部门的审计监督。局长麦忠民，副局长潘捷瑜。

审计成果　共完成省、市下达的审计项目任务15项，为年项目任务的100%，审计单位26个，审计资金总额5亿多元，共查出违纪违规金额270多万元，处理入库26万元（其中追缴各种漏计、欠缴税费12万元），提交审计报告31篇。完成县委、县政府交办的各项任务5

项；会同纪检、监督等部门查处经济案件3起，共抽调5人（次）分别参与清理收支两条线等各种工作。

【新兴县审计局】现有干部职工14人，设有办公室、财金审计股、工交审计股和商贸审计股，负责对全县15个乡镇和37个县直部门的审计监督。局长甘达才，副局长伍金明、易惠芳。

审计成果　全年审计了28个单位，查出违纪违规金额455万元，应缴财政67万元，已缴财政38万元。开展了县级以下领导干部及国有企业领导人员任期经济责任审计工作，共完成审计项目14个，通过审计分清领导任期内的主要责任和直接责任，为组织、人事部门提供了决策依据。

【郁南县审计局】现有干部职工15人，设有办公室、财政金融行政审计股、工交审计股、商粮贸审计股，负责对全县18个乡镇和38个县直部门的审计监督。局长黄灶番，副局长严格、郭佐勋。

审计成果　完成指令性项目16个，涉及被审计单位31个，审计查出违规行为金额329万元，其中查出违纪应上缴财政24万元，应归还原渠道资金78万元，纠正违规金额227万元，建议纠正被审计单位不正当行为规定30条。设有13个内部审计机构，完成审计单位、项目48个。

具体审计项目：一、对1999年度本级财政预算执行情况的审计，同时按要求延伸审计了县教育局、科技局、畜牧局、国土局；二、对下一级乡镇财政审计，如连滩镇、东坝镇、宋桂镇；三、配合防范化解金融风险，对县城市信用社及15个农村合作基金会的资产负债及损益情况进行了全面的审计调查；四、加强各种专项资金和基金的监督，确保资金的使用效果，对影响面广的职工养老保险金、水利建设基金、水利工程项目资金、教育经费、科技经费进行了审计监督。

广西壮族自治区

【广西壮族自治区审计厅】2000年9月，区审计厅机构改革工作结束，职能处室由14个减为12个，行政编制由130人减为79人，设有办公室、人教处、法规处、财政审计处、金融审计处、行政事业审计处、经贸审计处、农业与资源环保审计处、社会保障审计处、固定资产投资审计处、外资运用审计处、经济责任审计处以及离退休干部工作处、机关党委、纪检监察室。原厅派驻区直部门29个审计处改为厅派出审计处12个，行政编制由92人减为39人。直属事业单位有内部审计指导中心、审计科研所、机关后勤服务中心和审计干部培训中心。

领导成员

厅　　长：唐松庆

副 厅 长：邝满维　聂江武　何小聪

总审计师：钟南生

助理巡视员：张绍荣　黄志武

广西壮族自治区审计成果　全区共有审计机关127个，审计人员2143人，其中，具有大专以上学历1245人，中级职称893人，高级职称68人，中共党员1202人。全年共审计2423个单位，查出违规行为金额72亿元，除自行纠正外，需要处理处罚32．65亿元，其中应交财政40373万元，已交财政21024万元，应减少财政拨款或补贴4558万元，应归还原渠道资金78007万元。促进增收节支金额8764万元。向司法机关移送案件40件，建议给予行政处分23人。共提交审计工作报告和信息806篇，被批示、采用344篇。自治区人民政府李兆焯主席对审计厅反映国家公务员在企业兼职的简报作了批示，要有关部门纠正。审计厅起草的《监督检查广西社会审计组织业务质量的暂行办法》经自治区人民政府批准下发。各级审计机关认真做好审计业务培训，其中，审计厅举办经济责任审计培训班共3期、学员400多人；举办工商管理行业审计、农业资金审计、重点企业审计、基本建设审计和内部审计等培训班，学员共260多人；举办计算机应用培训班共4期、学员近600人。年内有650人参加全国审计干部计算机应用水平考试、594人考试合格。

财政审计　全区在预算执行审计中，共审计县以上财政部门114个、地方税务部门31个，查出违规行为金额86382万元。审计厅一是加大对区本级一级预算单位的审计力度，审计了22个区直厅局、公司，并延伸检查了21个有关单位、7个地市的52个基建项目；二是加强与下级审计机关的联系、指导，有关地市县审计机关积极配合检查区本级预算安排的各项专项资金；三是对上年度预算执行审计中发现的问题的纠正情况进行检查。5月25日，唐松庆厅长受自治区人民政府委托，向自治区人大常委会作审计工作报告，获得好评。自治区人大常委会赵富林主任在会议总结报告中指出："与会人员认为自治区审计厅以高度负责的精神，对上年度自治区本级预算执行和其他财政收支情况进行了审计，指出和反映了财政预算分配和资金管理使用中存在的问题，这对促进政府部门严格预算管理、维护正常的财政秩序将发挥积极的作用。"桂林市审计局首次对本级金库进行审计，发现市级财政收入混入各城区金库以及财政部门应缴未缴财政收入等问题，经过审计处理为市本级增加可用财力620万元。此外，部分审计机关还对下级政府财政决算进行了审计，共审计3个市级、22个县级、121个乡级财政，查出违规行为金额59699万元，审计决定应交财政4328万元、已交945万元。

金融审计 着眼于规范金融秩序，防范和化解金融风险，积极开展了金融审计。一是根据国家有关财经法规及审计署规定的处理原则，审计厅组织全区各级审计机关认真做好上年度对工商银行系统审计的处理工作；审计决定工商银行广西分行（全辖）应调增利润21660万元、应补缴所得税及营业税等共10568万元，“小金库”罚款1510万元。二是审计了广西证券有限责任公司及所属7个营业部，查出为客户买卖股票提供透支融资、漏缴税金、少提折旧等违规问题金额共985万元。三是根据审计署授权审计使用世界银行及亚洲开发银行贷款项目共315个执行单位，通过审计查出挪用外资7381万元，变卖进口物资1440万元，以及配套资金不落实2744万元，挪用配套资金642万元等问题。审计厅对西南扶贫项目和红壤二期开发项目审计，查出区项目办出借项目资金1256万元用于非项目建设。审计厅认真做好对外审计报告工作，确保审计质量和维护中国审计机关的声誉。

专项资金审计 围绕着国家实行积极财政政策和促进社会稳定，审计机关认真开展了多项工作：一是审计移民资金，其中由审计厅、百色地区审计局和隆林县审计局20多人组成的审计队伍，查清了隆林各族自治县10多年所有的移民资金的来龙去脉，查出违纪违规金额14222万元，其中被挤占挪用资金3800多万元，向司法机关移送案件11件，涉案人员23人。审计厅审计区移民办，查出违纪违规金额7557万元；百色地区审计局审计地区移民办，查出违纪违规金额3013万元。二是审计基础设施、交通等基建项目共127个，其中核减工程结算4060万元，追回被挪用资金5975万元。审计厅审计广西民族宫建设项目，查出概算多列投资1895万元，施工单位虚报结算2703万元。三是审计县以上工商行政管理部门102个，促进贯彻落实“收支两条线”的规定，共查出违纪违规金额42916万元，其中隐瞒收入、公款私存、挤占挪用预算外资金等28682万元。四是审计厅和14个地市审计局对住房资金的筹集、管理、使用情况进行了审计，查出主要问题有：住房资金被挤占挪用44606万元；违反规定自行用住房资金投资开发房地产；住房资金应收利息未按规定核算等。五是审计了自治区和南宁、柳州、桂林、梧州、北海、钦州、玉林、贵港等市环保排污费，查出违规金额1830万元，其中审计厅查出区环保局坐支、挪用730万元；对排污费征收解缴中存在的一些政策问题及时向审计署和自治区人民政府作了反映。六是审计20个单位管理的社会保障基金及社会捐赠资金，查出被挤占挪用1140万元。永福县审计局审计组在对该县劳动保险所审计中，坚持原则，拒收贿赂1万元，查出副所长（兼会计）和出纳员合伙贪污养老保险基金42万元，县人民政府也从此案中汲取教训及时作出整改措施。

企业审计 围绕深化国有企业改革、实现脱困目标，做好企业审计工作，全年共审计各类企业367个，查出的问题主要有：收入不实10605万元，成本不实21179万元，账外资产2811万元，有账无实1785万元，虚增利润11577万元，虚减利润6107万元等；审计决定应交财政7405万元、已交2995万元，应归还被侵占挪用资金4444万元；通过审计促进企业增收节支3772万元，其中减少不合理负担988万元。在企业审计中，下大力气抓好对广西50户重点国有企业的资产负债损益审计，肯定了企业改革的成效和经验，也揭露了存在的问题：债务重、办社会、富余人员多的包袱依然沉重；企业资产质量不佳，不良资产达9.2亿元；会计信息严重失真；违纪违规金额4.5亿元等。审计厅审计广西西江航运建设发展有限公司，查出在企业改制评估时造成国有资产流失2988万元；审计厅及时地向审计署和自治区人民政府提交了审计结果报告。

经济责任审计 审计机关积极配合有关部门做好对领导干部的监督管理工作，把经济责任审计列为当年的工作重点。5月，建立了自治区纪委、组织部、人事厅、监察厅、审计厅五部门经济责任审计工作联系会议制度，加强了经济责任审计工作的组织协调。河池地区审计局等一些审计机关还结合实际情况通过当地党委和人民政府制定了具体的审计办法。审计厅受自治区人大常委会和自治区党委组织部的委托，对自治区人民政府办公厅、计委、公安厅、农业厅等8个厅局及柳州钢铁（集团）公司和自治区人民政府驻北京办事处的领导干部进行了经济责任审计，为组织部门考核任用干部提供了依据，并促进部门、单位加强财务管理，提高经济效益。通过对柳州钢铁（集团）公司领导干部离任审计，调增利润2506万元，并相应补交税费。年内全区共进行任期经济责任审计单位423个，其中党政机关336个，国有企业及控股企业87个，审计经济责任人438人，查出违规金额191836万元，属于领导主管责任177488万元，直接责任2623万元；决定处理处罚金额113342万元，指明要求纠正金额78494万元。审计结果的利用情况为：平调82人，晋升8人，免职23

人，降职9人，撤职1人，移送纪检监察部门调查处理15人，移送司法部门处理2人。

【南宁市审计局】2000年，有干部职工61人，其中，研究生毕业1人，大学毕业18人，大专毕业29人，中专毕业9人。局长朱林玉，副局长周晓华、卢绍宁、黄令玲。设有办公室、人事教育科、综合调研科、审计管理科、财政金融审计科、行政事业审计科、工业交通审计科、农林水审计科、外资运用审计科、商粮贸审计科、固定资产基建投资审计科。

审计成果 以本级财政预算执行情况审计为主线，开展了企业会计核算真实性审计；对建设项目工程进行了开工、竣工决算审计；开展了对科技三项经费及教育经费专项资金的到位及使用情况的审计，对社会保障资金中的失业基金征收、管理使用情况的审计；对政府扶持安排的各项农田水利重点工程资金及扶贫资金的分配、管理、使用和效益进行审计监督和调查；对18个世行贷款项目及实施单位进行了审计。全年共完成审计项目（单位）145个，审计查出违规行为金额6.99亿元（本级60850万元），其中审计决定处理处罚违规行为金额4.59亿元，审计指明要求纠正违规行为金额2.4亿元，审计查处百万元以上违规单位21个。在审计查处的违规金额中，应交财政资金2404万元，已交财政资金1851万元，应归还原渠道资金金额3368万元，核减工程造价800万元，促进单位增收节支151万元。通过审计共为国家增收节支6723万元，向司法机关移送案件7件，向各级党委、政府和有关部门提交审计工作报告和审计信息88篇，得到批示、采用65篇。

内部审计 2000年，全市部门、单位内部审计机构共69个，其中专职机构49个。配备内部审计人员265人，其中专职内审人员158人。年内，各内部审计机构重点开展了财务收支、经济效益、经济责任、基本建设等审计工作。全年共完成审计项目（单位）395个，纠正违规金额51万元，查出损失浪费83万元，促进增收节支624万元，提出的审计建议和意见被采纳190条。

经济责任审计 南宁市审计局贯彻落实中办、国办两个暂行规定，认真开展领导干部任期经济责任审计，年内共对20位经济责任人进行审计，其中党政领导干部15人，国有企业及国有控股企业领导干部5人。

【邕宁县审计局】现有干部、职工17人，设有行政秘书股、财政金融审计股、行政事业审计股、工商企业审计股和固定资产投资审计股，负责对全县21个乡镇和62个县直部门的审计监督。局长李东风，副局长梁岩。

审计成果 全年完成审计项目22个，审计调查项目2个。查出违纪违规金额5549万元，应交财政1365万元，罚款62万元。审计中发现企业乱挤成本、费用、截留收入的问题较为突出，其中一企业截留其他收入296.7万元入“小金库”，已依法给予该企业59万元的罚款处理；还发现有三个企业共633万元的长期投资无收益。在行政事业审计中，发现一事业单位挪用、借用专项资金1859万元，部份借出资金已成滞账；还有一些单位将国有资产、资金无偿给集体单位使用。为了管好、用好专项资金、基金，保护国家资财，审计中已有针对性地提出了意见和建议。年内还对6个单位和部门的领导干部的任期经济责任进行了审计，并对审计结果进行了专项检查，被审单位很重视审计结果，对审计提出的问题和建议，逐条逐项认真整改。

【武鸣县审计局】现有干部、职工17人，设有综合股、财政金融审计股、行政事业审计股、企业审计股、基建投资审计股，负责对全县16个乡镇和68个县直部门的审计监督。局长潘兰妹，中共党支部书记磨炼焦，副局长郑学佐、黄启兴。

审计成果 2000年，武鸣县审计局围绕县委、县政府“农业强县，旅游大县”的经济工作中心开展审计监督，以县本级预算执行审计为主线，强化财政收入征收环节以及农业、教育、科技、城建资金的监督检查，全年审结项目27个，查出违纪违规金额1842万元，审计决定上缴财政172.6万元，已上缴财政75.8万元，追还被侵占、挪用的财政资金89.4万元，促进增收节支136.8万元，调整企业利润357.5万元。在已完成的12项领导干部任期经济责任审计中，查出违纪违规金额398.07万元，应上缴财政132.8万元。

【柳州市审计局】2000年，有干部、职工84人，其中大学本科学历34人，大专学历41人。局长周铁盆（11月27日前任职）、陈国光（11月27日后任职），副局长韦有任、丁佐。设有总师室、办公室、综合科、管理科、人事教育科、财政金融审计科、商粮贸审计科、工业交通审计科、外资审计科、投资审计科、行政事业审计科。

审计成果 全年完成审计项目147项，查出违规行为金额5.86亿元，应上缴财政2118万元，已上缴财政1400万元。

经济责任审计 2000年，建立了由市纪委、市委组织部、市人事局、市监察局、市审计局五部门组成的经济责任审计工作联席会议，完成领导干部任期经济责任审计56

项，查出各种违规行为金额2.2亿元，移送检察机关案件1件。

专项审计调查　在牵头组织对区拨柳州市扶贫资金到位情况进行联合审计检查中，查出两县财政未及时拨付扶贫资金135万元，促使全部资金于6月底全部到位。对柳州市企业职工养老保险扩大覆盖面和养老保险基金收支预测的专项审计调查，发现私营企业和个体工商户参保率比较低，几个部门对参保企业统计口径不一致，企业欠费及少报工资总额，将减少基金收入，影响基金承受能力等问题，报市政府后，得到批复。

企业审计　2000年，完成对柳州钢铁厂、柳州工程机械厂、柳州凤糖集团等6户重点企业审计。共审计资产166亿元，净核增资产368万元，净核减负债74万元，净核增所有者权益442万元，查证不良资产5.22亿元，其中3年以上无投资收益的项目1.65亿元。共查出违规行为金额19453万元，应追缴财政699万元已入库。

【柳江县审计局】现有干部职工19人，设有办公室、财政金融审计股、行政事业审计股、企业审计股。局长覃林山，副局长覃红甫、张翰润。

审计成果　2000年共完成审计项目9个（其中区审计厅下达任务5个），查出违纪违规资金5645万元。其中应上缴财政450.8万元，已上缴财政118.8万元，核减财政支出555.9万元，应追还财物92.3万元。提交审计报告9篇。完成县委、县政府交办的1995－1998年全县中小学校的重点建设项目的审计，共审核了110栋教学楼、62栋师生宿舍楼等项目的工程质量，查出多计、重计建筑面积，重计工程造价等问题，审核结果共核减工程款556万元，占原付工程款7881万元的7%。

【柳城县审计局】2000年有干部、职工18人，设有办公室、财政金融审计股、行政事业审计股、商粮贸审计股、工交审计股。局长卢兴明，副局长黄景日、梁洪福。

审计成果　2000年完成审计项目23个（其中完成上级下达审计任务15个），共查出违纪金额1373万元，上缴县财政金额146万元，指明要求纠正1285万元，共提交审计报告23篇。审核基建工程项目22个，款额1573.69万元，核减基建工程款181.28万元。完成对全县14个乡镇及县（科）级领导干部任期经济责任审计，为县委、县政府领导和县委组织部决策提供了依据。

【桂林市审计局】2000年共有干部、职工101人，其中大学本科学历19人，大专学历60人。党组书记、局长贺子恒，党组副书记、副局长粟志发，副局长姜方龙、蒋新友，党组副书记、纪检组长兰怀盛。设有办公室、综合科、人事教育科、法制监察科、财政金融审计科、旅游外资审计科、农林水审计科、行政事业审计科、工交企业审计科、基建审计科、商业企业审计科、调研科。

审计成果　共完成审计项目78个，6个审计调查项目、调查28个单位，查出违反国家财经法规金额46109万元，已上交财政1345万元，其中税金390万元、罚款102万元，减少财政拨款及追回被侵占挪用资金65万元，提交审计工作报告和审计信息19篇，得到批示和采用17篇。在完成的审计项目中，有市同级财政预算执行情况及部份县（区）财政决算情况审计6项，查出违反国家财经法规金额24401万元，应上交财政859万元。其中预算执行情况审计查出混淆入库级次1685万元，应缴未缴预算收入117万元，市直行政事业单位未执行“收支两条线”和“收缴分离”规定的金额1628万元。对县（区）政府财政决算审计查出挪用财政专项资金665万元，隐瞒转移收入39万元，为市本级增加可用财力620余万元。对年薪制试点企业、重点旅游饭店、大中型国有企业共18家企业进行资产、负债、损益情况审计，对企业存在的不良资产近9000万元、有账无实156万元等问题除了严格依法处理处罚外，还如实披露，并对问题产生的原因进行分析，向政府或有关部门提出了预防和改进的措施意见。

完成上级交办任务　共完成交办的工作任务13项。参加市纪委调查组，对原桂林地区某公司有关经济问题进行审计调查，查出该公司虚报利润7804万元及骗取荣誉奖金等问题，还发现了个人违法违纪经济案件线索38起，涉及人员13名，金额1105万元。

内部审计　全市共设内部审计机构48个，内审人员160名。

经济责任审计　对3个国有控股企业实施经济责任审计，审计责任人3人，查出违反国家财经法规金额2962万元，处理处罚2962万元。

【阳朔县审计局】现有干部、职工12人，设行政事业审计股、财政金融审计股、工交商贸企业审计股、秘书股，负责对9个乡镇和40个县直部门的审计监督。副局长吕太华（主持工作）、朱芳森、覃集锋，中共党支部书记邹七一。

审计成果　全年完成审计项目22个（自治区定项目9个，县定项目13个），其中行政单位领导干部经济责任审计2个。查出违规行为金额1906万元（决定处罚金额916万元、指出要求纠正990万元），应上缴财政145万元。经审计，被审计单位应调账22笔，提出审计建议88条。还完成行政企事业单位基本建设竣工结算审计项目13个，审查金额1167万元，核减工程造价139万元。

【临桂县审计局】现有干部、职工12人，设有行政事业审计股、工交企业审计股、农林水审计股、商业流通审计股、基本建设审计股、办公室等机构，负责对14个乡镇和64个县直部门的审计监督。局长李冬成，副局长张崇恒、李福桑。

审计成果　完成审计项目27个，完成审计调查2项。共查出违纪违规金额6095万元，上缴县财政722.97万元，提交审计报告27篇。同县纪检、司法等部门配合，查处各种经济案件4起，审计查出并移交司法机关查处的案件1起。4月中旬抽调2人参与对全县行政事业单位的银行账户和“小金库”的清理整顿工作，6月中旬抽调5人，参与对县制药厂的改制工作历时近3个月。共完成基建工程决（结）算审计项目16项，审计金额662.5万元，核减金额59.7万元。

【灵川县审计局】现有干部13人，设有办公室、企业审计股、行政事业审计股、基建审计股，负责对13个乡镇和112个县直部门的审计监督。局长范桂跃，副局长蒋晓辉、莫君毅。

审计成果　全年完成审计项目20个，查出违反财政法规金额2423万元；应缴财政147万元，已缴财政73万元。在审计中发现违法线索2起向司法机关移送案件1件。提交审计工作报告信息8篇。积极探索经济责任审计新路子，灵川县委、县人民政府下发了灵发【2000】28号《关于灵川县党政领导干部和国有企业领导人员任期离任经济责任审计考核暂行规定》，县审计局先后对四个局一个镇的主要领导进行了任期经济责任审计，查出应缴未缴财政资金124万元，挤占挪用专项资金10万元，滥发补助17.8万元，虚收虚支44万元，并依法作出了处理。会同财政、物价部门对全县行政事业性收费进行年审，查处违规金额350万元，罚款5.4万元，补交税金1.96万元。

【全州县审计局】现有干部、职工35人，设有政秘股、商粮贸审计股、农林水审计股、工交企业审计股、财政金融审计股、行政事业审计股、基本建设审计股和领导干部任期经济责任审计股，负责对19个乡镇和108个县直部门的审计监督。局长蒋小刚，中共党支部书记王焕云，副局长刘顺民、赵苏科、唐型钊、王明生。

审计成果　完成审计项目66个，共查出违纪违规金额4500万元，应上缴财政146.7万元，已上缴财政110.5万元。

【平乐县审计局】现有干部职工16人，设有办公室、行政事业审计股、综合审计股、工商企业审计股和基建审计股，负责对12个乡镇和56个县直部门的审计监督。局长杨炮友，中共党支部书记兼副局长欧崇坤，副局长徐海林、韦文锋、黎华。

审计成果　完成审计项目29个，查出违规行为金额543万元，应交财政款96万元，到年底已交县财政28万元。2000年县审计局制定了执法责任制、审计执法监督公示制度和执法过错追究制度，规范了审计行为，降低了审计风险，确保公开、公平、公正执法，当年被桂林市委、市政府授予“文明单位”称号。

【兴安县审计局】现有干部、职工21人，设有财政金融审计股、行政事业审计股、工贸企业审计股、外资基建审计股和办公室，负责对11个乡镇和县直各部门、企事业单位的审计监督。局长蒋代龙，副局长杜进国、蒋月生、常建慧。

审计成果　全年完成审计项目39个，其中经济责任审计7个。查出违纪违规金额1844万元，其中：锰品厂厂长经济责任审计，查出偷漏税和账外经营违规金额达351万元；查出房改资金违规使用达500万元。全年应交财政251万元，已交财政248万元，归还原渠道资金199万元，核减工程预算14万元，为单位和企业增收节支68万元。全年为县委、政府、人大提供调查报告及情况反映18篇，向上级审计机关提供审计信息18篇，发表15篇。参与联合办案5起。

【灌阳县审计局】现有干部、职工13人，设有行政事业审计股、财政金融审计股和工交基建商粮贸审计股，负责对9个乡镇106个县直部门的审计监督。局长唐永进，副局长刘俊君、易辉平、孙先勇。

审计成果　共完成审计项目21项，提交审计报告21篇，查出各类违规违纪金额575.59万元，应上交财政66.16万元，已上交财政41.90万元；完成固定资产投资审计项目10项，审计金额394万元，核减21万元。完成县委、政府交办工作任务12项，审计清理单位57个，其中领导干部任期经济责任审计1项，乡级财政考核9项，重点检查清理“小金库”2项。

【荔浦县审计局】现有干部16人，设有综合股、行政事业审计股、企业审计股、基建审计股，负责对13个乡镇和县直部门的审计监督。局长陈仕刚，中共党支部书记康立鹏，副局长何道祥、邓定周。

审计成果　共完成审计项目20个（其中上级审计机关下达的审计

任务9项）。查出违纪金额2073万元，应上缴县财政金额94万元，已上缴县财政金额68万元；应追还被侵占挪用资金784万元。撰写审计信息8篇，论文1篇，被上级审计机关采用的审计信息6篇、论文1篇。

【资源县审计局】现有职工14人，设有办公室、综合股、经济责任审计股、基本建设审计股，负责对八个乡镇和195个县直单位的审计监督。局长潘进友，党组书记申群星，副局长潘友财、伍胜华、蒋青海。

审计成果　2000年度完成审计项目23个，查出违纪金额539.5万元，决定处理处罚资金63.5万元，指明纠正476万元，应交财政8.48万元，已交财政8.48万元。完成县委政府交办工作6项，审计清理单位15个，清理资金816万元。根据县委、政府安排，对资梅公路项目投资进行审计调查，对存在的问题和原因进行了分析，并专题向政府作了汇报。

【永福县审计局】现有干部14人，设有秘书股、财政金融审计股、行政事业审计股、工交基建审计股和商贸企业审计股，负责对10个乡镇和80个县直部门的审计监督。局长周玉莲，副局长周信斌、韦宏贵。

审计成果　完成审计项目25个，查出和纠正违规金额1340万元，收缴入库17万元。5月21日晚，中央电视台《焦点访谈》栏目播放了永福县审计局1999年审计查处永福县劳动保险所会计、出纳合伙贪污医疗保险基金42万元的大案情况，题目是《“大仙”保佑进班房》。为此，永福县审计局获广西区审计厅的奖励。

【龙胜各族自治县审计局】现有干部、职工14人，设有综合股、企业审计股、行政事业审计股，负责对10个乡镇和各县直部门的审计监督。局长姜甲润，副局长贲维超、蒙泽江、周敏。

审计成果　完成审计及调查项目26个，查出违纪违规金额593万元，应上交财政42万元，已上交财政42万元，追回被侵占挪用资金228万元。

先后抽出3人参与全县小金库清查工作，抽出2人参与社员股金的清理和追款工作，抽出1人长年经管国道321线龙胜路段的扩宽改建的财务工作，完成了县50周年县庆基建重点项目的预决算审计工作，开展了科局级主要领导的任期经济责任审计和离任审计工作，完成扶贫包村各项工作任务和指标。

【恭城瑶族自治县审计局】现有干部、职工12人，设有办公室、行政事业审计股、企业审计股和固定资产投资审计股，负责对9个乡镇和县直行政事业单位及国有和国有控股企业的审计监督。局长唐福銮，副局长周冠学、卢笙。

审计成果　共完成审计项目23个，查出违纪违规金额1652万元，应上缴财政金额83万元已上缴入库，提供审计报告、信息38篇。在财政预算执行审计中，查处了县国资局截留预算收入9.8万元，行政事业审计重点查处规费欠缴、私设“小金库”、挪用专项资金和“白条”列支的违纪违规行为，查出违纪违规金额344万元。还完成了对9个乡镇统筹资金征、管、用情况的审计调查。

【梧州市审计局】2000年，有干部、职工51人，其中大学本科学历14人，大专学历21人。拥有各类专业技术资格人员44人，其中高级审计师2人，审计师、会计师21人，经济师4人，工程师2人。局长郭建平，副局长李佐元、余小龙、严伟维。设有办公室、综合业务审计科、财政金融审计科、行政事业审计科、工交企业审计科、商粮贸企业审计科、基建审计科、外资企业审计科、农业审计科、社会保障审计科。

审计成果　共完成审计项目37项，查出违规行为金额40638万元，经审计处理应上交财政2263万元，应归还原渠道资金111万元，向司法机关移送案件2件，提交审计工作报告和信息15篇。

完成上级交办任务　全年完成广西区审计厅下达审计项目16项，市政府和有关部门交办任务9项。通过审计，查处了一些行政事业单位预算外收入不入财务账、偷漏税款等问题，纠正了住房资金、环保排污费、养老保险基金等专项资金在管理使用中存在的问题。揭露了部分国有企业严重亏损的问题，并向市委、市政府作专题反映，市委书记文子忠作了批示；市政府常务副市长钟想廷带领有关部门、单位负责人亲临这些企业进行现场办公，研究企业扭亏脱困的途径和解决群众反映强烈的问题。

经济责任审计　10月，梧州市纪委、组织部、人事局、监察局、审计局五部委组成了梧州市经济责任审计工作联席会议及其办公机构。全年完成对7个行政事业单位和企业主管部门、5个国有企业12名领导干部的任期经济责任审计。

【岑溪市审计局】现有干部、职工23人，设有秘书股、财贸单位审计股、工交企业审计股、行政事业审计股和合资企业审计股，负责对17个乡镇和41个市直部门的审计监督。局长黎宏明，中共党支部书记廖克森，副局长蒲海金、陈伟林、王春伟、黄英强。

审计成果　一是完成上级审计机关下达的15项任务，审计单位26

个，查出违纪金额92.65万元，处理上缴财政70.25万元已入库。二是完成市委、市政府安排的领导干部任期经济责任审计40项。三是完成市委、市政府交办的对市南环路工程指挥部、探花工程建设指挥部、天桥至乌峡路段工程指挥部和南北大道工程指挥部等4个单位成立以来(1992年至2000年6月)的征地、拆迁、卖地和工程建设等的财务收支审计。

【苍梧县审计局】现有干部、职工17人，设有行政事业审计股、财政金融审计股、工业交通企业审计股、商业粮食贸易企业审计股、办公室，负责全县17个乡镇和41个县直部门的审计监督。局长李荣祥，中共党支部书记邓斌奇，副局长钟桂雄、陈伟球、张亚林。

审计成果　2000年度，苍梧县审计局审计覆盖面扩大，逐步延伸到县直及乡（镇）以下独立核算的二层机构。全年完成审计项目53个，查出违纪违规金额4077万元，上缴财政14万元。

【藤县审计局】现有干部、职工18人，设有秘书股、财政审计股、中央单位审计股、行政事业审计股和经贸企业审计股，负责对20个乡镇和37个县直部门的审计监督。局长夏宗祉，副局长梁杰荣、胡在贵、吴丽。

审计成果　全年共完成审计项目36个，查出违规行为金额1693万元，上缴县财政金额28万元。共提交审计报告10篇。

全年完成县委、县政府交办的离任审计3项。9月下旬，根据县委、县政府的安排，审计局全体人员对县供销社社员股金会和县农村合作基金会从设立至2000年的不合理开支情况进行清查，历时三个月，共清查出账外资金2117万元，偷逃税费290多万元。

【蒙山县审计局】现有干部、职工11人，设有办公室、行政事业审计股、工贸金融审计股，负责对9个乡镇和76个县直部门的审计监督。局长李兆英，副局长梁恢林、江涛。

审计成果　共完成审计项目24个，查出违纪金额949万元，应上缴财政金额88.77万元，已上交财政金额61.36万元。完成县委、县政府交办的工作任务8项。继续抽调业务骨干到外单位配合县政府组织的专项工作，抽一人到县财政预算外资金清理小组，抽一名副局长到“两会一部”担任文圩镇工作组组长，派出一人参加劳动局牵头的对企业欠交养老保险基金的清查工作，派一人协助政府对县城中心市场开业后收益分配问题的清查，派一人协助水电局对三江壁电站固定资产的清查工作，派二人协助政府对县制药厂进行清产核资工作，派一人到“两会一部”所组织的专案组对新圩供销社财务收支进行大清查工作。

【北海市审计局】2000年，共有干部、职工73人，其中大学本科学历7人，大专学历38人。局长雷勇，副局长包孝赞、黄廷忠、康新春、黄爱莲，总审计师龙起兰。设有办公室、综合调查研究科、金融财政审计科、行政事业审计科、工业交通审计科、商粮贸审计科、固定资产投资审计科、涉外审计科、监察室等机构。

审计成果　全年共完成审计和审计调查项目70个。查出违纪违规金额46985万元，其中决定处理处罚21699万元，指明要求纠正25286万元，应上缴财政13738万元，已上缴财政7727万元，应归还被侵占挪用资金10452万元。向司法机关移送案件1件，向纪检监察机关移送案件1件，提交审计综合报告、信息、论文40篇。

完成上级交办任务　全年共完成全国、自治区统一安排的审计项目17个，其中财政预决算审计3个，即北海市本级财政预算、北海市地方税务局税收、合浦县人民政府财政决算；国外援贷款项目审计7个，即世界银行贷款西南扶贫和疾病预防项目北海市各分项目，奥地利政府贷款北海市北郊水厂项目，英国政府贷款北海市机场扩建项目及中外合资北海市金海发电厂；专项资金审计3个，即北海市环保资金、北海市住房资金、北海市企业职工基本养老保险；行政机关审计1个，即交换审计广西柳州市工商行政管理局，并获广西壮族自治区优秀工商审计项目；改制试点企业审计3个，即北海市医药总公司、北海市汽车运输总公司、北海市化肥厂。

还完成北海市委和市政府交办的审计任务8项，即北海市机场扩建工程竣工决算、北海市政府在香港、澳大利亚的公司资产负债损益、北海市财政局1991年1月－2000年9月财政财务收支、北海市钦北铁路建设开发公司资产负债及损益、北海市供销合作社股金、北海市仙人墓园1995－1999年财务收支情况。

内部审计　年内共有专、兼职内部审计机构26个，专、兼职审计人员95人。共完成审计项目230个，纠正违纪违规金额533万元，促进增收节支183万元，提出并被采纳的建议和意见229条。

经济责任审计　配合市政府换届工作，实施40项领导干部经济责任审计，年内审结36项，刘君市长对每一份审计结果报告都审阅和批示。

【北海市海城区审计局】现有干部6人，设有办公室、行政事业审计科和工交商贸审计科，负责对3

个镇、5个街道办事处和49个区直部门的审计监督。局长庞瑞辉，副局长李胤强、王大秀。

审计成果 全年完成审计项目13个，其中财务收支审计3项，任期经济责任审计9项，财政预算执行情况审计1项；另外还完成北海市海城区政府临时交办清查"两会一部"单位8个。查出违纪违规金额9339万元，上缴财政29万元，要求被审计单位纠正问题90个，指明要纠正金额1872万元。提供审计综合报告和审计情况反映20篇。

【北海市银海区审计局】现有干部职工6人，设有行政财政财务审计科、企业事业财务审计科和办公室，负责对5个乡镇和78个区直部门、国有企业的审计监督。局长林受菊，副局长黄若琴、廖建平。

审计成果 全年完成审计项目7个、审计调查项目1个，查出违纪违规金额2957万元，其中挤占挪用财政资金375万元，应上缴财政428万元，已上缴财政38万元，为政府提供审计专题报告2篇、提出加强管理的建议35条。

【北海市铁山港区审计局】铁山港区审计局1998年7月成立后挂靠在铁山港区监察局，2000年11月与铁山港区监察局分离。现有干部职工3人，负责对3个乡镇19个区直部门的审计监督，局长谭昌富。

审计成果 全年完成审计项目6个，查出违纪违规金额758万元，决定处理处罚金额703万元，其中应缴财政21万元，应追回被侵占挪用资金88万元，促进增收节支38万元。

【合浦县审计局】现有干部、职工18人，设有人事秘书股、财政金融审计股、行政事业审计股、工业审计股和固定资产投资审计股，负责对全县16个乡镇和182个县直部门的审计监督。局长徐锡勇，副局长李香青、谭维伟。

审计成果 全年完成审计项目17项，其中上级审计机关指令性项目15项。查出违纪违规行为金额541万元，其中应上缴财政金额93万元，追还被侵占挪用资金176万元，指明要求纠正金额272万元。

【防城港市审计局】2000年实有人员17人，其中大学本科学历4人，大专学历10人，中专学历3人；具有审计、会计系列中级职称11人；局长吴格飞，党组书记唐英，副局长何权。设有秘书科、综合科、财政审计科、行政事业审计科、中央单位审计科、企业审计科、固定资产投资审计科。

审计成果 完成审计项目24个，共查出违纪违规金额10186万元，其中决定处理处罚金额5647万元，指明要求纠正4539万元，应归还原渠道资金1651万元，应上交财政3140万元，已交财政321万元。共提交审计报告等31篇。

完成上级交办任务 主要是参与开发区土地清理整顿、农村基层组织建设、农村支教工作、粮食清仓查库等。

经济责任审计 开展领导干部任期经济责任审计和企业领导干部离任审计项目2个，查出违纪违规金额270万元，为组织人事部门选拔任用领导干部及时提供了参考依据。

【防城港市港口区审计局】现有在职干部6人、聘用职工3人，设有秘书股、财政金融审计股、行政事业审计股、企业审计股。负责对全区3个乡镇、2个街道办和65个区直部门的审计监督。局长黄云纪，副局长梁承才、黄启华。

审计成果 完成审计项目10个、审计调查项目2个，其中完成上级交办项目2个，开展任期经济责任审计项目3个，共查出违纪违规金额609万元。审计处罚金额28万元，追缴财政资金204万元，责令归还原渠道资金32万元，依法移送纪检监察部门查处案件2起。

【防城港市防城区审计局】现有干部、职工10人，设有办公室、财政企业审计股、行政事业审计股，负责对防城区15个乡镇和67个区直部门的审计监督。局长黄跃红，副局长唐国富。

审计成果 共完成审计项目7个：（1）本级预算执行情况审计；（2）外资运用审计项目两个，即世行贷款红壤开发项目和疾病预防项目；（3）工商行政管理部门的财务收支审计；（4）房改资金的审计；（5）做好农村合作基金会的审计复核工作。以上7个项目，共查出违纪违规金额311万元，应追还原渠道资金931万元。配合有关部门查处了一批当前经济领域中严重违规问题。2000年，防城区审计局根据防城区政府的临时安排，对群众反映强烈的职工干部宅基地资金情况以及防城区政府招待所新建大楼工程结算进行了审计。

【东兴市审计局】现有干部职工6人，设综合科、秘书科，负责对3个镇和62个市直部门的审计监督。副局长潘超焕。

审计成果 完成上级审计机关下达的审计项目5个（即对东兴市1999年度财政预算执行情况的审计，对东兴世界银行贷款造林三期项目财务收支的审计，对东兴市世界银行贷款疾病预防项目财务收支的审计，对东兴工商行政管理局财务收支的审计和对东兴市房改资金管理使用情况的审计）；完成东兴市委、市政府交办的审计项目5个（其中经济责任审计项目4个，其它项目1个）。共查出违纪违规金额111万元，决定执行处罚金额56万元。向东兴市委、市政府递交审计报告10篇，提出管理建议13条。

【上思县审计局】共有在职干部职工14人，设有秘书股、行政事业审计股、企业金融审计股、固定资产投资审计股，负责对11个乡镇和55个县直部门的审计监督。局长黄宇，副局长黄勤俭。

审计成果　对本级财政预算执行情况、国有企业、行政事业、专项资金、国外援款贷款、工程结算等31个部门单位进行了审计，共查出违纪违规金额1947.5万元，其中：下文指出要求纠正金额1844.3万元，决定处理处罚20.5万元，应上缴财政58万元，查出应归还原资金渠道金额25万元，查出违纪违规行为处罚已上缴财政13.8万元。年内完成上级审计机关统一安排审计项目6个，县委、县政府交办项目25个。实施对工商行政管理部门的审计是年内的工作重点，此项任务已按区审计厅"五统一"（统一下达审计通知书，执行统一的审计方案，统一制定对审计查出问题的定性及处理原则，统一下达审计处理决定和意见，统一考核办法）的要求按时完成。上思糖业有限公司资产、负债、损益审计是广西50户重点企业审计项目之一，县审计局查处和纠正该企业违纪违规行为，维护了企业的正当权益，并对企业在改革过程中出现的新情况，向党委、政府提出了对策与建议。

【钦州市审计局】2000年，有干部、职工37人，其中大学本科学历7人、大专学历15人，局长钟宝利，副局长张胜忠、陆桂发。设办公室、综合科、监察室、财税审计科、工交审计科、商粮贸审计科、行政事业审计科、固定资产投资审计科、中央单位审计科、外资运用审计科、经济责任审计一科、经济责任审计二科和基建工程造价审计中心（自收自支事业单位）等部门。

审计成果　共完成审计项目33项，查出违规金额33490万元，其中，决定处理处罚17912万元，指明要求纠正15578万元，应上交财政3030万元，应核减财政拨款或补贴377万元，应归还原渠道资金258万元，促进增收节支4158万元；查出百万元以上的违规单位7个；向司法机关移送案件3件，协助有关部门查处案件2件；向上级机关提交审计工作报告和信息26篇，被批示采用24篇。

完成上级交办任务　完成市委、市政府交办的基建审计等事项18项，其中审计基建工程项目竣工决算13个，审计金额1241万元，核减高估冒算工程款127万元。市政府采纳审计局的意见，批准成立"钦州市基建工程造价审计中心"，加大对全市基建工程的审计执法力度。

内部审计　市本级有内审机构22个，专兼职内审人员55人，全年审计50个单位，已纠正违规金额120万元，查出损失浪费22万元，促进增收节支8万元。

经济责任审计　全年完成经济责任审计项目13个，其中党政部门10个，国有企业3个，审计经济责任人13人，其中处级干部12人；查出违规行为金额17965万元，其中负主管责任17945万元，负直接责任20万元。审计结果被有关部门利用后，2人被免职，5人交流了工作岗位，2人被移送纪检监察机关进一步查处。

【钦南区审计局】现有干部11人，设有工交基建审计股、商粮贸农林水审计股、行政事业审计股，负责对12个乡镇和154个区直单位的审计监督。局长吴艺，党支部书记陆慧，副局长莫永艳、梁莲。

审计成果　共完成审计项目13个，共查出违规行为金额7252万元，其中决定处理处罚514万元，指明要求纠正6738万元；应缴财政65万元，已缴财政24万元，应归还原渠道资金87万元；向纪检监察部门移送案件2件；完成区委、区政府领导交办的审计调查项目5个。

【钦北区审计局】现有干部10人，设有秘书股、行政事业审计股、经济责任审计股、工交商贸审计股和固定资产投资审计股，负责对12个乡镇和69个区直部门的审计监督。局长陈少昌，副局长郑信德。

审计成果　全年完成审计项目17个，查出违规金额9319万元，其中，应上缴财政140万元，已上缴财政30万元，查出100万元以上违规单位5个，查出"小金库"5个，金额183.5万元，移送纪检监察部门处理案件1件，完成基建审计项目22个，审计金额1726万元，核减基建支出530万元。完成钦北区政府交办对平吉糖厂违纪违法案件的查办和钦北区直单位预算外资金及"收支两条线"执法检查工作，查出违规金额1143万元。

【灵山县审计局】现有干部职工21人，设有人事秘书股、综合股、财政金融审计股、企业审计股、固定资产投资审计股、外资运用审计股、行政事业审计股、经济责任审计股和灵山县基建审计所。局长林明辉，副局长叶茂宝。

审计成果　共审计54个单位，查出违规金额2887万元，依法处理上交财政32万元，审计基建项目56个，核减基建各种费用421万元。完成县委组织部委托的领导干部经济责任审计项目30个，县人大交办的项目3个，其他3个，共查出违规金额2000万元，审计结果被有关部门利用后，有5人得到提拔任用，18

人交流了工作岗位，2人被免职。

【浦北县审计局】现有干部职工24人，设有财金审计股、外资审计股、企业审计股、经济责任审计股、行政事业审计股、综合股、纪检监察股、行政秘书股、基建工程审计股和基建工程审计所（自收自支事业单位），负责对18个乡镇和120多个县直部门的审计监督。局长梁芬香，副局长关祖信、陈世珍、陈光善。

审计成果 全年共审结财政财务收支项目25个，查出违规行为金额5589万元，其中指明要求纠正4953万元，决定处理处罚636万元，应上缴财政43万元，应追回被侵占挪用资金351万元。移送纪检监察机关立案查处案件1件，提供线索并与纪检、检察机关联合查处经济犯罪案件1件，一名犯罪分子已被逮捕，没收赃款及非法所得40多万元。审计工程结算项目124项，总金额5490万元，核减金额571万元。还派出3名审计人员参与对81个单位的预算外资金进行检查，共查出违规金额726万元，应缴财政93万元。

【贵港市审计局】2000年，共有干部、职工27人，其中大学本科学历5人，大专学历14人，局长杨建军，副局长林有松、郑桂文。设秘书科、综合科、财政金融审计科、商业贸易审计科、工业交通审计科、经济责任审计科及覃塘审计办事处。

审计成果 共审计单位24个，查出违规行为金额17980万元，其中决定处理处罚3826万元、指明要求纠正14154万元；应上交财政金额1329万元，已上交601万元。提交审计工作报告、审计信息3篇，被批示采用1篇。

完成上级交办任务 完成自治区审计厅交办任务15项，其中：本级财政预算执行情况审计1项、工商行政管理部门审计3项、城市排污费环保资金审计3项、社保费欠费情况调查项目1项、重点国有企业审计1项、外资运用审计4项、社会审计组织质量检查1项。还完成贵港市人民政府交办的查处“两会一部”、预算外资金调查及配合贵港市纪委查处有关案件等任务。

经济责任审计 按照市委的部署，对党政机关领导干部任期经济责任审计单位3个，责任人3人，查出违规金额41.68万元（其中主管责任27.73万元、直接责任13.95万元）；对国有或国有控股企业领导人员任期经济责任审计单位2个，责任人2人，查出违规金额61.07万元（其中主管责任36.50万元、直接责任24.57万元）。通过审计，查出了国有企业领导干部任职期间单位财务收支不真实、内部控制制度不健全、国有资产得不到保值增值并有流失等问题，也查出了党政机关领导干部任职期间单位应缴未缴预算收入、应缴未缴财政专户预算外资金、固定资产管理不规范及其下属单位挪用专项资金、乱收费、设置“小金库”、欠缴税费和财务管理混乱等问题。

【贵港市港南区审计局】现有干部、职工5人，负责对11个乡镇和40个区直部门的审计监督。局长彭朝伟，副局长甘书铭、李殷华。

审计成果 全年完成审计项目8个，审计调查项目1个，共查出违规金额351万元，应缴财政82万元，当年已入库76万元。

【桂平市审计局】共有干部、职工25人，设有综合股、财金审计股、企业审计股、行政事业审计股、基建投资审计股。局长王葵，副局长李允昌、赵仕来。

审计成果 共完成审计项目35项、审计单位42户，共查出违纪违规金额907万元（其中在18项领导干部经济责任审计中查出违纪违规金额600万元），已上缴市财政309万元，共提交审计报告39篇。完成市委、市政府交办的任务主要有：对18个乡镇道路建设项目实施跟踪审计和对农村合作基金会进行清产核资等，发现继续出现新的不合理开支170多万元。

【玉林市审计局】2000年，有干部、职工30人，其中大学本科学历3人，大专学历15人，局长陈福初，副局长黄业诚、欧阳经华，党组副书记卢德和。设有办公室、审计监督综合科、财政税务审计科、行政事业审计科、中企外资审计科、基本建设审计科、商粮贸企业审计科、工交企业审计科等机构。

审计成果 共完成审计项目164个，其中政府交办事项34个，共查出违纪违规金额24093万元，处理上缴财政2821万元，已上缴财政1580万元，追回被侵占挪用资金1479万元，移交经济案件7起，提交工作报告、信息81篇，被采用52篇（《中国审计报》采用8篇）。

内部审计 全市有内审机构89个，其中专职机构65个，有内审人员192人（专职人员160人，兼职人员32人），共审计单位102个，促进增收节支44万元，提出建议、意见被采用317条。

经济责任审计 共审计15个单位，审计经济责任人26人，查出违规行为金额1562万元，属主管责任1444万元，直接责任109万元，处理处罚上缴财政1553万元，移送纪检监察机关查处1人。

【玉林市玉州区审计局】现有干部职工12人，设有政秘股、行政事业审计股、企业审计股、基建审计股、财政金融审计股。局长卢运惠，副局长宋寿宁、蒋宗旺、钟永新。

审计成果 全年共审结项目42个，查处违规金额1052万元，向玉州区党委、政府及被审计单位提出建议46条。玉州区审计局年内认真抓了四项工作，一是切实加强业务培训学习，组织了8人次外出参加审计业务及计算机技能提高学习；二是协助玉州区政府召开专门会议作统一布置，彻底扭转乡镇总预算会计与单位预算会计混合核算的状况。三是安排审计了2个村级集体经济项目。其中一个村对存在问题迅速作了纠正，退还多领款项及补交有关税款共计46.97万元。四是加大宣传工作及党风廉政建设力度。在《中国审计报》、《广西审计》、《玉林日报》、《玉林晚报》等报刊宣传审计工作情况。

【玉林市福绵管理区审计局】 现有干部、职工4人，设有政秘股、审计股。副局长郑东、陈武成。

审计成果 年内重点安排对本级预算执行、下级决算、教育经费、社会保障基金、水利、扶贫专项资金和农业综合开发资金的审计，全年完成审计项目18个，其中完成上级审计机关下达项目任务3个，完成本级政府交办项目任务15个，查出违纪违规资金298万元，归还原渠道资金72.33万元，减少财政拨款补贴1.07万元，促进增收节支1.01万元，上缴财政资金24.4万元；内审工作方面主要是协助教育、计生、经贸、交通、水电等部门建立和健全内部审计机构；经济责任审计方面，实施2个项目审计，为组织部门考核干部提供了一些参考；还配合有关部门做好预算外资金检查、财税稽查、农村减负督查、农村“两会一部”审计复核等工作。

【北流市审计局】 共有在职干部20人，设有秘书股、综合股、行政事业审计股、工交商贸企业审计股、基建审计股等。局长黄雪芳，副局长张盛、黎一幸、李雨。

审计成果 全年共完成审计项目12个，查出违纪违规金额2427万元，应上缴财政113万元。还完成市委、市政府交办任务31项。其中对农村合作基金会的审计，被市政府指定为牵头单位，历时7个多月，对全市23个镇及市联合会进行了审计，共出具审计结果报告26份。

【容县审计局】 共有干部、职工13人，设有政工秘书股、行政事业审计股、企业审计股。局长覃栋平，副局长陈振文、何萍、郑远安。

审计成果 全年共审计22个单位（项目），查出违规行为金额3078万元，其中：决定处理处罚2147万元，指明要求纠正931万元；应上交财政37万元已入库。应归还原渠道资金399万元，移送司法机关5万元经济案件1件，移送纪检监察机关查处1人。在12项经济责任审计中，查出违规行为金额1553万元，已依法作了处理。

【陆川县审计局】 现有干部、职工28人，设有办公室、法规股、财金审计股、行政事业审计股、企业审计股、基建审计股。局长温电波，副局长吕志安、李少豪、黎学锌。

审计成果 完成上级下达的审计项目15个，县委、县政府交办的审计项目14个（其中经济责任审计8个），查出违纪违规金额2277万元，其中截留财政收入404万元，挪用专项资金635万元等。认真对7位乡、镇财政所长进行离任审计，查处违纪违规问题。

【博白县审计局】 共有干部、职工19人，设有秘书股、行政事业审计股、工交企业审计股、商贸企业审计股、财税金融审计股。局长周善良，副局长高武明、沈贤军、刘陶春、吴贻明、梁旭明。

审计成果 完成审计项目17个，查出违规金额9786万元。处理收缴和处罚上缴财政金额901万元，其中偷漏营业税154万元，企业和个人所得税483万元，收缴乱收费和私设小金库金额23万元，处以罚款239万元。到年底，已上缴财政金额890万元。

【兴业县审计局】 共有干部、职工12人，设有政秘股、行政事业审计股、工商企业审计股、基建审计股、综合股。局长罗燕球，副局长黄世林、黄业琚、凌世秋。

审计成果 共完成审计项目43个，查出违纪违规金额6780万元，决定处理金额229万元，其中：应缴税金、应缴罚没款、应缴存财政专户款25万元，冲回原资金渠道（虚计提费用）135万元，基建决算审计核减43万元。被审计单位均能按审计决定的要求执行。对广西国营六万林场世行贷款项目执行期内财务收支和执行情况、房改资金、工商行政管理局财务收支等项目进行了审计，共查出违纪违规金额1790万元。对县环保局、旅游局的局长离任进行了经济责任审计。在对县民政局财务收支情况的审计中，发现该局会计、出纳及局长等三人，擅自将民政优抚金150万元以个人名义转存，后被人骗用，造成150万元无法追回。此外，还发现该局出纳贪污公款27万元；私设“小金库”两个，金额共17万元。

【南宁地区审计局】 2000年，共有干部职工34人。其中大学本科学历3人，大专学历21人，中共党员29人。局长许裕刚，副局长蒙恒千、来桑烈，纪检组长雷恒霁。设有办公室、财政金融审计科、行政事业审计科、工交企业审计科、商粮贸审计科、固定资产投资审计科、综合科。

审计成果 共完成审计项目18个（其中上级审计机关下达的审计任务9个），查出违规行为金额6833万元，其中，决定处理、处罚1808万元，要求指明纠正5025万元，应交财政304万元，应归还原渠道资金246万元，已交财政178万元，提交审计工作报告信息6篇，查出违规万元以上单位6个。

经济责任审计 完成经济责任审计4项（党政领导3人，国有企业1人）。查出违规行为金额208万元，其中决定处理、处罚101万元，要求纠正106万元。

【凭祥市审计局】 现有干部、职工10人。设有办公室、综合股、复核股，负责对5个镇和62个市直属部门的审计监督。局长于光明，副局长李现飞。

审计成果 完成审计项目14个，其中完成上级下达审计项目6个，完成市党委、市政府下达的领导干部任期经济责任审计8项。共查出违规行为金额799万元，其中决定处理处罚34万元，指明要求纠正765万元，为被审计单位挽回经济损失90万元，作出审计建议移交市纪检监察部门处理1人。还完成审计调查工作1项，并配合纪检监察部门完成对全市各单位财务收支两条线的清理工作。

【马山县审计局】 现有干部职工11人。设有办公室、财政金融审计股、行政事业审计股、商粮贸审计股、工交企业审计股和固定资产投资审计股，负责对15个乡镇和148个县直部门的审计监督。局长蓝常欢，副局长谢先东、蓝庭茂。

审计成果 全年共完成审计项目11个，审计查出各种违纪违规金额1073万元，应上缴财政27.09万元，指明纠正金额894.3万元。

【扶绥县审计局】 现有干部、职工16人，设有办公室、行政事业审计股、企业审计股、固定资产投资审计股，负责对12个乡镇和128个县直部门的审计监督。局长梁英德，副局长李卫、张小兰。

审计成果 2000年，上级审计机关下达的审计项目计划11个，全年实际完成项目30个；查出违纪违规金额7343万元，应交财政792.60万元，应归还原资金渠道2917万元，已上交财政151.32万元；提交审计报告30篇、审计意见9篇、审计决定8篇。移交监察部门或检察机关处理4人。同时，还完成县委、县政府交办基建审计项目8个，审计工程预算总造价2346万元，核减316.52万元。

【大新县审计局】 现有干部11人，设有秘书股、财政金融审计股、行政事业审计股、商粮贸审计股、工业交通审计股，负责对16个乡镇和县直25个部门的审计监督。局长黄兆林，副局长赵程武。

审计成果 2000年完成审计项目10个，共查出违规行为金额8130万元，其中应上缴财政金额95.28万元，已上缴财政38.7万元，应归还原资金渠道169.3万元，提交审计调查报告1篇。

【上林县审计局】 现有干部、职工15人，设有办公室、工交企业审计股、商粮贸审计股、行政事业单位审计股，负责对13个乡镇和41个县直部门的审计监督。局长蒙云强，副局长覃杰荣。

审计成果 全年完成审计项目12个，查出违规违纪金额154万元，归还原资金渠道16.18万元，应上缴县财政15.42万元已全部上缴。

【崇左县审计局】 现有干部、职工16人，设有行政事业审计股、固定资产投资审计股和工商企业审计股，负责对11个乡镇和110个县直部门的审计监督。局长梁艳琼，副局长陆伟业、冯小红。

审计成果 2000年度，完成的审计项目包括同级财政、林业局、工商局、房改中心、水厂、建设局等13个单位。查出违纪违规资金1489万元，其中应追还被侵占挪用资金1104.58万元；应上交财政22.63万元，已上交16.63万元；移送检察机关案件2起。

【天等县审计局】 现有干部职工10人，设有行政事业审计股、企业审计股、秘书股，负责对15个乡镇和各县直部门的审计监督。局长张志伟，副局长潘乃地、王德胜。

审计成果 全年完成审计项目14项，审计29个单位，延伸审计15个单位，查出违纪违规行为金额1053万元，其中责成被审计单位归还被挪用的资金538.01万元、自行调整有关账目319.33万元，处理处罚应上交财政195.70万元，已上交财政150.67万元。

【宾阳县审计局】 现有干部、职工17人。设有文秘股、行政事业审计股、工业企业审计股、商业企业审计股、基建审计股，负责对23个乡镇和各县直部门的审计监督。局长罗冠生，副局长黎满君、磨志宏、潘忠怀。

审计成果 完成审计项目14个，查出违纪行为金额2962万元，应交财政金额28万元，已交27万元；还完成基建工程审计项目25个，审计金额2837万元，核减工程款308万元。对2个国有重点企业（政府交办）负责人进行了任期经济责任审计，这是该局审计工作的新尝试。

【宁明县审计局】现有干部、职工14人，设有政秘股、企业审计股、行政事业审计股。负责对县直部门和15个乡镇的审计监督。局长彭安威，副局长黄勇进、陆荣。

审计成果 完成审计项目20个，共查出和纠正违纪违规金额1921万元，查处应上缴财政金额24万元，应归还原渠道资金947万元。同时，加强“人、法、技”建设，实行挂牌上岗，自觉接受群众的监督。还投资10多万元添置了电脑、复印机、传真机等；搞好院内绿化、路面建设，改善了办公条件。

【隆安县审计局】现有干部、职工13人，设有办公室、行政事业审计股、企业审计股、财政金融审计股和领导干部任期经济责任审计股，负责对13个乡（镇）和37个县直部门的审计监督。局长钟志，副局长韦仁初。

审计成果 完成审计项目10个，完成审计调查3项。共查出违纪违规金额1244万元。上缴县财政金额59.53万元。共提交审计报告4篇。完成县政府交办的工作任务5项。完成领导干部任期经济责任审计4项（单位），查出违反财经法规金额2822万元，上缴财政0.73万元。

【横县审计局】现有干部、职工20人。设有办公室、工交企业审计股、金融审计股、行政事业审计股、商粮贸审计股和基建审计股，负责对22个乡镇和100多个县直部门的审计监督。局长李家伯，中共党支部书记兼副局长李成章，副局长韦建道、黄仕结。

审计成果 完成审计项目19个，审计查处各类违规行为金额3438万元，指明要求纠正金额2783万元，查出应上缴财政资金274.48万元。还完成工程决算审计项目61项，核减工程款266万元，核减率9.4%。完成上级和本级政府临时交办审计任务2项，审计单位10个。一是对广西三骏糖业有限责任公司近年来改革的成果和取得的经验以及影响企业生产经营效益的外部环境进行了审计调查。二是对横县“两会”资产进行专项审计，在对该项目审计中，查出云表邓圩农村合作基金会何某贪污挪用基金44.38万元；附城镇北村农村合作基金会黄某非法吸收存款262万元；马岭村农村合作基金会韦某等3人利用职务便利挪用基金5万元搞基建；横县乡镇企业发展基金会（广东人办）虚假注资100万元，以借款为由贪污基金53.68万元等严重违法问题。审计复核附城农村合作基金会支付高息揽储手续费660万元。这些案件，有关公安部门、检察部门已立案查处。

【龙州县审计局】现有干部7人，设有行政事业审计股、企业审计股和综合股。负责对13个乡镇和74个县直部门的审计监督。局长邓世敢，副局长谭冰。

审计成果 全年共完成审计项目10个，审计单位21个，查出违纪违规金额5399万元。其中应上缴财政金额37.48万元（其中罚款17.72万元），当年已上缴财政21.86万元；应归还原资金渠道156万元；应追回被集体企业侵占的国有资产36.25万元。完成县委、县政府交办的工作任务6项。

【柳州地区审计局】2000年末，在职干部、职工30人，其中大学本科学历1人，大专学历18人，局长朱柏强，副局长莫非国、韦炳高、韦文智。设有办公室、综合科、财政金融审计科、行政事业审计科、工业交通审计科、商贸审计科等部门。

审计成果 全年完成审计项目16项，查出违规行为金额9012万元，追还被侵占挪用资金896万元，应上交财政136万元已入库。

完成上级交办任务 完成由全国、全区统一组织的审计项目9个，主要是：本级财政预算执行审计；工商系统、住房资金管理中心财政、财务收支审计；重点企业审计；外资项目审计；财政扶贫资金、社会养老保险基金审计调查等。同时积极完成地委、行署交办的审计项目5个，其中对地区供销社下属四大公司资产负债损益和社员股金审计，全局共抽调12人组成4个审计组加班加点抓紧完成，局5名领导分头下到审计组，经过全体参审人员努力，共查出有问题资金总额5535万元，移交纪检监察专案组线索20条，并对存在问题进行原因分析，得到地委、行署领导好评。

内部审计 地区本级现有内审机构9个，配备工作人员15人，全年共审计14个单位，查出违纪金额36万元，损失浪费金额6万元，促进增收节支42万元。

经济责任审计 至年底，全地区共有9个县（市）开展了领导干部任期经济责任审计，共完成审计项目50个，其中党政部门28个，责任人28人；企业单位22个，责任人22人。审计查出违规行为金额6855万元，其中应由责任人负主管责任6826万元，负直接责任29万元。各级干部管理部门利用审计成果，考核、考察和使用干部，提拔干部2人，免职后（或落选后）不再任职的7人，平级调动工作的3人，移送纪检监察机关建议给予党纪政纪处分3人，移送司法机关查处1人。

【合山市审计局】 现有干部职工10人。设有办公室、行政事业审计股、企业审计股、经济责任审计股，负责对3个乡镇和203个市直部门的审计监督。局长庞正芳，副局长梁建华。

审计成果　完成审计项目13项，审计单位22个；完成审计调查2项，经济纠纷案鉴定2项。查出违规违纪金额432万元，其中应上缴财政76.1万元。应追还被侵占挪用资金50.2万元，移送纪委、监察案件1件，提交审计工作报告1篇，审计结果报告9篇。完成领导干部任期经济责任审计9项，通过审计建议给予党纪、政纪处分的领导人员2人，不再予任职的领导人员4人。完成基建工程预决算审核89项，审计金额1276万元，核减基建工程款158.6万元。此外还抽调3人参加合山市开展清理"小金库"和企业清产核资工作以及企业破产清账工作，派1人参加合山市减轻农民负担清理检查工作。

【融安县审计局】现有干部、职工13人，设有综合股、财政金融审计股和行政事业审计股，负责对全县乡镇和县直部门的审计监督。局长石启良，副局长吴成春。

审计成果　全年共完成上级下达的国家审计项目13项，共查出违纪违规金额1164万元，责令追回被侵占挪用资金1150万元，应上缴财政金额43万元，已上交财政金额42万元。

【象州县审计局】现有干部、职工12人，设有财政金融审计股、行政事业审计股和综合审计股，负责对11个乡镇和78个县直部门及其所属单位的审计监督。局长黎凛然，中共党支部书记王桂枝，副局长吴金华、宋绍邵。

审计成果　共完成审计项目14个，查出违纪违规金额2495万元，上缴财政68万元，归还被侵占挪用资金2480万元。完成县政府交办任务，开展领导干部任期经济责任审计4项，审计清理单位4户，查出违纪违规金额810万元，上缴财政54万元。完成上级下达审计任务，完成审计项目10个，审计单位10户，审计查出违纪违规金额1685万元，上缴财政14万元。

【来宾县审计局】现有干部、职工18人，设有秘书股、行政事业审计股、财政金融审计股、基建企业审计股，负责对24个乡镇和193个县直部门的审计监督。局长陈仁清，副局长何兴校、韦志一、苏家忠、潘小中。

审计成果　全年完成审计项目14个，查出违纪违规金额1483万元，其中隐瞒截留国家税利和其它财政收入317.4万元；挤占挪用专项资金70万元；私设小金库53.3万元；应上缴财政131.4万元，已上缴财政100.1万元。重点审计了县工商局、平阳乡财政所、县广播电视局、县卫生防疫站和县卫生监督所等单位，审计查出违纪违规金额956.1万元，应缴财政金额111.4万元，其中县工商局和平阳乡财政所两个单位的违纪违规金额就分别占58%和14%。

【鹿寨县审计局】现有干部、职工16人，设有秘书股、企业审计股、财政金融审计股、行政事业审计股，负责对12个乡镇和86个县直部门的审计监督。局长罗承鹏，副局长余栋彰、海代杰。

审计成果　全年共完成审计项目28项，审计查出违规违纪行为金额1123万元；决定处理处罚金额539万元；应上缴财政185万元；指明要求纠正584万元；针对被审计单位存在的问题，提出建设性意见109条，都得到被审计单位的重视和采纳。完成县委、县政府交办工作任务5项，审计清理单位5个，摸清了家底，核实了亏损，写出审计调查报告，提出改进意见报政府。

【武宣县审计局】年底有干部、职工18人，设有秘书股、综合审计股、企业审计股、商粮贸审计股，负责对13个乡镇和72个县直部门的审计监督。局长黄宏，中共党支部书记、副局长韦景恒，副局长覃祖范、覃泽兴。

审计成果　全年共完成审计项目12个，查出违纪金额2525万元，其中应上缴财政105.9万元，已上缴财政75.1万元。

【忻城县审计局】现有干部职工14人，设有综合审计股、企业审计股、行政事业审计股和经济责任审计股，负责对13个乡镇和县直80多个部门的审计监督。局长卢建岁，副局长蓝生辉。

审计成果　完成审计项目15个，查出违纪违规金额2167万元，其中应归还原资金渠道1172万元，应上缴财政金额85.5万元，已上缴财政金额61.8万元。促进增收节支846.5万元。共提交审计报告15篇。为被审计单位提出了117条整改意见和建议。完成县委、县府中心工作任务8项。抽调27人次参加县委、县府的各项中心工作，并能按时按质按量完成。

【融水苗族自治县审计局】现有干部、职工13人，设办公室和审计业务股，负责对21个乡镇和56个县直行政机关、128个事业单位的审计监督。副局长何胜荣（主持工作）、梁启胜。

审计成果　全年完成审计及审计调查项目14项，查出违纪违规金额2256万元，应交财政108.2万元，应归还被侵占挪用资金192.5万元，应减少财政拨款或补贴1.3万元。开展的审计业务工作是：深化预算执行审计，组织大部分审计人员投入到本级预算执行审计中；搞好外资运用项目审计，认真检查融水县利用外资的内控制度执行情况；抓好以工代赈、扶贫资金等专项资金调查，确保专款专用；围绕“热点问题”，开展住房资金审计，保障资金的安全运营；完成授权的工商行政部门项目审计，促进执法单位依法行政；开展土地局局长离任经济责任审计，探索审计新路子。

【金秀瑶族自治县审计局】现有干部、职工8人，设有财金审计股、企业审计股和综合审计股，负责对11个乡镇和55个县直部门的审计监督。局长李振芬，副局长潘安庆。

审计成果 重点审计了本级预算执行情况；县地税局1999年度地方税征收、减免和提退情况以及提成、返还资金的管理使用情况；桐木镇1998至1999年度财政决算情况；县住房资金管理中心1999至2000年6月底的年度住房资金的归集、管理和使用情况；世行贷款（疾病预防、妇幼卫生保健、造林三期）项目；工商行政管理局1998、1999年财务收支情况；香料香精有限责任公司1998、1999年资产、负债、损益情况等9个项目。共查出违纪行为金额32万元，决定处理处罚22.46万元，指明要求纠正9.59万元。应交财政22.4万元，应归还原渠道资金3万元。对扶贫资金、企业养老保险基金进行了审计调查。

【三江侗族自治县审计局】现有干部、职工10人，设有办公室、企业审计股、行政事业审计股，负责对16个乡镇和67个县直部门的审计监督。局长唐祖悦，副局长曹玉珍。

审计成果 全年共完成审计项目14个，查出违规行为金额193万元，其中决定处理处罚103万元，指明要求纠正90万元，上交财政29.4万元。共提交审计报告14篇。审计县住房资金管理中心1999至2000年6月底住房资金的归集、管理和使用情况，审计中发现违规多收利息以及超预算列支管理费用、挤占住房资金、隐瞒收入共18.6万元予以全额没收，上交财政。对县直一单位私设“小金库”进行审计，该单位近三个年度以来，私设“小金库”10.9万元，处以全部上缴财政。

【贺州地区审计局】2000年，有干部、职工20人，其中大学本科学历3人，大专学历8人，局长谢青平，副局长邱超源。设有办公室、财政中央单位审计科、固定资产投资审计科、工交企业审计科、商粮贸企业审计科、行政事业单位审计科。

审计成果 完成审计项目42个，查出违规行为金额9949万元，应上交财政171万元，已上交财政161万元，应归还原渠道资金591万元。向检察机关移交经济案件一起。

完成上级交办任务 一是完成上级审计机关下达的审计任务36项。在完成自治区审计厅临时交办的扶贫专项资金审计任务中，对全地区21个管理或使用扶贫资金的单位进行了专项审计调查，查出扶贫资金被挤占挪用1000万元，如实向区厅和地区行署领导作了汇报，行署为此召开了专题办公会议，对挤占挪用扶贫资金的单位进行了严肃批评，并责成其限期归还；据年底跟踪审计，上述问题基本上得到了解决。二是根据行署领导的指示，为了配合地区流通企业的改制工作，完成了对地区商业系统、供销系统、物资系统和外贸系统共37家企业的清产核资审计。三是仅用一年时间，建成建筑面积为3600M^{2}的审计综合办公楼，圆满完成了地委、行署交给的搬迁到贺州市办公的任务。

经济责任审计 完成经济责任审计任务7项，查出违规行为金额598万元，上交财政14万元，归还原渠道资金40万元。经审计和组织人事部门考察，提拔1人，平调2人，免职2人，降职1人。

【贺州市审计局】现有干部、职工26人，设有秘书股、行政事业审计股、财政金融审计股、企业审计股、基建审计股，负责对20个乡镇和193个市直部门的审计监督。局长谢庚，副局长邹树坚、张小玲、邹贵初。

审计成果 共完成审计项目108个，审计总金额10.2亿元，查出违规行为金额2164.38万元，应上缴财政43.05万元，核减基建工程造价185万元。

【钟山县审计局】现有干部、职工18人，设有行政事业单位审计股、企业单位审计股、财政中央单位审计股、固定资产投资审计股和秘书股，负责对17个乡镇和98个县直部门的审计监督。局长卢庆生，副局长李玉群，中共党支部书记廖有坤。

审计成果 共完成审计项目36个，其中完成上级审计机关下达的任务14项，临时交办的任务1项，自定的固定资产投资审计项目9个，县政府和县委组织部交办的领导干部经济经济责任审计任务12项。查出违规行为金额4769万元，应上缴县财政14.81万元、归还原渠道资金41万元。在审计中，重点加大了对财政预算执行情况的审计监督力度，坚决纠正预算执行中存在的不真实、不合法、不规范的问题。在预算执行审计中，查出私设小金库83.6万元，挤占挪用专项资金9万元，应缴未缴行政性收费78万元；查出财政综合股会计利用集资之便贪污集资款及应付利息款48.85万元。

【昭平县审计局】现有干部、职

工12人，设有行政事业审计股、工商企业审计股、基建审计股和秘书股，负责对17个乡镇和168个县直部门的审计监督。局长覃鸿锦，副局长邓表华。

审计成果 完成审计项目任务23项，查出违规行为金额2357万元，应上缴财政金额405.91万元，已缴334.25万元，应归还原渠道资金145万元。还完成基建竣工决算审计项目4个，审计金额850.4万元，核减137.64万元。

【富川瑶族自治县审计局】 现有干部职工15人，设有办公室、企业审计股、行政事业单位审计股、固定资产投资审计股，负责对13个乡镇和126个县直部门的审计监督工作。局长黎先喜，副局长何金荣、董大星。

审计成果 共完成审计项目25项，其中完成上级下达审计项目12项，完成经济责任审计项目7项，完成有关部门委托审计事项6项。通过审计查出违规行为金额1896万元，应上交财政11万元，已交财政8万元。另外，全年开展基本建设项目竣工结算审计11项，审计工程总额1552万元，核减资金53.85万元。

【百色地区审计局】 2000年，共有干部、职工38人，其中研究生学历1人，大学本科学历3人，大专学历22人，局长卢欣，副局长庞新生、韦名雄、钟超诚。设有办公室、综合审计科、固定资产投资审计科、工业交通审计科、财政审计科、中央企业审计科、行政事业审计科、商业贸易审计科。

审计成果 全地区共完成审计项目233个、审计调查10个，查出违纪违规金额36862万元，应上交财政2477万元，应归还原渠道资金2611万元，已上交财政1241万元；其中百色地区审计局查出违纪违规金额15593万元，应上交财政1211万元，已上交财政649万元，查出100万元以上的违纪单位12个。百色地区审计局在对下级政府财政决算审计中，发现国税局以制造假入库手段，截留增值税款217万元的情况，向审计署反映，审计署进一步检查出该局严重违反规定金额高达2797万元的问题。

完成上级交办任务 根据群众举报和中共百色地委、百色行政公署的指示，百色地区审计局集中力量于3月9日至6月12日，对隆林县和西林县1990－1999年的库区移民资金进行审计，查出隆林县挤占挪用资金3130万元、虚列支出资金287万元、损失浪费资金136万元；查出西林县有问题的资金2982万元；对违法违纪涉案人员，移交纪检、监察和检察机关进一步查处。还积极为山区贫困农民办好事，努力筹集资金帮助修建了地头水柜180个、容量12150立方米，修建沼气池40个，以及修建山区公路等，密切了党群干群关系。

经济责任审计 全地区各级审计机关2000年共完成经济责任审计11项，其中审计党政领导干部9人、国有企业领导干部2人，查出违规金额共2797万元。

【百色市审计局】 现有干部、职工20人，设有办公室、财政金融审计股、商粮贸审计股、工业交通审计股、固定资产投资审计股。局长罗绍联，副局长韦寿柏、金丽群。

审计成果 全年完成审计项目17个、审计调查项目1个，共查出违纪违规金额2583万元，已上缴市财政85万元；同纪检等部门配合查处经济案件1起；共提交审计报告17篇。年内完成市委、市政府交办任务8项、审计清理单位8个；还完成工程决算审计项目25个，审计总金额3971万元、核减952万元，其中对百色火车站进站大道土方工程和市河东区商业步行街基础排水工程审计，核减金额691万元。

【田阳县审计局】 现有干部、职工13人，设有办公室、财政金融审计股、商贸审计股、工交审计股、固定资产投资审计股。局长黄伊凡、副局长杨仁选、方忠新。

审计成果 全年共完成审计项目40个、审计调查项目2个，共查出违纪违规金额3961万元，已上缴县财政219.7万元。年内共完成县委、县政府交办任务12项、审计清理单位14个；其中在四月份抽出6名审计人员对田阳县糖厂进行审计，查出“小金库”343.9万元，并积极配合纪检监察机关工作，在对糖厂坑农事件和贪污受贿案件的查处中发挥了作用。还审计工程决算项目52个，审计总金额6172万元，核减金额621万元。

【河池地区审计局】 2000年，有干部职工35人，其中大学本科学历7人，大专学历17人，中专学历4人，局长陈作明，副局长韦显志、周国芳、黎德健。设有秘书科、财政金融审计科、行政事业审计科、商粮贸审计科、工交审计科、农业资金审计科、固定资产投资审计科。

审计成果 全年共完成审计项目31个，其中上级审计机关下达的项目10个，地方党委政府交办的项目7个。查出违纪违规金额13703万元，其中挤占挪用专项资金1762万元，虚列支出424万元，账外资产138万元；对违纪违规金额处理应交财政337万元，已上交财政336万元，其中罚款43万元。提交审计工作报告信息31篇，有19篇被上级审计机关及新闻单位采用。

内部审计 地区本级设有内部审计机构18个，其中专职机构14个，配有内审人员29人（专职人员

19人)。积极开展了经济责任审计和财务收支审计等项工作。

【河池市审计局】现有干部、职工20人，设有办公室、行政事业金融审计股、企业审计股、基建审计股，负责对14个乡镇和66个县直部门的审计监督。局长韦志培，副局长韦永扬、曾娘添。

审计成果 共完成财政财务收支及专项资金审计项目31个，查处违规资金485万元，应交财政33万元，已交财政33万元，责成归还原资金渠道265万元。此外，还完成基本建设投资审计25项，审计金额5781万元，核减投资542万元。完成经济责任审计5项，查处违规金额185万元，上交财政2.8万元。通过审计查处一个虚盈实亏企业，查出虚报利润115万元，企业领导负有主管责任。

【宜州市审计局】现有干部、职工16人，设有纪检、监察室、秘书股、行政事业审计股、财政金融审计股、企业基建审计股，负责对21个乡镇和85个市直部门的审计监督。局长吕建均，副局长覃鸿精、杨曦。

审计成果 全年完成审计项目17个，查出违纪金额2404万元，指明纠正金额2253万元。决定处理处罚金额151.63万元，归还原渠道资金677万元。向检察机关移送涉嫌经济犯罪案两起，涉案人员已被捕。还完成基建审计项目14个，其中审核结算项目9个，核减总金额184万元。任期经济责任审计成果得到应用。对怀远镇的领导离任审计结果，市委、市府给予责任者处罚，责任者已被捕。

【天峨县审计局】现有干部、职工10人，设有秘书股、行政事业审计股、企业审计股，负责对11个乡镇和75个县直部门的审计监督。局长罗旭烈，副局长韦文林、田光勤、胡支彦。

审计成果 共完成审计项目11个，完成审计调查1项，查出违纪金额65万元，上缴财政100.6万元(其中追收历年欠缴51.6万元)，提交审计报告11篇。

【凤山县审计局】现有干部职工14人，设有商粮贸审计股、工业交通审计股和行政事业审计股。局长韦垠志，副局长黄兴敏、李永苗。

审计成果 2000年度上级下达审计项目任务9个，实际完成审计项目19个。审计查出违纪违规行为金额1664.17万元，处理处罚应上缴县财政资金38.1万元，至年底已上缴县财政资金12.8万元，应归回原资金渠道242.2万元，应调整有关账务204.4万元。

【南丹县审计局】现有干部、职工18人，设有财政金融审计股、行政事业审计股、企业审计股、固定资产投资审计股和秘书股，负责对13个乡镇和89个县直部门的审计监督。局长韦时猛，副局长吴熙军、覃慧琴。

审计成果 全年共审计23个单位，共查出违纪违规金额2702万元，其中指明要求纠正2223万元，已缴财政46万元，核减工程造价减少财政支出20万元，应归还原资金渠道406万元。

【东兰县审计局】现有干部、职工12人，设有工交审计股、行政事业审计股、商贸金融审计股、经济责任审计股和秘书股，负责对23个乡镇和194个县直部门的审计监督。局长韦国亮，副局长班荣毅。

审计成果 完成审计单位24个，查出违纪违规金额2172万元，上缴县财政46万元，追回被侵占挪用资金1477万元。提交审计报告24篇。完成县委、县政府交办工作任务19项。配合纪检、监察部门对县建筑公司、广西压力锅厂的账务进行清理，配合县经贸局对广西亚细亚医药保健品有限公司的账务进行清理和资产评估，参加县财政局对全县22个单位的财务检查，共查出违纪金额147万元，清理"小金库"资金4.5万元。

【都安瑶族自治县审计局】现有干部、职工25人，设有综合股、财政金融审计股、农业资金审计股、行政事业审计股、企业审计股和固定资产投资审计股，负责对22个乡镇和103个县直部门的审计监督。局长韦家立，副局长王安秀。

审计成果 全年共完成审计项目30个，查出违纪金额1123万元，上缴财政44万元。对民政资金的审计，已将挪用专项资金的责任人移交纪检监察部门立案处理。全年共向有关部门移交案件6起。

【罗城仫佬族自治县审计局】共有干部、职工20人，设有办公室、财政金融审计股、行政事业审计股、企业审计股。局长李天祥，副局长韦清、吴代钦。

审计成果 本年度完成审计项目19个，审计查出违规行为金额2230万元，其中指明调账纠正2214万元，应上缴财政16万元，已上缴财政11万元。

【巴马瑶族自治县审计局】现有干部、职工10人，设有综合秘书股、行政事业金融审计股、企业审计股，负责对12个乡镇和141个县直部门的审计监督。局长韦彩红，副局长蒙有芳、黄榆婷。

审计成果 全年共完成审计项目16个，审计单位22户，发现有违规行为单位14户，查出违纪金额

732万元，应上缴财政金额43.4万元，年内实际上缴财政33.2万元，应归还原渠道资金506.7万元，提交审计结果报告10篇。受县党委、县人民政府委托，开展对领导干部任期经济责任审计4个项目；对两个单位进行有关账务专项调查和财务转归管理清查；参与“两会一部”兑付和资产、债权、债务核实等项工作。

【环江毛南族自治县审计局】 现有干部、职工12人，设有综合股、行政事业审计股、财金贸审计股、建设工交审计股，负责对15个乡镇和91个县直部门的审计监督。局长覃勇谋，副局长陆重庆、韦闻捷。

审计成果　完成审计项目21个，其中经济责任审计3项，查出违纪违规资金3759万元，其中指明调账、纠正和归还原资金渠道3665万元，应上交财政资金93.19万元。通过审计，向纪检监察部门移送案件1件，建议给予行政处分10人，经纪检监察机关查处，有5人被行政撤职、降职及留党察看处分。向检察机关提供案件线索1件，经检察机关侦察起诉，涉案人员因犯贪污罪被判处有期徒刑5年。同时，积极完成县党委、政府交办的中心工作，如为联系的贫困山村筹措资金2.5万多元，建起了村委办公楼，发动群众兴修地头水柜9个。

【大化瑶族自治县审计局】 现有干部、职工11人，设有综合股、财政金融审计股、行政事业审计股、企业审计股和固定资产投资审计股，负责对19个乡镇、4个开发区和201个县直部门的审计监督。局长韦东，副局长黄瑞神、黄志权。国庆节新办公楼落成，总投资160万元，建筑面积1168m²，办公条件明显改善。

审计成果　全年共完成审计项目18个（其中县政府交办任务3项，上级审计机关下达审计项目9个），完成审计调查2项，查出违纪违规金额958万元，责令被审单位归还原资金渠道450万元。同纪检、监察部门配合，查处各种经济案件2起。上缴县财政109万元。提交审计报告21篇。

海南省

【海南省审计厅】 2000年，海南省审计厅定编101人（其中公务员93人），在编98人。厅机关设有办公室、人事教育处（机关党委、机关工会）、法制处、财政审计处、金融审计处、固定资产投资审计处、经贸审计处、行政事业审计处、农业与资源环境审计处、经济责任审计管理处等；同时还设立了海南省审计培训科研所1个直属事业单位。

领导成员

厅　长：翟培基

副 厅 长：陈太辉　林　东

　　　　　何洪彬　陈人雄

海南省审计成果　2000年，海南省各级审计机关以江泽民总书记“三个代表”的重要思想总揽全局，大力开展各项审计业务，共完成审计项目515个，查出违规行为资金29.4亿元。经审计处理，应上交财政金额2.45亿元，已上交财政金额1.33亿元；应追还被侵占挪用资金2.8亿元；应减少财政拨款或补贴1652万元；为国家增收节支5.41亿元。查出并向司法机关移送案件8件，建议给予行政处分19人。提交审计工作报告和审计信息345条，被领导批示和有关部门采用319条。

财政审计　2000年，共对132个单位进行了预算执行审计，查出违规行为金额6.9亿元。其中省厅努力扩大财政审计覆盖面，审计了省直13个部门（单位）的预算执行情况，延伸审计了63个二级预算单位。省厅还对陵水、定安2县进行了财政决算审计。同时各市县审计局也普遍开展了对乡镇财政决算的审计。翟培基厅长7月24日在省二届人大常委会第15次会议上代表省政府所作的省本级预算执行情况和其它财政收支审计工作报告，受到了省人大常委会较高评价。此外，省审计厅还首次开展了审计署组织的全国国税审计项目，通过对海口、三亚等6个市县国税局进行审计，发现了税收征管中的违法违纪问题，促进了依法治税。

金融审计　全省审计机关根据省政府的要求，为配合清理整顿省信托投资公司，负责起草了8家信托、租赁公司清算工作方案，并对部分证券公司和信托公司进行了审计调查；省厅组织对南方证券、长城证券、大连证券等3家证券公司驻海口营业部进行了审计调查，基本查清了3个营业部存在的主要问题；省厅抽调审计人员参与组成省政府处置地方金融风险办公室清算组，对省证券公司本部包括下属8个证券营业部和6个关联公司进行清产核资，基本摸清了非银行金融机构的家底，特别是不良资产的总量、结构、比例等重要情况，为省政府处置这一问题提供了科学依据。

企业审计　全省审计机关通过对67家企业的审计，查出违规行为资金9.4亿元，涉案人员5人，初步摸清了这些企业的家底，揭露了一些企业资产负债、损益不实，国有资产流失和管理混乱以及主要领导人违法犯罪等问题，受到了省政府的肯定。其中在对南洋船务集团股份有限公司审计中，针对该公司境外公司多，境外投资多的特点，面临无人可询，无账可查，会计资料不全且全是英文，账目管理混乱等困难，省审计厅组成强有力的审计组进行审计，发现该公司已将2.48亿元股本金全部亏空，且累计新增亏损近3亿元，债台高筑，诉讼不断，严重资不抵债，面临破产。审计还发现该公司原总经理涉嫌骗取信用证291万美元；逃汇、套汇4734万元，虚增营业收入10057万元；重复抵押贷款；利用职务之便侵占公司资产等犯罪行为。省厅及时将该涉嫌犯罪人的线索移送公安机关。

专项资金审计 全省审计机关依法继续对养老保险基金和电力发展资金进行了审计，查出被挤占挪用养老保险基金1.28多亿元，电力发展资金在征收、管理、使用中存在违规行为金额1.21多亿元；对全省燃油附加费和公路建设基金进行了审计调查，发现有些征收单位收入不实，21个征收单位中的90.4%未完成征收任务，对此，审计机关作了具体分析，提出了改进意见和建议；省厅抽调审计人员对福利、体育彩票资金进行了审计，基本查明了省福利彩票中心和省体育彩票办公室彩票资金筹、管、用的情况，查出福利彩票中心违规行为资金805万元。其中被挪用363.3万元，有偿使用潜在损失261万元。审计查出省体彩办隐瞒收入、挤占挪用体彩资金和巨额资金去向不明等问题，已将有关人员涉嫌犯罪的线索移交有关部门进一步查处。

重点建设项目审计 2000年，全省审计机关积极开展对海南西线高速公路、三亚园林绿化、凤凰机场、东线高速公路（左幅）、琼山儒俊水厂等项目的审计，审计情况受到省领导的高度重视和充分肯定，汪啸风省长多次作了重要批示。其中在凤凰机场卸油码头项目审计情况的报告上，汪省长批示："国家和省重点工程要严格进行审计监督。对这类长期不办决算的'糊涂账工程'要一项一项地清查处理，请计划厅、审计厅抓紧组织"。利用社会力量进行审计是法律赋予审计机关的工作职责，据此，省审计厅依据省政府133号令《海南省重点建设项目审计规定》的精神，积极探索了社会审计组织参与重点建设项目审计的路子，有效地弥补了审计机关力量不足的缺陷，进一步扩大了审计范围，提高了审计时效性，取得了良好效果。省审计厅借助社审力量通过对琼山供水工程的审计，核减工程造价6205万元，平均核减率32.8%，最高核减率58%，发现超出概算4275万元，被挪用建设资金4067万元，损失浪费资金757.4万元，乱集资431.8万元，吃喝挥霍483.48万元以及工程、财务管理混乱等问题。

外资审计 2000年，省厅抽调精兵强将，采取学习有关法规，深入实地审计、规范审计报告格式等办法，对国际金融组织贷款和国外援助18个项目进行了审计。据统计，共完成了世行贷款的海南结核病防治项目、省教育厅师范教育发展项目等4个项目，和亚行贷款的海南尖峰岭周边经济林带项目、金山果菜种植项目等4个项目的审计，查出虚列项目工程支出、违规变卖贷款物质、挪用项目资金等违规行为资金1.5亿元。

内部审计 省厅加大了对内部审计的指导管理。2月，顺利召开了省内审协会会员代表大会和三届一次理事会，选举产生新一届协会领导机构。加强协会内部管理，制定了规章制度，促进协会制度化、规范化建设，使各项工作逐步走上正轨。此外，还积极吸收新会员，会员单位由原来的43个，增加到84个，理事由原来的49人，增加到102人，使协会规模得到不断壮大。至年底，全省共设立内审机构455个，配备专兼职内审人员1206名，其中专职人员776人。通过审计查出违规行为资金2294万元、损失浪费金额2380万元；经审计，69人受到相应处理处分，其中移交司法机关4人，建议行政处分65人。

经济责任审计 2000年，全省各级审计机关共对111个单位的127名领导干部进行了任期经济责任审计，查出违规行为金额35545万元，其中负主管责任28231万元，直接责任5070万元；损失浪费447万元，个人问题32万元；有关部门利用审计结果，对干部进行考核，晋升4人，平调49人，降、免、撤职9人，受党纪处分3人；移送有关部门处理14人。初步建立了经济责任审计制度。省"两办"颁发了《关于加强经济责任审计工作的意见》，具体规定了经济责任审计的目的、对象、范围和重点等内容。省和部分市县建立了经济责任审计联席会议制度；积极探索县级以上党政领导干部任期经济责任审计工作。根据海南省的实际，按照中办、国办关于经济责任审计2个暂行规定的精神，共对13个县级以上（含县级）党政领导干部进行了任期经济责任审计，受到了审计署的肯定；加强了对各市县经济责任审计工作的指导。年内成功地召开了首次全省经济责任审计工作会议，对此项工作进行了全面部署。此外，还组织人员深入部分市县，就经济责任审计工作情况开展调查研究，针对存在的问题指导、帮助市县扎扎实实地开展此项工作，及时总结和推广先进经验，促进了全省经济责任审计工作健康发展。

精神文明建设 2000年，全省各级审计机关结合政府管理年、按照省委提出"齐心塑造海南形象"、"让宝岛更加文明"活动的要求，精心组织、积极开展了"外树形象，内抓管理"等主要内容的精神文明建设活动，取得了显著成绩。其中省审计厅被上级和同级机关授予各种奖励8项：被中宣部、司法部评为全国法制宣传先进单位，成为我省唯一获此殊荣的省直单位和我国审计系统唯一获此殊荣的省厅机关；在全省精神文明建设大会上作了书面发言；国家审计署多次派人调研总结省审计厅精神文明建设的做法，并在全国推广。

【海口市审计局】 2000年，共有在职干部、职工46人，其中硕士1人，大学本科学历12人，大专学历27人，局长侯新明，副局长吴发禄、李同源、王立文。设有办公室、综合科、审理科、财贸审计科、行政事业审计科、工交审计科、基建审计科等部门。

审计成果 全年完成本级预算执行、重点建设项目、公众基金、重点专项资金、行政事业单位和企业等审计项目72个，比上年增加11个；查出违规行为金额29044万元，其中应上缴财政、应追还被侵占挪用资金12817万元，已追缴入库10320万元，当年入库率93%；为国家增收节支12020万元。审计机关加强审计综合分析和促进审计成果的转化利用，全年提交审计工作报告、信息72篇，被各级领导批示，省、市党政机关和上级审计机关以及新闻单位采用70篇次。

完成上级交办任务 完成地方党政领导交办的审计项目占全部项目的20%以上。这些项目大都是领导关心的重要问题和群众反映较为强烈的问题，有在建重点建设项目的跟踪审计，国企改革期间财务及债权债务的审计，企业境外非法融资等情况的专项审计调查，落实举报事项，配合纪检、监察等部门进行有关案件的查证等。海口市审计局认真领会交办要求，查实问题，分析原因，提出建议，依法处理财务收支违规行为，及时报告审计结果。如秀英区长流镇棠甘村村民群众多年来对该村的土地款收支、基建项目开支等存有很大的疑惑，曾组织起来层层上访，问题久拖不决。海口市审计局对该村的财务收支进行了审计，对群众反映强烈的问题进行了认真详细的核查，并向村民群众公布审计结果，事实清楚，客观公正。该村村民群众对审计结果表示了信任。化解了基层干群矛盾。

内部审计 全市有内部审计机构15个，内部审计人员41人，全年完成审计项目234个，是年计划的260%，在审计中纠正违规行为金额413万元，减少损失浪费和促进增收节支1769万元，提出审计建议被采纳191条，向司法机关移送案件1宗。

【三亚市审计局】 2000年底，共有在职人员46人，其中本科学历9人，专科学历23人，局长孙庆璋，副局长陈海兴、黄良志。设有办公室、综合科、审理科、财政金融审计科、行政事业审计科、工业交通审计科、商粮贸审计科、基本建设项目审计科、外资外贸审计科等部门。

审计成果 全年共完成审计项目38个，完成年度计划的127%。共查出违纪违规金额11243万元，其中应上缴财政1534万元，已上缴财政239万元，返还原资金渠道200万元；核减工程预决算造价3824万元。查出百万元以上的违规行为单位2个；向纪检和司法机关移送违纪案情1宗。全年共提交审计工作报告、编发审计信息31编（期），共举办各种培训班5期，派出26人次到省内外学习培训。

完成上级交办任务 全年共完成上级交办审计项目29个，查出各类违纪违规金额7792万元，其中应上缴财政1311万元，已上缴财政207万元。

内部审计 设有内审机构8个，共有内审人员27人。全年共实施审计项目19个，查出损失浪费12万元，处理违规行为金额5万元，提出建议意见3条。

经济责任审计 建立了经济责任审计工作联席会议制度，全年共完成领导干部任期经济责任审计项目7个，查出违纪违规资金2119万元，其中应上缴财政132万元，已追缴财政3万元，查出损失浪费330万元，移送纪检和检察机关案件线索各1宗。

【琼海市审计局】 现有干部、职工11人，负责对全市21个乡镇和36个市直部门的审计监督。局长全业琳，副局长林绍加、何贤正，纪检委员符标兴。

审计成果 全年共完成审计项目12个，审计总金额3923万元。其中预算执行审计项目5个，财政决算审计项目2个，经济责任审计项目3个，企业审计项目1个，财务收支审计项目1个。共查出违纪违规金额10571万元，审计决定上缴市财政107万元，共提交审计报告12篇。共完成市委、市政府交办的工作任务2项，对市公安局、教育局等27个单位的“收支两条线”进行重点检查。对大路镇、加积镇等7个单位“两费”管理进行了重点检查。

【儋州市审计局】 现有干部职工19人，设有行政秘书股、工交基建审计股、商业贸易审计股、财政金融审计股、行政事业审计股，负责对全市25个乡镇和120个市直部门的审计监督。局长王月花，副局长李杰元、吴陆明、黄玉仙。

审计成果 共完成审计项目18个，完成年计划106%，查出违规行为金额2539万元，为市政府挽回300多万元资产损失。向纪检监察及司法部门移送违纪违规案件3宗，建议给予行政处分12人。对1999年农村教育事业费附加的征收管理使用情况进行审计调查，揭露15个乡镇收入不真实、弄虚作假等违规金额

92.5万元；对市重点企业春江糖厂、那大糖厂进行审计监督，查出违规行为金额267万元，核定增加资产300多万元；对东成乡平地村土地款纠纷问题进行调查，揭露46.2万元土地补偿款不入账，假造、侵吞征地款13.8万元等问题，消除该村不稳定的社会因素。领导任期经济责任审计共完成8个项目，查出违规行为金额353万元，指出任期领导决策失职造成损失141万元。财政同级审计查处违规行为金额1645万元，提出17条审计建议，被市人大、市政府采纳14条。

【琼山市审计局】现有干部职工15人，设有人秘股、行政事业审计股、工业企业审计股、商贸企业审计股，负责对全县26个乡镇和20个县直部门的审计监督。局长周平，副局长韩喜光、陈钟宁、陈昌鸿。

审计成果 共完成审计项目37个，比原计划超额完成154%。为财政增加收入448万元，核减工程造价390万元。财政同级审计共查出应上缴预算收入1838.6万元（包括以前欠缴款），已上缴市国库预算收入436.1万元，查出涉嫌个人贪污案件1宗。完成固定资产投资审计项目7个，审计金额13778万元，核减工程造价1390万元。内部审计机构审计完成128个单位，促进增收节支93万元，增加收入103万元。查出贪污、机关挪用公款70万元，开除党籍1人，撤销领导职务1人，移交司法查处1人，经济处罚2人。通过法定程序立项，对6个乡镇及10个市直机关单位的16名正局级领导干部进行了经济责任审计。

【文昌市审计局】现有干部13人，设有行政秘书股、第一审计股、第二审计股、第三审计股，负责对全县25个乡镇和60个市直部门的审计监督。局长黄心奋，副局长冯加说、潘蕴文。

审计成果 共完成审计项目13个，是年度计划的118%，查出违纪违规金额1019万元，提交审计报告、信息10篇。对2个部门单位预算执行情况进行审计。行政事业审计发现市交警大队存在应缴未缴罚没收入39.5万元，以及没有履行代扣代缴个人所得税税款义务，市城监大队收取的占道费24.9万元未执行"收支两条线"管理规定、罚没收入和占道修复费以及卫生保证金没有及时入账反映等问题。先后审计了市清澜港务公司、市自来水公司。在核实企业资产、负债、损益的基础上，重点审查国有企业资产质量和会计信息情况等。

【万宁市审计局】现有干部20人，设有办公室、行政事业审计、财政金融和外资审计、商贸和固定资产投资审计、经济责任审计与内部审计管理岗位，负责对全市18个乡镇和36个市直部门的审计监督。局长陈少宁，副局长钟尔波。

审计成果 共完成审计项目31个，完成年计划任务的172%。对7个单位的主要领导进行任期经济责任审计。查出违规行为金额2668万元，应追还被侵占挪用资金91万元，已追还78万元，应缴财政金额39.8万元，已缴28.5万元。

【东方市审计局】现有干部职工10人，设有行政秘书科、财政审计科、金融审计科、经贸审计科、行政事业审计科、农业与资源环保审计科、固定资产投资审计科、经济责任审计科，负责对全市17个乡镇和27个市直部门的审计监督。局长高昌琼，副局长林鹏、卢勇。

审计成果 共完成审计项目21个，完成计划的140%，查出违纪违规金额2365万元，已上缴财政金额47万元，已补交税金16万元，归还原资金渠道1368万元。向市纪检监察部门提供案件线索3件。完成市委、市政府交办的审计项目3个，查出违纪违规金额350257元；因企业经营管理不善亏损168749元。认真建立审计回访制度，年终组织检查组，落实审计结论执行情况，并将检查结果向市委、市政府报告，同时提出处理意见和建议。

【澄迈县审计局】现有干部职工17人，设有行政秘书股、经济责任管理股、行政事业审计股、经贸审计股、财政金融审计股，负责对全县18个乡镇和42个县直部门的审计监督。局长王发平，副局长蔡汝和、王哲端、邱德颜。

审计成果 共完成审计项目22个，提交审计报告25篇。审计单位26户，完成审计调查2项，调查单位20个。审计金额28340万元。共查出违纪违规行为金额3533万元。经审计，向县纪检监察、司法机关移交经济违纪案件3宗，上缴县财政资金33万元，共提交审计报告、信息等12篇，被上级审计机关、党政领导等机关采用10篇。促进增收节支196万元。完成县委县政府交办审计任务17项，其中离任审计11项，参与预算外资金检查、清理账户、经济案件、专项审计、农村三联创、农村扶贫蹲点等工作6项。

【定安县审计局】现有干部职工14人，设有行政秘书、财政审计、工商企业审计、行政事业审计、审理等岗位，负责对全县14个乡镇23个县直部门的审计监督。局长符传铭，副局长吴坚、莫日光、陈益京。

审计成果 共完成审计项目25个，其中完成省审计厅下达年度计划项目12个，本级党政交办项目13个。共查出违规行为金额2134万元，其中决定处理处罚金额788万元，指明应纠正金额1346万元；应上缴财政金额93万元，已上缴财政金额75万元；应归还原资金渠道490万元。共提交审计综合报告、信息29篇，被县领导、上级审计机关、新闻媒体采用或批示20篇次。共设内部审计机构39个，配备内审人员135名。全县内审机构共完成审计项目176个，查出违规行为金额65.09万元，其中追还被挪用公款0.4万元，追缴税款及滞纳金1.12万元，追缴罚没款15万元，追缴教育费附加11.1万元，其它违规金额50.97万元。

【屯昌县审计局】现有干部职工14人，设有行政秘书室、审理室、综合审计室、工交审计室、商贸审计室，负责对全县12个乡镇和22个县直部门的审计监督。局长黄昌华，副局长陈光伍、陈贤礼、蔡笃江。

审计成果 完成审计项目15个，完成年度计划的137%，查出违规行为金额2968万元，其中审计处理处罚金额2248万元，审计调整金额720万元，审计罚款15万元，已缴入库10万元。其中本级财政占用专款417万元；企业及个人拖欠税款326万元；民政局违规发放周转金62万元，少拨现役军人优待金和五保供养金47万元，卫生局收费5万元；新兴镇政府挪用统筹款13万元搞市政建设和职工集资房建设；藤乡政府、屯昌糖厂承包小组坐支现金1707万元，县人民医院隐瞒收入114万元，漏纳税金6万元；县水产发展总公司隐瞒销售收入38万元，漏纳税金19万元，坐支销售收入25万元，人为调整损益116万元，虚增固定资产255万元。此外，屯昌县审计局受海南省审计厅的授权，3月份对县教科与科学技术局第4期贫困地基础教育发展项目进行审计，并发表了审计师意见。完成党政领导交办离任审计项目7个。

【临高县审计局】现有干部职工17人，设有办公室、行政事业审计股、工交基建审计股、财政金融审计股、商业贸易审计股，负责对全县17个乡镇和78个县直部门的审计监督。局长林祖列，副局长王学愿、黄宁。

审计成果 共完成审计项目18个，审计单位18户，审计金额24837万元。共查出违规违纪金额1342万元，已上缴财政部门5万元，已归还原资金渠道13万元。移送并建议县纪委监察部门给予党政纪处分的3宗4人。县委、县政府交办了海洋局、皇桐乡、临城糖厂等3个单位领导干部经济责任离任审计。通过审计，1人提拔任用，1人平职调动任用，1人就地免职。

【白沙黎族自治县审计局】现有干部职工18人，设有办公室、行政事业审计股、财政金融审计股、商贸审计股、工交审计股，负责对全县15个乡镇67个县直部门的审计监督。局长符昌灵，副局长刘雄、黎行月。

审计成果 共完成审计项目18个，其中署定项目5个，完成审计调查6项，调查单位6个；查出违规行为金额611万元，其中指明要求纠正资金605万元，应上缴财政6万元。提交审计信息6篇。县委、县政府针对群众比较关心、反映比较强烈的热点、难点问题，交办了6个审计调查项目，对房改办、扶贫办、民宗局、社保局等6个单位管理和使用的专项资金和基金进行了审计调查，查出被挤占挪用专项资金554万元，损失浪费资金114万元。上述违纪违规问题，已上报县委、县政府及上级有关部门，并已做出了处理。

【昌江黎族自治县审计局】现有干部职工13人，设有综合股、行政事业审计股、财政金融审计股、工商企业审计股、经济责任审计股，负责对全县12个乡镇和38个县直部门的审计监督。局长桂科辉，副局长韩财定、钟信武。

审计成果 共完成审计项目16个，完成计划数100%。共审计单位48个，查出各类违纪金额1977万元，其中应交财政212万元，已交财政54万元，应归还被侵占挪用金额110万元；向司法机关移送案件1起，涉嫌人员1名；提交审计工作报告、信息5篇，被批示采用3篇。共完成党政交办的工作任务7项。其中经济责任审计项目5个，专项调查项目1项，财务收支审计项目1项。经济责任审计结果，其中3人平级调离原工作岗位，2人降职使用。在对党政交办的项目进行审计调查过程中，查出县土地管理局出纳现金累计短款8万余元，已移交司法机关处理。

【乐东黎族自治县审计局】现有干部职工11人，设有综合职能岗、审理职能岗、事业单位审计职能岗、企业单位审计职能岗、机关审计职能岗、经济责任审计岗，负责对全县16个乡镇和98个县直部门的审计监督。局长韩永蔚，副局长孙云、周亚孝。

审计成果 共完成海南省审计厅下达审计项目12个，县审计项目14个，县党政交办其它项目1个，完成本年度计划的225%，查出违纪违规金额892.8万元，应交财政262万元。其中领导干部任期经济责任审计工作得到国家审计署、省审计厅的充分肯定和好评，并被整理成经验材料上报国家审计署等部委，并在全省经济责任审计经验交流会上做了经验介绍。

【陵水黎族自治县审计局】现有干部、职工12人，设有政秘股、行政事业审计股、商贸审计股、工交金融审计股，负责对全县17个乡镇和20个县直部门的审计监督。局长王生锐，副局长李坚、陈日强、郑开奇、谭宏祯。

审计成果 共完成审计项目12个，在审项目2个。在审结的项目中，共查出违规金额9246万元，经审计处理，应上缴财政金额18万元，已上缴财政部门金额17万元，应归还原资金渠道76万元，向司法机关移送案件1件，配合县纪检、检察部门查处大案要案6宗。全年分别对县建环局、县卫生局等5个单位的财务收支情况进行了审计，审计查出县建环局在管理的报建工程项目中少收城市公共设施配套费用19.3万元，直属县矿务站收取各厂、矿场环境资源补偿费5.7万元擅自截留坐支，县卫生局违规占用专项资金弥补行政经费2.9万元等问题。对上述单位存在的问题，分别出具了审计意见书和审计处理决定，并依法严格督促执行。

【保亭黎族自治县审计局】现有干部职工13人，设有行政秘书股、财政金融审计股、农林水电审计股、工商贸易审计股，负责对全县12个乡镇和60个县直部门的审计监督。局长郑辉壮，副局长陈妮爱。

审计成果 完成审计项目21个，是年初计划的190%。全年查出违规行为金额2733万元。应上缴财政43万元，已上缴财政26万元；防止国有资产流失555.35万元；应追还被侵占挪用资金128万元；查处虚增利润732.8万元；查处私设“小金库”38.3万元；查处偷漏税31.4万元。全年共为国家增收节支349.3万元。建议有关部门给予党纪政纪处分2人。全县已建立内部审计机构13个，配备内审人员13人。全年经济责任审计项目9个，查处违规行为1261万元，应上缴财政22万元，应归还原渠道资金62万元。

【琼中县审计局】现有职工14人，设有办公室、行政事业、工交企业、财政金融和商粮贸审计岗位等，负责对全县14个乡镇和56个县直部门的审计监督。局长王玉霞，副局长王家开、朱金姣。

审计成果 全年共完成审计项目22个，其中署定项目9个，省定项目1个，县党政交办项目12个（其中经济责任审计11个），完成的项目占省厅下达年度计划任务的157%。通过审计，查出违规行为金额951万元，对违反财经法规的问题依法进行了处理，应上缴财税部门金额172万元，已上缴国库83万元；指明要求纠正金额779万元；查出并向有关部门提供经济案件线索3条。完成经济责任审计11个项目，查出违规行为金额422万元，应上缴财税部门114万元，指明纠正金额308万元。12月8日成立琼中县经济责任审计工作领导小组，建立经济责任审计联席会议制度。

【五指山市审计局】现有干部职工12人，设有局长办公室、行政人秘股、金融财政审计股、行政事业审计股、经贸企业审计股，负责对全市9个乡镇和19个市直部门的审计监督。局长高进魁。

审计成果 共完成上级审计机关和市委、市政府下达的审计项目（单位）20个，查出违纪违规金额2055万元，应上交财政金额180多万元，应追还被侵占挪用资金252万元。配合市纪检监察等部门查处各类经济案件3宗，提交审计报告20篇。领导干部任期经济责任审计查出违纪违规金额435万多元，应归还被挪用资金102万多元，建议行政处分1人，免职1人。

重庆市

【重庆市审计局】2000年，重庆市审计局定编205人，在编109人。局机关设有办公室、机关党委办公室、监察室、人事教育处、法规处、外资审计处、经贸审计处、固定资产投资审计处、农业与资源环保审计处、三峡移民审计处、财政审计处、行政事业审计处、经济责任与内部审计处、金融审计处；另设有派驻市教委、市交委、市农办、市商委、市建委、市经委审计处等部门；同时还设有直属事业单位市审计科学研究培训中心。

领导成员

局　　长：余　敏

副 局 长：吴德珍　杨春林　胡可惠

党委书记：李世玖

纪检组长：邓　炜

审计专员：汪　量

助理巡视员：周贤哲

重庆市审计成果 全市共审计单位1265个，决定进行处理处罚的违规行为金额6亿元，指明要求纠正29.4亿元，应缴财政1.59亿元，应减少财政拨款和补贴金额0.26亿元，应归还原渠道资金2.3亿元，已交财政1.4亿元，促进增收节支0.35亿元，向司法机关移送案件36件，协助有关部门查处经济案件12件。

财政审计 全市审计机关开展了对本级财政预算执行的审计工作，以规范财政秩序、合理有效使用财政资金为目标，重点开展了对环保资金、公共建设资金、社会保障资金及有关重点部门的审计，同时开展了对借用外债和外债规模及偿债能力的审计调查，共查出违规行为金额8.8亿元，分别向同级政府作了审计结果报告，并受同级政府委托向市、区县人大常委会作了《关于

1999年预算执行和其它财政收支的审计工作报告》，引起了有关部门领导的高度重视。

专项资金审计　根据部署，对8个区县及46个乡镇三峡移民资金的使用情况进行了审计，查出违规金额2468万元，占审计金额的2.88%，同比下降了75.66%，移交司法机关处理案件4件7人。统一组织了对12个国贫县和8个市贫县、23个市贫乡扶贫资金的审计，共查出违规行为金额4305万元。开展了对全市工商系统1998、1999年行政性收费、罚没收入及1999年度财务收支情况的审计，同时延伸审计了185个基层工商所。市工商局党组针对审计查出的问题，采取措施规范财务管理，建立健全内部管理制度，认真落实审计决定，至年末，已补缴应缴未缴财政资金647万元，归还被挤占挪用的资金247.8万元。

开展了对131户非国有重点企业职工基本养老保险费扩面征缴情况和重庆铁路分局等单位统筹的97户集体企业移交地方前养老保险结余基金、73户企业欠费情况的审计和审计调查。经过审计，重庆电力公司等单位尚未移交的养老保险结余基金412万元已全额移交社保部门。完成了对高新区、经开区、大渡口区等6个区（开发区）城市建设配套费的征管情况、市土地资源和房屋管理局1997年至1999年国有土地使用权出让金征收解缴使用及管理情况、渝湛高速公路童家院子至雷神店段建设项目概（预）算执行情况的审计，并提出审计建议，帮助被审计单位进行整改，引起了市政府和市交委的高度重视，直接减少工程成本4890万元。同时，还完成了对川东北农业综合开发、中德合作造林等14个世界银行、亚洲开发银行、国外贷援款项目的审计；重庆市审计局还联合国家外汇管理局重庆分局对重庆市外债情况进行了审计调查，得到了国家外汇管理局的赞同，并建议各地借鉴。

企业审计　重庆市审计系统共同协作，完成了对烟草、盐业等73户企业及煤炭、钢铁、纺织等10个行业31户企业的审计和审计调查。查处部分企业隐匿漏计收入收益、挤占成本费用、虚增利润等违规行为金额12234万元；揭示和揭露了部分企业存在的潜在亏损4940万元，不良资产8667万元，对外担保等承担的潜在风险和损失6601万元。同时，重庆市各级审计机关还完成各级党政交办的审计任务258项。

内部审计　全市全年共完成审计项目2.7万个，节约资金2亿元，防止国有资产流失1.6亿元，纠正违规金额6.1亿元。移送和配合有关部门查处经济案件48件。

理论研究　由市审计局牵头，会同部分高等院校及兄弟省市审计机关承担的《中国审计行政管理内容结构与逻辑体系》，作为审计署2000年重点课题《中国审计行政管理》的分课题，已经通过审计署及有关专家学者的鉴定。科研论文《任期经济责任的界定》被中国内审协会评为二等奖。

【重庆市渝中区审计局】2000年，共有干部职工20人，局长李兴志，副局长甘旭中、孟茂。设有秘书科、综合审计科、行政事业审计科、企业审计科和财政金融审计科。

审计成果　全年共完成审计项目19个，查出违纪金额885万元，其中上缴财政61万元；完成了对7个单位主要负责人任期经济责任的审计工作；推行目标责任考核制；加强对内部审计的指导，召开了全区部分内审单位的工作交流会，并对区教委、区公安分局、区市政绿化局等单位的内审工作作了现场指导。工商行政管理审计等项目被重庆市审计局授予质量优秀奖。

【重庆市大渡口区审计局】2000年，共有干部5人，局长杨德荣，副局长温良德、方骏。设有综合科、行政事业审计科、企业审计科。

审计成果　全年共完成审计项目15项，其中市级审计项目6项区级审计项目9项。提交审计工作报告信息2篇，其中《重庆审计》采用1篇。

【重庆市江北区审计局】2000年，共有干部职工15人，局长杨帆，副局长蒋忠华。设有办公室、财政金融审计科、行政事业审计科、企业审计科、基建审计科。

审计成果　全年共完成审计项目22个，查出违规行为金额2091万元，决定处理处罚666万元，上缴区财政655万元，应归还原渠道资金1万元，查出百万元以上违规单位1个，提交工作报告39篇，被上级采用4篇。共有内审机构17个，内审人员29人，共审计单位75个，审计金额7409万元。

【重庆市沙坪坝区审计局】2000年，共有干部职工17人，局长廖科秀，副局长陈芃、蒙晓明。设有行财审计科、企业审计科、综合审计科、秘书科。

审计成果　全年共完成审计和审计调查项目21项，查处和纠正违纪金额2.6亿元，收缴入库金额148万元，移送司法部门立案查处2件。提交各类审计信息、简报16篇，其中被上级有关部门采用12篇。在对本级预算执行审计中，查出并纠正各类违纪违规金额1793万元。共审计“三金”、“三乱”机构5个，查处违纪违规金额13063万元，收缴入库金额49.47万元。其中，在对重庆华侨建设投资公司的审计中发现，该公司虚假注册，非法吸纳公众存款1.3亿元，以及违规操作造成巨额资金严重损失等问题，并对其法人代表涉嫌犯罪的问题及时移送司法机关立案查处。对重庆灯泡三厂厂长任职期间经济往来情况进行了专项审计，查出其中的涉嫌侵占集体财产、索贿、挪用资金等重大违法犯罪线索，并及时移送公安机关立案查处。

【重庆市九龙坡区审计局】2000年，共有干部职工21人，局长王达文，副局长杜培梓、余学川。设有办公室、综合科、财金审计科、行卫审计科、商贸粮审计科、工交基建审计科。

审计成果　全年完成审计项目26项，查出违纪违规金额6046万元，发现"小金库"4个，处理上缴财政211万元。发现大要案线索1件，已移交检察机关处理。

【重庆市北碚区审计局】2000年，共有干部职工18人，局长梅仁康，副局长郑定才、蒋义勇。设有行政秘书科、财政金融基本建设审计科、行政事业审计科、工业交通商贸审计科和经济责任审计科等部门。

审计成果　全年共完成审计项目14项，共查处违纪违规金额2062万元，审计决定上缴财政79万元，已全额上缴入库，减少财政支出363万元。全年提交审计信息27篇，提交审计报告8篇，移送检察机关案件1件。

【重庆市万盛区审计局】2000年，共有干部、职工13人，局长余小池，副局长任永明。设有办公室、财政事业审计科、金融基建审计科和外资企业审计科。

审计成果　共完成审计项目17个，查出违纪违规金额877万元，上缴区财政26万元，提交审计报告17份。

【重庆市双桥区审计局】2000年，共有干部职工8人，局长曾学东，副局长黄茂胜。设有办公室、行政事业审计科、企业基建审计科和财政金融审计科。

审计成果　全年共完成审计项目23个，查出违纪金额565万元，其中应缴财政22万元，已缴财政5万元，应归还原渠道资金407万元，核减工程结算30万元，查出挤占建设成本50万元。

【重庆市渝北区审计局】2000年，共有干部职工20人，局长张颖，副局长赵文华、邓友兴，纪检组长陈懿。设有行政事业审计科、商贸工交审计科、经济责任审计科和办公室。

审计成果　全年共完成审计和审计调查36个项目（单位），查出违纪违规金额3177.8万元，审计处理应收缴财政195.8万元，追还被侵占挪用的金额和减少财政拨款241.44万元，提出改进管理建议并得到采纳22条。本级财政年度预算执行情况的审计查出违纪违规金额178.68万元；企业审计重点对渝北区供销社所辖企业进行全面审计和破产审计，调整和纠正核算资产不实资金2026万元，对区级机关和乡镇部分领导干部进行了任期经济责任审计，纠正未纳入单位财务核算资金76.71万元，收回用公款支付应由个人交纳的所得税1.57万元和其它违规列支资金10.27万元，查出年终决算账表不符金额14.13万元，追缴入库应该交纳的税金28万元。共有内审机构29个，专（兼）职内审人员67人，全年共审计项目119个，纠正违纪违规金额266.96万元，促进增收节支75万元，提出建议、意见被采纳30条，向司法机关移送案件1件，建议给予行政处分2人。

【重庆市巴南区审计局】2000年，共有干部职工25人，局长付灿忠，副局长文平忠、彭朝友。设有财政金融审计科、企业审计科、行政事业审计科、综合法制科和办公室。

审计成果　全年共完成审计单位46个，完成区委、区政府临时交办项目8个，查出违纪违规金额2564万元，处理收缴财政142万元，追回被侵占挪用资金436万元，促进增收节支167万元，向区检察机关提供案件线索4件。荣获重庆市审计系统综合考核"先进单位"等各种先进奖励14项。

【重庆市万州区审计局】2000年，共有干部职工44人，局长刘克友，副局长田发正、魏泽凌，纪检组组长祁怀中。设有办公室、综合法规科、财政金融审计科、工业交通审计科、商贸审计科、外资运用和固定资产投资审计科、行政事业审计科、农业审计科、经济责任审计科和审计管理科。

审计成果　全年完成审计项目43个，共查出各类违规金额5817万元，处理应上缴各级财政金额1264万元，应归还原渠道资金50万元，促进增收节支9万元。其中重点开展了对三峡移民资金的审计，针对其在管理、使用以及乡镇移民迁建项目、外迁移民资金中有关挤占、挪用、贪污及损失浪费等问题进行查处，并针对查出的问题提出了7个方面的建议，引起了有关部门领导的重视。共提交审计综合报告、审计信息68篇（期），同时协助有关部门查处经济案件2件，向司法机关移送涉嫌经济犯罪案件1件。

【重庆市万州区龙宝审计局】现有干部职工21人，设有审计综合科、财政金融行政事业审计科、外资基建审计科、工业企业审计科、商贸企业审计科和人秘科，负责对辖区内24个镇乡街道办事处和90个直属部门的审计监督。局长费德志，党组书记李光荣，副局长邹成军、朱玉华、刘浩，纪检组长牟乔木。

审计成果 全年共完成审计项目24项，查出违规行为金额1744万元，应上缴财政281万元。财政预算执行情况审计查出违规行为金额420万元；对库区移民资金进行了审计，查出违规行为金额199.09万元；任期经济责任审计查出违规行为金额48万元；内审机构37个，查出和纠正违规行为金额2724万元；提出审计建议112条被采纳；向司法机关移送经济案件4件；完成各类审计信息调研文章36篇，被采用10篇。

【重庆市五桥区审计局】现有干部职工15人，设有财政金融审计科、行政事业审计科、外资企业审计科、固定资产投资审计科和办公室，负责对全开发区34个乡镇、3个街道办事处和46个开发区直属部门的审计监督。局长冯春茗，副局长王正武（党组书记）、丁红伟、冯地军，纪检组长韩会余。

审计成果 全年完成审计项目23个，查处违纪违规金额1925万元，为国家节约建设资金239万元，提出各类审计建议意见21条。主要开展了本级财政预算审计、乡镇财政决算审计、行政事业单位审计、外资运用审计和固定资产投资审计以及环保排污费、扶贫资金、三峡移民资金、希望工程资金等专项资金审计；开展了社会养老保险基金调查、工矿企业和农村合作基金资产负债损益的审计调查。

【重庆市涪陵区审计局】2000年，共有干部职工57人，局长陈远明，副局长禹洪洲、秦廷举、付晓玲。设有办公室、综合科、财政审计科、金融外资审计科、工交审计科、商贸审计科、固定资产投资审计科、行政事业审计科、农业审计科、经济责任审计科和退干科。

审计成果 完成审计项目41个，审计单位50个，查出违规行为资金36110万元，决定处理处罚25229万元，指明要求纠正10881万元，收缴财政325万元，罚款6万元，归还原渠道资金714万元，促进增收节支371万元，查出百万元以上违规单位10个，向司法机关移送案件2件，协助有关部门查处案件1件，开展专项审计调查2项。完成经济责任审计10项，查出违纪违规资金7097万元。向上级审计机关和区委、区政府提交审计报告、信息33篇，被批示采用30篇。被重庆市审计局评为“先进单位”。

【永川市审计局】现有干部职工20人，设有金融审计科、财政审计科、基建审计科、企业审计科、行政事业审计科、经济责任审计科和办公室，负责对全市35个乡、镇、街道办事处和56个市直部门的审计监督。局长黄家秀，副局长符宏、邓绍顺、陈勇。

审计成果 全年共完成审计项目21个，超额完成审计项目11个；查出各种违纪违规行为金额2238万元，应上缴财政103万元，已上缴财政103万元。对重庆永川烟草公司、重庆永川新华书店的审计等项目被重庆市审计局评为优秀项目，并被重庆市审计局评为先进单位。提交审计信息26篇，被采用8篇。全年共完成交办项目10个，配合纪检、监察机关，参加了民政专项资金检查、农民负担、天然林保护检查、“三金、三乱”工作等。

【合川市审计局】现有干部职工27人，设有办公室、综合科、财政审计科、企业审计科、行政事业审计科，负责对全市39个乡镇办事处和67个市直部门的审计监督。局长陈友书，副局长张吉友、李关海。

审计成果 全年共完成审计项目21个，审计资金总额7.41亿元，审计查出违纪违规资金7817.7万元，明令纠正违纪违规金额7747.86万元，已收缴入库上缴财政资金69.21万元．查出涉嫌贪污受贿案3起，移送检察机关处理7人，移交纪检检察机关查处2人。全年共实施固定资产投资建设项目竣工决算审计35项，审计投资金额6684.3万元，核减投资220.72万元；对35个单位的领导干部及相关人员进行了经济责任审计业务培训，并对5位局级领导干部进行了经济责任审计；向重庆市审计局、合川市委等报送审计工作报告、审计信息23篇，并被《中国审计报》、《公民报》、《重庆审计》等多家刊物采用。

【江津市审计局】现有干部职工26人，设有财政审计科、行政事业审计科、企业审计科、经济责任审计科、基建审计科、综合科和办公室，负责对全市35个镇、2个街道办事处和73个市直部门的审计监督。局长王贵福，副局长何树春、涂景洪。

审计成果 全年共完成审计项目61个，查出违规行为金额1417万元，应上交财政281万元，核减工程造价259万元，应归还原资金渠道89万元，提交审计结果（综合）报告44份，编写审计要情、审计信息66篇。

【南川市审计局】现有干部职工16人，设有办公室、综合法制科、行政事业审计科、财政金融审计科、商业贸易审计科、工交企业审计科和固定资产投资外资运用审计科，负责对全市37个乡镇和55个市直部门的审计监督。局长万代禄，副局长吴祯学、韦红庆。

审计成果 全年共审计了21个

项目28个单位，查出违纪违规金额774万元，上缴财政51万元，追还被侵占挪用的资金37万元；向地方党政和上级审计机关提供审计信息37篇，被采用32篇，提出审计建议70条。

【长寿县审计局】现有干部职工17人，设有办公室、行政事业审计科、企业审计科、财政金融审计科、经济责任审计科，负责对全县36个乡镇和所有县直部门的审计监督。局长章淑明，副局长王一民。

审计成果　全年共审计项目单位20个，查出违规行为金额1611万元。其中应归还原渠道资金216万元，收缴财政582万元，查出百万元以上违规单位1个，向司法机关移送案件1件。

【綦江县审计局】现有干部职工19人，设有财政金融审计科、国有企业审计科、行政事业审计科、综合法规科和办公室，负责对全县33个乡镇和59个县直部门的审计监督。局长全华，副局长罗沛信、李天祥、郑平。

审计成果　全年共完成审计任务46项，查出违规行为金额8837万元，上缴财政359万元，移送案件线索17件。对同级财政1999年度预算执行及其它财政收支情况审计，抽审预算支出金额6750万元，查出违规行为金额901万元，并依法进行了处理；对县农机水电局等单位领导实施了任期经济责任审计，移送纪检监察机关处理1人。

【荣昌县审计局】现有干部职工15人，设有办公室、财政金融审计科、行政事业审计科和企业审计科，负责对全县30个乡镇和72个县直部门的审计监督。局长张贻俊，副局长杨运友、钟国芬。

审计成果　全年共完成审计项目12个，审计单位98个，查出违纪违规金额439万元，上缴财政33万元，提交审计报告、信息15篇。获得重庆市审计局“三五”普法先进单位等荣誉。

【璧山县审计局】现有干部职工13人，设有办公室、综合科、行政财政审计科、金融商贸审计科和工交基建审计科，负责对全县26个乡镇、1个管委会和82个县直部门的审计监督。局长蔡光芬，副局长刘天荣、周大勇。

审计成果　全年共完成审计项目12个，审计单位20个，共查出违纪违规金额1947万元，决定处理处罚84万元，指明要求纠正1863万元，上缴财政27万元。提交审计工作报告、信息28篇，建议纠正地方部门不当规定21条。

【铜梁县审计局】现有干部职工18人，设有财政金融审计科、行政事业审计科、企业审计科和办公室，负责对全县33个乡镇和42个县直部门的审计监督。局长张光禄，副局长周贤邦、汤朝阳、陈树刚。

审计成果　全年共审计单位49个，查出违纪违规行为金额2221万元，其中决定处理处罚173万元，责令自行纠正金额2048万元；提交审计信息14篇，被上级审计机关和新闻单位采用3篇。预算执行情况审计中，查出违规行为金额达498万元；共对10个单位的12名领导干部经济责任进行了审计，查出违规行为金额191万元；以农业、环保资金为重点开展了专项资金审计；以重点工程项目竣工决算为重点开展基本建设审计，审计的基建项目投资总额6885万元，查出的违规行为金额414万元，多结工程价款118万元；以行业审计为重点开展企业审计，对成本不实、有账无物、漏缴税金等问题进行了及时的处理；内部审计方面，共审计135个项目，查出损失浪费13万元，促进增收节支78万元，已自行纠正违纪违规行为金额184万元，提出审计建议36条。

【梁平县审计局】现有干部职工20人，设有人秘科、工交审计科、商贸审计科和行政综合审计科，负责对全县34个乡镇和86个县直部门的审计监督。局长程伟，党组书记古长中，副局长刘超、李献章、孔令。

审计成果　全年共完成审计项目43个，审计资金总额达8亿余元，查处违规行为金额1115万元，上缴财政138万元；追缴应缴未缴预算收入37万元；责成解缴金库39万元；责成解缴财政专户273万元；追还被挤占挪用专项资金37万元；调账纠正589万元；共为国家增收节支251万元。为党政领导及上级审计部门提交工作报告、信息简报22篇。

【城口县审计局】现有干部职工18人，设有办公室、行政事业审计股、企业审计股和财政金融审计股，负责对全县41个乡镇和80多个部门的审计监督。局长胡清贵，副局长康仁沛、刘兆元。

审计成果　全年共完成审计项目26个，查出违规行为金额464万元，上交财政4.6万元。

【武隆县审计局】现有干部职工17人，设有办公室、财政金融外资审计科、行政事业审计科、工交商贸企业审计科、农业审计科、综合法制固定资产投资审计科，负责对全县46个乡镇和52个县直部门的审计监督。局长王孝碧，副局长梁永福、谭平、熊素华。

审计成果　全年共完成审计项目22个，查出违规行为金额3651万元，其中决定处理处罚金额463万元，指明纠正金额3188万元；上缴财政金额129万元；经济责任审计完成审计项目7个，查出违规行为金额74万元。共有内审人员40人，全年共审计单位73个，纠正违规行为金额85万元。

【丰都县审计局】现有干部职工21人，设有财政金融审计科、行政事业审计科、基建外资审计科、企业审计科和办公室，负责对全县31个乡镇和197个县直部门的审计监督。局长冉新荣，副局长王泽民、杜家福、蔡明华。

审计成果　共审计单位33个，查出违规行为金额2511万元，决定处理处罚金额1155万元，指明要求纠正金额1356万元，应归还原渠道资金381万元，核减工程结算款43万元，应缴已缴财政519万元，入库率达100%。移送纪检、检察机关查处5人。提交审计工作报告、信息、论文75篇，被各级采用58篇。

【奉节县审计局】现有干部职工16人，设有办公室、行政事业审计股、财政金融审计股、外资基建审计股、任期经济责任审计股和企业审计股，负责对全县82个乡镇和97个县直部门的审计监督。局长王劲，副局长蒋宗耀、雷廷雄。

审计成果　全年共完成43个审计项目，查出违法违纪金额9226万元，其中决定处理处罚664万元。查出并向司法机关移送经济案件线索2条。审计信息被采用20篇，领导批示2篇。

【开县审计局】现有干部职工23人，设有办公室、综合股、财政金融审计股、企业投资审计股、行政事业外资审计股，负责对全县55个乡镇和本级各部门、国有企业等的审计监督。副局长谢同泽、李晓军、吴晓明。

审计成果　全年共审计单位43个，审计查出违纪违规金额6644万元，上缴财政343万元，追还被侵占挪用资金4346万元。

【云阳县审计局】现有干部职工22人，设有人秘综合股、财政金融审计股、行政事业审计股、农业资金审计股、企业审计股、外资基建审计股和任期经济责任审计股，负责对全县65个乡镇和102个县直部门的审计监督。局长李波，副局长罗建国、甘艺平、张智谋。

审计成果　全年共完成审计项目43个，查处违纪违规金额7520万元，上缴财政10万元，促进增收节支150万元。提交审计信息、理论研讨文章18篇，被《中国审计报》、重庆市审计局等单位采用14篇，提出审计建议72条。

【忠县审计局】现有干部职工17人，设有人秘股、行政事业审计股、外资基建审计股、工交企业审计股、商贸企业审计股，负责对全县42个乡镇和110个县直部门的审计监督。局长许安长，副局长廖世华、王建琼、胡显均。

审计成果　全年共完成审计项目38个，查处违纪违规金额7013万元，处理收缴财政80多万元，追回被侵占挪用资金438万元，移交有关部门机关处理8人，提出审计建议110条，撰写审计信息18篇，分别被重庆市审计局、重庆市万州区审计局、县委、县政府等单位采用。

【巫溪县审计局】现有干部职工16人，设有财政金融审计股、行政事业审计股、农业审计股、外资基建审计股、企业审计股、经济责任审计股和办公室，负责对全县所有乡镇、行政事业单位及国有企业的审计监督。局长杨高鹏，副局长杨祖贵、张万钧。

审计成果　全年开展审计项目42个，查出违纪金额2621万元，提出审计建议137条，编写审计信息14篇，其中3篇被国家级审计刊物采用，市审计机关采用3篇。

【巫山县审计局】现有干部职工17人，设有综合股、财政金融审计股、行政事业审计股、企业审计股、固定资产投资审计股、任期经济责任审计股，负责对全县48个乡镇和55个县直部门的审计监督。局长吴昌文，党组书记童光林，副局长陈仲林、欧昌蜀。

审计成果　全年完成审计项目30个，查处违纪违规金额1971万元，处理应上缴财政金额377万元（含税收额），责成纠正1594万元，提供审计工作报告、信息等25篇，被上级审计机关及地方党政领导采用9篇。同级预算执行情况审计共审计资金总额16879万元，查处违规行为金额480万元。加强对三峡移民资金的审计，共审计资金总额7100万元，查处违规行为金额265万元。移交司法机关立案查处1人；查处新华书店违纪金额178万元，其中被挤占成本费用157万元。

【石柱土家族自治县审计局】现有干部职工15人，设有秘书股、法规股、经贸审计股、基建外资审计股、行政事业审计股和财政金融审计股，负责对全县56个乡（镇）和74个县直属部门的审计监督。局长谭地勇，副局长袁锦发、张孝奎。

审计成果　全年共完成审计项目22个，共查出违规行为金额2617万元，处罚收缴财政129万元（其中罚款11万元），责令退还被侵占挪用资金81万元，核减工程投资1万元。全年提交信息、简报、调研文章30篇，被县委、县政府和上级审计机关及报刊采用18篇。

【秀山县审计局】现有干部职工

19人，设有经贸审计科、基建外资审计科、行政事业审计科、财政金融审计科、经济责任审计科和秘书科，负责对全县48个乡镇和91个县直部门的审计监督。局长曾华，副局长赵秀宁、李广忠。

审计成果　全年完成审计和审计调查项目22个，查出违规行为金额2790万元，其中处理处罚444万元，指明要求纠正2346万元。应缴财政111万元，已缴财政111万元，应归还原资金渠道58万元。全年提交审计工作报告信息39篇，被各级批示采用21篇。2000年审计工作被重庆市审计局评为"优秀单位"。

【酉阳土家族苗族自治县审计局】现有干部职工19人，设有办公室、综合法规股、行财事业审计股、财政金融审计股、基建外资审计股、商业贸易审计股和工业交通审计股，负责对全县82个乡镇、12个区工委和85个县直部门的审计监督。局长程学新，副局长张龚英、杨吉国。

审计成果　全年共完成审计项目24个，审计单位42个，审计总金额4.46亿元，查出各种违纪违规金额6072万元，审计处理处罚1401万元，应上缴财政49万元，已上缴财政49万元，追还被挪用资金994万元，促进增收节支358万元。提出改进性审计建议76条，被采用40多条；提交的审计工作报告、信息，被采用23篇；向县纪委移送案件1件；被重庆市审计局评为全市审计工作"先进单位"。

【重庆市黔江区审计局】现有干部职工40人，设有办公室、政策法规科、财政金融审计科、行政事业审计科、企业审计科、固定资产投资外资运用审计科和经济责任审计科，负责对全区48个乡镇和39个区直部门的审计监督。局长傅自力，副局长余清海、黄朝廷。

审计成果　全年共完成审计项目26个，审计单位36个。审计查出违规行为金额15468万元，其中决定处理处罚152万元，指明要求纠正15361万元；收缴财政152万元，归还原渠道资金1184万元；提交审计工作报告、信息72篇，被批示、采用39篇；向司法机关移送案件1件。

【彭水苗族土家族自治县审计局】现有干部职工17人，设有秘书股、综合股、财政金融审计股、行政事业审计股、基建外资审计股、工交企业审计股、商贸企业审计股，负责对全县8区1镇及64个乡镇和89个县直部门的审计监督。局长田维明，副局长罗富安、董泽生、张和奎，纪检组长陈玉强。

审计成果　全年完成审计项目21个，共查出违规行为金额3757万元，决定处理处罚720万元，指明纠正3037万元，应交财政324万元；提交审计工作报告、信息49篇；协助有关部门查处案件2起。

四川省

【四川省审计厅】2000年，四川省审计厅定编113人，在编113人。厅机关设有办公室、法制处、经济责任审计处、财政审计处、金融审计处、行政事业审计处、经贸审计处、农业与资源环保审计处、社会保障审计处、固定资产投资审计处、外资运用审计处、人教处、机关党委、监察室；另设有直属审计分局定编25人；同时还设厅机关后勤服务中心、干部培训中心、审计科研所等直属事业单位。

领导成员

厅　　长：李高伟

副 厅 长：黄锦生　黄万辉

　　　　　熊　珩　蔡文强

机关党委书记：柴文成

纪检组长：周后昆

巡 视 员：陈光汉

四川省审计成果　全省审计机关共审计了7434个单位，分别对查出的违法违规问题进行了处理；已上缴财政2.16亿元，归还被侵占挪用资金7.36亿元，促进增收节支11亿元，向司法机关移送案件75件，向纪检、监察部门移送案件38件，协助有关部门查处案件61件；完成经济责任审计801项；各级党委、政府和新闻单位采用审计报告、信息1859篇。

全省安排的54户重点国有企业审计、旅游行业审计、省委、省政府交办7户重点国有企业盈亏真实性专项审计、25户亏损企业扭亏目标完成情况的跟踪审计、香港嘉陵集团总部和国内30户投资企业审计、长钢集团拖欠电费情况审计和调查、省电子厅原厅长经济责任审计等项目，其审计报告和建议意见受到了省委、省政府主要领导的高度重视。7户重点国有企业盈亏真实性专项审计报告和长钢集团拖欠电费情况审计报告等为省工业领导小组和省政府决策提供了科学可靠的依据而受到省领导的表扬，为推动全省国有企业深化改革和健康发展作出了成绩。省委常委甘道明批示：感谢审计厅同志们的工作。56户重点企业审计成效突出，受到审计署的高度重视，并要求四川省写出专题文字报告。25户重点亏损企业扭亏跟踪审计报告杨崇汇（省委副书记、副省长）、黄寅逵（省委副书记）等领导分别批示：要求省经贸委要引起重视，采纳审计建议。对扶贫资金审计决定落实情况的审计检查结果，省委书记周永康批示："请崇汇同志组织有关部门研究。关键要形成使用和约束机制，否则防不胜防"，省扶贫办根据两位领导批示出台了《关于进一步加强扶贫资金项目管理的意见》。周书记还在审计厅经济责任审计情况汇报上批示："在当前我省加快经济发展、深入改革、扩大开放的形势下，加强经济责任审计工作尤为重要。望省审计厅认真贯彻全国经济责任审计工作会议精神，切实把我省审计工作抓好，实现经济发展、管理加强、效益提高，并从源头上遏制腐败。"

财政审计 按照国家实施积极财政政策的总体要求，以规范预算管理和财政分配秩序为目标；正确把握财政审计方向，结合专项资金审计，加大力度，改进方法，注意财政部门审计和其他专业审计相结合、决算审计与预算执行审计相结合，为政府和人大提供好"两个报告"，受到政府和人大领导的充分肯定和高度评价，认为"财政审计工作是认真负责和卓有成效的，审计监督已成为各级政府全面掌握财政家底，加强财政预算管理的有效方式，也为各级人大进行有效监督提供了重要依据"。全省完成财政审计项目1655个，查出违规行为金额19.24亿元，应交财政1.27亿元，应归还原渠道资金2.84亿元。省厅检查了财政厅、地税局、计委、经贸委等部门1999年省级预算执行情况和乐山市财政决算，并对全省落实1999年农业税基数减免指标情况和地税部门纳税登记管理情况进行了专项审计调查，除收缴财政4000余万元外，还建议对4名责任人给予纪律处分。

金融审计 全省共完成地方金融机构和证券公司审计260户，查出违规行为金额5.05亿元，已交财政1400万元。省厅对申万证券、大鹏证券、四川信托等9个单位所属的20多个证券营业部1999年度资产负债损益的审计，查出挪用客户保证金、漏欠国家税收等违规行为金额2.12亿元。成都、绵阳、泸州、达州、乐山、宜宾、眉山、巴中、甘孜等市州对地方商业银行、农村信用社、城市信用社等进行了审计，查出损益不实、不良贷款比例大、违规放贷、挪用信贷资金等问题，分别进行了处理。

企业审计 全省完成国有企业审计762户，查出违规行为金额16.56亿元，其中损失浪费1.45亿元，促进企业增收节支6300余万元、其中54户重点企业的审计，真实、充分地反映出我省中间水平企业的会计信息质量状况和资产、净资产的质量状况以及盈亏、生产经营状况。据开展资产、负债真实性审计的163户企业统计，其中有68户资产不实、60户负债不实、65户损益不实。

外资运用审计 共审计国际金融组织贷援款项目单位301个，查出挪用外资和配套资金、虚报工作量、支付依据不足等违规行为金额5．04亿元。在全面审计的基础上，对金额大、社会影响面大的成南高速公路项目和安宁河流域农业开发项目进行了重点审计，分别查出有问题金额6800多万元和2000多万元，揭露了管理和核算上的一些重大问题。省厅报送的《关于世行贷款贫困地区林业发展项目有关问题的签报》、《关于世行贷款安宁河流域农业开发项目有关问题的签报》引起了省委、省政府领导的重视，张中伟省长和杨崇汇副省长在签报上作了批示。

专项资金和行业审计 共审计649个项目单位，查出违纪违规行为金额5.17亿元，其中完成环保排污费审计208个、国土出让金审计242个、农业综合开发资金审计77个，通过审计按照有关规定进行了处理；促进安排、拨付资金和归还被侵占挪用资金2.18亿元，查出案件2起，涉案人员8人，通报批评县级政府1个。同时，各级审计机关按照省委、省政府领导"查清责任，限期整改"的批示，对扶贫资金审计决定和审计意见执行情况进行检查，查清扶贫资金审计处理决定所列违纪违规金额到9月底已归垫2.85亿元，占应归还的84%，落实审计处罚决定占应收缴财政的94%，审计建议给予党纪政纪处分2人和移送监察部门案件2件的落实率为100%。通过检查，加大了审计执法的力度，维护了审计决定的严肃性，达到了"审计一个点，教育一大片"的目的。

为促进公正执法和贯彻落实"收支两条线"的规定，组织全省103个审计机关，对140个省、市、县级工商行政管理部门、382个基层工商所以及所属事业单位和部门进行审计，共查出违规行为金额2.73亿元，其中截留、拖欠应缴预算收入4200多万元，截留、拖欠应缴财政专户6900万元，乱收费2100万元，审计处理金额8100万元，移交纪检、监察机关案件3件。基本弄清了全省工商部门财务管理的现状，揭示了存在问题，促进了工商部门规范收费、罚没行为，提高了财务管理水平。此外，还开展了社会保障资金、捐赠资金等项审计工作，全年共审计2569个单位，查出违纪违规金额16.12亿元，已缴财政8100万元，应归还被侵占挪用资金2.03亿元。

固定资产投资审计 全省共实施在建、竣工决算审计项目1575个，审计总金额221亿元，查出违规行为金额16.46亿元，审减挤占建设成本和高估冒算9.9亿元。移送司法机关处理案件6件，涉案人员11人。重点开展了对公路建设资金和公路项目的审计，共审计89条公路，总长1174公里，总投资76.6亿元，查出违纪违规金额3.6亿元，审减挤占建设成本和高估冒算3.1亿元。

经济责任审计 共完成801个单位、838人的任期经济责任审计，查出违规行为金额9．08亿元，个人有经济问题移送纪检监察机关14人，移送司法机关14人；审计后，平调312人、晋升63人、免职64人、降职和撤职26人。其中省厅按照中央两办关于对县处以上党政领导干部任期经济责任进行审计试点的规定，组织全省9个市州审计部门对52个地厅级领导干部开展了任期经济责任审计，查出了一些重大问题，对促进各级领导干部依法行政、科学决策、廉洁从政起到了积极作用。

大案要案 全省审计机关共移送经济案件113件，128人，涉案单位86个，涉案金额1.55亿元。其中省厅本级移送经济案件4件9人，涉案金额7800多万元；市州109件119人，涉案金额7600多万元。如根据达昌副省长交办对四川玻璃股份公司与省建材供销公司的债权债务审计中发现造成损失2200多万元，总经理涉嫌贪污、受贿46万元被法办；自贡市局审计东碳公司发现公司原经理等3人涉嫌贪污、挪用公款900余万元；青神县审计局按照县委县政府的指示，对全县农村合作基金会的审计清理，查出违纪违规金额1.34亿元，移送案件7件，法办9人；省厅直接审计的川航公司、川航实业公司的审计处理意见受到省委省纪委领导表扬和重视，省委领导作出严肃批示，原川航实业公司总经理和农用车集团副总经理涉嫌犯罪的材料已分别向省纪委、检察院移交。

【成都市审计局】2000年，共有在职干部职工140人，其中大学本科学历44人，大专学历64人，局长任世苏，副局长王永富、胡旭光、李尚德、罗济沙。设有局办公室、人事教育处、综合处、审计管理处、政策法规处、财政审计处、金融审计处、工业交通审计处、行政事业审计处、商贸审计处、固定资产投资审计处、外资审计处、农业审计处、经济责任审计处以及机关党委、监察室、审计干部培训中心等部门。并对市辖20个区（市）县审计局的审计业务工作进行指导。

审计成果 共审计了914个单位，查出各类违纪违规行为金额100401万元，应上缴财政3525万元，已上交财政2998万元，应归还原渠道资金206万元，促进增收节支18050万元，对违纪单位处以罚款299万元，向司法机关和纪检、监察部门移送经济案件8件，向党委、政府和上级审计机关提交综合、专题、调查报告和信息1473篇/次，被采用和批示579篇/次，完成党政交办任务349项。

在完成的审计项目中，开展了市县两级财政预算执行情况审计，查出各类违纪金额7109万元，上缴财政939万元，向市政府提出了审计结果报告，代政府向市人大提出了审计工作报告；对109项国家重点固定资产投资项目进行了审计，审计项目投资金额254600万元，核减工程结算17822万元；对行政事业专项资金审计中，共审计了119个单位，涉及教科文卫领域及市公安交管局和市募办等单位，查出违规金额3602.64万元；对市属3户重点亏损企业进行了跟踪审计，查出企业隐瞒4103.37万元，企业累计亏损达2656万元，向有关部门提供了决策依据；为配合西部大开发，摸清市旅游行业家底，共审计了29户旅游业单位，审计总额达53742.56万元。

内部审计 全市完成审计项目3203项，查出损失浪费6620万元，促进增收节支3273万元，提出审计意见及建议287条，纠正违纪违规行为金额1.6亿元，增加上缴113万元，增加利润289万元，向司法机关移送案件5件，移送司法机关处理6人。

经济责任审计 建立了由审计、组织、人事、纪检5部门组成的联席会议制度。全市完成经济责任审计项目307个，查出违规问题资金48041万元，调账处理277万元，收缴财政879.8万元，罚款118万元，减少损失156.8万元，归还原渠道资金2669.4万元，提出审计建议501条。

大案要案 向纪检监察机关移送案件1件，向公安、检察机关移送案件7件。其中，市局对成都蜀都大厦股份有限公司原法定代表人离任审计过程中，发现该公司贸易部门经理利用职务之便，经手306万元进行投资业务和进出口业务涉嫌贪污犯罪，移交市检察院立案。市局对市人防办审计过程中，发现该办出纳员涉嫌贪污82.03万元，移送市检察院立案处理。

【自贡市审计局】2000年，共有在职干部职工56人，其中大学本科学历6人，大专学历28人，局长邹定孟，副局长于健、江鸿、罗亚西。设有财政金融审计科、基建外资审计科、行政事业审计科、经济贸易审计科、经济责任审计科、内部审计指导科、综合科、办公室、人事监察科等部门。

审计成果 全年完成审计项目42个，查出违规行为金额10111万元，应交财政860万元，应归还原渠道资金1918万元，提交审计工作报告信息110篇，被地方党政和上级审计机关、新闻单位采用35篇。

大案要案 全年审计中发现2起大案要案，涉案金额达1500余万元，涉嫌贪污、受贿、挪用公款的犯罪人员8人，涉嫌违纪人员2人。移送司法机关和纪检监察机关立案查处，已逮捕4人，收审2人。

【荣县审计局】共有在职职工21人，其中大学本科学历5人，大专学历8人，设有财政金融审计股、行政事业审计股、综合农业指导审计股、工商企业审计股、办公室。

局长钟志安，副局长曹灵康、周明学。

审计成果 完成审计项目10个，查出违纪违规金额1859万元，上交财政161万元；向上级审计机关和地方党政提交审计工作报告和信息22篇，审计中查出重大经济案件1件，移送司法机关处理1人。

【攀枝花市审计局】 2000年，共有在职干部职工63人，其中大学本科学历26人，大专学历22人，局长李隆盛，副局长甘昌铭、杨长云。设有专项、财政金融、固定资产投资、外资、行政事业、工交、商贸审计处、办公室、法制综合处、监察处和管理处等部门。

审计成果 完成审计项目171个，查出违规行为金额15669万元，追还被侵占挪用资金1315万元，促进增收节支3941万元，上缴财政635万元，提交的工作报告、信息被上级机关采用、领导批示的25篇。

内部审计 内审机构135个，内审人员326人，审计单位129个，已纠正违纪金额242万元，促进增收节支268万元，向司法机关移送案件1件处理1人。

经济责任审计 建立了由市纪委、市委组织部、市监察局、市人事局、市审计局参加的市领导干部任期经济责任审计工作联席会议制度。完成经济责任审计项目42个，查出违规行为金额1883万元。

大案要案 在对某单位的审计中发现严重问题线索，取得市政府领导支持，查出账外账、挪用、挤占、隐瞒、截留财政性资金等违规行为金额756万元，处理收缴财政192万元，严肃了财经纪律。

【泸州市审计局】 2000年，共有在职干部职工54人，其中大学本科学历5人，大专学历34人，局长梁文植，副局长张仁全、刘洪。设有办公室、综合科、管理科、财政审计科、金融审计科、行政事业审计科、农业外资审计科、基建审计科、工业交通审计科、商贸审计科。

审计成果 完成审计单位（项目）79个，查出违规行为金额5481万元；处理应收缴财政352万元；已收缴财政318万元；查出应减少财政拨款或补贴142万元；应归还原渠道资金2127万元；促进增收节支1846万元；提交审计工作报告和信息145篇（条），被采用67篇（条）。

内部审计 设有内部审计机构30个，其中专职机构14个；内审人员101人，其中专职审计人员40人；全年审计单位（项目）或内部专项检查350项；查出损失浪费32万元；促进增收节支337万元；提出建议意见被采纳405条。

经济责任审计 共完成正处级领导干部任期经济责任审计7人，其中党政领导干部5人，企业领导干部2人，查出违规行为金额865万元。通过审计1名企业领导干部由于单位违反财经纪律的现象比较严重，被解除其原拟定提任的准备。

【德阳市审计局】 2000年，共有在职干部职工54人，其中大学本科学历13人，大专学历24人，局长张景茂、副局长钟敏、廖永春。设有办公室、综合科、财政金融审计科、行政事业审计科、商业贸易审计科、工业交通审计科、固定资产投资外资审计科等部门。

审计成果 共审计252个单位，圆满完成上级审计机关、当地党委政府交办任务，同比增加112%；查出违规行为金额53387万元，处理应交财政1262万元，已交财政1333万元（含上年未交数），应减少财政拨款或补贴22万元，应归还原渠道资金2184万元，促进增收节支4484万元；向司法机关移送案件3件，涉案金额369.4万元；提交审计工作报告信息740篇，被国务院、地方党政领导、上级审计机关、新闻单位采用250篇；建议纠正地方部门不当规定94条。

在完成的审计任务中，共审计建设项目66个、审计项目投资总额38573万元，查出违规行为金额7742万元，应上缴财政41万元，核减投资额4351万元。其中根据省厅的布置和2000年全市投资审计计划安排，市审计机关对德阿公路、成青公路等6条境内重点公路项目进行了竣工决算审计，审计投资金额8900万元，审减投资额260万元；财政预算方面，共审计21个单位，查出违规行为金额3500万元。决定应交财政286万元，应增加财政结余255万元，已交财政260万元；财政决算方面，共审计22个单位，查出违规行为金额12162万元；企业方面除对28户企业进行常规审计外，还对4户重点企业和4户亏损企业进行了审计，共计查出违规行为金额12025万元，决定应交财政334万元，已交财政332万元；行政事业方面通过对32个单位的财政收支审计、18个单位专项资金审计和42个单位其他指标的审计，查出违规行为金额17825万元，决定应交财政400万元，应归还被侵占挪用资金923万元、应调增收入55万元、应调减支出63万元；经济责任方面完成审计任务46项，查出违规行为金额6945万元，其中审计界定主管责任1822万元，直接责任93万元。作出决定处理处罚1677万元，指明纠正违纪金额5268万元。

大案要案 向司法机关移送案件3件，涉案金额369.4万元。5月15日至5月25日，对中江县1996年至2000年4月国有土地出让金审计中，发现县土地开发总公司原会计经手将国有土地收入资金转入储蓄所，存入个人账户共计360.50万元的问题，已移送市检察院处理；什郁市审计局于1月17日开始，对市隐丰镇原任党委书记进行离任经济责任审计时，在查证该镇财政所民政经费支出中，发现镇民政办公室原民政助理员在承办发放民政优抚补助以及农村社会养老保险业务中有涉嫌贪污3.1万元；在查证该镇村镇建设管理所1993年至1999年的财务收支中，发现该所原任现金出纳在任该所出纳工作期间（1995年至1996年7月14日），利用职务之便涉嫌贪污公款5.8万元；已于9月将2人移送检察院依法处理。

【中江县审计局】共有干部职工20人，设有办公室、财政金融审计股、行政事业、外资、基建审计股、企业审计股、经济责任审计股。局长甘志，副局长胥洪举、钟国胜、蔡小书。

审计成果　共完成58个审计项目，查出各种违规行为金额2770万元，处理处罚上缴财政52万元，应归还原渠道资金687万元，编写审计简报11期，提交审计信息20篇，被上级审计机关采用13篇，向被审计单位提出建议意见94条。

完成了3个单位的财政预算执行情况和3个单位的财政决算审计，共查出违规金额638万元，决定处理处罚161万元，对查出有问题的资金处罚款4．16万元，隐瞒转移预算收入102万元，虚列支出259万元，违规办理财政结算255万元。完成了对1999年度农业综合开发项目资金进行了审计，对县农综办批复项目推迟、工程结算凭据不符合财务会计制度、现有67.67万元应收未收回到期项目有偿资金提出了建议意见。完成了对县种子公司1999年度财务收支审计，查出违规额27.10万元，处理应交财政10.92万元，已交财政10.92万元。全年共开展了14个固定资产投资项目审计，审计总金额5122万元，审减工程投资额448万元，审减为8.75%，归还原渠道资金103万元。完成了2个竣工决算审计，查出违规行为金额16．88万元，挤占工程成本25.21万元，多结工程款10.67万元，核减工程结算21万元。完成24个单位主要领导的经济责任审计，查出违规行为金额34万元，漏缴税金2.14万元。

【绵阳市审计局】2000年，共有在职干部职工220人，其中大学本科学历56人，大专学历98人，局长王昌勇、副局长杨祖隆、熊方黎、苏继林。设有办公室、人事监察科、财政审计科、金融审计科、行政事业审计科、工业交通审计科、商粮外贸审计科、固定资产投资审计科、外资运用审计科、基金审计科、审计综合科等部门。

审计成果　全年共完成审计项目368项，查出违规行为金额93992万元，应交财政1304万元，应归还原渠道资金13106万元，促进增收节支14486万元，向司法机关移送案件5件，向党委、政府、上级审计机关和新闻单位报送审计报告、审计信息241篇（条），被采用160篇（条）。

经济责任审计　接受党委、政府交办经济责任审计项目50余项，共完成对28个单位、30人的任期经济责任审计，查出违规行为金额1309万元。对绵阳高新区党工委书记、管委会主任、市国土局局长、市武都引水工程管理局局长、市财贸学校校长、市商校校长进行了任期经济责任审计。

大案要案　李氏企业法人代表涉嫌犯罪被依法逮捕，市局接受市政府交办，对李氏企业进行审计，历经2个月，对与李氏企业借款关系的21家银行、信用社和中物院175名职工进行了深入审计调查，查清了李氏企业欠银行、信用社和中物院157名职工借款2.45亿元，亏空1.58亿元的事实，给市检察院提交了详细的审计报告，向市政府提交了专题报告。

【广元市审计局】2000年，共有在职干部职工60人，其中大学本科学历12人、大专学历31人，局长刘定蓉，副局长郑仕红、唐小平、唐玉瑶。设有办公室、人事科、综合科、财税审计科、金融审计科、工交审计科、投资审计科、外资审计科、行政事业审计科、农业审计科、商贸审计科和机关党委等部门。

审计成果　全市共审计了439个单位，查出违规行为金额55824万元，其中决定处理处罚6347万元，指明要求纠正49477万元。应交财政1033万元，已收缴入库818万元，应归还原渠道资金6829万元；促进增收节支8071万元；全市审计查办或发现大案要案线索9件（其中市级单位1件），移送司法机关或纪监部门立案查处违法违纪人员12人。提交审计工作报告和信息372篇，被当地党委、政府及上级审计机关和新闻单位采用235篇；纠正地方部门不当规定28条。

经济责任审计　全市共完成80个单位、80余人的任期经济责任审计，其中市局完成了对16位领导干部任期经济责任的审计。共查出违规行为金额8605万元，其中属于直接责任的409万元，属于主管责任的7240万元；查出有个人经济问题，并移送纪检监察机关1人，移送司法机关1人。同时，市局成立了经济责任审计领导小组，下设办公室，负责具体日常事务。

【遂宁市审计局】2000年，共有在职干部职工36人，其中大学本科学历7人，大专学历13人，局长夏道渊，副局长唐建生、杨华民。设有办公室、政工法制科、综合指导科、农业外资审计科、财政金融审计科、行政事业审计科、企业审计科、固定资产投资审计科。

审计成果　全年共完成项目88个，查处违规行为金额11800万元，其中决定处理处罚68万元，指明要求纠正11732万元，应交财政68万元，已交财政65万元，提交审计工作报告、信息139篇，被地方党政采用19篇，被新闻单位采用27篇。完成上级交办任务10项，特别是对市物资总公司1999年至2000年6月末的资产、负债和损益审计，受到了市委、市政府领导的高度赞扬；完成科级干部经济责任审计17项。

【内江市审计局】 2000年，共有在职干部职工34人，其中大学本科学历9人，大专学历17人，局长陶旺民，副局长赵泽斌（5月任调研员）。设有办公室、人事处、监察处、管理处、综合处、法规处、财金审计处、行政事业审计处、经贸审计处、农业外资审计处、固定资产投资审计处等部门。

审计成果　共完成审计项目327个，查出违规金额13616万元，共为国家增收节支6290万元。其中市局完成审计项目66个，查出违规资金8068万元，处理应缴财政252万元，减少财政拨款补贴521万元，应归还原渠道资金1215万元，核减工程预决算1376万元，共为国家增收节支3361万元。提交审计工作报告信息158篇，被采用55篇。

内部审计　全市内审机构46个，人员146个，共完成审计单位211个，查出损失浪费1536万元，促进增收节支1000万元，提出被采纳的建议意见553条，已纠正违规行为金额753万元。

大案要案　查处了原市中区交通局副局长、运管所所长低价出售国有房屋过程中的经济问题，已移交检察机关立案侦查；市中区白马基金会曾某私设“小金库”，滥发奖金，白条列支“生活费”等问题，有重大涉嫌经济犯罪，移交检察机关依法逮捕；原威远人大副主任、内威路建设指挥长，失职造成国家损失500多万元，个人受贿10万元，已移交检察机关依法逮捕。

【乐山市审计局】 2000年，共有在职干部职工54人，其中大学本科学历6人，大专学历31人，局长荣述全，副局长郭洪、陈建东、赖华清。设有办公室、综合科、经济责任审计科、财政审计科、外资基建审计科、行政事业审计科、金融审计科、工交商贸审计科、监察室。

审计成果　全年共完成380个项目的审计，超额完成省厅下达的年度工作计划的150.2%。共查出各种违规行为金额53643万元，应上交财政3909万元，已上交1334万元；应核减财政拨款或补贴46万元；应归还原渠道资金5674万元，基本建设项目审减5270万元。其中完成上级领导机关交办任务127项，通过审计监督，向党委、政府和上级审计机关提交审计工作报告、信息138篇。

完成上级交办任务　通过对全市64个单位的审计，共查出各种违规行为金额9957万元，应交财政997万元，已交财政597万元，应减少财政拨款或补贴46万元，应归还原渠道资金1012万元；通过对市商业银行审计，共查出违规行为金额9241万元，审计处理应交财政287万元，已交财政287万元；企业审计共审计单位28个，查出违规行为金额1322万元，指明要求纠正1314万元，收缴财政8万元；行政事业单位审计35个；完成了环保资金审计，审计单位4个，查出违规行为金额12137万元，审计处理1934万元，其中归还原渠道资金1906万元，已交财政226万元，审计处理应归还被侵占挪用资金1922万元；基建审计项目42个，查出违规行为金额20592万元，核减金额5270万元，超额完成了省厅下达的4000万元审减任务，应归还原渠道资金2740万元；外资审计完成世界银行15个贷款项目的审计，查出各种违规行为金额486万元，提交了真实可信的《审计报告》。

大案要案　对金顶集团原法人代表的经济责任审计中，与省纪检监察部门密切配合，基本查清动用2亿多元资金炒股，造成10302.55万元巨额经济损失，以及违规担保贷款，管理不善造成千万元贷款无法收回等重大违法违纪问题；对市物价局原局长的经济责任审计中新查出30万元的经济犯罪问题，及时移送市检察院；对乐山金槌拍卖有限公司和乐山市沁苑公寓物业管理有限公司涉嫌虚假出资，抽逃出资犯罪问题移送市公安局。

【南充市审计局】 2000年，共有在职干部职工43人，其中大学本科学历10人，大专学历23人，局长杜培松，副局长谭绍和、罗东涛。设有局办公室、综合科、法规科、人事科、财政税务审计科、行政事业审计科、金融外资审计科、工业交通审计科、商粮贸审计科、固定资产投资审计科。

审计成果　全年完成审计项目51个，查出违规行为金额6921万元，其中决定处理处罚1208万元，指明要求纠正5713万元；审计处理应缴财政306万元（其中调账116万元），应归还原渠道资金709万元；审计固定资产投资竣工决算项目4个，核减工程成本341万元；查出并依法移交司法机关处理案件1件。提交审计工作报告、信息、论文等118篇，被地方党委政府、上级审计机关和新闻单位采用批示66篇（其中被市委、市政府领导批示6篇）。

内部审计　内审机构38个，其中专职机构20个；内部审计人员

101人，其中专职人员61人。完成审计项目382个，查出损失浪费63万元，促进增收节支462万元，纠正违规行为金额543万元。

【宜宾市审计局】2000年，共有在职干部职工42人，其中研究生学历1人，大学本科学历24人，大专学历12人，局长付秀英，副局长田劲松、李煜人。设有办公室、综合法规科、财政审计科、金融审计科、基建外资审计科、行政事业审计科、工交企业审计科、商贸企业审计科等部门。

审计成果 共审计了325个单位，查出违规行为金额2.36亿元，处理应上缴财政1007万元，应归还原渠道资金2260万元，已交财政914万元，查出百万元以上违规单位37个。向地方党政和上级审计机关报送信息资料254篇，被采用53篇。

在完成的审计任务中对37个财政预算执行单位、42个财政决算单位进行了审计，审计出违规金额7214万元；全市完成67个投资项目审计，审计投资总额5.5亿元，查出违规行为金额6706万元，应交财政67万元，应核减工程结算3405万元，应归还原渠道资金617万元；对11个旅游单位进行了审计，对26个旅游单位进行了审计调查，查出违规金额366万元；对116个行政事业单位进行了审计，查出违规行为金额5707万元，审计决定收缴财政110万元，归还被侵占挪用407万元。

内部审计 有内审机构123个，内审人员412人，内审机构全年审计了726个单位，查出损失浪费1279万元，促进增收节支1413万元，纠正违规行为金额2887万元。

经济责任审计 完成经济责任审计项目47个，查出违规问题金额3235万元；审计决定处理处罚794万元，指明要求纠正2441万元；查出损失浪费176万元；审计确认国有资产保值单位33个、减值单位5个，审计后干部平调30人，免职2人。

【广安市审计局】2000年，现有在职干部职工20人，其中大学本科学历9人，大专学历5人。局长罗景友，副局长彭显文、刘代忠。设有办公室、综合法制科、财政金融审计科、行政事业审计科、工交审计科、农业审计科、固定资产投资外资审计科、纪检组等。

审计成果 全市共完成上级交办下达及自定审计项目332个，查出违纪违规行为金额1.8亿元；处理收缴财政1205万元；应归还原渠道资金556万元；促进增收节支1301万元；基本建设审计核减1649万元，全市查出移送大要案件2件。2人已被检察院立案侦察。

内部审计 现有20余个内审机构，共完成审计项目170多个，查出违规并纠正金额1000多万元。

经济责任审计 全市两级审计机关共完成领导干部经济责任审计80余个，其中党政干部占60余人，共查出各类违规行为金额2000多万元，处理收缴财政150万元，所审项目（单位）中90%单位存在违纪违规甚至违法问题。

【达州市审计局】2000年，共有在职干部职工45人，其中大学本科学历13人，大专学历22人，局长李本维，副局长魏寒、王新权、齐健贻、王全兴。设有办公室、综合科、财政金融审计科、行政事业审计科、商粮贸审计科、基建外资审计科、经济责任审计科、工交企业审计科、政工科等部门。

审计成果 完成审计单位65个，查出违规行为金额35298万元，处理收缴财政508万元；归还原渠道资金3292万元，指明要求纠正29918万元，促进增收节支4469万元，核减固定资产投资2942万元；提交的审计工作报告、信息被批示、采用154篇。

内部审计 共审计单位89个，纠正违规行为金额377万元，提出的建议或意见有53条被采纳。

经济责任审计 审计单位5个，涉及经济责任人5人，查出违规行为金额1765万元，其中负主管责任489万元；通过审计，平调4人，撤职1人。

【渠县审计局】共有在职干部职工28人，设有办公室、财政金融审计股、行政事业审计股、企业审计股、基建外资审计股、综合股等部门。局长曹国华，副局长陈敏、雷晓燕。

审计成果 全年共完成审计项目64个，查出违规金额9000多万元，处理收缴财政40万元（不含应未作预算收入）。核减工程造价522.49万元。提交审计综合报告、审计结果报告、审计信息、审计内参、论文85篇，被批示、采用100篇（次），移交大要案3件，有1人被判处有期徒刑1年，缓期2年执行。有2名副科级以上责任人员受到“双撤”处理。

【巴中市审计局】2000年，共有在职干部职工22人，其中大学本科学历7人，大专学历8人，局长熊朝山，副局长王克怀、李亚男。设有财政金融审计科、行政事业审计科、农业审计科、经贸审计科、基建外资审计科、经济责任审计科、政工人事监察科、综合法规科、办公室等部门。

审计成果 全年共完成审计项目52个，查出违规行为金额4771万元，收缴财政146万元，促进增收节支和提高经济效益1834万元，追回被侵占挪用资金579万元，向上级领导机关提交综合专题报告和信息简报85篇，被批示采用55篇。

在完成的审计任务中，完成了对市财政局、地税局财政预算执行情况审计，查出违规金额1056万元，决定收缴财政25万元；开展了对各县区农村信用合作联社资产、负债、损益情况的审计，查出违规金额55万元；组织实施了对市交警支队办公楼等12个建设项目竣工决算的审计，查出违规金额1521万元，收缴财政45万元，审减工程造价1777万元；开展了对市工商局及巴中、平昌新华书店财务收支的审计，实施了对市人劳局等8个重点行政事业单位的审计，查出违规金额297万元，收缴财政23万元；完成了对本级环保资金及全市国土出让金的审计，查出违规金额1653万元，收缴财政40万元；开展了对市稽征处财务收支情况的审计，实施了对全市路桥收费管理所收费及资金管理使用情况的审计，查出违规金额376万元，收缴财政11万元。组织开展了对世行贷款“传染病与地方病控制项目”等4个外资项目财务收支及项目执行情况的审计，查出违规金额63万元。

内部审计　建立内审机构37个，内审人员96人，完成审计项目56个，查出损失浪费70万元，促进增收节支30万元，纠正违规行为金额13万元。

大案要案　对全市重点建设项目江北新区主、西干道工程竣工决算审计中，查明市江北管委会主要负责人闫某等6人涉嫌严重违法违纪，经纪检监察机关调查核实，被分别给予党、政纪处分。

【巴中市巴州区审计局】共有在职干部职工30人，设有财政金融审计科、固定资产投资审计科、经贸审计科、行政事业审计科、法规科、综合科、办公室等部门。局长李仕鸾，副局长冯正明、李建勋、罗平、杨天芬。

审计成果　全年共完成61个审计项目，查出违纪违规金额5095万元，决定处理处罚977万元，收缴财政68万元，向被审计单位提出合理化建议215条，促进增收节支和提高经济效益1070万元。向上级审计机关和区委、区政府提交审计综合报告、信息33篇（条），被领导批示采用17篇。对7名领导干部任期经济责任进行了审计，查出违纪金额823万元，个人清退违法所得1.2万元，应由领导干部个人承担直接经济责任金额2.3万元。审计后，提拔使用2人，平级调动3人，辞职2人。

【南江县审计局】共有在职干部职工19人，设有办公室、财政金融审计股、行政事业审计股、工交商贸审计股、基建外资审计股等部门。局长刘文平，副局长李德华、李誉。

审计成果　全年完成审计项目56个（其中地方党政机关交办项目19个）。查出违规行为金额2498万元，决定处理处罚90万元，提交审计工作报告和信息47篇，被采用36篇。全年开展经济责任审计项目5个，其中企业领导干部4人，党政领导干部1人，根据审计结果，移送司法机关立案查处1人，平级调动3人，离岗1人。在对县城关粮站1997至1998年度财务收支审计中发现，因原法定代表人滥用职权，盲目用信贷资金对外投资联营，造成直接经济损失167.62万元，已按程序移送县人民检察院立案查处。

【通江县审计局】共有在职干部职工16人，设有财政金融审计股、行政事业审计股、基建外资审计股、经济责任审计股、企业审计股、办公室等部门。局长彭德斌，副局长张林、谷继文、杨述强、周能宽。

审计成果　共完成审计项目75个，查出违纪违规金额1624万元，决定收缴财政41万元，追回被侵占挪用资金170万元，提供审计信息和工作报告20篇，被上级审计机关、地方党委政府采用12篇，向被审计单位提出合理化建议68条。完成11个区、局、院党政主要领导任期经济责任审计项目，查出违纪金额36万元，收缴财政9万元。通过审计，提拔使用1人，降职1人，平调9人。在对县肉联厂财务收支审计中，查出该厂法定代表人涉嫌挪用公款30万元，并依法移送检察机关。

【平昌县审计局】共有在职干部职工27人，设有办公室、财政金融审计股、行政事业审计股、工交审计股、商贸审计股、固定资产投资审计股等部门。局长冯国，副局长万星明、姜林华、张毅。

审计成果　全年共完成署、省、市审计项目52个（项），查出违纪违规金额4415万元，决定处理处罚748万元，指明要求纠正3907万元，应交财政88万元，应归还原渠道资金363万元，促进增收节支455万元，提交审计工作报告25篇，被批示采用3篇。完成经济责任审计项目5个，查出违纪违规金额380万元，审计后提拔2人，留用3人。

【雅安市审计局】2000年，共有在职干部职工140人，其中大学本科学历12人，大专学历18人。局长赵康，副局长支云淳、陈开书、陈伟。设有财政审计科、金融审计科、工交审计科、商贸审计科、行政事业审计科、农业审计科、固投外资审计科、综合科、人事教育科、办公室等部门。

审计成果　全年完成审计单位284个，审计查出违规行为金额14165万元，处理应交财政403万元，已交财政317万元，处理应归还原渠道资金747万元，促进增收节支3770万元。完成经济责任审计项目55

个，其中企业法人项目8个，党政领导干部项目47个。向司法机关移送经济案件4件，涉案金额242万元，被依法追究刑事责任4人。

【眉山市审计局】 2000年，共有在职干部职工23人，其中大学本科学历9人，大专学历13人。局长罗德敏、副局长邓晓松。设有办公室、经济责任审计科、财政金融审计科、行政事业审计科、企业审计科、外资基建审计科等部门。

审计成果 完成审计项目51个，共查出违规行为金额1.54亿元，其中决定处理处罚0.26亿元、指明要求纠正1.28亿元。应归还原渠道资金0.26亿元。应交财政326万元，已交财政326万元，其中税金48万元、罚款28万元。促进增收节支1760万元。提交审计工作报告（信息）26篇，被批示、采用6篇。

完成上级交办任务 按照市政府的要求，有重点地安排了彭山、青神农村信用社及农村基金会的审计。查出违规行为金额2818万元，应交已交财政15万元。

经济责任审计 全年把经济责任审计当作一项重要工作来抓，开展县级领导干部任期经济责任审计项目2个。查出违规行为金额4560万元，其中应负主管责任金额2185万元、直接责任金额335万元。决定处理处罚336万元，指明要求纠正4224万元。涉嫌个人经济问题金额7.3万元。审计后，平调1人，免职1人。

【资阳市审计局】 2000年，共有在职干部职工35人，其中大学本科学历13人，大专学历16人。局长曹骏，副局长钟友贵、张晓燕、金世永，纪检组长樊佳。设有办公室、人事监察处、综合法规处、财政金融审计处、行政事业审计处、企业审计处、固定资产投资审计处、农业外资审计处等部门。业务管辖雁江区、简阳市、安岳县、乐至县等4个县审计局。

审计成果 共完成审计项目51个，查出违纪违规金额7434万元，指明要求纠正5006万元，决定处理2428万元，增加市级（原地区）财政收入262万元；完成审计信息及论文34篇，被有关部门采用25篇。

完成上级交办任务 完成了省厅委托的对省人民政府表彰的“扭亏增盈先进企业”——乐至县红旗丝厂经营成果的真实性审计；完成了地方党政交办事项5个，其中在对市委、市府办公室及广场用地成本审计中，核减440万元，为地方财政节约了资金。

经济责任审计 在对四川拖拉机总厂原厂长的任期经济责任审计中，发现挪用公款、私设“小金库”、虚报产值和利润、骗取荣誉及奖金等违反财经纪律的问题，移送市委组织部和市纪委后，被开除党籍。这一审计成果引起强烈的社会反响。

【阿坝藏族羌族自治州审计局】 2000年，共有在职干部职工27人，其中大学本科学历5人，大专学历12人，局长洪波（藏族），副局长李学全（羌族）、何志军。设有办公室、综合科、财政金融审计科、行政事业审计科、工交商贸审计科和固定资产投资审计科等部门。

审计成果 共审计296个单位，查出违纪违规行为金额19380万元，其中决定处理处罚4852万元，指明要求纠正14528万元，审计后应缴州县财政675万元，已交财政281万元；应核减财政拨款或补贴223万元；归还原渠道资金733万元；促进增收节支1097万元。提交审计工作报告、信息217份（篇），其中工作报告112份，被采用33篇，协助有关部门查处案件21件。其中州级审计机关共审计33个单位，超计划任务10%，查出违纪违规金额6919万元，决定处理处罚2719万元，指明要求纠正4200万元，审计后应缴州县财政176万元，已交财政99万元，应减少财政拨款和补贴41万元，应归还原渠道资金350万元，提交审计工作报告及信息34份，被采用8篇。

内部审计 全州共有内审机构105个，其中专职机构28个，内审人员189人，其中专职人员41人；共审计15个单位（项目），提出建议意见10条。

经济责任审计 全州共完成60项，其中企业领导40人，党政领导20人。查处违纪违规金额6030万元，决定处理处罚1246万元。通过审计，晋升1人，平调36人，免职1人。

【甘孜藏族自治州审计局】 2000年，共有在职干部职工37人，其中大学本科学历1人，大专学历10人。局长潘银全，副局长张珂、肖志明。设有办公室、综合科、财金审计科、企业审计科、行政事业审计科、固定资产投资审计科等机构。

审计成果 全年共审计325个单位，查出各类违纪违规行为资金13756万元，应收缴财政330万元，已收缴入库147万元，应归还原渠道资金1493万元，促进增收节支2404万元。共向党政和上级审计机关报送综合性报告和信息122篇（条），被采用30篇（条）。

完成上级交办任务 完成党政交办任务60项，主要为经济责任审计，涉及党政及企业领导62人。审计查出违规行为资金4405万元，损失浪费65万元，决定处理处罚639万元，指明要求纠正3766万元，向州县检察机关移送案件4件5人，向州纪检、监察部门移送案件1件2人。

内部审计 全州现有内审机构

32人，配备专兼职审计人员35人。各内审机构共实施内部监督事项128项，提出审计建议82条已得到落实。

【凉山彝族自治州审计局】2000年，共有在职干部职工59人，其中研究生学历1人、大学本科学历8人，大专学历25人，党组书记、局长米治安，副局长彭洪钧、杨祖武。设有办公室、人教科、法制科、财政、金融、投资、经贸、外资、行政、农业、经济责任审计科等11个科室，另有纪检机关派出机构（纪检组）1个。

审计成果　全年完成审计项目49个，查出违规行为金额4263万元，应收缴财政562万元，入库454万元，入库率为80%（扣除未到期执行和批准缓交外，入库率可达90%），应归还原渠道资金458万元，百万元以上违纪大案4件，移送检察机关案件1件，审计决定落实率达90%以上。向上级党委、人大、政府上报提交专题综合报告24篇，被批示、采用8篇，向州政府撰写的财政预算审计结果报告和代州政府起草的财政预算执行及其它财政收支审计的工作报告，受到州人大委员审议时的好评。

完成上级交办任务　全年完成经济责任审计3个单位、3人，查出违规行为金额50万元。审计后，平调3人。全年共查出百万元以上违规单位4个，向司法机关移送案件3件。

贵州省

【贵州省审计厅】2000年，贵州省审计厅定编189人，在编127人，其中大专以上文化程度104人，中级以上技术职称72人。厅机关设有厅办公室、人事处、法制审计处、财政审计处、经贸审计处、金融审计处、行政事业审计处、固定资产投资审计处、外资审计处、社保审计处、农业与资源环保审计处、经济责任审计处、离退休干部处、机关党委办公室；另设有教育审计处、科学技术审计处、经济执法审计处、文卫新闻审计处、政法审计处、发展计划审计处、国土信息审计处、经贸审计处、交通运输审计处、农林水审计处、综合审计一处、综合审计二处等12个派出机构；同时还设有厅机关培训中心和服务中心等直属事业单位。

领导成员

厅　　长：樊丙礼
副 厅 长：徐德扬　张如飞
　　　　　黄启明
党委书记：聂德藻
纪检组长：王正潮

贵州省审计成果　全省共审计了2050个单位，为国家增收节支5亿多元。已上交财政15662万元，减少财政拨款或补贴8416万元，追还被侵占挪用资金22573万元。查出百万元违规单位62个。向司法、纪检机关移送案件30件，建议给予行政处分11人。全省各级审计机关向地方党委、政府和审计署提供审计报告、审计要情、审计信息1571篇，其中被批示，采用302篇。

财政审计　各级审计机关切实组织安排好本级预算执行情况审计。全省县以上财政预算审计面为100%，审计单位260个，已上交财政金额13008万元。揭示了部分财政收入没有清缴入库，应征未征水利建设基金，科技经费支出未达规定增长目标，扶贫资金、国土资金挤占挪用严重，截留省级财政收入等主要问题。审计从政策上、制度上提出改进和完善的建议。各级政府、人大对审计报告感到满意。省厅提交的审计结果报告，省人大常委会第十六次会议给予了充分的肯定。6月17日，《贵州日报》首次向社会公布了樊丙礼厅长受省政府委托在省人大常委会上所作的审计工作报告。

环保资金审计　围绕生态环境保护的建设，全省组织9个地、州、市审计局，历时4个月，对9个地、州、市环保部门及财政部门1998、1999年度排污费的征收、解缴、分配、使用和管理情况进行了审计，并对部分重点企业缴纳排污费和污染源治理项目情况进行了延伸调查。发现的问题主要是不能全面、及时、足额征收和解缴排污费；应缴未缴、混淆解缴级次；截留财政收入，排污费收入不入账；坐支挤占、挪用各种环保资金现象严重；假拨假收，用治理资金抵排污费收入等。查出各种违规违纪资金4343.91万元，占审计金额的12777.26万元中的33.9%。针对排污费的征收、管理和使用中存在的问题进行了处理，并向省委、省政府主要领导上报了审计要情。省委副书记、常务副省长王寿亭对审计要情分别作了重要批示。

扶贫资金审计　为巩固扶贫成果，省审计厅一是全年分两次对9个地州市及48个国定贫困县1999年扶贫资金审计决定执行情况进行了跟踪审计检查。各级政府对审计决定的执行很重视，应收缴财政资金基本入账，滞留财政资金归位较好，但由于县财政困难，归还原资金执行较低，审计决定的执行率只达68.33%。二是继续采取上审下的方式对兴仁、罗甸、松桃、黄平、贞丰5个贫困县1999年度扶贫资金的管理和使用情况进行了审计。审计总金额2.15亿元，查出违纪资金2464万元。存在的问题主要表现在：扶贫资金不能及时到位；挤占、挪用扶贫资金依然存在；改变资金投向较为普遍；违规提取各种费用等。

固定资产投资审计　全省紧紧

围绕加强基础设施建设来开展固定资产投资审计，审计项目投资总额63．1亿元，审计金额39.5亿元，查出违规行为金额3亿多元。省厅在对省委、省政府十件实事的省档案馆和贵医附院门诊大楼决算审计中，审计投资总额6624万元，核减投资1067万元。贵阳市审计局对市11项基建投资项目进行审计，核减投资2209万元；黔南州对42项基建工程审计，核减投资897万元。主要问题是资金不落实、多列或少列概算、挤占挪用建设资金等。审计从宏观的角度提出建设性意见，引起各有关部门的重视并予以采纳。

国债建设资金审计 为加强国债资金的有效管理，按照省委、省政府的部署，在全省9个地州市认真开展对国债建设资金及建设项目的专项审计，审计总额6．2亿元。审计结果表明，各级政府及政府部门对国债项目重视，项目建设程序基本合规，工程监理制的执行有所加强。但在项目管理、资金使用等方面也存在一些问题。一是存在挤占、挪用现象；二是配套资金不到位较严重；三是个别项目滞留国债资金；四是查出六枝箐口乡作假账，虚列支付“天保林”项目劳务费9.69万元。

高校审计 对全省10所高等院校财务收支进行审计中，查出各种违纪违规资金和“小金库”3780万元。审计查出的主要问题是：一是私设“小金库”现象严重，二是大部分高等院校下属二级部门没有纳入学院财务统一核算，致使学院（校）会计报表不能真实的反映整个单位的财务收支活动，会计核算严重失真。三是学费、利息、接收捐赠款等收入在往来账科目列收列支，未作收入处理。四是隐瞒、截留、转移各种收入187.88万元。五是挤占挪用教育事业费及专项收费419.28万元。六是自立项目或超标准收费。省厅在对省教育学院审计中，查出的账外资金1822万元，并向司法、纪检机关移送案件8件。审计报告引起省委书记刘方仁，省委副书记、常务副省长王寿亭等领导同志的高度重视，要求必须从源头抓好预算外资金管理。省教育厅根据审计建议及时向全省印发了《关于进一步强化高等学校财务管理，坚决制止“小金库”的通知》。

社会保障资金审计调查 全省审计机关历时3个月，对9个地州市社保机构、部分重点企业、65户未参保企业的1999年企业职工基本养老保险扩大覆盖面和2000年养老保险基金收支预测情况进行了审计调查。据调查，全省由于国有企业负担过于沉重，无力按政策补缴养老保险的企业有1862户，职工人数66000人，这部份企业离退休费占工资总额的比重高达68%。目前覆盖面仍然很低，绝大部分其他经济类型企业的从业人员仍游离在基本养老保险范围之外。未参保原因：一是非国有企业人员构成复杂，参保人员投保工资基数的确定十分困难。二是非国有企业用工中，存在隐性就业现象，在办理养老保险手续操作上难度比较大。三是非国有企业法人参保意识淡薄，不愿为员工参保缴费。在审计调查的基础上，对进一步促进扩面征缴提出了建议。

企业审计 3至7月对省及9个地州市的26户企业1999年度资产、负债、损益情况进行审计。这26户企业涉及12个行业，其中盈利10户，占38.46%；亏损16户，占61.54%。在审计232965万元的总资产中，查出各种违纪违规资金18091.18万元，坏账损失996.19万元，三年以上应收账款潜在损失4751.58万元，为企业担保存在的潜在风险14663万元，虚列资产1193.79万元。省厅在对遵义碱厂审计中发现该厂资产质量差，三年以上应收账款达865.94万元。对贵州息烽磷矿审计发现，该厂长期挂账，难以收回的资金达1233万元。查出省土产畜产进出口公司资不抵债，并严重潜亏852.57万元，向省政府主要领导上报了审计要情。通过审计摸清了家底、核实了盈亏，揭示了国有企业资产质量和会计信息质量以及改制过程中的国有资产流失等问题。

外资运用审计 对全省16大项313个外资项目进行了审计，审计总额达47.6亿元，查出滞留资金、挤占挪用资金、提款报账证据不足、虚报项目等违规行为资金9328万元。对审计查出的问题，依法进行了处理。对违反亚行采购条款进行采购的问题，省级有关部门已下发了完善采购管理的办法；对滞留项目资金问题，财政部门已提出改进措施，保证资金及时拨付。同时，组织贵阳、遵义、黔南、安顺、毕节、铜仁审计机关对全省28个利用外国政府贷款项目的执行情况进行调查，向省政府写出了专题调查报告，指出存在挤占、挪用、还贷意识差等13项问题。引起省政府的重视，省政府领导批示要求各项目单位和上级主管部门要按照审计意见进行整改，切实加强管理。

经济责任审计 贵州省5部门经济责任审计工作联席会议制度已建立，省审计厅设立了经济责任审计工作专职机构。全省对137个单位进行了审计，涉及经济责任人147人，其中涉及个人经济问题25万元，5人被移送纪检、监察和司法机关进行查处。在对领导干部任期经济责任审计中，各级审计机关按照实事求是的原则，对领导干部任期内的经济责任作出了客观公正的评价，为组织人事部门对领导干部的考核工作提供了重要的依据。

信息现代化基础建设 省审计厅提出要把培养一批掌握现代审计

技术和计算机技能的业务骨干，作为一项战略任务，切实抓紧抓好。一是搞好基础建设，构建网络平台。采用先进的 Internet/Intranet 模式，对内通过百兆以太网技术，将信息端口接入每间办公室，对外通过拨号网络技术和全省所有审计机关连接。先后购置了150余台计算机及相关辅助设备，装备厅机关及80余个地、州、市、县审计局，对全省审计系统计算机进行联网，审计信息共享，建成了办公自动化网络。建立审计法规数据库，共收录1990—2000年法律、法规6740条。二是加强培训基地建设，省厅建立了正规化、现代化的大型计算机多媒体网络培训基地，为提高审计人员计算机水平创造了条件。三是加强审计干部的计算机运用培训力度，除送计算机专业人员到审计署进行更高层次的培训外，省厅还举办培训班5期，对全省150余人进行了计算机基础培训，为推广信息现代化基础建设提供了人才保证。

【贵阳市审计局】2000年，共有在职干部职工107人，其中大学本科学历20人，大专学历67人，局长袁镠，副局长刘明亮、方鉴常、刘灵芝。设有办公室、政工处、综合处、审计管理处、财政审计处、金融审计处、行政事业审计处、外资审计处、农林水审计处、固定资产投资审计处、工交审计处、商贸审计处等部门。

审计成果　全年共审计项目481项，为年计划的178．15%，审计出各类违规行为金额61930万元，其中应上缴13372万元，已上交财政10526万元；应减少财政拨款或补贴932万元，应归还原渠道资金2971万元；促进增收节支1599万元。查出百万元以上违纪单位20户，向司法机关移送案件3件。提交审计信息、简报217篇，被上级和有关领导批示采用40篇。接待群众来访人员10人次，收到信访信件20件，均已办理完毕和转办。

完成上级交办任务　完成政府或上级交办项目81项。其中固定资产投资审计11个，主要对涉及市国债项目和重点建设项目进行了审计，对原市政工程指挥部的资产进行了审计；对市委办公厅1997年至2000年4月财务收支进行了审计；对法院街A、B栋商住楼工程项目进行竣工决算审计，审计后核减金额1593.42万元，核减率15%。

经济责任审计　审计单位29个，责任人35人，其中党政领导26人，查出违规行为金额683万元，厂长（经理）9人，查出违规行为金额1987万元。对市政府驻上海、广州、深圳办事处负责人和市煤气气源厂法定代表人进行离任审计，作出了客观公正评价。

大案要案　移送检察机关案件3件，云岩区审计局在对区三产管委会审计中查出内勤冒充4任分管领导签字，虚报冒领误餐补贴、过节费、劳保等6万余元，初步认定个人冒领2．3万元，涉嫌犯罪已移送检察机关；清镇市审计局在对本级预算执行情况审计中，发现1人涉嫌犯罪，已向市检察院发出移送处理书；市审计局在对市委办公厅财务收支审计中、查出财务人员涉嫌贪污问题，已移送检察机关处理。

【贵阳市南明区审计局】共有干部职工11人，设有办公室、综合科、行政财政审计科，负责对全区所有行政事业单位、街道办事处（镇）等进行审计。局长罗登新，副局长王建国。

审计成果　共审计项目30个，审计单位32个；完成审计调查2项，调查单位12个；审计总金额32571万元，共查出违纪违规金额50万元；提交审计报告33篇。

【贵阳市云岩区审计局】共有干部职工15人，设有办公室、财政金融审计科、行政事业审计科、企业基建审计科，负责对全区38个行政事业单位、16个街道办事处（镇）的审计监督。局长陈兴凤，副局长吴丽、杨险峰。

审计成果　完成各类审计项目43项，为市、区年度计划的204.76%，审计总金额37475.92万元，查出违纪违规资金714.89万元，应缴、已缴财政金额14万元。全年完成下达的审计任务21项，查出违纪违规资金652.35万元，应缴、已缴财政12万元，依法移送检察机关立案查处1项，报送信息28篇，其中4篇被采用，提交论文1篇。完成区委、区政府交办的任务22项，查出违纪违规资金62.54万元，应缴已缴财政2万元，其中固定资产投资审计16项，审计总金额1871.13万元，净审减310.3万元，核减率19.17%，直接减少财政投资310.3万元。

【贵阳市花溪区审计局】现有干部职工14人，设有办公室、财政金融审计科和行政事业审计科，负责对全区14个乡镇和42个区直部门的审计监督。局长张兮渭，副局长潘年胜、吴启文、徐秀兰。

审计成果　全年审计事项35项，已审项目资金20103万元，查出违规行为资金858万元，其中应缴财政15万元，已缴财政15万元，核减工程决算资金84万元。

预算执行审计，从账户入手，核实财政收支，揭露财政资金分配、管理、使用中存在的不真实、不合规等问题；专项资金审计，在对区1997年至1999年农村教育附加费征、管、用情况的审计调查中发现有挤占、挪用教育附加费的情况；固定资产投资审计，在对区人民医院门诊综合楼工程竣工决算审计中发现高估冒算多报决算款84万元；企业审计，在对花溪辣椒制品厂和广夏公司第三线财政借款、银行贷款资金使用及财务状况的审计调查中发现：多头开户，设置两套账，弄虚作假，隐瞒收入，收入不入账，虚增自有资金，贷款数额反映不实等问题。

【贵阳市乌当区审计局】现有干部职工17人，设有综合科、企业审计科、行财审计科及办公室，负责对全区13个乡镇和81个区直部门的审计监督。局长田金全，副局长李韦君。

审计成果　全年计划审计项目20项，实际完成46项，其中政府交办项目24项。开展了财政审计、外资审计、农业资金审计、基建审计、行政事业单位审计及离任审计，共查出违纪、违规资金2625万元，其中决定处理处罚607万元，指明要求纠正2018万元；应上交财政24万元；已上交8万元；应归还原渠道资金35万元。完成综合报告1篇。

【贵阳市白云区审计局】现有干部职工12人，设有局长室、办公室、财政金融审计科、行政事业审计科、企业基建审计科，负责对全区5个乡、4个办事处和52个区直属部门的审计监督。局长王焕萍。

审计成果　全年审计项目35个，其中基建开工前审计6个，为全年目标任务19项的184%。共查出违规行为资金1215万元，应收缴财政18万元，已收缴财政18万元，应归还被挪用资金75万元，节约基本建设投资支出297.33万元，促进增收节支1500万元。完成财政预算执行情况和其他财政资金审计及3个乡、办财政决算的审计，共查出违规行为金额649.26万元，促进增收节支569万元，应缴财政1.55万元。固定资产投资审计完成重点项目审计2项，开工前审计6项，审计总金额19111.04万元，共审减投资297.33万元。行政事业审计主要是对文体广电局体育彩票发行情况、党校、教育局、规划局、村镇建设管理站等单位的财务收支审计，共查出违规行为金额131.06万元，应上缴财政15.14万元。

【清镇市审计局】共有干部职工13人，设有办公室、财政金融审计科、行政事业审计科、企业审计科，基建审计科，负责对全市10个乡镇和59个市直属部门的审计监督。局长杨志，副局长覃德全、杨国栋。

审计成果　共审计项目20个，查出违纪违规金额2189万元，作出处理处罚308万元，其中罚款15万元，应交财政259万元，已缴财政257万元，查处漏交税金4万元。提交审计信息、工作简报18篇，其中1篇被上级审计机关采用。外资运用审计中，查出违规行为资金71万元，根据有关法规，作出了项目单位应追回被挪用44.5万元资金的审计决定。

【开阳县审计局】共有干部职工18人，设有办公室、行政审计科、基本建设审计科、乡（镇）财务审计科、财政金融审计科，负责对全县16个乡镇和58个县直部门的审计监督。局长严天洲，副局长陈大新、何克初。

审计成果　共审计项目任务58个，占市审计局下达指令性任务20项的290%，占市审计局和县委、县政府下达指令性任务31项的187%，全年查出违纪违规资金5804.51万元，挽回经济损失302.23万元，保全国有资产267.58万元，追回被侵占挪用的资金142.47万元，作出处理处罚370.19万元，已收缴财政117.72万元。

【修文县审计局】共有干部职工11人，设办公室、财政金融审计科、行政事业审计科、基建企业审计科等机构，负责对全县10个乡镇和64个县直部门的审计监督。局长刘帮惠，副局长唐德华、孙贵芳。

审计成果　共审计项目49个，审计单位55户；完成专项审计调查2项；共查出违纪违规金额139万元，应缴财政11万元，已缴财政11万元。配合县纪检、监察等部门，查处各种经济案件3起。完成县政府交办的工作任务11项；完成省、市审计机关下达的审计任务14项，审计单位16个，审计金额5400万元。

【息烽县审计局】现有干部职工10人，设办公室、企业审计科、行政事业审计科、财政金融审计科，负责对全县10个乡镇、100多个行政事业单位、30多户企业进行审计监督。局长杨正良，副局长刘运雄。

审计成果　全年共审计项目23个，为计划的150.7%，查出违纪违规金额152万元，已收缴财政109万元。开展预算执行情况和其他财政收支审计，查出财政资金投放长期不收回，造成“呆死账”，烤烟扶持费长期摆暂存；县地税局税收征管不严，导致漏征固定资产投资方向调节税27万元等问题。

【六盘水市审计局】2000年，共有在职干部职工38人，其中大学本科学历6人，大专学历24人，局长邓华，副局长邓贵成、袁潮涌、张勤荣、李丽。设有办公室、综合科、财政金融审计科、行政事业审计科、农林水审计科、工业交通企业审计科、商粮贸企业审计科和基本建设审计科等部门。

审计成果　共审计145个单位，查出违规行为金额14490万元，为国家增收节支8513万元，上交财政616

万元，向上级审计机关、各级党委、政府提交工作报告、信息75篇，被批转、采用22篇。其中本级审计66个单位，查出违规行为金额6537万元，为国家增收节支2798万元，上交财政481万元，提交审计工作报告、信息31篇，被批转、采用17篇。

完成上级交办任务 全年完成省厅、市委、市政府交办任务36项。市级财政预算执行情况审计，查出隐瞒收入、违规退库、应缴未缴、挤占挪用、虚列支出等违规行为金额1029万元。财政决算审计，及时向市委、市政府汇报钟山区煤炭规费收入1718万元未纳入财政专户储存，坐收坐支、乱支滥用等情况。国债资金审计，揭露了弄虚作假、挤占挪用、多结工程款、超规模超标准等违规行为，查出违规金额1417万元。国有企业审计，重点查出了收入不实、成本不实、虚减利润等违规行为金额762万元。

【六盘水市钟山区审计局】现有干部职工12人，设有办公室、财政金融基建审计股和行政事业企业审计股，负责对全区10个办镇乡和63个区直部门的审计监督。局长赵忠华，副局长王述周、陈晓霞。

审计成果 共审计项目18项，审计单位19个，查出违规行为金额3989万元，应交财政36万元，已交财政2万元，应归还被侵占挪用资金2235万元，促进增收节支319万元，提交审计工作报告及信息14篇。本级预算执行情况和乡镇财政决算审计2项，共审计单位4个，查出行政事业性收费未纳入预算、农业税减免款未及时发放、扩大补贴范围等违规行为金额487万元；固定资产投资审计2项，查出高估冒算26万元；农业专项资金审计2项，查出项目管理不规范，坐收坐支应缴财政专户资金44万元，挪用应上缴预算资金49万元等违规行为；行政事业审计6项，查出欠交税费1341万元及挪用坐支排污费等违规行为；领导干部任期经济责任审计2项，查出高息有偿集资、白条开支等问题；外资审计2项，查出挪用外资及配套资金不落实68万元。

【水城县审计局】现有干部职工16人，设有行政事业审计股、财政金融审计股、企业审计股、基建审计股和办公室，负责对全县33个乡镇和86个县直部门的审计监督。局长肖贵福，副局长李秀英。

审计成果 共审计项目17项，审计单位19个，查出违规行为资金674万元，应上交财政60万元，已交财政60万元，应归还被侵占挪用资金86万元，促进增收节支129万元，提交审计工作报告及信息13篇，被采用5篇。财政审计3项，查出违规办理预算拨款、截留应上缴农业税、虚列支出、收入不入账、挤占统筹费等违规行为资金337万元；固定资产投资审计3项，查出多列概算54万元及超建设计划等问题；行政事业审计2项，查出挤占转移资金、隐瞒收入、坐支排污费、多提补助资金等110万元；农业专项资金审计5项，查出挤占农业专项资金，挪用、坐支、截留土地征地费等违规行为资金103万元；外资审计4项，查出挤占挪用项目资金、重复报销、白发票报销等违规行为资金70万元。

【盘县审计局】现有干部职工20人，设有办公室、企业审计股、基本建设审计股、财政金融审计股和行政事业审计股，负责对全县37个乡镇和54个县直部门的审计监督。局长陈其林，副局长史继建、唐仁飞、刘万丽，党组副书记凌卓勇。

审计成果 共审计（调查）项目20个单位，查出违规行为资金2002万元，应上交财政71万元，已交财政71万元，应追回被侵占挪用资金1519万元，促进增收节支52万元。本级预算执行情况和乡镇财政决算审计，共审计6个单位，查出多提农业四税征收经费、多提代征代扣手续费、违反社控规定等违规行为资金215万元；扶贫资金审计，查出资产负债不实、偷漏税金等违规行为资金1341万元，收缴财政28万元；行政事业审计单位9个，查出挤占挪用等违规行为资金437万元，收缴财政26万元；外资利用审计单位3个，查出虚报外资工作量9万元。

【六盘水市六枝特区审计局】现有干部职工18人，设有办公室、企业审计股、行政事业审计股和财政金融审计股，负责对全特区19个乡镇和79个县直部门的审计监督。局长吴锐，副局长蒋世国。

审计成果 共审计项目（调查）15项，审计单位21个，查出违规行为资金1288万元。其中应归还被侵占挪用资金1240万元，应交财政8万元，已交财政2万元。向上级审计机关和特区党委、政府提交审计工作报告及信息14篇。在本级预算执行和乡级财政决算审计中，审计8个单位，查出固定资产核算不实、白条列支等违规行为资金125万元；国有企业审计，查出收入及成本不实等违规行为资金42万元；行政事业审计，查出挤占挪用、私设“小金库”等违规行为资金65万元；农业专项资金审计，查出侵占挪用资金53万元；外资运用审计，查出挪用、配套资金不落实等违规行为资金1003万元。

【遵义市审计局】2000年，现有在职干部职工26人，其中大学本科学历10人，大专学历12人，局长黄觉辉，副局长何其毓、雷以怀。设有办公室、综合科、监察室、财政金融审计科、农业审计科、行政事业审计科、商粮贸审计科、工交审计科、固定资产投资审计科等机构。下辖1区2市、10县共13个县级审计机关。

审计成果 市县两级审计机关共审计项目259项，其中市级31项；查出违纪违规金额16447万元，其中市级5817万元；上缴财政1303.2万元，其中市级1212.8万元；为国家增收节支4805万元，其中市级2501万元；人均为国家增收节支18.34万元，其中市级96.18万元。向司法机关移送案件2件4人。

完成上级交办任务 全年完成行业审计69项，这些项目是：全市骨干非国有企业发展情况审计调查；对稻谷调价农业税减少，减半征收固定资产投资方向调节税和烤烟税率下调对县级财政影响的审计调查；党政领导干部和企业领导人员任期经济责任审计等。

内部审计 共有内审机构237个，其中专职内审机构107个，内审人员469人，其中专职内审人员193人，共审计单位305个，向司法机关移送案件1件。

经济责任审计 共完成了乡科级领导干部经济责任审计48项，其中乡科级干部40项，企业领导人8项。审计结果40人平调安排，2人升职，3人留任，2人免职，降职使用1人。

【遵义市红花岗区审计局】 现有干部职工28人，设有办公室、综合审计科、工交农审计科、行政事业金融审计科、商粮贸审计科、固定资产投资审计科、审计管理科，负责对9个乡镇和75个区直部门的审计监督。局长张子正，副局长杜书麟、唐岚、杨波，副局级纪检监察员黄豪。

审计成果 共审计项目23项，其中财政收支审计3项、企业财务收支审计1项、审计调查2项、外资运用项目审计3项、社会保障资金审计5项、政府交办6项（2项为领导干部任期经济责任审计）、自定项目3项（固定资产投资竣工决算审计）。查处违规行为金额1428万元，决定处理处罚912万元，查处应交财政金额16万元，已交财政9万元，促进增收节支24万元。

在对遵义人民印刷厂原法人对外投资、资产、负债、损益及任期经济责任审计中，因其涉嫌贪污移送司法机关，经11月区法院审理以贪污罪、挪用公款罪判处其有期徒刑8年。在对机关社保局社会保障资金审计中，发现该局局长和办公室及财务人员以购买办公用品为名虚开发票套取现金私分，违纪违规，移送有关部门处理，该局局长等3人分别被处以党纪、政纪处分。

【赤水市审计局】 现有职工16人，设有办公室、财金审计科、基建审计科、企业审计科和行政事业审计科，负责对全市17个乡镇办事处和63个市直部门的审计监督。局长赵永平，副局长刘贵元、杨定宏。

审计成果 共审计项目34项，是上级审计机关计划9项的377%，是市政府年初计划安排16项的212%。共查出违规资金162万元，决定收缴市财政1.9万元，已全部收缴入库。违规问题较多的主要是固定资产投资项目，审计工程项目资金3280万元，核减工程预算价款35.66万元，核减工程结算价款95.98万元，核减甲方工程管理费用4.12万元。

【仁怀市审计局】 现有干部职工36人，设有办公室、法规科、农业资金审计科、企业审计科、行政事业审计科、财政金融审计科、基本建设审计科，局长蒋善成，副局长李涛、蔡聪黎。

审计成果 共审计项目51个，占计划的204%，查出违纪资金2199万元，应缴财政18万元，已收缴财政18万元，追还被挤占挪用资金512万元，核减基建工程款374万元。出具审计意见书49份，审计决定17份，执行率达100%。提供审计信息23期，被上级机关采用24期（含重复采用），采用率达104.3%。审计中发现，茅坝镇政府违规虚列支出30万元，沙滩乡职工欠款10万元等问题。沙滩乡原企管站站长涉嫌贪污，移送检察机关处理；茅坝企管站被罚款1.2万元，原站长受行政处分。全年审计建设项目39项，决算总金额达2700万元，核减工程款374万元，核减率达13.6%，如市房管大楼工程核减15.8万元，茅习公路工程核减300万元。对有行政执法权、资金分配权的部门进行审计监督，全年审计21个单位，查出违纪资金900万元，处以罚款67万元。针对养老金171万元拨付不及时的问题，向市财政局提出审计建议书，使资金及时到位。农业资金审计总金额达亿元，查出违纪资金500万元，收缴违纪资金和处以罚款7.4万元，核减水利工程款10万元。企业审计共查出违纪资金985万元，处以罚款1.1万元，责令纠正858万元。

【遵义县审计局】 现有干部职工23人，设有办公室、财政金融审计科、行政事业审计科、农业投资与环保审计科、固定资产审计科、国有企业审计科，负责对全县35个乡镇、58个县直部门和7个县属国有企业的审计监督。局长郑良福，副局长何永初、李钒、廖文权。

审计成果 共审计项目34项，其中调查项目2项。为市审计局全年计划10项的340%，为县政府年初下达计划18项的188.9%，查出违规行为金额446万元，上交县财政

30万元，建议给予行政处分1人。行政事业审计完成项目16项，查出违规行为金额325万元，上交县财政26万元，县政府临时交办项目3项，查出税收金额34万元，由地税部门征收。提交审计工作报告、综合报告、调查报告、审计信息17篇。

【绥阳县审计局】 现有干部职工11人，设有行政事业审计股、企业审计股、基建审计股，负责对全县15个乡镇和49个县直部门的审计监督。局长钟长英，副局长李镇域、何吉友。

审计成果 全年共完成各类审计25项，比上年增加4.1%。查出违纪金额496万元，应上缴财政20万元，归还被侵占挪用资金12万元，收缴财政4.5万元，减少财政拨款79万元。查出贪污公款案1件已移送县纪委立案查处。在对7个乡科级领导离任的经济责任审计中，查出违纪资金319万元，其中截留财政收入28.4万元；虚列支出91.7万元；挪用资金49.2万元；高估冒算基建投资79万元；其他违纪资金70.7万元。

【桐梓县审计局】 现有干部职工15人，设有财政金融行政事业审计股、综合审计股、企业审计股和办公室，负责对全县24个乡镇和34个县直部门的审计监督。局长宋铁建，书记曾庆书，副局长杜进、袁晖。

审计成果 共审计项目24项，审计单位38户，提交审计报告24篇；完成审计调查2项，调查单位4个。共查出违纪违规金额737万元，审计作出处理的金额156万元，占违规行为金额的21%，其中应上交县财政7万元，应归还原渠道资金28万元。配合县检查院、纪检、监察等部门查处各种经济案件7件。对4个县直机关、1个企业、10个乡镇的19位领导干部实施经济责任审计，审计资金总额达7240.64万元，查出违纪金额573.93万元，其中虚增收入23.81万元，虚列支出16.21万元，挪用专款9.51万元，挤占事业发展基金发放奖金35.32万元，截留应上交的财政收入47.10万元，白条列支94.99万元，农税减免款及肉食补贴未兑现给农户及居民个人35.72万元；漏列销售收入71.29万元，材料物资盘亏119.72万元。通过对这19位领导干部的审计，晋升2人，撤职1人，平调14人。

【习水县审计局】 现有干部职工19人，设有行政事业审计股、财政金融审计股、企业基建审计股、领导干部经济责任审计股、综合股和人秘股，负责对全县24个镇乡和68个县直部门的审计监督。局长张万明，副局长王昭中、刘德光。

审计成果 共审计项目17项，为年计划的100%。其中完成市下达的指令性审计项目8项，完成县政府交办审计项目9项。审计查出违纪资金1648万元，应收缴财政32万元，已收缴财政28万元，收缴入库率为87.5%。

【凤冈县审计局】 共有在职干部职工13人，设有办公室、业务股、固定资产投资审计股。局长徐鼎南，副局长彭军。

审计成果 共审计（调查）项目17项，占年初下达审计（调查）项目计划数的154.5%。查出违规行为金额739万元；上交财政6万元；提交审计工作报告、信息17篇，被县政府及新闻单位采用8篇。完成县政府交办任务3项。通过对本级预算执行和乡镇财政决算审计，查出违规行为金额290万元。通过对县国土局、畜牧局财务收支的审计，查出违规行为金额192万元，发现挪用扶贫贷款、截留财政预算收入、违规收取资金占用费、擅自违规动用预算外资金等问题。

【正安县审计局】 现有干部职工17人，设财政金融审计股、行政事业审计股、企业审计股和办公室，负责对全县19个乡镇、50个县直部门和67个国有企业的审计监督。局长李正刚，副局长付汝新。

审计成果 完成审计（含审计调查）项目14个（其中县委县政府交办审计调查项目2个），审计总金额1.91亿元，查处违规行为金额579万元，决定处理处罚86万元，指明要求纠正493万元；收交财政8万元；提交审计工作报告信息17篇。设有内审机构14个，内审人员68名。开展了对37个项目的审计工作，纠正违规行为金额6万元。

【余庆县审计局】 现有干部职工14人，设有财金基建审计股、行政事业审计股、企业审计股和综合股，负责对全县10个乡镇和73个县直部门的审计监督。局长王建平，副局长张仕容、孙家荣。

审计成果 共审计项目14项，其中审计12项，审计调查2项，占市下达任务10项的140%；另外还完成了县委、县政府统一安排的“国债转贷”资金、“以工代赈”资金使用情况的清理以及重大工程建设项目、专项资金建设项目的招投标和建设期间资金使用的监督、管理工作。查出违规行为资金830万元，其中决定处理处罚156万元；指明要求纠正674万元；应上交财政6万元，已上交财政6万元；应归还原渠道资金6万元；向司法机关移送案件1件；协助查处案件1件；提交审计报告2篇；审计信息12篇；提出合理化建议34条；提出整改措施21条。

【湄潭县审计局】 现有干部职工18人，设有审计业务一股、审计业务二股和办公室，负责对全县15个乡镇和20个县直部门的审计监督。局长陈守亮，副局长曾锦、皮光裕。

审计成果 共审计项目71项，包括财政审计3项，行政事业单位审计6项，农业专项资金审计1项，国外援助贷款审计2项，固定资产投资竣工审计57项，专项审计调查2项；查出违纪违规行为金额1167万元，其中决定处理处罚200万元、指明要求纠正967万元，应交财政资金15万元，已缴财政15万元，应归还原渠道金额148万元、促进增收节支602万元；提交审计工作报告及审计信息23篇，被上级审计机关及新闻单位采用5篇。

【道真仡佬族苗族自治县审计局】现有干部职工13人，设有财经审计股、行政事业审计股、企业审计股和办公室，负责对全县14个乡镇、56个县直部门和23个国有企业的审计监督。局长唐洪武，副局长姚启洪。

审计成果 共审计（调查）项目25项，其中财政审计3项，固定资产投资审计2项，企业资产负债、损益审计2项，行政事业审计9项，农业专用资金审计5项，国外援助贷款2项，专项审计调查2项。查出违纪资金179万元，其中决定处理处罚126万元，指明要求纠正53万元，应交财政16万元，已交11万元。提交审计工作报告、信息15篇，其中被上级部门或新闻单位采用3篇。完成县政府交办任务8项。

【务川仡佬族苗族自治县审计局】现有干部职工14人，设有行政事业审计股、企业审计股、基建审计股，负责对全县15个乡镇和74个县直部门及29个国有及国有控股企业的审计监督。局长陈禄镪，副局长汪秋林、严素姿。

审计成果 共审计（含调查）项目21项。其中上级审计机关下达审计任务10项，县政府交办10项，自选1项。审计金额37671万元，查出违纪金额242万元。其中收回本级财政9.6万元，交上级财政10.4万元。

【铜仁地区审计局】2000年，共有在职干部职工30人，其中大学本科学历6人，大专学历9人，局长刘华生，副局长龙桂仙、肖宗元、孙凡权，纪检员邱明福。设有办公室、综合科、财政金融审计科、行政事业审计科、固定资产投资审计科、任期经济责任审计科、企业审计科等部门。

审计成果 共审计项目190项，查出违规违纪金额8014万元，上缴财政337万元，归还原渠道资金2065万元，核减工程投资23万元，共为国家增收节支2425万元。向司法纪检机关移交案件4件。向各级党委、政府和上级审计机关提交工作报告、信息、审计要情168篇。

完成上级交办任务 完成地方党政交办任务49项。其中主要是对行署驻贵阳办事处武陵物资站的巨额亏损、思南粮食购销公司油脂仓库和地直各种社会保险金与公医经费的管理使用等情况进行了专案调查和审计。

经济责任审计 地局与纪检、监察、组织、人事部门建立了联席会议制度。对7名党政干部和4名企业干部进行了经济责任审计，查出违规金额175万元，向纪检机关移送案件1件。

【铜仁市审计局】现有干部职工20人，设有行政事业审计科、企业审计科、干部离任审计科和办公室，负责对全市16个乡、镇（办事处）和72个市直部门的审计监督。局长杨秀驰，党组书记李德发，副局长杨星国，纪检组长张金凤。

审计成果 全年共审计项目23项，审计查出违规行为资金2310万元，上缴财政罚没收入3万元，追回被挤占挪用资金1341万元。

【德江县审计局】现有干部职工15人，设有办公室、行政事业审计股和企业审计股，负责对全县20个乡（镇）和86个县直部门的审计监督。局长袁洪志，副局长彭德强、张毓钟、陈霞。

审计成果 共审计项目13项，其中完成指令性项目7项，自定项目3项，地方党政交办项目3项，占计划的186%，累计查出违规违纪资金226.34万元，决定处理处罚2.74万元，指明要求纠正123.6万元，归还原渠道资金62.1万元，提交审计工作报告6篇。

【江口县审计局】现有干部职工11人，设有办公室、财政金融审计股、企业审计股、行政事业审计股、固定资产投资离任审计股，负责对全县9个乡（镇）和85个县直部门的审计监督。局长任朗，副局长梁松江、雷健瑛，纪检组长杨胜军。

审计成果 共审计项目17个，审计金额达5832万元，查出各种违规行为金额319万元。其中指明要求纠正的297万元，应归还原渠道资金22万元，应缴财政46万元。

【思南县审计局】现有干部职工15人，设有办公室、行政事业审计股、财政金融审计股、企业审计股，负责对全县27个乡（镇）和64个县直部门的审计监督。局长罗成雷，党组书记文兴万，副局长黎芝俊、吴铸。

审计成果 共审计项目16项，审计单位16户。查出违纪违规金额209万元。归还原渠道资金177万元，上缴县财政32万元；提交审计报告16篇。完成省、地审计机关下达的审计任务7项，县政府交办任务2项，审计单位共9个，查出违纪违规金额120万元。

【石阡县审计局】现有干部职工12人，设有办公室、行政事业财政金融审计股和企业审计股，负责对全县18个乡镇和65个县直部门的审计监督。局长石胜禄，党组书记滕代福，副局长江朝蜀，纪检组长李国爱。

审计成果　共审计项目11项，其中上级审计机关下达5个、县政府交办2个、本局自定4个，查出违规行为资金24.14万元，归还原渠道资金15.25万元，收缴违纪资金7.07万元。提出审计建议35条。

【玉屏侗族自治县审计局】现有干部职工12人，设有办公室、财金行政事业审计股、企业审计股、离任审计室，负责对全县6个乡（镇）和59个县直部门的审计监督。局长李祖缃，副局长农大业。

审计成果　共审计项目15个，审计单位15个，查出各类违纪违规行为金额1186万元，上交财政49万元。向县党政部门和上级审计机关报送审计工作报告、信息15篇，被采用4篇，此外，还完成了县政府交办的审计调查项目4个，为本县乡村公路建设项目1个出具审计意见书1份。

【松桃苗族自治县审计局】现有干部职工16人，设有局办公室、财政金融审计股、行政事业审计股、固定资产投资审计股、商贸企业审计股、工交企业审计股、外资审计股，负责对全县28个乡（镇）和78个县直部门的审计监督。局长李耀祖，副局长田仁新、杨再金。

审计成果　共完成上级安排审计任务28项，审计单位56个，查出违规行为金额703.66万元。其中追还被侵占挪用资金201.5万元，应上交财政20.79万元，已上交财政24.14万元，为国家增收节支226.04万元。编发审计信息15期，被上级采用13期（次）。

【印江县审计局】现有干部职工12人，设有办公室、企业审计股、财政金融行政事业审计股，负责对全县17个乡镇和60个县直部门的审计监督。局长陈世信，副局长张旭阳。

审计成果　共完成8个指令性审计项目，13个自定审计项目和1个县政府交办审计项目，其中财政审计8个、企业审计3个、行政事业审计4个、国外援款贷款审计5个、农业专项资金审计2个。共查出违规行为金额287.74万元，应归还原渠道资金43.45万元，应交财政8.42万元，已交财政8.42万元。

【沿河土家族自治县审计局】现有干部职工12人，设有办公室、财政金融审计股、行政事业审计股和企业审计股，负责对全县22个乡（镇）和98个县直部门的审计监督。局长车天明，党组书记黄朝洪，副局长崔道军、杨静。

审计成果　共审计项目18项，审计（调查）单位71个，查出各种违规行为金额889万元，审计收缴违规资金190万元，查出百万元以上违规单位1个，移送县检察院、县纪委和监察机关案件2件。提交审计工作报告和信息30篇。同级财政审计查出违规金额222万元，应缴预算154万元。乡级财政审计揭露了乡镇财务管理混乱，普遍存在“流水账”、“包包账”等严重问题。行政事业审计查出违规资金182万元，对县林业局100多万元的重大违规问题移送了县检察院、县纪委和监察机关处理。揭露了外资项目运用中地方配套资金不到位，挤占挪用外资以及其他不合理开支等问题，共查出违规资金208万元。

【万山特区审计局】现有干部职工8人，设有办公室、财政金融审计股、行政事业审计股、企业审计股，负责对全区91个部门和5个乡（镇）的审计监督。局长方德英，支部书记梁玉岱，副局长向国珍。

审计成果　共审计了13个单位，查出违纪违规资金270万元，其中决定处理处罚123万元，指明要求纠正147万元，已上缴财政4.61万元，归还被侵占挪用资金57万元，核减工程投资2万元，为国家增收节支63.6万元。在对老山口新区重点工程审计中，揭示了管委会财务核算不规范，错弊金额高达94万元，以及执行施工合同不严肃，随意更改施工合同和部分工程未执行招标制度等问题。在对农办坡改梯资金的审计中，查出违纪违规资金141万元，对其挤占挪用专项资金、滥发奖金、虚列工程支出、私设“小金库”等重大违纪违规问题，决定收缴财政和罚款3.35万元，应追回被侵占挪用资金55.22万元。

【毕节地区审计局】2000年，共有在职干部职工31人，其中大学本科学历5人，大专学历18人，局长唐心逸，副局长余洪信、陈兴华。设有办公室、综合科、财政农业审计科、行政事业审计科、企业审计科、固定资产投资审计科等部门。

审计成果　共审计项目113项，查出违规行为金额45786万元，决定处理处罚12896万元，指明要求纠正32890万元，应上交财政1812万元，已上交财政1722万元。促进增收节支9万元，减少财政拨款或补贴6494万元。向上级审计机关、各级党委、政府提交审计工作报告、信息114篇，被采用5篇。其中本局共审计项目17项，查出违纪资金26175

万元，上交财政196万元，查出百万元违规单位3个，提交审计工作报告、信息19篇。

完成上级交办任务 完成省厅、毕节地委、行政公署交办任务17项。同级财政预算执行情况审计中，查出隐瞒转移预算收入、应缴未缴收入、挪用预算资金、虚列支出等违纪违规金额32342万元；重点建设项目资金审计，发现建设资金不落实、挪用转移建设资金和注册资金等问题资金2894万元；国有企业审计，重点查出收入不实、成本不实、账外资产、转移国有资产、虚增利润、虚减利润、损失浪费等违纪资金1080万元；农业专项资金审计，查出了资金未拨付、挤占挪用、虚列转移等违纪资金1465万元；外资运用项目审计，查出配套资金不落实、挪用配套资金、虚报外资工作量、虚报配套资金工作量等违纪违规问题资金共1868万元。

【毕节市审计局】共有干部职工16人，局长龚清云，副局长李齐昌、张爱玉、夏文。

审计成果 共审计项目11项，查出违规行为金额4639万元，决定处理处罚1455万元，指明要求纠正3184万元，应交财政1455万元，已交财政1442万元，归还原渠道资金5万元。提交审计报告信息13篇，被上级审计机关采用1篇，提交审计案例分析5篇。

同级财政预算执行情况审计中，查出了财政局在预算执行中存在虚列支出、截留收入、本年度的烟叶农特税及附加未结算入库等违纪资金4481万元；对市房产事业局、市计生局和市国土局等三个单位审计中，查出白条付款2万元，截留收入28万元。

【黔西县审计局】共有在职干部职工12人，设有办公室、财政金融行政事业审计股、企业基建审计股，负责对全县28个乡（镇）、75个县直单位和5个国有企业的审计监督。局长丁宝贵，副局长舒镇、徐勇。

审计成果 共审计项目13个，查出违纪资金1146万元，追回被侵占挪用资金165.8万元，收缴财政22万元。县级财政收支审计，查出隐匿、截留预算收入65.45万元，挪用专项资金149.1万元，违规列支29.8万元，长期滞留暂存429.08万元。行政事业单位财务收支审计，查出县水电局挤占挪用专项资金16.7万元，县教育局虚列支出81.35万元。企业财务收支审计，查出县盐业公司、英雄桥电站、石板塘电站、附廓水管所补缴企业所得税13.74万元。

【大方县审计局】现有在职干部职工14人，设有办公室、行政事业审计股、企业基建审计股、财政金融审计股，负责全县36个乡（镇）、46个县直部门和12个县属国有企业的审计监督。局长姜中凯，副局长喻敬、张俊。

审计成果 共审计项目24项，查出违纪违规行为金额3914.04万元，应追还被侵占挪用资金3710万元，损失浪费9.5万元。

【织金县审计局】现有干部职工14人，设有综合股、财政审计股、行政事业审计股、企业基建审计股，负责对全县32个乡（镇）、34个县直部门和8个国有企业的审计监督。局长丁德华，副局长罗卫平。

审计成果 共审计项目15个，查出违纪违规行为金额1766.01万元，决定处理处罚220.21万元，指明要求纠正1545.80万元，应归还原渠道资金233.20万元，已归还139.23万元，应上交财政2.51万元，已上交财政2.51万元，促进增收节支9万元。查出的主要问题：同级预算执行情况审计中暂付款长期挂账，借用专款数额较大，财政周转金催收不及时，行政事业单位挤占挪用专项资金的情况比较普遍。外资项目资金被挤占挪用的情况也比较严重。

【金沙县审计局】现有干部职工10人，设有综合财政金融审计股、企业基建审计股、行政事业审计股，负责对全县27个乡（镇）、35个县直部门和30个县属国有企业的审计监督。局长孙光国，副局长赵廷均。

审计成果 共审计项目11个，查出违规违纪资金1406.39万元，指明纠正1333.63万元，决定收缴财政72.75万元。同级财政预算执行情况审计，查出了滞留挂账未入库资金47.3万元，年末滞留企业未交税金866.4万元，财政债权债务挂账资金5700多万元。金融审计，查出2信用社虚列挤占成本28万元；少交漏交税金5900万元，巧立名目乱发奖金、实物，以发奖金名义鼓励职工组织储蓄搞不正当竞争，向有关行政、司法机关白条支付赞助款。农业资金审计查出未到位资金500万元，挪用金额达740多万元。行政事业审计中发现林业局未上缴木材变价收入款11.5万元。世行Ⅶ贷款项目审计49.02万元资金不到位。

【赫章县审计局】现有干部职工18人，设有办公室、企业基建审计股、行政事业财政金融审计股，负责对全县27个乡镇和34个县直部门、17个国有企业的审计监督。局长张正杰，副局长刘家俊、肖大仙、彭良友。

审计成果 共审计项目20个，查出违规行为资金6107万元，上交财政27万元。提交审计信息12期21条，审计案例8个。乡（镇）财政决算审计，审计3个乡（镇），查出违规行为资金43万元，收交财政3

万多元；经济责任审计，查出县建筑工程总公司原任经理在任职期间，违规金额16万多元，私设“小金库”10万元，其他违规支出6万多元；农村金融企业审计对全县21个乡（镇）基层农村金融信用社进行审计，查出漏缴税金4万多元。

【纳雍县审计局】现有干部职工14人，设有办公室、行政事业金融审计股、企业基建审计股，负责对全县25个乡（镇）、61个县直部门和32个国有企业的审计监督。局长杜建平，副局长罗祖荣、祝正学、李卫文。

审计成果　共审计项目17个，查出违规违纪资金1127.25万元，指明要求纠正1069.06万元，决定处理处罚应收缴财政58.19万元，提交审计工作报告、信息12篇。同级预算执行情况审计，查出违规行为资金601.78万元，指明要求纠正601万元，上交财政0.78万元。企业资产、负债、损益审计，发现漏欠国家税费40.35万元，收入不实12.57万元，成本不实71.20万元，账外资产35.68万元，转移国有资产48.57万元，虚减利润32.35万元。行政事业单位的审计查出违纪资金114.9万元，应上交财政17.14万元，还对农业专项资金、外资基本建设等项目进行审计。在对劳动局就业办财务收支审计中，查出了涉嫌8万元的贪污案1件，此案已移送有关部门处理。

【威宁县审计局】现有干部职工18人，设有办公室、行政事业审计股、企业基建审计股，负责对全县35个乡（镇）、115个县直部门的审计监督。局长韦建朝，副局长邹昌文、计大黔。

审计成果　共审计项目11项，查出违规违纪资金47万元，上交财政2万元，提交审计工作报告、信息13篇。

【安顺地区审计局】2000年，共有在职干部职工27人，其中大学本科学历6人，大专学历15人，局长张惠芳，副局长魏更生。设有办公室、综合科、企业审计科、行政事业审计科、农业资金审计科、财政金融审计科、基建审计科。

审计成果　共审计项目105个，查出违规行为金额6802万元，应上交财政58万元，已交财政58万元，应归还原渠道资金633万元，应减少财政拨款22万元。向司法机关及主管部门移送案件4件，涉案13人，向地方党委、政府报送工作报告和信息51篇，被采用6篇。

完成上级交办任务　共完成上级下达审计项目47个，查出违规行为金额5237万元，应交财政21.97万元，已交财政21.97万元，收缴率100%，向司法机关及主管部门移送案件4件，涉案13人；向地委、行署报送工作报告和信息22篇，被采用6篇。完成地方党委、政府交办任务18个，重点审计了安紫水泥厂项目竣工决算审计，查出擅自提高标准厂房及办公用房外墙装修增加投资13.17万元及概算批复以外的工程建设项目404万元未报原审批部门审核批准，挪用项目建设资金116.56万元支付老厂项目建设及维修等问题；为服务实施西部大开发战略，完成了安西灌区工程，王二河水利工程的开工前审计；对地区国有资产投资营运公司及效益审计。查出未及时结转长期投资608万元，漏提当年应付占用费44.2万元等问题。

大案要案　对安顺起重设备厂原法人代表（厂长）任期经济责任的审计，揭露了该厂资不抵债，资产未能保值增值，虚盈实亏，企业违反有关法规和财经制度，擅自处理盘亏195.73万元，虚开增值税发票99.65万元，隐瞒收入偷漏税款3.57万元等一系列问题。并将涉嫌经济问题的有关人员移送司法机关查处；另外对安顺市、普定县2县计划外生育经费审计中查处违纪违规资金871万元，收缴7万元，移送司法机关查处4人。

【安顺市西秀区审计局】现有干部职工19人，设有办公室、综合科、财政金融审计科、行政事业审计科、商贸企业审计科和工建交企业审计科，负责对全区24个乡镇办和49个区直部门的审计监督。局长于群，副局长孟庆炎、魏洪华。

审计成果　共审计项目17项，审计单位26个，查出违规行为资金85.88万元，应归还原渠道资金82.90万元。提交审计工作报告18篇，审计信息11篇。本级预算执行情况和乡镇财政决算审计3项，共审计6个单位，查出截留上级财政收入、挪用财政专项资金、虚列支出、白条顶库等违规行为资金41.51万元；固定资产投资审计4项，查出多列工程结算款39.65万元；行政事业审计4项，查出虚列转移资金2.92万元；外资审计2项，查出挪用外资1.79万元；企业经济责任审计3项，农业专项资金审计1项。

【普定县审计局】现有干部职工14人，设有办公室、财金行政审计股和企业外资审计股，负责对全县11个乡镇和28个县直部门的审计监督。局长路湘庆，副局长徐琼、高开平、华伟。

审计成果　共完成上级审计机关下达的审计任务5项，完成县政府交办任务6项，审计单位20户，查出违规行为金额1065万元，上缴县财政13万元，归还原渠道资金40万元。

【平坝县审计局】共有干部职工

14人，设有办公室、财政金融审计股、企业基建审计股、行政事业审计股、综合法规股，负责对全县10个乡（镇）和57个县直单位的审计监督。局长朱炳益，副局长王培达。

审计成果　共审计项目19项，审计单位31个，共查出违规违纪资金10.6万元，其中违规资金9.25万元，违纪资金1.35万元，已上交县级财政1.35万元。

【镇宁布依族苗族自治县审计局】现有干部职工12人，设有行政事业审计股、基本建设审计股、财政金融审计股、企业审计股和办公室，负责对全县16个乡镇和58个县直部门的审计监督。局长张秋萍，副局长王宪学、吴景丽。

审计成果　共审计项目15项，查出各类违规行为资金344.96万元，其中应缴财政26.59万元，已缴财政18.65万元，应追回被侵占挪用资金140.54万元，调整账务177.83万元。在本级预算执行情况审计中，共审计6个单位，查出多提代扣代征手续费、截留罚没收入等违规行为资金23.5万元，应收缴财政22.7万元；行政事业审计单位4个，查出挤占挪用等违规行为资金207.1万元；外资审计4项，查出挤占挪用项目资金等违规行为资金47.28万元。

【紫云苗族布依族自治县审计局】现有干部职工9人，设有办公室、财政金融审计股、行政事业企业审计股，负责对全县12个乡镇和23个县直部门的审计监督。局长程琦琳，副局长安国超。

审计成果　共审计项目11项，审计单位18户；审计金额10316万元，查出违纪违规金额310万元。与县信访办、县扶贫办、县纪检、监察部门配合，调查3起经济案件，为社会稳定发挥了积极作用。上缴县财政2万元。提交审计报告11个。完成县政府交办工作任务3项，审计清理单位3个。指明要求纠正56万元。完成省、市审计机关下达的审计任务5项，审计单位15户，审计金额8533万元。

【关岭布依族苗族自治县审计局】现有干部职工11人，设有办公室，企业、财金审计股，综合审计股，负责对全县13个乡（镇）和32个县直部门的审计监督。局长白锦芬，副局长杨贵明。

审计成果　共审计项目15项，提交审计报告15份，依法出具审计意见书15份。审计金额1539.7万元，查出违纪违规资金1006.89万元，调账处理876.34万元，查出同级财政地税未缴固定资产投资方向调节税8.8万元。查出挪用外资2万元，已上缴财政1.3万元，罚款2.9万元，同时还对岗乌镇和沙云乡领导干部任期进行了经济责任审计。

【黔西南布依族苗族自治州审计局】2000年，共有干部职工106人，其中大学本科学历4人，大专学历36人，局长陈德福，副局长黄曼。设有办公室、综合法规科、财政金融审计科、行政事业审计科、基本建设审计科、企业审计科。

审计成果　共审计项目125项，占省厅下达计划数36项的347.22%，共查出各种违纪违规资金5820万元，应收缴财政198万元，已交财政147万元，促进增收节支198万元。采取“点、线”结合的办法实施财政审计。“点”即是继续对财政局和税务局进行详细审计；“线”即是集中力量只对某一行业或某一系统进行延伸审计，力争审深、审透、审出成果。在对州教育局、兴义师专、师范和一中的延伸审计中，发现这些单位不同程度存在账外账和私设“小金库”等违纪违规问题。特别是对师专的审计，查出该单位存在公款私存和私设“小金库”，共有存折8个和定期存单3张，金额高达300多万元。

经济责任审计　制定出《黔西南州党政领导干部任期经济责任审计制度》（试行），对11个单位进行了审计。通过审计，有1人被移送司法机关追究刑事责任，1人被移送纪检监察机关追究行政责任，1个单位负责人被免职，有1人平调。

【兴义市审计局】现有干部职工18人，设有秘书科、财政金融审计科、行政事业审计科、企业审计科，负责对全市26个乡镇和78个市直部门、58个国有企业的审计监督。局长龚志宁，副局长陈锦雄、赵桂枝。

审计成果　共审计项目21个，其中上级审计机关下达项目6个，市委、市政府交办和自定项目13个。对4个乡镇民政办的收费情况进行了审计调查和对市民政局养老保险处农村社会养老保险基金的专题审计。共查出违纪违规资金944万元，应上交市财政101万元。在对6个预算执行单位审计中，查出违纪违规资金749万元，应上交市财政88万元；在对市烟叶复烤厂的资产、负债、损益审计中，查出违纪违规资金64万元，收缴违纪资金10万余元；审计查出市红星路小学和自碗窑镇大水井学校违纪违规资金13万元，收缴违纪资金3万元；对顶风违纪的个别学校领导，建议主管局给予一定的行政处分。

【望谟县审计局】现有干部职工10人，设有办公室、财政金融基建审计股、工商贸审计股，负责对全县16个乡镇、43个县直部门和19个企业的审计监督。局长黄琪，副局长韦黔章。

审计成果　共审计项目14个，完成上级下达任务的107.7%。其中财政决算审计2个，财政预算执行情况审计1个，利用外资项目审计3个，基本建设项目审计1个，扶贫资金审计7个。共查出违纪违规资金476万元，应收缴上交财政9万元，已收缴财政5万元，追回被侵占挪用资金110万元。对县扶贫办、农办、计划局、民委、水利电力局和农行等部门管理使用的扶贫资金情况审计中，发现县水电局、农办挪用扶贫资金购买小汽车，县水电局、农办、扶贫办挪用扶贫资金来弥补行政经费，违纪违规金额98万余元。

【兴仁县审计局】 现有干部职工8人，设有行政事业审计股、财政金融审计股等机构，负责对全县16个乡镇、40个县属单位进行审计监督。局长李翠琼，副局长杨顺琴、赵竟。

审计成果 完成审计任务18项，完成率为300%。审计总金额为28020.76万元，查出违规违纪资金158万元，占审计总金额的5.7%，应上缴财政10万元，已上交财政10万元，上缴率为100%。

【普安县审计局】 现有干部职工13人，设有财政金融基建审计股，行政事业企业审计股、行政事务股，负责对全县14个乡镇和108个县直部门、县级国有企业的审计监督。局长余祖贵，副局长王邦翠、保证康。

审计成果 完成20个审计项目(其中州局计划5项)，审计总金额20454.5万元，查出违纪违规资金80万元，决定处理处罚25万元，指明要求纠正55万元；处罚中已交财政7万元，向司法机关移送案件1件。在对县糖酒公司前任经理离任审计中，查出违纪资金4.7万元，原经理贪污公款1.45万元，已涉嫌犯罪，于7月移送检察院处理，已被判刑3年。在固定资产审计中，查出普安盐业公司新建综合楼未交固定资产投资调节税4.07万元，限期内交清；在行政审计中，查出罐子窑镇政府挪用专项资金7.44万元，通过审计追还了挪用资金，归还了原渠道资金，处罚0.37万元收缴财政。

【册亨县审计局】 现有干部职工6人，设有办公室和业务股，负责对全县7个乡镇、34个县直部门和17个县属国有企业的审计监督。局长何腾忠，副局长杨秀文、朱占才。

审计成果 共审计项目10个，审计金额18869万元，查出违规行为金额190万元，应收缴财政9万元，已收缴财政3.2万元。没收桑塔纳小车1辆，2人分别受到党纪、政纪和法纪处分。完成县委，组织部门交办领导干部离任经济责任审计调查4项。受有关部门委托，对普敦公路建设工程、人畜饮水工程等7项结算进行审计。查出县计划局因工作失职造成11万株果苗损失，15万元省级基建款被骗，擅自动用15万专项款购买小车等重大问题。主要负责人被免去其领导职务，同时被司法机关追究刑事责任。

【晴隆县审计局】 现有干部职工11人，设有秘书股、财政金融审计股、行政事业审计股、企业审计股，负责对全县14个乡镇和89个县直部门、45个县级国有企业的审计监督。局长袁明芳，副局长王邦学、鲍和平。

审计成果 全年共审计项目18项。审计查出违纪违规金额40万元，应上交财政14.4万元，归还原渠道资金14.9万元，促进增收节支8万元。在对同级财政审计中，查出隐瞒预算外资金29万余元，作出罚款5.8万元的审计决定和提出审计意见；扶贫资金审计查出挤占县畜牧局扶贫贷款170万元，所收取的利息0.78万元（已扣除存款利息0.38万元）和多收烟农费用5.51万元，已依法作出审计决定，收缴县财政。

【贞丰县审计局】 现有干部职工6人，设有财政金融基建审计股、行政企事业审计股，负责对全县13个乡镇、61个县直行政事业单位和38家国有企业进行审计监督。局长胡成刚，副局长于莉亚、邓成皇。

审计成果 全年共审计项目6个，其中上级审计机关下达的指令性审计项目4个，县委、县政府“三讲”期间交办的审计项目2个，查出违纪违规资金438万元，共提交审计报告6篇。

【安龙县审计局】 现有干部职工10人，设有业务审计股和办公室，负责全县16个乡镇和119个县直部门、县级国有企业的审计监督。局长薛朝林，副局长车志刚。

审计成果 共审计项目15个，查出各类违纪违规资金335万元，应收缴财政34万元，已收缴33万元，审计核减工程项目投资13.4万元。共上报审计信息4篇，县委县政府采用1篇，移送县纪委处理2人。通过对安龙荷花节审计，查出相关单位截留财政拨款及捐款、虚报支出等问题金额14. 93万元；在县龙广供水供电公司财务审计中，查出该公司私设“小金库”，截留应交财政收入17.6万元，并进行了处罚；对龙广镇政府财务收支审计中，查出该镇将公款储蓄10个存折，漏交税费8.29万元等问题；完成县计划局“以工代赈”资金审计，查出该局用“以工代赈”资金发放奖金、福利1.36万元等问题；完成县纪委交办的村级财务审计项目1个，查出少收屠宰费3.17万元，针对村级财务管理比较混乱等问题，以审计简报向全县进行了通报。并完成省、州审计机关下达的审计任务5项。

【黔东南苗族侗族自治州审计局】2000年，共有在职干部职工33人，其中大学本科学历3人，大专学历11人，局长杨秀实，副局长李继芝、钱洁民。设有办公室、综合科、财政金融审计科、行政事业审计科、企业审计科、基本建设投资审计科、审计学会和基建预结算审查中心等部门。

审计成果　共审计项目346项，审计了402个单位。其中财政税收审计27项，固定资产投资审计61项，企业审计59项，行政事业单位审计117项，农业专项资金审计7项，国外援款贷款审计64项，专项调查及其他审计11项。查出各种违规行为金额15854万元，查出百万元以上违规单位11个，向纪检监察、司法机关移送案件8起，涉案人员12个，其中县级干部1人，科级干部5人。应上交财政452万元，已上交财政228.77万元，应减少财政拨款或补贴441万元，应归还原渠道资金537万元，促进增收节支69万元。提交审计报告、信息213篇，被地方党政领导机关采用42篇，上级审计机关采用15篇，新闻单位采用13篇。

经济责任审计　全年共审计了39个项目，其中党政领导经济责任审计32项，国有企业经济责任审计7项，共43人，查出违规行为金额1559万元，有1人被撤职处理，有2人被移送纪检部门处理。

【凯里市审计局】现有干部职工28人，设有人秘科、综合业务科、行政事业审计科、工交企业审计科、商粮贸审计科、基本建设审计科，负责对全市10个乡镇和58个市直部门的审计监督。局长谭德让，副局长彭元元、杨建强。

审计成果　共审计项目30项，审计资金2.13亿元。查出违规资金382.61万元，违纪资金177.57万元，收缴违纪资金14.91万元。

【施秉县审计局】现有干部职工14人，设有秘书股、行政事业财政金融审计股、基建审计股、企业审计股，负责对全县8个乡镇和64个县直部门的审计监督。局长张明富，副局长陶镇、尹富华。

审计成果　共审计项目13个，其中财政审计2个、行政事业单位审计6个、固定资产投资审计1个、外资审计3个、企业审计1个，审计查出违纪资金150万元，收缴财政1万元。

【从江县审计局】现有干部职工9人，设有人秘股、行政事业审计股、企业审计股、基建审计股、建筑工程结算审查中心，负责对全县21个乡镇和51个县直部门及20多家中小型企业的审计监督。局长张文忠，副局长韦杰样、石永昌。

审计成果　共审计项目23项，完成审计调查2项，审计金额17675万元。查出违纪违规金额66万元。上缴财政13万元，提交审计报告23篇，审计信息12篇，并在收到各种举报信4份的情况下，配合县政府、组织部等部门，调查处理各种经济案件3起。同时完成19项基建工程竣工审查，审查金额400万元，核减工程造价13万元。完成县委交办项目任务3项；完成县政府交办任务4项，完成其他科局委托离任审计1项。

【镇远县审计局】现有干部职工12人，设行政事业财政金融审计股、基本建设投资审计股、企业审计股、综合法规股和办公室，负责对全县12个乡镇和50个县直部门的审计监督。局长潘成元，副局长王美。

审计成果　共审计项目17项，审计资金总额20935.74万元，查出违规行为资金3108万元，应上交财政7.97万元，已入库财政6.30万元。出刊《审计信息》4期，提供审计信息18篇，被《镇远报》采用3篇，县西部大开发讨论领导小组办公室转载9篇。

【麻江县审计局】现有干部职工12人，设人事秘书股、行政事业审计股、企业审计股、基本建设审计股，负责对全县9个乡镇和43个县直部门的审计监督。局长倪兴文，副局长金德文、唐启鸿。

审计成果　共审计项目9个，查出违纪资金0.3万元，上缴违纪资金0.3万元。

【台江县审计局】现有干部职工12人，设有行政事业审计股、企业审计股、财政金融审计股和基本建设投资审计股，负责对全县9个乡镇和54个县直部门的审计监督。局长李可忠，副局长张建强、刘开新。

审计成果　共审计项目30项，其中财政审计1项、外资审计3项、企业审计1项、行政事业审计6项、专项审计1项、基建审计8项、调查审计2项、企业破产清算8项。查出违纪违规金额45.77万元。上交财政3.8万元。并提供审计信息6篇。移送案件2件。

【天柱县审计局】现有干部职工11人，设有办公室、行政事业审计股、财金审计股、基建审计股、企业审计股，负责对全县16个乡镇和38个县直部门的审计监督。局长杨光林，党组书记杨应福，副局长舒彩钊，纪检组长杨焕宗。

审计成果　共审计项目19项，其中财政审计1项，固定资产投资审计3项，企业审计3项，行政事业审计9项，国外援款贷款3项。查出违纪违规行为金额653万元，应上缴财政33万元，已上缴财政20万元，审计工程决算造价560.1万元，审计核定的工程造价504.1万元，核减工程造价56万元，占报审决算造价的10%。

【黄平县审计局】现有干部职工15人，设办公室、微机室、行政事业审计股、企业审计股、基本建设审计股，负责对全县14个乡镇和459个县直部门的审计监督。局长刘金智，副局长杨胜彪、龙胜福。

审计成果　共审计项目20项，其中财政审计1项，农业资金审计1项，外资审计4项，完成县政府安排的审计项目3项。完成县委组织部安排的审计项目2项。自定项目9项。

【榕江县审计局】共有干部职工14人，设有人秘股、行政事业审计股、农业基建审计股和企业审计股，负责对全县20个乡镇和42个县直部门的审计监督。党组书记王家秀，局长石品昌，副局长阳诗仁、石开琪、莫新平。

审计成果　共审计项目27项，占年度审计项目计划的103.85%，其中财政税收审计3项、金融审计1项、固定资产投资审计3项、企业审计4项、行政事业审计6项、外资审计5项、经济责任审计4项、专项审计调查1项，共审计单位33个。查出违纪违规金额1404万元，应缴财政60万元，已缴财政10万元，查出百万元以上违规单位4个，移送纪检监察机关案件1件。

【剑河县审计局】现有干部职工10人，设人秘股、行政事业审计股、企业审计股、基建审计股，负责对全县11个乡镇和50余个县直部门的审计监督。局长杨胜柏，副局长王政标、杨德忠。

审计成果　共审计了41个单位，完成30个审计项目，其中上级指令性5个，县里交办4个，自行安排21个。查出违纪资金77.62万元，应上缴审计专户3.09万元，已上缴3.09万元，基建审计核减投资额86.26万元。

【雷山县审计局】现有干部职工6人，设行政事业审计股、财政金融审计股、企业审计股，负责对全县9个乡镇和82个县直部门的审计监督。局长张传民，副局长龙月元。

审计成果　共审计项目29个，查出违纪资金104万元，收缴财政40万元，核减固定资产投资9万元，提交审计信息16篇。

【三穗县审计局】现有干部职工9人，设有综合股、财政金融审计股、行政事业审计股、企业审计股、基本建设投资审计股，负责对全县9个乡镇和78个县直部门的审计监督。局长曾伟求，副局长刘世清。

审计成果　共完成各类审计项目22个，为计划20个的110%。在完成的各类审计项目中，金融审计4个，外资运用3个，企业审计1个，行政事业审计13个，固定资产投资审计1个。查出各类违规行为金额747万元，追回被侵占挪用资金52万元，增收节支55万元，应收缴违纪资金10.73万元，实际收缴10.73万元，其中追缴各种税费5万元，罚款4.94万元。审计信息共完成14篇，为计划12篇的116%。

【黎平县审计局】现有干部职工13人，设秘书股、行政金融审计股、基建预决算中心、企业审计股，负责对全县25个乡镇和60个县直部门的审计监督。局长吴万清，副局长吴绍箕、袁鹏。

审计成果　共审计项目47个，查出违纪资金687万元，收缴财政40万元，移送案件3起。基建预决算送审金额900万元，审计核增1万元，审计核减3万元。

【岑巩县审计局】现有干部职工10人，设综合股、行政事业审计股、财政金融审计股、企业审计股、监察室，负责对全县11个乡镇和65个县直部门的审计监督。局长戴廷文，副局长赵湘黔、丁祖芳。

审计成果　共审计项目13个，其中同级财政审计1项，固定资产投资审计1项，企业审计2项，行政事业审计6项，外资审计3项。查出违规行为金额151万元，其中决定处理处罚78万元，指明要求纠正73万元。应上缴财政8万元，已全额收缴入库；应归还原渠道资金19万元；促进增收节支7万元。

【丹寨县审计局】现有干部职工10人，设办公室、行政事业财政金融审计股、基建企业审计股，负责对全县7个乡镇和48个县直部门的审计监督。局长刘贵平，副局长汪昌伟。

审计成果　共审计项目21个，其中财政审计3个，行政事业审计10个，企业审计3个，固定资产投资审计1个，外资审计4个，审计查出违纪资金1198万元，收缴财政36万元，核减固定资产投资5万元。

【黔南布依族苗族自治州审计局】2000年，共有在职干部职工34人，其中大学本科学历6人，大专学历23人，局长胡恩奎，副局长李先文，总审计师彭理芬。设有办公室、综合科、企业审计科、行政事业审计科、财政审计科、金融审计科、固定资产投资审计科等部门。

审计成果　共审计项目37项，为州计划安排的195.74%，审计查处违规金额27461万元，应上交财政427万元，已上交财政411万元，促进增收节支86万元，提交审计报告、信息14篇。（全州共完成审计项目308项，查出违规金额43005万元，应上交财政846万元，追还被侵占挪用资金1055万元，减少财政拨款和补贴259万元，促进增收节支447万元，审减基建工程款897万元，共为国家增收节支3607万元。向司法机关移送案件4件，建议给予行政处分2人。向当地政府、上级审计机关和新闻单位提交审计工作报告、调查报告、信息248篇，被批示和采用40篇。)

完成上级交办任务　在完成15项指令性审计项目计划任务的同时，完成上级交办项目8项，共查出违规金额7890万元，应上交财政50万元，已上交财政35万元。

经济责任审计　全州共完成经济责任审计项目62项，查处违规资金13831万元，依照法规给予处理处罚10938万元，指明纠正2852万元。州局完成13项，其中县委书记、县长各3人，州级部门领导7人，收缴违规资金共57万元。

【都匀市审计局】现有干部职工20人，设有办公室、行政事业审计科、企业审计科和财政金融基建审计科，负责对全市20个乡镇、3个办事处、61个市直部门的审计监督。局长敖忠南，副局长赵争鸣、石友祥。

审计成果　共审计项目26项，审计查处违规金额8636万元，应收缴财政47万元，已收缴财政47万元，向司法机关移送涉嫌犯罪的经济案件3件，提出纠正违纪违规、改善财务管理意见和建议91条。向当地政府、上级审计机关提交审计工作报告、调查报告、信息46篇。

【福泉市审计局】现有干部职工16人，设有综合办公室、行政事业审计科、财政金融审计科、企业审计科、固定资产投资审计科，负责对全市16个乡镇和65个市直部门的审计监督。党组书记朱志鹏，局长雷仁芝，副局长宋淑琴。

审计成果　共审计项目38项，为年度计划的190%。审计总金额3.8亿元，共查出违纪违规金额400万元，决定处理处罚上交财政105万元，责令自行纠正归还国库185万元，追还被侵占挪用资金104万元，审计执行率100%。固定资产投资审计有新突破，全年共完成投资审计项目8项，送审金额1800万元，审减金额118万元，审减率为6%。

【贵定县审计局】现有干部职工13人，设有办公室、财政金融审计股、企业基建审计股，负责对全县20个乡镇和55个县直部门及所有国有企业的审计监督。局长刘定茹，副局长马益民、杨惠。

审计成果　共审计项目26个，审计单位31户，查出违规金额223万元，应收缴财政10万元，已全部上缴。同时，加强对全县基本建设项目的审计监督，对基建工程立项资金审计、预、结算审计严格把关，全年共完成基建预、结算审计41项，送审金额2728万元，审定金额2467万元，审减高估冒算工程款262万元，审减比例为9.6%，为国家增收节支262万元。提交审计工作报告、简报、信息23篇。

【惠水县审计局】现有干部职工13人，设有办公室、行政事业审计股、企业基建审计股，负责对全县25个乡镇和26个县直部门的审计监督。局长邓明恒，副局长刘忠、袁桂林。

审计成果　全年共审计项目19个，查出违规金额1183万元，应缴财政39万元，已缴财政37万元，提交审计信息5篇，新闻单位采用发表5篇。

【罗甸县审计局】现有干部职工13人，设有综合股、基建企业审计股、行政事业审计股，负责对全县26个乡镇和91个县直部门的审计监督。局长黄明，副局长黄光杨。

审计成果　共审计项目22项，审计调查1项，审计查出违规金额1666万元。应上交财政27万元，已上交财政25万元，审计执行率为92.6%。追还被侵占挪用资金306万元，为国家促进增收节支26万元(审减工程款)。向当地政府、上级审计机关和新闻单位提交审计工作报告、调查报告、信息17篇，被批示和采用5篇。4月，对县物资公司原任经理的任期经济责任审计中，查出公司账目混乱、内控制度不健全、财务收支不真实、私设“小金库”账外经营50.58万元、偷漏税款4.6万元等行为。在全县作了通报批评，原任经理被免职。

【瓮安县审计局】现有干部职工17人，设有综合股、财政金融基建审计股、行政事业审计股、企业审计股，负责对全县23个乡镇和62个县直部门、县级国有企业的审计监督。局长高昌国，副局长罗华柱、胡伟琦、邓小林。

审计成果　共审计项目15项，审计调查2项。审计查出违纪违规金额340万元，应上交财政29万元，归还原渠道资金2万元，促进增收节支8万元。以本级预算执行情况审计为龙头，以固定资产投资审计和领导干部经济责任审计为两翼，其中对雍阳镇办公大楼工程决算审计中，查出超计划建设359平方米，超计划投资120.25万元，并对5位科局级领导干部进行了任期经济责任审计。

【荔波县审计局】现有干部职工16人，设有办公室、财政金融基建审计股、行政事业企业审计股，负责对全县17个乡镇和42个县直部门的审计监督。局长莫家泉，副局长李凤媛。

审计成果 全年共计完成审计项目40个，比上年增加33%，查出违规金额1289万元，应收缴财政52万元，已全部收缴，审减高估冒算工程款141.2万元。提交审计工作报告、调查报告、信息20篇，被《中国审计报》采用1篇，被《黔南日报》转载1篇。

【龙里县审计局】 现有干部职工11人，设有行政事业金融审计股、企业审计股，负责对全县14个乡镇和50个县直部门及26户企业的审计监督。局长龙金银，副局长李永华。

审计成果 共审计项目18个，超计划6项，完成计划的150%。其中财政审计2项、固定资产投资审计2项、企业审计2项、行政事业审计5项、农业资金审计5项、外资运用审计3项。查出违规资金534.98万元，应缴财政13.22万元，应归还原渠道资金46.15万元，审减基建工程款66.03万元，应纳入财政专户管理33.51万元，决定由税务机关补征税75万元。已缴财政4.13万元，追回被挪用资金39.1万元，为国家增收节支66.03万元。移送检察机关案件1件，建议给予行政处分1人。提交审计工作报告4篇，编发审计信息12期。

【平塘县审计局】 现有干部职工12人，设有综合股、行政事业财政金融审计股、基建企业审计股，负责对全县19个乡镇和62个县直部门的审计监督。局长刘昶林，副局长李祖俭。

审计成果 全年主要开展了本级预算执行情况、外资运用、环保排污费、计划外生育经费、领导干部任期经济责任、行政事业性收费的审计和民族经费、乡镇农业“四税一收入”及统筹经费的审计调查。全年共审计项目20个，查出违规资金659万元，应收缴财政2万元。

【长顺县审计局】 现有干部职工11人，设有企业基建审计股、财政金融审计股、行政事业审计股，负责对全县17个乡镇和105个县直部门的审计监督。局长王明文，副局长王琴芬、张仕雄，党组副书记王明学。

审计结果 共审计项目22个，审计单位24户，审计总金额13466万元，查出违规金额103万元，审计决定处理处罚99万元，指明自行纠正4万元，审减高估冒算工程款2.9万元，应交财政98万元，已收缴95万元，审计收缴率为97%，人均为国家增收节支9.6万元。配合纪委、监察部门调查专案2起，向当地政府、上级审计机关和新闻单位提交工作报告、信息25篇，被新闻单位采用1篇。完成党委、政府交办任务16项。共完成了15个县机关单位，4个乡镇所辖的行政事业单位的清理工作。查出应缴财政专户967.9万元，坐收坐支503.35万元，白条支出125.41万元，查补税款9.13万元。

【独山县审计局】 现有干部职工14人，设有行政事业金融审计股、企业基建审计股，负责对全县18个乡镇和49个县直部门的审计监督。局长莫光明，副局长蒙秉国。

审计成果 共审计项目20项，为州计划500%，为县计划的222.2%。查出违纪金额330.88万元，违纪金额中审计处理应上缴财政32.12万元。决定予以处罚0.08万元，已收缴财政26.24万元，收缴率81.68%。提交审计信息5篇、审计统计分析2篇。另外，完成州局交办的关于扶贫资金审计决定的落实情况的检查1项。

【三都水族自治县审计局】 现有干部职工12人，设有财政金融审计股、行事企业审计股、综合股、办公室，负责对全县21个乡镇和61个县直部门的审计监督。局长潘巨舜，副局长覃树荣、徐永康、张加言。

审计成果 共审计项目16项，为计划安排的100%，查出违规金额252.4万元，应收缴财政18.9万元，已收缴入库18.3万元，审计收缴资金率为97%。追回被挤占、挪用及调账归还原渠道资金共计141.6万元，审减固定资产投资5.28万元。全年为国家增收节支165.05万元，移送司法机关处理1人。查出县计委私设“小金库”金额51万元；查出三合镇政府及财政所私设“小金库”金额14.78万元；查出县乡镇企业局挪用财政周转金19.96万元用于本局经费开支；查出三都县建设局违反“收支两条线”的规定，坐支应上交的财政资金16.9万元。

云南省

【云南省审计厅】 2000年，云南省审计厅定编127人，在编121人。厅机关设有办公室、人事教育处、监察室、老干办、法制处、财政审计处、金融审计处、行文审计处、经贸审计处、农业审计处、社会保障审计处、固定资产投资审计处、外资审计处、经济责任审计处等14个处室；另设有经济审计处、社会管理审计处、行政执法审计处、建设交通审计处、农林水审计处、劳动民政审计处、外事宗教审计处等7个派出处；同时，还设有1个直属事业单位厅机关服务中心，定编26人，在编18人。

领导成员：

厅　长：冯　毅

副厅长：向可辉　杨宁生　韩泽民

纪检组长：罗廷才

助理巡视员：董自明

云南省审计成果 2000年，全

省审计机关共审计3313个单位；查出违规行为金额482793万元，应上缴财政35117万元，已收缴财政26018万元（含补缴以前年度的2112万元），应减少财政拨款和补贴2585万元，应追还被侵占挪用资金32524万元；提交审计调查、综合报告和审计信息1450份，被批示采用652份，建议纠正部门不当规定100余条。全省审计工作的基本特点：一是省委、省政府十分重视、关心审计机关的全面建设，各级人大对审计工作的监督、管理、检查力度加大，增强了审计机关的责任感和使命感，推进全省审计事业向前发展；二是审计与组织、纪检、监察、人事等相关部门的联系加强，全省各地经济责任审计机构和联席会议制度相继建立，任期经济责任审计成果得到有效利用，扩大了审计的影响；三是"打假治乱"活动效果明显。全省统一部署、统一行动的"打假治乱"活动改善了经济环境，打击了经济领域的违规行为，提高资金使用效益，促进了经济健康发展；四是审计的帮促作用明显。审计机关帮助被审单位建立健全财务制度和内控制度，帮助财会人员学习业务知识，提出合理化建议，使很多单位、部门领导增强了遵守财经法纪的意识，对财务的管理有所加强，重视发挥内控制度的作用，违规行为金额有所减少；五是查处大案要案力度明显加大，全省审计机关在审计中发现了一批大案要案线索并依法移交有关部门；六是审计工作质量明显提高，本级预算执行审计取得了新突破。

预算执行审计　本级预算执行审计至2000年已开展5年。云南省各级审计机关认真贯彻执行《审计法》及其实施条例，按照《云南省地方预算执行审计暂行办法》的要求，努力探索财政审计工作的新思路和新方法，为深化财政体制改革，严肃财经纪律规范预算行为，促进廉政建设发挥了积极作用。2000年财政审计工作主要有以下几个特点：

一是积极探索"同级审"，继续开展"上审下"。在对本级财政预算执行情况的审计中，除对财政、税务、国库部门进行审计外，与其它专业审计有机配合、补充，围绕财政这个核心树立"一盘棋"的观念，统一认识、精心组织，充分利用各项审计结果提高"同级审"的覆盖面，不断拓宽预算执行审计的深度和广度，充分发挥财政审计的整体效能和作用。在对本级财政部门的审计中主要审查预算的批复、预算收入、预算支出、补助下级支出、预算资金平衡情况以及预算外资金管理等情况。重点揭露和纠正预算执行中存在的不真实、不合法、不规范等问题，保障了财政收支真实、可靠，促进了财政规范管理。在对其它部门预算执行审计中，主要对有预算收入上缴任务的重点单位，有预算第二次分配权的部门，有各种预算外资金、基金征收管理的部门以及使用预算外资金较多的单位进行审计，重点审查揭露和纠正隐瞒坐支收入、挤占挪用专项资金、严重损失浪费的问题。

在开展对本级预算执行审计的同时，继续开展了对下级政府财政决算的审计，并加强了二者的相互结合，取得一定的成效。通过"上审下"揭露和查处了隐瞒收入、挤占挪用财政专项资金和挖挤上级财政收入等一些违纪违规行为，揭示了同级预算审计无法揭示的问题，维护了国家的政令统一，提高了财政资金的使用效益。

二是认真贯彻"全面审计、突出重点"的工作方针，审计质量明显提高。针对当年财政工作的新要求和财政收支的特点，预算执行审计紧紧围绕政府经济工作的中心，根据省政府关于《云南地县级财政1998年至2000年消除赤字平衡预算以奖代补考核办法》的通知有目的、有重点地开展工作，通过审计揭示了存在的问题，真实地反映了各地州县消赤的情况，促进了各地重视财政资金的使用效益，合理安排支出，不断优化支出结构，保证了各项事业发展的需要。

三是根据全国审计工作会议确定的2000年中央预算执行审计工作任务和要求，以及税收工作中存在的薄弱环节，云南省积极参与了审计署组织的对国税系统的税收会计核算、政策执行及代征代扣手续费的提取、管理和使用等情况的审计，锻炼了队伍，打下了基础。

行政事业审计　为帮助领导机关全面掌握全省工商行政管理部门实行垂直管理后的情况，2000年4月至12月，云南省审计厅从全省审计机关抽调488人次，组成144个审计组，对全省工商行政管理部门1999年度财务收支和1998年行政性收费罚没收入进行了审计。反映了6个地级局，105个县级局经费滚存节余出现赤字16087万元，累计欠缴行政性收费14714万元，欠缴罚没收入701万元的问题并分析了成因。审计查出违规行为金额21116万元，主要是：拖欠、转移、隐瞒、坐支和挪用各种预算外资金13961万元，自立名目、提高标准、扩大范围收费343万元、支出257万元，欠缴应缴税费319万元，挪用预算外资金对外投资造成国有资产流失322万元，私设"小金库"70万元等问题，并区别不同情况分别作出了处理处罚。

固定资产投资审计　注重概预算审计，通过审计核减了投资额度，为国家和单位节约了大量的建设资金。省厅组织红河州、文山州、思茅地区的江城县等审计机关和省级有关部门的内审机构，对244项前战区恢复建设项目进行了审计，对382个单位和项目进行了审计调查，查出多结工程款、挤占建设成本等违规行为金额2868.4万元，核减工程投资1400万元。在对全省重点建设项目工程预决算审计和房地产公司财务收支审计中，查出被挪用资金、漏缴税金、虚报多报拨款等违规金额2977万元。

经济责任审计　为了贯彻落实中办、国办的两个暂行规定和省政府90号令，在各级党委、人大、政府的关心支持下，在相关部门的配合下，云南省审计厅组织全省审计机关积极开展领导干部任期经济责任审计，为各级党委政府选人用人把"关"设"防"。各级审计机关相继建立了经济责任审计机构，落实了人员编制，建立了各级审计机关与组织、纪检、监察、人事部门联席会议制度；省厅组织编写、制定了《经济责任审计操作指南》，使全省领导干部任期经济责任审计工作有章可循、有据可依。2000年年底，经省委、省政府批准，成立了全省领导干部任期经济责任审计工作领导小组。2000年12月7日至9日，由云南省审计厅牵头，五部委厅联合在昆明召开了全省领导干部任期经济责任审计工作会议，这是自审计机关组建以来召开的规格最高、规模最大的一次会议，引起了全省上下的高度重视，有力地推动了此项工作的开展。全省145个审计机关均开展了经济责任审计工作。据不完全统计，全省各级审计机关接受委托、共完成了726项领导干部任期经济责任审计，其中党政干部578项，企业领导人148项，审计后移送纪检监察部门处理23人，移送司法部门查处12人；根据审计建议，全省各级被审计的领导干部中，晋升50人，免职70人，平调209人，降职22人。

大案要案　2000年，全省审计机关坚持依靠各级党委政府的支持，排除阻力和干扰，加大了对重点领域、重点部门和重点资金的监督力度，严肃查处了一批重大违法违纪问题和经济案件。全年查出违规百万元以上单位131个，涉及金额133961万元。玉溪市审计局查出一国有企业违规行为金额6447万元，揭露了该企业下属5个独立核算单位共设有19个"小金库"，金额达101.9万元的严重违纪违规事实。临沧地区审计局查出某局违规资金达514.44万元，其中属"小金库"资金218.3万元，被挤占挪用专款162.4万元。2000年全省审计机关共向司法机关移送处理案件50件71人，向纪检部门移送处理案件11件21人，协助有关部门查处案件23件。

【昆明市审计局】2000年，共有在职干部、职工90人，其中研究生学历2人，大学本科学历11人，大专学历52人，局长储强明，副局长马为麟、谢彩荣、林爱芳，总审计师段云。设有财政、金融、行政事业、经济责任、固定资产、工商、农业、外资、办公室、人教、法规、综合、科研、审计事务管理等部门。

审计成果　全年审计了338个单位，其中省定计划83个。共查出各类违规行为金额7.01亿元，决定处理处罚1.9亿元，指明要求纠正5.1亿元；应收交财政7733万元，已交财政5870万元，追还原渠道资金2190万元，减少财政拨款和补贴1406万元，促进增收节支442万元。向纪检、监察和司法机关移送案件2件4人，并向各级政府及有关部门提交各类审计工作报告和信息225篇，其中被批示、采用60篇。

内部审计　共设立内审机构272个，专兼职内审人员721人。完成各项审计业务326项，查出损失浪费金额420.2万元，纠正违规行为金额765.52万元，促进增收节支241.68万元，完成财务审签18项，建议给以行政处分6人，移交司法机关处理1人。

经济责任审计　全年完成了45个经济责任审计项目，其中审计行政事业单位负责人34人，国有及国有控股企业负责人11人，查出违规行为金额1.16亿元。被审计的领导干部中，升职3人，平调22人，免职7人，移送司法机关查处1人。

大案要案　严肃查处了22个百万元以上违纪案件，违纪金额23670万元。对一单位擅自将100万元公款私借给个体私营主的行为，分别给以主管部门领导和单位负责人罚款处理。查出了某区计委挤占挪用扶贫资金123.5万元用于购车、支付非贫困项目工程款和归还贷款及利息。对原金龙饭店董事长的经济责任审计，经省纪委、省监察厅的进一步查证落实后，因其严重违纪已于8月被开除党籍和公职，对其涉嫌违法犯罪的问题由司法机关立案侦察。

【昆明市盘龙区审计局】现有干部职工13人，设有办公室、综合科、财政科、固定资产投资审计科和经济责任审计科，负责对全区11个街道办事处和区属各部、委、办、局的审计监督。局长王云波，副局长杨丽芬。

审计成果　全年完成审计项目14项，其中上级审计机关下达审计项目7项。共查出各类违规违纪金额436万元，补交税金19.12万元，罚款23.43万元，收缴财政6.09万元，减少财政拨款6.09万元，核减工程造价239.99万元，责成调整账务103.87万元，归还原资金渠道14.54万元，向被审计单位提出审计建议31条。对5位领导干部任期经济责任进行了审计，查出违规违纪金额63.14万元。

【昆明市五华区审计局】现有在职干部职工10人，设有办公室、财政行政事业审计科、企业国资审计科。局长马林琦，副局长张跃勇。

审计成果　全年共完成审计项目20项，其中市定审计项目8项；共查出违规金额975万元，决定处理处罚339万元，指明要求纠正275万元，应上缴财政72万元，应追还被侵占挪用资金267万元，向政府及有关部门提交审计调查、综合工作报告及信息14篇。

【昆明市官渡区审计局】现有在职干部职工14人，设有办公室、财金审计科、行财审计科、基建审计科和企业审计科。局长姚镛，副局长邓峰、何应生。

审计成果　全年完成审计项目15个，其中省定项目4项，市定项目4项，区政府交办项目7个。共查出违规金额733万元，应缴财政234万元，已缴财政154万元。

【昆明市西山区审计局】现有干部职工14人，设有办公室、业务科，负责对全区8个乡镇、1个街道办事处和区直属部门、国有企业进行审计监督。局长黄七生，副局长王静。

审计成果　全年共完成审计项目15项，其中市级下达的审计项目9项、地方党委和政府交办的任务6项，全年审计查出违纪金额1641万元，应收缴财政147万元，实际收缴入库金额147万元。

【昆明市东川区审计局】现有干部职工20人，设有秘书科、财政金融审计科、行政事业审计科、商粮企业审计科、工交企业审计科、经济责任审计科，负责对全区14个乡镇和33个区直部门的审计监督。局长合光乾，副局长张美荣，总审计师李国惠。

审计成果　全年完成审计项目17个，其中省定审计项目5个，市定审计项目7个；查出违纪资金767万元，决定处理464万元（其中应收缴财政24万元，应追还被侵占挪用资金87万元），指明要求纠正303万元。

【安宁市审计局】现有干部职工10人，设有行政财政事业审计科、固定资产投资审计科、金融保险审计科、企业审计科、经济责任审计科、办公室，负责对全市10个乡镇和市属其它部门的审计监督。局长李国祥，副局长瓦兰。

审计成果　全年完成审计项目12项，其中本级预算执行审计2项、部门预算执行审计2项、行政事业审计1项、经济责任审计3项、专项资金审计3项、专项审计调查1项。共查出违规行为金额565万元，其中应上缴财政41万元。

【富民县审计局】现有在职干部职工11人，设有办公室、行政事业审计科、财政金融审计科和企业审计科。局长蒋召全，副局长李媛珏。

审计成果　全年完成审计项目19项，其中省、市下达项目8项，查出违纪违规金额140万元，应缴财政21万元，已缴财政18万元，追还被侵占挪用资金12万元，核减工程决算造价16万元。报送审计信息14篇、审计学术论文2篇。

【嵩明县审计局】现有在职干部职工12人，设有行政办公室、局长办公室、行政事业审计科和金融企业审计科，负责对全县9个乡镇和29个县直部门的审计监督。局长梁克祥，副局长李忠友、岳照树。

审计成果　全年完成审计项目26项，其中省定项目3项，市定项目10项，共查出违规金额1009万元，应缴财政218万元，已缴财政87万元（其中税金4万元，罚款1万元）。提交审计工作信息8篇，审计调查报告1篇，向被审单位或主管部门提出审计意见或建议86条。

【呈贡县审计局】现有干部职工14人，设有财政金融审计科、企业审计科，负责对全县7个乡镇和48个县直部门的审计监督。局长陈森，副局长李启彪、李赋。

审计成果　全年完成审计项目14个，审计单位14个，共查出违规行为金额1206万元，决定处理处罚222万元，指明要求纠正984万元，上缴财政金额17万元，应追还被侵占挪用资金87万元，应核减财政拨款或补贴金额0.3万元，提出工作建议39条，向司法机关移送案件1件，提交审计论文7篇。完成离任审计任务3项，审计单位3个，审计查出违规行为金额901万元，指明要求纠正901万元，上交财政0.2万元，提出审计建议14条。

【晋宁县审计局】现有干部职工10人，设有办公室、综合科、财政审计科、企业审计科，负责对全县12个乡镇和80个县直部门的审计监督。局长杨汝仙，副局长张连忠。

审计成果　共完成审计项目29个。查出违规行为金额800万元。其中应交财政金额24万元，已交24万元；应归还原渠道资金金额11万元，已归还11万元，向司法机关移送案件1件。提交审计信息5篇，论文3篇（其中在《云南审计》月刊上发表1篇）。与有关部门密切配合，查清了原中和乡堡孜办事处群众上访案件中涉及干部的一些经济问题，追回集体资金21万元，移交司法机关处理4人。

【宜良县审计局】现有职工13人，设有办公室、法规科、审计一科、审计二科，负责对全县12个乡镇、县直部门及国有企业的审计监督。局长刘德荣，副局长张敏。

审计成果 全局完成审计项目22项，其中上级交办8项，经济责任审计1项，审计查处违规金额8952万元，其中应缴财政492万元，应核减财政拨款17万元，共进行了5个单位的内审工作。

【禄劝彝族苗族自治县审计局】 现有干部职工13人，设有行政事业审计科、企业审计科和办公室，负责对全县18个乡镇和31个县直部门的审计监督。局长张学伟，副局长钱启良、李从光。

审计成果 全年共完成审计项目20项，其中省定项目5项，市定项目3项，查出各类违规行为金额1547万元，比上年增加101万元，其中应上缴财政资金173万元，应追还被侵占挪用资金786万元。配合纪检监察机关查办经济案件3件。

【石林彝族自治县审计局】 现有干部职工14人，设有办公室、行财基建审计科、金融企业审计科和政策法规科，负责对10个乡镇和35个县直部门的审计监督。局长李树槐，副局长金玉光。

审计成果 全年完成审计项目17个，其中省、市下达项目8个，审计调查项目1个。共查出各类违纪违规金额533.4万元，其中查出私设"小金库"10万元；上缴财政金额90.8万元，对违纪单位罚款10万元；提出审计工作报告和审计调查报告18篇、审计信息6篇，撰写审计论文14篇。

【曲靖市审计局】 2000年，共有在职干部职工56人，其中大学本科学历8人，大学专科学历20人，局长宁伯浩，副局长贾朝阳、李盛祥，纪检组长郭建春。设有办公室、法规科、综合科、金融外资审计科、财税审计科、投资审计科、经济责任审计科、工业审计科、商业审计科、行政事业审计科等部门。

审计成果 全年完成审计项目282项，查出违规行为金额35116万元，其中决定处理处罚9400万元，指明要求纠正25716万元，应上缴财政4480万元，已缴财政3572万元，应减少财政拨款和补贴184万元，追还被侵占挪用资金2980万元，促进增收节支26万元；向司法机关移送案件6件19人，涉及金额204万元；移送纪检监察部门处理1件4人，涉及金额91万元；查出百万元以上违规单位10个，金额5464万元。

内部审计 全市有内审机构180个，其中专职机构88个，有内审人员474人，其中专职人员215人。完成审计项目256项，查出损失浪费金额99万元，促进增收节支94万元，提出建议、意见71条，向司法机关移送案件2件。

经济责任审计 成立了领导干部任期经济责任审计联席会议制度。全市共完成任期经济责任审计23项，查出违规行为金额1250万元，其中主管责任1245万元，直接责任5万元，查出损失浪费金额347万元，其中主管责任345万元，个人经济问题4万元。审计决定处理处罚430万元，指明要求纠正820万元。审计结果，有16人继续任用，2人晋升，3人被免职，1人降职，1人受党政纪处分，1人移送司法机关立案查处。

大案要案 市局原副局长等3人利用审计之机，受贿46.6万元，经有关部门采取"双规"措施，7月14日被司法机关依法逮捕并判处徒刑。3人以审谋私、违法犯罪的行为，给审计机关的声誉和形象带来了严重的负面影响。

【曲靖市麒麟区审计局】 现有干部职工20人，设有办公室、财政审计科、行政事业审计科、企业审计科、基建审计科和经济责任审计科。局长张文新，副局长黎萍。

审计成果 全年完成审计项目24项，共查出违规行为金额1069万元。其中决定处理处罚690万元，指明要求纠正379万元，已上缴财政53万元。

【宣威市审计局】 现有干部职工33人，设有人事秘书科、财政金融审计科、商粮外贸审计科和工交基建审计科，负责对全市24个乡镇和75个市直部门的审计监督。局长孙贵先，副局长陈运波、严显逵。

审计成果 计划审计项目18项，其中省、曲靖市下达14项，市委政府交办和自定4项。共查出各种违规资金1048万元，决定处理处罚金额290万元，指明要求纠正金额758万元，应上缴财政91万元，已上缴49万元，追回被侵占挪用资金100万元。提交审计信息、报道21篇，分别被宣威市委办、曲靖市委办和上级审计机关采用5篇。

【陆良县审计局】 现有干部职工20人，设有综合秘书股、工商企业审计股、行政事业审计股、财政金融审计股和经济责任审计股，负责对全县11个乡镇和114个县直部门的审计监督。局长杨勇，副局长栾红见、保富宝。

审计成果 共完成审计项目42项（不包括国税审计4项），其中省定5个，市定7个，是市局下达任务的350%，查出各类违规行为金额1580万元，同比增长72%，其中决定处理处罚223万元，指明要求纠正1357万元；应上缴财政120万元，已上缴财政50万元，应追还被侵占挪用资金355万元，同比增长6.1倍；核减工程投资105万元，向司法机关移送案件4件16人，涉案金额86万元，向纪检部门移送案件1件9人，涉及金额40万元；共提交审计信息19篇，被各级采用6篇，其中被《云南审计》采用2篇。

【会泽县审计局】现有干部职工19人，设有财政金融审计股、行政事业审计股、企业审计股、基本建设审计股和办公室。局长孙秀清，副局长缪克勤、王加友。

审计成果 全年完成审计项目31项，超年度计划93%，审计单位36个，审计资金总额85501万元，查出有违规行为单位10个，违规金额1162万元。共完成县委、政府交办的审计事项8项，审计单位12个，审计资金总额7546万元，审计查出违规行为金额363万元，其中指明要求纠正金额336万元，决定处理处罚金额27万元。全年完成省、市审计机关下达的审计任务14项，审计单位15个，审计资金总额72291万元，审计查出违规行为金额798万元，其中指明要求纠正752万元，决定处理处罚46万元。受县委组织部委托，完成领导干部任期经济责任审计9项，其中乡镇领导干部任期经济责任审计5项，县直单位领导干部任期经济责任审计4项。审计资金总额5664万元。

【富源县审计局】现有职工12人，设有办公室、财政金融审计股、行政事业审计股、工商企业审计股、固定资产投资审计股、经济责任审计股。局长罗周本，副局长龙萍。

审计成果 全年完成审计项目14项，查出违规行为金额833万元，决定处理处罚345万元，指明要求纠正488万元，处理上缴财政169万元，已上缴财政151万元；应追还被侵占挪用资金383万元；查出百万元以上违纪单位1个，涉及金额142万元；向纪检部门移送处理案件1件4人，涉及金额91万元；协助有关部门查处案件3件；提交审计调查、综合报告、审计信息21篇。共完成对财税部门及预算执行单位审计5项，查出违规行为金额169万元，通过审计增加财政收入104万元。共完成基建工程决算审计26项，送审金额4778万元，审减金额309万元，审减率达6.5%。

【罗平县审计局】现有干部职工17人，设有办公室、财政金融审计科、工商企业审计科、行政事业审计科和固定资产投资审计科，负责对全县14个乡镇和县直部门的审计监督。局长叶荣昌，副局长杨跃平、谭文。

审计成果 全年完成审计项目25项，其中省定项目7项，市定项目5项，共查出违规行为金额295万元。其中决定处理处罚112万元，指明要求纠正185万元，应上交财政68万元。共提交审计工作报告、信息12篇，被地方党政部门采用8篇，上级审计机关采用3篇，新闻单位采用1篇。

【马龙县审计局】现有干部职工15人，设有办公室、财税金融审计股、工商企业审计股、行政事业审计股，负责对全县9个乡镇和县直各部门的审计监督。局长王拥正，副局长缪智章、董学富。

审计成果 完成审计项目22项，其中预算执行及决算审计6项、企业审计8项、行政事业单位审计2项、专项资金审计3项、固定资产投资审计1项、经济责任审计1项、国税审计1项。查出各类违规行为金额433万元，应上缴财政24万元；查出百万元以上违规单位1个，违规金额391万元。县直单位内部审计完成项目38项，查出违规行为金额99万元。

【师宗县审计局】现有干部职工19人，设有秘书股、财政金融审计股、行政事业审计股、企业审计股、基建外资审计股和经济责任审计股，负责对全县9个乡镇44个县直部门的审计。局长刘建让，副局长顾文孝、张官友。

审计成果 全年共完成审计项目22项，查出违规行为金额1614.36万元，应上缴财政金额68.37万元；追回被侵占挪用资金124.24万元；核减基建投资172.14万元，工程款33.86万元；移交司法机关案件3件5人。受县委组织部和县政府委托，完成了8个单位领导的经济责任审计。查出违规行为金额682.33万元，查出有个人经济问题4人，涉及金额18.51万元，已移送司法机关查处。审计结果有6人平调任用，1人被免职，1人被撤职。完成了对企业的财务收支、行政事业专项审计及基建竣工决算等审计4项，查出违规行为金额471.38万元，核减项目投资额172.14万元，核减工程款33.86万元，收缴财政11.93万元。

【沾益县审计局】现有干部职工13人，设有办公室、财政金融审计科、企业审计科、行政事业审计科和固定资产投资审计科，负责对全县各个乡镇和县直部门的审计监督。局长廖楚滇，副局长湛云涛。

审计成果 全年完成审计项目19项，完成任务数为年度计划的158%。其中省定项目5项，市定项目7项，审计调查项目2项。共查出违规行为金额1343万元，其中决定处理处罚216万元，指明要求纠正1127万元，应上缴财政123万元。提交审计调查、综合分析报告、信息11篇，被地方党政部门和上级审计机关批示采用9篇。

【玉溪市审计局】2000年，实有干部、职工36人，其中大学本科学历6人，专科学历10人；局长王同荣，副局长杨海明、禹联信。设有办公室、综合法规科、财政金融审计科、行政事业审计科、固定资产投资审计科、工业交通审计科、商粮外贸审计科、经济责任审计处。

审计成果 全年审计单位138个，审计调查3项。共查出各种违规行为金额65103万元，其中指明纠正44108万元，决定处罚20995万元。应追还被侵占挪用资金946万元，应减少财政拨款和补贴193万元，应上交财政6514万元，已上缴财政6111万元。配合纪检监察机关查处经济案件5件，向司法机关移送案件2件，查出百万元以上违规单位13个。提交审计调查报告3篇，审计工作（结果）报告28篇，发送审计信息（简报）49篇。在对改制企业和亏损大户审计中，查实某国有企业采取少提费用、少转成本等方法瞒报亏损1872万元，管理不善造成财产损失751万元。还查实某企业违规行为金额达6447万元，原材料、产成品盘亏2425万元，该企业下属5个独立核算单位共设有19个"小金库"，金额达101万元。

内部审计 共有内部审计机构176个，专兼职审计人员292人。共审计项目1305个，查出违规行为金额60万元，促进增收节支2217万元。

经济责任审计 共开展领导干部任期经济责任审计14项，其中处级干部3项、科级干部8项、企业领导3项。共查出违规行为金额902万元，主要问题是少数单位账务处理不规范，没有发现个人经济问题。

【玉溪市红塔区审计局】现有干部职工19人，设有办公室、财政金融审计科、企业审计科、行政事业审计科、固定资产投资审计科。局长钟连文，副局长鲁明生、朱丽珍。

审计成果 完成审计项目26项，其中重点国有企业资产负债损益审计6项（其中省定2项）、行政事业单位财务收支审计5项（其中省定1项、政府交办4项）、工商行政管理部门专项审计1项（省定）、固定资产投资审计4项（其中政府交办2项）、经济责任审计1项。审计总金额15.71亿元，查出各类违规行为金额2365.31万元，上缴财政307.21万元，核减财政支出16.32万元，核减工程投资73.45万元，出具审计意见书、决定书及调查报告等41份，提出建议82条；向司法机关移送处理案件1件1人，协助有关部门查处案件3件。

【华宁县审计局】现有干部职工8人，设有财政金融审计科、企业审计科。局长李国录。

审计成果 完成审计项目6项，审计查出各类违规行为金额260万元，其中决定处理处罚86万元，指明要求纠正174万元；应追还被侵占挪用资金10万元，应减少财政拨款和补贴45万元，应上缴财政3万元，已全额上缴。内审机构4个，专（兼）职审计人员4人。

【澄江县审计局】现有在职干部职工11人，设有财政金融审计股、企业审计股、固定资产投资审计股、经济责任审计股和办公室，负责对全县各乡镇和县直属部门的审计监督。局长华丽萍，副局长沈绍坤。

审计成果 全年完成审计项目9项，共查出违规行为金额6935万元，其中已收缴财政金额75万元，指明要求纠正6374万元，促进增收节支20万元。查出贪污挪用公款案件1件1人，已移交检查机关查处。提交审计工作（结果）报告3篇，审计信息5篇。

【易门县审计局】现有干部职工11人，设有办公室、财政金融审计科、经济责任审计科、固定资产投资审计科，负责对全县所有乡镇及县直部门的审计监督。局长李云祥，副局长普加云。

审计成果 共完成审计项目12项，其中经济责任审计5项。查出各类违规行为金额309.25万元，其中决定处理处罚116.76万元，指明要求纠正192.49万元，应上缴财政116.76万元；提出合理化建议20条。提供审计信息2篇，被上级审计机关采用1篇。全县有内审机构15个，内审人员31人。全年完成项目57个，查出违规行为金额38万元，提出意见、建议45条，移送司法机关1件1人。

【通海县审计局】现有干部职工13人，设有办公室、工商企业审计科、行政事业审计科，负责对全县9个乡镇和县直各部门的审计监督。局长蒋文昌，副局长耿树林、周贵宏。

审计成果 完成审计项目14项，查出各类违规行为金额1072万元，其中决定处理处罚76万元，指明要求纠正996万元，应上缴财政9.04万元，已全额上缴；应追还被侵占挪用资金26.85万元，促进增收节支9.48万元；审计自筹资金基建项目50个，总投资7776万元。参加对农村合作基金会的清理整顿工作，配合县委对老干局云通公司问题进行了财务清理，参与财政、监察部门组织的收缴分离稽查工作等。

【江川县审计局】现有干部职工11人，设有办公室、工商企业审计科、行政事业审计科、综合科、固定资产投资审计科，负责对全县12个乡镇和县直各部门的审计监督。局长汪兴明，副局长胡禄金。

审计成果 共完成审计项目13项，查出各类违规行为金额2566万元，其中决定处理处罚85万元，指明要求纠正2481万元；收缴财政85万元。审计查出江川县磷化学工业总公司磷铵工程超概算投资2330万元，审计机关已依法责成该公司补办了追加投资有关手续。审计龙街镇1996年1月至2000年7月间土地审批、拍卖、转让等的财务收支情况，查出违规行为金额85万余元，依法收缴财政850135元，原镇主要领导分别受到党纪、政纪处分。

【元江哈尼族彝族傣族自治县审计局】现有在职干部职工14人，设有财政金融审计股、行政事业审计股、企业审计股、经济责任审计股和办公室，负责对全县各乡镇和县直属部门的审计监督。局长施永祥，副局长魏继芬。

审计成果 全年完成审计项目15项，共查出违规行为金额2613万元，应收缴财政金额682万元，指明要求纠正1931万元，提出合理化建议及改进意见60条。

【新平彝族傣族自治县审计局】现有干部职工12人，设有办公室、财政金融审计科、企业审计科、行政事业审计科、固定资产投资审计科、经济责任审计科，负责对全县12个乡镇和县直各部门的审计监督。局长刀志荣，副局长普匡云。

审计成果 共完成审计项目9项，查出各类违规行为金额4061.9万元，上缴财政18.9万元。

【峨山彝族自治县审计局】现有干部职工13人，设有办公室、财政金融审计科、工商企业审计科、行政事业审计科、固定资产投资审计科，负责对全县8个乡镇和32个县直部门的审计监督。局长黄星，副局长彭玉军、胡建平。

审计成果 共完成审计项目19项（不含部门委托和配合审计项目），查出各类违规行为金额1657万元，其中指明要求纠正1560万元，决定处理处罚97万元，应上缴财政10万元，应追还被侵占挪用资金86.5万元，核减工程建设资金27万元，对直接责任人处以罚款0.25万元。同时结合企业改组改制、清产核资及领导干部任期经济责任审计等做了大量工作。

【昭通地区审计局】2000年，共有在职干部职工34人，其中大学本科学历5人，大专学历15人，局长廖正高，副局长何昌华、唐琼颐。设有财金审计、行政事业审计、经济责任审计、基建审计、工交审计、办公室、综合等科室。

审计成果 全区安排审计计划项目147项，其中省定项目66项，实际完成审计项目341项。共查出违规金额48996万元；决定处理处罚3793万元；指明纠正45203万元。应上缴财政420万元；应减少财政拨款补贴126万元；追还被侵占挪用资金4012万元。已上缴财政337万元，补缴上年度78万元，促进增收节支512万元。向司法机关移送案件1件，处理1人。查出百万元以上违规单位1个，金额143万元。全年审计157个行政事业单位，查出违纪金额4092万元，审计固定资产投资25项，总投资19964万元，查出违纪金额1831万元，其中决定处理处罚的157万元；指明纠正的1674万元。审计农业专项资金36项，审计资金总额13464万元；违规违纪金额2373万元；其中决定处理处罚624万元；纠正1749万元。审计外资项目22项，总投资86298万元，累计完成投资59391万元。查出违规金额8118万元，其中处理处罚175万元；纠正7943万元。审计工商单位28个，查出违规金额3242万元；其中处理处罚161万元，纠正3081万元。

内部审计 全区实有内审机构161个。其中专职机构82个，内部审计人员305人；兼职机构79个，人员132人。全年审计216个单位，查出损失浪费48万元；促进增收节支12万元，提出建议并被采纳99条；纠正各种违纪金额136万元；向司法机关移送案件2件。

经济责任审计 开展领导干部经济责任审计56项，共审计查出违规金额1305万元；处理处罚166万元；纠正1139万元。审计结果平调18人、晋升19人、撤职和给予处分及移送司法机关的19人。

【昭通市审计局】现有在职干部职工23人，设有办公室、综合科、财政金融审计科、企业审计科、基建审计科、经济责任审计科和行政事业审计科。局长牛林，副局长虎尊银。

审计成果 全年完成审计项目34个，查出违规金额604.72万元，上缴财政21.37万元。完成基建自筹资金来源事前审计43项，固定资产项目开工前审计24项。共完成经济责任审计3项，查出违纪违规金额266.55万元。

【永善县审计局】现有职工11人，设有办公室、财金审计股、企业审计股和基建审计股，负责对全县18个乡镇和49个县直部门的审计监督。局长韩先录，副局长杨银华。

审计成果 全年共完成审计项目16项，为计划数的228.5%；查出违规行为金额386万元；应上缴财政10万元，已缴财政10万元；罚款1万元。同时，开展了自筹基建资金来源事前审计项目98个。建立健全内部规章制度10余个。

【绥江县审计局】现有干部职工11人，设有办公室、企业审计股、财经审计股、综合审计股。局长秦治彬，副局长周永才。

审计成果 全年完成审计项目29个，其中省定项目7项，县委、政府交办项目22项。共查出违纪金额818万元，决定处理处罚312万元，指明要求纠正506万元；提交审计报告12篇，工作信息被采用发表16篇。

【镇雄县审计局】现有干部职工16人，设有办公室、综合股、财政金融审计股、行政事业审计股、企业审计股和领导干部经济责任审计股，负责对全县35个乡镇和51个县直部门的审计监督。局长吴道庚，副局长张红、陈国军。

审计成果　全年完成审计项目59项，查出各类违规金额9586万元，其中决定处理处罚2246万元、指明要求纠正7340万元、应上缴财政金额62.66万元、对违纪单位处以罚款8.17万元，应减少财政拨款和补贴48万元、应追还被侵占挪用资金193万元、促进增收节支340万元。

【大关县审计局】现有干部职工8人，设有办公室、企业审计股、行政事业财政金融审计股。局长王应航，副局长叶金萍。

审计成果　全年完成审计项目71项，其中领导干部任期经济责任审计21项，自筹基建资金来源事前审计39个。审计总金额3亿多元，共查出违规金额1347.4万元，决定处理处罚67.62万元，应归还原渠道专项资金362.6万元，指明要求纠正918.28万元。所审计项目未发生复议和上诉案件。全年提交审计工作报告（信息）11篇。共完成领导干部任期经济责任审计21项。

【盐津县审计局】现有在职干部职工13人，设有政策法规股、企业基建金融审计股、行政事业财税审计股、办公室等部门。局长吴萍，副局长梁铭。

审计成果　全年完成审计项目13项，共查出违规行为金额1867万元。决定处理处罚114万元；指明要求纠正1753万元。应上缴财政3万元，已上缴财政56万元（收缴以前年度欠缴53万元）。提交综合报告1篇，信息论文2篇均被批示采用。共有内审机构15个，从业人员30人，完成审计项目21项。查出损失浪费资金18万元，促进增收节支3万元，提出建议意见被采纳26条。

【巧家县审计局】现有干部职工13人，设有行政事业审计股、企业审计股、投资审计股、办公室，负责对全县19个乡镇和63个直属部门的审计监督。局长王云华，副局长李永熙、李照华。

审计成果　全年完成审计项目29项，审计单位33个，其中上级下达的审计任务6项；县委、县政府交办任务9项。审计总金额28874万元，查出违规金额2310万元，上缴财政金额29万元，追还被侵占挪用资金1002万元。提交审计调查、综合工作报告、信息10篇，发审计通报1篇。审计了3名乡科级主要领导，其中晋升1名，平调1名，退休1名。为国家挽回经济损失2.5万元。共有内审机构9个，内审人员11人，审计单位26个，查出并纠正违规金额21万元。

【彝良县审计局】现共有在职干部职工16人，设基建财金、经济责任、企业、行政事业审计股和办公室，负责对全县18个乡镇和56个县直部门的审计监督。局长邓忠银，副局长赵正富、张兴贤。

审计成果　全年开展51项审计，实际完成46项，共查出违纪金额2373万元，决定处理处罚81万元，指明要求纠正2292万元；应交财政19万元，已交财政金额25.64万元，追还被侵占挪用资金832万元；向上级审计机关提交审计工作报告、信息26篇，被采用12篇；年末在审审计项目5项。共完成上级机关下达审计任务14项，县委、政府交办干部经济责任审计等14项。

【威信县审计局】现有干部职工13人，设有办公室、财政金融审计股、工商审计股、经济责任审计股。局长吴太辉，副局长范孝春。

审计成果　全年完成审计项目61项，审计资金21839万元，查出各种违纪违规资金719万元，处理应缴财政金额48万元，当年收缴财政金额25万元，追还被侵占、挪用资金314万元，促进增收节支金额125万元，向司法机关移送案件1件1人。共向党政领导机关、上级审计机关和新闻单位提交审计报告、审计信息28篇，被批示、采用的10篇，其中徐祥龙同志撰写的《地征税机关提取代征、代扣手续费问题的思考》被《中国财经信息资料》第31期发表。内部审计机构共完成审计项目13项，查出损失浪费金额18万元，纠正违规行为金额60万元，促进增收节支5万元，向司法机关移送案件2件，涉案人员2人，为单位挽回经济损失18万元，提出合理化建议10条被采纳。完成县委政府交办任务14项，省地审计机关下达审计任务13项。

【水富县审计局】现有干部职工9人，设有办公室、审计股，负责对全县各乡镇和县直各部门的审计监督。局长曾勇，副局长邱自强。

审计成果　全年共完成审计项目12项，查出各类违规行为金额389万元，应上缴财政49万元，指明要求纠正243万元，另交审计署驻昆明特派办及省审计厅处理97万元，移送司法机关处理1件1人。组织对县工商局1998－1999年度收取的规费、罚没款及预算内收支审计查出违规行为金额61万元，收缴“小金库”资金及其它违规款30万元，责令收回多发奖金8万元，其中23万元由省审计厅统一处理，有

1人移交检察机关立案查处。

【鲁甸县审计局】现有干部职工8人，设有办公室、企业审计股、财金审计股，负责对全县14个乡镇和25个县直部门的审计监督。局长赵萍，副局长米高林。

审计成果 全年共审计53个项目，其中省定项目6项。共查出各类违规行为金额3073万元（未含工商审计），比上年增加2733万元，其中指明纠正2899万元，决定处理处罚174万元，应上缴财政4.2万元，已全部上交财政；应追还被侵占挪用资金166万元，提交审计调查、综合报告和审计信息15篇、提出审计建议20多条。

【思茅地区审计局】2000年，共有在职干部职工37人，其中大学本科学历7人，大专学历20人。局长李和培、副局长罗万忠、李成才。设有办公室、行政事业审计科、农业资金审计科、基建投资审计科、综合科、财政金融审计科、企业审计科、法规科。

审计成果 全区审计机关共完成审计项目232项，为年度计划的167%。共查出违规行为金额19825万元，收缴财政1518万元，应减少财政拨款23万元，应追还被侵占挪用资金1136万元，查出百万元以上违纪单位8个，金额为7473万元。向司法机关移送案件9件，涉及人员12人，金额为523万元。提交审计工作信息56篇，建议纠正地方部门不当规定28条。完成基建自筹资金来源事前审计136项。全区共完成经济责任审计项目18项，查出违规行为金额2090万元。全年共查出、移交贪污贿赂案件9件，涉及人员12人，金额为523万元，已移交司法机关处理。

【思茅市审计局】共有在职干部职工19人，设有办公室、企业审计科、财政金融审计科、投资审计科。局长李国民，副局长张强。

审计成果 全年完成审计项目24项，其中完成领导干部任期经济责任审计5项，提交综合报告4篇，审计信息、审计简讯13篇。通过审计，共查出违规行为金额3398.76万元，应上缴财政金额202.97万元，已上缴财政101.95万元，审计查出并指明要求纠正金额3122.97万元，应追还被侵占挪用资金77.94万元。审计查出涉嫌经济案件移送有关部门查处5件10人。

【普洱哈尼族彝族自治县审计局】共有在职干部职工15人，设有办公室、财政金融审计股、行政事业审计股、企业审计股、基建审计股、经济责任审计股。局长袁晓明，副局长李振林。

审计成果 完成审计项目20项（省定项目5项），共查出违规行为金额929万元，应收缴财政金额112万元，指明要求纠正金额817万元。开展经济责任审计4项。

【景东彝族自治县审计局】共有在职干部职工15人，设有办公室、法规股、行政事业审计股、企业审计股、财金基建审计股、经济责任审计股，负责对全县15个乡（镇）和73个县直部门的审计监督。局长李启进，副局长高瑞华。

审计成果 全年完成审计项目18项，其中上级交办任务12项。共查出违规行为金额1052.06万元，收缴县财政处理362.69万元，其中由审计部门收缴财政36.70万元，由被审单位直接上缴县财政处理325.99万元。全年完成财政收支审计2项，查出各种违规行为金额320.5万元，作收缴县财政处理17万元。全年完成领导干部经济责任审计6项，查出违规行为金额678.60万元，作上缴财政处理325.99万元，追回被侵占挪用资金333.58万元。完成企业审计2项，查出违规行为金额52.96万元，作出收交县财政处理19.70万元；全县有内部审计机构12个，负责对本企业和下属会计核算单位进行审计监督。

【镇沅彝族哈尼族拉祜族自治县审计局】共有干部职工13人，设有办公室、财政金融审计股、行政事业审计股、企业审计股，负责对全县11个乡镇和县直各部门的审计监督。局长解默，副局长唐家华。

审计成果 全年共完成审计项目15项（省定6项），查出违规行为金额938.68万元，决定处理处罚43.77万元，指明要求纠正894.91万元，应上缴财政金额22.35万元。

【景谷傣族彝族自治县审计局】现有在职干部职工16人，设有财政金融审计股、工商企业审计股、基建投资审计股、领导干部经济责任审计股和办公室，负责对全县12个乡镇和133个县直部门的审计监督。局长肖云，副局长杨凯、赵旭。

审计成果 完成审计项目20项，其中省地定项目8项，自定项目5项，政府交办项目7项。共查出违规资金706.34万元，决定处理处罚171.7万元，指明要求纠正534.59万元，应上缴财政171.12万元。设有专职内审机构1个，内审人员3人，共查出违规违纪金额384.3万元，挽回经济损失37万元，核减工程概算100多万元。年内共开展经济责任审计4项，查出违规金额204.42万元，经审计有1名干部被提拔任用，3人被免职。

【墨江哈尼族自治县审计局】共有干部职工11人，设有投资审计股、企业审计股、财经审计股和办公室，负责对全县18个乡（镇）和县直属部门的审计监督。局长刘勇，副局长郁健荣。

审计成果　完成上级交办任务15项，共查出违规行为金额1768.23万元，其中决定处理处罚307.66万元，指明要求纠正1460.57万元。共开展经济责任审计3项，查出违规行为金额999.95万元，决定处理处罚194.62万元，指明要求纠正805.34万元。帮助扶贫挂钩村解决了占全村约90%人口的饮水困难问题，改善了部份生存条件；全局职工出资资助重建了2户贫困户因失火被毁的2座民宅，帮助修缮了村公所、学校、1条长1.5公里的3面光水沟，新建厕所1间计40平方米，新建村卫生室1间计50平方米。

【西盟佤族自治县审计局】现有干部职工10人，设有经济责任审计科、企业审计科和财经审计科，负责对全县8个乡镇和32个县直部门的审计监督。局长李庆宏，副局长张金波。

审计成果　共完成审计项目33项（省定3项，县交办任务1项），共查出各类违规行为金额129.6万元，其中决定处理处罚24.4万元，指明要求纠正105.2万元；应收缴财政19.3万元，核减工程投资95.6万元。本级预算执行审计查出未将土地出让金10万元列入预算收入。自1996年以来，连续开展对新县城搬迁资金使用情况的审计，查出违规资金21.2万元，已归还原渠道；对县电力公司的审计查缴未上缴财政的电力扶贫资金13.4万元；依照县里的指示，对新县城公共设施建设的12个项目、3个金融系统工程项目、3个电网建设项目、2个橡胶加工厂建设项目、31个乡级文明建设结算项目等进行了审计。

【江城哈尼族彝族自治县审计局】现有干部职工10人，负责对全县8个乡镇和县直各部门的审计监督。局长罗滨，副局长李春雷。

审计成果　全年共完成审计项目7项，查出违规行为金额142.05万元，决定处理处罚金额12.09万元。

【孟连傣族拉祜族佤族自治县审计局】现有干部职工10人，设有办公室、行政事业基建审计股、企业审计股和财政金融审计股，负责对全县7个乡镇和县直各部门的审计监督。局长何向新，副局长魏振宇。

审计成果　共完成审计项目59项，其中村改委39项，经济责任审计12项，共查出各类违规行为金额469.78万元，比上年增长248.11%，其中决定处理处罚174.71万元；指明要求纠正290.07万元；决定收缴财政174.71万元，已收缴24.61万元，追还被侵占挪用资金36.5万元。向纪检监察部门建议进一步核实调查1人。向有关部门提交审计调查、综合报告60篇。

【临沧地区审计局】2000年，全区审计机关共有131名审计干部，其中大学本科学历8人，大专学历49人；地区审计局32人，大学本科学历5人，大专学历12人；局长赵钟英，副局长罗锦华，总审计师杨红军。设有办公室、农业资金审计科、财政金融审计科、固定资产投资审计科、企业审计科、行政事业审计科、任期经济责任审计科、法制综合科等科室。

审计成果　全区审计机关共审计159个单位，查出违规行为金额13552万元，应上缴财政807万元，已收缴财政418万元，应追回被侵占挪用资金757万元，向司法机关移送处理案件14件14人，涉及金额1088412元，向纪检部门移送处理案件2件2人。提交审计调查、综合报告和审计信息102份，被上级部门及新闻单位采用94份。建议纠正部门不当规定500余条。完成了本级预算执行情况审计，并依法向政府提交了审计报告，7个单位还受政府委托，向人大报告了预算执行情况审计工作，得到了政府、人大的肯定。地、县两级审计机关共完成了对24个财政、税务、国库部门的审计，完成了对36个预算执行单位的审计，查出违规行为金额2857万元。

全区共完成企业审计24项，查出违纪行为金额6423万元；完成固定资产投资审计15项，查出违纪行为金额3209万元，核减工程预决算179万元；继续组织对世界银行贷款项目11个项目的审计，查出违规行为金额237万元；对40个扶贫资金主管部门和资金使用单位、15个省定扶贫攻坚乡、10个扶贫贷款使用单位进行审计，审计资金总额10715万元，查出违纪金额887.18万元。

经济责任审计　全年共完成组织人事部门委托的领导干部任期经济责任审计28项，其中党政领导县处级7人、科级18人，国有企业及国有控股企业领导3人。查出违规行为金额415万元，其中主管责任395万元，直接责任20万元。查出有贪污嫌疑的县处级干部1人、财会人员1人，已移送司法部门处理。

【临沧县审计局】共有在职干部职工12人，设有企业审计股、行政事业审计股、干部离任审计股、办公室。局长杨祥秀，副局长范和昌。

审计成果　全年完成审计项目21项，查出违规金额293.05万元，指明纠正资金用途27.05万元，收缴财政22.5万元，审减工程款105万元，移送司法机关经济案件1起1人。报送审计信息15篇，被采用10篇。共完成上级交办任务21项，其中财政预算执行审计3项；工商管理审计1项；外资运用审计2项；重点国营企业审计1项；林业系统预算执行情况审计1项；乡财政决算审计1项；环保资金审计1项；固定资产投资审计1项；其它审计2项；领导干部离任审计6项。

【镇康县审计局】现有干部职工14人，设有行政事业审计股、企业审计股、办公室，负责对全县8个乡镇和47个县直部门的审计监督。局长陈震武，副局长何云中、杨先华。

审计成果 上级审计机关下达计划项目13项，实际完成审计项目23项，审计资金总额70957.42万元，查处违规金额5805.44万元，应收缴财政131.87万元。向有关部门移送违法违纪案件线索4件3人。10名干部职工参加审计署统一组织的计算机达标学习并全部通过考试达标，并基本实现了办公自动化。

【云县审计局】共有在职干部职工11人，设有办公室、财政金融审计股、行政事业审计股、固定资产投资审计股、企业审计股。局长李家贤，副局长王琴。

审计成果 全年审计项目15项，共查出违规行为金额807万元，决定处理处罚505万元，指明纠正302万元；应追回被侵占挪用资金289万元，促进增收节支19万元；应上缴财政112万元，已上缴财政162万元（含补交上年度55万元），查出涉嫌贪污案件1件1人，涉嫌贪污金额21万元。完成基本建设自筹资金来源事前审计76项，审计金额29179万元；开展扶贫资金管理使用情况专题调查1项；上报审计信息10篇。设有内审机构32个，共审计单位26个，其中财务收支审计22个，经济效益审计4个。查出损失浪费12万元，促进增收节支12万元，提出建议32条被采纳24条。

【永德县审计局】现有干部职工14人，设有办公室、财政金融审计股、商粮贸审计股、工交基建审计股、经济责任审计股，负责对全县12个乡镇和53个县直部门的审计监督。局长景万德，副局长杨建卫、周豫。

审计成果 上级审计机关下达审计项目13项，实际完成审计项目20项（含在审项目2项）。配合省厅对永德县扶贫资金进行了审计。全年共查出违规行为金额224万元，其中决定处理处罚198万元，指明要求纠正46万元；应上缴同级财政193万元，已上缴132万元；参加永德县勐旨糖厂破产清理工作，参加预算外资金清理、企业工资内外收入调查，指导扶贫资金账务清理等。深入挂钩扶贫点开展帮扶工作5人次，无偿支持6080元，同时，与有关部门协调扶贫资金10万元，投入扶贫挂钩村的农田水利建设。

【双江拉祜族佤族布朗族傣族自治县审计局】现有干部职工12人，设有办公室，综合股、行政事业审计股、企业审计股、负责对全县7个乡镇和县直各个部门的审计监督。局长杨军，副局长罗成既。

审计成果 全年完成审计项目16项，是年初计划的133.3%，审计查出违规金额126.87万元，归还原资金渠道43.06万元，收缴财政并已入库7.8万元，为被审单位追回多结算工程款49.16万元。

【沧源佤族自治县审计局】现有干部职工14人，设有办公室、企业投资审计股、财政金融审计股、行政事业审计股，负责全县11个乡镇和县直部门的审计监督。局长陈家华，副局长杨勇江、李开岚。

审计成果 完成审计项目18项，查出违规行为金额947.09万元，其中决定处理处罚198.69万元，指明要求纠正750.40万元；应上缴财政39.83万元，已上缴财政5.93万元；应追还被侵占挪用资金292.66万元，促进增收节支10.34万元；查处经济案件1件1人。

【耿马傣族佤族自治县审计局】现有在职干部职工14人，设有办公室、财政金融审计股、商粮外贸审计股、工交企业审计股、基建投资审计股。局长吴跃明，副局长郭绍龙、冯国清。

审计成果 全年完成审计项目12项，查出违规行为金额786万元，决定给予处罚22.7万元，指明纠正金额763万元，追还被侵占挪用资金108.9万元，提出改进工作意见和建议55条。共有内审单位2个，完成内审项目4项，提出改进工作建议11条。

【保山地区审计局】2000年，共有在职干部职工94人，其中大专以上学历43人。局长赵启芳，副局长王秀梅、孙家灿。设有办公室、综合法规科、财政金融审计科、行政事业审计科和企业审计科。

审计成果 全年完成审计项目136项，共查出违规金额14137万元，应上缴财政223万元，追回被侵占挪用资金204万元；完成领导干部经济责任审计6项，查出违规金额519万元；配合纪检、检查和司法部门查办案件6件，查出违规金额62万元；移交大要案件3件3人，涉案金额479.5万元；发现百万元以上违规单位2个，涉及金额623.6万元；63个内审机构113人共完成68个单位的审计，纠正违规金额1903万元，提出建议、意见被采纳13条，建议给予行政处分2人。

【保山市审计局】共有在职干部职工23人，设有财政金融审计科、工业企业审计科、商业企业审计科、固定资产投资审计科、行政事业审计科和办公室，负责对全市20个乡镇和160个部门进行审计监督。局长刁云秋，党组书记杨洲，副局长杨兴凯。

审计成果　全年共完成审计项目27个，在审项目5个。完成年初任务的108%。共查出各类违规金额2398万元，比上年增加153万元；指明纠正1823万元，处理处罚575万元，收缴财政35万元，追回被侵占挪用资金185万元，向司法机关移送1案2人，涉案金额218万元。配合纪委、监察和司法机关核查经济案件9人次。完成基建事前审计26项。共完成本级财政预算执行情况审计2项，外资审计项目1项，固定资产审计项目2项，经济责任审计项目3项，企业审计项目2项。在企业审计中，对群众反映强烈、财务管理混乱的一企业进行重点审计，查出了违规金额218万元的线索，并移送检察机关1案2人，该案犯被司法机关分别判处无期徒刑及有期徒刑3年。

【施甸县审计局】实有干部职工10人，设有行政事业审计科、企业审计科、经济责任审计科和办公室，负责对全县15个乡镇和有关县直部门的审计监督。局长段连毓，副局长杨源、李红霞。

审计成果　省地下达计划审计项目15项，其中省定必审项目5项，实际完成审计项目16项，累计查处违纪违规金额130万元，其中指明要求纠正金额105万元，决定处理处罚金额25万元，应上缴财政25万元，已缴财政25万元。

【昌宁县审计局】现有干部职工12人，设有财金审计科、企业审计科和办公室，负责对全县14个乡镇和61个县直部门的审计监督。局长李国平，副局长穆光亮、杨德智。

审计成果　完成审计项目22项，其中省定项目3项，查出违规金额300万元，比上年减少170万元，应上缴财政88万元（含昌宁县工商局应缴省级财政预算收入42万元），比上年增加62万元，完成基建事前审计33项，配合纪检监察部门核实案件1件，查出违纪金额29万元。年度内多次配合扶贫、财政、计委等部门清理检查专项资金的使用情况。完成本级预算执行情况审计2项；完成行政事业单位审计15项，查出违规金额50万元，作上缴财政处理50万元；完成国有企业审计3项，查出违规金额84万元，作补交所得税处理28万元；完成经济责任审计2项，查出领导干部主管责任方面的违规金额166万元，作上缴财政处理10万元。

【腾冲县审计局】共有干部职工17人，设有秘书科、企业审计科、行政事业审计科、财政金融审计科。局长李友松，副局长宋怀富、江永能。

审计成果　全年共完成审计项目20个，审计单位20个，共查出违规金额367万元，应处理收缴金额14.6万元，指出纠正金额352万元；配合纪委监察、财政部门开展专项项目审计和清理清查项目3个；提交审计工作报告、统计分析7份，撰写论文1篇；开展自筹基建资金来源项目审验35项，总投资4700万元。共完成省、地审计机关安排的项目7项，审计专项资金4607万元，查出违纪违规金额155.3万元，收缴财政金额1.3万元，指明纠正金额154万元。预算执行情况审计查出违法乱纪违规金额155万元，收缴财政金额1.3万元，同时还延伸审计了3个行政事业单位。全年受县委、政府的委托对2个部门的领导干部进行了经济责任审计，共查出违纪违规金额3.9万元，收缴财政金额0.43万元。全年共对8个行政事业单位进行审计，查出违规金额157.6万元；对3个外资项目进行审计，项目计划总投资1547万元（其中外资765.5万元），完成总投资1340万元；对3个重点工程项目进行财务收支审计，审计工程总投资2021万元；对1个企业进行审计，查出违规金额27万元，收缴财政金额9万元。

【丽江地区审计局】2000年，共有在职干部职工14人，其中大学本科学历5人，大学专科学历6人。局长杨植基，副局长李凤昌、丁崇礼。设有办公室、综合法规科、财金审计科、企业审计科。

审计成果　全年完成审计项目111项，完成全年计划的176.1%。其中省定项目21项，共查出违规金额7731万元，其中决定处理处罚2141万元，责令要求纠正5590万元，应上缴财政399万元，已上缴财政190万元（含补交以前年度183万元），应减少财政拨款和补贴367万元，应追回被侵占挪用资金84万元。查出百万元以上违规单位6个，违规金额1830万元。

共完成预算执行情况审计24项，查出违规金额3018万元，决定处理处罚583万元，责令纠正2435万元，应上缴财政7万元。

全区完成对22个乡的扶贫资金的审计工作。共查出违规金额107万元，决定处理处罚59万元，责令纠正48万元。

经济责任审计　共完成经济责任审计20项，其中县处级领导1人，副厅级领导3人。共查出违规金额1083万元，指明要求纠正195万元，决定处理处罚888万元。经过审计，平调6人，免职1人，移送纪检、检察机关处理1人，移送司法机关处理1人。

【华坪县审计局】现有干部职工10人，负责对全县11个乡镇和县直部门的审计监督。局长刘锡顺，副局长张祥华、张天红。

审计成果 全年共完成审计项目26项，查出违纪违规行为资金3040.3万元，其中指明要求纠正2733.58万元，决定处理处罚306.72万元；应上缴财政罚没款6.43万元已全部上缴；移交纪检、监察部门继续查处案件1件1人；向社会公布全县扶贫捐资款和慈善捐资款的审计结果公告2篇，向政府提交专题、综合报告2份。

【永胜县审计局】现有干部职工13人，设有综合科、行财审计科和企业审计科，负责对全县18个乡镇、36个县直部门的审计监督。局长陈炳蔚，副局长孙志勇。

审计成果 共完成审计项目22项，其中省定项目6项，实际完成18项。共查出违规行为金额138.28万元，其中财政收支审计12项共37.58万元，企业审计5项共82.63万元，行政事业审计3项共5.43万元，农业资金审计2项共12.64万元。指明纠正130.59万元，决定处理处罚7.69万元，应交财政金额7.69万元。移交检查机关案件1件。

【丽江纳西族自治县审计局】现有在职干部职工12人，设有综合（法规计划）股、行财审计股、企业审计股，负责对全县24个乡镇和57个县直部门的审计监督。局长奚文忠，副局长蒋汝刚、洪建新。

审计成果 全年共完成审计项目30项，其中省定项目5项，共查出各类违纪违规资金2521万元。本级预算执行审计共查出各类违纪违规资金2220万元；扶贫资金审计查出违规金额59万元；全年共对7个科级党政领导及4个县属企业法人代表进行了经济责任审计，共查出违规金额65万元，其中指明要求纠正23万元，决定处理处罚42万元，经过审计，平调7人，免职3人，降职1人。

【宁蒗彝族自治县审计局】现有干部职工15人，设有综合股、企业审计股、行财审计股、基建审计股，负责对全县16个乡镇和县直各单位、部门的审计监督。局长胡革华，副局长谭维精、赵克贤、杨继先。

审计成果 完成审计项目15个，查出违规金额193.45万元，应上缴财政0.86万元，提出审计建议45条，向政府提交了《关于宁蒗县地方财政1999年度预算执行情况的审计结果报告》。年内开展领导干部任期经济责任审计2项，查出违规金额57.15万元，应上缴财政0.11万元。固定资产投资审计共审计161个项目，审计资金总额4465.59万元，核减132.49万元，为被审单位节约资金132.49万元。

【文山壮族苗族自治州审计局】2000年，共有在职干部职工31人，其中大学本科学历5人。局长马传美，副局长李建祥、庞建华。设有办公室、综合法规科、财政金融审计科、农业资金审计科、经济责任审计科、工商企业审计科、固定资产投资审计科、行政事业审计科。

审计成果 全年完成审计项目57项，查出各种违规行为金额6479万元，决定处理处罚2000万元，指明要求纠正4479万元，应收缴财政461万元，已收缴396万元（含补缴以前年度欠缴款5万元），追回被侵占挪用资金819万元，促进增收节支52万元。向有关部门和新闻单位提供审计信息和审计简报81条，被转载和采用41条。

内部审计 州级共有内审机构37个，全年共完成审计项目70项，其中财务收支审计8项，领导干部经济责任审计10项，基建审计47项，查出并纠正各种违规金额8148万元，促进增收节支629万元，查出损失浪费6万元，移送违法违纪案件1件，涉及责任人4人。

【文山县审计局】现有干部职工17人，设有办公室、投资审计股、财金行事审计股、农业资金企业审计股、经济责任审计股，负责对全县17个乡镇和84个县直部门的审计监督。局长胡国仙，副局长聂开禄、白会祥。

审计成果 全年完成审计项目35项，查出违规行为金额530.42万元，其中决定处理处罚433.06万元，指明纠正97.36万元。应缴财政242.59万元，核减基建投资69.84万元，报出审计信息40篇，被采用23篇，提出审计意见和建议48条。对7人进行了经济责任审计。

【广南县审计局】现有干部职工17人，设有办公室、财政金融审计股、行政事业审计股、企业审计股、固定资产投资审计股、经济责任审计股，负责对全县20个乡镇和67个县直部门的审计监督。局长吴家发，副局长秦瑞华、侬建国。

审计成果 完成审计项目38项，其中预算执行审计6项，乡级财政决算审计2项，行政事业审计13项，国外贷款项目审计2项，经济责任审计1项。共查出违规行为资金887.50万元，决定处理处罚330.56万元，指明要求纠正556.94万元，应上缴财政175.8万元，应追还被侵占挪用资金46.49万元。全年共提交审计调查综合报告信息28篇，被批示采用14篇。

【邱北县审计局】现有干部职工21人，设有办公室、经济责任审计股、财政金融审计股、行政事业审计股、工商企业审计股、固定资产投资审计股，负责对全县14个乡镇和34个县直部门的审计监督。局长尹绍云，副局长杨文才、张腾。

审计成果 全年完成审计项目23项，共查出违规行为资金614万元，其中应上缴财政272万元，已缴54万元。预算执行单位财务收支审计查出原农业局会计涉嫌贪污30余万元的重大贪污案。受政府委托向人大作审计结果报告，如实披露了一些单位财务管理混乱的情况，引起了县委、人大、政府的高度重视，并责成有关部门、单位限期整改。接受组织部门委托，对4个部门的责任人进行了经济责任审计。

【红河哈尼族彝族自治州审计局】 2000年，全州审计机关共有在职干部职工218人，其中大专以上学历124人。局长王志辉，副局长张钢、谭锦荣、程桂芝。州局设有办公室、财政金融审计科、经济责任审计科、固定资产投资审计科、行政事业审计科、企业审计科、综合法制科等6科1室。

审计成果 全州共审计295个项目，查出违规行为金额23465万元，其中应上交财政金额1341万元，已上交财政金额770万元；减少财政拨款和补贴21万元；追还被侵占挪用资金742万元；促进增收节支1623万元；移送司法监察等部门处理案件3件6人，金额63万元；查出百万元以上违规单位9个，金额2670万元；提交审计调查、综合报告、信息224篇（条）。完成党政领导交办审计事项22个。

内部审计 全州共有内审机构208个，其中专职机构95个，从业人员375人，专职人员149人。审计单位448个，其中财务收支审计206个，经济效益审计36个，经济责任审计37个，基本建设审计16个，其它153个。提出建议意见被采纳61条。促进增收节支9万元，已纠正违规行为金额84万元，向司法机关移送案件1件1人。

经济责任审计 共对51个责任人任期经济责任进行了审计，查出违规行为金额2129万元，其中属主管责任的1985万元，决定处理处罚322万元，指明要求纠正1807万元。查出损失浪费66万元，有个人经济问题的60万元。国有资产保值单位22个，减值单位7个。通过审计，有29人平调，3人晋升职务，6人被免职，1人降职，2人移送司法机关处理。

【个旧市审计局】 现有干部职工24人，设有办公室、综合科、财政金融审计科、行政事业审计科、工交审计科、商业审计科、固定资产投资审计科和经济责任审计科，负责对全市11个乡镇、1个区和82个市直部门的审计监督。局长沐宝山，副局长李文其。

审计成果 完成审计项目33个，审计单位27户。审计金额130764万元，共查出违规违纪金额3207万元，上缴财政102万元；共提交审计工作报告、审计信息等25篇，被采用4篇。11月15日，个旧市审计局计算机应用及审计法规大全软件、档案处理软件被云南省审计厅选送参加审计署南京计算机应用成果展示会展演受到好评，为今后云南省县级审计机关计算机辅助审计的应用和因地制宜适度开发软件奠定了基础。

【开远市审计局】 现有干部职工17人，设有办公室、综合科、财政金融审计科、企业审计科、经济责任审计科。局长宋甫，副局长万敏芝。

审计成果 全年完成审计项目12项，共查出违规金额330万元，上缴财政4万元；全年共审计财政资金19919.7万元，查出违规金额156.73万元。受市委委托，对2位领导干部进行了经济责任审计，通过审计，1人留任，1人被免职。

【弥勒县审计局】 共有干部职工18人，设有行政事业审计科、企业审计科、综合科、经济责任审计科和办公室，负责对全县14个乡镇和146个县直属部门、国有及国有控股企业的审计监督。局长赵金明，副局长杨云慧、张莉萍。

审计成果 全年完成审计任务26项，共查出违规行为金额1465万元，应上缴财政687万元，已上缴财政412万元。查出百万元违规单位1个，违规行为金额542万元。提出建议72条，提供审计意见、决定36篇。完成基建决算审计项目21项，审计金额8203万元，审减金额436万元，为弥勒县固定资产投资建设节约资金436万元。有内审机构17个，内审人员21人，全年共完成审计任务156项。

【红河县审计局】 现有干部职工10人，设有办公室、经济责任审计股、财政金融审计股、行政事业审计股、工商企业审计股，负责对全县14个乡镇和58个县直部门的审计监督。局长杨建明，副局长简丽红。

审计成果 全年完成17个审计项目，其中省定项目2项，州定项目4项，查出违规行为金额168万元（均为决定处理处罚），应上交财政13万元已上交，追回被侵占挪用资金98万元，促进单位增收节支27万元。提交的审计信息被上级审计机关和新闻单位采用4篇。受县委组织部委托共完成经济责任审计6项。通过审计，晋升2人，平调2人，降职1人，免职1人。

【绿春县审计局】 现有干部职工10人，设有办公室、企业审计股、财政金融审计股、行政事业审计股和经济责任审计股，负责对全县9个乡镇和47个县直部门的审计监

天津天钢集团有限公司

天津天钢集团有限公司原名天津钢厂，始建于1935年，是国有独资公司制企业；是集炼钢、连铸、轧钢生产工艺为一体的国家大型一档企业，全国冶金系统46家重点钢铁企业之一。

天津天钢集团有限公司具有年产钢120万吨、连铸方坯和连铸板坯各80万吨、高速线材55万吨、中板65万吨、带钢35万吨的生产能力。主要产品有碳素结构钢、优质碳素钢、低合金钢、合金结构钢、焊条钢、焊丝钢等钢种的连铸板坯、方坯及30多个规格的高精度光面线材，Ⅱ、Ⅲ级热轧带肋钢筋，13个规格的高精度板材，18个规格的热轧带钢。高速线材和中板已通过ISO－9002质量认证；船体用钢坯和中板已通过英国劳埃德船级社资格认可。

露露集团

董事长兼总经理　王宝林

露露集团是以露露集团有限责任公司为核心，以生产露露系列天然饮料为主业，跨地区、跨行业和跨国多元化经营的现代企业集团。集团下属13个企业，总资产15亿元，其中河北承德露露股份有限公司为上市公司。露露集团是河北省大型支柱性企业集团，也是中国饮料十强之一。

露露集团以发展民族饮料为目标，坚持走科技兴厂的道路，本着"高起点引进、高速度发展、创造高效益"的原则，自"八五"以来，累计投资近4亿元，进行了一场."脱胎换骨"的技术更新和技术改造，先后引进瑞士、意大利制罐生产线；美国、瑞士灌装生产线；德国杀菌设备等。使装备水平国内领先，年生产能力跃升到40万吨。

1974年按照当时主管农业的副总理王震同志的指示，集团科技人员在有关科研单位和大专院校协助下，历尽艰辛开发研制了露露杏仁露这一民族饮料。197年投产，1990年成为主导产品。采用野生杏仁为原料制成的绿色食品——露露杏仁露，集中了天然、营养、保健的特点，具有美容、止咳润肺、调节血脂之功效，加之该产品色泽乳白、清爽可口、芳香诱人，冷热饮俱佳，老中少皆宜的特点，因而深受广大消费者的喜爱。

露露集团为了快速发展，借助名牌优势，把通过运营资本，进入资本市场投

资融资作为重要工作，1997年9月24日露露股票上网发行，11月3日上市交易，成为国内第一家饮料行业上市公司，为企业在更大范围内资本运营创造了条件。

露露杏仁露不仅是国家专利产品，也是国家卫生部批准的首家保健饮料。1994年以来，连续五年荣获全国市场产品竞争力排行榜果蔬饮料前两名；市场占有率连续保持在90%以上；"承德露露"股份有限公司上市以来，各项经济指标每年以30%的幅度递增，无形资产价值达20.46亿元人民币。

国务院副总理吴邦国参观露露生产线

露露集团在激烈的市场竞争中，大胆创新、锐意改革，使一个名不见经传的国有小企业迅速崛起，发展成为一个在国内同行业处于十强地位的知名企业，创造了可观的经济效益和社会效益，为民族饮料业的振兴和发展做出了突出贡献，走出了一条国有企业改革与发展的成功的"露露之路"。2000年5月16日国务院副总理吴邦国同志对"露露之路"亲笔批示，对露露集团的发展道路给予了高度评价，对露露的经验给予了充分肯定。目前露露集团正以此为契机，加快经营步伐，按照发展规划，到2005年发展成为中国最大的天然饮料生产基地。

露露北方工业园一角

现代化、国际化的杉杉集团

创新求发展，控制求稳定。杉杉以其独特的企业文化，汇聚着6000余名中
员工，关注着全球社会的发展和新生活秩序的建立，以磅礴的气势和非同一般
商业天赋缔造了中国服装界最具规模、最受瞩目、最高水平的集团公司。截止20
年5月底，杉杉集团总资产已达26．5亿元，在国务院确定的全国520家重点
业排行榜上，杉杉集团列第399位。

杉杉集团秉承世界时尚及管理潮流，全面实施综合智能化管理系统，依托
进的计算机技术和通信技术在集团内部建立起沟通企业上下内外联系的全面的
层次的计算机网络系统，不断提高企业决策的正确性和对市场的快速反应能力
科学的现代化的管理与完善的财务、监督机制相配套，企业稳步发展。1997年
售收入21.5亿元；1998年销售收入23.5亿元；1999年实现销售26.8亿元；20
年销售收入30.6亿元人民币，连年名列中国服装百强之首。

杉杉集团以中国驰名商标——“杉杉”为依托，不断提升产品的品质品位
优化服务体制，通过与日本、意大利、法国等国际一流公司的合作，实施国际
多品牌战略，积极拓宽产品线。目前集团服装板块拥有杉杉（含杉杉西服、杉杉
衫、杉杉羊绒、杉杉皮件、杉杉内衣等）、法涵诗（男、女装）、麦斯奇来、意
奴、小杉哥等不同风格的品牌系列。集团下属一家上市公司、7家海内外（公司
事务机构、20家产业公司、70家（区域主加盟商公司）、2200家专卖店（厅）遍
中国各大中城市。

为建现代化、国际化大型产业集团的发展需要，也为适应全球经济一体化
新经济时代的到来，杉杉集团在发展战略上提前入世。1999年初，杉杉集团总
搬迁上海浦东，上海的人才、信息、市场、金融、经贸等优势赋予杉杉更为广
的发展空间，一大批国际化的高级人才充实到企业的中高管理层，随着企业对
才结构、组织结构、管理结构、经营结构、投资结构的进一步调整，形成了作
投资运作为主体的全新概念的集团化管理模式，企业现代化、国际化进程进一
加快，明确了服装、高新技术，资本运作三大板块作为新世纪的发展战略。随
企业国际地位和整体竞争力的提升，与国际一流企业集团的交流与合作有了新
突破，杉杉集团新经济时代企业的核心竞争力已基本形成。

今天，杉杉在又开始新一轮的创业步伐：深化改革，加快与国际接轨，积
参与国际竞争，进一步营造新经济时代杉杉集团的核心竞争力，力争到2010年
现200亿的资产总量，小于35%的负债率，并为进一步跻身世界著名企业行列
下坚实的基础。

中国·杉杉集团有限公司 **电话**：021－68765333
地址：**上海东方路985号一百杉杉大厦** **传真**：021－68763982
邮编：200122 **网址**：http://www.shanshan.com.cn

发展电力为人民

花都供电局

近年来，为适应日益增长的花都区工农业和居民用电需求，花都供电局积极进行电力设施基础建设。1997年至1999年，先后建成1座220千伏田心变电站，4座110千伏变电站，2000年建成1座110千伏新华室内变电站、1座110千伏乐同变电站和建成220千伏田心变电站二期扩容工程。至目前为止，花都供电局已建成16座变电站，主压器容量130万千伏安；其中220千伏变电站1座，110千伏变电站15座，分布于花都区的各镇，形成了一个颇具规模的供电网。1998年实现供电量10.3亿千瓦时，比1997年增长11.19%；1999年实现供电量10.9亿千瓦时，比1998年增长5.33%；2000年实现供电量12.18亿千瓦时，比1999年增长11.76%。历年供电量保持稳步增长势头。

自1996年底开始，花都供电局向社会公开服务承诺，全面开展优质服务活动，实行全天24小时受理供电故障报修。1997年至今，平均每年接到用户报修故障280宗，全部及时修复送电。花都供电局热情接待用户来访，为用户提供用电报装、施工、送电“一条龙”服务，每月专设两天“局长接待日”，大大方便了用户报装用电。1998年10月，花都行业作风评议团对花都供电局进行全面的行业作风评议，结论为“满意”。1999年和2000年，分别向用电户代表调查的反馈意见均表明用户对供电局服务工作“满意、比较满意”率达98%以上。

黄山永新股份有限公司

黄山永新股份有限公司坐落于风景优美的黄山脚下，1992年5月由皖、港、台共同投资创立。主要生产经营真空镀铝膜、塑料彩印复合软包装材料、药品软包装材料、新型药品包装材料、复合油墨、精细化工产品等高新技术产品。公司具有国际领先水平的生产、检测设备，拥有四条彩印生产线、三条镀膜生产线以及国内一流的质控中心，2000年实现年销售额4.7亿元，年产镀铝膜5600吨，彩印产品12000吨，成为全国最大的镀铝膜生产基地和中国软包装行业五强企业之一。公司承担着雀巢、联合利华、统一、完达山、纳爱斯、维维、金丝猴、拜耳等国内外很多知名品牌的包装业务，用户涉及食品、医药、洗涤品、农药等领域。

公司注重创新立业，在生产上把有效运用国际先进技术和自我研发新技术、新工艺结合起来，以“市场变我必变，市场不变我也变，我变引导市场变”来适应市场的发展变化，真空镀铝膜产品曾获“安徽名牌产品”、“全国供销社名牌产品”，并被中国包协授予“中华包装精品”等荣誉称号，自行研制开发的“激光全息防伪产品”，荣获中国包协“科技成果奖”及省、市科技进步奖，被列入国家级火炬计划项目；在管理上推行ISO9000标准和“6S”现场管理，强化员工的质量意识，以优质产品、优质服务立足市场，先后荣获“全国先进包装企业”、“中国200强包装先进企业”、“安徽省管理先进企业”、“安徽省质量管理奖企业”、“高新技术企业”等荣誉称号，并于1998年通过ISO9002质量体系认证。在长远发展规划上，公司将进一步加大对技术进步的投入，大力加快开发绿色环保型包装产品步伐，争取尽快在国内主板市场上市，扩大企业规模，积极参与国内国际行业竞争，开拓国内国际两个市场。

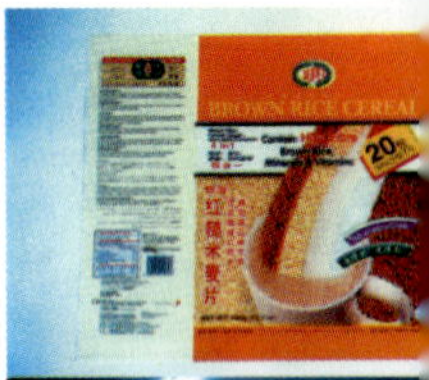

产品

引进的日本印刷机

荣誉

外观

浙江中设建工集团有限公司

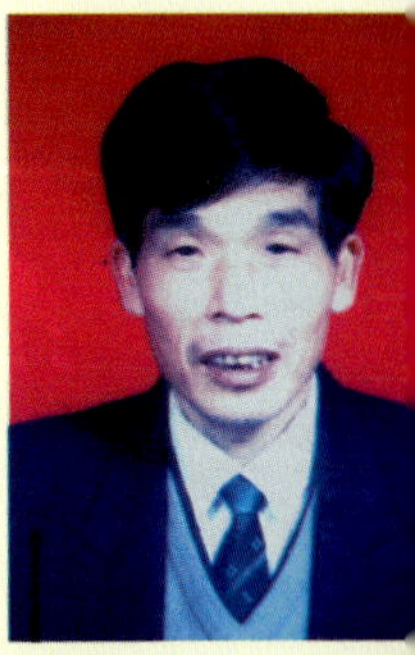
▲董事长、总经理
陈永根

浙江中设建工集团有限公司（原绍兴县第二建筑工程公司），系一家跨地区、跨行业的国家一级资质和对外取得承包经营权的大型施工企业。现有员工6000多名，各类技术人员700余名，施工基地分布在全国各地和境外工程，是经济实力雄厚、技术力量强劲的全国最大规模建筑施工企业之一。

公司在董事长、总经理陈永根高级工程师的率领下，发扬艰苦创业的精神，在日趋竞争激烈的建筑市场中站稳了脚跟，强化企业内部管理，率先通过ISO9002质量体系认证．坚持“创优兴业”的发展方针和“求实、创新、高效、奉献”的企业宗旨。在施工中获得全国“鲁班奖”和建设部优质工程、浙江省“钱江杯”、上海市“白玉兰杯”等优质工程达四十多项，在境外老挝施工中取得较好的质量信誉。施工产值、利润连年大幅度上升。公司曾荣获全国最佳经济效益企业、全国百强建筑企业、省优秀建筑企业、省先进施工企业、省重点骨干企业，连续8年荣获省特级信用“AAA”企业，是绍兴市建筑“十强”、“小型巨人”、“建筑巨轮”、“创优功勋”企业。公司建办的特种水产养殖集团公司是全省最大的“农业龙头”企业之一。同时，总经理陈永根同志被评为全国优秀建筑企业家，市、县优秀共产党员和荣获“一等功臣”称号。

公司在总经理陈永根同志的策划下，以“立足省内、开拓上海、辐射全国、走向世界”的发展战略，以“精心施工、科学管理、创优夺杯、服务至上”的质量宗旨，奉献给社会，竭诚与国内外业主携手合作共图发展。

▶办公大楼

齐心协力　昂首迈进新里程

南海市电信局目前拥有固定资产已达到22亿[illegible]元，建成了大容量、高速率、四通八达的骨干传输网络，光纤接入网亦已覆盖全市，实现了光纤到大楼、到小区、到村委。至2001年6月，全市电话交换机总容量50.8万门，长途交换容量14700路端。于1998年率先建成省首批电话市，全市现有固定电话用户40.73万，平均每百人有37.53部有线电话；其中住宅电话普及率达83.63%。随着双向HFC、ISDN、ADSL等电子信息技术的投入使用，电信综合服务平台已建成为一个技术先进、功能多样、组网合理的立体综合大平台。覆盖全市城乡的局间中继光缆网和骨干光纤接入网已经建成，实现了全市传输全光纤化，为南海市实现“创建信息市，迈向新世纪”的战略目标打下良好的基础。经过几十年的发展，南海市电信局培养锻炼出一支跨世纪的人才队伍，决策层、管理层、操作层构建成的立体人才系统在健康地运作。

踏进新世纪的门坎，全球企业又一次共同面临着新一轮的挑战和发展机遇，加快发展、增强实力、迎接挑战就成了企业自身生存的唯一抉择。正如某企业家所言：我们离破产永远都只有18个月。这是一种清醒的危机意识，用以说明眼下国内电信服务市场的激烈竞争境况恰如其分。中国电信在经历了主、实业分离后，南海电信的公司化运作亦将以崭新的面貌展现在业界和社会公众的面前。面对日益激烈的市场竞争，面对上级交给南海局的艰巨任务，他们没有胆怯，他们也不自满，他们深信只要自己的员工继续牢固树立爱岗敬业、奉献电信的良好职业道德，振奋精神、群策群力，以优质服务为本、科技创新为舟，齐心协力、奋桨扬帆，必能迎着新世纪的朝阳，继续大步前进，到达南海电信光辉灿烂的彼岸。

平州电信综合大楼

南海电信局营业厅

中国银行惠州分行

中国银行是一家实力雄厚、作风稳健、信誉卓著的综合性国有商业银行和国家外汇指定银行，是四大国有商业银行中最具有国际性的银行。

中国银行惠州分行是中国银行一家分支机构，成立于1978年1月，经过多年的发展壮大，现拥有一批经验丰富的专业及管理人员。至2000年底，全辖人民币存款额达872007万元，外汇存款达21406万美元，本外币存款居当地各商业银行之首。拥有营业网点数达84个，与中国银行遍布全国的一万多个网点、海外十九个国家和地区的五百多个分支机构联成庞大的电子化银行服务网络，是企事业单位和社会各界投资理财理想的金融机构。

中国银行惠州分行以科技发展为依托，满足客户需要为宗旨，致力于金融创新。凭借科技领先优势，先后推出本外币定活一本通、教育储蓄、储蓄异地托收、对公存款通存、对私存款通存通取、个人理财、缴费“一卡通”、外汇宝、电话银行、自助银行、“自动转帐”代扣、银行业务咨询、“四代”(代收费、代发薪、代售、代理股票资收付转帐)等业务品种，逐步形成全方位、多元化、高科技的金融服务体系，为客户提供快捷、方便、优质服务。

中国银行惠州分行利用遍及全世界的国际结算业务网络系统，提供进出口信用证、托收、汇款、进出口结算融资、电子汇划、即时业务查询、远期结售汇、保理、银行电脑终端等多样化的国际结算业务品种，结算业务向方便快捷、功能齐全方向发展，国际结算业务量在当地同行业中保持领先地位。利用银联网络为广大客户提供跨地、跨行的长城信用卡系列金融服务，银行卡业务品种不断增加，为市民提款、购物、消费提供了方便。保管箱业务在社会上享有很高的声誉。

中国银行惠州分行为适应市场发展的需要，积极支持外商投资企业、重点行业、重点企业和重点建设项目，为企业提供多样化的融资方式。中国银行惠州分行凭借对公业务的丰富专业经验推出了教育学资、耐用消费品、旅游度假、汽车消费、家居装修、个人住房等消费组合贷款业务，产生了良好的社会效益和经济效益。

中国银行惠州分行将继续秉承“信誉第一、服务至上”的经营宗旨，把握机遇，不断强化竞争手段，改善服务质量，更好地为社会和民众服务，为惠州经济持续、快速、健康发展作出贡献。

惠州国际金融大厦

华能岳阳分公司（电厂

经 理　肖永平

华能岳阳电厂位于湖南省岳阳市城陵矶，占地358公顷，距市中心14公里，北依长江，南靠京广铁路，东畔风景秀丽的芭蕉湖，西临碧波浩淼的洞庭湖，交通便利，自然环境优越。

华能岳阳电厂系华能国际电力开发公司和湖南省联合筹资兴建，规划容量140万千瓦。一期工程安装两台(2 × 36.25万千瓦)从英国通用电气——阿尔斯通公司引进的具有八十年代国际先进水平的凝汽式燃煤机组。一期工程于1988年8月13日正式动工兴建，两台机组分别于1991年9月和12月投产发电。二期工程已经国家计委批准立项。

华能岳阳电厂是一个负债建设、自负盈亏、自我约束、自我发展的新型电力企业。投产以来，理顺了管理体制，1993年实现了原湖南省岳阳电厂的整体有偿转让。目前全厂共有正式职工1300多人。10年来，通过全厂干部职工的共同努力，企业的“两个文明”建设取得了可喜成绩，生产经营管理工作不断完善，于1996年底荣获原电力工业部“安全文明生产双达标企业”称号，至2000年底，已累计发电300亿千瓦时，累计纳税5.42亿元，为湖南省的工农业生产和人民生活用电做出了应有的贡献。华能岳阳电厂1994—2000年共获各种荣誉称号60余项。展望未来，华能岳电人将进一步发扬“爱华能，争贡献，守纪律，创一流”的企业精神，为早日创建一流电厂而努力。

厂领导班子(从左至右)：副经理（副厂长）李中，厂长邹忠学，经理、书记肖永平副经理（副厂长）杨林，党委副书记、纪委书记、工会主席谭建华

中国农业银行东莞分行

中国农业银行辖下的东莞分行，随着金融体制改革的深入开展和东莞社会经济的飞速发展，适时调整业务经营指导思想和经营策略，树立起“以市场为导向、以客户为中心、以利润为目标”的经营理念，深入贯彻稳健经营的原则，积极推进经营机制和经营方式的两个根本性转变，大力开展融资活动和金融创新，筹集社会资金，加强信贷资金管理，使各项业务迅速发展，资金实力逐渐壮大，金融产品种类齐全，金融服务网络不断完善，经营管理水平、经营效益不断提高，为社会各界提供了现代化、全方位的金融服务，也为东莞城乡经济发展作出了积极的贡献。

2000年末，东莞分行各项存款余额为137.4亿元，各项贷款余额为92.95亿元。全行员工总数1300多人，金融、会计、投资、法律、计算机等众多领域的人才队伍初具规模；其辖下143个营业网点遍布城乡；以IBM大型计算机为依托，营业柜台、客户经理以及100多台 ATM、500台 POS机构成了现代化、先进的服务网络，为广大客户提供全方位、便捷周到的公司金融服务和个人金融服务。

跨入新世纪，中国农业银行东莞分行将继续坚持以市场为导向，以客户为中心，以利润为目标，以科技为依托，进一步加快建设现代化国有商业银行的步伐，加速与国际商业银行接轨，增强自我发展、自我约束的能力，为广大客户提供更优质、更高效的金融服务，与时代共同进步，与客户共创美好前程。

在改革中发展前进——

广东省广宁县财政局

领导班子研究工作（右三为局长麦启明、
为支部书记罗大行、左三为副局长吴华珍
二为副局长陈家泉）

广宁县财政局共有干部职工67人，设有办公室、人事股、监察股、会计股、社会保障股、基本建设股、文教行政股、基金与收费股、预算股、工交内贸外经股、农业股12个股室。下设二级局国有资产管理局。

改革开放以来，广宁县充分利用本地资源，走“引进技术与资源开发相结合”的工业发展道路，兴办了一批资源型工业，带动经济发展，财政收入也迅猛增长。在抓好收入征管的同时，按照上级的精神，该县财政对构造公共财政框架工作进行积极探讨，特别是在预算外资金管理、基本建设财务管理、财务总监等方面该县首开先河，做了大量的工作，取得了可喜的成绩，得到省、市有关方面的肯定。

同时，该局按照“两手抓，两手都要硬”的指导思想，在精神文明建设方面也做到常抓不懈。完善内部管理制度，加强政治和业务学习、党风廉政建设和法制建设，造就了一支政治过硬、业务精通、作风优良的财政队伍。近年来，该局分别被县评为“五好单位”、“文明单位”、“爱心献功臣”先进单位、“先进挂钩单位”，2000年度被肇庆市人民政府授予文明单位称号；被县委、财贸系统党委评为“先进基层党组织”、“人口与计划生育先进单位”；局机关档案综合管理为省特级；局文艺表演队和男子篮球队也在市、县累获殊荣。

开展会计知识普及活动

左起：局长麦启明、县委书记刘惠祥、副
冯肇航、贸易局局长范桂庆、副局长陈

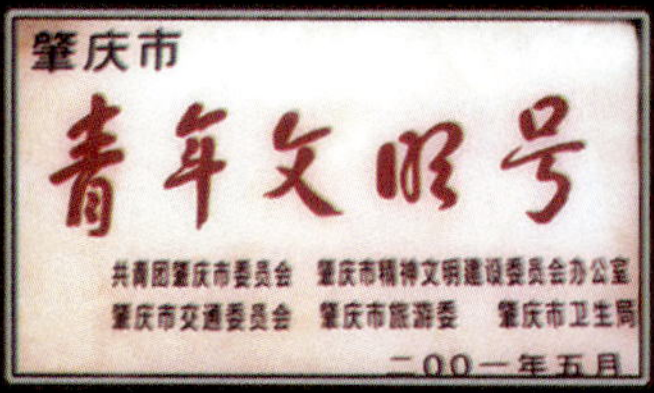

山东威海港股份有限公司

威海港位于黄海北部山东半岛东端，与辽东半岛旅顺口共扼渤海咽喉。威海港交通十分便利，海上航线连接国内外各港口，陆上疏港公路通过高等级公路与省内主要干线相接，桃威铁路内联兰烟、胶济铁路，疏港铁路正在修建。

威海港为国家一类开放港口，包括新老两个港区，现有泊位11个。老港区座落在威海市中心东侧，拥有7个泊位，其中万吨级泊位1个，主要承担客运和滚装运输业务；新港区位于威海湾南岸，距市中心16公里，拥有4个泊位，其中3万吨级泊位2个，万吨级泊位1个，主要承担散杂件货和集装箱运输业务。最大水深11.8米，最大可停靠3万吨级以上船舶。现有仓库三座，其中老港区有一座面积为2900平方米的仓库，新港区有两座面积各为4000平方米仓库；建有各类堆场近15万平方米。威海港拥有各种较大型现代化装卸设备80余台(套)，设备最大起重能力为45吨，可满足各类船舶装卸货物的需要。

近年来，随着港口的发展，威海港已建成了比较完善的客货装卸运输服务体系。主要经营船舶货物装卸搬运，客运服务，国际快件服务，船货代理，货物堆存，机械修理，房地产开发、租赁，商贸等业务。初步形成了一主多业的可持续发展格局，已进入了加速发展时期。

中国农业银行佛山市分行

改革开放二十多年来，位于广东省珠江三角洲腹地的中国农业银行佛山分行抓住了发展机遇，各项业务发展十分迅速。

市场占有份额大。至2000年底，佛山农行各项存款余额628亿元，占当地四大国有商业银行46%，各项贷款余额357亿元，占当地四大国有商业银行38%，成为支持地方经济发展的重要金融支柱。

金融创新能力高。佛山农行现有员工5675人，大专以上学历员工占比达50%，拥有一批拓展能力强、知识层次高、工作经验丰富的工程技术人员和高级管理专才。佛山农行依托当代国际最先进的IBM ES／9000大型计算机系统功能，开发了包括金达理财服务、95599农行服务在线、自助银行、证券保证金自助转帐系统等多种新服务产品，并不断满足客户的不同服务需求，为客户设身定做各类应用软件。

开拓进取意识强。近几年来，佛山农行通过实施城区改革、机关改革、电脑改革、经营机制和管理体制改革等一系列的改革和创新，促进了金融业务持续、稳健、快速发展。面对我国加入WTO后的新形势，佛山农行及时提出“科技兴行”和“效益兴行”的战略，以最优质、安全、高效的金融服务，回报社会，服务客户。

①②③

1、佛山市分行办公大楼

2、与黄盖客户签订合作协议

3、宽敞明亮的基层经营网点营业大厅

NaFine

南风化工集团有限公司

红塔仁恒纸业有限公司

珠海经济特区红塔仁恒纸业有限公司是由云南红塔集团所属的云南红塔实业有限责任公司和维尔京群岛仁恒国际投资有限公司于1991年共同投资兴建的大型现代化造纸企业。

公司投资总额20亿人民币，注册资本9800万美元，占地面积34万平方米。主要技术装备分别从美国、德国、法国、奥地利、日本、芬兰等国家引进。公司有二条造纸生产线，一号纸机于1994年12月正式投产，年设计生产能力4.5万吨；二号纸机于1999年12月正式投产，年生产能力17.5万吨。公司主导产品“红塔”牌高级包装纸板(定量为150－400g／m^2系列卷筒、平板、舌头卡纸及液体饮料包装纸和口杯纸等)，产品质量达到九十年代国际先进水平。目前公司生产状况良好，生产经营处于良性循环状态，各项主要经济技术指标均列国内造纸行业前茅，创国内造纸行业人均利税第一、人均产量、产值第一。

公司现有员工896人，拥有一支占员工总数32%的具有各学科大中专学历和研究生学历的科技人员队伍，从事研究与技术开发并取得了丰厚的成果。雄厚的技术力量和先进的产品检测仪器，使公司的产品质量稳步提高并于1997年顺利通过ISO9002国际质量体系认证。

“红塔”牌高档涂布白卡纸蜚声海内外，产品在卷烟、医药、食品、化妆品和生活用品等方面广泛使用，有效地替代了进口，改变了国内高档涂布白卡纸完全依赖进口的局面。为了增强产品的市场竞争能力，在新的市场情况下，公司致力于不断开发新品种，根据客户的需求，在原有高档涂布白卡纸的基础上，正陆续开发出防伪涂布白卡纸、双面涂布白卡纸以及玻璃卡原纸等，有力地保证了公司的持续创新能力。以市场为导向、以科技为依托，向高档次、高技术含量、高附加值、高效益的高档包装纸板发展，走质量效益型的道路，创一流的现代化造纸企业，是“红塔人”的信念和追求。

深圳金牛期货经纪有限公司

法定代表人　管焱彬

深圳金牛期货经纪有限公司是由深圳有色金属期货联合交易所改制后成立的深圳市金牛投资(集团)有限公司控股、贵州铝厂投资参股组建的专业期货经纪公司。

公司坚持“求实创新、共同发展”的宗旨，以规范管理、优质服务、争创品牌为指导，努力发展成为国内的一流期货公司。

公司于1999年1月20日开业，是中国期货业协会的理事单位、上海期货交易所的理事单位、郑州商品交易所交易委员会委员、大连商品交易所会员。公司成立以来，遵纪守法，规范经营，期货代理业务在全国期货行业中名列前茅。

经中国证监会批准，公司分别在上海、郑州设立了期货营业部，并积极筹办大连营业部。公司现有的数百家客户分布于全国二十多个省市。公司的交易、结算率先实现电子化，并与国内三家期货交易所实现了异地同步联网交易，为客户提供包括自助下单、远程交易、互联网上交易等多种先进、安全、迅捷的交易服务方式。

督。局长李慢翎。

审计成果　共完成审计项目15项，其中上级下达项目3项，政府交办事项12项。查出各类违规行为金额1153万元，上缴财政24万元。完成审计调查项目3项。经济责任审计11项查出违规行为金额962万元，审计后平调9人，免职2人。

【蒙自县审计局】现有干部职工15人，设有行财金融审计股、工交投资审计股、经济责任审计股，负责对全县14个乡镇和169个县直部门的审计监督。局长李建平，副局长高家顺。

审计成果　本级预算执行情况审计，查出了水电局、环保局、电力公司3个单位漏交排污费、电力建设基金问题；在“两个报告”中，如实披露了私设“小金库”、大吃大喝等问题较为严重的6家单位的违纪事实，对工商行政管理局1998至1999年的行政性收费和1999年的行政经费进行审计；积极开展经济责任审计，对政府招待所原所长、原民委主任进行审计，向委托单位出具了审计结果报告；全年共审计19个项目，为年计划的173%，查处违法违纪资金1164万元，收缴财政57万元，其中罚款1万元。移送监察部门处理案件1件。

【泸西县审计局】现有干部职工14人，设有秘书股、固定资产投资审计股、行政事业审计股、经济责任审计股、企业审计股，负责对全县10个乡镇及所有县直部门的审计监督。局长王子慧，副局长谢猛、杨崇斌。

审计成果　完成审计项目17项，共查处违规行为金额291.77万元，审计收缴财政金额8.7万元，核减财政拨款或补贴金额2.35万元，促进增收节支207.12万元；提交审计工作报告、信息12篇。全年完成预算执行审计3个项目，查出违规行为金额23.32万元，收缴财政2.97万元，核减财政拨款补贴2.35万元。11月份接受组织部门委托实施经济责任审计23项，已完成2项，查处违规行为金额104.97万元，收缴财政0.19万元，促进增收节支47.72万元。完成固定资产投资审计4项，审计项目投资总额2366.36万元，查处多结工程款、漏交税金等违规行为金额10.59万元，收缴财政3.59万元，核减工程造价挽回经济损失7万元。完成企业审计1项，查出违规行为金额2.15万元，收缴财政1.12万元；完成金融审计1项，查处违规行为金额0.38万元。完成外资审计1项，核实本年度完成投资总额132.33万元，累计完成投资1287.39万元。完成行政事业审计3项，查出违规行为金额105.36万元，收缴财政0.45万元，促进增收节支149.91万元。

【建水县审计局】现有干部职工19人，设有办公室、财政金融审计科、行政事业审计科、固定资产投资审计科、企业审计科、经济责任审计科，负责对全县17个乡镇和县直部门的审计监督。局长杨春林，副局长文思泉、高源。

审计成果　完成审计项目19项，查出各类违规行为金额1210万元，其中决定处理处罚576万元，指明要求纠正634万元；应上缴财政102.23万元，已上缴财政100万元；归还原渠道资金0.2万元，审减工程决算价款411万元，查处百万元以上违纪单位2个。提出审计建议47条。

【元阳县审计局】现有干部职工12人，设有办公室、工商企业基建审计股、行政事业金融审计股和经济责任审计股，负责对全县15个乡镇和78个县直部门的审计监督。局长普发俊，副局长王建国。

审计成果　共完成审计项目25项，其中上级下达项目7项，查出各类违规行为金额295万元，其中决定处理处罚5万元、指明要求纠正290万元，应追还被侵占挪用资金46万元。协助州审计局做好对元阳县财政决算和对元阳新区建设资金投入、管理、使用的审计工作，引起了各方面的高度重视。协助州政府派出的工作组做好差旅费欠账调查工作，配合县纪委、监察部门做好粮食政策执行检查工作。

【石屏县审计局】现有干部职工15人，设有办公室、综合法制科、企业审计科、行政事业审计科、财政金融审计科、经济责任审计科、固定资产投资审计科，负责对全县各乡镇和县直各部门的审计监督。局长张越松，副局长王中华。

审计成果　全年共完成审计项目15项，查出各类违规行为金额197万元，应上缴财政26万元，已上缴25万元，追还被侵占挪用资金6万元，促进增收节支3万元。

【金平苗族瑶族傣族自治县审计局】现有干部职工13人，设有办公室、企业审计科、财金综合审计科、行政事业审计科和经济责任（离任）审计科，负责对全县各乡镇和县直部门的审计监督。局长刘国兴，副局长高宝恒、童玉清。

审计成果　共完成审计项目21项，其中上级下达项目13项。查出各类违规行为金额688万元，其中决定处理处罚12万元、指明要求纠正648万元，上缴财政28万元，查出百万元以上违纪单位1个、贪污公款案件1件1人。报送审计信息9篇，均被采用。

【河口瑶族自治县审计局】现有干部职工9人，设有办公室、综合审计股、行政事业审计股和经济责任审计股，负责对全县6个乡镇和58个县直部门的审计监督。局长李德厚，副局长张国林。

审计成果　共完成审计项目9项，其中省定项目2项。查出各类违规行为金额371.81万元，其中决定处理处罚6.43万元，指明要求纠正365.38万元。此外，抽调3人参加全县的农村党支部建设、村改委、人口普查、山区综合开发等中心工作，协助县检察院进行案件审查等。

【西双版纳傣族自治州审计局】 2000年，全州审计机关共有在职干部职工51人（州局19人），其中大学本科学历2人，大专学历21人。局长范德明，副局长李有县。州局设有办公室、行政事业审计科、经济责任审计科、企业审计科、投资审计科。

审计成果　年内完成审计项目84项（其中省定24项），超计划13%。共查出违纪资金1317万元，决定处理1140万元，指明纠正6177万元。促进增收节支301万元。审计决定收缴财政677万元，已收缴财政454万元，提交审计调查、综合报告和审计信息30篇，被采用17篇。企业审计查出企业少计收入1295万元，漏缴各种税金412万元；外资审计和投资审计仅州医院传染病住院楼工程就核减工程造价44万元；领导干部经济责任审计工作受到省委、政府表扬，在全省领导干部经济责任审计经验交流会上，局党组书记、局长范德民同志作了交流发言，省委副书记兼纪委书记孙淦同志专门表扬了西双版纳州审计局等有关地州（市）审计局。

【景洪市审计局】 现有干部职工11人，设有财经基建审计科、企业外资审计科、行政秘书科，负责对全市13个乡镇和200多个市直部门的审计监督。局长贾长安，副局长朱月秋。

审计成果　全年审计项目19项，查出违规违纪行为金额191.54万元，决定处理处罚41.09万元，指明要求纠正154.45万元，应收缴财政28.72万元。查出有8户被审计单位存在违规违纪行为。领导干部经济责任审计2项，查出违规金额12.19万元，决定处理处罚7.19万元，指明要求纠正5万元，应收缴财政7.19万元。

【勐海县审计局】 现有干部职工12人，设有秘书股、财经审计股、企业审计股，负责对全县14个乡（镇）和县直部门的审计监督。局长仓亚芬，副局长任和可。

审计成果　全年完成审计项目18项（省、州下达15项），完成任务数的120%。共查出违规金额3166.84万元，其中决定处理处罚443.02万元；指明要求纠正2723.82万元；应缴财政187.93万元，实际已缴财政191.46万元（含补交以前年度违纪款3.53万元），其中税金160.13万元，违纪款28.44万元，罚款2.22万元，利息0.67万元。促进增收节支187.93万元，移交检察院贪污案件1件1人，离任经济责任审计5人。

【勐腊县审计局】 现有在职干部职工11人，设有办公室、企业审计股、财经审计股。局长刘汉北，副局长李敬明。

审计成果　全年完成审计项目17项，其中上级审计机关下达的审计项目14项。共查出各类违规行为金额592.65万元，决定处理处罚364.82万元，指明要求纠正227.83万元，应追还被侵占挪用资金68.48万元，应减少财政补贴14.91万元，应上交财政306.14万元，已上交财政117.81万元（含税金），促进增收节支51.33万元。提交工作报告4篇，审计信息1篇。省审计厅授权勐腊局对勐捧农场进行审计，查出违纪金额801.3万元，应补缴企业所得税206.4万元，补缴橡胶农业特产税46.75万元。完成县委政府交办干部经济责任审计4项，查出违纪金额228.1万元。其中偷税漏税112.28万元；预算外资金等违纪应交财政10.49万元；违规使用住房公积金收益金31.3万元，查出"小金库"1个，发生额为66万元，企业法人用企业资产为亲友担保使企业受经济损失23万元。经过审计升职1人、平调1人、降职1人、免职1人。

【楚雄彝族自治州审计局】 2000年，共有在职干部职工37人，其中大学本科学历7人，大专学历20人。局长郭家植，副局长黄中凌、李晓梅、王定梁。设有综合法规科、财金审计科、行政事业审计科、投资审计科、企业审计科、农业审计科、经济责任审计科、办公室等部门。

审计成果　全年共完成审计项目267项，是年计划的184%，同比增加17项。共查出违规行为金额21770万元，同比增加28.3%；决定处理处罚2625万元，指明要求纠正19145万元；在决定处理处罚中，应上缴财政1210万元，追回被侵占挪用资金1362万元，实际上缴财政990万元，提交审计工作报告和信息材料207篇，被批示采用135篇。

完成上级交办任务　根据州政府的安排，楚雄州审计局组织对姚安"1·15"地震所涉及的姚安、大姚、南华、牟定4个重灾县的恢复重建资金和捐赠款物进行了审计。经云南省抗震救灾恢复重建指挥部批准，楚雄州恢复重建项目计划总投资16850.2万元，建设项目714个共39983个单项工程。到审计之日止，到位资金6705万元。面上民房恢复重建已基本完成，3个统筹点年底之前基本可以结束，其余项目正在顺利实施，除县乡机关外，完成工程量平均都在60%以上，个别系统在80%以上，可望按要求提前完成震区的恢复重建工作。捐赠款物收支审计表明上述4县共收到社会各界捐款376.34万元，支出合计81.22万元，现结存资金29.52万元。

经济责任审计　共接受党委、政府委托领导干部任期经济责任审计60项，完成53项。查出违纪违规资金2523万元，决定处理处罚634万元。审计结果平调18人，晋升2人，免职7人，降职2人，撤职1人。

【楚雄市审计局】共有在职干部职工19人，设有办公室、综合法规科、固定资产投资审计科、财政金融审计科、经济责任审计科、企业审计科、行政事业审计科、农业资金审计科，负责对全市19个乡（镇）和市直部门的审计监督。局长陈海滨，副局长赵天武。

审计成果　全年完成审计项目51项，其中州下达任务14项；共查出违规行为金额1725.94万元，其中决定处理处罚217.68万元；指明要求纠正1508.26万元；应上缴财政137.09万元，已上缴财政128.16万元；应归还原渠道资金金额52.91万元。向上级机关提交审计信息27篇，被有关信息刊物采用16篇。

【元谋县审计局】共有在职干部职工16人，设有办公室、企业审计股、行财审计股。局长马江芝，副局长王洪、郑在刚。

审计成果　全年完成审计项目12项，其中计划外项目2项。重点审计了财政预算执行情况和预算外资金。查出违纪违规金额396万元，应上缴财政48万元，已上缴财政7万元。全年提交审计信息、报告9篇，被采用7篇。对原江边乡党委书记和原姜驿乡乡长任期经济责任进行了审计。

【南华县审计局】现有干部职工11人，设有办公室、财政金融审计股，行政事业审计股、企业审计股、经济责任审计股，负责对全县12个乡镇和31个县直部门的审计监督。局长黄淑珍，副局长李章明。

审计成果　完成审计项目21项，审计单位52个；审计调查5项，调查单位5个，审计金额26639.1万元。共查处违规金额1932.6万元。上缴县财政41万元，追回被挤占挪用资金48万元，提交审计报告21篇。完成县政府交办任务10项，审计单位23个；审计调查5项，调查单位5个，查出违规金额665.7万元，上缴县财政23.9万元，审减金额3.6万元。完成州审计局下达的审计任务11项，审计29个单位，查出违规金额1266.88万元，上缴县财政17.1万元。

【大姚县审计局】共有干部职工17人，设有办公室、财政金融审计股、企业事业审计股、经济责任审计股。局长何家明。

审计成果　全年共完成审计项目37项，审计查出各类违规行为金额1036.28万元，比上年增73.44万元，其中应上缴财政70.21万元，为上年同期的10.5倍，已上缴财政38.04万元；审计查出应追还被侵占挪用资金89.86万元；完成自筹基建资金来源事前审计130项，审计投资总额3762.14万元；撰写审计工作报告、简报和信息42篇，被上级审计机关和新闻单位采用21篇。对预算执行中存在的违反国家财经法规规定的财政财务收支行为，依照有关法律、法规区别不同情况分别作了处理。县委、政府交办的19个委办局和乡镇主要负责人的经济责任审计工作，查出各种违规行为金额684.93万元，其中作收缴处理31.87万元，追还被侵占挪用资金81.94万元。组织对“1·15”抗震救灾恢复重建资金拨入、使用及管理情况进行了审计。未发现大的违规行为，只是存在利息收入未作收入入账和未入账就下拨项目工程资金27万元的问题并提出了限期改正的意见。在完成财政“本级审”和政府交办项目的同时，按照上级审计机关的项目计划要求，组织对行政事业、企业、外资运用项目进行了审计，对查出的违反财经法规的问题，依法作出了处理、处罚，并提出了加强资金管理的意见建议。

【双柏县审计局】共有干部职工10人，设有办公室、财政金融审计股、企业审计股和经济责任审计股，负责对全县9个乡镇和所有县直部门的审计监督。局长杨崇显，副局长陈荣华。

审计成果　共完成审计项目16项，查出各类违规行为金额508.5万元，直接收缴和予以处罚上缴财政9.6万元。预算执行审计查出违规行为金额65万元，向政府、人大分别提交了结果报告和工作报告；开展了对安龙堡、雨龙乡的财政决算审计，对土地、农牧、工商等部门的审计查出违规行为金额106万元；抽调10人次参加村财务清理、农村合作基金会财务清理、陈化粮销售核查、预算外资金清理等工作；首次开展并完成了对城建局、计委、计生委、交通局、林业集团公司领导干部的任期经济责任审计。

【禄丰县审计局】现有干部职工21人，设有财政金融审计股、经济责任审计股、投资审计股和企业审计股，负责对全县18个乡镇和60个县直部门的审计监督。党组书记杨祖光，局长李静云，副局长冯云光、王文荣。

审计成果　完成审计项目25

项，超计划79%。审计查出违规金额895.24万元，其中处理处罚501.09万元，指明纠正394.15万元。应收缴财政230.48万元，已收缴133.22万元，追回被侵占挪用的资金60.7万元，减少财政拨款9万元。完成财政审计项目6项，查出违纪违规金额151.43万元，决定处理处罚83.9万元，指明纠正67.53万元。归还原渠道资金28.8万元，收缴财政62.64万元。组织开展了领导干部任期经济责任审计5项，查出违规金额129.4万元，处理处罚38.71万元，指明纠正90.69万元。收缴财政45.59万元，归还原渠道资金15.7万元。完成县委政府委托交办的重点项目审计5项，完成行政事业、农业资金、投资、外资和企业中的重点部门9项。共查出违规金额614.41万元，决定处理处罚378.48万元，指明纠正235.93万元。收缴财政122.25万元，追回被侵占挪用的资金16.2万元，削减工程投资减少财政拨款9万元。

【大理白族自治州审计局】2000年，共有在职干部职工45人，其中大学本科学历10人，大专学历26人。局长杨秀星，副局长杜永进。设有办公室、综合法规科、财政金融审计科、固定资产投资审计科、工交企业审计科、商贸企业审计科、农业审计科、行政事业审计科、干部离任经济责任审计科等8科1室。

审计成果 全年完成审计项目347个，共查出违纪资金20166万元，其中决定处理处罚4370万元，指明纠正15796万元。共收缴财政2358万元，追还被侵占挪用资金4482万元。其中局本级共完成审计项目59个，查出违纪资金10769万元，决定处理处罚888万元，指明纠正9881万元，共收缴财政295万元，追还被侵占挪用资金3253万元。

完成上级交办任务 根据李映德州长指示，全系统参与完成整顿农村合作基金会315个，清理股金及存款7亿多元；根据州纪委的要求，州局参与对职工多占住房清理工作，共清退多占房款2000余万元。

内部审计 全州共建立内部审计机构148个，配备内审人员382人，其中专职内审人员96人。完成审计项目250余个，查出和纠正违规资金3460万元。

经济责任审计 建立了经济责任审计领导组、联席会议制度和专门审计机构，共审计党政领导干部和企业厂长经理27人，查出违纪资金2821万元。审计结果平调10人，留任11人，提职1人，免职5人，撤职1人，移送司法机关处理1人。

大案要案 全州审计机关共查处经济违法犯罪案件11件，涉案金额225.1万元。查处了大理市林业局原任局长失职渎职、非法担保造成资金损失10万元，弥渡县农机管理站原站长贪污挪用公款23万元，宾川县周城农村合作基金会营业室原副主任挪用基金100万元等。

【大理市审计局】现有在职干部职工23人，设有办公室、财政农业审计科、固定资产投资审计科、企业审计科、行政事业审计科，负责对全市414个行政事业单位的审计监督。局长韩培光，副局长李得华。

审计成果 全年完成审计项目34项，审计单位48个，完成审计调查2项。共查出违规资金5018万元，其中决定处理处罚2274万元，指明纠正2744万元，应收缴财政750万元，上缴财政300万元。提交审计信息、报告15篇。

【剑川县审计局】现有干部职工12人，设有办公室、财政金融基金审计股、企业审计股和行政事业审计股，负责对全县9个乡镇和79个县直部门的审计监督。局长高玉成，副局长杨福生、和禄忠。

审计成果 全年完成审计项目16项，查出各种违规资金25万元，决定处理处罚25万元，上缴财政15万元，查出挪用公款案件1件1人，涉嫌犯罪金额4万元。

【弥渡县审计局】现有干部职工23人，设有办公室、综合股、财政金融审计股、经济责任审计股、固定资产投资审计股、农业资金审计股、行政事业审计股和企业审计股，负责全县8个乡镇和64个县直属部门的审计监督。局长张朝珠，副局长徐贵和、李艳花。

审计成果 全年完成审计项目248项，共查出违纪违规资金2419万元，决定处理处罚收缴财政138万元，挽回损失浪费资金126万元，核减工程决算资金63.1万元，查处“小金库”1个1.43万元，移送贪污挪用公款等经济违法违纪案件5件6人，涉案金额115万元。提交审计调查、信息和综合报告23篇。审计决定、审计建议采纳执行率达100%；共移送有关部门贪污挪用公款等经济违法违纪案件5件6人，涉案金额115万元。涉案人员被司法机关逮捕4人，2人被县纪检监察部门给予开除党籍、党内严重警告和开除公职处分。2000年，被省委、省人民政府命名为“省级文明单位”。

【云龙县审计局】现有干部职工14人，设有办公室、财金审计股、固定资产投资审计股、企业审计股和行政事业审计股，负责对全县12个乡镇和29个县直部门的审计监督。局长施泽锋，副局长字德光。

审计成果 全年完成18个审计项目，查出各种违规资金95万元，决定处理处罚82万元，指明纠正13万元，应上缴财政14万元，已上缴财政14万元，追回被侵占挪用资金68万元。提交审计调查、综合报告

20篇，审计信息10条。完成省、州下达的审计任务11项，审计单位11个，查出违纪资金83.50万元；完成县委、政府交办的审计任务7项，查出违纪资金11.50万元。完成23项经济责任审计，审计结果，有2名被免职，2名被提升，19名继续任用。

【祥云县审计局】现有干部职工16人，设有办公室、财政金融审计股、行政事业审计股、企业审计股。局长阮兆瑞，副局长宝红星。

审计成果　完成审计项目20项，其中省、州安排必审项目11项，审计查出各类违规行为金额844万元，其中决定处理处罚97万元，指明要求纠正592万元；应上缴财政97万元，已上缴财政97万元。此外，作出专题审计调查报告2篇，采集信息、简报5篇，《云南审计》刊登简讯1则。

【宾川县审计局】现有干部职工17人，设有财政金融审计股、行政事业审计股、企业审计股、固定资产投资审计股和办公室，负责对全县12个乡镇和45个县直部门的审计监督。局长李晖，副局长杨劲锋。

审计成果　全年共完成审计项目42项，完成年初计划的2.6倍。完成了开工前审计32项，自筹基本建设资金来源事前审计53项。共查出违规行为金额260万元，其中指明要求纠正147.10万元，决定处理处罚金额112.90万元，应收缴财政97.49万元，已收缴63.34万元，应归还原资金渠道108.60万元，促进增收节支金额114.20万元，向司法机关移送案件2件，建议给予行政处分1人。完成工程决算审计42项，审计投资总额3261万元，净核减工程造价181万元，查补施工企业漏欠税11万元。参加全县54个农村合作基金会、商会基金会清理整顿工作，完成了清产核资任务，查办移交案件3件。完成了原鸡足山管理委员会常务副主任和彩凤农场原场长任职期间的经济责任审计。

【永平县审计局】共有干部职工15人，设有办公室、审计特派室、综合股、财政金融审计股、干审股。局长王祥海，副局长杨旭东。

审计成果　全年完成审计项目26项，查处违纪违规资金768.99万元，依法处罚上缴财政资金125.22万元，移送司法机关处理经济案件4起4人，涉案金额6万元。建立了统一的会计核算中心，并作出派驻审计特派室的决定。经济责任审计先后对县公安局、县土地局、县供销合作联社、龙街乡政府"一把手"离任进行了审计，查出违纪违规资金120多万元，上缴财政资金28万元，查出2人贪污受贿并被司法机关处理，查出2人严重违纪被免职处分。

【巍山彝族回族自治县审计局】现有干部职工15人，设有办公室、企业审计股、行政事业审计股、财政金融审计股，负责对全县11个乡镇和60多个县直部门的审计监督。局长熊艳平，副局长朱家杰。

审计成果　全年共完成审计项目20项，全面完成了省、州下达的审计项目和地方党委、政府领导交办的各项任务。查出各类违规行为金额243万元，应收缴财政38万元，已全部上缴。

【南涧彝族自治县审计局】现有干部职工13人，设有财政金融审计股、行政事业审计股、企业审计股、综合股和办公室，负责对全县10个乡镇和县直部门的审计监督。局长黄文逵，副局长饶富良、杨继森。

审计成果　全年共完成审计项目44项，其中省、州下达项目11项，共查出违规行为金额807万元，其中指明要求纠正566万元，决定处理处罚金额241万元，应收缴财政69万元，已收缴73万元（含补缴以前年度4万元）。

【德宏傣族景颇族自治州审计局】2000年，共有干部职工28人，其中大学本科学历2人，大专学历12人。局长高定泉，副局长郝冀昆、曾学亮，专职党组书记杨海英。设有办公室、财政金融审计科、行政事业审计科、工商企业审计科、固定资产投资审计科、政策法制综合科、经济责任审计科7个科室。

审计成果　全年共完成审计项目19项，共查出违规行为金额3798万元，决定处理处罚573万元，应交财政498万元（含工商审计应交省级的328.5万元），已收交州级财政162万元。2000年州局在实施财政预算执行情况上审下项目中，查出瑞丽市违反中央办公厅、国务院办公厅转发财政部关于治理乱收费的规定，查出乱收费1504万余元均按规定退还被收款单位和个人，并处以5%的罚款66.7万元。

内部审计　设有内审机构13个，内审人员26人，其中专职16人，共完成审计项目141项。其中基建审计25项、财务收支审计10项、经济责任审计10项、其它审计96项。审计查出违规金额3752.9万元，并进行了处理处罚。

【潞西市审计局】现有在职干部职工16人，设有财政金融审计科、工商企业审计科、经济责任审计科及办公室。局长汤学刚，副局长龙大良、刘惠仙。

审计成果　全年共完成审计项目13项，其中省州定项目6项，完成年初计划的100%，查出违纪违规金额128万元，指明纠正128万元。上缴财政金额18万元，入库率

100%。完成市委交办的经济责任审计工作11项，查出违纪违规金额168万元，决定处理处罚金额7万元，收缴财政3万元，指明纠正161万元，接受部门委托审计4项。

【瑞丽市审计局】共有在职干部职工14人，设有财政金融审计科、工商企业审计科、行政事业审计科、办公室。局长段朝忠，副局长张仕元。

审计成果　全年共完成审计项目11项（省、州下达审计3项），共查出违规行为金额171万元，其中指明要求纠正资金151万元，应上交财政资金20万元，已交财政12万元。

【瑞丽市畹町经济开发区审计局】现有在职干部8人，设有财政金融审计科、工商企业审计科、行政事业审计科、综合科。局长刘爱玖，副局长毛福芹。

审计成果　全年共完成省、州安排计划项目10项（其中省定4项），完成其它项目3项，全年共查出违规行为金额505万元，决定处理处罚139万元，指明要求纠正366万元，应上缴财政16万元。根据德宏州政府、畹町管理委员会的委托，畹町审计局于4月25日至5月25日对畹町交通运输公司进行了审计，查出违规行为金额269万元。

【盈江县审计局】共有在职干部职工14人，设有办公室、预算金融审计股、企业审计股，负责对全县各部门的审计监督。局长段荣礼，副局长杨华。

审计成果　全年完成审计项目15项，审计单位25户。共查出各类违规行为金额580.35万元，上缴财政14.45万元。提交审计报告25篇，审计意见15份，审计决定16份。向纪检监察机关移送案件4件4人，涉案金额46.93万元。全年共完成领导干部任期经济责任审计项目9项，查出各类违规金额494.21万元，收缴财政6.42万元，提出审计工作建议26条。

【梁河县审计局】现有在职干部职工9人，设有办公室、企业审计科、行政事业审计科，负责对全县10个乡镇和110个县直部门的审计监督。局长梁其刚，副局长赵家海。

审计成果　共完成审计项目14项，其中上级下达的审计项目11项，查出违规金额237万元，指明纠正232万元，决定收缴财政5万元，已收缴财政5万元，核减基建投资120万元。

【陇川县审计局】共有在职干部职工14人，设有财政金融审计科、企业审计科和办公室，负责对全县12个乡镇和县直部门的审计监督。局长蚌德生，副局长姜水源、杨永娇。

审计成果　全年共完成审计项目10项，审计项目资金总额11964万元，查出违规行为金额299万元，其中决定处理处罚23万元、指明要求纠正276万元；应上交财政8万元已全额上交；应追回被侵占挪用资金76万元；提交审计综合报告3篇。全年领导干部经济责任审计2项，查出违规金额155万元，其中决定处理处罚5万元，指明要求纠正150万元。审计结果平调1人、免职1人。

【怒江傈僳族自治州审计局】2000年，共有在职干部职工25人，其中大专学历9人，局长密文华（傈僳族），副局长毛宝荣（白族）、张学斌（白族）。设有秘书科、综合科、行政事业审计科、财政金融审计科、企业审计科和农业审计科等科室。

审计成果　年内完成审计项目18项，提交审计综合报告5项。提交审计信息43条，其中被政府领导批示和州级新闻单位采用19条。共查出违规资金1081万元，其中决定处理处罚245万元，指明要求纠正836万元。应追回被侵占挪用资金91万元。应上缴财政14万元，已全额上缴同级财政。

经济责任审计　受州政府委托，年内对5位县处级领导干部任期经济责任进行了审计，其中报请州政府同意，移送纪检监察机关处理1件2人。

【泸水县审计局】现有干部职工16人，其中少数民族干部13人，设有办公室、行政事业审计股、财政金融审计股、企业审计股和农业资金审计股，负责对全县9个乡镇和56个县直部门的审计监督。局长许周华，副局长和树标。

审计成果　共完成审计项目24项，审计总金额达2.52亿元。查出各类违规行为金额640.4万元，其中决定处理处罚43.1万元，指明要求纠正597.3万元；决定收缴财政2.6万元，已上缴2.6万元，追还被侵占挪用资金28.1万元，为国家增收节支18.5万元。通过审计，向检察机关移送案件1件2人。

【福贡县审计局】现有干部职工16人，设有秘书股、财政基建审计股、企业审计股、行政事业审计股，负责对全县6乡1镇和64个县直部门的审计监督。局长普四叶，副局长胡吏春。

审计成果　全年共完成审计项目12项，完成任务的150%，审计查出违纪违规金额65万余元，决定处理处罚金额54万余元，指明纠正违纪金额11万元，上交财政金额8346元。配合协助省州审计机关加强了农业和扶贫资金的审计监督，认真落实云南省审计厅云审农决(2000)93号《审计决定书》，在审计中查出的问题得到了及时的纠正。

【兰坪白族普米族自治县审计局】现有干部职工30人，设有秘书股、企业审计股、行政事业审计股、农业资金审计股、基本建设审计股。局长尹助邦，副局长杨惠山、李红芬，党支部书记陈树华。

审计成果　全年共完成30个审计项目，其中经济责任审计4项、配合执法部门委托审计4项。查出各种违纪违规金额1453万元，应上交财政111.3万元，已收缴财政111.00万元，挽回经济损失53万元。

【贡山独龙族怒族自治县审计局】共有在职审计干部5人，设办公室、行政事业审计科和综合审计科，负责对全县5个乡镇和66个县直部门的审计监督。局长杨世周。

审计成果　共完成审计项目10项，查出违规行为金额837万元，其中决定处理处罚4.87万元，指明要求纠正832万元；应上缴财政4.87万元，已缴财政0.3万元；向司法机关移送案件2件3人，涉及金额18.9万元。

【迪庆藏族自治州审计局】2000年，共有在职干部职工27人，其中大学本科学历2人，大专学历9人，局长竹玛此里，副局长浦永兴、李琳。设有办公室、综合法规科、企业审计科、固定资产投资审计科、行政事业审计科、财政金融审计科、经济责任审计科。

审计成果　全年完成审计项目22项，查出各种违纪违规金额1265万元，指明要求纠正1185万元，决定处理处罚80万元，查出百万元以上违纪单位1个，金额达149万元，依法移送司法机关处理案件1件，涉及责任人1人。

完成上级交办任务　全年共完成审计项目22项，其中财政预算执行和其它财政收支7项，重点项目审计2项，农业及扶贫资金审计2项，行政事业单位审计2项，利用外资审计2项，领导干部任期经济责任审计5项。

内部审计　共有13个内审机构，内审人员26人，其中专职机构5个，专职人员14人，完成审计项目17项，查出各种违纪违规金额6万元。

经济责任审计　全年完成领导干部任期经济责任审计5项，查出各种违规行为金额75万元，决定处理处罚19万元，指明要求纠正金额56万元，主要责任2万元。

大案要案　在对德钦县人民政府1999年扶贫资金审计过程中，查出挪用公款案1件，金额达34.9万元，涉及责任人1人，已依法移送司法机关处理。

【中甸县审计局】现有干部职工11人，设有综合股、行政事业审计股、企业审计股。局长王建华，副局长阿旺。

审计成果　全年共完成审计项目22项，查出违规金额2089.4万元，其余违规违纪金额均已按财经法规进行了纠正，其中应返还被侵占挪用资金518.3万元。共提交审计报告22篇。全年共完成省、州审计机关下达的审计任务10项，查处违规金额575.8万元。共对12位党政领导干部的经济责任进行了审计，共查处违规违纪金额1513.6万元。

【德钦县审计局】现有在职干部职工10人，设有行政事业审计股、企业审计股、基建审计股、综合股、办公室。局长李向阳，副局长龙永明。

审计成果　共完成了15项审计项目，查出各种违纪金额579万元（其中决定处理处罚20万元，指明要求纠正559万元），追还被侵占挪用资金162万元，促进增收节支25万元，核减工程支出21万元，收缴财政5.74万元，对单位和直接责任人罚款0.98万元。

【维西傈僳族自治县审计局】现有干部职工15人，设有局办公室、财政金融审计股、行政事业审计股、企业审计股、基建审计股，负责对全县9乡1镇和84个县直部门的审计监督。局长李志远，副局长石顺昌、李凤云。

审计成果　年内完成审计项目23项，其中上级下达的审计项目11项，本级党委、政府安排的审计项目12项。审计金额32059.01万元，查出违规违纪金额2970.64万元，应收缴县财政金额15.43万元，已收缴16.84万元，其中补交以前年度3.48万元，年末欠缴数2.07万元；追还被侵占挪用资金157.06万元，促进增收节支81.03万元；提交工作报告3篇，撰写审计信息11篇，被《云南审计》刊登1篇，参加州审计局对州驻昆办雄鹰公司审计，协助州审计局完成对本县财政局长的离任审计。自筹基建资金来源情况调查15项。

西藏自治区

【西藏自治区审计厅】2000年，西藏自治区审计厅定编50人，在编51人，厅机关设有办公室、行政事业审计处、企业审计处、金融审计处、综合审计处、法规处；同时还设厅机关审计事务所直属事业单位。

领导成员

党组书记：于　枫

厅　　长：仁　松

副 厅 长：赵建设　贵　桑

西藏自治区审计成果　2000年，共审计286个单位和部门，查出违纪违规金额20743万元，已上缴财政

2101万元，减少财政拨款和补贴509万元，归还原渠道资金528万元，为国家增收节支3138万元，发现经济案件线索2起2人。审计工作在维护正常经济秩序，严肃财经法纪，加强廉政建设，促进改革发展、稳定大局等方面，发挥了重要作用。

财政审计　全区共审计16个单位和部门，查出违纪违规金额18439万元，应上缴财政1228万元，已上缴财政1228万元。针对预算执行中存在的问题，自治区审计厅受自治区政府委托向自治区人大常委会做了报告，报告中提出了：一要严格执行《预算法》，继续强化预算指标的登记与管理，防止预算管理的随意性；二要加强专项资金管理，避免资金管理分散；三要取消资金过渡账户，及时清理违规账户的建议，已被自治区人大常委会采纳，并督促政府有关部门认真落实。同时审计机关还对14个地、县两级的财政决算进行了审计，查出违规金额3280万元，应上缴财政107万元已全额入库。

行政事业审计　全区共审计106个单位和部门，查出违规金额3078万元，其中应上缴财政425万元，已上缴财政326万元，归还原渠道资金225万元，发现经济案件线索2起2人。审计中重点揭露了挤占挪用、腐败、舞弊和损失浪费等行为，加强了对行政事业单位财政财务收支和专项资金的监督。

企业审计　全区共审计企业87户，查出违规金额12991万元，应上缴财政457万元，已上缴财政416万元，减少财政补贴412万元，归还原渠道资金55万元。通过审计发现部份企业存在着：一是企业资产质量较差，二是设置账外账和“小金库”，用于小集团开支，三是企业肆意造假，盈亏不实，会计核算严重失真。通过审计促进了被审企业会计核算的真实可靠，维护了所有者权益，保障了国有资产的保值增值，摸清了企业的家底，为企业改革打下了坚实的基础。

农业专项资金审计　全区共审计14个单位和部门，查出违规金额432万元。对查出的问题，依法进行处理，并及时向政府提交了综合或专项审计报告，有针对性地提出了对农业资金的管理、分配和使用情况，规范专项资金（基金）收支行为的意见和建议，得到了有关部门领导的好评，引起了各级政府和有关部门的重视。

经济责任审计　全区共对49名县、科级干部的任期（离任）经济责任进行了审计，查出违纪违规金额962万元，对有关责任人员依据法律、法规进行了处理。

完成上级交办任务　共完成上级交办的任务23项，开展了对中国福利彩票赈灾专项募集资金，西藏藏药厂等单位项目的审计，在对拉萨证券营业部资产、负债和损益进行审计时，查出违规金额66万元，并依法进行了处理。

队伍建设　在加大《审计法》学习宣传贯彻力度的同时，不断加强法规制度建设，审计厅依据《审计法》结合西藏实际，研究制订了《西藏自治区预算执行情况审计监督暂行办法》经自治区人民政府批准已颁布实施；各级审计机关进一步建立健全了廉政制度和各项保障措施，完善了奖惩激励约束机制，进一步完善和落实了廉政工作责任制，审计承诺制和审计回访的各项制度；密切了与被审单位的关系，树立了良好的审计职业形象，有效的维护了审计尊严；在实际工作中，组织现有人员学习、钻研审计业务知识，学习计算机、法律法规等知识，通过这些切实有效的措施，全区审计干部的整体素质得到了明显提高。

【拉萨市审计局】2000年，共有在职干部职工23人，其中大学本科学历1人，大专学历8人，局长唐应周，副局长阳荣义（党组书记）、唐华银。设有办公室、财政金融审计科、行政事业审计科、企业审计科、综合科和会计师事务所等部门。

审计成果　共完成审计项目130个，审计调查130个单位；审计查出各类违规金额2.22亿元，对违反财经法规问题依法进行了处理，上缴财政445万元。提交审计报告100篇，为经济健康发展和社会稳定发挥了作用。

完成上级交办任务　共完成市委、市政府交办的工作任务35项，审计清理30个单位。完成下达的审计任务51项，审计单位49个。

大案要案　堆龙德庆县审计局在实施审计中，查出一起贪污挪用公款66.75万元的大案，已移交检察机关进行处理。

【那曲地区审计局】2000年，共有干部职工35人，其中大学或大专学历13人，中专学历10人，局长孙玉英，副局长加多、尹亚军、拉巴次仁。设有办公室、行政事业审计科、企业基建审计科、财政金融审计科和审计事务所。

审计成果　共完成审计28个项目，其中财政决算审计2个，企业审计9个，行政单位审计10个，农牧业专项资金审计9个。经审计共查出各类违纪违规金额1481.50万元，决定处理处罚601.25万元，指明要求纠正880.25万元，归还原渠道资金230.99万元，应交财政214.45万元，已交财政108.71万元，移送司法机关1起案件。提交专题报告、综合报告、审计意见、审计调查资料70篇。

完成上级交办任务　完成上级下达的任务和本局安排审计计划共20个，实际完成28个，完成率达140%，加强和监督了4个内审机构，充分发挥了内审机构的监管作用。

【昌都地区审计局】 2000年，共有在职干部职工26人，其中大专学历4人，副局长倪金彦、卓嘎拉姆、姚甲河。设有办公室、财政审计科、行政事业审计科、企业审计科。

审计成果　共实施6大项67个单位审计工作，审计金额30261万元，查出违纪金额1000万元，审计纠正877万元，上交财政123万元，促进增收节支53万元。

完成上级交办任务　共计划实施本级预算、县级预决算、大庆（昌都解放50周年）建设资金、民政（含部分扶贫开发）专项资金、教育（地区师范学校）专项资金、经济责任等6大类28个单位的审计工作。在认真、全面完成的基础上，还较好完成了自治区下达的西农集团主要领导人员任期经济责任审计、地区工商行政管理局财务收支审计工作，按时、保质完成了地委、行署安排的2项企业审计和28项经济责任审计工作。

经济责任审计　全年共实施33项经济责任审计，其中县（处）行政正职1人，行政副职16人，县公检法领导13人，企业领导人员3人，涉及各县、地直行政、企事业单位。审计纠正各种违纪违规资金510万元，罚没处理5万元，并向委托部门及相关主管部门提交了审计报告。

【山南地区审计局】 2000年，共有在职干部职工25人，其中大学本科学历1人，大专学历5人，党组书记张平凤，局长索朗益西，副局长贾德文、谢顺德。设有办公室、行政事业财务审计科、企业财务审计科、基本建设财务审计科。负责对地直各单位和12个县的审计监督。

审计成果　全年共审计26个单位（含去年未审结完的2个单位），完成年度计划的108%，查出违纪违规资金1091万元，其中应上交财政78.1万元（上交中央财政9.4万元，上交地县两级财政68.7万元），已入库78.1万元；纳入财政专户管理资金16万元；指明要求纠正997万元（归还原渠道资金11万元，应减少财政拨款或补贴3万元，应调整财务资金983万元）；针对存在的问题，对被审计单位提出合理化建议和建设性意见83条。

经济责任审计　共对6名企业领导干部任期经济责任情况进行了审计。查出违纪违规资金207万元，其中应上交财政21万元；应交“财政专户”储存资金16万元；指明要求纠正170万元。通过审计，为组织人事部门考察和使用干部提供了依据，也为逐步开展县级以下党政领导干部任期经济责任审计积累了一定的经验。

【日喀则地区审计局】 2000年，共有在职干部职工25人，其中大中专以上文化程度18人，党组书记琼扎西，局长参决仲嘎，党组副书记丹增欧珠，副局长喻泽红、多吉。设有财政金融审计科、综合科、行政事业审计科、办公室等部门。

审计成果　共审计9个项目，25个单位，查出违纪违规资金1692.66万元，应上交财政31.26万元，归还原渠道资金72.64万元，为国家实现增收节支103.9万元。

主要审计了地区财政局办理的1999年度本级预算执行情况及预算外资金，同时对地区国税局系统1999年度税收政策及计划执行情况和地区教育系统7个财务单位1999年度教育事业资金执行情况及地直有关单位财务收支情况部分国有企业相关问题进行了抽审调查。审计查出违规资金91.69万元，决定处理处罚74.08万元，指明纠正17.6万元，应上交财政4.47万元，上交财政预算外专户管理11.18万元，归还原渠道资金64.27万元。在对聂拉木县1999年度财政决算执行情况审计中，共查出违规资金158万元，指明纠正125万元。

对地区人民医院1999年度财务收支情况进行了审计，查出违规金额0.38万元。

共审计6家国有企业，查出违规资金465.22万元，其中收入不实33.78万元，成本不实69万元，虚减利润50.76万元，漏交各项税金8.8万元，违反规定乱收电力建设基金7.13万元。

经济责任审计　共对3名县级领导干部进行了任期经济责任审计，审计查出违纪违规资金558.49万元，为今后全面推行领导干部任期经济责任审计积累了经验。

【林芝地区审计局】 2000年，共有在职干部职工18人，其中大专文化程度4人，局长李焕章，副局长杨培、陆运武、刘柱棠。设有综合科、行政事业审计科、企业基建审计科、财政金融审计科、办公室。

审计成果　全年着重从审计的深度下功夫，加大了对本级预算执行情况和专项资金的审计力度，尝试性地开展了领导干部任期内经济责任审计。共审计单位（项目）10个，完成年度计划100%，查出违纪违规金额382.6万元，其中应上交财政7.4万元，已上缴财政7.4万元；入库率100%；归还原渠道资金41.7万元；累计为国家增收节支49.2万元。共提交审计工作报告、审计信息6份，其中3份被地方领导采用，1份被上级审计机关采用。在开展专项资金审计中由以往注重专项资金的财务收支审计转变为经济效益审计，查出违规资金50.1万元，收缴财政1.7万元，对专项资金的经济、社会效益作出了客观评价，提出了切实可行的意见和建议，取得了良好的经济和社会效益。

陕西省

【陕西省审计厅】 2000年，陕西省审计厅定编163人，在编159人。厅机关设有办公室、法制处、财政审计处、金融与中央企事业审计处、行政事业审计处、经贸审计处、农业与资源环保审计处、社会保障审计处、固定资产投资审计处、外资运用审计处、经济责任审计处、人事处、机关党委、监察室等14个行政职能处室；另设有外事外贸审计处、文化体育审计处、卫生药品审计处、交通建设审计处、教育科技审计处、政法审计处、杨凌审计处、农林审计处、经济贸易审计处、资源环保审计处等10个派出审计处；同时还设审计研究所、审计干部培训中心、内部审计管理中心、老干所、后勤服务管理中心等5个直属事业单位。

领导成员

厅　　长：李淑琴

副 厅 长：张靖方　徐宗一
　　　　　周新生　张海成

纪检组长：王兴盛

巡 视 员：王积厚

陕西省审计成果　2000年，全省省、市（地）、县（区）三级审计机关共审计单位和项目7824个，查出各类违规行为金额63.6亿元，应收缴财政资金2.44亿元，归还原渠道资金5.5亿元，减少财政拨款和补贴621万元，促进增收节支5638万元，纠正地方、部门不当规定667条，向司法机关移送案件31件，协助有关部门查处各类经济案件45件，提交审计工作报告和信息1553篇，被批示采用660篇。各级审计机关完成了各级党政领导交办的审计事项1789项，协助纪检监察部门查办部分经济案件。完成各级人大和政协交办提案59件。

财政审计　2000年，陕西省各级审计机关继续坚持“账户入手，下审一级”的方法，通过把对财政部门、税务部门的审计与政府各部门预算执行情况审计结合在一起，把本级预算执行审计与下级财政决算审计结合在一起，把对部门的审计与延伸二、三级预算单位审计结合在一起，深化了对预算执行情况的审计工作。全省共审计预算执行单位767个，查出各类违规行为金额11.3亿元，应上缴财政金额6923万元。各级审计机关在审计后分别向本级政府提交了审计结果报告，受政府委托向本级人大常委会作了审计工作报告，得到了当地政府和人大的好评。9月18日，李淑琴厅长受省政府委托，在省九届人大常委会第十八次会议上，作了《关于陕西省省级1999年预算执行和其它财政收支情况的审计工作报告》，对财政预算执行审计查出的问题作了比较深刻、具体的揭示和反映，提出了加强和改进预算管理的意见，得到省人大常委会的一致肯定和好评。与此同时，加大了对下一级政府财政决算的审计监督力度。省、市（地）、县（区）审计机关分别对咸阳、渭南、榆林等3个市（地）和53个县（区）、584个乡镇1999年度财政决算进行了审计。重点检查了挖挤上级财政收入、虚列财政支出、越权减免国家税收等问题。查出违规行为金额10.3亿元，应收缴财政4706万元。

金融审计　开展了对陕西省国际信托投资公司及其子公司1999年度资产、负债、损益和陕西永安保险公司1998至1999年度资产、负债、损益情况的审计。围绕促进管理，防范风险，重点检查了这些单位执行国家财税法规政策情况及各项准备金的提取和使用情况；此外部分市（地）审计机关还开展了对地方金融机构和国有股占控股或主导地位的股份制金融机构的审计监督，在审计资产、负债、损益真实、合法和效益的基础上，认真分析评价了资产质量，严肃查处了违反财经法纪的问题，确保了国有资产的安全完整。全省共审计地方金融机构67个，查出少计、虚列利润，挤占成本、虚列支出，违规购建固定资产等违规行为金额1.22亿元，收缴财政244万元。

行政事业审计　各级审计机关围绕加强部门和单位的廉政建设，促进管好用好资金，有重点地开展了对全省工商行政管理系统、技术监督系统、社会保险基金、捐赠资金、环境保护资金、住房资金等的审计，加强了对政府部门、事业单位财务收支的审计，组织开展了对非国有企业未参加社会养老统筹保险情况的审计调查。共审计（调查）单位3724个，查出违规行为金额15亿元，其中应交未交预算收入6446万元，挤占、挪用2.24亿元，预算外收入未交专户4707万元，虚列转移3176万元，偷税漏税2153万元，国有资产流失1513万元。审计收缴财政6034万元，归还被挤占挪用资金2亿元，促进增收节支1072万元。

企业审计　围绕促进实现国有企业改革3年脱困目标，开展了对技改专项资金及西安煤矿机械厂等940户企业的审计，其中省厅组织对50户署定重点经贸企业进行了审计，着重检查了企业资产、负债、损益的真实、合法和效益情况，以及企业在改制过程中国有资产流失等问题。查出违规行为金额13.1亿元，其中成本不实、收入不实2.65亿元，虚增利润、虚减利润1.88亿元，转移国有资产、损失浪费金额8632万元。通过审计归还被侵占挪用资金5640万元，收缴财政1546万元，为企业增收节支667万元。

农业专项资金审计　针对陕西地处西部地区，农业基础薄弱的实际，全省各级审计机关先后开展了对土地管理部门财务收支情况和各项规费收入、管理、使用情况，农业综合开发资金、扶贫资金、水资源费、水利资金等专项资金的审计和审计调查，审计单位439个，查出违规行为金额1.98亿元，被挤占挪用金额2485万元，审计收缴财政155万元，促进拨付资金862万元，归还被侵占挪用资金2410万元。

固定资产投资审计 各级审计机关围绕实施西部大开发战略，促进加快陕西省基本建设步伐，保证建设资金专款专用，提高资金使用效益，开展了对国家和省安排实施的能源、交通、水利等基础设施建设项目的审计，重点对使用国债专项资金的项目进行了审计。审计范围涉及公路交通、水利建设、城市公用设施、污水处理工程、行政事业单位基本建设、技改项目和各级环保专项资金审计等。着重检查了建设资金的到位、使用情况和建设项目的管理情况。共审计固定资产投资建设项目和项目施工单位761个，审计项目投资总额61亿元，查出被挪用侵占建设资金、多列概算、超规模、超标准投资等违规行为金额9.8亿元。对查出的问题，各级审计机关依法进行了处理，核减工程决算8161万元，归还原渠道资金2.32亿元，收缴财政351万元。

外资运用审计 按照审计署的统一安排，省（市）审计机关开展了对16个利用世、亚行贷款项目和外国政府援款项目297个执行单位及部分国有股占控股或主导地位的中外合资（合作）企业1999年度资产、负债、损益情况的审计。主要检查了外资项目执行单位执行外资项目协议和遵守财经法规、政策情况。对外出具审计报告92篇，此外省厅还对2户利用外国政府援赠款及世亚行贷款已竣工项目进行了项目后评价审计。对利用外资项目中存在的问题进行了分析，提出了加强利用外资项目管理的意见和建议。为改善陕西对外投资环境，促进提高外资使用效益发挥了积极的作用。

内部审计 全省共有内审机构2174个，内审人员5514人，全年共审计单位3527个，其中完成财务收支审计1727项，经济效益审计586个，经济责任审计501个，基本建设审计232个，其它审计481个。完成财务决算审鉴108件。审计纠正违规行为金额5881万元，查出损失浪费金额1225万元，促进增收节支1603万元，提出建议意见被采纳2505条，向司法机关移送案件2件，处理4人。

经济责任审计 2000年，陕西省经济责任审计工作的主要特点，一是加强领导，健全机构。各级党委、政府对经济责任审计工作十分重视，把经济责任审计工作纳入了党风廉政建设责任制。二是各地从加强干部管理监督的需要出发，积极探索，大胆实践，摸索总结并制定了一些行之有效的制度和办法。三是加强与有关部门的协调配合，相互支持，促进了工作的深入开展。2000年，全省共开展经济责任审计项目871个，审计领导干部954人，其中审计党政领导干部841人，审计国有及国有控股企业领导人员113人，查出违规行为金额2.76亿元。对查出的有个人经济问题的干部进行了处理处罚。有关部门利用审计结果平调干部321人，晋升60人，免职34人，移送纪检监察和司法机关处理12人。

【西安市审计局】2000年，西安市审计局共有职工105人，在职干部100人，其中大学本科学历26人，大专学历55人，局长花建中，副局长董广岐、石桂英。设有办公室、政治工作处、财政金融审计处、行政事业审计处、工业交通审计处、农业审计处、商粮贸审计处、基本建设审计处、外资审计处、综合管理处、审计调研处等部门。

审计成果 全年共完成审计项目（单位）823个，分别对查出的违规违纪问题进行了处理，上缴财政4128万元，减少财政拨款和补贴24万元，归还原渠道资金28927万元，促进增收节支金额1255万元，以上共为国家增收节支3.3亿元，发现和移交违法违纪线索5起，涉案7人；为党政领导和各种媒体提供各类审计工作报告和信息等531篇，被批示、批转和采用160多篇。

预算执行情况审计全市两级审计机关共审计单位100个，对查出的违纪违规问题进行了处理，上缴财政2329万元。共审计5个区县和82个乡镇政府财政决算情况，对查出的挪用财政专项资金、自行设立预算外资金、混淆入库级次、隐瞒转移财政收入等违纪违规问题作了处理，上缴财政365万元。全市共审计公路交通、水利建设、城市公用设施、行政事业单位基建、技改项目、公用事业及新开工等建设项目执行单位83个，重点审计了西安市干道拓宽改建工程指挥部办公室玉祥门拆迁改造工程、北石桥污水净化中心、黑河水利枢纽工程预（概）算执行及国债使用情况和供热站等。在黑河水利枢纽工程预（概）算执行情况审计中，发现1999年度省建行营业部在结算贷款利息时将不属于枢纽工程指挥部的贷款利息114万元从该项目银行账户划走，西安市商业银行在国家降低利率后仍按原利率计算，多结利息258万元，2项共多计利息362万元，及时督促银行进行纠正。

完成上级交办任务 先后完成了市政府交办的五砂工程陶瓷有限公司财务财产清算、利达房地产开发公司风雷巷拆迁改造工程债权债务清理、周至县食品总公司冷库、西安人民面粉厂改制中的财务问题、北关正街道路拓宽工程资金管理和使用情况等8个审计项目。

审计软件开发 西安市审计局和海星科技万山软件公司共同研制开发的“金剑”审计系统软件——“行政事业2.0版”和“审计业务综合管理系统2.0版”，通过了西安市科委组织的专家评审，并于11月份参加了审计署在南京审计学院举办的“全国审计系统计算机开发应用成果展示会”。

【西安市莲湖区审计局】 现有干部职工13人，设有办公室、行政事业审计科和企业审计科，负责对全区11个街道办事处和45个区直部门的审计监督。局长张世耀，副局长王继萍。

审计成果 完成审计项目30个，审计资金总额3亿元，查出违规行为金额1576万元，应收缴违纪资金267万元，已收缴入库89万元，促进增收节支200万元。全年共给上级机关提供报告信息50篇，其中工作报告10篇，被各级领导、新闻单位批示和采用8篇，获得各种荣誉12项。

【西安市新城区审计局】 现有干部职工13人，设有企业审计科、行政事业审计科、综合基建审计科和局行政办公室，负责对本区全民性质的工业商业企业、事业单位、街道办事处和区直部门的审计监督。局长林娣，副局长何阿宁。

审计成果 全年共完成审计项目24个，查出违规资金472万元，应上缴财政77万元，已上缴财政79万元（含上年数），提交审计工作报告和信息12篇。财政预算执行情况审计重点检查了本级财政预算执行和其它财政收支管理情况；揭露和纠正预算执行中存在的不真实、不合法、不规范的问题，通过审计查出违规资金159万元，已上缴财政42万元。企业财务收支真实性审计查出违规资金65万元，并依法进行了处理。行政事业单位财务收支审计重点对执法、执罚部门的各项规费收入、管理和使用情况进行了检查，对存在的私设“小金库”、漏交税费、超标列支、未纳入收支统管等问题作出了处理。经济责任审计开展了2项。

【西安市碑林区审计局】 现有干部职工18人，设有企业审计科、行政事业审计科、综合基建审计科和办公室，负责对全区10个街道办事处和64个区直部门的审计监督。局长王印堂，副局长汤俊勋、王晓荣。

审计成果 共完成审计项目35项，上缴违纪资金30万元。查处隐瞒截流转移国家税金26万元、违反社控规定50万元、以不正当手段搞虚盈实亏或虚亏实盈300万元、私设“小金库”180万元，提交各类审计信息20篇。财政预算执行审计针对存在的问题，提出了积极推进预算制度改革，提高预算管理水平及加强对专项资金的监督管理等审计意见和建议。行业和专项资金审计对区技术监督系统、3个街道办事处和6个学校财务收支进行了审计，同时对区干部职工养老统筹基金、公疗经费收支情况进行了专项审计。完成领导干部经济责任审计4项。完成了对挂靠的新宇会计师事务所的改制脱钩工作。

【西安市雁塔区审计局】 现有干部职工17人，设有行政事业审计科、企业基建审计科、财政金融审计科和办公室，负责对全区8个乡镇街道和50多个区直部门的审计监督。局长王振民，副局长刘秀民。

审计成果 共审计单位（项目）52个，查处违规行为资金11370万元，追还被侵占挪用资金11044万元，促进增收节支101万元，提供信息、报告25篇（条），其中被各级采用17篇（条）。完成了铁炉庙村市容整改、长延堡街办建校等审计工作，组成经济责任审计领导小组，全面开展中层以下领导干部经济责任审计，严格计划管理程序。

【西安市灞桥区审计局】 现有干部职工18人，设有办公室、行政事业审计科、企业基建审计科、农业综合审计科，负责对全区11个乡镇街道办事处和18个区直部门、11个地方非金融机构、61个事业单位、18个商业企业的审计监督。局长乔安良，副局长胡宏伟。

审计成果 共完成审计项目38项，查出违规行为金额9300万元；指明要求纠正9123万元，决定处理处罚167万元，应缴财政480万元，已缴12万元；审计工作报告、信息被区政府批示采用8篇。财政预算执行情况审计共查处违规资金金额5592万元。乡镇财政决算审计共查出违规行为金额809万元，其中决定处罚27万元，指明要求纠正773万元。行政事业审计共查出违规行为金额2841万元，指明要求纠正2746万元，决定处理处罚95万元，应调减支出29万元，应缴财政2万元。对灞桥区土地管理部门和技术监督系统的行业审计共审计专项资金总额262万元，查出违规行为金额6万元，其中决定处罚2万元，指明要求纠正4万元。企业审计共查出违规行为金额50万元，其中决定处理处罚34万元，指明要求纠正16万元，应缴财政12万元，已缴财政1.5万元。农业专项资金审计共审计专项资金总额348万元；经济责任审计对灞桥区3名领导干部任职期间的经济责任进行了审计，查出违规行为金额2万元，已缴财政2万元。

【西安市未央区审计局】 共有干部职工15人，设有办公室、行政事业审计科和企业基建审计科，负责对全区11个乡镇、街道办事处及区属部门的审计监督。局长何随全，副局长李登兰。

审计成果 共完成审计项目43个，完成审计调查2项，共查出违规行为金额2355万元，上缴区财政92万元。提交审计综合报告2篇。其中财政审计20个，查出违规行为金额1978万元，上缴区财政73万元。行政事业审计14个，查出违规行为金额311万元，上缴区财政14万元。企业审计7个，查出违规行为金额23万元，上缴区财政5万元。农业专项资金审计2个，查出违规行为金额43万元。完成了区政府交办工作任务8项。完成了区建设局、环保局分家的财务收支审计，农业局“百万牛羊工程”专项审计。配合区财政局对预算外资金及“小金库”进行专项检查清理，抽调干部参加“双万工程”和农村指导员工作，参与袁雒村调查和农村基金会清理整顿工作，配合区纪委清查专项资金等工作。

【西安市阎良区审计局】现有干部职工11人，设有综合审计科、财政金融行政事业审计科，负责对全区8个乡镇街道办事处和43个区直部门的审计监督，局长宋彦科，副局长杨寇仁、李勤德。

审计成果 共完成审计项目43个，查处违规行为资金734万元，应上缴财政资金174万元，已收缴财政资金92万元，其中预算执行审计2个单位，查处违规行为资金602万元；财政决算审计4个乡镇，查处违规行为资金10万元；企业财务收支审计3个单位，查处违规行为资金89万元；行政事业财务收支审计20个单位，查处违规行为资金33万元；完成固定资产投资审计项目4个，农业专项资金审计项目10个。

【西安市临潼区审计局】现有干部职工14人，设有办公室、行政事业审计科、财政审计科、企业审计科，负责对全区28个乡镇办事处和45个区级部门的审计监督。党组书记黄正元，局长郝好学，副局长汪子纯、闫选民。

审计成果 共完成审计项目54个，查出违规资金647万元，应上缴财政资金140万元，已上缴财政资金115万元，提交审计工作报告、信息27篇，被批示采用7篇。财政审计共查出违规资金总额250万元，已上缴财政资金43万元。行政事业审计共查出各类违规资金总额267万元，已上缴财政资金52万元。企业审计共查出各类违规资金总额130万元，已上缴财政资金20万元。开展领导干部任期经济责任审计12项。多次完成区政府交办的任务，同区纪委纠风办、减负办组成联合审计组，对全区10个乡镇，1998年至2000年度农民负担情况进行了审计，向区政府提交了审计报告。

【长安县审计局】现有干部职工19人，设有财政金融基建审计科、行政事业审计科、企业审计科和办公室，负责对全县7区44个乡镇和34个县直部门的审计监督。局长晁升鳌，副局长龚锁维、赵仓宝、黄文德。

审计成果 全年完成审计项目71个，共查出各类违规资金1817万元，决定处理处罚违规资金162万元，已上缴财政115万元。其中同级财政预算执行情况审计共完成了7个项目，查出各类违规资金619万元，指出纠正的违规资金607万元，收缴入库12万元，提出整改意见建议16条。行政事业和农林水专项审计完成了19个项目，查出违规资金631万元，收缴入库71万元。乡镇财政财务收支审计共完成5个项目，查出违规资金166万元，收缴入库21万元。企业审计共完成了10个项目，查出违规资金252万元，收缴入库6万元，为企业建账建制3户，出具审计建议书26条。基建审计完成了20项，其中竣工决算审计12项，核减不合理资金59万元。经济责任审计共完成了8项。完成政府交办事项2件。审计报刊发行工作连续3年均保持在2000份以上。2000年被评为全省“审计工作先进集体”等光荣称号。

【高陵县审计局】现有干部职工15人，设有办公室、行政事业基建审计科、企业审计科、经济责任审计科，负责对全县10个乡镇和44个县直部门的审计监督。局长和建财，副局长王林枫、张新华。

审计成果 全年完成审计项目单位48个，查出违纪资金1011万元，追回被侵占挪用资金152万元，收缴财政资金86万元。完成党、政领导交办的审计任务2个。

【蓝田县审计局】现有干部职工20人，设有办公室、财政金融审计科、行政事业审计科、企业审计科，负责对全县县级财政预算执行情况、7个乡镇财政决算、5个企业、6个行政事业单位财务收支及7个单位工程决算、资金使用情况的审计监督。局长张志民，副局长黄康稳、齐保云。

审计成果 共完成审计单位39个，查出违规行为资金642万元，应缴财政资金58万元，归还被侵占挪用资金21万元，收缴财政资金54万元，提交审计工作报告信息23篇，被采用批示8篇。配合监察、财政等部门查处各类经济案件5起。

【户县审计局】现有干部职工20人，设有行政科、财政金融审计科、企业审计科、行政事业审计科、综合审计科，负责对全县21个乡镇和

42个县直部门的审计监督。局长贺永锋，副局长鲁文秀。

审计成果　共完成审计项目和单位75个，查出违纪违规金额736万元，其中应归还原资金渠道180万元，应收缴财政金额83万元，已收缴专户金额50万元，促进增收节支金额120万元，向党政机关及有关部门提交审计工作报告及信息21篇，被批示采用18篇。完成县委、县政府交办任务9项。

【周至县审计局】现有干部职工29人，设有办公室、财政金融审计科、企业审计科、基本建设审计科、行政事业审计一科、行政事业审计二科，负责对全县29个乡镇和53个县直部门及县属国有企业的审计监督。局长贺新勤，副局长王有林。

审计成果　共完成审计项目109个，查出违纪违规资金986万元，应上缴财政33万元，已上缴财政30.6万元，归还原资金渠道85万元，审计基本建设工程决算15个，为投资建设部门核减资金261.6万元。认真完成政府交办审计任务：一是对马召镇金盆村1995年1月至2000年5月的财务收支进行了审计调查，发现该村会计不合规票据入账，白条抵库等问题；二是对山区12个乡1997至1999年扶贫资金进行了审计调查；三是对平原17个乡镇1998至2000年6月的计划生育费进行了全面审计，查出被挤占挪用计划生育经费167万元的严重违纪问题；四是对仙游寺搬迁经费、楼观台宗圣宫财务收支、城关供销社固定资产处置等进行了审计。

【铜川市审计局】2000年，共有在职干部38人，其中大学本科学历10人，大专学历22人，局长梁土瀛，副局长许典谟、韩务善。设有监察室、办公室、综合科、行政事业审计科、财政金融审计科、农林水审计科、工交企业审计科、商粮贸企业审计科、基本建设审计科、内审指导科等部门。

审计成果　年内完成审计项目69个；查出各类违规行为金额5510万元，决定处理处罚266万元，指明要求纠正5244万元；应缴财政52万元，应归还原渠道资金金额379万元；已上缴财政48万元，其中税金10万元，罚款17万元；促进增收节支金额120万元；提交审计工作报告、信息34篇，被批示采用22篇；协助有关部门查处案件1件。

完成上级交办任务　一是完成了铜川市教委、铜川市经济信息中心和铜川市房屋综合开发公司党政企业领导的经济责任审计；二是对国家投资的国有资产项目铜川枫林饭店和铜川松苑公寓进行审计；三是引进50万元以上投资项目1个，现已完成为新区投资200万元的幼儿园项目协议1个，100万元的铝塑管生产线已投成。

经济责任审计　受中共铜川市委组织部委托，对7个党政部门领导任期内经济责任进行了审计。

【铜川市王益区审计局】现有干部职工11人，设有办公室、财政金融行政事业审计股、企业审计股和基本建设审计股，负责对全区3个乡镇、7个办事处和46个区直部门的审计监督。局长罗明。

审计成果　共审计单位31个，查处各类违纪违规资金285万元，上缴财政资金11万元，应归还被侵占挪用资金16万元，核减基本建设工程预（决）算资金额28万元。成立了王益区经济责任审计领导小组。

【铜川市印台区审计局】现有干部、职工12人，设有办公室、财政金融审计组、行政事业审计组和企业审计组，负责对全区11个乡镇和52个区直部门的审计监督。局长陈观礼，副局长任君霞、王战朝。

审计成果　共完成审计项目16个，审计单位30个。查处违纪违规金额1462万元，决定处理处罚资金40万元，指明要求纠正资金426万元，应缴财政资金45万元，已上缴财政资金36万元，共提交审计报告16篇。

【耀县审计局】现有干部职工19人，设有办公室、内审指导组、财政金融审计组、行政事业审计组、企业审计组、基建审计站，负责对全县16个乡镇和54个县直部门的审计监督。局长张德运，副局长袁军朝、侯东强。

审计成果　共审计单位项目37个，其中任期经济责任审计4项，专案审计3项，向检察机关移送案件1起。共发现违规行为金额3219万元，应收缴违纪资金33万元（其中应缴省厅9万元，县局24万元），已收缴违纪资金18万元，减少财政拨款或补贴38万元，应归还原渠道资金136万元，基建审计核减工程结算94万元。撰写审计报告、信息10篇，其中6篇被采用。针对耀县审计局提出的农村财务管理混乱问题，耀县政府决定在全县16个乡镇建立审计站并配备专兼职审计人员72名。共审计村级财务119个，基建审计1项，经济责任审计2项。报送审计意见书96份。查出违规金额47.5万元，提出合理化建议195条。工商行业审计获省审计“先进单位”。

【宜君县审计局】现有干部职工13人，设有办公室、行政事业审计组、企业审计组、财政金融审计组、基建审计组，负责对全县13个乡镇57个县直部门的审计监督。局长田书生，副局长程景旗。

审计成果　上级下达审计项目和单位24个，完成24个。查出各种违纪违规资金306.27万元，其中应追还被侵占资金181.98万元；收缴财政5.54万元；处罚单位4个，罚款1万元；提出处理意见及建议93条；提供审计信息3篇。

【宝鸡市审计局】2000年，共有干部、职工77人，其中大学本科学历22人，大专学历35人，局长苏正东，副局长骆少香、孙开汉、淡佛良，张林生。设有办公室、政工科、政策法规科、行政事业审计科、财政金融审计科、工交企业审计科、商贸企业审计科、农业审计科、外资审计科、基建审计科、审计处一科、审计处二科和机关后勤服务所。

审计成果　全市审计机关共完成审计项目111个，查处违纪违规资金56851万元，收缴财政资金3978万元，纠正被侵占挪用资金5576万元。向司法机关移送案件1件，向上级部门建议处分1人。提供综合性工作报告和信息126篇，被各级采用29篇。

完成上级交办任务　宝鸡市审计局根据党政领导的指示，协助省检查组查处了市证券公司的违纪问题；完成了对槐芽渔场、林场的资产移交审计。

经济责任审计　8月31日召开了全市领导干部任期经济责任审计工作会议，建立了经济责任审计联席会议制度，拟定了《宝鸡市国有企业及国有控股企业领导人员任期经济责任审计实施办法（试行）》。按照组织部门的安排，实施了对24个党政领导和5个企业领导的经济责任审计。

【宝鸡市渭滨区审计局】现有干部职工11人，设有3个审计组，负责对全区9个镇街和80个县直部门的审计监督。局长罗建军，副局长张魁林。

审计成果　全年完成审计项目单位48户，查处违纪违规资金1175万元，收缴财政金额22万元，提交审计报告及综合信息10篇。被陕西省审计厅评为“先进集体”。

【宝鸡市金台区审计局】现有干部职工13人，设有局办公室、行政事业审计股和企业审计股。局长秦安京，副局长王文学。

审计成果　全年共完成审计单位24户，其中领导交办任务6户；共查出各种违纪违规资金3101万元；应收缴财政380万元；向被审单位提出建议31条，撰写综合报告、审计信息6篇。组织召开了全区内审工作会议，共有内审机构20个（其中专职机构5个），内审人员22人（其中专职人员5人）。

【宝鸡县审计局】现有干部职工28人，设有政秘股、财金审计股、任期经济责任审计股、固定资产投资审计股、企业审计股、行政事业审计股，负责对全县37个乡镇和173个县直部门、28个企业的审计监督。局长梁素萍，副局长尹进才、李涛。

审计成果　全年共审计162个单位（项目），其中任期经济责任审计21个；司法协查3件。查出违纪违规行为金额5778.9万元，应收缴财政107.5万元，纠正违规行为金额5142.1万元。提供综合工作报告和信息34篇，被各级采用7篇。

【岐山县审计局】现有干部职工14人，设有行政事业审计股、财政金融基本建设审计股、企业审计股、内审指导股和办公室，负责对全县19个乡镇和142个县级部门及县直科级事业单位的审计监督。局长景定乾，副局长赵科孝。

审计成果　共完成审计项目34个，其中经济责任审计7个，审计查出各种违规行为金额1706万元，应收缴财政资金69万元，应归还被挪用资金241万元，通过审计，向县纪委移送案件1例。

【凤翔县审计局】现有干部职工21人，设有人事秘书股、行政事业审计股、财政金融审计股、企业审计股和经济责任审计办公室，负责对全县21个乡镇和69个县直部门的审计监督。局长李林科，副局长李忠贤。

审计成果　共审计单位和项目60户（项），查出违纪违规资金2385万元，上缴各级财政资金281万元；查处违法违纪案件2起，使2名直接经济责任人受到党政纪处分。提供报告、信息和案例13篇，被各级领导和有关刊物批示或采用5篇。认真完成了县委、县政府交办的12户党政领导干部经济责任审计、23个农村基金会股金审计核查工作，开展了社会保障资金、国债资金的管理使用情况审计调查。

【陇县审计局】现有干部职工17人，设有办公室、财政金融审计股、经济责任审计股、行政事业审计股和工交商贸基建审计股，负责对全县18个乡镇和45个县直部门单位的审计监督。局长吕劳岐，副局长姚江勤、俞天录。

审计成果　完成审计任务46个单位和项目。其中经济责任审计5户；县委、县政府交办的其它审计事项3户。通过审计查出违纪资金1318万元，收缴财政资金10.8万元。追还被侵占挪用资金120万元，移送司法机关立案查处1人，交县纪委查处事项2件。

【太白县审计局】共有干部职工10人，设有政秘股、财政金融审计股、企业基建审计股，负责对全县10个乡镇和42个县直部门、事业单位和县属3户企业的审计监督。局长王书堂，副局长王安怀、邹维。

审计成果　共完成审计项目单位36个；查出违纪违规资金193.2万元，其中应收缴财政资金58.9万元，追还被侵占挪用资金12万元；完成县委、县政府交办审计事项7个，向司法部门移交案件1起，涉案人员1名。内审机构开展内部财务审计7户，社会审计完成委托审计事项75个，累计核减工程决算112万元。

【麟游县审计局】现有干部职工8人，负责对全县16个乡镇和45个县直部门、事业单位的审计监督。局长刘晓明，副局长雷珍仓。

审计成果　全年共完成审计项目单位32个，查出违纪违规行为金额723万元，应上缴财政4万元，完成县委、县政府交办事项2个。

【扶风县审计局】现有干部职工20人，设有秘政股、法规股、财金审计股、行政事业审计股和企业审计股，负责对全县15个乡镇和158个县直部门、事业单位和县属企业的审计监督。局长张新尚，副局长张公让、法东杰。

审计成果　共审计单位和项目45个，查出各类违规行为金额2060万元，收缴财政47万元，归还原资金渠道金额94万元，审计意见和建议42条，提交综合审计报告和工作动态11篇，被各级采用7篇。县政府根据审计建议出台了《扶风县调整乡镇分税制财政体制的意见》和《扶风县乡镇税收分成奖励办法》两个政策性文件。结合实际制定了《扶风县党政领导干部任期经济责任审计实施办法》和《扶风县国有企业及国有控股企业领导人员任期经济责任审计实施办法》，同时建立了经济责任审计联席会议制度，完成了9名领导的任期经济责任审计。

【千阳县审计局】现有干部职工11人，设有政秘股、企业审计股、行政事业审计股，负责对全县14个乡镇和50个县直部门的审计监督。局长王树奇，副局长李清太。

审计成果　共完成审计项目单位43个，查出违纪违规行为金额590.5万元，应上缴财政65.1万元，归还原渠道资金金额64.7万元，其中财政审计单位23个，企业审计单位3个，行政事业审计单位12个，农业专项资金审计3个，经济责任审计2人。

【眉县审计局】现有干部职工17人，设有政秘股、财政金融审计股、行政事业审计股和企业审计股，负责对全县12个乡镇和55个县直部门的审计监督。局长王智，副局长袁志桢、王周锁、韩少军。

审计成果　共完成审计项目35个，查出各类违纪违规行为金额1528万元，通过调账增加财政收入429万元，应收缴财政23.8万元，提出审计意见和建议35条，被采纳23条。对5户行政单位和1户企业领导的任期经济责任进行了审计。

【凤县审计局】现有干部职工14人，设有办公室、行政事业审计科、企业审计科，负责对全县15个乡镇和39个县直部门的审计监督。局长侯周岐，副局长高潮、刘议。

审计成果　全年审计单位56个，其中经济责任审计4人，党政领导交办的审计事项9个。审计总资金3.5亿元，查出违规违纪资金2380万元，收缴违纪资金154万元，追回被挤占挪用资金107万元，提出审计意见及建议115条。

【咸阳市审计局】2000年，共有在职干部职工81人（干部75人，职工6人），其中大学本科学历16人，大学专科学历38人，党组书记兼局长段永辉，副局长陈健、郑天瑞，纪检组长姚广迎，总审计师张克忠，副处长马俊忠。设有秘书科、综合科、内社审指导科、监察室、财政税务审计科、行政事业审计科、金融外资审计科、基本建设审计科、工交企业审计科、商粮贸企业审计科、农林水审计科和陕西省审计厅咸阳审计处一科、二科。

审计成果　全年共完成审计项目单位88户，查出各类违规行为金额19008万元，应上缴财政429万元，已收缴397万元，同时，组织14个县区市审计局完成审计项目925个，查出各类违规行为金额14702万元，应上缴财政726万元，已收缴705万元，归还原资金渠道2180万元，向纪检检察机关移交案件7起，向各级领导提供决策信息和调研报告184份。

完成上级交办任务　一是完成了市委、市政府交办的对市农机公司的审计，涉及年限10年，问题多、群众意见大，先后接待来访群众50多人次，审计工作结束后，向市政府和有关部门提交了审计报告，涉及个人违法案件已移交有关部门处理；二是完成了省审计厅交办的对陕西省延河水泥机械厂的审计任务，审计查封资金43万元，查出“小金库”12个，涉及个人违纪问题4人，查出违规行为金额6870万元；三是完成了市委、市政府交办的对农村基金会的清理工作和农村思想政治教育活动任务，深入开展了“三讲”教育和警示教育。

内部审计　全市内审机构共审计单位1059个，查出各类损失浪费金额205万元，促进增收节支449万元，纠正违规行为金额1061万元，为国家和单位挽回经济损失260万元，提出改进意见和建议被采纳860条。

经济责任审计　设立了经济责任审计联席会议办公室，报请市编委会研究，设立了经济责任审计科，组织开展了对4户党政机关领导干部和8户企业领导的任期经济责任审计。

【咸阳市秦都区审计局】现有干部职工12人，设有财政金融审计科、行政事业审计科、企业审计科，负责全区9个乡镇和89个区直部门的审计监督。局长李瑞江，副局长赵尊学、刘亚军。

审计成果　完成审计项目42个，查出各类违规行为金额1176万元，上缴区财政124万元，向各级领导和上级机关提供信息和研究报告23篇，有15篇被采用。全年共完成区委、区政府交办的工作任务20项，其中领导干部任期经济责任审计15项。先后制定了《审计组长廉政责任规定实施细则》和《咸阳市秦都区审计局八小时之外廉政制度》等文件，投资20多万元，配置微机12台，实现了区内联网和办公自动化，开发利用软件进行审计。

【咸阳市渭城区审计局】现有干部职工24人，设有行政事业审计科、财政金融审计科、农林水审计科、经济责任审计科和基建审计科，负责对全区8个乡镇和26个区直部门的审计监督。局长付荣选，副局长杨军。

审计成果　共完成审计项目和单位202户，其中完成市局下达的指令性项目23户，协助纪监部门完成经济案件鉴定4户，完成领导干部任期经济责任审计40户。全年共查出各类违规行为金额178万元，收缴违纪资金47.2万元，上缴省财政6.2万元，上缴区财政33万元。撰写审计报告及信息80多篇，结合审计工作提合理化建议60多条。内审机构增至28个，内审人员88名（专职内审人员66名），共审计单位108个，其中财务收支审计92个，经济效益审计8个，经济责任审计5个，基本建设审计3个，共查出损失浪费金额5万元，促进增收节支8万元，提出合理化建议被采纳42条，纠正违规行为金额6万元。

【咸阳市杨陵区审计局】现有干部职工8人，设有审计业务一组、二组、三组，负责对全区4个乡镇和50个区直部门的审计监督。局长张宁刚，副局长王洪让、赵健。

审计成果　共完成审计项目单位28个，审计查处违纪违规资金81万元，上缴区财政资金7.8万元，提交审计报告7篇。在配合区体改办对区建筑总公司审计中，清理收回资金58.3万元，移交司法机关收回资金55.3万元。

【兴平市审计局】现有干部职工40人，设有办公室、法制科、行政事业审计科、企业审计科、基建审计科和财政金融审计科，负责对全市16个乡镇（街道办事处）和40个市直部门的审计监督。局长高生武，副局长史景平、边定法、刘继寅，纪检组长杨美容。

审计成果　共完成审计项目和单位63个，查出违规行为金额1420万元，收缴违纪资金95万元，追还被侵占挪用资金87万元，核减工程决算220万元；向上级机关及新闻单位提供信息和调查报告20篇，被采用15篇，其中省级以上刊物采用4篇，市委转发1篇；协助检察机关办案3起，向市纪委移送案件1起，已立案查处；完成市委、市政府交办的工作任务10项。

【礼泉县审计局】现有干部职工25人，设有行政事业审计股、财税审计股、金融企业审计股、基建审计股、内审股和办公室。局长苏永东，副局长高飞行、周建军，纪检组长韩宝祥。

审计成果　全年共完成审计项目单位55户，是计划任务的204%，共查出各类违规行为金额2174万元，其中应上缴财政76万元，已上缴入库76万元，共查出私设“小金库”4个，涉及违纪金额103万元。在对原收费站1996年4月至2000年3月的财政收支情况进行审计时发现该单位私设“小金库”3个，资金达52.27万元；定额券管理混乱，短少金额6万余元，搞清了修建泥河桥、小河桥、礼阡二级公路工程资金来源、使用及贷款情况。在对县劳动服务管理处1998年以来的失业保险基金审计中发现，该单位1995年至2000年6月，私设“小金库”1个，涉及资金50.8万元。对16个乡镇、25名正职领导进行任期经济责任审计，发现虚增财政收入、费用严重超算、白条进账、农税减免未落实到户、个别乡镇铺张浪费等问题。

【泾阳县审计局】共有在职干部职工26人，设有行政办公室、5个审计组及内审指导组、廉政质量检查组，负责对全县20个乡镇和41个县直部门的审计监督。局长何绍亭，副局长李泾海、刘永安，纪检员刘承继。

审计成果　全年完成指令性审计项目46个，为上级下达任务的170%。查出各类违纪违规行为金额802万元，收缴违纪资金100余万元，提出纠正建议75条。完成了县委、县政府交办的审计项目10项108个单位。对县运输公司、食品加工厂、永乐西街一组群众上访案件的审计查处给了群众一个满意的答复。全县共有内审机构57个，查出并纠正违规资金237万元，调账处理150万元，提出改进建议65条。

【永寿县审计局】现有干部职工22人，设有办公室及5个审计组，负责对全县17个乡镇和80个县直部门的审计监督。局长安荣辉，副局长张文学、康永生、吕云祥，纪检员张建民。

审计成果　完成审计项目44个，是省市下达审计任务的176%，查出违规行为金额1065万元，上缴县财政32万元，提交审计报告、信息10篇。共完成县委、县政府交办任务2项；固定资产投资审计共完成基建项目审计9项，审计总金额1188.5万元，核减投资7.9万元。

【三原县审计局】现有干部职工34人，设有行政事业审计股、财金审计股、农林水审计股、经济责任审计办公室、基建审计股、企业审计股、监察组和办公室，负责对全市17个乡镇和50多个县直部门及下属单位的审计监督。局长訾向，副局长张旭东、张晋。

审计成果　共完成审计项目单位84个，查出违规行为金额1566万元，应收缴财政92万元，实际收缴入库78万元。完成对三原县同级财政预算执行情况和其它财政收支情况审计，同时对21个预算单位进行了审计。按照要求完成了12个乡镇的财政决算和其它财政收支审计。完成土地局系统、工商行政管理局系统、技术监督局系统3个行业审计。完成环保部门排污费、水资源费、利用外资和农业综合开发资金等4个专项资金的审计。完成工交企事业单位审计3户，商粮贸企业审计11户。完成了农机总站、园艺站、农经站等农林水单位审计7户，政府部门和事业单位审计14户。完成了三原县妇幼院、东郊中学、教育局等4项建设工程竣工决算审计。建立了经济责任审计工作联席会议制度，成立了经济责任审计办公室，完成了对2名县管领导干部任期经济责任审计。完成了三原县纪检委移交的经济案件鉴定2起，开展了“三查三比”和警示教育活动。

【彬县审计局】共有干部职工28人，设有办公室、财政金融审计股、行政事业审计股、企业审计股、基建审计股，负责对全县20个乡镇、56个县直部门的审计监督。局长秦少峰，副局长沈建锋，督导员袁秉兵、陈全洲。

审计成果　全年共审计单位（项目）95个，共查出违规金额1223万元，收缴财政67万元。追还被挤占挪用的专项资金596万元，核减工程造价574万元。对太峪乡的寺家庄村、水帘乡李家川村和曹家店乡丑寺村的财务、土地、校建工程等问题进行了清查审计，共查出各类违规资金13.4万元，其中贪污私分公款2.9万元，挪用扶贫资金2.1万元，擅自收取庄基费2.9万元等问题。同时对个别群众无理取闹、抗粮抗税、私自占用土地及违反计划生育政策等问题进行了查处。

【旬邑县审计局】现有干部职工18人，设有行政事业审计股、财政金融审计股、企业审计股、基本建设审计股、内部经济责任审计股和行政办公室，负责对全县17个乡镇和50个县直部门的审计监督。局长宫伟利，副局长王西坤。

审计成果　共完成审计项目68个，审计单位75个，查出违纪违规资金515.39万元，上缴县财政6.52万元。提交审计报告2篇。完成了17个单位领导任期经济责任审计，查出违规行为金额442万元，上缴县财政1.31万元。完成工程财务决算审计项目4个，审计总资金额589万元，核减工程造价13.32万元，收缴违纪资金0.62万元。

【长武县审计局】现有干部职工14人，设有办公室和5个审计组，负责对全县14个乡镇和72个县直部门的审计监督。局长尚天孝，副局长崔少斌、张治斌。

审计成果　完成审计项目54个，是上级下达审计任务的245%；查出各类违规行为金额776万元，收缴县财政5万元，收缴乡镇财政30万元，归还原资金渠道94万元，查处经济案件4起，移送司法监察机关案件1起，向上级提交综合报告及信息10篇。全年共完成上级交办的工作任务16项，其中完成任期经济责任审计12项。

【乾县审计局】现有干部职工30人，设财政审计股、金融审计股、行政事业审计股、经济责任审计股、工交审计股、商贸审计股、基建审计股和办公室，负责对全县25个乡镇和52个县直部门的审计监督。局长赵乃斌，副局长李世杰、胡凡、聂广欣。

审计成果　全年共完成审计项目单位183个。其中经济责任审计20个，查出各种违纪违规行为金额3210万元，上缴财政资金65万元，促进增收支节支54万元，追回被侵占挪用资金78万元，为国家和集体挽回经济损失312万元。在对5户乡镇财政决算审计中，查出部分乡镇财政和机关财政、财务收支管理混乱，虚增收入，虚列支出，财政决算严重不实，谎报政绩，以及胡支乱花等问题。在对17项基建工程竣工决算审计中，共审计工程决算造价2071万元，核减工程决算支出101万元。

【武功县审计局】现有干部职工26人，设有财金审计组、企业审计组、行政事业审计组、基建审计组、办公室，负责对全县15个乡镇和60个县直部门的审计监督。局长汪汉奇，副局长张志宏、史建友。

审计成果　共完成审计项目单位55个，其中市下达指令性计划32个；完成县委、县政府交办审计事项8个，完成乡镇领导干部任期经济责任审计15人。审计资金总额1900万元，查出各类违纪资金16万元，上缴财政15.5万元，同有关部门配合查处经济案件1起，提交审计报告100余篇，向各类刊物投送稿件15篇，被省市刊物采用8篇，被县政府采用4篇。

【淳化县审计局】 现有干部职工17人，设有财政金融审计科、企业审计科、行政事业审计科和办公室，负责对全县20个乡镇64个县直部门的审计监督。局长韩宏涛，副局长姚春昌、王榕。

审计成果 全年共完成审计单位项目24个。完成县委、县政府领导交办的审计任务16个。审计资金总额1.2亿元，共查出违纪违规行为金额410万元，上缴县财政25.3万元，提交审计报告9篇。配合企业改制，完成了对5户企业清产核资工作任务，对14名县管领导干部任期经济责任进行了审计。

【渭南市审计局】 2000年，共有在职干部72人、职工6人，其中大学本科学历17人，大专学历37人，局长王予，副局长袁剑华、张泉，纪检组长金引成。设有办公室、综合科、财政金融审计科、行政事业审计科、商粮贸审计科、工交审计科、农林水审计科、基本建设审计科、内社审指导科及陕西省审计厅渭南审计处。

审计成果 全市审计机关（含渭南审计处）共完成审计单位和项目1077个，查出各类违规行为金额3.14亿元，应收缴财政资金2973万元，已收缴财政999万元，归还原渠道资金和减少财政拨款及补贴1638万元。局本级查出违规行为资金10276万元，应上缴财政573万元，已收缴财政434万元（含调账增加的财政收入），提交审计工作报告和信息165篇，被地方党政机关和上级审计机关批示采用100篇。对市、县两级土地管理部门及财政部门1998、1999年度的各项收支、税费的审计，查处和揭露了截留、坐支、挤占挪用和财务管理混乱等违纪问题，全市共计查出各类违规行为金额1284万元，归还原渠道资金333万元，应上缴财政100万元，罚款29万元。技术监督系统审计共审计市、县两级技术监督系统独立核算单位48个，查出违规行为金额426万元，已收缴财政22万元，罚款14万元。

完成上级交办任务 全市共完成党政领导交办事项229项，查出各类违规行为金额6893万元。

经济责任审计 成立了经济责任审计工作联席会议，白水县审计局被推荐为全国审计系统领导干部任期经济责任审计先进典型。全市两级审计机关接受委托完成领导干部经济责任审计项目116个，审计领导干部136人，查出违规行为金额2104万元，有关部门利用审计结果平调干部61人，晋升12人，免职1人，降职4人。

【渭南市临渭区审计局】 共有干部职工27人，设有行政事业审计股、财政金融基建审计股、经济责任审计股、综合股和办公室，负责对全区37个乡镇和40个区直部门的审计监督。局长刘晓莉，副局长牛健民、张敏安、扬波。

审计成果 全年共完成审计项目单位108个，查处违纪金额823.18万元，应收缴财政资金301.16万元，罚款74.56万元，决定追还被侵占挪用资金47.24万元，全面完成当年财政收入任务62万元，提交审计工作报告和信息30篇。在本年度同级财政预算执行审计中，延伸抽审了5户构成区级财政收入企业的财政收入的缴纳情况，共审计预算资金10669万元，其中预算内资金9389万元，预算外资金1280万元。查处各类违纪资金305.20万元，其中决定应收缴财政资金96.28万元，罚款42.05万元。抽审5户企业财政收入的缴纳情况，共查出偷漏欠各类税款126.30万元，并按规定程序分别向政府和人大递交了审计结果报告和审计工作报告。圆满完成了6户乡镇办部门主要领导离任经济责任审计，共查处违纪违规资金79.31万元，应收缴财政资金68.59万元。完成党政交办事项5项。

【韩城市审计局】 共有干部职工22人，设有综合、行政事业、企业、财政金融、基本建设、稽查内审等6个股，负责对全县22个乡镇和26个县直部门的审计监督。局长柳高森，副局长郭继延、薛继权。

审计成果 全年共完成审计项目98项，完成市委、市政府交办审计事项83项。审计共查出违规行为资金891万元，应上缴财政205万元，已上缴财政41万元，提出合理化建议73条。按照省、地审计局安排，全年共完成市新城办公大楼、市保险公司办公楼、市设计室等基建财务收支和竣工决算的审计，共查出违规行为资金30万元，共核减工程造价19.5万元。对6个乡镇及部门的领导干部进行了任期经济责任审计，共查出违规行为资金19万元，应上缴财政资金10万元。

【华阴市审计局】 共有在职干部职工18人，设有办公室、行政事业审计股、财政金融审计股、企业审计股、基建审计股和经济责任审计办公室，负责对全市12个乡镇和62个县直部门的审计监督。局长李长路，副局长李鹏志。

审计成果 全年共审计单位和项目88个，查出各类违纪违规资金1034万元，查出应缴财政资金75万元，已收缴财政入库38万元。提交审计工作报告和信息29篇，被地方党政机关和上级审计机关采用19篇。

【蒲城县审计局】共有干部职工20人，设有财政金融审计股、行政事业审计股、企业审计股、基建外资审计股、社审内审指导股和办公室，负责对全县31个乡镇和47个县直部门的审计监督。局长许志刚，副局长屈金定、雷文才，纪检组长蔡超九。

审计成果 全年共审计单位55个，查出违规行为金额563万元，决定处理66万元，指明要求纠正497万元。提交审计工作报告、信息18篇，被上级审计机关、新闻单位采用12篇。全县22个部门内审机构共审计单位48个，查出损失浪费36万元，提出建议被采纳20条，已纠正违规行为金额28万元。完成县委、县政府交办的对20个乡镇和部门领导干部任期经济责任审计，查出违规行为金额306万元，指明要求纠正267万元，决定处理39万元。

【潼关县审计局】共有干部职工32人，设有办公室、财金审计股、行政审计股、经济责任审计股、基建审计股和企业审计股，负责对全县10个乡镇和80个县直部门的审计监督。局长房明智，副局长吴增谦、贾长度，巡视员杨福兴。

审计成果 全年共完成审计项目47个，查出各类违规行为金额1244.50万元，其中决定处理处罚593.70万元，指明要求纠正650.80万元，应上缴金额126.10万元，已上缴专户35万元并全部上缴财政；应归还原资金渠道74万元，完成领导交办任务8项，完成有关专项调查1项，提交审计工作报告和信息30篇，被批示采用10篇，提出合理化建议53条。对5个乡镇1998、1999年度财政决算和18个政府重点部门财政财务收支情况进行了审计，查出违纪违规行为金额674.85万元，决定处理处罚278.6万元，指明要求纠正397.3万元，应上缴财政33.5万元，已上缴财政21.3万元。根据县委组织部委托，对教科局、林业局等8个单位进行了离任审计，查出违纪资金总额483.3万元，决定处理处罚295.2万元，指明要求纠正283.1万元，应上缴财政78.8万元。对四矿一厂1999年度的资产、负债、损益的真实性、合法性、效益性及国有资产的保值情况和交通系统财务收支情况进行了审计，查出违纪资金总额98.1万元，其中处理处罚88.6万元，应上缴财政10.5万元，已上缴财政5.8万元。

【白水县审计局】共有干部职工31人，设有办公室、财金审计股、行政事业审计股、农林水审计股和企业审计股，负责对全县党政群机关、企事业单位的审计监督。局长郭广仁、党建明（3月任职），副局长王梁更、郭建军，纪检组长薛建国。

审计成果 全年共完成各类审计项目98项，其中完成省市下达计划项目28项，完成县党政交办审计事项20项，完成其它审计项目50项，共查出各类违规行为金额2474万元，其中决定处理处罚金额964.60万元，指明要求纠正金额1509.40万元，应收缴财政金额572.39万元，已缴财政金额70万元。

【澄城县审计局】现有干部职工23人，设有行政事业审计股、企业审计股、财政金融审计股、基本建设审计股和办公室，负责对全县18个乡镇和84个县直部门的审计监督。局长秦群记，副局长雷渭弟、杨广益。

审计成果 全年共完成审计项目单位125个，查出各类违规行为金额3091万元，应收缴财政资金216万元，指明要求纠正违规行为金额2838万元，已收缴财政96万元，追还被侵占挪用资金226万元，促进增收节支金额162万元，保全和增加国有资产181万元，提交审计工作报告和信息34篇，被上级审计机关采用12篇。共审计查证单位158个，其中财务收支审计43个，经济责任审计46个，经济效益审计22个，纠正违规行为金额149万元，挽回损失浪费资金34万元，促进增收节支75万元，提出合理化建议被采纳68条。根据县委组织部授权，对社会保障局等15个单位主要领导进行了任期经济责任审计，查出违规行为金额219万元，指明要求纠正金额201万元，收缴财政资金18万元，追还被侵占挪用资金22万元，保全和增加国有资产145万元。

【华县审计局】共有干部职工27人，设有行政事业审计股、企业审计股、财金审计股、基建审计股、经济责任审计股、综合股和办公室，负责对全县19个乡镇和26个县直部门的审计监督。局长任佰康，副局长侯京伟、段长刚。

审计成果 全年共完成各类审计项目（单位）45个，审计共查出各类违规行为金额1330万元，其中决定处理处罚金额534万元，指明要求纠正金额796万元，应缴财政金额194万元，已缴财政金额42万元。提交审计工作报告和信息7篇，被采用4篇。完成党政领导交办审计事项共6件。

【合阳县审计局】现有干部职工32人，设有办公室、综合股、财金审计股、行政事业审计股、工商企业审计股、农林水审计股、基建外资审计股，负责对全县21个乡镇和74个县直部门的审计监督。局长王社民，副局长侯宗民、侯俊明，纪检组长王会民。

审计成果　共完成审计项目141个，县级领导交办审计事项5项，查出违纪资金3588万元，上缴财政85万元，向各级领导部门提交审计报告35份。同级财政预算执行情况审计查出违纪资金760万元。行业审计和专项资金审计查出违纪资金142万元。干部任期经济责任审计共审计56人，其中正职领导19人，查出违纪资金145万元。基本建设审计共查出违纪资金450万元。

【富平县审计局】现有干部职工48人，设有办公室、行政事业审计股、财政金融审计股、经济责任审计股、基本建设审计股、农业财务审计股、企业审计股，负责对全县32个乡镇和54个县直部门的审计监督。局长潘顺民，副局长惠志贤、李文龙、刘悦义。

审计成果　共审计单位和项目115项（户），查出各类违规行为资金4705万元（其中决定处理处罚651万元），应缴财政162万元，应归还原资金渠道196万元，已上缴县财政76万元，提交审计工作报告和信息28篇。县级财政预算执行情况审计查出违规资金2035万元，应增加当年财政结余205万元，应纳入预算内收入管理150万元并提交了审计结果报告和审计工作报告。共完成经济责任审计32项（涉及35人），查出违规资金807万元。完成党政交办审计任务12项。

【大荔县审计局】共有干部职工39人，设有办公室、财政金融审计股、行政事业审计股、工商企业审计股、基建审计股和经济责任审计股，负责对全县33个乡镇和42个县直部门的审计监督。局长武建民，副局长高西榜、孙天才，纪检组长付丽荣。

审计成果　共完成审计项目78个，查出违纪违规资金1480万元，应归还原资金渠道162万元，应上缴财政209万元，实际入库45万元。完成县委、县政府交办任务4项，其中在解决雷北村、西北村群众集体上访问题方面发挥重要作用，得到县委、县政府的表扬。对33个乡（镇）和36个部门的纪检书记、纪检组长颁发了特邀审计员聘书，全年完成内部审计98项，查出损失浪费资金24万元，纠正违规资金11万元，促进增收节支17万元，提出合理化建议39条。

【延安市审计局】2000年，共有在职干部43人、职工3人，其中大学本科学历10人，大专学历18人，局长薛光明，副局长白胜珍、康竹青、贾树宝，副县级纪检监察员樊鹏英。设有政秘科、综合指导科、财政金融审计科、农林水审计科、行政事业审计科、基本建设审计科、市直企业审计处等部门。

审计成果　全市各级审计机关完成审计项目和单位978个，是年度计划任务的269.6%。通过审计，共为国家增加财政收入2082万元，纠正地方、部门不当规定221条，向司法和纪检监察机关移送案件5件、6人。全市审计机关共向当地党委政府和上级审计机关提交审计工作报告、综合审计信息121篇，被批示采用81篇。全市14个审计机关共审计预算执行单位127个，并向本级人民政府提交了审计结果报告，同时，市、县（区）审计机关分别对子长、甘泉、洛川、吴旗4个县、50个乡镇1999年度财政决算进行了审计。全市各级审计机关重点对工商行政管理部门、土地管理部门1998－1999年财务收支和国有土地有偿使用出让金、耕地占用税、征地管理费等征收管理使用情况进行了审计。对全市8个国定贫困县1999－2000年6月底中央财政安排地方财政配套的支援不发达地区发展的资金、扶贫贷款、以工代赈资金、甘露工程资金进行了专项审计。对问题比较突出的482个重点部门单位进行了审计。全市各级审计机关围绕全市国有企业改革3年脱困目标，对105户重点企业资产、负债、损益情况进行了审计。全市各级审计机关对基础设施建设重点项目、国债资金使用建设项目、竣工项目和城市公用事业等135个单位项目进行了审计。

经济责任审计　全部建立了经济责任联席会议制度，成立延安市经济责任审计局，志丹、吴旗、安塞、甘泉、黄龙、黄陵、富县7个县成立了科级经济责任审计专职机构。全市现有经济责任审计人员61人。全市各级审计机关完成当地党委、政府交办的经济责任审计项目186个，其中党政领导干部158人，国有企业及国有控股企业领导人28人，有关部门参照审计结果，调整42人，晋升16人，免职14人，撤职1人，移送纪检监察和司法机关处理6人。

扶贫帮困　积极筹措资金25万元，协调水利工程2项22万元，其中支助扶贫点子长县安定镇南沟村11万元，新修农田630多亩，水利工程13万元，帮助该村打小坝1座，引进小尾寒羊50多只，支助双方工程点安塞县谭家营乡西庙沟行政村11万元，联系流域治理9万元，流域面积2平方公里，新修水浇地200多亩；支助洛川县朱牛乡沟曲头村初小3万元，整修教室6间。

【延安市宝塔区审计局】在编15人，设有办公室、财金审计股、基建审计股、企业审计股、行政事业审计股。局长赵天明，副局长李天喜、井自泉、杨风琴，监察室主任兼工会主席申咏。

审计成果　全年共审计项目单位84个，查出违规行为金额3961万元，其中决定处理处罚296.6万元，指明要求纠正3664.4万元，收缴财政资金24.4万元，移送案件5起。局机关被省厅授予"先进集体"称号。财政预算和决算审计共查出违规行为金额1246万元，决定处理处罚31.2万元，指明要求纠正1215.2万元，收缴财政1.0万元。对16个单位领导任期经济责任审计，共查出违规行为金额644.3万元，决定处理处罚196.5万元，指明要求纠正447.8万元，收缴财政8.5万元。对10个项目的专项资金审计，共查出违规行为金额854万元，决定处理处罚19.3万元，指明要求纠正834.7万元，收缴财政1.2万元。重点审计了工商系统和技术监督系统，查出违规行为金额61.9万元，决定处理处罚12万元，指明要求纠正49.9万元，收缴财政10万元。

对3个企业的资产、负债、损益进行了审计，查出违规行为金额831万元，决定处理处罚25.5万元，指明要求纠正805.5万元，收缴财政2.9万元。对3个乡镇实施了财务收支审计，查出违规行为金额323.4万元，决定处理处罚12.1万元，指明要求纠正311.3万元，收缴财政0.4万元。对11个单位的基建工程进行决算审计，审计结算金额1950万元，净核减金额360.1万元。在对区党校校长实施经济责任审计中，查出公款私存63万元，账外资金29.8万元，涉嫌贪污挪用20.8万元。该校校长被司法部门立案侦察，出纳被判处有期徒刑1年。

【安塞县审计局】现有干部职工26人，设有办公室、行政事业审计组、企业审计组、基建审计组、领导干部离任审计办公室，负责对全县15个乡（镇、街道办事处）和300多个县直部门的审计监督。局长马帆，纪监主任王虹，副局长袁光耀、宁建芳。

审计成果　全年共完成审计项目71个，审计单位116个。审计查出各类违纪违规资金6965万元；应收缴财政资金117.9万元；核减基建决算613万元；向被审单位提出合理化建议和意见89条，提交审计综合报告5篇，提交审计信息8篇。配合检察院完成了1起经济纠纷案件；协助监察局完成了粮改政策措施落实检查、减轻农民负担调查、国债资金管理使用情况检查等工作，与纪检委、检察院、监察局建立了案件移送和加强工作配合制度。

【洛川县审计局】现有干部职工18人，设有3个审计组，负责对全县19个乡镇和58个县直部门的审计监督。局长马东明，副局长孟中军、孙哲、贾淑侠。

审计成果　共审计48个单位，审计查出违规违纪资金517.6万元，应缴财政28.9万元，已入库25.4万元。完成了对房改办1996年至2000年度的住房公积金和其它住房基金审计，开工前审计3个单位。按市局安排，对帮困基金、下岗职工捐款进行了审计。对19个乡镇1999年的财务收支情况进行了全面审计并向政府常务会作全面汇报。围绕企业改制工作，对药材公司、大修厂等7个企业改制前的资产、负债、损益情况实施了全面审计并向政府有关会议进行了汇报。配合医疗制度改革对县公疗办1999年6月至2000年3月移交前各项基金、收支情况进行了审计。配合县委组织部对1999年6月至2000年3月移交考核相对滞后的6个乡镇党委班子整建，并对其财政财务收支、债权债务的增减变动进行了审计。配合监察局对国债项目建设和国债资金管理使用情况进行了检查。对粮食执法情况进行了检查。对广电局、政府美化工程等竣工决算进行了审计，核减约110万元。

【子长县审计局】现有干部职工18人，设有财政金融审计股、行政事业审计股、商贸企业审计股、工交企业审计股、办公室等机构，负责对全县所有事、企业单位和县直部门及15个乡镇的审计监督。局长张建华，副局长郭烨、郝建忠。

审计成果　全年共完成审计单位（项目）53个，是年初计划的241%，审计总金额40176.13万元，查处各类违规违纪资金223.2万元，追还被侵占挪用资金95.98万元，应上缴财政资金6.95万元，已缴财政资金13万元。共完成县委、政府交办的审计工作任务8项，审计清理单位139个，审计总金额26693.39万元。其中对33个单位的领导干部任期经济责任审计，审计总金额20603.39万元；对全县生态资金的管理和使用进行了审计，配合纪检委进行了粮食执法检查，完成了对纳入会计管理结算中心的106个单位的债权、债务、固定资产移交审计任务。共完成省、市审计机关下达的审计任务22个，审计总金额13482.74万元。全县5个内审机构，内审人员5人，共审计单位6个，查出损失浪费资金28万元，采纳建议性意见13条。

【黄陵县审计局】现有干部职工22人，设有行政事业审计股、财政金融审计股、企业审计股、综合办公室，负责对全县12个乡镇和69个县直部门的审计监督。局长戴建平，副局长徐建新，支部书记杨清海。

审计成果　全年共完成审计项目57项，审计单位91个。审计资金总额18300万元，查处各类违纪违规资金2120万元，上缴财政38万元，追还被侵占挪用资金130万元，核减基建总投资409万元。共完成上级交办审计事项29项，审计单位43个。完成领导干部任期经济责任审计19个单位22人，通过审计升职4人，平调12人。查出违纪违规资金1504万元。向纪检、监察机关移送3案、2人、6个单位。协助纪检监察部门完成重点案件审计3个。完成改制前企业资产、负债、损益审计4项。

【延川县审计局】现有干部职工19人，设有财政金融及企业审计科、行政事业审计科、固定资产投资审计科、任期经济责任审计办公室和机关办公室，负责对全县17个乡镇和50个县直部门的审计监督。局长杨忠祥，副局长张瑞宏、董思军。

审计成果　完成审计项目77项，查出违反财经法规资金2240万元，收缴财政29万元，追回被侵占挪用资金112万元。移交纪检部门处理3人，移交司法机关处理1人。

【富县审计局】现有干部职工21人，设有财政金融审计股、农林水审计股、行政事业审计股、经济责任审计股和基本建设审计股，负责对全县15个乡镇和38个县直部门的审计监督。局长李三喜，副局长刘传瑞、李春梅。

审计成果　全年共完成审计项目39项，是省、市下达任务的177%，审计单位52个。共查出违规违纪行为金额2935.9万元，应归还被侵占挪用资金53.4万元，应收缴财政违纪资金35.2万元，已收缴财政33.2万元。基本建设决算审计9项，共核减工程造价89.62万元。县以下党政领导干部任期经济责任审计4人，现免职待分配3人。

【延长县审计局】共有干部职工12人，设有办公室、财政金融审计股、行政事业审计股、工交企业审计股。局长李建康，副局长刘新梅、李金峰。

审计成果　共完成审计项目64个，审计单位69户，是年初计划的304.7%。审计资金总额1927.3万元，共查出违纪违规金额329.4万元，应缴财政8.5万元，已缴财政7万元；应减少财政拨款或补贴金额3万元；应归还原渠道资金额53.5万元；促进增收节支金额2万元。提交审计工作报告、信息4篇，被批示采用2篇。协助县纪检、监察部门查处案件4起。经济责任审计共审计单位11个，经济责任人11人，审计违纪违规金额186万元，对经济责任人平调3人，晋升3人，撤职1人，移交纪检监察2人。对14个基建项目进行了竣工的决算审计，核减不实造价38万元。县冷冻厂职工多次上访、财政信用公司集资款因无力给集资户兑付，引起了不良反响，经过审计，查清了金额，提出了兑付方案。

【甘泉县审计局】在编22人，设有办公室、经济责任综合审计办公室及3个审计工作室，负责对全县9个乡镇和45个县直部门的审计监督。局长曹建忠（兼甘泉县经济责任综合审计办公室主任），副局长张春贤、刘立平，甘泉县经济责任综合审计办公室副主任陈立新。

审计成果　全年共计完成审计项目33项，查出违纪违规资金979万元，应上缴财政违纪资金39万元，已收缴入库39万元。完成基建审计项目5项，核减工程造价近100万元。编发《审计简讯》14期18篇，被延安市审计局采用5篇，新闻稿件被甘泉县电视台采用8篇。延伸审计了县地税局、农税局、工行、建行、农行等16个预算单位的预算执行和其它财政收支情况。审计查出，违规超征企业所得税71万元、超征石油外协办利润分成款144万元，均依法予以处理。查出县钻采公司漏税1.3万元、超支招待费35.9万元；县技术监督局超标准收取代码证费0.13万元；县水泥厂无依据乱收费用16.4万元等问题。重点审计了县中学、组织部、民政局等7个单位。

【宜川县审计局】现有干部职工12人，设有办公室和2个审计小组，负责对全县14个乡镇和42个县直部门的审计监督。局长张振民，副局长李怀亮、郝云华。

审计成果　共完成审计项目24项，审计单位35个；审计查处违纪违规行为金额781.9万元，其中指明要求纠正的金额309.5万元，决定处理处罚的472.4万元；应上缴财政资金26.4万元，已收缴财政资金26.4万元，要求归还原渠道资金3.7万元；共提交审计信息稿件15篇，被省、市审计刊物和县委、政府采用9篇。完成县政府交办工作任务1项。县审计局受命对县高柏乡原乡长任职期间乡政府财务收支情况进行了审计，审计查处违纪违规行为金额17.3万元，其中挤占专款1.6万元；不合规发票入账14.6万元；漏记固定资产1.1万元。完成省、市审计机关下达的审计任务23项，审计单位34个，审计查处违纪违规资金764.6万元，上缴财政资金25.5万元。

【志丹县审计局】现有干部职工24人，设有综合审计股、行政事业审计股、企业审计股、基本建设审计股和经济责任审计办公室（副科级建制），负责对全县13个乡镇和354个县直部门的审计监督。局长张勇，副局长刘高峰。

审计成果　完成审计任务76项(95个单位)。审计资金总额3.3亿元，查出违纪违规金额328万元，应上缴财政7.1万元，基建审计净核减工程造价1247.94万元。审计了县财政局具体组织预算执行情况，县地税局、农税所税收征管情况，县收费中心预算外资金管理情况，县资金局财政周转金管理情况，县教育局、水利局等6个主管部门的预算执行和预算外收支情况。同时结合科级干部离任审计，对民政局、周河乡政府等8个部门、单位和乡镇财政财务收支情况进行了延伸审计。共审计资金总额11751万元，查出各类违纪违规资金175.4万元。审计后提出了5条加强预算管理的合理化建议，均被采纳。对工商局1998年行政性收费、罚没收入收缴管理和1999年度财务收支情况进行了审计，并抽审了3个工商所。审计资金254万元，查出各类违纪资金1.67万元。同时完成了对技术监督定论审计和农林水专项资金审计。完成基建审计43户，审计总额9235.54万元，净核减工程投资造价1247.94万元。完成离任审计10户，审计总额8000万元，查出违纪违规资金46万元，处理处罚1.8万元。

【黄龙县审计局】现有干部职工12人，设有行政事业审计股、企业审计股、任期经济责任审计办公室和办公室，负责对全县13个乡镇和168个县直部门的审计监督。局长孙少龙，副局长王卫锋、张忠民。

审计成果　全年共完成审计项目（单位）63个，是目标任务的286.4%，审计查出各类违纪违规资金349万元，追还被侵占挪用资金23万元，罚款6万元，核减工程造价促进增收节支46万元。完成当地党政交办的审计事项31个，其中经济责任审计20个。提交各类报告31篇，被刊载3篇，电台转播4篇，提出合理化建议156条，被采纳83条。做出审计决定10个，已执行9个。

【吴旗县审计局】现有干部职工17人，设有办公室、行政事业审计股、企业审计股、经济责任审计办公室，负责对全县14个乡镇和205个县直部门的审计监督。局长姚怀玉，副局长高伟、高俊江、刘彩云。

审计成果　共完成审计项目85项，单位94个。其中完成计划项目21项，涉及单位30个，完成政府指派项目47项，完成基建项目开工前常规审计17项。在审计过程中，查处各类违规违纪资金1948万元，其中决定处理处罚401万元，指明要求纠正的1547万元，要求归还原资金渠道金额202万元，审计决定收缴财政资金31.8万元，均足额入库。提交审计报告、信息16篇，被上级审计机关和新闻单位采用9篇，提出合理化建议及意见69条。

【汉中市审计局】2000年，共有在职干部、职工60人，其中大学本科学历5人，大专学历42人，局长段林生，副局长皇甫菊香、李振武、郭兴汉，调研员张贵荣。设有办公室、综合科、财政金融审计科、行政事业审计科、基建审计科、农林水审计科、工交审计科、商贸审计科、机关事务所等部门。

审计成果　共审计项目（单位）176个；查出违规行为金额35824万元；应缴财政135万元；已缴财政115万元，其中税金73万元，罚款28万元；促进增收节支2802万元；提交审计工作报告信息28篇；建议纠正地方部门不当规定93条。市本级财政预算执行情况审计查出违规行为金额1309万元，并向市政府提交了审计结果报告，代表政府向市人大常委会作了审计工作报告。同时开展了对汉台、略阳、佛坪3县（区）财政决算审计，审计单位6个，收缴财政29万元。开展了对市工商行政管理系统1999年度财务收支审计；对土地部门1998－1999年度财务收支、资产、负债和土地税费的征收、管理、使用情况的审计；对4个国定贫困县1999－2000年6月扶贫资金管理与使用情况审计；对农业综合开发资金、水资源费、排污费、国贷资金、普教经费等专项资金的审计。共对25个基建项目进行了审计，核减工程结算2801万元；对25个国外援贷款项目管理执行单位进行了审计，出具对内审计报告25篇。

经济责任审计　建立了领导干部经济责任审计工作联席会议制度，并在市审计局设立了办事机构。共对2名市属企业领导人员任期经济责任进行了审计，审计结果，1人被平调，1人被降职。

【汉中市汉台区审计局】现有干部职工17人，设有综合科、行政事业审计科、财政金融审计科、基本建设审计科、商贸审计科和工交审计科，负责对全区17个乡、镇办事处和56个区直部门的审计监督。局长魏汉萍，副局长余敬虎，调研员陈全贵。

审计成果　全年共完成审计项目48项，涉及部门、单位180多个，完成计划133%，共查出各类违纪违规行为金额3288万元，其中应收缴财政金额35万元，指明要求纠正、调整账务金额3253万元。审计中核减工程决算资金70多万元，应归还原资金渠道金额91万元。提出合理化建议意见90条，向区委、区政府、人大提供审计工作报告3篇，报送各类审计通讯稿件18篇，被各级新闻单位和刊物发表6篇。

【留坝县审计局】现有干部职工10人，未设业务科室，负责对全县10个乡镇和99个县直部门的审计监督。局长宋春波，副局长王天元。

审计成果　共完成审计项目28个，审计总金额7869万元，查出违纪违规资金319万元，指明要求纠正299万元，应上缴财政资金5.62万元，归还原资金渠道6.5万元，提交审计报告28篇，向被审计单位提出合理化建议72条，协助有关部门查出违纪案件1件。对3名科级党政领导干部和1名县属企业领导进行了任期经济责任审计，查出违规违纪资金57万元，应收缴财政资金3.7万元，通过审计有3人被平调，1人被免职。完成了县委、政府交办的县国债服务部1989年至2000年6月20日机构撤销时的财务收支、资产、负债、所有者权益增减变化情况的审计，参与了2户县属企业改制工作，完成了农村产业化发展等县中心工作。

【镇巴县审计局】现有干部职工20人，设有综合股、财政金融审计股、行政事业审计股、企业审计股和经济责任审计股，负责对全县28个乡镇和60个县直部门及所属单位的审计监督。局长罗荣田，副局长张玉萍、王振华。

审计成果　全年共对97个单位进行了审计，查出违规行为金额322万元，决定处理处罚34万元，指明要求纠正290万元，应归还原资金渠道32万元，促进增收节支12万元；提交审计工作报告22篇；协助有关部门查处案件1起。经对20个部门及乡镇的33名党政主要领导的经济责任进行审计，查出领导主管责任的违规行为金额60万元，依法处理处罚13万元，指明要求纠正47万元。审计后，晋升职务1人，平调25人，7人未调整职务。在1999年经济责任审计移送案件中，经2000年纪检监察机关查处，1人受到降职使用，1人受到撤职处分。

【城固县审计局】现有干部职工22人，设有综合科、财金基建审计科、行政事业审计科、工交商贸企业审计科，负责对全县30个乡镇和310个县直部门的审计监督。局长梁忠杰，副局长常峻华、王丽。

审计成果　共审计单位项目50个，是年计划的161%，查出各类违规行为资金197万元，指明要求纠正172.5万元，审计核减工程决算总造价10万元，促进增收节支11万元，决定处理处罚并收缴财政资金24.5万元，向上级提供审计报告和信息16篇，被上级审计机关采用7篇，被县刊物采用2篇。对县有关部门、乡（镇）、企业等34个单位领导进行了任期经济责任审计，其中党政领导干部22人，企业领导人员12人。

【南郑县审计局】现有干部职工15人，设有办公室、行政事业审计科、企业审计科、财政金融审计科，负责对全县38个乡镇和27个县直部门的审计监督。局长熊正发，副局长胡明德、文有明。

审计成果　共完成审计项目42个，审计总金额6875万元，查出违纪违规资金1272万元，应收缴违纪资金37万元，已收缴35万元。对县级财政预算执行情况进行了审计，并提了合理化建议。同时对中所镇、圣水镇等5镇1999年财政决算情况进行了就地审计。对县工商局、县建材工业集团公司和县劳动服务局1999年失业专项资金、县教育局普教经费、县社保局养老基金等重点行业、专项资金进行了重点审计。经县委同意建立了领导干部任期经济责任审计工作联席会议制度，并先后对3个乡镇、2个部门、3个县办企业10名领导干部任期经济责任进行审计。通过内部审计查出损失浪费12万元，促进增收节支25万元，纠正违纪违规资金28万元。

【洋县审计局】现有干部职工19人，设有行政科、财金基建审计科、企业审计科、行政事业审计科和领导干部离任经济责任审计科，负责对全县32个乡镇和54个县直部门的审计监督。局长毛万荣，副局长张继勃、李文静、韩新。

审计成果　全年审计了51个单位和项目，超额完成了审计计划任务。主要包括本级财政预算执行情况审计1户，3个乡镇财政决算审计6户，金融审计2户，基建决算审计6户，企业审计5户，农业系统审计12户，城建系统审计10户，重点部门审计5户，民政赈灾审计1户，农业综合开发资金审计1户，领导干部离任审计2户。查出各类违纪违规资金26万元，应收缴财政资金18万元，已收缴财政资金5.2万元。特别在同级财政预算执行情况审计中，通过对交通、教育、农业、土管、计生系统和3个乡镇预算外资金管理使用情况的重点抽查审计，提出了加强管理的审计建议。

【宁强县审计局】现有干部职工11人，设有综合秘书股、行政事业审计股、企业审计股和财政金融基建审计股，负责对全县32个乡镇和56个县直部门的审计监督。局长刘汉彬，副局长李福生。

审计成果　共完成39个项目和单位的审计，是年计划的156%。其中行业审计7项、财政审计6项、行政事业单位审计16项、企业审计2项、基本建设开工竣工财务决算审计8项。查处各类违纪违规资金369万元，其中应归还原渠道资金25万元，应收缴财政资金37万元，已收缴财政资金8万元。向被审计单位及其主管部门提出合理化建议165条，向上级审计机关提交综合报告4篇。在完成县政府交办县茶业发展总公司的审计引起县政府领导重视，加强了对茶业市场和公司的管理。配合旧城改造，对20项基本建设工程竣工财务决算进行了审计，处理并纠正了挪用挤占建设资金、超计划投资等违纪行为。

【佛坪县审计局】现有干部职工9人，未设科室，负责对全县11个乡镇和52个县直部门的审计监督。局长陈先义，副局长张培文。

审计成果　全年完成审计项目39个，超额完成了上级下达的审计计划，查出各类违纪违规资金40.98万元，指明要求纠正资金23.86万元，核减工程决算5万元，决定收缴财政资金16.6万元，已上缴财政资金15万元。开展了同级财政预算执行情况审计；3个乡镇财政决算审计；工商局、卫生局、土地管理局等13个行政事业单位审计；排污费、水资源费和国债资金3项专项审计；农业专项资金审计6项；固定资产投资审计9项；经济责任审计4项。同时根据县委县政府的工作安排，参加了人口普查、包村扶贫、企业改制及乡镇农业税收专项检查等全县中心工作。

【勉县审计局】现有干部职工15人，设有综合科、行政事业审计科、工商企业审计科和农业基建审计科，负责对全县30个乡镇和115个县直部门的审计监督。局长张泽银，副局长吕安民、王贵文。

审计成果　全年共完成审计项目47个，是年度计划的162.07%，查出各类违纪违规金额2263万元，应缴财政25万元，应归还原渠道资金金额2238万元，已缴财政7万元，提交审计工作报告信息8篇，其中被上级审计机关和新闻单位采用4篇，协助有关部门查处案件1起。在全县及时推行了干部任期经济责任审计，制订了《勉县党政领导干部任期经济责任审计暂行办法》，全年对10名科级党政领导干部和3名县属企业领导进行了任期经济责任审计，通过审计有9人被平调，2人被降职。同时完成了县委、政府交办的破产企业资产清算和终结审计5项，参与了全县重点工程建设项目的检查，完成了联镇包村扶贫等县委政府中心工作，认真办理了政协委员提案。

【西乡县审计局】现有干部职工20人，设有综合股、基本建设审计股、财政金融审计股、经济责任审计股、企业审计股、行政事业审计股，负责对全县25个乡镇和76个县直部门的审计监督。局长王永兴，副局长张远生。

审计成果　共完成审计项目（单位）48个，是年计划的171.4%，查出各类违规行为金额144.8万元，应收缴财政12.68万元，已缴财政10.98万元，应归还原渠道资金39.49万元，促进增收节支23万元，提交审计工作报告、信息8篇，6篇被采用。开展了对县级财政预算执行情况和3个乡（镇）财政决算的审计；对工商行政管理系统、技术监督局、土地管理部门、普教经费的审计；对县属重点企业和重点基础建设、竣工决算项目的审计；对5位领导干部的任期经济责任审计等。同时完成了县委、政府领导交办的10户企业改制审计任务，配合机构改革，完成了3户企事业单位移交合并前的财务收支、资产负债真实性审计。

【略阳县审计局】现有干部职工15人，设有综合审计股、财政金融审计股、行政事业审计股、企业审计股和基建审计股，负责对全县25个乡镇和217个县直部门单位的审计监督。局长梁彦春，副局长王国良、杨志岚。

审计成果　共审计单位和项目73个，查出各类违纪违规资金921.33万元，收缴财政68.37万元，处以罚款11.73万元，追还被侵占挪用专项资金10万元，促进增收节支167.51万元。为县委、政府和上级审计机关提供综合分析报告、审计信息和理论文章16篇，并被上级机关和新闻媒体刊用。

【榆林市审计局】2000年，共有在职干部53人、职工4人，其中大学本科学历27人，大专学历21人，局长兼党组书记杨德亮，副局长吕登榜、高林。设有政秘科、综合科、行政事业审计科、农林水审计科、财政金融审计科、基建审计科、工交审计科、商贸审计科、党总支、机关工会、机关事务中心。

审计成果　全年共审计单位和项目212个，完成年度项目计划的244%。查出违规行为金额8419万元，决定收缴财政291万元，已上缴财政235万元，追回应归还原渠道资金26万元，有12篇（条）调查报告和审计信息被上级审计机关和党委政府及有关部门批转采用，完成党政领导交办审计事项11件，配合纪检监察、司法机关办案3起。

经济责任审计　成立了榆林市经济责任审计办公室（县级建制），并印发了《关于对党政领导干部任期经济责任和国有及国有控股企业领导人员任期经济责任审计实施办法（试行）》，进一步对全市经济责任审计工作提出了更加明确和具体的要求。同时把经济责任审计的对象扩大到了县级领导干部。全年对32个党政领导干部和企业领导人员进行了任期经济责任审计，查出违规行为和损失浪费金额137万元，其中认定主管责任金额91万元，直接责任金额46万元。审计后平调22人，免职3人。

【榆林市榆阳区审计局】现有干部职工11人，设有办公室、行政事业审计股、工交企业审计股、金融和基建审计股，负责对全区28个乡镇、4个办事处和49个区直部门的审计监督。局长杨生光，副局长李生义、高世成、张士斌、吴彦霖。

审计成果　全年共审计单位45个，完成年度计划任务的169%。查出违规行为资金150万元，上缴财政28万元，提交审计综合报告、信息

14篇（条）。

【清涧县审计局】现有干部职工17人，负责对全县18个乡镇和140个县直部门和单位的审计监督。局长师尚清，副局长贺振安、王世荣。

审计成果 共审计单位和项目126个，完成了上级下达计划任务的450%；查出各类违规行为资金2623万元，决定收缴财政26万元，已入库26万元，减少财政拨款和补贴36万元，追还被侵占挪用资金487万元，提出审计建议165条，促进增收节支164万元，向有关部门移交经济案件2起，有16篇（条）审计调查报告和信息被县以上审计机关和有关部门采用。建立了经济责任审计联席会议制度，开展了对51个单位、69名中层干部任期经济责任审计并对违规违纪问题作出处理。

【绥德县审计局】现有干部职工9人，设有综合办公室、行政事业审计股、工交企业审计股、金融和基建审计股，负责对全县23个乡镇和59个县直部门的审计监督。副局长刘鹏（主持工作）、李树军。

审计成果 全年共审计单位和项目54个，查出违规行为资金1995万元，其中上缴财政26万元，提交审计工作报告、信息8篇（条），移交案件2起。

【神木县审计局】现有干部职工16人，设有财政金融审计股、企业审计股、行政基建审计股和办公室，负责对全县22个乡镇和31个县直部门的审计监督。局长姚明仲，副局长党生宝、刘矮生、李子清。

审计成果 共审计单位和项目106个，查出各类违规行为金额7812万元，决定收缴财政34万元，已缴财政34万元，移交监察机关给予行政处分4人，其中给予党内严重警告处分1人；完成县委、政府交办的审计事项18件，有19篇（条）综合、调研报告和信息被上级审计机关及有关部门采用。

【佳县审计局】现有干部职工15人，设有行政事业审计股、财金基建审计股、企业审计股和综合审计股，负责对全县24个乡镇和60个县直部门的审计监督。局长魏考，副局长魏振业、王兴明、雷保同、刘少华。

审计成果 共审计单位和项目85个，完成年度项目计划的125%，查出各种违规行为金额641万元，对违纪单位处以罚款8万元，应归还原渠道资金11万元，提供审计综合报告、信息8篇（条）。

【府谷县审计局】现有干部职工16人，设有政秘股、企业审计股、行政事业审计股、财金基建审计股，负责对全县23个乡镇和42个县直部门的审计监督。局长刘茂华，副局长苏智海、闫六憨、陈根雪。

审计成果 共审计单位和项目50个，查出各类违纪违规行为为金额628万元，应收缴财政31万元，已上缴财政20万元，应减少财政拨款补贴8万元，应归还被侵占挪用资金40万元，建议纠正地方和部门的不正当规定10余条。

【子洲县审计局】现有干部职工11人，设有办公室、财金审计股、企业审计股、行政事业审计股，负责对全县22个乡镇和60个县直部门的审计监督。局长姜斌，副局长景兴年、拓奇雄、高子忠、薛茂礼。

审计成果 共审计单位和项目43个，对6个部门局长、乡镇长进行了领导干部任期经济责任审计；查出违规行为金额2541万元，决定收缴财政15万元，已上缴14万元，提交审计综合报告、信息6篇（条），完成了政府交办事项2件。

【靖边县审计局】现有干部职工22人，负责对26个乡镇和48个县直部门的审计监督。局长王应富，副局长刘忠恩、边立民、贺亚雄、白波。

审计成果 共审计单位和项目56个，其中对25个单位领导干部任期经济责任进行了审计，审计结果有2人被降职使用；配合纪检、人事劳动、农业等部门对全县农村基金会进行了全面清理整顿。全年共查出违规行为金额246万元，决定收缴财政19万元。

【横山县审计局】现有干部职工19人，负责对全县21个乡镇和59个县直部门的审计监督。局长付世发，副局长柳小利、李广平，监察室主任沈玉俊。

审计成果 全年共完成审计项目41个，查出违规行为金额4887万元，决定处理处罚金额848万元，应缴财政52万元，提交审计综合报告25篇、审计信息12条，被上级审计机关、新闻单位采用6篇，向司法机关移送案件1起。建立了经济责任审计联席会议制度，并成立了经济责任审计领导小组及办公室。全年共对10个党政领导干部和企业领导人员进行了任期经济责任审计。

【米脂县审计局】现有干部职工18人，负责对全县15个乡镇和96个县直部门的审计监督。局长刘丽荣，副局长梁文声、杜芳春、刘爱泽。

审计成果 共对131个单位和项目进行了审计，完成上级下达年度计划的545%；查出各种违纪资金130万元，决定收缴财政20万元，已入库20万元，追回应归还原渠道资金6万元，作出账务调整处理31万元；撰写的调查报告和审计信息被上级审计机关和党委、政府及有关部门批转采用17条（篇）；完成党政领导交办审计事项18件，配合纪检监察、司法机关办案3起。

【吴堡县审计局】现有干部职工11人，设有办公室、行政事业审计科、基建审计科、企业审计科，负责对全县10个乡镇和54个县直部门的审计监督。局长纪正元，副局长尚文彪、霍炳英、王维彪。

审计成果　共审计72个单位和项目，完成上级下达任务的313%，查出违规行为金额176万元，决定收缴财政和处以罚款2万元，核减基建决算14万元；此外，围绕政府中心工作，配合有关部门，参与了县火电厂的破产清算、全县生态资金拨付使用情况、县重点建设项目、党风廉政建设情况检查等工作。

【定边县审计局】现有干部职工39人，设有综合股、行政事业审计股、财政金融审计股、企业审计股、基建审计股，负责对全县30个乡镇和50个县直部门及169个事企业单位的审计监督。局长张鹤飞，副局长贺继国、刘英杰、高瑞东。

审计成果　共审计单位和项目54个，完成年度计划的180%，其中领导交办事项19件，查出违规行为金额2469万元，应收缴财政金额52万元，已收缴入库51万元，归还原渠道资金809万元，核增国有资产383万元。

【商洛地区审计局】2000年，共有干部职工38人，其中大学本科学历9人，大专学历17人，局长刘九龙，副局长李敏霞、王金亮，总审计师刘建斌，助理调研员党恩宽。设有办公室、综合科、财政金融审计科、行政事业审计科、农林水审计科、工交商贸审计科、基本建设审计科、经济责任审计科、内部审计指导科。

审计成果　全年完成审计项目77个，共查出各类违规行为金额2023万元，应上缴财政资金94万元，当年入库75万元，向政府提交专题报告和审计信息13篇，被政府批转或采用的9篇。本年度认真执行中央关于实施西部大开发战略，贯彻全面审计突出重点的审计工作方针，以当地经济建设为中心，一是深化财政审计。同级财政预算执行审计结果表明：本级财政预算执行较好，财政部门能坚持适度从紧的财政政策和“保工资、保重点、保发展”的原则，缓解了财政收支的矛盾。审计发现财政部门仍存在着压预算收入，欠拨各种专款，挤占挪用专款等问题。个别单位有预算外资金未纳入财政专户管理，偷漏税款，挤占挪用专款等问题；二是加强了重点行业和重点资金审计。对工商行政管理部门、质量技术监督部门、土地管理部门和水资费、国债资金、交通建设资金进行了重点审计。在对交通建设专项资金审计中，发现3个资金管理使用单位挤占挪用交通建设专款263万元，向政府专题报告后引起了政府重视。

完成上级交办任务　完成了行署下达的全区山地优势产业开发专项资金审计任务，审计发现地、县（市）未按规定落实财政配套资金1706万元；违规出借46万元；未及时按计划投放33.3万元以及用专款建房和经费挤占专款等问题，针对审出的问题依法进行了处理，向政府提交了专题报告，提出了加强和改进山地优势产业资金管理的意见。

经济责任审计　对全区各县（市）贯彻执行中央关于开展领导干部经济责任审计作了调查；设立经济责任审计科；建立了商洛地区经济责任审计联席会议制度；筹备召开了全区首次经济责任审计工作会议。

【商州市审计局】共有干部职工25人，设有办公室、财政金融审计股、行政事业审计股、基建审计股、企业审计股，负责对全市37个乡镇和71个市直部门的审计监督。局长王结实，副局长刘发源、闵克宁。

审计成果　全年共审计54个单位（项目），查出各类违规行为金额1039万元，应收缴财政26.5万元，已收缴财政25.2万元。向上级审计机关和本级政府提交审计报告及审计信息19篇，被采用18篇。建议纠正地方政府和部门不当收费规定3条。本年度开展了同级财政预算执行情况审计，下级政府财政决算审计，工商系统、质量技术监督系统审计，水资源费、排污费等专项资金审计。按照政府的要求，对商州市十大兴市建设工程项目资金的管理使用情况进行了审计，查出违纪资金17.6万元，并没收违规购买的手机3部，审计结束后专题向市委、市政府和市纪委作了汇报。全年共接受组织人事部门委托10项，对10名党政领导干部任期经济责任进行了审计，查出违纪金额13.4万元，审计结果有5名晋升，1名平调，4名免职。

【镇安县审计局】共有干部职工18人，设有财金审计股、行政事业审计股、企业审计股和办公室，负责对全县31个县直部门和29个乡镇的审计监督。局长白绍云，副局长张国君、张群智、文萍。

审计成果　共审计单位69个，查出各类违纪违规资金1732万元，应上缴违纪资金41万元，已上缴违纪资金30万元，提出并被采纳的合理化建议有98条，共向县政府提交了5篇综合审计报告。对20个乡、镇利用世行贷款资金和移民搬迁资金进行了审计；通过对四大山地优势产业开发资金审计，向政府呈报了《关于镇安县山地优势产业开发专项资金的综合报告》，指出存在的问题，提出加强管理的意见。对10

个乡、镇政府财政决算审计，就乡、镇政府财政管理中存在问题，向县政府写了专题报告。还向县政府提交了经贸企业经营管理中存在问题的报告。预算执行情况审计结果报告引起了政府、人大的重视，并对存在问题采取了解决措施。

【山阳县审计局】现有干部职工20人，局长陈守印，党支部书记李存录，副局长杨达富、武少俊。

审计成果　全年共完成审计项目59个，查出违纪资金134.24万元，应收缴财政资金22.65万元，已上缴财政资金22.60万元。查处个别乡镇政府加重农民负担的问题。查出和纠正了王闫乡政府随意增加统筹提留金的问题和漫川镇政府将应退付给农民的农业税及灾情减免款用于平衡财政预算的问题。先后查出城关镇原财务人员采用重复列支的手段贪污公款和县教育局开取虚假发票套取现金送礼的问题，及时将案件线索移交纪检机关和检察机关进一步查处。对国有企业改制情况进行审计调查，根据调查结果向县政府提出了改进企业管理办法的建议。

【洛南县审计局】现有干部职工35人，设有行政事业审计股、财政金融审计股、商贸企业审计股、工交企业审计股、经济责任审计股、基本建设审计股、社审内审指导股和办公室（监察室），负责对全县30个乡镇和150多个县直部门、企事业单位的审计监督和科级领导干部的经济责任审计工作。局长周铁柱，副局长郑书绵、杨少锋，机关党支部书记冀建刚。

审计成果　全年共完成审计项目49个，涉及357个单位，审计资金总额4.65亿元，查出违规行为资金5817.86万元，收缴财政资金199.34万元，减少财政拨款78.41万元，归还原资金渠道1736.53万元。收回以前年度欠交违规行为资金9.82万元，向司法机关及纪检、监察部门移送案件2件，提交审计工作报告19篇，报送审计信息6篇，被省地采用2篇，新闻单位采用1篇，协助有关部门查处案件2件。对土地管理、农业、林业、交通、工商、技术监督等部门进行了行业审计，查出违纪金额1356.80万元，收缴财政150.30万元。对12个事业单位和5户国有企业进行了审计，对违纪行为进行了处理。对5名党政领导干部进行了经济责任审计，其中2名被提拔，3名工作进行了调整。内部审计审计78个单位，查出损失浪费金额21.40万元，促进增收节支4.40万元，增加上缴资金18.30万元，纠正违规行为资金27.30万元。共完成了县政府交办12项任务。

【商南县审计局】共有干部职工16人，设有办公室、财金基建审计股、行政事业审计股、农林水审计股、企业审计股，负责对全县20个乡镇、43个县直部门和126个事业单位的审计监督。局长殷书元，党支部书记兼纪检组长李先清，副局长曾克华、吴江。

审计成果　全年共完成审计项目49项，涉及187个单位，共查出违纪违规行为金额672.96万元，其中决定处理处罚230.79万元，指明要求纠正442.07万元，应缴财政金额29.99万元，已收缴财政金额19万元，应归还原渠道资金133.75万元，促进增收节支2.62万元；提交审计工作报告信息5篇；经济责任审计查出涉嫌贪污案件1件。财政预算执行情况审计加强了对10个重点预算执行单位的审计。行政事业审计，涉及34个部门和单位，收取违纪资金7万元。全局16名干部职工进行了系统的计算机岗位培训，均达到了能上网操作。

【丹凤县审计局】共有在职干部职工18人，设有办公室、行政事业审计股、工交基建审计股、商贸财金审计股。局长祝长根，副局长杨长喜、李全宏。

审计成果　全年共审计50个单位（项目），审计资金总额20261.57万元，查出违规行为资金1355.43万元，应上缴财政资金46.08万元，已上缴财政资金46.03万元。完成经济责任审计事项13项。向政府提交了审计结果报告。审计了11个破产企业清算组的财务收支情况，查出违规行为资金725.13万元。审计发现参与企业破产清算的领导干部、工作人员、法院干警多人有贪污、私分、侵吞破产企业资财的严重违纪线索，立即向纪检、监察机关移交，经查处，涉案达39人之多，仅法院干警达16人，案件仍在深查之中。

【柞水县审计局】现有干部职工17人，设有办公室、经济责任审计办公室、财政金融审计股、行政事业审计股、企业基建审计股。局长孟远茂，副局长史志勇、张明。

审计成果　共审计单位（项目）88个，查出违规资金2007.29万元，上缴财政资金22.41万元，追还被侵占挪用资金119.58万元。审计中发现经济案件线索5件，向纪检、监察和司法机关移送5件。向县政府和上级审计机关提交审计工作报告、信息10篇，均被批转或采用。对县级财政1999年预算执行情况和其它财政收支情况进行了审计，查出违规资金1311.46万元，提出强化预算管理措施11条。对6个乡、镇政府财政决算进行了审计，查出违规资金24.58万元。审计行政、事业单位37个，查出违规行为资金497.30万元。审计3个企业单位，查出违规资金173.95万元。审计竣工决算项目10个，查出超规模、超标准1613.43平方米，超投资190.80万元，核减工程造价16.67万元。完成县委、县政府及地委组织部交办、委托审计事项14个，其中任期经济责任审计5项，县人民代表议案2项，其它事项7项。

【安康市审计局】 2000年，共有在职干部44人、职工2人，其中大学本科学历21人，大专学历19人，局长李振剑，副局长宋天佑、肖锋，纪检组长罗厚兴。设有政办科、综合科、行政事业审计科、基本建设投资审计科、农林水审计科、企业审计科、财政金融审计科。

审计成果 全年共完成审计项目（单位）538个，为年初计划的156.40%；查出违规行为金额20836万元，其中决定处理处罚金额5988万元，要求限期纠正金额14848万元；应缴财政金额506万元，已缴财政金额418万元；核减财政拨款金额1641万元；促进增收节支金额104万元；提交审计工作报告和信息129篇，其中被党政领导机关和有关部门批示、采用70篇；向司法机关移送案件7件；建议纠正地方部门不当规定24条；协助有关部门查处案件1件，查处百万元违规单位5个。全市财政“同级审”共计查出违规资金6837万元，指明要求纠正1649万元，归还原资金渠道573万元，缴入财政147万元，建议给予有关责任人行政处分2人。工商局系统审计资金总额1761万元，查出违规资金98.5万元，收缴财政13.28万元，罚款2.74万元。土管局系统审计查出违规资金总额517.6万元，其中涉及土管部门财务收支334.5万元，土地出让金156.4万元，土地税费26.7万元。质量技术监督局系统审计，主要是代码证超标准收费，少数县有坐支行政性收费收入的问题。省厅授权的1999年度世界银行贷款项目审计共涉及4类、40个项目管理和执行单位。审计资金总额1559.6万元，查出有问题资金86.9万元，其中被挤占挪用项目资金59.1万元，虚报项目支出27.8万元。建设局系统行业审计主要问题是：挤占挪用城维费、违规超标准收费、招待费严重超支等。非国有企业参加社会养老统筹情况审计调查测算，符合现行政策规定的应参保非公有制企业从业人员约13000人，实际参保1584人，仅占应参保人数的12%。认真完成涉及西部大开发方面的审计项目，一是加强对国债资金项目汉滨区城市供水工程和石泉农电改造项目的审计；二是加大对全市7个国定贫困县扶贫资金审计，共审计单位73个，抽查重点扶贫项目114个，审计资金总额31289万元，查出违规资金1002.65万元。促进扶贫资金投入到位803.8万元，促进扶贫贷款计划落实51万元，审计处理上缴财政20.66万元，归还原资金渠道150.4万元，审计建议给予党纪政纪处分1人；三是完成全市农业税征管审计调查，市政府批转了审计调查报告；四是审计了西药厂国有资产严重流失并移送纪委进一步查处；同时对210国道工程2个工程建设单位进行了审计。

经济责任审计 全年实施的经济责任审计共46个，查出违规资金48.95万元。

【安康市汉滨区审计局】 设有办公室、财政金融审计股、行政事业审计股、企业审计股、基建审计股等部门。局长王纲岭，副局长付世来、熊平。

审计成果 全年上级审计机关共下达审计项目任务23个；区政府交办5个，实际完成审计项目36个，共查出违规行为金额6644万元，对其中的483万元进行了处理处罚，决定应收缴财政违规行为资金140万元，已入库108万元。共向区检察机关移送涉嫌犯罪案件5件，涉及国家工作人员7人，涉嫌违规金额250余万元，已被主管部门处理免职1人。

【紫阳县审计局】 在编人员11人，设办公室、财政审计股和企业审计股。局长李录志，副局长田元新、贾晓明。

审计成果 全年共完成审计项目32个，完成任务的100%，其中署定项目9个。审计发现违规问题109条，纠正违纪行为29起，对30起严重违规和侵犯群众利益的行为进行了经济处罚。移送纪检监察部门处理3起，向有关主管部门提供案件线索2起。配合纪检监察、信访等部门查办案件3起，办理政协议案1起。向县政府提交了本级预算执行情况的审计报告。7月13日，紫阳县遭受了震惊全国的特大洪灾。县审计局全力投入抗洪救灾，按照县委县政府的指示，及时组织力量，历时3个多月，对全县接收的捐赠款物进行了审计。

【岚皋县审计局】 现有干部职工13人，设有行政事业审计股、财政金融审计股、企业基建审计股和经济责任审计股，负责对全县19个乡镇和近70个县级部门（单位）的审计监督。局长张慧丽，副局长周祯显、谢贤洲。

审计成果 共完成36个审计项目，审计资金总额21500万元，查出违纪违规资金657万元，执行收缴及罚款45.8万元，为国家追回被侵占、挪用的资金398万元；向市审计局和县政府提交审计调查报告6篇，向司法机关提供违法案件线索1条，向审计报刊及市县新闻媒体提供信息稿件15篇，被采用13篇，其中国家级4篇、省级3篇。

【旬阳县审计局】现有干部职工24人，设有行政股、行政事业审计股、财经基建审计股和企业审计股，负责对全县30个乡镇和81个县直部门的审计监督。局长陈安礼，副局长陆才兴，陈登志。

审计成果　共审计项目30个，涉及单位37个，查出违规违纪资金1189万元，其中应上缴财政资金32万元，已收缴27万元。移送纪检、监察机关处理1件，进行专项审计调查2项，书写调查报告和各项审计信息22篇，被署、省、地审计刊物选登12篇。2000年，县局被省厅评为全省工商部门专项审计“先进集体”。成立了有纪检、组织、人事、监察、审计等5部门参加的联席会议制度，开展了对2名领导干部的任期经济责任审计。

【镇坪县审计局】现有干部职工11人，设有行政事业审计股、财金基建审计股、企业审计股、经济责任审计股和政办室，负责对全县13个乡镇和46个县直部门的审计监督。局长汪占坤，副局长空缺。

审计成果　全年共完成审计单位项目37个，查出违纪违规问题资金394万元，促进财政节支80.6万元，归还被挤占挪用资金77万元，收缴财政资金3.6万元，向政府提交审计综合报告、审计调查报告20余份，向被审计单位提出合理化建议60余条。

【平利县审计局】现有干部职工13人，设有办公室、行政事业审计股、财金基建审计股、企业审计股。局长刘志才，副局长沈聪慧、汪平。

审计成果　共完成审计项目计划（单位）53个，完成审计调查2项。共查出各类违纪违规资金1277万元，上缴财政资金43.5万元，追还被挤占挪用的各类专项资金248万元。提交审计工作报告、信息14篇，被地方党政领导、上级审计机关和新闻单位批示、采用6篇。对全县1998—1999年度异地扶贫资金的拨付和兑现到户情况进行了审计，经查，两年全县共下拨补助资金425.2万元，兑现到户291.7万元，占68.6%，乡镇挪用问题严重，使党和政府的扶贫政策得不到落实。审计结果如实向县政府作了报告，引起了高度重视；县委、县政府给各乡镇发出了紧急督办通知，限期补助兑现到户。对6个单位领导进行了离任审计，查处违纪违规资金81.5万元，移送纪、监部门查处1人，1人被开除党籍并撤职，2人被停职待岗。社审组织经过改制成立了“安康三联有限责任会计师事务所”，全年完成社会委托事项96个，业务收入总额23万元，完成税收1.5万元。

【石泉县审计局】现有干部职工20人，设有财税金融审计股、行政事业（企业）审计股和基建审计股，负责对全县17个乡镇和60个县直部门的审计监督。局长陈国刚，副局长吴国宝、沈兰凤。

审计成果　共查出违纪违规资金180万元，决定收缴财政专户20万元，已收缴13.5万元，提交综合报告20篇，被县委、县政府批转和批示4篇，上级审计机关采用信息13篇。

【宁陕县审计局】现有干部职工12人，设有办公室、综合审计股、经济责任审计股，负责对全县20个乡镇和55个县直部门的审计监督。局长罗成明，副局长刘鸣江、赵巧萍。

审计成果　共完成审计项目40项，审计单位49个；完成审计调查项目1项，调查单位5个；共查出各类违纪违规行为资金801万元，已上缴财政资金10万元，提交审计工作报告、信息17篇。完成县委、县政府交办工作任务17项，其中任期经济责任审计15项。

【白河县审计局】现有干部职工12人，设有办公室、财金审计股、行政事业审计股，负责对全县19个乡镇和44个县直部门的审计监督。局长高福安，副局长张富雄。

审计成果　全年上级审计机关下达指令性审计项目31项，实际完成33个单位项目，查出违规行为金额99万元，应上缴财政资金10万元，已缴财政资金9万元。全年共完成地方党政领导交办审计事项90多个，其中会计委派前单位财务审计66个。配合财政部门对15个乡镇财务进行清理清查，完成由县委组织部立项，领导干部经济责任审计10个，专项财务审计3个，在会计委派审计中，查出2个部门有百万元的账外账。完成了县政府下达的100口水窖建设任务。

【汉阴县审计局】现有干部职工15人，设有行政股、行政事业审计股、企业审计股，负责对全县21个乡镇和53个县直部门的审计监督。局长李顺建，副局长邝吉培。

审计成果　共完成审计项目27个，审计单位62个，其中完成领导干部任期经济责任审计6个。累计查出违纪违规金额536万元，上缴财政资金25万元，追回被挤占挪用的专项资金185万元，向县检察院和纪检、监察机关移送经济案件6起，其中影响全县的经济大案1起。完成审计调查1项，共为政府、人大和上级审计机关提供审计调查和综合分析报告6篇，提供各种审计信息15篇。

甘肃省

【甘肃省审计厅】2000年，甘肃省审计厅编制159人，实有151人。厅机关设有办公室、综合处、人教处、管理处、法制处、财政处、投资审计处、工交审计处、外资审计处、农业审计处、商贸审计处、行政事业审计处、金融审计处、机关党委、监察室；另设有派驻省教委、省建委、省农委、省交通厅、省外贸厅、省林业厅、省商务厅、省水利厅、省广播电视厅、省冶金局、省粮食局、省石化局、省国防工办、省轻纺总会、省煤炭工业总公司、省机械工业总公司审计处；同时，还设有厅机关后勤服务中心、科培中心等直属事业单位。

领导成员

厅　长：高存弟

副厅长：孙永廉　韩汝坤

任素英　樊静安

纪检组长：胡秀龙

厅长助理：郑凯旋

甘肃省审计成果　2000年，全省共审计5188个项目（单位），完成全年计划的219%。查处各类违规行为金额33.21亿元，其中应上缴财政21614万元，已上缴财政19233万元，应归还原渠道资金31333万元，对违规单位和责任人处以罚款2145万元，共为国家增收节支5.40亿元，向检察机关移送案件9件，建议行政处分17人。

财政审计　进一步规范了预算管理和财政分配秩序。省厅重点对省财政厅具体执行预算情况、省地税局税收征管情况、省国库具体办理预算资金的收纳拨付情况进行了审计，还延伸审计了104个单位和企业。审计查出违规行为金额5.6亿元。7月19日，省政府第87次常务会议听取了省厅《关于1999年度预算执行及其它财政收支情况的审计结果报告》；7月24日，受省政府委托，省厅向省九届人大常委会第17次会议作了《关于1999年度省级预算执行及其他财政收支情况的审计工作报告》。省人大常委会和省政府对2个报告反映的问题十分重视，要求有关单位、部门逐一对照检查，采取有力措施认真纠正。省政府办公厅转发了审计结果报告，省人大常委会要求年底就纠正落实情况作专题汇报。至年底，各有关单位已纠正落实资金5.01亿元，占应落实的96.07%。其中被挤占挪用专项经费归还原资金渠道0.25亿元，滞留未及时下拨专项资金已拨付到位0.91亿元，已缴财政各种资金、基金1.02亿元，已缴财政专户储存资金0.63亿元，按处理意见纠正的其它违规违纪资金2.2亿元。

金融审计　为规范金融秩序，防范和化解金融风险，省厅对甘肃证券有限责任公司证券代理、自营业务以及往来账款的真实性和风险性进行了审计，查出少记收入、少记支出、多记支出、违规占用清算资金、违规融入资金、账外承销股票业务、固定资产账实不符、不合理挂账和违规返还手续费等违纪违规资金3.10亿元。对这些问题依法作了处理并提出了审计建议。还对省纪委委托的甘肃陇翔工贸公司、中立经贸集团公司进行了审计。

企业审计　省厅统一组织省地县审计机关对全省50户重点改制企业、亏损企业及上市公司1999年度资产、负债、损益的真实、合法性进行了审计，查出各类违纪违规资金6.44亿元。审计结束后，分别向审计署和省政府写了专题报告，引起了省政府领导的高度重视，对发现的问题，有关主管部门和企业正在采取措施纠正。

专项资金审计　省厅统一组织省地县三级审计机关，对全省14个地州市及甘肃矿区1998至1999年排污费征收和环保补助资金管理使用情况进行了审计。查出环保部门挤占挪用环保资金用于建房、买车、弥补行政经费、滞留未拨1999年及以前年度征收的排污费、应设未设及少划转污染源治理基金、少征排污费和未完成项目治理投资等违纪资金1.12亿元；省厅组织陇南、平凉、张掖、庆阳、嘉峪关等地市审计机关对1999年度社会养老保险基金收支情况进行了审计，对2000年度养老保险基金的收支情况进行了预测调查，查出有问题资金2.99亿元；省厅组织力量对省教育厅及5个直属单位、11个地州市及部分县区1998至1999年义务教育工程资金财务收支情况进行了审计。查出部分县乡拖欠配套资金，挪用义务教育资金用于其它支出，有的地县将义务教育工程配套资金未纳入项目专户管理、核算等有问题资金8901万元；对公路建设资金的筹措、管理、使用情况进行了审计调查，对重点建设路段进行了专项审计。查出部分标段层层转包工程、挤占挪用公路工程征地补偿费、少计漏缴政府3项基金、养路费超支等违纪违规资金3.21亿元；省厅组织地州市和部分县审计机关对14个地州市、57个县市区1999年度至2000年8月退耕还林还草资金管理和使用情况进行了审计，审计查出部分地县财政部门违纪违规资金6565万元。

上述专项资金审计共查出违规违纪资金8.86亿元。对查出的问题，各级审计机关依法作了处理，对违纪严重的给予了经济处罚。同时，针对存在的问题提出了意见和建议，并向审计署和省政府写了专题报告。截止目前，审计查出的问题已基本得到纠正和落实。

各地州市审计机关除了参加审计署和省厅统一组织的专项审计及调查外，还根据各地实际情况，围绕政府中心工作积极开展了其它专项资金审计。如金昌、嘉峪关、酒泉等地市开展了城市维护建设资金、水利资金、科技经费等专项审计；天水、陇南等地市开展了税基税源专项审计调查和移民资金的专项审计，受到了当地党委、政府的肯定。此外，各地还抽调力量，为协助有关部门查处案件做了大量工作。

外资运用审计　主要加强了对世界银行贷款农村供水与环境卫生项目、综合性妇幼卫生保健项目、疾病预防项目、欧盟奶类援助项目等14个项目的审计，其中报世界银行的项目4个。共查出违规金额1.44亿元，其中处理处罚429万元，指明要求纠正的13980万元，应上缴财政12.68万元。查出的主要问题是：世行贷款的内配资金不足，财政部门对回补世行资金和工程结算不及时，部分项目未按规定办理财产移交手续等。按照规定如实出具了审计报告。

经济责任审计　建立了甘肃省经济责任审计工作联席会议制度，在审计厅设立了联席会议办公室。起草了《甘肃省党政领导干部和企业领导人员经济责任审计实施办法》及《经济责任审计报告编审办法》并印发各地执行。全国经济责任审计工作会议后，省厅就会议精神及贯彻意见分别给省委常委会和省政府常务会议作了汇报，并于1月召开了全省经济责任审计工作会议。全省共完成经济责任审计505人，其中党政领导干部433人，企业领导人员72人。审计共查出违规行为资金2.23亿元，其中负主管责任的7096万元，直接责任604万元，查出个人经济问题332万元，属于贪污36万元、挪用287万元。

审计信息　全省各级审计机关进一步加强了审计调研工作。省厅重点对省属冶金、机械、建材、电子、轻纺、煤炭、国防工办、石化等8个行业98户企业1999年经济效益及财务状况进行了审计调查，对甘肃省投资比较大的部分基础建设、公路建设和兰州供水扩建工程项目进行了审计调查，对甘肃期货经营市场情况、养老保险基金的收支情况等进行了审计调查，向省委、省政府和有关部门反映了重要情况。全省各级审计机关向党委、政府提交审计要情及信息800余篇，被采用200多篇。其中省厅向省委、省政府及审计署提供信息80多篇，采用50多篇。省委、省政府领导直接批示的有8篇。省政府领导批示后，有关单位采取积极措施认真纠正，避免了不必要的经济损失。

【兰州市审计局】 2000年，共有在职干部职工109人，其中大学本科学历23人，大专学历53人，局长杨增玉，副局长宋应中。设有办公室、综合处、法制处、人事处、工业交通审计处、外资农业审计处、行政事业处、财政金融审计处、商业粮食审计处、基本建设审计处。

审计成果　全市审计机关共完成审计项目463项，查出违规行为金额58202万元，其中应上缴财政2618万元，已收缴财政2354万元，追还被侵占挪用资金5445万元；市局机关共完成审计项目87项，查出违规行为金额47319万元，应上缴财政2087万元，已收缴财政2085万元。

完成上级交办任务　共完成省、市领导部门交办的审计项目21项。根据市领导部门的安排，对市科协、粮食局、统计局和商业银行等7家单位原任领导任职期间经济责任情况进行了审计。

内部审计　全市内部审计机构47个，其中专职机构8个，内部审计人员103人，其中专职审计人员17人。完成审计项目104个，其中财务收支审计57项，经济效益审计20项，经济责任审计27项。

经济责任审计　全市共完成经济责任审计68项，对79人进行了离任审计，其中党政领导经济责任离任审计67项，国有企业及国有控股企业经济责任审计12项，查出违规资金8955万元，审计后平调45人，晋升9人，免职2人，降职2人，撤职1人。

【兰州市城关区审计局】 现有干部职工20人，设有企业审计科、行政事业审计科、综合科，负责全区5个乡和95个区直部门的审计监督。局长王庶任，副局长于斌、徐永存。

审计成果　共完成各类审计项目43项，查出各类违纪资金693.84万元，其中应缴财政6.28万元，已全部上缴财政。延伸审计一级预算单位24个，二级预算单位8个，查处违纪资金475.8万元；完成行政事业单位审计25项，查处违纪资金31.5万元；完成对雁滩等4个乡财政决算审计，查处违纪资金71.57万元，并对5个企业的资产、负债、损益进行了审计；完成经济责任审计5个，查处违纪资金144.26万元。

【兰州市七里河区审计局】 现有干部职工17人，设有财政审计股、金融审计股、企业审计股和办公室，负责对全区8个乡镇、9个街道和80多个区直部门的审计监督。局长张岚，副局长张美兰。

审计成果　共完成审计项目15项，审计单位50户，是年计划的161%。查处违纪违规资金978万元，应上缴财政78.69万元，已上缴财政64.48万元，其中完成上级交办任务5项，配合上级部门审计1项，政府交办审计6项（其中移交区纪委落实处理1件），经济责任审计1项，自定审计项目2项。建立了经济责任审计工作联席会议制度。对花寨子乡党委书记张建学同志任期内的乡政府预算内外收支、资产、债权债务和管理等方面进行了经济责任审计。根据区政府的安排，对区属的广厦宾馆自开业以来的经营管理情况进行了合法性、合规性及效益性审计，对存在的问题，及时向区政府写了专题报告，并提出了审计建议。经有关部门领导批准，对主要问题已移交区纪委落实处理。

【兰州市西固区审计局】现有干部职工20人，设有行政事业审计股、财金审计股、综合股、办公室，负责对全区8个乡（镇）、7个街道和24个区直部门的审计监督。局长王忠平，副局长施梅、颜莉。

审计成果　全年共完成22个审计项目，审计户数43户，审计资金5.43亿元；审计查出各类违规行为资金1960.86万元，其中指明要求纠正资金1950.25万元，决定处理10.61万元；应上交财政10.61万元，已缴财政9.02万元。财政同级审计共抽审一级预算单位24个，占全区一级预算单位的36.36%，抽审预算资金8073万元，占全区预算支出的64.21%；完成下级财政决算审计3户、行政事业单位财务收支审计8户、资产负债及损益审计3户、区政府交办经济责任审计6项、西固区花木交易市场基本建设决算审计1项、专项资金审计7项；完成区政府交办新城撤乡、街建镇审计2项；对原审计事务所进行了清算审计，全面完成了事务所脱钩改制任务。

【兰州市安宁区审计局】现有干部职工12人，负责对全区3个街道6个乡镇和53个区直部门的审计监督。局长郭成莉，副局长魏公琳、马小平。

审计成果　全市共完成14个审计项目29个审计单位，共查出违纪资金418.71万元，其中上缴财政资金0.14万元，要求纠正违纪资金418.57万元。同级财政审计一级预算单位17个，二级预算单位4个，审计资金总额1709万元，其中预算内资金1287万元；对5名科级领导干部进行了经济责任审计；受安宁区政府指派对安宁区果菜副食品总公司、兰州紧固件厂、安宁砖瓦厂3个国有单位经营情况及资产负债状况进行了审计。

【兰州市红古区审计局】现有干部职工15人，设有办公室、财政金融审计科、行政企业审计科，负责全区6个乡镇和43个区直部门的审计监督。局长胡志丰，副局长彭钢。

审计成果　全年共完成审计项目16项，为年计划的123%，审计单位28家，审计资金总额5246.30万元，查出违规金额946.42万元，其中决定处理处罚387.79万元，指明要求纠正558.62万元，应缴财政6.98万元，已缴财政5.28万元。完成上级交办任务3项，对本级1998年至1999年排污费的征收、解缴和环保补助资金的管理情况以及1999年教育经费预算执行情况进行了专项审计，对红古地区企业职工基本养老保险扩大覆盖面情况进行了审计调查。完成经济责任审计6项。

【永登县审计局】现有干部职工14人，设有财金审计股、工交审计股、行政事业审计股和办公室，负责对全县22个乡镇和79个县直部门的审计监督。局长苏世芳，副局长赖有文、张大全。

审计成果　共完成审计项目38个，先后审计了59个单位，完成计划的311%；全年共查处各类违规行为金额638.68万元，同比增长20%，查处应上缴财政191.62万元，追还被挪用专项资金24.33万元。共完成上级交办的审计任务5项；完成领导干部经济责任审计18项，共查处违规行为金额606.64万元，其中应上缴财政违纪资金189.87万元；查处被挪用专项资金27.65万元。

【榆中县审计局】现有干部职工14人，设有行政事务办公室和审计业务办公室，负责对全县27个乡、镇和58个县直部门的审计监督。局长丁林华，副局长徐彦明、靳克刚。

审计成果　全年共完成各类审计项目50项，其中经济责任审计35项。实际完成审计项目占目标责任项目的263%。审计查出各类违纪违规资金1380万元，其中应上缴财政30.27万元（已全额入库）。

【皋兰县审计局】现有干部职工9人，设有财政金融审计组、行政事业审计组、商贸工交审计组和办公室，负责对全县7个乡镇和49个县直部门的审计监督。局长宋发祥。

审计成果　共完成审计项目20个，审计单位数61个。查出各类违纪违规资金2098.4万元，同比增长1.4倍，其中决定处罚收缴资金26.3万元，决定执行率为100%，纠正违规行为资金2072.1万元。审计查出应缴财政资金205.73万元，已交财政126.7万元，应归还原渠道资金77.7万元，促进财政增收节支186.2万元。全年完成政府交办的审计任务7项，其中领导干部任期经济责任审计5项，审计结果，有4人得到提拔和重用，有1人暂未安排职务。

【金昌市审计局】2000年，共有在职干部、职工26人，其中大学本科学历7人，大专学历10人，局长刘永海，副局长高善鹏，总审计师杨清泽。设有办公室、综合科、财政金融审计科、行政事业审计科、企业审计科、基建审计科。

审计成果　共完成审计和审计调查项目39个，为年计划项目的162.5%，审计资金总额212392.7万元，查出违纪违规资金7749.3万元，应上缴财政18万元。其中追还被挤占挪用资金301万元，核减工程造价

3.4万元。

完成上级交办任务 本级财政预算执行情况审计共完成一级预算单位31个，同时延伸审计了33个二级预算单位及10户企业，查出违纪违规资金230.4万元；全年对农业、教育、环保、水利、基建、以工代赈、退耕还林还草等专项资金进行了审计，查出被挤占、挪用等违纪违规资金112.4万元；对金昌汽车运输公司1999年度资产、负债、损益情况进行了审计，查出违纪违规资金52.8万元。

经济责任审计 全年共完成经济责任审计11项，查出违纪违规资金7334万元，上缴财政1.7万元。

【金川区审计局】现有干部职工9人，设有办公室、财政金融审计股、行政事业审计股、基建企业审计股，负责对全区2个乡镇和47个区直部门的审计监督。局长肖汉才，副局长张建国。

审计成果 全年共完成审计项目12个，审计调查2项，审计资金总额11264.05万元，查出违纪违规资金434.94万元，共提交审计报告13篇。其中区级财政预算执行审计资金总额6526万元，延伸审计单位18个，占本级预算执行单位的41.8%，延伸审计资金3143.2万元，占本级预算拨款数的76.2%，查出违纪违规资金306.24万元；镇级财政决算审计资金总额994万元，查出违纪违规资金27.14万元，已建议并督促有关部门纠正违纪违规行为；专项资金审计总额528.38万元，查出违纪资金3.8万元。

按照区委、区政府的要求，先后完成6个单位的干部任期经济责任审计，审计资金总额1425.89万元，查出违纪违规资金93.42万元；完成城管办、电气化办、农业综合开发办等单位的财务收支、专项资金的审计，审计资金总额1789.78万元，查出违纪违规资金4.34万元；配合有关部门完成对区种猪厂、住房资金管理中心及6个街道办事处卫生费的清理检查；制定并颁发了《金川区领导干部和国有及集体企业领导人员任期经济责任审计的实施意见》。

【永昌县审计局】现有干部职工11人，设有办公室、财政金融审计股、行政事业审计股、企业审计股、经济责任审计股，负责对全县10个乡镇和43个县直部门的审计监督。局长陈兴茂，副局长魏得仁、王瑞明。

审计成果 全年共完成审计项目26项，共查出违规违纪金额363.9万元，审计决定应上缴财政10.8万元，已缴2.2万元。对全县教育经费、水利资金、农业综合开发资金进行了审计监督，查出违规违纪资金143.1万元，指明纠正事项5项。对12名领导干部任期经济责任实施了审计，查出违规违纪资金157.3万元，并出具了审计结果报告。完成其它审计事项3项，查出违规违纪资金63.5万元。

【白银市审计局】2000年，共有在职干部职工34人，其中大学本科学历5人，大专学历18人，局长李志强，副局长魏志发、王世勇，纪检组长程德选。设有办公室、纪检（监察）室、投资审计科、经济责任审计科等部门。下设基本建设审计中心，设立派驻市直部门机构10个。

审计成果 全年共完成审计项目（单位）49个，查处各类违纪违规资金2145万元，其中决定处理处罚275万元，指明要求纠正1870万元；应收缴财政资金40万元，追还原渠道资金368万元。移送纪检部门查处案件2起。本级预算执行审计共查处和纠正违纪违规资金692万元。提出审计意见和建议7条。共完成上级审计机关和白银市委、市政府交办任务13件，澄清了一些重大经济问题。

内部审计 共完成审计项目（单位）76个，查处和纠正了企业在经营活动中的违纪违规问题。

经济责任审计 共完成经济责任审计项目7个，查处违纪违规资金209万元。

【白银市白银区审计局】现有干部职工13人，负责对全区5个乡镇、4个街道、43个区直部门的审计监督。局长吴涉兰，副局长廖永安。

审计成果 全年共完成审计项目22项，为年计划的110%；查出各类违纪资金63万元，是上年的3倍，应收缴财政资金39万元，是上年的4.5倍，已收缴当年及以前年度应缴财政资金9.3万元。审计预算组织和执行单位11户，延伸审计二级预算执行单位5户，审计资金2200万元，占预算支出的35.5%，审计覆盖面达一级预算执行单位的30%。并向区政府、区人大提交了“审计结果报告”和“审计工作报告”。乡财政决算审计查出违纪资金11.4万元；完成了党政交办和经济责任审计项目6项，查出“小金库”24万元，漏缴税金26.7万元。

【白银市平川区审计局】现有干部职工8人，设有办公室、综合股、行政事业审计股，负责对全区8个乡镇3个街道办事处和40多个区直部门的审计监督。局长王秉佩，支部书记曹邦，副局长杨国文。

审计成果 共完成审计项目39个，为年计划的195%，共查处各类违纪违规资金645.45万元。对区财政、区地税局、本级国库及9个一级预算执行单位进行了审计，审计一级预算执行单位数的30%，审计金额2750万元，约占当年预算支出资金总额的61%。根据区委组织部的安排，对23个乡（镇、街道办）、区直行政事业单位行政“一把手”任期财政、财务收支情况进行了审计。对2个世界银行贷款项目，2个乡（镇）财政决算和教育事业费专项资金等项目进行审计。

【靖远县审计局】现有干部职工19人，设有办公室、财政金融审计股、行政事业审计股、企业审计股、固定资产投资审计股，负责对全县21个乡镇和33个县直部门的审计监督。局长宋继纲，副局长段文鹏、李庆和、周步迈。

审计成果　全年共完成审计项目34项，审计单位41个；完成审计调查4项，调查单位25个；查出违纪违规金额778万元。决定处理处罚18万元，指明要求纠正760万元，已上交财政3万元，提出合理化建议13条。完成县委、县政府交办的工作任务8项；完成省、市审计机关下达的审计任务6项，其中国外援贷款审计5项；专项审计1项，审计单位6个；加强内部审计工作的管理和指导，当年新增内部审计机构2个，内审人员5名，查出损失浪费资金367万元。

【景泰县审计局】现有干部职工17人，设有办公室、财经审计股、行政事业审计股、企业审计股、基建审计股，负责对全县14个乡镇和64个县直部门的审计监督。局长何正家，副局长部端木、李文雄，纪检员王明学。

审计成果　全年完成审计项目54项，审计总金额31495万元，查出各类违纪违规行为资金281万元，其中应上交财政资金19万元，已上交财政6万元。追还被侵占挪用资金31万元，处罚资金3万元，为国家增收节支281万元。对18个一级预算执行部门和24个二级预算执行单位的财政财务收支情况进行了审计监督，查出违纪违规资金102.57万元。共开展企业离任审计1项，实施上级临时交办事项5项。

【会宁县审计局】现有干部职工17人，设有财金审计股、行政事业审计股、企业外资审计股、基建审计股、办公室，负责对全县33个乡镇和42个县直部门的审计监督。局长邓兴武，党支部书记徐克勤，副局长郭军祥、刘魁汉。

审计成果　共完成审计项目43个，查出各类违规资金285万元，上交财政2.4万元，追还被侵占挪用资金29万元，移交检察机关案件1件，移交纪检机关1人。

【天水市审计局】2000年，共有在职干部职工79人，其中大学本科学历15人，大专学历40人，局长刘超，副局长赵宁、马有成、晏平，总审计师夏国瑛，纪检组长田建民。设有办公室、综合科、法制科、财政审计科、行政事业审计科、农业审计科、工业交通审计科、商粮贸审计科、金融外资审计科、固定资产投资审计科。下设副县级建制的天水审计培训中心。

审计成果　全年共完成审计项目410个，为年计划的303.70%。查出违纪行为金额6389万元，应上交财政资金210万元，已收缴财政180万元，归还原渠道资金1659万元，促进增收节支1869万元。

完成上级交办任务　对市建委等14个机关、企事业单位领导干部任期经济责任和市政府驻京办等4个机构的财务收支情况进行了审计。

内部审计　全市共有内部审计机构107个，其中专职机构28个；内审人员156人，其中专职内审人员42人。共审计79个项目，纠正违纪行为金额259万元，向司法机关移送案件1件。

【天水市秦城区审计局】现有干部职工20人，设有办公室、综合股、财政金融审计股、行政审计股、工交商贸审计股，负责对全县22个乡镇和49个县直部门的审计监督。局长巴宜立，副局长赵显利、张林林、马静。

审计成果　全年共完成审计项目40个，是年计划的174%。审计单位62个，完成审计调查1项（单位）。查出违纪违规资金399.22万元，决定处理处罚258.62万元，指明要求纠正140.6万元，应上交财政资金25.49万元。向省审计厅、市审计局、秦城区委报送信息24条。共完成区委、区政府交办任务9项。受区委组织部委托，完成了15项经济责任审计，被审计的15人中，晋升的3人，平调的4人，退休的8人。查出违规金额73万元，上交财政2.4万元。

【天水市北道区审计局】现有干部职工18人，设有办公室、综合股、业务股，负责对全县22个乡镇、4个街道办事处和60个县直部门的审计监督。局长张进尚，副局长沈全仓、缑万祥、周彦英。

审计成果　全年共完成审计项目40项，为年计划项目的307.69%，审计单位77个，审计资金总额27418.02万元，查出各类违规行为金额561.99万元，上交区财政金额19.73万元，查处调增国有资产103.85万元，追还被侵占挪用资金193.96万元。提交审计信息36篇，被各级采用22篇。配合纪检、监察、组织、人事、财政、税务部门工作，完成审计调查5项。通过向税务部门发送《审计建议书》查补税款17.4万元。本级财政预算执行审计对26个一级预算单位和畜牧中心等20个二级预算单位进行了延伸审计，延伸审计单位65个，审计资金总额7421.97万元，占预算支出总额11568万元的64.16%，查出各类违规行为金额320.48万元，增加财政收入12.47万元。

【武山县审计局】现有干部职工12人，设有办公室、财政金融企业审计股、行政事业审计股，负责对全县20个乡镇和68个县直部门的审计监督。局长令秋泰，副局长赵士雄、杨映春。

审计成果 全年共完成审计项目14项，是年计划的108%，查出并纠正违纪违规行为金额256.40万元，收缴县财政5.07万元。完成政府交办事项2项。全县12个内审机构共完成内审项目11项，查出并纠正违纪违规行为资金6.70万元，提出改进建议18条。社会审计全年完成审计项目29项，其中验资年检23项，报表审计5项，咨询服务1项。

【甘谷县审计局】现有干部职工14人，设有办公室、综合股、财政金融审计股、行政事业审计股、工交审计股、商贸审计股，负责对全县20个乡镇和86个县直部门的审计监督。局长颉爱明，副局长李太定、马来福。

审计成果 全年共完成审计项目43个，为年计划的333.33%；审计单位62个，完成审计调查1项(单位)，查出违纪违规资金1770.74万元，决定处理处罚279.44万元。完成了省、市审计机关下达的年度审计工作计划。完成县委、县政府交办任务3项。共设立内部审计机构23个，内审人员24人，其中专职人员1人。完成审计项目10个。共向省审计厅、市审计局、县政府报送信息32条。

【清水县审计局】现有干部职工17人，设有行政股、财政金融审计股、行政事业基建审计股、企业审计股、经济责任审计股，负责对全县24个乡镇和68个县直部门的审计监督。局长左忠康，副局长纪自胜、张顺禄。

审计成果 全年共完成审计项目20项，为计划的166.7%，审计总资金19764万元，查出违纪资金462.07万元，收缴财政资金22.12万元，查出国有资产流失141.1万元，损失浪费1.44万元，追回资金239.98万元。报送各类信息25篇，被刊登8篇。预算执行审计共审计了68个预算单位，其中一级预算单位23个，二级41个，纳税企业4户。审计总资金3668万元，查出违规违纪资金136.4万元，应上交财政资金15.9万元，追回被侵占挪用的资金10.2万元，提出合理化建议4条。

【秦安县审计局】现有干部职工13人，负责对全县22个乡镇的审计监督。局长郭守信，副局长李新成、雒家骥。

审计成果 共完成审计项目15项，审计单位68个，共查出违纪违规资金96.59万元，其中应上交财政60.49万元，已上交财政60.49万元，追还被挤占挪用资金34.8万元。

【张家川回族自治县审计局】现有干部职工24人，设有办公室、财政审计股、行政事业审计股、金融保险审计股和内审股，负责对全县19个乡镇和23个部门的审计监督。局长马清元，副局长赵清合、马成林、马思礼。

审计成果 全年共完成审计项目39项，审计单位62个，审计资金总额6761.9万元，查出违纪违规资金602.3万元，应缴财政11.2万元、收缴财政2.1万元。完成审计调查2项、调查单位24个。提交审计信息25篇。协助纪检、监察部门查处经济案件2起。完成党委、政府交办项目27项，其中科级干部离任审计项目8个，乡镇财务收支审计19项。审计资金2392万元。完成市审计局下达审计项目12个，审计单位35个，审计资金4369.1万元。

【嘉峪关市审计局】2000年，共有在职干部、职工23人，其中大学本科学历2人，大专学历9人，局长杨素贞，副局长王万平。设有办公室、综合科、企业审计科、行政事业审计科、固定资产投资审计科、经济责任审计科。

审计成果 全年共完成审计项目34个，审计资金总额9.58亿元，查出违纪资金1862.61万元，应上缴60.03万元。对15个一级预算单位1999年至2000年上半年财政预算执行情况进行了审计，同时延伸审计了34个二级预算单位。查出各类违纪资金769.18万元，应上缴财政资金56.66万元。全年共对全市24名副处级以上领导干部（其中党政领导干部19名，企业领导人员5名）进行了经济责任审计。

【定西地区行政公署审计处】2000年，共有在职干部、职工35人，其中大学本科学历5人，大专学历10人，处长程正祥，副处长漆锐、罗瑜，纪检组长焦永福。设有秘书科、综合科和基本建设审计科、财政金融审计科、行政事业审计科、工业交通审计科和商粮贸易审计科。

审计成果 共完成审计项目50个，是年计划的122%。查出各类违纪违规行为金额9509万元，督促归还原渠道资金1023万元，应收缴财政资金53万元，已上缴财政资金15万元（其中罚款5万元），促进增收节支1029万元。

完成上级交办任务 根据省审计厅的统一部署，精心组织了对高崖水泥厂、红旗山煤矿和神力印刷有限责任公司3户企业1999年度资产、负债及损益情况的审计和审计调查，同时根据省厅安排，在全区范围内组织开展了环保资金、社会保障资金、教育经费等专项审计，并对2000年养老保险基金收支预测情况进行了专项审计调查。

内部审计　共有内审机构77个，其中专项机构27个。从事内部审计人员130余人，其中专职人员37人。共对93个单位进行了财务收支审计，对4个单位进行了经济责任审计，纠正违规行为金额13万元，有12条审计建议意见被采纳。

经济责任审计　定西地区地、县审计机关派出人员赴山东学习任期经济责任审计经验。全年共对115个单位的116名党政领导干部和国有企业及控股企业领导人员进行了任期经济责任审计，其中处级干部1人，科级干部94人，企业领导人员21人。查处各种违规违纪行为金额2150.11万元，审计后，决定处理处罚金额1014.67万元，指明要求纠正金额1135.44万元。由审计机关移送纪检监察机关2人，移送司法机关1人。审计结果报送审计部门后，其中有77人平调，4人晋升，12人免职，1人降职，1人撤职，1人受到党纪处分。

【定西县审计局】现有干部职工16人，设有办公室、企业审计组、财政金融审计组、行政事业审计组，负责对全县26个乡镇和98个县直部门的审计监督。局长刘雄，副局长杨春积、张生明、王昆山。

审计成果　全年共完成审计项目27项。审计查出违纪违规资金1491.22万元，其中应缴财政资金88.54万元；追还被侵占挪用资金2.64万元；决定处理处罚869.01万元，共提交审计报告27篇。先后抽调24人次完成县委、县政府安排的定点扶贫、计划生育、抗旱、粮油入库、农田建设等中心工作，积极配合财政、计划、纪检等部门的执法检查。

【岷县审计局】现有干部职工14人，设有办公室、综合股、行政事业审计股和企业审计股，负责对全县23个乡镇和51个县直部门的审计监督。局长李讲科，副局长裴怀明、石志平。

审计成果　共完成审计项目18项，审计单位42个，审计查出各类违纪违规资金193.77万元，应收交财政14.51万元，已收交财政13.61万元，归还被侵占挪用的专项资金61.52万元，共为国家增收节支75.13万元。移交司法机关立案1人，建议纪检监察机关给予行政处分2人，建议取消“优秀乡党委书记”1人；没收处罚个人违纪资金1.29万元，涉及人员4人；提交审计工作报告2篇，《甘肃审计》采用刊发信息论文8篇，地区采用2篇。

【渭源县审计局】现有干部职工12人，设有综合股、行政事业审计股、工商企业审计股、办公室，负责对全县20个乡镇和42个县直部门的审计监督。局长李恭，副局长肖东良、毛贵璧。

审计成果　同级财政预算执行情况审计查出违规违纪资金135万元，查补税款6.37万元，促进增收节支金额99万元。全年共完成领导干部任期经济责任审计39项，移送纪检机关1项。查出违规违纪资金552万元，收交财政5万元。世行贷款审计就内配资金不到位、财物管理混乱等问题向县政府提出了纠正建议；基建审计查出超规模建设528平方米，核减工程造价23万元。

【陇西县审计局】现有干部职工15人，设有财政金融审计股、固定资产投资审计股、行政事业审计股、工业交通商贸审计股，负责对全县25个乡镇和45个县直部门的审计监督。局长王卿，副局长陈继、吴海仓。

审计成果　全年共完成审计项目47项，其中经济责任审计19项，是年计划的151.6%。查处各类违纪违规行为金额121.02万元，应归还原资金渠道资金88.65万元，应上缴财政资金22.52万元，已上缴财政19.32万元。共为国家增收节支107.97万元。提交审计报告、信息23篇。

【通渭县审计局】现有干部职工16人，设有综合股、财金基建审计股、行政事业审计股、工交商贸审计股。局长杨锦哉，副局长李隆唐、何统江、贾国璧。

审计成果　全年共完成审计项目69项，审计资金总额38065万元，查出各类违规违纪资金3427万元，其中应收缴财政5.76万元，实际收缴财政1.70万元。本级预算执行审计重点审查了县财政局、地税局2个直接组织预算执行的部门，并延伸审计了使用财政资金较多和预算外收入较多的县教科局、卫生局等32个一、二级拨款单位，共查出违纪资金3015.80万元。对县防疫站、县医院和地毯公司等12个党政领导干部和企业领导人员进行了任期经济责任审计，审计后有10人被平调，1人晋升，2人免职。对县医药公司、富强建材有限公司等3户企业进行了审计。

【漳县审计局】现有干部职工12人，设有办公室、行政事业审计股、企业审计股，负责对全县17个乡镇和85个县直部门的审计监督。局长卢元鹏，副局长李玉玺、常国义。

审计成果　全年共完成审计项目35个，其中经济责任审计4项。查出各类违纪违规行为金额58.50万元，应上缴财政资金0.60万元，已上缴财政资金0.50万元，促进增收节支0.50万元。对1999年本级预算执行和其它财政收支情况进行重点审计。审计资金3057万元，占本级预算支出的85.8%，审计预算执行单位18个，占预算单位总数的38%，查出违规行为资金20万元。全年完成经济责任审计4项，审计结果2人平调，2人免职。

【临洮县审计局】现有干部职工14人，设有办公室、行政事业审计股、企业审计股，负责对全县33个乡镇和43个县直部门的审计监督。局长陈兴华，副局长罗军、张海涛。

审计成果 共完成审计项目56个，查出违纪违规金额294.38万元，应缴财政资金17.74万元，上缴财政资金14.4万元，归还被侵占挪用资金200.90万元，促进增收节支271.59万元，提交审计工作报告、信息及论文30篇，被各级部门批示、采用2篇次。

【平凉地区行政公署审计处】2000年，共有在职干部、职工46人，其中大学本科学历5人，大专学历22人，处长党模华，副处长张振杰、李生祥，纪检组长柳明德。设有人秘科、综合科、财政金融审计科、行政事业审计科、干部离任经济责任审计科、固定资产投资审计科、工交企业审计科、商粮贸审计科。

审计成果 全年共完成审计项目74个，是计划任务的161%，查出各类违纪违规资金1384.3万元，决定收缴财政资金37.9万元，已收缴入库资金13.4万元，追还被侵占挪用专项资金102.3万元，提交专题审计报告、信息40篇。指导各县（市）审计局完成了1999年度的本级财政预算执行情况审计，共抽审资金7.56亿元，抽审单位和资金分别达30%和60%以上。审计了峡中水泥厂15万吨水泥改扩建竣工决算、泾川县3500吨肉制品生产线竣工决算、静宁县化工厂1000万发电雷管生产线竣工决算等项目。审计了国际金融组织贷款和国外援款的结核病预防、妇幼保健、疾病预防项目和农村供水与环境卫生、贫III义教工程项目等，查出违纪资金272.5万元。审计了13户国有重点企业，查出资产、负债损益所有者权益不实的单位5个，虚增金额1129万元。

完成上级交办任务 全区完成上级交办事项117项，其中干部离任审计99项、审计调查1项、专项审计8项，协助有关案件1件。

内部审计 共有内部审计机构16个，有专（兼）职审计人员32人，共完成审计项目9个，纠正各类违纪违规资金44.3万元。

经济责任审计 全区共完成经济责任审计99项，其中党政领导干部89项、企业10项，通过审计平调86人、晋升职务6人、免职4人，降职1人，受党政纪律处分1人。查处违纪资金279万元。平凉地区审计处先后审计了10名县处级主要领导干部的离任经济责任，通过审计平调的7人，晋升职务的3人。

【平凉市审计局】现有干部职工14人，设有办公室、财政金融审计股、行政事业审计股，负责对全市21个乡镇和304个市直部门和企业单位的审计监督。局长王琥，副局长李平安、马贵君。

审计成果 全年共完成审计项目62项，审计总资金4.2亿元，查出各类违纪违规资金1768.3万元，决定收缴财政资金23.1万元，已收缴入库资金3万元，共提交审计报告、信息62份。重点抽审了23个市直一级预算执行单位，9个乡（镇）级财政预决算单位，抽审单位和资金总额分别达到34.4%和71.8%。对上年度的普教经费、养老保险基金、环保资金、支农资金等4个专项资金进行了审计，审计资金总额1.4亿元，其中预算内资金9383万元，占当年市级财政支出的72%，预算外资金1337万元，其它资金3272万元；查出违纪资金1383.7万元，决定收缴财政资金14万元。完成组织、人事部门交办的领导干部离任经济责任审计26项，查出违纪违规资金332.1万元，收缴财政资金4.3万元。通过审计被提升的1名，平调的21人，免职的4名。

【灵台县审计局】现有干部职工9人，负责对全县16个乡镇和161个县直单位及企事业单位的审计。局长王京，副局长马秀芳、杨炳华、李宝灵。

审计成果 全年共完成审计单位（项目）61个，为全年计划任务的196.8%，查出各类违纪资金141.2万元，其中应上缴财政9.7万元，追还被挤占挪用专项资金33.4万元，共为国家增收节支43万元。对15个单位处罚金额2.7万元，提交审计报告、信息19篇。全面审查县级财政总预算和地方税收情况，共查出各类违纪资金17.5万元，应上缴财政5.4万元，追还被挤占挪用专项资金9.5万元。完成了1998年至1999年度排污费、1998至2000年3月底社保资金及1999年度教育经费3个项目的审计，查出各类违纪资金73.6万元。对县农村信用社营业部、新开信用社进行了审计，查处各类违纪资金0.7万元。完成上级交办事项29个，其中干部离任经济责任审计26个，专项财务审计3个，共查出各类违纪资金48.1万元，上缴财政4.6万元，追还被挤占挪用专项资金20.5万元。内审机构完成审计项目62个，纠正违规行为资金58.4万元。

【静宁县审计局】现有干部职工15人，设有办公室、财政金融审计股、行政事业审计股、干部离任经济责任审计股、固定资产投资审计股、企业审计股，负责对全县30个乡镇和56个县直部门的审计监督。局长慕锡武，副局长翟维纲、杨建雄、李寰。

审计成果 全年共完成审计项目44个，为计划任务的130%，查出各类违规违纪资金1262.6万元，应收缴财政资金9.7万元，已收缴入库资金达6.4万元，追还被侵占挪用资金65.5万元，提交专题审计报告、信息23条。对20个县直一级预算单位财务收支审计和2个乡1999年度乡级财政决算审计，查出各类违规违纪资金128.9万元，决定收缴县财政资金6.99万元。对11位科级党政领导和企事业单位负责人任期经济责任进行了审计，查出各类违规违纪资金1128.3万元，决定收缴县财政资金2.01万元。先后对全县企业职工失业保险基金，养老保险基金及"贫Ⅲ"项目等专项资金进行了审计，查出各类违规违纪资金4.7万元，决定收缴县财政资金0.3万元。

【崇信县审计局】现有干部职工6人，负责对全县10个乡镇和52个县直部门的审计监督。局长何高林，副局长樊彦君、朱自胜。

审计成果 全年共完成审计项目26项，查出各类违规行为金额1234.79万元，其中决定处理处罚275.35万元，指明要求纠正的959.44万元。应上缴财政20.14万元，对违反财经法规的有关责任单位和个人罚款5700元，追还被侵占挪用资金71.61万元。抽审一级预算单位14个，占一级预算单位的30%，抽审资金8000万元，占预算支出的60%。查出违规违纪资金50.8万元，应上缴财政2.1万元，罚款0.49万元。完成专项资金审计4项。完成干部离任经济责任审计6项，查出违纪行为金额972.6万元，应上缴财政18万元。

【华亭县审计局】现有干部职工11人，设有办公室、财政审计股、企业审计股，负责对全县12个乡镇和100个县直部门的审计监督。局长潘儒文，副局长鲁瑞林、杜来存、马存丁。

审计成果 全年共完成审计项目38个，查出违规行为资金1466万元，应收缴财政资金39万元，追还被侵占挪用资金79万元。提交审计综合报告、信息14篇。重点抽审了17个一级预算单位，还延伸审计了33个二级单位和3户企业，查出违规行为资金106万元，追回被侵占资金65万元，应收缴财政资金14万元，并针对全县预算执行中存在的问题，提出了5条改进意见，得到了政府和人大的充分肯定。对华矿等7户企业的审计查出违规行为资金1314万元，应缴财政资金20.8万元。5个部门的领导干部经济责任审计共查出违规行为资金46万元，追回被侵占挪用资金14万元，应缴财政资金4.1万元。内审机构审计项目16个，纠正违规行为资金26万元。

【泾川县审计局】现有干部职工14人，负责对全县19个乡镇区和61个县直部门的审计监督。局长王俊杰，副局长马大骏、阎玉成，纪检组长吕润年。

审计成果 全年共完成审计项目31个，查出各类违纪违规资金461.6万元，决定收缴财政资金41.5万元，至年底实际入库17.8万元，追还被侵占挪用资金24万元。向省、地、县及有关部门提交审计报告、信息14篇，被有关部门和新闻单位采用的12篇。重点抽审了14个一级预算执行单位和4户企业，延伸审计重点二、三级单位6个，发现有违纪问题的单位15个，查出违纪资金444万元，决定收缴财政资金36.7万元，追还被侵占挪用资金24万元，提出审计意见和建议5条。对国家投资泾川县生态环境建设综合治理资金、普教经费、社会保险"两项基金"、环保资金进行了审计，以及城东"一带道路"和国道312线泾川辖区内征地、拆迁补偿资金审计，审计资金总额7411万元，查出各类违纪违规资金7.4万元，决定收缴财政资金0.5万元，返还被侵占挪用资金5.7万元。

【庄浪县审计局】现有干部职工13人，设有办公室、财政金融审计股、行政事业审计股、企业审计股，负责对全县23个乡镇和62个县直部门的审计监督。局长刘岩柏，副局长刘尚才、魏安旺。

审计成果 全年共完成审计项目58个，审计单位85个，审计资金总额26170万元，应上缴财政36万元，归还原渠道资金97万元。在预算执行情况审计中抽审一级预算执行单位20个，占其总数的31%，抽审资金5221万元，占预算支出的60%。查出违规行为金额657万元，其中处理处罚28万元，指明要求纠正629万元，应缴财政2万元。对县社会劳动保险局基本养老保险和失业保险基金的管理情况进行了审计，查处私设"小金库"32.77万元，挤占挪用养老基金23.7万元等。对该单位依法作出处理处罚，对2名负责人分别处以罚款，并向县监察局提出了给予行政处分的建议。完成领导干部任期经济责任审计12项，审计资金总额10221万元，查出违规行为金额167万元，决定收缴财政12万元。内部审计机构完成审计单位135个，纠正违规行为金额252万元。

【庆阳地区行政公署审计处】2000年，共有在职干部、职工42人，其中大学本科学历7人，大专学历12人，处长王积聪，副处长邱鸿元、韩志文、李文虎、李广义。设有人事秘书科、综合科、法制科、工交审计科、基建审计科、行政事业审计科、财金审计科、商贸审计科等部门。

审计成果　全年查处各类违规行为资金8072.19万元，应缴财政资金180.07万元，减少财政拨款或补贴204.47万元，归还原渠道资金882.06万元，促进增收节支金额122.66万元，向司法机关移交案件1起，建议行政处分8人。

完成上级交办任务　全年共完成省厅和地委、行署交办的审计事项16项，其中完成省厅6项，地委、行署10项。

内部审计　全年内审机构共完成内部审计项目46项，其中财务收支审计28项，经济效益审计7项，经济责任审计3项，基建项目审计8项，促进增收节支500多万元，纠正违纪资金300万元，向被审计单位提出建议、意见被采纳45条。

经济责任审计　全年共完成24个单位、26名领导干部经济责任审计，向组织部门提供了重要依据。

【西峰市审计局】现有干部职工18人，设有办公室、财政金融审计股、行政事业审计股、工交商贸审计股，负责对全市9个乡镇和56个市直部门的审计监督。局长卢来勤，副局长马治平、杨志坚、司南。

审计成果　全年完成审计项目23个，审计单位56个，查出违纪资金1366万元，决定应上交财政资金12万元。移送司法机关案件1起。

【庆阳县审计局】现有干部职工11人，设有秘书股、财金行政审计股、基建企业审计股，负责对全县19个乡镇和56个县直部门的审计监督。局长王全禄，副局长张森、冯明。

审计成果　全年共审计了62个单位，查处各类违纪违规行为金额855万元，应缴财政资金49万元，已上缴36万元，追还被侵占挪用的资金312万元。

【镇原县审计局】现有干部职工16人，设有文档股、财贸审计股、工交审计股、行政事业审计股，负责对全县24个乡镇和52个县直部门的审计监督。局长刘卫国，副局长王琳珲、郭晓辉。

审计成果　全年全县完成审计项目和领导交办项目26个，审计单位70个。查出违纪资金427万元，其中行政、事业单位违纪资金73万元，查出违反财经法规受到处理处罚的单位24个，移送纪检、司法部门经济案件线索1起。应上缴财政资金25万元，已上缴10万元，其中罚款8万元，占应上缴额的32%。

【合水县审计局】现有干部职工12人，设有人秘股、财金审计股、企业审计股、行政事业审计股，负责对全县15个乡镇和86个县直部门的审计监督。局长周智灵，副局长张应君、杨宏儒。

审计成果　全年共完成审计项目33项，审计资金总额47032.9万元，查出各类违纪违规资金563万元。应上缴财政资金5.7万元，已上缴财政资金4万元。减少财政拨款或补贴15万元，归还原渠道资金29万元。

【华池县审计局】现有在职干部职工9人，设有行政事业审计组、企业审计组、经济责任审计组，负责19个乡镇和43个县直部门的审计监督。局长杨学忠，副局长杨如宝、刘筱。

审计成果　全年共查处各类违规行为资金570万元，纠正违规资金327万元，应缴财政资金19万元，对违纪单位罚款7万元。

【环县审计局】现有职工15人，设有企业、行政事业、基建、人秘4个股（室），负责对全县25个乡（镇）和81个县直部门的审计监督。局长闫广舫，副局长孙环、刘占平。

审计成果　全年共审计55个项目单位，查出各类违规行为金额218.94万元，决定处理处罚6.24万元，指明要求纠正212.7万元，收缴财政14.6万元，归还原资金渠道资金167.7万元，向纪检监察机关移送案件1件。

【宁县审计局】现有干部职工14人，设有人事秘书股、综合股、行政财务审计股、基建工贸审计股，负责对全县23个乡镇和124个县直部门的审计监督。局长李存海，书记张兴运，副局长秦彦秀、付玲珍、豆兴勇。

审计成果　全年共完成审计项目26项，查出各类违纪违规资金1813万元，收缴财政资金20万元，追还被侵占挪用资金84万元。

【正宁县审计局】现有干部职工12名，设有人秘股、行政事业审计股、财金审计股、企业基建审计股，负责对全县12个乡镇、48个县直部门的审计监督。局长杨六印，副局长董治文、巩巧玲。

审计成果　全年完成审计项目15个，共审计单位104个；查出各类违纪违规资金702万元，其中审计决定处理处罚的违规资金199万元，要求纠正的违规资金503万元；追还被挤占挪用资金87万元；应处理收缴县财政资金16.85万元，其中违纪问题罚款10.55万元；已收缴入库资金16万元；移交违法违纪案件线索2件，向地区审计处和县政府提交专题审计工作报告9份。

【陇南地区行政分署审计处】 2000年，共有在职干部职工35人，其中大学本科学历7人，大专学历16人，处长李刘成，副处长尚志文、寇建新，副总审计师赵真学。设有人秘科、综合科、财政金融审计科、固定资产投资审计科、工业交通企业审计科、商粮贸企业审计科、行政事业审计科及地区纪检委、监察局派驻有纪检组、监察室。

审计成果　全年共完成审计任务345项，为年计划的300%。查出各类违规行为金额10366万元，其中决定处理处罚的1552万元，指明要求纠正的8814万元，应上缴财政320万元，已上缴财政199.3万元，应归还原资金渠道金额2178万元。

内部审计　全区共有内审机构115个，内审人员206人，开展审计任务9项，查出违规行为资金42.55万元，提出合理化建议被采纳2条。

经济责任审计　全区审计机关共完成经济责任审计任务70项，其中党政领导干部51人，企业领导人员19人，查出各类违规行为金额2652.6万元。审计结果提拔使用12人，平调31人，免职7人。

【成县审计局】 现有干部职工16人，设有财金审计股、行政事业审计股、工商企业审计股、法制和人秘股，负责对全县22个乡镇和67个县直部门的审计监督。局长曹俊明，副局长张俊新。

审计成果　全年共完成审计项目22项，查出各类违纪违规资金643.89万元，应收缴财政20.29万元，已全部收交入库。对全县12个单位、13个人的任期经济责任进行了审计，查出违纪违规资金594.38万元，对1999年度县本级财政预算执行情况进行审计，共涉及16个一级预算单位，审计资金总额3056.6万元，占预算执行单位的1/3。对红川镇政府1999年度的财政决算进行了审计。社会保障资金审计调查表明，截止1999年底全县欠费企业达31户，累计欠费179.17万元，给按时发放离退休人员养老生活费造成很大困难。严肃查处了环境保护专项资金在管理及使用中存在的问题，促进了资金的有效使用。对毕家山铅锌矿1997—1999年度资产、负债、损益情况进行了审计，该企业3年共上交所得税250.01万元，社会效益和经济效益均较好。对世界银行贷款卫Ⅵ、卫Ⅶ项目及结核病防治项目1999年度情况进行了审计，对城建局1999年城市基础设施建设情况进行了就地审计，对存在的问题提出了整改意见。

【礼县审计局】 现有干部职工16人，负责对全县36个乡镇和85个县直部门的审计监督。局长韩成贵，党支部书记侯向东，副局长张益民、王长王、秦小艳、高招礼。

审计成果　全年完成审计项目15项，共审计39个单位，查出各类违规行为金额785.93万元，其中决定处理处罚金额3.1万元，指明要求纠正金额782.83万元，应上交财政资金0.32万元。根据县政府安排，对全县36个乡镇的财务收支情况进行了检查和整顿，对4户企业进行了破产清算审计。

【康县审计局】 现有干部职工17人，设有综合股、行政审计股、企业审计股和事业单位审计服务所，负责对全县28个乡镇和25个县直部门及70个事业单位的审计监督。局长唐继元，副局长李京耀、陈再兴。

审计成果　全年共完成审计项目15项，审计部门和单位18个。审计出各类违规违纪资金372.35万元，处罚金额29.32万元，责成部门和单位纠正343.03万元，应交财政8.07万元。对预算执行部门的审计，共查出违规违纪资金230.93万元，责成纠正229.30万元，处罚1.63万元。对教育经费、普初、义教专项资金和教育费附加的拨付、分配、使用情况，环保资金的审计查处违规资金44万元，处罚2.7万元。全年落实审计决定5个，部门7个，收交各类违纪资金18.8万元。完成经济责任审计项目2个。

【武都县审计局】 现有干部职工23人，设有人秘股、行政事业审计股、财政金融审计股及企业审计股，负责对全县44个乡镇和82个县直部门的审计监督。局长任亚民，副局长丁继军、马志军，党支部书记刘雪英。

审计成果　全年共完成审计项目19项，审计单位27户，其中完成审计调查2项，调查单位2个，审计总金额14000万元，共查出违纪违规金额429.6万元，收缴县财政资金27.75万元。共提交审计报告30篇。完成县委、县政府交办的审计事项8项，审计清理单位8个。完成干部离任审计3项。

【文县审计局】 现有干部职工17人，设有人秘股、综合股、行政事业审计股、企业审计股、财金审计股和固定资产投资审计股，负责对全县25个乡镇和80个县直部门的审计监督。局长刘强，副局长滕康宁、张益丰、孙庆冀。

审计成果　全年共完成审计项目12项，查出各类违规行为资金637.29万元，应上缴财政1.43万元，对违规单位罚款1万元。开展了4项专项资金审计，共审计专项资金3525.73万元，查出违规行为资金355.64万元。

【两当县审计局】 现有干部职工13人，设有企业审计科、行政事业审计科、财政审计科和综合科，负责对全县14个乡镇和48个县直部门的审计监督。局长靳军，党支部书记赵丁有，副局长唐瑞萍、严真。

审计成果 全年共完成审计项目14项，是年计划的175%，审计单位31个；查出各类违规行为资金737万元，其中决定处理处罚13万元，指明要求纠正724万元；应上缴财政55.5万元，已上缴11万元。对8名领导干部任期经济责任审计结果，提升2人，免职1人，平调5人。

【徽县审计局】 现有干部职工11人，设有办公室、行政事业审计股、企业审计股，负责对全县18个乡镇和131个县直部门的审计监督。局长吴治明，副局长周成斌、谢志义。

审计成果 全年共完成审计项目21项，审计单位26户；完成审计调查1项，调查单位5个；审计金额3691.49万元，共查出违纪违规金额483.47万元，上缴县财政5.63万元；提交审计报告4篇。完成县委、县政府交办的工作任务14项，其中经济责任审计3项，审计金额852.35万元。完成省、地审计机关下达的审计任务7项，审计单位18个，审计金额3229.12万元。

【宕昌县审计局】 现有干部职工12人，设有人秘股、行政事业审计股、企业审计股，负责对全县各个乡镇部门的审计监督。局长王建民，支部书记袁玉海，副局长任国璋、刘肃琴。

审计成果 全年共完成审计项目10项，查出违纪资金884万元，上交财政14万元，共提交审计报告10篇。查处了被挤占挪用专项资金542万元。对县水保局原局长任职期内的经济责任进行审计，解决了该单位因长期拖欠群众树苗款102万元而引发的纠风问题。开展其它审计项目7项。

【西和县审计局】 现有干部职工20人，负责对全县24个乡镇和97个县直部门的审计监督。局长李双儿，副局长李英实、王启、马经国。

审计成果 全年完成79个项目(单位)，为全年任务的526.67%。审计资金总额53984.34万元，查出违规行为金额1728.7万元，其中决定处理处罚的金额886.91万元，指明要求纠正的金额841.79万元，经处理应缴财政14.61万元，已缴财政14.61万元。按照县委、县人民政府的安排，及时完成了16所学校和5户商贸企业领导干部经济责任离任审计。审计资金总额14517.34万元，查出违规行为金额195.29万元，其中决定处理处罚的金额94.65万元，指明要求纠正的金额100.64万元，经处理应缴财政25597.66万元，已缴财政25597.66元。

【武威地区行政公署审计处】 2000年，共有在职干部、职工29人，其中大学本科学历5人，大专学历16人，处长郑治亮，副处长张保元、刘志爱，纪检组长张文学。设有秘书科、综合科、基建外资审计科、财政金融审计科、工交企业审计科、商粮贸企业审计科、行政事业审计科。

审计成果 完成审计项目77项，为年计划的128.3%。共查出各类违纪违规行为金额2662万元，其中应上缴财政155万元，已入库91万元，应追还被侵占挪用资金100万元，查出经济案件线索1件。在进行全省统一组织的50户经贸企业审计调查中被评为先进，外资审计被甘肃省审计厅评为“先进单位”。

完成上级交办任务 按照省审计厅和武威地委、行署要求，主要完成了预决算执行审计、环保审计、社会保障审计、教育经费审计、退耕还林还草试点资金审计、固定资产投资审计、企业审计任务。完成了地委、行署交办领导干部任期经济责任审计事项19项。

【武威市审计局】 现有干部职工20人，设有办公室、综合股、工商企业审计股、行政事业审计股、财政金融审计股和固定资产投资审计股，负责对全市47个乡镇和40个市直部门的审计监督。局长周廷虎，副局长梁杰、王子勋、赵永庆。

审计成果 全年共完成审计(项目)单位87个，是年计划任务的395%，查出违规资金631万元，审计核减工程决算215万元，为纪检监察机关提供案件线索3件。

【民勤县审计局】 现有干部职工17人，设有办公室、财政金融审计股、行政事业审计股、企业审计股、基建外资审计股和法制检查股，负责对全县23个乡镇和64个县直部门的审计监督。局长王永多，副局长王国书、王琳。

审计成果 共完成审计项目(单位)68个，查出各类违纪违规金额280万元，收交财政资金2万元，提交审计报告8篇。共完成县委、县政府交办任务23个，完成工程决算审计项目11个，完成省、地审计机关下达的审计任务33项，审计单位42个。配合其它部门进行审计鉴证工作。

【古浪县审计局】 现有干部职工16人，设有办公室、综合股、财政金融审计股、行政事业审计股、工交商贸企业审计股，负责对全县24个乡镇和56个县直部门的审计监督。局长王吉孝，副局长马学贵、李正清。

审计成果 审计单位96个，其中财政审计31个单位，行政事业审计32个单位，基建审计23项，工商贸企业审计4项，国外借款贷款审计4项，党政交办项目2项。审计总金额2.44亿元，查处违纪资金1403.7万元，归还被挤占挪用资金1402万元，上交财政资金1.7万元。

【天祝藏族自治县审计局】现有干部职工16人，设有秘书股、财政金融综合股、行政事业审计股、工商粮贸企业审计股和法制股，负责对全县22个乡镇、51个县直部门和48个企业进行审计监督。局长何延玲，副局长黄建西。

审计成果 全年共完成审计项目（单位）135个，其中财政审计（包括同级预算执行情况审计）35个项目（单位），行政事业单位财务收支审计26个单位，企业资产、负债及损益审计5户、企业改制清产核资审计2户，领导干部经济责任审计16人，专项资金审计9个项目8个单位，固定资产投资开工前资金来源审计23个项目（单位），竣工决算审计16个项目（单位），外资审计3个项目（单位）。共查出各类违纪违规资金776.2万元，其中未缴、漏缴各种税金55.31万元，应上缴财政资金4.51万元，追还被占用专项资金10.5万元，核减工程造价49万元，查出“小金库”6.59万元，虚报冒领个人贪占1.3万元，截留农民灾情减免款3.9万元。查出1名科级领导干部有贪占行为，经移交县纪检、监察部门后，给予了开除党籍、撤销职务的处分。

【张掖地区行政公署审计处】2000年，共有在职干部、职工33人，其中大学本科学历12人，大专学历16人，处长樊明礼，党组书记把存元，副处长姬忠、李小平。设有办公室、综合科、行政事业审计科、工交基建审计科、商粮贸审计科、财政金融审计科等部门。

审计成果 全年全区共完成审计项目352项（单位413个），是年度计划任务的185.2%。其中张掖地区审计处完成57项，是年度计划任务的154.1%；查出各种违纪违规资金18239万元，其中审计处理处罚的资金2842万元，责令纠正的违规资金15397万元，经处理后应上缴财政583万元，已交322万元；追还被侵占挪用资金1323万元，共为国家增收节支1734万元；向省厅和地方政府提交专题审计调查及工作报告45份，查出百万元以上违纪资金8个，向司法机关移交经济案件3件。全区预算执行和其它财政收支的审计共查出各种违纪违规资金1464万元。张掖地区审计处对张掖市、临泽县的财政决算进行了审计，六县（市）审计局对14个乡（镇）的财政决算进行了审计，共查出财政决算中违纪违规资金6162万元。

经济责任审计 全区各级审计机关共完成经济责任审计项目95项（其中地区处完成11项），查出违纪违规资金6674万元。经审计确认，领导干部应负主管责任的资金2919万元，应负直接责任的资金221万元。审计结果平调74人，晋升9人，免职1人，撤职4人。

大案要案 张掖市审计局在对张掖市自来水总公司原任总经理的经济责任审计中查出该公司下属单位材料公司原任经理贪污挪用公款100.4万元的特大案件。在对张掖市小满乡原主要党政领导的经济责任审计中，查出原乡长伙同原党委书记贪污公款案件。

【张掖市审计局】现有干部职工16人，设有办公室、行政事业审计科、企业审计科等，负责对全市22个乡镇、1个新区、129个市直部门的审计监督。局长王海，副局长王慧敏、宋为栋、胡建辉、张自松。

审计成果 全年共完成78个审计项目并延伸审计了45个二级预算单位，超上级下达计划116%完成了任务。查出各类违纪违规资金2249万元；应处理收缴222万元，已实际入库149万元；指明要求纠正资金1772万元，归还原资金渠道834万元；移送案件2件，协查案件1件。开展了对市级财政预算执行情况和8个乡镇决算的审计，同时对市建委等10个单位的财政、财务收支进行了抽审，查出挪用专项资金等涉及759万元的问题，进行了纠正和处理。完成了市委、市政府交办的对29个行政、乡镇和企业主要领导的经济责任审计，其中查出大要案2件3人，并移送司法机关。完成了对26户企业的改制审计。向市委、市政府和上级部门报送了专题调研报告、审计信息等10篇。

【民乐县审计局】现有干部职工13人，设有办公室、财政金融审计股、工交商贸审计股、基建审计股，负责对全县14个乡镇和130个县直部门的审计监督。局长阮安民，副局长杨国成、张国锋。

审计成果 共完成审计项目54项，审计单位90个，完成审计调查项目8项，调查单位30个。审计金额2890万元，共查出违纪违规金额749万元，上缴财政资金23万元。共完成县委、县政府交办的任务25项，审计单位60个，审计金额893万元。完成全县列入改制的16户国有企业的资产、负债、损益情况审计。共完成经济责任审计19项。

【山丹县审计局】现有干部职工10人，负责对全县11个乡镇和56个县直部门的审计监督。局长盛积智，副局长张荣、钟红芳。

审计成果 全年共完成审计项目44个，共审计75个单位，完成年计划的183.33%。查出各类违纪违规行为金额2231.38万元，其中指明要求纠正金额1889.90万元，决定处理处罚金额341.48万元。应上缴财政资金13.40万元，追还被侵占挪用资金10.33万元，促进增收节支23.73万元，已收缴财政资金11.21万元，收缴率83.66%。

【临泽县审计局】现有干部职工10人，设有办公室、业务股、综合股等部门，负责对全县9个乡（镇）和60个县直部门的审计监督。局长倪大周，副局长宋国增、刘文荣。

审计成果　共完成审计项目40个，查处违纪资金2894万元，应交财政资金118万元，已交财政资金94万元，共提交审计报告及审计信息33篇。完成上级交办的工作任务23项，其中配合企业改制完成了14户企业的资产、负债、损益审计；对9名副科级以上领导干部进行了任期经济责任审计，查出违纪资金804万元，上级部门利用审计结果，平调6人，晋升2人，撤职1人。

【高台县审计局】现有干部职工8人，设有财政金融审计科、行政事业审计科、企业审计科和基建投资审计科，负责对全县12个乡镇和48个县直部门的审计监督。局长郑洪武，副局长王奋。

审计成果　全年共完成审计项目52项，审计单位70个，查出各类违规资金943万元，归还原资金渠道42万元，应交财政30万元，上交财政30万元，完成组织部门委托的离任审计任务16项。

【肃南县审计局】现有在职干部职工10人，设有综合股、财政金融审计股、企业基建审计股、行政事业审计股，负责对全县24个乡镇、6个区和36个县直部门的审计监督。局长贺继贤，副局长朱文英、蔡军。

审计成果　全年共完成审计项目53个，是年计划的212%，查出违纪违规资金724万元并作出了处理处罚。共审计行政事业单位20个，延伸审计县级财政拨款单位15个，还抽审了区级有关拨款单位。审计总金额7042万元，查出违纪违规资金33.1万元。共完成领导干部任期经济责任审计8项，查出有问题资金3万元，已限期纠正。共完成企业改制审计13户，占计划的65%，审计总金额5635万元，查出违规违纪资金693万元，并予以处理处罚。

【酒泉地区行政公署审计处】2000年，共有干部职工37人，处长殷守信，副处长王守业、黄凤琴、张贵虎、刘红艺；设有办公室、法制综合科、财政金融审计科、行政事业审计科、经贸审计科、经济责任审计科、固定资产投资和外资运用审计科。

审计成果　全年全区完成审计项目249项，查出违纪资金8688万元，追还被侵占挪用资金1097万元，上缴财政328万元，配合纪检、监察等部门查处各类经济案件2件，判刑1人。

完成上级交办任务　全年全区完成国家审计署、省审计厅、地委、行署交办的审计任务83项。先后抽调审计人员100余人次参与地方经济体制改革的各项工作。

内部审计　现有内部审计机构84个，专职内审人员55名，完成审计项目99项，查出损失浪费9万元，促进增收节支26万元。

经济责任审计　全年全区共完成经济责任审计53项，查出各类违纪违规资金720万元。领导干部中平调的42人，晋升的5人，免职的4人，降职的1人，撤职的1人。

【玉门市审计局】现有干部职工16人，设有行政金融审计股、企业审计股、基建审计股、办公室，负责对全市9个乡镇和80个市直部门的审计监督。局长赵玉英，副局长朱景人、包嘉宗、何金明。

审计成果　全年共完成审计项目31项，其中领导干部经济责任审计11项，上级交办的2项，审计调查1项，完成年初计划数的141%；审计资金总额2亿元，查出各类违规资金1025万元，其中应追还被侵占挪用资金41万元，应上交财政25万元，促进增收节支16万元，以上共可为国家增收节支41万元。向纪检监察机关移交经济案件2件，被行政处分的1人。

【酒泉市审计局】现有干部职工12人，设有办公室、综合基建审计股、财政金融审计股、企业审计股，负责对全市20个乡镇和73个市直部门的审计监督。局长王龙泉，副局长刘安平。

审计成果　全年共完成审计项目18项，审计调查1项，审计单位62个，审计金额34730万元；共查出违纪违规资金186万元，其中决定处理处罚单位9个，处理处罚金额52万元，指明要求纠正的134万元，归还原渠道资金77万元，上交财政17万元。向纪检部门移交案件2起，协助有关部门查处案件2起。提交审计报告18篇，上报审计信息4篇。

【敦煌市审计局】现有干部职工11人，设有财金审计股、企业审计股、综合股和办公室，负责对全市11个农村乡镇和100多个市直部门、事业单位的审计监督。局长寇冀芳，副局长杨忠义、王东生。

审计成果　全年完成审计项目26个，审计资金总额40319.28万元。财政预算执行情况审计对34个一、二级预算执行单位进行审计和延伸审计，对12户企业依法纳税情况进行税务延伸审计，审计资金总额达到17673万元。组织对环保专项资金、城市教育经费及教育费附加收支的专项审计；根据市政府要求，对农业资金进行了审计和审计调查。对市电力公司、自来水公司2户企业的资产、负债、损益进行了审计。同时，受委托对敦煌宾馆（集团）有限责任公司1999年度资产、负债、损益情况进行了审计，根据审计厅统一方案，对该企业参加职工养老保险、失业保险情况进行审计调查。受市委、市政府、组织部门的委托，对6个农村乡镇党政领导，10多个行政主管部门领导及多个事业单位承包经营情况进行了经济责任审计。

【安西县审计局】现有干部职工14人，设有办公室、经济责任审计股、财金企业审计股和行政事业审计股，负责对全县13个乡镇和105个县直部门的审计监督。局长佘立恒，副局长潘玉梅。

审计成果　全年共完成审计项目33项，为年度计划的150%，审计资金5.9亿元，查出违纪违规资金984.7万元，应上缴财政违纪资金116.5万元，已上交财政91万元。

【金塔县审计局】现有干部职工8人，设有办公室、行政财金审计股和企业审计股，负责对全县13个乡镇和县直部门的审计监督。局长王同贤，副局长王多虎。

审计成果　全年共完成上级审计机关下达和县委、县政府交办的审计项目29项，为年初计划的193%。其中领导干部经济责任审计15项。查出各类违规行为金额227.74万元，其中决定处罚33.89万元，指明要求纠正的193.75万元。应上交财政3.68万元，已上交财政0.79万元，应归还原渠道资金33.32万元，被采用的审计建议36条。

【阿克塞哈萨克族自治县审计局】现有干部职工8人，设有办公室、财政金融审计股、行政事业审计股、企业审计股，负责对全县6个乡镇和77个县直部门的审计监督。局长哈比亚西，副局长刘秀兰。

审计成果　全年共完成审计项目15项，审计单位38户，查出违纪金额548万元，应上缴财政112万元，已上交108万元，提交审计报告、信息4篇。移交监察、司法部门经济案件2起。完成上级交办的审计任务6项，审计单位29个，查出违纪资金11万元；完成县政府交办的审计任务9项，审计单位9个，查出违纪资金537万元。

【肃北蒙古自治县审计局】现有干部职工9人，设有办公室和审计业务股，负责对全县7个乡镇和60个县直部门的审计监督。局长吕建会，副局长阿尔格卡。

审计成果　全年共完成审计项目14项，审计单位32个，审计金额7796万元，查出各类违规行为资金228万元，配合纪检监察部门查处经济案件2件。完成县委、政府交办的工作任务9项，其中党政领导干部离任经济责任审计3项。同时对涉及改制的6户国有企业进行了审计。对3个部门的基建工程竣工决算审计，共审计工程造价216万元，审定工程造价175万元，净核减41万元，核减率为19.1%。

【甘南藏族自治州审计局】2000年，共有在职干部、职工27人，局长梁伯毅，副局长李栋贤、彭凤鸣。设有办公室、综合科、财政金融审计科、固定资产投资审计科、企业审计科、行政事业审计科、农业审计科等部门。

审计成果　全年共审计了50个项目（单位），查出各类违纪违规金额1530万元，其中应收缴财政金额50万元，罚税金额1万元，应追还被侵占挪用资金1420万元。向被审计单位及其主管部门提出加强管理和改进的建议147条，向地方党委、政府、上级审计机关以及新闻单位提供审计工作报告信息33篇。

完成上级交办任务　根据省厅授权，组织全州审计机关参与了22个利用世界银行贷款项目的审计。根据统一安排，对舟曲、玛曲县1999年度排污费的征收、管理和使用情况，对临潭、卓尼、舟曲3县1998年至1999年度义务教育工程专项经费的管理、使用和效益情况，对迭部县1999年度以工代赈、退耕还林项目计划执行、资金拨付、使用及项目实施情况，对州燎原乳业有限责任公司和热力煤炭有限责任公司1999年度资产、负债及权益的真实性进行了审计。

经济责任审计　受中共甘南州委组织部委托，对州民族宗教事务局、州民政局、州水电局、州体育运动委员会、州土地局、州劳动人事局、团州委主要领导干部任期经济责任进行了审计；根据州人民政府指令，对州列入九五重点财经建议项目——州铁合金厂自建厂以来的财务收支进行了审计，为州政府及时研究制定相关政策和进一步加强企业管理提供了科学依据。

【合作市审计局】现有干部职工12人，负责对全市所辖7个乡镇、4个街道办事处、54个市直一级预算执行单位、13个企业的审计监督。局长王红云。

审计成果　全年共完成审计项目32个，超额18.5%完成了全年任务。查处各类违规资金166万元，同比增长277.3%；应上缴财政9.2万元，同比增长513.3%；追还被侵占挪用资金8.5万元，同比增长203.6%。进一步完善和制定了《审计人员执法责任制》等9项制度。

【临潭县审计局】现有干部职工11人，负责对全县19个乡（镇）和68个县直部门的审计监督。局长范学智，副局长杨志平、王春瑞。

审计成果　全年共完成审计项

目24个，审计金额2583.69万元。共查出违纪违规金额1.05万元。应缴财政1.5万元，已交财政1.5万元，提交审计报告24篇。

【卓尼县审计局】现有干部职工11人，设有办公室、财金审计股、行政事业审计股、企业审计股、农业审计股、固定资产投资审计股，负责对17个乡镇和82个县直行政和企事业单位的审计监督。局长赵彦礼，副局长霍学飞、刘寅真。

审计成果 全年共完成审计项目9项、40个单位，审计总金额6350万元，共查出各类违纪违规资金91.35万元，其中应缴财政资金11.39万元，已缴9.95万元，指明纠正违规资金79.96万元。并向县政府提交综合审计报告14份，提出改进和纠正的意见和建议47条。

【舟曲县审计局】现有干部职工14人，负责对全县22个乡镇和175个县直部门、11个企业的审计监督。局长谈会云，副局长王学红、李解放、彭艳东。

审计成果 共完成省、州指令性审计项目24个，党政交办审计事项5个，审计总资金6718.7万元，共查出各类违纪违规资金48.47万元，其中应上交财政2.02万元；指明要求纠正46.45万元，共提交审计情况报告11篇，提出各类改进建议10条。

【迭部县审计局】现有干部职工12人，设有办公室、财政金融审计股、固定资产投资审计股、工商贸企业审计股、行政事业审计股、经济责任审计等机构，负责全县12个乡镇和65个县直部门的审计监督。局长张万红，副局长魏万民，杨慧琴。

审计成果 全年共完成审计项目19个，审计金额5938万元。查出各类违纪违规资金270万元，其中应缴未缴预算收入127万元，追还被侵占挪用资金1.9万元，查补行政事业单位漏缴增值税、房产税等1.6万元，查出各类账外收支58.6万元，审计清理涉及领导干部经济责任的借欠款物6.39万元，共提交审计报告（信息）17篇，被上级部门采用5篇。共完成县委、县政府交办工作任务15项，配合有关部门对91个基建项目的税收情况进行了检查清理及9户改制企业管理情况的考评工作。共完成上级下达的世行援款、排污费，农村教育费附加、信用社资产负债、损益审计项目4项，审计金额78万元。

【玛曲县审计局】现有干部职工11人，设有办公室、行政事业审计股、企业审计股，负责对全县8个乡和31个县直部门的审计监督工作。局长赵卫东，副局长杨智山、马玉兰。

审计成果 全年共完成审计项目41个，其中县级财政预算执行单位31个，向县委、县政府和上级审计机关提供审计报告10篇，向被审计单位及其主管部门提出建议6条。共完成党政交办项目（单位）4个。

【碌曲县审计局】现有干部职工8人，负责对全县7个乡、1个林场、1个牧场和40多个县直部门的审计监督。局长杨龙昌，副局长仁谦、三虎。

审计成果 共审计了30个项目（单位），审计资金总额3207.35万元，查出各类违纪违规行为资金250.75万元，其中应收缴财政金额4.20万元，全部收缴入库；追还专项资金154.50万元。在财政部门配合下，对以前年度审计决定中应收缴的违纪资金强行扣缴5.34万元，向被审计单位及其主管部门提出改进和规范财务管理、会计核算方面的建议43条，向上级主管部门提交审计工作报告4篇。

【夏河县审计局】现有干部职工11人，负责对全县15个乡镇和61个县直部门、12个企业单位的审计监督。局长蒋致和，副局长蔡乐、马琪。

审计成果 共完成审计项目25个，查出违规资金10.32万元，主要完成了对同级财政预算执行情况审计；养老失业保险及科教经费和教育费附加、排污费专项资金审计和审计调查；完成世行贷款的农村改水、结核病控制、卫生VII项目审计；完成科级干部离任审计5个，集体企业生产经营情况审计1个。

【临夏回族自治州审计局】2000年，共有在职干部、职工90人，其中大学本科学历3人，大专学历29人，局长何莲香，副局长乔跃俭、马崇清、马光才。设有秘书、工交、商贸、基建、财金、行政事业、农业、法制科等科室和纪检组。

审计成果 共完成审计项目78项，共查出各类违纪违规行为金额9928万元，其中应交财政22.4万元，已交财政56万元（含上年欠交部分），向司法、纪检监察机关移送案件2起，建议给予行政处分1人。

完成上级交办任务 完成党政交办的24项经济责任离任审计，其中党政领导干部20人，企业领导4人，共查出各类违纪资金1257万元，其中主管责任1117万元，直接责任140万元，向司法纪检机关移送案件1起，建议给予行政处分1人。

【临夏市审计局】现有干部31人，设有秘书股、行政事业审计股、商贸企业审计股和综合审计股，负责对全市4个乡和120个市直部门的审计监督。局长梁英，副局长杨国雄、蒋彦升、祁华。

审计成果　完成审计项目18个，审计单位47个，查出违规金额295万元，上交财政2万元。其中1999年度市级预算执行情况审计单位25个，占一级预算单位的60%，查出违规金额266万元；乡级财政决算审计1项，被审单位3个，查出违规金额26万元；专项审计2项（社会保险基金、科技教育经费），被审单位15个，查出违规金额2万元；外资项目审计3项（结核病防治、卫VI和卫VII），被审单位3个，查出违规金额1万元；重点企业审计1项；经济责任审计9项。

【临夏县审计局】现有干部职工26人，设有人秘股、行政事业审计股、财政金融审计股、企业审计股，负责对全县27个乡镇和59个县直部门的审计监督。局长魏芝勇，副局长陶向阳、马瑞清。

审计成果　全年共完成审计项目44个，查出各类违规行为资金256万元，其中决定处理处罚44万元，指明要求纠正212万元，上交财政3万元。对1999年度县级财政预算执行情况和预算外资金的管理使用情况进行了审计监督，审计资金总量占全年预算支出的60%，被审计单位占预算拨款单位的33%。共完成经济责任审计11项。按照州审计局的安排，完成了4项专项资金审计，内审项目10项。

【康乐县审计局】现有干部职工22人，负责对16个乡镇和38个县直部门的审计监督。局长马国忠，副局长巩进魁、马玉莲、徐育红。

审计成果　全年共完成审计项目（单位）29项，查出各类违规金额125万元，其中要求纠正91万元，决定处理、处罚34万元；应归还原渠道资金37万元，应上缴县财政15万元。

【永靖县审计局】现有干部职工22人，负责对全县19个乡镇和33个县直部门的审计监督。局长孔维林，副局长何世德、张绍曾、未圣德。

审计成果　全年共完成审计项目22项，其中完成了永靖县1999年度财政预算执行情况审计，永靖县地税局1999年度税收征管情况审计，县级金库预算资金收纳拨付情况审计。同时延伸审计了永靖县教育局、城建局、公安局、卫生局等16个单位的1999年度财务收支情况审计，审计金额4824万元，占预算支出总额6834万元的70%以上。先后完成上级交办10项经济责任审计，3项行政事业审计，7项专项资金审计，4项国外援款贷款项目审计。

【广河县审计局】现有干部职工23人，设有办公室、财金审计组、行政事业审计组、企业基建审计组和复核组，负责对全县10个乡镇和61个县直部门的审计监督。局长陈有良，副局长马宝业、肖红俊、王守华、马辉彬。

审计成果　全年共完成审计任务27项，其中上级部门安排9项，本级交办18项。通过审计，督促有关部门上缴财政资金4.85万元。完成的审计项目有：同级财政预算执行情况审计、2个乡（镇）财政决算审计、环保资金、“两州一地”开发扶贫资金、教育经费和卫Ⅴ、卫Ⅶ、卫Ⅷ外资运用等项目审计。开展任期经济责任审计15项，完成县政府交办的审计调查3项。

【和政县审计局】现有干部职工15人，负责对14个乡镇和86个县直部门的审计监督。局长石俊，副局长武正全、蒋秀珍、马学明。

审计成果　全年共完成审计项目60项，涉及79个单位，审计总金额14534.4万元，查出违纪违规金额508.67万元，上缴财政7.46万元，查出各单位隐形赤字或负债170多万元。向被审计单位提出意见建议28条。完成县级财政预算执行情况审计1项，并延伸审计了25个行政事业单位的财务收支。完成县委县政府交办的专项资金审计3项，领导干部任期经济责任审计14项，企业资产、负债、损益审计5项，清算审计1项。完成省、州审计机关下达的审计任务6项，审计单位8个。

【东乡族自治县审计局】现有干部职工16人，设办公室和业务股，负责对全县25个乡镇和39个县直部门的审计监督。局长杨佐清，副局长马智才、马进良、马文玺、唐克政。

审计成果　全年共完成审计项目或单位41个，审计金额3438.6万元，共查出违纪违规金额16.47万元。向当地政府和上级审计机关提交审计报告30篇。对1999年度县级预算执行情况及财政收支进行了审计，主要对县财政局、金库、地税局等部门进行了审计监督，同时延伸审计了22个一级单位，延伸面达到34%，审计金额3438.6万元。对15个领导离任的乡（镇）和行政、企事业单位的财务进行了审计。

【积石山保安族、东乡族、撒拉族自治县审计局】现有干部职工20人，设有财政金融审计股、行政事业审计股、法制股、文秘股，负责对全县18个乡镇和120个县直部门的审计监督。局长韩国翔，副局长马黎鹏、张海燕。

审计成果　全年共完成审计项目19项，为年计划的158%，其中经济责任离任审计12项。全年共审计了73个单位，审计总金额10345万元，查出各类违纪违规资金350万元，其中指明要求纠正的345万元，应上缴财政的5万元，已上缴财政

2.3万元。

【甘肃矿区审计局】2000年，共有在职干部职工7人，其中大专学历7人，副局长薛继峰。设有综合科、企业内审科、基建行政事业审计科。

审计成果　全年共完成审计项目26个，审计单位26个，查出违规违纪金额550.63万元，已全部得到纠正，提出审计建议46条，其中被审单位采纳44条。

完成上级交办任务　根据省审计厅项目计划安排意见的通知要求，对矿区环保局环保资金1998年至1999年排污费的征收、使用、管理情况进行了现场审计，查出违规金额102万元，已得到纠正。

内部审计　共完成审计项目25个，主要有内部承包经营审计、厂（处）长经理任期经济责任审计、建设项目审计、财务收支和内部控制制度审计等项目。

青海省

【青海省审计厅】2000年，青海省审计厅定编70人（机构改革后），在编70人。厅机关设有办公室、财政审计处、行政事业审计处、社会保障审计处、农业与资源环保审计处、固定资产投资审计处、经贸与外资运用审计处、人事教育处；同时，设省审计科研培训所，为厅属事业单位。

领导成员

厅　长：王玉植

副厅长：闫若冰　姚爱然

刘小丽

青海省审计成果　2000年，全省共审计1216个单位（项），查出违规行为金额65688万元，已上缴财政2369万元，追还被侵占挪用资金3190万元，减少财政拨款和补贴548万元；提交审计工作报告、审计信息698篇，被领导批示和有关部门采用95篇。同时，完成了审计署授权的审计项目和各级政府交办的审计事项。

财政审计　全省各级审计机关以规范预算管理和财政分配秩序为目标，按照全面审计、突出重点和摸清家底、促进规范的总体要求，紧紧围绕预算资金的收缴、分配、拨付及使用环节，增强审计的广度和深度，预算执行审计质量明显提高，提出加强预算管理的审计意见和建议更具针对性，为各级政府和人大加强预算管理和监督发挥了积极作用。预算执行审计工作得到了各级政府和人大的充分肯定，政府有关部门对审计查出的问题十分重视，认真整改。省财政厅对审计查出的问题逐条研究，制定了7条整改意见，切实整改；省、市地税局对审计查出西宁市地税局违规多计多提代征代扣手续费829万元的问题十分重视，省地税局向全省地税系统发出专门通知，进一步规范代征代扣手续费的管理，市地税局提出了整改意见，制定了还款计划。在科技三项费、科学事业费、救灾专项资金、农业专项资金、国债转贷资金和教育事业专项资金审计中查出的违规违纪问题也已基本得到纠正。省审计厅提出的规范预算管理和财政分配秩序、加大以专项结转的制约力度等6条建议，为省政府和省人大加强预算管理和监督提供了参考依据。

金融审计　根据审计署关于地方审计机关对地方金融机构有重点地进行审计的要求，省审计厅对西宁市商业银行部分支行进行了审计。对个别支行信贷资产质量差、内控制度不健全、固定资产管理不当、虚列成本、隐瞒利润等问题，出具了审计意见和审计决定。审计结果引起了审计署金融司的重视。在世行贷款和农发项目的审计中，查出配套资金未到位及挪用配套资金等问题。出具对外审计报告9份。

企业审计　在企业财务收支审计中，各级审计机关围绕企业脱困目标，选择重点企业，通过审计财务收支的真实性和对内控制度的测评，摸清家底，找出管理上的薄弱环节，为企业提供有针对性的审计评价和建议，促进企业加强管理。同时，围绕企业改革和脱困工作中的突出问题，有针对性地进行了审计调查。对大通矿务局开拓延伸资金进行的审计中，发现政府有关部门应拨付的开拓延伸资金未按时足额到位，严重影响开拓延伸工程的施工进度，向省政府提交了专题报告，引起了政府领导的高度重视，责成有关部门及时落实未到位资金，保证了开拓延伸工程的施工进度。省审计厅还向省政府报送了对西宁特钢集团公司、民和镁厂上半年亏损情况以及青海投资控股公司等重点企业的专题审计报告。

专项资金审计　各级审计机关紧紧围绕国家实行积极财政政策和实施西部大开发战略资金投入重点，深入开展国债项目、退耕还林（草）、财政重点专项以及科教、扶贫、社保、城市排污费等重点资金专项审计。省审计厅还组织4州、1地、1市审计机关，对全省企业职工基本养老保险扩大覆盖面情况进行了审计调查，发现企业职工实际参保率为56.06%，养老保险金实际收缴率为62.86%，为政府决策提供了数据。为确保全省住房资金正常运行，组织西宁、海东、海西、海北等地审计机关，对各级住房资金管理中心管理的住房资金进行了审计，查出挪用住房公积金853.48万元，挪用售房款473.97万元，单位逾期贷款7130万元，购买债券2000万元等问题，向省政府提出了调整省级住房资金管理分中心职能，对资金总量小的地区撤并机构，统一隶属关系，加强财政监督等6条建议。为切实加强对2000年退耕还林（草）试点示范工程的审计监督，组织各试点地区审计机关开展了专项审计调查，对试点地区试点示范工程先后进行了10次审计检查，向省政府报送了专题报告，针对存在问题，提出了完善管理的建议。对基础设施投资项目，重点对平西高速公路、109线格尔木东出口及日月山至格尔木段工程、国家储备粮库等项目进行了审计，依法处理了违纪违规问题。对城市排污费项目，查出省环保局挪用排污费资金对外投资876.5万元，截留、坐支应交财政排污费465万元用于修建职工住宅、购车等严重违纪问题，省环保局及时向省政府上报了整改意见。对乐都、湟中2县1997—1999年度雨水集流项目审计调查中发现的项目管理不规范、资金到位率低、不按规定标准发放补助费、谎报工程量和投资完成额等突出问题，及时向省政府作了专题报告。省委、省政府领导非常重视，白恩培书记和赵乐际省长作了重要批示，省政府办公厅向全省转发了省审计厅的审计调查报告。同时，还对“义教工程”项目，辽宁对口帮扶物资及资金等进行了专项审计，并向省政府提交了专题审计报告。

经济责任审计　全省各级审计机关积极开展经济责任审计。为切实加强经济责任审计工作中有关部门之间的协调配合，省审计厅与省纪委、省委组织部、省监察厅、省人事厅协商，并报经省委、省政府办公厅批准，建立了青海省经济责任审计工作5部门联席会议制度。8月，召开了5部门第1次联席会议，研究制定了《联席会议组织办法》。省审计厅受省委组织部的委托，对省投资控股公司原董事长、原总经理和省物资产业集团总公司原总经理进行了离任经济责任审计。全省审计机关共对323名领导干部进行了任期经济责任审计，查出各种违反财经法规金额6343万元，个人经济问题458万元。各地参考审计结果和其它方面的考核情况，对49人晋升职务，对29人给予免职、撤职、降职处理，对1人给予党纪政纪处分，3人被移送纪检监察和司法机关查处。

机构改革　根据省政府机构改革的总体要求，按照干部队伍“四化”方针和“公开、平等、竞争、择优”的原则，省审计厅对处长和副处长职位实行竞争上岗，一般干部实行双向选择，打破了干部使用上论资排辈、能上不能下的传统观念，达到了优胜劣汰，优化结构的预期目标，机关干部队伍的年龄结构、学历层次、综合能力均有明显改善和提高。

【西宁市审计局】2000年，共有干部职工75人，其中大学本科学历11人，大专学历38人，局长董秀敏，副局长贾富华、张国华、范建才。设有办公室、法规科、财政金融审计科、基本建设审计科、工交审计科、行政文卫审计科、农林水审计科等10个部门。

审计成果　全年共完成审计项目55个，查出违规行为金额5624万元，其中决定处罚1413万元；指明要求纠正4211万元，应缴财政969万元；已缴财政886万元；撰写审计论文71篇、审计信息99篇；被有关部门采用77篇。

完成上级交办任务　完成上级交办的审计事项7项，重点对政府交办的解放渠治理工程等基础设施进行了审计。还参与企业破产清算21项6人次；并协助纪委及有关部门办理案件15项。

经济责任审计　全年共完成离任审计6人、24人次，查出违规行为金额375.71万元。

【西宁市城中区审计局】现有干部职工6人，负责对全区6个街道办事处和44个区直部门的审计监督。局长王海蓉，副局长王晓东。

审计成果　全年共完成审计项目28个，查出未缴预算金额20.55万元，乱收费0.78万元，未缴财政专户金额56.04万元，“小金库”资金74.64万元，漏税金额6.72万元。应缴财政金额18.16万元，归还原渠道资金1.35万元，已交财政12.50万元。根据在经济责任审计中查出的线索，会同区纪委、区监察局、区财政局组成联合调查小组，对城中区饮马街办事处公款私存、坐收坐支和私设“小金库”、冒领清扫员工资、公款装修私房等问题进行了查处，有关责任人给予了党纪、政纪处分。

【西宁市城东区审计局】现有干部职工8人，负责对全区2个乡8个办事处和44个县直部门的审计监督。局长魏铨，副局长陕秀萍。

审计成果　全年完成审计项目23个，审计调查1项，查出违规行为金额1455万元，其中指明要求纠正的1049万元，处理处罚金额406万元，应交财政金额7万元，已交财政5万元。全年提交审计信息5篇，撰写审计论文6篇，均被采用，其中2篇在省审计刊物登载。

【西宁市城西区审计局】现有干部职工7人，负责对全区1个乡镇6个街道办事处和44个区直部门的审计监督。局长康生珍，副局长任少卿。

审计成果　共完成审计项目19项，审计调查2项；查出违纪违规金额225.76万元，上缴财政13.17万元；提交审计工作报告4篇、信息4篇，撰写论文4篇，被采用2

篇。配合区委、政府解决了彭家寨镇刘家寨村村民上访事件。

【西宁市城北区审计局】 现有干部职工10人，设有行政文卫审计组、企业审计组和综合审计组，负责对全区2个乡镇和44个区直部门的审计监督。局长王景顺，副局长樵群生、曹昱曼。

审计成果　共完成审计项目23个，共查出违规行为金额1410万元，应上缴财政8.76万元，挽回经济损失35.1万元，防止国有资产流失689.7万元。

【湟源县审计局】 现有干部职工10人，设有行政文卫审计组、财政金融审计组、企业审计组和综合办公室，负责对全县11个乡镇和45个县直各部门的审计监督。局长张佐奎，副局长辛元贵。

审计成果　共完成审计项目28项，查出违规行为金额269.8万元，已缴财政36.19万元，应归还被挤占挪用资金40万元，完成省审计厅交办的退耕还林（草）审计调查1项。完成了对湟源县1999年度国际开发协会信贷综合性妇幼卫生项目和世界银行贷款第3个贫困地区基础教育发展项目资金使用情况的审计。

【湟中县审计局】 现有干部职工14人，设有办公室、行政事业审计科、金融商贸审计科、工交建审计科，负责对全县28个乡（镇）和41个县直部门的审计监督。局长张进宝，副局长沈海鸣。

审计成果　全年完成审计项目46个。查出违规行为金额363万元，决定处理处罚134万元，指明纠正152万元，应缴财政54万元，归还原渠道资金90万元，已缴财政15万元。提交审计工作报告27篇，其中工作报告2篇，编写审计信息7篇，其中6篇被国家、省、市审计机关和有关刊物采用，撰写审计论文2篇，均被市审计局采用。

【大通回族土族自治县审计局】 现有干部职工14人，设有办公室、综合科、企业审计科、行政事业审计科，负责对全县28个乡（镇）和45个县直部门的审计监督。局长鲍洪财，副局长郭成芳。

审计成果　共完成审计项目35个，审计单位60户；完成审计调查4项，调查单位19户。共查处各类违纪违规金额达392.9万元，同时配合有关部门分别对“三乱”、“小金库”问题进行了检查。

【海东地区审计局】 2000年，共有在职干部、职工17人，其中大学本科学历1人，大专学历3人，局长海润玮，副局长张建华。设有办公室、综合科、财政金融审计科、行政事业审计科、企业审计科、农业资金审计科等部门。

审计成果　共完成审计项目46个，查出各类违规行为金额3119万元，应上缴财政352万元，已收缴财政208万元，应归还被侵占挪用资金305万元。提交审计工作报告11篇，信息12篇，被上级主管部门和当地党政部门采用7篇。共完成地委、行署交办的领导干部经济责任审计29项。其中审计县处级领导干部9名，并向地委组织部、地区纪律检查委员会提交了审计结果报告。

【平安县审计局】 现有干部职工14人，设有综合审计股、行政事业审计股、企业审计股，负责对全县9个乡镇和59个县直部门的审计监督。局长谭玲，副局长张青山。

审计成果　共完成审计项目38个，查出各种违规行为金额74万元，决定处理处罚34万元，应上缴财政14万元，应归还原渠道资金金额9万元，提交专项审计调查报告3篇，审计论文3篇，审计信息7篇，被采用2篇。

【乐都县审计局】 现有干部职工15人，设有综合股、行政事业审计股、企业审计股，负责对全县23个乡镇和43个县直部门的审计监督。局长张福贵，副局长徐尚军、韩常乾。

审计成果　完成审计项目38个，查处违规行为金额186万元，提出合理化建议48条，被审单位采用36条；上缴财政15万元；促进增收节支10万元。

【民和回族土族自治县审计局】 现有干部职工15人，设有综合股、企业审计股、行政事业审计股、经济责任审计股，负责对全县29个乡镇和50个县直部门的审计监督。局长余成祥，副局长辛存瑾。

审计结果　共完成审计项目45个，查出各种违规行为金额403万元，应上交财政26万元，已上缴21万元，责令归还被侵占挪用资金75万元。完成审计调查1项，完成县政府交办的审计事项7个，先后配合有关部门开展检查工作5项，参加了对6个企业的破产清算工作。

【互助土族自治县审计局】 现有干部职工12人，设有办公室、财政金融审计组、行政事业审计组、工商粮贸审计组和基建审计组，负责对全县21个乡镇和63个县直部门的审计监督。局长周玉福，副局长周清芳。

审计成果　共完成审计项目47个，审计单位67个；完成审计调查1项，调查单位4个。共查出各类违规行为金额2695万元，上缴财政27万元。

【化隆回族自治县审计局】 现有干部职工13人，设有综合股、企业审计股和行政事业审计股，负责对全县21个乡镇和52个县直部门的审计监督。局长郝玺功，副局长绽福祥、韩国俊。

审计成果　共审计31个单位，查出违规行为金额1555万元，决定处理处罚45万元，指明要求纠正1510万元。

【循化撒拉族自治县审计局】现有干部职工15人，设有综合股、企业审计股、行政事业审计股和经济责任审计股，负责对全县10个乡镇和63个县直部门的审计监督。局长尤拉，副局长徐炳。

审计成果　共完成28项审计任务，查出违纪违规金额109万元，决定处理处罚42万元，指明纠正68万元，追还被侵占挪用的专项资金49万元，应上缴财政金额10.3万元，已上缴财政9万元。

【海北藏族自治州审计局】2000年，共有在职干部职工16人，其中大学本科学历1人，大专学历7人，局长胡世雄，副局长丁光寿、李刚。设有综合科、企业审计科、财政金融审计科、行政事业审计科。

审计成果　全年共完成审计项目28个，完成审计调查2项，查出违规行为金额215万元，应缴财政25.5万元，应归还原渠道资金30万元，审计罚款2.5万元，报送审计报告18篇，编发审计信息14篇，被上级采用4篇。

完成上级交办任务　根据州委、州政府领导的指示，完成交办审计任务11项并提交审计结果报告。

经济责任审计　完成对9位拟离任的领导干部进行了经济责任审计，其中县（处）级领导干部7人，科级干部2人。

【海晏县审计局】现有干部职工6人，负责对全县6个乡和53个县直部门的审计监督。局长何生旺，副局长袁青凌。

审计成果　共完成审计项目16项，完成县政府交办审计事项10项，编发审计信息6篇，审计调查1项。查出违规行为金额72.33万元。

【祁连县审计局】现有干部职工9人，负责对全县8个乡镇和75个县直部门的审计监督。局长马应贤，副局长吕春蓉。

审计成果　共完成审计项目20个，查出各类违规行为金额1713万元。其中决定处理处罚1514万元，指明纠正199万元，应上缴财政22.5万元，已上缴财政15万元，归还原渠道资金33万元。提交审计报告、审计信息20篇，被县政府采用2篇。

【刚察县审计局】现有干部职工8人，负责对全县5个乡和67个县直部门的审计监督。局长卢世清，副局长秦忠胜。

审计成果　共完成审计项目19个，查出违规行为金额133万元，应缴财政8万元，提交审计工作报告、信息10篇。完成县政府交办的离任审计2项，并按照上级审计机关的统一部署，对住房公积金、外资运用项目资金、税务代理代扣手续费、农业综合开发项目资金、青海湖生态环境治理一期工程项目资金、牧区开发示范工程项目资金和财政支持农业科技开发示范项目资金进行了专项审计。

【门源县审计局】现有干部职工7人，负责对全县15个乡镇和53个县直部门的审计监督。局长郭守江，副局长马兴昌、马秀莲。

审计成果　共完成审计项目（单位）24个，完成年计划的100%。其中财政审计8个（本级预算执行审计1个，乡财政审计1个，预算执行单位审计6个）；企业审计1个；专项资金审计7个；外资运用审计2个；固定资产投资审计1个；经济责任审计4个；行政事业审计1个。查出违纪金额248.3万元，应缴财政2.3万元，移交司法机关处理案件2起。向上级审计机关和县政府提交审计报告、信息16篇。领导干部任期经济责任审计共审计了4个单位，移送司法机关处理1案1人，涉案金额13.3万元。

【黄南藏族自治州审计局】2000年，共有在职干部职工15人，其中大学本科学历2人，大专学历6人，局长更藏加，副局长张曼霞、张楚甘。设有综合科（办公室）、行政事业审计科、财经商贸审计科、工业交通审计科等部门。

审计成果　共完成审计项目113个，查出各类违规行为金额5479万元。应归还被侵占挪用资金823万元，应上缴财政56万元，已缴财政26万元，提交审计工作报告、各类信息58篇。积极参与了全州扶贫资金到位、使用和重点工程项目的监督检查，并向州人民政府提交了审计结果报告，继续做好对扶贫专项资金的使用、管理并进行严格的审计监督和跟踪调查。以退耕还林（草）、扶贫资金、社保资金和城市排污费、辽宁对口帮扶资金以及工资专户、住房基金等项目为重点进行了审计。

经济责任审计　按照组织部门、政府及主管部门的委托，对部门、单位或地区的财政收支、财务收支的真实性、合法性、效益性以及有关经济业务活动进行审计监督，完成经济责任离任审计8项、领导干部任期经济责任审计14个。查出违纪违规行为金额312万元。

【同仁县审计局】　现有干部职工10人，负责对全县13个乡镇和49个县直部门的审计监督。局长邱品德，副局长沈秋霞。

审计成果　共完成审计项目68个，查出各类违规行为金额237.9万元。应上缴财政0.67万元，已缴财政0.67万元。提交审计信息2篇。开展了1997年至1999年度50万元以下扶贫专项资金管理、使用、回收情况的审计调查。对辽宁省及丹东市对同仁县对口帮扶的资金及物资的发放、管理、使用和“坡改梯”项目建设以工代赈资金项目实施情况进行了审计，查出了县水保站从“坡改梯”工程中提取承包费及利润60.05万元，在辽宁省扶贫帮扶资金中有关单位用于弥补行政经费5万元，暂转财政借款37万元。对县住房公积金管理中心1998年至1999年住房公积金、公有住房出售收入的归集、管理、使用、统筹进行了审计，查出售房收入欠缴财政统筹265.7万元，房改单位应缴未缴房管专户46.4万元，售房收入被挤占挪用30.5万元，超范围发放住房公积金贷款30万元，银行账账相差95.6万元。

【泽库县审计局】现有干部职工7人，负责对全县8个乡镇和55个县直部门的审计监督。局长李松林，副局长马如宝。

审计成果　共完成审计项目17项，同时受组织部门的委托对县工交局、扶贫办公室、计划经济委员会、藏医院、防疫站、财政局的责任人进行了任期经济责任审计。查处违规行为金额1011.59万元，应缴财政14.44万元。

【尖扎县审计局】现有干部职工6人，负责对全县12个乡镇和36个县直部门的审计监督。局长夏俄太。

审计成果　共完成审计项目16个，查出各类违规行为金额499.33万元，决定处理处罚60.5万元，指明要求纠正438.83万元，应上缴财政8.47万元。

【河南蒙古族自治县审计局】现有干部职工5人，负责对全县6个乡和55个县直部门的审计监督。局长王明。

审计成果　共审计22个单位，查出各类违规行为金额189.10万元。其中决定处理处罚100.11万元，指明要求纠正97.85万元；应上缴财政3.13万元，已上缴财政3.13万元。提交审计工作报告、审计信息16篇，其中被上级有关部门采用1篇。

【海南藏族自治州审计局】2000年，共有干部职工23人，其中大学本科学历3人，大专学历9人，局长夸兴加，副局长郭可英。设有办公室、财政税务金融审计科、行政事业审计科、企业审计科、外资运用审计科、综合科等部门。

审计成果　共完成审计项目23个，完成审计调查8项；查出违规行为金额3791万元（决定处理处罚459万元，指明要求纠正3332万元）；应归还原渠道资金215万元，应上缴财政42万元；向纪检监察及司法机关移交案件1起1人。编发审计信息24篇，撰写审计论文12篇，有8篇被省审计厅、州政府采用。

完成上级交办任务　共完成上级审计机关和州委、州政府交办的任务17项，审计及调查单位23个。结合本级审，对税务代理的代扣代缴手续费管理、国库的管理情况和工资专户设置使用情况进行了审计；按期完成了农业综合开发项目、综合性妇幼卫生保健项目的审计；对基建项目赛什塘铜矿、尕曲水电站、恰卜恰1#、2#水源井竣工决算、塔拉滩生态工程前期费用、河卡至塔拉滩管道工程竣工决算等进行了审计，查出违规行为金额25万元，经审计核减工程投资24万元；完成了企业职工基本养老保险扩面审计调查、养老保险金收支预测的审计调查及社会保险资金和救灾、救济款的审计调查，并提出了改进意见和建议。

经济责任审计　共完成6项任期经济责任审计，其中党政领导4项、国有企业2项，提交审计结果报告6篇。移交检察机关查处1起1人。

【共和县审计局】现有干部职工13人，设综合科、企业审计科和行政事业审计科，负责对全县13个乡镇和38个县直部门的监督。局长马进财，副局长丁芬兰、时盛元。

审计成果　共完成审计项目30个，审计调查2项。查出各类违规行为金额938万元，其中决定处理处罚106万元，指明要求纠正831万元，归还被侵占挪用资金58万元，应缴财政35万元，收缴入库13.98元。移送涉嫌经济犯罪1人。

【贵德县审计局】现有干部职工10人，负责对全县8个乡镇和66个县直部门的审计监督。局长徐成璋，副局长余承敏。

审计成果　共完成审计项目31项，审计调查1项，查出违规行为金额1420万元。决定处理处罚31.50万元，指明要求纠正1388.50万元，上缴县财政31.50万元。建议吊销会计资格证书1人，共提交综合审计报告、信息6篇。配合纪检、监察部门查出各类经济案件2件。

【兴海县审计局】现有干部职工9人，负责对全县6个乡、2个镇、1个牧场和46个县直部门的审计监督。局长卡雄，副局长李芝兰。

审计成果　完成上级交办任务10个，查出违规行为金额399.63万元，决定处理处罚金额11.79万元，指明要求纠正金额387.84万元，应上交财政金额2.7万元，应归还原渠道金额42.43万元，提交审计报告和信息7篇，被批示采用3篇。

【贵南县审计局】现有干部职工9人，负责对全县6个乡镇和43个县直部门的审计监督。局长高振恩，副局长蔡连全。

审计成果　共完成审计项目4项，审计单位9个；完成审计调查1项，调查单位1个。共查出违规行为金额15.38万元，提交审计报告、审计信息11篇。

【龙羊峡行委审计局】现有干部职工5人。局长杨力之。

审计成果　共完成8个单位的审计，查处违规行为金额89.36万元，其中决定处理处罚6.08万元，指明要求纠正83.28万元，应缴财政3.62万元，发现大要案线索1件，已移送检察院处理。

【果洛藏族自治州审计局】2000年，共有在职干部、职工16人，其中大学本科学历1人，大专学历5人，局长方书民，副局长柴华春。设有办公室、综合科、行政事业审计科、企业审计科等部门。

审计成果　全年共完成审计项目14个，完成党政部门交办事项5个。查出各类违规行为金额755万元。撰写审计信息14篇，被有关部门采用6篇，其中被《中国审计报》采用1篇；被《青海审计》采用审计论文1篇。提交审计调查报告2份，其中对班玛县黄金公司的审计调查报告，引起了州委书记邓本太的高度重视，并作了重要批示，就审计调查中反映的重大问题，责令州纪委等有关部门组成联合检查组继续深入进行细查。

【玛沁县审计局】现有干部职工7人，负责对全县11个乡镇和26个县直部门的审计监督。局长唐晓梅。

审计成果　共完成审计项目14个，查出各类违规行为金额926.04万元。其中决定处理处罚324.83万元，指明要求纠正601.21万元，提交审计调查报告1篇。

【班玛县审计局】现有干部职工5人，负责对全县10个乡镇和49个县直部门的审计监督。局长康佩丽。

审计成果　完成审计项目35个，审计调查1项。共查出违规行为金额27.87万元。已上缴财政6.34万元，指明要求纠正24.35万元，归还原资金渠道3.09万元。提交审计报告35篇。完成县委、县政府交办的工作任务27项。对23名党政领导干部进行了离任审计，查出违规行为金额16.18万元，依法给予处罚和处理，并对应当纠正的限期做了纠正。同时完成上级下达的审计任务12项。

【甘德县审计局】现有干部职工6人，负责对全县8个乡和21个县直部门的审计监督。局长祁世明。

审计成果　共完成审计项目13个，共开展了3项任期经济责任审计，查出各类违规行为金额14.2万元，挂账欠款（应收款）9.7万元，账外账“小金库”2笔。处理后应上缴财政的违纪款5.5万元、追缴拖欠金额1.8万元、清理应收款单据为1.6万元。

【达日县审计局】现有干部职工5人，负责对全县10个乡镇和17个县直部门的审计监督。局长才旦，副局长孟存学。

审计成果　共完成审计项目19个。共查出各类违规行为金额29万元；归还原资金渠道1万元；应缴财政金额3.35万元；提交审计报告、信息10篇，调查报告1篇。

【玛多县审计局】现有干部职工6人，负责对全县6个乡和18个县直部门的审计监督。局长张世仓，副局长张正福。

审计成果　对全县12个行政事业单位进行了审计，共查出违规行为金额14.38万，上缴财政4.05万元。同时完成了玛多县县委、政府交办的审计事项。

【玉树藏族自治州审计局】2000年，共有在职干部、职工16人，其中大专学历6人，局长肖永康，副局长李红卫、卓玛拉毛。设有行政文卫审计科、农林牧水审计科、工交商贸审计科和办公室等部门。

审计成果　共完成审计项目10个，查出违规行为金额128.27万元，收缴违纪金额16.24万元，归还原资金渠道5万元。提交审计报告10篇。

【玉树县审计局】现有干部职工13人，设有行政事业审计科、企业审计科、基建审计科和综合科，负责对9个乡镇和47个县直部门的审计监督。局长公保尕松，副局长贾布尕、次仁。

审计成果　共完成审计项目5个。查出违规行为金额270.5万元，已缴财政26.5万元。提交审计报告10篇，审计信息2篇。出具审计决定6份，审计意见书10份。

【杂多县审计局】现有干部职工6人，负责对全县8个乡和29个县直部门的审计监督。局长王海云，副局长李扎亚。

审计成果　共完成审计项目4个。查出违规行为资金近6万元。应收缴财政1.73万元，已收缴0.7万元，提交审计报告4篇；出具审计决定2份。联合有关单位对杂多县1999年至2000年行政事业性收费、基金项目收支进行了审查，查出应缴财政153.2万元，其中未缴财政14.2万元。

【称多县审计局】现有干部职工6人，负责对全县8个乡镇和45个县直机关部门的审计监督。局长代拉吉，副局长薛应瑞。

审计成果　共完成审计项目8个。查出各类违规行为金额14万元。依法出具审计决定4份。

【囊谦县审计局】现有干部职工6人，负责对全县10个乡和68个县直部门的审计监督。局长扎西才培，副局长许岐军、汪海龙。

审计成果　共完成审计项目7个。查出各类违规行为金额138.99万元。同时完成了对1996年至1999年县防灾办扶贫资金的审计，解决了自1996年来“四配套”资金未到位的问题。

【海西蒙古族藏族自治州审计局】2000年，共有在职干部、职工24人，其中大专学历7人，局长周生西，副局长闫级仕、邓燕汰。设有工交基建审计科、财政审计科、金融商贸审计科、经济责任审计科、农林牧水审计科、行政事业审计科、办公室等部门。

审计成果　全年共完成审计项目30项，其中领导干部离任审计5项。共查出违规行为金额12912万元，应上缴财政金额528万元，已上缴财政金额319万元。

大案要案　在省审计厅授权的110KV乌兰——香日德送变电审计项目中，在审计施工单位时，发现个别人员虚开发票60.5万元。在青海省送变电工程公司承建的110KV乌兰——都兰——香日德送变电在建工程项目财务收支审计中，发现化隆、刚察、乐都等地方税务局给这一工程项目开具的特种建筑业统一发票，存在劳务支出未取得劳务所在地税务发票的情况下而予以结算．经青海省审计厅同意后，延伸审计了化隆、刚察、乐都等县地方税务局，发现化隆、刚察、乐都等县地方税务局存在着内控制度不严，发票管理混乱，擅自提供空白发票，致使一些单位和个人私开发票，开具大头小尾金额204.58万元，偷逃税款6.38万元等，案件已移送司法部门处理。

【德令哈市审计局】现有干部职工10人，设有行政事业审计科、企业审计科和综合科，负责对全市5个乡和30个市直部门的审计监督。局长李洪江，副局长纳文。

审计成果　共完成审计项目13项，审计单位14个。查出违规行为金额210.98万元，其中决定处理处罚金额7.3万元，指明要求纠正金额为203.68万元，全年提交审计报告共10篇。

【格尔木市审计局】现有干部职工13人，设有行政文卫审计科、工交基建审计科、财金商贸审计科、办公室，负责对全市4个乡镇和80个市直属部门的审计监督。局长赵恩兰，副局长李雪玲（2000年10月份任命）。

审计成果　共完成审计项目18项，审计单位46个，查出各类违规行为金额3213.67万元。其中处理处罚的102.21万元、指明纠正的3211.36万元，应上缴财政的102.21万元，已上缴财政的51万元。编发审计信息12篇。

【乌兰县审计局】现有干部职工9人，设有行政事业审计股、企业审计股，负责对6个乡镇和20个县直部门的审计监督。局长乌兰代青，副局长尹君。

审计成果　共完成审计计划项目15项，共查出各类违纪金额284万元，应上缴财政4.6万元，已上缴财政0.3万元。编发审计信息6篇，撰写审计论文2篇。

【天峻县审计局】现有干部职工7人，设有办公室、企业审计科、行政事业审计科，负责对全县3个乡和36个县直部门的审计监督。局长尹扎旦，副局长李梓华。

审计成果　全年共完成审计项目12项。查出各类违纪金额409.23万元。其中：指明要求纠正的407.36万元，应上缴财政1.78万元，已上缴财政1.66万元。

【都兰县审计局】现有干部职工9人，设有行政事业审计科、企业审计科、综合科等部门，负责对全县9个乡镇和46个县直部门的审计监督。局长韩国珍，副局长尹永海、石智峰。

审计成果　全年共完成审计项目18项。查出各类违纪金额311.55万元。其中决定处理处罚115.59万元，指明要求纠正195.96万元，应上缴财政51.08万元，已上缴财政42.61万元。开展审计调查2项，提交审计报告5篇，审计信息11篇。

【大柴旦行委审计局】现有干部职工3人，负责对大柴旦3个乡镇和15个行委直属部门的审计监督。局长孙国萍。

审计成果　全年共完成审计项目10项，其中行政事业审计6项、企业审计2项、专项审计2项，共查出违纪金额107.89万元，处理处罚金额46.79万元，已上缴财政41.79万元。

【茫崖行委审计局】现有干部职工3人，负责1个乡和20个行委直属部门的审计监督。局长何西萍。

审计成果　共完成审计项目11项，查出违纪金额11.17万元，应上缴财政0.3万元，已全部上缴财政。

【冷湖行委审计局】现有干部职工3人，负责对20个行委直属部门的审计监督。局长吴小成。

审计成果　全年共完成审计项目11项，查出违纪金额19.9万元。

宁夏回族自治区

【宁夏回族自治区审计厅】2000年，宁夏回族自治区审计厅定编120人，在编128人。厅机关设有办公室、人教处、法规处、财政金融审计处、行政事业审计处、外资审计处、工交审计处、商贸审计处、投资审计处、农业审计处、中央企事业审计处11个处室及纪检组、机关党委，同时还设厅机关科研培训中心、计算机中心、机关服务中心等直属事业单位。根据自治区党委、政府的统一部署，按照自治区人民政府办公厅《关于印发自治区审计厅职能配置、内设机构和人员编制规定的通知》要求，审计厅机构改革工作于9月5日结束。改革后的处室为10个，人员为83人。

领导成员

厅　长：马占和

副 厅 长：卢苏萍　李笃弼

总审计师：王惠敏

纪检组长：李俊贤

宁夏回族自治区审计成果　主要开展了财政预算执行审计、银川市排污费审计、工商管理系统财务收支审计、重点经贸企业审计等，并出色地完成了各级党委、政府交办的任务。全年审计1639个单位，是年计划任务的124%，查出违规行为金额12.9亿元，其中决定处理处罚4.6亿元，比上年同期增加49%，指明要求纠正8.3亿元；经审计处理应上缴财政9876万元，比上年同期增加23%，应交率为7.7%，比上年同期增加2.71个百分点；已上缴财政5394万元，其中税金1533万元，罚款740万元，入库率为55%，核减财政拨款或补贴120万元；核减工程决算1203万元；应归还原渠道资金6217万元；向司法机关移送案件11起，建议给予行政处分4人；建议纠正地方部门不当规定49起；协助有关部门查处案件5起；处理处罚金额上百万元的单位35个。各级审计机关共提交各种综合报告、信息1116篇，比上年同期增加4%，审计工作报告、信息被批示、采用639篇。全年审计工作的特点：一是树立为西部大开发服务意识，突出对开发性资金、专项资金的管理、使用情况进行审计监督。把重大基础设施建设项目、生态环境治理项目、科技教育项目、国债专项资金、扶贫专项资金列为审计重点，促进了重点建设资金的合理有效使用；二是调整工作思路，加强审计监督力度，注意改进财政审计方法，注意从高层次着眼，从重点资金入手，跟踪资金流向，从源头查起，查出了一些以前年度未发现的应缴未缴预算收入；三是注意发现和揭露大案要案。永宁县审计局在对某乡财政决算审计中，查出该乡财政所所长涉嫌贪污、挪用公款90多万元的事实，并移交检察机关处理；银川市城区审计局在对某单位“体育彩票公益金”进行专项审计时，发现单位领导私分公款10.4万元，及时移交纪检、检察机关处理。

厅本级共审计166个单位（不包括39名厅级领导干部经济责任审计），查出违纪资金额4.4亿元，经审计处理应上缴财政5718万元，是上年的4.1倍，已上缴财政1929万元，比上年增长81%，核减工程投资决算337万元，应归还原渠道资金1100万元，提交信息、论文、综合报告53篇。

财政审计　预算执行情况审计对公路养路费、工商行政管理费、国有企业下岗职工基本生活费、再就业补助、企业挖潜改造资金、支农资金、粮食企业政策性补贴进行了审计，揭露各种预算违规行为金额11337万元，应缴财政4247万元。主要问题是：预算收入未纳入预算管理2209万元，养老基金收入2812万元未作账务处理、违规发放借款1279万元，混淆入库级次917万元。财政预算执行审计情况分别向自治区人民政府和自治区人大常委会作出了《审计结果报告》和《审计工作报告》，受到政府和人大的充分肯定。

金融企业审计　对银川市商业银行及审计署授权的2户电力企业进行了资产负债损益审计。共查出违规行为金额10220万元，上缴财政罚没收入83万元。其中违规支付手续费152万元；免税基金分红107万元；“其它应收款”挂股本续平减值款1267万元等等。审计针对上述问题进行了处理、处罚，并提出了改进意见和建议。

专项资金审计　自治区审计厅组织有关市县审计机关对全区11个使用农业综合开发资金的市、县（区）1999年度农业综合开发资金和农业综合开发专项贷款的管理、使用及效益情况进行了就地审计。重点审计了中央财政安排和地方财政配套的农业综合开发资金。同时对项目实施单位的资金使用情况及经济效益进行了延伸审计。共抽审资金11408.8万元（财政资金5643.8万元、专项贷款5765万元），共查出被挤占、挪用专项资金、违规抵扣占用费等违规资金738.7万元，审计处理上缴财政7.8万元，应归还原渠道资金98.68万元。根据审计署安排，自治区审计厅对银川市城市排污费的征收、管理、使用情况进行了审计。除审计财政、环保等9个部门和单位外，还重点抽审了27个征费、治理大户。查出隐瞒排污费收入、挪用专项资金平衡预算、建房购车、坐支预算收入等违规资金716.24万元，审计处理应上缴财政

27.71万元，应归还原渠道资金378.3万元。

社会保障审计 本年度，自治区审计厅及10个市、县的审计机关，对企业职工基本养老保险扩大覆盖面和2000年企业职工基本养老保险基金收支预测及54户未参保企业情况进行了审计调查。调查表明：1999年末自治区共有职工102.3万人，实际参加养老保险的职工为43.4万人，占职工总人数的42.3%，完成1999年计划参保职工人数46.6万人的93%；1999年计划扩面新增人数3.34万人，实际扩面新增人数0.12万人，占计划扩面新增人数的3.6%。1999年末全区实际缴费职工人数40.5万人，缴费工资总额282706万元。当年应缴养老基金71064万元，实缴养老基金61133万元，占应缴养老基金的86%。当年欠缴养老基金9931万元，占当年应缴养老基金的14%，累计欠缴养老基金28213万元。

固定资产投资审计 经审计署授权和受自治区人民政府委托，自治区审计厅对宁夏邮电调度指挥中心、宁夏人民会堂、宁夏体育馆等7个项目进行了审计。审计投资额22014万元，查出违规行为金额2790万元，应上缴财政267万元，应核减工程结算资金337万元，应归还原渠道资金58万元，已缴财政267万元。

外资审计 按照审计署授权，自治区审计厅对世界银行贷款共10个项目和宁夏外债管理领导小组办公室及中美合资宁夏华辉活性炭开发有限公司共计36个单位进行了审计，审计资金总额58740万元。查出项目配套资金不到位、超计划投资、滞留世行回补资金、物资变价款未及时用于项目、挪用项目配套资金、出借项目配套资金、应缴未缴税金、漏缴职工养老保险金、应作未作收入等违纪违规问题，违规行为金额2473万元，上缴财政183万元，已全部入库，同比增长9.8倍。提交审计信息5篇、论文1篇，被采用5篇。其中《我区世行贷款资金存在问题不容忽视》一文，自治区党委书记毛如柏作了“财政部门要加强对世行贷款资金的管理”的重要批示。

行业审计 根据审计署的统一部署，自治区审计厅组织全区各级审计机关，对全区66户重点经贸企业1999年度的资产负债损益情况进行了审计。查出各种不良资产共计8434万元；其中13户企业转移收入、私设小金库247万元；自治区审计厅组织各地市县审计机关，对全区29户药品生产和医药经销企业1999年度的资产状况、财务状况和经营成果进行了全面审计。查出10户企业私设小金库61万元，3户企业少缴税金127.2万元的违纪问题。此外，审计机关还对自治区工商管理系统1998、1999年度行政性收费、罚没收缴管理及1999年度财务收支进行了审计，共查出违规行为金额968万元。

经济责任审计 全区各地、市、县建立了由纪检、组织、监察、人事、审计组成的5部门经济责任审计联席会议制度，制定了经济责任审计制度。截止12月底，全区各级审计机关开展领导干部任期经济责任审计241项，其中厅级干部30名，县处级干部19名，科级干部192名，共查出违规行为资金7101万元，4人被开除党籍，5人被免职，另有7人已移交纪检部门调查处理。

【银川市审计局】 2000年，共有在职干部职工67人，其中大学本科学历20人，大专学历39人，局长苏新民，副局长王超凡、高云山，总审计师李自辉。设有财政金融审计科、基本建设审计科、工业交通审计科、行政事业审计科、商粮贸审计科、办公室、综合科、法制科、人事教育科、纪检监察室等部门。

审计成果 全年共完成审计和审计调查项目94个，查出违规行为金额24789万元，应缴财政201万元。其中已缴财政663万元，应减少财政拨款或补贴39万元，应归还侵占挪用资金872万元，向司法机关移送案件1件。提交审计工作报告、信息110篇，其中有41篇被批示、采用。财政审计33个单位，延伸审计20个一、二级预算单位和2个重点企业。审计共查出违规行为金额9821万元，收缴资金310万元，抵拨财政拨款38.94万元。行政事业审计共对37个项目进行了审计，并对企业参加社会养老统筹保险情况进行了审计。查处各类违法违纪违规资金1385.54万元，应上缴财政203.5万元，已上交203.5万元。其中直接收缴各类财政资金65.08万元，罚没款40.49万元，税款97.97万元。对8户国有重点企业进行了资产、负债、损益审计。审计查出违规行为金额2158.56万元，责成补缴税金357.08万元，调整不实资产955.83万元。先后对银川市体育中心等6个政府重点建设项目进行了竣工决算审计，查处违法违纪金额1163.41万元，核减工程建设投资293.38万元。

受市委、市政府委托对市园林局等14个单位、15名县处级领导干部的经济责任进行了审计，查处违法违纪金额1942.57万元，审计处理处罚36.61万元，收缴“小金库”资金25.62万元。

【银川市城区审计局】 共有干部职工7人，局长刘建民，副局长沈俊芳。

审计成果 共完成审计项目26个，完成计划任务的130%，查处违规行为金额268万元，上缴财政38万元，归还被侵占挪用资金50万元。审计指明纠正180万元，向纪检、监察机关移送案件1件。全年提交审计综合报告5篇、审计信息28篇，其中25篇被区、市政府、上级审计机关和新闻媒体采用。

【银川市新城区审计局】共有在职干部职工6人，局长范勇红，副局长翟宁生、潘莉燕。

审计成果 全年共审计24个项目，完成年计划的240%，查出违纪、违规资金660万元，其中指明要求纠正78.6万元，应交财政5万元，已交4.1万元，应归还被侵占挪用专项资金4.8万元，提交并被采用审计论文1篇。受区委、政府的委托，对区民政局等8个单位的原任领导进行了任期经济责任审计，查出违纪、违规金额57.7万元，追还被侵占挪用专项资金4.8万元。

【银川市郊区审计局】共有在编人员9人，负责对郊区政府各行政事业单位、企业及各乡镇的审计监督。局长王成，副局长于建华。

审计成果 全年共完成审计单位35个，查出各类违纪违规资金411.5万元，经审计处理应上缴财政253.76万元，应归还被侵占挪用专项资金1.2万元。

【永宁县审计局】现有干部职工17人，设有行政事业股、企业基本建设审计股、领导干部经济责任审计科、办公室，负责对全县4个乡镇和所有县直部门的审计监督。局长杨富国，副局长赵祥、冯淑贤。

审计成果 全年共实施57个项目的审计，查出违规资金882.4万元，其中上缴财政56万元，归还原渠道资金141.2万元。在财政预算执行审计中，审计单位19个，查出截留、隐瞒应上交财政54.1万元，私设“小金库”43.1万元，滥收费13万元；未实行“收支两条线”的规定，未纳入财政专户储存5.7万元；出售房屋偷逃税款4.1万元，追还被挤占挪用的专项资金32.6万元。在对望洪乡财政所1998、1999年度财政决算情况进行审计时，发现该乡存在决算不实等问题。审计查出采取虚列支出手段转移资金93.2万元并移送检察机关立案查处。

【贺兰县审计局】共有干部职工20人，设有财政金融审计股、行政事业审计股、工交企业审计股、基建预决算审计股和办公室。局长杨长春，副局长张卫东、薛引玲。

审计成果 全年共完成审计和审计调查项目66个，查出违纪行为资金2932万元，上缴财政29万元，减少下一年度财政支出109.5万元，基建核减支出330.3万元。向司法机关移送案件1件。提交审计工作报告18篇，其中有5篇被区、市及有关部门采用。在财政审计及行政事业单位财务收支审计中全年共完成41个单位，查出违纪金额2257万元，上缴财政25万元；在国有和股份制试点企业审计中全年共完成14个审计单位，查出违纪行为资金368万元，上缴财政3万元。经济责任审计全年受委托共进行7项审计，查出违纪资金286万元，上交财政1万元，收缴税金1万元。审计查出贺兰县国债部1998年重复兑付2张1995年度代保管国库券本息3.3万元的违法行为，此案已移送县检察院处理。

【石嘴山市审计局】2000年，共有在职干部职工52人，设有财金审计科、基建审计科、工交审计科、商贸审计科、行政事业审计科、综合科、办公室。局长李占宏，副局长刘春霞、代国山、瞿祖贵。

审计成果 共审计110个项目单位，累计查出违规行为资金9260万元，经审计处理上缴财政480万元，减少财政拨款或补贴和追还被侵占挪用资金911万元，累计为国家增收节支1391万元，查出百万元以上违规单位4个，共向纪检、监察和司法机关移送案件4起，审计意见落实率、决定执行率在95%以上。

经对市本级财政及14个重点预算执行单位和对4个县（区）财政决算进行审计，共查出违规行为问题资金2435万元，审计决定处理处罚497万元，指明要求纠正1938万元，共为财政增加收入290万元。对已完工的12个工程项目进行竣工决算审计，共向110个被审计单位项目提出审计意见建议301条，有293条被采用执行；全年共提交审计信息、要情反映、综合分析报告和论文71篇。

【石嘴山市大武口区审计局】共有在职干部职工6人，负责对全区5个街道办事处、1个乡和区直各部门的审计监督。局长宋艳玲，副局长李玉琴。

审计成果 全年共完成审计项目29个，为年度计划的145%，其中预算执行审计5个、经济责任审计19个、固定资产审计3个、财务收支审计2个，共查出违规资金48万元，应上缴财政16万元，已上缴财政16万元，归还原渠道资金17万元，审计报告、信息被采用7篇。

【石嘴山市石嘴山区审计局】共有在职干部职工8人。局长冯振新，副局长马琴。

审计成果 共审计项目（单位）22个，查出违规行为资金317万元，上缴财政19万元，其中在财政审计中，查出违规行为资金203万元，上缴财政14万元。完成企业审计单位1个，查出违规行为资金75万元，上缴税金5万元。经济责任审计，完成8项审计，共查出违规行为资金36万元，并按干部管理权限，呈交了审计结果报告。

【石嘴山市石炭井区审计局】 共有在职干部职工4人。局长陈志芳，副局长厉靖。

审计成果 全年共审计单位20个，完成年度计划的100%。查处违规行为金额44万元，收缴罚没款3万元。财政审计延伸审计了4个单位。受区委组织部的委托，先后对4名领导干部的任期经济责任进行了审计。根据政府的安排对辖区内的5户企业进行了本级财政收入专项审计调查，查出违纪资金35万元，处以罚款3万元。

【平罗县审计局】 共有在职干部职工23人，设有办公室、财政金融行政事业审计股、工交商贸审计股、农林水审计股、基建审计股5个股室。局长孙学理，副局长强永清。

审计成果 全年共审计68个单位，经审计查出违规行为金额579万元，其中决定处理处罚304万元，指明要求纠正275万元，应上交财政43万元，已交财政43万元。全年发出审计论文、信息41篇，被各级党政机关和新闻媒体采用30篇（次）。按照自治区审计厅和县委、政府的指示，开展了对重点资金、重要项目的审计，共计查出违规行为金额87.96万元。为投资417万元的5项重点工程编制了工程标的。对投资608万元的6项重点工程进行了工程预决算审计，核减投资80万元。并延伸审计了20个重点预算执行单位，查出违规行为金额213万元，其中应缴未缴预算收入26万元，被挤占挪用专项资金36万元，偷逃税金5万元，乱收费、乱发实物8万元，其它违纪违规资金138万元。对31个单位36名领导干部进行了任期经济责任审计，建立了5部门领导干部经济责任审计工作联席会议制度，共查出违纪资金84万元。

【陶乐县审计局】 共有在职干部职工12人，设有办公室、行财审计股、企业审计股，负责对全县8个乡镇和23个县直部门的审计监督。局长王新明，副局长李志国。

审计成果 全年共开展了42个项目的审计，是年度计划的2.3倍。共查处违规行为金额756万元，其中已经处理处罚的373万元，指明要求纠正的383万元。应上缴财政32万元，应归还被挤占挪用专项资金182万元，应归还原渠道资金88万元。审计收缴“小金库”资金16万元，责令追还国有资产流失42万元，核减工程造价14万元，审计罚没款8万元，其中没收个人违纪资金9600元，共为国家增收节支345万元。

【惠农县审计局】 共有在职干部职工11人，设有综合股、行政事业审计股、工交商贸审计股、固定资产投资项目审计股等机构。局长安乐全，副局长张文惠。

审计成果 全年共完成审计项目44个。查出违纪违规金额1503万元，上缴县财政13万元。共提交各类审计报告、信息10篇。向纪检监察机关移送案件1件。

在财政预算执行审计中共对12个单位进行了审计，查出违规行为金额1245万元，比上年同期增加了1.5%。应上缴财政5万元，已上缴财政5万元，应归还原渠道资金15万元。在固定资产投资审计中共对7项工程预算进行审计，审计项目投资总额720万元，核减预算造价68万元。同时对7项工程进行竣工决算审计，共审计项目投资总额972万元，核减工程投资16万元。共查出违规行为金额14万元。促进增收节支72万元。共为建设单位节约投资84万元。对6名行政事业单位和1名企业领导进行了任期经济责任审计。查出违规行为金额138万元，其中决定处理处罚20万元、指明要求纠正116万元，应上缴财政4万元，已上缴财政4万元。

【吴忠市审计局】 2000年，共有在职干部、职工17人，其中大学本科学历5人，大专学历4人，局长黄锦年，副局长马建廷、杨素霞。设有办公室、行政事业审计科、企业审计科、财金农水审计科。

审计成果 全年共完成审计任务14项56个单位，是年计划任务的124.44%，查出各类违规行为资金2818万元，经审计应上缴财政37万元，应归还原渠道资金30万元，已上缴财政37万元。全年共提交审计综合报告、论文、信息54篇，被批示、批转、采用29篇。

完成上级交办任务 先后派10人以上参与对国债转贷资金在支付房屋拆迁补助、土地征用、城市基建道路拆迁等方面进行现场监督；参加股份企业的破产清算工作，对4家企业进行了专项审计调查，并按政府要求写出了专题调查报告。

【吴忠市利通区审计局】 共有干部职工44人，设有办公室、综合法规科、基建审计科、财经审计科、经济责任审计科、经贸审计科、农林水事业审计科、行政文教审计科等，负责对全区17个乡镇和127个区直部门的审计监督。局长王学仲，副局长马玉凤、马志明，总会计师买明，纪检员孙培军。

审计成果 全年审计59个项目，共查出违纪违规资金3837万元，应上缴财政233万元，已上缴财政228万元，应归还原渠道资金642万元。全年共提交审计论文、信息68篇，被采用25篇。本级财政预算执行情况审计共审计25个单位，查出违规资金2234万元，应交财政85万元，应归还原渠道资金642万元。一审计项目在2000年底被自治区审计厅评为“优秀审计项目”。企业审计通过对13家企业的审计，查出违规资金1415万元，应交财政147万元。其中在对某乳品厂的破产清算审计中，该企业4位领导受到了党纪、政纪处分。

【青铜峡市审计局】共有在职干部职工32人，设有领导干部离任审计科、行财审计股、办公室等部门。局长王洋，党支部书记张龙，副局长介万全、刘学文。

审计成果 全年共审计61个单位，为计划任务数的122%，审计查出违规行为资金3605万元，经审计处理应上缴财政121万元，已上缴财政108万元，为国家和集体挽回经济损失860多万元。全年共撰写各类审计报告、论文、信息94篇，被地方政府、上级审计机关和新闻媒体采用70篇。财政审计28个单位，查出违规行为资金158万元，经审计处理应上缴财政83万元。经济责任审计完成了对市清真食品有限责任公司等4项审计，查出违规行为金额216万元。固定资产投资审计共审计总投资额7250万元，审计核减投资600万元。全年还对24个行政事业单位的财务收支进行了审计，共查出私设"小金库"达95.41万元。

【灵武市审计局】共有在职干部职工18人，设有办公室、行政事业审计股、财政金融审计股和企业审计股等机构。局长杨直前，副局长郭金宝、许风林。

审计成果 共完成对55个单位的审计，共查出违规行为资金3026.2万元，应上缴财政153.42万元，其中罚没资金145.89万元，补缴税金7.53万元，归还原渠道资金628.6万元。全年向政府和有关部门提交审计综合报告、论文、信息53篇，被批示、采用43篇。

【同心县审计局】共有在职干部职工35人，设有办公室、财政金融审计股、行政事业审计股、企业审计股和固定资产投资审计股，负责对全县19个乡镇和46个县直部门的审计监督。局长杨风祥，副局长杨勇、锁永江。

审计成果 共审计85个单位，查出违规行为资金3375万元，追还被侵占挪用资金794万元，减少财政拨款和补贴9万元，上缴财政32万元，向纪检监察部门移送案件2起，给予通报批评单位5个，全年提交审计信息、论文70篇，被采用15篇。在财政审计中共审计28个单位，查出违规行为金额1620万元，追还被侵占挪用资金533万元，上缴财政25万元。经济责任审计共审计36个单位40位领导干部（副处级1人，科级39人），查出违规行为资金939万元，追还被侵占挪用资金201万元，上交财政2万元，移送纪检监察部门处理2人。

【盐池县审计局】共有干部职工20人，设有综合股、企业审计股、行政事业审计股和财政审计股，负责对全县党政机关和企事业单位的审计监督。局长宋来发，副局长刘贵银、郭海蓉。

审计成果 全年共完成审计任务77项，是年度计划的192.5%，共查出违规行为金额639.6万元，经审计处理上缴财政104.5万元。财政审计共审计单位12个，查出违规行为金额129万元，上缴财政97万元；专项资金审计查出违规行为金额130.1万元，对挤占挪用专项资金等问题进行了处理。根据县委组织部委托，对4名科级领导干部进行了任期经济责任审计，共查出违规行为金额116.1万元。根据群众举报和县政府领导批示，对县博物馆1999年度财务收支情况进行了审计，查出违规金额3.1万元，上缴财政0.3万元。

【中卫县审计局】共有干部职工19人，设有行政事业审计股、财经基建审计股、企业审计股和办公室，负责对全县16个乡镇和所有县直部门、事业单位及国有企业的审计监督。局长孙守虎，副局长张继业、陈永生。

审计成果 全年共完成审计项目65个，开展审计专项调查3项，涉及单位48个，共发现违规违纪资金9708万元，应缴已交财政760万元，应追还原渠道资金72万元，向纪检监察机关移送案件1件，提出追究行政等责任的人员3名；向上级及有关部门提交各类报告、信息100篇，被批示采用86篇。

【中宁县审计局】共有在职干部职工19人，设有办公室、行政事业审计股、财金审计股、投资审计股、企业审计股。局长樊斌，副局长朱银福。

审计成果 全年共审计52个项目，共查出违规行为金额2749万元，应上缴财政250万元，补交税金34万元，已上缴财政190万元，归还原渠道资金151万元。财政审计查出16类违规行为金额共计1154.9万元。全年共向上级审计机关和新闻单位提供审计综合报告、论文、信息95篇，被批示、采用65篇。

【固原地区审计局】2000年，共有在职干部职工18人，其中大专学历12人，局长李拔烈，副局长刘科、常继宾。设有办公室、行政事业审计科、工交商审计科、财金基建审计科、法规科等部门。

审计成果 全年共完成7个项目36个单位的审计任务，查出违规行为金额828万元，经审计应上缴财政181万元，应追还被侵占挪用资金50万元，促进增收节支12万元，开展专项审计调查2项，提交审计工作报告15篇，其中被上级审计机关和新闻单位采用6篇。

经济责任审计　受地委组织部门委托，先后对4个单位的领导干部开展任期经济责任审计。查出违规行为资金245万元，其中应上缴财政130万元，应追还被侵占挪用资金50万元，经审计处理全部上缴财政。

【固原县审计局】共有在职干部职工22人，设有办公室、投资审计股、企业审计股、行政事业审计股等部门。局长杨景昌，副局长张恭昌。

审计成果　全年共完成9个项目65个单位的审计任务，查出违规行为金额5225万元，经审计应追还被侵占挪用资金738万元，应上交财政30万元，促进增收节支3万元，开展专项审计调查2项，提交审计工作报告54篇，其中被上级审计机关和新闻单位采用10篇。对财政局等12个预算执行单位进行了审计，查出违规行为资金178万元，应上交财政2万元。经审计处理，应减少本级财政赤字94万元。受县委组织部门委托，先后对22个单位的领导干部和领导人员开展任期经济责任审计，查出违规行为资金960万元，应上交财政16万元。其中，对9名领导干部进行了经济处罚，移交纪检监察机关处理4人，提交审计工作报告22篇。完成上级交办任务2项，查出违规行为资金2598万元。配合有关部门开展工作6项。

【海原县审计局】共有干部职工21人，设有办公室、行政事业审计股、财政金融基建审计股、工交商贸审计股、经济责任审计股。局长吴国兴，副局长马成宝。

审计成果　全年共完成审计项目44个，查出违规行为金额573万元，其中决定处理处罚97万元，指明要求纠正476万元，经审计处理，应缴财政5万元，已缴财政5万元，归还原渠道资金197万元，促进增收节支5万元，提交各类审计综合报告、论文、信息16篇。财政预算执行审计共对6个一级预算单位进行了审计，查出违规行为金额37万元；对5个乡镇财政决算进行了审计，共查出违规行为金额37万元。对4个企业进行了审计，其中对县水泥厂的审计中，查出该厂潜在亏损232.66万元，拖欠银行贷款2396万元，应付未付银行贷款利息640万元，拖欠国家税收65万元。在经济责任审计中，共对14名离任领导干部的任期经济责任进行了审计，查出违规行为金额98万元。

【西吉县审计局】共有干部职工16人，设有文秘综合股、行政事业审计股、财政金融基建企业审计股，负责对全县294个审计对象的审计监督。局长伏志忠，副局长马忠、李树源。

审计成果　共完成了58个审计项目，共查出各类违纪资金1709万元，经审计处理，应上缴财政17万元，已上缴财政16万元，追还原渠道资金2062万元，指明要求纠正957万元。

【隆德县审计局】共有在职干部职工15人，设有政秘股、财政基建审计股、行政事业审计股、经济责任审计股、企业审计股。局长李培忠，副局长吴振涛。

审计成果　全年共审计63个项目，完成年计划任务的117%，查出各类违规金额1011万元，应上缴财政22万元，追还被侵占挪用资金26万元，核减项目工程决算32万元，完成领导交办及协查事项10件，提交审计工作报告、信息19篇，论文15篇，被采用2篇。在财政预算执行审计中，审计13个部门的36个单位，查出违规行为金额216万元，在对10个行政事业单位的财务收支审计中，查出各类违规行为金额655万元。全年共完成7户企业的财务收支审计。

【泾源县审计局】共有在职干部职工15人，设有办公室、行政事业审计股、企业基建审计股。局长马占宏，副局长李希银，党支部书记起秉烛。

审计成果　全年共审计31个单位，查出违规行为资金1125万元，应缴财政7万元，已全部收交入库，归还原渠道资金42万元，罚款7万元，建议给予行政处分2人，对单位财务主管给予警告3人，给予经济处罚10人，要求写出书面检查的违纪单位5个。全年提交审计报告、信息16篇，被采用4篇，其中《泾源县重视落实审计决定》一文被《中国审计报》刊登。审计了12个一级预算单位和14个下属二级预算单位，查出违规行为资金180万元，收缴违纪资金5万元，罚款5万元。对5个单位进行了经济处罚；对3个单位负责人给予了警告并处罚。对4名乡镇长任期经济责任进行了审计，查出违规行为资金134万元，对7名经济责任人进行了经济处罚，对2名负有直接责任的乡长建议给予行政处分。

【彭阳县审计局】共有在职干部职工12人，设有办公室、行政农水审计股、财基企业审计股。局长马金山，副局长张玉龙。

审计成果　全年共完成审计项目（单位）30个，占年计划任务的100%，查出违规行为资金288万元，审计处理处罚117万元，指明纠正171万元，经处理上缴财政6万元，追还原渠道资金70万元。在对3个财政预算资金征管部门和6个预算执行单位的审计中查出违规行为资金137万元，主要问题是缓征欠税64万元，应缴未缴预算收入11万元，挪用专项资金55万元。乡（镇）财务收支审计中对10个乡（镇）财务收支进行了审计。农业资金审计中查出挤占、挪用专项资金70多万元，严肃了财经纪律，促进了专项资金的管理和使用效益。

新疆维吾尔自治区

【新疆维吾尔自治区审计厅】 2000年底，新疆维吾尔自治区审计厅经自治区人民政府批准设置内部职能机构14个（办公室、法制处、财政审计处、金融审计处、行政事业审计处、经贸审计处、农业与资源环保审计处、社会保障审计处、固定资产投资审计处、外资运用审计处、经济责任审计处、人事教育处、机关党委、老干部工作处）、行政编制97名，派出审计处6个（派出一处、派出二处、派出三处、派出四处、派出五处、派出六处）、行政编制35名。另有自治区纪委、监察厅派驻机构1个（纪检监察室），行政编制3人。共计21个内部机构，行政编制135名。同时还设有机关服务中心、审计培训中心、审计科研所3个直属事业单位，现有事业编制77人。实有行政编制人员120名、事业编制人员69名，共计189名。

领导成员

厅　　长：朱登云

副 厅 长：哈布勒（哈萨克族）
　　　　　周贤荣
　　　　　亚合甫·白克力（维吾尔族）
　　　　　李国华

纪检组长：褚东井

新疆维吾尔自治区审计成果 全区共审计2848个项目单位，依法查处各类违纪违规金额789911万元，应上缴财政38254万元，已上缴财政11729万元，减少财政拨款和补贴1358万元，追还被侵占挪用资金33888万元，为国家增收节支46975万元。向纪检、监察和司法机关移送案件39件，建议给予党纪、政纪处分27人。向各级领导部门提交审计报告、信息1280篇，其中被地方党政领导、新闻单位和上级审计机关批示、采用341篇。

财政审计 全区预算执行审计突出了总预算执行与部门预算执行审计的联系，并按照预算资金的流向对重点资金进行了全过程跟踪审计。共审计988个财、税、国库部门和预算执行单位，向各级政府提交审计结果报告109份，受政府委托向各级人大常委会提出审计工作报告100份。审计结果表明：1999年度财税部门认真贯彻执行了国家和地方各项财经政策，预算执行的总体情况比较好、比较真实。但在预算执行中，仍然存在着预算管理不规范和违反预算法规的问题。突出表现是：预算的编制不够具体和明细、预算下达不及时、挤占挪用专项资金、越权减免及以缓代征地方税收、财政收入混库及违规退库、预算外资金未缴存财政专户并直接坐支甚至私设“小金库”等。各级审计机关有针对性地提出了“细化预算”、“集中财权”等项加强和改革预算管理的建议，引起了各级人大、政府和财政部门的高度重视。9月18日，朱登云厅长受自治区人民政府委托，在自治区九届人大第十八次常委会议上作了《关于1999年自治区本级预算执行和其他财政收支的审计工作报告》，引起了人大委员们的强烈反响，既对《审计工作报告》和审计工作表示满意，充分肯定了审计机关依法审计、客观公正、敢于如实反映问题的敬业精神和取得的成绩，同时也对认真落实审计整改意见、加大审计执法力度提出了新的要求，进一步推动了预算执行审计工作的深入开展。

在对194个执行单位的财政决算审计中，共查出各类违法违纪问题金额96910万元。主要是隐瞒、转移、截留上级财政收入，违规减免税收、虚列财政支出和财政赤字以及挪用专项资金等问题。审计厅依据有关法规，从实际出发，实事求是地进行了处理，并提出了切合实际的整改意见。

行政事业审计 为促进自治区执法部门依法行政，加强执法管理，审计厅统一组织对53个县以上工商行政管理机构、37个县以上公安机关1999年度财务收支及管理情况进行了专项审计，发现工商行政管理系统部分单位存在着漏缴税金、拖欠、截留、隐瞒预算收入和应缴财政专户资金及乱收费、乱罚款、乱摊派和私设“小金库”等违规违纪问题，公安系统一些单位存在着随意挪用、截留资金，乱收费、乱赞助，隐瞒、坐支罚没收入、行政性收费和预算外收入以及私设“小金库”、固定资产管理混乱、外借资金长期不清理并已造成国有资产流失等严重问题。审计机关对上述问题分别依法进行了处理，并提出了整改意见和建议。

企业审计 全区各级审计机关围绕国有企业改革和发展，主要对盈亏大户资产负债损益情况进行了审计。在进行真实性审计、摸清企业资产状况的基础上，注重从宏观角度对近年来企业改革的成果和取得的经验以及影响企业经营效益的外部环境进行审计调查，同时努力探索将企业资产负债损益审计与国有企业负责人经济责任审计相结合，共审计各类企业333户，查出违法违纪问题金额95967万元，主要问题是利润不实、账外设账、转移国有资产、损失浪费等。审计厅统一组织审计了15户工业企业、12户流通企业，发现被审计企业大多数都存在财务管理水平较低、会计信息失真严重，总体上效益较差以及企业生产经营的外部环境有待于进一步改善等问题。审计厅将审计结果汇总编发1期“新疆维吾尔自治区工业企业资产质量状况差，会计信息失真问题严重，亏损面居高不下”的《审计信息》，上报自治区党委和政府，引起了自治区党委王乐泉书记的重视，作了重要批示，自治区有关部门已提出了5项加强管理的措施。

专项资金审计　审计厅分别组织各级审计机关对30个贫困县1998年改水资金和1999年扶贫资金的管理使用情况、对科技事业费和科技三项费用以及“贫困地区义务教育工程资金”管理使用情况、对10个地州及所在市1998－1999年度排污费征收、解缴和使用情况进行了专项审计。1998年改水资金和1999年扶贫资金审计共查出违纪违规问题金额16600多万元，发现挤占挪用、多头分散管理的状况仍未得到根本性改善，还出现了地县财政和主管部门大量滞拨和擅自改变扶贫项目的突出问题。针对这种变相挤占扶贫资金的新动向，审计厅及时编发了1期《审计要情》，引起了自治区党委、政府和有关部门的重视。自治区党委王乐泉书记、熊辉银副主席很快作了重要指示，要求有关部门认真研究，切实采取措施尽快加以解决。

对科技事业费和科技三项费用以及“贫困地区义务教育工程资金”使用情况审计中所发现的问题，各级审计机关实事求是地区别情况分别作了处理，并提出了审计建议。对排污费征收、解缴和管理使用审计中查出的各类问题，审计厅会同财政厅统一研究了处理办法，联合行文下发各地，确保了对查处问题的有效处理。同时，审计厅和财政厅还联合行文向自治区人民政府上报了“审计情况通报”，被自治区人民政府批转，有力地促进各级政府和环保部门切实加强对环保专项资金的监督管理。

固定资产投资审计　全年共审计136个各类投资项目，审计项目投资总额166179万元，已完成投资总额148866万元，查出立项程序不规范、建设资金不落实、概算外投资及高估冒算虚增投资额、挤占挪用建设资金等问题5482万元。审计核减工程结算资金3786万元，归还原渠道资金1209万元，促进和加强了对建设项目的监督管理。同时，还根据审计署授权统一组织开展了“吐－乌－大”高等级公路竣工决算项目的审计。

外资运用审计　根据审计署安排，全区各级审计机关严格按照审计署操作规程组织实施，共完成8个世行贷款和欧盟援款项目审计，出具内外合一审计报告161份（其中中英文报告3份），如实披露了部分地县和项目单位滞留项目资金或物资、挤占挪用项目资金、擅自更改项目建设地点、擅自出售（借）项目物资、违规提取管理费及内控制度不健全等问题，得到了世行和审计署的肯定。

经济责任审计　各级审计机关共审计党政机关和国有企业368个，涉及党政机关领导干部和国有企业负责人370人（包括厅级2人、处级23人）。共查出违纪问题金额26780万元，其中涉及领导主管责任14103万元、涉及领导直接责任2783万元。共对其中的91个单位国有资产保值增值情况进行审计核实，查出保值单位73个（其中党政机关59个、企业单位14个）、减值单位18个（其中党政机关4个、企业单位14个）。审计发现国有企业资产和盈亏普遍不实、往来账中死账呆账数额很大、亏损情况比较严重，行政事业单位虚列支出、挤占挪用、私设“小金库”、预算外资金未缴存专户问题也相当普遍；同时，查出损失浪费2106万元（其中涉及领导主管责任37万元、涉及领导直接责任2069万元），查出贪污、挪用等涉及个人经济责任问题174万元，有关责任人（20人）已及时移交纪检监察和司法机关查处。

地方领导交办任务　4－5月，根据自治区党委、政府的指示，审计厅统一组织对和田、喀什、克州、伊犁、塔城、阿勒泰6地州财政供养人员统一发放工资问题进行了审计核实。审计厅抽调干部组成6个审计组实施审计，重点核实了6地州及所属县市上报的人员数字是否真实及有无缺额等情况。审计结果于5月初上报自治区人民政府。5－12月，根据自治区党委和政府的指示，审计厅组织力量对自治区党校自办公司经营管理和财务收支情况、新疆供销社和所属棉麻公司的财务收支、基本建设投资等情况进行了专项审计，基本查清了区党校自办公司长期以来群众反映强烈但始终得不到解决的资产管理混乱、家底不清、存在账外资金和损失浪费等问题以及自治区供销社和所属棉麻公司资产负债损益不实等问题。审计报告引起了自治区有关领导的重视并作了专门批示。

大案要案　全区各级审计机关审出了一批大案要案，共移交纪检监察和司法机关39件。审计厅根据群众举报在对新疆幼儿师范学校1998年以来财务收支的审计中，发现该校巧立名目乱收费及公款私存私放达300多万元，原校个别领导和科室负责人以及有关财务人员涉嫌贪污，有2人已被司法机关批捕。目前这些案件仍在进一步审理之中。

【乌鲁木齐市审计局】　2000年，现有在职干部职工117人，其中大学本科学历23人，大专学历74人，局长张新平，副局长武毅、李钢建，纪检组长张庆。设有财政金融审计处、行政事业审计处、固定资产投资审计处、经济责任审计处、工交审计处、商贸审计处、农牧审计处、外资审计处、综合处、法规处、办公室、人教处、纪检监察室等部门。

审计成果 全局围绕国家改革发展的总体目标和本市经济建设中心，积极开展审计工作。全年共完成审计单位159个，查出违规行为金额114725万元，其中决定处理处罚15949万元，指明要求纠正98776万元。决定处理处罚金额中，应上缴财政5942万元，已上缴财政1091万元；应归还原渠道资金372万元；促进增收节支567万元。协助有关部门查处案件7件。结合全市经济建设中的热点、难点问题开展审计调查项目10个。共提交审计工作报告、信息61篇，建议纠正地方部门不当规定48条，抽调审计人员26人次配合上级审计机关和市政府有关部门开展专项审计以及经济案件查处、企业破产清算等项工作。

经济责任审计 全年分别对乌市机电局、市政工程建设处等20个单位的领导干部进行了任期经济责任审计，查出应缴未缴预算收入、挤占挪用、虚列转移等违规行为金额5965万元。

大案要案 在对乌市额敏牧场实行"牲畜作价归户"生产责任制改革及运行情况进行审计中，查出该牧场挤占扭亏措施费和农场建设费36万元，用于抵顶管理费支出、工程支出和场长借款等；挪用教育经费8万元，用于支付住院费、农委干部赴内地参观费；牧场收入和扶贫资金5万元不入账，私设"小金库"，主要用于私人借款和送礼等违纪违规问题。同时还查出牧场副场长兼会计贪污公款3万元的违法行为。在对乌市畜牧兽医草原工作总站的审计中，查出该站私设"小金库"1240万元，用于支付加班费、奖金、办公楼工程款、招待费、房租费等违纪行为，并查出该站副站长兼财务科长等6人贪污公款106万元的事实。

【乌鲁木齐市天山区审计局】 共有干部职工17人，设有行政事业审计科、企业审计科、基本建设审计科、综合审理科，负责全区42个行政事业单位的审计监督。局长郭文龙，副局长董玲。

审计成果 共完成审计项目20项，审计调查单位20个，查出违规行为金额1405万元，其中决定处理处罚74万元，指明要求纠正1331万元，应交财政61万元，提交审计工作报告2篇。配合组织人事部门完成了12项科级领导干部任职期间经济责任审计，促进了该区廉政建设，保障了该区财经秩序。

【乌鲁木齐市沙依巴克区审计局】 现有干部职工14人，负责对全区67个区直部门及2个企业的审计监督。局长庞鼎宪，副局长陆志军、高宏鸣。

审计成果 全年开展审计项目19项，其中财政预算执行情况审计7项，财务收支审计6项，经济责任审计5项，国外贷款审计1项。开展审计调查项目1项，协助监察局查账2个单位。审计查出违纪违规金额总计1452万元，其中决定处罚1201万元，指明要求纠正的251万元。应上缴财政49万元，提交2篇审计工作报告、信息。

【乌鲁木齐市新市区审计局】 现有干部9人，设有办公室、行政事业审计一科、二科，负责对全区42个区直部门的审计监督。局长杨荣花，副局长赵圣宏。

审计成果 共完成审计项目18个，涉及单位50个，查出违规行为金额6132万元，其中决定处理处罚23万元，指明要求纠正6109万元，应上缴财政19万元，建议给予经济处罚4人次，为规范经济秩序发挥了作用。提交审计报告及信息18篇，其中被批示采用3篇。

完成本级财政预算执行情况审计，并延伸审计和调查了8个单位，查出违纪违规资金2836万元，应上交金库7.3万元。完成区委、区政府交办的工作任务21项。对全区16个职能部门轮岗的领导干部进行了任期经济责任审计，查出违纪违规资金41万元；在全区固定资产投资项目审计中，工程决算审计8万元，有效制止了损失浪费、高估冒算等违法违纪行为。完成省市审计机关下达的审计任务3项，审计金额18余万元。

【乌鲁木齐市水磨沟区审计局】 共有干部职工7人，负责对本级政府所属54个财务独立的局、委、办、社会团体和全民企事业单位的审计监督。局长薄明章，副局长王凤玉。

审计成果 共审计6个单位，其中财政同级审计1项，世界银行贷款VII项目1项，审计专项调查2项，其它均为经济责任审计或财务收支审计。共查出违规行为金额31万元，均为指明要求纠正金额。提交审计工作报告、信息1篇，被批示、采用5篇次。

【乌鲁木齐市头屯河区审计局】 现有干部职工8人，负责对本级政府的25个行政事业单位的审计监督。局长田丽，副局长姚红、柴秀华。

审计成果 共完成审计项目11项，涉及被审计单位68个。查出违规行为金额101万元，均为指明要求纠正金额。提交审计工作报告、信息4篇。

【乌鲁木齐市南山矿区审计局】 现有干部职工2人，负责对全区3个街道办事处和46个区直部门的审计监督。副局长单战。

审计成果　全年开展审计项目3项，其中财政预算执行情况审计1项，财务收支审计1项，国外贷款审计1项。开展审计调查项目1项。共查出违纪违规金额19万元，全部为指明要求纠正的资金。

【乌鲁木齐县审计局】 现有干部职工13人，设有办公室、经济责任审计科、工交内贸审计科、固定资产投资审计科，负责对全县16乡镇和40个县直机关行政事业单位的审计监督。副局长李傲霜、马英冰。

审计成果　全年共审计16个项目，查出各类违纪金额1296万元（其中决定处理处罚613万元，指明要求纠正683万元），应上缴财政613万元。

【石河子市审计局】　（与新疆生产建设兵团农八师是同一机构。）

【吐鲁番地区审计局】 2000年，共有在职干部职工22人，其中大学本科学历5人，大专学历15人，局长宋惠荣（－3月），副局长韩华、迪里夏提·乃依不拉。设有综合科、财政金融审计科、行政事业审计科、企业审计科、固定资产投资审计科、办公室。

审计成果　共完成审计项目单位165个，依法查出各类违纪违规金额11874万元，其中决定处理处罚3797万元，指明要求纠正8077万元，应上缴财政110万元，已上交财政94万元，减少财政拨款和补贴369万元，应归还原渠道资金369万元，查出违规金额百万元以上单位24个，向各级领导部门提交审计报告、信息24篇。

完成上级交办任务　共完成财政、地税、国库和预算单位审计45个。其中地区审计局完成17个，查出违规行为金额7002万元，其中地区本级4125万元。

经济责任审计　完成经济责任审计13个，其中党政领导12名，国有企业法人1名，审计经济责任人13人，查出违规行为金额71万元，决定处理处罚66万元，对严重违反财经纪律的4个单位，在全地区进行了通报。

【吐鲁番市审计局】 现有干部职工9人，设有办公室、综合科、企业审计科、行政事业审计科，负责对全市7个乡、2个镇和325个市直部门的审计监督。局长李宗芝，副局长尼加提·力提甫。

审计成果　全年共审计单位及项目24个。其中预算执行情况审计13个、党政领导离任审计3个单位、乡级财政财务收支审计1个、企业财务收支情况审计1个、专项审计调查项目3项、上级指令性审计项目3个。查出违规行为金额1532.63万元。其中财政预算执行情况审计查出违规行为金额1336万元，企业审计查出违规行为金额50.8万元，行政事业审计查出违规行为金额145.83万元。应上交财政1.4万元。其中预算执行情况审计上缴1万元，企业审计上缴0.4万元。已上缴财政1.4万元。提交审计工作报告信息11篇。其中“同级审”工作报告2篇；专项审计调查报告3篇；审计简报1篇；审计信息5篇。

【托克逊县审计局】 现有干部职工15人，设有办公室、综合科、行政事业审计科、企业审计科，负责对全县4个乡、3个镇和68个县直部门的审计监督。副局长余梅玲、艾尼瓦·买买提。

审计成果　深入开展本级预算执行审计，共审计预算执行单位9个。根据审计厅统一安排，对企业职工基本养老保险基金的征收、扩大覆盖面等情况进行了审计调查；开展了世行贷款疾病预防项目审计；完成任期经济责任审计15项，为干部管理部门考核、任用提供了参考依据；配合农村基层组织建设和政务公开，对4个乡、3个镇财务进行了审计，给组织部门提出加强乡镇财务管理的建议。全年共完成审计项目39个，查出违规违纪金额1761万元，处理处罚169万元，要求纠正1592万元，应上交财政9万元，已交财政4.2万元。向纪检部门移送案件2件，对6人处以罚款。

【鄯善县审计局】 现有干部职工23人，设有办公室、财经审计股、文行审计股、企业审计股、农财审计股、综合股、建审办，负责对全县10个乡镇、160个县直部门的审计监督。局长毛盛文，副局长蒋仕新、吾甫尔·库尔班。

审计成果　共完成88个审计单位，其中同级财政审计单位12个，国外援贷款项目1个单位，行政事业单位10个，企业单位33个，固定资产投资32个单位，共查出违规违纪金额4205万元，应上缴财政70万元，已上缴财政64万元，促进增收节支2455万元，提交审计工作报告、信息15篇，被自治区采用3篇。完成工程预决算审计32户，施工单位送审价7948.9万元，审计定案价5494.1万元，核减工程款2454.7万元。其中对政府投资公共项目核减工程款2120万元，极大地保障了该县建设项目资金的真实、合法、高效使用。

【哈密地区审计局】 2000年，共有在职干部职工29人，其中大学本科学历7人，大专学历14人，局长、党组副书记谢飞，党组书记赵广益，副局长、党组成员艾拜都拉·尼牙孜、王登岗。设有综合科、财政金融审计科、行政事业审计科、企业审计科、经济责任审计科、固定资产投资审计科。

审计成果　共完成审计单位（项目）49个，查出违纪违规金额12506万元，应缴财政46万元，应归还原渠道资金9974万元，提交审计报告、信息57篇。

完成上级交办任务　共完成地委、行署交办的工作任务12项，主要审计项目有：固定资产投资审计、领导干部任期经济责任审计。完成自治区审计厅下达的审计任务5项，主要审计项目有：同级财政预算执行情况审计、财政决算审计、公安审计、农业资金审计等。

【哈密市审计局】共有在职干部职工18人，其中大学本科学历2人，大专学历16人，设有综合股、企业审计股、行政事业审计股、农牧基建审计股和经济责任审计股。局长张庆芬，副局长冯秀。

审计成果　完成审计项目87个，在审27个。其中企业22个，行政事业50个，财政3个，专项调查报告4项；基建审计8个，总投资额6085.5万元，核减工程造价221万元。共查出违纪违规金额3544万元，应缴财政188万元，由税务机关收缴入库的税金154万元，受经济处罚12人，协助司法机关办案1件，提供审计信息14篇，主办审计简报5期，提出审计建议185条。

【伊吾县审计局】共有在职干部职工10人，其中大学本科学历1人，大专学历8人，设有办公室等部门。局长王行全，副局长李晓明。

审计成果　共完成审计单位（项目）11个，查出违纪违规金额97万元，应缴财政1万元，提交审计报告、信息24篇。完成县委、县政府交办的工作4项，审计单位4个，其中领导干部离任审计2个，为县政府选拔、选用干部提供了参考依据。

【巴里坤县审计局】共有在职干部职工12人，其中大学本科学历2人，大专学历8人，设有综合股、行政事业审计股、企业审计股。局长张兴举，副局长哈布丁。

审计成果　共完成审计单位（项目）20个，查出违纪违规金额340.05万元，应缴财政0.2万元，应归还原渠道资金149万元，提交审计报告、信息20篇。

【和田地区审计局】2000年，共有在职干部职工31人，其中大学本科学历4人，大专学历20人，局长吾守尔·苏祖克，副局长刘新英。设有办公室、财基审计科、行事审计科、农业审计科、企业审计科、综合科等部门。

审计成果　全地区审计机关共完成审计单位148个（地区本级完成33个），其中财政审计75个，企业审计13个，行政事业审计42个，农业专项资金审计2个，国外援款贷款审计16个。查出违规行为金额28377万元，其中决定处理处罚6958万元，指明要求纠正21419万元。应交财政1167万元，已交财政87万元。应归还原渠道资金958万元，提交审计工作报告、信息88篇，其中工作报告11篇，被地方党政领导批示、采用审计报告5篇。建议纠正地方部门不当规定7条，协助有关部门查处案件2件。

完成上级交办任务　完成当地党政交办审计单位31个，并对11个单位领导任期内经济责任进行了审计，查出违规金额258万元，主要问题是资产不实，虚增利润，往来款中死账、呆账数额较大，亏损严重，原因是领导只想在任期内取得好成绩，树立政绩。查出大案要案违规单位11个，根据有关规定进行了处理。

【和田市审计局】现有干部职工15人，设有行政事业审计股和企业审计股，负责对全市3个乡、1个镇、1个区和109个市直部门的审计监督。局长李昕铭，副局长陈红平。

审计成果　共完成审计单位13个，查出违规行为金额489万元，其中决定处理处罚15万元，指明要求纠正337万元。应交财政15万元，已交财政15万元。

圆满完成对1999年度本级预算执行情况及其他财政收支审计。在同级财政审计中，查出违规行为金额248万元，决定处理处罚15万元，指明要求纠正233万元。为了配合本级预算执行审计还对市二小、物价局、防疫站3个预算执行单位进行了延伸审计。

【和田县审计局】现有干部职工14人，负责对全县12个乡镇和85个县直部门的审计监督，局长买买提明·吐送，副局长颉刚、曾丽萍。

审计成果　共完成审计项目4个，审计单位7个，查出违规金额240万元，应上缴财政12万元，已上缴财政2万元，应归还原渠道资金12.7万元。完成党政领导交办任务3个。其中经济责任审计1个。

通过全年审计工作，取得了一些可贵的经验。第一是积极争取地方党政领导的支持是落实审计结论、执行审计决定的保证，审计工作如果脱离了党政领导的支持，审计决定就难以落实，也发挥不了审计的监督职能作用。第二是对审计决定的处理从实际出发，在处理上区分主客观因素，宽严适度，引用法律准确，做到审计一人，教育一批，警示一片。第三是坚持原则，突出重点，对在审计工作发现的疑点坚持追踪调查落实，一查到底，才能发现大案、要案的线索。第四是把审计对象区分两类，对单位财务人员素质高的，注重开展遵守国家财经法规、政策的审计；对单位财务人员素质差的，除开展上述审计工作外，还要起到一审二帮三促进的作用。第五是加强对重点领域重点部门的专项资金的审计，特别是扶贫资金、救灾资金，保证专项资金的正确使用，充分发挥其效益。第六是加大对被审计单位的回访力度，有利于审计决定的落实和强化审计机关廉政建设。

【洛浦县审计局】现有干部职工10人，设有行政事业审计股、企业审计股、经济责任审计股、综合股，负责对全县10个乡镇和74个县直部门的审计监督。副局长吐送尼牙孜、艾塞提、王孝云。

审计成果　共审计11个单位，查出违纪金额899.41万元，应交财政38.89万元，已交财政38.89万元。完成党政领导交办任务3项。对1个单位开展经济责任审计，平调1人。

【民丰县审计局】现有干部职工7人，负责对全县5个乡、1个镇、1个牧场和98个县直部门的审计监督。副局长艾沙木东·阿不都热合曼、王军莲。

审计成果　共完成审计项目7项，审计单位9个，查出违规金额163万元，应上缴财政2万元，已上缴财政1万元，应归还原渠道资金136万元，完成党政领导交办任务3个。

【皮山县审计局】现有干部职工13人，设有办公室、企审股和行审股，负责对全县15个乡镇和50个县直部门的审计监督。局长周仁尧，副局长茹仙姑丽。

审计成果　共审计了22个单位，查出违规金额49.87万元，应缴财政11.58万元，已全额上交财政，完成党政交办审计任务2项。完成经济责任审计4个单位，通过审计平调2人，免职1人。

【策勒县审计局】现有干部职工8人，负责对全县7个乡、1个镇和239个县直部门的审计监督。局长沈素华，副局长吾买尔江·买拖乎提。

审计成果　共审计单位19个，查出违规行为金额780.4万元，其中决定处理处罚371.4万元，指明要求纠正409万元。应交财政20.36万元，应归还原渠道资金20万元。已交财政4.66万元，其中财政审计中，查出违规金额276.3万元，决定处理处罚0.5万元，指明要求纠正275.8万元。应交财政0.16万元，应归还原渠道资金0.9万元，已交财政0.16万元。行政事业审计中，查出违规金额504.1万元，决定处理处罚370.9万元，指明要求纠正133.2万元。应交财政20.2万元，应归还原渠道资金19.1万元，已交财政4.5万元。完成地方党政交办的审计项目3项。

【于田县审计局】现有干部职工12人，设有企审股、行审股，负责对全县19个乡镇和200个县直部门的审计监督。副局长吴丛梅、龙凤霞、亚森、玉素浦。

审计成果　共审计了28个单位，查出违规金额1116万元，其中指明要求纠正1091万元，决定处理处罚25万元。应缴财政25万元，已上缴财政25万元，审计单位中财政审计19个，完成党政交办的任务5个，国外援款贷款项目1个，义务教育工程项目1个，企业2个（经济责任审计）。

【墨玉县审计局】现有干部职工14人，设有综合股、企业审计股、行政事业审计股和农业审计股，负责对全县16个乡镇和260个县直部门的审计监督。副局长艾力艾沙、秦运轿。

审计成果　完成16个单位9个项目的审计任务，查出违规金额163万元，应缴财政8万元，已全部收缴财政。完成党政交办的任务4项，对广播电视局、县财政局2个单位进行了领导任期经济责任审计。

【阿克苏地区审计局】2000年，共有在职干部职工46人，其中大学本科学历14人，大专学历23人，党组书记、副局长郭明堂，局长苏耀明，副局长依利哈木、史军团、樊建国、刘艳。设有财政金融审计科、文教行政事业审计科、农林水牧审计科、工业交通审计科、商业贸易审计科、基本建设审计科、综合科、法规科、行政办公室。

审计成果　主要开展了本级预算执行情况审计、下级财政决算审计、行政事业单位财务收支审计、工商行政管理系统审计、外资项目（世行贷款“塔里木项目二期工程”、疾病预防项目）审计、农业专项资金审计、企业审计、经济责任审计以及国有企业改制、破产债权清算等项审计业务。共完成43个审计单位，查出违纪违规资金41024万元，其中指明纠正31293万元，决定处理处罚9731万元；应交财政3951万元，已交财政872万元；归还原渠道资金1357万元。此外，还提交审计工作报告、审计信息39篇，被有关各方采用12篇。

经济责任审计　共完成12个党政机关和企事业单位负责人的任期经济责任审计，有2名责任人被移交纪检监察和司法机关。

大案要案　对地区供销社原主任的经济责任审计中，查出违纪资金4566万元，其中私设“小金库”3791万元，账外资金500万元，对外投资、担保经济损失 1559 万元，审计后移交纪检部门处理。对地区塑料厂原厂长的经济责任审计中，核实企业亏损 1211 万元；1994 年该厂购莫斯科人小轿车 10 辆，其中有 3 辆去向不明；原厂长趁出纳不在之时，拿走 1 张 15 万元支票，长期不归还入账；1996 年 9 月，该厂向地区中国银行劳动服务公司借款 60 万元，8 个月支付利息 28．2 万元，为本金的 47%。审计后将其移交纪检部门，现已被司法机关逮捕。

【阿克苏市审计局】 现有干部职工 15 人，设有办公室、综合股、财经文教审计股、工交商贸审计股、农林水牧审计股、经济责任审计股、基建审计股，负责对全市 4 乡、2 镇、1 场和 145 个市直部门的审计监督。局长木沙·买米提力，副局长张献民、何敏。

审计成果　主要完成上级审计机关及地方政府交办的审计项目 28 项，群众举报 8 项，配合有关部门参加企业改制 13 个单位，共查出违纪金额 9167.6 万元，受到处理纠正 1315.67 万元，处罚 117 万元，已上缴财政 69.8 万元。审计中发现较严重的违法违纪案件 3 件，移交纪检委 2 件，受到处理的 2 件。

【温宿县审计局】 现有干部职工 15 人，设有财政金融基建审计股、企业审计股和文行审计股，负责对全县 10 个乡镇、22 个农林牧场和 127 个县直部门的审计监督。副局长刘文科（主持工作）、王丽、安尼玩。

审计成果　共审计单位 23 个。其中预算执行情况审计单位 8 个，固定资产投资审计单位 1 个，农业专项资金审计单位 1 个，国外援助审计项目 2 个，经济责任审计单位 6 个，企事业单位财务收支审计 5 个。固定资产投资审计总额 5516 万元，农业专项资金审计资金总额 164 万元，国外援助项目审计资金总额 6878 万元。通过审计，查处违纪违规行为资金 320.1 万元，其中决定处理处罚 280.2 万元，指明要求纠正 36.6 万元，应交财政 73.2 万元，已交财政 20.5 万元；提交审计工作报告、信息 2 篇，其中工作报告 1 篇，财政审计工作报告被政府采用 1 篇。

【沙雅县审计局】 现有干部职工 11 人，负责对全县 11 个乡、镇、场和 98 个县直部门的审计监督。局长胡相文，副局长艾则孜·日扎克。

审计成果　共完成同级财政、2 牧场等审计项目 15 项，查出违纪资金 377 万元，上交当地财政 17 万元。移交案件 1 件。积极配合县检察院、纪检委等部门协查案件 4 件。其中通过对县 2 牧场的审计，发现了重大违法违纪问题，并派出复核小组进行了审计复核。对涉嫌贪污的会计及保管 2 人，移交县检察院立案审理，此案件已审结宣判。

【拜城县审计局】 现有干部职工 9 人，设有财政金融审计股、工交商贸审计股、文行农林水牧审计股、办公室，负责对全县 17 个乡、镇、场和 73 个县直部门的审计监督。局长崔镇疆，副局长买买提·吐逊。

审计成果　全年共完成 12 个项目、23 个单位和部门的审计，查出违纪违规资金 1002 万元，应交财政资金 51 万元，已交财政资金 21 万元。在对县土地局审计中，经过对账簿和大量凭证的认真审核，查出了该单位 1995 年至 1998 年期间，使用自购收据收取行政性收费 60 余万元，作为“小金库”，随意挥霍殆尽后，销毁了所有的收支凭证。审计结束后，已将此案移交县纪检监察部门。

【阿瓦提县审计局】 现有干部职工 16 人，设有经济责任审计股、工交商贸审计股、农林水审计股、财政金融审计股、文教行政审计股、办公室，负责对全县 8 个乡镇和 256 个县直单位的审计监督。局长曹新明，副局长夏扎旦木·李博。

审计成果　全年共审计单位 65 个，为年初审计计划的 355%。审计资金总额 235234 万元，查出违纪违规资金 23105 万元，应交财政 385 万元，已交财政 385 万元，入库率 100%。通过审计，为国家挽回经济损失、增加净资产 8347 万元。

【库车县审计局】 现有干部职工 19 人，内设财政金融审计股，文教行政审计股，经贸审计股，农林水牧审计股，固定资产投资审计股，法规纪检股，行政综合办公室，负责对全县 14 个乡镇、5 个农牧场和 110 个县直部门单位的审计监督。局长李绪江。

审计成果　完成对县财政预算执行情况的“同级审”，包括地方税务和地方国库；结合财政“同级审”，对县属 30 个预算执行单位进行了延伸审计。完成了对县种籽公司和阿克苏龟兹国际旅行社 2 个单位的法人任期经济责任审计。分别对阿克斯塘乡和阿拉哈格乡的 2 个乡财政所 1999 年度预算执行及决算和其他财政、财务收支进行了审计。为配合企业改制工作，对县属东风煤矿 1997－1999 年度财务收支进行了审计。通过上述项目审计，共查出违纪违规资金 2269 万元，应交财政 1982 万元，已交财政 1932 万元，为维护地方经济秩序，促进经济发展作出了应有贡献。

【柯坪县审计局】 现有干部职工 5 人，负责对全县 5 个乡镇和 70 个县直部门的审计监督。局长田传会。

审计成果　全年共完成审计项目 12 个，其中上级审计机关下达审计项目计划8个，超额完成计划任务50%。主要审计项目有本级预算执行情况审计、贫困地区义务教育工程审计、养老保险欠费审计调查、外资项目审计、企业审计等。查出违纪违规金额29万元，已上缴财政13万元，出具审计意见书12篇，针对被审单位存在的问题，提出了数十条建议和改进意见。

【新和县审计局】现有干部职工8人，负责对全县8个乡镇和110个县直部门的审计监督。局长杨洁，副局长托乎提·艾买提。

审计成果　全年共完成审计项目16个，审计资金总额14754万元，查出违纪违规资金575万元，收缴并上交财政1.3万元。其中在对县种籽公司审计中，发现了较为严重的违纪违规问题，领导干部有腐败行为和经济问题，已将此案移送司法机关，该单位领导已被追究刑事责任。

【乌什县审计局】现有干部职工9人，下设综合股、文行财经审计股和农林水牧审计股，负责对全县8个乡镇和90个县直部门的审计监督。局长童伟新，副局长阿不都热依木·肉孜。

审计成果　全年共完成16个审计项目，查出违纪违规资金516万元，提交审计报告和审计意见书16篇，通过对这些项目的审计，向违纪违规单位提出审计建议，肯定被审计单位经营管理活动所取得的成绩及合理性，同时针对其薄弱环节和存在的问题，提出了改进措施，从而促进了被审计单位改善经营管理、健全内部控制系统，加强防范错弊的措施，改进财会工作，提高经济效益。

【喀什地区审计局】2000年，现有在职干部职工39人，其中大学本科学历6人，大专学历17人，局长侯存尚，副局长李学智、刘武国、克其克·阿吉。设有办公室、综合科、财政审计科、企业审计科、行政事业审计科、农林水牧审计科、固定资产投资审计科、金融外资审计科。

审计成果　共完成审计项目40个，审计单位45个，完成审计调查项目2个；共查出违规行为金额23068万元，决定处理处罚1650万元，指明要求纠正21416万元；应交财政14万元，已交财政4万元，应归还原渠道资金10274万元；向纪检监察机关移交案件2件；提交审计工作报告、信息16篇。

完成上级交办任务　完成地委、行署交办审计任务11项，其中经济责任审计4项，财政财务收支审计7项；共查出违规行为金额8350万元，其中决定处理处罚18万元，指明要求纠正8332万元。完成上级审计机关下达审计任务27项，审计单位(包括二三级预算执行单位)32个；共查出违规行为金额14483万元，其中决定处理处罚1632万元，指明要求纠正12851万元。

【喀什市审计局】现有干部职工20人，设有办公室、综合法规股、企业审计股、行政事业审计股、财政基建金融审计股，负责对全市4个乡、4个街道办事处、183个行政事业单位、45个国有企业的审计监督。局长赵自元，副局长阿不来提·马木提(维吾尔族)、曹新民。

审计成果　共完成7项47个单位的审计，查出指明要求纠正违规行为金额2962万元、决定处理处罚314万元，应交财政18万元，已交财政21万元(含清收以前年违纪款3万元)，其中税金9万元、罚款7万元，应归还被挪用的安居工程资金50万元。提交审计报告、信息17篇、论文12篇。完成上级下达项目计划6项12个单位，实际完成6项34个单位，包括同级财政预算执行情况和其他财政收支情况延伸审计的22个单位，100%完成项目计划。完成党政交办审计任务2项14个单位，即领导干部任期经济责任审计13个单位和喀什市扶贫办公室的扶贫资金管理使用情况调查。

【巴楚县审计局】共有在职干部职工14人，其中大学本科学历1人，大专学历7人，设有办公室、财政金融审计股、行政事业审计股、企业审计股、法规复核股，负责对全县70个乡镇及113个县直部门的审计监督。局长侯荣财，副局长王秀华、阿不都热依木·阿不都瓦依提。

审计成果　完成审计项目18项，审计单位35个，其中上级下达指令性任务9项，即同级财政预算执行情况审计、外资审计(疾病预防项目审计)、企业审计2项、行政事业单位2项、专项资金1项、专项审计调查2项。党政交办任务9项，即任期经济责任审计6项、行政单位1项、企业单位1项、其它1项。共查出违规资金430万元，其中利润不实24万元，偷漏税收21万元。

【泽普县审计局】现有干部职工10人，设有财政审计股、基建审计股、行政审计股、企业审计股，负责对全县10个乡、2个镇、3个场和100多个县直部门的审计监督。局长郭风英，副局长托合提·肉孜。

审计成果　共完成审计单位15个，其中计划内项目单位8个，完成计划的100%，党政领导交办项目7个。当年查处违纪金额558万元，应上交财政资金总额16.4万元，已上交财政资金总额16.4万元，入库率100%，提交审计调查报告3篇，审计论文6篇，其中地区采用3篇，审计信息4篇，采用2篇。

【伽师县审计局】现有干部职工

10人，设有办公室、财政金融审计室、行政事业企业审计室等，负责对全县13个乡镇和35个县直部门的审计监督。副局长李玉枝（主持工作）。

审计成果 共完成审计项目12个，审计单位59户；完成审计调查2项，调查单位22个；审计金额20741万元。共查出违纪违规金额1915万元。上缴县财政43万元。提交审计报告15篇，审计工作报告1篇，审计调查2篇。完成县委、政府交办工作任务4项。完成地区审计机关下达的审计任务8项，审计单位55个，审计金额17641万元。

【叶城县审计局】现有干部职工12人，设有农业审计股、企业审计股、行政事业审计股和金融外资审计股，负责对全县20个乡镇和40个县直部门的审计监督。局长缑建强，副局长艾木都拉·瓦依提、钱今朝。

审计成果 共完成23个审计项目，2个专项审计调查。其中完成计划内审计9项，计划外审计16项。共查出各类违纪违规资金1897万元，其中应上缴财政18万元，已收缴3万元，其他要求纠正资金1879万元。完成审计信息10篇，被批示采用2篇；完成审计论文9篇，被批示采用4篇。设立内部审计机构9个，内审人员24名，兼职内审人员4名。

完成上级确定任务9项，占年计划的100%。完成党政领导交办的离任审计9项。查出各类违纪违规资金187万元，其中应上缴财政4.8万元，已上缴财政2.5万元。积极完成党政交办的其他审计事项7项，共查出违规资金129万元，使被审单位严肃了财经纪律，规范了财务制度，保障其健康发展。

【岳普湖县审计局】设有干部职工9人，设有财政审计科、行政事业审计科、外资审计科、企业审计科、办公室，负责对全县9个乡镇和89个县直部门的审计监督。局长艾买尔·库尔班。

审计成果 共完成审计项目13个，查出违纪金额125万元，上缴财政15万元，提交审计报告16篇，审计工作报告1篇，审计调查1篇，审计论文8篇。完成县委、政府交办工作任务和离任审计项目共4项；完成地区审计机关下达的审计任务9项，保证了上级审计机关下达的各项指令性计划的完成。

【疏勒县审计局】现有干部职工11人，设有行政事业审计股，企业及外资审计股和行政办公室，负责对全县15个乡（镇）和7个国营农、牧场、县直部门的审计监督，局长艾尼·吾买尔，副局长张静，正科级调研员阿不都热依木·玉素甫。

审计成果 完成上级下达指令性计划项目9个。完成党政交办的项目4个，向纪检机关移交1起经济案件。合计查出违纪违规金额1299.16万元，应上交财政10.41万元。完成“同级审”项目，查出县财政局地税违规违纪金额587.73万元，并延伸审计13个预算执行单位，查出违纪违规金额407.55万元；完成党政交办的财务收支审计12项，查出违纪违规金额30.50万元；在审计巴仁乡农经站时，发现该站2年先后向39人，47人次以10%的利息打白条借款151.21万元，用于乡公务开支，作为扰乱金融秩序案件移交纪检部门；完成经济责任审计2个，查出违纪违规金额55.48万元，应上交财政3.71万元；完成外资审计3项，查出违纪金额15.51万元，应交财政4.25万元；完成专项审计1项，查出配套资金不落实177万元；完成固定资产投资审计1项，核减工程预算投资9.41万元，减少财政拨款9.41万元。

【麦盖提县审计局】现有干部职工10人，设有综合股、文行审计股、财金审计股、企业审计股及经济责任审计股，负责对全县10个乡镇、3个农林场和29个县直部门及县属国有企业的审计监督。局长钱秀琳，副局长赵东岳。

审计成果 共完成审计项目5项，审计单位22个，查出违规金额781万元，其中决定处理处罚264万元，指明要求纠正517万元，应缴财政23万元，已缴财政22万元（单位罚款3万元，个人罚款1万元），入库率96%，应归还原渠道资金18万元，向司法机关移交案件2件，现已结案1件；建议给予行政处分1人。完成审计信息8篇，其中被地区审计局采用2篇，被《新疆审计》采用1篇，县党政采用2篇。

【英吉沙县审计局】现有干部职工11人，设有行政事业审计室、工交商贸审计室、财政金融审计室、专职法规员室，负责对全县13个乡镇和54个县直部门的审计监督。局长解颂华，副局长伊力哈尔、司马义。

审计成果 共完成审计项目20个，审计单位36户。其中完成县委、县政府交办工作任务10项，对10个单位的党政领导进行了任期目标责任审计；完成审计调查2项，调查单位47个。共查出违规行为金额201万元，对违反财经法规的行为依法处理。应交财政16万元，已交财政16万元，追还被侵占挪用资金17万元，追回个人侵吞公款0.86万元。提交审计工作报告2篇；审计信息8篇，被采用批转5篇，撰写论文9篇。

【莎车县审计局】现有干部职工15人，设有办公室、行政事业审计股、企业审计股，负责对全县29个乡镇和11个县直部门的审计监督。

局长杨文君，副局长武卫国、吐送艾山。

审计成果 根据上级审计机关安排，进行同级财政审计1个，外资审计1个，国有企业审计2个，专项审计调查2个，行政事业审计2个，共8个项目，完成计划的100%；接受委托审计6个。共查出违纪违规金额2677．3万元，其中指明要求纠正2602．4万元，决定处理处罚74．9万元，应上交财政30．4万元，已上交财政22万元。提交审计信息16篇。移交司法机关处理3人，移送纪检检察机关案件2件。

【疏附县审计局】 现有干部职工16人，设有综合股、审计股，负责对全县16个乡镇和县直各单位部门的审计监督。局长赵奋民，支部书记兼副局长吾不力卡生木、正科级调研员司马义·吐洪、副局长艾尼瓦尔、袁东。

审计成果 共完成审计项目12个，是计划的100%。查出违规金额576万元，应交财政3万元，已交财政2万元，入库率为66.67%，应归还原渠道资金31万元，提交审计工作报告、信息16篇。在对县栏杆乡农经站1999年度财务收支审计中，查出会计出纳短款达26万元，严重违反了有关财经法纪，已移交县检察院办理，涉案人员被依法追究刑事责任。

【塔什库尔干县审计局】 现有干部职工7人，设有企业审计组、行政事业审计组和财政金融审计组，负责对全县14个乡镇场和37个县直部门的审计监督。局长王友明，副局长阿里木江。

审计成果 审计总金额5537万元，查出违纪违规金额40万元，个人欠款挪用资金1.39万元，个人挪用资金5万元，“小金库”9.66万元。同级财政预算执行情况审计中，查出违规金额22万元，其中企业应缴未缴税金17.38万元，个人挪用资金5万元。对县人民医院1995－1999年度的财务收支情况的审计中，查出县人民医院在账外隐瞒收入9.66万元；对全县26个行政事业部门1999年－2000年6月电话费、交通费、差旅费开支情况进行了审计调查。

【克孜勒苏柯尔克孜自治州审计局】 2000年，共有干部职工32人，其中大学本科学历6人，大专学历23人，党组书记兼局长宋炳南，副局长吐尔洪艾依提、黄林勇。设有办公室、综合科、行政事业审计科、农牧审计科、企业审计科、财政金融审计科、固定资产投资审计科。

审计成果 共完成审计项目（单位）85个（含同级财政审计延伸审计单位20个），其中州本级完成35个。查出违规行为金额13584万元。其中决定处理处罚1269万元，指明要求纠正13584万元，应交财政145万元，应减少财政拨款或补贴80万元，应归还原渠道资金2339万元，已交财政52万元，查出百万元违规单位5个，移送纪检机关2人。

完成上级交办任务 根据审计署和自治区审计厅的统一安排，州审计局对州直及三县一市1999年中央财政安排和地方财政配套的支援不发达地区支出以及扶贫贷款进行了审计，重点揭露违规使用、滞留、截留、转移、贪污及挥霍浪费等问题，审计资金总额11007万元，查出违规行为金额2481万元，其中决定处理处罚177万元，指明要求纠正2304万元，主要有资金未拨付1194万元，改变资金投向841万元，挤占挪用259万元等问题，已分别根据有关法规进行了处理，应交财政14万元，已交财政5万元，应归还被侵占挪用资金283万元，促进了该项资金的合理有效使用。

【阿图什市审计局】 共有干部职工12人，设有农财审计股、企业审计股、行政事业审计股及办公室，负责对全市7乡、2场所属63个行政事业单位，49个市直部门及6个国有企业的审计监督。局长张永先，副局长龙小平、再努拉。

审计成果 共完成审计项目10个，其中市委、政府临时交办的审计项目10个，审计资金总额11809.5万元，查出违规行为金额129.21万元，其中决定处理处罚67.1万元，指明要求纠正62.11万元，应上缴财政40.66万元，已上缴财政31.13万元，提交审计信息25篇，被上级审计机关采用2篇。

【阿合奇县审计局】 现有干部职工7人，局长张斌，副局长焦秀华、阿曼吐。

审计成果 共完成上级审计机关安排审计项目6个，同级财政延伸审计单位6个，县委安排经济责任审计9个，已完成7个（其中移送纪检机关4人）。审计资金总额846.8万元（不包括本级预算执行审计），查出违规金额51.11万元，决定处理处罚32.24万元，指明要求纠正18.88万元，应交财政3.87万元，已交财政0.69万元，应归还原渠道资金3万元。

【乌恰县审计局】 现有干部职工8人，负责对全县9个乡镇、80个县直部门的审计监督。局长阿斯卡，副局长孟向江。

审计成果 完成审计项目19个，查出违纪金额977万元，其中决定处理处罚43万元，指明要求纠正934万元，应交财政21万元，应归还原渠道资金384万元，已交财政5.2万元。

【阿克陶县审计局】 共有干部职工10人，负责对全县13个乡镇场、

51个行政、55个事业、17个国有企业的审计监督。党支部书记艾海提沙比尔，局长张燕生，副局长牙库甫。

审计成果　共完成审计项目（单位）19个，查出违规行为金额761.54万元。其中决定处理处罚的279.01万元，指明要求纠正的482.52万元，应交财政23.78万元，应归还原渠道资金47.6万元，已交财政4.2万元。

【塔城地区审计局】 2000年，共有在职干部职工26人，其中大学本科学历12人，大专学历12人，局长阿克拜，副局长程和新、郑伟才。设有办公室、综合科、财政金融审计科、文行审计科、经贸审计科、固定资产投资审计科。

审计成果　共审计了53个单位，查出违规金额2604万元，其中处理处罚566万元，指明要求纠正2038万元。应上缴财政62万元，应交财政入库率28.7%。

完成上级交办任务　同级财政预算执行情况审计中，查出问题金额800万元，其中违规调整预算605万元，应缴未缴预算收入43万元，应归还原渠道资金152万元。对和丰县、托里县农业扶贫资金进行了就地审计，查出2县挤占挪用资金87.3万元。对和丰、托里2县义务教育工程项目进行了审计，发现和丰县用支援不发达地区资金支出43.5万元，平衡了财政决算。开展养老保险欠费和扩面征缴情况的审计专项调查。经过审计调查，全地区1999年底综合参保面为38.47%。对公安系统4个部门进行了财务收支审计，查出违规金额808.76万元，其中拖欠应缴预算收入13.32万元，隐瞒截留收入152.16万元，乱收费、乱罚款、乱摊派收入130.77万元，挤占挪用资金96.9万元，私设“小金库”241.06万元，未按规定纳入专户管理资金20.88万元，其他25.51万元。固定资产投资审计，已完成对地区老风口防风阻雪一期工程建设财务收支审计和沙湾县供排水公司排水改扩建工程概预算审计，2项审计共查出违规行为金额147.83万元。

经济责任审计　主要对4个地直单位进行了任期经济责任审计。对地区铁厂沟煤矿矿长的经济责任审计，调增利润195万元，调减利润155.98万元。对地区建设局局长的经济责任审计，查出违规金额199.5万元，应归还被侵占挪用资金153.92万元，应上缴财政3万元。对地区民族中医院院长的经济责任审计，查出违规金额57.2万元。所有涉案人员已被依法追究责任。

【塔城市审计局】 现有干部职工13人，设有办公室、企业审计股、行政事业审计股，负责对全县7个乡镇和289个县直部门的审计监督。局长李富平，书记安学军，副局长汪新梅、海达尔别克。

审计成果　全年审计计划项目7项，已完成8项76个单位，查出违规违纪金额537万元，应缴财政42万元，已交9.1万元。对1999年财政预算审计共审计了5个单位，审计延伸48个单位。查出违纪违规金额537万元；其中应缴未缴财政预算收入101.5万元，延解占压财政库款139.3万元，挪用预算拨款16万元，虚列支出21.5万元，违规办理预算拨款15.5万元，挖挤上级预算收入17.5万元，违规退库45.3万元。审计决定处理处罚173万元，指明要求纠正312万元。经济责任审计1个，对交通局局长1998年3月至2000年3月任职期间的财务收支进行了离任审计。对1998年新华路改扩建工程项目竣工决算进行了审计，核减工程款15.1万元。对17个单位进行了预算外资金的审计调查。

【乌苏市审计局】 现有干部职工17人，设有办公室、企业审计股、行政事业审计股，负责对全县22个乡镇和126个县直部门的审计监督。局长李斌，副局长尹燕红、李长明。

审计成果　完成的审计项目为本级财政预算执行情况审计；利用外资项目审计；市一中1999年财务收支审计；乡财政决算审计；中医院1999年度财务收支情况审计；基建项目审计项目等。共查出违纪资金83.01万元，应收缴财政64.36万元，已收缴入库50.45万元。审计中查出市一中1998年提高标准多收取学杂费等问题，对该校处以3.73万元的罚款；另对6万元资金进行了调账处理。审计工程资金总额2530.23万元，核减资金199.19万元。对9位领导干部和企业负责人进行了经济责任任期审计，对市房管局1—9月份财务收支情况及有关契税片缴情况进行了审计。

【额敏县审计局】 现有干部职工10人，设有办公室、企业审计股、行政事业审计股，负责对全县12个乡镇和138个县直部门的审计监督。局长费鸿琴，书记巴登加甫，副局长王俊峰。

审计成果　全年共审计项目3个，审计单位45个，完成年计划的104.65%，共查出违纪金额528.1万元，应归还原渠道资金59万元，指明要求自行纠正460万元，提交审计工作报告、信息11篇，均被采用。

本级预算执行情况审计对23个预算单位的预算执行情况和预算外资金管理审计，共查出各类违纪金额171.5万元，上交财政50.2万元，指明要求纠正122万元。专项资金审计，审计资金总额3018.4万元，查出各类违纪金额27万元，对违纪问题指明要求纠正27万元，应归还原渠道资金9.3万元。固定资产投资审计，共审计了7个单位，审计项目投资总额447万元。对6名科级干部进行了离任审计，共查出各类违纪金额97.9万元，审计决定处理处罚5.9万元，指明要求纠正92万元。对县医院1997年至2000年4月底的财务收支账目进行了审计，主要审查了医疗设备购置、药品购销及财务收支核算的情况，查出各类违规金额199万元。

【裕民县审计局】现有干部职工16人，设有办公室、企业审计股、行政事业审计股，负责对全县8个乡镇和76个县直部门的审计监督。局长许登云，副局长魏素云、木合来提。

审计成果 共完成21个项目44个单位的审计，完成审计调查1个。共查出各种违规违纪资金736万元，应缴财政7.4万元。完成了1999年的本级预算执行情况审计，通过对县财政、国库及26个预算执行单位的审计，查出违纪违规资金418万元，应上缴财政5.2万元，对违纪问题相应做了严肃处理。完成了年初计划的行政事业单位审计，结合财政预算执行情况审计，完成5个行业财务收支审计；完成民政福利彩票审计项目，查出违规行为金额0.8万元；对县公安系统1999年度财务收支情况进行了审计，查出违规行为金额23万元，应上交财政0.2万元。完成1项农业综合开发资金审计项目。完成9个党政事业单位领导干部离任审计，共查出违纪行为金额145万元。完成2项企业资产负债、损益审计，查出违规资金149万元，应上缴财政2万元。

【和丰县审计局】现有干部职工17人，设有办公室、企业审计股、行政事业审计股，负责对全县7个乡镇和155个县直部门的审计监督。局长覃柱坚，副局长娥娅、赛力克。

审计成果 全年共开展审计项目16个，其中已完成审计项目12个，在审项目4个。在已完成的审计项目中，财政审计项目4个，企业审计项目4个，行政事业审计项目2个，国外援贷款项目1个，农业专项资金审计项目1个，违规行为总金额285.52万元，应交财政49.26万元，已交财政2.3万元，提交审计工作报告1篇，审计信息6篇，撰写审计论文2篇。

【沙湾县审计局】现有干部职工12人，设有办公室、企业审计股、行政事业审计股，负责对全县12个乡镇和71个县直部门的审计监督。局长曹汝新，副局长史爱斌、雷刚。

审计成果 共完成审计单位17个，依法查出各类违纪违规行为资金486万元，应上缴财政17万元，已上缴财政9万元。此外向政府提交审计报告、信息13篇，其中被县政府和上级审计机关采用8篇。

1999年度本级预算执行情况审计，经过审计查出各类违规资金46万元，应缴财政2万元，已交财政2万元；对西戈壁镇和四道河子镇2个乡级财政决算审计，审计查出违规行为资金192万元，虚列财政支出6万元，应缴财政1万元，已缴财政1万元；对县卫生防疫站1999年度世界银行贷款疾病预防项目进行了审计，查出12万元资金落实不到位，影响了许多项目的质量；对3个建设项目的决算情况进行审计，查出违规资金85万元，应核减工程结算54万元；对3个单位的领导进行了任期经济责任审计，查处违规资金152万元，应缴财政14万元，已缴财政6万元。

【托里县审计局】现有干部职工11人，设有办公室、企业审计股、行政事业审计股，负责对全县8个乡镇和112个县直部门的审计监督。局长哈布里克木，副局长惠长均、塔斯肯。

审计成果 已完成了上级审计机关统一组织的审计项目2个，完成100%，完成县委、政府交办审计事项8项；共审计单位21个。查出违纪违规金额35.87万元；其中应上缴财政4.06万元，已上缴2.18万元(其中处以罚款0.3万元)，责令归还原渠道被侵占挪用资金6.8万元，做出审计决定4个，金额6.4万元，做出审计意见书13个，金额20.47万元。1999年本级预算执行情况审计，对财政、地税、国库等部门进行了审计，并延伸审计了12个预算执行单位；完成经济责任审计5个。

【阿勒泰地区审计局】2000年，共有在职干部职工32人，其中大学本科学历10人，大专学历17人，局长张玉兰，副局长叶勒克拜、李宏文，纪检组长米拉提汗。设有办公室、综合科、财金审计科、文行审计科、农牧审计科、固定资产投资审计科、企业审计科等部门。

审计成果 共完成审计项目56个，完成审计调查项目1个，查出违纪金额6067万元，应上缴财政146万元，应归还原渠道资金575万元。

完成上级交办任务 共完成上级交办任务53项，其中预算执行情况审计38项，财政决算审计1项，贫困义务教育工程审计2项，农业扶贫资金审计4项，养老保险欠费和扩面征缴情况审计调查1项，公安系统1999年度财务收支审计4项，利用外资审计1项，企业审计2项。

经济责任审计 完成经济责任审计1项，对地区兽医站原任站长离任审计中，发现违纪金额1.71万元，为预算外收入未上缴财政专户，对其已做出相应处罚。

【阿勒泰市审计局】共有干部职工13人，设有4个室，局长张军，副局长再尼尔汗。

审计成果　共完成审计项目14项，其中上级安排项目9个，自行安排项目5个，完成全年计划的100%。已审计单位52个，查出违纪金额234.7万元，应上交财政6.16万元，实际上交2.8万元。提交审计工作报告、信息24条，被上级采用12条。同时完成市委、市政府交办的企业改制审计11项，配合有关部门调查事项5项。

【青河县审计局】现有干部职工12人，设有办公室、财金审计室、行文审计室、企财审计室和基建审计室，负责对全县5个乡、2个镇和155个县直部门的审计监督。局长郭西庭，副局长张有为、库丽盘。

审计成果　审计查出违规金额253.4万元，其中决定处理处罚237.3万元；查出百万元以上违规单位1个；指明要求纠正16.1万元；责令上交财政4.8万元；责令应归还原渠道资金80万元；审计罚款3.94万元（已全入库）；提交审计信息10条；撰写审计结果报告和审计工作报告各1篇。完成上级交办任务9项，其中同级财政审计3项、固定资产投资审计1项、企业审计1项、行政事业单位财务收支审计2项。进行了经济责任审计和离任审计共9项。

【吉木乃县审计局】现有干部职工11人，设有行政事业审计股、企业审计股，负责对全县5个乡、2个镇和72个县直部门的审计监督。局长金恩斯（-5月），书记阿扎提，副局长王桂芬、巴哈什、阿布勒拜。

审计成果　完成审计项目9个，审计单位25户，审计资金总额7018万元，查出违规违纪资金总额1346.21万元，应上缴国库6.81万元，已上缴国库5.86万元。移送审计案件1件，提交审计报告11篇。

完成县政府交办审计项目3个，审计单位3户，审计资金总额23万元，查出违纪资金0.95万元，应上缴国库0.95万元。完成上级下达审计项目6个，审计单位22户，审计资金总额6995万元，查出违纪资金1345.26万元，应上缴国库5.86万元，已上缴国库5.86万元。

【富蕴县审计局】共有干部职工12人，设有办公室、财政金融审计股、行政事业审计股、企业审计股等机构，负责对全县8个乡镇和106个县直部门的审计监督。局长马雪临，副局长吾汉（兼支部书记）、肖永霞、乔汉。

审计成果　共完成审计项目13个，审计单位15个，财务收支审计5个，行政事业单位审计1个，国外援助贷款审计1个，企业扭亏增盈责任审计3个，任期经济责任审计5个；自行安排审计项目2个，即矿产局1999年-2000年6月财务收支审计和县水管总站1999年财务收支审计。审计总金额22912万元，查出违纪违规金额2098.1万元，责令被审计单位自行纠正上缴财政5.1万元，处理决定应缴财政3.5万元，已上缴财政2.7万元。

【布尔津县审计局】现有干部职工8人，负责对全县6个乡、1个镇和132个县直部门的审计监督。局长孙春平，副局长艾里汉、石江义。

审计成果　完成审计计划项目13个，完成计划的100%。查出违纪违规金额427.22万元，较上年同期的537.27万元，减少了20.5%。减少原因为本期与上年反映内容不同。应缴财政28.71万元，已缴财政19.25万元，入库率为67%。除对财、税、库审计外，还对4个预算执行单位进行延伸审计，查出违纪违规资金401.72万元，应上缴财政22.11万元。编发信息14条，被地、县采用6条，撰写审计调研文章4篇，被地区采用2篇。对世界银行贷款教育“贫困二”和疾病预防“卫七”项目审计中，经审计确认至1999年报表日，已完成投资1521.41万元，查出74万元地区违规未配套资金，并按要求出具了“审计师报告”。对县矿产公司经理任期经济责任审计中，查出违规金额25.5万元，其中应上缴财政6.5万元。

【福海县审计局】现有干部职工9人，负责对全县6个乡镇和95个县直部门的审计监督。局长王玉江，副局长阿汗、杜兰兰。

审计成果　全年共完成审计项目14个，审计单位21户；审计金额27083万元。查出违规行为资金187万元，应上缴财政32万元，应归还原渠道资金33万元，处罚2.9万元，已上缴财政2.9万元。提交审计报告17篇。

【哈巴河县审计局】现有在职干部13人，设有财金审计股、企业审计股、农牧审计股、基建审计股、金融审计股和文书档案室，负责对全县7个乡镇和136个县直部门的审计监督。局长白山，副局长刘安梅、阿力肯。

审计成果　共完成上级安排的指令性项目6项，完成计划的100%；完成县委、政府安排的临时性项目32项，完成计划的67%。全年审计单位38个，共查出违纪违规金额141.87万元，审计处理处罚为没收9.26万元；罚款2.18万元；责令上缴财政8.79万元；责令自行纠正122.82万元；免于处理1万元。全年完成信息18篇，地区审计刊物采用4篇，完成论文、调研报告共10篇。对预算外资金进行审计时，发现县法院干部用隐瞒票据的手段，贪污4.59万元，经局务会研究决定，及时移交县检察院处理，现已追回赃款并判处有期徒刑4年。同时，采取内查外调的方法，查处“小金库”4.3万元；在公安系统财务收支审计中，查处“小金库”3.66万元。

新疆生产建设兵团

【新疆生产建设兵团审计局】 2000年，新疆生产建设兵团审计局定编29人，在编24人。设有财金审计处、社会保障审计处、固定资产投资审计处、经贸审计处、农业审计处、行政事业审计处、法规处、办公室等部门。

领导成员

局　长：周书义

副局长：宣　森　李国平

新疆生产建设兵团审计成果 全年兵团审计系统共完成审计项目6393个，查出违规违纪金额20.81亿元。决定给予处理处罚6.91亿元，已收缴财务2690万元，指明要求纠正11亿元，要求归还原渠道资金6002万元，促进增收节支2163万元。向司法机关移送案件6起，向纪检监察部门移送案件14起，建议给予行政处分9人。全年共有17篇审计稿件被国家级报刊登载。

财政审计 组织全局审计机关对兵团本级预算执行情况实施了审计，查出的主要问题有：一、过分强调兵团特殊性，使《预算法》在兵团的贯彻实施不够全面、预算执行刚性不足、临时批准列支现象较多，挤占挪用专项资金5946.80万元。二、社会保险基金征缴率低，有关政策的实施滞后于国家规定。三、延伸审计了15个预算执行单位，查出3家单位存在私设“小金库”的问题，累计金额40．68万元。四、行政事业单位预算收入的实现与会计核算以收付实现制为基础的关系未理顺，造成资产负债不实。对于审计中查出的问题，审计局以“三个有利于”为原则，以规范预算管理为目的，提出了加强预算管理的意见和建议。为切实做好对兵师两级预算执行的审计监督工作，把本级审纳入法制轨道，兵团审计局参照有关法规，结合兵团实际，在充分讨论的基础上，制定了《新疆生产建设兵团预算执行情况审计监督实施办法》。经司令员办公会议通过，以兵团一号令下发。同时师（局）审计机关对本师（局）1999年度本级预算执行情况进行了审计，并取得了较好的成绩。

农业专项资金审计 对兵师两级的“开发办”和接受、使用开发资金的114个项目单位1997至1999年农业综合开发资金的计划、分配、拨付、管理及投资额完成情况进行了全面审计。审计总金额176907万元，查出违规行为金额41105万元。其中资金未安排1278万元，资金未拨付20084万元，挤占挪用4766万元，违规实行有偿11200万元，改变资金投向532万元。兵团审计局具体实施了对农二师开发办和哈密农场管理局开发办及所属项目单位的审计。审计中发现兵、师、团三级在农业专项资金的投入、管理和使用中普遍存在的问题是：一、兵团开发办在拨付师（局）国家财政资金时，对国家的无偿资金有偿使用。二、个别师（局）及项目团场未经报批，擅自调整项目计划。三、8个项目由于银行专项贷款未落实而无法实施。四、拨款不及时，欠拨资金数额较大。五、部分师（局）的项目团场所反映的项目投资额不全面，没有将“以劳代资”“以机代资”反映在投资额中，造成少计投资。

企业审计 兵师两级审计机关共完成企业审计252项，共查出违纪违规金额47828万元。其中收入不实2334万元，成本不实4553万元，虚增利润10600万元，虚减利润4824万元。审计中重点抓了2类企业，一是对14家经贸企业1999年度资产、负债、损益的真实、合法与效益情况进行了审计，同时对这14家企业的养老保险、失业保险情况进行了审计调查。经审计，14家企业共调减资产8551万元，调减负债5500万元，调减所有者权益3051万元，调增亏损474万元。经审计调查，14家企业职工养老保险累计欠费537.94万元，失业保险累计欠费88.39万元。二是对兵团天业塑化（集团）有限公司1999年度财务收支及所属股份有限公司的设立和效益，新疆塔里木农业综合开发股份有限公司的设立情况实施了审计。查出天业塑化（集团）有限公司和股份公司多计资产，少计负债，多计所有者权益，多计利润等问题；查出新疆塔里木农业综合开发股份有限公司未按《招股说明书》投向使用资金；超范围列支新股发行费等问题。

完成上级交办任务 受兵团党委和组织部门的委托，完成了一批师（局）、团（处）级领导干部离任审计；受兵团领导和纪检部门的委托，完成了一批专项审计、审计调查和审计取证项目。

队伍建设 坚决贯彻朱总理关于加强审计队伍纪律建设的重要指示精神，进一步严明审计纪律，强化内部管理，实行外出审计“八不准”规定，初步割断了与被审计单位的经济关系，得到被审计单位和社会各方的好评。坚持不懈抓好审计队伍的业务培训，兵团审计局相继举办了行政法规培训、本级审计、重点企业审计和农业综合开发审计业务培训，5月和10月在安徽省审计培训基地举办了2期以内部审计理论与实务，经济责任审计理论与实务为主要内容的培训班，累计培训人数170人（次）。加大审计项目质量监督检查力度。于年底对所有下属师（局）审计机关的本级预算执行情况审计和重点企业审计的组织实施及项目质量进行了检查和调研。检查表明，各师（局）审计机关的质量意识明显增强，审计规范化工作正在稳步推进。但由于各种因素的制约，部分师（局）审计机关还存在着履行审计处理、处罚决定力度不够，审计评价不够规范，不够完整，有些审计程序不符合要求，审计证据与审计底稿的关系不明确等问题。

【农一师审计局】2000年，共有在职干部8人，其中大学本科学历1人，大专学历6人。局长蒋根福，副局长陆骏昌。

审计成果 全年完成68个企、事业单位承包经营、目标管理、资产经营、财务收支审计，并抽审了123个基层单位，完成审计计划的109%。被审计单位有农牧水利企业20个，工交建商企业26个，中外合资企业1个，行政事业单位21个。完成固定资产投资开工前审计6个，授权委托审计2项。完成审计总金额84.57亿元。查出各种违纪金额565.82万元，调增利润474.42万元，调减利润173.14万元，罚没款39.75万元。撰写审计论文14篇，其中4篇在省级杂志上刊登。全年对12位团级领导干部实施了离任审计；基层审计科对基层单位27个主要领导进行了经济责任审计。

内部审计 全师农牧、工交建商等企业共设27个内审机构。本年度共完成审计项目2041个。其中完成财务收支审计122个、经济效益审计49个、承包经营责任审计403个、离任经济责任审计27个、专项审计33个、其它审计1401个。审计总金额518051万元，共查出违纪违规金额3175万元，收缴违纪金额309万元，查办损失浪费133万元，促进增收节支767万元，纠正违规行为金额2048万元，挽回经济损失412万元，追还被侵占挪用资金29万元。协助纪委查处案件11起，处理干部15人。

队伍建设 全师设置审计科的团级单位27个，有专职审计人员71人。在人员、知识、年龄结构上都有新的突破。一批年富力强、文化层次高、有实际工作经验的财会人员及其他专业人员充实到审计队伍。15个单位的审计科配备了专职基本建设审计人员，并取得了建筑工程概算专业资格证书。全师已有21个审计科配备了计算机，57名审计人员顺利通过审计署计算机资格考试。现审计系统已有微机32台，为兵、师、团三级计算机远程联网打下了基础。局里7名同志通过了审计署举办的全国审计干部岗位资格培训考试，其中4名同志通过了A级资格考试。全师71名审计人员参加了新《会计法》学习培训考试，14名同志到内地学习培训。

【农二师审计局】2000年，共有在职干部职工5人，其中大学本科学历2人，中专学历2人。局长崔建文，副局长金银花。

审计成果 全年共审计18个单位。经审计查处违纪金额1504.95万元，其中企业单位违纪金额826.84万元，行政事业单位违纪金额678.11万元。纠正违纪金额1504.95万元，审计处罚违纪金额219.41万元，审计处罚14.3万元。

内部审计 各企业审计机构共审计单位284个，查出违纪金额602万元，查出损失浪费35万元，促进增收节支5万元，建议给予行政处分2人。

经济责任审计 受组织部门的委托，对5个单位的干部进行了离任经济责任审计，并委托会计师事务所对3个企业的领导进行了离任审计。经审计、查出违纪金额830万元，决定处罚73万元，指明要求纠正757万元，促进了被审计单位法人代表经济行为的规范化。

队伍建设 根据审计署提出的加强“人、法、技”建设的要求，在仅有4名审计人员的条件下，先后分3批共9人次参加了兵团审计局举办的审前培训班和上岗培训班的学习，提高了审计人员的素质。同时，还利用师机关学习日的时间加强了对审计法规和有关财经法规的学习，提高了执法水平。

【农三师审计局】2000年，共有在职干部5人，其中大学本科学历2人，大专学历3人。局长周年发，副局长闻庆新。

审计成果 共完成审计单位54个，查出违规行为金额2091万元。其中审计处罚22万元，要求纠正处理2069万元，包括应交已交财政16万元，应归还原渠道资金7万元，向纪检监察部门提供案件线索1条。完成兵团审计局下达的审计任务3项；完成经济责任审计12项。

内部审计 全师共设内审机构17个，内审人员35人。其中专职人员31人。全年完成审计单位259个，审计总金额91810万元，纠正违规行为金额459万元，增加上交151万元，增加企业留利4万元，其它纠正处理304万元，提供案件线索6条，建议对3人进行行政处分。

队伍建设 开展业务培训学习。1月份组织6名同志参加了“兵团审计机关审计法规培训班”；3月份2名同志参加兵团统一组织的“三个项目”审前培训班；10月份4名同志参加“全国审计人员岗位资格培训班”；积极配合兵团完成内审人员培训计划，年内共组织11名内审人员赴安徽黄山培训基地参加了2期培训；组织2次全国审计系统计算机基础知识考试，并举办了2期考前辅导班，培训应考人员32人。加强内审工作。局长带队赴全师17个企业审计科，对内审工作计划及工作质量等进行了面对面的检查和指导，为企业进一步重视内审工作，落实审计计划任务的完成，提高内审工作质量等起到了有效的推动作用。加强审计理论研究。师、团两级审计机构审计人员共撰写论文11篇，向兵团推荐10篇。

【农四师审计局】 2000年，共有在职干部4人，其中大学本科学历1人、大专学历3人。局长史新斌，副局长尤丽梅。

审计成果　共完成审计项目8个，审计单位16户，审计总金额55000万元。共查出违纪金额634万元。已纠正591万元。对XX单位挪用公款55万元的经济案件移送司法机关。向上级审计机关和师（团）领导提交审计报告和信息16篇。完成兵团审计局下达的审计任务2项，审计单位9户，审计总金额11500万元。完成43家国有企业主要领导经营奖惩兑现的考核工作。

内部审计　全师内部审计机构28个。内部审计人员69名。其中专职机构17个。专职人员50名。全年共审计582个单位。其中财务收支审计281户；经济效益审计185户；厂长（经理）离任经济责任审计60户。审计总金额141561万元，查出违纪总金额1151万元，已纠正1054万元，应上缴财务143万元，已上缴财务115万元，向司法机关移送案件1起，追回被侵占挪用专项资金6万元。

队伍建设　组织全师审计系统人员参加全国计算机知识考试，有36人取得了合格证书。3名审计人员参加了兵团组织的审计从业资格学习班，经考试均取得合格证书。利用审计成果开展审计理论研究，其中有12篇论文、信息稿件在多家报刊杂志上发表。

【农五师审计局】 2000年，共有在职干部5人，均为大专学历。局长李泉，副局长李发州。

审计成果　共完成审计项目（单位）93个，审计总金额366600万元。共查出违纪违规金额4001万元，上缴师财务7万元，指明要求纠正3347万元，查出损失浪费1750万元。查处万元以上贪污贿赂案1件2人，金额17.6万元。移交检察机关2人。配合纪检、监察、检察等部门查处各种经济案件4起。完成师领导交办工作任务8项。完成上级下达审计任务3项27个单位。查出违纪违规金额771万元，核实确认损失浪费1750万元。

内部审计　设立内审机构13个26人。其中农牧团场11个23人，师直企业2个3人。共完成审计项目（单位）375个，审计总金额127000万元，查出违纪违规金额876万元，上缴财务171万元，指明要求纠正471万元。

经济责任审计　共完成行政交办和部门委托离任审计项目4个，审计总金额709.64万元。查出虚增利润585.64万元，少计收入20.62万元，账外“小金库”49.42万元，涉嫌贪污私分移送检察机关金额7.88万元，指明要求纠正46.08万元。

【农六师审计局】 2000年，共有干部职工7人，其中大专学历6人，副局长赵俊霞。

审计成果　全年共完成审计单位及项目16个。其中完成兵团审计局安排的项目5个，经济责任审计2个，固定资产投资审计7个，经济效益、资产、负债、损益审计2个。累计查出违规行为金额2199万元。其中决定处理处罚236万元，指明要求纠正1963万元，应归还原渠道资金100万元，应交财政26万元，已交财政29万元（包括上年度），向司法机关移送案件2件，向师纪委移送案件1件。

内部审计　内审机构共完成审计单位及项目264个，其中财务收支审计140个，经济效益审计和经济责任离任审计24个，基本建设审计39个，承包经营审计及其他审计13个。审计总金额11亿元，查出违纪总金额2704万元，应上交财务245万元，已上交财务223万元。查出十万元以上损失浪费14万元，万元以上贪污案（2件）15万元，移交纪检部门2件（5人）。

队伍建设　全年积极参加审计署举办的2次培训学习和考试，并组织了2次计算机上岗考试的培训，参加人数58人（次），已通过考试47人（次）。参加兵团审计局组织的内审人员业务培训2期，累计12人（次）。同时，举办了《会计法》学习班，审计人员累计50人（次）参加。

【农七师审计局】 2000年，共有在职干部4人，其中大学本科学历1人，大专学历2人。副局长张益民。

审计成果　共完成审计项目（单位）22个。其中农牧企业10个，工业企业2个，商流企业2个，建安企业2个，行政事业单位4个及师本级财务收支预算执行审计和农业综合开发专项资金审计各1个。审计总金额30.84亿元，查出违规金额581.57万元，处予罚款32.26万元，查出百万元以上违规单位1个，提交审计报告22篇。提交农牧企业综合审计报告1篇，并对全师农牧企业的审计情况进行了通报。

完成上级交办任务　完成上级下达的审计任务3项计21个单位，审计总金额7.302亿元。对全师农牧企业的基本建设投资结构比例进行了调查分析，结合师提出农牧团场每个棉花承包定额要减负1000元的指标，对承包农户的生产资料供应价格及利费的收取、分配进行了审计调查、分析，对农牧团场完成减负指标起到了鉴证的作用；针对1999年度全师植棉团场减利2.5亿元的情况进行了专项审计调查。完成经济责任审计项目（单位）18个。其中领导干部离任审计2个，承包经营责任审计16个，审计总金额19.9亿元，查出违规金额566万元。

内部审计　全师共有内部审计机构18个，审计干部37人。完成审计项目（单位）376个。其中企业单位318个，行政事业单位30个，其它项目（单位）28个。审计总金额13.63亿元，查出违规金额3649万元，应上交财务417万元，其中罚款134万元，向纪检部门移送案件3起，涉案4人。

队伍建设　组织全局同志参加了兵团组织的"会计法"及新会计准则和师本级财务收支预算执行审计、农业专项资金、重点企业财务收支审计学习班。组织全师15个审计机关（机构）15人参加兵团在安徽举办的内部审计理论和经济责任审计理论实务培训班。25人参加了国家审计署举办的计算机上岗考试，17人通过了考试。

【农八师审计局（与石河子市审计局是同一机构）】2000年，共有干部24人，其中大学本科学历3人，大专学历16人，设有办公室、综合科、财政金融商贸审计科、行政事业审计科、工交审计科、基建审计科、农牧审计科。局长周甲银，副局长王永兴、扬全义。

审计成果　共完成审计项目17个，审计单位67个。审计总金额115.8亿元，查出违纪违规金额8795万元。其中决定处理处罚1335万元，指明要求纠正7460万元。应交财政833万元，应归还原渠道资金55万元，已交财政458万元。提交审计工作报告、信息共计89篇。

完成上级交办任务　共完成上级审计机关下达的审计项目10个，其中完成自治区审计厅下达的项目6个，完成兵团审计局下达的审计项目4个。根据自治区审计厅工作安排，开展了财政同级审工作，连续第5年对市财政局、国库、地税局及部分预算执行部门进行审计，查出违纪违规金额7312万元，应交财政829万元，已交财政454万元。预算执行情况审计工作报告，受到人大常委会高度重视。完成师（市）领导交办的审计项目7个。连续第7年对师属42家工、交、商、建、农、牧、水企业经营责任目标完成情况进行了审计考核。根据市政府安排，组织实施了对人民教育基金、见义勇为基金等5项基金的征收、使用、管理情况审计，并在《石河子日报》上发布了审计公报。

内部审计　共设立内部审计机构30个，内审人员87名。审计单位1023个，查出损失浪费315万元，促进增收节支901万元，纠正违规行为金额2230万元，向纪检监察机关移送案件1件1人，提出建议意见被采纳78条。

经济责任审计　共完成经济责任审计单位4个。其中离任审计2个，任期经济责任审计2个。查出违规行为金额1213万元，其中决定处理处罚756万元，指明要求纠正457万元。

【农九师审计局】2000年，共有干部职工6人，其中大专学历3人。局长岳修枝，副局长李清斌。

审计成果　完成审计项目15个，查处违规行为金额7473万元。其中决定处理处罚36万元，指明要求纠正7437万元。应上交财政8万元，应归还原渠道资金87万元。提交审计信息76篇，被新闻单位采用24篇。

内部审计　内部审计机构15个，内部审计人员28人（专职21人、兼职7人）。完成审计项目122个，审计总金额57970万元，查出违规金额559万元，应上交财务99万元；查出国有资产损失232万元；促进增收节支16万元。向纪检监察部门移送案件3件6人，建议给予行政处分2人。

队伍建设　制定了《关于加强党风廉政建设责任制实施办法》和《关于加强审计纪律规定的实施办法》，并下发各单位，要求监督执行。实行违反党风廉政建设、审计纪律责任追究制度。参加各类业务学习培训班15人次，4人参加审计机关全员岗位资格考试，3人通过A级考试，1人通过B级考试。

【农十师审计局】2000年，共有在职干部职工5人，均是大专学历。局长余建民。

审计成果　完成审计项目12个，审计单位16个，完成项目计划的133.3%。审计资金总额57940万元，查出违规行为金额684万元。其中决定处理处罚32万元，指明要求纠正360万元，针对经营管理和预算管理问题，提出并被采纳的有效意见100余条。完成兵团审计局统一安排审计项目5个，被审单位9个；完成3项师领导交办事项；完成任期经济责任审计8个。

内部审计　共设内审机构16个，审计人员36人。内审机构全年完成审计项目179个，完成计划的97.35%。审计资金总额37245万元，查出违规行为金额936万元，已纠正违规行为金额628万元，应上交财务53万元。其中罚款39万元，已上交财务45万元，促进增收节支136万元。提出建议被采纳199条。

队伍建设　审计"三化"建设有了长足进步。审计规范化、法制化、制度化建设通过几年的推进，大部分审计机构的业务规范水平已明显提高。审计项目都能规范执行，审计岗位责任制、审计组廉政责任制度、审计质量控制制度已逐步建立与完善，由此，保障了整体审计质量的提高。审计“人、法、技”建设取得一定成效。通过组织审计人员到有关师局参观、学习和交流，参加兵团、地区及师局举办的各类审计业务培训班，提高了审计人员的素质，开拓了审计工作的视野，对审计方法、审计思路的转变与调整起到了很大的促进作用。

【农十二师审计局（原乌鲁木齐农场管理局审计处）】 2000年，共有在职干部4人（空编1人），其中大学本科学历3人，大专学历1人。局长吕顺亭，副局长顾玉荣。

审计成果　共完成大的审计项目7个，审计查出违纪金额20.14万元。其中成本不实4.97万元，账外资产4.53万元，虚增利润1.91万元，虚减利润5.13万元，挪用预算资金3.60万元。通过审计，决定处理处罚8.13万元，指明要求纠正12.01万元。向监察部门移送案件1起1人。完成经济责任审计项目19个。

内部审计　共有内部审计机构7个，配备专职审计人员15人。年内完成审计项目31个，其中财务收支审计4个，经济效益审计1个，离任经济责任审计17个，承包经营责任审计4个，其它审计项目5个。审计查出违纪金额58.94万元，罚款1.64万元，移交纪检监察部门处理3人。

队伍建设　加大了以人为本的“人、法、技”建设力度。共有6人参加了计算机专业培训，开展了计算机辅助审计；4人参加了兵团审计局组织的行政法规培训班，经考试均获得了行政执法证书；4人参加了兵团组织的审计项目研讨班；3人通过了审计署统一组织的任职资格A级考试；1人参加了国家内部审计协会举办的内部审计理论学习班。审计人员的政治和业务素质得到了提高。

【农十三师审计局（原哈密农场管理局审计处）】 2000年，农十三师审计局编制6人，在编2人，其中大学本科学历1人。副局长张治道。

审计成果　全年对师商贸集团总公司、棉麻公司、农机公司、农副产品经销站等单位的财务收支进行了审计。审计总金额7327万元，查出违纪违规金额392万元，应上交财政12万元，已上交财政1.5万元。

内部审计　设有内审机构13个，编制36人，在编23人。共审计173个单位，审计总金额25814万元，查出违纪违规资金205万元。

【建筑工程师审计局】 2000年，共有在职干部职工24人，其中大专学历2人，中专学历2人。局长张立军。

审计成果　共完成审计项目12项，审计单位305个；完成审计调查4项，调查单位6个；审计总金额269150万元。共查出违纪违规金额9763万元。就地纠正的违纪违规金额9763万元。共提交审计报告189篇，审计专项调查4篇。组织全师审计人员参加全国审计干部计算机基础知识考前培训，17人参加统考，15人考试合格。

完成上级交办任务　完成兵团下达的审计任务3项，审计单位31个，审计金额25738万元。完成本师党委和行政交办的审计项目5项。其中包括承包考核兑现审计、厂长（经理）离任审计、事业单位财务收支审计、改制企业资产负债、损益审计等，共7项，审计单位262个。审计总金额233412万元。

内部审计　设有内部审计机构13个，专职审计人员36名。共完成审计项目6项，审计单位167个，审计总金额80488万元，查出违纪金额902万元。

解放军审计署工作概况

军委首长对军队审计工作的批示

军委副主席张万年

12月26日，在解放军审计署《关于对1106名团以上领导干部实施经济责任审计的情况报告》上批示："审计署这项工作，对从机制和源头上治理预防腐败具有重要作用。要常抓不懈，使之制度化、经常化。"

军委委员、总后勤部部长王克

12月27日，在《军内情况摘报》（274）《张副主席对实施领导干部经济责任审计作批示》上批示："审计署按张副主席批示抓好落实。"

12月27日，在解放军审计署《对重点战备工程管理情况的审计调查报告》上批示："审计署对这方面的审计工作要进一步加强。"

军委委员、总装备部部长曹刚川

9月26日，在解放军审计署《关于对部分省军区1999年度装备维修经费使用管理情况审计报告》上批示："这个报告很好。存在的问题恐怕有普遍性，应引起各级装备业务部门的重视，并认真改之。建议将报告转发各军区、军兵种、总部有关业务部门。审计监督工作要经常化。"

军队审计机构领导名单

解放军审计署

审 计 长　李景春少将

副审计长　李春华大校

副审计长　王吉林大校

办公室

主　任　赵天民

副主任　刘华林

事业审计局

局　长　李　全

副局长　董亚超

装备审计局

局　长　孙黄田

副局长　王福祥

工程企业审计局

局　长　任明超

副局长　汪　洋

政治协理员　赵瑞明

海军审计局

局　长　熊钧皋

副局长　苏景祥

空军审计局

局　长　熊相华

副局长　高　洋

副局长　卢长水

二炮审计局

局　长　李文兴

副局长　吴泽远

沈阳军区审计局

局　长　周兆康

副局长　王顺宝

副局长　郭贤华

北京军区审计局
局　长　徐茂林
副局长　王孝贵
副局长　丁连茂
兰州军区审计局
局　长　陆惠良
副局长　周世贵
济南军区审计局
局　长　韩运海
副局长　赵敬荣
南京军区审计局
局　长　蒋光宇
副局长　尹利民
副局长　郑国富
广州军区审计局
局　长　赵雪勤
副局长　吴声钦
成都军区审计局
局　长　程卫国
副局长　幸正国
总参谋部管理局审计处
处　长　刘廷松
副处长　薛光朝
总装备部审计局
局　长　于宗明
副局长　保德林
副局长　房朝山
副局长　李保成
国防大学审计处
处　长　曹仕旭
国防科技大学审计处
副处长　李新明
武警部队审计局
局　长　郭金华
副局长　王爱国
副局长　王玉山

军队审计工作

军队审计工作主要成果　全军共审计单位（项目）×××××个，取得经济成果15.7亿元。其中对××××个团以上单位和部门年度预算进行审计，压减基建、会议、接待和赤字预算等7.2亿元；对×××个团以上单位生活费决算审计，取得直接经济成果639万元。对×个单位进行决算审计试点，积累了经验。对×××个单位×××亿元装备经费审计，取得经济成果1.92亿元。对××项装备订购价格进行审计，审减工厂不合理报价2418万元。对2000年全军第一批工程总额××亿元建设计划的审计，提出了暂缓下达16个项目总投资××××万元计划的审计意见；对4532项总额××亿元的出包工程竣工结算进行审计，审减施工单位不合理收费5.76亿元。对××个装备修理工厂、××个福利性企业进行效益审计，取得经济成果2821万元。对××项总投资××亿元战场配套工程设施建设经费管理情况进行审计调查，提出了进一步加强投资管理等审计意见。对1106名团以上负有经济责任的领导干部进行经济责任审计，增强了经济责任意识，促进了廉洁自律，提高了财经管理能力。对××项经济案件进行专项审计，查出违反财经法规行为金额8072万元，维护了军事经济秩序，严肃了财经法纪，促进了党风廉政建设。

军兵种、军区等单位审计成果

【海军审计成果】共审计×××个单位（部门），取得直接经济成果0.5亿元、间接成果1亿元。其中对×××个团以上单位预算实施审计，审计金额××亿元，调整预算8900万元，核实经费家底5.77亿元。对××个单位生活费决算进行审计，审计金额××亿元，通过审计退回多领多报经费58.6万元。对××个装备财务部门、事业部门进行审计，审计预算金额××亿元，调整预算3817万元，核实装备部门家底经费1820万元，提出审计意见150条。对××个团以上单位的财经管理情况进行全面审计，审计金额××亿元，查出多领多报和少领少报经费37万元，收回账外资金25万元。共审计有偿服务合同565份、金额×××万元，审减239万元。审计出包工程结算项目351个，审计金额×亿元，审减不合理收费2287万元。对×个装备修理工厂进行审计，审计核实资产12.2亿元、负赛4.5亿元、权益7.7亿元，核实不良资产3100万元，调增利润597万垣。对4名师职干部的经济责任实施了审计。

【空军审计成果】共审计团以上单位和部门××××个，审计金额×××亿元，促进增收节支1.78亿元，查出违纪金额412万元。其中共审计×××个团以上单位预算安排××亿元，调整预算9088万元，提出200余条审计建议。重点抽审了×个部门和单位资金管理情况，清理核实借贷款2964万元。对重点投资的×个机场翻修工程、×个扩建工程进行了审计，审计金额×亿元，提出审计意见和建议26条。共审计出包工程项目280项，审减施工单位不合理收费7276万元。对××个装备修理工厂、×个有偿服务单位进行审计，审计金额××亿元，提出审计意见和建议124条。对××名领导干部进行经济责任审计。完成了46项专项审计任务。

【二炮审计成果】共审计单位（项目）××××个，审计金额××亿元，实现增收节支3075万元，查出违纪金额305万元。其中对××个团以上单位进行了预算审计，压减基本建设、会议集训等预算638万元。对××个旅团进行了决算审计。对××基地和××学院实施了装备审计，提出了进一步细化装备财务管理制度、严格经费审批权限等建议。审计出包工程项目97个，审减不合理收费2032万元；对×××工程等项进行了审计调查。对×个装备修理厂的经营管理和经济效益进行了审计。审计团以上领导干部25名。

【沈阳军区审计成果】共审计单位（项目）××××个，查出违反财经法规行为金额5816万元；取得直接经济成果9845万元、间接经济成果1.54亿元。其中审计×××个团以上单位的年度预算，压减不合理安排5225万元。审计××个团以上单位生活费决算，查出违规金额242万元，提出93条加强管理的建议被采纳。审计××个人武部经费收支，核实了经费家底。完成出包工程预（结）算审计310项，审减工程不合理造价8336万元。对总投资×亿元的11项工程实施全程跟踪审计。审计保留企业和事业单位对外有偿服务项目417个，查出违纪和损失浪费金额271万元，取得审计效益2147万元。审计团以上负有经济责任的领导干部164名，查出损失浪费23万元，收回应上交款11.8万元，处理经济纠纷6起738万元。

【北京军区审计成果】共审计单位（项目）××××个，取得直接经济成果5486万元、间接经济成果3.6亿元。其中对××个单位预算安排集中会审，压减预算开支5400万元。对×××个团以上单位生活费决算的审计，共查出违反财经法规金额63万元。对×××个团以上单位预算执行情况的审计，调增经费3998万元，压减经费2331万元，提出审计意见155条。完成出包工程审计项目259个，审减各类不合理收费4917万元。对总投资××亿元的603个工程项目进行全面调查。对×个企业局善后办、××个撤销企业的经营和经费收支情况进行了审计，取得经济成果1.7亿元。对×个装备修理工厂经营管理和军品任务完成情况进行了审计，促进增收节支4487万元。审计福利性企业××个，取得审计成果1314万元。对51个有偿服务单位进行了审计试点，取得审计成果277万元。对××个房管处进行了审计，促进增收节支7062万元。审计负有经济责任的团以上领导干部115名，有8名干部得到提职使用，8名干部受到表彰；另有2名干部受到批评和处理。法纪审计12项，查处违纪金额167万元，查处违纪人员9人，其中移交司法部门2人。

【兰州军区审计成果】共审计单位（项目）××××个，取得直接经济成果4766万元、间接经济成果6816万元；查出违纪违规金额864.6万元、损失浪费171万元、不良资产4465万元。完成委托审计项目65个。其中对××个单位进行了财务收支审计；对×××个工程项目进行审计，核减工程经费4766万元。审计××个工厂（农场），查出违规集资544万元，不良资产3556万元，核增资产2282万元，核减虚增利润234万元，提出审计建议18条。共对68名领导干部实施了经济责任审计，履行经济责任好的32名，较好的31名，较差的5名。完成专项审计任务145项，追回经济损失121万元，移交纪检部门处理1人。

【济南军区审计成果】共审计单位（项目）××××个，审计金额××亿元，取得直接经济成果3516万元，查出和参与查处经济案件11起。其中对××个团以上单位的预算审计，审减不合理安排2239万元，调增战备训练、部队基层建设经费979万元。对××个团以上单位经费决算进行审计，督促有关单位冲减多领多报经费88万元，补报少领经费7万元，帮助处理经费遗留问题751万元。对606个基建项目实施竣工决算审计，审减地方施工队不合理收费3316万元。对×个装备修理工厂经济效益情况的审计，提出改进企业管理的审计建议48条。对××个列编农场经营管理情况的审计，查出不良资产797万元，核增利润11万元，核减利润269万元，帮助处理经济遗留问题87项578万元，撤消违规银行账户7个，挽回直接经济损失620万元。审计负有经济责任的领导干部82名。

【南京军区审计成果】共审计×××个单位（项目），审计总额××亿元，取得经济成果1.57亿元，查出违纪违规金额4493万元。其中对×××个团以上单位预算进行审计，调整预算1.02亿元。对××个团以上单位生活费决算实施审计。对××个团以上单位装备维修管理费实施审计。对×项重点工程的建设和财务管理实施全程审计和审计调查，审减预结算595万元。对×××个、预结算金额×亿元的出包工程项目进行审计，审减施工单位不合理收费8967万元。审查有偿服务项目116个，合同3391份，提出审计建议214条，清理撤销违规项目31个，撤并账簿11套，撤销银行账户11个。对×个农场经济效益、财务收支和会计报表实施审计，核增利润39万元，核减利润149万元。对×个装备修理工厂经营管理和军品任务完成等情况进行审计，核增利润11万元，核减利润72万元。对38名领导干部实施经济责任审计。派出15人（次），配合有关部门对××起经济案件进行审计查证。实施了审计通报制度。

【广州军区审计成果】共审计××××个单位（项目），取得直接经济成果1.33亿元，取得间接经济成果1.65亿元；查出违反财经法规行为金额3362万元，收回2189万元；审计查出或参与查处经济案件6起，涉及10人，赃款362万元。其中对××个单位预算执行情况进行了审计，审计金额××亿元。对×个不同类型装备修理工厂生产经营管理情况进行审计，审计总金额××亿元。对×个预备役师经费使用管理情况进行审计，审计金额××××万元。审计出包工程项目499个，结算资金11.33亿元，审减施工单位不合理收费1.33亿元；审计自筹资金基建报审项目××个，报审金额××××万元，审减585万元。对68名负有经济责任的领导干部进行审计，其中3名师职干部、18名团职干部被提拔使用，13名同志受到通报表彰，8名同志受到批评，1名同志受到党纪处分，1名移交纪检部门处理。

【成都军区审计成果】共审计××××个单位（项目），审计总额××亿元，促进增收节支1.04亿元，查出损失浪费476万元，提出审计建议3017条。其中对×××个团以上单位预算进行了审计，压减基建支出3041万元、会议集训开支519万元、接待费用758万元，提出审计建议737条。对××个团以上单位的经费决算实施审计，查出多领多报经费23万元。审计出包工程249项，预、结算金额××亿元，审减不合理收费2890万元。对×个装备修理工厂财务收支等情况进行了审计。对46名团以上领导干部履行经济责任情况进行了审计。

【总参谋部审计成果】成立了由张黎副总长任组长的总参审计工作领导小组，×个部局和×所直属院校成立了审计办公室。制定了《总参领导干部经济责任审计实施办法》。对××个单位年度预算及其执行情况实施了审计，调整预算3200余万元，提出审计意见和建议40余条。对3项工程实施了审计，审减工程经费支出466万元。对27名领导干部进行了经济责任审计。

【总装备部审计成果】审计单位（项目）××××个，审计金额××亿元，取得经济效益3.85亿元。其中对×××个团以上单位的预算审计，审计金额××亿元，审计压减预算支出1.72亿元，调增预算支出255万元。审计××个单位的决算金额×亿元，查出违纪违规金额43万元。对××个军工科研单位的国防科研试制费管理使用情况进行了审计，审计金额××亿元。对×××工程决算进行了审计，审计金额××亿元，核减决算7562万元。对819项出包工程竣工结算实施了审计，审减不合理收费802万元。对22名领导干部进行了经济责任审计。

【国防大学审计成果】开展预算审计，压减行政消耗性支出49万元。对××个单位会计核算情况进行了集中评审。审计工程竣工结算5项，审减施工单位不合理收费140万元。对××个有偿服务单位、×个保留性企业经营管理情况进行了审计调查。参与×项群众来信专项调查。

【国防科技大学审计成果】建立和完善了《国防科技大学审计工作规定》、《领导干部经济责任审计实施办法》、《基本建设审计实施办法》等14项制度。审计总额×亿元，取得经济成果960万元。其中对×个师以上单位预算执行情况进行审计，审计金额×亿元，压减240万元，调增157万元。审计×个团以上单位决算金额××××万元，查实多领多报经费61万元。审计工程及维修项目57个，审减地方施工单位不合理收费716万元。对机关的财务结算实施了审计，共清产核资734万元。对1名团职企业干部实施了离任经济责任审计，清理遗留债务100万元、应缴未缴经费170万元。

【武警部队审计成果】审计××××个单位（项目），取得经济成果3.45亿元，其中查处违纪违规金额1348万元；年度预、决算审计压减经费3969万元；对1953项基建工程实施建设计划、预算安排和竣工决算审计，审计总额××亿元，核减基建工程投资2600万元，审减出包工程结算2.66亿元。对×××个军人服务社的经营管理、经济效益等情况进行了审计调查。对310名团以上领导干部实施了经济责任审计。完成23项经济案件专项审计，配合有关部门进行了8起经济专案调查。

内部审计

【国家邮政局审计局】2000年，国家邮政局审计局紧紧围绕邮政扭亏这个中心开展工作，取得了一定的成绩。实现减亏34.4亿元。

开展全行业经营管理稽查活动　1999年至2000年间，由审计局牵头，有关部门参加，分4批共抽调131人组成18个稽查组，对30个省（区、市）邮政局进行了经营管理稽查。从稽查结果看，在通信纪律方面，存在低面值销售通行票、集邮票问题，存在跨界地资费揽收业务问题；在资金运营方面，存在收入不实，虚列、多列、错列、少列收入问题；在成本方面，存在业务费开支过大、超标准、超范围使用代办费、挤占、虚列成本等问题；在资产运营方面，主要存在分拣机使用率低和邮运车辆利用率低的问题。在人力资源方面，普遍存在人员素质偏低和人力资源统计不实等问题。各省（区、市）邮政局对国家邮政局针对这些问题提出的整改意见，制定了整改措施，并将整改情况书面反馈给国家邮政局。

强化“三项”审计　1、强化工程审计。各地局、所在建设、发展电子邮政综合计算机网等方面，需要投入大量资金，但企业建设资金短缺。为此，邮政局提出，所有土建工程、通信工程（主要是综合计算机、绿卡网建设等）以及其他零星工程（装饰工程）实行100%的审计，不经审计不准拨付尾款，不经审计不得进行工程决算。据统计，全国邮政工程审计全年审计金额78.78亿元，审减工程费用9.35亿元，审减率11.86%。

2、强化业务资金审计。邮政部门具有业务资金量大、运动频繁的特点，企业内部必须管好用好业务资金。全年邮政储蓄余额突破4500亿元，汇总交易额超过270亿元，报刊流转额近140亿元。为此邮政内审把邮政业务资金专项审计列为重点工作。每年对一项业务资金开展专项审计，通过试审，制定较详细的操作性强的审计实施方案，对全国邮政审计人员进行有针对性的业务、财务、审计等方面的培训，然后，在全国市、地、县实行100%的审计。对业务资金和重点业务一年开展一项全行业专项审计，体现了朱总理“全面审计，突出重点”的方针。同时，通过对每一专项的经济效益、财务管理、内控制度审计，针对发现的问题，提出意见和建议，已形成一套较为科学完整的审计思路和方法。

2000年，对全国的2397个市地县邮政局进行了报刊业务资金的专项审计，审计覆盖面为95.1%。审计1999年度全国报刊流转额为174.33亿元，共查出有问题金额10.52亿元，已纠正2.14亿元，提出审计建议38856条，对企业及时清理报刊欠款，减少潜亏，起到了较好的作用。

3、强化经济责任审计。在企业审计中，以经济责任审计为重点，并将财务收支审计与经济责任审计结合起来。同时建立起领导干部经济责任审计档案，将日常财务收支审计、专项审计、国家审计、社会审计的情况列入经济责任审计档案之中，在开展经济责任审计时，注意利用以前的审计结果，在规避审计风险和提高审计工作质量等方面，起到了一定的作用。

【中直管理局审计室】2000年中直机关审计工作，主要有如下几方面的特点：

审计机构建设进一步加强　在2000年中直机关机构改革中，原有的审计机构不仅都予以保留，而且原来没有明确审计机构的单位，以机构改革为契机，也分别设立了审计机构。如中央对外联络部、中央统战部，在机构改革时设立了审计室，均为处级机构。一些原有审计机构的单位也调整充实了审计干部。如全国妇联审计处调整了领导，充实了人员。全国妇女研究所增加了专职审计人员。有的机关为了加强审计工作，重新明确了审计机构隶属关系。原中央组织部审计处和财务处一样隶属行管局。机构改革后，审计处隶属部办公厅，而且由厅主要领导直接分管。就中直机关总体情况来看，无论是审计机构、人员，还是单位领导对审计工作的重视程度，都较往年明显加强，从而为中直机关审计事业的发展提供了有力的保障。

建章立制　规范程序　一是利用开会、调研、联系工作等一切机会向机关领导和有关方面宣传审计工作对加强机关廉政建设，提高机关内部管理水平的重要作用。二是通过内部编辑《审计信息》，利用报刊杂志等媒体宣传中直机关审计工作。三是组织中直机关审计干部参加有关法律法规学习和知识竞赛等活动，扩大审计工作的影响。四是为机关审计机构和审计干部提供法规、制度、专业知识等方面的咨询，及时传递最新法规信息，具体指导机关制定审计规章制度和规范审计程序。从会上交流的情况和抄送的材料来看，中组部、中宣部、中联部、中央统战部、全国妇联、中国外文局、《求是》杂志社、《人民日报》社、中国青年政治学院等都制定了审计工作暂行规定，并经部级领导会议研究批准，以部级文件的形式颁发，在机关及所属单位中实行。这些规章制度都明确了审计机构的职责、任务和审计程序、方法，同时也都明确了中直管理局审计室是机关审计机构的业务主管部门。中直机关对审计工作都很重视，不仅体现在接受中直管理局审计室审计监督时，积极支持和配合工作，更重要的是体现在把机关本身的审计工作作为机关内部建设的重要内容加以重视。

适应形势，服务大局，拓展领域 中直机关审计人员在做好财政资金、财务收支审计的同时，试行了领导干部经济责任审计，使审计工作的领域不断拓展。特别是2000年机构改革中，单位人员变动大，领导干部的经济责任审计成为审计工作的一项重要内容。为了把这项工作做好，有关机关从各自单位实际出发，研究制定了经济责任审计暂行办法。据调查统计的13个单位，就有10个单位开展了该项工作。而且都取得较好成果。比较早地开展这项工作并制定相关办法的有中直管理局、人民日报社、外文局等单位。

加强学习，再创新高 在开展审计工作的同时，各单位也根据自己单位实际情况，分别组织了形式多样、内容丰富的培训班，进一步提高了审计人员业务素质和专业技能，在规定程序、加大力度方面取得明显成效。同时，还较好地完成了审计署安排的审计项目。

【中国航空工业内部审计师协会】航空工业内部审计师协会的指导思想是：在审计署和中国内审协会的领导下，紧密配合两个集团公司的内审机构，通过发挥管理、宣传、服务、交流的职能，促进航空工业内部审计工作水平的提高，推动航空内审工作的发展，成为宣传党的路线、方针、政策和贯彻上级审计机关、中国内审协会和两个航空集团公司关于内部审计工作方针、政策、指示的阵地；成为沟通中国内审协会、两个航空集团内审机构、内审协会分会和内部审计人员的桥梁和纽带；成为上级审计机关、中国内审协会指导航空工业内审工作的助手；成为航空内审与外部交流的渠道；成为服务两个集团内审机构、协会分会和广大航空内审人员的工具。根据《中国内部审计师协会章程》，结合航空工业实际，重新修改了《航空工业内部审计师协会章程》。

编印发行内审之路 2000年完成了《国有企业内审之路》—中国航空工业总公司内部审计工作5年的编印发行工作。全书近60万字，由审计署副审计长金基鹏提写书名。这本书是全行业广大审计工作者5年多来辛勤工作的劳动成果和集体智慧的结晶，为今后航空工业内审工作的深入开展提供了有益的参考和借鉴。

开展教育培训，提高人员素质 举办了两期财务审计专业培训班，共91人参加培训；各企业充分利用每周业务学习时间，紧密结合当前社会经济热点组织学习或结合典型审计案例组织研讨；鼓励和支持审计人员自学，参加专业资格考试。此外，进行岗位培训，以审代培，以老带新，让年轻人参加项目审计或轮流担任主审，在实践中锻炼成长。

审计理论与实务研讨 如将《集团公司内审工作规定》等5项制度的修订列为课题，组织下属各单位开展研讨；提出补充修改意见，使5个制度很快完稿下发；对下属会员单位贯彻落实《审计法》情况进行调研；就经济效益、内控制度、比价采购审计等10多个课题开展群众性审计实务研究。

由协会分会协助行政将典型单位的工作经验连同审计工作会议文件，汇编成册，下发各单位领导和审计部门学习、借鉴。

探索创新审计方法和手段 为降低审计风险，提高工作效率，在传统财务核查的基础上，采用内控制度评审和风险评估技术，研究制定统一审计标准，按规范作业，保证了审计质量；在审计手段上，多数单位均配备了计算机开展计算机辅助审计，积累了大量审计信息，计算机已经用于工程审计和财务状况分析等方面，提高了工作效率。

大力宣传，扩大影响 通过《中国审计》、《中国内部审计》、《集团公司通讯》、《中国航空报》、《航空财会》、《财审工作简讯》等在行业和集团内外宣传内审工作。有的会员单位通过与党校协作，以讲课方式对全公司处以上党员领导干部宣讲《审计法》；有的通过举办领导干部审计知识培训，以及借公司组织会计知识竞赛和运用《工人导报》、电视台报导等形式，向干部职工宣传审计，使干部职工理解支持审计工作，为审计工作的开展营造良好环境。

【工商银行稽核监督委员会】设立了6个稽核专员办公室，强化了总行稽核监督的组织领导及检查力量；一些分行顺利实现“三级”稽核管理体制向“两级”稽核管理体制的过渡，有效地加大了一、二级分行对辖内机构的检查监督力度。实践证明，通过稽核管理体制改革，理顺了工作机制，加强了稽核力量，优化了队伍素质，使下查一级的力度明显加大，稽核监督工作的独立性、超脱性和权威性得到了显著增强。

重点稽核监督工作成效　各级稽核监督部门较好地完成了内控综合管理及评价、行长离任及责任目标稽核、外汇业务非现场稽核等各项任务，有些方面的工作取得突破性进展。2000年，在总行统一组织的财务和信贷专项稽核工作中，查出了大量的违规违纪问题。在财务专项稽核中，各级行共派出290多个稽核组、1600多人，稽核各级机构509个，发现各类有问题资金2万多笔，涉及金额近8亿元。总行派出由200多人组成的8个重点稽核组，查出涉及财务收支问题14亿多元，收支轧差后调增利润3亿多元；查出了在财务核算及管理中存在的一系列问题，在全行引起强烈震动。信贷资产质量专项稽核中，总行组织了100多名业务骨干，对10家一级分行新增贷款中形成的不良贷款进行了重点检查，发现了贷款“三查”制度落实不力，贷款审批把关不严，越权或变相越权贷款，贷后管理松弛等大量问题，为总行掌握目前全行信贷资产质量管理状况提供了可靠的基础资料，为强化信贷管理提供了决策依据。此外，稽核监督部门对资金营运、授权授信、银行卡呆账核销等专项稽核，以及对“两证一函”（资信证明、存款证明、担保函）的专项稽核调查也都取得了很好的成效。

稽核处罚力度不断加大　工商银行2000年稽核监督工作的一个突出特点就是狠抓了对违规违纪责任人员的处罚，促进了重要规章制度的落实。年初，总行稽核监督部门会同监察室，认真核实了人民银行1999年10月对两湖两广稽核中发现的信贷违规问题，对45名责任人进行了严肃处理，其中移交司法部门1人，开除6人，撤职6人，处理厅局级干部3人，在全行上下对违规违纪行为起到很大的震慑作用。在系统自查中，一级分行对68个二级以下分支机构实施了稽核处罚，其中经济处罚128万多元，通报批评33个行处，还对2个分行给予了扣减营业费用额度等处罚。在信贷资产质量专项稽核中，对53个典型个案涉及的120多名责任人进行了严肃处理，其中开除2人、撤职14人。据初步统计，2000年，全行各级稽核监督部门共对违规机构实施经济处罚5000多万元、行政处理有关责任人员300多人。

稽核工作规范化、法制化建设　总行先后制定下发了《中国工商银行内部控制暂行规定》及《中国工商银行内控制度评价办法》、《中国工商银行总稽核职责规定》、《中国工商银行关于加强非现场稽核工作的若干意见》、《稽核专员办公室管理考核办法》和《中国工商银行领导干部离任稽核工作实施细则》等制度、办法；编写印发了《中国工商银行稽核监督应用软件产品开发文档编制规范》、《稽核操作规程》、《外汇业务稽核操作手册》及包括《稽核通知书》、《稽核报告书》在内的整套规范稽核文本；研究制定了包括财务专项稽核、资金营运专项稽核、离任、责任稽核、计算机应用管理专项稽核、海外分行非现场稽核等操作规范和具体稽核方案；特别是《中国工商银行稽核处罚暂行办法》，为稽核部门依法查处提供了重要的制度保障。

【中国核工业集团公司审计部】2000年，公司各级共完成审计项目754项，查出违规金额13776.51万元，已纠正12617.15万元；查出违纪金额9963.99万元，已纠正9297.82万元；查出损失浪费金额189.81万元；促进增收节支200.90万元；提出审计建议1342条，已被单位采纳1093条；向监察部门移送案件4件。

明确审计任务和发展方向　4月，召开了集团公司成立后的第一次审计工作会议。会议就内审的定位、内审如何为集团公司的生产经营服务以及如何进一步做好内审工作进行了研究讨论，明确了集团公司内部审计要以加强企业经营管理、提高经济效益为最终目标，内部审计要进一步解放思想，开拓创新，拓宽审计领域，参与企业管理，成为领导的“参谋”和“助手”。会议取得了较好的效果，各单位进一步提高了对审计工作重要性的认识。

经济责任审计　根据《核工业集团企业法定代表人任期经济责任审计办法》，全年完成任期经济责任审计162项。任期经济责任审计已初步走上制度化的轨道。审计中发现的主要问题有：八一三厂存在内部集资、人为调节利润等问题，八二一厂存在民品项目严重亏损、专项资金不合规使用、管理工作薄弱、存在潜亏等问题；二六二厂存在应收账款数额大，且收款难，部分将造成损失的问题；二六四厂存在二级单位财务管理混乱及小金库数额巨大等问题；七院存在会计核算不规范，人为调整损益，少提折旧，二、三级经营实体不上交收益等问题。各审计组就上述单位存在的问题，提出了处理意见和相关建议。

在工作中，进一步注重了对审计意见和审计建议落实情况的跟踪，如在对八二一厂厂长的任期经济责任审计中查出的问题提出了意见，并多次催促限期清理。厂里重视审计意见的落实，对部分未用或不必要的22个账户予以撤销；清理了不合理开支，并制定了《专项资金管理办法》，以规范专项资金的管理。

对重点工程进行监控 核电、核燃料是集团公司的两大支柱，确保核电、核燃料重点工程的顺利完成，事关集团公司的全局。9月，审计部牵头组织了对恰希玛核电工程项目经济效益情况的审计。通过对总合同及施工、采购、设计、调试培训分包合同和工程独立费、管理费等的核实、审查，确认了工程财务收支及最终效益状况，提出了审计意见和建议，为集团公司进一步总结核电工程建设经验，提高核电工程建设管理水平提供了依据。11月，审计部组织了对四〇五厂405－1A工程竣工决算审计，对405－1A工程建设程序执行情况、资金来源、投资完成及交付资产情况“三大”控制情况进行了审计，提出了审计意见和建议。对秦山二期、三期经济合同审计工作开展情况进行了审计调查。核燃料部组织了对八二一厂合肥纺织纤维厂项目竣工决算的后续审计，组织了对八二一厂南海厂民品项目的审计调查；八二一厂项目代表处完成了对09＃沥青固化低放废液工程的竣工财务决算审计；八一二厂项目代表处完成了对锂材技改一期工程的竣工决算审计；金原铀业公司组织了对794－2工程技术改造项目的竣工决算审计。

加强审计评价 4月，集团公司分别与原子能公司、中原公司、上海浦原公司和深圳中核集团公司签订了《资产经营责任合同》。为全面掌握《合同》的执行情况，审计部会同投资经营部、财会部、人劳部，于7月份对4个公司《合同》的执行情况进行了检查。通过检查，发现各公司总经理工资、津贴和奖金发放超标，有的公司存在无形资产没有按规定摊销。折旧费和集团公司的资金占用费没有计提等问题。对发现的问题，检查组提出了处理意见。为集团公司年终对4个公司的考核积累了经验，为《资产经营责任合同》的顺利执行提供了支持。

审计调查和内控制度审计 为促进成员单位加强经营管理，提高经济效益，进一步推动企业改革和扭亏增盈工作，结合开展学邯钢、抓管理、增效益的活动，审计部提出了在集团公司成员单位中开展物资采购管理制度及执行情况的审计调查。截止12月底，共收到审计调查报告39份。从调查情况看，大部分单位建立了物资采购内控制度，执行情况也比较好，但仍存在制度不完善、激励约束机制操作性不强等问题。针对发现的问题，各单位共提出整改意见和建议91条。审计建议得到了单位领导和有关部门的重视。

内控制度审计是内审工作的发展方向。审计部与投资经营部等部门一起，对集团公司制度建设的有关情况进行了检查，就当前集团公司在制度建设方面存在的问题，提出了建议。

为集团公司的整体利益服务 经集团公司推荐，并经中核财务公司、中核久安公司、长城证券公司监事会的选举，审计部两位同志分别出任上述3个公司的监事长。两位同志认真履行监事职责，及时沟通信息，做了大量工作，维护了集团公司的利益。

10月，中央企业工委派驻集团公司监事会入驻集团公司后，审计部承担了联络工作，按照监事会的要求，及时与各部门协调，保证了各种资料的提供。据初步统计，按监事会要求，为监事会提供各种资料180多份。

审计部配合地质局完成了陕西、河南、甘肃核地质队伍属地化工作，并根据集团公司的统一部署，积极参与了铀矿山等的破产关闭工作。同时，为企业扭亏增盈工作提供了审计支持。

制度建设和培训工作 审计部制定了《核工业集团建设项目审计办法》和《核工业集团事业单位财务审计实施办法》。为给各级审计人员提供学习的机会，审计部与中国内部审计学会核工业分会一起，举办了基本建设项目审计培训班。审计部向中国内部审计学会提交了《任期经济责任审计初探》的课题论文，并在《中国内部审计》、《中国核工业》等杂志上发表文章6篇。

【中华全国供销合作总社审计局】

一、加大了对总社直属企事业单位的审计监督力度

（一）完成了对北京中佳达康农业科技发展有限公司原法人代表的离任经济责任审计的收尾工作，下达了《审计意见书》，并完成对中佳经贸公司财务收支审计。

（二）对中国佳农工贸公司3年承包经营情况进行了审计。根据浙江天然集团股份有限公司承包中国佳农工贸公司合同书，该局对中国佳农工贸总经理承包期间的各项承包指标完成情况和资产、负债、损益进行了审计，并对中国佳农工贸公司在承包期内投资的北京中羽工贸有限公司经营及有关情况进行了延伸审计。审后出具了《审计报告》，审计发现的问题主要是承包方未完成承包合同规定的各项承包指标，还加大了企业的亏损，新增贷款运用不合理、空转销售业务、投资注册中羽工贸公司出资比例不实等问题。针对报告反映的问题，下达了《审计意见书》，为总社兑现承包合同提供了可靠依据。

（三）对中国农副土特产品开发公司进行了常规审计。

（四）对西安生漆涂料研究所原所长进行离任经济责任审计。审计发现该所领导由于决策失误，以研究所名义为其下属公司借款担保和反担保，给研究所造成一定损失等问题。出具的《审计报告》征求被审人员和单位意见后，下达了《审计意见书》，为总社人事部门考核任用干部提供了依据。

二、加强了对供销社系统内审工作的业务指导

（一）布置、印发了《供销合作社系统2000年内审工作要点》。2000年，是供销社系统实现扭亏增盈最关键的一年，为发挥内部审计在扭亏增盈、提高经济效益中的作用，年初，根据总社提出的工作中心，印发了供销社系统2000年的内审工作要点，要求各地供销社内审机构要结合本地实际情况，提出全年的内审工作计划。

（二）加强了对系统内审人员的培训。组织举办了以资产负债损益审计、内控制度评审和计算机审计为内容的审计人员培训班。为使培训内容适应各地开展审计工作的需要，通过事先发文进行调查摸底的方法，了解各地对有关知识和培训的要求，有针对性地进行培训，收到了较好的效果。

（三）沟通审计信息加强审计宣传一是以局发文件总结通报了1999年度供销社系统内审工作情况。肯定了供销社系统一年来取得的成绩，介绍好的经验和做法，指出了需要改进的问题。二是转发了审计署有关审计法规。为了规范内部审计行为，为各地供销社内审机构进一步完善有关制度提供学习和借鉴依据。三是参加了地方省社召开的审计会议，指导系统内审计工作。四是编辑印发《审计动态》。全年共编印《审计动态》14期，同时向有关杂志、报社推荐稿件，广泛深入宣传审计工作。

三、加强了与审计署、中国内部审计师协会的联系，及时了解反馈信息

（一）元月份，派人参加了中国内部审计师协会组织召开的第四次会员代表大会，供销总社正式加入该会，并选为该会的常务理事单位。

内部审计师协会组织召开全国经济责任审计理论研讨会，该局积极提交了论文，并获优秀论文奖。

该局还负责组织承办了中国内部审计师协会商贸协作组内审工作交流座谈会。

四、组织内部审计考察团赴国外进行了考察

为适应新形势的需要，进一步搞好供销社系统的审计监督工作，10月份，经总社领导批准，组织了内部审计考察团赴国外进行了考察。这次考察，既开阔了眼界，拓宽了思路，又学到了经验，对指导国内内审工作的开展具有一定的借鉴意义。

科研、培训、出版、学术团体

【中国审计科研所】2000年，审计科研所编制30人，在编人员24人，领导职数2名；设有5个室：财政审计研究室、金融审计研究室、企业审计研究室、外国审计研究室、办公室。

领导成员

所　长：刘满堂（9月－）

副所长：刘满堂（－9月）

　　　　姜　洪（11月－）

2000年，审计科研所认真贯彻落实全国审计工作会议精神和署党组的要求，继续深入开展课题研究，积极完成署领导交办的任务，各项工作取得新进展。

2000年审计科研所的研究工作突出重点，积极努力地完成署定的四个重点研究课题：（1）参与《中国审计史》的编写工作；（2）参与“知识经济与现代审计”课题的研究；（3）参与“经济责任审计”课题的研究；（4）参与《中国审计行政管理》课题的研究。

此外，审计科研所还完成了其他大量工作：

第一，参加了企业财务审计指南（中澳项目）、内部控制测评技术方法、审计机关对重要性和审计风险的评估准则等全署人法技建设课题的研究工作，以及审计准则外国专家组中国专家咨询工作。

第二，参加了最高审计机关国际组织内部控制第二次研讨会，并提交了“我国审计机关内部测评的现状及今后打算”的论文；为2001年最高审计机关第十七届国际大会撰写了《最高审计机关在计划和执行行政管理和政府改革中的作用》、《最高审计机关在开展政府和行政管理改革审计中的作用》两篇论文。

第三，为加强科研基础工作，扩大审计理论宣传，为审计队伍的理论建设服务，收集整理了审计科研所成立以来历年的科研成果一千万字，内容包括审计的基础理论、应用理论、审计技术方法等，制作了《审计科研文集》光盘。

第四，为加强审计理论宣传、科研成果推广和审计科研信息交流，完成了科研所互联网站的建设，并于9月份开通。

第五，改进《中国审计信息与方法》的栏目设计，加大了审计技术方法的宣传，突出了期刊的特色，受到更多读者的欢迎和期刊人士的好评。

第六，为借鉴国外先进审计经验，追踪国外最新审计动态，翻译出版了《国外审计动态》11期。

对于四个署定重点研究课题，审计科研所做了大量研究工作，现将主要研究观点和研究进程综述如下。

一、参与《中国审计史》的编写工作

编写中国审计史是经李金华审计长提议、署党组确定的一项重要课题。通过编写中国审计史，总结历史经验，探索审计工作发展规律，以史为镜，以史为鉴，对指导审计工作具有重要的现实意义。为了编好《中国审计史》，审计署专门设立了以王道成同志负责、罗进新同志协助、署有关单位主要领导参加的《中国审计史》编辑办公室，审计科研所具体承担编辑办公室的日常工作及《中国审计史》（下卷）的编写工作。

第一，审计科研所参予具体组织落实了《中国审计史》的编写单位、编写人员及编写任务，组织参加了3月中旬和8月中旬两次《中国审计史》编辑工作座谈会。

在3月中旬的《中国审计史》编辑工作座谈会上，李金华审计长着重论述了审计署组织《中国审计史》的必要性和可行性、编写的基本步骤、史与论的处理等，并要求各级审计机关大力支持《中国审计史》的编写工作；王道成同志也做了重要讲话。会议根据署领导讲话的精神，经过认真的研讨，提出了《中国审计史》编写的指导思想、目标、内容、结构等的初步设想，落实了《中国审计史》编写的具体单位。

在8月中旬的座谈会上，参会单位交流了主要编写人员的情况、史料搜集及大纲编写情况，讨论了《中国审计史》的分卷、结构、体裁、规模、编写原则，对提交的上卷章节体系大纲及下卷1982——2000年编写意见进行了初步的研讨；王道成同志要求继续下功夫挖掘搜集史料并研究提出编写大纲。会后，李金华审计长听取了编辑办公室的汇报，并作了重要指示。

第二，参加《中国审计史》（下

卷）审计档案史料的搜集工作。审计科研所根据工作需要，先后派出5人参加了查阅搜集这部分档案的工作。署办公厅积极配合审计科研所和编辑办公室有关人员查阅搜集1982——2000年（《中国审计史（下卷）》）审计档案史料的工作。

第三，审计科研所参与审计史编辑办公室与国家档案局、中央档案馆、中国第一历史档案馆、中国第二历史档案馆等单位建立了工作联系，协助有关省市审计厅局等编写单位搜集了大量历史文献资料。国家档案局对审计史料搜集工作十分重视，收到《审计署办公厅关于请提供和协助查阅审计档案资料的函》后，立即将该函转发到各有关档案馆，要求积极配合审计署的审计史料搜集工作。在江苏省审计厅和中国第二历史档案馆的共同努力下，年底已完成第二档案馆的审计史料搜集工作，共搜集到档案史料56452页，装订成272卷。中国第一历史档案馆到年底基本完成协议规定的任务，搜集清代审计史料约2000页。陕西、江西、湖北省审计厅编写组也到中央档案馆查阅革命根据地、解放区和解放以后有关审计档案。

第四，审计科研所多次参与组织和参加《中国审计史》大纲及有关审计史问题的研讨。11月上旬，编辑办公室组织召开了《中国审计史》专题研讨会，罗进新同志做了主题发言，就编写《中国审计史》的审计概念、审计历史的脉络等五个专题进行研讨；王道成同志系统总结了会议研讨情况。会议统一了思想认识，对审计的概念形成了共识，初步探索了中国审计发展的脉络。12月中旬，编辑办公室邀请署老领导对提交的《〈中国审计史〉（下卷）编写大纲及编写要求》进行研讨。王道成同志主持会议并介绍了《中国审计史》的编纂工作情况。署老领导对《中国审计史》（下卷）的编写提出了很好的建议。

第五，除研讨会外，审计科研所还多次参与向有关专家咨询，包括中国历史学会原会长戴逸教授、中国社会科学院历史所陈祖武所长、李锦绣副研究员、国务院夏商周断代工程专家组组长李学勤教授、中华书局汪圣铎编审等等，向他们请教对编史的意见。

第六，为了安排指导工作，及时沟通信息，审计科研所起草了有关审计史编写及史料搜集方面的十几份文件，编写《〈中国审计史〉编辑工作动态》共10期。

第七，审计科研所承担了其他《中国审计史》编辑办公室的日常工作，例如各编写组之间大量的协调联系工作，有关来京人员的接待服务等。

二、参与“知识经济与现代审计”课题的研究

为了迎接知识经济的到来和对审计工作的挑战，根据署领导的倡议，办公厅、中国审计报社、审计培训中心和审计科研所共同发起了“知识经济与现代审计”征文活动，科研所负责征文的具体组织工作。此项研究活动得到了各级审计机关、内审机构和有关大专院校的积极响应，共征集论文192篇。论文研究的范围涉及知识经济的概念、特征、发展趋势，知识经济对财政经济、会计、审计的影响及其对策，其中涌现出不少优秀论文，并在报刊上择优发表了部分论文。12月中旬，审计科研所协助署领导同各发起单位召开了“知识经济与现代审计”专题研讨会，就知识经济对国家审计、内部审计工作的影响又进行了深入的研讨，提出了一些具有可操作性的对策意见。在此基础上，出版了《知识经济与现代审计征文选集》。

综合上述研讨的观点，知识经济对会计和审计的理论与实践都产生了重要影响。

首先，知识经济对会计理论和实务产生了重要影响。（1）对会计主体的影响。由于知识经济产生了虚拟企业，使会计主体也相应地有些“虚拟化”，给会计工作带来了相应困难。（2）对会计核算内容的影响。知识经济增加了企业的无形资产，更大量增加了企业人力资本和知识资本的核算内容。（3）对会计方法的影响。在知识经济中，由于无形资产不易量化、交易过程加快，给会计核算方法带来了相应的挑战。（4）对会计理论的影响。在知识经济中，由于虚拟企业、电子商务的出现，使得待续经营、会计分期等会计假设都受到冲击，因而对会计理论产生一些影响。

其次，知识经济也对审计理论和审计工作发生了相应的影响。这主要表现在以下几个方面。

（1）审计环境的变化对审计体制产生重大影响。知识经济将极大地推动民主与法制建设的深入发展，进而对审计机关的独立性提出更高的要求，现行审计体制将朝着更有利于客观公正的方向发展。另一方面，全球经济一体化将使审计工作规范更趋向国际化。

（2）审计对象的变化对审计内容和重点产生直接的影响。企业资产中人力资本和无形资产的比重增大，审计的重点内容将向这两个方面转移；由于会计信息的电算化、网络化，计算机审计将成为审计的重要手段；在知识经济时代，经济活动越来越规范，审计监督的重点将由真实性、合规性向效益性转移。由于知识经济是可持续发展经济，因而环境审计、资源审计、社会保障审计将受到前所未有的重视。

（3）高科技将对审计方式方法和手段产生重要影响。会计信息的电算化、网络化促使审计方式方法和手段发生重大改变。计算机和网络审计将使手工查账方法和现场审计大大减少；审计关口将前移，由事后审计逐步向事中、事前审计发展。

(4) 对审计人员的影响。旧的审计观念将受到冲击，传统的合规性、事后、手工审计的方式将不完全适应知识经济的要求，审计观念需要更新。审计人员的业务能力将受到知识爆炸带来的知识更新的冲击。知识经济要求审计人员具有更全面和更新的知识。

第三，面对知识经济的挑战，审计要实现现代化。审计现代化的标志是审计工作规范化、科学化、法制化、国际化；审计现代化的内容是思想现代化、理论现代化、技术现代化、手段现代化；实现审计现代化的措施是审计理论创新、审计制度创新、审计领域创新、审计技术方法创新、审计管理创新。

三、参与“经济责任审计”课题的研究

1999年，中共中央办公厅和国务院办公厅发布了《国有企业及国有控股企业领导人员任期经济责任审计暂行规定》，对企业领导人经济责任审计做了全面、具体的规定，并作为一项审计制度在全国推开。在同年召开的中共十五届四中全会上，经济责任审计被写进《中共中央关于国有企业改革和发展若干重大问题的决定》。由此可见，经济责任审计对于我国建立社会主义市场经济体制、对于国有企业的改革发展具有重大意义。

第一，经济责任审计是国有企业改革发展的客观要求。由经济责任审计产生的过程可以看出，经济责任审计是加强国有企业及国有控股企业领导人的管理和监督，正确评价企业领导人员任期经济责任，促进国有企业加强和改善经营管理，保障国有资产保值增值的客观需要。

第二，经济责任审计是加强干部管理和监督的需要。在社会主义市场经济体制和管理机制尚不完善的情况下，党政领导干部和国有企业领导人在其管辖范围内的经济活动中仍然具有决定性意义。一个国有企业领导人可以搞好一个企业，也可以搞垮一个企业；一个党政领导人以身作则带好一班人不容易，带散甚至带坏一班人则不难，甚至给其管辖范围的经济和社会发展都会带来严重的影响。因此，在这种情况下，加强对党政领导干部和国有企业领导人经济责任的审计，就是抓住了管理和监督工作的关键环节。

第三，经济责任审计是深化审计工作的重要探索。在经济领域中的违法乱纪现象比较普遍、一些领域和单位腐败现象比较严重的情况下，仅对被审计单位的财政财务收支发表审计意见、做出审计决定的监督力度，已经不能完全适应维护经济秩序和促进廉政建设的要求，因为单位财政财务收支中的违法违纪问题归根到底还是人的问题，并且涉及单位领导人员的领导责任，有的还是直接责任。所以，加强对单位领导人员的审计监督是政治经济形势发展的客观要求，同时，更重要的还在于它把对领导干部的监督工作纳入审计制度，实现了对干部监督工作的制度化、经常化，可以对违法乱纪和腐败行为起到预警作用，有利于从源头上治理腐败。

第四，基于上述对经济责任审计重要意义的认识，我们更有责任努力做好经济责任审计工作。我们要用发展的观点看待经济责任审计工作。我国正处在社会主义初级阶段，处于深化改革和攻坚阶段，审计工作也同样处于探索发展之中。审计机关是国家政权的重要组成部分，审计工作要服务大局、围绕中心、突出重点，加强经济责任审计工作，为促进社会主义市场经济体制的完善、为深化改革发挥更大的作用。

四、参与《中国审计行政管理》课题的研究

为了提高审计机关各级领导干部的管理工作水平，编写出一本高水平的中国审计行政管理教材，根据“先研究、后写书”的原则，审计科研所承担了“中国审计行政管理的涵义和特点”、“中国审计行政管理的目标、任务和范围”、“中国审计行政管理的历史经验”、“国外审计（行政）管理经验”和“《中国审计行政管理》的内容结构及逻辑体系”等五个课题的研究任务。为此，审计科研所组织了有关大专院校学者和地方审计科研人员参加的五个课题组，召开了有行政管理学权威人士参加的专题研讨会进行研讨。经过一年的努力，五个课题已经完成，并编辑出版了《中国审计行政管理论文集》，为编写《中国审计行政管理》一书提供了参考。

【北京市审计科研所】 2000年北京市审计科研所参与了审计署交办的“错弊审计的技术方法”的课题研讨及课题试点工作。此课题是审计署根据《审计署审计技术基础建设五年工作规划》编制的五个科研课题之一。2000年已完成修订稿的撰写。

北京市审计科研所还参与了中国审计学会《国家审计在宏观经济管理中的作用》、《党政领导干部任期经济责任审计》两个课题大纲的研讨；随着股份制改造的深入开展及现代企业制度的建立，编写了赴德国股份制审计培训团、赴美国舞弊审计技术与方法培训团的培训大纲和培训资料。

【山西省审计科研所】 审计署办公厅关于征集“知识经济与现代审

计”研讨会论文通知下发后，山西省审计科研所广泛收集了知识经济及知识经济对审计工作影响的相关资料，并按署办公厅的要求，认真组织，精心选题，研究了知识经济对审计的影响以及在新形势下如何运用科学的理论方法改进审计工作，进一步推进审计工作现代化的进程。通过三个多月时间的搜集、撰写，按时上报署科研所，并于2000年11月11日参加了知识经济与现代审计研讨会。经评审《论知识经济对审计的影响》被评为《知识经济与现代审计》征文活动优秀论文。主要内容包括：

（一）知识经济的基本特征及未来趋势

1、知识经济的基本特征；

2、步入知识经济的时代是世界经济发展的新趋势。

（二）知识经济对审计的冲击

1、审计目标的改变；

2、审计对象的改变；

3、审计方法技术的改变；

4、审计程序的改变；

5、审计实务内容的改变；

6、审计证据方面的影响；

7、对审计工作人员自身素质提出要求。

（三）几点建议

1、适应知识经济的特点和要求，开发利用新的审计技术方法；

2、拓展审计领域，审计服务广泛化和国际化；

3、加强审计理论研究，适时拓宽有关理论内容；

4、更新观念，培养审计人员的创新意识。

还完成了《健全和完善适合我国情况的审计制度》这一课题的研究。

科学完备的审计制度建设是社会主义市场经济完善与发展的需要，它对于强化审计职能，发挥审计工作在规范市场经济、维护正常的社会经济秩序等方面具有十分重要的作用。

课题组经过一年的广泛调查、研究，收集大量翔实的资料，深入地探讨了适合我国情况的审计制度框架结构及其基本内容。并从回顾我国审计制度的历史沿革入手，论述了社会主义市场经济条件下我国审计制度应具备的特点和我国审计制度的基本内容。

【内蒙古自治区审计科研培训中心】2000年重点审计科研成果有：《任期经济责任审计的难点及对策》、《现代企业制度与审计发展》、《试论内部审计在促进实现两个根本性转变中如何深化和拓宽经济效益审计领域》、《审计在经济增长方式转变中的作用》、《试论股份制企业审计》等。《任期经济责任审计的难点及对策》在对一些旗、县开展此项工作进行实地调查和了解的基础上，揭示了内蒙古自治区当前开展此项工作存在的诸如“先离后审”难、审计结果利用难、审计评价难、审计质量控制难、责任划分难等带有普遍性的难点问题，并提出了相应可行的应对策略；《试论内部审计在促进实现两个根本性转变中如何深化和拓宽经济效益审计领域》通过大量的实例论证了深化和拓宽经济效益审计领域的必要性和可行性，并提出了内部审计深化和拓宽经济效益审计领域的基本途径和方法；《审计在经济增长方式转变中的作用》通过揭示审计在经济增长方式转变中的重要作用，结合实际较有见地地提出了在新形势下如何加强和改进审计工作。如：进一步拓宽审计领域、加强对宏观调控管理部门的审计监督、加强对国有和国家控股企业的审计监督、加强重点资金和建设项目的审计等。《现代企业制度与审计发展》从五个方面深刻揭示了现代企业制度与审计的密切关系，从特别的视角给予审计更新的认识；《试论股份制企业审计》从股份制企业设立的审计和股份制企业运作审计两大方面详细阐述了股份制审计的对象、内容、范围、方法等，对广大审计人员如何适应形势发展的要求，如何开展对股份制企业的审计监督、规范企业股份制改造和股份制企业运作、维护国家财经纪律、促进国有资产保值增值有较高的指导意义。

【黑龙江省审计科研所】2000年，按照全国审计科研会议的部署，结合本省审计中心工作，参照审计署科研所和中国审计学会确定的重点研究课题，确定了三个重点课题：一是深化国有企业审计研究；二是党政机关和国有企业领导干部任期经济责任审计的意义和作用；三是财政支出效益审计研究。

为此，省审计科研所与13个市（地）审计学会、厅有关业务处室联合组成了三个课题组，撰写了《关于当前深化企业审计的定位思考》、《浅议财政支出效益审计》、《论经济责任审计》3篇论文，已呈报审计署科研所和中国审计学会。其中，《关于当前深化企业审计的定位思考》一文参加了中国审计学会在长沙召开的全国审计理论研讨会。

在科研工作中，注意科研成果的转化，2000年编辑出版了《审计理论焦点辨析》一书。该书收集了全省1998年以来优秀审计论文132篇，内容包括审计基本理论、技术方法、调查报告、经验交流以及审计中发现的问题及解决对策等，从多层次、多侧面反映了全省审计工作中遇到的热点、难点、重点问题，具有较强的现实性和实用性，促进了全省审计理论研究不断向深层次、高水平方向发展。该书43万字，由黑龙江人民出版社出版。

【浙江省审计科研所】2000年浙江省审计厅组织并进行研究的审计科研成果主要有：

1、县级财政审计研究

县级财政审计研究的提出是因为财政审计是国家审计的重中之重，县级财政审计又是整个财政审计的基础，只有县级财政审计工作到位了，责任落实了，才能使整个财政同级审工作提高一个层次，上一个台阶。但现实是县级财政同级审几年下来，由开始时的轰轰烈烈，慢慢地变成了不冷不热，有的同志甚至产生了厌战心理，认为年年搞，年年老一套。冷静地思考一下，确实存在不少问题，严重制约工作的深入，需要通过科研，寻找出解决问题的对策和思路。在深入研究的基础上，省厅制定了《浙江省审计厅关于深化县级财政审计的若干意见》，对财政审计的实践起到了较好的指导作用。这一课题被浙江省社联列为1999年度重点课题。

2、参与《中国审计行政管理》框架研究

根据审计署党组提出的“先研究后出书”的精神，浙江省审计厅参与了此书的撰写，对其中的有关问题进行了深入的研究，先后参加了三次该课题的全国研讨会。

3、编写出版《环境审计》一书

《环境审计》一书是在1997年环境审计研究课题的基础上，在省厅党组的精心部署下，对环境审计问题进一步深入研究和探索的成果。目前该书已出版，全书共分12章，全面系统地论述了有关环境审计的理论和实践问题，在环境审计理论和实践中具有一定的开创性、超前性和学术性。

4、审计在国有企业改革和发展中的作用研究

此课题是2000年中国审计学会重点研究课题之一，浙江、安徽、江西、青岛三省一市的审计学会共同组成课题组，浙江为组长。经课题组通力合作，形成了《审计在国有企业改革和发展中若干问题的思考》一文，该文就当前国有企业改革状况和发展趋势、国企改革审计工作面临的新情况、新特征以及审计在国有企业改革和发展中的作用等问题进行了分析和探索。

5、审计文化研究

研究审计文化，是省厅党组根据建设具有中国特色社会主义现代化文化总任务的要求和浙江省建设文化大省的统一安排、部署，从审计工作当前面临的新形势、新任务、新特点和新的发展趋势所作的一项重大决策，也是贯彻落实江总书记“三个代表”重要思想的重要体现。该课题是浙江省厅重点研究的课题之一。课题由审计文化的内涵及其特征、审计文化与审计实践的辩证关系、审计文化的主要内容体系和以“三个代表”为指导构建审计文化四个部分组成。有关审计文化方面的问题今后还要继续作深入的研究。这个课题开创了审计系统研究审计文化的先河，已初步引起了高校、科研机构的重视。

6、加入WTO对我国审计的影响及对策研究

这是审计署的全国协作课题。加入WTO是我国深化改革、扩大开放和建立社会主义市场经济体制的内在要求，是我国经济发展的需要。对经济的影响必然要改变我国审计的走向，审计从观念、制度到人才、技术如何应对加入WTO后的现实，是该课题研究的重点。成果为《WTO对我国审计的影响及对策》一文。

7、知识经济与现代审计研究

这是审计署的全国协作课题。经课题组精心研究，形成了《网络经济时空观下的审计创新》一文，对网络经济的兴起与知识经济、网络经济时空观下的会计创新、审计创新等几方面问题进行了研究。

8、经济体制改革过程中审计监督的基本特点和重点

经济体制的转变，给审计事业的发展带来了机遇，同时使审计工作面临新的挑战，审计工作必须适应新形势下的发展趋势，适应审计环境的变化，正确认识经济体制改革过程中审计监督的特点和重点，是开展审计工作的前提。课题以此为研究切入点，对有关问题进行了分析和探讨，形成了《经济体制改革过程中审计监督的基本特点和重点》一文。

【福建省审计科研所】2000年福建省审计科研成果主要项目是单行书《福建省志·审计志》。

《福建省志·审计志》是福建省志的专业分志，也是福建省第一部审计专业志书。该项目于1991年开始动议并着手前期基础工作，1996年9月起进入全面编撰、审定出书阶段。福建省审计厅成立专门的编委会，由科研所具体负责组织、部分撰写、全书编辑、总纂、修改等工作。全书37.5万字，于2000年10月由方志出版社出版。

该书编纂内容起讫时间上限始于民国时期，下限至1995年。全书分三篇十章一附录，采用详今略古、突出实务的写作原则，以改革开放后的审计史实尤其是审计实务为主体，记述了福建省自民国以来审计事业发展的历史和现状。

“概述”部分综述了福建省审计工作的历史沿革、发展阶段，勾勒了各专业审计全貌，表述重点特征，反映发展规律，使读者对审计事业的发展线索有大体上的了解。

第一篇为“机构”篇，分述“政府审计机构”和“内部审计与社会审计机构”，包括省级审计机构和地市县审计机构。重点反映了自民国时期以来审计机构设置、变化情

况。

第二篇为“实务”篇，是全书浓墨重彩的一个篇章。本篇用大量史实详细深入地介绍了新时期福建省审计机关组建以来财政审计、金融审计、工交商企业审计、外经外贸审计、行政事业审计、固定资产投资审计、农林水审计、中央属单位审计的开展情况和发展情况，同时兼顾介绍内部审计和社会审计实务开展、发展情况。

第三篇为“科研与管理”篇。较为翔实地介绍了1984年福建省审计机关成立后，在队伍建设、档案与信息管理、计划管理、法制建设、内部审计与社会审计业务管理、科研六方面工作开展情况及取得的成就。

“附录”部分收编了大事年表、福建省审计厅重要业务文件等一些资料。

【江西省审计科研所】2000年重要科研成果共5项，主要有：1、中国审计史研究；2、审计在国有企业改革和发展中作用的研究；3、经济责任审计研究；4、睁开审计的“第三只眼”——试述从审计实践中注意发现大案要案研究；5、国家审计监督在国家宏观调控中作用的研究。

《中国审计史研究》课题根据研究大纲的要求，现正在阶段性实施中，研究人员通过搜集大量的资料，如苏区审计创立的历史背景以及创建审计工作条例、审计规范内容等从而对研究中国审计史提供很有价值的素材。《审计在国有企业改革和发展中作用的研究》这一课题主要研究了对国有企业改革和发展的现状及趋势；对股份制企业进行国家审计的必要性；国家审计对股份制企业的作用；股份制企业审计中存在的问题及对策等。《经济责任审计研究》主要研究了经济责任审计与常规审计的联系与区别；经济责任审计的评价体系和审计标准；经济责任审计的实务操作技术方法等。《睁开审计的“第三只眼”——试述从审计实践中发现大案要案线索研究》主要阐述了提高认识转变观念树立案件意识；重点关注会计资料中的异常情况；注意从中发现大案要案；从账户人手，清查资金来源，追踪资金去向把外部线索作为审计重点；该论文列举了突出案例，充分说明审计实践中能发现许多发人深思的问题。《审计监督在国家宏观调控中作用的研究》该论文从提高认识不断增强为国家宏观调控服务的自觉性；到认清现状增强进一步加强改进审计工作的针对性和着眼改革确保审计为宏观调控服务的有效性，在理论上列举了许多论点、论据有着深刻的思想内涵和具有深远的指导意义。

【河南省审计科研所】共完成9项审计科研课题，其中荣获省级优秀成果奖一等奖3个，二等奖3个，三等奖2个。在省级以上刊物发表审计论文8篇。所完成的课题有：

1、“我国审计体制改革的探索”获省审计厅优秀成果一等奖，并分别在《重庆审计》及《中州审计》刊物上发表。

2、“河南省国有企业债转股风险防范问题研究”获省审计厅优秀成果一等奖，并获省社联优秀调研成果一等奖，省实用社会科学优秀成果二等奖。该课题属省社科联立项项目。

3、“建立有效的国有资产管理、监督和营运机制的研究”获省实用社会科学优秀成果一等奖。该课题属国家社科规划办立项资助项目。

4、“知识经济对审计工作的影响及对策”获省审计厅优秀成果二等奖，在《安徽审计》刊物发表，在全国召开的“知识经济与现代审计”研讨会进行交流，并在中国审计出版社出版的《知识经济与现代审计论文集》一书中全文发表。

5、“加入WTO对审计工作的影响及对策”获省审计厅优秀成果二等奖。

6、“当前防范审计风险的对策”获省审计厅优秀成果三等奖。

7、“党政领导干部经济责任审计”获省审计厅优秀成果三等奖。

8、“深化国有企业审计研究”获省审计厅优秀成果三等奖。

9、“企业真实性审计软件开发研究”，属省科委立项资助项目。

2000年出版《审计理论与实践》论文集一部，由河南人民出版社出版，全书40余万字。以上所完成的9项课题均在该著作中全文发表。

【湖北省审计科研所】一、全省审计科研成果概况

2000年，湖北省审计科研所和湖北省审计学会动员、组织全省审计干部围绕着署科研所、中国审计学会和湖北省重点审计科研计划，广泛地开展了审计理论和审计实践方面的研究。共撰写有一定价值的论文200余篇。其中在全国性刊物发表的三十余篇，在省级刊物发表的六十余篇。2000年底，湖北省审计厅还组织了全省优秀审计论文评选活动，经各地、市推荐参评论文61篇，评选出一等奖三项，二等奖六项，三等奖十五项，其中《股份制企业审计的特点内容及方法》、《强化对“一把手”的审计监督》、《依法审计监督，服务西部开发》三篇文章获一等奖。

二、重点审计科研成果介绍

（一）经济责任审计研究

中央“两办”通知下发后，各级党委、政府对领导干部经济责任审计十分重视，并提出了具体要求。湖北省从1998年开始，连续三年对此问题，组织了大规模的研讨活动，并起草了《湖北省经济责任审计暂

行办法》和《党政领导干部、国有企业领导人员经济责任审计操作指南》。2000年，科研所在"操作指南"的基础上，出版了《经济责任审计》专著。该项研究成果，系统地阐述了经济责任审计的基本理论、技术方法，按照经济责任审计的规律，全面介绍了经济责任审计的操作程序和实施要点，针对不同层面的党政领导干部和企业领导人员的职责，拟出了相应的审计工作内容、重点和评价指标，该项成果还就经济责任审计的评价、审计报告和审计结果报告的撰写、审定以及审计处理等问题进行了详细的论述，并作出了符合实际的规范。该专著已向全国公开发行。

（二）审计在查处经济大要案中的作用研究

根据朱镕基总理的指示，1999年和2000年全国审计机关在查处经济领域的大案、要案方面加大了力度，湖北省审计科研所根据审计实践的要求，按照署科研所的布置，对此问题动员了全省的力量进行了专题研究，并于2000年10月份形成了20万字的《经济大要案审计问答》专著。该书用200问系统地解答了审计机关查处经济大要案的理论问题、以及查处经济大要案的法律依据、如何认定经济大要案、查处经济大要案的方法技巧、审计处理适用法律、法规等问题。该书对指导审计机关发现经济大要案线索，认识经济大要案的发生机理，掌握查处经济大要案的方法、技巧，熟悉相关法律、法规等起到了积极的作用。该书发行后，获得了审计实务界的广泛好评。

【广西壮族自治区审计厅科研所】2000年主要做了两项工作，一是遴选1998年—2000年在《广西审计》期刊上发表的百余篇论文，编纂了《广西审计论文集》（第三集）；二是负责组织和承担了4项科研课题研究，收到论文30多篇，其成果集中反映在《广西审计》杂志上。

（1）"知识经济与现代审计发展研究"，其代表论文有《知识经济与审计机关"人、法、技"建设》（《广西审计》2000/4，P35～36），认为正确认识知识经济必将推动审计工作的发展，审计机关必须切实抓好"人、法、技"建设，提高审计工作为经济建设服务的本领。

（2）"党政机关和国有企业领导干部任期经济责任审计的意义和作用研究"，其代表论文有《认真做好领导干部经济责任审计工作》（《广西审计》2000/1，P4～5）和《浅议党政机关和国有企业领导干部任期经济责任审计的意义和作用》（《广西审计》2000/6，P29～30）等，认为领导干部经济责任审计适应了依法行政、廉洁从政的需要，适应了干部管理体制改革的需要，是提高领导干部理财能力的需要，是依法治国反腐倡廉的重要措施，是提高干部经济管理能力的重要方法，也是保护和扩大改革开放成果的战略决策。

（3）"健全和完善适合我国国情的审计制度研究"，其代表论文有《企业破产审计研究》（《广西审计》2000/4，P4～7）、《略论预算改革与财政审计》（《广西审计》2000/6，P4～6）。前文认为，开展企业破产审计是保证企业破产制度健康实施的必要条件，是保护债权人和债务人合法权益的重要措施，有助于明确企业破产的主要原因和责任，为破产责任的追究提供依据；还具体论述了宣告企业破产前审计和清算工作结束前审计的目标、内容和方法。后者认为在推进财政改革中，要同时推进审计的改革，审计机关有必要对财政预算体制改革中的新情况、新特点加以学习、了解和研究，做到"财政资金流到哪里，我们就审计到哪里"；预算改革后，审计机关要转变观念、找准财政审计工作的切入点和实行部门决算审签制度，要在着力审查国库账户支出的合理性和真实性的同时加大对政府采购机构财务收支的审计力度，加大对大额资金的走向和国债资金的审计力度。

（4）"西部大开发对审计工作的影响及对策研究"，其代表论文有《改善审计监督服务西部开发》（《广西审计》2000/5，P22～23）、《审计工作为西部大开发服务的几点思考》（《广西审计》2000/5，P29～30）、《对实施西部大开发战略的再认识——兼论西部大开发与审计监督的关系》（《广西审计》2000/6，P7～11）等，论述了西部大开发的背景、理论依据、意义和作用，提出了广西实施大开发战略的思路，并认为西部大开发给审计工作提出了新的、更高的要求，审计机关和审计人员要正确认识当前审计工作面临的新形势、新任务，立足本地区实际，调整工作思路，进一步解放思想，更新观念，积极发挥审计职能和专业优势，树立审计工作要为西部大开发战略服务的大局意识和历史使命感，以西部大开发的总体部署和要求来指导审计工作，从源头上管好投入西部大开发的资金，充分发挥审计在大开发中的卫士作用。

【青海省审计科研培训所】2000年初，省厅拟定审计科研课题十项，下发各州、地、市审计局，要求全省审计人员共同参与，结合各自审计实践自选课题或自拟相关题目，研究撰写。至12月10日，共计征集论文125篇。其中：省厅各处5篇；科研培训所自研6篇；西宁市审计局85篇；海东行署审计局11篇；其余各州审计局共计18篇。经初选，66篇论文入围，经《青海审计》编辑部审稿后刊用了26篇。通过上述工作，较好地激发了广大审计人员做学者型审计工作者的积极性，提高了审计人员进行理论探索、总结实践经验的能力，科研活动开展得较为活跃。

2000年安排的十项课题主要是：社会主义市场经济条件下应建立怎样的经济监督制度；如何在新形势下提高审计干部队伍素质；全面审计与注意发现大案要案线索的关系；充分利用审计成果更好的发挥审计监督作用；领导干部任期经济责任审计；财政审计与各专项审计相结合等。

【审计署计算机技术中心】 2000年，审计署计算机技术中心编制40名（中央编委确定），在编人员13人。设3个职能处：信息系统处、软件开发处、技术推广处（兼办公室）。

领导成员

主　任：王智玉

副主任：李进建

信息化办公室主任：周德铭（兼办公厅副主任）

2000年是审计系统计算机开发应用取得重大成果的一年。党中央科教兴国战略在审计系统得到进一步落实，各级审计机关继续贯彻审计署党组关于加强"人、法、技"建设的要求，加快了计算机技术在审计领域开发应用的步伐。计算机技术中心在署领导的关心和分管审计长的直接指导下，全面地完成了当年工作任务，取得了较好的成绩。

（一）成立了信息化建设领导小组办公室，草拟了《审计信息化建设项目建议书》。

1999年底，《审计信息化系统建设规划》上报国务院后，应国务院秘书局的要求，署计算机技术中心报送了征求国家计委、财政部、信息产业部对《规划》的意见材料。2000年4月6日，国务委员王忠禹批示由国家计委牵头组织论证并落实投资渠道。

署党组对信息化建设规划的实施工作十分重视，成立了以李金华审计长为组长、由主管副审计长和署有关职能司局、计算机技术中心主要负责同志为成员的审计署信息化建设领导小组。计算机技术中心按照署领导的要求，在有关单位的大力支持下，从全署范围内选调了精干的工作人员，于6月30日组建了署信息化建设办公室。信息办成立后立即开展工作，与国家计委、财政部等有关部委取得联系，协调落实信息化建设项目的立项评估和启动资金的申请，按照国家计委的要求，完成了《审计信息化系统项目建议书》（初稿），并于8月分别组织审计系统内外部专家座谈会，对《项目建议书》进行修改。9月16日，聘请国务院信息办专家组组长、中科院资深院士叶培大先生等11位专家，对《项目建议书》进行评审，专家予以很高评价。9月22日经署领导批准的《审计信息化系统项目建议书》正式报国家计委。

9月30日，国务院秘书二局将审计署信息化建设进展情况向国务院领导作了汇报，认为，审计署《项目建议书》按照不重复建设、经济实用、资源共享的原则编写，体现了朱镕基总理关于信息化工作的指示精神。9月30日和10月2日，王忠禹国务委员、朱镕基总理先后在该件上批示要求"抓紧进行"。12月26日，朱镕基总理对审计信息化建设作出了重要指示：审计信息化是国家信息化建设的一个重要组成部分，对推动审计事业发展具有重要意义，审计署提出的信息化建设的意见，我完全赞成，应该马上搞起来。

（二）审计软件的开发研制、维护升级、推广试用取得新的进展。

在署内各业务司局协助下，软件开发工作取得了新的进展，主要有以下3个方面：

1、五个新软件投入试用、使用。

1999年底开始研制的《中央部门预算执行情况审计软件》，是为审计署派出审计局办理预算执行审计业务专门开发的软件。署领导对这个软件的开发十分关心，派出审计局的同志也寄以厚望。计算机技术中心在2000年初完成了软件的第1版，对20多个派出局的30名同志进行集中培训后，软件试用工作全面展开。5月在总结各派出审计局试用情况的基础上，新增加了科目余额表的生成、资产负债表的自动生成功能；在数据的引入、转换等方面也进行了较大的调整。改版于8月底基本就绪，经过3批60多人次的培训之后，9月在各派出审计局全面投入使用。计算机技术中心的有关技术人员对使用情况进行了跟踪，现场解决问题，提供技术支持。12月，根据2001年实行决算审签的需要，计算机技术中心和署行政事业司进一步研究了将软件中的大财务审计部分进行升级的问题，召开有关会议进行了初步研究。

《外资审计项目管理软件》是为适应审计机关对世界银行、亚洲银行等外资贷援款项目审计管理的需要而开发的，其目的是加强审计项目管理，使审计机关拥有完整的外资项目信息资源，为各级审计机关的领导及时了解外资审计的情况，进而作出科学决策提供条件。2000年初计算机技术中心完成《外资审计管理平台》的软件开发和基础数据整理，组织3个特派办、7个省级审计机关进行了测试。年内举办了3期特派办和省级审计机关外资业务部门人员参加的培训班，使软件在全国省级审计机关、16个特派办推广应用。通过1年来的边测试应用、边修改完善，计算机技术中心根据各地审计人员反馈的意见，对全部源代码进行了改写，进一步完善了署级、省级两个版本。

《外资审计作业管理软件》是根据世界银行贷款项目审计制作指南为蓝本开发的，软件的主要作用是将以前的手工审计过程按指南的要求在计算机上实现，给予审计人员以现场指导。审计人员根据审计组长分配的审计任务，运用软件在各自的计算机上完成工作底稿，通过软盘传递给审计组长，由审计组长负责汇总工作底稿并形成项目审计结果台账报出，为外资审计项目管理软件提供审计成果数据。计算机技术中心于6月开始组织需求的编写、需求分析、总体及详细设计、编程测试等，9月在郑州特派办和黑龙江省审计厅的支持下，结合两个亚行贷款审计项目，举办了两期培训班，完成《外资审计作业管理软件》的以审代培、数据测试。软件已正式交付外资司使用。

《人事管理软件》是署人事教育司、郑州特派办和计算机技术中心联合开发的。该软件将审计干部的人事信息分为14个大类，共240多个可以检索的细项，供人事部门和审计机关的领导使用。6月计算机技术中心协助署人教司进行了人事数据的录入，软件在署内开始试用。

《档案管理软件》是署办公厅、郑州特派办和计算机技术中心联合开发的。该软件将作为辅助办公系统的组成部分。8月在署办公厅档案处进行了安装试用。

2、两个新开工软件已经基本完成。

《外事管理软件》是根据审计署外事工作的需要开发的。审计署成立17年来，与世界上近百个国家建立了联系和交往，急需建立数据库将有关信息资料管理起来，同时为今后的外事工作提供信息咨询服务。应署外事司的要求，7月底计算机技术中心与外事司共同研究了项目需求，进行了需求分析，随后进入总体及详细设计、程序编写。12月完成测试版，外事司以3个来访团组、3个出访团组的实际资料为样本，进行资料输入、查询、检索、测试，以便进一步完善。

《辅助办公系统公文起草签批部分》是辅助办公系统的组成部分，它与已投入运行的公文传阅部分、档案管理部分一起，构成公文运转的无纸化流程。8月计算机技术中心与署办公厅、法规司共同研究了项目需求，进行了项目分析，9月起开始总体及详细设计，编写程序。年底，软件基本完成，需待机关办公大楼维修工程完工后上网调试。

3、完善维护以前年度投入使用、试用的软件。

《企业审计信息系统》是根据署领导关于建立企业审计数据库的思路而研制开发的。2000年，江苏省、黑龙江省审计系统、新疆建设兵团审计局等单位进行了大面积推广应用，从各地反馈的信息看，该软件设计思路正确、明晰，代表了审计工作向规范化发展的方向，有利于加强审计基础工作，提高审计工作质量，降低审计风险，提高工作效率。9月中澳项目组由澳大利亚回国，编写了《企业财务审计指南》，根据有关计划，将继续与澳大利亚合作，以指南为蓝本，在《企业审计信息系统》的基础上开发《程序导向式企业审计作业软件》。

《财政总预算会计辅助审计软件》是黑龙江省审计厅、哈尔滨市审计局、署财政司和计算机技术中心联合开发的。2000年1月根据试用反馈的意见，对原有版本进行了修改完善。随后，计算机技术中心和黑龙江省审计厅在哈尔滨市举办了培训班，署财政司推荐的河南、广东、湖北、海南、黑龙江、辽宁沈阳等6个审计厅局财政审计处的同志参加了学习，并且在2000年的财政决算审计中不同程度使用了该软件。事后计算机技术中心收集了使用情况，多数地方反映，运用软件后审计工作效率有了较大提高，拓展了财政审计深度和广度，对指导和规范财政审计有促进作用，对培养复合型人才，促进机关计算机工作的发展也有积极作用。

《地税辅助审计软件》是计算机技术中心于1997年在署财政司的支持下，根据地方税务机关建立了较完善的税务征收网络、税务资料电子化的实际情况开发的。该软件主要应用于省、市、县三级地方审计机关进行本级财政审计工作，对电子数据的审计范围基本涵盖了税收征收管理的全过程。2000年计算机技术中心组织有关人员对原版软件进行了进一步完善。

《常用财经审计法规检索系统》是审计系统使用面最大、用户最多的软件，其中央级数据库已达3.5万多篇，约9600万汉字。2000年中心继续维护、充实法规数据库，新增内容100万汉字，为部分老客户进行了数据更新。

（三）配合办公楼维修，对署机关局域网络进行改造，新版因特网站开通运行。

2000年署机关办公大楼进行维修，计算机技术中心配合机关服务局，负责提出网络布线安排意见，制定了网络综合布线系统设计方案，对设计进行了审查，制作了标书。6月配合署基建办，组织有关专家进行评审、询标，调查走访了投标公司，并实地考察了部分投标公司承建的工程质量，综合各方面因素合理确定了中标公司，为保证工程质量，降低施工费用打下了基础。10月，计算机技术中心提出了署计算机房的改造方案，在保证审计署互联网站和审计署远程网站开通运转的状态下，协助基建办和施工单位进行计算机机房改造的施工，年底基本竣工。在机关搬出办公楼时，草拟了机关搬迁时有关计算机的注意事项，提出安全搬迁的要求；搬迁完毕后对双榆树、华审宾馆办公区的计算机设备进行了巡回维护检查。

审计署的内部网络经过改造之后，将形成与全国审计信息系统网络枢纽地位相适应的较为完善的物理网络。审计署网络由署机关局域网、专用网和因特网等3套互相独立、物理隔离的子网组成，署机关局域网通过路由器电话拨号方式与各省、自治区、直辖市审计机关、各特派员办事处的远程站联接，构成广域网。整个网络以署计算机机房为中心，设置1台12端口千兆交换机，通过6芯多模光纤1000兆与各楼层的二级交换机相连接，10兆、100兆自适应输出到工作人员桌面。全楼有近2800多个信息点，是办公楼改造前的两倍。改造后的网络，将给机关工作人员带来极大的便利，除机关辅助办公系统、常用财经审计法规检索系统继续在网上运行之外，还给国家的金融、商业、经贸等宏观经济信息的加载运行提供了条件。

审计署因特网站建成于1999年8月，但由于建成后维护不力，起到的作用不大。为贯彻中央关于加强因特网宣传的指示精神，适应国内外舆论宣传的需要，根据署领导的指示，计算机技术中心对原来的网站进行了改进和完善。2000年初计算机技术中心按照简洁、庄重、严肃的原则，设计了新的网页，组织编写了程序，7月中旬向署领导和办公厅做了演示，得到了署领导的充分肯定。9月14日审计署因特网站（新版）正式开通仪式在北京华审宾馆举行，首都各大新闻单位到场采访。李金华审计长就搞好网站发表了重要讲话。《人民日报》、《经济日报》等各大报刊对审计署网站开通做了报导。新浪、搜狐、新华网、人民网、中央电视台网站、中国新闻网、中国人等各大网站纷纷进行专题报道并转发了审计署网站的新闻。网站开通3天，即有4500人访问了审计署网站，20余人利用网站向审计署举报违反财经法规的人和事，对审计工作提出了建议。网站运行后，计算机技术中心为审计署工作人员建立了300多个个人电子信箱，制作了实现网络安全监控和流量统计的软件。

（四）开拓创新，参与计算机辅助审计取得初步成效。

2000年计算机技术中心参与了审计署金融司组织的对农业银行的审计，标志着中心的工作又迈出了实质性的一步——参与计算机辅助审计。

2000年度的农业银行审计由署金融司和14个特派员办事处完成。署领导要求参加项目的单位全面使用计算机进行审计，并要求开发一个适用的软件。计算机技术中心吸收了一些优秀审计软件的长处，在沈阳特派办和沈阳软件发展公司联合开发的《通用审计系统》的基础上，开发适用农行审计的专用版。该软件在解决农业银行报表、对公、储蓄、国际业务、信用卡、信贷咨询管理等6个系统数据转换的基础上，将辅助审计人员完成四级报表的审核及账表的核对，存款利率审计，部分上机单位利息收入审计，金融机构内部开户的审计，自办经济实体贷款审计，为审计人员提供总账分户账和部分流水账、五类贷款清分台账。软件具有模拟手工审计功能，可以把银行复杂的、难以看懂的电子数据，转换成普通审计人员能看懂、能使用，类似于纸质账表的格式；可以对大量数据进行查询、排序、计算、统计；可以进行对方科目专用查询、对应科目统计分析等。同时软件在审计中可以记录、引入优秀审计人员的审计过程，不断完善强化系统审计业务支持的功能，软件使用的时间越长，用的人越多，积累的审计经验就越丰富。

鉴于审计人员是第一次全面运用计算机进行审计，计算机技术中心在金融司的支持下，采取以审代训的方式举行了4次计算机审计实务培训，其内容分别是了解农行审计的内容、农行计算机系统情况、培训解决数据转换的骨干和教员、培训各特派办计算机审计的骨干、推广广州特派办在审计中的好做法。这些培训累计时间达60天左右，培训近150人次。

中心在有关单位的支持下，成立了由审计人员和计算机人员组成的指导组，解决了多种硬件环境下的十几种应用平台的系统分析和数据结构文档的分析，设计出长达146页的数据转换方案，对数据转换的安全控制、技术方法等都一一做出了规定。审计前各特派办就成功地转换了两万兆数据。此间，金融司、中心、各特派办积极配合，发扬拚搏精神，加班加点，克服困难，较好地完成了前期准备，为农行计算机审计打下良好的基础。

计算机在农行审计中发挥了很好的作用。据统计，通过计算机发现线索查出的问题100多条，涉及金额130多亿元，占全部违纪违规金额的近50%，其中小金库、违规经营占查出该类问题金额的70%。审计署广州特派办在对中国农业银行广东省分行营业部审计中，利用这个软件，发现广东省全程实业发展公司等14家关联企业和单位，从该营业部所属的环市、城南等9个支行，骗取银行贷款3亿元。审计署为此编发的《审计要情》上报国务院后，国务院领导同志作了批示，公安部门迅速采取行动，犯罪嫌疑人已被抓捕归案。

（五）成功举办计算机软件开发应用怀柔演示会和南京计算机开发应用成果展示会。

1、计算机软件开发应用怀柔演示会。

根据署领导关于各项工作要首先抓好署机关和特派办的一贯思想，为抓好计算机软件的应用、避免重复开发，计算机技术中心向署领导建议，召开计算机软件开发应用演示汇报会，拟请各特派员办事处分管计算机工作的领导和1名助手参加，汇报并演示各自应用的计算机软件及取得的成果，演示自行开发研制的软件。为此，计算机技术中心起草了《关于召开计算机软件开发应用演示汇报会的请示》，得到署领导批准。署党组对于这次演示会非常重视，李金华审计长会前指出：希望这次会能开得很好，开得很有成效，能够起到交流经验、取长补短的作用，能够促进各个特派办和各个业务司计算机应用水平向前迈进一大步。

6月11日至13日，在署办公厅配合下，审计软件演示汇报会在怀柔培训基地举办。刘家义、董大胜副审计长和16个特派办、署机关业务司的主要领导同志观看了演示。共有21个软件参加汇报演示，其中计算机技术中心开发的有7个，占1/3。会前，计算机技术中心为演示汇报会做了详尽的准备工作，除提供全面技术支持以外，还草拟了评议标准，提出了由司局领导、青年审计专家、计算机专业人员组成的评议组名单。对将要演示汇报的中央预算执行审计、企业审计、外资项目管理、地税辅助审计、通用审计农行专用版、财经法规检索系统、外资项目管理、辅助办公系统等7个软件，计算机技术中心于事前专门组织了预演，制作了幻灯片，取得了较好的演示效果。

演示结束后，14位评议组成员对软件进行了评议，他们充分肯定了1年多以来署机关和特派办软件开发取得的显著成效，认为这些软件在一定程度上适应了审计业务第一线和审计机关加强管理的需要，发挥了很好的作用，并提出了下一步软件开发的建议。会后，审计署办公厅印发了《关于加大审计软件推广力度有关问题的通知》，计算机技术中心演示的7个软件均被列入“比较成熟、应当尽快推广使用”的范围。

2、南京计算机开发应用成果展示会。

上半年，李金华审计长考察了江苏省和南京特派办的计算机应用情况之后，提出要在下半年在南京召开会议，交流审计系统计算机开发应用方面的经验，展示成果。计算机技术中心与署办公厅、机关服务局一起进行了紧张的筹备。

11月15日，全国审计系统计算机开发应用成果展示会在南京审计学院开幕。翟熙贵副审计长致开幕词，江苏省领导、南京市领导和南京审计学院领导分别致词。各省、自治区、直辖市审计厅局、各特派员办事处、审计署机关各司局、各派出审计局的主要负责同志参加了展示会。刘家义副审计长在大会上介绍了审计信息化建设的情况，国务院信息化专家组成员沈青华介绍了现代信息技术的发展情况及对建立预算跟踪加联网核查模式的建议，李金华审计长作《认清形势，提高认识，进一步加强审计机关信息化建设》的重要报告。全国14个特派员办事处、19个省、自治区，直辖市审计厅局、南京审计学院和计算机技术中心参加成果展览的展出。南京特派办、江苏省审计厅、南京审计学院和计算机技术中心设立了展室，其它参展单位设立了展台。共展出展板370多块，介绍各单位自行开发的软件95个，应用的软件200多个。展示结束时刘家义副审计长做总结报告，对传达贯彻展示会精神提出了具体要求。

计算机技术中心在中国审计报的支持下，负责全部展览的展务工作和展览的总体设计，制作展览展头和展尾。计算机技术中心展区共制作了41块展板，介绍近几年计算机技术中心工作概况、审计署的网络建设和中心开发研制的9个软件；有8部电脑幻灯片在现场演示，电视记录片《背负着审计人员的期望》在现场放映；现场散发宣传页27000份。在经验交流大会上，计算机技术中心作题为《全面履行职责，搞好审计信息化建设》的发言。

审计系统2000多人参观了展览。参加展出和观看的同志感到有四个没想到：一是没想到有这么多成果，两三年的时间审计系统的计算机开发应用发展速度快，成效大，说明署领导抓得好，各地审计机关贯彻得好；二是没想到审计人员也能办出有声有色、使人赏心悦目的声、光、电技术综合运用的展览，说明近几年审计信息化建设确实有了一定的进展；三是没想到审计机关参展的积极性这么高，省级审计机关参加展览的占70%，云南、新疆等边远省区审计厅设立了展台。北京、天津和江苏周边省份的地市级审计机关派人参观；四是没想到未参加展览的单位会感到压力这么大，河北等省市表示要把压力变为动力。

署领导对展示会给予了高度评价，称展示活动集中地反映了全国审计系统计算机技术开发应用的总体情况，是开发应用成果的一次集中检阅，也是加快审计信息化建设的总动员。李金华审计长说：“展示活动搞得比较成功，对审计系统来说是一次检阅，一次竞赛，一次学习，一次促进。展示不仅是审计信息化成果的展示，更主要的是我们整个审计系统广大干部精神风貌的一次展示，在这么短的时间，就审计系统来说，搞出这样水平的展示，我觉得很不容易，这是我们很多单位对这次展示高度重视的结果，反映了我们审计队伍良好的精神状态。经过这次展示，再过一两年我们审计机关的信息化建设将会有一个新的面貌。”

（六）继续组织全国审计系统计算机基础知识操作技能考试和信息化骨干培训。

2000年计算机技术中心继续实施审计署1997年制定的《审计机关计算机应用培训计划》，为加快实现80%的审计人员能够熟练使用计算机的目标，年内举行了5次初级知识技能水平考试，其中1月和12月的报名人数均超过7000人。到12月底，全国各级审计机关已有23900人通过了考试。2000年的考试组织工作已充分利用了审计署远程通讯网，加快了考试报名和考题分发工作的节奏，节约了资金，提高了效率。

2000年计算机中心继续与南京审计学院合作举办信息化审计骨干培训班，培养掌握一定的编程知识和数据库知识，能够在审计现场开发小型辅助审计软件的人才。全年举办两期，署机关和特派办有近100人参加了培训并通过了结业考试。审计人员通过培训开阔了使用计算机进行审计的思路，掌握了面对电算化会计账目进行审计的方法。在培训过程中南京审计学院的授课教师逐步积累了对在职人员的讲课经验。形成了适合审计人员需要的教学方法，课程安排也日趋完善。

另外，为解决部分省级审计机关和特派员办事处局域网建成后网络应用不多的实际情况，计算机技术中心还结合《机关辅助办公系统》软件的推广，开展了软件应用的培训。7月中旬举办了两期软件推广培训班，16个特派员办事处和23个省、自治区、直辖市审计厅局的80多名有关人员参加了培训，刘家义副审计长受署党组和李金华审计长的委托，亲临教室看望参加培训班的学员并作了重要讲话。

【审计署审计干部培训中心】（简称培训中心）2000年，在编人员28人，领导职数3名，设有办公室、培训处、教育处、电教处、国际合作处、考试处（考试中心）。

领导成员

主　任：陈　华

副主任：鲍国明

副局级审计员：杨彩霞

工作成果　2000年培训中心按照《审计干部培训工作发展纲要》和《2000－2002审计干部培训考试工作要点》及6个相关的具体实施计划的整体部署，在总结以往工作经验的基础上，通过开展全方位、多层次、多种组织形式、丰富多彩的教育培训活动，努力在全国审计系统中营造一种人人渴求、人人参与的学习氛围。培训中心坚持在职工中牢固树立为“人、法、技”建设服务的意识和争创一流的工作业绩的意识，从抓质量、重实效、精心组织安排等关键环节入手，克服人员少、标准高、时间紧、难度大等不利因素的影响，全面地、有条不紊地按计划完成了各项工作。

培训工作　年初干部培训中心下发了《关于提供2000年培训工作设想及意见的函》（审干培函［2000］003号），广泛征询各地审计机关对干部培训工作的意见和需求，中心领导亲自到一些重点地区考察调研，为制定培训工作计划进行了周密的准备。在培训工作中，培训中心首先重点抓好2期司（局）级干部培训班和3期处级干部培训班的组织实施和教学安排工作，共有司（局）级干部87人和处级干部136人参加了培训班的学习，培训班开设财税、金融、WTO知识、现代科技、行政管理学及思想政治工作等课程。审计署党组对培训班的教学工作非常重视，李金华审计长和刘家义、董大胜副审计长数次为参加司（局）级干部培训班或处级干部培训班的同志授课，其他受聘担任培训班授课工作的同志也基本是国内著名的资深专家或具有较高造诣的中青年学者。培训班结束前均采取论文与闭卷考试相结合的方式对学员的知识掌握情况和学习效果进行考查评估，所有参考人员都取得了较好的成绩。

为贯彻落实国家西部大开发的战略，根据审计署党组的指示，培训中心专门为西部12省（市、区）审计机关举办了两期科级干部培训班和一期“审计准则”培训班，共有193位来自西部地区审计机关的业务骨干接受了培训。

2000年培训中心与审计署法制司、外资运用审计司、金融审计司、固定资产投资审计司和各地方审计机关所属的培训中心合作举办了各种类型的专业审计培训班34期，参加学习的人员达2800余人。

全年共举办了4期英语强化培训班，来自审计署和各地方审计厅（局）的200名在职干部参加了学习，并在学习班结束后参加国家外专局组织的BFT全国统考，有90%的同志达到了BFT英语中、高级水平。

考试工作　培训中心根据审计署党组的要求，组织有关专家精心编写了《审计干部审计知识读本》、《审计干部经济知识读本》、《审计干部法律知识读本》和《审计干部现代科技知识读本》，并拟定了《审计机关全员岗位资格培训与考试工作方案》（审培发［2000］64号）和《审计机关全员岗位资格考试大纲》，并于11月11日统一组织实施了第一次全员岗位资格考试，后为配合审计署机关和派出审计局处级干部竞争上岗工作的开展，又于12月22日进行了全员岗位资格增补考试。共有来自审计署机关各驻京单位、各特派员办事处及江西、山西、甘肃、新疆、天津、深圳、新疆生产建设兵团等7个省（区、市）的地方审计厅（局）的6617人参加了这两次考试，其中有6533人通过了B级考试，合格率为98.73%，通过A级考试的有2344人，占A组加试题实考人数的43.14%。通过考试基本上达到了促进广大审计干部加强基础理论和基本知识的学习，重视自身素质提高的目的。

同时，培训中心还顺利组织了2000年度全国审计系统初、中级专业技术资格考试，据统计实际参考人数为11442人，其中通过初级审计师资格的有538人，通过审计师资格的有2349人。

对外交流与合作工作 培训中心通过各地推荐、择优选拔的办法，选派了20名业务骨干于当年4月赴加拿大马拉斯匹那大学进行为期11个月的审计、会计专业进修和实习，作为2000年“人、法、技”建设的重要项目，这是审计署在培养国际型审计人才方面进行的有益探索，为今后拓宽人才培养的渠道，建立新的、合理有效的智力引进机制积累了宝贵的经验。

2000年培训中心报请国家外专局审核、审批，共顺利执行了5项境外短期审计培训班计划，分别举办了赴德国的银行审计、公共支出审计、社会保险审计培训班，赴美国的经济责任审计培训班和赴澳大利亚的环保审计培训班，接受以上培训学习的117名学员中的绝大多数是各审计机关司、处级以上的业务骨干。

2000年培训中心与香港理工大学达成长期合作协议，当年即在全国审计系统中选拔了5名优秀专业人才进入该校攻读硕士研究生学位，并参加双方合作的研究项目。

2000年培训中心继续抓紧、抓好ACCA培训项目的各项工作，当年新增学员100余人，在6月份举行的全球统考中，四川省审计厅的姚勇同志取得了3科总成绩全球第一的优异成绩。来自审计系统内的10位参加98级ACCA学习的同志已于12月完成全部课程的学习并顺利通过最后课程的考试。

电教工作 2000年培训中心在配合署内各职能部门完成一系列专题音像资料制作工作的基础上，尝试拍摄制作了《1999年水利部预算执行审计案例》和《重庆丰都县三峡移民资金审计案例》两部电视教学片，这两部电教片在拍摄过程中均采取了模拟写实的手法，详细记录和诠释了各种审计技术和方法在实践中的灵活运用，深刻揭露出一些部门、单位和个人在财经违规、违纪和违法活动中带有隐蔽性、倾向性的典型特征。这两部教学片的拍摄完成，标志着干部培训中心的电教工作开始从制作传统模式的教学片逐步向生动灵活、形式多样、让在审计第一线辛勤工作的同志现身说法的多媒体模式转变。

【南京审计学院】 2000年，在校生人数4078人，教职工431人，其中专任教师222人（教授8人，副教授64人，讲师65人）。学院现有审计学系、会计学系、财政学系、金融学系、经济学系、管理学系、法学系、基础课教学部、体育教学部、教育技术中心和管理干部学院等教学机构；设有院办（含党办）、组织部（含统战部）、纪委办（含监察室、审计处）、团委、工会、宣传部、保卫处、老干办、人事处、教务处、科研处、学生处、图书馆、基建处、财务处、后勤办、后勤服务中心等处室。

领导成员

党委书记兼院长：易仁萍

副 院 长：李凤鸣　叶国英　乔春华

院长助理：张　进

实行省署共建体制 2000年5月12日，“江苏省人民政府、审计署共建南京审计学院协议书”签字仪式在南京审计学院举行。江苏省省长季允石、副省长王珉，审计署审计长李金华、副审计长董大胜及来自审计署和江苏省各级政府机关的有关领导同志出席了签字仪式。江苏省副省长王珉、审计署副审计长董大胜在共建协议书上签了字。

根据国务院办公厅的统一部署，南京审计学院于2000年2月划归江苏省人民政府管理，实行省署共建、以省为主的管理体制。按照“共建协议书”，共建后的南京审计学院实行独立办学，名称仍为“南京审计学院”，面向全国招生。审计署继续将南京审计学院作为审计干部培训基地。

基本建设 2000年，学院加大了对教学硬件的投入，8月18000平方米的新教学综合楼竣工并交付使用；完成了12个阶梯教室、3个CAI教室、2个语音室、3个学术报告厅的设备配置工作；配置了30个普通教室的投影仪、彩电、扩音器；对教学楼的音频及调频系统进行了改造及完成了综合教学楼音频系统的安装，以及新增150台计算机的配置联网等工作。教学仪器设备总值由1999年的1113万元增至2000万元，增幅高达100%。建设了计算机校园网，实现了教学综合楼、图书馆、电教楼、办公楼1600个结点的网络互连，桌面速率达到100M，为全院实现办公、教学的无纸化操作、及未来的远程教育提供了保障。

专业设置与学科建设 1、增设本科专业。经中华人民共和国教育部（教高函［2000］2号）批准，学院增设经济学、信息管理与信息系统2个本科专业，并设置目录外审计学本科专业。到目前为止，南京审计学院共设有审计学、会计学、金融学、经济学、管理学、法学、国际经济与贸易、工商管理、财务管理、信息管理与信息系统等10个本科专业。

在对原有专业实施改造的过程中，学院多次组织系部领导及专家组对各专业的教学计划进行专题研讨，使之更加符合人才培养目标及经济发展对人才知识结构的要求。同时建立了专业建设基金，重点支持各专业的调查研究、专题讨论、骨干教师短期培训、教材建设和软件开发。

2、设立电子商务实验室。6月8日，学院与美商网、上海净信咨询有限公司在宁签署协议，由美商网、上海净信咨询有限公司提供技术实践支持，在学院设立电子商务实验室，并成立国内首家高校与企业联办的电子商务应用人才培养基地。

美商网（MeetChina.com）是美国商务网和我国信息产业部电子信息中心共同合作投资建立的专门为中国企业提供网上贸易合作的电子商务网站。上海净信咨询有限公司是专门从事知识产权咨询、行业研究、企业研究管理培训的专业咨询公司。根据所签协议，美商网与上海净信咨询有限公司将定期提供电子商务技术及实际案例等软硬件资源，并派有关专家为学生授课。该院2000年9月已录取100名新生进入国际经济与贸易专业（电子商务方向）学习，该批学生将成为国内第一批电子商务专业管理人才。

3、开设审计学自考专业。为突出学院审计专业在全国的领先地位，进一步扩大为地方经济服务的范围，学院与江苏省自考办联系，申请开设审计学自学考试专业。在充分调查研究的基础上，经过专家论证，教育部批准，学院获得了审计学专业独立本科段自学考试主考学校的资格，从2001年起正式开考。

4、ACCA教育成果显著。10月18日，英国ACCA（英国特许公认会计师公会）行政总裁罗斯女士专程来南京审计学院，为学院97ACCA班学生宿辉同学颁发全球第一荣誉证书及奖金，表彰他在1999年末ACCA全球统考中，以93分的高分取得《税务概念》课全球第一名的好成绩。南京审计学院于1998年11月经ACCA英国总部授权批准，成立了江苏地区唯一的ACCA培训暨考试中心。这是该院为全面更新教学思想，转变教育观念，积极拓宽办学途径，培养具有国际水准的高层次注册会计师和审计师，将高等教育与国际教育相接轨的一种有益尝试。1999年末的全球统考中，南京审计学院学生总体成绩在全球300多个考点中名列前茅。

5、开展CIA资格考试辅导、培训工作。经国际内部审计师协会同意，中国内部审计学会批准，江苏省国际注册内部审计师（CIA）资格考试于11月16日至17日在南京审计学院举行。江苏省CIA资格辅导培训工作由南京审计学院管理干部学院负责进行。

国际注册内部审计师协会被称为审计业界的MBA，国际注册内部审计师（CIA）是目前国际审计领域唯一共同认证的职业资格，其证书被称为审计领域唯一“国际绿卡”。全部通过《内部审计程序》、《内部审计技术》、《管理控制和信息技术》、《审计环境》4门考试者，并具有两年及两年以上工作经历者，即可获得国际注册内部审计师资格。南京审计学院辅导培训分为集中辅导培训、双休日辅导培训和集中串讲3种。集中辅导培训，主要针对在校大学生举办；双休日辅导培训对在职人员举办。这是学院继ACCA教育之后又一拓宽人才培养途径的一项重要举措。

加强质量监控，深化教学改革

2000年学院办学规模扩大，课程数量急剧增加，教师课程负担明显加重，为保证教学质量，保证正常教学环节落实到位，学院提出了“加强专业改造、加强现代化教学手段的应用、加强教学方法的改革、加强创新人才培养”的总体思路，及时采取措施加强教学质量的适时监控。本着对学生负责的精神严把质量关，加强对青年教师的培养，组织教学督导组对新开课及开新课的教师以及上学期学生测评分较低的教师进行重点听课；建立了以各班学习委员为成员的动态教学信息反馈网，及时了解和解决教学中存在的问题；加强对教学规范和教学秩序的检查和督促，将有关信息及时反馈给有关系部、教研室主任，对学生反映较大的意见及时反馈给教师本人，由教务处提出建设性的改进意见。

在对课程体系实行监控的同时，各系部进行了从教学计划的修订、课程体系的优化到教学软件的开发和系列教材的编写等方面的工作。组织申报了省级优秀课程奖和教学成果奖，评审了该院第三届优秀教学成果奖。该院审计学原理课程首次获得省级一类优秀课程奖，实现了零的突破。

为扩大学生文化素质教育课程的选修面，学院在鼓励本校教师广泛开设文化素质教育选修课的基础上，聘请了南京大学中文系的教授、国际关系学院的军官、医科大学的教师、京剧院的艺术家及名牌高校艺术系的资深教授开设选修课程，受到学生的普遍欢迎。

本年度学生参加省级以上的竞赛取得了较好的成绩，获2000年全国大学生数学建模竞赛江苏赛区一、二、三等奖；获江苏省大学生第五届非理科专业数学竞赛一等奖2名，二等奖1名，三等奖10名；获省高校大学生语言文字知识竞赛分区二等奖。

科研成果 2000年学院获得省部级项目1项，获得厅局级项目13项。获得厅局级奖励二等奖、三等奖各1项。全年“九五”规划项目学院共结项6项，结项率为100%。全年共发表论文216篇，出版专著25部。

【中国审计出版社】

机构设置及其职责：

办公室：负责人事、文档、固定资产及日常事务管理。

总编室：负责书刊印制、书号、书刊质量及对外宣传等管理。

财务处：负责财务核算工作。

发行处：负责书刊征订、储运及发行工作。

编辑一室（《中国审计》编辑部）：负责审计署机关刊物《中国审计》月刊的组稿、编辑工作。

编辑二室：负责《中国财经审计法规公报》月刊及财经、法规类图书的组稿、编辑工作。

编辑三室：负责经济、社科类图书的组稿、编辑工作。

编辑四室：负责《中国审计年鉴》和版权贸易及其他类图书的组稿、编辑工作。

世纪风云广告公司：负责广告代理、发布及书刊设计排版等工作。

社领导成员：

社　长：宋灵恩

副社长：韩笃明

2000年是中国审计出版社社机构改革后的第一年，面对新形势下审计工作对审计宣传、出版工作提出的新的更高的要求，承受书刊市场竞争日趋激烈带来的巨大压力，认真贯彻全国审计工作会议精神，严格执行审计署和新闻出版署的有关规定，坚持一手抓图书选题开发和期刊稿件质量，一手抓建章建制、规范内部管理，力争多出好书、多发好稿，各方面取得了一定成效。全年共出版新书87种，重印图书61种，实现书刊销售总码洋2438万元，比1999年增长7.5%。

建立和完善规章制度，加强内部管理。1、以建立经营机制、竞争机制和激励机制为目的，充分体现按劳分配、多劳多得、少劳少得、不劳不得的分配原则，制定了《图书编辑目标考核管理办法》和《发行业务员工资收入与经济效益挂钩试行办法》，在报经署人教司批准后，组织实施兑现，效果较好。

2、制定了《稿酬标准及管理暂行规定》、《修订费、校对费、编辑费用开支标准及管理暂行规定》，规范和加强了稿费、校对费等相关费用支出的管理，严格内部控制与监督，杜绝不合理开支。

3、委托社会审计组织对本社和图书城门市部1999年度的财务收支情况进行了年度审计，并针对有关问题进行了专项审计。认真完成了1999年度清产核资工作，基本理清了“家底”，并就以前年度对外投资、债权债务等遗留问题进行了研究解决。

搞好书刊出版工作，为审计事业服务。1、按正常刊期编辑出版了《中国审计》和《中国财经审计法规公报》各12期。为了改进《中国审计》，一是进行改版，由标准16开本改为大16开本，扩大了刊物容量，并与国际期刊流行开本接轨；二是适当增加了现代管理知识的内容，提高了理论含量，增强了知识性，扩大了读者的视野；三是实行滚动编辑计划，规范了编辑程序，每月储备两期常用稿件，提高了编辑效率，确保了编校质量，缩短了出版周期；四是在地方审计机关和特派办重新聘请了通讯员，充实和完善了通讯员和作者队伍；五是按照坚持全面审计，突出重点的精神，围绕贯彻落实《审计法》和审计工作中心，面向审计第一线，突出宣传审计机关学习江总书记关于“三个代表”的重要论述情况，审计工作如何为西部大开发战略服务，以及适应知识经济要求的审计体系创新理论的研究；加大对预算执行审计、金融审计、经济责任审计等审计工作的理论和实务的报道；热情讴歌先进模范人物。尤其是注意揭露审计查出的大案要案，在读者中产生了强烈反响，有力地宣传了审计在维护市场经济中的特殊作用。由于在内容上进行了调整，增强了针对性、实用性和可读性，受到领导及广大读者好评。如第一期发表的大连市长薄熙来论审计是政府监督最有效手段的报道，令人耳目一新，李审计长专门作了批示，以予充分肯定。

为进一步提高《中国财经审计法规》的权威性，将其正式更名为《中国财经审计法规公报》，并列入国家政报、公报系列公开出版发行。《中国财经审计法规公报》作为审计人员依法审计的武器，进一步扩大了法规的收集范围，做到适应性与广泛性相结合，以适应审计工作不断发展的需要。进一步提高了编校质量，使《公报》的差错率控制在万分之零点五之内。为适应计算机审计的开展，还出版了光盘，以方便读者。此外，还编辑出版了《中国财经审计法规增补本》，受到读者欢迎，收到了良好的社会效益。

此外，还认真组织、编辑出版了1999年《中国审计年鉴》。

2、重点抓好《当代审计书库》的编辑出版工作。《当代审计书库》是审计署“人、法、技”基础建设的一项重要工作，作为图书出版工作的重中之重，从人、财、物各方面给予倾斜，确保编辑出版工作按计划进行。全年编辑出版了《世界银行贷款项目审计操作指南》，具体组织召开了编审会第二次全体会议，审定了《社会审计》、《经济效益审计》、《企业财务审计》、《管理审计》4本图书的修订大纲，修订了《书库》编撰要求，提出了2001年图书选题计划。

3、面向市场，开发图书选题。一是突出出版社特色，编辑出版了审计类图书21种、会计类图书24种；二是积极在经济管理等领域开发选题，组织出版经济管理类图书22种，其他15种；三是组织出版了《行业财务会计法规》等5种法规类图书。此外，还编辑出版了《中国财经审计法规合订本》光盘版，以满足读者新的需求，更好地为审计工作服务。

狠抓发行工作，搞好多种经营。 1、做好书刊发行工作。一是组织对《中国审计》和《中国财经审计法规公报》2001年定价及完善发行网络的市场调研，分别召开了各省代办站、特派办及重点地区的若干片会；二是为加强图书的营销工作，组织参加了全国经济类图书订货会、京版图书订货会等5次图书订货会；征订图书码洋近300万元；三是实行图书发行业务员责任制度，发行部门多次到京外开展图书直销，催收书款，取得较好成效；四是参加了经联体组织的有关活动，加强与兄弟单位的交流与合作。

2、广告公司成立后，及时组建了激光照排室，承担了该社书刊设计和排版、制作任务，为缩短书刊出版周期，降低生产成本，提高书刊质量创造了条件，同时也取得了较好的经济效益。

加强理论学习，提高政治水平，增强凝聚力。 按照署机关党委的要求和布置，开展了“三讲教育”回头看活动，认真对照整改措施找差距，提出了整改措施补充意见；组织党员和职工学习政治理论，特别是重点学习江泽民总书记关于“三个代表”的论述，深刻理解在新世纪加强党的建设，全面推动建设有中国特色社会主义的伟大意义，提高党员干部的政治素质；组织全社干部和副处以下干部参加了政治理论和审计干部岗位考试；开展了“假如我是社长”活动，围绕如何搞好出版社的经营管理工作出了10道思考题，要求全体党员站在社长的角度提出意见和建议；加强凝聚力工程建设，组织青年开展活动，以党支部和工会名义祝贺职工生日，安排参观调研活动，进行革命传统教育；组织学习了“三五”普法教育规定的有关法规，同时结合实际，安排学习了有关宣传、出版工作的法规，学习后进行了考试，增强了职工的法律意识。

出版社在审计宣传出版方面取得的成绩，基本经验可以概括为两句话、六个字：即“三支持、一努力”。所谓“三支持”，第一个支持是署党组对审计宣传出版工作非常重视，对该社的工作给予了极大的支持。如署领导亲自为《中国审计》撰写文章或接受采访，对《当代审计书库》、《中国审计年鉴》等一些重点图书选题，从编辑方针、体例、内容等方面提出明确要求，参加有关论证会议，甚至亲自联系作者，为办好刊、出好书注入了强大的动力；第二个支持是署机关各单位、派出局和特派办，以及地方各级审计机关，对该社的工作从不同方面给予了大力支持。如为他们提供采访线索，创造采访条件，策划图书选题，宣传审计书刊，提高了书刊的知名度，扩大了书刊发行。署机关有的单位为书刊提供法规文件等方面的稿件，有的地方审计机关从人力方面给予支持，为该社创造了良好的工作环境。第三个支持是国家新闻出版署从行业管理方面支持力度大。所谓“一努力”，是全体职工在第一步机构改革后，面对审计工作新形势，在书刊市场竞争日趋激烈的情况下，工作更加努力，质量意识、市场意识、风险意识和创业精神有了较大提高，表现出良好的精神风貌。

【中国审计报社】 2000年，中国审计报社实有30人，领导职数3名；设有办公室、总编室、新闻部、专刊部、发行部、广告部。

领导成员

社长兼总编辑：谭绳喜

副 社 长：姜金和

副总编辑：姚汝杰

工作成果 2000年是《中国审计报》创刊后的第二年。一年来，报社组织干部职工认真学习江泽民总书记关于“三个代表”的重要论述，学习党的十五届五中全会文件，学习全国审计工作会议精神，坚决贯彻署党组对报社工作所作的一系列重要指示，不断研究和改进工作，无论是在报纸宣传方面，还是在报社经营方面，都取得了新的成绩，行政管理也迈上了一个新台阶，呈现出蓬勃向上、快速发展的良好态势。

一、打破常规，顺利完成增刊任务 审计报创刊后，坚持署党组既定的办报宗旨，以邓小平建设有中国特色社会主义的理论为指导，以经济建设和审计工作为中心，及时、全面地宣传了审计署重大工作部署及国家审计、内部审计、社会审计的成果和作用，宣传了审计系统的先进集体和先进模范人物，得到了各级审计机关领导和广大干部职工的认可。

在成绩面前，报社领导班子始终保持清醒头脑，充分认识到，为了适应报业的竞争环境，为了适应审计事业飞速发展的形势，《中国审计报》应该而且必须打破常规，实行跳越式发展。1999年下半年，报社领导班子毅然作出了越过周二刊，由周一刊直接增至周三刊的决定，得到了署党组的肯定和支持。

为了保证完成增刊任务，报社各有关部门制定了详细的实施方案。一是制定了招聘编辑、记者办法；二是研究了版面安排意见；三是重新拟定了发稿录入、排版校对，出版流程。在此基础上，1999年12月进行了周三刊新机制的试运行，先后试刊四期，并于2000年1月正式增刊。一年来的实践证明，《中国审计报》的增刊是成功的：发稿数由原来每周3万字，增加到每周9万字；出版周期快了两倍；编辑成本下降，广告容量增加；取得了社会效益和经济效益的同步增长。

二、发挥优势，突出指导性、典型性、系统性 随着我国改革开放的深入和社会主义市场经济的发展，各级党委、政府对审计工作越来越重视。如何将党中央、国务院对审计工作的重要指示和审计署领导有关精神宣传好，这是《中国审计报》重点的政治任务。为此，报社着重抓了三方面的工作。

第一，突出指导性。一是重点宣传了江泽民总书记关于“三个代表”重要思想的论述，集中报道了署党组提出的运用这一重要论述指导审计工作实践的指导性意见。二是报道了署党组对支援西部大开发提出的要求和采取的重大措施，推动了西部大开发战略在审计系统的贯彻落实。三是结合审计工作实际，深入宣传了党的十五届五中全会精神，用五中全会精神对“九五”期间审计工作经验和成就进行总结宣传。四是围绕署党组的中心工作，突出报道了南京计算机辅助审计成果展示、思想政治工作座谈会等“人、法、技”建设的成果。

第二，突出典型性。为了进一步深入贯彻朱镕基总理“全面审计、突出重点”的指示精神，加大披露力度，做好典型案例的宣传，报社根据署党组指示精神，在认真总结1999年案件报道经验的基础上，大胆调整版面，在一版重要位置开辟了“'99审计要案警示录”专栏，公布了15个在全国有影响的审计案例。其中有大庆联谊案、胡长清受贿索贿案、江苏仪征税企联手虚开增值税发票案等。这些典型报道，发挥了大案要案的警示作用，在社会上引起了很大反响。

第三，突出系统性。系统性就是围绕一个主题，多角度、多侧面、逐步深入，层层递进的一种宣传方式。2000年，报社共组织了七个系列宣传。一是“八不准”系列，二是“西部大开发大家谈”系列，三是计算机运用系列，四是经济责任审计系列，五是湖北省审计厅、山东淄博审计局创建精神文明先进单位系列，六是肖伦菊、张广增、李本惟等英模系列，七是案件披露系列。以经济责任审计系列为例：年初，本报连续四期介绍了菏泽地区的先进经验；年中，重点报道了审计署和山东省政府对菏泽审计局的表彰会和全国经济责任审计工作会；下半年，又连续刊发了一批先进地区和先进单位的经验介绍，配发了相关的理论研究文章。系列宣传可以做到主题突出、层次分明，能够形成声势，是配合中心工作的好形式。

三、发行稳中有升，经营效益达标 全年在报纸增刊、报价大幅上调的情况下，发行总量仍然保持了上升的势头，增幅达16%。究其原因，主要有以下几个方面：一是审计署和各级审计机关突出的工作业绩，扩大了审计在全社会的影响，为审计报刊的发行创造了良好的客观条件；二是报纸宣传向基层审计机关倾斜，向党委、人大、政府机关延伸，向内审机构辐射，扩大了读者面；三是争取各级审计机关领导的重视，加大发行力度；四是选择重点地区，狠抓发行大户；五是大力表彰发行先进单位，推广先进经验，以点带面；六是在报刊发行局的支持和配合下，试行“集订分送”的订报方式，加强了对订数的监控。

在做好发行工作的同时，报社的经营意识也进一步增强。一方面，报社领导把经营工作摆到重要议事日程，加强领导，做好部门协调，为经营工作开“绿灯”；另一方面，确定广告的重点，主营企业形象宣传和重点工程项目的宣传。经过努力，全年广告收入300万元，与1999年相比增加了两倍，收支相抵，略有盈余。

四、加强队伍建设，提高全员素质 从报社组建开始，社领导一直坚持一手抓办报，一手抓队伍，使全体职工的政治素质和业务素质不断提高。

第一，加强理论学习，提高思想政治觉悟。按照署党组和机关党委的部署，一年来，重点组织学习了江泽民总书记关于“三个代表”的重要论述和党的十五届五中全会精神，开展了以反对“有偿新闻”为主要内容的廉政教育，组织全体干部参加了机关政治理论考试，并取得了较好成绩。

第二，落实“三讲”整改措施，加快制度化建设步伐。一是贯彻民主集中制，建立了社长办公会制度，重大问题提交会议集体讨论决定，日常工作按照分工各负其责。二是建立健全管理制度，保障报社工作的顺利进行。一年来，报社建立了编务会制度、内部考勤制度、编辑工作量化计酬制度、财务管理制度、聘用人员管理制度，使各项工作有章可循，照章办事。

第三，加强了记者、通讯员队伍建设。一是在1月份召开了第一次记者站工作会议，署党组成员、纪检组长王道成同志到会作了重要讲话。这次会议，认真总结了记者站建站以来的经验，讨论制订了有关管理规定，进一步加强了记者站的思想建设、组织建设和作风建设，促进了报社对记者站的规范化、制度化管理。二是在12月份举办了建社以来第一期通讯员培训班，由社领导和邀请的专家、教授讲课，颁发了通讯员证。

第四，关心职工生活，稳定基本队伍。按照署领导关于“要以改革精神办报”的指示精神，报社正式在编人员很少，半数以上是聘用人员。一年来，报社在关心正式职工的同时，同样关心聘用职工，不仅产假、病假一视同仁，福利、奖金也同等分配，保证了基本队伍的稳定，使他们留得安心、干得舒心。

【中国审计学会】2000年，中国审计学会秘书处办事机构事业编制6名，处级领导职数2名，秘书处下设办公室、《审计研究》编辑部。

领导成员

会　长：吕培俭

副会长：金基鹏　罗进新

　　　　张以宽　易仁萍

秘书长：王国志

组织和开展审计学术研究活动

2000年，学会在组织和开展审计学术研究活动方面，主要做了两项工作：（1）组织课题申报，落实重点课题研究计划。学会根据“关于落实近期重点研究课题的通知”（审会发〔2000〕1号）的要求，组织全国各省、自治区、直辖市及计划单列市审计学会进行课题申报，已有30多个省、自治区、直辖市及计划单列市审计学会申报了课题。其中申报“审计在国有企业改革和发展中的作用”课题的有辽宁、吉林、黑龙江、浙江、安徽、江西、山东、湖北、湖南、重庆、新疆、大连、青岛13个地区；申报“国家审计监督在宏观管理中的作用”课题的有北京、天津、上海、安徽、广东、重庆、云南、青海、大连9个地区；申报“党政机关和国有企业领导干部任期经济责任审计的意义和作用”课题的有北京、河北、山西、内蒙、辽宁、上海、浙江、江西、山东、河南、湖北、湖南、广东、海南、重庆、四川、贵州、云南、陕西、甘肃、青海、宁夏、新疆、大连24个地区；申报“改革和完善国家审计监督领导体制”课题的有安徽、福建、海南、贵州、宁夏、新疆6个地区；申报“健全和完善适合我国情况的审计制度”课题的有天津、山西、四川、云南、甘肃5个地区。2月，学会秘书处根据课题申报情况，将每个重点研究课题的参加单位划分为6个课题小组。6月，根据常务理事的建议，学会秘书处研究确定，邀请审计署驻南京、武汉、广州、昆明、长沙、深圳6个特派员办事处参加课题研究，并作为一个课题小组，由武汉特派办负责牵头组织。（2）组织召开“审计在国有企业改革和发展中的作用”课题研讨会。年内重点研究的课题是“审计在国有企业改革和发展中的作用”。为保证课题研究的顺利开展，6月底，学会召开会长、秘书长会议，确定了“审计在国有企业改革和发展中的作用”课题的重点研讨内容。7月，学会秘书处根据会议精神，特邀了10位专家、学者为“审计在国有企业改革和发展中的作用”这一课题撰写论文。11月2日－4日，学会在湖南省长沙市召开了“审计在国有企业改革和发展中的作用”课题研讨会。会长吕培俭、副会长金基鹏、张以宽，有关省、自治区、直辖市及计划单列市审计学会，审计署驻南京、武汉、广州、昆明、长沙、深圳特派员办事处，马鞍山钢铁公司的代表，以及中国人民大学、国家会计学院、首都经贸大学、天津财经学院、西南财经大学的有关教授、审计专家共40余人参加了研讨会。

研讨会重点围绕国有企业审计环境的变化和国家审计对企业审计监督的定位；国有企业改革中防止国有资产的流失；健全内部审计制度，促进企业科学管理；国有企业领导人员经济责任审计问题；企业集团审计5个方面的内容进行了研讨。还就国有企业审计环境的变化和国家审计对企业审计监督的定位以及国有企业审计的其他问题进行了充分的讨论，并对审计在国有企业改革与发展中的作用达成了共识。研讨会还邀请审计署办公厅经济责任审计处的同志介绍了全国经济责任审计工作会议的情况和主要精神，以及审计署中澳合作项目组的负责同志介绍中澳合作项目的成果和体会，受到了与会代表的欢迎。与会代表一致认为，随着经济体制改革的不断深入，我国的审计事业也在突飞猛进地发展，并在我国的政治生活和经济生活中占有举足轻重的地位。结合改革当中出现的新情况和新问题，研究我国审计发展的战略和审计如何在改革与建设中发挥作用，具有十分重要的意义。国有企业改革是我国经济体制改革的中心环节，深入研究审计如何在国有企业改革和发展中发挥作用，更好地为经济建设服务，是我们审计理论界迫切需要解决的问题之一。

在这次召开的“审计在国有企业改革和发展中的作用”课题研讨会上，大家积极参与，畅所欲言，经过充分、热烈的讨论，进一步深化了对审计在国有企业改革和发展中的作用的认识。会后，学会秘书处向署党组提交了研讨会有关情况的汇报材料，同时撰写了研讨会综述，连同部分会议论文摘登在《审计研究》第6期上。在开展课题研究的同时，中国审计学会作为审计署“中国审计史”课题的参加单位，还积极参与了“中国审计史”的编写及事务性的工作。

举办专题培训班 根据审计人员拓宽知识面的需求，学会于6月和7月分别在贵州和大连举办了2期培训班，聘请西安交通大学和东北财经大学的教授讲授了管理学和证券学基础知识。来自全国各地审计机关，审计署驻地方特派员办事处，审计学会及部分企事业单位的100多人参加了培训。通过培训，使大家对金融证券基础知识和管理学有了初步了解，特别是担任领导职务的学员，通过学习管理学认识到：如何当好领导是一门学问，要在今后的工作中，注重领导艺术和领导方法，调动大家的积极性，把各项工作做好。两期培训班的举办收到了较好的效果，得到了一致的好评。学员们普遍感到学有收获，学有所得，并希望今后能够经常举办各种类型的培训班，多创造一些学习和更新知识的条件。

编辑、出版《审计研究》杂志 在编辑人员极少，又要保证《审计研究》这一学术性杂志的权威性和质量的情况下，努力坚持办刊宗旨，严格遵守用稿原则和标准。在策划每一期杂志内容时，坚持从实际出发，走群众路线，解放思想，实事求是，严谨求实，百家争鸣，从而巩固了杂志的权威性地位，保证了质量，扩大了《审计研究》在审计界的影响。全年共编辑、出版6期《审计研究》杂志。发行量为8000册。

收取会费、发展会员 根据《中国审计学会章程》和《中国审计学会会费收缴和管理办法》的规定，学会从2000年起向单位会员和个人会员收取会费。广大会员能够积极履行义务，按时足额地缴纳会费，基本上完成了第一年的会费收缴工作。从本届理事会开始，学会实行严格的会员登记管理。秘书处根据申请入会的情况，做好了发展会员的各项准备工作，拟提交常务理事会或理事会研究批准。

【中国内部审计学会】 2000年，中国内部审计学会有事业编制10名，实有23人，设有秘书处、培训部、信息部、编辑部等机构。

领导成员

会　长：郑　力

秘书长：马怀平

副秘书长：樊廉忠　崔洪涛

工作成果 2000年，我国内部审计经历了省级政府机构改革和企事业单位改革力度进一步加大的考验，经历了在政府审计机关直接指导监督下，转由协会进行行业自律管理的过渡，内部审计事业在这一过程中得到了进一步发展壮大。截止2000年底，全国共有内部审计机构8.5万个，内审人员21.7万人，其中专职机构、专职人员分别占50%与46%，此外，乡镇专兼职审计人员约10万人；中国内审学会有团体会员165个（其中2000年新申请入会的25个）行业学（协）会7个、行业分会18个、地方学（协）会24个。全国内部审计2000年完成审计项目50多万个，经济责任、工程决算、物资采购等涉及管理和效益的审计项目已占内审的主导地位。通过审计为企事业单位、行政部门纠正违规、减少损失浪费、增加经济效益260多亿元，提出并被采纳的建议24万多条，向司法机关移送案件610件，建议给予行政处分1785人、追究刑事责任442人，为维护财经法纪、社会经济秩序发挥了积极作用。

中国内部审计学会在署党组、署领导的正确领导下，2000年主要做了以下工作：

一、1月25—27日于审计署怀柔培训基地召开了中国内部审计学会第四次代表大会，会议代表共224人。

署领导和于明涛等老领导出席了大会开幕式。审计署党组书记、审计长李金华代表署党组、署领导对会议召开表示热烈祝贺，并发表了题为《进一步提高认识，为新时期内审工作上新台阶而努力奋斗》的重要讲话。他指出：“党组决定将中国内部审计学会改建为中国内部审计师协会，对内部审计实行行业自律管理。可以相信，这样改革之后，内部审计的管理工作、业务发展将会得到有力的加强。”刘鹤章副审计长在会上作了《抓住机遇，努力工作，加快发展内部审计的步伐》的重要讲话，郑力会长作了《努力开拓内审工作新局面》的重要讲话，马怀平秘书长作了《中国内部审计师协会筹备工作报告》。

会议按议程：

（一）选举产生了新一届理事会的理事（178人）、常务理事（45人）和领导班子成员：

会　长：郑　力

副会长：王国盛、孙寿荣、方振慰、池跃宗、张连华、蔡传炳、王光远

秘书长：马怀平

副秘书长：樊廉忠、王显文、孟伟良、王向东、张和、程显华、崔洪涛

准则委员会主任：池跃宗

副主任：王光远

学术委员会主任：王国盛

副主任：李凤鸣

考试委员会主任：方振慰

副主任：张玉忠

培训委员会主任：孙寿荣

副主任：张　和

（二）审议通过了《中国内部审计师协会章程》

（三）审议通过了本届理事会五年工作规划及2000年工作计划

二、组织理论研讨暨现场经验交流会

(一) 9月23—26日在常州召开了全国购销比价审计理论研讨暨现场经验交流会，150多名同志参加会议。会议收到论文33篇，评出一等奖2名、二等奖4名、三等奖8名、鼓励奖10名、特别奖1名。先后有15位同志在大会上宣读了论文。与会同志到常州长江客车集团有限责任公司和铁道部戚墅堰机车车辆厂进行现场观摩和交流，取得了较好效果。

(二) 10月31日至11月3日，在黄山召开了经济责任审计理论研讨会，100多名同志参加了会议。会议共收到论文63篇，评出一等奖4名、二等奖9名、三等奖10名、鼓励奖17名，有15位同志在会上宣读了论文。会上还传达了五部委召开的经济责任审计工作会议精神，使与会者倍受鼓舞。

(三) 12月19—20日在京召开了风险评估理论研讨会，有60多名同志参加了会议，会议共收到论文28篇，评出一等奖2名、二等奖3名、三等奖5名、鼓励奖8名，有16位同志在会上宣读了论文。

(四) 为了便于部门、行业间的学术研讨与经验交流，学会把相近的行政部门和行业，组成了11个协作组，并于上半年召开了联席会，要求做到年度工作有计划、有活动、有成果、年终有总结。会上交通部介绍了开展学术研究的工作经验。电子信息产业协作组、石油石化协作组、金融协作组、行政事业协作组和广电总局、航空一、二集团、航天一集团等分会组织都分别开展了1—2次研讨、交流活动，有些还进行了论文评选和推荐工作。这些活动沟通了互相间关系，交流了经验，增进了感情，推动了工作。

三、改进培训工作，提高培训质量

为加快人才培养，提高内审人员素质，以适应内部审计工作发展的需要，学会积极举办内部审计人员培训班。2000年在养马岛、黄山、昆明、大连等十几个培训基地组织了经济责任审计、内部控制评估、现代内部审计实践等7个专题共25期培训班，参训人员2000多人次。为提高培训质量，11月在昆明召开了各省级学会负责人和基地负责人参加的培训工作会议，研究改进培训工作。

四、积极组织国际注册内部审计师（以下简称CIA）考试工作

继1998、1999年先后在广州、济南举办CIA考试试点后，2000年又增加了北京、南京两个考点。四个考点共有5451人报名，其中北京1082人、济南1161人、南京2030人、广州1179人。参考率分别为：北京65%、山东67%、南京54%、广州84%。其中用英文考试的有71人。参加考试的人员主要来自企业、事业、行政单位的内审人员，还有部分来自政府审计、社会中介组织、高等学校教师、大学四年级学生、解放军同志等。参考者都具备学士以上学位，还有一部分高级审计师、高级会计师、高级经济师、教授及其他高级职称的人员。2000年考试四科全部通过获得CIA资格证书的共821人。

对2000年的考试，署领导很重视，李金华审计长、刘鹤章副审计长分别视察了南京、北京等考场，郑力会长视察了南京考场；国际内部审计师协会考试委员会主任汉斯等官员专程来中国，分别到北京、南京、济南考场进行视察，他们对考试的各项组织工作和考场纪律表示满意。

为进一步搞好考试服务工作，考试委员会召开会议总结经验，研究工作，还组织编写出版了约40万字的《环境审计》一书和有400道试题的题库。

五、认真抓内审法制化、规范化建设

（一）积极配合署法制司做好《内部审计条例》草稿的征求意见和修改工作。一是由郑会长主持、法制司参加在长春一汽召开了部分大型企业和吉林省部分地市审计局同志参加的座谈，对草案进行了重大修改，并被署领导采纳；二是组织在京部分大企业，由董副审计长主持，再次听取意见。

（二）委托广东省内审协会与中山大学和福建省内审协会与厦门大学分别成立了两个内部审计准则起草小组。草稿出来后组织专家、教授、实务部门工作者和领导先后召开三次会议，对框架、内容进行反复研讨、修改，最后形成报请常务理事会审议的第三稿。

六、出版发行《中国内部审计》

《中国内部审计》杂志自1999年8月创刊试办双月刊三期后，经新闻出版署批准从2000年1月起改为月刊。期刊在宣传内部审计、服务广大内审人员方面收到了较好效果，得到了读者认可。为扩大影响、扩大稿源、扩大发行量，2000年在海南、吉林和北京召开了四次通讯员、联络员会议。发行量从1999年的2.1万份增加到2.8万份。

七、国际合作与交流

（一）中国内部审计学会自1987年12月加入国际内部审计师协会（以下简称IIA）以来，2000年是对外交往最多的一年，也是参加该协会专门委员会人数最多的一年。IIA全球共有个人会员7.6万名，2000年中国新申请加入IIA的个人会员猛增2000多人，使总数达到3152名，排在世界第三位。

（二）2000年派团参加了IIA第59届年会，IIA全球论坛会；两次派人分别参与了IIA国际关系委员会关于IIA机构改革论证会和先进技术专业委员会议；两次派团参加了亚洲内部审计高峰会，研究组建亚太地

区内部审计师协会问题。

（三）积极参加IIA有关专业委员会的工作：派学会常务理事陈华参加了IIA理事会并成为常务理事和国际关系委员会委员；派中国海洋石油总公司审计部经理、学会理事杨中佳参加先进技术委员会；派中直机关事务管理局审计室主任、学会常务理事施鹤安参加准则委员会；派江苏省审计厅副厅长陈健参加专业问题委员会。

（四）参加IIA十多年来，中国内部审计学会作为一个国家分会，一直未能进入IIA决策层，经过不断努力，中国在IIA中的地位进一步提高了，2000年陈华同志成为IIA改革中过渡期的11名领导成员之一。

（五）成功申办2002年IIA全球论坛会在中国举办。经审计署同意并向国务院申请，朱镕基总理批准，亚洲内审高峰会推荐，IIA执行委员会决定，IIA2002年全球论坛会议将在中国北京举办。

（六）组织了三期出国考察、培训。一期赴欧洲考察，两期赴美、欧培训，共有61人参加。

审计论文选编

关于现代会计审计科学的若干重大问题

王光远

一、现代会计审计的精义在于受托责任

在现代社会生活中，委托受托关系无处不在，无时不有，比如：董事与股东的关系、政治家与选民的关系、秘书与经理的关系、个人及组织与不同利益团体的关系等等。不同的委托人和受托人就形成不同种类的委托受托关系。当委托受托关系建立之后，作为一个受托人，就要以最大的善意、最经济有效的办法、最严格地按照当事人的意志来完成委托人托付的任务，这种责任就叫受托责任。会计的本质就是对受托责任的完成过程及其结果予以认定、计量和报告，在委托人和受托人之间架起一座桥梁。受托人利用会计信息，旨在客观、公正地反映和控制其履行受托责任的过程及结果，并向委托人交待；委托人利用经过审计的会计信息，旨在于判断受托人对受托责任履行的如何，是否可以解除受托人的受托责任，他自己是否继续做委托人。在受托责任与会计的作用过程中，以管理会计为起始环节，它通过计划、预算手段，来确定、分解受托责任目标，通过各种控制手段协助受托人完成受托责任目标，并定期编制各种受托管理责任报告，管理会计使受托责任具有可计量性、可操作性和可保证性；财务会计是受托人接受托付后，按照公认会计准则的要求，对受托责任的完成情况进行自我认定、自我计量，并定期编制各种受托财务责任报告，为委托人审核受托责任的完成过程和结果提供信息；审计是对受托人自我认定、自我计量和自我编制的受托责任报吉，按照公认审计准则的要求，进行重认定、重评定、重判定受托责任的决策，审核受托管理责任报告的叫管理审计，审核受托财务责任报告的叫财务审计。在此可见，受托责任的循环过程，就是会计的循环过程，会计的精义就在于受托责任。按照受托责任会计观，会计信息真实不真实、会计的控制作用能否有效发挥，主要不在于会计法规和会计制度是否完善，也主要不在于会计人员水平的高下，而在于各级政府官员、厂长经理受托责任意识的强弱。

最传统的会计是财务会计，最传统的审计是财务审计。在二十一世纪，伴随着受托财务责任的发展，财务会计发展将旨在于修正已通行五百多年的历史成本计价，建设新的财务会计计价模式——公允价值计价或现值计价；同时，适应网络时代的要求，改进财务会计报告体系，以便能根据网上信息，随时编制出满足决策者需要的各式报告。财务会计的发展，必推动财务审计的发展，大体上讲，未来财务审计理论的研究将集中于四类问题：（1）审计市场研究。根据经济学理论研究审计的供给与需求；研究鉴证市场的订价和竞价行为；研究财务报表使用者对审计报告意见，如无保留意见、保留意见、拒绝表示意见、否定意见等在资本市场的反应；研究客户与注册会计师之间的“期望差距”；研究注册会计师的聘任与更换。（2）审计行为研究。应用统计科学和行为科学的理论与方法，试图改善审计决策的质量。（3）审计技术研究。由于审计环境日趋复杂，市场竞争日趋激烈，故需要研究如何用先进的技术和方法来提高审计效率和效果，这其中最重要的是统计抽样、电脑审计、专家系统对审计的影响日趋增加。（4）审计战略研究。从理论和实践上研究风险导向审计，提高审计战略的质量。

二、现代管理会计理论研究的最新发展：实地研究

传统上，管理会计在研究如何通过计划、预算和控制等手段来认定、计量和报告受托人对受托责任的履行情况时，大量借鉴了经济学和管理学的理论与方法，尤其值得称道的是一大批管理会计学家将组织行为理论引进管理会计，提出两种新的观点：（1）组织的技术和环境的变化对管理会计理论和方法有重大影响；（2）应创建一种以权变理论（Contingency Theory）为基础的新的管

理会计体系。他们主张：从事管理会计研究的人们要走出“象牙塔”，到企业组织的实地去观察了解实际的管理系统是如何运行的，管理会计技术在实际系统中又是如何使用的。为此，他们倡导、宣传并亲身实践了一种新的研究方法，即实地研究（Field Research 或 Field Study)。他们认为：只能以实地为基础的研究，才能把握和了解时代不断革新的脉搏；只有通过实地观察与调查，才能真正了解企业组织的管理决策者所关心的实际问题，在此基础上提出的解决问题的方案和进行的理论概括才具有真正的价值。

（一）实地研究的基本概念及其特征

实地研究这一术语，在有关组织行为理论文献中有相当明确的定义，并得到广泛应用。但是在有关会计文献中，对实地研究这一术语的理解和使用却颇见异同。费雷拉和麦钱特认为，实地研究的基本概念由以下基本特征构成：

1. 研究者与企业组织的参与者（从上层领导到基层员工都包括在内）有着直接的、深入的接触，尤其是在现场访谈和直接观察活动中更需如此，这些直接、深入的“接触”是提供研究数据的主要来源。

2. 研究本身集中并致力于实际作业或实际过程，而不是研究者人为创造的某种境况。

定义的这两个特征是实地研究的根本特征，是识别实地研究的基本标准。专家们认为：实地研究是一种经验调查，它是调查研究存在于企业组织的客观实在的（非想象的）结构关系内部的现象，这些现象和结构关系的界限往往不明显；使用这种方法要涉及数据的多种来源。

3. 研究设计是非结构化的，它随着研究观察情况的发展而变化。这一特征也是实地研究所独有的重要特征。很多学者声称：使用这种研究设计在实地中收集到的数据常常使他们又重新申述研究的问题，为其理论架构增设新的变量，或断定变量之间的某种相关性较现有理论的说法更弱或更强。这种情况表明，用实地方法获得的数据和用其他方法（如结构化方法）获得的数据相比存有很大差异。因此，不应把某种偏见（倾向）和某种固定而不变的框框强加于实地观察。

4. 数据的表达应包括对公司上下关系及实践的详细解释说明。这个特征说明了实地研究的基本理念，即实地研究应提供详细的背景和实践说明。在这一理念下，人们相信在所有“因变量”以及“前后相关的”变量中的许多关系是相互作用的；而且对于描述这些相互作用和允许研究报告的读者们仔细考虑可选的调查结果的解释来说，详细的说明也是必须的。因此，这一理念对于保证实地研究所提供的相关信息的有用性有着重要作用。

5. 研究报告是面向学术界的。

总之，上述实地研究的五个基本概念特征是相互联系、互为条件的。在理解和认识实地研究的概念时，需从整体上把握。

（二）实地研究的方法结构

一般地讲，管理会计中实地研究的方法结构是指对管理会计问题执行实地研究的基本步骤以及各个步骤所涉及的原则、工具与方法的综合。实地研究的基本步骤可归纳为：

项目选择→研究设计→数据的表达与解释→研究结果评价

1. 实地研究项目的选择

选择和确定具体的管理会计实地研究项目是实施实地研究的第一步。实践证明任何研究几乎都是从选择确定研究项目开始的。因此，一个高质量的项目就是这项研究的良好开端。总的来说，一个好的项目或课题必须要对实践和理论有显著意义；具体来说，在选择项目或课题时应遵循以下原则：

（1）现实性原则。这一原则要求一个研究项目必须反映企业组织当前管理实践的需要，必须能为企业组织解决管理会计控制的实际问题提供有效指导。例如，在弹性制造、适时制和全面质量管理的背景下，人们对作业成本计算、作业管理、成本动因、作业基础业绩计量与评价、业绩平衡表等具体管理会计问题的研究，对内部控制制度的审查、评价和报告的研究等都是如此。

（2）理论性原则。按照这一原则的要求，实地研究所选择的项目，应对管理会计理论的拓展具有现实的或潜在的推动意义。学者们就这类问题的研究多集中于两个方面：一是实践上已有了重大突破，但在理论上还没有人或很少有人进行研究和概括的问题，其研究的目的是丰富、填补有关理论的内容，例如，早期的作业成本计算和作业管理的有关研究即属此类；二是实践结果和现行理论文献中的观点和知识似乎相矛盾的问题，其研究的目的是为了验证已有理论的有效性和可靠性（即证伪），以修正某些理论内容。

（3）创造性原则。接照这一原则，选择研究项目不仅和研究的动机有关，而且还和研究者的背景和素质有关。首先，对现实世界中错综复杂的管理会计控制现象的鉴别，直接取决于研究者对现实世界的观察力与洞察力；其次，研究者本人对实地研究的认识和理解程度，决定了他是否能以虚心的态度和胸怀，充分深入研究现场，运用灵活的方法进行实地研究；再次，选题过程本身就是创造的过程，因此，需要研究者对所涉及到的领域及其知识范围有足够的认识，并有解决问题的能力与激励策略。在这些条件下，研究者才有可能通过对管理会计实践活动的分析、类比、思维推理和选择决策等活动确定具有创造性的研究项目。

2．实地研究设计

研究设计是研究者取得相关信息的工具与方法的总称，不同研究方法有不同的研究设计。在对所选定的管理会计问题进行实地研究设计时，要注意考虑研究设计对研究的内在效度（Internal Validity）和外在效度（External Validity）的影响。所谓内在效度是指在研究中能有效控制自变量不受其它因素干扰的程度，研究的内在效度高，则说明研究者能清楚地解释研究结果；所谓外在效度是指研究设计取得的结果所具有的普遍适用性程度，也就是说某项研究的结果是否可适用于其它场合或类似的情况。外在效度的高低取决于研究环境的真实程度和研究方法的有效程度。

实地研究的研究设计是非结构化的，因而是针对特定情况而言的。在管理会计研究项目选定的情况下，谨慎地考虑研究设计，是成功地进行实地研究的关键。专家们根据实地研究的实践经验，将研究设计的内容归纳为以下几方面：

（1）根据项目选择研究现场。一般地，研究现场可理解为“样本”，选择研究现场可理解为“抽样”。就样本的组织特征而言，它既可是营利性组织，也可是非营利性组织；既可以是大型企业组织，也可以是中小型企业组织；既可以是企业组织整体，也可以是企业组织的某个部门、车间或工作单元；且样本规模也没有特别限制。总之，它要和选定的研究项目所界定的范围相适应。但是，在抽样时，要考虑资源条件的限制。通常在有限的经济资源、时间和现有理论知识等条件下，相对集中地选择研究现场可保证调查研究具有足够的深度。由于每个企业组织都是在大致相似的宏观环境下，采取不同的微观政策和管理系统，所以在选择抽样时，必须把握好企业组织在微观方面的差异特征，保证样本在结构上的合理性，保证抽样结构具有外在效度。

（2）采用实地方法收集研究数据。数据是研究分析的依据，因此，合理的收集数据方法是获得详细而又能引起人们高度重视的数据的前提。确定收集数据的方法是研究设计的重要内容。在收集数据时通常使用的实地方法主要有：

①直接观察法（Direct Observation），是指研究者在不加任何干预的情况下，观察和记录研究对象所发生的事实或过程；而且这种直接观察大都是“参与性观察，即研究者参与到企业组织成员的具体活动过程中去，在参与活动的同时，完成观察和记录的工作。这种方法看似简单，但要达到预期效果，研究者除了有明确的目的之外，还须有足够的参与信心和技巧。

②自然实验法（Natural Experiment）。这种方法也可列入观察法的范畴。它指在实地研究中，研究者对所研究的变量不加人为的操纵，而是由环境操纵。研究者只是利用一定的条件，按对象发展的自然顺序进行研究。这种方法和实验室实验法相比大大减少了人为因素对研究过程的影响，如果条件恰当，那么这种方法，既可保证有良好的内在效度，又可保证有较高的外在效度，所以，越来越受到实地研究者的重视。例如卡普兰教授在其管理会计理论研究中就强调了这种方法对研究效度的作用。

③访谈调查法（Interviews），是指实地研究者亲自访问被调查者，通过直接交谈、提问等获得数据。为了保证访谈的效果，研究者在界定的范围内，要合理地安排访谈顺序、明确访谈主题，并要尽量对涉及特定管理会计研究项目的所有人员进行访谈调查。

（3）重视“三角剖析（Triangulation）”，用其它方法对各种变量数据进行补充分析。

上述三种方法是管理会计实地研究强调使用的方法，从现有的管理会计实地研究文献看，研究者无一例外地使用了这些方法。但是应该指出，为了保证数据的充分有效，在实际中必须注意综合地使用这些方法，做到各种方法之间相互补充、相互印证。

3．实地研究数据的表达与解释

这是指在利用获得的实地数据对研究变量进行分析研究时，（1）以什么方式来表示数据和控制变量及变量之间的相互关系；（2）对控制分析的有效手段和过程进行详细的解释和说明；（3）对最终研究报告的贡献进行解释和说明。数据表达与解释所要考虑的一般原则性因素有：

①数据的外在效度。一般而言，管理会计的实地研究和其它研究相比，外在效度比较高，但在实践中，外在效度的高低要受数据表达与解释的影响。例如，为了保证有较高的效度，就要求数据逼真，为此在引用一些经理们提供的数据时，要尽量使用他们自己的原话，而不用经过研究者编辑处理过的学术专门用语。这样，一个有知识的读者就可以把握研究者正在研究的管理会计问题的范围、解释数据的详细程度和研究的深入程度，进而保证这些数据具有较高的外在效度。

②确定数据的意义。管理会计的实地研究不只是对研究数据进行原始说明，还要为所获得的数据赋予恰当的含义，以说明其研究和诊断结果的可行性。因此，研究者要发展和运用现有理论和概念来组织数据，从而保证数据具有较高的可接受性和可理解性。只有当报告的读者们获得充分的、意义贴切的数据时，他们才能有效

地鉴别可选择的研究结果。

③数据要和管理会计理论相关。数据表达是综合性的，一个好的表达过程，其数据和管理会计理论的相关性应是自然的、不言而喻的。在这一要求下，研究者的知识背景被融入数据表达过程之中，其研究结果要和现有的管理会计理论和概念相对应。这样，报告的数据结构、组织数据所运用的概念就很容易地和管理会计理论文献联系起来。另外，数据和管理会计理论的相关性要求对实地研究者来说很有益处。特别是当用一些简易的模型和知识通过实地研究分析实际情况时，其实证结果往往能有力地支持对现有管理会计理论假设的证伪过程，并对新的建议和理论的产生，具有较大的潜在的推动作用。

4．实地研究结果的评估

研究结果的评估是实地研究过程的最后阶段。一般而言，研究结果的有用性，是通过它对管理会计实践和理论发展的潜在影响来评价的。

对实地研究而言，研究者如果选择了一个富有现实意义的管理会计项目，又在恰当的条件下，进行了恰当的研究，形成了具有说服力的报告，那么，它对管理会计实践的潜在意义是显而易见的；而且，这种意义会很快地通过管理会计实践活动反映出来。研究资料表明，大多数的管理会计实地研究结果在实践方面都表现出较好的有用性，因为实地研究者大都选择了经理们真正关心的实际问题。因此，研究结果提出的种种建议很快被经理们采纳；同时，对于同类型的企业组织来说，其研究结果具有相当的适用性。

相应地，实地研究结果对管理会计理论发展的潜在影响，需要一个较长的过程才能表现出来，即对管理会计理论贡献的回报期较长。目前来看，实地研究对理论发展的一个重要贡献是它激起了许多会计学家对管理会计控制问题的实地研究兴趣，推动了新的管理会计控制方法和模型的产生与构建，特别是在财务和非财务业绩评价体系、战略成本管理等方面有了重大突破；同时，这种新的方法与模型由于以实地为基础，从而缩短了理论与实践的差距，例如，长期投资决策、资本预算是传统管理会计的重要内容，现在被合并到管理控制架构中，并视作业绩评价中的战略性指标。再比如回归分析技术，由于现实管理会计重点关注实际消耗资源的成本而不是提供资源成本的估计，因而也显得不那么重要了。

三、现代管理审计理论研究的最新发展：鉴证受托管理责任

管理审计是会计审计科学发展到现代所产生的一个新的领域，是受托责任由受托财务责任发展到受托管理责任的必然结果。受托责任理论认为：受托财务责任要求受托人尽一个最大善良管理人的责任，诚实经营，保护受托资财的安全完整，同时要求其行动符合法律的、道德的、技术的和社会的要求；受托管理责任要求受托人不仅应合法经营，而且应有效经营、公平经营，也就是说，受托人要按照经济性（Economy）、效率性（Efficiency）、效果性（Effectiveness）、甚至公平性（Equity）和环保性（Environment）来使用和管理受托资源。依照审计和受托责任的关系，财务审计的对象是受托财务责任；管理审计的对象是受托管理责任。受托管理责任如同受托财务责任一样，也有内部和外部之分，相应地管理审计也就形成两种类型：一类是服务于组织内部各个利害关系人，以内部受托管理责任为对象的管理审计；另一类是服务于组织外部利害关系人，以外部受托管理责任为对象的管理审计。前者，我们称其为内向型管理审计；后者，我们称其为外向型管理审计。伴随着企业目标的社会化以及企业利益和社会利益的归一化，内部受托管理责任和外部受托管理责任将趋于统一，此时，内向型和外向型管理审计将结合成一种新型的综合管理审计。

（一）内向型和外向型管理审计的实质

1．内向型管理审计及其基本特征

内向型管理审计是对组织内部的各种管理活动进行独立的、客观的、综合的、建设性的、面向未来的检查和评价，以帮助管理当局这一资金受托人改进决策、提高经营能力和获利能力，更好地完成受托管理责任。“管理导向审计”、“职能审计”、“制度审计”、“业务审计”、“业务检查”等都是内向型管理审计的不同表现形式。具体看，它有以下几个特点：

(1) 内向型管理审计的关键是帮助管理当局这一资金受托人更好地履行受托管理责任。具体地说，管理审计师通过审计可以帮助受托人提高生产效率和获利能力，改善业务水平。

(2) 内向型管理审计的职能是咨询性、建设性的，而不是执行性的。审计是要把受托人的注意力转向资源利用的最优化，它既不替代管理也不减轻受托人对决策和控制的责任。审计的直接作用在于为受托人的正确决策提供及时、相关的信息。

(3) 内向型管理审计过程是一个系统的调查、分析和评价的过程。内向型管理审计也是一副“防疫剂”(Preventive Medictne)，因而，管理审计师要在每个项目出现问题的早期就予以报告，以免失控。

(4) 管理审计师必须是独立的，其职能具有“外部的”的性质，审计师不能成为受审部门管理队伍的一员，而必须独立于受审部门之外，在大多数情况下，他应对董事会或审计委员会负责，最起码也应对总经理或主计长负责。

总之，“内向型管理审计具有更大的动态性和创造性，它作为一个助推器，其主要目标是时时关心‘管理业绩还可以改善吗?’，并提出建议以达到目的”。

2．外向型管理审计及其基本特征

外向型管理审计是由独立的外部审计师，为了维护股东、投资者、债权人及其它委托人的利益，通过对组织的资金状况、盈利能力及组织结构等的分项研究，来就受托管理责任的履行情况发表批判性意见，并对外报告。“独立管理签证审计”、“独立管理评价审计”、“外部管理审计”、“管理陈述审计”、“管理业绩审计”等都是外向型管理审计的不同表现形式。

外向型管理审计的核心职能是鉴证，如从独立审计的本质意义来衡量，外向型管理审计才是真正意义的管理审计。正是因为这一点，许多学者像约翰·伯顿、哈罗德·兰根德费尔、杰克·罗伯逊等才坚决主张：“管理审计不应视作是内部审计，而应视作是外部审计”；“只要管理审计还带有‘审计’二字，就应该承认其鉴证作用，正像财务审计一样。将管理审计视作咨询服务、内部审计和投资顾问是不合适的”。

归根结蒂，外向型管理审计是与受托管理责任紧密结合的，其根本目标也是为了受托管理责任的，更直接地说，外向型管理审计鉴证受托管理责任，旨在于从本质上建立和加强委托人和受托人之间的互信，优化资源的作用。

在我国深化国企改革的过程中，急需建立起科学、高效的现代企业治理结构，而管理审计在理论上的发展和实践上的推进，即是强化现代企业治理结构的一项重要的措施和对策。

（二）管理审计需求的理论和现实分析：受托人观点

作为受托方，为了有效地完成依据受托责任要求制定的经营目标和经营计划，巩固自己的经济基础，必须谋求扩大经营规模，因而使其业务日趋复杂，但环绕公司的那些利害关系人是多种多样，这就产生了动摇公司经济基础的可能性。规模的扩大化、组织的复杂化、委托人的多样化，是要求扩大管理审计鉴证的受托人方面的原因。

1．公司规模的扩大化。公司规模的扩大是外部因素和内部因素共同作用所致。就外部因素看：有合资、合营、资本入股、业务合作、兼并合并等；就内部因素看：独立的技术开发和新产品开发、由产销单一品种扩展到多个品种、从一个部门到多个部门、从某一行业到多个行业、从某一地区扩展到多个地区，总之是向多元化方向发展。公司规模的扩大化，使整个管理环境趋于动态化，此时管理者决策失误和控制不当的概率必然加大，于是就产生了审查财务报表以外信息的内在要求。审计鉴证职能的扩展很大程度上是从扩大公司规模中产生的。

2．公司组织的复杂化。与公司规模的扩大相伴生的是计算机发展的日新月异，计算机辅助设计（CAD）、计算机辅助制造（CAM）、弹性制造系统（FMS）、计算机一体化制造（CIM）等，在工商界日趋普及。在这两个因素的作用下，公司组织就越发复杂了。在广阔的业务领域内，管理者的受托责任不得不分级化、分层化。于是人们就谋求从部门管理向分公司制发展，从传统的标准成本与预算控制向适时制（JIF）和作业管理（ABM）发展，从人工处理信息向计算机处理信息发展。组织复杂化的结果，就使应对外报道的信息量骤然增大，信息种类骤然增多，信息复杂性骤然增强。被下放的责权若无监督和控制措施作保证，也无法提高组织的管理效率，而目前恰恰在这方面还未建立起有效的报告制度，还无法对各责任人从事业务及控制的存在性和适当性进行科学的评价。所以组织的复杂化直接导致了信息内容的复杂化、信息制作过程的复杂化以及信息传递过程的复杂化。于是组织复杂化就成为扩展审计鉴证职能的基本动因之一。

3．委托人的多样化。公司规模的扩大，必导致委托人数目的增多：购货商、销货商、股东、金融机构、税务机构、环保组织、政府审计组织、转包公司等。而作为委托人的利害关系人与作为受托人的公司管理者之间的关系及其关注的内容有所不同。从受托人的立场看，各委托人并非处在同一档次、同一地位上。不论股东是谁，主要的购货商、销货商及金融机构和税务局，都会对公司的经营管理产生影响，他们可谓是同一个利害集团，但并不能说他们和公司的利害相同一。假如公司产生污染问题就会被环保局追究责任，假如产生不平等就业问题，又会被人事或人权组织追究责任，因此，那些被认作是间接委托人的人们，也会对公司的有序运转带来程度不等的影响。扩大规模后的公司若陷入财务危机和经营困境之中，则对公司所在地带来包括失业问题在内的诸多影响。多种多样的委托人，不管是否是同一个利害集团，也不管他们与公司的利害程度如何，但存在利害关系这一点是一致的。同时，管理当局经常煞费苦心地将委托人之间的对立情绪限制在最低范围内，而不断地调整实际的利害对立正是管理者的受托责任，委托人的多样化，最终导致提供信息内容的多样化，于是就需求扩大审计的鉴证范围。

（三）管理审计需求的理论和现实分析：委托人观

点

在受托责任关系中，委托方就是各种利害关系人，他们需要受托方提供履行受托责任情况的信息。需求信息的委托人是指公司外部的利害关系人，它不包括公司内部业务人员、管理人员和其它从业人员，特别是它包括那些投资者、债权人、财务分析师、投资咨询师等。公司委托人的多样化，使公司信息对委托人的重要性日益增强。信息不可靠对委托人的决策造成的严重后果和决策因素的多样化是委托人要求扩大信息需求、扩展鉴证职能的两大原因。

1．公司信息对委托人决策结果的严重影响。利用公司信息来做决策的委托人，为了使决策尽可能合理、科学，必须获取充分必要的信息。如果对决策至关重要的信息因故意或无意的过失而发生差误，就会导致决策者对信息的错误判断，因而会动摇委托人的决策基础，以致做出错误的决策。例如，在利用经过粉饰或异常的财经报表结果时，就会给委托人造成一种财务状况好、收益能力高、资金能力强的假象，据此，相关企业开始扩大业务交易，银行家开始投以大笔贷款。结果，当公司发生财务危机而陷于破产倒闭时，委托人就会遭受巨大的损失。而交易对方的破产又会导致连锁破产，使经济处于一片混乱之中。破产的根本原因就在于客户错误的信息导致了委托人错误的判断和错误的决策。委托人若获得了财务报表以外的多方面的信息，也许就能及早察觉不当的信息。正是由于公司信息对信息利用者决策的重大影响，使得扩大审计鉴证职能势在必行。

罗伯特·莫兹教授在就多角化经营企业有关人士对信息需求的情况作了调查之后发现，投资者及投资咨询师在作出公司投资决策时，管理能力是其所考虑因素中最重要的一个因素。

2．委托人决策因素的多样化。在公司大规模化、复杂化，经营环境动态化的经济社会中，委托人的决策因素也变得多样化。加之，公司信息对决策活动的影响力越来越强，故委托人应尽可能地获得有关公司有用的、多方面的信息。事实上，为了做出科学的决策，委托人在综合地评价公司整体管理时，不仅需要财务数据，且更需要非财务数据。正如莫兹教授的调查结果所显示的一样：为了满足上述要求，与其说委托人要依赖受审的财务报表，还不如说为了评价管理能力要素而重视其它资料；现在尚未建立起一套保证财务报表以外信息质量的制度，因而，为收集有关公司管理能力方面的信息，委托人不得不亲自收集、评价资料，而在决策中，这种未被鉴证的信息又越来越多；于是，社会公众有权要求鉴证管理信息的可信性，而管理者也有责任保证向社会公开的信息是可靠的。结果就产生了对投资者及投资咨询师所需管理信息进行综合鉴证（Comprehensive Attestation）的管理审计。

（四）从受托方和委托方的信息供求矛盾看对管理审计的需求

假如受托方和委托方各自的条件都具备了，同时双方也能密切沟通；受托人能满足决策因素多样化对信息的需求，委托人也能信赖信息的质量。此时信息的质与量都有了充分的保证，因而无需扩大审计的鉴证职能。然而，在现实中，受托人的信息供应和委托人的信息需求之间往往存在着一定程度的利害冲突，信息的供求双方也缺少必要的沟通，加之信息量的制约，就使得提供有用信息的可能性大大减弱。伴随着受托人和委托人之间的相互依赖关系日益增强，审计鉴证职能的要求也日益提高。

1．信息供求者之间的利害冲突。作为信息制作者和供应者的受托人与作为信息需求者的受托人，如投资者、金融机构、债权人、税务局及其个人之间，有着现实的、潜在的利害冲突。出现利害冲突的原因是多方面的：对于那些“诚实的受托人”而言，他们担心对其自身行为或业绩的评价可能会给他们带来不利的后果，同时，受托人的基本行为倾向是，尽可能不让委托人注意那些令人失望之处，那些不可避免或不可预见之厄运，尤其是那些显示自己无能、无效率和欠谨慎的结果。对于那些“不诚实的受托人”而言，他们可能会有意识地选择一种对自己有利的方式来支持自己的陈述，粉饰自己利用资源的有效性，而所有这些都不符合委托人的利益要求。

公司的管理当局及其从业人员与委托人之间，即使事先建立一种合同关系和协作关系，其利害冲突也是无法避免的，因为它们处于经济交易的对立双方。只要存在这样的利害冲突，信息需求者对信息供应者提供的信息就缺乏一种信任感，这种不信任，既包括信息的质，也包括信息的量。再者，委托人之间也存在着利害的相互对立，受托人能否有效地履行协调对立双方的职能，委托人也持怀疑态度。信息供求者之间的利害冲突，就要求独立的、具有专业技能的审计师去审核受托人的业绩，就导致了审计师必须扩大鉴证职能的范围。

2．阻止委托人直接获取信息的障碍因素。委托人认为：由其自身直接查证受托人的业绩获得的信息是最可靠的，对审计意见的支持力也是最强的。但现实中，有诸多障碍因素，使委托人无法直接获得信息，这就是专家们所讲的疏远性。这些障碍因素包括物理因素、法律制度因素及时间费用因素。

（1）物理因素形成的障碍，是指由于公司的大规模化和复杂化以及委托人的多样化，导致委托人在短时间内调查公司情况以获得高质、足量的信息是非常困难的。

(2) 法律制度形成的障碍，是指不管什么样的委托人，在接触有关信息时，都受到法律、规章、制度的限制。比如，有些国家的商法规定：只有少数股东有权直接阅览账项，而且仅限于会计账簿及其说明。

(3) 时间费用形成的障碍，是指委托人要证实财务报表信息的质量，其时间消耗和费用支出都是难以估量的。要获得可信的信息，其牺牲的成本是很高的。

（五）鉴证受托管理责任的两个范例：认证性服务和社会审计

1. 审计业务的新发展：认证性服务

所谓认证性服务（Assurance Service）是指能为决策者改善信息质量或信息内容的独立性专业服务。认证服务的理念在于扩大审计的服务范围，满足客户降低信息风险、获得更及时、更相关的多元化量化和非量化信息的需求。在网络时代，如何鉴证网络信息的可靠性、如何过滤信息，以满足决策者的需要也要求审计师提供认证性服务。专家们认为，认证性服务提供的信息有七大类：(1) 财务性及非财务性的业绩计量，非财务性信息，如顾客满意度、产品质量、制程质量和创新；(2) 风险评估，如市场、产业科技、财务风险等；(3) 信息系统质量，如信息系统及其控制；(4) 认证制程质量，如ISO9000质量认证；(5) 审核网际网路（Internet）的信息；(6) 电信服务的可靠性、安全性和保密性的认证；(7) 医疗服务质量的认证。

2. 发达国家对社会审计的开发和试验

社会审计作为审计鉴证的高级形式，作为一个审计新生事物，虽然缺乏公认的定义、标准、准则、报告，但已在那些高度工业化的北美和西欧有了一定的市场，这为我们探讨审计鉴证由财务审计向管理审计扩展的现实可能性，提供了很好的佐证。

日本的三泽一教授认为：社会审计是一种检查企业履行社会责任情况的审计，这种审计要检查会计及其它事项，但主要是检查企业的社会责任事项。具体说，所审查的事项包括：公司所涉及到的公害的措施以及未来的公害控制计划；员工的雇佣政策，特别是老人、妇女、残疾人的雇佣政策及雇佣比率；有易燃、易爆品及危险性作业的公司所采取的安全措施以及所建立的安全教育制度；公司对公益组织、学术团体提供的资金和物品，对国际交流活动的重大贡献；售后服务方针及索赔发生率。

英国的桑托基教授认为：社会审计就是对组织的社会意识进行独立的、客观的检查和评价，这种社会意识反映的是股东对受托社会责任的接受。这样，社会审计就具有对管理当局的社会会计报表进行鉴证的职能。从这个意义上说，社会审计就象法定财务审计一样，是一种对管理当局的陈述进行的检查、评价和报告。

杨时展教授认为：“为了将我们国家的一切并不富裕的社会主义资金用于最有社会效益的方面，我们必须从每个会计实体的全局观点、社会意识出发，将每个企业的社会投入和社会收益由独立审计人员客观地加以认定，进行评比，判明其全局观念及社会意识的强弱，判明它对社会有无存在价值，指出提高存在价值的方面，决定其在当前社会资金的条件下应去或应留。我认为这应该是社会效益审计的主要目的和内容，也就是我个人思想中的‘社会效益审计’”，“社会效益审计应该是一种判明一个会计实体对整个社会有无存在价值的过程。”社会效益审计包括：利润效益审计；生产发展效益审计；充分就业效益审计；社会保险和教育效益审计；创汇效益审计；服务效益审计。

专家们给社会审计所下的定义，其核心都是判定和检查公司活动，以评定、估价、计量和报告这些活动对社会环境的直接影响。在这里，“判定”，即是确定应予以追踪审查的对公司环境具有潜在影响的公司活动；“评估”，意在确定公司活动对公司环境产生影响的结果：积极的社会收益和消极的社会成本；“报告”即是客观、公允地披露公司的业绩信息。从本质上讲，社会审计是对组织的受托社会责任进行的重认定、重评定、重判定。

美国伊利诺斯大学的阿梅德·贝尔考依教授，从社会审计的目的、方法和结果诸方面综合考虑，将社会审计分作以下几类：

(1) 社会程序审计（Social Process Audit）。这种审计旨在计量主要由社会原因引起的公司活动的效率，开发能使管理当局更好地评估和管理这些社会导向项目的管理信息系统。

(2) 宏微观社会指标审计（MacroMicro Social Indicator Audit）。通过宏观社会指标和微观社会指标间的比较来评估公司的社会业绩。宏观社会指标是依照社会所确立的目标，对某项要求可否达到适当水平的计量。这些要求包括健康和安全、教育、住宅、文化活动以及其它被视为重要的社会福利项目。微观社会指标是在宏观社会指标计量过的领域对企业业绩的计量。通过宏微观社会指标的比较可以用来评估组织业绩的合理性，这构成宏微观社会指标审计的实质。

(3) 社会业绩审计（Social Performance Audit）。它源于各个公益组织对公司的经营活动是否满足社会及环境的要求而进行的评价、比较和判定。

(4) 社会资产负债表和社会损益表审计（Social Bal-

ance Sheet and Income Statement Audit）。前者审查社会资产、社会负债和社会权益；后者审查社会成本和社会收益。

（5）能源审计（Energy Audit）。对生产经营过程中的能源保护和能源利用的效率性进行审查、评价，或者说它是对能源会计已经认定和判定的能源保护与能源利用的效率进行重认定、重判定。

（6）环保审计（Environmental Auditing）。主要是对企业遵循环保法规的情况加以验认或证实。如职业安全和健康法、有霉物质控制法、以及其它环境保护法规。审计可按两种可能的办法来进行：第一种就是由会计公司或咨询公司提供一份环境情况的"安抚信"，类似于平常审计师的意见信，信中陈述会计公司或咨询公司已经检查了客户遵循环保法的监控政策和程序，并且确认公司是否有违法事件。第二种由会计公司或咨询公司对客户遵行环保法的情况进行细致的、独立的分析和评估。有人认为：环保审计应包括以下七类：合规性审计；环保管理制度审计；交易审计；废物处理、储存和排放的审计；防止污染审计；应计制环保责任审计；产品审计。

（7）此外还有综合审计、人力资源审计、相关团体态度审计（The Constituency Group Attitudes Audit）。

按照审计受托社会责任的历史和实施审计的主体考察，社会审计可分为三种模式：政府发起的社会审计《Government Sponsored Social Audits）、自发的社会审计（Voluntary Social Audits）和批判性社会审计（Critical Social Audits），其中第三种模式是真正意义的审计，是真正意义的审计鉴证。因为批判性社会审计必然由独立于受审计单位的外部审计师来实施，其主要目标在于揭露那些对社会不负责任的企业，并强迫他们改变经营方针，协调与各方委托人的关系。在批判性社会审计中，比较典型的业务是就那些对社会不负责任且被公布于众的组织进行深入调查。批判性社会审计的实验场往往是大型公司，因为大型公司在国家经济中地位突出、实力雄厚，对不同社会成员的福利状况能产生重要影响，同时也体现社会审计师的观念和政治倾向。

综上所述，我们对现代会计审计科学中的财务会计与财务审计、管理会计与管理审计所涉及的重要理论观念、研究领域与方向和有实践意义的研究方法作了较为详细的分析。现将现代会计审计科学中今后需要重点研究的方向性课题列示如下：

·财务会计领域

（1）公允价值计价或现值价值计价问题

（2）网络技术（电子商务）环境下的财务会计问题

（3）中国具体会计准则的实践问题

·财务审计领域

（1）审计市场化问题

（2）审计行为化问题

（3）审计技术化问题

（4）审计战路问题

·管理会计领域

运用实地研究方法，应重点研究的管理会计控制问题有：

（1）企业预算与资源分配基础问题

（2）作业成本制和作业管理制的推行问题

（3）业绩评价的非财务指标体系与方法问题

（4）责任控制系统与激励报酬的设计问题

（5）预算与激励合同的形式与选择问题

·管理审计领域

（1）公司的受托管理责任问题

（2）管理审计的准则问题

（3）管理审计的市场化与职业化问题

（4）业绩管理审计问题

审计委员会制度述评

刘力云

审计委员会制度是西方企业中普遍建立的一种内部控制制度。据一项统计资料表明，在列入《财富》杂志的1000家公司中有959家建立了审计委员会。近年来，随着市场经济体制和现代企业制度的建立，我国的企业开始探索与构建科学的公司治理结构。审计委员会制度也随之成为许多专家学者关注和议论的话题。许多人不约而同地认为，在我国公司中存在一个与西方审计委员会相类似的机构，即监事会，或者承认二者的不同，却在设计公司的治理结构时，将审计委员会设在监事会下。事实上，我国的监事会制度和审计委员会制度在本质上有很大区别。我国企业如果建立审计委员会，也不能设在监事会下，仍然应隶属于董事会。本文对审计委员会制度进行述评，旨在说明这一点。

一、审计委员会制度的起源

一般认为，审计委员会制度起源于震惊审计界的美国迈克森·罗宾逊药材公司倒闭案。1940年，美国证券交易委员会（SEC）建议由独立的外部董事，例如审计委员会，任命审计师和协商有关审计事宜。1967年，美国注册会计师协会（AICPA）建议所有的股份公司必须设立由非执行董事组成的审计委员会。1972年，SEC重申了它的建议，认为一个有效的审计委员会可以有效地保护投资者的利益。

在70年代，建立审计委员会或增加审计委员会职责的建议在SEC通过的各项规定中得到进一步认可。1974年，SEC要求每个股份公司在其代理说明中揭示公司的董事会是否设立了审计委员会，如果设立了审计委员会，要说明审计委员会的组成情况。此要求在1978年的SEC公告中得到扩展。

国际内部审计师协会（IIA）也一直极力主张建立审计委员会，曾经发表了一篇关于审计委员会状况的说明，题目是："内部审计和审计委员会：为了一个共同的目标"。1978年，纽约证券交易所（NYSE）要求每一个上市公司都必须设立由完全独立的董事组成的审计委员会。其他交易所也发布了一些限制性规则。例如，1987年，国家证券商协会要求所有的纳斯达克（NASDAQ）上市公司必须设立绝大部分成员都由独立董事组成的审计委员会。虽然美国证券交易所对此没有特别要求，1978年，它也建议所有上市公司都应设立审计委员会。

尽管SEC、主要的证券交易所、AICPA都强烈支持建立审计委员会，但对于审计委员会的具体职责缺乏明确的说明。这期间，大多数的会计公司、IIA、一些律师事务所和其他组织都发布了关于审计委员会职责的指南，但都因缺乏具体的可操作性而没有产生太大的影响。至此，审计委员会制度一直处于探索阶段。

1987年，美国反对虚假财务报告委员会（Treadway Commission）就审计委员会问题发表了一份公开报告，提出了更为具体的指南：

·所有股份有限公司必须具备书面的关于审计委员会职责的规定，董事会应予批准，定期复核，并在必要时进行修改。

·审计委员会应熟悉、关注并有效地监督公司的财务报告过程和内部控制活动。

·审计委员会应每年检查管理部门建立的用于监控行为准则遵循情况的规划。

·管理当局和审计委员会应保证内部审计师适当地参加整个财务报告过程的审计，并与独立公共会计师进行协调。

·审计委员会应具有足够的财力和权力来履行职责，包括进行调查和聘用外部专家的权利。

·审计委员会应就管理当局对与公共会计师独立性相关的因素的评价进行检查。审计委员会和管理当局均应帮助公共会计师保持独立性。

·在每一年度开始前，审计委员会应审核管理当局拟聘请公共会计师进行管理咨询的计划，包括管理咨询的类型和费用。

·管理部门在重大会计问题的处理上应听取审计委员会的意见。

·审计委员会应监督季度报告的过程。

另外，Treadway Commission还建议SEC应要求所有的上市公司建立由完全独立的董事组成的审计委员会，并且在给股东的年度报告中要包含一封由审计委员会主席签署的说明审计委员会本年内职责和活动的信函。对于Treadway Commission关于审计委员会的建议的反应总体来说是积极的。它的良好的操作指南成为许多审计委员会衡量其业绩的标准。但是，一些Treadway Commission的建议仍被大大忽视了，例如，SEC虽然支持建立审计委员会，却没有强制要求上市公司建立审计委员会。另外，只有少数公司在其年度报告中包含了审计委员会的报告部分，不到一半的公司要求审计委员会监督中期报告过程。

二、审计委员会制度在世界各国的发展

（一）审计委员会制度在美国

起源于美国的审计委员会制度，在20世纪90年代，在世界上许多国家和地区得到了较大的发展。许多机构和组织开始关注审计委员会问题，他们的许多报告或建议都对审计委员会的发展起到了推动作用。

1991年，美国会计总署（GAO）发表了一份题为"审计委员会：为强化银行监督要求立法。"的报告，这是近来审计委员会寻求立法支持影响较大的一例。GAO这份报告的基础是对美国几家最大银行的审计委员会进行的业绩评价。报告指出，许多审计委员会及其雇员都指出了独立性问题。报告还指出了大多数审计委员会缺乏金融方面和相关财务管理方面的专业人才。

1991年的联邦储蓄保险公司改善法（FDICIA）中强调了GAO的观点，要求总资产在5亿美元以上的银行，设立由外部董事组成的审计委员会。其他的有关审计委员会的条款包括：

·规模大的机构（资产在3亿美元以上），其审计委员会中须包含2名有财务会计、审计、银行工作经验，同时具有能够与他们的法律顾问进行协作的人员，但是决不能包含该机构的大客户。

·审计委员会应与管理当局、独立会计师、内部审计师一道，检查最新发布的关于机构内部控制结构和程序有效性的报告以及法案要求的其他报告，同时复核独立会计师的年度财务报告。

1991年颁布的新联邦判决指南（New Federal Sentencing Guidelines）对公司违法活动的惩处更加严厉。如果公司建立了可以有效减少违法活动的可能性的内部符合性制度并且具有能够有效地发现违法活动的监督和审计制度，处罚会大大减轻。判决指南使得审计委员会在公司管理和监督中变得更加重要。

1992年3月，美国法律协会（ALI）发布了一份名为"公司治理的原则——分析与建议"的"最后提案"。提案分析了公司治理的各个方面，其中包括了审计委员会职责的探讨。提案中对于审计委员会职责的论述大体上与GAO的看法相一致，它要求所有的大上市公司（权益股票在2000股以上，总资产超过1亿美元）建立的审计委员会须包括至少3名最近2年均未在公司工作过的人员，而且绝大多数成员与公司的高级经理没有重要关系。

1992年，赞助组织委员会（COSO）的Treadway Commission发表了"内部控制——整体框架"的报告，旨在为理解内部控制提供一个普遍的基础，为评价和改善内部控制提供标准。COSO报告重申了审计委员会在监督内部控制过程中的重要作用。

1993年3月，SEC的AICPA实务公共监督委员会也发表了一份报告："公共的利益——摆在会计职业界面前的问题"。这份报告包括了一些关于自律及其他问题的建议。其中有些是关于审计委员会的：

·审计委员会（或者董事会）要担负下列职责：1. 复核年度财务报表；2. 与管理当局和独立审计师协商年度财务报表事宜；3. 从独立审计师那里获取审计师进行沟通和交流必须遵循审计准则的全部信息；4. 评价财务报表是否完整，是否与所了解的信息相一致；5. 评价财务报表是否遵循了恰当的会计原则。

·SEC应要求登记机构在包括年度财务报告的文件中，含有对审计委员会的职责及其履行情况的说明，其中应该说明审计委员会的成员是否：1. 复核了年度财务报表；2. 与管理当局和独立审计师就年度财务报表事宜进行了协商；3. 从独立审计师那里获取了审计师进行沟通和交流必须遵循审计准则的全部信息；4. 认为财务报表是完整的，而且与所了解的信息相一致；5. 认为财务报表遵循了恰当的会计原则。

·审计委员会应确信付给独立审计师的审计费用可以使公司获得完整全面的审计服务。

1994年，公共监督委员会咨询小组的报告中指出，公司管理的趋势应是董事会对股东更负责任，管理部门对董事会更负责任。为加强董事会及其审计委员会和独立审计师之间的关系，该小组呼吁独立审计师应将董事会当作他们的委托人，而不是公司管理部门。

近年来，随着公司中贪污舞弊（包括计算机犯罪）、经营道德沦丧和经营失败等问题的大量涌现，立法部门也不得不密切关注公司治理问题，同时引起的公众对财务报告的缺乏信任很大程度上推动了美国审计委员会的发展。立法人士及其他有关方面，例如股票交易所和股东，均对此做出积极反映，主动呼吁加强立法和提高标准。

审计委员会本身的职责也在不断扩大，除了确定财务报告"公允而有意义"外，还关注公司的合规性及社会和道德问题，即努力使公司的活动遵循各种法律和条例，检查公司在环境、人口变动、城市和贫困阶层问题以及道德问题方面的政策和活动等。审计委员会越来越显示出其在减少公司可能的法律责任方面所独有的谨慎。随着公司治理问题的日益突出，审计委员会的作用会越来越大。

（二）审计委员会制度在加拿大

1965年，加拿大皇家委员会关于大西洋承兑公司（AACL）倒闭事件的报告使加拿大政府第一次了解了审计委员会。该报告评价了当时的公司治理和财务工作状况，建议财务报表在提交董事会审批前由审计委员会进行复核。

1975年修订的加拿大商业公司法（THE CANADA BUSSINESS CORPORATIONACT）要求所有的股份公司都必须设立审计委员会，审计委员会的职责是在提交董事会审批之前对财务报表进行核实。它还要求经营信贷业务的企业设立审计委员会。

1978年的ADAMS报告也对审计委员会的职责提出了建议。它指出应对审计委员会的地位和职责进行深入研究。此报告促使加拿大特许会计师协会（CICA）1981年发布公告，公告认为审计委员会的唯一职责是在提交董事会审批之前对经过审计的财务报表进行检查。

1988年，CICA发布了MACDONALD报告，其主要建议有：

·所有的上市公司均须设立主要由外部董事组成的审计委员会。

·审计委员会应每年向股东报告其履行职责的情况。

·中期和年度财务报告在公布之前须经审计委员会进行审核。

1990年10月，加拿大证券管理局（CSA）发布了一份公告，表明了他们对审计委员会的职责和作用的看法。该公告确立了下列实务准则：

·中期财务报告在公布前须经审计委员会进行复核；

·审计委员会主席应是独立的董事；

·审计委员会的组成一般不少于3人；

·审计委员会应定期开会，定期召开由内部审计师、高级管理部门、独立会计师共同参加的协商会议；

·审计委员会应定期就复核结果向董事会报告；

·审计委员会应监督独立会计师的聘任、业务约定书的条款及收费的合理性。所有的非审计事项均需接受审查，以便考虑对独立审计师的独立性的潜在影响。

·如果独立会计师发生变化，应对所有与此变化相关的事项进行检查。审计委员会应及时检查所有需报告的事项、争议和未决事项，而不论审计师是否发生变化。

·审计委员会应该：A复核独立会计师的审计计划；B检查有关重大会计政策的变更、重大风险和不确定性、关键的会计估计和判断；C讨论协商审计过程中的重要问题；D检查年度财务报表，询问管理当局各年度间的重大差异；E检查从内部审计师和独立会计师处获取的管理者声明以及管理者对内控薄弱环节的反映和采取的对策；F复核所有的公开披露的信息，包括公布前已审计过的和未经审计的财务信息；G检查内部审计部门参考的条规；H检查首席财务执行官（FO）和其他主要的财务官员的聘任。

1992年6月1日生效的银行法、信贷公司法和保险公司法都规定，凡是法律规定必须设立的审计委员会至少由3名董事组成，其中不能包括任何公司及其附属公司的官员或雇员，而且绝大部分成员不能与单位有关联。法律对这种“关联”作了详细的规定。

象美国一样，审计委员会可能会扩展其职能，一些法律为审计委员会规定了详细的职责：

·在提交董事会审查之前，检查年度财务报告；

·监督负责人的收入；

·保证内部控制的适当性；

·检查能够给单位和审计师带来不利影响的投资或业务；

·与外部审计师讨论由审计师提交审计委员会注意的影响单位效益的年度报表或其他事项；

·与内部审计主任、管理当局一道讨论内部控制程序的有效性。

（三）审计委员会制度在英国

70年代以前，英国实行的主要是监事会制度，审计委员会并不多见。1977年，公司法要求所有上市公司必须设立由非执行董事组成的审计委员会，就审计和控制中的重要问题进行协商。1988重新引介公司法前，审计委员会问题没有任何进展。

1982年，非执行董事促进小组（PRO－NED）成立，旨在建立新的实务准则。1987年，该小组建议所有上市公司设立由非执行董事组成的审计委员会，就审计和控制中的重要问题进行协商。

1986年，英格兰和威尔士特许会计师协会（ICAEW）工作小组建议，审计委员会应负责审计师的招募和聘任、审计计划的审核和审计师发表的管理报告的复核。

1987年，英格兰银行正式地推动了审计委员会制度在银行的建立，而且伦敦证券交易所主席也指出所有上市公司均应遵循PRO－NED实务准则。

1992年，公司治理财务方面委员会（CFACG）提出报告，也就是著名的Cadbury报告，讨论了财务报告问题，并对良好的实务提出了建议。Cadbury报告认为，审计委员会在保证公司财务报表的真实性方面具有重要作用，上市公司应建立审计委员会。伦敦证券交易所采纳了这一报告，要求英国的上市公司在其年度报告中说明遵循最佳实务准则的程度。下面就是Cadbury报告中关于审计委员会的几条主要建议：

·审计委员会应设在董事会下，而且必须有书面的章程或专门的条款对审计委员会的成员、职责权限等做出规定，审计委员会每年至少召开2次会议。

·审计委员会至少有3人组成，其成员应由非执行董事担任，其成员的绝大多数应独立于公司。

·独立会计师、内部审计主任、首席财务执行官应经常参加审计委员会的会议，其他董事会的成员也应有权利参加会议。

·审计委员会与审计师每年至少单独召开1次没有执行董事（管理部门）参加的会议，以确保不出现未决事项。

·审计委员会应有权利和条件调查其职责范围内的事项并充分的获取信息。审计委员会应能够在必要时听取来自外部的专业化建议和邀请有经验的外部人士参加会议。

·审计委员会的职责根据公司的需要确定，但一般情况下，应包括以下内容：A就独立会计师的聘任、审计费和解聘等有关问题向董事会提出建议；B在期中和年度财务报表提交董事会之前，进行复核；C就审计的性质、范围及其他审计问题与审计师进行讨论；D复核独立会计师的管理意见书；E检查公司的内部控制制度；F复核各种专业调查报告。

·审计委员会应确保内部审计部门有充分的资金和人力，同时能够直接向公司高层管理部门报告。审计委员会应复核内部审计计划。

·在年度报告中应列出审计委员会的成员名单。审计委员会主席要在年度大会上回答有关他们工作的质询。

(四) 审计委员会制度在世界其他国家和地区

在欧洲大陆和南美，审计委员会很少设立。只有法国的几家公司设立了权利相当有限的审计委员会。法国相当于SEC的机构已经建议上市公司设立审计委员会，但未加以强制。法国当局已经考虑要求银行和其他财务机构建立审计委员会，但最终未形成法律。

在南非，虽然法律没有要求，但绝大多数上市公司都设立了审计委员会。审计委员会的作用一般由董事会全体会议决定。南非的审计委员会的职责与美国、英国和加拿大的审计委员会职责相似。

在中东地区，只有在以色列，审计委员会较为普遍，有法律要求。在那里，审计委员会的职责包括：A检查并与独立会计师商讨公司的财务状况；B问询并与内部审计师协商有关内部控制的问题；C向董事会说明公司经营的方式、存在的缺陷和改进的方法；D当业务重大，内容不符合一般市场规律，而且不属于公司的一般业务范围时，与公司的领导和相关利害关系人协商审批；E在报请董事会或股东大会审批前，审核董事会成员的聘任条件，包括公司内部领导或其他职位的任命条件。

在亚太地区，日本公司没有审计委员会。根据1989年公司法，新加坡上市公司都设立了审计委员会。在马来西亚，只有大银行和保险公司按照要求设立审计委员会。

在澳大利亚，虽然没有要求，几家大公司都设立审计委员会。1990年，公司实务和操作工作组发表的一份报告指出：每个股份公司均应设立审计委员会，其绝大多数成员由非执行董事组成，在年度报告中公布审计委员会成员的名单，审计委员会应有书面的章程或约定。

在新西兰，审计委员会也不普遍。1992年新西兰董事会实务准则草案曾建议设立审计委员会。

三、审计委员会制度评论

(一) 审计委员会是在职业组织、立法机构和企业自身的需要共同推动下发展起来的。

从世界各国的审计委员会发展历程来看，职业自律组织对于企业规范经营、防止舞弊的要求在审计委员会的发展中起到了决定性的作用。仅就美国审计委员会的发展过程而言，最初提出设立审计委员会建议的是美国证券交易委员会，此后，它还多次发表建议或公告主张设立审计委员会。还有一些其他组织例如美国注册会计师协会（AICPA)、国际内部审计师协会（IIA)、国家证券商协会、反对虚假财务报告委员会（Treadway Commission)、美国法律协会（ALI）等也呼吁建立审计委员会，美国主要的证券交易所、大多数的会计公司、一些律师事务所还纷纷制定关于审计委员会职责的指南。职业组织的这些建议和指南为推动立法机构对审计委员会制度进行强制要求起到了积极的作用。但是，他们提的也仅仅是建议，真正起到强制作用的是立法机构发布的各种法案，美国1991年的联邦储蓄保险公司改善法（FDICIA）和新联邦判决指南（New Federal Sentencing Guidelines）中对审计委员会的设立起到了重要作用。企业自身的需要也十分关键，如果企业自身没有认识到审计委员会或者建立这种内部控制的重要性，即使各职业组织呼吁和论证，审计委员会制度也不会真正在企业中建立起来，或者依照法律的要求建立了审计委员会，其发挥作用的情况也不会令人满意。换句话说，只有企业出于自身管理的考虑，认为有必要建立审计委员会制度，审计委员会制度才能真正建立起来并发挥作用。其他国家的情况亦如此。因此，可以说，审计委员会是在职业组织、立法机构和企业自身的需要共同推动下发展起来的。

(二) 从审计委员会的发展过程来看，其职责在不断扩大。

审计委员会的主要职责归纳起来包括领导内部审计部门的工作、与外部审计师进行协商、检查财务报告三个方面。审计委员会从产生至今，其职责在不断扩大。审计委员会建立的初衷是为了保证独立会计师和内部审计师的审计质量，主要是保证审计的独立性。在过去的半个世纪里，审计委员会的职责从仅仅关注财务报告的公允性，扩展到关注诸如公司经营活动的合规性的社会道德等众多方面。随着全球经济一体化，公司的自我约束将变得越来越重要，审计委员会的职责还会进一步扩大。

(三) 审计委员会制度实质上是内部审计，是一种内部控制，是管理的一部分，因此与我国的监事会制度在本质上有很大不同。

从审计委员会的发展及其职责的演变过程，我们可以看出审计委员会设在董事会下，向董事会负责并报告工作，代表董事会监督财务报告过程和内部控制，以保证财务报告的可信性和公司各项活动的合规性。审计委员会本质上是为实现董事会目标而对公司的财务报告和经营活动进行的独立性评价。不论审计委员会的职责如何变化，都没有脱离它为实现董事会经营目标服务的宗旨，都没有改变它独立的评价活动的实质，其职责的演变过程与内部审计的职责演变是完全相同的，也与内部控制内容的发展是同步的。因此从审计委员会职责的演变过程来看，审计委员会实质上就是内部审计，是内部控制的一种手段，是管理的一部分。

如果将审计委员会与监事会作一比较，审计委员会的本质会更加明了。

据考证，监事会制度起源于1602年荷兰的东印度公司的大股东受股东大会之委托担任董事及监察人，后来各国为健全公司治理结构，在企业中借鉴近代三权分立政治思想的精髓与架构，塑造出股东大会、董事会与监事会的三权分立。在一个公司中，股东大会是由全体股东组成的决定公司一切重大事项的最高权力机构，处于立法地位；董事会经股东大会选举产生，是公司的管理执行机构，处于行政地位，董事会聘任总经理主持生产经营管理；监事会受股东大会的委托，代表股东对董事会、董事和总经理进行监督向股东大会负责并报告工作，处于司法地位。公司通过股东大会、董事会、监事会三个机构的相互配合和牵制，达到健全发展的目的。由此可见，监事会与董事会都接受股东大会的委托开展工作，监事会与董事会之间是监督与被监督的关系。监事会属于公司治理的范畴。

审计委员会设于董事会下，代表董事会对公司财务报告和经营活动的合规性进行独立性的评价和监督，因此，它是公司内部控制的一种手段，是内部审计，属于管理的范畴。

审计委员会与监事会在公司中分别属于公司管理和治理领域。管理与治理有关联之处，也有很大区别。管理主要是由经理人员去行使职责，管理的职能是：计划、组织、激励、控制和协调。公司治理在于公司管理的外部，其研究领域在于公司经济学和公司法学的交结处。公司治理结构原是法律用语，后来经济学家在讨论企业的起源及企业与市场的关系时借用了这一术语，指公司权力机关的设置、运行及权力机关之间的法权关系。管理涉及公司的经理及各部门，治理涉及股东大会、董事会、监事会、总经理。审计委员会与监事会在公司中所处地位的不同，也决定了二者权责方面的不同。

（四）审计委员会在各国的实践告诉我们，在我国实行审计委员会制度十分必要。

我国《公司法》规定必须设立监事会，此外，国务院还颁布了暂行条例规范国有重点金融机构和国有企业的监事会问题，我国对审计委员会制度没有法律方面的要求。

上述世界各国审计委员会的实践和我国内部审计、注册会计师审计的现状告诉我们，在公司设立审计委员会是十分必要的。我国公司的内部审计机构设置基本沿用了原国营企业的行政模式，内审部与财务部平级，或者内审置于财务部内，受分管财务的副总经理或总会计师在业务上、行政上的领导，内审严重缺乏独立性，形同虚设，根本没能发挥其控制和评价的作用。我国的注册会计师执业现状令人忧虑，为招揽客户，谋取利益，许多事务所竞相压价的同时，审计过程中对管理人员言听计从，降低了服务质量。在这种情况下，在董事会下设立审计委员会，一方面领导内部审计开展工作可以提高内部审计的组织地位，进而保证内部审计的独立性和工作效果，另一方面，负责与外部审计师进行协调，选择注册会计师并决定其收费，可以避免“独立审计不独立”的现象，大大提高注册会计师审计的质量。另外，审计委员会的建立可以加强董事会对经营管理人员的监督。从这三个方面来说，在董事会下设立审计委员会是必要的。

（五）审计委员会只有具备足够的权威性、客观性、胜任能力才能有效地发挥作用。

审计委员会的宗旨是为董事会实现经营目标服务的，审计委员会只有具备足够的权威性、客观性、胜任能力才能有效地发挥作用，从而实现其宗旨。这也是我国公司设立审计委员会时应注意的。

首先，权威性，主要是指审计委员会在机构设置中的层次。高层次性和权威性是审计委员会有效地进行监督的保证。审计委员会必须设在董事会下，独立于经理层。当然，赋予审计委员会足够的权威性并不是要改变它的本质。那些认为审计委员会应设在监事会下的观点是错误的，因为，审计委员会是服务于董事会的，而监事会的职责是监督董事会的。我们不能盲目追求审计委员会设置地位的权威性，而全然不顾事物的本质和规律。

其次，客观性，是指审计委员会在履行职责时保持公正的立场。只有客观地进行评价，审计委员会的工作报告或结论才能令人信服。

最后，胜任能力，是指审计委员会的成员结构和工作能力，包括审计委员会中应含有懂得公司财务的人员，同时应有熟悉公司经营管理和内部控制的人员。所有的审计委员会成员均应有良好的交流能力，洞察问题和分析问题的能力。这是审计委员会圆满完成工作的基本条件。

事实上，权威性、客观性、胜任能力三者是相互联系的，缺少了任何一方面，其他方面就无从谈起。没有胜任能力的审计委员会一定不会有权威性，没有客观性也是一样。

知识经济与审计现代化

于玉林

一、知识经济的客观要求：审计现代化

面向21世纪的审计环境，是一个在经济、科技和管理诸方面都有极大发展的审计环境。它将影响审计的发展与变化。21世纪是一个迈向知识经济的时代，是一个发展知识经济的时代。有人说，在中国，只有知识经济的萌芽，何谈知识经济，更谈不上知识经济对审计的影响。中国有句成语："未雨绸缪"，意为事先做好准备。我们要面对知识经济的挑战，何况在中国实施科教兴国战略，尊重知识，尊重人才，在大力发展作为知识经济支柱知识产业的高新技术产业和电子信息产业，既有知识经济的萌芽，就会有知识经济的发展壮大。正视知识经济对审计的影响是及时的，放眼世界看未来，把握审计的发展趋势，从而促进审计事业的兴旺发达。

20世纪70年代以来，随着世界新技术革命尤其是信息技术及其产业的迅速发展，一种新型的经济即主要取决于智力资源的知识经济也在逐渐发展。知识经济是建立在以智力资源为依托、以高技术为核心，在知识和信息的生产、分配和消费之上的经济。知识经济以智力资源为依托，使智力资源成为第一要素。知识经济以高技术为核心，用高技术发展产业。高科技主要由信息科学技术、生命科学技术、新能源与可再生能源科学技术、新材料科学技术、空间科学技术、海洋科学技术、有益于环境的高新技术和管理科学（软科学）技术。信息技术成为知识经济的支柱。知识经济的基本特点是：(1)智力资源资本化。(2)产业高技术化。(3)信息社会化。(4)信息网络化。(5)投资无形化。(6)经济全球化。(7)教育终身化。

知识经济对审计有什么影响？这是需要认真探讨的一个问题。

知识经济的发展，将影响审计内容不断扩大，既要进行国内审计，又要进行国外审计；审计结构将发生变化，在对有形资产进行审计的同时要加大对无形资产的审计，对一、二产业进行审计的同时要加大对第三产业的审计，对一般企业进行审计的同时加大对高新技术产业的审计；审计手段将更加先进，充分运用现代技术进行审计；将要求审计人员不断提高素质，充分发挥知识的作用，以提高审计工作的质量。要正视知识经济对审计的影响，树立知识经济的观念，实施审计现代化，以适应知识经济的要求。

要不要探讨审计现代化？先要明确什么是审计现代化，明确什么是审计现代化，又要先明确什么是现代化。现代化这一概念有多种理解：现代化是近代以来向世界先进水平发展的过程；现代化是实现工业化的过程；现代化是在技术发展上（生产力发展上）要达到的先进水平；现代化是整个国民经济和社会各个方面要达到的先进的发展水平。本文探讨的审计现代化，是理解为审计应具有现代先进科学技术的发展水平。因此，审计现代化是指广泛、系统地运用规范、科学的符合法制要求并与国际协调的审计活动。

明确了什么是审计现代化，再来研究要不要探讨审计现代化。审计现代化是适应知识经济发展的需要。实施审计现代化，有利于提高审计工作水平，提高审计人员素质，面向世界，走向世界，促进知识经济的发展。

在中国推进社会主义现代化建设的进程中，进入80年代，各行各业都在实施现代化工程，相应各方面工作也需要实行现代化。统计工作早就提出了现代化的要求，在1987年2月15日国家统计局发布的《中华人民共和国统计法实施细则》中，第20条规定国家统计局的职责之一是"制订统计工作现代化和国家统计调查计划"，同时，第23条规定各级人民政府主管部门的统计机构或统计负责人的职责之一是"制订本部门统计工作现代化规划和本部门统计调查计划"。会计工作也在推进现代化，在1990年11月召开的全国会计工作会议暨全国会计"双先"表彰大会上，提出要努力使会计向经营管理型发展，要努力学习和运用现代会计管理方法，逐步实现我国会计的规范化、科学化、现代化。在1995年10月召开的第四次全国会计工作会议上，在全面总结"八五"期间会计工作取得成绩和经验的基础上，明确了未来十五年会计改革与发展的目标和方向。1995年12月15日财政部发布的《会计改革与发展纲要》，提出在"九五"期间，要建立与社会主义市场经济发展要求相适应的会计模式的基本框架，在此基础上，"再经过10年左右的努力，形成比较成熟和完善的、社会主义市场经济的会计模式，实现会计工作的现代化、法制化。"

适应知识经济的发展，在社会主义现代化的建设中，审计需要实施现代化，而审计现代化又会促进知识经济的发展。

二、审计现代化："四化"

（一）审计现代化的标志

审计现代化的标志是"四化"：规范化、科学化、法制化和国际化。

审计规范化，是指审计监督具有标准性、统一性和一致性的要求。审计规范化是实现审计现代化的基础。审计规范化的要求是：标准性，审计监督要按照有关方面规定的或实践中形成的标准或准则进行；统一性，审计监督按有关方面规定的或实践中形成的标准或准则在一定时间和范围内施行；一致性，审计监督按有关方面规定的或实践中形成的标准或准则在不同时间和空间的实施应是相同的。应该指出，审计规范化是相对的，在一定条件下的审计规范，随着客观条件的变化，可以作相应的调整，或修改或充实，使其更符合规范的要求。

审计科学化，是指审计监督具有客观性、有效性和先进性的要求。在当前条件下，现代科学的发展，为审计监督的科学性创造了条件。可以说，审计科学性是审计发展的客观规律。审计科学化的要求是：客观性，审计监督反映了客观存在的经济活动和审计活动；有效性，审计监督的积极效果，有利于促进经济发展和审计活动的进行；先进性，审计监督反映了当代经济、科学技术和管理的要求和水平。

审计法制化，是指审计监督在各方面体现了有关法规的要求。依法治国，相应要依法治理审计，使审计监督在各方面体现有关法规的要求。审计法制化的要求是：全面性，审计监督的各个方面都要反映有关法规的要求；强制性，审计监督要体现有法必依、执法必严、违法必究的要求。

审计国际化，是指审计监督具有国际的相应性、规范性、可比性和适用性的要求。审计国际化的要求是：国际相应性，审计监督反映了相应国际审计准则的内容和要求；国际规范性，审计监督反映了审计活动以国际审计准则为规范；国际可比性，审计监督反映了审计活动所依据的标准、要求与国际审计准则的内容和要求基本上是可比的；国际适用性，审计监督反映了审计活动的组织形式和所采用的方法在国际上普遍适用。

审计现代化是一个过程，审计现代化的规范化、科学化、法制化和国际化，是相互联系和相互制约的，既具有阶段性，又具有同步性。一般说，审计现代化的过程，首先要逐步实现规范化，在此基础上，逐步实现科学化、法制化、国际化；审计的规范化、科学化、法制化和国际化是同步相结合进行的：审计的规范化需要符合科学化、法制化和国际化的要求；审计的科学化是规范化的发展，也要符合法制化和国际化的要求；审计的法制化制约着审计的规范化、科学化和国际化；审计的国际化是审计规范化、科学化和法制化的长远目标。

（二）审计现代化内容

审计现代化的内容，包括审计思想现代化、审计理论现代化、审计工作现代化和审计手段现代化。

审计思想现代化，是指审计人员的思想观念具有规范性、科学性、法制性和国际性的要求。审计思想现代化，是审计人员思想观念的规范性，思想观念反映了审计监督具有标准性、统一性和一致性的要求；审计人员思想观念的科学性，是思想观念反映了审计监督具有客观性、有效性和先进性的要求；审计人员思想观念的法制性，是思想观念反映了审计监督在各方面体现了相关法规的要求；审计人员思想观念的国际性，是思想观念反映了审计监督具有国际相应性、规范性、可比性和适用性的要求。

审计理论现代化，是指审计理论要反映审计实践具有规范性、科学性、法制性和国际性的要求。审计理论现代化，是审计理论要反映审计实践的规范性，审计实践具有标准性、统一性和一致性的要求；审计理论要反映审计实践的科学性，审计实践具有客观性、有效性和先进性的要求；审计理论要反映审计实践的法制性，审计实践是有法必依、执法必严、违法必究；审计理论要反映审计实践的国际性，审计实践具有国际的相应性、规范性、可比性和适用性的要求。

审计工作现代化，是指审计机构、审计人员的审计活动具有规范性、科学性、法制性和国际性的要求。审计工作现代化，是审计活动的规范性，审计活动具有标准性、统一性和一致性的要求；审计活动的科学性，审计活动具有客观性、有效性和先进性的要求；审计活动的法制性，审计活动的各方面体现了相关法规的要求；审计活动的国际性，审计活动具有国际的相应性、规范性、可比性和适用性的要求。

审计手段现代化，审计机构、审计人员为完成审计任务而采用具有规范性、科学性、法制性和国际性要求的方法、措施和途径。审计手段现代化，是审计手段的规范性，审计机构、审计人员为完成审计任务而采用的方法、措施和途径具有标准性、统一性和一致性的要求；审计手段的科学性，审计机构、审计人员为完成审计任务而采用的方法、措施和途径具有客观性、有效性和先进性的要求；审计手段的法制性，审计机构、审计人员为完成审计任务而采用的方法、措施和途径在各方面体现了相关法规的要求；审计手段的国际性，审计机构、审计人员为完成审计任务而采用的方法、措施和途径具有国际的相应性、规范性、可比性和适用性的要求。

在审计现代化的内容中，审计思想现代化是审计现代化的基础，审计理论现代化是审计现代化的指导，审计工作现代化是审计现代化的核心，审计手段现代化是实现审计现代化的保障条件。

三、审计工作现代化

审计工作现代化，是要使审计活动达到具有规范性、科学性、法制性和国际性的要求。

审计工作规范化

审计工作规范化是指审计机构、审计人员为完成审计任务而采用的手段、措施和途径具有标准性、统一性和一致性的要求。审计规范性是实现审计现代化的基础。审计规范性的要求是：(1) 标准性，审计监督按规定的准则或依据、程序、格式、要求等组织实施。(2) 统一性，审计监督按有关的规定在一定范围内执行。(3) 一致性，审计监督按已有的规定在不同时间和空间的实施应是相同的。审计工作规范化的内容是可以操作的，有利于审计机构、审计人员和其他人员有序地进行审计活动。

审计规范的内容，按审计的职能和性质包括政府审计、社会审计和内部审计的规范，按审计的运行包括审计组织、审计内容和审计程序的规范。

应该指出，审计规范性是相对的，在一定条件下对审计监督的规定，随着客观条件的变化，可以作相应的调整，或修改或充实，使其更符合规范的要求。

审计工作科学化

审计工作科学化是指审计机构、审计人员为完成审计任务而采用的手段、措施和途径具有客观性、有效性和先进性的要求。在当代条件下，现代科学的发展，为审计工作的科学性创造了条件。审计工作科学性是审计发展的客观规律。审计工作科学性的要求是：(1) 客观性，审计监督工作反映了客观存在的经济活动和审计活动。(2) 有效性，审计监督工作的积极效果，有利于促进经济发展和审计活动的进行，有利于促进单位工作规范化，有利于健全单位管理制度，有利于提高单位工作水平，有利于保护单位财产，有利于促进单位提高经济效益。(3) 先进性，审计监督工作反映了当代经济、科学技术和管理的要求和水平。审计工作的科学性，是要求在审计工作具有规范性的同时，或在其基础上逐步来实现。

在审计工作科学化的客观性、有效性和先进性的要求中，关键性的要求是先进性。审计工作的先进性主要体现在审计机构、审计人员为完成审计任务而采用当代先进的理论、方法和技术。在审计理论上，以当代新的科学理论为基础，充实和发展审计的动因理论、主体理论、客体理论、主客体关系理论和运行理论等，以建立现代审计理论体系；在技术上，采用当代新的技术手段和措施，如采用科学审计取证技术、审计抽样技术、审计信息传递技术和计算机审计技术等。在当代条件下，现代科学技术的突飞猛进和日新月异，为审计具有先进性提供了可能，也创造了物质条件。

审计的先进性是相对的，是一个逐步提高的发展过程，达到了本地区（本部门）的先进水平，还要继续努力达到全国和世界的先进水平。

审计工作法制化

审计工作法制化是指审计机构、审计人员依法进行审计监督。市场经济是法制经济，现代企业要依法经营，依法进行管理。审计机构、审计人员依法进行审计监督，才能维护企业的正当经济利益，保证经济活动的正常进行，才能做到客观、公正、实事求是地处理审计事项，正确处理各方面的关系。审计法制化的“依法”，不仅要依据审计的法律、行政法规、地方性法规和规章来进行审计，也要依据其他法律、行政法规、地方性法规和规章中有关审计的规定来进行审计。审计的法制“化”，不是指审计的某项或某方面、某阶段、某环节的工作要依法进行，而是指审计的全部和全过程都要依法进行。审计法制化的基本特征是审计依法进行的全面性和强制性。(1) 全面性，是指审计监督的各个方面、各个环节都依据审计法规进行。审计监督主要依据《中华人民共和国审计法》等审计法律，国务院发布的《中华人民共和国审计法实施条例》、《中央预算执行情况审计监督暂行办法》等行政法规，以及地方审计行政法规，国家审计署制定的《国家审计基本准则》、各项具体审计准则和其他有关的审计规章，以及其他主管部门制定的审计规章等。企业按照建立社会主义市场经济体制的目标，适应单位内部经营机制的要求，根据《中华人民共和国审计法》和国家统一审计制度，建立的企业内部审计制度，也是企业审计应该认真执行的规范。(2) 强制性，是指审计监督有法必依、执法必严、违法必究。在企业、事业等单位的审计监督中，审计机构和审计人员，必须依据审计法律、审计行政法规、审计地方性法规、审计规章和企业内部审计规章等，按其内容的规定严格执行，在贯彻执行中，如有违反、构成犯罪的，依法追究刑事责任，尚不构成犯罪的，由其所在单位或者有关单位依法给予行政处分，同时违反其他法律规定，构成犯罪的，依法追究刑事责任，尚不构成犯罪的，由审计等有关部门在各自职权范围内依法进行处罚。审计法制化不仅要求企业、事业等单位依法组织和考核审计，也要求审计的管理部门依法管理审计。

审计法制化需要建立、健全审计法规体系。在市场经济体制下，在经济发展过程中，会发生各方面与审计行为相关的审计关系。如何正确处理这些审计关系，需要依据有关的审计法规。审计法是调整经济活动中审计关系的法律规范的总称。它包括审计法律、审计行政法规、审计地方性法规和审计规章等。建立和健全审计法规体系是一个庞大的系统工程，需要各级制定审计法规的机关，从不同的方面和不同的要求出发，有计划地逐步完成。

审计工作国际化

审计工作国际化是指审计机构、审计人员为完成审计任务而采用的手段、措施和途径具有国际的相应性、规范性、可比性和适用性的要求。它不仅是审计现代化的需要，也是随着我国发展对外贸易、扩大进出口、引进先进技术和设备、利用外资、开展对外承包工程和劳务合作、引进管理技术、开展对外经济技术交流与合作等的需要。审计国际化的要求是：(1) 国际相应性，审计监督要采用相应的国际审计准则的内容和要求。(2) 国际规范性，审计监督的组织以国际审计准则的内容和要求为规范。(3) 国际可比性，审计监督组织的标准、要求与国际审计准则的内容和要求基本上是可比的。(4) 国际适用性，审计监督的组织形式和所采用的方法在国际上普遍适用。应该指出，审计国际化是一个逐步实理的过程，通过借鉴、协调和统一来达到。

四、逐步实现审计工作现代化

审计现代化的逐步实施，要做好以下工作：

领导重视。各级领导要重视审计工作现代化的进程。认识到审计工作现代化对提高审计工作质量，加强审计管理，提高审计水平，强化审计人员素质，反腐倡廉，都有重要的意义。相应加强对审计工作现代化实施的领导工作，制定实施规划，采取切实可行的实施措施，并解决实施中存在的问题。特别是审计机构的负责人和企业、事业等单位的领导，更应该重视这一工作，把审计工作现代化作为一项重要工作，纳入工作日程，加强领导。

制定规划。对审计工作现代化的实施，各级审计部门要制定分步实施的规划，以便指导实施工作。国家审计署需要制定审计工作现代化的规划，确定实施的目标和步骤；省、直辖市、自治区审计部门也要相应制定实施审计工作现代化的规划，企业、事业等单位相应制定本单位的实施规划，指导本单位审计工作现代化的实施工作。

组织落实。各级审计部门要根据制定的审计工作现代化分步实施的规划落实到有关单位，并制定相应的措施，保证其实施。企业、事业等单位的审计机构要根据各级审计部门制定的审计工作现代化分步实施的规划，结合本单位的要求，落实到有关部门，并制定相应的措施，保证其实施；同时，会同与实施审计工作现代化有关的其他部门，制定相应的措施，以保证审计工作现代化的实现。

定期检查。各级审计部门，要定期（半年或一年）地对所属单位制定分步实施规划的实施情况，按照审计工作现代化的内容、要求，检查已经达到的水平、在审计工作现代化的实施过程中的成绩和经验、存在的教训和问题。企业、事业等单位的审计机构根据定期检查的结果，要相应制定本单位进一步实施的措施，以保证本单位审计工作现代化的逐步实现。

提高审计人员素质。逐步实现审计工作现代化的关键是提高审计人员的素质。各级审计部门要制定提高审计人员素质的计划，并有组织的实施。企业、事业等单位相应制定提高本单位审计人员素质的计划，在学校或在岗培训在职审计人员，提高审计人员现代审计专业理论知识、现代经济科学基础理论知识、现代法学基础知识、现代科学技术基础知识和操作电子计算机的能力，以适应审计工作现代化的需要，并在实现审计工作现代化的过程中做出更大的成绩。

审计的变革

——21世纪审计发展的趋势

叶陈刚　樊伟军

一、审计环境的变革

审计环境指一定时空状况下，审计主体对审计客体实施审计时所面临的各种主客观因素之和。经济的发展、社会的进步使审计面临的宏观环境发生了巨大的变化。

1. 知识经济的到来全面冲击着传统经济秩序

21世纪初，知识经济的浪潮正向我们席卷而来，并以知识、信息流的巨大能量创造着前所未有的资源消耗最低、投入最小而生产率最高的经济增长方式。知识资源是无限的，运用越多，成本越低，而且会不断更新，不断产生新知识，使经济发展可持续化。新的知识和科学技术在经济增长中所占的比例不断提高，不断的知识创新推动经济发展。知识经济使人类的经济发展从主要依赖自然资源转向主要依赖智力资源，从主要消耗物资转向更多地消耗知识，经济增长以牺牲环境为代价转向人与自然的协调发展，知识成为可持续发展的关键。审计所面对的不再仅仅是传统经济中的人、财、物，而更注重去面对无形的知识及知识创新的能力，知识在改造大自然的同时，也使人类的生产生活方式和价值观念发生剧变，它已经成为关键意义上的资源而不再是通常意义上的资源。知识从根本上改变社会的结构，创造了新的社会动力和经济动力。数码技术、计算机辅助技术、虚拟仿真技术、生命科学、管理与金融创新等高新技术越来越成为经济竞争的关键。知识已脐身于审计环境因素之中，成为重要的审计环境因素。

2. 信息和通讯技术的发展带动社会步入信息时代

现代社会经历的信息革命是人类历史上文明发展的崭新阶段。在我们跨入21世纪之际，由现代信息技术特别是网络技术引发的全球信息化浪潮冲击着传统社会生活的每一个角落。信息化、网络化、数字化已成为时代的主旋律。国际互联网络的产生和迅速普及以及信息高速公路的建设成为人类社会进入信息时代的主要标志。国际互联网络一经产生，就以迅猛的速度发展，不到5年的时间就有5亿人利用它获取信息，从事自己想从事的事情。互联网正在越来越多地改变人们的工作和生活方式，改变着经济发展的轨迹。可以说，互联网是继PC后，发生在全球IT领域的第二次产业浪潮，它带来了IT产业以及全球经济和社会的重大变革，对经济的发展有着直接而深远的影响。如今，互联网已经渗入社会经济生活的各个领域。通过互联网络，信息的传播、处理和反馈的速度越来越快，这就加剧了经济竞争的激烈程度，拥有信息资源的优势将逐步转化为经济竞争中的优势。信息已成为经济竞争中最具价值和最重要的资源之一。国际互联网络实际上就是一个庞大的信息网络，通过该信息网络，世界成了一个地球村，经济活动中所受到的时空限制大大减小。作为主要以会计信息为处理对象的审计应该充分利用信息网络带来的便捷。信息网络已成为不可忽视的审计环境。

3. 世界经济一体化将带给审计更加广阔的空间

乌拉圭回合后，关税壁垒的减少和世界贸易组织的创立促使国际贸易和国际投资迅猛增长，而“数字革命”带来的电子技术和信息技术的进步加快了资本市场的国际化进程。21世纪我国即将加人世界贸易组织，世界经济一体化将向前迈出重要一步。在信息以光速传播的知识经济时代，随着网络边界的无限延伸，数字经济必然是全球化的经济。经济的发展将使生产经营活动全球化、经济市场化、世界贸易体制多边化、各国金融融合化、投资活动国际化、网络经济迅猛发展，闭关锁国经济已不复存在。通过海外直接投资，对外贸易、国际证券市场，世界各国经济连为一体。近几年来，国际资本市场得到了巨大发展，国际资本流动的规模和速度也都大大增加了。在伦敦证券交易所的股票市值中，有70%的为非英国公司，在德国证券交易所的上市公司中，有80%来自60多个国家，在美国证券交易委员会登记的13000家公司中，有1000多家为外国公司。近年，我国一些效益较好的企业也纷纷到海外上市。这些都加速了经济国际化的进程。审计作为经济发展的产物必将融入到世界经济的大环境中去。

不仅审计面临的宏观环境发生了变化，审计所处的微观环境也在日益变化着。20世纪90年代以来，基于因特网的电子商务的发展为经济活动创造了一种新的交易方式。大量经济业务可以通过计算机网络处理，这使得经济贸易的无纸化得以实现。无纸贸易给会计系统带来了一场全方位、根本性的变革，会计信息化成为历史的必然。会计信息化使得会计信息系统与其他管理信息系统、企业与企业之间的联系十分紧密，模糊了系统、部门和公司间的界限，审计面临的不再是一个个单独的会计信息孤岛，而在很大程度上置身于一个庞大复杂的会计信息网络环境中。随着信息技术的发展，出现了所谓的“媒体空间”和“网上实体”，如网上公司、网上银行、远距离多主体的网上合作体等。这些“网上实体”不同于传统意义上的企业组织，其寿命与空间随时间而变化。经济发展使企业间不断进行分化、重组、兼并，跨地区、跨行业、强弱联合、强强联合，成立企业集团乃至跨国企业集团公司，企业之间呈不断整合之势。21世纪的企业面临的竞争将进一步加剧，企业需不断地进行制度创新、技术创新、市场创新、产品创新、管理创新，以提高自身的经济效益，同时，为了经济的可持续发展，社会将赋予企业更多的责任，企业必须以全人类的长远利益作为自己的最终目标，企业的内部经济和外部经济的矛盾将更加突出。

二、审计观念的变革

审计环境发生的巨大变化对审计提出新的挑战。传统审计观念是旧时代的产物，是从旧的审计环境中衍生而来的。面对知识经济、信息网络、世界经济一体化；面对会计信息化、网上实体、跨国界企业集团以及企业提高经济效益和履行社会责任的双重目标，传统审计无法作出适当的应对，审计观念亟需作出革新。

1. 从重有形资产审计到重无形资产审计

知识经济的出现预示着社会经济领域将发生一场知识革命。受传统经济理论的影响，长期以来，知识、信息和人力资源被排除在生产要素之外。随着知识革命的兴起，知识、信息、人力资源逐渐超越了传统意义上的资本和劳动力两大生产要素，成为经济发展的第一要素。传统会计核算主要把重点放在存货、厂房、机器设备等实物资产上，极少关心知识、信息、人力资源等无形资产。知识经济时代，未来企业现金流量和市场价值的动力正是这些传统会计上不露面的因素。以微软公司为例，据美国《商业周刊》1997年最新资料，微软公司市场价值为1485.9亿美元，但其资产负债表显示的资产总额为143.87亿美元，两者相差如此之大，主要是因为微软公司拥有大量的知识、信息与人力资源等无形资产，这才是微软公司最大的财富。在知识经济条件下，知识成为发展经济的首要资本，使得知识资本在高投入的刺激下不断扩张，这必然导致企业资产结构的改变。企业资产中，以知识、信息及人力资源为主的无形资产所占的比重大大增加，特别是高新技术企业中。据统计数字表明，1995年在美国很多企业无形资产的比例已高达50-60%。无形资产在总资产中所占的比重以及所起的重要作用使得无形资产越来越受到信息使用者的关注，逐渐成为会计核算的重点。由此势必拉动审计的重点由物资经济下重视存货等有形资产的审计向知识经济下重视知识、信息、人力资源等无形资产的审计转变。

2. 从财务审计到财务审计与管理审计并重

经济的发展促进竞争的加剧，21世纪企业的竞争不仅是财务的竞争，更重要的是管理的竞争，谁拥有了管理上的主动，谁将逐渐赢得竞争中的优势。竞争的加剧迫使企业寻求一切可利用的资源来加强自身的管理水平。审计团体不仅拥有会计、审计、税务、企业管理等方方面面的专家，而且也因为提供审计或其他会计服务的缘故，而对客户的内部控制及管理系统有了深刻的认识和了解。因此，它们最有资格对企业的管理活动进行审查并提出改进意见。同时，为了减少决策失误所带来的风险，信息使用者对信息的需求量不断扩大，传统的财务信息已远远不能满足要求了。长期以来，审计职业界致力于产出一种标准的以符合性为导向的审计产品，而对财务报表以外的信息不发表审计意见，社会公众不得不从审计职业之外获取这些信息，这些信息在某种程序上比已审财务报表更加重要。满足这种需求的方法就是推行管理审计，即对企业管理活动信息进行全面的评价。此外，由于传统审计业务风险的急剧增加，审计职业界为了生存和发展，在做好财务报表审计的同时，积极从事管理咨询活动，并取得了巨大成功。六大国际会计公司都已对管理咨询业有了不同程度的介入，某些国家审计职业界甚至制定了管理鉴证准则。说明审计已初步具备审计企业管理活动信息的能力。随着企业会计信息系统与管理信息系统的集成，除了对财务报表审计以外，审计参与到企业预测、决策、控制等管理活动中去已成为审计发展的重要趋势。

3. 从企业内部效益的审计到企业内部效益与外部效益并重的审计

人类社会的发展，归根到底是人类所处的自然环境和社会环境对立统一，协调共进的动态过程。在工业经济时代，由于物质资源的稀缺性和使用上的实际排他性等原因，使得企业的内部效益与外部效益之间总是呈现出一种此消彼长的关系。在知识经济时代，知识资源与物资资源之间的一种明显区别就是知识具有共享性和可转移性，它使企业和社会的联系更加广泛而深入，企业对知识的要求和应用将更加取决于社会对知识形成和发展所作出的贡献。这为企业内部效益与外部效益的统一提供了可能性。同时，社会的进步对经济的发展提出了更高的要求。为了实现经济的可持续发展，企业的经营活动应受到社会的制约，必须以不危害社会利益并促进社会利益的实现为前提，企业承担着越来越多的社会责任：维护社会公众利益、保护生态平衡，防止公害污染，支持发展社区文化教育和福利事业等。社会已经越来越重视企业内部效益与外部效益的有机统一，审计作为经济发展的"助推器"，应适应社会的要求，对企业整体效益进行监督检查。

4．树立对"网上实体"的审计观念

所谓"网上实体"，指的是一种基于网络的临时性结盟组织，它借助于计算机网络根据工作任务和市场变化的需要，可以迅速地进行分合、重组，其主体可能时而膨胀，时而缩小，甚至解散。世界互联网络和实体内部网络的发展，导致了"网上实体"如网上企业、网际企业、虚拟公司等的迅速发展。它不同于传统意义上的企业组织，没有有形的办公场所、固定资产、雇员等，它存在于虚的"媒体空间"中，会计中的"主体"概念对"网上实体"已经失去了意义。这些"网上实体"貌似无形，但是他们确实存在，而且运作自如。如全球最大的网上书店 Amazon 就是无形的，它的总市值超过了312亿美元。会计、财务面对这些"网上实体"的出现，不断尝试更新自己的理论以适应未来实践的需要。在对这些"网上实体"进行核算加以反映之时，不能忘记对其进行审计监督，否则，反映出来的信息的可靠性无从确证。因此，必须树立对"网上实体"的审计观念。

5．树立审计国际化的观念

随着世界经济一体化进程的加速，国际贸易迅速发展，跨国企业纷纷涌现，企业经济活动在很大程度上越出了国界，国际资本市场逐步形成。各国在经济上相互依存相互促进的关系日益明显。由于各国经济发展所处的环境不同，世界各国所制定的会计准则和审计准则有较大差异，它们不仅影响跨国公司的进展，减缓投资资本的国际流动，而且阻碍经济发展和资源在国际间的有效配置。经济关系的国际化，使审计逐步走出国界。为了使审计报告和被鉴证的会计报表能取得各有关国家社会公众的信任，客观上要求协调审计标准与实务，消除各国审计准则和实务中的分歧。由于调控企业报表及地区间协调成本高、进展慢，且存在适用范围内的局限性，推动制定和实施国际审计准则已为越来越多的人所接受。除了审计准则的国际化外，审计市场也应逐步国际化，各国的审计市场互相开放。一方面，允许国外会计公司进入国内市场，另一方面，各国国内审计师事务所也应积极走出国门，进军国际审计市场，使会计这一通用的"国际经济语言"在世界范围内的流通成为可能。

三、审计目标与对象的变革

（一）审计目标的变革

审计目标是在一定的历史环境下，人们通过审计实践活动所期望达到的结果。审计目标不是一成不变的，它受到社会需求的影响，并随着社会需求的变化而变化。影响审计目标确定的要素主要有两个：一是社会的需求，二是审计自身的能力。前者对审计目标的确定起着根本的导向作用，后者对审计目标的确定起着决定的平衡作用。随着社会的发展，当社会对审计的需求超过审计自身的能力时，就必须对审计目标进行调整或提高审计能力。从审计发展的历史来看，社会需求与审计能力之间总是存在着差距，审计目标随着社会需求的增加和审计自身能力的提高而不断演进。在详细审计阶段，审计的主要目标是查错防弊，在资产负债表审计阶段，审计的目标是对资产负债表的真实性进行审计，在会计报表审计阶段，审计的目标是对经营管理活动结果报告的真实性进行审计。随着社会进入知识经济、信息网络时代，社会各界不仅对审计提出了更高的要求，同时也给予审计发展自身能力的契机。

1．社会对审计要求的提高。在工业经济时代，企业会计以财务报告为内容、资产报告为核心、财务报表为主要表现形式，对企业的资产使用、已获收益、资金营运等财务信息进行确认，表述和披露。这种报告模式基本能适应当时经济发展的要求，对财务报表的审计也基本上能满足对企业经营管理活动进行监督的要求。在知识经济时代，信息使用者对信息的需求无论从质量上还是从数量上都大大提高了，他们已不满足对企业过去财务信息的了解，还要求了解企业未来的、非财务方面的信息。由于知识、信息、人力资源等无形资产所起的作用越来越大，信息使用者会更关心知识、信息、人力资源等无形资产的价值、先进程度、对企业发展的重要程度；由于企业竞争和经营风险的加大，信息使用者需要对企业的管理活动做出评价，以便更好地进行决策；由于对企业整体效益的关注，信息使用者要求了解企业履行社会责任方面的信息；由于市场环境的加速变化，信息使用者要求快速准确地得到可靠信息。一方面信息使用者对信息的质和量的要求大大提高了，另一方面，他们凭自身的力量无法完成对信息质量的审查，因而不得不寻求审计的帮助，由此对审计提出了更高的要求。

2．社会给予审计发展自身能力的契机。计算机的出现大大提高了人们对信息的处理能力。20世纪80年代，新技术革命的浪潮遍及全球，微电子技术的进步，使得微型计算机大量涌现，并得到广泛的运用，借助计算机系统，信息处理速度和准确性都得到了很大提高。90年代，信息革命成为新技术革命的主要标志和核心内容，人类社会进入信息时代，计算机技术和网络技术的广泛应用，给信息的处理开辟了新的领域，信息的生成、加工、储存、提炼、传输、报告以及解释在计算机网络中都得到了极大的提高。利用计算机网络，审计所能处理问题的手段更加多样化、迅速化，同时审计所能触及的空间也更加广阔，从根本上为审计能力的提高奠定了技术基础。

这一切使得审计不仅有必要而且有可能革新审计目标。为适应社会需求的变化，审计不仅要进行可靠性验证，还要提供决策相关信息；不仅审查企业内部经营管理活动，而且审查企业履行社会责任的情况；不仅要揭露会计资料的错弊，而且要指出其根源与后果，并找出对策。审计目标逐渐向多元化发展。

（二）审计对象的变革

审计对象是一个历史范畴，随着社会经济的发展和审计目标的不断提高，审计对象也在发生变化。最初审计以被审计单位的财政收支或财务收支作为审计对象，20世纪下半叶以后，为适应现代社会经济的进一步发展，审计对象迅速发展变化，超出了财政财务收支活动的范围，扩展到与经济效益有关的经营活动和管理活动的各个领域：由账项基础审计扩展到制度基础审计，由手工数据处理系统审计发展为计算机信息系统审计。知识经济革命与信息时代的到来，使得社会经济加速向前发展，审计目标走向多元化，审计对象随之发生变化。

一般说来，审计对象指的是审计所要检查的客体。抽象地说，该客体可以概括为被审单位的经济活动；具体地说，该客体既指“被审计的单位”，又指“被审计的内容”。

1．被审计单位的变革。随着“网上实体”的出现，审计将面对一个完全不同于以往审计实体的“虚”的主体。“网上实体”不是存在于“实”的“物理空间”中，而是存在于计算机网络这个“虚”的“媒体空间”中，虽然它不符合传统的会计主体假设，但它同样可以从事各种经济活动，正确地进行会计资料的日常记录、汇总、结算与报告，因此，必须对其财务报告进行审计监督。“网上实体”的存在，使得审计对象不再象工业时代那样清晰，审计对象具有模糊性。

2．审计内容的变革。传统审计主要是对审计单位的财务收支或财政收支活动进行审计。随着经济的发展，仅对这些内容进行审计已不能满足信息使用者的需要，审计对象的内容大大扩展了。知识、信息、人力资源等无形资产在企业资产结构中比重的提高及其对经济发展所起的决定性作用使得无形资产审计逐渐成为审计的主要内容之一。近年来，衍生金融工具种类和数量迅速发展，促进了世界经济的发展与金融市场的繁荣。由于衍生金融工具可以以小博大，衍生金融工具就象是一把双刃剑，高风险与高收益并存，因此必须加强对衍生金融工具的审计监督，及早防范金融工具交易背后潜在的巨大风险。为了在激烈的竞争中取得优势地位，有必要对企业的管理活动进行审计监督，以提高企业的管理素质和管理水平。随着经济的发展，社会对企业履行社会责任的情况越来越关注，以维护人类的生存环境，求得人类的长远发展。对社会责任履行情况的审计也将逐步成为审计的一大内容。

四、审计风险的变革

传统审计风险指的是会计报表存在重要错报或漏报，而注册会计师审计后发表不恰当意见的可能性。随着审计目标的多元化发展与审计对象的变迁，上述审计风险概念显得太狭小了，已不能完全概括审计实践活动中实际存在的风险。审计风险应是审计人员做出的审计结论与被审计事项实际情况相背离的可能性或审计人员做出错误审计结论的概率。审计目标的多元化使得审计对象越来越复杂，审计内容也越来越广泛，从而给审计实践活动带来了新的风险。

（一）信息载体变化带来的风险

信息技术的发展使得被审计信息由以纸张为信息载体转变为以磁盘、磁带等磁性介质为信息载体。记录于磁性介质上的信息是不可见的，必须借助于计算机的翻译，才能以可见和易懂的文字形式打印或显示出来；对磁性介质上的信息进行修改可不留下任何痕迹；利用磁性介质也难以实现诸如签字、盖章等使信息证据化的操作，这给审计带来新的风险。

（二）无形资产审计带来的风险

知识经济时代企业最重要的财富将是它所拥有的知识、信息、人力资源等无形资产，这些无形资产能为企业带来长久的经济利益。由于无形资产带来的经济利益与所处的社会环境有密切的关系，如某些时效性信息过时后，其价值便大打折扣；当有更先进的知识产生时，旧有的知识便大为贬值。因此对无形资产的价值计量带有较大的不确定性因素，使得对无形资产的审计带有较大的风险。

（三）管理审计带来的风险

管理审计主要对被审计单位的管理活动进行审查，以提高被审计单位的管理素质和水平。企业处在激烈竞争的市场环境中，它的一举一动都受到市场的影响，应随着市场的变化而采取不同的对策。对于处境不同的两个企业或同一企业的不同历史时期，都应根据市场情况，采取不同的对策。管理活动本身带有不确定性，其正确与否必须受到市场的检验。对管理活动进行审计也应受到市场的检验，从而加大了审计风险。

（四）社会审计带来的风险

为了促进企业履行社会责任，必须对其社会责任报告进行审计，这就是社会审计。企业履行社会责任的方式多种多样，如治理环境污染、减少污染排放、增加职工福利、支持社区建设等，这使得对履行社会责任的确认和计量难以找到统一的标准，同时也给审计证据的获取带来了诸多不便，加大了审计的风险。

（五）对“网上实体”审计带来的风险

相对于传统审计对象来说，“网上实体”的一大特点就是“虚”，它存在于“媒体空间”中，看不见、摸不着，审计人员难以界定审计对象的范围，难以对会计资料进行审查，难以获取审计证据，使得审计风险加大。

（六）审计国际化带来的风险

审计国际化促进各国审计市场的融合。会计师事务所不仅可以在本国范围内从事审计工作，而且可以把在本国所注册的会计师派往国外处理审计业务，或与外国会计师事务所订立国际协议，以联营合伙等方式开展国际业务。但由于各国存在审计环境的巨大差异，各国审计实务一旦超越国界走向国际，往往因为环境因素造成审计标准不统一，使得审计人员在判断和执行国际审计具体业务时缺乏审计依据，加大了审计风险。

五、审计技术与方法的变革

经济的发展引起了审计环境的巨大变迁并对审计提出了更高的目标和要求，给审计实践活动带来了新的审计风险。为了迎接挑战，减小审计风险，审计技术与方法的革新势在必行。

（一）开发新的审计程序和方法

知识经济时代的到来，给审计带来了一系列新问题。以知识、信息、人力资源资产等为主的无形资产审计将取代以存货、固定资产等有形资产为主的审计；财务审计向管理审计方向延伸；社会审计日益提上日程；对“媒体空间”中的“网上实体”的审计监督势在必行。对此，传统的审计程序和方法，往往无能为力，因此有必要开发出新的审计程序和方法。就地审计方式将逐渐消失，审计主体和客体通过媒体进行审计，可以大力提高审计效率，降低审计成本；事后审计将逐步被实时审计所代替，以对无纸化的经济活动进行更有效的审计；面对无书面记录的经济业务，审计重点将由传统审计线索的审核与查找，转向系统分析，设计过程。将来审计必须具有多元，实时、开放性的特征，无形资产审计、管理审计、社会责任审计等将因此变得更加容易。

（二）全面应用现代信息的技术

现代信息技术的发展向传统会计领域发起了前所未有的冲击和挑战，审计作为一项主要以会计信息为对象的社会经济活动，客观上要求采用现代信息技术，加快信息处理的速度，提高审计质量。实行会计信息化后，会计信息的产生、存储、传输、加工、利用的速度大为加快，随着每日财务报表的出现，传统审计技术显得太迟缓了，审计处理手段由手工操作进步到EDP审计，进而发展到“信息化审计”，已不仅是一种要求，也将逐步变为现实。网络化的发展，电子商务和网上实体的出现，使经济交易、资本决策可在瞬间完成，这也给我们的会计核算和审计工作提出了挑战：一方面，电子商务的出现，使无纸贸易成为现实。面对这种审计线索，电子化或无书面记录经济业务的审计，没有现代信息技术的支持是不可能完成审计任务的。另一方面，众多“网上公司”、“网上银行”、远距离多主体的网上合作体迅速涌现。面对这些“网上实体”，其主要资产为知识，信息及人力资源等无形资产，它们来自于“媒体空间”，对它们的审计就必须深入到媒体空间中去，运用传统审计技术无法做到这一点，必须利用现代信息技术，实现“审计信息化”。

（三）加快审计的国际化、通用化

由于各国会计准则及审计准则的差异，给国际资本的流动带来了巨额的会计和审计成本。世界经济一体化客观上要求加快会计和审计的国际化与通用化。国际会计师联合会（IFAC）作为各国会计师的国际组织，其目标在于实现审计准则和实务的国际化协调。为了实现审计准则和实务的国际化协调，IFAC的国际审计实务委员会，制定和发布了国际审计准则和国际审计报告，旨在提高使用者对外国会计师报告的信赖程度和国际财务报表的可比性，同时促进会员国审计准则的制定。审计国际化的主要途径有：国际上审计程序的协调化；制定国际审计准则；在会计和审计两个领域，对审计人员进行国际化教育；审计技术国际化以支持审计教育。

近代中国政府外债与审计

虞伟萍

政府外债，通常指以政府为债务人，对外国政府、外国金融机构、外国企业和居民个人、国际组织等，用外国货币承担的具有契约性偿还义务的全部债务。政府外债审计，指政府审计机关依法独立地对各级政府部门、企事业单位借用和管理政府外债收支的真实、合法和效益进行的审计监督。我国封建社会历经两千多年。在这个社会形态下，以地主阶级土地所有制为经济基础、小农业与家庭手工业相结合的自然经济占主要地位，封建王朝长期实行自给自足、闭关自守的经济体制，经济实力曾富足于周边国家，与外国有一些简单的易货贸易，没有举借外债，自然就没有外债审计。从1840年英帝国主义对我国发动第一次鸦片战争开始，至1949年中华人民共和国成立为止，我国经历了清朝末期和中华民国时期（包括北洋军阀政府统治时期和国民党政府统治时期）。按这一时期我国社会的半殖民地半封建社会性质，有的史家把它规定为中国近代史。外国入侵使我国逐步沦为半殖民地半封建社会。为了支付外国侵略者强加的掠夺性战争赔款和巨额军政费用，从清文宗咸丰三年开始，到民国时期北洋军阀政府和国民党政府都将举借外债作为筹措财政资金的主要来源。政府外债审计伴随着政府外债出现和增长从萌芽到成形。

一、清末时期的政府外债与审计

清朝末期始于1840年英帝国主义对我国发动第一次鸦片战争，终于1911年清封建王朝被孙中山领导的辛亥革命推翻，历时71年。

（一）政府外债

我国封建社会长期闭关自守的经济体制和封建统治的日趋腐败，严重阻碍了社会生产力的发展，到清朝末期，曾经繁荣强盛的中国已远远落后于西方资本主义国家。这时，英、美、法等欧美资本主义国家先后完成了资产阶级革命和产业革命，建立起机器大工业，生产力迅速发展，资本大量积聚，迫切需要寻找更大的市场来推销工业品，也迫切需要寻找更多的生产资料和销售市场。中国具有广大的市场、辽阔的地域及丰富的自然资源和劳动力资源。于是，英国政府和商人捷足先登，通过英国东印度公司，对中国进行鸦片贸易。为了保护和扩张在华利益，英国政府于1840年发动第一次鸦片战争。随后，英、法、日、沙俄、德、美、意等帝国主义列强为了争夺在华利益，先后发动了1856年的第二次鸦片战争、1894年的中日甲午战争、1900年的八国联军战争等多次战争。清政府无不以战败求和、签订丧权辱国的条约而告终。按照各条约的规定，中国除开放通商口岸、割让协定关税、领事裁判权和部分中国领土、提供片面最惠国待遇之外，还要向侵华帝国主义支付战争赔款合计124350万两白银，相当于当时清廷年财政收入的15.5倍。其中，仅《辛丑条约》规定的赔款额就达98200万两，习惯上称庚子赔款。帝国主义的侵略和清政府的腐败无能激起国内反侵略反封建斗争此起彼伏，清政府为镇压中国人民反帝反封建斗争，军费开支日益庞大。据《清史稿》第131卷记载，咸丰和同治年间，清政府为围堵太平军、“剿”捻军及支付江南大营、徽宁防营、“东征”、“西征”等各项军费支出合计约18580万两，大大超过清廷的年财政收入。

面对外国侵略者的掠夺性战争赔款和庞大的军费开支所造成的巨额财政赤字，清政府在侵华帝国主义列强的软硬兼施下，不得不同意将战争赔款转成外债，从此打破中国不借外债的历史记录。据统计，自1853年清政府苏松太道为了镇压上海小刀会起义，向外商赊账雇募船炮，构成中国近代第一笔外债开始，到1911年辛亥革命爆发为止，清朝廷共借外债约合184700万两白银。其中，中日甲午战争之前（1853—1893年），所借外债共五笔，折合库平银约4100万两；中日甲午战争之后至1911年辛亥革命爆发为止的17年间，共借入外债112次，折算银元达180600万两。清政府所借外债，近2/3用于支付帝国主义强加的《南京条约》、《马关条约》、《辛丑条约》所定战争赔款；近1/3用于为帝国主义经济侵略服务的铁路和电政工程建设，其余用来购买镇压农民起义所用的洋枪洋炮和弥补建筑宫园等财政开支。

清末时期中国人民为政府外债付出了沉重代价。从光绪22年（1896年）始，清政府每年要偿还外债本息2000多万两。到1900年八国联军入侵北京后，清政府除了要偿还旧债本息，还要分39年偿还《辛丑条约》所定“庚子赔款”，年偿债额增到2500万两。这时朝廷财政早就入不敷出。各帝国主义列强明知清政府财政困难，为了进一步控制中国，仍故意向清廷放贷，以增加清廷困难程度，然后，他们逼迫清朝廷以中国的关税、盐税等作为担保。有的贷款合同还规定，外国债主可以派人来中国监督借款的用途；当中国不能按时还本付息时，外国债主可以享有直接在中国通商口岸征税的特权。正如毛泽东主席在《中国革命和中国共产党》一文中所说："帝国主义列强经过借款给中国政府，并在中国开设银行，垄断了中国的金融和财政。因此，它们就不但在商品竞争上压倒了中国的民族资本主义，而且在金融、财政上扼住了中国的咽喉。"清政府为了偿还外债，向人民加征加赋，竭泽而渔，使得每年国内生产的财富大量用于还本付息，生产力损耗殆尽，财政经济主权落入外人之手，中国由一个独立的封建社会逐渐沦为半殖民地半封建社会。

（二）政府外债审计

我国清代审计监督制度基本沿袭明制，审计由监察机构——都察院统领，是封建专制制度的重要组成部分。无论国家或皇室、军队，无论中央或地方，凡财物出纳、税赋征收、经费开支、工程营缮，均属于审计的范围。各官府所作的年度决算报告，都必须在规定期内呈送都察院审核稽考。高一涵先生所著《中国御史制度的沿革》评论："都察院对会计的审查，似乎比近代审计院的权限还大。"

1840年第一次鸦片战争后，清政府的外债收入和还本付息支出逐渐成为财政收支的重要项目，如前所述，从光绪22年（1896年）始，清政府每年要偿还外债本息2000多万两。按照债权方的要求和政府管理外债的需要，政府外债收支被纳入都察院的监察、审计范围。1906年清政府受立宪主张的影响和管理外债的需要，又赋予"度支部"（原"户部"）所属下设会计司以"执掌审计公债外款"的职责，形成外部审计和内部审计相结合的外债审计制度。从清廷留下较完整翔实的外债史料这一事实看，清末都察院和度支部会计司虽然不属于独立的审计机构，但有明确的审计职权，这对于督促各官府如实记录朝廷外债收入和还本付息支出情况发挥了一定的作用。由此可推论，我国政府外债审计萌芽于清朝末期。

但是，清末政府外债审计的作用极为有限，原因主要有两条：

一是政治腐败。清道光元年（1821年）以后，鸦片走私激增，行贿受贿之风盛行。同时各层官吏贪污、侵占公款、巧借名目向人民加征加赋的现象越来越严重。史家描述：当时从中央到地方"无一种官职不是有弊端的，也无一种官是可以依靠俸薪收入的"。鸦片战争后，巨额战争赔款转为外债，不少朝廷官员以偿还外债、办洋务、实行新政为借口，贪污、挪用、挥霍搜刮来的民脂民膏，如清甲午战败后，清朝廷举借外债3.7亿两，除交付日本2.5亿两赔款外，余款1.2亿两用途不明，全被经手官员回扣、浪费、私吞。清政府为偿还外债本息，又增加赋税和摊派，压得各省焦头烂额，怨声载道。省自为政、督抚专擅和滥借外债现象开始普遍，在报送朝廷的年度会计报告中虚报、瞒报真实的外债收支情况。地方官吏又与地主豪绅勾结，乘农民交不起税赋之机兼并土地和放高利贷，逼得农民倾家荡产，饥寒交迫。中央高度集权的封建统治秩序被破坏，朝廷逐渐失去总揽全国政治经济的大权。政治腐败是导致清政府灭亡的根本原因，也是清末外债审计虽然有了萌芽却没有成长起来的内在根源。

二是外来侵略使清政权丧失监管政府外债的主权和能力。从英帝国主义对我国发动第一次鸦片战争开始到清王朝灭亡之前，帝国主义列强对中国发动了数次侵略战争，分割、占领了中国的大片领土，得到大量赔款，拥有巨额债权，控制了中国主要财政来源——关税和盐税，把持了中国的金融业，垄断了中国的铁路、航运、工矿业和国内外贸易，还在朝廷上下培养了一大批各自的代理人，确立了强有力的统治机构，中国的政治、经济、军事、文化全部被外国侵略者所控制，中国社会逐渐半殖民地半封建化，清政府丧失行使一国政府主权的能力。在这样的历史条件下，政府外债审计制度必然为半殖民地半封建统治服务。

以上两条原因交织一起，渐渐使清末都察院和度支部的外债审计制度名存实亡。

二、北洋军阀政府统治时期的政府外债与审计

北洋军阀政府统治时期从1912年孙中山建立南京临时政府开始，至1927年被北伐战争推翻国民党政府统治为止，历时15年。

（一）政府外债

1912年孙中山领导的辛亥革命推翻了清王朝之后，经过多次帝国主义侵略战争和军阀混战的中国，经济遭受严重摧残，生产力落后，政府主要财政收入来源的关税、盐税收入已作为外债担保，首先用于外债还本付息，中国的政治、经济、军事、文化全部被外国侵略者所控制，社会完全半殖民地半封建化。在帝国主义和封建主义的双重压迫下，孙中山领导的南京临时政府被迫将政权交给代表大地主买办阶级的袁世凯手中。

袁世凯军阀政府为了夺取和巩固独裁政权，军政开支庞大，财政入不敷出，举借外债成为筹集财政资金的主要渠道。袁政府还向侵华帝国主义承诺，全面继承和执行清政府同各侵华帝国主义签订的不平等条约，特别是继续偿还清代积欠的巨额外债，以换取侵华帝国主义在贷款及武器装备和军队训练等各方面的支持，这更加剧了财政穷困。同时，侵华帝国主义在清王朝覆灭后急需寻找新的中国代理，以进一步扩张在华利益、掠夺中国资源。他们以贷款为诱饵，迫使袁世凯政府成为替代清朝廷为侵华帝国主义服务的工具。于是，不计代价大借外债成为北洋军阀政府的主要财政手段。据统计，自1912年始至1927年止，北洋军阀政府所借外债总额约达134800万元。仅1913年至1914年两年，袁世凯政府就举借外债20笔，合计银37600万元。外国债主单从借款中扣除贷款折扣费和到期外债本息就实得收益19600万元，占借款额的52%。损失最大的是1913年袁世凯向英德法俄日五国银团的"善后大借款"。这项借款名义贷给北洋军阀政府2500万英镑，扣除手续费和汇费后，实际不到2071万英镑，再扣除各项到期就偿还外债本息和所谓"辛亥革命外国损害赔偿费"，北洋军阀政府实际收到借款998万英镑，只占借款合同额的37%。按"善后大借款"合同规定，年息五厘，分47年还清，本利合计6700多万英镑，超过北洋政府实收借款额近6倍。合同还规定，北洋政府以中国当时主要的财政收入——盐税、关税和直隶、河南、山东、江苏四省的中央税收作还债的担保，关、盐两税全部存入五国银团所属银行；除了海关继续由英国人管理监督外，五国银行团还派出洋会办驻财政部下设的盐务稽核所，专门监管中国的盐税征收和支取大权，没有五国银团洋会办的批准，中国政府不能向五国银行提取自己的财政资金；另外，还派人担任审计院洋室长，凡提取外债款项的凭单，必须有洋室长审定签字后才能到五国银行支取。所谓"善后大借款"纯粹属奴役性政治借款。袁世凯死后，皖、直、奉等各派军阀更是穷兵黩武，连年混战，社会生产力遭受更加严重的破坏。为了支付庞大的军政费用，各派军阀继续以主权为代价换取帝国主义贷款。如，北洋军阀混战时期继承袁世凯的皖系军阀段祺瑞向日本举借的所谓"西原借款"17000万日元，主要是以中国的土地、矿产、森林、电信、铁路作为抵押而取得的。日本取得抵押权后所掠夺的资源不计其数，还乘机向段政府出售军火和派出军事顾问，掌握了段政府一些重要的部门。大量借债不仅条件苛刻，而且使中国主权不断落入帝国主义之手。外国侵略者先是争先恐后地贷款给北洋政府，然后利用北洋政府严重依赖外债的弱点，经常用停止贷款或勒逼偿债，作为它们控制这个政府的手段，进而达到了攫夺中国资源的目的。

（二）政府外债审计

辛亥革命胜利后，孙中山领导的南京临时政府借鉴国外经验，专门颁布了有关建立国家审计的法令。以袁世凯为代表的北洋军阀政府仿效国外资本主义政体，改良政府的财政、审计、会计工作。加之中央财政困难，依赖外债生存，外国侵略者以贷款控制中国内政，迫使北洋政权建立政府外债审计制度。

民国元年（1912年）九月，继宣布独立的各省军阀政府陆续建立审计机构之后，袁世凯政府在中央国务院正式设立审计处，隶属国务总理，负责全国审计事务；将各省地方审计机构统一改为审计分处，负责各省审计事务。中央审计处建立后，制定了一系列与政府外债审计有关的审计法规，对外债审计权限、范围、内容和程序等有明确的规定。如，民国元年颁布的《审计条例》规定，各官署所借外债和偿还外债支出属中央审计处和地方审计分处审计。同年11月还颁布了《暂行审计外债用途规则》12条，规定中央审计处负责对外债用途的稽核；政府筹集国债时，应由财政部将借款合同、分配计划报告审计处；政府在外债项下开支时，审计处须在发款命令和领款凭单上签字等。这是我国第一部关于政府外债审计的专项法规。

民国三年（1914年），北洋军阀政府进行大规模的财计和审计制度改革。五月袁世凯公布《公约法》，规定"国家岁出岁入之决算，每年经审计院审计定后，由大总统提出报告书于立法院"，这是我国第一次将审计权力列人国家根本大法。同年六月，根据《公约法》，订立审计院编制法，改中央审计处为审计院，由大总统直接领导。审计院除了按部门和军队审计归口设立三厅一处之外，专设外债室，配置华、洋室室长各一人，华室长由审计院院长担任，洋室长是依据1913年袁世凯同英德法俄日五国银团签订的"善后大借款合同"，由五国银团派专人担任，负责稽核外债事务，监督外债使用。提取外债款项须经华室长和洋室长两人签字同意后才能到借款国银行办理提款手续。这是我国历代政府审计机构中第一个专门负责外债审计的机构，也是唯一由外国债主担任首长的半殖民地政府外债审计机构。

审计院建立后，吸收资本主义国家审计制度内容，修订和颁布了一些与外债审计有关的审计法规。如，民国三年十月经大总统公布施行的中国第一部《审计法》，对包括外债审计在内的审计范围、各种决算的审计报告书应包括的项目、审计方式、审计程序和审计报告等均作了明确规定。民国元年制定的《暂行审计外债用途规则》也作了修订。

但是，北洋军阀政府时期的政府外债审计制度起初尚有微弱之效，后来就名存实亡。北洋军阀政府与生俱来就是一个半殖民地政府，在经济、政治和军事上已经丧失主权。尤其在经济上，北洋军阀政府一开始就面临严重的财政和债务危机，无稳定的财源，全靠外债维持生存，完全被外国债主扼住了咽喉。政府外债审计在殖民地政府及其代理人的严密监视下进行，重在维护殖民地政府利益，监督中国政府履行不平等的借款条约，达到殖民地政府通过贷款掠夺中国资源的目的。因此，北洋军阀政府时期的政府外债审计天生不具备一个主权国家在政治、经济、军事和文化等方面的独立性和公正性。同时，北洋军阀政府内部腐败，各派军阀混战，地方各自为政，截留财政收入，各级官吏多贪赃枉法，财政上公私不分。中央政府和地方政府很长时间没有正式的财政预算。袁氏政权崩溃后，各省军阀割据称雄，连年混战，财政枯竭，更加倚重帝国主义列强的贷款支持。在这样的外部环境下，政府外债审计制度除了为外国债主服务，其它作用极其微弱。

概括军阀政府统治时期的政府外债审计，有三个"一"的特点：一是出现了我国第一部外债审计专项法规；二是建立了我国第一个专司政府外债审计机构——审计院下设外债室；三是第一次实行事前审签外债提款凭单和事后审查年度外债收支报表相结合的审计方式。这三个"一"体现了北洋军阀政府时期我国政府外债审计这棵幼苗基本成形。同时，它体现了半殖民地政府外债审计的特征：外债审计机构由华人和洋人共同领导，目标重在监督中国政府履行不平等的外债条约，维护殖民地政府利益，这反映出这棵幼苗是在半殖民地半封建土地上畸型生长的。

三、国民党政府统治时期的政府外债与审计

国民党政府统治时期从1928年北伐胜利后国民党政府定都南京开始，至1949年中国共产党领导的人民解放战争推翻国民党政府统治为止，历时21年。

（一）政府外债

国民党政府统治时期，我国半殖民地半封建的社会形态没有改变。以美、英、日为首的帝国主义在华的经济侵略势力有了显著扩张，加紧了经济掠夺。特别是1937年日本帝国主义发动的侵华战争，对中国经济的掠夺是灾难性的，中国生产力几乎崩溃。同时，国民党政府本质上是一个代表封建地主阶级和官僚资产阶级利益的政府，在政治上为了夺取和巩固政权，持续发动内战，军费开支巨大；在经济上积极支持以蒋介石为首的四大家族积累官僚垄断资本，造成财政上严重入不敷出。同北洋军阀政府一样，举借外债成为国民党政府筹措财政收入的重要来源。据统计，从1928年至1949年21年间，国民党政府大致借入外债652笔，约合19亿美元。

鉴于北洋政府滥借外债的恶劣后果，国民党政府早期对借外债持谨慎态度。1929年世界经济危机过后，在帝国主义列强竭力向中国输出资本的压力下，国民党政府曾向中法教育基金委员会借款26.5万美元用于教育事业；向美国借款两笔共3869万美元，用于购买美国麦棉供赈济江淮流域水灾和生产纺织品之用。这一时期的国民党政府还清理旧债，积极偿付本息，以图恢复国际信用。

抗日战争爆发后，我国沿江、沿海的关税和盐税都丧失了，国民党政府为了应付庞大的军费开支，借入外债逐渐增多。苏联最早向国民党政府提供易货借款，从1937年至1939年的三年内，每年向国民党政府提供一笔优惠性贷款，年息三厘，以中国茶叶售价偿还，不带其它贷款条件，三年贷款总额25000万美元。1941年12月太平洋战争爆发后，美国参战，英美两国开始支持中国抗日战争，向中国提供贷款。自1939年至1944年，美国向国民党政府提供了4笔易货借款和一笔信用借款，总数62000万美元；英国提供了三笔信用借款和一笔购车借款，总数5800多万英镑。抗日战争期间国民党政府向苏、美、英三国贷款总额约87000万美元和5800万英镑。此外，美英法俄等八国同意废除强加中国的不平等条约，我国停止支付《辛丑条约》所定"庚子赔款"。

抗日战争胜利后，中国的民族工商业和农村经济经过八年战争的摧残陷入完全崩溃的状态，财政来源更加匮乏。人民本可以休养生息，但是国民党政府在美国支持下发动大规模内战，军费急剧增加，从1946年至1948年，国民党政府的实际财政支出一般要超预算三至四倍。为了弥补巨额财政赤字，国民党政府除了暴敛税费和实行恶性通货膨胀外，主要依靠美国政府的贷款和物资援助。其中贷款有14笔，总额约90000万美元。美国国务卿艾奇逊于1949年7月30日给杜鲁门的一封信上说，美国对国民党政府的物质帮助占国民党政府的"货币支出的百分之五十以上"，"美国供给了中国军队（指国民党军队）的军需品"。

（二）政府外债审计

国民党政府早期（1925至1927年），在孙中山先生的民主建国思想基础上，政府审计制度逐渐进步。1928年国民党政府取得北伐胜利定都南京后，成立审计院，并修订颁布了《审计院组织法》和《审计法》。审计院的法定职权是对国民政府年度总决算（含外债收支）、国民政府所属各机关每月的收支预算和决算进行审计。随后颁布的《审计法施行细则》具体规定了财政机关编制的国民政府年度总决算、外债内债计算书、支付命令以及各机关收支计算书的格式和内容。在审计程序上，国民党政府的审计制度规定，凡是财政机关发出的命令（包括外债收支），都须先经审计院核准；如果与预算法和预算支出法案不符，审计院应拒签；凡是未经审计院核准的支付命令，国库不得付款，如有违背者，要自负责任。1931年国民党政府实行机构改革，以适应五权分治，裁撤审计院，改在监察院下设审计部，执掌审计事务，地方设审计处。1938年，国民党政府修订《审计法》，规定审计部的职权为："监督预算执行，核定收支命令；审核计算决算；稽察财政上之不法或不忠于职务之行为"。1947年1月，国民党政府公布《中华民国宪法》，其中对审计权的行使、审计长的任命和审计长的职责作了原则规定。这一时期的外债审计制度虽然融合在总体审计制度中，但对审计职权、审计内容及审计程序的规定比北洋军阀政府时期更为具体，这对国民党政府早期督促财政机关如实记录外债收支、加强对经济的监控、防止滥借外债、维护政治统治发挥了一定作用。

但是，随着国民党政府独裁统治、内部腐败以及发动大规模内战的升级，审计制度逐步以维护侵略者及以蒋介石为首的四大家族的利益为目标，治下不治上，治民不治官。如抗日战争结束后，美国在二次世界大战期运储太平洋地区尚未使用的剩余军火和日用品，价值253000万美元，转赠或售给国民党政府之后，成为四大家族重要的发财手段，在中国市场上抛售谋利，泛滥成灾。对此，政府审计机构根本无权过问。在这样的政治、经济环境中，尽管政府审计制度还存在，但激发和保障这项制度作用的经济责任链已断裂，审计机构只能依照四大家族的意愿决定是否审计和审计结果，失去了审计的客观公正性。

四、近代中国政府外债与审计历史的启示

历史、现实、未来具有统一性。回顾近代中国政府外债与审计的历史，我们可以从中得到一些有益的启示。

（一）政府外债是一把双刃剑。一方面，它可以成为政府筹集财政资金的重要渠道，缓解眼前的经济困难，支持政府履行职责所需的紧急支出，弥补财政赤字等；另一方面，过量的政府外债会成为陷阱，债务国人民和社会生产力要为偿还外债本息付出沉重的代价，甚至会被侵略性债权方扼住咽喉，在财政、金融、事关国计民生的重要经济领域及涉及国家安全和政权稳固的政治领域丧失主权，受制于人。如果借用外债来打内战，更会给国民经济与社会和平带来毁灭性灾难。在全球经济一体化进程不断加快的今天，借用政府外债来支持经济建设，有利于缓解可供资源不足，技术与管理水平相对落后等问题。但同时要注意：外债规模要合理，不可超过政府对外债还本付息的能力；尽可能将外债用于有外债偿还能力的建设项目；谈判债务协议、合同时，尽可能降低借债成本，争取有利条件；按时还本付息，既保持良好的国际信誉，保持利用国际资源的渠道畅通，又及时解除债务负担，不积欠债款，不拖累子孙。

（二）政府外债审计是政府管理外债经济的重要手段。中国审计制度持续几千年，到清末出现"审计公债外款"的内容，进而在中华民国时期派生出专门的外债审计制度和外债审计机构，最直接的原因，是从清末政府开始举借外债，发展到民国时期政府依赖外债，由此产生两方面的监督需要：一是作为债务方的中国政府需要依靠建立外债审计制度，来监督中央、地方各部门举借外债的规模和是否按规定用途使用，并准确计息，按时偿还本息，以维护良好的国际信誉，以继续得到外国贷款的支持；二是外国债主需要审计机构监督中国政府确认借债数量和按规定使用，以保证贷款回收和获利，实现预期经济利益或政治目的。建立和实施政府外债审计制度能够满足这两方需要，于是，政府外债审计应运而生。从其发展过程看，尽管清末和中华民国时期战乱不止，内忧外患，但政府外债审计总伴随政府外债共存，成为政府管理外债经济不可缺少的手段。这一历史事实表明，只要借用外债，存在中外债务债权关系，存在外债资金的分层次管理和使用的委托代理关系，就必然出现债权方对债务方、委托者对代理者实行审计监督的客观需要。所以，政府外债审计是政府管理外债经济的重要手段。审计目的首先是如实记录和反映债权债务及债款收支，按时、足额偿还外债本息；其次是对债款使用过程进行监督，督促债务人按规定用途使用，以保证债权方和债务方实现预期经济利益或政治目的。这种需要在国际资本加速流动、跨国信用越来越普遍的今天，显得更加重要和迫切。

（三）要将防范违法违规和损失浪费的关口前移。北洋军阀政府时期，政府审计院外债室有一项重要职责，就是审签外债提款单。凡提取外债款项的凭单，必须经外债室的洋室长和华室长双方审定签字后，才能作为到指定银行支取外债资金的有效凭据。这种先审计后提款的做法，在国民政府早期也曾部分实行过。早期国民党政府的审计制度规定，凡是财政机关发出的命令（包括外债收支），都须先经审计院核准；凡是未经审计院核准的支付命令，国库不得付款。这种由独立的审计机构依据借款合同、协议规定的用途审签提款凭单的方法，实际意义在于为外债资金的合规使用增加了一道"防火墙"，将防范违法违规和损失浪费的关口前移，对于督促用款人按借款合同规定用途支用外债资金，防止滥用和损失浪费，实现借款的预期经济效益和社会效益有积极作用。与此类似，目前有不少国家的最高审计机关首长，具有代国会或中央政府审核政府部门大额支出提款凭单的法定职责。这种做法值得我们研究和借鉴。

关于审计起源的探讨

刘　云　李　霁

一、关于审计起源的研究现状

对审计起源问题，普遍持有以下观点：

(一) 审计起源于会计。认为审计是会计发展到一定阶段的产物，是适应会计检查的需要而产生的。其理论依据为：(1) 会计是运用一定的记录方法，对所有经济业务进行反映，并且以报告的方式，达到特定的计算目的，以供分析和解释，会计记录和报告是否真实、正确，就必须由有关人员进行检查。审计的“计”，一般指的就是会计的“计”，审计就是审查会计。(2) 中国历史上曾将审计表述为“听其会计”，英语 Audit 和法语 Audition，均源于拉丁语 Andire (听)，这表明古代的审计是由会计人员大声朗读会计记录，审计人员听取这些记录，进而判断会计记录是否正确来进行的。在 14 世纪，英国的审计工程是通过听取账户记录来进行的。(3) 从审计发展过程来看，在相当长的一段时间内，审计的主要工作内容就是查账，就是以会计资料为对象，以会计和有关财经法规制度为依据。

(二) 审计源于财政监督的需要。认为古代审计就是对国家财政收支进行检查，是一种财政监督形式。其主要论据是：财政是国家实现其职能，参与一部分社会产品的分配和再分配的过程。这涉及到国家、集体和个人之间的经济关系。所以，最高权力者为了巩固它的统治基础，都重视财政收支的检查和监督，这种检查就是国家审计。

(三) 审计源于经济监督的需要。这种观点认为审计从一开始就不是会计的附属品，两者是不同性质的两个概念，会计产生于经济管理的需要，审计产生于经济监督的需要。

(四) 审计起源于受托经济责任关系。持这种观点的人认为：审计的产生，并不是会计发展到哪个阶段才出现的，更不是“有了会计，就会有审计”，而是随着社会经济发展，当资源财产所有者与经营管理者出现了分离以及管理者内部出现分权制，形成受托经济责任关系之后，才产生了对审计需要。

(五) 审计产生的标志为“宰夫”的出现。此观点认为我国国家审计的发展划分为四个阶段，即古代审计产生萌芽阶段、封建王朝审计昌盛衰落阶段、近代审计逐步演进阶段。现代审计振兴发展阶段。将我国古代审计产生萌芽阶段定为公元前 11 世纪至前 770 年的西周时期，其主要标志是“宰夫”这一官职的出现 (宰：官名，殷代始置，掌管家务和家奴，西周时沿置，掌王家内外事务，有在王的左右而赞王命者)，并以《周礼》载：宰夫，注：“掌治——以考百官，府郡都县鄙之治，乘其财用之出人。凡失财用物辟名者，以官刑诏冢宰而诛之，其是用长财善物者，赏之。”意为：宰夫应按照朝规，考核百官府郡都县各级官吏的政绩，凡奢侈浪费，出支不当以及虚列账册的，应根据治朝之法报请冢宰加以诛罚；凡节省开支，财政充裕，库府盈余又善于理财的，则随时上报，予以奖励。宰夫的具体职权为：“宰夫岁终，则令群吏岁会；月终，则令正月要；旬终，则令正日成。而考其治，治以不时举者，以造而诛之”“考其出人，而定刑赏。”也即每逢年终、月终、旬终由宰夫命令各部门官吏，对财计收支的报告予以上报并就地考核。发现违法乱纪的，可以越级向天官乃至周王报告，请求加以处罚。以审查收支情况的优劣，作为赏罚的依据。

二、我国审计起源探究

笔者认为我国国家审计萌芽时期应定为夏禹时期，即公元前 21 世纪。其主要标志“会稽”的产生。《史记·夏本纪》载：“自虞，夏时，贡赋备矣。或言禹会诸候江南，计功而崩，因葬焉，命曰会稽。会稽者，会计也。”这种传说在《管子》、《墨子》、《吕春秋》、《越绝书》、《淮南子》等书都有记载。但人们一般都将“会稽”理解为 (贝) 禹与诸候“会集。留止”之意。取“会意、留止”之理由，因出于“稽”解，《六书通》中“稽”为“建首留止也”；《管子·君臣上》中有“是以令出而不稽”，即有：留止、延迟之意。(2) 理解为：诸候“会聚稽拜禹王”，取“稽拜”之意，乃古之君臣礼仪，依据为《周礼·春官·大祝》中解，稽拜乃是九拜中最为恭敬的礼节，即古代一种跪拜礼，叩头到地。(3) 理解为“会稽”就是“会计产生”之时，理由为“会稽者，会计也。”

以上观点多有欠缺之处。(1)、(2) 理解多是描述禹会诸候的形式，抹杀了形式所包涵的内容，曲解了“会稽”的本质含义；(3) 理解过于简化，把“计”与“稽”一般的等同。要想知道禹会诸侯于会稽真正的目的，应尊重历史，正确理解“稽”的含义。经考，稽的另一层含义为：“计较”之意，《汉书·贾谊传》中有“反唇而相稽”此为计较之意，颜师古注引应劭曰：“稽，计也，相与计较也。”考《商君书·禁使》载“人主执虚以应，则物应稽验，稽验则奸得。”此处稽明确为考核、验证之意，大意为：“人主若以虚假来应付，则应当考核、检验实物，通过考核、检验来发现弊端。”这恰如现今的实物盘存之审计方法。此稽即为审核、验证也。由此推论“会稽”应为会聚考核验证之意。

再由《吴越春秋·越王无余外传》记载：禹“三载考功，五年政定，周行天下，归还大越，登茅山，以朝四方群臣——遂更名茅山曰会稽之山。”茅山，浙江绍兴附近，禹会诸侯是为了考核诸侯的政绩，因禹病于此，后人为纪念禹在茅山为何事而逝，故改名会稽，绝非仅限于“留止、稽拜之意”。

(一) 从稽的产生看，在西周时期已广泛应用。我国最早关于稽的使用见春秋时期的史书《尚书·虞夏书·尧典》和《尚书·虞夏书·皋陶谟》的开篇语：“曰芳稽古”，意为：如果说考查远古，当时文字为金体。而出现稽的文字原体，还是近代出土的西周的铜器上。如现藏于山东省博物馆的《颂壶》的铭文“颂拜䭫首”，其中䭫读 qǐ，《说文·九上》：“下首也”。经籍同“稽”，意为：颂拜手稽首。又如西周中期，《曶鼎》中“匡迺䭫首于曶”。匡季于是向曶叩首。古有䭫与稽通用，而䭫首是古人头至手，手至地的一种叩拜礼仪，描述的是礼仪形式，无质的内容，由拆字可知，旨：帝王的诏谕，首为头合起来其意为：在帝王的诏谕面前应䭫首相拜，即应施以叩头至地的礼节。而稽字拆解为：禾、尤、旨。禾，西周《曶鼎》铭文“昔馑岁匡众氏臣甘夫寇曶禾十姊”中禾，解为：黍，谷的别称，上句大意为：先前饥荒的岁月（或年份），匡氏的众及其臣二十人劫掠了曶十姊禾；尤：突出，归咎；把三字合解为：突出帝王诏谕的黍的收成或贡赋情况，古文《禹贡》中有关于纳贡划分和标准的记载，又证实了这些䭫转化为稽，也即由礼仪转化为稽验帝王诏谕黍的实践活动。稽验成了审计的雏形。

据史料载：禹是古代部落联盟首领和治水英雄，尧戊寅二十八载（约公元前2232年）六月六日出生于石纽（四川北川县禹里），长于西羌，其父鲧是夏后氏部落酋长，被帝尧封为崇伯，立为诸侯，命其治水。禹20岁时“爵封司空”，管理水土和营造工程。前，其父鲧受命治水失败，被贬“殛羽山”。舜（父系民族社会后期部落联盟首领）命禹续鲧之业治水，有文证：“伤先人父鲧功之不成受诛，乃劳身焦思”。时四渎（河济江淮）水患以黄河为最。禹率益、稷等导河自结石（今甘肃临夏西北部），凿龙门，开梁山，辟伊阙，疏九河，疏川导滞，使黄河、济水畅通人海。后禹南巡水情，着手排淮泗、禹行至涂山（今蚌埠市西怀远县境内）。时涂山为母系氏国（部落），尊涂山氏女为首领。禹为有利于联合治水，遂为“涂山氏合昏（同婚）于台桑之野。”禹在治水期间，多次会诸侯于涂山氏国。其会诸候处，后人称之为“禹墟”，又名禹会村，现今在怀远距涂山南十华里处的淮河边尚有禹会村沿袭至今。禹娶于涂山氏，发迹也从涂山氏。禹常会诸候于涂山，为纪念禹的伟大功绩，汉代即在涂山顶修建了禹王官，至今尚存。禹存帝八年，巡狩江南，病逝于茅山，终年百岁，后人为纪念之，由禹在茅山因会诸侯，考功稽验之因而逝，故改茅山为会稽山。禹会诸候的真正意义在于“三载考功，五年政定”，即考核、稽验，诸侯治水之功绩，按此推论，禹会诸侯于梁山、涂山、茅山确切的目的是为了治水，稽验功绩，收纳朝贡，这当是我国政府审计的萌芽，即经济责任审计，审计最初是由经济责任审计开始的。审计的主要内容为：治水、交纳贡赋，审计的方法为诸侯定期朝拜、会聚，接受稽验、考功。

(二) 从社会生产力的发展水平看，禹晚期具备了审计产生的条件。禹所处的时代是原始社会末期，（今人划分）奴隶社会的开始，属承上启下时期，当时的社会生产力得到了发展，部落发展已趋于国家形态，部落冲突俘虏，已不被处死，而成为奴隶，已产生了剥削，形成了财富积累，也便产生了对战争、治水、农事等的管理与考评。据史料载，禹作部落联盟长的时候，是我国原始社会已经走到了尽头，阶级社会来临了；禹家很富有，禹的父亲鲧为保护自己的财产，修筑了土城，这表明私有制产生，财富有了积累。禹74岁时，被帝舜确定为继承人。约公元前2140年，禹92岁“即位居冀”，随之迁都安邑，禹执政后，作大夏乐昭明成功，建旅施以等级，以五音听治，备谏鼓于朝，划九州制定贡赋，颁夏时以利农耕。铸九鼎象物使民知神奸，作禹刑惩处乱政之徒。会诸侯于涂山、茅山、执玉帛者万国。礼乐治邦，“天下咸服”，史称禹“自徐山而会诸侯大政立焉”。其稽验、考功无不渗于政要。

(三) 从数的产生看，稽具备了量化比较，我国文字的产生早期大致经历了，结绳记事——刻楔记载——铸铭载文——陶器绘事——软笔记录等阶段，目前已发现的文字记载，多从楔刻记载开始，作为审计活动的稽产生的前提条件是量化比较；而量化比又是以数的产生为基础，而数的产生又以“十”为进制的，这大概与人的生理特点：十个手指头，十个脚指头紧密相关，并由此而产生数。稽计也，计言以十而成，在我国发现商殷文字（公元前19世纪）的甲骨文中，也有了关于“一、二、三……十”的完整刻证。如《殷墟文字丙编》第147片甲骨文所刻为古代占卜之事，即在龟甲兽骨上钻成孔，用微火烧烤钻孔处，使之出现裂纹，然后根据裂纹的走向形状，判断所卜事情的吉凶。今人亦有“未卜先知”之说，卜，乃推测预兆之意，相当于现代人的预测，所不同的是“占卜”带有迷信色彩，缺乏科学依据；现代预测是建立在定性定量基础上的循规律、判明未来趋势的科学方法。

全辞的大意为：壬子日占卜，贞人争问：我（商）要兴建城邑，天帝没有什么不便，会允诺吗？时在三月。癸丑占卜，占人争问：我（商王）住在这个城邑，傧祭大甲，天帝允诺吗？时在三月，癸丑日占卜，贞人争问：天帝不允诺吗？

卜词兆序关于数量的刻记清楚，即有了“一、二、三、四、五、六、七、八、九、十”的雏形“一、二、三、亖、𠄡、∧、+、)(、5、1、”这表明在此之前就有了计、稽的数量计较，是稽的前提条件。“稽”与“计”之别也表明了现代审计与会计的关联与区别。

（四）从“会计”产生中的“会”字产生看，稽有了客体内容。会的原字为“會”，郑玄注《仪礼·士丧礼》说：“会，盖也”金文为“會”上部是个盖子形状，下部是个底儿，中间象装的一些东西。若拆字看，由“A”与“曾”组成，《说文解字》解“A三合也即会意字，三画聚会在一起，为集之意，小篆中的“集”字异体；而“曾”，古字与增加之“增”字通用，《说文·会部》：“曾……曾，盖也。”段玉载注：“曾者，增之假借字。”《孟子·告子下》有曾与增同通用，如“曾益其所不能”。由此理解，增加之意。而文字的整形出现以及表意的应用，并非在秦汉时期的司马迁的《史记·夏本纪》所载，更早于此的是商周时期的铸铭。1975年2月出土于陕西省岐山县董家村的铜器——𠑹匜(yingyí,古代舀水的器具)。

大意为：三月既死霸期间的甲申日，周王在莽地的上官。伯扬父于是定下判词。伯扬父说：牧牛，你要承担诬告之罪，你竟敢把你的官长告上来，你以前改变了原来的誓言，现在你也已经有了诚信的誓言。尃、趞、啬、规、𠑹 也作证，这五个人也已经认为你的誓言是诚实可信的。你也已经服从判决遵守誓言，始被认可，我本该鞭打你一千下，对你施𪒠𪓊(mièwū)之刑，现在我宽赦你。我本该鞭打你一千下，对你施黜𪓊(chīwū)之刑，现在大大宽赦你，鞭打你五百下，总计折算罚你三百锾（yuán）伯扬父于是再次让牧牛立誓说：从今后我不敢扰乱你任何事情。你的官长再把你告上来，就对你实施鞭打一千和𪒠𪓊之刑。牧牛就立了誓，将此案件结果告知官吏悦、曶，去登入计簿，牧牛在判决和誓词定下来后，罚了金三百锾。因而制作了宗旅之。

文中既有了“會”字的最早文字记载，与审计事项相近的审讯事项的记载，属稽核事项，其中审讯方法：即询问法、调查取证法和“亦五夫”；被审讯事项为：诬告；被审人认可“女亦即从词从誓”；审讯处罚，“罚女”“三百锾”；审讯记录档案“于會”。可见，会稽相关，会的诞生使审计有了客体。

（五）从现代人对稽的沿用看，仍保留原始审计诞生的痕迹。如我国现代的金融机构和一些大型企业仍设有稽核机构，并配有专门稽核人员。税务机关设有稽查分局专门机构。稽核即稽查核对之意，是典型内部审计机构，从事该项业务的人员须具有相关的专业知识，有稽查舞弊行为的方法、经验，为内部管理，去伪存真防微杜渐，正确决策提供科学依据。现行的稽察特派员制度当属我国国家最高阶层形式的国家内部审计制度。其质的方面与现行审计制度有着共同点，只是维护的主体利益更为明确，机构人员拥有的职权，具有较高的权威性，以及操作更具独立性，更为超脱。以上“稽核”、“稽查”、“稽察”都是稽的沿用，是审计的代名词。

综上所述，“稽”的产生，标志着我国审计萌芽的诞生，审计起源于禹时期的经济责任评价，主要事项为对诸侯王的治水，以及政绩考功和交纳贡赋的稽验，并非是西周时期有了“宰夫”一官名后，才有了审计。

论经济责任审计的重要意义

刘满堂

经济责任审计是伴随着我国经济改革的进程逐步发展起来的一项审计制度。正确认识经济责任审计，对于贯彻落实好中共中央、国务院关于经济责任审计的一系列规定和要求，具有重要意义。

一、经济责任审计是国有企业改革的客观要求

我国国有企业改革从1979年扩大企业自主权以来，经历了扩权、两权分离和建立现代企业制度的发展历程，国有经济获得了巨大发展。但在国有企业改革过程中，也出现了一些企业领导人为了企业或个人利益，虚报成绩，截留利润，滥发奖金甚至中饱私囊等严重违反财经纪律问题。这些企业领导人往往没有把企业经营好甚至把企业搞垮了，但仍然可以异厂或异地为官。这种情况损害了国家和企业职工的利益，给国有企业改革带来了消极影响。1985年齐齐哈尔、辽源等市率先实行了“先审计，看实绩，后奖惩”的厂长（经理）经营业绩考核制度。一些弄虚作假，严重违反财经纪律的厂长、经理受到党政纪律处分。到了1986年上半年，全国已有辽宁、吉林、湖北、安徽、山西等省和30多个地、市开展了厂长离任经济责任审计。作为经济改革中的一个有益探索，审计署对这项新的审计实践给予了充分的肯定，也受到了党中央和国务院的重视。1986年在中共中央、国务院颁发的《全民所有制工业企业厂长工作条例》中就明确规定：“……厂长离任前，企业主管机关（或会同干部管理机关）可以提请审计机关对厂长进行经济责任审计评议”。此后，厂长离任经济责任审计在全国推行。1988年国有企业全面推行承包经营责任制，为了维护国家和企业职工的利益，国务院在《全民所有制工业企业承包经营责任制暂行条例》中明确要求：“实行承包经营责任制，由国家审计机关及其委托的其他审计组织对合同双方及企业经营者进行审计”。1993年国有工业企业转换经营机制改革，审计署、国家体改委、国家经贸委联合制定了《全民所有制工业企业转换经营机制审计监督规定》，继续要求对承包、厂长任期经济责任进行审计，以保护国家和企业广大职工的利益。1995年在国有资产授权经营的改革中，国家经贸委、劳动部制定了《国有企业资产经营责任暂行办法》，也要求对企业法人任期内资产经营情况进行审计评价考核。1997年中共中央在《关于进一步加强和改进国有企业党的建设工作的通知》中进一步强调，要“认真落实企业年度审计和厂长（经理）离任审计制度。”1999年中办、国办发布的“国有企业及国有控股企业领导人员任期经济责任审计暂行规定”，对企业领导人经济责任审计作了全面、具体的规定，作为一项审计制度在全国推开。在同年召开的中国共产党十五届四中全会上，经济责任审计被写进《中共中央关于国有企业改革和发展若干重大问题的决定》。《决定》明确指出：“建立企业经营业绩考核制度和决策失误追究制度，实行企业领导人任期经济责任审计，凡是由于违法违规等人为因素给企业造成重大损失的，要依法追究责任，并不得继续担任和异地担任领导职务”。

由以上经济责任审计产生、发展的过程可以看出，经济责任审计是国有企业改革发展的客观要求，是加强国有企业及国有控股企业领导人的管理和监督，正确评价企业领导人员任期经济责任，保障国有资产保值增值的需要。

二、经济责任审计是加强干部管理和监督的需要

我国社会主义市场经济虽然已经初步建立，但还不完善，党政领导干部和国有企业领导人在其管辖范围内的经济活动中仍然具有决定性意义。一个国有企业领导人可以搞好一个企业，也可以搞垮一个企业。搞好一个企业很难，搞垮一个企业往往很容易；一个党政领导人以身作则带好一班人不容易，带散甚至带坏一班人则不难，甚至给其管辖范围的经济和社会发展都会带来严重的影响。因此，在这种情况下加强对党政领导干部和国有企业领导人经济责任的审计，不仅抓住了管理和监督工作的关键环节，而且具有重要的作用。

在厂长离任审计开展不久，离任经济责任审计的范围由国有企业很快扩展到党政机关领导干部。1986年河南省虞城县委在整党过程中发现，一些领导干部严重以权谋私、违法乱纪、玩忽职守，使工作和经济发展受到损失。但这些人往往只是一调了之，功过不明，是非不清，挫伤了干部和群众的积极性。为此，县委作出决定，对全县453名乡（局）级以上领导干部实行任期经济责任审计制度。同年，四川省安县政府作出规定，县政府各部门主要行政负责人和乡镇长离任前，审计机关要对其任职间的经济责任进行审计。以后，党政领导干部经济责任审计在县乡两级迅速发展。随着经济体制改革的不断深入，领导干部的经济责任和权力越来越重，但相应的问题也越来越突出。如盲目决策，给国家造成重大损失浪费；弄虚作假，骗取政绩；为小团体谋私利，截留挪用国家资金；贪污受贿，腐化堕落等等。权力的失控必然要求对权力的制约。1995年以后，党政领导干部经济责任审计在地方各级党政机关有了更快的发展，如浙江、湖南、湖北、山东、辽宁、吉林等省，都先后在全省范围内开展了领导干部经济责任审计，其中，浙江省的审计范围已扩展到厅局级领导干部。中央主管部门如经贸部、农业部、交通部、冶金部、新闻出版署、旅游局等都先后在行业内部建立了经济责任审计制度，加强了对领导干部的经济责任的监督。因此，经济责任审计是加强干部管理和监督的一个重要措施和手段。

三、经济责任审计是深化审计工作的一项重要探索

经济责任审计的特点是以人为目标的监督。由对单位财政财务收支的审计监督到对人的经济责任审计监督是审计工作在改革中不断深化的一个重要探索。这主要表现在两个方面：一是在经济领域中的违法乱纪现象比较普遍，一些领域和单位腐败现象比较严重的形势下，仅对被审计单位的财政财务收支发表审计意见，作出审计决定的监督力度已不能完全适应维护经济秩序和促进廉政建设的要求，因为单位财政财务收支中的违法违纪问题归根到底还是人的问题，涉及单位领导人员的领导责任，有的还可能是直接责任，所以，加强对单位领导人员的直接审计监督是经济政治形势发展的客观要求，是审计工作的深化和发展。二是实行经济责任审计不仅能够揭露已经出现的违法乱纪和腐败行为，更重要的在于它把对领导干部的监督工作纳入审计制度，实现了对干部监督工作的制度化、经常化，可以对违法乱纪和腐败行为起到预警作用，有利于从源头上治理腐败。

几年来，经济责任审计在强化对领导干部的经济监督，促进党风廉政建设，严肃财经法纪，为干部管理部门考核、使用干部提供参考依据方面发挥了重要作用。据统计，1998年和今年上半年，全国共有2630个地方开展了党政领导干部经济责任审计，审计了5.7万人。查出各种违反财经法规金额961.7亿元，损失浪费金额61.8亿元；查出贪污、受贿、挪用等经济犯罪问题金额5.9亿元。审计后被撤职200人，受党纪政纪处分470人，移送纪检监察和司法机关查处1010人；各级干部管理部门参照审计结果对领导干部平调25500多人，提拔3300多人，免职、降职3800多人。通过经济责任审计，违法违规情况在有的地方已呈下降趋势。

四、深刻理解经济责任审计的重要意义，提高做好经济责任审计工作的自觉性

实践证明，经济责任审计对加强党政领导干部和国有企业及国有控股企业领导人的管理和监督，促进领导干部勤政廉政，全面履行职责，促进国有企业加强和改善经营管理，保障国有资产保值增值都有重要的作用和意义。但是对经济责任审计目前还有这样那样一些不同的认识。有的认为，对领导人员经济责任的监督是组织人事部门的职责，不是审计机关的工作；有的认为，经济责任审计风险太大，审计机关能不参与就不参与，尽量减少风险等等。

如何正确认识经济责任审计？一是要用发展的观点看待审计。我国正处在社会主义初级阶段，社会主义市场经济刚刚建立，还需要逐步完善，审计工作也同样处于探索发展之中，因此，要求审计工作完全规范化是不切实际的，应当允许根据现实形势有所创新。二是要讲政治。审计机关是国家机器的组成部分，属上层建筑。在上层建筑领域中，政治是决定因素，因此，审计要服从服务于政治，就是要服务大局，围绕中心，突出重点。加强经济责任审计，促进社会主义市场经济体制的完善，加强廉政建设就是讲政治，就是为大局服务。这是我们审计人员应采取的正确态度。

审计职业判断、审计风险与审计责任

谢志华

审计的职业判断已越来越引起人们的关注，究其原因是审计对象中的不确定性因素的不断增多和增强。一方面，由于经济业务事项不确定性的增强，使得会计人员对会计事项进行正确确认和计量的难度加大；另一方面，经济业务事项不确定性的增强也使会计人员对会计事项的确认和计量方法进行选择的余地增大，从而为会计作假行为提供了更大的空间。这两方面使得审计对会计事项的判断以及对会计行为本身的判断都愈发困难。这种事实直接影响到会计报告的信息质量，进而影响甚至决定会计报告使用者所做决策的正确性。一旦会计报告的使用者依据会计报告所做的决策失误，必然引发或牵涉审计风险和审计责任问题。

一、会计报告使用者信息需求的变迁与审计职业判断

会计报告的使用者主要是投资人。在两权分离的条件下，企业或企业的经营者负有向投资人提供会计报告的责任。投资人需要会计报告所要达到的目的经历了一个历史的变迁，即由受托责任向提供决策信息的转变。

在报告受托责任的阶段，由于两权分离，经营者对所有者负有财产责任——确保投资人投入的资本不要遭受损失或称之资本保全；由于两权分离，经营者对所有者负有经营责任——确保投资人投入的资本增值；由于两权分离，经营者对所有者也负有法律责任——必须依法经营实现资本保值增值。从投资人的立场看，经营者的违法经营有可能因受到法律制裁而导致资本重大损失，或者违法经营并不能反映经营者的自身能力而不具有长久性、稳定性。当然投资人要求经营者依法经营。基于以上原因企业或企业的经营者必须向投资人报告其履行财产责任、经营责任和法律责任的情况。在实行两权分离企业制度的早期，市场需求变动较小，市场范围相对较窄，市场价格的变化相应不大，加之经济周期相对较长，企业资产的价值变化较小。在这种情况下，企业会计报告只需按历史成本原则计量资产的价值。因此，审计的根本的目标是确定会计报告的真实性和合法性。从真实性而言，就是确定会计报告中的数字是否符合事实或实际，包括账实、账证（特别是原始凭证）、账账和账表是否一致；从合法性而言，就是确定会计事项和会计报告行为是否符合各种法律法规的要求。综合两者，这时的审计具有“符合性”审查的特征，以求得出是否真实、合法的结论。在这种情况下，审计主要不是进行职业判断，而更多地是进行审计验证。

伴随经济活动的发展，投资人对会计的要求由报告受托责任进一步演变到提供决策信息。由于市场向深度和广度拓展，市场竞争加剧，市场供求关系处在不断的变化之中，经济周期缩短。投资人的投资回报处在不断变化之中，为了降低投资风险，投资人不仅关注投资决策的正确性，也使决策行为经常化。通过决策，投资人有效地组织资本的流动、资本的运用，使资本效率最大。会计作为企业的综合信息系统，对投资人的决策有着重要的作用。一旦会计报告要满足提供决策信息的需要，那么，会计报告所提供的信息必须满足决策有效的要求。这种有效性实质是要保证投资人通过有效决策使投资免遭风险。风险本质是指收益的不确定性，这种不确定性最终是由企业的经营风险和财务风险所造成。从会计报告的角度看，这两种风险转化为企业资产的流动性（或周转能力）和潜在获利能力的高低。也就是说只要企业资产的周转能力强并有较高的盈利能力，就不会发生经营风险和财务风险，也就不会存在投资风险。这样，问题就归结为，会计报告如何提供资产的流动性和潜在获利能力的信息？这两者都与未来相联系：首先，资产的流动性意味着企业现有的资产（以致未来的资产）是否能及时在市场变现，这不仅涉及对资产实体质量的判断，而且涉及相应资产未来市场供求关系变动及其变动时间的预期；其次，潜在获利能力的高低意味着企业的产品或服务能否在市场上出售并获得相应的收益水平。这也自然涉及对相应产品或服务的未来市场供求关系及其变动的预期。所有这些与未来预期相联系的信息的共同特征都是不能事先确知，这需要会计报告人做出判断。会计报告人做出的判断是否正确，当然会对投资人的投资决策的有效性产生根本影响。为了分析会计报告人做出的判断是否正确，审计必须对会计报告所提供的信息对决策的有效性做出评价。这时，审计没有业已发生的事实和法律法规作为依据，不具“符合性”特征，相反只具“预期性”特征。在这种情况下，审计不可能对未来进行“验证”，而只能进行判断，这种判断也只能是从审计职业的角度做出。

二、会计对象的变化与审计职业判断

不仅会计报告的使用者的需求发生了变化，而且会计对象也经历了一个历史的变迁，整体上说会计的对象是资金运动。但具体分析不难发现资金运动得以形成的基础或业务行为却有着显著的不同。从历史的发展时序看，会计对象所依赖的基础或业务行为经历了由实物资产及其运动、无形资产及其运动到金融资产及其运动的变迁。同时，会计对资金运动的揭示，也由事后向事中以至事前变动。所有这些变迁无不意味着会计确认和计量的对象在质和量上都存在不确定性。

1. 从实物资产及其运动看，企业对会计要素的确认和计量存在不确定性。主要表现在：（1）存量资产的实物有用性或使用价值的内外在质量发生变化时，其相应的损失是多少，并无客观的依据；（2）长期资产在长期使用的过程中，进行会计分期摊销时，各期分摊的费用是否正好反映实物的磨损程度也是不确定的；（3）存量资产的计价于市场供求关系不断变化时不易选择合适的价格，至少存在历史成本与市价、重置价值的选择；（4）当资产运用的获利能力发生变化时，资产价值需要按照未来现金净流量予以确定，而未来现金净流量因市场供求关系的变动不易确定；（5）资产进出过程中的所有权主体转移是否发生也比较复杂；（6）资产运用过程所发生的收入和支出也因存在收付实现制和权责发生制的差异而不能直接确认；（7）资产运用过程所发生的债权是否能收回、或有负债是否发生，受许多因素的影响而难以事先确定。不难看出，在会计对象以实物资产及其运动为基础时，会计确认和计量就已存在许多不确定性。在市场经济初期，因市场范围较小、经济周期较长、供求关系变化不大，资产的价格相对较稳，加之产权关系相对简单，信用体系也不复杂。这种不确定性尚不明显和对会计报告不会造成重大影响。但伴随市场竞争的加剧，市场供求关系不断变化，产权关系的复杂和信用的发达，这种不确定性的会计确认、计量事项不断发生，且对会计报告的质量造成重大影响。这不仅要企业会计人员进行合理判断，而且还要求审计人员对会计人员的判断进行再判断。

2. 从无形资产及其运动看，由于无形资产不具实物存在性；无形资产的价值一般不是由单个资产自身的价值来决定，而是由无形资产为企业带来的整体效益的提高来决定，或者说企业整体效益的水平决定了无形资产的价值；也正因为此，无形资产可以因为企业整体效益水平很高而价值很大，也可以因为企业整体效益水平很低而价值为零。无形资产价值处在不断变动之中；无形资产的形成和价值增值，不是企业再生产活动对单个无形资产发生作用的结果，而是再生产活动各个因素共同作用的结果；无形资产的购入（或注册投入）、出售并不象任何实物资产有一个确定的市场价格，而是任何无形资产必须在购人或出售时应重新评估其价值；无形资产的购进或形成成本与无形资产的市场价值之间也不存在某种必然的投入产出关系；无形资产的价值不仅由企业现在的整体效益水平所决定，而且与企业未来潜在的获利能力相联系。正是这种无形资产价值决定的整体性、综合性、可变性、未来性，决定了无形资产价值确认和计量的不确定性。这不仅要企业会计人员进行合理判断，而且还要求审计人员对会计人员的判断进行再判断。

3. 从金融资产及其运动看，金融资产也可以理解为全部金融工具及其衍生物。金融资产借以存在的表达形式是各种法律契约，它本身或其实体存在形式并没有价值。相反，它只是代表一定的价值；金融资产所代表的价值反映了一个企业、甚至一个经济的整体价值创造能力或水平；金融资产所代表的价值依企业或整个经济新创价值的水平而变动；金融资产在金融市场高度流动，金融市场供求关系不断变动，导致金融资产价格处在不断变动中；金融资产的现时价格反映了市场的未来预期；金融资产的实体存在形式并没有价值，一旦金融资产所代表的价值为零时，金融资产就会变得一钱不值。正是金融资产价值决定的这种整体性、可变性、未来性和金融资产自身价值的虚拟性，决定了金融资产价值确认和计量的不确定性。这不仅要求企业会计人员进行合理判断，而且还要求审计人员对会计人员的判断进行再判断。

4. 从会计揭示的时间序列来看，传统会计着重于反映过去，而现代会计为了更好地满足企业内部管理的需要，不仅要求会计反映正在发生的会计事项以加强控制，而且要求会计对未来发生的会计事项做出预期以为决策提供依据。很明显的例子是上市公司必须披露盈利预测和重要投资事项。这些披露内容确实与会计密切相关：其一，它们常常是以会计所提供的历史数据为基础推演的，那么，这些历史数据与未来的事件之间是否存在某种必然的联系？其联系的方式和程度是什么？这不能不要求会计人员做出判断；其二，它们常常是以现在的事件还将在未来持续发生为假设前提的，那么，这些现在的事件在未来的存在环境是否发生变化？这种变化是否会改变这些事件的存在和运行状态？这也不能不要求会计人员做出判断；其三，那些完全在未来发生的事件如新投资项目，其决策的正确与否根本上取决于未来预期的正确与否，这种预期的正确性确实来源于会计人员判断的正确性。以上各方面不仅与会计人员的判断有关，而且为了证明这种判断的正确程度也需要审计进行再判断。

归结起来，审计的职业判断是与会计事项的确认和计量的某种不确定性相联系的，正是这种不确定性需要审计人员从职业水平或眼光做出判断。这也正是审计的基本功能。

三、会计作假与审计职业判断

会计事项的确认和计量的不确定性要求审计人员做出职业判断，这是从会计披露的对象而言的。如果从会计行为的主体而言，由于其个人的不道德，或其经营者的不道德，导致会计欺诈或作假，也会引起会计确认和计量的不确定性，这是一种人为行为，具有随意操纵的可能。

具体地看，这种不确定性主要有如下特点：（1）这种不确定性不是会计事项本身的属性，是人为制造的结果；（2）这种不确定性具有反复无常的特点，它取决于制假人的需要。（3）这种不确定性使会计的确认和计量有意违背会计事项本身的性质；（4）这种不确定性是人为造成的，它具有欺骗和隐瞒的特征；（5）这种不确定性是由会计或通过会计作假形成的，无须会计做出判断，而是必须由审计做出判断。判断的对象不仅是会计事项本身，而且也包括会计人员或企业经营者的行为。

尽管人为造成的会计确认和计量的不确定性存在上述特点，但它与会计事项的不确定性仍然存在相同之处：它们都可能带来审计的失误或审计结论的不正确。在审计中，对会计事项的不确定性主要是审计人员直接对会计事项自身的性质进行分析，做出判断，决定其相应的确认和计量方法；但是，对人为造成的会计确认和计量的不确定性，因其不是来源于会计事项本身的性质，而是人为的欺诈，所以，审计的根本任务就是选择有效的审计程序和方法揭露这些欺诈行为，恢复会计信息的真实性。这里，如何选择有效的审计程序和方法使审计成本低而审计效率高、审计结论准确，也成为审计职业判断的内容之一。这种职业判断是对审计行为本身的判断，而不是对会计行为的判断。它表明了审计的职业技术要求。本质上讲，审计的过程就是采用合适的审计程序和方法逐步深入寻找和发现会计错弊的过程。在这个过程中，审计人员必须不断地对采用的审计程序和方法做出判断，以求揭露会计错弊。

四、审计风险与审计职业判断

审计风险实质是指审计结论的错误导致投资人（或审计委托人）遭受损失而必须由审计所承担的经济责任以至刑事责任。由于会计事项的不确定性是客观存在的，会计作假也存在可能性，所以，问题就归结为审计风险最终取决于审计职业判断的正确性。在审计过程中，审计人员必须在这样一个两难境地中做出选择：其一，审计结论错误，委托审计人要求赔付以至承担刑事责任的风险；其二，为追求审计结论绝对正确，而采用复杂的审计程序和方法，导致审计效率低下，或者收人不抵支出，或者丧失市场（审计结论不能及时提出，委托审计人不再委托，或不敢接受审计委托），最终导致审计组织破产解散的风险，也就是既要保证审计结论有助于委托审计人的决策正确，又要保证审计能以较低成本及时提供审计结论。达成这一均衡的关键就是审计的职业判断，透过职业判断得以发生作用的基础是重要性理念的运用。也就是说审计透过对任何审计事项的重要性的判断，来确定审计风险的大小，以及适用的审计程序与方法。

重要性意味着两个含义：第一，凡是对审计结论的正确与否造成重大影响，并进而使审计承担风险的审计事项都被视为重要，应作为审计的重点，应采取较为完整、细致的审计程序和方法；第二，凡是对审计结论的正确与否不会造成重大影响，并进而使审计不面临风险的审计事项可被视为不重要，相应可以不予审计或采取较为简单、有侧重的审计程序和方法。不难看出，重要性的判断是把审计风险的程度与审计程序和方法的复杂程度相拟合、相匹配的一种手段。其根本目标是实现既不发生审计风险又能提高审计效率。

重要性概念的形成有着坚实的客观基础。首先，由于会计报告的信息形成过程中采用了许多会计假设，依此形成的会计确认和计量方法很难客观地揭示会计事项的本来面貌。也就是说，会计数据确实与客观实际之间存在某种差异；其次，会计数据与客观实际之间存在某种差异确实尚不足以造成投资人或委托审计人做出错误的决策，或者决策确实存在某些偏差，但不足造成投资人或委托审计人发生实际的损失，并引发追诉审计的风险；再次，即使企业当期的会计报告与所依据的企业经营状况之间确实存在重大偏差，但是，只要企业的持续经营不存在问题，并且能有一个较好的盈利预期时，这些重大偏差也可能不被视为重要。实际上，审计风险是以投资人或委托审计人遭受损失为前提的。审计结论的正确与否对投资人或委托审计人造成的损失也是在企业以后的经营出现重大损失、财务出现危机时才显现。如果损失和危机不会发生，也就不会追究审计责任，当然也不会发生审计风险。归结起来，审计风险是否实际发生最终是以企业的盈利能力和财务支付能力为基础的。只要两者保持与会计报告所揭示的状况基本一致，审计就不会面临风险。

根据以上分析，可以对企业会计报告出现不实所引起的各项因素按重要性程度做出如下排序：(1) 由于会计作假导致投资人或委托审计人决策失误并蒙受重大损失；(2) 由于会计的职业判断能力较差而使会计报告虚假，导致投资人或委托审计人决策失误并蒙受重大损失；(3) 由于会计作假而使会计报告失真，但投资人或委托审计人并未由此蒙受重大损失；(4) 由于会计的职业判断能力较差而使会计报告失真，但投资人或委托审计人并未由此蒙受重大损失。

会计的职业判断能力主要表现在对以下会计事项的确认和计量是否客观或接近客观上：第一，对各种会计事项的确认和计量方法的选择的合适程度；第二，对企业现有资产在未来可变现能力的判断的切实程度；第三，对未来经营和财务行为预期的准确程度。审计人员不仅要对会计的职业判断进行再判断，而且，也要判断选择何种合适的审计程序和方法能更有效地发现会计职业判断的缺陷和会计的作假行为。

五、审计责任与审计职业判断

审计风险的大小取决于审计的职业判断能力，职业判断能力较低必然会造成审计结论的错误，达到一定程度时，会造成投资人或委托审计人的经济损失。这时，审计必须承担审计责任。所以，一个现实的问题是：审计应对其职业判断结果何种程度的失实承担责任，以及应承担多大程度的责任。

审计的职业判断能力确实在整体上决定了审计结论的正确程度。但是，会计事项的不确定性、会计作假手段的复杂多样性确实会对审计的职业判断造成陷阱，而使审计难以做出正确的判断，审计结论出现失误，投资人或委托审计人也遭受了实际损失。由于投资人或委托审计人发生损失，也就要求审计承担审计责任。为了减少或避免这些风险，审计采取了种种办法：（1）要求会计报告的提供人发表声明，说明会计报告是真实的，并对其负责。这带有转移风险的性质；（2）对存在严重不确定性的会计事项或有此情形的企业不接受审计。这是为了避免风险；（3）在审计结论中对审计的范围做出说明，以示审计只对已审的内容承担责任。这也是为了避免风险；（4）在审计结论中对不确定的会计事项做出补充说明，以引起报告使用者的注意。这不仅保持了与客户的业务往来，又维护了审计结论的严肃性。这是为了减轻风险；（5）在审计中，采取比较稳妥的审计程序和方法，加大审计力量的投人。这也是为了防止审计风险；（6）对确实存在许多不确定性并可能造成投资人或委托审计人重大损失的，还可以拒绝发表意见。

凡上种种，表明了审计实践中的一个根本矛盾：一方面，审计组织必须不断扩大审计业务，另一方面，也确实面临许多不可抵御的风险。单纯为了防止、减轻这些风险，可以不做审计业务或以较高的成本进行审计业务。但由此会失去许多的客户，降低审计组织的收入水平。此外，从社会或投资人（委托审计人）的角度看，希望有审计监督总比没有审计监督好。显然解决问题的办法仍然要回到事物的本来规律中。

从前面所述，作为审计对象的会计事项的不确定性，以及所导致的会计确认和计量的不确定性，可以分为两种类型：一是透过审计加大投入，采取较为严密、复杂的审计程序和方法，能在很大程度上判断、识别这种不确定性的会计事项，只要投资人或委托审计人愿意以更高的审计费用支付，审计应该承担风险责任。这里贯彻的原则是风险与收益对称。二是无论审计采取何种审计程序和方法，最终都必然存在判断失误的可能的会计事项，应由法律规定减轻审计责任或不规定审计责任。这有助于审计扩大审计业务的领域。这里主要采用市场机制的办法解决审计责任的界定与落实。

以此为出发点，可以对审计结论失误带来的审计责任做出以下界定：（1）当会计事项具有确定性，而仅仅由于审计验证不当导致审计结论错误，使投资人或委托审计人遭受损失的，应负完全的审计责任；（2）当会计事项为历史事件并具有确认和计量的公允标准，通常只要按公允标准做出审计判断，即使存在错误，审计也不应承担责任。但是如果按公允标准显然存在重大偏差，很容易为审计人员所判断，而审计人员判断失误或未作说明时，应承担审计责任；（3）当会计事项为已发生事件，但又与未来密切相关而导致其具有不确定性时（如证券资产、或有负债等），因审计人员不可能完全正确地做出未来预期，这时，只要审计人员对此做出必要的说明，审计人员应较少承担责任；（4）当会计事项纯粹为未来事件，这时，审计行为具咨询性质，审计不应承担法定审计责任，而是通过市场机制由委托双方自行确定相关的审计责任。归结起来，就因判断结果失实而应承担的责任而言，审计责任与会计事项本身的不确定性成反向变动关系。

（作者单位：北京工商大学）

略论中国审计史中的几个问题

方宝璋

（一）

中国古代审计究竟包含哪些内容，它与监察、司法、财经管理关系如何，学术界分歧较大。造成这种分歧的原因很多，主要有以下三个方面，对此，我们必须有正确的认识。

其一，在探讨中国古代审计史时，首先必须明确审计的基本内涵，然后才能把握它的大致外延，即了解中国古代审计史包括哪些内容。否则，对中国审计史应包含哪些内容只能是众说纷纭，莫衷一是。关于审计的内涵，目前审计学界意见不一。各家虽然对审计内涵解释不同，但其最初、最基本的含义大体还是一致的。大多数人认为审计就是“查账”，即由除会计人员以外的第三者对有关部门的经济活动进行审查监督。当然，以后随着经济和政治的发展，为了加强对经济活动的监督，审计工作不断得到发展，审计概念也不断发生变化。特别是从近代开始，科学技术的进步，资本主义商品经济和民主政治的出现，使西方审计的本质以及广度、深度有了很大的变化。因此，今天的审计不同于近代的审计，更不同于古代的审计。我们在探讨中国古代审计史时，不能以今律古，以现代的审计来代替古代的审计，必须以历史唯物主义的观点，去分析评价古代不同时期的审计。

其二，中国古代的职官体制，决定了审计职能由多种机构承担。中国自秦汉至清王朝结束，一直是封建专制主义中央集权制的国家。封建君主为了有效地进行独裁统治，防止大权旁落，在统治机构的设置上，一方面削弱地方，高度集权中央；另一方面中央采取多元多轨制，即同一性质的事务分别由几种职官负责，或一种职官执行几种不同性质的事务，以便互相牵制。在这种政权体制的制约下，中国古代在中央的审计职能分别由御史监察部门、司法部门、财经管理部门、官吏考核部门等兼职执行，审计职能与行政监察、司法、财经管理、官吏考核等职能混在一起。由于史籍记载简略，加上中国古代政府官员的职责专门化程度较低，因此，要从御史监察、财政管理、吏部对官吏的考核以及地方官吏的各种职责中，区分出“纯粹”的审计是不太容易的。因此，常常会出现这种情况，在论述中国古代监察史、古代财政管理史、古代审计史时使用同一条史料各自来说明不同领域的发展史。这种现象并不奇怪，恰恰说明了中国古代职官制度的特点，也就是审计机构的特点，同一机构兼有各种不同的职能，关键问题是研究者如何从史料中发掘剥离出本领域所需要的内容。

其三，中国古代职官制度的另一个特点是政府官员的官职有时与实际工作不符，官员经常接受皇帝的临时派遣，去完成与他原定职责无关的事。这些使节不定职、不定人，不专属任何部门。在中国古代审计工作中，经常也会见到皇帝临时指派与审计没有关系的官员，去从事审计工作。如隋大业初，炀帝命何稠营造舆服羽仪，“所役工十万余人，用金银钱物巨亿计。帝使兵部侍郎明雅、选部郎薛迈等勾覆之，数年方竟，毫厘无舛”（《隋书．何稠传》）。到了宋朝，这个特点进一步发展，形成官员的官称和实际职务基本分离，皇帝常常派遣各种职官去从事审计工作。如熙宁九年，“以祠部郎中、直史馆叶均提举账司、公院、磨勘司，不领于诸司库务司”（《长编》卷279）。因此，判断古代的审计更主要看其从事工作的性质，而不是依据官员的头衔和任职的部门。

鸟瞰中国古代审计史，就审计的内容划分，大致有三种不同类型的审计活动。第一，对财政财务收支的审计监督。其主要内容是审核检查财政财务收支的真实、合法、合理性，也就是督察财政收支平衡以及财政财务收支上的滥收、少收、欠收、肆意支出、挪用、亏损等，以确保经手人和保管财物的人员忠实地履行其职守。审计的对象主要是中央政府各部门和各级地方官府，审计的执行者比较复杂，变化大，如主要为中央至地方各级财经主管部门、比部、三部勾院、科道官等。第二，对官吏在经济上的违法乱纪（古代所谓赃罪）进行审计纠弹。其内容主要是揭露弹劾官吏盗窃、贪污、受贿和财政财务收支的不如制。其对象主要是官吏个人，通过监察官来兼职执行。第三，对官吏经济政绩的审计考核。中国古代封建经济结构决定了对官吏经济政绩审计考核内容主要是户口、垦田数及赋税收人。其审计对象侧重于某官任期某部门或地区的经济政绩，但也涉及官吏本身是否廉洁奉公。执行者大致是首先由中央各部门和地方各级长官自课其属，然后申报中央掌考部门统一审核，评定等第，予以赏罚。

（二）

在探讨中国古代审计起源的时候，由于各家对审计的概念、史料的理解的不同，对审计的起源也人言人殊。

如果说审计萌芽于原始社会，可能尚属太早。在原始社会时期，人类集体劳动、平均消费，过着无阶级的平等生活，生产力低下，产品没有剩余。从母系氏族社会开始，个人虽然有了一些财产，但这仅仅限于生活用具和少数随身携带的工具和武器，这种财产还没有发展成为氏族集体财产的对立物。并且，这些为数有限的个人财产在各氏族成员间并没有高低轩轾之分，还没有形成私有观念。只有到父系氏族社会时期，随着私有制的出现，原始社会才逐渐瓦解。

据此，我们可以推断，在原始社会时期，人们不可能也没必要把氏族财产据为己有，“货恶其弃于地也，不必藏于己”（《礼记．礼运》）。从审计的最初职能，即对财政财务的监督来说，原始社会没有其存在的可能性和必要性，因此，不可能产生审计的萌芽。

公元前21世纪，中国出现了第一个奴隶制国家——夏朝。综合较为可信的古籍记载，夏朝时已有了较完善的国家财政收入。史载：“自虞、夏时，贡赋备矣”（《史记．夏本纪》）。自古以来，华夏族就是黄河流域文明的中心，邻近各氏族、部落和国家经常向夏朝贡献。“禹合诸侯于涂山，执玉帛者万国”（《左传》哀公七年）。另一方面，夏朝的财政支出相当浩大。如官僚机构、监狱、军队、战争、祭祀、修建公共工程、王室各种奢侈的衣食住行、赏赐府藏等，都要耗费大量的钱财。

传说舜继位后，命皋陶作刑。《左传》昭公十四年载：“已恶而掠美为昏，贪以败官为墨，杀人不忌为贼。

《夏书》曰：‘昏、墨、贼，杀。’皋陶之刑也。”可见，远在夏禹之前，中国就有关于惩治官吏贪污受贿的立法。从此可以推测，为了防止“贪以败官”，对官吏进行某种经济监督也是很有可能的。

夏朝统治者为了治理国家，保证财政财务收支的正常进行，必须实行必要的财经管理和监督，如对收支进行记录、计算和考核等。古籍中传说的夏禹时代的“会计”，正反映了某些历史的真实情况。《史记．夏本纪》载：“自虞、夏时，贡赋备矣。或言禹会诸侯江南，记功而崩，因葬焉，命曰会稽。会稽者，会计也。”《吴越春秋》卷6《越王无余外传》亦云：“（禹）三载考功，五年政定，周行天下，归还大越。登茅山，以朝四方群臣，……乃大会计……遂更名茅山曰会稽之山。”这里的会计乃是定期会集诸侯，对其贡赋征收进行考核。许慎《说文解字．五下》云：“会，合也。”段玉裁注曰：“为其上下相和也。凡曰会计者，谓合计之也。皆非异议也。”至于“计”字，《说文解字．三上》云：“计，会也，筭也，从言、十。”段注曰：“筭，当作算，数也。”按司马迁和颜师古的理解，“计”即“稽”也。“稽”则有考之义，如《周易．系辞下》有“于稽其类”一语，《正义》曰：“稽，考也。”《广雅．释诂》亦云：“稽，考问也。”其实，在此“计”、“稽”并不矛盾，因为对诸侯贡赋征收的考核主要就是通过计算来实现的，如《周礼．天官冢宰》载对群吏的考核称为“大计群吏之治。”同卷“稽其功绪”一语注曰：“稽，犹考也，计也。”综合考察上述史籍的记载，我们可以大致知道夏禹时代对诸侯的考核是三年一次，其考核的内容是核算各诸侯的贡赋征收，方式是把各诸侯召集在某地进行面对面的统一考核。这种定期会集诸侯当已形成严格的制度。《韩非子·饰邪》云：“禹朝诸侯之君会稽之上，防风之君后至，而禹斩之。”盟会后至被斩，可见其规定之严格。总之，夏禹时代之“会计”，乃后世上计制度之端倪，我们说中国古代审计滥觞于夏朝，该是可以成立吧。

（三）

纵观中国审计史，其发展的轨迹与政治、经济史大体是一致的。从夏商西周至明清，是中国古代审计史。在奴隶制和封建专制主义政治的支配下，各种类型机构所拥有的审计权是自上而下地由帝王授予，而不是自下而上地由民主赋予，审计者直接或间接向最高统治者负责。审计作为治吏的工具，被审计者是各级官吏，而不涉及一般民众。同时，自给自足的自然经济使中国古代不可能出现民间审计。总之，只能始终停留在奴隶制或封建制政府审计的模式。

二十世纪初，在国内旧民主主义革命形势迅猛高涨的震撼下，清政府为挽救朝不保夕的统治，着手变更政体，实行立宪。在筹备立宪的过程中，一些有识之士接受了国外近代新的审计思想，在设立审计院的官制中，注意到审计院与君民、内阁的关系，以及作为财经监督机关，其地位独立性的重要等，并计划逐渐将此付诸行动，拟在宣统三年（1911）颁布审计院法，宣统四年（1912）设立审计院。这些标志着在中国古老的大地上，一种新的审计思想初露端倪，预示着近代中国审计将发生一场根本性的变革。但是，由于1911年辛亥革命的胜利，这些计划随着清王朝的寿终正寝而胎死腹中，并未得到实施，因此，不能标志着中国近代审计的开端。

1911年10月10日武昌起义后，各省纷纷宣布独立，实行地方自治，许多省份在新的政府机构中设置审计组织。1912年3月，袁世凯窃据了大总统地位，并把南京临时政府参议院迁到北京，开始北洋政府的统治。

北洋政府在短短的17年统治时期内，政治黑暗，丧权辱国，军阀混战，民不聊生。但是，在民主革命浪潮的冲击下，北洋政府在实行反动统治的过程中，为装饰门面，标榜民主法制，也不得不实行一定程度的新政。其中在审计上仿效发达资本主义国家，建立了一套不同于中国封建社会，而具有近代意义的审计机构和审计法规。

在审计机构方面，审计院（或审计处）在整个机制以及机构设置、职权范围和人员编制等奠定了近代新型审计机构的雏形；审计院隶属于大总统，对国会负责，使审计有很高的地位，而且形式上具有超然独立的性质，具有较大的公正性权威性；民国初年，地方专职审计机构的建立，预示着审计工作即将逐步深化的趋势。

在审计立法方面，北洋政府时期颁布了三十多个审计法规，主要有《审计处暂行章程》、《暂行审计规则》、《审计法》、《审计法施行细则》等，并且屡次补充修正，制定了一套中国近代史上最早的较为系统完整详细科学的审计法规，并把审计载入国家宪法。

北洋政府时期，政治腐败，武夫专权，军焰熏天，中央审计院孱弱不堪，常常徒具形式；地方军阀割据称雄，各自为政，截留财政收入，审计职能在诸省也难以得到实施。虽然如此，但是它所设置的审计机构和制定的一系列审计法规，已是具有近代资产阶级性质的审计体系，并在某种程度上已付诸行动。这种体系对后世产生积极的影响，为广东、南京国民政府所效法，并在此基础上扩大、补充和完善。总之，1911年的辛亥革命标志着中国近代审计史的开端。

1949年10月1日，中华人民共和国成立。中华人民共和国是工人阶级领导的、以工农联盟为基础的人民民主国家。1953——1956年的对农业、手工业和资本主义工商业的社会主义改造，标志着社会主义制度在我国的基本建立。新中国的诞生，标志着中国历史进人现代史时期，同时也意味着中国现代审计史的开端。

建国以来的三十多年，国家实行高度集中的计划经济体制，与此相适应的是以财政监察来执行审计职能。这种财政监察对于防止贪污浪费，克服一切违犯财政纪律和财政制度的现象，组织国家一切有用的资财，从事大规模的经济建设，发挥了应有的作用。

1978年党的十一届三中全会以后，实行改革开放的伟大决策，标志着中国历史进入社会主义现代化建设新时期。按《宪法》规定，为适应社会主义市场经济体制的需要，1983年9月，我国于国务院设立审计署，在国务院总理领导下，依照法律规定独立行使审计监督权，不受其他行政机关、社会团体和个人的干涉。县级以上的地方各级人民政府设立审计机关。地方各级审计机关依照法律规定独立行使审计监督权，对本级人民政府和上一级审计机关负责。为了使审计监督工作有法可依，我国陆续颁布了一系列审计法规。各级审计机构广泛深人地开展各项审计工作，取得很大的成绩。与此同时，我国的内部审计与社会审计也蓬勃地发展。总之，十一届三中全会以后，逐渐形成具有中国特色的社会主义审计体系，我国现代审计进入一个新的发展时期。

（作者单位：福建师范大学历史系）

经济大要案

湖南电线电缆集团公司案

湖南电线电缆集团公司是一个拥有8000多名职工、年生产能力达25亿元的国家大型企业，曾位居全国500家重点企业之列。公司原党委书记兼总经理陈海燕原是一个私营企业大阳股份公司的董事长兼总经理，通过投机钻营坐上了湘缆一把手的交椅，在其任职的两年零9个月内，企业亏损竟达3.61亿元。湖南省审计厅和湘潭市审计局经过1年零5个月的艰辛工作，对湘缆集团28家全资和控股子公司的资产、负债和损益情况进行了全面审计，并与有关部门密切配合，延伸审计调查了与湘缆集团有经济往来的大阳股份公司等7家陈海燕等人私营、合伙经营公司的账务，彻底查明了以陈海燕为首的特大经济犯罪窝案的主要犯罪事实：他们利用职务之便，采取狡诈的手段，挪用公款90次，总计金额4700余万元，贪污侵吞公款43万余元；虚开增值税发票113份，造成国家实际税收损失175万余元，偷税45万余元，导至企业进入破产清算程序。

湘缆案的特点，是陈海燕及其同伙以看似合法的经济业务活动掩盖其贪污侵吞国有资产的罪行，其手段主要是：一是"高进低出"，即高价购进原材料和低价销售产品让利给其私营企业，损公肥私；二是设立中间贸易环节，采取居中开票的形式从中盈利；三是通过参股、股权置换等形式，高估其资产的价值和权益，并以湘缆承包经营、固定按投资额和较高比例分红给其私营公司，回避任何经营风险，坐收渔利；四是利用湘缆的资金从事经营活动，却要湘缆承担双倍的利息；五是虚开增值税发票，虚开运输费发票偷漏税款；六是虚假合资，钻国家优惠政策的空子，并以外商投资者名义，通过经营分利将国有资产转移到个人手中；七是银企串通，以各种手段争取银行贷款，一则可以掩盖危机，形成表面繁荣，另一方面可以更多地为自己谋取私利；八是非法提供资金担保，因连带关系，造成国有资产流失。结果陈氏私营公司迅速恶性膨胀，资本累积达1亿元之多。

此案移交司法机关后，主犯陈海燕、同案犯原金湘公司总经理李世平均被判处无期徒刑、剥夺政治权利终身，另外四名同伙也分别受到法律制裁。

瓦房店市交流岛乡拦海工程指挥部挪用国债资金案

1998年国家计委下达了瓦房店市交流岛乡防潮堤建设工程，这项计划总投资额3900万元的工程，由中央无偿补助500万元，地方转贷1500万元。建设内容为该乡的大山堤和东北堤。由于该乡在项目申报前，没有认真准备，同时出于地方利益的考虑，虚报了防潮堤的长度，随意编报工程进度，任意支配国债资金，引起群众的不满。

2000年3月，一封反映交流岛乡防潮堤国债项目资金被挪用的举报信经全国人大常委会新闻局转至审计署举报中心。举报信引起了李金华审计长的重视，经他批示由审计署驻沈阳特派办组成审计专项调查组进行查证。

经过审计人员50多天的艰苦努力，终于查明了整个工程挪用国债资金和弄虚作假的事实：

1998年8月，交流岛乡成立了拦海工程指挥部，工程实行项目法人制，项目法人为乡党委书记。大山堤经过招标被有实力和有建设经验的A镇经济开发区建安公司承包，东北堤被某工程局第三施工处承包。在项目开工和国债资金陆续拨付到位后，乡指挥部弄虚作假，转移并挪用国债资金1105万元。

乡指挥部将工程以1000万元一次性包给建安公司施工，在此同时，交流岛乡政府又与A镇政府和建安公司私下签订协议，施工单位因实际工程定额低于合同中的工程定额，要返还利润200万元，因大山堤实际工程只有6.7公里长，该乡以借款名义扣留300万元。共计500万元。为了遮人耳目，由建安公司将款转到开发公司，再由开发公司以借款名义返回交流岛乡政府。东北堤方面，交流岛乡形式上将东北堤包给三处，合同金额计1337万元，而实际上，扣除工程实际结算金额278万元，税金35万元，以及前期工作费71万元等，其余605万元被挪用。其中1999年3月，在该乡党委书记的提议下，由乡长经手，动用33.5万元的国债资金，从一农民手中购买奥迪轿车一台。但因该车系不法分子在长春盗窃而来的赃车，随后该车被瓦房店市公安局扣留。但售车人早已带着车款逃往外地，给国债造成无可挽回的损失。

为了掩盖上述问题，交流岛乡有关人员在乡党委书记的指使下进行大肆造假。当大山堤的问题被查证时，他授意负责东北堤工程核算的会计、出纳、乡指挥部会计和乡财政所会计，制造大量的假账、假印章、假合同、假领款单和假工程量表，应付检查，欺上瞒下。在审计期间，该乡多次召开党委会，统一口径，数十次指使下属及有关人员出具假证，编造情节，阻碍审计。

瓦房店市交流岛乡拦海工程指挥部弄虚作假，挪用国债资金1105万元，擅自向私人购车、致使国债资金33.5万元被骗造成国债损失，虚报防潮堤长度、虚报工程完成进度、编造虚假配套资金、涉嫌受贿等多个问题被查实之后，审计署驻沈阳特派办立即将案情上报审计署。专题报告报署后，翟熙贵副审计长作了批示，审计署将情况及时转报国务院，国务院、国家计委等有关部门相继作出批示，立即停止对该市国债资金拨付，并由中纪委、国家计委、审计署以及外聘会计专家组成三部委联合调查组进行复核。由于审计组在审计中时刻强调质量意识，取证全面、细致，复核工作确认了审计署沈阳办的审计结果。案件已被移送司法机关立案，有关责任人员也分别受到了相应的法纪处分。

浙江亚伦集团受贿、贪污案

浙江亚伦集团系国家二级企业、行业百强、全国造纸行业重点骨干企业。集团有职工2400余人，年上缴利税达2000多万元。在一个财政收入不及一亿元的龙游县，它是财政收入的支柱，在当地经济发展中的作用举足轻重。该集团一向以改革创新闻名，是衢州市国企改革的一面旗帜。1993年底，王品发走马上任，成为亚伦集团总经理、党委书记。1995年又兼任集团公司董事长。案发之前，王品发是省、市、县三级人大代表、龙游县委委员。

自1998年起，亚伦集团一些离退休、在职职工集体上访，提供王品发及一些公司领导违纪的种种线索，要求上级部门予以清查。1998年10月，县委、县政府派出了以县计经委等四家职能部门组成的联合调查组，对群众反映的问题进行调查。由于种种原因，调查没有发现任何问题。这时，龙游县委县政府想到了审计，经慎重研究，1999年3月30日，中共龙游县委组织部要求审计局对亚伦集团主要领导进行经济责任审计。审计局决定对王品发1994年至1998年12月期间的经济责任进行审计，同时对具独立法人资格的集团实业公司（原生活服务公司）进行财务收支审计。

在有关部门的大力配合下，专案组不但查实了王品发的经济犯罪问题，而且还揭开了亚伦集团内部上行下效、蛀虫成窝的内幕。除王品发外，从副总经理到热电分厂煤调度员、采购员还有20余人因涉嫌受贿、贪污并因此而落入法网。

2000年6月15日，浙江省龙游县人民法院对此案进行审判。经审理法院认定，浙江亚伦集团股份有限公司原董事长、总经理王品发利用职务之便先后22次收受他人贿赂折合人民币24.35万元，以受贿罪一审判决王品发有期徒刑14年，剥夺政治权利3年，并处没收财产4万元。在此之前，“亚伦窝案”23名涉案人员中已有10人因受贿罪、贪污罪被一审判处有期徒刑1至19年不等。

浙江省供销社经济犯罪案

2000年，浙江省审计厅在对省供销社原主任朱承岭的任期经济责任审计中，查出省供销社存在的问题令人触目惊心：

一是深圳××公司巨额损失达1.8亿至2亿元。深圳××公司是省供销社全资子公司，成立于1992年，由时任省供销社副主任的朱承岭兼任万盛公司董事长。1996年朱任主任后，为应付该公司经济状况恶化问题，曾提出由省供销社注入资金1.5亿元的经济措施，但实际上省供销社先后注入资金达1.8亿元，资产置换形式注入5000万元，1996年底省供销社本部为该公司的担保仍有8894万元。××公司总体损失初步估算约1.8亿至2亿元。审计认为，朱采取注入巨额资金进行挽救的经济措施，虽然在时间上延缓了××公司经济问题可能给省供销社信誉带来的负面影响，但实际上使供销社本部承担了更大的经济责任和更多的经济损失，增加了省社本部的经济负担，朱承岭对此应承担直接领导责任。

二是投资举办××超市损失达4310万元。1996年10月为解决浙茶一厂亏损问题，朱承岭主持召开专题会议，决定对该厂实行调整开发，筹办××超市，股本总额为4500万元。1998年12月朱决定将茶厂地块以9500万元整体转让给某房屋建设开发公司，其中2000万元用于安置××超市职工。由于受资金、人才、规模等因素制约，××超市亏损严重。1999年3月又将××超市营业店铺、库存商品、实物资产、人员等转让给金龙集团公司，并给予金龙集团公司接受员工补偿费666.6万元。××超市从筹办到清理的两年多时间共计损失达4310万元。

三是投资台州某有限公司亏损达3500万元。台州某公司是一家私人合伙企业，从1996年成立至1998年3月停产一直处于亏损困境。1996年1月经朱同意，省供销社与该企业签订投资协议。之后，在该企业连续亏损、原有私人股东纷纷退股的情况下，朱却同意省供销社仍不断地收购私人股份，非但未折价收购，反而支付给私人股东转让股份补贴达130多万元，这极不符合股东以出资额共担风险的原则。期间，省供销社单方面注入的资金共计4912多万元，从参股、控股直到变成省供销社的全资企业，总亏损达3500万元，造成决策失误。

四是“满陇桂雨”前期费用存在数千万元水份的重大经济犯罪疑点。某房地产公司是一家私营企业。自1996年初至1998年初的两年里，经朱承岭同意，省供销社下属企业已累计拆借给某公司3450万元，尚有2000万元未归还。1998年8月朱决定与其合作开发总投资1.5亿元的“满陇桂雨”项目，成立浙江今日兴合旅游公司，其中补偿某公司前期费用需投资7500万元。随后，省供销社的资金通过今日兴合旅游公司源源不断地流入这家私营企业，截止审计日，省供销社投入资金已达6750万元。

审计从整个业务过程分析，认为存在的主要问题：一是省供销社大量借款给私营企业，属于违反金融法规的行为。二是今日公司并非省供销社的企业，巨额资金出借给私营企业，不仅未经领导班子集体决策，甚至省供销社其他领导当时均不知情，概由朱承岭审批出借。三是按合作投资协议，某房地产公司应以现金投入注册资金1500万元，实际并未投入；第二次增加投资时，省供销社明确某公司应投入的1500万元不需出资，作为对该公司前期工作给予1500万元的经济补偿，并转为该公司注册资本入股，缺少依据。四是开发“满陇桂雨”项目，前期费用7500万元，系朱承岭本人直接与该公司法人代表徐敏谈定。但据有关资料和经办人员反映，前期费用至少有2000多万元水份，且存在重大的经济犯罪疑点。

五是朱承岭在京培训期间恣意挥霍公款14.4万余元。1997年8月朱承岭去中央党校学习前夕，示意省供销社财务部为其办了一张长城卡，受其特殊“关照”并深谙“其道”的总裁助理兼财务处长分两次打入公款20万元，供朱享用。从1997年9月至1998年7月，朱在京恣意挥霍公款达14.4万余元，其中由长城卡支付6.1万余元，报销领取现金8.3万余元。有些开支项目，票据用途或模糊或空白，如其中两张1998年1月出具的北京市出租车发票，每张金额均为5000元，这显然属严重违纪行为。

最后查实，朱承岭案是严重的贪污案，涉案人员15人，7人已被逮捕，8人正在处理，其中正厅级干部2人，处级干部1人。

湘潭市合成化工厂案

2000年，湖南省湘潭市审计局在对市合成化工厂原厂长进行离任经济责任审计中，查出了该单位虚盈实亏2094万元，因管理不善，造成748万元国有资产流失、大肆私设小金库65个、累计金额600多万元等严重违纪问题。同时，发现了大量个人违法犯罪线索，配合纪委、检察、公安等部门一举挖出包括厂长、书记、副厂长、中层干部、业务人员、财务人员共计36人的违法犯罪问题，涉案犯罪金额100多万元，其中刑事立案13人，已判处6人，党纪政纪立案23人，收回违纪非法所得50多万元。

这次审计主要是从“小金库”入手。该厂每年都要将几十万元的产品和副产品交给厂工会和劳动服务公司处理，一部分发职工福利，一部分则少数人私分。物管处设有两个“小金库”：一个是厂长、书记的“小金库”，由他们开支；一个则是物管处自行设立。办公室也设有一个“小金库”，办公室主任拿“小金库”的钱为自己购买了一套私房。劳动服务公司应付账款——暂存户账上详细记录了每年厂里拨来的物资销售以后收回的货款和全部支出内容。其中有五笔凭证支出货款132969元，均被劳动服务公司经理×××、会计×××、出纳×××、物管科长×××套取现金私分。在厂区附近的农行信用社，合成化工厂各业务处室、分厂、车间等53个部门开设的65个账号，全都是“小金库”，涉及金额300多万元。这些资金都是私自变卖产品、副产品、废旧物资和收费不入账等形式设立的。查出了18人存在集体私分和个人侵占行为，金额达26万元。物管处5人私分公款6．4万元，办公室5人私分公款3.8万元，劳资科科长个人侵占存款利息1.8万元。原来，许多产品都只听凭厂长、书记或供销部门一个电话就可以发出去，根本没有开出正式发票，也没有经过财务部门做账，产品发出去就无人负责了。经过逐项排查清对，查出了副厂长×××利用职务之便多发焦炭给某个体户，从中贪污货款2万余元，并索贿5万元的犯罪事实。磷肥车间主任×××伙同车间核算员，在该车间与株洲市助剂厂以物易物过程中采取重复报账，多发产品给对方，领取现金8万多元不入账，共同私分。通过清对往来账目，查清了业务员肖××、谭××分别侵吞货款12万元和5万元；业务员张××、杨××采用磨账方式，分别将价值49万元和12万元的物资据为己有；会计李××，采取年初结转往来时虚挂一项应付账款10万元，然后开出销货发票，将等值的焦炭冲抵往来，并从附属工厂财务上套取现金据为己有。该厂的九个经营部，不仅没向企业交过一分利润，而且长期拖欠厂里货款达748万元，最多的拖欠393万元，最少的也有27万元。这些所谓的经营部实际上是厂领导安排亲属、亲信，借集体之名，行瓜分国有资产之实的手段。经营部账目混乱，收入不入账，资金体外循环全部落入几个经理的腰包，他们挪用资金从事非法的期货股票投资，开电子游戏厅、开卡拉OK厅，进行赌博活动，亏空严重。所有的费用开支反映了厂领导和经理们的挥霍无度。厂长书记的出国旅游、国内游山玩水、花天酒地、请客送礼，甚至个人购房、购买结婚用品与家用电器全在其中。经过深挖，经理彭正业、曾闯、续岩华、徐力鸣等均涉嫌侵占、挪用公款，被依法制裁。厂长甘广才，收受贿赂4．5万元，书记陈国华也因收受贿赂，参与集体私分公款5万余元，被依法逮捕。

某区国税局截留国税案

2000年1月份，济南特派办在对某市国税局审计期间，审计组接到一封举报信，反映该市某区国税局局长和计财科科长2人，以为该区所属农村信用社办理减免税为交换条件，从该社获得两套商品房的违纪问题。接到举报信后，特派办领导非常重视，批示审计组要结合审计，严肃查处这种牺牲国家利益、以权谋私的行为，要求立即由在该市国税局审计的人员对此重点进行审计。

1月18日上午，审计组到区国税局，要求对该局1999年度的税收会计报表、征管台账和行政经费报表等会计统计资料进行审计，以便落实有关情况，结果发现有三点可疑之处：一是故意拖延时间，不愿提供资料。二是地方财政部门拨入的补助经费相对较高，情况不正常。三是发票罚款没有入账核算。对此，审计人员要求该局提供核算发票罚款的账簿、报表和账户，该局主管会计为敷衍检查，只提供了不完整的部分资料。针对该局有关会计人员遮遮盖盖的情况，审计人员意识到其中有鬼，可能存在弄虚作假的问题，于是决定对该局会计科的保险柜进行突击盘点。11点15分，审计组将盘点保险柜一事告知了该局一名副局长，并要求该局长陪同两名审计人员到计财科。刚到5楼楼梯口，一名未着税服的女同志（后经证实为该局计财科负责票证的工作人员）恰巧从计财科出来，一看见审计人员，马上返回计财科并把门关上。审计人员看到这种情况，立即快步过去把计财科的门打开。在该局一名副局长、计财科副科长兼主管会计、出纳员、票证管理员在场的情况下，按照审计盘点的程序，审计人员首先盘点了现金，并与现金日记账当天的余额进行了核对，在清点保险柜内其他材料时，该局出纳有意掩盖部分材料，并磨磨蹭蹭，拖延时间，审计人员迅速从保险柜内取出部分小金库账簿，同时发现了出纳员个人的房产证。在审计人员查看房产证时，出纳员将保险柜内一个用大信封包装的资料拿在手中，声称是个人物品，拒绝交给审计人员查看，审计人员多次讲解有关法律法规，明确指出个人物品不能放到单位的保险柜内，只要是保险柜内的物品审计人员有权依法进行检查核实。由于该局会计人员坚持是个人物品，审计盘点工作受到干涉和阻挠，双方处于僵持状态。在中午12点左右，该局出纳员将拒绝接受盘点清查的资料交给自称不是国税局工作人员的票证管理员。

针对这种情况，本着对国家利益负责和维护国家法律尊严的态度，审计人员多次说明作为一个外人在审计人员正在执行公务时，未经核查无权将从保险柜内取出的资料带走，更不能带走属于国家机关的资料。为了保证资料的安全完整，一名审计人员抱着部分已取得的资料，拿着一把椅子，坐在计财科的门口，坚持不允许当事人将资料带走。期间，该区国税局局长、计财科科长也几次到过审计盘点现场，坚持该包资料属于个人物品，并默许了该局会计人员拒绝交出资料的行为。同时，有意识让未着税服的女同志抱着资料靠向窗口。这时恰好一名同志走进计财科，一瞬间，这位女同志将资料从计财科5楼窗口扔下，将资料转移，这时已是下午1点20分左右，该区国税局阻挠审计检查达2个小时。后经证实转移的部分资料为该局小金库的20张大额定期存单，金额合计高达2393万元。

在特派办领导的大力支持下，审计组坚持原则，克服重重困难，经过连续十几天的加班加点工作，延伸调查了20多个企业和14家机关单位，查阅资料2000多份，最终查明了在6年内，该区国税局截留国家税款私设小金库的严重违法事实。该局在国、地税分设后，将从各分局集中的增值税、所得税、两金、发票押金和工本费、集贸市场税收分成、税务代理咨询费、校办福利企业税收返还款等私设小金库，并利用这些资金违规放贷，乱支乱用。自1994年至1999年共计收入5897.89万元，支出1215.52万元，放贷占用1110万元，到1999年年末余额3572.37万元。

上述资金主要用于以下几个方面：一是违规放贷。

截止1999年底，累计贷出资金2590万元，已收回1480万元，余额1110万元。二是以上缴地方税收名义未经国库直接将截留的其他小税种税款139.04万元拨付区政府机关事务管理局基建办公室。三是在全局职工和离退休干部住房没有改善的情况下，为该局7个副科级以上干部购买住房支出225.03万元。四是购置办公楼294.09万元。五是以支付协税奖名义给14家机关单位发放奖金89.32万元。六是补充经费83.65万元。七是发放职工福利237.19万元。八是用于其他支出37.77万元。

该区国税局长期采取截留税款等手段、私设小金库的做法，严重违反了国务院《转发财政部、审计署、中国人民银行关于清理检查“小金库”意见的通知》精神，并且在审计人员依法履行审计职责，对该局保险柜进行突击盘点时，出现了会计人员阻挠检查，严重干扰审计工作正常进行的情况，性质是严重的。为此，济南特派办及时向审计署进行了反映，并建议国家有关部门依法将国家税款追缴入库，没收非法所得；严肃查处该区国税局截留国家税款、放贷生息的违法行为，并追究有关人员的责任；对阻挠审计人员执法、转移财务资料的当事人、责任人给予必要的处分。

山东省国税局根据国家税务总局批转的函，对该区国税局小金库资金和涉及的有关人员进行了处理。撤销该区国税局局长职务、免去其局党组书记职务，并建议地方纪委给予纪律处分。对负有一定责任的计财科正、副科长给予行政记过处分，对阻挠审计的有关人员给予行政警告处分，并将主管会计和出纳员调离会计岗位。对截留国家税款等形成的小金库资金，根据国家有关财政法规，已将税款全部追缴入库，其他违规资金也按规定进行了处理。

武汉市C公司挪用巨额国债资金案

2000年9月份，审计署西安特派办对湖北省武汉市1999年国债专项资金管理和使用情况进行审计，历经艰难曲折，穷追不舍，终于揭穿了该市使用国债资金的某建设单位C公司伪造会计资料，向审计人员提供虚假会计账簿凭证和银行对账单，隐瞒单位和个人挪用国债专项资金4200万元的严重违规问题。

经过核对查实，C公司为应付审计检查，隐瞒挪用国债资金的事实，从1999年9月起，由董事会3位成员及财务负责人B副总经理作出决定，编制虚假会计报表、会计账簿、伪造银行对账单，并由B副总经理及财务部具体操作。审计组进驻后，C公司不但不予配合，还设置障碍，并向审计人员提供了一套虚假会计资料。国庆节放假前，审计人员在未作任何结论的情况下撤离，C公司误以为审计检查已经结束，在国庆期间对编制的虚假会计账表凭证又作了还原。国庆节后审计组突然杀了个回马枪，拿不到资料不撤离现场。这使C公司措手不及，采取种种借口拖延、拒绝提供会计资料。审计组经过10多天的突击检查和内查外调，多次与C公司相关人员交换意见，反复核实并充分取证，最终落实了C公司挪用国债项目资金4211万元的重大违规问题，其挪用金额占国家安排在该道路项目上两期国债资金9000万元的46.7%。其中个人挪用1005万元；转入股票市场公司法人股票资金账户1000万元；用于非国债项目C公司征地费602万元、开办费435万元；其关联企业退还非法集资本息514万元，非国债项目关联企业工程费用等655万元。经过审计和审计人员的法律宣传，C公司终于认识到问题的严重性，四处筹措资金，于2000年10月26日前将所挪用资金陆续归还到位。审计人员为国家挽回了巨额国债专项资金。

从一项经济责任审计中挖出了六起经济案件

2000年，湖北省随州市曾都区审计局根据区委组织部委托，对该区淮河镇原镇长胡志清进行任期经济责任审计。审计中，审计人员抓住重点资金收支审计不放，一查到底，共查出6起经济案件，涉案人员7人，涉案金额17.2万元。

审计组进点后，根据群众举报，审计人员从专款资金审计入手，工作很快就取得了突破性进展。2000年6月，为庆祝湖北省设立地级随州市，建立曾都区，随州市政府委托淮河镇于2000年8月28日承办庆祝焰火晚会，并拨给该镇焰火晚会专款30万元。而审计核实，该镇财政所实际只收到拨款20万元，还有10万元专款哪里去了？经过核实，这10万元于2000年8月26日进了原镇长胡志清的私囊。胡志清因触犯刑法，已被随州市检察院依法刑事拘留。

10万元专款案告破，审计人员乘胜追击，又查出了一起与焰火晚会有关的收受回扣经济案件。1999年12月31日，淮河镇承办原随州市迎接新世纪焰火晚会，2000年4月该镇在其他支出中列支焰火燃放费用23.8万元，并附湖南省浏阳市往来结算统一凭据3张，其中有两张金额21.8万元，为钢笔单联填写。此结算凭据不是正式发票，且明确注明不作报销凭证。经审计核实，对方实际入账货币资金19.2万元，与该镇政府实际付款23.8

万元相差 4.6 万元，据厂经办人员交待，其中 2.6 万元已用于焰火运输费用及燃放烟火人员工资支出，其余 20000 元是给该镇花炮厂副厂长张某的“业务费”。至此 20000 元回扣款不攻自破，副厂长张某对收受对方回扣一事供认不讳，并交待收受 20000 元回扣后，经暗箱操作，给时任厂长的蔡某 5000 元，剩余 15000 元则进了自己的腰包。

两起焰火专款案逐渐明朗后，审计人员采取现金盘点和账证核对相结合的审计方法，又牵出了一系列经济案件：

两任会计贪污公款。审计发现，镇政府机关两任会计采取以少报多、虚增支出项目、涂改他人报销差旅费单据等手段虚列支出贪污公款 8261 元，其中现任会计代某贪污公款 4551 元，上任会计胡某贪污公款 3710 元。

小车司机违规报销小车修理费。审计查实，该镇小车司机徐某违规报销小车修理费 13870 元。徐某在 2000 年 4 月 23 日至 2000 年 8 月 14 日，在不到 4 个月的时间内，更换减震器 14 根，金额 6040 元。根据桑塔纳轿车维修“三包”规定，该车各种机械零配件在一年内损坏负责更换，而徐某在“三包”规定时间内，全部作修理费用予以报销。同时，他还报销虚假小车修理费发票 3 张计 7830 元。面对审计人员，徐某无法自圆其说，一股脑儿道出了违纪事实。

包工头虚领工程款。审计组延伸审计镇财政所发现，镇政府新建住宅楼时，建筑队包工头蒋某于 1999 年 11 月 28 日打领条一张，在镇政府领取工程款 30000 元。而 2000 年 8 月 2 日，蒋与镇政府结算工程款，此款并未列入政府预付工程款结算，造成蒋某多领工程款 30000 元。

经过一个多月的内查外调，审计组查清了胡志清任镇长期间的经济责任情况，并挖出了既独立又相互联系的 6 起经济案件，追回涉案资金 161550 元，为国家挽回了经济损失，同时为区委领导和组织、人事部门正确任用干部提供了可靠依据。

审计工作大事记

一　月

1月1日至2日，李金华审计长在北京怀柔审计培训基地以“知识经济与审计”为主题召开小型研讨座谈会。参加研讨座谈的有董大胜副审计长，审计署办公厅、科研所等单位负责同志及有关专家学者共10位同志。

1月3日下午，纪检组长王道成主持召开会议，研究编写中国审计史的有关工作。罗进新同志，科研所、中国审计学会负责同志参加会议。

1月4日，审计署党组书记李金华主持召开2000年第一次党组会议，研究确定了近期要做的几项主要工作：一是要制定审计业务项目，队伍建设、人员培训，审计法制建设，审计技术方法等四个方面的工作计划要点；二是组织搞好审计署1999年工作总结，并召开年终总结大会；三是汇总落实审计成果，督促落实承办、协办审计查出及已经移交的审计事项和大要案线索等，并组织研究制定大要案审计奖励办法；四是搞好有关资料的整理汇编和存档工作。党组副书记翟熙贵，党组成员刘家义、董大胜、王道成出席会议，刘鹤章副审计长、办公厅负责同志列席会议。

1月4日，来自16个特派办的55名交流干部按时赴京报到。这是审计署重视人才培养、加强派出局力量的一项重要举措。

1月5日上午，朱镕基总理听取审计署工作汇报，并对审计工作作重要指示。李金华审计长，翟熙贵、刘鹤章、刘家义、董大胜副审计长，纪检组长王道成，办公厅主任魏礼江参加汇报。

1月5日下午，党组书记李金华主持召开党组会议，传达学习深刻领会朱总理听取审计工作汇报时所作的重要指示，研究贯彻落实的意见。党组成员刘家义、董大胜、王道成出席会议，刘鹤章副审计长和办公厅负责同志列席会议。

1月5日，为加强审计机关廉政建设，审计署制定了关于加强审计纪律的“八不准”规定，提交全国审计工作会议讨论，并报国务院领导同意，决定从2000年3月1日起首先在审计署机关及派出机构实行审计外勤经费自理。要求审计组和审计人员外出审计时严格执行“八不准”规定。

1月7日，李金华审计长召开两个会议，分别研究加强审计队伍建设工作计划和审计业务工作如何突出抓重点压缩项目问题。

1月10日，翟熙贵副审计长主持召开会议，研究2000年署统一组织的审计项目计划调整问题。办公厅、财政司、金融司、行政事业司、农业司、社保司、投资司、外资司负责同志参加会议。

1月10日，董大胜副审计长主持召开办公会议，研究布置制订国家审计准则有关工作。办公厅、法制司等14个单位的主要领导和有关同志参加会议。

1月11日上午，党组书记李金华主持召开党组会议，讨论全国审计工作会议报告、关于进一步加强和改进审计信息工作的意见、《审计署关于加强审计纪律的规定》、关于外事工作计划等。党组副书记翟熙贵，党组成员刘家义、董大胜、王道成出席，刘鹤章副审计长、办公厅负责同志列席会议，监察局、外事司负责同志分别列席有关内容的讨论。

1月11日至16日，全国外资审计培训班在怀柔培训基地举办。刘家义副审计长代表署领导到培训班看望全体学员并发表讲话。

1月17日上午，翟熙贵副审计长主持召开会议，研究讨论国债专项资金审计查出问题有关政策界限和处理原则。财政司、法制司、行政事业司、农业司、投资司负责同志参加会议。

1月17日下午，党组副书记、副审计长翟熙贵主持召开署“三讲”教育领导小组会议，传达全国第三次“三讲”教育工作会议精神，对署机关如何落实整改措施，巩固和扩大“三讲”教育成果进行了研究。

1月19日至22日，全国审计工作会议在怀柔审计培训基地召开。19日下午，王忠禹国务委员到会传达了朱镕基总理对审计工作的重要指示，并就如何领会贯彻总理指示问题发表了重要讲话。20日上午，李金华审计长主持召开会议，专门就署机关、派出局、特派办贯彻总理指示有关问题进行部署。22日上午，全国审计工作会议圆满结束。李金华审计长主持了闭幕大会，翟熙贵副审计长作会议总结报告。

1月18至23日，审计署外事司罗美富副司长作为世界卫生组织审计委员会委员赴日内瓦参加在世界卫生组织总部召开的世界卫生组织执行委员会105次会议暨第一届审计委员会会议。罗于1999年11月15日被世界卫生组织执委会主席任命为审计委员会委员，这也是审计署代表第一次在国际组织中担任职务。

1月25-26日，中国内部审计学会第四次代表大会在北京召开。李金华审计长出席大会开幕式并发表重要讲话。刘鹤章副审计长，吕培俭、崔建民、罗进新、周光春、祁田、王宸生、任景德同志及全国各地各部门内审机构的200多名代表出席会议。刘鹤章副审计长出席大会闭幕式并作了总结讲话。郑力会长在会上讲了话。

1月27日，审计署刘家义副审计长在北京市审计工作会议上作的重要讲话中，突出强调各地审计机关要加强审计技术基础建设。

1月28日，经审计长会议通过，李金华审计长签署中华人民共和国审计署令（第1号），发布了《中华人民共和国国家审计基本准则》、《审计机关审计处理处罚的规定》、《审计机关审计听证的规定》、《审计机关审计复议的规定》、《审计机关审计项目质量检查暂行规定》。

1月31日，审计署机关召开1999年度党建工作总结表彰大会，一批先进党支部、先进兼职党务干部和优秀共产党员受到表彰。

二　月

2月14日下午，李金华审计长主持召开审计长会议，讨论《审计署机关及派出机构有关经费管理暂行办法》和《加强审计纪律规定的实施细则》。副审计长翟熙贵、刘家义、董大胜，纪检组长王道成出席，办公厅、人教司、监察局、机关服务局负责同志列席会议。

2月17日上午，纪检组组长、署保密委员会主任王道成主持召开保密委员会议，传达中央有关文件和中央领导同志对保密工作的重要讲话，听取了署保密办关于署机关1999年保密工作情况的汇报，讨论并原则通过了《审计署保密委员会2000年工作要点》。

2月16日，由审计署金融司和干部培训中心共同举办的金融审计培训班在怀柔培训基地举行。来自署驻各地特派办的90多名干部参加了培训。上午刘家义副审计长看望了学员并发表了重要讲话。培训班22日结束。

2月17日下午，董大胜副审计长主持召开会议，研究组织开展以知识经济与现代审计为主题的研讨工作。会议确定由办公厅、科研所、培训中心、出版社四家作为发起单位，要求按照会议分工做好有关的具体工作。

2月18日上午，李金华审计长主持召开审计长会议，刘家义副审计长传达国务院办公厅召开的国务院部门（单位）所属学校管理体制和布局结构调整工作会议精神，研究南京审计学院移交工作的具体问题。副审计长翟熙贵、刘家义、董大胜，纪检组长王道成出席会议，办公厅、行政事业司、人教司、培训中心、机关服务局负责同志列席会议。

2月18日下午，审计署1999年度工作总结大会在署机关多功能厅召开。翟熙贵副审计长主持会议，李金华审计长作工作总结报告。在总结报告中围绕审计工作、人法技建设、人的精神面貌等全面回顾，充分肯定了审计署各个方面工作所取得的显著成绩，高度赞扬了全体职工表现出的爱岗敬业、无私奉献、努力进取、严格自律精神。对2000年工作作了高度概括，即：继续贯彻20字审计工作方针，通过“回头看”活动巩固“三讲”教育成果，围绕一个中心，突出三个重点，抓好三个基础，提倡四种精神。四种精神是：求真务实、精益求精、好事办好、团队精神。刘家义、董大胜副审计长，王道成纪检组长出席会议，署机关、派出局和直属事业单位职工、离退休干部等500多人参加大会。

2月21日中午，李金华审计长应法国驻华大使毛磊先生邀请，以贵宾身份出席在法国驻华大使官邸为来华访问的法国审计法院院长皮埃尔·约克斯先生举行的午宴。原副审计长郑力和上海市审计局局长靳增德及署外事司负责同志参加宴请。

2月23日上午，党组书记李金华主持召开党组会议，党组副书记翟熙贵传达党中央国务院召开的省区市有关负责同志会议精神，研究按照中央部署开展“三讲”教育回头看有关工作。党组成员刘家义、董大胜、王道成出席，办公厅、人教司、机关党委、监察局负责同志列席会议。

2月23日下午，第一期司处长英语培训班开班，董大胜副审计长在开班仪式上作学习动员讲话。

2月25日下午，李金华审计长会见前来拜会的法国审计法院院长皮埃尔·约克斯及其代表团一行5人。双方回顾了自1984年以来彼此间的交流与合作情况，明确了今后继续合作的意向。会见时在座的有刘家义副审计长、署外事司负责同志，法国驻华大使毛磊。晚上，李审计长在钓鱼台设宴款待法国客人。

2月27日至29日，署党组中心组学习会在怀柔审计培训基地召开。这次学习会作为“三讲”教育回头看工作的一个重要步骤，以自学方式重点学习了有关的中央文件，学习了江泽民同志在中纪委第四次全体会议上的讲话和胡锦涛同志在全国第三次“三讲”教育工作会议上的讲话等，党组书记李金华在学习会开始和结束时发表讲话。李金华同志在讲话中强调，今年审计工作要在“大”、“深”、“高”上下功夫。即，要注意抓重大问题、重大项目、重大资金、重大案件；对问题要查深查透；工作质量要高、起点要高、层次要高。廉政建设要外抓“八条”，内抓管理。队伍建设要一抓培训，二抓作风，突出抓作风建设。党组副书记翟熙贵、党组成员刘家义、董大胜、王道成及署机关、派出局主要负责同志参加了学习会。

2月份，外资运用审计司组织出版了由著名学者和有丰富外资审计经验的专家共同研究编写的《世界银行贷款项目审计操作指南》。该指南是审计技术基础建设的重要成果，标志着世界银行贷款项目审计及整个外资审计在规范化道路上又迈出了坚实的一步。指南总结我国多年外资运用审计实践经验，在审计依据、审计准则和审计报告等方面，均兼顾了我国的规定和世行的要求；围绕审计目标，按照审计流程，每个阶段应该审计什么、怎么审计和审计完了怎么办等，都提供了详细具体、可选择的解决方案，对实际操作具有较强的指导和规范作用。

三　月

3月2日，以章轲为组长的《企业财务审计准则》中澳项目专家组一行9人赴澳大利亚进行为期半年的工作培训、研究。李金华审计长要求项目组出“两个成果”：人才成果和业务成果；刘家义副审计长为项目组送行。这次工作培训对今后我署开展国际合作，培训专家型人才具有重要意义。

3月3日至5日，全国社会保障审计工作会议在怀柔审计培训基地召开。董大胜副审计长出席开幕会并发表讲话。

3月7日上午，李金华审计长受国务院委托，代表国务院到九届人大三次会议福建省人大代表团听取代表审议《政府工作报告》，并向国务院办公厅反映了代表们提出的意见和建议。

3月7日至9日，全国行政事业审计工作会议在怀柔审计培训基地召开，翟熙贵副审计长参加了会议。

3月9日上午，董大胜副审计长参加《世界银行贷款项目审计操作指南》一书审稿会。该书被列为《当代审计书库》的重要书目。

3月7日至12日，蒙古审计监察代表团应邀来华访问。7日上午，刘家义副审计长在署机关主持了与代表团的工作会谈。晚上，李金华审计长在钓鱼台国宾馆与蒙古审计监察委员会主席签署了《中蒙审计备忘录》。

3月13日至15日，全国固定资产投资审计培训研讨班在北京召开，各省、区、市审计厅（局）、各特派办的投资处长参加了研讨班，翟熙贵副审计长在会上作了重要讲话。

3月16日至17日，党组书记、审计长李金华在怀柔审计培训基地召开特派员座谈会，听取各特派办“三讲”教育“回头看”中对署党组工作的意见及各单位有关情况的汇报。

3月16日至17日，《中国审计史》编辑工作座谈会在京召开。李金华审计长到会看望大家并讲话，署党组成员、纪检组长王道成主持会议并在会议开始时讲话，罗进新同志作了会议总结。

3月18日至20日，全国审计法制工作会议在怀柔审计培训基地召开。国务院法制办主任杨景宇应邀出席会议并作了题为“对全面推进依法行政的几点思考”的报告；李金华审计长在会议开始时发表了简短讲话。

3月22日下午，干部培训中心组织举办了题为《WTO与中国经济》的专题讲座，邀请中国人民大学经济学院黄卫平教授进行主讲。翟熙贵、刘家义、董大胜副审计长，纪检组长王道成及署机关、派出局部分干部职工听取了讲座。

3月23日上午，纪检组长王道成出席中纪委、监察部召开的会议，研究2000年落实“收支两条线”规定工作有关问题。

3月23日下午，刘家义副审计长主持召开部分金融机构领导人离任经济责任审计协调会。中组部、中央金融工委、监察部、中国人民银行、中国工商银行、中国农业银行、中国银行、中国建设银行、中国农业发展银行、证监会等部门负责同志，中央五部委经济责任审计工作联席会议成员，王道成纪检组长和署办公厅、法制司、金融司负责同志参加了会议。

3月23日，董大胜副审计长出席在贵州省贵阳市召开的全国审计科研协作会议并发表讲话。

3月24日，《审计署公开推荐选拔副司（局）级领导干部实施办法》以审计署文件形式下发，决定从3月起在署机关、派出局、特派办试行公开推荐选拔副司（局）级领导干部制度。

3月27日至29日，党组成员、纪检组长王道成出席署办公厅在怀柔审计培训基地召开的《县级以下党政领导干部任期经济责任审计暂行规定实施细则》和《国有企业及国有控股企业领导人员任期经济责任审计暂行规定实施细则》起草工作座谈会，并对搞好实施细则起草工作提出了要求。

3月27日至4月4日，摩洛哥审计法院第一庭庭长多尼亚应邀来华访问。3月27日晚，纪检组长王道成在国际饭店设宴，欢迎摩洛哥客人。4月4日，刘家义副审计长在前门全聚德烤鸭店设宴，为摩洛哥客人送行。

3月28日至4月1日，刘家义副审计长到四川省审计厅、成都特派办就“审计在实施西部大开发战略中如何发挥监督作用”问题进行调查研究。

3月29日下午，李金华审计长、翟熙贵副审计长看望了到署集中参加审计财政部1999年具体组织执行中央预算的全体人员，并对大家提出了工作要求。

四　月

4月2日至5日，董大胜副审计长出席了在南京举办的审计署2000年第一期处长培训班开班典礼并发表讲话。

4月3日，李金华审计长主持听取了交通运输审计局等9个审计业务司、派出审计局审计铁道部等13个中央部门1999年预算执行情况的汇报。副审计长翟熙贵、刘家义，纪检组长王道成，以及署财政司、行政事业司负责同志一同听取了汇报。

4月4日上午，刘家义副审计长出席国务院马凯副秘书长主持召开的会议，研究部分金融机构领导人离任经济责任审计工作。署金融司负责同志陪同参加了会议。

4月初金融审计司根据国务院要求和署领导的部署，组织京津冀办、上海办、南京办分别对中国工商银行原行长刘廷焕同志、中国农业银行原行长何林祥同志、中国银行原行长王雪冰同志、中国建设银行原行长周小川同志、中国证券监督管理委员会原主席周正庆同志、中国农业发展银行原行长谢旭人同志进行了离任经济责任审计。

4月11日下午，李金华审计长在办公厅处级干部会上，以《在审计工作形势较好的情况下如何树立忧患意识》为题发表讲话，同时对办公厅干部及工作提出了具体要求。

4月13日，董大胜副审计长出席在重庆市召开的2000年度三峡库区移民资金审计工作会议并讲话。董大胜同志要求各级审计机关要充分认识搞好三峡移民资金审计工作的重要性并提出了具体要求。

4月13日至28日，李金华审计长在陕西、甘肃、青海三省进行调研时指出，审计机关必须独立审计，充分履行经济监督职能，确保西部大开发的中央资金正确、合法、有效地使用。

4月17日下午，翟熙贵副审计长主持召开座谈会，讨论研究对中央部门预算执行情况实施经常性审计监督问题。办公厅、法制司、财政司、行政事业司和部分派出审计局负责同志参加了会议。

4月17日，从审计系统各单位选拔出的20名有一定外语基础的审计业务骨干，被公派赴加拿大进行为期11个月的学习、培训和实习。这是审计署成立以来第一次大规模选派人员到国外进行长期培训。

4月17日，最高人民检察院、审计署就建立案件移送和工作配合制度联合发出通知，这是加大打击经济犯罪力度的一项重要措施。

4月18日至23日，刘家义副审计长到河南省审计厅、郑州特派办，郑州市、洛阳市、荥阳市审计局及在河南进行审计的几个农行审计组，就贯彻落实总理指示精神和执行审计纪律“八不准”规定、计算机开发应用、经济责任审计、农行及外资审计等问题进行了调研。

4月19日下午，纪检组长王道成出席监察部召开的会议，研究《监察部、财政部、审计署关于2000年推行政府采购制度工作的意见》。

4月19日至22日，刘家义副审计长在郑州特派办调研时强调，要进一步严格执行“八不准”纪律，要加大计算机辅助审计力度。

4月26日上午，翟熙贵副审计长主持召开审计长会议，研究《关于1999年度中央部门预算执行审计有关问题处理原则》和给中编委关于《消除重复监督，理顺财政与审计部门关系的建议》。副审计长刘家义、董大胜，纪检组长王道成出席，办公厅、法制司、财政司、行政事业司负责人及有关同志列席会议。

4月27日上午，翟熙贵副审计长参加中共中央组织部召开的“全国培养选拔年轻干部工作座谈会”，听取胡锦涛同志重要讲话。

4月30日上午，李金华审计长，翟熙贵、刘家义、董大胜副审计长，纪检组长王道成接见了出席全国劳动模范和先进工作者表彰大会并荣获“全国先进工作者”称号的3位审计系统干部，他们是：四川省什邡市审计局局长肖伦菊、吉林省白山市审计局局长张广增、四川省达州市审计局局长李本维。

五　月

5月8日上午，翟熙贵副审计长参加重点建设项目领导小组会议。署投资司负责同志陪同参加。

5月9日，党组书记李金华主持召开党组会议，研究审计机关如何为实施西部大开发战略服务问题、经济责任审计问题和关于加强财务管理有关问题，讨论《审计署2000年人法技工作要点》、《审计署2000年预算分配方案》、《审计署领导接待日制度》及其他有关问题。党组副书记翟熙贵，党组成员刘家义、董大胜、王道成出席，办公厅、人教司及有关司局主要负责同志列席会议。

5月11－13日，李金华审计长在南京调研听取南京特派办、南京审计学院、江苏省审计厅及部份县市审计局的工作汇报后强调，要把“三个代表”的要求贯穿于审计工作实践中。

5月12日，李金华审计长、董大胜副审计长赴江苏，与江苏省季允石省长、王琅副省长共同出席江苏省人民政府、审计署共建南京审计学院协议书签字仪式。李金华审计长和季允石省长分别讲话，并共同为南京审计学院ACCA考试获全球第一名的学生颁奖。董大胜副审计长和王珉副省长代表双方在共建协议上签字。

5月12日下午，李金华审计长在南京看望了参加审计署第2期处长培训班的学员，勉励大家努力学习，提高素质。董副审计长还为培训班讲授了财政政策知识。

5月15日至17日，意大利审计法院院长瑟利尔率团应邀来华访问。15日上午，李金华审计长在华审宾馆会见了瑟利尔院长一行，刘家义副审计长和意驻华大使布鲁尼出席会谈。

5月18日至19日，刘家义副审计长在京主持召开农行审计座谈会，了解审计进展情况、计算机辅助审计情况、查出的主要问题及审计遇到的困难和问题等，对搞好下一步农行审计工作提出了指导性意见。金融司、计算机中心和14个特派办有关负责同志参加了会议。

为表彰菏泽地区审计局在建立领导干部任期经济责任审计制度，完善干部监督管理机制，推进审计工作发展方面作出的突出贡献，审计署和山东省人民政府决定，为菏泽地区审计局记集体一等功。

5月20日至21日，南非审计长公署审计长法肯应邀来华访问。20日上午，李金华审计长在首都机场贵宾室会见了法肯审计长。20日晚，翟熙贵副审计长在钓鱼台国宾馆会见并宴请南非客人。

5月21日至31日，王忠禹国务委员率领以李金华审计长等为团员的中国政府审计代表团对埃及和肯尼亚两国进行了友好访问，取得圆满成功。

5月23日至24日，署办公厅、人教司在怀柔审计培训基地召开部分省、自治区审计厅长座谈会，讨论研究审计机关为实施西部大开发战略决策服务，加强西部及经济欠发达地区县级审计机关工作问题。翟熙贵副审计长出席会议并讲话。

5月26日下午，机关党委召开“审计署机关深入学习江泽民总书记‘三个代表’重要思想座谈会”，党组副书记兼机关党委书记、副审计长翟熙贵作了重要讲话。会议由机关党委常务副书记石宗仁主持，刘家义副审计长出席，署机关各单位、各派出审计局党支部负责同志参加了座谈会。

5月31日上午，中国审计出版社在京举办《中国审计》杂志首期通讯员培训班。刘家义副审计长就如何加强通联工作、办好《中国审计》发表了讲话。

5月，财政审计司汇总了1999年度中央预算执行和其他财政收支的审计情况，并向国务院提交了《审计署关于1999年中央预算执行和其他财政收支的审计结果报告》。

5月下旬，董大胜副审计长在湖南、河南、湖北调研时要求各级审计机关要落实“三个代表”要求，严格执行廉政规定。

六　月

6月3日，李金华审计长和审计署党组其他成员及部分参加署党组中心组学习会的司、局长在怀柔基地共同审看了由审计干部培训中心首次摄制的“审计案例系列教学片第一辑”《1999年度水利部预算执行审计案例》。李审计长和其他署领导对培训中心利用典型的现实审计案例，发挥多媒体技术在艺术表现手法和表现力上的优越性，深入浅出地演示、讲解各种审计技术方法在实践中的灵活运用，分析、揭露一些部门、单位和个人在财经违规、违纪、违法活动中的特征和规律的做法给予了充分肯定，并对今后进一步做好审计案例教学片的选题和拍摄工作提出了要求。

6月6日上午，党组书记李金华主持召开党组会议，讨论研究《机构改革中如何加强地（市）县级审计机关的几点意见》、《审计署2000年境外国有单位审计实施方案》，听取办公厅关于《特派办财务自查情况的报告》。党组副书记翟熙贵，党组成员刘家义、董大胜、王道成出席，办公厅、法制司、人教司负责同志列席会议。

6月9日，翟熙贵副审计长出席中央国家机关政府采购工作会议。会上，国务委员兼国务院秘书长王忠禹作了重要指示，国管局、财政部有关领导分别发表讲话。翟熙贵副审计长代表审计署发表了题为“加强审计监督，促进政府采购制度的有效推行”的讲话。

6月9日上午，党组书记李金华主持召开党组会议，听取人教司对拟提拔司局级干部公示征求意见情况，研究有关干部问题；研究召开年中全国审计工作座谈会有关问题。会议议定，全国审计工作座谈会于7月下旬在青海省西宁市召开，会议主题是：学习江泽民同志“三个代表”重要思想，研究审计机关如何为西部大开发服务问题。党组副书记翟熙贵，党组成员刘家义、董大胜、王道成出席会议，办公厅主任魏礼江、人教司司长项俊波、机关党委常务副书记石宗仁列席会议。

6月10日，署党组成员、纪检组长王道成出席在广西北海市召开的《中国审计报》2000年通联发行工作会议，并作了题为《总结经验、再接再厉，把中国审计报办得更好》的讲话。

6月11日至13日，审计署计算机审计软件开发应用演示汇报会在怀柔培训基地举行，刘家义副审计长到会作了重要讲话，来自审计署部分司局及各特派办的70余名代表参加了会议。

6月6日至14日，由最高审计机关亚洲组织资助，我署承办的亚审组织社会保障审计研讨会在北京召开。来自35个国家和地区的43名代表参加了研讨会。李金华审计长于6月6日晚在怀柔审计培训基地为与会国代表举行了欢迎宴会，并出席了7日上午研讨会开幕式。6月9日刘家义副审计长出席研讨会的闭幕式，并向与会国代表颁发了结业证书。

6月5日至15日，刘鹤章副审计长分别应芬兰议会和冰岛审计署邀请，率中国审计代表团对两国进行了友好访问。

6月16日上午，李金华审计长出席了审计署、山东省政府为菏泽地区审计局记功表彰大会，并发表重要讲话。

6月19日至21日，审计署高级审计师试点评审工作会议在怀柔审计培训基地召开。李金华审计长作为评审委员会主任主持了会议，刘家义、董大胜副审计长，王道成纪检组长作为高评委参加了会议。

6月22日上午，董大胜副审计长到在京举办的《国家审计准则》培训班看望学员，要求大家借此机会学好准则，在实际工作中严格执行准则，规范审计工作，提高审计质量。

为积极落实党中央、国务院支持西部大开发号召，审计署首次在南京审计学院（6月29日—7月20日）和江苏省苏州市（7月29日—8月20日）举办西部地区地、市审计局长培训班。主要内容是财税知识、金融知识、WTO知识、现代科技知识和行政领导学，为西部地区地、市审计机关领导干部开阔眼界、补充更新知识创造条件，受到西部地区审计机关的热烈欢迎。共有120人接受了培训。

应李金华审计长邀请，最高审计机关亚审组织秘书长、日本会计检查院院长金子晃访华。6月27日，李金华审计长与日本客人举行了会谈，刘家义副审计长在座。

6月29日至30日，刘鹤章副审计长到湖南出席《中国审计信息和方法》发行工作会议并讲话。

七　月

7月6日上午，董大胜副审计长召开会议，研究审计机关全员岗位培训考试工作。署人教司、培训中心负责同志参加了会议。

7月6日，李金华审计长受国务院委托，在人民大会堂向第九届全国人民代表大会常务委员会第16次会议作《关于1999年中央预算执行和其他财政收支的审计工作报告》，受到人大常委们的充分肯定和高度评价。

7月11日上午，李金华审计长、刘家义副审计长在华审宾馆会见了前来我署拜会的加拿大国家税收部长兼魁北克地区经济发展署国务部长马丁·科雄先生等一行6人。

7月11日上午，李金华审计长应邀到中央电视台接受采访，采访情况在当晚的《经济半小时》栏目播出。

7月13日上午，李金华审计长主持召开审计长会议，讨论《审计署关于进一步加强审计工作，为实施西部大开发战略服务的意见》、《上半年审计工作情况通报》、研究关于对财政司和行政事业司部分职能进行调整及加强对派出审计局进行统一管理等问题。副审计长翟熙贵、刘鹤章、刘家义、董大胜，纪检组长王道成出席，办公厅、人教司、法制司、机关服务局主要负责同志列席会议。

7月14日上午，翟熙贵副审计长主持召开办公会议，就最近人大常委会决议要求进行中央部门决算审计及国债专项资金重点项目审计有关问题进行专门研究。办公厅、法制司、财政司、行政事业司、投资司、农业司及科学技术审计局等4个派出局负责同志参加了会议。

7月14日下午，李金华审计长主持召开审计长会议，讨论《审计机关审计复核准则》、《审计机关审计方案准则》、《审计机关审计证据准则》、《审计机关审计工作底稿准则》、《审计机关审计报告编审准则》。副审计长翟熙贵、刘鹤章、刘家义、董大胜，纪检组长王道成出席，法制司负责同志列席会议。

7月中旬，由中国内审学会郑力会长率领的中国内部审计代表团到美国纽约参加了国际内部审计师协会第59届年会。

7月15日上午，刘家义副审计长出席署外事司在华审宾馆举办的境外审计培训班，就境外审计的目的、任务、审计重点、审计范围和依据、审计方式和审计时间等问题作了指示，并对今年境外审计工作提出了具体要求。

7月17日上午，李金华审计长会见了前来我国访问的葡萄牙审计法院副院长卡多索先生和葡萄牙审计法院大法官特谢拉先生，并请卡多索先生转达对葡萄牙审计法院院长的问候。此后，刘家义副审计长与来访者进行了工作会谈。

7月19日下午，李金华审计长和刘家义副审计长参加了朱镕基总理主持召开的总理办公会议，研究审计体制等问题。

7月20日至22日，全国审计工作座谈会在青海省西宁市召开。此次会议的主题是：贯彻中央关于西部开发的战略决策，研究加强审计工作为促进西部开发服务问题。署党组书记、审计长李金华发表讲话，党组副书记、副审计长翟熙贵主持会议，并通报了上半年审计工作情况。会议经讨论，形成了《审计署关于加强审计工作为促进西部大开发战略服务的意见》。副审计长刘鹤章、刘家义、董大胜，纪检组长王道成出席会议，青海省省长赵乐际、副省长徐良到会讲话。

7月24日至27日，李金华审计长在全国审计工作座谈会结束后由西宁赴拉萨，对西藏审计工作进行考察调研。李审计长对西藏各级审计干部在极其困难条件下“特别能吃苦、特别能战斗、特别能忍耐、特别能奉献”的精神给予高度评价，并针对西藏审计工作实际提出了重要的指导性意见。

7月中旬，李金华审计长题写刊名的《国外审计纵横》第一期（创刊号）出版发行。该刊物以译介国外先进审计经验、促进外事资料信息共享为目的，内容丰富、资料翔实。

7月27日上午，刘家义副审计长听取中国人民外交学会汇报接待巴拉圭审计长的情况，并会见了巴拉圭审计长弗里特斯。外事司负责同志陪同会见。

7月27日至29日，刘鹤章副审计长出席中国内部审计学会在吉林省白山市召开的《中国内部审计》发行工作会议。

7月28日至8月5日，李金华审计长由西藏赴四川，对成都特派办进行考察，对四川省审计工作进行考察调研。在成都特派办期间，李审计长围绕班子建设、干部队伍状况、党建和思想政治工作、“人、法、技”建设等问题同干部职工深入交换意见。从8月1日开始，李审计长先后到阿坝藏羌族自治州、绵阳市、德阳市，深入地县两级审计机关，听取工作汇报，看望一线审计干部，并就当前基层审计机构改革和建设问题提出了重要指导性意见。

7月31日至9月2日，赴香港、亚洲、大洋洲、北美、欧非审计组分别对我国华润集团所属石化公司、五矿公司和中国银行香港分行，日本、英国、德国、新西兰、加拿大、墨西哥、坦桑尼亚和津巴布韦使领馆进行了审计。境外审计工作取得了初步成效，达到了预期目的。

八　月

8月2日，审计署人教司司长项俊波就审计干部岗位考试的有关问题接受了中国审计报记者的采访。

8月5日至6日，刘家义副审计长主持召开《当代审计书库》评审委员会第二次全体会议，对拟纳入书库的图书修订大纲进行评审。会议结束前，李金华审计长看望与会委员并作重要讲话。董大胜副审计长、王道成纪检组长参加了会议。

8月7日，经审计长会议通过，李金华审计长签署了中华人民共和国审计署令（第2号），发布了《审计机关审计方案准则》、《审计机关审计证据准则》、《审计机关审计工作底稿准则（试行）》、《审计机关审计报告编审准则》、《审计机关审计复核准则》五项重要审计准则。

8月8日下午，李金华审计长主持召开审计长会议，研究今年后五个月主要工作。会议确定，今年后五个月工作要继续以江总书记“三个代表”重要思想为指导，进一步巩固“三讲”教育成果，以审计工作为中心，加强思想政治工作。各项审计要突出重点抓成果，“人、法、技”建设要抓教育培训、制度规范和督促检查。

8月10日上午，翟熙贵副审计长主持召开办公会议，讨论《中央部门决算（草案）审签暂行办法》。署机关和派出审计局有关负责同志参加会议。

应李金华审计长邀请，伊朗最高审计法院院长赛易德·卡扎穆·英瓦拉德先生一行三人8月10日访华。8月

11日上午，李金华审计长、刘家义副审计长在华审宾馆与伊朗审计法院院长进行工作会谈。

8月10日，审计署办公厅向各级审计机关下发了《审计署关于进一步加强审计工作为实施西部大开发战略服务的意见》(审办发［2000］78号)。

8月11日上午，翟熙贵副审计长主持召开署揭露重大违法犯罪线索审计项目评审工作领导小组会议，对1999年度申报审计项目进行评审。

8月14日至17日，署党组成员、纪检组长王道成在北戴河主持召开《中国审计史》第二次编辑工作座谈会。

8月17日，董大胜副审计长在人教司负责同志陪同下，检查了2000年审计专业技术资格考试命题工作。

8月17日下午，李金华审计长召开办公会议，研究审计机关为西部大开发服务具体实施问题，对干部交流、人员培训、审计授权、对口支援等有关工作做出部署。办公厅、人教司、机关服务局、干部培训中心等有关单位主要负责同志参加会议。

8月21日至24日，2000年中央部门预算执行审计工作会议在审计署怀柔培训基地举行。强化中央部门预算执行审计中的经常性审计监督，试行部门决算审签制度，是2000年中央部门预算执行审计的新举措。李金华审计长、翟熙贵副审计长到会，并分别就如何深化中央部门预算执行审计工作、加强派出局建设等问题发表重要讲话。署各派出审计局、部分司局负责人及有关同志参加了会议。

8月23日、24日两天，审计署直属机关党委组织署机关全体党员干部观看反腐倡廉影片《生死抉择》。

8月25日至29日，2000年财政审计研讨会在审计署怀柔培训基地举行。李金华审计长、翟熙贵副审计长到会并讲话，署各特派员办事处、部分司局负责人及有关同志参加了会议。

8月29日至30日，审计机关对口支援三峡库区迁建审计局工作会议在重庆市举行。刘家义副审计长到会并对如何搞好对口支援工作提出了具体要求。国务院三峡建委移民局、重庆市政府有关领导出席了会议。

九　　月

9月4日上午，李金华审计长应邀参加了由北京市委组织部、市委宣传部、市委党校联合举办的审计工作报告会，并以《关于我国审计工作》为题为学员讲课。市委副书记龙新民主持报告会。

9月5日上午，李金华审计长、刘家义副审计长在华审宾馆会见中纪委刘锡荣副书记和党风室刘锦荣副主任等，并就制定《审计机关反腐败抓源头工作实施办法》等进行商讨交谈。监察局胡玉华局长参加了会谈。

9月5日，审计署2000年第一期厅(局)长培训班在怀柔审计培训基地举办。翟熙贵副审计长在开学典礼上作学习动员讲话。9月18日李金华审计长为这一期学员讲课，课题是《在新的形势下如何加强思想政治工作》。

9月11日下午，李金华审计长主持召开审计长会议，讨论对中国工商银行、中国建设银行、中国农业发展银行、中国证监会负责人经济责任审计结果报告及其报告的发文格式；研究署机关公务用车货币化问题。副审计长翟熙贵、刘鹤章、刘家义，纪检组长王道成出席，办公厅、法制司、金融司、机关服务局、机关党委主要负责同志列席会议。

9月14日下午，审计署互联网站(新版)开通仪式在华审宾馆多功能厅举行。李金华审计长出席仪式并讲话，刘家义副审计长主持了仪式。中科院软件研究所主任研究员吴志美和新华社、人民日报社、中央电视台等新闻单位的记者应邀参加了互联网开通仪式。

9月16日，李金华审计长出席中央组织部在河南郑州召开的全国干部监督工作会议，并就加强经济责任审计在领导干部监督中的作用问题作了大会发言。

9月16日上午，刘家义副审计长出席署信息化办公室在东华审宾馆召开的《审计信息化系统项目建议书》专家评审会。

9月8日至13日，董大胜副审计长率团在孟加拉国首都达卡出席了“加强监督职能——新千年的挑战”国际会议。9月13日至19日，董副审计长率中国审计代表团访问日本。

9月13日至24日，翟熙贵副审计长率领中国审计代表团分别对意大利审计法院和法国审计法院进行访问，并参加了中法关于中央审计机关和地方审计机关的关系研讨会。翟副审计长先后与意大利审计法院新任院长斯塔德理尼、法国审计法院院长约克斯进行了会谈，并转达了李金华审计长的亲切问候。

十　　月

10月9日上午，2000年第二期厅(局)长培训班在怀柔培训基地开学，董大胜副审计长在开学典礼上作了动员讲话。

10月13日，审计署党组召开扩大会议，研究传达学习党的十五届五中全会精神的意见。16日上午，署机关召开全体党员大会，传达学习五中全会精神。

10月11日至14日，李金华审计长率中国审计代表团出席在泰国清迈举行的最高审计机关亚洲组织第八届大会。在这次大会上，中华人民共和国审计署在有33个国家参加的亚审组织理事会换届投票选举中，以26票的最高票第四次当选为最高审计机关亚洲审计组织理事，并被选为亚审组织环境委员会主席，李金华审计长以亚审组织环境委员会主席身份发表了热情洋溢的讲话，受到与会代表热烈欢迎和高度评价。

10月18日上午，党组书记李金华主持召开党组会议，研究审计署关于贯彻中央精神公开推荐选拔部级领导干部的办法、条件和其他有关问题。党组副书记翟熙贵，党组成员刘家义、董大胜、王道成出席，刘鹤章副审计长、人教司司长项俊波列席会议。

10月18日下午，审计署选派的代表与来华访问的美国官员就打击经济犯罪和洗钱问题举行会谈，并初步探讨了合作开展培训项目的可能性。

10月20日上午，李金华审计长主持召开审计长会议，研究《审计署关于深化企业审计的意见》和《审计署关于贯彻落实审计工作为实施西部大开发战略服务意见的具体措施》。副审计长翟熙贵、刘鹤章、刘家义、董大胜出席会议，办公厅、法制司、经贸司、人教司、培训中心负责同志列席会议。

10月23日下午，李金华审计长，翟熙贵、刘家义、董大胜副审计长，王道成纪检组长观看计算机审计软件（银行审计软件）演示，并对进一步加强计算机审计及计算机软件开发、推广、应用等工作，提出了指导性意见。

10月23日下午，李金华审计长接受英国《金融时报》总编理查德·兰伯特专访。

10月24日下午，党组书记李金华主持召开党组会议，研究推荐审计署部级后备干部人选，并按照中组部要求，将推荐的部级后备干部人选进行公示。

10月25日，第二期厅（局）长培训班举行结业典礼，李金华审计长到会作总结讲话。李审计长在讲话中充分肯定了本次培训班取得的成效，对下一步审计干部培训工作提出了指导性意见。董大胜副审计长主持了结业典礼。

10月26日至28日，全国经济责任审计工作会议在北京举行。此次会议是由中央纪委、中央组织部、监察部、人事部、审计署五部委联合召开的一次规模较大的会议，是贯彻落实党中央、国务院领导同志关于经济责任审计工作重要指示和中办、国办有关文件精神的一次重要会议。国务委员王忠禹到会作重要讲话。中纪委副书记、监察部部长何勇主持会议并作会议总结，李金华审计长代表五部委作经济责任审计工作情况报告。五部委领导同志和来自全国纪检、组织、监察、人事、审计部门的300多人参加了会议。

十一月

11月2日至4日，中国审计学会在长沙特派办召开了题为“审计在国有企业改革和发展中的作用”的研讨会。金基鹏副会长主持会议，吕培俭会长发表了讲话。

11月5日上午，李金华审计长在东华审宾馆召开会议，研究并部署对2000年审计工作进行总结，对2001年工作提出意见。

11月6日上午，李金华审计长主持召开办公会议，研究关于中央部门决算（草案）审签问题。翟熙贵、刘鹤章、刘家义副审计长，王道成纪检组长和署机关、派出局有关司局负责同志参加了会议。

11月7日，董大胜副审计长主持召开国家审计准则制定工作会议。法制司、办公厅等14个司局（所、中心）负责同志参加了会议。

11月7日至9日《中国审计史》专题研讨会在京召开。李金华审计长听取《中国审计史》编辑工作汇报后提出要求：脉络要清楚，史实要准确。署党组成员、纪检组长王道成主持会议，中国审计学会副会长罗进新代表《中国审计史》编辑办公室讲话。

11月8日至10日，乌克兰审计代表团应邀来华访问。李金华审计长，翟熙贵、刘家义副审计长分别会见了乌克兰审计长。

11月10日，审计署直属机关党委组织的署机关2000年度政治理论考试在北京举行。

11月11日，审计署组织的全国审计系统首次全员岗位资格考试在全国20多个考点同时进行，报名参加考试达6400多人。这次干部上岗资格考试在中央国家机关各部委中尚属首家，是审计署加大干部人事制度改革的重要举措。审计署决定，自2000年起，今后每3年为一个考试周期，考试成绩作为审计干部考核和任用晋升的重要依据。

11月15日至19日，全国审计系统首次计算机开发应用成果展示在南京审计学院举办。审计署计算机技术中心、14个特派员办事处、19个省、自治区、直辖市审计厅、局和南京审计学院等单位参加展示，共展出369个展板、78个软件。南京办、江苏省审计厅、郑州办、署计算机技术中心等单位作了演示交流。所有展示突出介绍了审计机关近几年在信息化建设方面所取得的成果及计算机在审计实践中发挥的巨大作用。李金华审计长，翟熙贵、刘家义副审计长发表了讲话。刘鹤章副审计长专程参观了展示。

11月16－17日，国际注册内部审计师（CIA）资格考试在全球同时举行，我国考生在南京、济南、北京、广州参加考试。

11月21日上午，董大胜副审计长参加温家宝副总理主持召开的全国粮食清仓查库领导小组第二次会议。经贸司负责同志陪同参加。

11月21日，署党组成员、纪检组长王道成出席中国审计报社在浙江宁波召开的2000年记者站工作会议并发表讲话。

11月22日，董大胜副审计长出席全国农业与资源环保审计工作理论研讨班并讲话。

11月28日至30日，李金华审计长参加全国经济工作会议。翟熙贵、董大胜副审计长，王道成纪检组长参加了开幕和闭幕大会。

十二月

12月1日至3日，审计署思想政治工作暨党建工作座谈会在怀柔审计培训基地召开。党组书记、审计长李金华主持会议，并就加强和改进审计署的思想政治工作作了重要讲话。党组副书记、副审计长翟熙贵通报了署党组对特派办思想政治工作的调研情况，并在会议结束时就如何贯彻落实会议精神，进一步加强机关党的建设等作总结讲话。党组成员刘家义、董大胜，副审计长刘鹤章出席，署机关、派出局、特派办主要负责同志和机关党委的主要负责同志70多人参加了会议。

12月12日，董大胜副审计长主持召开“知识经济与审计”研讨会，李金华审计长到会讲话。此次研讨活动共收到论文近200篇，近30名优秀论文代表参加了此次研讨会。

12月13日下午，党组书记李金华主持召开党组会议，讨论研究召开全国审计工作会议给国务院的汇报提纲、全国审计工作会议报告及其他有关问题。党组副书记翟熙贵，党组成员刘家义、董大胜出席，刘鹤章副审计长，办公厅、人教司主要负责同志列席会议。

12月4日至13日，纪检组长王道成应印度主计审计长公署和韩国监察院邀请，率中国审计代表团赴印度参加第九届中印审计研讨会。此次研讨会的主题是：“政府审计机关在反腐败斗争中的作用”。之后赴韩国监察院访问。

12月14日下午，我署邀请原国家计委规划司司长、现任中央企业工委监事会主席姜均露同志主讲国家第十个五年计划的制定及主要内容。讲座由董大胜副审计长主持，署机关、派出局全体干部职工参加。

12月15日，署党组成员、纪检组长王道成主持召开署部分老领导座谈会，研讨《中国审计史》（新中国审计部分）的编写问题。署老领导于明涛、吕培俭、祁田、王宸生、任景德、罗进新、郑力应邀参加了座谈会。

12月18日，李金华审计长、刘家义副审计长出席审计署2000年财务工作会议并发表讲话。李金华审计长提出“必须用铁的手腕狠抓财务管理。”

12月19日下午，李金华审计长主持召开审计长会议，讨论2001年度审计署统一项目计划。会议就2000年度财政收支审计、企业财务收支审计、金融机构财务收支审计及其它项目审计的基本原则、主要任务、时间安排等进行了认真研究。副审计长翟熙贵、刘鹤章、刘家义、董大胜，纪检组长王道成出席会议。办公厅、法制司、外事司及财政司等8个业务司局主要负责同志列席会议。

12月26日上午，朱镕基总理、王忠禹国务委员听取审计署工作汇报。审计长李金华，副审计长翟熙贵、刘鹤章、刘家义、董大胜参加汇报。朱总理在听取了李金华审计长所作的工作汇报后对审计工作作了重要指示。

12月28日上午，党组书记李金华主持召开署党组会议，学习并研究贯彻朱总理在听取审计工作汇报时所作的重要指示；听取纪检组长王道成传达中央纪委第五次全体会议精神；听取署法制司关于全国审计机关“三五”普法验收情况汇报。党组副书记翟熙贵，党组成员刘家义、董大胜、王道成出席会议，刘鹤章副审计长，办公厅、法制司负责同志列席会议。

12月，审计署向国务院报送了“关于1999年度公路建设资金审计情况的报告”。朱镕基总理在报告上作了重要批示：“请审计署进一步核实审计报告内容后，由国办批转通报全国各部门、各地区，主要内容可以见报”。温家宝副总理批示：“拟同意审计署的建议”。李岚清副总理和吴邦国副总理也在审计报告作了圈阅。全年共组织16个特派办和30个省、自治区、直辖市审计厅（局）对16个省（区、市）1999年度公路建设资金和54个重点公路建设项目进行了审计，共查出违法违纪金额140亿元，发现违法违纪案件23起。

审计工作统计

全国审计机关分行业审计情况统计表

2000 年度

金额单位：万元

序号	指标 / 分类	审计单位（个）	违规行为金额 小计	违规行为金额 决定处理处罚	违规行为金额 指明要求纠正	应交财政	应减少财政拨款或补贴金额	应归还原渠道资金金额	已交财政 小计	已交财政 其中：税金	已交财政 其中：罚款	促进增收节支金额	向司法机关移送案件(件)	建议给予行政处分（人）	建议纠正地方部门不当规定(条)	协助有关部门查处案件(件)
1	合　计	145713	55305609	15720653	39584956	2622716	223960	3191505	2023837	935796	118859	661796	1456	1262	13775	1520
2	财政	32555	18370451	5657947	12712504	1694337	132678	944135	1358589	528269	34239	136358	129	110	2842	71
3	金融	4891	3928180	1068129	2860051	210011	16572	69172	201166	162414	29695	5744	214	331	250	195
4	固定资产投资	11359	7971847	1934053	6037794	104014	61415	812648	37467	26487	3534	332267	43	21	529	22
5	企业	21766	15370263	4771030	10599233	326644	2399	349443	226103	164958	15534	103749	483	240	1442	364
6	行政事业	61853	7346476	1631841	5714635	262986	9738	662515	182484	46086	32550	72641	484	467	5184	388
7	农业专项资金	5418	768938	188707	580231	14795	1009	148404	6979	724	2208	6849	37	48	572	34
8	国外援款贷款	6265	1453766	450730	1003036	9424		200972	8625	6080	914	1369	15	4	291	6
9	其他	1606	95688	18216	77472	505	149	4216	2424	778	185	2819	51	41	2665	440

审计署业务司审计情况统计表

2000 年度

金额单位：万元

序号	指标 分类	审计单位(个)	违规行为金额			应交财政	应减少财政拨款或补贴金额	应归还原渠道资金金额	已交财政、			向司法机关移送案件(件)	建议给予行政处分(人)	建议纠正地方部门不当规定(条)	协助有关部门查处案件(件)
			小计	决定处理处罚	指明要求纠正				小计	其中：税金	罚款				
	合计	99	3850729	2227453	1623276	355536	2049	103116	151315	123927	23351	94	232	1	181
1	财政审计司	1	983043		983043	46700		10900							
2	金融审计司	3	215219	145872	69347	149780			149780	122647	23225	92	228		174
3	行政事业审计司	4	85338	16916	68422	799		9986	266	12	125	1		1	
4	经贸审计司	3	2090570	1968872	121698	142195									6
5	农业与资源环保审计司	3	17378	170	17208	10665		648	1262	1261	1		2		
6	社会保障审计司	4	10398		10398			10398				1	2		1
7	固定资产投资审计司	4	439201	95623	343578	5397	2049	61604	7	7					
8	外资运用审计司	77	9582		9582			9580							

审计署派出局审计情况统计表

2000 年度

金额单位：万元

序号	分类　指标	审计单位（个）	违规行为金额			应交财政	应减少财政拨款或补贴金额	应归还原渠道资金金额	已交财政			促进增收节支金额	向司法机关移送案件（件）	建议给予行政处分（人）	建议纠正地方部门不当规定（条）	协助有关部门查处案件（件）
			小计	决定处理处罚	指明要求纠正				小计	其中：税金	其中：罚款					
	合　计	143	3058070	1268612	1789458	360984	31873	289014	342881	1739	510	5752	6	6	31	
1	外交外事审计局	4	19459	16143	3316	6170		33	5285	24	23	4405				
2	发展计划审计局	7	443174	178896	264278	283476	24161	14223	300104	1094						
3	经济审计一局	8	83060	14	83046	191		348								
4	经济审计二局	3	45082	42	45040	89		12232	89	22	60	847	2			
5	贸易审计局	4	239070	232648	6422	15844		72292	11925							
6	国防工业审计局	5	226127	166377	59750	282		10814	282	85	197					
7	教育审计局	3	107259	65210	42049	1795		191	1787							
8	科学技术审计局	4	37429	7726	29703	406		6873	406	394	12					
9	政法审计局	7	85248	6777	78471	1599		3248								
10	民族宗教审计局	6	11808	5657	6151	12		109						1		
11	监察人事审计局	3	3495	2194	1301			1964				500				
12	资源环保审计局	9	25630	302	25328	3803		5068						2		
13	社会保障审计局	4	42662	18624	24038	214			214	48						
14	建设建材审计局	7	43766	1872	41894	618		7244	233	42	191					
15	交通运输审计局	11	963308	542349	420959	22	7712	120432	22				2			
16	信息邮政审计局	7	37134		37134				1	1						

<table>
<tr><th rowspan="3">序号</th><th rowspan="3">指标
分类</th><th rowspan="3">审计单位（个）</th><th colspan="3">违规行为金额</th><th rowspan="3">应交财政</th><th rowspan="3">应减少财政拨款或补贴金额</th><th rowspan="3">应归还原渠道资金金额</th><th colspan="3">已交财政</th><th rowspan="3">促进增收节支金额</th><th rowspan="3">向司法机关移送案件(件)</th><th rowspan="3">建议给予行政处分（人）</th><th rowspan="3">建议纠正地方部门不当规定(条)</th><th rowspan="3">协助有关部门查处案件(件)</th></tr>
<tr><th rowspan="2">小计</th><th rowspan="2">决定处理处罚</th><th rowspan="2">指明要求纠正</th><th rowspan="2">小计</th><th colspan="2">其中：</th></tr>
<tr><th>税金</th><th>罚款</th></tr>
<tr><td>17</td><td>农林水审计局</td><td>8</td><td>98375</td><td>51</td><td>98324</td><td>51</td><td></td><td>20808</td><td>51</td><td></td><td>26</td><td></td><td></td><td></td><td></td><td></td></tr>
<tr><td>18</td><td>文化体育审计局</td><td>7</td><td>26007</td><td></td><td>26007</td><td>129</td><td></td><td></td><td></td><td></td><td></td><td></td><td>1</td><td></td><td></td><td></td></tr>
<tr><td>19</td><td>卫生药品审计局</td><td>10</td><td>77219</td><td></td><td>77219</td><td>5801</td><td></td><td>3835</td><td></td><td></td><td></td><td></td><td></td><td></td><td></td><td></td></tr>
<tr><td>20</td><td>海关审计局</td><td>6</td><td>123555</td><td>22368</td><td>101187</td><td>24470</td><td></td><td></td><td>22368</td><td></td><td></td><td></td><td></td><td></td><td></td><td></td></tr>
<tr><td>21</td><td>经济执法审计局</td><td>5</td><td>34434</td><td>1337</td><td>33097</td><td>15979</td><td></td><td>44</td><td>81</td><td>17</td><td>1</td><td></td><td></td><td></td><td></td><td></td></tr>
<tr><td>22</td><td>新闻通讯审计局</td><td>4</td><td>228384</td><td></td><td>228384</td><td>12</td><td></td><td>3756</td><td>12</td><td>12</td><td></td><td></td><td></td><td></td><td></td><td></td></tr>
<tr><td>23</td><td>旅游侨务审计局</td><td>6</td><td>19690</td><td>25</td><td>19665</td><td>21</td><td></td><td></td><td>21</td><td></td><td></td><td></td><td></td><td></td><td></td><td></td></tr>
<tr><td>24</td><td>科学工程审计局</td><td></td><td></td><td></td><td></td><td></td><td></td><td></td><td></td><td></td><td></td><td></td><td></td><td></td><td></td><td></td></tr>
<tr><td>25</td><td>地震气象审计局</td><td>5</td><td>36695</td><td></td><td>36695</td><td></td><td></td><td>5500</td><td></td><td></td><td></td><td></td><td>1</td><td></td><td></td><td></td></tr>
</table>

审计署特派办审计情况统计表

2000 年度

金额单位：万元

序号	指标 / 分类	审计单位（个）	违规行为金额			应交财政	应减少财政拨款或补贴金额	应归还原渠道资金金额	已交财政			促进增收节支金额	向司法机关移送案件(件)	建议给予行政处分（人）	建议纠正地方部门不当规定(条)	协助有关部门查处案件(件)
			小计	决定处理处罚	指明要求纠正				小计	其中：税金	其中：罚款					
	合　计	513	13827333	4770498	9056835	463011	425	776533	430192	418782	9047	61362	96	59	31	9
1	上海特派办	36	1111019	843106	267913	18296		5544	13232	13226	6		5	4		
2	沈阳特派办	43	436721	19971	416750	19971		16992	16688	14301	721	8339	5	6		2
3	广州特派办	30	1220484	204594	1015890	28279		39536	16380	16268	112		2			
4	武汉特派办	50	688364	96978	591386	16019	378	45473	5709	5193	516		10	8	2	
5	济南特派办	17	852287	789506	62781	53242	47	551	45125	38673	6228		2	1		
6	郑州特派办	30	1542964	75706	1467258	48319		188664	46861	46853	8		6			1
7	南京特派办	44	409448	123690	285758	18039		13191	108161	108161			7	11		
8	西安特派办	38	370371	239446	130925	69064		22214	78483	78482		58	8			
9	成都特派办	40	1197905	442517	755388	23476		109335	4549	3242	1307	46266	33	22		4
10	哈尔滨特派办	38	735513	11705	723808	11705		10585	6276	6144	6	2142	2	2	22	2
11	昆明特派办	23	1214791	164146	1050645	55200		13166	33371	33276	30	4557	5	2	4	
12	长沙特派办	26	586886	356678	230208	30547		8361	356	81	16		2		3	
13	深圳特派办	9	677323	25605	651718	10904		5180					4			
14	兰州特派办	27	837110	738739	98371	5019		1667	4448	4448			1	3		
15	太原特派办	23	892627	32444	860183	16866		279124	16632	16579	31		2			
16	京津冀特派办	39	1053520	605667	447853	38065		16950	33921	33855	66		2			

地方审计机关审计情况统计表

2000 年度

金额单位:万元

序号	指标 分类	审计单位(个)	违规行为金额			应交财政	应减少财政拨款或补贴金额	应归还原渠道资金金额	已交财政			促进增收节支金额	向司法机关移送案件(件)	建议给予行政处分(人)	建议纠正地方部门不当规定(条)	协助有关部门查处案件(件)
			小计	决定处理处罚	指明要求纠正				小计	其中:税金	罚款					
	合计	144958	34569477	7454090	27115387	1443185	189613	2022842	1099449	391348	85951	594682	1260	965	13712	1330
1	北京市审计局	850	1006649	334371	672278	69724	1619	38699	74261	45830	44		2	2		
2	天津市审计局	1429	931858	207981	723877	16542		4948	10313	3169	775	258	6		1	
3	河北省审计厅	9307	1280208	310849	969359	72264	8605	63472	66652	14216	7857	13368	30	22	560	54
4	山西省审计厅	6760	948561	316601	631960	94477	5544	62295	71763	23362	4284	27734	131	223	276	20
5	内蒙古审计厅	7049	438010	283089	154921	34601	1107	53446	33041	10115	3911	40584	80	31	109	22
6	辽宁省审计厅	7125	1198426	152033	1046393	46792	20169	64131	34305	6199	5389	4112	38	47	96	63
7	大连市审计局	856	421701	34091	387610	13442	996	14087	12476	1949	657	175	21	12		2
8	吉林省审计厅	3886	2118673	164896	1953777	35567	710	44363	13541	6628	2847	13929	24	3	640	3
9	黑龙江省审计厅	5246	1711258	329203	1382055	18457	2016	401956	6142	2768	1740	5956	21	18	436	28
10	上海市审计局	1104	2627037	720309	1906728	49497	15527	46858	12798	8992	440	47	5	1	3	11
11	江苏省审计厅	5811	1874846	376257	1498589	91410	22374	71905	75456	37949	1189	32286	68	45	389	206
12	浙江省审计厅	4329	1908995	236811	1672184	85594	5554	132189	75408	29288	2728	21617	71	37	429	34
13	宁波市审计局	470	261395	30257	231138	22010	1144	29974	21742	8821	949	16312	6		17	1
14	江西省审计厅	9355	996043	45443	950600	16784	3158	29522	14059	5700	2339	70985	76	54	400	33
15	福建省审计厅	4386	906257	190647	715610	40354	9396	23327	33507	2419	1437	2876	43	41	137	94
16	厦门市审计局	216	158616	40263	118353	5655	61	1067	5212	531	51	500	5	5	7	14

序号	指标 分类	审计单位(个)	违规行为金额 小计	违规行为金额 决定处理处罚	违规行为金额 指明要求纠正	应交财政	应减少财政拨款或补贴金额	应归还原渠道资金金额	已交财政 小计	已交财政 其中：税金	已交财政 其中：罚款	促进增收节支金额	向司法机关移送案件(件)	建议给予行政处分(人)	建议纠正地方部门不当规定(条)	协助有关部门查处案件(件)
17	安徽省审计厅	6597	996343	86177	910166	33203	14732	79586	23629	6500	1279	18114	47	46	308	198
18	山东省审计厅	8023	3435822	761666	2674156	120690	13891	115717	110539	39223	7091	90083	68	20	841	57
19	青岛市审计局	608	395614	129588	266026	16395	31	14978	15636	3757	126		1		43	
20	河南省审计厅	8195	2085302	562033	1523269	77047	7440	105233	46742	7886	8724	26522	35	33	1690	67
21	湖北省审计厅	7164	1634102	284823	1349279	66643	21358	96583	55520	26667	7022	20531	73	29	2128	83
22	湖南省审计厅	7276	814748	135555	679193	32502	7719	115610	25837	8318	5119	13837	76	98	1369	92
23	广东省审计厅	4675	2751688	478022	203666	172910	3889	78392	145452	68855	8219	44927	41	30	662	35
24	深圳市审计局	284	409278	16066	393212	12854	427	8899	6031	1940	752	33772	1		3	1
25	广西审计厅	2423	726427	326500	399927	40373	4558	78007	21024	5793	2082	8764	40	23	248	19
26	海南省审计厅	515	293742	161701	132041	24551	1652	28043	13329	1203	144	1	8	19		
27	四川省审计厅	7434	809286	138619	670667	31453	1517	73654	21676	6320	1708	110622	75	14	729	61
28	重庆市审计局	1265	354086	60412	293674	15876	2673	23743	14037	3517	1086	3462	36	29	644	12
29	贵州省审计厅	2059	246827	87569	159258	19731	8416	22573	15662	897	321	3505	30	11	103	14
30	云南省审计厅	3313	482793	132152	350641	35117	2585	32524	26018	5449	377	4576	50	21	232	23
31	西藏审计厅	260	39070	3743	35327	2251	509	533	2101	106	501	1126	2			
32	陕西省审计厅	7824	636552	184160	452392	24444	621	55062	17482	8159	1904	5638	31	10	667	45
33	甘肃省审计厅	5188	332120	119411	212709	21614	214	31333	19233	1508	2145	3212	9	17	220	21
34	青海省审计厅	1216	65688	18332	47356	4035	548	3190	2369	290	116	114	5	6	5	6
35	宁夏审计厅	1639	129014	45960	83054	9876	132	6127	5394	1533	740	1047	11	4	49	5
36	新疆审计厅	2848	789911	129661	660250	38254	1358	33888	11729	2489	2155	4849	25	27	325	18
37	新疆兵团审计局	407	179135	69104	110031	552	22	5843	430		238		4	4	16	6

重要财经审计法规索引

中华人民共和国立法法

（中华人民共和国主席令第31号　2000年3月15日）

见2000年《中国财经审计法规公报》第5期。

财政部关于加强政府性基金管理问题的通知

（财综字［2000］22号　2000年3月9日）

见2000年《中国财经审计法规公报》第6期。

监察部、财政部、国家发展计划委员会、中国人民银行、审计署关于2000年落实“收支两条线”规定工作的实施意见

（监发［2000］3号　2000年4月6日）

见2000年《中国财经审计法规公报》第7期。

财政部关于将部分行政事业性收费和政府性基金纳入预算管理的通知

（财预［2000］127号　2000年8月11日）

见2000年《中国财经审计法规公报》第10期。

中华人民共和国专利法

见2000年《中国财经审计法规公报》第10期。

财政部关于企业住房制度改革中有关财务处理问题的通知

（财企［2000］295号　2000年9月6日）

见2000年《中国财经审计法规公报》第11期。

财政部关于印发《政府采购运行规程暂行规定》的通知

（财库［2000］11号　2000年10月8日）

见2000年《中国财经审计法规公报》第12期。

审计署关于转发财政部《关于加强世界银行贷款管理和及时纠正项目执行中违规行为的通知》的通知

（审外资发［1999］101号　1999年10月18日）

见2000年《中国财经审计法规公报》第1期。

审计署办公厅关于内部审计机构实施经济处理处罚问题的复函

（审办函［1999］167号　1999年11月8日）

见2000年《中国财经审计法规公报》第1期。

审计署办公厅关于外资审计项目授权地方审计适用管理办法问题的批复

（审办外资发［1999］209号　1999年11月12日）

见2000年《中国财经审计法规公报》第1期。

审计署办公厅关于中外合资企业审计监督权问题的批复

（审办法发［1999］227号　1999年12月14日）

见2000年《中国财经审计法规公报》第2期。

中国注册会计师协会关于资产减值准备审计指导意见

（会协字［2000］29号　2000年1月17日）

见2000年《中国财经审计法规公报》第4期。

财政部关于印发《世界银行贷款项目会计核算办法》的通知

（财际字［2000］13号　2000年1月21日）

见2000年《中国财经审计法规公报》第4期。

财政部关于新增粮食财务挂账和其他不合理占用贷款会计处理问题的通知

（财会字［2000］1号　2000年1月19日）

见2000年《中国财经审计法规公报》第4期。

中国人民保险公司关于印发《中国人民保险公司内部审计工作规范的暂行规定》的通知

（人保发［2000］36号　2000年2月16日）

见2000年《中国财经审计法规公报》第5期。

中国人民保险公司关于印发《中国人民保险公司经理经济责任审计暂行规定》的通知

（人保发［2000］39号　2000年2月17日）

见2000年《中国财经审计法规公报》第5期。

财政部关于印发《关于贯彻实施〈会计法〉加强会计监督意见》的通知

（财会字［2000］3号　2000年3月6日）

见2000年《中国财经审计法规公报》第5期。

财政部关于政策性银行财务核算有关问题的通知

（财债字［2000］71号　2000年3月24日）

见2000年《中国财经审计法规公报》第5期。

最高人民检察院、审计署关于建立案件移送和加强工作协作配合制度的通知

（审法发［2000］30号　2000年3月23日）

见2000年《中国财经审计法规公报》第6期。

审计署、公安部关于建立案件移送制度和加强工作协作配合的通知

（审法发［2000］42号　2000年4月27日）

见2000年《中国财经审计法规公报》第8期。

企业财务会计报告条例

（中华人民共和国国务院令第287号　2000年6月21日）

见2000年《中国财经审计法规公报》第8期。

中国国家审计准则序言（11）

中华人民共和国国家审计基本准则（14）

审计机关审计处理处罚的规定（23）

审计机关审计听证的规定（34）

审计机关审计复议的规定（43）

审计机关审计项目质量检查暂行规定（56）

（中华人民共和国审计署令第1号　2000年1月28日）

见2000年《中国财经审计法规公报》第9期。

审计机关审计方案准则（37）

审计机关审计证据准则（41）

审计机关审计工作底稿准则（试行）（44）

审计机关审计报告编审准则（48）

审计机关审计复核准则（51）

（中华人民共和国审计署令第2号　2000年8月7日）

见2000年《中国财经审计法规公报》第12期。

财政部、监察部关于印发《关于试行会计委派制度工作的意见》的通知

（财会［2000］12号　2000年9月10日）

见2000年《中国财经审计法规公报》第12期。

财政部、外交部、国家外汇管理局、海关总署关于发布《境外国有资产管理暂行办法》的通知

（财管字［1999］311号　1999年9月27日）

见2000年《中国财经审计法规公报》第1期。

财政部关于发布《中国人民银行财务制度》的通知

（财债字［1999］268号　1999年12月23日）

见2000年《中国财经审计法规公报》第3期。

财政部关于印发《预算单位清产核资办法》的通知

（财清字［2000］3号　2000年4月7日）

见2000年《中国财经审计法规公报》第6期。

财政部关于修订《企业国有资产产权登记管理办法实施细则》的通知

（财管字［2000］116号　2000年4月6日）

见2000年《中国财经审计法规公报》第7期。

财政部清产核资办公室关于下发《中央预算单位清产核资中有关问题的解释》的通知

（财清办字［2000］47号　2000年5月15日）

见2000年《中国财经审计法规公报》第8期。

财政部关于清理整顿各种政府性基金的通知

（财规［2000］16号　2000年7月28日）

见2000年《中国财经审计法规公报》第10期。

财政部关于印发《中央对地方专项拨款管理办法》的通知

（财预［2000］128号　2000年8月7日）

见2000年《中国财经审计法规公报》第11期。

财政部关于印发《证券公司财务制度》的通知

（财债字［1999］215号　1999年10月22日）

见2000年《中国财经审计法规公报》第1期。

财政部关于加强金融企业财务监管若干问题的通知

（财债字［1999］217号　1999年10月29日）

见2000年《中国财经审计法规公报》第1期。

中国农业发展银行关于印发《中国农业发展银行粮棉油收购资金贷款稽核处罚暂行办法》的通知

（农发行字［2000］7号　2000年1月10日）

见2000年《中国财经审计法规公报》第3期。

保险公司管理规定

（中国保险监督管理委员会令第1号　2000年1月13日）

见2000年《中国财经审计法规公报》第3期。

国有重点金融机构监事会暂行条例

（中华人民共和国国务院令第282号　2000年3月15日）

见2000年《中国财经审计法规公报》第5期。

个人存款账户实名制规定

（中华人民共和国国务院令第285号　2000年3月20日）

见2000年《中国财经审计法规公报》第5期。

中国人民银行关于转发《中国人民银行财务制度》的通知

（银发［2000］48号　2000年2月21日）

见2000年《中国财经审计法规公报》第6期。

国务院办公厅转发国家计委、人民银行关于进一步加强对外发债管理意见的通知

（国办发［2000］23号　2000年3月10日）

见2000年《中国财经审计法规公报》第6期。

全国银行间债券市场债券交易管理办法

（中国人民银行令第2号　2000年4月30日）

见2000年《中国财经审计法规公报》第7期。

企业集团财务公司管理办法

（中国人民银行令第3号　2000年6月30日）

见2000年《中国财经审计法规公报》第9期。

金融租赁公司管理办法

（中国人民银行令第4号　2000年6月30日）

见2000年《中国财经审计法规公报》第9期。

国有企业监事会暂行条例

（中华人民共和国国务院令第283号　2000年3月15日）

见2000年《中国财经审计法规公报》第5期。

《中华人民共和国海关稽查条例》实施办法

（中华人民共和国海关总署令第79号　2000年1月11日）

见2000年《中国财经审计法规公报》第8期。

农业部、国家经济贸易委员会、国家发展计划委员会、财政部、监察部、审计署、国务院纠风办关于治理向乡镇企业乱收费、乱罚款、乱集资和各种摊派等问题的通知

（农企发［2000］6号　2000年6月7日）

见2000年《中国财经审计法规公报》第8期。

关于外商投资企业境内投资的暂行规定

（对外贸易经济合作部、国家工商行政管理局令第6号　2000年7月25日

见2000年《中国财经审计法规公报》第10期。

国家经济贸易委员会、国家发展计划委员会、财政部、中国人民银行、审计署、国家税务总局、中国工商银行关于国有商业食品企业历史亏损挂账处理问题的通知

（国经贸贸易［2000］562号　2000年6月15日）

见2000年《中国财经审计法规公报》第11期。

中华人民共和国海关法

（2000年7月8日）

见2000年《中国财经审计法规公报》第11期。

财政部关于中央企业破产资产评估项目管理有关问题的通知

（财企［2000］385号　2000年9月29日）

见2000年《中国财经审计法规公报》第12期。

国家税务总局关于金融业营业税若干问题的通知

（国税发［2000］6号　2000年1月10日）

见2000年《中国财经审计法规公报》第8期。